学习贯彻十八大
与"十二五"规划精神

《中国思想政治工作年鉴》编委会编
主 编 张蔚萍 常务副主编 梁伟平

中央文献出版社

图书在版编目（CIP）数据

学习贯彻十八大与“十二五”规划精神(2013)/ 张蔚萍主编.
《中国思想政治工作年鉴》编委会编.
—北京：中央文献出版社，2014．4
ISBN 978-7-5073-4040-2
Ⅰ．①学… Ⅱ．①张… ②中… Ⅲ．①中共十八大（2012）－报告
－学习参考资料 ②国民经济计划－五年计划－中国－2011～2015
－学习参考资料 Ⅳ．①D229 ②F123.3
中国版本图书馆 CIP 数据核字(2014)第 041687 号

学习贯彻十八大与“十二五”规划精神（2013）

编　　者／中国思想政治工作年鉴编委会
主　　编／张蔚萍
责任编辑／李月兰
封面设计／赵　林

出版发行／中央文献出版社
地　　址／北京西四北大街前毛家湾 1 号
网　　址／http：//www.zywxpress.com
邮　　编／100017
编辑热线／010-66552779
经　　销／新华书店
印　　刷／廊坊市罗德星空彩印有限公司

880×1230mm　16 开　66 印张　2000 千字
2014 年 4 月第 1 版　2014 年 4 月第 1 次印刷

ISBN 978-7-5073-4040-2　定价：660.00 元

加強改進新世紀的思
想政治工作推動經濟
社會科学發展

趙濟華

编委会领导成员

编委会领导成员

顾　问　袁宝华（原国家经委主任、中国职工思想政治工作研究会会长、《中国思想政治工作年鉴》顾问）

赵荫华（原国家经委副主任、中国职工思想政治工作研究会常务副会长、《中国思想政治工作年鉴》顾问）

程连昌（国家人事部原常务副部长、全国思想政治工作科学专业委员会常务理事）

主　任　张蔚萍（中共中央党校教授、博士生导师、全国思想政治工作科学专业委员会主任、中国思想政治工作年鉴编撰委员会主任）

副主任　段若鹏（中共中央党校研究生院副院长、博士生导师，中国思想政治工作年鉴编撰委员会副主任）

戴俭明（中国法学会廉政法制研究会会长、全国思想政治工作科学专业委员会常务理事）

王坚红（中共中央党校党建部教授、全国思想政治工作科学专业委员会秘书长）

执行编委会成员

主　　编　张蔚萍

常务副主编　梁伟平

副 主 编　石爱萍　张邦柱　王坚红　雷常新　熊胜安

主编助理　杨　光

目　录

第一编　党的建设理论基础和指导思想

第二编　政工大事记实

2012 年 3 月

2012 年 4 月

2012 年 5 月

2012 年 6 月

2012年7月

2012年8月

2012 年 9 月

2012年10月

2012年11月

2012年12月

2013年1月

2013年2月

第三编　学习党的“十八大”精神专题

第四编　党的建设与贯彻"十二五"规划

第五编　反腐倡廉和思想政治工作与贯彻“十二五”规划

第六编　构建和谐社会和民生建设与贯彻"十二五"规划

第七编 经济建设与贯彻“十二五”规划

第八编　社会行政事业管理与贯彻“十二五”规划

第九编　企业管理与贯彻“十二五”规划

第一编

党的建设理论基础和指导思想

一、马列主义党的学说和党的建设基本理论

(一)马克思主义党的学说的创立及其基本内容

1.马克思主义党的学说的科学含义

马克思主义党的学说是关于无产阶级政党产生、发展及其自身建设规律的科学，是关于党的性质和党在整个无产阶级事业中的领导地位、作用以及如何实现领导的科学。无产阶级要进行革命和建设，必须在自己的政党领导之下才能取得胜利，这是由社会历史和无产阶级运动发展的客观规律决定的；建设一个什么样的党，怎样建设好这个党，也有它的客观规律性。我们学习和研究党的学说，就是要认识和掌握这些规律，以便在党的工作中，增强自觉性，克服盲目性，把我们党建设成为一个坚强的马克思主义政党。

马克思主义党的学说，是马克思主义理论体系的重要内容。马克思主义有三个组成部分，即哲学、政治经济学和科学社会主义。毛泽东曾经说过，在马克思主义三个组成部分中，科学社会主义部分主要是研究阶级斗争问题、无产阶级革命问题、国家问题、党的问题、战略策略问题等等。这就告诉我们，党的学说是科学社会主义的一个基本内容，我们要完整、准确地掌握马克思主义理论，就必须学习和研究党的学说。党的学说作为一门科学，它与马克思主义三个组成部分有着密不可分的联系，同时，它又是一门相对独立的科学。这是因为：①党的学说研究的对象和领域，同哲学、政治经济学、科学社会主义所研究的对象和领域不完全一样。②党的学说所研究的内容，比科学社会主义关于党的理论要广泛、细致、深刻得多。科学社会主义关于党的理论是从某一角度来研究无产阶级政党，其重点是研究无产阶级解放与政党的关系，而党的学说则是全面系统地研究无产阶级政党，特别是着重研究无产阶级政党自身建设的规律以及如何实现党的领导的规律。这个任务，是科学社会主义以及其他科学部门所不能代替的。

马克思主义党的学说的内容极为丰富，概括起来主要有：关于建立无产阶级政党的必要性和条件；关于党的先锋队性质和理论基础；关于党的无产阶级纲领路线和战略策略；关于党对无产阶级专政和社会主义建设的正确领导；关于党的领袖、党的干部和党员问题；关于党的民主集中制思想、组织机构和党的纪律；关于党的团结统一和党内斗争；关于党的群众路线和工作作风；关于无产阶级国际主义原则；等等。由此可见，马克思主义党的学说，不仅论述了为什么要建党的问题，而且论述了建立一个什么样的政党以及如何建设、巩固这个政党的问题，其核心是如何始终保持党的无产阶级先锋队性质和发挥党的领导作用问题。这是一个严密而完整的科学理论体系。

2.马克思、恩格斯创立无产阶级政党理论的过程及基本内容

马克思主义党的学说是革命导师创建无产阶级政党实践经验的科学总结。它来源于党的建设实践经验，又反过来指导党的建设实践，并且在党的建设实践中不断丰富和发展。马克思和恩格斯创建无产阶级政党的理论和实践，大体经历了共产主义者同盟、第一国际、帮助欧美各国创建独立的无产阶级政党和第二国际初期这样四个阶段。1843 年到共产主义者同盟时期，马克思、恩格斯亲自参加了工人运动，从事了艰苦的理论研究工作。他们在创立科学共产主义理论的时候，就致力于使这个理论同工人运动相结合，从而在 1847 年建立了世界上第一个国际性的无产阶级政党——共产主义者同盟。在这一阶段，马克思和恩格斯写了《共产党宣言》、《共产主义者同盟章程》和《中央委员会告共产主义者同盟书》等重要文献，阐述了无产阶级政党的性质、世界观、纲领、组织原则和国际主义等，标志着马克思主义党的学说的产生。在第一国际时期和帮助欧美各国建党的时期，马克思和恩格斯同蒲鲁东主义、巴枯宁主义、拉萨尔主义以及其他各种流派进行了激烈的斗争，论述了党的团结统一和党内斗争问题，提出了党的领导的科学概念，丰富和发展了他们在《共产党宣言》等文献中关于党的学说的内容。在第二国际初期，恩格斯为保持党的性质、防止党蜕化变质，提出了许多重要原则，强调坚持实事求是精神和开展批评与自我批评的重要，等等。总之，在这四个阶段的建党实践中，马克思、恩格斯不断总结了创立和建设无产阶级政党的经验，作了一系列原则性论述，初步形成了马克思主义党的学说的理论体系。

马克思主义党的学说的初步理论体系主要有以下七个方面的内容：①无产阶级要获得彻底解放，必须建立自己独立的革命政党。②共产党是无产阶级最先进的部分，它以科学的世界观作为理论基础。③共产党坚持无产阶级的革命纲领，实行正确的路线和策略。④共产党必须按照民主集中制的思想组织起来，实行严格的纪律和制度。⑤共产党必须坚持党的团结统一，正确进行党内斗争。⑥共产党必须坚持实事求是和自我批评的精神。⑦共产党必须坚持国际主义原则。

3.共产党是无产阶级的政党，是无产阶级最先进的组织

马克思、恩格斯阐明了共产党的性质。首先，指明了共产党的阶级性，即共产党是无产者的政党。他们在《共产党宣言》中指出：“共产党人不是同其他工人政党相对立的特殊政党。”“他们没有任何同整个无产阶级的利益不同的利益”，“共产党人同其他无产阶级政党不同的地方只是：一方面，在各国无产者的斗争中，共产党强调和坚持整个无产阶级的共同的不分民族的利益；另一方面，在无产阶级和资产阶级的斗争所经历的各个发展阶段上，共产党人始终代表整个运动的利益。”(《马克思恩格斯选集》第 1 卷，第 264 页。)其次，指明了共产党的先进性。他们指出：“在实践方面，共产党人是各国工人政党中最坚决的、始终起推动作用的部分；在理论方面，他们胜过其余无产阶级群众的地方在于他们了解无产阶级运动的条件、进程和一般结果”。(《马克思恩格斯选集》第 1 卷，第 264 页)

这说明，共产党比其余无产阶级组织之所以先进，就在于它始终代表着无产阶级的根本利益，在斗争的每个发展阶段上，始终坚持共产主义的远大目标，使眼前利益服从长远利益，局部利益服从整体利益，将革命进行到底。在组织上，它是无产阶级的先进部分，始终站在革命的前列；在思想理论上，具有政治远见和革命觉悟，以科学社会主义为指导，能够认识社会的发展规律，正确判明革命形势，了解周围事变的本质，预测革命的条件、进程和结果，因而能够制定正确的路线、方针、政策，从而引导无产阶级从胜利走向胜利。

4.共产党的优点是有一个新的科学的世界观作为理论基础

马克思、恩格斯建党时很重视党的理论基础。他们在《共产党宣言》中指出：“共产党人的理论原理，绝不是以这个或那个世界改革家所发明或发现的思想、原则为根据的。这些原理不过是现有的阶级斗争、我们眼前的历史运动的真实关系的一般表述。”（《马克思恩格斯选集》第1卷，第264页。）这就是说，共产党的指导思想不是哪个人头脑中凭空想出来的，而是客观实际的反映，是建立在科学基础上的。正如恩格斯所说：“我们党有一个很大的优点，就是有一个新的科学的世界观作为理论的基础……”（《马克思恩格斯选集》第2卷，第118页。）这个科学世界观的基本观点就是：“每一历史时代的经济生产以及必然由此产生的社会结构，是该时代政治的和精神的历史的基础；因此(从原始土地公有制解体以来)全部历史都是阶级斗争的历史，即社会发展各个阶段上被剥削阶级和剥削阶级之间、被统治阶级和统治阶级之间斗争的历史，即被剥削被压迫的阶级(无产阶级)，如果不同时使整个社会永远摆脱剥削、压迫和阶级斗争，就不再能使自己从剥削它压迫它的那个阶级(资产阶级)下解放出来”（《马克思恩格斯选集》第1卷，第232页。）这段话有三个意思：一是认为社会的包括意识形态在内的全部上层建筑，都是由经济基础决定的；二是认为自从阶级产生以来，人类社会的全部历史都是阶级斗争的历史；三是认为无产阶级是资本主义社会的掘墓人，无产阶级只有使整个阶级摆脱剥削和压迫，才能最终解放自己。共产党就是根据这样的科学的理论原理来认识现实社会，制定自己的纲领和策略的。这个科学的世界观就是党的指导思想的理论基础。

5.党的纲领是一面公开树立起来的旗帜

无产阶级政党进行革命斗争，必须要有自己鲜明的纲领。它必须体现党的性质，必须规定党在各个革命时期的政治路线。正如恩格斯所指出的那样：“新的党必须有一个明确的积极的纲领，这个纲领在细节上可以因环境的改变和党本身的发展而改动，但是，在每一个时期内都必须为全党所赞同。只要这种纲领还没有制订出来或还处于萌芽状态，新的党本身也将处于萌芽状态；它可以作为地方性的党存在，但还不能作为全国性的党存在；它将是一个潜在的党，而不是一个实在的党。”“这个纲领，无论它最初的形式如何，都必须朝着预先可以确定的方向发展。在工人阶级和资产阶级之间造成鸿沟的原因，在美国和在欧洲是一样的；消除这种鸿沟的手段到处也都是相同的。因此，美国无产阶级的纲领在最终目的上，归根到底一定会同经过了60年的分歧和争论才成为欧洲战斗的无产阶级广大群众公认的纲领相一致。这个纲领将宣布，最终目的是工人阶级夺取政权以便实现整个社会对一切生产资料——土地、铁路、矿山、机器等等——的直接占有，供全体利益而共同利用。”（《马克思恩格斯选集》第4卷，第257～258页。）这段话说明，党必须有自己的纲领；它是一个实在的党的标志；一个无产阶级政党能否制定出一个马克思主义的纲领，标志着这个党是否成熟及其成熟的程度；无产阶级政党的纲领，还必须规定党的最终目标和最近目标，必须体现党的性质。此外，恩格斯还强调纲领在无产阶级政党的建设中的重要作用。他说：“一般说来，一个政党的正式纲领没有它的实际行动那样重要。但是，一个新的纲领毕竟总是一面公开树立起来的旗帜，而外界就根据它来判断这个党。”（《马克思恩格斯选集》第3卷，第31页。）这就是说，纲领是党的一面公开树立起来的旗帜，外界就是根据党的纲领来判断党的运动水平，了解党，认识党，从而决定对党的态度的。党也正是利用这面旗帜，把全党团结在一个共同的政治目标上来，号召群众，集合队伍，组成千百万群众参加的浩荡大军，进行顽强的、艰苦的斗争，最终实现党的目标。

马克思、恩格斯在1847～1848年写的《共产党宣言》，是无产阶级政党的第一个纲领。它以辩证唯物主义和历史唯物主义为思想武器，深刻地分析了资本主义社会的基本矛盾，阐明了资本主义灭亡和无产阶级胜利的历史必然性，庄严地向全世界宣布：共产党的最终目的是废除资产阶级所有制，消灭剥削，消灭阶级，建立共产主义社会；最近目的是“使无产阶级形成为阶级，推翻资产阶级的统治，由无产阶级夺取政权”，然后，“一步一步地夺取资产阶级的全部资本，把一切生产工具集中在国家即组织成为统治阶级的无产阶级手里，并且尽可能快地增加生产力的总量。”（《马克思恩格斯选集》第1卷，第264，272页。）

马克思、恩格斯关于无产阶级政党的纲领原则，是建立在社会发展客观规律的科学基础上的，它向全世界人民指明了彻底解放的光明道路。100多年来，各国无产阶级政党以《共产党宣言》的基本原理制定了自己的纲领，高举共产主义旗帜，率领亿万人民为实现党的纲领而奋斗，取得了一个又一个伟大胜利。

6.共产党人既为工人阶级的最近目的和利益而斗争，也为将来的根本利益而斗争

无产阶级政党要实现自己的纲领，必须制定出正确的斗争策略。策略是实现纲领和路线的手段和斗争方式，策略的正确与否，直接关系到无产阶级革命事业的成败。马克思、恩格斯为党规定了策略的基本原则是：“共产党人为着工人阶级的最近目的和利益而奋斗，但是他们在当前运动中同时还坚持着运动的未来”。（《马克思恩格斯选集》第1卷，第284页。）这就阐明了战略和策略的关系。根据这个基本原则，马克思、恩格斯结合当时各国无产阶级政党的斗争实际，又阐发了一系列具体的策略原则。这就是：①必须把目前的暂时的利益同长远的根本的利益结合起来，但暂时的利益必须服从无产阶级的长远利益和根本利益，必要时应牺牲暂时的目前的某些利益。

②必须把无产阶级某个组织的局部利益同全阶级的整体利益结合起来，必要时甚至要牺牲某些局部的利益，来保卫全阶级的整体利益。③必须把经济斗争和政治斗争结合起来，但经济斗争要服从于政治斗争。④必须把原则的坚定性和策略的灵活性结合起来，在“实质上坚决，形式上温和”。(《马克思恩格斯全集》第31卷，第17页。)⑤必须同各个革命阶层和进步势力结成联盟，但在结成联盟时必须保持无产阶级政党的独立性。特别是对于小资产阶级民主派，既要同他们团结一起去反对共同的敌人，又要反对他们在联合战线中“想要巩固本身地位来谋私利。”(《马克思恩格斯选集》第1卷，第384页。)这就是说，对小资产阶级民主派要采取既团结又斗争的策略。⑥要坚持不断革命，使资产阶级民主革命成为无产阶级革命的直接序幕。马克思、恩格斯这些策略思想，为以后各国无产阶级政党制定正确的策略奠定了基础。

7.党组织本身是民主的，它的各级委员会由选举产生并随时可以罢免

无产阶级革命政党，不仅要有革命的纲领和正确的路线，而且还要有正确的组织原则和制度。这个组织原则和制度就是无产阶级的民主集中制。

马克思、恩格斯在他们的著作中虽然没有用过民主集中制这个概念，但民主集中制的基本思想却始终贯穿在他们为无产阶级政党制定的《共产主义者同盟章程》和《国际工人协会临时章程》中，并且在一些著作中作了重要论述。因此，列宁把民主集中制的确立归功于马克思和恩格斯，认为马克思、恩格斯“从无产阶级和无产阶级革命的观点出发坚持民主集中制”。(《列宁选集》第3卷，第232页。)马克思、恩格斯制定的《共产主义者同盟章程》规定：同盟各级组织的领导人，都由民主选举产生，并且可以随时撤换之；盟员都有选举权和被选举权，所有盟员一律平等；代表大会是同盟的立法机关，中央委员会是全盟的权力执行机关；中央委员会对全盟实行统一领导，区部委员会必须根据盟的意图对各支部所进行的讨论加以领导；支部接收盟员，盟员同所属支部必须联系，并且要服从同盟的一切决议；盟员若不遵守盟员条件，视其情节轻重给以组织纪律处分直至开除出盟。以上这些规定，既体现了民主制的思想，又体现了集中制的思想。第一国际章程和条例，坚持了同盟章程所确立的民主集中制思想，并且在内容上有了进一步的丰富和发展。如提出了党员的义务和权利问题，特别是对各国的支部和党员的民主权利作了一些具体规定。如规定：“每一个支部均有权任命一个和总委员会通讯的书记”；“每一个支部均有权根据当地条件和本国法律的特点制订自己的地方性章程和条例”；“每个分部，不论其人数多少，均有权派遣一名代表出席代表大会”；“每一个会员有参加选举全协会代表大会的代表和被选为代表的权利；每一个代表在代表大会上只有一票表决权”；“对有关原则问题的一切决议，均须举行无记名投票”(《共产主义运动国际章程汇编》第28～38页。)并且按照少数服从多数的精神实行最后表决。这些规定体现了党内的民主精神。另外，国际章程和条例在对支部和党员的民主权利作了一系列规定的同时，还对第一国际的领导机关——总委员会的职权作了重要的规定。如规定每个支部在制定自己的地方性章程和条例时，必须使“此种章程和条例的内容，不得与共同章程和条例有任何抵触”；强调总委员会有权接受或不接受新的支部和小组，有权将任何不执行国际决议的支部暂时开除出国际，有权解除各全国性组织之间可能发生的纠纷，有权派代表出席各级组织的一切会议等。这些规定，加强了总委员会对各级组织的集中统一领导，体现了在民主基础上集中的精神。

马克思、恩格斯关于民主集中制的思想，是建立在辩证唯物主义和历史唯物主义科学世界观基础上的，是在不断总结革命斗争经验的过程中进一步明确起来的，是在同工人运动中无政府主义的自治制和密谋组织的“集中制”的斗争中不断发展起来的。马克思、恩格斯从科学的世界观出发，认为党要领导无产阶级进行革命斗争，不能只靠少数人，不能搞个人独断专制，而必须依靠绝大多数人，依靠集体的智慧，这样才能保证党取得胜利。因此，必须要在党内实行民主制度。恩格斯曾指出：党的“组织本身是完全民主的，它的各委员会由选举产生并随时可以罢免，仅这一点就已堵塞了任何要求独裁的密谋狂的道路。”(《马克思恩格斯选集》第4卷，第196页。)马克思、恩格斯对那些密谋集团依靠少数人搞恐怖活动和在组织上实行绝对集中的主张是持批判态度的。在第二国际初期，恩格斯认为坚持党的代表大会制对于发扬民主，防止个人独裁非常重要，因此他特别强调要通过召开代表大会来集体决定党的重大问题。

8.权威和集中是相对的东西

马克思和恩格斯反对密谋组织的那种绝对集中制，并不是说反对任何集中制。相反，他们非常重视无产阶级的集中制，也就是与民主制和组织纪律联结在一起的集中制。恩格斯在总结巴黎公社失败的教训时指出：“巴黎公社遭到灭亡，就是由于缺乏集中和权威。”(《马克思恩格斯选集》第4卷，第399页。)这里，恩格斯指的是无产阶级政权组织，这个思想原则也同样适应于无产阶级政党组织。他根据无产阶级革命的经验教训，强调要加强党的集中统一和权威，要坚持无产阶级的集中制，反对无政府主义的自治制。他曾强调说：“为了进行斗争，我们必须把我们的一切力量拧成一股绳，并且使这些力量集中在同一攻击点上。如果有人向我说，权威和集中在任何情况下都是两种应当加以诅咒的东西，那么我就认为，说这种话的人，要么不知道什么叫革命，要么只不过是口头革命派。”(《马克思恩格斯选集》第4卷，第399页。)为了实行无产阶级的集中制，保持党的集中统一，就必须绝对地保持党的纪律。马克思说：“我们现在必须绝对地保持党的纪律，否则将一事无成。”(《马克思恩格斯选集》第29卷，第413页。)

马克思、恩格斯还认为，权威和自治，集中和民主都是相对的概念，无产阶级政党不能把它们绝对化，而应随着社会发展的不同阶段而改变。恩格斯批判了那种把权威和自治，集中和民主绝对对立的观点，指出：“把权威原则说成是绝对坏的东西，而把自治原则说成是绝对好的东西，这是荒谬的。权威和自治是相对的东西，它们的应用范围是随着社会发展阶段的不同而改变的。”(《马克思恩格斯选集》第2卷，第553页。)

在同巴枯宁无政府主义的斗争中，恩格斯专门写了著名的《论权威》一书，论证了权威的重要性，强调了集中的作用，指出任何社会不管社会形态如何变化，都必须有权威，甚至两个人组成的社会，也需要有权威和服从，“如果每个人都不放弃一些自治权”（《马克思恩格斯选集》第4卷，第401页。），这个社会也不可能存在。作为无产阶级战斗组织的无产阶级政党，更不能不要权威和集中。如果一个政党像巴枯宁所主张的那样，每个党员、每个支部都是自治的，代表大会的决议可以不服从，这样的党也就没有任何的统一行动，就没有任何战斗力，也就不成其为政党了。恩格斯指出：巴枯宁主义者“不承认总委员会的任何权威，即使这种权威是大家自愿承认的。我很想知道，如果没有这种权威……怎么对付得了托伦、杜朗或涅恰也夫，又怎么能够……阻止警探和叛徒的渗入。”“如果联合会不把某些权力给予联合会委员会，并且最终给予总委员会，那么联合会的存在是不可能的。”（《马克思恩格斯选集》第4卷，第399页。)这就是说，一个无产阶级政党，如果没有权威，就不可能有一致的行动，就不可能有战斗力。因此，无产阶级政党要想取得革命胜利，就要有统一的行动，就必须有权威，有服从，否则，是不可想象的。

9.党的团结问题是党的建设中的一个基本问题

党的团结统一，是党的事业取得胜利的基本保证。马克思、恩格斯在创建无产阶级政党时，一开始就非常重视这个问题，并且把“全世界无产者，联合起来”的口号写在《共产党宣言》上面。当第一国际成立时，马克思和恩格斯更加明确地提出了“国际的一个基本原则——团结”的科学论断。(《马克思恩格斯选集》第18卷，第180页。)从此，党的团结问题，就成为无产阶级政党建设中的一个基本问题。

党的团结问题之所以是党的建设中的一个基本问题，就是因为，团结是党的生命，团结就是胜利。无产阶级政党肩负着解放全人类和实现共产主义的历史使命，要实现这一使命就必须有强大的力量。力量从何而来?力量就靠党自身的团结，只有这种团结，才能达到党所向往的目标。正是在这个意义上，马克思和恩格斯才得出了“团结是党的一个基本原则”的结论，并指出要把团结的原则贯彻到整个工人阶级中去。马克思说：“如果我们能够在一切国家的一切工人中间牢牢地巩固这个富有生气的原则，我们就一定会达到我们所向往的伟大目标。革命应当是团结的，巴黎公社的伟大经验这样教导我们。”(《马克思恩格斯选集》第18卷，第180页。)党不仅需要团结，而且能够团结。这是由党的性质所决定的。马克思、恩格斯认为，无产阶级是人类历史上最进步的阶级，它和大生产密切联系在一起，逐渐形成了善于团结的优良特性。党是无产阶级的先锋队组织，更集中了这一优良特性。而且党有科学的世界观作理论基础，有正确的纲领作政治基础，有民主集中制的原则作组织基础。共同的信念、共同的政治目的，共同的组织原则，共同的阶级利益，紧紧地把全党和整个无产阶级联结在一起。所以，党能够团结。

无产阶级政党的团结是有原则的团结，是在共同的阶级利益基础上的团结。因此，恩格斯说：“在可能团结一致的时候，团结一致是很好的，但还有高于团结一致的东西”（《马克思恩格斯选集》第4卷，第434页。)这高于团结一致的东西是指无产阶级的根本利益。马克思、恩格斯认为，讲团结统一时，绝不能追求形式上的统一而丢掉党的根本原则。正在这个意义上，马克思和恩格斯提出了“不能拿原则做交易”的科学论断。

无产阶级政党的团结是有原则的团结，但在这些原则问题上常常会发生分歧，而要消除分歧，就要进行必要的斗争。特别是党内存在着各种非无产阶级思想，甚至会混进各种冒牌的社会主义者，这就必然使党在正确原则基础上的团结受到削弱和破坏。为了保证党的团结，就要正确进行党内斗争，以消除党内的不团结因素，达到党在原则一致基础上的团结。恩格斯总结各国工人政党实现团结的经验教训，得出一个科学的结论：“看来大国的任何工人政党，只有在内部斗争中才能发展起来，这是符合一般发展规律的。”（《马克思恩格斯选集》第4卷，第432页。)无产阶级的发展也是这样。恩格斯说：“无产阶级的发展，无论在什么地方总是在内部斗争中实现的。”（《马克思恩格斯选集》第4卷，第434页。)这就是说，党内出现斗争是客观存在的，不可避免的。而正确地进行党内斗争是达到党的团结的一个重要手段。无产阶级政党正是在斗争中达到团结和统一的，在斗争中不断发展壮大的。

无产阶级政党的内部为什么会产生矛盾和斗争呢?马克思和恩格斯认为，其一，是由于“无产阶级的运动必然要经过各种发展阶段；在每一个阶段上都有一部分人停留下来，不再前进。仅仅这一点就说明了，为什么‘无产阶级的团结一致’实际上到处都是在分成各种不同的党派的情况下实现的，这些党派彼此进行着生死的斗争。”（《马克思恩格斯选集》第33卷，第594页。)这里，不仅指出了党内斗争发展的原因，而且阐明了团结和斗争的辩证关系。其二，是由于资产阶级实行收买政策，而无产阶级队伍内部出现了“工人贵族”，这是引起党内斗争的社会阶级根源。恩格斯在19世纪50年代初期就作出资产阶级在“利用目前的繁荣或半繁荣，收买无产阶级”的论断。(《马克思恩格斯通信集》第1卷，第165页。)后来，他进一步考察了英国工联的蜕化问题，认为英国工人阶级的一部分人“实际上日益资产阶级化了，因而这一所有民族中最资产阶级化的民族，看来想把事情最终导致这样的地步，即除了资产阶级，还要有资产阶级化的贵族和资产阶级化的无产阶级。”(《马克思恩格斯选集》第4卷，第338页。)这说明英国工联领袖已完全被资产阶级收买了。

无产阶级政党内部斗争产生的原因，除了资产阶级对党内不坚定分子的腐蚀和影响外，还有小资产阶级的渗透和影响。在资本主义社会中，小资产阶级不可避免地要遭到破产，必然会“降落到无产阶级的队伍中来。”（《马克思恩格斯选集》第1卷，第259页。)有些人要加入到无产阶级政党中来。这样，“在日益壮大的工人政党内，小资产阶级分子的增多是不可避免的。”（《马克思恩格斯选集》第4卷，第514页。)小资产阶级具有两面性，即革命性和妥协性。因此，在无产阶级政党内部，同小资产阶级各种恶习作斗争是不可避免的。恩格斯说：“我们一直在党内同小资产阶级的市侩庸俗习气作无情的斗争，因为这种习气从 30 年代以来就在蔓延，现在已经沾染了德国的一切阶级，成了德国人的遗传病，成了奴颜婢膝、俯首帖耳和德国人的一切传统的恶习的亲姊妹。”（《马克思恩格斯选集》第 35 卷，第 444 页。）

在分析了党内产生矛盾和斗争的根源之后，马克思和恩格斯还指出了党内斗争的原则。这就是要以团结为目的，对不同的人采取不同的方法。对于野心家、阴谋家和其他机会主义分子，如巴枯宁、拉萨尔、蒲鲁东等，要采取彻底揭露和斗争的态度，以至把他们开除出党，达到纯洁党的组织、巩固党的团结的目的。而对革命队伍中犯了错误的人，包括犯了严重政治错误的人，如倍倍尔、李卜克内西等，则应采取批评教育的态度，帮助他们改正错误，以达到团结的目的。

10.没有批评就不能互相了解，因而也就谈不到团结

恩格斯认为，批评是达到团结的重要途径。他指出：“各国民主主义者的团结并不排斥相互间的批评。没有这种批评就不可能达到团结。没有批评就不能相互了解，因而也就谈不到团结。”（《马克思恩格斯全集》第 4 卷，第 423 页。）这里，恩格斯阐明了批评和团结的辩证关系，为解决党内正确与错误、无产阶级思想与非无产阶级思想的矛盾指明了正确的方向。恩格斯还认为：“批评是工人运动生命的要素，工人运动本身怎么能避免批评，想要禁止争论呢?难道我们要求别人给自己以言论自由，仅仅是为了在我们自己队伍中又消灭言论自由吗?”（《马克思恩格斯选集》第 4 卷，第 471 页。）马克思、恩格斯不但勇于批评别人，而且欢迎别人批评自己。马克思说：“任何的科学批评的意见我都是欢迎的。”（《马克思恩格斯选集》第 2 卷，第 208 页。）他是这样说的，也是这样做的，并且十分严格地进行自我批评。恩格斯说：“马克思在公布他的经济学方面的伟大发现以前，是以多么无比认真的态度，以多么严格的自我批评精神，力求使这些伟大发现达到最完善的程度。”（《马克思恩格斯全集》第 24 卷，第 4 页。）他们还认为，自我批评精神是无产阶级政党区别于其他政党的显著标志，是无产阶级政党的内在力量所在。19 世纪 90 年代初，恩格斯决定在德国党的机关报上公布马克思写的《哥达纲领批判》以及给威·白拉克的信。一些人担心公布马克思对党的批评意见，会给敌人提供武器。恩格斯说：“此文在正式机关报上转载，会使我们敌人的进攻锋芒减弱，也使我们能够这样讲：请看，我们是怎样自己批评自己的，我们是唯一能够这样做的政党；你们也这样试试看吧!”他还指出，那种“担心这封信会给敌人提供武器，证明是没有根据的。恶意的诽谤当然是借任何理由都可以散布的。但是总的说来，这种无情的自我批评引起了敌人极大的惊愕，并使他们产生这样一种感觉：一个能给自己奉送这种东西的党该具有多么大的内在力量呵!”“哪里还有另外一个政党敢于这样做呢?”（《马克思恩格斯全集》第 38 卷，第 21、36 页。）恩格斯还认为，党的批评和自我批评，“无疑会使许多人感到不愉快”，但“这对于党来说，一定要比任何无批判的恭维更有益处。”（《马克思恩格斯全集》第 34 卷，第 399 页。）为了使无产阶级政党更加团结统一，为了使党更加强大而有力量，“为了不致蜕化成为宗派，我们应当容许讨论，但是共同的原则应当始终不渝地遵守。”（《马克思恩格斯全集》第 22 卷，第 480 页。）

马克思和恩格斯关于批评与自我批评的这些论述，对于巩固党的团结统一，对于加强党的作风建设具有重大的理论意义和历史意义。

11.成为统治阶级的无产阶级，应尽可能快地增加生产力的总量

马克思和恩格斯在《共产党宣言》中指出：“工人革命的第一步就是使无产阶级上升为统治阶级，争得民主。无产阶级将利用自己的政治统治，一步一步地夺取资产阶级的全部资本，把一切生产工具集中在国家即组织成为统治阶级的无产阶级手里，并且尽可能快地增加生产力的总量。”（《马列著作毛泽东著作选读》第 32 页。）这就说明，无产阶级推翻资产阶级统治，夺取政权以后，必须建立起无产阶级和广大人民群众当家作主的政权，利用这个政权变生产资料私有制为公有制，并且必须把工作重心转移到经济建设上来，尽快发展生产，为早日实现共产主义创造物质条件。无产阶级夺取政权以后，为什么要把全部注意力转到经济建设上来，努力发展生产力呢?这是因为：第一，生产力的发展是社会变革的根本动力。马克思指出：“社会的物质生产力发展到一定阶段，便同它们一直在其中运动的现存生产关系或财产关系(这只是生产关系的法律用语)发生矛盾。这些关系便由生产力的发展形式变成生产力的桎梏。那时社会革命的时代就到来了。随着经济基础的变革，全部庞大的上层建筑也或慢或快地发生变革。”（《马列著作毛泽东著作选读》第 32 页。）这就是就，只有大力发展生产力，才能促进社会的变革和更替，才能促进社会早日向共产主义社会过渡。第二，一切政治运动都应该服从于工人经济解放的伟大目标。恩格斯指出：“土地占有制和资产阶级之间的斗争，正如资产阶级和无产阶级之间的斗争一样，首先是为了经济利益而进行的，政治权力不过是用来实现经济利益的手段。”（《马列著作毛泽东著作选读》第 95 页。）“在现代历史中至少已经证明：一切政治斗争都是阶级斗争，而一切争取解放的阶级斗争，尽管它必然地具有政治的形式(因为一切阶级斗争都是政治斗争)，归根到底都是围绕着经济解放进行的。”（《马列著作毛泽东著作选读》第 96 页。）这就是说，无产阶级进行政治斗争是围绕无产阶级的经济利益进行的。无产阶级夺取政权就必然要把注意力转到经济建设上来，大力发展生产力，为提高广大人民群众的物质文化生活创造条件。第三，发展生产力，是消灭三大差别，向共产主义社会过渡的根本途径。恩格斯曾指出：“只有使工业生产和农业生产发生密切的内部联系，并使交通工具随着由此产生的需要扩充起来——当然是以废除资本主义生产方式为前提，——才能使农村人口从他们数千年来几乎一成不变地栖息在里面的那种孤立和愚昧的状态中挣脱出来。”（《马克思恩格斯选集》第 2 卷，第 543 页。）这就是发展生产，是农村摆脱贫困落后和愚昧的根本手段。恩格斯还说：“大工业在全国的尽可能平衡的分布，是消灭城市和乡村的分离的条件，所以从这方面来说，消灭城市和乡村的分离，这也不是什么空想。”（《马克思恩格斯选集》第 3 卷，第 336 页。）

这句话是说，只有大力发展生产，特别是工业生产，就能逐步消灭城乡差别。无产阶级夺取政权以后，就可以利用手中没收的资产阶级的全部资本，大力发展生产，逐步把工业同农业结合起来，把教育与劳动结合起来。这样，就能大大提高生产力，同时提高人们的思想文化素质。到那个时候，“在共产主义社会高级阶段，在迫使个人奴隶般地服从分工的情形已经消失，从而脑力劳动和体力劳动的对立也随之消失之后；在劳动已经不仅仅是谋生的手段，而且本身成了生活的第一需要之后；在随着个人的全面发展，他们的生产力也增长起来，而集体财富的一切源泉都充分涌流之后，——只有在那个时候，才能完全超出资产阶级权利的狭隘眼界，社会才能在自己的旗帜上写上：各尽所能，按需分配!”（《马列著作毛泽东著作选读》第153页。）

马克思和恩格斯的这些论述，告诉我们，无产阶级推翻资产阶级统治，夺取政权以后，应把全部注意力转到经济建设上来，尽可能快地发展生产力，逐步消灭三大差别，消灭阶级，从而使国家消亡。只有这样，才能最终实现共产主义。

12.共产主义革命就是同传统的所有制关系及传统观念实行彻底的决裂

马克思和恩格斯认为，物质文明和精神文明的高度统一是共产主义的基本特征之一。他们在驳斥资产阶级对共产党人的攻击和诽谤时阐述了这一重要思想。资产阶级为了维护私有制，抛出种种谬论，对共产党人进行诽谤和责难。他们指责共产党人要消灭私有制，就是要消灭自己劳动挣得的财产；就是要消灭人们的自由和个性；就是要消灭教育和家庭；就是要消灭祖国和民族；就是要废除永恒的真理等等，总之，在资产阶级看来，消灭私有制，就是消灭人类的一切。马克思和恩格斯运用唯物史观，对资产阶级散布的谬论作了深刻的分析和批判。他们指出，资产阶级用本阶级的自由、教育、法等观念来责难消灭资产阶级所有制的主张，而这些观念本身是资产阶级所有制关系的产物，是资产阶级的物质生活条件决定的。这就揭露了资产阶级对共产主义的各种谬论的根本目的和阶级实质。

共产主义革命的主要任务是要废除资产阶级所有制，建立公有制。而资产阶级私有制是私有制的最后最完备的表现，它是建立在少数人对多数人剥削的阶级对立面上的。资产阶级雇佣工人进行现代化的大生产，占有高度集中的生产资料和产品。在历史上，这种私有制剥削范围最广，压迫程度最深。资本主义生产的社会性和生产资料占有的私人性之间的矛盾，已经发展到非要消灭私有制而建立公有制不可的地步。消灭了资产阶级私有制，就是消灭了人类历史上最后最完备的一种私有制。从这个意义上说，共产党人的理论就是消灭私有制。

共产主义革命不仅要消灭私有制，而且要彻底消灭私有观念。无产阶级要彻底消灭私有制，就必须同维护私有制的各种传统观念实行最彻底的决裂，彻底消灭由私有制产生的一切旧思想、旧文化、旧风俗、旧习惯。一切旧的传统观念都是为了维护私有制，私有观念是一切旧的传统观念的核心。私有制是私有观念产生和存在的经济基础，私有观念是维护私有制的思想武器，私有观念不消灭，就有复辟私有制的可能。所以，“共产主义革命就是同传统的所有制关系实行最彻底的决裂；毫无可怪，它在自己的发展进程中要同传统的观念实行最彻底的决裂。”（《马克思恩格斯选集》第1卷，第271～272页。）

这两个“最彻底的决裂”是共产主义革命区别于以往一切社会革命的标志。在共产主义革命之前，一切社会革命无不是消灭旧的私有制而代之以新的私有制，以一种新形式的私有观念代替旧形式的私有观念，而共产主义革命和这些社会革命都不同，它要消灭一切私有制而代之以公有制，要和一切私有制观念实行最彻底的决裂，而代之以反映公有制的公有观念。可见，实行两个“最彻底的决裂”是共产主义革命的独有的特征。

实行两个“最彻底的决裂”是共产主义革命深刻性和彻底性的表现。这就是说，共产主义革命要在其前进过程中，要同私有制和私有观念决裂，而在其最终胜利的时候，也就是同私有制和私有观念实行最彻底决裂的时候。我们既要树立起实现共产主义，实行两个“最彻底的决裂”的伟大目标，同时又要实事求是地承认，在共产主义最终实现之前，两个“最彻底的决裂”是不可能彻底做到的。特别是在社会主义初级阶段，以公有制为主体的多种经济成分并存，私有观念就在一定程度上继续存在。因此，我们的任务是积极发展生产力，允许个体经济和私有经济在一定范围内一定程度地发展，更要巩固和发展社会主义公有制。同时，又要狠抓精神文明建设，以抵制和批判旧的意识形态，保证社会主义建设的正确方向，并为社会主义的物质文明建设提供精神动力和智力支持，从而为最终实现两个“最彻底的决裂”创造条件。

13.马克思的整个世界观不是教义，而是方法，是进一步研究的出发点和供这种研究使用的方法

当马克思主义在许多国家得到广泛传播，许多国家建立社会主义政党的情况下，出现了对马克思主义的两种错误倾向：一种是企图否定马克思主义；一种是把马克思主义当作万古不变的教条，包医百病的万灵药方。

当时，在德国党内出现一种冒牌的马克思主义，其代表人物就是杜林主义和苏黎世三人团的取消主义。杜林本来不是党员，却以改革家、理论家自居，打着“革新科学”的旗帜，全面篡改马克思主义。苏黎世三人团打着“批评自由”的幌子，胡说科学社会主义是“浅薄的”、“粗野的”、“偏执的”社会主义，鼓吹用“自由”的、“平等”的、“仁爱”的社会主义取而代之。针对这种倾向，马克思和恩格斯指出，以科学社会主义作为自己的指导思想“是任何一个无产阶级政党内根本不容讨论的问题。在党内讨论这些问题，就意味着对整个无产阶级社会主义提出怀疑。”（《马克思恩格斯全集》第34卷，第406页。）这就是说，党必须以科学社会主义为指南。

在一些党的领导人中出现的教条主义倾向，其代表是美国社会主义劳工党的领导人，他们把马克思主义当成了千古不变的教条，可以包治百病的药方，以为把它背得烂熟，就可以解决一切问题。恩格斯在批判这种态度时指出：“我们的理论不是教条，而是对包含着一连串互相衔接的阶段的那种发展过程的阐明。”（《马克思恩格斯选集》第4卷，第459页。）“我们的理论是发展的理论，而不是必须背得烂熟并机械地加以重复的教条”（《马克思恩格斯选集》第4卷，第460页。）又说：“如果不把唯物主义方法当作研究历史的指南，而把它当作现成的公式，按照它来剪裁各种历史事实，那么它就会转变为自己的对立物”（《马克思恩格斯全集》第37卷，第410页。）还说，美国工人党要完成它的历史使命，必须脱掉外国服装，它必须成为彻底美国化的党。这就是说，马克思主义是以客观实际为基础的，并随着客观实际的变化而发展。实际运动在变化，各国的情况又千差万别，马克思主义绝不可能一成不变。他还对美国和德国的一些教条主义式的社会主义者进行了批判。他说这些社会主义者“都只是把马克思的发展学说变成死板教条的党派”（《马克思恩格斯全集》第39卷，第236页）。他还特别批评了在美洲活动的德国社会主义者，指出：“他们大部分连自己也不懂得这种理论，而用学理主义和教条主义的态度去对待它，认为只要把它背得烂熟，就足以应付一切。对他们来说，这是教条，而不是行动的指南。”（《马克思恩格斯选集》第4卷，第456页。）因此，恩格斯强调说：“马克思的整个世界观不是教义，而是方法。它提供的不是现成的教条，而是进一步研究的出发点和供这种研究使用的方法。”（《马克思恩格斯全集》第39卷，第406页。）这就是说，运用马克思主义必须从本国的实际出发，必须把马克思主义的基本原理同本国的具体情况结合起来，不能把它当成现成的公式，到处生搬硬套。如果把马克思主义当作教条或魔术师的咒语，那是不可能指导革命取得胜利的。由此可见，马克思和恩格斯不仅为无产阶级政党创立了科学的理论，而且为如何运用这一理论指明了方向，这就可以防止党变成死板教条的党派，从而保证党的先进性，就可以保证党的路线方针政策的正确性和科学性，从而保证党战无不胜！

（二）列宁主义新型无产阶级政党学说的产生、形成及其基本原理

1. 列宁创立新型无产阶级政党学说的历史条件、历史过程和基本内容

19世纪末20世纪初，资本主义发展到了帝国主义阶段。列宁说：“帝国主义是无产阶级社会革命的前夜。”就是说，在帝国主义时代，无产阶级革命已经进入准备力量直接夺取政权的发动时期。在革命历史急剧转变的紧要关头，国际共产主义运动中却出现了一股修正主义思潮，并在恩格斯逝世以后更加嚣张起来，逐渐在第二国际各国党中占了统治地位。第二国际的一些领袖们公开反对无产阶级革命和无产阶级专政，宣扬阶级调和、社会改良，主张和平进入社会主义，在理论上修正、篡改马克思主义的基本原理。第二国际各国党变成了“和平的党”、“改良的党”、“修正主义的党”，成为无产阶级准备力量直接夺取政权的严重障碍。因此，“必须有新的党，战斗的党，革命的党。”“没有这样的党，就休想推翻帝国主义，就休想争得无产阶级专政。”列宁创建的布尔什维克党，就是这样一个政党。它是在帝国主义和无产阶级革命时代，国际共产主义运动发展的转折时期建立起来的无产阶级新型革命政党。

列宁1903年创建的布尔什维克党，成功地实现了马克思、恩格斯关于在一个民族国家范围内建立无产阶级独立政党的思想，为国际无产阶级政党树立了榜样。当时，俄国是一个资本主义不发达的帝国主义大国，没有民主、没有自由的沙皇专制制度残酷地统治着这个国家。在这样一个国度里，建立区别于第二国际修正主义的新型革命政党是相当困难的。所以列宁在建党活动的初期，特别强调新型无产阶级革命政党是一个高度集中统一的、有严密组织和铁的纪律的无产阶级革命家组织。

列宁创建布尔什维克党经历了夺取政权前和“十月革命”后两个大的历史阶段。在这20多年的建党实践中，特别是在同第二国际修正主义及其在俄国的代表经济派和孟什维克的斗争中，他先后写了《怎么办?》、《进一步，退两步》、《社会民主党在民主革命中的两种策略》、《唯物主义和经验批判主义》等光辉著作，为在帝国主义和无产阶级革命时代建立新型无产阶级革命政党，奠定了思想基础、组织基础、策略基础和哲学基础，捍卫和发展了马克思主义党的学说。“十月革命”胜利以后，列宁为了帮助各国无产阶级左派建立区别于第二国际修正主义党的新型革命政党——共产党，于1919年3月建立了第三国际，即共产国际。列宁写的《加入共产国际的条件》和《共产主义运动中的“左派”幼稚病》等著作，为各国创建新型无产阶级革命政党指明了方向。列宁在领导布尔什维克党执政6年多的时间里，写了《苏维埃政权的当前任务》、《伟大的创举》、《论工会、目前局势及托洛茨基的错误》、《俄共第十次代表大会关于党的统一的决议草案初稿》、《俄共第十次代表大会关于我们党内的工团主义和无政府主义倾向的决议草案初稿》以及《关于清党》和《宁肯少些，但要好些》等重要文献，初步总结了执政党建设的经验，进一步丰富和发展了马克思主义党的学说，从而形成了一套比较完整的新型无产阶级政党学说。这个学说一直指导着各国无产阶级革命政党的建设，尤其是中国共产党的建设。

列宁创立的新型无产阶级政党学说的基本内容主要有以下十个方面：①新型党是以马克思主义理论武装起来的先锋队；②新型党是按照民主集中制原则建立起来的有组织部队；③新型党是无产者阶级联合的最高形式；④新型党必须制定和实行正确的战略和策略；⑤新型党是由最有威信，最有影响、最有经验的领袖集团来主持的；⑥新型党是无产阶级专政和社会主义建设的领导力量；⑦新型党必须保持同群众的密切联系；⑧新型党必须坚持革命胆略和求实精神相结合的作风；⑨新型党必须坚持思想上、组织上的统一和反对任何派别活动；⑩新型党是在两条战线斗争中成长、壮大和得到锻炼的。

2. 无产阶级必须建立独立的新型的革命政党

无产阶级必须建立独立的新型的革命政党，是列宁建党思想的一贯主张，是列宁新型无产阶级政党理论的前提条件，是列宁集多年革命斗争经验，继承、丰富和发展马克思主义建党学说的重要内容和方面。

关于无产阶级革命必须要有一个革命的党来领导，马克思和恩格斯都有过科学的论述。马克思曾经指出：“工人阶级在反对有产阶级联合权力的斗争中，只有组织成为与有产阶级建立的一切旧政党对立的独立政党，才能作为一个阶级来行动。”“工人阶级这样组织成为政党是必要的，为的是要保证社会革

命获得胜利和实现这一革命的最终目标——消灭阶级。"(《马克思恩格斯选集》第2卷，第138页。)恩格斯也指出："要使无产阶级在决定关头强大到足以取得胜利，无产阶级(马克思和我从1847年以来就坚持这种立场)组成一个不同于其他所有政党并与它们对立的特殊政党，一个自觉的阶级政党。"(《马克思恩格斯选集》第4卷，第469页。)马克思和恩格斯的这些论述，都是从工人阶级进行革命，必须由本阶级的先进政党领导的角度来阐述其基本思想的。而列宁论述的无产阶级必须建立独立的新型的革命政党，则是根据当时俄国的实际情况和革命的实际需要，侧重要和已经蜕变的欧洲社会民主党相区别的角度来论述新型政党的。他说："无产阶级应该努力建立独立的工人政党，党的主要目的应该是由无产阶级夺取政权来组织社会主义社会。"(《列宁选集》第1卷，第197页。)他指出："历史现在向我们提出的当前任务，是比其他任何一个国家的无产阶级的一切当前任务都更革命的任务。实现这个任务，即摧毁这个不仅是欧洲的同时也是……亚洲的反动势力的最强大的堡垒，就会使俄国无产阶级成为国际革命无产阶级的先锋队。"(《列宁选集》第1卷，第245页。)

列宁当时之所以强调要建立一个新型的独立政党：一是当时世界上现成的欧洲社会民主党严重沾染上了机会主义和改良主义的倾向，它们虽在教育和组织工人阶级方面发挥过很大作用，但却把和平的议会斗争作为基本手段，日益成为维护资产阶级利益的党。

二是当时俄国党内的第一个机会主义派别经济派，妄图按着欧洲的模式，把党建成一个改良的党，使党面临着思想混乱和组织涣散的危险。

三是俄国当时正值革命的前夜，资产阶级性质的民主革命必将要由无产阶级政党来领导，形势的发展不仅需要从理论上澄清是非，也迫切需要给以实际正确的指导，以使无产阶级政党真正起到革命的领导作用。

今天，我们重温列宁关于建立一个独立的新型的工人阶级政党的论述，对于我们在复杂的政治形势面前，保持清醒的政治头脑，保持无产阶级政党的阶级性和先进性具有极其重要的意义。

3.绝对不能把作为工人阶级先进部队的党同整个阶级混淆起来

列宁认为，无产阶级政党是工人阶级先进的、有觉悟的部队。他说："党是阶级的先进觉悟阶层，是阶级的先锋队"(《列宁全集》新版第24卷，第38～39页。)，"绝对不能把作为工人阶级先进部队的党同整个阶级混淆起来。"(《列宁全集》新版第8卷，第254页。)这一思想，在他同孟什维克组织问题上的机会主义斗争中，在他批判孟什维克混淆党和阶级的界限的过程中，得到了完整的体现，系统而深刻地揭示了新型无产阶级政党的性质。

孟什维克借口工人政党是工人阶级的党，认为它应当包括本阶级乃至其他阶级中一切同情党的分子，哪怕是不十分积极地依附于党的人也应该包括在党内，他们说："我们既然是阶级的党，就应当想法不把那些也许并不十分积极然而却自觉靠近这个党的人抛在党外。"(《列宁选集》新版第1卷，第457页。)并且认为把党员的称号散布得越广泛越好，主张"'每一个罢工者'都可以'宣布自己是党员'"(《列宁全集》新版第8卷，第261页。)，这实际上是把整个阶级都包括在党里面，抹杀了党和阶级的界限和区别。

列宁在批判孟什维克的错误时指出，虽然工人阶级是历史上最伟大的一个阶级，是思想上、政治上、力量上最强大的一个阶级，但党和阶级毕竟不同，作为阶级的党"应当只是工人阶级广大群众的先进部队和领导者，"(《列宁全集》新版第7卷，第270～271页。)如果允许本阶级的一切群众都涌入到党内，那么党就丧失了本阶级有觉悟的先进部队的性质。党的阶级的区别主要在于：党按其成员的觉悟程度来说，是工人阶级中最先进最优秀的分子。列宁说："我们是阶级的党，这是就我们在事实上本着社会民主主义精神领导几乎整个或者甚至整个无产阶级来说的"(《列宁全集》新版第8卷，第257页。)。但是，如果以为在资本主义制度下，不论在什么时候，几乎整个阶级或者整个阶级都能把自己的觉悟程度和积极程度提高到自己的先进部队即自己的社会民主党的水平，那就是马尼洛夫精神和"尾巴主义"(《列宁全集》新版第8卷，第255页。)；党按其成员的数量来说，它只是工人阶级的一部分，"工人政党最大的特点就在于它只能包括本阶级的少数。政党所能吸收的只是本阶级的少数，正如在任何资本主义社会里，真正觉悟的工人也只占全体工人的少数一样。"(《列宁全集》新版第39卷，第224页。)因此，党只能包括本阶级的真正觉悟的少数人，绝对不能把作为工人阶级先进部队的党和整个阶级混淆起来，"忘记先进部队和倾向于它的所有群众之间的区别，忘记先进部队的经常责任是把愈益广大的阶层提高到这个先进的水平，那只是欺骗自己。"(《列宁选集》新版第1卷，第458页。)

4.党以马克思主义原则形成的思想一致是用组织的物质统一来巩固的

列宁认为新型的无产阶级政党应当具有高度的组织性，应当是一个有组织的整体，一个有组织的战斗堡垒。他在《进一步，退两步》中指出："无产阶级在夺取政权的斗争中，除了组织，没有别的武器。"(《列宁全集》新版第8卷，第415页。)"它所以能够成为而且必然会成为不可战胜的力量，就是因为它根据马克思主义原则形成的思想一致是用组织的物质统一来巩固的。"(《列宁全集》新版第8卷，第415页。)科学地阐明了党是工人阶级的先进分子和具有组织性的观点。

俄国党内的机会主义派别孟什维克否认党是一个组织。他们把有组织的分子和无组织的分子，接受领导的分子和不接受党的领导的分子混淆在党内，主张让那些以某种方式帮助过党的人都自行宣布为党员，使党成为一个界限不清的、不定型的团体。而列宁则认为，组织会产生一种新的力量。新型政党必须具有高度的组织性，使党成为有组织的部队，这种高度的组织性是建立在党员的高度觉悟性的基础之上的，使党只能容纳有组织性的分子，即参加党的一个组织的人。只有这样，党才能对其成员进行监督和领导，才能成为有战斗力的统一整体，因而，"党应当是组织的总和……使作为阶级的先进部队的党成为尽量有组织的，使党只吸收至少能接受最低限度组织性的分子。”(《列宁全集》新版第8卷，第252页。)如果不参加党的任何一个组织的人也被承认是党员，那就等于否认党的组织性和战斗性，就等于否定党对党员的任何监督和领导，就把党组织降落为一个“俱乐部”和“清谈馆”，毫无组织纪律性，战斗性可言，也就不可能坚强有力地领导工人阶级的伟大斗争，所以，列宁一针见血地指出，孟什维克的主张，实际上是为那些害怕无产阶级纪律性和组织性的资产阶级知识分子的利益服务的，他们不是促使大家组织起来，不是要求大家组织起来，不是把有组织的东西和无组织的东西区别开来，而是给大家一个称号，用“党”这个字来掩护一切无组织和一切涣散状态，从而否定了建立无产阶级政党组织的必要性。

列宁在1903年至1905年初与孟什维克关于党的组织问题的论争中，对党的组织原理和党员资格的阐述，进一步发展了马克思主义建党学说，在无产阶级政党史上，把参加党的一个组织作为党员的必备条件之一，是从列宁开始的。在19世纪马、恩建党时代，马克思、恩格斯并没有对无产阶级政党下过严格的定义，他们把无产阶级政治性的组织都看作是无产阶级政党，把自己创立的共产主义者同盟看作是无产阶级政党中的最先进的政党。第一国际成立后，他们把其作为无产阶级政党的第二个历史形态，到七八十年代欧美群众性社会主义工人政党成立后，他们又把这种类型的政党作为无产阶级政党，而这种政党当时并不严格要求党员参加党的一个组织。列宁对于党的组织问题的论述进一步揭示了无产阶级政党的本质特点，深化了无产阶级政党的概念。

5.只有以先进理论为指南的党，才能实现先进战士的作用

列宁在1901年秋至1902年2月写的《怎么办》一文中，指出：“没有革命的理论，就不会有革命的运动。……只有以先进理论为指南的党，才能实现先进战士的作用。”(《列宁全集》新版第6卷，第23～24页。)深刻指明了革命理论对革命政党和革命运动的重要意义和作用。

①没有革命的理论，就不可能有被压迫阶级的最伟大的解放运动，只有依靠马克思主义的革命理论，工人运动才是不可战胜的。列宁认为：“没有革命的理论，就不可能有被压迫阶级的即历史上最革命的阶级的世界上最伟大的解放运动。”因为“革命理论是不能臆造出来的，它是从世界各国的革命经验和革命思想的总和中生长出来的。”(《列宁全集》新版第27卷，第15～16页。)“只有依靠革命的马克思主义理论，依靠国际社会民主党的经验，我们才能把我国的革命运动同工人运动结合起来，才能建立不可战胜的社会民主主义运动。”(《列宁全集》新版第7卷，第41页。)

②没有革命的理论，就不会有坚强的社会主义政党。列宁指出：“没有革命理论，就不会有坚强的社会党，因为革命理论能使一切社会党人团结起来，他们能从革命理论中取得一切信念。”(《列宁全集》新版第4卷，第161页。)“马克思主义教育工人的党，也就是教育无产阶级的先锋队，使它能够夺取政权并引导全体人民走向社会主义，指导并组织新制度，成为所有被剥削劳动者在不要资产阶级并反对资产阶级而建设自己社会生活的事业中的导师、领导者和领袖。”(《列宁全集》新版第31卷，第24页。)

③只有以马克思主义的理论为依据，才能了解社会发展的全部规律，才能清楚地认识自己斗争的目的。列宁在1899年所写的《我们的纲领》中指出：我们完全以马克思的理论为依据，因为它第一次把社会主义从空想变成科学，给这个科学奠定了巩固的基础，规划了继续发展和详细研究这个科学所应遵循的道路。它揭示了现代资本主义经济的实质，教导我们透过那些积习、政治手腕、奥妙的法律和诡辩的学说看出阶级斗争，它说明了革命的社会主义政党的真正任务不是臆造种种改造社会的计划，而是组织无产阶级的阶级斗争　使社会主义制度成为可能和必然。他说：“被革命工人极其丰富的新鲜经验光辉地加以证实的马克思主义理论，曾经帮助我们懂得了当前事变的发展完全合乎规律。今后它还将帮助为推翻资本主义雇佣奴隶制而斗争的全世界无产者更加明确自己的斗争目的。”(《列宁全集》新版第35卷，第506页。)

通过列宁系统的阐述，我们不难看出，革命的理论是无产阶级政党进行无产阶级革命运动的不可缺少的基本条件之一。

6.马克思主义的学说不是教条，而是行动的指南，必须把理论与实践密切联系起来

创造性地对待马克思主义是列宁的一大特色。他从不把马克思主义当作教条，他在反对背离马克思主义革命原则的伯恩施坦主义——经济主义的同时，也批判了那种生吞活剥、拘泥于马克思主义片言只语的教条主义。他说，马克思和恩格斯的学说不是我们死记硬背的教条，而是行动的指南，忽视这一方面，“就会把马克思主义变成一种片面的、畸形的、僵死的东西，就会抽掉马克思主义的活的灵魂，就会破坏它的根本的理论基础——辩证法即关于包罗万象和充满矛盾的历史发展的学说；就会破坏马克思主义同时代的一定实际任务，即可能随着每一次新的历史转变而改变的一定实际任务之间的联系。”(《列宁全集》新版第20卷，第84页。)“我们并不苛求马克思或马克思主义者知道走向社会主义道路上的一切具体情况。这是痴想。我们只知道这条道路的方向，我们只知道引导走这条道路的是什么样的阶级力量；至于在实践中具体如何走，那只能在千百万人开始行动以后由千百万人的经验来表明。”(《列宁全集》新版第32卷，第111页。)阐明了对马克思主义理论应有的科学态度。

列宁认为，俄国马克思主义者的任务是要从俄国的实际情况出发，独立地研究马克思主义，把马克思主义理论当作指导和理解俄国政治经济状况的钥匙，应用到活生生的现实斗争中去，从中总结出符合实践的结论，这样才能克服教条主义。“现在必须弄清一个不容置辩的真理，这就是马克思主义者必须考虑生动的实际生活，必须考虑现实的确切事实，而不应当抱住昨天的理论不放，因为这种理论和任何理论一样，至多只能指出基本的、一般的东西，只能大体上概括实际生活中的复杂情况。”(《列宁全集》新版第29卷，第139页。)他说：“我们决不把马克思的理论当作某种一成不变的和神圣不可侵犯的东西；恰恰相反，我们深信：它只是给一种科学奠定了基础，社会党人如果不愿落后于实际生活，就应当在各方面把这门科学推向前进。我们认为，对于俄国社会党人来说，尤其需要独立地探讨马克思的理论，因为它所提供的只是总的指导原理，而这些原理的应用具体地说，在英国不同于法国，在法国不同于德国，在德国又不同于俄国。”（《列宁全集》新版第4卷，第161页。）

列宁还批判了党内以及孟什维克对待马克思主义的教条主义的态度。他说，俄国马克思主义者犯下了如下错误：“甚至在革命开始以后他们也没有把马克思的理论运用于俄国的特殊情况(马克思和恩格斯一直教导我们说，我们的理论不是教条，而是行动的指南)，却毫无批判地重复别人在不同条件下，在另一个时代运用马克思的理论所得出的结论。”(《列宁全集》新版第16卷，第393页。)“马克思主义中的俄国机会主义即现代孟什维克主义的特点，就在于它用教条主义态度把马克思主义的字句简单化、庸俗化和加以歪曲，背叛马克思主义的精神。”（《列宁全集》新版第45卷，第296页。）

7.无产阶级政党必须始终要有一个革命的政治纲领

列宁历来十分重视制定党纲，早在1895～1896年，他在狱中时就写了《社会民主党纲领草案及其说明》。1899年，他又写了《我们的纲领》、《我们党的纲领草案》等文，论述了制定党纲的意义、党纲的实质以及主要内容等问题，后来他又有了进一步的发展，概括起来主要有以下内容：

（1）党如果没有革命的政治纲领，就不可能在任何转折时期坚持自己的路线，巩固革命者的联系，把群众吸引到革命中来。针对当时俄国党内对党纲缺乏认识以及制定党纲上的分歧，列宁阐述了制定党纲的必要性和迫切性。他说，运动的迫切任务是要建立一个全国性的统一的工人政党，这就迫切需要制定纲领，因为纲领对于政党的团结一致、始终一贯的活动有重大意义。“一个政党如果没有纲领，就不可能成为政治上比较完整的、能够在事态发生任何转折时始终坚持自己路线的有机体。”（《列宁全集》新版第20卷，第357页。)巩固革命者的联系，把群众吸引到革命中来，都需要完全地代表群众真正的切身利益的纲领。

（2）党纲应表述党的基本观点，明确规定党的政治任务，提出一些最迫切的要求，成为全党团结战斗的旗帜。列宁指出：“纲领应该表述我们的基本观点，明确规定我们当前的政治任务，提出一些最迫切的要求，以便确定鼓动工作的范围，使它步调一致，向深度和广度发展，从争取实现零星小要求的局部性片断性鼓动提高到争取实现社会民主党的全部要求的鼓动。”（《列宁全集》新版第4卷，第187页。）

（3）党的纲领的实质就是组织无产阶级的阶级斗争，由无产阶级夺取政权，实现社会主义、共产主义。列宁认为，最终目的和达到这一目的的道路是纲领的实质，“这个纲领的实质就是组织无产阶级的阶级斗争，领导这一斗争，而斗争的最终目的是由无产阶级夺取政权和组织社会主义社会。”（《列宁全集》新版第4卷，第162页。）

（4）党的纲领应当规定党的最终目的，不要因局部利益而忘记整体利益，不要因个别斗争阶段的特殊性而忘记根本任务。列宁说，“作为工人阶级意向的自觉的表达者的社会民主党，在这个斗争的各个发展阶段上和各种环境下领导着无产阶级的斗争，因而它必须经常注意这整个斗争的总的和基本的利益。社会民主党教导大家不要因工人阶级的局部利益而忘记整体利益，不要因个别斗争阶段的特殊性而忘记整个斗争的根本任务。”（《列宁全集》新版第13卷，第218页。）

重温列宁关于党纲的思想，对于我们在发展市场经济的今天，牢记党的性质和宗旨，不忘共同富裕的眼前目的和实现共产主义的伟大目标具有十分重要的意义。

8.经济建设的纲领是我们的第二个党纲

在建立了世界上第一个社会主义国家之后，列宁非常重视发展经济的工作，他说，我们已经有了一个党纲，是一个政治纲领，是阶级间和群众间的关系的说明。“我们党的纲领不能始终只是党的纲领。它应当成为我们经济建设的纲领。不然它就不能作为党的纲领。它应当用第二个党纲，即重建整个国民经济并使它达到现代技术水平的工作计划来补充。”（《列宁全集》新版第40卷，第154～155页。)其主要思想有：

（1）无产阶级取得政权以后，它的最主要最根本的任务就是增加产品数量，大大提高社会生产力。列宁说：“无产阶级取得国家政权以后，它的最主要最根本的需要就是增加产品数量，大大提高社会生产力。这项在俄共纲领上已经明确提出的任务，今天由于战后的经济破坏和饥荒而变得格外紧迫了。”(《列宁全集》新版第42卷，第369页。)“共产主义就是利用先进技术的、自愿自觉的、联合起来的工人所创造的较资本主义更高的劳动生产率。”（《列宁全集》第37卷，第19页。）“因此，在恢复大工业方面必须尽速取得尽可能扎实的成绩，没有这个条件，劳动摆脱资本桎梏这整个解放事业就不可能获得成功，社会主义就不可能获得胜利。”（《列宁全集》新版第42卷，第369页。）

（2）社会主义建设的任务就是要组织无产阶级的力量，按照新的方式组织劳动，有成效地对经济建设进行管理。社会主义必须有高度发达的社会生产力，无产阶级才能取得最后的胜利，否则就不能彻底战胜资本主义，并最终实现共产主义。列宁说，一个社会主义政党能够做到大体上完成夺取政权和镇压剥削者的事业，能够做到直接着手管理任务，这在世界历史上还是第一次。在胜利完成第一个最简单的任务后，“那就能够提出第二个较为复杂的任务；即组织无产阶级力量，学会做一个出色的组织者。应当按新的方式组织劳动，创造新的形式来吸引群众参加劳动。”（《列宁全集》新版第38卷，第333页。）“因为只有解决(大体上和基本上解决)这项任务以后，才可以说，俄国不仅成了苏维埃共和国，而且成了社会主义共和国。”（《列宁全集》新版第34卷，第155页。）

（3）经济建设的任务比第一个任务更困难，更重要。列宁指出，为了建立和巩固社会主义，无产阶级应当解决好二个任务：第一，用自己在反对资本的革命斗争中的英勇精神去吸引和领导群众推翻资产阶级及其他们的一切反抗；第二，就是把全体被剥削劳动群众以及小资产阶级的所有阶层引上新的经济建设的道路。“这第二个任务比第一个任务更困难，因为解决这个任务决不能靠一时表现出来的英勇气概，而需要在大量的日常工作中表现出来的最持久、最顽强、最难得的英勇精神。但这个任务又比第一个任务更重要，因为归根到底，战胜资产阶级所需力量的最深源泉，这种胜利牢不可破的唯一保证，只能是新的更高的社会生产方式，只能是用社会主义的大生产代替资本主义的和小资产阶级的生产。”（《列宁全集》新版第37卷，第15页。）

9.党要正确地制定革命的马克思主义策略和政策

列宁十分重视革命的策略和政策问题，他认为，每个阶级，每个政党，都有自己的行动路线，都有自己的政策和策略，社会民主党也不应例外，这是保证革命胜利和成功的必要条件。在长期的革命斗争和实践中，他系统地阐述了如何制订无产阶级政党的策略和政策的思想。

（1）党要根据辩证唯物主义世界观来客观地考虑国内外一切阶级力量，参照国际革命运动的经验，并从千百万人着眼来制订正确的、原则明确的策略和政策。他说：“制定策略，必须清醒而极为客观地估计到本国的(和邻国的以及一切国家的，即世界范围内的)一切阶级力量，并且要估计到历次革命运动的经验。”（《列宁全集》新版第39卷，第43页。）“方针明确的政策是最好的政策。原则明确的政策是最实际的政策。只有这样的政策才能真正地牢固地赢得群众对社会民主党的同情和信任。”（《列宁全集》新版第14卷，第298页。）

（2）党的策略是革命的阶级斗争的策略，要善于适应形势的变换而改变斗争形式，善于正确的进攻和退却。列宁指出：“马克思主义的策略，就在于把各种不同的斗争方法结合起来，巧妙地从一种方法过渡到另一种方法，不断提高群众的觉悟，扩大群众的集体行动的广度，其中从每一个行动单独来看，有的是进攻性的，有的是防御性的，但是总的说来，它们将导向愈来愈深刻、愈来愈坚决的冲突。”（《列宁全集》新版第25卷，第59页。）

（3）要利用一切机会，来获得大量的同盟者，尽管这些同盟者是暂时的、动摇的，有条件的。这一策略在无产阶级夺取政权以前和以后，都是适用的。列宁认为，无产阶级在一国内推翻了资产阶级之后，这个国家的无产阶级在很长时期内，仍然要比资产阶级弱，“要战胜更强大的敌人，就必须尽最大的努力，同时必须极仔细、极留心、极谨慎、极巧妙地一方面利用敌人之间的一切‘裂痕’，哪怕是最小的‘裂痕’，利用各国资产阶级之间以及各个国家内资产阶级各个集团或各种类别之间利益上的一切对立，另一方面要利用一切机会，哪怕是极小的机会，来获得大量的同盟者，尽管这些同盟者可能是暂时的、动摇的、不稳定的、不可靠的、有条件的。谁不懂得这一点，谁就是丝毫不懂得马克思主义，丝毫不懂得现代的科学社会主义。……以上所说的一切，对于无产阶级夺取政权以前和以后的时期，都是同样适用的。”（《列宁全集》新版第39卷，第50～51页。）

（4）不要拒绝任何妥协。当妥协成为不可避免时，要善于通过各种妥协忠于自己的原则、自己的阶级、自己的革命任务。列宁指出：“马克思主义对历史的曲折道路的态度，实际上同它对妥协的态度是一样的。历史的任何曲折转变都是妥协，是已经没有足够的力量彻底否定新事物的旧事物同还没有足够的力量彻底推翻旧事物的新事物之间的妥协。马克思主义并不拒绝妥协，”（《列宁全集》新版第16卷，第6～7页。）“真正革命的政党的职责不是宣布不可能绝对不妥协，而是要通过各种妥协(如果妥协不可避免)始终忠于自己的原则、自己的阶级、自己的革命任务，忠于准备革命和教育人民群众走向革命胜利的事业。”（《列宁全集》新版第32卷，第130页。）

10.集中制是作为党组织基础的唯一原则性的思想

列宁在《进一步，退两步》一书中指出，新型政党是建立在集中制的基础上的，作为建党基础的基本思想，“第一是集中制思想，它从原则上确定了解决所有局部的和细节性的组织问题的方法。”集中制思想，“是唯一的原则性思想，应该贯串在整个党章中。”（《列宁全集》新版第8卷，第236页。）

列宁强调集中制，是同当时俄国的现实和党内的状况分不开的。第一，当时俄国是沙皇专制统治的国家，没有政治自由，工人政党处于地下状态，无法在党内实行完备的民主制；第二，俄国社会民主党由于机会主义派别的活动，思想动摇，组织涣散，小组习气盛行，缺乏必要的集中和统一；第三，机会主义者，从经济派到孟什维克，都反对集中制，力图保持党内组织软弱涣散的状况，列宁认为，只有实行严格的集中制，才能使党摆脱小组习气，结束党内的组织涣散状态，造成党的真正的团结和统一。

列宁所讲的集中制，并不是只要集中而不要民主的集中制，由于当时“民主集中制”的概念还没有提出，列宁的集中制思想就已经包含了“民主”的内容，他强调的集中制，就是指要有统一的党章，统一的党的领导机关，统一的纪律，以及包含民主内容的实行少数服从多数，下级服从上级，部分服从整体的原则。列宁在阐述集中制思想的同时，从没忽视过民主问题，始终强调民主原则。他说：“在一个多少超出了家庭式的小组范围的党里面，如果没有正式规定的党章，没有少数服从多数的原则，没有部分服从整体的原则，那简直是不可想象的。”（《列宁选集》第1卷，第482页。）

1905年12月，列宁主持召开了俄国社会民主工党第一次代表会议，会上通过了《党的改组》的决议，其中提出“确认民主集中制原则是不容争论的”，这是历史上第一次提出民主集中制这个概念，此后列宁一直把民主集中制作为党的基本组织原则。大家知道，马克思、恩格斯在制定无产阶级政党的章程时，虽然规定了民主集中制的基本要求，却并没有提出民主集中制这个概念，列宁提出这一科学的概念，反映了他对无产阶级政党组织原则认识的深化，是对马克思主义建党学说的丰富和发展。

11.无产阶级政党必须实行极严格的纪律

列宁在1920年写成的《共产主义运动中的“左派”幼稚病》以及1904年写成的《进一步，退两步》中，详尽论述了党的纪律问题，是新时期加强党的纪律建设的经典教材。

列宁在《共产主义运动中的“左派”幼稚病》中指出：“无产阶级政党的内部就必须实行极严格的集中和极严格的纪律……谁哪怕是把无产阶级政党的铁的纪律稍微削弱一点(特

别是在无产阶级专政时期)，那他事实上就是在帮助资产阶级来反对无产阶级。”(《列宁全集》第2版第39卷，第25页。)“无产阶级实现无条件的集中和极严格的纪律，是战胜资产阶级的基本条件之一。”(《列宁全集》第2版第39卷，第4页。)其主要内容有以下几方面：

(1)论述了党只有实行铁的纪律，才能巩固无产阶级政权。列宁认为，无产阶级如果没有培养出高度的觉悟、严格的纪律以及在对资产阶级作斗争时的无限忠诚，就是说，如果不能完成无产阶级为完全战胜其宿敌所必须提出的一切任务，那就谈不到实现无产阶级专政。因此，列宁说：“如果我们党没有极严格的真正铁的纪律，如果我们党没有得到整个工人阶级全心全意的拥护……那么布尔什维克别说把政权保持两年半，就是两个半月也保持不住”。(《列宁全集》第2版第39卷，第3～4页。)

(2)阐明了党只有实行铁的纪律，才能把党建设成团结统一的战斗整体。列宁说，新型政党的纪律是以党章为依据的统一的纪律，是党内生活的基本准则，一切党组织和全体党员都必须无条件地执行党的纪律，党的纪律就是行动一致，讨论和批评自由，“没有讨论和批评的自由，无产阶级就不承认行动的一致。因此，觉悟工人始终不应当忘记，对原则的严重违反必定会使一切组织关系遭到破坏。”(《列宁全集》第2版第14卷，第121～122页。)

(3)深刻阐述了保持铁的纪律的三个重要条件。列宁明确指出：“第一，是靠无产阶级先锋队的觉悟和它对革命的忠诚，是靠它的坚韧不拔，自我牺牲和英雄气概。第二，是靠它善于同最广大的劳动群众，首先是同无产阶级劳动群众，但同样也同非无产阶级劳动群众联系、接近，甚至可以说在某种程度上同他们打成一片。第三，是靠这个先锋队所实行的政治领导正确，靠它的政治战略和策略正确，而最广大的群众根据切身经验也确信其正确。一个革命政党，要真正能够成为必将推翻资产阶级并改造整个社会的先进阶级的政党，没有上述条件，就不可能建立起纪律。”(《列宁全集》第2版第39卷，第5页。)

12.执政的党要注意提高党员质量，时刻保持共产党员的优秀品质

俄国共产党是国际共产主义运动中第一个取得了政权的无产阶级政党，这使得一些投机分子会想方设法混入到党内来，同时有些党员由于经不起执政后的考验，也有可能蜕化成为官僚主义分子或贪污腐败分子。因此，“十月革命”后，列宁十分重视执政党的党员成分问题。他说，“徒有其名的党员，就是白给，我们也不要。世界上只有我们这样的执政党，即革命工人阶级的党，才不追求党员数量的增加，而注意党员质量的提高和清洗‘混进党里来的人’”。(《列宁全集》第2版第37卷，第215页。)

列宁认为，要保持党员的质量，就必须严格入党条件，把好“入口”。他说：“我认为，延长新党员的预备期是极端重要的。……因为所有材料都表明现在的一些党员的修养水平很差。所以我极力主张延长预备期，同时责成组织局拟定一些条例并严格执行。”(《列宁全集》第2版第43卷，第17～18页。)列宁还在新生政权面临白匪危机的时刻，举行征收党员周活动，以防止机会主义分子混入党内。“我们不向这些普通党员许愿，说入党有什么好处，也不给他们什么好处。相反地，现在党员要担负比平常更艰苦更危险的工作。”(《列宁全集》第2版第37卷，第215～216页。)

列宁还认为，要保持党员的质量，还要注意清除已混入党内的机会主义分子，打开“出口”。他说：“我们曾不止一次地重新登记党员，以便把这种‘混进党里来的人’驱除出去，只让有觉悟的真正忠于共产主义的人留在党内。我们还用动员人们上前线和参加星期六义务劳动的办法，来清洗党内那些一心想从执政党党员的地位‘捞到’好处而不愿肩负为共产主义忘我工作的重担的人。”(《列宁全集》第2版第37卷，第215～216页。)他还说：“在共产党员可以合法进行工作的国家里，共产党应该定期清洗(重新登记)党组织的成员，以便不断清除那些难免混入党内的小资产阶级分子。”(《列宁全集》第2版第39卷，第202页。

对共产党员应具有的优秀品质，列宁也进行了详尽的阐述：①共产党员要比一切人更彻底、更坚决地维护无产阶级革命的利益。“不论在什么情况下，不论以什么借口，都不应当回避我们的社会主义目的，我们严格的阶级立场，即无产阶级政党的目的和立场。”(《列宁全集》第2版第14卷，第88页。)②共产党员必须认真地学习马克思主义，懂得现代化的生产技术，有一定的科学修养。“凡是熟悉实际生活、阅历丰富的人都知道：要管理就要懂行，就要精通生产的全部情况，就要懂得现代水平的生产技术，就要受过一定的科学教育。这就是我们无论如何都应当具备的条件。”(《列宁全集》第2版第38卷，第240页。)“只有了解人类创造的一切财富以丰富自己的头脑，才能成为共产主义者。”(《列宁全集》第2版第39卷，第299页。)③共产党员在为社会主义而斗争的同时要同本身的缺点作斗争，改造自己。“社会民主党人并不认为自己是圣人。”(《列宁全集》第2版第23卷，第156～157页。)“无产阶级不是没有资本主义社会的缺点和弱点。它为社会主义而斗争，同时也同本身的缺点作斗争。”(《列宁全集》第2版第36卷，第187页。)

列宁关于党员质量的论述，对于我们在市场经济条件下，保持党的先锋队性质具有重大的现实意义。

13.单靠先锋队是不能制胜的，执政的党最大危险之一就是脱离群众

列宁认为无产阶级政党必须善于联系广大群众并得到他们的真正拥护，夺取政权是这样，掌握政权更是如此。这一思想的主要内容有：

(1)历史是由千百万人创造的，马克思主义非常坚决地承认群众的革命首创精神的意义。他说，“现在千百万人正在独立创造历史。”(《列宁全集》第2版第34卷，第76页。)“马克思主义者必须尊重客观事实，注重群众和阶级，而不是注重个别人物。”(《列宁全集》第2版第29卷，第755页。)

(2)人民群众必须自己解放自己，群众真正的解放，“无不是这些群众自己进行独立、英勇、自觉斗争的结果”(《列宁全集》第2版第20卷，第143页。)

(3)社会主义国家的力量在于群众的觉悟，组织起来的千百万劳动群众是革命和建设事业胜利的最深的泉源。他说："在我们看来，一个国家的力量在于群众的觉悟。只有当群众知道一切，能判断一切，并自觉地从事一切的时候，国家才有力量。"(《列宁全集》第2版第33卷，第16页。)"把千百万劳动群众组织起来，这是革命最有利的条件，这是革命取得胜利的最深的泉源。"(《列宁全集》第2版第36卷，第69页。)

(4)党要千方百计地巩固和群众的联系，善于领导群众的革命运动。列宁认为，"不接近群众，就会一事无成，"(《列宁全集》第2版第47卷，第543页。)"我们必须像一切社会民主党那样时时处处千方百计地巩固党同群众的联系"(《列宁全集》第2版第19卷，第79～80页。)，"只有这样，先进队伍才能教育和启发群众，代表他们的利益，教他们组织起来，使群众的全部活动沿着自觉的阶级政策的道路前进。"(《列宁全集》第2版第24卷，第41～42页。)列宁说："我国革命的教训就是：只有以一定的阶级为依靠的政党才是强有力的，才能在形势发生各种各样的转变时期安然无恙。"(《列宁全集》第2版第17卷，第325页。)列宁认为，我们应当记住，革命政党只有真正领导革命阶级的运动，才无愧于自己的称号。"如果我们连群众的情绪都摸不透，不善于跟群众打成一片，把工人群众发动起来，那就根本谈不上发挥社会民主党的革命先锋队的作用了。"(《列宁全集》第2版第10卷，第334页。)

(5)保持政权比夺取政权更困难，执政的党最大危险之一就是脱离群众。列宁认为，"保持政权比夺取政权更困难。"(《列宁全集》第2版第34卷，第439～440页。)"只有相信人民的人，只有投入生气勃勃的人民创造力泉源中去的人，才能获得胜利并保持政权。"(《列宁全集》第2版第33卷，第57页。)"单靠先锋队是不能胜利的。当整个阶级，当广大群众还没有采取直接支持先锋队的立场，或者还没有对先锋队采取至少是善意的中立并且完全不会去支持先锋队的敌人时，叫先锋队独自去进行决战，那就不仅是愚蠢，而且是犯罪。"(《列宁全集》第2版第39卷，第72页。)因此，"对于一个人数不多的共产党来说，对于一个作为工人阶级的先锋队来领导一个大国在暂时没有得到较先进国家的直接援助的情况下向社会主义过渡的共产党来说，最严重最可怕的危险之一，就是脱离群众。"(《列宁全集》第2版第42卷，第372页。)

学习列宁的这一思想，有利于巩固党同人民的密切联系，始终保持先锋队的本色。

14.批评与自我批评对于无产阶级政党是必要的

列宁关于无产阶级政党要开展批评与自我批评的论述，是他整个党建理论的一个重要组成部分，是贡献给我们的一笔宝贵的精神财富。他在《共产主义运动中的"左派"幼稚病》中说："一个政党对自己的错误所抱的态度，是衡量这个党是否郑重，是否真正履行它对本阶级和劳动群众所负义务的一个最重要最可靠的尺度。公开承认错误，揭露犯错误的原因，分析产生错误的环境，仔细讨论改正错误的方法——这才是一个郑重的党的标志。"(《列宁全集》第2版第39卷，第37页。)

马克思曾经说过：无产阶级革命和任何其他革命的一个不同的地方就在于它自己批评自己，并靠批评自己而壮大起来。列宁继承和发展了这一思想，他认为一个政党也和一个人一样是会犯错误的，作为一个无产阶级革命政党，必须正确对待自己所犯的错误，积极开展批评与自我批评。他说："我们要做的是崭新的事业，如果资本主义比较发达的国家的工人同志不能很快地帮助我们，我们的事业就会遇到极大的困难，而且一定会犯一些错误。"(《列宁全集》第2版第43卷，第75页。)"犯错误对一个先进阶级的战斗的党并不可怕，可怕的是坚持错误，虚伪地不好意思承认错误和纠正错误。"(《列宁全集》第2版第32卷，第257页。)因而，"批评与自我批评对于任何一个有朝气，生气勃勃的政党都是绝对必要的。"(《列宁全集》第2版第10卷，第334页。)

列宁根据无产阶级政党的建设经验，不仅提出了无产阶级政党要自觉运用批评和自我批评这一有力武器，而且还提出了正确开展批评与自我批评应注意的几个原则问题：一是要抱着慎重，合乎分寸的态度，不要搬弄是非，横加指责。"每一个党的工作人员在工作上都有缺点，但是在批评缺点或向党的各个中央机构分析这些缺点时，应当慎重，合乎分寸，否则就成为搬弄是非；二是要有切实的内容，本着实事求是的原则，不要无中生有，吹毛求疵，把其作为人身攻击的工具。"批评自由是个好东西……在这里应当承认一件令人不愉快的事情："批评没有内容。……在区的会议上批评的内容都是涉及一些小事情……现在的建设工作就是要运用批评，同时批评要有内容。"(《列宁全集》第2版第40卷，第36～37页。)三是应采取公开的，直接的，明显的和清晰的方式，不要羞羞答答，遮遮掩掩。"批评和争论，是必须的，不过只是公开的，直接的，明显的和清晰的批评。"(《列宁全集》第2版第12卷，第353～354页。)"无产阶级的政党有足够的力量来公开进行自我批评，开门见山地说出自己的错误是错误，弱点是弱点。"(《列宁全集》第2版第26卷，第173～174页。)

由于种种历史原因，我们现在批评与自我批评较少，特别是自我批评运用得更少，开展批评与自我批评的态度，方法也不十分恰当。列宁的上述思想给我们以许多有益的启发。

15.阶级政治意识只能从外面灌输给工人，对于社会主义思想体系的任何轻视和脱离，都意味着资产阶级思想体系的加强

列宁在1901～1902年写成的《怎么办》一书中，系统地阐述了党要把科学社会主义的思想灌输到工人运动中去的问题。

马克思和恩格斯在创立科学社会主义理论的时候，就阐明了社会主义只有同工人运动相结合，才能成为实现社会主义的物质力量。马克思说过，"思想的闪电一旦真正射入这块没有触动过的人民园地，德国人就会解放成为人。"(《马克思恩格斯选集》第1卷，第15页。)

列宁在阐述党的性质和任务时，坚持了党是工人运动与社会主义相结合的原理，并有新的发展。他认为，党要成为无产阶级自发运动的领导者，就必须把科学社会主义思想和政治自觉性灌输到工人中去，以促进科学社会主义思想同工人运动的结合。这是因为：

首先，从科学社会主义思想体系产生的条件来看，它作为一种科学，是建筑在人类全部知识的基础之上的，工人阶级本身并不能产生科学社会主义思想和阶级政治意识。列宁说：“工人本来也不可能有社会民主主义的意识。这种意识只能从外面灌输进去，各国的历史都证明：工人阶级单靠自己本身的力量，只能形成工联主义的意识……而社会主义学说则是从有产阶级的有教养的人即知识分子创造的哲学理论、历史理论和经济理论中发展起来的。现代科学社会主义的创始人马克思和恩格斯本人，按他们的社会地位来说，也是资产阶级知识分子。”（《列宁全集》第 2 版第 6 卷，第 29 页。）因而必须由无产阶级政党把科学系统的科学社会主义思想和阶级政治意识灌输到工人当中去。

其次，从两种思想体系的斗争来看，也必须向工人灌输科学社会主义思想。列宁认为在现代社会中，存在着两种针锋相对的思想体系：即资产阶级的思想体系和无产阶级的思想体系，由于自发的工人运动缺乏抵御资产阶级思想侵蚀的能力，易受资产阶级思想的影响，因而只有加强对工人的科学社会主义思想体系的灌输，才能推动工人运动沿着正确道路发展。列宁说：“既然谈不到由工人群众在其运动进程中自己创立的独立的思想体系，那么问题只能是这样：或者是资产阶级的思想体系，或者是社会主义的思想体系。这里中间的东西是没有的……因此，对社会主义思想体系的任何轻视和任何脱离，都意味着资产阶级思想体系的加强。人们经常谈论自发性。但工人运动的自发的发展，恰恰导致运动受资产阶级思想体系的支配……因此，我们社会民主党的任务就是要反对自发性，就是要使工人运动脱离这种投到资产阶级羽翼下去的工联主义的自发趋势，而把它吸引到革命社会民主党的羽翼下来。”（《列宁全集》第 2 版第 6 卷，第 38 页。）

列宁在论述社会主义必须从外边灌输到工人运动中去的同时，也指出无产阶级具有自发的社会主义倾向，他们乐意接受“灌输”来的社会主义思想，因而只能采取说服教育，启发诱导的方法，而决不能采取强制性的生灌硬输的方法。灌输只是就工人阶级本身不具备系统的社会主义思想和理论而言的，绝不是就方法而言的。

重温列宁的“灌输”论，对于加强市场经济条件下党的思想政治工作，具有重大的现实和理论意义。

16. 党必须造就出无产阶级的“阶级政治家”和领袖，正确处理领袖、政党、阶级、群众之间的关系

列宁在长期的革命斗争中始终坚持党必须造就出自己的“阶级政治家”和领袖的思想，要求无产阶级政党要想取得胜利就必须正确处理好领袖、政党、阶级和群众之间的关系，这一思想集中体现在《共产主义运动中的“左派”幼稚病》中，列宁说：“政治是一门科学，是一种艺术，它不是从天上掉下来的，不费力是掌握不了的；无产阶级要想战胜资产阶级，就必须造就出自己的、无产阶级的‘阶级政治家’，而这些政治家同资产阶级的政治家比起来应该毫无逊色。”（《列宁全集》第 2 版第 39 卷，第 59 页。）因为，“在历史上，任何一个阶级，如果不推举出自己的善于组织运动和领导运动的政治领袖和先进代表，就不可能取得统治地位。”（《列宁全集》第 2 版第 4 卷，第 336 页。）列宁还认为，“造就一批有经验，有极高威望的党的领袖是一件长期的艰难的事情。但是做不到这一点，无产阶级专政，无产阶级的‘意志统一’就只能是一句空话。”（《列宁全集》第 2 版第 42 卷，第 100～101 页。）

针对共产国际运动中，一些“左派”组织和“左派”共产主义者并不十分清楚无产阶级领袖在革命中的职责和作用的现实，列宁指出：“革命领袖的职责是引导群众走向革命”（《列宁全集》第 2 版第 37 卷，第 184～185 页。），“一个政治领导者不仅要对他自己如何领导负责，而且要对他所领导的人做的事情负责。”（《列宁全集》第 2 版第 40 卷，第 214～215 页。）“党组织的作用和名副其实的党的领袖的作用，也正在于通过本阶级一切肯动脑筋的分子所进行的长期的、顽强的、各种各样的、多方面的工作，获得必要的知识，必要的经验，必要的(除了知识和经验之外)政治嗅觉来迅速而正确地解决各种复杂的政治问题。”（《列宁全集》第 2 版第 39 卷，第 48 页。）

列宁鉴于一些共产主义“左派”把政党、领袖、阶级和群众对立起来的混乱思想，科学阐述了四者之间的相互关系。“谁都知道，群众是划分为阶级的；只有把不按照生产的社会结构中的地位区分的大多数同在生产的社会结构中占有特殊地位的集团对立时，才可以把群众和阶级对立起来；在通常情况下，在多数场合，至少在现代的文明国家内，阶级是由政党来领导的；政党通常是由最有威信、最有影响、最有经验，被选出担任最重要职务而称为领袖的人们所组成的比较稳定的集团来主持的。”（《列宁全集》第 2 版第 39 卷，第 21～22 页。）

17. 马克思主义者必须说真话，决不空谈和虚伪

列宁十分注意和提倡马克思主义的求实精神，他认为，无产阶级政党从事一切工作，都必须贯彻从实际出发，实事求是的基本原则，这也是做好一些工作所必须具备的根本态度。

坚持实事求是就是要以确切的真凭实据作为思考问题的依据，揭示事物的本来面貌，以做出切合实际的结论和判断。他说：“马克思主义是以事实，而不是以可能性为依据的。马克思主义者只能以经过严格证明和确凿证明的事实作为自己的政策的前提。”（《列宁全集》第 2 版第 47 卷，第 477 页。）“马克思主义要求，任何郑重的政策必须以经得起严格的客观检验的事实作为根据。”（《列宁全集》第 2 版第 32 卷，第 120 页。）他认为，说真话，是我们的力量所在。“马克思主义者可能犯的最大的最致命的错误就是把空谈当作事实，把虚假的表面现象当作实质或某种重要的东西。”（《列宁全集》第 2 版第 32 卷，第 45 页。）

列宁在阐述要说真话，提倡实事求是精神的同时，还指明了虚伪浮夸，弄虚作假，空话连篇的实质和危害。他说：“政治上的诚实，是强大有力的结果；政治上的伪善，是软弱无力的结果。”（《列宁全集》第 2 版第 20 卷，第 211 页。）“空谈在任何时候都是有害的，在目前的紧急关头，它会起致命的作用。”（《列宁全集》第 2 版第 33 卷，第 425 页。）他进一步指出：“用美好的词句掩饰令人不快的真相，对无产阶级事业来说，对劳动群众的事业来说，是最有害最危险的事情。不管现实如何令人痛心，必须正视现实。不符合这一条件的政策是自取灭亡的政策。”（《列宁全集》第 2 版第 30 卷，第 6 页。）因而为了党的利益和革命事业，他主张对说假话空谈者应予以严惩，“空话连篇，夸夸其谈，这是没有固定阶级特性的小资产阶级知识分子的特性。有组织的无产阶级共产主义者，对于有这种‘习性’的人，一定会给以惩罚，大概最轻也要加以嘲笑和撤销其一切负责职务。”（《列宁全集》第2版第34卷，第270页。）

列宁认为无产阶级政党在取得政权以后，更应该讲求实际和求实精神，少唱些政治高调，多做些日常平凡的事情，多注意来自生活的、被生活检验过的共产主义建设事业。他说，实际主义和求实精神，在革命者的任务是推翻资本主义旧社会的时候，是一个不大受欢迎的口号，甚至可以说是最不受欢迎的口号，因为这个口号在当时是以某种形式来掩饰同资本主义调和的意图，来掩饰削弱无产阶级冲击资本主义基础和反对资本主义革命斗争的意图。但“十分明显，在无产阶级夺取政权以后，在这个政权得到保障以后，在着手大规模地建设新的即社会主义的社会的基础以后，情况不能不发生根本的变化。……现在讲求实际和求实精神正是当前的主要口号。”（《列宁全集》第2版第34卷，第145页。）他认为“少来一些政治空谈，少发一些书生的议论。多深入生活。多注意工农群众怎样在日常工作中实际地创造新事物。”（《列宁全集》第2版第35卷，第93页。）“少唱些政治高调，多注意些极平凡的但是生动的、来自生活并经过生活检验的共产主义建设方面的事情，我们大家，我们的作家，鼓动员，宣传员，组织者等等都应当不倦地反复提出这个口号。”（《列宁全集》第2版第37卷，第11页。）

列宁的上述思想，对于我们今天提倡求真务实精神，力戒形式主义和虚浮作风，具有重大的现实意义。

18.执政党必须防止骄傲自满情绪，坚决反对官僚主义和拖拉作风

在列宁看来，革命胜利以后，党处于执政的地位，掌握着最高的权力。这时全党都要避免让胜利冲昏头脑，防止骄傲自满的情绪。他说：“工人成了贫民的领袖，并不就成了圣人，他领导人民前进，可是他也染上了小资产阶级的涣散毛病。”（《列宁全集》第2版第35卷，第93页。）当他看到一些党的领导干部，由于陶醉党所取得的胜利而开始骄傲起来，不注意自己的缺点，妄自尊大，看不起群众，严重影响了党的工作，败坏了党的威信，破坏了党的声誉的时候，曾严正指出：“我们党目前可能陷于十分危险的境地，即陷于骄傲自大的境地。这是十分愚蠢、可耻和可笑的。大家知道，一些政党在它失败和衰落之前往往会骄傲自大。”（《列宁全集》第2版第37卷，第11页。）因而列宁把骄傲自满列为布尔什维克执政后面临的“三大敌人”之一。

党内严重脱离群众的官僚主义和拖拉的工作作风，是无产阶级政党执政后的又一病症。十月革命胜利以后，由于执政，布尔什维克党内存在的高高在上，滥用权力，脱离实际，脱离群众，机构臃肿，人浮于事，办事拖拉，不讲效率，不负责任，官气十足等官僚主义现象越来越严重，正如列宁所说：“官僚主义在我们国家机构中已经成为这样一种脓疮，以致我们的党纲里也提到了它。”（《列宁全集》第2版第39卷，第30页。）因而列宁说：“不要为官僚主义的极端行为辩护，而要纠正它。同官僚主义作斗争是一个长期而艰巨的任务”。（《列宁全集》第2版第31卷，第24页。）列宁进一步分析了官僚主义产生的经济根源，是在于：“小生产者的分散性和涣散性，他们的贫困、不开化，交通的闭塞，文盲现象的存在，缺乏农工业之间的流转，缺乏两者之间的联系和协作。”（《列宁选集》第1卷，第458～459页。）

列宁认为，领导者从草拟指示命令转到挑选人才和检查执行情况上，并建立个人负责制，建立便于群众监督、揭发的制度，是克服官僚主义和拖拉作风的重要手段。列宁说，“克服官僚主义和拖拉作风的一个极重要手段，就是检查地方执行中央的法令和指示的情况，”（《列宁全集》第2版第41卷，第265～266页。）“根据俄国共产党和苏维埃中央机关各项决定的精神，管理的基本原则是，一定的人对所管的一定的工作完全负责。”（《列宁全集》第2版第50卷，第37页。）“首先是各部务委员会委员和最重要的苏维埃工作人员的责任，其次是全体苏维埃工作人员的责任；对普遍存在的个人职责不明以及由此产生的完全不负责任的现象进行无情的斗争。”（《列宁全集》第2版第43卷，第148页。）

精简机构，提高工作质量是克服官僚主义的有效途径。列宁在反官僚主义的重要文章《我们怎样改组工农检查院》中指出：“把职员减少到我所说的那个数目，会使工农检查院工作人员的质量和整个工作的质量提高许多倍，同时，也会使人民委员和部务委员有可能集中全力安排工作，有步骤地；不断地提高工作质量，而提高工作质量对于工农政权和我们苏维埃制度是绝对必要的。”（《列宁全集》第2版第43卷，第375页。）从而提出了克服官僚主义的有效途径。

（三）斯大林继承和丰富了列宁主义新型无产阶级政党学说

1.党执政后面临着蜕化的危险，要同这种危险作坚决的斗争

党成为执政党以后，斯大林认为，仍然存在蜕化的危险。他说：“这些可能的甚至是现实的危险无疑是存在的。”（《斯大林全集》第7卷，第137～144页。）他指出这些危险中主要有三种：一是我国的建设事业失去社会主义前途的危险，以及由此而产生的取消主义；二是失去国际革命前途的危险，以及由此产生的民族主义；三是降低党的领导的危险，以及由此可能使党变成国家机关的附属品。接着，他对这三种危险的来源、特点和实质作了深刻的论述。他指出，第一种危险的特点是：“不相信我国革命的内部力量；不相信工农联盟；不相信工人阶级在这个联盟中的作用；不相信‘新经济政策的俄国’会变成‘社会主义的俄国’；不相信我国社会主义建设会胜利。”（《斯大林全集》第7卷，第137～144页。）这种“思想”的来源和它在党内产生的基础，是资产阶级在新经济政策的条件下，在俄国国民经济内部资本主义成分和社会主义成分展开殊死斗争的条件下对党的影响的加强。资本主义分子不仅在经济方面进行斗争。他们还竭力把斗争转到无产阶级的思想体系方面，企图把怀疑社会主义前途的思想传染给党内最不稳定的队伍。这种危险的实质是取消主义和蜕化的道路，因为它会取消十月革命的基础和目的，会使无产阶级国家蜕化为资本主义国家。所以，斯大林强调：“特别在现在，特别是在资本主义暂时稳定的情况下，同取消主义的危险作斗争是我们党的当前任务。”(《斯大林全集》第7卷，第137～144页。)关于第二种危险，他指出其特点是：不相信国际无产阶级革命；不相信它会胜利；不了解如果没有其他国家革命运动的支持俄国就不能抵挡住世界帝国主义；不了解社会主义在一个国家内的胜利不可能是最后的胜利；不了解国际主义的基本要求，即社会主义在一个国家内的胜利并不是目的本身，而是发展和支持其他国家革命的手段。他指出，这种危险的来源主要是资产阶级在对外政策方面，即在资产阶级国家同无产阶级专政国家的斗争方面对党的影响的加强。这种危险的实质，就是民族主义和蜕化的道路，是完全取消无产阶级目标主义政策的道路。所以，“同对外政策方面的民族主义危险作斗争是党的当前任务。”(《斯大林全集》第7卷，第137～144页。)关于第三种危险，他认为其特点是：不相信党的内部力量；不相信党的领导；国家机关力图削弱党的领导，摆脱党的领导；不了解没有党的领导就不可能有无产阶级专政。他指出，这种危险来源于三个方面：第一，需要领导的各个阶级发生了变化：“现在的工人和农民已经不是战时共产主义时期的工人和农民。”(《斯大林全集》第7卷，第137～144页。)他们无论在文化方面或者在物质方面，还是在政治积极性方面都已经复原并提高了。这就要求必须改善党的领导方式、提高党的领导水平。由于当时党所具备的可能性与形势的客观要求有一定距离，所以，也就产生了削弱党的领导的危险和失去党的领导危险。第二，经济发展时期，国家组织和社会团体的各个机关已经大大发展和巩固了。这些机关不仅人员增多，而且力量和比重也增大了，随之，它们对党的压力就愈显著，于是产生脱离党的危险。第三，工作本身复杂化和多样化了。无论是农村还是城市，许多工作部门和分部门都复杂化和发展了。因此，领导工作就更为具体了。现在需要的是具体的和实际的领导。“不懂得农业，不懂得合作社，不熟悉价格政策，不研究同农村有直接关系的法律，就不能在农村进行领导。不懂得工业，不研究工人的生活，不倾听工人的要求和需要，不懂得合作社、工会和俱乐部工作，就不能在城市中进行领导。”(《斯大林全集》第7卷，第137～144页。)而党的工作人员熟悉业务要有一个过程，不可能一下子提高到应有的水平。这样容易造成党的领导的退化。这就是削弱和降低党的领导的最严重危险之一。因此，斯大林着重强调：“同这种危险作坚决的斗争是我们党的当前任务。”(《斯大林全集》第7卷，第137～144页。)

2.离开革命实践的理论是空洞的理论，而不以革命理论为指南的实践是盲目的实践

斯大林坚持了列宁关于党必须以马克思主义理论为指南的思想。列宁非常重视革命理论对党的建设的指导作用。他提出了“没有革命的理论，就不会有革命的运动”，“只有以先进理论为指南的党，才能实现先进战士的作用”等著名论断。对于指导党的理论建设无疑具有重要的意义。针对在实践过程中却出现理论脱离实践和实践脱离理论的现象，斯大林作了深入分析。他说：“有两派马克思主义者。这两派都是在马克思主义旗帜下工作，都认为自己是‘真正的’马克思主义者。但是他们毕竟大不相同。不仅不同，他们之间还横着一道鸿沟，因为他们的工作方法正好相反。”(《斯大林全集》第4卷，第272～273页。)他认为，第一派通常只限于表面上承认马克思主义，堂皇地标榜马克思主义。他们不善于或不愿意探究马克思主义的实质，不善于或不愿意实现马克思主义，把马克思主义活的原理变成毫无意义的死的公式。他们不是从分析活的现实，而是从类比和历史上比拟中求得指示和指令。所以，他们的理论是空洞的理论，他们的实践也是盲目的实践。第二派恰巧相反，他们把问题的重心从表面上承认马克思主义转到实行和实现马克思主义。规定适合环境的实现马克思主义的方法和手段，环境改变时就改变这些方法和手段。他们的活动不是凭借引证和格言，而是凭借实践经验和来自实践的革命理论。这一派才是完全符合马克思主义的。因此，他得出“离开革命实践的理论是空洞的理论，而不以革命理论为指南的实践是盲目的实践”的论断。他说：“理论如果是在和革命实践密切联系中形成的，那么它就能成为工人运动的极伟大的力量；因为理论，而且只有理论，才能使运动具有信心，使它有确定方针的能力，使它能了解周围事变的内部联系；因为理论，而且只有理论，才能使实践不仅了解各阶级在目前如何行进和向哪里行进而且了解这些阶级在最近的将来会如何行进和向哪里行进。”(《斯大林全集》第6卷，第79～80页。)他还说：“如果实际工作者不研究列宁主义，不努力掌握列宁主义，不愿意把自己的实际工作同必要的理论学习结合起来，他们的遭遇就会是这样：摸索着工作，在黑暗中工作。”(《斯大林全集》第7卷，第205页。)为此，他强调：“理论工作不仅必须赶上实际工作，而且要超过实际工作，武装我们的实际工作者去争取社会主义的胜利。……理论如果是真正的理论，就能使实际工作者有能力确定方针，认清前途，对工作充满信心，相信我们的事业必定胜利。”(《斯大林全集》第12卷，第126～127页。)怎样才能做到理论联系实际呢?斯大林强调：要把马克思主义当作行动的指南，而不能当作教条。他说：“要善于区别马克思主义的字句和实质，区别马克思主义的个别原理和方法。”(《斯大林全集》第8卷，第272页。)他向全党同志提出了具体要求，不能局限于读熟马克思主义中的个别原理，要领会其实质，掌握马克思主义中主要的、基本的东西，应用于实践，指导实践。

3.党不仅要制定正确的路线、决议、口号，还必须领导这条路线、决议和口号的实现

斯大林认为，制定路线、方针、政策只是党的领导的第一步，党的领导的开始。领导的基础不在于制定决议，而在于执行决议，在于实现决议。他说：“党的领导的实质正是在于执行决议和指示。”(《斯大林全集》第6卷，第234页。)他认为，任何一个政党为了实现自己的政治主张都要提出一些实践的口号。在野党可以提出一些口号，以求在取得政权后加以实现。由于他们是在野党，不能执政，所以他们的政治口号就不能实现，只有夺取政权，成为执政党以后才能付诸实施。他说：“我们布尔什维克党是执政党，执政党的情况就完全不同了。这种政党的口号不是单纯的鼓动性的口号，而是一种更重要得多的东西，因为这种口号具有实际决定效力，具有法律效力，应当予以执行。我们党不能提出一个实践口号，然后又把它搁置起来不去执行。这样做就是欺骗群众。要提出一个实践口号，特别是把千百万农民群众引上集体制轨道这样重大的口号，就必须具备直接实现这个口号的条件，而且必须创造和组织这些条件。”（《斯大林全集》第12卷，第58～59页。）这就是说，党不仅要制定正确的政策和口号，还要组织和创造条件保证这些政策和口号的贯彻执行。党不能仅限于制定路线决议和口号。对这个问题，斯大林还进一步作了论述。他说，制定了正确的路线，把它公布出来，把它制成一般的提纲和决议并一致通过，胜利也不会自动到来。“事实上这些成就和胜利不是自流取得的，而是在争取执行党的路线的残酷斗争中取得的。胜利任何时候都不会自行到来，它通常是由人们争取来的。好的拥护党的总路线的决议和宣言，这只是事情的开始，因为它们只表示争取胜利的愿望，而不是胜利本身。”（《斯大林全集》第13卷，第322～323页。）所以，党不能仅限于制定正确的路线方针政策，还必须领导这条路线方针政策的彻底实现。党如何领导其路线、方针政策的实现呢?第一，要做好党的路线方针政策的宣传工作，使广大群众了解党的路线方针政策的正确性并积极拥护这条路线。第二，要做好各项组织工作。“在正确的路线提出以后，在对问题做出正确的决定以后，事情的成功就取决于组织工作，取决于组织实行党的路线的斗争，取决于正确地挑选人才，取决于检查领导机关的决议的执行情况。否则，党的正确路线和正确决议就会有遭到严重破坏的危险。不仅如此，在正确的路线提出以后，组织工作就决定一切，其中也决定政治路线本身的命运，即决定它的实现或失败。”（《斯大林全集》第13卷，第323页。）第三，要做好检查反馈工作，并积极同各种脱离党的路线方针政策的错误倾向和行为作斗争。党“要天天领导这条路线的实现；必须同脱离总路线的各种倾向以及对这些倾向的调和态度作坚决斗争；必须在反对这些倾向的斗争中锻炼自己队伍的统一和铁的纪律。”此外，“它还应该天天检查总路线的实际执行情况。它应该领导总路线的实现，在工作进程中修订已通过经济建设计划，使它日益完善，纠正和防止错误。”（《斯大林全集》第10卷，第27页。）

4.加强党对经济工作的领导，把政治工作和经济工作结合起来，竭力和尽可能加快社会主义建设的速度

首先，斯大林强调，党要加强对经济工作的领导，加快经济建设的速度。他说：“人们有时问：不能稍微放慢速度，延缓发展吗?不，不能，同志们!决不能减低速度!恰恰相反，必须竭力和尽可能加快速度。我们对苏联工人和农民所负的义务要求我们这样做。我们对全世界工人阶级所负的义务要求我们这样做。”（《苏联共产党〈布〉历史简明教程》（1938年）人民出版社1955年版，第62页。）这就是说，党领导经济工作，加速经济发展，是党的性质和使命所决定的，是实现党的纲领的重要内容。他还说：“延缓速度就是落后。而落后者是要挨打的”，“正因为如此，我们再不能落后了。”（《列宁主义问题》第693页。）

其次，他认为，要保证经济工作的健康发展，就必须正确处理经济工作与政治工作的关系，将两者有机地结合起来。一方面，党不懂得经济工作就无法实现党的领导作用。他说：“现在要进行领导，就必须善于经营管理，必须懂得和理解经济……我们已经进入经济建设时期。因此，只有通晓经济的人，只有善于在经济发展方面向农夫提出有益意见的人，只有善于帮助农夫进行经济建设的人，才能做领导工作。研究经济，和经济结合，深入到经济建设中的各项细节中去，——这就是农村中共产党员现在的任务。不这样做，连梦想领导也不可能。”（《斯大林全集》第5卷，第171页。）另一方面，没有政治工作的指导作用和保证作用，经济工作就无法顺利进行下去。他说：“经济胜利的意义不容争辩地是极其伟大的，我们今后仍将日复一日、年复一年地来求得这种胜利，然而经济胜利却不能把我们社会主义建设全部事业包括无遗。必须说明：因经济胜利而产生的阴暗方面，表现在自满自足、漫不经心、政治嗅觉迟钝上面，只有我们把经济上的胜利与党的建设和我们党展开了政治工作的胜利结合起来，才能消灭这些阴暗方面。必须说明：经济胜利本身及其巩固性和持久性，完完全全依靠于党的组织工作和党的政治工作的胜利；没有这些条件，经济胜利就会是建筑在沙岸上的东西。”（《斯大林文选》上册，第139页。）斯大林的这些论述，充分说明了政治工作对经济工作的重要保证作用。必须将两者紧密结合起来。否则，就会走向两种极端。斯大林说：“当我们党的同志迷醉于经济胜利而离开了政治，这是一种极端性，使我们遭受了很大的牺牲。现在如果我们的某些同志着手加强党的政治工作而突然想起要摆脱经济工作，那么这是另外一种极端性，将使我们遭受同样大的牺牲。”因此，我们“不能从一个极端跑到另一个极端。不能把政治和经济分开……在生活中，在实践中，政治和经济是分不开的。它们两者一同存在，一同起作用。谁想在我们的实际工作中把经济和政治分开，以减弱政治工作为代价来加强经济工作，或者相反地，以减弱经济工作来加强政治工作，那他一定要陷入绝境。”（《斯大林文选》上册，第244页。）

5.党的力量之所以强大就在于和群众有密切的联系

列宁有一句不朽的名言：我们党的力量在于保持党和千百万非党群众之间的活的联系，这种联系愈实际，我们的成就愈可靠。斯大林进一步发挥了列宁的这一思想。他说：“全部真理是：党不仅要向前迈进，而且要带领千百万群众。向前迈进而不带领千百万群众，事实上就是脱离运动。向前迈进而脱离后卫，不善于带领后卫，就是冒进，就会使群众运动在一定时期内不能前进。列宁式的领导其实就在于使先锋队善于带领后卫，使先锋队向前迈进而不脱离群众……反对派倒霉的地方，正在于他们不承认这个领导千百万群众普通的列宁原则，他们不懂得没有千百万群众的支持，单是一个党，单是一个先进集团，是无法进行革命的，革命归根到底是由千百万劳动群众来‘干’的。”（《斯大林全集》第10卷，第27页。）他还说：“党若不与非党群众发生联系，不增加这种联系，不巩固这种联系，那么，无论它是怎样优秀的先进部队，无论它组织得怎样好，也是不能生活，不能发展的。党如果闭关自守而与群众隔绝，丧失或即使稍微减弱自己与本阶级的联系，那它就一定会丧失群众方面的信任和赞助，因而也就会不免要陷于灭亡。”（《苏联共产党〈布〉历史简明教程》（1938 年）人民出版社 1955 年版，第 62 页。）这说明，党的事业就是千百万劳动群众的事业。没有千百万群众的支持、信任和参加，党的事业就必然失败，党也会陷于灭亡的。因此，党必须同千百万群众保持紧密的联系，这才是党强大而有力量的关键所在，是党战无不胜的关键所在。怎样与群众保持联系呢?第一，党应当倾听群众的意见，应当重视群众的革命本能，应当研究群众的斗争实践，并根据这些来检查自己政策的正确性，所以，党不仅应当教导群众，而且应当向群众学习。第二，应取得无产阶级群众的信任，应当以自己的政策和工作博得群众的拥护，要善于进行灵活巧妙的工作把群众引导到自己的立场上，善于进行灵活巧妙的工作使千百万群众确信党的政策正确。第三，党要善于和群众打成一片。只有这样，党才能战无不胜，党才会强大而有力量。

6.党的政治路线制定以后，干部就是决定力量

斯大林明确指出：“在制定了经过实践检验的正确的政治路线以后，党的干部就成为党的领导和国家领导的决定力量。”（《列宁主义问题》第 693 页。）他还说：“在提出正确的政治路线以后，还必须挑选工作人员，把善于执行指示、能够理解指示、能够把这些指示当作自己的东西并且善于贯彻这些指示的人安置在各种工作岗位上。否则，政策就会失去意义，就会变成空谈。”（《斯大林全集》第 5 卷，第 171 页。）这就是说，党必须制定正确的政治路线，这是非常重要的，但这还不够，还要挑选、使用干部，来贯彻党的路线方针政策，否则，党的正确路线就成了一纸空文。

斯大林不仅精辟地论述了干部和政治路线的关系，而且全面论述了正确挑选、使用和审查干部的标准和政策问题。关于挑选、使用干部问题，他说：“挑选工作人员，第一，要根据政治的标志，就是说，他们是不是值得政治上的信任；第二，要根据业务的标志，就是说，他们是不是适合做某一项具体工作。”（《斯大林文选》上册，第 139 页。）斯大林强调，必须把政治标准和业务标准结合起来，两者不可偏废。在联共(布)第十八次代表大会上，他又进一步论述了干部问题。他说：“正确地挑选干部，这就是说：第一，要重视干部，把他们看做是党和国家最宝贵的财富，爱惜他们，尊重他们。第二，要了解干部，细心考查每个干部的优点和缺点，了解究竟在什么岗位上他们才最能施展自己的才能。第三，要关心培养干部，帮助每一个正在成长的工作人员不断上进，不惜花费时间耐心地‘照料’这样的工作人员，加速他们的成长。第四，要及时而大胆地提拔年轻的新干部，不让他们老在一个地方停滞不前，不让他们消沉下去。第五，在安排人员工作的岗位时要做到使每个工作人员都感到自己是在适当的位置上，使每个工作人员都能给我们的共同事业最大限度地贡献出他个人所有的能力，使干部配备工作的总方向完全适应于他所促其实现的那个政治路线的要求。”（《斯大林文选》上册，第 244 页。）

为了加速社会主义经济建设，斯大林特别强调要培养大批有专业知识和懂得科学技术知识的干部。他说：“现在我们不能只限于培养一些各方面都会吹一点的一般共产党员干部，一般布尔什维克干部。一知半解和自诩渊博现在对我们来说是桎梏。现在我们需要金属、纺织、燃料、化学、农业、运输、商业、会计等等方面的布尔什维克专家。现在我们需要大批大批的、成千上万的能够在各种知识部门中成为行家的新的布尔什维克干部。没有这些干部，就谈不到我们社会主义建设的飞快速度。没有这些干部，就谈不上我们能赶上和超过先进的资本主义国家。”（《斯大林全集》第 11 卷，第 65 页。）

关于审查干部问题，首先，他指出了审查的必要性：“其所以需要，第一，是因为只有这样的审查才能识别工作人员，确定他们的真正品质；第二，是因为只有这样的审查才能确定执行机关的优点和缺点；第三，是因为只有这样的审查才能确定任务本身的优点和缺点。”从这些论述可以看出，斯大林所指的审查包括两个方面的内容：一是对干部的考察。他说：“审查工作人员，这就是说，不是根据工作人员的许诺和宣言，而是根据他的工作结果来审查他们。”（《斯大林全集》第 8 卷，第 130 页。）二是对执行机关和任务本身的考查。就是说，通过对干部的考查来发现执行机关和任务本身的优缺点。

关于审查方法问题，斯大林强调必须把自上而下的审查和自下而上的审查结合起来。自上而下的审查，就是领导者根据被领导者的工作结果来审查被领导者。自下而上的审查，就是由群众、由被领导者来审查领导者，指出领导者的错误，并指明改正这些错误的方法。这两种方法都有局限性，只有将两种方法结合起来，才能全面地考察干部，及时反馈执行机关的情况及任务的贯彻执行情况，才能保证党决定、指示及时贯彻落实下去。

7.党内要切实执行民主集中制，正确贯彻党内民主和纪律

斯大林对民主集中制问题主要强调了四个方面：

(1)党内民主的实质是提高党员群众的积极性、主动性，并吸引他们参加党的领导。

斯大林认为，要加速社会主义建设，就必须提高工人阶级的积极性，而“要提高工人阶级积极性，首先必须使党本身积极起来，必须使党本身毅然决然走上党内民主的道路，必须使我们的各级组织吸引那些决定我们党的命运的广大党员群众来参加我国建设问题的讨论。否则就谈不到工人阶级的积极化。”（《斯大林全集》第 12 卷，第 280～281 页。）他批评那些只知空谈民主，但并不真正懂得什么是党内民主的人，他说：“有些人在空谈民主。但是，究竟什么是党内民主呢?究竟是谁的民主呢？如果把民主了解为寥寥无几的脱离革命的知识分子有漫无止境地夸夸其谈和拥有自己的机关刊物等等的自由，那么这种‘民主’我们是不需要的，因为这是破坏极大多数人的意志的区区少数人的民主。如果把民主了解为党员群众有解决我们建设方面各种问题的自由，了解为提高党员群众的积极性并吸引他们来参加党的领导，了解为发挥他们在党内的主人翁的感觉，那么这种民主我们是有的，这种民主我们是需要的，并且我们会不顾一切地来不断发扬它。”(《斯大林全集》第6卷，第9页。)

(2)扩大党内民主是有条件的。决不能利用党内民主把党变成争论的俱乐部。

斯大林强调，发扬党内民主是必要的，但民主是有条件的。民主不是某种在一切时间和一切条件下都一成不变的东西。把民主看成某种绝对的、超时间和空间以外的东西是错误的。实行党内民主是以每一个时期的时间和地点的具体条件为转移的。他说：“为了使这种党内民主成为可能，就需要有两个条件或者两类条件，即内部条件和外部条件，没有这两类条件谈不上什么民主的。第一，必须使工业发展起来，使工人阶级的物质生活状况不恶化，使工人阶级在数量上增长起来，使工人阶级的文化水平不断提高，使工人阶级在质量上也增长起来。……这些内部条件是绝对必要的。……外部条件，没有这种条件，党内民主是不可能的。我指的是某些多少能够保证和平，能够和平发展的国际条件，没有这种条件，党内民主是不可思议的。”(《斯大林全集》第5卷，第301页。)讨论问题发扬民主，争论是必要的，但是争论要有范围。不能把一切问题都交给每个支部自下而上地进行讨论，否则，党就会变成一个空谈不休、不解决任何问题的争论俱乐部。而“党不仅是思想一致者的联盟，而且是行动一致者的联盟，是在共同的思想基础(纲领、策略)上进行斗争的行动一致者的战斗联盟。”(《斯大林全集》第8卷，第199页。)如果党变成一个争论不休的俱乐部，永远讨论，永远争论，直到形成派别，直到分裂，那么党就会完全丧失战斗力，就会彻底崩溃。

(3)党需要有统一的铁的纪律。党内民主不是为了削弱这个纪律，而是为了巩固并加强它。

斯大林强调说：“党内民主所以需要，不是为了削弱并破坏党内的无产阶级纪律，而是为了巩固并加强这个纪律；如果党内没有铁的纪律，如果党内没有靠着千百万无产阶级群众的同情和拥护来增强的坚固制度，那就不可能无产阶级专政。”(《苏联共产党〈布〉历史简明教程》(1938年)人民出版社，第63页。)“党要正常地动作和有计划地领导群众，就必须按集中制原则组织起来，就需要有统一的党章，需要有统一的党的纪律，需要有由党代表大会所体现，在党代表大会闭会期间由党中央委员会所体现的统一领导机关，需要使少数服从多数，各个组织服从中央，下级服从上级。没有这些条件，工人阶级的党就不能成为真正的党，就不能实现其领导本阶级的任务。”(《斯大林全集》第7卷，第328页。)

(4)党需要实行集体领导；个人决定问题，几乎总是片面的。

斯大林说：“离开集体来领导党是办不到的。……谁要幻想这点，那是愚蠢的，谁要讲到这点，那也是愚蠢的。集体工作，集体领导，在少数服从多数的条件下保持党的统一，保持中央各机关中的统一，——这就是我们现在所需要的。”(《斯大林全集》第13卷，第95页。)他进一步分析了集体领导的必要性。他说：“个人的决定总是或者几乎总是片面的。在任何委员会里，在任何集体中，都有发表值得重视的意见的人。在任何委员会里，在任何集体中，也都有发表不正确的意见的人。根据三次革命的经验，我们知道一百个没有经过集体审查和修改的个人决定中，大约有九十个是片面的。”所以，“如果由个人来做决定，那么我们在工作中就会犯极其严重的错误。”(《斯大林全集》第11卷，第27页。)

8.自我批评是党坚强的标志，而不是软弱的标志。我们需要自我批评就像需要空气和水一样

随着社会主义工业化方针不断取得新的胜利而来的，是在党内许多党员思想上滋长了骄傲自满情绪和官僚主义的习气。针对这种情况，斯大林从党的第十五次代表大会以后经常强调批评与自我批评的重大意义。

(1)我们需要自我批评就像需要空气和水一样。自我批评是同马克思主义的本性及其革命精神不可分割地联系着的。

针对党内的错误思想，斯大林反复讲了自我批评的重要性。他指出：“我认为我们需要自我批评就像需要空气和水一样。我认为没有自我批评，我们的党就无法前进，就无法割开我们的脓疮，就无法消灭我们的缺点。而我们的缺点是很多的，这一点必须公开老实地承认。”(《斯大林全集》第11卷，第111～113页。)他还说：“实际上，自我批评是布尔什维克主义武库中不可缺少和经常使用的一种武器，是同布尔什维克主义的本性及其革命精神不可分割地联系着的一种武器。”(《斯大林全集》第11卷，第111～113页。)“没有自我批评，就没有对党、对阶级、对群众的正确教育；而没有对党、对阶级、对群众的正确教育，就没有布尔什维克主义。”(《斯大林全集》第7卷，第103页。)

(2)自我批评是党坚强的标志，而不是软弱的标志。党从来不害怕公开承认错误，党是通过批评自己的缺点来汲取继续前进的力量、来教育和训练干部的。

斯大林说：“自我批评是我们党坚强的标志，而不是我们党软弱的标志。只有深入生活的和走向胜利的强有力的政党才敢当着全体人民的面对自身的缺点进行无情的批评，过去是这样将来也永远是这样。对人民掩盖真相的政党，害怕阳光和批评的政党，并不是政党，而是一个注定要灭亡的骗子集团。”(《斯大林全集》第10卷，第287页。)“我们从来没有害怕过而且将来也不会害怕在全党面前公开批评自己和自己的错误。其实，布尔什维克主义的力量也正在于它不怕批评，并通过批评自己的缺点来汲取继续前进的力量。”(《论党工作的缺点和消灭托洛茨基两面分子及其他两面分子的办法》人民出版社1953年版，第52页。)他还指出：“如果真正愿意作布尔什维克的话，就应当有勇气坦白承认自己的错误，揭发错误的原因，定出改正错误的办法，从而帮助党给干部以正确的训练和正确的政治教育。因为只有在这条道路上，只有在坦白和诚恳的自我批评环境中，才能培养出真正布尔什维克的干部，才能培养出真正布尔什维克的领袖。”(《斯大林全集》第11卷，第30页。)

(3)鼓励自下而上的批评，即使这种批评只有百分之五到百分之十是正确的，我们也不应当忽视。

斯大林指出：“工人有时对我们工作中的缺点有点怕说实话。他们害怕，不只是因为怕说了会‘挨揍’，而且也是因为怕批评得不全面会遭到‘嘲笑’。普通工人或普通农民虽然亲身感觉到我们的工作和我们的计划有缺点，但他们哪里能够头头是道地论证自己的批评呢?如果你们要求他们的批评百分之百的正确，那你们就会取消任何自下而上的批评的可能性。正因为如此，我认为即使批评只有百分之五到百分之十的真理，也就应该欢迎，应该仔细听取，并考虑到它的好的地方。”(《斯大林全集》第8卷，第9页。)

(4) 必须把正确的自我批评和破坏性的“自我批评”区别开来。反对把自我批评庸俗化。

在进行批评和自我批评的过程中，斯大林坚决反对把自我批评庸俗化，强调“必须把这种与我们背道而驰的、具有破坏性的反布尔什维克的‘自我批评’和我们的、布尔什维克的自我批评严格区别开来。我们的自我批评的目的是增强党性，巩固苏维埃政权，改进我们的建设工作，加强我们的经济工作干部，武装工人阶级。”“我们所需要的是能够提高工人阶级的文化水平、发扬他们的战斗精神、巩固他们的胜利信心、加强他们的力量并帮助他们成为国家的真正主人的自我批评。”

9.党必须要有科学的领导方法和良好的工作作风

斯大林对领导方法和工作作风作了全面论述，概括起来主要有以下六个方面：

(1)领导者不能只是签署公文和发布命令，而应当认真地钻研业务、进行具体的切实的领导；领导要有预见。斯大林首先强调了领导方法的重要性和必要性。他说：“无论是农村的或者城市的许多工作部门和分部门都复杂化和发展了。因此，领导就更为具体了……现在需要的具体的和实际的领导。”但是“那种不熟悉业务而急于求成发号施令的习惯，依然存在于党的组织中。正因为如此，所谓党的领导有时就退化成一堆可笑的谁也不需要的命令，退化成不触及任何人和任何事物的空洞的和口头上的‘领导’。这就是削弱和降低党的领导的最严重危险之一。”(《斯大林全集》第11卷，第32页。)他还说：“掌着舵，睁着眼，但当某种灾难临头之前，竟什么也看不到——这不能算是领导。布尔什维克主义不是这样理解领导的。要领导就应当有预见。”(《斯大林全集》第6卷，第339页。)所以，他强调，要真正地实行领导，就得懂业务，就应当认真地、耐心地和顽强地钻研业务，做到有预见性。而不能只坐在办公室里签署文件和发布命令。

(2)党领导群众的基本方法就是说服的方法。斯大林说：“布尔什维克的策略的特点之一在于它不把对党的领导和对群众的领导混为一谈，它清楚地看见第一种领导和第二种领导之间的差异，因而它不仅是领导党的科学，而且是领导千百万劳动群众的科学。”(《斯大林全集》第12卷，第171页。)这就是说，党对党员的领导和对群众的领导的方法是不同的。党对群众领导的基本方法就是说服的方法。斯大林认为，在党的路线、政策正确的情况下，党对群众的领导就是要善于说服群众，使他们相信党的政策的正确，提出并实行能把群众引到党的立场上并使他们易于根据本身经验认识党的政策的正确的一些口号，把群众提高到党的觉悟水平，这样来保证得到群众的拥护并使他们具有坚决斗争的决心。这就要求党进行巨大而复杂的、灵活而耐心的工作。这是党领导群众唯一正确的工作方法。

(3)要紧紧抓住工作中整个链条的基本环节。斯大林强调，领导者要学会善于抓住工作的基本环节。他说：“我们党的政治战略的最大优点之一，就是它善于在每一个时机找出运动的基本环节，抓住了这个基本环节，然后就把整个链条拖向一个总的目标去解决任务。”(摘自《论党工作的缺点和消灭托洛茨基两面分子及其两面分子的办法》，人民出版社1953年版，第27页。)他进一步说：“在革命运动的转折关头，总是提出一个基本口号作为环节，以便一抓住这个环节之后，通过它就可以拖出整个链条来。……革命运动的历史表明着：这个策略是唯一正确的策略。”(《斯大林全集》第7卷，第37页。)

(4)领导要有最大限度的灵活性，对于群众的要求要有最高度的敏感。斯大林认为，社会主义革命取得胜利以后，党面临着更高的新的要求。群众所迫切要求的是他们所能了解的实际领导，而不是形式主义的领导，不是纸上的领导。正是因为这一点，所以，必须使领导本身更灵活，必须使党对群众的要求要敏感、敏感、最高度的敏感。只有这样，才能提高党对群众的领导的质量，从而更顺利地吸引广大工人群众和农民群众来参加我们的整个建设工作。

(5)正确地组织对执行情况的检查，反对领导工作中的官僚主义和无人负责现象。斯大林强调，“必须使党经常检查自己的决定和指示的执行情况。不然，这些决定和指示就有变成空洞的诺言的危险，而空洞的诺言只能破坏广大无产阶级群众对党的信任。”(《斯大林全集》第12卷，第287页。)要做到上述的要求，就必须反对领导工作中的官僚主义和无人负责的现象。在反官僚主义斗争中，党进行着四方面的工作：开展自我批评，组织对执行的情况的检查，清洗机关，从下面提拔工人阶级中的忠诚的工作人员参加机关工作。(《斯大林全集》第12卷，第287页。)

(6)列宁主义的工作作风就是革命胆略和求实精神的结合。斯大林认为，党的工作作风“是列宁主义实践中能够造就特种类型的列宁主义工作者的那种很特殊的要素。列宁主义是理论的和实践的学校，它能培养特种类型的党的工作者和国家工作者，造就特殊的列宁主义的工作作风。”(《斯大林全集》第12卷，第287页。)这种作风的特点就是俄国人的革命胆略；美国人的求实精神。俄国人的革命胆略是消除因循守旧思想、保守主义、思想停滞以及对老传统的盲从态度的药剂。这种胆略是一种振奋人心的力量，它能唤起思想，推动前进，破坏旧事物，开辟前途。没有这种革命胆略，就一步也不能前进。美国人的求实精神是一种不可遏止的力量，它不知道而且不承认有什么阻碍，它以自己的求实的坚忍精神排除所有一切障碍，它一定要把已经开始的事情进行到底，哪怕这是一件不大的事情；没有这种力量，就不可能有认真的建设工作。如果不把俄国人的革命胆略和美国人的求实精神结合起来，就可能在实践中堕落为狭隘的无原则的事务主义者。俄国人的革命胆略和美国人的求实精神结合起来，就是党和国家工作中的列宁主义的实质。我们所需要的正是这种列宁主义的工作作风。

二、毛泽东建党学说的产生、形成和基本理论

1.毛泽东建党学说产生的历史条件

首先，中国工人阶级的成长壮大和工人运动的发展是毛泽东建党学说产生的阶级基础。中国封建社会后期，由于商品经济的发展，已经孕育着资本主义的萌芽，而外国资本主义的入侵加速了这种发展。1840 年鸦片战争以后，中国封建社会逐步解体沦为半殖民地半封建社会。随着近代工业的出现，产生了无产阶级和资产阶级。这是在中国新生的两个对立的阶级，是中国封建社会后期产出的双生子。可见，中国工人阶级的产生和发展，不但是伴随着中国民族资产阶级的产生和发展而来，而且是伴随着帝国主义在中国直接经营企业而来。所以，中国工人阶级很大一部分较之中国资产阶级的年龄和资格更老些，因而它的社会力量和社会基础也更广大些。到 1919 年，全国产业工人已达 200 多万人。另外还有城市小工业和手工业的雇佣劳动者和商店店员约 1200 万人。农村的无产阶级(雇农)及其他城乡无产者，尚有一个广大的数目。这些数字表明，中国的无产阶级队伍已经成长壮大起来了。他们虽然在全国人口中占的比例很小，但绝对数字并不小，并且又集中在几个大城市里。列宁创建俄国社会民主工党时，全国也只有产业工人 270 多万。手工业工人、农村无产者和其他无产者的数目，都要比中国少得多。这说明在 20 世纪初半殖民地半封建的中国，建立共产党已经有了坚实的社会阶级基础。由于中国无产阶级具有革命性、居住集中和与农民有天然联系等优点和特点，所以他们在近代历史的革命运动中，表现出英勇顽强的斗争精神。1919 年五四运动中，中国工人阶级第一次以独立的政治力量登上了中国革命的历史舞台，进一步显示出伟大的阶级力量。据不完全统计，这一年工人阶级共举行了 30 多次大罢工。工人运动的发展，迫切要求有一个能够代表本阶级利益并善于指导无产阶级进行斗争的理论和政党。毛泽东建党学说就是在中国工人阶级不断觉醒和中国共产党创建的实践过程中开始萌芽产生的。

其次，马克思主义在中国传播并与工人运动相结合是毛泽东建党学说萌芽产生的思想基础。列宁认为，无产阶级政党是马克思主义与各国工人运动相结合的产物。这是马列主义党的学说的一条基本原理。如果说中国工人阶级队伍的成长壮大和工人运动的不断发展是中国共产党产生的阶级条件，那么马列主义在中国的传播则是中国共产党产生的思想理论条件。马克思列宁主义与中国工人运动相结合，中国共产党就产生了，这是毛泽东对中国共产党产生规律的高度理论概括。毛泽东指出，十月革命一声炮响，给我们送来了马克思列宁主义。当时李大钊是学习和传播马列主义的先驱。毛泽东和蔡和森等人是学习和传播马列主义的优秀代表。毛泽东自青少年时代就同情劳动人民，憎恨帝国主义和封建主义剥削压迫。学生时代就积极参加新文化运动，创办工人夜校。1918 年 4 月，他与蔡和森等在长沙创办“新民学会”。9 月结识了李大钊，初步阅读了介绍马克思主义与“十月革命”的书报，开始接受马克思主义，由一个激进的民主主义者转变成为一个具有初步共产主义思想的知识分子。1919 年 7 月，他在湖南创办了《湘江评论》并在二、三、四期上发表了《民众的大联合》，提出效法俄国，进行社会政治改革的主张。1919 年底到 1920 年夏，毛泽东再次到北京，细心阅读了陈望道翻译的《共产党宣言》等马克思主义著作，从此成为一个马克思主义者。他说：“我一旦接受了马克思主义是对历史的正确解释以后，我对马克思主义的信仰就没有动摇过。”(埃德加 · 斯诺《西行漫记》，第 131 页。)这就为他运用马克思主义党的学说总结中国共产党的建设经验奠定了理论基础。

再次，列宁关于民族殖民地解放的理论和新型无产阶级政党学说，是毛泽东建党学说萌芽产生的重要国际条件和理论基础。中国共产党诞生前夕，列宁于 1919 年 3 月创立了共产国际。1920 年 7 月，共产国际在莫斯科召开第二次代表大会，列宁非常重视东方民族殖民地国家的解放运动，为大会起草了《民族和殖民地问题提纲初稿》，并建议成立了专门研究东方民族殖民地解放运动的组织——民族殖民地问题委员会，列宁亲自担任主席。大会上列宁作了《民族和殖民地问题委员会的报告》，明确提出了在一切落后国家和殖民地国家建立共产党和苏维埃制度的问题。他认为，在民族殖民地国家不仅有建立共产党组织的必要性，而且有建立共产党组织的可能性。他认为在共产国际的帮助下，按照布尔什维克的榜样建党，这些东方落后国家是可以建立一个坚强的共产党组织的。大会通过了列宁写的《加入共产国际的条件》，这个文件所提出的建党原则，是列宁对布尔什维克建党经验的科学总结，是对新型无产阶级政党学说的系统阐明。中国共产党就是在列宁新型无产阶级政党学说的指导下创建的。共产国际第二次代表大会闭幕不久，1920 年 11 月上海共产党发起组创办了《共产党》杂志。第一号上详细介绍了共产国际、布尔什维克党和列宁的情况，还介绍了列宁的《怎么办?》、《进一步，退两步》、《社会民主党在民主革命中的两种策略》等建党名著书目。第三号上全文刊出了《加入共产国际的条件》。由此可见，毛泽东等老一辈无产阶级革命家关于既要革命就要建立一个革命党的思想，关于共产党是无产阶级先锋队的思想，关于反帝反封建的政治纲领的思想，关于无产阶级领导权的思想，关于民主统一战线的思想，关于开展农民运动和建立农村苏维埃的思想，都是在列宁主义思想基础上产生的。所以，共产国际的建立及列宁关于民族殖民地解放的理论，是毛泽东建党学说萌芽产生的重要国际条件和理论根据。

2.毛泽东建党学说的科学含义

毛泽东建党学说的科学概念，是在延安整风时期提出来

的。1945年刘少奇在七大会上作关于修改党章的报告时指出：我们修改党章就是要“根据毛泽东在三个大革命时期中所更加丰富起来的建党学说，进一步地发展与加强我们党的这种性质和这些原则。”(《刘少奇选集》上卷，第316页。)1977年7月，邓小平在党的十届三中全会上高度评价了毛泽东的建党学说。他说：“把列宁的建党学说发展得最完备的是毛泽东。在井冈山时期，即红军创建时期，毛泽东的建党思想就很明确。大家看看红军第四军第九次党代表大会的决议就可以了解。他的完整的建党学说，是经过实践在延安整风时期建立起来的。毛泽东对于建立一个什么样的党，党的指导思想是什么，党的作风是什么，都有完整的一套。正是因为毛泽东在延安整风中建立了完整的建党学说，并且用这个学说来教育我们全党、全军和人民，使我们建立了这么一个好的党，所以才取得抗日战争、解放战争的彻底胜利。”(《邓小平文选》第2卷，第44页。)那么，毛泽东建党学说的科学含义是什么呢?毛泽东建党学说，是以毛泽东为代表的中国共产党人把马克思列宁主义党的学说同中国共产党的建设实践相结合的产物，它是关于中国共产党产生、发展和自身建设规律的科学，是关于中国共产党在革命和建设事业中的领导地位、作用和如何实现正确领导的科学。毛泽东建党学说是毛泽东思想科学体系中的重要组成部分，是马克思列宁主义党的学说在中国共产党自身建设中的运用和发展。这就是毛泽东建党学说的基本含义。

毛泽东建党学说同毛泽东思想一样，都是中国共产党人集体智慧的结晶。我党老一辈无产阶级革命家李大钊、蔡和森、周恩来、刘少奇、朱德、邓小平、陈云等同志都对毛泽东建党学说的形成和发展作出了重要贡献。毛泽东在推动马列主义党的学说与中国共产党建设实践相结合以及对党的建设一系列独创性经验作理论概括方面，贡献最突出、最卓越、功绩最大。所以，我们党用毛泽东建党学说来命名，它既反映了毛泽东的建党思想，也代表了老一辈无产阶级革命家的集体智慧。毛泽东关于党的建设的论述及其著作是毛泽东建党学说的集中概括。毛泽东对于为什么要在中国建立党和建立一个什么样的党，对于党的性质、指导思想和政治纲领，对于党的思想建设、政治建设、组织建设、作风建设、团结斗争以及如何实现党的领导等问题，都有精辟的论述，形成了具有中国民族特点的毛泽东建党学说的科学理论体系，丰富和发展了马克思列宁主义党的学说。

3.毛泽东建党学说的基本内容

突出表现在以下六个方面：

(1)着重从思想上建党。这是毛泽东建党学说的中心环节。毛泽东提出了思想建设放在首位的基本原理。思想建设的基本内容，就是用马克思列宁主义教育党员，克服各种非无产阶级思想，树立共产主义的世界观和为人民服务的人生观。毛泽东提出思想建党原理，成功地解决了在农民和其他小资产阶级居多数的国家里怎样建设一个具有广大群众性的无产阶级政党的问题。他创造了思想建设的原则、制度、方针、形式和方法，强调共产党员要自觉加强党性修养，强调各级党组织要加强对党员的马克思列宁主义教育，强调要积极开展无产阶级反对各种非无产阶级的思想斗争。在进行马克思主义教育过程中创造了延安整风的有效形式，提出了“惩前毖后，治病救人”的方针。这些都是毛泽东对马列主义党的学说作出的杰出贡献。

(2)党的建设必须密切联系党的政治路线。这是毛泽东建党学说的一个重要原理。这个原理的基本精神，就是党必须首先制定一条正确的政治路线，并且在贯彻这条政治路线的过程中加强党的自身建设。毛泽东认为，党的政治路线正确，党的发展、巩固和布尔什维克化就前进一步；党的政治路线不正确，党的发展和巩固就会后退一步。这是被我党长期历史实践证明了的一条真理。他还认为，有了正确的政治路线以后，还要加强对党员作正确路线的教育，使全党认识到，党的正确路线是人民利益的科学表现，认真执行党的政治路线，实质上就是全心全意为人民谋利益。这是加强党的政治建设的根本问题。

(3)依靠实行民主集中制去发动全党的积极性。这是毛泽东建党学说的重要特征。民主集中制是马列主义党的学说的一个基本原理，毛泽东坚持和发展这一原理主要贡献有三点：一是强调民主集中制是民主与集中的辩证统一，是在民主基础上的集中和集中指导下的民主相结合。二是强调实行民主集中制的过程，就是贯彻“从群众中来，到群众中去”的群众路线的过程。三是强调要“依靠实行党的民主集中制去发动全党的积极性。……用发挥全党的积极性，锻炼出大批的干部，肃清宗派观念的残余，团结全党像钢铁一样。”(《毛泽东选集》第1卷，第278页。)这就是在党内贯彻民主集中制的实质和目的。在社会主义时期，毛泽东又把民主集中制运用于整个国家，提出了要创造一个又有集中又有民主，又有纪律又有自由，又有统一意志，又有个人心情舒畅，生动活泼那样一种政治局面，使革命和建设能够较快发展，党和国家较为巩固，能够经受风险。这是民主集中制原理在社会主义时期的丰富和发展。

(4)实行“任人唯贤”的干部路线和全面团结干部的方针。这是毛泽东建党学说又一重要特征。毛泽东认为，指导伟大的革命要有伟大的党，要有许多最好的干部。为此，他提出了“德才兼备”的干部标准和“任人唯贤”的干部路线，以及一系列正确的干部政策。在社会主义时期他又提出了“红”、“专”概念，要求干部做到又红又专，特别要造就无产阶级自己的、宏大的技术干部队伍和理论队伍。还提出要全面团结干部、搞“五湖四海”等问题，强调要善于团结有不同意见的同志和正确对待犯错误的干部，一定从团结的愿望出发，经过批评或者斗争，达到在新的基础上实现新的团结。实行全面团结干部的方针，是我们党兴旺发达、人才辈出的重要原因。毛泽东把列宁、斯大林关于干部工作的理论和政策进一步丰富和系统化了。

(5)把党风问题提到世界观和党性的高度来认识和解决。这是毛泽东建党学说的显著特点。党的优良作风是无产阶级世界观在党组织和党员行动上的表现。它体现着党的形象和风格面貌。毛泽东一贯重视党风建设，把党的优良作风概括为：理论和实践相结合、密切联系群众和自我批评三大作风，并指出这是共产党区别于其他任何政党的显著标志。在建国前夕和建国以后，鉴于我们党成为执政党，他多次提醒全党要警惕由于党风腐败而引起一些党组织和领导人的蜕化变质，告诫全党要继续保持谦虚谨慎、戒骄戒躁、艰苦奋斗的作风，警惕资产阶级思想的腐蚀，防止糖衣炮弹的袭击，反对脱离群众的官僚主义。毛泽东强调，作风正派不正派，实质上是世界观和党性纯不纯的问题。只有把党的作风提到世界观和党性的高度加以解决，才能彻底克服不正之风，树立优良作风。

(6)实现党的正确领导是革命事业胜利的根本保证。这是毛泽东建党学说的出发点和落脚点。党的领导问题是马列主义党的学说的一个基本原理。毛泽东坚持和发展这一原理，主要表现为三点：一是全面论述了在中国革命和建设的整个过程中坚持党的领导的重要性。他指出，由于中国民族资产阶级的软弱性和农民小资产阶级的狭隘性，他们不能领导中国的新民主主义革命。因此，这个领导重担历史地落到了中国无产阶级及其政党——共产党身上了。没有共产党就没有新中国。在社会主义时期，毛泽东强调："中国共产党是全中国人民的领导核心。没有这样一个核心，社会主义事业就不能胜利。"执政的历史实践证明，党的领导是社会主义革命和建设事业胜利的根本保证。二是论述了实现党的正确领导的基本原则和条件。他提出要实现党的正确领导必须具备两个基本条件：第一，要率领人民群众进行伟大的政治斗争，并取得胜利；第二，要全心全意为人民群众谋利益，对被领导者给以物质福利，同时给以政治教育。这两个基本条件也是实现党的领导必须遵循的基本原则。为了实现党的政治领导，毛泽东还提出四个具体条件：第一，要根据历史发展行程提出基本的政治口号和每一发展阶段的动员口号，作为全国人民一致行动的奋斗目标；第二，要充分发挥共产党员在实现这个奋斗目标时的先锋模范作用；第三，要在共同的政治目标之下建立与同盟者的正确关系，发展巩固这个同盟；第四，要发展壮大党的队伍，严明党的纪律，保持党的思想统一和行动一致。毛泽东认为，"共产党对于全国人民的政治领导，就是由执行上述这些条件去实现的。"(《毛泽东选集》第1卷，第263页。)三是论述了实现党的正确领导的组织制度和科学方法。毛泽东认为，要实现党的正确领导，还必须在民主集中制原则之下实行党委制，坚持集体领导与个人分工负责相结合的制度。在领导方法上，他强调采用一般号召与个别指导相结合、领导与群众相结合、调查与研究相结合的基本工作方法。在此基础上又提出了党委会的十二条具体方法。由此可见，毛泽东不仅深刻论述了为什么要坚持党的领导问题，而且详细地论述了如何正确实现党的领导问题，使马列主义关于党的领导的原理更加系统和完整了。

上述六个方面是毛泽东建党学说的基本内容，也是对马列主义党的学说的突出贡献。贯穿这六个方面的核心问题是保持党的无产阶级先锋队性质和实现党的正确领导问题，它像一根红线一样把整个毛泽东建党学说的基本原理联结成一个有机整体，从而形成了完整的毛泽东建党学说的科学理论体系。这是我们党的宝贵财富，也是加强执政党建设的指南。

4.毛泽东建党学说在党的创立和大革命时期萌芽产生的根本标志和主要内容

毛泽东建党学说是马列主义党的学说与我党建设实践相结合的产物。在党的创立时期和第一次国内革命战争时期，中国共产党人已经开始把列宁的新型无产阶级政党学说同我们党的建设实践结合起来，初步提出了一些重要建党思想。这种"开始结合"和"初步提出"的建党思想，是毛泽东建党学说萌芽产生的根本标志。主要内容有以下四个方面：

第一，明确规定了中国共产党的无产阶级先锋队性质，阐述了共产党同其他政治组织和群众组织的严格区别。共产党作为无产阶级先锋队组织首先诞生在无产阶级众多的西方资本主义国家，后来又诞生在无产阶级革命时代的帝国主义国家。那么，在无产阶级人数很少、经济文化很落后的东方殖民地半殖民地国家，能不能建立无产阶级先锋队组织呢?列宁肯定地回答了这个问题。毛泽东接受了列宁关于共产党是无产阶级先锋队的思想，认为在中国也应该建立工人阶级的先锋队。对此，中国共产党创立前后，国际国内对党的性质有各种议论。有人说共产党不适合中国国情，要建党只能建立资产阶级或小资产阶级性质的政党；有人说中国共产党是知识分子的宣传团体；还有人把共产党和工会组织的性质混同起来。鉴于这种情况，我们党二大制定《宣言》、党章和其他文件时，对党的性质作出明确规定。指出中国共产党是无产阶级性质的政党，是中国无产阶级的先锋军，是代表中国无产阶级和贫苦群众利益的先锋军。这说明，中国共产党人一开始就运用列宁新型无产阶级政党学说，成功地解决了在半殖民地半封建的中国创建无产阶级政党的问题，也为马列主义党的学说作出了新贡献。

第二，明确规定了中国共产党的最高纲领和最低纲领，提出了实现党的最低纲领的策略和形式。政治纲领是党公开树立起来的一面旗帜，外界就是根据政治纲领来判断党的性质的。所以，制定正确的政治纲领是党的政治建设的一个基本问题。党的一大制定了《中国共产党的第一个纲领》，规定了党的奋斗目标。不过这个纲领还是照搬外国的经验，没有从中国具体国情出发。党的二大时就分析了中国社会的特点、革命的性质、革命的动力和对象，制定出党的最高纲领和最低纲领，提出了中国革命分两步走的战略规划。这个纲领反映了中国革命的发展规律，代表了亿万人民的当前利益和长远利益，指出了当前的奋斗目标和长远的奋斗方向。党的最低纲领就是反帝反封建的政治纲领，为实现这个纲领，我们党根据列宁关于在民主革命中可以同资产阶级结成暂时同盟的理论，提出了建立民主统一战线的策略，采用了国共合作的组织形式。党的三大中心议题就是解决这个问题的。实践证明，建立以国共合作为基础的统一战线是正确的。它成为我们党在民主革命时期的一大法宝。

第三，提出了党在民主革命中的领导权思想，阐述了党领导中国革命的两个基本问题。即政治路线和农民同盟军的问题。实现党的政治纲领，不仅要建立国共合作统一战线这种组织形式，而且要掌握统一战线的领导权，这是革命成败的关键问题。党的三大之后，根据列宁的思想，瞿秋白、邓中夏、周恩来等先后发表文章论述了"无产阶级应当领导民主革命"的问题。"四大"前后，我们党阐述了无产阶级及其政党领导民主革命的重要性，指出共产党在国共合作中的领导地位，这是实现领导权的重要途径。为此，采取了两条具体措施：一是要求共产党员积极参加国民党的建党工作，切实掌握全国重要地区的国民党组织；二是在各级国民党组织中设立秘密党团，切实支配国民党的政治活动。为了实现党对民主革命的正确领导，必须制定一条正确的政治路线。毛泽东的《中国社会各阶级的分析》和《湖南农民运动考察报告》等著作，从理论和实践结合上充分阐述了党领导民主革命的两个基本问题，即政治策略和农民同盟军问题。毛泽东论述政治路线和同盟军问题，既不照抄马列主义词句，也不就事论事，而是依据马列主义关于经济基础与上层建筑关系的原理和阶级分析的方法，剖析了中国社会各阶级的经济地位和政治态度，科学地论述了依靠谁、团结谁、打击谁的问题。这不仅在实践上为后来我党制定新民主主义总路线奠定了基础，而且在理论上为实现党的政治领导奠定了思想基础。从这个意义上讲，这两篇论文是毛泽东思想和毛泽东建党学说萌芽产生的重要标志和代表作。

第四，提出了加强党的自身建设的基本思想，阐述了党的组织建设和宣传教育工作等问题。在实现党的政治纲领和政治领导过程中，我们党逐渐懂得了加强自身建设的重要性，并采取措施加强党的建设。党的二大时作出党的组织章程决议案，提出在思想上、政治上和组织上要加强对党员的训练。党的三大以后，在 1923 年 11 月召开的三届一中执委会上，作出了教育宣传问题决议案，提出要用辩证唯物主义世界观和集体主义人生观教育党员和群众，强调要反对个人主义。这说明，建党初期就开始注意到党员的思想意识改造。此后，党几乎在每次代表大会和执委扩大会议上，都就党内组织和宣传教育问题作出相应决议。党的五大以后，中央政治局在 1927 年 6 月通过的《中国共产党第三次修正章程决议案》中，把“党的建设”单列一章写在党章上，这表明我们党对自身建设的重要性有了进一步的认识。在当时历史条件下着重抓了党的组织建设，同时注意到思想建设。主要提出以下五点思想：一是提出了党的民主集中制的组织原则。二是提出了党的干部的科学概念和通过党校进行培训的问题。三是提出了党员的基本条件。四是确立了党的组织机构和组织系统。五是提出了党内教育的原则和内容，开始注意世界观教育和理论学习。这些内容说明，毛泽东建党学说在党的创立和大革命时期已经萌芽产生了，并且是中国共产党人集体智慧的结晶。

5.古田会议决议对红军中建党经验的初步总结

1929 年 11 月 18 日，红四军前委开会，由陈毅传达中央“九月来信”和周恩来的指示。23 日前委决定请毛泽东回红四军主持工作，毛泽东欣然同意。1929 年 12 月 28 日，红四军党的第九次代表大会在福建省上杭县的古田召开，史称“古田会议”。毛泽东起草的古田会议决议，系统地总结了从 1927 年秋创建红军以来的斗争经验，划清了人民军队与旧军队的界限，确立了无产阶级的建军路线。决议还着重总结了红四军党的建设的经验，提出了以下几点关于党的建设的基本思想：

第一，进一步确立了党对军队绝对领导的原则，提出了党对红军实行正确领导的途径和措施。关于党在民主革命中的领导权思想，毛泽东在大革命时期就已经提出来了。他在《井冈山的斗争》一文中，阐述了党对红军和红色政权实行领导的原则。接着，在古田会议决议中总结了秋收起义特别是“三湾改编”以来党领导红军进行斗争的经验教训，深刻阐述了党对红军绝对领导的原则。首先，必须确立一条正确的指导路线，遇事要拿出办法，以建立领导的中枢。使党在政治上成为红军的坚强核心。其次，必须加强军队的思想政治工作，以确保党对红军的无产阶级思想领导。具体规定了红军中思想政治教育的内容和方法，强调加强对指战员的政治训练。再次，必须健全党在红军中的组织机构，处理好政治系统与军事系统的关系，这是实现党对红军组织领导的重要保证。在红军中建立政治委员制度，以保证党对红军的正确领导。

第二，论述和规定了党的思想建设的原则和措施，强调要用无产阶级思想去克服各种非无产阶级思想。在当时毛泽东和周恩来都认为，在农村根据地里建党，在红军队伍里建党，加强党的思想建设是头等重要的问题。只有用无产阶级的思想去克服各种非无产阶级的思想，尤其是克服小资产阶级的思想意识，才能保持党的先锋队面貌，保证党的正确路线的贯彻和执行。毛泽东在古田会议决议中，详细分析了红军党内的政治思想状况，提出了必须纠正的八种主要错误思想，概括起来主要是三个方面的问题：一是思想方面的个人主义、主观主义和绝对平均主义；二是政治方面的单纯军事观点、流寇思想、盲动主义思想残余；三是组织方面的极端民主化和非组织观点。毛泽东指出这些错误思想的危害，对于执行党的正确路线，妨碍极大。若不彻底纠正，则中国伟大革命斗争给予红军第四军的任务，是必然担负不起来的。为了彻底纠正党内的非无产阶级思想，他提出了要积极正确地开展党内思想斗争，切实加强党内的思想政治教育。主要措施有三点：一是要深刻认识党内教育的重大意义，有计划地搞好党内思想政治教育。二是要明确党内教育的内容，准备好党员教育材料。三是要有正确的形式多样的党内教育方法。总之，古田会议决议奠定了我党思想建设的基础。

第三，阐述和规定了党的组织建设的原则和措施，明确提出了贯彻党的组织路线和纪律问题。决议首先论述了组织建设的重要性，其次论述了如何加强党的组织建设：一是《决议》明确提出了贯彻党的“组织路线”问题。毛泽东根据当时的实际情况和经验，认为组织路线的首要问题是“党员发展的路线”，并对发展党员作出了严格的规定，提出五条入党条件和严格入党手续。这些规定确保了红军中党员的质量。二是贯彻“支部建在连队”的原则。规定每连建设一个支部，每班建设一个小组，这是红军中党组织建设的重要原则之一，也是提高红军战斗力的根本措施。三是实行“党小组的混合编制法”，规定必须把党员干部和普通党员、把知识分子出身的党员和劳动人民出身的党员“混合编制”，这有利于党员监督干部而不脱离群众并有利于取长补短、互相学习、共同进步。四是必须贯彻党的民主集中制的组织原则。《决议》针对党内极端民主化倾向，强调“在组织上，厉行集中指导下的民主生活。”(《毛泽东选集》第 1 卷，第 89 页。)还必须执行少数服从多数的纪律。实践证明，严格执行少数服从多数的组织纪律，是贯彻民主集中制原则的重要保证。总之，毛泽东在古田会议决议中提出的关于党的组织建设的路线，原则和措施，丰富和发展了我党在大革命时期关于组织建设的内容，这是毛泽东建党学说初步形成的一个重要条件。

第四，初步论述了党的思想作风和工作作风问题，强调要使党员的思想和党内的生活都政治化、科学化。古田会议决议虽然没有明确提出党的作风这个科学概念，但却提出了实事求是和开展批评等优良作风的基本思想。首先，《决议》通过批判主观主义等错误思想作风，论述了调查研究的工作作风和正确开展党内批评的作风。强调“党内批评是坚强党的组织、增加党的战斗力的武器”，“批评的目的是增加党的战斗力以达到阶级斗争的胜利，不应当利用批评去做攻击个人的工具。”(《毛泽东选集》第1卷，第90页)毛泽东关于提倡调查研究，克服主观主义和开展党内批评的这些思想，初步奠定了党的作风建设的基础。

总之，在古田会议决议中，毛泽东创造性地把马列主义党的学说的基本原理同红军党的建设实际相结合，深刻地阐述了党的思想建设、组织建设、作风建设和实现党的领导等一系列重大理论和实践问题。尽管这些论述还不够成熟和完备，但有关党的建设的最基本的原理都提出来了。这些原理标志着毛泽东建党学说已经初步形成。

6.毛泽东建党学说在土地革命战争时期初步形成的主要标志和基本内容

毛泽东建党学说形成的过程，就是毛泽东等同志把马列主义党的学说与中国共产党的建设实践相结合的过程。这种结合的程度，标志着毛泽东建党学说形成的程度。在土地革命战争时期，毛泽东等同志已经开始创造性地把马列主义党的学说同我党的建设实践相结合，成功地解决了一系列马恩列斯不曾遇到的重大理论和实践问题，从而初步形成了一套具有中国特色的毛泽东建党学说。它的主要标志和基本内容有以下六个方面：

第一，确立了着重从思想上建设党的原则，强调要用无产阶级思想去克服各种非无产阶级思想。大革命失败后，党的工作重心逐渐转向农村，在农民革命分子大量涌进党内，小资产阶级思想意识在党内严重存在的情况下，如何确保党的无产阶级先锋队性质，这是毛泽东上井冈山后一直思考并着手解决的一个重大课题。他认为，在农村环境中建党，必然会出现大批农民和其他小资产阶级分子入党的问题，这对于建设一个广大群众性的党是有意义的，同时也为建设一个布尔什维克化的党带来了极大的困难。经过几年的探索，逐步积累了丰富的经验，毛泽东对此作出了理论概括，初步形成了着重在思想上建党的光辉思想，其内容主要有三点：一是必须使党员确立无产阶级革命的人生观。对每个党员加以党的基本理论的训练，以提高思想理论水平和政治水平。二是必须克服和纠正党内的各种非无产阶级思想意识，特别是形形色色的小资产阶级意识，以保证无产阶级思想在党内占统治地位。三是必须认真开展批评与自我批评，积极正确进行党内思想斗争，这是加强无产阶级思想意识和肃清一切非无产阶级思想意识的基本途径。

第二，提出了党的组织路线的科学概念，强调要加强党员队伍建设和基层组织建设。在着重进行思想建党的同时，还必须加强党的组织建设。早在党的六大时，就提出了“组织路线”的概念，在古田会议决议第二部分更明确地提出了“党的组织路线”的科学概念，并对党的组织路线指导下的组织建设问题作了阐述，主要有以下三个问题：一是关于党员队伍建设问题。强调党员发展的路线，以战斗兵为主要对象，以保证第一线有充足的党员作为骨干力量。二是关于基层组织建设问题。规定了“支部建在连上”的制度和“党小组混合编制法”。三是关于党内民主生活问题。强调在党内政治生活中，既要发扬民主又要集中指导，制定了严格的“三大纪律八项注意”的纪律，以维护党的集中统一领导。

第三，提出了党的政治建设的初步思想，强调党的建设必须同红色政权建设相结合。密切联系党的政治路线进行党的自身建设是毛泽东建党学说的重要内容。早在大革命时期，毛泽东在《中国社会各阶级的分析》一文中就提出了党制定政治路线的重要性，但那时还没有把制定和执行政治路线同党的自身建设密切结合起来。八七会议上，毛泽东总结斗争经验初步提出了统一战线、武装斗争、党的建设三大法宝的基本思想，但还没有十分明确把党的建设同党的政治路线密切联系起来。秋收起义后，毛泽东在创建工农红军和井冈山革命根据地的斗争中，开始在实践中把创立红色政权的政治斗争同党的自身建设结合起来，《井冈山的斗争》和《红色政权为什么能够存在》两篇著作，从理论上初步概括了党的政治建设问题。初步认识到党的建设同红色政权建设相结合这条基本规律，党的政治建设的基本思想已经提出来了。

第四，提出了党的思想路线和群众路线的科学概念和基本思想，强调要深入到群众之中去进行社会调查。思想路线和群众路线，既是毛泽东思想活的灵魂和基本点，也是毛泽东建党学说中党风建设的基本内容。这一历史时期，毛泽东同“左”倾教条主义斗争过程中，在《反对本本主义》一文中提出了思想路线的科学概念和基本思想；在古田会议决议和《关心群众生活，注意工作方法》等文中，提出了群众路线的科学概念和基本思想。思想路线和群众路线的科学概念和基本思想的提出，是毛泽东建党学说初步形成的又一重要标志。关于党的思想路线的基本内容，毛泽东提出以下三点重要思想：一是提出了“没有调查没有发言权”的著名口号，阐述了进行社会调查的重大意义、目的和方法。二是提出了把马列主义与中国革命具体实际相结合的原则，阐述了对待上级指示和马克思主义的正确态度。三是提出了“中国革命斗争的胜利要靠中国同志了解中国情况”的科学论断，阐述了在群众的实际斗争中“创造新局面的思想路线。”(《毛泽东选集》第1卷，第116页。)关于党的群众路线的基本思想，毛泽东主要论述：一是论述了依靠人民群众进行革命战争的重大意义，认为人民群众是真正的铜墙铁壁，什么力量也打不破的。二是论述了实现党的中心任务与关心群众生活的密切关系，认为只有切实关心群众的切身利益问题，才能得到群众真心实意的拥护。三是论述了党的群众路线的领导方式和工作方法，强调首先要深入到群众中去，虚心听取群众的意见和要求，然后才能制定出正确的政策，去指导和动员群众。

第五，创造了正确进行党内斗争的宝贵经验，强调党内斗争必须以维护党的团结统一和人民的根本利益为最高原则。党的团结统一和党内斗争，是毛泽东建党学说的一个重要原理。从八七会议到遵义会议七年多的时间里，毛泽东在党内有一半时间是处于逆境中。他无论处于被整的逆境中还是处于领导地位的顺境中，都能以马克思主义的态度、原则和方法进行党内斗争，创造了正确进行党内斗争的宝贵经验。主要有三点：一是必须坚持党和人民的利益高于一切的原则。一个共产党员无论处于掌权地位还是处于逆境中，都要时时处处把党和人民的利益放在第一位。进行党内斗争时，一切应以党和人民的利益不受损失和少受损失为根本原则。二是必须团结和依靠党内的大多数同志。这是正确进行党内斗争必须遵循的重要原则。三是必须正确开展党内批评。毛泽东认为，党内批评是坚强党的组织，增强党的战斗力的武器，也是解决党内矛盾的有效方法。

第六，确立了党对红军绝对领导的原则，强调在红军中要建立党的领导中枢。加强党的自身建设的目的是为了实现党的领导。土地革命战争时期，中心问题是加强党对红军的绝对领导。毛泽东在井冈山时期提出了党对红军绝对领导的原则，古田会议决议对这一原则作了理论上的概括，强调在红军中“要建立党的领导中枢”，实现党委集体领导；强调一切工作，必须经过党委讨论和决定之后，再经过群众路线的方法去执行。为了建立党在红军中的领导中枢，毛泽东提出了从政治上、思想上和组织上实现党的领导的途径和措施：一是必须确立一条正确的指导路线，使党在政治上成为红军的坚强核心。二是必须加强军队的思想政治工作，以确保党对红军的无产阶级思想领导。三是必须健全党在红军中的组织机构，使党的思想政治领导有可靠的组织保证。

总之，毛泽东这一时期创造性地把马列主义党的学说与中国共产党的建设实践相结合，解决了在农村根据地环境中，如何从思想上、政治上和组织上保持党的先锋队性质问题，以及如何实现党的领导的问题，并开始形成一个有机的理论体系，它标志着毛泽东建党学说已经初步形成。

7.毛泽东建党学说在抗日战争初期不断成熟的主要标志

从1935年遵义会议到1941年延安整风之前，这段时间是毛泽东建党学说不断成熟的重要时期。毛泽东等同志进一步把马列主义党的学说同中国共产党的建设实践相结合，写出了《论反对日本帝国主义的策略》、《中国共产党在抗日时期的任务》、《实践论》、《矛盾论》、《中国共产党在民族战争中的地位》、《〈共产党人〉发刊词》、《论政策》等一系列著作和文章；党中央就加强党的建设作出了若干重要规定；刘少奇、陈云等同志也写了不少党建论著。这些文献创造性地解决了党的建设中一系列重大问题，使党的思想建设、政治建设、组织建设、党的团结斗争、党的领导等原理更加条理和系统，形成了一套比较完整的、具有中国民族特征的建党理论体系。这是毛泽东建党学说不断成熟的基本标志，具体表现在以下四个方面：

第一，进一步解决了着重从思想上建党的重大课题，逐步形成了一套比较完整的关于党的思想建设的理论体系。着重从思想上建党，是毛泽东在红军创建时期提出来的重要原理，但没有从世界观和思想意识修养方面作系统论述。遵义会议之后，确立了党的正确的政治路线。为保证政治路线的贯彻，必须肃清主观主义和教条主义，端正党的思想路线，全党树立起辩证唯物主义的科学世界观。为此，毛泽东写了《实践论》和《矛盾论》，系统论述了党的辩证唯物主义的思想路线和科学世界观，从马克思主义哲学的高度解决了着重从思想上建党的重大理论课题。主要贡献有以下四点：一是论述了党的科学世界观，强调要用矛盾的法则观察世界和改造世界。二是阐明了党的正确思想路线，强调要用辩证唯物主义的知行统一观指导自己的工作。三是阐述了学习和研究马列主义理论的重要性，强调要善于把马克思主义理论与中国革命实际密切相结合。四是提出了在全党进行共产主义思想教育的任务，强调共产党员要自觉地加强思想意识的修养和锻炼。

第二，系统地论述了民主集中制原则、党员队伍建设、干部队伍建设等问题，逐步形成了一套比较完整的关于党的组织建设的理论体系。主要表现以下四点：一是进一步论述了坚持和健全党的民主集中制的一系列问题，强调正确处理民主与集中的辩证关系，以调动全党的积极性。二是深刻论述了党员队伍建设的一系列问题，强调对党员进行思想政治教育和组织管理，并同党员的自我修养及群众监督结合起来，使党员充分发挥先锋模范作用。三是系统地论述了党的干部队伍建设的一系列问题，强调德才兼备的干部标准和“任人唯贤”的干部路线以及对干部的教育培养等问题，以便建设一支宏大的干部队伍来保证党的政治路线的贯彻。四是简要地论述了党的基层组织建设问题，强调要充分发挥支部的战斗堡垒作用。

第三，明确提出了党的建设同党的政治路线密切相联系的科学论断，逐步形成了党的政治建设的理论体系。毛泽东很重视党的政治建设，土地革命战争时期就认识到制定正确的政治路线和建立红色政权对党的建设的重大作用。红军长征到达陕北后，经过瓦窑堡会议，党中央确立了正确的政治路线，极大地促进了中国革命和党的建设的迅速发展。毛泽东总结历史经验教训，深刻认识到党的政治路线对党的建设的巨大作用和意义。1939年他写了《〈共产党人〉发刊词》一文，提出了党的建设同党的政治路线密切相结合的科学论断，并对如何结合党的政治路线加强党的政治建设作了历史论证。从政治上建设党的基本要点有以下三个方面：一是党的建设必须同党的政治路线相结合，首先党要制定一条正确的政治路线以保证党的建设的方向。二是党的建设必须同统一战线和武装斗争密切结合，强调要学会在创建工农红军、抗日武装力量和进行革命战争中，发展壮大党的组织。三是党的建设必须同制定和执行党的政治策略相结合，强调必须制定党在各个历史时期各个方面的政策，并在贯彻这些政策过程中加强党的自身建设。政策和策略是衡量党政治上是否成熟以及政治水平高低的重要标志。

第四，深刻地论述了实现党的领导的基本条件、原则、途径和方法等问题，逐步形成了关于党的领导的理论体系。1937年5月中国共产党在延安召开全国代表会议，毛泽东作了《中国共产党在抗日时期的任务》的报告和《为争取千百万群众进入抗日民族统一战线而斗争》的结论。简明而系统地论述了实现党的领导权的历史必然性和基本条件等问题，奠定了党的领导科学的理论基础。关于党的领导的理论体系的基本要点有四点：一是论述了实现党的领导的历史必然性，强调“这个中国革命领导责任的问题，乃是革命成败的关键。”(《毛泽东选集》第1卷，第262页。)必须坚持共产党的领导，中国民主革命才能取得胜利。二是论述了实现党的领导的四项基本原则和五项具体条件。三是论述了实现党的思想政治领导的基本途径，强调必须建立强有力的政工部门，加强党的思想政治工作。四是初步论述了做好领导工作的方法。总之，这一时期党的思想建设、组织建设、政治建设和党的领导等原理各自形成了相对独立的理论体系，并且这些基本原理在宏观上也组成一个比较完整的党建理论体系。这是毛泽东建党学说不断成熟的主要标志。

8.毛泽东建党学说在延安整风时期完整形成的主要标志和基本内容

毛泽东建党学说的完整形成是指它的理论体系的更加完备和科学概念的明确提出，这是最主要的标志。它的完整理论体系包括三个组成部分：第一部分是关于在中国建立一个什么样党的问题。党的性质、指导思想和政治纲领主要是回答这个问题的。第二部分是关于在中国这样一个农民居多数的国度里，如何建设共产党的问题。党的思想建设、政治建设、组织建设和作风建设等原理，主要是回答这个问题的。第三部分是关于在中国的历史条件下，如何实现党的领导问题。党的领导的原则、条件、途径和方法以及思想政治工作等原理，主要是回答这个问题的。毛泽东等同志对建党理论体系完整形成的主要贡献，具体表现在以下三点：

第一，关于在中国建立一个什么样党的理论。这个问题，毛泽东和老一辈无产阶级革命家很早就提出来了。在党的创立时期，他们就提出要在中国建立一个无产阶级先锋队的党，以后一直坚持这个观点。在抗日战争时期，又提出要建立一个广大群众性的更加布尔什维克化的党。在延安整风时期，进一步提出了要建立一个以马克思主义武装的、纪律严明的、能发挥领导核心作用的党。党的七大党章及毛泽东、刘少奇等同志的报告，则对党的性质作了全面的概括和论述。主要强调三个问题：一是提出了党是无产阶级的阶级组织最高形式的论断。延安整风开始后，毛泽东向全党高级干部作了关于布尔什维克化“十二条”的报告，明确提出中国共产党是无产阶级阶级组织的最高形式的论断。党的七大第一次明确地把中国共产党是无产阶级“阶级组织的最高形式”作为党的性质写在党章的总纲上。二是强调党的指导思想是保持党的无产阶级先锋队性质的基本条件。党的指导思想是党的理论基础，是保持党的先锋队性质的灵魂。七大刘少奇关于修改党章的报告中，着重论述了坚持马克思主义与中国革命实践相结合的毛泽东思想的重大意义。第一次把毛泽东思想作为党的指导思想载入党章中。强调要坚持党的先锋队性质，就必须坚持党的指导思想。三是强调了党的纲领对保持党的无产阶级先锋队性质的重大意义。党的纲领是党公开树立的一面旗帜，外界就是根据它来判断党的性质的。在七大党章总纲中，明确规定了党的最高纲领和最低纲领，表明中国共产党是为共产主义事业而奋斗的政党。毛泽东在《论联合政府》政治报告中，详细论述了党的最高纲领和最低纲领，要求共产党人永远牢记党的无产阶级先锋队性质，在实现最低纲领的奋斗中不忘记为共产主义而奋斗的崇高理想。毛泽东等同志从中国共产党的领导核心作用、指导思想和纲领方面深刻论述了党的无产阶级先锋队性质，从理论和实践上出色地解决了在中国建立一个什么样党的问题。

第二，关于如何建设一个马克思主义政党的理论。毛泽东经过多年的实践和探索，逐步形成了首先从思想上、政治上进行党的建设，同时在组织上和作风上进行建设的理论体系，从而更加全面地解决了在中国特殊历史条件下如何建设共产党的重大理论课题。这就是我们常说的党的“四大建设”原理。在延安整风时期，毛泽东对四大建设都有新的贡献，尤其是在作风建设上有更加突出的贡献。主要表现在：一是在思想建设方面，主要提出和论述了思想建设在整个党的建设和党的事业中的地位、作用，强调要把思想建设放在首位，把党内教育作为中心环节；明确提出了解决党员思想入党的原理，强调思想入党的本质内容是要按照无产阶级先锋队的面貌来改造党员的思想，克服各种非无产阶级思想，使广大党员真正树立起共产主义世界观和人生观；明确提出了增强党性锻炼的论断，并就为什么要增强党性和如何进行党性锻炼作出了决定，要求全党贯彻执行；提出了解决思想入党的基本途径是要切实贯彻理论联系实际的原则，改造我们的学习，克服教条主义，对党员进行系统的马克思主义思想教育，开展学习竞赛，提倡解放思想，放下包袱，开动脑筋。这些论述使古田会议以来党的思想建设原理更加完备成熟了。二是在政治建设方面，对党在民主革命时期特别是新的历史转变时期党的政治路线作了更完整的概括，提出建立一个新民主主义的中国。并在贯彻这条政治路线过程中提高全党政治觉悟，发展壮大党的组织；要制定一系列正确的政策和策略，强调要不断提高党员干部的政治水平。三是在组织建设方面，对党的组织原则作了更精辟的理论概括，指出民主集中制的基本内容是在民主基础上的集中与集中指导下的民主相结合，它的实质是既要加强党的集中统一领导又要发挥全党的积极性和创造性；对党的干部队伍建设作了进一步论述和详细规定，使干部队伍建设的理论更加完备系统了；对党员队伍建设的内容作了新的补充，规定了党员的四项义务和四项权利，强调加强党委对组织发展工作的领导；对党的基层组织建设作了进一步论述，指出按照生产单位和工作单位来建立党的基层组织是必须遵循的重要原则，强调基层组织要成为战斗堡垒。四是在作风建设方面，深刻论述了党风建设的重要地位和作用，加强党风建设是共产党区别于其他任何政党的显著标志；明确概括出党的三大优良传统作风，即理论联系实际、密切联系群众以及自我批评的作风；提出加强党风建设的基本原则，强调要从世界观和党性的高度来解决党风问题，把党性、党纪教育和严格的监督管理结合起来；解决了党风建设的有效形式，指出整党整风既是对全党进行马克思主义教育的好形式，也是有领导、有计划、有针对性解决党风问题的好形式，强调在整风中要坚持“惩前毖后，治病救人”的方针，积极正确地开展党内的思想斗争，达到纯洁组织和增强战斗力的目的。总之，毛泽东等同志从思想、政治、组织和作风四个方面，成功地解决了把中国共产党建设成为无产阶级政党的问题。

第三，关于党对中国革命事业实现正确领导的理论。在延安整风时期，毛泽东等对如何实现党的领导的原则、途径和方法等问题作了进一步论述，使党的领导的原理更加完备起来。主要表现在以下三个方面：一是提出了加强党的集中统一领导和实现“一元化领导”的理论，强调“党对政权系统的领导，应该是原则的、政策的、大政方针的领导，而不是事事干涉，代替包办。”(见 1942 年 9 月 1 日《中共中央关于统一抗日根据地党的领导及调整各组织间关系的决定》。)二是论述了党的思想政治工作的理论。党的领导主要是思想政治领导，为此，必须制定一条正确的路线、方针和政策，并贯彻到群众中去。党的思想政治工作就是把党的路线方针政策变为群众实际行动的基本途径和重要保证。为此，毛泽东等同志于 1944 年 4 月主持起草了关于军队政治工作的文件，对党的思想政治工作经验作了系统理论概括，使思想政治工作学说更加完备和成熟。三是论述了实现党的领导的科学方法。延安整风时期，以毛泽东为首的领导核心已经巩固后，解决领导方法就提到日程上来了。为此，毛泽东于 1943 年 6 月为中央起草了《关于领导方法的决定》，对实现党的领导的科学方法作了系统地论述。

综上所述，在延安整风时期毛泽东建党学说在整体上已经形成了完整的理论体系。刘少奇在七大时把这个理论体系作了高度概括，明确提出了“毛泽东建党学说”和“毛泽东建党路线”的科学概念。这就是毛泽东建党学说理论体系完整形成的主要标志。

9.毛泽东建党学说在解放战争时期的丰富和发展

解放战争时期是毛泽东建党学说不断丰富发展的重要时期。这里说的丰富发展，包括两层意思：一是毛泽东为首的党中央从解放战争实际出发，对党的建设作出了一些新的理论概括，提出了一些新的理论原则。二是指我们党用新的建党经验和具体结论充实了原有的基本原理，使之更加完备和具体化。具体表现在五个方面：

第一，提出了对国民党反动派针锋相对的斗争方针，论述了运用革命两手策略时必须坚持的两项重要原则。解放战争时期，国内的主要矛盾是共产党领导的人民大众同国民党反动派之间的矛盾，斗争的实质是关于中国的前途和命运问题。针对国民党一方面准备内战一方面又玩弄和平谈判阴谋的两手策略，毛泽东提出了“针锋相对”的斗争方针和革命的两手策略。为了更好地运用两手策略，必须坚持以下两项重要原则：一是必须把武装斗争与和平谈判结合起来，立足点要放在武装斗争上。二是必须把原则的坚定性和必要的妥协让步结合起来，而妥协让步决不能损害人民的根本利益。针锋相对方针和两手策略为加强党的政治建设增添了新的内容。

第二，提出了结合土地改革整编党的队伍的任务，创造了在农村基层组织整党的新经验。1947 年至 1948 年，我们党在解放区农村进行土地改革的同时，提出了整编党的队伍的任务。这是继延安整风以后又一次整党整风运动。这次整风同延安整风相比，有以下三个新特点和新经验：一是从整党的历史背景和主要对象来看，这次整党是在解放战争紧张时期结合土地改革进行的，其重点是整顿农村基层党组织及党的下级干部和党员，主要锋芒是对着混入党内的地主富农分子和农村干部严重脱离群众的现象。由于这次土改整党抓住了重点和主要问题，基本上解决了党内成分不纯问题，改善了农村中党与群众的关系。二是从整党整风的内容和方法来看，延安整风的主要内容是反对主观主义以整顿学风，反对宗派主义以整顿党风，反对党八股以整顿文风。这次土改整党的主要内容是“三查三整”，即查阶级、查思想、查作风和整顿组织、整顿思想、整顿作风。主要方法是经过党的支部，邀集党外群众参加党的会议，共同审查党员、干部的成分和作风。经过这次整党基本上解决了农村基层党组织的成分不纯、思想不纯和作风不纯问题，并决定在一切巩固区域党的支部公开，这对改善党群关系是一个关键性措施。三是从整党整风的组织领导形式来看，延安整风是通过建立总学习委员会和各级学习委员会来进行具体组织和领导。而这次土改整党主要是各地上级党委机关通过派出工作团或工作组来进行具体组织和领导。从总体上看，这次土改整党是成功的，创造了农村基层组织整党的新经验，丰富了毛泽东建党学说的内容。

第三，提出了实现党的正确领导的原则、制度和方法，作出了健全党内民主生活的若干规定。主要有四点：一是高度概括了实现党的正确领导的两项基本原则，即率领人民群众同敌人进行坚决斗争，并取得胜利和给人民群众带来看得见的物质利益，至少不损害人民的利益，并对群众进行政治教育，提高他们的觉悟。二是明确提出了建立请示报告制度和健全党委会制度。强调要加强党委集体领导，防止个人包办代替。三是系统地总结了党委会的工作方法，提出了 12 条工作方法。强调要通过协调党委委员之间和上下级之间的关系来调动党委主要负责同志和每个委员的积极性主动性，以便形成一个坚强的党委领导核心；通过抓主要矛盾、抓重点来推动各方面的工作，以便提高领导艺术和工作效率；通过提高政策水平和培养谦虚谨慎的作风，来团结各方面的力量共同搞好工作。四是及时作出了健全党内民主生活的若干规定，党中央作出扩大党内民主生活的六条规定。强调要加强党的集中统一领导和健全党内民主生活，认为这是实现党的正确领导不可分割的两个方面，说明党内的民主生活是有领导的民主，而不是极端民主化。

第四，提出了政策和策略是党的生命的论断，阐述了正确执行党的政策必须重视和注意的三个重要问题。为了解放全中国，毛泽东提出了“政策和策略是党的生命”的论断。强调正确贯彻执行党的政策必须重视和注意以下三个问题：一是要正确理解党的政策的科学含义，指出政策是人民利益在政治上的科学表现，是共产党一切实际行动的出发点，并且表现于行动的过程和归宿。共产党的政策要坚决维护人民群众的利益，以人民群众的实践作为检验政策正确与否的标准。二是要把贯彻党的总路线总政策与执行具体路线和具体政策统一起来，既有大目标又有具体行动准则。如果忘记总路线，在工作中就会左右摇摆，或离开党的路线和政策走向歧途。三是要善于把党的政策变为广大群众的实际行动。把政策交给群众，做好政策的传达和宣传解释工作，同时做好执行政策的具体组织领导工作，让群众按照党的政策去行动，这是一项马克思列宁主义的领导艺术。

第五，提出了夺取全国政权后党的基本任务和政策，强调执政党在加强理论建设和思想作风建设的同时，要学会管理城市和领导经济建设。毛泽东认为，夺取全国政权后，执政党的基本任务是政治上要巩固无产阶级领导的以工农联盟为基础的人民民主专政的国家政权。为此，就必须在理论上和思想作风上加强执政党的建设。在理论建设方面　提出了“马克思主义是放之四海而皆准的普遍真理”的科学论断，强调共产党人要用无产阶级宇宙观来观察问题和解决问题。在思想作风建设方面，提出了要“警惕糖衣炮弹的攻击”和“防止资产阶级思想的侵蚀”的论断，要求全党务必继续保持谦虚谨慎的作风和艰苦奋斗的作风，努力克服以功臣自居的骄傲情绪，停顿起来不求进步的情绪和贪图享受不愿再过艰苦生活的情绪。执政党在领导经济建设方面，提出了“以生产为中心”，“学会从事经济建设”的口号，要求党员和干部学会管理城市，学会自己不熟悉的东西。必须向一切内行的人们学习经济工作、技术工作和文化教育工作。领导干部要放下官僚架子，真心实意地拜内行的人们为老师，恭恭敬敬地老老实实地向他们学习，掌握管理国家和领导经济建设的本领，以便更好地建设新中国。

10.毛泽东关于执政党建设的基本理论

毛泽东思想关于执政党建设的理论，是毛泽东、周恩来、刘少奇、朱德、邓小平、陈云等同志运用马列主义党的学说对社会主义时期党的建设实践经验的科学总结和理论概括，是毛泽东建党学说在执政党建设中的运用和发展。它的内容很丰富，基本思想是：围绕保持党的工人阶级先锋队性质这个核心内容，论述了如何从政治、思想、组织、作风等方面加强执政党建设的问题。其目的是要把中国共产党建设成为社会主义事业的坚强领导核心。概括起来，执政党建设的理论主要有以下八个方面的基本原理：

第一，坚持党的工人阶级先锋队性质，全心全意为中国各族人民谋利益，是执政党建设的根本问题。执政后，中国共产党仍然是中国工人阶级的先锋队组织。那种认为执政后党变成“全民性质的党”的观点和党已经“具有国家政权属性”的说法，都是不正确的。毛泽东曾说过，工人阶级是最先进最有前途的阶级，其他的阶级都是过渡性的阶级，都要过渡到工人阶级方面去。在整个社会主义历史阶段，工人阶级将长期存在，作为这个阶级的先锋队组织的中国共产党也将长期存在。这是由社会历史发展规律决定的，是不以任何人的意志为转移的。在整个社会主义历史时期，都要坚持党的工人阶级先锋队性质，只有如此，才能充分发挥党的领导作用。这是执政党建设理论的核心内容，其他原理都是围绕这个核心展开的。全心全意为广大人民群众谋利益，是中国共产党的根本宗旨，也是衡量党的先进性的根本标志。中国共产党是中国各族人民利益的忠实代表。执政后要保持党的工人阶级先锋队性质，最根本的一条就是要始终坚持全心全意为中国各族人民谋利益的根本宗旨。

第二，制定一条以社会主义现代化建设为中心的政治纲领和基本路线，并切实贯彻执行，是执政党建设的主要任务。党的建设要密切结合党的纲领路线来进行，是一条基本规律。所谓“密切结合”，一是指要制定一条符合中国革命和建设实际的马克思主义的政治纲领和路线，为党的建设指明政治方向；二是指党的建设要服从党的纲领路线，保证它的顺利实现。社会主义时期党的纲领路线的基本内容是进行社会主义革命和社会主义现代化建设，推动社会生产力不断向前发展。执政党的建设始终要围绕这条政治路线来进行。新时期我们党提出和制定了社会主义初级阶段的基本路线，执政党的建设要为实现“一个中心，两个基本点”的基本路线服务，保证这条路线的贯彻执行。同时，在贯彻执行基本路线过程中全面加强党的建设，使党能经得起各种风浪和考验，成为社会主义现代化的坚强领导核心。

第三，进行系统的马克思主义基本理论教育和共产主义思想教育，不断提高党员、干部的社会主义和共产主义觉悟，这是搞好执政党建设的中心环节。我们党一贯重视对党员进行马克思主义理论教育。执政后为广泛地组织全党系统学习马克思主义理论创造了良好的环境和条件。毛泽东和党中央始终把领导和组织全党同志特别是领导干部系统学习马克思主义理论作为党的思想建设的一项重要任务，并为此作出了一系列重要决定。在社会主义新的历史时期，党内在思想上的主要矛盾不再是无产阶级思想和小资产阶级思想的矛盾，而是共产主义思想与形形色色的个人主义思想的矛盾。能否有效解决这个矛盾是党的思想建设成败的根本问题。因此，必须经常对党员、干部进行系统的共产主义思想教育，不断克服个人主义思想，使广大党员和干部真正成为具有共产主义觉悟的工人阶级先锋战士。

第四，健全党内民主集中制，切实实现党内生活的民主化和科学化，是搞好执政党建设的组织措施。在执政党条件下健全民主集中制和实行严格纪律，目的是为了在党内造成一个又有集中又有民主，又有纪律又有自由，又有统一意志又有个人心情舒畅、生动活泼的政治局面，以便充分调动全党的积极性、创造性，使党组织不断巩固和发展。总结历史经验，按照民主集中制原则建设执政党必须做到以下三点：一是必须在高度民主基础上实行高度集中，保证党中央对全党的集中统一领导。二是必须正确处理中央与地方、上级与下级、多数与少数、个人与组织的关系，充分调动和发挥各级组织和广大党员的积极性。三是必须切实实现党内生活的民主化和科学化，使党的组织充满生机和活力。民主化是指党的领导机关作决策时，要广泛听取广大党员、干部的意见和建议，使决策有坚实的群众基础；党员领导干部要具有民主作风，遇事同群众商量，听取批评改进工作；党的各级组织要有健全的民主生活制度和民主选举制度，坚决反对个人集权和家长制，反对极端民主化和自由化。党内生活科学化是指党内政治生活要遵循科学的原则和方法，实行科学的管理和建立科学的制度。只有科学化，才能使党内政治生活的民主化进一步发展。

第五，加强党的干部队伍建设，明确干部在社会主义国家中的公仆地位和在社会主义事业中的骨干作用，这是搞好执政党建设的组织保证。党的干部是建设社会主义现代化的骨干力量，党的干部又是人民的公仆和勤务员。执政党的干部能否做人民群众的公仆，又充分发挥骨干作用，是对干部最严重的考验，也是执政党干部队伍建设的重大课题。为此，我党提出了以下重要理论原则：一是要加强对党员干部的教育和培训，不断提高干部队伍素质。二是按照“革命化、年轻化、知识化和专业化”方针，建设干部队伍，配备精干的领导班子。三是不断改革干部管理制度，建立人才脱颖而出的干部管理机制。

第六，提高党员队伍的质量，充分发挥共产党员的先锋模范作用和基层党组织的战斗堡垒作用，是搞好执政党建设的坚实基础。中国共产党执政后，党员人数每年大约以 100 多万的速度递增。但是党员数量的增加和质量的提高还不协调，党员素质还不能适应社会主义现代化建设的需要。因此，提高党员质量问题成为执政党建设的主要问题。要提高党员队伍质量，一是要严格入党条件和入党手续，防止不够党员标准的人混入党内。二是要搞好党员的思想政治教育、马列主义理论教育、党的基本知识教育和科学文化教育。三是加强对党员的严格管理，调整党员队伍的年龄和知识结构，充实生产第一线的党员，使整个党员队伍在各条战线上形成合理的结构和布局。提高党员质量的目的是要充分发挥党员的先锋模范作用。党员的先锋模范作用主要表现在三个方面：一是带头作用，时时处处成为群众的榜样和表率。二是骨干作用，在贯彻党的路线方针政策和完成各项任务中成为群众的中坚和核心。三是桥梁作用，党员要及时把党的决议和主张向群众宣传、解释，并把群众的意见和要求向党组织反映，使自己成为党和群众密切联系的纽带和桥梁。党员处处发挥先锋模范作用就能保证党组织成为广大群众的中坚和核心。

第七，搞好党风建设，不断克服以权谋私、官僚主义等腐败现象，密切党同人民群众的关系，是执政党建设的关键环节。执政党的党风问题关系着党的生死存亡。党风的实质，从根本上来说，就是党同人民群众能不能保持最密切的联系。党处于执政地位，决定了党的活动同广大人民群众利害得失关系极大，这种地位又很容易使党员特别是党的领导干部产生脱离群众的危险。其中以权谋私、官僚主义是造成党脱离群众的两大祸害。因此，克服以权谋私官僚主义等腐败之风，就成为端正党风的关键环节，也是加强党风建设的主要任务。克服腐败现象的特效药就是从思想上制度上确保人民真正当家作主，成为社会主义国家的主人。党员各级领导干部的权力都是人民给的，他们受人民的信任和委托代表人民掌握着某个部门的权力。为克服各种腐败现象，一是要教育党员干部牢固树立全心全意为人民谋利益的人生观，强化当人民公仆的意识；二是要健全党内外的各种监督制度，使党和国家的各级领导干部完全置于党组织和人民群众的监督之下；三是要严明党纪国法，使腐败者受到应有的严厉惩处；四是要健全干部管理制度，从制度上保证国家权力真正属于人民。只有真正坚持和实现了人民民主，党才能长期执政而不腐败。

第八，坚持和改善党的领导，正确发挥党在社会主义事业中的领导作用，是执政党建设的核心问题。要加强和改善党的领导，必须重视和解决好以下五个问题：一是要全面正确理解党的领导的科学含义。党的领导主要是政治领导、思想领导和组织领导。党的领导是一个复合概念，它的基本含义包括指引、保证、协调、服务多层意思，缺少任何一个方面都不能全面正确理解党的领导。二是要正确掌握党的领导的基本原则。这就是要坚持全心全意为人民谋利益的原则；坚持思想政治领导和组织领导相统一的原则；坚持党的集体领导与个人分工负责相结合的原则；坚持在宪法和法律范围内活动的原则；坚持通过党员的先锋模范作用来实现领导的原则。三是要改革领导体制，处理好党政职能分开和发挥党的领导作用的关系。四是要解决好党的领导的途径和形式问题。执政党实现领导的途径和形式不是单一的，不能只是保证监督一种形式，而是根据实际需要，采取多种多样的形式。在整个社会主义时期，坚持党的领导的原则是不变的，但实现领导的途径和形式是随着社会主义事业的发展和形势的变化而不断发展变化的。这种领导形式的变化，绝不是削弱或取消党的领导。五是要正确开展两条战线的思想斗争。在党内要进行既反对“左”的错误倾向又反对右的错误倾向的思想斗争，这是属于人民内部矛盾性质的思想斗争。不能把反对“左”右倾的思想斗争和两条政治路线斗争混为一谈。必须在反“左”时防右，反右时要防“左”，避免从一个极端走向另一个极端。坚持实事求是的原则，有什么倾向反什么倾向，不要一刀切。坚持“惩前毖后，治病救人”的方针，经过批评和自我批评，在新的基础上达到新的团结。只有这样，才能保证党实现正确的思想政治领导，提高党的威信和战斗力。

11.毛泽东、刘少奇对党执政后要反腐化和反官僚化问题的论述

早在 1945 年党的七大召开前夕，毛泽东在延安和国民党的谈判代表黄炎培先生就议论过历史上各统治阶级“从胜利到腐败”的演变规律问题。当时，黄炎培先生看到国民党的腐败，预见到共产党就要执政，便直率地问毛泽东，他说，从历史经验看，凡是执政初期，大家都聚精会神，认真负责，然而环境变好了，精神也就渐渐放下了，有的因时间长久，自然地惰性发作，由少数演变为多数，到风气养成，虽有大力，却无法扭转和补救。“人亡政息的有”“求荣取辱的有”，谁也没有跳出这个周期率。中共想找个跳出这周期率的支配，不知找到没有？毛泽东回答：“我们已经找到新路，我们能跳出这周期率。这条新路就是民主。只有让人民来监督政府，政府才不敢松懈。只有人民起来负责，才不会人亡政息”。（《八十年来》第 149 页。）这里毛泽东所说的民主是指人民当家作主，保证人民在新国家中的主人翁地位，调动群众管理国家的积极性和监督国家干部的责任心。只有人民真正当家作主，人人敢于负责，才能有效地管理国家和监督政权机关。这样，官僚化和腐化现象就难以发生，即使发生了，也容易纠正。只有这样，执政党才能永远保持同人民群众的密切联系。得到他们的拥护和支持。“人亡政息”的悲剧就不会发生。对这个问题，毛泽东一直很关切很重视，在执政后的实践中不断探索解决问题的有效途径和办法。毛泽东、刘少奇等同志多次提醒全党，执政后要继续保持艰苦奋斗的作风，防止腐化和官僚化现象发生。1948 年 12 月，刘少奇专门论述这个问题，他说："以前在山头上，事情还简单，下了山，进了城，问题就复杂了，我们要管理全中国，事情更艰难了。我们打倒蒋介石、打倒旧政权后，要领导全国人民组织国家，如果搞得不好，别人也能推翻我们的。"又说："得了天下，要能守住，不容易。很多人担心，我们未得天下时艰苦奋斗，得天下后可能同国民党一样腐化。他们这种担心有点理由。在中国这个落后的农业国家，一个村长，一个县委书记，可以称王称霸。胜利后，一定会有些人腐化、官僚化。如果我们党注意到这一方面，加强思想教育，提高纪律性，就会好一些。""否则，堕落的人会很多，会使革命失败。"(《刘少奇选集》上卷，第 413 页。) 1949 年 3 月，毛泽东在党的七届二中全会报告中，专设一节论述了执政后党要继续保持艰苦奋斗作风和防止被腐蚀的问题。他说："因为胜利，党内的骄傲情绪，以功臣自居的情绪，停顿起来不求进步的情绪，贪图享乐不愿再过艰苦生活的情绪，可能生长。因为胜利，人民感谢我们，资产阶级也会出来捧场。敌人的武力是不能征服我们的，这点已经得到证明了。资产阶级的捧场则可能征服我们队伍中的意志薄弱者。可能有这样一些共产党人，他们是不曾被拿枪的敌人征服过的，他们在这些敌人面前不愧英雄的称号；但是经不起人们用糖衣裹着的炮弹的攻击，他们在糖弹面前要打败仗。我们必须预防这种情况。"(《毛泽东选集》第 4 卷，第 1438 页。)他要求把这种情况向党员、干部讲明白，"务必使同志们继续地保持谦虚、谨慎、不骄、不躁的作风，务必使同志们继续地保持艰苦奋斗的作风。"(《毛泽东选集》第 4 卷，第 1438～1439 页。)七届二中全会闭幕后，中共中央由河北省平山县西柏坡村迁到了北平。进城后，毛泽东特别注意坚持和发扬党的艰苦奋斗的优良作风问题。建国后不久，毛泽东给延安和陕甘宁边区的信中提出：我希望"全国一切革命工作人员永远保持过去十余年间在延安和陕甘宁边区的工作人员中所具有的艰苦奋斗的作风。"(《毛泽东选集》第 5 卷，第 12 页。) 此后他多次讲话要求党员干部特别是领导干部，要继续发扬艰苦奋斗作风，以保持同人民群众的密切联系。中共中央于 1950 年初还发出了关于党和人民群众联系的指示。要求全党同志要认真学习并据此进行检讨，努力克服脱离群众的毛病，以保证党永远密切联系人民群众。

12.第一次全国组织工作会议关于整顿党的基层组织和发展新党员的若干规定

为了加强执政党的建设，于 1951 年 3 月 28 日至 4 月 9 日，中国共产党第一次全国组织工作会议在北京召开。出席会议的有各省、市、自治区和中央直属机关、中央人民政府直属机关、全国群众团体直属机关及中国人民解放军的代表共 490 人。大会主席团由刘少奇、周恩来、陈云、彭真、王稼祥、陆定一等 21 人组成。刘少奇受党中央的委托，向大会作了关于党的组织若干问题的报告，并在大会结束时作了结论报告。会议一致通过了《关于整顿党的基层组织的决议》和《关于发展新党员的决议》。这两个文件成为探索执政党建设特别是组织建设的重要文献。它的基本内容可概括以下三个方面：

第一，进一步阐述了在执政条件下整顿党的基层组织的必要。《决议》指出，从 1949 年到 1951 年，党员已经从 300 多万发展到 580 多万人，党的基层组织已达到 25 万个。我们的党确实成了一个有广泛群众性的、有战斗力的执政党了。这是中国历史上空前未有的工人阶级的先锋队。但是，党的组织和党员队伍还存在着很多问题，不能适应革命和建设事业发展的需要。因此，党必须认真地、谨慎地对于党的组织有计划、有准备、有领导地进行一次普遍的整理。

第二，具体规定了这次整党的步骤、方法和政策。明确指出，第一步认真做好全面整党的准备工作。为此，就要对党员普遍进行一次关于怎样做一个共产党员的教育，使所有党员都明白做一个共产党员必须具备的八条标准。第二步有领导地全面整顿党的基层组织，强调整顿工作既要严格又要慎重。

第三，更加明确地规定了党员发展工作的方针和严格管理的措施。《关于发展新党员的决议》指出，"党的组织必须有领导有计划地采取慎重的方针来发展党员"。鉴于过去在发展党员工作中缺乏严格管理而使许多不够党员条件的人进入党内的问题，决议提出严格管理的七项措施：一是党的组织部门应建立管理党员的机构，选择与训练一批可靠的称职的组织工作人员，负责管理党的发展工作。二是党的基层组织对要求入党的积极分子应进行系统的党的基本知识和共产主义教育，使他们懂得党的性质、纲领、指导思想和党员条件。三是必须严格防止反动分子和投机分子钻入党内。四是凡要求入党者必须积极参加当地中国共产党组织领导的人民群众团体，不愿参加者一般不吸收入党。五是凡要求入党者必须亲自向党组织申请，将自己的历史和政治经历，诚实地向党报告清楚。六是党委要加强对党员发展工作的领导和管理，每年集中几段时间做好发展工作。七是党组织必须加强对新党员的教育，使他们过严格的组织生活，从他们入党起即树立优良的作风。由于建国初期我们党严肃认真地把整党与建党密切结合起来，处处从严治党，所以较好地保证了党员队伍的质量，这是我们党能取得各项工作胜利的组织保证。

13.第一次全国宣传工作会议关于加强宣传思想工作的规定和论述

建国初期党在加强组织工作的同时，也非常重视加强思想理论建设。《中共中央关于在职干部学习问题的通知》、《中共中央关于加强理论教育的决定》、《中共中央关于在全国进行时事宣传的指示》、《中共中央关于继续开展抗美爱国宣传的指示》、《中共中央关于在全党建立对人民群众的宣传网的决定》以及刘少奇在党的第一次全国宣传工作会议上的总结报告，都对执政条件下党的思想理论建设特别是宣传工作问题作了深刻地论述。这些文件是我们党加强思想理论建设的重要文献。不仅在当时起了积极的作用，其基本精神至今也是适用的。

1951 年 5 月 7 日至 23 日，中共中央在北京召开了第一次全国宣传工作会议。会议就过去党的宣传工作问题，建国以后党的宣传战线上的任务问题，宣传工作与中心工作的关系问题，以及今后如何加强宣传工作等问题，进行了研究和讨论。刘少奇作了《党在宣传战线上的任务》的总结报告。这个报告深刻阐述了执政初期党的宣传工作，其主要精神有以下三个方面：

第一，充分肯定了建党以来党的宣传工作的成绩，明确提出了在执政条件下党的宣传工作的任务。中国共产党一诞生就建立了自己的宣传工作，力求使马列主义原理通俗化，并同中国劳动人民的实际生活密切结合起来，取得了很大成绩。执政后刘少奇认为党的宣传工作“首先就要在思想上打底子，用马列主义的立场、观点和方法来教育自己和全国的人民。这就是今天在新形势、新条件下，党的宣传工作的任务”（《刘少奇选集》下卷，第 82 页。）。认为实现这个任务，才能确立工人阶级思想的领导权。“确立马列主义即工人阶级的思想领导，巩固与加强这种领导，是在政治上、经济上加强工人阶级领导的前提。”（《刘少奇选集》下卷，第 82 页。）宣传工作就是要确立工人阶级思想的领导地位。

第二，提出了加强党的宣传工作的有效措施，强调要建立经常的宣传机构和宣传工作网络。在执政条件下，舆论宣传工具掌握在党和人民的手里，做好宣传工作有许多有利条件，但也遇到很多新的问题和困难，主要是一些党员干部忙于行政事务，对宣传工作不够重视，这就使党的宣传工作同党的事业的发展不相适应。因此，必须大力加强党的宣传工作。一是要提高党员干部的思想认识，使他们高度重视宣传工作。二是要建立和健全经常性的宣传机构，形成一个强有力的群众性的宣传工作网。刘少奇强调：“宣传机构要加强，人力、物力都要加强。但是必须了解，我们不能仅仅依靠专门的宣传机关去做宣传工作，主要的是领导全体党员以及非党积极分子、党外的共产主义者去做宣传工作。如果我们仅仅依靠宣传部的一些职业宣传员来做宣传工作，那是做不好的。”（《刘少奇选集》下卷，第 82 页。）宣传部的一个很大任务，就是领导和组织广大的业余义务宣传员，调动各方面积极性，以便形成一个以党的宣传部为指导，以报纸、刊物、出版、文艺等宣传机构为基础，以广大党员、干部和积极分子为骨干，以各部门义务宣传员为助手的群众性的宣传网络。党委要切实有效地抓起来。

第三，阐明了党的宣传工作与中心工作的关系，强调要把中心工作的宣传与马列主义基本理论教育密切结合起来。刘少奇认为，“我们的宣传工作是不能离开当前的中心工作的，并且是为了保证各项中心工作完成的。宣传工作必须与各级党委所定下来的中心工作密切配合，离开了党的中心工作，宣传工作就会失败。”（《刘少奇选集》下卷，第 86 页。）党的宣传工作不只是宣传中心任务，不只是搞时事政策的宣传，而且还要做马列主义基本理论的宣传。“所以宣传工作可以分作两项：一项是当前中心工作、时事政策的宣传，一项是马列主义基本理论的宣传。宣传部要设专门的机构来管理理论教育。现在我们党对基本理论的宣传教育注意不够，有些忽视。加强基本理论的宣传教育，应当成为我们党的重要工作之一，应当作为宣传部的一项重要工作提出来。”（《刘少奇选集》下卷，第 87 页。）实践证明。只有把两者密切结合起来，宣传工作才能富有生命力和战斗力。

14. 毛泽东在中国社会主义建设道路初步探索中对党的建设的论述

中国共产党执政后经过几年的实践，毛泽东认为中国的社会主义工业化必须突破苏联工业化的模式，要走出一条中国式的社会主义建设的新道路。毛泽东探索社会主义建设的新道路是从农业开始的。1955 年 11 月到 1956 年 1 月，他主持制定了《全国农业发展纲要四十条》。1955 年 12 月，他为《中国农村的社会主义高潮》一书写了序言和按语。这两个文件的主导方面反映了毛泽东从我国实际出发探索中国农业发展新道路的思路。1956 年 2 月中旬到 4 月下旬，毛泽东由对农业问题的研究转向对工业问题的调查和对整个国民经济发展战略问题的研究。他除了研究国内经济情况外，还着重研究了苏联经济建设的经验教训，想借鉴一些成功的经验，使我国的社会主义建设搞得更好些。毛泽东在调查研究国内外的实际情况和经验后，于 1956 年 4 月发表了《论十大关系》的重要讲话。这个讲话提出了适合我国情况的实现社会主义现代化建设的基本思想，奠定了我国社会主义现代化建设新道路的基础。毛泽东在探索社会主义建设新道路过程中，对于党的建设特别是党如何领导社会主义建设的一系列方针政策问题，作了深刻的论述。概括起来，主要提出了以下六点重要思想：

第一，调动一切积极因素为社会主义事业服务。这是执政党领导社会主义建设必须遵循的基本指导方针。毛泽东的《论十大关系》，其目的就是要把国内外一切积极因素调动起来，为社会主义事业服务。这是毛泽东在社会主义革命和社会主义建设中考虑党的领导的基本出发点和指导思想。

第二，正确处理人民内部的各种矛盾和关系。这是执政党领导社会主义建设必须遵循的基本政策。强调在经济方面要处理好工业与农业、重工业与轻工业、沿海工业与内地工业、经济建设与国防建设的关系，提出工农并举、轻重并举、合理布局、照顾重点的原则。在政治方面要处理好中央与地方的关系，坚持统一性和独立性相结合的原则。在物质利益方面要正确处理好国家、集体和个人的关系，实行“兼顾国家、集体、个人三个方面利益”的方针。此外还要处理好汉族与少数民族的关系，革命与反革命的关系，等等。只有这些关系处理好了，才能有效地实现党的政治领导。

第三，坚持共产党领导下的多党合作制度。这是执政党在社会主义建设时期实现政治领导的重要制度。毛泽东强调要认真处理好中国共产党和各民主党派的关系，实行“长期共存，互相监督”的方针。努力改善同民主党派的关系，这样才能真正加强党的领导，巩固无产阶级专政。

第四，正确对待犯错误的同志，坚持团结全党的方针。毛泽东强调贯彻这个方针要注意以下几个问题：一是允许犯错误的同志改正错误，坚持“惩前毖后，治病救人”的方针。二是采取“一看二帮”的态度，不能采取敌视的态度。三是要分清敌我，划清敌我之间的界限。强调坚持“一个不杀，大部不抓”的方针。实践证明，团结全党的方针有利于政局稳定，深得人心。

第五，政治工作是经济工作的生命线，在整个社会主义时期都必须加强思想政治工作。这是实现执政党领导的重要保证。毛泽东在 1955 年明确提出了“政治工作是一切经济工作的生命线”的科学论断，强调“在社会经济制度发生根本变革的时期，尤其是这样。”（《毛泽东选集》第5卷，第243页。）他强调三点：一是提出了政治工作的基本任务。认为在农村“政治工作的基本任务是向农民群众不断地灌输社会主义思想，批评资本主义倾向。”（《毛泽东选集》第5卷，第244～245页。）二是提出新形势下政治工作应遵循的重要原则。认为政治工作“要结合着经济工作一道去做的，不能孤立地去做。”（《毛泽东选集》第5卷，第245页。）三是强调政治工作要讲究方法。指出：“必须根据农民的生活经验，很具体地很细致地去做，不能采用粗暴的态度和简单的方法。”（《毛泽东选集》第5卷，第244页。）这些思想为社会主义时期党的思想政治工作和党的思想政治领导，奠定了重要的理论基础。

第六，认真学习外国的经验和长处，以提高中华民族生存和发展的能力。这是执政党领导社会主义建设必不可少的重要条件。毛泽东认为，每个国家和民族，都有自己的长处和优势，也有他们的短处。“我们的方针是，一切民族、一切国家的长处都要学，政治、经济、科学、技术、文学、艺术的一切真正好的东西都要学。但是，必须有分析有批判地学，不能盲目地学，不能一切照抄，机械搬运。他们的短处、缺点，当然不要学。”（《毛泽东选集》第5卷，第285页。）他提出克服“风派”行为，自己毫无主见，完全以“风”为准，往往由一个极端走到另一个极端。强调我们要学的东西一定要与中国实际相结合，有批判地学。外国资产阶级的一切腐败制度和思想作风，我们要坚决抵制和批判。要始终把立足点放在自力更生和艰苦奋斗上。总之，毛泽东在中国社会主义建设新道路的初步探索中，核心思想就是调动党内外、国内外一切积极因素，推动社会主义建设，改变我国“一穷二白”的面貌，把我国建设成为一个强大的社会主义国家。对于执政党如何领导社会主义建设问题，提出的许多重要思想至今仍有现实指导意义。

15.党的八大对执政党建设经验的第一次系统总结和理论概括

1956年9月15日至27日，中国共产党第八次全国代表大会在北京召开。出席的代表1026人，代表着全国1073万党员。毛泽东致开幕词，刘少奇作政治报告，邓小平作关于修改党的章程的报告，周恩来作关于发展国民经济第二个五年计划的建议的报告，董必武作关于代表资格的审查报告，朱德作《加强团结，建设社会主义》的发言。陈云主持闭幕式。大会通过一系列决议和党的章程，并选举出新的中央领导机构。在党的历史上，八大是具有重大意义的会议，它制定出全面建设社会主义的正确政治路线和系统地总结了执政后党的建设的经验，初步解决了在执政条件下中国共产党如何领导国家政权和经济建设的问题，如何从思想上、政治上和组织上保持党的先进性和战斗力的问题，如何防止党内出现腐败与分裂和避免党脱离群众的问题，等等。党的八大对执政党建设的经验作了比较系统的科学总结和理论概括，并把许多重要建党经验载入党章中，作为党的法规确定下来。这一切都标志着毛泽东思想关于执政党建设的理论体系已经初步确立起来了。主要有以下六个方面的基本内容：

第一，执政党必须制定和实行一条正确的政治路线，以推动社会改革和社会生产力的发展。党的八大提出了在社会主义改造基本完成以后，我国工人阶级和资产阶级的矛盾已经基本解决，而人民对于经济文化发展的需要同当前经济文化不能满足这种需要的矛盾成为我国社会的主要矛盾，全党和全国人民今后的主要任务是进行社会主义现代化建设和发展社会生产力。这个政治主张和实现这一主张的战略步骤，就是党在开始全面建设社会主义时期的政治路线。八大路线是正确的，我们党的建设紧密结合以解放和发展生产力为主要内容的政治路线来进行，这是执政党建设的一条基本经验。也是整个社会主义时期加强党的建设应遵循的一条定律。

第二，执政党必须加强对国家政权和社会主义建设的领导，正确处理党同政府、企业和社会团体的关系。提出了执政党领导国家政权应遵循的基本原则。强调党既要加强对国家政权的领导，又要防止包办代替国家政权的职能。确立了党领导国家政权的途径和组织形式。就是党中央通过制定路线方针政策及时给政权机关指明方向；通过选派忠实而有能力的党员到政府部门担任重要领导职务；通过在政府机关设立党组和党委来实现党的领导。确立了我国企业的领导体制，实行党委集体领导下的厂长负责制。确立了中国共产党领导下的多党合作制。提出了如何加强对工会和青年团领导的原则和措施及实行领导的方式。

第三，执政党必须坚持和发扬民主集中制的优势，正确处理集体领导与个人负责的关系。根据执政的实践经验提出了四条原则：一是党组织要关心党员，而党员必须服从组织；二是上级要关心下级，而下级必须服从上级；三是党中央要代表和体现全党的意志，而全党各级组织必须服从中央；四是多数要尊重少数，而少数必须服从多数。这是民主集中制的基本内容。党的八大针对执政后党组织中存在的主要偏向是过度集中这一实际情况，强调了扩大党内民主，充分发挥下级组织和广大党员的积极性创造性问题。党章在党员权利和党的下级组织权利方面作出了一些新的规定，以保证党内正常的民主生活。执政初期党中央在各项工作中着重强调要加强集体领导，认为这是列宁主义一条根本建党原则，也是防止党组织和领导者犯错误的根本措施。执政后党在政权组织、工矿企业和文化教育等部门建立的领导体制，都是根据集体领导与个人负责相结合的原则确定的。为此，要反对借口集体领导而忽视个人负责的偏向，同时也要防止借口个人负责而搞个人决定一切、包办一切的偏向。还提出了正确对待党的领袖的问题，反对个人崇拜和把个人神化，防止借口反对个人崇拜而否定领袖的作用。这样才能保证民主集中制的正确贯彻执行。

第四，执政党必须重视对干部的管理、培训、教育和团结工作，逐步建设一支坚强的有战斗力的干部队伍。执政初期，我们党在干部队伍建设方面，主要提出了三点重要思想：一是加强对干部的严格管理，建立和实行分部分级管理干部的制度。刘少奇在第一次全国组织工作会议上提出了“党管干部”的原则。1953年11月中共中央在关于加强干部管理的决定中，提出了建立“分部分级管理干部”的制度。这种制度加强了干部管理上的责任制和责任心。二是加强干部的教育培训工作，充分发挥各级党校的作用。执政后，我们党及时发出了加强在职干部学习的指示，并作出了对党员干部进行理论教育的决定。特别强调办好各级党校，提高全党的马列主义理论水平。三是加强干部队伍的团结，调动各方面的干部的积极性，为建设社会主义而奋斗。执政以后我们的干部队伍不仅规模宏大，而且行业繁多。因此，加强干部的团结有重大意义。

第五，执政党要为更高的共产党员条件而斗争，努力建设一支能够真正发挥先锋模范作用的党员队伍。我们党在第一次全国组织工作会议上提出了“为更高的共产党员条件而斗争”的口号，规定了党员的八项条件。在党员队伍建设方面主要提出以下三点重要思想：一是在发展党员方针上，提出了“积极慎重地发展党员”的正确方针。二是在党员教育上，强调理想教育要体现在发挥先锋模范作用上。三是在党员管理上，提出教育和管理必须密切结合。执政初期，由于重视提高党员素质，所以使广大党员真正能够在各项事业中发挥先锋模范作用。

第六，执政党要永远保持同人民群众的密切联系，坚决同各种腐败现象和不正之风进行斗争。执政党的地位有极大吸引力，容易出现以权谋私、官僚主义等不正之风和消极现象，使党脱离人民群众。执政党如果脱离了群众，就会失去生存的基础和丧失战斗力。执政初期我们党采取许多措施来防止党脱离群众。主要有二点：一是必须坚持和发扬密切联系群众的优良传统作风，全心全意为人民群众谋利益。努力做到，相信群众，依靠群众，一切为了群众，向群众学习，同群众打成一片；把人民的利益放在个人利益之上，决不与民争利，而要全心全意为人民谋利益；遇事同群众商量，坚持从群众中来，到群众中去的群众路线的方法；始终保持谦虚谨慎、艰苦奋斗、勤俭节约、实事求是、以身作则和自我批评的优良作风，这样才能得到群众的信任。二是必须坚决同各种不正之风和腐败现象作斗争，严肃认真地整顿党的作风。总结执政以来的经验，出现了以下六种不正之风和腐败现象：以权谋私和特殊化；官僚主义和命令主义；金钱引诱和物质腐蚀；骄傲自大和争名争利；行贿受贿和贪污腐化；滥用权力和违法乱纪。这些不正之风和腐败现象，如不及时克服，就会使党失掉民心，严重脱离群众。我党深知其危害性，多次整风，并把整顿党的作风同“三反”、“五反”结合起来，还建立了中央和各级党的监察委员会，从组织制度上巩固整党成果。实践证明，整风成功，克服了各种不正之风，密切了党同人民群众的联系。所以，执政初期党在群众中享有崇高威望，得到群众的真心拥护。总之，从上述六个方面内容可以看出，毛泽东思想关于执政党建设的理论体系已经初步形成，其核心是围绕着执政党如何实现正确领导的问题，从政治上、思想上、组织上、作风上和党的团结等方面加强党的自身建设。尽管这个理论体系还不完善，但执政党建设的基本原理都有了，所以说执政党建设理论体系已经“初步确立”起来了。这是毛泽东建党学说史上极其光辉的一页，它为执政党建设理论的进一步发展完善奠定了基础，指出了方向。

16.毛泽东、刘少奇在八届二中全会上对社会主义时期坚持马列主义、防止党脱离群众和反对特殊化的论述

党的八大以后，国际国内都发生了一系列重大事件。国际上继波兰的“波滋南事件”后，又在匈牙利发生了“1956 年 10 月事件”。在国内，也有一些地区由于经济建设与人民生活、领导与群众等方面的内部矛盾没有处理好，也发生了少数学生闹事和少数工人罢工的情况。为了讨论国内外形势和安排 1957 年国民经济计划，中共中央于 1956 年 11 月 10 日至 15 日在北京召开了八届二中全会。听取了刘少奇关于《目前时局问题的报告》，周恩来《关于一九五七年度国民经济发展计划和财政预算控制数字的报告》以及陈云《关于粮食和主要副食品(猪肉和食油)问题的报告》。毛泽东作了总结讲话。毛泽东和刘少奇等在会议上特别着重总结了执政党建设的经验教训，论述了在社会主义建设时期坚持马列主义、防止脱离群众和反对特殊化等问题的重要性，这对加强执政党建设有着重要的指导意义。主要论述：

第一，关于坚持马列主义和正确对待斯大林的问题。毛泽东等中央领导认为，在整个社会主义建设时期都必须坚持和学习马列主义的基本原理，并运用其解决实际问题。毛泽东指出：“列宁主义学说发展了马克思主义。在哪些地方发展了呢?一、在世界观，就是唯物论和辩证法方面发展了它；二、在革命的理论、革命的策略方面，特别是在阶级斗争、无产阶级专政和无产阶级政党等问题上发展了它。列宁还有关于社会主义建设的学说。”“我们学的就是这些马克思列宁主义的基本原理。”（《毛泽东选集》第 5 卷，第 322 页。）列宁逝世后，斯大林坚持了列宁主义的学说，尽管他犯了一些严重错误，但他仍然是一个马克思主义者。对斯大林要采取一分为二的科学分析态度。不能像苏共二十大那样大反斯大林，丑化他毁灭他。我们党重申对斯大林的态度，第一条保护他，第二条批评他的错误，写了关于无产阶级专政的历史经验一文，对斯大林作了实事求是的正确评价。这对执政党的巩固和发展是极为重要的。

第二，关于反对官僚主义和防止党脱离群众的问题。党要领导人民群众进行社会主义建设，就必须始终保持艰苦奋斗和密切联系群众的优良作风。毛泽东鉴于国内外少数人闹事的教训，认为无产阶级和资产阶级的矛盾基本解决以后，领导干部与人民群众的矛盾就突出了。必须重视研究和认真解决这些矛盾。他说：“我们党有成百万有经验的干部。我们这些干部，大多数是好的，是土生土长，联系群众，经过长期斗争考验的。我们有这么一套干部……他们都是我们国家的宝贵财产。”在这几百万干部中，“县委以上的干部有几十万，国家的命运就掌握在他们手里。如果不搞好，脱离群众，不是艰苦奋斗，那么，工人、农民、学生就有理由不赞成他们。我们一定要警惕，不要滋长官僚主义作风，不要形成一个脱离人民的贵族阶层。”（《毛泽东选集》第 5 卷，第 327 页。）要防止领导干部脱离群众，“根本的是我们要提倡艰苦奋斗，艰苦奋斗是我们的政治本色。”（《毛泽东选集》第 5 卷，第 329 页。）毛泽东在教育干部发扬艰苦奋斗作风的同时，还提出了开展整风运动，即整顿三风：一整主观主义，二整宗派主义，三整官僚主义。通过自我批评把人民内部矛盾解决好，以调动 6 亿人口中的一切积极因素来建设社会主义。

第三，关于防止领导人的特殊化问题。要防止党脱离群众，除了反对官僚主义外，还必须反对领导人员的特殊化。刘少奇在报告中说："鉴于若干社会主义国家的情况，国家的领导人员有可能成为一种特殊的阶层，特殊的'统治阶层'……但是如果我们注意了的话，如果我们采取一些办法的话也不一定产生，是可以避免的。"（《党的文献》1988年第5期，第2页。）为此，他提出了六条措施：一是要加强对党员、干部和群众的教育。二是要加强人民群众对领导机关的监督，订出一套群众监督的制度，提高人民群众的主人翁责任感。三是国家领导人员的权力应该有一定的限制，防止有人为所欲为。四是国家领导人员的生活水平应该接近人民的生活水平，不要过分悬殊。另外，一些特殊的待遇，也可以叫特权，应该取消，这一点对领导干部特别重要。五是要借鉴资本主义国家的一些民主管理办法。比如，领导干部能上能下，能官能民。总统退了以后成为平民，我们可以参考这些制度。六是要正确处理积累和消费的关系，使我们的工业建设速度放在一种稳妥可靠的基础上。刘少奇提出的这六点措施，对于今天防止领导干部特殊化仍然是适用的、有效的。这对执政党建设有深远指导意义。

17.毛泽东关于正确处理人民内部矛盾的学说为社会主义建设时期实现党的正确领导奠定了理论基础

1967年2月27日，毛泽东在最高国务会议第十一次(扩大)会议上作了《关于正确处理人民内部矛盾的问题》的重要讲话。深刻地论述了正确区分和处理社会主义社会两类不同性质矛盾的理论，提出了正确处理人民内部矛盾的科学概念和如何正确处理人民内部矛盾的正确方针，从而为党在全面建设社会主义时期制定正确的政策和加强政治领导奠定了科学的理论基础。执政后的实践经验和教训都证明，能否坚持和正确运用这一理论，关系到党的领导和党的自身建设能否健康发展的大问题，对于健全国家政治生活和加强党的建设都有重要意义。下边概括四点加以介绍：

第一，系统地论述了关于社会主义社会存在着两类社会矛盾的学说。我国进入社会主义建设时期以后，剥削阶级已经消灭，社会上还有没有矛盾?这是在新形势下党制定政策和实现领导必须明确回答的问题。毛泽东在《关于正确处理人民内部矛盾的问题》讲话中，首先从理论上系统地论述了社会主义社会存在两类社会矛盾的学说。指出："在我们的面前有两类社会矛盾，这就是敌我之间的矛盾和人民内部的矛盾。这是性质完全不同的两类矛盾。"（《毛泽东选集》第5卷，第364页。）敌我矛盾是少量的，而大量的是人民内部的矛盾。敌我之间的矛盾是对抗性的矛盾。人民内部的矛盾，在劳动人民之间说来，除了对抗性的一面以外，还有非对抗性的一面。这两类矛盾性质不同，解决的方法也不同。简单来说，前者是分清敌我的问题，后者是分清是非的问题。我们的国家是工人阶级领导的以工农联盟为基础的人民民主专政的国家。专政就是为了解决敌我之间的矛盾。专政的制度不适用于人民内部，在人民内部实行民主集中制，要采取民主的即说服教育的方法。

第二，提出了正确处理人民内部矛盾的理论和政策。毛泽东指出，社会主义生产关系已经建立起来，它是和生产力的发展相适应的；但是，它又还很不完善，这些不完善的方面和生产力的发展又是相矛盾的。除了生产关系和生产力又相适应又相矛盾的情况外，还有上层建筑和经济基础的又相适应又相矛盾的情况。这是社会主义社会的两个基本矛盾。对于在这种情况下产生的各种矛盾，毛泽东把它统称为人民内部矛盾。他强调正确处理人民内部矛盾的目的，是为了团结全党和全国人民进行一场新的战争——向自然界开战，发展社会生产力，巩固社会主义制度。为了正确处理人民内部矛盾，毛泽东提出了四条方针政策：一是在政治上采取"团结——批评——团结"的方针。二是在经济上采取"统筹兼顾，适当安排"的方针。三是在科学文化工作方面采取"百花齐放，百家争鸣"的方针。四是在统一战线工作中采取"长期共存，互相监督"的方针。这些方针是处理和解决人民内部矛盾的正确方针，至今仍有现实指导意义。

第三，提出了辨别香花和毒草、是与非的六条政治标准：①有利于团结全国各族人民，而不是分裂人民；②有利于社会主义改造和社会主义建设，而不是不利于社会主义改造和社会主义建设；③有利于巩固人民民主专政，而不是破坏和削弱这个专政；④有利于巩固民主集中制，而不是破坏和削弱这个制度；⑤有利于巩固共产党的领导，而不是摆脱或者削弱这种领导；⑥有利于社会主义国际团结和全世界爱好和平人民的国际团结，而不是有损于这些团结。毛泽东强调："这六条标准中，最重要的是社会主义道路和党的领导两条。"（《毛泽东选集》第5卷，第393页。）

第四，阐述了加强思想政治工作的重要性和应遵循的原则。毛泽东强调："思想政治工作，各个部门都要负责任。共产党应该管，青年团应该管，政府主管部门应该管，学校的校长教师更应该管。"（《毛泽东选集》第5卷，第385页。）他针对当时在知识分子和青年学生中思想政治工作有所减弱的情况，尖锐地指出："不论是知识分子，还是青年学生，都应该努力学习，除了学习专业之外，在思想上要有所进步，政治上也要有所进步，这就需要学习马克思主义，学习时事政治。没有正确的政治观点，就等于没有灵魂。"（《毛泽东选集》第5卷，第385页。）他强调世界观的转变是一个根本的转变，帮助人们转变世界观，树立正确的共产主义世界观，这是思想政治工作一项长期而艰巨的任务。总之，加强思想政治工作是实现党的领导的有效途径。

18.毛泽东等同志在七千人大会上关于加强民主集中制和发扬党的优良传统作风的论述

1962年1月11日至2月7日，中共中央在北京召开了扩大的工作会议，史称七千人大会。这是执政后召开的一次规模最大的重要会议，对于进一步纠正实际工作中"左"的错误，深入贯彻调整国民经济的八字方针，促进经济好转，起了积极的推动作用。尤其在党的建设方面，毛泽东、刘少奇、周恩来、朱德、陈云、邓小平等都认真总结了执政以来特别是1958年以来的经验教训，提出了许多关于执政党建设的重要思想。主要有四方面内容：

一是系统地论述了民主集中制原则和制度，强调要发扬民主和加强集体领导；二是重申了要发扬党的优良传统作风，强调要实事求是、密切联系群众和善于自我批评；三是初步阐述了党认识客观世界的历史过程和任务，逐步达到认识和掌握客观事物发展的规律性；四是认真总结了党内斗争的经验教训，强调要正确运用党内斗争的方针、原则和方法。党的领导人在这次大会上，系统地论述了民主集中制原则和制度，强调要发扬民主和加强集体领导。主要有以下几点： 一是论述了党和国家实行民主集中制的重要性和意义。毛泽东认为，实行不实行民主集中制，这是关系到在中国搞社会主义还是搞资本主义，搞无产阶级专政还是搞资产阶级专政的大问题。邓小平很赞成毛泽东的这个思想。他说：“毛泽东把民主集中制提到很高的原则高度来讲，讲到要社会主义还是要资本主义、要无产阶级专政还是要资产阶级专政的问题……没有无产阶级的民主和无产阶级的集中，也就没有社会主义，资本主义就要复辟。”(《邓小平文选》第1卷，第304页。）他还说如果搞得不好，“特别是民主集中制执行得不好，党是可以变质的，国家也是可以变质的，社会主义也是可以变质的。干部可以变质，个人也可以变质。”(《邓小平文选》第1卷，第303页。）

这就把坚持民主集中制的意义，提到了关系党和国家命运的高度来认识。

二是论述了民主与集中的辩证关系。毛泽东认为，无论在共产党内部，还是在人民内部，既不可能没有民主，也不可能没有集中，他们是一个统一体的两个矛盾着的侧面，既是矛盾的，又是统一的，我们不应当片面地强调某一个侧面而否定另一个侧面。刘少奇也对民主与集中的关系作了理论概括。他认为无产阶级的民主集中制是在人民内部实行的根本制度，是在高度民主基础上的高度集中和在高度集中指导下的高度民主。民主和集中是互为前提、互相依赖、互相渗透的，是缺一不可的。着重论述了民主与集中的密切结合。当然民主与集中在不同的历史时期是有侧重点的。在革命战争年代我们着重强调集中制。所以，毛泽东一再讲共产党不但要民主，尤其要集中。在社会主义建设时期，着重强调充分发扬民主，没有民主，就不可能有正确的集中，因为大家意见分歧，没有统一的认识，集中制就建立不起来。他说：“我们的集中制，是建立在民主基础上的集中制。”(《毛泽东著作选读》下册，第820页。）由此可见，毛泽东在社会主义建设时期把着重点放在发扬民主上，其目的在于通过民主造成一个生动活泼的政治局面以调动大家建设社会主义的积极性和创造性。

三是论述了实行民主集中制的办法和措施。首先要克服党内生活中缺乏民主和压制民主的不正常现象，恢复正常的民主生活制度。其次要克服个人说了算的家长制，坚决实行党委集体领导下的分工负责制度。再次，要克服骄傲自满思想，切实加强对干部的监督。邓小平建议，对领导人最重要的监督是来自党委会本身，或者书记处本身，或者常委会本身。共同工作的同志在一起交心，真正造成一个批评和自我批评的空气。这个监督作用可能更好些。这个建议得到毛泽东、刘少奇等中央领导的支持，此后，这个监督制度就在党内逐步建立起来了。

四是进一步阐述了加强党的集中统一领导，反对分散主义。强调“五个统一”，即统一思想、统一政策、统一计划、统一指挥、统一行动。最重要的是统一思想。为了加强党中央的集中统一领导就必须反对分散主义倾向。首先要处理好中央集权与地方分权的关系，调动地方的积极性。其次要处理好加强中央集中统一领导与各地方因地制宜的关系，使中央的政策更好地同当地群众的经验结合起来，工作中有自己的特点和灵活性。再次要处理好加强中央集中统一领导与分级管理的关系，遵循党和国家统一规定的政策和制度，制定出地方计划，实行分级管理。克服中央集中过多和地方分得过散的现象，以利于充分发挥中央和地方两个积极性。总之，毛泽东等同志论述了民主集中制是党的根本组织原则和制度，也是我们社会主义国家在政权建设方面应遵循的重要原则。

党中央重申了要发扬党的优良传统作风。针对党内主观主义、官僚主义、命令主义、骄傲自满情绪不断滋长和党的威信下降的情况，毛泽东等同志重申发扬党的优良作风问题，着重论述了发扬实事求是、群众路线、批评与自我批评等优良作风。

关于发扬实事求是的优良作风，反对主观主义的作风。实事求是，是毛泽东一贯倡导的优良作风。“大跃进”以来，许多人违背这一作风，滋长了主观主义、弄虚作假的坏作风。党中央认为，要改变这种不良风气，首先由领导做起。刘少奇向各级党委提出要求：“我们所有的领导干部，都应该听老实话，听老实人的话。同时，必须在党员中间，大力提倡说老实话、办老实事、当老实人，坚决反对弄虚作假。(《刘少奇选集》下卷，第400页。)”周恩来在讲话中也说：“这里，最重要的是毛泽东讲的实事求是，也就是说真话，鼓真劲，做实事，收实效。”(《周恩来选集》下卷，第349页。）要求大家要讲真话，领导上要喜欢听真话，坚决反对说假话。只有这样，实事求是的优良作风才能恢复和发扬起来。

关于发扬党的群众路线的优良作风，反对脱离群众的官僚主义、命令主义和特殊化作风。群众路线是党完成各项任务的重要保证。执政后党的群众路线作风既有新的发展，又受到了严重歪曲。不少人把大搞群众运动看成是贯彻群众路线的唯一形式，甚至把群众运动变成了“运动群众”，一哄而起。针对这种情况，刘少奇对群众路线作了新的概括，指出：“群众路线的基本点就是：第一，信任人民群众，相信他们能够自己解放自己，相信他们是历史的创造者。第二，党必须根据群众的实践来检验自己的工作，党的方针、政策、措施都必须‘从群众中来，到群众中去’。”(《刘少奇选集》下卷，第400~401页。）为了在实际工作中更好地贯彻党的群众路线，刘少奇等同志提出了以下四点重要思想：一是必须充分信任群众，克服官僚主义和命令主义作风。执政党的地位，很容易脱离群众，滋长命令主义和官僚主义作风。要克服不良作风就必须充分信任群众，把党的政策交给群众。二是必须甘当人民群众的勤务员，反对脱离群众的特殊化作风。刘少奇指出：“一切共产党员，不论职位多高，都是人民群众的勤务员，都应该把自己看成普通劳动者，没有任何特权，都必须关心群众生活，和群众同甘共苦。每一个共产党员，都应该以艰苦朴素为荣，以铺张浪费为耻。”(《刘少奇选集》下卷，第401页。）要打掉官气，加强党同群众的联系。三是必须处理好党组织与其他非党组织的关系，克服不尊重非党组织民主权利的坏作风。强调要加强人民民主统一战线。四是必须正确运用群众运动的工作方式，反对乱搞“群众运动”。强调群众运动必须从实际出发，必须是出于群众的自觉自愿的行动，不能千篇一律，热衷于突击工作和一哄而起的做法。

关于发扬批评和自我批评的优良作风，反对骄傲自满、老虎屁股摸不得的不良作风。执政后有些领导干部，官做大了，权力大了，骄傲自满情绪滋长起来，老虎屁股摸不得，加上主观主义、作风不民主，这就必然要犯大错误。搞建设缺乏经验，不懂经济发展规律，盲目冒进，也要犯错误。毛泽东认为，犯了错误，不能隐蔽起来，而要认真加以纠正。所以，在大会上毛泽东专门讲了开展批评和自我批评的问题。他联系自身实际着重讲了自我批评问题。他说：“有了错误，一定要作自我批评，要让人家讲话，让人批评。……对于工作中的缺点错误，就要担起责任。不负责任，怕负责任，不许人讲话，老虎屁股摸不得，凡是采取这种态度的人，十个就有十个要失败。人家总是要讲的，你老虎屁股真是摸不得吗?偏要摸!”（《毛泽东著作选读》下卷，第 822 页。）为了搞好批评和自我批评，刘少奇向干部提出了三点要求：一是必须坚持真理，修正错误。敢于揭发错误，修正错误，正是表示我们党有克服困难的坚强意志和对前途充满信心。二是必须鼓励、支持和保护自下而上的批评，这是能否正确开展批评和自我批评特别重要的一环。实行“言者无罪，闻者足戒”，绝对不许压制民主和批评，更不许打击报复。三是领导必须以身作则，力戒骄傲自满，这是搞好批评和自我批评的关键。党组织领导人的模范行动，党的一切领导干部作出榜样，对于开展党内批评，有很重要的意义。领导人认真地发扬民主，就能造成畅所欲言的批评和自我批评的空气。在七千人大会上，毛泽东的倡导和带头自我批评，其他领导干部也纷纷进行自我批评，使党内出现了能够畅所欲言，开展批评和自我批评的局面，并形成了进行自我批评的良好风气。总之，党的优良作风得到大发扬，这对执政党的作风建设是有深远意义的。

19.毛泽东建党学说在社会主义建设时期的曲折发展和经受挫折

党的八大以后，我国进入开始全面建设社会主义的历史时期。到毛泽东逝世的这一时期经历了两个 10 年，即开始全面建设社会主义的 10 年和“文化大革命”的 10 年。在两个 10 年中，党的建设的经验和教训很多，其特点是正确与错误交织，成就与失误并存，执政党建设的理论呈现出特有的复杂性。一般来说，前 10 年成绩是主要的，但失误也不少，表现为在不断纠正失误中继续发展；而后 10 年党的建设遭到挫折，尽管毛泽东、周恩来、邓小平等同志提出过一些正确观点，但从总体上看，毛泽东建党学说在实践中受到严重挫折。在这 20 年间毛泽东建党学说的曲折发展，主要表现在以下五个方面：

第一，提出了在中国这样一个贫穷落后的国度里建设社会主义的独创性理论，强调要把党和国家的工作重点转到技术革命和社会主义建设上来，要努力把我国建设成为一个具有现代农业、现代工业、现代国防和现代科学技术的社会主义强国。在四个现代化理论指导下，我们党制定了建设社会主义的总路线，即“鼓足干劲，力争上游，多快好省地建设社会主义”的总路线。这条“总路线及其基本点，其正确的一面是反映了广大人民群众迫切要求改变我国经济文化落后状况的普遍愿望，其缺点是忽视了客观的经济规律。”（《三中全会以来重要文献选编》下册，第 805 页。）

第二，提出了正确处理人民内部矛盾的理论和政策，强调在社会主义时期要严格区分两类不同性质的矛盾，要掌握辨别是非的六条政治标准，要采取“团结——批评——团结”的方针，以便形成一个既有民主又有集中，又有自由又有纪律，又有统一意志、又有个人心情舒畅、生动活泼的政治局面。毛泽东明确指出社会主义国家的人民内部矛盾有如下四个特点：一是人民内部矛盾是在人民利益根本一致基础上的矛盾。因此它一般是非对抗性的，但如果处理得不适当，或者失去警觉，麻痹大意，也可能发生对抗。二是在我国工人阶级和民族资产阶级的矛盾一般属于人民内部矛盾。但如果我们处理不当，不是对民族资产阶级采取团结、批评、教育的政策，或者民族资产阶级不接受我们的这个政策，那么两者之间的矛盾就可能变成敌我之间的矛盾。三是正确处理和解决人民内部矛盾是在共产党的领导下进行的，是在不断总结实践经验和纠正错误的过程中实现的。四是正确处理和解决人民内部矛盾的目的，是为了团结全党全国人民发展社会生产力，巩固社会主义制度，把我国建设成为繁荣富强的国家。实践证明，正确处理人民内部矛盾的理论为执政党的建设指明了正确方向。

第三，从理论上进一步阐述了加强民主集中制建设的重大意义，强调执政党要高度重视发扬党内民主，健全党内民主生活，认为没有民主就不可能正确地总结经验，就不可能正确地制定路线、方针和政策，就不可能实现党的正确领导，这是关系到党员干部是否会变质的大问题。

第四，提出了党要管党的原则和措施，强调党委要加强对党的建设的领导，切实抓好党员队伍、干部队伍的教育和管理，抓好基层党组织的建设。最关键的问题是要管好党员干部特别是党的领导干部。为了提高党员干部的质量，要重新教育干部，切实做好干部的轮训工作，把短期训练和党校培训结合起来，不断提高政策理论水平和实际工作能力。还要把教育干部和执行纪律结合起来，对变质的干部必须严肃处理。加强对干部队伍的严格管理，必须把干部认真管起来，把对干部的考察、鉴定、挑选、提拔、教育、监督的经常工作认真地抓起来。为了管理好干部队伍，必须采取以下重要措施：一是建立经常了解考察干部的制度，二是恢复干部鉴定制度，三是党委的组织生活会必须定期召开，四是对干部的思想、工作和生活要系统监督，五是形成一套使干部能上能下、能官能民的制度，六是经常检查党的干部工作路线和干部政策的执行情况，七是改进现行干部管理制度，八是精减干部，以保持干部队伍精干。另外还建立了干部参加体力劳动、下基层锻炼等制度。

第五，提出了“三要三不要”的原则和纠正派性的措施，强调要坚持马克思主义，坚持党的团结，坚持光明正大，对于以任何形式出现的派性都要进行坚决的斗争。

在这一历史时期，毛泽东建党学说之所以是曲折向前发展的，主要是由于这段历史正处于以阶级斗争为中心向以经济建设为中心的大转变时期，实现这种转变必然要经历一个探索、试验的过程，必然会有成功与曲折的经历。同时，由于这一历史时期的前10年，党的思想路线是正确的，因而在工作中重视调查研究；党的民主集中制和集体领导基本上能够坚持，因而能及时发现问题并加以解决。有了这两个基本条件，即使发生了失误，也能及时纠正并不断总结经验教训，继续前进。在上述五个方面的内容中，有很多理论观点都是在纠正失误和总结经验教训的过程中提出来的。

毛泽东建党学说在20年间既有曲折的发展，又有严重的挫折。这个严重挫折主要表现在“文化大革命”中所提出的错误理论观点和所作出的错误建党规定。概括来说有四个方面的问题：一是提出了“党内资产阶级”的错误论断，认为中央已经形成一个“资产阶级司令部”，于是采用“文化大革命”这种群众性的政治运动，来打倒这个“资产阶级司令部”，结果伤害了一大批党和国家的领导骨干力量。二是提出了“五十字”建党纲领，强调要把党组织建设成为领导人民群众对于阶级敌人进行战斗的先锋队组织，并在“左”的思想指导下进行“吐故纳新”，结果造成了党组织的严重不纯。三是提出了“斗、批、改”的建党任务，强调要斗垮“党内走资派”，狠批“反革命修正主义路线”，并运用“大鸣、大放、大字报、大辩论”的方式开门整党，结果往往是混淆了两类不同性质的矛盾，伤害了广大党员同党的感情，伤害了同志之间的感情。四是史无前例地把野心家林彪作为党的领袖的接班人写在九大党章上；取消了党员预备期和党员义务权利的规定；取消了中央书记处和中央监察委员会等机构；在派性支配下搞“突击入党”和“突击提干”，结果造成了党的组织建设的严重破坏。党和毛泽东在党的建设上之所以发生上述错误并在很长时间未能纠正，从思想认识根源上看，主要是由于在思想路线上发生了“左”的错误倾向所致；从组织原则上看，主要是由于党的集体领导削弱，个人崇拜滋长以及党内许多好制度遭到破坏所造成的结果。这段时期党的建设的教训是深刻的，是要时刻记取的。

20.毛泽东建党学说在新时期的恢复和发展

1976年10月，粉碎“四人帮”标志着“文化大革命”已经结束，我国开始进入新的历史时期。在新时期的前两年里，党的工作和党的建设还在徘徊中前进，毛泽东建党学说在一些方面开始得到恢复；1978年12月党的十一届三中全会以后，党的建设在历史转折中全面进行拨乱反正，经过一年多的斗争，逐步把党的思想路线、政治路线和组织路线全面转到马克思主义轨道上来了；从十一届五中全会到六中全会，围绕着坚持和改善党的领导，确立毛泽东的历史地位问题，作出了《关于建国以来党的若干历史问题的决议》。党的十二大提出了要在开创社会主义现代化建设新局面中加强党的建设，把党建设成为领导社会主义现代化事业的坚强核心。紧接着开展了为时三年半的整党工作，基本上完成了“统一思想、整顿作风、加强纪律、纯洁组织”的任务，并取得了在新形势下进行整党的经验和教训。与此同时，党又进一步探索在改革、开放和发展商品经济中加强党的建设问题，开展了反对资产阶级自由化的斗争，作出了加强社会主义精神文明建设的决议，要求党的各级组织必须用更多的时间和精力来加强对精神文明建设的领导。强调共产党员首先是领导干部应当成为物质文明建设和精神文明建设的模范。党的十三大制定了社会主义初级阶段的基本路线，强调执政党要经得起执政、改革开放和发展商品经济的考验。1989年春夏之交，北京发生了一场政治风波，党和政府及时平息了这场风波。党的十三届四中全会选举江泽民为中央委员会总书记，确立了新的中央领导集体。此后全党团结在新的党中央周围满怀信心的贯彻党的基本路线，取得了举世瞩目的成绩。党的十四大系统总结改革开放以来的经验，提出了建设中国特色的社会主义理论体系。要求全党要用这个理论武装起来，加强党的建设和改善党的领导，增强贯彻执行党的基本路线的自觉性和坚定性。党的十四届四中全会专门作出了《关于加强党的建设几个重大问题的决定》，明确提出了在建立和发展社会主义市场经济条件下党的建设的目标和任务，并指出这是一项新的伟大工程。强调只有把中国共产党建设好，才能领导全国人民建成有中国特色的社会主义。全党在以江泽民为核心的第三代领导集体的正确领导下，经受了各种考验，团结奋斗，为实现中国特色社会主义事业而斗争。实践证明，中国共产党是经过千锤百炼的党，是经得起任何考验的党，是人民所爱戴的有希望的党。

新时期党的建设遇到许多新情况和新课题，我们党正是在不断解决这些新课题过程中、在改革和建设的实践中，创造性地运用毛泽东建党学说来加强执政党的建设，从而恢复和发展了毛泽东建党学说。概括起来主要有八个方面：第一，确立了党的建设密切结合社会主义初级阶段基本路线来进行的指导思想，强调新时期党的建设要为发展社会生产力服务，为现代化建设服务，推动社会的全面进步。第二，明确提出了执政党建设的目标和任务，这就是“在当代世界风云变幻的条件下，在当代中国改革开放和现代化建设的伟大变革中，把党建设成为有中国特色社会主义理论武装起来、全心全意为人民服务。思想上政治上组织上完全巩固、能够经受住各种风险、始终走在时代前列的马克思主义政党”。并指出实现这个建党目标是一项“新的伟大的工程”。（《中共中央关于加强党的建设几个重大问题的决定》单行本，第6页。）第三，阐明了党的领导的基本含义和改善党的领导的基本任务，强调党必须善于在改革开放的新形势下认识自己、加强自己、提高自己，认真研究和解决自身建设中出现的新矛盾和新问题。特别是要学会领导社会主义经济建设和实现四个现代化，并在实践中不断提高领导能力和水平，巩固执政地位。第三，提出要继续把党的思想建设放在首要地位，强调要用建设中国特色社会主义理论统一全党思想；强调解放思想，实事求是，坚持正确的思想路线和党性锻炼。第四，坚持和健全了民主集中制的组织原则和组织制度，强调要逐步实行党内生活的民主化和科学化，特别要注重制度建设，以完备的制度保障党内民主；逐步完善民主科学决策制度；加强民主基础上的集中，维护党中央的权威；在中央统一领导下，充分发挥地方的积极性；坚持和完善集体领导和个人分工负责相结合的制度；建立和健全党内监督制度，制定监督条例，严肃党的纪律。第五，重申了“党要管党”和“从严治党”的原则，强调在整个社会主义时期都要坚持更加严格的党员标准和干部条件，不断提高党员队伍和干部队伍的素质。第六，提出了党风问题是有关执政党生死存亡的问题的科学论断，强调党风问题关系着人心向背、关系到执政党能否保持先锋队性质，关系到党的领导能否实现的大问题。要把反腐败斗争深入持久地进行下去，要求党员领导干部要廉洁自律，坚决查处违法违纪案件、纠正各种不正之风，并取得较好效果。第七，进一步巩固和加强党的基层组织建设，改进基层组织的活动内容和工作方式，抓好基层党组织建设的责任制，切实把党的路线方针政策落实到基层，充分发挥基层党组织的战斗堡垒作用，以推进改革、经济的发展和社会的稳定。第八，创造了在新的历史条件下进行党内斗争的新经验和新原则，强调要实事求是地进行反对“左”、右错误倾向的两条战线的斗争。有什么倾向就反什么倾向，反“左”时注意防右，反右时注意防“左”，不要从一个极端跳到另一个极端。只有正确开展两条战线的党内斗争，才能达到党的团结统一，提高党的威信和战斗力。

除了上述八个方面内容外，党在制度建设方面、在思想政治工作的理论研究等方面，也都对毛泽东建党学说有新的贡献和发展。当然新时期在党的建设上也有失误，其中最突出的问题是：在思想政治工作方面和艰苦奋斗教育方面抓得不实，显得非常薄弱；在理论建设方面对马列主义、毛泽东思想的宣传重视不够，人们的思想曾出现一些混乱；在党风建设和基层组织建设方面抓得不够得力，党的威信和战斗力有所下降，等等。特别是出现了令人不能容忍的以权谋私、经济犯罪、贪污受贿等腐败现象。总之，出现了“一手硬一手软”的问题并且长期以来解决得不够得力。尽管实践中在党的建设上有些失误和教训，但成绩仍然是主流，推动了毛泽东建党学说的恢复和发展。特别是经过1989年政治风波的考验后，全党更深刻的认识到，必须聚精会神地抓执政党的建设，切实改善党的领导，不断提高领导水平和执政水平，才能经受住时代的考验；在加快改革开放和现代化建设的步伐，建立和发展社会主义市场经济的条件下，更必须首先把执政党自身建设好，这样才能肩负起领导全国各族人民建设中国特色的社会主义的历史重任。

三、邓小平新时期加强党的建设的思想

1．邓小平新时期建党思想的基本特征

邓小平在新时期提出的建党思想有三个基本特征：

第一，继承性。邓小平新时期关于党的建设思想是在继承马列主义、毛泽东建党学说基础上总结新的建党经验而作出的理论概括，继承了毛泽东的建党学说，同时又是这一学说的有机组成部分，这是邓小平新时期建党思想最本质的东西。只有正确认识邓小平新时期建党理论的继承性这个特点，才能深刻理解这个理论的基本精神，这是学习邓小平新时期建党理论时第一个要注意的问题。

第二，创造性。是指邓小平善于“把马克思主义的普遍真理同我国的具体实际结合起来，走自己的道路”。他在新的历史时期，高举毛泽东倡导的解放思想、实事求是的旗帜，以社会主义改革家的政治胆略和理论勇气，提出了加强新时期党的建设的一系列新思想。比如，提出了把党建设成为领导有中国特色社会主义事业坚强核心的政治目标，强调要在不断改善党的领导过程中加强党的领导；提出了党的建设密切结合社会主义初级阶段基本路线来进行的指导思想，强调党的建设要保证党的基本路线正确贯彻，一百年不动摇；提出了必须教育全党在社会主义初级阶段具有坚定的共产主义信念，强调全党若“没有这样的信念，就没有凝聚力。没有这样的信念，就没有一切”；提出了建立一个团结的稳定的人民信得过的领导集体，强调“中国问题的关键在于共产党要有一个好的政治局，特别是好的政治局常委会”；提出了干部队伍“革命化、年轻化、知识化、专业化”的正确方针，强调要按照德才兼备的原则培养人才，同时还要“善于发现人才，团结人才，使用人才”；提出了在改革开放中要不断端正党风和反对腐败，强调在改革开放过程中若“不惩治腐败，特别是党内的高层的腐败现象，确实有失败的危险。”邓小平这些具有创造性的新见解，丰富和发展了毛泽东建党学说的内容。

第三，时代性。是指邓小平新时期建党理论深刻地反映了新时代的新要求，科学地回答了新形势下的新课题。所以，邓小平的党建思想具有鲜明的时代的特征。这里所说的时代特征，主要表现在两个方面：一是他的许多新的理论观点，是在“和平与发展是当今世界两大主题”的国际条件下提出和形成的。在这种国际条件下，各国都把发展经济放在首位，经济竞争和科技竞争越来越突出，以经济、科技为基础的综合国力状况归根到底将决定一切。执政党要巩固自己的地位，必须高度重视发展生产力和提高综合国力。正是出于这种战略考虑，邓小平自十一届三中全会以来反复强调，我们党一定要把发展社会生产力作为中心任务，党的建设要保证和促进社会生产力的发展，并明确把“三个有利于”作为判断改革成败和工作好坏的根本标准。二是他的许多建党理论观点是在国际共产主义运动发生重大变化和我国已进入现代化建设新时期的历史条件下提出和形成的。邓小平善于总结历史经验教训，不仅总结了改革开放中加强党的建设的经验教训，而且总结了国际共产主义运动中执政党建设受挫折的经验教训；正是在总结新的经验教训的基础上，提出了加强和改善党的领导以及加强和改进党的自身建设的一系列具有鲜明时代特征的新观点。

总之，邓小平关于新时期党的建设的理论，是继承性、创造性和时代性的有机统一。他在创新时强调要坚持马列主义党的学说和毛泽东建党学说的基本原理；他在继承时强调要以新的思想观点去继承，并在继承的基础上进一步发展。

2.邓小平关于坚持党的思想路线和加强党的思想建设的论述

新时期为了坚持党的马克思主义思想路线，邓小平高举解放思想、实事求是大旗同各种错误倾向和错误思想进行了坚决的斗争。首先是尖锐地批评了“两个凡是”的错误方针，由此而引发的关于真理标准问题的讨论，掀起了全国范围的思想解放运动。此后又对来自右的资产阶级自由化思潮进行了批判，提出了要坚持“四项基本原则”。邓小平强调思想路线是在党的建设实践中形成和发展起来的，他说毛泽东从参加共产主义运动、缔造我们党开始，就提倡调查研究，提倡实事求是，反对理论脱离实际，数十年的革命和建设实践经验也一再证明，只要坚持实事求是思想路线，革命和建设就能顺利进行，脱离了这一思想路线，就给党的事业带来危害，给国家带来灾难。“一个党，一个国家，一个民族，如果一切从本本出发就要亡党亡国。”“过去我们搞革命所取得的胜利，是靠实事求是；现在我们要搞四个现代化，同样要靠实事求是。”指出，毛泽东倡导的“实事求是”，是马克思、恩格斯创立的辩证唯物主义和历史唯物主义的思想路线，是马克思主义活的灵魂。并进一步科学地概括了党的思想路线的内容，即“实事求是，一切从实际出发，理论联系实际，坚持实践是检验真理的标准，这就是我们党的思想路线。”(《邓小平文选》第2卷，第278页。)在党的历史上，邓小平是第一位对党的思想路线进行了科学概括和完整表述的党的领导人，为党的思想理论建设作出了重要贡献。从邓小平的概括中可以看出，“实事求是”是党的思想路线的核心，它贯穿于一切从实际出发，理论联系实际，实践是检验真理的唯一标准等三个方面，而这三个方面又都是坚持实事求是的体现和要求。

一切从实际出发是正确贯彻实事求是思想路线的前提，马克思主义的认识论最根本的要求是要从客观实际出发。因此，要坚持实事求是思想路线，首先必须坚持一切从实际出发，而不是从主观愿望出发，不是从书本、从教条出发。

理论联系实际是坚持实事求是思想路线的根本方法，理论从实践中产生，又必须回到实践中去，与实践相联系，才能达到指导实践的目的，所以邓小平强调，马列主义、毛泽东思想的基本原则，我们任何时候都不能违背，这是毫无疑义的，但是一定要与实际相结合，要分析研究实际，解决实际问题，只有这样才能推动革命和建设的发展，并使马克思列宁主义不断丰富。

在毛泽东关于“社会实践是检验真理的唯一标准”(《毛泽东著作选读》下册，第890页注释487。)的论断基础上，邓小平进一步强调，要把实践是检验真理的唯一标准这一条作为贯彻实事求是思想路线的关键和基本内容，发展了党的思想路线，使之更加科学完善。

邓小平十分重视党的思想理论建设，他一再强调，全党同志都要认真学习马克思列宁主义理论，加强工作的原则性、系统性、预见性和科学性。指出要善于运用马列主义、毛泽东思想指导我们的各项工作。1985年9月，他在党的全国代表会议上的讲话中说：“现在我还想提出一个新的要求，这不仅是专对新干部，对老干部也同样适用，就是要学习马克思主义理论。或者会有同志问：现在我们是在建设，最需要学专业知识和管理知识，学马克思主义理论有什么实际意义?同志们，这是一种误解。马克思主义理论从来不是教条，而是行动的指南。”(《邓小平文选》第3卷，第146页。)通过学习理论可以“既把我们的事业和马克思主义理论本身推向前进，也防止一些同志特别是一些新上来的中青年同志在日益复杂的斗争中迷失方向。”(《邓小平文选》第3卷，第147页。)他用自己切身的体会对怎样学习马克思主义作了精辟地概括，他说：“学马列要精，要管用。”一是要针对实际的需要，学习马克思主义的基本理论，掌握马克思主义的基本原则基本方法。二是要学习掌握马克思主义的实事求是思想路线，按照实事求是的思想路线，认识和解决现代化建设和改革开放中不断出现的新情况新问题。

邓小平对党的思想理论建设的另一个突出贡献是，他认为，加强马克思主义理论的学习和教育，纠正党内的各种错误思想，加强社会主义精神文明建设，关键是要加强党对思想战线的领导。他多次批评党在思想战线上的软弱无力现象，指出：“必须坚持党的领导，必须坚持社会主义制度。党的领导和社会主义制度都需要改善，但是不能搞资产阶级自由化，搞无政府状态。”(《邓小平文选》第2卷，第391～392页。)为了加强党对思想战线的领导，他提出要大力加强党的思想政治工作，要在继承思想政治工作的优良传统的基础上开拓创新，研究新情况，解决新问题，总结新经验，创造新办法，扎扎实实地做好思想政治工作，切实有效地加强党对思想战线的领导。

3.邓小平关于坚持党的基本路线一百年不动摇的论述

党的建设必须紧密联系党的政治路线，这是毛泽东建党思想的一条重要原理。建国以后，我们党经过30多年的艰难历程，在十一届三中全会的伟大转折之后，首先在党的十二大提出了党在新时期实现社会主义现代化的总任务，接着又在十三大制定了社会主义初级阶段的基本路线。在这条基本路线的形成和发展的过程中，邓小平对这条路线“一个中心，两个基本点”的主要内容作出了重大贡献，并强调“基本路线要管一百年，动摇不得。”在社会主义时期，党的政治建设必须紧紧围绕这条基本路线来进行，并以它为指针，以达到发展社会生产力与加强新时期党的建设的统一。在这方面，邓小平主要有以下重要论述：

第一，论述了长期坚持“以经济建设为中心”的科学依据。邓小平强调坚持“党的基本路线一百年不动摇”，首先是指要坚持“以经济建设为中心”一百年不动摇。从根本上讲，社会主义阶段有多么长，坚持以经济建设为中心就有多么长。为了教育全党和全国人民树立以经济建设为中心的观念，邓小平在多次讲话中透彻地阐明了坚持以经济建设为中心的依据。概括起来主要有以下几点：其一，马克思主义关于发展社会生产力的理论是确立党的以经济建设为中心的政治路线的理论依据。邓小平认为，“马克思主义最注重发展生产力”。(《邓小平文选》第3卷，第63页。)因为马克思主义认为革命的根源在于生产力的发展，革命的作用在于进一步解放生产力，为生产力的发展扫清道路。从而把发展社会生产力这一马克思主义基本原理同社会主义优越性，同党的建设联系起来了。其二，我国的国情和我国目前所处的历史发展阶段是确立党的以经济建设为中心的政治路线的现实依据。我国的国情，邓小平认为至少有两个主要特点，“一个是底子薄”。“第二条是人口多，耕地少”。所以发展生产力是一个很长期的艰巨的任务。其三，我国社会主义社会的主要矛盾是确立党的以经济建设为中心的政治路线的客观依据。邓小平认为，毛主席提出的关于社会主义社会基本矛盾的理论是正确的，“当然，指出这些基本矛盾，并不就完全解决了问题，还需要就此作深入的具体的研究”。特别要看到，“我们的生产力发展水平很低，远远不能满足人民和国家的需要，这就是我们目前时期的主要矛盾，解决这个主要矛盾就是我们的中心任务”。（《邓小平文选》第 2 卷，第 182 页。）其四，我国建国以来社会主义建设的主要教训是确立党的以经济建设为中心的重要依据。邓小平对建国以来 30 多年社会主义建设的经验教训作了深刻的总结，指出，过去我们犯了不少错误，特别是“工作重心一直没有认真转到经济建设方面来”。因此我们必须“把四个现代化建设，努力发展社会生产力，作为压倒一切的中心任务”。（《邓小平文选》第 3 卷，第 237 页。）

第二，强调实现四个现代化必须坚持四项基本原则。邓小平在强调党的建设必须紧紧围绕经济建设这个中心进行时，要求在思想上政治上必须坚持四项基本原则。他说：“为了实现四个现代化，我们必须坚持社会主义道路，坚持无产阶级专政，坚持共产党的领导，坚持马列主义、毛泽东思想。”他认为“这是实现四个现代化的根本前提，”（《邓小平文选》第 2 卷，第 175 页。）是我们立国和团结全国人民奋斗的根本。“如果动摇了这四项基本原则中的任何一项，那就动摇了整个社会主义事业，整个现代化建设事业。”（《邓小平文选》第 2 卷，第 144 页。）他之所以这样讲，这是因为：其一，只有坚持四项基本原则，才能保证社会主义现代化建设有一个安定团结的局面，才能确保党的建设有一个良好的社会环境。其二，只有坚持四项基本原则，才能筑起反对和平演变的钢铁长城。邓小平认为，帝国主义把和平演变的希望寄托在以后几代人身上。防止和平演变最根本的就是坚持党的四项基本原则。其三，只有坚持四项基本原则，才能保持社会主义现代化建设的正确方向。邓小平强调：“现在我们搞四个现代化，是搞社会主义的四个现代化，不是搞别的现代化。”“我多次解释，我们搞的四个现代化有个名字，就是社会主义四个现代化。”（《邓小平文选》第 2 卷，第 341 页。）其四，只有坚持四项基本原则，才能保持党的政策的连续性。邓小平指出：“究竟什么是我们党的政策的连续性呢?这里当然包括独立自主、民主法制、对外开放、对内搞活等内外政策，这些政策我们是不会改变的。而所有这些政策的基础，就是四项基本原则，对此我们更是不会改变，不会动摇的。”（《邓小平文选》第 2 卷，第 331 页。）我们只有坚定不移地坚持四项基本原则，才能保证我们中华人民共和国这艘巨轮始终沿着马克思列宁主义、毛泽东思想指引的正确航向前进。

第三，坚持改革开放是发展生产力的必由之路。改革开放是发展生产力、富民强国的必由之路，是实现社会主义现代化建设的根本政策，也是邓小平建设中国特色社会主义理论中最富创造性的内容之一。毛泽东、邓小平都是我们党最早认识到改革开放的紧迫性并积极倡导的领导人。特别是邓小平，他以革命家的胆略和热情，领导了现代中国的“第二次革命”。他的贡献主要表现在以下几个方面：首先，论述了改革开放的必要性和可能性。他明确指出：“为了发展生产力，必须对我国的经济体制进行改革，实行对外开放的政策。”他强调：“要发展生产力，经济体制改革是必由之路，对此我们有充分的信心。”（《邓小平文选》第 1 卷，第 297 页。）其二，剖析了改革开放的长期性。他从对社会主义现代化建设的渐进性的深刻认识出发，指出进行经济体制改革和实行对外开放，这不是短期的政策，而是个长期的政策，最少 50 年到 70 年不会变。其三，强调改革开放的根本目的是为了发展社会生产力。他指出，“我们采取的所有开放、搞活、改革等方面的政策，目的都是为了发展社会主义经济”，“发展社会生产力”。其四，深刻地揭示了“一个中心，两个基本点”的内在联系。他强调搞经济建设和发展生产力，这是我们的中心任务。要实现这个中心任务，必须坚持四项基本原则和改革开放，这是我国经济建设不断前进的政治保证。因此，强调一个中心，决不能抛弃两个基本点。但是，生产力不发达，经济建设不上去，四项基本原则和改革开放就失去其存在的物质基础。另外，两个基本点之间也是紧密相联和相互依存的。一方面四项基本原则是改革开放的准绳，只有坚持四项基本原则，改革开放才不致滑入毁灭自身的陷阱；另一方面改革开放又给四项基本原则注入生机与活力，使四项基本原则得以有力地坚持。总之，“一个中心、两个基本点”是一个有机的整体，不能孤立地片面地强调某一个方面。只有掌握它们之间的内在联系，才能全面地贯彻党的基本路线，自觉地坚持基本路线一百年不动摇。

4. 邓小平关于加强制度建设的论述

邓小平在坚持把思想建设放在党的建设首位的前提下，把制度建设突出地提了出来，强调要通过改革和完善党的制度来保证思想建设、政治建设、组织建设和作风建设的成果。他丰富和发展了毛泽东的制度建设思想，形成了关于制度建设的理论体系。主要有下面三个方面的论述：

第一，论述了制度建设的重要地位和作用。一是从党的制度建设关系着党和国家生死存亡的战略高度来论述其重要性。他指出：“这种制度问题，关系到党和国家是否改变颜色，必须引起全党的高度重视。”（《邓小平文选》第 2 卷，第 333 页。）1980 年他明确提出要改革党和国家的领导制度。二是从党的制度建设可以巩固和确保党的思想建设、政治建设、组织建设和作风建设的成果方面论述其重要性。他强调正确的政治路线必须有完善的制度来确保和稳定，而不致因某个领导人变更或注意力转移而改变；组织建设更需要有完善的制度来保证党内生活正常化，保证干部选拔和健康成长；就是克服官僚主义、特权现象，要解决思想问题，也要解决制度问题。强调“必须从根本上改变这些制度”，“制度问题不解决，思想作风问题也解决不了。”（《邓小平文选》第2卷，第328页。）邓小平系统论述了党的制度建设充分体现党的各方面建设的成熟程度，并对巩固、确保和发展党的各方面建设起着非常重大的作用。三是从党的制度建设能够更好地理顺党内各种关系的角度论述其重要性。他强调唯有党的各项制度才能规范和调整党内各种关系，这些方面的制度好才能保证好人充分做好事，使坏人无法任意横行。他深刻分析党内某些制度的弊端后明确指出：“如果不坚决改革现行制度中的弊端，过去出现过的一些严重问题今后就有可能重新出现。只有对这些弊端进行有计划、有步骤而又坚决彻底的改革，人民才会信任我们的领导，才会信任党和社会主义，我们的事业才有无限的希望。”（《邓小平文选》第2卷，第333页。）四是从党的制度建设能保证党的决策民主化、科学化方面论述其重要性。他强调“从群众中来，到群众中去”的群众路线，“集中起来，坚持下去”的领导方法，抓典型、搞试验、调查研究等行之有效的民主化科学化的决策方法。他提出必须改变个人说了算的决策方式，通过健全各项制度，集中全党和全国人民的集体智慧和经验，广泛开展讨论，充分吸取上下各方面的意见，作出科学决策。总之，着眼于制度建设，通过推进制度化的进程，来改革和加强党的自身建设，是邓小平关于加强党的建设的一个重要特点。

第二，论述了民主集中制是党和国家的最根本的制度。邓小平第一次把党的民主集中制这一根本制度和具体制度区分开来，强调要在民主集中制的基础上，健全党内各项制度。他指出：“没有民主，就没有集中；而这个集中，总是要在民主的基础上，才能真正地正确地实现。没有无产阶级的民主和无产阶级的集中，也就没有社会主义，资本主义就要复辟。”（《邓小平文选》第1卷，第304页。）他强调贯彻民主集中制必须处理好以下几个关系：一是正确处理民主与集中的关系，指出没有民主，就没有集中统一；没有集中统一，党就没有战斗力。但是只有在民主基础上，在充分发扬民主的基础上，才能够建立这样一个统一的党，有纪律的党，有战斗力的党。论述了民主与集中的辩证统一关系，提出反对分散主义和个人集权、专断两种错误倾向。在新的历史时期，他重申：“我们实行的是民主集中制，这就是民主基础上的集中和集中指导下的民主相结合”。（《邓小平文选》第2卷，第175页。）我们需要集中统一的领导，但是必须有充分的民主，才能做到正确的集中。要重视在“结合”上作文章。他针对党内存在的错误倾向强调民主和集中要有所侧重。当出现家长制、个人专断时就要强调民主，出现自由主义和无政府主义时就要强调集中。指出“解放思想，开动脑筋，一个十分重要的条件是要真正实行无产阶级的民主集中制。”（《邓小平文选》第2卷，第144页。）没有高度的民主，党就会走向僵化、专制，丧失生机与活力；缺乏高度集中，党就会涣散、分裂和肢解。所以执政党必须正确贯彻民主集中制的根本组织原则。二是正确处理上下级关系，“各级组织、每个党员都要按照党章的规定，一切行动服从上级组织的决定，尤其是必须同党中央保持政治上的一致。”（《邓小平文选》第2卷，第366页。）这是党内上下级组织、个人与组织之间关系的基本准则。三是正确处理党员之间的关系，强调党内所有党员都一律平等，要切实保障党员的民主权利，党内生活采取“三不主义”，即不抓辫子，不扣帽子，不打棍子。对党内争论，只能采取摆事实、讲道理、民主讨论的办法求得解决，而不能采取强制、压服和打击的手段。这样才能造成党内民主的气氛，调动广大党员的积极性和主动性。

第三，论述了健全党内的各项具体制度。一是健全党的领导制度，如党的代表大会制度，党的委员会制度，集体领导与分工负责相结合的制度，党的领导集体交接班制度等。提出党政要分开，解决党如何善于领导的问题。提出可以探讨逐步实行代表大会常任制，使代表大会成为党的充分有效的最高决策机关和最高的监督机关。主张巩固集体领导和个人分工负责相结合，强调建立各种责任制，“集体领导解决重大问题；某一件事、某一方面的事归谁负责，必须由他承担责任，责任要专。”（《邓小平文选》第2卷，第282页。）还要建立集体交接班制度，这个制度已基本形成。二是健全党的组织制度，如选举制和任期制，党员干部的管理和考核制度，党的纪律检查制度等等。强调民主选举制度要充分体现选举人的意志，采取预选式差额选举办法进行选举。提出“健全干部的选举、招考、任免、考核、弹劾、轮换制度，对各级各类领导干部(包括选举产生、委任和聘用的)职务的任期，以及离休、退休，要按照不同情况，作出适当的明确的规定。任何领导干部的任期都不能是无限期的。”（《邓小平文选》第2卷，第331页。）成功解决了领导干部领导职务的终身制问题。还提出改革干部人事管理制度，建立使优秀人才能够脱颖而出的新机制等。强调加强纪律检查制度，以维护党章、整顿党风、查处腐化变质分子纯洁党的组织。三是健全党的工作制度，通过宣传、组织、纪检、统战等职能部门有效地领导群众为实现党的目标奋斗。为保证这些职能部门正常运转就必须建立一系列必要的规章制度。如调查研究制度，一切从实际出发、经过试验、总结经验逐步推广的制度，工作检查制度，向上级请示汇报制度，向党员及代表大会报告工作的制度，等等。四是健全党的生活制度，“加强支部和小组的经常工作，强调党员一定要过支部生活，过小组生活。”严格执行党的领导人过双重组织生活的制度，高级干部参加党的小组生活制度等，要求领导人不做特殊党员。五是健全党的监督制度，包括建立党委内部的监督制度，主要是监督各级领导干部；建立群众监督制度，邓小平认为“要有群众监督制度，让群众和党员监督干部，特别是领导干部。凡是搞特权、特殊化，经过批评教育而又不改的，人民就有权依法进行检举、控告、弹劾、撤换、罢免，要求他们在经济上退赔，并使他们受到法律、纪律处分。”（《邓小平文选》第2卷，第332页。）还要建立专门的监督机构。他指出：“最重要的是要有专门的机构进行铁面无私的监督检查”，要加强各级纪律检查委员会的工作。总之，邓小平关于制度建设论述很多，在他看来，只有在党内各方面都建立健全了基本的规章制度并形成完整的制度体系，才能保证党的工作协调有序地进行。

5.邓小平关于新时期加强党的民主集中制的论述

在经历“文化大革命”之后，邓小平对于民主集中制的认识，极端重视。他把坚持和健全民主集中制问题，同党和国家的前途命运紧紧联系在一起。强调指出，民主集中制是我们党和国家的根本制度，也是最便利的制度，最合理的制度，永远不能丢。

第一，邓小平论述了民主集中制的科学概念。“民主集中制”这一概念最早是由列宁提出来，并把它规定为无产阶级政党的组织原则，但是，列宁没有从总体上给民主集中制下过完整的定义。“民主集中制是民主基础上的集中和集中指导下的民主相结合”，这个论断是邓小平和中国共产党人对民主集中制作出的一个新的理论概括，是对马克思主义建党学说的新贡献。在新的历史时期邓小平再一次重申：“我们实行的是民主集中制，这就是民主基础上的集中和集中指导下的民主相结合。”（《邓小平文选》第2卷，第175页。）这段论述，完整地揭示了民主与集中之间的辩证统一关系，指出民主和集中是民主集中制的两个基本方面，不能以一个去取代另一个，要重视在“结合”上做文章，民主是集中的前提和基础，而集中则是发扬民主的目的，是为了更好地实行党的统一意志和行动。“我们需要集中统一的领导，但是必须有充分的民主，才能做到正确的集中。”（《邓小平文选》第2卷，第144页。）民主与集中是不可偏废的两个方面，但是邓小平认为，在一定时期，一定范围内，民主与集中在党内生活中可以有所侧重。在党内出现了家长制、个人专断时就应强调民主，出现自由主义、分散主义时就应强调集中。

第二，邓小平指出正确处理党的上下级关系，对于正确贯彻执行民主集中制，具有特别重要的意义。强调党员个人服从组织，少数服从多数，下级服从上级，全党服从中央的这种服从关系，不论何时何地，何情何故，都不能打折扣、讲条件，更不能够颠倒，这是党内上下级、个人与组织关系的基本准则。强调要正确处理好党员之间的关系，指出不论担负领导工作的党员，或者是普通党员，都应以平等态度互相对待，都平等地享有一切应享有的权利，履行一切应当履行的义务。只有这样才能够为坚持和发扬民主集中制，创造一个良好的环境。

第三，邓小平论述了民主集中制是党的制度建设的基础和核心，要坚持民主集中制，必须健全以民主集中制为基础的党内其他各项具体的制度。一是要健全党的领导制度。指出要实行集体领导与个人分工负责相结合的制度。邓小平反对在一元化领导口号下把党委的权力集中于书记一人身上，把党委领导变成书记个人领导的专断行为；也反对“名曰集体领导，实际上等于无人负责”的放弃领导的行为。应该是在强调集体领导的同时，也把分工负责制度建立起来，使各级党委真正实行集体领导和个人分工负责相结合的制度。1980年8月，在中央政治局扩大会议上的讲话中，他指出：“集体决定了的事情，就要分头去办，各负其责，决不能互相推诿。失职者要追究责任。集体领导也要有个头，各级党委的第一书记，对日常工作要负起第一位的责任。在党委的其他成员中，都要强调个人分工负责。要提倡领导干部勇于负责，这同改变个人专断制度是两回事，不能混淆。”（《邓小平文选》第2卷，第341页。）二是要健全党的组织制度。这是民主集中制原则在党的组织结构、组织方式中的运用和具体化。党的组织制度是党为了加强组织建设所颁布的各种制度。包括党的领导机构的选举制和任期制等，邓小平着重论述了党员干部的管理和考核制度，提出“要改革现行的干部工作制度，建立有利于提拔年轻干部的制度”，“健全干部的选举、招考、任免、考核、弹劾、轮换制度，对各级各类领导干部(包括选举产生、委任和聘用的)职务的任期，以及离休、退休，要按照不同情况，作出适当的、明确的规定。任何领导干部的任期都不能是无限期的。”（《邓小平文选》第2卷，第331页。）这些论述形成一套对干部工作的各个环节实行科学管理的制度，用完善的干部制度来保证干部队伍的革命化、年轻化、知识化和专业化。三是要健全党的生活制度。邓小平要求各级党组织一定要“加强支部和小组的经常工作”，“把经常的组织工作，经常的宣传教育工作建立起来”，形成严格的党的生活制度。他强调：“党员一定要过支部生活，过小组生活，在这里面检查工作，进行批评和自我批评，学习。这是党章所规定的，要认真执行。”（《邓小平文选》第1卷，第297页。）他特别强调要严格执行党的领导人过双重组织生活的制度，高级干部要参加党的小组生活，不做特殊党员。四是要健全党的监督制度。建立党委会内部的监督制度，重点是监督党的各级领导干部。建立群众监督制度，让群众监督党的干部。还要加强各级纪律检查委员会的工作，搞好专门机构的监督工作。

6.邓小平关于培养和选拔年轻干部的论述

党的干部队伍建设是党的组织建设的核心问题，而培养和选拔年轻干部则是这个核心问题的关键。党的组织路线中的问题能不能解决，直接关系到党的政治路线和思想路线的贯彻执行，关系到党的事业兴衰成败。新的历史时期，邓小平就培养和选拔年轻干部工作进行了大量论述，为加强党的干部队伍建设指明了方向。

党的十一届三中全会后，针对干部队伍遭受“四人帮”严重破坏的历史情况，邓小平指出，“老干部要把选拔和培养中青年干部，作为第一位的、庄严的职责。别的工作做不好，固然要做自我批评，这项工作做不好，就要犯历史性的大错误。”（《邓小平文选》第2卷，第360页。）指出不能搞论资排辈，要开一条路出来，让有才能的人很快成长，不要老是把人卡住，人才不断涌出，党的事业才有希望，才能出现一批三四十岁的政治家。邓小平强调的“一批”，不是一个、两个、几十个几百个，而是成千上万。因为社会主义的事业是群众的事业，不是几个人，几十个几百个人就能完成的，只有着眼于成千、上万培养年轻的接班人，才能保证一代又一代地把社会主义事业继续下去。在选拔年轻干部的工作中，邓小平形象地指出，选拔年轻干部，既要坚持台阶论，又要搭“轻便的梯子”，这样才能大胆破格提拔有才能的年轻干部。邓小平反对“文化大革命”中干部工作上存在的坐“直升飞机”的不恰当做法，指出要一个台阶一个台阶地上，这样可以使干部在实践中积累经验，增长才干。但同时又指出不能搞“一刀切”，培养选拔年轻干部也要解放思想，实事求是，对优秀的干部要尽快提拔上来，“特别优秀的，要给他们搭一个比较轻便的梯子，使他们越级上来”，“提拔干部不能太急，但是太慢了也要误现代化建设的大事”。(《邓小平文选》第2卷，第324页。)邓小平还指出，培养、选拔年轻干部必须走群众路线，要坚持“革命化、年轻化、知识化、专业化”的标准。他多次强调，选拔干部必须依靠群众，充分听取广大人民群众的意见，如果只是在“周围熟悉的一点人，总在原来的一些人中打圈子，不会深入到群众中去选拔人才，这也是一种官僚主义”。(《邓小平文选》第2卷，第326页。)“四化”标准是党的干部队伍建设的战略方针，“四化”既自成一体，又互相联系，“革命化”讲的是政治标准，包含着对干部“德”的要求，“年轻化”是革命化的物质基础，没有健康的身体就不能适应繁重的工作。邓小平针对干部队伍年龄老化的现象，指出“不管你的见解多么高明，如果没有精力，要做好工作是很困难的”。指出，如果让老人、病人挡住比较年轻、有干劲、有能力的人的路，四化就没有希望，甚至会亡党亡国。但是在实行年轻化时也不能走极端，而要老中青相结合。“知识化”是对干部队伍知识素养和文化水平提出的总要求，指出要领导社会主义四个现代化的建设必须有知识，没有知识，工作就很难搞上去。“专业化”是对干部业务能力的要求，他说:“今后的干部选拔，特别要重视专业知识”。“无论是在什么岗位上，都要有一定的专业知识和专业能力，没有的要学，有的要继续学，实在不能学、不愿学的要调整”。

邓小平提出的干部“四化”标准，解决了党在社会主义现代化建设事业中建设一支什么样的干部队伍问题。在此同时，他对于如何建设一支这样的干部队伍，也进行了论述。他指出要对现行的干部制度的弊端进行改革，强调“对各级各类领导干部(包括选举产生、委任和聘用的)的职务的任期，以及离休、退休，要按照不同情况，作出适当的、明确的规定。任何领导干部的任职都不能是无限期的。”提出了使用考试任用制、民主选举制、新老干部交替合作制、后备干部制等选拔人才的办法，并指出要从干部制度上解决干部工作效率的问题。邓小平对于培养选拔年轻干部的论述非常多，其基本精神就是“尊重人才，广开进贤之路。”为了广开进贤之路，必须解决以下三个问题：一是要采取措施解决不合格干部“出”的问题和老干部的离退休问题；二是要解决年轻的优秀干部“进”的问题，以充实干部队伍的新生力量；三是要解决在岗干部的工作效率问题，让优秀干部在工作岗位上充分发挥才智。

7.邓小平关于做合格党员的论述

邓小平在1992年初明确指出：“中国要出问题，还是出在共产党内部。对这个问题要清醒。”还说：“说到底，关键是我们共产党内部要搞好，不出事。”(《邓小平文选》第3卷，第380、381页。)这就告诉我们，能否把我们党建设好，建设一支合格的党员队伍，是一切问题的关键。为此，他提出了“执政党的党员应该怎样才合格”的问题，他从我们党的实际情况出发，对党员在思想上、政治上、组织纪律上、作风上以及文化业务水平等方面，针对新的现实对党员素质提出了新要求：

第一，要求党员要努力掌握马克思主义基本理论。“马克思列宁主义、毛泽东思想，是我们党的指导思想。毛泽东思想继承和发展了马克思列宁主义。”(《邓小平文选》第2卷，第42页。)“毛泽东思想过去是中国革命的旗帜，今后将永远是中国社会主义事业和反霸权主义事业的旗帜，我们将永远高举毛泽东思想的旗帜前进。”(《邓小平文选》第2卷，第172页。)我们现在要建设中国特色的社会主义，时代和任务不同了，要学习的新知识很多，这就更要求我们努力针对新的实际，掌握马克思主义基本理论，以此为指导，认清方向，辨别是非，运用其立场、观点、方法分析和解决改革开放中出现的新问题。邓小平强调，马列主义、毛泽东思想的基本原则，我们任何时候都不能违背。但是，一定要和实际相结合，要分析研究实际情况，解决实际问题。按照实际情况决定工作方针，这是一切共产党员所必须牢牢记住的最基本的思想方法和工作方法。

第二，要求党员坚定地树立崇高的共产主义理想。他提出为了实现四个现代化，必须坚持社会主义道路，坚持无产阶级专政，坚持共产党的领导，坚持马列主义、毛泽东思想这四项基本原则。要求每个共产党员都应当模范地坚持四项基本原则，为共产主义的实现而奋斗。他强调共产党员要有理想，要有坚定的信念，并把遵守和维护党的纪律同共产主义理想密切结合起来，有理想，有纪律，才有资格当先锋队。

第三，要求党员坚持全心全意为人民服务的宗旨。邓小平指出：“党的全部任务就是全心全意地为人民群众服务，党对于人民群众的领导作用，就是正确地给人民群众指出斗争的方向，帮助人民群众自己动手，争取和创造自己的幸福生活。”(《邓小平文选》第1卷，第217页。)一个合格的共产党员，必须密切联系群众和依靠群众而不能脱离群众；每一个党员必须养成为人民服务、向群众负责、遇事同群众商量和同群众同甘共苦的工作作风。一个合格的共产党员，任何时候、任何情况下，都不应该把个人利益放在第一位，而应当无条件地服从党和人民的利益，全心全意为人民服务，当好人民的公仆。

第四，要求党员坚持群众路线，以模范行动带领群众为实现社会主义现代化共同奋斗。邓小平指出：“社会主义现代化建设的极其艰巨复杂的任务摆在我们的面前。很多旧问题需要继续解决，新问题更是层出不穷。党只有紧紧地依靠群众，密切地联系群众，随时听取群众的呼声，了解群众的情绪，代表群众的利益，才能形成强大的力量，顺利地完成自己的各项任务”(《邓小平文选》第2卷，第342页)。他告诫全党，要经常记住党员在群众中毕竟是少数，党依靠坚持群众路线和群众观点，调动广大群众的积极性和创造性，才能实现党的主张。他要求党员必须具备与群众同甘共苦、患难与共的精神，以自己的模范行动，取得群众的信任和支持，把群众团结、凝聚在党的周围，共同为实现社会主义现代化而奋斗。

第五，要求党员具有高尚的道德品质。邓小平指出：“党和政府愈是实行各项经济改革和对外开放的政策，党员尤其是党的高级负责干部，就愈要高度重视、愈要身体力行共产主义思想和共产主义道德。”(《邓小平文选》第2卷，第367页。)要求共产党员要在社会主义精神文明建设，特别是思想建设方面起先锋模范作用。带头维护社会秩序；发扬社会主义新风尚，提倡共产主义道德。在遵守职业道德和乡规民约等方面起模范带头作用。自觉抵制各种非无产阶级思想的侵蚀，带头宣传和实践社会主义和共产主义道德，保持一个共产党员的高贵品质和道德风尚。

第六，要求党员又红又专，具有适合时代需要的知识水平和业务素质。邓小平强调，无论在什么岗位上，都必须掌握一定的专业知识和专业能力，不但要有较高的马列主义理论水平，而且要有较高的、适合时代需要的科学文化知识和业务素质。我们过去有些同志不懂业务，鄙薄技术，甘当外行，干了不少蠢事。现在，进行全面改革开放，实现社会主义现代化，需要刻苦学习各种科学知识和技术。合格的共产党员在这种情况下，如果仍然甘当外行，就不可能为四个现代化作出真正的贡献。如果党员只会讲一些空洞的政治术语，不懂先进科技知识和现代管理知识，就无法正确地领导和作出科学决策，就无法在建设中起先锋模范作用。因此，每个党员都要努力学习科学文化知识和专业知识，深刻认识到，只靠坚持社会主义道路，没有真才实学，还是不能实现四个现代化。

邓小平关于新时期做合格党员的论述，充分体现在新党章中。我们要按新党章建设一支合格的党员队伍，在改革开放和社会主义现代化建设事业中更好地发挥先锋模范作用。

8．邓小平关于新形势下加强领导班子建设的论述

邓小平首先论述了领导班子的重要性：一是领导班子是作战指挥部。他说："领导班子就是作战指挥部。搞生产也好，搞科研也好，反派性也好，都是作战。指挥部不强，作战就没有力量。"（《邓小平文选》第2卷，第9页。）要搞好社会主义现代化建设，就更加需要各级有坚强的作战指挥部，所以他特别强调加强各级领导班子建设。二是指出领导班子是实现党的领导的基本保证。邓小平指出："领导班子问题，是关系到党的路线能不能贯彻执行的问题。如果这个问题解决得不好，不要说带领群众前进，就是开步走都困难。因此，我们首先强调要把领导班子的问题解决好。"（《邓小平文选》第2卷，第9页。）"要使领导班子一不软，二不懒，三不散，说了话大家都能听，都能指挥得动，都能领导起来。"（《邓小平文选》第2卷，第9页。）为此，必须切实加强领导班子建设，保证各级领导班子在贯彻执行党的方针政策时，能紧密结合本地区、本部门、本单位的实际情况，进行创造性的工作。做到"为官一任，造福一方"，很好地实现党对群众的领导。三是指出领导班子是反"和平演变"的关键，是和平演变与反和平演变斗争的焦点。所以加强党和国家各级领导班子的建设，确保领导权牢牢地掌握在忠于马克思主义的人手里，是党的建设中最重要最关键的一环。

其次，邓小平论述了集体接班，新老交替，是决定我们命运的战略问题。他说："我们常说，干部的新老交替，是从组织上保证我们党的政策的连续性。"（《邓小平文选》第3卷，第146页。）是关系到我们党和国家兴旺发达、朝气蓬勃的一个大问题。指出选好接班人，搞好新老合作交替，是老同志的庄严责任。要求老同志树立大局观念，眼光要放得远一些，认真选好接班人，带好接班人，这是第一位的责任。他提出要破除"论资排辈"旧观念和"台阶观念"，为优秀年轻干部搭个轻便梯子使之越级提拔。倡导老干部要有甘为人梯的精神。邓小平率先走出一条成功地集体交接班的新路子。他提出："我们强调集体领导，这次讲接班也是集体接班，这很好，很重要。"（《邓小平文选》第2卷，第282页。）他强调"要坚决执行领导班子年轻化的方针，但步子要稳妥，也不是只讲年龄这一条，还要德才兼备，并且要有经验丰富熟悉情况的同志参加，形成梯级结构。"（《邓小平文选》第3卷，第242页。）使各级领导班子始终保持老中青适当比例的最佳结构。在具体实践中，区分领导层次的特点和情况，采取各种不同的办法，搞好新老干部合作和交替，集体交接班，搞好传帮带。并且已逐步走向经常化、制度化，成为国际共产主义运动史上一大创举。再次，邓小平系统论述了如何调配领导班子和领导班子自身建设问题。对调配领导班子，他强调："要选那些认真学习马列主义、毛泽东思想，在斗争中经得起考验的人；要选那些党性强，能团结人，不信邪的人；要选那些艰苦朴素，实事求是，说老实话，办老实事，做老实人，作风正派的人；要选那些努力工作，联系群众，关心群众疾苦，有魄力，有实际经验，能够办事的人。"（《邓小平文选》第2卷，第75页。）特别是配备一二把手时，要选党性好、作风好、团结好的，高级一点的机关，可以选拔较年轻的同志当二三把手，下面的机关能够选到好的青年人当第一把手，就直接选。这样才能使领导班子"有威信，敢字当头，能很好地执行党的方针政策，能很好地工作。"（《邓小平文选》第2卷，第23页。）邓小平还强调要优化领导班子的群体组合：一是在革命化的前提下，实现干部年龄、知识、专业的合理组合。二是注意领导班子的知识组合，由那些既有基础知识又有专业知识，既有书本知识又有实践知识的人才组合起来。三是注意领导班子的专业组合，由具有专业知识和经验、具有领导和管理技能、熟悉和擅长各种专业、熟悉各方面情况的人才配套组合起来。对加强领导班子自身建设问题，邓小平提出以下四点重要思想：一是班子领导成员要具备六项基本条件，成为合格的领导干部。即政治坚定，思想敏锐；有一定的马克思主义理论素养；有不计名利，无私奉献的品德；清正廉洁，艰苦奋斗，实事求是的工作作风；密切联系群众，全心全意为人民服务的风格；顾全大局、维护团结，勇于开展批评和自我批评的勇气和改革开放的精神。二是班子成员要勇于改革，锐意进取，解放思想，实事求是，善于总结实践经验，开创新局面，开拓前进，讲究领导方法和艺术。三是班子成员作风朴实，深入实际，善于向群众学习，向专家学习，为群众办实事。四是班子成员要精诚团结，齐心协力，坚持民主集中制，处理好集体领导和个人负责的关系。

9．邓小平关于反腐败的论述

早在1972年，邓小平就指出："我们自从实行对外开放和对内搞活经济两个方面的政策以来，不过一两年时间，就有相当多的干部被腐蚀了。"针对贪污盗窃等经济犯罪，他指出"这股风来得很猛。如果我们党不严重注意，不坚决刹住这股风，那么，我们的党和国家确实要发生会不会'改变面貌'的问题。这不是危言耸听。"（《邓小平文选》第2卷，第402、403页。）他认为，发生在党内少数人身上的腐败现象，败坏了党的优良传统和作风，腐蚀人们的意志，玷污了党的形象，引起群众强烈不满，在党内外造成消极涣散、离心离德的情绪，严重干扰社会主义现代化的顺利进行。如果不坚决克服这些消极腐败现象，“就可能出现一些本来可以避免的大大小小的乱子，使我们的现代化建设在刚刚迈出第一步的时候就遇到严重的障碍。”（《邓小平文选》第2卷，第162页。）“对我们来说，要整好我们的党，实现我们的战略目标，不惩治腐败，特别是党内的高层的腐败现象，确实有失败的危险。”（《邓小平文选》第3卷，第313页。）这就告诉我们，不惩治腐败，我们的战略目标就不可能顺利实现。邓小平还论述了只有坚持反腐败，才能保证改革开放的正确方向。他说：“开放政策是有风险的，会带来一些资本主义的腐朽东西。”“开放、搞活，必然带来一些不好的东西，不对付它，就会走到邪路上去。”（《邓小平文选》第3卷，第139、164页。）面对这些危险性，我们必须保持清醒的头脑，坚决抵制外来腐朽思想的侵蚀，决不允许资产阶级生活方式在我国泛滥。否则，“风气如果坏下去，经济搞成功又有什么意义?会在另一方面变质，反过来影响整个经济变质，发展下去会形成贪污、盗窃、贿赂横行的世界。”（《邓小平文选》第3卷，第154页。）他强调必须坚决反腐败，搞好党风建设，以保证改革开放的正确方向。邓小平除了论述反腐败的重要性外，还分析了产生腐败的原因，指出腐败现象的产生有三条根源，一是封建统治阶级被推翻以后，其腐朽反动的剥削思想依然存在，这些思想不可避免地要同无产阶级思想抗争、要反映到党内来。二是我国还处在社会主义初级阶段，人们的物质需求还不能全部满足，加之在改革过程中新旧体制交替时产生的漏洞，客观上为滋生腐败现象提供了土壤。三是国际上的敌对势力为了达到自己的目的，总是要通过各种手段侵袭和腐蚀我们党的干部。据此，邓小平认为反腐败是一项长期的任务，“要贯穿到整个改革过程之中”，强调“在整个改革开放过程中都要反对腐败”（《邓小平文选》第3卷，第379页。）。不是在短期内抓几次就能把所有问题都解决了的，即使是老问题解决了，随着形势的发展，还可能出现新的问题。所以我们必须保持清醒的头脑，树立长期作战的思想，坚持不懈地进行反腐败斗争。邓小平提出了许多行之有效的反腐败措施，主要有以下四点：第一，领导干部以身作则，带头搞好自身的作风建设，带头纠正不正之风。邓小平认为，“现在，不正之风很突出，要先从领导干部纠正起。群众的眼睛都在盯着他们，他们改了，下面就好办。”（《邓小平文选》第2卷，第125页。）他对各级领导干部，特别是高级领导干部提出了严格的要求。他强调：“从我们中央政治局的同志起，大家都要有足够的思想准备。”如果“高级干部办不到，就会一风吹，一切照旧”。他要求领导干部一是要带头反对特殊化。1979年11月，邓小平在中央党、政、军副部长以上干部会上指出：“最近一个时期，人民群众当中主要议论之一，就是反对干部特殊化。要讲特殊化，恐怕首先表现在高级干部身上。”“克服特殊化。只要高级干部带头，这个事情就好办了。人民群众反对特殊化，下面干部反对特殊化，首先是对着我们这些高级干部的。”（《邓小平文选》第2卷，第216页。）他要求高级干部，不但管好自己，也要管好自己的家属子女，要纠正他们的特殊化。并强调反对特殊化“是一场严肃的斗争”，高级干部必须带好这个头。二是高级干部起模范带头作用，把我们党的优良作风恢复起来，坚持下去。要廉洁清正，不要“近水楼台先得月”。要同假公济私、开后门的现象作斗争。各级领导干部，特别是高级干部要严守党纪国法。三是狠抓惩治腐败，对贪污、受贿、倒卖之类的事件，要雷厉风行地抓，要公布于众，按法律办事，要从严处理，谁违反法纪就惩处谁，党的高级干部也一样，而且要从严，“越是高级干部子弟，越是高级干部，越是名人，他们的违法事件越要抓紧查处，因为这些人影响大，犯罪危害大。抓住典型，处理了，效果也大”（《邓小平文选》第3卷，第152页。）。第二，抓大案要案，从重、从快依法处理。邓小平指出抓住影响大、危害大的典型案件，及时依法惩处，强调“杀人要慎重，但总得要杀一些人”。（《邓小平文选》第3卷，第153页。）对经济犯罪特别严重的国家工作人员，就是要按刑法规定判处死刑。这样做有两个意义，一是可以起到教育人的作用，杀一些人可以挽救一大批干部。二是可以表明党惩治腐败的决心，给人民群众以鼓舞。第三，反腐败不能搞政治运动，要把思想教育和制度约束结合起来。邓小平一贯倡导艰苦奋斗的创业精神。他说：“艰苦奋斗是我们的传统，艰苦朴素的教育今后要抓紧，一直要抓60至70年。我们的国家越发展，越要抓艰苦创业。提倡艰苦创业精神，也有助于克服腐败现象。”（《邓小平文选》第3卷，第306页。）他总结出10年最大的失误是教育，所以要“两手抓”两手都要硬。指出解决腐败问题应当从思想教育人手，加强思想政治教育工作。在抓思想教育的同时还要抓好制度建设。因为制度更带根本性。他要求从思想教育和制度建设两个方面同时人手解决反腐败和廉政建设问题，这样才能取得好的效果。第四，惩治腐败要靠法制。他指出法制不健全，什么违法乱纪和腐败现象等等，都出来了。所以，他提出：“对干部和共产党员来说，廉政建设要作为大事来抓。还是要靠法制，搞法制靠得住些。”（《邓小平文选》第3卷，第379页。）他强调一靠教育，二靠法制。他指出“国要有国法，党要有党规党法”，公民在法律和制度面前人人平等，党员在党章和党纪面前人人平等，不管谁犯了法都要依法办理，任何犯了法的人都不能逍遥法外。“不管牵涉到谁，都要按照党纪、国法查处。要真正抓紧实干，不能手软。”（《邓小平文选》第3卷，第152页。）依靠法制来制约腐败，加强廉政建设是邓小平的一贯思想。

10.邓小平关于坚持和改善党的领导的论述

邓小平明确提出：“为了坚持党的领导，必须努力改善党的领导。”（《邓小平文选》第2卷，第268页。）他多次反复强调要解决如何善于领导的问题。关于改善党的领导的论断是要从总体上、特别是从体制上对党的领导的各个环节进行全面改善。这样提出问题，在我们党的历史上还是第一次。如何改善?主要有以下六个方面：

第一，改善党的领导制度。邓小平指出改革党和国家领导制度及其他制度的目的，是为了充分发挥社会主义制度的优越性，加速现代化建设事业的发展。改善领导制度的具体内容，是要解决权力过分集中的问题；解决兼职、副职过多的问题；

解决党政不分、以党代政的问题；从长远着想，解决好交接班的问题。他把领导制度的改革放在政治体制改革极为重要的位置上，指出："改革并完善党和国家各方面的制度，是一项艰巨的长期的任务，改革并完善党和国家的领导制度，是实现这个任务的关键。"（《邓小平文选》第2卷，第312页。）因为我们党和国家的领导制度中还存在不少弊端，不改革就会严重妨碍党对社会主义现代化建设的领导。他指出："领导制度、组织制度问题更带有根本性、全局性、稳定性和长期性。这种制度问题，关系到党和国家是否改变颜色，必须引起全党的高度重视。"（《邓小平文选》第2卷，第333页。）邓小平提出的制度比个人作用更重要的思想是对毛泽东建党思想的重大发展。

第二，改善党的组织状况。这是因为我们的党员现在有一部分不合格，为了解决这个问题，邓小平提出，一是要加强思想教育，"要在教育的基础上进行整顿。"二是要制定党规党法，解决执政党应该是一个什么样的党，执政党的党员应该怎样才合格的问题。三是要进行整党整风，"不搞整风，恐怕解决不了问题。"（《邓小平文选》第2卷，第381页。）通过整风提高广大党员的素质，推进干部"革命化、年轻化、知识化和专业化"的进程。他还要求切实贯彻民主集中制，健全党的组织生活。

第三，改善党的领导工作状况。改革开放，社会主义现代化建设事业的迅猛发展，使党的领导工作状况的缺陷越来越明显地暴露出来，急需改进。邓小平把改善党的领导工作状况作为改善党的领导的一个重要方面提出来。他认为必须改变以党代政的做法，指出党应该通过间接的、原则的方式进行领导，而不要对国家生活进行直接的、具体的管理。要增强党的执政意识，提高执政本领。

第四，改善党的作风。邓小平指出："要坚持党的领导，必须改善党的领导；改进党的作风。"（《邓小平文选》第2卷，第358页。）党的领导作风对党风和社会风气有重要的示范作用和导向作用。没有一个好的领导作风，党的路线、方针政策再正确，也无法变成亿万群众的自觉行动。良好的领导作风是一种巨大的影响力和凝聚力，党是整个社会的表率，通过自己的先锋模范作用才能充分调动群众的积极性和创造性，齐心协力实现党的奋斗目标。邓小平特别强调要坚决纠正在政治上不能和党中央保持一致的现象，"特别要坚决反对对党中央的路线、方针、政策采取阳奉阴违、两面三刀的错误态度。"（《邓小平文选》第2卷，第359页。）要坚决反对以权谋私和特殊化现象。坚决克服官僚主义、衙门作风。只有改进了领导作风，才能真正改善党的领导。

第五，改善党的思想政治工作。邓小平明确指出："我们说改善党的领导，其中最主要的，就是加强思想政治工作。"（《邓小平文选》第2卷，第365页。）强调要把思想政治工作放在非常重要的地位，切实认真做好，不能放松。要求各级组织要腾出主要的时间和精力来做思想政治工作，做人的工作，做群众工作。如果不加强思想政治工作，党的领导既不可能改善，也不可能加强。

第六，必须坚持"两手抓"的方针。邓小平关于"两手抓"的思想，即一手抓物质文明，一手抓精神文明；一手抓经济建设，一手抓民主法制；一手抓改革开放，一手抓打击经济犯罪；一手抓改革开放，一手抓惩治腐败，等等。这些论述是新时期坚持和改善党的领导的重要思想武器。坚持"两手抓，两手都要硬"的两点论思想，才能使我们的工作少出现失误，少走弯路，保证改革开放和社会主义现代化建设事业健康发展。他要求领导干部必须廉洁奉公，能坚持两手抓，两手都要硬的方针，以自身的形象影响和教育群众。领导干部自身硬，党的领导才坚强有力。

11.陈云关于执政党的党风问题的新论断

党的十一届三中全会以后，党中央针对党内不正之风对党的肌体的严重危害，特别强调加强党风建设的重要性。1980年11月，陈云在中共中央纪律检查委员会召开的第三次贯彻《关于党内政治生活的若干准则》座谈会期间，明确提出："执政党的党风问题是有关党的生死存亡的问题。因此，党风问题必须抓紧搞，永远搞。"（《陈云文选》（1956～1985年）第245页。）邓小平强调："我赞成陈云同志讲的，执政党的党风问题是有关党的生死存亡的问题。"（《邓小平文选》第2卷，第358页。）他要求全党要坚持不懈地纠正各种不正之风，以恢复党在群众中的威信。为什么说执政党的党风问题是有关党的生死存亡的问题呢?第一，党风好坏关系着人心向背，而人心向背决定着党的命运。执政条件下的党风问题，从根本上讲，就是党能否同人民群众始终保持最密切联系的问题。列宁和毛泽东都说过，执政党最大最严重的危险就是脱离群众，党风好，党的干部处处为人民谋利益，人心就会向着党；党风不好，干部以权谋私，损害群众利益，那就会逐渐失去人心，严重脱离群众，这是万劫不复的。第二，党风好坏关系到党的领导能否实现，这是决定中国特色社会主义成败的关键问题。党风好坏关系到整个社会风气的好坏，党领导社会主义现代化建设取得成功，必须有一个良好的社会环境和社会风气。这就要求必须有一个好的党风，党风正派了才能影响全社会，党才有资格有能力去纠正不正之风，才能领导群众把经济建设搞上去，促进社会全面发展。第三，党风好坏关系着党的性质，这是涉及到执政党生死存亡的根本问题。坚持和发扬党的优良作风才能保持党的工人阶级先锋队性质；丢掉党的优良作风就会影响党的先锋队性质；如果党风败坏了，就会导致党的性质蜕变。所以，执政以来，毛泽东、周恩来、刘少奇等同志多次提醒全党要警惕由于党风败坏而带来党的性质的蜕变，号召全党坚持优良作风，反对腐败现象。陈云关于执政党的党风问题关系党的生死存亡的论断再次教育全党，必须时刻警惕腐败作风的滋生，坚决进行反腐败斗争。必须坚持和发扬党的优良作风，这样才能保证党不变质，才能领导社会主义建设事业取得成功。

四、江泽民关于“三个代表”重要思想和党的建设思想

（一）“三个代表”重要思想是新世纪执政党建设的伟大纲领

2000 年 2 月，江泽民在广东考察工作时，提出了“三个代表”重要思想。这一思想经过江泽民 2001 年纪念中国共产党成立 80 周年大会上的讲话、2002 年中央党校省部级干部进修班毕业典礼上的讲话，到党的十六大，形成了一个完整的思想体系。它是对马克思列宁主义、毛泽东思想和邓小平理论的继承和发展，反映了当代世界和中国的发展变化对党和国家工作的新要求，是加强和改进党的建设、推进我国社会主义制度自我完善和发展的强大理论武器，是全党集体智慧的结晶，是我们党必须长期坚持的指导思想。在新世纪，执政的中国共产党要加强和改进党的自身建设，必须坚持以“三个代表”重要思想为指导。“三个代表”重要思想是新的历史条件下加强和改进执政党建设的伟大纲领。

1. “三个代表”是立党之本、执政之基、力量之源

党的十六大报告强调：“始终做到‘三个代表’，是我们党的立党之本、执政之基、力量之源。”这一重要思想，深刻揭示了“三个代表”对于我们党和国家的重大历史意义。在新的历史时期，中国共产党能否在错综复杂的国际环境中战胜各种风险，经受各种考验，不断推进中国特色社会主义伟大事业，不断夺取改革开放和社会主义现代化建设的新胜利，始终得到广大人民群众的拥护和支持，根本上取决于我们党能不能做到“三个代表”，取决于我们党能不能按照“三个代表”要求提高党的领导水平和执政水平，进一步巩固党的执政基础。

（1）始终做到“三个代表”是我们党的立党之本

始终做到“三个代表”是我们党的立党之本。这是对我们党 80 多年发展壮大历史经验的新的科学总结，是对我们党的性质、根本宗旨和历史任务的科学概括，也是面向新世纪进一步加强党的建设的根本指导方针。

始终代表中国先进社会生产力的发展要求，是保证我们党的先锋队性质和实现党的历史使命的根本基础和根本依据。中国共产党是马克思主义与中国工人运动相结合的产物，是代表中国先进社会生产力的中国工人阶级的先锋队组织。在民主革命时期，中国共产党代表先进生产力的发展要求，以武装斗争为主要手段，推翻了阻碍生产力发展和社会进步的帝国主义、封建主义和官僚资本主义的统治，建立了新中国，为生产力的解放和发展扫清了障碍，同时也使中国共产党当之无愧地成为执政党，成为中国特色社会主义事业的领导核心。在社会主义建设和改革开放的新时期，我们党不断总结经验，吸取教训，最终找到了建设中国特色社会主义的正确道路，制定了通过改革开放进一步解放和发展生产力的总政策，我们党真正焕发了蓬勃的生机与活力。历史经验证明，代表先进生产力发展的要求，不断开辟解放和发展生产力的道路，我们的事业就会兴旺发达，不断胜利；否则，就会遇到挫折和坎坷。面向新的世纪，我们党只有更加敏锐地把握先进生产力发展的趋势和特点，在坚持基本制度和基本路线的基础上，继续探索发展生产力的新途径、新方式，才能真正做到始终代表先进生产力，才能继续保持党的先进性和生机活力。

始终代表中国先进文化前进方向，为党的自身建设和领导各项事业提供了指导思想和精神力量。中国共产党是在以民主、科学为旗帜的“五四”新文化运动蓬勃发展和马克思主义广泛传播的背景下诞生的，一开始就代表着先进文化的前进方向。在民主革命时期，我们党领导人民同帝国主义、封建主义和官僚买办资本主义的反动腐朽文化进行斗争，推进民族的、科学的、大众的新民主主义文化的发展，吸引和凝聚了广大的进步知识分子，提高了全党的思想文化和政治素质，而且最终确立了以马克思主义为根本指导思想的先进思想文化的主流地位。党的十一届三中全会以来，我们党认真总结历史经验，提出了精神文明建设的战略任务，强调要在马克思主义指导下，努力继承和发扬中华民族的一切优秀文化传统，努力学习和吸收一切外国的优秀文化成果，不断创造和推进中国特色社会主义文化。

始终代表中国最广大人民的根本利益，是我们党的根本宗旨，是党领导革命和建设事业的根本出发点和归宿，我们党来自人民，根植于人民，服务于人民。中国共产党最终战胜靠美国扶植和武装起来的强大的蒋介石国民党政权，取得革命的胜利，根本在于代表了最广大人民的利益，得到人民群众的支持。党的十一届三中全会以来，我们党之所以能够取得改革开放和社会主义现代化建设的伟大成就，就在于我们党始终代表了中国最广大人民的根本利益。我们党领导建设中国特色社会主义全部工作的出发点和落脚点，就是全心全意为人民谋利益。正如江泽民所指出：“一切为了群众，一切相信群众，一切依靠群众，我们的党就能获得取之不尽的力量源泉。”

（2）始终做到“三个代表”是我们党的执政之基

始终做到“三个代表”是我们党的执政之基，这是中国共产党执政 50 多年的历史经验的深刻总结。以 1949 年中华人民共和国成立为标志，中国共产党成为世界上第一人口大国的执政党，成为领导中国特色社会主义事业的核心力量。没有共产党就没有新中国，没有共产党就没有社会主义中国，这是中国人民从切身体验中得出的科学结论，是从近现代中国历史发展中得出的科学结论。

生产力是社会前进和发展的最终决定因素。一个国家生产力的发展水平从根本上决定着这个国家的综合国力和国际竞争力，影响和制约着这个国家人民的生活水平。建国以来，我们国家从一个经济文化十分落后，积贫积弱的“东亚病夫”，发展到已经拥有独立的、门类比较齐全的工业体系和国民经济

体系，综合国力极大增强、国际地位日益提高正在向现代化迈进的社会主义国家，这一翻天覆地的巨大变化，是在中国共产党领导下，全国各族人民自力更生、艰苦奋斗所取得的，是中国共产党始终代表先进社会生产力发展的要求，不断推动生产力的发展所取得的。这是中国共产党坚持和巩固执政党地位最根本的基础。

一个国家生产力的发展和综合国力的提高离不开教育、科学和文化的发展进步，离不开人民群众思想道德和精神文化素质的提高，离不开社会政治的稳定和人民的团结。以马克思主义科学的世界观武装起来的、始终代表先进文化前进方向的中国共产党十分重视思想道德建设和教育科学文化建设，坚持马列主义、毛泽东思想、邓小平理论和“三个代表”重要思想在思想文化领域的指导地位，同时在全社会大力提倡和弘扬爱国主义、集体主义和社会主义精神，引导人们树立中国特色社会主义的共同理想和正确的世界观、人生观、价值观，在全社会倡导和形成以为人民服务为核心、集体主义为原则的道德风尚。特别是面对当今世界，科学技术发展突飞猛进、知识经济已见端倪，教育科学水平已经成为决定一个国家综合国力强弱、现代化水平和国际地位高低的重要因素这一大趋势，我们党坚定不移地实施科技兴国战略，高度重视知识创新和人才开发对经济发展和社会进步的重大作用，大力发展科学教育文化事业，倡导学习科学文化知识，树立科学精神和科学思想方法，不断提高全民族的科学文化素质，这不仅有力地推动了社会生产力的发展，也极大地巩固了中国共产党的执政地位。

归根到底，我们党的执政地位的巩固来源于人民群众的支持和拥护。我们党致力于推进生产力的解放和发展，致力于推进精神文明建设，都是为了更好地代表最广大人民群众的根本利益，全心全意为人民服务。最广大人民群众的衷心拥护，是中国共产党坚持和巩固执政党地位最深厚的基础。

(3) 始终做到“三个代表”是我们党的力量之源

立党之本、执政之基归根到底来自人民群众这一最广大、最深厚的力量之源。中国共产党自成立之日起，就深深扎根于人民群众之中，就像希腊神话中的安泰不能离开大地一样，中国共产党也须臾不能离开人民群众。只有始终代表最广大人民的根本利益，全心全意地为人民服务，才能真正获得人民群众的支持和拥护，才能使这力量之源生生不息，永不枯竭。一切为了人民、一切依靠人民、一切成果最终属于人民，是我们党代表和实现人民根本利益，获得力量之源的不可分割的三个方面。要把是否符合人民的根本利益，人民群众是否拥护和赞成作为制定政策和判断政策得失成败的依据和标准。必须在实践中始终坚持“从群众中来，到群众中去”的工作方法，尊重人民群众的实践创造，善于概括人民群众的经验，把人民群众的根本利益集中起来，把人民群众的力量和智慧凝聚起来，紧紧依靠和有效地动员组织人民群众为实现自己的根本利益而艰苦奋斗。必须坚持集中力量发展生产力，创造出更多的物质财富和精神财富，不断满足人民群众日益增长的物质文化需要。同时要坚持和完善以社会主义公有制为主体、多种所有制经济共同发展的基本经济制度和以按劳分配为主体的多种分配方式，保障人民群众共享改革开放和经济繁荣的成果，允许一部分地区、一部分人先富起来，带动和帮助后富，逐步走向全体人民的共同富裕。只有不断提高人民群众物质文化生活水平，不断实现和发展广大人民的利益，才能使人民群众以更加饱满的热情自觉地、创造性地投入到社会主义现代化建设的伟大事业中来，也才能使中国共产党永远得到全国各族人民的衷心拥护，从而获得生生不息的力量之源。

2.“三个代表”重要思想的科学内涵

“三个代表”重要思想，是对我们党的奋斗业绩和历史经验的新概括，是马克思主义中国化的新成果，是当代世界和中国的发展变化对党提出的新要求，是一个完整的思想体系。在新世纪，按照“三个代表”重要思想全面加强党的建设，提高党的领导水平和执政水平，提高党的拒腐防变和抵御风险的能力，把我们党建设成为领导中国特色社会主义事业的坚强核心，必须完整准确地理解“三个代表”的重要思想。深刻理解“三个代表”重要思想的科学内涵和基本要求，提高贯彻“三个代表”重要思想的自觉性和坚定性，对于我们做好各项工作，具有重大而深远的意义。

(1) 始终代表中国先进生产力的发展要求

始终代表中国先进生产力的发展要求，就是党的理论、路线、纲领、方针、政策和各项工作，必须努力符合生产力发展的规律，体现中国先进生产力的解放和发展的要求，从而不断推动社会生产力的发展。生产力是最活跃最革命的因素，是社会发展的最终决定力量，社会主义的根本任务是解放和发展生产力。我们为实现现代化而奋斗，最根本的就是要通过改革和发展，形成发达的生产力。敏锐地把握我国社会生产力的发展趋势和要求，坚持以经济建设为中心，通过制定和实施正确的路线方针政策，采取切实的工作步骤，不断促进先进生产力的发展，这是我们党始终站在时代前列，保持先进性的根本体现和根本要求。

始终代表中国先进生产力的发展要求，要注意把握“三个坚持”：首先，坚持以改革促发展，为解放和发展我国社会生产力打开更广阔的通途。无论什么样的生产关系和上层建筑，都要随着生产力的发展而发展。如果它们不能适应生产力的发展要求，或成为生产力发展和社会进步的障碍，就要调整和变革。生产力的发展没有止境，改革也没有止境。必须在全党牢固树立改革和发展的基本观点和自觉性，根据社会经济发展的要求，进行经济、政治、文化等方面的体制改革，不断调整生产关系和上层建筑中不适应的部分，不断完善社会主义的生产关系和上层建筑，不断促进社会生产力的发展。其次，坚持把不断提高全体人民的思想道德素质和科学文化素质，不断提高他们的劳动技能和创造才能，切实保护并充分发挥广大人民群众的积极性主动性创造性作为第一要务。人是生产力中最具有决定性的力量。发展生产力，既要见物，又要见人，既要重视物质生活水平的提高，又要重视人的素质的提高。工人阶级是推动我国先进生产力发展的基本力量。农民阶级和其他群众同工人阶级紧密团结，是推动生产力发展的重要力量。要全心全意依靠工人阶级，充分激发人民群众的历史主动性和创造精神；再次，坚持把大力发展先进科学技术，作为我们党必须履行的重要职责。科学技术是第一生产力，是先进生产力的集中体现和主要标志。科学技术突飞猛进给经济社会带来广泛而深刻的影响，必须敏锐把握这一客观趋势，始终注意把发挥我国社会主义制度的优越性，同掌握、运用和发展先进科学技术紧密结合起来，大力推进科技进步和创新，加快发展高新技术产业，不断用先进科技改造和提高国民经济，努力实现我国生产力发展的跨越。在思想上要树立尊重知识、尊重人才的自觉性；在体制上要鼓励创新，为科学技术的发展和人才的脱颖而出创造良好的环境；在工作上要切实贯彻科教兴国战略，加快我国科技和教育事业的发展。

（2）始终代表中国先进文化的前进方向

坚持什么样的文化方向，推动建设什么样的文化，是一个政党在思想上精神上的一面旗帜。在当代中国，发展先进文化，就是发展中国特色社会主义的文化，就是建设社会主义精神文明。社会主义是全面发展、全面进步的社会。社会主义现代化事业是物质文明和精神文明相辅相成、协调发展的事业。必须全面把握两个文明建设的辩证关系，在推进物质文明建设的同时，努力推进社会主义精神文明建设。

始终代表中国先进文化的前进方向，就是党的理论、路线、纲领、方针、政策和各项工作，必须努力体现发展面向现代化、面向世界、面向未来的，民族的、科学的、大众的社会主义文化的要求，促进全民族思想道德素质和科学文化素质的不断提高，为我国经济发展和社会进步提供精神动力和智力支持。

始终代表中国先进文化的前进方向，要注意把握“四个必须”：首先，必须以马列主义、毛泽东思想、邓小平理论和“三个代表”重要思想为指导。发展先进文化，指导思想要鲜明，要先进。马克思主义是我们立党立国的根本指导思想，是全国各族人民团结奋斗的共同理论基础；是我们认识和改造世界的强大思想武器，是指导中国革命、建设和改革的行动指南，是先进文化的核心和灵魂。动摇马克思主义指导地位，我们的事业就会因为没有正确的理论基础和思想灵魂而迷失方向，就会归于失败。要保持中国特色社会主义文化的先进性质和正确方向，必须巩固马克思主义的指导地位，用马克思主义牢牢占领思想文化阵地。其次，必须坚持发展先进文化的正确方针，把培养有理想、有道德、有文化、有纪律的公民作为根本任务。唱响社会主义文化的主旋律，坚持为人民服务、为社会主义服务，实行百花齐放、百家争鸣，是发展先进文化必须贯彻的重要方针。要坚持以科学的理论武装人，以正确的舆论引导人，以高尚的精神塑造人，以优秀的作品鼓舞人，进行爱国主义、集体主义、社会主义教育，树立正确的世界观、人生观、价值观，倡导科学知识、科学方法、科学思想、科学精神，坚定对马克思主义的信仰，坚定对社会主义的信念，增强对改革开放和现代化建设的信心，增强对党和政府的信任，增强自立意识、竞争意识、效率意识、民主法制意识和开拓创新精神。再次，必须把加强社会主义思想道德建设，作为发展先进文化的重要内容和中心环节。如果只讲物质利益，只讲金钱，不讲理想、不讲道德，人们就会失去共同的奋斗目标，失去正确的行为规范。要实行依法治国和以德治国相结合，大力加强思想道德建设，建立适应社会主义市场经济发展的思想道德体系，为社会保持良好的秩序和风尚，营造高尚的思想道德基础。最后，必须把改造、抵制和吸收有机结合起来，立足于建设中国特色社会主义的实践，着眼于世界科学文化发展的前沿，不断发展健康向上、丰富多彩的，具有中国风格、中国特色的社会主义文化，满足人民群众日益增长的精神文化需求，引导广大人民群众从思想上精神上正确武装和不断提高起来。必须借鉴外国一切优秀文化成果，继承中华民族优秀文化和革命文化传统，改造落后文化，抵制腐朽文化，进行文化创新，增强感召力。

（3）始终代表中国最广大人民的根本利益

马克思主义认为，社会历史发展的自然历史过程是有规律可循的，但它的规律不是自发地起作用，而是通过人民群众的活动来实现。人民群众是创造物质财富和精神财富的主体，是历史发展的主体，是历史的真正创造者。我们要从历史规律实现的特殊性上理解人民的历史主体性，从人民的历史主体性上把握历史发展的规律，从历史规律性和历史主体性的结合上，深刻理解为人民服务的真理性。

一切为了群众、一切依靠群众是共产党人的根本观点。我们党作为工人阶级的先锋队，除了工人阶级和广大人民群众的利益，没有自己丝毫的特殊利益。来自人民，根植于人民，服务于人民，立党为公，执政为民，真心诚意为人民谋利益，是我们党存在的全部依据。在任何时候、任何情况下，我们都必须坚持尊重社会发展规律与尊重人民历史主体地位的一致性，坚持为崇高理想奋斗与为最广大人民谋利益的一致性，坚持完成党的各项工作与实现人民利益的一致性。在任何时候任何情况下，与人民群众同呼吸共命运的立场不能变，全心全意为人民服务的宗旨不能忘，坚信人民群众是真正英雄的历史唯物主义观点不能丢。

始终代表中国最广大人民的根本利益，就是党的理论、路线、纲领、方针、政策和各项工作，必须坚持把人民的根本利益作为出发点和归宿，充分发挥人民群众的积极性主动性创造性，在社会不断发展进步的基础上，使人民群众不断获得切实的经济、政治、文化利益。

始终代表中国最广大人民的根本利益，要注意处理好“三个关系”：首先，正确处理好党群、干群关系。我们党同人民群众的关系，是鱼水关系。邓小平曾经用“党离不开人民，人民也离不开党”来强调党和人民不可分割。要牢固树立全心全意为人民服务的宗旨，倾听群众呼声，反映群众意愿，集中群众智慧，关心群众疾苦，时刻把群众的安危冷暖放在心上，先天下之忧而忧，后天下之乐而乐，吃苦在前，享受在后，千方百计为群众排忧解难，努力为群众办实事、办好事。要真正代表人民掌好权、用好权，决不能利用手中的权力谋取不正当的利益，决不允许形成既得利益集团。实现好、维护好和发展好最广大人民的利益，始终保持与人民群众的血肉联系，我们党才能巩固执政地位，才能无往而不胜。其次，正确处理好各种利益关系。人民群众的整体利益总是由各方面的具体利益构成的。我们所有的政策措施和工作，都应该正确反映并有利于妥善处理各种利益关系，都应认真考虑和兼顾不同阶层、不同方面群众的利益。但是，最重要的是必须首先考虑并满足最大多数人的利益要求。最大多数人的利益是最紧要和最具有决定性的因素，党的一切工作都要以最广大人民群众的根本利益为最高标准。这始终关系党的执政的全局，关系国家经济政治文化发展的全局，关系全国各族人民的团结和社会安定的全局。要把最大多数群众是否赞成、是否受益作为想问题、作决策、办事情的根本依据，自觉做最大多数人利益的忠实代表。再次，正确处理好先富与后富、个人富裕与共同富裕的关系。改革开放以来，党提出允许和鼓励一部分地区一部分人先富起来、以先富带动和帮助后富、逐步达到共同富裕的政策，调动了群众的积极性，使许多人走上了富裕之路。坚持和完善按劳分配为主体、多种分配方式并存的制度。深化收入分配制度改革，规范社会分配秩序，保护合法收入，整顿不合理收入，调节过高收入，取缔非法收入，防止收入分配差距的过分扩大，形成合理的收入分配格局，最终达到共同富裕。在这一过程中，党员干部首先要支持和帮助群众富起来，而不能只考虑自己如何富，更不能利用手中的权力谋取私利。

(4)“三个代表”是辩证统一的整体

“三个代表”是统一的整体，相互联系，相互促进。发展先进的生产力，是发展先进文化，实现最广大人民根本利益的基础条件。人民群众是先进生产力和先进文化的创造主体，也是实现自身利益的根本力量。不断发展先进生产力和先进文化，归根到底都是为了满足人民群众日益增长的物质文化生活需要，不断实现最广大人民的根本利益。可以说，先进生产力是基础和前提，先进文化是灵魂和旗帜，最广大人民的根本利益是主体和目的。“三个代表”重要思想体现了生产力与生产关系、经济基础与上层建筑的统一，体现了物质文明与精神文明、经济政治文化的统一，体现了历史发展规律与历史创造主体的统一。

“三个代表”重要思想与马克思列宁主义、毛泽东思想、邓小平理论是一脉相承的，与坚持党的工人阶级先锋队性质和全心全意为人民服务的宗旨是一致的。“三个代表”重要思想坚持了马克思主义的基本原理，坚持了毛泽东、邓小平关于党的建设的一系列重要思想，坚持了贯穿于马列主义、毛泽东思想、邓小平理论之中的科学世界观和方法论；同时又结合新的历史条件和新的实践要求，赋予这些基本原理以新的思想内涵，更为鲜明、更为集中地揭示了新时期党的建设和党的各项工作的本质要求。“三个代表”重要思想全面体现了党的基本理论、基本路线、基本纲领，涵盖了党的建设的各个方面和经济、政治、文化各个领域，是运用马克思主义解决我国改革开放和社会主义现代化建设实际问题过程中的新概括、新创造，是对马克思列宁主义、毛泽东思想、邓小平理论的继承和发展。

“三个代表”重要思想既是理论的概括，又是行动的指南，是我们党保持先进性、始终成为建设中国特色社会主义坚强领导核心的基本要求。我们要把全面落实“三个代表”重要思想，统一于党的建设的各个方面，统一于党领导人民进行改革开放和社会主义现代化建设的全过程。要认真研究和解决生产力发展中存在的突出问题，文化建设中存在的突出问题，实现和维护群众利益方面存在的突出问题。从事各项事业，都要以“三个代表”为衡量标准，看看我们所采取的措施，所做的工作，是不是符合“三个代表”重要思想，符合的就毫不动摇地坚持，不完全符合的就积极调整补充，不符合的就勇于实事求是地纠正，以利于始终保持党的先进性，以利于改革开放和社会主义现代化建设事业不断向前发展。

3．按照“三个代表”要求，加强和改进党的建设

江泽民指出：“办好中国的事情，关键在我们党。要结合形势的发展，紧紧围绕党的中心任务，不断加强党的建设。”在我们这样一个多民族的发展中大国，要把全体人民的意志和力量凝聚起来，朝着社会主义现代化目标迈进，实现中华民族的伟大复兴，必须有中国共产党的坚强领导。这是总结近代以来中国发展的历程得出的结论，也是分析许多国家发展的经验教训得出的结论。

坚持党的领导，必须改善党的领导；加强党的建设，必须改进党的建设。党的建设同党的地位、任务和所处的环境紧密相联。我们党历经革命、建设和改革，已经从领导人民为夺取全国政权而奋斗的党，成为领导人民掌握全国政权并长期执政的党；已经从受到外部封锁和实行计划经济条件下领导国家建设的党，成为对外开放和发展社会主义市场经济条件下领导国家建设的党。适应这种变化，我们必须坚持从新的实际出发，以改革的精神研究和解决党的建设面临的重大理论和现实问题，保持党的先进性和纯洁性，增强党的创造力、凝聚力和战斗力，使我们党在世界形势深刻变化的历史进程中始终走在时代前列，在应对国内外各种风险考验的历史进程中始终成为全国人民的主心骨，在建设中国特色社会主义的历史进程中始终成为坚强的领导核心。

(1) 必须坚持党的工人阶级先锋队性质，不断增强党的阶级基础

先进性是工人阶级先锋队的本质体现，是建设一个什么样的党、怎样建设党的核心问题。我们党作为中国工人阶级的先锋队，其先进性始终以工人阶级的先进性为基础。

在建设中国特色社会主义过程中，中国工人阶级尽管出现了许多新的特点，但仍然具有严格的组织性纪律性和革命的坚定性彻底性，仍然是最先进的阶级。随着改革开放和现代化建设的发展，我国工人阶级队伍不断壮大，思想道德素质和科学文化素质日益提高，工人阶级的先进性在发展，党的阶级基础不断增强。新中国成立时，我国企业职工只有 800 万，现在已超过 2 亿。由于我国实行以公有制为主体、多种所有制经济共同发展的基本经济制度，发展社会主义市场经济，实行经济结构的战略性调整，一些工人群众的工作岗位发生变化。这并没有改变我国工人阶级的地位，而且从长远看有利于提高工人阶级的素质，发挥工人阶级的整体优势。

正是中国工人阶级先进性的不断发展，使党的先进性得到了更大发扬；正是由于党的阶级基础的不断增强，使党的领导

更加坚强有力。中国工人阶级是最进步、最有活力的阶级，无论过去、现在还是将来，始终是推动中国先进生产力发展的基本力量，我们党必须始终坚持工人阶级先锋队的性质，始终全心全意依靠工人阶级。

“看一个政党是否先进，是不是工人阶级先锋队，主要应看它的理论和纲领是不是马克思主义的，是不是代表社会发展的正确方向，是不是代表最广大人民的根本利益。”这个论断是党的历史经验的深刻总结，是对马克思主义建党理论的发展。历史表明，正是因为我们党把马克思主义的基本原理同中国具体实际相结合，制定的路线、纲领集中体现了中国工人阶级和最广大人民的根本利益，代表了中国社会发展的正确方向，党才始终成为中国工人阶级的先进部队；正是因为我们党紧密联系党的纲领和路线加强党自身的建设，始终重视在思想上建党，才解决了在农民和小资产阶级占人口的大多数的国家，建设一个具有广泛群众基础的马克思主义政党这一重大课题，保持了党的先进性。在新的历史时期，我们党制定的社会主义初级阶段的基本路线和基本纲领，代表了中国最广大人民的根本利益，体现了时代发展的方向和要求。只要我们坚定不移地贯彻执行党的基本路线和基本纲领，按照“三个代表”要求不断加强和改进党的建设，我们党就一定能够始终保持先进性，始终走在时代前列。

“中国共产党是中国工人阶级先锋队，同时是中国人民和中华民族的先锋队”。党章对党的性质的这一论述，进一步丰富了党的先进性的内涵，是党的先进性的必然要求。邓小平1956年在党的八大上所作的《关于修改党的章程的报告》中深刻地指出：“共产党对于人民群众的伟大的领导作用，是不容怀疑的。但是，它之所以成为先进部队，它之所以能够领导人民群众，正因为，而且仅仅因为，它是人民群众的全心全意的服务者，它反映人民群众的利益和意志，并且努力帮助人民群众组织起来，为自己的利益和意志而斗争。”实践表明，正是因为党把最广大人民的根本利益作为党的理论、纲领、路线、方针、政策和各项工作的出发点，代表最广大人民的根本利益，我们党才能把中华民族的全体人民团结、动员和组织起来，才能当之无愧地成为中国革命、建设、改革事业的领导核心，成为深受中国人民、中华民族热爱和拥护的执政党。我们党过去这样做，今后还要坚持这样做，而且要做得更好。

（2）必须不断扩大党的群众基础，不断提高党的社会影响力

保持党的先进性，在增强党的阶级基础的同时，还要不断扩大党的群众基础，二者密不可分、缺一不可。不坚持阶级基础，无以立党；没有牢固的群众基础，党就缺乏强大的凝聚力。伟大而艰巨的建设中国特色社会主义事业，需要全社会忠诚于祖国和社会主义的优秀分子，以自己的实际行动带领群众共同加以推进。

在认识党的阶级基础、群众基础、党的社会影响力，以及在新的社会阶层中发展党员问题上，应当把握以下几点：

第一，正确认识判断一个人政治上先进与落后的标准问题。随着经济的发展，广大人民群众的生活水平不断提高，个人财产也逐渐增加。在这种情况下，不能简单地把有没有财产、有多少财产当作判断人们政治上先进与落后的标准，而主要应该看他们的思想政治状况和现实表现，看他们的财产是怎么得来的以及对财产怎么支配和使用，看他们以自己的劳动对建设中国特色社会主义事业所作的贡献。其中，思想政治状况和现实表现具有基本的、决定性的意义。思想政治状况，包括政治立场、理想信念、道德情操、价值取向等。获取财产的方式符合我国的法律法规，财产是合法经营所得，劳动和工作所得，财产的支配和使用主要用于扩大再生产，用于回报社会，服务人民，这也是思想上进步的表现。政治上的先进分子必然以自己的努力工作和辛勤劳动为国家、为社会作出贡献。

正确认识和把握人们政治上先进与落后的标准，需要深化对社会主义社会劳动和劳动价值理论的研究和认识。马克思主义经典作家从他们所处时代的特点和社会实际出发，批判地吸取了古典经济学派价值理论的合理成分，揭示了以私有制为基础的商品经济的基本矛盾，揭示了资本主义剥削的秘密，创立了剩余价值学说。正是因为有了马克思关于唯物史观和剩余价值学说这两个伟大发现，社会主义才从空想变成科学。剩余价值学说是马克思经济理论的基石，为科学社会主义的创立作出了重要贡献，为无产阶级革命提供了强大的理论武器。现在，我们国家已经是社会主义国家，我们党已经执政已 60 多年，改革开放 30 多年，我国社会各方面情况发生了重大而深刻的变化。特别是我们实行以公有制为主体、多种所有制经济共同发展的基本经济制度，发展社会主义市场经济。还要看到，科学技术的迅猛发展对人类社会的影响越来越广泛而深刻。所有这些，与马克思主义创始人当时所面对和研究的情况有很大不同。这就需要结合新的实际，深化对社会主义社会生产劳动、经营管理劳动、科学技术的作用、社会必要劳动、资本有机构成、收入分配等方面的研究，把这方面的问题从理论与实践的结合上研究透彻了，对于进一步理解当代中国的经济和社会关系具有重要意义。

第二，正确认识新的社会阶层中的广大人员是中国特色社会主义事业的建设者。改革开放以来，我国的社会阶层构成发生了新的变化，出现了民营科技企业的创业人员和技术人员、受聘于外资企业的管理技术人员、个体户、私营企业主、中介组织的从业人员、自由职业人员等社会阶层。而且，人们的职业、身份经常变动。不同所有制、不同行业、不同地域之间的人员流动日趋频繁。不少国有企业的工人进入私营企业、外商投资企业，大批农民成为乡镇企业工人或者进城打工，一些知识分子和机关干部“下海”经商或成为各种自由职业者，各阶层中都有一些人成为股份持有者，等等。这种变化还会继续下去。

新的社会阶层中的广大人员，是党的改革开放政策的实践者和受益者。他们所依存的非公有制经济，是我国社会主义市场经济的重要组成部分，是推动我国经济发展的重要力量。对其中掌握一定生产资料、雇工人数较多、企业规模较大的个人独资企业或合伙企业的出资人，以及股份制企业中个人控股的大股东，要作具体分析。首先要明确，在党的路线方针政策

的指引下，他们中的广大人员，通过诚实劳动和合法经营，在使自己逐步富起来的同时，也为发展社会主义社会的生产力和其他事业作出了贡献。从这一群体的构成看，许多人原来就是工人、农民、知识分子、国有企业的经营管理人员、党政机关干部、科技人员，以及一些留学归国人员。从这一群体的思想政治状况看，他们大都出生在新中国，成长在红旗下，从小就受到社会主义思想的教育和熏陶。因此，从他们的产生条件、参加劳动状况、政治态度等方面看，与旧社会的资本家都不相同。当然，也要实事求是地看到他们的两重性。一方面，他们有劳动的一面。许多人以自己的技术、专利、管理为社会创造财富，为社会作出贡献，而且其中包含不少复杂劳动和创新劳动。另一方面，他们又以占有的生产资料获得企业的利润，取得不同程度的非劳动收入。从这一点看，他们毕竟又不同于一般的工人、农民、干部和知识分子。还要实事求是地看到，新的社会阶层情况比较复杂，成员素质参差不齐。有表现很好的，也有少数人表现很差，比如，偷税漏税，制假贩假，克扣工人，腐蚀干部，生活腐化等等。但总体上说，新的社会阶层中的广大人员拥护共产党的领导，拥护社会主义制度，具有较高的爱国热情，愿意为振兴中华作出自己的努力。

在党的路线方针政策指引下，新的社会阶层中的广大人员，通过诚实劳动和工作，通过合法经营，为发展社会主义社会的生产力和其他事业作出了贡献。他们与工人、农民、知识分子、干部和解放军指战员团结在一起，也是中国特色社会主义伟大事业的建设者。充分肯定新的社会阶层在现代化建设中的地位和作用，是实现党的历史使命、建设中国特色社会主义事业的需要，是巩固党的执政地位、提高党的执政水平的需要，是增强党的凝聚力、提高党的社会影响力的需要。

第三，正确认识吸收新党员的主要标准。“能否自觉地为实现党的路线和纲领而奋斗，是否符合党员条件，是吸收新党员的主要标准。”这一重要论述，符合我国现阶段社会阶层构成发生新变化的实际，符合马克思主义关于党的先进性的原理。我们党的实践说明，坚持党的工人阶级先锋队性质，决不意味着拒绝吸收社会其他方面的优秀分子入党，这两者是不矛盾的，完全可以统一起来。只要我们党的路线、纲领是马克思主义的，坚持在思想上建党，坚持用马克思主义理论教育和武装全体党员，要求党员不仅从组织上入党，而且从思想上入党，指导他们为实现党的纲领和路线而奋斗，党就能保持先进性，党员就能保持先进性。

在我们党的历史上，在发展什么样的人入党这个问题上，有深刻的经验教训。民主革命时期，我们党根据当时中国社会的特点和革命任务，不仅吸收工人入党，而且吸收了大批农民入党，也吸收了一批革命知识分子入党，这并没有改变我们党的工人阶级先锋队性质，而且有利于扩大党的群众基础，使我们党成功地领导中国革命走向胜利。1935 年 12 月，中央政治局讨论通过的瓦窑堡会议决议指出：“中国共产党是中国无产阶级的先锋队。它应该大量吸收先进的工人、雇农入党，成为党内的工人骨干。同时中国共产党又是全民族的先锋队，因此一切愿意为着共产党的主张而奋斗的人，不问他们的阶级出身如何，都可以加入共产党。一切在民主革命与土地革命中的英勇战士，都应该吸收入党，担负党在各方面的工作。”“能否为党所提出的主张而坚决奋斗，是党吸收新党员的主要标准。社会成分是应该注意到的，但不是主要的标准。应该使党变为一个共产主义的熔炉，把许多愿意为共产党主张而奋斗的新党员，锻炼成为有最高阶级觉悟的布尔什维克的战士。”这些论述对我们在新的历史条件下正确认识发展党员的问题，仍然有重要的启示意义。

第四，正确认识在新的社会阶层中做好发展党员工作的重要性和必要性。毫无疑问，来自工人、农民、知识分子、军人、干部的党员是党的队伍最基本组成部分和骨干力量，同时也应该把承认党的纲领和章程、自觉为党的路线和纲领而奋斗、经过长期考验、符合党员条件的社会其他方面的优秀分子吸收到党内来，并通过党这个大熔炉不断提高广大党员的思想政治觉悟，从而不断增强我们党在全社会的影响力和凝聚力。吸收新的社会阶层中的优秀分子入党，有利于保持和发扬我们党的先进性；有利于在新的经济组织、社会组织中贯彻党的路线方针政策；有利于改变新的经济组织中党的工作薄弱的状况，扩大党的工作覆盖面；有利于充分调动社会各方面的积极因素，更好地推进建设中国特色社会主义伟大事业。

在新的社会阶层中发展党员工作，是一项政治性、政策性很强的工作，要提高认识，统一思想，稳妥进行，不能一哄而起，不能降格以求。一是吸收新的社会阶层的优秀分子入党，必须坚持标准，严格程序，确保质量。我们允许新的社会阶层中的优秀分子入党，但不是毫无原则地敞开大门，更不能把那些不具备党员条件的人拉入党内。要把“承认党的纲领和章程”、“自觉为党的路线和纲领而奋斗”、“经过长期考验”、“符合党员条件”这四个基本要求作为一个系统标准来把握，把考察现实表现同考察入党动机结合起来，切忌片面性。要认真贯彻“坚持标准，保证质量，改善结构，慎重发展”的方针，严格履行入党手续，成熟一个，发展一个。严格防止那些入党动机不纯的人混进党内。二是要始终高度重视在思想上建党，加强对党员的教育管理，通过党这个大熔炉不断提高广大党员的思想政治素质。特别是要教育私营企业主党员模范地遵守国家政策法规、守法经营、照章纳税；坚持党的理想和宗旨，增强党的意识和组织观念，严格履行党员义务，自觉接受党组织的监督；要致富不忘回报社会，把税后利润主要用于扩大再生产，热心公益事业；要平等对待工人，尊重工人的合法权益，真心诚意为职工谋利益。要坚持从严治党的方针，及时将那些丧失党员条件的人清除出党，保证党员队伍的纯洁性。三是要正确处理在新的社会阶层中发展党员与在工人、农民、知识分子、军人、干部中发展党员的关系。要继续把工人、农民、知识分子、军人和干部作为发展党员的重点，进一步做好在他们中发展党员的工作。

（3）必须坚持党要管党，从严治党，把“三个代表”重要思想贯彻到党的建设的各项任务中去

在党的思想建设上，最重要的是坚持解放思想、实事求是、与时俱进的思想路线，大力发扬求真务实、勇于创新的精神，

创造性地推进党和国家的各项工作，在实践中不断丰富和发展马克思主义。社会实践是不断发展的，我们的思想认识也应不断前进。一定要看到《共产党宣言》发表150多年来世界政治、经济、文化、科技发生的重大变化，一定要看到我国社会主义建设发生的重大变化，一定要看到广大党员和人民群众工作、生活条件和社会环境发生的重大变化，并充分估计这些变化带来的影响。要在党的基本理论指导下，一切从实际出发，使我们的思想和行动更加符合客观实际，更加符合社会主义初级阶段的国情和时代发展的要求。

在党的组织建设上，最重要的是全面贯彻干部队伍革命化、年轻化、知识化、专业化的方针和德才兼备的原则，努力建设一支高素质的、能够担当重任、经得起风浪考验的领导干部队伍。要坚持党管干部的原则，加快干部人事制度的改革步伐，努力推进干部工作的科学化、民主化、制度化；要加强对年轻干部的培养，支持、鼓励年轻干部到艰苦环境中去，到重大斗争的第一线去经受锻炼和考验；要抓紧做好培养、吸引和用好各方面人才的工作，加快建立有利于留住人才和人尽其才的机制；要适应新形势新任务的要求，不断加强和改进党的基层组织建设，巩固和发展党的基础。

在党的作风建设上，最重要的是全面加强党的思想作风、学风、工作作风、领导作风和干部生活作风建设，深入开展反腐败斗争。结合新的实际，努力发扬党的理论联系实际，密切联系群众，批评和自我批评的优良作风，同时要总结新的实践经验努力培育新的作风。当前，特别要注意克服不思进取、无所作为的思想状况，克服种种严重脱离群众的现象，坚决反对形式主义和官僚主义的歪风。要对党员干部严格要求、严格教育、严格管理、严格监督，从党和国家生死存亡的高度，充分认识反腐倡廉的重大意义，坚决克服党内存在的消极腐败现象。坚持标本兼治、综合治理的方针，逐步加大治本的力度，强化监督，创新体制，把反腐败寓于各项重要政策措施之中。

在党的制度建设上，最重要的是坚持民主集中制，建立健全科学的领导体制和工作机制，充分发扬党内民主，坚决维护党的集中统一，保持并不断增强党的活力。要按照“集体领导、民主集中、个别酝酿、会议决定”的原则，进一步完善党委内部的议事和决策机制，发挥好党委全体会议的作用，健全党委常委会的决策程序。要按照“总揽全局、协调各方”的原则，进一步加强和完善党的领导体制，改进党的领导方式和执政方式。

面对新世纪我们肩负的历史重任，面对国际国内各种复杂因素的影响和各种风险的考验，只要我们党按照“三个代表”重要思想，坚持解放思想、与时俱进，以改革的精神努力研究新情况、解决新问题，不断加强和改进党的建设，不断增强党的创造力、凝聚力和战斗力，党就能始终成为中国工人阶级先锋队，同时成为中国人民和中华民族的先锋队，成为建设中国特色社会主义事业的领导核心。

（二）以“三个代表”重要思想为指导提高党的领导水平和执政能力

一个政党的指导思想，决定着这个政党的性质和宗旨。我们党历来重视指导思想建设。中国共产党一成立，就把马克思列宁主义作为自己的指导思想；后来又把马克思列宁主义与中国实际相结合的产物——毛泽东思想作为党的指导思想；在改革开放和现代化建设时期，党又把中国化的马克思主义——邓小平理论作为全党的指导思想。经过党的十三届四中全会以来13年的成功实践，我们党又把与马克思列宁主义、毛泽东思想、邓小平理论一脉相承的最新理论成果——“三个代表”重要思想作为全党必须长期坚持的指导思想。始终做到“三个代表”，是我们党的立党之本、执政之基、力量之源。我们必须把这一指导思想切实落实到我国改革发展和党的建设新的伟大工程的实践之中，落实到广大党员干部的思想和行动之上，全面推进建设中国特色社会主义的伟大事业，进一步巩固我们党的执政地位，使我们党永远立于不败之地。

1.按照“三个代表”的要求，加强党的执政能力建设

“三个代表”重要思想，是对我们党成立以来实践经验的科学总结，是中国共产党人智慧的结晶，是我们党的立党之本、执政之基、力量之源。“三个代表”重要思想把实践标准、生产力标准、社会进步标准和人民利益高于一切的标准，有机地结合起来、统一起来，为我们科学地观察当今世界与中国，推进建设中国特色社会主义事业提供了重要思想武器，也为我们从历史发展规律和时代进步要求的高度如何保持党的先进性，推进党的建设新的伟大工程提供了根本指导。

实行改革开放和发展社会主义市场经济，我们党所面临的环境、形势和任务都发生了巨大的变化。经济全球化问题、社会结构和生产方式的深刻变化、就业方式的变化等，都提出了党的建设的迫切性。面对这些新的变化，加强党的建设，就是要以“三个代表”重要思想为指导，加强党的执政能力建设，使我们党能够经受住挑战，在各种风险和考验面前立于不败之地，始终走在时代的前列。

加强党的执政能力建设，要求我们坚持党的领导并改善党的领导。要适应现代化建设的要求，自觉地实现权力合理配置，也就是从执政党的特点出发，在组织结构上实现由夺取政权的党到执政的党的转型。既要坚持党的优良传统，又要认识到党的传统体制中不符合时代要求的弊端；既要坚持运用好成功的经验，又要进行新的创造。要认真研究和解决在自身建设中出现的新矛盾和新问题，在不断研究新情况、解决新问题中前进。要按照“三个代表”的要求坚持党的领导、改善党的领导，提高执政水平，增强执政能力。

加强党的执政能力，要求我们不断加强党的团结和统一。共产党是在马克思主义原则指导下，根据自己的纲领和章程，按照民主集中制原则建立起来的统一整体。每个党员都是为着实现党的政治纲领和理想，自觉自愿地参加到党的队伍中来。党的这种共同的思想信仰、理想和统一的组织原则与纪律，是使党内团结和具有强大生命力的牢固基础，是共产党人不可战胜的力量源泉。任何政党发展的历史都证明，一切宗派组织和宗派活动，实质上都起着瓦解党的消极作用。作为工人阶级政党，只有在坚持马克思主义思想理论基础上，加强党的团结和统一，坚持民主集中制，坚持集体领导，建设一个组织严密、纪律严明、具有强大凝聚力和战斗力的组织体系和领导班子，它才能克服前进道路上的一切困难，这是工人阶级政党党的建设的一个重要经验。

党的基层组织是实现党的领导的重要环节。加强党的基层组织建设，主要解决好企业、农村、机关的基层组织建设，以及新经济组织党的建设，要结合各自特点做好工作，努力成为团结带领群众进行改革和建设的战斗堡垒。在执政的条件下，党要实现自己的领导，首要的是正确地制定和执行路线、方针、政策。而路线、方针、政策正确与否，唯一的检验标准是看其是否符合广大人民群众的利益和要求，是否给人民群众带来了实际利益。所以，党要正确地制定路线、方针、政策，必须倾听人民群众的呼声，代表人民群众的利益。党的路线、方针、政策制定出来后，还要把路线、方针、政策宣传到群众中，化为群众的实际行动。而党的基层组织最了解人民群众的愿望，和人民群众有直接的、经常的联系。那么，要实现党对人民群众的领导，就必须发挥党的基层组织的这一组织优势，始终保持党同人民群众的血肉联系。

江泽民在庆祝中国共产党成立 80 周年大会上的讲话中指出："八十年的实践启示我们，必须始终紧紧依靠人民群众，诚心诚意为人民谋利益，从人民群众中汲取前进的不竭力量。"党来自于人民，植根于人民。始终保持党同人民群众的血肉联系，使我们党始终代表中国最广大人民的根本利益，始终得到全国各族人民的拥护和支持，这是贯彻"三个代表"重要思想、全面加强党的建设的最终出发点和落脚点，也是基层组织建设最重要的任务。要从掌握政权和巩固执政基础的战略高度，加强基层组织建设，特别是在解决直接关系群众切身利益方面，基层组织担负着重要责任。要坚持关心人民群众的疾苦，为人民群众办实事办好事。要不断提高贯彻群众路线的水平，保证党的路线方针政策的有效贯彻。要善于正确处理人民内部矛盾，调节好新形势下的利益关系。要增强政治敏锐性和责任感，善于发现矛盾，及时把矛盾控制和消除在萌芽状态。

2.按照"三个代表"的要求，提高领导干部的领导水平和执政水平

正确的政治路线确定之后，干部就是决定的因素。要教育广大党员干部有执政党的党员意识，增强执政的危机感。特别是要教育广大干部明确权力来自人民，要按照"三个代表"的要求，牢固树立全心全意为人民服务的思想，做好工作。当前，党员干部队伍中也还存在着一些同党的指导思想、性质和宗旨不相符合的作风问题。譬如，有的在思想作风上因循守旧，安于现状，无所作为，不求进取；有的在工作作风上搞形式主义、官僚主义，严重脱离实际，脱离群众；有的领导作风不正，违背民主集中制原则，独断专行，软弱涣散；有的学风不正，学习不刻苦、不认真，理论与实践严重脱节；有的生活作风不检点，挡不住金钱美色的诱惑，甚至贪污受贿，腐化堕落，等等。这些党风方面存在的突出问题，违背了党的优良传统，败坏了党的光辉形象，必须认真加以解决。

由总体小康实现全面小康是前无古人、史无先例的伟大而全新的事业。要保证这一事业的健康发展和成功，就必须建设一支适应新的形势和任务需要的高素质的干部队伍。这是因为，党的干部在党的事业中具有十分重要的地位和作用，党的干部是党的事业的骨干，是我们国家政治、经济、文化、社会生活的领导者和组织者。其具体表现在：在政治上，党的干部特别是党的各级领导干部，是党的"领导和团结全国各族人民以经济建设为中心，坚持四项基本原则，坚持改革开放，自力更生，艰苦创业，为把我国建设成为富强、民主、文明的社会主义现代化国家而奋斗"的基本路线和各项方针、政策的制定者和执行者；在思想上，党的干部特别是党的各级领导干部，是党的指导思想——马列主义、毛泽东思想、邓小平理论和"三个代表"重要思想的实践者，是党的"解放思想，实事求是，与时俱进"的思想路线的实施者；在组织上，党的干部特别是党的各级领导干部，是带领和引导全党和全国人民落实党的路线、方针、政策的具体贯彻者和执行者；在作风上，党的干部特别是党的各级领导干部，是党的"理论联系实际、密切联系群众、批评和自我批评"、"八个坚持、八个反对"优良传统作风的继承者和创新者。因此，加强党的干部队伍建设，特别是在当前国际竞争日趋激烈、科技发展日新月异、我国改革和发展处于关键时期的形势下，建设高素质的干部队伍，已成为党的建设这个新的伟大工程中的重中之重。

共产党的干部是党的事业的骨干，也是人民的公仆，这是共产党的干部区别于一切剥削阶级官吏的最重要特征。我们的干部不管担任什么职务，不论对人民有多大的贡献，都是人民的勤务员，都只能履行人民公仆的职责，而绝不可以由人民的公仆变为人民的主人。党的干部所以是人民的公仆，这是由党的性质和党的宗旨决定的。党是工人阶级的先锋队，是中国人民利益的忠实代表，是中国社会主义事业的领导核心，因此，党只有坚持人民公仆的本色，履行人民公仆的职责，才能体现其工人阶级先锋队、人民利益的代表者和社会主义事业的领导核心的性质。党的宗旨是全心全意为人民服务，决定了党是把为人民服务作为自己各项工作的唯一出发点和归宿，决定了党必须而且只能是人民的公仆。

在社会主义改革开放和建立社会主义市场经济的新时期，党面对着全新的形势，担负着全新的任务，对党的干部如何做党的事业的骨干，如何保持人民公仆的本色，不仅提出了全新的要求，而且面临着严峻的考验。因此，我们每一个党的干部，特别是各级领导干部，要时刻思考这样一些问题，即参加工作为什么?用手中的权力干什么?自己身后留下什么?要时刻想一想，手中的权力是怎么来的?手中的权力有什么用?手中的权力怎么用?这些问题的正确答案只能是：参加工作为人民，手中的权力来之于民，要用之于民，为人民办实事、办好事、多办事，也就是做人民的公仆。凡是这样理解权力的，并在实践中全心全意为人民服务的，就是合格的干部、优秀的干部。凡不作这样的理解，甚至以权谋私，就不是合格的干部，最后必然害党害己。我们必须时刻按照"三个代表"重要思想的要求，建设一支高素质的干部队伍。

发挥好"三个代表"的作用，落实好"三个代表"的要求，关键在于建设一支能够适应新形势、新任务、新要求的高素质的领导干部队伍。一个政党、一个国家，能否不断培养出优秀的领导人才，在很大程度上决定着这个政党、这个国家的兴衰存亡。要按照“三个代表”的要求，把各级领导班子建设成为政治坚定、团结实干、开拓创新、廉洁为民的坚强领导核心，不断增强党组织的凝聚力。各级领导干部要坚持讲学习。讲政治、讲正气，努力提高理论水平，善于总结实践经验，在实践中真正掌握和运用马克思主义的立场、观点和方法；努力加强党性锻炼和党性修养，正确对待和运用手中的权力，经受住各种诱惑的考验，全心全意为党工作，诚心诚意为人民谋利益；努力培养自己的世界眼光，善于观察世界大势和正确把握时代要求；努力培养自己的战略思维能力，善于思考和把握带全局性的战略问题，善于从理论和实践的结合上分析和解决改革、发展、稳定中的重大现实问题。也就是说，要努力做促进先进生产力发展的模范，发展先进文化的模范，为人民服务的模范。当前要进一步深化干部人事制度改革，努力形成使优秀人才脱颖而出、健康成长的机制，培养和选拔好能够担当重任的接班人，为党的事业兴旺发达和国家长治久安提供人才保证。

在改革开放和现代化建设的新时期，邓小平多次强调，思想路线政治路线的实现要靠组织路线来保证。1992 年，邓小平又再次强调：“关键在人”，“中国要出问题，还是出在共产党内部”。党的十一届三中全会以来，我们党为加强干部队伍建设，采取了一系列重大措施，党的干部队伍从整体素质上有了很大的提高。但是也要看到，一方面，当前党的干部队伍正处于一个整体性的新老交替时期。另一方面，干部队伍中确有相当一部分同志的素质，特别是思想政治素质不适应党的事业的要求。有的干部特别是一些领导干部，由于对党和人民奋斗的历史经验不够了解，缺乏艰苦环境的锻炼，政治上还不够成熟，在思想作风和组织纪律上还需要进一步锤炼；有的干部不认真学习党的理论和政策，不注意大局，不注意政治，甚至分不清基本的原则是非界限；有的干部作风漂浮，脱离实际、脱离群众，官僚主义；有的干部忘记了党的宗旨，经不起考验，以权谋私，甚至违法乱纪，堕落为腐败分子、犯罪分子。这些情况必须引起我们的高度重视。还应该看到，在实行改革开放的新的社会环境里，资本主义腐朽思想文化影响，历史上遗留下来的封建主义残余影响，对我们干部队伍的潜移默化的侵蚀是很严重的。以上情况表明，要保证我国改革和建设事业顺利发展，保证 21 世纪目标的顺利实现，保证党和国家的长治久安，严重的问题在于教育干部。所以，大力加强党的干部队伍建设，提高广大干部特别是领导干部的素质，建设高素质干部队伍，已经成为摆在全党面前的一项刻不容缓的重大而紧迫的任务。

当前强调干部的培养，要重视素质培养。首先是思想理论素质。思想理论素质是党的干部应当具备的第一位的素质。其基本的要求是，具有坚实的马克思主义理论功底，解放思想、实事求是、理论联系实际，勇于开拓进取，善于探索创新，用马克思主义的立场、观点和方法观察、分析和解决发展着的实践中不断涌现出的各种新情况、新问题。其次是政治素质。政治素质是党的干部必备素质的核心。包括政治方向、政治立场、政治观点、政治纪律、政治鉴别力和政治敏锐性。其基本要求是，坚持党的基本路线不动摇，不断提高把握政治方向的能力，正确处理改革、发展、稳定的关系，把全部精力投入到建设中国特色社会主义的伟大事业之中；在政治上同党中央保持高度一致，维护中央权威，保证政令畅通；坚持全心全意为人民服务的宗旨，密切联系群众，特别是密切联系工农群众，坚决维护人民群众的利益，真正做到想人民之所想，做人民之所盼，务实、创新、真抓实干；敏锐地发觉和正确地鉴别各种思想观点的动向，支持正确的观点，批评和抵制错误的观点。三是道德品质素质。道德品质素质是党的干部必备素质中的重要素质，是干部做好工作的内在心理保证。道德品质素质包括思想品德、政治品德、职业道德、伦理道德、工作态度等。其基本要求是，具有强烈的事业心和责任感，有为党、为国家、为人民建功立业的雄心壮志，热爱本职工作，始终保持饱满的工作热情，艰苦奋斗，勤奋敬业。正确运用自己手中的权力，秉公办事，廉洁自律，拒腐防变，自觉同腐败现象作斗争。谦虚谨慎、团结同志一道工作。严于律己，遵纪守法，勇于同违法违纪现象作斗争。四是文化知识素质。文化知识素质是党的干部必备素质的基础。它包括科学文化知识、哲学、政治、经济等方面的知识；与党的干部的身份和地位相联系的科学思维、科学领导等方面的知识；与党的干部所领导的业务工作相关的业务知识，等等。其基本要求是，有较宽的知识领域，有合理的知识结构，有较高的知识水平，了解并能运用较新的知识前沿成果。

办好中国的事情，关键在党。党是社会主义现代化建设的组织领导力量，党的事业的成功与否，关键看党员队伍建设的状况如何。执政党要不断培养一批又一批高素质的领导干部，保证各个时期新老顺利交替。只有按照“三个代表”的要求，全面加强思想、组织和作风建设，不断提高领导水平和执政水平，提高自己的素质和能力，才能发挥好作用，完成党交给的任务。我们每个共产党员和党的干部，都应树立起强烈的忧患意识和责任意识，努力提高政治、业务等各方面的素质，更好地为人民服务。

3.不断改进和完善党的领导方式和工作方式

加强党的执政能力建设，不仅需要有正确的路线、方针、政策，还需要有正确有效的领导方式和工作方式。我们党在长期的革命、建设和改革实践中，形成了诸如党的三大作风、民主集中制、从群众中来到群众中去等一整套科学的领导方法和工作方式，我们必须长期坚持。同时，面对形势和任务的不断发展变化，我们党必须坚持解放思想、实事求是的思想路线，与时俱进，开拓创新，不断改进和完善党的领导方式和执政方式、工作方式和工作制度，实现党和国家政治生活的制度化、规范化。

(1)要坚持党的领导、人民当家做主和依法治国的有机结合与辩证统一

争取和实现无产阶级和广大劳动群众的民主，是马克思主

义一向重视的问题。马克思、恩格斯在《共产党宣言》中就指出，工人革命的第一步就是使无产阶级变为统治阶级，争得民主。按照马克思主义建党原则建立起来的共产党，从一建立就是为民主而斗争的政党。

值得注意的是，在领导俄国无产阶级革命的过程中，列宁对资产阶级民主的形式和内容都从根本上进行了否定。他认为资产阶级民主同中世纪比较起来，在历史上是一个进步，但它始终是狭隘的、残缺不全的，对富人是天堂，对穷人是地狱。而社会主义民主则是绝大多数人的，最广泛的民主。列宁强调了民主对于社会主义的重要意义。他指出，要普遍吸收所有的劳动者来管理国家，社会主义不是少数人能够实现的，只有千百万人学会管理的时候，社会主义才能实现。

但是，十月革命后的实践表明，在一个经济文化都比较落后的国家要吸收所有的人都参与国家管理是不可能的，列宁由此开始了对社会主义民主政治建设实践的探索。很可惜，这一探索由于列宁的去世并没有坚持下去。此后苏联所建立的社会制度，并不是列宁在革命前所希望的人人参加管理的社会，而是由党来代表人民群众进行管理的社会，也就是存在着一个专门从事国家管理的阶层。由于生产资料的国有化、公有化，就使得社会主义条件下的管理人员比任何时候都更为庞大。由于共产党对一切社会领域实行领导，就使得社会主义国家管理者的权力非常巨大。因而，如何防止这些管理者凭借手中的权力谋取私利，就成为社会主义政权建设中的一个重要的问题。要真正实现社会主义的民主，保证国家公职人员为广大人民群众服务，就需要建立起民主的选举制度、罢免制度和监督制度。然而，苏联社会长期没有建立起一个完善的民主选举制度，不论是党内选举还是政府的选举，常常流于形式，再加上监督机制的不完善，就使得管理阶层难以真正对广大人民群众负责，产生官僚主义、腐败现象就是很自然的事。

立党为公，执政为民，是由共产党的性质和宗旨决定的。共产党作为工人阶级政党，代表着工人阶级和最广大人民群众的根本利益，扎根于人民群众之中。共产党的历史就是为人民争取当家做主而奋斗的历史。但在党领导人民夺取政权后，如何建立一个人民当家做主的社会，是共产党面临的一个非常现实和迫切的问题。

中国共产党的历史同样是争取人民民主的历史。1931 年在江西革命根据地建立第一个人民民主政权即中华苏维埃共和国。在延安，创建了民主政府。在整个新民主主义革命时期，党领导人民，为争取民族解放和人民民主同国民党独裁政权进行了艰苦卓绝的斗争，最终赢得了伟大的胜利。

但不可否认的是，由于历史的原因和受苏联的影响，我们党和国家领导体制在体现人民当家做主方面不尽完善。在领导体制上，党和国家领导制度过度集权，缺乏活力。1980 年，邓小平在《党和国家领导制度的改革》这一讲话中指出："党和国家现行的一些具体制度中，还存在不少的弊端，妨碍甚至严重妨碍社会主义优越性的发挥。""主要的弊端就是官僚主义现象，权力过分集中现象，家长制现象，干部领导职务终身制现象和形形色色的特权现象。"在执政方式上，党包揽、代替一切，降低了行政效率。如果说，党的领导体制涉及的是权力的分配问题，而执政方式则是党通过什么形式运用权力。在这个问题上，同样存在着党包揽和代替一切的缺陷。党是国家政权的领导核心，但它和国家政权不是而且不能是一个东西。党的任务是对所有国家机关实行总的领导，而不包办一切，代行国家政权机关的职能。党是国家生活的领导者，而不是管理者。党对国家生活的领导，主要是政治思想领导，方针政策的领导，重大原则的领导和组织领导。1962 年 1 月在七千人大会上，刘少奇曾深刻指出："我们党是国家的领导者，但是无论何时何地，都不应该用党的组织代替人民代表大会和群众组织，使它们徒有虚名，而无其实。如果那样做，就违反了人民民主制度，就会使我们耳目闭塞，脱离群众，这是十分危险的。"

社会主义民主政治应该如何搞，这是中国共产党人一直在探索的问题。以江泽民为核心的党的第三代领导集体，高举邓小平理论的伟大旗帜，在中国特色社会主义民主政治理论的实践中，继承、丰富和发展了毛泽东和邓小平的民主政治理论，明确提出依法治国，建设社会主义法治国家的治国方略，开始了我们党在领导方式和执政方式上的重大转变。

在党的十六大上，江泽民指出，发展社会主义民主政治，建设社会主义政治文明，是社会主义现代化建设的重要目标。必须适应经济发展和社会全面进步的要求，在坚持四项基本原则的前提下，继续积极稳妥地推进政治体制改革，发展中国特色社会主义民主政治，巩固民主团结、生动活泼、安定和谐的政治局面。党的领导、人民当家做主和依法治国的统一性，是社会主义民主政治的重要优势。发展社会主义民主政治，最根本的是要坚持党的领导、人民当家做主和依法治国的有机结合和辩证统一。推进政治体制改革，要从我国国情出发，坚定不移地走自己的政治发展道路，坚持社会主义政治制度的自我完善和发展。我们要发展的是中国特色社会主义民主政治，决不照搬西方政治制度模式。江泽民关于民主政治的这一阐述，表明了我们发展社会主义民主政治的基本框架。

首先，这一框架决不同于西方的多党制和"三权分立"的政治模式。西方多党制根植于自由竞争的资本主义私有制的土壤，是各资本集团对社会资源和经济资源进行配置的政治形式，经济上的利益争夺必然导致政治上的派系分立和关系上的尔虞我诈。但资产阶级各集团之间无论有多么大的矛盾，在维护资产阶级的共同利益方面是一致的。比如在美国，两大政党的存在和选举的垄断，使工人只能在两大政党的候选人中做出选择，工人阶级政党根本无法立足。早在 1912 年 11 月列宁写的《美国总统选举的结果和意义》一文中就指出，英美的两大党是阻止工人政党即真正社会主义政党产生的最强大的工具之一。这种政党制度，本质上是为了维护资产阶级共同利益的。共产党从产生的那天起，就以实现真正的人民民主为目标，这决定了我们不能实行西方的多党制，中国的国情决定只能实行共产党领导下的多党合作制。

其次，这一框架的前提是坚持四项基本原则。在这一点上，我们必须充分吸取苏共的教训。苏共的改革过程实际是权力被剥离的过程。苏联社会长期实行一党执政，并在这一执政框架下形成了一个高度集权的执政模式，这就决定了苏联的改革必定是一个全面的、循序渐进的、相互影响的过程，不能单靠一个方面就把整个苏联存在的问题解决掉。苏共在改革中初期，是想既保持苏共一党领导的框架，又汲取西方分权制衡、政治竞争的原则，以体现苏共的民主。然而，西方的这一执政框架是一个紧密联系的、相互配合的统一体，且经过资本主义发展，经过不断改革、完善，自身能够在法律既定的范围内运作。而苏联在法制不健全，且改革不配套，只单纯在选举和一党执政上体现民主原则，这种民主必定是一个失控的民主。苏共到最后一方面没有建立起一个巩固党的领导的执政机制，另一方面，在出了问题以后，又企图从多党制上找出路，最终丧失了执政地位。

最后，这一表述深刻揭示了党的领导、人民当家做主和依法治国的内在联系和辩证关系。江泽民明确指出了党的领导、人民当家做主和依法治国的统一性，强调这是社会主义民主政治的重要优势。我们发展社会主义民主政治，最根本的坚持党的领导、人民当家做主和依法治国的有机结合和辩证统一。社会主义国家是人民当家做主的国家，党的领导的实质，是支持人民当家做主，就是依照法律，组织人民群众实现对国家的管理。党的领导主要是政治、思想、组织领导，坚持党的政治领导的一个基本方面，就是要使党的主张经过法定程序变成国家意志，上升为法律。宪法和法律是人民群众意志的体现，也是党的主张的体现。执行宪法和法律，是按广大人民群众的意志办事，也是贯彻党的路线、方针、政策的重要保障。

共产党执政就是领导和支持人民掌握管理国家的权力，实行民主选举、民主决策、民主管理和民主监督，保证人民依法享有广泛的权利和自由。共产党是执政党，在国家生活中处于领导地位。但是，党并不谋求凌驾于法律之上和超越法律之外的特权。在法律面前，共产党同其他政党、团体、组织一样，都必须在宪法和法律范围内活动。宪法和法律是人民群众意志的体现，也是党的主张的体现。执行宪法和法律，是按广大人民群众的意志办事，也是贯彻党的路线、方针、政策的重要保障。党的领导、人民当家做主和依法治国是辩证统一的。只要我们把依法治国、人民当家做主和坚持党的领导辩证统一起来，实现社会主义民主的制度化、规范化、程序化，就能够建立起我们优于资本主义的政治制度，充分发挥社会主义制度的政治优势，推动社会主义事业兴旺发达，实现中华民族在21世纪的伟大复兴。

(2)要巩固党的领导核心地位，进一步理顺党政关系，完善执政机制

党的建设必须有利于实现政党的目标。工人阶级政党在夺取政权过程中，注重思想、政治和行动上的一致，这种模式在革命和夺取政权的过程中发挥了重要的作用。在党成为执政党之后，就必须注意执政党的特点。作为执政党，党在国家政治生活中承担了双重角色：一是领导核心；二是执政者。在社会主义政治条件下，这双重角色是相互统一的：党的领导核心地位是党执政的政治前提；而党的执政是党领导核心作用的具体实践。

但是，执政党作为国家政治生活的领导核心，并不是要把国家的一切管理事务全部承揽起来。在这方面，是有过历史教训的。

一是在领导体制上，党和国家领导制度过度集权，缺乏活力。

这种权力过度集权现象，反映在经济上，就是各社会主义国家的共产党都把计划经济当做社会主义经济管理体制的重要标志而加以推行，都建立了高度的计划管理体制。这种忽视经济发展规律的做法给各个社会主义国家的经济建设都带来了很大的影响，使社会主义经济发展缓慢，缺乏生机与活力。反映在政治制度上，就是忽视了人民民主的发展。马克思、恩格斯把无产阶级的民主制度和无产阶级的政治统治联结在一起，充分反映了社会主义民主在社会主义国家政治生活中的地位和作用。列宁认为社会主义的民主是比资本主义不知高多少万倍的民主。在十月革命以后，他也以此为目标，一直要建立一个人民当家做主的国家。但是，长期以来，一些社会主义国家习惯谈论民主的一般权利，而不注重民主的制度化、法制化建设。只满足于要发扬民主的一般号召，而疏于落实。

二是在执政方式上，党包揽、代替一切，降低了行政效率。

党是国家生活的领导者，而不是管理者。党对国家生活的领导，主要是政治思想领导，方针政策的领导，重大原则的领导和组织领导。刘少奇曾深刻指出："我们党是国家的领导者，但是无论何时何地，都不应该用党的组织代替人民代表大会和群众组织，使它们徒有虚名，而无其实。如果那样做，就违反了人民民主制度，就会使我们耳目闭塞，脱离群众，这是十分危险的。"

认识到党的领导和执政的不同含义和关系，要求我们在实践中既要坚持党的领导，同时又要注意它和执政的不同，探索能够更好地体现党的领导的执政方式。

第一，按照"总揽全局、协调各方"的政治格局实现党的领导。共产党的领导地位，决定了党的决策应当是一种总体决策，党的领导决策的主要形式应当是纲领、路线、方针、政策、指示、决议和决定；虽然党的领导决策对其他决策具有普遍的指导、监督意义和作用，但党的主张只有通过权力机关的法定程序才对国家和社会生活具有普遍的约束力和强制性。党委要统筹协调好党委、人大、政府、政协的关系，统筹安排好纪检、组织、宣传、统战、政法、群团等方面的工作，使各方面都能各司其职，各尽其责，相互配合，形成合力，以此来体现党的领导作用。

第二，正确划分党政职责权限。经验表明，合理的党政关系应该是职能的分工。执政党对国家权力系统的领导，包括政治领导、思想领导、组织领导，是通过发挥政治影响、推荐重要干部、管好权力机构中的党组和党员、提出有关国家重大事务的主张并使之经过法定程序变成国家意志来实现的。

(3)坚持依法治国方略，不断推进民主法制建设

党的十五大提出依法治国，党的十六大提出党要依法执政。这是党的领导形式和党的执政方式的重大转变。它要求共产党在执政过程中必须正确处理好党政关系问题。党要通过国

家政权形式对国家政治生活的领导，即通过国家代议机关制宪、修宪以及其他立法活动，以及通过国家政权机关对法令的贯彻实施来实现。它要求党在宪法和法律的范围内活动，党的主张经过法定程序变为国家意志，在社会主义建设实践中把坚持党的领导，发扬人民民主和严格依法办事有机地结合起来。

共产党是执政党，在国家生活中处于领导地位。但是，党并不谋求凌驾于法律之上和超越法律之外的特权。在法律面前，共产党同其他政党、团体、组织一样，都必须在宪法和法律范围内活动。1982 年，党的十二大首次将“党必须在宪法和法律范围内活动”的原则写入党章。同年，宪法明确规定：“一切国家机关和武装力量、各政党和各社会团体、各企业事业组织，都必须遵守宪法和法律：一切违反宪法和法律的行为，必须予以追究”，“任何组织或者个人都不得有超越宪法和法律的特权”。党的十五大把依法治国确立为党领导人民治理国家的基本方略，重申“党领导人民制定宪法和法律，并在宪法和法律范围内活动”的原则，就是要从治国方略和领导制度方面彻底解决党的领导方式和执政方式问题。这是社会主义民主法制建设发展的必然要求和结果。

党的领导主要是政治、思想、组织领导，坚持党的政治领导的一个基本方面，就是要使党的主张经过法定程序变成国家意志，上升为法律。宪法和法律是人民群众意志的体现，也是党的主张的体现。执行宪法和法律，是按广大人民群众的意志办事，也是贯彻党的路线、方针、政策的重要保障。严格依法办事，实现全党和全体人民意志的统一，对维护法律的尊严和中央的权威，具有重大而深远的意义。只有依法治国，从制度和法律上保证了党的基本路线和基本方针的贯彻实施，才能使我们党在世界形势深刻变化的历史进程中始终走在时代前列，在建设中国特色社会主义的历史进程中始终成为坚强的领导核心。

邓小平在总结建国几十年的经验和教训的基础上指出：“制度好可以使坏人无法任意横行，制度不好可以使好人无法充分做好事，甚至会走向反面。即使像毛泽东这样伟大的人物，也受到一些不好的制度的严重影响，以至对党对国家对他个人都造成了很大的不幸。我们今天再不健全社会主义制度，人们就会说，为什么资本主义制度所能解决的一些问题，社会主义制度反而不能解决呢?这种比较方法虽然不全面，但是我们不能因此而不加以重视。斯大林严重破坏社会主义法制，毛泽东就说过，这样的事件在英、法、美这样的西方国家不可能发生。他虽然认识到这一点，但是由于没有在实际上解决领导制度问题以及其他一些原因，仍然导致了“文化大革命”的十年浩劫。这个教训是极其深刻的。不是说个人没有责任，而是说领导制度、组织制度问题更带有根本性、全局性、稳定性和长期性。这种制度问题，关系到党和国家是否改变颜色，必须引起全党的高度重视。”他在回答意大利一位记者提出的“如何避免类似‘文化大革命’那样的错误”这一问题时说：“现在我们要认真建立社会主义的民主制度和社会主义法制。只有这样，才能解决问题。”1988 年前后，他曾多次指出，不能把一个国家、一个党的稳定建立在一两个人的威望上。“如果一个党、一个国家把希望寄托在一两个人的威望上，并不很健康。”“我历来不主张夸大一个人的作用，这样是危险的，难以为继的。把一个国家、一个党的稳定建立在一两个人的威望上，是靠不住的，很容易出问题。”

(4)进一步扩大党内民主，健全党内外相联系的监督制约机制

党内民主制度，就是在党的政治生活中，全体党员一律平等地直接或者间接地决定和管理党内事务的制度。党内民主，是党内政治生活中首要的根本的问题，是保持党的生机与活力的根本条件。江泽民指出：“发展党内民主，充分发挥广大党员和各级党组织的积极性、主动性、创造性，是党的事业兴旺发达的重要保证。”发展党内民主是多层次、多方面、多途径的。党内民主要以实现党的纲领为目的，以引导、保护、发挥积极性为出发点，紧密结合党组织的职能和党员的权利、义务而展开。要鼓励党员解放思想，实事求是，勇于探索，敢讲真话。从党的中央委员会到每一个支部，从领导机关的决策到在党的会议和党的报刊上参加政策问题的讨论，从党内选举到对领导干部进行评议、监督，都要充分发扬民主。

发展党内民主，必须切实保障各级党组织和党员的民主权利。党章规定的党员八项权利，涉及民主参与、民主选举、民主决策、民主监督等方面。在这些权利面前，所有党员无论职务高低一律平等。保障党员的这些民主权利得到正确和充分的行使，对于增强党员的政治责任感，更好地发挥党员的作用，意义重大。

疏通和拓宽党内民主渠道，使党员对党内事务有更多的了解和参与，是发展党内民主，保障党员民主权利的重要内容，也是发挥广大党员的积极性，促进改革开放和现代化建设的必要条件。如果不向党员通报情况，不同他们商量问题，党员就不可能有效地参与管理党内事务，不可能对各级领导进行有效的监督，也不利于党员执行党的决定。疏通党内民主渠道，一是要把党的方针政策、指导决议，及时传达给下级党组织和党员，使广大党员在思想上政治上与中央保持一致，坚决按中央的要求去做，并积极做群众的工作。二是有些重要事情要及时向党员通报，在党内先讨论，使党员了解大局。党员做好本职工作，充分发挥先锋模范作用，需要经常了解新形势新要求。把本地区本部门带全局性的重要情况以及党的要求及时向党员通报，就能调动党员的积极性。三是为了使党的决策符合实际，完善可行，有些事情在决策前向党员问计，广泛吸收党员的智慧，使决策科学化。四是组织党员评议和推荐领导干部，充分行使民主权利，促进干部制度改革和领导班子建设。

江泽民 2001 年在“七一”讲话中提出：“通过建立有效机制，保证基层党员和下级党组织的意见能及时反映到上级党组织中来。上级党组织应充分听取党员和下级党组织的意见，集思广益，不断推进决策的科学化、民主化。按照集体领导、民主集中、个别酝酿、会议决定的原则，进一步完善党委内部的议事和决策机制，发挥好党的委员全体会议的作用，健全党委常委会的决策程序。凡属重大决策，都必须由党委集体讨论，

不允许个人说了算。进一步完善集体领导下的个人分工负责制，提高工作效率。集体领导和个人负责，二者不可偏废。”这就为党内民主的制度建设指明了方向。

第一，坚持和健全党的代表大会制度。

坚持和健全民主集中制，首先要从坚持和健全党的代表大会制度抓起。党的代表大会制度在党内政治生活中的地位和作用，就如同人民代表大会制度在国家政治生活中一样重要。高度重视并切实加强党的代表大会制度建设是坚持和健全民主集中制的治本之策。

第二，坚持和健全党的集体领导和个人分工负责相结合的制度。

在一切重大问题上由适当的集体而不由个人做出决定，是民主集中制原则在党的领导活动中的运用。集体领导，就是对重大问题的决策，必须经由集体讨论，充分发扬民主，最后按照少数服从多数的原则投票表决决定，而不得由个人专断。这是党委制的实质和根本。毛泽东说过：“党委制是保证集体领导、防止个人包办的党的重要制度。”集体领导首先强调的，是领导的主体是集体，即党委会的全体成员，而绝非是个人或少数人。民主集中制的决策主体只能是集体而不能是个人、少数人。参与集体决策是每一名党委成员的权利和义务。所有的党委成员都应当积极地同时又是平等地参与集体决策。集体决策是民主集中制区别于家长制的一个显著标志。同时应该明确，集体领导的内容，是对重大问题进行决策。是否需要运用集体领导的形式来进行决策，关键在于所要决策的问题是否属于重大问题的范畴。集体领导决不意味着不分轻重地把党委的工作统统拿到党委会上，无休止地讨论研究。那就会使党的工作陷入没有原则、没有效率的事务主义圈子之中。

因此，集体领导还必须结合个人分工负责。所谓个人分工负责，就是在坚持党委集体领导的前提下，就党委的决议决定的贯彻落实以及党委其他日常工作，在党委成员中进行分工，责任到人，并在具体工作中注意相互之间的配合和支持。只有严格地科学地实行个人分工负责制，才能切实有效地保证党委决策的贯彻执行，使党委的工作真正落到实处，才能避免出现名曰集体负责实际无人负责的局面，或者名曰集体领导实际搞事务主义的局面。个人分工负责的工作只具有执行性，而不具有决策性，它的前提是首先必须尊重集体领导，不能替代或超越集体领导。个人分工负责要围绕党委的中心工作而展开，为党委的中心工作服务，不能把分工搞成分家，分片包干、各自为政，形不成核心和合力。

第三，加强和健全党内监督。

党内监督的实质是党从人民的利益出发，按照从严治党的要求进行自我约束和自我完善。主要是监督党的组织和党员是否正确地贯彻执行党的路线方针政策，是否正确地运用人民赋予的权力，是否严格地遵守民主集中制的各项制度。其根本任务是保证党的路线方针政策的贯彻执行，密切党同人民群众的血肉联系，保持党的工人阶级先锋队的先进性和纯洁性。

党内监督的重点是党的领导机关和领导干部。党的各级领导机关和领导干部应该牢固树立全心全意为人民服务的思想观念，自觉地把自己始终置于党和人民的监督之下。

(5)促进党的民主和科学决策，不断提高领导水平和执政水平

决策民主化是发展党内民主的重要内容，也是实现决策科学化的前提。群众路线是实现党的思想路线、政治路线和组织路线的根本工作路线，也是实行民主科学决策的路线。它全面地体现着决策的制定、执行和完善的生动过程。决策民主化的基本要求，就是要把从群众中来，到群众中去，集中起来，坚持下去的群众路线，贯穿于党的决策工作之中。

第一，决策要充分尊重群众的首创精神，及时总结来自基层和实践的丰富经验。

我们党的一切正确的决策，包括制定政策措施，拟定工作计划，决定重大事项，都只能根据群众的意志和要求，根据实际情况提出。群众的意志和要求是什么，客观实际情况怎样，只有到群众中去，到基层去，到实践中去，倾听群众和实践的呼声，才能得到真实的准确的了解。

第二，在决策过程中要充分发扬民主，认真倾听各方面的意见，包括反对的意见，在民主的基础上实现正确的集中。

决策的基本依据来自群众的意愿和要求，来自于基层，来自于实践，但这只是实行正确决策的一个组成部分。还必须以马克思主义为指导，对来自基层来自群众的实践经验进行科学的分析研究，由此及彼，由表及里，去粗取精，去伪存真，按照民主集中制原则进行决策。在这个过程中，要让参与决策的人畅所欲言，集思广益，充分发表意见，把各种不同方案都讲出来。

第三，在决策执行中要加强检查督促，反馈信息，及时评估，总结经验。特别要注意每项决策可能产生的负面效应或引发的新矛盾。

实践是检验真理的唯一标准，也是检验一切决策是否正确的标准。从群众中来从实践中来的东西，在形成决策之后，再到群众中去到实践中去实行的时候，还必须接受群众和实践的检验。因此，要注意及时总结经验。一旦发现了某些偏差，就要加以修正、补充和完善，以防止小问题酿成大失误、短时间的失误延误为长时期的失策。

第四，实行决策的民主化、科学化，必须建立健全领导、专家、群众相结合的决策机制，重视决策研究和咨询机构的工作。

借助一大批各方面的专家，借助各种专门的研究咨询机构，通过各种科学的研究和分析，对有关决策进行研究、咨询、反馈等等，这样才能保证决策的正确，减少和避免重大决策的失误。

五、胡锦涛关于以改革创新精神加强党的建设的思想

（一）按照十七大精神，全面推进党的建设新的伟大工程

现在，全党正在学习贯彻十七大精神。随着学习的深入，各行各业都在结合自己的实际学习研究十七大的新精神，其中包括关于党建的新精神。深刻领会这些新精神，对于加强改进党的建设，全面推进党的建设新的伟大工程有着重要的现实意义。

1.深刻理解十七大关于加强党建的新精神

（1）党的十七大关于加强党建的新精神

党的十七大关于加强党建的新精神就是：以改革创新精神全面推进党的建设新的伟大工程，为高举中国特色社会主义伟大旗帜提供坚强的政治和组织保证。

这个新精神，新就新在以下两点：一是强调了必须“以改革创新精神”来加强改进党的建设。十六大已明确提出全面推进党的建设新的伟大工程，但以什么精神来进行还没有加以强调，虽然也提到“改革精神”问题，但未提及创新精神，十七大把改革创新精神融为一体，强调以改革创新精神来加强改进党的建设，这就为全面推进党的建设新的伟大工程提供一种精神动力，有了这种动力，就有利于党建工程的落实。二是强调了创新党的建设的目的，即要为高举中国特色社会主义伟大旗帜提供政治和组织保证。把创新党建同高举伟大旗帜联系起来，更显示出新形势下加强改进党的建设的重要性。

（2）改革创新精神的科学内涵

所谓改革创新精神，就是指党的自我变革精神、自我完善精神和创造新事物的精神。首先，要勇于自我变革，勇于革新除旧，敢于打破旧的框框推动事物不断改进。其次，要善于先立后破，善于丰富补充，善于总结经验，逐步形成完整科学体系。再次，还要不断解决新课题，不断进行新创造，不断与时俱进。为此，就要抓住创新的两个要点：一是要敢于创，即要有勇气创，要有信心创，这是创新的大前提。没有勇气和信心，就谈不上创新；二是善于在“新”字作文章和下功夫，努力做到“六新”，即适应时代的新变化，了解现实的新情况，形成决策的新思路，探索实施的新办法，解决党建的新课题，开创党建的新局面。只有在新字上多下功夫，就能真正做到创新，从而为全面推进党的建设新的伟大工程做出重要贡献。

（3）创新党建与高举旗帜的内在关系

党的十七大精神的核心是高举中国特色社会主义伟大旗帜。党要坚定不移地高举这面旗帜，就必须自身坚强有力。实践经验告诉我们，要做到坚强有力，就必须加强自身建设，不断创新党的建设，只有不断创新，才能增强党的生机与活力。否则，党组织就不可能坚强有力，就不能坚定不移地高举这面伟大旗帜。可见，创新党建是高举旗帜的迫切需要。从各地区各行业的经验教训看，凡是重视以改革创新精神加强党的建设的党组织，都能做到坚定不移地高举这面伟大旗帜，凡是不重视以改革创新精神加强党的自身建设的党组织，其组织内部就会软弱涣散，就缺乏生机与活力，在“左”、右错误思潮出现的时候，显得束手无策，无所作为。经验教训告诉我们，要高举中国特色社会主义伟大旗帜，就必须加强和创新党的建设，提高党的战斗力和应对能力，否则，高举旗帜就会变成一句空话。

2.充分认识以改革创新精神加强党的建设的重要性和提出的时代背景

充分认识以改革创新精神加强党建的重要性和时代背景，目的是为提高加强党的建设的自觉性和主动性。党的十七大报告指出：“世情、国情、党情的发展变化，决定了以改革创新精神加强党的建设既十分重要又十分紧迫。”

所谓世情，就是指国际形势发生的巨大变化。世情可以用两句来概括：第一句是，和平与发展仍然是主题；第二句是：世界并不太平。和平与发展是主题，在新世纪新阶段出现了三个特点：一是经济全球化趋势；二是政治多极化趋势；三是高科技迅猛发展趋势。这种新趋势，要求我们不断更新观念，不断创新党建。

世界并不太平，主要表现在两个方面：一是世界局部战争不断；二是西方世界对社会主义国家“西化”、“分化”加剧。关于和平演变问题，邓小平在党的十四大前后同江泽民、胡锦涛等同志谈话时就讲过，后来又同外国朋友讲过，他说：“西方国家正在打一场没有硝烟的第三次世界大战。所谓没有硝烟，就是要社会主义国家和平演变。”（《邓小平文选》第3卷，第344页。）他们打无硝烟战争有个长期的战略，核心内容是“攻心——夺权——私有化”；策略手段是“西化、分化”或“颜色革命”；战略部署是打三个战役：第一战役是瓦解苏联东欧；第二战役是征服中国、朝鲜、越南和古巴；第三战役是征服全世界，建立以美国为首的资本主义一统天下。第一战役他们已经取得决定性胜利，现在正在打第二战役，他们评估已经初见成效，但遇到了顽强抵抗。据美国兰德公司一位教授讲，对付共产党领导的中国，想用现代资本主义旗帜直接取代中国特色社会主义旗帜那是相当困难的，这比战胜苏维埃社会主义旗帜难度大得多。于是，他们就变换策略，提出搞“颜色革命”，打出“民主社会主义”的旗帜。在策略手段上，他们感到搞“两化”即“西化、分化”还不够，于是又提出搞“六化”，即在西化、分化的基础上，加上了淡化（政治）、腐化（干部）、丑化（领袖）和溶化（马列）。他们认为，关键是“易旗问题”，核心是动摇共产党的“四信”，即信仰、信念、信心、信任。“四信”动摇了，中国特色社会主义旗帜也就倒了。这就是西方无硝烟战争的战略策略。面对西方的图谋，我们必须加强和创新党的建设，以适应世情的发展变化。这样，全党才能坚定不移地高举中国特色社会主义伟大旗帜，毫不动摇地走中国特色社会主义道路，以积极的态度迎接和平发展时代面临的无硝烟的

战争的严峻挑战。

所谓国情，是指国内形势变化对我们党提出的新要求。这里一方面要看到，改革开放 30 年来我国发生了翻天覆地的大变化：国民生产总值从改革开放初的 4000 多亿元到现在的 20 多万亿元；综合国力从世界的第 12 位跃升到第 4 位。这是举世公认的，谁也否定不了的；另一方面要看到，我们在取得伟大成就的同时，也存在不少新问题，特别是广大党员干部面临着市场经济两重性和不完善的考验问题。尤其要看到，我国的市场经济体制还不完善，漏洞很多、空隙很多、问题很多，这就为那些居心不良的人和党性不强的人，提供了钻空子的机会和犯错误的机会，甚至会使这些人陷入腐败的泥潭之中。一系列腐败案件的暴露，都说明了市场经济的不完善阶段容易出现腐败问题。面对上述种种情况，必须加强执政党的自身建设，坚定不移走中国特色社会主义道路。这是历史和时代发展对我们党提出的新要求。党中央及时分析了这个时代背景，正确判断党所处的历史方位，决定在我国改革发展的关键时刻，以改革创新精神加强党的建设。只有这样，才能坚定不移地高举中国特色社会主义伟大旗帜，才能夺取全面建设小康社会的新胜利。

所谓党情，主要是党员和干部队伍发生了巨大变化。一方面，党的队伍不断发展壮大，由建国初期的三四百万人发展到现在 7300 多万人，其中党员干部有 1200 万，科级干部有几百万，处局级有 50 多万，省部级有 1000 多人。全世界 120 多个马列主义政党约 9000 万党员，80%在中国。我们党坚强不坚强，不仅关系中国社会主义事业的前途命运，而且关系国际社会主义事业的兴衰成败。另一方面，我们党在发展壮大过程中也存在不少问题，主要是与时代发展不相适应的问题。特别“十一五”提出建立创新型国家以后，各方面都在创新。领导创新的中国共产党，自身也必须创新，不创新，党就没有生机和活力，就无法实现领导。然而一些党员干部和党组织，还不能适应创新形势的要求，主要表现在：一是一些人还没有创新意识，只满足于按照传统习惯开展党的建设，与党内外的新变化很不适应；二是一些人还缺乏创新勇气，仅仅把创新停留在口头上，还不敢抓住机遇大胆创新；三是一些人虽有勇气创新却拿不出好办法，创来创去不见成效。这些情况告诉我们，基层党建创新不仅很重要，而且很艰难，只有以改革创新精神推进党的建设创新，才能在艰苦奋斗中开创企业党建的新局面。

3.认真把握以改革创新精神推动党的建设新的伟大工程的战略布局

党的十七大报告从战略的高度，对新形势下全面推进党的建设新的伟大工程进行了布局。这个战略布局，在改革创新精神的指导下，强调必须紧紧抓住加强执政能力建设和党的先进性建设两条主线，必须认真把握党建创新的五个重点。

（1）紧紧抓住党建工程的“两条主线”

首先，要紧紧抓住执政能力建设这条主线。所谓加强党的执政能力建设，就是指加强我们党领导国家政权的才能、本领和效力。实质是要解决为谁掌权、靠谁掌权和如何掌权的问题；核心是解决为民执政和靠民执政的能力问题，以及如何科学执政、民主执政和依法执政的体制问题。加强执政能力建设，主要表现为提高广大领导干部的领导能力，突出体现在提高以下五种能力：一是驾驭市场经济的能力；二是发展社会主义民主政治的能力；三是建设社会主义先进文化的能力；四是构建社会主义和谐社会的能力；五是应对国际复杂局势的能力。这五种能力，集中到一点，就是领导和推动科学发展的能力。所以，提高领导能力，就一定要在提高科学发展能力上下功夫。为此，就要大力加强领导班子建设，不断提高领导班子的思想政治素质、道德作风素质、科学文化素质和实际才能素质。

其次，要紧紧抓住党建工程中先进性建设这条主线。所谓加强党的先进性建设，是用先进思想理论和路线方针政策武装党员干部队伍和各级党组织的伟大工程。十七大强调：“先进性是马克思主义政党的生命所系、力量所在，要靠千千万万高素质党员来体现。”先进性建设既包括先进性教育活动，又包括先进性的组织管理活动，重点在于建设先进性教育和管理的长效机制。为此，必须采取切实有效的措施，全面巩固和发展先进性教育成果，着力加强基层党的建设，以巩固党执政的组织基础。

（2）紧紧抓住党建工程的五大重点课题

党的十七大报告在论述以改革创新精神加强党的自身建设时，提出了抓好党的建设五个工程的重大课题。

第一，以坚定理想信念为重点加强思想建设。强调要长期对党员干部进行中国特色社会主义科学理论体系的教育，特别要着力用马克思主义中国化的最新成果武装全党，用科学发展观武装头脑和指导行动。党的十七大强调，要“加强党员、干部理想信念教育和思想道德建设，使广大党员、干部成为实践社会主义核心价值体系的模范，做共产主义远大理想和中国特色社会主义共同理想的坚定信仰者、科学发展观的忠实执行者、社会主义荣辱观的自觉实践者、社会和谐的积极促进者。”这就为新世纪党的思想理论建设指明了方向。

第二，以造就高素质党员干部队伍为重点加强组织建设。强调要坚持党管干部的原则，坚持正确用人导向，按照德才兼备、注重实绩、群众公认原则选拔干部，提高选人用人公信度。同时还强调要在提高党员队伍和干部队伍素质上多下功夫，要把着力点放在加强党的基层组织建设上，如果基层组织没有战斗力和凝聚力，党员干部队伍素质就很难提高。

第三，以保持党同人民群众的血肉联系为重点加强作风建设。强调要坚持人民是历史创造者的历史唯物主义观点，坚持全心全意为人民服务，坚持群众路线，真诚倾听群众呼声，真实反映群众愿望，真情关心群众疾苦，多为群众办好事、办实事，做到权为民所用、情为民所系、利为民所谋。为此，就要牢记执政党的党风关系党的生死存亡的教导，着力在加强五风上多下功夫（即提高思想作风、工作作风、领导作风、生活作风和文风学风），并采取措施把作风建设落到实处。

第四，以健全民主集中制为重点加强制度建设。强调既要发扬民主，又要善于集中，着力健全集体领导与个人分工负责相结合的制度，反对和防止个人或少数人专断。党的十七大鉴于实行党内民主的极端重要性，特别强调要积极推进党内民主建设，以扩大党内民主带动人民民主，以增进党内和谐促进社会和谐，以增强党的团结推动全国人民的大团结。

第五，以完善惩治和预防腐败体系为重点加强反腐倡廉建设，强调要把教育、监督、制度结合起来，着重从源头上防治，着力在更加注重治本、更加注重预防、更加注重制度建设上多下功夫。

一个精神、两条主线、五个重点，构成了新世纪新阶段我党全面推进党建创新的总体布局。这是一个系统工程，也是一个伟大的新工程。

（二）贯彻落实科学发展观

1.树立和落实科学发展观的必要性

树立和落实全面发展、协调发展和可持续发展的科学发展观，对于我们更好地坚持发展才是硬道理的战略思想具有重大意义。树立和落实科学发展观，这是20多年改革开放实践的经验总结，是战胜“非典”疫情给我们的重要启示，也是推进全面建设小康社会的迫切要求。实现全面建设小康社会的宏伟目标，就是要使经济更加发展、民主更加健全、科教更加进步、文化更加繁荣、社会更加和谐、人民生活更加殷实。要全面实现这个目标，必须促进社会主义物质文明、政治文明和精神文明协调发展，坚持在经济发展的基础上促进社会全面进步和人的全面发展，坚持在开发利用自然中实现人与自然的和谐相处，实现经济社会的可持续发展。这样的发展观符合社会发展的客观规律。生产力的发展是人类社会发展的最终决定力量。只有坚持以经济建设为中心，不断解放和发展生产力，才能为社会全面进步和人的全面发展奠定坚实的物质基础。同时，经济发展又是同政治发展、文化发展紧密联系的。从根本上说，经济发展决定政治发展和文化发展，但政治发展和文化发展也会反过来对经济发展产生作用，在一定条件下还可以产生决定性作用。树立和落实科学发展观，十分重要的一环就是要正确处理增长的数量和质量、速度和效益的关系。增长是发展的基础，没有经济的数量增长，没有物质财富的积累，就谈不上发展。但增长并不简单地等同于发展，如果单纯扩大数量，单纯追求速度，而不重视质量和效益，不重视经济、政治和文化的协调发展，不重视人与自然的和谐，就会出现增长失调、从而最终制约发展的局面。忽视社会主义民主法制建设，忽视社会主义精神文明建设，忽视各项社会事业的发展，忽视资源环境保护，经济建设是难以搞上去的，即使一时搞上去了最终也可能要付出沉重的代价。各级党委和政府一定要坚持科学发展观，不断探索促进全面发展、协调发展和可持续发展的新思路新途径，进一步提高发展质量，实现更快更好的发展。

2.把科学发展观贯穿于发展的整个过程

当前，我国改革发展正处在关键时期。如何根据新形势新任务的要求，不断推进全面建设小康社会进程，开创中国特色社会主义事业新局面，是我们必须深入思考和认真抓好的重大课题。2003年，我国人均国内生产总值突破1000美元，跨上了一个重要台阶。一些国家和地区的发展历程表明，在人均国内生产总值突破1000美元之后，经济社会就进入了一个关键的发展阶段。在这个阶段，既有因为举措得当从而促进经济快速发展和社会平稳进步的成功经验，也有因为应对失误从而导致经济徘徊不前和社会长期动荡的失败教训。综合起来看，说我国改革发展正处在关键时期，主要是基于以下几点：综合国力竞争日趋激烈，外部环境日趋复杂多变；我国工业化和城镇化进程加快，经济结构调整加速，农村大量富余劳动力向非农领域转移；经济市场化程度迅速提高，深化改革进一步触及深层次的矛盾和问题，体制创新进入攻坚阶段；地区发展不平衡，经济社会发展不平衡，缩小地区发展差距和促进经济社会协调发展任务艰巨；我国经济对外依存度不断提高，世界经济对我国发展的影响明显加深；人民群众的物质文化需要不断提高并更趋多样化，社会利益关系更趋多样化，社会利益关系更趋复杂，统筹兼顾各方面利益难度加大；人民群众的民主法制意识不断增强，政治参与的积极性不断提高，对发展社会主义民主政治和落实依法治国基本方略提出了新的要求；人们受各种思想观念影响的渠道明显增多、程度明显加深，思想活动的独立性、选择性、多变性、差异性明显增强。总之，这是一个既有巨大发展潜力和动力又有各种困难和风险的时期，是一个既有难得机遇又有严峻挑战的时期。能不能抓住新机遇、解决新问题、实现新发展，是对我们党的执政能力的重大考验，也是对我们的民族凝聚力和创造力的重大考验。全党同志特别是各级领导干部一定要增强忧患意识，做到居安思危，勇敢地担负起历史赋予的使命，带领人民不断把中国特色社会主义事业推向前进。

要解决中国的发展问题，实现又好又快发展，必须牢固树立和认真落实科学发展观。这是我们以邓小平理论和“三个代表”重要思想为指导，从新世纪新阶段我国发展全局出发提出的重大战略思想。科学发展观总结了20多年来我国改革开放和现代化建设的成功经验，揭示了经济社会发展的客观规律，反映了我们党对发展问题的新认识。科学发展观对整个改革开放和现代化建设都具有重要指导意义。只有贯彻落实好科学发展观，才能确保率先全面建成小康社会、率先基本实现现代化。我们一定要增强贯彻落实科学发展观的自觉性和坚定性，结合实际，正确处理以经济建设为中心和全面发展的关系、加快发展和协调发展的关系、当前发展和可持续发展的关系，把科学发展观贯穿于发展的整个过程和各个方面，推进各项事业更好更快发展。

（1）坚持巩固农业基础地位，下大气力解决好“三农”问题

农业、农村、农民问题，始终是一个关系党和国家工作全局的根本性问题。特别是在我国进入新的发展阶段的情况下，切实解决好“三农”问题具有更加重要的意义。最近，党中央、国务院就保护和提高粮食综合生产能力、增加农民收入制定了一系列有针对性的政策措施。现在的关键是把政策原原本本地交给群众，把措施不折不扣地落到实处，确保粮食增产和农民增收。

要正确处理调整农业结构和发展粮食生产的关系。近年来，我国农业结构调整取得显著成效，对于增加农民收入起到了积极作用，必须坚定不移地继续推进。同时，我们要全面、正确地理解和把握农业结构调整的方针，处理好调整农业结

构、增加农民收入和保护粮食综合生产能力的关系，把农业结构调整的重点放到提高农产品的质量和效益、提高农业竞争力上来。许多地方的实践证明，发展优质粮食生产也是促进农民增收的一条重要途径。要认真贯彻中央关于保护和提高粮食综合生产能力的政策措施，实行最严格的耕地保护制度，推广先进适用的粮食增产技术，稳定农业生产资料价格，保障广大农民特别是种粮农民的利益，进一步调动农民生产粮食的积极性。

要正确处理挖掘农业增收潜力和开拓非农增收渠道的关系。目前，我国农民的收入一半来自农业，发展农业仍然是农民增收的重要基础和基本途径。要不断向农业的广度和深度进军，紧紧依靠科技进步，充分开发利用各种农业资源，在搞好农业多种经营上多做文章，积极开拓农民增收的渠道和途径。同时，要大力发展乡镇企业和个体、私营经济，在市场准入、融资条件、政策支持等方面创造平等竞争环境，促进以农产品加工业和服务为重点的农村第二产业、第三产业加快发展。要加强农村劳动力的职业技能培训，进一步清理和取消针对农民进城就业的各种歧视性规定和不合理收费，保障进城务工农民的合法权益，加快农村富余劳动力转移，开辟更加宽阔的农民就业渠道和空间。

要正确处理运用市场机制和发展政府作用的关系。一方面，我们要按照客观经济规律办事，尊重农民的生产经营自主权，充分发挥市场在资源配置中的基础性作用，坚决反对违背客观规律的瞎指挥和强迫命令。另一方面，要按照统筹城乡发展的要求，走城乡互动、工农互促的协调发展道路，组织、动员、引导各方面的力量来支持农业和农村经济的发展，充分发挥城市对农村的辐射和带动作用。要在创新农业和农村发展的体制机制方面作出更大努力。要深化农村各项改革，建立统筹城乡发展的有效体制机制，为促进农业和农村发展、促进农民增收创造更好的体制机制条件。

要正确处理增加政府投入和吸引社会投资的关系。农业的重要性和弱质性决定了必须加大政府对农业的投入，这也是世界各国普遍的做法。要建立健全财政支农资金的稳定增长机制，提高支农资金的使用效率。同时，要充分调动社会各方面的积极性，积极运用贴息、补助、奖励、税收优惠等多种手段，推动各类社会资金参与开发农业，参与发展农村经济社会事业。

(2) 坚持走新型工业化道路，努力实现速度与结构、质量、效益相统一

实现经济的持续快速协调健康发展和社会全面进步，必须把工作的重点放到优化经济结构、提高经济增长的质量和效益上来，切实改变高投入、高消耗、高污染、低效率的增长方式，努力走出一条科技含量高、经济效益好、资源消耗低、环境污染少、人力资源优势得到充分发挥的新路子。

要抓住新一轮世界产业分工调整重组的重大机遇，主动承接国际产业转移，努力在国际分工中赢得有利位置，同时要立足本地实际，充分利用自身优势和现有基础，推动产业结构优化升级，形成具有本地特色和竞争力的产业结构。要积极发展资金技术密集型产业，提高生产技术水平和效率，同时又要积极发展劳动密集型产业，充分利用劳动力资源丰富和人工成本较低的比较优势。要培育和发展一批核心竞争力强、拥有自主知识产权和知名品牌的大公司大企业集团，提高企业的国际竞争力，同时又要重视形成一批小而强、小而精、小而专的小企业群，发挥中小企业在活跃城乡经济、扩大就业、满足群众需要等方面的作用。

要全面认识当前的经济形势，既要看到我国经济保持了良好的发展势头，又要看到在发展进程中也出现了一些必须引起我们高度重视并抓紧解决的突出矛盾的问题。当前，最突出的问题是固定资产投资增长过快、规模过大，特别是一些行业投资增长过猛。如果这个问题不能得到及时、有效、妥善的解决，就会助长信贷规模过度扩张，加剧煤电油运的紧张，拉动生产资料价格上涨，加大通货膨胀的压力，同时也会占用大量耕地、削弱粮食生产能力。如果任其发展下去，我们面临的资源和环境问题将会更加突出，经济结构不合理的矛盾将会更为尖锐，而且将会出现大量生产能力过剩的局面，最终势必造成经济的大起大落。中央已经对解决当前经济发展中存在的突出问题作出了部署，大家一定要把思想统一到中央的决策部署上来，增强大局意识和责任意识，坚决维护中央宏观调控的统一性、权威性、有效性。要积极采取措施，坚决控制盲目投资和低水平重复建设的项目，有效遏制固定资产投资过快增长的势头。总之，我们既要把各方面加快发展的积极性保护好、发挥好，又要把这种积极性引导到深化改革、优化结构、提高效率上来，保持经济平稳协调较快发展。

当今世界，科学技术正在酝酿着新的重大突破，一场新的科技革命和产业革命正在孕育之中。能否抓住机遇，大力推进科技进步和创新，直接关系全面建设小康社会、加快社会主义现代化的进程。为此，必须大力增强科技自主创新能力，选择一些有基础、有优势、有条件、对经济社会发展有重大意义的方向和领域进行攻关，尽快掌握一批核心技术，拥有一批自主知识产权；必须加快科技成果向现实生产力的转化，大力发展高新技术产业，用高新技术和先进适用技术改造提升传统产业，提高产品的科技含量和质量档次；必须促进科技力量整合，打破部门分割，强化组织协调，实现产学研相结合，形成推动科技进步和创新的强大合力；必须充分发挥企业在科技进步和创新中的重要作用，使之真正成为进行技术创新和科技成果转化的主体。推动科技进步和创新，关键在人才。要认真实施人才强国战略，善于在创新实践中识别人才、培育人才、凝聚人才，努力形成人才辈出、人尽其才的新局面。

东部地区要增强服务全国的大局意识，加强与其他地区的经济技术交流和合作，积极参与实施西部大开发战略和东北地区等老工业基地振兴战略，加强对西部欠发达地区的对口支援工作，为促进东中西部协调发展多作贡献。

(3) 坚持深化改革、扩大开放，为加快发展提供强大动力

改革开放是强国之路。没有改革开放，就没有我国社会生产力的巨大发展，就没有综合国力的显著提高，就没有人民生活的不断改善。要全面落实科学发展观，胜利实现全面建设小康社会的宏伟目标，最根本的是要靠深化改革、靠体制创新，以改革的新突破、开放的新局面来赢得各项事业的新发展。

现在，我国社会主义市场经济体制已经初步建立，全方位、宽领域、多层次的对外开放格局已经基本形成，但改革开放的任务还远远没有完成。深化改革必然会触及经济社会生活中的深层次矛盾和问题。我们要按照建成完善的社会主义市场经济体制和更具活力、更加开放的经济体系的要求，打好深化改革的攻坚战，进一步消除经济发展和社会进步的体制性障碍。在统筹推进各项改革时，要重点抓好以下工作：

要坚持和完善公有制为主体、多种所有制经济共同发展的基本经济制度，进一步开创各种所有制经济共同发展的新局面。要加快调整国有经济的布局和结构，积极实施股份制，大力发展混合所有制经济，深化国有企业改革，完善公司法人治理结构，推动国有资本向优势产业、优质企业集中，不断发展壮大国有经济。要完善国有资产管理体制，认真落实地方政府代表国家履行出资人职责的规定，积极探索国有资产监管和经营的有效形式，确保国有资产保值增值。要鼓励、支持和引导非公有制经济发展，进一步改善非公有制经济发展的政策和法制环境，落实放宽市场准入、促进企业平等竞争的政策措施，充分发挥个体、私营等非公有制经济在促进经济增长、扩大就业和活跃市场等方面的作用。要通过深化改革，推动各种所有制经济在市场竞争中发挥各自优势，相互促进，共同发展。

要深化行政管理体制改革，进一步转变政府职能。这是建设完善的社会主义市场经济体制的必然要求，也是提高行政效率、降低行政成本、更好地为社会和群众服务的必然要求。要继续推进政府机构改革，按照精简、统一、效能的原则和决策、执行、监督相协调的要求，调整机构，裁减富余人员，减轻群众负担。要完善政府的经济调节、市场监管、社会管理和公共服务的职能，坚持依法行政，转变工作作风，加快形成行为规范、运转协调、公正透明、廉洁高效的行政管理体制，建设服务型政府。

要坚持"引进来"和"走出去"相结合，不断提高对外开放的水平。要继续坚定不移地实施对外开放的基本国策，下大气力提高对外开放的水平。一方面，要大力提高"引进来"的水平，引进资金、技术、人才，都要把着眼点放在提高经济增长的质量和效益上，放在增强产业和产品的国际竞争力上。另一方面，要加快"走出去"的步伐，鼓励有条件的企业到境外投资办厂，更加积极地参与国际经济技术合作和竞争，进一步拓展发展空间，增强发展后劲。要按照统筹国内发展和对外开放的要求，密切关注国际经济形势的发展变化，善于利用可以为我所用的各种机遇，积极应对可能给我国发展带来风险的挑战，努力做到趋利避害。要加快熟悉和掌握世贸组织规则和其他国际经济法规、惯例，善于运用法律等手段有效保障我国的经济权益和安全。

（4）坚持以人为本，始终把最广大人民的根本利益放在第一位

实现好、维护好、发展好最广大人民的根本利益，是我们推进改革开放和现代化建设的出发点和落脚点，也是贯彻"三个代表"重要思想的必然要求。我们坚持立党为公、执政为民，坚持权为民所用、情为民所系、利为民所谋，必须体现在不断满足人民群众的经济、政治、文化利益上，体现在做好关心群众生产生活的各项工作上，体现在为人民群众办实事、办好事上。当前，要着重抓好以下三方面的工作：

就业是民生之本。各级党委和政府要始终把就业再就业工作作为一件关系全局的大事来抓，认真落实中央关于促进就业再就业的政策措施，切实解决存在的突出问题，务求取得实实在在的效果。发展是促进就业再就业的根本途径。要通过发展社区服务业、劳动密集型产业、中小企业和公益性事业等就业容量大的行业和企业，培育新的就业增长点，实现发展经济和扩大就业的良性互动。要加强就业技能培训，切实提高劳动者就业技能和竞争能力。要进一步做好就业再就业服务工作，大力改善公共职业介绍服务的设施和手段，建立健全再就业援助制度，规范劳动力市场秩序，为促进就业再就业创造良好的环境。

加快社会保障体系建设，是解决群众生产生活问题的重要环节，也是维护社会稳定的重要举措。要确保企业离退休人员基本养老金按时足额发放，做好国有企业下岗职工基本生活保障与失业保障并轨的工作，完善企业退休人员社会化管理服务体系。要推进医疗改革，健全多层次的医疗保险制度，扩大医疗保险覆盖面。要继续做好城市居民最低生活保障工作，做到应保尽保。要切实保障农村五保户基本生活，逐步建立农村最低生活保障制度。要多渠道筹集社会保障资金，强化社会保障费用征缴，进一步提高保障能力。要健全工作机制，加强对社会保障基金收支运行的管理和监督，确保安全和合理使用。

要维护好群众的各项权益。人民群众的权益涉及经济、政治、文化、社会等各个领域。一方面，我们要通过发展来不断保障人民群众的权益；另一方面，要坚决克服在现实生活中存在的各种侵害群众权益的现象。要正确认识和妥善处理新形势下的人民内部矛盾，坚持依法办事，坚持按政策办事，善于运用示范引导、提供服务等方法推动工作，运用说服教育、民主协商等方式来解决问题，特别是要注意防止和纠正征地拆迁、企业改制、职工工资福利待遇、农民工工资发放等方面侵害群众利益的行为。要制定有效措施，切实解决困难群众在子女上学、就医、住房等方面遇到的突出问题。要加强社会治安综合治理，依法惩治各种犯罪活动，努力维护社会稳定，确保人民群众安居乐业。要高度重视安全生产问题，牢固树立"责任重于泰山"的观念，坚持把人民群众的生命安全放在第一位，进一步完善和落实安全生产的各项政策措施，努力提高安全生产的水平，确保人民生命财产的安全。

（5）坚持实施可持续发展战略，促进经济发展和人口、资源、环境相协调

可持续发展战略事关中华民族的长远发展，事关子孙后代的福祉，具有全局性、根本性、长期性。实施可持续发展战略，促进人与自然的和谐，实现经济发展和人口、资源、环境相协调，坚持走生产发展、生活富裕、生态良好的文明发展道路，这既是全面建设小康社会的必然要求，也是贯彻落实科学发展观的重要实践。各地区在推进发展的过程中，必须充分考虑资源和环境的承受力，统筹考虑当前发展和未来发展的需要，既

重视经济增长指标、又重视资源环境指标，既积极实现当前发展的目标、又为未来发展创造有利条件。

对我国来说，抓好资源的节约和综合利用尤为重要。一方面，总体上资源紧缺是我国的一个基本国情。比如，我国人均水资源占有量仅为世界平均水平的四分之一，我国人均耕地不到世界平均水平的二分之一，矿产资源人均占有量只有世界平均水平的二分之一。另一方面，随着我国经济的持续快速发展，资源压力日益增大。我国经济增长在很大程度上是靠物质资源的高消耗来实现的，这种状况如不改变，经济社会发展是难以为继的。因此，我们必须大力发展循环经济，努力实现自然生态系统和社会经济系统的良性循环。要在资源开采、加工、运输、消费等环节建立全过程和全面节约的管理制度，逐步形成有利于节约资源的产业结构和消费方式，构建资源节约型国民经济体系和资源节约型社会。要发挥科技进步在促进资源节约中的作用，推动节约资源的科技开发，及时推广资源节约方面的科技成果，支持和引导企业淘汰浪费资源的工艺、技术和产品。要通过经济、技术、法律等手段，推进资源利用方式的根本转变，不断提高资源利用的经济、社会和生态效益。要在全社会大力宣传节约资源的重大意义，促进全民牢固树立节约资源的观念，培育人人节约资源的社会风尚，坚决遏制浪费资源、破坏资源的现象。

良好的生态环境是实现社会生产力持续发展和提高人们生存质量的重要基础。经过不懈努力，我们在生态环境保护和建设方面取得了不少成绩，但是生态环境总体恶化的趋势尚未根本扭转，环境治理的任务依然艰巨繁重。要大力宣传生态环境保护和建设的重要性，增强全民族的环境保护意识，营造爱护环境、保护环境、建设环境的良好风气。要加大从源头上控制污染的力度，严格控制高污染项目，淘汰高污染行业，彻底改变以牺牲环境、破坏资源为代价的粗放型增长方式，决不能以牺牲环境为代价去换取一时的经济增长。要尊重自然规律，根据自然的承载能力和承受能力规划经济社会发展，坚决禁止各种掠夺自然、破坏自然的做法。我们在抓发展的过程中，一定要高度重视人文自然环境的保护和优化，努力使我们今天所做的一切，能给后人留下赞叹，而不给后人造成遗憾。

人口和计划生育工作是实施可持续发展战略的重要方面，必须常抓不懈。要切实贯彻中央的工作部署，紧紧围绕控制人口增长和提高人口素质这两大任务，建立健全适应科学发展观要求的人口和计划生育工作机制，创新工作思路和方式，确保实现人口和计划生育的工作目标。

3.大兴求真务实之风是落实科学发展观的重要保证

树立和落实科学发展观，同大兴求真务实之风是内在统一的。各级党委、政府和领导干部都要把树立和落实科学发展观作为求真务实的着力点，在树立和落实科学发展观中坚持求真务实，用求真务实的作风来树立和落实科学发展观。

要把树立和落实科学发展观与坚持正确的政绩观紧密结合起来。科学发展观引导着正确的政绩观的树立，正确的政绩观又保证着科学发展观的落实。各级领导干部都要忠诚实践“三个代表”重要思想，坚持为民、务实、清廉，坚持按照客观规律办事，兢兢业业地干好工作，实实在在地创造业绩。考核干部政绩，要注重考察落实科学发展观的实际成效，坚持用是否服务于人民、造福于人民，是否遵循客观规律和科学规律，是否推动经济社会协调发展，是否对子孙后代负责、对长远发展负责，作为考核干部政绩的根本标准。要通过健全的制度，形成促使广大干部肯干事、会干事、干好事的导向，促进科学发展观的贯彻落实。

要把树立和落实科学发展观与掌握科学的思想方法紧密结合起来。科学发展观，是指导发展的科学思想。只有求真务实，认识规律，把握规律，才能得其要旨。各级领导干部要不断深化对科学发展观的理论基础、深刻内涵、基本要求和指导意义的认识，坚决破除一切阻碍科学发展观落实的观念，坚决纠正一切偏离科学发展观的行为，真正把思想方法转到科学发展观的要求上来。要自觉用科学发展观来指导工作，因地制宜，因时制宜，善于统筹，善于协调，努力把对科学发展观的认识成果转化为促进发展的科学思路，转化为促进全面、协调、可持续发展的体制机制，转化为领导改革开放和现代化建设的实际能力。要把科学发展观贯穿于想问题、作决策、干工作的全过程，以长远眼光谋划发展，以全局意识统筹发展，以科学态度抓好发展，更加自觉地促进社会主义物质文明、政治文明和精神文明的协调发展。

要把树立和落实科学发展观与发扬优良的工作作风紧密结合起来。树立和落实科学发展观，关键在行动。各级党委和政府要把树立和落实科学发展观作为干部工作作风建设的重要内容来抓，切实转变干部的工作作风，坚决反对形式主义、官僚主义。要坚持解放思想、实事求是，讲实话、出实招、办实事、求实效，以改革的精神和科学的态度研究解决改革发展稳定中的重大问题，研究解决群众生产生活中的紧迫问题，多干群众急需的事，多干群众受益的事，多干打基础的事，多干长远起作用的事，扎扎实实地把改革开放和现代化建设推向前进。

贯彻中央的路线方针政策和工作部署，包括落实科学发展观和正确的政绩观，做好改革发展稳定的各项工作，关键在各级领导班子和领导干部。关心一个地方的发展，首先要关心这个地方的领导班子建设；支持一个地方的发展，首先要帮助这个地方把领导班子建设好。要切实把思想政治建设放在领导班子各项建设的首位，加强指导，积极推动，使各级领导班子都能坚持讲政治、顾大局、重团结、守纪律，保持开拓进取、奋发有为的精神状态，并在素质、能力、知识等方面形成合理的结构，真正成为贯彻“三个代表”重要思想、带领群众不断开创改革开放和现代化建设新局面的坚强领导集体。

4.全面落实科学发展观的时代背景和重大举措

我们党执政，首要任务就是带领人民推动经济社会发展，不断满足人民日益增长的物质文化需要。提高党的执政能力，首先要提高党领导发展的能力。我们这样一个经济文化比较落后的社会主义大国，如何实现又好又快的发展，是党执政以后必须下大气力解决好的重大课题。毛泽东、邓小平、江泽民都对此进行了深入思考，作出了许多重要论述，深刻阐明了我国的发展目标、发展战略、发展道路、发展动力等一系列重大问题。科学发展观，是我们党长期艰苦探索的结果，也是我们继承和发展党的三代领导核心关于我国发展的重要思想、从新世纪新阶段党和人民事业发展全局出发提出的重大战略思想。树立和落实科学发展观的过程，就是根据党和人民事业发展的新要求、大力提高党领导发展能力的过程。必须看到，要使科学发展观真正为全党同志所掌握、并真正贯彻到各项工作中去，还需要我们付出极大的努力。

当前，我国改革发展就处在这样一个关键阶段，表现在：综合国力竞争空前激烈，外部环境日趋复杂多变；我国工业化和城镇化进程加快，经济结构调整加速，农村大量富余劳动力向非农领域转移；经济市场化程度迅速提高，深化改革进一步触及深层次矛盾和问题，体制创新进入攻坚阶段；地区发展不平衡，经济社会发展不平衡，缩小地区发展差距和促进经济社会协调发展任务艰巨；我国经济对外依存度不断提高，世界经济对我国发展的影响明显加深；人民群众的物质文化需要不断提高并更趋多样化，社会利益关系更趋复杂，统筹兼顾各方面利益的难度加大；人民群众的民主法制意识不断增强，政治参与的积极性不断提高，对发展社会主义民主政治和落实依法治国基本方略提出了新的要求；人们受各种思想观念影响的渠道明显增多、程度明显加深，思想活动的独立性、选择性、多变性、差异性明显增强。总之，这是一个既有巨大发展潜力和动力又有各种困难和风险的时期，是一个既有难得机遇又有严峻挑战的时期。从世界上一些国家的经验看，在这个阶段，既有因为举措得当从而促进经济快速发展和社会平稳进步的成功经验，也有因为应对失误从而导致经济徘徊不前和社会长期动荡的失败教训。能不能抓住新机遇、解决新问题、实现新发展，是对我们党执政能力的重大考验。我们提出科学发展观，就是为了更好地解决改革发展关键时期遇到的各种问题，确保我国经济社会协调发展，确保党和人民的事业继续沿着正确的道路前进。全党同志一定要从贯彻落实“三个代表”重要思想、确保实现全面建设小康社会目标的高度，进一步增强贯彻落实科学发展观的自觉性和坚定性，切实把科学发展观贯穿于发展的整个过程和各个方面。

加强和改善宏观调控，是当前贯彻落实科学发展观的重大举措，其实质就是要优化经济结构，加快转变经济增长方式，逐步消除可能导致经济大起大落的体制性、机制性障碍，以充分利用好重要战略机遇期，实现又好又快发展。我们必须清醒地认识到，目前我们加强和改善宏观调控取得的成效还是初步的阶段性的，经济运行中存在的突出矛盾和问题虽有所缓解，但基础还不稳固，影响经济健康发展的深层次矛盾和问题还没有得到根本解决，加强和改善宏观调控的任务仍然十分繁重。各级党委和政府要充分认识宏观调控的艰巨性和复杂性，全面理解和坚决贯彻中央关于加强和改善宏观调控的各项政策措施，决心不动摇，工作不放松。要继续管住管好信贷和土地两个闸门，坚持区别对待、有保有压的原则，对经济运行中不稳定、不健康因素要坚决加以抑制，对经济社会发展的一些薄弱环节要采取措施切实加强，同时要加强对经济运行的调节，缓解煤电油运供求紧张，确保实现加强和改善宏观调控的预期目标。

由于市场经济发展规律和国内外多种因素的影响，经济增长出现周期性变化和波动是难以完全避免的。但是，经济持续增长时间的长短和波动程度的大小，不仅取决于客观因素，也取决于主观努力，取决于人们对客观规律的认识水平和运用能力。我国经济发展过程中一再出现盲目投资、低水平重复建设和片面追求速度的现象，归根到底是因为各方面体制还不完善，法律法规还不健全，经济增长方式还比较粗放。我们要认真汲取我国发展实践的经验教训，进一步深刻认识我国经济发展的特点和规律，不断提高驾驭社会主义市场经济的能力。关键是要努力形成有利于保持国民经济持续快速协调健康发展、防止大起大落的一整套体制机制，从根本上消除引发经济较大波动的根源，促进经济走上长期良性发展轨道。要做到这一点，就必须坚定不移地把经济发展的着力点放在调整结构、深化改革、转变增长方式上。

第一，加快调整经济结构。经济结构不合理仍然是制约我国经济发展质量和效益提高的主要因素。加快经济结构调整步伐、推动结构优化升级，是我们面临的紧迫任务。农业是安天下、稳民心的战略产业，必须始终抓紧抓好。综观一些工业化国家发展的历程，在工业化初始阶段，农业支持工业、为工业提供积累是带有普遍性的趋向；但在工业化达到相当程度以后，工业反哺农业、城市支持农村，实现工业与农业、城市与农村协调发展，也是带有普遍性的趋向。我们要坚持把解决好农业、农村、农民问题作为全党工作的重中之重，按照统筹城乡发展的要求，稳定和完善支持农民增收和粮食增产的各项政策措施，加强农业和农村基础设施建设，深化农村税费改革，积极开拓农民增收的渠道和途径。要在国家总体实力不断增强的基础上，在深入挖掘农业和农村发展潜力的同时，不断加大对农业发展的支持力度，发挥城市对农村的辐射和带动作用，发挥工业对农业的支持和反哺作用，走城乡互动、工农互促的协调发展道路。我们要抓住新一轮全球产业分工调整重组的重大机遇，努力在国际分工中赢得有利位置，同时又要立足我国实际，充分利用自身优势和现有基础，努力形成既能够充分发挥我国优势又具有强大国际竞争力的产业结构。要大力发展资金技术密集型产业，提高技术水平和效率，培育新的经济增长点，同时又要重视用高新技术和先进适用技术改造提升传统产业，提高产品的科技含量和质量档次，还要积极发展劳动密集型产业，充分利用我国劳动力资源丰富和人工成本较低的比较优势。要培育和发展一批竞争力强、拥有自主知识产权和著名品牌的大公司、大企业集团，提高企业的国际竞争力，同时又要重视形成一批小而强、小而精、小而专的中小企业群，发挥它们在活跃城乡经济、扩大就业、满足群众需要等方面的作用。

第二，进一步深化改革。我国经济运行中出现的一些矛盾和问题，其根本原因仍然是体制机制问题。我们要按照党中央的部署，坚定不移地沿着社会主义市场经济的改革方向深化改革，充分发挥市场在资源配置中的基础性作用，不断从体制机制上解决制约经济发展的深层次矛盾和问题。要坚持和完善公有制为主体、多种所有制经济共同发展的基本经济制度，完善国有资产管理体制，深化国有企业改革，增强国有企业和国有经济的活力和竞争力，同时要进一步完善和落实鼓励和支持非公有制经济发展的政策措施，引导和促进非公有制经济健康发展。要深化行政管理体制改革，进一步转变政府职能，减少政府对微观经济的直接干预，加快市场体系建设，营造公平公正的法制环境、竞争有序的市场环境和诚实守信的社会环境。要深化财税、金融和投资体制等改革，从体制机制上解决产业结构趋同、增长方式粗放、低水平扩张的问题。要深化教育、科技、文化、卫生、体育等领域的体制改革，促进经济社会协调发展。

第三，切实转变经济增长方式。从制定“九五”计划时提出实行“两个根本性转变”以来，我们在转变经济增长方式方面取得了很大进展。但坦率地说，粗放型增长方式还没有从根本上得到改变。如果不抓紧转变这种粗放型增长方式，必然会制约我国经济的可持续发展。第一个问题是过度消耗能源资源。我国人均能源资源占有量不足，耕地、淡水、森林、石油、天然气等的人均占有量远远低于世界平均水平，而我国单位产出的能源资源消耗水平则明显高于世界平均水平。未来一段时期，我国能源资源消耗仍将呈现较快增长的态势，能源资源约束的矛盾将日益突出。第二个问题是严重污染生态环境。虽然我国环境保护和生态建设取得了不小成绩，但生态总体恶化的趋势尚未根本扭转，环境治理的任务相当艰巨。环境恶化严重影响经济社会发展，危害人民群众的身体健康，损害我国产品在国际上的声誉。如果不从根本上转变经济增长方式，能源资源将难以为继，生态环境将不堪重负。那样，我们不仅无法向人民交代，也无法向历史、向子孙后代交代。全党同志都要充分认识转变经济增长方式的极端重要性和紧迫性，坚持走新型工业化道路，倡导有利于节约能源资源和保护生态环境的产业结构和消费方式，大力开展能源资源节约活动，全面推行清洁生产和节能技术，加快发展循环经济。要加强生态环境保护和建设，加快重点领域、重点区域的环境治理，抓紧解决严重威胁人民群众健康安全的环境污染问题，推动整个社会真正走上生产发展、生活富裕、生态良好的文明发展道路。要加紧研究和解决保护耕地、保障国家粮食安全、保障能源和重要资源供应、保护生态环境等一些对我国经济社会发展带有制约性、关键性、全局性的问题，明确战略思路，制定政策措施，积极推动落实。

树立和落实科学发展观，要求我们不仅要大力发展社会主义市场经济，而且要大力发展社会主义民主政治和社会主义先进文化。物质文明建设、政治文明建设、精神文明建设是相辅相成的。物质文明建设是基础，但政治文明建设、精神文明建设也绝不是可有可无的。政治文明建设、精神文明建设不搞好，物质文明建设最终也很难搞好。要把坚持党的领导、人民当家作主和依法治国有机统一起来，进一步发展社会主义民主政治，着重加强制度建设，努力实现社会主义民主政治的制度化、规范化、程序化。要大力加强思想道德建设，弘扬和培育民族精神，发展教育科学文化事业，不断提高干部群众的思想道德素质和科学文化素质，为经济社会发展提供强大的精神动力和智力支持。总之，要坚持两手抓、两手都要硬，通过不懈努力，使经济、政治、文化建设以及各项事业协调发展、全面进步。

5.坚持以科学发展观统领经济社会发展全局

科学发展观是我们党坚持以邓小平理论和“三个代表”重要思想为指导，在准确把握世界发展趋势、认真总结我国发展经验、深入分析我国发展阶段性特征的基础上提出的重大战略思想，是对经济社会发展一般规律认识的深化，是指导发展的世界观和方法论的集中体现，是推进社会主义经济建设、政治建设、文化建设、社会建设全面发展必须长期坚持的指导方针。“十一五”时期，是我国改革发展的关键时期，也是贯彻落实科学发展观的关键时期。做好“十一五”时期和明年的各项工作，关键是要贯彻落实好科学发展观，努力把立足科学发展、着力自主创新、完善体制机制、促进社会和谐的总要求落到实处。要增强贯彻落实科学发展观的自觉性和坚定性，注重从思想上、组织上、作风上和制度上形成贯彻落实科学发展观的有力保障，切实把科学发展观贯穿于经济社会发展的全过程、落实到经济社会发展的各个环节，推动经济社会发展真正转入以人为本、全面协调可持续发展的轨道，实现经济社会又快又好发展。

第一，扎实推进社会主义新农村建设。党的十六届五中全会提出了建设社会主义新农村的重大历史任务，这是关系我国现代化建设全局的重大战略决策，也是解决好“三农”问题的重大举措。必须按照生产发展、生活宽裕、乡风文明、村容整洁、管理民主的要求，扎扎实实推进新农村建设，努力使农村面貌发生明显变化。在建设社会主义新农村过程中，要注意做到以下“三个结合”。一是要把加大政府支持力度与激发农村内部活力结合起来。要认真贯彻工业反哺农业、城市支持农村的方针，坚持“多予少取放活”，稳定、完善和强化各项支农政策，加大政府对农业和农村投入的力度，扩大公共财政覆盖农村的范围，并逐步把行之有效的支农措施规范化、制度化，形成以工促农、以城带乡的长效机制。同时，要通过加强农村基础设施建设、调整农村经济结构、加快农业科技进步、培育新型农民、转移农村富余劳动力等措施，激发和增强农村自我发展、自我建设的能力。特别要推进以乡镇机构、农村义务教育和县乡财政体制改革为主要内容的农村综合改革，巩固农村税费改革成果。二是要把加快农村经济发展与促进农村社会进步结合起来。要坚持以发展农村经济为中心任务，大力推进现代农业建设，提高农业综合生产能力，稳定发展粮食生产，优化农业生产布局，发展农业产业化经营，促进农村生产力不断发展，促进发展收入持续增长，打牢新农村建设的物质基础。同时，要加快农村教育、文化、卫生等各项社会事业的发展，搞好农村群众文化建设，倡导健康文明新风，逐步改变农村社会事业发展滞后的状况。三是要把遵循客观规律与尊重农民意愿结合起来。要坚持从实际出发，因地制宜、分类指导，量力而行、循序渐进，搞好科学规划，抓好试点示范，坚决防止出现强求一律、盲目攀比、急于求成等问题，更不能搞形式主义，确保新农村建设取得实实在在的成效。同时，要尊重农民意愿，加强民主决策、民主管理，实行村务公开，切实解决农民关心的实际问题，使新农村建设扎实稳步地向前推进。

第二，加快转变经济增长方式。经济增长方式粗放，已经成为制约我国经济社会发展的一个突出问题。粗放型经济增长方式不转变，能源资源的瓶颈制约就难以打破，经济运行就不可能进入良性循环，经济社会发展的良好势头也难以长期保持。必须把转变经济增长方式作为经济工作的一项重点任务来抓，真正使经济增长建立在提高人口素质、高效利用资源、减少环境污染、注重质量效益的基础之上。欠发达地区要实现经济社会的跨越式发展，更要切实做好转变经济增长方式这项工作。一是要把调整经济结构作为转变经济增长方式的重要途径。要抓住新一轮全球产业分工调整重组和我国东部地区产业向中西部地区转移的机遇，按照走新型工业化道路的要求，从本地资源条件和产业基础等方面的实际情况出发，发展既具有地方特色又具有比较优势和市场竞争力的产业。要切实加强基础设施和基础产业，合理开发优势能源和矿产资源，大力发展服务业特别是现代服务业。要坚持合理布局，既考虑本地特点和发展需要，又牢固树立全国一盘棋的思想，把发展本地产业与全国产业合理布局结合起来，避免产业结构趋同和重复建设。二是要把增强自主创新能力作为转变经济增长方式的中心环节。要按照更多依靠增强自主创新能力和提高劳动者素质推动经济发展的要求，不断强化创新意识、完善创新机制、培育创新人才，建立健全以企业为主体、市场为导向、产学研相结合的技术创新体系，推进原始创新、集成创新和引进消化吸收再创新，努力掌握拥有自主知识产权的核心技术和关键技术，利用先进技术改造提升传统产业，推动高新技术产业化。三是要把节约能源资源作为转变经济增长方式的有效办法。要坚持开发节约并重、节约优先的原则，在生产、建设、流通、消费各个环节厉行节约，逐步形成节约型的生产方式和消费方式，加快建设资源节约型、环境友好型社会。要积极开发和推广新技术、新工艺、新设备，加快高耗能行业和企业的技术改造，依法强制淘汰消耗高、污染重、水平低的落后生产能力，促进能源资源的合理开发、节约使用。要按照减量化、再利用、资源化的原则，加快发展循环经济，提高能源资源利用效率。要建立健全法律法规体系，加强规划和政策引导，综合运用法律手段和财税、价格等经济杠杆，形成全社会自觉节约能源资源的体制机制。

第三，不断深化改革开放。推进体制创新，是解决经济社会发展中诸多矛盾和问题的必由之路，也是贯彻落实科学发展观的必然要求。必须通过深化改革，努力形成一整套有利于实现科学发展的体制机制。一是要着力推进行政管理体制改革。要以转变政府职能为重点，按照精简、统一、效能的原则和决策、执行、监督相协调的要求，深化政府机构改革，实现政企分开、政事分开以及政府与市场中介组织分开，真正把政府职能转到经济调节、市场监管、社会管理和公共服务上来。要加快法治政府建设，全面推行依法行政，积极推进政务公开，加强电子政务建设，努力建立健全公正透明的工作机制、科学民主的决策机制、严格有效的监督机制。二是要坚持和完善基本经济制度。要按照增强国有经济控制力的要求，积极推进国有经济结构和布局的战略性调整，深化国有企业改革，加快股份制改造和现代企业制度建设的步伐，完善国有资产监督管理体制，建立健全国有资本经营预算制度和企业经营业绩考核体系，有效防止国有资产流失，保证国有资产保值增值。要鼓励、支持和引导非公有制经济发展，加强和改进对非公有制企业的服务和监督，使各种所有制经济在市场竞争中充分发挥自己的作用。三是要积极推进现代市场体系建设。要进一步打破行政性垄断和地区封锁，完善商品和要素价格形成机制，加快建设社会信用体系，整顿和规范市场秩序，努力营造公平公正的法制环境、有序竞争的市场环境、诚实守信的社会环境。四是要不断提高对外开放水平。要积极发展对外贸易，支持企业扩大具有自主知识产权、自主品牌的商品和服务出口，严格限制高耗能、高污染产品的出口，把引进外资同提升国内产业结构、技术水平结合起来，同促进区域协调发展、企业改革改组改造结合起来，着重引进先进技术、管理经验和高素质人才。欠发达地区在扩大对外开放的同时，还要充分利用市场机制、合作机制、互助机制，大力加强同兄弟省区市的横向经济联合和协作，实现优势互补、共同发展。

第四，着力加强生态环境保护和建设。良好的生态环境，是经济社会可持续发展的重要依托，也是中华民族生存和发展的根本基础。这些年来，我们在生态环境保护和建设方面作出了很大努力，但生态环境总体恶化的趋势尚未根本扭转，环境污染和生态破坏问题依然十分突出，不仅严重影响了经济社会发展，而且严重危害了群众健康和公共安全。必须大力实施可持续发展战略，坚持根据自然的承载能力和承受能力规划经济社会发展，坚决禁止各种掠夺自然、破坏自然的行为，坚决摒弃先污染后治理、先破坏后恢复的做法，下大气力抓好生态环境保护和建设，努力促进人与自然和谐发展。青海地处青藏高原腹地，是长江、黄河、澜沧江三大江河的发源地，是我国淡水资源的主要补给地和生物多样性最集中的地区之一。保护和建设好这里的生态环境，不仅关系到青海各族群众的生存和发展，而且关系到全国的生态安全和中华民族的长远发展。青海的生态环境十分脆弱，一旦破坏很难恢复。希望青海的同志切实增强责任感和使命感，自觉肩负起改善生态环境的重任。要加大环境污染防治力度，强化环境执法和监督管理，加快重点流域区域环境整治，抓紧解决严重威胁人民群众健康安全的环境污染问题。要加强生态建设，继续推进退耕还林、退牧还草、天然林保护、水土流失和荒漠化治理等生态工程，加强自然保护区、生态功能区的生态保护和管理，切实维护生态环境安全，使广大人民群众喝上干净水，呼吸上清洁的空气，吃上放心的食物，在良好的环境中生活。特别是要着力抓好"三江源"自然保护区、青海湖流域、可可西里地区的生态保护和建设，为构筑祖国西部生态屏障作出应有的贡献。国家将通过加大资金投入、实行政策倾斜、建立生态补偿机制等方式，对包括青海在内的西部地区给予必要的支持，帮助这些地区切实把生态环境保护好、建设好。

6.以解决人民群众的利益问题为着力点，推进和谐社会建设

建设社会主义和谐社会，是中国特色社会主义事业的有机组成部分，是推进全面建设小康社会的重大战略举措。这方面的工作做好了，有利于调动广大人民群众的积极性、主动性、创造性，有利于为推动经济社会发展创造良好的社会氛围，有利于为我们党巩固执政地位，完成执政使命奠定坚实的社会基础。党的十六届五中全会对建设社会主义和谐社会进一步作出了部署，各地区各部门要认真贯彻落实。要按照民主法治、公平正义、诚信友爱、充满活力、安定有序、人与自然和谐相处的要求，科学把握和谐社会建设和经济建设、政治建设、文化建设的关系，既通过经济建设为和谐社会建设提供物质基础，又通过政治建设、文化建设为和谐社会建设提供政治保障和智力支持，推动和谐社会建设不断取得新的进展。

群众利益无小事。和谐社会建设，要从解决人民群众最关心、最直接、最现实的利益问题入手，为群众多办好事、实事。这是坚持以人为本的必然要求，也是坚持发展为了人民、发展依靠人民、发展成果由人民共享的必然要求。这里，我想强调五方面的工作。

第一，抓好就业再就业工作。就业是民生之本。就业工作抓好了，就能够为人民群众解决基本生计和提高生活水平提供重要保证。要坚持把发展经济作为解决就业问题的根本出路，实施经济发展和扩大就业并举的发展战略，逐步建立有利于扩大就业的经济结构和经济增长方式，大力发展就业容量大的劳动密集型产业、服务业、各类所有制中小企业，努力培育新的就业增长点，不断扩大社会就业。要坚持劳动者自主择业、市场调节就业、政府促进就业的方针，充分发挥市场在劳动力资源配置中的基础性作用，建立劳动者自主择业为主的就业机制，努力改善创业和就业环境，推行灵活多样的就业形式，引导和鼓励劳动者自谋职业、自主创业、灵活就业。要继续落实就业再就业的各项优惠政策，加强政府对就业再就业工作的指导和服务，抓好就业培训，提高劳动者就业技能，鼓励各类下岗人员通过各种方式实现再就业。要加强劳动用工管理，保障劳动者的合法权益，保障进城务工人员的合法权益，认真解决他们在工资待遇、工作环境、社会保障等方面的问题，努力创造公平公正的就业环境。要高度重视高校毕业生的就业工作，采取多种措施，通过多种渠道，积极帮助和引导他们实现就业并发挥聪明才智。

第二，抓好社会保障工作。社会保障是社会和谐稳定的“安全阀”。要根据本地经济发展水平，确定社会保障水平，逐步扩大社会保障的覆盖面，形成经济发展和社会保障相互促进的良好局面。要完善城镇职工基本养老和基本医疗、失业、工伤、生育保障制度，把符合条件的城镇人员逐步纳入社会保障保险范围，合理确定标准和方式，提高各类企业的参保率。要完善城市居民最低生活保障制度，加快城乡特殊困难群众社会救助体系建设，切实保障困难群众的基本生活，帮助他们解决在就医、子女上学等方面遇到的实际困难。要切实做好保障义务教育的工作，加大对农村义务教育的投人，认真落实“两免一补”政策，充分保障农村学龄儿童受教育的权利。提倡全社会都来关爱贫困家庭的学生，保证考上大学的贫困学生都能入学。要高度重视公共卫生和医疗服务体系建设，推广新型农村合作医疗制度，帮助农牧民解决看病难问题。有条件的地方可以探索建立农村最低生活保障制度。

第三，抓好扶贫开发工作。要继续坚持开发式扶贫方针，以减少贫困人口为主要任务，以整村推进、培训转移和产业化扶贫为工作重点，坚持扶贫规划、扶贫项目、扶贫资金、科技服务、帮扶措施到村到户的做法，着力提高贫困农牧民的生产生活条件。要加大扶贫开发投入，抓好扶贫资金和各类资金的匹配使用，提高扶贫资金利用效果。要继续搞好中央和国家机关定点扶贫和东西扶贫协作工作，进一步动员和组织社会力量参与扶贫开发，拓宽扶贫开发渠道，增强扶贫开发合力。要高度重视和切实做好救灾和灾后重建工作，精心把受灾群众的生产生活安排好。

第四，抓好安全生产工作。实现安全生产，是事关人民群众生命财产安全的大事，也是坚持以人为本的必然要求。党的十六届五中全会特别强调要实现安全发展，体现了中央对安全生产的高度重视。中央对安全生产反复强调并采取了多方面的政策措施，上上下下在抓安全生产方面下了很大力气，也取得了一些成效，但重特大安全事故频发的势头仍然没有得到有效遏制。近期一些地方重特大安全事故频仍，给人民群众生命财产造成了重大损害，也给我国国际形象造成了负面影响。我们一定要痛定思痛，深刻吸取血的教训，切实加大安全生产工作力度，坚决遏制住重特大安全事故频发的势头。要牢固树立以人为本的观念和安全第一的思想，加强安全生产知识和有关法规的宣传教育，规范和加强对职工的安全生产培训，进一步提高对安全生产重要性的认识。要完善安全生产的法律法规，健全安全生产管理体制和机制，强化安全生产责任制，严格执行安全生产的各项规章制度，进一步提高安全生产的制度化、法制化水平。要加大对安全生产的投入，加强安全生产技术的开发和应用，为安全生产提供必要的财力支持和技术支撑。要严格安全执法检查，坚决纠正违反安全生产的行为，对不符合安全生产要求的企业要坚决停产整顿，及时消除安全隐患。要认真查处安全事故，严肃追究有关责任人员的责任。要强化对食品、药品、餐饮卫生、危险化学品和交通安全等的监管，切实保障人民群众生命健康安全。要大力加强对禽流感的防控，加强动物疫病防控体系建设，坚决防止禽流感向人间传播。

第五，抓好维护社会稳定工作。保持社会稳定，是顺利实现经济社会发展目标的必要前提，也是确保人民群众安居乐业的基本条件。要深刻认识和把握新的历史条件下人民内部矛盾的特点和规律，畅通民主渠道，完善民意表达机制，注重从源头上减少人民内部矛盾的发生。要完善处理人民内部矛盾的方式方法，加强矛盾纠纷排查工作，健全社会矛盾纠纷调处机制，引导群众以理性合法的形式表达自己的利益要求，依法及时合理地处理群众反映的问题。要加强社会建设和管理，建立健全党委领导、政府负责、社会协同、公众参与的社会管理格局，强化基层基础工作，加强城乡社区组织建设，提高社会管理和服务的水平，努力把矛盾解决在基层，把问题消除在萌芽状态。要坚持党的群众路线，大力加强思想政治工作，既帮助群众解决生产生活中的实际问题，又教育引导群众正确认识改革发展的形势，正确认识和对待个人利益和集体利益、局部利益和整体利益、眼前利益和长远利益的关系，共同维护安定团结的大局。要建立健全社会预警体系和应急救援、社会动员机制，提高保障公共安全和处置突发事件的能力。要加强社会治安防控体系建设，完善社会治安综合治理工作机制，依法打击各种违法犯罪活动，进一步改善社会治安状况。要认真贯彻《宗教事务条例》，切实管理好宗教事务。要坚决防范和打击国内外敌对势力的渗透、破坏活动，确保国家安全，维护安定团结的政治局面。

要加强民族团结进步教育，弘扬以爱国主义为核心的中华民族精神，鼓励各民族相互学习、相互交流，加快民族地区经济社会发展步伐，不断改善各族群众的生产生活条件，注重培养选拔少数民族干部，巩固和发展平等、团结、互助、和谐的社会主义民族关系，努力实现各民族共同团结奋斗、共同繁荣发展。

贯彻落实科学发展观，必须在坚持以经济建设为中心的同时，加强社会主义民主政治建设、精神文明建设、和谐社会建设。

7.以先进性教育为重点，加强和改进党的建设

做好"十一五"时期的各项工作，开创经济社会发展新局面，关键在于坚持和改善党的领导，进一步加强和改进党的建设。要坚持以邓小平理论和"三个代表"重要思想为指导，牢固树立和全面落实科学发展观，紧紧围绕经济建设、政治建设、文化建设、社会建设的实践，按照加强党的执政能力建设和先进性建设的要求，求真务实，开拓创新，从思想、组织、作风和制度上全面推进党的建设新的伟大工程。

第一，切实加强干部队伍和领导班子建设。做好改革发展稳定的各项工作，关键是要建设高素质的干部队伍，形成朝气蓬勃、奋发有为的领导层。必须按照提高素质、优化结构、增强能力的要求，不断加强干部队伍和领导班子建设。要加强对干部的教育、管理和监督，坚持不懈地抓好干部培训工作，使各级领导干部进一步解放思想、实事求是、与时俱进，牢固树立机遇意识、发展意识、大局意识、责任意识、忧患意识，不断提高贯彻科学发展观的能力、驾驭全局的能力、处理利益关系的能力、务实创新的能力。要进一步加强领导班子的思想政治建设，认真贯彻民主集中制原则，加强对各级领导班子民主生活会的指导和督查，提高领导班子解决自身问题的能力。要继续深化干部人事制度改革，认真贯彻实施公务员法，进一步扩大干部工作中的民主，落实广大群众对干部工作的知情权、参与权、选择权和监督权，推进干部人事工作的科学化、民主化、制度化。在林力实施人才强国战略，抓好人才培养工程，落实各项政策措施，完善工作体制机制，在留住、用好本地人才的基础上，用多种方式吸引各方面人才为改革发展服务。

第二，切实弘扬艰苦奋斗、求真务实的精神。要加快经济社会发展，各级领导干部尤其需要树立扎实过硬的思想作风和工作作风。要紧紧围绕保持党同人民群众血肉联系这个核心问题，全面落实"八个坚持、八个反对"的要求，认真解决思想作风、学风、工作作风、领导作风和干部生活作风方面的突出问题，使全体党员特别是领导干部始终以良好的精神状态投入改革发展稳定的各项工作。一是要大力弘扬艰苦奋斗精神。艰苦奋斗是我们党的优良传统和政治本色，也是对党员干部思想政治素质和作风的一个重要要求。一定要大力发扬特别能吃苦、特别能战斗、特别能忍耐、特别能团结、特别能奉献的青藏高原精神，继续为建设西部地区艰苦奋斗、顽强拼搏。二是要大力发扬求真务实精神。正确的决策、好的工作思路，必须有良好的工作作风来保证其贯彻落实。各级领导干部要带头发扬脚踏实地、埋头苦干的好作风，不图虚名，不务虚功，坚决反对形式主义、官僚主义，把各项决策和工作落到实处，以求真务实作风保证落实科学发展观和正确政绩观。各级领导干部都要坚持立党为公、执政为民，倾听群众呼声、关心群众疾苦，想群众之所想、急群众之所急、办群众之所需，使广大群众感受到社会主义大家庭的温暖。要建立健全相关制度，建立科学规范的实绩考核评价标准，使那些做表面文章、弄虚作假、搞劳民伤财的"形象工程"和"政绩工程"的干部，不仅捞不到好处，而且受到惩处；使那些坚持科学发展观和正确政绩观，坚持重实际、说实话、办实事、求实效的干部，不仅不吃亏，而且受到鼓励、褒奖和重用。要大力开展党风廉政建设和反腐败斗争，坚持标本兼治、综合治理、惩防并举、注重预防的方针，从源头上预防和解决腐败问题，做到为民、务实、清廉，坚决克服各种消极腐败现象。

第三，切实搞好先进性教育活动。在全党开展以实践"三个代表"重要思想为主要内容的保持共产党员先进性教育活动，是贯彻落实党的十六大和十六届四中全会精神的战略任务，是加强党的执政能力建设和先进性建设的重要举措。目前，第三批先进性教育活动正在进行。要按照中央的部署，围绕建设社会主义新农村这个主题，扎扎实实推进第三批先进性教育活动，切实解决党组织和党员队伍存在的突出问题，解决影响改革发展稳定的主要问题，解决群众最关心的重点问题，务求实效，真正使先进性教育活动成为群众满意工程。在先进性教育活动中，要高度重视加强基层组织建设，特别是要高度重视农村牧区、国有企业、街道、社区和新经济组织、新社会组织中党的建设工作，使基层组织提高组织群众、凝聚群众、服务群众的本领，提高处理和管理社会事务的水平，提高化解社会矛盾、协调社会利益关系的能力，为和谐社会建设提供坚强的组织保证。要注重把这次教育活动中创造的成功做法上升为制度规范，建立党建工作的长效机制，推进基层党组织建设和党员队伍建设，进一步夯实党的组织基础。中央要求，在这次保持共产党员先进性教育活动中要把学习贯彻党章贯穿始终。各级党组织要把这一要求贯彻落实好，引导广大党员特别是党员领导干部提高学习贯彻党章的自觉性，严格按党章的规定办事。

8.正确认识科学发展观提出的客观依据和基本含义

科学发展观，是对党的三代中央领导集体关于发展的重要思想的继承和发展，是马克思主义关于发展的世界观和方法论的集中体现，是同马克思列宁主义、毛泽东思想、邓小平理论和"三个代表"重要思想既一脉相承又与时俱进的科学理论，是我国经济社会发展的重要指导方针，是发展中国特色社会主义必须坚持和贯彻的重大战略思想。

科学发展观，是立足社会主义初级阶段基本国情，总结我国发展实践，借鉴国外发展经验，适应新的发展要求提出来的。进入新世纪新阶段，我国发展呈现一系列新的阶段性特征，主要是：经济实力显著增强，同时生产力水平总体上还不高，自主创新能力还不强，长期形成的结构性矛盾和粗放型增长方式尚未根本改变；社会主义市场经济体制初步建立，同时影响发展的体制机制障碍依然存在，改革攻坚面临深层次矛盾和问题；人民生活总体上达到小康水平，同时收入分配差距拉大趋势还未根本扭转，城乡贫困人口和低收入人口还有相当数量，统筹兼顾各方面利益难度加大；协调发展取得显著成绩，同时农业基础薄弱、农村发展滞后的局面尚未改变，缩小城乡、区域发展差距和促进经济社会协调发展任务艰巨；社会主义民主政治不断发展、依法治国基本方略扎实贯彻，同时民主法制建设与扩大人民民主和经济社会发展的要求还不完全适应，政治体制改革需要继续深化；社会主义文化更加繁荣，同时人民精神文化需求日趋旺盛，人们思想活动的独立性、选择性、多变性、差异性明显增强，对发展社会主义先进文化提出了更高要求；社会活力显著增强，同时社会结构、社会组织形式、社会利益格局发生深刻变化，社会建设和管理面临诸多新课题；对外开放日益扩大，同时面临的国际竞争日趋激烈，发达国家在经济科技上占优势的压力长期存在，可以预见和难以预见的风险增多，统筹国内发展和对外开放要求更高。

这些情况表明，经过新中国成立以来特别是改革开放以来的不懈努力，我国取得了举世瞩目的发展成就，从生产力到生产关系、从经济基础到上层建筑都发生了意义深远的重大变化，但我国仍处于并将长期处于社会主义初级阶段的基本国情没有变，人民日益增长的物质文化需要同落后的社会生产之间的矛盾这一社会主要矛盾没有变。当前我国发展的阶段性特征，是社会主义初级阶段基本国情在新世纪新阶段的具体表现。强调认清社会主义初级阶段基本国情，不是要妄自菲薄、自甘落后，也不是要脱离实际、急于求成，而是要坚持把它作为推进改革、谋划发展的根本依据。我们必须始终保持清醒头脑，立足社会主义初级阶段这个最大的实际，科学分析我国全面参与经济全球化的新机遇新挑战，全面认识工业化、信息化、城镇化、市场化、国际化深入发展的新形势新任务，深刻把握我国发展面临的新课题新矛盾，更加自觉地走科学发展道路，奋力开拓中国特色社会主义更为广阔的发展前景。

科学发展观，第一要义是发展，核心是以人为本，基本要求是全面协调可持续，根本方法是统筹兼顾。

——必须坚持把发展作为党执政兴国的第一要务。发展，对于全面建设小康社会、加快推进社会主义现代化，具有决定性意义。要牢牢扭住经济建设这个中心，坚持聚精会神搞建设、一心一意谋发展，不断解放和发展社会生产力。更好实施科教兴国战略、人才强国战略、可持续发展战略，着力把握发展规律、创新发展理念、转变发展方式、破解发展难题，提高发展质量和效益，实现又好又快发展，为发展中国特色社会主义打下坚实基础。努力实现以人为本、全面协调可持续的科学发展，实现各方面事业有机统一、社会成员团结和睦的和谐发展，实现既通过维护世界和平发展自己、又通过自身发展维护世界和平的和平发展。

——必须坚持以人为本。全心全意为人民服务是党的根本宗旨，党的一切奋斗和工作都是为了造福人民。要始终把实现好、维护好、发展好最广大人民的根本利益作为党和国家一切工作的出发点和落脚点，尊重人民主体地位，发挥人民首创精神，保障人民各项权益，走共同富裕道路，促进人的全面发展，做到发展为了人民、发展依靠人民、发展成果由人民共享。

——必须坚持全面协调可持续发展。要按照中国特色社会主义事业总体布局，全面推进经济建设、政治建设、文化建设、社会建设，促进现代化建设各个环节、各个方面相协调，促进生产关系与生产力、上层建筑与经济基础相协调。坚持生产发展、生活富裕、生态良好的文明发展道路，建设资源节约型、环境友好型社会，实现速度和结构质量效益相统一、经济发展与人口资源环境相协调，使人民在良好生态环境中生产生活，实现经济社会永续发展。

——必须坚持统筹兼顾。要正确认识和妥善处理中国特色社会主义事业中的重大关系，统筹城乡发展、区域发展、经济社会发展、人与自然和谐发展、国内发展和对外开放，统筹中央和地方关系，统筹个人利益和集体利益、局部利益和整体利益、当前利益和长远利益，充分调动各方面积极性。统筹国内国际两个大局，树立世界眼光，加强战略思维，善于从国际形势发展变化中把握发展机遇、应对风险挑战，营造良好国际环境。既要总揽全局、统筹规划，又要抓住牵动全局的主要工作、事关群众利益的突出问题，着力推进、重点突破。

9.贯彻落实科学发展观，应抓住四个重点问题

深入贯彻落实科学发展观，要求我们始终坚持“一个中心、两个基本点”的基本路线。党的基本路线是党和国家的生命线，是实现科学发展的政治保证。以经济建设为中心是兴国之要，是我们党、我们国家兴旺发达和长治久安的根本要求；四项基本原则是立国之本，是我们党、我们国家生存发展的政治基石；改革开放是强国之路，是我们党、我们国家发展进步的活力源泉。要坚持把以经济建设为中心同四项基本原则、改革开放这两个基本点统一于发展中国特色社会主义的伟大实践，任何时候都决不能动摇。

深入贯彻落实科学发展观，要求我们积极构建社会主义和谐社会。社会和谐是中国特色社会主义的本质属性。科学发展和社会和谐是内在统一的。没有科学发展就没有社会和谐，没有社会和谐也难以实现科学发展。构建社会主义和谐社会是贯穿中国特色社会主义事业全过程的长期历史任务，是在发展的基础上正确处理各种社会矛盾的历史过程和社会结果。要通过发展增加社会物质财富、不断改善人民生活，又要通过发展保障社会公平正义、不断促进社会和谐。实现社会公平正义是中国共产党人的一贯主张，是发展中国特色社会主义的重大任务。要按照民主法治、公平正义、诚信友爱、充满活力、安定有序、人与自然和谐相处的总要求和共同建设、共同享有的原则，着力解决人民最关心、最直接、最现实的利益问题，努力形成全体人民各尽其能、各得其所而又和谐相处的局面，为发展提供良好社会环境。

深入贯彻落实科学发展观，要求我们继续深化改革开放。要把改革创新精神贯彻到治国理政各个环节，毫不动摇地坚持改革方向，提高改革决策的科学性，增强改革措施的协调性。要完善社会主义市场经济体制，推进各方面体制改革创新，加快重要领域和关键环节改革步伐，全面提高开放水平，着力构建充满活力、富有效率、更加开放、有利于科学发展的体制机制，为发展中国特色社会主义提供强大动力和体制保障。要坚持把改善人民生活作为正确处理改革发展稳定关系的结合点，使改革始终得到人民拥护和支持。

深入贯彻落实科学发展观，要求我们切实加强和改进党的建设。要站在完成党执政兴国使命的高度，把提高党的执政能力、保持和发展党的先进性，体现到领导科学发展、促进社会和谐上来，落实到引领中国发展进步、更好代表和实现最广大人民的根本利益上来，使党的工作和党的建设更加符合科学发展观的要求，为科学发展提供可靠的政治和组织保障。

全党同志要全面把握科学发展观的科学内涵和精神实质，增强贯彻落实科学发展观的自觉性和坚定性，着力转变不适应不符合科学发展观的思想观念，着力解决影响和制约科学发展的突出问题，把全社会的发展积极性引导到科学发展上来，把科学发展观贯彻落实到经济社会发展各个方面。

10.以科学发展观为指导，努力开创科学发展的新局面

总结近几年的经验，结合当前经济社会发展面临的新形势，要开拓贯彻落实科学发展观的新局面，必须把握以下六点：

第一，必须深刻认识又好又快发展是全面落实科学发展观的本质要求。我国正面临着重要战略机遇期，又处于经济快速增长阶段，坚持又好又快发展，是落实科学发展观、实现全面建设小康社会目标的必然要求，是调动各方面积极性、发挥各类生产要素潜力的有效途径，是紧紧抓住发展机遇、实现综合国力整体跃升的必由之路。又好又快发展是有机统一的整体，既要求保持经济平稳较快增长，防止大起大落，更要求坚持好中求快，注重优化结构，努力提高质量和效益。我国已具备支撑经济又好又快发展的诸多条件，关键要在转变增长方式上狠下功夫，当前特别要在增强自主创新能力和节能降耗、保护生态环境方面迈出实质性步伐。

第二，必须坚持把“三农”问题放在经济社会发展全局的突出位置。历史经验表明，农业发展关系国民经济全局。近些年我国农业形势较好，粮食稳定增产，农民持续增收，为经济社会发展全局稳定提供了重要支撑，使我们掌握了谋划全局的主动权。在推进现代化的过程中，农业比重逐步下降是客观规律，但农业的地位和作用丝毫没有降低，反而更加重要。我们要始终牢记，我国有13亿人口，保障粮食安全必须立足国内；全面建设小康社会的重点和难点在农村；解决好“三农”问题需要长期不懈地艰苦努力。同时还要看到，农业、农村、农民为国民经济发展提供了广阔市场、大量工业原料和丰富劳动力。在我国工业化、城镇化、市场化、国际化加快推进的过程中，必须始终高度重视“三农”问题。要站在经济社会发展全局的高度，把挖掘农业自身潜力与工业反哺农业结合起来，把扩大农村就业与引导农村富余劳动力有序转移结合起来，把推进社会主义新农村建设与稳步推进城镇化结合起来，加快建立健全以工促农、以城带乡的政策体系和体制机制，形成城乡良性互动的发展格局。

第三，必须在结构优化中促进总量平衡。当前经济运行中最突出的总量矛盾是投资增长过快、信贷投放过多、贸易顺差过大，这实际上是经济结构不合理的反映。经济结构矛盾突出表现为投资和消费关系不协调，投资规模过大，消费需求相对不足，特别是广大农民和城镇低收入者的收入水平低，消费能力不强。同时，产业结构存在着工业特别是重工业比重较大、服务业比重偏低的问题。因此，解决总量矛盾必须加大结构调整力度，着力调整投资和消费比例，不断优化产业结构，合理调整国民收入分配结构，努力使总量平衡建立在结构优化的基础上。

第四，必须把促进国际收支平衡作为保持宏观经济稳定的重要任务。促进经济增长、增加就业、稳定物价和保持国际收支平衡，是宏观调控的主要目标。经过多年实践，我们对实现前三个目标逐步有了较为深刻的认识。随着我国对外开放不断扩大，特别是在经济全球化趋势深入发展和国际产业转移不断加快的背景下，国际收支状况对经济稳定发展的影响越来越大。国际收支总会存在顺差或逆差，但都应保持在合理的限度之内。在外汇短缺时期，出口创汇是我们追求的重要目标，也是促进国际收支平衡的有效途径。目前影响我国国际收支平衡的主要矛盾，已由过去的外汇短缺转为贸易顺差过大和外汇储备增长过快，这既表明我国综合国力逐步增强和国际竞争力逐步提高，但也带来人民币升值压力加大、贸易摩擦增多和国内资源更多流向国外等问题。必须把促进国际收支平衡作为宏观调控的重要任务，坚持从国情出发，注意借鉴国际经验，多方采取有效措施，逐步缓解国际收支不平衡的矛盾。

第五，必须不断强化企业激励机制和约束机制。在社会主义市场经济条件下，企业追求合法的经济利益，是经济发展的活力和动力所在，但也会出现一些企业过分重视自身利益、忽视外部影响和社会责任的现象。当前突出的是不少企业忽视节约能源资源、保护生态环境、实现安全生产和职工劳动保障的责任。产生这种现象的重要原因，是目前的价格形成机制还没有真正反映资源稀缺程度和付出的环境代价，税收杠杆的调节作用不够充分，资源产权、资源消耗、污染排放、安全生产等方面的法律法规不健全，诚信体系不完善，政府引导不到位，外部监管不落实。过度消耗能源资源和破坏生态环境不仅直接影响当前的经济社会发展，也严重制约长期可持续发展。必须从全局高度来认识和处理这个问题，既要继续健全企业激励机制，也要注重强化企业外部约束，引导企业树立现代经营理念，切实承担起社会责任。

第六，必须坚持促进经济社会协调发展。实现社会和谐，必须坚持以经济建设为中心，大力发展社会生产力，为社会和谐创造雄厚的物质基础。然而，经济发展和社会财富总量增加并不能自然实现社会和谐。如果只顾经济增长而忽视社会发展，不仅会加重经济社会发展不平衡的矛盾，最终经济发展也会难以为继。加快社会发展、促进社会和谐，必须更加注重社会公平，妥善处理经济增长和收入分配的关系，不断完善社会保障、收入分配、公共教育和财政转移支付制度，坚持积极的就业政策，注重为农村和城镇低收入者提供更好的基本公共服务，努力让广大人民群众共享改革发展成果。必须妥善处理满足群众需要和政府财力可能的关系，既要尽力而为，正确发挥各级政府的公共服务职能，推动公共资源配置更多向群众直接受益的方面倾斜，积极解决人民群众的切身利益问题；又要量力而行，防止把期望值抬得过高，脱离实际可能。

以上这些体会和认识，归结到一点，就是要不断深化对科学发展观的认识，不断丰富科学发展观的内涵，不断完善落实科学发展观的政策体系，努力开创科学发展的新局面。

（三）构建和谐社会思想

2006 年 10 月 8 日至 11 日，中国共产党在北京召开了十六届六中全会。会议审议通过了《中共中央关于构建社会主义和谐社会若干重大问题的决定》和《关于召开党的十七次全国代表大会的决议》。这次全会，是在我国改革发展关键时期召开的一次十分重要的会议。中央要求全党同志要认真学习《决定》，深刻领会构建社会主义和谐社会的意义背景、目标任务、工作原则和重大部署，并结合本地区本单位的实际情况贯彻落实，努力为构建社会主义和谐社会而奋斗。

1.党中央提出构建社会主义和谐社会的历史过程

为了加深对党的十六届六中全会《决定》的理解，有必要了解一下党中央提出构建社会主义和谐社会的历史过程。构建社会主义和谐社会，是党的十六大和十六届四中、五中全会提出的重大任务。党的十六大报告在阐述全面建设小康社会的宏伟目标时强调，建设更高水平的小康社会，就是要使经济更加发展、民主更加健全、科教更加进步、文化更加繁荣、社会更加和谐、人民生活更加殷实，还强调要努力形成全体人民各尽其能、各得其所而又和谐相处的局面，巩固和发展民主团结、生动活泼、安定和谐的政治局面。由此可见，党的十六大已经把“社会更加和谐”作为我们党建设小康社会要为之奋斗的一个重要目标明确提出来了，这在我们党的历次代表大会报告中还是第一次。

党的十六届四中全会《决定》，在论述执政能力建设的任务时指出，“要适应我国社会的深刻变化，把和谐社会建设摆在重要位置。”为此，一方面规定了“构建社会主义和谐社会”的五项内容，包括“注重激发社会活力，促进社会公平正义，增强社会法律意识和诚信意识，维护社会安定团结”等；另一方面还论述了提高构建社会主义和谐社会的能力问题，包括提高社会创造能力、正确处理人民内部矛盾能力、加强社会建设和管理能力、维护社会建设和群众工作等五种能力。由此可见，党的十六届四中全会已经明确提出“构建社会主义和谐社会”的科学概念，并对构建和谐社会的内容和能力问题作出了深刻论述，这就为领导干部提高构建社会主义和谐社会能力提供了理论指导。

在贯彻党中央关于加强执政能力建设的决定中，各级党政领导干部特别是省部级领导干部，对构建社会主义和谐社会问题反映比较强烈。于是，党中央于 2005 年 2 月在中央党校举办了“省部级主要领导干部学习班”，胡锦涛总书记在研讨班上作了重要讲话，对构建社会主义和谐社会的重大意义、理论根据、科学内涵、内容特征、重大原则和主要工作都作了深刻论述；中央和国家机关五个部门的负责同志作了专题报告。研讨班围绕胡锦涛的讲话认真进行了研讨。最后，曾庆红作了系统总结。这次学习班，特别是胡锦涛总书记的重要讲话，为党的十六届六中全会作出关于构建社会主义和谐社会的决定奠定了坚实的基础。

2005 年 10 月，党的十六届五中全会审议通过了“十一五”规划的建议，明确把“促进社会和谐”作为“十一五”规划的重要任务。《建议》明确指出：“要按照民主法制、公平正义、诚信友爱、充满活力、安定有序、人与自然和谐相处的社会主义和谐社会的要求，正确处理新形势下人民内部矛盾，认真解决人民群众最关心、最直接、最现实的利益问题。”由此可见，党中央已经把构建社会主义和谐社会纳入“十一五”规划之中，表明了我们党要把构建社会主义和谐社会作为全面建设小康社会的直接奋斗目标。这在制定五年计划的发展史上还是第一次。

在上述认识和实践的基础上，党中央认为，有必要召开一次中央全会就构建社会主义和谐社会的若干重大问题专门作出决定。于是就组织起草《决定》班子，进行深入广泛的调查研究，历经 8 个多月，形成了《决定》的初稿。经过反复征求意见，进行了 50 多次修改，使《决定》的内容更丰富，论述更系统，提法更准确，结构更严密，措施更实际、更有力。《决定》形成的每一稿，胡锦涛都认真审阅，提出重要指导意见，并先后主持召开四次常委会议和三次政治局会议，听取起草组汇报，认真进行研究，提出了修改意见。特别是对群众关心的收入分配制度、发展社会事业、维护社会稳定、共享改革成果、落实“五个统筹”以及重视“社会文明建设”与“三个文明建设”协调发展等问题，更加关注和反复强调。这个《决定》继承、丰富和发展了科学社会主义理论，开辟了中国特色社会主义事业的新境界。因此，它是指导我国今后构建社会主义和谐社会的一个纲领性文献。

2.新形势下，构建社会主义和谐社会的重大意义和时代背景

构建社会主义和谐社会，是以胡锦涛为总书记的党中央总结历史经验教训，根据新时代国内外形势的发展变化，从我国社会发展实际出发提出的重要战略任务，它既具有极强的时代性和针对性，又具有深远的指导意义。

第一，从我们所处的国际背景看，构建社会主义和谐社会，是为了在当今复杂多变的国际形势中有力地应对来自国际上的各种挑战和风险，以保证中国特色社会主义事业取得成功和胜利。

正确认识构建社会主义和谐社会的国际大背景，必须从有利条件和面临风险两个方面进行分析：首先，和平与发展仍然是当今时代的主题，对我国社会主义事业的发展提供了很多有利条件。概括起来，主要有以下三点：一是世界格局处于向多极化过渡的重要时期，我们应抓住一切机会团结一切可团结的力量，维护世界和平，提高我国的国际地位；二是经济全球化趋势不断深入发展，我们应抓住各种机遇搞好经济合作和开拓世界市场，加快推进我国的工业化和城镇化；三是科学技术正在突飞猛进发展，我们应借鉴西方的高科技发展经验，不断促进各行各业的科技创新，努力建设创新型国家。总之，这些新情况给我国的改革发展带来了难得的机遇和有利条件，只要我们高举和平、发展、合作的旗帜，坚持冷静观察、沉着应对的方针，牢牢掌握应对国际局势的主动权，就能够营造有利于我国各项事业发展的战略态势，为社会主义现代化建设争取较长时期的良好国际环境和周边环境。

其次，还要看到“风云变幻”的国际局势给我国带来了各种挑战和风险。概括起来，主要有以下四点：一是由于世界力量失衡的局面在短期内难以根本改变，世界多极化趋势的发展不会一帆风顺，围绕多极还是单极的斗争将长期存在，美国企图称霸世界和世界各国人民反对称霸的斗争还要反复较量。二是由于国际经济旧秩序没有根本改变，经济全球化趋势在推动世界经济发展的同时，也给各国特别是发展中国家带来挑战和风险，比如金融危机的风险、经济危机的风险，垄断集团控制弱小和落后国家经济命脉的危险等。这样以来，发展中国家在经济、政治、文化、信息、军事等方面都面临着严峻压力和危险。三是由于传统安全威胁和非传统安全威胁的因素互相交织，民族宗教矛盾和边界领土争端导致的局部冲突时起时伏，恐怖活动依然猖獗，地区和国际形势仍然很严峻。四是美国等西方国家加紧在意识形态领域“打没有硝烟的战争”，企图向发展中国家特别是社会主义国家输出自己的政治制度、意识形态、价值观念和生活方式，通过扶植反对派、培养代理人、制造事端和动乱等多种手段干预别国内政，扶植亲西方势力、培植亲西方政权。特别在新形势下要清醒看到，西方敌对势力继续对我国施行“西化”、“分化”战略，动摇我们的理论基础和理想信念，还通过各种手段加紧进行渗透、破坏和颠覆活动；民族分裂势力、宗教极端势力、国际恐怖势力、资产阶级自由化势力在我国周边和内地等地区相当活跃。在这样复杂多变的国际形势下，我们党要有力应对外部的各种挑战和风险，就必须把国内的事情办好，始终要保持国家统一、民族团结、社会稳定的和谐局面。

构建社会主义和谐社会，就是在这样国际大背景下提出来。正如胡锦涛所说：“构建社会主义和诸社会，是我们把握复杂多变的国际形势、有力应对来自国际环境的各种挑战和风险的必然要求。”

第二，从我们所处的国内形势看，构建社会主义和谐社会，是为了实现全面建设小康社会的宏伟目标和解决发展中存在的诸多不协调问题，以保证我党执政地位的巩固和执政使命的实现。

党的十六大确立了全面建设小康社会的宏伟目标，“十一五”规划对实现这一宏伟目标作出具体规划和部署。为了实现这一宏伟目标，党中央要求我们必须做到以下四点：一是必须紧紧依靠人民群众，团结一切可以团结的力量，调动一切可以调动的积极因素，为实现全面建设小康社会的宏伟目标而奋斗；二是正确处理人民内部矛盾和其他社会矛盾，协调各方面的利益关系，不断满足人民日益增长的物质文化需要，保证人民共享改革发展成果；三是必须抓紧解决人民生产生活中的突出问题和困难，夯实党执政的阶级基础和群众基础，保持党同人民群众的血肉联系；四是必须加强社会建设和管理，营造良好的人际环境，保持良好的社会秩序，维护社会持久稳定，保证人民群众安居乐业。只有把这些工作做好了，才能实现社会和谐，推动现代化建设。

应该说，自党的十六大以来，我们党围绕着构建社会主义和谐社会问题做了大量工作，因而我国社会总体上是和谐的。但是，也存在着不少影响社会和谐的矛盾和问题。对于这些矛盾和问题，《决定》从多方面进行了分析，其中最突出的表现有以下三个方面：一是城乡、区域、经济社会发展很不平衡，有些方面甚至出现了严重的不和谐。据国家统计局的资料，城乡居民的收入差距在 20 世纪 80 年代初期呈现为缩小趋势，1985 年城市居民收入仅是农民的 1.86 倍，但到 1990 年就扩大到 2.2 倍，1995 就上升到 2.71 倍，2003 年就高达 3.24 倍。若再以城市居民享有的水电、道路、通讯、卫生等公共产品的差距来看，城乡差距比 20 世纪 80 年代初更加扩大了。再从区域发展不平衡来看，东部地区占全国经济总量的比重不断提高，已从 1980 年的 50%提高到 2003 年的 59%；而中部地区却从 30%下降到 24.5%，西部地区从 20%下降为 16.5%。如果从人均 GDP 来看，东部从 1980 年高出全国平均水平的 34%，提高到 2002 年的 53%，而中西部却从 1980 年相当于全国水平的 88%和 70%下降为 2002 年的 70%和 59%。另外，还有经济与社会事业发展的平衡问题，主要是经济发展一条腿长，社会事业发展一条腿短，不仅影响到群众的切身利益，也影响到经济的持续发展。这些都是全国人民关注和反映强烈的问题，也是党中央提出构建和谐社会的首要原因。

二是就业、社会保障、收入分配、教育、医疗、住房、安全生产、社会治安等方面关系群众切身利益的问题比较突出，群体利益关系和矛盾出现了严重不和谐现象。据国家统计局和财政部科研所的测算，2000 年全国收入分配的基尼系数已超出国际公认的警戒线 0.4 的标准，2004 年已高达 0.458，中国社科院等研究机构测算已高达 0.53 左右。这说明我国贫富差距拉大的问题已相当严重，若不重视解决或解决好，就有可能出现两极分化的局面。在就业方面，劳动和工作安置的压力越来越大，失业问题比较严重，除了每年新增劳动力 1000 多万人需要安置外，还有大批的下岗失业人员和大学中学毕业学生需要安置。据国家统计局统计，城市登记失业率 2003 年为 43%，2004 年为 47%，实际失业率比登记失业率要高的多，我国一些著名的专家学者估计实际失业率已达 10%以上，超出了国际公认的失业警戒线 7.03%的标准，也超出了失业危险警戒线 9.73%的标准。另外，农村约有 1.5 亿至 2 亿余富劳动力需要向城市转移，这就加大了城市的就业压力。社会学告诉我们，就业率是直接检验社会和谐和稳定的试金石，如果这个问题解决不好，就会造成严重的社会震荡，影响社会主义事业的发展。除了分配和就业问题外，还有住房、教育、医疗等方面的改革问题，直接涉及群众的切身利益。这方面群众的反映非常强烈，这也是党中央提出构建和谐社会的一个直接原因。

三是领导干部和社会成员存在着素质不高、诚信缺失、道德失范、作风不正、腐败蔓延等严重问题，引起了广大群众的极大不满。腐败问题的严重性，不仅表现在基层干部队伍中存在着以权谋私的腐败作风和贪污受贿的腐败问题，而且高级干部队伍中也存在着这方面的腐败问题；不仅经济部门和党政领导机关存在着不正之风和腐败问题，而且其他行业、其他领域也存在着不正之风和腐败问题，出现了司法上的腐败、教育上的腐败、医疗上的腐败、学术上的腐败和组织人事上的腐败等奇怪现象；违法违纪的腐败案件逐年上升，仅 2005 年这一年全国就立案 147539 件，结案 146931 件，给予党纪政纪处分的 164266 人；而且违法违纪金额和贪污受贿金额大幅度增加，由几万、几十万、几百万发展到几千万、几十亿、几百亿，令人触目惊心！

鉴于以上所述种种情况，党中央下决心召开十六届六中全会，专门就构建和谐社会问题作出决定，表明我们党在新世纪新阶段要把构建社会主义和谐社会摆在更加突出的位置，其目的是要把中国特色社会主义事业继续推向前进。

（四）社会主义核心价值体系

中共中央《关于构建社会主义和谐社会若干重大问题的决定》中，第一次明确提出了"建设社会主义核心价值体系"的重大命题和战略任务。这是新世纪我们党马克思主义中国化最新成果的一项重要内容，是推动社会主义和谐文化、和谐社会建设的重大举措。

1.建设社会主义核心价值体系提出的时代背景和重大意义

党中央在新世纪新阶段提出建设社会主义核心价值体系重要背景有两个方面：一是直接背景；二是时代背景。从直接背景看，这是构建社会主义和谐社会、和谐文化自身的需要；从时代背景看，这是国际国内形势发展向我们党提出的新要求。

首先，从国际形势发展变化看，除了"和平与发展"这个主题给我们带来了发展的机遇和有利条件之外，还带来了面临西方敌对势力"正在打一场无硝烟世界大战"的严峻考验。这场无硝烟战争的核心是用资本主义演变社会主义，其焦点是用资本主义核心价值体系演变社会主义核心价值体系，最终目标是演变社会主义政权。提出建设社会主义核心价值体系，就是为了抵制资本主义核心价值体系的侵袭，巩固社会主义政权。二是面临着国际共产主义运动低潮的严峻考验。列宁讲过，国际共产主义运动低潮中容易出现三种思潮，即悲观失望思潮、消极颓废思潮、政治背叛思潮。这三种思潮实质上是资本主义人生价值观腐蚀人们灵魂的结果。现在，我们正处在国际共产主义运动第三次低潮的最低谷阶段，列宁所讲的那三种思潮严重存在着。党中央提出建设社会主义核心价值体系，就是为了抵制资本主义人生价值观观对党员干部思想的腐蚀，以便顺利渡过低潮，迎接新世纪高潮的到来。

其次，从国内形势发展变化看，总的局势是向"又好又快"的方向发展，前途是光明的，但路途并不平坦。特别是深化改革的过程中，我们每个党员干部都要面对市场经济的两重性：其积极性的一面，就是它能推动生产力发展、合理配置社会资源、促使人们观念更新；其消极性的一面，就是它能诱发社会人群产生一种自发势力，从而把市场经济条件下人们已经强化了的金钱观念推向极端而导致出现拜金主义；把人们已经强化了的享乐观念推向极端而导致出现享乐主义；把人们已经强化了的个人利益观念推向极端而导致出现利己主义。这三种主义是资产阶级人生价值观的核心。这就告诉我们，如果忽视教育和管理，市场经济的消极性就可能催生资产阶级人生价值观。党中央提出建设社会主义核心价值体系，就是为加强这方面的教育和管理，以防止和克服资产阶级人生价值观对人们思想的腐蚀，巩固社会主义意识形态在我国社会的主导地位。

从上述背景看，提出建设社会主义核心价值体系有着重大的现实意义，具体表现在以下三个方面：一是它有利于推动社会主义和谐社会建设。就是说，建设社会主义核心价值体系，就能为构建社会主义和谐社会提供共同理想和精神动力。二是它抓住了社会主义和谐文化建设的根本。党的十六届六中全会决定指出："社会主义核心价值体系是建设和谐文化的根本。"之所以说是根本，是因为社会主义核心价值体系决定着我国和谐文化建设的性质和方向。三是它能促使全社会价值取向和道德建设的共同进步。随着改革开放的深化，人们的价值取向和道德意识越来越多样化，多样化的价值观念和道德意识，必须有核心价值观和道德观加以引导，否则，社会生活中就会出现不良价值取向和败坏的道德风气。总之，建设社会主义核心价值体系，既有利于推动社会主义和谐社会、和谐文化建设，又有利于促进社会主义价值观树立和社会伦理道德建设。只要认真学习和贯彻这一战略思想，就能形成一种强大的精神动力，推动经济社会"又好又快"发展。

2.建设社会主义核心价值体系的科学内涵和基本内容

马克思指出："'价值'这个普遍的概念是从人们对待满足他们需要的外界物的关系中产生的。"(《马克思恩格斯全集》第一版第 19 卷，第 406 页。)这就告诉我们，价值产生于外界物质关系，而价值观则是这种物质关系在人们头脑中的能动反映，并且在实践中会逐步形成价值观体系。在这个价值观体系中，居于主导地位的称"核心价值体系"。社会主义核心价值体系，是指在马克思主义指导下，坚持中国特色社会主义共同理想、坚持中华民族精神和时代精神、坚持社会主义荣辱观的价值体系。社会主义核心价值体系是社会主义政治制度精神之魂，是社会主义意识形态之基石，是社会主义先进文化之根本。社会主义核心价值体系是其价值观念与价值行为的有机统一体，既有鲜明的阶级性和能动的导向性特征，又有强烈的时代性和广泛的包容性特征。

十六届六中全会《决定》指出："马克思主义指导思想，中国特色社会主义共同理想，以爱国主义为核心的民族精神和以改革创新为核心的时代精神，社会主义荣辱观，构成社会主义核心价值体系的基本内容。"这"四位一体"的基本内容，有着严密的内在逻辑结构，形成了完整的科学理论体系，是党在新世纪新阶段理论创新的重要成果。

（1）马克思主义指导思想，是社会主义核心价值体系的精神支柱党中央一再指出，马克思主义是我们党认识世界、改造世界的科学世界观和方法论，是改革、建设、发展的理论基础和行动指南。只有把马克思主义指导思想放在第一位，才能确保社会主义核心价值体系的性质，才能保证社会主义事业的胜利。在建设社会主义核心价值体系中，当前之所以特别强调坚持马克思主义指导思想，是因为马克思主义在武装人的过程中遇到了严峻挑战。首先，在经济领域，相当长一段时间西方经济学占领了很多高校和科研院所这些培养人才的重要阵地，并直接影响到企业的改革，刮起了阵阵私有化风，助长了腐败思想。2005 年 7 月 15 日，中国社会科学院原副院长、著名经济学家刘国光教授给中央常委写了一封长信，反映了这种情况，引起了党中央的高度重视，并采取措施积极应对这种挑战。经过反复较量，才逐渐有所好转。其次，在政治领域，一段时间以来，境外敌对势力和媒体大肆攻击我国的政治制度，国内有些人打着政治改革的旗号宣传西方自由化观点，指责我党领导的人民代表大会制度和多党合作制度，鼓吹西方的“三权鼎立”和议会民主。中央领导同志明确指出：“新自由主义是国际垄断资产阶级关于全球化意识形态的理论表现，其根本目标是肢解民族国家，为垄断资本提供更多空间。对此，必须保持清醒认识，否则就有可能导致理论和政策上的失误。”再次，在思想领域，随着市场经济的发展和意识形态多元化的出现，一些人发生了对马克思主义信仰的动摇，认为“马克思主义是空的，科学技术是硬的，黄金钞票是实的”，主张要“丢掉空的、掌握硬的、只要实的。”上述情况说明，把马克思主义指导思想放在社会主义核心价值体系的第一位，不仅很重要，而且很紧迫。应该指出，强调坚持马克思主义指导地位，并不排斥人们思想信仰的多样化。然而经验教训告诉我们，越是多样化越要加强马克思主义的指导地位。否则，就会动摇中国特色社会主义的根基，动摇人民团结统一的思想基础，甚至会导致思想混乱乃至社会动荡。只有坚持马克思主义指导思想，才能有效引领、整合社会思潮，团结不同信仰和认识水平的人们共同进步。

（2）中国特色社会主义共同理想，是社会主义核心价值体系的灵魂

马克思主义认为，理想是一种信念，表示着人们对未来的向往和追求。人们的理想大体有三类：一是生活理想，主要是对未来美好生活的一种向往和追求；二是工作理想，主要是对自己从事工作和事业的一种美好向往和追求；三是政治理想，主要是对未来美好社会的一种向往和追求。政治理想是一种高层次的理想。共产党人追求的共产主义理想和社会主义理想，就是这种高层次理想。其实，社会主义是共产主义的重要组成部分，是共产主义事业的第一阶段。我们要为共产主义远大理想奋斗，首先要为第一阶段的社会主义理想奋斗。在当前，党中央反复强调要为中国特色社会主义共同理想而奋斗，其中一个重要背景，就是在理想信念多元化的情况下，有些人肆无忌惮地鼓吹非社会主义理想，其中最突出的就是有人鼓吹“民主社会主义”理想，企图取代社会主义共同理想。民主社会主义由于打着“民主”和“社会主义”两个招牌，在党内外很有欺骗性，已经形成一种思潮。只要我们解剖一下民主社会主义的内容，就知其本质：一是它在经济上主张“以私有制为主体的混合经济”，这同邓小平讲的“以公有制为主体、多种所有制共同发展”是根本对立的；二是它在政治上主张实行“多党轮流执政制度”和“三权分立制度”，这同我国实行“共产党领导的人民代表大会制和多党协商制”是根本对立的；三是它在指导思想上主张多元化指导，反对以马列主义、毛泽东思想、邓小平理论和“三个代表”重要思想为指导。可见，民主社会主义实质上是鼓吹现代资本主义，或者叫特色资本主义，这同我们党讲的中国特色社会主义共同理想是根本不相同的。当然，西欧民主社会主义的某些具体作法我们可以借鉴，但作为一种指导思想和社会理想是不能采纳的。在党的十七大前夕，面对民主社会主义思潮不断滋长的状况，必须旗帜鲜明地表明我们党的态度。党中央最近提出了“四个坚定不移”，其核心是强调要坚定不移走中国特色社会主义道路和牢固树立社会主义共同理想。抓住了这个共同理想，就抓住了社会主义核心价值体系的灵魂。

（3）民族精神和时代精神，是社会主义核心价值体系的精髓

这里说的民族精神，是以爱国主义为核心的民族精神，是中华民族在长期社会实践中形成的民族意识、民族品格、民族气质和爱国精神的总和。在新世纪加强爱国主义教育和弘扬民族精神，主要应抓好四个要点：一是教育人们正确认识和对待我国的历史和现状，培养人们热爱祖国的高尚情操；二是要把爱国主义和社会主义结合起来，激励人们为社会主义祖国富强而奋斗；三是把热爱祖国同热爱共产党结合起来，引导人们在党的领导下为建设现代化的祖国贡献力量；四是要把树立民族自尊心、自信心和虚心好学结合起来，引导人们在弘扬民族精神中善于团结世界人民争取和平发展。民族精神和时代精神是互相交融的。所谓时代精神，是指在新世纪以改革创新为核心的与时俱进精神。改革开放是我们党的既定方针，必须坚定不移地贯彻执行。改革的生命力在于创新，不创新就不能与时俱进。实践证明，只有既敢创又善创，把两者结合起来，就能真正做到与时俱进，这是时代精神的精髓。

（4）社会主义荣辱观，是社会主义核心价值体系的基础

荣辱观是人们对荣誉和耻辱的根本看法和态度，属于伦理道德范畴。在建国初期，我们党展开了以五爱（爱祖国、爱人民、爱劳动、爱科学、爱社会主义）为主要内容教育活动，并在长期实践中形成了各民族平等、团结、友爱、互助的新型人际关系。改革开放时期，我们党又提出了“五讲四美三热爱”的新内容，对建设新时期的伦理道德关系起了积极作用。到了新世纪新阶段以后，以胡锦涛为总书记的党中央，在继承以往道德优良传统的基础上，把社会主义荣辱观的基本内容概括为“八荣八耻”，其实质是倡导树立社会主义人生价值观，推动社会主义核心价值体系建设。“八荣八耻”对社会主义荣辱观的内容概括全面、用语精炼准确、正反鲜明对照、针对性非常强。不仅立意高，起点实，而且覆盖面比较广。

总起来说，社会主义核心价值体系“四位一体”的基本内

容，第一个是讲思想信仰问题，第二个是讲理想信念问题，第三个是讲精神动力问题，第四个是讲道德基础问题。其中以马克思主义理论为指导，统领着共同理想、民族精神、时代精神和荣辱观，形成了互相联系、相辅相成、融会贯通、比较完整的科学价值体系。这是我们党在新世纪新阶段实现马克思主义中国化的最新成果之一，对社会主义意识形态建设具有长远的指导意义。

（五）先进性建设

开展以“三个代表”为主要内容的党员先进性教育活动。党的十六大报告提出，要“在全党开展以实践‘三个代表’重要思想为主要内容的保持共产党员先进性教育活动。”按照十六大这一精神，党中央决定在全国分期分批开展保持共产党员先进性教育活动，并成立了指导这一活动的领导小组。领导小组于2003年2月22日至23日在北京召开了“试点工作”座谈会，印发了“试点工作方案”。按照中央的部署，先抓16个单位进行试点，在试点单位已经取得阶段性成果之后，全国范围内的“保持共产党员先进性教育活动”陆续展开。

1.关于中央决定开展先进性教育活动的重要意义和背景

关于中央决定开展“保持共产党员先进性教育活动”的重大意义，主要体现在三个方面：一是开展这次活动是全面贯彻“三个代表”重要思想的重大举措；二是这次活动是新阶段加强党建的基础工程；三是开展这次活动是实现全面建设小康社会奋斗目标的重要保证。开展保持共产党员先进性教育活动的重要背景，概括起来说，主要与以下四件大事有密切关系：

第一件大事，与贯彻邓小平“聚精会神抓党建”的重托和深入学习“三个代表”重要思想有密切关系。1989年北京政治风波平息以后，以邓小平为核心的第二代领导人向第三代领导人交接班时，深有感触地说，我们这个党该抓了，不抓不行了。于是提出了“聚精会神抓党建”的重托。以江泽民为核心的党中央，始终牢记邓小平的嘱托，一直努力抓党的建设，并把抓党的建设与抓经济建设和抓精神文明建设密切结合起来。围绕这个中心思想，十几年来曾经发表了许多重要讲话，作出了一系列重要决定。其中最突出的有以下两点：第一，中共中央于1998年作出了关于以整风精神开展“三讲”教育的决定，创造了市场经济条件下加强党的建设特别是领导班子建设的好形式。第二，江泽民于2000年2月在广东高州市“三讲”教育会议上的讲话中，提出了“三个代表”重要思想，强调“三个代表”是新世纪中国共产党保持工人阶级先锋队性质的重要标志。“三个代表”重要思想得到中央常委的充分肯定，于是从2000年春夏到2002年春夏，全党进行了两年多的学习和贯彻，提高了思想认识，推动了各项工作。为了使学习和贯彻“三个代表”重要思想具有针对性，根据中央的要求，中组部深入实际对全国30万党员的思想状况进行了调查，形成了调查报告。江泽民、胡锦涛等中央领导同志很重视这个调查报告，专门召开常委会和政治局会议进行研究，并决定在适当时候在全党开展一次以学习实践“三个代表”重要思想为主要内容的保持共产党员先进性的教育活动。党的十六大报告进一步肯定了这一教育活动，强调保持党的先进性是全面贯彻“三个代表”的核心问题。所以，开展“保持先进性教育活动”，是全面贯彻“三个代表”重要思想的深入和继续，也是贯彻邓小平“聚精会神抓党建”的深入和继续。

党的十六大以后，以胡锦涛为总书记的党中央很重视和关心这一教育活动的落实，首先于2002年12月召开了全国组织工作会议，对搞好这次教育活动提出了明确要求和具体部署。12月15日，胡锦涛总书记还作了重要批示，指出：“先进性教育活动是新阶段党的建设的基础工程，涉及全党，政策性强，任务繁重，意义重大，必须切实加强领导，认真搞好试点，精心策划，周密组织，务见成效。”曾庆红同志也指出：此次教育活动，一定要在教育和引导广大党员特别是党员干部始终做到在学习实践“三个代表”上多下功夫。2003年1月9日，胡锦涛主持召开中央常委会议，批准了《保持共产党员先进性教育活动试点工作方案》，并把这项工作列为常委2003年工作要点。由以上回顾可以看出，中央决定在新世纪之初开展“保持共产党员先进性质教育活动”，既是贯彻邓小平“聚精会神抓党建”的继续，又是实践江泽民“三个代表”重要思想的继续，也是落实十六大精神的重大举措。先进性教育活动，既是党的老一辈领导人关心的重大问题，也是新一代领导人所关心的重大问题。了解这个背景，对于理解开展这次教育活动的意义，是有帮助的。

第二件大事，与世纪之交我们党面临的国际国内形势和任务有密切关系。从国际形势看，我国正处在国际“风云变幻”和力量重新组合的重要时刻，世界形势正在发生新的变化：一是世界多极化趋势在曲折中发展，单极和多极的矛盾仍然很尖锐；二是经济全球化在加快发展，它对我国发生着两重性影响；三是科技进步正在日新月异的变化，给人类社会进步带来巨大推动力；四是非传统安全因素的影响不断上升，使国际安全形势更加复杂多变；五是发达国家与发展中国家的差距进一步扩大，使“南北矛盾”更加突出和尖锐。这里还要特别警惕，以美国为首的少数西方强国，为了称霸世界，一方面扩军备战，用武力征服一些国家；另一方面加强攻心战略，正在打一场无硝烟战争。中国就是他们打无硝烟战争的主要目标。在这种形势下，要求我们党必须坚持用马克思主义宽广眼界观察当今世界，准确把握世界发展潮流，把握中国社会的前进方向，为此就要把党自身建设好，关键是要在与时俱进中保持党的先进性。实践证明，只有坚持以“三个代表”教育党员干部。才能在与时俱进中保持党的先进性，使党员干部经受住国际“风云变幻”和西方“无硝烟战争”的严峻考验。否则，就经受不住这种严峻考验，甚至有被时代淘汰和国际风云吞没的危险。开展以“三个代表”为内容的保持共产党员先进性教育活动，就是在这样的国际背景下提出来的。

从国内形势看，我国正处在“历史转折”和“伟大变革”的关键时刻。主要表现在两个方面：一是表现在中华民族正处在“伟大振兴”的新阶段，全党面临着能否实现“伟大振兴”目标和全面建设小康社会的严峻考验。邓小平提出的“三步走”目标，前两步用了20年已经实现了，第三步将用50年才能实现，第三步不仅时间长，而且任务艰巨，情况复杂。党要领导全国人民实现第三步战略目标，全面建设小康社会，必须首先把党自身建设好，以保持党的先进性和战斗力。二是表现在我国的改革开放正处在由传统计划经济向社会主义市场经济转轨的关键时刻，共产党人面临着“变革不变质”、“变革不变向”的严峻考验。从党内外的现实情况看，一些党员干部包括一些高级干部，在这场变革中迷失了方向，甚至在变革中变了质，走向犯罪道路，腐败猛增就是活生生的事实。为了使党政干部在这场变革中“变革中不变质”、“改革中不改向”，必须开展以“三个代表”为内容的保持党员先进性教育，使领导权牢牢掌握在具有先进性的党员干部手中，这是伟大变革时代向我们党提出的要求。所以说，这次教育活动，是党中央为适应新世纪的国内外形势来加强党的建设而提出来的。这就是党中央提出开展保持党员先进性教育活动的时代背景。了解这个大背景，我们就能从更宽广的视野和更高的思想境界来理解这次教育活动的重大意义。

第三件大事，与国际共产主义运动处于低潮有密切的关系。马克思主义认为，社会主义低潮中各国共产党人都面临着严峻考验。开展这次保持先进性教育活动，就是为了提高党员干部的素质，使世界上具有6000多万党员的中国共产党在低潮中能够经受住这种严峻考验。自从1848年《共产党宣言》发表以来，国际共产主义运动已有150多年的历史，这期间有许多高潮和低潮，其中大的高潮和低潮有三次。第一次高潮的主要标志是巴黎公社运动，工人阶级初步懂得了夺取政权和建立政权的重要性，但不懂得如何保持和建设政权，所以这次高潮的时间很短，巴黎公社只存在72天就失败了。第二次高潮的主要标志是列宁领导的十月革命运动，工人阶级政党不仅胜利地夺取了政权，而且保持的时间比较长，但中间遇到很大的困难和曲折。第三次高潮的主要标志是毛泽东领导中国新民主主义革命的胜利和向社会主义的成功过渡，以及社会主义阵营的形成。这次高潮的时间也比较长，影响也很大。但共产党面临着执政和建设的考验，面临着西方和平演变的考验，面临着改革开放的考验。从历史经验看，国际共产主义运动是曲折向前发展的。这可以说是它的发展规律。既然是规律，有了高潮就必然有低潮，期间大的低潮也有三次：第一次低潮的主要标志是马克思、恩格斯逝世以后伯恩斯坦修正主义者的叛变。在这次低潮中，大多数国家的共产党领袖都叛变了，就连列宁曾称作为“伟大的马克思主义者”的普列汉诺夫(俄国社会主义民主工党的领袖)也叛变了。资产阶级宣布社会主义失败了。第二次低潮的主要标志是第二次世界大战最艰苦的年代，希特勒的军队一直打到莫斯科城郊，各国资产阶级制造事端陷害共产党人，党内出现了投降主义思潮，社会主义国家面临着被消灭的危险。第三次低潮的主要标志是苏联和东欧社会主义国家和平演变，国际社会主义运动受到严重挫折，帝国主义宣布共产主义大失败。早在第一次低潮出现以后，在一片悲观声中，列宁保持清醒的政治头脑，总结了经验教训，认为低潮中容易出现三种情绪：第一种是悲观失望情绪，对社会主义和共产党丧失了信心；第二种是消极颓废情绪，厌倦政治而崇拜金钱、权力、色情和享乐，腐败滋长泛滥；第三种是背叛情绪，轻者背叛了自己入党时的誓言，不愿再为社会主义和共产主义奋斗，不愿再保持共产党人的先进性，重者叛党叛国，公开投向资产阶级怀抱，为资产阶级出谋划策，分化瓦解共产党的队伍。所以，在社会主义运动处于低潮时期，对每个共产党人都是一次严峻的考验，很多人在低潮中经不起这种考验，逐渐丧失了先进性。任何事物都是一分为二的，在低潮的时候，也是真正的英雄人物和伟大领袖出现的时候。正是由他们带领人民渡过低潮，才迎接了高潮的到来。

应该看到，我们现在正处于第三次高潮之后的第三次低潮时期。关于这一点，无论是邓小平和江泽民同志，还是胡锦涛同志，都认为我们现在仍然处于国际共产主义运动的低潮中。早在20世纪60年代，苏联东欧一些领导人在总结历史经验时否定社会主义成就，丑化党的领袖，改变党的性质，从而在改革中变了向，变了质，腐败滋长泛滥，彻底脱离了民众，再加上西方推行和平演变战略，从而使苏联和东欧一大批社会主义国家，走向了亡党亡国之路。现在可以说，国际社会主义运动正处在第三次低潮最低谷阶段。在这最低谷阶段，列宁所说的那三种情绪在党内表现得最为明显，有人说，悲观失望者有，消极腐败者有，丧失先进性者有，背叛者不会有。其实不然。对社会主义背叛的人，不仅基层有，高中层也有。比如基层有一位股份制企业的总裁兼党委书记说：“我入党30多年，当领导20多年，现在才真正懂得一条真理，最有用的是权力和金钱，其他一切都是胡扯蛋，什么为人民服务，什么共产主义，那都是胡扯蛋。”在这种思想支配下，他完全丧失了共产党人的先进性，进而违法乱纪，腐败堕落，结果走向了犯罪的泥潭。又比如，曾经担任过省委书记的一位高级干部和担任过某个报社总编辑的领导人，他们叛逃到国外以后，在文章和演讲中说：“社会主义不能救中国，中国唯有和平演变为资本主义才能救中国”。有一位还说：“我追随共产党几十年，可以说是共产主义的忠实信徒，我为什么背叛他，因为共产主义根本就没有。”我们的一位老共产党员，著名的评论家，认为他们的演讲和文章是“叛徒的劝降书”。背叛者在劝降，对于保持先进性的党员来说没有多大作用，而对于丧失先进性的党员来说必然有作用。历史经验教训告诉我们，在低潮的最低谷阶段，任何一个党员干部都面临着最严峻的考验，面临着会不会丧失先进性的考验。中央决定在全党开展保持先进性教育活动，就是要广大党员干部在低潮中能经受住这种考验。要看到，有低潮必然会有高潮，这是规律，谁也不能违背。国际国内的一些著名专家认为，低潮即将过去，高潮一定会到来，21世纪是社会主义运动在全世界复兴的世纪！

第四件大事，与党员和干部队伍中存在的不少问题有密切关系。党员是党的细胞，干部则是党员队伍的骨干力量。党的先进性要通过党员和干部的先进性体现出来。所以，真切了解党员队伍和干部队伍的状况，特别是了解党员队伍中存在的问题，是开展保持先进性教育活动的主要依据。当时，我们的党员队伍已经达到6635万人，党员干部约有1200多万人，其中处以上干部的50多万人。从总体上看，党员队伍和干部队伍的主流是好的，是具有先进性的。但是，也必须看到，有相当一部分党员和党员干部的素质还不够高，先进性还不能充分发挥和体现；也有一部分人已经不合格或者基本不合格；还有一部分人问题相当严重甚至腐败变质。从具体表现来看，大体有以下三个方面的问题：首先，在思想政治上，有的党员干部理想信念不坚定；有的“四信”(指马克思主义信仰、共产主义信念、社会主义信仰和对共产党的信任)动摇；有的“四信”丧失。社会上流行着这么几句话：“共产主义理想是远的，马克思主义政治是空的，科学技术是硬的，黄金钞票是实的，市场经济条件下的聪明人，不想远的，丢掉空的，掌握硬的，大捞实的。”这几句话反映了不少党员干部的理想信念动摇。其次，在组织纪律上，有的人党的意识弱化，组织纪律观念淡薄：有的人目无组织，长期脱离组织，不遵守党规党法；有的人甚至把自己凌驾于党组织之上，把党组织当成个人谋私的工具，买官卖官，违法乱纪。再次，在作风和廉政问题上，有的人教条主义、形式主义、官僚主义严重，作风飘浮，不实事求是；有的人弄虚作假，虚报浮夸严重，以权谋私，贪图享乐；有的人损公肥私、贪污受贿问题严重，甚至走上了犯罪道路。以上这些情况，都是不同程度缺乏先进性或者丧失先进性的具体表现。所以，进行先进性教育，不仅很重要，而且很紧迫。这些问题虽然只发生在一部分党员干部身上，但却严重损害了党的形象和威信，若不及时进行先进性教育，就会动摇党的基础。江泽民多次讲“基础不牢，地动山摇”。他特别强调：“如果不及时解决这个问题，任其发展下去，就会使我们党失去民心，丧失执政资格，甚至会亡党亡国。”中央这次下决心开展党员先进性教育活动，就是基于这种考虑。所以，胡锦涛把这次活动看成是加强党建的一项基础工程。

2.关于开展先进性教育活动的基本精神和主要内容

(1) 开展先进性教育活动的基本精神

这次教育活动的基本精神，就是要始终组织党员、干部深入学习实践“三个代表”重要思想，切实解决党员和干部在思想上、组织上、作风上存在的突出问题，充分调动他们在工作中的积极性和创造性，达到提高党员素质、服务人民群众，促进各项工作的根本目的，从而为全面建设小康社会、开创中国特色社会主义新局面提供坚强的组织保证。这个基本精神有两个要点必须在教育活动中紧紧抓住：一是要始终抓住“一条主线”，即始终抓住“三个代表”重要思想的学习和实践，在这方面要多下功夫。应该认识到，“三个代表”是新世纪党的先进性的集中体现，也是党员保持先进性的根本标准。看一个党员和干部是不是保持了先进性，从根本上讲，就看他们是否认真实践了“三个代表”。二是要努力实现“一个根本目的”，即“提高党员素质、服务人民群众、促进各项工作。”这三个方面是一个统一整体，相互关联，相互促进，其着眼点在于要保持先进性这个核心问题。这里，首先要看到，“提高党员素质”是保持先进性的基础。开展这次教育活动，就是为了进一步提高党员的基本素质。所谓基本素质，就是指党员的思想政治素质、道德作风素质和科学文化素质三者的有机统一。只有这三个方面的素质全面提高了，党员的先进性就能得到充分发挥。其次要看到，“服务人民群众”是党员保持先进性的根本体现。党的十六大报告指出，“三个代表”的本质在于坚持执政为民。所以，在这次教育活动中，要把解决执政为民问题作为共产党员保持先进性教育的一个突出问题来解决。对于服务性行业来说，这个问题更加突出。第三，还要看到，“促进各项上作”是党员保持先进性的出发点和落脚点。因为只有促进了各项工作，才能把实践“三个代表”落到实处，才能把保持先进性落到实处。因此，无论在开展保持先进性教育活动的那一个阶段，都要体现这一根本目的。只有牢牢把握这一根本目的，整个教育活动才能取得成效。

(2) 开展先进性教育活动的主要内容

党的十六大报告明确指出：开展先进性教育活动要以“三个代表”重要思想为主要内容。以胡锦涛为总书记的党中央在制定开展先进性教育活动的试点工作方案时也强调，试点工作要始终抓住“三个代表”重要思想的学习和实践，在这方面要多下功夫。党中央反复强调这个问题，是因为“三个代表”重要思想是保持先进性的核心问题。只有始终抓住这个核心问题，才能使共产党员在新世纪保持住先进性的本色，从而在各项工作中和在人民群众中发挥先锋队作用。

讲“三个代表”是保持先进性的核心，其原因在于以下几点：

第一，这是我们党在世纪之交提出“三个代表”重要思想的主要意图。江泽民在世纪之交的2000年初提出“三个代表”，其主要意图，体现在“三个代表”提出的历史过程中。1998年 11 月中央制定了以整风精神搞“三讲”的文件，这次“三讲”有个显著特点，就是自上而下进行，中央常委带头搞“三讲”。1999年底总结，江泽民在中央常委“三讲”总结里提出要在新世纪保持共产党的工人阶级先锋队性质问题，强调只有把发展先进生产力和发展先进文化同全心全意为人民谋利益结合起来，才能在新世纪保持共产党人的先进性。进入 2000年以后，江泽民集中精力探讨新世纪如何保持党的工人阶级先锋队性质问题。2001年1月14日，他在中纪委第四次会议上的讲话中提出了“四个始终”问题，强调“在新的国内外环境中，如何保证我们党始终保持工人先锋队性质，始终代表最广大人民群众的利益，始终经得起各种风险和困难的考验，始终坚强有力地发挥领导核心作用，这是面向新世纪，加强党的建设必须进一步解决好的最重大的课题。”这里围绕坚持党的先进性问题提出了第一个“代表”。2月20日，江泽民在广东高州市领导干部“三讲”教育会议上的讲话中，又提出了“五个始终”问题，强调“我们要始终保持工人阶级先锋队性质，始终代表最广大人民群众的利益，始终成为社会先进生产力的代表，始终领导全国各族人民促进社会生产力的发展，始终坚强有力地发挥好领导核心作用，必须结合新的历史条件进一步从思想上、组织上和作风上把党建设好。”这里又围绕着坚持党的先进性问题提出了两个“代表”。2月21日至25日，江泽民在广州、深圳等地考察工作时，又进一步以更加鲜明精练的语言，把我们党几十年之所以得到人民的忠心拥护的根本原因，概括为“是因为我们党作为工人阶级的先锋队，因为在各个历史时期始终坚持了‘三个代表’”。江泽民说：“总结我们党七十多年的历史，可以得出一个重要结论，这就是，我们之所以赢得人民的拥护，是因为我们党作为中国工人阶级的先锋队，在革命、建设、改革的各个历史时期，总是代表着中国先进社会生产力的发展要求，代表着中国先进文化的前进方向，代表着中国最广大人民的根本利益，并通过制定正确的路线方针政策，为实现国家和人民的根本利益而不懈奋斗。”江泽民不仅完整地提出了“三个代表”的思想，而且把这个科学思想概括为“三个代表”的概念。他在广东讲话中特别强调：“在新的历史条件下，我们党如何更好地做到‘三个代表’是一个需要全党同志特别是党的高级干部深刻思考的重大课题。”由以上情况可以看出，“三个代表”是“三讲”教育实践活动中总结加强党的建设经验教训而得出的科学结论和理论概括，是为了在新世纪保持党的先进性而提出来的。就是说，提出“三个代表”的意图就是为了在新世纪保持党的先进性。这次搞先进性教育活动，就是落实中央的意图。实践证明，党的先进性保持住了，新世纪各项任务就能实现了，党的执政地位就巩固了。

第二，这是“三个代表”重要思想本身的核心问题。在“三个代表”重要思想中，其中第一个代表，强调代表的不是一般的社会生产力，而是先进社会生产力。先进社会生产力具有两大特征：一是社会生产力中的决定性因素——人先进，即不仅人的觉悟高，而且人的技能强；二是社会生产力能全面而协调的发展，即不仅物质生产力快速发展，而且精神生产力也协调发展。由此可见，第一个代表的核心是强调代表先进生产力，而不是代表一般生产力，更不能代表落后生产力。“三个代表”中的第二个代表，强调代表的不是一般的文化，而是先进文化。在当代中国，先进文化也有两大特征：一是理论基础先进，指的是马克思主义世界观和方法论先进，因而马克思主义在不断地与时俱进；二是科学文化先进，指的是中国特色社会主义文化。由此可见，第二个代表的核心是强调代表先进文化，而不是代表一般文化和单一文化，更不是代表落后文化。“三个代表”中的第三个代表，强调代表最广大人民的根本利益。强调“党的一切工作，必须以最广大人民的根本利益为最高标准。”这是“我们党同一切剥削阶级政党的根本区别”，也是我们党的先进性的最高体现。由此可见，“三个代表”重要思想的核心问题是保持共产党的先进性问题，只有坚持以“三个代表”为内容教育党员干部，才能在新世纪保持共产党员的先进性。

第三，这是我们党在新世纪继续保持先进性的根本标准。进入新世纪以后，全党面临着高科技迅猛发展，开放进一步扩大，改革进一步深化，经济成分、就业方式、生活方式、分配方式多样化的趋势。在这种形势下，共产党员如何保持先进性的问题，是党中央一直在思考的一个重大问题。这里首先就有一个党员保持先进性的标准问题。具体标准，各时期各行业可能有所不同，但根本标准必须一致。“三个代表”就成了新形势下党员保持先进性的根本标准。早在民主革命时期和建国初期，鉴于农民和小资产阶级出身的党员在党内占大多数这一现实，以毛泽东为核心的党中央把保持党的先进性的基本标准确定为五个方面：一是党的阶级基础必须先进；二是党的成员必须先进；三是党的指导思想必须先进；四是党的纲领必须先进；五是党的宗旨必须先进。由于坚持了这五条先进标准，尽管农民小资产阶级出身的党员占大多数，但仍然保持了中国共产党的先进性。然而在高科技发展和改革开放的今天，要保持党的先进性仅仅有这五个方面就不够了，还必须把“三个代表”作为保持党的先进性的根本标准。今后，看一个党组织和党员是否先进，衡量的根本标准就是看你是否学习和实践“三个代表”。这是这次保持先进性教育活动把“三个代表”作为主要内容的根本原因之一。

正是基于以上三个方面的考虑，所以，“三个代表”重要思想就成了新世纪共产党员保持先进性的核心问题，这也自然就成了这次先进性教育活动的主要内容。

（六）“八荣八耻”思想

2006 年 3 月 4 日，胡锦涛总书记在全国政协十届四次会议期间，提出了在新形势下进行社会主义荣辱观教育问题，强调社会主义荣辱观教育主要应抓好“八荣八耻”教育。所谓“八荣八耻”，是指要“以热爱祖国为荣、以危害祖国为耻，以服务人民为荣、以背离人民为耻，以崇尚科学为荣、以愚昧无知为耻，以辛勤劳动为荣、以好逸恶劳为耻，以团结互助为荣、以损人利己为耻，以诚实守信为荣、以见利忘义为耻，以遵纪守法为荣、以违法乱纪为耻，以艰苦奋斗为荣、以骄奢淫逸为耻。”中央各部委很重视社会主义荣辱观教育，中央组织部、中央宣传部和中央纪委都发出了组织党员干部学习的通知，解放军总政治部、全国妇联、全国总工会和教育部、团中央等单位也发出了学习贯彻的通知。

1.新形势下强调开展“八荣八耻”教育的重要意义和背景

重视思想道德教育，是我们党的优良传统。在新形势下强调以“八荣八耻”为内容的社会主义荣辱观教育呢，应主要从四个方面来认识其意义和背景。

第一，这是实现“十一五”规划目标的客观要求。

胡锦涛总书记提出“八荣八耻”的一个重要背景，就是在全国政协讨论“十一五”规划纲要时讲的。他说：“实现‘十一五’时期的发展目标，必须广泛深入动员人民群众，坚定不移地依靠人民群众，真心实意地造福人民群众，把人民群众的历史主动精神充分发挥出来。”而要把人民群众的历史主动精神充分发挥出来，就必须按照“有理想、有道德，有文化、有纪律”的标准教育人民，提高人民的思想道德水平。“八荣八耻”是当代社会主义荣辱观和道德观的基本内容，若坚持以它为理论武器来教育人民，就能为人民特别是青年人的正当行为直接提供一种“正义性”的高尚的精神支撑，进而使这种精神支撑转化为一种激励性的精神动力，这样人们就能冲破各种艰难险阻去追求理想目标。过去我们讲精神动力，从理想信念角度讲的比较多，这是完全需要的。然而，仅仅从理想信念这个高层次讲还不够普及，还必须从思想道德这个层次来讲，其覆盖面更广，更易于为广大人民所接受。事实上，一个人有了强烈的光荣感和耻辱感，就会产生一种上进心和内在动力，这一点在进行思想政治教育时是绝不能忽视的。胡锦涛总书记以高度的敏锐性洞察到这个问题，及时提出这个问题，应引起全党同志和广大群众的普遍重视，并且要积极行动起来，认真学习和实践以“八荣八耻”为内容的社会主义荣辱观，自觉为实现“十一五”规划贡献力量。

第二，这是应对市场经济两重性的迫切需要。

我国建立市场经济已经有 10 多年了。随着市场经济的建立和发展，我们党对市场经济两重性的真面目有了深刻的认识。现在，我国正处于由计划经济向市场经济转轨的关键时刻，如果不采取有效措施大力加强和改进思想政治教育和伦理道德教育，人们头脑里就容易受到市场经济消极性的影响，因而就容易产生和滋长资产阶级人生价值观和道德观。一旦这种观念控制了某些党员干部特别是领导干部的头脑，就容易产生和滋长不正之风和腐败行为，甚至导致一些人走向犯罪的道路。这多年来腐败不断滋长蔓延，就是活生生的事实。所以，面对市场经济的两重性问题，我们只有加强以“八荣八耻”为内容的社会主义思想道德教育，才能使广大党员干部和群众明荣知耻，掌握立人之本，这样就能自觉发挥市场经济的积极性，坚决抵制市场经济的消极性，从而有效地驾驭市场经济，使其更好地为社会主义建设服务。

第三，这是端正社会主义风气和构建和谐社会的重要措施。

社会风气是社会文明程度的重要标志，也是构建社会主义和谐社会的重要条件。倡导社会主义道德规范，则是端正社会风气和构建和谐社会的重要措施。胡锦涛提出“八荣八耻”，就是为了建立适应市场经济的社会主义道德规范，促进良好社会风气的形成以及和谐社会的构建。这里特别要看到，我国的社会主义市场经济还处在不完善阶段，不仅市场经济的运行机制和规章制度不完善，而且与之相适应的法制体系和道德体系也不完善。在这种情况下，市场经济在运转中必然空隙很多、漏洞很多，是非、善恶、美丑、荣辱混淆不清的问题也很多，这就容易造成一些人认识上的偏差，甚至使一些人，特别是青少年的荣辱观发生畸变。比如，有些人对国家和人民利益采取事不关己、高高挂起的冷漠态度，甚至出现某些损害国家和民族利益的言行；又比如，有些人将诚实守信、辛勤劳动、艰苦奋斗视为不合时宜的行为，而把好逸恶劳、损人利己、见利忘义却视为“人的本性”要求，更有甚者则违法乱纪、挥霍浪费、骄奢淫逸。若长期放松这方面的教育和管理，就会导致一些人走向违法乱纪和腐败变质的犯罪道路。在这种情况下，加强思想道德建设和进行荣辱观教育，不仅很重要，而且很紧迫。“八荣八耻”教育就是在这样的社会背景下提出来的。

第四，这是加强党的自身建设的重要课题。

党要领导改革开放不断取得胜利，关键是把党自身建设好。根据马克思主义建党原理，加强党的自身建设，主要有四个方面的内容：一是思想政治建设，二是组织制度建设，三是执政能力建设，四是道德作风建设。可见，道德作风建设是党的自身建设不可分割的一项重要内容。在过去，我们对作风建设的具体内容讲的比较多，也比较明确，毛泽东提出：“理论联系实际、密切联系群众和自我批评”的三大优良作风，已经深入人心。然而，对党的道德建设的具体内容，却一直不明确、不系统。这次胡锦涛总书记概括的“八荣八耻”，就是对党的道德观明确而系统的概括。这就为加强党的道德建设提供了坚实的理论指导。只要全党同志严格按照“八荣八耻”的要求去实践，就一定能提高全党同志的道德素质，促使党的优良作风形成，推动党风根本好转。这是增强党的先进性的一个重要方面。正是从这个意义上讲，坚持以“八荣八耻”为内容的社会主义荣辱观教育，是加强党的自身建设的需要，也是增强党的先进性的需要。

2.新形势下开展“八荣八耻”教育的精神实质和内容特征

“八荣八耻”是对新时代社会主义荣辱观的高度理论概括，是对马克思主义伦理道德观的继承和发展。进行“八荣八耻”教育，其实质是要帮助人们树立社会主义伦理道德观，其目的是要引导人们树立社会主义的人生价值观。荣辱观属于伦理道德范畴，而伦理道德观则是人生价值观的突出表现。进行“八荣八耻”教育，就是要从伦理道德观教育入手，最终来解决人们的人生价值观问题。因为人生价值观是人们头脑里的总开关，总开关把握得好，社会主义伦理道德观才能牢固地树立，才能持久地在实践活动中发挥作用。所以，进行“八荣八耻”教育的实质，是为了引导人们树立社会主义的人生价值观，提高全民族的思想道德素质。只有站在这个高度来认识“八荣八耻”教育的重大意义，我们才能把进行“八荣八耻”教育同培育社会主义新人的总体目标密切联系起来，从而坚定不移地把“八荣八耻”教育纳入素质教育的重大课题之中，采取有效措施在实践中贯彻落实。

为了加深对“八荣八耻”精神实质的理解，有必要对它的内容特征加以分析。概括起来，主要有以下三个重要特征：

第一，内容概括全面，用语精练准确。

这里所说的内容概括全面，是指“八荣八耻”涵盖了社会主义伦理道德的方方面面，涉及政治、经济、社会、人文、科学、党风等方面的道德问题，从多角度、多方面论述了社会主义道德观念，规范了党员、干部和群众的道德行为。其中第一项和第二项内容，着重从政治角度论述人们的道德观念和道德行为。因此，把“以热爱祖国为荣、以危害祖国为耻”，“以服务人民为荣、以背离人民为耻”作为我国人民政治道德的基本要求。这是伦理道德观念的高层次要求，所以，排列在首要地位。第三项和第四项内容，着重从对待科学和劳动态度上来论述人们的道德观念和道德行为。因此，把“以崇尚科学为荣、以愚昧无知为耻”，“以辛勤劳动为荣、以好逸恶劳为耻”作为新世纪社会主义道德的基本要求，这是高科技迅猛发展时代对人们的道德呼唤，也是体制转轨时期对“劳动光荣”的充分肯定。第五项内容是从人际关系和利益关系的视角来论述人们的道德观念和道德行为。因此，把“以团结互助为荣、以损人利己为耻”作为社会主义人际关系和利益关系的行为准则。这既是对集体主义精神的赞扬，也是对损人利己行为的斥责。第六项和第七项内容，是从完善市场经济体制的角度论述人们的道德观念和道德行为，因此，把“以诚实守信为荣、以见利忘义为耻”，“以遵纪守法为荣、以违法乱纪为耻”作为市场经济条件下必须遵守的道德规范。这对建立与市场经济相适应的诚信体系和法制体系是有积极作用的。第八项内容是从发扬优良传统作风的角度来论述人们的道德观念和道德行为。因此，把“以艰苦奋斗为荣、以骄奢淫逸为耻”作为社会主义现代化建设时期的长远道德规范。这对执政党永葆艰苦奋斗的本色和清正廉洁的作风，是有指导和鞭策作用的。

从上述分析可以看出，“八荣八耻”从多方面、多角度、多层次论述了社会主义道德观念，不仅内容全面系统，而且文字精练准确。八个方面的内容，仅用了112个字就论述清楚了，并且层次分明，排列有序，从而构成了新世纪新阶段比较完整的社会主义伦理道德体系。可见党中央对“八荣八耻”的理论概括下了很大的功夫。革命导师说过，真正的马克思主义理论家，能把很复杂的问题讲得很简明，使工农大众易记易懂；而装模作样的理论家，却把很简明的问题说得很复杂，使人们听不懂，记不住，以显示其高深莫测。今天我们学习贯彻“八荣八耻”，不仅要树立社会主义荣辱观，而且要继承发扬党的马克思主义优良传统和作风。

第二，正反鲜明对照，针对性很强。

“八荣八耻”采用正面与反面鲜明对照的形式来表述，不仅旗帜鲜明，而且针对性很强。它既从正面对社会主义伦理道德作了系统概括，又从反面对什么是耻辱的问题作了系统概括。从这个意义上讲，它是一篇简明扼要论光荣、论耻辱的宣言书。“八荣八耻”的针对性，突出地表现在对耻辱的论述上，其目的要强化人们的知耻感，唤醒人们的知耻之心。这里所说的耻，是指人们羞愧的心理感受和羞愧的耻辱之事。所谓唤醒人们的知耻之心，就是教育人们知道什么是羞愧和耻辱，使其具有最基本的道德修养。在古代，孟子说过：“无羞恶之心，非人也。”就是说，有无知耻之心，是人与动物的最大区别之一。在近代，康有为也说过：“人之所以不为，皆赖有耻心。”这就告诉人们，只要具有羞耻之心，就不会产生不道德行为；若失去羞耻之心，就会产生不道德行为，甚至会不讲道德而胡作非为。我们党一贯重视对人们的道德教育，延安时期，毛泽东在《纪念白求恩》一文中就教育人们要做“一个高尚的人，一个纯粹的人，一个有道德的人，一个脱离低级趣味的人，一个有益于人民的人”。改革开放以来，党中央一直把讲文明、有道德作为培育社会主义“四有”新人的重要内容，并制定了一系列加强道德教育的文件。在党的教育下，人们都在努力“争取最大光荣，不做耻辱之事”，这已经成为中国人民的道德风尚。然而，随着改革的深化和市场经济的发展，一些人荣辱感有所下降，不知耻的人多了起来；有的人甚至颠倒荣辱，做一些不知羞耻之事。比如，有的人打着要做世界公民的旗号，干一些吃里爬外、损害祖国利益之事；有的人利用职权牟取私利，干一些坑害人民、背离人民利益之事；有的人不学科学不懂科学，干一些害人害己的愚昧无知之事；有的人否定劳动神圣的观点，干一些丑化劳动人民、赞扬剥削者的蠢事；有的人不讲团结互助，不想助人为乐，干一些损公肥私、损人利己的丑事；有的人心不诚实、行不守信，干一些过河拆桥、见利忘义的缺德事情；有的人没有法纪观念，没有养成遵纪守法习惯，干一些违法乱纪的坏事；有的人认为艰苦奋斗已经过时，干一些铺张浪费、贪图享乐之事，等等。上述这些不知耻的行为，如不及时加以纠正，任其蔓延滋长，势必在社会上造成荣辱颠倒，致使一些人道德沦丧。发展下去，还会影响年青一代人的健康成长，甚至会影响国家的前途命运。古人曰：“礼义廉耻，乃国之四维”，“不知耻则无所不为，国家其有不亡者乎！”鉴于这种情况，我们不仅要重视正面道德教育，而且要从反面揭示种种不道德行为，使其鲜明对照，有效地强化人们的光荣之感和知耻之心，有利于新形势下进行社会主义荣辱观教育。

第三，立意高，起点实，覆盖面广。

这是胡锦涛概括“八荣八耻”的又一个特点。所谓立意高，是指站在治党治国的高度来论述社会主义荣辱观。具体来说，是从提高全党全民族思想道德素质的高度，从树立社会主义人生价值观的高度，从培养一代又一代的社会主义事业接班人的高度来论述荣辱观问题。认识到这一点，我们就能把当前进行的“八荣八耻”教育，同引导人们树立人生价值观紧密联系起来，同培养接班人联系起来，同提高中华民族素质联系起来。这样，我们就能自觉地抓好荣辱观教育，并且坚持不懈地抓下去。

所谓起点实，是指“八荣八耻”从最实际、最普遍、最起码的道德标准入手，内容实实在在，文字通俗易懂。这表明胡锦涛是在进行大量调查研究的基础上，从实际出发提出来的。因此，八项内容，贴近现实，贴近基层，贴近生活，贴近群众。只要大家努力，人人都可以做到。“八荣八耻”的要求，不是高不可攀的，而是经过努力可以做到的。

我们说“八荣八耻”起点实，不仅表现在内容实在、贴近实际，而且还表现在文字通俗易懂。这表明胡锦涛提出“八荣八耻”时，考虑到绝大多数群众，尤其考虑到十几亿工农大众的觉悟程度和文化水平。有位在乡镇工作多年的党委书记说，“八荣八耻”就是念给农村的老大爷和老太太听，也基本都能听懂，个别词语，略作解释就懂了。“起点实”的关键在于“实”，认识到这一点，就能自觉引导人们在实践上多下功夫，在贯彻落实上多下功夫。

所谓覆盖面广，是指教育的覆盖面大，接受教育的群体广。开展的先进性教育和党章教育，教育面只限于7000多万共产党员，而“八荣八耻”教育的覆盖面却是13亿中国人民。可以说，从党内到党外，从上层到基层，从专家学者到普通群众，从中老年到青少年，从大学生到小学生，都可以进行这种教育。当然，对象不同，要求也不同。但只要教育得法，一切从实际出发，大家都能不同程度受到社会主义道德的熏陶，提高自身的道德素质。

3.新形势下开展“八荣八耻”教育的重要措施

在深化改革、扩大开放和完善市场经济体制的新形势下，如何有效地开展“八荣八耻”教育活动，这是摆在各级党委面前的一个新课题。根据我们党长期开展思想政治工作的实践经验，结合新时代基层工作的特点，有以下三点必须抓好：

第一，从领导角度讲，必须由党政领导者自觉践行，同心协力抓好荣辱观教育。

这里所说的党政领导者自觉践行，是指党政领导干部要以身作则，自觉在实践中起模范带头作用。“八荣八耻”首先是领导者的道德标尺。为此，中央组织部要求各级党委把社会主义荣辱观教育作为领导班子建设的重要内容，作为党政领导干部考核的重要标准，作为选拔使用干部的重要依据。实践证明，只要领导干部以身作则，模范带头，党员干部和群众就会跟着学习和贯彻，就会形成学习实践“八荣八耻”的良好风气。当然，仅仅领导者自己模范践行是不够的，还必须同心协力抓好对群众的教育。所谓同心协力抓好对群众的教育，主要是指党政领导干部必须共同把“八荣八耻”教育工作摆到议事日程的重要地位，采取有效措施贯彻落实。这包括定期开会研究分析党员、干部和群众的思想动态，制定具体的践行标准，及时回答在教育中遇到的热点难点问题，亲自出马作报告和做深入细致的思想教育工作。同时，还要共同努力采取措施抓好制度建设和队伍建设，并在物力、财力、人力和时间等方面提供必要的保障。根据以往的经验教训，要做到同心协力去抓，关键是党政领导者要互相理解、互相尊重、互相支持、互相配合。实践证明，只有同心协力，才能共同把握荣辱观教育的社会主义大方向；共同努力把荣辱观教育纳入公民道德建设和精神文明建设的全过程；共同努力把荣辱观教育同各时期的中心工作紧密结合起来，从而使社会主义荣辱观教育长期坚持下去。

第二，从党组织角度讲，必须抓好舆论宣传、抓好学习培训、抓好组织管理。

首先要抓好舆论宣传，造成良好的学习氛围，形成浓厚的舆论环境。为此，就要把传统的宣传教育工具与现代传媒工具结合起来，把外请专家学者讲授与领导者亲自讲授结合起来，把教育骨干宣讲与群众学习讨论结合起来。通过一系列舆论宣传，使人们充分认识到新形势下树立社会主义荣辱观的重要意义和精神实质，明荣知耻，自觉践行。其次，要抓好培训工作，把“八荣八耻”作为培训人才的重要标准。这里所说的培训工作，既包括短期培训工作，又包括长时间的正规培训工作。为此，就要充分运用各级党校和干部培训中心这个阵地，把“八荣八耻”引入教材，纳入培训课程；在高校和中小学校，还应按照教育部的要求，把荣辱观教育引入教材和课堂，充分发挥课堂教学在荣辱观教育中的主渠道作用。同时，还要与学校的社会实践、校园文化和师资队伍建设结合起来。再次，要抓好组织管理工作，完善道德规范和基本制度。教育和培训，都是为了帮助人们树立社会主义荣辱观念，这是最基础性的工作，必须首先抓好。然而，树立观念是为了践行。要让“八荣八耻”真正变为党员、干部和群众的实际行为，还必须抓组织管理工作。为此，就要依据“八荣八耻”的要求制定具体规则，建立必要的制度，使高尚的道德行为受到表彰和奖励，使不良的道德行为受到纠正和遏制，使丑恶的道德行为受到批判和惩罚。经验教训告诉我们，只有把教育培训同组织管理紧密结合起来，才能使荣辱观教育做到有可靠的组织和制度保证。

第三，从个人角度讲，必须勤于学习、善于修养、积极实践，不断总结。

勤于学习，主要是学习与“八荣八耻”有关的各种理论知识和科学知识，以加深对“八荣八耻”的理解。学习要在“勤学”上下功夫，挤时间学，刻苦地学，学而不倦、学而不厌。要牢记革命导师列宁的教导：“学习、学习、再学习”。学习是为了获得知识，更是为了改造思想。通过思想改造，使自己具有社会主义的人生价值观和伦理道德观。我们要向敬爱的周恩来同志学习：“活到老、学到老，改造到老”。善于修养，就是以“八荣八耻”为理论武器来修身养性，使自己成为一个具有高尚道德的人。修养的方式很多，最基本的就是以“八荣八耻”为标准，经常对照检查自己，看哪些做对了、做好了，看哪些还没有做对、没有做好；好的要发扬光大，不好的要努力改正，这样日长月久地不断反省自己，就能把自我塑造成为一个具有高尚人格的人。积极实践，就是要把自我修养同社会实践结合起来。因为我们讲的修养，不是主观唯心主义的修养，而是辩证唯物主义的修养。辩证唯物主义修养的一个最大特点，就是积极参加社会实践。我们讲的社会实践，不是机械唯物主义的实践，而是勇于创新的社会实践。我们党的伟大事业，需要一大批既有高尚道德素养又有创新精神的人才，二者缺一不可。不断总结，就是指要不断总结经验教训。总结是为了不断提高自己的思想觉悟和工作能力。只有不断总结，才能把自己的感性认识提高到理性认识，使自己逐步具有现代化的思维能力。这样，我们才能在实践中有所发现，有所发明、有所创造、有所前进，从而对社会主义现代化事业作出自己应有的贡献。

第二编

政工大事记实

2012 年 3 月

中共中央党校举行 2012 年春季学期开学典礼

3 月 1 日，中央党校举行 2012 年春季学期开学典礼，习近平出席并讲话。李源潮，何勇，令计划出席开学典礼，李景田主持开学典礼。

习近平强调，保持党的纯洁性是马克思主义政党的本质要求。中国共产党在革命、建设、改革各个历史时期，始终把保持党的纯洁性作为党的建设的根本问题和重要目标。我们党 90 多年来的历史证明，党的坚强有力和事业发展取决于多种因素，党的纯洁性对党的创造力、凝聚力、战斗力有着根本性影响。什么时候党的纯洁性保持得好，党就更加坚强有力，党的事业就能健康发展；什么时候党的纯洁性受到影响和削弱，党的战斗力就会下降，党的事业就会遭受损失。

党的纯洁性体现在党的思想、组织、作风等各个方面。保持党在思想上的纯洁性，是保证党的正确政治方向和党的团结统一的思想基础。保持党在组织上的纯洁性，是保持全党步调一致和推进党的事业发展的组织保证。保持党在作风上的纯洁性，是保持党同人民群众血肉联系和不断从人民群众实践中吸取经验、智慧和力量的固本之道。保持党的纯洁性，关键在党的各级领导干部。领导干部要时时、处处用党的纯洁性要求对照自己、检点自己、修正自己、提高自己，要求别人做的自己带头做到，要求别人不做的自己带头不做，以率先垂范的实际行动充分体现党的纯洁性。要自觉加强党性修养和党性锻炼，秉公用权、廉洁从政，坚决抵制拜金主义、享乐主义、极端个人主义，做到为官一任既要发展一方、又要始终保持清正廉洁。要增强主动接受监督的意识和依法依规保护监督的意识，自觉把自己置于党和人民事业所要求的各种监督之下。要增强纪律意识，切实把党的各项纪律规定转化为行为规范，尤其要严格遵守党的政治纪律，在思想上政治上行动上自觉同党中央保持高度一致。

中宣部中央文明办部署
“弘扬雷锋精神　开展志愿服务”工作

3 月 1 日，中宣部、中央文明办在北京召开视讯会议，研究部署“弘扬雷锋精神、开展志愿服务”工作。会议强调，要把志愿服务活动摆在精神文明创建工作至为重要的位置，以社会主义核心价值体系建设为根本，以弘扬雷锋精神为主题，建立完善参与广泛、形式多样、活动经常、机制健全的社会志愿服务体系，推动学雷锋活动常态化，培育我为人人、人人为我的良好风尚，为党的十八大胜利召开营造文明和谐的社会环境。

2012 年对台工作会议举行

2 月 29 日至 3 月 1 日，2012 年对台工作会议在北京举行。贾庆林出席并讲话，戴秉国主持会议，王毅作工作报告。

贾庆林指出，过去一年，各地各部门认真贯彻落实中央决策部署，推动两岸关系稳中有进，对台工作取得新进展新成效，维护了两岸关系和平发展成果，保持了两岸关系正确方向和良好势头。各有关方面和对台工作系统全体同志作出了突出贡献。贾庆林强调，各地各部门要坚持中央对台工作大政方针，继续深入贯彻胡锦涛总书记“12·31”重要讲话精神，以持续推进两岸关系和平发展为主题，以深入贯彻寄希望于台湾人民的方针为主线，进一步扎实有效做好各项对台工作，进一步巩固深化两岸关系和平发展，为实现祖国和平统一大业创造有利条件。

各地各部门要按照中央的要求，围绕持续推进两岸关系和平发展这一主题开展各项工作，把贯彻寄希望于台湾人民的方针落到实处，积极进取，务求实效，推动两岸关系取得更扎实的进展、更丰硕的成果。要巩固大陆和台湾同属一个中国的框架，努力增进两岸政治互信，继续反对和遏制“台独”分裂活动，使台湾民众进一步认识到台湾和大陆不能对立和分割，维护两岸关系继续稳定发展的宏观环境。要务实推进两岸协商，全面深化经济合作，促进两岸经济合作框架协议后续商谈取得新进展，并且继续为今后破解两岸政治难题创造条件。要大力促进各领域交流，继续加强文化教育交流，积极扩大两岸人民往来，努力为两岸同胞谋福祉，使交流合作的成果惠及更多台湾基层民众。要不断团结和汇聚一切支持两岸关系和平发展的各界人士，不断筑牢两岸关系和平发展的政治、经济、文化、社会基础，继续构建两岸关系和平发展框架。

中央精神文明建设指导委员会授予郭明义同志“当代雷锋”荣誉称号

3月2日，中央精神文明建设指导委员会作出决定，授予郭明义同志“当代雷锋”荣誉称号。

决定指出，2010年8月，胡锦涛总书记对鞍山钢铁集团郭明义同志先进事迹作出重要批示：郭明义同志是助人为乐的道德模范，是新时期学习实践雷锋精神的优秀代表。要大力宣传和弘扬郭明义同志的先进事迹和崇高品德，为构建社会主义和谐社会提供强大精神力量。

郭明义同志参加工作30多年来，牢记全心全意为人民服务的宗旨，坚定中国特色社会主义理想信念，满腔热情地对待党和人民的事业，模范践行社会主义道德，时时处处以雷锋为榜样，忠于职守、爱岗敬业，关爱他人、无私奉献，勤俭节约、艰苦奋斗，在平凡的岗位上做出了不平凡的业绩。为发挥先进模范的示范引领作用，激励广大人民群众自觉践行雷锋精神、热情参与学雷锋活动，形成全民族奋发向上的精神力量，中央精神文明建设指导委员会决定，授予郭明义同志“当代雷锋”荣誉称号。

中央办公厅印发《关于深入开展学雷锋活动的意见》

3月2日，中共中央办公厅印发《关于深入开展学雷锋活动的意见》。

为贯彻落实党的十七届六中全会精神，深入开展学雷锋活动，推动学雷锋活动常态化，大力弘扬雷锋精神，促进社会主义核心价值体系建设，不断提升公民道德素质和社会文明程度，经中央同意，现提出如下意见。意见就：深入开展学雷锋活动的重要意义、开展学雷锋活动的总体要求、学雷锋活动的常态化项目和抓好学雷锋活动的组织实施，分别做了要求，要使学雷锋活动深入千家万户，产生广泛而持久的影响。

全国组织系统召开视频会

3月2日，全国组织系统召开视频会，动员组工干部以“迎接党的十八大，争当‘三服务’优秀标兵、争创‘两满意’模范部门”为主题，深入开展讲党性、重品行、作表率活动。李源潮出席并讲话，沈跃跃主持会议并作部署。农业部，安徽、云南、浙江省和四川万源市党委组织部负责同志发言。

2011年，各级组织部门把换届作为讲党性、重品行、作表率的最大实践，大力加强组工干部党性教育，深入开展向李林森学习活动，深化“万名组织部长下基层”，狠抓从严治部、从严律己、从严带队伍，为换届风清气正提供了有力保证。

李源潮指出，组织部门讲党性，最重要的是保持政治上的坚定性。要严守党的政治纪律和组织人事纪律，做到自身要求特别从严、制度约束特别从严、监督检查特别从严，旗帜鲜明地抵制各种错误思想，旗帜鲜明地抵制用人上的不正之风。组织部长要带头下基层，联系基层，服务基层。要开展新一轮干部谈心谈话，深入地关心、帮助和考察干部。要更好地为基层组织建设服务，建立基层支部联系点，人下到支部，工作指导到支部，把“基层组织建设年”各项任务落到实处。要带头落实直接联系群众制度，更直接地了解民情，为普通群众特别是困难党员、群众解决实际困难。

全国深入开展学雷锋活动座谈会召开

3月2日，中央精神文明建设指导委员会在北京召开深入开展学雷锋活动座谈会。李长春出席并讲话，刘云山主持会议，刘延东宣读了《中央精神文明建设指导委员会关于授予郭明义同志“当代雷锋”荣誉称号的决定》。陈奎元出席会议，李继耐、袁贵仁、陆昊、王珉、周强作了发言。

李长春在讲话中指出，雷锋精神是党和人民极为宝贵的精神财富，是以爱国主义为核心的民族精神和以改革创新为核心的时代精神的重要组成部分，是建设社会主义核心价值体系的丰厚精神资源。在新的历史条件下弘扬雷锋精神，就要学习雷锋爱党爱国的坚定信念，激励人们成为中国特色社会主义共同理想的坚定信仰者；就要学习雷锋助人为乐的宝贵品格，激励人们成为社会主义道德规范的模范践行者；就要学习雷锋敬业奉献的高尚情操，激励人们成为社会主义现代化事业的优秀建设者；就要学习雷锋锐意创新的进取精神，激励人们成为建设创新型国家的自觉推动者；就要学习雷锋艰苦奋斗的优良作风，激励人们成为全面建设小康社会的积极创业者。

各级党委和政府要加强领导、精心部署、狠抓落实，充分调动全社会开展学雷锋活动的积极性、主动性、创造性，深入挖掘和宣传人民群众中涌现出的感人事迹和先进经验，使学雷锋活动成为群众自我教育的大课堂。要建立健全学雷锋活动的常态化机制，切实把学雷锋活动纳入贯彻落实党的十七届六中全会精神的统一部署，纳入精神文明建设和公民道德建设的总体安排，摆上重要议事日程，确保学雷锋活动深入持久、扎实有效地开展下去。要以创新精神推进学雷锋活动，拓展活动内容，创新活动载体，突出活动特色，不断增强学雷锋活动的吸引力和感染力。要加大宣传力度，营造学雷锋活动的良好氛围。

全国政协十一届五次会议在北京召开

3 月 3 日至 13 日，中国人民政治协商会议第十一届全国委员会第五次会议在北京召开。开幕式上，贾庆林代表政协第十一届全国委员会常务委员会，向大会报告工作。林文漪代表政协第十一届全国委员会常务委员会，向大会报告政协十一届四次会议以来提案工作情况。

会议通过了政协第十一届全国委员会第五次会议关于常务委员会工作报告的决议、政协第十一届全国委员会提案委员会关于政协十一届五次会议提案审查情况的报告、政协第十一届全国委员会第五次会议政治决议。

会议号召，人民政协的各级组织、各参加单位和广大政协委员，更加紧密地团结在以胡锦涛同志为总书记的中共中央周围，高举中国特色社会主义伟大旗帜，以邓小平理论和“三个代表”重要思想为指导，深入贯彻落实科学发展观，坚定信心，攻坚克难，开拓前进，为全面建设小康社会、加快推进改革开放和社会主义现代化建设事业作出新的更大贡献。

十一届全国人大五次会议在北京召开

3 月 5 日至 14 日，第十一届全国人民代表大会第五次会议在北京召开。开幕式上温家宝代表国务院向大会作政府工作报告，政府工作报告共分三部分：1、2011 年工作回顾；2、2012 年工作总体部署；3、2012 年主要任务。温家宝从九个方面报告了 2012 年的主要任务：促进经济平稳较快发展；保持物价总水平基本稳定；促进农业稳定发展和农民持续增收；加快转变经济发展方式；深入实施科教兴国战略和人才强国战略；切实保障和改善民生；促进文化大发展大繁荣；深入推进重点领域改革；努力提高对外开放的质量和水平。

14 日，会议表决通过了关于政府工作报告的决议。表决通过了关于 2011 年国民经济和社会发展计划执行情况与 2012 年国民经济和社会发展计划的决议，决定批准关于 2011 年国民经济和社会发展计划执行情况与 2012 年国民经济和社会发展计划草案的报告，批准 2012 年国民经济和社会发展计划；表决通过了关于 2011 年中央和地方预算执行情况与 2012 年中央和地方预算的决议，决定批准关于 2011 年中央和地方预算执行情况与 2012 年中央和地方预算草案的报告，批准 2012 年中央预算。表决通过了全国人民代表大会关于修改刑事诉讼法的决定。表决通过了关于十二届全国人大代表名额和选举问题的决定、香港特别行政区选举十二届全国人大代表的办法和澳门特别行政区选举十二届全国人大代表的办法。表决通过了关于全国人大常委会工作报告的决议。表决通过了关于最高人民法院工作报告的决议、关于最高人民检察院工作报告的决议。

全国政协新闻出版界与中国新闻文化促进会举行研讨会

3 月 6 日，全国政协新闻出版界与中国新闻文化促进会在北京举行题为“担负文化繁荣重任推进新闻文化事业”的联合研讨会，贾庆林致信祝贺。

参加会议的 150 多位全国新闻出版及文化界知名人士认为，文化是媒体的灵魂，媒体是文化的翅膀，推进社会主义文化大发展大繁荣，新闻文化工作者责任重大。会议还提出了当前新闻文化建设面临两个重要任务，一是营造新闻文化发展的良好环境；二是树立新闻人的核心价值体系，形成传输快捷、技术先进、覆盖全面的新闻传播格局。

中国新闻文化促进会会长李东东表示，中国新闻文化促进会将与全国政协新闻出版界委员加强联系，携手合作，进一步团结广大新闻界和文化界同仁，积极联络广大新闻传播媒体，加强新闻人文化素养建设，肩负起发展和提高新闻事业、推广振兴民族文化的历史使命，努力成为新闻出版业大发展大繁荣的积极推动力量。

孙家正和迟浩田应邀担任中国新闻文化促进会名誉会长。

全国三八红旗手（集体）表彰大会召开

3月7日，全国三八红旗手（集体）表彰大会在北京举行。会前，王兆国、刘延东等会见了受表彰的全国三八红旗手标兵及全国三八红旗手和集体、城乡妇女岗位建功先进集体和个人代表。王兆国在会见时发表讲话，陈至立出席会议并讲话。

王兆国首先代表党中央向全国各族各界妇女和广大妇女工作者致以“三八”国际妇女节的祝贺。他指出，妇女是推动国家发展和社会进步的一支伟大力量。在新中国建立60多年、改革开放30多年来的火热实践中，广大妇女勇立时代潮头、尽展巾帼风采，为促进经济发展、推进社会变革、弘扬文明风尚发挥了不可替代的重要作用。今天受表彰的妇女先进典型，就是当代中国妇女的优秀代表。

陈至立在讲话中称赞受表彰的先进集体和个人是当代中国妇女的杰出代表，是令人敬佩的巾帼英雄。她号召广大妇女以先进典型为榜样，坚定信念、团结一致，跟党走中国特色社会主义道路；发挥优势、弘扬美德，为促进社会文明和谐作贡献；立足岗位、建功立业，为推进经济社会发展贡献力量；加强学习、提升素质，大力弘扬女性“四自”精神，在服务祖国和人民的实践中实现自身全面发展，以优异成绩迎接党的十八大胜利召开。

受表彰代表天津天纺投资控股有限公司棉纺织工厂一织造车间织布帮接工张兵兵，上海市柏万青志愿者工作室负责人柏万青，中国航天科技集团公司第五研究院508所回收着陆技术室降落伞组组长竺梅芳，黑龙江省哈尔滨市双城市周家镇东跃村农民刘彩华，山西省太原高速公路有限责任公司小店“女子”收费站收费员秦茜茜做了大会发言。

第四期县委书记任职培训班在中央党校举办

3月1日至12日，第四期县委书记任职培训班在中共中央党校举办。李源潮与培训班学员座谈，李景田主持座谈会，沈跃跃等参加座谈。

李源潮指出，县委书记要有为民之心、务实之行、清廉之求，把服务群众、造福百姓放在心中最高位置，创造经得起实践检验、人民检验和历史检验的政绩。

这次省市县乡党委集中换届，全国新任职的县委书记有900多名。从去年9月开始，中组部分期对换届后新任县委书记进行任职培训，来自20个省区市的440多名新任县委书记参加这期培训。学员们在座谈时一致认为，通过培训开阔了眼界、开阔了思路、开阔了胸襟，加强了党性锻炼，强化了廉洁从政意识，表示要牢记宗旨、履职尽责，不辜负组织重托和人民期望。

《做纯洁的共产党员》出版

3月16日，《做纯洁的共产党员》一书由中国方正出版社出版发行，在社会上引起了良好反响。

《做纯洁的共产党员》对党的纯洁性进行了深刻阐述，围绕保持党的纯洁性这一主题收录了郭明义、杨善洲、李林森、沈浩等10余位先进人物的感人事迹，充分展现了优秀共产党员思想纯洁、作风纯洁、清正廉洁的一面，为广大党员、干部保持党的纯洁性树立了一面面镜子，扬起了一面面旗帜，引导、教育广大党员、干部以先进为榜样，做一名纯洁的共产党员。该书语言深入浅出，内容形象生动，具有很强的可读性、教育性和示范性。

全军学雷锋活动先进典型座谈会召开

3月16日，全军学雷锋活动先进典型座谈会召开。徐才厚出席并讲话，李继耐主持会议。

徐才厚说，党中央、胡主席对新形势下深入开展学雷锋活动高度重视，作出一系列决策部署，我们要认真学习贯彻，进一步提高对新形势下深入开展学雷锋活动重要意义的认识，切实以强烈的政治责任感和高度自觉性弘扬雷锋精神、当好雷锋传人。新形势下，军队深入开展学雷锋活动，必须紧贴时代发展、紧贴使命任务、紧贴官兵实际，在铸魂育人、履行使命的生动实践中传承和弘扬雷锋精神，为推动部队建设科学发展，完成党和人民赋予的各项任务提供强大动力。要大力弘扬雷锋爱党、爱国、爱社会主义的精神，更加坚定自觉地高举旗帜、听党指挥，深入推进中国特色社会主义理论体系武装，坚持不懈地用党的创新理论建连育人，深入持久培育当代革命军人核心价值观，始终保持部队纯洁巩固和高度集中统一。

第十三次全国民政会议举行

3月19日，第十三次全国民政会议在北京举行。会前，胡锦涛亲切会见全体与会代表，向勤奋工作在民政事业第一线的全国民政干部职工致以诚挚的问候，向受到表彰的先进单位和个人表示热烈的祝贺。温家宝参加会见并在座谈会上讲话。习近平，李克强参加会见。

温家宝在讲话中说，改革开放以来，我国民政事业加快发展。特别是近些年来，我们坚持以人为本，更加注重保障和改善民生、促进社会公平正义，民政事业取得了突破性的重大成就。一是建立覆盖城乡居民的社会救助制度，为城乡困难群众提供了基本保障。二是建立灾害救助制度，把救灾工作纳入科学化、法制化轨道。三是建立流浪乞讨人员救助制度，有效维护了他们的合法权益和人格尊严。四是建立孤儿国家保障制度，使这个最弱小、最困难的群体能够生有所养、病有所医、住有所居、学有所教，在祖国大家庭里健康成长。五是建立新型退役士兵安置制度，充分体现了国家和全社会对退役军人的尊重和优待。

当前民政事业面临新的机遇和挑战。全面加强民政工作，必须坚持以人为本，构建政府管理与社会自治相结合、政府主导与社会参与相结合的社会管理和公共服务体制，最大限度地调动各方面积极性，激发社会活力。优化政府机构设置和职能配置，整合资源，构建直接面向基层、面向社区、面向家庭和群众、职能有机统一的管理服务体制。一要发展基层民主，增强社会自治功能。二要加强城乡社区建设，提高基层社会管理服务效能。三要加快完善社会救助和社会福利体系，完善制度，提高保障水平，解决好城乡困难群众基本生活问题。四要进一步完善政策措施，积极支持发展社会互助团体和组织，鼓励企业、团体、家庭及个人开展社会互助和慈善活动。

本次会议的主要任务是，总结近年来民政事业改革发展情况，研究部署今后一个时期的民政工作，表彰为民政事业作出贡献的先进单位和个人。中央各有关部门，各省（区、市）、计划单列市人民政府和新疆生产建设兵团有关负责人，全国民政系统先进集体、先进工作者和劳动模范、“孺子牛奖”获得者代表等出席会议。

中国浦东 井冈山
延安三所干部学院举行春季开学典礼

3 月 20 日，中国浦东、井冈山、延安三所干部学院举行2012年春季开学典礼。李源潮出席并讲话。

李源潮说，中国共产党人的高尚思想道德，是我们党赢得人民群众拥护的重要法宝。干部的思想道德对全社会具有重要的示范和导向作用。党的干部要做追求社会进步的模范，坚定中国特色社会主义理想信念，牢固树立科学发展观，积极追求先进生产力、追求先进文化、追求中国人民的根本利益。要做为人民服务的模范，自觉与人民群众打成一片，对群众的酸甜苦辣、安危冷暖感同身受，尽心竭力为群众排忧解难。

不计名利、甘于奉献是中国共产党人的高尚品格。党的干部只有追求奉献，才能立信于人、立功于民、立德于世。市场经济承认个人利益、等价交换，但党的干部为党和人民工作不能搞等价交换，不能向党斤斤计较职务、计较报酬、计较待遇。要坚决抵制拜金主义、享乐主义，以艰苦奋斗为荣，以骄奢淫逸为耻，始终保持艰苦创业的革命精神。要严格执行廉洁自律各项规定，在任何情况下都稳得住心神、管得住行为、守得住清白。

改革创新是时代精神的核心，是一个国家、一个地区发展进步的不竭动力。实践是创新的源泉，学习是创新的前提。党的干部要解放思想、知难而进、勇于担当，用改革创新的思路和办法破解前进道路上的各种难题。要做学习的表率，不断开阔眼界、开阔思路、开阔胸襟，带动全社会形成热爱学习、勇于创新之风。

中央创先争优活动领导小组发出通知要求
学习贯彻两会精神 推进创先争优活动

3月20日，中央创先争优活动领导小组发出通知，要求各地区各部门各单位把学习好贯彻好全国两会精神作为创先争优活动的一项重要内容，进一步组织引导基层党组织和广大党员在推动中心工作、履行岗位职责、服务人民群众中奋力创先争优，为促进经济平稳较快发展、保持社会和谐稳定提供动力和保证，以优异成绩迎接党的十八大胜利召开。

通知要求，要紧紧围绕科学发展中心任务创先争优，组织引导基层党组织和广大党员紧扣主题主线，认真做好稳增长、控物价、调结构、惠民生、抓改革、促和谐的各项工作，为促进经济平稳较快发展多作贡献。要深入开展党政机关和干部下基层活动，建立健全干部直接联系服务群众制度，充分发挥基层党组织和党员直接做群众工作的作用，切实维护社会和谐稳定。要围绕保障和改善民生，多办顺民意、解民忧、惠民生的实事好事，加大对生活困难群众的帮扶力度，深入推进窗口单位和服务行业为民服务创先争优活动，让群众切实感受到创先争优带来的变化和实惠。要以“强组织、增活力，创先争优迎十八大”为主题，按照“抓落实、全覆盖、求实效、受欢迎”的工作要求，有序推进基层组织建设年，全面提升基层党建工作水平。

全国非公有制企业党建工作会议召开

3月21日，全国非公有制企业党的建设工作会议在北京召开。习近平会见代表并讲话，李源潮参加会见并在会议上讲话。

习近平指出，党的十六大以来，在以胡锦涛同志为总书记的党中央领导下，非公有制企业党的建设在探索中前进、在创新中加强，取得显著成绩。同时也要看到，非公有制企业仍属于党建工作新领域，新情况新问题多，工作基础薄弱，需要下大力气来抓。中央办公厅日前印发的《关于加强和改进非公有制企业党的建设工作的意见》，总结多年实践经验，明确了非公有制企业党建工作许多重大问题，各级党委要认真贯彻落实，推动非公有制企业党建工作不断取得新进步。

加强和改进非公有制企业党建工作，抓好“两个覆盖”、发挥好党组织“两个作用”、加强“两支队伍”建设很重要。非公有制企业面广量大、类型多样，各级党委要切实加强领导、落实责任，健全机构、配强力量，对民营、外资等不同规模、不同类型企业要注重分类指导，增强工作的针对性和实效性。

胡锦涛总书记致信祝贺中华书局成立100周年

3月22日，中华书局成立100周年庆祝大会在北京人民大会堂举行。胡锦涛致信中华书局，向全体员工和离退休同志表示热烈的祝贺和诚挚的问候。温家宝也向中华书局成立100周年表示祝贺。李长春参加会见并讲话。刘云山，刘延东出席大会。

胡锦涛在贺信中指出，百年来，中华书局恪守传承文明职责，秉持守正出新宗旨，在一代又一代员工的不懈努力下，整理、出版了一大批古籍经典和学术新著，受到广大读者的普遍赞誉和充分信任，为弘扬中华文化、促进学术繁荣、提高民族素质、推动社会进步作出了重要贡献。

李长春在会见与会代表时指出，胡锦涛总书记的贺信充分肯定了中华书局长期以来作出的重要贡献，殷切希望中华书局进一步做好新形势下的出版工作，体现了党中央对中华书局的高度重视和亲切关怀。这也是对全国出版战线的巨大鼓舞和鞭策。李长春希望全国出版界，特别是中国出版集团公司和中华书局以学习贯彻胡锦涛总书记贺信为契机，兴起深入贯彻落实党的十七届六中全会精神新热潮，高举旗帜、围绕大局、服务人民、改革创新，坚持先进文化前进方向，不断创新体制机制，推进文化与科技相融合，进一步增强整体实力和市场竞争力，出版更多思想性、知识性、可读性相统一的优秀作品，更好地弘扬中华优秀文化，增强时代感和吸引力，推动中华文化走出去，在新的起点上再接再厉，以优异成绩迎接党的十八大胜利召开。

会上，新闻出版总署署长柳斌杰、中国出版集团公司总裁谭跃、中华书局总经理李岩、中华书局作者代表袁行霈、中华书局合作单位代表陈万雄作了发言。

纪念韩光同志诞辰100周年座谈会举行

3月23日，纪念韩光同志诞辰100周年座谈会在北京人民大会堂举行。贺国强出席座谈会，何勇在座谈会上讲话。李忠杰，王德瑛，李延芝分别在座谈会上发言。

韩光同志是中国共产党的优秀党员，久经考验的忠诚的共产主义战士，无产阶级革命家，我党纪律检查战线的杰出领导人。

何勇高度评价了韩光同志革命、奋斗、无私奉献的一生。他说，韩光同志把毕生精力献给了中国人民的解放事业和社会主义建设事业，为中国革命、建设和改革作出了卓越贡献。我们缅怀韩光同志的光辉业绩，就要学习他坚定信念、坚持真理、忠贞不渝的政治本色，学习他实事求是、坚持原则、刚正不阿的优秀品质，学习他热爱人民、心系人民、服务人民的高尚情怀，学习他严于律己、廉洁奉公、艰苦朴素的优良作风。纪念韩光同志，就要继承和发扬老一辈无产阶级革命家的优良传统和作风，更加紧密地团结在以胡锦涛同志为总书记的党中央周围，坚定不移地高举中国特色社会主义伟大旗帜，坚持以邓小平理论和“三个代表”重要思想为指导，深入贯彻落实科学发展观，坚定不移地开展党风廉政建设和反腐败斗争，推动经济社会又好又快发展，以优异成绩迎接党的十八大胜利召开。

全面提高高等教育质量会议召开

3 月 23 日，全面提高高等教育质量工作会议召开，刘延东出席并讲话。

刘延东指出，提高高等教育质量是立足我国现代化建设阶段性特征和国际发展潮流提出的深刻命题，是当前我国高等教育改革发展最核心最紧迫的任务。要围绕培养什么人、怎么培养人的问题，确立人才培养的中心地位，抓住一切为了学生成长成才这一关键，系统推进，务求实效。一要打造高水平师资队伍。二要加快教育教学改革。三要提高高校科学研究、社会服务和文化传承创新能力，形成相互支撑、整体提升质量的格局。四要建设优良校风教风学风。

全面提高高等教育质量必须坚持改革创新，克服不敢改、不愿改、不会改的畏难情绪，摒弃安于现状、小富即安的惰性思维，敢于突破思想观念和体制机制障碍。要完善质量评估评价体系，加强分类管理，建设优势学科，引导高校办出特色、办出水平。要改革高等教育管理体制，加快建设现代大学制度，扩大高校办学自主权，鼓励社会参与，推进高校依法民主管理。要坚持开放办学，大力引进国外优质教育资源，积极参与中外人文交流，提高我国高等教育国际化水平。

据悉，我国目前有 2700 多所高校、3000 多万在校生，居世界第一。

雷锋生前所在团先进事迹报告会在北京举行

3 月 23 日，中宣部、总政治部、共青团中央和辽宁省委在人民大会堂联合举行雷锋生前所在团先进事迹报告会。徐才厚在会前会见报告团成员，代表胡锦涛主席和军委其他领导，向报告团全体成员表示诚挚的问候，李继耐参加会见。

徐才厚指出，雷锋是伟大的共产主义战士，是实践社会主义、共产主义思想道德的楷模。近半个世纪以来，在毛泽东、邓小平、江泽民、胡锦涛等中央领导同志的亲切关怀和大力倡导下，学雷锋活动在全国全军蓬勃开展、长盛不衰，雷锋的名字和雷锋精神广为传扬、深入人心。全国全军涌现出大批学雷锋先进集体和英模人物，雷锋生前所在团作为其中的杰出代表，希望雷锋生前所在团继续高扬学雷锋的旗帜，珍惜荣誉、发扬成绩，履行好弘扬雷锋精神的光荣职责，把新形势下学雷锋活动搞得更加深入扎实、富有成效，继续走在全国全军的前列，当好学雷锋的排头兵。

全国哲学社会科学规划领导小组召开会议

3 月 24 日，全国哲学社会科学规划领导小组会议在北京举行，刘云山主持会议并讲话。陈奎元出席会议。

会议审议了 2012 年度国家社科研究基金预算。会议认为，党的十六大以来，国家社科基金管理工作认真贯彻中央精神，注重服务经济社会发展，坚持以改革开放和社会主义现代化建设重大现实问题为主攻方向，重点资助体现国家发展战略需求的研究课题，在加快经济结构调整和转变经济发展方式、推进文化大发展大繁荣、改进创新社会管理以及加强党的建设等方面推出一批优秀成果，带动培养一批优秀人才，较好地发挥了社科界的思想库、智囊团作用。近些年，国家社科基金每年都有大幅增加，充分体现了党中央对哲学社会科学工作的高度重视，为繁荣发展哲学社会科学提供了有力保障。会议要求，一定要认真做好规划，突出资助重点，严格标准、严格程序、严格要求，加强项目研究全程管理，确保基金增长与使用效益同步提高。

国务院召开第五次廉政工作会议

3 月 26 日，国务院召开第五次廉政工作会议。温家宝出席并讲话，李克强，回良玉、王岐山，刘延东、梁光烈、孟建柱出席会议，马凯主持会议。贺国强，何勇应邀出席会议。

温家宝指出，多年来，我们坚持在各项工作中全面贯彻反腐倡廉的要求，加强制度建设，坚持依法行政，推进政务公开，加强政风行风建设，加强领导干部廉洁从政监督管理，政府改革建设和反腐倡廉工作取得明显进展。十年来，国务院部门取消调整行政审批事项共计 2183 项，占原有总数的 60．6%，地方政府取消调整的行政审批事项占原有总数的一半以上。国务院先后下发了《全面推进依法行政实施纲要》和《关于加强法治政府建设的意见》，制定行政法规和规章，除依法不能公开的，都向社会公开征求意见。实施《政府信息公开条例》，目前已有 92 个中央部门公开了部门预算，90 个中央部门公开了部门决算，98 个中央部门和部分省市公开了“三公”经费使用情况。2011年审计机关向社会发布预算执行及财政收支等方面审计结果公告8000多篇。查处了一批涉案金额巨大、影响恶劣的案件，严厉惩治了一批腐败分子。

当前反腐倡廉建设与人民群众的期待仍有较大差距，腐败现象在行政权力集中的部门和资金资源管理权集中的领域易发多发，今年要重点抓好以下几方面工作：（一）深入推进行政审批制度改革。（二）推进公共资源配置市场化改革。（三）深化财政管理体制改革。（四）推进行政经费使用管理改革。（五）加强行政机关和国有企业事业单位财务管理。（六）扎实抓好反腐倡廉长期性基础性工作。温家宝强调，要把反腐倡廉建设与政府各项业务工作和制度建设紧密结合起来。严格落实党风廉政建设责任制，做到有部署、有督查、有落实。要进一步加强民主监督，对群众举报、社会舆论和新闻媒体反映的问题，要及时回应，认真调查核实，依法处理，结果要反馈或向社会公布。

中宣部召开理论宣传工作座谈会

3月30日，中宣部在北京召开理论宣传工作座谈会，刘云山出席会议并讲话。

刘云山指出，理论宣传是加强党的思想理论建设的重要内容，是让党的理论最迅速最广泛同群众见面的基本途径。在国际国内形势和思想文化领域发生深刻变化的情况下，理论宣传工作的作用更加凸显、任务更加繁重、责任更加重大。在当代中国，中国特色社会主义是引领中国发展进步的旗帜，是全党全国各族人民团结奋斗的旗帜。做好新形势下的理论宣传工作，最根本、最核心的，就是要牢牢把握正确方向，坚持用中国特色社会主义伟大旗帜凝聚力量，在多元中立主导、多样中谋共识，坚定人们的共同理想追求。要紧密联系马克思主义中国化的历史进程，认真实施中国特色社会主义理论体系普及计划，大力推进中国特色社会主义理论体系的宣传阐释，不断增强人们坚持中国特色社会主义旗帜、道路、理论体系和制度的自觉性坚定性。加强理论宣传工作，必须紧跟时代变化，贴近受众需求，增强工作创造性，提高宣传实效性。要紧密联系改革发展实践，深入回答群众关注、社会关切的时代课题，着力架起理论与实践、认知与行动之间的桥梁，在服务社会实践、满足群众需求中更好地实现理论的价值。要大力改进创新，遵循宣传规律，讲究宣传艺术，切实改进文风，不断提高理论宣传的吸引力感染力。要加强阵地建设，发挥好传统理论宣传阵地的作用，积极拓展新的理论传播阵地，构筑多层次、立体化的理论宣传平台。要高度重视人才队伍培养，不断壮大理论宣传力量，形成一支专兼结合、结构合理的理论宣传队伍，为理论宣传工作提供有力保障。要完善工作机制，调动各方力量，形成工作合力，更好地把理论宣传的各项任务落到实处。

全国政务公开领导小组召开第十二次会议

3月30日，全国政务公开领导小组第十二次会议在北京召开。何勇出席会议并讲话，马（马文）主持会议。

何勇指出，这些年来，在党中央、国务院的正确领导下，各级党委、政府高度重视，政务公开工作全面推行，逐步走上制度化轨道，并在实践中不断创新发展。

2012年，要按照十七届中央纪委第七次全会和国务院第五次廉政工作会议的部署，围绕中心、服务大局，求真务实、改革创新，全面落实《关于深化政务公开加强政务服务的意见》，进一步拓展政务公开领域，不断丰富政务公开内容，扎实推进政务公开制度建设，积极完善政务服务体系，切实保障人民群众知情权、参与权、表达权和监督权，为推动科学发展、促进社会和谐服务。要紧紧围绕党和国家工作大局推进政务公开，推动中央重大决策部署的贯彻落实。要围绕社会热点难点问题加大公开力度，为营造和谐稳定的社会环境服务。要大力加强政务服务体系建设，逐步建立健全省、市、县、乡、村五级联动的综合政务服务体系，加快建立健全统一规范的招投标和公共交易市场。要深入推进行政权力公开透明运行，认真落实《关于加强廉政风险防控的指导意见》，逐步完善政府部门内部权力监督制约机制。要积极推进政务公开方式方法创新，大力加强电子政务建设，努力提高政务公开的质量和水平。

中央创先争优活动领导小组召开第九次会议

3月31日，中央创先争优活动领导小组第九次会议在北京召开。李源潮出席并讲话，沈跃跃出席会议。

李源潮指出，为党的十八大召开营造良好环境、创造优异成绩，是今年创先争优的主题。要切实抓好基层组织建设年各项工作落实，确保取得实效。要把工作抓到支部，在分类定级基础上，指导每个支部提出创先争优的具体目标和措施，重点抓好后进支部整顿，抓好“一定三有”、“四议两公开”等政策措施的落实。要抓好基层党组织带头人队伍建设，选派机关干部特别是优秀年轻干部到难点村、贫困村、后进村担任党组织书记，注意在大学生村官中发现优秀苗子，培养有文化、有抱负、有眼界、有胸怀的新一代农村党组织带头人。要建立干部直接联系群众制度，下基层改进作风、了解实情，指导基层组织建设。要坚持条块结合，充分发挥行业部门指导作用，形成加强基层组织建设合力。

2012 年 4 月

博鳌亚洲论坛 2012 年年会召开

4 月 2 日至 3 日，博鳌亚洲论坛 2012 年年会在海南省召开，本届年会的主题是“变革世界中的亚洲：迈向健康与可持续发展”。

李克强发表了题为《凝聚共识 促进亚洲健康可持续发展》的主旨演讲。意大利总理蒙蒂、哈萨克斯坦总理马西莫夫、巴基斯坦总理吉拉尼分别在开幕式上讲话。伊朗副总统穆罕默迪扎德、泰国副总理吉滴叻、越南副总理黄中海等贵宾出席开幕式。曾培炎出席开幕式。

本次年会受到亚洲内外各界的广泛关注，参会正式代表 1432 人，中外媒体记者 835 人。逾 50 位国际组织负责人和各经济体的部长级官员出席年会。

年会期间还举行了东盟分论坛、印度经济分论坛、收入分配与经济转型、“变革世界中的亚洲：迈向健康与可持续发展”主题晚餐会、“世界经济展望 2012：确定性与不确定性”主题早餐会等会议。与会代表紧紧围绕亚洲面临的机遇与挑战，就如何实现可持续发展等议题展开了深入探讨。

党和国家领导人参加首都义务植树活动

4 月 3 日，党和国家领导人胡锦涛、吴邦国、温家宝、贾庆林、李长春、习近平、李克强、贺国强等，前往北京市丰台区永定河畔，同少先队员一起参加首都义务植树活动。

植树过程中，胡锦涛总书记向国家林业局负责同志了解了全国造林绿化情况，对 30 多年来植树造林、绿化国土取得的显著成就给予充分肯定。胡锦涛强调，开展全民义务植树活动，是应对气候变化、改善生态环境、实现绿色增长的有效途径。我们要年复一年地把全民义务植树活动开展下去，广泛动员干部群众，充分发挥科技作用，积极扩大绿化面积，努力巩固植树成果，为祖国大地披上美丽绿装，为科学发展提供生态保障。

省委组织部副部长和市委组织部长任职培训班在北京举办

4 月 5 日，李源潮在全国组织干部学院与省委组织部副部长和市委组织部长任职培训班学员座谈，沈跃跃主持座谈会。

李源潮说，组织部长是管干部的干部，管干部首先要公道。公道才能服众，才能出风清气正、出干部积极性、出群众满意度。识别人要公道，出于公心、实事求是。评价人要公道，坚持德才兼备、以德为先标准，不以个人喜好定优劣。选拔人要公道，重用那些敢于坚持原则、敢于担当责任、敢于改革创新、埋头苦干不搞歪门邪道的干部。处理人要公道，以事实为依据、以法规为准绳，惩前毖后、治病救人，在纪律面前人人平等，最大限度地化消极因素为积极因素。组织部长要正正派派地做人，坚持五湖四海、不分亲疏，坚持原则、不徇私情，甘为人梯、不妒不忌，严守纪律、不谋私利。

组织部长要敢于和善于选贤任能。选贤首先要看干部的政治立场，听其言、观其行；看干部的品德，首先是政治品德，同时还要了解干部遵守职业道德、社会公德、家庭美德的情况；看干部的作风，是否求真务实、联系群众、艰苦奋斗、清正廉洁；看干部关键时刻的表现，在大事难事、急事危事面前是否经得起考验，对名利地位特别是进退留转的态度。任能要看干部的实绩，重点是科学发展的实绩、造福百姓的实绩、打基础利长远的实绩；看干部的经验，鼓励干部到基层去、到一线去、到艰苦复杂环境中去，砥砺意志、增长才干；看干部的公论，扩大干部工作中的民主，充分尊重民意；看干部攻坚克难的本领，善于发现那些有激情、有韧劲，勇于迎难而上、开拓创新的干部。

170 多位近两年来新任职的省委组织部副部长和市委组织部长参加了这期培训班。

学习型党组织建设理论研讨会在海口召开

4月7日，学习型党组织建设理论研讨会在海口召开，刘云山出席会议并讲话，雒树刚主持会议。入选会议论文的22位作者代表在研讨会上发言。

刘云山指出，我们党作为一个执政60多年、推进改革开放30多年的马克思主义政党，领导人民创造了不凡的执政业绩，赢得了人民广泛拥护。但随着时代条件和执政环境的深刻变化，我们党面临的新情况新问题不断增多。只有深入推进学习型党组织建设，更加重视学习、善于学习，才能更好地顺应时代潮流、完善执政方略，才能更好地增强工作本领、深化执政实践，才能更好地保持党的先进性和纯洁性、巩固执政基础。建设学习型党组织，赋予学习更深的内涵、更高的要求。建设学习型党组织，就要有高度的学习自觉，树立主动学习、全员学习、终身学习的理念，使学习成为各级党组织和党员干部的鲜明品格。加强学习型党组织建设，必须按照马克思主义学习型政党的总要求来推进。要紧紧围绕具有世界眼光的要求，拓展国际视野、培养战略思维，努力掌握和运用一切科学的新思想、新知识、新经验。要紧紧围绕善于把握规律的要求，引导党员干部在向历史学习、向实践学习、向群众学习中不断升华规律性认识，把执政本领的增强扎根于人民群众的实践之中。要紧紧围绕富有创新精神的要求，以勇于开拓进取的态度研究新情况、解决新问题，提高谋划和推动科学发展的能力。要坚持党员领导干部带头，加强制度建设，加强宣传引导，加强组织协调，形成学习型党组织建设的强大推动力。

第六届世界华侨华人社团联谊大会召开

4月9日，第六届世界华侨华人社团联谊大会在北京人民大会堂召开，胡锦涛会见大会全体代表。胡锦涛代表党中央、国务院，向前来出席本届联谊大会的各位侨胞、各位朋友表示诚挚的欢迎，向世界各地的华侨华人表示亲切的问候。贾庆林，习近平，李克强参加会见。戴秉国出席大会开幕式并致辞，李海峰在开幕式上作主题报告。

本届世界华侨华人社团联谊大会的主题是“弘扬中华优秀文化·展示侨胞良好形象”。来自110个国家和地区的约570名华侨华人社团负责人出席大会。

世界华侨华人社团联谊大会是全球华侨华人社团联谊交流的平台，其宗旨是增进友谊与团结、促进合作与发展。本届联谊大会由国务院侨务办公室、中国海外交流协会共同主办。

中共中央决定对薄熙来同志严重违纪问题立案调查

4月10日，鉴于薄熙来同志涉嫌严重违纪，中央决定，依据《中国共产党章程》和《中国共产党纪律检查机关案件检查工作条例》的有关规定，停止其担任的中央政治局委员、中央委员职务，由中共中央纪律检查委员会对其立案调查。

“中国特色社会主义工会发展道路”专题学习班开班

4月10日，“中国特色社会主义工会发展道路”专题学习班在中央党校开班，并经中央组织部批准列入中央党校培训计划，王兆国会见学员并讲话。

王兆国说，当前国际国内形势复杂多变，工会干部特别是高级领导干部，必须以政治家的标准，不断提升应对复杂形势的能力和驾驭全局工作的水平，站在全局、宏观的高度把握工会发展方向，从党的要求和职工群众的愿望出发谋划工会工作。要增强政治意识、大局意识、责任意识、忧患意识，始终保持理论上的清醒、政治上的坚定和行动上的自觉，坚定不移地走中国特色社会主义工会发展道路，坚持中国工运事业的正确方向，切实维护广大职工的根本利益和具体利益，努力凝聚各方面积极因素，共同坚持和发展中国特色社会主义，不断巩固党的执政地位和社会主义制度。中国特色社会主义工会发展道路来之不易，必须倍加珍惜，始终坚持，毫不动摇。

王玉普为学习班授课，作了题为“学习宣传实践中国特色社会主义工会发展道路是中国工会的历史责任”的专题报告。

全国基层党组织书记示范培训班开班

4月11日，全国基层党组织书记示范培训班在北京开班。李源潮出席开班式并讲话，沈跃跃主持开班式。

今年是基层组织建设年。中组部决定从4月开始至年底，分层分类全面开展基层党组织书记轮训。中组部会同11个中央部门将直接举办5批16个示范培训班。来自全国31个省区市和新疆生产建设兵团的乡村、街道社区、中小学校、医药卫生行业的490多名基层党组织书记参加了第一批示范培训。

李源潮指出，全面建设小康社会，基础在基层，重点难点也在基层。基层党组织书记要以推动科学发展、造福百姓为己任，带领党员、群众创先争优，发展农村经济，建设和谐社区，完成好本单位中心任务。要心系群众，加强与群众的沟通交流和直接联系，真心实意帮扶困难群众。要办事公道，公平公正处理基层矛盾纠纷，公开办事程序、结果，以公开求公道，让群众满意。要有民主作风，认真听取群众意见，遇事多同大家商量。要不怕吃亏、甘于奉献，一心为群众谋利益，不斤斤计较个人得失，追求问心无愧、大家公认的好名声。基层的发展变化很快，党组织书记要注意学习、提升素质。爱学习的书记才能审时度势、做好工作。

发扬“走转改”精神、深化“走转改”活动研讨会召开

4月11日，新闻战线“三项学习教育”活动领导小组在北京召开发扬“走转改”精神、深化“走转改”活动研讨会。刘云山出席会议并讲话，雒树刚主持会议。

刘云山指出，“走转改”是马克思主义新闻观的鲜活实践，是实现“三贴近”的有效途径，进一步深化了对新闻宣传工作的规律性认识。要深刻认识新闻工作的主体和服务对象是人民，只有深入人民群众、贴近普通百姓，才能赢得广泛共鸣、发挥应有的作用；深刻认识新闻报道的源头活水是实践，只有深入基层一线、深入火热生活，新闻报道才会有现场的温度、有思想的深度；深刻认识真实是新闻的生命、导向是新闻的灵魂，做好新闻宣传必须坚持马克思主义唯物史观，把宣传党的主张和反映人民心声统一起来。在“走转改”活动中，要注意把感性认识上升到理性思考，把好的实践成果转化为工作遵循，更好地用中国特色社会主义新闻理论指导实践。

全国市地以上新任统战部长培训班开班

4月16日，全国市地以上新任统战部长培训班在北京开班。杜青林在开班式上强调，要深入贯彻中共中央《关于加强新形势下党外代表人士队伍建设的意见》精神，高层次谋划，全方位推动，努力把党外代表人士队伍建设工作提高到新的水平，以更大作为向党的十八大献礼。

杜青林说，《意见》充分体现了坚持和完善我国基本政治制度的内在要求，有力彰显了我们党治国理政的政治优势，深刻揭示了发挥统一战线法宝作用的根基所在，鲜明指出了加强统一战线战略性基础工程的着力方向。领会《意见》精神，基点是充分发挥社会主义政治制度的特点和优势，根本是培养一支与我们党同心同德、同心同向、同心同行的党外代表人士队伍，关键是把握党外代表人士的成长规律和工作规律，重点是抓住党外代表人士发现、培养、使用、管理四个环节，要义是掌握联谊交友的工作方法。要深刻理解、准确把握《意见》新的重要理论观点和政策完善，切实增强学习贯彻的主动性自觉性。

《求是》发表温家宝文章 让权力在阳光下运行

4月16日，第8期出版的《求是》杂志，发表温家宝的重要文章：《让权力在阳光下运行》。

文章分三部分：一、政府改革建设和反腐倡廉工作取得新成效；二、2012年政府反腐倡廉建设的重点任务；三、把反腐倡廉部署落到实处。文章指出，一个政府要让人民满意，必须做到为民、务实、清廉。多年来，我们坚持在政府各项工作中全面贯彻反腐倡廉的要求，加强政府改革建设，实行科学民主决策，坚持依法行政，加强对权力运行的监督制约，有针对性地解决突出问题，注重抓好长期性基础性工作，创造条件让人民群众监督政府，反腐倡廉建设取得新的进展和成效。

全国深化医药卫生体制改革工作会议召开

4 月 17 日，李克强出席全国深化医药卫生体制改革工作会议并讲话。

会上，北京、吉林、山东、河南、陕西、青海等省市政府负责人分别发言。大家认为，医改是事关我国经济和社会、发展和民生的重大改革。3 年来，在党中央、国务院坚强领导下，各方迎难而上、协力同心，探索符合国情的医改路径和体制机制，取得了明显进展，5 项重点任务如期完成，构建起世界上最大的基本医保网，促进了社会公平，人民群众特别是基层困难群众得到了实惠。

在听取大家发言后，李克强指出，医改是一个世界性难题，没有现成模式可循，已取得的成效坚定了我们的信心，但下一步任务仍然艰巨，医改已进入“深水区”，如逆水行舟、不进则退。进一步深化医改，是全面建设小康社会的紧迫任务，是把转方式贯穿于经济社会发展全过程和各领域的重要内容，是关系人人的重大民生和发展工程。3 年来的实践充分表明，医改不仅可以增进十几亿中国人的健康福祉，解除后顾之忧，而且有利于激发内需活力，创造更大消费空间，增强经济发展的持续动力。要充分认识深化医改的重要性、紧迫性和复杂性，奋力打好这场攻坚战和持久战。要认真贯彻落实中央的决策部署，巩固 3 年医改成果，全面实施“十二五”医改规划，加快形成病有所医的制度保障，努力解决看病难、看病贵问题，使全体人民共享改革发展成果。

带头创先争优争做人民满意公务员活动经验交流视频会召开

4 月 18 日，中央组织部、人力资源和社会保障部、国家公务员局召开带头创先争优争做人民满意公务员活动经验交流视频会。李源潮出席并讲话，沈跃跃等出席会议，尹蔚民作工作部署。

创先争优活动开展以来，各地区各部门各系统确定特色鲜明的活动主题，组织公务员围绕中心、服务大局，带头创先争优，有力推动了各项工作任务落实。广泛开展业务竞赛和岗位练兵，下基层、接地气、大走访、办实事，解决了一批关系群众切身利益的突出问题，加强了公务员队伍的能力素质和作风建设。

李源潮指出，深化带头创先争优、争做人民满意公务员活动，要把建立领导机关公务员直接联系群众制度作为重要内容。中央和省级机关公务员要深入基层、深入群众，调查研究、推动工作，加强与群众的直接联系。特别要注意选派缺乏基层工作经历的年轻同志到基层锻炼。领导干部要带头到群众中去，到矛盾多困难大的地方去，听民声、知民情、解民忧。基层一线和各个系统窗口单位公务员要深化为民服务创先争优，为群众多办实事好事，以促进人心的舒畅和社会的安定。要主动排查存在的问题和薄弱环节，强化服务意识、改进服务作风、提高服务效能。要探索建立请人民群众评判和监督公务员的机制，继续推行“三亮三比三评”等有效做法。要大力宣传公务员先进典型，形成学习先进、争当先进、赶超先进的浓厚氛围。

共青团新媒体和文化成果交流展览会举办

4 月 19 日，王兆国，刘云山到北京展览馆，参观共青团新媒体和文化成果交流展览会，陆昊陪同参观。展览会分为综合展区和分展区两部分，全国各省（区、市）团委和部分系统团委以及社会文化单位参加展览会。展览会利用文字、图片和数据，通过网站网页、影视、音乐、动漫游戏、图书报刊等丰富多样的展品，从不同角度、不同层面集中呈现了共青团近年来运用新媒体和文化手段开展青少年工作取得的新进展和新成果。

王兆国、刘云山对共青团新媒体和文化成果交流展览会给予充分肯定，指出互联网、手机等新媒体迅猛发展和广泛普及，给经济社会带来深刻影响，成为人们特别是广大青年学习、工作、生活的重要交流渠道。共青团积极运用新媒体和文化载体开展工作，是贯彻落实党的十七届六中全会精神的重要举措，是深入推进社会主义核心价值体系建设的有益探索。今年是中国共青团成立 90 周年，希望各级共青团组织按照胡锦涛总书记提出的“两个全体青年”的目标要求，紧跟时代发展步伐，创新工作途径方式，积极适应青年学习知识、接受信息渠道的新变化，适应青年精神文化生活的新期待，大力推进富有时代特色、符合青年需求的新媒体建设。要坚持以文化人、以文育人，创作更多青年喜闻乐见的优秀文化产品，打造传播社会主义核心价值体系的新载体新平台，进一步提高团组织的吸引力、凝聚力、影响力，使团的工作和团的活动更好地贴近青年、融入青年、服务青年。

中国思想政治工作网在南宁召开第三次会议

4 月 27 至 30 日，为了改进中国思想政治工作网的工作，提高质量和效益，加强管理、完善制度、增强影响力，中国思想政治工作网在广西南宁市召开第三次会议暨《科学发展》栏目采编部揭牌仪式。张蔚萍，程连昌，戴俭明，段若鹏及网站骨干出席会议。

会议研究了新形势下如何提高地方工作站、专栏的质量和工作效益问题，讨论修改了《关于地方工作站和专栏采编部工作的若干暂行规定》，同时，还为《科学发展》栏目采编部举行了揭牌仪式，并为中国思想政治工作网 2011～2012 年度“先进个人”、“优秀地方工作站”、“优秀专栏采编部”颁奖。

2012 年 5 月

中央创先争优活动领导小组 共青团中央发出《通知》

5 月 3 日，中央创先争优活动领导小组、共青团中央发出《通知》，要求以纪念建团 90 周年为契机，深入推进基层团组织和广大团员青年创先争优。

《通知》指出，今年是共青团建立 90 周年。以纪念建团 90 周年为契机，进一步加强团的基层组织建设和基层基础工作，对于以创先争优为抓手促进共青团重点工作，深入广泛持久开展学雷锋活动，形成更加浓厚的创先争优氛围，以优异成绩迎接党的十八大胜利召开，具有重要意义。

《通知》要求，各级团组织要认真落实基层组织建设年的部署，努力扩大基层团组织对青年的有效覆盖。要坚持抓组织建设与抓作用发挥并重，进一步增强基层团组织活力。要坚持党建带团建，推动建立创先争优长效机制。要认真贯彻落实《关于加强新形势下基层党建带团建工作的意见》，带团干部队伍建设、带基层组织建设、带创先争优活动。

第十六届“中国青年五四奖章”评选揭晓

5 月 3 日，在纪念建团 90 周年前夕，为树立和宣传当代青年的优秀典型，引导和激励全国广大青年树立崇高理想追求，立足本职创先争优，共青团中央、全国青联决定，授予王锡章等 25 名同志第十六届“中国青年五四奖章”、沈阳军区某集团军工兵团汽车连等 3 个青年集体“中国青年五四奖章集体”、马海兰等 8 名同志第十六届“中国青年五四奖章”提名奖。

获第十六届“中国青年五四奖章”称号的是：福建省公安厅刑侦总队副总队长王锡章，中国船舶重工集团公司第 702 研究所水下工程研究开发室总体结构组副组长叶聪，甘肃省夏河县桑科乡达久滩卫生室医生旦正草（女，藏族），浙江大学医学院附属第二医院教授、博士生导师田梅（女），国家海洋局北海分局潜航员管理办公室潜航员付文韬，中国证券登记结算有限责任公司北京数据技术分公司数据服务部总监冯艺东，乌鲁木齐铁路局库尔勒电务段安全员尼红（女，蒙古族），江西农业大学动物生物技术重点实验室副主任任军，中国人民解放军 75738 部队 87 分队队长刘珪，安徽省岳西县毛尖山乡留守儿童服务中心主任、板舍敬老院院长刘磊，中国工程物理研究院激光聚变研究中心副主任许乔，新疆维吾尔自治区石河子市石河子乡努尔巴克村农民许登金，广东省深圳市关爱行动组委会办公室工作人员孙影（女），中国航天科技集团公司六院 7103 厂钳工组组长杨峰，上海闸环灵石环境卫生工程有限公司公厕班班长李影（女），中国科学院西安光学精密机械研究所国家重点实验室副主任李学龙，武警广西总队北海市支队政治处主任何方礼，中国人民解放军 93793 部队 51 分队正连职飞行员何晓莉（女），山西师范大学临汾学院中文系 07A1 班学生孟佩杰（女），中国石油天然气集团公司大庆油田公司 1205 钻井队队长胡志强，河南省渑池县文联聘用人员、农民赵仁伟，贵州省黔西南州贞丰县龙场镇龙河村卫生室卫生员钟晶（女，布依族），浙江省慈溪市宁波双源纺织厂职工热汗古丽·依米尔（女，维吾尔族），广西壮族自治区横县马山乡克安村党总支书记助理、团支部书记郭炜靖，湖北省英山县草盘地镇党委委员、副镇长、居委会党支部第一书记高金磊。

获“中国青年五四奖章集体”称号的是：沈阳军区某集团军工兵团汽车连（“雷锋连”），海南省鹦哥岭自然保护区工作站青年团队，中国平煤神马集团平煤股份六矿综采四队大学生采煤班。

获“中国青年五四奖章”提名奖的是：山东省潍坊市中级人民法院民事审判第一庭副庭长马海兰（女），中国科学院大气物理研究所大气边界层物理和大气化学国家重点实验室主任王自发，南京大学计算机软件新技术国家重点实验室常务副主任周志华，复旦大学附属华山医院神经外科主任助理赵曜，中国石油天然气股份有限公司大港油田分公司第三采油厂地质研究所副所长夏国朝，河北省唐山市丰润区岔河镇中学教师郭玉梅（女），贵州省六盘水市公安局禁毒支队大队长詹勇，湖南省湘潭市华顺人力资源有限公司派遣工裴永红。

另外，共青团中央近日决定，授予刘小鼎等158名同志2011年度“全国优秀共青团员”称号，授予刘哲等124名同志2011年度“全国优秀共青团干部”称号，授予北京苏宁电器有限公司团委等323个基层团组织2011年度“全国五四红旗团委（团支部）”称号。

“中央国家机关青年五四奖章”表彰会举行

5月3日，“中央国家机关青年五四奖章”表彰会暨“根在基层　走进一线”调研实践活动启动仪式在北京举行，马凯出席并讲话。

马凯指出，长期以来，中央国家机关青年干部紧紧围绕党和国家工作大局以及各部门中心任务，爱岗敬业、勇于创新、扎实工作，为中央国家机关完成各项任务发挥了积极作用。组织干部下基层是坚持党的群众路线的具体体现，也是从战略高度加强青年干部队伍建设的重要举措。他对中央国家机关青年干部开展“根在基层　走进一线”调研实践活动提出四点要求：一要在坚定理想信念上下功夫，努力从历史、现实、理论的高度充分认识走中国特色社会主义道路的必然性，筑牢为党和人民的事业忠诚履职的信仰基础。二要在增进群众感情上下功夫，强化为人民服务的宗旨意识，自觉把为党和人民建功立业作为人生目标和价值追求，做人民公仆。三要在增强过硬本领上下功夫，主动到艰苦边远地区和困难多、任务重的地方接受锻炼，向基层同志学习求教。四要在锤炼意志作风上下功夫，着力锤炼求真务实、艰苦奋斗和廉洁自律的作风。

纪念中国共产主义青年团成立90周年大会隆重举行

5月4日，是全国各族团员青年的节日五四青年节，纪念中国共产主义青年团成立90周年大会在北京人民大会堂隆重举行。胡锦涛出席大会并发表讲话，吴邦国、温家宝、贾庆林、李长春、习近平、李克强、贺国强出席大会。

胡锦涛说，当代青年是无比幸运的一代，又是责任重大的一代。祖国发展的巨大成就为青年成长进步创造了良好条件，祖国建设的艰巨任务为青年大展身手提供了广阔舞台。广大青年要以邓小平理论和“三个代表”重要思想为指导，深入贯彻落实科学发展观，牢记光荣使命，珍惜宝贵机遇，以坚定的信念、宽广的胸怀、创造的激情、务实的态度，踊跃投身改革开放和社会主义现代化建设伟大实践，努力做科学发展的奋力推动者、和谐社会的积极构建者，用自己的双手为全面建设小康社会、建成富强民主文明和谐的社会主义现代化国家奉献力量，谱写中国青年运动浓墨重彩的新篇章。

陆昊和青年典型代表、武汉理工大学管理学院青年教师郎坤，王玉普先后在纪念大会上发言。

团中央全国青联全国学联召开座谈会

5月5日，团中央、全国青联、全国学联在北京召开座谈会，认真学习贯彻胡锦涛总书记在纪念中国共产主义青年团成立90周年大会上的重要讲话精神。

陆昊在讲话中指出，在中国共青团成立90周年之际，胡锦涛发表重要讲话，中共中央政治局常委全体同志出席纪念中国共产主义青年团成立90周年大会，这充分体现了党中央对青年一代的亲切关怀和对共青团工作的高度重视。胡锦涛总书记的重要讲话思想深刻，内涵丰富，语重心长，充分肯定了90年来我国青年在党的领导下为革命、建设、改革事业做出的突出贡献，高度评价了90年来各级团组织带领团员青年为党和人民事业不懈奋斗的光荣历程，深刻揭示了党与青年、国家民族与青年的关系，进一步指明了当代青年的历史责任、成长道路和共青团的基本职能、目标任务，是当代青年按照党的要求健康成长的行动指南，是推动新时期共青团事业实现新发展的纲领性文献。全团要把学习宣传贯彻胡锦涛总书记的重要讲话精神，作为当前和今后一个时期的重要政治任务。在学习中既要原原本本研读，又要有深入思考的过程、针对问题的过程；要注重交流和研讨，既要谈体会，又要重引导，既要碰问题，还要碰思想；要突出重点、有深度地开展宣教引导，把学习讲话精神融入到开展各项主题教育活动之中。以胡锦涛总书记重要讲话精神为指导，进一步统一全团的思想和行动，推动共青团事业不断开创新局面。

中华职业教育社举行成立95周年纪念大会

5月6日，中华职业教育社成立95周年纪念大会在北京举行。贾庆林发来贺信。

贾庆林在贺信中指出，95年来，中华职业教育社秉持“使无业者有业，使有业者乐业”的宗旨，致力于研究、宣传和推广职业教育，在职业教育领域和国家政治生活中发挥了重要作用。改革开放以来，中华职教社坚持服务党和国家工作大局，积极推进职业教育改革发展，大力实施温暖工程，做了许多为国分忧、为民效力的实事，为国家经济发展和社会进步作出了重要贡献。他希望中华职教社认真贯彻落实“十二五”规划纲要、国家中长期教育改革和发展规划纲要，大力弘扬优良传统，充分发挥自身优势，强化服务职能，拓宽服务领域，扩大对外交流，加强自身建设，为全面建设小康社会作出新的更大贡献。

刘延东也发来贺信。她在贺信中指出，中华职业教育社高举爱国主义的伟大旗帜，在职业教育方面做了大量特色鲜明、卓有成效的工作，希望进一步发挥联系广泛、人才荟萃的优势，围绕职业教育的改革和发展，积极建言献策，拓宽服务领域，促进国际交流合作，提升工作科学化水平，为建设创新型国家、加快推进社会主义现代化作出新的更大贡献。

杜青林出席会议并讲话。他指出，中华职业教育社因应时代而生、顺应潮流而进，在职业教育方面具有独特优势、作出重要贡献。站在新起点、面对新任务，需要抓住时代契机，勇担历史使命，着眼国家所需育同心之才，大力培养产业转型升级和农村发展必备的实用技术人才；围绕民生所急谋同心之举，集中打造契合社会需求、影响大、效果好的民心工程；突出交流所长聚同心之力，协助党和政府开辟社会力量参与职业教育的新渠道，在全面建设小康社会中发挥更大作用、实现更大作为。

文化部举办纪念《在延安文艺座谈会上的讲话》发表70周年系列活动

5月8日，为继承和弘扬《讲话》精神，从5月初至6月上旬，文化部将组织开展纪念毛泽东同志《在延安文艺座谈会上的讲话》发表70周年优秀剧目展演、美术作品展，“为农民工塑像”大型原创画展。与此同时，文化部直属的9个国家艺术院团和国家画院将陆续开展形式多样的下基层慰问演出、创作采风活动。

其中，5月4日至6月7日，由文化部主办的纪念毛泽东同志《在延安文艺座谈会上的讲话》发表70周年优秀剧目展演在北京举办。5月21日至6月8日，由文化部主办、中国美术馆承办的“从延安走来——纪念毛泽东同志《在延安文艺座谈会上的讲话》发表70周年美术作品展”将举办。5月22日，由中国艺术研究院主办、中国艺术研究院中国画院承办的“同在蓝天下——为农民工塑像”大型原创画展将在国家博物馆举办。

全国纪检监察系统反腐倡廉法规制度建设理论研讨会召开

5月9日，全国纪检监察系统反腐倡廉法规制度建设理论研讨会在北京召开，何勇出席会议并讲话。

何勇指出，党的十六大以来，经过各方面共同努力，支撑反腐倡廉教育、监督、预防、惩治以及领导体制和工作机制等方面的法规制度已基本齐全，内容科学、程序严密、配套完备、有效管用的反腐倡廉法规制度体系已基本形成，反腐倡廉工作基本实现有法可依，为深入推进党风廉政建设和反腐败斗争提供了制度保障。

要深入推进反腐倡廉法规制度建设，进一步健全服务和保障党和国家中心工作的反腐倡廉法规制度，确保中央重大决策部署的贯彻落实；进一步完善反腐倡廉教育制度，增强反腐倡廉教育的科学性、规范性、有效性；进一步完善党员领导干部廉洁从政制度，规范党员领导干部从政行为；进一步完善监督制度，切实加强对党员干部特别是领导干部的监督；进一步完善预防腐败制度，把预防腐败的要求落实到权力结构和运行机制各个环节；进一步完善惩治腐败制度，不断加大惩治腐败工作力度。

学习贯彻《关于加强和改进中央和国家机关纪检监察组织建设的意见》座谈会召开

5月11日，中央纪委、监察部在北京召开学习贯彻《关于加强和改进中央和国家机关纪检监察组织建设的意见》座谈会，贺国强出席会议并讲话，何勇主持会议。

贺国强指出，中央和国家机关在党和国家工作全局中处于重要地位、承担着重要职责，做好中央和国家机关党风廉政建设和反腐败工作，直接关系到党的路线方针政策和中央重大决策部署的贯彻落实，关系到党的领导水平和执政能力的提高，关系到党和政府的形象。经中央批准，今年2月中办、国办下发了《意见》，就加强和改进中央和国家机关纪检监察组织建设提出了一系列新要求新举措。

加强和改进中央和国家机关纪检监察组织建设，一是要健全组织机构，加强工作力量。二是要明确职责任务，完善体制机制。三是要加强队伍建设，提高工作水平。四是要加强组织领导，狠抓工作落实。中央和国家机关各部门党组（党委）要切实担负起加强本部门纪检监察组织建设的领导责任，主要负责同志要大力支持纪检监察工作和纪检监察组织建设，各部门纪检监察组织要对照《意见》要求抓好工作落实。

道德领域突出问题专项教育和治理活动视讯会议召开

5月14日，中央精神文明建设指导委员会在北京召开道德领域突出问题专项教育和治理活动视讯会议。刘云山出席会议并讲话，雒树刚主持会议。

会议认为，党的十六大以来，以胡锦涛同志为总书记的党中央高度重视思想道德建设，并作出一系列重要部署。各地各部门认真贯彻中央精神，深入开展社会主义荣辱观宣传教育，不断深化精神文明创建和志愿服务，组织开展全国道德模范评选表彰，切实加强未成年人思想道德建设，有力促进了公民道德素质的提升，巩固发展了积极健康向上的思想道德主流。同时，当前社会道德领域还存在不少亟待解决的突出问题，人民群众反映强烈，必须采取有力措施及时加以解决。要从推动科学发展、促进社会和谐的高度，从维护群众切身利益、创造人们美好生活的高度，充分认识开展道德领域突出问题专项教育和治理的重大意义，以强烈的责任感使命感做好工作，推动形成知荣辱、讲正气、促和谐的良好风尚。

刘云山指出，开展道德领域突出问题专项教育和治理，是顺应群众期待、回应社会关切的重要举措。要围绕增强道德荣誉感，广泛开展公民道德教育，引导人们牢固树立有德光荣、失德可耻的理念，使基本道德规范成为全体公民的自觉遵循。要围绕加强诚信建设，集中治理群众反映强烈的突出问题，切实纠正行业不正之风，大力营造恪守诚信的社会环境。要围绕发挥重点人群的示范作用和基础作用，深入推进道德实践活动，引导广大党员干部努力做全社会的表率，引导广大青少年树立正确的道德观念，推动形成我为人人、人人为我的良好氛围。要围绕树立正确的道德取向，继续实施以净化荧屏声频和强化文化市场监管为重点的文化环保工程，大兴网络文明之风，为推进道德建设创造良好社会文化环境。

中央创先争优活动领导小组印发《意见》

5月15日，中央创先争优活动领导小组印发了《关于各地区各部门各单位建立健全创先争优长效机制的指导意见》。《意见》的印发和实施，对于巩固和扩大创先争优活动成果，推动创先争优常态化长效化，保持党的先进性和纯洁性，具有重要意义。

《意见》指出，各地区各部门各单位要把握务实管用、突出重点、集思广益、创新完善的基本要求，认真总结提炼创先争优实践中创造的好经验好做法，结合工作实际，研究建立行之有效的创先争优制度。要求各地区各部门各单位要根据各自的实际和特点，按照创先争优的目标要求，围绕中心任务和日常工作，明确长效机制的主要内容。在推动科学发展、促进社会和谐、服务人民群众、加强基层组织方面建立承诺践诺评诺、“网格化管理、组团式服务”、机关干部直接联系群众、窗口单位和服务行业“三亮三比三评”、城乡基层党组织结对共建、基层党建责任制等制度。

中共中央党校举行春季学期第二批学员开学典礼

5 月 16 日，中共中央党校举行 2012 年春季学期第二批入学学员开学典礼。习近平出席并讲话，李源潮，令计划出席典礼，李景田主持典礼。

习近平指出，实事求是是马克思列宁主义的精髓和灵魂，是毛泽东思想的精髓和灵魂，是包括邓小平理论、“三个代表”重要思想以及科学发展观在内的中国特色社会主义理论体系的精髓和灵魂。坚持实事求是，就是坚持一切从实际出发来研究和解决问题，坚持理论联系实际来制定和形成指导实践发展的正确路线方针政策，坚持在实践中检验真理和发展真理。党员干部特别是各级领导干部要深刻理解实事求是的科学含义和精神实质，始终按实事求是的要求办事。

坚持实事求是，最基础的工作在于真正摸清楚本地区本部门本单位的实际情况，真正摸清楚影响改革发展稳定的突出问题，真正及时了解人民群众的所思所盼，这样才能真正掌握客观实际，真正做到耳聪目明、心中有数。这里最重要的，是要清醒认识和准确把握我国社会主义初级阶段的基本国情和基本特点，全面看待和辩证分析我国经济社会发展出现的新情况新变化，真正做到既尽力而为又量力而行，推动经济社会又好又快发展。坚持实事求是，关键在于探求和掌握事物发展的规律。作决策、抓工作、办事情、谋发展，都要认识规律、遵循规律，这样才能使我们的工作真正取得主动权，保证改革发展不断取得胜利。

中国文联举行纪念《讲话》发表 70 周年座谈会

5 月 17 日，中国文联在北京举行座谈会，纪念毛泽东《在延安文艺座谈会上的讲话》发表 70 周年。

孙家正出席座谈会并讲话。他说，纪念《在延安文艺座谈会上的讲话》发表 70 周年，对于引导广大文艺工作者继承弘扬《讲话》精神，发扬党的文艺工作优良传统，深入贯彻落实党的十七届六中全会和全国九次文代会精神，坚持“二为”方向、“双百”方针和“三贴近”原则，以饱满的热情投身先进文化建设，努力开创文艺事业新局面，为建设社会主义文化强国贡献力量，具有十分重要的意义。他希望广大文艺工作者时刻把《讲话》的精神记在心头，真正把“爱国、为民、崇德、尚艺”的文艺界核心价值观体现在文艺作品中。

尚长荣、王晓棠、侯一民、李准、姜昆、冯双白、赵长青、宋祖英、王一川等 9 位艺术家、评论家结合自己的艺术实践和研究，畅谈了对《讲话》精神内涵和指导意义的理解，表达了践行文艺界核心价值观，以及为人民抒写、为人民放歌的信念。

全国公安系统英雄模范立功集体表彰大会在北京举行

5 月 18 日，全国公安系统英雄模范立功集体表彰大会在北京人民大会堂举行。会前，胡锦涛会见全体与会代表，向受到表彰的全国公安系统英雄模范和立功集体表示热烈的祝贺，向奋战在维护国家安全和社会稳定第一线的广大公安民警、武警官兵表示诚挚的问候。温家宝，习近平参加会见。

全国城乡共建精神文明座谈会召开

5 月 17 日至 18 日，全国城乡共建精神文明座谈会在山东省烟台市召开。刘云山对会议作出重要批示，强调各地区各部门要进一步增强责任感、使命感，深入贯彻落实党的十七届六中全会精神，贯彻落实中办、国办印发的《关于进一步加强新形势下农村精神文明建设工作的意见》，以社会主义核心价值体系建设为根本，坚持依靠群众、动员群众、服务群众，把推动城乡共建精神文明作为加强农村精神文明建设的重要举措，摆上重要位置，采取有效办法，推动农村精神文明建设工作迈上新台阶，取得新成效，以优异成绩迎接党的十八大胜利召开。

会议指出，党的十六大以来，各地各部门深入贯彻落实科学发展观，按照中央关于加快形成城乡经济社会发展一体化新格局的战略部署，大力开展以城带乡、城乡共建工作，通过机关、企业、学校、社会组织与农村结对共建等形式，引导资金、技术、人力、智力等社会资源向农村倾斜，着力改善农村生产生活环境，丰富农民精神文化生活，有力地促进了农村改革发展各项事业，推动了社会主义新农村建设。推进城乡共建精神文明，是贯彻落实科学发展观、统筹城乡发展、推动形成城乡经济社会发展一体化新格局的迫切需要，是加快城乡文化一体化发展，满足农民精神文化需求、保障农民基本文化权益的迫切需要，是广泛动员社会各方面力量、整合各方资源、共同关心支持农村精神文明建设的迫切需要，是发挥群众性精神文明创建活动优势、切实改变农村相对落后状况的迫切需要。要把社会主义核心价值体系建设的各项要求，融入城乡共建精神文明活动中，通过生动具体的实践，使人们潜移默化地感悟、践行社会主义核心价值体系。要围绕道德建设、促进发展、改善环境、文化引领等，进一步创新共建载体、拓展共建领域，广泛开展党政机关、企事业单位、大专院校、社会团体以及新经济组织与农村结对共建活动，形成常态化工作机制。要把城乡共建精神文明的工作情况作为文明城市、文明单位测评的重要内容，组织动员大中城市特别是文明城市、文明单位带头支持农村精神文明建设，努力开创城乡共建精神文明工作的新局面。

会议学习考察了山东省蓬莱市刘沟镇海头村、马家沟村，龙口市芦头镇芦头村、东江镇南山村，招远市阜山镇九曲蒋家新村等实施乡村文明行动、多措并举推进城乡共建精神文明的情况。14 个地方作了大会交流发言，15 个地方作了大会书面交流。

文化与科技融合座谈会在深圳召开

5 月 18 日，中宣部、科技部在深圳市召开文化与科技融合座谈会，刘云山出席会议并讲话，雒树刚主持会议。

刘云山指出，文化与科技紧密相关，科学技术的每一次重大进步，都会给文化发展带来革命性变化。当今时代，科学技术迅猛发展，不断孕育和催生着新的重大突破。当代中国，正在深入实施建设创新型国家战略，推动经济社会发展走上科技创新驱动的轨道。抓住科技发展进步的难得机遇，加快推进文化与科技的融合，是实施创新型国家战略的应有之义，是建设社会主义文化强国的必然要求，有利于转变文化发展方式、促进文化又好又快发展，有利于丰富文化样式业态、满足人们多样化文化需求，有利于掌握文化发展的主动权、提升中华文化的影响力。

文化与科技融合是一项创新性的重大课题，必须抓住重点领域和关键环节，持续深入地加以推进。要着眼于拓展文化与科技融合的广度深度，更加注重运用高新技术改造传统文化产业，培育新的文化业态，增强文化产品的表现力、吸引力和感染力，努力把科技进步的最新成果贯穿到文化事业文化产业发展的各个方面。要着眼于提高文化与科技融合的集约化水平，集成资源、集聚优势，努力打造一批带动性强的文化科技企业和企业集团，打造一批特色突出、产业链完备的文化与科技融合示范基地，培育一批拥有自主知识产权、具有核心竞争力的文化科技品牌。要着眼于抢占文化与科技融合发展的制高点，坚持产学研相结合，加强文化科技基础技术研发，加强高新技术引进、吸收、再创新，加强科技成果转化应用，不断提升我国文化科技的自主创新能力。要着眼于形成与我国经济社会发展水平相称的传播能力，加快构建现代文化传播体系，积极推进电信网、广电网、互联网融合发展，提升文化传播的数字化、网络化水平，保障信息传播的高效快捷和安全有序。

座谈会上，科技部负责同志通报有关工作情况，有关部门、地区和单位代表作了发言。会上还发布了首批国家级文化和科技融合示范基地、第四届“文化企业 30 强”名单。

第八届文博会在深圳开幕

5 月 18 日，第八届中国（深圳）国际文化产业博览交易会在深圳会展中心隆重开幕。刘云山宣布大会开幕。本届文博会由文化部、商务部、国家广播电影电视总局、新闻出版总署、中国国际贸易促进委员会、广东省人民政府和深圳市人民政府联合主办。

文博会主会场在深圳会展中心举办，展出面积 10.5 万平方米；同时设立了 40 家分会场，数量与上一届持平。主展馆共计 1928 个政府组团、企业和机构参展，比上一届增加 32 个；全国 31 个省、自治区、直辖市及港澳台地区全部参展，不仅再次实现政府组团“满堂红”，而且龙头文化企业品牌云集，华侨城集团、中国出版集团、华强文化科技、湖南鸿梦卡通传播有限公司等知名文化企业遍布各展馆。本届文博会继续重视权威配套活动，总活动 492 项，包括文化和科技融合座谈会、中国（国际）新媒体短片节、中国文化产业投融资项目推介会、数字出版高峰论坛、中欧文化创意产业合作研讨会等。与上届相比，本届文博会投融资项目涉及的领域、层次更趋多样化，主展馆各政府组团均加强了投融资项目交易内容，各分展馆也优先选择产业化较高的展品参展。据不完全统计，本届文博会已征集到 3319 个文化产业投融资项目，内容涵盖影视音像、传媒出版、娱乐演艺、动漫游戏等 12 个行业。同时，文化部产业司还发布了《中国文化产业 2012 投融资项目手册》。

深圳文博会是我国唯一一个国家级、国际化、综合性文化产业博览交易会，也是我国唯一一个获得国际展览联盟认证的综合性文化产业博览交易会。从 2004 年至今，文博会已举办了七届，累计成交额超过 5000 亿元；同时，专业化、国际化水平不断提升，产品项目投融资交易日益活跃，在海内外产生了广泛而深远的影响。

全国创先争优理论研讨会召开

5 月 21 日至 22 日，全国创先争优理论研讨会在北京召开。习近平出席会议并讲话，李源潮主持会议，刘云山出席会议，沈跃跃作会议总结，雒树刚、虞云耀出席会议。研讨会共有 288 篇论文入选。

习近平指出，先进性和纯洁性是马克思主义政党的本质属性，贯穿于党的性质、宗旨、任务和全部工作中，体现在各级党组织和全体党员的实际行动上。要从思想上政治上加强党的先进性和纯洁性建设，坚持从思想教育入手，教育引导党员和干部认真学习并实践中国特色社会主义理论体系特别是科学发展观，加强党性修养和党性锻炼，模范践行社会主义核心价值体系，做共产主义远大理想和中国特色社会主义共同理想的坚定信仰者和忠实执行者；要从巩固党的阶级基础和群众基础上加强党的先进性和纯洁性建设，始终把实现好、维护好、发展好最广大人民根本利益作为检验先进性和纯洁性的试金石，进一步建立健全联系群众、服务群众的长效机制，在时时处处为群众排忧解难、造福人民的实践中体现党的先进性和纯洁性；要从提高领导骨干素质上加强党的先进性和纯洁性建设，建设好领导干部队伍，坚持在实践中培养、考察、锻炼、使用干部，推动领导干部以率先垂范的实际行动体现党的先进性和纯洁性；要从夯实组织基础上加强党的先进性和纯洁性建设，把抓基层、打基础作为一项永久的战略任务坚持不懈地抓下去，不断提高基层党建工作科学化水平，充分发挥基层党组织的战斗堡垒作用和党员的先锋模范作用；要从完善党内制度及工作机制上加强党的先进性和纯洁性建设，坚持党要管党、从严治党，增强自我净化、自我完善、自我革新、自我提高能力，健全以党章为根本、以民主集中制为核心的制度体系，为保持党的先进性和纯洁性提供制度保证。保持党的先进性和纯洁性是党的建设一项长期而又常新的战略任务，需要不断地结合新形势新任务从理论和实践结合上进行研究。他希望各级党组织和广大理论工作者加强和深化这方面研究，不断取得新的成果。

创先争优活动是党的十七大部署的两项全党性活动之一，是深入学习实践科学发展观活动的延展和深化。两年多来，各地各部门紧紧围绕推动科学发展、促进社会和谐、服务人民群众、加强基层组织的总体目标，扎实开展创先争优，取得了显著成效。研讨会上，大家一致认为，创先争优是新形势下加强党的先进性和纯洁性建设的有效载体，要认真总结创先争优活动的经验，建立健全长效机制，不断焕发党在基层生机勃勃的活力。

刘云山同地方党委宣传部长培训班学员座谈

5 月 21 日，刘云山同第三十七期地方党委宣传部长培训班学员座谈，雒树刚主持座谈会。

刘云山指出，重视并善于做宣传思想文化工作，是我们党的优良传统，也是一大政治优势。现在，我国社会主义现代化建设进入新的阶段，党和国家事业站在一个新的起点上，宣传思想文化的重要作用进一步凸显。

宣传思想文化工作始终同国际国内形势的变化联系在一起，同党和国家事业的发展联系在一起。做好宣传思想文化工作，必须树立全局意识，深刻认识当今世界的形势、国内发展的趋势、社会思想变化的态势，始终保持清醒的政治头脑，坚决贯彻中央决策部署，切实做到以经济建设为中心不动摇、服从服务于改革发展稳定大局不动摇。时代的发展和实践的推进，对宣传思想文化工作者的能力素养提出了更高要求。要勤于学习，把学习作为一种政治责任、生活方式，突出实践特色、注重实际效果，不断提高理论素养、丰富知识积累、完善知识结构，使学习真正成为提升精神境界、提高工作水平的不竭动力。要勇于创新，牢记文化是引领风气之先的工作，积极适应社会结构的新变化、发展社会主义市场经济的新要求，切实推进内容形式创新、体制机制创新、传播手段创新，增强宣传思想文化工作的吸引力感召力和针对性实效性。要善于务实，大力弘扬求真务实精神，走基层、转作风、改文风，一分布置、九分落实，把工作往深里做、往实里做、往群众心坎里做，使各方面工作经得起历史、实践和人民的检验。

纪念毛泽东同志《在延安文艺座谈会上的讲话》发表 70 周年座谈会在北京召开。

5 月 23 日，纪念毛泽东同志《在延安文艺座谈会上的讲话》发表 70 周年座谈会在北京人民大会堂举行。胡锦涛作出指示，李长春出席并讲话，刘云山主持座谈会，刘延东出席座谈会。

胡锦涛指出，毛泽东同志《在延安文艺座谈会上的讲话》，把马克思主义基本原理同中国革命文艺实践创造性地结合起来，是我们党领导文艺事业的经典文献。70 年来，在《讲话》精神指引下，一代又一代文艺工作者自觉投身人民群众创造历史的伟大实践，创作出一大批具有正确政治立场、深刻思想内涵、感人艺术魅力的优秀作品，推动文艺事业健康发展，为我国革命、建设、改革提供了强大精神力量。70 年的历史充分表明，《讲话》始终闪耀着伟大的真理光芒，《讲话》所指明的方向和道路始终是我国文艺事业发展必须遵循的正确方向和道路。

胡锦涛勉励广大文艺工作者在新的历史条件下，认真重温《讲话》精神，按照党的十七届六中全会提出的要求，坚持中国特色社会主义文化发展道路，全面贯彻“二为”方向和“双百”方针，牢牢把握以人民为中心的创作导向，切实尊重文艺规律，大力推进改革创新，更加自觉地贴近实际、贴近生活、贴近群众，为人民奉献更多思想性艺术性观赏性高度统一的精品力作，为推动社会主义文化大发展大繁荣、建设社会主义文化强国贡献智慧和力量。

会上，文化部部长蔡武、老艺术家于蓝、作曲家印青、作家迟子建先后发言。

陈超英同志先进事迹报告会在北京举办

5月23日，中央纪委监察部、国务院国资委和湖南省委在人民大会堂联合举办陈超英同志先进事迹报告会。贺国强在报告会前亲切会见了陈超英同志亲属和报告团成员，向大家表示问候和感谢，向陈超英同志的亲属表示深切慰问。

贺国强说，陈超英同志长期工作在国有企业第一线，她恪尽职守、爱岗敬业，认真完成组织交给的各项工作任务，为企业改革发展稳定作出了积极贡献；她坚持原则、秉公执纪，认真履行纪委书记职责，顶住压力查处多起违纪违法案件，维护了国有资产安全和党纪国法尊严；她情系职工、一心为民，尽心竭力为职工办实事、解难事，与群众建立起深厚的感情，被职工亲切地称为“大姐书记”；她淡泊名利、清正廉洁，从不计较个人得失，从未利用职权为亲友谋取不正当利益；她积极向上、热爱生活，走到哪里就把欢声笑语带到哪里。陈超英同志是国有企业干部的优秀代表，也是纪检监察干部的优秀代表，她用自己的模范行动和生命历程生动诠释了新时期共产党员先进性和纯洁性的深刻内涵，树立了纪检监察干部可亲、可信、可敬的良好形象。我深深为我们党有陈超英同志这样的好党员感到骄傲，为我们纪检监察战线有陈超英同志这样的好干部感到自豪。

陈超英同志生前担任中建五局土木公司党委副书记、纪委书记、工会主席，2011年6月13日深夜在赴外地慰问职工家属返程途中，因交通意外不幸因公殉职，年仅53岁。中央纪委、人力资源和社会保障部、监察部追授陈超英同志“全国纪检监察系统先进工作者”荣誉称号。

中央办公厅印发《关于加强和改进非公有制企业党的建设工作的意见（试行）》

5月24日，中共中央办公厅印发了《关于加强和改进非公有制企业党的建设工作的意见（试行）》，并发出通知，要求各地区各部门结合实际认真贯彻执行。

国务院召开全国政府信息公开工作会议

5月24日，国务院在北京召开全国政府信息公开工作电视电话会议，马凯出席并讲话。

马凯指出，近年来，各地区各部门认真落实《政府信息公开条例》，依法依规公开政府信息，积极稳妥办理政府信息公开申请，一些重点领域信息公开取得重要突破，政府信息公开工作取得明显成效，人民群众和社会各方面给予充分肯定。同时，《政府信息公开条例》施行时间还不长，政府信息公开工作面临着新形势、新要求，需要进一步加强。推进政府信息公开，是人民政府的本质要求，是建设法治政府和服务政府的重要内容，是加强反腐倡廉建设的重要举措。各地区、各部门要认真贯彻落实国务院办公厅印发的《2012年政府信息公开重点工作安排》，重点做好以下五方面工作：一是着力推进公共财政资金管理与使用的政府信息公开，继续抓好预算决算、“三公”经费和行政经费的公开，力争取得更大进展。二是着力推进民生领域的政府信息公开工作。要把保障性住房的规划、建设、分配、管理等各环节和全过程向社会公开；继续加大生产安全事故应对、处置、调查、处理信息的公开力度；所有征地拆迁项目，都要严格依法履行公告、告知、论证和听取意见等程序，全面公布补偿方案、补偿标准和补偿结果等各环节信息；推进食品安全和环境保护信息公开。三是着力推进招投标信息公开。政府投资项目以及国有资金占控股或者主导地位、依法必须进行招标的项目，其招投标信息、投标单位及从业人员信用信息等，都要向社会公开。四是着力推进价格和收费信息公开。政府制定的价格和收费标准调整时，要公开调整的原因、标准、执行期限等，依法举行听证，严格执行经营服务性收费、行政事业性收费公示制度。五是着力推进政府信息公开制度和公开渠道建设。健全依申请公开工作机制，充分发挥政府网站、广播电视、报刊杂志等信息渠道的作用，方便社会公众及时获取政府信息。

中共中央宣传部举办开放日活动

5月24日，中宣部举办“走进中共中央宣传部”开放日活动，邀请部分驻华使节参加。刘云山会见了参加活动的各国使节，并进行了深入交流。活动是中联部与中共中央有关部门合作组织的“走进党的部门”系列主题开放日活动之一。

在与各国使节的交流中，刘云山说，宣传工作是中国共产党工作的重要组成部分，是中国共产党的优良传统和政治优势，在中国革命、建设、改革的各个历史时期都发挥了不可替代的作用。中国共产党新时期宣传工作的主要任务可以概括为四个方面：一是以科学的理论武装人，始终把理论建设作为根本建设，把用科学理论武装全党、教育人民作为宣传工作第一位的任务，坚持党的理论创新每前进一步，理论武装就跟进一步，学习教育就深化一步；二是以正确的舆论引导人，鼓励和支持媒体切实担负起社会责任，弘扬社会正气、传播先进文化，不断提高舆论引导的时效性和公信力；三是以高尚的精神塑造人，坚持以建设社会主义核心价值体系为根本，大力加强思想道德建设，大力弘扬民族精神和时代精神，大力倡导文明和谐的社会风尚，努力提高人们的思想道德素质和社会文明水平；四是以优秀的作品鼓舞人，坚持以改革促发展、促繁荣，通过体制机制创新，推动文化事业文化产业的加快发展，加强对文化产品创作生产的引导，推出群众欢迎的精品力作，满足人们文化需求。

来自 49 个国家和欧盟的驻华使节参加了活动，听取了中宣部的情况介绍，参观考察了中宣部的有关局室，观摩了有关工作现场。活动持续了近 3 个小时，现场气氛活跃，交流热烈，各国使节对活动给予高度评价。许多使节表示，这次走进中宣部不仅直接了解了中国共产党的宣传工作，而且亲身感受到了中国共产党开明开放的良好形象和对外开展友好合作的真诚意愿。

中央政治局召开会议
研究深化科技体制改革　加快国家创新体系建设

5 月 28 日，中共中央政治局召开会议，研究深化科技体制改革、加快国家创新体系建设，胡锦涛主持会议。

会议指出，建设创新型国家，加快转变经济发展方式，实现我国发展的战略目标，最根本的是要靠科技的力量，最关键的是要大幅提高自主创新能力。当前，我国进入全面建设小康社会的关键时期和深化改革开放、加快转变经济发展方式的攻坚时期。科技在经济发展中的作用日益凸显，新科技革命和全球产业变革步伐加快，我国科技发展既面临重要战略机遇，也面对严峻挑战。必须在深化科技体制改革上取得新的重要进展，建立健全科学合理、富有活力、更有效率的创新体系，激发全社会创造活力，实现创新驱动发展。

深化科技体制改革要突出重点、务求实效。要围绕科技与经济紧密结合这个核心问题，强化企业技术创新主体地位，加快建立企业主导产业技术研发创新的体制机制。要提高科研院所和高等学校创新服务能力，强化协同创新，加强统筹协调，优化结构布局，推进科研院所分类改革，强化科技资源开放共享，建立基础研究、应用研究、技术创新、成果转化协调发展的机制，提高国家创新体系整体效能。要统筹发挥政府调控作用和市场在资源配置中的基础性作用，完善科技项目、经费管理制度和科技评价、奖励制度，形成激励创新正确导向。要加强高水平领军人才和青年科技人才培养，引进海外优秀人才，支持归国留学人才创新创业。要建立健全科学合理的人才评价标准，加强科研诚信建设，营造科学民主、宽松包容的学术氛围，进一步激发广大科技人员积极性和创造性。要落实和完善相关法律法规和政策措施，为科技创新发展提供有力保障。

铁道部原部长　党组书记刘志军严重违纪被开除党籍

5 月 28 日，经中共中央批准，2011 年 2 月以来，中共中央纪委对刘志军严重违纪问题进行了立案检查。

经查，刘志军滥用职权帮助北京博宥投资管理集团公司董事长丁羽心获取巨额非法利益，造成重大经济损失和恶劣社会影响；收受他人巨额贿赂和贵重物品；道德败坏；对铁路系统出现的严重腐败问题负有主要领导责任。

刘志军的上述行为已构成严重违纪，有的问题已涉嫌犯罪。依据《中国共产党纪律处分条例》等规定，经中央纪委常委会议研究并报中共中央政治局会议审议，决定给予刘志军开除党籍处分，待召开中央委员会全体会议时予以追认；给予刘志军开除的行政处分由监察部按程序报国务院审批后，另行作出；收缴其违纪所得；将其涉嫌犯罪问题移送司法机关依法处理。

中共中央政治局举行第三十三次集体学习

5 月 28 日，中共中央政治局就坚持走中国特色新型工业化道路和推进经济结构战略性调整进行第三十三次集体学习，胡锦涛主持学习。中国电子信息产业发展研究院罗文研究员、中国社会科学院工业经济研究所金碚研究员就这个问题进行讲解，并谈了他们的意见和建议。

胡锦涛在主持学习时发表了讲话。他指出，新中国成立以来特别是改革开放以来，我们在长期实践中探索和走出了中国特色新型工业化道路，我国工业建设取得举世瞩目的成就，建成了门类齐全、独立完整的现代工业体系和国民经济体系，实现了从农业大国向工业大国的历史性转变。同时，我们也必须看到，我国工业发展长期依靠高投入、高消耗，存在着发展方式粗放、结构不合理、核心技术受制于人、资源环境约束强化、区域发展不平衡深层次矛盾和问题。这些矛盾和问题解决不好，不仅会影响我国工业健康发展，而且会给整个经济发展带来不利影响。

要着力推进工业发展制度环境建设，加强战略谋划和顶层设计，加强促进工业发展的制度建设，加强重大问题研究，完善政策体系，增强消费对工业发展的拉动作用，发挥工业产品在扩大内需中的积极作用，营造各方面关心、支持工业发展的良好氛围。要着力推进现代产业体系建设，根据工业转型升级总体要求，围绕改造提升制造业、培育发展战略性新兴产业、大力发展生产性服务业，瞄准重点领域和方向，集中力量尽快取得实质性突破，提高工业制造基础能力、新产品开发能力、品牌创建能力、产业集中度，促进全产业链整体升级，切实提高产业核心竞争力和经济效益，增强工业可持续发展能力。要着力推进创新驱动，抓住新一轮世界科技革命带来的战略机遇，深入实施科教兴国战略和人才强国战略，加快建设创新型国家，大力增强科技创新能力，为坚持走中国特色新型工业化道路奠定坚实科技和人力资源基础。要着力推进融合发展，深化信息技术在工业领域的集成应用，加快构建下一代国家信息基础设施，加快推动制造模式向数字化、网络化、智能化、服务化转变，统筹经济建设和国防建设。要着力推进协调发展，深入实施区域发展总体战略和主体功能区战略，健全跨区域合作机制，引导地区间产业合作和有序转移，促进产业集聚、集群发展，切实防止盲目扩张和重复建设，优化产业空间结构，发挥工业对农业的支撑带动作用，促进城乡协调发展。要着力推进改革开放，坚持社会主义市场经济的改革方向，坚持和完善公有制为主体、多种所有制经济共同发展的基本经济制度，推进行政体制改革，转变政府职能，充分发挥市场在资源配置中的基础性作用，突破制约工业发展的体制机制障碍，营造有利于实体经济发展的财税政策体系，健全工业经济和金融良性互动发展机制，统筹国内产业发展和国际产业分工，促进我国发展和各国共同发展良性互动。

中国宋庆龄基金会成立30周年纪念大会在北京举行

5月29日，中国宋庆龄基金会成立30周年纪念大会在北京人民大会堂举行，贾庆林出席大会并讲话。

贾庆林首先代表中共中央向大会的召开表示热烈的祝贺，向长期以来关心支持中国宋庆龄基金会的各位理事、各界朋友表示诚挚的问候。他说，宋庆龄先生是伟大的爱国主义者，是为新中国的建立和发展作出杰出贡献的政治家，是在国际上具有重大影响和享有崇高声誉的社会活动家。作为国际上公认的20世纪最伟大的女性之一，宋庆龄先生为世界和平和人类进步作出了杰出贡献，深受中国人民和世界人民的尊敬和爱戴。在邓小平同志倡导下，经中共中央批准，1982年5月正式成立了中国宋庆龄基金会。这是新中国成立后唯一一个以党和国家领导人的名字命名的基金会，对于弘扬宋庆龄精神、传承她的未竟事业具有重大而深远的意义。中国宋庆龄基金会成立30年来，紧紧围绕党和国家工作大局，始终秉持“和平、统一、未来”的建会宗旨，认真履行人民团体和公益机构双重职能，取得了令人振奋的可喜成绩，在海内外产生了积极影响。实践充分证明，宋庆龄基金会不愧为促进我国公益事业发展的重要团体，不愧为推动祖国和平统一的重要桥梁，不愧为拓展我国民间外交的重要平台。

周铁农、杜青林和何鲁丽、顾秀莲等出席纪念大会。胡启立在大会上致辞。宋秀岩，王宜林，苏天明分别致贺词。

纪念《讲话》发表70周年暨全军文学创作座谈会举行

5月29日，纪念毛泽东同志《在延安文艺座谈会上的讲话》发表70周年暨全军文学创作座谈会在北京举行。

徐才厚在会见与会代表时强调，全军广大文艺工作者要深刻学习领会，模范落实《讲话》精神、党的十七届六中全会作出的决定和胡锦涛主席的重要指示，坚持以中国特色社会主义理论体系为指导，深入贯彻国防和军队建设主题主线，努力为发展先进军事文化、推动国防和军队现代化建设，为建设社会主义文化强国作出新的更大贡献。李继耐一同看望。

中组部召开基层组织建设年工作推进会

5月29日，中组部召开基层组织建设年工作推进会，李源潮出席并讲话，沈跃跃主持会议。

基层组织建设年工作开展以来，各地区各部门高度重视、扎实推进，形成了上下联动、齐心协力抓基层的良好氛围。现在，调查摸底、分类定级已基本完成，进入整改提高、晋位升级阶段。中组部5月初专门下发文件，对整改提高工作作出了部署。

李源潮指出，整改提高要坚持抓两头带中间，充分发挥先进典型的示范引领作用，突出抓好后进支部整顿转化这个重点。要根据查找出来的问题，制定有针对性的整改方案，向党员、群众公开，接受监督和评议。要总结推广先进基层党组织的经验，组织后进和一般的党组织对标定位、比学赶超。要选派责任心强、能力素质好、群众认可度高的优秀党员担任基层党组织书记，按照分级负责、分类实施的要求抓好对基层党组织书记的普遍轮训。要明确基层党组织书记的岗位职责，加强考核监督和激励保障。要层层落实基层党建工作责任，把基层组织建设年各项任务一抓到底。要提高支部建设质量，使基层组织建设年在支部落实、在支部见效。

第三次全国对口支援新疆工作会议在北京召开

5月30日，第三次全国对口支援新疆工作会议在北京人民大会堂召开。会前，胡锦涛会见与会代表，向参加对口援疆工作的各地区各部门各单位和广大干部职工表示诚挚问候和衷心感谢。温家宝，习近平参加了会见，李克强参加会见并在会上讲话。

李克强在讲话中说，两年来，19个支援省市、中央和国家机关、有关企业和新疆维吾尔自治区、新疆生产建设兵团认真贯彻中央的决策部署，团结协作，开展了规模空前的对口援疆，取得了令人瞩目的巨大成就。在对口援疆的强力推动下，天山南北形成了大建设、大开放、大发展的局面。回顾两年来的工作，关键是做到了全面援疆、民生优先，同时坚持科学推进、规划先行，制定特殊支持政策调动各方面积极性，形成了互动互利的援疆热潮。新疆地域辽阔、资源丰富、发展潜力巨大，是实施扩大内需战略的主战场之一，是深入推进西部大开发的重点所在，也是承接国内产业转移的重要区域。进一步做好对口援疆工作、推动新疆实现跨越式发展和长治久安，对于培育西部地区开发开放新的增长极，对于稳定经济增长，对于调整优化区域经济结构，都具有重要现实意义。

会上，新疆维吾尔自治区、新疆生产建设兵团、北京市、吉林省、上海市、江苏省、山东省、河南省、湖北省、广东省负责人先后发言，介绍了两年来对口援疆工作的进展情况、经验做法和下步打算。

中央国家机关召开党代表会议选举出席党的十八大代表

5月29日至30日，中共中央国家机关工委在北京召开中央国家机关党代表会议，选举产生中央国家机关出席党的十八大代表，马凯出席会议并讲话。

中央国家机关各级党组织和广大党员高度重视党的十八大代表选举工作，按照中央要求和中央国家机关工委统一安排，以高度的政治责任感和严谨细致的工作作风，精心组织、周密部署，认真做好十八大代表推荐提名等选举前期工作。会议期间，出席会议的360名代表认真行使民主权利，在酝酿讨论的基础上，差额选举产生了184名中央国家机关出席党的十八大代表。选举产生的代表中，既有各级党员领导干部，又有工作第一线的党员，还有一定数量的女党员、少数民族党员和专业技术人员党员，具有政治先进性和党员代表性。整个选举过程严格按照党章办事，充分体现党内民主，是加强党性教育和民主集中制教育的重要过程。

胡锦涛签署命令
追授严高鸿同志“模范理论工作者”荣誉称号

5月31日，胡锦涛签署命令，追授南京政治学院科研部学报编辑部原主编、教授严高鸿“模范理论工作者”荣誉称号。

严高鸿，男，1948年4月出生，1968年3月入伍，1969年2月入党，安徽省广德县人。2010年12月18日，他在参加学院研究生学位论文开题报告会时，因突发心脏病，以身殉职。

命令指出，严高鸿同志把毕生精力献给了国防教育事业和马克思主义理论教育研究事业，是一名优秀的马克思主义理论工作者。他从事政治理论教学研究31年，刻苦钻研党的创新理论，先后发表55篇学术论文、主持完成8项国家和军队科研规划课题、出版17部专著和教材，为马克思主义哲学、军事哲学、军事思维学研究做出显著贡献，获得军队杰出专业技术人才奖等多个奖项。他主持编写的《中国社会主义建设概论》教材，在理论教育研究领域产生重要影响；提出的“纳入人类实践的自然环境作为构成生产力的重要因素，通过生产力系统参与了对社会发展的决定性作用”观点，被学术界称为“严高鸿命题”。他积极宣传党的创新理论，每年授课250课时以上，开设的13门课程成为学院的精品课或特色课，先后到军地单位作报告600多场次，受到听众的普遍称赞。他躬身实践党的创新理论，几十年如一日忘我工作，主编《南京政治学院学报》13年，坚持把办刊与提高教学科研水平、与培养理论骨干人才有机结合起来，为推进马克思主义中国化时代化大众化做出了应有贡献。学报连续两次被评为“全国三十佳社科学报”，连续五次入选全国中文核心期刊。他指导培养的23名博士和15名硕士研究生个个品学兼优，成为各自领域的工作骨干。他不计名利、甘于奉献，始终以优秀的人品师德教书育人，在教学科研岗位上自觉践行党的先进性要求，实践了他自己“宁可透支生命，决不拖欠使命”的誓言。严高鸿同志不愧为践行当代革命军人核心价值观的时代先锋，不愧为用生命传播党的创新理论的忠诚战士。中央军委决定，追授严高鸿同志“模范理论工作者”荣誉称号。

中宣部召开部署“科学发展、成就辉煌”主题宣传工作视频会议

5月31日，中宣部召开部署“科学发展 成就辉煌”主题宣传工作视频会议，刘云山出席会议并讲话，雒树刚主持会议。

刘云山指出，科学发展观是十六大以来党的理论创新成果的集中体现，推动科学发展是当代中国的鲜明主题。这些年来，我们在攻坚克难中取得辉煌成就，党的执政能力进一步提升，一个重要原因就是深入贯彻落实科学发展观、坚持走科学发展之路。在迎接党的十八大过程中，开展“科学发展 成就辉煌”主题宣传，充分展示经济社会又好又快发展的生动实践，展示党和国家的发展进步，对于凝聚共识、振奋精神，发展团结和谐的大好局面、激发开拓进取的强大力量，具有十分重要的意义。

做好“科学发展 成就辉煌”主题宣传，要坚持团结稳定鼓劲、正面宣传为主，把展示辉煌成就与揭示根本原因结合起来，着力增强人们对中国特色社会主义道路、理论体系和制度的自觉自信。要深入宣传中央推动科学发展、深化改革开放、促进社会和谐的决策部署，宣传各地区各部门贯彻落实的实际举措，宣传我国经济、政治、文化、社会建设和生态文明建设以及党的建设取得的伟大成就，生动反映科学发展给人们生产生活带来的巨大变化。要深刻阐明党的理论创新成果的独特价值，阐明我国发展道路的鲜明特征，阐明我国制度体制的内在优势，引导人们坚定中国特色社会主义理想信念。要积极做好社会热点难点问题的引导，把解决问题的进展成效讲充分，把群众的利益安排讲明白，辩证全面地看、科学求实地办，更好地促进改革发展、维护和谐稳定。要聚焦主题、创新形式，有声有色进行集中性宣传报道，广泛深入开展群众性宣传教育，精心组织精神文化产品创作生产，形成良好思想舆论环境和浓厚社会文化氛围。要统筹国际国内两个大局，有针对性地做好对外宣传工作，充分展示我文明民主开放进步的良好形象。

2012年6月

纪念胡乔木同志诞辰100周年座谈会在北京举行

6月1日，纪念胡乔木同志诞辰100周年座谈会在北京人民大会堂举行。李长春出席座谈会，刘云山在座谈会上讲话。刘延东出席座谈会，陈奎元主持座谈会。冷溶，欧阳淞，王伟光，罗志军在会上发言。

胡乔木同志是中国共产党的优秀党员，久经考验的忠诚的共产主义战士，无产阶级革命家，杰出的马克思主义理论家、政论家和社会科学家，思想理论宣传文化战线的卓越领导人。

刘云山指出，胡乔木同志的一生是英勇奋斗、无私奉献的一生，是追求真理、光明磊落的一生。在长达60多年的革命生涯中，胡乔木同志坚定理想信念，忠诚于党，热爱祖国和人民，把毕生精力奉献给中国革命、建设和改革事业。胡乔木同志为党和国家许多重大决策的确立竭尽智慧才华，为党的思想理论建设和宣传文化工作作出卓越贡献，为党的文献编纂和党史研究工作倾注大量心血，为推动新时期哲学社会科学事业繁荣发展发挥了重要作用。我们纪念胡乔木同志，就要学习他坚持真理、献身理想的崇高追求，学习他实事求是、勇于创造的探索精神，学习他求知若渴、好学不倦的高尚志趣，学习他尊重知识、爱才惜才的远见卓识，学习他无私奉献、谦虚谨慎的优良品德。刘云山强调，要大力弘扬胡乔木等老一辈革命家的崇高精神，更加紧密地团结在以胡锦涛同志为总书记的党中央周围，坚持以马克思列宁主义、毛泽东思想、邓小平理论和“三个代表”重要思想为指导，深入贯彻落实科学发展观，开拓进取、扎实工作，以良好的精神状态和优异的工作业绩，迎接党的十八大胜利召开，为中国特色社会主义事业作出新的更大贡献。

马克思主义理论研究和建设工程工作会议召开

6月2日，马克思主义理论研究和建设工程工作会议在北京召开，对8年来的工作进行系统总结，对深入推进工程进行全面部署。李长春出席会议并讲话，刘云山主持会议，陈奎元出席会议。

李长春指出，实施马克思主义理论研究和建设工程，是以胡锦涛同志为总书记的党中央，从深入推进马克思主义中国化时代化大众化、坚持和发展中国特色社会主义事业的战略高度，作出的一项重大决策。工程实施8年来，在党中央的高度重视和直接领导下，取得了重要阶段性成果，为推进党和国家事业发展作出了贡献。通过工程实施，进一步高扬了马克思主义旗帜，创新了理论工作机制，打开了繁荣发展哲学社会科学的突破口，搭建了培养马克思主义理论人才的重要平台，有力促进了党的思想理论建设和哲学社会科学繁荣发展。马克思主义理论研究和建设工程，不愧是关系中国特色社会主义事业发展全局的战略工程、生命工程、基础工程。

深入推进马克思主义理论研究和建设工程，是新的历史起点上我们党坚持和发展马克思主义的重要举措，也是贯彻落实党的十七届六中全会精神的必然要求。必须充分认识深入推进工程对党和国家事业长远发展的战略意义，以对党对人民对历史高度负责的精神，把马克思主义理论研究和建设工程不断引向深入，加强理论创新和学术创新，继续推进充分反映马克思主义中国化最新成果的哲学社会科学学科体系和教材体系建设；加强对重大理论和现实问题的研究阐释，引导干部群众更好地统一思想、凝聚共识；进一步加大工程的宣传力度，充分展示党的思想理论建设的丰硕成果；深入开展对外交流，努力扩大我国在国际学术领域的话语权和影响力；继续发挥工程的纽带和桥梁作用，大力加强马克思主义理论队伍建设。各级党委和有关部门要把工程摆在重要位置，加强领导，作出部署，精心组织，使这项重大战略部署得到更好的贯彻落实。

全国科学道德和学风建设宣讲教育工作会议召开

6月5日，中国科协、教育部、中国科学院、中国社会科学院、中国工程院在北京联合召开全国科学道德和学风建设宣讲教育工作会议，韩启德出席会议并讲话。

中国科协与教育部自2011年起联合采取措施，共同推动在高校和科研机构的研究生新生中开展科学道德和学风建设宣讲教育，基本覆盖了2011级全部新入学的研究生，31个省（区、市）共邀请了包括43位院士在内的68位著名专家学者开展宣讲教育。

韩启德指出，近年来，科研领域学风浮躁、学术不端行为滋长，加强科学道德和学风建设已经是当前一项刻不容缓的急迫任务。韩启德强调，科学道德和学风建设要做到"双覆盖"，即覆盖所有的教育和科研单位，覆盖所有学生和科研人员，努力实现宣讲教育和制度建设相结合；科技界、教育界要通力协作，把宣讲教育推向深入，打好科学道德和学风建设这场攻坚战和持久战。

袁贵仁和陈希对2011年科学道德和学风建设宣讲教育工作进行了系统总结，并对今年工作进行了部署。

上海合作组织峰会在北京举行

6月7日，上海合作组织成员国元首理事会第十二次会议在人民大会堂举行。中国国家主席胡锦涛、哈萨克斯坦总统纳扎尔巴耶夫、吉尔吉斯斯坦总统阿坦巴耶夫、俄罗斯总统普京、塔吉克斯坦总统拉赫蒙、乌兹别克斯坦总统卡里莫夫出席会议。胡锦涛作为主席国元首主持会议。与会领导人就深化成员国友好合作以及重大国际和地区问题深入交换意见，并对上海合作组织未来发展作出规划，达成新的重要共识。

胡锦涛发表题为《维护持久和平 促进共同繁荣》的重要讲话。各方高度评价中方为推动上海合作组织发展作出的重要贡献，相信本次峰会将成为本组织发展历程中新的里程碑。

会议结束后，成员国元首签署《上海合作组织成员国元首关于构建持久和平、共同繁荣地区的宣言》、关于《上海合作组织中期发展战略规划》的决议、关于《上海合作组织关于应对威胁本地区和平、安全与稳定事态的政治外交措施及机制条例》的决议、关于《上海合作组织成员国打击恐怖主义、分裂主义和极端主义2013年至2015年合作纲要》的决议等重要文件，并共同会见记者。

第八次中越两党理论研讨会在越南召开

6月7日至9日，主题为“中国经济发展方式的转变和越南经济增长模式的革新”的第八次中越两党理论研讨会在越南广宁省下龙市召开。刘云山和越共中央政治局委员、中央书记处书记、中央宣教部部长丁世兄出席开幕式并分别作主旨报告。

刘云山着重介绍了中国加快经济发展方式转变的实践。刘云山说，加快转变经济发展方式，是中国党和政府适应国际经济发展大势和我国发展新的阶段性特征作出的重大决策，是深入贯彻落实科学发展观的战略部署。我们坚持加强统筹协调、把握战略重点，以经济结构调整为主攻方向，以增强自主创新能力为战略支撑，以保障和改善民生为根本目的，以深化改革开放为强大动力，在加快转变经济发展方式上取得了积极进展，增强了我国经济发展的质量、效益和后劲，积累了有益经验。中越两国都是发展中的社会主义国家，在改革开放和革新开放过程中，两国经济均实现了较快增长，也都面临着提升发展质量和效益的紧迫课题，双方就转变经济方式等问题进行深入研讨，交流研究成果，相互学习借鉴，有助于我们深化对经济社会发展规律的认识，更好推进两国社会主义现代化建设。

丁世兄在主旨报告中介绍了越南革新经济增长模式的主要做法和经验。

中共中央直属机关党代表会议举行
选举产生出席党的十八大代表

6月10日，中共中央直属机关党代表会议在北京举行，选举产生中央直属机关出席党的十八大代表，令计划出席会议并讲话。

令计划在讲话中强调，党的十八大是我们党在我国进入全面建设小康社会关键时期和深化改革开放、加快转变经济发展方式攻坚时期召开的一次十分重要的代表大会。中直机关各级党组织和广大党员干部一定要站在党和国家事业发展全局和战略的高度，充分认识开好党的十八大的重大意义，切实把智慧和力量凝聚到为迎接和服务党的十八大作贡献上来。要进一步增强政治意识，把牢政治方向，站稳政治立场，严守政治纪律，坚决贯彻中央决策，自觉维护中央权威，始终在思想上政治上行动上同以胡锦涛同志为总书记的党中央保持高度一致。要紧紧围绕科学发展主题和加快转变经济发展方式主线，牢牢把握稳中求进的总基调，深入开展创先争优活动，不断提高工作科学化水平，以出色的工作业绩为党旗增光添彩。要大力弘扬党的优良作风，牢固树立群众观点，倡导求真务实精神，带头做到廉洁自律，用过硬作风保证各项任务完成。

做好代表选举工作，是开好党的十八大的重要基础。他希望中直机关党代表会议代表按照党章规定和中央要求，高度负责地做好中直机关出席党的十八大代表选举工作，充分发扬民主，正确行使权利，严把思想政治素质关，真正把具有坚定理想信念、正确政治立场、良好品德作风、优秀工作业绩、较强履职能力的同志选出来。

中国科学院第十六次院士大会
中国工程院第十一次院士大会隆重开幕

6月11日，中国科学院第十六次院士大会、中国工程院第十一次院士大会在人民大会堂隆重开幕。胡锦涛出席会议并讲话，吴邦国，温家宝，贾庆林，习近平，李克强等出席会议。大会由周济主持，白春礼致开幕词。

胡锦涛在讲话中首先代表党中央、国务院向大会的召开表示热烈的祝贺，向为我国科技事业作出突出贡献的两院院士和广大科技工作者致以诚挚的问候。就实现创新驱动发展对两院院士提出6点希望。第一，坚持勇于创新，积极引领科技加快发展。第二，坚持服务发展，积极推动科技与经济紧密结合。第三，坚持创新为民，积极促进科技成果造福人民。第四，坚持锐意改革，积极推动科技发展体制机制创新。第五，坚持甘为人梯，积极培养和提携优秀青年才俊。第六，坚持建言献策，积极发挥决策咨询重要作用。

胡锦涛最后强调，院士称号是我国科技界的最高学术荣誉，院士的一言一行都会对社会风尚和学术风气产生很大影响。希望两院院士牢固树立追求真理、造福人类、服务国家的理念，以身作则，严格自律，模范遵循学术规范和科学伦理，自觉抵制学术不端行为和不正之风，加强科研诚信建设，团结带领全国科技界为加快建设国家创新体系、建设创新型国家而努力奋斗。

《国家人权行动计划（2012～2015年）》发布

6月11日，经国务院授权，国务院新闻办公室发布《国家人权行动计划（2012～2015年）》。这是我国第二个以人权为主题的国家规划。为了持续全面推进中国人权事业发展，这个计划对今后4年中国人权发展的目标、任务和具体措施作出了规划。

国家人权行动计划分为导言，经济、社会和文化权利，公民权利和政治权利，少数民族、妇女、儿童、老年人和残疾人的权利，人权教育，国际人权条约义务的履行和国际人权交流与合作，以及实施和监督等7个部分。制定新一期《行动计划》，对于巩固中国人权事业已取得的重大进步和成就，继续解决好当前存在的问题，积极应对新的挑战；对于从立法、行政、司法等各个环节进一步完善人权保障措施，提升人权保障的制度化和法治化水平；对于进一步落实尊重和保障人权的宪法原则，保障人民的经济、政治、社会和文化权利，实现中国人权事业全面发展；对于推动科学发展，促进社会更加公正、和谐，努力使每一个社会成员生活得更有尊严、更加幸福，努力实现全面建设小康社会宏伟目标，具有重要意义。

第四届全国少数民族文艺会演在北京开幕

6月12日，第四届全国少数民族文艺会演在国家体育馆隆重开幕。胡锦涛、温家宝、贾庆林、李长春出席观看开幕式文艺晚会。文艺会演由国家民委、文化部、广电总局、北京市人民政府主办。

演出开始前，胡锦涛等党和国家领导人亲切会见了演职人员代表。这些代表中，有深受群众喜爱的著名少数民族艺术家，有来自少数民族地区的民间歌舞艺术家，还有来自香港、澳门和台湾地区的少数民族文艺界人士。胡锦涛等来到身着鲜艳民族服装的演职人员代表中间，同他们亲切握手、热情交谈。勉励大家坚持唱响民族团结进步的主旋律，为繁荣发展少数民族文艺事业作出新的更大贡献。

上海文艺出版社迎来60周年华诞

6月12日，上海文艺出版社迎来成立60周年华诞。吴邦国，俞正声，陈至立分别发来贺词、贺信。

上海文艺出版社成立于1952年6月1日。60年来，上海文艺出版社坚持“为人民服务，为社会主义服务”的出版方针，推出了一大批在海内外产生广泛影响的图书，团结了一大批优秀的作家和学者，影响了一代又一代的读者。特别是近年来，上海文艺出版社原创文学图书出版硕果累累，长篇小说《蛙》、长篇纪实文学《山高水长——回忆父亲聂荣臻》等力作先后荣获“五个一工程”奖、中国出版政府奖、茅盾文学奖、鲁迅文学奖等国家级重要奖项。揭秘“两弹一星”研制过程的长篇纪实文学《国家命运》去年底出版后，引起社会广泛关注。

北京人艺举行建院60周年座谈会

6月12日，北京人民艺术剧院建院60周年座谈会在北京人民大会堂举行。李长春，刘淇，刘云山，刘延东发来贺信。

李长春在贺信中说，60年来，北京人艺始终坚持社会主义先进文化前进方向，认真贯彻落实党的文艺方针政策，在继承中创新，在创新中发展，创作出许多深受人民喜爱的精品剧目，涌现出一大批德艺双馨的艺术家，培养出一代代艺术新人，为满足人民精神文化生活、繁荣我国文艺事业、推动中华文化走向世界做出了重要贡献。今天的北京人艺，已经成为享誉世界的著名文化品牌，成为具有重要国际影响力的艺术殿堂。

北京人民艺术剧院成立于1952年6月12日，是具有独特表演风格的国家级话剧院，戏剧大师曹禺首任剧院院长。60年来，北京人艺秉承艺术源于生活，艺术为人民服务的宗旨，努力在现实主义与民族化、体验与体现、再现审美与表现审美上达到完美的结合，形成了鲜明的艺术风格，创建了独具特色的“北京人艺演剧学派”，成为了一座兼具艺术性、理论性和人民性的国家级艺术殿堂。60年来，北京人艺排演了《茶馆》《雷雨》《龙须沟》《骆驼祥子》《狗儿爷涅槃》《天下第一楼》《李白》《窝头会馆》《我们的荆轲》《我爱桃花》《有一种毒药》《屠夫》《关系》等300多部中外剧目，演出场次数以万计。

学习时代楷模座谈会在北京举行

6月13日，中央宣传部、中央文明办、教育部、解放军总政治部、全国总工会、共青团中央、全国妇联在北京联合召开学习时代楷模座谈会，刘云山出席并讲话。

刘云山指出，党的十六大以来，公民道德建设扎实推进，社会道德水平不断提升，产生了一大批道德建设先进人物，彰显了时代精神风貌。最近一个时期，张丽莉、吴斌、高铁成等一个又一个英雄人物接连涌现、灿若群星，在社会上产生热烈反响，被群众誉为“最美的中国人”，当之无愧地成为“时代楷模”。向时代楷模学习，就要学习他们热爱祖国、热爱人民的思想境界，自觉把个人的价值追求与党和人民的事业紧紧联系在一起，把个人的奋斗融入到国家富强、民族振兴的历史进程，为实现全面建设小康社会目标贡献智慧和力量；学习他们乐于助人、无私奉献的高尚品格，树立助人使人幸福、奉献使人快乐的幸福观，追求高尚人生价值，弘扬利他精神，以春天般的温暖促进社会和谐和睦；学习他们立足平凡、追求崇高的美好情怀，“勿以善小而不为”，认认真真做好身边事，自觉做中华民族传统美德的传承者、社会主义道德规范的实践者；学习他们爱岗敬业、忠于职守的职业精神，干一行爱一行，钻一行精一行，立足本职、扎实工作，在推进改革发展中创造一流业绩。

会上，宣读了中央文明委《关于广泛开展向张丽莉、吴斌、高铁成同志学习活动的通知》。教育部、解放军总政治部、全国总工会、共青团中央、全国妇联和人民日报社、新华社、中央电视台负责同志，专家学者代表，以及张丽莉、吴斌、高铁成的同事作了发言。

中央军委追授严高鸿荣誉称号命名大会在南京举行

6月14日，中央军委追授严高鸿同志“模范理论工作者”荣誉称号命名大会在南京举行。李继耐出席大会并讲话，向严高鸿同志的妻子颁发了授予严高鸿同志的一级英模奖章和证书。

李继耐指出，严高鸿同志是践行当代革命军人核心价值观的时代先锋，是用生命传播党的创新理论的忠诚战士。全军和武警部队广大官兵，要积极响应胡主席和军委的号召，深入开展向严高鸿同志学习活动，大力弘扬严高鸿同志的崇高精神。要把学习严高鸿与开展“赞颂科学发展成就、忠实履行历史使命”和“讲政治、顾大局、守纪律”两项重大教育活动结合起来，确保取得扎实成效。要自觉以严高鸿同志为榜样，争当党的创新理论的坚定信仰者、积极传播者和模范实践者，以优异成绩迎接党的十八大胜利召开。

严高鸿，男，1948年4月出生，1968年3月入伍，1969年2月入党，安徽省广德县人，生前是解放军南京政治学院科研部学报编辑部主编。2010年12月18日，他在参加学院研究生学位论文开题报告会时，因突发心脏病，以身殉职。他从事政治理论教学研究31年，刻苦钻研党的创新理论，先后发表55篇学术论文、主持完成8项国家和军队科研规划课题、出版17部专著和教材，为马克思主义哲学、军事哲学、军事思维学研究做出显著贡献，获得军队杰出专业技术人才奖等多个奖项。

温家宝向新聘任的国务院参事和中央文史研究馆馆员颁发聘书

6月15日，温家宝在中南海向新聘任的国务院参事徐一帆、邓小虹、何星亮、杜学芳、邓小南和新聘任的中央文史研究馆馆员杨福家、梁晓声、叶嘉莹、王永炎、刘大钧、陈来、吴静山、李燕、李小可颁发聘书，并同参事、馆员座谈。马凯宣读国务院聘任通知。

随后，温家宝在国务院小礼堂主持召开座谈会，任玉岭、吴宗鑫、牛文元、张洪涛、汤敏、石定环、姚景源、程大利、袁行霈等先后就改革分配制度、建设集约型城市、西部大开发、改善宏观调控以及文化“走出去”等建言献策。

在听取发言后，温家宝说，决策民主化科学化并不是现在才提出来的。作为政治体制改革的一个重要方面，它伴随我国改革开放的历史进程不断丰富和发展。近十年来，在党中央的领导下，各级政府在建立深入了解民情、充分反映民意、广泛集中民智、切实珍惜民力的决策机制方面进行了不懈努力。在谈到进一步推进决策民主化科学化时强调，要鼓励从实际出发，勇于探索和创新。邓小平同志在南方谈话中曾指出：“恐怕再有三十年的时间，我们才会在各方面形成一整套更加成熟、更加定型的制度。”二十年过去了，我们在建设中国特色社会主义进程中，积累了许多经验，也形成了一系列法规和制度。而真正形成一整套成熟的、定型的制度，还有许多工作要做。我们强调决策民主化科学化，首先是鼓励解放思想、实事求是、勇于探索。要讲真话、听真话，善于从各种声音中汲取智慧。批评性意见可以使我们头脑更清醒，更加重视那些容易被忽视的问题，有利于避免决策失误。要发挥网络新媒体在了解民情、汇聚民智中的积极作用，加快形成依法管理、行业自律、社会监督、规范有序的传播秩序。要有效发挥专家和智库的作用。专家和智库要增强社会责任感，独立思考、崇尚真理，使研究成果经得起实践和历史的检验。要加强对决策的监督和问责，既要完善法律监督和行政监督，又要重视人民群众监督和社会舆论监督。

我们党之所以发展民主、健全法治，就是要把党内民主和国家政治社会生活的民主加以制度化、法律化，并使宪法和法律具有任何人必须严格遵守的不可侵犯的力量，建立一个有效制约权力、并创造条件让人民监督的制度。这是社会主义民主政治建设的一项重要任务。如果民主法治不健全，权力得不到有效制约，有的人就会利用手中的权力侵犯甚至践踏法律。这是需要我们非常警醒的。关于建国以来党的若干历史问题的决议对这方面的教训作了非常深刻的总结，我们应该牢牢记取。

第二届中国人才发展论坛在深圳开幕

6月15日，第二届中国人才发展论坛在深圳开幕，李源潮出席开幕式并与专家座谈。本届中国人才发展论坛以“创新创业人才开发理论与实践”为主题。著名物理学家、诺贝尔物理学奖获得者李政道专门发来贺辞。尹蔚民主持开幕式并作主旨发言，朱小丹致辞。

李源潮指出，人才是科技创新创业的主要承载者，大力培养、引进和支持人才创新创业是我国坚定不移的战略选择。加快创新创业人才开发，必须不断变革不合时宜的阻碍创新创业人才发展的观念，不断改革创新人才开发体制机制。要立足中国实际和实践探索，借鉴国际有益经验，积极推进中国特色创新创业人才开发体系的建立。创新创业人才开发是一项系统工程。要根据国家经济发展转型、产业结构升级和参与国际竞争需要，确定人才开发的目标和重点。要以用为本，建立有利于人才潜心研究和创新创业的人才评价、流动、激励、保障科学机制。要高端引领，大力培养、引进领军人才、骨干人才、青年拔尖人才和重点领域急需紧缺的高层次人才。要产学研紧密结合，充分发挥企业在人才开发中的主体作用，不断提高学校和科研院所人才培养质量。要大力引进海外高层次人才，提高人才的国际化水平和国际竞争力。要不拘一格，鼓励人人成才。要加大政府人才投资，积极引导企业和社会加大人才资本投入，形成多元化的人才投入机制。

神舟九号载人飞船发射成功

6月16日，执行我国首次载人交会对接任务的神舟九号载人飞船，在酒泉卫星发射中心发射升空后准确进入预定轨道，顺利将3名航天员送上太空。正在丹麦进行国事访问的胡锦涛闻讯后，第一时间发来贺电。吴邦国等前往酒泉卫星发射中心观看发射。刘延东现场宣读了胡锦涛总书记发来的贺电。

16日下午，18时37分，随着一声“点火”的口令，火箭在震天的轰鸣声中腾空而起，承载着神舟九号飞船和3名航天员飞向苍穹。火箭升空后，吴邦国等步入试验指挥大厅，观看巨型电子屏幕上显示的火箭和飞船飞行情况。扬声器里，工作人员不时向大家报告通过陆、海、天基测控通信网跟踪监测到的火箭和飞船运行状态：助推器分离，整流罩分离，船箭分离，飞船进入预定轨道，太阳能帆板展开，航天员飞行乘组状态良好……18时56分，载人航天工程总指挥常万全宣布，神舟九号载人飞船发射圆满成功。顿时，试验指挥大厅内一片欢腾。

按照计划，神舟九号载人飞船在轨运行期间将与天宫一号目标飞行器先后进行一次自动交会对接和一次由航天员手动控制完成的交会对接。3名航天员将进入天宫一号目标飞行器驻留，并开展科学实验和技术试验。目前，在轨运行260天的天宫一号目标飞行器已进入高度约343千米的近圆对接轨道，迎接神舟九号载人飞船的到来。

全国公安厅局长座谈会在苏州召开

6月16日，全国公安厅局长座谈会在江苏苏州召开。历史和现实的经验反复告诉我们，公安工作的重点在基层基础，难点在基层基础，水平也在基层基础。这次全国公安厅局长座谈会，通过现场会的形式，看先进、学先进，并有针对性地对新形势下基层基础工作作出部署，十分重要。希望各级公安机关认真总结交流经验，落实各项部署要求，腾出更多的精力加强和改进基层基础工作，不断提高公安机关的履职能力和水平。

这次全国公安厅局长座谈会的主要任务是，认真总结近年来各地公安机关加强基层基础工作的经验做法，深入分析当前公安工作面临的形势和基层基础工作存在的问题，就进一步扎实做好党的十八大安全保卫工作，进一步深化“三项重点工作”和“三项建设”，不断加强和改进基层基础工作，着力提升新形势下特别是动态化、信息化条件下基层基础工作水平进行研究部署。

第四届海峡论坛大会在厦门举行

6月17日，第四届海峡论坛大会在厦门海峡会议中心隆重举行，贾庆林出席并致辞。

受胡锦涛总书记的委托，贾庆林代表中共中央，对第四届海峡论坛的举办表示热烈祝贺。贾庆林说，海峡论坛创办3年来，始终以“扩大民间交流、加强两岸合作、促进共同发展”为主题，始终坚持面向基层、面向民众的务实方向，始终保持民间性、大众性、广泛性的鲜明特色，成为规模最大、人数最多、形式最多样、内容最丰富的两岸民间交流盛会，发挥了促进两岸关系和平发展的独特功能和重要作用。就新形势下如何扩大和深化两岸民间交流，提出四点意见：第一，进一步保持两岸民间交流蓬勃发展的良好势头。第二，进一步发挥两岸民间交流汇聚民意的积极作用。第三，进一步通过两岸民间交流增进广大民众的福祉。第四，进一步提高两岸民间交流的质量和水平。

洪秀柱、王毅、杨明风、孙春兰、孙大伟、杜江、游海涛、林启沧、廖武治、吴义德等分别在大会上发言。

陈至立，黄孟复，张榕明，林文漪，顾秀莲，及来自台湾的新党主席郁慕明、亲民党秘书长秦金生、无党团结联盟主席林炳坤、中国统一联盟主席纪欣、人民最大党主席许荣淑等两岸各界人士共1700余人出席大会。

李源潮与年轻干部党性教育培训班学员座谈

6月17日，李源潮在延安干部学院与年轻干部党性教育专题培训班学员座谈，沈跃跃主持座谈会。

李源潮说，大力培养年轻干部是党和国家事业发展的需要。在改革开放和长期执政的历史条件下，我们党需要德才兼备、以德为先的干部，实干为民、群众公认的干部，改革创新、眼界开阔的干部，了解实际、经验丰富的干部。年轻干部任重道远，要以此为努力方向，按照党和人民事业发展的需要塑造自己。

年轻干部要加强党性修养，坚持先进追求、增强宗旨意识、培养群众作风、服从组织需要，提高思想道德素质。要加强理论学习，深入学习马克思主义尤其是中国特色社会主义理论，学习经济、科技、文化、社会和工作所需的专业理论知识，养成理性思维习惯，提高政治领导水平。要加强实践锻炼，到基层去、到艰苦地区、复杂环境、关键岗位砥砺品质、积累经验，提高解决实际问题的能力。年轻干部要严以律己，自重、自省、自警、自励。要防止贪欲缠身的陷阱，慎始慎微，自觉抵制官名利、权钱色的诱惑；防止骄傲自满的陷阱，任何时候都不能把自己做出的成绩作为向组织伸手的资本；防止心浮气躁的陷阱，保持实干精神，耐得住寂寞、受得住委屈、经得起考验；防止脱离群众的陷阱，从感情上、行动上保持与人民群众的密切联系。要继承党的优良作风，始终坚持实事求是、群众路线、艰苦奋斗、谦虚谨慎。

第二届中非青年领导人论坛在北京开幕

6月18日，第二届中非青年领导人论坛在北京开幕，贾庆林出席并发表主旨讲话。论坛由中国共产党与纳米比亚人组党联合举办。

贾庆林首先代表中国共产党、中国政府和人民，向论坛的举办表示热烈祝贺，向开创中非友谊的老一代领导人和参加论坛的青年领导人致以崇高敬意和亲切问候。他说，举办中非青年领导人论坛是中非青年交往史上一大创举，本届论坛以“中非合作与青年发展”为主题，顺应了中非合作蓬勃发展的大势，反映了广大青年参与中非合作、实现自身发展、推动各自国家繁荣富强的迫切愿望，必将对中非青年事业的发展和中非合作的深化产生广泛而深远的影响。

贾庆林就中非青年传承中非友谊、密切中非合作提出三点希望：一是弘扬传统，努力做中非友谊的有力推动者。希望中非青年深刻认识加强中非关系的战略意义，更加积极地了解中非友谊的历史，更加自觉地坚持真诚友好、平等相待、相互支持、共同发展的原则，更加广泛地宣传中非友好的成果，为推动中非友谊深入发展作出更大贡献。二是开拓进取，努力做中非合作的积极促进者。希望中非青年解放思想、勇于探索，发挥聪明才智，积极投身中非合作事业，为拓展和深化中非合作作出更大贡献。三是胸怀天下，努力做世界和平与正义的坚定维护者。希望中非青年着眼全局，与各国有识之士和进步力量一道，共同推进南南合作，积极维护发展中国家权益，促进国际关系民主化，为实现世界持久和平与共同繁荣作出更大贡献。

陆昊，以及坦桑尼亚革命党副主席姆塞夸、纳米比亚人组党总书记伊塔娜、赞比亚爱国阵线总书记卡林巴、南非总统府部长沙巴纳等出席开幕式，来自非洲38个国家和中国的近200名青年领导人代表与会。

《军营理论热点怎么看2012》出版座谈会召开

6月18日，《军营理论热点怎么看·2012》出版暨军队理论宣传普及工作座谈会在北京召开。徐才厚就围绕迎接党的十八大，组织官兵学好用好《军营理论热点怎么看》，推动中国特色社会主义理论体系在军队的宣传普及提出要求。李继耐会见与会代表。

这次会议的主要任务是学习贯彻党中央、中央军委和胡主席有关指示精神，总结编写通俗理论读物、推进科学理论大众化的经验，研究部署进一步加强军队中国特色社会主义理论体系宣传普及工作，为党的十八大召开营造良好思想理论氛围。

会议要求全军和武警部队要切实用胡主席一系列重要指示精神统一思想，进一步深化中国特色社会主义理论体系的宣传普及，搞好官兵关心关注的重大理论问题和热点敏感问题的研究阐释和引导，积极创新改进理论宣传普及工作的方法手段，努力推动军队理论宣传普及工作科学发展。

《第一资源——科学人才观简明读本》出版座谈会召开

6月19日，《第一资源——科学人才观简明读本》出版座谈会在北京召开。李源潮出席并讲话。

《第一资源——科学人才观简明读本》由江苏省人才工作领导小组和凤凰出版传媒集团编写出版。参加座谈的同志一致认为，该书比较全面系统、深刻生动地阐述了科学人才观的理论来源、主要内涵、实践意义，深入浅出、通俗易懂，是一本很好的科学人才观普及读本。

李源潮指出，科学人才观来源于我国创新人才发展的实践，是科学发展观在人才工作领域的具体应用。要把宣传和普及科学人才观贯穿于实施国家中长期人才发展规划的全过程，让人才是科学发展第一资源、人才要优先发展、人才发展以用为本、人人皆可成才等核心价值理念真正深入人心。要以科学人才观为指导，抓好人才发展规划提出的各项重大任务落实，解决人才发展中遇到的新矛盾新问题。当前制约人才成长和发挥作用的保守思想和体制机制障碍还不少，进一步解放思想、解放人才、解放科技生产力是一项重要而长期的任务。要以科学人才观为指导，开阔眼界、开阔思路、开阔胸襟，更好地认识人才、集聚人才、使用人才。要认真总结基层的实践创造，充分吸收国际人才发展的先进思想理念，不断创新完善人才发展体制机制，努力提高我国人才国际竞争力。

文化体制改革工作座谈会在兰州召开

6月19日，文化体制改革工作座谈会在兰州召开，刘云山出席会议并讲话，雒树刚主持座谈会。

会议认为，党的十七届六中全会以来，各地各部门认真贯彻中央决策部署，强化领导责任、完善政策举措、全力攻坚克难，推动文化体制改革取得新的突破，文化事业文化产业发展迈出新的步伐，兴起了文化改革发展热潮。当前，文化体制改革总的进展顺利，大多数地区已完成或接近完成既定的改革目标。同时也要看到，一些地方的改革还存在不小差距，继续推进改革的任务还很重。必须进一步增强责任感使命感，增强自觉性主动性，抓住机遇、乘势而上，深入推进文化改革发展，以优异成绩和丰硕成果向党的十八大献礼。

刘云山在讲话中指出，要紧紧抓住重点难点，把解决认识问题与破解改革难题结合起来，把实现转企改制与推动资源整合结合起来，坚持分类指导、严格程序标准，完成国有文艺院团和非时政类报刊改革任务，切实把文化发展的市场主体培育好、体制机制建设好。要巩固提升已有成果，以建立现代企业制度为重点进一步深化已转制文化企业改革，以强化服务功能为重点进一步深化文化事业单位改革，以提高管理效能为重点进一步深化文化市场综合执法改革，保持改革全面拓展良好态势，让新的体制机制优势得到充分发挥。要统筹改革与发展，注重创新发展思路、转变发展方式、调整发展结构，把文化资源优势转化为文化发展优势，提高文化发展的质量和效益，推出更多深受群众喜爱的文化精品，以文化发展成果展示和检验文化体制改革的成效。

改革越是深化拓展、越是攻坚克难，越要加强组织领导、提供有力保障。要加强统筹协调，充分发挥各部门各方面的积极性，形成推进文化改革发展的强大合力。要落实和完善配套政策，在用好用足现有政策的基础上研究制定新的政策措施，不断优化文化改革发展的政策环境。要强化督促检查，细化目标任务，落实工作责任，切实做好深入细致的思想政治工作，充分调动广大文化工作者的积极性主动性创造性，确保文化改革发展的各项任务落到实处、取得实效。

全国农村党风廉政建设工作经验交流会召开

6月19日，全国农村党风廉政建设工作经验交流会在北京召开，何勇出席会议并讲话，吴玉良主持会议。

何勇充分肯定了党的十六大以来农村党风廉政建设工作取得的成绩。他指出，党中央高度重视农村党风廉政建设，中央纪委历次全会把加强农村党风廉政建设作为一项重要任务进行部署。建设社会主义新农村、实现农村改革发展目标任务，必须深入推进农村党风廉政建设。要加强监督检查，推动中央关于农业农村改革发展各项方针政策和决策部署的贯彻落实。要深入贯彻落实《农村基层干部廉洁履行职责若干规定（试行）》，促进农村基层干部切实改进作风、认真履行职责。要坚决维护农民群众切身利益，促进农村和谐稳定。要加强农村基层民主建设，保障农村党员、群众知情权、参与权、管理权和监督权。要加强干部队伍建设，努力建设一支守信念、讲奉献、有本领、重品行的农村基层干部队伍。

全国公安边防部队
先进集体先进个人表彰大会在北京举行

6月20日，全国公安边防部队先进集体先进个人表彰大会在北京举行，孟建柱出席大会并会见与会代表。

孟建柱指出，公安边防部队担负着捍卫国家主权、维护边境稳定、保障人民安居乐业的重要职责。党的十七大以来，全国公安边防部队为维护国家安全和边境地区稳定作出了突出贡献。要始终坚持政治建警的根本方针，坚持不懈地用中国特色社会主义理论武装广大官兵头脑，牢固树立人民警察核心价值观，永葆忠于党、忠于祖国、忠于人民、忠于法律的政治本色，永远做党和人民的忠诚卫士。要始终牢记守边固防的重大职责，大力加强边境和口岸管理，集中整治边境地区突出治安问题，依法坚决打击跨国跨境违法犯罪活动，全力维护边境地区治安秩序。要始终坚守执法为民的宗旨意识，时刻把人民放在心中最高位置，进一步深化爱民固边战略，寓管理于服务之中，真心为群众办实事、解难事、做好事，以广大官兵的实际行动，把党和政府的关怀和温暖送到群众心坎上。要始终树立固本强基的指导思想，坚持心系基层、服务基层，进一步加强和改进边防基层基础建设，为广大官兵快乐工作、幸福生活创造良好的环境。

《乔石谈民主与法制》出版座谈会在北京举行

6月20日，由人民出版社、中国长安出版社出版的《乔石谈民主与法制》一书出版座谈会在北京举行，王兆国出席会议。

《乔石谈民主与法制》收录了从1985年到1998年乔石担任党和国家领导人期间，有关民主与法制的重要讲话、报告、谈话、文章共102篇，约44万字，其中直接涉及人大制度和人大工作的文稿有40多篇，内容包括坚持和完善人民代表大会制度，加强人大立法工作、监督工作、代表工作、对外交往和自身建设，推进依法治国，推进社会主义民主政治建设等。编入书中的文稿，绝大部分是第一次公开发表。全书分上下两集，反映了乔石在探索社会主义民主与法制建设的实践中所作的深入思考，展现了我国改革开放以来民主法制建设的一段重要历程，为学习研究社会主义民主法制建设伟大历程提供了珍贵史料，对于进一步推进我国社会主义民主与法制建设的深入开展与研究、做好新形势下的人大工作具有重要意义。

教书育人楷模先进事迹报告会在北京举行

6月20日，教书育人楷模先进事迹首场报告会在北京人民大会堂举行。会前，李长春亲切看望了报告团成员和2011中国大学生年度人物，向教书育人楷模致以崇高敬意，向获奖大学生表示热烈祝贺，向全国广大师生致以诚挚问候。他强调，要深入宣传教书育人楷模和大学生先进人物的事迹，形成崇尚先进、学习先进、争当先进的鲜明导向，在全社会大力营造爱岗敬业、尊师重教和促进学生健康成长的良好环境，为推进社会主义核心价值体系建设、促进教育事业科学发展提供有力的思想保证、精神动力和舆论支持。刘延东参加看望。

2011中国大学生年度人物评选活动由中宣部、教育部、团中央、人民日报社共同指导，人民网、大学生杂志社联合主办，通过网络投票、专家评审和网上公示的方式，评选出“2011中国大学生年度人物”10名、提名奖20名、特别奖1名。教书育人楷模先进事迹报告团宣讲活动由教育部、光明日报社联合主办。报告会上，报告团成员深情讲述了他们牢记神圣使命、潜心教书育人的工作经历和真切感受，深深感动了全场听众。首都高校700余名师生代表参加报告会。首场报告会后，报告团还将分赴一些城市作巡回报告。

中组部召开老干部工作座谈会

6月20日，中组部在北京召开总结干部离退休制度建立30年来老干部工作座谈会。李源潮指出，要认真总结干部离退休制度建立以来老干部工作的实践和经验，深入研究老干部工作面临的新形势新任务，不断推进观念创新、方法创新、制度创新，把老干部工作提高到新的水平，以优异成绩迎接党的十八大胜利召开。沈跃跃出席座谈会并讲话。

座谈会回顾干部离退休制度建立以来老干部工作的发展历程，提出了做好新形势下老干部工作的思路和措施。强调要更加注重加强对离退休干部的政治教育、更加注重加强离退休干部党组织建设、更加注重落实离退休干部的政治待遇、更加注重加强对离退休干部的个性化服务、更加注重发挥离退休干部的作用，努力开创老干部工作的新局面。

全军基层建设工作会议召开

6月27日，郭伯雄会见全军基层建设工作会议代表，徐才厚一同会见。梁光烈、陈炳德、李继耐、廖锡龙、常万全、靖志远、吴胜利、许其亮参加会见。

郭伯雄首先代表胡主席和中央军委，向出席全军基层建设工作会议的代表表示诚挚的问候，向受到表彰的基层建设先进单位和个人表示热烈的祝贺。他指出，近年来，全军和武警部队按照胡主席和军委的决策部署，适应新的形势和情况，认真贯彻落实"五句话"总要求和《军队基层建设纲要》，取得了历史性的重大成果，创造了宝贵的新鲜经验，开创了基层建设的新局面。这次全军基层建设工作会议，认真总结工作、交流经验、分析形势、研究措施，对于进一步加强基层建设，必将起到有力的推动作用。要抓住根本，坚持不懈地用党的创新理论建连育人，不断强化军魂意识，持续培育当代革命军人核心价值观，大力发展先进军事文化，确保部队坚决听党指挥、绝对忠诚可靠。要聚焦使命，坚持战斗力标准，努力提高以打赢信息化条件下局部战争能力为核心的完成多样化军事任务的能力，坚决完成党和人民赋予的各项任务。要建强组织，着力抓好基层党组织和干部骨干队伍建设，充分发挥党支部的战斗堡垒作用和党员的先锋模范作用。要从严治军，严格贯彻落实条令条例和各项规章制度，确保部队高度集中统一和安全稳定。各级领导机关要积极研究新情况、认识新规律、创造新方法，推进基层建设全面协调可持续发展。

庆祝香港特别行政区成立15周年成就展开幕

6月27日，"迈向更好明天——庆祝香港特别行政区成立十五周年成就展"在国家博物馆开幕。习近平出席开幕式并参观展览。在开幕式前，习近平还会见了香港特别行政区行政长官曾荫权、候任行政长官梁振英。

展览由香港特别行政区政府主办，包括前言、香港回归及"一国两制"、内地与香港携手合作共创双赢、我们走过的日子、香港——亚洲国际都会、更好明天共六个部分。展览通过图片、文字和实物，配合新颖的多媒体影音技术，以活泼生动的形式，全面反映了香港特别行政区成立15年来取得的巨大成就。

《中国共产党历史日志》出版发行

6月28日，在中国共产党成立91周年之际，中央对外宣传办公室、中央党史研究室编写的《中国共产党历史日志》，由中共党史出版社出版，全国公开发行。

《中国共产党历史日志》全书共编录2900余个条目，32万余字。条目编写坚持以史为据、实事求是，既全面展示党史脉络，又注重把握党的历史发展主流；既体现党史宣讲的严肃性、权威性，又突出重点，简明扼要，具有较强的可读性。在运用以往党史资料的同时，《中国共产党历史日志》还吸收了近年来党史研究的最新成果，具有十分重要的史料价值。《中国共产党历史日志》的出版，对于广大党员、干部、群众和青少年更多了解党的历史，深化对党的认识，进一步坚定在党的领导下走中国特色社会主义道路的自觉性坚定性，在推进中国特色社会主义事业、实现中华民族伟大复兴中作出更大贡献，以优异成绩迎接党的十八大胜利召开，将起到积极的促进作用。

全国创先争优表彰大会召开

6 月 28 日，全国创先争优表彰大会在北京人民大会堂召开。会前，胡锦涛亲切会见与会的全国创先争优先进基层党组织、优秀共产党员和创先争优活动先进县（市、区、旗）党委代表。胡锦涛总书记代表党中央，向全国 8200 万名共产党员表示诚挚问候，向受到表彰的创先争优先进基层党组织和优秀共产党员表示热烈祝贺。习近平，贺国强参加会见并出席表彰大会。大会由李源潮主持。

习近平在表彰大会上讲话时说，两年多来创先争优活动围绕推动科学发展、促进社会和谐、服务人民群众、加强基层组织这个总要求，在全国基层党组织和党员中广泛而深入地开展，取得了丰硕成果。在中国共产党成立 91 周年即将到来之际，中央决定召开大会，表彰全国创先争优先进集体和优秀个人，就是号召各级党组织和广大党员向先进学习，在改革发展稳定中充分发挥各级党委的核心领导作用、基层党组织的战斗堡垒作用和共产党员的先锋模范作用，为夺取全面建设小康社会新胜利而奋斗。

会上宣读了表彰决定，并为受表彰代表颁了奖。江苏省扬州市广陵区曲江街道文昌花园社区党委书记郑翔，大庆油田钻探工程公司 1205 钻井队队长、党支部书记李新民，陕西省安塞县委书记程引弟在会上发了言。

习近平出席共产党员网
共产党员电视栏目和共产党员手机报开通仪式

6 月 30 日，在中国共产党成立 91 周年到来之际，中央组织部在北京举行共产党员网、共产党员电视栏目、共产党员手机报开通仪式。习近平视察共产党员网、共产党员电视栏目、共产党员手机报平台建设情况并出席开通仪式。

共产党员网、共产党员电视栏目、共产党员手机报由中组部党员教育中心分别联合央视网、山东省有关部门和单位、人民网共同主办，将坚持导向鲜明、教育及时、服务有效的创办方针，为基层党组织和广大党员提供优质高效的教育服务管理功能。

李源潮在开通仪式上讲话。他说，开办共产党员网、共产党员电视栏目、共产党员手机报三个党员教育平台，是以改革创新精神加强组织工作的重要举措。中组部党员教育中心将同有关部门和单位一起，围绕党的中心任务，紧贴基层工作实际，根据广大党员需求来办网、办报、办电视节目，努力把它们办成党员欢迎、组织满意、群众爱看的共产党员的学习平台、交流平台、服务平台、表彰平台，及时传达中央精神，及时反映基层经验，及时回应党员关切，多出好节目、好报道、好典型、好评论，在浩如烟海的电子传媒当中办出水平、办出品牌、办出影响力，成为全国400多万基层党组织、8000多万名共产党员的共同精神家园。

全国党员总数 8260.2 万名
党的基层组织总数 402.7 万个

6 月 30 日，来自中央组织部的最新党内统计数据显示，截至 2011 年底，中国共产党党员总数达 8260.2 万名，比上年增加 233.3 万名，增长 2.9%；党的基层组织总数达 402.7 万个，比上年增加 13.5 万个，增长 3.5%。各项数据表明，2011 年党员队伍不断壮大，结构不断优化，素质不断提高；党的基层组织设置方式不断创新，覆盖面不断扩大，组织体系不断健全，呈现出蓬勃生机和旺盛活力。

从党员队伍构成看，全国有女党员 1925 万名，占党员总数的 23.3%；少数民族党员 556.2 万名，占党员总数的 6.7%；具有大专以上学历的党员 3191.3 万名，占党员总数的 38.6%；35 岁以下的党员 2062.2 万名，占党员总数的 25%。

从党员的职业看，工人 704.7 万名，农牧渔民 2483.4 万名，党政机关工作人员 699.9 万名，企事业单位管理人员、专业技术人员 1925 万名，学生 277.8 万名，离退休人员 1518.2 万名，其他职业人员 651.3 万名。

从基层党组织分布看，全国 7135 个城市街道、3.3 万个乡镇、8.4 万个社区（居委会）、59.1 万个建制村建立了党组织。公有制企业、机关单位党组织覆盖面达到 99.96%。事业单位党组织覆盖率达到 99.2%，比上年增长 0.3 个百分点。98.3 万户非公有制企业建立了党组织，占具备建立党组织条件的非公有制企业数的 99.91%。2.65 万个社会团体建立了党组织，占具备建立党组织条件的社会团体数的 97.43%。2.74 万个民办非企业单位建立了党组织，占具备建立党组织条件的民办非企业单位数的 99.33%。

2012年7月

庆祝香港回归祖国15周年大会暨香港特别行政区第四届政府就职典礼隆重举行

7月1日，庆祝香港回归祖国15周年大会暨香港特别行政区第四届政府就职典礼在香港会展中心隆重举行，胡锦涛出席并讲话。

在胡锦涛监誓下，梁振英首先宣誓就职，接着，在梁振英带领下，香港特别行政区第四届政府主要官员宣誓就职。随后，由梁振英监誓，香港特别行政区行政会议成员宣誓就职。

仪式后，胡锦涛发表讲话。他代表中央政府和全国各族人民，向全体香港市民致以诚挚问候，向刚刚宣誓就职的香港特别行政区第四任行政长官梁振英先生和第四届政府主要官员、行政会议成员表示热烈祝贺，向所有关心香港、为香港顺利回归并保持繁荣稳定作出贡献的海内外同胞和国际友人表示衷心感谢。

香港回归祖国是彪炳中华民族史册的伟大业绩，也是上个世纪末具有重大国际影响的历史事件。15年来的一切充分证明，“一国两制”是历史遗留的香港问题的最佳解决方案，也是香港回归后保持长期繁荣稳定的最佳制度安排；推进“一国两制”事业，符合香港同胞利益和愿望，也符合国家和民族根本利益。在“一国两制”伟大实践中，香港这颗璀璨的明珠放射出更加绚丽的色彩。“一国两制”事业是前无古人的伟大创举，需要在实践中不断开拓前进。在已经取得成就的基础上不断探索，把“一国两制”事业继续推向前进，是中央政府、香港特别行政区政府和社会各界人士的共同使命。中央政府对香港的一系列方针政策和重大举措，根本出发点和落脚点就是维护国家主权、安全、发展利益，保持香港长期繁荣稳定。这是在香港实践“一国两制”的核心要求和基本目标。

梁振英在致辞中表示，他会以施政成效答谢中央政府和香港市民对他的信任，全力以赴实践他的竞选承诺，带领香港稳中求变，发展经济，改善民生，促进民主，建立更繁荣、更进步、更公义的社会。香港回归祖国以来，国家一直大力支持香港，庞大的机遇引导和推动着香港的发展。新一届特别行政区政府将继往开来，落实“一国两制”、“港人治港”，保持高度自治，维护国家和香港的利益，加强团结社会各界、凝聚民心。还阐述了新一届政府的施政理念和重点，并表示相信，只要我们齐心一意，必定能够将香港打造成儿童茁壮成长、青年实现理想、壮年人一展所长、长者安享晚年、七百万市民安居乐业的理想家园，香港这颗“东方之珠”必定能够光芒再现，更形璀璨。

全国运动员文化教育和运动员保障工作会议召开

7月3日，全国运动员文化教育和运动员保障工作电视电话会议召开，刘延东出席并讲话。

刘延东指出，广大运动员作为发展体育事业的一支重要力量，为提高我国竞技体育水平、促进全民健身行动的开展作出了不可替代的贡献。国办转发体育总局等部门《关于进一步加强运动员文化教育和运动员保障工作的指导意见》两年来，在党和国家亲切关怀和高度重视下，各地区各有关部门努力探索实践，采取有效措施，运动员文化教育和保障工作取得积极成效。运动员的职业生涯具有阶段性特征，因此，加强运动员文化教育，切实做好运动员保障工作，是坚持以人为本、落实科学发展观在体育工作中的具体体现，是促进体育事业健康、可持续发展、体现社会文明进步的客观要求，是体育事业中的民心工程。各级政府及相关部门要深化体教结合，健全不同学历层次办学体系，确保每个运动员依法接受文化教育。要将体教结合纳入教育发展规划，保证教育经费投入，合理配备文化课教师，推动体校与优质中小学共建、联办，整合优质资源，提高教育质量。要健全国家队和省（区、市）运动队文化测试制度，5年内实现全国性青少年比赛赛前文化课测试全覆盖。要完善涉及收入分配、就业安置、伤病防治、社会保险等运动员保障工作机制，确保年内运动员在役期间工伤保险全覆盖，逐步实现运动员社会保障全覆盖，进一步做好退役运动员就业安置。要借鉴国外和地方的好经验好做法，深入研究探索完善体育人才培养模式，加强大型体育场馆的运营管理。要加强领导，明确责任，完善政策，强化督导，确保各项制度措施落到实处。她希望广大体育工作者继续大力弘扬中华体育精神，扎实做好伦敦奥运会备战参赛工作，力争取得运动成绩和精神文明双丰收。

全国新任市县公安局长专题培训班结业仪式举行

7月3日，全国新任市县公安局长首期专题培训班结业仪式举行，孟建柱出席并讲话。

在认真听取专题培训班学员代表发言后，孟建柱强调，各级公安机关领导干部要坚持高举旗帜、坚定信念，讲政治、顾大局、守纪律，忠实践行“忠诚、为民、公正、廉洁”的人民警察核心价值观，着力做中国特色社会主义事业的建设者、捍卫者。要坚持牢记宗旨、心系百姓，树立公安机关既是执法机关又是群众工作机关、公安民警既是执法者又是群众工作者的理念，切实加强和改进新形势下的群众工作，积极回应人民群众对社会平安、公共服务、公平正义的新期待，努力把各项工作做到老百姓的心坎上，进一步密切同人民群众的血肉联系。要坚持重心下移、强基固本，以深化公安信息化、执法规范化、和谐警民关系“三项建设”为载体，以加强派出所等基层所队和社区警务工作为重点，以强化信息应用和创新警务机制为动力，以健全完善科学合理的制度为保障，坚持不懈、持之以恒地抓好打基础、管长远、利全局的事情，着力提升动态化信息化条件下的公安基层基础工作水平。要坚持创新理念、完善机制，着力提升新形势下维护国家安全和社会稳定的能力。要坚持从严治警、从优待警，毫不动摇地坚持“两手抓、两手都要硬”方针，在严明纪律、整肃作风的同时，更加注重人文关怀，着力提升公安队伍的凝聚力和战斗力。要明确目标任务，强化工作措施，加强统筹协调，扎扎实实抓好安保工作措施的落实，为党的十八大胜利召开创造和谐稳定的社会环境。

从今年6月下旬开始，公安部将分三期在北京对2010年以来新任的1400余名市县两级公安局长进行集中培训，首期专题培训班于6月26日至7月3日举行。

李源潮与中央党校中青年干部培训班学员座谈

7月3日，李源潮在中组部与第32期中央党校中青年干部培训班学员座谈。他指出，中青年干部要按照胡锦涛总书记要求，把成长进步的根深深扎在人民群众之中，为人民谋利益，与人民有感情，向人民学本领，为人民干实事，始终保持同人民群众的血肉联系。

这期中青班有80多位学员。座谈会上，大家围绕中青年干部健康成长问题谈经历、谈体会、谈建议，发言踊跃。李源潮说，中青年干部要健康成长，一要坚定理想信念、对党忠诚，二要对人民负责、为人民谋利。要深刻认识人民群众是历史的创造者和选择者，为人民谋利益是党的立党之本，群众路线是党不断胜利的主要法宝。要始终牢记党的宗旨，把为人民谋利益放在第一位，发扬密切联系群众的优良传统，防止脱离群众的危险。

全国村务公开民主管理工作会议在运城召开

7月3日，全国村务公开民主管理工作会议在山西省运城市召开。何勇出席会议并讲话，李立国主持会议。会议通报了“全国村务公开民主管理示范单位”名单。山西省、北京市密云县等9个单位作了大会发言。会议代表现场观摩了运城市阳光农廉网建设和村务公开情况。

何勇指出，党的十七大以来，在党中央、国务院的坚强领导下，全国村务公开协调小组加强组织协调和工作指导，各成员单位认真履行职责，各地区各有关部门扎实开展工作，村务公开民主管理工作不断取得新进展新成效，为促进农村改革发展稳定作出了重要贡献。随着农村经济社会不断发展，农村利益格局深刻调整，农村社会结构和组织形式发生深刻变化，农民群众多元化、多层次需求不断增加，对村务公开民主管理工作提出了新的更高要求。要着力落实和完善基层群众自治制度，加强对制度执行情况的监督检查，确保现有的各项民主管理制度不折不扣落到实处；着力加强村级民主监督，建立健全村务监督委员会，完善民主监督的制度保障，确保农民群众的知情权和监督权；着力加强农村基层党风廉政建设，认真解决农民群众反映强烈的问题，建立健全长效机制，从源头上铲除腐败现象滋生的土壤；着力构建乡村治理机制，完善农村治理结构，强化社会自治功能，逐步建立与创新社会管理要求相适应的农村基层组织体系；着力加强村级干部队伍建设，把那些组织信任、农村需要、群众拥护的优秀人才选进村级班子，不断提高他们带领农民维护稳定、发展生产的本领和依法办事、民主管理、服务群众的能力。

全国巡视工作理论研讨会召开

7月6日，全国巡视工作理论研讨会在北京召开。贺国强出席并讲话，李源潮主持会议，何勇出席会议。

在认真听取与会同志的发言后，贺国强指出，这些年来特别是党的十七大以来，在党中央的坚强领导下，经过各方面的共同努力，巡视工作取得重要进展和显著成效，中央统一领导、分级负责的巡视工作领导体制和工作机制不断健全完善，以巡视工作条例为核心、相关法规文件为框架、一系列制度规定相互衔接协调的巡视工作制度体系初步形成，巡视工作重点更加突出、领域不断拓展，发现和解决了一批突出问题，在加强党内监督、全面推进党的建设新的伟大工程、维护改革发展稳定大局中的作用更加显现，得到了中央的充分肯定和广大干部群众的支持拥护，巡视工作进入了制度化、规范化发展的新阶段。实践证明，中央关于建立健全巡视制度的重大决策是完全正确的，各级党委（党组）及巡视机构的工作是卓有成效的。

全国科技创新大会在北京举行

7月6日至7日，全国科技创新大会在北京举行。胡锦涛，吴邦国，贾庆林，李长春，习近平，李克强，贺国强等出席会议。胡锦涛，温家宝在会议上讲话，李克强主持第一次全体会议，刘延东作总结讲话

胡锦涛强调，科技是人类智慧的伟大结晶，创新是文明进步的不竭动力。当今世界，科技创新更加广泛地影响着经济社会发展和人民生活，科技发展水平更加深刻地反映出一个国家的综合国力和核心竞争力。我们要推进改革开放和社会主义现代化，实现全面建成小康社会目标，不断提高人民生活水平，实现中华民族伟大复兴，必须从国家发展全局的高度，集中力量推进科技创新。到 2020 年，我们要达到的目标是：基本建成适应社会主义市场经济体制、符合科技发展规律的中国特色国家创新体系，原始创新能力明显提高，集成创新、引进消化吸收再创新能力大幅增强，关键领域科学研究实现原创性重大突破，战略性高技术领域技术研发实现跨越式发展，若干领域创新成果进入世界前列；创新环境更加优化，创新效益大幅提高，创新人才竞相涌现，全民科学素质普遍提高，科技支撑引领经济社会发展能力大幅提升，进入创新型国家行列。并就深化科技体制改革、加快创新型国家建设提出6点意见。第一，进一步推动发展更多依靠创新驱动，坚持把科技摆在优先发展的战略位置，把科技创新作为经济发展的内生动力，激发全社会创造活力，推动科技实力、经济实力、综合国力实现新的重大跨越。第二，进一步提高自主创新能力，大力培育和发展战略性新兴产业，运用高新技术加快改造提升传统产业，加快农业科技创新，发展关系民生和社会管理创新的科学技术，推进基础前沿研究。第三，进一步深化科技体制改革，着力强化企业技术创新主体地位，提高科研院所和高等学校服务经济社会发展能力，推动创新体系协调发展，强化科技资源开放共享，深化科技管理体制改革。第四，进一步完善人才发展机制，坚持尊重劳动、尊重知识、尊重人才、尊重创造的重大方针，统筹各类人才发展，建设一支规模宏大、结构合理、素质优良的创新人才队伍。第五，进一步优化创新环境，完善和落实促进科技成果转化应用的政策措施，促进科技和金融结合，加强知识产权创造、运用、保护、管理，在全社会进一步形成讲科学、爱科学、学科学、用科学的浓厚氛围和良好风尚。第六，进一步扩大科技开放合作，提高我国科技发展国际化水平，在更高起点上推进自主创新。

温家宝对增强企业创新能力提出了具体要求。一要支持企业建设高水平研发中心。二要以企业为主导深化产学研结合。三要建立科技资源开放共享机制。四要创造公平开放的市场环境，使各类企业公平获得创新资源。要在政策上最大限度地支持企业创新，要抓好现有政策的贯彻落实，并进一步完善，重点解决政策之间的协调性问题，增强政策的针对性和实效性。要建立健全财政性科技投入稳定增长机制，完善财政资助、贴息和税收减免政策，鼓励和支持企业增加研发投入。引导金融机构综合运用买方信贷、卖方信贷、融资租赁等方式，加大对科技型中小企业的信贷支持。充分发挥资本市场支持科技型中小企业创新创业的重要作用。完善产业技术政策，支持企业采用新技术、新工艺。适应科技与产业融合发展的趋势，改进高新技术企业认定办法。改革科研机构、高等院校人事管理制度，建立开放、竞争、流动的用人机制。鼓励科技人员在企业与科研院所、高等院校之间双向兼职和流动，支持他们创新创业，特别是创办科技型中小企业。健全技术要素参与分配的机制，健全与岗位责任、工作业绩、实际贡献紧密联系的激励机制，使科技人员的创造性劳动获得与其价值相称的收入，得到社会的认可和尊重。

全国供销合作社系统先进集体劳动模范和先进工作者表彰大会举行

7月9日，全国供销合作社系统先进集体、劳动模范和先进工作者表彰大会在北京人民大会堂隆重举行。回良玉出席会议并讲话，司马义·铁力瓦尔地、白立忱出席会议。

回良玉指出，近年来，供销合作社系统大力推进经营创新、组织创新、服务创新，着力夯实基层工作，流通现代化水平显著提升，发展条件、服务条件日益改善，经济实力、服务水平、发展活力显著增强。供销社运用现代流通方式改造传统经营网络，不断拓展综合服务功能，基本构建起覆盖全国的农业生产资料、日用消费品、农副产品、再生资源等新型经营服务网络，为农业农村发展作出重要贡献。供销社不断深化重点领域和关键环节的改革，着力转变联合社职能，基本建立起适应社会主义市场经济要求的体制机制，全系统改革创新取得重大进展。供销合作社系统要准确把握经济社会发展的新变化，把握农业农村的新形势，深入贯彻中央关于加强“三农”工作部署，大胆探索，奋力拼搏，努力成为农业社会化服务的骨干力量、农村现代流通的主导力量、农民专业合作的带动力量。一要牢牢把握主题主线，在推动经济社会又好又快发展中积极贡献力量。二要始终坚持为农服务宗旨，在竭诚服务“三农”中发挥更大作用。三要着力深化改革创新，为供销合作事业科学发展不断注入新动力。四要积极参与社会管理创新，为构建社会主义和谐社会添砖加瓦。

会议表彰了全国供销合作社系统先进集体、劳动模范和先进工作者。

党外中青年骨干专题培训班结业式举行

7月9日，党外中青年骨干专题培训班结业式在北京举行，杜青林出席并讲话。

杜青林指出，加强党外干部培养是贯彻落实《中共中央关于加强新形势下党外代表人士队伍建设的意见》的重要举措。党外干部作为国家干部和党外代表人士，增强代表性事关在国家政治生活中的特殊身份，事关在坚持和完善多党合作制度中的特殊责任，事关在推进统一战线事业发展中的特殊作用。党外干部增强代表性、发挥示范性，要强化理论武装，坚持中国特色社会主义道路、理论体系和制度，引导各自党派成员和所联系群众始终与中国共产党同心同德、同心同向、同心同行。要强化实践锻炼，把肩负的责任勇敢担当起来，赋予的职权有效行使起来，分管的工作全力开展起来，在为国分忧、为民解困中展示良好形象。要强化群众观念，把造福人民群众作为最大责任和追求，关心群众冷暖、关注民生热点，以利民为民的实际贡献树立威信。要强化品德修养，以老一辈党外人士为楷模，树立正确的价值观、权力观、事业观，真正给单位留下敬业的好影响，给群众留下能干的好口碑，给自己留下坦荡的好品格。要强化组织观念，推动党派加强思想、组织和能力建设，促进党派组织团结和谐和参政议政水平提升。

这次培训班首次采取“集中学习＋岗位实践＋调查研究＋集中学习”培训模式，坚持政治性和权威性并重、理论学习和实践调研并举、集中授课与互动交流并行，体现了高定位、高质量、高效能的培训特色。

道德领域突出问题专项教育和治理活动座谈会召开

7月12日，中央精神文明建设指导委员会在北京召开道德领域突出问题专项教育和治理活动座谈会，总结前段工作情况，交流成功经验，部署下步任务。刘淇，刘云山出席并讲话。

会议认为，今年5月中央文明委部署开展专项教育和治理活动以来，各地各有关部门积极响应，全国文明城市、文明城区率先行动，大力弘扬正气、推广先进典型、践行道德规范，抓紧治理群众反映强烈的诚信缺失、公德失范等突出问题，取得了积极进展和阶段性成效。开展专项教育和治理活动是一项十分艰巨的任务，取得让人民群众满意的工作效果，还需要付出艰苦努力。一定要加大力度、深化措施，把中央决策部署落实到位，不负人民期望。

中央文明委成员单位和国务院有关部门负责同志，中央宣传文化单位主要负责同志，各省（区、市）、新疆生产建设兵团文明办主任和全国文明城市（区）的文明委主要负责人，文明办主任参加会议。3个中央部委和9个全国文明城市的负责同志在会上作了发言。

中共中央党校举行 2012 年春季学期毕业典礼

7 月 13 日，中共中央党校举行 2012 年春季学期毕业典礼。习近平出席毕业典礼，并为学员颁发毕业证书。李源潮，何勇，令计划出席毕业典礼。李景田在毕业典礼上讲话。

中央党校本期毕业学员共 740 人。另有中直机关分校、中央国家机关分校、部队分部和国务院国资委分校的 3300 多名学员同期毕业。学员们普遍反映，通过参加学习培训，增强了保持和发展党的先进性与纯洁性、坚持实事求是思想路线的自觉性和坚定性，提升了党性修养；深化了对马克思列宁主义、毛泽东思想特别是中国特色社会主义理论体系的学习理解，夯实了理论功底；加深了对当前世界大势和我国大政方针的理解认识，丰富了知识，强化了世界眼光和战略思维；汲取了理论联系实际、学以致用的智慧和力量，增强了工作本领。

第七次全国信访工作会议召开

7 月 13 日至 14 日，第七次全国信访工作会议在北京召开。会前，胡锦涛亲切会见与会代表，向受到表彰的先进集体和先进个人表示热烈的祝贺，向辛勤工作在信访事业第一线的全国广大信访工作者致以诚挚的问候。温家宝，习近平，李克强参加会见。

会议表彰了全国信访系统 100 个先进集体、100 名先进工作者，分别授予 305 人全国信访系统优秀信访局长、优秀办信员、优秀接谈员、优秀督查员和优秀信访工作者称号，并向从事信访工作 25 年以上的信访工作者颁发荣誉证书。

全国党校校长会议在北京开幕

7 月 17 日，全国党校校长会议在北京开幕。习近平出席开幕式并讲话，李源潮，何勇，令计划出席开幕式，李景田主持开幕式。

习近平指出，党的十七大以来的五年，是党校工作继往开来、与时俱进、大有作为的五年。全国各级党校认真落实全国党校工作会议精神和《中国共产党党校工作条例》，充分发挥干部教育培训主渠道作用和思想库作用，推动党校各方面工作取得新的成绩和进步。这些成绩和进步，是以胡锦涛同志为总书记的党中央高度重视和正确领导的结果，是地方各级党委和政府切实关心和大力支持的结果，是全国党校系统教职员工开拓奋进、辛勤工作的结果。各级党校要切实运用党校工作积累的成功经验，深刻认识和把握党校教育规律，更好地指导和推进党校工作。第一，坚持把党校姓党作为党校的灵魂，贯穿于教学、科研、行政、后勤各个方面工作之中，融入到党校教员和管理人员的思想与行动之中。第二，坚持党校的科学定位，发挥好党校教育的自身优势，突出服务大局的特色、理论教育和党性教育的特色、思想库的特色。第三，坚持质量立校，把高标准办学作为党校各项工作的重要抓手，通过扎实持久的工作使教学科研、基础设施、人才队伍、管理服务、学风校风的质量和水平不断得到改进和提高。第四，坚持把深化改革作为党校各项工作的强大动力，进一步转变培训观念，创新培训内容，改进培训方式，整合培训资源，优化培训队伍，在推进党校各方面改革上取得新进展。第五，坚持制度管校，严格按照《党校工作条例》办学，进一步提高党校工作的制度化、规范化、科学化水平。第六，坚持抓好学风校风建设，把从严治校作为党校各项工作的重要方针，推动形成良好的学风校风，保证党校教育目标的实现。第七，坚持人才强校，进一步形成尊重人才、爱护人才、用好人才的氛围和导向，努力营造充满活力、富有效率、更加开放的人才制度环境。第八，坚持上级党校对下级党校的指导，加强中央党校与地方党校之间以及地方各级党校相互之间在教学、科研、管理服务等方面的通力合作，充分发挥党校系统的整体优势。第九，坚持党委对党校的领导，在政治思想上更加关心，在财力物力上加大支持力度，在组织人才上加强保障，在领导方法上注意改进，把党委的领导和支持作为做好党校各项工作的根本保障。

孟建柱批示要求宣传学习李博亚英雄事迹

7 月 17 日，孟建柱就铁道警官高等专科学校学生李博亚舍己救人事迹作出批示，要求全力做好救治和抚恤等相关工作，大力宣传学习李博亚的英雄事迹，并签署命令授予李博亚“全国公安系统二级英雄模范”称号，以表彰先进、弘扬正气。

受孟建柱和公安部党委的委托，公安部有关负责同志 17 日专程赶赴河北省秦皇岛市第二医院看望慰问了李博亚及亲属。公安部有关负责同志听取了医院关于李博亚病情和救治情况的介绍，并在征得医生同意后进入重症监护病房，向李博亚转达了孟建柱和公安部党委的亲切慰问和崇高敬意，宣读了公安部《关于授予李博亚同志全国公安系统二级英雄模范称号的命令》。

公安部有关负责同志说，李博亚舍己救人的英雄壮举，生动诠释了“忠诚可靠、秉公执法、英勇善战、纪律严明、无私奉献”的新时期人民警察精神，集中体现了忠于党、忠于祖国、忠于人民、忠于法律的政治本色，彰显了“共和国预备警官”的良好精神风貌，是全国公安院校在校学生学习的榜样。公安部已发出通知，要求在全国公安院校在校学生中深入开展向李博亚学习活动。

全国检察长座谈会在上海召开

7月17日，全国检察长座谈会在上海召开。俞正声出席并致辞，曹建明主持会议并讲话。

俞正声在致辞时说，检察机关是我国重要的法律监督机关，检察事业是中国特色社会主义事业的重要组成部分。长期以来，上海检察机关认真贯彻中央精神，在上海市委和最高检的领导下，在全国检察机关的有力支持下，坚持法律监督的宪法定位，坚持服从服务于改革发展稳定大局，坚持立检为公、执法为民，忠实履行宪法和法律赋予的神圣职责，为维护社会和谐稳定、促进社会公平正义、推动上海经济社会发展作出了重要贡献。

曹建明指出，各级检察机关一定要从国家法治建设全局和检察事业长远发展的高度，积极正确把握刑诉法修改对检察工作的有力推动，既要清醒认识面临的新形势新问题新挑战，切实增强责任感和紧迫感，又要充分看到检察事业有利条件和发展机遇，特别是要看到党和国家及人民群众对检察工作的高度重视和充分肯定，看到近年来检察机关坚持不懈地强化法律监督、强化自身监督、强化队伍建设积累的宝贵经验，看到正确应对挑战给检察机关更新执法理念、完善工作机制、转变办案方式、提升监督能力带来的重大机遇，确保修改后刑诉法在检察工作中得到全面正确有效地贯彻落实。

新版《马克思画传》《恩格斯画传》《列宁画传》出版座谈会召开

7月17日，新版《马克思画传》、《恩格斯画传》和《列宁画传》出版座谈会在北京召开。刘云山致信祝贺，充分肯定画传出版的意义和作用，并对加强马克思主义经典著作的学习、研究和宣传提出要求。

会议认为，马克思主义经典著作深刻蕴含和集中体现着马克思主义基本原理，包含着经典作家汲取人类探索真理的丰富思想成果。加强马克思主义经典著作的学习运用，始终是党的思想理论建设的一项根本战略任务。要坚持突出重点、精选精学，加强对经典著作的选编，推出适合不同读者对象的读本，帮助干部群众有重点地进行学习，努力掌握贯穿其中的马克思主义立场观点方法。要坚持联系实际、学以致用，把学习的收获转化为推动实践的能力，把解决实际问题作为促进学习的动力，增强经典著作学习的针对性实效性。要坚持深入研究、科学阐释，继续深化经典著作基本观点研究，推出更多有分量、有影响的研究成果，为学习掌握马克思主义基本观点提供坚实支撑。要坚持改进文风、创新形式，用群众听得懂、听得进的话语阐释经典著作，用群众乐于接受的形式展现经典著作，着力推进经典著作的宣传普及，深化马克思主义中国化最新成果的宣传教育，为迎接党的十八大胜利召开营造良好的思想理论氛围。

雒树刚在座谈会上讲话，杨胜群、李君如、郭书林、顾海良、何东平、庄福龄在座谈会上发言。中央编译局和重庆市委宣传部有关负责同志介绍了画传编纂出版的情况。

国防大学举行2012学年夏季毕业典礼

7月19日，国防大学举行2012学年夏季毕业典礼，徐才厚出席并代表胡锦涛主席和中央军委，对全体毕业学员圆满完成学业表示热烈祝贺，向国防大学领导和教职员工致以诚挚问候。他勉励大家牢记肩负的职责使命，按照党中央、中央军委和胡主席的决策指示，紧紧围绕国防和军队建设主题主线，进一步加强学习和实践锻炼，不断增强素质能力，以饱满的政治热情狠抓各项建设和工作，为推动部队建设科学发展、加快转变战斗力生成模式、有效履行我军历史使命作出应有贡献，以优异成绩迎接党的十八大胜利召开。李继耐一同出席。

省部级主要领导干部专题研讨班在北京举行

7月23日至24日，省部级主要领导干部专题研讨班在北京举行。胡锦涛在开班式发表重要讲话。吴邦国、温家宝、贾庆林、李长春、李克强、贺国强等出席开班式，习近平主持开班式，并在结业式上作总结讲话。

胡锦涛指出，中国特色社会主义是当代中国发展进步的旗帜，也是全党全国各族人民团结奋斗的旗帜，我们必须毫不动摇以邓小平理论、“三个代表”重要思想为指导，深入贯彻落实科学发展观，坚持和发展中国特色社会主义。我们必须抓紧工作，抓紧落实，在未来5年为到2020年如期实现全面建成小康社会目标打下具有决定性意义的基础，进而到本世纪中叶基本实现社会主义现代化。

党的十六大以来，我们走过了很不平坦的道路。综观这10年，国际形势风云变幻，国内改革发展稳定任务繁重，我们紧紧抓住和用好我国发展的重要战略机遇期，战胜一系列严峻挑战，奋力把中国特色社会主义事业推进到一个新的发展阶段。深入贯彻落实科学发展观仍然是一项长期艰巨的任务，面临着一系列极具挑战性的矛盾和困难。我们必须以更加坚定的决心、更加有力的举措、更加完善的制度来贯彻落实科学发展观，真正把科学发展观转化为推动经济社会又好又快发展的强大力量。

全党同志必须牢记，我国过去30多年的快速发展靠的是改革开放，我国未来发展也必须坚定不移依靠改革开放。只有改革开放才能发展中国、发展社会主义、发展马克思主义。新形势下，党所处历史方位和执政条件、党员队伍组成结构都发生了重大变化，来自外部的风险前所未有，党的建设方面特别是党员、干部队伍出现了许多亟待解决的突出问题。全党要增强紧迫感和责任感，坚持党要管党、从严治党，全面加强党的思想建设、组织建设、作风建设、反腐倡廉建设、制度建设，确保党始终成为中国特色社会主义的坚强领导核心。要继续推进党的建设新的伟大工程，坚定理想信念，保持党同人民群众的血肉联系，积极发展党内民主，深化干部人事制度改革，夯实党执政的组织基础，坚定不移反对腐败，自觉维护党的集中统一。全党要更加紧密地团结在党中央周围，扎扎实实做好各方面工作，以优异成绩迎接党的十八大胜利召开。

习近平作总结讲话，对研讨班取得的成果给予充分肯定。胡锦涛同志在研讨班开班式上的重要讲话，从坚持和发展中国特色社会主义的政治高度和宽广视野，精辟分析了我国面临的新形势新任务，科学阐述了事关党和国家全局的若干重大问题，深刻回答了党和国家未来发展的一系列理论和实践问题，对于团结动员全党全国各族人民解放思想、实事求是、与时俱进、开拓创新，满怀信心地为全面建成小康社会而奋斗具有十分重要的意义。各级党组织和广大党员、干部要深入学习领会胡锦涛同志重要讲话精神，把思想和行动更好地统一到中央重大决策上来，踏踏实实地做好当前改革发展稳定各项工作，以优异成绩迎接党的十八大胜利召开。

中央机关　中管企业
与地方中青年干部双向交流任职培训班举行

7月25日，中央机关、中管企业与地方中青年干部双向交流任职培训班在北京举行。李源潮出席开班式并讲话，勉励交流任职干部认真学习胡锦涛总书记重要讲话精神，深刻体会中央推进中青年干部双向交流任职的战略意图，知全局、懂本行、干实事，在新的岗位上经受锻炼和考验，为党和人民多作贡献。沈跃跃主持开班式。

党的十七大以来，中组部按照中央要求已连续3批集中开展中央单位与地方中青年干部双向交流任职，今年是第三批。参加这批双向交流任职的干部有72人，是按照出一进一、进出平衡、双向选择、统筹安排原则，用改革的办法差额择优产生的，其中有24位中央单位干部交流到中西部地区工作。

全国宣传部长座谈会召开

7月25日，全国宣传部长座谈会在北京召开，刘云山出席会议并讲话，雒树刚主持会议。

刘云山指出，胡锦涛总书记的重要讲话从坚持和发展中国特色社会主义的政治高度和宽广视野，科学阐述了事关党和国家全局的若干重大问题，深刻回答了党和国家未来发展的一系列理论和实践问题，对于团结动员全党全国各族人民解放思想、实事求是、与时俱进、开拓创新，满怀信心地为全面建成小康社会而奋斗具有十分重要的意义。要深刻把握讲话的总要求，把握深入贯彻落实科学发展观、坚持和发展中国特色社会主义的重大意义和实践要求，把握推进经济建设、政治建设、文化建设、社会建设以及生态文明建设和党的建设的重大部署，切实用讲话精神统一思想认识、推动宣传思想文化各项工作。

各级宣传部门和新闻单位要精心组织、周密安排，利用多种形式、多种渠道，集中深入地进行宣传。要大力宣传胡锦涛总书记讲话的重大意义，宣传讲话的一系列重要论述，及时报道全党全社会的热烈反响，报道各地区各部门学习贯彻的实际行动。要推出一批有深度、有说服力的文章、评论、言论，帮助人们更好地理解和掌握讲话的精神实质，增强贯彻落实科学发展观的自觉性坚定性，增强走中国特色社会主义道路的信念信心。

中宣部等表彰全国军民共建社会主义精神文明先进单位

7 月 25 日，中共中央宣传部、中央文明办和解放军总政治部联合下发《关于表彰全国军民共建社会主义精神文明先进单位的决定》。

《决定》指出，在全面建设小康社会、加快推进国防和军队现代化建设的新形势下，各地各部队坚持以邓小平理论和“三个代表”重要思想为指导，深入贯彻落实科学发展观，遵照党中央、中央军委关于加强社会主义精神文明建设的决策部署，紧紧围绕建设社会主义核心价值体系和培育当代革命军人核心价值观，广泛深入地开展军民共建社会主义精神文明活动，推动了精神文明建设各项任务落实到基层，促进了广大军民思想道德素质和社会文明程度不断提升，进一步密切了同呼吸、共命运、心连心的新型军政军民关系，涌现出一大批富有时代特色的先进典型。为表彰先进、树立典型、推动军民共建社会主义精神文明活动持续深入开展，中共中央宣传部、中央文明办、解放军总政治部决定，授予北京市北海公园管理处、中国人民解放军 61035 部队等 200 个单位“全国军民共建社会主义精神文明先进单位”称号。

胡锦涛致信祝贺三联书店创建 80 周年

7 月 26 日，在三联书店创建 80 周年之际，胡锦涛致信三联书店，向全体员工和离退休老同志表示热烈的祝贺和诚挚的问候。吴邦国、温家宝、李长春、习近平、李克强分别表示祝贺。

胡锦涛指出，80 年来，三联书店始终秉持爱国进步立场，在我国革命、建设、改革各个历史时期，编辑出版了一大批优秀图书和刊物，赢得了一大批忠实读者，为传播先进思想、弘扬优秀文化、促进社会发展作出了积极贡献。在深化文化体制改革、推动社会主义文化大发展大繁荣的新形势新任务面前，希望三联书店坚持走中国特色社会主义文化发展道路，以创建 80 周年为契机，创新体制机制，发挥特色优势，不断推出思想性、知识性、可读性有机统一的精品出版物，为建设社会主义文化强国贡献新的力量。

26 日下午，三联书店创建 80 周年庆祝大会在北京人民大会堂举行。会前，李长春亲切会见了与会人员，并同大家合影留念。刘云山出席并讲话，在讲话中充分肯定了三联书店创建 80 年来取得的显著成绩和作出的重要贡献，希望三联书店和出版界深入贯彻落实党的十七届六中全会精神，按照胡锦涛总书记在贺信中提出的要求，弘扬优良传统，坚持特色品位，不懈开拓创新，自觉肩负起传播社会主义先进文化的重要责任，推动出版业实现新的跨越。要牢记出版使命，把建设社会主义核心价值体系作为根本任务，宣传先进思想理论，倡导文明道德风尚，更好地以先进文化引领社会发展进步。要竭诚服务读者，深入研究读者多层次多样化的阅读需求，丰富题材种类，降低消费门槛，为人民群众提供更好更多的精神食粮。要坚持一流水准，着眼世界学术文化发展前沿，立足中国哲学社会科学发展实际，推出更多体现中国视角、具有中国气派的学术文化精品。要继续深化改革，大力推进体制机制、内容形式和传播方式创新，推动出版业与现代信息技术融合，更好地激发出版业的创造活力和发展动力。要加强队伍建设，遵循人才成长规律，着力培养一批学术造诣深厚的编辑人才、一批懂经营善管理的复合型人才、一批适应出版业走出去的国际化人才，为出版业繁荣发展提供有力支撑。

中共中央召开党外人士座谈会

7 月 26 日，中共中央在中南海召开党外人士座谈会，就当前经济形势和下半年经济工作听取各民主党派中央、全国工商联领导人和无党派人士的意见和建议。胡锦涛主持座谈会并发表讲话。温家宝、贾庆林、习近平、李克强出席座谈会。温家宝通报了上半年经济工作有关情况，介绍了中共中央、国务院关于做好下半年经济工作的考虑。

座谈会上，民革中央主席周铁农、民盟中央第一副主席张梅颖、民建中央主席陈昌智、民进中央主席严隽琪、农工党中央主席桑国卫、致公党中央主席万钢、九三学社中央主席韩启德、台盟中央主席林文漪、全国工商联主席黄孟复、无党派人士林毅夫先后发言。他们赞同中共中央、国务院对当前我国经济形势的分析和对下半年经济工作的考虑，并就加强和改善宏观调控、增强消费对经济稳定发展的支撑作用、落实结构性减税政策、加快推动金融体制改革、促进创新成果转化和产业化、推进城镇化进程、发展文化旅游产业、深化医药卫生体制改革、加强经济安全研究和风险防范等提出意见和建议。

在认真听取了大家的发言后，胡锦涛表示，大家在发言中充分肯定了今年上半年以来经济工作取得的成绩，并围绕做好全年经济工作提出了具有针对性和可操作性的意见和建议，对我们做好下半年经济工作很有帮助，我们将认真研究。做好下半年经济工作，任务艰巨，需要各方面共同努力。希望各民主党派中央、全国工商联和无党派人士准确把握中共中央关于当前经济形势的判断和稳增长的各项决策部署，深入调查研究，积极建言献策，做好各自成员和所联系群众的团结稳定工作，为实现今年各项工作目标广泛凝聚共识、汇聚力量。

全国思想政治工作科学专业委员会召开第十九届年会

7月26日，全国思想政治工作科学专业委员会第十九届年会在河南省郑州市黄河迎宾馆胜利召开。程连昌，戴俭明，张蔚萍，田敏等出席会议，段若鹏主持会议。

本次会议的主题是：深入贯彻落实十七届六中全会精神，迎接党的十八大胜利召开，着重研究新形势下思想文化建设面临的新课题及对策措施。会议回顾了过去一年来学会的工作，得到了与会代表的认可和肯定。会议对新形势下思想文化建设面临的新课题及其战略新任务进行了专题研究。来自各个不同行业的学会特约研究员代表也就党的建设工作、思想政治工作最新发展成果、师德建设和企业政研工作等课题作了专题发言。会议一致认为，思想政治工作是我们党的传家宝和政治优势，思想政治工作是一门治党治国的科学，要以改革精神推进思想文化工作不断创新。

参会代表表示，希望通过学会这个阵地，把广大政工研究工作者和热爱党的思想政治工作的同志团结起来，推动思想政治工作教学和科研的深入开展，推动党政人才的培养和政工队伍素质的提高，推动思想政治工作在各部门的开展，以便更好的为党的思想政治工作科学研究和社会主义现代化事业作出应有的贡献，迎接党的十八大胜利召开。

胡锦涛会见天宫一号与神舟九号载人交会对接任务航天员及参研参试人员代表

7月27日，胡锦涛在北京人民大会堂会见天宫一号与神舟九号载人交会对接任务航天员及参研参试人员代表，代表党中央、国务院、中央军委，向胜利完成任务的3名航天员，向所有参加这次任务的科技工作者、干部职工和解放军指战员，表示热烈祝贺和诚挚问候，勉励大家大力弘扬载人航天精神，团结拼搏、开拓奋进，推动我国航天事业不断取得新的更大成绩。吴邦国，温家宝，贾庆林，李长春，习近平，李克强，贺国强等参加会见。

神舟九号飞船6月16日发射升空，6月29日返回舱着陆，在轨运行期间先后与天宫一号目标飞行器成功进行自动和手控交会对接，实现了我国空间交会对接技术的重大突破，标志着我国载人航天工程第二步战略目标取得具有决定性意义的重要进展。

中国思想政治工作网召开第四次工作会议

7月28日，中国思想政治工作网在河南省鲁山召开第四次工作会议。会议的主旨是总结交流中国思想政治工作网各地网站的工作经验，进一步提高网站的质量和影响力。张蔚萍，田敏，雷常新，王桂英，张邦柱以及网站骨干出席了会议，会议由雷常新主持。

首先张蔚萍总编辑代表网站编委会作主题报告。报告分为三个部分：第一，网站创立以来的艰难历程和工作任务；第二，充分认识提高采编质量和效率的紧迫性；第三，积极探索提高采编质量和效率的对策措施。在回顾了网站成立近四年的历程后指出：我们网站的具体工作任务主要有六个方面：一是宣传党中央和国务院的方针政策和会议精神，宣传中央领导的讲话精神和重要活动；二是宣传省市委和政府部门的重要决定、重要会议、重要活动，包括省市领导的讲话精神和重要活动；三是报导和宣传省、市、县和基层单位的先进典型，包括先进人物和先进事迹；四是反映和解答社会的热点难点问题，抨击社会上的阴暗面，颂扬同坏人坏事进行斗争的英雄人物；五是征集优秀稿件在“年鉴”和网上发表，积极发行“年鉴”，以扩大“年鉴”和网站在党内和社会上的影响；六是配合学会和总网召开“年会”和其他重要会议，帮助有关部门培训干部，举办有意义的社会活动。在谈到提高网站采编质量和效率的紧迫性时，他指出：

首先，这种紧迫性来源于大形势的催促。其次，这种紧迫性还来源于现实中的各种压力。三是来自兄弟网站竞争的压力。最后，张蔚萍教授提出：根据形势的要求，面对艰巨的任务，必须积极探索切实有效的对策措施。我思考了很长时间，觉得对策措施可以概括为三句话24个字。这就是：“加强学习，增强信心；勇于实践，提高能力；健全制度，严格管理。”

会议还一致通过了《关于地方工作站和专栏采编部工作的若干暂行规定》。

中央军委举行晋升上将军衔警衔仪式

7月30日，中央军委在北京八一大楼隆重举行晋升上将军衔警衔仪式。胡锦涛向晋升上将军衔警衔的同志颁发命令状。郭伯雄主持晋衔仪式，徐才厚出席。

这次晋升上将军衔警衔6位高级军官警官是：总政治部副主任杜金才，国防大学政治委员刘亚洲，济南军区政治委员杜恒岩，成都军区政治委员田修思，武警部队司令员王建平、政治委员许耀元。

江泽民为《简明中国历史读本》作序

7月30日，为落实江泽民同志关于重视学习中国历史的指示精神，中国社会科学院组织史学界专家学者编写的《简明中国历史读本》近日出版。江泽民为《简明中国历史读本》撰写了题为“高度重视学习中华民族发展史”的序言。江泽民在序言中指出，要使我们的国家、我们的民族发展得更好，我们必须认真总结和发扬改革开放和社会主义现代化建设的成功经验，也必须注重汲取和运用历史经验，科学把握和正确运用历史规律，正确借鉴历代治乱兴衰的经验教训。

《简明中国历史读本》由中国社会科学院历史研究所组织编写。该书以中国历史发展脉络为线索，以马克思主义唯物史观为指导，深入浅出叙说上自远古人类与文明起源、下迄1911年辛亥革命爆发的中国历史，为广大干部、群众提供了一本中国历史的普及型读物。

全国省市县乡四级党委换届圆满完成

7月30日，根据党章规定和中央统一部署，从2011年第四季度至今年7月初，全国31个省、自治区、直辖市党委集中进行了换届。在此之前，从2010年12月至今年4月底，全国应换届的374个市（州）、2789个县（市、区、旗）、33368个乡镇党委已经完成换届。至此，在中央的坚强领导下，这次全国省市县乡四级党委换届有序、健康、平稳，取得圆满成功。

本次换届，选出新一届省区市党委常委404人，平均年龄54岁，50岁以下105人；女干部37人，少数民族干部50人；大学以上学历398人，其中研究生290人。新提名省区市党委常委中，担任过市县党政正职的占63%，具有高校、企业、科研院所等任职经历的占42.5%，从基层成长起来的占61.6%。选举产生新一届市级党委常委4384人、县级党委常委30028人、乡镇党委委员275205人。新一届市、县党委领导班子成员具有基层工作经历的分别占51.7%、66.1%；具有大学及以上学历的分别占90.0%、90.6%。市党政正职具有下一级党政正职经历的占66.8%，县委书记具有县级领导班子或乡镇领导工作经历的占86.4%。从选举结果看，一大批了解基层、年富力强，熟悉经济建设、社会管理、群众工作的优秀干部充实到了市、县领导班子，较好地实现了班子配备的目标要求，增强了领导科学发展的功能和合力。

中共中央政治局召开会议
讨论研究当前经济形势和经济工作

7月31日，中共中央政治局召开会议，分析研究上半年经济形势和下半年经济工作，胡锦涛主持会议。

会议认为，今年以来，国际政治经济环境复杂多变，国内经济发展面临的困难增多。各地区各部门在党中央、国务院正确领导下，按照稳中求进的工作总基调，正确处理保持经济平稳较快发展、调整经济结构、管理通胀预期的关系，加强和改善宏观调控，加大预调微调力度，经济社会发展总的形势是好的。下半年经济工作各地区各部门要加强和改善宏观调控，继续实施积极的财政政策和稳健的货币政策，加大结构性减税政策力度，保持货币信贷平稳适度增长；着力扩大国内需求，改善居民消费能力和环境，积极促进绿色产品和服务消费，在优化投资结构的同时扩大有效投资，落实促进民间投资的政策措施，加大对国家重大项目建设的支持；加快推进经济结构调整，强化创新驱动作用，促进产业升级，毫不放松抓好节能减排，大力支持小微企业和服务业发展，推进区域协调发展和城镇化；加强农业基础地位，抓好粮食等主要农产品生产，努力实现农业再获丰收；做好重要商品供需调节，保持物价总水平基本稳定；促进对外经济稳定发展，落实和完善稳定外贸政策，实施市场多元化战略，积极培育国际竞争新优势；深化财税、金融、价格、医药卫生、教育文化等领域改革，力争在健全体制机制方面不断取得新进展；坚定不移地贯彻执行房地产市场调控政策，坚决抑制投机投资性需求，切实防止房价反弹，增加普通商品房特别是中小套型住房供应，抓好保障性安居工程建设，满足居民合理的自住性住房需求；大力保障和改善民生，着力稳定和扩大就业，落实并完善社会保障政策，加强教育、文化、卫生等基本公共服务，创新社会管理，维护社会和谐稳定。

国防部举行招待会庆祝建军85周年

7月31日，国防部在人民大会堂举行盛大招待会，热烈庆祝中国人民解放军建军85周年。胡锦涛、吴邦国、温家宝、贾庆林、李长春、习近平、李克强、贺国强等党和国家领导人出席招待会。

招待会开始时梁光烈上将致祝酒辞。他首先代表党中央、国务院、中央军委，向中国人民解放军指战员、武装警察部队官兵、预备役军人和广大民兵，致以节日祝贺！向辛勤工作在国防科技工业战线的同志们，致以诚挚问候！向为我军建设作出重要贡献的军队离退休老同志、转业退伍军人、革命伤残军人和烈军属，表示亲切慰问！向长期关心支持国防和军队建设的各级党政机关、社会团体和全国各族人民，表示衷心感谢！向出席今天招待会的各国驻华使节、武官和夫人及各位来宾，表示热烈欢迎！全军和武警部队要更加紧密地团结在以胡锦涛同志为总书记的党中央周围，高举中国特色社会主义伟大旗帜，以邓小平理论和“三个代表”重要思想为指导，深入贯彻落实科学发展观，以高度负责、奋发有为的精神扎实工作，为建设巩固国防和强大军队不懈奋斗，坚决完成党和人民赋予的神圣使命，以优异成绩迎接党的十八大胜利召开！

2012年8月

中央创先争优活动领导小组发通知要求学习宣传彭秀英等同志先进事迹

8月1日，中央创先争优活动领导小组下发通知，号召各级党组织和广大共产党员学习宣传被中央组织部追授为“全国创先争优优秀共产党员”荣誉称号的彭秀英等14名同志的先进事迹。

通知指出，彭秀英等14名同志是新时期共产党员的优秀代表，他们的先进事迹和崇高精神，具有鲜明的时代特点和示范作用，是最近一段时间社会上出现的一系列“最美”现象中的共产党员的先进典型，他们以自己的宝贵生命诠释了共产党员的坚强党性，在广大人民群众中引起强烈反响，感动了社会。广泛学习宣传彭秀英等14名同志的先进事迹，对于进一步展示新时期共产党人的良好形象和精神风貌，引领社会风尚具有十分重要的意义。广大共产党员要学习彭秀英等14名同志对党忠诚，牢记宗旨，坚持党和人民的利益高于一切的政治品质；学习他们视灾情如命令、视群众如亲人，把保护人民生命财产安全放在第一位的高尚情操；学习他们临危不惧、舍生忘死、勇往直前，不惜牺牲个人一切的英雄气概；学习他们立足本职岗位，踏实工作、恪尽职守、鞠躬尽瘁的优秀品格；学习他们以奉献为美，服务人民、服务社会、助人为乐的大爱情怀。

中央组织部下拨党费1000万元

8月2日，为支持遭遇暴雨洪涝灾害的北京等省（区、市）做好防汛抗洪抢险救灾工作，体现党中央对灾区基层党组织、共产党员和广大群众的关怀，中央组织部从代中央管理的党费中向北京、河北、内蒙古、江西、山东、湖北、湖南、重庆、贵州等9省（区、市）下拨党费1000万元，用于帮助灾区党员群众防汛抗洪抢险救灾，解决生产生活困难。

纪念南昌起义85周年学术座谈会举行

8月2日，为纪念南昌起义85周年，由中国中共文献研究会周恩来思想生平研究会、朱德思想生平研究会联合举办的“缅怀先辈殊勋，发扬优良传统”学术座谈会在北京召开。来自中央文献研究室、中央党史研究室、中国社会科学院、国防大学、军事科学院等单位的专家学者，以及周恩来、朱德、贺龙、刘伯承、陈毅等领导和参加过南昌起义的老一辈革命家亲属、身边工作人员等，共130人出席了座谈会。

与会同志深切缅怀周恩来、朱德等老一辈革命家的丰功伟绩，回顾人民军队的光辉历程，从不同角度分析、阐述了南昌起义在党史和军史上的历史贡献、地位和意义，以及纪念南昌起义85周年的重大现实意义。与会同志认为，南昌起义对中国革命道路的探索具有重要意义，它和井冈山革命根据地的建立，是我们党创立中国化的马克思主义的伟大开篇。革命先辈们在南昌起义中所表现出来的坚定信念和大无畏的革命精神，是我们攻坚克难的强大武器，我们要永远学习，使之发扬光大。

第四届全国职工职业技能大赛决赛开幕

8月4日，由中华全国总工会、科学技术部、人力资源和社会保障部、工业和信息化部共同举办的第四届全国职工职业技能大赛决赛在长春开幕，王兆国向大赛组委会发来贺信。

王兆国在贺信中指出，工人阶级是推进中国特色社会主义伟大事业的主力军。广泛开展职工技能比赛，对于弘扬工人阶级伟大品格和劳模精神，激发广大职工的劳动热情和创造潜能，推动形成劳动光荣、知识崇高、人才宝贵、创造伟大的社会风尚；对于引导和帮助广大职工掌握现代科学技术，提高劳动技能和综合素质，增强学习能力、创新能力、竞争能力和创业能力，培养和造就一支高素质的职工队伍，都具有十分重要的意义。广大职工要努力践行社会主义核心价值观，以强烈的历史使命感和高度的主人翁责任感，勤奋学习、刻苦钻研，不断提高思想道德素质和科学文化素质，提高劳动能力和劳动水平，努力成为掌握新知识、新技能、新本领的知识型职工和一线创新人才，为提高企业自主创新能力和核心竞争力，建设创新型企业和创新型国家，顺利实施“十二五”规划，加快推进社会主义现代化建设作出新的贡献。

本届技能大赛共设车工、钳工、铣工、数控机床装调维修工、焊工、维修电工、计算机程序设计等7个工种，其中计算机程序设计工种是首次全国性比赛。据不完全统计，有4000万职工参与了各个层次的技能比赛。

全国职工职业技能大赛是国家一类技能比赛当中规模最大的比赛。全国总工会将授予各工种决赛前三名选手“全国五一劳动奖章”；人力资源和社会保障部将授予前5名选手“全国技术能手”称号，并直接晋升技师职业资格，已具有技师职业资格的，可晋升高级技师职业资格。第6～20名的选手，可直接晋升高级工职业资格，已具有高级工职业资格的，可晋升技师职业资格。决赛前20名选手将获得不同数额的奖金。

习近平会见北戴河暑期休假专家

8月5日，习近平在北戴河会见了在这里参加暑期休假活动的优秀专家和基层一线人才，向全国各条战线各个领域的专家和广大基层一线人才表示诚挚问候和崇高敬意，勉励大家为党和国家事业作出新的更大贡献，以优异成绩迎接党的十八大胜利召开。

党中央、国务院对各领域高级专家和专门人才十分关心。暑期邀请专家到北戴河休假，是中央关心、联系和服务人才的一项重要制度性安排。2001年以来，已分10批次共邀请600多名专家携家属休假。为体现对广大一线基层人才的关心爱护，党中央、国务院专门邀请62位长期工作在教学、科研和生产一线，特别是长年扎根在艰苦边远地区、边疆民族地区和革命老区的优秀专家和人才代表参加。休假专家中，有勇攀科技高峰、做出突出贡献的两院院士，有为祖国铸利器、保和平的国防科技专家，有潜心研究、著述等身的社科专家，有辛勤耕耘、桃李满天下的教学名家，有德艺双馨、为群众喜爱的文艺名家，有刻苦钻研、技术精湛的知识型人才，有自学成才、革新多项工艺的农民发明家，有无私奉献、感动中国的最美乡村教师和最美边疆医生，有“上九天揽月”归来的“神舟”航天员，他们是全国各地各行业各领域广大基层一线人才的优秀代表。

马克思主义理论研究和建设工程开展今年第一批国情考察

8月7日，马克思主义理论研究和建设工程组织专家赴浙江、福建，开展今年第一批国情考察。马克思主义理论研究和建设工程是加强党的思想理论建设、繁荣发展哲学社会科学的重大工程。为帮助工程专家加深对我国国情的了解，加深对党的理论和路线方针政策的了解，工程自2004年启动以来，每年组织专家赴各地进行国情调研考察。

国情考察期间，专家们深入城乡社区、厂矿企业，与当地干部群众座谈交流，深入了解党的十六大以来各地深入贯彻落实科学发展观、加快转变发展方式、推动经济社会又好又快发展的情况，了解当地非公有制经济发展、文化产业发展、革命老区建设的情况，了解各地推动哲学社会科学繁荣发展的情况，并征求对深入实施马克思主义理论研究和建设工程的意见建议。

西藏人才工作座谈会在拉萨召开

8月9日，中央人才工作协调小组在拉萨召开西藏人才工作座谈会。会议研究制定出台特殊支持政策和措施，加大西藏发展紧缺人才的培养力度，吸引更多高层次人才到西藏创新创业，推动西藏人才快速发展，为实现西藏跨越式发展和长治久安提供有力人才支撑。

会议印发了《中央人才工作协调小组关于国家人才发展规划重大人才工程为西藏提供重点支持的意见》。《意见》按照国家人才发展规划部署，根据人才工程不同特点，针对西藏实际和特殊需求，采取专项方式，为西藏提供重点支持。

出席中国共产党第十八次全国代表大会代表全部选出

8月13日，按照党中央的统一部署，党的十八大代表选举工作已经顺利完成。今年4月至7月，全国各选举单位分别召开党代表大会或党代表会议选举产生了2270名出席党的十八大代表。

党的十八大代表是严格按照党章和中央关于做好代表选举工作的要求选举产生的。代表人选的推荐提名和代表的选举过程符合程序规定，坚持了党的民主集中制原则，充分发扬了党内民主。当选代表符合中央规定的代表应具备的条件。代表结构比例符合中央的要求，具有广泛的代表性。他们中，既有党员领导干部，又有生产和工作第一线的党员，有经济、科技、国防、政法、教育、宣传、文化、卫生、体育和社会管理等各方面的代表。

出席党的十八大代表资格，届时还需经党的十八大代表资格审查委员会确认。

贾元友先进事迹报告会在北京举行

8月15日，中宣部、解放军总政治部、共青团中央在人民大会堂举行北京军区某机步团四级军士长贾元友同志先进事迹报告会。徐才厚在报告会前会见报告团成员，高度肯定贾元友同志的工作业绩和先进事迹，要求全军官兵以贾元友同志为学习榜样，以高度负责、奋发有为的精神状态履职尽责，扎扎实实做好各项工作，努力为推动国防和军队建设科学发展、为全面建成小康社会作出新的更大贡献，以优异成绩迎接党的十八大胜利召开。李继耐参加会见。

徐才厚指出，今年5月23日，胡主席在北京军区第十次党代会上，亲切会见了贾元友等基层官兵代表，勉励大家一定要把肩负的任务完成好。贾元友同志是立足本职学信息化、钻信息化、干信息化的优秀士官，是模范践行当代革命军人核心价值观的先进典型，是在贯彻国防和军队建设主题主线、推进我军由机械化向信息化转型实践中涌现出来的过硬标兵。他的先进事迹和可贵精神，不仅为部队官兵包括各级领导干部树立了榜样，也值得广大青年学习。

全国老龄工作委员会召开全体会议

8月16日，全国老龄工作委员会在北京召开全体会议，回良玉在会上强调，要充分认识我国人口老龄化对经济社会发展的深远影响，切实增强发展老龄事业的责任感、紧迫感和使命感，树立积极老龄观，把解决单纯的养老问题提升到全面应对人口老龄化问题上来，主动适应人口老龄化的客观要求，抓紧做好全局规划，全面实施有中国特色的积极应对人口老龄化战略，推动我国老龄事业又好又快发展。

会议听取了李立国关于国家应对人口老龄化战略研究工作汇报，决定在此基础上编制《国家中长期老龄事业发展规划纲要》。

胡锦涛会见中国体育代表团全体成员

8月17日，胡锦涛在北京人民大会堂亲切会见第30届奥林匹克运动会中国体育代表团全体成员，代表党中央、国务院，欢迎代表团载誉归来，向全体运动员、教练员和工作人员表示热烈祝贺和诚挚问候，勉励大家认真总结经验，继续顽强拼搏，为推动我国体育事业科学发展、建设体育强国贡献更大力量。吴邦国，温家宝，贾庆林，李长春，习近平，李克强，贺国强等参加会见。

在英国伦敦举办的第30届奥林匹克运动会上，中国体育代表团表现出色，收获38枚金牌、27枚银牌、23枚铜牌，位居金牌榜和奖牌榜前列。

周恩义同志先进事迹报告会在北京举行

8月17日，周恩义同志先进事迹报告会在北京人民大会堂举行。报告会开始前，李长春看望了周恩义同志和报告团成员，转达胡锦涛总书记的亲切问候，并向全国宣传思想战线的同志们表示敬意。他强调，要深入开展向周恩义同志学习活动，引导全社会特别是宣传思想战线学习他坚定理想、忠诚事业的政治品格，扎根基层、服务群众的人生追求，脚踏实地、求真务实的优良作风，淡泊名利、无私奉献的高尚情操，激励广大干部群众学习先进、崇尚先进、关爱先进、争当先进，以优异成绩迎接党的十八大胜利召开。刘云山参加看望。

周恩义是辽宁省盘锦市兴隆台区委原常委、宣传部长，2011年3月退休后，任区思想政治工作研究会会长、关工委常务副主任。他在部队从事思想政治工作23年，在地方宣传思想工作岗位工作20年。无论是在部队还是在地方，无论是在职期间还是退休之后，他始终牢记党的宗旨，忠诚党的宣传事业，时刻不忘为基层和群众办实事、做好事、解难事，用实际行动密切了党的宣传工作与人民群众的血肉联系。

贯彻落实《建立健全惩治和预防腐败体系2008～2012年工作规划》工作成果交流会召开

8月21日，贯彻落实《建立健全惩治和预防腐败体系2008～2012年工作规划》工作成果交流会召开。贺国强出席并讲话，何勇主持会议。

在认真听取与会同志的发言后，贺国强指出，党的十六大以来，以胡锦涛同志为总书记的党中央从全局和战略高度出发，作出了建立健全惩治和预防腐败体系的重大决策。这是对改革开放以来我国反腐倡廉建设经验的科学总结，是以中国特色社会主义理论体系特别是科学发展观指导反腐倡廉建设的重要体现，是新形势下反腐倡廉建设的工作重点和重要抓手，是党和国家事业健康顺利发展的重要保证，标志着我们党对反腐倡廉建设规律的认识达到了新的高度。我们要从理论和实践的结合上进一步深刻认识惩治和预防腐败体系建设的重要地位和作用，坚定不移、坚持不懈地把这项工作抓紧抓好。实践证明，中央关于建立健全惩治和预防腐败体系的重大决策是完全正确的，各地区各部门各单位推进惩治和预防腐败体系建设的工作是有力有效的。回顾近年来推进惩治和预防腐败体系建设的实践，我们主要有5个方面的体会：一是必须坚持围绕中心、服务大局，把惩治和预防腐败体系建设与党和国家中心工作紧密结合起来，严明党的政治纪律，加强对中央重大决策部署落实情况的监督检查，找准工作切入点和着力点。二是必须坚持整体推进、系统治理，全面贯彻反腐倡廉战略方针，坚持标本兼治、惩防并举、堵疏结合，注重用系统的思维、统筹的观念、科学的方法推进惩治和预防腐败体系建设，把教育的说服力、制度的约束力、监督的制衡力、改革的推动力、纠风的矫正力、惩治的威慑力有机结合起来，增强工作整体效能。三是必须坚持突出重点、抓住关键，把解决反腐倡廉建设中人民群众反映强烈的突出问题作为推进惩治和预防腐败体系建设的重要任务，深入开展专项治理，既做到以重点带全面、逐步完善惩治和预防腐败体系，又不断以反腐倡廉建设实际成效取信于民。四是必须坚持解放思想、改革创新，及时总结推广各地区各部门各单位创造的新鲜经验，深入研究惩治和预防腐败体系建设的重大理论和实际问题，不断探索惩治和预防腐败新思路新办法新举措。五是必须坚持加强领导、形成合力，认真贯彻落实党风廉政建设责任制，坚持和完善反腐败领导体制和工作机制，通过抓组织领导、抓任务落实、抓监督检查，增强惩治和预防腐败体系建设整体合力，推动惩治和预防腐败体系建设深入发展。

全国地方政协工作经验交流会开幕

8月22日，全国地方政协工作经验交流会在北京开幕。贾庆林出席开幕会，王刚出席并讲话。

王刚强调，各级政协组织和广大政协委员要认真学习贯彻胡锦涛总书记在省部级主要领导干部专题研讨班上的重要讲话精神，进一步增强做好人民政协工作的责任感和紧迫感，振奋精神、开拓进取，努力开创人民政协事业新局面。地方政协是整个人民政协事业的重要组成部分，具有重要地位和作用。及时总结和推广地方政协的工作经验，是人民政协的优良传统，也是全国政协加强与地方政协联系、进行工作指导的重要方式。要深入总结人民政协工作的成功经验，积极探索做好新形势下人民政协工作的新思路新举措，以更加有力的举措、更加完善的制度推进政协工作，增强履职实效，不断提高人民政协工作科学化水平。

钱运录、李金华分别主持上午开幕会和下午交流会。杜青林、陈奎元、阿不来提·阿不都热西提、张榕明、孙家正、罗富和出席会议。17位地方政协负责同志在会议上作了发言。

习近平主持召开中央党的建设工作领导小组会议

8月24日，习近平主持召开中央党的建设工作领导小组会议，贺国强出席会议并讲话，李源潮，令计划，王沪宁出席会议。

会上，中央纪委、中央办公厅、中央组织部、中央宣传部等14家牵头单位汇报了贯彻实施党的十七大和十七届四中全会关于党的建设重要举措分工方案的情况，习近平在听取汇报后作了重要讲话。他指出，抓落实是领导工作中一个极为重要的环节，是党的思想路线和群众路线的根本要求。党的十七大之后5年来，中央党的建设工作领导小组认真贯彻胡锦涛同志狠抓落实的要求，坚持定下来的事情抓紧去办，一步一步向前推进工作。各牵头单位和参与单位对落实分工方案高度重视、责任到位，确保每项任务有布置、有检查、有成果。在党中央正确领导下，落实分工方案的工作取得明显成效，有明确时间要求和成果形式的项目绝大部分已经完成，属于经常性抓落实的项目也都取得明显进展和成效。当前党的建设形势总的很好，同时也面临不少新情况新问题。适应改革发展稳定对党的建设的新要求和人民群众对党的工作的新期待，各级党组织必须以更大的力度和更加扎实的作风进一步加强党的建设。中央党的建设工作领导小组各成员单位和中央有关部门要增强忧患意识、责任意识、大局意识，对贯彻落实中央关于党的建设重大决策部署要聚精会神、一抓到底。特别是对分工方案中尚未最后完成的任务，要抓紧制定落实措施，善始善终抓好相关工作，确保各项任务全面完成，以优异成绩迎接党的十八大胜利召开。

中央人才工作协调小组召开会议研究部署加强党管人才工作

8月24日，中央人才工作协调小组召开会议研究部署加强党管人才工作。李源潮指出，要认真落实中央最近下发的《关于进一步加强党管人才工作的意见》，健全党管人才工作体制机制，提高党管人才工作水平，扎实推进人才强国战略，落实国家人才发展规划，为全面建成小康社会提供有力人才保证，以优异成绩迎接党的十八大胜利召开。

《意见》总结了改革开放特别是党的十六大、十七大以来加强党管人才工作的实践经验，进一步明确了加强党管人才工作的指导思想、总体要求，对建立健全党委统揽全局、协调各方，政府部门各司其职、密切配合，充分发挥用人育人单位主体作用，调动社会各方面力量积极参与的党管人才工作体制机制作出了比较系统的规定，是新形势下加强党管人才工作的制度性文件。

第二届基层党建创新典型案例评选开始网上投票

8月27日，由中国浦东干部学院、人民网·中国共产党新闻网、中国组织人事报社、上海组织人事报社主办的“第二届全国基层党建创新典型案例”评选活动已于2011年7月19日正式启动。

评选案例以党的十七大以来基层党的建设创新实践为重点；涵盖农村、城市社区、国有企业、机关、院校、科研院所、“两新”组织等各个领域基层党建的创新案例；突出学习型党组织建设、党的群众工作、干部人事制度改革、党内基层民主建设、反腐倡廉建设、创先争优活动和党建信息化建设等方面的创新实践。今天开始在人民网·中国共产党新闻网举行网上投票活动。

中央组织部召开省区市党委组织部干部监督工作座谈会

8月28日，中央组织部召开省区市党委组织部干部监督工作座谈会，通报了前段对地方换届风气的督导情况，对下一步严肃换届纪律工作作出具体安排。

截至今年7月，全国省市县乡四级党委换届圆满完成，实现了风清气正。为进一步抓好省级人大、政府、政协换届中严肃换届纪律工作，中央组织部制定印发《工作方案》和《操作规程》，强调要进一步严密部署、严肃教育、严格监督、严厉查处、严加考核，把严肃换届纪律的螺丝钉拧得更紧，巩固和发展风清气正的换届环境，确保换届自始至终健康顺利进行。要坚持教育在先、警示在先、预防在先，严格执行“5个严禁、17个不准、5个一律”的纪律要求，坚决整治跑官要官、买官卖官、拉票贿选等不正之风。为了加强对换届风气的监督，中央组织部将会同中央纪委继续对尚未完成市县人大、政府和市县政协换届的省区的换届风气进行巡回督导，对省级人大、政府、政协换届选举风气进行现场督导。换届期间，中央组织部举报中心坚持专人值守制度，及时受理干部群众反映违反换届纪律问题的举报，并认真查核、严肃处理。

全国组织系统讲党性重品行作表率活动总结会议举行

8月29日，全国组织系统讲党性、重品行、作表率活动总结会议在北京举行。习近平会见与会代表，并参观了“为了党和人民满意——全国组织系统讲党性重品行作表率活动专题展”。李源潮出席会见、参观展览并在总结会议上讲话。

习近平指出，讲党性、重品行、作表率是党的十七大对全体党员特别是领导干部提出的明确要求。党的十七大之后5年来，各级组织部门紧密结合自身职责带头落实中央这一要求，围绕建设模范部门、打造过硬队伍，持续深入地开展讲党性、重品行、作表率活动，取得显著成效。通过这一活动，进一步促进了组工干部党性的增强、作风的转变和能力素质的提高，有力推动了组织部门的各项工作。这次受到表彰的先进集体和先进个人，集中体现了组工干部对党忠诚、公道正派的政治品质，改革创新、求真务实的优良作风，甘为人梯、清正廉洁的精神境界。各级组织部门和广大组工干部都应当向受到表彰的优秀代表学习。组织系统讲党性、重品行、作表率活动虽然告一段落，但讲党性、重品行、作表率作为一个永恒主题，在组织系统要长期坚持下去。各级组织部门要认真总结开展这次活动的经验，在建立健全长效机制上下功夫，使讲党性、重品行、作表率的要求融入自身建设的全过程和各个方面，做到常态化、长效化。要深入学习贯彻胡锦涛同志在省部级主要领导干部专题研讨班上的重要讲话精神，进一步统一思想、奋发进取、扎实工作，以组织工作的优异成绩迎接党的十八大胜利召开。

会上，中央组织部、人力资源和社会保障部联合授予100个单位“全国组织系统先进集体”荣誉称号，授予50名同志“全国组织系统先进个人”荣誉称号，追授肖明、王辉、强秋3名同志“全国组织系统先进个人”荣誉称号，并对150名同志给予嘉奖。

反腐倡廉专项治理工作汇报会召开

8月29日，反腐倡廉专项治理工作汇报会召开。贺国强出席并讲话，何勇主持会议。

在认真听取与会同志的发言后，贺国强指出，近几年来，中央纪委监察部全面贯彻反腐倡廉战略方针，在扎实做好党风廉政建设和反腐败斗争各项长期性、基础性工作的同时，坚持把开展专项治理、解决反腐倡廉建设中人民群众反映强烈的突出问题作为重点任务来抓。十七届中央纪委历次全会工作报告都把这项工作作为重要任务进行部署，2008年、2009年连续两年把“严厉整治一批严重损害群众利益的不正之风”作为“五个一批”工作部署的重要内容之一，2010年明确提出切实解决反腐倡廉建设中人民群众反映强烈的6个方面突出问题，2011年进一步提出从4个方面下功夫解决好反腐倡廉建设中人民群众反映强烈的突出问题，2012年要求重点抓好3项专项治理，特别是在今年4月召开的加强基层党风廉政建设座谈会上，鲜明提出要着力查处发生在群众身边的10个方面腐败问题。今年以来，中央纪委监察部指导和推动各地区各部门各单位继续开展了工程建设领域突出问题、庆典研讨会论坛过多过滥问题、公务用车问题3项专项治理，取得了新的进展和成效。

回顾近年来开展专项治理、解决反腐倡廉建设中人民群众反映强烈突出问题的工作实践，我们主要有以下5个方面的体会。一是关注社情民意，确定工作任务。二是突出工作重点，抓住关键环节。三是认真督查整改，严格执行纪律。四是强化成果应用，健全长效机制。五是加强组织领导，形成工作合力。强化领导责任，加强工作指导，注重统筹协调，确保专项治理工作有力有序推进。

《中国廉政史鉴》出版

8月28日，《中国廉政史鉴》由文化艺术出版社和国家图书馆出版社联合出版。

《中国廉政史鉴》全书分为思想理论卷、典章制度卷和历史人物卷，约400多万字，共16分册。思想理论卷荟萃了历史上重要政治家和思想家廉政思想的精华。典章制度卷对各个历史时期的廉政制度进行了比较系统的梳理。历史人物卷精选了从先秦到清代300多位著名历史人物的廉政事迹，并附有部分贪墨人物典型。这部书的出版，将对以史为鉴，资政育人，加强反腐倡廉建设，起到积极作用。

中组部召开组织系统讲党性、重品行、作表率活动总结会

8月29日，中组部召开组织系统讲党性、重品行、作表率活动总结视频会。李源潮出席并讲话，沈跃跃主持会议。

党的十七大以来，全国组织系统响应中央号召，带头开展“讲重作”活动，一年一个主题，一省一个重点。广大组工干部进一步提高了党性觉悟、增强了改革创新意识、提升了能力素质、改进了工作作风、树立了公道正派清正廉洁的形象，涌现出李林森、王彦生、杜洪英等一批组工干部先进典型。

李源潮指出，5年来的实践充分说明，组织部门讲党性、重品行、作表率，要把服务大局作为主要实践，主动为党分忧、为国尽责、为民奉献；把让全党满意、让人民满意作为价值取向，切实解决干部群众反映强烈的突出问题；把增强党性作为核心任务，带头抵制选人用人上不正之风，提高选人用人公信度；把提升能力素质作为基础工程，不断开阔眼界、开阔思路、开阔胸襟；把改革创新、破解难题作为着力点，努力提高组织工作科学化水平；把从严治部、从严律己、从严带队伍作为有力抓手，用铁的纪律保证风清气正。

新闻战线“走转改”活动理论研讨会在北京举行

8月30日，在“走转改”活动开展一年之际，中宣部在北京举行新闻战线“走基层、转作风、改文风”活动理论研讨会，蔡名照主持会议并讲话。张德修、周树春、谭健、张振华、方正辉、丁士、杨华、严力强、徐炯、王立文、邹贤启、尹韵公等新闻单位和新闻研究机构的代表先后在会上做了发言。

2011年8月起，全国新闻战线开展了“走基层、转作风、改文风”活动。为进一步总结经验、提高认识、深化拓展“走转改”活动，中央新闻单位、社科研究机构、高校新闻传播院系等组织力量对一年来的“走转改”实践进行了深入研究，形成了130余篇研究论文。研讨会上，26位新闻工作者和专家学者进行了交流发言，通过多媒体展示、案例剖析等形式交流了研究成果。

与会代表一致认为，“走转改”活动开展以来，一大批源于基层实际、内容生动鲜活、文风清新质朴的优秀作品给人们留下深刻印象，一大批奔走现场一线、善于调查研究、密切联系群众的优秀记者脱颖而出。在如此短的时间里，形成如此大的报道规模，涌现如此多的新人佳作，是我国新闻界多年来少有的现象，“走转改”活动开创了我国新闻宣传工作新局面。

中国企业文化论坛在北京召开

8月30日，第七届“中国企业文化论坛”在北京召开。论坛由中国思想政治工作研究会、中宣部思想政治工作研究所主办，北京市委宣传部、北京市思想政治工作研究会承办。

与会代表认真学习了胡锦涛总书记在省部级主要领导干部专题研讨班开班式上的重要讲话，一致认为，胡锦涛总书记的重要讲话，从坚持和发展中国特色社会主义的政治高度和宽广视野，科学阐述了事关党和国家全局的若干重大问题，深刻回答了党和国家未来发展的一系列理论和实践问题，对于团结动员全党全国各族人民解放思想、实事求是、与时俱进、开拓创新，满怀信心地为全面建成小康社会而奋斗具有十分重要的意义。大家认为，建设社会主义文化强国，是我们党把握时代和形势发展变化、积极回应各族人民精神文化需求作出的重大战略决策。企业文化是社会主义文化的重要组成部分，广大企业文化工作者要深刻领会胡锦涛总书记的重要讲话精神，切实把思想和行动统一到中央重大决策部署上来，以高度的文化自觉和文化自信建设中国特色企业文化，为推动社会主义文化大发展大繁荣、建设社会主义文化强国做出积极贡献。

2012年9月

中共中央党校举行2012年秋季学期开学典礼

9月1日，中共中央党校举行2012年秋季学期开学典礼，习近平出席，并围绕党校学员的学习作了讲话。李源潮、何勇、令计划出席典礼，李景田主持开学典礼。

习近平指出，领导干部集中一段时间到党校学习，很有必要，很有好处。一是有利于补充和丰富知识。二是有利于总结和提高。三是有利于相互交流和学习。领导干部进党校，最重要的是学习党的基本理论，提高理论素养。这是党校姓党的重要体现，也是党校同普通高等学校的主要区别。现在在干部特别是年轻干部中，最重要也是最需要注意并切实解决好的是理想信念问题和思想作风问题，最需要加强的是理论教育。党校学习时间一般都比较短。要真正学有所得、学有所成，就必须下一番苦工夫。党校学员要安下心来，心无旁骛、专心致志地看书学习，深入进行研讨。要结合工作实际，脑子里经常装几个问题，反复思考，这对于培养和提高理论思维和战略思维能力很有好处。要按照实事求是的党校校训要求，坚持理论联系实际，坚持学以致用，提高运用党的基本理论解决实际问题的能力，不断拓宽领导工作思路，同时把学习理论同增强党性锻炼结合起来，自觉加强思想修养。通过在党校的学习，进一步把掌握的理论转化为牢固确立科学世界观和方法论的思想力量，把学到的知识和经验转化为丰富做好领导工作的智慧和能力的储备，把党对领导干部的党性要求转化为培养高尚品德和发扬优良作风的自觉性。

国家行政学院举行2012年秋季开学典礼

9月2日，国家行政学院2012年秋季开学典礼暨省部级领导干部和市长“推进城镇化建设”专题研讨班开班式在北京举行，马凯出席并讲话，并为学院新聘任的兼职教授颁发了聘书。李建华主持开学典礼。

马凯指出，积极稳妥推进城镇化进程，是全面建设小康社会和实现社会主义现代化的重大战略任务。当前和今后一个时期，我国城镇化发展处于一个关键时期，要切实转变城市发展方式，着力提高城市发展质量，坚持集约发展、多元形态、三化同步、两手结合、以人为本，努力走出一条符合科学发展观要求的中国特色城镇化道路。国家行政学院要坚持正确的政治方向，始终与党中央保持高度一致。要坚持围绕中心、服务大局，进一步提高教学培训水平，使广大学员准确把握中央精神，深刻领会党和政府工作的要求、政策方针和具体措施，不断提高工作能力；进一步提高科研咨询水平，更加注重解决党和政府工作中带有长期性、全局性和战略性的问题以及重点、难点和热点问题。要加强学院自身建设，大胆解放思想，奋力开拓创新，努力向有特色高水平国际一流行政学院的目标迈进。

第十八次全国地方立法研讨会召开

9月3日，第十八次全国地方立法研讨会在北京召开。会前，吴邦国在人民大会堂会见全体与会代表，向前来参加会议的各省（区、市）人大常委会负责同志、法制委法工委负责同志，向辛勤工作在立法工作第一线的全国广大立法工作者致以亲切问候，并与他们合影留念。王兆国出席开幕式并讲话，李建国主持开幕式。

王兆国在讲话中充分肯定了党的十六大以来我国立法工作取得的成就。指出当前和今后一个时期，立法工作的任务仍然相当繁重，立法工作的难度更为突出，完善法律体系任重道远，立法工作只能加强不能削弱。要进一步发挥立法在中国特色社会主义事业中的引领和推动作用，提高立法的针对性、及时性和系统性；进一步发挥人大及其常委会在立法中的主导作用，切实加强对立法工作的统筹协调；进一步完善立法体制、工作机制和立法程序，不断提高科学立法、民主立法的成效；进一步保障宪法和法律的有效实施，使宪法和法律真正成为推进依法执政、依法治国的依据，成为促进依法行政、公正司法的准绳，成为全社会一体遵循的行为规范。着力培养高素质的立法工作人才，既是当前的紧迫需要，也是长远的战略任务。要切实加强立法工作队伍建设，为不断完善中国特色社会主义法律体系提供坚实的人才保障和智力支持。

这次会议的主要任务是，在中国特色社会主义法律体系形成的新起点上，按照坚持和完善中国特色社会主义制度的总体要求，全面总结近 10 年来特别是十一届全国人大以来的立法工作成就和经验，深入探讨今后一个时期进一步加强和改进立法工作、完善立法程序、提高立法质量的工作重点和举措，为贯彻落实党的十八大精神、积极推进新形势下立法工作做好准备。

中央社会主义学院举行秋季开学典礼

9月3日，中央社会主义学院2012年秋季开学典礼暨“同心”思想专题研讨班开班式在北京举行。严隽琪出席并讲话，叶小文主持开学典礼，张裔炯讲话。

广大民主党派成员和无党派人士要认真学习领会胡锦涛总书记重要讲话精神，深入贯彻“同心”思想，坚定不移地保持对中国特色社会主义高度自信，自觉把推进社会主义现代化建设、全面建成小康社会作为共同目标，结合党派特色优势，继续开展多种形式的“同心”实践，共同致力于中国特色社会主义伟大事业和中华民族伟大复兴。

人民政协理论研究工作座谈会开幕

9月4日，人民政协理论研究工作座谈会北京开幕。这次会议的主要任务是，认真学习贯彻胡锦涛总书记在省部级主要领导干部专题研讨班上的重要讲话精神，深入总结十届全国政协以来人民政协理论创新的重要成果，积极探索人民政协理论研究工作的特点和规律，谋划部署进一步加强人民政协理论建设的重大举措，为丰富和发展人民政协理论、推进人民政协事业发展作出新的贡献。贾庆林出席开幕式并发表讲话，郑万通主持会议。

贾庆林在讲话中全面回顾了人民政协事业在中国共产党创立的人民政协理论指引下不断发展的光辉历程，着重阐释了中国特色社会主义人民政协理论的基本框架和内涵，进一步明确了人民政协理论建设的方向和任务。十届全国政协以来，人民政协在中国特色社会主义人民政协理论指引下，努力用理论创新推动实践创新，各项工作取得长足发展，显示了理论创新对实践发展的巨大指导和推动作用。需要继续大力加强人民政协理论建设。要始终坚持正确政治方向，加快推进人民政协理论建设工程，坚持以实际问题为中心开展研究，形成协调配合的长效工作机制，不断开创人民政协理论建设新局面，为人民政协事业的发展和社会主义民主政治建设作出应有的贡献。

张丽莉同志先进事迹报告会在北京举行

9月4日，张丽莉同志先进事迹报告会在北京人民大会堂举行。报告会前，李长春看望了张丽莉同志和报告团全体成员，代表党中央和胡锦涛总书记对张丽莉同志表示亲切问候和崇高敬意。他强调，要以张丽莉同志为榜样，坚定理想信念、培养高尚情操、弘扬新风正气，努力做社会主义核心价值体系的模范践行者，做良好社会风尚的积极推动者，以优异成绩迎接党的十八大胜利召开。刘云山，刘延东参加会见。

张丽莉是黑龙江省佳木斯市第十九中学教师，今年5月8

日在交通事故发生的危急时刻为抢救学生被轧断双腿，她的先进事迹在全社会引起强烈反响，人们牵挂她的病情并为她的精神所深深感动，经过多方共同努力，目前张丽莉已经脱离生命危险，身体正在逐渐恢复。

报告会由中央宣传部、教育部和黑龙江省委联合举办。报告会开始前，张丽莉同现场听众见面，向关心支持救助她的人表示感谢。报告团5位成员结合自己的亲身经历，深情讲述了张丽莉爱生如子、舍己救人的先进事迹和崇高精神，报告感人肺腑、催人泪下，深深感染了现场听众，会场不时响起热烈掌声。

孟祥民先进事迹报告会在北京举行

9月5日，孟祥民先进事迹报告会在北京举行。会前，李克强在人民大会堂会见了孟祥民先进事迹报告团。他强调，要按照科学发展和加快转变经济发展方式的要求，把经济社会发展与环境保护更好地结合起来，在发展中保护，在保护中发展，在全社会弘扬生态文明理念，促进转型发展和民生改善。姜异康，周生贤等参加了会见。

报告团成员介绍了孟祥民同志的先进事迹。孟祥民生前是山东省淄博市一名基层环保工作者，他忠于职守，秉公执法，对环保违法敢于碰硬，对企业污染防治热情服务，在身患癌症的情况下，仍坚守岗位，为家乡多一片碧水蓝天而忘我工作，在平凡的岗位上创造了不平凡的业绩。李克强向孟祥民的亲属表示慰问，他说，孟祥民同志的高尚情操，树立了新时期环保卫士的形象。我国环保事业的发展，离不开广大环保工作者的辛勤努力和亿万人民群众的积极参与。要激励大家学习先进，立足本职，为提高我国生态文明水平贡献力量。会见活动结束后，中宣部、环境保护部和山东省委联合举行了孟祥民先进事迹报告会。报告团5位成员以亲身经历，分别从不同角度讲述了孟祥民同志的先进事迹和崇高精神。

全国教育信息化工作会议召开

9月5日，全国教育信息化工作电视电话会议召开，刘延东出席并讲话，袁贵仁主持会议。

刘延东指出，教育信息化是教育理念和教学模式的深刻变革，是促进教育公平、提高教育质量的有效手段，是实现终身教育、构建学习型社会的必由之路。要深刻把握新形势新要求，将教育信息化作为国家信息化的战略重点优先部署，切实加快教育信息化进程。要明确发展导向，坚持育人为本、应用驱动，统筹兼顾、有序推进，优先保障农村和边远地区，加快缩小城乡、区域、校际间的“数字差距”。要推动“宽带网络校校通”，多管齐下加快推进学校接入宽带，探索建立可持续的运营维护机制，完善学校教育信息化基础设施。要推动“优质资源班班通”，重点建设名师和名校网络课堂，集中开发音乐、美术、英语等短缺课程，加快优质教育资源共享。要推动“网络学习空间人人通”，教师率先使用，职业教育率先部署，发达地区率先示范，促进教学方式与学习方式变革，实现教与学、教与教、学与学的有效互动。要建设教育资源和管理两大公共服务平台，加强信息技术人才队伍建设，为教育信息化提供保障。刘延东要求各级政府、各有关部门和学校要明确责任、齐心协力，狠抓落实、务求实效，深化改革、创新机制，推动教育信息化科学发展。

“走基层、转作风、改文风”大型主题采访活动动员会举行

9月6日，“走基层、转作风、改文风”大型主题采访活动视频动员会在北京举行，刘云山出席会议并讲话，雒树刚主持会议。人民日报、新华社、中央电视台和北京、福建、湖北等地党委宣传部负责同志在会上发言。

刘云山指出，开展“走基层、转作风、改文风”活动是宣传思想文化战线适应时代发展要求、贯彻党的群众路线的一项重要举措。去年8月以来，这项活动在新闻宣传战线率先展开、不断拓展、逐步深化，取得丰硕成果，一大批生动鲜活、感人至深的精品佳作集中涌现，一系列关系群众切身利益的突出问题得到解决。一年来的实践使我们更加深刻地体会到，“走基层、转作风、改文风”，贵在走、难在转、重在改。要继续总结成功经验、深化实践探索，让“走转改”成为一种基本理念和价值取向，成为新闻宣传工作的常态和机制，不断提高新闻宣传战线服务大局、服务人民的能力和水平。

做好迎接党的十八大宣传，是当前新闻宣传战线的首要政治任务。要紧紧围绕迎接党的十八大这一主题，全面落实“走转改”要求，走进城乡基层、各行各业，生动反映各级党组织和广大干部群众学习贯彻胡锦涛总书记“7·23”重要讲话精神

的实际行动，全面展示科学发展的成功实践和辉煌成就，深刻揭示成就背后的根本原因，深入阐明我国制度体制的内在优势，深入展示伟大实践昭示的发展方向，增强人们贯彻落实科学发展观的自觉性坚定性。

全国教师工作暨“两基”工作总结表彰大会召开

9月7日，第二十八个教师节到来之际，全国教师工作暨“两基”工作总结表彰大会在北京召开。胡锦涛发来贺信，贺信说，经过全党全社会的不懈努力，我国已经全面实现普及义务教育和扫除青壮年文盲的“两基”目标。这是我国教育发展史上的重要里程碑，对于促进教育公平、提高国民整体素质、推动经济社会又好又快发展都具有重要意义。希望各地区各部门坚持把教育摆在优先发展的战略地位，认真总结“两基”工作经验，切实巩固“两基”工作成果，加快建成覆盖城乡的基本公共教育服务体系，逐步实现基本公共教育服务均等化，真正办好人民满意的教育。

温家宝出席大会并讲话。他强调，要适应人民群众接受更好教育的新期盼，把教育发展的重点放到提高质量、促进均衡发展上来，加快实现基本教育公共服务均等化，努力办好每一所学校，培养好每一个孩子。

刘延东在大会总结时说，要深入学习贯彻胡锦涛总书记贺信和温家宝总理讲话精神，认真落实教育改革发展规划纲要，深化教育改革，创新体制机制，努力开创义务教育均衡发展和教师队伍建设新局面。要落实政府职责，把均衡发展作为新阶段义务教育的战略性任务，促进教育公平，提高教育质量，保障所有适龄儿童少年平等接受优质义务教育。要均衡配置教育资源，向薄弱学校、农村和中西部倾斜，规范学校布局调整，推进标准化建设，建立资源共享机制，缩小城乡、区域和校际差距。要关爱留守儿童，加强特殊教育学校建设。要全面实施素质教育，改革人才培养模式、教育教学方法、学校管理制度和督导评价体系，切实减轻课业负担，促进学生全面发展。1400万人民教师是办好教育的主体，要把教师队伍建设作为教育事业发展最重要的基础性工作，加大教师培养培训力度，大力提升师德水平和业务能力，创新教师管理制度，保障教师合法权益和待遇，继续营造尊师重教的社会氛围，以一流的师资支撑一流的教育、培养一流的人才。

会前，温家宝等领导同志参观了“奠基中国——‘两基’成就图片展”。300个全国“两基”工作先进单位、500名先进个人和80个先进地区受到表彰。

学习周恩义同志先进事迹座谈会在北京举行

9月7日，学习周恩义同志先进事迹座谈会在北京人民大会堂举行。座谈会由中宣部、解放军总政治部和辽宁省委联合主办。刘云山出席会议并讲话，雒树刚主持会议，申维辰宣读《中共中央宣传部关于开展向周恩义同志学习活动的通知》。张研农、李从军、杜金才、王珉等10位同志在座谈会上发言。

刘云山指出，周恩义同志把事业当生命、视工作为使命，扎根基层、服务群众，满腔热情地付出、全心全力地投入，以自己的心血汗水，以卓有成效的工作，为党的宣传事业作出了贡献、增添了光彩。作为一名基层领导干部、宣传部长，周恩义同志用自己的模范行动，生动诠释了共产党人的先进性质和党的宣传干部的优秀品质，自觉践行了社会主义核心价值体系的内在要求，不愧为全社会学习的榜样，不愧为宣传思想文化战线的楷模。

周恩义同志的先进事迹和崇高精神，很好回答了怎样做好宣传工作、怎样当好人民宣传员的问题，给我们带来许多思考和启示。做一名优秀的宣传干部，就要有一种坚定理想、忠于职守的追求，对党的宣传事业充满执着和热爱，把做好宣传工作当作光荣的责任，带着感情、兢兢业业去做工作，不断为党的宣传事业书写新的篇章。就要有一种舍得付出、甘于奉献的境界，不争名、不争利、不争功、不争地位，经得起诱惑、耐得住寂寞、抵得住浮躁，恪守宣传干部的精神高地，用自己的人格力量感染他人，用自己的模范行动引导群众。就要有一种沉得住气、沉得下去的心态，从最基础的工作抓起，从群众最需要的事情做起，多办顺民意、解民忧、增民利的实事好事，把宣传工作做到群众心坎上，在平凡岗位上创造不平凡的业绩。就要有一种乐于钻研、善于创新的精神，跟上形势和任务发展变化的要求，不断解放思想、勤于学习思考、勇于改革创新，不断提高工作的科学化水平，更好地体现时代性、把握规律性、富于创造性。

中宣部要求全国宣传战线向周恩义同志学习

9月7日，为深入学习周恩义同志的先进事迹，大力弘扬周恩义同志的崇高精神，使更多周恩义式的优秀宣传干部涌现出来，中共中央宣传部下发了《关于开展向周恩义同志学习活动的通知》，要求全国宣传思想文化战线向周恩义同志学习。

周恩义现任辽宁省盘锦市兴隆台区思想政治工作研究会会长、区关工委常务副主任，曾先后担任区委宣传部副部长，区委常委、宣传部长，区委副书记。从事基层宣传工作几十年，周恩义以对党的事业的坚定信仰和无比热爱，以高度的政治自觉和务实的工作作风，为党的宣传思想文化工作倾注了全部心血，忠实履行了一名宣传干部的神圣职责，推动基层宣传工作实现新的发展、新的跨越，赢得了干部群众的信任和拥护。

全国公安厅局长座谈会在大连市召开

9月8日，全国公安厅局长座谈会在辽宁省大连市召开。会议总结近年来全国公安机关在应急处突工作中积累的经验，就进一步提高公安机关应对处置突发事件的能力水平，为经济社会发展、人民群众安居乐业创造良好社会环境进行部署。

国家互联网信息办召开经验交流会

9月9日，国家互联网信息办公室在深圳召开会议，总结推广有关地区和部门积极运用微博客等社交网络服务社会、联系群众、引导舆论，推动社交网络健康有序发展的工作经验，要求全力做好迎接党的十八大网上宣传管理工作，为党的十八大胜利召开创造良好的网上舆论环境。王晨出席会议并讲话。

会议提出，推动社交网络健康发展，要坚持重在建设，积极主动作为，做大做强主流舆论，以正面声音引领多元多样多变的网上舆论。要大力倡导社会主义核心价值体系，善于发现和放大社交网络中的“美丽网事”、“点滴感动”，推出更多体现时代精神、引领道德风尚的“平凡英雄”，宣传“最美人物”、倡导“最美精神”，着力弘扬社会正气、培育文明新风。

目前，我国社交网络上传播谣言和虚假信息，拜金炫富、低俗恶搞，攻击谩骂、网络暴力等现象仍不时出现，危害网络环境，损害人们对社交网络的信任，社会各界反响强烈。要认真落实属地化管理和“谁主管谁负责”、“谁经营谁负责”的要求，坚持日常管理和应急管理相结合，依法管理与技术防范相结合，行政监管与行业自律、公众监督相结合，突出管理重点，克服薄弱环节，切实规范社交网络传播秩序，坚决制止违法有害信息在网上传播。要加强社交网络管理制度建设，夯实社交网络管理基础。各类社交网站要切实落实信息安全责任，强化从业人员大局意识、法律意识、诚信意识，积极推进文明办网、文明上网，倡导社交网络公序良俗，形成社交网络文明有序的良好风貌。

全军基层文化工作会议在杭州召开

9月10日，全军基层文化工作会议在杭州召开。徐才厚就开好这次会议、加强军队基层文化建设，专门作出批示，提出要求。

徐才厚指出，军队基层文化是先进军事文化的基础和活力源泉，加强基层文化建设是深入贯彻落实科学发展观、巩固提高部队战斗力、促进官兵全面发展的必然要求，也是加强基层建设的重要内容。全军部队要深入学习贯彻胡锦涛主席7月23日在省部级主要领导干部专题研讨班开班式上的重要讲话精神，紧紧围绕国防和军队建设主题主线，紧贴部队担负的使命任务大力加强基层文化建设，深入持久培育当代革命军人核心价值观，坚持弘扬我军听党指挥、服务人民、英勇善战的优良传统和作风，不断强化官兵战斗精神，持续激发官兵扎根基层、建功基层的使命责任意识，努力在新的起点上推动基层文化建设科学发展，有效履行我军新的历史使命，以优异成绩迎接党的十八大胜利召开。

这次会议的主要任务是，认真学习贯彻胡主席和中央军委关于加强军营文化建设的指示要求，总结交流近年来基层文化建设的成效经验，着重研究军营文化活动开展、骨干队伍培养、设施装备建设等问题，不断增强基层文化建设的规范性、系统性、科学性，努力开创基层文化建设新局面。

第六届夏季达沃斯论坛在天津开幕

9月11日，世界经济论坛2012年新领军者年会（第六届夏季达沃斯论坛）在天津梅江会展中心开幕，温家宝出席开幕式并致辞。世界经济论坛主席施瓦布、卢旺达总统卡加梅、丹麦首相托宁—施密特、拉脱维亚总理东布罗夫斯基斯、立陶宛总理库比柳斯、巴基斯坦总理阿什拉夫、哥斯达黎加副总统利伯曼、津巴布韦副总理穆坦巴拉和澳大利亚前总理陆克文、新加坡荣誉国务资政吴作栋、英国前首相布朗等出席开幕式。张高丽，黄孟复、万钢也参加了会议。

为期 3 天的本届论坛以“塑造未来经济”为主题，与会者将围绕创造性应对当前挑战，认识科技领域新前沿等议题展开讨论。

温家宝在致辞中回顾了十年来经济社会发展的历程。重点介绍了就业和社会保障、教育、医疗、扶贫等民生领域的重大进展。还总结了近五年应对国际金融危机的做法和体会。在介绍了今年 5 月以来集中出台的政策措施后，温家宝说，从宏观经济各项指标的组合看，中国经济增速仍保持在年初确定的预期目标区间内，呈现出缓中趋稳的态势。随着政策措施落实到位并发挥作用，中国经济有望进一步趋稳。我们将根据经济运行的态势，进一步加大预调微调力度，着力刺激消费需求，着力扩大有效投资特别是激活民间投资活力，着力稳定外部需求，着力促进实体经济发展。

展望世界经济前景，温家宝说，国际社会一定要进一步加强宏观经济政策协调，推进全球治理体系改革，坚决反对贸易投资保护主义，提升贸易投资自由化、便利化水平，共同推动世界经济尽快稳定复苏。希望各国企业家大力加强技术研发、产品创新，大力发展节能环保等绿色产业，创造新的市场需求，培育新的经济增长点，实现企业成长、行业壮大、经济发展和社会进步的多赢目标。

中组部召开大学生村官工作会议

9 月 12 日，中组部召开大学生村官工作会议。李源潮出席并讲话，要求认真总结大学生村官工作的经验，完善政策、健全机制，促进大学生村官健康成长，更好地为新农村建设培养骨干力量，为加强基层干部队伍建设提供优秀人才。沈跃跃主持会议。

大学生村官工作是中央着眼于为新农村建设培养骨干力量，改善基层党政干部来源作出的重大决策。全国已累计选聘大学生村官 30 万名，目前在岗 21.2 万名，有 8.2 万名担任村“两委”干部，5000 多人担任村党支部书记、村委会主任，有 4 位大学生村官当选党的十八大代表。

会议认真总结了十七大以来选聘高校毕业生到村任职工作的经验，强调要认真贯彻落实中组部、中编办、教育部、财政部、人社部、国家公务员局等 6 个部门联合下发的《关于进一步加强大学生村官工作的意见》，把大学生村官工作作为促进城乡人才相向对流，为农业和农村现代化输送人才资源的重要举措，充分发挥大学生村官观念新、知识多、思路宽、信息灵的优势，为农民提供信息、技术、政策、法律等多方面服务，带头并带领农民创业致富，使大学生村官真正成为新农村建设的骨干力量。

江苏、安徽、山西、北京、云南 5 省市，清华大学、中国农业银行、神华集团等单位和两名大学生村官代表在会上发言。

中国新闻社举行成立 60 周年纪念大会

9 月 13 日，中国新闻社成立 60 周年纪念大会在北京举行。温家宝为中国新闻社题词。李长春，李克强分别发来贺信。刘云山出席纪念大会并讲话。万钢出席大会。

温家宝为中国新闻社题词：“传播中国声音，留下历史记忆”。李长春在贺信中向中国新闻社的全体同志表示热烈祝贺和亲切慰问，他指出，中国新闻社成立 60 年来，始终服务党和国家工作大局，已经成为向海外华文媒体提供中国新闻和资讯的重要渠道，成为促进海峡两岸和全球华人新闻交流的纽带和桥梁。希望中国新闻社加快打造国际一流媒体，努力做到“中国立场、国际表达”，不断提高新闻信息的原创率、首发率、落地率，不断增强新闻宣传的针对性、时效性和吸引力、感染力，不断巩固和扩大在海外华人社会中的影响。李克强在贺信中指出，面对世界渴望更加全面深入准确认知中国的新形势，希望中国新闻社着力增强国际影响力，占领世界华文资讯制高点，开创国际传播新征程。

刘云山在讲话中指出，60 年来，中国新闻社坚持不懈向海外介绍党和国家的方针政策，宣传我国改革开放和社会主义现代化建设的辉煌成就，展示当代中国人民的良好精神风貌，为营造于我有利国际舆论环境作出积极贡献，在对外宣传特别是侨务外宣中发挥了不可替代的重要作用。希望中国新闻社以建社 60 周年为新的起点，坚持正确舆论导向，把握自身定位、发挥自身优势，不断扩大在海外华侨华人和国际社会中的影响，为营造良好外部舆论环境作出新的更大贡献。

中国新闻社是在廖承志等党和国家领导人的亲切关怀和推动下，由中国新闻界和侨界知名人士发起，于 1952 年 9 月 14 日成立的。目前，中国新闻社有 48 个境内外分社和记者站，员工队伍 2000 余人，建立了 24 小时不间断的信息发布系统，拥有文字、图片、特稿、网络、期刊、供版、视频七大主干新闻产品体系，形成了覆盖海外大多数华文媒介的用户网络。

全国科普日北京主场活动举行

9月15日，全国科普日北京主场活动在中国农业大学举行，习近平、王兆国、刘云山、刘延东、李源潮、何勇、令计划、韩启德等领导同志同首都群众和大学生一起参加。习近平强调，要广泛普及食品与健康相关知识，推动全社会更加关注食品安全，坚决遏制各类食品安全违法犯罪行为，提高群众消费安全感和满意度。

今年全国科普日活动以"节约能源资源、保护生态环境、保障安全健康、促进创新创造"为主题，旨在推动《全民科学素质行动计划纲要》和全国科技创新大会精神的贯彻落实。围绕这一主题，各省、自治区、直辖市将组织开展5200多项主题科普活动。北京主场活动的主题是"食品与健康"。

发展中国家科学院第二十三届院士大会开幕

9月18日，发展中国家科学院第十二次学术大会暨第二十三届院士大会在天津隆重开幕，胡锦涛出席开幕式并致词。刘延东、张高丽、韩启德、万钢、王志珍出席开幕式，白春礼主持开幕式。巴西科学院院长、发展中国家科学院院长帕里斯，联合国教科文组织，意大利，瑞典等国际组织和国家的代表在开幕式上发言。来自60多个国家和地区的400余位科学家出席了大会。

在开幕式上，胡锦涛向获得发展中国家科学院科学奖的19位获奖者颁奖。胡锦涛致词时强调，世界科技正处于新一轮革命的前夜，经济社会发展的强大需求拉动，知识和技术体系的内生驱动，科技和经济、社会、文化、教育的深度融合，共同推动科技呈现出多点突破、交叉汇聚的生动景象。对广大发展中国家来说，科学技术更是改变国家命运、开创美好未来、创造幸福生活必须依靠的强大力量。发展中国家必须奋起直追、锐意创新，高度重视科技的作用，大力发展科学技术。

第五届全国少数民族文学创作会议召开

9月18日至20日，第五届全国少数民族文学创作会议在北京召开。开幕式上，李长春亲切会见全体与会代表，代表党中央、国务院对会议召开表示热烈祝贺，向广大少数民族作家和文学工作者致以诚挚问候，勉励大家深入贯彻落实党的十七届六中全会精神，坚持贴近实际、贴近生活、贴近群众，创作推出更多精品力作，为繁荣发展少数民族文化事业、满足各族人民群众精神文化需求、加快建设社会主义文化强国作出更大贡献。回良玉，刘云山，刘延东，乌云其木格，阿不来提·阿不都热西提参加会见。

会议总结回顾2003年第四届全国少数民族文学创作会议以来我国少数民族文学工作，交流文学创作经验，并对进一步繁荣发展少数民族文学进行研究部署。会议期间，还举行全国第十届少数民族文学创作"骏马奖"颁奖典礼。来自全国各省、自治区、直辖市的各民族作家、诗人、评论家、翻译家和理论工作者以及作家协会负责人，第十届"骏马奖"获奖作家和评委等，共约300人参加会见并出席会议。

中央办公厅印发了《关于在推进事业单位改革中加强和改进党的建设工作的意见》

9月19日，中共中央办公厅印发了《关于在推进事业单位改革中加强和改进党的建设工作的意见》，并发出通知，要求各地区各部门结合实际认真贯彻执行。

省部级领导干部推进城镇化建设研讨班举行学员座谈会

9月19日，由中央组织部、国家发展和改革委员会、国家行政学院共同举办的省部级领导干部推进城镇化建设研讨班举行学员座谈会，李克强出席并讲话。他强调，要按照科学发展观的要求，顺应我国现代化建设的规律，协调推进工业化、城镇化、农业现代化，发挥城镇化综合效应，释放内需巨大潜力，促进经济长期平稳较快发展与社会和谐进步。

座谈会上，国家行政学院介绍了研讨班举办概况，黑龙江、浙江、河南、云南等省及青岛市政府负责人作为学员代表，谈了本地城镇化情况和建议。大家认为，研讨班题目选得好，时机选得好，研讨深入，很有收获。在听取发言后，李克强说：积极稳妥推进城镇化是一个事关长远的大战略，要放在实现现代化和经济社会发展的大趋势中来思考。特别是在国际经济环境发生深刻变化、我国发展进入新阶段以及面临经济下行压力的形势下，研讨城镇化科学发展问题十分重要。

李克强指出，城镇化是现代化的应有之义和基本之策。城镇化是我们最大的内需潜力所在。城镇化是长期的历史任务，也是复杂的系统工程，有许多重大课题需要探讨。城镇化需要工业化来带动，也会给工业化提供支撑。推进城镇化，要始终绷紧粮食安全这根弦。推进城镇化需要统筹谋划布局。改革是经济社会发展的强大动力，协调推进工业化、城镇化和农业现代化必须依靠改革。推进城镇化，要努力在改革攻坚中破解深层次矛盾。围绕城镇化发展中面临的发展方式转变和结构调整、土地节约集约利用、户籍和社会管理、资源支撑和生态环保等问题，与时俱进，开拓进取，实现体制机制创新，正确处理好各方面的利益关系，为持续发挥城镇化效应提供有效的制度保障。

纪检监察机关自身建设调研座谈会召开

9 月 19 日，纪检监察机关自身建设调研座谈会在北京市召开，贺国强出席并讲话。

在认真听取与会同志的发言后，贺国强指出，纪检监察机关作为党内监督和行政监察的专门机关，肩负着推进党风廉政建设和反腐败斗争的神圣职责。党和政府对纪检监察干部寄予厚望，社会也高看一眼。近年来，各级纪检监察机关始终把加强纪检监察机关自身建设作为一项基础性工程来抓，取得了积极进展和明显成效。认真总结近年来的实践经验，进一步加强和改进纪检监察机关自身建设，要牢牢把握以下 7 个方面：一是必须坚持把以中国特色社会主义理论体系特别是科学发展观为指导、服务党和国家工作大局作为加强纪检监察机关自身建设的根本要求，始终保持理论上的清醒、政治上的坚定、行动上的自觉，坚决同以胡锦涛同志为总书记的党中央保持高度一致，确保纪检监察机关自身建设的正确方向。二是必须坚持把深入开展集中学习教育活动和主题实践活动作为加强纪检监察机关自身建设的重要载体，切实把“做党的忠诚卫士、当群众的贴心人”的庄严承诺和“四个对”的基本要求转化为广大纪检监察干部的自觉追求和实际行动。三是必须坚持把加强领导班子和干部队伍建设作为加强纪检监察机关自身建设的中心任务，坚持德才兼备、以德为先的用人标准选好配强纪检监察机关领导班子，以提高能力素质为重点加强纪检监察干部队伍建设。四是必须坚持把加强纪检监察组织建设作为加强纪检监察机关自身建设的基础工程，着力在健全机构设置、明确职责定位、发挥职能作用、整合工作力量上下功夫，形成基本覆盖、上下贯通、左右衔接的组织体系。五是必须坚持把严格要求、严格教育、严格管理、严格监督作为加强纪检监察机关自身建设的重要保障，督促广大纪检监察干部发扬优良作风，认真落实“五严守、五禁止”纪律要求，牢固树立监督者更要带头接受监督的意识，自觉接受党组织、党员和人民群众的监督，接受社会和新闻舆论的监督。六是必须坚持把推进干部人事制度改革作为加强纪检监察机关自身建设的重要动力，坚持正确用人导向，扩大干部公开选拔和竞争上岗范围，加大干部轮岗交流和挂职锻炼力度，健全干部考核评价制度，严厉整治用人上的不正之风。七是必须坚持把推进工作方式方法创新作为加强纪检监察机关自身建设的重要途径，注重完善领导体制和工作机制，积极创新工作方式方法，充分发挥各方面积极性。

全国政协文史工作座谈会召开

9 月 21 日，全国政协文史工作座谈会在北京召开，贾庆林会见与会代表并讲话。

贾庆林指出，人民政协文史资料工作是一项富有统战、政协特点的经常性、基础性工作。半个多世纪以来，在广大政协委员的积极参与和文史资料工作者的共同努力下，先后征集了 80 多亿字的文史资料文稿，出版了 50 多亿字的文史资料选辑和专题史料图书。党的十六大以来，全国政协高度重视文史资料工作，专门制定了《政协全国委员会关于加强文史资料工作的意见》，全国和地方各级政协以大协作的方式集中力量、整合资源，编辑出版了“共和国亲历亲见亲闻书系”等一大批富有时代特点和统战政协特色的专题文史图书；积极拓展与台湾史学界的学术交流，深化征集香港、澳门和海外文史资料工作，充分发挥了文史资料“存史、资政、团结、育人”的社会功能，为统一战线和人民政协事业发展做出了重要贡献。

贾庆林还参观了当天投入使用的中国政协文史馆。他说，中国政协文史馆的建成使用，实现了广大政协委员的夙愿，在人民政协文史事业发展史上具有重要意义。要结合统一战线和人民政协的特点和优势，扎实做好文史资料征集、收藏、研究、利用等方面工作，切实把中国政协文史馆管理好、运用好、发展好，不断推进人民政协的文史工作迈上新台阶。要充分发挥政协文史馆作为展示窗口的重要作用，大力宣传我国的政党制度和人民政协的优势，不断丰富展示内容，创新展示手段；要充分发挥政协文史馆作为研究园地的重要作用，积极运用丰富的馆藏资源，大力开展各种形式的学术活动；要充分发挥政协文史馆作为交流平台的重要作用，坚持开门办馆，主动扩大与社会各界的交流与合作，加强与海内外同行的联系，推进中外文化交流，真正达到以史团结人、以史影响人、以史教育人的目的。要充分发挥政协智力密集和联系广泛的优势，建设一支高水平的文史工作人才队伍。

中央文化体制改革和发展工作领导小组召开会议

9月21日，中央文化体制改革和发展工作领导小组召开全体会议，深入贯彻落实党的十七届六中全会精神，总结党的十六大以来文化体制改革和文化事业文化产业发展的成效经验，研究部署当前工作。刘云山主持会议并讲话，刘延东出席会议并讲话。

会议认为，党的十六大以来，以胡锦涛同志为总书记的党中央高度重视文化体制改革，作出一系列重大决策部署，为推进文化改革发展指明了前进方向、提供了基本遵循。在中央的坚强领导下，中央文化体制改革和发展工作领导小组加强协调指导、完善配套政策，各地各部门解放思想、开拓进取、攻坚克难，在经营性文化单位转企改制、组建文化市场综合执法机构和综合文化行政责任主体、构建公共文化服务体系、培育现代文化市场体系、创新文化走出去模式等方面，全面完成了中央确定的阶段性改革任务。

经过十年来不懈探索与实践，文化体制改革取得丰硕成果和显著成效，有力促进了文化生产力的解放发展，有力促进了文化的发展繁荣，有力促进了经济发展方式的加快转变，有力促进了国家文化软实力的不断提升，有力促进了各类文化人才竞相涌现，文化领域整体面貌和发展格局焕然一新，在已有基础上开创了文化建设新局面，走出了一条中国特色社会主义文化发展道路。十年来的文化体制改革历程很不平凡、成绩来之不易、经验弥足珍贵。

全国非公有制经济组织创先争优活动开展成效显著

9月21日，从中央统战部了解到，全国非公有制经济组织创先争优活动开展两年半来成效显著，60万个非公有制经济组织基层党组织和400万名党员参加了这一活动，非公有制企业新组建党组织17.7万个。在全国非公有制经济组织创先争优活动中，非公有制经济组织建立领导干部企业联系点22.2万余家，选派党建指导员36.4万名，培训党建指导员、党组织书记、企业出资人92万人次，提出合理化建议206万余条，取得技术革新成果353万余个。

目前，全国共有21个省（区、市）、60%的市（地、州）、70%的县建立了非公有制企业党建工作专门机构。

《中华人民共和国史稿》出版发行

9月23日，经中央批准，当代中国研究所编写的多卷本《中华人民共和国史稿》，由人民出版社、当代中国出版社出版，在全国发行。

《中华人民共和国史稿》共四卷，记述了中华人民共和国自1949年10月成立到1984年10月党的十二届三中全会召开这35年的历史。该书坚持以马克思列宁主义、毛泽东思想、邓小平理论、“三个代表”重要思想为指导，深入贯彻落实科学发展观，以中央《关于若干历史问题的决议》、《关于建国以来党的若干历史问题的决议》和中央有关重要文献为依据，展示了党紧紧依靠人民完成社会主义革命、开展社会主义建设、进行改革开放和现代化建设、开创中国特色社会主义道路的历史进程。

第十二届精神文明建设“五个一工程”颁奖晚会举行

9月24日，第十二届精神文明建设“五个一工程”颁奖晚会在北京中央电视台新址举行。李长春出席观看，并为获奖代表颁奖。他勉励广大文化工作者全面贯彻“二为”方向、“双百”方针和“三贴近”原则，始终坚持以人民为中心的创作导向，努力创作生产更多思想性艺术性观赏性相统一、人民群众喜闻乐见的优秀作品，为推动文化大发展大繁荣、建设社会主义文化强国作出新的更大贡献。刘淇、刘云山、刘延东、陈奎元、孙家正一同观看。

第十二届精神文明建设“五个一工程”自今年7月起组织实施评选，在广泛听取群众意见的基础上，共评选出电影《建国大业》、电视剧《我们的法兰西岁月》、动画片《兔侠传奇》、戏剧《郭明义》、歌曲《走向复兴》、广播剧《伟大的转折》、文艺类图书《解放战争》等176部优秀作品，同时还评选出组织工作奖21家。

政法委政法队伍建设调研座谈会在福州召开

9月23至24日，部分省（区、市）政法委政法队伍建设调研座谈会在福州召开，正在福建省考察调研的王乐泉会见会议代表并讲话。

王乐泉指出，总结近年来特别是十七大以来的政法队伍建设工作，至少有五条基本经验。一是必须始终牢牢把握政法队伍建设的正确方向；二是必须把人民群众是否满意作为评判政法队伍建设成效的根本标准；三是必须坚持素质强警与从严治警相结合；四是必须不断强化基层组织建设，建立人往基层走、钱往基层用的好机制；五是必须通过体制机制的完善解决根本性、长远性问题。

面对日益繁重的政法维稳任务和纷繁复杂的社会环境，全体政法干警一定要经受住坚定性、忠诚度的考验；经受住公正性、廉洁性的考验；经受住适应力、驾驭力的考验；经受住信息化、公开化的考验。要进一步强化思想政治工作，确保政法干警做到立场坚定、无比忠诚，进一步促进队伍执法能力水平与形势任务要求相适应，切实提高队伍应对风险挑战、驾驭复杂局面的能力。要进一步统筹好政法队伍建设与业务建设，善于从政法工作的苗头性、倾向性问题中，预测队伍建设面临的困难和挑战，不断增强队伍建设的预见性、主动性。要切实通过抓队伍建设促进执法问题的解决，通过解决执法突出问题推动队伍执法水平的提高。

中央创先争优活动领导小组印发《关于党支部建立创先争优制度的指导意见》

9月24日，中央创先争优活动领导小组印发了《关于党支部建立创先争优制度的指导意见》，并发出通知，要求各地区各部门各单位结合实际认真贯彻落实。

《意见》的印发和实施，旨在巩固和扩大创先争优活动成果，推动创先争优常态化长效化，切实加强党的基层组织建设。《意见》要求，要紧紧围绕推动发展、服务群众、凝聚人心、促进和谐的职能任务，以创建“五个好”先进党支部、争当“五带头”优秀共产党员为目标，根据农村、社区、国有企业、机关、高校、事业单位、非公有制经济组织和社会组织等领域的实际，分别提出党支部建立创先争优制度的主要内容。要把党支部建立创先争优制度作为加强党的基层组织建设的重要举措，作为保持创先争优常态化长效化的重要保证，县市区党委要加强领导，基层党委要具体抓；要健全基层民主，认真落实党员的知情权、参与权、选举权、监督权，充分调动广大党员创先争优积极性；要完善基本保障，加大投入力度，为党支部落实制度、开展工作提供必要的物质条件；要加强督促检查，及时总结交流经验，切实改进薄弱环节，定期考核制度实施情况，组织群众评议，推动创先争优常态化长效化。

我国第一艘航空母舰正式交付海军

9月25日，我国第一艘航空母舰“辽宁舰”已按计划完成建造和试验试航工作，在中国船舶重工集团公司大连造船厂正式交付海军。胡锦涛向海军接舰部队授予军旗和命名证书并登舰视察。温家宝一同出席并宣读党中央、国务院、中央军委的贺电。贺电指出，我国发展航空母舰，是党中央、国务院、中央军委着眼国家安全和发展全局作出的重大战略决策。第一艘航空母舰顺利交接入列，对于提高我军现代化水平，促进国防科技工业技术进步和能力建设，增强国防实力和综合国力，对于振奋民族精神，激发爱国热情，鼓舞全党全军全国各族人民奋力夺取全面建成小康社会新胜利、开创中国特色社会主义事业新局面，具有重大而深远的意义。郭伯雄，徐才厚，马凯，常万全，吴胜利出席仪式并陪同视察。

全国宣传部长座谈会召开

9月25日，全国宣传部长座谈会在北京召开。刘云山出席并讲话，雒树刚主持会议。

刘云山指出，科学发展是十六大以来党和国家各项工作的鲜明主题，也是迎接党的十八大宣传的鲜明主题。要聚焦主题、深化内涵，唱响科学发展的主旋律。要进一步深化“走转改”主题采访活动，深入一线挖掘报道素材，深入群众发现典型事例；以基层的鲜活实践展示社会进步，以人们的亲身体会反映发展变化，使宣传报道更加深入人心。

形成迎接十八大宣传的热潮，必须集中各种资源、运用各种形式，努力扩大宣传效应。要用好各类媒体资源，发挥党报党刊、通讯社、电台电视台的主力军作用，发挥晚报都市报和互联网、手机等新兴媒体的积极作用，突出特色、各展所长，切实做到相辅相成、相映成辉。要用好社会宣传资源，利用各级党校、市民学校、社区和乡镇文化站等阵地，通过理论宣讲、主题教育、形势报告等形式，使宣传教育热在基层、热在群众。要用好文化资源，推出一批歌颂党和祖国、歌颂改革开放、歌颂人民美好生活的优秀文艺作品，做好“五个一工程”获奖作品的展播展映展演工作，广泛开展群众性文化活动，着力营造喜庆热烈、文明和谐的社会文化环境。

国家公共文化示范区创建经验交流会召开

9月25日，文化部在江苏省张家港市召开国家公共文化示范区创建工作现场经验交流会，考察学习张家港市“网格化”公共文化服务典型经验，同时总结交流不同区域的示范区创建工作。

张家港市立足城市化进程中公共文化服务体系建设面临的新形势、新问题，以保障人民群众基本文化权益为宗旨，以延伸基层公共文化服务层级为突破口，在社区以下合理划分“文化网格”，通过建立一支扎根基层、服务群众、乐于奉献的“网格文化员”队伍，率先探索实施“网格化”公共文化服务模式，形成了市、镇（区）、村（社区）、网格四级公共文化服务新体系，促进了公共文化服务均等化，形成了公共文化服务体系建设“张家港经验”，在国家公共文化示范区创建和公共文化服务体系建设工作中具有较强的示范性。

自2011年文化部、财政部正式启动实施国家公共文化示范区创建工作，特别是创建工作写入十七届六中全会《决定》以来，示范区创建工作已经成为各地推动公共文化服务体系建设的重要抓手，一些长期制约城乡文化事业发展的突出矛盾得到加快解决。首批中央财政3.05亿元示范区创建补助资金撬动了31个城市财政资金投入超过100亿元，部分创建示范区2011年文化事业费投入比2010年实现了翻一番；创建工作推动了许多城市将重大公共文化设施项目列入“十二五”规划。许多创建示范区探索实施公共文化服务政府采购制度、公共图书馆总分馆制、流动文化服务等一系列新的公共文化服务方式，有效提升了公共文化服务能力。

中央办公厅印发《关于进一步加强党管人才工作的意见》

9月26日，中共中央办公厅印发了《关于进一步加强党管人才工作的意见》，并发出通知，要求各地区各部门结合实际认真贯彻执行。

通知指出，党管人才是人才工作的重要原则。落实好这一原则，进一步加强党对人才工作的领导，对于保证人才工作的正确方向，促进人才强国战略的更好实施和建设人才强国目标的顺利实现意义重大。通知要求，各地区各部门要按照中央的要求，切实加强党对人才工作的领导，健全党管人才领导体制和工作格局，完善党管人才工作运行机制，创新党管人才方式方法，加强人才工作机构和队伍建设，不断提高人才工作科学化水平，为实现全面建成小康社会奋斗目标、加快推进社会主义现代化提供强有力人才保障。

全国文化体制改革工作表彰大会在北京举行

9月26日，全国文化体制改革工作表彰大会在北京人民大会堂举行。会前，胡锦涛亲切会见全体与会代表，向受到表彰的全国文化体制改革工作先进地区、先进单位、先进个人表示热烈的祝贺，向全国广大文化工作者表示诚挚的问候。温家宝，习近平，李克强参加会见，李长春参加会见并在会上讲话，刘云山主持大会，刘延东，陈奎元出席大会。

李长春在讲话中全面回顾了党的十六大以来深化文化体制改革的不平凡历程，系统总结了文化改革发展取得的历史性成就。他指出，在推进文化改革发展的进程中，我们不断深化对文化建设规律的认识，积累了一系列宝贵经验。概括起来就是：必须坚持党的领导，为坚持文化建设正确方向、有力推进文化改革发展提供坚强保证；必须坚持解放思想、实事求是、与时俱进，牢固树立符合科学发展观要求的新的文化发展理念；必须坚持一手抓公益性文化事业、一手抓经营性文化产业，把社会效益放在首位、社会效益和经济效益相统一，做到两加强、两促进；必须坚持从实际出发，区别对待、分类指导、循序渐进、逐步推开，积极稳妥推进各项改革；必须坚持以人为本，充分调动人民群众和广大文化工作者投身文化建设的积极性、主动性、创造性；必须坚持统筹兼顾，正确认识和处理好文化改革发展中的一系列重大关系，不断提高文化改革发展的科学化水平。当前我国正处于全面建设小康社会的关键时期和深化改革开放、加快转变经济发展方式的攻坚时期，这也是文化改革发展的重要战略机遇期。站在新的历史起点上，全党全社会要继续深入贯彻落实党的十七届六中全会精神和中央一系列决策部署，不断增强文化自觉和文化自信，进一步深化文化体制改革，兴起文化建设新高潮，坚定不移地走中国特色社会主义文化发展道路，奋力开拓社会主义文化强国建设的新局面。

会上宣读了表彰决定，并向受到表彰的 32 个全国文化体制改革工作先进地区、296 个先进单位和 198 名先进个人代表颁发了奖牌和证书。

纪念中国法学会恢复重建 30 周年大会在北京召开

9 月 26 日，纪念中国法学会恢复重建 30 周年大会在北京人民大会堂召开。王乐泉，孟建柱，曹建明、王汉斌、罗豪才等出席活动。会议由韩杼滨主持。陈冀平宣读了关于表彰“全国杰出资深法学家”和全国地方法学会系统先进集体、先进个人的决定，有关领导向受表彰代表颁奖，中国人民大学法学院教授高铭暄、辽宁省法学会常务副会长国长青分别作了发言。

“机关党建科学化十佳案例”评选揭晓

9 月 26 日，为深入贯彻落实中央要求，提高机关党建科学化水平，总结推广机关党建先进经验，中央国家机关工委《紫光阁》杂志社和全国党建研究会机关专委会共同发起了“机关党建科学化十佳案例”评选活动。经过半年的案例征集和集中评审，人民日报社总编室党总支“金台读书会”、国家人口计生委宣教司党支部“党员主体工作法”、广东省直机关工委“一年一个主题”等 10 个案例入选“十佳案例”；教育部直属机关党委、浙江慈溪市直机关工委等机关党组织申报的 30 个案例入选优秀案例。这些案例是近年来各地各部门机关党建创新成果的集中反映。

侯伯宇同志先进事迹报告会在北京举行

9 月 27 日，由中央宣传部、教育部和陕西省委联合举办的侯伯宇同志先进事迹首场报告会在北京人民大会堂举行。报告会前，刘延东会见了报告团全体成员。她强调，广大教师和教育工作者要认真贯彻落实全国教师工作会议精神，学习侯伯宇同志的先进事迹和崇高精神，努力做学生健康成长的引导者、科学探索的开拓者、良好风尚的推动者、社会主义核心价值体系的践行者，以优异成绩迎接党的十八大胜利召开。袁贵仁、赵乐际参加会见。

侯伯宇同志生前系西北大学现代物理研究所教授、博士生导师、理论物理学家。他扎根西北 45 年，坚持教书育人并重。培养了一批优秀拔尖创新人才，所创“侯氏理论”等学术成果为理论物理和数学物理的前沿领域作出了开创性贡献。2010 年 10 月，侯伯宇同志因病逝世。

中国干部网络学院正式开通

9 月 27 日，中国干部网络学院正式开通。李源潮出席开通仪式并讲话，他指出，要充分利用信息网络技术加强干部教育培训，满足干部多样化、个性化的学习需求，努力把中国干部网络学院办成受干部欢迎、让干部受益的网上大学校，更好地为科学发展服务、为干部成长服务。沈跃跃主持开通仪式。

中国干部网络学院（www.cela.gov.cn）是依托互联网建设的国家级干部网络学习和管理平台，具有信息发布、在线学习、教学考评、培训管理、课程共享、交流互动等功能，可方便干部通过多种方式参加学习。网络学院将以县处级以上领导干部为重点对象，开展专题培训、定制培训、衔接培训和干部选学。第一步先在中央和国家机关、北京市开通，2015 年扩展到全国所有司局级干部，2017 年扩展到所有县处级干部，逐步建设成为满足全国所有干部参与在线学习的平台。

解放军四总部发布《军队文职人员管理规定》

9月27日，经中央军委批准，总参谋部、总政治部、总后勤部、总装备部近日发布《军队文职人员管理规定》，自2013年1月1日起施行。

《规定》共9章73条，以《中国人民解放军文职人员条例》和国家、军队有关政策规定为依据，对文职人员招聘、续聘、解聘办法，文职人员岗位等级设置，文职人员工资、住房、社会保险、福利待遇，文职人员教育管理、考核和奖惩制度，文职人员培训、着装、证件以及专业技术资格评定办法等，作出了具体明确规定。《规定》的发布施行，对于加强军队文职人员队伍建设，完善我军新型用人机制，为国防和军队建设提供有力人才支撑，具有重要意义。

中共中央决定给予薄熙来开除党籍　开除公职处分

9月28日，中共中央政治局会议审议并通过中共中央纪律检查委员会《关于薄熙来严重违纪案的审查报告》，决定给予薄熙来开除党籍、开除公职处分，对其涉嫌犯罪问题及犯罪问题线索移送司法机关依法处理。

2012年4月10日，中共中央政治局召开会议，听取了对重庆市原副市长王立军私自进入美国驻成都总领事馆滞留事件（王立军事件）调查和对薄谷开来（薄熙来之妻）涉嫌投毒杀害英国公民尼尔·伍德案件复查情况的汇报。鉴于薄熙来在王立军事件和薄谷开来涉嫌故意杀人案件中的错误和责任，且在上述两起案件（事件）调查和复查过程中还发现了薄熙来的其他违纪线索，中央决定，停止薄熙来担任的中央政治局委员、中央委员职务，并由中央纪委对其立案检查。

中央强调，对薄熙来严重违纪问题的查处，进一步体现了我们党从严治党的根本要求和依法治国的执政理念，进一步表明了我们党反对腐败的鲜明立场和坚定决心。

中共中央政治局召开会议

9月28日，中共中央政治局召开会议，研究中国共产党第十七届中央委员会第七次全体会议和中国共产党第十八次全国代表大会筹备工作，审议中共中央纪律检查委员会向党的第十八次全国代表大会的工作报告稿。胡锦涛主持会议。

会议决定，中国共产党第十七届中央委员会第七次全体会议于2012年11月1日在北京召开。中共中央政治局将向党的十七届七中全会建议，中国共产党第十八次全国代表大会于2012年11月8日在北京召开。会议同意将中共中央纪律检查委员会向党的第十八次全国代表大会的工作报告稿提交党的第十七届七中全会讨论。

外文出版社成立60周年座谈会举行

9月28日，“新中国对外出版事业从这里走向辉煌——外文出版社成立六十周年座谈会”在北京举行，李长春致信祝贺，刘云山也发来贺信。

李长春在贺信中指出，60年来，外文出版社紧紧围绕党和国家工作大局，自觉遵循对外传播规律，以多语种形式编辑出版了一大批向世界介绍中国的优秀图书，成为世界了解中国的重要窗口，在新中国对外传播事业和对外文化交流中发挥了主力军作用，为我国现代化建设和改革开放事业作出了积极贡献。特别是近年来，认真贯彻中央关于深化文化体制改革的决策部署，顺利完成转企改制，为发展壮大注入了新的生机活力。希望外文出版社以党的十七届六中全会精神为指导，坚持正确的出版导向，立足自身资源优势和品牌优势，大力推进体制机制创新，积极开展国际合作，努力开拓国际市场，推出更多反映当今中国、体现中国视角、贴近国外读者的精品图书，不断增强国际竞争力和影响力，为推动中华文化走出去，增强国家文化软实力，建设社会主义文化强国作出新的更大贡献。

刘云山在贺信中希望外文出版社以建社60周年为新的起点，进一步解放思想、开拓创新，立足国内国际两个市场，充分发挥外向型、国际化、多语种、多媒体对外传播的特殊优势，出版更多弘扬中华文化、展示中国形象的精品力作，为开创中国特色社会主义事业新局面营造更加有利的国际舆论环境。

外文出版社是中国外文局的重要成员单位，成立于1952年，是我国主要的对外出版机构。60年来，外文出版社用43种文字翻译出版了3万余种图书，包括领导人著作、党和政府重要文献、中国国情读物、中国文化典籍和中国文学经典等，受众覆盖世界近200个国家和地区。

国务院举行国庆招待会

9月29日，国务院在人民大会堂举行国庆招待会，热烈庆祝中华人民共和国成立63周年。胡锦涛、吴邦国、温家宝、贾庆林、李长春、习近平、李克强、贺国强等党和国家领导人与1200多名中外人士欢聚一堂，共庆佳节。马凯主持招待会。

温家宝发表了热情洋溢的讲话。他代表党中央、国务院，向全国各族人民致以节日的祝贺；向港澳同胞、台湾同胞和海外侨胞致以亲切的问候；向关心、支持中国现代化建设的国际友人表示诚挚的感谢。

2012年10月

首都各界向人民英雄纪念碑敬献花篮

10月1日，今天是中华人民共和国成立63周年纪念日。党和国家领导人胡锦涛、吴邦国、温家宝、贾庆林、李长春、习近平、李克强、贺国强等来到北京天安门广场，与首都各界代表一起，向人民英雄纪念碑敬献花篮，深切缅怀为民族独立和人民解放、国家富强和人民幸福献身的革命先烈，充分表明全党全国各族人民继承先烈遗志、奋力推进中国特色社会主义伟大事业坚定信念。

中央反腐败协调小组第二十二次会议召开

10月8日，中央反腐败协调小组第二十二次会议召开，贺国强出席并讲话。李源潮，何勇，孟建柱，王胜俊，曹建明出席会议。

贺国强指出，党的十七大以来，在党中央、国务院正确领导下，各级党委、政府和纪检监察机关坚决贯彻中央关于反腐倡廉的重大决策部署，积极进取，扎实工作，反腐倡廉建设取得新进展新成效。在各方面特别是中央反腐败协调小组各成员单位的共同努力下，查办案件工作力度不断加大、领域不断拓展、质量和水平明显提高、治本功能有效发挥、领导体制和工作机制进一步完善，取得了新的成绩，积累了新的经验。一是坚持把查办案件工作摆在突出位置来抓，保持了惩治腐败的强劲势头，对腐败分子不管涉及到谁，坚决查处，决不姑息、决不手软，决不让任何腐败分子逃脱党纪国法的惩处。据统计，从2007年11月至2012年6月，全国纪检监察机关共立案64万多件，结案63万多件，给予党纪政纪处分66万多人，涉嫌犯罪移送司法机关处理2．4万多人，坚决查处了薄熙来、刘志军、许宗衡等一批重大违纪违法案件。二是坚持围绕党和国家中心任务开展查办案件工作，保证了中央重大决策部署的贯彻落实。三是坚持把查办案件与专项治理等工作紧密结合，推动解决了一批反腐倡廉建设中人民群众反映强烈的突出问题，着力解决发生在群众身边的腐败问题。四是坚持把加大办案力度与依纪依法、安全文明办案有机统一，促进了办案工作制度化和规范化。五是坚持把查办案件和发挥治本功能密切衔接，增强了惩治和预防腐败的综合效应。六是坚持以改革创新精神推进查办案件工作，提高了办案工作科学化水平。

反腐败协调小组是党委组织领导反腐败工作的重要机制，也是纪委协助党委组织协调反腐败工作的重要平台。查办案件是推进反腐败斗争的一个重要手段，也是伴随反腐倡廉建设始终的一项长期任务。我们要进一步搞好经验总结，加大工作力度，推进改革创新，抓好工作落实，努力提高查办案件工作的科学化水平，不断以反腐倡廉建设新成效取信于民。

纪念钱伟长同志诞辰100周年座谈会在北京举行

10月9日，纪念钱伟长同志诞辰100周年座谈会在北京人民大会堂举行。贾庆林出席座谈会并讲话，王刚，刘延东，张梅颖，杨汝岱出席座谈会。杜青林主持座谈会。会上，林智敏、李重庵、方新、罗志军先后发言。

钱伟长同志是我国近代力学奠基人之一，著名的科学家、教育家，杰出的社会活动家，中国民主同盟的卓越领导人，中国共产党的亲密朋友，中国人民政治协商会议第六届、七届、八届、九届全国委员会副主席，中国民主同盟第五届、六届、七届中央委员会副主席和第七届、八届、九届名誉主席，中国科学院资深院士、上海大学校长。

贾庆林在讲话中全面回顾了钱伟长的生平业绩和卓越贡献。他说，钱伟长同志的一生，是爱国的一生、奋斗的一生、奉献的一生。他的光辉业绩和历史贡献，永远值得我们铭记；他的高尚品格和无私奉献精神，永远值得我们学习。我们纪念钱伟长同志，就要学习他热爱祖国、情系人民的崇高品德，学习他与中国共产党风雨同舟、真诚合作的坚定信念，学习他勤于钻研、勇于创新的科学精神，学习他倾心教育、甘为人梯的大家风范。

新疆“热爱伟大祖国　建设美好家园”活动总结座谈会在北京举行

10月10日，中央宣传部、中央统战部、教育部、国家民委、新疆维吾尔自治区党委在乌鲁木齐市召开“热爱伟大祖国建设美好家园”主题教育活动总结座谈会。李长春对主题教育活动分别作出重要批示。刘云山出席并讲话，张春贤对主题教育活动作了总结，努尔·白克力主持座谈会。

刘云山在讲话中指出，加强民族团结宣传教育，直接关系各民族的繁荣发展，关系社会的和谐稳定，关系国家的长治久安。要总结和运用好这次主题教育活动的成功经验，保持工作力度、拓展工作深度、形成工作常态，不断把民族团结宣传教育引向深入。要深化教育主题、丰富思想内涵，着力增强人们热爱伟大祖国、维护民族团结的思想自觉。要贴近群众思想实际、融入群众生产生活，把解决思想问题同解决实际问题结合起来，增强宣传教育的共鸣感和亲和力。要拓展宣传阵地、创新方法手段，用好各种教育资源，把民族团结宣传教育开展到城乡基层、覆盖到各族群众。要完善保障措施、建立长效机制，注重从政策措施、资金投入等方面提供实实在在的支持，确保民族团结宣传教育各项任务落到实处。

座谈会上，表彰了主题教育活动的先进单位和先进个人，5个基层单位代表作了经验发言。

方永刚先进事迹展览馆举行开馆仪式

10月10日，方永刚先进事迹展览馆开馆仪式在海军大连舰艇学院举行。徐才厚出席仪式并讲话，吴胜利一同出席。

方永刚同志生前系海军大连舰艇学院教授，2008年3月因积劳成疾，不幸去世。他是在全党全军深入学习贯彻邓小平理论和“三个代表”重要思想、深入学习贯彻科学发展观的伟大实践中涌现出来的重大典型，是新时期学习实践党的创新理论的时代先锋。胡锦涛主席对学习宣传方永刚同志先进事迹非常重视，称赞方永刚不仅深入学习党的理论、坚定信仰党的理论、积极传播党的理论，而且用自己的实际行动模范践行党的理论，号召广大共产党员、全军官兵向方永刚同志学习。2007年6月，中央军委授予方永刚同志“忠诚党的创新理论的模范教员”荣誉称号。

国务院教育督导委员会成立暨国家督学聘任工作会议召开

10月11日，国务院教育督导委员会成立暨第九届国家督学聘任工作会议召开，刘延东出席并讲话，袁贵仁主持会议。第九届国家督学共聘任171名。

刘延东指出，教育督导是现代教育制度的重要组成部分。国务院颁布《教育督导条例》和成立国务院教育督导委员会，是推进教育行政体制改革的重要举措，强化了教育督导机构的相对独立性，并通过跨部门的合作，形成教育决策、执行、监督相协调的教育管理体系。对政府及其职能部门履行教育职责，对各级各类学校和教育机构规范办学行为、办好人民满意教育提供了体制机制保障，能够确保监督的公开、公平和有效，改变过去“重决策、轻落实，重执行、轻监督”的状况，标志着教育督导走上了法制化、机制化轨道。要坚持依法治教，遵循教育规律，创造性开展工作，切实落实教育规划纲要的各项要求。要坚持监督与指导并重做好督政工作，推动政府履行职责，落实教育优先发展战略。要坚持以提高教育教学质量和素质教育为中心开展督学工作，完善评估体系，促进各级各类学校特色发展和学生全面发展。要组织好专项督导，推动解决义务教育均衡发展、人才培养模式等群众关注的热点难点问题。要加强对教育质量的监测和动态分析，发挥好质量监测的诊断和导向功能。

全国公安民警革命传统教育基地揭牌

10 月 11 日，“全国公安民警革命传统教育基地”揭牌仪式在河北省平山县王子村华北人民政府公安部旧址举行。孟建柱为教育基地揭牌，并瞻仰华北人民政府公安部旧址。

1948 年 9 月，党中央在平山县王子村成立了华北人民政府公安部；1949 年 7 月，中央决定将华北人民政府公安部与中央社会部的一部分合并，组建中央军委公安部；同年 11 月，在中央军委公安部的基础上，成立了中央人民政府公安部。华北人民政府公安部旧址，是继江西瑞金中华苏维埃共和国国家政治保卫局旧址、陕西延安陕甘宁边区政府保安处旧址之后，第三个全国公安民警革命传统教育基地。

中直机关召开机关文化建设座谈会

10 月 11 至 12 日，中央直属机关工委召开中直机关文化建设座谈会，总结交流贯彻落实党的十七届六中全会精神，全力推进机关文化建设的工作经验，安排部署进一步推动中直机关文化建设的工作任务。

会议提出，中直机关文化建设硕果累累，以培育和形成机关精神为重点，扎实推进社会主义核心价值体系教育；以围绕中心、服务大局为根本，着力提高机关干部职工的思想文化素质；以加强制度文化建设为抓手，提升机关自身建设科学化水平；以建设和谐机关为动力，全面活跃机关文化生活；以推动廉政文化建设为重点，树立培育良好的机关作风。

全国新型农村和城镇居民社会养老保险工作总结表彰大会召开

10 月 12 日，全国新型农村和城镇居民社会养老保险工作总结表彰大会在北京人民大会堂召开。温家宝出席会议并讲话，并在会前会见了全体与会代表。李克强，回良玉出席会议，马凯主持会议。

温家宝在讲话中回顾了党的十六大以来我国社会保障制度建设取得的成就。2009 年下半年，国务院决定开展新型农村社会养老保险试点，2011 年启动城镇居民社会养老保险试点。今年上半年，国务院决定在全国所有县级行政区全面开展新型农村社会养老保险和城镇居民社会养老保险工作。覆盖城乡居民的社会养老保障体系基本建立，是我国社会保障事业发展的重要里程碑。截至今年 9 月底，两项养老保险的参保人数达到 4.49 亿人，加上企业职工养老保险，总计覆盖人数超过 7 亿人。3 年来，各级财政共拨付两项养老保险补助资金超过 1700 亿元。目前全国有 1.24 亿城乡居民领取基础养老金。

在世界上人口最多的发展中国家，建立健全社会养老保险体系，真正实现全体人民“老有所养”目标，要走的路还很长，任务还很艰巨。要稳步提高保障水平。坚持政府引导和个人负担并重，政府宁肯少上几个项目，也要确保对社会养老保险制度的投入。根据经济发展、财政收入、物价变动等因素，建立科学合理的保障水平调整机制。弘扬中华民族优良传统，发挥好家庭和社会慈善在养老保障方面的作用。要继续完善政策体系。进一步完善参保激励机制，真正做到多缴多补、长缴多得，调动参保积极性，不断扩大覆盖面，增加基金积累。研究解决城乡居民养老保险与企业职工基本养老保险制度之间的衔接整合问题。要按照精简效能的原则，整合公共服务和社会保险经办管理资源，提高信息化水平，增强基层经办服务能力。依法加强基金监督管理，努力实现基金的保值增值。

大会宣读了关于表彰全国新型农村社会养老保险和城镇居民社会养老保险工作 380 个先进单位和 480 个先进个人的决定，随后为受表彰的先进单位和个人代表颁奖。6 个先进单位和个人代表在会上发言。

《彭真传》《彭真年谱》出版

10 月 12 日，今年是彭真同志诞辰 110 周年。由《彭真传》编写组编写的《彭真传》、《彭真年谱》近日已由中央文献出版社出版。《彭真传》共 4 卷，130 余万字；《彭真年谱》共 5 卷，180 余万字。这两部书依据翔实的历史文献和档案资料，汲取相关研究成果，记述了彭真同志为中华民族的独立和中国人民的解放，为社会主义制度的建立和巩固，为社会主义民主法制建设，为中国特色社会主义事业和共产主义理想顽强奋斗的一生及其做出的杰出贡献。

胡锦涛批示要求
努力推进创先争优常态化长效化

10月14日，胡锦涛和习近平在中央创先争优活动领导小组上报的《关于深入开展创先争优活动的总结报告》上作出批示。胡锦涛总书记批示：“创先争优活动取得显著成效。要认真总结经验，巩固和扩大成果，努力推进创先争优常态化、长效化，不断提高党建科学化水平。”习近平同志批示：“创先争优活动开展两年多来，基本实现了目标任务，取得显著成效。今后要在建立健全制度机制上下功夫，推动创先争优常态化、长效化。”

为学习贯彻胡锦涛总书记和习近平同志的重要批示，中央创先争优活动领导小组近日印发通知，要求各地区各部门各单位在集中性的创先争优活动取得显著成效的基础上，认真总结经验，巩固和扩大成果，建立健全制度机制，努力推进创先争优常态化长效化，将开展了两年多来的集中性创先争优活动转入基层党组织和广大党员经常性创先争优。

马克思主义理论研究和建设工程取得重要阶段性成果

10月15日，从中宣部获悉，马克思主义理论研究和建设工程实施8年来，在党中央的高度重视和直接领导下，取得了重要阶段性成果，为推进党和国家事业发展作出了贡献。

雒树刚在接受专访时指出，实施马克思主义理论研究和建设工程，是我们党从深入推进马克思主义中国化时代化大众化、坚持和发展中国特色社会主义的战略高度作出的一项重大决策，在推进党的思想理论建设、繁荣发展哲学社会科学方面发挥了龙头作用、基础作用和导向作用。目前工程基本完成了中央确定的阶段性任务，取得了多方面的成果，主要体现在：第一，进一步高扬了马克思主义旗帜，向世人鲜明昭示了中国共产党坚持马克思主义指导地位，用发展着的马克思主义指导新的实践的决心和信念。第二，形成了一大批重要理论成果，推出了10卷本《马克思恩格斯文集》和5卷本《列宁专题文集》，编写了《中国特色社会主义理论体系学习读本》、《科学发展观学习读本》、《社会主义核心价值体系学习读本》，推出了《理论热点面对面》等成为理论大众化的品牌读物，制作播出了《复兴之路》、《旗帜》等多部有深度、有影响的电视理论专题片。编写出版了涉及各主要学科领域的30多种重点骨干教材，初步形成了中国特色的哲学社会科学教材体系。第三，创新了理论研究机制，实现了理论工作部门和实际工作部门、基础学科领域和应用学科领域的深度结合，集聚了雄厚的、可持续发展的智力资源。第四，发现、培养和造就了一大批政治坚定、功底深厚、勇于创新、在国内外有广泛影响的马克思主义理论人才。8年来的实践证明，工程在推动理论创新发展、推动改革开放和现代化建设方面发挥了重要作用，不愧是党的十六大以来我国思想理论建设的标志性工程，是这一时期最重大、最基础、最具深远意义的思想理论建设工程。

全国创先争优活动总结交流会议召开

10月15日，全国创先争优活动总结交流会议召开，李源潮出席并讲话，雒树刚主持会议。

这次全国基层党组织和党员集中性创先争优活动，自2010年4月开展以来，按照中央提出的“推动科学发展、促进社会和谐、服务人民群众、加强基层组织”的总要求扎实推进，取得了显著成效。李源潮指出，创先争优活动为加强党的建设提供了新的经验和启示，要坚持思想先进与行动先进的高度统一，推动创先争优成为全党的价值理念和自觉行动；坚持围绕中心、服务大局，把党的建设融入争科学发展之先、创社会和谐之优的实践之中；坚持群众满意的价值导向，在为群众办实事好事中密切党群干群关系；坚持抓基层打基础，充分激发基层党组织和党员的内生动力；坚持党内带党外、党员带群众，不断增强党组织的社会凝聚力、影响力和带动力；坚持体制机制创新，着力构建创先争优长效机制，为保持和发展党的先进性提供有力的制度保障。

李源潮指出，要推进创先争优常态化、长效化，引导基层党组织和党员牢固树立创先争优理念，把创先争优融入中心任务、融入岗位职责、融入制度建设，成为推动科学发展、促进社会和谐、服务人民群众的强大动力。要把创先争优的好经验好做法上升为制度，每个支部至少建立一项创先争优制度，留下长期起作用的成果。要落实党建工作责任制，坚持书记抓抓书记，不断提高党建科学化水平。

陕西安塞县、湖南岳阳市、江苏省、卫生部、中国航天科技集团公司、上海交通大学等6家单位发言。

2013 年度全国党报党刊发行工作会议召开

10 月 16 日，2013 年度全国党报党刊发行工作视频会议在北京举行。

会议提出，要认真贯彻落实中央关于做好 2013 年度重点党报党刊发行工作的通知精神，采取有效措施，确保人民日报、《求是》杂志和光明日报、经济日报等中央重点党报党刊的发行工作顺利进行，以饱满的工作热情迎接党的十八大胜利召开，以良好的工作状态宣传贯彻好党的十八大精神。

《中国共产党历史画典》出版

10 月 16 日，在党的十八大即将召开之际，中共党史出版社推出《中国共产党历史画典》。《画典》精选了现代、当代美术史上 100 多位美术大家和新锐画家的 220 多幅油画、国画、版画等作品，配以简明易懂的“美术点评”和“党史解读”，以画带史，贯穿起 90 多年来波澜壮阔的历史，让读者在触摸历史的同时感受艺术之美，是党史和美术颇具创意的一次结合。

新闻战线“走转改”活动图片展开幕

10 月 18 日，中宣部、中央外宣办、国家广电总局、新闻出版总署和中国记协共同举办的“躬行大地——新闻战线‘走基层、转作风、改文风’活动图片展”在中国国家博物馆开幕，刘云山出席开幕式并参观展览。

开展“走转改”活动，是新闻战线适应时代发展要求、贯彻党的群众路线的重大举措，是坚持“三贴近”原则、改进创新新闻宣传工作的根本途径，是加强新闻队伍建设、推进中国特色社会主义新闻事业健康发展的根本措施。图片展共展出中央新闻单位和各省区市新闻单位选送的 300 余幅图片，全面展示了一年来新闻战线“走转改”活动走过的难忘历程和取得的丰硕成果，真实再现了新闻工作者“在路上、在基层、在现场”的风采风貌，集中荟萃了“说实话、说新话、说老百姓的话”的优秀作品，生动体现了“贵在走、难在转、重在改”的不懈探索，对不断深化拓展“走转改”活动、开创新闻宣传工作新局面具有重要作用。

林俊德同志先进事迹报告会举行

10 月 19 日，中宣部、总政治部、总装备部和中国工程院在人民大会堂举行林俊德同志先进事迹报告会。胡锦涛作出批示，要求学习宣传林俊德院士的感人事迹和献身精神。徐才厚在报告会前会见林俊德同志亲属和报告团成员，代表胡锦涛主席和中央军委，向林俊德同志的亲属和报告团全体同志表示诚挚的问候。徐才厚指出，胡主席的重要指示是对林俊德同志的最高褒奖，也是对广大科技工作者和军队英模的亲切关怀和厚爱，我们一定要深刻学习领会，认真抓好贯彻落实。李继耐，常万全一同会见。

徐才厚指出，林俊德院士是我国爆炸力学与核试验工程领域的著名专家，是献身国防科技事业的杰出代表，是践行当代革命军人核心价值观的时代楷模。他扎根边疆 52 年，把青春和生命融入大漠戈壁，把全部心血和智慧奉献给国防事业，参加了我国全部核试验任务，曾获国家、军队科技进步奖和发明奖 30 多项，为国防和军队现代化建设作出了卓越贡献。在住院治疗期间，他依然坚持工作，战斗到生命最后一刻，生动诠释了伟大的“两弹一星”精神和马兰精神。

国家统计局公布全国组织工作满意度民意调查结果

10 月 19 日，中央组织部新闻发言人公布了国家统计局所做的 2012 年全国组织工作满意度民意调查结果。调查数据显示，2012 年民意调查选人用人公信度 78.30 分，防止和纠正用人不正之风满意度 78.08 分，组织工作满意度 79.96 分。这是民意调查工作开展以来，满意度各项指标连续第四次全面提高。三项指标分别比 2011 年提高 2.20 分、2.06 分和 1.43 分。与 2008 年相比，选人用人公信度提高 11.36 分，防止和纠正用人不正之风满意度提高 11.24 分，组织工作满意度提高 6.39 分。

中央政治局召开会议研究拟提请十七届七中全会讨论的文件

10月22日，中共中央政治局召开会议，研究拟提请十七届七中全会讨论的十七届中央委员会向中国共产党第十八次全国代表大会的报告稿和《中国共产党章程（修正案）》稿。胡锦涛主持会议。

会议听取了十七届中央委员会向中国共产党第十八次全国代表大会的报告稿在党内外一定范围征求意见的情况报告，听取了《中国共产党章程（修正案）》稿在党内一定范围征求意见的情况报告，决定根据这次会议讨论的意见进行修改后把这两份文件稿提请十七届七中全会讨论。

中央宣传思想工作领导小组召开第四十六次会议

10月23日，李长春主持召开中央宣传思想工作领导小组第四十六次会议，刘云山，刘延东，陈奎元出席会议并讲话。

李长春指出，党的十七大以来，面对国际形势的深刻复杂变化和国内改革发展稳定的艰巨繁重任务，面对社会思想意识更加多元多样多变的新形势，在以胡锦涛同志为总书记的党中央坚强领导下，中央宣传思想工作领导小组认真履行职责，坚持抓大事议大事，坚持调查研究，坚持发扬民主、求真务实，保证了宣传思想文化工作始终沿着正确方向前进，充分发挥了统一思想、凝聚力量的重要作用。五年来，宣传思想文化工作在改革中发展、在开拓中前进，积累了许多宝贵经验，概括起来就是：必须始终坚持高举中国特色社会主义伟大旗帜，坚持马克思主义在意识形态领域的指导地位，坚持用社会主义核心价值体系引领社会思潮，尊重差异、包容多样，牢牢把握正确政治方向；必须始终坚持围绕中心、服务大局，为促进经济社会又好又快发展提供强大思想保证、精神动力、舆论支持和文化条件；必须始终坚持以人为本，贴近实际、贴近生活、贴近群众，满足人民日益增长的精神文化需求，促进人的全面发展；必须始终坚持解放思想、实事求是、与时俱进，积极创新思想观念、体制机制、内容形式、方法手段，不断增强亲和力、吸引力、感染力；必须始终坚持统筹国内国际两个大局，不断提高国家文化软实力，增强中华文化的国际竞争力和影响力；必须始终坚持党的领导，把宣传思想文化工作纳入经济社会发展总体规划，不断完善领导体制和工作格局，确保宣传思想文化工作健康发展。这些经验，是在坚持和发展中国特色社会主义文化发展道路过程中形成的宝贵精神财富，体现了新世纪新阶段宣传思想文化工作的客观规律，要长期坚持、大力发扬，并在新的实践中不断丰富和完善。

以党的十七届六中全会胜利召开为标志，我国文化改革发展进入新的历史阶段，宣传思想文化工作掀开了新的篇章。站在新的起点上，宣传思想文化工作在党和国家大局中的地位和作用更加凸显，肩负的职责任务更加艰巨繁重。要按照即将召开的党的十八大的部署，坚持正确方向，坚持以人为本，坚持贴近实际、贴近生活、贴近群众，坚持改革创新，扎实做好各项工作，为党和国家事业发展作出新的更大贡献。

“科学发展　成就辉煌”系列丛书出版

10月23日，为迎接党的十八大胜利召开，“科学发展 成就辉煌”大型系列丛书已由人民出版社出版。系列丛书是中央组织部、中央统战部、教育部、工业和信息化部、财政部、人力资源和社会保障部、国土资源部、环境保护部、住房和城乡建设部、农业部、文化部、国家测绘局等部门共同参与编写的。丛书系统总结了党的十六大以来，我国经济社会发展的各个领域深入贯彻落实科学发展观，以全面建设小康社会为目标，以改革创新为动力，以加快转变经济发展方式为突破口，以保障和改善民生为重点，全面推进社会主义经济建设、政治建设、文化建设、社会建设以及生态文明建设和党的建设取得的辉煌成就。

国家互联网信息办部署党的十八大网上宣传管理工作

10月24日，国家互联网信息办公室在北京召开各省区市互联网信息办主任、各有关部门和中央重点新闻网站负责人会议，进一步动员部署党的十八大网上宣传管理工作。

王晨在会上讲话，要求各地网宣网管部门全力以赴、精心组织，做好党的十八大网上宣传工作，为党的十八大胜利召开营造良好舆论氛围，掀起网上宣传热潮。

会议指出，党的十八大是在全面建设小康社会关键时期和深化改革开放攻坚时期召开的一次十分重要的大会，举国期待、举世瞩目。新闻网站和商业网站要增强责任感使命感，以邓小平理论和“三个代表”重要思想为指导，深入贯彻落实科学发展观，牢牢把握正确导向，坚持团结稳定鼓劲，坚持改革创新，坚持“三贴近”，全力做好十八大网上宣传管理工作，落实好属地管理和网站管理责任。

党和国家领导人参观“科学发展成就辉煌”大型图片展览

10月26日，在全党全国喜迎党的十八大胜利召开之际，党和国家领导人胡锦涛、吴邦国、温家宝、贾庆林、李长春、习近平、李克强、贺国强分别来到北京展览馆，参观正在这里举办的“科学发展成就辉煌”大型图片展览。展览由中共中央宣传部、国家发展和改革委员会、解放军总政治部、中共北京市委共同举办。

展览分为“序篇”“促进国民经济又好又快发展”“发展社会主义民主政治”“推动社会主义文化大发展大繁荣”“推进以改善民生为重点的社会建设”“生态文明建设全面展开”“开创国防和军队建设科学发展新局面”“推进‘一国两制’实践和祖国和平统一大业”“走和平发展道路”“以改革创新精神推进党的建设新的伟大工程”等10个部分，通过2110张照片、204幅图表、765件实物以及视频、电子相册等多种形式，生动展示了科学发展的成功实践，充分反映了科学发展给人们生活带来的巨大变化。全面展示了以胡锦涛同志为总书记的党中央团结带领全党全军全国各族人民推进中国特色社会主义事业的不平凡历程，集中反映了党的十六大以来科学发展的成功实践和国家建设、人民生活的历史性变化。胡锦涛等领导同志走进一个个展厅，仔细观看展览，认真听取工作人员讲解。

纪念《人民法院报》创刊20周年座谈会召开

10月26日，纪念《人民法院报》创刊20周年座谈会在人民大会堂召开。王胜俊出席座谈会强调，要充分发挥《人民法院报》司法宣传主力军、主渠道、主阵地作用，为推进人民司法事业科学发展，建设社会主义法治国家，做出新的更大的贡献。

人民日报社副总编辑谢国明，浙江省高级人民法院院长齐奇，新闻出版总署报刊司司长王国庆，中国政法大学终身教授、最高人民法院特邀咨询员陈光中，分别在会上发言，对人民法院报20年发展成就给予充分肯定，对未来发展提出良好祝愿。

《人民法院报》于1992年10月1日创刊。现为日报对开八版，发行量达40多万份。此外，报社还负责管理人民司法杂志、最高人民法院影视中心、中国法院网站，已经形成集报纸、杂志、网站与影视于一体的多媒体传播平台。

2012年11月

十八大新闻中心正式启用

11月1日，中国共产党第十八次全国代表大会新闻中心正式启用。十八大新闻中心主任、中国记协党组书记翟惠生说，报名采访十八大的境外记者人数较十七大有较大幅度增长，由于报名尚未截止，报名的境外记者人数还在呈上升趋势。

十八大新闻中心网站也正式开通，该网站由人民网·中国共产党新闻网承办，供记者查询大会有关资料及信息，共设中文、英文、手机适配器三个版本。网站将及时发布大会文件、大会新闻、媒体采访公告通知等重要的新闻服务信息，并对新闻发布会、记者招待会进行直播报道。外国记者和港澳台记者可以直接通过新闻中心网站提交所需的个别采访申请和参观采访活动申请。同时，人民网推出中国共产党第十八次代表大会多版本、全媒体报道专题，首页开辟十八大报道专区。

中共十七届七中全会在北京举行

11月4日，中国共产党第十七届中央委员会第七次全体会议在北京举行。会议由中央政治局主持，胡锦涛作了重要讲话。会议决定，中国共产党第十八次全国代表大会2012年11月8日在北京召开。

会议听取和讨论胡锦涛受中央政治局委托作的工作报告。全会讨论并通过党的十七届中央委员会向党的第十八次全国代表大会的报告，讨论并通过《中国共产党章程（修正案）》，决定将这两份文件提请党的第十八次全国代表大会审议。习近平就党的十七届中央委员会向党的第十八次全国代表大会的报告讨论稿和《中国共产党章程（修正案）》讨论稿向全会作说明。

全会决定增补范长龙、许其亮为中共中央军事委员会副主席。

全会审议并通过《中共中央纪律检查委员会关于薄熙来严重违纪问题的审查报告》、《中共中央纪律检查委员会关于刘志军严重违纪问题的审查报告》。

全会总结了党的十七大以来5年的工作。一致认为，这5年是不平凡的5年。面对复杂多变的国际环境和艰巨繁重的改革发展稳定任务，以胡锦涛同志为总书记的党中央带领全党，紧紧依靠全国各族人民，经受住各种困难和风险考验，全面推进了党和国家各项工作。经济平稳较快发展，改革开放取得重大进展，人民生活水平显著提高，民主法制建设迈出新步伐，文化建设迈上新台阶，社会建设取得新进步，国防和军队建设开创新局面，港澳台工作进一步加强，外交工作取得新成就，党的建设全面加强，坚持和发展了中国特色社会主义。

中央纪委第八次全会在北京举行

11月3日至4日，中国共产党第十七届中央纪律检查委员会第八次全体会议在北京举行。中央纪律检查委员会委员125人出席会议，并列席了中国共产党第十七届中央委员会第七次全体会议。中央纪律检查委员会常务委员会主持会议，贺国强作了重要讲话。

全会审议并通过了中共中央纪律检查委员会向党的第十八次全国代表大会的工作报告，同意将报告提请党的第十八次全国代表大会审查。

全会认为，党的十七大以来，中央纪委和各级纪委在以胡锦涛同志为总书记的党中央领导下，高举中国特色社会主义伟大旗帜，以邓小平理论和“三个代表”重要思想为指导，深入贯彻落实科学发展观，坚持党要管党、从严治党方针，全面履行党章赋予的职责，扎实推进党风廉政建设和反腐败工作，取得新的进展和成效，为党和国家事业发展提供了有力保障。

全会增选张军同志为中央纪委副书记，陈文清同志为中央纪委常务委员会委员、副书记。

中国共产党第十八次全国代表大会在北京召开

11月8日至14日，举世瞩目的中国共产党第十八次全国代表大会在北京召开。

大会的主题是：高举中国特色社会主义伟大旗帜，以邓小平理论、“三个代表”重要思想、科学发展观为指导，解放思想，改革开放，凝聚力量，攻坚克难，坚定不移沿着中国特色社会主义道路前进，为全面建成小康社会而奋斗。

大会开幕式由吴邦国主持，胡锦涛代表第十七届中央委员会向大会作了题为《坚定不移沿着中国特色社会主义道路前进，为全面建成小康社会而奋斗》的报告。报告分12个部分：一、过去五年的工作和十年的基本总结；二、夺取中国特色社会主义新胜利；三、全面建成小康社会和全面深化改革开放的目标；四、加快完善社会主义市场经济体制和加快转变经济发展方式；五、坚持走中国特色社会主义政治发展道路和推进政治体制改革；六、扎实推进社会主义文化强国建设；七、在改善民生和创新管理中加强社会建设；八、大力推进生态文明建设；九、加快推进国防和军队现代化；十、丰富“一国两制”实践和推进祖国统一；十一、继续促进人类和平与发展的崇高事业；十二、全面提高党的建设科学化水平。

中国共产党第十八次全国代表大会在选举产生新一届中央委员会和中央纪律检查委员会，通过关于十七届中央委员会报告的决议、关于中央纪律检查委员会工作报告的决议、关于《中国共产党章程（修正案）》的决议后，14日上午在人民大会堂胜利闭幕。胡锦涛主持大会。

大会号召，全党全国各族人民高举中国特色社会主义伟大旗帜，更加紧密地团结在党中央周围，为全面建成小康社会而奋斗，不断夺取中国特色社会主义新胜利，共同创造中国人民和中华民族更加幸福美好的未来。

胡锦涛强调，中国特色社会主义道路，中国特色社会主义理论体系，中国特色社会主义制度，是党和人民90多年奋斗、创造、积累的根本成就，必须倍加珍惜、始终坚持、不断发展。这为党和国家事业发展提供了根本遵循。全党同志要紧密团结在党中央周围，高举中国特色社会主义伟大旗帜，以邓小平理论、“三个代表”重要思想、科学发展观为指导，解放思想，改革开放，凝聚力量，攻坚克难，坚定不移沿着中国特色社会主义道路前进，坚定不移推进全面建设小康社会进程，带领人民抓住和用好我国发展的重要战略机遇期，开拓进取，扎实工作，为完成党的十八大提出的各项目标任务而团结奋斗。

党的十八届一中全会产生中央领导机构

11月15日，中国共产党第十八届中央委员会第一次全体会议在北京举行。习近平主持会议并讲话。

出席会议的有中央委员205人，候补中央委员171人。中央纪律检查委员会委员列席会议。

全会选举了中央政治局委员、中央政治局常务委员会委员、中央委员会总书记；根据中央政治局常务委员会的提名，通过了中央书记处成员，决定了中央军事委员会组成人员；批准了十八届中央纪律检查委员会第一次全体会议选举产生的书记、副书记和常务委员会委员人选。中共中央政治局召开会议研究部署学习宣传贯彻落实十八大精神。

11 月 16 日，十八届中共中央政治局召开会议，对学习宣传贯彻党的十八大精神进行研究部署，习近平主持会议。

会议指出，党的十八大是在我国进入全面建成小康社会决定性阶段召开的一次十分重要的会议。认真学习宣传贯彻党的十八大精神，关系党和国家工作全局，关系中国特色社会主义事业长远发展，对于动员全党全国各族人民在以习近平同志为总书记的党中央领导下，高举中国特色社会主义伟大旗帜，满怀信心为全面建成小康社会、夺取中国特色社会主义新胜利而奋斗，具有重大现实意义和深远历史意义。要认真研读党的十八大文件，原原本本学习党的十八大报告和党章，全面准确学习领会党的十八大精神。要深刻领会党的十八大的重大意义，深刻领会党的十八大的主题，深刻领会过去 5 年和 10 年党和国家取得的新的历史性成就，深刻领会科学发展观的历史地位和指导意义，深刻领会中国特色社会主义的丰富内涵，深刻领会夺取中国特色社会主义新胜利的基本要求，深刻领会全面建成小康社会和全面深化改革开放的目标，深刻领会社会主义经济建设、政治建设、文化建设、社会建设、生态文明建设等方面的重大部署，深刻领会全面提高党的建设科学化水平的重大任务。

各级党委要按照中央部署，结合本地区本部门实际，作出专题部署，提出具体要求，着力抓好落实，迅速兴起学习宣传贯彻党的十八大精神的热潮。要加强工作指导，加强督促检查，及时了解学习宣传贯彻情况，总结推广先进经验，努力增强学习宣传贯彻党的十八大精神的吸引力感染力和针对性实效性，着力用党的十八大精神统一思想、凝聚力量，把学习宣传贯彻党的十八大精神不断引向深入。

胡锦涛习近平出席中央军委扩大会议

11 月 16 日，胡锦涛和习近平出席了在北京召开的中央军委扩大会议。胡锦涛发表讲话，习近平主持会议并发表讲话。范长龙，许其亮，郭伯雄、徐才厚出席会议并讲话。

胡锦涛说，党的十八大和十八届一中全会已经胜利闭幕。这次中央全会选举产生了新的中央领导机构，决定了新一届中央军委组成人员，实现了党的总书记和中央军委主席的新老交替。这有利于党的事业继往开来，有利于国防和军队建设事业长远发展，有利于国家长治久安。习近平同志是合格的党的总书记，也是合格的中央军委主席。他年轻时在军队工作过一段时间，在担任地方领导期间也参与了有关地方的军队工作。党的十七届五中全会后担任了中央军委副主席，直接参与军委工作。党中央决定由习近平同志担任军委主席，是非常合适的。习近平同志一定能够挑起中央军委主席的重担，团结带领军委班子履行好肩负的重大历史责任。

我们党领导的社会主义现代化事业和中华民族伟大复兴事业前景无限美好，我国的国防和军队建设事业大有希望。我们衷心祝愿在习近平同志领导下，新一届军委班子团结带领全军官兵把国防和军队建设事业不断推向前进，取得新的更大的成绩。

习近平指出，胡主席从党、国家、军队事业发展全局考虑，主动提出不再担任中共中央总书记、中央军委主席职务。党的十八大和十八届一中全会尊重胡主席的意愿，同意了他的请求。胡主席作出这个重大决策，充分体现了他对党、国家、军队事业发展全局的深邃思考，充分体现了他作为一位马克思主义政治家和战略家的高瞻远瞩、博大胸怀、高风亮节。

军委班子和军队高级干部在领导国防和军队建设中肩负着重大历史责任。我们要始终保持清醒头脑，倍加珍惜一代代官兵不懈奋斗取得的巨大成就，倍加珍惜长期实践中积累的宝贵经验，倍加珍惜当前军队建设发展的大好局面，忠心耿耿为党和人民工作，努力把国防和军队建设不断推向前进。

中共中央政治局举行第一次集体学习

11 月 17 日，十八届中共中央政治局就深入学习贯彻党的十八大精神进行第一次集体学习。习近平在主持学习并讲话，李克强、张德江、俞正声、刘云山、王岐山、张高丽就深刻领会和贯彻落实党的十八大精神谈了体会。

习近平指出，党的十八大和十八届一中全会刚刚胜利闭幕，今天我们以学习贯彻党的十八大精神为题，举行十八届中央政治局第一次集体学习，目的是以实际行动带头学习领会、带头贯彻落实党的十八大精神。国内外都在看我们这一届中央领导集体工作会以什么来开局，我们就以深入学习宣传贯彻党的十八大精神来开好局、起好步。就紧紧围绕坚持和发展中国特色社会主义学习宣传贯彻党的十八大精神提出了 5 点要求。一是要深刻领会中国特色社会主义是党和人民长期实践取得的根本成就。二是要深刻领会中国特色社会主义是由道路、理论体系、制度三位一体构成的。三是要深刻领会建设中国特色社会主义的总依据、总布局、总任务。四是要深刻领会夺取中国特色社会主义新胜利的基本要求。五是要深刻领会确保党始终成为中国特色社会主义事业的坚强领导核心。发展中国特色社会主义是一项长期的艰巨的历史任务。全党同志一定要以更加坚定的信念、更加顽强的努力，毫不动摇坚持、与时俱进发展中国特色社会主义，不断丰富中国特色社会主义的实践特色、理论特色、民族特色、时代特色，团结带领全国各族人民，努力实现全面建成小康社会各项目标任务。

中央纪委监察部机关召开全体党员干部大会

11月19日，中央纪委监察部机关召开全体党员干部大会，认真学习全面贯彻党的十八大精神。王岐山出席会议并讲话，赵洪祝主持会议。

王岐山指出，学习宣传贯彻党的十八大精神，是全党全国当前和今后一个时期的首要政治任务。各级纪检监察机关特别是中央纪委监察部机关党员干部要认真学习，作出榜样。要原原本本学习党的十八大报告、党章和习近平总书记在十八届一中全会上的重要讲话。要深刻领会党的十八大的主题，5年来的重大成就和10年来的奋斗历程，科学发展观的历史地位和指导意义，建设中国特色社会主义的总依据、总布局、总任务和“八个基本要求”，全面建成小康社会和全面深化改革开放的目标，推进中国特色社会主义事业的总体部署和主要任务，全面提高党的建设科学化水平的总体要求和主要任务。要紧密联系反腐倡廉建设实际和干部队伍实际，对纪检监察系统学习贯彻工作作出专门部署，迅速掀起学习热潮。要认真学习领会党的十八大关于反腐倡廉新思想、新观点、新要求、新举措，坚定不移把党风廉政建设和反腐败斗争引向深入。要大力加强党的作风建设，围绕保持党的先进性和纯洁性，加强群众观点、群众立场教育，下决心改进文风会风，着力整治庸懒散奢等不良风气，认真纠正损害群众利益的不正之风。要大力加强反腐倡廉建设，全面贯彻标本兼治、综合治理、惩防并举、注重预防方针，扎实推进惩治和预防腐败体系建设，坚定不移反对腐败，努力实现干部清正、政府清廉、政治清明的目标要求。要大力加强党的纪律建设，严明党的纪律特别是政治纪律，加强对中央重大决策部署执行情况的监督检查，教育引导广大党员干部特别是领导干部在思想上政治上行动上同以习近平同志为总书记的党中央保持高度一致，坚决维护中央权威。

中央宣讲团动员会在北京召开

11月22日，学习贯彻党的十八大精神中央宣讲团动员会在北京召开，习近平作出重要批示。他指出，组织党的十八大精神宣讲团的做法很好。希望参加宣讲团的同志们认真准备，准确领会党的十八大精神，准确领会党的十八大确立的重大理论观点、重大方针政策、重大工作部署，努力做到了然于胸、运用自如。希望同志们下去后，紧密结合实际，紧密结合干部群众所思所想，认真进行宣讲，努力做到深入浅出、入脑入心。各地各层次都要开展形式多样的宣讲活动，精心组织，确保实效，推动广大干部群众把思想统一到党的十八大精神上来、把力量凝聚到实现党的十八大确定的各项任务上来。

刘云山出席会议并讲话。他强调，深入学习宣传贯彻党的十八大精神是当前和今后一个时期的首要政治任务，要认真贯彻中央部署，认真落实习近平同志重要批示提出的要求，广泛开展面向基层、面向群众的宣讲，推动兴起学习贯彻党的十八大精神热潮，动员全党全国各族人民更好地用党的十八大精神统一思想，在以习近平同志为总书记的党中央领导下，努力实现党的十八大提出的各项任务。

全国综合配套改革试点工作座谈会召开

11月21日，李克强主持召开全国综合配套改革试点工作座谈会并讲话。

座谈会上，国家发展改革委和辽宁省、湖南省及成都市、上海浦东新区政府负责人介绍了全国和各地不同类型综合配套改革试点进展情况。李克强抓住试点中的关键问题不时询问，深入了解改革遇到哪些问题、改革对企业与群众的影响如何、地方对改革有什么建议，他积极肯定试点中一些典型做法，引导大家在座谈交流中深化对改革的认识，更加明确改革的方向和任务。

李克强指出，我国30多年来取得的巨大成就，靠的是改革开放，甜头已经尝到。在新的起点上要全面建成小康社会，加快转变经济发展方式，让群众过上更好生活，依然要靠改革开放。但也要看到，当前改革进入了“攻坚区”和“深水区”，改革如逆水行舟，不进则退，不干可能不犯错，但要承担历史责任。必须迎难而上、攻坚克难，坚决破除一切妨碍科学发展的体制机制弊端。进一步推进经济体制改革，既要搞好顶层设计，又要尊重群众和基层的首创精神。国务院已批准的11个综合配套改革试点地区，要认真总结经验，科学评估风险，继续在统筹城乡发展、建设“两型”社会、推动新型工业化、深化国有企业改革、完善财税金融体系等方面进行积极探索，当好改革实验的“侦察兵”、“先遣队”，为改革攻坚提供新鲜经验和实践标杆。

深化改革，不能眉毛胡子一把抓，要化繁为简，突出重点，积极寻找牵一发而动全身的突破口。现阶段推进改革不仅要继续解放思想，转变观念，在很大程度上要触动利益。调整利益格局，要善于在利益增量上作文章，在利益预期上作调整，同时稳妥推进存量利益的优化，这样可以更好地凝聚共识，减少改革的阻力。市场经济本质是法治经济，体制改革与法治建设相辅相成。推进改革要依法行事，善于运用法治思维和法治方式，规范改革程序，成熟的改革经验可按程序上升到法规和法律，用法制巩固改革成果。

中央军委举行晋升上将军衔仪式

11月23日，中央军委在北京八一大楼隆重举行晋升上将军衔仪式。习近平向晋升上将军衔的中央军委委员、第二炮兵司令员魏凤和同志颁发命令状。

范长龙宣读了习近平签署的晋升上将军衔命令，许其亮主持晋衔仪式。

习近平作出指示：学习罗阳同志优秀品质和可贵精神

11月26日，歼—15舰载机研制现场总指挥罗阳同志11月25日在大连执行任务时突发疾病逝世，习近平作出指示。

习近平指出，罗阳同志不幸因公殉职，我谨致以沉痛的哀悼，并向他的家人表示深切的慰问。罗阳同志秉持航空报国的志向，为我国航空事业发展作出了突出贡献。他的英年早逝是党和国家的一个重大损失。要很好地总结和宣传罗阳同志的先进事迹，广大党员、干部要学习罗阳同志的优秀品质和可贵精神。习近平还要求有关方面妥善照顾罗阳同志的家人。

遵照习近平的指示精神，中央组织部要求深入总结和宣传罗阳的先进事迹，号召广大党员、干部学习罗阳的优秀品质和可贵精神。中央宣传部要求主要媒体立即对罗阳先进事迹采访宣传，号召广大党员、干部向罗阳学习，为推动党和国家事业提供榜样的力量。中国航空工业集团公司决定授予罗阳"航空报国英模"称号，并在全集团深入开展向罗阳学习活动。

党外人士学习贯彻中共十八大精神座谈会召开

11月28日，党外人士学习贯彻中共十八大精神座谈会召开，俞正声出席并讲话。

座谈会上，民革中央主席周铁农、民盟中央主席蒋树声、民建中央主席陈昌智、民进中央主席严隽琪、农工党中央主席桑国卫、致公党中央常务副主席王钦敏、九三学社中央主席韩启德、台盟中央主席林文漪、全国工商联主席黄孟复、无党派人士林毅夫先后发言。他们畅谈了学习中共十八大精神的体会，高度评价了十六大以来在中国共产党正确领导下，我国改革开放和现代化建设取得的辉煌成就，表示要认真学习贯彻好中共十八大精神，坚持和拥护中国共产党的领导，进一步加强自身建设、提高履职水平，始终与中国共产党在思想上同心同德、目标上同心同向、行动上同心同行，坚定不移地沿着中国特色社会主义道路奋勇前进，为全面建成小康社会作出新贡献。

俞正声在认真听取党外人士发言后说，统一战线学习贯彻中共十八大精神，最根本的是始终坚持和发展中国特色社会主义不动摇、不放松、不偏离，巩固统一战线和多党合作团结奋进的共同思想政治基础。要充分把握科学发展观的深刻内涵、精神实质和内在要求，充分发挥统一战线服务科学发展的优势作用，不断提高统一战线事业实现自身科学发展的水平。要准确把握全面建成小康社会的战略部署，立足凝聚人心、汇聚力量，在挖掘资源优势中突出特色，在创新发展思路中提升水平，在服务科学发展大局中彰显价值，为全面建成小康社会提供广泛而强大的力量支持。十八大报告全方位、多角度对统一战线方针政策进行了深刻阐述，全面反映了十六大特别是十七大以来统一战线理论创新和实践发展的重要成果，体现了中共中央对统一战线发展规律的深刻把握，为做好当前和今后一个时期的统战工作指明了方向。统一战线要在全面系统学习中共十八大精神的基础上，重点加强对统一战线新论述新要求的学习领会和贯彻落实，切实把十八大精神转化为推进统一战线事业发展的强大动力。

全军学习贯彻十八大精神宣讲团报告会举行

11月28日，全军学习贯彻党的十八大精神宣讲团在八一大楼为军委、总部机关举行首场报告会。范长龙，许其亮听取报告。常万全、房峰辉、赵克石、张又侠、吴胜利、马晓天、魏凤和参加报告会，张阳主持报告会。

报告会上，宣讲团成员、国防大学教授许志功着重从党的十八大的主题、科学发展辉煌成就和科学发展观的历史地位、夺取中国特色社会主义新胜利、全面建成小康社会和全面深化改革开放的目标与战略部署、加快推进国防和军队现代化、全面提高党的建设科学化水平等6个方面，宣讲了党的十八大精神，对十八大提出的重大理论观点、重大战略思想、重大工作部署作了深入解读。

全军学习贯彻党的十八大精神宣讲团是经习近平主席和中央军委批准，总政治部从全军抽调知名专家组成的。10名宣讲团成员分别来自军事科学院、国防大学等单位。他们理论功底厚实，熟悉了解部队，宣讲经验丰富，多次参加中央和军队组织的重要理论活动，有的参加过党的十六大、十七大精神宣讲团。首场报告会后，宣讲团将分5个组赴全军各大单位巡回宣讲。

中央政治局常委一同参观《复兴之路》展览

11月29日，在全党全国上下认真学习贯彻党的十八大精神的热潮中，习近平和李克强、张德江、俞正声、刘云山、王岐山、张高丽等来到国家博物馆，参观《复兴之路》基本陈列。

在19世纪末列强割占领土、设立租借地、划定势力范围示意图前，在鸦片战争期间虎门的大炮前，在反映辛亥革命的文物和照片前，在《共产党宣言》第一个中文全译本前，在《中国共产党的第一个纲领》等反映中国共产党成立的文物和照片前，在李大钊狱中亲笔自述前，在中华人民共和国第一面五星红旗前，在党的十一届三中全会照片前，习近平等不时停下脚步，认真观看，详细询问和了解有关情况。

在参观过程中，习近平发表了重要讲话。他表示，《复兴之路》这个展览，回顾了中华民族的昨天，展示了中华民族的今天，宣示了中华民族的明天，给人以深刻教育和启示。中华民族的昨天，可以说是“雄关漫道真如铁”。近代以后，中华民族遭受的苦难之重、付出的牺牲之大，在世界历史上都是罕见的。但是，中国人民从不屈服，不断奋起抗争，终于掌握了自己的命运，开始了建设自己国家的伟大进程，充分展示了以爱国主义为核心的伟大民族精神。改革开放以来，我们总结历史经验，不断探索，终于找到了实现中华民族伟大复兴的正确道路，取得了举世瞩目的成果。这条道路就是中国特色社会主义。经过鸦片战争以来170多年的持续奋斗，中华民族伟大复兴展现出光明的前景。现在，我们比历史上任何时期都更接近中华民族伟大复兴的目标，比历史上任何时期都更有信心、有能力实现这个目标。

每个人都有理想和追求，都有自己的梦想。现在，大家都在讨论中国梦，我以为，实现中华民族伟大复兴，就是中华民族近代以来最伟大的梦想。这个梦想，凝聚了几代中国人的夙愿，体现了中华民族和中国人民的整体利益，是每一个中华儿女的共同期盼。历史告诉我们，每个人的前途命运都与国家和民族的前途命运紧密相连。国家好，民族好，大家才会好。实现中华民族伟大复兴是一项光荣而艰巨的事业，需要一代又一代中国人共同为之努力。空谈误国，实干兴邦。我们这一代共产党人一定要承前启后、继往开来，把我们的党建设好，团结全体中华儿女把我们国家建设好，把我们民族发展好，继续朝着中华民族伟大复兴的目标奋勇前进。我坚信，到中国共产党成立100年时全面建成小康社会的目标一定能实现，到新中国成立100年时建成富强民主文明和谐的社会主义现代化国家的目标一定能实现，中华民族伟大复兴的梦想一定能实现。

《复兴之路》基本陈列共分中国沦为半殖民地半封建社会、探求救亡图存的道路、中国共产党肩负起民族独立和人民解放历史重任、建设社会主义新中国、走中国特色社会主义道路5个部分，通过1200多件（套）珍贵文物、870多张历史照片，回顾了1840年鸦片战争以来中国人民在屈辱苦难中奋起抗争，为实现民族复兴进行的种种探索，特别是中国共产党领导全国各族人民争取民族独立、人民解放和国家富强、人民幸福的光辉历程。

赵乐际与参加第二期任职培训的新任市长座谈

11月29日，赵乐际与参加第二期任职培训的新任市长座谈，勉励他们学习好贯彻好十八大精神，尽心竭力履职，奋发有为工作，脚踏实地干事，在推动科学发展中不断增进群众福祉。沈跃跃主持座谈会。

为加强换届后领导班子和领导干部队伍建设，中组部在中央党校分3批对新任市委书记、市长进行任职培训。来自26个省区市的100名新任市长参加了第二期培训班。

赵乐际指出，市长是一个地方的执政骨干。要认清肩负的历史重任，推动科学发展、加快转变经济发展方式，夯实富民强市的物质基础；保障和改善民生，在发展中既见物更见人，尊重人、依靠人、关爱人、为了人，使人民的日子越过越好；创新社会管理，积极回应群众利益诉求，发挥群众在利益调整中的主体作用；建设生态文明，敬畏自然、善待自然、顺应自然、保护自然，为群众创造良好生产生活环境。

能力素质是履职之本，充实提高是人生常态。要自觉地在思想上政治上行动上与以习近平同志为总书记的党中央保持高度一致，自觉掌握运用科学发展观的立场、观点和方法，自觉服从服务大局；贯彻民主集中制，严格按照程序、规则和集体意志办事，形成同心同向、共谋发展工作合力。要坚持人民利益至上，坚持人民主体地位，完善直接联系群众制度，尊重客观规律，创造性地贯彻中央决策部署，真抓实干、勇于承担，以廉当福、视贪为祸，切实做到为民、务实、清廉。

中共中央召开党外人士座谈会

11 月 30 日，中共中央在中南海召开党外人士座谈会，就当前经济形势和明年经济工作听取各民主党派中央、全国工商联领导人和无党派人士意见和建议。习近平主持座谈会并讲话。温家宝，李克强、张德江、俞正声、刘云山、王岐山、张高丽出席座谈会。温家宝通报了经济工作有关情况，介绍了中共中央、国务院关于做好明年经济工作的考虑。

座谈会上，民革中央主席周铁农、民盟中央主席蒋树声、民建中央主席陈昌智、民进中央主席严隽琪、农工党中央主席桑国卫、致公党中央主席万钢、九三学社中央主席韩启德、台盟中央主席林文漪、全国工商联主席黄孟复、无党派人士林毅夫先后发言。他们赞同中共中央、国务院对当前我国经济形势的分析和对明年经济工作的考虑，并就促进居民增收、加大与民生直接相关的基础设施建设、加强生态文明建设、深化国企改革、加大战略性新兴产业扶持力度、实施创新驱动发展战略、提高财政投入效率、加快金融体制改革步伐、加快推进完善营业税改增值税试点工作、深化两岸经贸合作等提出意见和建议。

在认真听取了大家的发言后，习近平表示，在充分肯定我国经济社会发展基本面是健康的前提下，我们决不能低估当前和今后一个时期所面临的风险和挑战，主要是世界经济低速增长态势仍将延续，总需求不足和产能相对过剩的矛盾有所上升，企业生产经营成本上升和创新能力不足的问题并存，经济发展和资源环境的矛盾有所加剧。我们要坚持“两点论”，一分为二看问题，既要看到国际国内形势中有利的一面，也看到不利的一面，从坏处着想，做最充分的准备，争取较好的结果。做好明年经济社会发展工作十分重要，要以提高经济增长质量和效益为中心，进一步深化改革开放，进一步强化创新驱动，实现经济持续健康发展和社会和谐稳定。一是要保持经济增长，继续实施积极的财政政策和稳健的货币政策，增强经济增长的内生活力和动力，增长必须是实实在在和没有水分的增长，是有效益、有质量、可持续的增长。二是要加强和巩固农业基础地位，加大对农业的支持力度，加强和完善强农惠农富农政策，加快发展现代农业，确保国家粮食和重要农产品有效供给。三是要推动结构调整取得明显进展，在稳定外需的同时努力扩大内需，加大产业结构调整升级力度，稳步推进城镇化健康发展。四是要坚持社会主义市场经济改革方向，搞好顶层设计，及时推出一些有针对性的改革措施，坚持整体渐进和局部突破相结合，大胆探索，务求实效。五是要大力保障和改善民生，重点保障低收入群众基本生活，做好高校大学生生活困难补助，注重稳定和扩大就业，加强城乡社会保障体系建设，引导群众树立通过勤劳致富改善生活的信念，从而使改善民生既是党和政府工作的方向，又成为广大人民群众自身奋斗的目标。

王岐山主持召开座谈会 听取专家学者意见和建议

11 月 30 日，王岐山在北京主持召开座谈会，听取专家学者对党风廉政建设和反腐败工作的意见和建议，赵洪祝出席座谈会。

座谈会上，来自研究机构和高校的专家学者马怀德、任建明、何增科、辛鸣、周淑真、姜明安、黄苇町、程文浩分别发言。在认真听取他们的发言后，王岐山说，在党中央的坚强领导下，经过全党全社会的共同努力，党风廉政建设和反腐败工作取得了很大成绩。要清醒认识党风廉政建设和反腐败斗争的长期性、复杂性、艰巨性，坚持标本兼治、综合治理、惩防并举、注重预防的方针，坚决查处违纪违法案件，研究并实施制度创新，全面推进惩治和预防腐败体系建设。党的作风关乎人心向背，关乎党的生死存亡。要引导和督促广大党员干部特别是领导干部牢记党的理想、信念和宗旨，时刻把人民利益放在第一位。转变作风要从自身做起，从点滴做起。要切实改进文风会风，坚决反对形式主义、官僚主义。要坚持党要管党、从严治党。各级党组织、广大党员干部特别是领导干部，要严格遵守党的章程和其他党内法规，始终保持党的先进性和纯洁性。

信任不能代替监督。各级纪检监察机关必须加强自身建设，努力建设一支忠诚可靠、服务人民、刚正不阿、秉公执纪的纪检监察干部队伍。广大纪检监察干部要在学习、思考、领悟、实践中尽责奉献，不辜负党和人民的重托。

2012 年 12 月

全军高级干部学习贯彻党的十八大精神研讨班开班

12 月 3 日，经习近平主席和中央军委批准，全军高级干部学习贯彻党的十八大精神研讨班在国防大学开班。许其亮在开班动员发表讲话，会议由张阳主持。

许其亮指出，军队要走在前列，最根本的是在高举旗帜、听党指挥上更加忠诚坚定。这是党和人民对军队的最高政治要求，也是军队学习贯彻十八大精神的核心要求。要坚定不移地以马克思列宁主义、毛泽东思想、邓小平理论、“三个代表”重要思想、科学发展观为指导，更加坚定对科学发展观的政治信仰，更加牢固确立科学发展观的指导地位。要认真学习毛泽东军事思想、邓小平新时期军队建设思想、江泽民国防和军队建设思想、党关于新形势下国防和军队建设思想，切实将其作为加强国防和军队建设的强大思想武器。要带头坚决维护党中央、中央军委和习主席权威，一切行动坚决听从党中央、中央军委和习主席指挥，任何时候任何情况下都要保持政令军令畅通，步调一致，雷厉风行，绝不能打半点折扣。

要充分认清党的十八大确立的目标任务对军队建设的内在要求，从党和国家发展全局的高度谋划指导部队建设。各级党委要负起政治责任，切实把学习贯彻党的十八大精神摆上头等重要位置。各级领导干部要带头学懂弄通、吃透精神实质，带头学以致用、提高能力素质，带头弘扬优良传统、改进思想作风，以领导班子的新气象开创部队建设新局面。

首都各界举行纪念现行宪法公布施行30周年大会

12月4日，首都各界在人民大会堂集会，隆重纪念中华人民共和国宪法公布施行30周年。习近平在大会上发表重要讲话。大会由吴邦国主持。李克强、张德江、俞正声、刘云山出席会议。

习近平发表讲话指出，历史总能给人以深刻启示。在充分肯定成绩的同时，我们也要看到存在的不足，主要表现在：保证宪法实施的监督机制和具体制度还不健全，有法不依、执法不严、违法不究现象在一些地方和部门依然存在；关系人民群众切身利益的执法司法问题还比较突出；一些公职人员滥用职权、失职渎职、执法犯法甚至徇私枉法严重损害国家法制权威；公民包括一些领导干部的宪法意识还有待进一步提高。对这些问题，我们必须高度重视，切实加以解决。

全面贯彻实施宪法，是建设社会主义法治国家的首要任务和基础性工作。宪法是国家的根本法，是治国安邦的总章程，具有最高的法律地位、法律权威、法律效力，具有根本性、全局性、稳定性、长期性。任何组织或者个人，都不得有超越宪法和法律的特权。一切违反宪法和法律的行为，都必须予以追究。

宪法的生命在于实施，宪法的权威也在于实施。一是要坚持正确政治方向，坚定不移走中国特色社会主义政治发展道路，坚持国家一切权力属于人民的宪法理念，发展更加广泛、更加充分、更加健全的人民民主，最广泛地动员和组织人民依照宪法和法律规定行使国家权力，共同建设，共同享有，共同发展，成为国家、社会和自己命运的主人。二是要落实依法治国基本方略，加快建设社会主义法治国家，以宪法为最高法律规范，维护社会主义法制的统一和尊严，全面推进科学立法、严格执法、公正司法、全民守法进程，维护社会公平正义。三是要坚持人民主体地位，切实保障公民享有权利和履行义务，宪法的根基在于人民发自内心的拥护，宪法的伟力在于人民出自真诚的信仰，只有保证公民在法律面前一律平等，尊重和保障人权，保证人民依法享有广泛的权利和自由，宪法才能深入人心，走入人民群众，宪法实施才能真正成为全体人民的自觉行动。要在全社会牢固树立宪法和法律的权威，让广大人民群众充分相信法律、自觉运用法律，使广大人民群众认识到宪法不仅是全体公民必须遵循的行为规范，而且是保障公民权利的法律武器。四是要坚持党的领导，更加注重改进党的领导方式和执政方式，依法治国首先是依宪治国，依法执政关键是依宪执政，党领导人民制定宪法和法律，党自身必须在宪法和法律范围内活动，真正做到党领导立法、保证执法、带头守法。要健全权力运行制约和监督体系，有权必有责，用权受监督，失职要问责，违法要追究，保证人民赋予的权力始终用来为人民谋利益。

要坚持依法治国、依法执政、依法行政共同推进，坚持法治国家、法治政府、法治社会一体建设，扎扎实实把党的十八大精神落实到各项工作中去，为全面建成小康社会、开创中国特色社会主义事业新局面而努力奋斗。

李适时、宋大涵、沈德咏、胡泽君、杜德印分别在大会上发言。

中共中央政治局召开会议
审议关于改进工作作风　密切联系群众的八项规定

12月4日，中共中央政治局召开会议，审议中央政治局关于改进工作作风、密切联系群众的八项规定，分析研究2013年经济工作。习近平主持会议。

会议一致同意关于改进工作作风、密切联系群众的八项规定。规定要求，中央政治局全体同志要改进调查研究，到基层调研要深入了解真实情况，总结经验、研究问题、解决困难、指导工作，向群众学习、向实践学习，多同群众座谈，多同干部谈心，多商量讨论，多解剖典型，多到困难和矛盾集中、群众意见多的地方去，切忌走过场、搞形式主义；要轻车简从、减少陪同、简化接待，不张贴悬挂标语横幅，不安排群众迎送，不铺设迎宾地毯，不摆放花草，不安排宴请。要精简会议活动，切实改进会风，严格控制以中央名义召开的各类全国性会议和举行的重大活动，不开泛泛部署工作和提要求的会，未经中央批准一律不出席各类剪彩、奠基活动和庆祝会、纪念会、表彰会、博览会、研讨会及各类论坛；提高会议实效，开短会、讲短话，力戒空话、套话。要精简文件简报，切实改进文风，没有实质内容、可发可不发的文件、简报一律不发。要规范出访活动，从外交工作大局需要出发合理安排出访活动，严格控制出访随行人员，严格按照规定乘坐交通工具，一般不安排中资机构、华侨华人、留学生代表等到机场迎送。要改进警卫工作，坚持有利于联系群众的原则，减少交通管制，一般情况下不得封路、不清场闭馆。要改进新闻报道，中央政治局同志出席会议和活动应根据工作需要、新闻价值、社会效果决定是否报道，进一步压缩报道的数量、字数、时长。要严格文稿发表，除中央统一安排外，个人不公开出版著作、讲话单行本，不发贺信、贺电，不题词、题字。要厉行勤俭节约，严格遵守廉洁从政有关规定，严格执行住房、车辆配备等有关工作和生活待遇的规定。

会议强调，今年以来，面对世界经济复苏明显放缓和国内经济下行压力加大的严峻形势，在党中央、国务院正确领导下，各地区各部门坚持以科学发展为主题、以加快转变经济发展方式为主线，按照稳中求进的工作总基调，根据经济形势发展变化，加强和改善宏观调控，着力稳增长、调结构、抓改革、惠民生，我国经济趋于稳定，积极因素进一步增多，全年经济社会发展任务能够较好完成。我国仍处于可以大有作为的重要战略机遇期，明年经济社会发展具备很多有利条件和积极因素，同时经济发展面临的困难仍然较多，各种挑战不能低估。全党全国要切实增强忧患意识和紧迫感，充分估计困难和挑战，扎实做好各方面工作。要保持宏观经济政策的连续性和稳定性，着力提高针对性和有效性，适时适度进行预调微调，加强政策协调配合。要着力扩大国内需求，加快培育一批拉动力强的消费新增长点，促进投资稳定增长和结构优化，继续严格控制“两高”和产能过剩行业盲目扩张。要毫不放松抓好农业生产，落实和完善扶持政策，加大农业科技投入，鼓励发展新型农业生产经营模式，加强农田水利和防灾减灾能力建设。要加快推进产业转型升级，发挥自主创新对结构调整的带动作用，支持企业牵头实施产业目标明确的国家重大科技项目，推进产能过剩行业兼并重组、扶优汰劣，支持中小企业发展，发展生产性服务业，加强生态建设。要积极稳妥推进城镇化，增强城镇综合承载能力，提高土地节约集约利用水平，有序推进农业转移人口市民化。要深入实施区域发展总体战略，加快推进集中连片特殊困难地区发展，发展海洋经济。要不断提升对外开放水平，优化外贸结构，完善稳定出口政策，积极增加进口，抓住机遇推动企业走出去，支持内陆和沿边地区对外开放。要保持物价总水平基本稳定，促进重要商品市场供需平衡，进一步降低流通成本，规范市场价格和收费秩序。要扎实推进重点领域改革，扩大营业税改征增值税试点地区和行业范围，健全资源性产品价格形成机制，深化医药卫生体制改革，推进国有经济和农村改革，抓好科技、教育、文化、行政审批等领域改革。要大力保障和改善民生，健全城乡公共就业服务体系，稳步提高社会保障统筹层次和保障水平，发展教育、卫生、文化等社会事业，加强房地产市场调控和住房保障工作，强化社会服务和管理，维护社会和谐稳定。

习近平会见第二炮兵第八次党代会代表

12 月 5 日，习近平会见第二炮兵第八次党代表大会代表，强调要深入学习贯彻党的十八大精神，高举中国特色社会主义伟大旗帜，以邓小平理论、“三个代表”重要思想、科学发展观为指导，坚持国防和军队建设主题主线，加强部队全面建设和军事斗争准备，努力建设一支强大的信息化战略导弹部队。

范长龙、许其亮、常万全、房峰辉、张阳、赵克石、张又侠、吴胜利、马晓天、魏凤和以及靖志远参加会见。

习近平首先代表党中央、中央军委，对第二炮兵第八次党代表大会的召开表示热烈祝贺，向出席大会的各位代表和第二炮兵广大官兵致以诚挚问候。他指出，第二炮兵是我国战略威慑的核心力量，是我大国地位的战略支撑，是维护国家安全的重要基石。要坚持从思想上政治上建设部队，坚持党对军队绝对领导的根本原则和制度，坚持不懈用中国特色社会主义理论体系武装官兵，持续培育当代革命军人核心价值观，弘扬我军光荣传统和优良作风，确保部队绝对忠诚、绝对纯洁、绝对可靠，永葆人民军队的性质和本色。要自觉维护党中央、中央军委的权威，在思想上政治上行动上始终与党中央、中央军委保持高度一致，做到在任何时候任何情况下都坚决听从党中央、中央军委指挥。要坚持党要管党、从严治党，全面加强部队党的思想建设、组织建设、作风建设、反腐倡廉建设、制度建设，增强各级党组织的创造力凝聚力战斗力，把党的政治优势和组织优势转化为推动部队建设的强大力量。

要坚决完成担负的各项军事斗争任务，以国家核心安全需求为导向，按照“能打仗、打胜仗”的要求，真抓实备、常备不懈，扎实推进军事斗争准备各项工作。要大力培养联合作战指挥人才、信息化建设管理人才和导弹专业技术人才，为完成军事斗争任务提供坚强人才保证。要扎实开展实战化军事训练，提高部队复杂困难条件下可靠遂行任务的能力。要根据第二炮兵部队自身特点，加大依法治军、从严治军力度，坚持以纪律建设为核心，着力增强法规制度执行力，坚决杜绝有法不依、执法不严、违法不究的现象。要加强部队作风建设，坚决反对和纠正各种不良现象。要认真落实安全发展理念，突出防范重大安全问题，确保部队安全稳定。

全国人大机关召开学习习近平纪念宪法施行30周年大会讲话座谈会

12月5日，全国人大机关召开学习习近平总书记在纪念现行宪法公布施行30周年大会上的重要讲话座谈会，李建国出席会议并讲话。

与会人员一致表示，要按照习总书记讲话的要求，坚持正确政治方向，坚定不移走中国特色社会主义政治发展道路。坚持国家一切权力属于人民的宪法理念，坚持党的领导、人民当家作主、依法治国有机统一，充分发挥人大及其常委会作为国家权力机关的作用，依法行使立法、监督、决定、任免等职权，进一步发挥人民代表大会制度的优越性。通过坚持和完善人民代表大会制度这个重要环节，发展更加广泛、更加充分、更加健全的人民民主，充分发挥我国社会主义政治制度优越性，不断推进社会主义政治制度自我完善和发展。

要适应全面建成小康社会的新形势新要求，进一步加强立法工作，继续完善以宪法为统帅的中国特色社会主义法律体系，加强重点领域立法，拓展人民有序参与立法途径，通过完备的法律推动宪法实施，保证宪法确立的制度和原则得到落实。进一步加强对宪法和法律实施情况的监督检查，把改革发展稳定中的重大问题和关系人民群众切身利益的热点难点问题作为监督重点，健全监督机制和程序，坚决纠正有法不依、执法不严、违法不究等问题，确保宪法和法律得到正确实施。更好地代表人民意愿，切实保障公民享有的权利和自由，自觉接受人民监督，使人大的各项工作更好地反映民意、集中民智、贴近民生。

全国人大常委会机关党组成员、全国人大专门委员会和常委会工作委员会负责人、部分参加现行宪法起草和修改工作的老同志等一百余人参加了座谈会。

学习贯彻党的十八大精神暨党建研究所成立25周年座谈会召开

12月5日，中共中央组织部在北京召开学习贯彻党的十八大精神暨党建研究所成立25周年座谈会。赵乐际发表讲话，沈跃跃主持会议。

赵乐际充分肯定党建研究所成立25年来取得的成绩。落实党的十八大提出的党的建设总要求和各项任务，党建研究责任重大。要深怀忧患之思、常持责任之心，加强重大问题研究，在提出政策建议、解决现实问题、推动工作落实上有更大作为。

解放思想、实事求是、与时俱进、求真务实，是科学发展观最鲜明的精神实质，也是党建研究的基本遵循。要坚持正确方向，把党的十八大主题作为党建研究灵魂，把党的基本理论、基本路线、基本纲领、基本经验、基本要求贯穿党建研究全过程和各方面。要突出研究重点，自觉运用马克思主义立场、观点和方法，调查研究党的建设和组织工作最需要解决、干部群众最期待解决的问题。要俯下身子搞调研、静下心来想问题，理论研究要求真、对策研究要务实、方法探索要管用。他希望党建研究工作者进一步增强政治素质，提高研究能力，营造良好研究氛围，为全面提高党的建设科学化水平作出更大努力。

第八次全国社会主义学院院长会在北京召开

12月5日，第八次全国社会主义学院院长会在北京召开，严隽琪出席并讲话。

严隽琪说，各级社院要严格遵循“社院姓社”的方针，始终坚持正确办学方向，按照中共中央的统一部署和统战部门的具体安排，结合深入贯彻《中共中央关于加强新形势下党外代表人士队伍建设的意见》和《2010～2020年党外代表人士教育培训改革和发展纲要》，继续推进社会主义学院正规化建设。

社会主义学院作为党外代表人士教育培训主阵地，要始终把政治共识教育放在首位，抓好教育培训，积极配合民主党派搞好换届后的政治交接，推动多党合作事业持续健康发展。要深入开展中国特色社会主义道路、理论体系、制度教育，把统一战线的优良传统教育纳入教学内容，向民主党派成员特别是新一代成员阐明中国共产党的先进性和中国特色政治发展道路的必然性，以多种形式引导他们自觉致力于中国特色社会主义伟大事业，为实现民族复兴贡献智慧和力量。

习近平在广东考察工作

12 月 7 日至 11 日，习近平在汪洋和朱小丹陪同下，来到深圳、珠海、佛山、广州，深入农村、企业、社区、部队和科研院所进行调研。习近平表示，这次调研之所以到广东来，就是要到在我国改革开放中得风气之先的地方，现场回顾我国改革开放的历史进程，将改革开放继续推向前进。

一路上，习近平反复强调，改革开放是我们党的历史上一次伟大觉醒，正是这个伟大觉醒孕育了新时期从理论到实践的伟大创造。实践证明，改革开放是当代中国发展进步的活力之源，是我们党和人民大踏步赶上时代前进步伐的重要法宝，是坚持和发展中国特色社会主义的必由之路。现在我国改革已经进入攻坚期和深水区，我们必须以更大的政治勇气和智慧，不失时机深化重要领域改革。深化改革开放，要坚定信心、凝聚共识、统筹谋划、协同推进。改革开放是决定当代中国命运的关键一招，也是决定实现“两个 100 年”奋斗目标、实现中华民族伟大复兴的关键一招。实践发展永无止境，解放思想永无止境，改革开放也永无止境，停顿和倒退没有出路。我们要坚持改革开放正确方向，敢于啃硬骨头，敢于涉险滩，既勇于冲破思想观念的障碍，又勇于突破利益固化的藩篱。我们要尊重人民首创精神，在深入调查研究的基础上提出全面深化改革的顶层设计和总体规划，尊重实践、尊重创造，鼓励大胆探索、勇于开拓，聚合各项相关改革协调推进的正能量。

考察结束时，习近平听取了广东省委和省政府的工作汇报。

习近平在广东主持召开经济工作座谈会

12 月 9 日，正在广东考察工作的习近平在广州主持召开经济工作座谈会，就当前国内外经济形势、推动经济发展广泛听取广东省各方面的意见和建议。

座谈会上，广东省、东莞市、佛山市南海区、中山市小榄镇和广汽集团、美的集团、深圳研祥集团、东莞创科集团、广州白云电气集团、金发科技公司的负责人纷纷发言，结合本地本企业实际，举数据，摆事实，谈情况，提建议。他们就扩大内需、推动实施创新驱动战略、完善营业税改增值税政策、推进金融创新、支持企业扩大出口、扶持小微型企业、完善土地制度等谈了自己的看法。

习近平表示，对大家提出的问题，中央有关部门要进行认真研究，通过深化改革、完善市场经济体制机制、转变政府职能、加强法治等措施来解决。针对大家提出的关于做好经济工作的建议，要加快推进经济结构战略性调整是大势所趋，刻不容缓。国际竞争历来就是时间和速度的竞争，谁动作快，谁就能抢占先机，掌控制高点和主动权；谁动作慢，谁就会丢失机会，被别人甩在后边。我们要继续大胆探索、扎实工作，坚定不移推进体制创新、科技创新，落实创新驱动发展战略，推动经济发展方式转变，推进经济结构战略性调整，为推动科学发展增添新动力。

习近平在广州战区考察

12 月 8 日和 10 日，习近平在广州战区考察。

习近平先多次听取部队工作汇报和对军委工作的意见建议，并作重要讲话。他强调，要坚持把思想政治建设摆在部队各项建设的首位，始终保持部队建设坚定正确的政治方向。当前和今后一个时期，加强思想政治建设最重要的任务是学习宣传贯彻党的十八大精神。要注重联系实际，坚持学以致用，切实把党的十八大精神贯彻落实到推进部队建设、遂行军事任务的实践中。要坚持用打仗的标准推进军事斗争准备，不断强化官兵当兵打仗、带兵打仗、练兵打仗思想，坚持从实战需要出发从难从严训练部队，坚持以军事斗争准备为龙头带动现代化建设，全面提高部队以打赢信息化条件下局部战争能力为核心的完成多样化军事任务能力。要不折不扣落实依法治军、从严治军方针，培养部队严守纪律、令行禁止、步调一致的良好作风。要始终把工作重心放在基层，把部队建设和战斗力的基础打得更加牢固。

在会见驻穗部队师以上领导干部时特别指出，实现中华民族伟大复兴，是中华民族近代以来最伟大的梦想。可以说，这个梦想是强国梦，对军队来说，也是强军梦。我们要实现中华民族伟大复兴，必须坚持富国和强军相统一，努力建设巩固国防和强大军队。一是要牢记，坚决听党指挥是强军之魂，必须毫不动摇坚持党对军队的绝对领导，任何时候任何情况下都坚决听党的话、跟党走。二是要牢记，能打仗、打胜仗是强军之要，必须按照打仗的标准搞建设抓准备，确保我军始终能够召之即来、来之能战、战之必胜。三是要牢记，依法治军、从严治军是强军之基，必须保持严明的作风和铁的纪律，确保部队高度集中统一和安全稳定。他表示坚信，在实现中华民族伟大复兴的征程中，英雄的人民军队一定能够发扬传统、继往开来，有效履行肩负的历史使命。

刘奇葆在中央新闻单位调研

12月11日，刘奇葆在中央新闻单位调研，雒树刚等参加调研。

调研中，中央新闻单位负责人认真学习了中央政治局改进作风的八项规定中关于对新闻报道、改进文风的要求，学习了习近平总书记有关重要批示精神。刘奇葆指出，新闻战线担负着宣传党的主张、通达社情民意的重要职责，一定要深刻领会、坚决贯彻中央精神，把改进文风作为当前的一项重要任务，高度重视，立即部署，大力推进。要从新闻报道、评论言论和文字风格、文章标题、版面编排等方面进行总体研究、全面改进，提倡“短、实、新”，反对“假、长、空”，切实做到言之有理、言之有物、言之有情，富有吸引力感染力。要牢记新闻媒体的职责使命，通过改进文风更好地把握正确导向、巩固主流思想舆论。要把群众满意认可作为最高标准，从实际生活中发现线索、选定题材、挖掘新闻，讲实话、讲短话、讲有用的话，使报道的内容、形式、语言、风格更加贴近群众的需求，让群众明显感受到文风方面的新气象。要完善制度机制、扎实巩固地改，认真总结“走转改”的成功经验，加强新闻队伍建设，建立长效机制，使改进文风转化为广大新闻工作者的自觉行动。新闻单位领导干部要切实把好文风关，带头写朴实生动的报道评论，以模范行为带动本单位文风的改进。

人民日报、新华社、求是杂志、光明日报、经济日报、中央人民广播电台、中央电视台、中国国际广播电台的主要负责同志介绍了本单位改进文风的情况和打算。

中央党的建设工作领导小组会议召开

12月13日，刘云山主持召开中央党的建设工作领导小组会议，研究党的十八大关于党的建设部署和任务的分解落实，研究党的建设工作贯彻落实中央政治局关于改进工作作风、密切联系群众“八项规定”的措施办法。

王岐山，赵乐际出席会议并讲话。中央纪委、中央办公厅、中央组织部、中央宣传部、中央直属机关工委、中央国家机关工委、中央党校、教育部、民政部、审计署等部门和单位结合各自职能，就贯彻落实中央政治局关于改进工作作风、密切联系群众“八项规定”作了发言。中央党的建设工作领导小组成员单位、中央和国家机关有关部门党组（党委）主要负责同志参加会议。

刘云山在讲话中指出，我们党作为马克思主义执政党，不但要有强大的真理力量、有正确理论指导，而且要有强大的人格力量、有优良作风保障。作风正、作风好，才能更好地带领全党全国各族人民团结奋进。中央政治局作出改进工作作风、密切联系群众的“八项规定”充分体现了党要管党、从严治党的要求，反映了以习近平同志为总书记的党中央弘扬党的光荣传统和优良作风的坚定决心。各级党委和领导干部要以高度的政治自觉抓好“八项规定”的贯彻落实，把加强作风建设摆在更加突出的位置，以作风建设的新成效凝聚人民群众、推动事业发展。

刘云山指出，一分部署，九分落实。好规定、好制度不落空，关键是下功夫抓落实。抓“八项规定”的落实，贵在领导带头、难在长期坚持、重在形成机制。各级领导率先垂范，就能形成正面的示范效应。要坚持从群众反映强烈的问题改起，多听群众的意见呼声，群众期盼什么就努力做好什么，让人民群众看到实实在在的变化。要坚持从最能体现良好作风的具体事情抓起，下决心改进文风会风、改进调查研究、改进出国访问、改进活动报道，力戒大而化之，力戒形式主义。领导干部改进作风不能自说自话、自我评价，要勇于接受群众监督、舆论监督、社会监督。要建立健全弘扬良好作风的机制，政绩考核要有作风标准，干部选拔要有作风导向，做到赏罚分明。要坚持一天不放松地抓，定期督促检查并向社会公布检查结果，推动作风建设常态化，而决不能虎头蛇尾、一阵风。

中央经济工作会议举行

12月15日至16日，中央经济工作会议在北京举行。习近平、温家宝、李克强、张德江、俞正声、刘云山、王岐山、张高丽出席会议。

习近平在会上发表重要讲话，分析国际国内经济形势，提出明年经济工作总体要求和主要任务。温家宝在讲话中总结今年经济工作，对明年经济工作作出部署。李克强主持会议并在会议结束时作了总结讲话。

会议指出，今年以来，面对日趋严峻的国际经济形势和国内改革发展稳定的繁重任务，党中央、国务院团结带领全党全国各族人民，坚持以科学发展为主题，以加快转变经济发展方式为主线，按照稳中求进的工作总基调，及时加强和改善宏观调控，把稳增长放在更加重要的位置，经济社会发展呈现稳中有进的良好态势。经济运行总体平稳，物价涨幅稳步回落，农业基础地位进一步稳固，社会大局保持稳定。转变经济发展方式有新进展，科技创新有新成绩，改革开放有新突破，改善民生有新成效。

会议认为，做好明年经济工作，要继续把握好稳中求进的工作总基调，立足全局，突出重点，扎扎实实开好局。会议提出了明年经济工作的主要任务。一是要加强和改善宏观调控，促进经济持续健康发展；二是要夯实农业基础，保障农产品供给。三是要加快调整产业结构，提高产业整体素质。四是要积极稳妥推进城镇化，着力提高城镇化质量。五是要加强民生保障，提高人民生活水平。六是要全面深化经济体制改革，坚定不移扩大开放。

第七届全球孔子学院大会开幕式举行

12月16日，第七届全球孔子学院大会开幕式在北京国家会议中心举行。刘延东出席并致辞，并为全球孔子学院先进个人和先进单位颁奖。

刘延东指出，2012年汉语国际推广事业实现新发展，已建立400所孔子学院、500多家孔子课堂，注册学员65万人，为各国人民开启了认识中华文化和当代中国的窗口，对沟通人民与人民之间的情感与友谊、促进不同文明间的交流互鉴发挥了重要作用。本届大会以“促进孔子学院融入大学和社区”为主题很有意义，希望孔子学院适应当地文化传统、思维习惯和学员特点，在提升教师、教材和教法水平上下功夫，激发学习兴趣，提高办学质量。发挥好综合文化交流平台的作用，增强吸引力感召力，厚植中外友好的民意基础。拓展办学空间，丰富教学内容，由大城市向其他地区延伸，由校园向社会推广，更加适应大学和社区的需要。坚持政府支持、社会参与、民间推动，与所在国的国民教育体系相结合，与学生未来职业发展相结合，实现中外双方共建共管、共享共赢。

来自108个国家和地区的大学校长、孔子学院代表共2000多人出席大会。

罗阳同志先进事迹报告会在北京举行

12月17日，罗阳同志先进事迹报告会在北京人民大会堂举行。报告会前，刘云山会见了报告团成员，代表习近平总书记、代表党中央向罗阳同志妻子王希利并通过她向罗阳同志母亲表示诚挚的慰问，颁发中央组织部授予罗阳同志的“全国优秀共产党员”证书。刘奇葆参加会见。

罗阳生前是歼—15舰载机研制现场总指挥，中航工业沈阳飞机工业（集团）有限公司董事长、总经理。今年11月25日在“辽宁舰”完成训练任务后，突发心脏病不幸以身殉职。他去世后，人们通过多种方式，表达对罗阳的崇敬与怀念。习近平总书记专门作出重要指示，要求很好地总结和宣传罗阳同志的先进事迹，号召广大党员干部学习罗阳同志的优秀品质和可贵精神。

报告会由中央宣传部、中央组织部、国务院国资委、辽宁省委和中航工业集团联合举办。各主办单位有关负责同志，中央和国家机关干部代表，在京中央企业干部职工代表，首都各界代表等700多人参加报告会。报告团成员结合亲身经历，深情讲述了罗阳同志的先进事迹和崇高精神，报告感人肺腑、催人泪下，深深感染了现场听众，会场不时响起热烈掌声。

中央政法委召开第一次全体会议

12月18日，中央政法委员会第一次全体会议在北京召开，孟建柱主持会议。王胜俊、曹建明出席会议并发言。

依法治国是我们党领导人民治理国家的基本方略，是国家长治久安的根本保证。全国政法机关和政法各部门要积极适应人民群众对社会公平正义的新期待，全面推进法治建设，坚持把严格执法、公正司法作为基本前提，坚持把公平正义、群众满意作为价值追求，着力提升执法司法公信力，让人民群众感受到公平正义就在身边。要积极回应人民群众对社会平安的新期待，加强基层基础建设，推动机制创新，着力解决影响人民群众安全感的突出问题，全面深化平安建设，确保人民安居乐业、社会安定有序。要积极回应人民群众对政法队伍的新期待，坚持政治建警、素质强警、从严治警，全面加强各级政法机关领导班子建设和思想、组织、作风、反腐倡廉和制度建设，着力打造一支忠诚可靠、执法为民、务实进取、公正廉洁的高素质政法队伍。

全国政法机关和政法各部门要以与时俱进的精神审视和反思自己，以改革创新的勇气加强和完善自己，坚持以解决人民群众反映强烈的突出问题为突破口，积极推进司法改革，规范司法行为，推进司法公开，让司法权在阳光下运行。要以能力建设为重点，着力提升做好新形势下群众工作能力，着力提升维护社会公平正义能力，着力提升新媒体时代社会沟通能力，着力提升科技信息化应用能力，着力提升政法队伍拒腐防变能力。

经济社会发展和改革调研工作座谈会召开

12月19日，经济社会发展和改革调研工作座谈会在北京召开，李克强主持并讲话。

会上，上海、安徽、河南、青海、新疆、河北等地政府负责人纷纷发言，谈了明年经济工作面临的矛盾困难和对国家政策的建议。李克强抓住发言中提到的城镇化、地方政府融资、现代农业发展、传统产业升级、欠发达地区发展等问题与大家深入讨论，对一些关乎全局、带有普遍性的问题，他当即布置在场的有关部门研究，并鼓励地方依法先行先试，探索和创造经验。

结合大家发言，李克强说，做好明年工作，关键是要把着力点放到加快转变经济发展方式上。着重提高发展质量和效益，一是速度要实实在在，不要盲目攀比，不要有水分；二是要能增加就业，有就业老百姓心里就安稳；三是收入要和增长同步，让群众获得好处；四是速度和效益相匹配，没有效益就不可持续；五是能源资源环境可支撑，在环境优化中实现发展。面对世界经济低迷的趋势，中国作为大国要立足内需，城镇化就是最大的内需，要把这个潜力发挥出来，还要靠改革。推动城镇化，把农民工逐步转为城市市民，需要推进户籍制度改革；城镇基础设施和保障房建设，还要完善融资和管理机制；城镇化必须确保粮食安全，这关系到严格保护耕地和发展现代农业等问题，也要靠改革的办法来推动。把城镇化最大潜力和改革最大红利结合起来，形成叠加效应，中国经济就有长久持续的动力。

针对发言中提到的体制障碍，李克强说，改革要打破部门、行业利益和固有格局，抓住关键环节，做牵一发而动全身的事。要深化投融资体制改革，对规划内投资项目也要减少审批、简化程序，降低交易成本。明年财税体制改革重点要扩大营改增试点范围，促进结构调整，同时正税清费，减轻不合理负担，培育地方主体税种，增强地方自主发展力量。改革既要有勇气推进，又要有智慧把握。

中央军委印发加强自身作风建设十项规定

12月21日，中央军委日前下发通知，印发《中央军委加强自身作风建设十项规定》。

通知指出，《中央军委加强自身作风建设十项规定》贯彻了党的十八大精神和习近平主席关于加强作风建设的重要指示，依据《十八届中央政治局关于改进工作作风、密切联系群众的八项规定》，按照从严、从紧、高标准的要求，结合军队实际制定改进作风的具体措施，充分体现中央军委带头发扬我党我军光荣传统和优良作风的鲜明态度，体现严于律己、狠抓作风建设的坚定决心。军委同志要严格执行《十项规定》，率先垂范，从自身做起，从现在做起，说到做到，自觉接受全军官兵监督。

通知强调，各级党委和领导干部要深入学习贯彻习主席有关重要指示精神，深刻领会中央军委制定改进作风规定的重要意义，充分认识加强作风建设的极端重要性，坚决落实习主席和中央军委提出的各项要求，对照检查自身在作风建设方面存在的不足和差距，制定改进措施和办法。要坚持从军委、总部严起，以高中级干部为重点，以解决突出问题为突破口，从官兵反映强烈的问题改起，以上率下，持续用力，一抓到底，加大监督检查力度，确保各项规定不折不扣落实，以领导干部的清风正气带动部队作风明显进步。

中央农村工作会议召开

12月20至22日，中央农村工作会议在北京召开。会议认真贯彻党的十八大精神，系统总结2012年和过去10年农业农村发展成就，深刻分析“三农”工作面临的新形势新挑战，重点研究加快发展现代农业、进一步增强农村发展活力，全面部署当前和今后一个时期的农业农村工作。党中央、国务院对这次会议高度重视。会前，中央政治局常委会议、国务院常务会议和中央农村工作领导小组会议专门研究了会议文件，对农业农村工作提出了明确要求。回良玉出席会议并讲话。

会议讨论了《中共中央、国务院关于加快发展现代农业进一步增强农村发展活力的若干意见（讨论稿）》。提出明年要扎实做好以下工作：（一）继续抓好农业生产，稳定发展粮食等重要农产品生产，加强以农田水利为重点的农业基础设施建设，强化农业科技支撑，发挥市场对农业生产的带动作用；（二）继续发展农村公共事业，加强农村基础设施建设和农村社会事业发展；（三）继续深化农村改革，积极创新农业生产经营体制，稳步推进集体产权制度改革，加快推进其他各项改革；（四）继续加强和创新农村社会管理。强化以党组织为核心的农村基层组织建设，强化农村基层民主管理，强化农村社会公共安全保障。

会议强调，重中之重的战略思想不能动摇、强农惠农富农的政策力度不能减弱、农村改革发展的步伐不能放慢。要紧密团结在以习近平同志为总书记的党中央周围，举全党全国之力持之以恒强化农业、惠及农村、富裕农民，努力谱写农村改革发展新的篇章，奋力创造城乡共同繁荣新的辉煌。

马凯主持了第一次全体会议。河北、山西、吉林、浙江、山东、四川等6个省有关负责同志在大会上发言。

党的建设和组织工作调研座谈会召开

12月23日，刘云山在北京主持召开党的建设和组织工作调研座谈会，就如何加强作风建设、做好党的建设和组织工作听取基层党员干部的意见建议。赵乐际参加座谈会。北京、天津、河北、山西等省市党委组织部长、基层党务工作者和中央有关部门负责同志、专家学者参加座谈。

刘云山认真听取大家的意见建议，要求有关部门很好地运用到今后党的建设和组织工作中。刘云山说，作风是党的生命，重视作风建设是我们党的传统。党最大的政治优势是密切联系群众，执政后的最大危险是脱离人民群众。中央贯彻党的十八大精神，就是以加强作风建设开局、起步的。加强作风建设，不能停留于一般原则号召，必须有具体措施，具体才能深入，具体才能落实。对各级领导干部来说，不仅要有思想认识的高度，更要有落实工作的力度，不仅要带头改作风，还要带头抓作风。要对照中央“八项规定”，认真查找作风方面存在的突出问题，制定切实管用的改进办法。改进作风，核心是增进同人民群众的感情，密切同群众的血肉联系。要突出为民、务实、清廉的要求，把改进作风同为群众办实事办好事结合起来，同解决经济社会发展中的实际问题结合起来，让人民群众得到实实在在的利益，见到实实在在的成效。领导干部改进作风，不能自说自话、自我评价，要让群众来监督、来评价，把人民群众满意作为检验标准。

组织部门是党的重要职能部门，是作风建设的重要职能部门。各级组织部门既要把作风建设紧紧抓在手上，又要切实加强自身建设，自觉做改进作风的表率。要认真贯彻党的干部工作路线，干部选拔要有作风导向，政绩考核要有作风标准，公道正派地选人用人，用好的作风选作风好的人、培养作风好的干部，坚决反对跑官要官，坚决抵制拉票贿选，坚决整治用人不正之风。要把开展以为民务实清廉为主要内容的群众路线教育实践活动，作为加强作风建设的重要载体，抓紧调研、提出方案，确保针对性实效性，真正让党员干部在活动中受到教育，达到在思想上作风上“照镜子、正衣冠、洗洗澡、治治病”的目的。

“科学发展观丛书”出版

12月23日，国家重点图书马列主义研究著作出版规划项目“科学发展观丛书”出版座谈会在北京召开。厉无畏出席座谈会。

“科学发展观丛书”由中央和国家机关有关部委的同志、具有丰富实践经验的地方党政领导干部和国内高校、科研单位的专家学者等完成，由党建读物出版社出版发行。丛书共10册，包括《统筹城乡发展》、《统筹区域协调发展》、《统筹经济社会发展》、《统筹人与自然和谐发展》、《统筹国内发展和对外开放》、《构建社会主义和谐社会》、《建设学习型社会》、《资源节约与环境友好型社会建设》、《中国特色社会主义文化建设》、《中国特色社会主义政治文明建设》。

国家民委委员全体会议在北京召开

12月24日，国家民委委员全体会议在北京召开，回良玉出席会议并讲话。

回良玉说，党的十六大以来，在党中央、国务院正确领导下，各地区、各有关部门紧紧围绕共同团结奋斗、共同繁荣发展的主题，紧紧围绕少数民族和民族地区跨越式发展和长治久安的目标，制定出台了兴边富民行动、扶持人口较少民族发展等一系列政策和规划，形成了比较完备的促进民族地区加快发展政策体系，民族地区基础设施和各族群众的生产生活条件取得了历史性进步，民族团结进步事业保持好的发展势头，平等、团结、互助、和谐的社会主义民族关系不断巩固和加强。当前，国内外形势发生深刻变化，民族工作的极端重要性进一步凸显。我们要坚持和完善民族区域自治制度，着力加快少数民族和民族地区经济社会发展，进一步加大保障和改善民生力度，切实维护民族团结和社会稳定。要进一步建立健全民族工作领导体制和工作机制，形成推动民族工作的强大合力。

杨晶主持会议时强调，要坚持和完善国家民委委员制度，不断总结成功经验，进一步完善运行机制，凝聚各方面力量，共同做好民族工作。

全国行政学院院长会议在北京召开

12月24日，全国行政学院院长会议在北京召开，马凯出席会议并讲话。

马凯指出，党的十七大以来，各级行政学院按照建设有特色高水平行政学院的目标要求，不断探索规律，勇于改革创新，学院科学化建设取得新进展，办学能力和作用得到提升，理论研究重要基地和政府决策咨询作用不断加强，各项工作取得新成绩。当前，行政学院系统要把学习宣传贯彻党的十八大精神作为首要政治任务，一要在学得更深、掌握思想武器上下功夫，深刻把握十八大主题，全面准确领会十八大提出的新思想、新观点、新论断。二要在指导工作、提升教学科研咨询水平上下功夫，做好十八大精神进教材、进课堂、进头脑的工作，加强对十八大重大理论问题和战略任务的研究，着力破解政府工作中的难点热点问题。三要在科学建院、加强自身建设上下功夫，做到质量立院、人才强院、制度管院、从严治院、改革兴院，努力开创行政学院科学发展新局面。

习近平走访各民主党派中央和全国工商联

12月24至25日，习近平和俞正声一起，分别走访了中国国民党革命委员会、中国民主同盟、中国民主建国会、中国民主促进会、中国农工民主党、中国致公党、九三学社、台湾民主自治同盟中央和中华全国工商业联合会。

最近，各民主党派和全国工商联分别举行了全国代表大会，进行了换届。习近平代表中共中央，向各民主党派和全国工商联新一届领导班子成员表示衷心的祝贺，向各民主党派和全国工商联广大成员表示诚挚的问候。在各民主党派中央机关，习近平等中共中央领导同志同各民主党派中央领导人进行了座谈。民革中央主席万鄂湘、民盟中央主席张宝文、民建中央主席陈昌智、民进中央主席严隽琪、农工民主党中央主席陈竺、致公党中央主席万钢、九三学社中央主席韩启德、台盟中央主席林文漪等分别介绍了各党派的主要情况和最近召开全国代表大会的情况，并就加强和改进新形势下多党合作、加强执政党和参政党作风建设、更好发挥参政党作用、完善民主监督、加快转变经济发展方式、实施创新驱动发展战略、增强中华民族凝聚力、保障和改善民生、加强扶贫工作、深化医药卫生体制改革、建设美丽中国等提出意见和建议。他们表示，一定要紧密团结在以习近平同志为总书记的中共中央周围，切实履行参政党职能，始终不渝同中国共产党亲密合作，为实现中共十八大确定的目标任务贡献力量。

实现中华民族伟大复兴，需要全体中华儿女携手努力。中共中央将坚定不移坚持和完善中国共产党领导的多党合作和政治协商制度，坚定不移贯彻长期共存、互相监督、肝胆相照、荣辱与共的方针，加强同民主党派合作共事，支持民主党派更好履行参政议政、民主监督职能。各民主党派人才荟萃、各具优势。希望各民主党派弘扬优良传统，团结带领广大成员为全面建成小康社会、实现社会主义现代化、实现中华民族伟大复兴作出新的贡献。

在全国工商联的座谈会上，全国工商联主席王钦敏介绍了情况。习近平希望全国工商联新一届领导班子团结带领广大会员牢牢把握促进非公有制经济健康发展和非公有制经济人士健康成长的工作主题，引导非公有制经济人士做合格的中国特色社会主义事业建设者。

中央国家机关工委召开部门党组（党委）书记座谈会

12月25日，中央国家机关工委在北京召开部门党组（党委）书记座谈会，交流学习宣传贯彻党的十八大精神情况。

座谈会上，国家发展改革委、人力资源和社会保障部、环境保护部、农业部、商务部、文化部党组书记结合本部门实际，分别从加快转变经济发展方式、促进就业和社会保障事业发展、推进生态文明建设、巩固和发展农业农村经济好形势、提高开放型经济水平、推进文化建设等方面，交流了学习宣传贯彻党的十八大精神的新体会、新举措。

马凯出席并讲话。他要求中央国家机关各部门学习宣传贯彻党的十八大精神要在引向深入上下功夫。要采取多种形式，深入学、反复学、持续学，着力提高效果；要与部门实际结合，切实把党的十八大的决策部署转化为部门、行业和系统改革发展的战略、规划和具体政策措施；要与加强机关党的建设结合，不断提高干部综合素质，努力改进工作作风，取得初步成效。

中宣部等九部委开展“三下乡”集中服务活动

12 月 25 日，中宣部、科技部、司法部、农业部、文化部、卫生部、国家人口计生委、广电总局和中国科协在安徽省六安市裕安区，开展全国文化科技卫生“三下乡”集中服务活动。

文化科技卫生“三下乡”是服务基层、服务“三农”的重要惠民活动，在促进农村经济社会发展等方面发挥了积极作用。活动当天，来自宣传、文化、科技、卫生等数十个部门的专家露天“摆摊设点”，为群众提供党的十八大精神宣传、科技大篷车、医疗义诊、法律咨询等现场服务，并举办医疗讲座、农技推广等培训。中国歌舞剧院为当地群众带来一场精彩的文艺演出。科普图书、医疗设备、电脑、药品等随着慰问小分队，被送进乡村、医院和学校。九部门负责同志还深入农村、社区调研，并慰问老英模、老党员、道德模范代表。

申维辰在集中服务活动中指出，2013 年要按照中宣部等 14 部门下发的《关于 2013 年深入开展文化科技卫生“三下乡”活动的通知》要求，加大工作力度，切实负起责任，努力把“三下乡”活动提高到一个新水平。

全国组织部长会议在北京召开

12 月 26 日，全国组织部长会议在北京召开。刘云山出席会议并讲话，赵乐际主持会议并作工作报告。

刘云山对党的十七大以来和 2012 年党的建设和组织工作给予充分肯定，对明年党的建设和组织工作提出要求。他指出，要切实加强理想信念教育，引导党员干部进一步坚定中国特色社会主义道路自信、理论自信、制度自信，以良好精神状态为实现伟大“中国梦”而奋斗。要突出抓好作风建设，引导党员干部按照为民务实清廉的要求，进一步密切党同人民群众的血肉联系。要认真贯彻从严治党方针和党管干部、党管人才原则，着力建设高素质的执政骨干队伍和人才队伍。要着力加强基层党建工作，进一步夯实党执政的组织基础和群众基础。要坚持继承传统与改革创新相统一，不断提高党的建设和组织工作科学化水平。

选一个干部就是树一面旗帜。“用一贤人，则贤人毕进”。组织部门作为党管干部的重要职能部门，要全面考核干部的德、能、勤、绩、廉，真正把那些忠于党和人民、综合素养好、能力过得硬、群众信得过的干部选拔到领导岗位上来。要注重在各级领导班子中配备具备领导科学发展能力的干部，建立健全有利于科学发展的目标体系、考核办法、奖惩机制。要全面贯彻党的干部工作路线，公道正派地选人用人，坚决反对跑官要官，坚决纠正拉票贿选、买官卖官，切实匡正用人风气。在整治用人上的不正之风这个问题上，各级组织部门要有高度的政治觉悟、坚定的决心态度，发现一起查处一起，为做到党的十八大提出的干部清正、政府清廉、政治清明尽心尽力尽责。

第二十次全国法院工作会议在北京召开

12 月 26 日，第二十次全国法院工作会议在北京召开。孟建柱在会上指出，党的十七大以来，人民法院围绕为大局服务、为人民司法的主题，依法调节经济社会关系，全面加强审判执行工作，提高了司法质量，推进了司法改革，加强了基层基础建设。提升了思想政治素养和司法能力，为推进法治建设、维护人民根本利益、促进经济社会发展作出了重要贡献。王胜俊出席会议并讲话，曹建明等参加会议。

实现政治清明、社会公正、人心稳定、长治久安，最根本的是靠法治。要坚持中国特色社会主义法治建设道路不动摇，以保障社会公平正义为灵魂，以维护人民群众合法权益为根本任务，坚定不移做社会主义法治国家建设者、实践者。要把人民法院工作置于党和国家工作大局中来谋划，忠实履行宪法和法律赋予的职责，以忠诚、勇气、力量、素养、智慧，肩负起中国特色社会主义事业建设者、捍卫者的历史使命。要善于运用法治思维和法治方式思考、处理问题，进一步增强社会责任感，努力实现法律效果与社会效果的统一，既维护国家法制统一尊严权威，又有利于社会和谐稳定。只有以维护人民群众合法权益为生命，才能赢得人民群众发自内心的信任和支持。要坚持司法为民不动摇，建立健全司法为民工作机制，不断推出司法便民利民惠民措施，努力使司法成为联系和服务群众的过程。要以解决影响司法公正、制约司法公信力的深层次问题为突破口，深化司法改革，努力为人民群众反映正常诉求提供便利渠道，让困难群众打得起官司，让有理有据的人打得赢官司，让打赢了官司、具备执行条件的人及时实现诉权，实现好、维护好、发展好最广大人民的根本利益。

中宣部发出通知要求贯彻十八大精神　切实改进文风

12 月 26 日，在深入调查研究、广泛征询意见的基础上，中宣部近日发出《关于贯彻党的十八大精神 切实改进文风的意见》，要求宣传思想文化战线把改进文风作为宣传贯彻党的十八大精神、落实中央政治局八项规定的重要任务，作为改进工作、提高舆论引导能力的重要机遇，下大决心大气力抓紧抓好。

《意见》指出，文风是党风的体现，关系党的形象，关系事业成败。宣传思想文化战线要坚持“三贴近”原则，发扬“走转改”精神，着力转变思想作风、工作作风，着力提高针对性实效性、亲和力感染力，提倡短、实、新，反对假、长、空。

《意见》对如何改进文风作出明确规定。各级党委宣传部和党报党刊、通讯社、电台电视台要对改进文风进行总体研究，制定方案，从每一篇报道、每一个栏目抓起。要建立健全工作制度机制，把改进文风的要求体现到稿件使用、业务考核、业绩评价、评奖表彰中。领导班子成员要身体力行、率先垂范，加强对采编队伍特别是年轻采编人员的教育培训，持之以恒、久久为功。中央媒体要走在前列，在改进文风上先走一步、高出一筹，发挥好示范带动作用。

韶山举行纪念毛泽东诞辰 119 周年活动

12 月 26 日，是毛泽东同志诞辰 119 周年，数以万计的游客共聚韶山，与韶山人民一起缅怀伟人。

“万人同唱东方红”、“万人同吃‘福寿面’”和“万人长跑赛”是韶山纪念毛主席诞辰的传统活动。为响应毛主席提出的“发展体育运动，增强人民体质”号召，纪念毛泽东同志诞辰 119 周年健身长跑也于 25 日在韶山举行。近万名来自省直机关单位、高校和全省各地州市及韶山本地的健儿激情开跑，今年已是活动开展的第三十届。

民政工作座谈会在廊坊召开

12 月 27 日，回良玉在河北省廊坊市主持召开民政工作座谈会，研究部署关心困难群众生活的各项工作。

民政关乎民生，民生连着民心。岁末年初，各级民政部门要认真落实中央的部署要求，发挥为民解困、为民服务的优良传统，采取有效措施，切实加大工作力度，安排好受灾地区群众生活，及时发放救灾款物，确保受灾群众口粮、衣被、住所和取暖等得到基本保障。要扎实做好拥军优属、拥政爱民工作，组织好对老红军、老复员军人、伤残军人、军烈属等重点优抚对象的慰问活动，主动帮助他们排忧解难。要进一步做好流浪乞讨人员救助工作，确保流浪乞讨人员安全过冬。要安排好困难群众生活，尽早发放春节生活补贴，广泛开展“送温暖、献爱心”活动和志愿服务活动，保证他们过上欢乐、祥和、喜庆的节日。

中组部通知要求慰问生活困难党员老党员和老干部

12 月 27 日，中央组织部近日下发通知，对在元旦春节期间开展走访慰问生活困难党员、老党员和老干部活动进行部署。

通知指出，关心爱护党员，特别是关怀帮扶生活困难党员、老党员和老干部，是我们党的优良传统，也是各级党组织的重要职责。各地各部门（系统）要高度重视走访慰问活动，及时把党的关怀和温暖送到生活困难党员、老党员和老干部心坎上。要坚持领导带头、分级负责，在元旦春节期间普遍走访生活困难党员、老党员和老干部，切实帮助他们解决实际困难和问题。中央组织部将从代中央管理的党费中安排慰问资金，于近期下拨给各省（区、市）、各有关部门（系统）党委（工委）组织部，各地各部门（系统）要尽快落实配套资金，确保春节前发给慰问对象。

中央纪委监察部发出通知
要求改进工作作风　加强廉洁自律

12 月 27 日，中央纪委监察部日前发出通知，要求党员领导干部在 2013 年元旦、春节期间，切实改进工作作风，加强廉洁自律。

通知要求，要认真贯彻执行中央关于改进工作作风，密切联系群众的各项规定。大力弘扬艰苦奋斗、勤俭节约作风，坚决制止铺张浪费和奢侈享乐行为。严禁用公款购买香烟、高档酒和礼品，严禁用公款搞相互走访、送礼、宴请等拜年活动。加强对公务用车使用的管理，严禁公车私用，严禁领导干部擅自驾驶公车。严格遵守财经纪律，严禁以各种名义年终突击花钱和滥发津贴、补贴、奖金、实物。严格执行廉洁自律各项规定，严禁用公款大吃大喝、旅游和参与高消费娱乐、健身活动，严禁在公务活动中接受礼金和各种有价证券、支付凭证。严格遵守组织人事纪律，严禁利用节日之机跑官要官、买官卖官以及搞拉票贿选等非组织活动。严禁参与任何形式的赌博活动。要自觉遵守政治纪律，维护党员干部的良好形象。

《江泽民与社会主义市场经济体制的提出》出版发行

12 月 28 日，在党的十四大确立社会主义市场经济体制 20 周年之际，江泽民就《江泽民与社会主义市场经济体制的提出——社会主义市场经济 20 年回顾》出版发行作出批示，要求“解放思想、集思广益、温故知新、谋划未来”。该书由中央文献出版社出版发行。

这本书收入了江泽民 1992 年在中央党校省部级干部进修班和党的十四大上关于在我国建立社会主义市场经济体制的论述，以及十四届三中全会通过的《中共中央关于建立社会主义市场经济体制若干问题的决定》。书中还收入了回顾 1991 年江泽民亲自主持召开 11 次座谈会，研讨社会主义市场经济问题的 6 篇文章。这本书的出版，有助于我们更好了解社会主义市场经济体制研究和酝酿过程，深刻领会江泽民关于社会主义市场经济的重要思想，推动社会主义市场经济体制进一步完善。

全国人才工作座谈会在北京召开

12 月 28 日，全国人才工作座谈会在北京召开，赵乐际出席并讲话。

赵乐际指出，2012 年人才工作突出重点、狠抓落实，加快发展、整体推进，取得了显著成效。十八大报告把人才工作作为“全面提高党的建设科学化水平”八项任务之一作出部署，为加强和改进人才工作提供了根本遵循。各地各部门要把人才列为各类资源开发之首，谋划发展优先谋划人才发展、推动工作优先推动人才工作。要深入实施“千人计划”，稳定规模、确保质量、优化结构，加强对海外引才工作指导。要全面实施“万人计划”，严格遴选、科学培养、塑造品牌，形成国内高层次人才培养体系。要统筹各类人才队伍建设，大力实施边远贫困地区、边疆民族地区和革命老区人才支持计划，引导人才向艰苦地区和基层一线流动，促进区域人才协调发展。要加快人才发展体制机制改革和政策创新，加强顶层设计和统筹谋划，加快形成激发人才创造活力、具有国际竞争力的人才制度优势。要建设高素质人才工作队伍，营造重才用才社会环境、工作环境、政策环境、生活环境。要健全党管人才体制机制，尊重、发挥各级人才工作领导（协调）小组成员单位职能作用，充分发挥各行各业积极性主动性创造性，充分发挥用人单位主体作用，形成人才工作整体合力，开创人人皆可成才、人人尽展其才的生动局面。

全国统战部长会议在北京举行

12 月 29 日，全国统战部长会议在北京举行。俞正声出席并讲话，令计划主持会议并作工作报告。

俞正声指出，党的十七大以来，统一战线围绕党和国家工作全局作出了重要贡献，为今后工作打下了坚实基础。在新形势下，我们党建立的一整套完备的统一战线理论政策体系需要继续学习落实，统一战线形成的团结、和谐、开拓、活跃的良好局面需要不断巩固发展，各级统战部门创造和积累的实践经验需要深入总结运用，努力推动统一战线接续发展。各领域统战工作都有各自特点，也具有共性要求，必须善于把握规律、抓住重点。要正确处理一致性和多样性的关系，始终坚持并不断增进共识，以博大的胸怀对待不同党派、民族、阶层、宗教信仰者以及不同社会制度下的广大成员，实现和而不同基础上的团结。要充分发挥党外人士的监督作用，真心诚意地欢迎党外人士帮助我们改正工作中的缺点和错误。要广交深交党外朋友，虚心向他们学习，认真听取他们的意见，切实解决他们遇到的困难，真正为党交到一批挚友、诤友。

各级党委高度重视统战工作，认真落实中央关于加强党对统战工作领导的要求，积极为统战部门工作开展创造条件。广大统战干部要切实转变工作作风，加强理论学习，深入研究问题，不断在实践中创造新经验、实现新发展。

新年京剧晚会在北京举行

12月30日，2013年新年京剧晚会在北京国家大剧院举行。党和国家领导人习近平、李克强、张德江、俞正声、刘云山、王岐山、张高丽，与首都近千名群众一起观看演出，喜迎新年的到来。

在热情奔放的《迎春曲》中，晚会的帷幕徐徐拉开。晚会上，既演唱了《锁麟囊》、《罢宴》、《状元媒》、《太真外传》、《赤桑镇》、《四郎探母》、《穆桂英挂帅》等经典名段，又演唱了新编京剧《建安轶事》、《韩玉娘》、《江姐》、《贞观盛事》选段，还表演了武戏《梁红玉》选段。让观众领略到京剧艺术不同流派的无穷韵味，展示出京剧艺术推陈出新、百花齐放的喜人景象。

国家主席胡锦涛发表2013年新年贺词

12月31日，新年前夕，国家主席胡锦涛通过中国国际广播电台、中央人民广播电台、中央电视台，发表了题为《携手促进世界和平与共同发展》的新年贺词。

中共中央政治局召开会议
研究部署党风廉政建设和反腐败工作

12月31日，中共中央政治局召开会议，听取中央纪律检查委员会工作汇报，研究部署2013年党风廉政建设和反腐败工作，习近平主持会议。

会议指出，党的十八大科学判断反腐败斗争形势，对当前和今后一个时期党风廉政建设和反腐败工作作出新部署。新形势下，反腐败斗争形势依然严峻，少数党员干部宗旨意识淡薄，形式主义、官僚主义问题突出，奢侈浪费现象严重，一些领域消极腐败现象易发多发，个别领导干部特别是高级干部严重违纪违法。全党必须增强忧患意识、风险意识、责任意识，既坚定果断刹风整纪，加大办案力度，坚决遏制腐败现象蔓延势头，又树立长期作战思想，注重深化改革，健全体制机制，加强源头治理，不断铲除腐败现象滋生蔓延的土壤，不断以反腐倡廉实际成效推进廉洁政治建设。

要坚决维护党章的权威性和严肃性，加强对党的路线方针政策和决议执行情况的监督检查，加强对党的政治纪律、组织纪律、宣传纪律、群众工作纪律执行情况的督促检查，维护党的集中统一。认真落实中央关于改进工作作风、密切联系群众的八项规定，严格执行廉洁从政有关规定，反对形式主义、官僚主义，坚决制止奢侈浪费。把监督执行八项规定作为经常性工作，制定监督检查办法和纪律处分规定，强化日常监督，做到出实招、动真格、见实效。坚持有案必查、有腐必惩，严肃查办违纪违法案件，保持惩治腐败高压态势。加大预防腐败工作力度，加强反腐倡廉教育，强化对权力运行的制约和监督，推进反腐倡廉法规制度建设。加强基层党风廉政建设，深入开展纠风和专项治理，认真解决发生在群众身边的不正之风和腐败问题。用铁的纪律打造人民满意的纪检监察干部队伍，树立纪检监察干部忠诚可靠、服务人民、刚正不阿、秉公执纪的良好形象。

会议同意明年1月召开第十八届中央纪律检查委员会第二次全体会议。

中共中央政治局举行第二次集体学习

12月31日，十八届中共中央政治局就坚定不移推进改革开放进行第二次集体学习。习近平主持学习，中央党史研究室李向前研究员、国家发展改革委宏观经济研究院王一鸣研究员就这个问题进行了讲解，并谈了他们的意见和建议。

习近平在主持学习时发表了讲话。他指出，历史、现实、未来是相通的。历史是过去的现实，现实是未来的历史。必须认真总结和运用改革开放的成功经验。他就此提出5点意见。第一，改革开放是一场深刻革命，必须坚持正确方向，沿着正确道路推进。在方向问题上，我们头脑必须十分清醒，不断推动社会主义制度自我完善和发展，坚定不移走中国特色社会主义道路。第二，改革开放是前无古人的崭新事业，必须坚持正确的方法论，在不断实践探索中推进。摸着石头过河，是富有中国特色、符合中国国情的改革方法。摸着石头过河就是摸规律，从实践中获得真知。摸着石头过河和加强顶层设计是辩证统一的，推进局部的阶段性改革开放要在加强顶层设计的前提下进行，加强顶层设计要在推进局部的阶段性改革开放的基础上来谋划。要加强宏观思考和顶层设计，更加注重改革的系统性、整体性、协同性，同时也要继续鼓励大胆试验、大胆突破，不断把改革开放引向深入。第三，改革开放是一个系统工程，必须坚持全面改革，在各项改革协同配合中推进。改革开放是一场深刻而全面的社会变革，每一项改革都会对其他改革产生重要影响，每一项改革又都需要其他改革协同配合。要更加注重各项改革的相互促进、良性互动，整体推进，重点突破，形成推进改革开放的强大合力。第四，稳定是改革发展的前提，必须坚持改革发展稳定的统一。只有社会稳定，改革发展才能不断推进；只有改革发展不断推进，社会稳定才能具有坚实基础。要坚持把改革的力度、发展的速度和社会可承受的程度统一起来，把改善人民生活作为正确处理改革发展稳定关系的结合点。第五，改革开放是亿万人民自己的事业，必须坚持尊重人民首创精神，坚持在党的领导下推进。改革开放在认识和实践上的每一次突破和发展，改革开放中每一个新生事物的产生和发展，改革开放每一个方面经验的创造和积累，无不来自亿万人民的实践和智慧。改革发展稳定任务越繁重，我们越要加强和改善党的领导，越要保持党同人民群众的血肉联系，善于通过提出和贯彻正确的路线方针政策带领人民前进，善于从人民的实践创造和发展要求中完善政策主张，使改革发展成果更多更公平惠及全体人民，不断为深化改革开放夯实群众基础。

2013 年 1 月

全国政协举行新年茶话会

1 月 1 日，中国人民政治协商会议全国委员会在全国政协礼堂举行新年茶话会。胡锦涛、习近平、吴邦国、温家宝、贾庆林、李克强、张德江、俞正声、刘云山、王岐山、张高丽等党和国家领导人同各民主党派中央、全国工商联负责人和无党派人士代表、中央和国家机关有关方面负责人以及首都各族各界代表欢聚一堂，共庆 2013 年元旦。

习近平在茶话会上发表讲话，代表中共中央、国务院和中央军委，向各民主党派、工商联和无党派人士、各人民团体，向全国广大工人、农民、知识分子、干部和各界人士，向人民解放军指战员、武警官兵和公安民警，向香港特别行政区同胞、澳门特别行政区同胞、台湾同胞和海外侨胞，向关心和支持中国现代化建设的国际友人致以节日的祝福，祝大家新年好。

全国宣传部长会议在北京召开

1 月 4 日，全国宣传部长会议在北京召开，刘云山出席并讲话。

刘云山指出，党的十八大对宣传思想文化工作提出新的更高要求。要深入开展中国特色社会主义宣传教育，引导全党全社会进一步增强道路自信、理论自信、制度自信，在中国特色社会主义道路上为实现“中国梦”而奋斗。要巩固壮大积极健康向上的主流思想舆论，把党和政府的声音传播好，把当代社会的主流展示好，把人民群众的心声反映好。要在更高起点上深化文化体制改革，加强顶层设计、总体规划，提高改革措施的科学性协调性，推动文化实现科学发展。要深入推进社会主义核心价值体系建设，倡导崇高理想追求，弘扬伟大民族精神和时代精神，培育文明社会道德风尚。

刘奇葆主持会议并作工作部署，强调宣传思想文化战线要以学习宣传贯彻党的十八大精神为主线，在广泛深入、有效引导、深化改革、科学管理上着力。抓紧抓好首要政治任务，深化党的十八大精神学习宣传贯彻；坚持开展中国特色社会主义宣传教育，增强道路自信、理论自信、制度自信；提高媒体传播力公信力影响力，更好服务经济社会发展；积极培育践行核心价值观，树立以人民为中心的创作导向，坚定不移推进文化体制改革；加强对外宣传和文化交流，推进国际传播能力建设，发展健康向上的网络文化；转作风正学风改文风，提升宣传思想文化工作科学化水平。

新进中央委员会的委员、候补委员学习贯彻党的十八大精神研讨班开班

1 月 5 日至 7 日，新进中央委员会的委员、候补委员学习贯彻党的十八大精神研讨班在中央党校开班。习近平在开班式上发表讲话，李克强主持开班式，张德江、俞正声、刘云山、王岐山、张高丽出席。

习近平在讲话中指出，党的十八大精神，说一千道一万，归结为一点，就是坚持和发展中国特色社会主义。习近平重点从历史和现实的角度，就坚持和发展中国特色社会主义谈了自己的学习体会。他从6个时间段分析了社会主义思想从提出到现在的历史过程，内容包括空想社会主义产生和发展，马克思、恩格斯创立科学社会主义理论体系，列宁领导十月革命胜利并实践社会主义，苏联模式逐步形成，新中国成立后我们党对社会主义的探索和实践，我们党作出进行改革开放的历史性决策、开创和发展中国特色社会主义。邓小平同志开创了中国特色社会主义，第一次比较系统地初步回答了在中国这样经济文化比较落后的国家如何建设社会主义、如何巩固和发展社会主义的一系列基本问题，用新的思想观点，继承和发展了马克思主义，开拓了马克思主义新境界，把对社会主义的认识提高到新的科学水平。中国特色社会主义是社会主义而不是其他什么主义，科学社会主义基本原则不能丢，丢了就不是社会主义。马克思主义必定随着时代、实践和科学的发展而不断发展，不可能一成不变，社会主义从来都是在开拓中前进的。

共产党员特别是党员领导干部要做共产主义远大理想和中国特色社会主义共同理想的坚定信仰者和忠实践行者。我们既要坚定走中国特色社会主义道路的信念，也要胸怀共产主义的崇高理想，矢志不移贯彻执行党在社会主义初级阶段的基本路线和基本纲领，做好当前每一项工作。革命理想高于天。没有远大理想，不是合格的共产党员；离开现实工作而空谈远大理想，也不是合格的共产党员。衡量一名共产党员、一名领导干部是否具有共产主义远大理想，是有客观标准的，那就要看他能否坚持全心全意为人民服务的根本宗旨，能否吃苦在前、享受在后，能否勤奋工作、廉洁奉公，能否为理想而奋不顾身去拼搏、去奋斗、去献出自己的全部精力乃至生命。一切迷惘迟疑的观点，一切及时行乐的思想，一切贪图私利的行为，一切无所作为的作风，都是与此格格不入的。

李克强在主持开班式时指出，习近平总书记的重要讲话对社会主义的历史发展进程特别是我们党探索中国特色社会主义的历史进程和伟大实践，对坚持和发展中国特色社会主义需要把握的几个重大理论问题，进行了系统而深刻的阐述。对于深入理解和贯彻落实党的十八大精神，进一步增强坚持和发展中国特色社会主义的自觉性和坚定性，具有重要的指导意义，要认真学习、深刻领会、切实贯彻。

刘云山、张高丽6日分别在新进中央委员会的委员、候补委员学习贯彻党的十八大精神研讨班上作辅导报告。

刘云山作了题为《坚定自信、增强自觉、实现自强，夺取中国特色社会主义新胜利》的辅导报告。他指出，坚持和发展中国特色社会主义是党的十八大报告的一条主线，学习贯彻党的十八大精神和习近平总书记一系列重要讲话，要切实解决好中国特色社会主义自信、自觉、自强问题。坚定自信，就是保持对中国特色社会主义伟大事业的坚定信念和必胜信心。增强自觉，就是加深对中国特色社会主义道路、理论体系、制度的认识，对中国特色社会主义真谛要义的深刻把握，对事业发展的主动精神和责任担当。实现自强，就是立足自己实际、依靠自己力量，坚定不移地走自己的路，努力实现国家富强、民族复兴、人民幸福。要始终牢记人民是创造历史的真正英雄，坚持一切为了人民、一切依靠人民；始终牢记发展是硬道理，不断解放和发展社会生产力，朝着共同富裕方向稳步前进；始终牢记改革开放是决定当代中国命运的关键抉择，以更大的政治勇气和智慧不失时机地深化重要领域改革；始终牢记关键在党、党要管党、从严治党，全面提高党的建设科学化水平；始终牢记空谈误国、实干兴邦，坚持脚踏实地、不懈奋斗，用苦干、实干实现伟大的“中国梦”。

张高丽围绕全面建成小康社会的主题，从重大意义、发展机遇和风险挑战、主要工作等三个方面作了辅导报告。他指出，全面建成小康社会是我国现代化进程中的一个重要阶段性目标，是“中国梦”的重要体现，既鼓舞人心，又切实可行。我们党所确定的小康社会目标内涵是不断丰富发展的，也是一脉相承、与时俱进的，体现了方向的一致性、战略的连续性、步骤的阶段性、实施的务实性。全面建成小康社会已进入决定性阶段。我国发展仍处于可以大有作为的重要战略机遇期，要准确判断重要战略机遇期内涵和条件的变化。看形势要坚持“两点论”，既看到有利一面，又看到不利一面，善于运用“底线思维”方法，凡事从最坏处准备，努力争取最好结果。我们要从全局和战略高度，深入分析世情、国情，紧紧抓住重要战略机遇期，及时防范化解各种风险，坚定信心，迎接挑战，争取有更大作为。全面建成小康社会，这五年是关键，任务繁重艰巨，需要做的工作很多。我们要坚持主题主线主攻方向，站在高起点、抢占制高点、达到高水平，要促进经济持续健康发展，推动经济结构优化升级，实施创新驱动发展战略，积极稳妥推进城镇化，切实保障和改善民生，全面深化改革开放，努力实现十八大确定的奋斗目标。

7日下午在中共中央党校举行结业式，刘云山出席并作总结讲话，强调要紧紧围绕坚持和发展中国特色社会主义，紧密结合党和国家事业发展进程，深化思想认识，把握真谛要义，明确实践要求，以历史的主动精神和责任担当，把党的十八大精神的学习贯彻引向深入。

研讨班期间，参加研讨班的全体学员认真研读党的十八大报告和新修订的党章，认真学习习近平总书记在开班式上的重要讲话，联系工作实际和思想实际，深入研讨交流，加深了对党的十八大精神的认识，加深了对坚持和发展中国特色社会主义的重大理论问题的认识，加深了对改革发展重大实践问题的认识，进一步增强了履行职责、做好工作的责任感使命感。结业式上，研讨班10个小组的代表分别发言，汇报交流了学习收获。

全国政法工作会议在北京召开

1月7日，全国政法工作电视电话会议召开。习近平日前就做好新形势下政法工作作出重要指示。他强调，政法机关在保障人民安居乐业、服务经济社会发展、维护国家安全和社会稳定中具有十分重要的作用。全国政法机关要全面贯彻落实党的十八大精神，坚持依法治国基本方略，以党和国家工作大局为重，以最广大人民利益为念，切实肩负起中国特色社会主义事业建设者、捍卫者的职责使命。孟建柱出席会议并讲话。

全国政法工作电视电话会议要求，当前和今后一个时期全国政法机关要深入学习贯彻党的十八大和习近平总书记重要指示精神，把深化平安建设、推进法治建设、加强队伍建设作为基础性工程来抓，把建设平安中国、建设法治中国、打造过硬队伍作为政法工作的奋斗目标来追求，有效回应人民群众新期待。要坚持以推动社会主义司法制度自我完善和发展为方向，以解决群众反映强烈的突出执法司法问题为重点，进一步深化司法改革，努力建设公正高效权威的社会主义司法制度，不断提升执法司法公信力。要以能力建设为重点，着力提升做好新形势下群众工作能力，着力提升维护社会公平正义能力，着力提升新媒体时代社会沟通能力，着力提升科技信息化应用能力，着力提升政法队伍拒腐防变能力。

第二十一次全国高校党的建设工作会议召开

1月8日，中共中央组织部、中共中央宣传部、中共教育部党组在北京召开第二十一次全国高校党的建设工作会议。刘延东主持会议，刘奇葆出席会议，赵乐际讲话。

赵乐际充分肯定十七大以来特别是去年以来高校党建工作取得的成绩。他强调，高校学习贯彻十八大精神，加强党的建设，最根本的是培养造就中国特色社会主义事业合格建设者和可靠接班人。要坚持以科学理论为根本指导，以服务大局为根本原则，以立德树人为根本任务，以健全制度为根本保障，推动高等教育走内涵式发展之路。要培养选拔社会主义政治家教育家，建设善于办学理校的高素质领导班子，加强思想政治建设，推进基层服务型党组织建设，健全党建工作责任制，提高高校党的建设科学化水平，开创高等教育事业科学发展新局面。

刘延东在主持会议时强调，要以求真务实作风，认真贯彻落实好十八大精神和这次全国高校党的建设工作会议精神。

全国司法厅（局）长会议在北京召开

1月9日，全国司法厅（局）长会议召开。孟建柱出席并讲话，王胜俊、曹建明等出席会议。

孟建柱指出，要坚持中国特色社会主义道路不动摇，把司法行政工作置于党和国家工作大局中来谋划，坚定不移地做中国特色社会主义事业的建设者、捍卫者。要深化平安建设，充分发挥人民调解在化解矛盾中的优势，最大限度地把矛盾纠纷解决在基层、化解在萌芽状态。要积极推动建立社会关怀帮助体系，推进社区矫正法制化、规范化建设，促进社区矫正对象顺利融入社会，成为对社会有用的人。

要全面落实依法治国基本方略，推进法治建设，把法治宣传教育作为基础性工程来抓，深入基层、贴近群众、以案说法，让群众从鲜活的案例中学习法律知识，提升全民法治意识。要把维护公民合法权益作为法治建设的根本任务，扩大法律援助覆盖面，努力让人民群众切身感受到权益有保障、公正可预期。

全国信访局长会议在北京召开

1月10日，全国信访局长电视电话会议在北京召开。马凯出席会议并讲话，王学军主持会议并作了工作部署。

马凯充分肯定了去年及过去5年信访工作取得的成绩。各地各有关部门要深刻理解信访工作是党的群众工作重要组成部分这一本质属性和职能定位，真正把来访群众当家人，把群众来信当家书，把群众反映的问题当家事，把群众工作当家业来做，千方百计解决群众的合理诉求。要在坚持行之有效的既有制度规范基础上，针对困扰信访工作科学发展的难点问题和制约因素，进一步加强制度创新，改进工作方式方法，依法规范信访工作行为。信访群众也要依法理性表达诉求。要加强对信访工作的组织领导，强化各方面保障。广大干部要心系群众冷暖、关心群众疾苦，说实话、办实事、求实效，不断提高服务信访群众的效能，切实维护和服务好改革发展稳定大局。

全国老干部局长会议在北京召开

1月11日，全国老干部局长会议在北京召开。赵乐际出席会议并讲话，沈跃跃主持会议并讲话。

赵乐际充分肯定党的十七大以来老干部工作取得的成绩，指出老干部是我国革命、建设、改革的功臣，是全面建成小康社会的重要力量，是党执政兴国的重要资源，坚持和发展中国特色社会主义，就必须尊重老干部，尊重党的光荣历史；学习老干部，学习党的优良传统；爱护老干部，爱护党和国家的宝贵财富。

要站在讲政治的高度、立在用心用情的实处、想在更细更好的深处做好老干部工作，像对待自己的父辈那样，以感恩之心，“敬爱致恭”服务老干部。要加强老干部思想政治建设和党支部建设，落实老干部政治、生活待遇，为老干部多办实事、多做好事、多解难事；坚持自觉自愿、量力而行，发挥好老干部积极作用；加强老干部工作队伍建设，充分发挥各方面积极性，努力开创老干部工作新局面。

中共中央党校举行2012年秋季学期毕业典礼

1月15日，中共中央党校举行2012年秋季学期毕业典礼。刘云山出席毕业典礼，并为学员颁发毕业证书。赵乐际、栗战书、赵洪祝出席毕业典礼。

中央党校本期毕业学员604人。另有中直机关分校、中央国家机关分校、部队分校和国资委分校的2800多名学员同期毕业。学员们普遍反映，通过学习，进一步提高了把思想和行动统一到党的十八大精神上来的自觉性；夯实了理论基础，提高了理论素养；开阔了视野，完善了知识结构；提高了思维水平和领导能力；锤炼了党性，提升了思想境界。

李景田在毕业典礼上讲话，希望学员继续深入学习宣传贯彻十八大精神；坚持实干兴邦，不断开创各项工作的新局面；认真贯彻“八项规定”精神，切实改进工作作风、密切联系群众。

中组部拨党费3785万元
用于元旦春节期间走访慰问生活困难党员和老党员

1月15日，为充分体现党中央对生活困难党员和老党员的关怀，日前，经中央同意，中央组织部从代中央管理的党费中下拨3785万元给各省（区、市）党委组织部和中央有关部门（系统）党委（工委）组织部，用于2013年元旦春节期间走访慰问生活困难党员和老党员，重点是农村生活困难党员和老党员，城市下岗失业人员党员和老党员，灾区因灾致困、因灾致残的党员和抗灾救灾中因公牺牲党员的家属。

中央组织部要求各级组织部门把这项工作作为贯彻落实党的十八大精神，增强党组织凝聚力和影响力的一项重要措施来抓，精心组织，抓好落实，并从代本级党委（工委）管理党费中配套相应额度用于开展走访慰问活动，确保走访慰问覆盖面，让生活困难党员和老党员切实感受到党中央的关怀和温暖，度过欢乐祥和的节日。

共青团十六届六中全会在北京召开

1月15日，共青团十六届六中全会在北京召开。会议传达学习了中共中央书记处对共青团工作的重要指示。李源潮出席会议并讲话，陆昊主持会议。

李源潮代表党中央充分肯定过去一年共青团工作取得的成绩。他说，今年是全面贯彻十八大精神的第一年，要紧密结合青年思想、结合青年面临的实际问题，用青年人易于接受的方式和语言，让十八大精神在广大青年中入脑入心。要结合全党开展的中国特色社会主义学习教育，在青年中广泛开展“三观三热爱”主题教育，引导青年坚定不移跟党走中国特色社会主义道路。要用民族复兴的“中国梦”激励青年立足岗位创先争优，在改革开放和现代化建设中发挥生力军作用。

未来的社会在于今天的塑人，共青团、少先队担负着为未来社会塑人的重要责任。培育社会主义核心价值观，要从青少年抓起。共青团特别是学校团组织和少先队要通过思想教育、树立榜样、社会实践，引导青少年更好地认识社会责任、追求高尚理想、提升道德情操。要增强服务意识、提高服务能力，满腔热情地关爱青年、帮助青年。要以改革创新精神加强团的基层组织建设，增强团组织的凝聚力战斗力。

刘奇葆在人民日报社调研

1月17日，刘奇葆到人民日报社调研。刘奇葆说，评论是报纸的一面旗帜，是报纸的思想导向。人民日报要以评论取胜，全力办好评论专版，写好社论、任仲平等品牌要论，办好各版的言论专栏。要抓住国际国内重大事件，抓住思想领域的倾向性问题，抓住群众关注的热点难点，及时推出评论文章，抢占舆论高地，掌握话语权。要讲求评论艺术，把正确的观点、严密的逻辑、生动的语言结合起来，深入浅出、小中见大，使人们愿读爱看、受到启发。

刘奇葆指出，要树立以人民为中心的新闻理念，为读者采写、为读者报道，使报道贴近读者需求，符合干部群众的口味，富有吸引力感染力。人民日报要走在改进文风的前头，坚持不懈地改、扎实有效地改，当好排头兵。要提高文章内容的思想含量，善于运用马克思主义立场观点方法观察分析问题，善于在生动实践中挖掘鲜活素材，使我们的报道评论有思想、有内容、有新意。要倡导有个性、有特色的语言风格，增强文字的亲和力和表现力，让文章更加耐读耐看。要着力建设一支过得硬、水平高的采编队伍，深入开展中国特色社会主义学习教育，开展马克思主义新闻观教育，开展职业精神职业道德教育，坚持"走转改"，深入群众，深入基层，采写更多更好的新闻作品。

中共中央国务院隆重举行国家科学技术奖励大会

1月18日，中共中央、国务院在人民大会堂隆重举行国家科学技术奖励大会。胡锦涛、习近平、温家宝、李克强、刘云山出席大会并为获奖代表颁奖。习近平主持大会。温家宝代表党中央、国务院在大会上讲话。李克强宣读奖励决定。

胡锦涛向获得2012年度国家最高科学技术奖的中国科学院院士、中国工程院院士、中国科学院力学研究所研究员郑哲敏，中国工程院院士、中国电子科技集团公司电子科学研究院研究员王小谟颁发奖励证书。随后，胡锦涛、习近平等向获得国家自然科学奖、国家技术发明奖、国家科学技术进步奖和中华人民共和国国际科学技术合作奖的代表颁奖。

习近平在主持大会时指出，党中央、国务院隆重奖励在我国科学技术事业发展中作出杰出贡献的科技工作者，充分体现了党和国家对我国科学技术事业发展的高度重视和对广大科技工作者的亲切关怀。

温家宝在讲话中指出，实现党的十八大提出的到2020年全面建成小康社会的宏伟目标，必须实施科教兴国战略，把科技创新摆在国家发展全局的核心位置。要深化科技体制改革，坚持把科研的重点放在产业发展前沿，以企业为主导深化产学研结合，下大力气攻克核心技术和关键技术，争取在高技术产品研发和市场开拓上取得重大突破。要瞄准关系全局和长远发展的战略必争领域，加强基础研究、前沿先导技术研究，为经济社会发展提供新的动力源泉。要努力营造各类创新主体平等竞争的政策环境，形成崇尚科学、遵循规律、尊重知识、尊重人才的良好风尚。

李克强在会上宣读了《国务院关于2012年度国家科学技术奖励的决定》。2012年度国家科学技术奖共授奖330个项目和7位科技专家。

中央精神文明建设指导委员会召开第一次全体会议

1月18日，中央精神文明建设指导委员会召开第一次全体会议，学习贯彻党的十八大精神，研究部署今年工作。刘云山主持会议，刘延东、刘奇葆出席会议并讲话。

刘云山充分肯定十六大以来精神文明建设取得的显著成绩和发挥的重要作用。指出贯彻落实十八大精神、实现党和国家未来发展目标，赋予精神文明建设工作更高要求和更大责任。要把精神文明建设放在整个经济社会发展进程中来考虑，放在全面建成小康社会、加快推进现代化建设的背景下来谋划，以更加宽广的视野、更加有力的举措来推进各项工作，在目标追求、内容内涵、方式途径上实现新的提升。

新形势下推进精神文明建设，必须抓住根本、突出重点，多做打基础利长远的工作。要加强理想信念教育，广泛开展中国特色社会主义宣传教育，坚定人们道路自信、理论自信、制度自信，凝聚实现伟大"中国梦"的精神力量。要倡导正确价值取向，积极培育和践行社会主义核心价值观，扩大社会认同、推动实践养成、完善政策导向，使核心价值体系要求成为社会群体意识和自觉行动。要深入开展道德实践，注重群众性、增强广泛性，推动学雷锋活动常态化，表彰全国道德模范，推进道德领域突出问题专项教育治理，形成健康向上的社会道德风尚。要深化群众性精神文明创建，更加注重满足人的精神需求，更加注重为民利民惠民，更加注重城乡文明共同发展，在新的起点上进一步提升公民文明素质和社会文明程度。

精神文明建设是在精神领域搞建设，贵在坚持、重在积累。精神文明建设目标是提升公民文明素质和社会文明程度，必须尊重科学，努力提高工作科学化水平。

中国共产党第十八届中央纪律检查委员会召开第二次全体会议

1月21日，中国共产党第十八届中央纪律检查委员会第二次全体会议开幕，习近平出席会议并发讲话。李克强、张德江、俞正声、刘云山、张高丽出席会议。王岐山代表中央纪律检查委员会常务委员会作了题为《深入学习贯彻党的十八大精神努力开创党风廉政建设和反腐败斗争新局面》的工作报告。

习近平强调，我们党员干部队伍的主流始终是好的。同时，我们也要清醒地看到，当前一些领域消极腐败现象仍然易发多发，一些重大违纪违法案件影响恶劣，反腐败斗争形势依然严峻，人民群众还有许多不满意的地方。党风廉政建设和反腐败斗争是一项长期的、复杂的、艰巨的任务。反腐倡廉必须常抓不懈，拒腐防变必须警钟长鸣，关键就在“常”、“长”二字，一个是要经常抓，一个是要长期抓。我们要坚定决心，有腐必反、有贪必肃，不断铲除腐败现象滋生蔓延的土壤，以实际成效取信于民。

我们党是靠革命理想和铁的纪律组织起来的马克思主义政党，纪律严明是党的光荣传统和独特优势。党面临的形势越复杂、肩负的任务越艰巨，就越要加强纪律建设，越要维护党的团结统一，确保全党统一意志、统一行动、步调一致前进。

工作作风上的问题绝对不是小事，如果不坚决纠正不良风气，任其发展下去，就会像一座无形的墙把我们党和人民群众隔开，我们党就会失去根基、失去血脉、失去力量。抓改进工作作风，各项工作都很重要，但最根本的是要坚持和发扬艰苦奋斗精神。改进工作作风的任务非常繁重，八项规定是一个切入口和动员令。八项规定既不是最高标准，更不是最终目的，只是我们改进作风的第一步，是我们作为共产党人应该做到的基本要求。坚定不移惩治腐败，是我们党有力量的表现，也是全党同志和广大群众的共同愿望。我们党严肃查处一些党员干部包括高级干部严重违纪问题的坚强决心和鲜明态度，向全党全社会表明，我们所说的不论什么人，不论其职务多高，只要触犯了党纪国法，都要受到严肃追究和严厉惩处，决不是一句空话。反腐倡廉建设，必须反对特权思想、特权现象。共产党员永远是劳动人民的普通一员，除了法律和政策规定范围内的个人利益和工作职权以外，所有共产党员都不得谋求任何私利和特权。这个问题不仅是党风廉政建设的重要内容，而且是涉及党和国家能不能永葆生机活力的大问题。要采取得力措施，坚决反对和克服特权思想、特权现象。

全军纪律检查工作会议在北京召开

1月22日，许其亮出席全军纪律检查工作会议，强调要切实用党的十八大精神、中央纪委二次全会精神和习近平主席重要指示统一思想、指导工作，紧紧围绕建设一支听党指挥、能打胜仗、作风优良的人民军队，认真贯彻走在前列的要求，坚持从严治党、从严治军，大力加强军队纪检监察工作，坚定不移地把党风廉政建设和反腐败工作引向深入。张阳主持会议。

许其亮指出，我军是党绝对领导下的人民军队，部队的作风和风气，不仅关系永葆人民子弟兵的政治本色，而且关系党的形象和威信。各级要从确保部队绝对忠诚、绝对纯洁、绝对可靠的高度，从对部队战斗力建设和打赢未来战争负责的高度，充分认清加强军队党的作风建设和反腐倡廉建设的重要性紧迫性，以更加扎实有力的举措，抓好各项工作落实。要下大气力改进作风、纯正风气，认真落实中央八项规定和军委十项规定，真正把从严治党、从严治军和从严治官的要求落到实处。

抓好党风廉政建设和反腐败工作，关键在党委、在主要领导。各级要肩负起抓反腐倡廉建设的政治责任，要树立“一盘棋”思想，把廉政要求寓于各领域建设和工作之中。要真正把政治强、素质好、作风正的干部用起来。要打造过硬的纪检监察干部队伍，不断把军队党风廉政建设和反腐败工作推向前进。

国防大学举行2012学年冬季毕业典礼

1月23日，国防大学举行2012学年冬季毕业典礼，范长龙出席并讲话，张阳一同出席。

毕业典礼上，范长龙代表习主席和中央军委向圆满完成学业的全体学员表示热烈祝贺，向国防大学领导机关和全体教职员工表示诚挚问候。他指出，听党指挥，是对我军的最高政治要求。要毫不动摇地坚持党对军队绝对领导的根本原则和制度，在思想上政治上行动上与党中央保持高度一致，坚决听从党中央、中央军委和习主席指挥。要坚定对马克思主义的信仰、对中国特色社会主义的信念、对党的信赖，以思想认识上的清醒保证政治上的坚定和行动上的自觉。

能打胜仗，是我军一切工作的根本出发点和落脚点。要强化当兵打仗、带兵打仗、练兵打仗思想。要把军事斗争准备往前赶、往实里抓、往深处走，尤其是各级领导干部要深度进入，把各项准备抓实抓到位，确保一旦有事，能够带领部队上得去、打得赢，坚决维护国家主权、安全和领土完整。

作风优良，是我军打得赢不变质、有效履行使命任务的重要保证。要继承发扬我党我军的光荣传统和优良作风，自觉落实从严治党、从严治军、从严治官的要求，在纠治不良风气、树立新风正气上带好头，促使部队作风建设有一个大的进步。

解放军总部机关部署“学习贯彻党章、弘扬优良作风”

1月24日，解放军总部机关“学习贯彻党章、弘扬优良作风”教育活动动员部署会在北京召开。范长龙、许其亮出席会议并讲话。房峰辉、赵克石，张又侠参加会议，张阳主持会议。

经习近平主席批准，今年在全军团以上党委机关开展“学习贯彻党章、弘扬优良作风”教育活动，目的是深入贯彻党的十八大精神和习主席决策指示，落实中央和军委加强作风建设的部署要求，使各级党委和领导干部自觉做学习党章、遵守党章的模范，为实现建设一支听党指挥、能打胜仗、作风优良的人民军队的目标，在新的起点上加快推进国防和军队现代化提供有力保证。

范长龙指出，这次动员部署会，是贯彻落实习主席重要指示的实际举措，是军委下决心抓作风建设、从总部机关抓起的思想动员。总部机关是全军工作和作风建设的“领跑者”和“风向标”。坚定信念、举旗铸魂是加强作风建设最根本的、第一位的要求，要通过学习贯彻党章，加强理论武装，做中国特色社会主义坚定举旗人，坚决听从党中央、中央军委和习主席指挥。要大力传承我党我军的好传统好作风，树立与时代发展和使命任务相适应的优良作风，带头盯着使命、瞄准打赢，善谋大方略、出大主意、提升战略素养，不断提高履行使命任务能力；带头解放思想、锐意进取、攻坚克难，始终做到勇于探索、创新、超越；带头真抓实干、埋头苦干，始终做到老老实实、踏踏实实、扎扎实实；带头严格自律、勤政廉政，始终坚持秉公用权、艰苦奋斗、清正清廉。要着力整治形式主义、官僚主义，整治选人用人上的不正之风，整治铺张浪费、豪华奢侈，以权谋私、消极腐败及思想和精神懈怠等突出问题。要按照走在前列的标准要求从严从紧，党委领导带头抓带头做，切实抓好制度建设这个保证，把改进作风的成效真正体现到履职尽责、干出实绩上。

纪念黄华同志诞辰100周年座谈会在北京举行

1月25日，纪念黄华同志诞辰100周年座谈会在北京举行，吴邦国出席。

路甬祥全面回顾了黄华同志为中国革命为社会主义建设和改革开放事业不懈奋斗、鞠躬尽瘁的光辉一生，高度评价了黄华同志的革命精神和为党和国家作出的重要贡献。他指出，我们要继承老一辈无产阶级革命家的遗志，在以习近平同志为总书记的党中央领导下，凝聚力量，攻坚克难，扎实做好改革发展稳定各项工作，为全面建成小康社会而努力奋斗。

戴秉国主持座谈会。中央党史研究室、外交部、全国人大常委会办公厅、河北省有关负责同志先后发言。有关方面负责同志和黄华同志亲属、生前好友等出席。

刘云山主持召开学习宣传贯彻党的十八大精神督查情况汇报会

1月25日，刘云山主持召开学习宣传贯彻党的十八大精神督查情况汇报会，强调学习宣传贯彻十八大精神是一项长期任务，是一个持续深化的过程，要提高思想认识，增强行动自觉，在狠抓落实、深化落实上下功夫，以更加务实有力的举措把学习宣传贯彻引向深入。刘奇葆、赵乐际、栗战书出席会议并讲话。

这次督查活动，由中央办公厅、国务院办公厅会同有关部门抽调精干力量组成8个组，分赴东、中、西部16个省区市，深入92个县（区、旗）、220多个村（社区），召开150多个座谈会，并走访干部群众直接了解情况、听取意见。刘云山听取汇报后对督查工作给予肯定，要求有关部门对各地的好经验及时总结推广，对发现的问题认真研究解决。

中央有关部门和单位负责同志出席会议，八个督查组组长分别作了汇报。

纪念延安双拥运动70周年座谈会在北京举行

1月25日，纪念延安双拥运动70周年座谈会在人民大会堂举行。张高丽出席座谈会，许其亮出席会议并讲话，回良玉主持座谈会，司马义·铁力瓦尔地、阿不来提·阿不都热西提、张阳出席会议。

许其亮说，拥军优属、拥政爱民，是广大军民在中国共产党领导下的伟大创造，是我们的优良传统和特有政治优势。70年前，面对日本帝国主义疯狂侵略，陕甘宁边区军民在党中央和毛泽东同志倡导推动下创造性地开展了“拥军优抗、拥政爱民”运动，并在各抗日根据地蓬勃开展起来，为赢得抗日战争的最后胜利发挥了极为重要的作用。70年来，双拥工作为团结凝聚亿万军民，不断夺取中国革命、建设和改革胜利，作出了特殊重要贡献。实践充分证明，坚如磐石的军政军民团结，始终是我们战胜一切艰难险阻和强大敌人、不断从胜利走向胜利的重要法宝。

全国双拥工作领导小组，解放军四总部、驻京部队大单位政治部和北京市有关负责人，全国双拥模范城（县）、双拥模范单位和个人代表，陕西延安、江西井冈山等革命老区代表以及老同志代表参加了会议。

赵乐际就开展党的群众路线教育实践活动召开调研座谈会

1月26日，赵乐际在北京主持召开调研座谈会，就开展好党的群众路线教育实践活动听取专家学者意见。来自中央党校、人民日报社、中国社会科学院、国家行政学院、北京大学、中国人民大学的10名专家学者积极建言献策。

赵乐际认真听取发言，并与参加座谈的同志探讨交流。他强调，对各位专家学者提出的思想观点、意见建议，要认真归纳、研究、吸收。他希望专家学者持续关注、研究、参与教育实践活动，形成交流互动的机制，经常提出意见建议，为搞好活动献计出力。

全国党建研究会深入学习贯彻党的十八大精神研讨会暨五届三次理事会召开

1月26日，全国党建研究会深入学习贯彻党的十八大精神研讨会暨五届三次理事会在北京召开，赵乐际出席会议并讲话。虞云耀主持会议并作工作报告。

赵乐际充分肯定全国党建研究会取得的成绩，向为党建研究倾注大量心血的老同志和党建研究工作者表示感谢。他指出，要从90多年来党的建设实践中、党建研究内在规律中、世界执政党经验教训中，把握党建研究的正确方向。围绕坚定理想信念、落实从严治党要求、严明政治纪律、组织好群众路线教育实践活动、造就高素质执政骨干队伍、建设基层服务型党组织等开展深度研究。坚持立足党建与放眼全局、理论与实践、政治性与学术性、专业研究与社会参与的统一，多出导向正确、思想深刻、务实管用的研究成果。

中共中央政治局召开会议研究部署加强新形势下党员发展和管理工作

1月28日，中共中央政治局召开会议，研究部署加强新形势下党员发展和管理工作。习近平主持会议。

会议指出，党员是党的肌体的细胞和党的活动的主体，党员队伍建设是党的建设基础工程。长期以来，各级党组织认真做好党员发展和管理工作，一大批优秀分子加入到党组织中来，为党注入了新鲜血液。广大党员在推动科学发展、促进社会和谐、服务人民群众中充分发挥先锋模范作用。随着改革开放和社会主义市场经济深入发展，随着党员队伍越来越壮大，管党治党任务更加艰巨。世情、国情、党情发生的深刻变化，对党员干部队伍建设提出了许多新课题新挑战，党员发展和管理工作还存在一些不适应新形势新任务新要求的问题。主要表现是：有的党组织对发展党员把关不严，发展党员质量需要提高；党员队伍结构不尽合理，党员管理方式和手段比较单一，流动党员管理机制还不健全；少数党员理想信念动摇、宗旨意识淡薄、组织纪律不强，甚至思想蜕变、腐化堕落，等等。这些问题影响着党员队伍的生机活力，影响着党在人民群众中的形象和威信，削弱了党的创造力、凝聚力、战斗力，必须切实加以解决。

要严格坚持标准，始终把政治标准放在首位，加强入党积极分子培养教育，扩大发展党员工作中的民主，严格工作程序和纪律，提高发展党员质量。要着力在工人中发展党员，继续做好在农民中发展党员工作，重视从青年工人、农民、知识分子中发展党员，优化党员队伍结构。要加强发展党员工作宏观指导，制定和落实发展党员规划，保持党员队伍适度规模。要强化党员管理，严格党内组织生活，严明党的纪律，及时处置不合格党员，改进对流动党员的管理，健全党内激励关怀帮扶机制，构建党员联系和服务群众工作体系，增强党员队伍生机活力。要加强组织领导，明确工作责任，完善保障措施，确保各项任务落到实处。

习近平签署通令
给6个单位24名个人记功

1月28日，中国共产党中央军事委员会主席习近平日前签署通令，给6个单位、24名个人记功。

给在单位建设取得突出成绩和完成任务中做出突出贡献的总参谋部某研究所、63698部队、63752部队、海军徐州舰、96165部队、78511部队记一等功。

给在本职岗位上做出突出成绩和完成任务中表现出色的63620部队一室高级工程师李国顺、63920部队总工程师童斌、93936部队副部队长张建兴记一等功，给总政治部话剧团一级编剧孟冰、解放军总医院主任医师范利记二等功，给解放军总医院南楼临床部主任医师俞森洋、丛玉隆记三等功。

给在科研工作中做出突出成绩的61419部队研究员张宝东，总参谋部某研究所原所长樊邦奎、某研究所研究员王建新，解放军理工大学原工程兵工程学院教授钱七虎，第四军医大学副校长兼第三附属医院院长赵铱民，第四军医大学第一附属医院院长熊利泽，军事医学科学院微生物流行病研究所所长曹务春，95338部队高级工程师林茂光记一等功；给总参谋部某研究所总工程师陈左宁、某研究所研究员马根海、某研究所副所长兼总工程师吕跃广，某研究所高级工程师曹江、某研究所研究员姚富强、某研究所研究员任辉启，解放军信息工程大学原测绘学院教授王家耀，海军工程大学某研究室主任何琳、95538部队高级工程师曹定国记二等功。

习近平作出批示要求 厉行节约 反对浪费

1月28日，习近平近日作出批示，要求厉行节约、反对浪费。

习近平是在新华社一份《网民呼吁遏制餐饮环节“舌尖上的浪费”》的材料上作出批示的。批示指出，从文章反映的情况看，餐饮环节上的浪费现象触目惊心。广大干部群众对餐饮浪费等各种浪费行为特别是公款浪费行为反映强烈。联想到我国还有为数众多的困难群众，各种浪费现象的严重存在令人十分痛心。浪费之风务必狠刹！要加大宣传引导力度，大力弘扬中华民族勤俭节约的优秀传统，大力宣传节约光荣、浪费可耻的思想观念，努力使厉行节约、反对浪费在全社会蔚然成风。各级党政军机关、事业单位，各人民团体、国有企业，各级领导干部，都要率先垂范，严格执行公务接待制度，严格落实各项节约措施，坚决杜绝公款浪费现象。要采取针对性、操作性、指导性强的举措，加强监督检查，鼓励节约，整治浪费。

中共中央办公厅1月20日发出通知指出，习近平同志的这一重要批示，是深入贯彻落实党的十八大精神和中央政治局关于改进工作作风、密切联系群众八项规定的新要求，反映了广大干部群众的呼声和愿望，表明了中央厉行勤俭节约、反对铺张浪费的鲜明态度和坚定决心，体现了中央关心群众生活、注重改善民生的为民情怀。各地区各部门要充分认识狠刹浪费之风的重要性和迫切性，采取有力措施落实好习近平同志重要批示。

《2012年中国政府白皮书汇编》发行

1月28日，《2012年中国政府白皮书汇编》中文版由人民出版社出版，英文版已由外文出版社出版，即日起在全国新华书店发行。

本书收录了2012年国务院新闻办公室发表的5部中国政府白皮书，即：《中国的稀土状况与政策》、《钓鱼岛是中国的固有领土》、《中国的司法改革》、《中国的能源政策（2012）》、《中国的医疗卫生事业》。这些白皮书全面准确地介绍中国政府在稀土资源、钓鱼岛、司法改革、能源、保障公众健康等重大问题上的政策主张、原则立场和在一些重要领域取得的进展，增进了国际社会对中国的了解和认识，受到各方面的广泛欢迎和积极评价。

习近平签署命令 授予1个单位1名个人荣誉称号

1月28日，中国共产党中央军事委员会主席习近平日前签署命令，给1个单位、1名个人授予荣誉称号。

授予西藏阿里军分区某边防连“雪域高原戍边模范连”荣誉称号。

追授某试验训练基地原研究员林俊德同志“献身国防科技事业杰出科学家”荣誉称号。

中央军委号召，全军和武警部队广大官兵要以这次授予荣誉称号的单位和个人为榜样，认真学习贯彻党的十八大精神，高举中国特色社会主义伟大旗帜，以邓小平理论、“三个代表”重要思想、科学发展观为指导，振奋精神，奋发进取，真抓实干，埋头苦干，为建设听党指挥、能打胜仗、作风优良的人民军队，维护国家主权、安全和发展利益做出新的更大贡献！

中共中央政治局举行第三次集体学习

1月28日，十八届中共中央政治局就坚定不移走和平发展道路进行第三次集体学习。习近平在主持学习，外交部部长杨洁篪、中共中央对外联络部部长王家瑞、商务部部长陈德铭结合工作实际，先后就这个问题发表了意见。

习近平在主持学习时发表了讲话。他强调，中华民族是爱好和平的民族。走和平发展道路，是中华民族优秀文化传统的传承和发展，也是中国人民从近代以后苦难遭遇中得出的必然结论。我们的和平发展道路来之不易，是新中国成立以来特别是改革开放以来，我们党经过艰辛探索和不断实践逐步形成的。我们党始终高举和平的旗帜，从来没有动摇过。在长期实践中，我们提出和坚持了和平共处五项原则，确立和奉行了独立自主的和平外交政策，向世界作出了永远不称霸、永远不搞扩张的庄严承诺，强调中国始终是维护世界和平的坚定力量。这些我们必须始终不渝坚持下去，永远不能动摇。

我们要坚持走和平发展道路，但决不能放弃我们的正当权益，决不能牺牲国家核心利益。任何外国不要指望我们会拿自己的核心利益做交易，不要指望我们会吞下损害我国主权、安全、发展利益的苦果。中国走和平发展道路，其他国家也都要走和平发展道路，只有各国都走和平发展道路，各国才能共同发展，国与国才能和平相处。我们要广泛深入宣传我国坚持走和平发展道路的战略思想，引导国际社会正确认识和对待我国的发展，中国发展绝不以牺牲别国利益为代价，我们绝不做损人利己、以邻为壑的事情，将坚定不移做和平发展的实践者、共同发展的推动者、多边贸易体制的维护者、全球经济治理的参与者。

中央国家机关党的工作会议暨纪检工作会议召开

1月29日，中央国家机关第二十七次党的工作会议暨第二十五次纪检工作会议在北京召开。马凯出席会议并讲话。李智勇作工作报告。

马凯指出，严明党的纪律，是对党的历史经验的深刻总结，是当前应对复杂局面、顺利推进中国特色社会主义事业的迫切需要，对中央国家机关又具有特殊的重要意义。中央国家机关各级党组织和党员特别是党的高级干部更要坚持高标准、严要求，要求全党做到的自己要首先做到，用铁的纪律打造让党放心、让人民满意的中央国家机关干部队伍。

严明党的纪律，从根本上就是维护党章的权威性和严肃性，自觉以党章规范自己的一言一行。要做严明党的政治纪律的模范，坚定中国特色社会主义道路自信、理论自信、制度自信，自觉同以习近平同志为总书记的党中央保持高度一致，坚决维护中央权威，确保中央政令畅通；要做严明党的组织纪律的模范，坚持党的民主集中制，强化程序观念和组织意识，自觉做到“四个服从”，严格按照党的组织原则和党内政治生活准则办事；要做严明党的廉政纪律的模范，带头严格执行廉洁从政各项规定，守住做人、处事、用权、交友的底线，树立为民务实清廉的良好形象。

中央军委举行慰问驻京部队老干部迎新春文艺演出

1月30日，中央军委慰问驻京部队老干部迎新春文艺演出在北京举行，习近平出席，他向在座的军队老同志和全军离退休老干部致以新春问候和祝福。

范长龙、许其亮、郭伯雄、徐才厚、张万年、迟浩田、曹刚川、梁光烈、常万全、房峰辉、张阳、赵克石、张又侠、吴胜利、马晓天、魏凤和、陈炳德、李继耐、靖志远，以及于永波、乔清晨等观看演出。

2013 年 2 月

纪念洪学智同志诞辰 100 周年座谈会在北京举行

2 月 1 日，纪念洪学智同志诞辰 100 周年座谈会在北京举行。贾庆林出席，王刚主持座谈会。

洪学智同志曾任中央军委委员、副秘书长，解放军总后勤部部长兼政委，第七届、八届全国政协副主席，1955 年和 1988 年两次被授予上将军衔。

范长龙全面回顾了洪学智同志忠诚于党、身经百战、艰苦奋斗、无私奉献的一生。他指出，我们要继承发扬我党我军的光荣传统和优良作风，振奋精神，开拓进取，扎实工作，为建设一支听党指挥、能打胜仗、作风优良的人民军队而奋斗，为维护国家主权、安全、发展利益作出应有贡献。

座谈会上，中央党史研究室、全国政协办公厅、解放军总后勤部、安徽省有关负责同志先后发言。有关方面负责同志和洪学智同志亲属、生前好友等出席。

2013 年军民迎新春文艺晚会在北京举行

2 月 1 日，2013 年军民迎新春文艺晚会在人民大会堂举行。党和国家领导人胡锦涛、习近平、吴邦国、温家宝、贾庆林、李克强、张德江、俞正声、刘云山、王岐山、张高丽等与首都军民欢聚一堂，共贺新春。

中共中央、全国人大、国务院、全国政协、中央军委有关负责同志观看演出。观看演出的还有中央和国家机关有关部门、全国双拥工作领导小组成员单位、北京市和解放军四总部、驻京部队各大单位、武警部队和军委办公厅的领导同志，全国双拥模范城（县）、双拥模范单位和个人代表，以及驻京部队官兵和首都各界群众代表。

这台题为《高举旗帜向未来》的晚会由全国双拥工作领导小组、民政部、广播电影电视总局和解放军总政治部联合举办。

中国思想政治工作研究会九届七次常务理事会召开

2 月 2 日，中国思想政治工作研究会第九届常务理事会第七次会议在北京召开。

会议认为，2012 年，中国政研会紧紧围绕迎接党的十八大和学习宣传贯彻十八大精神，深入推进社会主义核心价值体系建设，切实加强为地方行业思想政治工作研究会的联络服务工作和《思想政治工作研究》、“思想政治工作网”的建设，为改进创新思想政治工作发挥了积极作用，作出了重要贡献。

2013 年，中国思想政治工作研究会要把深化党的十八大精神的学习宣传贯彻作为首要政治任务，引导广大政工干部和人民群众学习贯彻落实党的十八大精神，努力做到深入浅出，入脑入心；要着力开展中国特色社会主义宣传教育，同开展实现民族复兴“中国梦”宣传教育相结合，切实增强广大干部群众对中国特色社会主义的道路自信、理论自信、制度自信；要大力推进社会主义核心价值体系建设，紧紧扣住十八大提出的“三个倡导”，下力气培育和践行核心价值观，一方面加强理论研究和概括提炼，一方面注重实践探索和培养养成，推进社会主义核心价值体系融入国民教育、精神文明建设和党的建设全过程。要深入开展学雷锋活动，采取切实有效的措施推动学习活动常态化。

俞正声与全国性宗教团体负责人座谈

2 月 4 日，俞正声邀请全国性宗教团体负责人到中南海座谈，共庆新春佳节，并代表中共中央和习近平总书记向全国宗教界人士和广大信教群众表示新春祝福。

俞正声在听取各宗教团体负责人发言后指出，2012 年，在党中央的坚强领导下，全国各族人民同心协力、攻坚克难，经济社会发展稳中有进，各项事业全面发展，人民生活持续改善。宗教信仰自由得到充分尊重和保护，宗教事务管理进一步法制化、规范化，各宗教坚持独立自主自办原则，党和宗教界的爱国统一战线不断巩固和发展，宗教界人士和信教群众努力在促进经济社会发展中发挥积极作用。各宗教团体做了大量工作，为今后进一步做好工作创造了良好条件。2013年是全面贯彻落实十八大精神的开局之年，是实施“十二五”规划承前启后的关键一年。宗教界要深刻认识中国特色社会主义道路是实现中华民族伟大复兴的必由之路，不断增强道路自信、理论自信、制度自信。要围绕国家的宏观战略部署，结合宗教界的自身特点和优势，找准促发展保稳定的着力点，带领和引导广大信教群众在新的历史阶段作出新的贡献。

俞正声对各宗教团体近年来自身建设取得的成果给予充分肯定，要求进一步健全完善规章制度，提高规范化水平，大力加强中青年教职人员教育培养，使他们成为合格的宗教界代表人士。他要求各级党委、政府进一步加强和改善对宗教工作的领导，努力形成有利于宗教活动规范有序的良好法制环境和社会氛围。春节在即，要注意关心宗教团体的困难和信教群众的生活，确保广大信教群众过上欢乐、祥和的节日。

回良玉，令计划等出席座谈会。中国佛教协会会长传印、中国道教协会会长任法融、中国伊斯兰教协会会长陈广元、中国天主教爱国会主席房兴耀、中国天主教主教团主席马英林、中国基督教三自爱国运动委员会主席傅先伟、中国基督教协会会长高峰等参加座谈会。中国佛教协会副会长班禅额尔德尼·确吉杰布参加座谈。

习近平春节前夕赴甘肃看望各族干部群众

2月2日至5日，蛇年春节到来之际，习近平来到甘肃，看望慰问各族干部群众，并向全国各族人民表达美好的新春祝福。

习近平在王三运、刘伟平陪同下，来到酒泉、定西、临夏、兰州等地，深入乡村、企业、社区，就贯彻落实党的十八大精神、保障和改善民生、推进西部大开发、改进工作作风等调研考察。

调研期间，习近平听取了甘肃省委和省政府工作汇报，对甘肃近年来的工作给予充分肯定。他强调，贯彻落实好党的十八大精神，抓住新一轮推进西部大开发机遇，加快经济社会发展步伐，关键在于各级干部以优良作风带领人民群众不懈奋斗。要多到群众最需要的地方去解决问题，多到发展最困难的地方去打开局面。改进作风，最终要落实到各级干部特别是领导干部身上。各级党委要把作风要求贯穿于干部培养选拔和管理监督全过程。要树立正确用人导向，使那些对群众感情真挚、深得群众拥护的干部，那些说话办事有灼见、有效率的干部，那些对上对下都实实在在、不玩虚招的干部，那些清正廉洁、公众形象好的干部，得到褒奖和重用；使那些享乐思想严重、热衷于形式主义、严重脱离群众的干部，受到警醒和惩戒，用为民务实清廉的良好形象凝聚党心民心。

刘云山就如何开展党的群众路线教育实践活动主持召开调研座谈会

2月6日，刘云山主持召开调研座谈会，就如何开展党的群众路线教育实践活动再次听取专家学者的意见建议。赵乐际出席座谈会。

为搞好教育实践活动，中央有关部门组成6个调研组于去年12月下旬到今年1月中旬，分别到部分省区、部委、高校、中央企业和金融机构进行了调研，深入城乡基层面对面地听取干部群众的意见。在调研座谈会上，全国党建研究会5位专家学者和内蒙古、浙江、河南、湖北、广东5省区党委组织部长作了发言。刘云山在听取发言后指出，从调研情况看，全党全社会充满期待、寄予厚望使我们对搞好教育实践活动更有信心也更感责任重大，当前基层党员群众反映强烈的突出矛盾和问题使我们明确了教育实践活动的目标要求和工作重点，各方面提出的意见建议为搞好教育实践活动提供了重要参考，基层创造的好做法好经验为开展好教育实践活动提供了有益借鉴。有关部门要把调研成果运用好，把各方面意见建议吸收好，形成一个指导思想明确、措施办法有力、针对性操作性强的工作方案，确保教育实践活动有效展开。

刘云山说，大家在座谈发言中高度评价中央关于改进作风的八项规定，充分肯定作风建设呈现的新气象，同时也反映了亟待解决的突出问题。深入贯彻中央八项规定，必须针对当前存在的问题，采取切实措施，加大工作力度，务求取得实实在在的成效。一是要解决好“不以为然”的问题，作风问题不是小事，改进作风是政治要求，不能不以为然，不能左顾右盼、观望等待，必须提高思想认识、增强行动自觉。二是要解决好“只说不做”的问题，改进作风贵在落实，不落实就会落空，一定要狠抓落实，不能雷声大、雨点小，不能虚晃一枪、走过场做样子。三是要解决好“上有政策、下有对策”的问题，对中央的每一项规定，都要有具体落实的措施，不能打折扣、搞变通，不能明里一套、暗里一套，不能有令不行、有禁不止。开弓没有回头箭，对认准的事情必须一抓到底。各地各部门一定要以踏石留印、抓铁有痕的劲头抓作风改作风，做到持之以恒、善始善终，防止虎头蛇尾、半途而废，以改进作风的实际成果取信于民。

中央领导同志看望老同志

2月7日，春节前夕，党和国家领导人分别看望或委托有关方面负责同志看望了江泽民、李鹏、万里、乔石、朱镕基、李瑞环、宋平、尉健行、李岚清、曾庆红、吴官正、李长春、罗干、贺国强和张劲夫、郑天翔、刘复之、田纪云、迟浩田、张万年、姜春云、钱其琛、王乐泉、刘淇、吴仪、曹刚川、曾培炎、王汉斌、张震、何勇、倪志福、王丙乾、邹家华、王光英、布赫、铁木尔·达瓦买提、彭珮云、周光召、曹志、李铁映、司马义·艾买提、何鲁丽、丁石孙、成思危、许嘉璐、蒋正华、顾秀莲、热地、盛华仁、唐家璇、肖扬、韩杼滨、贾春旺、叶选平、杨汝岱、任建新、宋健、钱正英、孙孚凌、万国权、胡启立、陈锦华、赵南起、毛致用、王文元、王忠禹、李贵鲜、张思卿、罗豪才、张克辉、郝建秀、徐匡迪、张怀西、李蒙、邓力群等老同志，向老同志们致以亲切的节日问候，衷心祝愿老同志们新春愉快、健康长寿。

老同志们对此表示感谢，希望全党全国各族人民紧密团结在以习近平同志为总书记的党中央周围，高举中国特色社会主义伟大旗帜，以邓小平理论、“三个代表”重要思想、科学发展观为指导，解放思想，改革开放，凝聚力量，攻坚克难，坚定不移沿着中国特色社会主义道路前进，为实现党的十八大提出的各项任务、全面建成小康社会而奋斗。

习近平同党外人士共迎新春

2月6日，在中国人民的传统节日春节即将到来之际，习近平在中南海邀请各民主党派中央、全国工商联新老领导人和无党派人士代表欢聚一堂，共迎新春。他代表中共中央，向各民主党派、工商联和无党派人士，向统一战线广大成员，致以诚挚的问候和新春的祝福。李克强、俞正声，栗战书出席。

民革中央主席万鄂湘、民盟中央主席张宝文、民建中央主席陈昌智、民进中央主席严隽琪、农工党中央主席陈竺、致公党中央主席万钢、九三学社中央主席韩启德、台盟中央主席林文漪、全国工商联主席王钦敏、无党派人士代表林毅夫等应邀出席。

严隽琪代表各民主党派、全国工商联和无党派人士致辞。她表示，刚刚过去的一年在我国发展征程上具有极其重要的意义，中共十八大明确了中国特色社会主义的总依据、总布局、总任务。作为与中国共产党肝胆相照、风雨同舟的诤友和挚友，我们将以中共十八大精神为指导，从“为执政党助力、为国家尽责、为人民服务”出发，凝心聚力，加强自身建设，切实履行职能，为实现“中国梦”贡献才智。

中共中央国务院举行春节团拜会

2月8日，中共中央、国务院在人民大会堂举行2013年春节团拜会。党和国家领导人胡锦涛、习近平、吴邦国、温家宝、贾庆林、李克强、张德江、俞正声、刘云山、王岐山、张高丽等同首都各界人士2000多人欢聚一堂，辞旧迎新，共庆佳节。

习近平主持团拜会。他说，在中华民族的传统节日春节即将到来之际，我们欢聚一堂，共迎新春佳节。我代表中共中央、国务院，向全国各族人民，向广大工人、农民、知识分子和干部，向人民解放军指战员、武警官兵和公安民警，向各民主党派和工商联、各人民团体和各界人士，表示诚挚的慰问！向全国离退休老干部、老同志，致以诚挚的问候！向香港特别行政区同胞、澳门特别行政区同胞、台湾同胞和海外侨胞，致以良好的祝愿！向关心和支持我国现代化建设的国际友人，表示衷心的感谢！祝大家新春愉快、身体健康、阖家幸福！

温家宝在团拜会上讲话。他说，2012年，面对严峻复杂的国际环境和艰巨繁重的改革发展任务，中国共产党带领全国各族人民团结奋斗，开拓进取，从容应对各种困难挑战，胜利实现了经济社会发展的目标，各项事业取得新的重大成就。我们胜利召开党的十八大，选举产生了新一届中央领导集体，绘制了全面建成小康社会、加快推进社会主义现代化的宏伟蓝图。社会主义中国展现出更加光明的前景。

习近平看望慰问坚守岗位的一线劳动者

2月9日，农历除夕来临之际，习近平来到地铁施工现场、派出所、环卫站、出租客运公司，看望慰问坚守岗位的一线劳动者，向节日期间坚守工作岗位的各条战线劳动者致以节日的问候，向全国各族人民致以新春的祝福。王沪宁、栗战书陪同看望慰问。

“同志们辛苦了”，“大家过年好”，“给大家拜年了”，一声声问候，一句句祝福，充满着总书记关心关怀基层一线劳动者的真情。

2013 年对台工作会议在北京举行

2 月 19 日，2013 年对台工作会议在北京举行。俞正声出席会议并讲话，戴秉国主持会议，王毅作工作报告。

俞正声指出，过去 10 年尤其是最近 5 年，是对台工作成果最显著、两岸关系发展最迅速时期。我们推动两岸关系实现重大转折，取得一系列重要成果，开创了两岸关系和平发展新局面。我们党在对台工作实践中形成的两岸关系和平发展重要思想，丰富了国家统一理论和中央对台工作大政方针，具有长期指导意义。推动两岸关系和平发展，是实现和平统一的必由之路，也是我国和平发展战略的重要组成部分。

各地各部门要围绕巩固深化两岸关系和平发展这一主要任务，更加积极有为地做好今年对台工作，稳步推进两岸关系全面发展。要努力增进两岸政治互信，反对“台独”分裂图谋，保持两岸关系发展正确方向。要加快两岸经济合作框架协议后续协商，加强两岸产业和金融合作，支持帮助台资企业发展，促进海西经济区建设。要坚持把团结广大台湾同胞作为对台工作主线，努力为台湾同胞多做实事、多办好事。要进一步促进两岸人员往来，深化文化教育等各领域交流，扩大两岸基层交流。要着力提高两岸交流的质量和效益，积极推进制度化建设。要鼓励两岸学术界从民间角度就解决两岸政治问题开展对话。要切实做好台胞权益保护工作。

澳门基本法颁布 20 周年启动大会召开

2 月 21 日，澳门社会各界纪念澳门基本法颁布 20 周年启动大会在澳门文化中心隆重举行，吴邦国出席并发表讲话。

吴邦国首先向全体澳门居民致以新春的问候和良好祝愿。他说，澳门回归 13 年来，特别行政区取得的建设和发展成就是历史性的。这是中央政府和内地各地方大力支持的结果，是特区政府与广大澳门居民一起团结奋斗的结果，更是全面贯彻落实“一国两制”方针和澳门基本法的结果。中央充分肯定澳门回归以来取得的成绩，相信澳门的明天会更美好。今年是澳门基本法颁布 20 周年。澳门特别行政区政府和基本法推广协会筹划了一系列纪念活动，宣传和推广基本法，在全社会牢固树立基本法意识和法制观念，抓住了澳门长期繁荣稳定的根本，具有重大意义。他强调，宣传和推广基本法，一要始终坚持中央政府对澳门实行的各项方针政策的根本宗旨，维护国家主权、安全、发展利益，保持澳门长期繁荣稳定，并以此作为依法处理澳门事务的指导原则。二要深刻认识澳门特别行政区实行的制度，既要维护中央权力，也要保障澳门特别行政区高度自治权，从而使这两方面权力都落到实处，以实现澳门的良好管治。三要全面理解国家主体实行社会主义和澳门实行资本主义的关系，这样坚持一国原则才能落到实处，尊重两制差异才能成为自觉行动，从而保持两种制度都不变，把国家和澳门建设好、发展好。

启动大会上，特区行政长官崔世安、澳门基本法推广协会负责人、原澳门基本法起草委员会委员代表等致辞。来自澳门特区社会各界代表 850 人出席大会。

中央文明委召开全国未成年人思想道德建设工作会议

2 月 22 日，中央文明委在北京召开全国未成年人思想道德建设工作电视电话会议，刘奇葆出席会议并讲话。

刘奇葆指出，2004 年以来，未成年人思想道德建设工作内容不断充实，方法手段更加有力，取得良好实际效果。要坚持育人为本、德育为先，大力开展社会主义核心价值体系学习教育，开展“中国梦”学习教育，全面实施素质教育，着力培养未成年人社会责任感、创新精神和实践能力。要关心关爱留守儿童、流浪儿童、孤残儿童等特殊群体孩子，重视未成年人心理健康教育，让每个孩子都能成为有用之才。要持之以恒地抓，一以贯之地抓，完善学校、家庭、社会“三结合”教育网络，全员育人、全方位育人，让孩子们学习得更好、生活得更好、成长得更好。

中共中央政治局召开会议决定召开十八届二中全会

2 月 23 日，中共中央政治局召开会议，决定今年 2 月 26 日至 28 日在北京召开中国共产党第十八届中央委员会第二次全体会议。习近平主持会议。

会议讨论了《国务院机构改革和职能转变方案（草案）》稿。讨论了向第十二届全国人民代表大会第一次会议推荐的国家机构领导人员建议人选和向政协第十二届全国委员会第一次会议推荐的全国政协领导人员建议人选。确定将以上两个方面的内容作为十八届二中全会的议题。

会议讨论了国务院拟提请第十二届全国人民代表大会第一次会议审议的《政府工作报告》稿。同意国务院将《政府工作报告》稿提请第十二届全国人民代表大会第一次会议审议。

中共中央政治局举行第四次集体学习

2月23日，中共中央政治局就全面推进依法治国进行第四次集体学习。习近平主持学习。全国人大常委会法工委主任李适时、最高人民法院副院长沈德咏、最高人民检察院副检察长胡泽君、司法部部长吴爱英、国务院法制办主任宋大涵结合实际工作，就这个问题发表了意见。

习近平在主持学习时发表了讲话。他强调，我国形成了以宪法为统帅的中国特色社会主义法律体系，我们国家和社会生活各方面总体上实现了有法可依，这是我们取得的重大成就。要加强宪法和法律实施，维护社会主义法制的统一、尊严、权威，形成人们不愿违法、不能违法、不敢违法的法治环境，做到有法必依、执法必严、违法必究。我们提出要努力让人民群众在每一个司法案件中都感受到公平正义，所有司法机关都要紧紧围绕这个目标来改进工作，重点解决影响司法公正和制约司法能力的深层次问题。任何组织或者个人都必须在宪法和法律范围内活动，任何公民、社会组织和国家机关都要以宪法和法律为行为准则，依照宪法和法律行使权利或权力、履行义务或职责。要深入开展法制宣传教育，在全社会弘扬社会主义法治精神，引导全体人民遵守法律、有问题依靠法律来解决，形成守法光荣的良好氛围。要坚持法制教育与法治实践相结合，广泛开展依法治理活动，提高社会管理法治化水平。要坚持依法治国和以德治国相结合，把法治建设和道德建设紧密结合起来，把他律和自律紧密结合起来，做到法治和德治相辅相成、相互促进。

我们党是执政党，坚持依法执政，对全面推进依法治国具有重大作用。要坚持党的领导、人民当家作主、依法治国有机统一，把党的领导贯彻到依法治国全过程。各级党组织必须坚持在宪法和法律范围内活动。各级领导干部要带头依法办事，带头遵守法律。各级组织部门要把能不能依法办事、遵守法律作为考察识别干部的重要条件。

解放军四总部联合印发《厉行节约严格经费管理的规定》

2月24日，经中央军委主席习近平批准，解放军总参谋部、总政治部、总后勤部、总装备部日前联合印发《厉行节约严格经费管理的规定》，明确了按战斗力标准花钱办事、严格经费分配与审批、控制非急需基建投资、规范集中采购集中支付、从严管控会议集训和公务接待开支等17条具体规定要求。

《规定》以习主席关于加大依法治军、从严治军力度，发扬艰苦奋斗光荣传统、勤俭办一切事业的指示精神为指导，与中央军委加强自身作风建设“十项规定”相衔接，着重对“哪些钱能花、哪些钱不能花”作出明确和规范。

四总部要求，各级党委要把厉行节约、严格经费管理列入重要议事日程，定期搞好对照检查；各级领导和机关率先垂范，全军部队令行禁止，认真抓好落实。

总政治部通报表彰全军学雷锋先进单位与个人

2月26日，在纪念毛泽东等老一辈革命家为雷锋同志题词50周年之际，解放军总政治部近日通报表彰了全军学雷锋先进单位和个人。

通报指出，近年来，全军和武警部队始终以走在前列的责任意识和饱满热情，深入持久开展学雷锋活动，涌现出一大批学雷锋先进典型。为鼓励先进，树立榜样，总政治部决定，通报表彰61578部队等29个学雷锋先进单位和61401部队工程师陈松涛等34名学雷锋先进个人。

通报要求，各级党委和政治机关要深入学习贯彻党的十八大精神，坚决落实习近平主席和军委一系列重要决策指示，推动学雷锋活动常态化长效化，为在新的起点上推动国防和军队现代化建设提供强大动力。全军官兵要以学雷锋先进典型为榜样，牢记肩负的责任和使命，把个人理想追求与民族复兴、国家富强、军队强大联系在一起，脚踏实地，埋头苦干，奋发有为，为建设一支听党指挥、能打胜仗、作风优良的人民军队做出新的贡献！

第十届中国公民道德论坛在长沙举行

2月26日，中宣部在长沙举办第十届中国公民道德论坛，学习贯彻党的十八大精神，总结学雷锋活动常态化的经验做法，探讨提高公民道德素质的措施办法，申维辰在会上作了讲话。

论坛指出，良好道德素质是经济社会发展的基本支撑，是社会文明程度的重要标志，是民生幸福的根本依托。要把提高公民道德素质作为推进社会主义核心价值体系建设的基础工作，作为建设社会主义文化强国的根本举措，作为全面建成小康社会、加快推进社会主义现代化的战略任务，切实增强道德建设的责任感使命感。要牢牢抓住培育践行社会主义核心价值观这一根本，努力建设与我国经济社会发展水平相适应的良好道德生态和道德环境。

湖南长沙市、衡阳市蒸湘区、长沙市望城区公安消防大队、辽宁辽阳市、上海普陀区、福建厦门市、河南汝州市、中石化江汉油田负责同志作了发言。

中国共产党第十八届中央委员会第二次全体会议举行

2月26日至28日，中国共产党第十八届中央委员会第二次全体会议在北京举行。全会由中央政治局主持，习近平作重要讲话。

全会听取和讨论了习近平受中央政治局委托作的工作报告，审议通过了中央政治局在广泛征求党内外意见、反复酝酿协商的基础上提出的拟向十二届全国人大一次会议推荐的国家机构领导人员人选建议名单和拟向全国政协十二届一次会议推荐的全国政协领导人员人选建议名单，决定将这两个建议名单分别向十二届全国人大一次会议主席团和全国政协十二届一次会议主席团推荐。审议通过了在广泛征求意见的基础上提出的《国务院机构改革和职能转变方案》。李克强就《国务院机构改革和职能转变方案（讨论稿）》向全会作了说明。全会建议国务院将这个方案提交十二届全国人大一次会议审议。

全会充分肯定党的十八届一中全会以来中央政治局的工作。一致认为，面对严峻复杂的国际环境和艰巨繁重的国内改革发展稳定任务，中央政治局全面贯彻党的十八大和十八届一中全会精神，高举中国特色社会主义伟大旗帜，以邓小平理论、“三个代表”重要思想、科学发展观为指导，团结带领全党全军全国各族人民，解放思想，改革开放，凝聚力量，攻坚克难，按照稳中求进的工作总基调，着力转变工作作风，着力推动经济持续健康发展，实施“十二五”规划纲要，全面推进社会主义经济建设、政治建设、文化建设、社会建设、生态文明建设，全面推进党的建设新的伟大工程，各项工作取得新进展。

全会号召，全党全国各族人民更加紧密地团结起来，在以习近平同志为总书记的党中央领导下，坚定不移坚持和发展中国特色社会主义，锐意进取，扎实工作，团结奋进，为实现党的十八大确定的目标任务而共同奋斗。

《中国共产党执政兴国图集》出版发行

2月28日，中央党史研究室与新华社在北京召开《中国共产党执政兴国图集》首发式。《图集》选编了1400多幅图片、撰文12万余字，全景式记录了中国共产党领导全国各族人民进行社会主义革命和建设的伟大历程，全面展现了中国特色社会主义的历史逻辑和发展轨迹。《图集》中部分历史照片首次对外公布。

中共中央举行民主协商会

2月28日，中共中央在中南海怀仁堂举行民主协商会，就国务院机构改革和职能转变、中共中央拟向十二届全国人大一次会议推荐的国家机构领导人员人选建议名单和拟向全国政协十二届一次会议推荐的全国政协领导人员人选建议名单，向各民主党派、全国工商联和无党派人士通报情况，听取意见。习近平主持会议并发表重要讲话。李克强、张德江、俞正声、刘云山、王岐山、张高丽出席会议。

习近平在讲话中指出，行政体制改革是推动上层建筑适应经济基础的必然要求。实现全面建成小康社会和全面深化改革开放的目标，必须深化已进行30多年并取得重要成果的行政体制改革，破除制约经济社会发展的体制机制弊端。中共十八大从我国发展全局出发，提出了深化行政体制改革的要求和任务，强调要按照建立中国特色社会主义行政体制目标，深入推进政企分开、政资分开、政事分开、政社分开，建设职能科学、结构优化、廉洁高效、人民满意的服务型政府。国务院机构改革和职能转变在行政体制改革中起着至关重要的作用，需要首先抓紧抓好。中共中央根据中共十八大提出的任务，在深入调查研究、广泛征求意见的基础上，形成了《国务院机构改革和职能转变方案（草案）》。中共十八届二中全会审议通过后，将建议国务院提请十二届全国人大一次会议审议。

搞好新一届国家机构和全国政协人事安排特别是高层人事安排，是开好全国两会最重要的一项工作，是关系全面建成小康社会全局的大事。中共中央政治局对此高度重视，在充分发扬民主，全面考虑人选条件、各方面结构要求和工作需要的基础上，提出了建议名单。

会议上，李克强通报了《国务院机构改革和职能转变方案（草案）》的有关情况。刘云山就新一届国家机构领导人员和全国政协领导人员人选建议名单作了说明。

民革中央主席万鄂湘、民盟中央主席张宝文、民建中央主席陈昌智、民进中央主席严隽琪、农工党中央主席陈竺、致公党中央主席万钢、九三学社中央主席韩启德、台盟中央主席林文漪、全国工商联主席王钦敏、无党派人士代表郝如玉等发了言。他们认为，《国务院机构改革和职能转变方案（草案）》，新一届国家机构领导人员和全国政协领导人员人选建议名单，都是在广泛征求意见、充分酝酿协商的基础上形成的，体现了中共十八大精神，顺应全面建成小康社会新形势新任务的要求，考虑比较周全，表示拥护和赞成，并就推进国务院机构改革和职能转变等提出了意见和建议。

第三编

学习党的十八大精神专题

国家审计要为促进完善　财政预算管理制度服务

姜榕兴

财政审计是审计工作的永恒主题，随着财政审计大格局理念的确立以及相应具体措施的部署落实，财政审计在促进完善财政预算管理制度方面发挥着越来越重要的作用，可以说许多财政预算管理制度的出台，是在审计揭示相关问题、公告审计结果、提出审计建设性建议的情况下完成的，或者说是在审计部门反复揭示、披露、呼吁、督促的情况下倒逼出来的。

党的十八大报告在全面深化经济体制改革中提出："加快改革财税体制，健全中央和地方财力与事权相匹配的体制，完善促进基本公共服务均等化和主体功能区建设的公共财政体系，构建地方税体系，形成有利于结构优化、社会公平的税收制度。"这是对当前及今后一个时期加快改革财税体制、完善公共财政体系提出的明确要求，也是当前及今后一个时期国家审计履行《审计法》第十七条"对本级预算执行情况和其他财政收支情况进行审计监督"职责的工作重点和着力点。加快财税体制改革，完善公共财政体系，要以科学发展观为指导，以科学发展为主题，以加快转变经济发展方式为主线，以保障和改善民生为立足点，更好地为全面建成小康社会服务。这既是加快财税体制改革、完善公共财政体系的指导思想和工作目标，也是国家审计机关履行监督职责的指导思想和工作目标。这其中财政预算管理制度发挥着保障、督促和推动的重要作用，发挥着制度根本性、全局性、稳定性和长期性的重要作用。就目前情况来说，国家审计在促进完善财政预算管理制度方面应重点关注以下几个方面：

一、围绕进一步增强财政预算的完整性开展审计

十八大报告在谈到推进政治体制改革时，提出要"支持人大及其常委会充分发挥国家权力机关作用，加强对政府全口径预算决算的审查和监督"。加强对政府全口径预算决算的审查和监督，意味着政府的全部收支活动都要纳入人大监管视野，不光是公共预算，还包括政府性基金预算、国有资本经营预算、社会保障预算、政府性债务预算。公共预算与其他四本预算相比，只有形式差异，没有本质不同，都是百姓的血汗钱，都应纳入人大监管。政府必须依法建立一套科学完整、结构优化、有机衔接的政府预算体系，全面反映政府收支总量、结构和管理活动，统筹运用好公共资源。希望新修订的预算法能在法律层面上予以明确，以保障全口径预算决算的审查和监督的实现。财政预算的完整性是实行全口径预算管理的前提，也是实现全口径预算决算的审查和监督的必然要求。审计部门在审计监督过程中应按照全口径预算决算管理的要求，重点关注政府预算未能覆盖全部收支、财政预算编制不够完整、财政预算编制不够细化、年初预算到位率低、预算执行进度缓慢、年终突击花钱、部门挤占挪用预算资金等问题。如，近几年审计发现普遍存在的转移支付资金未纳入预算管理、动用超收财力未按法定程序追加预算、应纳入预算管理的非税收入未纳入预算管理、隐瞒财力存放于往来账户或财政专户并擅自使用、动用财政净结余未编入年度预算等。

二、围绕促进政府预决算公开透明开展审计

公开是民主政治的核心要素之一，预算公开可对行政权力进行有效监督，增强预算的透明度和刚性约束。将完整的政府开支信息置于公众监督之下，有利于实现人民群众依法有序参与民主决策、民主管理和民主监督的权利，也是有效防治腐败的重要举措。透明国际组织评价一个国家清廉指数时，将公共财政的透明度作为一项重要衡量指标。通过审计促进完善预算公开制度，健全公开机制，规范预决算公开内容和程序，使预决算公开常态化、规范化和法制化，增强财政预算透明度。期盼新修订的预算法能将预算公开写入法律条款，使预算公开成为政府部门的责任和义务，让广大纳税人能清晰地明了政府的资金是怎么分配的，都花在什么地方，使用效果怎么样，政府的行政成本是多少。虽然目前政府预决算、部门预决算、"三公"经费已经做到在中央和省级公开，但存在的问题是公开内容太笼统，不够细化，太专业，不够通俗，只罗列一大堆数字，缺少必要的文字注解说明，"内行看不清，外行看不懂"，雾里看花，一头雾水。做为审计部门有责任通过审计督促政府部门依法依规公开预决算，且公开的内容要做到真实完整，格式要统一规范，能让广大纳税人看得懂；公开的范围要符合法律法规的要求，做到完整充分，不能有选择、有保留地公开；公开的程序要符合法定要求，做到便民、高效；公开的时间要及时，要在规定的时间内及时公布，以满足纳税人及时获取信息的需求。

三、围绕促进财政科学化、精细化管理开展审计

财政管理贯穿于研究制定和实施财政政策，编制和执行预算，以及财政的法规制度建设，财政的基础管理等财政工作的全过程。财政管理水平的高低，直接影响到国家的财政职能作用的有效发挥，国家财政政策的贯彻和落实，以及财政政策的实施效果。促进全面提高财政管理水平既是财政部门的职责和目标，也是审计部门的任务和重点。

全面推进财政科学化、精细化管理是树立公共财政为纳税人负责、为老百姓服务的题中之意，是树立科学理财理念的必然要求。通过实施科学化、精细化管理，促进提高预算执行的及时性、均衡性、有效性和安全性。从近几年审计发现的问题分析，目前财政和政府其他部门要着重抓好以下工作。一是切

实抓好预算编制管理工作。政府预算体系要更加健全，预算编制的完整性要进一步增强，预算编制的内容要更加细化，预算的年初到位率要进一步提高。尽快建立预算编制与预算执行、结余结转资金管理与行政事业单位资产管理相结合的机制，尽快建立基本支出预算与项目支出预算的标准（定额）体系和项目库建设，使预算编制的科学性、准确性、精细化程度逐步提高。二是强化预算执行工作。税务、财政部门要依法加强税收以及非税收入的征管，努力做到应收尽收，不征“过头税”，也不随意调节收入进度，应纳入预算管理的所有非税收入全部纳入预算管理。强化部门预算支出的责任意识，特别是部门单位的领导要牢固树立分配、管理、使用财政资金的责任意识，以及守法、守纪、守规、尽责意识，进一步增强预算支出的刚性约束。期盼新修订的预算法能在预算支出的责任、刚性约束上有更明确、严格的规定。

四、围绕促进财政资金管理使用的有效性开展审计

为了深入贯彻落实科学发展观，完善公共财政体系，推进财政科学化、精细化管理，强化预算支出的责任和效率，提高财政资金使用效益，必须全力推进预算绩效管理。预算绩效是指预算资金所达到的产出和结果。预算绩效管理是政府绩效管理的重要组成部分，是一种以支出结果为导向的预算管理模式。它强化政府预算为民服务的理念，强调预算支出的责任和效率，要求在预算编制、执行、监督的全过程中更加关注预算资金的产出和结果，要求政府部门不断改进服务水平和质量，花尽量少的资金、办尽量多的实事，向社会公众提供更多、更好的公共产品和公共服务，使政府行为更加务实、高效。推进预算绩效管理，有利于提升预算管理水平、增强单位支出责任、提高公共服务质量、优化公共资源配置、节约公共支出成本。这是深入贯彻落实科学发展观的必然要求，是深化行政体制改革的重要举措，也是财政科学化、精细化管理的重要内容，对于加快经济发展方式的转变和和谐社会的构建，促进高效、责任、透明政府的建设具有重大的政治、经济和社会意义。

国家审计部门要及时跟进，加大对财政公共资金管理使用绩效情况的审计力度。通过审计促进政府各部门全面推进预算绩效管理，将绩效理念融入预算管理全过程，使之与预算编制、预算执行、预算监督一起成为预算管理的有机组成部分，逐步建立“预算编制有目标、预算执行有监控、预算完成有评价、评价结果有反馈、反馈结果有应用”的预算绩效管理机制。国家审计要将风险导向理论与绩效目标导向理论有机结合，不管是审计计划的安排，还是审计目标、审计重点的确定，都要加大绩效审计（评估）比重，更加关注财政资金使用的经济效益、社会效益和环境效益，将绩效审计范围覆盖到所有财政性资金，将绩效审计贯穿于预算编制、执行、监督的全过程，通过审计发现问题的揭示、分析、披露，促进政府各部门不断改进预算管理、优化资源配置、控制节约成本、提高公共产品质量和公共服务水平。

建立健全科学规范、注重绩效的预算管理制度，是完善公共财政体系的重要内容。而公共财政具有稳定经济、配置资源、收入分配、监督管理等职能作用，是政府履行职能的物质基础、体制保障、政策工具和监管手段。完善的公共财政体系，是促进基本公共服务均等化和主体功能区建设、不断改善民生的重要保障。国家审计在促进完善财政预算管理制度方面既责无旁贷，又具备其他任何部门都无法比拟的独特优势，其发挥职能作用的空间十分广阔，同样审计任务也十分艰巨和繁重。

【作者：福建省审计厅党组书记 厅长】

贯彻党的十八大精神　做好地市广播新闻宣传

李海松　李　伟

党的十八大报告指出：文化是民族的血脉，是人民的精神家园；实现中华民族的伟大复兴，必须推动社会主义文化大发展，大繁荣；走中国特色的文化发展道路，要贴近实际，贴近生活，贴近群众，始终把社会效益放在首位，做到社会效益与经济效益的统一。

广播电视新闻工作作为意识形态和文化建设的重要组成部分，担负着宣传科学理论、传播先进文化、塑造美好心灵、弘扬社会正气、倡导科学精神的重要使命，责任非常重大。作为广播电视新闻工作者，我们必须增强做好新闻工作的责任感、使命感。做到政治坚定、作风过硬、业务精湛、纪律严明。

对于广播电台这样的现代化电子媒体来说。强化新闻的主体作用，坚持新闻立台是提升媒体形象、增强综合实力的关键因素，市场经济其实就是竞争经济，谁在竞争中取胜，谁就会取得良好的经济效益和社会效益。因此，如何扬长避短发挥优势，把城市台的新闻宣传做活、做精、做大，是保证我们在竞争中胜出的重要因素。笔者在实践中体会到，城市电台的新闻宣传，应该突出重点，在以下环节上寻求突破。

一、坚持正确的舆论导向，突出全面落实科学发展观这个大主题，围绕当地党委、政府工作中心，有针对性地进行有特色的宣传

实践证明，广播电视等新闻媒体，无论在什么样的历史条件下，都必须始终把坚持正确导向放在第一位。能否始终把坚持正确舆论导向放在第一位，不仅关系到广播电视事业的发展繁荣，而且直接关系到我们党、国家和人民的利益，这是广播电视新闻宣传工作最大的政治、最硬的道理、最根本的任务。笔者认为，舆论的本质在于引导，新闻宣传工作坚持正确的舆论导向，必须始终准确唱响主旋律、打好主动仗，把团结、稳定、鼓劲、发展贯穿新闻宣传的始终。要围绕中心、服务大局，多做统一思想、凝聚力量、坚定信心、振奋精神、维护稳定、促进发展、和谐的工作。

在市场经济的条件下，政治属性和喉舌功能依然是的媒体的重要属性，只有充分发挥媒体的喉舌功能、提升其政治地位，才能不断扩大媒体的影响力。在新的历史时期，我们必须牢固树立喉舌意识，以党的十八大精神为指针，突出全面落实科学发展观这个重大主题，围绕党和国家的一系列方针、政策，把握正确的舆论导向和工作大局，紧扣当地党委、政府的工作中心，通过系列报道、连续报道，评论等多种报道形式，彰显媒体的社会影响力，近年来，秦皇岛电台在实施重大主题的宣传报道中，每年要组织开展几十项贯彻中央精神、围绕城市发展、反映社情民意的重大主题报道，开设各类新闻专栏专题 20 多个，多次组织大型宣传活动，形成了动态报道抓重点、专题报道求深化、各类专栏齐配合、大型活动造氛围的新闻宣传格局，使各项主题报道围绕中心、服务大局，唱响时代的主旋律。

二、按照十八大精神要求，在新闻宣传中着力强化以人为本，关注社会，关注民生

每每谈到新闻宣传，我们都热衷于说“三贴近”，但到如何把握“三贴近”，怎样实现“三贴近”？也就是说“三贴近”的精神实质是什么？我们讨论的很少，笔者认为，“三贴近”不是官话和套话，真正落实到新闻实践中很难，要求我们必须树立以人为本的思想，坚持“走基层，转作风，改文风”，自觉关注社会，关注民生，为百姓说话，让百姓有话语权和参与权。大量的实践表明，党的路线、方针、政策都是来自于人民群众的实践和社会发展的需要，把党和政府作出的各项重大决策变为人民群众的自觉行动，是我们新闻宣传的出发点和落脚点。秦皇岛电台在注意改进领导活动和会议消息报道的同时，努力拓宽新闻视角，力求反映社会全貌，深入关注百姓生活。近几年来，新闻话题类节目《港城事大家议》、《法律热线》、《阳光消费》、《都市百叶窗》、《百姓说事》、《生活关注》等节目都是从关注百姓、关注社会的角度出发而开办的。实践证明，这些节目既有非常高的收听率，又得到社会各界的广泛好评。最近我们还从社会上聘请 100 多名“新闻播报员，以现场第一发现人的视角，以新闻播报员的身份，第一时间以电话连线的形式，讲述新闻事件发生的主要新闻要素，做到随时发生，随时播报。摒弃会议报道中的套路，使《新闻播报》不但成为市民即时了解全市新闻、了解市委市、政府大政方针不可或缺的载体。同时成为信息传播渠道最畅通，最及时，最生活化，生产成本最廉价的新闻产品。

我们要求本台记者深入一线、深入群众，充分利用广播快速鲜活、形象生动的媒体优势，在第一时间全方位、高密度报道社情动态，迅速传递党委、政府的重大举措和对人民群众的亲切关怀。

三、强化新闻的本土化，草根化，打造亲和力强的广播电台

时代的发展，信息的密集，人们获取新闻的渠道太多太多，但是，我们一定要突出新闻的本土文化。本土化战略是当国内外各家媒体扩张与渗透的重要手段，是媒体在竞争取胜的切入口。秦皇岛台作为城市广播电台，面对不同层面众多媒体的挑战，承担越来越多的宣传任务，就必须牢牢把握住本土化资源，尤其是要充分利用和挖掘本土的新闻资源。城市里每天发生的一处处发展变化、一样样重要事件、一个个信息动态，以及城市丰富的地域文化，都是取之不尽、用之不竭的新闻资源；要以所有发生事件的事实背景、实施过程和变化结果，来拓展新闻空间、挖掘新闻内涵、丰富新闻资源。秦皇岛电台的，《秦皇岛新闻》、《港城事大家议》、《都市百叶窗》、《百姓说事》等新闻类节目，都富有鲜明的地域特色和浓郁的本土文化，让广大市民群众喜闻乐听，深受市民欢迎。

四、加强节目策划，提高节目质量

讲究宣传艺术，提高节目质量，首先要抓好策划。策划，是个超前思考、深化认识和学习提高的过程，是研究探讨、集中智慧、寻找最佳切入点的手段，是主动出击、打响有准备之仗的关键。策划不是制造、虚构新闻，而是深化、美化新闻。新闻宣传的策划要把握好选题、采访、编辑、制作、播出等各个环节，力求创新感、经典度和时效性。近几年，秦皇岛电台在“建设四岛（活力、魅力、实力、生态秦皇岛）”、“县域经济”、“重点项目建设”等重大主题的宣传报道中，精心策划了多次等大型宣传活动，努力在精点子、大手笔上做文章，抓住了城市发展的亮点和受众关注的热点。这些节目播出后引起很大反响，具有非常高的收听率。

五、通过现场直播等形式，变“无形广播”为“有形展示

从传统意义上来讲，广播诉诸听觉，是声音艺术，但是随着事业的发展，新闻事件的突发性，群众获取新闻的迫切性，要求我们必须用全新的理念审视广播，我们知道新闻宣传除了主题鲜明、立意新颖等要素之外，着重要看其时效性和形象生动性。而广播现场直播恰恰能符合这一要求，随着广播技术的快速发为开展宣传带来了无穷的魅力和广阔的空间。这里突出提到的就是广播直播。近年来，秦皇岛电台注重以技术创新来提高节目质量，投入大量资金引进设备，在围绕重大主题的新闻宣传中，充分利用技术优势，组织了许多规模大、影响广、效果好的现场直播。如连续 8 届的秦皇岛啤酒节，“3.15 系列活动”等等这些现场直播受到领导的高度评价，听众的广泛认可，取得良好的社会效益，体现了广播电台的魅力与生命力。

六、全力打造广播品牌，扩大广播的社会影响力

其实，经营媒体与经营企业道理是相通的，而媒体的经营要求我们必须拿出过硬的产品——节目和新闻作品，突出品牌效应。近年来，秦皇岛电台，把品牌建设作为广播可持续发展的重要内容来来抓，在全台实施品牌带动战略，通过节目评议，挖掘节目资源，打造品牌节目，对名牌节目巩固发展提高，如《秦皇岛新闻》、《港城事大家议》、《阳光消费》、《法律热线》、《天天星期八》、《娱乐 SHOW 翻天》等节目既有地方特色，又有时代特征；既受专家好评，又让社会公认。做到了节目内容常新，宣传形式创新，质量稳步提高。同时对不符合频率定位，质量差，听众反映不好的节目给予淘汰。

七、包装与自我宣传有机结合，突出频率（节目）的新潮和时尚

许多广播媒体往往不重视宣传自己的节目，不注重节目的包装，特别是对一些重大新闻的宣传活动，忙于应付，急于播出，草草了事；或是想把节目做好、做大，却没有好的设计，没有一点预告，一味依靠节目本身的影响力；或是过低地估计宣传包装的作用。我们应当认识到，自我宣传的过程，是提高受众对节目的认可度、扩大节目影响力的过程，是节目宣传本身的一个重要外延部分。几年来，秦皇岛电台，在提高节目质量的同时，非常注重节目包装和自我宣传，在推出每项重大宣传活动前，都要策划制作宣传带，在各频率滚动播出，也经常在自办的秦皇岛广播电视报《视听之友》上进行宣传，对节目播出的前期、中期、后期作不同程度的宣传，注重频率和节目长远效益，使媒体的“无形资产”逐渐夸大。

八、举全台之力，加强合作，扩大影响

面对信息时代和广播业改革、创新、发展的大潮，城市广播要参与竞争、敢于挑战，就必须要加强对外合作，在合作中壮大实力、增强活力、提高竞争力。一是要加强与中央台、省台、兄弟城市台的合作，提高在各级台特别是中央台、省的发稿率。二是要加强与本地广电系统的合作，整合资源，凝成合力，体现“大都市、大发展”的宣传要求。三是要加强与外省市乃至国外台的合作，扩大人员、技术和节目交流。通过广泛的合作，进一步扩大各级媒体之间特别是城市台之间的合作，反映城市新一轮发展中的重大举措、突出成就和先进典型，提高城市对外宣传的辐射面和影响力。我们基于这样的想法，我们积极组织开展对上宣传，连续四年在省台发稿第一，在中央台发稿位居河北省前列。

总之，贯彻党的十八大精神，做好城市广播电台的新闻宣传，要始终围绕中心、服务大局、维护稳定，贴近实际、贴近生活、贴近群众。要把握受众心理，吸引受众眼球，引发受众共鸣，把对党负责与对人民负责结合起来，把资源利用与精心打造结合起来，把塑造品牌与树立形象结合起来，把自身优势与外借力量结合起来，把突出社会效益与提升媒体地位结合起来，使城市广播新闻宣传具有更大的吸引力、感召力和竞争力。

【作者单位：河北秦皇岛人民广播电视台】

深入化解矛盾纠纷

加强社会管理创新　努力构建平安和谐机场

——学习十八大报告体会

李全慎

学习了十八大报告的第七部分“在改善民生和创新管理中加强社会建设”，我很有感触。近年来，黄山机场公安分局在加强对旅客流动人口的服务与管理中创新思维，做了一些有益的探索，取得了一定成效，这里结合学习情况谈谈我们的实践体会。

十八大报告提出：“完善和创新流动人口和特殊人群管理服务。正确处理人民内部矛盾，建立健全党和政府主导的维护群众权益机制，完善信访制度，完善人民调解、行政调解、司法调解联动的工作体系，畅通和规范群众诉求表达、利益协调、权益保障渠道。”

近年来，各地机场航班量激增，由于空域资源紧张、飞机机械故障、天气条件不够飞行标准等原因，航班延误在全国范围内司空见惯，由此而引发的旅客霸（罢）机、冲击登机口、破坏公共财产、围攻民航工作人员甚至拦截航空器等群体性事件也成为社会焦点问题。旅客作为机场最大的流动人口群体，与机场或航空公司间的矛盾越来越突出地摆在了各机场公安机关面前。笔者身为一级机场公安分局的领导，觉得如何着眼大局、统筹兼顾，落实好中央政法委和公安部提出的“深入推进社会矛盾化解”和“访察民意、访排民忧”等工作要求，做好旅客的安全管理和服务工作，有效化解旅客和航空公司、机场之间的矛盾，着力解决旅客群众的合法诉求，确保机场的和谐稳定，是机场公安机关实现社会管理创新的一道重要课题。

笔者认为，把握旅客群众的合理诉求、积极为旅客排忧解难，正是在机场这个特殊社会环境中公安机关“访察民意、访排民忧”工作的具体体现。那么，面对常态化的因航班延误引发的旅客与航空公司、机场间的矛盾纠纷，机场公安机关应如何作为呢？

一、牢固树立“以人为本”的管理理念

机场的社会管理工作必须以维护旅客利益、保障旅客平安为出发点和落脚点，抓住影响机场和谐稳定的源头性问题不放松，最大限度地消除旅客的不满情绪、减少旅客与机场等单位的对抗性矛盾，及时将涉稳问题化解在萌芽状态，从实事和群众权益出发，回应旅客对机场管理工作的期待。正如中央政法委书记孟建柱同志所要求的那样：“把群众的呼声作为第一信号，把群众的需求作为第一选择，把群众满意作为第一标准。”

二、尽早介入，“理性、平和、文明”执法，力求主动

几年前，针对航班延误引发的旅客群体性事件，相关部门曾对机场公安民警做出了“不介入交涉”的要求，意欲让矛盾双方通过谈判、协调来解决矛盾，当局面混乱，出现旅客冲击登机口、霸（罢）机等群体性事件后，公安机关再履行依法管理的职能。对此，本人不能认同，原因很简单：此要求只着眼于公安机关的社会管理职能，而忽视了社会服务功能，更未注重矛盾的源头控制和化解。目前很多机场公安机关在处置类似事件时，仍固守“不介入交涉”的原则，忽视对群体性事件在萌芽或初始阶段的解决，忽视了公安机关在群众中的公信力，过于倚重“严格、公正、规范”的执法模式，缺乏“理性、平和、文明”的执法信心和能力，因此，无法做到“寓管理于服务之中，在服务中延伸管理”，对矛盾纠纷的处置难以驾驭。黄山机场公安分局早在2008年就提出明确提出：对此类矛盾纠纷，值班民警必须尽早介入，将维护旅客、机场、航空公司等各方正当权益作为治安行政管理的重要内容，服务和管理并重，有效化解群体性事件发生的风险。

我们是人民的警察，扎根于人民中间，哪怕在错综复杂的社会矛盾纠纷中，也应该清醒地认识到：人民对于我们最根本的感情是尊重和信赖的，我们手握的公权是老百姓信得过公信力，旅客群众不是我们的对立面，我们应该从群众满意的事情做起，从群众不满意的事情改起，时刻把群众满意不满意、高兴不高兴、答应不答应作为我们一切工作的出发点和落脚点。有了这样清醒的认识，我们就知道如何去应对：在航班不正常引发旅客焦躁不安、矛盾纠纷随时会出现的时候，我们的民警就尽早介入，视旅客为亲人、积极提供帮助，对旅客的不冷静举措保持适度的克制，督促机场、航空公司认真解决旅客的诉求，协助机场安排旅客的食宿、交通等等，在点点滴滴的人性关怀中，旅客是能够感受到公安民警的缕缕温暖的，会主动向公安民警倾诉苦衷、寻求帮助，而不会不问青红皂白地将公安民警当作发泄攻击的对象；反之，倘若我们公安民警对旅客的诉求充耳不闻、冷硬横推，对旅客与机场或航空公司间的矛盾纠纷袖手旁观，到了矛盾激化的时候再铁青着脸按照预案去平息事态，那已经是背本趋末、远离了群众的热切期盼、走到了群众的对立面去了。可惜的是，我们队伍中的很多人至今不明白其中的道理。作为机场公安机关的领导，倘若我们能够引领广大民警们像邱娥国那样心系群众冷暖，日复一日、持之以恒地为旅客群众排忧解难、无私奉献，而不仅是在每年的“爱民月”里表表爱心，那么，化解社会矛盾纠纷、构建和谐警民关系、实现机场的社会管理创新就并不是一件遥不可及的事情了。

三、健全情绪疏导机制和应急管理机制

（一）在介入矛盾纠纷时，公安民警要高度重视延误航班旅客的困难，真诚、细致地为旅客排忧解难。

2008年12月28日晚24时，MU5584黄山至上海航班取消，黄山机场及时安排车辆将旅客送往宾馆休息，一位中年妇女却在候机厅大发雷霆，表示决不离开，要睡在候机厅等待，这貌似无理的要求却被细心的民警发现了端倪，经过与其父亲、女儿沟通，得知该妇女有精神病史，遇到突发情况情绪会很糟糕、根本不听劝。根据此情况，民警们及时调整思路：对该妇女不宜强行清场，而应该进行必要的安抚，避免事态升级。在与候机楼管理部门协商后，安排该妇女在头等舱休息室的长沙发上休息，考虑到中央空调夜间关闭，民警特意为该妇女提供一个电取暖器，并安排两名女性服务员在一旁陪伴，同时安排一名男民警在休息室外的候机厅内通宵值守，这样做虽然民警和工作人员多了一份辛劳，但确保了候机楼正常的治安秩序，化解了矛盾纠纷。次日上午，该妇女情绪已恢复稳定，与家人一起乘补班返回上海。

2009年3月19日晚23时，延误的黄山至广州的CZ3520航班的旅客被从宾馆接至候机楼后，由于航班超售，而航空公司又采取了“谁先到谁先办理登机手续，最后的两名旅客自动取消行程”的不合理举措，导致旅客争先恐后抢办登机手续，办票柜台前秩序大乱。民警及时出警，发现一对年事已高的夫妇被挤在人群外，老年妇女表现出明显的病态，经了解，那位妇女已病了数日，老夫妻俩想回广州已是心急如焚却无能为力。面对此情况，民警挺身而出，站在办票柜台前大声呼吁，希望人们彰显爱心、发扬风格，为这对夫妇提供两个座位，最终有一对美籍华人夫妇主动放弃了当晚的行程，把座位让给了这对老年夫妇。

在这两个例子中，我们的民警都是在航班延误或取消、候机楼内易产生矛盾纠纷时主动介入的，以解决旅客困难为己任，把旅客当亲人，真诚为旅客办实事，消除了矛盾纠纷进一步发展、酿成群体性事件的可能性，为旅客群众真正做到了“利益协调、权益保障”，可以预见的是：即便这两起矛盾纠纷继续演变，由于我们民警真诚为民服务的举动已打动了部分旅客和他们的亲人，这些积极因素将有助于事件朝有利的方向发展，会有更多的旅客认同、协助我们民警的工作。这就是人民警察的公信力所在，真实而自然地存在着！

（二）高度重视群体性事件的处置，健全应急处置预案，形成统一指挥、反应灵敏、协调有序、运转高效的应急管理机制，有效化解矛盾纠纷。

在处置矛盾纠纷中，黄山机场公安分局所采取的“尽早介入”的措施已为疏导旅客情绪打下了良好基础，民警们能心平气和地与旅客谈心，了解旅客困难并积极提供帮助；当然，我们对有违法倾向的旅客也必须及时予以制止，不能片面迎合、一味姑息。必要时明示法律的震慑，正确引导旅客情绪，使他们的行为朝合法的方向延伸，这也是疏导工作的重要内容。

2011年4月14日17时，黄山至重庆的FM9267的航班因飞机机械故障，从跑道滑回停机位，机上99名旅客回到候机厅休息，其中部分旅客情绪激动，同航空公司代理人员讨说法、要求赔偿。三名值班民警闻讯后来到现场。这时，少数旅客拍打服务台、言语攻击服务员、向服务员吐口水，值班民警立即上前予以制止，并对闹事的旅客口头警告，这部分旅客又围住民警，几双手对民警指指戳戳、肆无忌惮，脏话连篇，值班民警保持着克制，告知他们维护自身权利要通过合法途径，违法者要被追究责任。19时，航空公司决定调机来黄山继续执行此航班，但这部分旅客扬言航空公司若不赔偿，将阻止其他旅客登机，不良的气氛在旅客中扩散。19时30分，分局领导决定启动应急预案，调动备勤民警赶往机场。在民警值班室，局领导根据现场情况和下一步工作方向，对全体民警进行了分工：一组民警维持现场秩序，配合机场工作人员做好说服解释工作，并做好现场录像取证的准备工作；二组民警设法获取带头闹事旅客的身份资料，上网作背景调查，做好传唤、询问的准备工作；三组民警佩戴单警装备，在现场列队，对行为不良者形成威慑，必要时对违法人员实施强制带离。后经协调，全部旅客在领取了赔偿金后情绪趋于平稳，于22时10分登机，航班于22时35分起飞。

在2012年处置“8•20”FM9265黄山至成都航班延误造成的旅客拒绝登机事件中，分局民警及时介入，将16名拒绝登机的旅客引导至候机厅闲置区域进行情绪疏导，倾听意见、把握诉求，同时宣讲法律法规、告知合法维权途径，把督促航空公司尽快拿出切实可行的解决办法作为化解矛盾的突破口。同时，分局及时启动处置不正常航班工作预案，调集备勤警力在值班室待命，预防事件升级后旅客毁损财物、堵塞登机口甚至拦截航空器等极端群体性事件的发生。经过民警们连续九个时大量艰苦细致的协调工作，至次日凌晨三点半，16名旅客滞留机场事件终于得到了妥善的处理，他们或退票、或改乘其他航班，一起可能引发不良社会影响的群体性事件被有效化解。

回顾一次次矛盾的成功化解，我深切体会到报告中提及的“完善和创新流动人口管理服务，正确处理人民内部矛盾，完善行政调解的工作体系，畅通和规范群众诉求表达、利益协调、权益保障渠道。”这些话语高屋建瓴、全面而深刻，应当作为机场公安机关对流动旅客群体的管理工作进行创新的行动指南。

近年来，我们在社会管理创新工作中这些有益的探索，帮助我们成功地化解了一起起矛盾纠纷，在黄山机场没有发生过一起事态严重的旅客群体性事件。我们坚信，通过对十八大报告精神的进一步学习和领会，并在工作中自觉实践、勇于探索，我们一定能够更好地促进黄山机场的平安和谐，不断提升旅客群众对机场公安工作的信任感和满意度。

【作者：安徽省黄山市黄山机场公安分局局长】

把握主线　提升能力　服务大局

——以中共十八大精神为统领服务四川科学发展加快发展

刘家强

中共十八大报告关于坚持走中国特色社会主义政治发展道路和推进政治体制改革，特别是围绕“健全社会主义协商民主制度”、“巩固和发展最广泛的爱国统一战线”提出的政策措施，为参政党在国家政治生活中进一步发挥积极作用，提供了广阔空间。要全面理解、深刻领会中共十八大精神，必须要准确把握住“坚持和发展中国特色社会主义”这条主线，必须要全面加强参政能力建设，必须要积极服务四川“科学发展、加快发展”的整体大局。

一、坚持党的领导不动摇，就要准确把握“坚持和发展中国特色社会主义”这条主线

坚持和发展中国特色社会主义是贯穿于中共十八大报告的主线，要将这条主线作为学习贯彻中共十八大精神的聚焦点、着力点、落脚点，只有这样我们才能把中共十八大精神学的更加深入、领会的更加透彻、贯彻的更加全面。

中国特色社会主义是党和人民长期实践探索出的适合中国国情的政治道路，形成了道路、理论体系、制度“三位一体”的重大成果，来之不易。要深刻领会建设中国特色社会主义的总依据是社会主义初级阶段的基本国情，总布局是经济建设、政治建设、文化建设、社会建设及生态文明建设“五位一体”，总任务是实现社会主义现代化和中华民族伟大复兴。要深刻领会夺取中国特色社会主义新胜利的基本要求，根本就在于中国共产党始终是中国特色社会主义事业的坚强领导核心。中国共产党成立以来就把对民族复兴、国家独立、人民幸福作为奋斗的目标，在历史的每一个重要关头，都能高瞻远瞩、把握全局，带领人民从胜利走向胜利。实践证明，中国特色社会主义凸显出中国共产党卓越的领导优势、制度优势和执行力优势。中共与各民主党派共同探索形成的中国共产党领导的多党合作和政治协商制度，更是中国特色社会主义的重要组成部分。因此，只有牢牢地把握住了坚持和发展中国特色社会主义这条主线，只有明确了政治方向、站稳了政治立场，我们才能为国家经济社会的发展建睿智之言、献务实之策，才能始终与中国共产党在思想上同心同德、目标上同心同向、行动上同心同行，才能坚持理想信念不动摇，才能坚定不移地沿着中国特色社会主义道路奋勇前进。

二、全面推进中国梦的实现，就要全面加强参政能力建设

习近平总书记强调：实现中国梦必须走中国道路，实现中国梦必须弘扬中国精神，实现中国梦必须凝聚中国力量。参政议政、民主监督是民主党派及其成员参与国家政治生活的重要途径，也是民主党派的职责所在，更是民主党派发挥自身优势、体现自我价值、为实现中国梦发挥才能的最有效手段。中共十八大报告为民主党派履职尽责提供了更为广阔的平台与空间，要履行好参政议政职能，民主党派必须全面加强参政能力建设。

要借鉴中共十八大报告中执政党建设的先进经验，引导民革自身参政能力建设的加强。中共十八大报告对党的建设进行了全面部署，要求要以改革创新的精神全面提高执政党建设的科学化水平。报告提出的一系列新观点、新举措，表明中国共产党对执政党建设规律的认识提高到了一个新的高度，对执政党建设规律的把握更自觉、更全面、更深刻。作为中国共产党领导的多党合作和政治协商制度中的一员，我们必须以执政党加强执政能力建设为榜样，以中共中央关于坚持和完善中国共产党领导的多党合作和政治协商制度等一系列文件精神为指导，努力把民革建设成为一支有较强参政能力，在中国共产党领导下，能在全面推进中国梦的实现及中国特色社会主义事业中有所作为的政治力量。

要以中共十八大报告为导向，明确民革参政能力建设努力的方向。中共十八大报告指出，当前我国经济发展中不平衡、不协调、不可持续问题依然突出，还存在着许多问题。这些不仅是对执政党的考验，也是对包括民革在内的参政党的考验。为此，参政党的参政能力建设必须时刻以中共党委、政府的中心工作为导向，必须想中共党委政府之所想，急中共党委政府之所急，积极努力地为这些问题的解决，排忧解难，谋计献策。

要以中共十八大精神为指导，突出民革参政能力建设的重点。“三农”问题、社会法制、促进祖国和平统一历来都是民革参政议政的重点领域。在中共十八大报告中，对于这三个领域的相关工作，都予以了精辟的专门阐述。对于“三农”问题，报告指出，解决农业农村农民问题是全党工作重中之重，城乡发展一体化是解决“三农”问题的根本途径。对于社会法制建设，报告提到，提高社会管理科学化水平，必须加强社会管理法律、体制机制、能力、人才队伍和信息化建设。对于促进祖国和平统一，报告则强调，促进祖国和平统一要始终坚持一个中国的原则，持续推进两岸交流合作。既体现了执政党的智慧与思考，也必将对相关领域工作产生重要影响、发挥重大作用。我们必须要以十八大的最新精神为指导，全面加强民革在这些领域的参政议政工作，从而全面提高民革的参政能力与水平。

三、实现与全国同步建成小康社会，就要积极服务于四川“科学发展、加快发展”这个大局

当前，四川正在加紧打造西部经济发展高地，正在全力构建“多点多极”支撑经济格局，正在努力向“两化互动、统筹城乡”不断迈进。中共省委书记王东明同志指出，学习贯彻落实中共十八大精神，就是要牢牢把握科学发展主题和加快转变经济发展方式主线，立足四川经济发展的特点、优势、潜力，不断开创四川科学发展的新局面。结合这一精神，民革四川省委会各级组织将凝心聚力，自觉围绕中共省委的重大决策部署，紧紧围绕主题主线，把握科学发展、加快发展的工作基调，积极参政议政，努力做到参政议政成果对路、有用、可用，为四川“科学发展、加快发展”服务。

发挥联系广泛的渠道优势，服务四川经济发展，为四川与全国同步建成小康社会而不懈努力。中共省委经济工作会议指出，要提升首位城市，着力次级突破，夯实底部基础。因此，我们要指导四川民革各级组织做好基层调研工作，立足对宜宾高县的定点帮扶，研究发展县域经济的实现路径；要在帮助民族地区、革命老区和贫困地区走出跨越式发展的路子，推进高原藏区、秦巴山区、乌蒙山区、大小凉山彝区“四大片区”连片扶贫开发等方面有所作为。举全党之力加强参政能力建设，发挥民革各级组织的作用。

发挥建言献策、民主监督的政治优势，服务四川全面发展。紧密联系四川经济社会发展的大局和中共省委省政府的中心工作，把握“科学发展、加快发展”的工作基调，以参政为民生，参政谋发展为主要工作思路，精心谋划，精心选题，精心调研，为全省科学发展建睿智之言，献务实之策。引导各级组织积极履行民主监督职责，通过专项视察、“特约员”等多种方式，开展民主监督，促进四川“科学发展、加快发展”的政策落实、规划实施。

发挥协调关系的功能优势，服务四川发展稳定。要认真落实改进工作作风、密切联系群众的各项规定，增强民革组织的凝聚力和影响力；要发挥渠道通畅、上情下达的优势，当好“桥梁”和“纽带”，及时反映群众对“科学发展、加快发展”的所思所求，为党委政府掌握最及时、最准确、最广泛的社情民意提供帮助；要积极协助中共党委政府做好协调关系、化解矛盾、理顺情绪的工作，鼓励各级民革组织和党员支持民族地区的经济社会发展，维护四川发展稳定的大局。

中共十八大是在全面建成小康社会关键时期和深化改革开放、加快经济发展方式转变时期召开的一次十分重要的会议。学习贯彻中共十八大精神，要与学习贯彻中共十八大以来习近平总书记一系列重要讲话精神相结合，要与学习贯彻不久前结束的全国两会精神相结合，要与深化中共省委省政府的已有重大工作部署相结合，把会议精神不折不扣地落实到民革省委会为四川经济科学发展、加快发展的参政议政各项工作之中。

【作者：民革中央副主席　四川省人大常委会副主任
民革四川省委会主委】

十八大精神指引下开拓科学发展新局面

钱宏林

2013年是全面贯彻落实党的十八大精神的开局之年，也是建设海洋强国的关键之年。国家海洋局南海分局不断把学习贯彻党的十八大精神引向深入，把学习贯彻十八大精神与贯彻落实中央领导对海洋工作的重要批示精神相结合，与贯彻落实全国海洋工作会议精神特别是刘赐贵局长在会上提出的建设海洋强国遵循的“五个基本要求”和“五项主要任务”相结合，与南海区海洋事业发展的实际工作相结合，转化为推进南海分局科学发展的新思路和攻坚克难的新举措，认真落实全国海洋工作会提出的10项工作重点，谋划好南海分局今年的工作，高标准、高起点完成好各项工作任务，努力开拓南海分局科学发展新局面。

第一，进一步提升党建科学化水平。分局各级党组织把干部职工的思想行动统一到党的十八大精神上来，在思想上行动上与党中央保持高度一致。按照党的十八大关于党建主线的要求，学好用好新《党章》，大力推进学习型、服务型、创新型党组织建设。深化干部人事工作和人才强局战略，重点引进与培养海洋科技创新人才、海监执法人才和台站观测预报人才。

全面推进党风建设，创新基层党建工作，实现创先争优常态化、长效化。严格执行各项廉政制度，落实党风廉政建设责任制，不断完善惩治和预防腐败体系建设。推进海洋文化建设，加强海洋宣传工作，打造南海特色的海洋文化精品，凝练南海精神，着力增强民众海洋意识。

第二，以高度的政治责任感和历史使命感做好海洋维权工作。按照党的十八大关于坚决维护国家海洋权益的要求，分局要以高度的政治责任感和历史使命感，坚决贯彻落实上级领导关于海洋维权的指示精神，落实好国家的政策。加强思想政治工作，保持海监执法队员奋发有为的精神风貌，深化南海问题研究，不断加强维权执法能力建设，统筹协调南海区海监队伍，更加有效有力地开展南海我国管辖海域的巡航执法，全面提升对我国管辖海域的实际管控能力，坚决维护国家海洋权益。

第三，以深入开展海洋综合管理为抓手，推进南海区海洋开发利用和生态文明建设。按照十八大关于推进生态文明建设的部署，坚持“五个用海”的总体要求，全面落实南海区海洋功能区划和分局“十二五”规划，积极参与海洋战略研究与规划立法，发挥南海区海洋工作指导委员会的作用，推进海域海岛有序科学开发，实现海域资源合理配置，促进海区海洋产业结构调整和发展方式的转变，促进海洋经济发展。不断加强海洋生态文明建设，推进海洋生态文明示范区建设，预防和控制海洋污染，保护和节约利用岸线资源，开展海洋应对气候变化和风险评估，深化海洋行政执法，努力促进美丽南海建设。

第四，坚持科技强局战略，发挥科技支撑和引领作用。按照十八大关于提高科学研究水平和成果转化能力、抢占科技发展战略制高点的要求，深化科技体系建设，强化基础研究、前沿技术研究、社会公益技术研究，完善科技创新机制，提高科研水平和成果转化能力。实施国家科技重大专项，提升对深远海、极地的调查和研究能力。深入开展海洋科研项目和各类科技基金项目的立项、研究，争取在数量和质量上实现突破性进展。推进维权重点实验室和各类海洋学科建设。加强国内外科技合作交流，深化项目合作。建立健全海区海洋标准化工作体系和技术平台。

第五，做好海洋预报减灾，提升公益服务水平。按照十八大关于加强防灾减灾体系建设、提高灾害防御能力的要求，扎实推进海啸预警系统和7个宽频地震台建设，加快广东、海南沿海海洋台建设，积极开展三沙海洋环境预报工作，做好海洋预报和海洋灾害应急预警，加强对南海海上通道、港口、近岸风暴潮及海湾的生态环境和珠江口咸潮数值的预报服务。不断完善海上搜救、海洋灾害等辅助决策系统，为降低和减少海洋灾害造成的损失做出新贡献。

第六，全力抓好基础建设，不断提升可持续发展综合能力。继续大力推进基础设施和装备能力建设。加快各海监支队以及珠海、深圳等单位的基础设施建设，新建6个验潮站，对惠州、涠洲、东方站等海洋台站进行改造升级。科学规划和落实广州龙穴岛南海区业务化运行综合保障基地和珠海横琴岛海洋环境监测基地建设。加强海洋信息化建设，提高信息化办公水平。

第七，提高物质文化生活水平，建设幸福分局。分局广大干部职工对美好生活的向往，就是分局党委的奋斗目标。按照十八大关于以保障和改善民生为重点，提高人民物质文化生活水平的要求，逐步提高干部职工的福利待遇，深化医疗改革；大力推进基础设施建设，美化工作和生活环境；打造更多喜闻乐见的海洋文化品牌；进一步健全帮扶机制，深入开展扶贫济困送温暖活动；深入做好退休人员服务管理工作，更好地开展安全保卫、后勤服务。

【作者：国家海洋局南海分局党委书记】

加强基层服务型党组织建设
引领和推动林区经济社会跨越发展

戚延春

党的十八大报告明确指出：“以服务群众、做群众工作为主要任务，加强基层服务型党组织建设。”作为基层党委要以加强基层服务型党组织建设为契机，开展丰富多彩的党建活动，通过组织和开展服务群众、服务基层活动，推进森工林区党的建设与经济社会跨越发展。

一、构筑加强基层服务型党组织建设平台，促进林区经济转型发展

1. 支柱产业多元化发展。围绕构建发展营林、木材生产、林产工业、种植养殖、森林食品、北药、森林生态旅游、清洁能源“八大”产业，从以木材生产为主转为以生态建设为主，从营造林为主转为以森林保护、抚育经营为主，形成森林培育、木材生产、多种经营、林产工业四大支柱产业竞相发展。推行了森林资源管护经营责任制，管护面积达 25 万多公顷，承包户 2750 户；坚持采伐限额制度，木材采伐量由最高年份的 40 多万立方米调减到目前的 5 万多立方米；加大抚育涵养生态，2012 年更新造林 4600 亩、“天保”二期中幼林抚育 25 万亩和森林病虫害防治 3 万亩。历年更新造林平均成活率达 98%以上。森林蓄积由天保工程前的 1661.1 万立方米增长到 2100 万立方米以上，资源消长比率达到历史最高水平。截至目前，多种经营产值预计完成 51983 万元，收入预计完成 37392 万元。其中

种植养殖业预计产值1.3亿元，森林食品业预计产值2.5亿元，北药业预计产值660万元。林产工业固定资产净值1.3亿元，完成产值7516万元，实现利润400多万元。

2．富民产业规模化运营。重点抓好山上林场（所）“一场一策”建设。在全局推广了宝山林场黑木耳种植经验，在产量封顶的基础上，成功研发小眼多孔技术，提高品质，搞好产品深加工，增加收益。宝山林场栽培木耳2600万袋，每袋纯利润1.2元，有700户3000多人从事木耳栽培。在青云旅游名镇投资512万元建设了全局最大的食用菌生产基地，占地面积500多亩，配套建设了食用菌看护房116栋2800平方米，使小镇搬迁居民有稳定的收入来源。重点抓好农业开发项目，在石头河子浆果栽培的基础上，在青云旅游名镇和鱼池经营所两处新建总规模2000亩小浆果生产基地，建设一处年生产能力为500吨的加工厂和两处冷冻厂，保证深加工及储存。结合区域经济优势，还开发建设虎峰林场簸箕崴子原生态旅游区；青龙经营所发展狐狸、貉子特色养殖业；双河林场与周边农场建立企农共建关系，发展特色种植业；鱼池经营所引进树莓种植项目，等等。全局年收入超千万元林场（所）达到100%，超万元的户数占林场（所）总户数的91%。

3．经营产业民营化推进。注重抓好非公有制经济，完善落实优惠政策，营造良好环境，大力培育各类市场主体，实现所有制形式从国有经济为主向多元经济为主转变。全局现有12家林产工业企业，固定资产净值1.3亿元，就业职工1080人，完成产值7516万元，实现利润400多万元。现有木材加工企业数十家，年提供就业岗位5000个，年创产值3亿多元。加大招商引资力度，引进国内外知名企业，开展产业合作，实现互利共赢，累计引进外资达到15.7亿元。在青云名镇重点发展旅游业，规划和建设了亚布力温泉谷、万亩玫瑰综合产业项目、关东会馆等，建成森林生态旅游综合产业园区。民营经济已成为产业立局的有力支撑，扩大就业的广阔渠道，有力推动了林区经济社会长足发展。

二、拓宽加强基层服务型党组织建设领域，助推旅游名镇高端建设

1．打造欧洲风情的旅游名镇。滑雪旅游是黑龙江省委“八大经济区”、“十大工程”的优势工程。依托滑雪和森林生态旅游两大资源优势以及亚布力品牌影响力，沿着国际化、市场化、产业化的发展思路，我们坚持景镇合一、景镇融合的共振模式，举全森工之力，建设既具北国风光，又具欧洲风情，集滑雪温泉、避暑养生、休闲度假、低碳宜居于一体，生态优良、经济发展、文化多元、四季皆宜、功能完备的国际旅游名镇。编制了总体规划和控制性详细规划，总规划面积175平方公里，详规划面积11平方公里。规划建设了滑雪运动、生态观光、综合服务三大分区，完善运动、会议、养生、休闲度假四大功能，建设公共服务设施、旅游接待设施、基础配套设施项目，总投资20多亿元，与滑雪旅游产业相关联的地产、餐饮、住宿、商服、交通、运输等业态得到了快速发展，推动了旅游业与文化影视、商务会议等现代服务业的融合发展，大大提升了人文内涵，形成新的产品形态和产业形态，打造知名滑雪旅游胜地、重点旅游名镇的示范镇。

2．打造安居乐业的和谐林城。投资3.2亿元，加大棚户区改造力度，累计建筑面积26.4万平方米，共计4600户居民居住条件得到改善，局址完全消灭危房和棚户区。筹资2亿多元，开发建设了商品房、经济适用房，累计建筑面积25万平方米，配备有完善的基础设施配套、文化体育、休闲娱乐设施，享有教育、医疗、卫生公共资源。采取各种渠道，累计安置分流富余人员4934人。健全全体居民社会保障体系，有2025人享受最低生活保障；为遗属发放救济金113万元；投入500多万元改善教学条件。整合一站式办公资源，建设规模1500平方米的一站式综合服务大厅，实现服务管理社会职能全覆盖。加强社会治安综合治理，推进平安林区建设，公众公共安全满意度达到98%。

3．打造宜居宜业的活力家园。突出小城镇人流集聚、产业发展及公益事业功能，在产业开发拓宽就业上，依托滑雪旅游，加快发展住宿、餐饮、购物、娱乐等配套产业，鼓励扶持职工群众自主创业，发展家庭宾馆，共享名镇建设成果。每年在民生、公益、文教卫生、文化体育等方面的投入均超过500万元，常年开展排球、篮球、乒乓球、滑冰赛等一系列文化体育、运动健身活动。优美的小城镇吸引了大批外来人员定居发展，林区产业总产值也有了大幅度的提升。近几年，累计安置山上林场（所）生态移民560户，吸纳外来定居者超千户。旅游名镇建设在促进城镇升级、经济增长、追求民富、解决就业、拉动关联产业发展等方面发挥了重要作用。林区社会总产值由2009年的6.2亿元上升到2012年突破10亿元。

三、完善加强基层服务型党组织建设机制，构建常态发展工作格局

1．建立科学发展服务保障机制。党的十八大提出必须坚持道路、坚持理论、坚持制度，强调了科学发展观是党的指导思想和新的理论体系。根据十八大提出的五大建设任务和总局党委提出的建设现代大森工、新森工的目标要求，正确处理好生态建设与产业、保护与发展、富民与强企的关系，贯彻落实《黑龙江省国有重点林区条例》，积极推进重要领域和关键环节改革，切实把加快转变经济发展方式、产业项目建设做为服务科学发展的重要内容，突出生态保护、经济建设、产业发展、社会进步、文化繁荣、民生改善等重点工作，把加强基层服务型党组织建设做为贯彻落实十八大精神的有效举措，贯穿于企业核心工作全过程，以基层党建活动促进各项工作，以各项工作开展带动基层党建活动，不断完善体制机制，细化、量化措施落实，加快由思想共识、发展谋划转化为行动落实，积极培育创业、创新、创优主体，以过人的胆识、开放的胸襟、全新的举措，确保各项工作科学、高效推进，不断取得基层党建活动新成效。

2．建立社会评价体系和机制。基层党建活动的本身就需要在实践中不断发展完善，进一步规范活动运行流程，建立健全以决策、执行、督导、行政问责、廉政问责、干部考核、流程管理链条式机制运行体系，强化执行力建设，使各级党组织和党员干部必须到情况最复杂、矛盾最集中的地方去体现战斗力和先进性，激励和鞭策广大党员干部以高度的责任感做好各

项工作，把整个基层党建活动办成群众满意工程、党建活动品牌，让党员干部在加强基层服务型党组织建设活动中展示出争先的品格和为人的风范，让群众得到更大的实惠，真正使基层党建活动成为引领“高速起航，勇立潮头”的风向标，成为经济建设、政治建设、文化建设、社会建设、生态文明建设的助推器，成为检验各级干部执政能力和工作作风的试金石。

3．整合利用区域党建资源。推动基层党建活动的深入开展，需要加强机关党建、单位党建、行业党建和区域党建的互联互补互动，形成整体优势和氛围，不断提高党建科学化管理水平，在解放思想上迈出新步伐，在深化改革上实现新突破，在推动科学发展上取得新进展，形成谋发展之策、干发展之事、成发展之业的良好态势，打造科学发展、良性发展、跨越发展，具有社会主义特色的新林区。

【作者：中共亚布力林业局党委书记】

在弘扬“二所精神”动员会上的讲话

钱金玉

同志们：

在深入学习贯彻党的十八大精神的热潮之中，今天我们在这里召开弘扬“二所精神”动员会。加强创新文化建设、凝炼“二所精神”，是所党委、所领导班子贯彻落实十八大精神、加强海洋文化建设、建设美丽二所、落实所工作会议六项重点工作思路的重要举措，是实践中国特色社会主义核心价值体系的迫切需求，也是全所职工、包括离退休职工的共同愿望。

近几年来，我所在创新文化建设中，认真开展了凝炼“二所精神”的活动，并得到全所职工、包括离退休职工的广泛关注和积极参与。我们主要做了以下工作：一是开展了征求二所精神表述语的活动。各党支部积极呼应，都进行了深入动员，号召全体职工积极参与，在职9个党支部，离退休党总支以及离退休4个党支部，共提出了50多条表述语，许多支部对表述语是集体研究、反复推敲，有的支部组织群众网上QQ群讨论，有的写出了详尽的解释，有的支部还提炼出了本单位的精神表述语，培育本单位的团队精神。二是召开了多次不同层次不同类型的研讨会，对“二所精神”的实质、作用和表述形式反复研讨，通过思想的碰撞，取得统一的认识。三是广泛征求意见。从众多的表述语中，概括出4个方案，采取填写征求意见表和短信投票方式，征求全所职工包括离退休职工的意见，共418人次参加了投票，表达了自己的看法。四是所党委研究确定。集中了多数同志的意见后，党委会和所领导班子反复酝酿修改，最终将“二所精神”表述语确定为“求真务实、敏行致远”。

今天我们召开动员会，就是正式向全所推出“二所精神”，弘扬“二所精神”。我们要扎扎实实地搞好“二所精神”的宣传和实践活动，使“二所精神”家喻户晓，人人践行，成为反映二所人精神风貌、代表二所人形象、促进海洋科技事业健康发展的强大精神力量。

同志们，海洋事业的发展目前处于一个特别关键的机遇期。党的十八大提出建设海洋强国的宏伟蓝图，明确要“提高海洋资源开发能力，发展海洋经济，保护海洋生态环境，坚决维护国家海洋权益，建设海洋强国”。在国务院机构改革中，作出了重组国家海洋局的重大决策。此次国务院机构改革和职能转变，是党中央、国务院站在党和国家事业发展全局的高度作出的重大决策，体现了党中央、国务院继续简政放权、推进机构改革、完善制度机制、提高行政效能的决心，是实现中国特色社会主义行政体制改革目标的重要步骤。重组国家海洋局是此次国务院机构改革和职能转变的热点之一，意义重大，反响热烈，引起国内外广泛关注。党中央、国务院在我国进入全面建成小康社会的决定性阶段，高瞻远瞩，审时度势，经过多方调研、反复论证作出的这一重大决策，是我国海洋事业发展史上具有里程碑意义的一件大事，充分体现了海洋工作在党和国家全局中的战略地位上升到了一个前所未有的高度，标志着我国的海洋管理体制和工作机制发生了历史性的转折。目前，国家海洋局正在认真贯彻实施重组国家海洋局的部署。

大家已经认识到，建设海洋强国是实现中华民族伟大复兴的必然抉择。建设海洋强国是促进我国经济社会可持续发展的必由之路。建设海洋强国是海洋人的海洋梦，海洋梦是中国梦的一个组成部分。在建设海洋强国的征程中，海洋科学研究、海洋经济发展、海洋环境保护、海洋资源开发、海洋权益保护、海洋外交合作等，都给我们提出了新的任务和新的要求。新的形势，既是机遇，也是挑战。如何抓住机遇，应对挑战，为建设海洋强国贡献力量，是对我们每一个海洋人的严峻考验。

随着改革开放的深入和海洋事业的发展，近几年来我所的科技综合实力迅速提升，经费、项目、论文，都取得了骄人的业绩，基本建设、科技管理、人才队伍建设、党建思想政治工作也都有较好的成绩。但在成绩面前，我们尚需看到，我们还存在同质化和重复建设等问题，成果和质量、管理和效率、自身建设等方面还不能适应新形势的要求。随着任务的加重，竞争的激烈，管理的规范，我们的压力将越来越大。可以预想到，未来的几年，我们的任务将会十分繁重，我们的发展道路将会艰难曲折。要圆满完成这些艰巨任务，迫切需要有强大的精神动力和巨大的智力支持。弘扬“二所精神”，目的就是要更好地凝聚全所职工的智慧和力量，提升正能量，激发起全所职工的满腔热情和极大的干劲，更好地推动海洋科技事业的科学发展。

党的十八大还提出了推进社会主义文化强国建设，标志着党对文化建设规律的认识越来越全面，越来越深刻。文化建设的重要内容，就包括加强社会主义核心价值体系建设，全面提高公民道德素质，用中国特色社会主义理论体系武装头脑，加强理想信念教育，弘扬民族精神和时代精神，发扬中华传统美德，培育知荣辱、讲正气、作奉献、促和谐的良好风尚。在年初全国海洋工作会议上，国家海洋局党组也作出了加强海洋文化建设的部署和要求。我们提炼的“二所精神”的内涵和精髓完全符合十八大精神的要求，符合海洋文化建设的要求，弘扬“二所精神”是贯彻落实十八大精神和加强海洋文化建设的具体措施和有效形式。通过弘扬“二所精神”活动，把十八大精神落实到具体的海洋工作之中。

以“求真务实、敏行致远”为主要内容的“二所精神”是一个有机的整体。其中：

“求真”是“二所精神”的核心。“求真”体现了马克思主义认识论，它体现了马克思主义所要求的理论和实践、知和行的具体的历史的统一。所谓“求真”，就是依据解放思想、实事求是、与时俱进的思想路线，去不断地认识事物的本质，把握事物的规律。“求真”是海洋科研工作的本质要求。海洋科研就是“求真”，探求和认知海洋的真谛，寻求海洋的客观规律。在探索海洋、认知海洋、开发海洋、保护海洋的过程中，坚持实事求是，敢为人先，勇于创新，鼓励百家争鸣，追踪科研前沿，用科学的态度和方法探索与海洋相关的自然、人文等各方面客观规律。

“求真”要求我们肩负责任感和任命感。探索认知海洋是开发利用和保护海洋的先决条件。认知海洋，要强化海洋科学研究，要强化海洋专门人才的培养，要强化全民族的海洋意识。我们从事海洋科研事业，肩负着认知海洋的神圣职责，我们要热爱海洋科学，立志海洋事业，为建设海洋强国担当重任。在具体的工作实践中，要对自己研究的项目、负责的课题，分管的工作，承担的任务，尽心尽职，恪尽职守，不等待、不推诿、不拖延，敢作敢为，勇于担当，遇到困难不回避，有了责任敢担当。

“求真”要求我们善于学习。求真，探索规律，需要一种能力，能力的取得，必须通过学习。古人云：读万卷书，行万里路。作为个人，学习是一种充电，虽然大家都具有较高的学历，但当今时代，知识更新不断加速，信息增长呈几何态势，不学习，你就不可能提高自己的能力，不学习，你就不可能高质量高水平地完成工作任务。作为组织，也要通过学习提高各种知识的互补，形成良好的知识结构，提升团队能力。这几年，要求加强学习型组织建设，也是这个目的。因此，我们跟上时代脚步，树立终身学习的理念，要始终保持旺盛的学习热情，不断改善知识结构，提高知识层次。向书本学、向实践学、向群众学。要学习党的路线方针政策，学习中国特色社会主义理论体系，包括邓小平理论、三个代表、科学发展观，提高用理论指导工作实践的能力。还要学习与本岗位工作相关的业务知识、管理知识。要善于在实际工作中思考、探索、实践，坚持学习、勤于学习、善于学习，不断增长才干，不断更新、完善自己，提升能力，适应岗位需要，始终站在时代前沿，站在海洋科技的发展前沿。

“求真”，要求我们勤于思考。任何科学发现，技术发明都是在前人的基础上，通过钻研、思索、反复实践、甚至多次失败，而最后取得成功。人类的三次工业革命，到目前的网络信息技术，均是不断研究思考发现获得的，不可能是从天上掉下来的。人区别于动物最重要的是要有新思想、新观点。没有新思想和新观点，就没有创新，没有创新就没有发展。所以，要养成思考、研究的习惯和风气。研究中心和重点实验室要建立学术交流制度，要加强横向交流，要加强网络信息资料的建设。要重视基础理论的研究，要加强学术研究氛围。要多出成果、多出人才，在认知海洋、利用海洋、开发海洋、保护海洋上作出我们应有的贡献。

“求真”要求我们坚守职业道德。我们在科研工作乃至一切工作中都要秉承“求真”“求是”的精神，坚守学术道德，弘扬科研精神。科技道德就是科技人员的职业道德，最基本的道德原则就是恪守和捍卫科学技术的客观真理性，科技道德要求科技人员为科学负责，规范其活动指向求真，保证其成果具有可靠性、精确性和有效性。坚守诚实守信，坚守我们的精神家园。求真就要有一说一，黑白对错、经纬分明，科研工作不能有半点虚假，尤其是海洋调查的数据必须绝对真实，论文不允许弄虚作假，管理工作必须科学高效。

“求真”要求我们百折不挠。求真是一种探索，探索就注定是一项艰苦的工作。长期以来，我所的海洋科研工作者，在茫茫大海中，在艰苦的条件下，勇于拼搏，艰苦奋斗，在大洋调查、极地研究、海洋环境保护、海洋灾害预防、海岛调查、港口码头建设、海洋经济发展中，都作了较大的贡献，有的甚至付出了生命的代价。实践告诉我们，海洋科研不是一帆风顺的，是有很大风险的。求真必须要有一种勇往直前的气概，要有一种战胜一切困难的勇气。我们的前人做到了，我们这些后来者也应该能够做到。

“求真”要求我们勇于创新。创新是永葆生机的动力和源泉。古人云：“苟日新，日日新，又日新”，是说天天更新，每天不间断地更新，不断更新、不断变化。更新观念、更新认识、更新思路、更新做法，始终保持创新活力，不断推陈出新，做到“人无我有，人有我优，人优我新”。不断战胜自我，不断战胜别人。要提高创新发展能力，敢于先行先试、勇于突破创新，使科研和管理工作更好地体现时代性、把握规律性。

“务实”是“二所精神”的特征。习近平总书记最近指出：空谈误国，实干兴邦。务实就是脚踏实地，扎扎实实，一步一个脚印，把计划和宏图落到实处。务实就是要实实在在，心中有目标，努力有方向，咬定青山不放松。务实，体现了二所人的优良传统，多年来，二所人苦干实干，多干少说，只干不说，默默地为海洋科技事业的开拓和发展作出了重大成绩，已经形成了一个优良传统，这是二所人的历史积淀，一笔宝贵财富，也是进一步发展的基础。今天，在新的历史时期，我们要发挥和弘扬这种务实精神。

“务实”要求我们提高执行力。执行力是正确领会和自觉执行的能力。承担一项科研项目，获得一个课题，明确了重点任务，就接受了一份责任，重任在肩，必须按时按要求精心组织，保证质量，确保任务完成。年初布置的任务、工作重点，都要一步一步地落实。制定了规章制度，必须严格执行，维护制度的严肃性。现在，我们存在布置多、要求多、计划多，但往往不能很好地落到实处，形成实际效果。有许多规章制度很好，但往往流于形式。2013年存在的缺点问题，明年依旧。我们必须改变这种现状，令行禁止，提高执行力，把工作落到实处。就拿今年来说，现已接近半年，大家检查一下，年初布置的工作任务执行得怎么样，存在什么问题，下一步怎么推进？

“务实”要求我们脚踏实地。这是强调作风不能浮躁，不能忽悠，必须扎扎实实，认认真真，实实在在。要通过长期的努力，树立二所人扎实严谨的形象。单位有单位的形象，个人有个人的形象。科研是一个严谨的事业，必须脚踏实地，一步一个脚印。我们要重视宣传，但宣传不是吹牛，不光是说得好听，最终还要看成果、看业绩，以事实说话。所以，我们一定要务实，锐意进取，攻坚克难，敢打硬仗、能打胜仗，切实把海洋科技事业推向前进。在社会上，有些人嘴上道理常常是一套又一套，说得天花乱坠，吹得神乎其神，结果都是美丽的谎言。有的大搞形式主义，政绩工程，最后什么效果都不能取得，浪费人力、物力，损害形象，降低威信。在现实中，有的人学习如蜻蜓点水，走马观花，浮光掠影，静不下心来，学习无实际效果。有的对工作敷衍了事，马马虎虎，应付差事，撞钟点卯混日子。也有的急功近利，干工作与名利挂钩，投机取巧，阿谀奉承，做表面文章，等等不一而足。务实就要求我们破除这些形式主义和浮躁情绪，安下心来做学问，扎扎实实干工作，认认真真做事，实实在在做人。以实际能力，以工作成绩，以高尚的人格魅力，树立自己的形象，获取大家的尊重，得到群众的认可。

“务实”要求我们勤奋工作。勤奋努力是一种姿态，是一种不断向上的、积极的、向善的、有所追求的人生状态、工作状态。人生苦短，人活着总要对社会的前进和发展有所贡献，一代人有一代人的使命，一代人有一代人的业绩。选择了一个事业，从事一项工作，要么不干，要么就干好，你总不能浑浑噩噩地混日子。孟子说：“富贵不能淫，贫贱不能移，威武不能屈，此之谓大丈夫”。做人是要有一种精神的，只争朝夕，朝气蓬勃。诗人说过，生当夏花之灿烂，死如秋叶之静美，做人就要有这种境界。

“务实”要求我们有奉献和牺牲精神。为了理想，为了祖国，为了人民，为了事业，为了工作，有时候会作出奉献和牺牲。儒家传统是重义轻利，义就是道，为了追求道，儒家士大夫不惜放弃生命。用我们现在的话来说，为了理想信念，为了事业，牺牲利益、牺牲生命也在所不惜。这是共产党的优良传统，为了人民的解放事业、为了建设繁荣富强的国家，为了圆我们的中国梦，无数人放弃了个人利益，甚至牺牲了生命，这种例子俯拾皆是，最美司机吴斌、最美妈妈吴菊萍、最美老师张丽莉等等，他们的共同特点是，为了他人的安危，舍身相救，使自己受伤甚至牺牲。这是我们社会所倡导的一种品德、风格。这种精神和风格在我们二所也很多，许多同志长期出海，在大洋极地艰苦环境中工作，有的经常利用双休日和晚上加班加点，办公室的灯光亮得很晚。有的任劳任怨，想方设法，创造性地完成好本职工作。有的主动为地震灾区人民捐款献血。这也是一种牺牲，牺牲的是个人的休息时间和精力，这种奉献和牺牲精神必须大力弘扬。但也有个别人，做了一点工作，取得了一些成绩，自以为了不起，计较待遇和荣誉。有些东西是不能伸手要的，比如官位，比如待遇，比如荣誉。我始终认为，人不能总生活在物质之中，还是要有一定的精神境界的。

“敏行”是“二所精神”的精髓。“敏行”在《论语》中多次出现，如：“君子讷于言而敏于行”、“敏于事而慎于言”。“敏”有“迅速、敏锐、奋勉”之意，“行”有“行走、行动”之意。所谓“敏行”即“勇于实践、善抓机遇、雷厉风行”的意思。敏行是二所人的行为准则。

“敏行”要求我们善抓机遇。要有敏锐的洞察力，善于发掘和发现新的机遇和工作切入点，善于审时度势，借势借力。在一个充满竞争的社会中，机遇稍纵即逝，把握机遇非常重要。机遇从哪里来，从分析形势，学习中央重要决策中来，领会精神，分析动态，作出准确判断；从广泛的信息和联系沟通中来，天上不会掉馅饼，多掌握信息才知道社会的需求。机遇来了，必须及时抓住，作出应对方案，始终处于主动地位。

“敏行”要求我们迅速果敢，雷厉风行。抓住机遇，迅速出击，不推诿、不拖拉，步调一致、令行禁止，提高执行力。做工作必须雷厉风行，说干就干，不要拖、不要等，事情早晚要做，早做比晚做好。迅速果敢，要求我们捕捉信息及时研究决策，不是坐失良机，也不能黑熊掰棒子，掰一个丢一个。敏行的本意就是纳言敏行，多做少说，事实胜于雄辩，让事实说话。

“敏行”要求我们坚持不懈。遇到困难和逆境，不萎靡、不退缩，敢于实践，敢于失败，不怕挫折，坚持到底。有时最困难的时候便是离成功不远的时候，坚持就是胜利，如果退却，就算成功已到彼岸，它也会与你无缘。

“敏行”要求我们有团队精神。任何事业取得成功，需要有攻坚克难的精神，更需要团结协作的团队合力。一个单位，如果组织涣散，人心浮动，人人自行其是，甚至搞“窝里斗”，何来生机与活力？又何谈干事创业？在一个缺乏凝聚力的环境里，个人再有雄心壮志，再有聪明才智，也不可能得到充分发挥！只有懂得团结协作的人，才能明白团结协作对自己、对别人、对整个单位的意义，才会把团结协作当成自己的一份责任。海洋事业的艰难险阻往往数倍于其它事业，更需要一种团队精神，通过团队的配合协作，才能完成艰巨的任务。大家经历过极地、大洋、海岛工作的艰辛，一定会有深刻的体会。一是要建立和谐关系，创设良好的人际氛围。要准确领会上级或者组织者的工作思路和工作要求，与同事、领导之间形成和谐依赖的关系，虚心向同事学习，多交流、多协调，相互帮助，共同提高，精诚团结，同舟共济，努力完成领导交办的各项任务。二是组织开展团队活动，增强协作配合精神。有困难团队想办法、出主意，积聚团队的智慧和力量。三是部门之间、同事之间要从大局出发，相互支持，相互帮忙，不得相互推诿，不得拈轻推重。四是要充分信任同事，善待别人，严以律己，宽以待人。在一个团结和谐的团体内工作，不仅工作能高效完成，也有利于个人身心健康，提高幸福指数。

“致远”是“二所精神”的指向。“致远”出于诸葛亮《示儿书》：“夫君子之行，静以修身，俭以养德；非淡泊无以明志，非宁静无以致远。”告诉我们要有一个远大的奋斗目标，宏伟的蓝图，不懈的追求。

“致远”要求我们有一个宏伟的奋斗目标。党的十八大提出建设海洋强国的发展战略。国家也制定了海洋发展规划纲要。我们所前几年也制定过发展规划，本届所领导班子提出了建设海洋科技强所的目标。在新的形势下，我们要根据国家给我们的定位，根据国家海洋发展十二五规划，要在认真总结的基础上，明确建设海洋强所的具体内涵，给出一个鼓舞人心的远景。知道我们究竟能够做什么，近期目标和远期目标是什么，明确发展方向，制定分步实施规划，然后有条不紊地执行。同时，要清楚发展方向的空间，承认差距，承认不足，有所为有所不为。

“致远”要求我们可持续发展。可持续发展是科学发展观的本质要求。海洋科研工作，要符合海洋经济转变发展方式的要求，要符合海洋生态文明的要求，要为海洋经济发展服务。同时，内部也有可持续发展问题，包括项目管理水平、人才培养、队伍建设、实验室建设、基础设施建设、职工生活水平的提高等等，都需要我们精心谋划，科学部署，稳步实施。

“致远”要求我们兼容并包、和谐宽容。诸葛亮说“非宁静无以致远”。对宏伟目标的追求，就必须有一个安全舒适的工作氛围和宁静的心态，让全所职工工作生活在一个以人为本、和善友好、相互关爱的工作环境中，从而增强凝聚力和向心力。

要允许不同意见、不同观点的存在，允许不同性格的人存在，百家争鸣、百花齐放。要多听不同意见，尊重科学，尊重劳动，尊重每一个人，营造一种宽松和谐的工作氛围，使每一位在二所工作的人心情舒畅，积极思维，充分发挥个性，保护每一位同志的积极性。

要加强海洋文化建设，加强精神文明建设，用中国特色社会主义核心价值观来统一思想，用中国梦、海洋强国梦来凝聚人心，用建设美丽二所来激励队伍。党团组织、工会组织要加强海洋科技工作中的思想政治工作，开展丰富多彩的思想教育和文体活动。要关心职工的工作困难、生活困难，真心实意为职工群众谋利益。通过一系列工作，形成一个热爱海洋、以所为荣、心平气顺、心情舒畅、生动活泼的工作氛围和生活环境。

总之，以“求真务实，敏行致远”为主要内容的“二所精神”，是我所近50年来长期发展建设实践的概括和总结，体现了党的十八大精神和社会主义核心价值体系的要求，体现了二所的历史文化，体现了二所职工的精神文化追求。

弘扬“二所精神”，是贯彻落实党的十八大精神的具体举措，也是建设文化强国，加强精神文明建设的一种实践，是一项长期的战略任务，我们不仅要把这项工作融入到海洋科研工作的业务、管理的各方面、全过程，而且要在实践中不断丰富和完善“二所精神”，在科学发展过程中发挥好“二所精神”的特殊作用。当前，我们要充分运用大屏幕、《海洋之星》、宣传橱窗、标志性建筑等各类宣传平台，组织多种形式，广泛宣传“二所精神”，营造浓厚的宣传氛围；党纪工团组织要围绕创新文化，组织开展丰富多彩的主题实践活动，动员群众广泛参与，积极践行“二所精神”。

通过弘扬“二所精神”活动，推动海洋科技的各项工作，打造一种精神，使广大职工牢记职责，坚定信念，爱岗敬业，拼搏奉献，为国家的海洋事业作出应有贡献。

通过弘扬“二所精神”活动，建设二所特有文化，营造团结和谐的工作环境和氛围，培育海纳百川、雍容大度的胸襟和气度。

通过弘扬“二所精神”活动，培养具有遵纪守法、职业道德、社会公德、诚实守信、仁义感恩、互助互爱的二所职工队伍，展示新时代二所人的形象和文明风范。

所党委要求，全所各党支部、所属各单位、各职能部门，全所每一名职工、包括离退休职工，都要认真践行、大力弘扬“二所精神”，以“二所精神”来引领各项工作，凝聚推动全所和谐稳定、科学发展的强大力量，为实现中国梦、海洋强国梦贡献力量。

【作者：国家海洋局第二海洋研究所党委书记】

坚守信念　坚定信心
在铁路科学发展进程中奋发进取
——学习党的十八大精神体会

史维利

党的十八大报告高屋建瓴、立意高远、内涵丰富，有很强的理论性、战略性、指导性，是一篇经典的马克思主义纲领性文献，报告全面系统总结的基本经验，是我们党理论创新的又一重要成果，确立“科学发展观”重要思想的重要指导地位，是党的十八大的历史性贡献，对于党和国家事业发展具有长远的指导意义。通过认真学习和深刻领会党的十八大精神，促进了感性认识与理性思考的有机对接，围绕本段今年工作思路和目标要求，主要有三点体会和思考。

一、优化干部素质能力，是推进科学发展的主导因素

党的十八大报告指出：“坚持和发展中国特色社会主义，关键在于建设一支政治坚定、能力过硬、作风优良、奋发有为的执政骨干队伍”。面对安全风险管理、施工作业组织、哈大客专开通等全新挑战，迫切需要我们以全新理念引领发展方向，以严谨作风提升综合能力，以科学管理展示先进作为，为推进全段改革发展提供坚强有力的思想组织保证。

1．准确把握发展要求，必须提升班子综合能力。以建设学习型、创新型、服务型领导班子为指导，不断修订完善领导班子建设标准，按照“项目制”、“流程化”和“线条式”的专业管理模式，本着“缺啥补啥”的原则，对班子管理职责进行定制定责，合理分工，明确职权。同时，定课题、分阶段、有计划地组织班子成员，围绕安全管理重点工作开展专题调研，深入实地论证，破解实际难题。通过开展领导班子民主测评活动、召开段长联络员会议、征集合理化建议等方式，多方听取群众意见和建议，不断增强领导班子的决策力、执行力和公信力，切实把我段领导班子建成“个人素质高、整体功能强、职工评价优”的坚强集体，促成领导班子在科学发展进程中坚守信念、忠诚履职、展示作为。

2．扎实推进工作落实，必须强化干部能力培养。面对运输组织、技术装备、作业方式等全新变化，要在提升各级干部管理能力上见真功、抓突破、求实效，大力开展基本管理知识教育，定期组织专业干部学习 ZPW-2000A、TDCS、ATP、C2、C3 等新技术、新装备，解决部分干部管理理念滞后、知识老化、管理方式和能力不适应的问题。加大干部交流培养力度，有针对性的对科室和车间干部实行上下交流、异地交流，解决科室干部现场经验不足、车间干部工作经历单一而导致的岗位能力不适应问题，努力培养一批“综合素质高、技术业务精、管理能力强”的复合型干部。

3．大力营造和谐氛围，必须加强干部作风建设。大力开展干部作风巡查活动，每半年开展一次干部民主测评和作用反馈活动，形成靠能力任职，靠业绩评价，不搞平衡照顾，形成能者上、平者让、庸者下的用人机制，对问题比较严重的干部进行责任追究。以开展“五个在现场”干部作风巡查监督活动为有效载体，不断规范各级干部的思想行为，切实把干部的岗位责任与现场安全对接起来，以此改进干部作风、改善干群关系、凝聚队伍合力，确保各级干部把主要精力、主要时间用在抓工作上，促进干部作风得到转变。开展“干部学习杨全江、责任跟着足迹走，职工学习崔振亮、作业跟着标准走”主题实践活动，在干部职工中大力营造“学先进、赶先进、当先进”浓烈氛围。

二、确保安全持续稳定，是推进科学发展的重要前提

无危则安，无损则全。铁路安全人命关天，责任重于泰山。铁路是大众化交通工具，铁路安全事关社会稳定，事关经济社会又好又快发展，要求我们时刻牢固树立安全第一思想，运用风险管理手段，确保铁路运输长治久安。

1．着力确保高铁安全。一是要认真组织高铁人员学习《高速铁路信号维护规则》，结合职责和岗位进行全员培训，做好对规达标工作。按照高铁维规要求，细化各项卡控措施，落实维护工作项目及标准，完善天窗作业制度，优化作业流程和应急预案，规范高铁设备的维护管理；二是组建专业维护队伍，在 CTC、列控、安全数据网、微机联锁等高新设备维护中发挥专长作用，减少对厂家的依赖；三是针对高铁大号码道岔在北方初次运用，成立专业组开展攻关，总结积累维护经验，并指导现场正确维护，同时要采用先进技术创新维护手段，提高设备质量。通过努力，将哈大高铁建成引领全段各项工作的示范线，在既有管理基础上稳中勇进，总结探索成功成型经验做法，让我段品牌工程在系统、在全局立标打样。

2．着力抓好安全管理。一是深化安全风险管理常态化。认真领会“管理是安全最大的风险源”的深刻内涵，组织干部职工定期重温电务系统发生重大事故，提高全员风险意识。结合安全生产中的变点，从规章制度、标准规范、设备质量、作业控制、应急处置等方面，找问题、抓关键，研判风险点，确定控制措施。二是抓好“三整顿”工作常态化。定期举办工班长培训班，提高他们的管理水平和管理意识，对预备工班长进行重点培养、“结对式”帮教，确保工班长队伍有序更替；修订完善干部现场检查项点，促进专业干部问题发现在现场，问题解决在现场，对不称职干部坚决调整；通过过程跟踪，措施完善等手段，随时检查现场作业规定、人身安全制度和标准化作业执行情况，消除作业问题发生。三是抓好调度指挥中心管理常态化。强化日常管理和考核，细化技术方案，整合监测资源，优化系统配置。要按照优胜劣汰的原则，进一步配齐配强工作人员，明确岗位职责和工作流程，完善工作制度和管理办法，真正发挥“中心”在掌握信息、现场盯控、指导维修、应急处置等方面的作用。要严格落实监测数据三级分析制度，段、车间、工区要每日对监测数据进行分析，定期进行综合分析，有效发挥在故障预防、定位、处理等方面的作用，使我段调度指挥中心的建设必须排在系统前列。

3．着力提升设备质量。继续深化修程修制度改革，全面落实好“六修”，即，群体作业集中修、季节工作重点修、器材运用状态修、高新技术专业修、特殊情况超常修、惯性问题攻关修，通过实施“六修”，使设备检修周期更加合理，减少对设备、对人身安全的影响；开展隐患整治。根据设备运用和季节特点，有计划的开展列控系统、道岔转辙设备、ZPW-2000 设备、客专轨道电路分路不良、通信信号防雷、CTC、电源、道口、配属机车和轨道车、通信光电缆、通信网络、闭塞外线等设备隐患整治，确保信号设备运用可靠和通信大通道畅通；集中开展技术攻关，对施工后逐渐暴露出的各类技术难题逐一进行攻关，进一步解决设备特性先天性不足，全面提高设备运用的稳定性。

三、实施人才培养战略，是推进科学发展的中坚力量

目前，高铁人才、专业人才、管理人才，在我段既有队伍当中还比较匮乏。面对这一实际现状，我们要把人才培养作为战略任务来抓，确立“基础立段、人才兴段、科技强段”主攻方向，不断完善技能培训与岗位任用激励机制，通过实施“专业带头人”、“联锁工程师”、“工人技师”评聘活动，不断活化培训手段，全面提高各级人员的综合素质和实际动手能力。

1．在培训内容上求突破。根据现场关键岗位需求和专业特点，对职工实施定单培训。根据生产实际和季节性设备“变点”，组织专业带头人和兼职教师到各站巡回背包教学，把职

工能学会、现场用得着的专业知识和检修技能，纳入段日常培训内容，做到“明天干什么今天学什么、当日干什么早上讲什么”。针对新设备开通前职工存在的业务“盲点”，对现场职工进行超前培训，力求施工到哪里就培训到哪里，使现场职工提前对新设备熟悉掌握。

2. 在培训方式上求突破。采取“大规模引进来，大步幅走出去”方式，充分利用段内和段外两个资源，采取灵活多样的培训方式，抓同级互动培训、抓现场问题培训、抓高端实战培训、抓干部过筛培训，妥善处理工学矛盾问题，切实做到了生产、培训同步进行，提高培训工作的实效性。积极创造学习成才、岗位成才、人尽其才的发展空间，对专业型人才、管理型人才、复合型人才，进行有目的、多层面、阶梯式的培养锻炼，把人才队伍积蓄的知识含量，转化为提高队伍素质、提升设备质量、提供安全保障的主体支撑。

3. 在培养人才上新突破。一是培养高铁人才。从新分大学生、高素质的复转军人、通信技术支持中心、电子车间和试验室以及现场车间，选拔年龄不超过 30 周岁的生产骨干，进行有目的、有针对性的培养，解决高铁人才短缺的问题。二是培养拔尖人才。重点在提速道岔、C2、C3、智能电源屏、微机联锁等 10 个领域，选拔 10 名专业带头人，解决高端技术过分依赖厂家的问题。三是培养复合型人才。培养既懂管理又懂专业复合型人才，解决车间主任和支部书记选拔难的问题；培养既懂信号又明白通信复合型人才，解决专业科室干部专业单一的问题；培养既懂高铁又掌握普速技术复合型人才，解决现场选人难的问题。

【作者：长春电务段段长】

深入学习贯彻党的十八大精神
努力创建“五型”党组织

渠树臻

党的十八大指出，“要创新基层党建工作，充分发挥党组织推动发展、服务群众、凝聚人心、促进和谐的作用”。兴隆庄煤矿党委深入贯彻落实党的十八大精神，努力创建“学习型、服务型、创新型、廉洁型、和谐型”党组织，全面加强党的思想建设、组织建设、作风建设、反腐倡廉建设、制度建设，增强自我净化、自我完善、自我革新、自我提高能力，真正使党的政治优势转化为矿井核心竞争力，为实现矿井安全发展、和谐发展、科学发展提供坚强的思想保证、组织保证和政治保证。

一、学习是基础

只有强化学习，坚持更新知识、提升能力、增强本领，党才能始终走在时代前列。落实党的十八大精神，建设学习型党组织，是提高矿井基层党员素质、增强基层党组织创造力、凝聚力和战斗力的有效手段。

（一）兴勤学之风。“业精于勤而荒于嬉”。面对层出不穷的新任务、新标准、新要求，应强化不断学习、终身学习意识，树牢本领恐慌的警醒，始终保持学而不厌、学而不止的学习热情。党员领导干部要作勤于学习和善于学习的表率，作建设学习型党组织的精心组织者、积极推动者、自觉实践者，用自己的实际行动带动全矿形成浓厚的学习风气，使学习成为一种政治责任、一种精神追求、一种生活方式。进一步完善中心组学习、“三会一课”等学习制度，建立健全班子成员“五个一”学习制度，严格述学、考学、督学、评学等制度，将学习情况作为考核领导班子和选拔任用领导干部的重要依据，形成党员干部学习长效机制。

（二）树博学之志。首先，要学通“必修课”。认真学习马列主义、毛泽东思想、中国特色社会主义理论体系、科学发展观和党的十八大精神，以及党的路线方针政策和上级系列指示精神，不断增强政治敏感性和政治鉴别力。其次，要学精“专业课”。要立足工作岗位，坚持“干什么学什么、缺什么补什么”的原则，有针对性地学习安全生产、经营管理等专业内容，掌握推动工作、履行岗位职责所需的各种知识。向群众学习，加强调查研究，提高用学习解决实际问题的能力。再次，要学好“选修课”。要根据知识的不断更新，及时改善知识结构和提高自身综合素质，广泛学习经济、科技、法律、信息技术等方面的知识，建立复合型知识结构。

（三）求善学之道。“得其法者事半功倍”。只有掌握了科学的学习方法和实用的学习技巧才能提高学习效率，提升学习效果。充分利用党建信息化等现代信息技术和各种新兴媒体，构建各种新型学习平台，用好集体学习、个人自学、岗位培训、学历教育、网络学习等形式，努力探索多种形式相结合的全方位、多层次、宽视野、人性化的学习模式，使学习途径多元化，学习资源共享化，学习行为个性化，学习机制长效化。

（四）铸用学之功。学习的目的在于应用。我们应把学习型党组织的建设成效落实到提升能力、提升标准、提升效率上，着眼于解决矿井改革发展稳定中的实际问题，把学习的体会和成果转化为谋划工作的思路、促进工作的措施、驾驭工作的本领。要坚持用科学理论指导实践，研究解决矿井改革发展稳定中的各种问题，提升驾驭矿井安全生产、和谐发展大局的实际能力，努力推动各项工作有新进展，真正做到以学增智、学以致用、学用相长。

二、服务是根本

只有全心服务，植根人民、造福人民、践行宗旨，党才能始终立于不败之地。服务型党组织体现了党的性质和宗旨，反映了广大党员和群众的要求，是落实矿井党组织建设工作新任务的需要，是解决矿井改革发展新问题的需要，也是促进各项工作水平新提升的需要。

（一）树牢宗旨意识。全心全意为人民服务是我们党的根本宗旨，是我们党的立党之本、执政之基，也能够最大限度地防止脱离群众的危险出现。要解决党员干部在宗旨意识及群众观念方面存在的突出问题，就要从加强教育入手，从转变作风做起，积极转变服务观念，构建完善的党内服务体系，多鼓实劲、多干实事、多出实效，充分调动各级党组织和党员服务基层的积极性和主动性。

（二）健全服务体系。一是建立服务中心工作体系。围绕矿井安全生产这一中心工作任务，深入一线、深入社区开展“党员先锋岗”、“党员责任区”等活动，实现“全程式”、“跟踪式”、“体贴式”安全服务。二是建立服务群众工作体系。以“搭建服务平台、组建服务队伍、创新服务载体”为重点，争创群众满意窗口、争创优质服务品牌、争创优秀服务标兵，为群众提供全方位、多层次的服务项目。通过设置服务职工群众工作站、联系点和联络员等形式，做服务职工群众的“热心人”；准确把握职工群众思想动态，做职工群众的“知心人”；完善扶危济困网络，做职工群众的“贴心人”。三是建立服务党员的工作体系。以“强化教育管理、保障党员权利、增强党内服务”为重点，着力探索建立推进党内民主、提升党员素质、落实党员“四权”、关心党员生活、党内互帮互助为主要内容的党内服务机制，探索在政治上关怀、生活上关心、工作上帮助广大党员的新方法，不断增强党员对组织的归属感认同感。

（三）提升服务效果。建立有目标激励、有网络支撑、有平台支持、有机制保障的服务效果衡量标准，促进各级党组织服务意识明显增强、服务能力明显提高、服务渠道明显拓宽。一是构建服务网络。构建覆盖全矿、精简扁平、充满活力的党委—党支部—党小组—党员“四位一体”的服务组织网络体系，提供全方位、多层次、宽领域的服务，促进服务效能最大化。二是健全服务机制。把服务型基层党组织建设纳入党组织工作责任制和创新实践考核体系，把党员联系群众和服务群众的情况作为民主评议党员、党性分析和考核评优的重要内容，把服务成效作为核心要素，建立以群众满意、推动发展为根本标准的考核导向。三是创新服务方式。创新“三亮三比”活动、“0”字工程创建、“1+1”安全帮教等活动载体，搭建干群互动、上门服务、结对帮扶、网上服务等服务平台，实现服务载体多样化、服务手段信息化、服务项目一体化。

三、创新是动力

只有不断创新，坚持永不停滞、永不僵化、永不懈怠，党才能始终引领发展潮流。创新是促进矿井发展和党的建设的不竭动力，也是广大党员更好地适应形势发展、改进工作的必然要求。

（一）增强创新意识。鼓励和引导党员干部解放思想、实事求是、探索创新，努力营造一种激励创新、鼓励探索和“人人想创新、人人敢创新、人人会创新”的组织氛围和工作氛围。广大党员干部进一步解放思想，打破老观念旧框框的束缚，积极投身于创新实践，不断创新工作思路、工作方法、工作机制和工作载体，以创新来破解矿井发展中的难题，增添发展的活力。

（二）创新工作思路。面对矿井的不断改革与发展，我们要以党建工作思路的创新带动工作思路、工作方法的转变，以敢闯敢试的精神推动工作创新，增强创新的勇气和魄力，以创新来抢抓矿井发展新机遇，开创工作新局面。

（三）创新工作机制。要按照民主化、科学化的要求，进一步健全完善《关于建立健全党员承诺践诺的制度》等相关创新型制度，创新党组织工作机制，建立健全使广大党员长期受教育、永葆先进性的长效机制。

（四）提升创新能力。要围绕加强学习、提升能力、改进作风、发挥作用，立足于新的实践，注重学习和调查研究，努力把握矿井改革发展的规律和趋势，充分发挥党组织的政治领导和党员的先锋模范作用，提高创新能力，不断提高科学发展的能力与水平。

四、廉洁是保障

只有永葆廉洁，不断提高拒腐防变和抵御风险能力，才能巩固执政地位、实现执政使命。我们要认真落实党风廉政建设责任制，强化廉政教育，完善防控措施，构建“不愿为”的自律机制，构建“不能为”的防范机制，强化“不敢为”的惩治机制，营造勤政廉洁、踏实苦干、甘于奉献的良好氛围。

(一)突出思想引领，做到干部清正。加大纯洁性教育力度，通过组织党员上专题党课、观看廉政影视片、聆听廉政报告、参观廉政教育基地等形式，丰富廉政谈话、召开家属的“贤内助”座谈会、书面简报或手机短信等载体，抓好示范教育、警示教育和岗位廉政教育“三项教育”，引导党员干部牢固树立正确的世界观、权力观和事业观，树立公道正派、清正廉洁的良好形象。

（二）突出监督约束，做到队伍清廉。重点加强领导干部特别是主要领导干部、人财物管理使用、关键岗位和重点岗位的监督检查，严明纪律、严格管理，继续完善相关配套措施，强化监督约束。严格执行以中层以上领导干部为重点的廉洁自律机制，包括重大事项报告、年终述职述廉、谈话诫勉等，进一步健全各项规章制度，形成靠制度管人、按制度办事、用制度规范从政行为的防控体系，防止权力失控、决策失误、行为失范。

（三）突出责任落实，做到作风清明。深入开展以为民务实清廉为主要内容的党的群众路线教育实践活动，认真落实中央关于改进工作作风、密切联系群众的八项规定，着力解决在面对矿井新的改革发展，党员干部应当扮演什么角色、担当什么责任、体现什么作为、作出什么贡献，重点解决责任是否明确、工作措施是否落实、制度执行是否到位、工作作风是否扎实等方面存在的问题。党员领导干部深入开展“双诺双评”活动，深入一线、走进基层，强化带班下井、安全包保、跟班盯岗、联系点联保等重点工作力度，真正做到思想求实、工作踏实、作风务实。

五、和谐是关键

只有树立和谐理念、倡导和谐精神、培育和谐文化，建设坚强有力、团结协作的和谐型党组织，才能增强各级党组织的全局观念、争先意识、创优意识和责任意识，妥善协调矿井改革发展中的各种关系，保持党组织的生机与活力，巩固党组织的群众基础。

（一）突出党内民主，促进班子和谐。坚持集体领导与个人分工负责相结合，党政切实做到“四互四不”：即相互信任而不猜疑；相互理解不议论；相互尊重不埋怨；相互支持不拆台。认真落实民主集中制，严格落实“三重一大”问题决策制度，规范领导班子议事规则和决策程序，认真落实领导干部谈心谈话制度，班子成员在研究决策矿井的重大问题时，始终坚持做到“五个沟通”，即：对提交会议决策的问题，党政正职事先沟通；对有关问题决策，先与分管领导沟通；对一时难以形成共识的问题，进行反复沟通；对改变决策内容的问题，进行重新沟通；对决策时没能到会的成员，及时通报沟通，确保决策准确、科学、高效。坚持民主生活会制度、党员领导干部双重组织生活制度等，积极营造目标同向、责任同担、工作同力、业绩同创的和谐氛围。

（二）突出作风转变，促进党群和谐。不断完善党务公开、矿务公开制度，丰富公开内容，创新公开形式，规范公开程序，打造“党员群众满意工程”。围绕职工群众关心的热点、难点和焦点问题，增强思想政治工作的针对性和实效性，把一人一事的思想政治工作做深、做细、做实。积极探索“现场工作法”，实现“民声在现场倾听、问题在现场解决”，使感情融洽在一线、形象塑造在一线，成果体现在一线。围绕创建和谐劳动关系、维护职工合法权益，建立健全利益协调机制、诉求表达机制、矛盾调处机制、权益保障机制，保障职工权益，凝聚发展合力。

（三）突出稳中求进，促进矿区和谐。牢固树立全面协调可持续发展的理念，狠抓降本降耗、技术革新、节能环保、环境治理等工作，大力推进安全、创新、公正、平安、文明、绿色“六位一体”和谐温馨家园建设。不断探索处理和化解矛盾的长效机制，运用以人为本、细微规范化的工作方法，把各类不稳定因素消灭在萌芽状态，确保职工群众思想稳定。加强社会管理综合治理工作，严厉打击和坚决遏制各类违法违规和犯罪行为的发生，坚决维护好矿区的治安环境。大力开展社会公德、职业道德、家庭美德、个人品德教育，使矿井呈现出学有榜样、赶有目标，人心思上、人心思进的良好局面。

【作者：兖矿集团兴隆庄煤矿党委书记　高级政工师】

认真学习贯彻落实十八大精神积极稳妥推进瑷珲古城建设

王　臣　王　伟

党的十八大提出，扎实推进社会主义文化强国建设和大力推进生态文明建设。强调要建设优秀传统文化传承体系，弘扬中华优秀传统文化；建设美丽中国，着力推进绿色发展、循环发展和低碳发展。黑龙江省十一次党代会明确了繁荣黑河边贸旅游明星城的发展定位。爱辉镇作为有着300多年悠久历史的文化名镇，是黑河旅游的重要节点。我们在认真总结以往工作，摸清摸透镇史民情的基础上，通过认真学习党的十八大精神，广泛虚心征求意见，提出了唱响“北疆古城，灵秀瑷珲”，着力加快瑷珲古城建设，为爱辉镇发展蓄积动力的工作主题。

一、瑷珲古城的历史概况

爱辉镇源于清代的瑷珲城，是清代黑龙江流域经济、文化、军事中心。1683年（康熙二十二年），清政府为了防御沙俄对我国黑龙江流域的侵略，命令萨布素带领吉林、宁古塔官兵赴黑龙江建城永戍，并任命他为黑龙江将军。萨布素在黑龙江左岸，今爱辉镇外二道沟村隔江对岸建立了瑷珲城，因瑷珲河得名，为黑龙江将军府驻地。1685年清政府鉴于旧瑷珲城僻处江东，与内地交通及公文往来存在诸多不便，将黑龙江将军驻地迁至今爱辉镇址建立新城，前者称旧瑷珲或瑷珲旧城，后者称新瑷珲或瑷珲新城。瑷珲城在抗击沙俄斗争中具有重要战略地位，是雅克萨战争的前线基地和指挥部。1689年中俄双方签订了《尼布楚条约》，明确了中俄东段北到外兴安岭东到库页岛的边界基础。1690年黑龙江将军由瑷珲新城迁往墨尔根（嫩江）。1858年沙俄以武力逼迫清朝政府于瑷珲签订了中俄两国第一个不平等条约——《瑷珲条约》，割去黑龙江以北、外兴安以南六十多万平方公里的中国领土。1900年沙皇俄国侵入我国东北，凭借优势兵力占领了瑷珲新城，把这座古城烧成一片瓦砾，只剩下一座魁星阁。1907年副都统姚福升带领瑷珲人民重建瑷珲城。

二、基本镇情及建设情况

爱辉镇距黑河市区32公里，辖区总面积211平方公里，辖16个行政村，22个自然屯，有3072户，人口15000人。拥有耕地17万亩，林地4.1万亩，草原2万亩，水面1万亩。爱辉镇是中国历史文化名镇（我省仅有两镇）；全国特色景观旅游名镇；国家级生态镇；全国创建文明村镇先进村镇；省级风景名胜区。镇内有瑷珲历史陈列馆（国家一级博物馆）、知青纪念馆、卫国英雄园、瑷珲海关遗址、森林公园、将军坟、金法寺等景区景点。瑷珲新城遗址是国家级大遗址保护单位。

多年来，上级党委政府和有关部门高度重视瑷珲古城建设，给予了政策和项目上的大力支持。爱辉镇历届班子充分发挥资源和文化优势，创新发展，在镇容镇貌、基础设施、景区景点建设等方面做了大量工作，使爱辉镇有了很大的变化，知名度和美誉度进一步提高。特别是通过多方努力，已完成《爱辉镇历史文化名镇保护规划》、《爱辉镇城镇规划》、《爱辉镇旅游发展规划》三个总体规划和《爱辉镇“三供两治”规划》、《瑷珲古城商业街规划》两个专项规划，并已经省政府和相关部门批准实施，为以后编研和争取项目、招商引资奠定了良好基础。

但随着城乡一体化进程的加快和休闲旅游业的兴起，爱辉镇因受地理和经济发展条件所限，在旅游基础设施建设、文化氛围营造和旅游产品开发上，与社会各届的期盼相比还有一定的差距：一是古文化氛围较淡，缺少“古气”；二是小城镇建设刚刚起步，整体环境有待提高，缺少“镇气”；三是景区景点较少，旅游业配套设施和相关产业没有跟上，没有形成一日游或多日游格局，有“人气”但无“财气”。

三、古城建设的几点打算

积极稳妥的推进瑷珲古城建设，重点应实施好“四个一”工程：即明确一个发展定位、加快推进一批重点旅游项目建设、搞好一系列节庆活动、形成一种特色旅游格局。

明确一个发展定位：弘扬古城文化，发展旅游经济。瑷珲是我国北部边疆仅存的古城，是黑龙江省的肇始之地，既有抗击沙俄守边固土的辉煌历史，也有负辱签约丧失国土的沉重印迹。爱辉镇的名气就在于她的历史和文化，来黑河的人都希望到瑷珲古城看一看，既接受爱国主义教育，又感受边疆少数民族的文化。同时，随着知青馆、森林公园、金法寺等一些景点的建成开放，来爱辉镇体验式休闲旅游的人也逐年增加。因此爱辉镇的发展应定位在旅游服务业上，通过挖掘和弘扬瑷珲古城的历史文化，建设体现北方民族生活的文化旅游设施，加快旅游市场和产品的开发，吸引国内外游人来爱辉镇体验古城的文化氛围，发展旅游经济，从而促进农业和加工业的发展，加快小城镇建设步伐，繁荣地方经济。

加快推进一批重点项目建设：本着严格执行规划，不伤筋动骨，量力而行，由点及面的原则，今后一个时期，我们要逐步打造和完善“一街、一府、两楼、多园、群馆”等一批有较深文化内涵和地方特色的旅游项目。

一街：复古一条街。按照哈工大规划设计院《拱宸街沿街建筑整治规划设计》方案，对原有拱宸街沿街建筑进行改造，建成既具有中国北方古建筑群落及北方少数民族建筑群特点，同时又具有浓厚人文气息的商业街。建设游客服务接待中心及休闲广场、卡伦院落、鄂伦春协领府邸院落、古戏楼、古城画院院落、客栈院落、临街商铺、望江亭古牌楼广场等建筑设施，打造北方古城第一街，彻底改变古城不古的问题。也成为北方古装影视及喜庆活动的拍摄基地，带动相关产业的发展。

一府：首任黑龙江将军府。瑷珲城是黑龙江首任将军的驻地，复建首任黑龙江将军府具有重要的政治意义和历史意义，也更会提升瑷珲古城的文化历史内涵。黑龙江将军府的遗址就在爱辉中学和小学院内，现在新小学已经开工，明年即可搬迁；中学明年征地，也陆续完成搬迁。这为复建黑龙江首任将军府成为可能。

两楼：魁星阁和钟鼓楼。挖掘提炼魁星阁的文化影响力，扩大其状元文化传承力，完善附属设施建设，使之成为古城内古文化与现代尊师重教传统相结合的景观建筑。钟鼓楼是瑷珲古城的最高建筑，是瑷珲城守土固边的标志，在原址复建钟鼓楼可以与魁星阁相互烘托，成为瑷珲古城“古元素”的重要支点。

多园：海关文化园、满族文化园、文化教育产业园、森林公园、农业观光休闲园、佛教文化园等等。依托瑷珲海关遗址建设海关文化园，使之成为中国海关北方最大的文化展示、教育、培训、旅游休闲基地，同时也改善提升爱辉镇的办公和旅游接待条件；依托比较集中的百年满族老宅，建设满族文化园，发挥清始祖发祥地的文化传承力，展示北方少数民族的民俗风情；与教育部门、知青馆合作建设文化教育产业园，建设特色学校、文化岛、知青创业基地、会议论坛中心等等，使之成为爱辉镇新的产业支撑点、经济增长极；完善森林公园的休闲功能，建设农业观光休闲园，满足市民的休闲需求；依托金法寺建设佛教文化园，满足游客需求。通过“多园”建设，将爱辉镇旅游逐步从接受爱国主义教育向古城休闲体验上转移，带动餐饮、住宿、旅游商品加工等相关服务产业的发展。

群馆：在瑷珲陈列馆、知青馆的基础上，建设海关博物馆、军史馆、条约馆、民间文物馆落、瑷珲-滕冲人口馆，使爱辉镇成为馆群，增加看点。

搞好一系列节庆活动：举办好瑷珲上元节、开江节、古城节、知青文化周、樟子松文化论坛等节庆活动。以清代内阁中书杨锡恒《艾河元夕竹枝词》为依据，恢复瑷珲上元节的盛况，挖掘“立灯官”、“滚冰”、“卖病”、“抹花迷子”等传统文化娱乐项目，吸引黑河市民及周边游客参与；借助爱辉“十里长江”开江的壮观场面，结合黑河优美的生态环境，每年提炼一个主题，举办黑龙江开江节，吸引中远途游客及摄影、书法、绘画名家参与。总结成功举办首届知青文化周的经验，把知青文化周作为知青文化的重要组成部分，丰富内容，定期举办好。用节庆活动提高知名度，聚集人气。

形成一种特色旅游格局：通过文化产业和旅游产品的开发，将瑷珲打造成“观江、博馆、游古城”的特色旅游格局。形成东部为沿江观光带，南部以将军府为核心，北部以古城一条街为核心的“一带两核”型旅游线路布局。

四、推进工作的几项措施

（一）坚持政府搭台，营造良好的旅游发展环境。政府应从建全组织协调机构、规划、宣传、营造文化氛围入手，为古城建设搭建平台，树立导向，取得社会各界关注。一是健全管理机构和政策保障措施。成立黑河市瑷珲古城风景名胜区管理处，保证对景区景点进行统筹规划综合协调管理，对自然景观和历史文化资源进行合理保护开发利用。出台针对瑷珲古城开发的优惠政策，在土地出让金返还、建设税费减免、税收分成、土地储备等方面给予扶持，以此推动招商引资和项目建设工作。二是高起点规划。爱辉镇三个总体规划虽已完成，但还没有控制性详细规划和修建性详细规划，有的规划也缺少高端思想的探研，因此要集思广益抓紧完善，确保实施后不留遗憾。三是大力宣传推介。通过建立瑷珲古城网站、主流新闻媒体推介、公路广告、征集宣传用语和古城 logo 等方式，全方位宣传瑷珲古城的历史文化、风土人情、景区景点、特色资源、招商引资等情况，让外界更多的人了解瑷珲、向往瑷珲，逐步提高瑷珲古城的知名度和影响力。要与周边的黑河、五大连池、俄布市、漠河等旅游地相衔接，在开发思路共享、资源优势互补、线路共推、客源互送、政策互惠基础上，做大做强做精瑷珲的旅游市场。四是提升发展形象。通过组织和开展有地方和民族特色的节庆及文体活动，在导览图、指路标牌、商店牌匾、栅栏等“城市家具”和公共设施上进行合理的文化包装，体现古城文化元素，展现中国历史文化名镇的“古气”。要按照风景区的要求，对镇内环境卫生、垃圾污水处理设施、电缆电线等有碍观瞻的进行规范整治，达到干干净净迎远客的目标。五是保护生态和古迹。对界江、岛屿、湿地、草原、森林等自然资源进行重点保护，杜绝污染类项目的建设，让优美的生态环境与百年古城相互映衬，凸显北方古城的大美特色；按照“修旧如旧”的原则，保持原有文物古迹的建筑形式、结构、历史风貌，从而创造相应的历史文化意境。

（二）**积极向上争取，搞好旅游基础设施建设**。利用国家对旅游名镇、百镇建设、新农村建设、生态环境治理等方面的优惠政策，借助爱辉镇已被评为中国历史文化名镇、特色景观名镇、国家级生态乡镇和绿色低碳小城镇的有利契机，积极向上争取支持，加快道路、“三供二治”、垃圾处理场、污水处理厂等基础设施建设，为招商引资提供条件。对废弃地、废弃建筑物进行综合利用，合理开发。加大土地储备力度，为项目建设提供条件。

（三）**充分发挥市场作用，大力集聚人气和财气**。按照政府引导、企业参与、专业团队管理的思路，用市场运作方式，加快餐饮、住宿、休闲娱乐等服务设施建设。凡是非公益性项目，都尽量按照规划让企业或民间资本进行投资建设，谁投资谁受益，政府得税费。如用BOT或BT方式运作基础设施项目；由文化公司运作节庆活动等等。

【作者：王臣　黑龙江黑河市爱辉区爱辉镇党委书记；
王伟　黑龙江黑河市爱辉区爱辉镇镇长】

坚定信念　凝心聚力
以党的十八大精神为引领开创东北区域电力监管生动局面

王恩志

党的十八大是我们党奋斗历程中又一次承前启后、继往开来的重要会议，学习好、宣传好、贯彻好党的十八大精神，关系党和国家工作全局，关系中国特色社会主义事业长远发展。

电力监管工作事关经济平稳运行和人民生活质量，认真学习宣传贯彻党的十八大精神，对紧密团结在以习近平同志为总书记的党中央周围，高举中国特色社会主义伟大旗帜，深入贯彻落实科学发展观，进一步加强和改进电力监管工作，深入推进电力市场化改革，努力实现电力事业又好又快发展，具有重大而现实的意义。

一、对党的十八大报告若干创新论断的认识

党的十八大报告简洁而又鲜明地向党内外、国内外宣示了关系我们党和国家工作全局的一系列重大理论和实际问题，在各界党员、干部、群众中产生热烈反响，尤其是报告中提出一系列创新论断，更值得我们认真学习和分析。

（一）两个“五位一体”构成党和国家战略新布局

党的十八大报告将中国特色社会主义事业总体布局从“四位一体”扩展为“五位一体”，即经济建设、政治建设、文化建设、社会建设和生态文明建设，这表明我们党对中国特色社会主义建设规律从认识到实践都达到新的水平。这“五位一体”的总体布局，对应着全国老百姓的经济、政治、社会、文化、生态五大权益。特别是通过生态文明建设，我们党和国家将在实现当代人利益的同时，给自然留下更多修复空间，给农业留下更多良田，给子孙后代留下天蓝、地绿、水净的美好家园。

党的十八大报告中提出党的建设总体布局也是“五位一体”，即思想建设、组织建设、作风建设、反腐倡廉建设、制度建设。中国特色社会主义事业“五位一体”总体布局中的生态文明，体现着自然界的净化，而我们党的建设新的伟大工程“五位一体”总体布局中的反腐倡廉建设，体现的是中国共产党党的肌体的自我净化。

（二）科学发展观是党的指导思想的又一次与时俱进

十八大报告指出科学发展观同马克思列宁主义、毛泽东思想、邓小平理论、“三个代表”重要思想一道，是党必须长期坚持的指导思想。这个论断表明，十八大又一次实现了党的指导思想与时俱进。以胡锦涛同志为主要代表的中国共产党人，顺应国内外形势发展变化，发扬求真务实、开拓进取的精神，继续推进理论创新和实践创新。这些重大战略思想以科学发展观为统领，相互贯通、相互联系，涵盖经济建设、政治建设、文化建设、社会建设、生态文明建设以及党的建设各个领域，涉及改革发展稳定、内政外交国防、治党治国治军各方面。正是在这些理论创新的基础上，党的十八大把科学发展观与马克思列宁主义、毛泽东思想、邓小平理论和“三个代表”重要思想一道确立为党必须长期坚持的指导思想，实现了党的指导思想又一次与时俱进。这对于全面建成小康社会，夺取中国特色社会主义新胜利具有重要的指导意义。

（三）“八项要求”丰富了中国特色社会主义内涵

党的十八大报告对中国特色社会主义作出新的理论概括，强调在新的历史条件下，夺取中国特色社会主义新胜利，必须牢牢把握八个基本要求，分别是：必须坚持人民主体地位，必须坚持解放和发展社会生产力，必须坚持推进改革开放，必须坚持维护社会公平正义，必须坚持走共同富裕道路，必须坚持促进社会和谐，必须坚持和平发展，必须坚持党的领导。这八条，不仅条条都有强烈的现实针对性、长远指导性，而且作为全党全国人民的共同信念，必将极大地推进解放思想、改革开放、凝聚力量、攻坚克难，扎扎实实夺取中国特色社会主义新胜利。

（四）“两个目标”是夺取新胜利的两座里程碑

党的十八大报告提出两个百年奋斗目标，一个是在中国共

产党成立一百年时全面建成小康社会，一个是在新中国成立一百年时建成富强民主文明和谐的社会主义现代化国家。这两个百年奋斗目标最早是在党的十五大报告中提出的，此后，党的十六大、十七大报告以及胡锦涛同志在纪念党的十一届三中全会 30 周年大会上的讲话中都作了重申。党的十八大报告再次重申这两个百年目标，是要强调，此时此刻，我们正处于近代以来中国历史上最接近中华民族伟大复兴目标的重要时刻，这两个百年目标必将成为我们夺取中国特色社会主义新胜利的两座里程碑。

（五）从"五个方面"充实完善了全面建设小康社会目标要求

党的十八大报告提出"为全面建成小康社会而奋斗"，从"建设"到"建成"，这一字之变，是个质的飞跃；这一字之改的"含金量"很高，为我们扎扎实实迈向中华民族伟大复兴提供了一个看得见、摸得着、感受得到的阶段性目标，把全面建成惠及十几亿人口的更高水平小康社会美好前景，更加清晰地呈现在全国人民面前，必将极大激发全国人民的奋斗热情。而支撑"全面建成小康社会"的新的目标要求分别是经济持续健康发展，人民民主不断扩大，文化软实力显著增强，人民生活水平全面提高，资源节约型、环境友好型社会建设取得重大进展。

（六）社会主义协商民主是政治体制改革重要内容

党的十八大报告提出健全社会主义协商民主制度，这是我国人民民主的重要形式，有利于就经济社会发展重大问题和涉及群众切身利益的实际问题广泛协商，广纳群言、广集民智，增进共识、增强合力。把中国特色选举民主同社会主义协商民主相结合，将有利于健全民主制度、丰富民主形式，扩大社会主义民主，发展社会主义政治文明，为实现最广泛的人民民主确立正确方向。

（七）"三型"是对执政党自身建设规律的更全面把握

党的十八大报告提出建设学习型、服务型、创新型的马克思主义执政党。这"三型"目标，表明我们对执政党建设规律的把握更自觉、更全面、更深刻，必将充分发挥各级党组织推动发展、服务群众、凝聚人心、促进和谐的作用，进一步夯实党执政的组织基础。

二、学习贯彻党的十八大精神需要把握的几个问题

学习贯彻党的十八大精神是当前和今后一个时期的重要政治任务。在学习好、传达好、贯彻好党的十八大精神过程中，需要把握十八大精神中的几个重要问题，这样才能保证把党的十八大精神学懂学深学透，用足用好用实。

（一）牢牢把握党的十八大鲜明主题

胡锦涛同志在党的十八大报告中说："大会的主题是：高举中国特色社会主义伟大旗帜，以邓小平理论、'三个代表'重要思想、科学发展观为指导，解放思想，改革开放，凝聚力量，攻坚克难，坚定不移沿着中国特色社会主义道路前进，为全面建成小康社会而奋斗。"在建设中国特色社会主义的伟大进军中，在我国进入全面建成小康社会的决定性阶段，党的十八大以鲜明的主题，向党内外、国内外宣示了我们党将举什么旗、走什么路、以什么样的精神状态、朝着什么样的目标继续前进的重大问题。这个主题，是党的十八大报告的灵魂，事关党的方向、党的生命、党的形象，事关党和国家事业的战略全局和长远发展。学习贯彻党的十八大精神，一个至关重要的方面，就是要深刻把握十八大提出的鲜明主题。这对我们在新的历史征程上继往开来、团结奋斗、与时俱进，不断夺取中国特色社会主义新胜利，具有十分深远而重大的意义。

（二）牢牢把握科学发展观和以人为本的地位和关系

党的十八大确立了科学发展观的指导地位，使之成为全党必须坚持的行动指南，意义重大而深远。而坚持科学发展观，核心是以人为本，这与我们党立党为公、执政为民的本质属性是一致的，与科学发展观强调的发展第一要义、全面协调可持续基本要求、统筹兼顾根本方法是有机统一的。这要求我们，始终要把人民利益摆在心中最高位置，以更多更好的发展来回应和满足人民过上美好幸福生活的新期待。

（三）牢牢把握对中国特色社会主义的认识

中国特色社会主义道路、理论体系和制度是紧密结合的一个有机整体，其中道路是实现途径，理论是行动指南，制度是根本保障。十八大报告明确指出，我们既不走封闭僵化的老路，也不走改旗易帜的邪路，而是要坚定不移高举中国特色社会主义伟大旗帜，坚定不移地走中国特色社会主义道路。这一重大而鲜明的宣示，表明了我们党的坚定政治立场。

（四）牢牢把握中央对社会主义建设五位一体的总布局

党的十八大报告指出，建设中国特色社会主义，总布局是经济建设、政治建设、文化建设、社会建设、生态文明建设五位一体。报告对全面协调推进五位一体建设作出了重大部署。五位一体总布局标志着我国社会主义现代化建设进入新的历史阶段，体现了我们党对于中国特色社会主义的认识达到了新境界。五位一体总布局与社会主义初级阶段总依据、实现社会主义现代化和中华民族伟大复兴总任务有机统一，对进一步明确中国特色社会主义发展方向，夺取中国特色社会主义新胜利意义重大。

（五）牢牢把握落实"党要管党、从严治党，推进党的建设"的紧迫性

党的十八大报告指出，形势的发展、事业的开拓、人民的期待，都要求我们以改革创新精神全面推进党的建设新的伟大工程，全面提高党的建设科学化水平，并就此提出了一系列新部署、新要求，其中就有要落实党要管党、从严治党。这对于确保我们党始终成为中国特色社会主义事业的坚强领导核心，胜利完成团结带领人民全面建成小康社会、推进社会主义现代化、实现中华民族伟大复兴的历史重任，意义重大而深远。

三、坚定不移把十八大精神贯彻到东北区域电力监管工作全过程、体现到各方面

必须看到，深入贯彻落实十八大精神仍然是一项长期艰巨的任务，我们要从新的思想和政治高度出发，以更加坚定的决心、更加有力的举措、更加完善的制度来确保贯彻落实，真正将十八大精神作为推动各项工作又好又快发展的强大动力。

具体到东北电监局，学习宣传贯彻党的十八大精神，就是要紧密联系电力改革、发展和电力监管的实际，联系东北区域和东北电监局工作实际，联系广大干部群众思想实际，坚持学以致用、用以促学，把党的十八大精神落实到电力监管工作的

各个方面。

（一）找准监管定位，摆正监管位置，自觉履行监管职责，积极主动尽责地服务国家能源发展战略、服务地方经济社会发展、服务电力行业和电力企业、服务人民群众。

（二）进一步增强深入贯彻落实科学发展观的自觉性和坚定性，通过加强监管，提高推动东北区域电力行业科学发展的能力和水平。我们将突出抓好安全、市场准入、市场交易、成本与价格、节能减排等重点工作，突出重点，抓出成效，确保区域内电力行业的健康、有序、科学发展。

（三）深化调研、积极创新，坚持改革方向不动摇。在今后工作中要结合实际深入调研，创新监管方式，为电力体制体制改革建言献策。

（四）针对不断出现的新情况、新问题和各级政府的新要求，与时俱进，完善和修订区域内有关电力监管规章制度和各类执行标准。

（五）坚持以人为本，把保障和改善民生放在更加突出的位置，突出抓好供电服务监管，大力实施人民群众用电服务满意工程，切实提升供电服务水平和质量，着力解决人民群众反映强烈的突出问题。

（六）牢牢把握加强党的执政能力建设、先进性和纯洁性建设这条主线，切实加强东北电监局党组织的思想政治建设、组织建设、队伍建设、作风建设和廉政建设。

今后五年，是东北老工业基地全面振兴的决胜期和全面建成小康社会的关键期，也是东北电力工业发展向科学化、绿色化、效能化、服务化转型的变革期，东北电力监管工作责任重大，使命光荣。只要我们认真贯彻落实好党的十八大精神，脚踏实地，舍得下苦工，奋力求作为，团结向前看，就一定能在东北区域电力行业内形成以党的十八大精神为指引、凝心聚力促发展的生动局面。

【作者：东北电监局党组书记　局长】

深入学习十八大精神　开创政协工作新局面

王洪德

党的十八大为人民政协工作指明了前进方向，也提出了新的要求。作为基层政协，要切实把思想和行动统一到十八大精神上来，把服务科学发展作为履行职能的首要任务，把促进社会和谐稳定作为义不容辞的责任，把提高政协工作科学化水平作为自身建设的目标，为推动甘州率先转型跨越、加快宜居宜游、全面建成小康社会贡献智慧和力量。

强化政治意识，着力建设效能政协。党的十八大报告指出："要坚持和完善中国共产党领导的多党合作和政治协商制度，充分发挥人民政协作为协商民主重要渠道作用，围绕团结和民主两大主题，推进政治协商、民主监督、参政议政制度建设，更好地协调关系、汇聚力量、建言献策、服务大局"。这既是对政协工作的新要求，同时也为我们指明了履职方向。要在思想上同心。要充分发挥政协平台作用，努力调动各方力量，把思想统一起来，把热情激发起来，把智慧凝聚起来，形成聚精会神谋发展，全力以赴促发展的强大合力。要在目标上同向。要把区委、区政府决策部署贯彻到政协工作实践中，自觉做到融入大局找准位置、立足大局思考问题、围绕大局开展工作。要在工作上同力。自觉把推动经济社会发展作为首要任务，为推进生态经济战略多建睿智之言，多献务实之策，做到服务大局有深度、建言献策有高度、民主监督有力度、团结合作有广度、自身建设有强度，使政治协商更加有序、民主监督更加有力、参政议政卓有成效。

强化担当意识，着力建设责任政协。要勇于担当政治责任。要积极参与、全力支持，做到与区委、区政府在目标上同向、工作上合拍、行动上一致，在发展生态经济中敢说真话，敢谏诤言；在宜居宜游建设中敢于创新，敢于创造；在工作落实中敢于谋事，敢于成事。要勇于担当时代责任。要做到宏观议大事与微观办实事相结合、建言立论与干事创业相结合、服务发展与加强监督相结合，为加快产业转型升级、促进民生改善奉献智慧和力量。要勇于担当社会责任。要从自身做起，从本职工作做起，着力提高服务科学发展的能力和水平，智者尽其谋，勇者竭其力，仁者播其惠，倾情倾力、履职为民。

强化跨越意识，着力建设服务政协。要始终服务大局。要围绕服务于滨河新区、湿地公园等重点项目建设和新农村建设，选择一批具有全局性、战略性的课题，开展调研和协商活动，既要建言"做什么"，更要建言"怎么做"，使所建之言、所献之策具有前瞻性和可操作性，做到服从又服务，协商又协力。要带头服务群众。要围绕安民、富民、乐民、利民积极建言献策，把为民直言与向党政建言融为一体，尽一份赤子之心和绵薄之力。要自觉服务委员。要支持经济界的委员广泛联谊，广交朋友，坚定客商投资信心，提升甘州发展人气，为区域经济发展广招项目、广纳民智、广聚人才。

强化团结意识，着力建设和谐政协。要以广阔的胸怀凝聚合力。要围绕甘州跨越发展的大目标，凝聚一切有利于发展的力量，调动一切有利于发展的因素，尊重一切有利于发展的创造，聚合发展之力，激发人和之气，成就振兴之势，促进社会和谐发展。要以真诚的团结促进和谐。要牢固树立"和谐"理念，积极运用"统战"法宝，切实突出工作主题，丰富活动内容，努力创新机制，不断提高政协工作水平。要以有效的工作维护稳定。要及时向党委政府反映各党派、各团体、各界群众的意见，引导各界群众正确认识形势，正确看待大局，不断增强加快发展的信心和勇气。

强化创新意识，着力建设活力政协。要创新工作制度。要协助区委、区政府制定、完善和落实好支持政协参政议政的各项制度，进一步加强政协自身制度机制的配套建设，不断提升政协履职的制度化、规范化、科学化水平。要创新工作平台。要以强烈的文化意识、文化品位和文化眼光，发挥精英荟萃的人才资源优势，蓄积领域广泛的多元文化底蕴，积极组织高层文化大师、外界知名大家来甘州采风交流，借助外力认知甘州山水、宣传甘州美景，打造生态旅游文化等品牌，引导支持文艺界开展文学创作、文史研究等，推出一批内涵丰富、艺术精湛、特色鲜明的文化精品力作，不断丰富人民群众精神文化生活，营造人人为文化名城建设使劲出力的良好氛围。

【作者：政协甘肃省张掖市甘州区委员会主席】

学习中共十八大的几点感受和考虑

王世杰

党的十八大是中国共产党执政中国的一个新起点，也是中华民族朝着伟大复兴宏伟目标前进的一个新起点。十八大报告中有许多新提法、新亮点、新举措和新部署。围绕学习和贯彻十八大精神这一主题，我想谈谈几个方面的感受和考虑。

一、十八大报告体现了对局势的清醒认识，表达了坚定的改革决心

十八大报告在阐述中国发展趋势时，多次提到了“清醒”二字，报告指出“我们面临的发展机遇和风险挑战前所未有”，强调“必须增强忧患意识”，“始终保持清醒头脑”。30 多年来，中国的发展成就举世公认，中国未来发展的前景也被普遍看好，但正如报告中所说，我们前进的道路上也面临不少困难和问题，比如：“发展中不平衡、不协调、不可持续的问题仍然突出”，“城乡区域发展差距和居民收入分配差距依然较大”。我们清醒地认识到，我国处于社会主义初级阶段的基本国情没有变，人民日益增长的物质文化需要同生产力相对落后这一社会主要矛盾没有变，中国是世界上最大的发展中国家的国际地位没有变。报告中的这三个“没有变”，体现出对当今世情国情的准确把握和清醒认识。

同时，十八大报告还直面了事关人民群众切身利益的一系列问题，如社会保障、教育、就业、住房，以及环境、食品药品安全、司法等等，坦诚“社会矛盾明显增多”，“部分群众生活比较困难”，“形式主义、官僚主义问题突出，奢侈浪费现象严重”。

既然还面临这么多复杂的难题，面临这么多挑战，那我们应该如何应对呢？十八大明确指出，要坚定不移地继续走好改革开放之路，要用进一步改革的办法，用不断开拓创新的精神，解决好前进道路上面临的问题。比如，为了促进人民生活水平的全面提高，真正体现以人为本和让经济发展惠及民生的理念，实现“让经济发展与人民生活水平同步提高”的目标，十八大明确提出了居民收入倍增的目标，要求到 2020 年时候，国内生产总值和城乡居民人均收入都要比 2010 年翻一番。再比如，在党内民主制度建设方面，这次报告提出了要“健全党内民主制度体系”，强调了从体系中来设置制度，将各个制度进行一个有机、完整和系统的配置，使之常态化、规范化和科学化，从而充分发展党内民主，进一步保障党员的知情权、参与权、选举权和监督权，更好地激发广大党员的积极性和主动性。

二、十八大报告展示了走中国特色社会主义道路的坚定信念

胡锦涛同志在党的十八大报告中强调，“只要我们胸怀理想、坚定信念，不动摇、不懈怠、不折腾，顽强奋斗、不懈奋斗，就一定能够在中国共产党成立一百年时全面建成小康社会，就一定能够在新中国成立一百年时建成富强民主文明和谐的社会主义现代化国家。全党要坚定这样的道路自信、理论自信、制度自信！”当代中国自改革开放以来，特别是近十年来的发展进步和所取得的伟大成就，使得作为执政党的中国共产党有自信的充分底气，更加坚定了走中国特色社会主义道路的理想信念。

无论是道路自信、理论自信，还是制度自信，都有充分的依据和基础。对道路的自信，源于中国特色社会主义道路的正确性在实践中得到了充分的印证。中国共产党带领全国人民走上了实现社会主义现代化和中华民族伟大复兴的广阔道路，中国重返世界舞台的中央。

对理论的自信，源于中国特色社会主义理论体系在实践中日趋丰富成熟。中国共产党人创造性地建立了适合基本国情、又顺应世界潮流的中国经济社会发展行动指南，为改革发展的攻坚克难提供了强大的思想武器。强调以人为本，全面、协调、可持续的发展观，中国共产党从一个革命党成功地转型为执政党，大大地拓宽了代表性，也与现代文明的价值观和发展观相通。

对制度的自信，源于中国特色社会主义制度在实践中不断健全完善。从初步建立起制度框架，到根据实践发展对制度内容进行调整和完善，13 亿人口的发展中大国，终于建立起较为完备的经济、政治、文化和社会体制，成为发展进步的强有力保障。可以说，是在西方式民主的重重包围中，“杀出了一条血路”

上述“三个自信”源于对中国特色社会主义道路的坚定信念，体现了对我国国情的深刻把握、对民族命运的理性思考、对人民福祉的责任担当。坚定这“三个自信”，有利于把全党全国各族人民凝聚在中国特色社会主义伟大旗帜下，有利于以更加奋发有为的精神状态，全面建成小康社会、全面深化改革开放，从而在复杂的世界格局中保持自身特色，开辟发展前景。

既然我们的大政方针是正确的，理论是正确的，那就必须坚定不移地走中国特色社会主义道路。胡锦涛同志在十八大报告中明确指出，“既不走封闭僵化的老路，也不走改旗易帜的邪路”，必须坚持中国特色社会主义，坚持科学发展观，坚持改革开放，态度是非常坚定的。

十八大报告明确了今后 5 年和更长时期的奋斗目标和任务，充分展示了攻坚克难的决心，加快与切实推进改革的共识贯穿整个报告，“时不我待”的紧迫感跃然纸上。报告强调，要全面建成小康社会，必须以更大的政治勇气和智慧，不失时机地深化重要领域改革，坚决破除一切妨碍科学发展的思想观念和体制机制弊端，构建系统完备、科学规范、运行有效的制度体系，使各方面的制度更加成熟更加定型。

三、学习贯彻十八大精神，进一步做好贵州民革的各项工作

我们要联系自身实际，学习贯彻好中共十八大精神，进一步把贵州民革的事情做好。就贵州民革的下一步工作来说，我们要重点把握好五个方面。

首先，要认真学习贯彻好中共十八大精神，采取各种形式，组织全省民革各级组织、广大党员和机关干部职工，对会议报告进行认真研读，把思想真正统一到十八大精神上来。省委会要通过开展中心组学习、专题讲座、在“民革贵州网站”、“贵州民革”上开辟专栏，开展有声势、有深度的学习宣传活动，使中共十八大精神广泛传播，深入人心。

其次，要做好 2012 民革贵州省委会的收尾工作，对还没有做到位的抓紧补齐，尤其是有关机关建设和年终目标考核工作，2013 年的调研报告和社情民意工作要尽早收尾，希望能超额完成 2013 年的任务。

再次，要筹备好 2014 年一月份召开的“省委会全会”工作，准备好也是 2014 年一月份召开的全省“两会”的大会发言、提案和建议案的工作，争取在 2012 年的基础上有新的提高，展现我们新一届政协委员和人大代表的风采。

四是要认真学习即将出台的《中共贵州省委关于认真学习贯彻党的十八大精神为与全国同步建成全面小康社会而奋斗的决定》，该《决定》将制定出符合贵州实际的、以县为单位的全省全面建成小康社会的指标体系，民革全省各级组织都要高度关注这件事情，它将决定贵州未来十年各县的考核指标体系，要结合我们民革各级组织自身的特点，找准参政议政和社会服务的切入点，履行好我们参政党的职能。

最后，还要认真学习中共的党建理论知识，研讨未来的发展趋势，做好民主党派参政党理论的建设，进一步加强我们自身的建设。

【作者：民革贵州省委主委】

强化海洋计量工作　保障海洋强国建设

吴爱娜

5 月 20 日“世界计量日”是全世界计量工作者的节日。2013 年我国将“世界计量日”活动主题定为“计量与生活”，是为了让越来越多的人了解计量在生活的方方面面所发挥的重要作用。计量，从秦朝时期的统一度量衡到如今已延伸至生命科学、纳米技术等诸多新兴和高科技领域的前沿，从最初主要服务于工业生产和贸易，发展到为人类应对气候变化、医疗健康、节能环保等全球性挑战提供至关重要的科技支撑。实际上，每个人都是计量工作的直接受益者。

党的十八大提出了“全面建成小康社会、实现中华民族伟大复兴”的宏伟目标，做出了“提高海洋资源开发能力，发展海洋经济，保护海洋生态环境，坚决维护国家海洋权益，建设海洋强国”的战略部署。海洋计量作为国家海洋事业的重要技术基础工作，肩负着有效服务海洋事业发展的历史使命，应进一步充分发挥计量工作在海洋强国建设中的基础保障和技术支撑作用。

一、计量是建设海洋强国的基石

建设海洋强国就是要把我国建成海洋经济发达、海洋科技创新强劲、海洋生态环境优美、海防力量强大的国家。计量是实现单位统一、量值准确可靠的活动，是国民经济和科学技术发展的重要技术基础，是质量之本、强国之基。

（一）计量是海洋经济发展的重要技术基础

计量是经济发展的重要技术基础，是维护社会经济秩序的重要手段，是贸易赖以正常进行的重要条件。在世界各国历史上，对计量单位统一的要求最初来源于商品的贸易需要，货币单位和商品的计量单位是交易的核心内容；在今天经济全球化浪潮中，全球贸易对计量提出了新的更高要求，一是要实现全球范围内的单位制统一，二是要确保量值的准确可靠。在国民经济中发挥着越来越重要作用的海洋经济已经成为拉动国民经济发展的有力引擎。海洋经济的一体化快速发展，对统一的单位制和准确量值数据的需求更加迫切，用以保障海洋产业的健康发展，确保海洋产品的质量。

（二）计量是海洋科技创新的重要技术手段

“科学要发展，计量须先行”。科学研究要依靠先进的计量测试手段和准确的实验数据，反之，科学研究的成果如新材料、新原理、新方法大大提高了计量设备的可靠性和实用性，提升了测量技术水平。海洋科学技术的发展和创新同样需要计量手段作为基础手段，形成的新理论、新技术、新工艺、新产品等海洋科技成果需要运用高准确的计量检测手段给予试验验证，海洋科学技术的发展也给计量技术带来巨大机遇和挑战。

（三）计量是海洋生态环境保护的重要技术支撑

环境保护是我国的一项基本国策。保护环境质量的关键是通过测量手段监测环境的变化，获取准确可靠的数据，计量在环境保护中发挥了重要的作用。海洋生态文明是我国生态文明建设不可或缺的重要组成部分，美丽中国离不开美丽海洋。然而随着我国社会经济的快速发展，沿海地区经济规模不断扩大，陆地资源紧缺已成为制约经济发展的瓶颈，海洋生态环境面临越来越大的压力，加强海洋生态环境保护刻不容缓，因此，急需准确可靠的海洋环境监测数据作为基础支撑。

（四）计量是实现海防力量强大的重要技术保障

当代国防战争是集海陆空一体化、电子战、信息战为一体的高科技战争，从军工材料到现代化武器装备的研究生产都离不开计量技术手段的支持和保障。海防是国防的重要组成部分，要具备强大的海防力量，核心是提高海上作战能力。海上作战能力更加依赖于准确的海洋环境数据，即使很小的数据偏差也会导致诸如导弹瞄准失败等严重后果。因此，要加强海防建设，提高海上作战能力，通过计量手段获取准确可靠的海洋环境数据是至关重要的。

二、海洋计量工作全面服务和保障于海洋强国建设

海洋计量工作是国家计量体系和海洋公共服务事业的重要组成部分，是支撑海洋调查、观测、监测、检测数据准确可靠的重要手段和基本保证。在建设海洋强国的伟大征程中，海洋计量将以邓小平理论、“三个代表”重要思想、科学发展观为指导，贯彻落实《国家海洋事业发展“十二五”规划》、《计量发展规划（2013~2020年）》和《海洋计量工作“十二五”发展规划》，充分发挥服务海洋经济发展，推动海洋科技创新，保障海洋生态环境优美，满足海防建设需要等方面的基础、保障和先行作用。

（一）力促海洋计量组织体系建设

增强国家海洋标准计量中心和3个海区分中心相互间沟通，加大业务指导和协调力度，完善一体化运行机制，建立覆盖全国、层次分明、各司其职的海洋计量工作组织体系，实现全国海洋计量工作的协调、健康发展。加强计量技术人才队伍建设，造就一批理论基础扎实、学科分布合理的创新型人才队伍，提高为构建和谐社会、保障经济可持续发展以及为海洋经济和管理决策服务的水平。

（二）推动海洋计量制度体系建设

紧随国家计量工作发展动向，根据国家计量法律法规要求，结合海洋强国建设需求，适时修订《海洋计量工作管理规定》，逐步建立满足海洋经济和海洋事业发展需求的海洋计量工作制度体系，提高海洋计量工作效率和服务水平，实现海洋计量工作稳步有序开展。

（三）加强海洋特殊量值传递体系建设

重点研建满足海洋经济发展、海洋科技创新及成果转化、海洋生态环境保护和海防建设需要的计量基、标准设备和标准物质，基本建成我国海洋仪器计量标准的溯源体系，在向国家计量基准量值溯源的基础上，建立起覆盖我国海洋仪器包括特殊仪器产品的量值传递计量标准，保障海洋监测和观测系统仪器可检定覆盖率在“十二五”末达到85%以上，从源头上保证用于获取各项海洋活动所需资料数据的海洋仪器的准确性。

（四）推动海洋计量技术规范体系建设

根据海洋领域检定、校准工作需要，制定一批海洋强国建设急需的计量检定规程或校准规范，建立起覆盖我国海洋仪器包括特殊仪器产品的检定规程和校准规范，构建我国海洋仪器和设备的检测实施规范体系；积极组织国内海洋计量比对工作，保障全国范围内海洋计量基、标准量值统一准确、可靠。

（五）强化海洋计量监督管理体系建设

加强海洋计量管理体系建设，充分发挥计量、认证认可、监管的技术保障作用。目前在海洋领域已有63家实验室通过了国家计量认证，海洋计量认证已经成为规范管理海洋行业实验室的最重要手段。要进一步规范和推进海洋计量认证工作，加强计量认证评审员队伍建设和管理，提高计量认证评审质量；加大对海洋监/检测机构监督检查，继续稳步开展海洋领域监/检测能力验证工作，有效地促进实验室检测数据质量的提高，保障海洋经济发展、科学研究、行政执法等活动数据的准确性。

（六）深化海洋计量国际交流合作体系建设

充分发挥世界气象组织-联合国教科文组织政府间海洋学委员会亚太区域海洋仪器检测评价中心职能，牵头、组织和协调全球海洋仪器的计量比对，对外开展海洋仪器计量校准服务，建立全球海洋观测质量保障体系，推动全球海洋观测资料计量单位制的统一和测量结果的相对一致，促进全球海洋观测整体质量和观测数据共享水平的提高，提高海洋计量在人类应对气候变化、保障海洋工程、防御海洋灾害等活动中的服务和保障作用。

【作者：国家海洋标准计量中心主任】

贯彻落实党的十八大精神
积极探索社会主义核心价值体系　引领企业发展探讨

闫新建

党的十八大是我们党在全面建设小康社会关键时期和深化改革开放、加快转变经济发展方式攻坚时期召开的一次十分重要的会议，是全党全国各族人民政治生活中的一件大事，对于我们党高举中国特色社会主义伟大旗帜，团结带领全国各族人民继续全面建设小康社会、加快推进社会主义现代化、开创中国特色社会主义事业新局面，具有重大而深远的意义。大会作出的重大决策和部署、取得的重要成果，对在新的历史起点上全面推进中国特色社会主义伟大事业和党的建设新的伟大工程具有十分重要的指导作用和十分重大的战略意义。全面建成小康社会、加快推进社会主义现代化建设指明了方向，提供了动力，创造了更好的环境。

胡锦涛总书记在十八大报告中指出：“倡导富强、民主、文明、和谐，倡导自由、平等、公正、法治，倡导爱国、敬业、诚信、友善，积极培育社会主义核心价值观。”这是对社会主

义核心价值观的最新概括。十八大报告用 24 个字，分别从国家、社会、公民三个层面，提出了反映现阶段全国人民的社会主义核心价值观。在我国经济体制深刻变革、社会结构深刻变动、利益格局深刻调整、思想观念深刻变化的新形势下，建设社会主义核心价值体系，具有很强现实针对性和重大战略意义。如何以社会主义核心价值体系，推进企业建设，从而正确引导员工把社会主义核心价值体系转化为企业奋发向上的精神力量，全面提升企业的整体竞争实力。就是要紧密结合企业自身实际，坚持用马克思主义武装全体员工，用科学理论引领企业发展方向，指导企业改革实践；着力引导全体员工牢固树立中国特色社会主义共同理想，统一思想，凝聚力量，增强全体员工对共同理想的信念和企业发展的信心；坚持用民族精神、时代精神和企业精神鼓舞斗志，激发全体员工的爱国爱企和改革创新的热情；坚持用社会主义荣辱观为道德引领，大力加强思想道德建设，提高员工素质，进一步引深企业文化建设，增强企业文化软实力；牢固树立和落实科学发展观，坚持以人为本，实现改革成果员工共享。

一、把社会主义核心价值体系建设融入企业党建全过程

1．把社会主义核心价值体系建设与保持和发展党的先进性相结合。建设社会主义核心价值体系就是要坚持“马克思主义指导思想、中国特色社会主义共同理想、以爱国主义为核心的民族精神和以改革创新为核心的时代精神、社会主义荣辱观。”这就要着眼于保持和发展党的先进性，把社会主义核心价值体系建设的要求贯穿到党的组织、制度、作风、反腐倡廉建设中去，实现有机结合和相互交融。在基层党组织建设、党员队伍建设、干部人才队伍建设过程中，切实坚持德才兼备、以德为先，全面考察党员、干部的马克思主义理论水平和运用能力，对社会公德、职业道德、家庭美德和个人品德的遵守情况，履行执政为民岗位职责的精神状态以及勤政廉政、创新实践的绩效；把正确的价值理念、科学的思想理论、进步的道德规范转化为党内制度，实现软约束的硬性化，提升党和国家制度文明建设水平；坚持以人为本、执政为民理念，牢固树立马克思主义群众观点、自觉贯彻党的群众路线。

2．把社会主义核心价值体系与党员的思想政治认识，提升基层党组织建设科学化水平相结合。坚持“以人为本”这一核心内容，坚持“企业发展为了员工，企业成果员工共享”这一目标，通过社会主义核心价值体系的建设促进党建科学化水平，把党的政治优势转化为企业科学发展优势。科学借鉴现代管理理念、先进专业技术来引导企业整体的战略部署、价值导向。通过将社会主义核心价值体系与提升基层党组织建设科学化水平相融合的方式，来加强企业党组织的自身建设，将企业党建转化为企业的发展力、创新力、凝聚力、向心力和影响力。同时，借助企业党组织建设的影响力来树立党员干部的世界观、价值观、社会责任意识，掌握科学的方法论来提高党性认识、管控能力、应对突发事件的能力。倡导“品德优先、能力为本”，突出党性、理论、业务和道德等多方面修养，优化党员队伍结构，将知识、技能内化为能力，建立党员“双培”激励机制，开展“学、考、讲、评、研”等多层次、宽领域、广覆盖的党员学习活动。

企业基层党组织发展的怎么样直接影响到企业员工对党的认识，是党的凝聚力和向心力在基层的体现，基层党员是建设企业的先进积极分子，在构建文明企业和谐矿区中发挥着积极地作用。基层党员是党组织的重要组成部分，是党与企业员工相连的重要载体，是倾听民意、了解民意的重要连接点。提高全体党员的政治素养首先就要以社会主义核心价值观引导全体党员的基本行为，大力倡导“一个支部一座堡垒、一名干部一个榜样、一名党员一面旗帜”的“三个一”标准，要求每一名党员必须要焕发出蓬勃生机、迸发出新的活力，起到“一名党员一盏灯，一名党员一面旗”的先锋模范作用，用社会主义核心价值观的内容来规范党员干部在企业管理、文明建设、安全生产、维护稳定、促进和谐等方面的表率作用，使党员和各级党组织成为传播和实践社会主义核心价值体系的先锋模范和坚强堡垒。

3．把社会主义核心价值体系的思想道德观念与反腐倡廉思想教育和文化传播相结合。积极营造廉洁文化氛围，充分发挥舆论导向和社会主义核心价值观的导向作用，在党员干部中树立“清正廉洁”的廉洁文化，积极用正确的社会主义核心价值观作为衡量党员干部的基本标准，把世界观、人生观、价值观融入到道德品质、思想情操、修身做人、生活作风等各个方面，定期组织党员领导干部廉洁承诺活动，在庄严的承诺过程中接受思想的洗礼；组织开展党员干部廉政教育活动，通过观看廉政影片，阅读廉政小故事，反思廉政事故案例，每周定期给党员干部发送“勤廉短信”，传播具有文化底蕴和时代精神的社会主义价值观，让广大员工干部在活动中，寓教于乐，起到润物无声的良好效果，形成了反腐倡廉思想道德教育的长效机制。

二、把社会主义核心价值体系建设融入到企业人才培养的全过程

人才是企业发展的基础，是企业价值的源泉。我们把握“以人为本”这一社会主义核心价值体系的理论前提，把坚持“以人为本”的关键定位于关注员工的进步发展，促进人才队伍的成长成熟，加强核心人才队伍的建设上。企业应当注重发现人才、培养人才三个重要环节的衔接管理。在人才的选拔上要以社会主义核心价值观为基本原则，选拔“爱国、敬业、诚信、友善”的企业员工，做到“德才兼备、以德为先”为准入点，不断提升企业员工的整体素质。

加强管理人员队伍建设。先后采取“组织配置、内部竞聘、党内换届选举”等形式，对企业管理人员进行调整，在不断建立和完善人才选拔、任用、培养、考核机制的基础上，组织外出短期培训、下基层锻炼、岗位交流等形式，推进和实施管理人员提升素质工程计划，注重提高管理人员队伍的政治鉴别能力、科学决策能力、组织执行能力、廉洁自律能力，构建和谐企业的能力。

加强专业技术人才队伍建设。把专业技术人才队伍建设作为企业基础建设和基础管理的重点，通过多层次、经常性地组织开展业务测试、专业讲座、技能比武、流程规范、岗位练兵等系列活动，力求使专业技术人才队伍的素质状况，不断地适

应企业发展的要求。

加强青年员工人才队伍建设。为企业广大的青年搭建进步平台，创造展示机会，从中发现优秀人才；通过公开竞聘、选拔青年接受专业深造、参加竞赛活动、开办素质拓展等活动全面培养和提高员工素质；建立人才储备机制，将素质硬、技术强、爱岗敬业、乐于奉献的青年员工列入企业“人才储备库”统一管理，要将青年人才工程作为一项系统工程、生机工程，与团组织特色创建活动有机融合，激发团青工作活力，有效的吸引了青年目光，凝聚了青年力量，形成了齐心协力干事创业、充满朝气活力的青年人才创建新局面。

三、把社会主义核心价值体系建设融入到企业文化建设的全过程

企业文化是一个企业的灵魂，集中体现企业的主体价值和精神风貌，它是一种“软实力”，对企业发展的影响是根本的、长期的、广泛的，是企业凝聚力和创造力的重要源泉，也是增强企业核心竞争力的重要因素。因此，新时期企业发展，必须以社会主义核心价值体系为根本，推进企业文化建设，不断增强企业“软实力”。所以，企业文化建设必须坚持在社会主义核心价值体系的引领下，通过企业文化建设的理念灌输、渗透和行为养成，进一步调动与激发员工构建和谐企业，推进社会主义核心价值体系建设的积极性、主动性和创造性。只有把社会主义核心价值体系渗透到企业文化建设的各个方面，才能树立和谐的理念、培育和谐的精神，形成和谐的人际关系、才能形成共同的理想信念，营造和谐的发展氛围。

运用社会主义核心价值观创建企业先进文化理念。以社会主义核心价值观为指导，在总结提炼具有企业自身特色的企业理念和企业精神的基础上，制定企业文化，从企业愿景、企业精神、企业价值观，明确规范的理念标识，激发员工的归属感、责任感、使命感。强化认知认同，注重搭建教育培训、文明创建、宣传报道、文娱活动等平台建设，编制《企业文化手册》人手一册，开展企业文化宣讲，使得企业文化渗透到企业的全员、全岗位，真正做到入耳、入脑、入心。

以社会主义核心价值体系建设为出发点，健全企业文化，规范员工行为规范。营造形成社会主义核心价值体系思想共识的先进文化氛围，注重在大力开展群众性文化娱乐活动中，寓于社会主义核心价值体系的文化元素，搭建企业先进文化的平台。创新活动载体，开展系列活动将社会主义核心价值观和企业文化融入其中，以其强大的凝聚力与感染力，营造了具有先进思想文化共识的良好氛围。

培育具有社会主义核心价值取向的先进典型。企业先进模范人物是企业的中坚力量，坚持有计划、有重点、扎实地推进先进典型的培育工作，开展“党员责任示范区”、“无职务党员先锋岗”、“青年文明号”等一系列活动；建立“雷锋梯队”、“郭明义爱心团队”等组织将学习雷锋活动常态化、规范化；开办“道德讲堂”将先进人物、先进典型、先进事迹进行宣讲；评选“优秀员工”、“劳动模范”、“岗位能手”用身边的先进典型感染全体员工。形成对先进典型宣传的强大声势，深度挖掘先进典型所富有的责任感、奉献精神、创造精神等体现社会主义核心价值取向的精神实质，充分发挥先进典型的榜样作用和影响力，促进了员工队伍整体思想道德素质的提高。

社会主义核心价值体系作为民族的灵魂、精神的旗帜、思想的纽带、道德的基础，在坚定不移地走中国特色社会主义伟大道路、全面建设小康社会、构建社会主义和谐社会的新形势下具有重要指导意义和特殊功能。实践使我们深刻认识到：必须把坚持用社会主义核心价值体系融入到企业的发展当中，企业才能在日益变化的竞争中脱颖而出，才能不断变化的新形势中走在前列。

【作者：清水营煤矿党委书记】

制度自信催生强国正能量

——认真贯彻十八大精神　给力民族复兴中国梦

严智辉

十八大关于“制度自信”的论断内涵丰富、意义深远。在经济上，中国“两个毫不动摇”的基本经济制度使巨大的经济能量获得释放，极大地推动了当代中国的发展进步。在面对当代西方国家的围堵、遏制及国内的质疑、诘难时，能否有机衔接改革开放30多年以来一以贯之的接力探索、以持续的经济发展进一步增强制度自信成为我们必须处理好的重大现实问题。

一、发展成就辉煌，凝成了特色鲜明、风景独好的制度自信

中国在经济上的制度自信植根于长期的探索和成功的实践。自十一届三中全会改革开放时起，中国特色社会主义建设的生动实践使强国的序幕由此拉开；在苏东剧变、社会主义肌肉萎缩的当口，中国特色理论体系及实践成为拯救社会主义的诺亚方舟；十四届三中全会明确了市场经济的发展方向后，中国经济穿云裂石、高歌猛进；金融危机前后，中国依靠“两个毫不动摇”的基本经济制度在无比艰难中经受住了考验，国企迎风挺立、大局稳定，中小企业调频换道、升级转型，整个中国经济在金融风险中凤凰涅磐、浴火重生，不仅自己强身健体、有序发展，而且与世界互利共赢、多元平衡，成为全球经济的稳定力量。

回顾30多年来改革开放的伟大实践，中国取得了举世瞩目的建设成就。1978年到2012年，中国基本实现了由传统的计划经济向市场经济的重大转变，建立了经济、法律和必要的行政手段相结合的宏观调控机制，经济增长3倍于世界同期，创造了迄今为止全球持续时间最长的经济增长记录。现在，中国以世界经济总量 10.4% 的占比跃居世界第二，制造业产值、外汇储备世界第一，手握 20 万亿元主权资产的中国成为世界上唯一净资产为正值的大国，最近十年间对世界经济增长的年均贡献率超过 20%，全球资源配置和国际竞争能力取得明显进步，成为一个经济繁荣、市场活跃的强大经济体，并日益深刻的影响着世界。

中国经济发展成就辉煌，凝成了特色鲜明、风景独好的制度自信。中国特色社会主义建设前无古人、旁无可鉴。经过几代人戮力同心、一脉相承的接续探索，其基本经济制度对多样化生产力的整合力与包容性使得社会主义市场经济在理论上得到不断的扬弃与升华，在实践中也实现了空前的繁荣和发展，开创出民族国家走向现代化的崭新制度路径，为全面建成小康社会提供了坚实保障和强劲动力。作为一个亘古及今、连绵延续的伟大民族，中国在 1840 年后 100 多年的历史中落后已久、沉闷已久，亟需一场振奋精神、激励斗志、弘扬自己、直面世界的思想激荡。当此之时，中国在世界舞台上渐次展开的波澜壮阔、生动鲜活的经济大戏，使得中华民族大踏步赶上时代前进潮流、迎来伟大复兴的光明前景。我们极其自豪的昭告世界，制度优势充分彰显的中国模式其势已成、中华儿女期待已久的制度自信其时已至!

二、觊觎“中国模式”，西方“唱衰”伎俩迭出，以动摇中国制度自信

木秀于林、风必摧之。以美国为首的西方国家近年经济复苏乏力、国内矛盾激增，但其亡我之心念念不忘，除了在政治上“诱变”、军事上“围堵”、思想文化上“蛊乱”外，还竭尽全力打压、遏制以“唱衰”中国经济。

伎俩一、遏制中国企业。国企首当其冲。近年来，国企“走出去”屡屡受阻。中国航空技术进出口公司收购 MSMCO 公司被美国阻止、上汽集团入股英国罗孚、中国铝业收购加拿大南戈壁等均被否决。非公企业亦未幸免。华为、中兴统统在美国“可能威胁国家安全”的罪名下被封杀，产值一两千万、出口蘑菇罐头的云南吉邦食品公司，在美国长达五年的“双反”调查中经营严重受损，等等事例不胜枚举。不仅如此，美国还屡屡启用“337 调查”等更具杀伤力的手段拉高税率，阻遏、压降中国企业在美国的市场份额，中国经济遭遇了冷战以来最为露骨的遏制。

伎俩二、宣扬“中国衰亡”论。受萧条的国际经济环境影响，近年来中国内需增速放慢、投资拉动力度渐缓、经济下行压力加大，改革的初期红利逐渐消减、多地出现制造业厌倦等现象。美国学者托马斯•罗斯基在 2000 年就曾宣扬“中国的经济即将崩溃”，美国法律界人士章家敦 2001 年甚至断言“中国现行的政治和经济制度最多只能维持 5 年”。尤其是进入 2013 年以来，中国经济在面对发展方式转变和经济结构转型升级日趋紧迫的压力时，主动选择了放缓增速、提升质量，于是，包括标普、美银美林和摩根大通在内的多家外资机构借机纷纷借机唱衰中国。在金融危机之后国际经济风声鹤唳的大环境下，中国经济衰亡的说法一度曾甚嚣尘上。

伎俩三、鼓吹、兜售私有化。尼克松曾说，美国应在帮助中国私营经济销蚀国营经济方面扮演重要角色。克林顿则公然声称要加速中国大型国企的衰亡，以私企取而代之。鼓吹私有化的思潮甚至形成了“华盛顿共识”，很多国家还“身体力行”，国际市场上空笼罩着浓重的私有化阴霾。国内亦出现了所谓新自由主义的附和之声，有人公开质疑公有制能否与市场经济有机融合，或假借垄断暴利、腐败案件、高薪低效、与民争利等矛盾和问题宣扬“国退民进”，甚至提出把国企全民平均、分光卖净等。

面对以上种种情况，人们不禁会问，中国的制度还有优势可言吗？中国经济该向何处去？极其复杂、充满变数的国际国内环境使中国经济面临着极其严峻的风险和挑战。

透析遏制中国企业的伎俩。在关系国家经济、科技、国防安全的重要产业和关键领域保持国有经济的控制力是国际通例。多少年来、多道险关、多重危难、多大牺牲，国企切实履行社会责任，起到了“定海神针”的作用。动摇公有制经济，就是企图对共产党的执政基础釜底抽薪、从而搞乱中国；不遗余力打压国企，也绝非要帮助中国发展非公经济，华为中兴就是明证。“后门”之说就是将经济问题政治化，充分暴露了一些国家施行贸易保护主义、扼杀中企竞争力进而阻挠、迟滞中国崛起的险恶用心。

拆穿“中国衰亡”的阴谋。“中国衰亡”论隐藏着可怕的阴谋。金融危机发端于美国银行的极端投机行为，其并非外因亦非天灾而是内部“霉变”的事实让世界对资本主义普感失望。一项在 2009 年对 27 国 2.9 万人所做的调查显示，“仅有 11% 的人认为资本主义在正常运行”。举目望去，世界多国纷纷选择多样化的外汇储备，加纳、赞比亚、安哥拉等非洲多国竞相抛弃美元。美国诺贝尔经济学奖得主菲尔普斯注意到“许多欧洲人开始谈论这将是资本主义时代的中止符”。而社会主义中国改革发展的宏伟实践充分证明，我们现在的制度不仅是近代以来中国最成功的制度，也是近几十年来世界各国总体表现最佳的制度。所以，所谓中国衰亡论完全是困兽犹斗的以邻为壑。

直面私有化的喧嚣与诱陷。看看私有化的结果。放弃自身发展道路的很多国家破而不立、问题丛生，甚至以剧烈的社会动荡为代价。如前些年俄罗斯推行“休克疗法”，对石油、天然气、国有银行等全面私有化，全体国民“人人平等、个个有份”，结果非但没有经济繁荣的如期而至，社会财富在国家意志被极度弱化的情况下通过种种力量的勾结与竞合，快速集中到少数人手中，相当长的时间里国家经济分崩离析、社会极度混乱。集中凸显了私有化基因对社会化生产方式的巨大破坏力，也反证了私有化绝非实现经济发展的通幽捷径。

邓小平同志指出，政治问题要从经济角度来解决。因而搞好经济就绝不单纯只是经济问题。守成不易、善建者不拔，中国未来经济发展必须坚定不移、思路清晰的坚持并不断完善基本经济制度，这个制度植根于文化传统同时与时俱进、契合中国国情而且彰显中国特色，这个制度路径恰当、成就确切、前景看好、值得坚持。对此，我们应有充分的制度自信。

三、坚定中国制度自信、深挖企业制度潜能，聚生强国正能量、给力民族复兴中国梦

十八大《报告》表明，我们比历史上任何时期都更接近中华民族伟大复兴的宏伟目标。古往今来华夏大地无数仁人志士所期盼的中国梦说到底就是实现中华民族伟大复兴的强国梦。习近平总书记强调，要把蓝图变为现实，还有很长的路要走，需要我们付出长期艰苦的努力。如果再回溯鸦片战争之后时隐时现的民族信仰危机、文革之后一定程度的执政信任危机，再想想上个世纪日本在取得非凡经济成就之后长期停滞的警示意义，我们就更应该增强紧迫感、危机感，以强烈的责任意识更加奋发有为、兢兢业业地干好各项工作，以昂扬的精神状态聚生强国圆梦的正能量，以坚定的制度自信让社会主义中国特色更鲜亮、前景更光明。

1．企盛国强、欲强国必应先强企。企业的强大是中国梦的坚实基础。《报告》明确，“要牢牢把握发展实体经济这一坚实基础”。要坚持以企业为主体，深挖传统市场，大力开拓新兴市场，积极承接产业转移，进一步强化全球资源及生产组织能力，力争在基础能力、新兴产业有推进提升，在装备制造、电子信息等重点行业加速发展。对国企采取研发投入视同利润、研发费用加计扣除、研发设备加速折旧等措施，对非公大中小微企业坚持多予、少取、搞活的政策取向。要充分发挥高效的政府之手和灵活的市场之手的配合协调作用，以政策、信贷、税收等培育扶持各式企业，充分释放其创新热情与创造潜能，引导各种力量投入实体经济，切实增强国家经济发展的动力与活力。

2．双轮驱动、两制携手共同发展。两制共进是长期的方针。国企要勇于担纲支柱作用，发挥人员素质、资源资本、技术水平、创新能力等总体优势对内引领行业发展、对外与世界500强同台竞技。民企可借助小、特、精、专等特点因地制宜、因时而动，发挥其绠汲相称的微观活力。两制携手、双轮驱动、优势互补、相得益彰，可以更加有效的解决社会发展的效率和动力问题，并以中国特色的产业集群在国际市场连通互惠、分进合击、同台竞争、共生共荣，共同保障中国经济的持续、健康增长。

3．创造条件、支持企业家创业绩。企业家是现代社会经济发展的核心要素。多年的市场熏染、接轨引发的西情东渐，企业家成长环境日益完善。要营造鼓励创新创业、宽容失败失误的社会氛围，倡导企业家与时俱进地构建经营哲学、价值信仰和务实作风，对国企要改变有任命无任期、有职务缺考核等乱象，建立科学完备的管理、考核、激励及监督体系。对非公企业通过荣誉、事业、社会地位、责任使命等多种激励形式和动力机制引导其发挥特长、展示能力。要充分重视、多法并举，培育勇于承担社会责任、坚持产业报国、擅长经营、精通管理的规模庞大的企业家队伍。

4．换档转向、努力推进科技创新。十八大认为，“科技创新是提高社会生产力和综合国力的战略支撑，必须摆在国家发展全局的核心位置”。要在世界经济负重前行之时调整转型、弯道超车，就要更新旧有观念、矫正发展惯性，充分重视科技的支撑引领作用，正视长期累积的结构性危机，大力加强科技基础能力建设，深入实施国家科技重大专项，尽快形成商业运营模式、产品服务模式、降本赢利模式创新，实现技术创新、产业创新从偶然性到常态化、从企业行为到国家行为的提升，以创新驱动发展，推动经济发展方式“从政策刺激向内生增长、从快字当头到好字优先、由重速度重规模到重结构重效益重民生”的根本转变。

5．审时度势、认真抓好宏观调控。十八大指出“必须更加尊重市场规律，更好发挥政府作用”。要加强货币信贷金融产业政策的协调配合，着力通过计划、财政、税收、利率等手段创设市场运行的制度基础，统筹各种利益、调控经济运行、调整产业结构、防范金融风险。要深入感悟《盐铁论》蕴含的历史哲理、认真吸取金融危机揭示的现实教训，准确把脉世界总体格局深度重塑、经济治理机制变革调整的最新特点，控制步伐节奏，确保实现稳中求进的发展基调。强大的组织动员机制与强有力的宏观调控是中国最具优势的国家竞争力之一，一些国家巴不得我们自断股肱、自废武功。

6．对标一流、转型升级制造产业。中国制造业具有一定的比较优势，但总体低端。当代社会，高端制造业更强调系统集成、综合服务、更重视性价比体验，如HTC、APPLE等。面对东盟等发展中国家的加速追赶，以及发达国家重回制造业的双重压力，我们要理性审视制造业世界第一的“虚胖”，坚决摒弃仰人鼻息的低端制造，瞄准研发、设计、品牌等国际产业链的高端，大力调整经济结构、加速产业转型升级，以可能的产能和速度损失换取更高的效益和质量，这是着眼于中国发展全局的当务之急。

7．重脑崇智、发挥人力资本作用。人才是兴国之魂。我们要解放思想、大胆突破、特事特办、急事急办，善于以培养、招聘、租赁、合作等形式灵活多样的引进人才，大胆激活国际猎头渠道以借脑借智，巧妙利用高级人才的价值溢出效应促进异企共享，增加人才投资、加大教育培训力度，促进专业化、高水平人力资本的形成。要改变重增量轻存量、重高级轻基础等现象，健全人才创业支持扶助体系，营造人才成长、发力的良好环境，引导更多的人才投身经济建设主战场。

8．审慎对待、妥善治理垄断腐败。垄断问题不能搞一刀切。对于关系国民经济命脉和国家安全等的垄断，应以确保国家经济安全为前提，不断增强其内生发展动力。对于目标企业产业集中度不高、缺乏国际话语权的现状，要加快培育一批且优且强的世界一流大企业。对于大多数行业企业，“保证各种所有制经济依法平等使用生产要素、公平参与市场竞争、同等受到法律保护”。妥善解决垄断问题，还应顺应人民群众新期待，抓住时机以坚定的信心和勇气、智慧而审慎的推进收入分配制度改革。腐败问题是当代中国最大的政治隐忧。对于腐败要坚持“十六字”方针，加强思想教育、完善领导体制，健全制度机制、加强国际交流合作，保持高压严打态势、加大查办案件力度，加强对权力运行的制约和监督，形成不敢腐的惩戒机制、不能腐的防范机制、不易腐的保障机制。要以踏石留印、抓铁有痕的劲头经常抓、长期抓，有腐必反、有贪必肃，于殷鉴不远的腐败案件中汲取深刻教训，在文恬武嬉的回溯中升华宴安鸩毒的真谛，以焦急的紧迫感切实贯彻八项规定、深入推进反腐倡廉政建设，努力做到“干部清正、政府清廉、政治清明”，促进社会和谐、惠及国家民族。

看现在，十八大部署宏伟、蓝图绘就；观长远，新时代充满希望、催人奋进。只要我们认真贯彻十八大确定的各项方针政策，坚决执行习总书记"空谈误国、实干兴邦"的指示精神，坚定道路自信、理论自信、制度自信，顽强奋斗、艰苦奋斗、不懈奋斗，就一定能聚生强国正能量，实现由经济大国向经济强国的不断转变，迈上中华民族伟大复兴辉煌壮丽的新征程。

【作者：国营第八七七厂党委副书记】

深悟　慎思与厉行

——从十八大精神到国企责任

杨绍卿

党的十八大报告指出："当前，世情、国情、党情继续发生深刻变化，我们面临的机遇和风险挑战前所未有。"深入学习领会十八大精神，充分认识电力行业发展的新形势，是开拓视野、拓展思路，寻求国有电力企业良性成长与可持续发展的必要条件和必修课。

深悟改革语境中的电力发展

盘点 2012 年的电力工业，可用波澜不惊来形容，大部分地区的煤价下降，使得火电企业有了更大空间来调整优化资产结构，同时扎实根基来探索新能源电力项目的发展，然而就云南省的实际情况而言，煤价的居高不下依然让人担忧，火电的盈利能力被大幅度削弱，一些职工对自己的职业发展前景也感到迷茫，困难就在眼前。

在这样的情势下，改革的浪潮似乎比以往都来得更猛烈些，新概念、新思路、新动作，林林总总，润物且有声。国有企业首当其冲，电力行业科学发展的矛盾也随之逐渐显现。电力供应总量不足，发展不够协调，体制机制不适应，电力市场建设相对滞后，电价政策也缺乏科学性。电力行业是国有传统企业，却需要不断适应市场新型规则；位属支柱性产业，却需要调整和优化支撑点和支撑模式。

转型要平稳，要求电力企业统筹规划，抓住重点，兼顾平衡。坚持安全发展，"安全第一"的方针丝毫不能放松，特别是把保障人身安全放在第一位，谨记大唐国际安全生产十条禁令和各项法律法规，从政治高度落实到位。追求协同发展，在行业内、企业内区域优势互补，优化人、财、物力的资源配置，正确处理大指标和小指标的关系，系统各企业开展良性竞争。力保清洁发展，在水电库区建设中以打造样板工地为目标，保护当地生态环境，在火电运营中，充分发挥首台国产化 300MW 循环流化床锅炉的设计优势，促使企业走科技含量高、资源消耗少、环境友好的发展道路。推进创新发展。加快建立和完善企业自主创新体系，注重具有前瞻性、基础性的关键技术攻关，注重创新成果的转化应用，注重标准和专利工作。

慎思多元发展下的"双提升"

2013 年是中国大唐集团公司的"管理效益提升年"，从"盈利年"到"管理提升年"再到"管理效益提升年"，足以见证电力企业价值体系的扭转和效益评价机制的完善。

可以说，准确把握国有能源型企业发展的新要求，首先要科学推进传统能源企业的价值转型，辩证地看待煤价上涨带来的影响，一方面加剧了企业供应链上的议价矛盾，缩减了利润空间，另一方面，生于忧患而死于安乐，从企业领导班子到基层员工，都将重新思考自己与企业的定位，如何提升配煤掺烧成果，如何增强业务素质，更加积极地探索多元发展模式，鼓励开展"二次创业"，创造效益基地上的循环流化床人才摇篮。

水电的发展是履行国有电力企业节能减排责任的必然选择，从我国三级阶梯的地形和丰富的水能资源看，其也是历史性的选择，云南电力公司入滇开发水电已进入第十一个年头，历经了技术制约、资金制约，环境制约，也取得了一次次的突破。由于水电厂的地理位置偏僻、人员分散，公司目前正在积极探索水电集控运行模式，完善集控中心管控体系建设，健全适应集控中心运作的管理界面，探索集控运作下的水电管理模式，提升生产管理水平。在人才队伍的管理上，打通了全员职称评审和技能鉴定渠道，全面推广水电、火电专业人员角色互换，提高全体人员业务素质。

厉行十八大精神中的国企责任

一个故障，就是一道军令；一次防汛，就是一道使命。

对社会责任的实践，要根据企业的业务特点，关注与企业生产经营活动最为相关、对利益攸关方具有重大或潜在影响的实质性议题，在主营业务优势和广泛的社会和环境问题之间找到一个最佳契合点，发挥比较优势，达到良好的履责效果，培养一种可持续的企业责任行为。

2013 年，云南电力公司围绕工作思路，全面部署了九项重点工作：以创建本质安全为基础，着力提升安全管控能力；以强化经营管理为核心，着力提升整体盈利能力；以集控中心建设为突破，着力提升生产管理水平；以加强设备治理为抓手，着力提升设备可靠水平；以多措多元发展为理念，着力提升后续发展能力；以打造精品工程为目标，着力提升基建管理水平；以理顺管理体制为重点，着力提升全员履职能力；以强党建创文明为导向，着力巩固和谐稳定局面；以贯彻落实十八大精神为契机，着力提升解决困难能力。无论是"以做强做优为目标，为打造'效益大唐'再立新功"的工作思路，还是"应对挑战，抢抓机遇，全面提升区域公司综合实力"的有力号召，其目标都无疑是满足社会不可缺失又不断增长的用电需求，改善民生，与其说，不如做。

"提供清洁电力，点亮美好生活"。短短十二个字，包含了高度的政治责任感和社会责任感，要保证它得以无差异的实现，就必须在发展建设过程中，全面落实科学发展观，使国有资产保值增值，促进国家利益的长期化和最大化；就必须为员工提供良好的工作环境和发展空间，创造信任、尊重与和谐的氛围，让每个人分享企业的成功。

一个开拓者的信念，一个领导者的使命，一个国企人的担当。只要坚持，就不必忐忑。

【作者：云南大唐国际电力有限公司党组书记 总经理】

坚定不移地走中国特色质检之路
——论中国特色质检体系的完善

杨　耘

胡锦涛同志在党的十八大报告中指出，大会的主题是：“高举中国特色社会主义伟大旗帜，以邓小平理论、‘三个代表’重要思想、科学发展观为指导，解放思想，改革开放，凝聚力量，攻坚克难，坚定不移沿着中国特色社会主义道路前进，为全面建成小康社会而奋斗。”这就明确了我们党要举什么样的旗、秉持什么样的思想、走什么样的路、达成什么样的目标等根本问题。这是我党在对当前世情、国情、党情进行深刻分析的基础上所做的判断，是我党在长期革命和建设经验的总结和提升，是对全国各族人民要求和希望的郑重回应，也是对国内、国际社会的庄严宣示。

纵观质检部门的发展历程，从古代进出口商品检验工作的萌芽与产生到近代商品检验监管工作的确立与演进，再到中国特色社会主义进出口商品检验监管工作的形成与完善的过程，中国特色社会主义商检体系已逐步形成。我国进出口商品检验机构不同于国际上有些国家的官方检验机构，也不同于一些国家的民间独立的公正鉴定组织，它是国家统一设立主管全国进出口商品检验工作的机关，这是社会主义制度决定的。中国的国情决定了必须把进出口贸易置于国家的宏观管理之下。在此过程中，各项职能犹如“百川汇海”不断加强，全面形成了以质量和安全为核心、以技术手段为支撑的质检工作体制，为维护国家经济安全、环境安全和人民健康安全，促进对外经济贸易的顺利发展起到重要作用。

在党的十八大报告中，也给新时期的质检工作提出了新的目标和要求。作为质检体系中的践行者更应该以身作则，认真学习、深刻体会党的十八大精神、在工作中务实创新，自觉地在中国特色发展的道路上，不断探索，推动中国特色质检体系的科学发展。

一、中国特色质检体系的提出及内涵

2001 年 12 月 11 日，中国正式加入世贸组织。在此之前，4 月 10 日，根据党中央、国务院的决定，国家出入境检验检疫局和国家质量技术监督局就已经完成合并工作，中华人民共和国国家质量监督检验检疫总局（以下简称质检总局）正式成立，位列国务院机构以正部级行列。应该说，这两件对质检工作来说具有重大的影响的事件发生在同一年并不是偶然的。质检总局的组建表现出国家在入世之前对即将到来的国内、国际质检事业新形势有着长远的考虑，此举也开拓了我国质检工作的新局面。

2006 年，在质检总局成立五周年之际，安徽出入境检验检疫局在中国国门时报发表《试论建立中国特色质检体制的重大意义》。文中认为，质检系统干部职工认真贯彻邓小平理论，实践“三个代表”重要思想，落实科学发展观，与时俱进，锐意改革，开拓进取，初步建立了中国特色的质检体制。同时，该文还从科学发展观、社会主义市场经济体制、转变经济发展方式等方面对建立中国特色质检体制的重要意义进行了论述。这表示，质检部门很早便自觉注意到要在中国特色的社会主义理论指导下，发展中国特色质检事业。

2012 年 2 月国务院正式颁布《质量发展纲要》，明确提出建设质量强国的奋斗目标，描绘了未来 10 年我国质量发展的宏伟蓝图，这是我国质量发展史上一件大事。

党的十八大上，胡锦涛同志强调，要坚定对中国特色社会主义的道路自信、理论自信和制度自信，夺取全面建成小康社会和建设社会主义现代化国家的胜利。在十八大精神的巨大感召下，2012 年 12 月 11 日，在国家质检总局司局级领导干部学习贯彻党的十八大精神集中轮训班开班式上，质检总局副局长、党组副书记杨刚强调，要深刻认识学习贯彻十八大精神的重要意义，深刻领会和把握党的十八大精神，坚持联系实际，推动中国特色质检工作体系建设。

紧接着，12 月 17 日国家质检总局副局长蒲长城在西安出席全国质检系统普法工作年度总结会时提出，要全面贯彻落实党的十八大精神，围绕大局，加快推进法治质检建设，探索建立具有中国特色的社会主义质检工作体系，为全面建成小康社会、坚持走好具有中国特色的社会主义道路做出质检部门应有的贡献。

这篇讲话内容主要围绕深入推进法治质检建设进行阐述，但是其宏观所指却说明，建设中国特色社会主义质检工作体系开始在质检部门步入实践，逐渐深入人心。因此，该讲话被各大机构网站转载，中国政府网更以《蒲长城：探索建立中国特色社会主义质检工作体系》为标题对此次讲话进行转载。

2013 年 1 月 8 日，在天津天宝培训中心召开的全国质量监督检验检疫工作会议上，国家质检总局局长支树平提出要坚定不移地走中国特色质检工作之路。会议上，中国特色质检工作体系得到了系统阐释。

中国特色质检体系指明新中国成立特别是改革开放以来，我们形成的相对集中统一的质检工作体系。该体系的特色是充分体现了社会主义集中力量办大事的优越性，有利于形成提升质量水平的合力。

但是，支树平强调，中国特色质检工作体系在理论体系、制度体系、技术体系和工作机制等方面都需要进一步完善。在理论体系方面，要进一步研究中国特色社会主义理论体系中的质检工作理论，形成中国质检的核心理念、基本观点和理论架构；在制度体系方面，一方面要搞好我国质检工作制度体系的评估，另一方面要做好立改废工作，形成系统完备、科学规范、运转有效的制度体系；在技术体系方面，要加强科技创新能力建设，加强技术支撑能力建设，加强一线技术保障能力建设；在工作机制方面，要从业务管理和队伍管理两方面入手，努力提高质量管理效能，为中国特色质检工作提供有力的组织保证。

至此，中国特色质检体系完成了实践——理论——实践的发展过程，成为一个可操作的理论实践体系，以高屋建瓴之势，影响着中国质检事业今后的发展。

二、把握十八大对质检工作提出的新要求，坚定走中国特色质检之路

在十八大后的新要求、新形势下，为了进一步推动中国特色质检体系的完善和发展，质检部门要根据中国特色社会主义的科学内涵，把握中国特色质检体系，坚持以质量为中心，以提升质量为主攻方向，大力实施以质取胜战略，制定落实《质量振兴纲要》和《质量发展纲要》，坚持从源头抓质量，运用各种手段抓质量，动员全社会力量抓质量，不断提升产品、工程、服务质量总体水平，维护"中国制造"声誉，走出了一条质量振兴、质量发展的路子。在实践中可以尝试在以下几个方面做好组织开展工作，形成新局面。

1．以为人民服务为宗旨

中国共产党的宗旨是"为人民服务"，因此在工作中一定要铭记。中国共产党 91 年的奋斗史告诉我们，中国共产党诞生于国家危亡之际，与中国劳苦大众有着天然的血肉联系，代表着中国最广大人民群众的根本利益。只有保持党与人民的密切联系，坚持走群众路线，事业才能顺利前进，否则就会遭遇困难，甚至遭受挫折。党的会议历来都把中华民族和人民的利益作为核心，党的十八大报告更频繁出现"人民"一词达 145 次。

质量安全覆盖到人民生活的各个层面，质检部门的工作要牢固树立"为人民服务"的意识、增强"为人民服务"的能力、丰富"为人民服务"的内涵等方面展开各项工作。以食品安全为例，中国有句古话叫"民以食为天"，但是，近几年来，食品安全问题频发、突发，人民群众对食品安全的呼声和要求也越来越高。因此我们要坚持把国家利益、人民利益放在至高无上的位置，坚持对质量安全问题"零容忍"，对老百姓的诉求诚恳对待，义无反顾地履行保国安民的职责，严格实施风险分析，严格实施准入制度，严格生产企业监管，严格监督抽查和检验检疫，严格执法打假，严格处置突发事件，同各种忽视质量安全、违反质量法规的行为作斗争，同疫病疫情作较量，努力守住安全底线。突出质量强国、质量安民的现实意义。

在群众的强烈诉求中，从事质检工作要认真贯彻落实国家质检总局提出的"人民质检"的建设要求。在实际工作中，除了做好本职工作之外，还要通过各种现代化渠道，普及质量安全知识，惠及民生。

2．贯彻科学发展观

十八大报告强调"科学发展观是党必须长期坚持的指导思想，必须把科学发展观贯彻到我国现代化建设全过程、体现到党的建设各方面"。当前，我国处于经济社会发展的关键时期，中国特色的质检工作既面临国内发展的诸多问题，也要面对国际化的机遇和挑战。因此，更需要在工作中积极贯彻科学发展观。首先要吸引并培养一大批具有较高思想觉悟、拥有现代科学技术素质、具备科学质量管理能力、具备国际化视野等全面发展的新型人才，主动发挥人才的作用，在工作中增强主人翁意识，努力形成各尽所能、各得其所而又和谐相处的质检大家庭局面；最后，要按照科学发展现的要求，建立利于科学发展观的考核与监督体系，健全科学高效管理机制。

3．全面建设法治质检

在完善法制体系的保障下，坚持走具有中国特色的社会主义道路。质检部门是对产品质量的监督部门，具有维护社会公平、维护社会公权的责任，更加需要以身作则，加强监督，才能得到人民的信任。为了加强质检部门的法制工作，早在 2010 年，质检总局法规司就印发了《质检系统技术机构法律知识培训教材》，并规定各级质检部门要广泛深入动员所属检验机构及全体人员迅速组织学习。十八大提出要健全权力运行制约和监督体系。蒲长城更明确指出，法制工作始终是质检系统的基础工作，是质检系统的灵魂。全面建设法治质检必须长期坚持、毫不动摇。为此，质检工作要紧紧围绕依法治国方略，依法质检，并加强廉政教育，强化权力制约，规范权力运行，增强制度约束力，在质检工作中凸显党的先进性，确保公平、公正、公开、廉洁，在群众中树立良好公信形象。

4．发展质检文化

继十七届六中全会发布《中共中央关于深化文化体制改革、推动社会主义文化大发展大繁荣若干重大问题的决定》之后，十八大再次郑重提出要扎实推进社会主义文化强国建设，并指出"文化是民族的血脉，是人民的精神家园。"同理，积极向上的文化氛围也是质检工作者的精神动力与精神家园，有助于提升质检工作的吸引力、影响力、凝聚力，提高者的工作认同感、荣誉感和责任感。

质检机构要制定规划，完善目标，确定路径，按照质检工作的要求，加强加快各自机构的核心价值体系建设，进而全面推进各项。以珠海检验检疫局为例，该局通过与专业文化传播公司正式签署合作协议、邀请专家进行辅导、组建文化战略决策咨询专家委员会、举办文化作品比赛等方式，使文化建设一开始就步入规范化、联合化、可持续的发展道路，取得了良好的效果。

5．履行社会职能，做好服务工作

胡锦涛同志在党的十八大报告中对坚持走中国特色社会主义政治发展道路和推进政治体制改革做出了全面部署，特别是对深化行政体制改革提出了明确要求。他强调："行政体制改革是推动上层建筑适应经济基础的必然要求。要按照建立中国特色社会主义行政体制目标，深入推进政企分开、政资分开、政事分开、政社分开，建设职能科学、结构优化、廉洁高效、人民满意的服务型政府。”

正确处理政府与市场的关系，使质检管理的“有形之手”与市场机制“无形之手”有机结合起来。这是转变质检部门政府职能的核心问题。因此在工作中，要关注企业关注的问题，积极了解企业的需求，不仅仅是履行执法、把关的责任，更要有为企业做好各项服务，提供技术支持的热心、耐心和细心，只有这样，才能在社会上广泛树立“人民质检为人民”的良好形象，以提升检验检疫的社会影响力。

三、总结

中国特色质检工作之路是在我们党的领导下，在实践工作中逐步探索出来的，充分体现了中国特色社会主义成果，是一条成功正确的道路。事实证明，中国质检工作“抓质量、促发展、保安全、强质检”的十二字方针符合中国特色社会主义的要求与特色。

在这条道路上，质检部门要把握好目标方向的指针，组织推动各项工作的科学发展，只有永葆人民质检本色，才能推动中国特色质检体系的全面可持续发展。今后的一段时期内，质检部门要将学习和贯彻党的十八大精神作为首要政治任务，坚定中国特色的理想信念，以科学发展观为指导，以为人民服务为宗旨，加强思想建设、加强组织建设、密切联系群众、注重人才培养、提高队伍素质、提升法治意识、反腐倡廉、改进作风，最终形成严谨、创新、和谐的中国特色质检新局面。

【作者单位：珠海出入境检验检疫局技术中心】

认真学习贯彻党的十八大精神
提高企业科学发展水平

张　浩

学习贯彻党的十八大精神是我们当前必须认真落实的一项政治任务和一项重要的工作，我们要把学习领会好十八大精神实质和结合实际贯彻落实好十八大精神作为衡量党员干部的态度和执行力的表现，我们必须深刻领会十八大精神内涵和新思想、新观点、新举措和新要求，用党的十八大精神武装头脑，以实际行动落实十八大精神，提高企业科学发展水平。

党的十八大主题是：高举中国特色社会主义伟大旗帜，以邓小平理论、“三个代表”重要思想、科学发展观为指导，解放思想，改革开放，凝聚力量，攻坚克难，坚定不移沿着中国特色社会主义道路前进，为全面建成小康社会而奋斗。党的十八大明确提出了“确保到 2020 年实现全面建成小康社会宏伟目标”，向中华民族吹响了全面建成小康社会进军的号角，十分鼓舞和振奋人心，从全面“建设”到全面“建成”小康社会一字提法的不同，使我们看到中国共产党领导全国各族人民走建设中国特色社会主义道路的正确选择，看到中国共产党的执政能力，看到中国共产党对理论、制度、道路的自信，看到中国的发展速度，看到中华民族在党的领导下复兴中华的信心。党中央描绘的宏伟蓝图和目标已经明确，还要靠全党全国各族人民的奋斗和实践才能实现，怎样把目标变为现实需要我们各个方面、各个层面等的共同努力，我们每名党员干部要在实现这一伟大目标中率先学习好十八大精神，团结和组织广大人民群众投身到这一伟大工程中去，并把目标变为现实，这是每名党员干部责无旁贷的光荣使命。我们每名党员干部要成为这一伟大工程的引领者、组织者、实践者，要成为这一伟大使命的先锋执行者，以党中央保持一致，跟上时代的步伐，与时俱进推进这一伟大目标的实现。

我国实施改革开放之后，“小康”这个词语始终贯穿于中国的各个发展时期，从“总体小康”到“全面小康”，从“建设”到“建成”，“小康”的表述与内涵不断与时俱进，“小康”的目标正一步步地走近。党的十八大提出的全面建成小康社会的新要求是：经济持续健康发展，人民民主不断扩大，文化软实力显著增强，人民生活水平全面提高，资源节约型、环境友好型社会建设取得重大进展。对目标提出的新要求，体现了既与十六大、十七大提出的目标相衔接，又更加切合我国新时期新发展的实际，符合中国特色社会主义全面发展的内在要求，符合深化改革开放、加快转变经济发展方式攻坚时期的实践需要，体现了承上启后和继往开来。体现了五个鲜明特点：一是保持了目标的连续性，体现了发展目标的长期性与阶段性的统一。二是更具针对性。针对当前和今后一个时期我国经济社会发展中存在的不平衡、不协调、不可持续的问题，进一步制定定性和定量的指标及实施策略，以达到提高发展质量、效益和实现可持续发展目标的目的。三是强调改革开放的重要战略地位。把经济、政治、文化、社会、生态文明各领域作为深化改革开放的重点和突破口。四是体现了经济、政治、文化、社会、生态建设五位一体的总体布局要求。五是提出了实现 2020 年比 2010 年的国内生产总值翻一番和实现城乡居民人均收入翻一番的两个“翻一番”目标。

党的十八大承前启后，继往开来，指明了举什么旗帜，走什么样的道路，用什么为指导思想，建成什么样的目标，要把科学发展观贯彻到我国现代化建设全过程和体现在党的建设各方面。实践和落实好科学发展观，坚定地走好中国特色社会主义道路，解决前进道路上的问题，实现十八大确定的目标的关键是在党的领导，因此，要加强党的自身执政能力建设，始终密切联系群众，保持党员的先进性和解决好纯洁性建设问题，要加强党的思想建设、组织建设、作风建设、制度建设和反腐倡廉建设，实现中国共产党领导和团结全国各族人民全面推进中国特色社会主义伟大事业和建成小康社会。

茂名华达企业有限公司是 2004 年从茂名石化公司改制分流出来的一个股份合作制性质的企业，其主要业务是从事物业管理服务，是一个取得国家二级物业管理服务资质和四级房地产开发资质的企业。公司的物业管理服务区域有 70 个小区，管辖楼房 1100 多栋，区域面积 280 万平方米，物业服务面积 250 万平方米，业主 2.8 万户，近 10 万人口。公司现有员工 2000 多人，其中改制员工 368 人，招聘员工 300 多人，从协解人员中重新安排的非全日制物业服务协管员 1300 多人，经过改制后的不懈努力和茂名石化公司的规范支持，所管辖的小区有 34 个被为茂名市安全文明优秀小区，34 个小区被评为二级物业管理达标小区，公司获得广东省就业工作先进集体，广东省和谐劳动关系先进企业、广东省诚信示范单位、广东省模范职工之家。公司党委获得茂名石化先进党委。华达公司的发展和取得的成果，离不开茂名石化公司的关心、指导和支持，离不开企业自身适应社会发展的需要和市场竞争，走出了一条做强做优企业之路。

华达公司在新的发展时期、新的形势任务、新的发展要求下，怎样把物业管理服务工作做得更好，怎样构建文明、和谐、安全、舒适、整洁的社区，怎样打造茂名地区一流的物业管理服务企业，怎样管好、教育好协管员和发挥好协管员的作用，使企业的发展符合科学发展的要求，都需要认真研究和有效组织实施。笔者认为，华达公司应在如下二个方面下功夫。

一、在认真领会党的十八大精神内涵和精神实质上下功夫

以党的指导思想武装头脑，联系思想实际，提高认识，把思想统一到党中央的要求上来，学习新思想、新观念，掌握新举措和新要求。更加深刻深入理解好科学发展观，做到清楚、明白和理解，牢固树立科学发展企业的理念，把科学发展理念贯穿于我们企业的谋划、措施、方式方法、评估评价、考核、成果等全过程，从思想认识上做到用科学发展统领所有工作，使企业科学发展始终体现在领导者的思想观念上。

二、在认真贯彻落实上下功夫

学习贯彻十八大精神，关键是落实在运用和实践及取得成果上，要做到这一点，最根本的是要坚持理论联系实际，学以致用，在实践中着眼，在运用上着力，把科学发展观体现在推动企业健康和谐和有效发展上，用党的十八大精神指导企业的发展工作，形成在十八大精神指引下促进企业科学发展的生动局面和活力上，为加强社会管理和建设茂名地区一流的物业管理服务企业发挥促进作用。党员领导干部要做到先学一步，起到带头学习、带头宣传、带头实践的作用，使党员领导干部成为推动企业科学发展的领头羊和践行模范。

（一）认真扎实抓好工作任务落实

党的十八大报告强调，发展仍是解决我国所有问题的关键。华达公司必须以科学发展为主线，紧紧抓住经济建设这个主题，以崭新的精神风貌和务实的作风，围绕华达公司生产经营管理服务和稳定工作的中心任务和全年的奋斗目标来落实工作。

1．在抓好谋划工作计划和今后发展规划的落实上下功夫。

以党的十八大精神为指导，紧密围绕华达公司生产经营管理服务和改革发展稳定工作的中心任务，结合实际认真思索制定符合科学发展企业的工作计划和发展规划，做到思路清晰、目标明确、工作任务清楚、工作措施得力、实施细则可行，广大干部职工认可。

2．在抓好队伍建设，为实施计划提供人力资源的保证上下功夫。

市场的竞争最终归结为人才的竞争，归结为团队的建设，归结为企业的创新发展。制定计划和规划要靠人才和发挥集体的智慧，最关键的是靠人去实施好执行到位和做出成绩及实现既定目标，抓好干部队伍、党员队伍、职工队伍的建设就成为企业实施计划和完成目标任务的关键。华达公司要在加强队伍思想认识、业务知识、相关知识和业务能力的培训，切实提高队伍的思想政治素质和业务素质，在适应新形势新任务和解决新老问题的能力上下功夫和真正做到落实，以提高队伍的执行意识、执行能力来保证企业计划的顺利执行和达到预期目的。

3．抓好探索研究，在解决好存在的现实问题和困难上下功夫。

坚持改革发展是解决企业前进中一切困难和问题的关键，发现问题和解决困难及问题是领导人员的能力表现和职责，作为企业的管理者必须在用心尽责抓好企业发展的同时，关注和发现工作和管理中出现的问题并加以认真重视并积极探索研究，分析其情况和原因，提出切实可行、科学的解决对策。公司管理者要实现这一目的，不仅自身要带头思考和研讨，要发动大家来探索，要问计于员工，发挥集体智慧的作用。比如对如何把华达公司建设成为茂名地区的一流物业管理服务企业，如何构建和谐、文明、安全、整洁、舒适社区，如何解决住宅区机动车停放管理与车位不够的矛盾，如何解决物业管理收费难等问题进行探索研究，提出解决办法和对策。

4．在提高物业管理服务水平，促进社区管理上下功夫。

社区建设和社区管理是社会管理的一个重要组成部分，搞好社区建设和管理对促进社会管理有着重要作用。华达公司是茂名地区取得国家二级物业管理资质且是管辖最多面积和住户的物业管理服务的企业，服务的业主住户有 10 多万人，发挥好华达公司物业管理的优势，努力打造好自身的物业服务品牌，切实抓好和提高物业管理服务水平，进一步提高业主住户对物业管理服务的综合满意度，构建和谐、文明、安全、整洁、舒适的社区，这对于促进茂名市的社会管理有着积极作用和意义。华达公司要充分利用茂名石化公司对茂名石化住宅区投入资金进行改造和完善配套设施之机，积极配合茂名石化公司做好社区改造工作，创造一个设施配套完善的硬件社区的宜居环境，与此同时，进一步提高员工队伍的服务意识、竞争意识、能力建设意识，以切实抓好员工业务能力的提高来加强安全保卫工作，进一步降低发案率，进一步搞好物业维修工作和卫生保洁工作，及时为业主住户提供维修服务和提供整洁的生活居住环境，进一步搞好社区文化建设和开展形式多样的社区联谊活动，加强公司与业主住户、业主住户之间的沟通，协调处理各种关系和解决好社区管理的问题，努力引导业主住户抵制邪教、爱护公共设施、爱护社区环境、遵守业主规约、遵守公共道德，共建文明、平安和谐社区，共建幸福社区、共享建设社区成果。

5．在做好非全日制物业服务协管员的教育、管理和发挥协管员作用上下功夫。

华达公司按茂名石化公司的要求从2008年至今已帮扶了2000多名困难协解人员在华达公司就业从事物业服务协管工作，而华达公司的在职改制员工只有350多人和招聘员工300多人，要管好这支带着怨气带有抵触情绪、认识不高的协管员队伍是比较困难和有巨大压力的。一方面要按管理规定培训教育和管理好他们协助管理物业，又要做好他们的思想政治工作，使他们懂得依规守纪行事，懂得感恩茂名石化的帮扶；另方面又要做好劳动纪律的有效管理和队伍的稳定工作。这是一项长期的工作，也是一项政治任务，是对华达公司的一个考验。虽然经过几年的教育和管理，解难释疑，依规管理，实现了协管员队伍的总体稳定，但还需要进一步巩固成果和解决出现的新问题。要在教育引导做好本职工作、遵章守纪、维护稳定、感恩回报、关心帮扶、解决实际问题、加强管理和使用好协管员上下功夫。通过加强有针对性的教育引导和做好一人一事思想政治工作，建造协管员上班班房，改善值班条件，力所能及按规定做好困难协管员的因病因家庭生活困难等方面的困难补助工作，切实为他们解决一些生活上的困难，为他们解决正当诉求问题和为他们办实事办好事，按上级的政策要求，协助茂名石化公司做好协解人员的缴纳基本社会养老保险和基本医疗保险的帮扶，组织他们开展文体娱乐活动，增加沟通和增强对企业的归属感。通过有效管理，使他们遵章守纪和履行职责，通过合理使用好协管员，发挥好协管员的协助管理社区的作用和降低企业劳动力成本，以实现管好协管员队伍为社区服务、推进和谐幸福社区建设的工作和达到协管员队伍总体稳定的目的。

6．在抓好经营管理和挖潜增效上下功夫。

华达公司的经营收入主要靠出租房屋、商铺和承揽物业维修项目、一些其他工程以及物业管理服务收费，近两年通过精细化管理、节支控费、出租物业的保价提价实现了较好的经营收益，每年上缴税金1000多万，但原材料的价格上涨和人工成本的增加给经营带来巨大压力，一方面华达公司要按中国石化总公司对提高社区管理水平的标准的要求做好工作和满足业主不断提高服务质量的要求；另方面又要消化物业管理服务成本的增加以及要实现员工每年收入水平的提高，这是无疑是对华达公司的一个严峻考验。因此华达公司必须进一步加强经营管理和提高管理服务水平，管理到精细，经营好每一元钱，节约每一分钱，发动广大员工参政议政，建言献策，依靠广大员工经营管理好企业，引导广大员工坚定信心，克服困难，立足岗位，做到在提高服务水平的同时，将现在每平方米0.2元～0.5元的物业管理收费逐步提高；按照市场化原则，加强对物业（房屋、商铺、场地）出租价格的调查，做到按市场化要求和价值规律对物业出租价格进行适当调整，并将所有物业资源盘活出租，以此来增加经济收入；对内部要加强控制管理，降本控费，节约开支，发动广大员工节约每一滴水，每一度电，以此实现增收节支、降本增效，实现企业经营效益最大化和服务水平相应提高的目标。

7．在完善制度和执行制度上下功夫。

制度是搞好企业管理的保证，没有方圆不成规矩。要用制度管人，靠制度管事，按程序办事，才能使企业得到健康发展。从国企转制过来的华达公司已经制定和完善了许多配套的制度，也完善了机制，但随着形势的变化和新情况的出现，企业必须与时俱进将成功的经验和做法固化为制度，根据新要求不断完善原有制度和创新制度。华达公司要坚持职工代表大会制度、厂务公开制度、集体合同制度、平等协商工资制度、安全生产制度、党风廉政建设制度、党支部的“三会一课”制度、经营班子民主生活会制度、“三重一大”决策制度、思想政治工作责任制、人才引进和人才培养制度、激励制度等，领导干部要率先执行好制度，以领导干部的带头作用带动各部门、各单位、个人执行好制度，使企业的各项规章制度和公司章程的规定得到有效执行，使制度成为加强企业管理、加强监督、维护员工合法权益、促进企业健康可持续发展的重要保证。

（二）认真抓好党的建设和干部队伍作风建设，有效推进企业科学发展

加强党的能力建设、先进性建设和纯洁性建设是党在新时期与时俱进提出的要求，要通过不断加强党员队伍的思想建设、组织建设、作风建设、制度建设和反腐倡廉建设，才能保证党以崭新的精神风貌开创党建工作的新局面，才能保证党的事业发展和保证带领全国人民科学发展建设祖国，科学发展经济。华达公司要以建设“精神状态好、能力素质好、团结协作好、服务群众好、廉洁自律好”为目标，切实加强领导班子建设，抓班子，带队伍，促和谐，推发展，始终把职工群众的利益摆在第一位，牢固树立群众观念和制定联系服务群众制度，努力做到民主决策、依法决策、科学决策。努力改进领导干部工作作风，提高工作效率，精简会议，深入基层，深入社区，贴近群众，贴近实际，求真务实，多办好事实事，加强调查研究，摆问题，找差距，定措施，抓整改，促转变，推发展，努力提高服务大局、服务企业、服务群众的能力，谋划好企业的科学发展，构建和谐文明社区，建设幸福华达，以发挥党委的政治核心作用、党支部的战斗堡垒作用和党员的先锋模范作用来体现党的先进性，体现推动企业科学发展，体现推动建设茂名市物业服务一流企业的步伐，体现推动提高党的建设科学化水平，以改革创新的精神和切实有效的新举措，努力开创华达公司新发展和努力开创服务社区、建设社区的新局面。

【作者：广东省茂名华达企业有限公司党委书记 工会主席】

建设学习型　服务型　创新型基层党组织的探索与思考

张　济

党的十八大指出，党面临着严峻的执政考验、改革开放考验、市场经济考验和外部环境考验，精神懈怠危险、能力不足危险、脱离群众危险、消极腐败危险更加尖锐。全党要牢牢把握加强党的执政能力建设、先进性和纯洁性建设这条主线，全面加强党的思想建设、组织建设、作风建设、反腐倡廉建设、制度建设，建设学习型、服务型、创新型（以下简称“三型”）的马克思主义执政党，确保党始终成为中国特色社会主义事业的坚强领导核心。这一论述，抓住了根本，抓住了关键，抓住了要害，充分体现了我们党以改革创新精神全面推进党的建设新的伟大工程，全面提高党的建设科学化水平的信心和决心。党的基层组织是团结带领群众贯彻党的理论和路线方针政策、落实党的任务的战斗堡垒，是党全部工作和战斗力的基础，基层党组织普遍建成“三型”组织是党建设“三型”马克思主义执政党的基础。近年来，燎原无线电厂党委在提高党组织和党员的学习力、服务力和创新力方面进行了一些探索和实践，取得了一定成效，并对深化“三型”基层党组织建设进行了初步思考。

一、建设“三型”基层党组织的重要意义

（一）建设“三型”基层党组织是贯彻党的十八大精神，落实科学发展观的具体举措

党的十八大提出要“五位一体”加强党的建设，把科学发展观体现到党的建设各个方面，努力建设“三型”马克思主义执政党。我们认为，如果科学发展是党建的关键目标，“五位一体”是党建的主要内容，那么“三型”就是党建应具备的内在机制和主要功能，其中学习是前提和基础，服务是宗旨和核心，创新是追求和动力。基层企业党组织建设“三型”党组织，就是要以学习水平提升创新水平，以创新水平提升党建水平，以党建水平提升服务水平，以服务水平提升企业科学发展水平。

（二）建设“三型”基层党组织是保持先进性，建立创先争优长效机制的有效载体

党的十八大强调要健全党员立足岗位创先争优长效机制。近年来，企业两级党组织立足企业发展大局，按照“四好四强四优”标准，深入开展创先争优活动，服务发展能力持续提高，先进性不断巩固。但企业所处的环境、面临的形势不断变化，对两级党组织不断提出新的更高的要求。建设“三型”党组织，就是巩固“创先争优”成果，不断发挥政治核心、战斗堡垒和先锋模范作用，使创先争优成为自觉和常态的有效途径。

（三）建设“三型”基层党组织是实现企业“十二五”战略目标，加速企业转型发展的重要保障

党的十八大提出以经济建设为中心是兴国之要，发展仍是解决我国所有问题的关键。近年来，企业党政团结带领广大干部职工，思变创新，追求卓越，实施向科研生产经营型企业转型发展战略取得了阶段性成果。当前，企业已经进入加速转型发展的关键时期，迫切需要两级党组织不断提高学习、服务和创新能力，集中全体干部职工的智慧和力量，为企业实现更高水平的科学发展提供坚强政治保证、思想保证和组织保证。

二、建设“三型”基层党组织的主要实践

（一）以深入学习实践科学发展观活动为契机，大力推进学习型党组织建设

1．健全学习机制。通过设立学习型党组织建设领导和工作机构，制定建设方案和计划，建立学习组织机制。通过健全党工团学习等制度，制定学习计划，统一学习笔记，建立学习管理机制。通过设立党支部分级经费支持机制、内部培训师、培训学习积分制度，建立学习保障机制。

2．创新学习方法。通过实行领导干部带头学习、专题报告辅导学习、专项课题调研学习、检查督促学习、党员干部交流学习、内网开辟专栏学习等有形有效的学习活动，使党员干部的学习变得更加生动丰富。

3．搭建学习平台。通过举办软件工程硕士等在职学历教育，组织参加各级各类职业资格考试，建立博士后工作站，创办职工书屋，设立党员书架，开通党员短信平台，选派干部挂职交流等方式创造学习机会。

4．明确学习内容。把党的基本知识和基本理论，特别是中国特色社会主义理论体系以及党风、党纪、党性、党章作为党员干部的“必修课”，把本部门、本岗位的专业知识作为“专业课”，着眼于改善党员干部的知识结构和综合素质为党员干部提供丰富“选修课”，不断优化学习内容。

（二）以建设“大服务”党建工作格局为抓手，着力推进服务型党组织建设

1．通过抓方向参与重大决策、抓干部强化领导班子建设、抓人才优化人力资源、抓思想提升职工综合素质、抓文化提升企业软实力、抓和谐促进企业科学发展、抓监督完善内控管理，提升党组织和党员服务企业科学发展能力。

2．通过党建思想政治工作管理体系明确党建工作的基本目标和主要方针，整合起党工团组织全部服务资源，强化对工团组织和党支部的支持和指导，落实党支部工作经费保障机制，加强党员和政工干部培训，强化党支部创先争优考核和运用，提升厂党委服务工团组织和党支部的能力。

3．通过强化党员教育培训、保障党员合法权益、丰富党员组织生活、关心帮扶困难党员，提升党组织服务党员能力。

4．通过消除无党员班组加强党的组织覆盖，提升党员服

务群众的自觉意识，创新服务群众的工作载体，提升党组织和党员服务职工群众能力。

5．通过开展文明单位建设，参与文明城市创建，实施“百名党员助学”工程，为山区小学、聋哑学校捐建图书室、电教室，为联建社区和山区乡镇订阅《中国航天报》，组织参与志愿服务等途径履行社会责任，强化企业服务社会能力。

（三）以广泛开展特色党支部创建为载体，着力推进创新型党组织建设

1．着力解放思想，增强创新意识。引导党支部围绕企业和本部门业务以及企业党建和党支部工作水平提升的主题开展调研和研讨，分析形势、了解需求，增强创新紧迫感。

2．提高党员素质，增强创新能力。两级党组织以建设学习型党组织为抓手，不断强化党员干部学习培训，优化党员队伍结构，提高党员干部整体理论素养和综合素质，为党建创新夯实基础。

3．建立创新计划，有序推进创新。每年党建工作管理创新举措数量作为党建思想政治工作管理体系的质量目标予以明确，成为党支部和党群部门必须完成的工作计划。

4．建立激励机制，强化创新动力。通过开展特色党支部、党建工作创新案例、优秀政研论文评选，并将评选结果纳入党支部考评，与党支部工作经费挂钩，提升了创新积极性。

三、建设“三型”基层党组织的几点体会

（一）意识到位是前提。建设“三型”党组织，党员既是推动者也是参与者，只有充分尊重党员主体地位，引导党员干部普遍提高对“三型”党组织的理解和认知，才能充分发挥广大党员干部的主观能动性，确保“三型”党组织建设基础牢固。

（二）领导重视是关键。建设“三型”党组织，首先要求领导干部必须是“三型”领导干部，领导班子必须是“三型”领导班子。各级领导对建设“三型”党组织认识的高度决定了本单位、本部门建设“三型”党组织深度和力度。

（三）载体创新是手段。建设“三型”党组织，载体是抓手、是平台，没有各项活动的扎实有效开展，建设“三型”党组织就仅仅还是口号。加强载体创新使建设内容更加具体、形式更加生动、主体更加大众、机制更加常态。

（四）机制建设是基础。建设“三型”党组织，关键是要在“型”上下功夫，就是要建立一种科学有效、稳定持久、规范明确的工作机制，包括组织领导机制、过程管理机制、资源保障机制、考核评价机制和系统更新机制。

（五）实践检验是标准。建设“三型”党组织，要把促进企业科学发展、和谐发展作为出发点和落脚点，是否建成“三型”党组织以及建设举措是否有效，裁判权在广大党员群众，唯一的检验标准就是是否促进了企业和员工的全面发展。

四、深化“三型”基层党组织建设的初步思考

（一）下好“五个功夫”，实现全方位推进，着力夯实学习型党组织建设

1．在强化理论武装、增强理想信念上下功夫。党的十八大强调要抓好思想理论建设这个根本，教育引导党员干部矢志不渝为中国特色社会主义共同理想而奋斗。围绕企业发展大局，按照科学理论武装、具有世界眼光、善于把握规律、富有创新精神的要求，以深入开展航天核心价值体系主题实践活动为契机，普及中国特色社会主义理论，提高党员干部理论水平，引导党员干部拓展知识、开阔视野，学会用马克思主义的立场、观点和看法对待问题、解决问题。

2．在密切联系实际、推动科学发展上下功夫。党的十八大提出，解放思想、实事求是、与时俱进、求真务实，是科学发展观最鲜明的精神实质。弘扬理论联系实际的优良传统，引导党员干部把解决影响个人、部门和企业科学发展的关键问题作为学习的出发点和落脚点，善于通过调查研究问计于民、广集民智，使学习的过程成为凝聚力量的过程、解决问题的过程、推动发展的过程。

3．在创新学习方法、增强学习实效上下功夫。党的十八大强调要始终把改革创新精神贯彻到治国理政各个环节。在推进学习型党组织建设中要引导党员干部树立终身学习、工学结合、管理学习的学习理念；要尝试分组学习、调研学习、体验式学习等学习方式；要策划建立业余党校、丰富党员季度党课、优化党支部“三会一课”，丰富学习载体；要定期开展读书交流、学习报告会、专题知识竞赛、技能比赛等学习活动；要运用网络、手机等媒介，创新学习途径。

4．在强化领导带头、发挥示范作用上下功夫。党的十八大要求广大党员干部要讲党性、重品行、作表率。在学习党组织建设中，领导干部要通过荐书、写书评等活动，营造领导干部带学、党员群众跟学的氛围；要探索建立领导干部研究式学习机制，领导干部每年在分管领域确立最少一项课题，组成课题组开展学习、调查和研究；领导干部要走上讲台，为党员群众分享学习体会和研究成果。

5．在加强制度建设、建立长效机制上下功夫。党的十八大提出深化改革要构建系统完备、科学规范、运行有效的制度体系。规范健全的制度是建设学习型党组织的基础。要完善党委中心组学习制度，提高学习频次，设立务虚会、读书交流会，加强学习通报、督导和评估。要健全学习管理制度，制定学习型党支部、学习型党员评选办法，推广党员学习积分制，设立党员学习档案。要健全学习考核制度，针对不同党支部、不同党员分类制定评价标准，建立述学、评学、考学制度，将学习与党员干部的职业发展、薪等薪级结合起来。要健全学习领导制度，制定深化学习型党组织建设实施方案，形成党委领导，行政支持，党工部牵头，各部门分工负责、积极参与的领导和工作机制。

（二）实现“五个提升”，完善“大服务”格局，持续深化服务型党组织建设

1．提升服务理念。党的十八大重申了党的根本宗旨是为人民服务，提出要在全党深入开展以为民务实清廉为主要内容的党的群众路线教育实践活动。建设服务型党组织首先要强化宗旨意识教育增强党组织和党员的服务意识，要设立课题深入研究服务型党组织建设和“大服务”党建格局的构建，始终把服务企业科学发展作为核心、服务职工群众作为根本、服务基层党组织和党员作为基础。

2．提升服务功能。党的十八大始终强调党的建设要科学

规范。建设服务型党组织要科学制定方案，从方向引领、工作指导、经费保障、考核评价等方面拓展党委服务党支部功能；从党员管理、教育、帮扶和组织生活等方面拓展党组织服务党员功能；要从政治引领、思想教育、文化建设、人才建设、和谐建设等方面拓展党组织和党员服务企业科学发展功能；要通过深化“全国文明单位”建设，整合资源履行社会责任拓展企业服务社会功能。

3．提升服务能力。党的十八大指出发展建设的关键在于建设一支能力过硬的骨干队伍。要通过人才引进和加强培训培养，优化党员干部队伍结构，提高党员干部综合素质，使党组织和党员干部贯彻落实党的路线方针政策的能力、推动发展的能力、管理服务的能力、做思想政治工作的能力和为员工办事的能力不断增强。

4．提升服务水平。党的十八大强调以人为本、执政为民是检验党一切执政活动的最高标准，要通过评选服务型党支部、服务型党员强化激励，设立服务型党支部建设论坛强化经验交流，不断完善各层级服务的途径和平台，完善服务制度，整合资源形成服务合力，提高服务水平。

5．提升服务满意度。党的十八大强调要始终把群众放在心中最高位置，就是要以群众满意为最终目标。要通过扎实有效开展三亮（亮标准、亮身份、亮承诺）、三比（比技能、比作风、比业绩）、三评（群众评议、党员互评、领导点评）、三创（创满意窗口、创服务品牌、创服务标兵）活动，进一步提升职工群众对党组织和党员、党员对党组织的满意度。

（三）实施“五个强化”，夯实创新基础，持续深化创新型党组织建设

1．强化创新氛围。党的十八大指出要始终相信群众、依靠群众，就是充分尊重广大群众和普通党员的创新主体作用，通过设立党员意见箱、党委书记网上留言板、党群部门领导干部驻点联系党支部等方式，广开言路、集思广益，倡导人人为党建工作献计献策，营造良好的创新氛围。

2．强化创新意识。党的十八大指出推动创新要凝聚全社会的智慧和力量，建设创新型党组织要通过设立举办党建创新大赛、设立党建创新大奖，激励广大党员干部的创新动机，激发广大党员干部的创新兴趣，维护广大党员干部的创新情感，凝聚广大党员干部的创新意志，使创新成为广大党员干部的自觉行为。

3．强化创新能力。党的十八大强调要坚持解放思想、改革创新，确保党始终走在时代前列。要通过引导党员干部持续加强学习、不断更新知识，强化复合型政工干部队伍建设，有效提高党员干部发现问题、分析问题、解决问题的能力。

4．强化创新机制。党的十八大强调创新要有评价标准、激励手段和转化机制，推动党建创新可以通过收集发布党建服务对象的新需求、研究最新党建工作理论、完善党建创新激励政策，不断优化党建创新动力。通过建立党建创新工作机构、明晰党建创新管理制度，不断优化党建创新运行机制。

5．强化创新应用。党的十八大还强调全党一定要勇于实践、勇于变革、勇于创新，要引导党员干部及时总结党建创新经验，通过定期开展党建工作交流、充分利用内网党建专栏，搭建交流分享平台。要及时将基层党建创新经验进行完善提炼，注重宣传和推广。

建设“三型”基层党组织是一项系统工程，要边探索、边思考、边完善，不断总结深化建设“三型”党组织的实践经验，在实践创新、形成合力上想办法，在理论提升、强化指导上功夫，努力实现资源利用最优、功能发挥最佳、满足需求最好，不断提升企业党建水平，推动企业科学健康发展。

【作者：中国航天科技集团公司第七研究院燎原无线电厂党委书记】

加强口岸建设　助推绿色崛起

——学习十八大文件心得体会

周功民

众所周知，要实现经济社会又好又快发展，必须继续扩大对外开放，要扩大对外开放，就必须重视发展口岸事业和口岸经济。只有不断加强口岸基础建设和口岸通关服务保障能力建设，优化口岸服务环境，才能有力推进扩大开放。

党的十八大报告号召全党全国人民，到 2020 年要实现全面建成小康社会的奋斗目标。围绕着实现这一宏伟目标制定了一系列强有力的保障措施，其中最重要的一条措施，就是要进一步深入推进和扩大改革开放。

中共海南省委六届二次会议鲜明地提出要以党的十八大精神为指导，继续深化改革、扩大开放，实现科学发展、绿色崛起的奋斗目标。现结合工作实际，围绕“加强口岸建设，助推绿色崛起”谈几点心得体会和思考建议：

一、必须正视口岸在海南省经济社会发展中所起的不可替代的作用

口岸是由口岸综合管理子系统、口岸查验子系统、口岸货源子系统、口岸运输子系统和综合服务子系统等5个相对独立、分工协作的子系统组成，在国际政治经济交往、改善投资环境、发展外向型经济和促进经济社会全面发展中发挥了不可替代的重要作用。

（一）口岸是对外开放的窗口。目前，海口美兰国际机场开通海口至首尔等 9 条国际和地区航线，三亚凤凰国际机场开通国际航线 35 条、地区航线 3 条，三亚港口岸凤凰岛邮轮码头开通三亚至越南的邮轮航线，海口港开通海口经香港中转世界各地的集装箱航线，以及洋浦至越南等 16 条内外贸航线，

打开了海南对外开放的窗口，让世界了解海南，让海南走向世界。金砖国家领导人会晤、博鳌亚洲论坛等重大国事活动和世界级的文体赛事纷纷落户海南，海南已成为举世瞩目的焦点和世人向往的旅游度假天堂。在国际交往中，口岸处于对外开放的最前沿，海南口岸单位以最优质的服务展示了文明、礼貌、热情、周到的口岸形象，让来自世界各地的每一位宾客率先透过口岸这扇窗口感受海南不一样的风情与好客，感受到这个热带岛屿独特的气息和魅力。

（二）口岸是资源流通的通道。人员、货物、物品和交通工具等出入境必经口岸，海南每年有近百万人次、约 2000 万吨货物和6000多架次飞机、5000多艘次船舶通过口岸出入境。据统计，2011年海口美兰国际机场和三亚凤凰国际机场双双突破 1000 万人次，全省港口货物吞吐量突破 1 亿吨，集装箱吞吐量突破百万标准箱。其中通过口岸出入境旅客达 798655 人次，同比增长 15.3%；出入境飞机 6053 架次，同比增长 7.1%；出入境船舶 5198 艘次，同比增长 1.6%；出入境货物 1904.31 万吨，同比增长 4.5%。为确保口岸通关安全，便捷，顺畅，口岸单位不断创新服务理念、改革通关方式、简化通关手续，夜以继日地工作，为人员、货物和交通工具顺利通过口岸通道提供强有力的服务保障，为国际旅游岛建设不断凝聚正能量。

（三）口岸是推进开放改革的先锋。1988 年海南建省办经济特区，国务院赋予海南许多优惠政策，特别是海南国际旅游岛建设上升为国家战略后，又给予一系列优惠政策支持。境外游客购物离境退税、离岛旅客免税购物和口岸入境签证、26国入境免签证、邮轮游艇开放等优惠政策在海南落地实施并持续释放效应，口岸首当其冲担当着先行先试的重任。由此可见，口岸在落实优惠政策、扩大对外开放、促进国际旅游岛建设中起到了先锋示范作用。

（四）口岸是经济社会发展的推手。口岸是经济社会发展的重要基础设施，口岸经济是以口岸为基点向外辐射而形成的复合型经济，它具有涉外性、牵动性和层次性，既有口岸本身的经济活动，又有与口岸直接相关的临港产业，也有间接与口岸相关的外向型经济。据统计，2011 年，海南口岸监管货值登上百亿美元台阶，关税收入突破百亿人民币大关，对外贸易进出口总值达 130.23 亿美元。口岸经济的发展对本地和腹地相关产业的发展产生了极大的辐射作用，成为地方经济的增长极。实践证明，依托口岸优势发展区域经济，尤其是发展外向型经济、推动邮轮游艇这一新兴产业发展的重要推手，洋浦经济开发区和老城开发区经济社会快速发展就是成功的典范。

（五）口岸是国家安全的屏障。口岸是国家的门户和关口，在捍卫国家安全、维护国家利益和社会安定中发挥了重要的作用。海关部门加强物品、货物查验监管，严厉打击走私犯罪，维护海南良好的经济秩序；检验检疫部门及时发现并妥善处置疫情，将卫生检疫风险消除在国门之外；海事部门严格执法，确保海运口岸安全运行；边防检查部门加强对出入境人员检查和管理，严厉打击口岸各种违法犯罪活动，既维护了国家的安全和社会的稳定，又为出入境人员顺利便捷通关提供优质服务。特别海南省第六次党代会召开后，口岸单位紧紧围绕坚持科学发展、实现绿色崛起的目标，认真履行国门卫士的职责，扎实工作，严格执法，热情服务，为打造健康岛、文明岛、和谐岛、安全岛做出了积极的贡献。

二、必须妥善解决目前口岸建设发展中存在的突出问题和困难

海南建省晚、经济总量小，特别是口岸基础比较薄弱，目前还是个口岸弱省。随着国际旅游岛建设和海洋强省战略的实施，海南口岸建设、发展和服务保障的需求空间将会越来越大，同时海南口岸基础设施建设和服务保障能力不足的矛盾也会愈显突出。当前海南口岸面临的问题和困难突出表现在以下几个方面：

（一）口岸综合服务保障能力弱。一是口岸基础设施建设“先天不足”。目前，海口美兰、三亚凤凰国际机场进出境旅客年吞吐量设计能力均为 30 万人次，而 2011 年实际均已接近 40 万人次。由于基础设施建设功能不齐全，查验监管和地服保障设施设备陈旧简陋，不能满足 2 个以上航班旅客同时进出境通关服务保障。海南省大多数海港口岸开放时间较早，在没有达到国家开放标准的情况下，大都采取“先开放、后建设”的方式，致使口岸基础设施和查验设施存在着“先天不足”的问题，严重制约了口岸通关效能的提升。二是口岸发展“营养不良”。随着海南国际旅游岛建设的深入推进，出入境业务量剧增，口岸基础设施和通关查验服务配套设施不完善，口岸联检机关编制配备不合理，现场查验管理队伍力量不足，人手紧缺，致使口岸发展存在着内在能力不强的问题，难以满足业务量快速增长的实际需求。目前，海口港、三亚港、洋浦港和八所港口岸监管范围均由过去单一的港区、码头延伸到多港区、多码头，工作量超过 10 年前的 10 倍、20 倍以上不等，但全省口岸查验单位人员编制基本是上世纪 90 年代的规模。为满足日常工作需求，海关、检验检疫、海事、边检等查验单位只能采取临时聘请人员开展非技术的辅助工作，虽能在一定程度缓解人员不足的矛盾，但存在着严重的执法隐患。

（二）口岸管理体制机制不顺畅。一是口岸管理事权分散、职能交叉，口岸通关服务配合不够协调。口岸管理涉及对象多，协调范围广，服务战线长，属于国家事权、垂直管理，各单位有各自的行政管理职权、专项经费及专门的法律、规章制度和条条管理限制。按现行口岸管理事权的划分，口岸规划和开放的审批、查验监管等事权集中在中央，口岸建设和运行管理则主要由地方承担。实际工作中，由于地方口岸综合管理部门级别层次较低，又没有具体的行政管理授权，存在着口岸管理部门责任无限、机构受限、手段有限、能力局限，口岸管理工作往往是无法可依或有法难依，口岸通关协调配合难的问题，“没权的协调有权的、没钱的协调有钱的、服务的协调执法的、地方的协调中央的”尴尬局面长期存在、无法扭转。二是省与市县口岸综合管理体制不统一。目前海南部分市县的海防、口岸、反走私机构分设，与省里管理体制不一致、不对口，不利于统一管理和工作的落实。三是便捷通关与从严管理难统一。随着海南国际旅游岛建设和扩大开放的深入，海南口岸各查验单位着力创新监管模式、简化查验环节、缩短通关时间、降低通关成本，但由于近年来南海地区安全局势日趋复杂，迫使口岸各

查验单位不断提高查验监管标准，提出更严格的管控要求，一定程度上造成了口岸监管模式简化与南海地区安全局势日趋紧张需要提高查验监管门槛的矛盾。

（三）地方口岸发展不平衡。海南省现有7个国家一类口岸，其中2个空港口岸坐落南北两个中心城市（海口、三亚），5个海港口岸环岛四方布局。从客运情况看，呈空强海弱之势，2个空港口岸吞吐量2011年都突破1000万人次，其中出入境人数近80万；海港口岸出入境人数不足20万。从货运情况看，呈西重东轻之势，西边洋浦口岸货运量每年近2000万吨，占全省货运总量的70%，而东边的清澜口岸年货运量不足1万吨，达不到千分之一。从口岸布局看，西北沿海分布相对密集，东南沿海分布稀少，很不均衡，特别是从琼海至陵水几百公里的岸线，没有设立完整的口岸，境外船艇靠泊困难。口岸运营和分布形成鲜明对比，发展极不平衡。

（四）口岸事业发展后劲不足。一是国门观念、口岸意识淡薄。一些地方党委和政府往往大谈扩大开放重要，却忽视了守好国门同等重要；往往是只看到开拓国际市场的重要，却忽视了口岸平台基础设施建设的重要；往往是只在乎协调国际关系的重要，却忽视了口岸通关服务保障能力建设的重要，结果造成口岸机构设置不健全、工作机制不顺畅，有些地方口岸管理缺编、缺人、缺手段，体制机制不顺畅，工作无法开展。二是口岸事业发展缺乏法律保障。至今，国家尚未制定口岸法律法规，口岸管理没有统一的法律支撑体系。三是口岸建设管理制度规范不健全。目前沿用的是上世纪80、90年代的政策规范，有很多内容已不能适应时代变化的需求，严重地制约了口岸事业的发展。例如，口岸建设仍然执行几十年前制定的标准，显然不能满足现时的需要；游艇监管仍然参照沿用上世纪末制定的国际商船管理的法规或规范，有效性和针对性明显不强，游艇出入境管理法规、检验标准、境外游艇监管、国际游艇码头建设标准等已不能适应产业发展需要，甚至制约了游艇产业快速启动和发展。四是口岸建设发展规划滞后。有些地方在制定、调整、修编城市建设和经济社会发展规划中，往往忽视口岸发展规划；项目建设中重视道路、港口码头、机场等基础设施建设，却忽视了对口岸配套设施项目建设安排；重视开发海岸、港湾、建设高档楼盘社区，却忽视了给未来口岸建设留有空间和余地。

三、必须采取有效措施加强口岸基础设施和通关服务保障能力建设

（一）创新管理机制，建立和完善口岸基础设施建设的长效工作机制。目前，我国口岸基础设施建设所涉及的投资、建设的申报和审批程序，投资、建设的主体以及资金来源和管理等还不够明确和规范。因此，当务之急必须采取有效措施做到“三个明确”：一是明确口岸基础设施建设的主体；二是明确口岸基础设施使用和管理的责任。要按照权利和义务相一致原则，实施口岸设施建设“谁使用、谁维护、谁管理”；三是明确口岸综合管理部门在口岸基础设施建设中的职能。对口岸基础设施建设项目的安排和申报、资金的分配和管理、项目的建设和监管等实行归口管理，确保口岸基础设施建设落到实处。四是设立口岸建设基金，通过合理的收费方式和渠道筹集资金，专项用于口岸基础设施建设和通关服务保障能力建设，确保口岸持续协调发展，有力地支撑和推进扩大开放。

（二）加大财政投入，有效推进口岸基础设施和配套设施建设，增强口岸服务保障能力。口岸是加快国际经济社会发展的基础条件和必要环境，各级财政要按逐年递增的比例加大投入，主要用于维修和改造原有口岸联检办公、现场生活和业务用房；更新升级原有口岸的查验监管设施设备；对原有口岸的监控系统进行整合、扩容和升级；支持推进海口、三亚邮轮母港和游艇码头规范建设；加快推进海南电子口岸和离岛免税购物信息服务平台建设，构建全新模式下一体化供应链信息的大通关系统，努力营造互联互通、顺畅便捷、高效安全的口岸通关环境。

（三）加强指导督查，充分发挥口岸经营单位参与口岸建设的积极作用，不断增强口岸发展后劲。口岸的开放，能大大提升码头功能和效益，其中直接受益者是码头业主和企业等口岸经营单位。因此建议按照“谁投资、谁受益”的原则，从政策法规上明确码头等口岸经营单位必须承担口岸查验配套设施建设的投资义务。口岸综合管理部门要加强指导、督促和配合业主单位做好原有口岸和新建口岸基础设施的规划和建设，做到口岸现场查验设施工程建设要与口岸主体工程统一规划、统一设计、统一投资、统一建设，并与主体工程同步验收，确保设施建设到位，功能发挥正常，通关服务有保障，扩大开放后劲足。

【作者单位：海南省海防与口岸办公室】

为实现国家统一积累更有利的条件

陈国兴

始终坚持两岸关系和平发展这一主题，紧紧抓住争取台湾民心这条主线，排除干扰，攻坚克难，不断巩固深化两岸关系和平发展的政治、经济、文化和社会基础，为最终实现国家统一积累更有利的条件。

党的十八大报告提出了新的历史阶段党中央关于对台工作的方针政策和工作部署。学习好、贯彻好党的十八大精神，事关对台工作全局，事关祖国和平统一大业。

近年广东省对台工作取得了丰硕成果

广东素为对台工作大省，常住广东台商、台胞多达20万人。近年来，广东省坚持深入贯彻中央对台战略思想，充分发挥自身优势，多措并举，多管齐下，先行先试，统筹兼顾，全面推进粤台经贸合作、粤台交流交往、争取台湾民心等各项对

台工作，取得了丰硕成果，为推动两岸关系和平发展作出了应有的贡献。广东省先后承办举办了“第六届两岸经贸文化论坛”、“台湾·广东周”、“海峡两岸中山论坛”、“两岸新兴产业合作暨经济转型升级高端论坛”、“海峡两岸客家高峰论坛”等一系列重大涉台活动，在两岸各界产生重大影响，实现了较好的政治、经济、社会效益。省委、省政府主要领导亲自参与对台工作，或频繁会见台湾企业界人士，致力于推动粤台经贸合作；或带队深入台湾基层乡镇，有力地推动了粤台两地的交流交往。广东与台湾的基层党际交流和民间的同乡会、宗亲会联谊也风生水起，精彩纷呈，为促进两地交流合作、增进同胞情谊注入了活力，奠定了基础。在中央的支持下，兴建了东莞台湾高科技园、汕头粤台经贸合作试验区和多个海峡两岸农业合作试验区和台湾农民创业园，汕头、潮州、揭阳、梅州四市被纳入海西经济区规划，为粤台合作提供强大支撑。积极应对国际金融危机对广东省台资企业的冲击，先后出台了加强粤台经贸交流与合作的若干意见、进一步支持台资企业发展若干措施等一系列政策和实际举措，全面扶持在粤台资企业转型升级，全面深化粤台产业合作特别是战略性新兴产业合作，给两地同胞带来了实实在在的利益。

截至 2012 年 9 月，全省累计台资企业达 25262 家，累计合同利用台资 630.08 亿美元，实际利用台资 520.81 亿美元，粤台年度贸易额突破 500 亿美元大关。广东成为台湾对祖国大陆最大的出口市场和贸易顺差来源地。以中华传统文化和潮汕文化、广府文化、客家文化、中山文化等广东地域文化为纽带，积极推动专业交流、民间交流、基层交流及新生代交流，打造了一批形式新颖、影响广泛、特色鲜明的品牌活动，极大地增强了台湾民众对中华文化和中华民族的认同、对发展两岸关系的支持和对我党方针政策的理解。

深刻领会党的十八大报告关于对台工作的大政方针

党的十八大报告在“丰富‘一国两制’实践和推进祖国统一”这个部分，用 732 字的篇幅阐述了两岸关系的形势与发展以及新时期中央对台方针政策。报告确立的对台工作指导思想是：“解决台湾问题、实现祖国完全统一，是不可阻挡的历史进程。和平统一最符合包括台湾同胞在内的中华民族的根本利益。实现和平统一首先要确保两岸关系和平发展。必须坚持‘和平统一、一国两制’方针，坚持发展两岸关系，推进祖国和平统一进程的八项主张，全面贯彻两岸关系和平发展重要思想，巩固和深化两岸关系和平发展的政治、经济、文化、社会基础，为和平统一创造更充分的条件。”这一指导思想体现了中央对台工作大政方针的连续性，包含着实现祖国完全统一的基本判断和战略决策以及新形势下推进对台工作的主要目标。

报告中关于两岸关系和平发展重要思想及其一系列政策，既有对近年来重大理论观点的重申，又有新思想、新论断、新表述：包括实现和平统一首先要确保两岸关系和平发展；恪守反对“台独”、坚持“九二共识”的共同立场；愿意同不主张“台独”、认同一个中国的台湾任何政党交往、对话、合作；厚植共同利益，融洽同胞感情；探讨国家尚未统一特殊情况下的两岸政治关系，作出合情合理安排，以及商谈建立两岸军事安全互信机制等主要观点。在新思想、新论断、新表述中，将全面贯彻两岸关系和平发展重要思想及坚持“九二共识”、维护“一个中国框架”正式写入全党代表大会文件，也首次明确提出在国家尚未统一的特殊情况下，要对两岸的政治关系作出合情合理的安排。

报告高瞻远瞩，体现了中央对现阶段国家发展战略和两岸关系总体形势的深刻认识和准确把握；报告目标坚定，我们开展对台工作，就是要在实现中华民族伟大复兴进程中完成祖国统一大业；报告立场明确，始终坚持一个中国原则决不动摇；报告路径清晰，明确了巩固深化两岸关系和平发展必须反对“台独”、推动两岸关系制度化建设、探讨国家尚未统一特殊情况下的两岸政治关系等路径。

全力推动广东对台工作再上新台阶

理论的生命在实践中孕育，理论的价值在实践中彰显。我们要以党的十八大精神为指引，奋力拼搏，推动广东对台工作再上新台阶。

深刻领会精神实质，自觉贯穿工作实际。始终坚持两岸关系和平发展这一主题，紧紧抓住争取台湾民心这条主线，排除干扰，攻坚克难，不断巩固深化两岸关系和平发展的政治、经济、文化和社会基础，为最终实现国家统一积累更有利的条件。要按照党的十八大报告中提出的一系列新目标、新思路、新举措，努力找准新形势下推动两岸关系和平发展的切入点和突破口，把十八大精神和广东省加快转型升级、建设幸福广东的总目标结合起来，不断完善思路举措，使之更加切合十八大精神，更加体现广东发展新要求，更加符合两岸人民意愿。

深化粤台经贸合作，厚植双方共同利益。全面提升粤台经贸合作层次，特别是要深化粤台现代产业对接，强化广东省在吸纳台资高科技企业、现代服务业、总部经济等方面的优势，加快粤台金融、科技、经贸的合作进程，重点是拓展粤台在高端电子信息、半导体照明、太阳能光伏和电动汽车四大战略性新兴产业和现代农业的交流合作空间。当前，要重点落实各项扶持政策，支持台资企业提升技术水平、加强产业协作、开拓新兴领域、改善经营管理。

密切粤台人员往来，融洽两地同胞情感。抓好政党交流这条主线，抓好与台湾基层民众、青少年、特别是在粤台商台胞台属三个群体的交流，不断培植对中华民族的共同情感，全心全意地做好台胞投诉及为台胞提供好各种支持和服务。要把粤台文化资源优势转化为凝聚台湾同胞爱国爱乡强大力量的重要手段，擦亮包括岭南文化、中山文化、客家文化、潮汕文化、三山国王文化等粤台文化交流五大品牌。

抓好干部队伍建设，强化对台工作领导。对台工作能否取得实效，关键在加强领导。要努力构建党委政府统一领导、各部门密切配合、社会各界共同参与的对台工作新格局；转作风、促和谐，凝神聚力加强台办系统支部、党员队伍建设；打造一支想干事、能干事、干成事的对台工作干部队伍。

【作者：中共广东省委台湾工作办公室主任】

承载使命　勇于担当
以十八大精神为统领　全力推进大炼油科学发展

姜昌泉

党的十八大是在我国进入全面建成小康社会决定性阶段召开的一次十分重要的会议。认真学习宣传和全面贯彻落实党的十八大精神，是我们当前和今后一个时期的首要政治任务，我们要通过十八大精神的学习，进一步统一思想，凝聚力量。在近期学习十八大报告，深入领会报告精髓的基础上，炼油厂班子更加认识到作为公司产业链的龙头、骨干生产厂，在公司的发展建设中、在维护员工的根本利益上，工厂所承载的责任和使命。在当前企业发展形势面前，我们必须要主动承责，勇于担当，要以“炼油就要争上游、龙头就要站排头”的信心和劲头，当龙头，做表率，切实把思想和行动统一到党的十八大精神上来，在公司的发展建设中，在公司履行“三大责任”实践中，切实发挥出骨干生产大厂的作为和作用。

按照吉林石化公司总经理王总提出的“五好”要求，工厂结合实际，在贯彻落实十八大精神上坚持做到“三个更加注重”，即：更加注重学习的计划性，更加注重学习的融合性，更加注重学习的实效性。组织班子成员和车间主任收看了十八大开幕盛况，理论中心组集体学习四次，科级以上干部每天学习一小时，开通了专题网页，将工厂学习时间、内容、思考题以任务表单形式在网上公布。工厂还精心制作了形势任务简报、幻灯片、视频等学习资料，方便员工自学参考。将干部员工撰写的心得体会发布到局域网上，共同学习交流。及时宣传报道学习动态，营造了全员学习十八大精神的良好氛围。我们分系统还组织召开了不同层面的座谈 6 次，结合班子民主生活会，广泛征集广大员工意见和建议 125 条，涉及安全生产、基础管理、人力资源、后勤服务等方面，工厂召开了 2 次厂领导参加的研讨会，对整理后的 99 项建议逐项进行了研究，由主管厂领导牵头分别进行落实，做到了学习贯彻落实十八大精神既有形式更重内容，既有数量更重质量，既有痕迹更重业绩。

在充分学习领会党的十八大精神实质的基础上，工厂认真研究明确了下一步工作重点和方向。我们将紧紧围绕公司管理提升这一主题，突出“质量效益、干部作风”两条主线，坚定不移地把十八大精神贯彻落实到企业和谐、稳定、安全、健康、发展等各项实际工作中去。2013 年重点要立足安全生产和项目建设两个战场，持续推进 HSE 体系建设，夯实基础管理，在保证安全生产的基础上，深入开展炼油优化攻关，提升炼油效益，加快 TMP 项目建设步伐，整体推进各项工作水平提升，努力建成科学发展大炼油，为公司今后发展和整体效益提升做出积极贡献。

一是要围绕基础工作提升，突出抓好体系建设。我们将继续发挥工厂体系工作组的作用，持续深入地开展厂内体系检查工作，梳理好的做法和经验，在对检查问题深入剖析的基础上，逐个车间深入进行审核和调研，及时发现工厂和车间在制度标准执行中存在的问题，从思想认识上查找差距，认真研究解决，切实解决体系管理两层皮的问题，做到厂内体系审核的规范化、制度化和常态化。持续推行标准化管理，加强对有关标准规范的学习与实践，发挥好《员工安全行为手册》的作用，加强考核，加快现场目视化工作进程，建立规范的现场操作作业环境，促进安全生产责任制落实，强化员工对标准规范的掌握和执行。建立装置操作监控管理制度和监控平台，充分利用 MES 和 DCS 系统对日常操作进行有效监督，形成班组、车间、工厂三级监控体制，班组建立二级监控，操作员进行一级监控，保证装置工艺参数全面受控。建立厂级数字化台帐，监测全厂生产操作状况，建立车间技术人员日常数据分析制度，对操作关键数据实行日统计，周分析制度，使标准更加明确，职责更加清晰，流程更加规范，管理更加有效，促进工厂各项管理水平的持续提升。

二是围绕质量效益提升，突出抓好调优攻关和节能降耗工作。组织开展新一轮调优攻关活动，挖掘装置潜力，提高炼油创效能力。重点推进三套催化裂化装置长周期运行攻关，实现催化裂化装置的长周期运行。组织开展好汽柴油质量升级攻关工作，实现质量升级目标。继续优化其他单套生产装置的优化运行，实现重点技术经济指标有效提升。及时跟踪价格趋势，测算效益拐点，优化原油资源比例，找出最佳掺炼比，实现一次加工装置效益最大化。合理优化二次加工流程和原料配比，进一步提高高效产品产量，增产高附加值产品。持续组织对标分析，全面开展成本核算，深入挖掘装置潜力。2013 年要组织召开全厂工艺加热炉操作经验交流会，进一步推动红旗炉考核评比活动，优化加热炉的运行管理和指标控制，实现全厂加热炉热效率同比提高 0.5%，节约燃料消耗。推进循环水场达标管理，通过优化旁滤系统运行和药剂使用，有计划地对易泄漏水冷器进行材质升级，延长水质处理时间，减少补水量，力争实现五个循环水场全部达标。完善一级计量仪表，强化日常生产过程中的能源计划和使用管理，降低全厂能源消耗，努力实现生产成本控制最佳。

三是围绕工厂发展大局，突出抓好中长期规划和项目建设工作。围绕公司持续科学发展，提升炼油创效能力，着重解决炼油加工流程和产品结构不合理的问题，实现生产流程灵活高效，公用工程配置合理，技术经济指标国内先进，创效能力显著增强，企业规模、质量、效益同步提升。当前我们将积极组织，全力做好炼油优化增产丙烯及汽油质量升级项目实施工作。工厂将充分借鉴千万吨炼油项目建设时的成功经验，发挥各方面工作优势，各环节有效衔接，稳步推进 TMP 项目进度。

四是围绕安全理念落实，突出抓好日常安全管理工作。结合冬季百日安全竞赛等活动，教育引导员工时时想安全，事事要安全，处处保安全。积极研究探索灵活有效的安全教育方式方法，加大实战演练、现场实际操作等方面培训力度，全面提升员工安全意识和安全技能。全面推进现场目视化管理，继续加大 HAZOP 分析、危害识别和风险评价工作力度，建立规范的现场操作作业环境。坚持做好设备日常维护、保养管理工作，严格落实不间断巡检以及机组“特保特护”管理制度，确保设备问题及时发现、及时处理。以“标准化岗位”创建为契机，大力开展现场低标准整治活动，本着“培训好、执行好、管理好、监督好”四步走策略，继续加强标准化现场管理，提升标准化施工现场管理水平。继续保持“反三违”的高压态势，严守安全红线，加大各环节监管力度，降低三违发生率，为安全生产提供保障。要积极推进工厂环境隐患治理项目实施，坚决杜绝环境污染事件发生。在 2012 年清洁生产工作基础上，力争全部通过中油清洁生产验收，满足工厂安全环保和环境生态建设需要，实现天更蓝、地更绿、水更清的生态环保目标。

五是围绕装置本质安全，突出抓好隐患查摆治理工作。要通过宣传、引导、教育，提高全员对隐患查摆的认识，调动全员参与，确保隐患及时发现。继续做好生产优化、设备设施运行情况的技术分析和状态监控工作，做到数据说话，有效预防，降低隐患出现几率。对已发现的隐患要积极争取立项和资金，加快解决，强化隐患跟踪管理，加大从立项、设计、施工到验收等全过程的监督力度，确保隐患治理到位。继续加大 HAZOP 分析团队培养力度，加快推进分析进度，力争完成在役所有生产装置的分析工作。对已完成分析的装置，强化隐患跟踪管理，加大从立项、设计、施工到验收等全过程的监督力度，确保隐患治理到位。同时，要开展各车间腐蚀部位再普查工作，深入研究腐蚀机理，加强检测技术应用，对所有生产装置广泛开展定点测厚工作，加大易腐蚀部位材质升级力度，逐步从根本上解决腐蚀带来的各种隐患，确保装置运行本质安全。

六是围绕素质整体提升，突出抓好队伍建设。深化“四好”班子创建活动，增强班子整体功能。一是要加大干部的培训交流力度，完善考核评价机制。将员工“三违”率、安全事故管理风险难度、事故事件、绩效合同完成情况纳入干部考核体系，通过科学设置干部考核项目，真实反映干部绩效。二是要加强科级干部管理专业知识的培训工作。建立工厂级管理交流沙龙，交流各单位管理案例，拓宽管理视野，提高科级干部管理能力，转变工厂两级干部作风，塑造管理能力强、业务能力精，敢于负责，勇于担当，密切联系群众，各项工作做表率的干部形象。三是要加强梯队建设，加快后备力量培养，重点选拔、培养、推荐技术水平高、管理意识强、责任感重的八零后大学生充实到科级干部岗位。四是围绕员工素质提升，继续强化培训工作。深入开展培训需求调研，召开培训需求研讨会，了解员工培训诉求，收集针对培训工作好的意见和建议，全面、系统研究制定工厂培训工作目标和培训措施。加快网络培训平台建设开发工作，将网络培训平台建设开发与“一本爱不释手、视为经典的培训教材”工作相结合，打破固有培训模式，开展集多样、趣味、直观等更能吸引员工方式方法，提高培训效果。力争明年全厂主要培训内容实现在线培训、在线考试、在线仿真。持续开展好全能操作员培养工作，通过师带徒、公开授课等方式，充分发挥技能专家和技术专家的带头作用。同时，针对近年来新转岗人员及新到我厂的转业军人、大学生等，进行专项培训，持续提升员工的岗位技能水平。

七是围绕和谐企业建设，突出抓好党建思想政治工作。一是强化党建作风，提供“先锋示范”正能量。加强党员队伍建设，传承和推行“党建‘三联’责任示范点、党员责任区、责任目标管理、一岗双责”等活动，开展“亮身份、强素质、当先锋”党内主题实践，做到既注重继承与创新，又注重过程与质量。通过典型案例剖析、预防职务犯罪专题讲座等措施，对各级领导干部和关键岗位的管理人员深入开展廉洁从业教育。二是强化群团组织，提供“和谐共进”正能量。充分发挥常减压一车间王忠伟班、分析车间水质班等典型班组的引领作用，加快标准化“五型”班组的创建工作。继续开展“查隐患、当卫士”“献良计，做贡献”“双爱”建议征集等活动，激发群众热情，凝聚群众智慧，为工厂发展奉献力量。大力开展“职工小家”建设工作，继续组织“倒班工人趣闻体育活动”和各种球类比赛等体育活动，不断丰富员工业余生活，增强员工的集体观念，培养员工的团队精神。三是强化教育引领，提供“文化育人”正能量。针对新形势下思想政治工作出现的新情况、新问题，结合工厂发展实际，继续开展党支部书记谈心活动，及时了解掌握员工的思想状况，有针对性地开展思想引导工作，妥善解决涉及员工切身利益的矛盾和问题，不断增强思想政治工作的实效性，保持员工思想稳定、队伍稳定，为工厂实现新的发展奠定坚实的思想基础。继续大力宣传践行新时期“六一”“六爱”“六表率”形象标准，加大文化管理力度。要从员工切身利益出发，把保证员工利益作为一切工作的出发点和落脚点。一方面要充分认识到只有工厂持续发展，质量效益稳步提升，员工收入才能实现增长，员工利益才能得到切实维护。另一方面要持续改善员工工作生活条件，使企业发展成果真正惠及员工。加强食堂、浴池、倒班宿舍、厂区环境及通勤车的运行管理，持续改善员工工作场所，为员工创造良好舒适环境。持续开展扶贫帮困送温暖和大走访活动，集中力量为困难员工办实事、办好事，解决员工的实际困难，真正做到让员工“心中有底，脚下有根”。大力选树宣传先进典型，积极传递正能量，凝聚人心，提升士气，营造和谐稳定氛围。

十八大描绘了党和国家新的发展蓝图，也更加增强了我们做好各项工作的信心和动力。我们将通过学习贯彻落实党的十八大精神，进一步把全厂员工思想统一到担大责任、做大贡献上来，用实际行动推进科学发展大炼油进程，促进公司整体发展和效益提升。

【作者：吉林石化公司厂长 党委书记】

以党的十八大精神引领丰富法院文化内涵

冯向宁

党的十八大报告指出，把我国的文化建设推向一个新的高度，明确提出扎实推进社会主义文化强国建设，把文化作为民族的血脉、国家实力的象征与体现、人民的精神家园来定位，坚持社会主义先进文化前进方向，树立高度的文化自觉和文化自信，向着建设社会主义文化强国宏伟目标阔步前进，是我国当前和今后一段时间的首要目标和任务。

长期的审判实践告诉我们：缺乏文化根基和浓浓文化氛围熏陶的法院和法官群体是难以承担大任，难以令百姓信服，难以令社会公信的。法院文化是法官群体的灵魂，它决定并支配着法官群体的价值取向，对提升法官群体的凝聚力和战斗力意义重大。

因而，法院文化内涵的丰富，应以党的十八大报告提出的“加强社会主义核心价值体系建设，全面提高公民道德素质，丰富人民精神文化生活，增强文化整体实力和竞争力”为指针，从强化法院文化意识入手，将丰富法院文化内涵作为队伍建设的突破口，以先进的法院文化来推进法官队伍建设，充分发挥法院文化所具有的激励、约束、导向功能，努力打造法院品牌工程和亮点工程。

要加强干警的社会主义核心价值体系建设

要深入开展社会主义核心价值观的学习教育，用社会主义核心价值体系引领法官思潮、凝聚法官共识，广泛开展理想信念教育，把全体法官凝聚在中国特色社会主义伟大旗帜之下。大力弘扬民族精神和时代精神，深入开展爱国主义、集体主义、社会主义教育。倡导富强、民主、文明、和谐，倡导自由、平等、公正、法治，倡导爱国、敬业、诚信、友善，积极培育社会主义核心价值观。

要全面提高法官干警职业道德素质

要坚持依法治国和以德治国相结合，加强对法官的社会公德、职业道德、家庭美德、个人品德教育，弘扬中华传统美德，弘扬时代新风。以“开展提升群众满意度”活动为契机，在法官群体中弘扬真善美、贬斥假恶丑，引导干警自觉履行法定义务、社会责任、家庭责任，营造劳动光荣、创造伟大的社会氛围，培育知荣辱、讲正气、作奉献、促和谐的良好风尚。加强和改进思想政治工作，注重人文关怀和心理疏导，从优待警，从严育警。深化精神文明创建活动，广泛开展志愿服务，推动学雷锋活动、学习宣传道德模范常态化。

要着力加强法院管理文化建设

坚持以人为本，建立科学、合理的管理制度，规范法院工作人员的行为，调动法官的积极性和主动性。要以法律事业感召人，用法院的情感吸引人，用科学的制度留住人。一是要建立明确的领导责任制度，使法院领导切实负起领导丰富法院文化内涵的责任，并带头搞好法院文化建设工作；二是要建立“环环相扣”的岗位目标责任制，把法院文化建设的目标和任务纳入法院队伍建设的总体规划，并自上而下层层分解，坚持实现一级抓一级，一级带一级，一级对一级负责。要建立科学的考评制度，把考评结果作为衡量工作成绩的一项重要内容；三是在审判管理方面，推行审判质量监督管理制度。要建立起以审判监督庭为龙头，立案、信访、政工、纪检监察等部门共同参与的立体式监督体系，从过去单纯的案件质量评查转变为审判工作的全程监督；四是要建立起“能者上，平者让，庸者下”的干部用人机制。通过竞争，要在法官队伍中营造出一种比学识、比作风、比贡献的竞争氛围。通过竞争，不但要选拔一批德才兼备的优秀人才，更重要的是把公平、公开竞争的思想理念根植于法官心中，增强法官队伍的内部活力；五是要建立监督制约机制。自觉接受党委、人大、政府、政协和社会各界的监督，建立信息反馈制度，让群众有举报的渠道，充分发挥群众的监督作用。通过制度化、规范化管理，规范法官的职业行为，使法官将制度的要求内化为自身的道德素养，渗透到思想和行为中，转化在爱岗敬业的实际行动上。在落实贯彻制度的过程中，要注重强化程序意识，规范群体行为，培养严格遵守程序，严格按程序办事的行为习惯，全面提升法官素质，使法官的一言一行都成为公正与效率这一法院文化目标的外化和直观体现，确保法院的社会形象公正，并以此来赢得社会的信赖和支持。

【作者：陕西省子长县人民法院党组书记　院长】

忠实履行党和人民赋予神圣职责

付平波

公安边防部队作为党绝对领导下的一支重要武装执法力量，要把认真学习、深刻领会、全面贯彻党的十八大精神作为首要政治任务抓紧抓好，紧紧围绕十八大确立的奋斗目标和公安边防中心工作，忠实履行好党和人民赋予神圣职责。

一、深入学习党的十八大精神，进一步增强政治意识和责任意识

公安边防部队工作性质涉及国家安全、涉及边境地区的稳定、涉及维护人民群众的切身利益，必须具有较高的政治素质和政策水平。因此，必须把深入学习、深刻领会党的十八大精神作为当前和今后一个时期部队首要政治任务。一是不断强化理论学习。紧密结合使命任务和官兵思想实际，紧密结合国内外形势的新变化、新特点，深刻分析研读十八大新思想、新论断，深刻认识中国特色社会主义道路是实现中华民族伟大复兴的必由之路，深刻认识科学发展观是中国特色社会主义理论体系最新成果，让十八大精神在部队遍地开花、让全体官兵内植于心，外化于行。二是不断强化理论创新。紧紧抓住创建模范党组织生活活动、深化爱民固边战略和提高边检服务水平等工作，用党的最新理论成果武装头脑、指导实践，不断增强官兵的政治敏锐性和政治鉴别力，切实把思想和认识统一到党的十八大精神上来，把力量和智慧凝聚到实现党的十八大提出的目标任务上来。三是不断强化理论实践。紧紧围绕全面建成小康社会的奋斗目标，按照听党指挥、能打胜仗、作风优良的建设标准，充分调动广大官兵的积极性、主动性和创造性，把学习成果体现到全面服务平安边境、平安口岸建设上来，确保各项工作和重大任务的圆满完成，在新的起点上推动公安边防工作又好又快发展。

二、深刻领会党的十八大精神实质，进一步增强维护边境稳定和口岸畅通的责任感和使命感

当前边境地区不稳定、不和谐、不确定的因素依然存在。在此情况下，深刻领会党的十八大精神，用十八大精神统领全部公安边防工作，具有十分重大而现实的意义。一是深化思想认识。思想是行动的先导。深刻领会党的十八大精神理论创新成果以及习近平总书记一系列重要讲话、批示精神所蕴含的新思想、新知识，用新的视角认识公安边防工作出现的新情况、新问题，用发展的眼光看待公安边防工作出现的新变化、新挑战，与时俱进地推动公安边防工作走上良性发展的轨道。二是创新工作思路。思路决定出路。党的十八大报告提出了一系列新观点、新论断，要以十八大精神为指导，以科学发展观为总揽，用创新的思维、创新的理念、创新的特色，创新的方法，创造性地开展各项公安边防工作，做到层次高、眼界宽、思路广，使工作有序推进。三是狠抓工作落实。有为才能有位。要更加自觉地把公安边防工作置于中国特色社会主义事业总体布局中来审视，更加自觉地把公安边防工作置于全面建设小康社会的战略规划中来谋划，切实履行好“保一方平安、促一方和谐”的使命，赢得驻地党委政府、公安机关和人民群众的信任、重视和支持。

三、认真贯彻落实党的十八大精神，在新的起点上努力开创公安边防工作新局面

今年是贯彻落实党的十八大精神的开局之年，也是甘肃公安边防工作和部队建设谋求大突破、大作为、大跨越的重要一年。为此，要坚决执行党中央、公安部以及部局党委关于改进工作作风的一系列规定要求，全面提升服务平安边境和平安口岸建设的能力。一是深入推进创建模范党组织生活活动。紧紧围绕“三个重点突破”，不断加强“四个基本建设”，继续深化“三学”活动，突出抓好党员队伍的党性教育，以深化创建模范党组织生活为引领推动部队党的建设、廉政建设和作风建设。把班子自身建设和领导干部的作风建设放在首位，切实使党委班子成为驾驭复杂局势、应对复杂局面、推进边防事业发展进步的坚强领导核心。二是全面深化爱民固边战略。深入贯彻落实公安部《关于深化爱民固边战略进一步提升边防管理服务水平的意见》，以创建爱民固边模范县为契机，大力推进“平安边境”建设，使爱民固边战略更加体现时代性、把握规律性、富于创造性，使爱民固边战略不断焕发出勃勃生机和旺盛的生命力。三是不断提高边检服务水平。立足边检口岸扩大开放的新要求、新机遇，大力推进“平安口岸”建设，进一步提升空港创新服务水平，加大边检业务信息化应用水平，强化监督管理，加强口岸管控，优化勤务组织，形成科学高效、运行规范、协调顺畅的边检勤务管理模式，全面提高边检机关的社会影响力，努力推动边检管理服务工作向更高层次推进。

【作者：甘肃边防总队政治委员】

以党的十八大精神引领统战工作创新发展

谷继礼

创新是一个民族进步的灵魂，是新时期统战工作与时俱进的客观需要和必然选择。创新的理论，必然催生创新的实践。以科学发展观为指导的党的十八大报告，通篇闪耀着创新的思想光辉，充分体现了实践创新、理论创新、制度创新的时代特征。作为身处破难攻坚，加快发展，与全省同步建成小康社会的巴中统战工作，要实现新发展，开拓新局面，就必须以党的十八大关于统一战线的新理论、新思想、新要求为统领，深刻把握统一战线的新形势、新特征、新任务，全面推动巴中统战工作创新发展。

一、创新理念，始终做到统战工作与党的十八大精神合拍

*坚持统战工作也需要科学发展、加快发展的理念。*统一战线是党的总路线、总政策的重要组成部分。要适应十八大报告指出的“要坚持走中国特色社会主义政治发展道路，巩固和发展最广泛的爱国统一战线”的需要，统战工作需要与时俱进，统战工作的理论与实践也倍加需要树立科学发展、加快发展的理念。作为党委参谋与助手的统战部门既要深刻领会和全面落实科学发展观，又要深刻把握统一战线在推进中国特色社会主义事业取得新胜利中的重要作用和独特优势，抓住事关统一战线长远发展的关键环节，立足当前，努力在科学发展、加快发展上形成共识，在服务发展、服务大局上突出特色，在理论创新、机制创新上着力突破，在工作实践、工作实效上取得成效，不断推动巴中统战工作符合党的十八大精神的需要。

坚持以人为本的群众观点是统战工作指向的理念。党的十八大报告强调："为人民服务是党的根本宗旨，以人为本、执政为民是检验党一切执政活动的最高标准。"这一重要论述事关党的立党根本和执政基础，对于统战工作的指向性也愈加突出。为此，统战工作要把握坚定的政治方向，从走基层、转作风、改文风做起，切实加强机关思想、能力、作风、制度和廉政建设，时时刻刻树立群众观点，踏踏实实联系群众，努力加强"挂包帮"和扶贫联系村建设，真正让全体统一战线成员沉下身子，放下架子，始终保持党同人民群众的血肉联系；要坚持求同存异、体谅包容的原则，按照"尊重人、理解人、帮助人、团结人"的要求，做好聚人心、得人心、稳人心、暖人心、安人心、顺人心的工作，增强统一战线的凝聚力。要认真贯彻落实"尊重劳动、尊重知识、尊重人才、尊重创造"的方针，积极为统一战线广大知识分子、广大党外代表人士干事业、干成事业营造良好的社会氛围，调动一切可以调动的积极因素，为建成小康社会不断增添和凝聚新力量。

坚持协商民主是统战工作方法论的理念。党的十八大报告强调，"健全社会主义协商民主制度"，"推进政治协商、民主监督、参政议政制度建设，更好地协调关系、汇聚力量、建言献策、服务大局"。社会主义协商民主制度是党在民主政治理论创新和制度创新中取得的最新成果。要准确把握统战工作与协商民主的内在关系，更好地发挥统战部在推进协商民主中的功能作用，进一步提高履行围绕中心、服务大局、促进和谐的成效和水平。以社会主义、爱国主义为基础，坚持长期共存、互相监督、肝胆相照、荣辱与共的方针，尊重、维护和加强同盟者利益，加强同民主党派和无党派人士的政治协商，把政治协商纳入决策程序，坚持协商于党委决策之前、人大通过之前、政府执行之前，深入进行专题协商、对口协商、界别协商、提案办理协商，增强民主协商实效性。要紧紧围绕事关经济社会发展的重大问题和涉及群众切身利益的实际问题开展广泛协商，广纳群言、广集民智，增进共识、增强合力，以各种会议和活动为平台，充分尊重、听取和征求各阶层各团体各界别人士的意见，进一步巩固和发展民主团结、生动活泼、安定和谐的政治局面。要进一步拓宽协商渠道，创新协商方式，扩大协商范围，强化协商机制，建立落实"统一战线秘书长（办公室主任）联席会议制度"，促进工作制度化、规范化和程序化建设。

二、创新优势，始终做到统战工作优势与时代发展合拍

围绕市委工作大局，创新"位"的优势。如何发挥好"位"的优势，使统战工作更加有"为"，是做好新时期统战工作的关键所在。党的十大八关于统一战线的三个重要法宝地位的论述是党的统一战线理论的重大创新，表明了统一战线在党的事业发展中具有不可替代的极端重要性。自古不谋全局者，不足以谋一隅。这就要求我们只有跳出"就统战工作谈统战工作"的拘囿，摒弃统战工作是"弱势部门"，"二线部门"的自我菲薄，主动融入和投身市委工作大局，融入经济发展大局，融入发展民生大局，站在船上做推船者，而不是袖手旁观当评论家，躲在安乐窝睡大觉，要敢当第一个吃螃蟹的人，以统战工作实绩的积极有为和大有作为来强化统战部门的重要作用，是实现统战工作更加有"为"的重要途径之一。要实现有"位"，就要争取"有为"，要充分发挥统战优势和作用，主动投入一线，主动放大"声音"，提升形象，增加活力，选准选好服务角度，多搞调查研究，多开展活动，多建言献策，多向党委请示汇报，积极主动而不是消极被动地争取党委对统战工作更多的关心、倾注和支持。

调动党外人士积极性，创新"外"的优势。我们要充分利用好统战成员"外"的优势，从统一战线持续发展的高度，让各阶层各界别优秀分子留在党外，同时，又要创造条件，让其更好的发挥参政议政、民主监督、围绕中心、服务大局、促进和谐的作用。要探索建立民主党派监督机制和工作机制，高度重视党外群众的意见，扩大党外监督渠道，聘请党外人士担任阳光政务、党风廉政建设和行业行风监督员、检察院、审计员，充分发挥他们的知情权、参与权、表达权、监督权，形成"内外"互补，目标一致的民主监督工作局面。要主动引导各民主党派、工商联和无党派人士开展调查研究，并通过各种协商会、通报会、座谈会等形式，主动听取意见和建议，为各级党委政府科学决策、民主决策、依法决策提供依据。要加强党外代表人士队伍建设，抓好党外人士的联系、培养、选拔、任用等机制建设，推进党外代表人士的政治安排和实职安排工作，积极为党外代表人士铺台阶、搭舞台、压担子。要真心诚意和党外人士交朋友，帮助党外人士解决工作、生活中遇到的实际困难和问题，解决后顾之忧，使他们更好地为经济发展献计出力。

适应统战事业发展要求，创新"导"的优势。党委统战部门领导统一战线最重要的工作方法是"导"。统战部门要主动担负起"围绕中心、服务大局、协调关系和监督检查本地区统战工作的责任"，主动加强对各县（区）乡镇社区部门和有关行业协会统战工作的指导、考核和督导工作。要加强非公有制企业党的建设和企业文化建设，深化民主党派、无党派代表人士学习践行社会主义核心价值体系活动、"同心"实践教育活动、政治交接主题学习教育活动、学习培训考察活动和感恩回报社会活动，加强思想政治引导，坚定理想信念，坚定"道路自信、理论自信、制度自信"。要牢固树立民族宗教无小事的思想观念，依法管理宗教事务，加强宗教界代表人士队伍建设，引导宗教界人士和信教群众在促进经济社会发展中发挥积极作用。要处理协调好社会各阶层的利益关系，促进五大关系的和谐，妥善化解矛盾，形成各阶层各尽所能、各得其所而又互相关爱、和谐相处的良好局面，注重和突出思想开导。

三、创新平台，始终做到统战工作与人民愿望合拍

创新服务平台。统战部要把服务科学发展作为第一要务，就必须创新服务平台，提升服务水平上下功夫。组织引导统一战线成员全力服务地方经济建设，围绕市委重大决策部署，深入调查研究，积极建言献策。组织引导统一战线文化人才全力服务建设文化强市，挖掘和弘扬统战文化，推动巴中文化事业大发展、大繁荣。组织引导各县（区）和部门强化基层统战工作，全力服务社会管理创新，做好社会管理的参与、协助、配合和促进工作。同时，统战部更要加强联系和沟通，协调各方

关系，搞好全方位服务工作，为非公经济发展、党外代表人士队伍建设和党外干部培养成长“献良方”、“做广告”、“搭平台”、“办实事”，创造宽松环境。

创新活动平台。统战部门要创新活动平台，以活动聚人心、以活动求和谐、以活动促发展，唱好统一战线服务经济社会发展的“三部曲”，为统战工作增添生机和活力。积极响应省委统战部的号召，开展“同心共筑中国梦”活动。完善“同心”实践规划措施，组织实施“同心行动八大工程”，建设一批“同心工程示范基地”，努力打造“同心”品牌，扎实推进“同心”实践活动。建立长效工作机制，引导组织统一战线成员积极投入项目实施、技能培训、新村建设、五创联动、文化强市建设和连片扶贫开发等工作，深入开展“挂包帮、扶贫济困、捐资助学、帮扶‘三老’、法律维权”为主要内容的“八大感恩活动”，着力打造特色亮点。增强统一战线活力，组织开展统一战线文化艺术“同心”征文和“同心”运动会等文化体育系列活动。

创新宣传平台。争取把统战工作纳入市委宣传、新闻工作计划，建立与同级宣传部的统战宣传联席会议制度，着力宣传统一战线方针政策，宣传党在新时期的统战工作基本理论知识，宣传我市统一战线特色重点工作和一批先进典型，扩大统一战线的社会影响力。进一步强化统战信息工作网络，加强信息员队伍建设，开办“巴中统一战线同心共筑中国梦”专栏和“统战宣传月活动”，策划组织系列主题宣传、调研活动，扩大统一战线的社会影响。成立大课题调研小组和“巴中市统战理论研究小组”，促进形成一批有质量、有价值的宣传调研成果并转化成政策性文件。办好《巴中统战》门户网站和信息刊物，落实宣传调研信息工作督办和考评制度。

【作者：四川省巴中市政协副主席 市委统战部部长】

贯彻落实十八大精神　实现工厂可持续发展

洪兆石

党的十八大是在全面建设小康社会关键时期和深化改革开放、加快转变经济发展方式攻坚时期召开的一次十分重要的大会。胡锦涛同志所作的报告，科学地总结了过去五年的工作和十年工作基本经验，对我国改革开放和社会主义现代化建设作出了全面部署，特别是对坚持走中国特色社会主义发展道路、全面建成小康社会、全面深化改革开放、全面提高党的建设科学化水平等方面进行了系统阐述。胡锦涛同志的报告是我们党团结和带领全国各族人民在新世纪新阶段继续奋勇前进的政治宣言和行动纲领。报告全面系统总结的基本经验，是我们党理论创新的重要成果，标志着我们党对共产党执政规律、社会主义建设规律和人类社会发展规律认识水平的进一步提高，对于党和国家事业的发展具有长远的指导作用。

学习贯彻十八大精神，要大力发扬理论联系实际的学风。这是学习和贯彻十八大精神的根本保证，只有学以致用，坚持用十八大精神指导实践，同时在实践中不断加深对十八大精神的理解，才能真正把十八大精神落到实处。要通过学习活动达到五个目的：一是坚定共产主义信仰和宗旨意识；二是提升理论水平和认识水平；三是学以致用，推动工作开展；四是增强工作的紧迫感、主动性；五是进一步强化服务意识。学习中，要着重把握四点原则。一是明确主题。十八大精神最集中的概括，就是十八大主题：高举中国特色社会主义伟大旗帜，以邓小平理论、“三个代表”重要思想、科学发展观为指导，解放思想，改革开放，凝聚力量，攻坚克难，坚定不移沿着中国特色社会主义道路前进，为全面建成小康社会而奋斗。这个主题体现了中央对党所面临的形势任务的科学把握，明确回答了旗帜、道路、指导思想、精神状态和奋斗目标等关系党和国家工作全局的重大问题。二是高举旗帜。旗帜问题至关重要，旗帜就是形象，旗帜就是方向。十八大报告强调，要高举中国特色社会主义伟大旗帜。我们必须全面理解和准确把握中国特色社会主义，包括其理论、道路、制度、总依据、总布局和总任务等方面内涵。三是系统学习。十八大报告高瞻远瞩，内涵丰富，立意深远，不能浮光掠影、浅尝辄止、断章取义，必须原原本本学习好胡锦涛同志所作的报告，了解精神实质，掌握创新理论，明确目标任务。对一些重要内容要反复研究、虚心求教，力求掌握报告的精髓。四是联系实际。作为基层党组织，必须结合工作实际，围绕报告中与自身工作最密切、最直接的观点、论断、举措，认真学、深入学，特别是报告中对党建工作的论述，必须学透学精，达到理论指导实践的目的。

结合实际学习贯彻落实，就是要紧密结合公司当前工作实际，强化干部作风建设，提高企业产品质量效益，用十八大精神推动工厂各项工作再上新水平。

一是加强干部队伍的作风建设，发挥党员干部的先锋模范作用。胡锦涛同志指出：共产党员“必须站在社会主义改革开放和现代化建设的前列，努力创造无愧于共产党员称号的业绩。”我们每一个党员干部，都在一定的工作岗位上承担一定的任务，这些看来平凡的工作和任务，都是同公司现阶段的奋斗目标和长远发展规划紧密联系在一起的。一个党员干部的先锋模范作用发挥得怎么样，经常的是反映在本职工作上。只有我们的每一名党员干部都爱岗敬业，勤奋学习，开拓进取，埋头苦干，为周围的群众作出表率，努力创造出一流的工作业绩，他们先锋模范作用才会成为一种巨大的带动和鼓舞力量，影响和激励广大群众，共同推动公司、工厂各项工作向前发展。

二是切实提高企业自主创新能力，不断提高产品质量效益。十八大报告中指出，牢牢把握发展实体经济这一坚实基础，实行更加有利于实体经济发展的政策措施。实体经济是社会生产力的集中体现，也是综合国力的物质基础。广大企业和企业家要抓住机遇，加快调整结构，加强企业管理，降低运行成本，吸引更多的资本、人才等经济要素，做强主业、做实主体。发达的实体经济是一个国家应对危机，使自己屹立不倒的关键，尤其当经济形势面临较大不确定性或进入转型期时，更要重视实体经济的支撑作用。企业要勇于担当，创新突破。作为实体经济主体，要提升实力，积极应对转型升级带来的挑战。作为二级厂就是要在技术创新、管理创新、机制创新等方面下功夫。在安全管理、装置平稳优化运行、节能降耗、技术改造、人才规划等方面实现创新，这是企业转型升级的中心环节，也是企业转型升级的驱动力。

三是加强党建和思想政治工作，构建和谐企业。要真正将“科学发展观”重要思想所提出的“人民群众的根本利益”落实在为人民服务的工作实践当中。认真探索“企业需要、员工拥护”的工作运作机制，注重把企业党建工作和企业发展有机融合在一起。科学发展观的核心是“以人为本”。要坚信人才资源是第一资源，在企业内部实行有利于人才成长的措施，大力营造有利于人才成长的制度环境，坚持德才兼备原则，做到人尽其才。要加强和谐企业建设，以企业文化铸造团结拼搏的企业精神，凝心聚力，并在实践中不断升华，形成巨大的精神为稳定发展保驾护航。要加强思想教育，引导职工群众以理性、合法的形式表达利益诉求，防止矛盾激化。要变上访为下访，变被动为主动，将问题和矛盾解决在基层，化解在萌芽状态。企业党建是一项长期艰巨的系统工程，要努力在“贴近”上想办法，在“服务”上下功夫，在“渗透”上花力气，切实把党建工作与生产经营工作相结合，务求把党建工作贯穿于生产经营活动的全过程，在促进企业发展的同时丰富党建的内容，使企业党建工作更加充满生机和活力。

2013年，工厂将紧密围绕公司“提升年”各项部署，以科学发展观为统领，深入贯彻落实“十八大”和公司三届三次员工代表大会会议精神，以公司总体工作部署为基础，全面实现一个中心（即：工厂各项工作必须围绕安全稳定生产为中心），两个确保（即：一是要反“三违”，筑“三防”，加强体系运行管理，夯实安全环保基础，确保工厂连续14年创成“无事故工厂”；二是要解难题，送温暖，坚持稳定大局不动摇，确保无大规模群体越级访、进京访，无刑事案件发生），五个提升（即：一是加强培训工作，实现员工技能水平、理论水平、安全水平的提升；二是抓好质量效益，突出解决管理瓶颈、生产瓶颈，向管理要质量、要效益、要效率，实现工厂产品消耗、计量管理、“三剂”管理的提升；三是转变队伍作风，端正工作态度，实现干部政治素养、业务水平、管理能力的提升；四是做好“低标准整改”，实现装置现场环境、目视化管理、厂容厂貌的提升；五是传承吉化优良传统，夯实“三基”工作，确保基础工作管理水平的提升）的工作目标。

就如何提升质量效益，推动队伍作风转变，厂党委坚持以实际工作为根，以十八大会议精神为引，强化制度执行、思想转变等方面力度，确保2013年工作开好头，收好尾。

一、严格执行生产受控管理，注重质量效益，夯实装置生产平稳运行基础

从制度理解入手，重新解读岗位“八大制度”，不断提高员工交接班、巡检监盘、故障分析处理、成本控制、文明生产等工作的质量和效率，从源头上做好工艺平稳率控制工作、实现效益指标的提升。

基础管理上下功夫，促进装置整体运行情况的持续好转。一是着力抓好培训工作，以工艺流程图培训为突破口，结合“四懂三会”，提高岗位员工基本的故障排查和处理能力；做好操作规程的修订工作，增强规程的可操作性和实用性，切实指导员工生产操作；加强新员工的基础技能培养，促进员工技术水平整体提高。二是要提高质量效益，堵塞生产管理漏洞，确立安全平稳生产就是增效的理念，以确保装置“安稳长满优”运行为目标，围绕装置近年来出现的异常现象，特别是重复问题反复出现的情况，结合“人、机、物、法、环”等要素，进行全方位瓶颈分析，同时与对标工作相结合，吸取同类装置的经验和教训，充实、提高工厂生产运行能力。三是要继续做好计量管理工作，特别是对于外转供能源的管理，进一步完善在管理和监督上的长效机制，要堵塞管理漏洞。要深刻吸取公司内经济案件的经验教训，针对化工“三剂”、材料、备件等敏感问题，要理清管理流程，落实好责任部门和责任人，加大监督检查的力度。

二、强化党建工作，转变队伍作风，实现工厂培训工作新的提升

把培训工作列为年度重点工作之一，以“求实效”贯穿培训工作始终。一是要做好员工培训工作，有计划、有重点的加强管理人员制度和责任培训，加强专业技术人员能力和业务培训，分层次加强操作人员安全生产基本技能、故障隐患应急处理、紧急情况应急指挥等能力的培训，同时强化兼职培训师队伍建设，确保员工整体素质有质的飞跃。二是要加强队伍作风建设，结合十八大精神贯彻工作，进一步改进党建工作，各级领导和管理人员要做到“重心下移、关口前移”，深入生产一线进行工作调研，解决工作标准低、服务不到位的情况；要坚持“岗前情绪监测、岗上心理疏导、岗下家访谈心”，做好员工不良情绪化解工作，同时，结合思想政治工作优势，推动培训和质量效益等全年重点工作的开展。三是要围绕工厂重点工作，坚持“三突出”原则，做好宣传工作，以“三防三建设”为前提，固化企业文化大讨论成果，实现队伍作风的全面提升。

三、提升管理水平，强化服务意识，牢固构建工厂和谐稳定根基

进一步强化责任制落实，不断改进队伍作风，增强工作执行力。加大对边缘、边远岗位的检查力度，落实责任追究，确保工厂行政后勤系统管理水平不断提升。一是要加强行政基础工作，转变调研工作模式，收集制约工厂发展的热点和难点问题，为决策工作提供详实、可靠的参考依据，同时完善督办工作，确保工厂各项工作的有效落实与反馈。二是要进一步增强服务意识，提升职能管理工作。持续做好扶贫帮困和各项文体活动，完成“双五”工程创建工作，发挥和改进工会服务职能；围绕“一条主线、两个重点、三项教育、四项任务”，着力提升纪检监察工作效率；定期组织食堂工作调研，严格通勤车辆检查，为员工提供舒心、满意的服务；与管理提升和管理创新活动有机结合，抓好“十大管理瓶颈”攻关工作，确保工厂管理瓶颈实现新突破。三是要加强稳定工作力度，坚持依法、依规维稳，注重对“困生访”、“攀生访”等问题的解决；夯实基础工作，提高风险防范能力，结合窗口检修和“敏感”时期工作实际，加强厂区治安巡逻，用制度规范行为，确保稳定工作水平稳步提升。

2013年，是全面落实十八大精神的开局之年，也是工厂深化自主管理，锤炼队伍作风，提高质量效益的重要一年。新的一年里，工厂将继续贯彻落实公司的各项工作要求，不断解读、理解、贯彻十八大精神的深层含义，提升工厂管理水平，为实现持续发展的目标而不懈努力。

【作者：吉林石化公司乙二醇厂党委书记】

提升履职水平　服务跨越发展

——学习党的十八大精神心得体会

黄又平

党的十八大报告和中央纪委向党的十八大的工作报告，深刻总结了十年来，特别是党的十七大以来坚定不移地走中国特色反腐倡廉道路，开展党风廉政建设和反腐败斗争积累的宝贵经验。我们必须高度重视、倍加珍惜这些宝贵经验，在今后的工作中自觉遵循，充分运用这些经验。在坚持行之有效的成功经验基础上，还要根据形势的发展变化，不断探索反腐倡廉新思路、新方法、新举措，丰富、完善、发展已有经验，在深入推进反腐倡廉伟大事业中，奋发进取，努力工作。

纪检监察机关作为党内监督和行政监察的专门机关，肩负着推进党风廉政建设和反腐败斗争的重要职责，肩负着为黄石经济社会发展保驾护航的重要使命，承担着优化经济发展环境的重要任务，将在建设美丽黄石、促进转型跨越的进程中发挥越来越重要的作用。我们的使命光荣、职责重大、任务艰巨，因此，建设一支忠诚可靠、服务人民、刚正不阿、秉公执纪的纪检监察干部队伍，就显得尤为重要，尤为迫切。在学习贯彻十八大精神的过程中，我们应在以下几个方面加强自身建设，切实采取有效措施，为履行神圣职责提供有力保障。

一、凝聚思想共识　提高能力素质

思想是行动的先导，理论是实践的指南。我们在深入开展中国特色社会主义理论学习的同时，要不断增强政治敏锐性和政治鉴别力，在重大问题上旗帜鲜明，立场坚定，在关键时刻和重大事件中经得起风浪考验，在思想上、行动上与党中央保持高度一致，只有这样，才能进一步统一思想，凝聚共识，为改革、发展、稳定营造良好氛围，自觉用中国特色社会主义理论体系武装头脑，指导实践，推动工作。

纪检监督工作是一项政策性、专业性很强的工作，我们只有加强学习，深入调研，不断增强能力，提升素质，才能适应新形势、新任务的要求，更好地服务科学发展，服务中心工作。要坚持学以致用，用以促学，把学习党的十八大精神贯彻落实到推动科学发展、促进社会和谐、保障民生改善上来，以良好的素质、精湛的业务能力促进履职水平的不断提升。

二、转变工作作风　锻造“铁军”形象

打铁还需自身硬。我们要切实维护纪检监察干部可亲、可信、可敬的良好形象。自觉接受党组织和人民群众的监督，接受社会和新闻媒体的监督，以更高的标准，更严的纪律要求自己，努力做到忠于职守，公道正派，率先垂范。我们要牢固树立群众观念和公仆意识，始终坚持群众利益高于一切，真诚倾听群众呼声，真心回应群众关切，真实反映群众意愿，真情关心群众疾苦，自觉遵守廉洁自律各项规定，淡泊名利，干净干事，依法履职，廉洁从政。只有不断转变工作作风，克服官僚主义、庸俗认识，自觉抵制各种错误思潮和腐败思想的影响和侵蚀，才能树立纪检监察干部的良好形象，以“铁军”的姿态向腐败分子说“不”，向腐败现象“开刀”，坚决查处发生在群众身边的腐败问题。扎实的工作作风是履行职能的前提条件，是锻造反腐“铁军”的重要手段，我们要以作风的转变促工作方式的转变，以工作方式的转变促执行力的提高，不断提升服务发展的能力水平。

三、强化统筹观念　形成整体合力

近年来，党中央高度重视党风廉政建设和反腐败斗争，取得了举世瞩目的成就，有力遏制了消极腐败现象在一些领域滋生蔓延的势头。现在，社会上对反腐倡廉形势存在错误认识，有人过分夸大腐败问题的严重性，从而悲观失望。我们既要看到反腐败斗争形势依然严峻，任务依然艰巨，更要看到反腐倡廉建设呈现出前所未有的光明前景。反腐倡廉是一项系统工程，是一项战略任务，不是靠一个人、一个部门就能顺利完成的，需要统筹推进，整合力量，形成氛围，坚持不懈；需要我们坚定信心，形成机制，惩防并举，标本兼治，综合治理，全面推进惩治和预防腐败体系建设。这就要求我们把战略目标与阶段性任务有机结合起来，强化统筹观念，减少单兵独进，创新方式方法，形成整体合力；要坚持用系统的思维，统筹的观念，科学的方法推进反腐倡廉建设，切实增强防治腐败的针对性和实效性，建立完善的信息共享系统，提高科技含量，推进防控机制建设，加强部门协调配合，不断增强反腐倡廉的整体合力；要将个人力量融于整体合力中，要将统筹观念用于工作实践中，创造性地开展工作，努力做反腐倡廉建设新的实践者、推动者。

加强自身建设是纪检监察机关的一个永恒的主题，也是一

项长期战略任务，我们要以高度的政治责任感和历史使命感，振奋精神，真抓实干，将学习贯彻党的十八大精神转化为自觉追求和实际行动，进一步提高自身素质和工作水平，顾全大局，恪尽职守，服务黄石科学发展，跨越发展，为黄石早日建成小康社会贡献一份力量。

【作者：农工党黄石市副主委 市监察局副局长】

知行并举抓贯彻

李建新

学习贯彻党的十八大精神是当前和今后一个时期全党全军的首要政治任务。学习贯彻党的十八大精神，必须知行并举，以知促行。

一、知理论之重要，力行高度重视、深入学习之举

党的十八报告是一篇集中全党智慧的“大文章”，是走好人生道路的“指南针”，是解决工作难题的“金钥匙”。学习贯彻党的十八大精神，必须思想上高度重视、行动上高度自觉，从广度和深度上不断推进。

一是上升高度自觉学。要认识到学习十八大精神不仅关系着个人的成长进步，还关系着单位的建设发展、国家的繁荣富强，不仅是个人的学习行为，更是重大的政治行为。学习十八大精神不仅能够用党的创新理论武装头脑，改造主客观世界，更能够提高政治素养，锤炼道德情操。十八大报告中蕴含着无穷真理力量和实践价值，为我们提供了看待问题的新视角、解决问题的新思路、推动工作的新举措。因此，必须杜绝“不愿学、不想学、应付学”的错误态度，真正坐下来、钻进去、出成果。

二是弄通悟透深入学。党的十八大报告集中体现了我们党理论创新和实践创新的最新成果，内容丰富，内涵深刻。所以在学习中务必消除吃“快餐”、求“速成”的态度，切实做到弄通悟透。要通读原本，对十八大报告和党章，要逐行逐段、逐字逐句、原原本本地通读学习，切实把基本观点、理论框架搞清。要精读重点，对报告中提出的新思想、新观点、新论断，如全面建成小康社会宏伟目标、生态文明建设、加快推进国防和军队现代化等重要论述，要进行深钻细研。要对比思考，把学习十八大精神同学习党的历史、党的创新理论结合起来，在前后联系、交叉对比中弄清理论依据，掌握发展脉络。

三是打造平台促进学。打造制度平台，严格落实党委中心组学习制度、党委成员专题辅导制度、周五党团活动等制度，把学习的“软任务”变成“硬约束”。打造活动平台，运用书记讲坛、网络课堂、学习讲坛、读书交流、参观考察等喜闻乐见的手段，广泛开展启发式、讨论式、互动式学习，通过理论考核、知识竞赛、观点辨析、体会展评等办法，促进学习热起来、深下去。打造载体平台，紧贴职能任务和教学训练科研岗位实际，创新活动载体。以大型军事演练、大型课题研究等多种活动开展为契机，结合年终先进评选、典型宣传等活动，融入十八大精神，营造学先进、创一流的良好风尚。

二、知成就之不易，力行举旗铸魂、听党指挥之举

对党走过的九十多年光辉历程，十八大报告中用了“三个倍加”进行深刻阐述，表明党对历史经验和取得成就的清醒认识。学习十八大精神，务必深刻领会党的伟大经验总结，在坚定信念、听党指挥、反击谬论上不偏离、不动摇、不松劲。

一是坚持马列主义不偏离。十八大报告指出，对马克思主义的信仰，对社会主义和共产主义的信念，是共产党人的政治灵魂，是共产党人经受住任何考验的精神支柱。马列主义是我们党全部创新理论的根基。毛泽东思想、邓小平理论、“三个代表”重要思想和科学发展观重要论述，都是中国化和发展了的马列主义。因此，对马列主义基本原理和党的创新理论，务必要做到真学，学得更深、更透、更系统、更自觉。做到真懂，切实掌握其科学内涵和精神实质，做到理论创新每发展一步，学习理解就深入一步，认识和改造客观世界就推动一步。做到真信，不断将学习成果转化为坚定的政治信仰、坚强的党性观念和立身做人的行为准则。做到真用，把党的基本理论、路线、方针和政策贯彻部队建设的各项工作始终，用其指导实践、推动工作。

二是坚持听党指挥不动摇。当前，各种敌对势力加紧了对部队的思想渗透，形势非常严峻。学习贯彻党的十八大精神，务必着眼意识形态领域尖锐复杂的斗争形势，始终把铸牢听党指挥的政治信念，作为学习贯彻的首要和根本紧抓不放。切实认清党对军队绝对领导是党和人民的根本利益所在，是人民军队历经风浪不迷航的根本保证，是人民军队生命之所系、力量之所在。坚决服从号令听从指挥，毫不含糊、毫不动摇地维护党中央和中央军委的权威，做到绝对忠诚、绝对可靠。在干部选拔任用上，始终坚持政治第一的原则，确保枪杆子永远掌握在靠得住的人手中。加强部队的思想政治工作，掌握官兵思想动态，筑牢官兵忠诚于党的思想和信念根基，保证全体官兵不仅在凯歌高奏之际对党忠心耿耿，在狂风巨浪之时也与党同心同德。

三是坚持反击谬论不松劲。当今思想文化领域，各种错误思潮沉渣泛起。如“儒化中国”论、“普世价值”论、“军队非党化”、“军队国家化”等错误思潮，误导了部分不明真相的人。与错误思潮的斗争，事关中国特色社会主义事业的兴衰成败，事关国家和民族的前途命运。对意识形态领域中的敌我之争，党员干部务必时刻做到头脑特别清醒、态度特别鲜明、立场特别坚定，始终以理性、辩证、发展的眼光正确认识和看待各种社会问题，看本质而不被表象所迷惑，看主流而不被支流所支配。对各种错误思潮坚决进行批判，对各种质疑干扰坚决予以反驳，对大是大非问题坚决站对立场。及时教育引导全体官兵认清美国独霸全球和“重返亚太”的狼子野心，认清所谓“民主”和“普世价值”的丑陋面孔，认清“军队非党化、非政治化”和“军队国家化”的反动本质，鼓舞广大官兵在科学发展观的指引下，“既不走封闭僵化的老路、也不走改旗易帜的邪路”，坚定不移地沿着中国特色社会主义道路阔步前行。

三、知作风之要求，力行振奋精神、提升修养之举

作风建设和反腐倡廉建设，是十八大报告中一个非常突出的重要内容。党的建设要科学发展，党员干部必须要彰显共产党人的人格魅力，永葆共产党人的清正廉洁，坚守共产党人的精神追求。

一是修炼品德培育人格魅力。人品是立身之本、为官之道。要为人朴实，待人真诚，表里如一，始终说老实话、办老实事、做老实人，绝不欺上瞒下、弄虚作假。要胸襟开阔，始终保持团结友爱的处世襟怀，容得下人、容得下事。以忠诚之心对待组织，以坦诚之心对待同志。遇事心胸开阔，得意时不忘形，失意时不失态，始终以平常心对待名利得失。要坚持原则，严格按组织原则、政策规定和工作纪律办事，不符合规定的事坚决不办，违背原则的事坚决不做，用自身的良好形象在官兵面前立起一根标杆、树起一面旗帜。

二是严格自律保持品行操守。十八大报告指出：“要坚定不移反对腐败，永葆共产党人清正廉洁的政治本色。”党员干部务必严格自律，常遏贪欲，常省己非，常守品行。要培养高雅情趣，切实远离“灯红酒绿”、“莺歌燕舞”，在任何情况下都稳得住心神、管得住行为、守得住清白。要谨慎行使权力，始终对权力心怀敬畏，严格依据政策法规公道正派地掌好权用好权，绝不将其当作个人谋取私利的工具，任何时候都不以“人不知”而放纵自己，不以“小事无碍”而原谅自己，不以“下不为例”而开脱自己，拒腐蚀、永不沾。要自觉净化圈子，不参加不健康的娱乐活动，不搞庸俗的人情往来，不与来路不明或品行不端的人交往。抵得住诱惑、耐得住寂寞，任何时候都做到脑不乱想、腿不乱跑、行不乱来，始终以过硬的自律能力保持共产党人的高风亮节。

三是振奋精神抓好工作落实。要自觉克服想前程、忧后路、顾家庭的浮躁心理，把心思集中到工作上，把精力倾注到岗位上，把才智奉献到事业中。要具备高涨的激情、拓荒的精神、务实的作风，把岗位当“战位”，把岗位当“责任”，把岗位当“历练”，敢于攻坚克难，敢于试水探索，把工作的出发点和落脚点始终放在对部队建设高度负责上、放在有利于战斗力的提高上，真正做到干实事、重实效、求实绩。要有敢于负责的精神，有直面问题的勇气，有解决问题的作风，对单位存在的问题，不遮不掩，敢于汇报。出现问题勇于承担，能较好地驾驭各种复杂局面、处理各种复杂难题。

四、知实践之必须，力行联系实际、促进工作之举

学习的目的在于运用。学习十八大精神，最终要体现在指导实践、解决问题、推动工作上，这是学习十八大精神的根本出发点和落脚点。要坚持以十八大精神为指导，在新的起点上思考筹划各项工作，推动部队建设重点有突破、全面有发展。

一是着力推进学校全面建设。必须按照科学发展观要求统筹好重点工作与全面建设，统筹好中心工作与政治、后勤、管理等其他工作，消灭“短板”，解决“瓶颈”，促使各项工作都上新台阶。要深入推进教学创新发展，按照“基础够用、专业管用、技能实用、上岗顶用”的原则要求，不断深化教学改革，着力构建特色鲜明的后勤士官教育训练体系。要深入推进思想政治建设，持续深化当代革命军人核心价值观培育，坚持不懈地抓好军魂教育、政治纪律教育和形势政策教育，保持部队纯洁巩固和集中统一。深入推行党务公开，进一步营造风清气正良好环境。要围绕提高后勤保障水平，不断创新工作思路，稳步推进后勤保障社会化改革。坚决贯彻落实从严治校方针，按照常态化管理规定，推进部队安全稳定建设。

二是扎实推进战斗力的提升。“打得赢”是军队建设的第一要务。要通过学习十八大精神，牢固树立主题主线战略思想，把不断提高战斗力作为部队发展的硬道理、党委领导的硬任务、检验工作的硬尺度。作为后勤士官学校，必须按照平战一体、高度戒备、随时能战原则，重点研究后勤保障战斗力生成模式转变，在转变上取得重大进展，促进部队战斗力提升。要围绕后勤新装备作战运用中出现的问题，深入进行研究探索，为部队后勤保障训练提供坚强支撑。要瞄准实战抓准备，始终突出部队基础训练、使命课题训练、战备设施建设和战斗精神培育。尤其要强力抓好全体人员的基础军事训练，坚持科技兴训、科学组训，提高全体人员的军人基本军事技能。要定期参加跨军区军事演练和后勤装备拉动训练，在演练中开展高难度、高强度训练课题，不断提高部队后勤保障实战能力。

三是有效提高服务官兵水平。十八大报告指出：“为人民服务是党的根本宗旨，以人为本、执政为民是检验党一切执政活动的最高标准。”对部队而言，必须坚持一切依靠官兵，一切为了官兵，自觉把基层官兵当作“主人”看，当作“老师”看，把官兵放在心中最高位置。切实改变“垂帘听政”、“遥控指挥”等不良倾向，积极开展调查研究，眼睛多往下看，步子多往下迈，充分了解官兵的实际情况，切实掌握基层的动态变化。牢固树立“服务基层是本职、服务不好是失职”的意识，想问题、作决策、抓落实，都把基层和官兵的事情放在第一位，多解基层之难，多排官兵之忧。始终把官兵的要求作为工作决策的依据，把官兵的意见作为改进工作的方向，把以人为本、执政为民理念贯彻落实到部队建设的各领域、全过程。遇到困难挫折时有“抓铁有痕、踏石留印”的气魄，拿得出具体措施和办法，始终为官兵诚心诚意办实事、尽心竭力解难事，切实让广大官兵称心满意。

【作者：军事经济学院襄阳士官学校校长】

始终保持同人民群众的血肉联系是落实好三农工作的根本保证

刘　虎

党的十八大明确提出："坚持以人为本、执政为民，始终保持党同人民群众的血肉联系，为人民服务是党的根本宗旨。"作为从事农业农村工作的领导干部，认真学习和贯彻落实党的十八大精神，就是要站在为农民群众服务的高度来切实做好"三农"工作。党的十八大报告指出："解决好农业、农村、农民问题是全党工作的重中之重，城乡发展一体化是解决'三农'问题的根本途径。"。同人民群众尤其是广大农民群众保持血肉联系，是我们做好农业农村工作的根本保证，这是几十年来改革开放、农业发展、农村经济繁荣、农民增收取得一系列成就反复证明了的事实。因此，我们必须始终把人民利益放在农业工作的第一位，把实现好、维护好、发展好最广大农民群众的根本利益作为"三农"工作的出发点和落脚点，做到权为民所用、情为民所系、利为民所谋，使我们的工作获得最广泛最可靠最牢固的群众基础和力量源泉。

发展现代农业，实现"四化"同步，早日建成农业现代化，就必须始终保持党同人民群众的血肉联系，努力做到感情上贴近群众，思想上尊重群众，行动上深入群众，并从中不断获得前进的力量。

一、做好农业农村工作是党的十八大对全体从事农业工作干部的基本要求。农业是国民经济的基础，农业兴，基础牢，农村稳，天下安。只有始终保持农村经济繁荣稳定，不断增加农民收入，让农民过上好日子，才能更好地代表人民群众的利益，使农业农村工作不断充满生机与活力，才能实现 2020 年全面建成小康社会的宏伟目标。因此，在农业农村工作中，必须坚持以人为本的理念，自觉地把实现好、维护好、发展好人民群众的根本利益放在第一位。无论在任何情况下，始终坚持全心全意为人民服务的宗旨，必须坚持走群众路线，从群众中来，到群众中去，一切依靠群众，一切为了群众，把维护和实现最广大人民群众的根本利益作为农业农村工作的出发点和落脚点，高度关注民主，不断增加农民收入，切实帮助解决好广大农村老百姓最关心、最直接、最现实的利益问题。

二、落实好三农工作，必须把为人民谋利益作为农业农村工作的出发点和落脚点。我们党的宗旨是全心全意为人民服务，我们的出发点和落脚点都要归结到始终代表最广大人民的根本利益上来，归结到立党为公、执政为民上来，归结到关心群众疾苦、为民排忧解难，全心全意为人民谋利益上来。保持党同人民群众的血肉联系，必须把广大群众的利益维护好、坚持好、发展好，这是我们党巩固执政地位，始终立于不败之地的根本保证。"群众利益无小事"。首先，要努力为群众办实事、谋利益。正如在开展深入学习实践科学发展观活动中总结的两句话："使干部受到教育，让群众得到实惠。"反之，如果说了一大套空话，搞了很多活动，最后没有落实在群众的具体利益上，那就没有成效。其次，要关注社会弱势群体的生存和发展。当前尤其要关注生态移民地区群众、失地农民群众等困难群体，把他们的生产和生活切实安排好。如果他们的困难解决不好，不仅会挫伤他们的积极性，而且可能影响社会安定。第三，要把人民群众拥护不拥护、赞成不赞成、高兴不高兴、答应不答应作为衡量我们想事情、做工作的一个根本尺度，还要把评判从事农业农村工作的干部政绩的标准交给群众，把是否得到农民公认、取得让群众满意的工作实绩，作为评价任用干部的重要依据。只有这样，我们才能使自己成为一名合格的人民公仆，为建设中国特色社会主义作出积极贡献。

三、落实好三农工作，必须全心全意履行好为人民服务的职责。中国共产党区别于其他任何政党的一个显著标志，就是同广大人民群众有着不可分割的血肉联系，始终坚持全心全意为人民服务的宗旨。因此，我们要时时刻刻牢记党的宗旨，像雷锋同志那样"把有限的生命投入到无限的为人民服务之中去"，吃苦在前，享受在后，想群众之所想，急群众之所急，帮群众之所需，扎扎实实地解决群众最关心而又有条件解决的问题。要建立健全密切联系群众和实现好、维护好、发展好最广大人民群众的根本利益长期管用的工作机制，做到权为民所用、情为民所系、利为民所谋。同时，要紧密联系思想和工作实际，加强学习和锻炼，努力增强履行责任、解决问题、做好工作本领；要坚定理想，牢记宗旨，不辱使命，奋发有为，艰苦奋斗，无私奉献；要善于组织群众、宣传群众、服务群众，充分运用说服教育、示范引导和提供服务等办法，从而团结和激励群众为社会主义现代化建设共同奋斗。

四、落实好三农工作，必须经常深入到群众中去。"群众是真正的英雄"。一切为了群众、一切依靠群众，从群众中来到群众中去的群众路线，是我们党的根本工作路线。因此，作为党员领导干部和农业工作者，我们必须经常深入到乡村中去，蹲点调查，解剖"麻雀"，虚心向农民朋友学习，广泛听取他们的意见，从群众中吸收智慧和力量；必须切实转变工作作风，走出机关，深入基层，宣传党的路线、方针和政策，帮助群众认清当前的形势和任务，发现问题，及时帮助解决；必须放下架子，甘当小学生，真正同农民朋友打成一片，恭恭敬敬地向他们学习，不断增进与他们的感情，做他们的知心朋友，努力为他们排忧解难；必须体察民情，了解民意，集中民智，珍惜民力，把群众的呼声作为"第一信号"，把群众的冷暖放在心上，尽力帮助他们在生产资料供应、新技术使用、农产品销售和农民专业化组织上解决实际困难与问题。只有这样，才能“激发群众的积极性、创造性和民族自尊心、自信心，并由此来丰富和提高自己”，把人民群众的智慧和力量集中起来，聚精会神搞建设，一心一意谋发展，为实现农村经济社会发展历史性跨越而奋力拼搏。

五、落实好三农工作，必须自觉地接受农民朋友的监督。 加强党的执政能力和廉政建设，最有效的办法就是依靠和接受人民群众的监督。为此，我们每一个共产党员特别是党的领导干部，一定要带头发扬党的优良传统和作风，模范地践行以“八荣八耻”为主要内容的社会主义荣辱观，以“倡导富强、民主、文明、和谐，倡导自由、平等、公正、法治，倡导爱国、敬业、诚信、友善”为方针的社会主义核心价值观，树立“常修为政之德、常思贪欲之害、常怀律己之心”的良好品格，自觉抵制拜金主义、享乐主义、极端个人主义等消极腐朽思想的侵蚀，真正做到为民、务实、清廉；要用党员的标准严格要求自己，自觉地做解放思想的模范、开拓创新的模范和廉洁自律的模范；要坚持以人为本的理念，按照科学发展观的要求，团结一切可以团结的力量，调动一切可以调动的积极因素，努力把建设有中国特色社会主义现代化农业伟大事业不断推向前进。

党的十八大报告明确要求：“完善党员干部直接联系群众制度。坚持问政于民、问需于民、问计于民，从人民伟大实践中汲取智慧和力量。坚持实干富民、实干兴邦，敢于开拓，勇于担当，多干让人民的好事实事。”这也是对我们从事农业农村工作领导的根本要求。我们一定要将十八大精神与农业农村发展紧密联系起来，宣传好、贯彻好、落实好党的十八大精神，在各自工作岗位上加压鼓劲，奋力拼搏，以优异的成绩报答党和人民，报答养育我们的父老乡亲。

【作者单位：石嘴山市农牧局】

以十八大精神为指导　做好新时期联社党建工作

李玉贞

十八大把党的建设置于中国特色社会主义事业和科学发展的大局来阐释，并针对当下党的建设中存在的问题明确提出一系列工作重点，对当前党建实际工作有很强的指导作用。当前，我国正处在一个经济社会环境急剧变化的时代，如何结合工作实际，以十八大精神为指导，解放思想，创新城镇联社系统的党建工作，这是城镇联社各基层企业党组织都要直接面对的课题和挑战。按照十八大精神的要求，党组织特别是基层党建需要面向社会转型，顺应社会需要，服务群众，服务社会，基层党建要在部分功能、领导方式、活动方式、外部形象方面转型，以便更好地动员群众，凝聚人心。结合实际工作需要，以十八大精神指导基层党建工作，就要不断创新工作方式和方法，把基层党组织打造成为“学习型、服务型、创新型”党组织。为此，笔者近期深入企业开展党建工作调研，广泛听取各基层党组织有关党建工作的情况介绍，交流总结基层党建工作中的新经验、新做法，了解联社各基层党组织在党建工作中存在的问题及建议，结合十八大精神对党建工作的要求，不断探索解放思想，创新党建工作载体推动党建工作的有效办法和新思路，努力促进联社系统的党建工作上台阶。

一、联社系统企业党组织建立状况

截止至2012年12月，梧州市城镇集体工业联社（以下简称联社）市属二轻成员企业共49家；其中规模以上企业11家（其中3家为市重点扶持企业），按经济类型划分：集体企业14家，非公企业13家，依法退市集体企业集中管理退休人员企业22家。全系统职工1万余人。

联社党委下属共建立11个企业党组织，涉及企业36家，实现党组织建设全覆盖。系统建立企业党委1个，企业党总支4个，企业党支部6个。全系统党员共702人，全系统企业党组织党员在职党员180人。其中二轻关停管委会党总支、二轻劳动服务公司党总支、中柏公司党总支、二轻供销公司党支部、制衣公司党总支设立联合党支部，如二轻关停管委会党总支管辖22家关停企业的退休职工党员224名；二轻劳动服务公司党总支管辖冰泉公司和五一公司退休职工党员166名。

二、当前市城镇集体工业联社党建工作存在的问题

要以十八大精神指导当前的党建工作，就要紧密联系当前各单位党组织实际，以十八大精神为指导解决基层党建工作中存在的突出问题，进一步明确完善工作思路。为此，我们首先要认真分析、梳理基层党建工作中存在的突出问题。通过深入企业调研和思考，笔者认为，当前联社党建工作主要存在以下几个方面的问题。

1.对党建工作重要性认识不足。 在相当一部分企业党组织负责人中，不同程度地存在着党建工作“说起来重要，做起来次要，忙起来不要”的现象。有些党组织负责人认为党建工作就是组织一下学习，发展几个党员，收收党费，写写总结，工作轻松；一些党组织负责人甚至认为党建工作要求不高，谁都能干；有些党组织负责人重业务轻党建，认为业务工作是硬指标，党建工作是软任务，可有可无，党建工作始终摆不上应有的位置。

2.党建工作内容和方式方法单一。 从实际情况看，党建工作无论在内容上还是在方式方法上，与科学发展观的要求都有不小差距。在内容上，进行思想教育主要集中于党的路线方针政策的传达学习等政治方面的内容，忽视了党员成长进步的多方面和多层次需要，教育的针对性不强；党内组织生活缺少创新意识和新手段，吸引力和凝聚力不够；党内缺乏批评与自我批评的氛围和积极健康的思想斗争；党建活动和思想政治工作注重过程，忽视效果，表面看起来轰轰烈烈，实际效果不佳。在工作方式方法上，简单陈旧，创新不足。落实上级精神靠开会、发文件，以会议落实会议，以文件传达文件；业务工作与党务工作存在“两张皮”现象，就党建抓党建，党务工作服务于业务工作的途径和方法不多；思想政治工作就是学文件、听报告、看录像，效果不佳。

3.党组织战斗堡垒作用不明显。主要体现在：一是规章制度不健全；二是工作消极被动；三是思想政治工作薄弱；四是自主开展活动的能力和解决实际问题的能力不强。有个别已改制的企业党支部管理松散，长时间不开展活动，对党员的思想状况不掌握；有的存在畏难情绪，工作被动应付，流于形式。

4.管理体制和运行机制不完善。在管理体制上，因为系统相当部分企业已改制为非公企业，联社对企业干部任免权大大削弱，干部人事管理与党建工作管理相分离；在运行机制上，党的工作与业务管理工作相分离；在具体工作中，解决思想问题与解决实际问题相分离。这些现象的存在，是党的工作与业务工作之间“两张皮”问题的深层次表现，它使有关部门之间缺乏沟通，形不成工作合力。

5.党员先锋模范作用发挥不够。主要表现在：一是有些党员是非不辨，方向不明，缺乏清醒的政治辨别力；二是有些党员理想信念不坚，革命意志衰退，热衷于实用主义和庸俗主义；三是有些党员组织观念不强，放松了对自己的要求；四是有些党员宗旨意识不牢，作风飘浮，对群众漠不关心，对涉及个人利益斤斤计较。

三、以十八大精神为指导，不断解放思想和改革创新，做好新时期市城镇联社党建工作的思路

按照十八大要求，努力做好新形势下基层党建工作，必须把科学发展观贯彻到党的建设的各个方方面面，使党的自身建设全面、协调、可持续发展，要坚持与时俱进、立足实际的理念，以保持先进性，增强党的创造力、凝聚力和战斗力为重点，努力解放思想，不断改革创新，不断拓展工作思路，努力打造“学习型、服务型、创新型”党组织，全面提高基层党建工作科学化水平。

（一）创新学习方式方法，坚持用马克思主义中国化最新成果武装头脑

一是以学习贯彻中国特色社会主义理论体系为重点，抓好党员干部的理论学习和教育培训。坚持把深入学习贯彻中国特色社会主义理论体系，着力用马克思主义中国化的最新成果武装头脑作为理论建设的首要任务。一要重点抓好全系统2013年理论学习，制定和下发《全系统干部教育培训计划》、《创建学习型党组织活动的实施方案》、《2012年联社系统理论学习的实施意见》和《2012年联社党委中心组学习计划》，各党组织要采取集中培训、领导干部讲党课、市委宣讲团宣讲、中心学习组集中学习研讨等形式，坚持不懈地用中国特色社会主义理论体系武装广大党员。二是继续深入贯彻“行动学习法”，通过邀请专家学者作讲座、书记上党课、观看电教片、开展党性剖析等形式，全面抓好基层党员队伍能力强化训练，不断增强党员的党性观念和能力素质。三是结合当前学习贯彻十八大精神的要求，在全系统基层党组织中继续深入开展“解放思想、赶超跨越”大讨论活动和学用活用政策活动，使党员干部特别是党员领导干部在更新观念的同时积极提高工作能力，自觉推动科学发展。使各基层党组织和广大党员把学习十八大精神的过程转化为系统谋划科学发展、破解发展难题、提升工作水平的过程。把党的十八大精神融入到把握发展机遇中，按照市政府建设“两城市一基地”的战略目标和经济发展“三步棋”要求 以科学发展为主题，以加快转变经济发展方式为主线，坚持稳中求进、好中求快，重点指导企业在生态环境建设、能源发展、新兴产业发展等方面抢抓机遇，实施好 “十二五”规划，努力实现梧州市和联社经济的跨越式发展。

二是创新理论学习的方式方法，注重学习效果。要彻底摒弃过去那种重过程、轻结果的学习教育培训模式，积极探索更人性化、更具说服力的理论学习模式。探索从封闭转向开放的学习形式。对传统的工作模式进行创新，采用学习书本和学习实践相结合的原则，走出去，请进来，汲取别人先进理念和先进经验，增强工作的前瞻性，做到超前预见、主动适应，使党组织始终保持鲜明的时代特征和旺盛的生命力。并做到多头并进，用好载体，开展有益的党员教育活动。我们要用好用活“三个力”建设、党员创先争优活动、“解放思想、赶超跨越”大讨论活动、学用活用政策、弘扬广西精神等载体，结合工作特点，组织开展相应的教育活动，引导党员干部解放思想转变观念，不断创新，自觉提高办事能力，树立正确的世界观、人生观、价值观及权力观、地位观、利益观，树立大局意识和全局意识，真正做到依法执政为民，真心为群众办好事、办实事、谋利益，在思想上做到走前列、当先锋，在行动上做到做表率，作贡献；其次是要想办法创条件，鼓励党员干部参加学历教育，自我“充电”、充实，组织他们到先进发达地区学习，开眼界、“洗脑子”，实现解放思想，与时俱进，在更新观念的同时提高工作能力，增强领导水平，做先进文化和先进生产力的代表。只有用好用活这些载体，才能使机关党员党性更纯、作风更实、素质更高、状态更优，才能使党建工作真正落到实处、收到实效。

（二）巩固和发展先进性教育活动成果，加强党组织建设和党员队伍建设

一是以落实党建工作责任制为重点，抓好党的先进性长效机制建设。要认真贯彻落实中央四个长效机制文件，切实落实以党组织书记为第一责任人的党建工作责任制。

二是以能力建设为重点，加强服务型党组织建设。突出加强党的执政能力建设这条主线，着力提高党组织的学习能力、教育能力、创新能力、服务能力，不断强化学习功能，激发党组织活力。结合企业实际开展“服务发展党旗红、争当先锋促发展、三服务一促进、党员志愿服务”等丰富多彩的党建主题活动，推动党组织活动内容和方式持续创新。充分发挥党组织推动发展、服务群众、凝聚力量、促进和谐的作用，努力打造服务型党组织。

三是以激励和服务为重点，加强对党员的教育和管理。坚持以人为本，抓好党员队伍建设这一基础工程，提高党员素质。

四是强化“一岗双责”意识，加强党务干部队伍建设。充分发挥各企业党组织书记抓党建的关键作用，坚持“两手抓”，落实好“一岗双责”。

（三）贯彻“为民、务实、清廉”要求，加强和改进机关作风建设

一是建立以正确政绩观为导向的绩效管理模式，不断提高机关工作效率。认真开展各种形式的道德实践活动，引导干部职工进一步树立社会主义荣辱观。

二是加强调查研究。建立健全调研工作制度，着力提高党员干部调查研究的基本能力。

三是加强领导干部作风建设和机关作风建设。全面加强领导干部思想作风、学风、工作作风、领导作风、生活作风建设，大力倡导八个方面的良好风气，使领导干部切实讲党性、重品行、作表率。努力营造健康向上、和谐相处、生动活泼、奋发进取的机关氛围，建设廉洁、勤勉、务实、高效的机关作风。

（四）抓好反腐倡廉制度建设，完善惩治和预防腐败体系

认真贯彻落实中央《建立健全惩治和预防腐败体系工作规划》，采取有效措施，把建立健全惩治和预防腐败体系的工作真正落到实处。通过不断推进惩防腐败体系建设，建立和完善拒腐防变教育的长效机制、反腐倡廉的制度体系、权力运行的监督机制。

（五）坚持以人为本的理念，加强和改进思想政治工作

积极研究把握新形势下思想政治工作的特点和规律，针对企业干部职工关注的热点、难点和疑点问题，大力加强和改进思想政治工作，增强工作的针对性和实效性。建立健全舆情快速反应机制和企业干部职工思想状况分析制度。注重人文关怀和心理疏导，引导企业干部职工正确对待企业改制以及自己、他人和社会，正确对待困难、挫折和荣誉，塑造积极向上的健康心态，以个人内心和谐促进系统的整体和谐。

（六）推进党建工作体制创新，增强党组织的创造力、凝聚力和战斗力

1.完善党委重大问题决策制度。切实发挥联社党委的领导核心作用，进一步明确党委的职责，完善党委会在干部选拔任用、重大资金安排等重大事项的决策制度，避免党的工作与业务共“两张皮”。积极推进党务公开，建立和完善党内情况通报制度、情况反映制度和重大决策征求意见制度。

2.建立机关党建工作考评机制。逐步探索建立和完善党建工作考评制度，把定性与定量结合起来，把组织考察与党员评价结合起来，把党内考核与群众测评结合起来，注重考评工作的科学性和可操作性，促进市城镇联社党建总体目标的实现，进一步激发基层党组织的活力。

3.全面推进基层组织建设年工作。以“强组织、增活力，创先争优贯彻十八大”为主题，以“打造推进科学发展战斗堡垒、建设推进科学发展时代先锋”为主线，按照“抓落实、全覆盖、求实效、受欢迎”的工作要求，全面落实基层党建工作各项任务，继续深入推进基层党组织分类定级和整改提升大行动工作，着力解决基层党组织和党员队伍建设中的突出问题，完善机制，增强活力，充分发挥基层党组织推动发展、服务群众、凝聚人心、促进和谐的作用，为实现二轻经济平稳较快发展提供坚强的组织保障。

4.建立党务干部队伍可持续发展的长效机制。一是建立专兼职党务干部交流制度和轮岗制度。目前联社的基层专兼职党务干部原来多是业务出身，从事党务工作不仅使他们收入下降、晋升职称困难，而且政治待遇不高，致使很多党组织负责人不愿从事党务工作。因此，一方面要建立健全专兼职党务干部交流制度交流和轮岗制度，另一方面要努力提高他们的政治待遇和经济收入，为他们积极工作营造良好氛围。二是建立兼职党务干部有效激励机制。联社很多改制企业的基层党组织的党务干部均为兼职，平时既要忙于业务工作，还要从事党组织工作，付出的劳动比别人多，承担的责任比别人大。由于缺乏一套行之有效的激励机制，许多人不愿从事党组织工作，即使选上了积极性也不高，工作被动应付。为充分调动兼职党务干部的积极性和能动性，进一步加强和改进党组织工作，充分发挥党组织的战斗堡垒作用，应从制度层面和企业的管理层面来探索和解决这一问题，要切实维护和保障非公企业党组织书记在企业中的合法权益、稳定党务干部队伍。如规定企业不得随意解聘书记。如解聘，要符合有关法律规定，并征得上级党委同意。另外，积极把业主中的优秀分子吸收到党内来，发挥示范辐射作用。树立非公企业业主在支持党建工作方面的典型，在非公企业党建工作中开展“三个优秀”评选活动，即：优秀党组织书记、优秀业主、优秀工会主席。业主和工会主席都作为“党建之友”，更好地促进系统非公企业党建工作的开展。

【作者：梧州市城镇集体工业联社党委副书记】

遵循“实事求是”思想路线 弘扬“求真务实”工作作风

马海勇

“坚持解放思想，实事求是，与时俱进，求真务实”是《党章》关于党的建设必须坚持四项基本要求的核心内容。党的十八大强调“解放思想，实事求是，与时俱进，求真务实，是科学发展观最鲜明的精神实质”，也是始终保持共产党人政治本色的重要内容之一。党的十七届四中全会明确要求全党“大兴求真务实之风”。中纪委第五次全会对反对弄虚作假、虚报浮夸也做出过重要工作部署。党的十八大也做出了“全面加强党的思想建设、组织建设、作风建设、反腐倡廉建设、制度建设”的重要部署。因此，新时期统计事业的科学健康发展，必须在党的集中领导下，加强“五个建设”，遵循“实事求是”的思想路线和“求真务实”的工作作风。

统计系统作风建设的核心就是大力倡导“实事求是”的思想路线和大力弘扬“求真务实”工作作风，就是要在全系统积极营造爱岗敬业、乐于奉献、追求真实的良好氛围和职业操守，确保各项统计改革建设与发展任务的全面落实。倡导大兴调查研究之风，坚持深入基层，深入调查对象，深入统计用户，及时了解经济社会发展的新变化、新情况、新特点，积极把握统计工作的新要求、新进展、新规律。大兴求真务实之风，真正把功夫下在统经济社会实数、察统计工作实情、出统计改革实招、办统计发展实事上。具体要求就是要大力加强统计行风建设，严格落实行风建设工作责任制，强化教育，健全制度，加强监督，使统计行风建设渗透到全部统计调查工作的始终，贯穿于整个统计调查工作的实践之中。

一、正确认识“实事求是”和“求真务实”的思想内涵

“实事求是”一词最早源于汉代，东汉史学家班固在《汉书》中记载河间献王刘德（汉景帝之子）时阐述到，其人“修学好古，实事求是”，称赞刘德搜集古籍、明知深察的治学精神，务求得到真本、古本，表现了做学问、做事情的一种严谨态度，信其必“留其真”于世。司马迁作《史记》时励志创出“实录”，留下信史。“究天人之际，通古今之变，成一家之言”，力行“实事求是”。

毛泽东同志用马克思主义唯物辩证法给予“实事求是”新的科学思想内涵，成为指导我们思想和行动的指南。“实事求是”，就是一切从实际出发，理论联系实际；就是要把马克思列宁主义普遍原理同中国革命与建设的具体实践相结合。30年代末，毛泽东在论述马克思主义必须与中国实际相结合、使马克思主义中国化这个思想时，开始使用“实事求是”这个概念。1941年5月，毛泽东在《改造我们的学习》的报告中，对“实事求是”这个概念作了科学阐释，指出:“‘实事’就是客观存在着的一切事物，‘是’就是客观事物的内部联系，即规律性，‘求’就是我们去研究”。他认为，这是一个共产党员应该具备的对待马克思主义的正确态度。从此，“实事求是”成为中国共产党人的特有术语，成为党的一切从实际出发，理论联系实际的马克思主义思想路线的集中概括。

所谓“求真”，就是“求是”，也就是依据解放思想、实事求是、与时俱进的思想路线，去不断的认识事物的本质，把握事物的规律。所谓“务实”，则是要在这种规律性认识的指导下，去做、去实践。统计工作是一个国家、地区经济社会发展状况的晴雨表和监测器，是领导决策的重要依据，是社会公众了解经济形势、把握市场的重要工具。因此，统计是一项科学严谨、实事求是、求真务实的事业，求真务实是实事求是统计的内在要求。这就要求我们在从事统计工作时，要科学的去实践，要尊重事物的本质和客观规律，追求真实的东西，揭示客观事物发展的内在因素、联系和趋势，真正做到“实事求是”的统计和“求真务实”的工作。

二、“实事求是”思想路线和“求真务实”工作作风是统计工作的精髓

统计的基本任务是对国民经济和社会发展情况进行统计调查、统计分析，提供统计资料和咨询意见，实行统计监督。充分发挥好统计的信息、咨询、监督职能，为各级党政机关和企事业单位了解情况、研究问题、进行决策和管理提供各种咨询建议和对策是统计的重要职能。因此，统计部门为社会提供准确、真实的统计数据，即不虚报，也不瞒报，是统计人员应当遵循的行为准则。统计数据的生命就是它的真实性和实效性，违背了“实事求是”思想路线和“求真务实”工作作风，统计工作就失去了存在的价值和土壤。因此，“实事求是”思想路线和“求真务实”工作作风更是我们做好统计事业的精髓。

统计部门深入贯彻落实党的十八大精神和科学发展观的要求，最重要的就是要坚决恪守实事求是的思想路线，大力弘扬求真务实的工作作风，在求实求真上下功夫，确保统计数据的真实准确。弘扬“真实可信、科学严谨、创新进取、服务奉献”的统计核心价值观，坚决维护统计工作的集中统一领导。作为政府统计部门，要以更加科学的态度不折不扣地执行好、贯彻好国家统计局的各项工作安排部署，不断加强党风廉政建设和统计行风建设，把加强统计行风建设作为一项长期工作融入到统计业务工作全过程。将“科学发展观”这一指导思想真正植根于每一位统计工作者的脑海中，落实到具体行动上。

一是，要认真学习贯彻落实党的十八大、中央经济工作会议、省第十二次党代会和省委十二届三次全会精神，认真贯彻落实中纪委关于党风廉政建设的各项部署，按照全国统计工作会议的总体要求，围绕中心，服务大局，进一步落实《廉政准则》各项规定，加强统计行风建设，努力弘扬社会主义核心价值观。

二是，要牢固树立大局意识、宗旨意识、责任意识和服务意识，脚踏实地认真落实好各项统计改革发展工作任务，切实提高统计能力、业务水平和工作责任心。始终恪守以求真务实为天职、视数据质量为生命的职业道德，严格依法履行独立调查、独立报告、独立监督的职责，坚决遵守“不出假数、真实可信、准确完整”的职业操守，采取有效措施，确保各项统计数据的真实可靠。

三是，要进一步强化各级领导干部的廉洁从政意识；大力加强民主集中制原则和纪检监察监督机制，以廉政风险防控和规范权力运行为重点，进一步推进反腐倡廉制度建设。制度的生命力在于执行，只有不断加大执行力，牢固树立广大统计人员兼洁统计意识，坚决杜绝以权谋私、以数谋利等数字腐败行为，才能从源头上坚决预防和制止统计弄虚作假行为的发生。

三、大力加强统计行风建设，在统计工作中切实体现“实事求是”思想路线和“求真务实”工作作风

加强统计职业道德教育，强化统计行风建设，弘扬符合科学发展观要求的统计职业道德精神。一是要加强理想信念教育。促进广大统计人员牢固树立正确的世界观、人生观、价值观，切实增强宗旨意识、责任意识、服务意识和大局意识。二是要加强统计法制教育。养成敬畏法律法规和各项规章制度的良好习惯，促进广大统计人员牢固树立法律至上和依法统计的观念，坚决依法履行独立调查、独立报告、独立监督的职责，坚决反对和抵制弄虚作假、虚报浮夸。三是要加强统计职业道德教育。促进广大统计人员牢固树立数据质量为生命线的统计理念，始终恪守以求真务实为天职、视数据质量为生命的职业操守，坚守统计职业道德底线。四是要加强统计行风建设的宣传教育。以统计报刊和网站为载体，大力宣传统计人的精神风貌和统计行风建设的成效，探索统计行风建设的新办法、新举措、新途径，大力推广统计行风建设先进经验，选树典型，引领示范，在全系统释放出最大的正能量。

四、强化制度建设，确保“实事求是”思想路线和“求真务实”工作作风在具体统计工作中得到充分落实

按照全国统计工作“四大工程”建设要求，进一步推动统计制度方法改革，积极建立科学、统一、完整、适用的统计标准体系、统计指标体系和统计调查方法体系，切实提高统计制度方法的科学性、适用性；坚决维护国家统计制度的统一性、权威性，切实增强执行国家统计制度的自觉性、坚定性。进一步加强统计数据采集规范化建设，严格实施统计规范化管理，建立健全统计数据采集过程主要工作环节的审核和验收制度，制定实施主要统计指标数据质量全过程控制体系；实行严格的质量控制，以统计行为的规范化确保统计数据的准确性。规范统一、便捷、畅通的统计信息网络体系和统计数据采集电子平台，大力推进电子报表的应用和联网直报，实现统计工作全流程的电子化、网络化和高效化，有效减少中间环节对统计数据的干扰。进一步完善统计数据质量评估机制。建立健全主要统计指标数据质量评估体系，规范评估的内容、方法和流程，增强评估工作的科学性和可操作性，提高统计数据的协调性和匹配性。进一步提高统计透明度，推进统计方法制度和统计数据生产过程的公开工作，及时公布重大统计改革的主要内容、相关背景。进一步加强和完善统计信息发布工作，丰富发布内容，围绕热点、焦点问题和重要指标的变化加强统计数据解读工作，充分发挥媒体和社会公众对统计的舆论监督作用。以“实事求是”和“求真务实”的科学统计形象面向全社会。

五、强化监督机制，切实提高“实事求是”思想路线和“求真务实”工作作风在具体统计工作中的执行力

一是加强对《统计法》的执行情况和《青海省人民政府关于进一步加强统计工作的意见》（青政[2013]1号）文件的贯彻落实情况的监督检查；加强对全国第三次经济普查等重大国情国力调查工作的专项督查；加大统计整体工作的巡查力度和对反腐倡廉建设重点工作落实情况的督促检查。以行风建设的实际成效促进统计能力、统计数据质量和政府统计公信力的不断提高。以加强教育入手，确保统计行风建设入心入脑。紧紧围绕统计基层基础工作、统计调查方法制度的执行及各项统计调查数据质量等情况，开展效能检查，不断促进各项统计工作科学发展，确保每一笔统计数据更加真实、准确，以党的“实事求是”思想路线和“求真务实”的工作作风引领统计事业科学发展。

二是统计部门肩负着经济社会运行和全面建成小康社会的统计监测任务，要把提高统计数据质量作为统计事业的生命线。统计部门贯彻落实党的十八大精神的着力点和突破口就是及时、全面、准确地为全省更好更快实现“两新”目标、更好更快建设“国家循环经济发展先行区、生态文明先行区、民族团结进步先行区”提供更加优质的统计服务保障。

三是夯实统计基层基础工作，打牢统计大厦根基。从教育、制度、监督等多方面入手，强化源头数据质量。围绕统计“三个提高”和“四大工程”建设，结合青海实际改进统计制度方法，健全统计指标体系，加大对统计数据的科学评估，不断完善统计体制机制，不断推进统计改革创新、规范统一和公开透明，拓宽统计调查和服务领域，为各级党委政府进行科学决策提供统计依据；为社会各界提供及时、便捷、高效的统计数据信息查询服务。

随着我国社会主义市场化和改革向纵深发展，经济社会发展的多元化，统计工作任务越来越繁重、统计环境日趋复杂，各级党政机关对统计工作越来越重视、需求越来越多、要求越来越高，广大人民群众和国际社会对统计数据也越来越关注。这既是推动统计改革发展的有利机遇，也是统计系统面临的严峻挑战，不仅对提高统计能力提出新的任务，而且对统计行风建设提出新的要求。因此，加强以贯彻“实事求是”思想路线和“求真务实”工作作风为重点的统计行风建设，显得尤为重要。只有坚持推进依法统计，推动统计改革创新，强化统计基层基础工作，建设一支素质优良、作风过硬、业务精湛的统计队伍，不断运用现代科技手段，严格按照国家统计局的各项规章制度和统计方法制度履行职责，才能全面提升统计工作科学化水平。

【作者单位：青海省统计局机关党委】

科学谋划强党建　融入中心促发展

——学习贯彻党的十八大精神的思考与体会

宋水云

十八大报告指出，中国特色社会主义道路、中国特色社会主义理论体系、中国特色社会主义制度，是党和人民九十多年奋斗、创造、积累的根本成就，必须倍加珍惜、始终坚持、不断发展……全党要坚定这样的道路自信、理论自信、制度自信！同时强调，要毫不动摇巩固和发展公有制经济，深化国有企业改革，推动国有资本更多投向关系国家安全和国民经济命脉的重要行业和关键领域，不断增强国有经济活力、控制力和影响力。

这些论述，进一步明确了国有企业特别是中央企业，在推进中国特色社会主义建设中的战略地位。国有企业发展的历史告诉我们，坚持党的领导，充分发挥党委的政治核心作用，是国有企业的独特优势，是 30 多年改革发展的宝贵经验，也是新形势下加强和改进党建工作必须坚持的重大原则。

随着国家的开放、社会的变迁，我国经济社会发展出现了许多新的矛盾，党的自身建设也遇到了新的问题，对党组织引领企业发展提出了新的挑战。学习贯彻十八大精神，必须从思想上进一步认识国有企业党组织的责任与使命，不断提升党建科学化水平，在改革发展中进一步体现党组织的地位和价值。

坚定理想信念，把国有企业建设成为社会主义市场经济体系的坚强支柱

国有企业是社会主义公有制经济的重要组成部分。新中国成立六十多年来，国有企业在推动我国经济发展、支撑国家工业化进程、提升国防工业水平、加速国家技术创新步伐、提高国际竞争力等方面，发挥了极其重要的作用。实践证明，中央企业是发展国民经济的主要力量，是增强国家竞争力和影响力的坚强支柱。当前，国内外政治、经济和社会各界出现了一段来势汹汹的“倒国企”思潮，一些人以深化经济体制改革为由，主张对国企实行私有化。其真实目的就是要从根本上否定我国基本的政治经济制度。作为中央企业的党组织和全体共产党员，绝不能受其影响和蛊惑，并对其进行坚决反击，以更加坚定的信心和更加有力的行动，进一步做强做大国有企业，维护国家政治、经济和社会安全，推动中国特色社会主义事业取得新的更大的成就。

正确理解党组织定位，做到“认识清楚”。中央企业是全面建成小康社会的重要力量，是中国特色社会主义的重要支柱，是中国共产党执政的重要基础。国企业党组织负责人要深刻理解党和国家关于中央企业的这个定位。国企的共产党员应坚定一个共识：实现做强做大、成为世界一流企业的发展目标，必须以中国特色社会主义理论作指导，充分发挥党委政治核心作用，努力把党组织的政治优势转化为公司的核心竞争力，为推动公司科学发展提供坚强的政治和组织保证。

正确理解党组织功能，做到“目标清楚”。国有企业党组织在企业把关定向、动员组织、服务群众、促进和谐等方面具有不可替代的作用。面对新的形势，党组织的职责不变、目标不变。需要更加系统高效地发挥党组织的把关导向、凝聚合力、服务群众、保障和谐的功能，努力把各级党组织建设成为领导班子好、党员队伍好、工作机制好、工作业绩好、群众反映好的先进组织，持续增强党员队伍的荣誉感、责任感和使命感，使党组织成为推动科学发展、促进和谐稳定的先锋队和中坚力量。

正确理解党组织任务，做到“思路清楚”。在深入开展创先争优活动中，中航工业西飞党委按照“紧扣四个关键，提升核心能力”的总体思路，积极融入公司中心工作，在推动以大运为代表的型号研制、完成年度科研生产经营任务、促进企业和谐稳定中发挥了坚强的保证作用。期间，通过党建工作的内容创新、活动创新、载体创新，进一步改进和加强了党建工作。按照十八大实施“创新驱动”战略的要求，结合新的形势与任务，党建工作需要进一步总结经验、理清思路、创新举措，与科研生产经营中心工作密切结合，把党员干部和全体员工的智慧和力量凝聚到推动公司改革发展上来。

紧扣中心任务，在推动企业科学发展中发挥政治核心作用

“发挥党组织政治核心作用，围绕企业生产经营开展工作”，是《党章》赋予国有企业党组织的神圣职责。党建工作体现党中央以经济建设为中心的方针，关键是在公司科研生产经营中心工作中，充分发挥党组织的政治优势，将党建工作优势转化为公司的发展优势和竞争优势，用科学发展观统领全局，保证中心任务的完成和改革发展目标的实现。

提高参与决策的能力，保证企业改革发展的正确方向。参与企业“三重一大”决策，是中央和上级党组织赋予国有企业党组织的重要使命，也是党组织发挥政治核心作用的关键环节。党组织负责人要持续提高政策理论水平和业务能力，依法依规参与重大决策，特别是在参与重大决策事项、重要人事任免、重大项目安排和大额度资金运作等关系公司改革发展大局和职工切身利益的重要问题时，一定要认真调查研究，全面掌握信息，积极参与讨论，把握实质、规范程序，保证决策的正确性与准确度，保障决策实施的操作性和实效性。

提高学习创新的能力，推进党建更好地融入中心工作。创新，是企业发展的根本动力，也是党建工作的活力源泉。建设学习型党组织，手段是学习，任务是创新，目标是改进。党组织应紧密结合公司科研生产经营管理中的急、难、险、重任务，持续探索改进党建工作的思路、内容和方法，提高党内活动的针对性和实效性；要密切关注职工的心理诉求和思想动态，创新思想政治工作的方法，不断激发员工忠诚企业、奉献航空的责任感，始终保持昂扬向上的奋斗激情。

提高监督保障的能力，更好地服务于改革发展大局。保证党和国家方针政策在公司贯彻执行，是国企党组织肩负的重要的监督职责。必须贯彻落实厂务公开、党务公开相关要求，保证党员和群众的知情权、参与权和监督权；加强对各级领导干部履职行为的监督，保证企业各级干部在管理决策、财务管理、物资采购、合同招标、选人用人等工作中遵章守纪、规范操作；充分发挥党组织、纪委、审计、舆论和职工群众监督资源的作用，形成监督合力，确保权力在阳光下运行；加强对权力部门和重点岗位的日常监督，保证人、财、物资源的处置、调配依法合规、公开透明，保持党员干部队伍的纯洁性。

密切联系实际，把中央和上级党组织要求转化为切实有效的行动举措

伴随着国家政治经济社会环境的深刻变化，人们的思想观念日趋多元化，各种社会矛盾也会随之而来，基层党建工作面临的形势更加复杂，任务更加艰巨，挑战更加严峻。在西飞，虽然总体氛围是好的，但也存在一些模糊认识和不良风气，在一定程度上对改革发展形成干扰。为此，一定要充分认识到在新形势下加强党建工作的重要性与紧迫性，充分重视解决企业管理和党建工作中存在的问题，不断夯实党建工作基础，增强党建工作影响力，体现党组织和党员队伍的先进性。

注重强基础，增强组织凝聚力。组织的凝聚力是战斗力的基础。培育一支信念坚定、素质精良、纪律严明、作用突出的党员队伍，必须筑牢基础、巩固堡垒、凝聚人心。通过做好基层党组织机构建设、党群工作考核评价、党员队伍结构优化、党内承诺制和“三会一课”落实、党建工作责任制考核等基础工作，不断规范党内生活、创新党组织活动内容，焕发党建工作生机与活力，扩大党组织活动覆盖面与影响力，增强党组织的吸引力与凝聚力，使党员队伍始终保持强烈的荣誉感和使命感。

注重求实效，强化制度执行力。科学、规范、健全的党组织制度体系，是各级党组织开展工作、推动发展的根本保障。近年来，企业面临的发展环境变化很大，要本着“在继承中创新、在加强中改进”的原则，对公司党内制度和文件系统地进行梳理规范。对于长效性的制度和规范，要在继承的基础上进行创新、修订与完善，对已不适用于当前工作的制度文件予以清理或重新制定，确保党组织制度体系规范完整，既具有与时俱进的先进性，又符合党建工作的实际需求。同时，要探索创新党群工作绩效考核的方式方法，保证制度文件有效贯彻，执行过程不走样。

注重创特色，突出党建影响力。通过深入开展创先争优活动的实践，我们深刻地认识到，党建工作有特色，才能有活力。建设学习型、服务型、创新型的政党，是十八大提出的重要任务。对于企业而言，意味着要依据不同党组织的业务特点，开展党建工作的精细化管理。“三型”党组织建设是一个有机统一的整体，学习是基础，服务是核心，创新是动力。所以，在推进三型党组织建设过程中，一方面要将三者有机联系起来，以学习强能力，以创新促改进，以服务创实效；另一方面党建工作要依据本单位业务特点，突出职能，做出特色，形成亮点。依据西飞目前科研、生产、经营管理不同性质单位的业务特点，应该策划搞好创新创效型、质量效率型、服务保障型党组织的创建工作，培育和推广一批拿得出、叫得响的特色党组织和特色品牌，进一步扩大党建工作的影响力。

强化示范效应，牢牢把握党员干部队伍作风建设这个关键

企业各级领导干部和全体党员是推动公司发展的核心力量，党员干部的作风形象，在很大程度上影响着广大职工对公司发展的信心，决定着企业的整体文化风气。十八大召开之后，中央政治局立即制定密切联系群众、转变工作作风的“八项规定”，随后，各级党政组织、军队、中央企业将作风建设作为贯彻落实十八大精神的头等任务来抓。就企业而言，转变作风的核心是加强调查研究，密切联系群众；坚持求真务实，拒绝形式主义；厉行勤俭节约，禁止铺张浪费；规范管理流程，杜绝腐败行为。促使党员干部树立正确的权力观、事业观、利益观，永葆共产党员清正廉洁、艰苦奋斗的政治本色。

提高干部素质，形成作风建设的“效应点”。俗话讲，村看村，户看户，群众看干部。通俗地阐明了干部在作风建设中的关键作用和示范作用。看干部，看什么？就是要看干部是否具有强烈的责任观念、群众观念、务实作风、清廉作风。在当前环境下，特别要加强对领导干部从严教育、从严要求、从严管理、从严监督，创新完善干部培养、选拔任用、考核监督的方式与途径，解决目前存在于各级党员干部思想作风、组织作风、工作作风和生活作风方面的突出问题，完善干部激励、约束和淘汰机制，提高领导干部的责任意识和领导能力，努力培养锻造一支能力强、作风正、群众信服的干部队伍，为职工群众起到示范表率作用。

深入调查研究，把握作风建设的“着眼点”。密切联系群众，是党的传统优良作风，“从群众中来，到群众中去”既是对干部作风的要求，也是干部能力的体现。只有调查研究，掌握职工思想脉搏，真实了解实际问题，才能避免主观臆断、拍脑袋决策。党员领导干部要深入基层，联系职工，联系课题，认真研究解决制约公司经营发展的突出问题，全面了解广大职工关心的热点、难点和焦点问题，千方百计地解决职工最关心、最直接、最现实的利益问题，增强职工的信任感和认同感，干群之间形成一条心、拧成一股劲，不断推动公司科学发展、和谐发展。

保持清廉形象，强化作风建设的“关键点”。腐败，是寄生在健康躯体上的毒瘤，是当前群众反映最突出的社会问题之一。放任不正之风和腐败现象的滋生蔓延，必然导致事业倒退、民心背离。企业各级党组织要认真落实党风廉政建设责任制，严格执行《国有企业领导人员廉洁从业若干规定》，坚决纠正各种不正之风，杜绝各种违法违纪现象。督促各级党员领导干部加强党性修养，常修为政之德，常思贪欲之害，常怀律已之心，保持清正廉洁的形象，赢得职工群众的认可与尊重，营建风清气正的工作和发展环境。

推崇务实干事，巩固作风建设的“基本点”。习近平总书记指出，“空谈误国，实干兴邦”。强调党员干部要谋实事、求实效、重实绩。面对日益复杂的经济形势和日益激烈的竞争环境，党员领导干部要保持清晰的头脑，正视问题，勇于担当，多干促进企业发展、让职工群众满意的实事，主动克服、自觉抵制形式主义、官僚主义、享乐主义和奢靡之风，牢固树立“实干兴企”的观念，努力营造谋事干事、勤俭务实的文化氛围，为公司发展多做贡献。

注重和谐建设，使党组织真正成为服务群众、凝心聚力的源泉

和谐是稳定的基础，是发展的保障；保和谐就是保稳定、保发展。随着国企改革的日渐深入，干部职工的思想上必然会出现一些新困惑、新问题、新想法。各级党组织要主动面对、正确引导，积极稳妥地处理好在发展过程中的各类矛盾和问题。遵照“发展为了职工、发展依靠职工、发展成果与职工共享”的方针，坚持以人为本，从职业发展、收入增长、劳动保护、生活改善等多个维度关爱职工，为职工创造条件和机会，凝聚人心，集聚力量，推动企业和谐发展。

践行党的宗旨，维护企业和谐稳定的大局。全心全意为人民服务，是党的宗旨。各级党组织要将“服务职工”始终贯穿于工作之中，持续推进为民服务各项举措得到有效落实。围绕企业中心工作，进一步健全和完善党员干部联系和服务群众工作体系，广泛听取、认真研究职工群众的意见和建议，帮助职工解决生产和生活中的实际困难，把职工群众的思想和精力凝聚到推动公司发展上来。

发挥群团作用，强化联系职工群众的纽带。党组织要不断加强对工会工作的领导，切实履行工会维权和服务的职能，拓展工作领域，创新工作方式，保证职工合法权益不受侵害。要管好用好困难帮扶基金，加强对病、残、困、老职工的救助，切实为职工办实事、办好事、解难事。加强对青年和共青团工作的指导，健全青年工作机制，创造青年成长成才的环境，激励和引导广大青年职工岗位成才、建功立业。

丰富文化生活，凝聚企业和谐共进的合力。文化是推动公司发展的软实力。要大力推进企业文化与发展战略的协同，强化干部职工的价值认同和文化共识，统一员工的思想观念和行为规范。大力传播以“大情怀、大奉献、大协同、大跨越”为核心的大运精神，增强全体职工的责任感和使命感。积极组织开展形式多样的群众文化体育活动，丰富员工的文化生活，广泛凝聚人心，激发员工的归属感和自豪感，增强主动进取、团结共进的内在动力。

【作者：中航工业西安飞机工业（集团）有限责任公司党委书记】

谈谈河北省科技型小微企业的创新与发展问题

王忠魁　黄　涛

党的十八大报告提出“支持小微企业特别是科技型小微企业发展”；“促进创新资源高效配置和综合集成，把全社会智慧和力量凝聚到创新发展上来”。科技型小微企业是科技创新最为活跃和最具潜力的群体，是市场经济的率先探索者和实践者。激发科技型小型微型企业发展活力，对提高河北省创新能力，支撑经济发展，深化国家创新体系建设具有十分重要的意义。

科技型小微企业如同毛细血管，分布在河北省经济肌体的各个方面，他们数量多、范围广、机制活，是孕育自主创新的沃土。很多创新型龙头企业都是由科技型小微企业发展壮大，很多创新产品和创新模式都是出自科技型小微企业。但同时，科技型小微企业又是最为分散、最为弱势和最少得到关照的一个群体。从河北省来看，科技型小微企业创新发展中存在着三个主要问题。一是缺少引导。许多科技型小微企业处于产业链的底层，它们往往难以为当地政府提供大量GDP和财政收入，因而往往难以得到政府的重视和扶持。大部分市、县政府不重视或忽视其在创造就业、孕育创新等方面的作用，对科技型小微企业缺乏必要的引导和扶持，其发展环境有待进一步改善；二是缺少资金。科技型小微企业本身缺乏雄厚资金，抗击打能力不强，容易遭受外部冲击的影响，一旦资金链紧张或断裂，直接影响到企业生存。企业资金短缺严重影响着企业的创新活动。由于科技型小微企业的创新风险大，从技术研发、到产品开发最后再到产业化整个过程，需要投入大量资金，而很多企业在资金短缺的情况下，根本无力从事研发活动。近年来，河北省大力发展战略性新兴产业，不少科技型小微企业盲目跟风，却由于创新不足，导致没有自主产权，缺乏核心竞争力，在产业发展低于预期的时候，往往因资金短缺而濒临破产或倒闭；三是缺少服务。科技型小微企业是一个弱势群体，它们很难得到周到的金融服务和创新服务，甚至有时还会受到歧视。一方面，各类金融机构多从企业规模、贷款风险等出发去评估企业，经常嫌贫爱富，致使科技型小微企业在生产营销、创新研发等方面融资困难，不得不转向成本高的民间贷款市场。这说明科技型小微企业的融资渠道不畅。另一方面，河北省大多数公共创新平台服务功能不健全、宣传力度不足，绝大部分科技型小微企业无法享受其创新服务。此外，河北省不少企业孵化器孵化功能不配套，服务能力有待增强，也影响了科技型小微企业的正常孵化。

科技型小微企业在国民经济和社会发展中的特殊重要性，决定了政府对科技型小微企业发展必须给予有力扶持。根据国家有关政策和当前科技型小微企业发展的实际，我们重点应从以下八个方面给予支持。

一要积极支持和引导各类科技资源共同支持科技型小微企业技术创新，培育扶持一大批市场竞争力强、自身成长性好、发展潜力大的科技型小微企业群。发挥小微企业技术创新的主体作用，努力形成一大批具有自主知识产权和市场核心竞争力的高新技术企业群，夯实高新技术产业的发展基础。

二要加快结构调整，培育一批科技型小微企业的产品(技术)项目。结合河北省各地区的产业特点和比较优势，从优势产品入手，从重点地区突破，进而形成规模优势和特色经济，推动科技型小微企业向集聚化发展，增强产品的市场竞争力。

三要积极引导和鼓励社会各类科技资源，加快推进小微企业公共技术服务平台的科技孵化功能。有针对性地引导高校、科研机构与小微企业开展产学研合作，利用高校和科研院所的先进设备和高技术人才资源，不断提升小微企业的技术研发与产品创新能力。

四要全面减轻小微企业税费负担。对小微企业减免税费可减少社会管理成本、培养长期税源，其最终结果是政府行政负担的减轻和税收的持续增长。要进一步加大小微企业减税力度，认真落实支持小微企业发展的各项税收优惠政策，进一步提高增值税和营业税起征点，扩大减免税种范围。要制定简便易行的减税实施细则，简化申请备案程序，让更多的小微企业真正享受到减税带来的实惠。要清理取消各种不合规的涉企收费，严格执行收费公示制度，加强社会舆论监督。

五要加大对小微企业的财政支持力度。一是设立专项支持资金。政府要根据国民经济发展需要和产业政策，在小微企业技术进步、产品更新换代、品牌培育、企业转型升级等方面设立财政专项资金。通过专项资金支持，提升小微企业生产经营水平，加快转型升级步伐。二是政府采购资金要向小微企业倾斜。将小微企业自主创新和自主品牌产品及服务纳入政府采购目录，在同等条件下对重点小微企业及产品给予扶持。借助政府采购政策，拓宽小微企业市场销路，增加其市场销售份额。三是政府公益性服务支出向小微企业倾斜。服务领域是小微企业的聚集地，政府可通过签订服务合同，将一揽子公益性服务项目委托分包给众多小微企业来完成，进而直接拉动服务型小微企业的快速发展。

六要积极发展符合小微企业需求的金融体系。小微企业融资信贷具有灵活性、分散性、不确定性、时限性、风险性等特点，需要财政和金融部门加强引导，构建符合小微企业发展需求的金融体系。首先，要大力发展适合小微企业特点的专业化经营模式。发达国家的实践表明，通过发展“信贷工厂”式的低成本信贷服务网络，小微企业信贷市场可以建立可持续商业模式。金融监管部门应鼓励有实力的金融机构建立大规模的微型信贷网络，利用市场化手段缓解小微企业融资难题。其次，以市场化的微型金融为基础，利用财政资金分担微型金融的风险，如扶持担保公司、分担银行贷款损失等，进一步撬动社会资金为小微企业提供融资服务。

七要提高对小微企业的管理与服务水平。支持小微企业发展，营造良好的发展环境至关重要。一是深化行政审批制度改革。针对小微企业灵活机动、时效性强的特点，按照“抓大放小”的原则，放宽小微企业的市场准入，放宽小微企业登记注册条件。二是建立有效的小微企业维权机制。强化信息公开和社会监督，设立小微企业便捷申诉通道，开通服务举报热线，及时解决小微企业的有效诉求。三是提高管理与服务效率。要树立主动服务、上门服务的意识，加强与小微企业的沟通联系，及时了解小微企业生产经营中遇到的困难与需求，为其提供及时便捷的服务。

八要实施“科技人才培养工程”，支持科技型小微企业的人才引进与培养。以重大研发项目为纽带，以相关的优惠政策为保障，促进科技型小微企业开展产学研相结合与科研成果转化为牵引的全方位、多元化的科技人才培养和使用体系，推进河北省科技型小微企业的健康发展。

【作者：河北省高新技术产业协会常务副会长
河北省高新技术产业协会咨询部副主任】

凝聚发展正能量　实现贵州“中国梦”

杨晓曼

在刚刚结束的十二届全国人大一次会议闭幕式上，国家主席习近平强调：“实现中国梦必须凝聚中国力量”。凝聚中国力量，实现“中国梦”，决定性因素是干部。干部的思想观念、工作作风、综合素质和执行力的好坏，决定了实现“中国梦”程度的好坏。当前，在全面贯彻落实党的十八大精神和全国“两会”精神的重要时期，贵州各级干部尤需大胆解放思想，构筑精神高地，凝聚强大发展正能量，助推实现贵州“中国梦”。

一要构筑敢闯敢试的精神高地，凝聚开拓创新的正能量。思想的障碍是发展最大的障碍。欠发达地区与发达地区的差距，既体现在经济实力和发展水平上，更体现在思想观念和思维模式上。贵州要后发赶超，急需破除信心不足、墨守成规的思想，树立开拓创新、敢于争先的意识，大胆想、大胆干、大胆改革，敢于突破、敢冒风险、敢比敢攀，构筑敢闯敢试的精神高地；急需破除因循守旧、不思进取的思想观念，破除“凭过去的经验办事、按传统的模式办事、看上级的眼色办事”等“思维惯性”和“路径依赖”，增强“一步落后、步步落后”的危机感和“机不可失、时不再来”的紧迫感，凝聚开拓创新、敢于争先的正能量，发扬“跳摘桃子”的精神，开创各项事业新局面，为实现贵州“中国梦”奠基助力。

二要构筑勇于担当的精神高地，凝聚抢抓机遇的正能量。勇气和胆识是现代干部必备素质。“中国梦是民族的梦，也是每个中国人的梦。”只有贫困地区走出了贫困，伟大的“中国梦”才能实现。贵州要摆脱贫困，各级干部必须具备非凡的胆识谋略，会抓住制约科学发展的关键问题、影响改革开放的突出问题、涉及改善民生的热点问题，善于直面问题、研究问题、解决问题，敢表态、敢决策、敢应战，构筑勇于担当的精神高地；必须会找机遇、会抢机遇、会用机遇，凝聚抢抓机遇的正能量，用好国家“优先推进西部大开发”的重大机遇，在着力破解投资难题中凝聚正能量，在着力破解招商难题中凝聚正能量，在着力破解民生难题中凝聚正能量，以抓机遇、谋发展、促和谐的新成效，助推实现贵州“中国梦”。

三要构筑求真务实的精神高地，凝聚干字当头的正能量。空谈误国，实干兴邦。党的十八大召开后，中央明确提出要大力培养选拔讲实话、干实事、敢作为、勇担当、言必信、行必果的干部。这就要求干部特别是贵州干部要构筑求真务实的精神高地，凝聚干字当头的正能量，增强忧患意识，拿出“一本经念到底、一件事抓出头”的工作劲头，实干、苦干、巧干；增强效率意识，认准了就干，抢机遇、抢速度、抢落实；增强宗旨意识，走好群众路线，办好排民忧、解民困、聚民心的实事；增强责任意识，把心思集中在“想干事”上，把胆识体现在“敢干事”上，把能力展现在“会干事”上，把力量凝聚在“能共事”上，把目标落实在“干成事”上，把一项项工作任务扎扎实实变为推动发展的具体行动，为实现贵州“中国梦”添砖加瓦。

四要构筑增比进位的精神高地，凝聚追求卓越的正能量。思路决定出路。不敢横向比较争进位，自我满足，必然停滞不前；不敢睁开眼睛看世界，封闭保守，必然落后贫穷。面对百舸争流、不进则退的发展格局，我们必须树立没有最好、只有更好的理念，构筑增比进位的精神高地，凝聚追求卓越的正能量，比学赶超，居弱图强。要树立以大局为重、开放合作的思想理念，用国际的眼光谋划开发，在视野宽、思路宽、胸襟宽的工作氛围中精益求精、追求卓越。要树立勇立潮头、争创一流的雄心大志，比思想、比干劲、比业绩，学经验、学思路、学方法，赶速度、赶效率、赶质量，超自我、超标杆、超卓越，对照先进找差距，瞄准标杆争一流，以蓬勃向上、奋发有为的士气，攻坚克难、志在必得的勇气，开拓创新、奋发有为的锐气，助推实现贵州“中国梦”。

五要构筑与时俱进的精神高地，凝聚科学发展的正能量。与时俱进，是科学发展的内在规律。贵州要加快发展，必须坚持自己发力，争取中央给力和全社会助力，深化改革不停步，激发活力不止步，增强信心不却步，构筑与时俱进的精神高地。要深化经济体制改革，推进工业化、城镇化、农业现代化“三化同步”，推动整个经济发展全面协调可持续；要深化行政管理体制改革，转变职能、理顺关系、优化结构、提高效能，形成权责一致、分工合理、决策科学、执行顺畅、监督有力的行政管理体制；要深化以改善民生为重点的社会改革，完善“两级政府、三级管理、四级网络”的城市管理体制，健全党委领导、政府负责、社会协同、公众参与的社会管理格局。只要坚持与时俱进，深化改革，就能凝聚科学发展的强大正能量，为贵州“中国梦”插上腾飞的翅膀。

“优先推进西部大开发”，“加大对革命老区、民族地区、边疆地区、贫困地区扶持力度，深入推进集中连片特殊困难地区扶贫攻坚”，等等，充分体现了国家把西部大开发放在更加优先、更加突出、更加重要的战略地位，是国家对西部的高度重视、关心和支持，为我们实现贵州“中国梦”提供了千载难逢的重大机遇。伟大的目标，源于伟大的梦想；伟大的事业，成于不懈的奋斗。实现“中国梦”必须弘扬中国精神，实现“中国梦”必须凝聚中国力量，实现“中国梦”必须紧紧依靠人民，实现“中国梦”需要我们各级干部时不我待、只争朝夕，理想不弃、奋斗不止，不断凝聚强大的发展正能量。我们坚信，贵州的“中国梦”、“改革梦”、“法治梦”、“幸福梦”定能早日实现，贵州定会迈入一个崭新的时代！

【作者：中共安顺市委常委　市委宣传部部长】

凝心聚力谋发展　砥砺奋进建小康

杨兴友

党的十八大提出了到 2020 年实现全面建成小康社会的宏伟目标；在省委十一届二次全会上，省委书记赵克志提出了“坚持三个不能代替，突出三个核心指标，以县为单位实现全面小康”，发出了同步小康的动员令，吹响了后发赶超的集结号。我们要认真贯彻落实党的十八大精神，按照省委、省政府同步小康的部署，励精图治，奋发图强，下决心建设一个实实在在的、不含水分的、群众得实惠的、老百姓认可的全面小康社会。

一、审视县情，正视差距，坚定与全国全省同步全面建成小康社会的信心和决心

2010 年前，威宁自治县由于贫困面大、贫困程度深、贫困人口多，被党中央、国务院列为全国喀斯特地区扶贫开发综合治理县。三年来，曾经满目疮痍、沉疴宿疾、百业维艰的威宁，发生了脱胎换骨的变化，各项经济指标同比 2009 年均翻一番以上，经济发展综合测评从 2009 年全省第 54 位分别上升至全省 21 位、13 位、9 位。原本不是黑牌就是黄牌的“牌牌威宁”，连续三年在全市综合考核中获一等奖，先后获得 23 项国家级表彰，有 104 项(次)工作获得省级表彰，全国、全省分别有 3 个和 25 个现场会在威宁自治县召开，仅 2012 年各项工作在全国、省、市经验交流达 43 项（次）。成功地闯出了喀斯特地区加快发展的新路子。实践证明，只要我们加快赶、全力转、奋力超，完全可以改变贫困面貌，冲出“经济洼地”，创造美好未来。

纵向比，发展较快；但底子薄、基础差、欠账大，实现同步小康任务艰巨。主要表现在：经济总量小、人均水平低，与省委提出“531”的目标，在经济总量、发展速度、人均 GDP、城乡居民收入等方面存在较大差距。民生问题任务依然繁重，全县农村教育、科技、文化、卫生条件薄弱；全县还有 38.3 万贫困人口、贫困发生率达 29.6%。工业化、城镇化水平不高，资源利用粗放，转变方式紧迫；交通、水利、电力、信息等发展瓶颈还没有完全破解，教育科技和人才力量相对薄弱；民营经济、县域经济实力不强，改革开放力度需要进一步加大；公共服务能力不足，社会管理水平不高，改善民生、维护稳定的压力还很大等。“唯有发展，才有自尊；唯有发展，才能稳定；唯有发展，才能小康”。我们要迅速把思想和行动统一到十八大精神上来，统一到省、市的安排部署上来，处理好赶超与转型的关系，做到在赶超中转变、在转变中赶超，努力开创科学发展、转型跨越、民族团结、同步小康的新局面。

二、科学发展、后发赶超，为全面建成小康社会奠定坚实的基础

我县开展同步小康创建活动，要以实现省委提出的“531”为总要求，坚持以“四在农家”破解“三农”难题，以“五心”教育提升全民素质，以“六风”建设创建发展环境、以“七个坚持”谋划发展的 “四五六七”工作思路，强力推进经济建设、政治建设、文化建设、社会建设、生态文明建设“五位一体”总布局，坚持走追赶型、调整型、跨越式、可持续的发展路子，推进工业化、信息化、城镇化、农业现代化同步发展，推进经济增长与居民收入同步提高，努力在较长时期内保持一个高于全国、高于西部乃至全省全市、高于以往的“威宁速度”，推进全面建成小康社会目标与全国全省同步实现。到 2017 年全面小康实现程度达到 84%左右，今后五年每年要提高 3 个百分点；要提高“四个比重”，即工业经济比重提高到 44%、城镇化率提高到 46%、民营经济比重提高到 55%、县域经济比重提高到 71%，今后五年每年分别提高 1 个以上百分点。到 2020 年与全国全省同步全面建成小康社会。

发展壮大县域经济，努力提升经济总量。统筹推进“三化

同步”发展，做大做强工业、做特做优农业、做新做实服务业，不断壮大同步小康的经济实力。实施好“五个一工程”，即建设一个产业园区，重点打造威宁经济开发区；加快培育一批现代高效农业示范园区，加快泰丰现代特色农业示范基地建设步伐，在草海镇、双龙乡、小海镇片区启动现代高效农业示范园暨台湾农民创业园工作；加快创建一批示范小城镇，抓好省级示范镇迤那镇和市级示范镇东风镇的建设；加快开发一批城市综合体，打造以乌撒广场、人民广场、奇石园广场、火车站广场为核心的四个城市综合体，把威宁县城建设成为100平方公里和100万人口规模的“贵州西部门户城市”；建设一个重点旅游景区，抓好以草海为核心的旅游景区建设。

提升城乡居民生活水平，促进脱贫增收致富。认真实施城乡居民增收“三个计划”：开展农村贫困人口增收计划。深入推进扶贫开发第一民生工程，加快“减贫摘帽”，建设喀斯特地区扶贫开发攻坚示范县、示范乡镇、示范村，按扶贫新标准38余万贫困群众实现脱贫。开展全民创业和增岗行动计划。充分利用威宁人力资源丰富的优势，大力培育劳动密集型产业，建立1个以上创业孵化园区、1个小企业创业基地，推进1户农户转移就业1人、掌握实用技术1亩、发展经果林（园）1亩。运用近年来涌现出的食用菌种植大户马仙仙、野猪大王李仕贤、养鸽大户潘兴全、养鸡大户管玫瑰等农村创业大户致富经验，积极引导和扶持农民工返乡创业，积极帮助下岗失业人员、就业困难人员、伤残人员、零就业家庭成员就业。推进农民增收促进计划。促进农民家庭经营性收入增长10%以上、工资性收入年均增长20%以上，逐步增加农民转移性和财产性收入。确保城乡居民收入每五年翻一番以上，不断缩小城乡收入差距。大力推进城乡居民医疗、养老、城乡低保、失业救济和住房五项保障行动。提升社会保障水平。

大力推进基础设施向乡村延伸，努力突破发展瓶颈。大力推进路网、水网、电网、通讯网、广播电视网、生态环保网建制村（社区）全覆盖，有条件的地方覆盖到村民组。实现村村通油路、组组通公路；不断解决全县工程性缺水和水源性缺水的问题，实现20户以上的村寨全部通自来水。推进风电、水电、火电和光电建设，实现风电总装机容量达150万千瓦以上，火电装机容量达140万千瓦以上，水电装机容量达60万千瓦以上，光伏发电装机容量达50万千瓦以上。推进电信网、互联网、广播电视网“三网融合”，实现电话、互联网、广播电视村村通。

加速发展文化教育卫生事业，推动文化大发展大繁荣。大力推进教育、科技、文化、体育“四个提升”工程，提升县域文明程度。推动实施“9+3”义务教育及三年免费中等职业教育。加快建设巴迪鲁旺、乌撒古镇、穆卡拉玛幸福小镇、丽阿娜苗族风景展示区等重大文化旅游设施工程建设。以在建的奥体中心为载体，打造全省亚高原体育竞技中心，实现村村（社区）有公共健身场所。

加强和创新社会管理，促进社会和谐稳定。广泛推广遵义的“四在农家”模式、社区管理的“贵阳经验”、社会风险评估的“铜仁经验”、化解基层矛盾的“余庆经验”等，努力化解各类社会矛盾。大力开展普法教育、基层民主自治、政务公开、民族团结进步、基层平安创建“五项活动”，提升威宁民主法治水平。

推进美丽乡村建设，打造宜居威宁。开展“三创三建”，即创建国家级文明县城、国家级卫生县城、国家环境保护模范县城；建中国高原湿地优秀旅游城市、建特色文化风情小镇，建“四在农家、美丽乡村”新农村。加强人口和计划生育工作，确保常住人口出生率、自然增长率等低于全省平均指标。

实施“党的建设工程”，为同步小康创建提供组织保障。以克志书记提出的解放思想“十破十立”为重点，开展新一轮思想大解放，使全县上下观念新、方法新、作风新，广大干部群众眼界宽、思路宽、胸襟宽。建设发展型党组织，选好发展型干部，配好发展型班子。持续开展好全省保持党的纯洁性教育试点工作，为全面开展党的群众路线教育实践活动积累经验。认真贯彻落实中央改进工作作风、密切联系群众的八项规定和省委、市委、县委的十项规定，反对铺张浪费、厉行勤俭节约，为同步小康创造良好环境。

时代足音铿锵有力，同步小康催人奋进。我们一定要增强发展的自信、跨越的自信、小康的自信，不动摇、不懈怠、不折腾，用干部的“辛苦指数”换取老百姓的“幸福指数”，一步步地把威宁的“中国梦”变为现实。

【作者：中共毕节市委常委　威宁自治县委书记】

贯彻落实党的十八大精神　努力实现陕西体育大发展

雷璟思

党的十八大对继续推进改革开放和社会主义现代化建设，全面建成小康社会的宏伟目标作出了全面部署，为陕西体育事业和体育产业的大发展提供了难得的历史机遇。我们要以十八大精神为指导，兴起陕西体育事业和体育产业发展的新高潮。下面我就学习贯彻十八大精神，促进陕西体育事业和体育产业大发展谈谈一点学习体会。

一、十八大为体育发展提供了理论依据和行动指南

毛泽东深刻的揭示了体育的本质，他指出：“发展体育运动，增强人民体质。”体育是人体机能的重要体现，是促进人体健康的根本途径，是社会文明进步的重要标志。十八大报告对我国体育发展作了充分肯定，指出“全面健身和竞技体育取得新成就。”

十八大报告指出：“必须更加自觉地把以人为本作为贯彻落实科学发展观的核心立场，始终把实现好、维护好、发展好

最广大人民群众根本利益作为党和国家一切工作的出发点和落脚点。”强调“健康是促进人的全面发展的必然要求。”从科学和逻辑上讲，生命的延续和发展是以人为本的本质意义，是以人为本的基础和支撑，是人民群众的根本利益，如果离开了人的生命谈以人为本就没有任何意义。

围绕民族的生命延续和发展这个根本问题，十八大作出了三个方面的战略部署：一是对十八大为体育发展提出了新要求，提供了新机遇，为体育大发展指明了方向；二是对提高人民健康水平提出了新要求，作出了新部署；三是对生态文明建设作出新论述和新部署，强调“建设生态文明，是关系人民福祉、关乎民族未来的长远大计。”“努力建设美丽中国，实现中华民族永续发展。”

二、抓住未来十年的重要战略机遇期

在新的历史阶段，国家发展必将为体育发展带来新的历史机遇。党中央、国务院确立了建设体育强国的宏伟战略目标，陕西省委、省政府明确了建设西部体育强省的重大战略任务。十八大以后，是加快建设体育强国重要时期，是建设西部体育强省的关键时期，也是对陕西体育事业和体育产业发展最有利的时期，因而是建设西部体育强省的重要战略机遇期，我们一定要深刻认识和紧紧抓住这个难得的重要战略机遇期，兴起陕西体育事业和体育产业发展的新高潮，加快西部体育强省建设步伐，谋划好、建设好推动全省体育事业和体育产业发展的核心项目和一批重大项目，实现陕西体育事业新发展、体育产业突破发展和体育产业集团跨越发展。我们要牢固树立“科学健身、大赛争光、产业兴利、体育惠民”的理念，坚持走陕西省群众体育做实做亮、竞技体育做优做精、体育场馆做齐做好、体育产业做大做强、体育文化做响做新的发展道路，实现陕西体育大发展，更好的服务人民，保障和改善民生，为建设“经济强、科教强、文化强、百姓富、生态美”的西部强省贡献更大的力量。

三、未来十年的战略目标

为了实现建设体育强省和陕西省体育产业突破发展，陕体集团制定了十年发展规划纲要，明确了未来十年的发展方向、发展目标和发展阶段，努力实现陕体集团三年打基础、五年上台阶、十年大发展战略目标。

坚持以科学发展观为引领，深入落实省委、省政府建设西部体育强省战略决策，坚持走集约化、规模化、现代化、国际化和区域共同发展的道路，提高陕西省体育产业可持续发展能力，实现陕西体育产业突破发展和体育产业集团跨越发展。力争在“十二五”末，集团公司实现项目投资总额超过 60 亿元，资产总额达到 80 亿元。到“十三五”末，集团公司项目投资总额超过 200 亿元，资产总额达到 260 亿元，集团公司具备较强的核心竞争力和持续发展能力，成为具有重要国际影响力的大型体育产业集团。

四、未来十年陕体集团跨越发展的总体战略布局

按照建设西部体育强省战略目标的总体要求，未来十年陕体集团实现跨越发展的总体战略布局是：确立三大战略布局、建设三大体育产业经济区和四大体育产业园区、重点发展五大体育产业。

三大战略布局：

1.把申办第十四届全国运动会作为实现陕西体育产业突破发展的关键战略契机。全国性体育大赛是推动体育事业和体育产业大发展的强大动力。2012 年 11 月 26 日，时任省长、现任省委书记赵正永在会见国家体育总局局长刘鹏时表示，“我们争取申办第十三届全运会没有取得承办权，但是我们不放弃，还要积极准备申办下一届全运会，我们相信，总有一次会放在西部举办，而且西部也有这个能力把它办得更好。”省委赵正永书记的这个重要讲话为我们形成以西部体育用品制造基地为核心、全省体育事业和体育产业协调发展的总体规划布局指明了方向，我们要认真落实、积极推动陕西省申办第十四届全国运动会（2021 年举办），在此之前申办一次全国青少年运动会，此外还要积极申办中国国际体育用品博览会、中国体育旅游博览会和中国武术散打百强争霸赛。这些全国顶级体育盛会和赛事的申办和举办，是实现陕西体育产业突破发展不可缺少的关键契机，将为体育产业集团公司的跨越发展创造良好的外部环境。

2.把建设体育产业经济区作为实现陕西体育产业突破发展的核心战略布局。以科学发展观为指导，以建设西部体育强省为目标，按照省委、省政府关于加快发展体育产业的战略部署，把三大体育产业经济区——西部体育用品制造基地、西部通月航空产业基地（或开发区）和秦岭山地体育旅游经济圈作为陕体集团公司跨越发展的核心战略布局。

3.把西部体育中心城市作为实现陕西体育产业突破发展的重要战略布局。以建设体育强国和西部体育强省战略为指导，依照国家和陕西体育发展的总体要求，以省市共建大西安为动力，努力构中国建西部体育中心城市，把建设西部体育中心城市作为实现陕西体育产业突破发展的重要战略布局。

根据省第十二次党代会和全面建设西部强省“三强一富一美的总体目标，省委、省政府作出关于省市共建大西安的战略决策，进一步建设大西安，带动大关中，引领大西北，构建创新型区域，把西安建成开放包容、产业高端、功能完备、历史文化特色鲜明的国际化大都市，这为体育事业和体育产业的发展提供了难得的重要历史机遇。在建设大西安的过程中，也将为陕体集团跨越发展奠定坚实基础，创造最好的外部环境。因此，我们提出以建设大西安为动力，努力构建西部体育中心城市。

2009 年西安被国家列为继北京、上海之后，我国重点建设的第三个“国际化大都市”，这使西安在全国经济版图中的战略位置更加凸显，也必将为体育的发展提供强大动力，同时体育的发展也将促进国际化大都市的建设。体育使城市充满活力，城市因体育勃发生机，体育与国际化大都市形成了同步互动的关系。从陕西省体育发展的实际出发，在建设大西安战略决策和“科学健身、大赛争光、产业兴利、体育惠民”理念的指导下，依据陕西省“群众体育做实做亮、竞技体育做优做精，体育场馆做齐做好、体育产业做大做强、体育文化做响做新”体育发展道路的要求，中国西部体育中心城市的战略定位应当

是：一是体育场馆做齐做好、体育基础设施位于西部地区前列，把大西安建设成为国家级或国际地区性体育赛事的重要基地；二是群众体育做实做亮、全面构建公共体育服务体系，把大西安建设成为全民健身全国示范基地；三是体育产业做大做强，体育产业率先跨越发展，把大西安建设成为国际级体育产业的核心基地；四是竞技体育做优做精，大赛金银牌总数再上新台阶，竞技体育整体水平走在全国前列；五是体育文化做响做新，实现体育教育和体育文化新发展，把大西安建设成为全国性体育教育文化基地。构建西部体育中心城市必将成为提升大西安城市品位的重要力量，成为建设大西安和国际化大都市的重要元素和有力支撑，成为建设大西安重要内容和国际化大都市的重要标志。

三大体育产业经济区：

根据全省经济结构布局、城市形态、产业基础和区位优势，我们提出建设西部体育用品制造基地、西部通用航空产业开发区和秦岭山地体育旅游经济圈三大体育产业经济区，从根本上提升陕西体育产业核心竞争力和国际影响力。这里重点介绍西部体育用品制造基地西安核心园区和秦岭山地体育旅游经济圈。

1. 西部体育用品制造基地西安核心园区

西部体育用品制造基地西安核心园区的战略定位是：(1)建设西安国际化大都市的重要组成部分和重要基础工程；(2)建设西部体育中心城市的核心工程和中国西部最大的体育事业和体育产业基地，也是实现陕西体育突破发展的关键工程；(3)是西安渭北工业区发展的重要引擎，也是高陵县南部地区发展的核心动力；(4)填补陕西工业制造业空白和体育事业、体育场馆和体育产业的空白，实现陕西省体育事业和体育产业总体性跨越发展。

西部体育用品制造基地西安核心园区总体规划的思路是促进陕西省体育资源大整合、大置换促进体育事业和体育产业大发展；聚集体育事业、体育产业、大型会展和城镇开发等多元经济资源，打造特色城市新区形成西部体育用品制造基地西安园区的独特资源优势，推动体育用品制造业的跨越发展。促进体育与西安国际大都市协调发展，体育产业与体育事业协调发展，体育用品制造业与体育服务业协调发展，基地建设与周边地区协调发展，经济效益、社会效益和环境效益的统一，实现陕西体育的可持续发展。

西部体育用品制造基地按总体规划、分步实施、预留空间的规划思路，采取“西安核心园区、特色产业园区”战略布局，做好16平方公里的规划，特别是西安核心园区的规划和建设，形成陕西省体育产业的核心板块，形成陕西省一个新型工业体系和西部体育用品的物流集散中心，打造国家级体育产业基地。

西部体育用品制造基地西安核心园区分为体育事业和体育产业两大核心板块，实现体育事业和体育产业协调发展。

（1）建设陕西省国际体育中心，作为国家、陕西省和西安市体育事业发展的核心基地，国际地区性和国家级大型运动会或体育赛事的基地，国家级竞技体育训练基地，西安北部地区民众健身基地，规划用地 1500 亩，主要项目是：陕西省国际体育场（新建 10 万人的体育场）、陕西省国际体育馆（新建 1.2 万人的体育馆）、陕西省国际游泳馆、陕西省国际跳水馆、陕西省国家体育训练基地（球类、足球、重竞技、武术、体操、水上运动等）。

（2）西安体育用品制造园区，作为西部体育用品制造基地的核心园区，主要项目是：西部体育用品制造基地总部办公服务区（用地 150 亩）；西部体育用品制造基地物流服务区（用地 200 亩）；陕体集团体育设施制造有限公司（整体体育馆、整体游泳池和健身路径三个项目，用地 150 亩）；陕体集团幼教设施制造有限公司，（用地 100 亩）；国内外大型体育用品企业西部生产基地（三至五个企业。用地 1000 亩）；国际汽车运动和户外用品园区（用地 300 亩）；西安国际体育城（五星级国际体育酒店、西安奥林匹克广场、陕西省全民健身亮点工程、西安数字体育城等，用地 1000 亩）；陕西省体育职业学院（用地 500 亩）；西安体育学院教学基地（用地 500 亩）。

西部体育用品制造基地西安园区力争园区一期工程在 2013 年开工建设，到“十二五”末实现产值 90 亿元，为推动陕西省实体经济和工业经济的发展贡献力量。

2. 秦岭山地体育旅游经济圈

建设中国—秦岭山地体育旅游经济圈具有重要历史意义和重大现实意义。体育旅游是新兴的产业形态，已经形成了新的消费潮流。随着经济的持续增长和人们消费方式的不断升级，国内从事户外运动的人口还将呈现几何级数增长，潜力巨大。据相关权威部门预测，中国山地户外产业这座“金矿”其潜在储量将超过千亿元。建设秦岭体育旅游经济圈符合当前经济社会发展的要求，符合人民群众多样化的体育需求。2011 年陕西省户外体育旅游关联消费已经达到 15 亿，仅户外用品的销售总额已达 5 亿。秦岭山地体育旅游经济圈在大西安经济社会发展过程中具有极为重要的地位，具有巨大的发展潜力，是大西安发展现代服务业的核心板块之一，已经成为全面建设西部强省的重要增长极。

秦岭山地体育旅游经济圈省委、省政府部署建设的七大体育产业园区之一。省政府主要领导对秦岭山地体育旅游经济圈，为秦岭山地体育旅游经济圈发展奠定了基础。建设秦岭山地体育旅游经济圈要处理好保护和开发的关系，坚持保护为先、有序开发的原则，要有所为，有所不为，遵循寓保护于发展，以发展促保护的思想。在严格保护生态环境（尤其生态脆弱地区）与文物资源的前提下实施有序适度开发。制定规划要有国际眼光和战略视野，既要具有科学性、合理性、系统性和可行性，也要高起点和大手笔，明确远大的发展目标，为建设秦岭山地体育旅游经济圈绘制宏伟蓝图，打造中国的阿尔卑斯山。

四大体育产业园区：

1.朱雀城市体育产业园区

以朱雀广场北部和体育北路地区为核心建设朱雀体育综合街区，打造西北地区最大的全民健身广场、体育用品物流中心、体育培训基地和体育商城，形成大型综合体育产业集聚区和城市综合体，打造全民健身亮点工程和陕西省体育产业核心工程，实现体育惠民和体育产业发展双赢。

2.高新丈八体育产业园区

抓住建设陕西省体育馆的机遇，着力打造城市体育主题公园，在东区建设为全省性体育事业和体育产业服务的陕西体育服务中心，在南区建设体验、健身休闲和竞赛表演聚集区，在北区形成培训教育、竞技训练中心，形成以三大功能区为主体、独具特色的城市体育主题公园，形成体育事业与体育产业协调发展格局。

3.长安新型体育产业园区

建设西部一流的健身休闲、训练竞赛表演以及配套服务设施的生态体育综合基地，形成以体育休闲为特色的新型体育产业园区。

4.杨凌水上体育旅游园区

以杨凌新一轮城市扩展为契机，拓展园区空间和功能布局，以杨凌水上运动中心为核心打造集竞赛、表演、旅游、休闲于一体的水上体育旅游园区，同时建设多种形式的配套服务设施。

五大重点体育产业板块

面向市场、立足体育，整合资源，加快五大体育产业板块发展。

1.体育用品产业

以西部体育用品制造基地为基础，形成立足陕西、辐射西部、面向全国的体育用品生产、物流、销售体系。发展体育电子商务，形成实体和电子商务相结合的体育用品销售体系，使体育用品产业成为陕体集团的核心业务板块之一。

2.通用航空产业

以西部通用航空产业基地（或开发区）为基础，抓住通用航空大发展契机，重点发展通用航空制造、通用航空基础设施建设、通用航空服务等通航产业链条，构建陕西通用航空产业体系。

3.赛事表演业

积极探索体育竞赛表演业的市场开发和运营模式，在参与申办、承办全国性以及国际、洲际综合性赛事，策划组织具有较大影响力的陕西地方赛事或区域性赛事，形成具有陕西地方特色的品牌赛事，提升赛事表演业的市场竞争力和影响力。

4.体育服务业

以体育元素为主线，以体育旅游、健身服务、场馆运营、酒店服务和体育文化地产为主要业务板块。把秦岭山地体育旅游经济圈建设成为国家级山地体育旅游基地；以西安为中心打造全民健身工程体系；极探索体育场馆运营新模式，实现经济效益和社会效益的双赢；以陕西体育宾馆为基础，壮大体育酒店服务板块；加大土地资源和体育地产开力度，形成体育文化地产业开发和物业管理服务体系。

5.体育传媒业

以陕西省优质的文化体育资源为依托，以尖端技术为引领，拓展各类媒体资源，积极发展体育传媒业。重点开发数字体育、体育智能化管理、电子票务、体育软件应用等项目。使陕西省体育传媒产业走在全国前列。

【作者：陕西省体育产业集团有限公司董事长】

“走转改”活动制度化　常态化与小康社会全面建设

刘传明

“走基层、转作风、改文风”活动在全国新闻战线开展以来，取得了上下公认的显著成绩，有力地拉近了新闻工作者与基层的情感距离，提升了新闻报道的质量，增强了新闻媒体的公信力，彰显了时代的新风尚。不久前，中央领导指示要将此项活动引向制度化、常态化，给活动的深入持久开展指明了方向。围绕中心、服务大局，是新闻宣传工作的根本职责，也是推动“走转改”活动制度化、常态化的重要立足点。党的十八大描绘了全面建设小康社会的宏伟蓝图，新闻媒体在全面建设小康社会这一中华民族复兴的伟大实践中肩负着重要的历史使命，“走转改”活动走向制度化、常态化，就要围绕小康社会建设这一全党工作的中心，服务于全面建设小康社会这一大局。本文结合“走转改”活动实践，对于广播电视媒体怎样在坚持和深化“走转改”活动中履行好助推小康社会全面建设的历史使命作一探讨。

一、听民意，解众难，传实情，播真经，围绕全面建设小康社会深化“走转改”

中国共产党人的一切工作都是为了最大多数人民群众的根本利益，党的十八大作出全面建成小康社会的重大战略决策，正是为了不断满足广大人民群众日益增长的物质文化需要，同时，要实现这一宏伟目标也必须相信和依靠群众。正如胡锦涛同志在党的十八大报告中所强调的：全党必须牢记，只有植根人民、造福人民，党才能始终立于不败之地。广播电视媒体是联系党和政府与人民大众的桥梁和纽带，深入持久开展好“走转改”活动正是桥梁和纽带的牢不可破，其任务和作用至少有以下五个方面：

（一）宣传动员群众。宣传和动员群众是我们党的一贯工作方针，全面建设小康社会是十三亿中国人民的共同事业，把我们党关于高举中国特色社会主义伟大旗帜，坚定不移地走中国特色社会主义伟大道路，在 2020 年全面建成小康社会的目标、任务、战略措施、方针政策交给群众，使之家喻户晓，是广播电视媒体义不容辞的职责。需要指出的是这种宣传动员不是传统意义上的喊口号、空发议论，而是要从理论与实践的结合上入心入理、形象生动地告诉听众和观众，使之感受党的方针政策与自己的切身利益的紧密联系，从而调动起浩浩荡荡的建设大军义无反顾地投身于伟大的事业之中。

（二）反映民心民意。全面建成小康社会的发展战略充分体现了全国各族人民的伟大意愿，制定这一战略目标来自于对于民心、民意的真正了解，实现这一战略任务同样需要及时透彻地把握民心、民意的脉动。如何真实表达民心、民意，关系到舆论导向以及党和政府的方针政策的走向，要真实地反映民心民意，不是依靠记者笔下生花所能做到的，只有弘扬“三贴近”精神，走进基层，走近群众，真正深入到社会实践之中去，才能看到坐在办公室里无法想象的景象，才能听到群众发自内心深处的声音，才能捕捉到真实的民心、民意。广播电视新闻工作者要把我们手中的话筒和镜头对准基层，对准广大群众，让事实说话，让群众讲真话、道实情，通过我们的媒体将老百姓的真实声音传递给党和政府，使党和政府的工作更加符合老百姓的心意，让人们发自内心地感到广播电视媒体是在为群众服务，是在为百姓说话。否则，我们的媒体就会失去公信力。

（三）聚焦热点难题。全面建设小康社会的过程是我们党领导人民群众不断克服困难、解决问题的过程，广播电视媒体既要反映轰轰烈烈的建设场面和前无古人的工作业绩，又要反映我们工作中不可回避的矛盾和问题，尤其不能遮掩广大群众所关注的迫切需要解决的热点、难点和焦点问题。因而，广播电视新闻工作者应该站在全局的高度，通过“走转改”活动敏锐发现和冷静分析问题，对带普遍性的、影响重大的问题通过采取公开报道、内参反映等途径，为党和政府提供确切的信息，给群众以正确的引导，促成问题的圆满解决。切忌站在群众的对立面指手画脚或做群众的尾巴鼓动不满情绪，正所谓分忧不观望，帮忙不添乱。

（四）宣传典型经验。全面建设小康社会是一项史无前例的浩大工程，是惊天动地的伟大事业，无时无刻都在大量发生新闻事件，处处都会涌现新闻人物，其中不乏为着理想和事业艰苦奋斗、无私奉献甚至英勇牺牲的先进典型，他们身上闪耀着我们所处的伟大时代的光辉，广播电视媒体为建设小康社会服务，就要在“走转改”过程中，在深入火热的小康社会建设之中，发现、挖掘和宣传典型，深入英雄和模范人物的内心世界，收集先进典型的先进事迹，总结先进典型的先进经验，用新闻报道等多种宣传形式及时地、全方位地报道这些事件和人物，激励社会成员为着实现共同目标努力奋斗，引领中国特色社会主义建设。同时，通过采访报道先进典型而净化自己的灵魂，提升自身的精神境界，更好地融入伟大的时代、伟大的事业。

（五）督促引导社会。与整个社会的发展进步的过程一样，小康社会的建设中不可避免地会出现违法违规问题和社会丑恶现象，特别是目前处于关注热点的腐败问题。习近平总书记在党的十八届政治局第一次学习会上指出：新形势下我们党的建设面临着“四大考验”“四种危险”。通过舆论宣传和舆论监督帮助我们的党和国家经受考验、防范危险，是广播电视媒体不可推卸的重要责任。这些年来，我们的广播电视媒体十分注重自身的舆论导向，而对于如何发挥舆论监督的作用却显得力度不够，象中央电视台“焦点访谈”那样的媒体和节目还不多见，地方媒体对本地问题的保护主义倾向不可忽视。“走转改”制度化、常态化有利于媒体了解、发现和反映有碍于小康社会全面建设的案情特别是带普遍性的问题，帮助公众了解政府事务、社会事务和一切涉及公共利益的事务，使权力沿着法制和社会生活公共准则的方向运作，在阳光下运行。

二、涉深水，跑长路，动真情，求实效，扭转与全面建设小康社会不相适应的媒体作风

充分发挥广播电视新闻媒体对于全面建设小康社会的作用，重要的在于调动新闻工作者的自觉性、积极性、主动性。众多的广播电视工作者在“走转改”中扎根基层，体现了应有的作风，但是，我们也不能不看到，一些同志虽然对基层工作和群众现状作了些报道，但仍然是浅尝辄止；有的广播电视媒体虽然开辟了“走基层”的栏目，但节目内容并非反映了基层和群众的本质需求。这些情况说明我们的行动自觉性还不高，工作还不实，转作风的问题还没有真正落到实处。“走转改”活动的常态化要求我们要在深入、持久、务真求实上下苦功夫。

（一）要深水下潜。常言道“不入虎穴，焉得虎子”。深入基层、深入实际重在于一个“深”字，正所谓要下深水，扑下身子深入到社会生活的最底层，深入到普通老百姓的身边，潜心进行社会调查、走访。深入基层、深入实际的程度决定着新闻报道的深度，涉水不深，写出的东西就无法触及问题的本质和核心，新闻报道的深刻和透彻就只能是一句空话。只有做到涉深水，才能真正摸清基层的现状及其与小康目标的差距，才能及时抓住建设小康社会中不同地方、不同群体、不同阶段的重点和难点，准确无误地帮助群众解难排忧。为此，要坚决反对走马观花、蜻蜓点水，坚决反对装门面、走过场，尤其要防止出现毛泽东同志早就警告过的“下车伊始就哇啦哇啦乱发议论”的现象。

（二）要持之以恒。所谓跑长路，一是走基层要走那些远离城市、远离领导机关的地方，走那些干部去得少的、新闻记者没有涉足的地方，那种依靠跑机关、打电话、查网络采写稿件的不良习惯必须克服之。全面建设小康社会的重点在农村，而农村的重点在边远地区。在那里，仅仅脱贫致富就是一篇写不完的大文章。二是跑长路还要树立长期作战的思想。既然是常态化就不可能是一天两天、一月两月、一年两年，而是一个长期的过程，新闻工作者投身“走转改”活动不能只图一阵子，而要一辈子，要通过走基层的漫长道路，使我们的新闻工作长期植根于基层，植根于人民大众，植根于火热的生活实践，使我们的思想感情、价值观念和办事作风来个根本转变，以适应时代的要求。

（三）要真心实意。经常可以看到一种现象，有的同志下基层不少，与群众交往的机会也很多，但是他们的思想感情总是与老百姓格格不入，在他们内心深处总觉得自己比普通老百姓要高出一头。抱着这样思想感情的人下基层只是听从安排，例行公事，被动地完成采访报道任务，他们结识群众但并未真正读懂群众的内心，他们宣传群众却又摆出一副居高临下的态势。须知，没有对人民大众的真情实感就不可能完全认识创造世界的真正英雄，广大民众的真实心愿以及建设小康社会的火热激情就很难通过我们的媒体表现出来。为此，要把培养与基层群众的真情实感作为深化“走转改”的重要任务。感情距离拉近了，我们的媒体宣传才会得到群众的认可。

（四）要讲求实效。“走转改”活动制度化、常态化本身就体现了一切从实际出发，图的就是取得实际成效，在树立核心价值观上达到新境界，在转作风、改文风上凸显新风貌。为此，要真正摆脱长期以来形成的装样子、做表面文章的旧习惯。旧的习惯不革除，不良作风不纠正，媒体不但不能有力助推小康社会的全面建设，反而会在群众中形成不好的印象。元旦前夕，中共中央总书记习近平同志冒着零下十度左右的严寒走访太行山深处的贫困农民对农民讲“专程来这里看望大家，就是为了实地了解情况，看下一步党和政府还要为山区老乡做些什么”。总书记实事求是的作风朴实无华的语言为新闻工作者树立了榜样，新闻工作者“走转改”就是要立足实地了解情况，然后通过媒体告诉党和政府该为群众做些什么。

三、搬文山，填会海，废套话，弃官腔，变革与全面建设小康社会格格不入的文风

文风是党风的体现，关系党的形象和事业的成败。“搬文山、填会海”的口号喊了多年，而实际上是雷声大、雨点小，名目繁多的会议接连不断，五花八门的文件多如牛毛，其中，有多少是必须地，有多少是可有可无的，还有多少是借会旅游的，上上下下心照不宣。还有，一些领导讲起话来穿靴戴帽、画蛇添足，套话成串，废话连篇。这些情况严重影响着我们工作的效率，也影响着党和政府在群众中的形象。而值得引以为反思的是我们的媒体对于会议的报道占了报道的相当的比重，甚至对于本机党和政府的会议完整直播和转播已成为一些地县级广播电视台的特殊功能，使得某些部门、某些领导把自己是否上电视、单位的工作是否见报、见台看作政绩大小的标志。毛泽东同志十分重视文风，曾响亮地提出反对党八股，但数十年来类似八股文并不罕见，有许多机关的公文、媒体的宣传甚至有“新八股”抬头的倾向。党的十八大后，十八届政治局常委们一改以往的会风、文风，首先制定了改进作风的八条规定；会议桌上没有了鲜花；工作汇报没有了客套，照本宣科读材料变成了开门见山回答问题；新闻报道中领导活动明显减少。最近，中宣部发出通知，明确了对改进文风的若干要求。广播电视媒体应该顺应全党全国改进作风和文风的新潮流，在“走转改”制度化、常态化的过程中改进自身的文风。

（一）精简会议报道。会议报道不是不能有，必要的会议集中传达党和政府的声音，不但要报道，而且要报道好。但是，要根据工作需要、新闻价值、社会效果确定内容，杜绝脱离实际、内容空洞的文章和“应景”文章，不发一般化的工作报道。时下，最要紧的是精简会议报道，会风不正最集中的表现是可开可不开的会议太多，在某些地方，我们的同志习惯于通过会议布置检查工作，一有事就开会，一开会就是星级宾馆，一开会就是两三天，一开会就是领导作报告，而一到我们记者手下和主持人的嘴里就是重复领导的所谓重要讲话。领导的风头是出尽了，但在群众中的好感却降低了。广播电视媒体对于会议的报道，应该把重点放在说事上，报道领导讲话应该把镜头对准与讲话内容相关的基层老百姓活动上，不能不分层级、不分内容而一股脑地将镜头对准会场和主席台，要让群众通过我们的报道对党和政府想做什么、正在怎么做，将要做什么有个明晰的了解，从而树立全面建设小康社会的信心和方向。

（二）避免官样文章。广播电视宣传渗透于人民群众之中，必须摆脱官场架势，必须避免官样文章，必须少讲套话，不打官腔，否则，老百姓只会敬而远之。避免官样文章，一要不说套话，与主题无关的一概省略不提，尤其是要禁止对当权者的阿谀奉承。二是不打官腔，无论是反映会议还是领导视察、检查工作，不要出现围绕领导前呼后拥的场面，不要表现领导对老百姓指手画脚，而应该实实在在地表现人民公仆与主人的鱼水关系。三是不要照本宣科。新闻报道的重点是反映事物的本来面目，文件也好、讲话也好，不能全文照念，要把领导的讲话和重要文件精神变成群众一听就懂、一听就会的大实话。广播电视宣传要着力提高针对性实效性、亲和力、感染力，一切新闻报道和各类广播电视宣传都应该按照中宣部的要求“提倡短、实、新，反对假、长、空”，要使我们的声频荧屏“说真话、写实情，言之有物、言之有理、言之有情 ”。

（三）学会群众语言。人民群众是世界历史的创造者，也是人类语言的创造者，学习群众语言是改进文风的重要环节。毛泽东同志《在延安文艺座谈会上的讲话》中讲到：“许多文艺工作者由于自己脱离群众、生活空虚，当然也就不熟悉人民的语言，因此他们的作品不但显得语言无味，而且里面常常夹着一些生造出来的和人民的语言相对立的不三不四的词句。”文学艺术作品的表达需要使用群众语言，新闻报道更需要用群众最能理解、最易把握的话语，只有语言与群众接近，我们宣传的内容才能更贴近全面建设小康社会的实际，更贴近民心、民意。“走转改”活动为广播电视新闻工作者学习群众语言提供了广阔的天地，创造了面对面交流、面对面学习的条件，我们应该珍惜每一次与群众接触的机会，学会用群众的语言反映群众的事情。

全面建设小康社会的伟大事业呼唤着新闻媒体，“走转改”的制度化、常态化为新闻工作者开辟了一条通向理想的阳光大道，提供了和必将继续提供着用武之地，坚定不移地沿着这条阳光大道前进，广播电视媒体就无愧于新的时代。

【作者：重庆市广播电视协会常务副会长】

深入推进教育工会干部核心能力建设的路径思考

李逸凡

党的十八大提出“坚持和发展中国特色社会主义，关键在于建设一支政治坚定、能力过硬、作风优良、奋发有为的执政骨干队伍”的新论断，简洁明了，逻辑严密，具有时代特征，对加强干部队伍建设必将产生重大而深远的影响。深入推进教育工会干部能力建设，必须以党的十八大精神为指导，围绕实现“政治坚定、能力过硬、作风优良、奋发有为”的目标，努力探索实现的路径。这是适应新形势、迎接新挑战必然要求，也是推进教育事业科学发展的迫切需要。笔者结合学习思考和调查研究，就此谈点个人见解。

一、重在理论学习，确保政治坚定。当前，教育工会干部队伍状况，总体上是好的，但也存在一些同志忽视理论学习，政治意识不强的问题，影响了干部的成长和事业的发展。深入推进教育工会干部核心能力建设，首要的就是要抓好理论学习，增强政治敏感性，始终保持理论上的清醒和政治上的坚定。

1．增强自觉性，解决理论学习动力问题。党的历史告诉我们，没有马克思主义理论的武装，我们党就不会成为坚强的马克思主义政党。党的领导干部不掌握马克思主义理论，就不可能有正确的政治方向和前进目标。科学的理论是帮助领导干部提高核心能力的金钥匙。江泽民同志指出：“思想理论素质是领导素质的灵魂”，“干部队伍中存在种种问题，原因不尽相同，但不重视学习，头脑里缺乏甚至没有马克思主义是共同的。”教育工会干部要增强与时俱进的学习意识，强化理论学习的紧迫感，培养理论学习兴趣，激发理论学习动力，由“要我学”变成“我要学”。坚持把学习当作一种政治责任、一种精神追求、一种思想境界，当作提高自身工作能力和水平的现实需要，以“挤”的精神获取学习时间，以“钻”的精神撷取学习效果。通过认真学习马克思主义理论，逐步掌握科学理论真谛，提升理性思维能力和政治鉴别能力，树立正确的世界观、人生观和价值观。

2．注重持久性，解决理论学习毅力问题。理论学习能否持久，取决于学习的毅力。教育工会干部一定要发扬锲而不舍的精神，静下心来，排除干扰，挤出时间专心学习，养成乐于学习、勤奋学习的好习惯，把学习看作是工作和生活中不可缺少的一部分。坚持自觉学习、终身学习，做到“学习工作化，工作学习化”，坚持不懈、持之以恒。要系统地学习马列主义，毛泽东思想，中国特色社会主义理论体系，深入贯彻落实科学发展观，把科学发展观转化为推动科学发展的坚强意志，谋划科学发展的正确思路，促进科学发展的政策措施。要努力学好党和国家的路线、方针、政策，中国特色社会主义工运理论，以及经济、政治、文化、法律、科技、管理、历史等内容，在掌握基本原理、领会精髓实质上下功夫。要根据本职工作需要，自觉学好履行当前岗位职责所必需的现代化办公、工会业务、工会和劳动法律等内容，做到“博”与“专”相结合，不仅拓展“知”的广度，还要挖掘“思”的深度，钻得进去，想得明白，不断提高理论素养。

3．讲究针对性，解决理论学习转化问题。理论学习成效体现在运用理论转化上，核心是提升政治鉴别能力。它是衡量一名领导干部政治上成熟不成熟、立场坚定不坚定的重要标尺。当前，面对敌对势力的渗透破坏，多元思想文化的交锋冲击，给各级领导干部提出了诸多考验和挑战。教育工会干部要坚持用党的创新理论武装头脑，用崇高政治信仰廓清迷雾、分辨是非，自觉抵御反动政治观点、腐朽思想文化的消极影响，确保在错综复杂的形势面前不迷航、不偏向，做到头脑中有政治，行动上讲政治，始终保持政治上的清醒和坚定。要把马克思主义的立场、观点、方法作为分析形势、观察事物、判断是非的科学依据，不断将科学理论内化为自己的坚强党性，外化为认识世界和改造世界的科学实践，使之成为保持开拓进取精神状态的理论支持，使理论的积累变成创造性地贯彻上级精神的勇气。要养成善于思考的好习惯，增强思考力，从不同的角度、不同的层面观察思考问题，探寻破解问题的科学方法。要增强理性思维的渗透力，不断总结经验，把感性认识上升到理性认识，把零碎认识上升到系统认识，把好的经验做法上升为制度举措，善于运用马克思主义的政治眼光，洞察和鉴别各种社会现象，正确分析和处理各种矛盾。

二、重在实践锻炼，提升工作能力。实践是提高领导干部核心能力的最好课堂，也是领导干部施展才华的广阔舞台。江泽民同志指出：“在实践中锻炼干部，是我们党培养干部的一条根本途径。”深入推进教育工会干部核心能力建设，实现能力过硬，就是要具备“想干事”、“会干事”和“干成事”的能力。

1．营造“想干事”的氛围。“想干事”是前提，“想干事”，表明有一种干事业的激情。这种激情，就是面对机遇，敢于争先；面对艰险，敢于探索；面对竞争，勇于创新。教育工会要积极配合有关部门，大力推进干部人事制度改革，建立健全“凭本事吃饭、凭能绩立足”的用人机制，为人的努力奋斗、能力发挥和素质全面发展，提供一种相对平等竞争的机会和规则，使从事教育工会工作的干部认识到在这种机制中，其努力奋斗、能力发挥和业绩贡献，可以在晋升提拔上得到真正回报，给想干事的人以发展空间，给不干事的人以制度约束，给爱闹事的人以谈话诫勉，给投机取巧的人以心理压力。鼓励人们由琢磨人转向琢磨事，由重“关系”转向重“事功”，把权力与责任结合起来，把干事创业和为民谋利作为人生的奋斗目标。只有这样，才能真正营造“想干事”的氛围，人们才会主动释放并汇聚正能量，把主要精力放在干事业上。

2．提升“会干事”的本领。想干事，不一定能干成事，还得会干事。“会干事”是一种工作本领和水平。这就要求领导干部多练做功，少练说功，顺应规律善于干事，把干事的愿望与成事的效果相结合，把功夫用在干实事上，不做违背民意的事、违背规律的事。教育工会干部要善于运用法律、教育、经济、行政等手段开展工作，运用目标激励、典型示范等方法推动工作。要把本职岗位作为基本实践平台，做到重大活动亲自组织、重大问题带头破解、重大任务一线处置，从而在纷繁复杂的现象中洞察本质、把握重点，在解决矛盾和困难中摔打锤炼，在参与处置急难险重任务中增强本领。对那些缺乏领导工作经验的教育工会干部，要有意识的及早放到一定层次的岗位压担子，创造实践锻炼机会，尽快提高其“组织指挥、协调沟通、独立决断”等解决实际问题的能力。对缺乏基层工作经验的教育工会干部，要有计划、有重点地安排到基层去、到条件艰苦复杂的工作环境中去锻炼，经风雨，见世面，积累经验，增长才干。通过实践磨炼，丰富阅历，培养情操，磨砺意志，经受考验，提高他们驾驭全局、组织协调以及应对突发事件的能力。

3．确立“干成事”的目标。“想干事”、“会干事”，最终要“干成事”。“干成事”是干部核心能力的综合表现，也是评判干部有无作为的重要依据。作为教育工会干部，必须坚持求真务实、开拓创新，反对好高骛远，急功近利。坚持群众公认的原则，不唯书，不唯上，在维权维稳任务繁重的形势下，注重抓大事，办实事，努力干好事，干成事。对量化考评得分过低，工作四平八稳，按部就班，缺乏敢闯敢干精神的领导干部，组织上要分层次举办专题讲座和短训班，或组织他们到先进地区学习考察，使其学会多角度分析问题，冲破思维定势，更新观念，开阔思路，在解放思想、挑战自我中不断提高会事的能力，实现干成事的目标。

三、重在改进作风，树立良好形象。干部作风问题，绝不是小问题。它关系到党在人民群众中的形象，更是干部能力素质的综合体现。在新的历史条件下，个别干部忘记了党的优良传统，丢掉了党的优良作风，思想腐化，行为堕落，严重败坏了党的声誉和形象。深入推进教育工会干部核心能力建设，必须把改进作风作为重要一环紧紧抓住不放。

1．大力发扬艰苦奋斗精神。改进作风，最根本的是要坚持和发扬艰苦奋斗精神。习近平指出，改进作风，就是要净化政治生态，营造廉洁从政的良好环境。现在一些地方奢侈成风，摆谱摆阔，什么钱都敢花、多少钱都敢用。一些领导成天忙于应酬，白天黑夜陪吃陪喝陪玩，常常是醉醺醺、昏沉沉、轻飘飘，哪有时间深入基层、深入群众呢？如果任其发展下去，就会像一座无形的墙，把党和人民群众隔开，我们就会失去根基、失去血脉、失去力量。犹如古人云：“历览前贤国与家，成由勤俭破由奢。”教育工会干部要深刻领悟艰苦奋斗精神实质，深刻认识坚守艰苦奋斗精神，是关系党和人民事业兴衰成败的大事。认真体悟和践行艰苦奋斗精神，以身作则，率先垂范。“善禁者，先禁其身而后人”。领导干部的一言一行、一举一动，群众都看在眼里、记在心上。干部心系群众，说到做到，不玩虚的，群众就会称赞你、拥护你；否则，群众就会痛恨你、反对你。坚决反对享乐主义和奢靡之风，时刻把群众的安危冷暖放在心上，多想想困难群众，多想想贫困地区，多做雪中送炭、济人之困的好事实事。

2．自觉抵制不正之风。现在，社会上不正之风很多，有些还属于腐败范畴，比如，收受礼品、滥发奖金，江湖义气、投桃报李，购物卡、消费卡四处发送。说到底，就是只要手中有点权，就要想方设法捞点好处。虽然这些似乎是小问题，但面广量大，已经成为诱发腐败的直接动因，其危害不可小视。俗话说，针尖大的窟窿能透过斗大的风。教育工会干部要充分认识不正之风的危害性，增强抵制不正之风自觉性，正确对待手中权力，加强权力自我约束，加强行为自我控制，树立严于律己的良好形象，做到不放松、不放纵、不放任，不断增强领导魅力。自觉克服随波逐流、法不责众的错误思想，不断提高自律性和自纠力，培养勇于纠正错误的自信力，不断改造主观世界，净化自我心灵，校正人生坐标。

3．不断增强自我提升力。自我提升力是领导者在无人监督的情况下，以理智支配和节制自己的感情与行为，从而不断完善自我、提升自我的核心能力。增强自我提升力，关键在于守住底线。一个干部只有守住做人、做事、用权、交友的底线，才能守住自己的政治生命线，守住党和人民交给自己的政治责任。教育工会干部要坚决反对特权思想和特权现象，决不能把权力变成牟取个人或少数人私利的工具，永葆共产党人政治本色。要通过考评分析，不断查找作风方面存在的问题，正确认识自己，明确努力方向，提高自省力。对一些同志存在的自我要求不够严，考虑自己和家人、亲友的事情比较多；处事不能出于公心，感情意气用事，缺乏感召力和人格魅力等问题，组织上应实行警示提醒，教育帮助，必要时“开小灶”，敦促其加强党性修养，把劣势能力培养成为优势能力，促进核心能力发展。

四、重在持续创新，实现奋发有为。领导干部核心能力建设，根本在于提升持续创新能力。面对新形势新任务，教育工会干部必须站在新的历史起点上，树立创新意识，形成创新思路，提高创新能力，实现奋发有为。

1．突破难点，在维权上创新。工会基本职责是维权，难点也是维权。教育工会干部要把建立和谐关系，促进学校科学发展作为维权工作的着力点，积极探索新形势下维护教职工权益的新方法和新途径，创造性地做好维权工作。要以解决教职工最直接、最关心，最现实的利益问题为重点，认真听取和反映教职工的意见和要求，努力做到哪里有教职工被侵权，哪里就有工会来维权。要在维护教职工合法权益的同时，维护学校的整体利益，努力在这“两个利益”中找准结合点和平衡点。要创新维权载体，围绕和谐劳动关系的建立、运行、监督和调处等环节，建立健全科学有效的利益协调机制，深化教职代会、校务公开等民主管理工作，积极推进教职代会代表的民主选举制、定期培训制、巡视检查制，推行教职代会的预告制、报告制和评估制，切实畅通民主管理渠道，保障职工知情权、监督权，不断提高民主管理的质量和水平。要着力抓好以教职工收入分配、教育教学改革、参与学校管理等为主要内容的劳动关系建设，深化分配制度改革，建立教职工工资收入正常增长机制，体现薪酬分配向关键性有突出贡献人员的倾斜，激励教职工为学校发展做出更大贡献。

2．突出重点，在服务上创新。工会工作重点在服务。教育工会干部必须坚持“以人为本”，把关注人、服务人作为工作的出发点和落脚点。积极主动地关心教职工的所思所求，想方设法帮助他们解决工作和生活中遇到的实际困难和问题，满足各类人员的多样化、个性化需求，通过扎实有效的各种服务活动，增强学校的凝聚力，营造推动学校快速发展的良好环境。要把扶贫解困工作放在重要位置，做困难职工的“第一知情人”、“第一报告人”、“第一帮助人”。要树立职工利益无小事的思想，把送温暖工程作为推进学校改革发展稳定大局的大事来抓，对困难教职工实施“四个拓展”，即：把传统节日的送温暖拓展为常态化制度；把对患病职工的慰问拓展为对患大重病教职工的及早救助；把对困难教职工家庭生活的资助拓展为对困难教职工子女就学的适时帮助；把单纯经济上的慰问拓展为经济、技能、岗位的综合援助。

3．把握特点，在落实上创新。领导干部核心能力，检验标准在抓工作落实上。思想求实，作风务实，工作落实，是对领导干部的基本要求，也是领导干部核心能力的内在要求。要着眼特点抓落实，坚持一切从实际出发，把握特点规律，在“上情”与“下情”的有机结合中理清工作思路，在坚持一般号召和加强分类指导的有机结合中抓好工作落实。要坚持以构建工会组织整体联动、有关方面齐抓共建、教职工广泛参与的新格局为目标，实现工作机制创新，把建家工作的主体由工会干部变为广大教职工，实现建家主体创新。坚持统筹谋划与突出重点的统一，针对不同单位、不同时期、不同阶段的特点，以“抓铁留痕”的狠劲，使各项工作真正落到实处。

【作者：浙江省教育工会主席】

深入学习贯彻党的十八大精神 坚持用社会主义核心价值体系引领青少年

刘卫华

党的十八大报告指出：“深入开展社会主义核心价值体系学习教育，用社会主义核心价值体系引领社会思潮、凝聚社会共识”。青少年时期是世界观、人生观、价值观形成阶段，开展社会核心价值体系教育尤为重要。积极探索社会主义核心价值体系引领青少年的有效途径，贴近青少年的实际，开展丰富多彩的教育活动，有效的将社会主义核心价值体系转化为青少年的自觉追求，是各级关心下一代工作委员会学习贯彻党的十八大精神，开展关心下一代工作的落脚点。近几年实践告诉我们，学习贯彻好十八大精神，坚持用社会主义核心价值体系引领青少年，必须坚持不懈地开展好五大教育活动。

一、坚持主题教育活动。对青少年进行社会主义核心价值体系教育，既要遵循思想道德建设规律，又要适应青少年身心成长的特点和接受能力，从他们的思想实际和生活实际出发，深入浅出，循序渐进，寓教于活动之中。市关工委每年根据当时的形势、中心任务、重大历史事件和青少年的思想实际，一年突出一个主题，开展主题教育活动。近几年来，各级关工委先后开展了“感恩教育”、“学党史、颂党恩、跟党走”、“方志敏精神进校园”等主题教育。2013年在团员青年中开展“学习贯彻十八大精神，高举旗帜跟党走”主题教育活动。通过“感恩教育”，使广大青少年增强感恩党、感恩先辈、感恩父母、感恩老师、感恩社会、感恩自然意识，并践行到实际行为之中。通过“方志敏精神进校园”主题教育，使广大师生弘扬方志敏爱国、清贫、奉献、创造的革命精神。通过“高举旗帜跟党走”主题教育，使广大团员青年高举中国特色社会主义旗帜，坚定不移走中国特色社会主义道路，为建设美丽中国，最美上饶而奋发努力。为使主题教育生动活泼，组织开展了系列演讲比赛，如“远离网吧”、“学雷锋、树新风”演讲比赛、“祖国颂·奋进杯”歌唱电视大赛等。这些活动使广大青少年受到了理想信念、思想道德、革命传统教育，深受广大青少年欢迎。

二、坚持宣讲报告活动。思想教育工作的威力，既来自思想理论本身的力量，也来自思想政治工作者的模范行为。在对青少年进行社会主义核心价值体系教育中，各级关工委充分发挥关爱宣讲报告团的特殊的作用，紧扣核心价值观的宣讲报告，贴近青少年思想实际，深入浅出，释疑解惑，起到了潜移默化的教育效果，目前，全市报告团共300多个，有“五老”宣讲报告员4000余人。近五年来，全市共作宣讲报告5000余场，受教育青少年200多万人次。涌现了一批在青少年中有影响力和吸引力的先进报告团和宣讲报告员。为提高宣讲质量和水平，市关工委连续举办了八届全市关爱报告团优质报告讲评会，已成为我市关爱报告团工作的品牌。市关工委还精心编制《全市关爱报告团优秀报告集》，并精选部分优质报告刻录光盘，分发到全市各级关工委，从而，使全市关爱报告团工作持之以恒，更具活力和影响力。

三、坚持教育实践活动。一种价值体系真正发挥作用，必须融入社会生活，让青少年在实践中感知它、领悟它。在对青少年进行社会主义核心价值体系教育过程中，必须把思想教育与社会实践有机结合起来，引导青少年自觉实践、自觉参与，以提高教育的实效性。上饶有丰厚的红色资源，老一辈无产阶级革命家留下了宝贵的精神财富，这是对青少年进行社会主义核心价值体系教育优势所在。近几年来，各地充分利用上饶集中营革命烈士陵园纪念馆、方志敏纪念馆、闽浙赣革命旧址等爱国主义教育基地，组织中小学生到革命旧址和纪念场馆参观学习，使青少年接受生动直观的革命传统教育。市关工委在上饶集中营设立上饶市青少年爱国主义教育基地。各级关工委组织学生参加志愿者活动、敬老助残活动，开展养成教育活动，引导学生从小事做起，从身边的事做起，逐步养成良好的思想道德习惯。通过这些教育实践活动，促进青少年做到知行统一，使社会主义核心价值体系内化为青少年的价值观念，外化为青少年的自觉行动。

四、坚持关爱帮扶活动。竭诚为青少年服务，努力做好青少年中的特殊群体的关爱工作，是落实社会主义核心价值体系的实际行动，也是对青少年进行社会主义核心价值体系教育的重要途径。这一活动可使青少年在关爱帮扶中思想得到洗涤和升华。近几年来，全市关工委共筹集扶贫助学金500余万元，扶助贫困学生2万余人。市关工委从2008年以来，每年联合市红十字会，走访慰问了全市60名特困留守儿童，为他们送去衣被和学习用品，让他们感受到“有人爱、有人护、有人帮”。市关工委还联合市扶贫办、市工商联开展了扶贫助学活动，扶助资金70多万元。扶助贫困学生3100多人，受到社会的好评。部分县（市、区）还设立了扶贫助学基金，初步建立了扶贫助学机制，为贫困学生就学提供了又一保障。各级关工委为保护青少年的合法权益，提高青少年法制观念，预防或减少青少年违法犯罪，开展了形式多样的法制教育活动，积极协助相关部门在中小学校普遍配备了法制副校长，在机制上使中小学生法制教育落到实处。全市有600多名老同志组成帮教小组160多个，对1000多名失足青少年进行帮教。针对大量农村留守儿童的突出问题，各级关工委与有关部门配合积极建立留守儿童之家、托管中心、读书室等场所，开展关爱留守儿童工作。这些关爱活动使广大青少年感受到社会主义大家庭的温暖，从思想上受到社会主义核心价值观的熏陶。

五、坚持榜样激励活动。对青少年进行社会主义核心价值体系的教育，必须把抽象的原则变为具体的要求，让广大青少年真正理解、接受、掌握和运用。榜样的力量是无穷的，学习英雄模范人物活动，是传播社会主义核心价值体系的有效载体。先进典型具有高度的政治觉悟、坚定的理想信念、崇高的思想境界和良好的道德修养，诠释和践行了社会主义核心价值体系的本质要求，凝结了传统美德，展现了时代风貌。一个先进典型，就是一本鲜活的教材，使抽象的价值体系变得具体生动。全市关工委把社会主义核心价值体系融入到先进典型的示范和引领作用中，使青少年学有榜样，行有示范。市关工委在广大青少年中深入开展学雷锋活动，大力弘扬雷锋精神，倡导文明新风，提升社会道德水平。现代雷锋郭明义以及上饶的“网络妈妈”刘焕荣、“代理妈妈”钟文花等先进模范人物，在他们身上都体现了社会主义核心价值观的精神风貌，通过向他们学习，使广大青少年受到了很大的激励和鞭策。德兴市关工委聘请全国诚实守信道德模范陈美丽为关爱宣讲报告团成员，对青少年诚实守信教育，收到了良好的效果。

用社会主义核心价值体系引领青少年健康成长是一个社会大课题，又是一项长期的战略任务，需要动员一切力量，一以贯之，常抓不懈。关工委作为群众性的工作组织，有着横向到边，纵向到底的组织网络和“五老”队伍的独特优势。只要我们坚持不懈地努力，发挥优势，注重实践，注重养成，就一定能为青少年健康成长做出积极贡献。

【作者：上饶市关心下一代工作委员会主任】

以“十八大”精神为指导
推进科研院所思想政治工作科学化

王裕福

党的“十八大”从战略和全局的高度，对新形势下加强党的基层组织建设作出了全面部署，强调要“创新基层党建工作，夯实党执政的组织基础”，为我们加强基层党组织的党建和思想政治工作明确了任务、指明了方向。当前，如何深刻领会“十八大”精神实质，把握时代脉搏，贴紧科研院所实际，拿出有力举措，全面推进基层党建和思想政治工作科学化水平显得十分必要、至关重要。本文在对科研院所思想政治工作面临的困境进行分析的基础上，就如何解决问题进行了探讨，并提出了对策。

一、思想政治工作面临的困境

1．对思想政治工作的认识发生偏差

和所有的科研院所一样，面对各种各样问题，思想政治工作本应是基层党组织工作的重中之重。然而，就现状看，一些地方和单位对思想政治工作不够重视，工作难以开展，工作效果较差具有相当的普遍性。有一些人认为，思想政治工作务虚，解决不了实际问题，思想政治工作可有可无；还有个别群众甚至对思想政治工作者十分反感。其结果必然导致：思想政治工作说起来重要，做起来次要，忙起来不要，明显存在着抓业务工作一手硬，抓思想政治工作一手软的倾向。在一定程度上表现为领导忽视、群众轻视、政工干部自身漠视，导致思想政治工作似乎已陷入“迷失”的境地。

2．思想政治工作的地位降低

由于是非创收部门，在企事业单位政工部门及思想政治工作者的地位较低。甚至在奖金分配等待遇问题上，比同样作为职能科室的业务部门要低，这一现象几乎已成为行业内“潜规则”。在企事业单位，无论是思想政治工作的组织者还是执行者，从党委到政工部门到政工人员，地位弱化的现象比较明显。

3．思想政治工作队伍被边缘化

政工干部是党的方针政策的宣传者，是先进思想的宣传者、倡导者和组织实践者，计划经济体制下，政工干部受人尊重，是一种十分高尚和体面的职业。然而，在市场经济体制下，受社会环境、地位待遇等一系列因素的影响，政工干部似乎有“低人一等”的自卑感。现实中，政工人员青黄不接现象普遍，在选拔兼职支部书记时，甚至出现无人愿意做的现象。此外，优秀政工人才改行、流失的现象也屡见不鲜，政工队伍呈现出一种被边缘化的趋势。

4．思想政治工作的作用被削弱

市场经济体制下，钱财外在地表现为事业成功、地位提升以及身份高贵的标志，这就难免使社会成员在思想观念上发生变化，认为钱财才是自己幸福的保证，价值的体现，对精神奖励非常漠视，甚至嗤之以鼻，认为只有物质上的奖励才是最实惠的。精神奖励的效果由此被“虚化”。这种观念的偏差，大大削弱了思想政治工作的效果。

5．思想政治工作的环境越来越复杂

市场经济体制下，人们的生活方式、价值观念、行为方式等出现的多元化和复杂化，使得思想政治工作的环境越来越复杂。改革开放以来，人们在接受西方各种新技术新理念的同时，也受到国外资产阶级价值观念和腐朽思潮的侵蚀；我国正处于社会转型期，人们的社会生活和经济生活正发生着深刻的变化，原有的各种社会规范很多已过时，而新的社会规范还没有完全建立起来，人们的思想观念空前活跃，也空前紊乱。各种社会矛盾逐渐浮现并日益激化，一些不安定因素开始出现。

6．科研院所小环境所面临的问题。

从科研院所小环境来讲，也不可避免受到环境的影响，科研人员的人生观、价值观受到很大的冲击，一些科研人员价值取向产生偏移，滋生了拜金主义、享乐主义、个人主义等不健康思想。有的在经济利益的驱动下，道德感削弱，义务感淡薄，在科研活动中存在着片面追求物质利益的倾向，把个人利益得失看得很重，容不得个人吃一点亏，增加了科研院所思想政治工作开展的难度。

二、科研院所思想政治工作对策探讨

思想政治工作是我们党的“传家宝”和“生命线”。在科研院所，无论是计划经济体制下较为困难时期还是改革开放后比较复杂的环境下，思想政治工作对满足科研发展的需求，都发挥了十分重要的作用。当前，随着经济社会发展和改革涉入“深水区”，科研院所必须与时俱进，更加重视思想政治工作，采取有效措施，才能切实扭转思想政治工作软弱被动的局面，把握主动性。

1．理顺思想政治工作的领导体制

加强科研院所思想政治工作，首先要从顶层理顺思想政治工作的组织领导体制。应从科研院所的实际出发，试行党政干部一肩挑、双向兼职和同职合并等模式。建立起以党组织为领导、专兼职政工干部为基础的思想政治工作组织体系，形成党政工团齐抓共管、多管齐下的立体式的大政工格局。要进一步明确、细化党组织在院所工作中的地位、作用和发挥作用的途径与方式，加强党建工作制度的建设。

2．创新思想政治工作的工作机制

科研院所作为一个高智商、高学历的特殊群体聚集地，职工的独立思考能力强，要结合新的形势和科研人员的思想状况，在思想政治工作的思路、内容、形式、载体等方面进行创新。要运用现代科技成果、信息化手段，使思想政治工作从单一教育向多层次教育转变，从单纯说理向结合实际转变，从单向灌输向开放和自我教育转变，从被动应付向主动和超前预防转变，多用研究式、讨论式、启发式等不同形式开展工作，促进思想政治工作的规范化、流程化、体系化、科学化。要建立思想政治工作预警机制、沟通机制和舆情分析机制，及时规避可能出现的舆论导向上的风险；要加强思想政治工作研究会建设，促进思想政治工作的探索创新和经验交流。此外，要创建多种载体，将说服教育、人才培养、文化教育等密切结合，通过创建富有特色的企业文化，推动思想政治工作。

3．创新思想政治工作的工作理念

思想政治工作的理念一定要与时俱进。“以人为本”要求我们更加关注人，关注人的利益需求。这就要求企事业单位的思想政治工作内容从过去单向地强调员工的“无私奉献”，转而更加尊重人的情感、思想和需求，关注人的价值实现，重视企业民主和职工参与，强调企业和员工的共同发展，强调国家利益、集体利益和个人价值的矛盾统一。坚持以人为本，使思想政治工作更容易被职工接受，更容易激发职工的工作激情和创新潜力。

4．优化思想政治工作的工作环境

科研院所作为基层单位，重点要在优化单位小环境和政工队伍内环境上下功夫。要优化有形环境，美化自然环境，创造一个愉悦的工作和生活空间；优化人文环境，营造积极向上、信任合作的氛围；优化舆论环境，通过各种合法、健康的媒体来帮助职工了解国内外时事政治，引导大家正确对待改革与形势，正确对待各种利益关系的调整；要树立思想政治工作者的良好形象，言行一致，身体力行，创造一个身教与言教并重的行为环境。

5．加强政工干部队伍建设

要注意将业务精、懂管理、素质高、形象好、善于做思想政治工作的同志选拔充实到政工队伍中来。建立与政工队伍较高素质和较重任务相匹配的绩效考核与分配体系，提高政工人员待遇。在晋职晋级等方面要充分关心政工人员，帮助其对职业生涯做出良好的规划，吸引优秀人才加入政工队伍。与此同时，政工干部要加强自身建设，强化政治、经济、科技、管理、法律等有利于工作知识的学习，提高自己的语言能力、书面表达能力、活动组织能力和疏导协调能力。此外，要学会正确对待工作中的成绩、失误、困难和挫折，建立良好的人际关系。

6．实现思想政治工作“为”和“位”的统一

有为才能有位。市场经济体制下，企业经济效益是考量企业业绩的主要标准。因此，要求外部环境正确认识和科学评估思想政治工作的作用，承认其无形的价值，思想政治工作者首先要融入中心工作，并不断创新思想政治工作的内容、范围和途径，把思想政治工作的作用体现于科研院所中心工作的全过程，中心工作转到哪里，思想政治工作就跟到哪里，并逐步形成一套较为系统、可操作、融入中心工作的制度体系，提升思想政治工作价值创造能力。要建立并完善对思想政治工作的考核评价机制，改变仅注重工作量和活动形式的传统考核评价方法，建立定量和定性相结合的全新的综合考核方法，强化对思想政治工作实际效果的综合评价，使思想政治工作发挥出更大作用。

【作者：中国电科第十四研究所三产中心党支书记】

领导干部要做解放思想的表率

张秀萍

党的十八大以来，习近平总书记围绕实现中华民族的伟大复兴，发表了一系列重要讲话，贯穿其中的一条主线就是解放思想、改革开放。晋中市委出台的《关于进一步解放思想、抓住机遇、转变作风，推进转型跨越发展的意见》，是针对晋中发展实际，贯彻党的十八大精神，贯彻习近平总书记讲话精神的战略之举。可以说，没有新一轮的思想解放，就没有经济社会的成功转型；没有攻坚克难的思想基础，就很难确保既定目标的顺利实现。

一、深刻理解解放思想的重大意义

关于解放思想问题，或者说坚持党的解放思想、实事求是思想路线的问题，每一位党的领导干部都不陌生。这是因为：在我们党的全部历史中，解放思想是我们党认识和改造客观世界的逻辑起点，是我们党实现理论创新、道路创新和制度创新的活力源泉，是我们党解决前进中所有问题的锐利武器。在中国革命和建设的重大转折关头，解放思想发挥了决定国家命运的历史性作用。比如1942年的延安整风、1978年的真理标准讨论、1992年邓小平南方谈话的学习贯彻，都对中国的历史走向、发展轨迹产生了深远影响。特别是党的十一届三中全会以来的两次思想解放，意义更为深远。那么，在改革开放三十多年的今天，为什么要继续强调解放思想呢？

从国家层面看，党的十八大绘制了两个百年蓝图，全面建成小康社会和基本实现现代化，成为当代中国共产党人的历史重任。2012年12月，习近平总书记到我国改革开放中得风气之先的广东考察，强调解放思想不停顿，改革开放不动摇。2013年4月，习近平到海南视察，要求以更大的力度解放思想、深化改革、扩大开放。7月，习近平又到湖北调研，发表了“五大关系六大问题”的讲话，为中国未来的改革发展定位导航。8月召开的中央政治局会议进一步指出，“解放思想永无止境，改革开放也永无止境，停顿和倒退没有出路，改革开放只有进行时、没有完成时”。

从山西实际看，实施转型跨越的发展战略，需要深度的思想反思。2010年，以省委书记袁纯清的“7·29”讲话为标志，全省解放思想的大幕全面拉开，对山西“因煤而兴又因煤而困”的省情作了深层次的剖析。省第十次党代会认真总结解放思想所产生的认识成果，给出了一个推进转型跨越、努力实现“四化”的符合科学发展观的发展答案。2013年袁纯清书记在“7·29”讲话中进一步强调，要坚持以解放思想为先导，以更强决心和更大气魄，在审视发展成效中坚定转型，在分析发展态势中坚定转型，在直面发展挑战中坚定转型，切实加快转型发展步伐，赢得未来发展的主动权。

从晋中角度看，加快建设全省“四化”率先发展区，必须率先解放思想。2013年以来，我们面临的发展形势十分严峻，其困难程度不亚于1998年遭遇的亚洲金融风暴和2008年承受的全球金融危机。从党的十八大以来中央若干重大决策的提出和实施来分析，一个明确的信号就是要转变原有的增长模式。片面追求GDP的高增长，将被长期的可持续的发展导向所取代。解放思想如果不看到困难的实质所在，不解决习惯思维问题，我们就会再次坐失良机，招致长期被动。

二、切实把握解放思想的关键环节

越是困难的时候，越要集中精力抓好结构调整。经过“十一五”特别是“十二五”以来的连续攻坚，晋中的招商引资波次推进，装备制造业、现代物流业、新兴文化旅游业，高新技术产业相继崛起，一煤独大的格局开始转变。但是，2013年遇到的发展困难仍然集中表现在结构方面。财政收入连续下行，症结所在是煤炭市场低迷，煤炭税收在全市税收中的支撑作用依然很强。因此，加快结构调整应当是当前和未来几年的重中之重。我们必须尽快从旧的思维定式中解放出来，切实加快转型步伐。解放思想，要落实到观念转变上，更要付诸于调整结构的实际行动上。

越是困难的时候，越要迎难而上破解发展难题。2013年以来，随着宏观经济政策的调整，发展的约束越来越强，更多地表现为土地和环境。在晋中市域内，土地的挖掘潜力巨大，环境的整治潜力巨大。一方面要盘活存量，另一方面要“无中找有”。比如，在对待落后产能的问题上，应趁着经济运行放缓之机，对那些高污染、高耗能的落后产能、过剩产能，实行必要的改造、整合和淘汰；对那些经营并不景气、占地数字惊人、造成污染很重的洗煤企业，应下决心加以整合。再比如，晋中平川一带，边远山区居民流失，不少村子已成空壳村庄，在推进城镇化的过程中，要借鉴外地经验，加快移民并村步子，组织二次垦发。

越是困难的时候，越要维护民生民利。更加保障民生，是一切改革的归宿。不失时机地推进事关社会管理、社会事业的各项改革，这也是解放思想的题中应有之义。必须看到，过去发展中普遍存在的不平衡、不协调问题当中，城乡发展失衡、经济与社会发展失衡的情形非常严重，就业、养老、上学、医疗等涉及群众切身利益的改革欠账很多。财政越是困难，民生改革越是一拖再拖，这同以人为本的科学发展理念大相径庭。因此，要痛下决心改革民生管理体制，把历史欠账还在当任，还在当前。通过改革，建立起健全运行的民生保障体系，真正让人民群众受益。

三、努力争当解放思想的排头兵

努力争当解放思想的排头兵，首先是坚定信心。信心来自于对全局的准确把握，来自于对群众创造力的充分信赖，更来自于对发展实践的科学判断。经过“十二五”以来将近三年的实践检验，晋中建设全省“四化”率先发展区，速度快、效果好、特色浓、人民富的战略追求是符合民意、深得民心的，所确立的五年发展目标也在按预期推进。眼下我们确实遇到诸多困难，发展中积累的矛盾也相当突出，但这些困难和矛盾都是资源型地区、欠发达地区前进中不可避免的，也是通过改革可以解决和克服的。困难可以教给我们改革的思路，激发我们改革的勇气。

努力争当解放思想的排头兵，关键是勇于担当。担当精神的养成和弘扬，对于领导干部极端重要。当前，全市上下群情振奋，盼发展、谋发展、促发展的愿望十分强烈，但也存在一些跟不上形势的现象。一些地方在综改试验面前想法不多，作为不大；一些部门推诿扯皮，绕着矛盾办事；一些领导干部远离基层和群众，习惯于搞形式主义，做表面文章。这说明在我们的干部队伍中，亟待解决的问题依然较多。解放思想必先整饬吏治，整饬吏治必先强化担当。只有领导干部的忠诚履责，才有改革的破浪前行。

努力争当解放思想的排头兵，落脚是勤于实践。改革的办法哪里来？实践中来，群众中来。从改革的系统性、协调性上看，无论是顶层设计，还是微观操作，不能没有群众参与，不能不听群众声音，不能不看下情实际。其实改革开放以来许多重大改革政策的出台，多数属于群众的首创，领导者的责任就在于发现典型、培养典型、总结典型、推广典型，从个性中寻找共性，把群众的创造上升为党和政府的决策。现在，一些地方之所以出现改革难、路子窄的问题，很大程度上讲是脱离群众、远离实践所致。因此，只有坚持从群众中来、到群众中去，我们的解放思想才能有的放矢，我们的改革实践才能有群众基础、受到群众拥护，才能取得实实在在的成效。

【作者：山西省晋中市委副书记】

落实十八大精神　切实发挥正能量推动力

王晓塘

铁路运输部领导班子成员坚持学以致用、用以促学，把思想统一到十八大报告精神上来，在学习中切实结合本职工作进行深入思考，把认识统一到十八大部署的各项工作中来，把行动落实到谋划好明年工作之中。

十八大报告提出，“科学发展观同马克思列宁主义、毛泽东思想、邓小平理论、‘三个代表’重要思想一道，是党必须长期坚持的指导思想。”这表明科学发展观成为指导党和国家全部工作的强大思想武器。要充分运用这一科学理论指导实践、谋划工作。以学习宣传贯彻落实党的十八大精神作为抓好各项工作的主线，立足“党建、安全、运输、检修、后勤服务”五大板块，以解决实际问题为中心，以保运增效为落脚点，着力提升五种能力，实现基层党建工作创新，努力为实现吉林石化安全、畅通铁运建设的科学发展、和谐发展提供有力的组织保障，全面推动铁路运输部发展前进。

一、以学习宣传贯彻落实党的十八大精神为主线

在党的十八大开幕会上，胡锦涛同志代表党中央作了《坚定不移沿着中国特色社会主义道路前进　为全面建成小康社会而奋斗》的重要报告。胡总书记在报告之前，开宗明义地表示，不念全文，只集中讲要点，传递出“务实”新风。

这份报告高屋建瓴、内涵丰富、大气磅礴，站在时代发展潮头，总揽国际国内形势，深刻回答了当代中国举什么旗、走什么路等一系列重大理论和实践问题，是一篇马克思主义的经典文献，是指导全党、全国和对外工作的纲领性文件。报告一共讲了十二个大问题，站在新的历史起点上为中国描绘了新的蓝图，因为不念全文讲要点，显得更清晰、更简洁、更有分量，明确了新目标、新任务，吹响了奋进的号角。

二、在“五方面”抓好落实，充分发挥正能量的推动力

第一，在领会精神方面上要抓好落实

必须深刻领会、准确把握好十八大精神，认真组织广大干部群众学习十八大报告，党员干部要在学懂悟透党的十八大精神实质和核心要义上下功夫，让广大干部群众既要充分认识到过去五年改革发展取得的重大成就，又要清醒看到当前国内外形势的新变化和新特点，进一步加强党的建设工作，切实把思想统一到中央精神上来，统一到中央重大决策部署上来，使十八大精神成为广大干部群众的自觉行动。

思想是行动的指南，通过拓宽学习渠道、开展多种形式的学习活动把十八大的精神及时宣传到广大党员、干部、群众中去，加强对十八大学习、讨论、查摆问题的跟踪报道，形成积极的舆论氛围，使各级各类干部能真正自觉用科学发展观武装头脑，指导实践和推动工作，在学以致用的基础上加深对十八大精神的理解，全体干部员工认清形势、统一思想、上下一心，牢固树立“质量效益是发展需要”的理念，向服务要效益，全力打好运输保障与降本增效的攻坚战，为做好各项工作提供强大精神动力。

铁路运输部在创新中发展、在压力下前行，在公司管理提升战略的指引下，完成了从运输仓储部到铁路运输部的跨越，提升了专业化管理水平；扎实开展了“查、摆、改”与规章制度修订工作，夯实了管理基础；以畅通为职责，向管理质量要

成绩，向流程再造要效益，全面固化管理创新成果，提高了管理自信，较好地完成了全年各项工作任务。

第二，结合实际提升服务意识，确保铁路运输畅通无阻

思想是行动的先导，要贯彻落实好十八大精神，必须结合实际，坚持与本单位、本部门的实际相结合，与推动改革发展稳定工作相结合，与完善思路、创新举措相结合，把十八大精神落实到科学发展、改革开放、改善民生、维护稳定的具体实践。各单位在制定策略、采取措施、开展工作时，既要体现中央的精神，又要符合自身实际。

在学习贯彻过程中，要力戒形式主义，做到与本单位管理中存在的突出问题和薄弱环节，制定整改措施，持续提升管理水平相结合，只要是符合实际，创新的成果经过实践检验是符合实际可行的，就用制度把它固定下来，为发展夯实制度基础。运输标准化作业管理是保证运输全过程安全运行的最有效措施之一，运输所有作业人员“说标准话、干标准活、交标准班”是运输操作者的工作本分和道德品质，习惯性违章操作是执行标准化作业规范的“天敌”，管控好运输标准化作业，是实现运输安全的重要保证。

2013 年，公司千万吨炼油装置将满负荷生产，在大苯乙烯和 40 万吨 ABS 开车以后，石脑油的需求将大幅增加，汽柴油和石脑油的运输是否“进的来、出的去”是制约铁路运输能力的关键点。要用“创新的理念、优化的思维”来破解制约运输能力的瓶颈问题。牢固树立“无条件畅通”的信心，明确指出畅通意识就是大局意识，“加快车辆在站周转速度，以洗车合格率接近于 100%为追求目标，使汽柴油装车“洗、调、运”等重要环节实现“无缝隙”连接，提升自有车辆合理使用提供更多的车源保证。

第三，在注重实效方面上要抓好落实

要理清思路，明确目标，细化任务，落实责任，加强督查，切实把贯彻措施落实到本单位、本部门，做到有部署、有检查、有反馈。要进一步倡导真抓实干的精神，一条一条地出台有针对性的措施，一项一项地提出符合实际的目标，一步一步地抓好各项工作的落实。要进一步端正工作指导思想，说实话、办实事、求实效，在办实事上花大力气，在求实效上下真功夫，认真研究和解决发展中存在的困难和问题，把一切工作落到实处，继续巩固创先争优活动的成果，狠抓基层，与完成安全畅通、设备平稳、后勤保障等各项具体生产经营任务相结合，做好打基础工作，积极探索创新基层党组织设置的有效模式，选优配强基层党建工作力量，努力扩大党组织的覆盖面和影响力，不断夯实基层党建工作基础。眼睛向内，树立“节支就是增收，修旧就是创效”的工作理念。抓好物资需求计划的管理。各单位提报物资需求计划，必须根据本车间的检维修任务提报，杜绝估报和瞒报，并准确掌握车间使用物资的进度，防止出现帐外物资。抓好成本计划的管理。制定好成本支出计划，做到无计划不开工，无计划不支出，建立和完善成本计划考核机制和讲评机制，成本计划兑现率不得超过 100%，杜绝超计划支出成本。抓好消耗性成本控制。对低值易耗品、油料消耗等消耗性成本进行严格控制，制定消耗额，并按定额进行考核，建立“节约有奖、超了严罚”的考核机制。抓好班组核算工作。按照公司财务部门的要求，完善班组核算机制，真正反映出班组实际消耗情况，进一步规范班组核算的原始凭证，制定合理的消耗定额，对超过消耗定额的成本支出，要详细分析，找出差距和原因。抓好修旧利废管理工作。要重点加强车辆、机车、线路、信号检维修过程的修旧利废工作，修了能用的就不换新的，报废还可以使用的，要考虑用在维修上，尤其是车辆检修工作，利旧工作还有很大的空间，必须要抓好、抓实，见到成效。

第四，坚持从严治党转变作风，切实加强党风廉政建设

党员干部的素质决定着一个团队的能力，干部的工作作风决定着企业发展水平，要打造“能吃苦、愿奉献、讲廉洁”的干部队伍，大力倡导“廉洁、好学、实干”的好传统。各级干部特别是领导干部心里要牢记全心全意为人民服务的根本宗旨，以业务流程的关键点，权力行使的风险点为重点抓实廉洁风险防控工作，建立起风险识别、风险评估、风险防范的预警和控制机制。深入基层、深入群众，密切联系基层，加强调查研究，虚心听取基层员工的意见和诉求，真正了解掌握实情，真正坚持实事求是，只有这样，才能及时发现问题，及时改进工作，及时总结经验教训，围绕降本增效突出抓好效能监察工作，促进干部员工认真履行职责，高效优质的工作，才能有助于不断推动企业前进。

一是坚持述职“思廉”。坚持述职思廉，就是要突出强化“一把手”党风廉政建设责任意识，促使“一把手”思考、探索党风廉政建设的创新性举措和抓手，围绕贯彻《中国共产党党员领导干部廉洁从政若干准则》，强化以“治庸、惩懒、防变”为主要抓手的党风廉政建设，实现“净化干部心灵，让干部不想贪；确保政令畅通，让干部不敢懒；规范干部言论，让干部不乱说；规范权力运行，让干部不变质”的目标。

二是坚持学习“养廉”。加强理论学习，是提高基层党组织和广大党员干部防腐拒变能力，遏制腐败行为的第一道防线。通过学习党的路线方针政策，开展党风与党纪、预防职务犯罪专题讲座，以案说纪和作风整训等形式，提高党员干部的党性修养，坚定理想信念，增强群众观念、勤政廉政意识和反腐倡廉的自觉性，打好“预防针”，敲响“警示钟”，筑牢党员干部廉政教育的思想防线。

三是坚持机制“崇廉”。通过健全领导责任机制，落实领导班子成员分管单位党风廉政建设和反腐败工作责任，并能通过建立聘请廉洁从业监督员制度，制定“关键点”控制管理制度，实行党员评议机制等措施，切实规范领导干部和重点岗位、关键人员的办事程序，使党风廉政建设置于全面监督之下，从制度上构筑起廉洁从政防线。

通过学习宣贯增强党员干部责任感和使命感，与广大员工“在思想上同心同德，目标上同心同向，行动上同心同行”。在选人用人上坚持德才兼备、与深入开展干部队伍作风教育和整顿，永葆党员干部队伍先进性和纯洁性相结合，以德为先，坚持注重实绩、群众公认，完善和健全干部管理体制，从而夯实我们发展的干部基础。

第五、培育核心价值，正能量促进企业文化蓬勃发展

企业文化是隐性的企业管理体制，是企业繁荣、昌盛并持续发展的关键因素之一。基层党组织作为企业思想政治工作的主体，在以文明创建为载体，培养争先创优意识，塑造良好的企业形象，对基层党组织创建文化的能力提出了新要求。

一是加强对企业文化建设的领导。企业文化工作作为一个系统工程，作为具有其它工作不可替代作用的一项工作，要抓出成效，必须在加强组织领导上下功夫。思想是行动的先导，有什么样的认识就有什么样的作为。企业文化建设能否搞好，在很大程度上取决于企业领导干部认识的深度和重视程度。事实证明，凡是领导重视的企业，企业文化就能够开展起来，就能够搞得富有活力和朝气，凡是领导干部不重视的企业，企业文化就很难开展起来，就会出现一潭死水的局面。因此，加强企业文化建设，必须解决好企业领导思想不重视的问题，要通过组织学习教育，使企业领导充分认识到加强企业文化建设的重要意义和巨大作用，明确企业文化建设与企业精神文明建设和思想政治工作的关系，不断增强责任感和紧迫感。

二是加大企业文化建设的投入。物质文明建设需要投入，精神文明建设也要有物质上的保证。作为精神文明建设重要组成部分的企业文化建设，同样需要一定的投入。没有必要的投入和条件，要搞好企业文化建设是困难的，要在活动的经费上加大投入，企业每年要设立企业文化专项活动资金，实行专款专用，以保证各项活动的正常开展。要在阵地建设上加大投入，加快文化娱乐教育阵地建设的步伐，形成功能齐全，覆盖面广的文化娱乐活动场所，改善原有的设施设备，为丰富员工的精神文化生活创造良好的环境和条件。要在活动时间上加大投入，正确处理工作生产与活跃员工文化生活的关系，克服只重视生产不重视员工文化生活的倾向。

三是加强企业文化建设的宣传引导。企业文化需要群众参与和支持，在当前休息时间延长、倒班人员多的情况下，尽可能吸引更多的员工群众参与各种文化娱乐活动，是企业文化建设的一项重要任务，也是搞好企业文化建设的重要标志之一。切实加强对员工群众的宣传教育引导，激发大家的参与热情，使广大员工在良好的企业人文氛围和人际关系中，对人的理念、意识、态度、行为等形成从无形到有形的影响，从而对人的不文明行为产生控制作用，以达到实现安全、和谐、稳定生产的目的。

【作者单位：中国石油吉林石化公司铁路运输部】

培养　形成　坚持和提升“四好习惯”是深入学习贯彻十八大精神的基本要求

薛保平　李永鑫

科学发展观是中国特色社会主义理论体系的最新成果，是指导党和国家全部工作的强大思想武器，是党必须长期坚持的指导思想。保障和改善民生是深入贯彻科学发展观、构建社会主义和谐社会的核心内容，是党和政府一切工作的出发点和落脚点。依法治国是我们党领导人民治国理政的基本方略，依法行政、依法办事是依法治国的根本要求。党的作风关系党的形象，关系人心向背，关系党和国家的生死存亡。从某种意义上讲，依法行政是前提，干部作风建设是手段，保障和改善民生是目的，三者统一于经济社会科学发展、转型发展、绿色发展的伟大实践中。结合学习宣传贯彻党的十八大精神，结合当前经济社会发展实际和有效解决党员干部作风和民生方面存在的突出问题，着眼经济社会发展全局和发展未来，广大党员干部特别是领导干部必须努力培养、形成、坚持和提升“四好习惯——习惯在保障和改善民生的实践中转好作风，习惯在法治的轨道上用好权力，习惯在监督的环境下做好工作，习惯在科学发展观的指导下抓好发展。

好习惯是一种高尚的修养，一种高贵的品格，一种强大的能力，一种伟大的气度、胸襟和力量。培养、形成、坚持和提升“四好习惯”的根本目的就是要把科学发展观这一指导思想、为民务实清廉这一核心要求和依法行政、依法办事这一基本要求让全体党员干部内化于心、外化于行，真正把十八大精神转化为全体党员干部实践和推动经济社会健康持续发展的强大思想武器和自觉行动。培养、形成、坚持和提升“四好习惯”是进一步加强干部队伍作风建设的迫切需要，是加强依法行政和创优发展环境的迫切需要，是切实保障和改善民生的迫切需要，是反对腐败、建设廉洁政治的迫切需要，是不断实现经济社会健康持续发展的迫切需要，是深入学习贯彻十八大精神的迫切需要。

一、培养、形成、坚持和提升“四好习惯”的前提是心存敬畏

敬畏就是既敬重又畏惧。古人云：“善怕者，必身有所正，言有所规，行有所止，偶有逾矩，亦不出大格”。中华五千年文明史告诉我们：敬畏是中华民族传统文化的精髓，是做人之基、成事之道、从政之德、治国之本。敬畏法律是前提。党员干部特别是领导干部要牢固树立法治至上的理念，习惯在法治的轨道上用好权力，严格依法行政、依法办事。敬畏人民是核心。水能载舟，亦能覆舟。领导干部要对人民群众始终保持一种敬畏之心，牢记党的宗旨，时刻把群众的安危冷暖放在心上，想民之想，急民之急，乐民之乐，解民之需，习惯在保障和改善民生的实践中转好作风，常怀爱民之心，恪守为民之责，善谋富民之策，多办为民之事，努力解决人民群众最关心、最直接、最现实的利益问题，让人民群众共享改革发展成果。敬畏监督是关键。近年来，“让权力在阳光下运行”已经越来越成为人们的共识。公开也充分体现了现代社会对权力监督的进步。在建设廉洁政治的新形势下，习惯在监督的环境下做好工作已经成为党员干部面临的一种新的要求、新的挑战和新的课题。所以，各级党员干部特别是领导干部必须正确对待群众、法纪、舆论等各个方面的监督，时刻保持敬畏之心，时刻牢记什么该做、什么不该做，“有所为有所不为”，让自觉接受监督成为工作和生活的一部分，成为日常习惯，进而少犯错误，甚至不犯错误，更好地运用权力为人民谋求更大的福祉。敬畏科学是根本。敬畏科学就是要一切按科学规律办事，坚持把科学发展观作为开展一切工作的强大思想武器，贯彻到现代化建设全过程、体现到党的建设各方面，始终坚持以人为本，始终坚持把生态环保效应放在第一位，始终坚持全面协调可持续发展，真正实现经济社会健康持续发展。

二、培养、形成、坚持和提升“四好习惯”的本质是干部思想作风转型

科学发展是时代的主旋律，转型发展是实现科学发展的内在要求，是经济社会健康持续发展的必然选择。而经济社会发展转型的前提首先是干部思想作风转型。当前干部作风建设的总体态势是“六个并存”和“三个依然”。具体讲，就是成效明显与问题突出并存，工作力度不断加大与新问题不断暴露并存，群众对干部作风转变的期望值不断上升与干部作风在短期内难以彻底扭转并存，依法治国、依法行政形势不断发展与干部还不能完全适应在法治轨道上用权并存，监督渠道不断拓宽、监督力度不断加大与干部还不能完全适应在监督环境下开展工作并存，科学发展、转型发展、绿色发展对干部作风素质能力提出的要求越来越高与干部作风素质能力同步适应新形势、新任务发展要求的差距相对扩大并存，干部作风建设的形势依然严峻，问题依然突出，任务依然艰巨。干部作风建设目前面临的新情况、新形势、新问题迫切要求干部思想作风转型。但向什么方向转？就是必须转到科学发展、转型发展、绿色发展的根本要求上来，必须转到保障和改善民生的核心要求上来，必须转到严格依法行政、依法办事的基本要求上来，必须转到建设廉洁政治的本质要求上来。具体怎么转？就是结合具体工作实际转，结合行业特征转，结合岗位特点转。这就是要求各级干部的思想要再解放、自律要再严格、行为要再规范、服务要再提质、效能要再提升、工作要再给力。转型的重点是什么？就是要把“四好习惯”转化为各级干部的一种内在修养和品格，转化为各级干部的一种工作作风和工作能力。只有通过持之以恒的努力，不断培养、逐步形成、始终坚持、有效提升“四好习惯”，才能真正把科学发展观贯彻到经济社会发展全过程、渗透到党的建设各方面，真正把十八大精神落到实处，真正实现社会主义现代化建设事业健康持续发展。

三、培养、形成、坚持和提升“四好习惯”的核心是实事求是

实事求是是马克思主义的精髓，是我们党的思想方法、工作方法和领导方法，也是共产党人必备的党性修养和道德品质。能否真正坚持实事求是，关系党的事业兴衰成败，关系党、国家和民族的前途与命运。实事求是是培养、形成、坚持和提升“四好习惯”的核心所在。为此，必须始终坚持把党的事业放在第一位，坚持党性原则至上，勇于坚持真理，做到讲真理不讲面子、讲原则不讲关系、讲党性不讲私情；始终保持诚实正直的人格操守，做老实人、说老实话、办老实事；始终坚持理论联系实际，吃透“上情”、摸清“下情”，定好每一项政策、推好每一项改革、上好每一个项目、建好每一项工程、办好每一件事情；始终坚持一切从实际出发，按照客观规律办事，不脱离实际、不主观妄断、不盲目随意，埋头苦干，奋力拼搏，一步一步把党的事业推向前进。

马克思曾经说过：“一步实际行动胜过一打纲领”。坚持实事求是务必做到真抓实干。“真抓”就是要集中精力抓落实、不失时机抓落实、雷厉风行抓落实、统筹兼顾抓落实、突出重点抓落实、一以贯之抓落实，努力形成一级抓一级、一级带一级、一级促一级、层层抓落实的生动局面。“实干”就是要脚踏实地，谋实策、出实招、见实效，想干事、会干事、干成事。在具体工作中，真抓实干就是要做到：重点工作精细化，复杂工作条理化，落实工作具体化，一切工作都要把握规律性、注重协同性、富于创造性、突出实效性。

开拓创新是一种品格、一种胆魄、一种才识，也是三者的辩证统一。开拓创新是实事求是的必然要求和内在品格。坚持做到开拓创新就是要从破除思想障碍入手，强力推进观念创新、体制创新、机制创新和工作创新，大胆革除制约科学发展的种种障碍，最大程度地推动经济社会全面协调可持续发展；就是要把开拓创新的精神贯穿于经济社会发展的全过程，努力推倒围墙、打破界限，实现生产要素的不断优化组合、经济结构的不断优化升级、机制体制的不断健全完善，为经济社会健康持续发展注入新的生机和活力；就是要站得更高、看得更远、想得更深，坚定不移走开拓创新之路，以宽广的胸怀、开放的思维，积极对待一切新生事物，热情鼓励一切社会实践创新，大胆吸纳人类社会发展的一切文明成果，把各方面的智慧和力量充分凝聚起来，开创新局面，创造新业绩。

【作者：中共山西省柳林县委副书记 纪委书记
中共山西省柳林县纪委副书记 监察局长】

“五位一体”标明纪检工作新航向

张明光

中国共产党第十八次全国代表大会，是在我国进入全面建成小康社会决定性阶段召开的一次十分重要的大会。报告将中国特设社会主义的总布局从“四位一体”升华为“五位一体”。这是适应了经济现代化、政治民主化、文化多样化、管理社会化、生态文明化的发展要求，是我党总揽国内外大局、贯彻落实科学发展观的一个新部署，也是对党领导下的各部门工作提出的一个新的挑战和要求。

如何学习、贯彻、落实好十八大精神，把思想认识统一到十八大精神上来，把智慧力量凝聚到服务十八大确定的“五大建设”任务上来。作为纪检监察机关，就是要立足本职岗位，履行纪检监察职责，围绕科学发展这个主题和加快转变经济发展方式这条主线，将服务、保障和促进发展作为纪检监察机关的第一责任，为经济、政治、文化、社会、生态建设发展保驾护航。

一、立足本职岗位，履行纪检监察职责，就要牢牢把握服务经济建设这个中心

加快经济发展，必须要有与之相匹配的外部环境。实践证明，投资环境是一个地区经济实力、开放程度和社会文明进步的综合体现。良好的投资环境是发展区域经济的重要品牌，也是区域经济发展中的一笔巨大的无形资产，环境也是生产力。纪检监察机关必须充分履行职能，做良好环境的积极创建者。一是要充分发挥组织协调职能，营造一流的服务环境。组织协调有关部门认真抓好群众反映的突出问题的专项治理，加强具体指导和监督检查，对发现的问题及时纠正和查处。二是要充分发挥惩处警示职能，营造廉洁的投资环境。要把阻碍和破坏经济发展环境的案件作为重点，坚决查处党员干部以权谋私、损害群众利益及违法审批和行政不作为等损害政府形象的案件。三是要充分发挥行政监察职能，营造良好的法制环境。着力查处有令不行、有禁不止、阳奉阴违和落实不力的行为，维护党委、政府的权威，为经济发展创造良好的政治环境。四是要充分发挥源头治本职能，营造宽松的政策环境。要深化行政审批制度改革，彻底解决一些部门抓着权力不放，部门利益至上，为小集团和个人捞取好处的问题。

加快经济建设步伐，既是一项系统工程，又是一项民心工程，意义重大，影响深远。纪检监察机关要做到为其提供良好的服务，在服务中履行职能，在全面履行职能中渗透和体现服务，要加强学习，开拓创新，锐意进取，扎实工作，不断取得党风廉政建设和反腐败工作的新成效，使反腐倡廉工作始终与时代发展同步伐，与经济建设同节奏，最终实现廉政建设与经济发展的良性互动。

二、立足本职岗位，履行纪检监察职责，就是要守住政治建设这个根本，推进党的政策方针贯彻落实，确保政令畅通

中国共产党的政治建设是指运用马克思列宁主义、毛泽东思想的理论和方法，在总结经验．调查研究的基础上，制定出党在一定时期的正确纲领、路线、方针和政策，并用这样的纲领、路线、方针和政策教育全体党员和干部，使他们在政治上和党中央保持一致，在实践斗争中保持清醒的头脑，坚持前进的正确方向。

王岐山同志指出：“检查党的路线方针政策和决议执行情况是纪委监察机关的重要职责。”履行纪检监察职责，服务政治建设根本。一是要贯彻党的十八大和中央、省、市、县一系列重要会议精神，按照党委和政府提出的指导思想、方针政策，依法发挥行政监察职能作用，开展执法监察、效能监察，推进绩效管理，严格实施问责，加强对职能部门履行职责情况的监督检查，保证上下政令畅通，推动工作落实。二是要按照“加强党的领导、支持人民群众当家作主和依法治国相统一”的要求，切实加强党组织对基层民主政治建设的领导，积极推进基层民主政治建设。完善城乡居民自治制度，充分发挥居民代表会、村民代表会的职能作用，保证群众依法实行民主选举、民主决策、民主管理、民主监督。完善基层民主管理制度，发挥企业职代会、学校教代会等组织的作用。健全党务、政务、厂务、村务、居务公开等制度，采取公示、述职、听证、评议等形式，组织群众参与和监督社会基层组织的工作和事务。

三、立足本职岗位，履行纪检监察职责，就是要保障人民群众受教育、参与文化活动的权益

十八大报告中胡锦涛指出：文化是民族的血脉，是人民的精神家园。纪检监察机关要紧紧围绕十八大提出的文化建设要求，找准纪检工作与文化建设的结合点、着力点，将文化建设这个灵魂植入纪检监察工作中，充分发挥纪检职能，切实解决好人民群众在受教育、行使文化权利、享受文化权益、参与文化建设过程中发生的矛盾纠纷，维护保障和发展好人民群众的文化权益，为建设文化神池、和谐神池、幸福神池提供有力的服务保障。

履行纪检监察职责，就是要办好涉及文化建设领域的贪腐案件，依法依纪服务保障文化大发展大繁荣；就是要搞好廉政文化宣传，促进党员干部廉洁自律；要建好廉政文化基地，加强自身建设，增强队伍凝聚力、战斗力。

四、立足本职岗位，履行纪检监察职责，就是要关注群众反映强烈的突出问题，促进社会和谐发展

胡锦涛同志在十八大报告中提出，要在改善民生和创新管理中加强社会建设。纪检监察机关就是要广泛关注人民群众反映强烈的突出问题，坚决纠正损害群众利益的不正之风。实际工作中，一是要认真解决保障性住房在建设、分配、运营、管理等方面的问题，杜绝骗购骗租、变相福利分房等行为。二是要加强对城中村和棚户区改造项目建设、回迁安置等工作的监督检查。严肃查处囤地圈地、违规用地、土地闲置浪费等行为。三是要加大对食品安全事故和环境违法问题的责任追究力度。四是要严肃查处玩忽职守、失职渎职造成重特大事故和瞒报、谎报事故的行为及其背后隐藏的腐败问题。五是要继续整治领导干部违规收受礼金、有价证券、支付凭证、商业预付卡以及违规建房或多占住房、买卖和出租保障性住房等问题，治理违规放贷以及利用职权以委托理财等形式谋取不正当利益等问题。着力解决发生在群众身边的腐败问题，坚决防治侵害群众合法权益问题，规范基层执法行为，推进基层便民服务，促进社会的和谐发展。

五、立足本职岗位，履行纪检监察职责，就是要严厉打击违反生态文明发展的事件，为人民创造良好的生产生活环境

党的十八大报告首次单篇论述生态文明，首次把“美丽中国”作为未来生态文明建设的宏伟目标，把生态文明建设摆在总体布局的高度来论述，表明我们党对中国特色社会主义总体布局认识的深化，把生态文明建设摆在五位一体的高度来论述，也彰显出中华民族对子孙、对世界负责的精神。去年的环保大会将生态环境质量纳入基本公共产品范畴，从理论上明确了生态环境的显性价值，同时，提供生态产品应该是政府的职责，是公共财政保障的重点，是中央财政转移支付、资金补助的考量因素；也要求我们从实践上按照统筹城乡、梯度推进的原则解决农村、农民的环境问题，要因地制宜、创造性地解决农村、农业领域小而分散的污染问题。对地方政府而言，在发展过程中一定要把良好的生态环境作为底线，作为衡量又好又快的“好”字的最基本要求。纪检监察机关在服务经济发展的同时，也要重视生态文明的发展，使得当地社会均衡、永续发展。既要表彰一批推动经济发展的先进个人和事迹，也要严厉打击一批破坏生态环境发展的人和事，从源头上扭转生态环境恶化趋势。只有不断推进生态文明建设，着力绿色发展、循环发展、低碳发展，为人民创造良好生产生活环境，才会不断减少因环境问题而引发的群体事件，也才会更加顺利地推进和谐社会建设。

“五位一体”成为十八大后建设中国特色社会主义现代化的新布局，也成为我国全面建成小康社会的新要求，“五位一体”不仅为我国今后一个时期的发展指明了路径，也为纪检监察今后立足本职工作、服务大局标明了新航向，纪检监察工作不仅要继续做好服务经济社会的职能，还应该统筹兼顾，加大力度服务好政治建设、社会建设、文化建设和生态文明建设，只有“五个建设”一起抓，“五个轮子”一起转，全面建成小康社会的奋斗目标才会更加鼓舞人心，行动步骤才会更加扎实稳妥。

【作者：中共山西省神池县委常委、纪委书记】

第四编

党的建设与贯彻“十二五”规划

切实做好固本强基工程

李龙成

机关党建工作使命光荣，责任重大，为适应新形势下的党建工作，切实做好固本强基工程，建设一支能适应新形势、能胜任艰巨任务的党员队伍，推动各项工作发展，应做到：

第一，要围绕中心求作为。围绕中心、服务大局，是党建工作的根本要求，是检验党建工作成效的首要标准，也是机关党委履行职责必须始终坚持的基本原则。因此，机关党委的工作要紧跟财政部部署、紧随形势任务、紧贴业务工作，充分发挥机关党的工作在促进财政监督事业发展中的服务保障作用，使党建工作与中心工作相互促进、共同提高。希望新一届机关党委要进一步增强中心意识、大局意识和服务意识，围绕财政监督事业发展和“十二五”规划，在推动全办中心工作中找准位置、体现价值、取得实效。

第二，要强化素质抓学习。辽宁专员办95%以上是党员，党员素质如何，直接关系到全办的形象。因此，要教育广大党员干部把终生学习作为一种政治责任、一种精神追求和一种人生态度。要安排专门时间，组织党员干部认真学习马列主义、毛泽东思想、邓小平理论、“三个代表”重要思想和科学发展观的要点，特别是当前要组织好对十八大会议精神和中央经济工作会议以及全国财政工作会议和专员办工作会议精神的学习、消化和领会，坚持学以立德、学以致用，掌握新知识、增长新本领、达到新境界。在学习中增强全办党员干部在工作中的原则性、系统性、预见性和创造性，逐步提高党员干部分析和解决实际问题的能力。希望新一届机关党委要继续把抓好学习、建设队伍作为推动机关建设的中心任务，扎实推动学习型党组织建设。

第三，要促进和谐聚人心。机关党委及各支部要切实做好“人”的工作，坚持以人为本。要善于关心人、理解人、引导人、帮助人，多做得人心、暖人心、稳人心的工作。尤其是对离退休老党员，更要情深一层、高看一眼、使他们切实感受到组织的温暖。要建立健全党内激励、关怀和帮扶机制，在政治上、精神上、生活上均做到切实关心和爱护党员干部，特别是老党员和生活困难党员，努力为他们排忧解难。要关心干部成长进步，关注干部的职业诉求和发展愿景，为其发展创造机会。特别要注重培养年轻干部，引导他们忠于职守、勤于工作、甘于奉献，帮助他们养成积极向上、不断进取的精神追求，为其施展才华、能力搭建平台，创造条件；要加强和改进思想政治工作。倡导和谐理念，培育和谐精神，营造政治坚定、民主团结、互相协作、心和气顺的良好氛围，在化解矛盾、融洽关系、凝聚人心上下功夫。把继承与发展传统的思想政治工作经验与适应新形势、开创新途径、探索新方法结合起来，把坚持耐心教育与严格管理结合起来，把加强党的组织领导与发挥工青妇等群团组织作用结合起来；要不断加强机关党的作风建设和队伍建设，引导和教育广大党员干部讲党性、讲品行、讲原则、讲自律，树立高效、务实、快捷、清廉的良好形象；要进一步推进党风廉政建设，让更多的党员干部成为争当服务发展的表率、争当团结协作的表率、争当和谐共事的表率、争当清正廉洁的表率，确保党员纯洁和队伍廉洁。希望新一届机关党委尽最大努力，在全办营造上级党组织关心基层党组织、基层党组织关心广大党员、各级党组织和党员都来关心群众的良好风气。

第四，要创新机制重落实。新形势下的机关党建工作要体现时代性、把握规律性、富于创造性。新一届的机关党委要以科学的态度和创新的精神，加强调查研究，抓住薄弱环节，探索新机制、新方法，创新活动内容、形式和载体，坚持在实践中探索，在创新中进步，在深化中提高，不断增强机关党组织的生机与活力。希望新一届机关党委要严格党内组织生活，坚持“三会一课”制度，推动机关党的组织生活经常化、制度化、科学化；希望新一届党委委员要以身作则，分工协作，当楷模作表率，及时总结机关党建工作的经验和做法，促进机关党建工作的新发展。

机关工会尽管是一个群团组织，但也是专员办机关建设重要的组织和工作基础，是广大会员自我服务、实现群体共同利益的团体，是党联系群众、组织群众、动员群众的桥梁和纽带，在全办职工的工作、生活和事业发展中发挥着不可或缺的重要作用。希望新一届工会委员会牢记工会组织的宗旨，铭记广大干部职工对我们的要求，牢固树立服务意识和大局意识，全面履行工会的各项职能。在具体工作中切实做到增强一种意识，处理好两方面关系，抓好三项工作。

一是增强服务意识。工会工作说到底就是服务的工作。要以人为本，换位思考；要不怕麻烦、耐心细致；更要充满朝气、富有激情。工会工作虽然没有硬指标，但大家要把工会工作当成硬任务来做。希望新一届工会委员会切实提高对工会工作的认识，牢固树立服务意识，切实提高工作质量。做到：第一，要求真务实。要想实招、办实事，能够办到的才说，说了就要去办；第二，要开拓创新。工会工作有自身的规律，要积极探索、与时俱进，创造性地开展工作；第三，要甘当配角。甘于奉献，不计较名利得失；第四，要团结协作。要与机关党委一起多了解大家愿望，多倾听群众呼声，多研究工作措施，共同把群众工作做好。

二是处理好服务会员与服务大局的关系。一方面，工会是职工自愿结合的群众组织，代表着广大群众的利益。新一届工会应密切联系职工，认真听取职工意见和要求，关心职工的学习、工作和生活。竭尽全力、千方百计地为职工办实事、做好事、解难事，全心全意地为职工服务；另一方面，机关工会在办党组和广大职工之间起着桥梁和纽带的作用，要按照办党组的总体部署和整体要求，围绕办内各时期的中心工作，充分调动广大职工的积极性、主动性、创造性，最大限度的凝聚广大职工的集体力量，努力完成好各项工作任务。因此，协调处理好两者之间的关系，是工会工作的重点。

三是抓好三项工作。机关工会的一大特点就是：群众组织、全员参与，配合本单位履行好工作职责，维护职工的民主权利，重视职工的精神需求。对机关工会来讲，大家能做的重要的就是要把各项服务和职工福利搞好，同时，要维护好女职工、特殊职工的权利，特别是要在维护职工民主权利方面下功夫。要着力抓好三项工作：一要抓好职工合法权益维护工作。维护好职工的合法权益是工会最基本的职能。在新形势下，机关工会必须进一步突出和履行维权职能。要真诚倾听职工的呼声，真实反映职工的愿望，真情关心职工的疾苦，进一步理顺情绪，化解矛盾，稳定思想，从而更好地保护、调动和发挥广大职工的积极性和主动性，引导其更好地完成办内各项工作任务。通过对职工权益的维护，达到维护党组的各项决议决定和工作要求并使之落到实处的目标；二要抓好职工福利保障工作。机关工会要发挥自身优势，进一步创新工作思路，在政策允许的条件下，解决好职工福利保障问题，努力把好事做得更实，把实事做得更好。要大力营造关爱职工、服务职工、“群众利益无小事”的工作氛围，要建立健全送温暖的长效机制，凝聚同心同德的群众力量。真正做到每个职工喜庆之日有人祝贺、生病之时有人看望、困难之中有人帮助；三抓好机关文化建设工作。开展文化体育活动是机关工会的重要工作，要突出重点，体现特色，积极组织开展丰富多彩、形式多样、深具意义的工会活动，活跃机关文化生活，积极营造相互尊重、相互理解、相互支持、相互帮助的和谐氛围，努力推进机关文化及和谐专员办建设。

【作者：辽宁专员办党组书记 监察专员】

提高大队级党委班子建设之我见

李　团

“围绕中心抓党建，抓好党建促中心”，历来是我们加强党建工作的基本思路。边防大队党委作为部队基层级党委班子，既是上级指示的贯彻落实者、又是本单位各项工作的组织领导者，不仅要承载着承上启下、帮带基层的任务，而且要发挥“一线指挥部”的前沿作用，班子决策能力水平的高低，直接关乎公安边防部队建设的兴衰成败和长远发展。下面，结合本人担任大队党委书记一年来的一些经历，结合借鉴其他有关党建的新思路、新方法，就如何提高大队级党委班子建设谈一些粗浅的看法：

一、加强学习，提高党委班子科学化水平。党委班子决策能力的强弱根本取决于班子成员思想力的高低，而思想力来源于持续不断的学习和思考。

树立终身学习的理念。大队级党委必须树立终身学习的理念，切实解决好学习的动力问题，深刻把握科学发展观的科学内涵、精神实质和根本要求，努力把党委班子成员培养成学习型、知识型领导干部。

选好学习内容。着重强化大队级党委班子的理论学习，切实把班子成员运用理论分析和解决问题的能力提升到新的高度，从而提高班子决策的辩证思维能力和政策理论水平，做到举一反三、融会贯通。

用好学习形式。坚持自学与集中学习相结合，严格落实党委理论中心组学习制度，坚持向书本学和向身边先进典型学习相结合，学习他们好的思想、传统和经验，取人之长，补己之短。通过不断学习开阔班子成员视野，丰富阅历，提高素质，以此增强大队级党委决策能力。

二、真抓实干，提高党委班子解决问题的能力。一个称职的领导者，应该既要出思路，又要抓落实，要把务虚与务实结合起来，突出四个“实”：

思想要求实。看到问题不等于抓住问题，必须把工作跟上；抓的办法想到了不等于做到了，必须把劲用在做工作上；工作安排了不等于问题解决了，必须把劲用到抓落实上；工作抓过了不等于抓好了，必须把劲用到反复见成效上。

决策要切实。决策既要遵循上级的各种路线、方针、政策，又要切合本单位的实际。因此，在决策上必须切合实际，要吃准上面的，摸透下面的，变成自己的，搞好上下结合，遵循事物规律，形成最佳思路，防止决策的随意性。

作风要扎实。发现问题就是水平，解决问题就是政绩，揭露问题就是党性，掩盖问题就是失职，这是衡量工作作风是否扎实的重要标准。

工作要落实。就是倡导一种说了定、定了办、办就要办好的工作作风。遇到棘手问题，能马上解决，不搞“公文旅行”，属于自己权限范围内能解决的不推诿，属于本级能解决的问题既不上推也不下踢，即使予以解决。

三、发扬民主，提高党委班子的决策水平。大队党委要有敢于临场决断的本领和气魄，但不是搞独断专横，而是要把决断建立在深入调查研究、充分发挥民主的基础之上。

做“班长”但不做“家长”。党委书记是“班长”，在班子中要发挥主持决策作用。因此要带头营造良好氛围，使大家知无不言、言无不尽，以保证党委决策的民主性和科学性。

有主见但不固执己见。在决策上要有民主作风，善于听取各方面的意见，包括不同意见。当自己的观点与他人不一致时，要能全面分析对比，放下架子择优使用。

敢拍板但不盲目决断。任何决策都有一定的风险性和时效性，这就要求提高说服引导水平，通过分析使大家的机遇意识达到同一高度，开展工作的决心下到同一程度。这样，不仅有利抓住机遇，保持主动优势，而且有利于班子同担风险，提高决策水平。

四、锐意进取，提高党委班子表率作用。作为大队级党委，为人表率是一种优良品德，但带头不要出风头。工作中要求别人做到的，自己首先做到，要求别人不做的，自己坚决不做。此外，还要有强烈的进取精神和创新意识，做好廉洁自律的模范。在执行上级批示规定上，不自行其是，做执行政策的明白人，培养听指挥、守规矩、讲服从的硬作风，上级怎么要求就怎么动作，决不含糊。在开展批评与自我批评上，不一团和气，讲真话，讲真理，通过思想交锋，分清是非，团结同志，克服缺点，改进工作。在解决矛盾和问题上，要以思想教育、完善制度、机制整顿、严肃纪律为抓手，下大力气解决突出问题，以自身的正气带动部队的风气建设。

五、加强团结，提高党委班子凝聚力。一个领导班子，就像浩瀚大洋中的航船，每个成员都身居一个不可或缺的重要岗位，必须加强团结、步调一致。实现团结，特别需要注意三个问题：

强化思想沟通。班子成员应重视班子内部的感情交流，积极倡导班子成员之间多记“友谊账”，不记“私怨账”，彼此通过友谊联系，建立相互沟通的桥梁和纽带。

讲求矛盾化解。发现不团结的苗头，就要及时处理，如果问题积多了，关系越搞越复杂，就难以挽回了。实践证明，及时消除小的分歧，就可以避免大的隔阂。

培养务实的作风。重事业、淡名利，是搞好“一班人”团结的重要思想基础。有了共同的事业追求，才有共同的志向和语言。领导干部把主要精力用于思考班子建设和部队建设这些大事，注重班子团结，单位风气才能纯正。因此，要大力提倡和培养积极进取，创一流、争第一，比工作、比贡献的风气。这样，不仅有利于带好队伍、做好工作，同时也有利于增强班子团结。

【作者：景洪市公安边防大队政委】

党旗引领企业又快又好发展

——西藏华钰矿业股份有限公司党委基层组织建设年先进材料

马重阳

西藏华钰矿业股份有限公司目前共有总部机关和下属3个分、子公司5个党支部。现有正式党员55人、预备党员7人、入党积极分子22人，公司各级管理人员50%以上都是共产党员。在区非公党工委的领导下，公司从2012年6月12号开始开展基层组织建设年活动。活动中公司党委把党建工作放在企业发展的在背景下去思考和把握，使党建工作的出发点和每个环节都着眼于公司发展，努力将党的基层组织资源、组织优势、组织活力转化为公司的发展资源、发展优势和发展活力，为开创各项工作新局面，奠定了坚实的组织基础，活动取得了较好的效果，有力地推动了企业又好又快发展。

一、在加强党组织自身建设，促进公司发展中积极作为

在区工商联和区非公党工委的正确领导下，公司党委坚持把抓好创先争优、基层组织建设年活动作为推动公司科学发展、促进依法经营、团结凝聚职工、加强组织建设的载体，不断加强和巩固自身建设，努力把公司党委建设成凝聚职工人心、促进科学发展、为公司发展服务的坚强堡垒，实现党委创先进、党员争优秀、员工得实惠、公司快发展。

针对公司发展的实际，公司党委紧紧“围绕公司发展抓党建、抓好党建促公司发展”的工作思路，把党委的工作着力点放在支持和促进公司经济发展上来。在基层组织建设年活动中，通过开展“为公司发展建言献策”活动，鼓励职工对工艺技术的改进、节能降耗增效、开拓市场等提一条建议、献一个良方，通过网站“留言板”、“信箱”、座谈会等渠道，职工向公司提出合理化建议30多条。每季度组织生产车间员工开展一次劳动技能竞赛，使党建发展目标和公司发展目标两者得到有机地结合，做到了公司需要、领导支持、员工欢迎、党员拥护、组织满意。

活动中，公司党委围绕中心，服务大局，不断创新和完善党建工作，切实发挥党组织推动发展、服务群众、凝聚人心、促进和谐的作用。党委开展了“学习新党章”、“基层党组织满意度测评”、“新党员入党宣誓”、“与区矿权交易中心结对共建”、“党员领导干部民主生活会”等活动，修改、完善和建立了相关制度。同时激励党员，刻苦学习，自我完善，努力建设一支充满创新力的知识型党员队伍，推动企业健康发展。利用简报、专栏、板报、横幅等各种宣传工具，广泛宣传建设年活动，形成浓厚的舆论氛围。

开展两级民主测评，确保了广大党员、群众对基层党支部满意度测评的客观真实性。为确保群众广泛参与，客观真实地按照分类定级标准进行了自评，公司党委发放了《基层党组织党建工作群众满意度测评表》111份，测评内容包括支部促进中心工作、服务群众、党员发挥作用等10个方面。评价为好和较好的占96%，评价为一般的占4%。基层党支部均在所有职工群众中进行测评，各党支部满意度均在94%以上。按照基层党组织自评和公司党委评定相结合的方式，对公司所属5个党支部进行了分类评定。按照党支部自评分占40%，党委考评分占60%的评分标准，公司5个党支部均确定为“先进”党组织。

加强党员队伍建设，构筑公司发展基石。在扩大党员队伍与党员发展上，注重把一些优秀的青年人纳入党组织进行培养，并与公司企管中心协商，适时地把他们放在中层干部的岗位上去锻炼。同时注重抓好“双培”工作，先后把11名党员培养成公司的业务骨干、6名党员业务骨干培养成公司的管理层、12个业务骨干培养成入党积极分子。

加强经费保障。自2008年成立党组织以来，公司已累计投入100余万元党建资金，用于党组织培训、表彰先进、外出考察学习等活动及设立党员活动室。在2013年的基层组织建设年活动中，公司党委计划建立四个党员服务站，将投入二十万元用于购置各种书籍、学习资料及电教设备，定期对党员进行学习培训。

加强活动载体建设。在基层组织建设年活动中，围绕公司发展增效，开展了“创建学习型班组、争做知识型员工”活动；对全公司主要技术工种开展技能考核；对相关岗位进行了安全培训；对特殊工种进行了特种作业上岗培训；组织了6个工种的岗位练兵，开展了技术大比武活动。组织党员职工立足岗位，带头攻坚克难，努力成为岗位能手、业务骨干，为公司发展争创佳绩。

开展“一个班子一个龙头”创建活动。公司党委成员和公司高管积极发挥示范带头作用，推动作风转变。公司高管每个月至少深入分公司一次，实地了解生产一线在发展过程中面临的问题和基层员工思想动态，不断提高攻坚克难、破解难题的能力。

开展“一名党员一面旗帜”主题实践活动。组织和引导广大党员外树形象、内强素质，充分发挥党员的先锋模范作用，切身投入华钰公司的发展工作中。开展了党员签订承诺书活动。公司55名党员和7名预备党员自觉地签订了党员承诺书，5个党支部党员承诺率达到100%。每位党员在党性意识、学习创新、品行修养、服务奉献等方面起到了模范表率作用。

二、在关爱职工、促进公司和谐发展中积极作为

一是关爱职工。员工是公司发展的生命力，和谐的公司环境将更有助于增强向心力，助推公司发展。公司党委党建工作中始终以家庭式来管理、培养和促进员工发展，以取得双赢局面。公司和每位职工都签订了劳动合同，为职工缴纳“五险”及住房公积金。为改善员工的办公、住宿条件，在党委的建议下，2012年公司为山南分公司选厂、矿山新建了办公、住宿综合楼。为丰富职工的业余生活，公司投资20余万元为分公司安装了数字电视，宿舍配备免费网络，建设了篮球场、阅览室等；在总公司综合楼专门设置了一个楼层，配备了健身、娱乐器材及汗蒸房，用于员工娱乐健身。这些措施丰富了职工的业余生活，陶冶了职工情操，激发和调动了广大员工的爱岗敬业精神，树立了以“公司为家”的思想观念。

二是促进员工发展。经党委建议，公司企管部门通过“三抓”，提高员工队伍素质。一抓教育培训。在招收新员工进公司时，首先进行入职培训；每个周六的下午为公司员工的学习培训时间；每年还选派部分管理人员到区内外进行专业技能等学习培训，从而打造了学习型的公司、务实型的团队，使员工素质得到快速提升；每年还组织中高层管理人员及优秀员工到国内一些著名的高等院校进行培训。二抓激励机制，激发员工潜能。公司企管部门抓好员工的岗位绩效考核，通过严格认真的考核，激励先进，鞭策后进，使员工的工作潜能得到了较大的发挥；三抓树立典型。榜样的力量是无穷的，党委把“树立典型、争先创优”作为提升公司整体形象和公司持续发展的重要工作来抓，每年公司都要在全体员工中组织开展“先进员工”的评选，并通过公司网站和公司内刊对先进典型予以广泛宣传，通过表彰提高模范人物的示范效应，达到鼓励更多的职工、形成比、学、赶、帮、超良好氛围。

三、在引导公司回馈社会、维护稳定中积极作为

一是引导公司回馈社会，体现公司的社会责任价值。公司党委积极引导公司以回报社会、回报国家、积极承担社会责任为己任，使公司认识到发展离不开社会的支持、壮大离不开社会的认同。从公司成立至今，为各类公益事业建设、扶贫捐赠累计已达二千万元以上。

在基层组织建设年活动中，组织员工义务献血，为堆龙德庆县乃琼村贫困学生捐资十万元。

公司培训安置当地农牧民百余人就业，临时用工年千余人次，使农牧民年收入1500余万元；协助分公司所在地村镇成立矿石运输车队，运输公司的矿石和精粉，此项措施使农牧民增加年收入近1000万元。公司目前累计解决四十余名大学生及近千名农牧民就业，缓解了社会就业压力，为当地农牧民脱贫致富及地方经济发展做出了一定贡献。公司每年向矿山、选厂所在地的县、乡、村、组拨付扶贫资金数百万元，每年过年过节都要慰问当地贫困户，给他们送米、面等生活物资及慰问金，“六一”期间向当地学生赠送书刊、文具等。

二是注重民族团结，维护社会稳定。在生产经营中秉持“两个保护、三个有利于”的原则，即：保护好与当地农牧民的团结、和谐的关系；保护好矿区的生态环境；有利于公司的效益增长；有利于促进地方的经济发展；有利于增加当地农牧民的经济收入。在两个分公司的建设中，非常注重保护当地农牧民的权益，与当地农牧民签订了草场赔偿协议，每年按时给予农牧民一定比例的补偿款。同时，在活动中，公司还加大对公司汉族员工的教育宣传力度，让员工们加强环境保护和民族团结意识，尊重当地农牧民的生活习俗。

通过基层组织建设年活动的开展，公司深深地体会到每一步发展都离不开党的方针政策的指引，离不开党委、政府的关心支持，更离不开公司党建工作的深入发展。深刻体会到党组织的逐步壮大和党员先锋模范作用的发挥，既稳定了广大职工尤其是业务骨干队伍，大家视公司为自己的第二个家，积极为公司发展献计献策，整个公司的凝聚力、战斗力和竞争力越来越强。特别是区党委陈全国书记在全区推进非公有制经济跨越式发展大会上提出的“五放”（政治上放心、思想上放开、政策上放宽、发展商放胆、工作上放手），更加坚定了公司发展的信心，更加坚定了公司党建工作重要性和必要性，公司决心紧密团结在放中央周围，按照区党委和区非公党工委的统一部

署，扎实做好各项工作，以党建设促公司发展，以公司发展推进党建工作，全面实现公司确定的各项工作目标。

今后，在区党委及区非公党工委的坚强领导下，公司决定把加强基层党组织建设作为推进发展、促进和谐、服务社会的总抓手，从公司实际出发，力争把党建工作抓紧抓好抓出成效，按照基层建设年活动“抓落实、全覆盖、强基础、惠民生、促发展、受欢迎”的总要求，努力创建“双强六好”党组织，全面实现总目标，带头做爱国、守法、创新、奉献的模范，做全区非公企业的表率，用实际行动为西藏的经济发展做出积极的贡献。

【作者：西藏华钰矿业股份有限公司党委委员 企管中心经理】

加强理论武装　开创美好未来

李龙熙

习近平总书记五一前夕在全国劳模代表座谈会上的重要讲话，是新形势下指导我国工会工作的一个纲领性文献。讲话充分肯定了我国工人阶级的历史功绩和劳动模范的卓越贡献，突出强调了弘扬劳模精神的重大意义，深刻阐述了发挥工人阶级主力军作用与实现中华民族伟大复兴中国梦、巩固中国工人阶级领导阶级地位与坚持和发展中国特色社会主义两方面的内在联系，明确回答了完成党和人民的伟大事业的依靠力量、实现途径等重大理论问题，为当前和今后一个时期我国工会事业发展进一步指明了前进方向，具有很强的思想性、指导性和针对性。

在我国进入全面建成小康社会新的历史时期，党的阶级基础和执政地位、工人阶级的历史使命和根本利益、经济社会快速发展伴随矛盾纷繁复杂形势下的工人运动和工会工作，都面临着许多新的理论问题和实践问题。继党的十八大系统地阐述了坚持和发展中国特色社会主义的基本理论后，这篇内涵丰富的纲领性文献，就我国工人运动和工会工作而言，无疑是各级领导干部和广大工会工作者的重要理论武器。认真学习和深刻领会习总书记讲话的精神实质，不断加强马克思主义理论武装，是适应社会发展新形势和时代进步新要求，团结动员广大职工为实现中国梦不懈奋斗，开创中国特色社会主义工会发展道路美好未来的重大政治任务。

一、深刻领会充分发挥工人阶级主力军作用的重要性，始终保持政治清醒和理论自觉

总书记明确指出，全心全意依靠工人阶级、巩固工人阶级的领导地位，充分发挥工人阶级在全面建成小康社会、坚持和发展中国特色社会主义中的主力军作用，不能只当口号喊、标签贴，而要贯彻到党和国家政策制定、工作推进全过程，落实到企业生产经营的各个方面；中国特色社会主义是引领我国工人阶级走向更加美好未来的必由之路，工人阶级要把个人梦与中国梦紧密联系在一起，始终以国家主人翁姿态为坚持和发展中国特色社会主义作出贡献。作为中国工人阶级先锋队的执政党的一条政治宣言，这一论断的思想极其深刻，其理论内涵十分丰富。

200年来波澜壮阔的世界工人运动历史，造就了马克思主义的科学理论，为工人运动找到了科学社会主义的正确道路；正是由于包括科学社会主义在内的马克思主义理论的武装，现代工人运动才获得了解放劳动者自身和解放一切生产力的伟大力量。近百年来的中国工人运动的光辉历史，同样产生了具有中国特色的马克思主义理论体系，为中国工人阶级实现根本利益指明了前途；也正是由于毛泽东思想、邓小平理论、“三个代表”重要思想和科学发展观的理论指引，中国工人运动才在新民主主义革命、社会主义革命和建设、改革开放和全面建设小康社会的一系列历史进程中，焕发出扭转乾坤震惊世界的巨大活力。总书记正是从世界和中国工人运动历史的经验总结中，着眼于当代中国社会进步的现实需要，深刻阐明了发展中国特色社会主义事业的依靠力量和中国工人阶级的历史使命。

深刻领会总书记关于全心全意依靠工人阶级这一重要论断的精神实质，要时刻保持政治清醒，准确把握工人阶级是推动先进生产力发展和社会全面进步的根本力量、发展人民群众根本利益的坚定力量、维护社会安定团结的中坚力量，与以习近平为总书记的党中央保持高度一致；要时刻保持理论自觉，尊重工人阶级和人民群众的创造精神，始终站在中国工人运动的时代前列，以理论创新指导工作创新，以实践创新拓宽特色道路，坚定道路自信、理论自信、制度自信，以主力军的伟大创造凝聚起实现中国梦的强大合力。

二、深刻领会尊重劳动、弘扬劳模精神的丰富内涵，努力实现社会正义和中国梦想

总书记明确指出，劳动是财富的源泉，全社会都要贯彻尊重劳动、知识、人才和创造的重大方针，排除阻碍劳动者参与发展、分享发展成果的障碍，努力让劳动者实现体面劳动、全面发展；劳动模范始终是我国工人阶级中的一个闪光的群体，劳模精神丰富了民族精神和时代精神的内涵，全国各族人民要向劳模学习，以只争朝夕的奋斗精神投身实现中华民族伟大复兴的宏伟事业。这些深刻论断，坚持了劳动价值论作为马克思主义政治经济学的精髓、劳动关系作为社会关系的基础的理论原则，丰富了马克思主义关于人的本质和人的全面发展与社会主义经济和政治制度完善之间的条件关系的学说，为工人阶级和工会工作服务于实现社会正义和中国梦想开启了理性认识的大门。

深刻领会尊重劳动、弘扬劳模精神的丰富内涵，要在新的历史条件下不断发展工人阶级先进性，把坚持数年并在实践中取得丰硕成果的“学习劳模、争做劳模、创新劳模、关爱劳模”活动引向深入，为形成尊重劳动、尊重知识、尊重人才、尊重

创造的政策环境和社会风气奠定更加坚实的基础；要在工业化、信息化、城镇化、农业现代化统筹推进的历史进程中，紧紧围绕振兴发展的中心任务，以理论创新和实践创新的勇气，不断扩大工会“百千万工程”的战略成果；要密切关注和深入研究诸如经济发展和社会进步中的工人阶级知识化问题、城市化步伐不断加快中的锻造农民工新型产业大军问题等一系列与职工切身利益密切相关的现实问题。

工会作为党联系职工群众的桥梁和纽带，作为国家政权的重要社会支柱，在推动解决诸如上述一系列影响劳动者参与发展和分享发展成果、影响体面劳动的实现和人的全面发展、影响劳模精神弘扬和社会主义道德伦理与核心价值观构建的重大现实问题上，既要有思想理论的充分准备，也要有政策性建议的有力支撑。这是工会作为工人阶级的群众组织，在党的领导下为实现社会正义履行职责的必然选择，作为劳模精神的培育者、守护者和宣传者，团结带领广大职工在实现中国梦想道路上发挥领跑作用的现实要求。

三、深刻领会做好新时期工会工作的基本要求，全面开创吉林实践的美好未来

总书记指出，中国特色社会主义工会发展道路是中国特色社会主义道路的重要组成部分，要坚持和拓展这条道路并使其越走越宽，全心全意为广大职工服务。这也是广大职工群众对工会组织的现实期待，是工人阶级和全体人民选择中国特色社会主义发展道路的逻辑必然。

在坚持中国特色社会主义工会发展道路的进程中，吉林工会立足老工业基地全面振兴和快速发展的实际，坚持以理论创新为先导，精心打造群众性经济技术创新、和谐劳动关系创建、困难职工社会化帮扶三大体系，夯实组织、经济两基础，建设一支忠诚党的工会事业、全心全意服务职工的高素质干部队伍，使全省工会工作呈现出重点提升、整体推进、全面发展的良好局面。实践证明，以小型非公企业工会主席职业化方式探索的“党工共建”组织模式、国企改制中坚持“两个旗帜鲜明”（旗帜鲜明地支持国有企业改制，旗帜鲜明地维护职工合法权益）和“三个必须”（国有企业制定的改制方案必须通过厂务公开等形式广泛听取职工意见，在企业上下达成共识后，提交职工代表大会审议；企业的职工安置方案必须提交职代会讨论通过，未经职代会审议和通过的不得实施；涉及职工切身利益的重大事项必须向职工公开，职代会按照法律规定行使决定权和否决权，未经职代会审议通过的有关决定无效）的政治立场、锻造农民工新型产业大军的素质提升战略为代表的工作模式创新，以“百千万”工程为载体推进工人阶级知识化、以打造“三大品牌”为手段实现困难职工帮扶社会化的维权体制创新，以县级工会标准化、工资集体协商常态化、员工诉求中心建设立体化、服务职工在基层制度化为标志的运行机制创新，都为中国特色社会主义工会发展道路的理论提供了生动的实践注解，也成为吉林特色工会工作发展和提升的重要基础。

当前和今后一个时期，深刻领会并全面落实习近平总书记对坚持中国特色社会主义工会发展道路的新要求，必须强化理论武装，以理论创新引领和带动工作创新；必须牢固树立大局观念，自觉服从服务于党和国家的中心工作；必须全心全意服务职工群众，注重改进工作作风。这是进一步紧密联系改革发展实际、工会工作实际、经济关系和劳动关系实际，总结经验，深化认识，探索规律，开拓创新，让中国特色社会主义工会发展道路在吉林越走越宽广的正确选择。

【作者：吉林省人大常委会副主任 省总工会主席】

浦东新区社会办医疗机构党建工作现状与发展策略

宋占义　陈宝忠　张斌　浦良发　娄继权　王斐　伊斌　赵荣民　张宜民

面对广大人民群众日益增长的医疗卫生服务需求，医疗机构产权制度呈现多样化差异，社会办医疗机构已成为医疗服务市场中的重要组成部分。浦东新区全区面积 1429.67 平方公里，2011 年常住人口总量达到 517.5 万，现有各种社会力量举办的医院共 35 家，社会办门诊部及疗养院共 96 家，诊所（含内设机构）共 450 家。随着包括社会办医疗机构在类的“两新”组织的快速发展，党中央对“两新”组织党建工作不断提出新的要求。社会办医疗机构作为新型社会组织，在其中建立党组织是党的基层组织建设的客观需要，起到巩固党的执政基础、扩大党的群众基础、提高党的社会影响力的作用。如何建立社会办医疗机构党建工作长效机制，实现医院发展和党建工作的有机结合，是当前基层组织党建工作的新命题。

一、浦东新区社会办医疗机构党建工作现状

（一）基层党组织覆盖情况。在 26 家被调查民营医院中，13 家（50%）建有基层党组织；在 85 家被调查门诊部中，7 家（8.924%）建有基层党组织。在 20 家建有基层党组织的社会办医疗机构中，设立独立支部 12 家，设立联合支部的 8 家；党组织关系挂靠在业务主管单位的 1 家（5%），挂靠市行业协会联合党委的 1 家（5%），挂靠区社会工作党委的 3 家（15%），挂靠街道党工委或镇党委的 14 家（70%），挂靠其他地方的 1 家（5%）。在 20 家有基层党组织的机构中，14 家（70%）单位有专门的活动经费，另 6 家没有经费。

（二）党员分布与党务工作者配备。在 111 家社会办医疗机构中，61 家机构（54.95%）有党员，其中民营医院 24 家，

党员254人；门诊部37家，党员134人。在总共388名党员中，全职工作人员党员330名，兼职工作人员党员20名。有党员的61家机构中，最少者1名党员，最多82名党员，中位数为4名党员。在20家设有基层党组织的机构中，党员人数共252名，其中民营医院党员195名，门诊部党员57名；组织关系在本单位组织的党员人数共207名（82.14%），其中民营医院党员150名（76.92%）。

在111家被调查社会办医疗机构中，90家没有党务工作者，21家机构有党务工作者，其中设13名专职党务工作者，29名兼职党务工作者。在职工调查的258名中共党员中，47人（18.22%）在党内担任职务，211（81.78%）没在党内担任职务。

（三）党建活动的开展状况。在61家有党员的社会办医疗机构中，23家机构（37.7%）没开展党员活动，15家机构（24.95%）经常开展，17家机构（27.87%）偶尔开展，6家机构（9.84%）很少开展。在20家有基层党组织的机构中，15家单位（75%）定期进行换届改选，5家单位（25%）不进行换届改选；党组织经常找党员谈心的9家（45%），有时找党员谈心的8家（40%），经常帮党员解决实际困难的10家（50%），党员有困难或生病主动探望的9家（45%），很少或从未找党员谈心的1家（5%）。关于影响基层党组织活动正常开展的原因，114人（20.54%）选择“没有活动场地”，280人（50.45%）选择“缺少活动经费”，250人（45.05%）选择“时间不能保证”，145人（26.13%）选择“组织号召不力”，84人（15.14%）选择了“党内氛围不浓”，9人（1.62%）选择了“其他原因”。

二、社会办医疗机构党建工作主要存在的问题

（一）社会办医疗机构基层党组织覆盖不全。党的十七届四中全会、十八大精神要求健全基层党组织覆盖与党的工作覆盖。从某种意义上来讲，组织覆盖是实现工作覆盖的前提。只有抓好了党的组织覆盖，并以此为纽带和平台，才能把党的工作和精神延伸到基层，积极服务社会、服务群众。但是，在所调查社会办医疗机构中，党组织总体覆盖率不到20%，加强民营医疗机构党组织建设工作的任务非常迫切。虽然关于未建党组织的原因，有74家认为是由于“党员数量太少、达不到建立的标准”，但调查发现有61家社会办医疗机构内部是拥有党员的，按照相关规定和意见，除20家已建立基层党组织的机构外，至少剩下的41家机构也应根据实际情况建立独立（流动）党支部、联合党支部或党小组。

（二）基层专职党务干部队伍配置尚不充足。优化社会办医疗机构基层党务干部队伍配置，特别是对党组织书记的选拔与教育培训工作，是加强“两支队伍”建设的重要内容，是增强民营医疗机构党组织作用的重要保障力量。在111家社会办医疗机构中，90家没有党务工作者。从支部成员3名、总支成员5名的基本配置标准来分析，仅20家有基层党组织的机构应配党务干部70余名，缺口较大，尤其是专职党务工作者严重不足。根据地方党委、社会组织党工委的要求，未建基层党组织的机构也可以基于需要设立内部党建工作联络员。调查表明，民营医院党务工作者大多数被安排了业务工作岗位，和普通职工一样与产权拥有者是劳资上的“雇佣”关系，其工资收入同样参加绩效考核，这样为了生计其重心也必然要放到业务工作上去，而党务工作成为兼职，花在党建上的时间、精力自然减少。

（三）党员发展与教育管理工作急需完善。由于社会办医疗机构人员相对较少、流动较为频繁，发展党员及做好流动党员服务工作与党员教育培训，是加强民营医疗机构党员队伍建设、推进党的组织覆盖的重要组成部分。调查发现，从占职工人数比例来看，党员发展比例仅为0.4%。同时，只有50%左右的党员关系在目前工作单位党组织，这意味着目前社会办医疗机构中半数的党员都属于流动党员，对这部分流动党员要给予更多的组织关怀，吸纳他们参与日常党组织活动，同时在制度设计上规范组织关系的归属问题。

关于党员的教育管理方面，只有三成左右有党员的社会办医疗机构开展民主评议党员活动和考核，这与基层党组织的缺失存在一定关系，但更多是对新时期加强党员教育的认识不到位。令人吃惊的是，有45%的党员表示不愿意主动亮出自己的党员身份，这凸显了目前社会办医疗机构运行过程中的矛盾心态。由于存在“受雇”的思想，通常怕党员活动影响医疗业务开展，使得一些党员、党务工作者在工作中畏首畏尾，很难发挥积极性和主动性。

（四）党建活动的开展缺乏规范化与新颖性。在被调查的258名社会办医疗机构职工党员中，超过40%的党员活动频率在半年以上进行一次。如果党员活动的开展得不到定期保证，就无法将维护职工群众合法权益与推动民营医疗机构的发展贯穿于党建工作中，那么，党员医务人员的示范效应与基层党组织对民办医疗机构发展方向的引领作用就很难体现。对于影响基层党组织活动正常开展的原因，活动经费的缺乏可能是重要因素之一。关于党员组织生活存在的问题评价上，结合几家重点访谈的民营医院，我们的分析是，部分民营医疗机构党组织虽然开展了一些活动，但如何适应民营医疗特点抓出效果，普遍感到无路可循。在活动内容上单纯为活动而活动、听听报告走过场，使得党组织工作游离于医院建设和发展之外，围绕市场需求的做法和意识还不够，缺乏针对医院和党员实际的创新和活动。

（五）社会办医疗机构行业党建作用有待提高。从“管行业必须管党建”的思路出发，实施卫生党建全行业管理对推动民营医疗机构的党建工作十分重要。虽然目前浦东新区卫生党工委已建立了党建联席会议制度，通过定期召开例会，负责具体指导、协调和参与全区社会办医疗机构党的建设工作，但由于缺乏相应的激励约束机制和抓手，工作部署与活动开展相对松散，在行业党建方面的指导作用不够明显，也未能与地方属地化党建有效结合。

三、加强社会办医疗机构党建工作发展策略与建议

（一）将党的组织建设与执业许可准入有机对接。对于尚未有党组织覆盖的民营医疗机构，在当地党委、社会工作党委的部署下，发挥联席会议行业指导作用，与卫生监督所合作，以执业许可为抓手，主动推进党组织组建。一方面，督促具备条件但未建立党组织的机构建立党总支、独立党支部，对尚不具备条件的门诊部、诊所等机构，指导成立联合党支部、党小

组或流动支部，一般选择挂靠地方属地化党组织。另一方面，对于在社会办医疗机构工作及新流入的医务人员党员，依托执业资格检查契机，要求其将党员关系及时转入所在党组织。

（二）将党建工作纳入“星级民营医院”评比推荐范畴。配合上海市级民营医院“星级”评审活动，以此为抓手，将民营医院党建工作纳入作为“星级医院”评比推荐的重要考核内容。在符合总体规范的前提下，制定出台细化推选标准与条件，对党建工作不符合要求的机构不予推荐或降低星级标准推荐，以此推动地方党组织和民营医院对基层党建的重视程度，扩大党的组织和工作覆盖。积极挖掘和培养树立党建工作与民营医院发展有机结合的典型案例，加大星级品牌宣传力度，引导民营医疗机构达成“抓党建”与“抓业务”相互促进的共识。

建立联席会议与地方党委互动联动机制，强化民营医疗机构党组织班子建设，将经营者中正式党员且具有较高思想政治素质、熟悉党务工作的选举担任党组织负责人，同时把技术骨干中的优秀党员选进党组织班子，并完善党务人员考核机制。

（三）开展“创先争优”主题活动，规范行为导向。为发挥民办医疗机构中先进分子的激励示范作用，通过健全推优评优体系，调动基层党组织工作积极性，培育行业先进者。新区卫生党工委在统一组织开展行业行风建设、精神文明与文化建设、医务人员职业道德建设时，可将民办医疗机构党组织作为重要组成部分纳入各类“创先争优”主题活动，以创建文明窗口为标杆，引导社会办医疗机构党员主动亮出身份，带动社会办医疗机构基层党建工作，以达到规范行业行为、净化风气，促进非公医疗机构实现社会效益与经济效益平衡发展。

发挥网上党校的信息优势，将网上党校权限向社会办医疗机构党组织开放，借助该平台进一步推动党组织生活覆盖，创新党员活动，并加强与公立医疗机构党组织的互动交流。

（四）开展联建共建，推动事业共同发展。由卫生党工委牵头搭桥，与各地方主管党组织密切合作，结合学习“十八大”精神和实践科学发展观，以行业为特征，开展局直属医疗单位与民营医疗机构“联建共建”活动，促进联建单位党组织建设和事业发展。

联建共建主要内容包括：组织建设共促，即建立党建工作交流平台与互动机制，传递行业动态信息，帮助联建单位发展新党员；党员干部联动，即联合开展党员学习交流会、组织生活会、党课教育以及党员干部结对互访、互助等活动；扶贫帮困共助，即联合开展为社会群众义诊以及老党员、困难党员和群众的走访慰问活动；双方发展共谋，围绕“党建搭台，业务唱戏”的工作思路，将党建工作融入到双方的业务工作中去，充分发挥局属医疗卫生单位在技术、管理、人才、培训等方面的优势，帮助联建单位理清发展思路；同时，在共建体制框架内，借鉴区域医疗联合体的模式，通过签约形式民营医疗机构将疑难杂症患者优先转诊给结对单位，符合双方共同利益。

联建共建设计安排：建议根据地域相邻、业务关联的原则，采用一对多的形式，公立医院与民营医院党组织之间结对共建；社区卫生服务中心与门诊部、诊所党组织之间结对共建。鼓励社会办医疗机构党组织与地方主管党组织所辖其他单位开展联建共建活动。

（五）设置党建指导员，加强行业指导与多边沟通。通过设置党建指导员，进一步丰富党建联席会议制度的内涵和外延，以加强新区卫生党工委、地方主管党组织、社会办医疗机构三方之间的桥梁沟通，强化对非公医疗机构党建工作行业指导。根据工作需要，可配备党建指导员若干名，定期深入到各结对共建体内部，具体指导公立医疗机构引导社会办医疗机构主动承担社会责任，并与地方主管党组织积极沟通联系，反馈社会办医疗机构党建工作成效及问题；每个结对共建体内设党建联络员，具体负责召集、协调结对共建体内党建活动。

党建联席会议制度定期召开党建指导员、联络员总结会议，使党组织在民营医疗机构中的渗透力和影响力进一步增强。党建联络员由共建单位推选人员兼任，现有党建联席会议平台依托下的卫生工作者协会工作人员均为党建指导员，同时采取社会招聘的形式公开选拔部分党建指导员，指导与运行支出列入党工委经费预算，并积极申请区委组织部门、社会工作党委在资金与人员配置上给予一定的支持。

【作者单位：上海市浦东新区卫生党工委】

浅谈新形势下国有企业党建工作的创新

王德友

党的十八大报告强调全面提高党的建设科学化水平，并对8个方面的重大任务作出部署。结合学习贯彻十八大精神，我们认为创新加强国有企业党建工作，夯实党执政的组织基础，这是全面提高党的建设科学化水平的重要途径之一，也是科学发展观在党的建设中的全面贯彻，对新形势下加强党的执政能力建设、先进性和纯洁性建设具有十分重要的意义。国有企业是全面建设小康社会的重要力量，是国民经济的主要支柱，是党执政的重要基础。随着世情、国情、党情的持续变化，国有企业党建工作也面临着许多新的挑战。面对新的形势，企业党建工作必须在继承的基础上不断创新，才能把国有企业独特的政治优势转化为企业的核心竞争力，有力促进企业的和谐发展。

一、现阶段，国有企业党建工作所面临的挑战

（一）对党建工作的重要性缺乏足够的认识。作为市场竞争的主体，很多国有企业把经济效益作为企业的第一要务，思想上放松了党建工作的必要性、行动上不重视“两手抓”的互补性，造成基层党组织建设工作在实际工作中不时出现人为的

说起来重要、干起来次要、忙起来不要的现象；以致具体工作时常步入企业以生产经营为中心、工作以行政管理为核心、考核以物质文明为重心、评比以经济效益作定论的误区，导致党建工作的效果不好。

（二）国内外环境对党建工作的影响和制约。我国正处在全面深化经济体制改革积极稳妥推进政治体制改革进程中，导致新情况、新问题、新矛盾层出不穷。

（三）党组织作用不明显。如何保持国有企业思想先进性，不在市场经济竞争中迷失方向，必须要有坚强的党组织活动。但是实践中，很多企业，特别是困难企业的政治核心作用难以体现，难以参与企业重大问题决策。首先，内部功能不完善。企业中存在专职人员少，兼职人员多，兼职不兼能，致使党务人员的数量不能满足工作需要的问题。其次，党员教育内容单调，形式单一，致使党员教育缺乏吸引力，这就达不到应有的教育效果。其三，重生产经营，轻组织生活，党员组织观念日渐淡化。

（四）对创新党建工作的意识不强。部分企业领导干部和从事党建工作的政工干部，认为只要按照完成上级部署的党建工作任务就行了，在日常的党建工作不求创新，只是按部就班、安于现状，同时党建工作方法单一，长此以往党建工作失去了生机与活力，也就没有新的发展。

（五）企业文化与党建文化不相适应。企业文化的建设不是一朝一夕，它与党建文化应是相辅相成的关系，党建文化着重思想，企业文化着重企业精神。只有基层党组织紧密结合中心任务开展工作，才能有效地发挥政治核心作用和战斗堡垒作用。

二、新时期、新形势、新发展，国有企业党建工作的创新之路

李源潮同志在全国国有企业党建工作会议上的讲话中指出：当前和今后一个时期，加强和改进国有企业党建工作的总体要求是：坚持以邓小平理论和“三个代表”重要思想为指导，深入贯彻落实科学发展观，进一步加强党对国有企业的领导，牢固确立党组织在中国特色现代国有企业制度中的政治核心地位，紧紧围绕企业改革发展稳定大局，以改革创新精神抓好企业领导班子建设、基层党组织建设、党员队伍建设和人才队伍建设，更好地发挥企业党组织的政治核心作用、党支部的战斗堡垒作用、党员负责人的示范表率作用和广大党员的先锋模范作用，为国有企业科学发展提供坚强的思想保证、政治保证和组织保证。这一总体要求，成为新时期国有企业党建工作继承与创新的重要指引。

（一）用全新的党建理念，走出角色困境，搞好工作定位，实现党建工作与经济工作同步发展。

国有企业党组织必须坚持“围绕中心抓党建，抓好党建促发展”的工作格局，把党建工作融入到企业经营管理、安全生产和发展稳定之中，使党建工作由“围绕中心”拓展延伸为“融入中心”，形成思想上时刻想着“中心”，工作中处处参与“中心”，在“中心”工作实效中体现党建工作绩效。把企业党建工作目标与企业安全生产经营工作目标融合在一起，摆脱个别企业党组织不愿参与、不敢参与、不会参与和不能参与经营决策的局面，坚持思想政治工作任务与生产计划同时制定、工作措施同时下达、工作责任共同承担，彻底从而增强党建工作的推动力、吸引力和凝聚力，使党组织成为促进企业发展的强势推动力量。

（二）用统筹工作的方法，谋全局、议大事，使党组织的保证监督作用得到充分发挥。

参与重大问题决策是党组织发挥政治核心作用的基本途径。国有企业党组织必须以科学发展着眼党组织建设和经济发展全局，找准定位，进一步健全完善《党委会议事规则》、《党政联席会议制度》和《参与重大问题决策制度》，突出抓好思想政治建设、党员干部队伍建设、企业文化建设、机构设置调整、干部任免奖惩、违规违纪案件处理等重大事项，强化党组织的功能定位和工作导向。要围绕企业发展规划、安全生产目标、安全责任追究和奖罚、大额资金使用、薪酬分配等涉及企业发展方向、职工切身利益等方面的制度和方案的制定，科学界定参与内容，有效规范参与程序，广为疏通参与渠道，积极履行参与职责，使党组织真正做到参得进、参得实、参得准、参得好，促进决策科学化、管理规范化。

（三）解放思想、开拓思路，扩大党的工作覆盖面和影响力。

加强国有企业党建工作，首先要建立健全党的组织，这是党的建设的基础。近年来，随着国有企业改革改制的进一步深入，企业内部发生了较为深刻的变化，企业党建工作就表现出了相对滞后的现象。因此，必须针对企业在组织设置、管理模式和运行机制上进行大胆探索和实践，努力做到有党员的地方就要有党组织的建设；有党组织就要有上级组织的坚强领导；有党员有组织就要开展活动，就要发挥党组织战斗堡垒和党员的先锋模范带头作用。

（四）与时俱进、贴合实际，加强和改进党组织的活动方式和内容。

国有企业党组织必须适应现代企业制度的特征和运行规范的要求，从企业生产经营的特点出发，按照继承与创新相统一的原则，把企业改革的重点、生产经营的难点、职工思想中的疑点和生活中的热点，作为党组织工作的落脚点。增强针对性和实效性，把加强党的思想政治工作与培养企业精神、建立企业文化、解决职工实际问题结合起来。将党员思想政治理论学习与职业技能提高相结合，即在认真组织好企业党员学习党的路线、方针、政策的同时学习市场经济知识、岗位技能知识，提高党员干部的综合素质，让党员真正能够站到改革与发展的第一线。活动方式应把相对集中与化整为零结合起来，活动时间应以业余为主，在保证必要的脱产活动时间外，尽可能把各项活动安排在班前、班后等业余时间进行。

（五）以人为本、促进和谐，发挥党组织在企业发展中的聚力作用。

落实以人为本理念，把思想政治工作、精神文明建设与企业文化建设统一起来，是国有企业党组织政治优势转化为核心竞争优势的重要举措。职工是国有企业的主人，是效益和财富的直接创造者，国有企业党组织要坚持“厚爱职工、善待职工”的人本理念，在发展企业、提高效益的基础上，培育健康向上的企业精神，并以此作为感召员工、教育员工、凝聚员工的民心工程；大力培育责任文化，加强主人翁意识教育，以群团组织优势发动人，以落实依靠方针关怀人，以和谐共建共享温暖人，并把带薪休假、帮贫济困、提高收入、健康关爱等惠民举措落到实处，不断提高职工幸福指数和满意度，进一步营造和谐奋进、共谋发展的良好局面。

总之，面对国内外形势日趋复杂、社会思想日趋多变、经济成分日趋多元、管理内容日趋多样等客观变化的新形势，企业党建工作只有立足于更好地服从和服务于企业发展大局的需要，用全新的党建理念，破除不适应基层党建创新工作的体制障碍，通过开阔思路、转变工作机制、创新内容形式、丰富活动载体，充分发挥基层党组织的创造活力，只有这样才能适应新形势下对党建工作的需要，推动党建工作不断实现新发展和新突破。

【作者单位：中储发展股份有限公司沈阳铁西分公司】

深入学习“四个围绕”讲话精神 全面提升高校党的建设科学化水平

孙大麟

党的十八大报告强调，要以改革创新精神全面推进党的建设新的伟大工程，全面提高党的建设科学化水平。这是深刻总结新时期党的建设理论和实践成果得出的精辟论断，更是着眼党的长远发展提出的战略要求和科学部署，为高校党建工作指明了根本方向，提供了行动指南。结合 2012 年 6 月 19 日至 20 日习近平同志在北京大学、中国人民大学、清华大学就加强和改进高校党建工作进行调研后的讲话精神，我们认为，加强和改进高校党的建设要继续坚持和贯彻好正确的指导原则，紧紧围绕服务大局和促进高等教育事业科学发展这一主题来开展，围绕培养中国特色社会主义事业合格建设者和可靠接班人这一根本来推进，围绕贯彻好党委领导下的校长负责制这一领导体制来加强，围绕抓好基层打牢基础这一重要支撑来深化，为高校改革发展稳定提供坚强保证。

一、高校党建工作要围绕服务大局和促进高等教育事业科学发展这一主题来开展

当前，我国正处于改革发展的关键阶段，创新驱动、转型发展全面推进。高校作为“科教兴国”和“人才强国”战略的主阵地，肩负着人才培养、科学研究、社会服务、文化传承创新等光荣使命，在推动经济社会发展中具有十分重要的作用。高校党建工作是整个高等教育事业的重要组成部分，也是推进高等教育事业健康发展的重要保证。在新形势下开创高校党建工作新局面，必须坚持为党和国家改革发展稳定大局服务的核心理念，坚持走中国特色社会主义高等教育事业科学发展之路，使高校党建工作与当前中心工作紧密结合、协同推进。为此，要着力于以下几个方面：一是加强领导班子建设，牢牢把握加强党的执政能力建设、先进性和纯洁性建设这条主线，继续解放思想、勇于破解难题，增强自我净化、自我完善、自我革新、自我提高能力，着力解决师生员工们反映强烈的突出问题，提高做好新形势下群众工作的能力。努力学习政治、经济、教育、科技、管理、文化等方面的知识，加快转变领导方式和管理模式，不断提高促进高等教育事业科学发展的组织领导能力和办学治校能力，建设一个学习型、服务型、创新型的党组织，确保学校党委始终成为学校改革发展事业的坚强领导核心。二是加强干部队伍建设，建设一支政治坚定、能力过硬、作风优良、奋发有为的办学骨干队伍。全面准确贯彻民主、公开、竞争、择优方针，扩大干部工作民主，提高民主质量，完善竞争性选拔干部方式。完善干部考核评价机制，健全干部管理体制。鼓励年轻干部到教学、科研和管理一线锻炼成长。三是加强科学思维能力建设，善于运用符合科学发展观的思维方式和思想方法来观察、认识高等教育事业，善于运用科学发展观的理论来总结、把握高等教育事业的发展规律。四是努力提高破解改革难题的能力，抢抓高校新一轮发展的重要战略机遇，在内涵建设、质量提升上寻求突破，着力解决一些制约进一步发展的瓶颈问题。

近年来，上海交通大学医学院在实际工作中牢固树立发展是第一要务的理念，以建设一流医学院为目标，以体制、机制创新为突破口，全面加强医学院内涵建设。紧密对接国家战略需求和国际医学科学前沿，先后成立上海交通大学医学科学研究院、转化医学研究院和中国医院发展研究院，围绕人类重大疾病的重要问题开展跨学科研究和转化医学研究，有效推动基础医学与临床医学的整合与发展，为国家医疗卫生事业改革提供参考。近 5 年来，共获纵向科研项目总经费 15.1 亿元、国家自然科学基金项目总数 1525 项、国家科技奖数 15 项、医学学科 SCI 收录论文数 4119 篇、国家级精品课程和双语课程 11 项，各项指标在全国医学院校均名列前茅并逐年上升，尤为突出的是王振义院士荣获 2010 年国家最高科学技术奖。在卫生部 3 批国家临床重点专科建设项目中，共获批 51 个国家临床重点专科和 2 个国家临床重点专科培育项目，医疗卫生服务能力明显提升。面向未来，上海交大医学院将积极落实国家中长期教育、科技、人才规划和医药卫生体制改革规划，坚持科技创新驱动，在未来国家科学技术发展的重点领域及其优先主题、重大专项、前沿技术、基础研究等方面谋求跨越，在人类重大疾

病防治水平和医疗卫生服务能力方面实现进一步提升，在深化医学教育教学改革、着力推进基于转化医学的卓越医学教育体系建设方面取得新突破。

二、高校党建工作要围绕培养中国特色社会主义事业合格建设者和可靠接班人这一根本来推进

高校作为汇聚人才的高地和培养人才的基地，其中心任务及重要职能就是人才培养。中国特色社会主义事业是面向未来的事业，需要一代又一代以大学生为重要代表的有志青年接续奋斗。他们的思想政治素质、综合知识能力如何，直接关系到党和国家的前途命运。高校党建工作作为高校人才培养的政治保障和组织保障，作为高校育人体系的重要组成部分，必须以人才培养为出发点和归宿，坚持百年大计、育人为本，关注大学生、关心大学生、关爱大学生，倾听大学生心声，鼓励大学生成长，帮助他们树立正确的世界观、人生观、价值观，教育他们热爱伟大的祖国，热爱伟大的人民，热爱伟大的中华民族，在投身中国特色社会主义伟大事业中，让青春焕发出绚丽的光彩。这是培养中国特色社会主义事业合格建设者和可靠接班人的客观需要，也是高校党建工作全员育人、合力育人的必然要求。同时，高校是各种思想文化激烈交流、交锋、交融的汇聚地，也是国内外敌对势力同我们争夺青年的前沿阵地，这更凸显出高校党建工作任重而道远。一要抓好马克思主义信仰教育和共产主义信念教育这个灵魂，坚持用马克思主义中国化的最新成果武装广大师生员工，毫不动摇地坚持社会主义办学方向，牢牢把握高校意识形态工作的主导权，扎实推进中国特色社会主义理论体系进教材、进课堂、进头脑，把高校建设成为主流意识形态的坚强阵地；二要抓好思想理论建设这个根本，教育引导党员、干部矢志不渝为中国特色社会主义共同理想而奋斗，坚持用中国特色社会主义共同理想凝聚师生，增强对中国特色社会主义的理论认同、思想认同、情感认同，把高校建设成为合格建设者和可靠接班人的培养基地；三要抓好爱国主义教育这个关键，坚持用以爱国主义为核心的民族精神和以改革创新为核心的时代精神鼓舞师生，把高校建设成为爱国奉献、改革创新的实践园地；四要抓好道德建设这个基础，教育引导广大师生员工践行社会主义荣辱观，做社会主义道德的示范者、诚信风尚的引领者、公平正义的维护者，不断推进师德建设和学风教风校风建设，把高校建设成为全社会的道德高地。

多年来，上海交通大学医学院通过实施“五个创新”来加强学生政治素质和综合能力的培养。一是创新机制，不断探索“班导师制”长效工作机制和学生工作队伍建设机制，推动班导师、辅导员“双师联动”，充分发挥其对医学生思想引领、专业导航、科研启发、创新激励的作用，努力营造合力育人氛围；二是创新载体，通过实施“选苗育苗”工程、“特邀党建组织员”工程和“易班”建设，切实增强思想政治教育的针对性和实效性；三是创新平台，以举办“懿德讲坛”、“博雅讲坛”、“医学人生”、“博极医源”、“大医时间”、“优才讲坛”等学生论坛为抓手，打造医学院文化品牌项目，着力于培养医学生的职业精神和职业道德；四是创新题材，开展“党在我心中”征文活动、红歌会、党史知识竞赛、红色经典影片观摩、美术摄影作品征集、书法作品展示、革命故居参观实践、毕业生党员集中党性教育等主题活动，加强大学生爱国主义教育；加强对王振义院士、金正均教授、刘廷析教授等身边杰出榜样的宣传，加强师德师风、医德医风建设；五是创新形式，开展“博士团西部行”、“课题型”社会实践等活动，发挥第二课堂育人作用，提升医学生创新实践能力。

三、高校党建工作要围绕贯彻好党委领导下的校长负责制这一领导体制来加强

党委领导下的校长负责制是党和国家对建国 60 多年来高校领导管理体制不懈探索的经验总结，是完善大学内部治理结构、建设现代大学制度的必然要求和重要保证。实施党委领导下的校长负责制，既有利于加强党对高校的领导，有利于坚持社会主义办学方向，也有利于高校领导班子建设和促进高校的改革发展稳定。新形势下坚持和完善党委领导下的校长负责制，一要正确理解“党委领导下的校长负责制”的科学内涵，明确“党委”和“校长”在领导地位、功能定位、权限职责、运行方式等方面的各自分工和相互关系。既确立党委在高校的领导核心地位，又充分发挥校长在行政工作中的关键作用，同时协调好党委领导与校长负责的关系。二要不断规范这一领导体制下我国高校内部“四种法定权力”的相互关系及其运行机制，促进高校政治权力、行政权力、学术权力、民主权力的协调发展，使“四种法定权力”各司其职，各有其权，各尽所能，通力合作，共同推动大学治理结构不断走向成熟和完善。三要科学构建这一领导体制下的高校党政会议体系，明确“两个主要会议”——党委（常委）会、校长办公会是党委、校长履行职责职权的载体和重要形式，明确两个会议的职责定位、议事规则及议事范围，依法落实党委、校长职权，实现党委领导下的校长负责制的规范化、制度化。

党委领导的核心作用主要体现在“总揽全局、协调各方”。近年来，医学院党委下大力气抓领导方式的转变，通过抓医学院“十二五”发展规划明确发展战略，下真功夫抓现代大学制度建设；通过抓教师、干部两支队伍建设来建设好能够实现战略发展目标的管理和专业队伍。主要是围绕医学院发展的中心工作，解决一些全局性、前瞻性和战略性的重大问题，解决好发展方向与关系民生的重点课题，为医学院科学发展创造条件。这些工作推动了医学院的改革和发展，也使党的领导核心作用得到了充分体现。同时，医学院党委努力提高科学民主决策的能力，坚持“党委领导、院长施政、教授治学、民主管理”的理念，完善和推进党委领导下的校长负责制，坚持走群众路线，从广大师生医务员工的医、教、研、管实践中汲取智慧和力量。加快确立人才优先发展战略布局，把高层次优秀人才集聚到医学院事业中来，形成了激发人才创造活力、具有国际竞争力的人才制度优势，逐步形成了人人皆可成才、人人尽展其才的生动局面。近 3 年来，共引进国家“千人计划”6 人、上海市“千人计划”7 人、长江学者 2 人、东方学者 17 人等。通过制定《党委全委会议事规则》、《党委常委会议事规则》等规章制度，完善教职工代表大会、学术委员会、教授委员会、附属医院院长书记联席会议等决策方式，建立健全民主管理、科学决策和依法治校的长效机制。

四、高校党建工作要围绕抓好基层打牢基础这一重要支撑来深化

党的十八大明确指出要创新基层党建工作，夯实党执政的组织基础。这就要求我们必须要落实党建工作责任制，全面推进高校基层党建工作，扩大基层党组织和党的工作覆盖面，充分发挥推动发展、服务师生、凝聚人心、促进和谐的作用。

围绕抓好基层打牢基础这一重要支撑，深化高校党建工作，一要围绕促进高校改革发展、培养优秀创新人才这个中心，着力改进工作方式、增强党组织的生机活力，以增强党性、提高素质为重点，加强和改进党员队伍教育管理，提高发展党员质量，优化党员队伍结构，更好发挥基层党组织的战斗堡垒作用和广大党员的先锋模范作用。二要坚持在改革创新上下功夫，在突破重点难点上下功夫，在激发活力动力上下功夫，在提升能力水平上下功夫，努力提高基层党组织的向心力和凝聚力。三要建立健全教育、管理、服务党员的长效机制，构建党员学习教育体系，拓宽党员教育渠道，开展经常性党内活动，引导广大党员用党的标准要求自己、用党的纪律约束自己、用党的理想激励自己。四要积极搭建党员履行义务的平台，更好地发挥党组织推动高校发展、服务师生员工、促进校园和谐的作用。

近年来，上海交大医学院努力夯实基层党建工作基础。围绕医学院发展的中心工作，通过深入贯彻落实中央关于“2012年为基层组织建设年”的重要部署，深化领导干部下基层、抓基层、直接联系基层的工作机制，集中力量抓党支部建设，努力提高党支部“五个一”建设水平，着力解决基层组织建设中的突出问题，办好党员群众期盼的实事。通过“培育点党支部建设”、“引领党支部建设”等活动，充分发挥基层党组织的战斗堡垒作用。通过支部书记、支部委员培训班、党办主任、组织员学习班等形式，努力提高基层党务工作者的思想素质和业务水平。通过“入党积极分子”三级党校、新党员培训班、毕业生党员离校前集中培训等教育，大力提高大学生党员的发展质量，促使其步入社会后能发挥先锋模范作用。通过完善党内民主参与、民主决策、民主监督制度，推进党务、院务公开，切实保障师生医务员工的民主权利。通过努力增强各级基层党组织的活力，按照坚持标准、注重质量、优化结构的原则，加大在学科带头人、青年教师中发展党员的力度，把广大青年教师和知识分子团结凝聚在党的周围。

总之，高校党建工作使命光荣、任务繁重。我们一定要遵照党的十八大关于“全面提高党的建设科学化水平”的战略部署和习近平同志关于高校党建工作的“四个围绕”的讲话精神，继续解放思想，坚持改革开放，明确战略定位，勇于破解难题，为开创高校的改革发展事业的新局面而努力奋斗！

【作者：上海交通大学党委副书记 医学院党委书记】

大力推行党性教育立体化建设

肖静　杨松　马玲　杨宇

党性教育问题是马克思主义政党建设的一个重要问题，强化党性是马克思主义政党建设的重要内容之一。新时期，随着社会异质性增强，社会思潮复杂化、价值取向多元化、传播媒介多样化等问题给党性教育带来了一系列新的要求和挑战。党性教育的内容、方法、手段若不能适应形势发展的需要，会严重影响到党性教育目的的实现，从而造成有效性危机。党性教育立体化工程无疑是对新时期党性建设的有益探索。

一、党性教育立体化的内涵

党性教育立体化是一个全新的概念，是在全面总结前人对党性教育认识的基础上，深入探索党性教育的客观规律，以马克思主义基本原理为指导，通过理论研究与实证探索创建的一种全新的思想政治教育模式。它是指将简单、枯燥、抽象、单一的平面化党性教育转变为生动、形象、具体、全面的立体化党性教育的过程。立体化党性教育是一种全方位、全过程、多渠道、多因素综合作用的生动、形象、丰富的党性教育模式。它由立体化的党性教育内容、渠道、环境、媒介等多个构成元素。党性教育立体化是“知—情—意—行”相联系，知行合一的教育模式。它将平面的党性教育理论通过现代科技媒介或现实载体立体化生动地呈现出来，将党性认知和认识融入到党员的思想意识中，内化到党员的信念意志中，转化到党员的行为习惯中，使党员干部真听、真信、真做，入脑、入耳、入心。党性教育立体化不仅讨论如何让党性认识深入党员的思想意识，同时将党性意识转化为实际行动，追求党性的实践价值和能动作用。

二、党性教育立体化的意义

从现实意义上讲，第一、立体化党性教育较平面化党性教育更加生动、形象、具体，党员更容易接受、理解，党性教育的效果更加明显；第二、立体化党性教育动员社会、家庭参与，能更大范围地整合资源，丰富党性教育的内容，扩大党组织的影响力，增强党的凝聚力与渗透力；第三，立体化党性教育综合运用网络、电视、手机等现代传媒，将党性教育融入到管理、服务、文化中，拓展了党性教育的时间和空间。

从理论意义上讲，第一，党性教育立体化是对以往各种党性教育实践探索的概括和归纳，是一个综合性、概念性的理论体系，一切生动的、形象的党性教育探索都是对党性教育立体化的巩固和充实，这便于党性教育在理论上寻找到支撑；第二，党性教育立体化提出了相关概念和基本的实现途径，提供了一种将平面的党性教育模式向立体的党性教育模式转变的新思路，有利于丰富党性教育的内涵，拓展党性教育的途径，增强党性教育的实效。

三、党性教育立体化的特点

1．内容的系统性与目标的先进性

立体化党性教育是全面的、系统的党性教育，在内容上不仅包括党的阶级性教育，党的宗旨、纲领、路线、方针、政策教育，世界观、人生观和价值观教育，马列主义理论教育，党的纪律教育，共产主义理想信念教育等传统内容，还包括“三个代表”重要思想教育、科学发展观教育以及社会新理论、新观念等具有时代特征的党性教育内容。

立体化党性教育以党性教育的有效性为目标，根据党员的知识结构、职业岗位、年龄层次、分布地区等的不同，对党员的党性要求采取多样性、灵活性、动态性、针对性的目标设置。根据不同对象，有针对性地提出党性的具体要求，确定各自需要重点解决的问题。

2．方法的多样性与媒介的多元性

立体化党性教育将党性教育的内容以实物或生动的、形象的形式表现出来，即将思想意识形态的东西变成看得见、摸得着的客观存在让党员在体验中升华认识。它以党员需求为导向，以坚定信仰为中心，以提升能力为目的，以互动学习为途径，综合运用读书、授课、研讨、辩论、体验、情景模拟、主题辩论、知识竞赛、网络交流、手机党课等现代教学方法，切实增强党性教育的实效。

立体化党性教育充分利用现代先进的科学技术手段，创造性地拓展教育平台与教育媒介。克服过去以文件、报刊为主要载体，以“黑板、粉笔、书本”为平台的传统的、单一的教育媒介。充分利用电视、网络、手机短信、SMN、飞信、微博等现代化的传播媒介，通过现代信息技术所提供的平台，丰富了教育手段。

3．空间的立体性与时间的延续性

空间的立体化是立体化党性教育一个鲜明特征，从空间环境上来说，它是集组织、社会、家庭的立体化、全覆盖的教育环境；从载体功能上看，集声音、视频、文字、图片等多元素作用于人的教育方式；从实现途径上看，它是集听、说、看、访、做等全面深化的教育体验。通过建立各种立体多维的空间，运用多渠道、多角度、全方位的教育影响源，从不同层次，不同维度对受教育者进行立体教育影响。

党性教育是一种思想意识形态的教育，需要长期的潜移默化的影响。立体化党性教育着力于从管理、机制、文化上构建起立体化教育的长效机制，通过管理育人、制度育人、文化育人，使受教育者在不知不觉中发生变化，在潜移默化中受到教育。将党性教育的内容植根于工作、生活、学习之中，从而拓展党性教育的时间与空间，达到处处有教育、时时有教育。

4．对象的主体性与学习的自觉性

党性教育立体化改变以往“主体-客体”的单向模式为“主体—客体—主体”双向互动模式，由单向的灌输式教育为讨论式、体验式教育，充分尊重党员的主体意识，真正把党员作为学习、思考、实践的主体而不是单纯接受灌输的对象，发挥其主观能动性，实现主客体地位的平等性，最大限度地调动受教育者的参与意识。

立体化的党性教育是一种自我教育与组织教育相结合的教育模式，它从教育对象的角度出发，遵从受教育者的心理需求，从思想意识上升华受教育者的认识，从而自主、自觉、主动地追求教育感受的过程。立体化党性教育从根本上说是启发党员自我改造、自我约束、自我锻炼、自我提高的过程。

四、党性教育立体化的实现途径

1．构建组织、社会、家庭三位一体的党性教育空间

党性教育立体化是一项系统的工程，它需要社会、家庭以及各级单位的参与。构建组织、社会、单位三位一体的党性教育空间能更大范围地拓展党性教育的空间和时间。从组织角度构建起横向到边、纵向到底的全方位工作格局，横向上把组织、宣传、纪检、党校等有关部门的力量组织起来，纵向上充分发挥基层各级党组织的作用，同时健全完善党性教育立体化的考核评估体系和机制，构建起党性教育的长效机制。从社会角度来说，营造积极正面、健康向上的社会环境，引导广大党员树立正确的价值观，统筹协调社会各种教育资源，扩大党性教育对社会的渗透作用，对普通群众的影响力；从家庭来说，要将党性教育工作进社区、进家庭，将家庭生活方式、生活能力、生活情趣作为党性教育的考核内容，使党性教育生活化。

2．选择丰富真实、全面立体的教育内容

丰富、真实、全面的党性教育内容能促进党性教育立体化的转化。立体化的党性教育以党员的全面发展、综合提高为目标，在内容上不仅注重党员宗旨意识教育，还从人的全面提升角度强化党员的基本素质、道德情操、业务能力等，从人性的角度升华党性的认识。将实物、事迹、案例、活动、基地等作为“教材”增强党性教育的体验感、现实感。构建党性教育平台，加强革命纪念基地、反腐倡廉基地、拓展训练基地、教学科研基地建设，发挥社会教育资源的作用，让党员从这些直观的、立体的、活生生的现实教育中增强党的观念，提高党性修养，时刻牢记党的宗旨，切实履行好党员义务。立体化党性教育着眼于对现实问题的理论思考，着眼于对科学发展的推动和社会和谐的促进，注重将理想、宗旨、纪律等教育内容融入到具体的工作实际中，努力推进党性教育与实践发展的有机结合，与党员处于岗位职务、掌握权力的工作特点结合起来，引导和督促党员正确地履行职责，在解决实际问题的过程中创造性地搞好党性教育。

3．探索真情实感、形式多样化的党性教育形式

立体化党性教育方式方法的创新，要求从单方面灌输转变为双向交流互动，全面推行启发教育、情景模拟、案例教学、对策研究、双向交流等形式的教学，采用情感输入法、知识渗透法、兴趣引导法、教学示范法、成功激励法、环境陶冶法等教育方法，通过专题教育、行为体验、社会调研、挂职锻炼、教育对象互动等形式推动党性教育更有效地进入党员的头脑，使党性教育在顺应时代性的同时，能突出重点，抓住难点，把握规律性、系统性，着眼长效性。坚持个性与共性的统一，分层次、分阶段、有针对性地开展党性教育工作，对不同的党员的党性教育内容有侧重、方法有所创新，让党性教育更具针对性和实效性。从党员成长的角度上准确把握党员成长规律，根

据党员不同时期的思想动态和心理规律以及党性教育的时代要求与特征，有效地开展党性教育活动。

4．运用现代化传媒和信息技术作为党性教育媒介

现代化传媒和信息技术具有传播速度快、覆盖面广、表现形式多样等特点，以互联网为代表的现代传媒已经渗透到社会的方方面面。新时期的党性教育必须与新兴传媒相结合，完善以互联网技术和党政信息平台为主的教育网络，建立了全面覆盖的党员现代远程教育网络，确保开展党员培训工作的经常化、组织化和网络化，全面提升理论武装工作的技术水平，以大党性教育的宣传面、教育面、覆盖面。顺应时代，开展“虚拟党建”工作，建立“网络党支部”，打造党员网络组织平台、服务平台、学习平台、交流平台，将党性教育融入网络背景中，提高党员党性教育效果。同时运用现代技术手段对党性教育理论知识进行“加工”，使之变成生动、形象的教育资源，如制作内容丰富、形式多样、图文并茂的课件，用图画、音乐、语言、电影电视等多样的手段创设符合党员的党性教育体验氛围，触及领导干部个体的感官和心灵，强化领导干部个体的党性体验，感悟体验情境中的情与理，理解党性的内在真谛。

【作者：绵竹市委组织部党性教育研究课题小组】

以“321”工程推进党建工作

陈砚忠

站在新的历史起点，按照总局、管局两级党委以“三创”精神加强基层党组织建设的总体要求，繁荣种畜场从场情、社情出发，以“321”党建工程为载体加强基层党组织建设，使问题在党建中解决，责任在党建中落实，发展在党建中体现，干部在党建中成长。

一、“321”党建工程的阐述

“321”党建工程包括“三强两推一扶”。三强：强基固本、强区争先、强社富民。两推：推动党员教育、推动作风转变。一扶：帮扶党员创业。

强基固本是“根”。强基固本是中医学中的名词，后引为建筑学用语，再引入到党的建设，强调了党的基层组织建设的重要性，强调了每名党员、党员干部最为基本的思想建设、坚定理想信念的重要性。因为，万丈高楼平地起，打牢基础是关键。基础不牢，地动天摇。

强区争先是“干”。繁荣种畜场划归垦区后将之前的12个分场整合为5个管理区，党支部设在管理区。党支部是党的全部战斗力的基础，也是繁荣种畜场党建工作的重点，所以加强管理区建设是途径，创优争先是目的。

强社富民是“果”。农工专业合作社是家庭农场抱团取暖、走向富裕的新型经济组织，正在雨后春笋般的发展。新经济体发展到哪里，党的工作就要延伸哪里，发挥党的政治优势、党员的先进性，实现富民的目的。

推动党员教育是“前提”。党员教育是党的思想建设的一项基础性工作，是全面提高党员素质，保持党的先进性的中心环节，也是党的基层组织的一项基本任务。只有不断对党员加强教育，把党员的积极性、主动性和创造性充分调动出来，才能为率先建成小康社会提供强大的政治保证和组织保证。

推动作风转变是“重点”。党的作风体现党的宗旨，关系党的形象，关系人心向背，关系企业的发展。作为农场的党员、党员领导干部，其作风如何，对农场事业发展有着极为重要的影响，必须下大力量抓好领导干部的作风建设。

帮扶党员创业是“抓手”。在以经济建设为中心的今天，党员的先进性体现的方面固然很多，但党员创业、创大业是主要方面，这样才能为人民、为社会做出更大的贡献。

二、“321”工程的实施

（一）强基固本筑堡垒

加强阵地建设。为每个支部建立了党员活动室，制订党员活动方案，党员学习制度，工作考核目标和考核细则。使基层党组织阵地得到夯实筑强。

加强载体建设。指导各党支部深入开展“一区四户”、“一连二建三增四扩”党建载体活动，引导全场党员干部在“争先创优”活动中发挥先锋模范作用，积极带领职工群众创业致富。

加强队伍建设。繁荣种畜场划归垦区后共发展党员23名，为管理区配齐配强5名专职党支部书记，党支部战斗堡垒作用和党员先锋模范作用得到增强。

加强人才培养。几年来农场共引进32名大学生，建立大学生创业基地。农场党委把他们列为非党积极分子培养，在他们中间已发展大学生党员3名，正科级3名，副科级8名。农场出版场内发行的《大学生小记者》月报，按期指定大学生采写，培养他们的写作能力、调研能力。并成立了农场大学生书法、篮球、摄影协会，培养他们健康向上的文化素养。同时对机关工作的年青大学生实行基层轮流下派制，使他们增加基层工作经验。

（二）强区争先当先锋

管理区是农场实体部门，负有组织生产、社会建设、管理群众的责任，是农场党建工作的重点部门。几年来我们以创建管理区总局级党建示范点为引领，全面抓好其他管理区管局级党建模范区标准化建设工作。2012年累计投资150万元，新建第二、第三、第四管理区党员活动室360平方米，指导各党支部新作内业材料600余册，制定各项制度50余条，制作图版40多块，购进图书5000余册，并为各管理区党支部配齐办公设备，2013年计划农场卫生党支部争创总局级党建示范点，实现第二、第三、第四管理区党支部争创管局级党建示范点，力争党建工作跨入垦区前列。

（三）强社富民砥中流

目前繁荣种畜场已成立养猪、水稻、玉米、食用菌等11个农工专业合作社，到2015年专业合作社要达到20个。为了使党的工作及时进入合作社这一新兴经济组织，我们以专业合作社为载体，积极探索“党支部+合作社”模式，扩大基层党组织在基层的影响力和凝聚力。按照“分类指导、规范管理、服务发展”的要求，对运作良好、有3名以上党员的合作社，单独建立党支部；对地域相近、行业相同、特点相似的合作社，联合建立党组织；对带动力强、辐射面广的非党群众领办的合作社，将领办人跟踪培养成党员，跟进建立党组织。目前已在兴隆养猪专业合作社、好日子水稻种植合作社建立了党支部，党支部书记分别是群众党员担任、管理区副主任兼任两种模式。经过试点，全面铺开。实现场内党的基层组织建设“覆盖立体化、制度规范化、活动正常化”。最后通过“党管合作社”加强对专业合作社的领导，并为合作社发展提供最好的服务。

（四）“两推”推出新活力

加强学习型党组织建设。按照科学理论武装、具有世界眼光、善于把握规律、富有创新精神的要求，2013年加强党委理论中心组学习，加大学习型党组织建设力度。学习分为四个阶段，即学习阶段、调研阶段、转化成果阶段、成果验收阶段。对于在机关工作的党员，坚持每周五学习制度，实行定期考试。管理区党员要积极解决工学矛盾，农场包片领导负责组织党员干部通过上党课、北大荒精神教育、“三项”教育、学习典型人物先进事迹提升党员的觉悟。

加强党员干部廉政教育。以“四个依靠”教育党员干部拒腐防变。以“四个做到”从源头预防腐败。一是靠学习提高素质。全场常态化开展“制度在我心中”学习教育活动。二是靠正反两方面典型加强警示教育。三是靠制度规范，让制度成为腐败隔离墙。继续逐级签订党风廉政建设责任状；严格执行四公开制度，深化公开内容，改进公开形式；严格执行各项规章制度。四是靠监督促进制度落实。四个做到是：采购小额物资全部做到询价比价。场管工程全部做到公开招投标；损害群众利益突出问题做到全部排查纠正；在资金运行领域做到严格管理。

大兴调查研究之风。坚持党的民主集中制原则，坚持讲实话、务实事、求实效的工作作风。对班子成员、机关科室主要领导深入基层，搞调查研究，倾听群众的意见进行量化。做到走基层、串农户、摸实情、解难题。以“践‘六民’、转作风、抓落实、出成效”为主题治庸、治懒、治散、治软，促进干部作风大转变。

大兴干事务实之风。打造一支思想有活力、工作有激情、干事有闯劲、创业有招法、为政有实绩的干部队伍，在全场上下形成了浓厚的比学赶超、抢抓机遇、干事创业的工作氛围，有效地推动了各项工作的落实。

大兴勤俭节约之风。在农场开展的厉行节约、反对浪费活动中，领导干部要当先行者、引导者和监督者。从节约一张纸、一度电、一滴水入手，养成勤俭节约的良好习惯，塑造良好形象。近两年农场已经实现了无纸化办公，严格控制交通费、招待费超标，场区绿化、环境治理通过义务劳动减少用工支出，节约了大量资金用于发展中。

（五）党员创业带就业

在中国共产党近百年的发展进程中，已经从领导人民为夺取全国政权而奋斗的党，成为领导人民掌握全国政权并长期执政的党；从已经受到外部封锁和实行计划经济条件下领导国家建设的党，成为对外开放和发展社会主义市场经济条件下领导国家建设的党。到今天是领导人民从事全面建成小康社会，实现伟大“中国梦”的执政党。

党的历史任务的转移，决定着党建工作重心的转移，作为繁荣种畜场应把扶持党员创业作为重点工作来抓，积极把富裕起来的大户、合作社的骨干培养成党员，把党员培养成致富带头人。

沈怀忠是农场一名老党员，在农场的帮助下2009年由经营砂场转型为梅花鹿养殖，现在已发展到2000余只，并延伸产业链条生产14种鹿产品，拥有上千万元资产的企业家，解决职工33人就业。目前，已有近60名党员作为农场扶持的对象，把他们培养成不同行业的致富带头人，带动其他职工由小富变大富，进而推动全场早日全面建成小康社会。

三、“321”工程的启示

繁荣种畜场原隶属于黑龙江省畜牧局，2007年归属垦区。农场下设5个管理区，全场划分12个党支部，党员297名。2008年以前，农场下设的党支部没有党员活动室，党组织很少开展活动、干部队伍老龄化趋势严重，党员先进性不明显。2009年后，我们按照总局党委党建工作的要求对农场党建工作进行顶层设计，在实施“321”党建工程中获得了新的认识。

启示一：必须坚持围绕中心、服务大局。这既是党章对基层党组织职责定位的基本要求，也是基层党建工作始终坚持的首要原则。实践表明，只有紧紧围绕总局党委开展的“北大荒先锋工程”、“党员创先争优”、“三项教育”中心工作开展活动，才能找准定位、明确方向，才能激发出基层党建工作的活力。

启示二：有目标才有动力，奋斗目标是创造动力的源泉。我场确定的“321”党建工程，其中包括了我们制定的各种目标。正是我们把发展经济、强社富民作为重要目标，才使“321”党建工程开展得有声有色，不断开创我场基层党建工作和经济发展的新局面。

启示三：有载体才有抓手。实践证明，提高基层党建工作服务大局、服务发展的水平，关键要有载体，要有创新的载体。因此要抓好载体建设，科学运用灵活多样、切实管用的党建载体，深化党建主题，拓展工作内涵，增强组织活力。

启示四：有重点才有亮点。重点论是党的工作的重要方法论。基层党建工作必须切实贯彻这一方法论，做到有张有弛、有点有面，不能眉毛胡子一把抓。我们实施的“321”党建工程，在覆盖全场党建工作的同时，突出转变干部作风、富民强场的重点。在实施过程中培育典型，发挥典型的示范带动作用，切实做到既是重点，同时也是亮点。

启示五：有创新才能有突破。党的十七大提出，要以改革创新精神全面推进党的建设新的伟大工程。其核心理念就是要求党建工作不断改革创新、攻坚克难。基层党建工作确定的任何工程，都是党的建设新的伟大工程中的一朵小浪花，必须体现创新精神、创新思路和创新举措，在创新中实现了基层党建工作的突破，扩大了党建工作的影响力。

【作者：黑龙江省农垦总局繁荣种畜场党委书记】

发展型党建理论初探

郑　荣

贵州省毕节市在深化发展型党组织建设过程中，切实领会中央关于建设学习型、服务型、创新型党组织的理论精华，进一步构建、完善发展型党组织理论建设体系，进一步加强实践、确保理论的可行性，强调每一名党员干部都必须找准自己的位置，在学习中提高、在服务中升华、在创新中发展，做发展型党组织建设理论建设的探索者、深化者、实践者。

一、发展型的领导干部队伍必须是善于学习、善于创新，政治坚定、作风优良、能力过硬，能和群众打成一片的队伍。什么样的领导干部是发展型领导干部？我认为有三个评判标准。一是在大是大非面前政治是否坚定、作风是否优良。政治不坚定就会成“墙头草”，口是心非，时间长了就会被人们唾弃，被群众抛弃。现在媒体传播速度非常快，甚至无孔不入，领导干部作风稍有不慎，便会落得个人人喊打的下场。二是领导发展的能力强不强。俗话说，为官一任，造福一方。如果领导干部抱着不求有功、但求无过，不去发展、不思发展，平安过渡“熬”过去的心态，那么，纵然真的“熬”过去了，“熬”出级别了，多年以后回顾呆过的地方，恐怕心也难安。这样的干部要及早发现，及早剔除领导干部队伍。三是是否善于学习和创新。学习和创新是一个民族永远前进的灵魂。领导干部不善于学习、自以为是、墨守成规，那么会被快速发展的社会所淘汰。在网络普及的今天，什么知识都可以在网络上学到，因此，必须深刻地认识到：群众是最好的学生，也是最好的老师。我们的领导干部千万不要自以为比群众的能力强、比群众水平高。我们必须牢记，群众对我们的要求就是我们加强学习、不断创新的不竭动力！

二、要围绕发展加强干部教育培训，盘活全市现有人才资源，引进高层次人才。一是是打造一个高端引智平台。多方征求参与培训领导干部的意见，由受培训干部点题、定题，邀请省内外专家学者来毕节讲学。努力做到学有所得、学有所获。二是有针对性地选送干部到发达地区学习，让干部带着问题学习，有目的性地学习。三是打造一个“智囊团”。邀请我市经验丰富的老领导作顾问，积聚我市的专家、学者，定期或不定期为领导干部授课，为各县（区）经济社会发展提供智力支持。充分发挥组织优势，用好全市的“土专家”“土人才”，给他们以平台，给他们施展才华的舞台。采取“双向选择”模式，广泛引进高层次人才。让人才来选择毕节的发展环境，毕节市则从经济社会发展的需要选合适的人才。总之，只有筑好巢，才会引来凤；只有良性的人才引进机制，才能支撑起全市经济社会发展的人才大厦。

深化干部人事制度改革，在实现选人用人“透明化”的同时，把能力强、公认度高的同志经组织考察后大胆任用；遍地撒网，建立后备干部人才库，不让一位同志怀才不遇，不让一位人才被埋没，不让庸才有机可乘；进一步细化“十二看十二比”，把领导干部的实绩“量化”，能者上、庸者下。

三、在现行“双考双评双挂钩”“流动红旗争先、争比进位跨越”现行考核机制的基础上，坚持“围绕中心、突出重点、尽量精简、力求考实”的原则，进一步提高干部实绩考核的透明度和公信度。一是实行考核预告制度。在实地考核前将考核目的、考核时间、考核对象、考核组成员以及联系方式等予以公布。二是实行考核责任制度。按照权责一致的原则，坚持谁考核谁负责，强化考核人员责任观念和纪律意识，明确职责，规范程序，严肃纪律，加大对考核失误责任的追究力度。三是实行考核结果反馈制度。通过媒体通报、领导谈话、集体讲评等形式，及时反馈考核结果，使考核对象及时了解组织对自己工作优缺点、成绩及问题的评价，便于总结经验，吸取教训，改进工作。四是改进民主测评方法。实行“集中讲解、分散填写、统一收回”的填表投票方式，确保了测评结果的真实性。在民主测评的基础上增加民主评议内容，作为个别谈话的重要补充形式，让参评人员充分表达个人意愿。五是年度与平时相结合。通过日常工作调研、随时检查、个别谈话等方式，及时掌握和分析领导班子和领导干部的思想动向及倾向性问题，做到常提醒、常教育、常监督、常考核，并将平时考核作为年度考核结果评定的重要补充。

四、在保证基层党建工作专项经费的同时，推进党建工作责任制。一是坚持“书记抓、抓书记”。在不断完善市、县（区）、乡（镇办事处）三级党委书记抓基层党建工作专项述职制度，明确述职主体、规定述职内容、规范述职程序的同时，采取“上评下”、“横向评”、“下评上”等方式，通过多种渠道对各级党组织抓基层党建工作情况进行评议，并把并把抓基层党建工作情况作为市、县（区）、乡镇（办事处）党组织和部门党组（党委）领导班子、领导干部年度考核的重要内容和评奖评优、提拔任用的重要依据。二是坚持“部长抓、抓部长”。推动各级组织部长切实履行直接责任人职责，充分发挥组织部门在抓基层党建工作方面的牵头抓总作用，改变只对下一级党委组织部门交任务、提要求的做法，直接“下抓两级”，增加上下沟通的深度，扩大面上指导的广度，加大一抓到底的力度。同时，组织部长带头深入基层、深入一线，集中力量抓支部，推动基层党建各项任务落实。三是坚持“系统抓、抓系统”。充分发挥统战、工商、民政、财政等行业系统抓党建的优势，把条条抓和块块抓有机结合起来，形成了上下联动、左右协同、合力推进的基层党建工作格局，把党建工作融入日常监管和服务之中，在加强党的建设中促进各项事务、业务的发展。

五、“四帮四促”、干部驻村工作是进一步密切党群关系、干群关系重要举措，是建立健全创先争优常态化的长效机制。就部门而言，在严格管理帮促干部、驻村干部的同时，必须关心他们的身心健康、关心他们的工作生活；认真对待他们反映的问题，帮助他们解决遇到的问题。不要把他们当作“泼出去的水”，不要责怪他们“乱表态”、给单位添麻烦。总之，上下齐心，其利断金；党群和谐，百事可为。

【作者：贵州省毕节市七星关区委常委 组织部部长】

紧扣深化“七项重点改革”推进农村基层党组织建设升级创新

于宝国

党的十八大报告提出了“加快发展现代农业，增强农业综合生产能力”的战略任务，这对于巩固农村基础地位、加快农村改革发展、切实解决“三农”问题，具有重大而深远的意义。今年初，黑龙江省被确定为全国现代农业综合配套改革试验区，绥化市紧紧抓住这一重大机遇，作出了深化“七项重点改革”的战略部署，推进农村经济社会发展全面转型升级。乡村党组织是农村改革发展的重要组织者、推动者和实践者，一定要适应新形势新任务新要求，加大基层党建工作的升级创新力度，不断提升党组织的创造力、凝聚力和战斗力，为推进“三农”、“四化”提供坚强的组织保证。

一、构建素质过硬、实干创业的干部人才体系，推进农村带头人群体建设升级创新

大力发展统分结合的双层经营体制，是绥化市委适应“三农”、“四化”工作新需要，对农村生产关系的改革深化和体制机制创新。这对乡村班子领导农村工作能力提出了新的更高要求。为此，要打破传统观念和体制的束缚，对乡村班子和干部队伍建设进行深度变革，探索有利于优秀人才脱颖而出、干事创业的工作机制，着力培养一批理念新、素质高、能力强的农村带头人群体。

一要打破常规选干部。大力实施能人强乡兴村战略，打破选人界限，拓宽用人视野，着力把懂产业项目、熟悉现代化大农业和新农村建设，在发展乡镇村经济中敢闯、敢试、敢于担当的优秀干部选拔到乡村党组织书记岗位。对班子软弱涣散的村，采取选派退长当员干部、县直部门和乡镇班子成员挂任村党组织“第一书记”，选聘外出务工能人、企业管理人员担任村党组织书记，选派县乡年轻干部、后备干部兼任村党组织书记等办法，进一步强化村级班子力量。去年，我市选派260名后进村党组织“第一书记”，不仅帮助农村解决了大量矛盾和问题，也在实践中培养锻炼了一大批优秀干部。同时，推行重点乡村双重目标责任考核和重点管理，努力培养造就一批企业家型的乡村党组织书记。

二要打破常规育干部。以打造项目型乡村干部为重点，创新教育培训方式，深入开展素质升级年活动。进一步树立培训资源共享理念，依托发达地区建立乡村干部实践培训基地，利用高等院校建立学历培训基地，大规模开展乡村干部特别是党组织书记的短期实践培训和学历教育。强化乡村干部的实战能力培养，通过给责任、给条件、给政策、给待遇，组织乡村干部参与项目建设，创办示范园区和致富项目，在实践中不断提升发展能力。加大乡村后备干部储备力度，建立大学生村官、外出务工经商能人、本土致富带头人等后备人才库，认真做好在优秀青年农民中发展党员工作，为农村发展积蓄后备力量。

三要打破常规管干部。坚持提高待遇与从严管理并重，建立乡村党组织书记优胜劣汰、能上能下机制，解决干好干坏一个样的问题。一方面，推行乡村党组织书记职级上挂制度，对业绩突出的乡镇党委书记可参照副处级干部管理，特别突出的上挂县（市、区）党政副职；对业绩突出的村党组织书记可上挂乡镇党政副职或参照副科级干部管理，特别突出的按程序选拔为乡镇党政正职。目前，我市已有19名乡镇党委书记参照副级干部进行管理，142名村党组织书记上挂乡镇党政副职。另一方面，畅通乡村党组织书记下的渠道，对连续两年考核处于末位、乡镇财政收入（村级集体积累）和农民人均收入增幅达不到要求、乡村集体债务有增无减的，坚决进行调整。

二、构建功能完备、高效快捷的服务工作体系，推进乡村党组织活动方式升级创新

大力发展以合作农业为载体的现代化大农业，以城镇化市场化为重点的新农村建设，是绥化市委对家庭经营责任制和新农村建设的改革深化和发展升级，事关农业增产、农民增收和农村生活环境。乡村党组织要主动适应这两项改革任务，创新活动方法，扩大组织覆盖，完善服务网络，健全工作机制，切实承担起领导现代化大农业和新农村建设的重要责任。

一要推行“支部建在产业上”。改变单纯按行政区划和居住地设置党组织的方式，探索符合现代农业产业特点的设置形式，不断扩大乡村党组织的工作覆盖面。当前，要把具备条件的村党支部升格为党总支，重点在各类农民合作经济组织、产

业园区、招商引资企业、外出务工群体中建立党支部，使党组织设置和党的工作覆盖到现代农业产业发展和农民增收致富的每个链条，增强乡村党组织凝聚群众、组织群众的实效性。对于跨乡、跨村建立的大型产业协会、专业合作社和农业产业化龙头企业，可以成立区域性党组织，完善党员双重管理和区域共建机制，最大限度实现资源共享、信息互通、优势互补。

二要推进农村社区化管理。适应以城镇化为重点的新农村建设需要，探索在整乡、整村推进的中心乡镇和新农村建设示范村，实行农村社区化管理，健全和理顺农村社区党组织设置，强化农村社区管理服务功能，赋予社区党组织管理群众、低保五保走访、矛盾排查调解等职能，不断提升社会管理服务水平。进一步整合农村社会公共服务资源，规范社区便民服务中心建设，完善“一个中心对外、一个窗口受理、一条龙服务、一站式办结”工作机制，及时为群众办理低保救助、惠农补贴、证照登记、合作医疗等事宜，具备条件的乡村可以把生产资料代购、小区物业管理等内容纳入社区服务范围，切实做到小事不出村、大事不出乡。

三要创新服务群众载体。按照网格化管理、组团式服务的新要求，在深入开展党员服务区、党支部+合作经济组织、百局联百村、助民服务队、党员服务联合体等活动的基础上，鼓励乡村党组织大胆创造党员发挥作用的新载体，构建贴近需求、务实管用、覆盖全面的服务群众网络，形成一批特色鲜明、持续有效、影响面广的活动品牌，促进党员联系和服务群众工作常态化。同时，积极推进农村基层党组织信息化建设，发挥农村党员干部现代远程教育、党建信息网站的辐射带动作用，通过开辟视频互动系统、网上课堂、民情在线、网络论坛、专家热线等专栏，及时掌握和反馈群众诉求，为群众提供全方位、多层次的服务。

三、构建投入到位、支撑有力的政策保障体系，推进农村经济发展环境升级创新

大力发展产业园区经济、异地经济、乡（镇）村经济、都市圈和城市型城市群经济，是绥化市委发展农村新型工业化、强化乡村集体经济、缩小城乡区域差距的改革深化和发展升级。这四项重点改革任务繁重，必须认真落实各级党委抓基层党建工作责任制，加大对农村基层党组织建设的支持保障力度，改革不适应加快发展要求的体制机制，调动乡村党组织加快发展的积极性、主动性和创造性，营造劲往基层用、钱往基层投的良好环境。

一要强化政策支持。深入推进乡镇财税管理体制改革，进一步调整和明确乡镇政府的事权与财权，合理划分收支范围，激发乡（镇）村经济发展活力。探索推行双轨制财政体制，实行农村新增财力全部或大部分归乡（镇）所有。对于村级组织招商企业实现的财力，全部或大部分通过转移支付、以奖代补等途径，用于村级公益事业、基础设施、现代农业、新农村建设等经济社会建设。同时，落实好发展乡（镇）村经济、异地经济政策，在过去两年引进乡镇村产业项目 996 个、建设异地项目 573 个的基础上，力争再有新的更大发展。

二要加大物质投入。增加地方财政对乡村党组织的物质投入，下大气力解决乡村党组织无钱办事问题。严格落实黑龙江省委《基层党建工作经费保障办法》，按照每名农村党员每年 200 元的标准，切实把农村党建工作经费全部纳入各级财政预算，保障村党组织及时开展教育党员、培训党员、服务党员等各项活动。结合农村工作任务日益增多的实际，适当增加村级转移支付，使村级组织有钱为民办事。同时，继续加大村级活动场所规范化建设投入，完善党员教育、文体活动、便民服务等基础设施，充分发挥服务阵地作用。

三要壮大集体经济。把发展壮大农村集体经济作为农村基层党组织建设的重要任务，引导乡村党组织因地制宜探索农村集体经济发展模式，特别是大力发展乡镇村产业项目建设，构建起以乡村招商创业为主体、以产业园区为载体、以异地经济为实现形式的乡村经济发展模式，不断增加集体经济收入，提升乡村党组织的发展活力和服务实力。同时，鼓励乡村党组织采取聘请荣誉村长等办法，吸引外出能人回乡投资创业，借助社会资源推进新农村建设，提高农民生活质量。

【作者：中共绥化市委常委 组织部长】

善治视角下地方高校大学生政治思想与党建状况调查及分析

——以攀枝花学院为例

肖立军　彭方志

善治就是好的治理(governance)，是使公共利益最大化的治理。而据俞可平 治理的基本含义是指在一个既定的范围内运用权威，维持秩序，以增进公众的利益。善治的本质特征在于它是政府与公民对公共生活的合作管理，是政治国家与公民社会的一种新颖关系，善治具有正当性、透明性、责任性、法治、回应、稳定等基本要素。走向善治也许是未来人类社会发展的一个方向。在中国，善治应当是中国共产党领导中国人民依法当家作主的善治。在经济全球化、政治民主化和文化多样化的今天，如何通过建设先进大学生党组织来完成校园的“善治”；如何通过建设先进大学生党组织来为将来中国社会的“善治”

提供基础；如何着眼于中华民族的伟大复兴和未来社会的长远发展来加强大学生党组织建设。本文拟就这些问题展开一些初步的探讨，希望能够引起相关领导和同志们的注意。

地方高校大多知名度不高，高层次人才相对缺乏，办学经费较紧张，办学经验不足，文化积淀不深，但是这类院校的总数已经占到全国本科院校的45%左右，并且分布广、发展快，其培养的学生占全国高校学生总数的比例高，对我国特别是中西部地区、中小城镇和中小企业的未来发展有着至关重要的影响。地方高校的大学生也许不是传统大学生那样的“天之骄子”，但他们将是未来社会的公民和中下层社会的精英。因此，我们将研究的重点放在了地方高校。

攀枝花学院属于省管市办性质的院校，地处比较偏远的川滇交界，是一所比较典型的地方高校。因此，我们于2012年7月组织了一次规模较大的大学生价值观念调查，调查发放问卷1800份，按全校本科学生的不同专业类别、年级、性别的15%抽样，收回1756份，其中有效问卷1557份，本文使用的数据主要来自这次调查。在有效问卷中，普通学生与学生干部、党员及入党积极分子（以下简称骨干学生组）各占50%。本次调查我们是分两次进行的，每次样本结构基本相似，而得到的统计结果的数据结构也基本相似，这说明调查具有较高的可信度。

一、对政治的基本认识

首先，为考察当代地方高校大学生对政治的关心程度，我们列出了11个2012年6月中下旬国内外发生的事件，请他们选出他“熟悉且关心过的”前5个，下表是统计结果：

表1：当代地方高校学生关心的事件（2012.06）

事件	总样本	骨干学生组	普通组
钓鱼岛事件	96.13%	94.80%	97.46%
神州九号	60.99%	59.64%	62.34%
“毒胶囊”事件	56.34%	52.03%	60.65%
黄岩岛事件	55.26%	53.93%	56.59%
薄熙来同志涉嫌严重违纪事件	51.32%	53.68%	48.96%
中共十八大即将召开	48.96%	53.43%	44.49%
赖昌星走私犯罪集团	39.37%	42.51%	36.23%
俄总统换届	30.49%	31.73%	29.25%
伊朗有制造核武器的能力	28.56%	27.79%	29.33%
《画皮Ⅱ》2012年6月底上映	14.89%	12.06%	17.72%
小S顺利产下第三个女儿	9.23%	9.01%	9.45%

从以上数据我们可以看出，当代地方高校大学生最关注的主要还是时事政治类新闻。调查发现，除了11.18%的被调查对象（骨干学生组是10.09%）对政治没有自己的认识之外，其余学生都有自己的理解。其中58.80%的人认同政治是“确定国家大政方针的理论和程序”这一现实而朴素的观点，57.72%的学生（骨干学生组是56.83%）认同政治是“协调各种利益集团关系的理论和程序”这一比较符合马克思主义的观点。有意思的是，认同政治就是“相互妥协以谋求共识的艺术”这一出自现实政治并且比较现代化的观点的学生党员、干部达到了党员干部样本的42%，而普通学生组只有34%。

在政治对社会发展的重要性的认识方面，当代地方高校的学生比较一致。样本的67.81%认为很重要，20.84%认为比较重要，只有7.49%认为不太重要，另有3.85%没有考虑过这个问题。在政治对个人的重要性的认识方面，样本群体内部有较大分歧。全样本中，有27%认为很重要，39%认为比较重要，24%认为不太重要，10%的未考虑过这个问题；这可能就是有人以为他们政治冷漠的原因。虽然大多数人实际上都比较关心政治，但相当多的人认为只有少数人在关心政治。全样本中只有22.05%的人认为他所在班的同学多数关心政治，57.16%的认为只有少数同学关心政治，另有20.79%的不清楚。由此看来，当代地方高校的大学生要么在对关心政治的理解上有偏差，要么相互之间缺少正式的机会讨论政治问题，因而不了解自己关心的问题其实也是大家关心的。

二、对党、国家、社会的基本认识和态度及分析

在全样本中认为中国共产党能够领导中华民族走向伟大复兴有70.87%，认为不能的有10.95%，另有18.18%的表示难

以确定。有95.39%的对党和国家的政策多少有过自己的判断，其中大多数（52.56%）认为党和国家现阶段的政策“大都正确，但还有改善余地”，27.21%的认为基本正确，但也有错误，改善余地很大，只有15.62%的人认为完全正确没有问题。而在论及到我们现行的社会制度时，全样本中有74.12%的认为“虽然还不完美，还需要进一步改革发展，但是比较适合中国国情”，有12.76%的认为“是最优越的社会制度”，但是也有7.64%的认为“没有什么优越性”，另有5.48%的表示没考虑过这个问题。

86%的学生有自己对社会的认识和态度，这其中有62.08%的学生表示“虽然不十分清楚理想社会应该是什么样的，但是比较清楚它不应该是什么样的”，23.95%的表示自己“很清楚理想社会是什么样的”。

综上所述，当代地方高校的大学生并不像一些人此前猜测的那样过于自我、对社会相对冷漠。他们比较理性，有较强的独立判断能力；他们对党、对国家、对社会有着自己的理解和认识；他们关心时事，关注社会并且愿意为社会发展而努力；他们绝大多数对现行社会制度、对党和国家及其方针政策有着建立在理性判断基础上的信心；他们的思想意识与社会主流的是相容的。值得注意的是，党员干部在以上各个方面均比普通学生更为优秀，虽然差别不是那么明显。

三、基层党组织活动情况及分析

党必须通过各种有组织的活动使得党的理论、方针、政策成为各阶层人民群众的共识；党必须依靠基层组织的战斗堡垒作用和党员个体的先锋模范作用来实现党的领导；党内的沟通、交流，党员之间的相互帮助相互促进，对于提高全党素质、形成科学的党的意志和强大的执行力，至关重要。

调查发现，全样本中有39.91%的不了解所在单位的党组织活动的开展情况。在比较了解情况的学生中，全样本中有18.86%说是每周一次，42.47%说是每月至少一次，38.67%说是每月不到一次。由此看来，当前地方高校的大学生基层党组织所开展的活动：1、影响力还不够，40%左右的学生对基层党组织的活动开展情况不了解；2、相当多的基层组织（也是40%左右）活动开展过少。这两个比例十分接近，我们可以推断活动开展频度大的基层组织，影响力也会更大。

有49.53%的学生认为支部没有什么影响力，有24.31%的学生认为支部仅仅在党员中有一定威信，只有26.16%认为“在学生群众中威信很高”。只有24.82%认为党支部“有良好的议事程序”。关于支部对党员的教育帮助的情况，同样有相当一部分学生不了解，统计数据显示，这占到35.21%，这个数据与前面的“不了解”数据基本一致。在了解情况的学生中，85.45%认为支部会对所属党员进行各种各样的教育帮助，只有14.55%的认为没有教育帮助。这说明，目前党的基层组织在帮助党员成长方面是比较成功的，也是比较有影响力的。

综上所述，当前地方高校党的大学生基层组织的状况有喜有忧。可喜的有，组织健全，多数组织能够正常开展活动，对学生党员的成长很有帮助，在学生群众中也有一定影响。值得忧虑的是，一些组织活动开展过少，缺乏有效的组织技术，在学生群众中影响力不够，在校园建设和管理中未能很好发挥作用。

四、学生党员素质情况及分析

除了13.49%的被调查学生表示对党员同学不了解外，25.75%认为党员同学大多数思想比一般同学先进，47.56%的认为看不出多大差别，有13.20%的认为党员同学比较虚伪、官僚，思想落后。认为党员日常表现比普通学生优秀的全样本中只有26.90%，认为党员学生在学习方面总体比一般学生好的，在全样本中有28.14%。

这调查得到的数据来看，当前在地方高校，党员的这种先进性还没有得到大多数群众甚至包括大部分党员干部学生自己的认可。这是需要引起重视的问题。

五、对策分析

通过前面的调查分析，我们对当代地方高校大学生思想政治及党建现状有了一定的认识，这里既有一定的成绩也确实存在一些问题。这些问题的解决需要创新思路，各方合作进行，具体办法超过了本文的范围。故本文在此仅就解决的思路方面提出一些初步的想法。

首先，必须加强培养当代地方高校大学生尤其是大学生党员的沟通交流能力。作为未来社会的领导者和管理者，沟通交流能力十分重要。从前面的分析可以看出，当代地方高校大学生相互之间以及对自己这一代青年的整体认识是存在偏差的，这是他们的沟通交流能力不足导致的，这可能是由于独生子女及“留守儿童经历”的原因——我们调查发现，近一半的地方高校大学生承认自己有过“留守儿童”经历。

第二，我们必须坚持党的组织建设原则和方法等优良传统。要进一步建立和健全各教学单位的学生党组织，要对学生党组织活动开展的频度、目标、内容等方面提出明确要求，要指导学生党组织完善议事程序、学会组织技术，要进一步明确新时期的党员标准并指导学生党组织严格执行。关于党员标准，要将政治思想水平和政治能力放到应有的高度。

第三，要赋予学生党组织重任。无论是在群众中的影响力，还是党组织的组织技术水平、党员干部的沟通交往能力，都能在实践中得到最有效的提升。大学生党组织虽然是学生组织，也许他们的成员政治上、心智上都还不够成熟，但是，他们毕竟也是党的一级组织，应该在他们的范围内发挥党组织的作用，并且，为了让他们尽快成熟起来，更应该让他们得到实践锻炼。我们认为，赋予学生党组织一定的责任和权力，在校园管理的各个方面放手让他们参与，尊重他们作为一级组织的意见，应该是一种可行的办法。

【作者：攀枝花学院党委书记、
攀枝花学院经管学院党总支副书记】

围绕审判抓党建　抓好党建促审判

——甘肃省武威市中级人民法院开展党建工作的做法

方维军

2010年以来，武威市法院在党组的领导下，紧紧围绕“服务大局、为民司法”工作主题，坚持“抓党建带队建促审判”的总体思路，结合法院工作和党员队伍实际，狠抓机关党建工作，扎实开展创先争优和学习型党组织创建活动，推进审判执行各项工作取得新成效。2010年以来，全市法院有18个集体和29名党员干警分别荣获全国、全省、全市党建工作先进集体和优秀共产党员、优秀党务工作者等荣誉称号，受到表彰奖励。2010年，在全市年度工作实绩考核中，武威市法院得分排名党群机关和政法部门首位，受到市委、市政府表彰奖励。2011年，全省法院工作绩效考评，武威市法院排名前五位，2012年度全省法院绩效考评，武威市法院工作又上升到全省法院第四位，受到了省法院表彰奖励，可谓“三年迈三步”。

一、加强政治理论学习，确保工作正确方向

始终坚持把党员干警的政治理论学习摆在首要位置，强化制度措施，丰富学习内容，务求取得实效。一是院党组制定印发了《关于进一步加强党组中心组学习的意见》和《关于进一步加强干警学习教育的意见》，坚持每月两次党组中心组学习、每周半天全院干警集中学习和“三会一课”制度，认真组织学习科学发展观、社会主义特色理论、党的十七届四中、五中、六中全会精神和十八大精神，认真学习贯彻省、市党代会精神以及市委、市政府重大决策部署，运用党的最新理论成果武装干警头脑，指导审判实践。二是组织开展“学习型法院、学习型法官”创建活动，坚持把学习渗透到审判执行各项工作的各个环节，着力营造乐于学习、善于学习、勤奋学习的组织环境，形成全员学习、全程学习、团队学习的浓厚氛围。三是采取专家讲座、院领导作辅导报告、干警进行学习心得交流、举办法官论坛、开展主题实践活动等形式，努力提高法官的思想政治水平，增强政治意识、大局意识和服务意识，切实把干警的思想和行动统一到党的十八大精神上来，统一到市委实施“三大战略”重大决策部署和实现转型跨越发展目标上来，确保法院工作在政治上、思想上、行动上始终与市委保持高度一致。2012年，甘肃省委常委、省纪委书记张晓兰和武威市委书记火荣贵、武威市市长李志勋等省、市领导亲临武威市法院视察指导工作，对市法院工作给予了充分肯定和高度评价，提出新希望、新要求，极大地鞭策和鼓舞了全市法院干警。

二、加强基层组织建设，夯实党建工作基础

坚持“抓党建带队建促审判”的工作思路，以开展“基层组织建设年”活动为契机，狠抓法院机关基层组织建设，健全完善党建工作保障机制，着力提高党员队伍素质，增强基层党组织的创造力、凝聚力和战斗力，充分发挥基层党组织战斗堡垒作用和党员先锋模范作用。一是院党组多次召开专题会议，研究部署机关党建工作和学习型党组织创建活动，组织广大干警认真学习贯彻有关文件和会议精神，做好思想发动工作，把党建工作于审判执行工作同部署，同检查，同考核，提高全体党员的思想认识，增强创建学习型党组织的自觉性和紧迫性。二是按照“支部建在庭上”的要求，将支部和党小组建在庭室上，建立健全机关党总支、党支部和党小组等各级组织机构，落实了领导成员，强化领导责任。凡是有正式党员3人以上的法庭都建立了党组织，不足3人的，与相关庭室联合成立了党组织，确保基层党组织的全覆盖，做到审判工作延伸到哪里，党建工作就跟进到哪里。三是实行党组书记负总责抓全局、把方向出思路，党组成员包支部、支部委员包小组、小组长包党员的三包责任制，坚持把机关党建工作纳入年度绩效考评范围，实行“一岗双责”管理，实现了党建工作与审判执行工作相促互动，相得益彰，形成了条块结合，上下联动、整体推进的党建工作新格局。四是院党组制定了《党组和党总支、党支部、党小组工作规则》、《关于党务公开的意见》及《党风廉政建设责任制实施细则》等20多项党建工作制度，确保基层组织建设各项目标、措施落到实处，取得实效。

三、开展创先争优活动，提升司法能力水平

认真贯彻落实市委关于开展“创先争优”活动的目标要求，组织党员干警深入开展“创先争优”活动，全面推行“一诺三评三公开”，努力提高党建工作水平。一是院党组制订了“创先争优”活动《安排意见》，加强组织领导，精心安排部署，从党组到党总支、党支部，从班子成员到普通党员，紧密结合工作职责，对照“五个好”和“五带头”标准，在广泛听取意见、提出可行事项、组织严格审核的基础上，进一步完善公开承诺书，明确争创标准，提出工作目标，及时通过局域网、活动专栏等途径，向干警和群众进行公示，自觉接受监督。二是通过召开组织生活会、开展“回头看”等方式，进行“一诺一评，一季一促”。即：党组书记对班子成员进行点评，党组成员对各支部进行点评，支部书记对本支部全体党员进行点评。通过点评，帮助党员理清思路，提出整改方案，强化争创措施，明确努力方向，提高工作水平。三是丰富活动载体。在各部门设立“先进示范岗”、“为民便民示范岗”，在干警中设立“优秀共产党员示范岗”、“优秀法官示范岗”和“优秀公务员示范岗”，充分发挥优秀党员的模范带头作用。组织开展“优秀共产党员”、“优秀法官”、“办案标兵”和“优秀裁判文书”、“优

秀调研文章”评比竞赛活动，开展岗位练兵、庭审观摩、案例研讨、司法警察专业技能培训等活动，全面提升法院队伍司法能力和水平。四是通过设立举报电话、举报箱，开通网络信箱，实行开门评警等多种形式，监督党员行为。推行党员干部公开廉政承诺，层层签订党风廉政建设目标责任书，健全和落实违纪违法责任追究制度、廉政监察员制度和司法巡查制度，严格落实“四个一律”要求和“五个严禁”规定，确保队伍公正廉洁司法。

四、丰富党建工作内涵，促进审判执行工作

坚持把党建工作与“发扬传统、坚定信念、执法为民”主题教育实践活动“群众观点大讨论”和“提质增效年”等活动相结合。教育引导党员干警进一步发扬党的优良传统，坚定理想信念，强化群众观点，增强群众感情，改进工作作风，提高司法水平，把群众观点作为执法办案的出发点和落脚点，把审判案件质量和效率作为法院工作的生命线，接待好每一位群众、调解好每一起纠纷、审判执行好每一个案件，让人民群众满意，经得起历史检验。2012 年，全市法院共受理各类案件同比增长 17.1%，结案率达到 98.6%。市法院受理各类案件同比增长 29.6%，结案率达到 99.8%。2010 年以来，市法院审委会讨论决定判决的案件，没有当事人上访缠诉的，没有省法院发回重审和改判的。

坚持把党建工作与“人民法官为人民”、“政法干警核心价值观”主题教育实践活动相结合，深化党的宗旨意识和“忠诚、为民、公正、廉洁”核心价值观教育，真正从思想上解决为谁执法、为谁用权、为谁服务的问题，从行动上提高执法办案、化解矛盾、服务群众的能力水平。深化反腐倡廉建设，坚持不懈地抓教育、抓管理、抓监督，保持党员队伍的纯洁性。把法院文化建设与学习型党组织建设融为一体，坚持正确的法院文化导向，丰富党建工作内涵，以党建工作引领法院文化建设，营造和谐向上的法院文化氛围，陶冶和净化干警的思想道德情操，催生了干警为民司法的动力，激发了法官执法办案的活力。今年以来，院党组主动适应人民群众对司法工作的新要求新期待，以解决涉诉信访案件为着力点，践行司法核心价值观，推出了新举措，取得了新成效。去年以来，组织开展了“院长下访”集中化解处理涉诉信访案件活动，实行定期接访、集中接访、预约接访、判后回访等信访工作机制，变“被动接访”为“主动约访”和“带案下访”，集中化解处理涉及群众利益的群体性上访案件、疑难复杂和历史遗留信访案件。截至目前，市、县区法院院长、副院长集中接访 129 批 213 人次，回访案件当事人 220 余人次，处理信访疑难积案 186 件。全市法院来信来访总量同比下降了 12%，市法院来信来访总量同比下降了 18%。2010 年以来，未发生新的赴省进京访和非正常上访事件。

坚持把党建工作与“作风建设年”活动相结合。以“筑牢坚强堡垒、服务三大战略、服务转型跨越”为主线，把学习宣传贯彻党的十八大精神作为改进司法作风的强大精神动力，制定了详细的学习宣传贯彻方案，突出主题、突出重点、突出特色，分阶段、分专题、有步骤地扎实推进，着力加强党员队伍思想作风建设和日常教育管理监督，引导党员干部带头学习提高、带头争创佳绩、带头服务群众、带头遵纪守法、带头弘扬正气，努力实现基层党组织领导班子好、党员队伍好、工作机制好、工作业绩好、群众反应好的目标。建党 90 周年，中院党总支、第四党支部分别被市直机关工委、市委评为先进基层党组织。2012 年，武威市法院民事审判第二庭荣获“全国法院先进集体”称号。2013 年，武威市法院民事审判第二庭庭长王德昌同志又获“全国优秀法官”殊荣。

坚持把党建工作与“联村联户、为民富民”行动相结合。以联民情、听民声、稳民心、解民忧、帮民富为载体，把党员干警积极主动为民解难题、办实事作为深化党建工作、创建学习型党组织的实践活动，组织党员干警进村社、进农家，联系群众，帮民富民，砥砺锻炼。截止目前，市法院 100 多名干警向联系户发放民情联系卡 280 多份，共征集到各类社情民意 400 多条，与当地法庭、派出所、司法所和人民调解组织协同调处 86 多起。市法院多方协调筹措资金 30000 多元，为联系点王家庄村修建了文化室，配备了电视机、电脑等文化娱乐设施，对王新庄组的电网进行了改造，配置了 80 千伏安变压器一台，解决了 56 户村民的生产生活用电问题。为 100 多户群众协调办理了 400 多万元妇女小额担保贷款的所有审批手续，已落实贷款 220 多万元。自筹资金，每年资助 1000 元资助 3 名贫困家庭学生完成学业。今年春天，筹措资金 40000 余元，为 213 户联系户每户送去 2 袋化肥，帮助开展春耕生产，深受广大群众好评。

坚持把党建工作与“效能风暴行动” 和“改进司法作风”教育活动结合起来。制定了《市法院关于进一步改进司法作风的七项要求》，向社会公开承诺：审判执行好每一个案件，做人民满意的法官，建人民满意的法院。以践行承诺为行动，提出“管理就是生产力，管理出质量，管理出效率，管理出公信力”的审判管理理念，把加强和创新审判管理作为法院转变作风、提高效能、服务大局、为民司法的有效保障，整章建制，完善审判管理制度体系，对重点部门、重点岗位实行月抽查、季督查、半年一次司法巡查、全年全面绩效考评，严格落实领导干部和干警违纪违法通报问责制度。开展了庭审和裁判文书“两评查”活动，共评查全市法院 2011 年以来所审结各类案件 12000 多份，一类案件达 99.45%，2013 年市法院受理的案件，审判期间有 2012 年的平均 51 天减少到 46 天，全年没有出现超审限案件。坚持从细节抓起，从为民便民的点滴做起，努力为群众提供方便、快捷、高效、舒心的服务。在办公楼前设立办事导示牌，大厅设置大屏幕显示屏和电子查询系统，实行主动引导“一站式”服务，方便立案人浏览查阅诉讼指南、立案条件、收费标准、诉状范本等资料。坚持把“亲民爱民为民”理念融入到一张笑脸、一句问候、一把椅子、一杯茶水、一个公正答复等具体的细节中，从语言表情、着装仪容、行为举止、庭审规范和对当事人态度等方面严格要求，整肃司法作风，树立法官良好形象。

【作者：武威市法院党组书记 院长】

在基层党建中强化组织认同

黄惠勇

十八大明确指出：全面推进各领域基层党建工作，扩大党组织和党的工作覆盖面，充分发挥推动发展、服务群众、凝聚人心、促进和谐的作用，以党的基层组织建设带动其他各类基层组织建设。近年来，湖南中医药大学以创先争优活动作为党建工作的重要抓手和有效载体，突出党员主体地位，以强化党员群众的组织认同为主线，重视基层党组织能力建设，将服务地方经济和人民群众、履行社会责任紧密结合，有效形成了党组织、党员和群众互动的良性循环，激发了基层党建工作活力。

在保障党员的基本权利，满足广大党员群众各种需求中强化组织认同

利益认同是组织认同的基础。政党是特定人群的代表，作为党员自己的组织，唯有保障党员群众的基本权利，关心党员群众的发展需要，帮助解决所遇到的困难，才能更好地激发广大党员群众对党组织的认同。

关心生活工作需求。生活和工作需求是人的最基本需求。为了给全校师生创造一个舒适温馨的生活和工作环境，我们在政策允许范围内尽可能地为党员群众改善工作和生活条件，解除他们的后顾之忧。校(院)每年单列党务专项经费，为学院“党员之家”配齐必要的办公设备，给每个学生支部提供一套工作间，配备一台电脑。建立健全定期走访慰问制度，对生活困难、长期有病的党员、老党员定期走访慰问，给予关心和照顾。

关注政治发展需求。随着党内民主建设的进步，党员群众具有越来越强烈的政治需求。关注政治需求就是关心党员、党员干部和群众在政治方面的成长与进步，保障党员的民主和发展的权利。近年来，我们不断加大培养选拔优秀党员干部的力度，对在教学、科研中做出贡献的党员特别关注，及时培养，合理使用尊重党员的主体地位，保障党员民主权利，保障党员对党内事务的参与权、知情权、选举权和监督权，营造党内民主讨论的氛围；认真总结创先争优活动中创造的公开承诺、“一会四评”、群众推优等经验做法，以制度方式固定下来，形成创先争优长效机制，通过凸显党员主体地位促进党员基于政治权益上的组织认同。做好党务公开，完善信访制度，让党员群众参与到创先争优活动中，让群众有渠道了解创先争优的开展情况，开展“双述双评”互动，在群众的监督中不断落实创先争优中为民服务的承诺和要求。

满足情感心理需求。人都具有不断提升自己、不断完善自我的内在需求。高校党员作为一个高知识层次的群体，对于高校提供的人际环境、职业发展平台及机会有更多的需求。我们注重党员对党内事务的积极参与，体现了对普通党员的尊重，也使普通党员体会到了自身的价值和尊严，从而增强了党员自身的责任意识，提升了组织认同度。建立健全了党内谈心、探访制度，对党员有职务岗位变动、工作遭受挫折、家庭遭遇变故等情况，党组织及时找党员本人谈心，真心实意帮助党员解决实际问题。凡是党员要求反映问题、汇报思想的，党组织认真倾听他们的心声，做好解释、疏导和劝慰工作。

在提升服务意识，满足党组织自身能力发展需求中强化组织认同

十八大报告提出，当前更加尖锐地摆在我们党面前的“四大危险”之一就有“能力不足危险”。基层党组织是体现党的执政能力和水平的基础平台，是联系党员的桥梁和纽带。高校基层党组织自身能力发展包括协助学校行政更好地服务教学、科研的能力，顺应环境正确决策的能力等。基层党组织自身能力的增强能更好地调动党员的积极性主动性，充分激发他们的工作热情，共同应对各种挑战，积极进行变革，从而确保基层党组织成为团结带领群众贯彻党的理论和路线方针政策、落实党的任务的战斗堡垒。

提高服务教学、科研工作的能力。校党委按照“政治好，讲奉献，有本领，威信高”的要求，切实加强基层党支部书记队伍建设。支部书记人选重点挑选政治素质好、学术造诣较高、有奉献精神和组织工作能力的党员，对他们在工作上压担子、给任务，在教学、科研、管理和服务第一线中考察、磨砺、锻炼意志品质和能力。坚持和完善基层学院领导班子党政联席会议，从制度上保证党总支对学院工作的监督和参与。同时在领导体制上实行“互兼制”，党支部书记兼任一定行政职务，从体制上确保党政、教学、科研为一体，保证三者有机结合，使广大党员群众有了组织、思想、业务上的归属感，使院系基层组织服务教学、科研、管理的能力不断提高。

提高正确决策的能力：正确的决策来源于对实际情况的周密调查。首先，建立健全基层党组织的调研机制。对于扎实深入基层、发现问题，提出行之有效、科学合理的对策建议的课题给予表彰和奖励。其次，完善沟通交流机制。充分发挥创先争优中涌现出来的先进基层党组织和优秀党员的先进模范作用，为其他基层党组织和党员个人树立标杆。建立寒暑期党员干部学习交流制度，既让本校先进基层党组织和优秀党员介绍经验，又邀请其他高校的先进基层党组织和优秀党员来校交流。通过交流相互启发，相互借鉴，找出不足，为基层党组织工作决策提供经验，指出方向。通过交流将优秀党员和先进基层党组织从幕后推到台前，彰显他们的成就和贡献，进一步增强广大党员群众的组织认同感。

在服务经济社会发展，满足学校自我定位需求中增强组织认同

高等院校担负着人才培养、科学研究、服务经济社会发展、文化传承创新四大职能，学校立足本地区本单位实际，利用人才、设备、信息等资源，为政府提供决策咨询，为企业解决技术难题，为个人提供再学习机会，为地方发展提供人才支撑、技术支持、文化支持和思想支撑，校党委通过组织为本地区经济社会发展服务来彰显党组织的作用，获得广大党员的普遍认同和人民群众的认可。

增强社会责任意识。社会责任意识对提高大学生的思想道德素质和促进社会和谐具有重要的意义，也是确保未来社会安定有序、国家长治久安的一大关键因素。志愿服务活动既是把理论知识应用于实际的过程，也是践行社会责任意识的实际过程。我们将志愿服务与创先争优结合起来，积极构建“123”志愿服务长效机制，即“提炼一种精神，实现两个融合，搭建三大平台”，推动志愿服务活动蓬勃发展。学校有 14 支固定的志愿服务实践团队，每年组织几十次大型义诊活动，其中组织实施的“社区高血压防治计划”成为“高校——大学生——社区”共同防治疾病的范例。第一中医临床学院率先启动“先心病救治工程”，儿童先心病普查组的足迹遍及望城、江华、洞口等 11 个县区，为 223 名患儿成功实施手术。同时，开展“服务三农发展、建设美好家园”活动，走向农村，走进农户，2012 年暑假有 13 支队伍参与“三下乡”活动，参加人数达 600 多人，惠及当地居民近 3 万人。

增强服务地方经济能力。结合地方经济和社会发展需要，结合学校自身优势，发挥专业特长，以服务求发展，增强科技创新能力，提升医疗服务水平贡献社会，使自身发展与区域发展实现双赢。我们主要从三个方面服务地方经济：一是为政府提供咨询，努力成为地方各级政府的“智力源”“资源库”“咨询部”；二是为企业解决技术难题，努力成为企业的“合作者”“智囊团”“课题组”；三是为个人提供再学习机会，努力成为市民或农民的“进修场所”。我校积极响应省委省政府中医药强省战略，主动参与服务区域经济发展。3 所直属附属医院突出中医特色治疗，实施品牌战略，涌现了一批享誉全国的“名中医”“名专科”，临床医疗服务水平显著提升，医院门诊量、病床使用率、年总收入等快速增长。利用“三下乡”活动，学校师生指导农民进行中药材规范化种植，撰写调查报告，为地方经济号脉献策。联合 5 家医药领域的高校、16 家医药企业和 8 家医院成立了湖南省中医药产业技术创新联盟，整合湖南省中医药产业技术创新资源，做大做强中医药产业。先后与常德、衡阳、怀化、张家界、湘西自治州等市州政府签订了战略合作框架协议，共建合作项目 100 多项。与三九集团、九芝堂集团等 30 多家企业建立了合作关系，开发中药新药 76 个，获国家专利 24 项，成果转让 14 项。建立了中药材 GAP 基地 50 多个，为地方经济年增产值 10 多亿元，为推动湖南省新型战略性产业做大做强作出了积极贡献。

【作者：湖南中医药大学党委书记】

结合坚定理想信念教育　加大党员教育管理力度

张建中

党组织对党员的教育管理，是党员加强党性锻炼和修养、坚定理想信念的重要途径，也是不断增强理想信念的重要保证。共产党员增强党性、坚定理想信念，主要靠自我修养，但党组织的教育管理也非常重要。实践证明，管不管、管得多还是管得少、管得严还是管得松，效果大不一样。为此，结合当前正在进行的增强理想信念专题教育，加强党员教育管理力度，对共产党员增强党性，保持纯洁性和先进性，具有重要的现实意义。

一要强化党要管党的意识。目前，基层党支部在党管党员、党管干部方面总体上是好的，但失之于松、失之于宽的问题也不同程度地存在着。有的支部管党员、管干部的意识淡漠，只重视业务工作，不重视组织建设，组织制度不落实、党日活动不经常，支部的服务保证作用发挥不充分。有的虽然也管，但往往是管工作多，管思想少；一时一事管得多，经常性管得少；靠行政手段、个人威信管得多，靠组织生活管得少。形式上看似管了，但并未达到管理的效果。以往党员干部发生的一些问题，固然与个别党员干部的自身素质有关，但支部疏于管理也是一个重要原因。因此，支部要充分认清肩负的责任，切实履行好党要管党的职责。

二要坚持党性原则，勇于开展批评与自我批评。认真开展批评与自我批评，是我们党的优良作风，也是党性原则的基本要求之一。现在，一些支部好人主义作怪，党内生活不太正常，民主生活会没有积极的思想斗争，你好我好大家都好。对正确的东西，不能大张旗鼓地支持和弘扬，对错误的东西，不敢理直气壮地指出和批评。特别是对违纪的党员，不能严肃执纪，在党性原则上装糊涂，只讲和气，不讲批评，只讲关系，不讲原则。个别的甚至对不良倾向采取自由主义态度，事不关己，少说为佳，对身边同志的缺点错误充耳不闻、视而不见，会下不提醒，会上不批评。可以说，现实生活中，一些同志走上错误道路，与他身边的好人主义不能说没有关系。因此，党支部要以对同志负责的精神，切实把党内生活严格起来，使我们的干部都成为党性很强的党员。

三要着力纠正党员领导干部参加双重组织生活少的问题。对党员领导干部的教育管理，是各级党组织的重点任务，也是目前相对比较薄弱的环节。这方面存在的主要问题是不敢管、不愿管、不善管，对党员领导干部的管理主要靠个人的自觉性，结果使个别党员领导干部成了比较特殊的党员。所以，党支部要把对党员领导干部的监督作为重点突出出来。正副书记和委员都要高度重视，一视同仁，敢抓敢管。同时，党员领导干部自己要自觉增强组织纪律观念，以普通党员身份参加所在支部、小组的生活，并本着“事无不可对党言”的精神，向组织敞开思想，诚恳地接受党员群众的批评和监督。

【作者：青海省人大常委会机关党委专职副书记】

坚持党的群众路线　提升提案工作水平

曾立玺

群众路线是党的生命线和根本工作路线，政协工作是党的群众工作的具体体现。贯彻党的群众路线，要求政协把增进团结和发扬民主贯穿于工作的方方面面和全过程，用群众观点指导政协工作是人民政协有效履行政治协商、民主监督和参政议政职能的根本。人民政协是党委、政府联系群众、团结各族各界的桥梁和纽带，提案是人民政协工作惠及群众、服务发展的一种最广泛、最直接、最有效的方式。实践证明，政协提案工作只有牢固树立起马克思主义的群众观点，才能真正自觉地贯彻党的群众路线，坚持从群众中来，到群众中去，坚持走群众路线，广泛听取各方面群众的意见，向党委、政府提出可资借鉴和可供操作的意见和建议；才能按照“围绕中心、服务大局、讲究质量、注重实效”的提案工作方针，认真落实《提案工作条例》和中办、国办《关于进一步做好政协提案办理工作的意见》精神，积极运用提案履行政协职能；才能不断提高提案质量、提案办理质量和服务质量，最终实现提案工作的“三个转变”，即实现由注重提案质量向注重数量质量并举转变、由注重提案“答复型”向注重提案“答复落实型”转变、由注重会议提案向注重平时提案转变；才能做到统筹协调，整合力量，形成党委重视、政府支持、政协主动的联动机制，以提高质量为基础，以增强办理实效为目标，以加强制度建设为保障，以人民群众满意为宗旨，不断探索，积极创新提案工作；才能促使提案产生明显的经济效益和社会效益，推动经济社会转型升级跨越发展，使改革发展的成果惠及千家万户、使人民群众得实惠。

一、坚持群众观点，创新工作方法，努力提高提案质量

在党员干部中开展群点观点，群众路线主题教育活动，旨在提高党员干部的树立群众观点、群众立场和群众路线的自觉性，增进党员干部群众情感的一次教育活动。对于政协提案工作来讲，树立群众观点、坚持群众立场、走群众路线就是要做到深入群众，联系群众，充分倾听群众的呼声，把群众的呼声和群众的需求反映给党委和政府，作为决策的依据和参考。《政协章程》明确要求“中国人民政治协商会议全国委员会委员和地方委员会委员要密切联系群众，了解和反映他们的愿望和要求”，政协委员来自于社会各方面，是代表人民群众的利益而到政协组织中参政议政的。政协委员要从思想感情上贴近群众，做人民群众的代言人，为党分忧、为民解难，履职、建言、立论要做到知民情、达民意、维护群众利益。政协委员只有做到亲民、爱民、重民，真心实意地为群众着想，才能经常深入到群众中去，体察民情，了解民意，积极向党委和政府反映群众在生产、生活、工作的真实情况和愿望；才能围绕群众关心的热点、难点和焦点问题，积极开展调查研究，听取群众的呼声，听取群众的意见，了解群众的困难和问题，然后通过去伪存真归纳成提案，为群众鼓与呼。政协提案工作机构也要深入基层、深入群众，充分了解基层群众的困难和问题，看他们有什么需求，对政府有什么建议，把委员提出的提案和群众的意愿，充分反映给党委和政府，以便于党委决策时参考。为此，我们不断寻求提高提案质量的途径和方法，注重提案产生的全过程，不断深入群众，充分倾听群众的呼声和诉求，把提案征集的重点放在抓好“五个环节”上，引导政协委员体察民情、听取民意、知情问政、提高提案质量，也就是通过抓好组织学习环节，使委员们不断提高对政协的性质、地位和作用的认识，进一步明确提案工作是政协履行三大职能的主要途径和主要渠道，从而增强委员们对重大事务、群众关心的热点、难点问题的介入感，启发提出提案的热情和积极性，提出有见地、有分量的提案；通过抓好调查研究环节，积极引导政协参加单位和委员广泛深入群众，充分调查研究，多渠道，多侧面地收集社情民意，认真掌握实情，慎重选题，提出精品提案；通过抓好知情引导环节，让委员知道上情，了解区情，体察民情，对问题抓得准，看得透，使所提提案能够围绕中心，服务大局，做到重点突出，建议可行，具有操作性；通过抓好审查立案环节，建立健全了审查立案制度，把好初审关、会审关、立案关，从而保证了提案质量；通过抓好表彰奖励环节，激励委员深入调研、倾听民声，了解民情，撰写出高质量的提案，提高了政协委员参政议政的能力。

二、坚持为民务实，创新办案方式，切实提高提案办理质量

质量是提案工作的生命。做好提案工作必须从群众利益出发，在着力提高政协提案办理质量上下功夫、做文章。

一是选准重点，领导督办。每次全委会闭会后，我们选择一些事关全局的重要提案由主席和副主席领衔督办。近年来，我们先后筛选了 50 件重点提案，分别由主席、副主席领衔督办。通过领导督办，有关石化支柱产业发展、物流新城建设、沿黄经济带开发、旅游业发展、新农村建设、城中村改造、城市基础设施建设、繁华商贸中心建设、水利基础设施建设、大气污染治理、教育资源整合、社会事业发展及社会管理等一批涉及全局性的提案得到落实，实现了委员满意、人民群众满意的目标。如由副主席领衔组织政协委员对《关于大力发展我区学前及幼儿教育的提案》进行了重点督办。在督办中，委员们获悉区政府切实加快我区学前及幼儿教育发展步伐，制定了

《西固区学前教育三年行动计划（2011～2013 年）》加大资金投入，先后建成了河口乡中心幼儿园、东川镇中心幼儿园、金沟乡中心幼儿园、东川镇马泉幼儿园并投入使用，从而使公办幼儿园不足的现状有所改变。

二是关注民生，联合督办。对于保障性住房建设、学前及基础教育发展、食品药品监管、城市管理、文化市场监管、环境卫生综合治理，就业及社会保障等事关民生的这类提案，我们与区委、区政府联合督查督办，加大办案落实力度，促使提案得到落实，见到实效，得到人民群众的肯定和赞扬。如在办理《关于加强食品药品安全监管力度的建议》的提案时，我们联合督办，促使相关部门联合执法，对西固辖区食品药品生产经营单位开展了“拉网式”检查，有重点地开展了学校、托幼机构、单位食堂、餐饮业等食品卫生质量化分级管理和医院、药店假冒伪劣药品、药械专项整治工作，给全区人民创造了一个良好的食品药品安全消费环境。

三是回头过问，跟踪督办。在承办单位办理提案的基础上，对办理情况进行疏理，选出一些热点、难点问题进行跟踪督办。对承办单位办理后列为“正在解决”或“计划解决”的部分重点提案，进行跟踪督办检查。通过座谈、走访等多种方式，推动了提案的办理和落实。如组织政协委员就八届一次会议、八届二次会议持续提出的《关于加强农村饮用水安全问题的提案》进行了跟踪督办。在督办中，委员们了解到区委、区政府按照“因地制宜、逐步解决、注重效益、建管并重”的原则，针对部分乡镇、街道的水资源条件，通过采取“一延二改三建”的方式，超前谋划，统筹安排，整体推进，农村人饮安全工作取得了明显成效。截至目前，已累计投入资金 2669 万元，其中国家投资 1261 万元、省市配套 960 万元、区级配套及群众自筹 448 万元，完成农村人饮工程 18 项，解决了 5.2 万人的饮水安全问题。同时，全区农村 7.1 万人的饮水已全部达到安全标准，自来水普及率达 93%。

四是实地视察，现场督办。从提案中选择一些办理难度比较大、落实起来切实有困难的提案，有针对性的邀请提案者参与提案督办工作，与承办单位一起进行现场调研、座谈讨论，促使提案办理工作“走出去”。委员与提案承办单位面对面研究磋商解决问题的措施和办法，促进了提案的办理落实，推动解决了一批与群众切身利益密切相关的民生问题。如在办理《关于尽快对环形东路水上公园至一支路口路段综合整治的提案》和《关于尽快修通公园门前 44 号-1 路的提案》时，区政协组织提案者进行了现场督办，分别实地视察了环形东路水上公园至一支路路段和 44 号-1 路综合整治施工现场。在现场办案与交谈中，大家了解到，区住建局高度重视该提案的办理落实工作，在接到提案之后立即召开专题会议研究提案办理有关事项，把办案与办实事结合起来，积极争取市建设局和兰州石化公司的资金支持，并分别制定了这两条道路的综合整治实施方案，并进行综合改造和整治，在计划的时间内完工，确保了道路的畅通，给政协委员交了一份满意的答卷。

五是面商征询，开门办案。办理单位创新提案办理方式，采取“请进来”开门办案的形式召开提案办理协商会，邀请政协委员参加会议，面对面介绍办理情况，征询提案者的意见建议。如市公安局西固分局和区文化广播影视局在分别办理《关于解决我区街道井盖丢失的提案》和《关于加强农村文化阵地建设的提案》等提案时，就采取“请进来”开门办案的形式，分别召开了提案办理协商会，面对面给委员分别介绍了西固公安工作情况和全区文化事业产业发展情况以及所承担的提案的办理落实情况，并分别征询政协委员对公安工作和文化广播影视工作的意见和建议，政协委员在提案办理非常满意的情况下现场签字，并对承办单位的工作给予了充分肯定，表示满意。

六是注重盘活，互动督办。注重盘活“四不提案”，即不立案的、不对路的、不采纳的、不满意的四类提案，我们不作简单化处理，而是认真分析研究，作为提案工作中的特殊环节，想办法、下力气予以盘活，使委员提案资源得以充分运用。特别是对一些事关发展和改善民生的超出本区职权范围的提案，如《关于加快石化产业链延伸的建议》、《关于加快西固区保障性住房建设的建议》、《关于加快治理西固区大气环境污染的建议》、《关于综合整治改造西固东西路的建议》、《关于综合整治改造西固公园的建议》、《关于支持兰州物流新城建设的建议》等 40 件提案，我们按行政管理权限，进一步整理完善盘活后，商请驻区的省、市政协委员向省、市政协会议提出提案，形成合力，上下互动，促使相关问题得以解决，收到了良好的效果。如在办理《关于加快石化产业链延伸的建议》的提案时，市区政协互动督办，市政协向市委、市政府呈报了《关于加快石化产业链延伸的调查报告》，引起了市委、市政府的高度重视，在完成《西固区可持续发展循环经济规划》的基础上，将石化产业园纳入经济区范围，享受经济技术开发区各项政策，给西固石化产业园区的发展注入了生机和活力。

三、贯彻群众路线，创新服务机制，不断提升服务质量

提高提案工作服务质量是提高提案质量、办理质量的重要前提。提案工作服务质量的好坏影响提案质量和办理质量，服务质量的提高取决于提案委员会的自身努力，取决于提案委员会的主观能动性的发挥。因此，政协提案委员会要在提案工作中坚决贯彻群众路线，要始终相信和依靠群众，坚持从群众中来，到群众中去，建立健全科学化的提案工作服务机制，保证履行职能要符合人民群众的根本利益。要提高为人民服务的本领，提高履行职能的质量和水平。想问题、办事情，不仅要有对人民群众负责的态度，而且要有为人民群众疏困解难的本领。这就要求我们要加强党的基本理论和中国特色社会主义理论体系的学习，加强人民政协理论和业务知识的学习，不断提高自己的思想政治水平和分析问题、解决问题的能力；要敞开胸怀、广纳善言，认真听取和反映不同党派、不同阶层、不同群体的合理意见和诉求，积极研究新形势下做好政协提案工作的特点和规律，进一步提高做好政协提案工作的能力。

一是用优质服务促进提案工作。为委员撰写提案服务，为承办单位办理提案服务，为新闻媒体宣传提案服务，是搞好提案服务工作的重点。为此，区政协加强了与三个方面的沟通和联系。首先加强与委员的沟通联系。通过委员学习、委员小组、委员双联帮扶以及重点提案督办、调研视察等活动方式，及时

向委员通报情况、提供咨询、传递信息，不断激发委员多提提案、提好提案的积极性。其次加强与党政督查部门的沟通与联系。积极磋商提案办理的有关事项，做好提案交办工作和联合督办工作，努力形成一个联合办理、整体推进、协调高效的工作机制。再次加强与承办单位的沟通与联系，及时了解和掌握提案办理动态，帮助承办单位明确办理要求，指导提案办理工作，解决办理过程中出现的新情况、新问题，敦促各承办单位把办理提案与办实事有机结合起来，认真做好提案办理工作。

二是用制度保证提案规范运作。近年来，我们在提案工作制度化、规范化、程序化建设方面做了许多工作，取得了显著效果。结合我区提案工作实际，认真学习贯彻全国政协、省市政协提案工作座谈会精神，不断提升提案办理工作科学化水平，修定完善了《中国人民政治协商会议兰州市西固区委员会提案工作条例》，并由区委办公室、区政府办公室、区政协办公室转发全区贯彻落实。同时，各承办单位也规范健全办理制度，不断完善办理工作规则。目前，我区从提案的书写、征集、审查、交办、办理、答复、落实、反馈等各个环节上都做到了有章可循、有据可查，促使提案工作走上了制度化、规范化、程序化轨道，全面提升了政协提案工作的科学化水平。

三是用激励机制促进提案工作。新一届区政协常委会重视发挥评先评优在提案工作中的激励作用，按照新修订实施的《提案工作条例》表彰优秀提案和先进承办单位之规定，与区委、区政府协商，从办理答复的提案和承办单位中分别遴选出10件优秀提案与区委办公室等9家先进承办单位，并在全委会会议上进行了表彰奖励。通过运用激励机制，充分调动政协委员撰写提案及承办单位办理落实政协提案的主动性和积极性，增强他们的责任感、荣誉感，促使政协委员更好地撰写高质量提案，促使承办单位更好地办理落实政协提案，切实提高落实率。

四是用创新宣传机制扩大提案社会影响。近年来，我们在继续抓好给区委、区政府领导报送《重要提案摘报》，《西固政协简报》提案专刊的同时，注重在媒体上特别是在互联网上全文公开重要提案150多件，通过媒体向社会宣传提案工作，一方面引起各承办单位的高度重视，认真办理提案，促使提案落到实处；另一方面自觉接受社会监督，扩大提案工作的社会影响。同时，进一步拓宽了提案工作宣传渠道，密切同省、市政协提案委、信息宣传处及新闻媒体的相互联系，先后在《人民政协报》、《民主协商报》、《诤友》等报刊杂志和互联网站上刊登提案工作宣传文章100余篇，注重宣传提案立案、交办、办理、落实情况，注重宣传承办单位办理提案的过程和实效，注重宣传提案办理产生的经济社会效益，提高了提案工作的社会知名度，扩大了提案工作的社会影响力，赢得了社会各界人民群众对政协提案工作的广泛关注与支持。

【作者：兰州市西固区政协提案法制民族宗教委员会主任】

坚持党的群众路线是做好职工思想政治工作的法宝

陈　龙

一、党的群众路线是做好职工思想政治工作的根本途径

人民群众是党的力量源泉和胜利之本。思想政治工作要坚持人民群众的主体地位，充分调动人民群众中蕴藏的巨大热情和创造活力，切实发展人民群众的民生福祉和现实利益。在革命战争年代，我们党坚持开展深入细致的思想政治工作，确保了同人民群众的血肉相连、休戚与共的亲密关系，赢得了广大人民群众的拥护和支持。在社会主义建设和改革开放时期，思想政治工作坚持体现党的意志与反映群众心声相结合，坚持尊重人理解人关心人与教育人引导人鼓舞人相统一，加强人文关怀，不断满足人民群众多方面多层次多样性的精神文化需求。实践证明，只有坚持以人为本，真正解决为了谁、依靠谁这一根本问题，才能使思想政治工作发挥强大的凝聚力和感召力，获得广泛的群众基础和社会基础。新形势下，面对人们利益诉求、精神需求的日益多样，自主意识、参与意识的日益增强，思想政治工作必须进一步贯彻以人为本的理念，坚持尊重社会发展规律与尊重人民历史主体地位的一致性，坚持为崇高理想奋斗与为最广大人民谋利益的一致性，坚持完成党的各项工作与实现人民利益的一致性，丰富人们的精神世界，增强人们的精神力量，更好地促进人的全面发展。

二、坚持党的群众路线，贴近实际、贴近群众、贴近生活地抓好职工思想政治工作

（一）思想政治工作坚持党的群众路线必须坚持贴近群众，把为人民谋利益作为我们思想政治工作者想问题办事情的出发点和落脚点。思想政治工作是以人为对象的，必然要求以人生存和发展得更好为出发点，必须全面贯彻以人为本的理念，促进人的全面发展。尊重、爱护、关心职工是构建和谐企业的关键，因此在实际工作中要始终遵照思想政治工作的基本规律，力求做到以理服人、以情感人，宣传先进、鞭策后时，找准问题、对症下药，科学创新、寓教于乐，勤于实践、营造氛围。一线职工思想政治工作就是要贴近职工，贴近群众，既讲道理，又办实事。要通过解决问题，办实事，将组织的关怀和温暖送到职工的心坎上。职工生产生活中存在的突出问题，往往就是职工的切身利益问题，是热点和难点问题，也是职工迫切需要解决的实际问题。思想政治工作就是要从实际出发，查找、找准职工生活中反映最强烈、最不满意、最迫切需要解决的突出问题，并认真制定解决的措施。措施要具体、实在、可行，既有总体安排，又有分步实施的要求；既有长远规划，又有阶段性要求；既有明确目标，又有解决问题的具体措施和办法。对问题的解决不能推诿扯皮，敷衍了事，也不能搞短期行为，要做到善始善终，使职工满意。要始终坚持实事求是的

原则，增强群众观念，加强群众工作，注重工作方式，更加关心和体贴群众，敢于抓“热点”、碰“难点”、解“疑点”，使思想政治工作在实际工作中富有生命力和战斗力，从而不断提高思想政治工作的针对性、有效性，只有这样才能更好驾驭思想政治工作，才能收到成效。

像我公司深刻认识到，职工是企业的宝贵财富，“要想让顾客满意，首先要让自己的职工满意”，要做到让职工满意，最为关键的还是提高职工工资和待遇，关心他们的成长，给成就事业的平台，这样才能收获职工对公司的热爱和忠诚。为此，我们争取行业主管部门及各方面的支持，在保证自身生存的基础上，努力寻找企业得以继续发展的资金，扩大经营场所，拓展副业营收，弥补主业的弱势，保证了经营任务的超额完成，使职工收入也随之逐年提高。同时，抓好分配方案的研究，制定既能符合生产经营实际，又能激发职工工作积极性，从而达到提高职工工资收入的分配方案，有效地促进企业与职工实现健康持续发展。

（二）思想政治工作坚持党的群众路线必须坚持贴近实际，增强思想政治工作的针对性、实效性、吸引力和感染力。随着社会的发展，职工职代会结构已发生了变化，职工的思想方式、价值观念与过去相比已有很大的不同，为此我们的思想政治工作要根据这一特点，有的放矢、对症下药，有针对性地强化质量、安全教育，要进行为企业赢得社会效益和经济效益的教育。思想政治工作坚持党的群众路线必须创新方式方法。要善于在实践中能动地认识思想政治工作特点和规律，能动地加强和改进思想政治工作，坚持一切从实际出发、实事求是的原则，积极主动地开展思想政治工作。要把思想政治工作摆到正确的位置上，紧紧围绕企业中心任务开展思想政治工作，防止和纠正思想政治工作与经济工作脱节的现象，掌握好思想政治工作的主动性。做好新时期企业思想政治工作，就要分析当前经济社会发展的新特点、新规律，不能因循守旧地沿用老一套说教式的工作模式。思想政治工作的方式要灵活多样，要打破以往反复说教、读书念报的简单模式，采取灵活多样的形式，如精心组织一些谈心会、讨论会，甚至辩论会等。同时要进一步发挥媒体作用，丰富思想政治工作的新科技含量。充分利用手机和网络等现代通讯工具，建立覆盖全体职工的现代化思想政治工作网络。将思想政治工作的相关内容制作成电子期刊、手机彩信等及时传播给一线职工。对思想政治工作的内容，要不断地赋予其新的内涵，要与企业文化紧密结合，找到最佳结合点，通过开展一些读书心得交流、读书演讲、法制案例分析等活动，寓教于乐，使职工在潜移默化中接受教育。

（三）思想政治工作坚持党的群众路线必须坚持贴近生活，必须以“情”感人。在解决形势变化和政策调整时反映出的思想问题要倾注“实情”，就是用心熟悉基本情况，留心观察职工生活中的细微变化，潜心探索内在规律，把握思想脉搏，坚持不懈地做好说服教育、解疑释惑、提高认识、统一思想，化解矛盾的工作。在解决职工个人生活中由实际困难引起的思想问题时要融入“真情”。下功夫把解决思想认识问题同解决工作、生活上的实际问题结合起来，立足于现有条件，发挥组织优势，千方百计地为对方排忧解难。在解决个人理想前途出现的思想问题时，要充满“感情”。要从感情上及时给予接近、体贴和帮助，将心比心地想着双方，开诚布公地引导对方，真正从感情上唤起和调动群众的积极性和创造性。在解决首先道德方面出现的问题要坚持原则，破除“私情”。原则性问题，不能用“私情”来迁就，必须从讲政治，讲正气的高度予以揭露、批评，及时抓住苗头，加强道德、纪律和法律教育，做到有错必纠，弘扬正气。

总而言之，我们一定要牢固树立群众观点，带着对人民群众的感情去做思想政治工作，老老实实向员工群众学习，切实了解员工群众的思想和利益要求，研究员工群众思想观念的变化，把做员工群众思想工作与帮助员工群众解决实际问题结合起来，既讲道理又办实事，既以理服人又以情感人，在办实事中贯穿思想教育，通过解决现实问题引导员工群众提高精神境界，把思想政治工作贯穿于企业生产、经营和管理的全过程，为实现中华民族伟大复兴的“中国梦”、推进中国特色社会主义事业注入强大的精神力量。

【作者：湛江海滨宾馆有限责任公司党委书记 董事长】

以群众路线提升企业党建工作水平

顾建华

习近平总书记在党的群众路线教育实践活动工作会议上强调，群众路线是我们党的生命线和根本工作路线，实现党的十八大确定的奋斗目标，实现中华民族伟大复兴的中国梦，必须紧紧依靠人民，充分调动最广大人民的积极性、主动性、创造性。

国有企业党组织具有联系群众广泛的政治优势，在团结带领职工群众攻坚克难、开拓创新、奋勇前进的征程中，要努力把党组织的先进性转化为企业发展的强大动力，必须紧紧围绕改革发展和生产经营中心工作，切实转变工作作风，全心全意为职工群众服务，着力解决职工群众反映强烈的突出问题，赢得职工群众的信任和拥护，为推动企业持续健康发展提供可靠的人力资源、智力支持和思想保证。

一、发扬民主，走群众路线，转变对职工的工作态度

企业的物质财富和精神财富主要是靠职工群众创造的，职工群众是兴企之本、办企之根，是企业兴旺发达的根本保证和永不枯竭的源泉。对待职工群众的态度是一个根本的立场问题，是唯物史观和唯心史观的分水岭。作为企业的管理层，想问题办事情必须坚持群众观点，走群众路线，做到相信和信任职工，一刻也不脱离职工，坚持民主管理、民主决策，充分发

挥广大干部、职工的聪明才智，避免个人专断、官僚主义等。企业的改革发展必须立足于相信和依靠广大职工，把政策原原本本地交给职工，把困难和问题明明白白地告诉职工，把企业发展的前景清清楚楚地讲给职工。在抓各项工作落实中，细心体察群众的情绪，通过说服教育、示范引导、提供服务等方式，让职工群众对企业改革发展的举措发自内心地认同和依赖，调动广大职工的积极性、主动性和创造性，为企业发展献计献技献力。

二、树立“人才资源是第一资源”思想，充分挖掘人才潜力

“人才资源是第一资源”，要积极实施“人才强企”战略。企业的发展靠产品，产品的发展靠人才，人才的成长靠培育。作为一个企业，必须抓好科技人才、管理人才和工人中的高技能人才三支队伍建设。加强人才队伍建设，必须实施“一把手工程”，党政一把手亲自抓亲自管。在感情上、待遇上、事业上吸引人才、留住人才、使用人才的同时，一定要着重抓好人才的教育和再提高，根据不同岗位的需要，采取岗前培训、职工从业资格鉴定、脱产轮训、在岗学习、选送外出深造等方式，做出周密的计划安排，使人员、时间、内容、经费等落到实处，使他们的专业知识得到更新，专业技能得到提高，同时注重挖掘和激发职工的潜能，帮助职工实现个人的价值、成就事业。要通过宣传和鼓励，激发职工的工作激情和劳动热情，振奋精神，以高昂的斗志和士气，为企业的发展去创新和拼搏：教育职工协同作战，步调一致，团结和谐，共谋发展。要培养职工诚实守信、爱岗敬业的精神，对企业忠诚，对用户讲信用，把职业视为使命，尽心尽责，岗位奉献。

三、全方位多层次关爱和善待职工，实现工作目标

企业关爱职工，职工则关爱企业，企业善待职工，职工则回报企业。人是有感情的，要重视感情和心灵的力量，带着对职工群众的深厚感情去做工作，从感情上、政治上、经济上、生活上去了解职工的需求，给予充分地满足，切实保障职工群众的各种基本权益，真正做到诚心诚意为职工群众办实事，尽心竭力解难事，坚持不懈办好事。

1．对职工群众要着眼于亲情、友情，爱心管理。职工群众的心，是企业的根，是无价之宝。要多做平衡心理、解疑释惑、温暖人心的工作，让职工心通气顺、心情舒畅、精神振奋地投入到工作和生产中去。谈心是情感沟通的好办法。作为管理者与职工谈心一定要摆正位置、掌握技巧，做到平等待人、平易近人，积极营造团结互助、平等自由、宽松和谐的人文环境。要经常换位思考、将心比心、设身处地，切忌居高临下、盛气凌人。要多用讨论式、互动式的启发方式，动之以情、晓之以理，了解职工的情绪，摸清职工的脉搏，因人而异，区别对待，对症下药。职工心情舒畅了，就能充分发挥积极性、主动性、创造性。

2．对职工群众要尊重、信任、维权，让职工活得有尊严。尊重职工的人格，真正发挥工会、职代会民主管理、民主监督、民主决策的职能，让职工知情参政，增强工作的透明度，做好厂务公开。当职工感到被信任、被欣赏时，他们的工作效率就会提高，就有动力把工作做得更好。要通过教育引导、激励制约等途径，促使职工向着积极进取的方向发展。

3．要保障和维护好职工的合法权益。必须把改革的力度、发展的速度和职工可承受的程度统一起来，以改革促进和谐，以发展巩固和谐，以稳定保障和谐。凡涉及到职工权益的重大问题必须经职代会讨论通过，做什么事情都要考虑职工答应不答应、高兴不高兴、满意不满意。同时要教育职工正确对待个人利益与集体利益、眼前利益与长远利益的关系。要通过艰苦细致的工作，特别对一些热点、难点、重点、敏感性问题，采取积极主动的措施，及时进行化解，把问题解决在萌芽状态，保持好企业内部的平安和稳定。“群众利益无小事”，作为企业的管理者一定要心里装着职工、凡事想着职工、一切为了职工。要千方百计地为职工群众办实事、办好事，满足他们的物质、精神、文化需求。把群众的冷暖疾苦时刻挂在心上，围绕职工最想、最盼、最急的事情，从大处着眼，小处着手，把关心职工的工作做好做细做实。要注重实际效果，把解决思想问题与解决实际问题结合起来，重视多层次、多样化的需求，对不同群体、不同个人具体对待。特别要关心困难职工，多做一些“雪中送炭”的工作。

【作者单位：铜陵化学工业集团有限公司供销公司】

发挥基层党组织在石油企业思想政治工作中的重要作用

黄爱东　周金霞

在新的经济发展形势下，基层党组织在石油企业的思想政治工作中发挥着非常重要的作用。随着市场的经济发展，我们需要根据企业的发展目标和经营管理状况，为基础党组织建设提供新生的源动力，充分做好员工的思想政治工作，为探索新的途径和内容做出贡献。我国的石油企业在这种大环境的影响下，企业的工作内容，企业愿景等都发生了巨大的变化。因此，我们要大力加强基层党组织建设，根据科学发展观的要求，推动企业的思想政治工作的有效开展，稳固员工团队，活跃经营氛围，以期提高企业的经济效益。

一、基层党组织在石油企业思想政治工作中的影响力分析

（一）正确认识基层党组织的作用

企业的经济工作有其固有的属性及规律，必须运用科学有效的经济管理手段，来对企业的经济发展进行监管，而不是用领导政权去压制。企业的经济建设的内在规律，决定了行政领导在企业组织中的重要地位。石油企业等国有大型企业，必须加强党的领导班子的建设，充分发挥党组织在思想政治工作中的核心作用，组建先锋模范党员团队，坚持国有企业的文明建设使命，努力朝着社会主义方向发展。

（二）充分发挥基层党组织的作用

要想充分发挥基层党组织的重要作用，首先要确保党组织

书记的领导作用落到实处。思想政治工作是每一个基层党组织的任务与使命，这就要求党组织中的书记具备比企业其他领导更好的党性觉悟和专业素养，不仅要懂得企业的业务发展决策，还要带头搞好党组织的建设工作。

（三）理清基层组织与行政组织的联系

基层党组织与行政组织分别隶属思想政治管理和行政管理的范围，党组织是思想政治的核心，行政组织是企业生产的中心，两者之间相互独立，却又相互联系，都是企业不可或缺的重要组成部分，共同对企业的发展做出贡献。

二、研究思想政治工作中的新的发展途径

在新的经济发展情势下，要充分发挥基层党组织在思想政治工作中的作用，就要积极思想政治工作的新途径。

（一）领导干部要起到带头作用

领导干部的言行举止，对广大的企业职工的影响极大。正所谓“强将手下无弱兵”，一个称职的好领导，一定会带出一个好的团队。

（二）及时对困难员工伸出援手

在思想政治工作中，对困难员工及时伸出援手，就是对企业员工最有效的思想教育。对于员工合理的要求，企业要及时给予解决，耐心地做好员工的思想政治工作，充分体现员工的主体地位。

（三）公平、公正、公开的管理手段

企业在实施管理制度的时候，应注重公平、公正、公开的原则，避免任人唯亲，对所有员工一视同仁。任何不公平、不透明的执政管理方式，都会大大挫败员工的士气。

（四）注重思想政治工作的导向性

在企业的思想政治工作中，要充分发挥基层党组织的作用，弘扬党的精神，抑制歪风邪气的滋长。在思想政治工作中，还应注重法律制度和文化生活对于企业的发展作用。

结合实际，做好员工的思想政治工作，我们必须根据企业的实际情况，找出关键因素，为基础党组织建设提供新生的源动力。基础党组织的建设，必须符合企业的发展目标和经营管理状况，充分做好员工的思想政治工作，为探索新的途径和内容做出贡献。目前，在石油企业基层党组织建设的工作中，存在着一些问题，需要引起我们的正视。一是，石油企业的基层员工众多，且大多是技术人员，每个人的技术水平都参差不齐，专业知识与职业素养也有很大的差异，在此种情况下，基层党组织的建设工作力度就显得很小、工作难度也很大。再者，这些基层员工的年龄、背景也不同、对于基层党建工作的认识很片面。在企业的实际工作中，企业的主营业务量繁多、工作任务重，兼职党务工作的人员，对党务知识的了解不够透彻，管理不到位，以致不能充分调动企业员工的积极性，导致企业的凝聚力和向心力得不到发挥，严重影响到企业的思想政治工作的开展。因此，要积极做好思想政治工作的宣传，明确职责目标，让员工充分了解党建工作的任务，为企业的和谐发展打下牢固的基础。

面对变幻莫测的市场形势，石油企业等大型国有企业应该充分发挥基层党组织在思想政治工作中的重要作用，巩固党的执政地位，明确党的执政方针，强化企业基层思想政治工作的重要性，不断开拓党组织建设的新篇章。结合企业发展的实际情况，提高企业员工的党性觉悟，充分做好员工的思想政治工作，体现员工的社会主体地位，正视自身的不足并及时改正，为企业的快速发展提供有利的保证。

【作者单位：大港油田沧州实业公司】

把解决问题贯穿始终

崔洪海

按照省委要求，今天我们召开党的群众路线教育实践活动工作会议，对我们省食品安全办、食药监局开展教育实践活动进行动员部署。下面，我代表省食品安全办、食药监局党组，就如何开展好这次党的群众路线教育实践活动讲几点意见。

一、提高思想认识是搞好教育实践活动的基本前提

教育实践活动是中央加强党的建设的重大部署，是新形势下党要管党、从严治党的重大决策，党心所系，民心所向，事关全局，意义深远。当前，我们正处在食品药品监管体制改革过渡期，开展教育实践活动对我们食品药品监管系统来说，具有更加特殊的意义。我们一定要深刻认识开展教育实践活动的重大现实意义和深远历史意义，提高认识，统一思想，切实增强开展活动的自觉性和主动性。

（一）开展党的群众路线教育实践活动，是抓好全省食品药品民生工程的必然要求。

食品药品安全是最大的民生，天大的事情，责任重于泰山。当前，事关人民群众切身利益的饮食、用药问题，已经在一定程度上影响了政府的公信力，影响了党群关系，干群关系。我们作为食品药品监管的主要职能部门，一定要从大局出发，以高度的事业心和责任感来做好食品药品安全监管工作，只有不断加强党员、干部和人民群众的血肉联系和鱼水深情，才能心怀群众、心怀百姓，才能生发出切实做好民生工程的内在动力，才能切实增强解决事关人民群众切身利益突出问题的自觉性，才能切实增强做好食品药品监管工作的责任感和使命感。同时，我们也应清醒的看到，我国食品药品安全工作形势严峻，任务繁重，制约因素错综复杂，做好食品药品安全工作，任重而道远。我们必须以对党和国家工作大局负责、对人民群众负责的态度，怀着对人民群众的真情实感，深入开展好教育实践活动，使教育实践活动催生出更加务实的工作作风，更加强大的工作动力，做出让人民更加满意的成绩。

（二）开展党的群众路线教育实践活动，是加强全省食品

药品监管队伍建设的迫切需要。

食品药品监管工作的根基在人民、血脉在人民、力量在人民，这就决定了我们的工作只有植根于广大群众实践，才会焕发出无穷的动力。当前，食品药品安全工作面临的形势依然严峻，我们的监管法规制度、基础设施、执法装备、检验检测、信息化建设都需要进一步加强，全面提高监管部门干部素质、执法水平、监管能力迫在眉睫。我们要通过这次教育实践活动，不断强化党的宗旨意识，积极教育引导党员、干部认清形势，明确任务，转变监管理念，创新监管方式，采取走出去、请进来的方法，大力推进监管能力建设，使同志们都成为食品药品监管工作的行家里手，打造一支“为民务实清廉”的食品药品监管队伍。

（三）开展党的群众路线教育实践活动，是加强全省食品药品监管系统工作作风建设的重要途径。

党的群众路线教育实践活动主要任务是作风建设，作风好，事业兴。我们食品药品监管部门有审批权、检查权、执法权和检验检测权，这是履行职责、保障食品药品安全所需，但权力也是把“双刃剑”，用好可以为群众办好事、办实事；用不好，也能给干部带来政治风险和后患。我们要以这次深入落实党的群众路线教育实践活动为契机，对全体党员、干部政治素质和工作作风进行一次大排查、大检修、大扫除，对突出问题最大程度地予以解决，以达到净化思想、强化队伍、警示干部、保护同志的目的。目前，省食品安全办、食药监局党员、干部总体而言是好的，也是积极向上的。但是，我们也要清醒地看到，一些党员、干部对工作缺乏激情，对事业没有更大的追求，缺少创业创新争一流的内在动力，作风疲沓，纪律松弛；还有个别党员、干部乱用职权，不给好处不办事，给了好处不讲原则地乱办事，等等。我们要通过深入开展教育实践活动，着力解决这些问题，使每位食品药品监管系统的党员、干部真正树立起“为民务实清廉”的良好形象。

二、抓住关键环节是搞好教育实践活动的有效途径

按照中央和省委要求，开展党的群众路线教育实践活动，要以“为民务实清廉”为主要内容，以县处级以上领导机关、领导班子和领导干部为重点，以贯彻落实中央八项规定和省委十项规定为切入点，以“狠抓落实年”为着力点，以“照镜子、正衣冠、洗洗澡、治治病”为总要求，强化正风肃纪，坚决反对形式主义、官僚主义、享乐主义和奢靡之风，认真解决工作不落实的问题，大力倡导清廉、敬业、和谐、务实、创新、学习“六种风气”，实现“使党员、干部思想进一步提高，作风进一步转变，党群干群关系进一步密切，为民务实清廉形象进一步树立”的目标。结合省食品安全办、食药监局的工作实际，我们要在“学、查、改、建”四个关键环节上下功夫。

一是“学”。即：搞好学习教育。要采取精读原文、领导辅导、专题讲座、事迹报告、交流学习体会、全员讨论、个人自学等多种方式，提高认识，统一思想。要组织党员、干部重点学习中国特色社会主义理论体系、党章和党的十八大报告以及党的光辉历史和优良传统等资料，要深入学习党的十八大以来习近平总书记关于加强党的建设，特别是加强作风建设、贯彻党的群众路线的一系列重要讲话精神。学习省十次党代会和省委十届一次、二次全会精神。领导班子和领导干部要带头学习，并在学习报告会上谈学习体会。机关各处（室）、直属单位要按照学习内容，制定具体学习计划，组织党员、干部集中学习培训，专题讨论。每名党员、干部都要有学习笔记，并结合实际撰写学习体会。

二是“查”。即：搞好问题查摆。坚持开门搞活动，深入找问题，通过实地调研、走访座谈、个别谈话、问卷调查、暗访相对人等多种形式，沉下去摸情况，静下心听意见。省食品安全办、食药监局领导班子和班子成员、机关各处（室）正副职、各直属单位领导班子和班子成员都要按照“为民务实清廉”的要求，通过群众提、自己找、上级点、互相帮的方式，认真查摆“四风一顽症”和监管能力不适应方面的问题。要召开高质量民主生活会、支部专题组织生活会，开展自我剖析，严格对照检查，认真撰写对照检查材料，深刻查摆思想和作风上的问题。要敢于揭短亮丑，动真碰硬，以触及灵魂的态度让党员、干部红红脸、出出汗、排排毒。

三是“改”。即：搞好整改落实。主要是针对查摆出来的突出问题、征求到的意见建议、专题民主生活会上提出的整改措施和政策建议、上级督导组的意见建议等，明确整改任务和时间进度表，进行整改落实。打铁先要自身硬，各级领导班子要坚持围绕中心、服务大局，全面贯彻落实党的十八大提出的各项任务要求，紧紧围绕“保持党的先进性和纯洁性”这条主线，以“为民务实清廉”为主要内容，把作风建设放在突出位置，着力解决“四风一顽症”和监管能力不适应的问题，全面贯彻落实中央八项规定和省委三十二条具体规定。认识要高一层，学习要深一步，实践要先一着，剖析解决突出问题要好一筹，努力在提高群众工作能力、密切党群干群关系、全心全意为人民服务上取得实际成效。

四是“建”。即：搞好建章立制。解决问题，改进作风，保持长久长效，根本要靠制度、靠规矩。要把梳理问题和梳理制度结合起来，把中央和省委要求、实际需要、新鲜经验结合起来，有针对性地完善制度体系，制定新的制度，完善已有的制度，废止不适用的制度，构建作风建设的长效机制。要用严明的制度、严格的执行、严密的监督，固化群众路线教育实践活动的成果，促进作风建设落实的常态化、长效化。

三、解决突出问题是搞好教育实践活动的核心要求

解决形式主义、官僚主义、享乐主义、奢靡之风、工作不落实和监管能力不适应问题，是我们开展群众路线教育实践活动的着眼点、着力点，也是确保活动取得实效的关键点。其中，解决“四风一顽症”问题，是中央和省委统一安排的“规定动作”；解决监管能力不适应问题，是从省食品安全办、食药监局实际出发确定的“自选动作”。对于“规定动作”，我们要不折不扣做到位；对于“自选动作”，我们要全力以赴做精彩。近日，通过问卷调查反馈，反映比较集中的问题主要有：历史遗留的团购房久拖不决问题、机关用车不足问题、办公用房紧缺问题、监管队伍专业素质不高和深入基层调研不够等。搞好党的群众路线教育实践活动，就是要着力解决群众反映强烈的突出问题，群众期盼的，就是我们应该干的，新班子也要解决老问题。不管这个问题有多难，拖的有多久，都要迎难而上，逢山开路，遇水架桥，千方百计加以解决。很多事都是事在人为，路就在脚下，只要我们精神不滑坡，办法总比困难多。只要我们把群众的渴望和需求作为我们工作的出发点和落脚点，时刻把群众的冷暖和安危放在心头，团结群众，依靠群众，就没有解决不了的难题，就没有攻不破的堡垒。

人是办实事、解难题的关键因素。就省食品安全办、食药监局来讲，要切实解决上述问题，必须以队伍建设为切入点，着眼“合、学、用、廉”四个方面，打造和谐机关、廉洁机关和学习型机关。

一是“合”。即：搞好团结配合。开展教育实践活动，为加快省食品安全办、食药监局机构整合、工作磨合、队伍融合提供了有利契机。同志们要抓住机遇，通过在一起学习培训、座谈讨论、查摆问题、开展批评与自我批评等活动，增进互信，加强交流，破除部门思维惯性和本位思想。要严格要求自己，以事业为重，以大局为重，以团结为重，“闲谈莫论人非，静坐常思己过”，不说影响团结的话，不做破坏团结的事。要真诚交往，搞“五湖四海”，在推进教育实践活动深入开展的过程中，加快队伍磨合和融合进程，增强干部队伍的凝聚力、向心力和战斗力。要用最短时间形成团结统一、协调配合、指挥顺畅、落实有力的食品药品监管工作新格局，开创吉林省食品药品监管工作新局面。

二是“学”。即：搞好学习培训。打造高素质干部队伍，是开展教育实践活动的题中应有之义。通过征求意见我们了解到，当前，我们相当一部分食品药品监管人员存在着监管能力不适应的问题，突出表现在：对食品药品监管工作面临的新形势、新问题、新特点研究不深入，责任感、使命感不强；监管队伍专业结构不合理、业务知识学习不全面、执法检查能力不足；创新意识不强、监管方式滞后、监管水平不高等方面。强化学习培训，提升业务素质和监管能力，是摆在我们面前的一项重要任务，是我们开展教育实践活动的自选动作，也是我们要解决的突出问题。今后，我们将在全省系统组织开展岗位普法练兵活动，强化全员教育培训，并适时筹划举办全省食品药品知识大赛，提高公众对食品药品监管工作的关注度。在抓学习、提素质、强能力方面，我们将以联合办学的形式，对全办、局干部职工开展知识更新即第二学历教育，学费凭毕业证据实核销。具体办法由人事处、宣教处抓紧制定，男同志 55 岁以下、女同志 52 岁以下，都要搞第二学历学习，力争用三到五年时间，完成系统干部职工的知识结构更新，将系统干部职工的学历提高到一个新的层次，为履行好各项食品药品监管职责打下坚实的能力基础。

三是“用”。即：端正用人导向。开展教育实践活动本身也是发现、考察、评价干部的过程。省食品安全办、食药监局党组一定会坚持正确的用人导向，坚持公正、公平、公开，不会畸重畸轻，更不会厚此薄彼。要遵循“品行端正是前提，群众公认是基础，能力水平是条件，工作实绩是根本”的原则，把是否想干事、会干事、敢干事、干成事作为考核评价、选拔任用干部的根本标准，确立科学的政绩观与业绩评价体系。“牌要出正张，人要走正道”。我们党组就是要坚持以德为先选用干部，做到能者上、庸者让、违者究。对那些德才兼备、敢抓敢管、扛事顶硬、能打硬仗的干部要大力使用；对那些好大喜功，打空拳、出虚招、无实绩、挖空心思找人说话、跑官要官买官的干部，要坚决靠边站；对搞特权、谋私利甚至违法乱纪的干部，发现一个处理一个，严惩不贷；要给勤勉敬业、精通业务、敢于碰硬的中坚力量展现自身价值、实现理想抱负的舞台；要让为人正派、勇于担当、经验丰富的老同志心情顺畅、老有所为。

四是“廉”。即：保持清正廉洁。教育实践活动的主要内容是“为民务实清廉”。常言道：“公生明，廉生威”。不廉洁，就没有威信，就没有公信力，更谈不上执行力。特别是我们食品药品监管这样的执法部门，离开了“廉”字，简直是寸步难行。在这个方面，今后凡是拟提拔副处长的人员，一律派驻监察室或政策法规处挂职锻炼，接受廉政勤政教育，提高政策法规水平，提高依法行政能力；拟提拔正处的干部，要安排参加好每年省委党校（省行政学院）等机构的培训学习。这次改革后，我们的监管领域进一步拓宽，行政权力进一步加大，我们必须要时刻绷紧廉洁从政这根弦，切忌与监管服务对象搅在一起，沆瀣一气，徇私枉法，损害人民群众的根本利益，损害党和政府的公信力。我们开展教育实践活动，就是要着眼于自我净化、自我革新，清洗污垢、整理容装，放下包袱，轻装上阵，着力解决作风不正、不实和行为不廉问题，提振党员、干部的精气神，以清正之气、清廉之心、清白之身，真正行使好党和人民交给的权力，干出一番事业，滋养一股正气，也留得一世清名在人间。

四、加强组织领导是搞好教育实践活动的根本保证

搞好群众路线教育实践活动，必须加强领导，明确责任，搞好检查，狠抓落实。

一是要成立领导机构。省食品安全办、食药监局已成立了党的群众路线教育实践活动领导小组，由我担任组长，友维、洪志、彦清和茂义同志任副组长。领导小组下设办公室，负责对教育实践活动的具体指导，彦清和茂义同志分别兼任办公室主任和副主任。在办公条件极为紧张的情况下，专门腾出办公室，并保障了办公用车、办公设施等。各级党组织也要成立相应的机构，全面负责本处（室）、本单位教育实践活动，主要领导要认真履行第一责任人的职责，率先垂范，做到一级抓一级，一级做一级的“镜子”，形成上级带下级、下级学上级的良好氛围。

二是要坚持统筹推进。开展教育实践活动，不能游离中心工作、脱离自身职责。各单位要把教育实践活动当作重要机遇和强大动力，坚持统筹兼顾、科学谋划，把开展教育实践活动与推进食品药品监管体制改革相结合，与加强食品药品监管、建立健全监管长效机制相结合，与完成日常监管工作任务相结合，切实做到两手抓、两不误、两促进，不断增强各项工作的系统性和协调性，以作风建设的新成效推动全省食品药品监管工作再上新台阶。

三是要发挥督导作用。省食品安全办、食药监局党组成员已分别确立了教育实践活动的联系点，请大家按照分工，切实加强对分管单位和联系点的督导，帮助理清思路、查找问题、推动工作，形成上下联动、整体推进的工作格局。按照中央、省委要求，省食品安全办、食药监局党组成立教育实践活动督导组，负责对机关各处（室）、直属单位的政策指导、查找问题和督促检查等工作，防止“上热下冷”，走过场、搞形式、出偏差。特别是要督导各处（室）和直属单位，抓住那些群众反映强烈的突出问题、领导班子和领导干部自身存在的突出问题，深刻检查、深入整改，列出时间表，从速抓落实。对督导组的工作，各单位要积极支持，密切配合。

四是要强化舆论引导。省食品安全办、食药监局教育实践活动领导小组办公室要通过各种途径，利用各种载体，采取多种形式做好宣传工作，大力宣传中央、省委关于开展教育实践活动的有关精神，宣传交流各单位开展活动的经验做法，及时反映教育实践活动取得的成效，形成有利于活动开展的正能量。

【作者：吉林省食品安全委员会办公室主任
吉林省食品药品监督管理局党组书记　局长】

探索国有企业发挥基层党组织作用的有效途径

回立敏

房地产行业是关系着国计民生的重点行业，是城市化进程不可缺少的行业，更是促进经济发展的龙头行业。目前，面对日益激烈开放的市场竞争环境以及部分资金实力雄厚、经营机制灵活的民营企业，国有房地产企业在努力加强经营管理、提高企业治理水平的同时，更应运用好党建这一独有优势，发挥基层党组织政治核心作用，进一步推动发展、服务群众、凝聚人心、促进和谐，发挥好党员的先锋作用，为企业提供思想政治和队伍保障，推动国有房地产企业健康可持续发展。

一、发挥基层党组织的战斗堡垒作用，构建富有战斗力企业

基层党组织的战斗堡垒作用最直接、最现实、最具体的表现是通过广大党员的先锋模范作用反映出来。实践证明，发掘党员先进典型，广泛宣传其先进事迹，树立共产党员的正面形象，以点带面，影响和带动业务和管理部门的广大员工，是增强企业凝聚力、内在活力的有效途径。广弘房产集团党委应着重从项目建设一线场所中培养优秀党员，着力塑造一支不畏艰辛、敢于担当的党员队伍，通过他们的示范带动，辐射到项目建设的各个环节中去，保证在项目建设遇到困难时，召之即来、来之能战、战之能胜，能够在现场发现问题、思考问题、解决问题，甚至在危急关头挺身而出，保证在整个项目建设中做到安全生产、规范作业和质量过关，构建富有战斗力的国有房地产企业。

二、发挥基层党组织的组织作用，创建服务员工企业

基层党组织是党密切联系群众的桥梁，承担着组织作用和协调作用，是贯彻党“从群众中来，到群众中去”的根本工作路线的基础。以党组织为大本营，广大党员尤其是党员领导干部作为先锋深入到基层一线，广泛听取员工的意见和心声，从思想上引导员工向党组织靠拢，努力实现“企业梦”，与企业共同成长；从工作上鼓励员工艰苦奋斗、履职尽责，坚决克服庸懒散奢等不良作风，弘扬企业正气；从生活上关心员工福利，对困难员工加以帮扶，营造一个温馨的企业家园。在国有房地产企业中，基层党组织作为党员与群众之间的联系枢纽，更需要加强其组织作用，协调好党组织与其他组织的关系，服务好企业和群众，切实为群众解决难题，维护好群众的基本利益，免去群众的后顾之忧，使得企业员工能一心一意地为企业的发展作贡献。当前，房地产行业大举进军二三线城市，因此使得一部分员工需要长期驻扎当地项目工地，对其家庭、生活造成一定的影响。如广弘房产集团便有长期驻扎在西安及淮南等地的员工，为帮助员工解决实际困难，稳定企业，稳定人心，集团党委根据实际情况，及时发挥党组织的组织作用，进一步加大服务员工力度，由党员干部带头深入到一线中去，反映并协调解决员工面临的困难，做到既让外出的人放心，又让留守的人安心，更让企业省心，保证企业的发展需要和员工的实际需求得到更好的协调，为广弘房产集团的发展保驾护航。

三、发挥基层党组织的政治作用，培育勇于承担社会责任企业

国有企业在支撑、引导和带动经济社会发展，发挥国有经济的控制力、影响力、带动力方面，有着不可替代的作用。同时国有企业是国家应对突发事件的可靠力量和抵御社会政治风险的重要保证，是中国共产党执政的重要经济基础。这一特殊地位决定了党组织在国企中的政治核心作用，也决定了国企相对于民企要承担更多的社会责任。在国有房地产企业中，发挥党组织的政治核心作用，就要深入贯彻落实中央对房地产行业宏观调控的政策，在最大程度上实现党组织与经营班子和项目工作小组的有机统一。目前，公租房和廉租房建设是关系国计民生的重要工作，是国家和地方政府民生工作的重头戏，而公租房和廉租房的建设，由于其投资周期长，建设利润低等因素，在建设过程中很容易出现以次充好的“豆腐渣”工程而危及群众的生命财产。广弘房产集团作为国有房地产企业，有责任承担起建设公租房和廉租房的重任，切实发挥基层党组织的政治核心作用，带动集团紧跟着党和政府的要求走，合理运用国家资本，为广大人民群众建设高品质的廉租房和公租房，将集团打造成勇于承担社会责任的国有房地产企业。

四、发挥基层党组织的监督作用，建设廉洁自律企业

基层党组织的纪检监察作用，是基层党组织的重要职能之一，是建设廉洁自律企业必不可少的机制。近年来，由于物质生活的不断提高，导致一些国有企业从业人员的理想信念不坚定，党性意识不坚强，个人道德缺失，欲望膨胀，加上制度缺失和监管不力，从而导致了一系列的贪污腐败案件。由于行业

的特性，国有房地产企业及建筑领域，已成为贪污腐败案件的高发领域。为杜绝在广弘房产集团中出现贪污腐败等情况，集团党委切实发挥了基层党组织的监督作用，增强监督意识，加大监督力度，拓宽监督渠道。一是党委积极参与项目的成本核算过程，对各项成本进行严格的监管控制，保证不存在虚报成本和合同价。二是对于房地产项目大额工程款项的支付过程，党委要进行严格的风险防范监控，对项目资金的用途要进行核实，保证不存在弄虚作假、挪用资金等行为；三是党委应加强对项目资金使用情况进行考核，保证各项资金的使用能落到实处。只有这样，才能从根本上正本清源，杜绝让集团成为腐败的温床，将集团打造成为廉洁自律型的企业，为集团的健康发展营造一个风清气正的氛围。

五、发挥基层党组织的导向作用，创造和谐统一企业

发挥基层党组织的导向作用和支持带动作用，为企业塑造正确的价值观和企业文化，从而创造和谐统一的企业。基层党组织是国有企业的重要组成部分，加强基层党组织的建设，发挥其导向作用，将企业在长期奋斗中形成的核心理念和优良作风加以提炼，使其成为大家认同和遵从的价值规范。同时把员工对企业的朴素情感升华为强烈的责任心和自豪感，把敬业爱岗的自发意识转化为员工的自觉行动，使每位个体的积极性凝聚为一个整体，思想统一、目标相同、步伐一致，从而增强企业的凝聚力和活力。广弘房产集团积极发挥集团党委的导向作用，在广弘公司“绩效、诚信、敬业、团队、执行”的企业文化的引领下，来锻造一个和谐统一的房产集团，使得集团能时刻焕发出新的生命力，在房地产行业发展的周期中，特别是在受到外部环境的不利影响时，都能上下一心，团结一致，攻克难关，健康发展，保证集团在行业周期的低潮中依然立于不败之地。

六、发挥基层党组织的创新作用，打造转型升级企业

基层党组织的创新作用是加强和创新企业所依靠的最基本、最直接、最关键的力量，只有发挥基层党组织的创新作用，与时俱进，不断地改革创新机制，不断地跟上新的形势，不断地适应时代潮流，才能增强企业的核心竞争力。当前我省正处于转型升级的攻坚时期，需要企业根据社会的发展进行转型升级和产业升级，需要企业迸发新的生命力，形成符合时代发展的新作风，才能不为社会发展所淘汰。在行业发展的带动下，当前房地产企业已从住宅小区开发和商业写字楼开发逐步向产业园区开发方向发展，广弘房产集团要想抓住新的机遇，必须发挥基层党组织的创新作用，大刀阔斧地深化国有企业改革，特别在机制上进行创新，加大激励和约束的力度，培育出企业的新作风，大幅度提高企业的核心竞争力，打造转型升级企业，使之适合社会发展的需要。

【作者单位：广东广弘房产集团有限公司】

从党领导河池的光辉历史中汲取前进的智慧和力量

蓝蔚锽

党的历史是中国共产党和中华民族的宝贵精神财富，是推进党的建设新的伟大工程和中国特色社会主义、实现中华民族伟大复兴的中国梦的重要力量源泉。在建党九十二周年到来之际，回顾党的历史，从党领导河池人民进行革命、建设和改革开放的光辉历史中汲取智慧和力量，对于推进建设幸福新河池，实现富民强市、和谐幸福的河池梦，具有重要的意义。

一、九十二年来党领导河池革命、建设和改革波澜壮阔、彪炳千秋

伴随着中国共产党九十二年的前进步伐，河池这块深深烙上英雄足迹的红色热土，走过了不平凡的奋进之路。早在1921年，壮族人民的优秀儿子、革命先驱韦拔群就带领坚贞不屈的河池人民，率先在广西开展了波澜壮阔的农民运动。他先后举办了三届农民运动讲习班，培训农民运动骨干600多名，建立农会和农民武装，会员达10万人，在政治上、思想上和组织上为党组织在河池建立和发展创造了条件，为百色起义的胜利举行和红七军的诞生奠定了坚实的思想基础、群众基础、干部基础和军事基础。1926年11月，河池第一个党组织--中共东兰支部成立。在党组织的动员和带领下，1200多名河池子弟参加红七军，经过长期革命斗争的考验，一大批河池籍将士成长起来，有的成为了党、国家和军队的卓越领导人。在广西籍17名共和国开国将军中，河池籍的就有7人。河池是广西农民运动的发祥地，百色起义的策源地，右江革命根据地的腹地，红七军的故乡。邓小平、张云逸、李明瑞等老一辈无产阶级革命家在这里生活过、战斗过，邓小平同志五渡红水河、四进东兰，为河池深入开展革命运动指明了方向。抗日战争爆发后，河池人民率先在广西建立抗日救亡组织，成立抗日自卫队、游击队开展抗日武装斗争，有力地支援了全国的抗日战争。解放战争时期，党领导桂西人民解放军、都宜忻人民解放总队、柳北人民解放总队，先后举行了万冈起义、凤山起义和“三六”暴动，在河池各地广泛开展游击战争，积极配合全国的解放战争。在长期的革命斗争中，河池人民为中国革命做出了重大的贡献和牺牲。仅东巴凤三县牺牲和遭受杀害的群众就有6万多人，解放后全市被追认为革命烈士有6225人。其中韦拔群、陈洪涛、黄大权、路浩仁、黄昉日、韦一平、覃道平等军师级英烈7人。百色纪念馆中三分之二的革命烈士是东凤，三分之二的馆藏文物及资料涉及东凤。邓小平说：“1929年10月革命节日，以广西警备第四大队及东兰农军武装为基础转变成了红七军。”

新中国成立后，国家和自治区高度重视河池的建设和发展，在国家“三线”建设时期，把河池列为重点区域，先后建设了83家工业企业和4座水电站，由此奠定了河池现代工业基础。改革开放后，为了改变河池相对落后的面貌，国家和自治区把河池的9个县列为国家重点扶持的贫困县，2个县列为自治区重点扶持的贫困县，在项目安排、资金使用上给予特殊照顾。1997年以来，自治区集中人力、物力、财力，以大会战方式推进扶贫开发，确保了河池提前1年完成“国家八七扶贫攻坚”任务。基础设施显著改善。西部大开发标志性工程龙滩电站，是全国已投产发电仅次于长江三峡的第二大水电工程。六寨至河池、河池至宜州高速公路建成通车，河池至南宁高速公路及河池机场加快推进。“抓好‘铁公机’（铁路、公路、机场），打通‘金水道’（西江水系红水河河池段）”的战略部署，预示着河池即将建成覆盖“水陆空”立体交通网络，日趋成为人便于行、物畅其流的交通大通道和合作大平台。

九十二来，党领导河池经济、政治、文化、社会以及生态文明建设等各个方面都取得了辉煌的成就，发生了翻天覆地的变化。

二、党领导河池的光辉历史蕴含着弥足珍贵的经验和智慧

党史是“一座丰富的精神宝藏”。党领导河池九十二年来的光辉历程，是中国特色社会主义道路成功实践的缩影。九十二年来的宝贵经验和智慧，是可以转化于现实的重要历史资源，是当前推动富民强市新跨越、建设幸福新河池的强大精神动力。我们要从这些弥足珍贵、历久弥新的经验和智慧中不断地得到启迪和启示：

——必须坚定理想信念，始终不渝地为实现理想信念而奋斗不止。理想信念是奋斗目标，是行动方向。坚定理想信念要用实践与坚守来体现。韦拔群1926年向党组织递交的《入党申请书》是这样写：“吾拔群，愿把五尺之躯交给党，跟党铲除天下不平，建立一个平等的社会。热烈而生，热烈而死！”革命战争年代，在生死考验面前，像韦拔群这样无数的仁人志士放弃荣华富贵、锦绣前程，前仆后继，舍生忘死，表现出来的坚韧与力量之所以让后人惊叹。正是因为他们有坚定的共产主义理想信念，并且始终不渝地为实现这一理想信念而奋斗不止。韦拔群虽然出身于比较富裕的农民家庭，但是为了追求真理，为了实现他的理想信念，他毅然投身到救国救民的革命洪流中。在革命最困难的时期，他不仅从未动摇对真理和党性的坚持，从未放弃对理想信念的追求，而且更加坚定地坚持真理，更加执着地为实现理想信念而斗争，直至最后献出了宝贵的生命。在韦拔群的影响下，他一家17口人参加革命并壮烈牺牲，为中国革命付出了巨大的贡献。就连他两个儿子的名字都改为和革命联系在一起，大儿子韦述祖改名叫“坚持”，二儿子韦述宗改名叫“革命”。这是一个共产党人为坚持真理和为实现崇高的理想信念而奋斗到底的真实写照。

——必须坚持以科学理论为指导，始终不渝地坚持马克思主义基本原理与中国国情相结合。中国共产党一贯重视科学理论指导。1925年，韦拔群到当时中国革命中心的广州，进入第三届广州农民运动讲习所学习。从广州回到东兰后，韦拔群即用马列主义理论指导农民运动，广泛组织农民协会和农民自卫军，并按照广州农民运动讲习所的办法，在东兰县武篆区列宁岩开办东兰第一届农民运动讲习所，来自右江地区农运骨干276人参加了学习，接着又开办了第二、三届农民运动讲习所。农运骨干在东兰农讲所学习结业后返回各地，运用马列主义理论发动、组织农民协会和农民自卫军，使右江农民运动迅猛发展。到1926年底，东兰、凤山、奉议（今属田阳县）、恩隆、都安、河池等县共有农会会员10万人。正是有了马列主义科学理论为指导，韦拔群、陈洪涛等领导的农民运动才能在右江地区发展成为熊熊烈火，成为“广西人民求解放的先锋”，成为革命的根据地。改革开放尤其是十六届三中全会提出科学发展观以来，河池的每一项改革、发展和进步，无不与坚持贯彻落实科学发展观这一科学理论紧密相连。

——必须坚持走群众路线，始终不渝地密切联系群众，保障和改善民生。密切联系群众，是我们党一贯的政治优势。中共四大通过的《党章》提出无产阶级在民主革命中的领导权和工农联盟问题，就从法理上把全民族利益作为自己的最高利益，把为全民族求生存、求发展、求繁荣作为自己的第一追求。韦拔群深知人民群众中蕴含着巨大的无穷的力量，一开始他就把依靠群众放在首位，不断宣传群众、组织群众、发动群众。在人民群众的大力支持下，韦拔群领导的农民运动取得“三打东兰县城”等一系列的重大胜利。右江革命根据地的建立和发展，两次反“围剿”斗争的胜利，无不依托于人民群众的大力发动和全力支持。新中国成立后，无论是建设还是改革，河池各项事业所取得的成就，都是与坚持走群众路线、密切联系群众分不开的。当前，我们必须进一步强化党的宗旨意识和执政为民理念，切实解决好群众最关心、最突出、最紧迫、最直接、最现实的问题，切实抓好各项民生项目的落实，切实把改革发展成果体现在人民群众生活水平和幸福指数的提高上。

——必须坚持解放思想、实事求是，始终不渝地坚持改革、勇于创新。解放思想，实事求是，是我们党永葆蓬勃生机和事业兴旺发达的法宝。韦拔群实事求是地结合中国半封建半殖民地的国情，提出了以武装斗争推翻国内外反动势力的主张，并组织武装力量——农民自卫军，揭开了广西农民运动的序幕，东兰因此成为广西农民运动的发祥地。毛泽东曾说：“我过去搞农运，有些东西还是从韦拔群那里学来的。”邓小平同志是一以贯之坚持解放思想、实事求是思想路线的忠实践行者。1930年，右江苏维埃政府在东兰武篆旧洲屯举办以土地革命为主要内容的党员干部培训班。邓小平给学员讲课并编写《土地革命的政策和口号》等教材，介绍红四军在井冈山开展土地革命的做法、经验。为了多方探索经验，他在群众基础较好、干部力量较强的韦拔群家乡东里屯试办共耕社。共耕社办得很成功，当年粮食获得了大丰收，成为了右江革命根据地进行土地革命的一个创新典范。十一届三中全会后，河池从成立中国第一个村民委员会--合寨村，到率先在广西拉开国企改革的大幕，到开启广西土地使用权有偿转让拍卖的先河，到近年来转变“扶贫开发”到“开发扶贫”，率先在广西探索实施整市推进扶贫产业建设、整乡推进开发扶贫示范区和连片推进旅游开发扶贫示范基地建设等，都闪烁着河池人民解放思想、敢为人先、勇于创新的魄力和勇气。

——必须坚持一切从实际出发，始终不渝地紧密结合自身实际，立足市情，抢抓机遇，尊重规律，科学发展。矛盾的特殊性是事物的根本属性。任何事物都有其特殊性，学习别人的先进理论和经验，只有与自身的实际结合起来，透过其“形”把握其“神”，才能达到推动工作、促进发展的目的。河池是后发展欠发达地区，是特殊类型的贫困地区，发展的任务更为艰巨。我们必须从自身发展的历程中深刻地认识到，越是发展的艰巨性和压力越大，越要紧密结合自身实际，立足市情，既要抢抓机遇、加快发展，又要尊重规律、科学发展。当前，河池已经站在新的发展起点上，我们各项工作必须切实围绕市委、市政府提出“稳进突围，提速发展”总基调，坚持以科学发展观为主题，以加快转变经济发展方式为主线，大力实施产业增量提质、民生保障提升、开发扶贫攻坚、城乡新貌新风、干部执行力提升等“五大工程”，切实做到力树政治新气、开创经济新型、建设城乡新貌、推行民生新政、促进文化新潮、引领社会新风、打造生态新秀、凝聚发展新力，齐心奋力为追赶全国、全区同步全面建成小康社会，建设幸福新河池，实现富民强市、和谐幸福的河池梦做出应有的贡献。

【作者：中共广西河池市委副秘书长 党史研究室主任】

融入企业发展中心　建设创新型党组织

李　磊

党的十八大报告中提出建设学习型、创新型、服务型“三型”执政党的目标。以创新精神加强党的建设是目前企业党组织需要思考的课题。中航工业长沙院党委坚持融入经营生产中心创新党建思路，狠抓党建工作模式创新、方式创新、制度创新，以党建促生产，实现了公司稳步发展向跨越发展的迈进，开创了公司党建工作新局面。

创新思路 融入中心 推动企业发展

坚持“党建工作与经营管理工作相结合”，这是企业党建工作是否有生命力的关键所在。党委班子结合公司发展要求，融入生产经营中心，找准工作着力点，积极探索适应现代企业制度要求的党建工作思路，提升党建工作新水平。

一是“四融四共”创新党建工作思路，即“融企业的目标为党建工作的目标，做到目标共融；融企业的责任为党组织的责任，做到责任共负；融企业的发展为党建工作的发展，做到发展共谋；融企业的成果为党建工作的成果，做到成果共创”，使得党建工作真正融合于企业发展之中，有为有位，责任共担；二是“五抓五同”创新党建工作模式，即抓好党建工作五大机制的落实，形成“上下联动、高效执行”的领导机制；强化“专项测评、奖罚分明”的考核机制；建成“责权明晰、问责有力”的责任机制；健全“以人为本、好中选优”的激励机制；推进“问需于民、群策群力”的参与机制，做到了党建工作与生产经营管理工作同部署、同运行、同落实、同考核、同奖惩。

创新方式 联系实际 激发支部活力

根据公司经营业务的发展和项目部统筹建设的需要，公司在工程总承包项目部成立了项目部党小组，将党的建设深入生产一线，与生产作业同建立、同部署、同运行、同考核、同奖惩。

国家重点工程项目——中国燃气涡轮研究院绵阳地震后异地迁建工程总承包项目党小组，与基地办公室成立联合党支部，通过开展“为民服务 创先争优”等活动促进了各参建单位的交流与沟通；通过重温誓词，重走红军路等活动增强了员工的理想信念，提高了服务质量，推进了工程进度，树立了公司良好形象。

在实行党员承诺制中，为了防止活动流于形式，公司将党委公开承诺在宣传栏内公示，将党员承诺做成桌牌，使党员接受群众监督，扩大党组织及党员公信度。为了加强职工的企业主人翁意识，公司党委定期开展了合理化建议征集活动，制定了《合理化建议征集奖励办法》，激发了职工参与企业治理、企业发展的热情。近三年，公司共收集到职工合理化意见 58 条，改善管理流程 12 项，优化技术措施 16 项。同时针对基层支部经营管理工作特点，公司党委强化分类指导，突出强调市场开拓、质量提升、经营管理、创新创效、作风改进、服务创优。各党支部结合自身实际，开展了共产党员模范示范岗、党员项目组劳动竞赛、青年突击队、“半年一星”、“爱岗敬业”、“心有阳光、责任人生”、“管理•质效•服务”创优团队竞赛等各具特色、卓有实效的活动，达到了“项目成功我成才”的效果。

创新制度 固化成果 形成长效机制

党支部工作目标管理竞赛评比制度作为党支部建设一贯坚持的载体已成为公司做好支部工作的指南。各党支部书记在年初党建工作会议上签订了《党建工作目标责任书》，公司党委按照党支部工作目标管理评比办法对党支部进行考核评比，评比结果作为支部评先依据。

党支部工作目标管理竞赛评比活动与平衡计分卡党建工作考核一起构成公司党建工作保障机制。公司党委开展平衡计分卡党建工作考核，制定党建工作考核评分表，量化企业党建工作，推进党的建设科学化水平。

根据公司当前新特点，公司党委推出了公司《党建工作手册》，出台了《工程项目部党小组工作条例》，通过一系列措施，把基层支部建设纳入目标化、经常化、规范化、制度化轨道，完善了党建工作制度。同时通过层层落实目标责任，强化紧扣生产经营开展工作的整体意识，形成了党政“观念同转、目标同向、工作同步、责任同担”的工作合力，做到“目标明确、任务具体、责任到人、检查落实”，有效地发挥了党组织和党员在生产经营中的作用，为公司实现“十二五”目标奠定基石。

2012 年底，中航工业长沙院的营业收入、利润、资产总额分别是三年前的 6.8 倍、5.2 倍、5.1 倍，三项数据的年平均增长率分别达到 194%、140%、135%。近 3 年来，公司完成专项技术研发课题 5 项，业务建设 41 项，6 项技术软件获得著作权，1 项国家级技术标准编制；荣获国家及省部级优秀工程勘察设计奖 16 项；1 人次获得国家级表彰，27 人次获得省部级表彰。

【作者：中航工业长沙院党委书记】

贯彻落实“十八大”精神
全面加强金融企业党的先进性建设

李奕明

党的十八大胜利闭幕，会议振奋人心、激发活力，在对过去工作进行总结的同时，也对今后的工作提出了新的要求，并把科学发展观贯彻到我国现代化建设全过程、体现到党的建设各方面中，为全面落实“十八大”精神，金融企业也加大了党的先进性建设。加强党的先进性建设工作不仅能保证党和国家方针政策得以贯彻实施，而且能推动金融企业保持高效运转、全面可持续发展。银行作为金融企业之一，各级行党委领导也对其党建工作给予了高度重视。随着社会主义市场经济体制的建立完善，银行围绕建立现代企业制度实施了一系深层次的改革，其管理体制、产权制度、经营理念和工作重心发生了很大的变化，党建工作也因此面临着越来越多的新情况、新问题，迫切需要在更高、更深层次上进行梳理和重构。坚持以科学发展观为指导是我们有效开展银行党建工作的重要思想，革新银行党建工作的旧面貌，必须认真学习实践科学发展观，在此基础上推动银行党建工作的可持续发展。

一、党建工作在金融企业发展中的意义

企业党建工作是党的建设的重要组成部分。进入 21 世纪，随着市场经济的不断发展以及国内外局势的深刻变化，金融企业党建工作也面临着新的严峻挑战。做好金融企业党建工作，对于金融企业的可持续发展有着重要的意义。

（一）创新金融企业党建是推动金融企业科学发展的必然要求。党的十三届四中全会以来，各个企业的党建工作的整体水平不断提高，党组织的作用得到很好发挥，广大党员的先进性得到很好体现，为金融企业的快速健康发展提供了坚实的思想基础和组织保证。在新的历史时期，进一步改进和加强金融企业党建工作，是提高金融企业党委执政能力的核心主题，是推动金融企业科学发展的坚强保障。面对当前金融企业发展中各种纷繁芜杂的矛盾和问题，如何以科学发展观为指导，创新思路、化解矛盾、应对挑战，成为党建工作必须面对的紧迫任务。

（二）党建工作有助于提高金融企业的核心竞争力。市场经济体制下，金融企业之间的竞争更为激烈，以党建工作作为企业生产经营的主要措施，有利于调动金融企业干部职工的工作积极性，而且可以凭借党员的先锋模范带头作用，增强金融企业的凝聚力、战斗力。当前在金融企业间竞争近乎“白热化”阶段，企业的发展面临着更大的考验，企业党组织能够在上级党组织的统一领导、具体的指导下，“因势利导”地开展企业的经营和生产管理工作。在金融企业中加强党的思想政治教育工作建设，有利于提高员工的市场竞争意识和危机意识，有利于增强员工的自信心，使他们能够以一种更积极的心态去应对市场激烈的竞争，从而促进金融企业核心竞争力的不断提高。

（三）加强党建工作是进一步提高党组织战斗堡垒作用的迫切需要。加快金融改革，积极迎接入世挑战，必须以“三个代表”重要思想为指导，金融企业创新党建工作，就是要不断培育党建工作的亮点，不断摸索创新一套党建工作的新途径、新机制，运用政治优势、组织优势、密切联系群众的优势，充分发挥党建的战斗堡垒作用，把“三个代表”重要思想落实到金融企业工作的方方面面，加快各项业务与管理工作的全面发展，真正达到“让党员干部长期受教育、使银行业务长期健康持续发展、让广大员工长期得实惠”的目的，从而充分展现党组织强大的战斗力和凝聚力，使“三个代表”重要思想深入人心，成为坚决执行党的路线方针政策，推动银行业改革发展稳定的坚强政治核心和战斗堡垒。

虽然我们已经意识到党建工作在金融企业的发展过程中具有重要的作用，对于党建工作的建设也引起了领导的高度重视，目前，大多数金融企业的党组织也确实能够做到认真贯彻和执行党中央提出的路线、方针、政策以及各级党委的要求，但在实际党建工作中仍然存在问题。

二、目前金融企业在党建工作中存在的问题

（一）在思想上对党建工作认识不充分

大多数金融企业特别是分支机构，经营负责人和党务负责人是“一肩挑”，存在基层金融企业党支部对党建工作认识不到位，基本上处于被动应付的状态，很少积极主动开展党建工作。或者是口头上讲得多，实际上做得少，形式上重视，行动上忽视。片面地以为金融企业工作主要是完成经营任务、追求业绩，党建工作可有可无。即使有部分金融企业积极响应，开展的党建工作也只限于学习上级文件、传达会议精神，与单位中心工作若即若离，使得党建工作缺乏全面可持续发展的基础。正是由于这些问题的出现，最终党建工作得不到应有的支持，难以提升其重要性，导致党建工作开展不力、效果不好，使党建工作的建设成为空谈。

（二）党组织机构制度不健全

从组织结构看，有的金融企业党组织结构不健全，有的党组织如果没有人员变动，基本上不换届；有的党组织委员发生了变动，也没有及时增补。更有一些金融企业基本上没有安排组织生活，有的金融企业主要负责人对过组织生活存在认识偏差，不安排党员过组织生活，上级有要求时，随便安排一下活动，内容简单，没有活力，对付了事。把党建工作局限在传统的运作模式里，跟不上时代的发展，由于组织机构不健全，组织生活不落实，党组织的战斗堡垒作用没有得到有效发挥。

（三）党员思想觉悟在降低

在一些金融企业中，党务工作者的素质偏低，不能适应金融企业改革发展的需要。有的党务工作者理论基础薄弱，业务能力较低，整体素质不适应经济发展的需要；有的党务干部职责意识不强，对党建工作不重视，不召开党组织会议，不组织党员学习，组织生活不健全；有的党务干部，不注意学习，对党建工作知识知之不多，知之不深，在开展工作时，解决问题的能力差；有的党务工作者不注重知识更新、观念更新，用老办法去解决新问题，结果是问题越积越多。

（四）缺乏完善的有效机制来督促党员的理论学习

近年来，在金融企业基层党建工作的党务人员逐渐缺乏系统深刻的政治党员专业教育，且对普通员工的政治教育也在减弱，使得工作人员的责任意识和党性原则不强，没有体现党员在工作中的先进性。在日常工作考量中，也未能把此项作为重要内容，极大影响了党员积极学习，提升思想觉悟的自觉性。具体有以下三点原因：一是片面地认为工作业绩才是考核党员的主要内容，忽视了其理论学习、理论素质的考察；二是认为金融企业业务繁忙，提升业绩要紧，理论学习不足也是可以理解的；三是畏难情绪，以思想、素质是内在的东西而难以估量为由，不把其列为考核重点，从而纵容了部分党员不愿学习的不良风气。

（五）工作中缺乏“以人为本”的观念

人力资源是企业的第一资本，现代金融企业的本质就是服务，服务的关键在人，但实践中，不少金融企业改制以后，把竞争的着力点放在店面装修、资本壮大、关系疏通上，非但没有提高反而一定程度上忽视了员工在企业发展中的作用。看不起“人的作用”，甚至认为队伍建设可有可无，当然也就难以真正重视以做人的工作为主的党建工作，往往是做做样子走过场，甚至把党建工作与业务工作对立起来，越被边缘化则越起不了作用，越没有作用则越被忽视，形成恶性循环。

（六）缺乏创新意识

这么多年的党建工作搞下来，基本上各个金融企业都有了一套成熟的体系，这一套体系基本上都大同小异。所以金融企业在做自己的党建工作时主要是按照过去的那一套路子，很少有创新的地方，或者说创新的意识都非常缺乏。当然，并不是说党建工作要一味创新，过去的东西都应该被淘汰。但是，随着经济的飞速发展和社会的不断进步，党建工作肯定是要有其相应的变化，按照党中央的路线、方针和政策，结合自己的工作实际和经济与社会的不断变化，有所创新，不要被日新月异的社会所淘汰。要想创新，肯定要有创新的意识，所以首先要树立创新意识，连意识都不能到位，那行动上的创新更无从谈起。这一点也是大部分金融企业都面临的问题。

三、加强金融企业党建工作的若干建议

对于以上金融企业党建工作存在的问题，若不能引起组织重视，采取相应措施及时解决，必将会影响今后党建工作的全面可持续发展。党建工作要想做出成效就必须贯彻落实科学发展观，坚持“以人为本”，不断规范工作机制，发挥其应有的作用。

（一）创新党建工作理念

“思想是行动的指南”，强化基层金融企业党建工作必须从抓好思想认识入手。在党建工作中必须坚持以科学发展观为指导，以改革创新的精神全面推进。一是树立发展为第一要务的观念，明确基层党建工作必须服从服务于金融企业业务发展这个中心，围绕发展抓党建，抓好党建促发展，以作为求地位，以地位谋作为，把基层党建工作做到干部职工关心的热点上、放到作风的改进上、体现在各项业务工作的落实上，形成与业务工作相互渗透、相互促进的局面，充分发挥好基层党建工作的保障和促进作用。二是克服“基层党建工作任务较软、内容较虚，以中心、业务工作为主，党建工作为辅”的思想，充分认识基层党建工作的重要性和党务干部的重要职责，不断增强基层党组织的亲和力与感召力；要坚持虚工实做，以党建实效去推动业务工作的顺利开展。

（二）强化教育培训，全面提升党员干部的综合素质

尽管造成我们目前作风方面存在问题的具体原因是多种多样的，但追根溯源，根本原因还在于目前党员干部世界观、人生观和价值观需要进一步改造，与人民群众的关系需要进一步密切。因此，必须加强党员干部的教育培训，严格“三会一课”制度，努力建设学习型组织和个人。特别是当前，要把学习实践科学发展观活动与党员干部队伍的作风建设结合起来，通过教育培训使党员干部掌握新理论、新知识，开阔眼界、开阔思路。通过学习提高党员干部的政治理论水平，提高运用科学发展观来指导实际工作的能力。通过学习进一步解放思想、更新观念，破除阻碍企业发展障碍。同时，使党员干部树立大局意识培养全局观念；树立创新意识更新思想观念；树立市场意识强化效益观念；树立勤政廉洁意识增强法制观念。

（三）加强党支部建设，发挥战斗堡垒作用

一是不断健全党建工作制度，使金融企业基层党支部建设随着形势的变化和经营管理的要求，创新工作方法，紧密结合基层金融企业工作实际，服务金融企业改革发展。二是以创建“示范基层党支部”等活动为载体，深入开展“创先争优”、“党员示范岗”、“党支部建设示范点”“共产党员服务先锋”等系列主题实践活动，把金融企业基层党建与企业经营发展、市场拓展、客户服务、安全管理、服务质量、经营效益等有机结合起来，组织党员在重要发展领域、关键岗位和特别工作任务中充分发挥共产党员的模范带头作用，充分发挥基层党建对金融企业经营管理的保障服务作用。三是要建立健全基层党建工作考核评价机制，与基层金融企业经营管理业绩考核、领导班子目标任务责任制相挂钩，促进基层金融企业党建工作的不断加强，把基层党组织努力建设成为领导班子坚强、党员作用突出、服务保证有力、基础工作扎实的战斗堡垒。

（四）以创先争优为引领，带动党的反腐倡廉建设

坚持依法行政、廉洁从政、执政为民，深入推进党风廉政建设和反腐败工作，这是金融企业健康发展的重要保障。坚持贴近业务、制度反腐、从严治行，积极构建教育、制度、监督并重的惩治和预防腐败体系，狠抓党风廉政建设和反腐败工作应积极开展反腐倡廉活动，成立督察组，加强纪检监察的工作。要应进一步对其重视，全面预防党内腐败行为，以“创先争优”为引领，带动党组织反腐倡廉建设，树立党员标杆管理。同时，

要充分利用金融企业人才聚集的优势，加强廉政机制建设，不断总结实践中的新鲜经验，深入开展理论研究，准确把握新形势下金融企业反腐倡廉工作的新特点、新规律和新趋势，为金融企业反腐倡廉制度建设提供智力支持。

（五）以人为本，发挥党员的先锋模范作用

胡锦涛同志在党的十八大报告中指出：“以人为本、执政为民是检验党一切执政活动的最高标准。”为此，在新时期下，基层金融企业党建工作也必须始终坚持以人为本的理念，充分发挥出党员的先锋模范作用。首先，应当强化党员的主体地位，这就要求党组织要抓好党员的党性教育工作，强化先进性意识，借此来增强党员的使命感，使他们更好地发挥出自身的主体作用；其次，要做到尊重人、关心人、理解人和培养人，党的领导干部在对党员进行教育时，必须做到以理服人、以情感人、以事业留住人，积极引导党员树立起正确的人生观、事业观和价值观。同时，还要不断提高党员的综合素质，通过学历教育、岗位培训、资格考试等方式，促进党员全面发展。此外，还应关心党员的工作、生活和学习，只有这样才能使党建工作更加深入人心，基层金融企业党组织才能更具凝聚力、号召力和现实活力。

（六）创造丰富的党建工作渠道，建立基层党建工作的网络平台

随着时代的发展，金融企业开展各项经营管理活动的手段已日益信息化和网络化，绝大部分金融企业从业人员，包括广大党员干部几乎每时每刻都工作、生活在信息化和网络化的世界中。同时，一个不可忽视的问题是：当今西方国家通过在信息技术和网络技术上的巨大优势，利用网络不遗余力的宣扬西方的意识形态、社会制度、生活方式、价值标准，以及各种各样不良信息的冲击。这是我们不能避免也无法避免的现实，是对党建工作的极大挑战，时代使我们不能忽视网络成为党建工作的“盲区”。因此，创立丰富的党建工作渠道，建立基层党建工作的网络平台，已成为当前党建工作创新的一项重要内容。充分利用金融企业内部网络的快捷、便利、安全的优势，开展内部网、局域网上组织生活、网上党校，将上级党组织的重大决策、工作要求，各基层党建工作的优秀经验等等内容进行学习与交流，不但方便快捷互动，提高时效性，而且大大简化了日常党务工作手段，更成为广大党员不断学习新知识、新技能的互动平台。尤为重要的是，建立“网络党建平台”，更是大力发展青年党员，不断补充新鲜血液的重要阵地。

四、小结

总之，金融企业党建工作可以直接影响金融企业的社会形象和经营管理水平。因此，抓好金融企业党建工作，内部经营管理位的基础就会越来越牢固，我们应坚持以科学发展观为指导，积极促进金融企业党建工作的有效开展，扎实做好“以人为本”的党建基础工作，推动金融企业全面、协调、可持续发展。

【作者单位：中国建设银行宜宾分行】

抓好政治优势转化　促进企业科学发展

李廿博

在实现 2020 年建成小康社会、推进现代化建设的新形势新任务面前，党的十八大提出“全面提高党的建设科学化水平”，并就党的建设的目标、总体布局和具体工作思路作出一系列新部署，这是指导当前和今后一个时期党的建设的纲领性指针。深入贯彻落实十八大精神，就是要继续弘扬改革创新精神，围绕企业发展进一步抓好党建基层基础工作、在新的历史起点上开创党建工作新局面，把党的政治优势、组织优势和人才优势转化为推动企业科学和谐发展的强大力量。

一、围绕发展抓思想建设，把党的思想优势转化为向心力。企业党组织作为执政党的基层组织，具有先进的理论指导和价值追求、健全的组织体系和工作机制、严明的组织纪律和优良作风，这是西方国家任何企业都不可比拟的独特优势。企业党组织要成为中国特色现代国有企业制度的有机组成部分，就要把这种独特优势和现代企业经营管理优势结合起来，成为企业核心竞争力的重要内容。企业党组织要正确把握企业改革发展的方向，确保各项决策符合党和国家的方针政策，通过营造企业发展的良好氛围，靠发展吸引人、凝聚人，激发职工队伍的发展激情，形成强大的向心力。一是要发挥党组织实行民主集中制的优势，集中集体智慧，协调各方关系，统筹大局、把握大势，促进企业科学决策、民主决策。二是加强理念宣导。强化形势任务教育，以科学发展观为指引，教育引导广大党员特别是领导干部统一认识，利用党组织的思想渗透力，把观念导向落实到引领职工思想观念和企业经营理念的统一上，保证上下一致、运行顺畅。三是创新党内学习手段。改变停留在理论层面的“应付式”学习，取代以党建学习与实践相结合，与业务发展相结合。学习中广泛交流、讨论业务发展中丰富的实战经验和独特的业务拓展手段，将其中的典型经验加以推广，使每次学习真正能看到成果，收到实效。四是要发挥党的思想政治工作优势，把党建设社会主义精神文明的先进思想和价值追求，转化为企业的发展理念、经营宗旨和员工准则，打造先进企业文化，培育独特的社会主义国有企业精神，提高企业的软竞争力。五是要发挥党的群众工作优势，加强职工队伍建设，提高职工素质，反映职工诉求，维护职工利益，充分激发蕴藏在职工群众中的创造力量。要领导和支持工会、共青团等群众组织依照法律和各自章程创造性地开展工作，特别要重视发挥职工代表大会的作用。

二、围绕发展抓班子建设，把党的组织优势转化为领导力。要通过加强党建工作，切实提高领导班子和领导干部推动科学发展的能力，努力把企业党的组织资源转化为发展资源、组织优势转化为发展优势、组织活力转化为发展活力。一是要把加强民主集中制建设作为班子建设的切入点。以完善党委议事制度和提升民主生活会质量作为保证科学发展观有效贯彻落实的重要手段。二是要把加强能力建设作为班子建设的着力点。贯彻发展是硬道理的战略思想，提高党员领导干部谋划发展、统筹发展、优化发展、推动发展的本领。党员领导干部要“一岗双责”，不仅要做好党建和思想政治工作，还要努力解决企业发展过程中的难点、热点和焦点问题。要增强教育培训的针对性和实效性，努力掌握国际先进的经营理念和管理知识，把握当前经济发展、科技进步的趋势和产业变动、市场变化的动向，增强战略决策能力、把握市场能力、推动创新能力、应对危机能力，以及抓班子带队伍能力。三是选好配强基层党政正职领导干部，着力抓好党支部书记队伍建设。坚持加大培养选拔优秀年轻干部的力度，不断改善基层领导班子结构，增强整体功能，为推动科学发展积蓄后备力量。要引导党支部书记加强自我修养，培养良好的道德品行和职业操守，树立正确的业绩观，求真务实，甘于奉献，艰苦奋斗，勤俭办企业，克服短期行为，多做打基础、利长远的事情。

三、围绕发展抓队伍建设，把党的队伍优势转化为执行力。把党的队伍优势转化为企业执行力，一是要牢固树立人才资源是第一资源的观念，大力实施“人才强企”战略，制定并实施人才队伍建设规划，加快“三支队伍”（经营管理队伍、专业技术队伍和岗位操作队伍）建设，深入开展“双向培养”（将党员培养成业务骨干，将业务骨干培养成党员）工作，充分调动职工群众的主动性、积极性和创造性。二是要将党建工作融入企业生产经营建设的各个环节。把党的建设与业务发展两个目标一同规划、一同下达、一同考核、一同总结，以经营发展成果作为衡量指标，以业绩论英雄，使党的战斗堡垒和先锋模范作用切实体现在“促发展、保效益、防风险”等各项与企业发展紧密相连的工作中去。要把解决改革发展中的难题作为党组织活动的重点，把促进生产经营的成效作为重要检验标准，通过党员责任区、党员先锋岗、党员品牌工程、党员攻关项目等有效载体，为党员发挥作用搭建平台，使党建工作成为企业价值链上的重要环节，成为企业发展的内在推动力量。要把维护企业稳定作为企业党组织的一项硬任务，注意发现苗头性、倾向性问题，妥善化解矛盾，以企业和谐促进社会和谐。要注意借鉴和运用现代企业管理的科学方法和手段开展党建工作，讲效率、讲效益，使党组织活动真正为企业所需要、党员所欢迎、职工所拥护。三是要通过妥善解决员工吃、住、行等后勤保障问题，建立具有市场竞争力、公平合理的薪酬体系，用感情凝聚人，同时也用适当的待遇凝聚人，从而不断提高党员队伍的执行力，增强企业在市场中的竞争力，努力实现党建与业务发展双赢。

四、围绕发展抓作风建设，把党的先进性转化为凝聚力。好作风就像一面旗帜，能够形成凝聚力和号召力，党员领导干部只有具备良好的作风，才能推动企业又好又快发展，不断开创科学发展的新局面。一是要加强制度建设。突出抓好《国有企业领导人员廉洁从业若干规定》的学习贯彻，把从严教育、从严要求、从严管理、从严监督落到实处。围绕容易出问题的投资、采购、决策、用人等关键环节健全责任追究和公开监督制度，加强对重点岗位人员行使权力的约束和监督。要建立健全办事公开和领导干部工作联系点、接待群众、工作落实、下基层调研、领导活动新闻报道等有关工作制度。二是要强化监督职能。着力加强对领导干部在贯彻落实科学发展观过程中作风状况的监督检查，坚决纠正违背科学发展观要求的行为，督促领导干部养成良好作风，更好地贯彻落实科学发展观。要执行好领导干部个人重大事项报告、述职述廉、民主评议和质询、问责等制度。进一步推进党务公开、政务公开，拓宽监督渠道，把党内监督与司法监督、群众监督、舆论监督等结合起来，增强监督的合力和实效。监督检查工作做到位，就能够有力促进广大领导干部按照科学发展观的要求切实转变作风。

【作者单位：胜利油田技术检测中心党政办公室】

企业党建是国有企业的生命线

——山西能源产业集团党建工作的探索与实践

刘　波

国有企业党建工作是保证、监督党和国家方针政策在企业贯彻执行的政治基础。在国有企业开展党建工作，其核心任务就是紧紧围绕企业的中心工作，充分发挥企业党委的政治核心作用、基层党组织的战斗堡垒作用和党员的先锋模范作用，切实把国有企业党的政治优势转化为企业的发展优势、把党建工作资源转化为企业的发展资源。与其它非国有经济组织相比，党建工作是国有企业最鲜明、最独特的企业核心竞争力。

结合山西能源产业集团党建工作的实践经验，就如何以改革创新的精神加强和改进企业党建工作谈些体会。

一、把基层党支部建设作为党建工作的基石

围绕“中心”抓支部党建、抓好支部党建促发展，是企业支部党建的宗旨。紧紧围绕生产经营管理开展支部党建工作，不仅是企业党支部所必须遵循的一条重要原则，也是企业支部党建工作的生机和活力所在。因此，山西能源产业集团下属各党支部紧紧围绕企业生产经营这个中心，始终坚持企业支部党建工作与生产经营紧密结合，同频共振，不仅在整体目标上使支部党建工作与经济工作同向，而且在具体部署上与经济工作同步，真正体现了企业党支部的特定属性要求，自觉摆正了位

置，真正做到了参与企业重大问题决策不越位、不错位、不缺位，真正体现出企业党支部监督保障的职能。

支部党建工作必须与时俱进，积极创新支部党务公开是抓好党建工作的前提。创新是社会进步的动力，是事业兴旺发达的阶梯。基层党建是动态的、发展的、变化的，做好新形势下的基层党建工作，必须用历史进步的眼光审视党建，用创新发展的思维推进党建。山西能源产业集团党委在总结历年来集团党建工作实践经验的基础上，借鉴学习省内外企业党建创新实践经验，创造性地在集团各党支部中开展了以“基层党支部党建工作考核、三重一大民主决策工作考核、基层党支部党员参政议政工作考核、企务公开工作考核和信访稳定工作考核”为内容的党务公开“基层党建五项指标考核工作”。这使支部党建工作由过去的务虚变为务实，软工作变为硬指标，有力地调动了党支部抓党建、促发展、创环境的积极性。但是，从三年来的运行效果来看，党务公开“基层党建五项指标考核工作”在某些方面与党的新形势新任务的要求相比还很不适应；与上级党委高标准的党建工作标准相比还很不到位。为此，我们要进一步以改革创新精神加强和改进支部党建工作，使支部党建工作能更进一步贴近企业中心工作、进一步贴近党员与职工工作生活实际，为企业“中心”工作注入新活力。

支部党建工作必须坚持民主集中制和组织原则。贯彻执行民主集中制和组织原则，首先是确定参与方式。企业党支部参与重大问题决策，是一种组织行为。党支部参与决策的意见和建议，必须由党支部委员会集体讨论研究后提出，才能够代表支部党员的意志。因此，山西能源产业集团下属各党支部在参与重大问题决策前，一直坚持先调查，再讨论，后研究，形成意见；在决策过程中，在董事会、经营层中任职的党支部成员都按照党支部大会的意图发表自己的意见和建议；在作出决策后，党支部组织号召广大党员带头实施执行有关决定，保证企业生产经营任务的完成。其次是健全制度。不断完善党支部参与决策的运行机制，按照“集体领导、民主集中、个别酝酿、会议决定”的要求，坚守《党支部议事规则》和《“三重一大”实施办法》等有效保证企业民主决策、科学决策的制度；坚持重大问题民主决策集体决策程序，凡是涉及本企业的重要问题决策、重要干部任免，重要建设项目安排和大额度资金使用等事项，严格按照《“三重一大”实施办法》执行；突出参与重点，把握方向。各党支部通过参与制定企业战略把握发展方向，参与企业决策推动企业持续发展，发挥监督保障作用创造企业健康的发展环境，从而为企业发展提供有力的政治保证。同时，在党支部内部始终坚持党的组织原则不走样，从而使“个人服从组织、下级服从上级、全党服从中央”成为全体党员的自觉行动。

支部党建工作的切入点就是企业生产经营的难点。山西能源产业集团下属各党支部一方面紧紧围绕企业中心工作去部署支部党建工作；另一方面坚持把企业生产经营管理中的难点作为支部党建工作的切入点，把党的工作渗入到生产经营管理工作的深层次环节之中。比如集团煤炭运销板块企业的党支部积极参与所在企业煤炭运销的管理与监督，与企业行政班子一道跑煤源争计划、扩大自营发运，确保煤炭运销任务的完成；煤炭资源整合平台企业的党支部和煤层气项目板块的党支部充分发扬敢于拼搏、敢打硬仗的风格，倒排工期、挂图作战，开足马力，争分夺秒，确保整合煤矿早日达产见效、煤层气项目工程建设如期推进。再比如面对当前严峻的外部形势，集团各党支部通过强化各项管理措施，帮助企业向管理要效益，充分发挥了党支部的战斗堡垒作用。

二、把党建工作的成效体现在党在企业发挥政治核心作用上

国有企业最重要的核心竞争力就是党对企业的政治核心作用。这一点，中国共产党党史和建国史都雄辩地作出了证明。改革开放三十多年国有企业的改革发展史，更进一步证明了这一点。既然是国有企业，就意味着要体现社会责任、经济责任和政治责任。而只有党对企业的“政治核心”作用发挥了、体现了，企业才能担当这三方面的责任。

国有独资企业或国有控股企业的国有经济属性决定了，只有党的政治核心作用发挥了、体现了，企业才能代表广大干部职工的切身利益，才能完全体现国有企业的全部特征和特性。这也是其他任何非国有经济组织所不具备的优势。因此，党建工作在国有企业的政治核心地位只能加强与改进，不能怀疑与削弱。

近年来，山西能源产业集团党建工作的成效主要体现在党对企业的政治核心作用的发挥上，具体有以下四个方面：一是山西能源产业集团党委通过不断加强思想政治建设，激发了广大党员干部的积极性和创造性，使之成为统领企业生产经营核心竞争力的不竭源泉。充分发挥了党组织思想政治建设优先指导原则，做到思想政治建设及时有效到位，适时采取了沟通、座谈、民主生活会等思想政治建设优良传统，大到企业重大战略，小到典型突出事项，集团党委都在调查研究的基础上及时提出指导全局的指导思想，从而为企业风险管理注入活力。二是正确把握、贯彻党的大政方针政策，推进企业在发展中承担其政治责任、经济责任和社会责任，彰显了国有企业本质属性。三是加强干部人才队伍建设。人力资源是企业最重要的核心竞争力。而共产党员、党员干部就是国有企业非常重要的人力资源。因此，山西能源产业集团党委以高度负责的责任感，在学习、教育、培养、引进、使用、管理的各个环节，严格执行干部政策，并据企业发展需要和岗位要求，扬长避短、优化了干部人才队伍结构，在企业核心竞争力的提升过程中发挥了不可替代的重要作用。四是以社会主义核心价值体系来全面创新企业文化。中国特色社会主义共同理想、以爱国主义为核心的民族精神和以改革创新为核心的时代精神、社会主义荣辱观，构成了社会主义核心价值体系的基本内容，是武装全党、教育人民、凝聚力量、鼓舞斗志、引领风尚的思想武器。过去几年，山西能源产业集团各级党组织以提高思想政治素养为根本，以建设学习型党组织为抓手，大力推进马克思主义学习型政党建设；通过深入开展形势政策教育、国情教育，坚定了广大党员干部职工对中国特色社会主义的信心和信念；通过深入开展社会主义荣辱观宣传教育，在全集团形成了知荣辱、讲正气、作奉献、促和谐的良好氛围。

实践证明，什么时候放松党的建设，企业的发展就会受到制约和影响；什么时候党的政治核心作用能发挥好，企业就会兴旺发达。集团新班子组建以来，集团下属各党支部把推动企业生产经营发展、加快转型跨越作为党建工作的中心，切实把企业生产经营中的难点、热点问题当作企业党建工作的重点来抓，在实践中考量党支部的战斗力，在实践中提升党员干部的纯洁性，为中心工作的顺利完成奠定了思想、组织、作风基础。

三、把"企业兴衰是我责任"作为企业文化建设的核心精心打造

国有企业能否打造"百年老店"，最主要的动因是我们的企业领导干部能否清醒地认识到责任既是一种义务，也是一种职责，是做好一切工作的首要条件。因此，山西能源产业集团新班子组建以来，着力倡导"企业兴衰是我责任"的企业精神，强化了三种责任意识：

一是强化了领导干部的带头责任意识。领导就是领路引导，干部就要先干一步。领导干部的行为及其体现出的思想境界、责任意识、执行力，直接影响着企业风气的形成。因此，集团各基层领导干部在企业的生产经营过程中，时刻把企业发展作为自己最大的责任和使命，勇于任事，敢于担当，管住自己，带好队伍，切实提高执行力，确保了各项决策部署落实到位。

二是强化了机关各部室的服务意识。近年来，机关各部室进一步增强主动服务意识，急基层企业所急，设身处地替基层企业着想，竭尽全力为基层企业的长远发展服务，全心全意为解决基层企业当务之急提供及时服务，为基层企业的发展创造良好的经营环境。

三是强化了全体员工的奉献意识。把个人和企业的命运紧紧相连，是责任和忠诚的体现。近年来，山西能源产业集团各级党组织通过开展"一名党员一面旗"、"党员公开承诺"、"党员示范岗"等活动，号召全体党员在各自的岗位上充分发挥先锋模范作用，并通过党员的实际行动来影响每一位普通员工，使其不断增强责任意识，坚决克服得过且过的心态，克服浮躁的情绪，努力做到不让工作在自己手里延误，不让差错在自己身上发生，努力践行"企业兴衰是我责任"的企业文化内涵，为企业提供了不竭的动力。

四、把选好用好管好企业"一把手"作为企业兴旺发达的关键

推动国有企业改革发展、实现国有企业生产经营的各项目标任务，基础是广大职工，核心是企业领导班子，关键是企业"一把手"。因此，山西能源产业集团党委面对集团转型跨越发展的实际，面对实现集团"十二五"两个省属企业名列前茅的目标（人均收益名列省管企业前茅，人均贡献名列省管企业前茅），把选好用好管好企业"一把手"作为切入点，着力开展了"一把手"工程活动。在"一把手"选拔上，始终坚守德才兼备，以德为先的用人标准，坚决打破层级界限、年龄界限，重点关注基层经历、多岗履历、副职阅历，选拔了党性强、政治坚定，对工作有思路、有措施、想干事、能干事的干部。在"一把手"使用上，以科学发展观为指导，坚持以德才素质评价为中心，按照软硬目标并重、实事求是、注重实效的原则，形成了"以定量考评为基础，以定向考评、现场考评和定性考评为补充"的考评体系。在考核运用上，设定"特别胜任、胜任、基本胜任、基本不胜任、不胜任"考评等级，将考核结果作为评先评优、职务晋升、奖励的重要依据，形成了良性激励机制。在"一把手"的管理监督上，一是坚持民主集中制，规范议事程序，强化了班子成员对"一把手"的监督。二是实行"一把手"廉政承诺制，强化"一把手"的党风廉政责任意识。三是全面推行党务公开，增强"一把手"活动的透明度，强化内部监督。四是建立了"一把手"个人重大事项报告制度长效机制，使其成为"一把手"调整、提拔、奖惩的必定程序。五是坚持"一把手"年度任期经济责任审计和离任经济责任审计等双重审计制度作为企业"一把手"重用、调整的首要条件。

山西能源产业集团党建工作始终坚持以改革创新精神为指导，以全面提高企业党建科学化水平为目标，牢固构筑党建工作基础，不断扩大党建工作内涵，使企业党建工作在增加企业凝聚力和竞争力，培育企业文化，特别是在践行科学发展观、构建和谐企业等方面，发挥了无可替代的重要作用，促进了企业又好又快发展，为山西能源产业集团实现"十二五"转型跨越发展奠定了坚实的基础。

【作者：山西能源产业有限责任公司党委书记】

群众意识　中国共产党党性观念的源头

——对中国共产党群众路线的理性思维

刘会锋

群众是相对于党员干部、尤其是领导干部而言的一个广泛社会群体，是中国共产党的立身之本、执政之基和力量之源。践行以为民务实清廉为主要内容的群众路线，既是党的十八大从战略思维、政治高度、全局视野作出的重大决策，也是中共中央关于作风建设八项规定的延伸。这项活动对于加强党的先进性和纯洁性建设，顺应群众对美好生活向往与全面建成小康社会目标都是十分必要和及时的。牢固确立群众意识，即时时想着群众，处处依靠群众，事事为了群众，是中国共产党党性观念的源头。把群众意识贯穿于我们党工作宗旨、方向、途径和目标的各个方面，是深入开展群众路线教育实践活动的根本和关键。

群众观点是历史唯物主义的精髓。确立群众观点是践行群众路线的前提和基础。毛泽东同志1943年10月在《切实执行十大政策》一文中指出：“有无群众观点是我们同国民党的根本区别，群众观点是共产党员的出发点与归宿。从群众中来，到群众中去，想问题从群众出发就好办。”在《<农村调查>的序言和跋》中又讲到：“群众是真正的英雄，而我们自己则往往是幼稚可笑的，不了解这一点，就不能得到起码的知识。”“党群关系好比鱼和水的关系，如果党群关系搞不好，社会主义制度就不可能建成；社会主义制度建成了，也不可能巩固”（毛泽东：《一九五七年夏季的形势》）。习近平同志 2009 年 12 月在全国组织部长会议上指出：“要始终把群众利益放在第一位，通过各种形式深入到群众之中，体察民情、体验民生、体会民意，在群众最盼的时候慰民心，在群众最急的时候解民忧，在群众最难的时候办实事，真正做到权为民所用、情为民所系、利为民所谋。”总之，党的群众观点就是承认群众是历史的创造者，是推动社会前进的动力。“站在最大多数劳动人民的一面”（毛泽东 1947 年 9 月为佳县县委题词），想群众之所想，帮群众之所需，解群众之所难，一切为了群众，一切依靠群众，从群众中来，到群众中去，把党的正确主张变为群众的自觉行动，通过亿万群众的社会实践检验真理和发展真理。我们党的最大政治优势就是密切联系群众，党执政后的最大危险是脱离群众。党风问题、党同群众联系的问题始终是关系我党生死存亡的根本问题。县委书记的榜样焦裕禄同志是践行群众观点的典范。1964 年春天，焦裕禄病情恶化躺在病床上时，仍在思考如何撰写改变兰考面貌的文章；在生命的最后一息，他仍然惦记着张庄的沙丘封住了没有，赵家楼的庄稼淹没了没有，秦寨的盐碱地上麦子长得怎么样……。群众观点这个被社会理论和社会实践铸成的认识基石，在任何情况下都成为我党考虑问题的第一前提和背景。

到群众中去是正确决策的科学阶段和必要部分。各级党委政府、各执法工作部门实行科学民主决策，除了必须坚持依法决策、按规则和程序决策、决策权责统一之外，还必须坚持贯彻群众路线，到群众中去，切实落实群众在决策中的知情权、参与权和建议权，更好地接受群众监督，并形成系列制度。包括重大事项集体决策制度、专家咨询制度、调查研究制度、社会听证和公示制度、社情民意反映制度、决策责任追究制度等。其过程中要保障群众参与决策。群众参与决策既是决策科学化的保障，也是决策民主化的体现。通过公示、征询、听证等制度，让群众参与决策过程，集思广益，善纳民智。要强化专家在决策咨询论证中的作用。专家也是群众的组成部分。注重发挥专家学者的聪明才智，通过专家论证、技术咨询、决策评估等形式，做到尊重实际、尊重群众、尊重规律。要提高行政机关的决策能力和水平。严格执行民主集中制，在民主基础上实行科学决策，以防极端民主化和少数人的主观独断。以群众智慧参与各级党委政府、部门的决策，有利于调动群众实现“中国梦”的正能量，促进经济社会的持续健康发展；有利于增强群众的民主意识和法制观念，提高群众的参政议政能力；有利于强化全体干部全心全意为人民服务的宗旨意识，密切党同群众的血肉联系，巩固我党实现最终目标的群众基础。渭南市在群众路线教育实践活动调研工作中采取“听、看、谈、问、议”五种方式，做到“四不漏”（市不漏县、县不漏乡、乡不漏村、村不漏户）、“四弄清”（弄清基层基本情况，弄清群众的要求和期盼，弄清存在的突出问题，弄清解决问题的措施）、“四明确”（明确整改方向，明确整改重点，明确整改时限要求，明确整改责任主体）的工作要求从而使调研工作周到细致，为下一步扎实有效地践行群众路线、实行科学民主决策做了充分准备。

为群众谋利益是中国共产党独具的思想作风。邓小平同志在改革开放之初告诫全党，“世界上的事情都是干出来的，不干，半点马克思主义也没有。”习近平同志指出：“一些领导干部落实工作抓得不好，很重要的是政绩观出了问题，个人主义思想在作祟。”因此，每一位党员干部都应确立“空谈误国，实干兴邦”的理念，以群众愿意与否、满意与否、高兴与否作为评价政绩的唯一标准，以为民务实清廉的姿态察民情、消民怨、解民需，回归干群的鱼水关系。马克思恩格斯在《共产党宣言》中指出：“过去一切都是少数人的或者为少数人谋利益的运动。无产阶级的运动是绝大多数人的、为绝大多数人的独立的运动。”这就深刻揭示了我党立党为公、执政为民的本质所在。“人民对美好生活的向往，就是我们的奋斗目标。”我们要坚持从群众的长远利益、根本利益着眼，从群众的现实利益、具体利益着手作决策、定政策、提措施。渭南市多年来把新增财力 80%以上用于民生，抓好群众的柴米油盐酱醋茶，衣食住行医教保等切身大事，使得群众的幸福指数与 GDP 同步得到增长。此外，保质保量按期完成渭河综合整治任务，加大渭北旱塬和中部盐碱滩涂地区扶贫攻坚力度，着力推进秦岭北麓避灾扶贫移民搬迁，让更多贫困群众脱贫致富，提高了最低层次群众的收入，扩大了中等收入群体，使广大群众共享改革发展成果。宗旨服务群众，时刻想到群众，事先谋划为了群众，是已被历史证明的中国共产党考虑问题的思维特征。

主动为群众服务是中国共产党的本质。习近平同志 2012 年 11 月在《紧紧围绕坚持和发展中国特色社会主义学习宣传贯彻党的十八大精神》一文中指出：“我们要适应新形势下群众工作的新特点和新要求，深入做好组织群众、宣传群众、教育群众、服务群众工作，虚心向群众学习，诚心接受群众监督，始终植根人民、造福人民，始终保持党同人民群众的血肉联系，始终与人民心连心、同呼吸、共命运。”这一论断为我们主动服务群众提出了更高更严的要求，也是我们“照镜子、正衣冠、洗洗澡、治治病”的基本尺度。我们党同群众的关系，总体是好的，绝大多数干部也是好的或比较好的，否则就无法解释改革开放 30 多年来取得的举世公认的伟大成就。但是，这些年来一些机关干部的工作作风确实存在一些不容忽视的脱离群众的突出问题。其主要表现是犯有严重的官僚主义，脱离实际，思想僵化，高高在上，滥用权力，搞上有政策下有对策，欺上瞒下，徇私枉法；犯有严重的形式主义，不切实际，好图虚名，心态浮躁，浮光掠影，急功近利，习惯于做表面文章，报喜不报忧，掩盖积累的矛盾和问题；犯有严重的享乐主义和奢靡之风，思想空虚，精神迷茫，不思进取，挥霍公款，大吃大喝，攀比虚荣，追求盛大场面、轰动效应和感官享受；思想深处看不起群众，认为群众无知、野蛮、不讲理，群众有事会主动上门来，不愿主动接触群众、服务群众；不善于听取群众意见，认为群众反映的是狭隘的局部问题，对全局缺乏指导意义；不及时解决群众反映的问题，一些职能部门的干部“门难进，人难见、脸难看、事难办，”用大话、套话、假话应付群众、愚弄群众，影响了干群关系，背离了党的根本宗旨。这些都是践行群众路线要切实加以纠正和解决的问题。“照镜子”主要是对照学习党章，深入基层调研，顺应群众要求，查找宗旨意识、工作作风、廉洁自律方面的差距。“正衣冠”主要是严明党的纪律，敢于触及思想，正视矛盾和问题，端正自身行为，维护良好形象。“洗洗澡”主要是以整风精神开展批评和自我批评，深入分析、查找“四风”产生的原因和背景，自我净化、自我提高，以解决实际问题和思想问题。“治治病”主要是采取惩前毖后、治病救人的方针，对作风方面有问题的党员、干部要教育提醒，对问题严重的要及时查处，对不正之风和突出问题进行专项治理。只有如此，才能逐渐增强为群众服务的主动性、积极性和创造性，不断赢得群众的信任、支持和参与。山东省垦利县多年来坚持“问需问计谋发展、共建和美幸福新垦利”群众意见建议征询活动，通过选派“第一书记”、开展机关党员干部和农村困难党员群众手拉手结对帮扶等措施，做到服务不是应付，不是被动，不是形式；中国共产党不仅落实了她的服务宗旨，而且永远要做到超前的服务主动。

建立联系群众长效机制是党的工作规律。长效机制既能保证事物正常运行又可发挥预期功能。我们党的性质、宗旨、目标是必须长期坚持的，践行群众路线也必须持之以恒。这就需要常态化和科学化的工作。首先建立与群众的协商对话机制。倾听群众的呼声和诉求是到群众中去的第一步。群众相信我们，寄希望于我们，才会把心中的忧虑、怨气、困难表达出来。我们能解决的问题就现场给予解决，一时解决不了的要给群众做耐心细致的解释、说服工作，赢得群众的理解和接受。延安市富县推行“群众说事制度”以来，召集说事会 2100 多场（次），现场答复问题 1180 个，及时化解各种矛盾纠纷 1500 多起，真正做到群众的问题“有人听、有人管、能解决。”收到较好的社会效果。其次建立岗位践行机制。从上到下开展群众路线教育实践活动是必要的，在此过程中，还应注重每个人本职岗位的具体践行。不能出现下基层践行群众路线非常踊跃，回到机关办公室对前来办事的群众却失去了应有的耐心和服务热情这种两张皮现象。更不能办事推诿扯皮，敷衍塞责，甚至“吃拿卡要”，与党的群众路线格格不入。因此，要把全体机关干部岗位践行群众路线、提高工作效率、开展“马上就办”的活动长期坚持下去。让来机关办事的群众少跑路、少受累、少受气是群众更迫切、更需要、更欢迎的。此外建立制度保障机制。一般而言，制度是由人制定或自发形成的，具有普遍性。它是激励、支配和约束人们行为的社会规范和规则体系。只有把践行群众路线和年度目标责任制考核以及创建省级文明城市、提高干部的综合素质结合起来，形成检查、督促、举报、反馈、奖惩的良性机制，群众意识才能牢固而持久地在全党表里如一地形成。

改革开放以来，特别是进入新世纪以来，随着经济主体和人们生产方式、生活方式的多元化，形成了人们思维意识、价值观念和行为方式的多元化，由此造成践行群众路线在环境、条件、方式、方法等方面都发生了深层次、宽领域的深刻变化。在这种环境下，我们更要确立科学的思维观念，从人类历史的存在性、社会规律的科学性、党的地位的先进性、人民群众的基础性和制度建设的根本性这个总体源头上强化群众意识。只有这样，我们党才能永远根植于人民群众之中，群众也才能永远相信自己事业的领导核心。

随着群众观点的强化和持续，中国人民终于在自己民族几千年不同发展阶段线性空间的比较中、在世界各国不同社会制度优劣性平面空间的比较中以及亲临中国共产党在她九十余年成功经验和曲折教训自我完善系统空间反馈的实践比较中更加坚信：只有中国共产党才能救中国，只有中国共产党才能领导中国特色社会主义，只有中国共产党才能带引我们实现中华民族伟大复兴的中国梦。

【作者：中共渭南市委党史研究室主任】

浅谈在社会组织中加强党的组织建设的必要性

刘良义

社会组织是社会的一分子，每个社会组织都健康发展，社会才能和谐发展。伴随着我国市场经济的高速发展，社会中各种组织比重越来越大，加强新时期社会组织中的党组织建设越来越显示其必要性和紧迫性。当今和谐社会的建设关键在于党的建设，以党的先进性和党内和谐来推动现代社会的和谐。

一、当前社会组织在基层党组织建设工作中的突出问题

1．党员流动性较大

在现阶段党员的流动性大是在党的管理和建设方面面临的重要难题。新形势下，新的社会组织绝大部分人员流动大，很多都是兼职的工作从业人员，进出比较自由。例如：新形势下许多律师都是兼职，大多都是在律师事务所进行挂靠，以律师事务所执业律师的有效身份来进行服务，其组织关系和人事等关系都在原来的单位。大多数商会、协会也有类似情况。正因为这种现象的频繁出现，很多组织中虽然有很多的党员，但其大部分都是“不固定的党员”。所以，符合自身独立建设党组织的新的社会组织很少，组建党的队伍困难比较大。即使有党组织，那些“不固定的”流动党员与新组织党队伍没有直接的隶属关系。所以新的社会组织中这些游离状态的党员会给新组织党员管理带来很多管理上的问题。首先，这些“不固定的”的党员没有固定的组织依托无法有效及时的行使党员的各项

权利，很难充分发挥党的模范先进作用。其次，“游离党员”无法开展组织教育，不能对其进行组织监控。

2．新社会组织情况特殊

社会的高速发展使目前我国新的社会组织具有特殊性。具体分为“虚体”和“实体”性的两类的社会新组织。“实体”性的是民办的非企业组织，像民营的医院等，这些组织同行业的事业单位比较相似，党组织活动和党建工作的开展比较正常顺利。而“虚体”性的社会组织，像社会团体和一些中介组织等，情况比较复杂和特殊，不能有效的开展党建工作，面临各种新情况和困难：1. 党员工作时间不统一，统一组织党的活动很难。2. 社会组织没有认识到党建工作的重要性，缺乏必要的经费支持和活动设施。3. 党员队伍小，没有达到建立党组织的有利条件。4. 新社会组织情况差异大，难管理、难协调，不能适时组织活动。

3．党建机制不完善

当前形势下新社会组织的党建机制不完善，党建工作管理机制没有完全理顺。很多新的社会组织党员，找不到自己的上级组织，会常常出现党组织管理的空白口；党组织的隶属关系不明确，这样就使得新社会组织的党建工作的责任就难以落实，出现了管理缺口和交叉的各种现象，使得基层的党组织开展党建工作困难重重。加强新时期社会组织党建工作管理机制，是新社会组织中基层党组织所面临的重要的挑战。

4．党建目标与任务不够明确并面临新的问题

党建目标和任务不够明确是新问题。例如，党的十八大报告进一步明确了党的定位与作用，这就是，“党的基层组织是团结带领群众贯彻党的理论和路线方针政策、落实党的任务的战斗堡垒”。党是“领导核心”、“战斗堡垒”，要强化提高执政能力为基本核心的党的建设工作等等。但是，在现实中新社会组织中的党组织对党的定性和目标不明确。不清楚其基本理论和基本政策，使得党务活动开展缺乏理论依据。

二、在社会组织中加强党的组织建设的必要性

1．加强党组织建设是社会组织发展的理论依据与现实依据

新时期的到来，我国市场经济和民主政治的建设与发展，推进了社会文明进步。增强了公民自主意识，导致大批量的社会组织应运而生。截至 2012 年底，国务院新闻办公布，全国依法登记的社会组织增至 49.2 万个，从业人员 600 多万人，这还不包括没有登记的。越来越多的人已从“单位人”脱钩成为“社会人”。即成为各种社会组织中的一员，给党的建设工作带来了严峻的挑战。如何加强和扩大党组织的覆盖范围，使党组织的影响力始终跟着人走，目前进行的初步探索是：“把党的支部建在不同的产业上”、“把党的支部建在各个的项目上”、“把党支部建在新农村的各个示范点上”等等。这些方式离覆盖新社会组织的目标比较近，接下来就要在成功经验上进行提炼和总结，为新社会组织党的建设提供可操作有时效性的蓝本。

2．加强党组织建设是两种组织共同发展的客观需求

从理论上来讲，新社会组织和党的组织这两种组织都是组织的类型，都具备组织特征。例如成员的多少、组织中的活动规范和章程、成员的权利和义务等等。不同类型组织共同发展是现阶段民主进步的显著标志，是和谐社会的必然要求。组织的发展是其永久的需要，党组织和新社会组织具有根本的共同发展需求。中国共产党支持和鼓励各种新社会组织的发展，充分肯定其社会活动中发挥的积极作用，而且党章没有限制党员参加合法的新社会组织。新社会组织章程中明确规定：拥护党的四项基本原则，在合法的业务范围内开展为社会所需要的各类活动。这种共同发展的基础推动了社会主义现代化建设。

三、推动新时期社会组织科学发展的必要途径

1．思想认识到位

社会组织要深入的开展党的基层组织建设和争做优秀共产党员的教育。党的十八大报告指出，建设学习型、服务型、创新型的马克思主义执政党，确保党始终成为中国特色社会主义事业的坚强领导核心。必须贯彻这一要求，基层党组织要覆盖到每个社会组织中，并在学习上讲实效、服务上有成效、创新上有水平，这样才能切实完成十八大部署的推进党建工程的各项任务。党的建设是保证社会组织发挥其重要作用的有效途径，是拓展科学发展观的重要举措。是促进社会新组织有效健康发展的有力保证。党的十八提出的建设“三型”党组织的活动，要求标准高，工作难度大，群众期望迫切。所以，作为社会组织对此要有足够的认识，足够的政治敏感度。现阶段还有市场经济不完善的迹象发生，非法集资扰乱社会金融秩序以及造假、贩假等各种违法行为频频发生，对国家形象带来不良影响。所以，给新社会组织提出新要求，必须加速组织再造，规范其组织活动，完善其转型和升级，提高社会组织的形象和公信力。实践证明，通过党的基层组织领导核心、战斗堡垒和党员的先锋示范作用，将给新社会组织产生积极影响；发展党员增强新组织员工的行动力；新组织中的党组织负责人，强化了理事会的执行力和决策力；规范了社会个体的组织行为，实现了组织的长远发展规划、组织利益和社会利益的双赢。

2．党建机制到位

社会组织要建立健全党建工作的长效机制。首先，所有社会新组织都要建立基层党组织，并理顺履属关系。其次，要制定《党委书记履行党建工作责任述职实施办法(试行)》、《党务公开工作试行办法》等实质性文件。第三，要不断加强党风廉政建设工作，进一步加强和宣传思想政治工作，充分发挥党员的先进模范作用，强化党建工作的长效机制。

3．目标责任到位

社会组织要紧紧围绕中央提出的“推动科学发展、促进社会和谐、服务人民群众、加强基层组织建设”的总体要求。使社会组织中的党员在“比评”上下工夫，争创学、赶、帮、超的良好氛围，激发党员的荣誉感和进取心，提升其内在动力。党的十八大报告进一步明确了党的定位与作用，这就是，“党的基层组织是团结带领群众贯彻党的理论和路线方针政策、落实党的任务的战斗堡垒”。指出，“要落实党建工作责任制，强化农村、城市社区党组织建设，加大非公有制经济组织、社会组织党建工作力度，全面推进各领域基层党建工作，扩大党组织和党的工作覆盖面，充分发挥推动发展、服务群众、凝聚人

心、促进和谐的作用，以党的基层组织建设带动其他各类基层组织建设”。为此，各个社会组织要明确领导的责任，细化工作的相关制度，确保创先争优活动有效全面开展。健全党的组织体系；加强党员的高素质队伍的建设，重点突出党员质量、先进性的提升、党员退出机制和党性分析制度化。

4．创新举措到位

“创新是一个民族进步的灵魂，是一个国家兴旺发达的不竭动力”。创新也是基层党建保持活力的重要“法宝”。在打造创新型社会组织中的党组织要着重均衡各种利益，探索怎样更好地把党建工作和社会经济发展相结合起来。创新不能只是口头上，需要设置有效的创新平台，不断“孵化”一些创新项目。结合各种社会组织的自身特点，推行有效的创新思路。

总而言之，新时期下党组织建设是社会新组织发展的必要保证，只有建设好党组织，社会新组织才能有序健康的生存和发展，才能实现社会和谐。实现富国强民的“小康梦”、改善社会事业的“民生梦”，实现追求和平的大国崛起之梦，乃至实现民族伟大复兴的“中国梦”。

【作者单位：广东省客家商会】

以典型为榜样　努力践行党的宗旨

龙　江

2010年下半年以来，杨善洲同志一辈子忠于党的事业，一辈子全心全意为群众谋利益的典型事迹在全国各地广为传颂，掀起了学习杨善洲的热潮。当前，在深入开展党的群众路线教育实践活动中，省委教育活动办作出了把向杨善洲同志学习作为重要载体，推动教育实践活动深入开展的通知，我认为正当其时，杨善洲同志是我们身边的典型，最有说服力，最能感动人，最有镜鉴作用，而且又是坚持群众观念，贯彻群众路线，牢记“两个务必”的一个活生生的典范，是我们开展群众路线教育实践活动的一面镜子，用其典型事迹照一照，量一量，我们就可以知道自己的差距在哪里？努力的方向在哪里？因此，在教育实践活动中，再一次掀起学习杨善洲同志的热潮，自觉以先进人物的典型事迹为镜鉴，认真做好对照检查，边学边查边改具有重要的意义。

杨善洲同志曾经是云南省保山地委书记，是一个受人敬重的“大官”，退休之后完全可以享受许多人羡慕的安逸闲适的晚年，可他偏偏一头扎进家乡的荒山，用20余年的时间，用生命的余热把曾经的荒山秃岭变成了生机勃勃的绿色天地，到收获劳动成果的时候，他把价值超过3亿元的大亮山林场无偿移交给当地政府，自己不要任何报酬。他情系大山、开荒种树、一心为民、无私奉献的先进事迹和高尚情操，受到全国各地干部群众的敬仰。他的先进事迹和思想境界是我们创先争优的强大精神动力，是我们敬佩和学习的榜样，发挥着典型示范引领作用，更是我们开展教育实践活动的生动教材。

最近，再次认真学习了杨善洲同志感人至深的先进事迹，一种难以用语言表达的敬意从心底油然而生，一份发自内心的感动在脑海里萦绕。什么叫几十年如一日，什么叫奉献不求索取，什么叫全心全意为人民服务，什么叫牢记“两个务必”，我在这位老人身上找到了答案。作为全省科技管理部门的主要负责人，在党的群众路线教育实践活动中以杨善洲精神为镜鉴，就是要把他“恪守信念、对党忠诚的政治品质，牢记宗旨、一心为民的公仆情怀，献身党的事业、鞠躬尽瘁的革命精神，不计个人得失、无私奉献的高尚情操，艰苦朴素、勤俭节约的优良作风”转化成坚持自主创新，着力实现科技发展新突破的具体行动，团结带领全省广大科技工作者，深入实施创新驱动发展战略，以新一轮创新型云南行动计划为契机，努力使全省经济社会发展更多依靠科技创新驱动，为实现省委确定的“两强一堡”战略目标提供重要的科技支撑。

学习杨善洲精神，切实把他的典型事迹作为一个重要载体，推动教育实践活动的深入开展，必须要自觉针对初步梳理的“四风”方面存在的突出问题，从以下七个方面的要求入手，深入对照检查，明确努力方向，树立表率意识。

一是以杨善洲为镜做遵纪守法的表率。杨善洲常说：“我手中是有权，但他是党和人民给的，它只能老老实实用来办公事，不能用来办私事。”他对拉关系、走后门等社会现象嗤之以鼻。从中折射出了他职权不滥用，自觉遵纪守法的优秀品格。党员领导干部只有自己模范遵守纪律，才能理直气壮地去要求别人。党员领导干部必须要自觉增强纪律意识、要正确对待纪律、要自觉遵守纪律、要努力维护纪律，要坚决维护中央权威和中央大政方针的统一性、严肃性，始终在思想上、政治上、行动上与党中央保持高度一致，做到有令则行、有禁则止，保证党和国家科技方针政策在我省的全面贯彻落实。要敢于在干部群众面前喊出这样的口号，那就是“遵守纪律，向我看齐”，要求别人做到的，自己首先做到，要求别人不做的，自己坚决不做，也就是要敢于自己给自己戴上“紧箍咒”，并以此来影响和带动身边的干部群众形成好的风气。

二是以杨善洲为镜做学用结合的表率。杨善洲同志从一个只上过几年私塾的小石匠到地委书记的跨越，靠的就是在勤奋学习中求进步，理论联系实际中求提高。党员领导干部要牢固树立终身学习的理念，把学习当成做好工作的重要基础性工作，常抓不懈，用学习力来提升工作力、竞争力和创新力。既要学习业务知识，又要学习科学理论；既要注重向书本学习，更要注重向实践和群众学习，努力做到“学”与“用”、“思”与“行”的有机结合，把学习成果真正转化为促进工作的思路和措施。要把工作调研制度化，带着问题下基层进行深入调查研究，特别是要针对一些热点和难点问题，确定调研主题，学用结合，找出问题的症结所在，进而分析原因，研究对策，切实克服“以会议落实会议，以文件落实文件”，仅仅将学习停留在口头上、会议上、文件上等形式主义现象。

三是以杨善洲为镜做执政为民的表率。杨善洲一辈子公而忘私，一辈子淡泊名利，一辈子赤诚奉献。他考虑的是多为老百姓办实事，多为贫困山村献爱心，多为国家社会尽余力。他始终以党的事业、人民的利益为重，心系人民，记挂群众，真正做到了权为民所用、情为民所系、利为民所谋。党员领导干部无论何时何地都要坚持人民的利益高于一切，以合乎最广人人民群众的最大利益为标准，用真心动真情，急人民所急，想人民所想，为人民说话，为人民办事。要把执政为民同以人为本有机地结合起来，体察民情、了解民意、集中民智、珍惜民力，切实做到权为民所用、情为民所系、利为民所谋。要勤政为民，求真务实，以突出的实绩造福于民，以优良的作风取信于民。保障和改善民生离不开科技的发展，对科技管理部门而言，落实执政为民，就是要坚持把科技服务民生、科技惠民摆到科技工作的重要位置，大力发展民生科技，促进和谐社会建设。

四是以杨善洲为镜做艰苦奋斗的表率。杨善洲为官 30 余载，把全部的心血和热情都用在了为人民群众办实事上，为国家创造了巨大的生态价值和财富，自己依然蜗居陋室，豁达乐观，毫无怨言。他公而忘私，舍“小家”，顾“大家”，生活简朴，从不讲究吃穿，始终保持艰苦奋斗、勤俭节约的作风。“历览前贤国与家，成由勤俭败由奢”。这些年，随着经济社会的快速发展，我们的物质条件明显改善了，财力也比较雄厚了。在这种情况下，部分干部出现了思想上的放松，忘记了我国还是发展中国家，仍处于并将长期处于社会主义初级阶段，全体人民的生活并不富裕，忘记了还有许多困难群众，有发展不平衡的问题亟待解决。在工作中，也出现了铺张浪费、追求奢靡等不良风气。这些都是同我们党始终强调的“两个务必”格格不入的，都是同中华民族艰苦奋斗、勤俭节约的传统背道而驰的。我们领导干部一定要始终牢记“两个务必”，树立长期艰苦奋斗的精神，坚持艰苦朴素、勤俭办一切事业，自觉抵制享乐主义、拜金主义、极端个人主义的侵蚀。

五是以杨善洲为镜做廉洁自律的表率。杨善洲同志一辈子节衣缩食、生活简朴，两袖清风，清正廉洁，从不以职务之便为家人和身边工作人员谋取任何私利，在他的人生字典里没有“贪”字，他用自己的一言一行和人格力量鼓舞和激励着广大干部群众，感召和引领着人们为建设美好家园而不懈奋斗。廉洁自律是对领导干部最基本的要求，也是领导干部应该具备的最基本的素质。党员领导干部要加强党性修养，自觉抵制各种诱惑，时刻注意检点自己。要严格执行领导干部廉洁自律的各项规定，严格约束自己。注重培养健康的生活情趣，保持高尚的精神追求，正确选择个人爱好，从小节做起，从小事防起，慎重对待朋友交往，对所谓“感情投资”要保持应有的警惕，做到不仁之情不为，不义之财不取，不正之风不染，不明之事不干。同时，作为领导干部，仅仅独善其身，管住自己是不够的，还必须管好自己的子女、配偶以及其他亲属，树立好的家风；还要管好身边的工作人员，使“周边环境”不出问题。

六是以杨善洲为镜做修身养性的表率。杨善洲不因权重位高而迷失自我，永远植根于老百姓当中，承诺重于山，把党员领导干部的理想信念和传统道德操守完美结合在一起，用自己的行为对“公仆”作出了最好的诠释，以使我们领会了“余热”的深刻含义。领导干部的一言一行、一举一动，无形中在营造一种风气，提倡一种追求，引导一种方向，对党风政风民风的形成、对大众生活情趣的培养，客观上具有一种示范作用。因此，党员领导干部一定要有强烈的修身意识和自省自律精神，注意小节，高度重视规范自己日常的行为修养，注重在日常生活中坚持良好作风，努力培养优良的生活作风和高尚的生活情趣，切实做到“勿以善小而不为，勿以恶小而为之”，在各种诱惑面前站稳脚跟，始终保持共产党人的本色。同时，要做到诚实守信，认真履行诺言，树立良好形象，取信于民，凝聚人心，做好工作，而不能承诺多、践诺少，甚至变成空头支票，让群众失望和反感。还要明荣知耻，讲操守、重品行、修美德，永葆共产党人的高尚情操和革命气节，始终做政治上的“明白人”，经济上的“清白人”，作风上的“正派人”。

七是以杨善洲为镜做开拓创新的表率。杨善洲同志把有限的生命融入到无限的为人民服务中，他一生鞠躬尽瘁，至死不渝地带领群众谋发展，他的形象如苍松屹立、青山不老，体现了一个党员领导干部永恒的事业心和责任感。新时期的科技工作，责任重大，使命光荣。在推动科学发展、促进社会和谐方面，科技有着重要的牵引作用，科技工作只有更加自觉主动地适应加快转变经济发展方式的要求，更加紧密地与加快转变经济发展方式相结合，更加卓有成效地为加快转变经济发展方式服务，才能真正为转变经济发展方式提供重要的支撑。这就要求科技部门要把营造加强自主创新的良好氛围和强化科技支撑作为我们改革开放的落脚点，把科技体制改革和科技人才队伍建设作为切入点，不断与时俱进，加大改革开放的力度，通过改革创新激发全省科技工作的活力，通过开放合作促进全省科技事业的发展。当前，要把深化科技管理改革作为科技工作的一项重大任务，围绕科技宏观统筹、科技资源优化配置和开放共享，科技成果转化和产业化、科技计划管理和科研经费管理等重大问题，积极创新思路，大胆探索，先行先试，完善科技计划管理办法，改革科研经费管理制度，加强科技评估评价工作，提升科技投入产出的绩效，强化科技计划信用管理等，通过深化改革，推进云南科技事业新的跨越发展。

做好以上 7 个方面的表率，也就是我们解决“四风”方面存在的突出问题的一个努力方向，我们一定要自觉以杨善洲典型事迹和习近平总书记提出的 22 个问题以及秦光荣书记指出的 14 种现象作为镜子，好好的照一照领导班子，照一照自己，把问题照出来，对具体问题逐一地分析，提出具体的整改措施，使干部职工真正看到教育实践活动带来的变化，取得的成效。

【作者：云南省科技厅党组书记 厅长】

增强自觉性和坚定性

刘文斌

群众路线既是我们党的根本路线，也是党所有工作的生命线。任何时候、任何情况下，群众路线都是我们的事业不断取得胜利的重要法宝。

必须自觉坚持和认真贯彻党的群众路线。贯彻执行党的基本路线和各项方针政策，是党章规定的党员必须履行的义务，也是做一名合格党员的重要标准。每一名共产党员都要增强贯彻执行党的基本路线的自觉性和坚定性，争做贯彻执行党的群众路线的模范。

必须坚持人民利益高于一切。这是中国共产党一贯坚持和倡导的。“群众利益无小事”，每一位党员干部，都必须把人民的利益放在大于一切、高于一切、重于一切的位置上，为群众解难事、办实事、做好事。真正做到思想上尊重群众、感情上贴近群众、行动上联系群众，赢得人民群众的真心拥护和支持。

必须进一步转变工作作风。要扑下身子，深入基层、深入实践、“走近群众身边，走进群众心间”，倾听群众呼声，了解群众所想、所需，把群众最急、最盼、最难的问题记在心上。只有这样才能做出正确决策。而高高在上、夸夸其谈，情况不明瞎指挥，胡编乱造吹政绩，热衷于追逐“形象工程”、“政绩工程”，只能离人民群众的期盼越来越远，使党的事业受到损失。古语有言：“水能载舟，亦能覆舟”。由此可见，密切联系群众是我们党的最大政治优势，脱离群众是我们党执政后的最大危险。

必须和群众心贴心。要带着浓厚的感情去做群众工作，做群众的知心朋友，彼此之间没有距离感，让群众相信你，和你讲真话、唠实嗑儿。要关心群众疾苦冷暖，做到交心、知心、贴心、暖心，听真话、动真情、办真事，始终保持党同人民群众的血肉关系。

【作者：吉林省蔬菜花卉科学研究院党委书记】

坚持党的群众路线对做好税收工作具有现实指导意义

马建民

习近平总书记强调：群众路线是我们党的生命线和根本工作线路。这一重要论断，对于我们充分认识开展党的群众路线教育实践活动，做好税收工作具有重大的理论和现实指导意义。我们要结合税收理论和工作实际深刻理解和把握，切实增强在税收工作中贯彻落实党的群众路线的自觉性和坚定性。

在长期实践中，我们党形成了以“一切为了群众，一切依靠群众，从群众中来，到群众中去”为主要内容的群众路线。社会主义税收的本质是“取之于民、用之于民、造福于民”。从内容来看，党的群众路线首先提出了一个明确的价值目标，即“一切为了群众”。这一目标体现了我们党的宗旨，是每一个党员都必须认真遵循的。应该说，我们党从成立那天起，就把为人民谋利益作为自己的使命。党领导人民推翻旧社会，建立新中国；党领导人民建立社会主义制度，走中国特色社会主义道路，正是为人民谋幸福，使最广大人民的根本利益在新的社会条件下不断得到实现。人民利益是我们党全部事业的出发点和落脚点。社会主义税收的价值取向是“造福于民”，在社会主义制度下，国家、集体、个人之间的根本利益是一致的。国家通过税收筹集财政收入，用于政府行政管理，保障国家安全，发展经济和社会事业，满足人民日益增长的物质文化需求，这和党的宗旨、党的群众路线一脉相承。因此，我们要始终把实现好、维护好、发展好最广大人民的根本利益作为税收工作的出发点和落脚点。

党的群众路线进而提出了“一切依靠群众”这一实现“一切为了群众”价值目标的基本原则，也就是说，我们党的事业要想取得成功，就必须得到人们群众的拥护和支持。从党的发展历史和建设中国特色社会主义的实践看，没有人民群众的支持，没有人民群众的创造性劳动，我们的事业就不可能取得成功。税收“取之于民”，实现“造福于民”的价值目标也必须得到人们群众的遵从和支持。人民群众是社会财富的创造者，是税收的源泉。税收的可持续增长是建立在经济增长和人民生活质量提高的基础上的。没有人民群众的支持，没有纳税人创造社会财富，没有纳税人的自觉依法纳税，税收就是无源之水、无本之木，“用之于民”、“造福于民”就无从实现，这是我们每个税务干部任何时候都必须牢记的道理。我们必须更加注重发挥税收调控经济、调节收入分配的职能作用，努力构建有利于科学发展和加快转变经济发展方式的税收制度、政策体系和征管办法，促进经济社会全面、协调、可持续发展，促进人们群众生活质量稳步提高，为保持税收收入稳定、可持续增长奠定良好基础。

“一切依靠群众”是我们工作必须遵循的原则，将这一原则真正落到实处，党的群众路线进一步告诉我们，必须要有正确的工作方法，这就是“从群众中来，到群众中去”。为了实现“收税为民”、“造福于民”的税收工作价值目标，我们税务部门最重要的工作职责，就是要通过优化纳税服务和加强税收征管促使纳税人提高税法遵从度，更好的履行纳税义务，促进税收平稳较快增长和税收职能作用的充分发挥。提高税收的遵从度，提高税收征收率，要求我们“从群众中来，到群众中去”，在尊重纳税人、理解纳税人、满足纳税人合理需求、不断优化纳税服务，提高纳税人满意度，构建和谐的税收征纳关系的基础上，加强税收征管。从而真正获得纳税人的理解，赢得纳税人的支持，为国家税收的稳定增长夯实雄厚的源泉基础。这和党的“从群众中来，到群众中去”的工作方法异曲同工。我们必须要把纳税服务作为税收工作的核心业务之一，统筹抓好纳税服务和税收征管工作，寓管理于服务之中，才能为建设服务型政府、构建社会主义和谐社会作出更加积极的贡献。

理论和实践告诉我们，税收的本质、税收的工作方法与党的群众路线的本质是一致的，来源于党的群众路线，服务于党的群众路线，受党的群众路线指导。因此，我们在税收理论建设和工作实践中，只有坚持党的群众路线，按照“共建和谐税收，服务科学发展”的主题，努力做好各项工作，才能有效发挥税收职能作用。

【作者：宁夏回族自治区地方税务局党组书记　局长】

如何铲除官僚主义毒瘤

孙养统

形式主义和官僚主义的实质是严重脱离群众。这两个毒瘤与党的群众路线格格不入，严重影响党群关系，败坏党的形象和威信，必须多管齐下，标本兼治，狠杀形式主义和官僚主义歪风。而从制度入手，堵住源头，是解决形式主义和官僚主义的关键。

要本着“精简、高效”的原则，大胆创新管理体制、工作制度及评判标准，建立健全一套科学合理的管理体制和机制。另一方面要采取一些具体的改进措施，严格实施会议和文件目录制度，严格会议审批和备案制度，严格会议时限和讲话时限，可开可不开的会坚决不开，控制会议规模和讲话人数，开管用的会和讲管用的话。减少发文种类和数量，提倡行短文，严格控制文件字数，一般不照转上级文件，应结合上级文件精神和本地实际，言简意赅地行文。严格规范、科学制定考核体系，力求避免弄虚作假、搞虚假政绩；力求把考核交给基层和群众，群众是考核的真正和最高裁判者。

对权力进行全过程、全方位监督，让权力在阳光下运行，是克服形式主义、官僚主义的重要手段。要加强党内监督，特别是领导班子内部监督，认真贯彻民主集中制，充分发扬党内民主，不搞“一言堂”；要加强群众监督，虚心听取群众意见，自觉接受群众监督；要加强舆论监督，通过广播、电视、报刊、网络等各种媒体，大张旗鼓地宣传那些做老实人、干老实事的好典型，形成正确的示范和导向，对那些弄虚作假、追求名利，做官当老爷的坏典型也要公开曝光，严厉惩处。

此外，克服形式主义、官僚主义，还要正确处理好形式与内容、上级与下级、务实与务虚、考核与工作、为官与为民的关系。

一是要处理好形式与内容的关系。形式与内容的关系是辩证统一的关系，内容决定形式，形式反映内容；没有内容，形式无法存在；没有形式，内容无从表现。因此，我们这里所讲的形式是以一定内容(即工作)为实质的形式，我们绝不能过度追求形式，追求脱离实际内容的“假、大、空”的形式，绝不能为引起领导重视而搞一些花哨的劳民伤财的面子工程。

二是处理好上级与下级的关系。“不唯书、不唯上、只唯实。”一般来讲，下级应当服从上级，这是党的基本组织制度“四个服从”之一，但决不能对上级盲目服从，甚至忽悠上级。当然，上级也要对下级平等相待，多关心，临下以简，这样才能维护党内团结和谐，共同促进事业发展。

三是正确处理好务实与务虚的关系。务虚与务实是思想方法和工作方法的两个轮子，二者相辅相成，务实需要务虚来指导，务虚是为了更好的务实，只有把二者有机结合起来，才能更好促进工作。

四是处理好考核与工作的关系。要运用辩证的方法看待考核与工作，设置更加科学合理的尊重经济发展、自然、社会发展规律的考核指标体系，正确分析工作中的主客观因素，防止那些客观条件好而主观不努力的单位“坐享其成”，同时，也要通过动态的跟踪考核，准确评价工作实绩，把考核交给基层和群众。

五是处理好为官与为民的关系。我们党的根本宗旨是全心全意为人民服务，“为官”就是“为民”，“为官一任造福一方”，应是为官的最高追求。因此，为官者要始终牢记“吃百姓之饭，穿百姓之衣，莫道百姓可欺，自己也是百姓”，不能将个人利益凌驾于最广大人民群众利益之上，要始终坚持群众观点，真正急群众之所急，想群众之所想，真正做到为民服务。“德不称其任，其祸必酷；能不称其位，其殃必大。”如果为官不为民，即使官做得再大，都不会得到人民群众的爱戴和拥护。

【作者：重庆市南川区人民法院院长】

垒好一砖一瓦 架起党和群众的连心桥

——国网蒙东电力共产党员服务队建设解读

潘尔生 孙金宏

自 2011 年 7 月第一批国家电网蒙东电力共产党员服务队创建以来，105 支共产党员服务队陆续成立，他们活跃在供电抢修、服务城乡居民、抗灾抢险、扶危济困的第一线，充分发挥着党员的先锋模范带头作用。在党的群众路线教育实践活动如火如荼开展的当下，国网蒙东电力通过示范引领、制度规范、竞赛活动、加强考核等方式，建好、用好、展示好共产党员服务队，使其真正成为展示国网蒙东电力形象的前沿阵地。

国网蒙东电力共产党员服务队在城乡大地的崛起使得群众广泛受益。对此，内蒙古自治区人民政府副主席王波提出殷切希望：电网联系千家万户，是与群众联系最广泛最密切的行业之一，蒙东电力提出以“用心守护万家灯火”为己任，建设“四特”共产党员服务队，是落实党的群众路线教育实践活动的具体体现，希望能够坚持好，起到党和群众连心桥的作用。

一、示范引领 打造服务队范本

供电营业所处于整个供电服务链条的末端，直接面对广大城乡客户，承担着国家电网公司服务承诺、理念及文化具象化的重任，其供电抢修、营销服务成员的服务素质、态度、水平关系着群众对供电服务的满意度。

位于赤峰市松山区的哈拉道口镇供电所是国网蒙东电力命名的第一个共产党员服务队示范点，共拥有 16 名队员，其中共产党员 8 人，入党积极分子 2 人，业务骨干 8 人。

哈拉道口镇属于旱作物区，农业生产是当地村民的主要生产生活方式。在服务过程中，共产党员服务队总结出供电服务迎峰度夏、亲情服务、保春灌三个“八条”措施。“三个八条”围绕农业生产的重要节点，做到了服务有规划、有规范、无死角，而“亲情服务”的定位，则进一步拉近了供电服务与群众之间的心理距离。

哈拉道口共产党员服务队也是“你用电，我用心”服务宗旨的忠实践行者。队长刘云峰在服务过程中，敏锐地观察到，机电井、潜水泵是当地村民主要生产资料，牵扯着村民大部分的精力。他利用业务时间刻苦学习，总结出潜水泵七大易发故障和排查方法，助力村民高效生产。特别是他发明了手机远程遥控机电井装置，可以让村民足不出户灌溉农田。对有需求的村民，刘云峰带领共产党员服务队上门免费安装，自己不收一分钱，不喝一口水，展现了作为一个党员的高风亮节。

无论在技术创新，还是日常服务，哈拉道口共产党员服务队都做到了心系群众，围绕群众需求开展活动，在让广大群众受益的同时，也得到了社会各界的广泛关注，刘云峰和服务队的事迹在中央级、省级、行业媒体上均有大幅报道。

二、准确定位 凸显服务队价值

国网蒙东电力的 105 支服务队立足专业岗位，以统一的服务标准，多样的服务内容，较高的服务水平，满足了客户需求的多样性和差异性。此外，他们在履行社会责任，提升服务的主动性、示范性、延伸性上下功夫，“加码”一般生产班组，彰显共产党员的先锋本色。

勇担重任体现党员价值。在农网升级改造、无电地区通电、抗击洪灾等急难险重任务中，处处都有共产党员服务队的旗帜飘扬。8 月份以来，呼伦贝尔地区突发洪涝灾害，1393 处电力设施受损，7738 户停电。在抗灾抢险保供电第一线，共产党员服务队发扬“特别能吃苦、特别能负责、特别能战斗、特别能奉献”的“四特”作风，在最短时间内为受灾群众通电。8 月 23 日，巴特尔主席充分肯定了国网蒙东电力积极履行社会责任，切实保障供电、参与抢险救灾付出的努力。

主动服务体现用心宗旨。国网蒙东电力共产党员服务队亮身份、亮职责、亮承诺，主动发现群众关心的热点、难点问题，超前制定活动规划、方案、计划，严格落实。红山供电局共产党员服务深入近 70 个社区走访，为 28 户鳏寡孤独及残疾、贫困等弱势群体建立了特殊客户档案，及时为他们提供电力服务。

示范服务领先行业标准。供电抢修类共产党员服务队提供更快捷的抢修服务，将到达现场时间缩短为国家标准的三分之一。此外，在落实首问负责制、与 95598 建立联动机制等方面进行有益尝试，并形成经验模式和典型案例以进一步推广。

延伸服务履行社会责任。在高质量、高标准完成本职工作之外，共产党员服务队创新活动形式，积极履行社会责任，开展抢险救灾、扶弱助困、奉献爱心、保春耕夏浇，以及进社区、进企业、进乡村、进校园、进医院等延伸服务。哈拉道口共产党员服务队采取队员捐款模式，购买节能灯、插座、熔丝、插头等家用易损电气件，为经济困难家庭无偿更换。

近期，蒙东地区仍然有发生暴雨的可能，国网蒙东电力要求公司系统各单位要进一步加强巡视、巡查工作，合力安排好电网运行方式，加强事故预想，做好应急值守工作，再接再厉做好防汛工作，全面做好灾后重建。

国网蒙东电力为新组建省级电网公司，供区为少数民族集聚的经济欠发达地区，农牧民居住分散，恶劣天气频繁发生。所以，该公司在共产党员服务队建设中更加突出蒙、汉、英三语服务，突出服务农牧区特色，突出保春耕夏浇、严寒季节抢修，突出国家电网统一企业文化对供电服务工作的指引。

三、规范管理 集聚产生品牌效应

搭建一砖一瓦，让共产党员服务队这架党和群众的连心桥更加坚实，国网蒙东电力推动共产党员服务队工作标准化、流程化、专业化，经过长期探索，逐渐形成了“四固定，八统一”的管理模式。

“四固定”即：办公场所固定，服务队标识牌固定，“本、册、薄、栏”固定，宣传资料固定。

“八统一”即：统一冠名，统一宣言，统一作风，统一承诺，统一誓词，统一服装，统一队旗，统一名片。

统一标识强化了客户视觉记忆，统一服务内涵便利了服务专业化，统一管理模式提升了建设成效，国网蒙东电力还制定了统一考核评分细则，对各支服务队进行全面量化考核；制作了服务队队歌和宣言，给队员以精神激励，增强他们的归宿感、自豪感和责任感。

标准化、流程化、专业化管理有助于国网蒙东电力对服务队服务质量的考核与控制，有助于在各个共产党员服务队之间形成比学赶帮超的良好氛围，有助于集聚强有力的品牌效应。

国网蒙东电力在各级共产党员服务队建设中，给予人力、财力、办公场所等全力支持。共产党员、入党积极分子是服务队主要力量，同时吸收非党员的业务骨干、有热情的青年员工加入；支持服务队依托创新工作室开展创新成果研究及应用；指导服务队开展各种形式的思想理论教育和专业技术传帮带，提高党性修养和为民服务本领；将评优、评先指标优先向服务队倾斜。

共产党员服务队建设得到了国网蒙东电力领导班子成员的高度重视，总经理陈连凯、党组书记潘尔生亲临共产党员服务队办公地点视察，并参加服务队主题活动，在不同场合对服务队建设进行鼓劲和指导；工会主席兼纪检组长石志忠为哈拉道口示范点揭牌，并要求服务队要坚持为民、务实、创新。

四、承诺“三更”群众尽享服务成果

电网联系千家万户，是与群众联系最广泛最密切的行业之一；共产党员服务队则主要从与群众紧密联系的供电抢修和营销服务的单位成立。在内蒙古自治区政府副主席王波对国网蒙东电力的批示中，准确地指明了共产党员服务队建设方向，就是要将其建成党和群众的连心桥。

国网蒙东电力通过服务队的示范和先行作用，带动起整个供电抢修、营销服务专业的质量和水平提升，最终达到让群众受益的结果。

在完善共产党员服务队建设过程中，国网蒙东电力同样坚持走群众路线，注重调查研究，以群众所需为服务队服务的方向。在对广大群众的走访中，了解到他们对供电服务的深层次要求，明确了“三更”——更快捷、更安全、更满意的共产党员服务队服务承诺。

客户是否受益，群众是否满意，关键还是群众说了算。为此，国网蒙东电力在对共产党员服务队的评价中，本着全面、客观、真实地反映工作情况的原则，让群众说话，参与评价。为此，服务队制作了重要客户服务记录、延伸（特色）服务记录、客户联系（回访）记录、客户连心卡、服务质量反馈表等，注重收集客户意见与反馈，以更好地贴近群众需求，改进服务质量。

国网蒙东电力要求共产党员服务队的客户满意率在 95%以上，服务队所在单位的行风测评成绩及政府评价被列入重要评价项目。

在内蒙古东部 47 万平方公里的土地上的 105 支共产党员服务队，身着统一的服装，踩着一致的步调，为了同一个目标，共同搭建起一架连心桥、直通桥、彩虹桥，誓将党的为民、务实、清廉以及国家电网公司“创新国网，责任国网”的形象渗透进蒙东 1200 万群众心上。

【作者单位：国网内蒙古东部电力有限公司】

群众路线凝聚正能量

王宗瑗

“真正的铜墙铁壁是什么?是群众，千百万真心实意地拥护革命的群众。这是真正的铜墙铁壁，什么力量也打不破的，完全打不破的。”早在 1934 年，毛泽东同志就在《关心群众生活，注意工作方法》一文中如此断言。

习近平总书记鲜明地指出：“人民群众始终是我们党的坚实执政基础。只要我们永不动摇信仰、永不脱离群众，我们就能无往而不胜。”

这些论断都深刻揭示了我们党的生命之本、力量之源、执政之基，具有很强的现实针对性。

群众路线是党的生命线和根本工作路线，贯穿于党的一切工作中。它是在革命战争年代产生的，主要创立者是毛泽东同志，同时凝结着党的集体智慧。

党的十八大明确提出了围绕保持党的先进性和纯洁性，在全党深入开展以为民务实清廉为主要内容的党的群众路线教育实践活动，在这种新的形势下，探讨群众路线这个历史唯物主义的命题尤其必要。

人民群众是历史的创造者

首先，群众观点是历史唯物主义的基本观点

人民群众是历史的创造者。人民群众是一个历史范畴，是指一切对社会历史发展起推动作用的人们，是社会成员的大多数。而从事物质财富生产的体力劳动者和从事精神财富生产的脑力劳动者（知识分子）始终是人民群众的主体。人民群众创造历史，而人民群众又是由无数个人构成的群体，社会历史发展是无数个人合力作用的结果。杰出人物本身是人民群众的一员，其影响再大也不是起决定作用的，起决定作用的是人民群众。

其次，群众路线是中国共产党人的创举，是党的根本工作路线

中国共产党自诞生以来，就把党的性质定位为中国工人阶级的先锋队。党的生存、发展和壮大离不开人民。把唯一宗旨定格为全心全意为人民服务。在土地革命战争初期，毛泽东、周恩来、李立三等三人在总结中国革命斗争的经验中，就使用了群众路线这个词。1943 年 6 月，毛泽东在为中共中央起草《关于领导方法的若干问题》的决定时，第一次较为系统地对党的群众路线进行了阐述。之后，毛泽东在党的七大上所作的政治报告中，强调了依靠群众的重要性。1981 年党的十一届六中全会通过的《关于建国以来党的若干历史问题的决议》，对毛泽东思想活的灵魂的三个基本方面之一的群众路线进行了高度概括，形成了至今一直在使用的党对群众路线的权威规范表述。这就是：“一切为了群众，一切依靠群众，从群众中来，到群众中去。”

提高群众工作的能力

“求木之长，必固其根。欲流之远，必浚其源”。实践充分表明，群众路线是我们党在革命、建设和改革历程中不断取得一个个伟大胜利的一大法宝。越是在形势大好的情况下越要坚持群众路线，越是在离梦想最近的时候越要重视群众路线。当前，要推动党员领导干部直接联系服务群众的常态化、长效化，推进新形势下党与人民的鱼水关系，密切干部与群众的血肉联系。

新形势下，党员干部必须要提高群众工作的能力：

一是调研能力。党员、干部尤其是领导干部要不断加强和提高调查研究能力，在深入基层、深入群众的调研中，能够沉下身子搞调查、静下心来做研究，坚决防止和克服走马观花、蜻蜓点水式调研，真正学会并善于到群众困难的地方查找原因，到群众意见多的地方梳理思路，到群众问题最集中的地方研究办法等等，提高调查研究、掌握实情的能力。

二是决策能力。把“一切依靠群众、一切为了群众”作为所有工作的出发点，防止和克服情况不明、个人独断、强迫命令等现象，把提高科学决策、民主决策、依法决策能力体现到经济社会更好更快地发展上来，体现到党在人民群众中的更大威信上来。

三是服务能力。各级党组织要在全面推进学习型、服务型、创新型党组织建设的基础上，加强各种学习培训、交流提高活动，克服一些党员干部不会同群众说话、不会办群众的事和办不好群众的事等问题，提高党员干部联系群众、沟通群众的能力，掌握与不同群众交流对话的本领；提高党员干部化解各种社会矛盾的能力，处理好各阶层群众的利益诉求；提高党员干部发展经济的能力，更好地为人民谋利益和让老百姓得实惠。

习近平总书记说：“人民对美好生活的向往，就是我们的奋斗目标。”从这个意义上说，只有坚持群众路线，才能凝聚实现“中国梦”的正能量。

【作者：青岛华金大地制衣有限公司党委书记兼总经理】

群众路线是不能轻视的法宝

——在广州市委党校“群众路线与党的建设”学习论坛上的发言

韦建瑞

尊敬的各位领导、各位学员：上午好！

我叫韦建瑞，是市委党校 62 期处级干部进修一班的学员。感谢我的同学们，推荐我作为学员代表，很荣幸地站在党校的讲台上，我发言的题目是《群众路线是不能轻视的法宝》。

我来自于广州市红十字会医院。从我进入医院作为一名普通的医生时，见证和体会到基层党组织是如何发挥作用的。我们医院到重大活动和重要事情都是通过党支部迅速而有效地贯彻落实，为什么。那是因为党组织在充分了解群众的想法、需求和烦恼，处于公心，公平、公正的为群众办事，也得到了广大群众的支持和帮助。

受到熏陶，进入医院 3 个月，我就申请入党。从那时开始，我就知道，共产党员的宗旨是为人民服务。那个我们称为信仰或信念的东西。在组织培养和广大员工的帮助和支持下，我成长为一名党的基层领导干部。这得益于组织的培养，更重要的是得益于走群众路线，坚持为群众服务的结果。其实我本身就是群众的一员。

在工作和成长的过程中，我们理解了“一切为了群众，一切依靠群众，从群众中来，到群众中去”是党的群众观点的核心内容，与党的“全心全意为人民服务”的宗旨一脉相承。群众路线是一种思想方法、工作方法，更是一种政治立场和价值理念。是中国共产党群众路线的真谛和精髓。

基层党建工作与党员群众联系最直接最紧密，承担着团结群众、动员群众、组织群众的重要职责。在当前形势下，党的基层组织在推动发展、服务群众、凝聚人心、促进和谐中的作用发挥得好不好，凝聚力、战斗力、号召力强不强，党员群众的民主权利有没有保障，直接关系到党为人民服务的宗旨是否落实，党员群众对组织工作是满意。

应当承认，面对世情、国情、党情的深刻变化，精神懈怠危险、能力不足危险、脱离群众危险、消极腐败危险更加尖锐地摆在全党面前，党内脱离群众的现象大量存在，集中表现在形式主义、官僚主义、享乐主义和奢靡之风这“四风”上。这些都是由于没有坚持党的群众观点和根本宗旨造成的。

作为基层党组织的负责人，在基层服务性党组织建设中责任重大。我们能不能坚持群众观点、群众立场、群众路线，归根到底就是能不能坚持为人民群众谋利益。

作为医生，我们会发现一个现象，就是那些经常去医院看病的人，往往寿命比较长；那些平时不注意保健而自诩健康的人，则往往容易突发严重的疾病甚至猝死，其实不是平时健康，而是本身有疾病未曾发现。所以，医生会呼吁人们要自我保健同时定期体检，以及早发现身体的健康状况。

群众路线，就像是一面很科学的“镜子”，只要敢于面对，认真面对，就可以照出我们的差距，可以帮助我们摆正自己的位置。群众路线，又像是一个很管用的“疗法”，只要准确使用，用心使用，可以帮助我们洗去身上的灰尘，治好自身的疾病，可以帮助改进我们的作风。

目前全党正在进行群众路线教育实践活动要求我们：照镜子、正衣冠、洗洗澡、治治病。就是要在活动的全过程中，开展积极健康的思想斗争和作风建设，特别是用好批评与自我批评这个有力的武器。“照镜子”和“正衣冠”这两个环节，都属于自查范畴。“洗洗澡”和“治治病”，则属于自我检查与组织帮助相结合的范畴。

虽然我担任医院的党委书记，但无论是理论素养还是实际经验都十分缺乏，实际上我是带着如何做好基层党组织建设这个问题来党校学习的。

我想大家无论对党的群众路线的理论、制度、纪律还是具体的方法和措施都比我更有发言权。我只想从我个人的经历和感受，谈谈我的一些认识和看法。

1．信念和价值观。记得在某次培训的时候，教授要我们先写下 20 个最在意的人、物、事等，然后把最不重要的依次划掉，剩下三个一定程度上代表了我们个人的价值观或信念。我们可以自我评价一下，我们自己最在意的是否还包括被我们称为信念的东西:为人民服务。我们是否还有一切为了群众的价值理念，把人民幸福作为自身的价值追求，使一切为了群众落到实处。我们是否应该做到像习总书记所说的那样：“人们群众对幸福的向往，就是我们努力的方向”。

2．信心。虽然目前存在着一定程度的形式主义、官僚主义、享乐主义和奢靡之风这“四风”现象，但我们更应该看到当前各级党组织和党员、干部贯彻执行党的群众路线情况是好的，党群干群关系也是好的，广大党员、干部在改革发展稳定各项二作中，冲锋陷阵、忘我奉献，发挥了先锋模范作用；就我熟悉的医疗行业，广大医务人员在抗击“非典”、抗震救灾、援疆、援藏、援非等艰苦环境下，不畏艰难、甘于奉献、救死扶伤、大爱无疆，赢得了广大人民群众肯定和拥护。这是主流，必须充分肯定。不知大家信不信，反正我信了。

3．情感。唱好一首歌应当具备什么样的条件？天生的好嗓子、唱歌的技巧、刻苦的训练。其实还少了一个最重要的因素，那就是情感。

为什么过去很困难的局面我们都能渡过？根本的问题是我们的干部、党员带着深厚感情同人民群众一块苦。做群众工作，千方百计把群众工作做深、做细、做实。

对群众缺乏情感的投入，就容易漠视群众利益，对群众的疾苦视而不见、充耳不闻；一旦对群众有了真感情，就会想群众之所想，急群众之所急，倾听群众呼声，反映群众诉求。对群众倾注真情，要求党员干部放下身段，贴近群众生活，融入群众之中。如此，才能知群众冷暖、解群众忧愁，才有可能把群众的“小事”当成自己的“大事”。感情真才能用心、专心为群众办实事、谋利益。

世界在变，社会也在变，随着我们的事业不断向前发展，在党群关系问题上，我们会遇到新的问题、新的挑战。无论形式怎样发展，群众路线都是我们时刻不能忘记和轻视的法宝。并且需要不断在理论和实践上进行创新。

只要我们坚定为人民服务的信念、对人民群众充满感情、我们就会有坚强的自信，就会有强大的动力源泉，我们也就一定会赢得群众的信任和支持，就一定会离那个激动人心的中国梦越来越近。

【作者单位：广州市红十字会医院】

深刻理解“三型”党组织建设意义
做好国有企业基层党建工作

卫圈虎

党建思想政治工作作为国有企业独特的政治优势，始终是国有企业核心竞争力的重要组成部分。充分发挥党组织的先进性和政治优势、组织优势、制度优势、群众工作优势，积极融入中心、服务大局，促进企业健康持续发展是国有企业党组织的重要使命。面对当前环境的新变化，针对新时期党建工作的新形势，党的十八大与时俱进科学地提出“建设学习型、服务型、创新型的马克思主义执政党”的重要论断。这一重要论断既充分体现了党的宗旨，又充分体现了党对执政党建设规律的正确认识，科学准确地指出了当前党建工作的目标和方向，具有重大而深远的意义。国有企业如何深刻理解“三型”党组织建设的重要意义，如何扎实做好“三型”党组织党建工作，是一个需要认真思考的问题。

一、建设“三型”党组织是适应新时期新形势的紧迫需要

当今世界正处于快速发展和变化调整时期，世界多极化，经济全球化，国与国的关系交错复杂，地区冲突不断，迫切需要党不断提升驾驭复杂国际局势的能力，维护国家利益，提升大国地位。当前，我国正处于改革发展的攻坚时期，经济体制、社会结构、人的思想观念都发生了深刻变化，整体格局不断调整，发展机遇与风险并存，对党的执政能力提出了新挑战，迫切需要不断提高驾驭国家建设和发展的能力。科学技术日新月异，新技术强烈影响着产业发展、人们生活方式和需求，如何始终代表先进生产力的发展要求，代表先进文化的前进方向，代表最广大人民群众的根本利益，迫切需要全党牢固树立服务意识，不断学习和创新。中国共产党把马克思主义基本原理应用于中国实际，经过艰苦的探索与实践取得了巨大成就，当前党组织所处的环境、担负的任务、工作的条件以及自身状况都发生了重大变化，面对执政考验、改革开放考验、市场经济考验、外部环境考验，党内还存在不适应新形势的问题，化解精神懈怠的危险、能力不足的危险、脱离群众的危险和消极腐败的危险，就必须确立符合时代要求的目标，狠抓自身建设，进一步加强党的执政能力、先进性和纯洁性建设，始终赢得人民的信赖与拥护，领导我国社会主义建设伟大事业不断取得胜利。

二、建设“三型”党组织是坚持践行为人民服务宗旨的根本要求

党的根本宗旨就是全心全意为人民服务，所以必须在组织建设中提出“服务型”的要求。在新的时期和历史条件下，服务人民群众的内涵和方式方法都发生了深刻的变化，对党组织的服务方式和党员的能力有了更多更高的要求。在这一大背景下，需要认真研究面临的新情况新问题，找准工作着力点，需要各级党组织和广大党员不断地学习。同时，切实提高服务能力，提升服务水平，需要不断创新，搭建新平台，推出新举措，解决新问题，更好地为人民服务。如果不在学习提升上下功夫，就无法把握时代的发展和潮流，如果不在服务意识与服务质量上下功夫，就无法从根本为人民服好务，如果不在创新发展上下功夫，就无法很好地满足人民不断变化的新要求，就无法很好地践行全心全意为人民服务的根本宗旨。

三、建设“三型”党组织是党的思想路线的重要体现

“一切从实际出发，理论联系实际，实事求是，在实践中检验真理和发展真理”要求我们解放思想、实事求是、与时俱进、求真务实。“解放思想、实事求是”重点强调地就是不断的深入学习和研究问题，探求规律，敢于创新突破，不断追求真理。事物总是处于不断变化和发展的过程之中，如果不学习不研究，我们的思想就会墨守成规，总是在已有的框架中循规蹈矩，就无法把握发展中事物的新规律。习总书记曾指出“要把学习作为一种追求、一种爱好、一种健康的生活方式”。“与时俱进、求真务实”是辩证唯物主义和历史唯物主义的科学精神，坚持与时俱进，就要求党在组织建设过程中适应时代发展需求，不断自我创新，自我改变，自我完善，以开放和创新精神指导自己的行动，始终走在时代前列，各项工作体现时代性、把握规律性、富有创造性；保持求真务实的政治品格，要求全党追求真理、务求实效，在前进的道路中不断创新，服务群众，不断赢得人民群众对党的支持和信任。

创建学习型、服务型、创新型党组织，三个方面目标各有侧重，但又互相紧密联系统一为一个整体。通过学习提升服务本领，通过学习开拓创新思路，通过创新改进服务质量，树立了服务意识就会激发创新意识，树立了服务意识创新意识又会促进不断地学习。建设学习型党组织是重要前提，建设服务型党组织是根本目的，建设创新型党组织是时代要求。

四、国有企业建设“三型”党组织的实践思考

1、政治思想学习与专业技术学习同步抓。马克思主义哲学是科学的世界观和方法论，中国特色社会主义理论体系是当代马克思主义，是我们的行动指南，深刻领会马克思主义毛泽东思想的精髓，认真学习中国特色社会主义理论，学习党的路线方针政策是学习型党组织建设的基本要求。用先进的哲学思想、科学理论武装头脑，坚定信念，使得党组织与党员站得更高，看得更远，更能有效解决复杂矛盾，更能增强凝聚力，调动积极性。国有企业的中心工作主要在于科研生产及经营活动，而企业技术水平实力、员工专业技能影响着企业的经营发展。建立学习型党组织，还应大力开展专业技术学习，不断优化党员骨干和广大职工的知识结构，提升专业水平，培育专业领域的行家里手，通过对人的素质的全面提升促进企业中心工作的顺利完成。

2、服务企业发展与服务广大职工同步抓。十八大报告指出“要把服务群众、做群众工作作为基层党组织的核心任务和基层干部的基本职责，使基层党组织成为推动发展、服务群众、凝聚人心、促进和谐的坚强战斗堡垒”，突出强调了基层党组织的服务型功能。国有企业不但肩负着经济发展使命，同时肩负社会使命。企业发展的同时要致力于员工发展和幸福，各级党组织要紧紧着眼于“服务发展、服务职工”开展工作和活动，要牢牢树立服务意识，在保障企业持续健康发展方面下功夫，在支持经营班子工作上起作用，在构建团结和谐环境上做工作，关心人发展人，拓展服务群众的平台，凝聚力量，服务好企业发展，服务好广大职工。

3、党建工作创新与技术管理创新同步抓。面对新的形势，从满足广大党员群众新要求新期望出发，企业党建工作必须与时俱进，不断创新，探索国有企业党建工作理论创新和实践创新、内容创新和方法创新、载体创新和模式创新，既坚定信念高举旗帜，又贴近时代主题，使思想政治工作真正入心。积极推动企业技术管理工作创新，认真研究解决企业改革发展中的重大问题，将组织优势转化为企业发展优势，将组织活力转化为企业发展活力，用先进的思想、技术和管理解放生产力，推动企业快速发展。

中航工业华燕公司党委认真学习贯彻党的十八大精神，积极组织落实集团公司基层党组织星级创建活动，根据公司自身实际，近期正在制定“三型”党组织六个维度的建设目标和量化考核细则，以科学化为目标，进一步健全党建工作体系，不断提升企业党建工作水平。

【作者：中航工业华燕党委副书记】

引入 ISO 质量管理体系
提升企业党建科学化水平

项顺泉 谢艳花

湖南省机场管理集团有限公司（简称“湖南机场集团”）是省属国有大型民航运输企业，现有员工 4803 名，其中基层党委 11 个，党总支 17 个，党支部 103 个，中共党员 1129 名。近年来，湖南机场集团党委以创先争优活动为抓手，解放思想，开拓创新，不断探索公司党建工作的新途径、新方法，将国际质量管理体系标准引入公司党建工作，成为全省首家通过 ISO9001 党建质量管理体系认证的国有企业。机制创新和党建管理体系的有效运行，使湖南机场集团进一步创新了党建工作思路，构建起了党建工作与经营管理有机结合的管理新机制，提升了湖南机场集团党建规范化、科学化管理水平，增强了湖南机场集团党组织的创造力、凝聚力和战斗力。机场集团产业发展从小到大，由弱渐强，发展方式由航空运输单一型转变为航空运输业、现代服务业、临空产业“三大板块”齐头并进，总资产由 5 年前的 13.6 亿增加到 93 亿，黄花国际机场运输生产连续 3 年居中部第一，跻身全国 12 强。先后荣获了“全国五一劳动奖状”、“全国先进基层党组织”、“全国精神文明精神工作先进单位”、“全国模范劳动关系和谐企业”、“湖南省厂务公开民主管理工作先进单位”、“湖南省党风廉政建设先进单位”、“湖南省企业文化建设示范基地”“省直思想政治工作十佳单位”等荣誉称号。

一、引入 ISO 质量管理理念，使党建由“软”约束变为“硬”约束

湖南机场集团自 2003 年属地化管理体制改革以来，经过 10 年实践经验的积累，党建工作制度已较为完善，工作程序相对规范。但集团领导总感觉这方面的工作与公司发展还存在一定差距：与生产经营中心工作结合不够紧密；各项制度得不到高质量的落实；定性多、定量少，软规定多、硬要求少，导致考核操作性不强等。

怎样解决这些问题？如何确保湖南机场集团党委的政治核心地位不动摇，如何切实增强湖南机场集团党组织的创造力、凝聚力和战斗力？能否建立一套党建工作常抓不懈、规范运行的机制，实现党建工作的程序化控制、标准化考核、持续化改进，使党建由“软”约束变为“硬”约束？经过一番调研和论证，集团公司党委最后把目光转向了国际上公认的质量管理模式——ISO9001 质量管理理念。“湖南机场集团党建缺的不是制度和规范，而是落实制度的推动力和执行力。因此，极需一种新的管理手段。”谈起导入党建工作质量管理体系的初衷，集团公司总经理、党委书记刘志仁深有体会。

2008 年 8 月，湖南机场集团党建质量管理体系认证工作全面启动，2009 年 12 月，集团本部及旗下各分公司均顺利通过了国内权威认证机构的认证，获得党建质量管理体系认证证书，标志着湖南机场集团党建工作迈上了一个崭新的台阶。湖南机场集团在党建工作中引进 ISO9001 质量管理理念和方法以来，经过三年多的持续运行，基本解决了党建工作落实不到位、党建工作与公司经营工作“两张皮”的问题。党建工作的标准化和规范化，有效地消除了党建工作的随意性和惰性，提高了党建工作的有效性和效率，使党的各项工作真正落到了实处。

二、准确定位企业党建，把党建内容细化为“质量管理手册、程序文件、工作手册”

根据国有企业的性质和特点，湖南机场集团将党组织的作用定为：实施政治、思想、组织领导，为企业的安全、服务、效益、发展发挥服务保障作用。为规范有效做好党建各项工作，湖南机场集团对党建工作内容重新进行了识别，将党建工作内容确定为：领导班子思想政治建设；领导班子作风建设；党的组织建设；企业文化建设；宣传思想建设；党风廉政建设和纠风工作；思想政治工作和精神文明建设；民主管理，同时根据企业的特点，将党建内容延伸到工会、女工、计生工作及共青团工作”共十项内容。对集团公司所有的党建工作制度、规定、流程等，重新梳理整合优化，形成了党建质量管理体系的《党建质量管理手册》、《程序文件》和《党建工作手册》等三层次文本。

《党建质量管理手册》是党建质量管理体系的纲领性文件；《程序文件》规定了实现党建工作目标的 7 个基本程序；《党建工作手册》将党建日常工作按照组织建设规范、宣传工作规范、纪检监察工作规范、工会工作规范、女工计生工作规范和团委工作规范等 6 个方面进行细化分类，梳理出 80 余个作业规程。其中，涉及党委班子建设的有《集团公司党委会议事规则》、《集团公司民主生活会若干规定》；党员干部学习教育方面的有《党委中心组学习制度》、《党员教育管理规范》；思想政治工作方面的《加强和改进思想政治工作的意见》、《思想政治工作目标管理责任实施方案》，还制定了《党风纠风监督工程实施细则》、《纪委党内监督工作规范》等 28 项纪检监察工作规范。

在体系运行中，集团各级党支部还围绕本单位生产经营工作的重点和难点，开展创新性的特色党建活动，激发了立足岗位争创业绩的工作热情，促进了生产经营任务的圆满完成。一是在各机场积极开展党员“亮身份，树形象”活动，“先锋示范岗”、“先锋示范通道”、“党员责任区”、“爱心通道”等特色竞赛活动，引领并推进机场健康和谐快速发展。二是大力加强学习型组织建设。建立了湖南机场党校，成立了湖南机场培训学院、女职工培训学院和人口与计划生育培训学院，针对不同层次党员、员工岗位素质要求，采取不同培训方式，提高人员综合素质；积极开展“学习型、创先型、和谐型、文明型、服务型、廉洁型”六型机关建设和“机关联基层”活动。三是以文化建设提升公司软实力。注重发挥党工团组织优势，广泛开展民主管理，加强班组建设；创办了机场“金鹏网站”、内刊《湖南机场报》，建立了党员活动室、员工读书室和文体活动中心，成立了职工协会和艺术团，举办了演讲赛、辩论赛、班组建设经验交流会等活动。同时建立了员工疗养档案、爱心互助和医疗互助基金。

三、量化党建工作标准，建立科学考核评价体系

党建工作的考核评价历来是一个难点。导入质量管理体系后，湖南机场集团紧密结合新时期党建工作特点，重点在考核指标的科学量化、考核机制的建立健全上下功夫，把公司党建工作进一步纳入制度化、科学化、规范化的轨道，提高了党建工作的针对性和实效性。

一是注重目标的可测量。按照质量管理的原则，湖南机场集团党委制定了4项质量管理目标。如：上级党建工作的执行率100%，各党支部党建工作创新项目全年不少于2项，党建工作满意率≥90%，党员干部违纪率为零。为确保目标的全面落实，同时修订完善了《湖南省机场管理集团有限公司党建工作目标管理考核细则》。《细则》对各党支部党建工作目标管理检查考核实行百分制，设定了基础工作、组织建设、班子建设、队伍建设、中心组学习等19项党建测评指标，并明确了测评标准、扣分内容，及临时加分、扣分项目。考核结果将作为奖励处罚和干部聘免的依据。总分在90分以上者才有资格参加先进单位的评比，对80分以下的未达标单位，其党务主要责任人和党员的年终奖将下降一档，并责成及时进行整顿。这样，集团党委的工作目标更好地在各支部得到贯彻落实，做到了扎实推进党建工作的同时，切实为生产经营中心工作提供了坚强的政治保障。

二是实施动态考核管理。每年年初召开党建工作会议，下发党建工作要点，对党的建设、反腐倡廉建设、群团组织建设等设定年度目标任务，并要求逐级细化、量化，分解到各相关职能部门和各级党组织或相关党员岗位。在明确全集团党建工作总体目标和考核细则的基础上，集团下属各分子公司分别梳理制定基层党建工作具体目标、内容和要求，从落实上级方针政策、基层党组织建设、领导班子和干部队伍建设、党委自身建设等多个方面设计内容，并按照干什么、为何干、谁来干、何时干、怎么干、干到什么程度等要求逐项细化分解，明确每项工作的目的、任务、时限、责任人等。

在实际操作中，按照每年党建工作的重点和活动内容的不同，实施动态考核管理，并适时对考核标准和频度进行调整。例如，对中心组理论学习、支部组织生活等一些常规性工作坚持每月或每季度定期进行考核，对当年开展的大型学习教育活动等重点工作和特色工作适时进行考核，对组织建设、党员的发展和教育管理等工作实施滚动考核，年底将《党风廉政建设责任书》、《纠风工作责任书》、《计生工作责任书》等内容纳入到各单位各部门进行一次综合性的全面审核。上述考核结果按一定的比例综合在一起，作为当年各单位和各部门最终的党建工作考评结果，形成了重点突出、统筹兼顾的动态管理考核模式。

三是建立考评激励机制。考核结果除了作为党建工作评奖评优的主要依据外，还纳入全集团质量管理体系的绩效考核中，作为评价部门年度绩效的重要指标之一。

湖南机场集团党建目标管理的推行，促使党建工作考核从主观意愿向硬性指标转变，从零散化评价向规范化评价改进，切实增强了考核激励的科学性和实效性，确保做到了组织建设落实、阵地建设落实、流动党员管理落实、党员学习时间内容落实、经常性思想政治工作制度落实、党风纠风工作责任落实、三会一课制度落实。

四、严密的“PDCA”过程控制，确保了党建工作规范运行

一个好的结果是由一个有效的控制过程产生的，抓好过程的每一个环节，即ISO9001体系标准的PDCA（策划、实施、检查、改进）循环，就可以获得好的结果。湖南机场集团把过程控制原则贯彻到党建工作的始终：每项党建活动开展前，都要按“5W1H”的要求进行策划：做什么、为什么做、谁来做、何时做、如何做、做到什么程度，一项一项都列清楚，防止头脑发热搞活动，克服了工作中虎头蛇尾、形式主义、工作不落实等问题。

在党建工作执行过程中，按照PDCA闭合方法，对发现的问题有专门的改进要求。比如，各级党群部门的例会制度，每月底，所有党群工作人员召集在一起，根据集团党建年度工作总安排，对下月工作进行策划，经党群部门负责人审核批准后，形成党群月工作计划，印发至各基层党委，由各基层党委具体落实推进；负责人在推进过程中把控方向，适时调整不当之处及时改进；月底的例会上，逐项对完成情况点评、分析，以便改进。这一工作制度的有力推行，使企业的党建工作上下一体，合理跟进，有效提升了党建工作的执行力。尤其是“过程控制法”，每个过程必须有充分的记录，避免了党建工作“偷工减料”，无疑促进了党建工作质量的提高，使“求真务实”在党建工作中得到了制度上的保证。在规范党务台账管理方面，湖南机场集团党委要求各支部建立好“三本”即《党务工作记录本》、《谈话记录本》、《学习教育记录本》，并从党务台账的记录格式、记录内容等方面作出详细要求。在加强党员信息化管理方面，要求各支部按照“集团党委全盘掌握、基层支部实时跟进”的原则建立涵盖了全体党员的电子信息库，实现了对党员发展、党员转接等情况的动态化管理和服务。加强流动党员管理，将驻场所有特许经营承包商的党员纳入管理范畴，成立了位联合党支部，确保了“哪里有党员，哪里就有党的组织”。强力推进阵地建设，通过在基层党组织建设“党员活动室”，并推广“总支和支部会议室、党员活动室、党员学习室”三室合一模式，开展“最有影响力的党员活动室”评选，有效推进了活动室的建设，使活动室的功能更加完善，室内现已配齐了电视、VCD、投影仪、电脑及各类书籍，有效解决了党员学习、教育、娱乐的问题。

通过规范操作程序、控制工作流程来促使影响党建工作质量的各要素和各环节都处于可控受控状态。采取“PDCA”闭环工作法对每一项工作和活动绩效跟踪落实，并要求建立党建工作落实情况的工作记录。有效避免了工作的随意性和盲目性，增强了工作的“刚性”，提高了工作效率，提升了基层党组织的执行力和战斗力。

党建工作质量管理体系建设，是湖南机场集团党建工作创新和在创新驱动中实现跨越式发展的重要一环。创新党建工作机制需要与时俱进不断探索和实践。我们将以思想建设上的新收获、组织建设上的新作为、作风建设上的新气象、党风廉政建设上的新成效和创先争优活动上的新进展，作为湖南机场集团科学跨越大发展的具体实践，不断提高党组织在企业中的政治、思想、组织领导能力，充分发挥党委班子的核心作用，总支、支部堡垒作用和党员的先锋模范作用，为企业的安全、服务、效益、发展提供坚强有力的服务保障！

【作者单位：湖南机场股份有限公司】

发挥部队优势　党建扶贫参建参治

肖茂光

贵州省军区部队深入贯彻党的十八大精神，准确定位、发挥优势和民兵作用，以党建扶贫方式参建参治、努力为实现贵州同步小康和“中国梦”作贡献。

准确把握以“三抓两建一开展”党建扶贫为抓手，“五位一体”全面推进的基本内涵

党建扶贫的实质是通过联帮共建基层党组织，在帮强能力、完善机制和组织领导功能、研究制定发展规划、培养骨干人才的同时，进而帮助党组织充分发挥民兵、退伍军人、党员三支队伍，五个小组(宣教、科普、文卫、技保、安保)的骨干作用，把过去的文化、教育、卫生、资金、项目扶贫和“四在农家”等活动，统统纳入“三抓两建一开展”党建扶贫为抓手的活动中，扎扎实实推进惠民致富工程，在“五位一体”全面推进经济社会稳定发展的同时，帮助党支部带领群众做大做强做深做长特色产业，并在参建参治实践中，特别是急难险重任务中注重锻炼摔打部队和民兵预备役人员，以此检验和促进转型建设成果和素质能力的提高，实现强国梦与强军梦，稳定与发展，履行职能与锻炼队伍“双促共赢”的高度融合与统一。

一是突出“三抓两建”强龙头。省军区军、师、人武部(预备役团)、乡武装部与地方一道，通过“三抓两建”，帮助基层党支部这个龙头，增能力、强素质、抓规范、树形象，真正把党的组织优势转化为带领群众同步小康的发展优势。“三抓”即：抓党务工作明白人的培训培养——以培训党支部成员及工作骨干为重点，利用农村党员干部培训基地、远程教育网和民兵训练基地，采取集中授课、参观见学、手把手帮带、印发口袋书和模拟示范等方式，每年组织 1～2 期党支部成员培训，帮助培养坚强可靠，素质能力强、作风硬、形象好的党务工作明白人；注重帮助基层从本地大中专学生、复退军人和民兵中培养选拔党务骨干，充实基层党组织，确保基层党组织新老搭配、结构合理、后继有人。抓党支部规章制度的健全完善和落实——按照“有经费、有计划、有措施机制、有总结评估”的标准，与地方组织部门一道，开展农村党组织生活制度清理规范，帮助村党支部查找落实规章制度中存在的问题，在督促落实“四议两公开”、“四民主”、“一事一议”和村级组织“三会制”等已有制度机制的基础上，根据新形势新情况，建立确保党内生活制度落实的制度机制。抓党员先锋模范作用发挥——加强对民兵党员的知识技能和带富能力培训，通过内强素质、外树形象，使其成为致富带头人，将村民分别纳入骨干负责的综合治理互助组和经济发展合作组，使全村群众在这一责任组织的链接下稳定健康发展、脱贫致富奔小康，从而体现党员骨干的带动引领示范作用。加强流动党员管理，指导外出打工党员按地域划分成立临时党支部，解决好外出务工党员教育管理难题。“两建”即：建设适应支部功能需要的基础设施——根据帮建农村党支部的实际情况，帮助建设以“五室”(支部会议室、党员活动室、远程教育室、办公室、图书资料室)为基础的活动平台，构建便民利民的党务政务综合服务体系，使村党支部活动有场所、工作有条件。建立推动发展确保建设规划落实的工作运行机制——帮助村党支部建立带领群众同步建成小康的工作规划、计划与措施，及其自身工作运转的制度机制，确保工作规范、落实有效。通过“三抓两建”，为当地群众留下一支永远不走的“工作队”，建强一个带领人民脱贫致富、同步建成小康的“火车头”。

二是用好抓手求发展。在地方党委政府的统一领导下，按照全省“帮联驻”、“四帮四促”、“双万结对帮扶”和 3 万名干部驻村“讲访帮促”等活动要求，由省军区、军分区(预备役师)、人武部(预备役团)、乡镇武装部联系村党支部和省、地(市州)、县(区)、乡机关干部，有组织、有计划、分批次进村入户，下到基层，蹲到村镇，以开展“干部走下去、群众富起来”活动为抓手，紧紧依托“三支队伍”(民兵骨干、党员、退伍军人)，发挥“五个小组”(宣教、科普、技保、文卫、安保)作用，扎实做好“九项工作”：会同地方工作队搞好党的创新理论、路线方针政策和法规制度宣传教育；广泛调研，找准制约农村稳定发展的问题和原因；帮助村党支部制定“五位一体”全面发展规划和相应措施；帮助培养党建工作和发展特色产业方面的骨干人才；帮助引进资金项目，抓好带头致富示范点建设；帮助建立“公司+农户”的经济发展模式，延长产业链条，确保农民持续增收；帮助村党支部发挥“五个小组”作用，大力推进“五位一体”全面建设；在“五位一体”全面发展的基础上，针对资源、区位优势，帮助选准特色项目，做大做强做深做长特色产业，最大限度惠民富民；帮助村党支部拓宽发展思路，肃正行业风气，树立良好形象，打造产业品牌，搞好推广辐射，努力扩大再生产，加快同步小康步伐。在充分发挥部队和民兵预备役人员作用，帮助党支部有效领导，推动“五位一体”全面建设，确保经济社会稳定发展的同时，注重在完成急难险重任务中锻炼摔打民兵预备役部队，检验、促进并增强能力素质和战斗精神，从而达到双促共赢的目的。

三是注重特色创品牌。帮助支部充分发挥核心领导作用，在论证规划、培养骨干人才的同时，扎实推进“党员创业带富”工程，大力发展农村经济合作组织，研究加强“公司+农户”产业链中党组织建设，确保党组织的核心领导、创业带富、人才培养、为民服务等作用的延伸，进而使基层党组织的功能作用，充分体现到推动当地经济社会发展和人民群众生产生活的方方面面。帮助基层党组织立足当地资源和环境条件，确立特色产业发展方向和目标，整合力量资源，按照“做大、做强、做深、做长”的要求，大力扶持一批具有鲜明地域特色、民族特色的特色产业、龙头企业，发挥好牵引作用，持续带动、刺激和辐射相关行业协调发展，不断提高吸引青壮劳力就地就业率、脱贫致富，让人民群众的日子一天一天好起来、富起来。

完善制度机制、确保常态长效，持续为实现贵州同步小康和“中国梦”作贡献

健全完善组织领导机制。坚持军地各级党委负总责，主官和部队政治机关、地方组织部门主抓，形成一级抓一级、一级带一级、层层抓落实的工作格局。成立由军地双方各一名领导牵头，相关单位负责人为成员的党建扶贫工作领导小组，切实加强对党建扶贫工作的组织领导。建立完善党建扶贫工作联席会议制度、军地组织、群工部门兼设办公室和情况汇总通报制度；定期召开任务情况汇报分析会，及时分析研究总结党建扶贫工作，经常跟踪督导各项工作的进度和质量，及时解决重难点问题，确保各项工作有力有序推进。

健全完善工作运行机制。与地方组织部门协商出台《军地联帮共建基层党组织工作意见》。规范并逐步健全完善军地联帮共建党支部、扶贫攻坚工作建设规划部署、干部驻村责任帮扶、蹲点调研、情况通报、联合检查验收等制度机制。严格落实扶贫工作的内容、目标、标准、要求和权责。同时在工作机制运行过程中，切实转变作风、勤俭节约、务实高效，确保党建扶贫工作规范有序运行、深入持续。

健全完善奖惩激励机制。结合军地相关文件精神，进一步探索完善党建扶贫工作的奖惩激励机制，大力培养宣传正面典型，对创建成绩突出的单位、个人除由联合检查组评估考察、领导小组认可、军地负责宣传奖励外，与个人成长进步、福利待遇挂钩，每年结合年终总结，考评验收党建扶贫工作，大力表彰先进，对工作平庸懈怠者施以必要惩戒，确保党建扶贫各项工作落到实处。

健全完善联合考评机制。根据《贵州省农村党建扶贫工作质量评估体系(试行)》和《省军区党建扶贫工作量化考核办法》，进一步健全完善联合考评办法，发挥军地上下双向考评监督作用，形成一系列军地联帮共建项目落实、民生问题解决、民兵预备役队伍能力素质提高、作风形象历练等内容的考评机制措施。以5年为一个周期，一个点一个村的帮扶，在点上帮扶取得经验的同时，推广辐射到更多村镇，确保基层党组织的创造活力充分激发，更好地凝聚贵州力量、弘扬“贵州精神”，带领人民实现贵州同步小康和“中国梦”。

【作者：贵州省军区政治部主任】

创新基层党建工作　加强企业党支部建设

闫　妮

党的十八大报告对新形势下加强党的基层组织建设作出全面部署，强调“党的基层组织是团结带领群众贯彻党的理论和路线方针政策、落实党的任务的战斗堡垒，创新基层党建工作，夯实党执政的组织基础。”科学阐述了党的基层组织建设在党的建设和党的事业中的重要地位和作用，为企业加强基层党组织建设明确了任务、指明了方向。

在企业的持续健康快速发展中，各级党组织和广大党员发挥着非常重要的作用。在坚持围绕服务企业的经营管理、安全生产、经济发展这个中心任务，积极开展基层党建创新实践活动，完善支部建设工作绩效考核机制，提升基层党支部书记“复合型”素质能力，强化基层党组织建设，促进基层党支部创造性地开展工作，全方位、多层次提升基层党支部建设水平，保证基层党支部战斗堡垒作用和广大党员先锋模范作用的充分发挥，从而探索新时期加强企业基层党支部建设的新途径。

一、强化提升基层党支部书记综合素质能力，塑造复合型“班长”

班长就是一个支部的带头人，有一个素质高、能力强、业绩优的好“班长”，才能带出一个过硬的支部，支部才有战斗力、凝聚力、号召力。

支部书记首先要政治思想素质过硬，不仅自身在平时的工作中加强党的理论知识学习和国家方针政策的学习，加强政治素质和思想道德的修养，还要加强企业管理、安全生产、业务知识的学习，善于在纷繁的事务工作中学习，善于带领支部这个团队开展学习，促进支部书记自我加压、自我教育，也使整个支部这个团队素质不断提升，进而提升党支部的整体凝聚力、战斗力。二是能力出自实践和工作中的磨练和锻炼，支部书记不仅要懂得党建理论知识，具有基层党支部的组织管理能力，还要懂得企业的安全生产、经营管理等知识，具备双重管理的能力，这样才能扮演好支部书记和行政职务交叉任职的双重角色。双重角色虽然使党支部书记身上肩负的职责更艰巨，但是促进了他们双向思考，统筹兼顾生产经营工作和党务工作，从而使支部工作融入到企业的生产经营管理中心，促进基层党支部书记抓党的工作和抓生产管理工作“两个能力”同时上水平。三是支部书记既是支部的班长，搞好基层党组织的建设工作，又要抓好生产安全管理等工作，不能顾此失彼，两手抓两手都要硬，通过党建带动、党员带动、自身带动，带动整个团队的党建工作、生产经营、安全管理等各项工作上台阶，创造出优秀的工作业绩。四是企业党委要重视、关心支部书记的培养和锻炼，使支部书记成长为懂党务、懂经营、会管理的中流砥柱。针对每个支部书记的个性、特点、知识文化水平、发展潜力，采取压担子的形式，有针对性地将他们放到基层生产单位和特殊岗位磨练提高，促使他们在实践中提高能力，增长才干；通过定期布置作业、出题目，要求支部书记结合本部门生产实际拿出措施和方案，促进他们有针对性地思考问题、有重点的开展工作。

通过以上措施，奠定了基层支部书记的思想境界和政治素质，使他们的视野更宽阔，工作上更加成熟，使他们的“复合型”素质能力得到进一步提升，为更好地引领支部建设工作不断上水平打下坚实基础。

二、创新基层党建活动，促进基层党支部创造性地开展工作

紧紧围绕企业生产经营等中心开展党支部工作，就是通过充分发挥党组织的政治优势、组织优势，引导和调动广大党员干部和职工群众的积极性、创造性，凝心聚力，众志成城，顺利完成企业下达的各项生产任务。

坚持党支部的组织生活制度，坚持“三会一课”制度，经常性对党员进行宗旨观念、理想信念、党性原则的教育，使广大党员做到理论上清醒、政治上坚定、永葆先进性。

在开展创建党支部活动中，要融入中心，虚事实做，提高核心力。坚持党支部创建活动与企业的生产经营工作、安全生产、企业管理相结合，与企业的思想政治工作和文明创建活动相结合，使党支部工作渗透到生产经营管理、安全文明生产中，渗透到每一个党员中，渗透到每一个岗位上，实现党建工作与企业的生产经营中心工作的有效对接。例如党员挂牌上岗，亮明身份，在工作现场悬挂醒目的党员责任区，以党员的实际行动，典型的示范作用带动员工搞好安全文明生产。积极开展我为企业建言献策活动，围绕企业生产管理、安全管理、经营管理、技术革新、企业改革等方面，提建议，想对策，对有价值的意见建议要进行评比、奖励，使广大党员心系企业、心系组织，把自己的岗位与党支部的工作、企业的整体工作融为一体。开展创建特色支部、标杆支部活动，对工作业绩优秀的要确立为标杆支部，树为典型榜样；对创建工作有新内容、创建形式新颖，工作有特色的要确立为特色支部，不断增强支部工作的特色与活力，使支部创建活动形式多样，内容丰富多彩。

组织开展创建学习型主题活动，打造学习型组织。定期召开主题学习心得交流会，制定学习计划，学习企业的规章制度，学习推荐优秀文章、优秀书籍等，提高大家的学习兴趣和积极性，提高团队的整体学习能力。

在开展“党员先锋示范岗”活动中，与企业的标杆岗位结合起来，使大家树立“上标准岗，干标准活”的思想理念，以点带面促进涌现出一批优秀共产党员、优秀员工，充分发挥党员的先锋模范带头作用，辐射带动全体员工，提高企业的经济效益。

开展创先争优活动要岗位化、经常化、长效化。岗位化就是要求党员要立足本职，踏实肯干，争当优秀；经常化就是要求党员要持之以恒，久久为功，持久弥新；创先争优长效化就是要求真务实，真抓实干，取得成效。基层支部开展的创先争优活动，要保持深入持久，取得好的成效，就需要建立健全创先争优、保持共产党员先进性的长效机制，把创先争优活动融合到基层党组织和党员的日常工作中。

开展党员谈心帮扶互动活动，建立党员汇报制，每一个月党员向党支部汇报思想和工作，党支部书记每半年召开党支部党员大会向党员述职；建立党员结对谈话制，支部书记主动与有思想波动的党员谈心，关注党员所想所盼，力所能及的给予解决；建立困难党员档案，在节日期间走访慰问并给予一定的困难帮扶。

党支部建设中把调动人的工作积极性和培养人才作为一项重要内容。在实际工作和学习中，善于发现人才，善于培养人才，对表现优秀的党员压担子，培养和促进他们加快成长和进步；对表现优秀的员工，注重吸收培养，为党组织输入新鲜的血液。通过目标激励和精神激励，调动党员职工的工作积极性，增强支部的战斗力。

在基层党支部建设工作中，坚持既有重点工作又有特色工作的工作思路，充分调动基层支部开展工作的积极性，促进形成企业党委和基层支部上下联动、群策群力，积极开展党建创新实践活动的生动局面。

三、完善绩效考核机制，提升基层党支部建设工作的科学化水平

制定党建工作考核标准，每年年初与生产经营工作同规划、同布置、同考核、同奖惩。一是签订支部书记目标责任书。党支部书记年初要与党委签定目标责任书，党委组织部门依照各项工作的内容安排和时间进度督促检查，年终党支部书记述职，党委对支部书记的德、能、勤、绩、效给予综合评价，并将评价结果作为考察党支部书记年度工作绩效的重要依据，对合格的、优秀的党支部给予一定的奖励，对未达标者进行黄牌警告，连续两年未达标者，对党支部班子进行调整，从而保证党支部建设工作责任落实。二是促进支部工作内容量化。将党支部全年工作，按照年度工作目标、季度工作目标、月工作目标、周工作目标和党支部特色活动等内容量化，做到目标明确、阶段清晰，并按照百分制确定分值，从而使支部建设各项工作内容量化。三是转变形式，提高绩效考核的科学性。企业党委要借鉴和运用现代企业管理的思想、手段和模式，使党建工作真正成为企业管理的有机组成部分。注重树立正确的业绩导向，积极探索党建工作评价及考核的方式、方法，把重点放在加强现场管理、安全生产管理和提高生产效益上，注重与生产经营业绩考核工作有机结合，避免出现重复检查、多头考核的现象。变检查为工作指导和调查研究，既查资料、看会议记录、看学习笔记，更要看党支部在生产管理、安全管理中发挥的作用，不仅有学习的软任务，更要有“用完成本单位的安全生产工作的实际效果来检验基层党支部工作”的硬指标和党建工作衡量标准，使基层党支部的工作实化量化，使基层党建工作在推动生产管理任务的完成上发挥积极的作用。

几点思考、启示：

1. 坚持“突出特色”的创新思路，建立特色支部、标杆支部，树立典型榜样，是基层党支部建设焕发出鲜活生命力的重要途径。

企业基层党支部要不断焕发出新的生机，就必须紧跟新的形势和要求，与时俱进，突出特色，创新工作的方法和方式，不断注入鲜活的内容，逐渐提高特色活动在党支部活动内容中所占的比重，打造特色支部、标杆支部，这样，企业基层党支部建设才能长期保持强盛的生命力。

2. 寻找党建文化与企业文化的融合点。

企业文化建设和党的思想政治工作在目标、对象、方向上的一致性，使二者形成了相辅相成的关系。党建文化和企业文化对企业的生产经营有引领、指导的作用。在企业文化建设中，要充分发挥党组织的思想指导作用；在党的宣传思想和文化建设中，要融合深入到企业的发展战略、生产任务目标、安全文化建设中，两者要相容互助。基层党建工作也应注入更多的企业文化内涵，丰富内容和载体，不断提高基层党建工作的层次和水平。

3. 要使基层党支部工作更加贴近实际，贴近生产，贴近安全，就要变围绕服务生产工作为融入中心做工作，进入管理起作用，把党建工作渗透、贯穿到生产经营的全过程，把工作的突破口放在深入实际、指导实践创新上，把工作的重心放在解决生产管理中的具体问题中，把基层支部开展的创先争优等活动与企业的降本增效、安全文明生产紧密结合，使基层党建工作和生产工作同频共振，拧成合力，发挥出巨大的作用。

【作者单位：潼关中金黄金矿业有限责任公司】

陕甘边革命根据地“硕果仅存”的特质和历史原因

杨元忠　李荣珍

陕甘边革命根据地是20世纪30年代，以刘志丹、谢子长、习仲勋为代表的老一辈无产阶级革命家，领导西北红军和人民群众在甘肃东部与陕西中、北部交界地区创建的一块巩固的革命根据地。30年代中后期，因为王明“左”倾错误的影响，导致南方各革命根据地相继丧失，但陕甘边革命根据地却在此时得到完整地保存并发展壮大，与陕北根据地一起形成陕甘革命根据地，成为土地革命战争后期全国“硕果仅存”的根据地，为党中央和中央红军长征提供了落脚点，成为八路军三大主力开赴抗日前线的出发点。毛泽东曾对陕甘革命根据地在中国革命发展中的重要作用给予高度评价，他说：“在一九三一年至一九三四年的‘左’倾机会主义，这个错误使得土地革命战争受到了极端严重的损失，得到了在第五次反‘围剿’中不能战胜敌人反而丧失了根据地削弱了红军的结果”，“结果，是丧失了除了陕甘边区以外的一切革命根据地。”落脚陕甘苏区后，毛泽东又指出：“陕、甘是我们的唯一可靠后方。”本文将对陕甘边革命根据地“硕果仅存”的特质和历史原因作一些研究和探讨。

一、创造性地实践毛泽东“工农武装割据”思想，陕甘边革命根据地得以创建并发展

陕甘边的武装斗争始于兵运工作，大革命失败后，为贯彻党的八七会议精神，西北党组织相继发动了清涧起义、渭华起义等早期武装起义，这些起义失败后，党的武装斗争策略调整为开展兵运斗争，通过兵运斗争来建立革命武装。中共陕西省委先后派刘志丹、谢子长、习仲勋等一大批共产党员、团员和进步青年，打入谭世麟、苏雨生、陈珪璋等国民党地方军阀部队及与共产党有密切关系的杨虎城部队中开展兵运工作，同时，还深入到陕甘边子午岭地区组织农民群众建立革命武装。1930年10月，刘志丹率部在合水太白镇举行起义，歼灭陇东民团军第24营全部。随后组建起一支100余人的南梁游击队。在甘肃其他地区，兵运工作也取得重大成效。1932年4月，习仲勋在两当领导发动兵变；5月，谢子长领导发动靖远起义；7月，在刘志丹部队接应下，高鹏飞等人领导的西华池起义获得成功。在兵运工作基础上，刘志丹、谢子长、习仲勋等共产党人对走井冈山道路，创建根据地有深刻认识。刘志丹说：“几年来，陕甘地区先后举行过大大小小七十多次兵变，都失败了。最根本的原因就是军事运动没有同农民运动结合起来，没有建立起革命根据地。如果我们像毛泽东同志那样，以井冈山为依托，搞武装斗争，建立根据地，逐步发展扩大游击区，即使严重局面到来，我们也有站脚的地方和回旋的余地。现在最根本的一条是要有根据地。”谢子长在对习仲勋谈话时也说：“过去我们没有根据地，现在要搞。”习仲勋也有同样的认识：“以刘志丹、谢子长为代表的一批共产党员打入敌人部队，从事兵运工作，搞了七十多次兵变，就是为了拿起武器进行斗争。这些斗争虽然都失败了，却使我们领悟到军事运动不同农民运动和建立根据地结合起来，我们就难以存在和坚持下去。”在这些认识基础上，刘志丹等人开始了创建陕甘边革命根据地的伟大实践。

毛泽东“工农武装割据”的主要思想是：以武装斗争为主要斗争形式，以土地革命为中心内容，以农村根据地为重要依

托，三者紧密结合，缺一不可。通俗地讲，就是走“农村包围城市，最后夺取政权”的道路。陕甘边革命根据地的创建和发展过程是对毛泽东“工农武装割据”思想的自觉领会和具体实践。

只有在国民党统治薄弱的农村建立根据地，才能立住脚。这是刘志丹等人在总结历史经验教训基础上得出的认识，也是在区域对比和选择上得出的认识。陕甘边革命根据地的创建经历了寺村塬、照金和南梁三个发展阶段，其中寺村塬、南梁是在甘肃境内，照金是在陕西境内。1932 年 3 月，以正宁寺村塬为中心的第一块陕甘边根据地创建，但因“左”倾错误在指挥上的失误，导致根据地在 8 月失陷。1933 年春，陕甘边照金革命根据地得以开辟，成立起中共陕甘边区特委、陕甘边区革命委员会和边区游击队总指挥部，红色区域以薛家寨为中心，东达胡家巷、高山槐，西至黄花山、七界石、马栏川，北迄断头川、伍房川，南到桃渠原、高尔原、老牛坡，地跨耀县、旬邑、淳化 3 县边界，方圆数十里。10 月，国民党军队对照金苏区发动大规模“围剿”，终因敌我力量悬殊，照金苏区陷落。11 月，在甘肃合水包家寨会议上，制定了以南梁为中心创建根据地，发展陕北、陇东、关中三个游击区的正确方针。从上述三次创建根据地的过程来看，共同点是：创建的成功表现在区域上，都是选择山大林深的子午岭山脉；表现在政治上，都是选择国民党统治比较薄弱的地方。而分析寺村塬根据地和照金根据地丧失的原因，其一在很大程度上是受陕西省委执行“左”倾错误指挥，一定要红军主力南下平原地区去创造新的根据地造成的；其二在地理因素上，寺村塬根据地和照金根据地虽然同处子午岭山区，但寺村塬位于子午岭西南端，是大塬与大山的结合部，人口密度比南梁高，交通也相对便利，根据地建立后的影响大，容易引起敌人反扑。照金革命根据地位于子午岭南端，中心区域薛家寨是在悬崖峭壁之上，敌人要攻取非常困难。但照金离国民党西北统治中心的西安只有 100 余公里，敌人调动兵力较容易，而薛家寨的失守在一定因素上是因为内部出了叛徒所致。相对南梁来讲，正是在吸取前两次创建根据地经验教训的基础上，有了更多的比较和选择。子午岭山脉北起环县、定边，南到淳化、耀县，雄伟苍茫，纵贯南北，绵延数百里。南梁地处子午岭山脉中南段，这里沟壑纵横，地形复杂，森林茂密，交通不便，回旋余地大。以子午岭为依托建立根据地，进可直逼关中，瞰制咸榆大道，退可据险扼守山林，向东可进军陕北，向西可开辟陇东。地理条件十分有利于开展工农武装割据，是游击战争的理想场所。同时，南梁地处陕甘交界，“山高皇帝远”，是国民党统治相对薄弱的地方，这种状况有利于革命力量的积蓄和根据地的创建。陕甘边区党和红军正是充分利用了这些有利因素，创建并发展了以南梁为中心的陕甘边革命根据地。

二、自觉抵制来自“左”倾和右倾错误的干扰，保证了党对陕甘边革命根据地的正确领导

中共六届七中全会通过的《关于若干历史问题的决议》指出：“第三次‘左’倾路线在革命根据地的最大恶果，就是中央所在地区第五次反‘围剿’战争的失败和红军主力的退出中央所在地区。‘左’倾路线在退出江西和长征的军事行动中又犯了逃跑主义的错误，使红军继续受到损失。党在其他绝大多数革命根据地（闽浙赣区、鄂豫皖区、湘鄂赣区、湘赣区、湘鄂西区、川陕区）和广大白区的工作，也同样由于‘左’倾路线的统治而陷于失败。”这里说的第三次“左”倾路线就是指在党内统治长达 4 年之久的王明“左”倾错误路线。它对全国各革命根据地造成很大危害，导致了除陕甘革命根据地（包括陕甘边和陕北）外其他根据地的全部丧失。比如，1932 年 5 月，国民党军集中 30 万兵力对鄂豫皖苏区进行大规模“围剿”，但鄂豫皖苏区主要负责人张国焘则执行“左”倾冒险主义作战方针，提出“根本消灭‘围剿’，夺取一省数省首先胜利”。要部队去占领平汉路，威逼武汉。结果使红四方面军主力陷入国民党军重兵合围中，不得不从鄂豫皖根据地撤出，向川陕交界地区转移。

实际上，陕甘边革命根据地在创建过程中，也不断受到“左”倾错误思想的干扰。1932 年 3 月，寺村塬根据地刚诞生，陕西省委领导人杜衡就强令陕甘游击队南下平原地区创建根据地，结果受挫。5 月，陕甘游击队在刘志丹率领下，历经 9 次苦战，粉碎敌人“围剿”，队伍也扩大到 1500 余人。但此时陕西省委又命令陕甘游击队东进韩城，结果再遭失败，转移到陇东一带休整。期间，部队内部出现了是否南下还是继续坚持北部游击战争的两种意见，刘志丹、阎红彦等人经过耐心细致的工作，阻止了部队南北“分家”。刘志丹等人坚持在陕甘边区创建根据地的做法，是毛泽东“武装割据”思想在西北地区的正确实践，然而却不断受到“左”倾错误执行者的无端指责，如 1932 年 12 月红 26 军刚成立时，陕西省委委员兼红 26 军军政委杜衡就给刘志丹、谢子长等人罗列了“右倾机会主义”、“游击主义”、“梢山主义”、“逃跑主义”罪名，撤销了他们的领导职务。1934 年 7 月，陕甘边与陕北党政军领导人在南梁阎家洼子村召开联席会议，集中讨论如何配合陕北反“围剿”斗争问题，可会上宣读的上海临时中央局和中央北方代表两封指示信，再次指责刘志丹等人犯有“右倾机会主义”、“逃跑主义”、“梢山主义”、“枪杆子万能”、“浓厚的土匪色彩”等错误。对这些无端指责甚至是撤职的处分，刘志丹等人不受干扰，以高度的党性原则对人对事，坚持实事求是，从陕甘边实际出发，自觉抵制“左”倾错误，努力将错误影响对革命事业造成的损失减少到最低限度。

1933 年夏，陕甘边照金革命根据地在刘志丹、习仲勋等人领导下正在蓬勃发展，但杜衡假以省委名义强令红 26 军第 2 团南下渭华去建立根据地，结果导致红 26 军遭遇强敌失败。此时，以渭北游击队为主体成立的红 4 团和耀县起义部队改编的西北民众抗日义勇军先后进入照金苏区，与留在照金的地方游击队一起坚持斗争。7 月底，出现了陕西省委被破坏，杜衡等人被捕叛变的紧急情况，陕甘边党政军干部中有人建议部队分散到三原等地游击。在陕甘地区党组织和红军主力遭受严重损失，部队情绪不稳的紧要关头，1933 年 8 月 14 日，在陈家坡召开的特委扩大会议上，习仲勋等人提出，成立陕甘边红军临时总指挥部，统一指挥照金苏区各支武装力量，从而克服了部分干部中出现的悲观倾向，保证了党对陕甘边区革命事业的正确领导。照金根据地在敌人强攻下失陷后，11 月初，陕甘边党政军联席会议在合水包家寨会议召开，作出了恢复红26军，创建以南梁为中心的陕甘边革命根据地的战略决策，有效消除“左”倾错误的影响，坚持了陕甘边区工农武装割据的正确方向。

1935年9月，陕甘革命根据地处在第三次反“围剿”斗争的紧要关头，刘志丹、习仲勋得悉长征中的党中央和中央红军将要到达陕甘革命根据地的消息后，立即做出迎接党中央和中央红军的部署。但这时，新成立的中共陕甘晋省委决定在苏区开展肃反运动，导致刘志丹、高岗、习仲勋、张秀山等一大批干部被关押，其中200余人被杀害，造成根据地极大危机。刘志丹从通信员那里看到抓捕自己的密令后，不顾个人安危，毅然前往瓦窑堡说明情况，结果被关押。他在关押期间，鼓励被抓的同志要“坚持真理，战胜难关”。党中央、毛泽东率领中央红军到达陕甘革命根据地后，立即下令制止错误肃反，解救出一大批陕甘边和陕北的党政军干部。刘志丹对这些同志说：“不要想自己的委屈，坚持革命意志，我们的一切是为了人民大众，不是为了个人。”东征即将出发时，刘志丹叮嘱习仲勋：“向受过整的同志都说说，过去了的事，都不要放在心上，这不是哪一个人的问题，是路线问题，要相信党中央、毛主席会解决好。要听从中央分配，到各自岗位上去，积极工作。后方的工作很重要。我们有了巩固的后方，前方才能打胜仗。”

从“左”右倾错误在陕甘边革命根据地的表现来看，确实给根据地带来多次危害，尤其是肃反，几乎是灭顶之灾。但刘志丹、谢子长、习仲勋为代表的陕甘边区党和红军领导人胸怀博大，忍辱负重，严于律己，以高度的党性维护党和红军的团结。他们自觉抵制和努力消除“左”右倾错误对根据地和红军的影响，使根据地在曲折历程中不断发展。他们是陕甘边革命根据地党的坚强领导核心，是巨大的凝聚力、向心力和战斗力的核心所在。他们始终坚持从实际出发，实事求是的思想路线，“尤其是在与中央中断联系的情况下，不盲目依靠上级指示和抽象教条，善于把党的正确路线方针同陕甘的实际相结合，正确地估量敌情我情，按照客观情况去决定自己的政策，独立地处理重大问题，表现出政治上的成熟和独创，为探索中国革命正确道路做出了重大贡献。”

三、采用颇具特色的“陕甘模式”，为陕甘边革命根据地发展创造了广阔空间

在毛泽东“武装割据”理论指导下，全国各地的革命根据地纷纷建立，在创建过程中，也创造出“毛泽东朱德式”、“贺龙式”、“方志敏式”、“李文林式”等不同方式。陕甘边革命根据地的创建有自己的独特性，这就是颇具特色的“陕甘模式”。

“枪杆子里面出政权”，西北红军的创建体现出“陕甘模式”的特点。在创建革命武装的形式上，刘志丹提出著名的“三色”论：“红色”，即以发动组织工农群众为主体，建立党独立领导的人民军队；“白色”，即派共产党人到国民党的部队（又称白军）中开展兵运工作；“灰色”，即争取、教育和改造绿林武装，使其成为创建红军的基础和武装力量。艰苦卓绝的兵运工作在陕甘边是成功的，共产党人在国民党部队中发动的起义和兵变成为革命武装聚集的重要方式。刘志丹多次深入南梁山区，经过观察和比较，选择赵连璧、杨培盛、贾生财等“灰色”武装进行引导和教育，这些武装后来成为南梁游击队组成的兵源基础。有些骨干分子成为坚定的革命者，如杨培盛曾被国民党反动派抓住投入狱中，饱受酷刑折磨，但他宁死不屈，红军将他解救出狱后担任了庆阳游击队队长。在西北共产党人的组织发动下，陕甘一带的工农群众积极参加红军，成为“红色”武装的基础力量。

陕甘边革命根据地的创建同样体现出“陕甘模式”的特点。在总结经验教训的基础上，刘志丹、习仲勋等人认识到，“必须建立几个根据地，才能使我军有较大的回旋余地，依靠群众，战胜敌人”。1934年春，以桥山中段的南梁为中心，东到陕北的洛河川，西至陇东的悦乐川，各级红色政权相继建立，南梁中心苏区形成。与此同时，红26军主力积极帮助陕北和关中创建根据地。在南线，1933年底，陕甘边南区革命委员会成立，关中苏区恢复；在北线，红26军协助陕北特委和陕北各支游击队开辟第一路游击区，在安定、清涧、绥德等县成立革命委员会，陕北苏区形成。1935年1月，陕北省苏维埃政府成立。至此，形成以南梁苏区为中心，关中苏区、陕北苏区为南北两翼的多区域陕甘边战略布局，为后来的陕甘宁边区打下了基础。

在陕甘边革命根据地反“围剿”斗争中，陕甘模式同样显示出它出色的优势，有利于红军主力部队的集结和回旋，有利于地方游击队主动性的发挥，有利于游击战争的开展。

1934年2月，国民党地方部队集结1万余人，向南梁中心苏区发动第一次大规模“围剿”。此时，红26军第42师主力仅500余人，敌我力量对比悬殊。但在第二路（南梁区域）和第三路（关中区域）各游击队和赤卫队的牵制和袭扰下，敌军弄不清楚红军主力位置在哪里，处处被动应战。刘志丹率红军主力多地转战，游刃有余，至5月底，取得歼敌3000余人的胜利，粉碎了敌人发动的第一次“围剿”。

1935年2月，国民党部队集中30个团4万余人兵力对陕甘苏区发动第二次大规模“围剿”。此时，红26军、红27军有兵力3000余人，敌我力量对比依旧悬殊。红26军主力在南梁中心区域作战，牵制敌马鸿宾、胡宗南、杨虎城等部17个团兵力后，留地方游击队在南梁袭扰敌军，主力北上陕北和东线作战，开辟甘泉、宜川新区；在关中苏区，红军和地方游击队、赤卫军出击敌后，牵制敌人；在陕北苏区，红26军与红27军集中5个团的兵力打击敌高桂滋部的4个团，形成战场局部优势。至6月，红军主力相继解放安定、延长、延川、安塞、靖边、保安6座县城，歼敌5000余人，取得第二次反“围剿”斗争的重大胜利。陕甘边（包括南梁中心区、关中区）和陕北苏区（包括安定区、神府区）连成一片，形成了东临黄河，西接环江，南到淳耀，北达长城，包括30余县部分地域的辽阔的红色苏区。

陕甘模式也得到毛泽东的称赞：“用狡兔三窟的办法建立根据地，一时在此一时在彼，是非常有用的，很高明。”抗日战争时期，多个根据地相互配合方法也推广到整个敌后抗日根据地的创建实践中。

四、开展多方位、多层面的统战工作，壮大了革命阵营

陕甘边革命根据地周边都是国民党统治区域，国民党部队为消灭红军和游击队，经常发动“围剿”。在恶劣的环境中求生存求发展，是陕甘边共产党人时时要考虑的问题。刘志丹说：“干革命需要建立统一战线，敌人越少越好，朋友越多越好。我们增加一分力量，敌人就减少一分力量。”习仲勋在总结历史经验时说：“陕甘边的斗争史，是统一战线的又斗争又联合的历史。”正是基于这样深刻的认识，党的统一战线在陕甘边根据地得到全方位、多领域、创造性地的应用。从兵运斗争到创建红军、创建根据地及根据地建设，统战工作始终不离不弃，伴随其中。统战对象中，有国民党军队、地方民团、“绿林”武装以及在西北民间颇有影响力的哥老会；有国民党政府官员、地方士绅；也有商人、职员和知识分子。统战方式也是多种多样，灵活运用。陕甘边的统战工作，是党的统一战线工作的重要组成部分。许多创新的方式方法，也凸显出陕甘边统战工作的特殊功绩。

对民主人士和知识分子阶层的统战工作，刘志丹、习仲勋等采取的方式是在尊重他们的基础上，向他们宣传革命思想，讲解共产党人为什么要闹革命的道理。在刘志丹等共产党人的影响下，愿意参加革命和跟共产党走的人越来越多，群众说：“共产党本领真大，人们都愿意跟他们走。”

陕甘边境一带，地方民团云集，土匪多，帮派多。陕甘边区政府和红军区别不同对象，坚持分化利用和争取改造相结合，对能为我所用的民团、土匪和哥老会等势力，积极争取，对极端反动的民团和有政治背景的土匪，则坚决消灭。在统战政策感召下，哥老会中的绝大多数成员拥护党和红军。如正宁县西渠哥老会大爷陈某，给红军和游击队提供帮助，其家成为革命活动联络点，许多党政军干部在他家住宿过，他还发挥自己的铁匠本领，为红军修造枪械。宜君县小石崖哥老会大爷、民团团总罗连城，多次为陕甘游击队解决粮食、枪支弹药及伤病员养伤治病问题。有的哥老会首领投身革命事业后，成长为党和红军的领导干部。如保安县哥老会大爷马锡五先后担任陕甘边区苏维埃政府粮食部部长、陕甘宁省苏维埃政府主席、陕甘宁边区高等法院院长等要职，解放后任最高人民法院副院长；华池县南梁哥老会的朱志清选为陕甘边区赤卫军总指挥；安定县哥老会大爷李仲英率部参加革命，后成为红 29 军军长。党和政府对土匪也采取区别对待、积极争取、分化瓦解、教育改造的政策。经过争取，黄龙山“山大王”郭宝珊在庆阳新堡率部起义，参加红军，后任陕甘宁边区三边军分区司令员、警备第 4 旅旅长、第 4 军第 12 师师长等职务，1955 年被授予少将军衔。边区的统战工作也做到了敌占区，“志丹同志很会利用各种关系为我们开展白区秘密工作。通过志丹同志的关系，安塞、保安县伪政府的不少人经常给我们送来了关于敌人方面的情报。”对待白军俘虏也采取教育、争取、改造使用政策，不随便杀掉。

边区党和政府对国民党 17 路军杨虎城部的统战工作卓有成效。杨虎城素具爱国思想，大革命失败后他的部队没有认真“清党”，中共秘密组织在这些部队中继续发展。边区党和政府利用这一有利条件开展统战工作。据习仲勋回忆：“我们党在 17 路军活动的历史一直没有间断过。我在陕甘边工作的时候，同我联系的同志大都是在这个部队，并且通过 17 路军搞来了枪支、经费和人员。我们党同 17 路军的统战工作比东北军还要早。”中共中央率陕甘支队长征到达陕甘苏区后，制定了建立抗日民族统一战线的总策略，在开展统战工作上，借用原有工作基础，加大了统战工作力度。1935 年 12 月毛泽东派原红 26 军代理政委汪锋携带他的亲笔信，到西安与杨虎城商谈停止内战、一致抗日事宜。1936 年夏，毛泽东给 17 路军的高桂滋写信，晓以抗日大义。9 月又派彭雪枫携带亲笔信到兰州，与东北军于学忠部谈共同抗日事宜。在中共统战政策感召下，17 路军与东北军先后停止剿共，形成红军、东北军、西北军三位一体的合作抗日局面，促成了“西安事变”的发生并和平解决。应该说，这一有利局面的形成是与陕甘边革命根据地的统战工作基础分不开的。

五、制定“十大政策”，推动根据地各项建设事业全面发展

红色政权建设是巩固和发展革命根据地的重要保证。陕甘边区根据地的政权建设经历了由革命委员会向正式苏维埃政府逐步转变的发展过程。从 1932 年 3 月至 1934 年 10 月先后在寺村塬、照金、南梁创建陕甘边区革命委员会，1934 年 11 月 7 日，陕甘边区苏维埃政府在南梁荔园堡宣告成立。下辖华池、庆北、合水、新正、新宁、荏掌、永红、赤水、淳耀、赤安、安塞、鄜西、鄜甘、中宜、靖边、定边、红泉、赤川等县区苏维埃政权，在陕甘边区形成了由边区、县、区、乡、村各级政权组成的完整系统的红色政权体系。

为了推动陕甘边区的经济建设，巩固和扩大根据地，苏维埃政府颁布了以“十大政策”为主体的一系列的政策和法令，促进根据地政治、经济、文化、社会等事业的全面发展。

中国革命得以坚持和发展，重要原因之一就是中国共产党紧紧地依靠农民，在农村建立根据地，并在根据地内深入地开展了土地革命。陕甘边区的土地政策是按照《中华苏维埃共和国土地法》和陕甘边区工农兵代表大会通过的《土地决议案》制定的。陕甘边一带地广人稀，土地贫瘠，历来就是广种薄收。陕甘边区的土地政策符合实际。如：分川地不分山地；中心地区分土地，边境地区则不分；田、苗一齐分；没收地主富农多余的土地、牛羊分给没有地没有牛羊或少地少牛羊的雇农、贫农和中农；争取与改造流氓参加生产等。土地政策的实施解决了根据地农民的土地问题，极大鼓舞了人民群众的革命热情。同时，南梁时期的土地政策没有出现南方一些根据地曾有过的杀尽土豪劣绅，严重侵害中农和富裕中农利益的错误倾向，从而增加了边区土地政策的持续性和稳定性，使边区人民生活更加趋于安定。

边区政府以民生为重，主要依靠收买军粮来供应军队，并建立流动仓库，分散储藏粮食；政府还组织建立牧场，养猪养羊，以解决部队供给需要。这些措施减轻了群众负担，对提高边区老百姓的生活水平，起到积极作用。

为打破敌人的经济封锁，边区政府采取了多种开放政策。在金融方面，建立起边区银行，发行了用布制作的“苏币”，并规定一元布币兑换一块银元，币值高，商品和货币价格十分稳定，被老百姓接纳并受到欢迎。在荔园堡、白马庙等地设立集市，与白区商人建立商贸关系，以多种经济贸易形式活跃边区经济。比如，边区境内产的大牲畜和山羊以及山货卖出去，边区需要的布匹和其它货物买进来。这一系列政策措施的施行，打破了国民党对陕甘边区的经济封锁。

发展文化教育是十大政策的重要方面。边区创办了刘志丹兼任校长，习仲勋兼任政委的红军干部学校，先后培训了200多名干部，全面提高了边区干部的政治和文化素质。针对边区文盲普遍的现象，边区政府在荔园堡、合水太白等地创办列宁小学。还办起16所扫盲识字班和夜校，各类学校的创办提高了干部群众的思想觉悟和文化水平。边区特委、政府还创办了《布尔什维克的生活》和《红色西北》刊物。

边区的社会政策也取得实效。为树立良好风气，边区建立了禁烟、禁赌、放足委员会，发布相应条例，开展了“劝破除迷信、劝戒赌博、劝戒鸦片烟、劝禁止买卖婚姻、劝妇女放足、劝男子剪辫子”的“六劝”活动，引导社会风气好转。边区政府文化委员会组织多支宣传队入村入户，充分利用群众喜闻乐见的陇东曲子、陇东道情、平凉曲子、快板书等文艺形式，来宣传新思想和党的政策。一时间，“穷苦大众一条心，跟上红军闹革命，打土豪呀分田地，穷人能过好光景”的歌声回荡在陕甘边区的沟沟峁峁。

六、贯彻群众路线，赢得了群众的衷心拥护和广泛支持

群众路线是党的根本工作路线。以毛泽东为代表的中国共产党人在长期斗争中形成了一切为了群众、一切依靠群众和从群众中来、到群众中去的群众路线。陕甘边区党和政府始终以人民群众的利益为自己的行动准则，是践行党的群众路线的光辉典范。

陕甘边区党和政府非常重视廉政建设。刘志丹说：“群众最痛恨反动政权的不廉洁，无官不贪，我们一开始就要注意这个问题，穷要有骨气，要讲贞操，受冻受饿也不能取不义之财”。为此，边区政府制定了廉政法规和条例，其中一条是：凡一切党政军干部，如有贪污10元以上者执行枪毙。在廉政教育和法规约束下，边区内没有严重贪污案件发生，政府做到了清正廉洁，做到了爱民为民。党和政府与群众心连心，产生了巨大的影响力。《大公报》著名记者范长江在实地采访中感慨地说：“更经数年来赤化教育之结果，民众心中只知有苏维埃、瑞金、莫斯科、列宁、斯大林等，而不知有西安、兰州、北平、南京等名词。某县长曾在合水以东召集民众训话，数次申传，到者寥寥。而苏维埃召集开会，则二十四小时之内，可以立刻齐集数百里以内之民众。”这段话充分说明了民心的向背，反映出苏维埃的影响已深深扎进陕甘人民的心田。

刘志丹、谢子长、习仲勋等人都是从群众中走出来的群众领袖，他们深深懂得陕甘地区的民情和社情，懂得民风的淳朴和蕴藏的革命能量，这是做好群众工作的基础和前提。因此，他们常常深入到群众当中，盘腿拉家常，帮助农民耕种秋收，态度和蔼，不论大人小孩都能尊重和爱护。群众把他们当成自家人，亲切的称呼为“老刘”、“老谢”、“仲勋”。传唱至今的许多陕甘民歌就说明这一点，比如有这样一首：“羊肚子手巾三道道蓝，哥哥跟的是咱刘志丹。老刘站在山上喊一声，咱们千家万户齐响应。”

陕甘边区党和政府十分注意群众工作方法，总是从群众最关心、最迫切的问题入手，因势利导，保证群众工作能够落到实处，取得成效。南梁根据地初创时，习仲勋、张策等人为发动群众，走村串户，访贫问苦，并带领游击队打土豪，分牛羊、财产、土地，解决群众的生活困难。群众发动起来后，苏区广泛建立了群众团体，农民联合会、赤卫队、贫民团、雇农会等组织在以南梁为中心的几条川里相继成立。群众组织的建立为红色政权的巩固奠定了广泛的群众基础。

苏区的群众工作影响力深远，使得周边国民党统治区的百姓向往边区的好生活。在群众中流传着“天旱望雨水，人穷望志丹”的歌谣。在战场上，国统区的群众也心向红军。“当时，国民党军打仗，总拉老百姓用毛驴驮子弹、粮草。我们在前面和敌人一开火，老百姓就拉着牲口朝后边跑，送给红军。”可见，共产党的威望已竖立在国统区人民的心中。

毛泽东对陕甘边区的群众工作给予充分肯定，他说：“我们刚刚到陕北，仅了解一些情况。但我看到人民群众的政治觉悟很高，懂得许多革命道理。陕北红军的战斗力很强，苏维埃政权能够巩固地坚持下来，我相信创造这块根据地的同志们是党的好干部。”解放战争时期，国民党胡宗南部队侵犯陕甘宁边区，有人从安全角度出发，建议毛泽东东渡黄河。毛泽东回答说：“哪里群众拥护我们，哪里就最安全。陕北人民好，地势也好，回旋余地大，安全是有保证的。”

正是因为边区党和政府与群众之间有着密不可分的血肉关系，群众也以极大的热情支持革命事业，踊跃送自己的亲人当红军。如当时新正县人口只有1万，可参加红军和游击队的青年达到1000余人，占全部人口的10%以上。至1934年11月，红26军发展到5个团的编制，并建立起数十支地方游击队。在面临危险时，群众也以英勇的实际行动保护与自己息息相关的党和政府及红军。1934年5月，陕甘边红军主力转移外线作战，甘肃警备第二旅仇良民部和谭世麟部的陇东民团军共1000余人侵入南梁中心区。一路烧杀抢掠的敌人进阎洼子村后，开始向群众逼问红军去向和埋藏物资，为保护深埋的枪支和经费，村民武万有被敌人打得昏死过去，留下终身残疾。敌人将牛望台、九眼泉、金岔沟、二将川等村庄的干部、游击队员、农民群众集中在阎洼子村，进行逼问，但始终没有人开口，恼羞成怒的敌人用铡刀杀害和活埋了42名干部群众。这年4月，边区政府机关率领部分群众转移张岔岭时，被敌人包围，赤卫军副总指挥梅生贵率领赤卫军掩护政府机关和群众安全转移，但梅生贵中弹被俘，敌人将他杀害并将其头颅悬挂在荔园堡城门上示众。边区干部群众含着悲愤的泪水用木头仿雕了一颗英雄头像，为其安葬，时年仅33岁。在陕甘边区，这样的事例不胜枚举。这充分证明，全心全意为人民服务的人民政府得到了人民群众全心全意的呵护和拥护，所以，在危险袭来时，才能看到这种血肉联系的深情，不惜生命的无私付出。

综上所述，陕甘边革命根据地之所以与陕北革命根据地共同成为“硕果仅存”的陕甘革命根据地，其历史原因是多方面的。这其中，既有对毛泽东“武装割据思想”的实践和创新；也有排除“左”右倾错误干扰，维护党和红军团结的陕甘边集体领导核心所发挥的重要作用；有以“狡兔三窟”为战略布局的陕甘模式；有团结各阶层的统一战线政策和策略；有深深赢得民心的深入细致地群众工作方法，等等。这些原因昭示着，陕甘革命根据地对中国革命的延续和发展起着着非常重要的作用，为党中央和各路红军长征提供了落脚点，党中央正式决定将领导中国革命的大本营放在这块红色区域，从此，中国革命步入新的里程。

【作者单位：中共甘肃省委党史研究室】

坚持“四个突出”　创新党建工作

阴泽生

山东东阿县供电公司党委在贯彻落实党的十八大精神的开局之年，突出文化引领、突出务实创新、突出作风建设、突出“善小”实践，全面加强党的建设，把党组织的特色优势转化为推动企业科学发展的文化优势、创新优势和竞争优势，保障了各项工作持续健康发展。

在提升软实力上突出文化引领。企业文化是企业发展的灵魂，是企业重要的软实力。东阿县供电公司党委把企业文化建设作为凝聚力量、激发积极性和创造性、提升管理水平的重要途径，纳入党委工作的总体目标和总体规划。员工是企业文化建设主体。东阿县供电公司党委引导全员参与、积极践行，使主题活动与年度重点工作有机融合，将文化理念融入到工作的方方面面，确保企业文化落地生根。突出核心价值理念宣贯，将企业文化手册发放到每位员工。充分利用网站、展板等，把国家电网公司核心价值观、企业文化“五统一”要求落实到电网发展、安全生产、优质服务、经营管理等各项工作中。通过成功举办员工知识竞赛、演讲比赛、读书征文等活动，深入开展“美丽彩虹”主题实践、“彩虹七色光”优质服务实践，推进文化与管理的有机融合。

在载体形式上突出务实创新。东阿县供电公司党委始终坚持党建工作“求真、求实、求管用”，树立开放思维，拓宽工作视野，实现从理念到方法、从载体到方式的全面创新。坚持每月召开党建（政工）工作例会，定期研究部署党委工作，形成了常态化的党建工作机制；坚持抓以党支部为单位的基层党组织建设、抓以“三会一课”为主要内容的党建基础工作、抓以发挥先锋模范作用为要求的党员基本功训练的党建“三基”管理；实施以员工评星、党支部定级、“电网先锋党支部”创建为抓手的“党组织活力工程”，推进党建工作项目化管理，营造“比、学、赶、帮、超”的浓厚氛围。

在提升执行力上突出作风建设。执行力是企业竞争力的核心，是企业发展的根本保证。作风决定执行力。东阿县供电公司党委认真开展“为民、务实、清廉”党的群众路线教育实践活动，严肃工作纪律、整顿工作作风、提高工作效率，提升依法治企能力，坚决整治形式主义、官僚作风和慵懒散奢等不良作风。东阿县供电公司党委始终把“你用电，我用心”作为着眼点，坚持工作重心下移、工作力量下沉。2013年以来党委成员带头深入到30多个企业、60多家客户，听取意见和建议，主动接受监督。成立党员先锋服务队，在抗洪抢险、重要活动和节日保电等急难险重任务中冲锋在前。成立36个支农服务队，开展“青春光明行”，助力“新农村、新电力、新服务”发展战略。

在以德治企上突出“善小”实践。东阿县供电公司党委把“善小”活动作为“以德治企”和“依法治企”的结合点，引导员工从细节、小事入手，树立正确的世界观、人生观、价值观，自愿为他人、企业和社会做有意义的事情。通过举办“善小”格言和“善小”论文征集，举办“善小恒为•点亮青春，青年‘善小’论坛”，开办“善小•道德讲堂”，为每名员工建立“善小”道德档案，把“善小”理念融入员工言行，倡导“大事做细，小事做实”理念。成立“善小”志愿者服务队，组织党、团员骨干到社区为孤寡老人及特殊困难户提供力所能及的帮助。东阿县供电公司党委以“赢在细节，积小乃大”为主题，全面开展“善小”活动竞赛，引导员工从自身做起，从细节做起，改进工作，提高绩效。开展“美丽彩虹•平安你我同行”活动和“安全之星每日一评”，用文化的力量筑牢安全生产的基础。

【作者：国网山东东阿县供电公司党委书记】

在创先争优活动中发挥共产党员的先锋模范作用

张永亮

保持党员的先进性，是党的建设的一项长期的任务，提高党员素质，充分发挥先锋模范作用，是加强和改进党员队伍建设的迫切要求。尤其是做为一个野外施工的水利水电建筑企业，多数党员长年在深山峡谷、戈壁荒漠，交通不畅、信息闭塞的艰苦环境，要切实加强党员队伍建设，保持党的先进性和提高党的战斗力，深入开展争当优秀党员活动，应当成为党员队伍建设的一项经常性工作。开展创先争优活动的目的，在于推动科学发展、促进社会和谐、服务人民群众、加强基层组织、保持和发展共产党员的先进性。因此，要坚持引导广大党员、干部特别是领导干部自觉学习党章、遵守党章、贯彻党章、维护党章，自觉加强党性修养，增强党的意识、宗旨意识、大局意识和责任意识，切实做到为企业分忧、为企业尽责、为群众奉献。

第一，切实增强党的意识。党的意识是党员党性修养带有根本性的问题。党员增强党的意识，就是要增强对党的性质、宗旨和历史使命的认同。因此，增强党的意识，是共产党员任何时候都要自觉坚持的。每个共产党员都要在这种认同中，加强修养，锤炼内功，完善自己，发展自己，提升自己，保持和发展共产党员的先进性，按照“做强主业增实力，多元并举增效益”的长远目标，在着力推进水利水电施工为主向综合型建筑企业的转变中真正发挥先锋队、主力军的作用。

第二，切实增强宗旨意识。全心全意为人民服务既是我们党的根本宗旨，也是共产党员必须具备的基本条件。共产党员增强宗旨意识，就是要明确，全心全意为人民服务是我们党一切活动的出发点和归宿，也是对所有共产党员的基本要求。虽然在每一个历史阶段的任务有所不同，为人民服务的内容和方式也有所不同，但党的根本宗旨没有变。水利是农业的命脉，水利工程即是民生工程，也是生态工程，是惠及子孙后代的大事，2011 年水利基础设施建设更是位列“中央一号文件”，各级政府都高度关注。作为党员，党员干部要牢固树立安全第一，质量第一，信誉第一的优质工程意识，在自然条件恶劣的水利工程施工一线冲锋在前，率先垂范，抢进度，抓安全，保质量，增效益。认认真真，踏踏实实做好本职工作就是为企业做贡献，为人民服务的具体体现。

第三，切实增强大局意识。大局意识就是识大体、顾大局。因为每个党组织和每个党员、干部只能承担一定层级、范围和岗位上的具体工作，因此增强大局意识，就是要正确认识和处理局部利益和全局利益、当前发展和长远发展的关系。“不谋万世者，不足谋一时；不谋全局者，不足谋一域”因此，党员，尤其是党员领导干部要不断加强学习新知识，切实把学习作为提高政治素质，转变作风的有效途径，处属各项目部、机关各科室要以加快发展为目标，以生产经营为中心，强化内控管理，激发发展活力，加强协调调度。每名党员不仅要有干好本职工作的胆识和气魄，还要有敢于面对困难的勇气和韧劲。只有胸怀大局，立足长远，摆正自己的位置，才能处理好局部和全局的关系。

第四，切实增强责任意识。责任意识，就是共产党员要时刻牢记自己的责任，履行好党员义务。就是要时刻想着自己是一名共产党员，努力干好自己分内的事情。共产党员的先锋模范作用发挥得怎么样，经常地、大量地反映在本职工作上，落实在每一个共产党员的本职岗位中。在建筑业项目管理是水利水电工程生产经营的重要阵地，而成本控制又是重中之重，党员干部要一级负一级的责任，各岗位负各岗位的责任，要以“等不起”的紧迫感、“慢不得”的危机感、“坐不住”的责任感，解决发展中不平衡、不协调、不可持续等深层次的问题。只有党员在本职岗位工作中发挥了先锋模范作用，为才能群众树立了良好的榜样。

在广大共产党员中深入开展争做优秀共产党员活动，其具体要求就是带头学习提高、带头争创佳绩、带头服务群众、带头遵纪守法、带头弘扬正气。通过“五带头”，进一步调动和激发广大党员推动科学发展的积极性创造性，更好地在日常工作中树立先进形象，发挥先锋模范作用。

一是要带头学习提高。建设学习型政党，是党的十七大提出的一项重要任务。优秀共产党员必须在学习中发挥带头作用，做到勤于学习、善于学习、重于学习、学用结合，在学习中提高能力。广大共产党员必须在争当优秀党员的活动中，养成浓厚的学习兴趣和良好的学习习惯，把学习提到更加重要的位置。要深刻认识到，学习对于每个人很重要，对于共产党员更加重要。作为党员应积极参加组织的集体学习，围绕中心工作和发展需要丰富学习内容，唯有注重读书学习，才能坚定战胜困难的信心和决心，恪守职责，不辱使命；才能不被时代和群众所淘汰。做一个优秀共产党员，就要在读书学习方面走在群众的前头，做读书学习的模范。

二是要带头争创佳绩。衡量一个党员是不是优秀党员，不仅要看党员干部读了多少本书，更要看是否善于运用学到的理论指导实践、推动工作，有效解决企业发展稳定中的实际问题。在广大党员中深入开展争当优秀共产党员的活动，必须紧紧围绕企业的发展大局来进行，把做好本部门本单位各项工作作为评判和检验党员是否优秀的重要标准。每一名党员都应该自觉把自己的理想和奋斗目标同企业的持续发展紧密联系起来，同生产经营和管理的各个环节紧密联系起来，爱岗敬业，干一行、爱一行、钻一行、精一行，勤奋工作，兢兢业业地创造一流工作业绩，努力在平凡的岗位上作出不平凡的贡献。

三是要带头服务群众。回顾我们党的历史，我们党之所以能在人民群众中建立起自己的崇高威信，正是因为共产党人时时刻刻、事事处处为人民群众排忧解难，想群众之所想，急群众之所急，把群众的根本利益与现实利益有机结合起来，以实现群众的根本利益为目标。我们党的根基在人民、力量在人民。能不能坚持全心全意为人民服务的根本宗旨，是衡量一名党员是否合格、是否优秀的根本标尺。要保持共产党的先进性，做一名优秀党员，就是要把群众的利益放在至高无上的位置，诚心诚意为人民群众创造幸福生活和美好未来，用为人民谋利益的真实政绩赢得人民群众的衷心拥护和爱戴。

四是要带头遵纪守法。优秀共产党员，就在于在遵纪守法方面发挥带头作用。党的纪律是全党意志的体现，是党的各级组织和全体党员必须遵守的行为准则。每个党员时时刻刻都必须按党规党法的要求规范自己的行为，自觉遵守党的纪律，模范执行党的纪律。国家法律是依据广大人民群众的意志制定的，全体公民必须遵守的行为规范。共产党员要自觉贯彻依法治国的基本方略，自觉遵守国家法律法规。优秀党员除带头遵守国家法律外，还必须勇于同违法行为作斗争，维护法律尊严。这是共产党员的政治责任。

五是要带头弘扬正气。随着改革开放的深入和社会主义市场经济体制的建立，共产党员所处的环境和条件与过去比发生了很大的变化。社会经济成分、组织形式、就业方式、利益关系和分配方式日益多样化，各种思想文化相互激荡，经济、社会生活出现了许多未曾遇到的新情况，党员队伍也发生了重大变化。这些都对共产党员保持先进性、发挥先锋模范作用提出了新要求，也使共产党员面临着新的考验。我们应当把它作为宝贵的精神财富，结合创先争优新形势、新任务的要求，继承和发扬，为水利水电事业而不懈努力。

【作者：甘肃省水利水电工程局第一工程处党委副书记】

打造“围绕中心、服务发展”党建品牌 为企业持续发展提供坚强保证

赵君国

党的十八大报告科学地阐述了党的基层组织在党的建设事业中的重要地位和作用，深刻指出，党的基层组织是团结带领群众贯彻党的理论和路线方针政策、落实党的任务的战斗堡垒。企业党组织要认真深刻领会，创新管理，努力营造良好的发展环境。要坚持“六个突出”，围绕中心、服务发展，全力打造自己特色的党建工作品牌，扎实有效地抓好党组织建设。

第一，突出创新精神，抓好党建基础工作

在现阶段，国有企业是国民经济的重要支柱，是党执政的重要经济基础。党的建设是国有企业提升核心竞争力的重要环节，也是在企业发展中发挥着不可或缺的重要作用。为此，深入学习党的十八大精神，就要高度重视国有企业党组织建设，不断以创新意识丰富基层党建工作内容，不断以创新姿态面对党建工作面临的新形势，在具体工作中解放思想，解决问题。

辽源化工前身是辽源总厂，1989 年归属吉化以来，辽源总厂党组织一直沿用分散的多层管理体制，机构重叠，机制上没有创新。2007 年，吉林石化公司领导审时度势，果断做出辽源化工重组整合决定，设立吉化辽源化工有限责任公司党委，企业党组织建设发生了根本转变，我们重新整合党组织，结合企业生产经营环境的实际情况，调整人力，侧重充实基层党支部力量，设立了 10 个党支部。结合企业总体发展布局，辽源化工基层党组织的体制需要进一步完善，以适应自身特色的集约化管理的新格局。2012 年，我们进一步加强了基层党支部建设，调整了 2 个党支部，配齐了专兼职党支部书记及班子成员，提高了支部班子整体工作能力和战斗力。

基层党组织在企业扭亏发展中发挥了积极的作用。在“创先争优”和“六个一”党支部创建活动中，各党支部紧紧围绕“安全、稳定、扭亏、发展”工作方针，结合本部门实际，突出创新理念，制定有自身特点的党建目标，充分发挥了党支部的战斗堡垒作用和党员模范带头作用，收到了较好的效果。吗啉车间党支部在工作中发挥班子带头作用，坚持每天一次碰头会，每周一次小结会，每月一次支委会，研究布置工作，解决好工作中的各项问题。面临冬季吗啉新装置开车重重困难和不利因素，他们带头树立必胜信心，创新工作思路，党员同志开动脑筋，献计献策，改进原始设计中不合理工艺管线多处，攻克一道道难关，保证了新吗啉装置冬季安全平稳运行生产。

党组织管理体制创新推动工作理念的创新，开创了党建工作的新局面，营造了辽源化工良好的内部环境，良好的环境赢得了吉林石化公司的大力支持，企业进入了产品结构调整时期。整合以来我们相继淘汰了橡胶管、CLT 酸及破乳剂等落后产能，先后将年产 30 万顶安全帽装置、年产 30 万只塑料包装容器装置、年产 4000 吨吗啉装置和涂膜料装置转移搬迁到辽源化工，企业产品与公司主体形成互补优势的产业链条，增强了企业发展后劲，为辽源化工迈向新的发展奠定了坚实基础。

第二，突出发挥模范作用，加强基层党组织建设

党组织要紧紧围绕企业发展的中心任务，充分发挥政治核心作用、战斗堡垒作用和党员的先锋模范作用，这是新时期加强和改进国有企业党建工作的着力点，也是辽源化工党建工作与企业中心工作的结合点。

基层党组织要通过有效载体激发党员的先锋意识和奉献精神，增强党员的影响力和感召力，在急难险重的任务中考验锤炼党员。吗啉党支部确立了 2 个“党员工程”项目，“甲吗工段改造”工程和“吗啉 C 系统装置污水治理”工程，明确了工程标准。在急难险重的工作面前，党员当起了先锋、挑起了大梁，身先士卒，以自身的号召力感染身边人，充分发挥党员特别能吃苦、特别能战斗、特别能奉献的精神，完成了各项艰巨的任务。在吗啉装置两次检修中，党支部积极开展“发挥党员先进性，争当检修先锋”活动。班子成员身先士卒，以身示范，党员带头，发扬铁人精神及吉化的优良作风，每天起早贪黑，连续作战，在保证安全、质量、进度的前提下，每次都能圆满地完成了检修任务，同时磨练出党员吃苦耐劳的品格，增强了党支部战斗力，基层党组织建设也得到加强。

第三，突出责任意识，破解生产瓶颈

加强组织建设，突出党组织和党员的责任意识，提升党组织战斗力和创新活力，在生产活动中不断破解瓶颈，是企业发展的坚强保证。

基层党组织要围绕生产中心任务，开展党建目标管理，分别把任务细化到党支部和党小组，落实责任。塑料制品车间党支部围绕中油安全帽新改型后的产量问题开展技术攻关。注塑工段的党小组的任务是保证新帽壳产量达标，综合工段党小组的任务是保证成品产量达标。党小组发动群众集思广益，从小改小革入手，提高产量。通过增加模温机，换料分步清洗法、PE 水口料比例掺用法等，先后解决生产难点 10 个，技术攻关 8 项。2012 年安全帽订单增多，生产任务量加重，帽下颌带数量增加，给完成生产任务带来了很大困难。党支部积极想办法、

想措施，通过改进压带机和新增2台缝纫机，提高了生产工作效率。车间党支部还提出了定额和超产计件生产方式，车间党员带头，员工积极响应，把帽带带回家进行串帽带、剪帽带，大大提高了帽带的产量。车间党支部克服困难，团结协作，破解生产瓶颈，产品产量创历史最好水平，满足了用户的需求。

第四，突出质量效益，提升党支部执行力

企业党组织工作要适应内外经济形势变化，把党组织的工作着力点落在推动企业经济发展上来，把工作的立足点落到提高产品质量效益上来。

制桶党支部把工作目标紧紧锁定在“产品质量达标”及“降低产品成本”安全平稳运行上。由于各种桶型切换频繁，生产中经常出现设备故障，影响产品产量和质量。他们与维修人员共同努力解决设备故障30多项。针对桶跌落时环处开裂及桶底合模缝粘合不良等质量瓶颈问题，党支部带领党员、维修人员认真分析影响质量因素，根据桶的64节点曲线控制情况，利用工具把桶分解出64点位置，上机实际操作，做不同原料配方实验，彻底解决了这一质量瓶颈问题。车间党支部在大桶原料成本控制上积极寻求降低成本方法，根据原料特性，及时调整冬夏季配方，对照原料价格，进行了20多次试验配方摸索，使包装桶成本每只平均下降5～6元，实现了达产达标。

企业基层党组织要充分发挥核心作用，提升执行力，围绕企业中心任务，调动各部门积极性，使其团结协作，相互配合，服从大局，要鼓励党员干部经常深入一线、班组，努力服务车间，服务生产一线，确保生产安全平稳运行。

第五，突出文化建设，体现党委核心价值

企业文化是社会主义文化的重要组成部分，对于企业发展意义重大，在党建实践中要注重围绕企业发展中心任务提升文化建设水平，为企业发展提供文化支撑，为党建工作拓展更大空间。

结合企业文化大讨论活动，党组织在全体干部员工中广泛深入开展“总结经验、查找差距、提升管理、扭亏创效”主题教育。制定党委成员包保机关科室和车间、机关科室包保车间的双包双保责任网络，强化对大讨论活动的领导，使干部员工进一步明确企业文化的目的和意义及其重要性，进一步树立理念，转变工作作风，爱岗敬业，提升公司企业文化建设的软实力、凝聚力和竞争力，全面提升公司的管理水平。

在活动中结合企业实际，深入实践“四个一”活动。

一是注重实效，为员工办一件实事。吗啉党支部为岗上员工设置餐车和保温餐盒，解决岗上职工用餐难题。动力二党支部改善员工休息室环境，将室内墙壁粉刷一新，配备了饮水壶。塑料制品党支部为员工创造一个快乐工作、快乐学习、快乐生活的环境，生活区内增设羽毛球架子、球网，供员工午休时间健身。制桶党支部改善高温作业环境，在车间卫生间为员工增设水管方便冲洗。这些事情看起来不大，却件件体现党组织的关怀，受到员工的拥护。

二是要提炼企业文化精髓，完成企业文化定位，达成企业文化共识。结合文化大讨论活动，党委出版了一本整合发展纪实性书籍——《东辽河岸畔的回声》，主要宣传辽源化工企业文化建设的成果，总结整合以来所取得的经验成果。在此基础上，出版一本富有辽源公司特色的、深入人心、激励队伍的《辽源化工企业文化手册》，进一步丰富企业文化理念的内涵。

三是树立典型，鼓励员工。党组织要不断发现先进事迹，树立榜样，用正确导向鼓励更多的人进步。要抓住身边的人，抓住身边的事，带动身边的人。要大力宣传劳模事迹、优秀员工先进员工先进事迹，号召广大员工爱岗敬业、团结奉献，向身边劳模先进学习，让青春在岗位上闪光。

四是巩固成果，扩大影响。党委注重文化活动实效，举办了大讨论活动专刊，召开文化大讨论经验交流会，全面展示各党支部大讨论活动开展过程和取得的成果。

文化是为社会发展服务的，企业文化当然要为企业发展服务。企业基层党组织要有效利用活动载体，围绕主题认真开展活动，通过活动为企业完成中心工作提供保障。另一方面，还要不断研讨收集企业管理上好的经验做法，同时也要查找企业存在的不足，制定整改措施。要征集和采纳合理化建议，为企业创造效益，提升企业管理，营造良好的文化氛围，只有这样才能达到活动的最终目的。

第六，突出维稳实效，营造和谐环境

和谐企业是和谐社会的重要组成部分，国有企业党组织应该把维护稳定构建和谐企业放在突出位置，自觉担负起企业社会责任和政治责任。

我们按照吉林石化公司部署，紧紧围绕企业中心工作，扎实有效地做好维稳工作。维稳党支部提出“解难点、抓反复、夯基础、保稳定”工作思路，落实责任，创新机制，细化措施，实现了辽源化工维稳形势的持续好转。全年共接待上访223人次，在21起信访案件中已有18起息访，全年无群体越级上访事件，稳控率100%，确保了一方稳定。

一是创新机制，展开全新布局。维稳党支部结合辽源化工维稳工作特点，努力构建了维稳工作“纵向两级管理，横向一线联动”的工作新机制，做到了层层有人负责，层层有党员，层层有人接访，层层有人解决问题。通过新机制的建立，使一些矛盾和突出问题得到了有效地解决，也防止了一些矛盾激化和升级，确保问题和矛盾解决在基层。

二是充分依靠党员，实现重心前移。维稳党支部根据实际情况，提出稳定工作重心前移，排查梳理到位，及时超前化解矛盾的工作思路。建立了八个责任区，派出八名党员深入社区，到问题突出的地方去开展工作，把矛盾和问题化解在初始阶段，去年避免了一次进京上访事件的发生。

三是发挥党组织集体智慧，有效化解矛盾。化解矛盾是做好稳定党支部工作的重要内容，化解矛盾不仅要有干劲和热情，而且还要有智慧、有策略，讲究方式方法，这样才能收到事半功倍的效果。厂办大集体退休人员多年上访，要求同国有退休人员一样待遇。党支部召开会议专题研究上访诉求，针对具体问题查看原始档案，认真分析，准确判断，掌握政策，拿出具体方案，进行耐心思想工作，用政策引导，让其信服。

四是完善帮扶体系，解决实际困难。维稳工作是企业党组织的硬任务，是第一责任。党组织要经常督促工作人员深入困难群体，帮助解决实际问题。我们推行“民情台账，动态跟踪反馈”制度，党支部成员走进社区，走进基层，走进家庭，关心疾苦，热心帮扶，把党组织的关怀送到困难人员的家里、手里。实行民情动态反馈以来，党支部先后为困难员工解决实际困难上百个，主动做好事 10 余件。如帮助工伤退休人员修理门窗、阳台保温、屋内粉刷等，使他们倍感企业的温暖。

党的十八大从战略全局的高度，对新形势下全面加强党的基层组织建设作出了总体部署，特别强调要创新基层党建工作，夯实党为民执政的组织基础，其意义重大而深远。企业党组织要认真贯彻落实，努力开创基层党建工作新局面，围绕中心，服务发展，解放思想，创新党建工作，打造具有自身特色的党建工作品牌，为全面完成 2013 年工作任务提供坚强的组织保证。

【作者单位：吉化辽源化工有限责任公司】

企业党支部书记需注重做到“四要”

祝坤圣

企业基层党支部书记，处于党的工作第一线，在新形势下如何当好一名合格的基层党支部书记，如何在提高效益、加强管理、稳定基层、搞好安全生产等方面发挥作用，是摆在我们面前的重要课题。党支部书记在企业经营工作中既是“领头羊”，又是实施者；既是教育者，又是实干者；既是协调者，又是监督者。要做好这样特殊的多重角色，必须不断改进工作方法，找准自身位置，加强自身修养，提高自身素质和能力，以适应新形势下党建工作的需要。本人担任基层担任党支部书记九年有余，期间获得了很多荣誉，也经历了很多波折，感受颇深。要当好党支部书记，需注重做到“四要”。

一、当书记要坚定信念，以人为本

坚定正确的理想信念是共产党人的立身之本，发生在重庆的事件时时刻刻警示我们，共产党人要坚定为人民服务的信念，坚定遵纪守法的信念，坚定党员领导干部不论职务多高、权力多大都不能凌驾于党纪法规之上的信念，坚定任何思想和行动同党中央保持高度一致的信念。作为企业的党支部书记，不论是专职的或兼职的，有了理想信念，才能保持积极向上的心态，真心为党工作。在基层单位的党务工作者，必须以一种积极向上的心态，引领大家奋发进取，越是在困难的时候，领导积极向上越显得重要。领导心态正并积极向上，员工才会对前景充满希望，有信心，有勇气克服困难。以人为本，就是以人为本必须体现先进性和规范性，作为一个企业，如果没有必要的规矩做前提，就不可能实现真正的以人为本。比如，企业为搞好安全生产，制定了许多规章制度，有些制度很严格，惩罚很严厉，这恰恰体现了以人为本的要求。所以，作为基层领导干部，如果不敢严格管理，用所谓的“以人为本”换取在职工中的威信，即使威信高也是暂时的。相反，那些敢于大胆管理、不怕得罪人、真心实意把企业搞好，把职工长远利益保护好的同志，才会真正得到职工群众的信赖、拥护和支持。

二、当书记要围绕中心，用心做事

企业的中心就是安全、生产、经营，只有这个中心搞好了，党建工作才有更好的舞台。作为书记就要围绕这个中心开展党建和思想政治工作，这些年来，围绕项目经理负责制，开展了“流动党小组”活动，协调项目经理、员工的关系，促进了该项制度的有力推进，实现了企业和员工的双赢。围绕路料站废渣、粉尘、废水合理排放，组建了党员环保责任区，建议行政投入 40 余万元，改进了防尘喷淋系统，制作安装废水废渣输送管，新建沉砂池、排水沟 10 余条，地面硬化 1600 余平方米。彻底摘除“面粉加工厂”　帽子，彻底改变原来路料站污水横流、废渣堆积如山的局面，员工的工作环境、身心健康得到极大改善。围绕采区深部排水新课题，成功实现了党支部技术排水、安全排水、抗洪抢险“三个零距离”，采区安全度汛。围绕路料站新系统料仓卡堵等技术难题，以“技术党课”为载体，成功攻克料仓卡堵等近 10 个难题，新系统每小时可生产 30 余方，每天可生产 13 个小时，达产有望。正是围绕中心开展的这些载体活动，帮助行政解决了生产经营中的急难重险，受到了行政的欢迎。党员的先锋模范作用、技术骨干作用、党支部的战斗堡垒作用得到了充分发挥。正因如此，所在的单位获得了精神文明和物质文明的双丰收，支部连续 2 次被评为江西铜业集团公司先进基层党支部。

三、当书记要不拘一格，勇于担当

有人认为，支部书记就是天天在办公室爬爬格子、看看报纸、上上网、做好党建工作。我不这么认为，支部书记可以是项目经理、可以是质检员、可以是安全员，支部书记就是要发挥自身优势，就是要不拘一格，只要自己摆正心态，树立一颗从工作出发的心，就能充分体现自己的价值。

德兴铜矿采矿场铁运信号楼工程是铁运工段年检信号对接的重点工程，工程能否按时按质按量完工，直接影响铁运年检工作的顺利完成。该工程自开工后要求 2 个月内在拆除原有房子的基础上建 1 栋新房子，时间紧，任务重。在行政的支持下，书记担任了该项目的项目经理，并在现场组建了党员项目部。此项工程材料运输困难，每天只有半个小时可以通过铁路将材料运至施工现场。安全风险高，距离施工现场 1 米处即有电机车天天作业。党员项目部发挥自身专业优势，对 2 个月的工期进行倒排，做到每天有党员在现场带班督促。同时加强沟通协调，见缝插针完成材料设备运输工作。通过近 2 个月的连续奋战，铁运信号楼提前 3 天完工，工程得到了工程部、业主的一致好评。

书记还先后担任了穿孔值班楼、备件库的项目经理，黄坑西源岭剥离、路料站新系统扩建、南山排洪巷道等系列工程的质检员。分管路料生产和防尘洒水等具体工作，路料站年年超额完成生产任务，成为多样化经营首个AAA学习型班组。防尘较好的执行了和采矿场的合同。因此，书记是可以“不拘一格”的，也是可以在“不拘一格”中得到行政的认可的。

四、当书记要发挥表率，凝聚人心

单位领导者的形象与人品对单位的工作有着不可忽视的影响。正如职工中广泛流传的：企业好不好，关键看领导，领导行不行，关键看品行。支部书记是“一班人”的排头兵，他的个人品质、才能、工作方法对职工的凝聚力起着重要作用。

首先，做好急难重险的表率。2011年德兴铜矿普降大暴雨，给矿山生产和生活带来巨大破坏。本人住在离矿区10余里外的太白镇，6月13日早上欲回矿上班，结果被洪水堵住，“爬山也要爬回矿里”，通过2个小时步行5公里山路、水路，冒着塌方和没膝的积水，终于赶到了生产现场组织抗洪抢险。和员工一道连续奋战8天，在交通极为不便的情况下，想方设法调集人力物力，先后完成了95排洪巷道的疏通，西破、南山排洪巷道的清理，50、05台阶水泵的抢修，西破、堆浸厂、170工业场地、铁运铁路沿线生产供水管路的抢修，富家坞、铜厂快餐食堂生活水供给等一系列急难重险任务，在采矿场的防洪度汛会议上得到了领导的肯定。书记在现场，不一定要拿扳手和职工一块干，但只要呆在现场，就能给员工一种鼓励，一种肯定，员工就会散发出积极的劳动热情。

其次，做“三心”的表率。当好支部书记，首先要有诚心。基层党支部直接面对生产、管理的各项具体工作，直接面对广大职工，因此对支部书记最基本的要求就是必须求真务实。一方面想方设法落实生产任务，使职工的收入得到保证，另一方面，要诚心诚意地为职工办实事（如党员义务劳动制作防尘、机关车棚，解决了多年未解决的停车问题；如路料站员工的劳保和体检问题），帮助职工解决实际困难和后顾之忧，调动了职工的积极性。

当好支部书记，还要有耐心。要耐心细致地做好职工思想政治工作，班组标准化推进之初，个别职工对此不理解，甚至还有辱骂、威胁，并砸坏公物。职工有情绪，解释在前面，受一些委屈放在心里，通过多次和他们的交谈、摆事实，讲道理，这些职工后面都认了错，4个班组顺利通过标准化验收。

当好支部书记，更须有热心。作为支部书记，整天接触的就是职工工作、生活中出现的各种问题。对这些问题，支部书记要积极热心地去做好工作，加以解决。

再次，做人心凝聚作用的表率。首先，全心全意依靠职工、尊重职工、关心理解职工、用真情真心对待职工。想问题、办事情从职工的根本利益出发，注意把了解职工的思想动态同解决他们的实际困难结合起来。其次，协调好党政工团之间的关系，消除内耗、减少摩擦，发挥“一班人”的整体作用，充分调动每个人的能动性、创造性，形成团结、奋斗、开拓的整体。再次，与行政主要领导搞好团结。做到工作常通气、思想常交心，互相支持不争功、互相信任不猜疑、互相补台不拆台、互相配合不推诿，这些年的搭档，以融洽的思想感情促进工作上的默契，企业班子建成了一个充满活力和凝聚力的战斗集体。

【作者单位：江西铜业集团（德兴）建设有限公司】

提升基层党内组织生活质量

邹晓宇

党内组织生活是党组织对党员进行教育、管理、监督的重要形式。但有少数基层党组织在开展党内生活方面还存在一些问题，如，思想缺位、认识不清；流于形式、效果不佳等。因而，严格党内组织生活，提升党内组织生活质量，要从以下几个方面加以改进。

要把握党员需求，不断增强党内组织生活吸引力。提升党内组织生活质量，关键在于准确把握党员实际需求。要实行“组织生活计划”制度，采取“1+X”模式，结合各党支部党员思想实际，制定支部组织生活计划，并根据工作开展情况灵活调整。要实行“组织生活项目认领”制度，由党小组和党员个人牵头承办活动，有效调动各方积极性。要在抓好政治理论学习的基础上，突出业务知识、法律知识等重点内容，努力将党内组织生活打造为党员提升素质、增长知识、陶冶情操的综合平台。

要创新活动形式，切实增强组织生活实效。一是“谈”。坚持将学习与思考相结合，开展“大家谈”等活动，引导党员干部围绕当前党内重要工作、党员关心的热点问题等开展专题讨论，积极引导党员主动思考、主动学习，有效提高党员学习的积极性。二是“讲”。一方面，要认真落实领导干部上党课制度。领导干部原则上每年结合工作实际轮流上一次党课，党组织书记结合当前工作重点适时讲党课；另一方面，要积极开展“季度大讲台”、“党课大家讲”活动，组织党员走上讲台畅谈个人学习和认识，给党员提供展示自身才华平台。三是“看”。充分利用党员电化教育平台、干部远程教育频道等党员教育资源，组织观看党员电教片、先进事迹报告会等，用鲜活的事例、生动的内容让党员接受最直观的教育。四是“走”。把党内组织生活场所搬到室外，组织党员走出“空调房”，到工作第一线去感受，到先进基层组织去体验，到艰苦一线去锻炼，让党员有对比、有体会、有目标、有行动。五是“比”。结合学习内容，广泛开展各类知识竞赛、党小组综合评比等活动和各类达标争创活动，将学习内容融入活动之中，通过活动促进学习，营造浓厚氛围。

要深化考核评比，推动形成正确导向。要有效发挥考核评比的“指挥棒”作用，以考核+评比的模式来推动党内组织生活质量提升。制定“三会一课”制度规范性文件，做到有章可循。严格对照相关规定的具体要求，将党内组织生活开展情况纳入党建工作考核范围，按照党组织隶属关系，由上一级党组织实施考核，考核结果作为党组织集体、党组织负责人考核的重要内容。探索开展“最佳组织生活”评比、“党课擂台”等各具特色的评比活动，以点带面，不断提升党内组织生活工作质量。

【作者：重庆市渝中区大溪沟街道办事处主任】

认真落实群众路线　积极探索党代会常任制

庄　健

吕巷镇是全国最早探索党代会常任制的乡镇之一，试点工作开展十三年来，得到了中共中央组织部、中共中央党校和上海市委组织部等领导的关注、关心、关爱，常任制工作在探索中总结，在总结中完善，在完善中提高，也取得了较好成绩。近年来镇党委更以党代会常任制工作集中民智、体察民情、反映民意，有利的促进了吕巷镇党的建设和经济社会的全面发展。

一是依靠群众，以党代会常任制集中民智，助推党委科学决策。在党代会常任制条件下，通过年会制、任期制、党委会负责制三个机制运行，党委决策模式和实施基础发生了深刻变化，决策主体由核心成员扩大到全体党代表，党代会常任制工作集中了民智，促进了镇党委决策的民主化、科学化。如吕巷镇合并成立后，镇党委政府为增强工业发展后劲，拟决定在镇中心区域建设工业整合点。然而，从基层传来的声音是应该将工业整合点选在白漾村，理由是白漾村的基础设施配套完善、产业链完备。这样，双方在如何选址的问题上产生了分歧。于是，镇党委将议题交给由党代表组成的工业经济专题工作组进行调研，广泛听取意见，重新进行土地成本、动拆迁成本的评估，最终采纳了党代表专题组提出的把工业整合点设立在白漾村的建议。而中国机械工业集团公司正是看好吕巷工业点良好投资环境，斥资14个亿的蓝滨项目在该工业点落户。

科学民主的决策成为经济发展的“助推器”，吕巷镇党代会常任制试行十三年来GDP年均增长达到13.6%，是吕巷镇历史上发展最快、老百姓得实惠最多的十三年。

二是服务群众，以党代会常任制体察民情，深化党员干部服务民生。热点问题是党员和群众普遍关心的问题。党代会常任制工作通过开设代表与党委间“绿色通道”、建立党委、党代表、党员和群众的“三级联系”等制度，密切关注群众所关心的热点问题，并及时想办法解决。如2009年针对解决农村一些小的种植户蟠桃销售难的问题，党代表通过“绿色通道”提出的农户与企业结对、利用企业信息灵、渠道广的优势协助销售蟠桃，这一建议被采纳，有效解决了蟠桃销售难的问题。为彻底解决蟠桃销售难问题，根据党代表建议2012年镇党委采取多种途径，把吕巷蟠桃打入全市各大超市，使得皇母蟠桃走出金山、走向全市，据统计当年通过镇党委政府搭建平台销售蟠桃50余万斤，实现了农民增产又增收。2012年党代表共解决基层群众关心热点难点问题148个。此外吕巷镇党委建立了党代表参与信访接待的矛盾纠纷处理机制，通过党代表接访、到基层走访和入户宣传，使得“政策在一线宣传，难题在一线解决，矛盾在一线化解”。

实行党代会常任制后，镇党委与广大党员、群众之间的联系和沟通明显加强，党员干部经常深入群众，听取意见和建议，并及时为他们排忧解难，党代会常任制成为密切党群关系的“粘贴剂”。

三是联系群众，以党代会常任制反映民意，强化对党员干部的监督。吕巷镇充分发挥党代表监督作用，为党代表的监督提供平台。一是建立互联机制，建立联席会议制度、情况通报制度等，开展日常监督。二是探索考核评议机制，开展评议监督。定期组织党员代表对党委和机关部门工作进行满意度评议，开展党员代表约见党委委员或党委职能部门负责人活动。如2012年先后有16名代表就党建工作、城镇建设和社会管理等工作，约见了相关党委委员和部门领导。三是跟踪重点工作，开展专项监督。每年组织党员代表对党委政府工作重点、群众关心的热点问题开展专项监督。

党代会常任制的推行，使得党员干部的群众观点不断强化，服务群众的主动性不断增强，机关与基层的联系得以强化，形成良好的党群干群关系。

党代会制度是党内根本政治制度。作为党代会制度有机组成部分的党代会常任制，具有重要理论与社会实践意义。当前既是社会转型、加速发展的机遇期，也是矛盾凸显期。乡镇党代会常任制实践具有更加迫切的现实意义。党的十八大报告第一次提出了“乡镇党代会常任制”工作，为基层党内民主指明了新的方向，我们将进一步总结镇级党代会常任制实践经验，不断改进党在基层社会的领导方式和活动方式，增强农村基层党组织的活力，努力探寻党代会常任制实践与贯彻群众路线的有机结合，为建设“创业吕巷、生态吕巷、和谐吕巷”提供坚强的组织保证。

【作者单位：中共上海市金山区吕巷镇委员会】

扎实抓好学校基础党建工作

采守宽

学校党组织是党的组织基础，处于学校的政治核心地位。近年来特别是创先争优活动开展以来，山南地区教育系统始终紧紧抓住加强党的执政能力建设、先进性建设和接班人培养这条主线，创建了一批具有鲜明特色的教育系统党建品牌。

一、提升思想意识，准确把握党支部书记在学校工作中的重要职责

“群众看支部，支部看书记。”党支部书记必须充分认识自己在党支部中的职责和作用，努力树立“四个意识”，争当“三个模范”。

增强“四个意识”：一是增强政治意识。要具有坚定的政治立场，用马克思主义哲学思想辩证地、历史地、发展地看待一切事物，用邓小平同志“解放思想，实事求是”的思想路线改造主观和客观世界，用科学发展观武装自己。二是增强忧患意识。为了准确把握复杂的国内外局势，应对教育工作面临的诸多新挑战和考验，必须增强忧患意识，谦虚谨慎，戒骄戒躁，始终保持清醒头脑，改革创新、攻坚克难、锐意进取，为推进学校党组织建设工作出谋划策。三是增强人才意识。要坚持党管人才原则，强化人才培养意识。抓好教育系统党员骨干教师队伍建设，教育好、服务好教师人才，积极营造人才成长的良好氛围。大力加强实用型、技能型人才的培养力度，服务经济社会发展。四是增强服务意识。要加大对群众普遍关注的教育质量提高、“三包”经费管理、考风考纪、校安工程等热点难点问题的解决力度，树立教育良好形象。把服务工作做深、做细，努力增强党在群众中的凝聚力和号召力，切实提高社会对教育的满意度。

争当“三个模范”：一是争当学习的模范。坚持以“武装头脑、指导实践、推动工作”作为学习的指导思想，重点抓好党的教育方针、政策、理念，党的马克思主义教育政策，宗教政策，党务工作知识，科学知识等方面的学习。二是争当团结的模范。首先要搞好学校班子的团结。要有大局意识，协调学校党、政、工、团的关系，充分调动各方面的积极性。其次要抓好教师队伍的团结。努力建立和谐、协调的人际关系，为校园营造充分尊重个性发展、团结向上的人文环境。三是争当教学的模范。作为党支部书记，要带头钻研本职工作业务，在努力提高自己的思想政治工作水平的同时，成为教学工作的行家里手，成为广大党员教师和群众的学习楷模。

二、围绕服务教育教学，努力推进学校党建工作取得新发展

抓好党的教育方针的贯彻落实。学校基层党组织要把全面贯彻党的教育方针，培养社会主义建设者和合格接班人作为首要任务，充分发挥党组织的政治核心作用，切实保障适龄儿童、少年接受义务教育的权力。同时，要把握方向、总揽全局，围绕学校教育改革与发展的中心工作，协调各方，形成党政工团分工合作的工作格局。

强化社会主义核心价值体系的引领作用。要坚持育人为本、德育为先的教育方针，把社会主义核心价值体系融入课堂教学、社会实践、校园文化、学校管理，着力培养中国特色社会主义事业的合格建设者和接班人。要全面推进中国特色社会主义理论体系进教材、进课堂、进头脑，引导学生自觉追求富强、民主、文明、和谐的国家理想，弘扬自由、平等、公正、法治的社会价值，遵守爱国、敬业、诚信、友善的道德规范，成为社会主义核心价值观的践行者和传播者。

注重对教师的教育、管理与培养。要着重加强对教师的教育引导，经常分析教师的思想政治状况，关注教师的学习、生活。着重发挥党员示范作用，引领教师专业化成长。学校党组织要注重把发挥党员先锋模范作用作为重点，围绕教师专业化成长做文章，为教师提供一个相互交流、相互促进的平台，带动教师队伍整体素质的提升。

加强对共青团和少先队等组织的领导。学校党组织要切实加强对团队组织的领导，在加强基层党建工作的同时，把团队的工作列入议事日程，定期听取团队的工作汇报，讨论研究团队工作的重大问题，经常指导、检查、督促、考核团队的工作，帮助他们创作性地开展工作。

发挥好学校党组织的保证监督作用。进一步健全和完善学校的监督制约机制，加强和完善党组织对学校工作的监督，切实保证学校全面贯彻执行党的路线、方针、政策和上级主管部门的决定、指示，坚持正确的办学方向。

确保学校基层党组织的正常运转。学校基层党组织要充分发挥委员会作用，按照“严格、正常、规范”的要求，定期召开“三会一课”，落实“有牌子、有人员、有场所、有经费、有制度、有活动”的“六有”标准，开展形式多样的党建活动，做到学校党的活动经常化，确保学校基层党组织各项工作的有序开展。

三、加强六项建设，切实提升学校党组织的凝聚力和战斗力

加强思想建设。着力用科学发展观武装党员教师头脑，围绕“培养教育人才，促进教师专业成长，提升教育质量，培养社会主义合格建设者”的教育目标，凝聚共识，增强运用马克思主义立场和观点分析问题、解决问题的能力，用以指导教学实践。切实加强学校师生的思想政治教育工作，以“贴近校园、贴近学生”为落脚点，通过开展创建书香校园、丰富校园文化走廊、宿舍文化建设、动手一角展示等活动，不断创新学校党组织活动内容和方式，提高学校党组织思想建设工作实效。

加强组织建设。建立健全组织机构，把政治立场坚定、党性观念强、思想作风正派、组织领导和教学业务水平高、具有开拓创新精神和教职工拥护的同志选进党支部委员会，明确工作职责，充分发挥其组织、宣传、监督等方面的作用。同时，要落实党的各项工作制度，创新载体，丰富教育内容，努力提高党员素质。

加强作风建设。大力加强师德师风建设，切实增强学校党员教师的党性观念、责任观念和大局观念。党支部书记要率先做到讲党性、争优秀、做表率。广大党员教师要进一步增强爱岗敬业、为人师表、乐于奉献的意识。学校党组织要坚持党的群众工作路线，以创先争优为动力，以促进教育公平、提高教育质量为重点，深入实际、深入师生，抓学习促提高，转作风增才干，解难题促发展，努力开创“以党性铸师魂、以党风带教风、以教风促学风”的良好局面

加强制度建设。不断健全基层党建制度体系，做好党建工作台账。健全完善基层党务公开制度，落实学校党支部书记例会制度、校委会例会制度、党员教育培训制度，健全党员党性定期分析制度等，提高学校基层党组织建设的科学化、规范化程度，保持党员队伍的先进性和纯洁性。进一步完善党内激励帮扶机制，注重关心和帮助老党员、生活困难党员。

加强廉政建设。牢固树立廉政理念，增强廉洁从政、廉洁从教的自律意识。抓好以廉洁自律为中心的党风党纪教育，建立健全教育、制度、监督并重的预防和惩治腐败的体系。开展好党风廉政建设进校园的各项工作，抓好反腐倡廉领导责任制的落实。同时，坚持党内事务民主、公开、透明的原则，督促学校行政负责人实行校务公开，落实各种规章制度。组织好班子成员和行政负责人开展述职述廉活动，自觉接受教职工和群众的监督。

加强班子建设。要按照政治坚定、求真务实、开拓创新、勤政廉政、团结协作的要求，进一步加强校级领导班子建设。领导班子成员要分工明确，各司其职，各负其责，分工不分家，互相配合。按照集体领导、民主集中、个别酝酿、会议决定的原则，充分发挥党组织的政治核心作用。坚持民主集中制，要着眼科学发展、优质发展，做到“大处着眼、小处着手”，不断提高领导班子的治校能力，提升党组织活力，努力办好让人民满意的教育。

【作者单位：山南地委教育体育局】

开展“三亮”活动　型号攻坚结硕果

蔡三定

中航工业动研所是我国唯一的集型号研制及预先研究为一体的中小型航空发动机、地面燃气轮机及直升机传动系统研究、发展基地。面对多项重点型号、预先研究课题以及技术改造工作同时展开，众多型号进入外场使用和试飞关键阶段的新局面，动研所党委紧扣型号研制特点，以党员亮作风、先锋亮业绩、先模亮精神“三亮”活动为载体，充分发挥党组织的战斗堡垒作用和党员的先锋模范作用，有力推动研究所型号研制工作顺利推进。

党员亮作风，党员的责任意识进一步强化。所党委在全所大力提倡“办实事，抓落实”，要求广大党员展示脚踏实地、埋头苦干的工作作风，尽心尽力、尽职尽责地开展工作，用良好作风践行航空报国的使命。全所开展了党员佩戴党徽活动，使党员时刻牢记身份、不忘使命，在各项工作中争当先锋、勇作表率。开展了党员“履诺、践诺、评诺”活动，结合自身岗位特点，对年度中心任务、重点工作做出定性与定量相结合的公开承诺，公示于支部宣传栏和个人工作桌标牌上，接受群众监督评议和党组织的考核评比。建立跟踪问责制、重大事项督察督办制、重点工作月度点评等，通过制度的约束和正反向激励，督促党员正确履职，使责任意识进一步强化。

先锋亮业绩，党员的带头意识进一步强化。现阶段是动研所历史上科研任务最为繁重、面临压力最大、承受挑战最大的时期。面对急难险重任务，需要党员发挥先锋模范作用，冲锋在前，勇闯难关。动研所党委多措并举，不断强化党员的带头意识，充分发挥“一个党员一面旗帜”的示范作用。根据不同的岗位，在全所 49 个党支部（总支）中指导建立了 530 余个共产党员示范岗、共产党员先锋岗、共产党员优质服务岗，57 个党员攻关小组，16 个党员突击队，共产党员在型号攻坚中率先垂范，真正起到了中流砥柱的作用。开展共产党员示范岗、共产党员先锋岗“岗位之星”评选活动。各基层党支部组织评选本支部的年度、季度、月度“岗位之星”，营造“人人能当先进、人人争当先进”的浓厚氛围。所党委把党组织的保障和促进作用延伸到科研生产的最前线。在陕西阎良、江西景德镇、内蒙古海拉尔等条件艰苦的试验试飞现场，建立临时党支部。一批党员领导干部率先垂范，以身作则，带领跟飞团队超常拼搏，不畏寒暑，共克时艰，有力保证了试验试飞任务的顺利完成。

先模亮精神，党员的奉献意识进一步强化。研究所注重发挥先进典型的示范作用，发起向行业内的英模吴大观同志、罗阳等同志学习的号召，同时注重挖掘本单位的先进典型，通过大力宣传矢志航空、无私奉献的人物和事迹，通过先模亮精神活动，积极引导广大党员“吃苦在前、享受在后、超常拼搏、甘于奉献”，以榜样的力量鼓舞激励干部职工立足岗位、争做贡献，为型号研制注入源源不绝的正能量。所党委以基层党支部为单位，形成坚强的战斗堡垒，团结带领广大党员担重任、解难题。有的党支部在重点任务攻坚决战的阶段自觉执行“710 工作制”（每周工作 7 天，每天工作 7 小时），全体参研党员主动放弃节假日，抢时间赶进度，按时保质保量完成任务。有的党支部实行白（天）加黑（夜）工作制，不分昼夜加班加点。有了党组织的坚强领导，广大党员拼搏奉献亮精神，在型号研制这个没有硝烟的战场上不断涌现“平常工作看得出来，关键时刻站得出来，危急关头豁得出来”的先进典型。

【作者：中航工业动研所党委书记】

如何以党建促企业健康发展

陈效定

目前，非公有制企业中，企业主拥有企业的资产所有权，拥有对人、财、物的支配权和生产经营决策权，党组织在企业中没有行政权力的依托，基层党组织在企业中的职能如何定位？如何有效发挥基层党组织推动发展、服务群众、凝聚人心、促进和谐的作用？这些都是新形势下基层党建领域的新课题。兰州晶亮玻璃有限责任公司是成立于2006年的非公有制企业。其党组织隶属兰州蓝天浮法玻璃股份有限公司党委领导。该公司拥有日熔化量500吨级浮法玻璃生产线一条，职工700余人。成立之初，公司按照党中央提出的“全面推进各领域党的基层组织建设，实现党组织和党的工作全社会覆盖，做到哪里有群众哪里就有党的工作、哪里有党员哪里就有党组织、哪里有党组织哪里就有健全的组织生活和党组织作用的充分发挥”的要求，成立晶亮公司党总支，下设机关、原料、熔成、采装、机电等五个党支部。自2006年8月至2012年12月，晶亮公司生产、销售浮法玻璃1737.32万重量箱，实现销售收入112757.47万元，实现利税12003.45万元。公司党组织紧紧围绕企业中心工作，团结带领公司广大党员，扎实工作，艰苦奋斗，充分发挥引导监督、协调利益、团结凝聚、促进发展的职能，成功化解金融危机给企业带来的不利影响，保证了企业生产经营稳定和员工队伍为稳定，以企业党组织的政治核心作用促进了企业的健康、和谐、可持续发展。

根据近几年的实践探索，笔者认为，非公企业党组织要通过履行“三个”职能来发挥政治核心作用。

一、履行党组织的引导监督职能，促进非公有制企业健康发展

非公有制企业的健康发展，离不开党组织的引导监督，非公有制企业党组织要在以下三方面发挥引导监督职能。

（一）对企业贯彻执行党的路线方针政策进行引导监督。随着社会主义市场经济的发展，非公有制经济已经成为社会主义市场经济的重要组成部分，非公有制企业主已经成为中国特色社会主义建设者，非公有制企业的经营方向、经营方式、经营手段都必须符合党和国家的大政方针。非公企业党组织是党的路线方针政策的宣传贯彻者，既要引导和教育企业主提高贯彻执行的自觉性，把党的政策和上级党组织的主张、意图渗透到企业的决策、执行、监督过程中，又要把促进企业生产发展、提高经济效益、维护各方权益，作为党组织开展企业党建工作的目标，使党建工作与企业发展做到目标同向、思想同心、工作同步，保证非公有制企业沿着正确的道路发展。要加强宣传指导，引领和规范非公有制企业的生产经营活动，使其沿着正确轨道健康发展；通过加强政策指导，强化对非公有制企业党建工作的政策指导和工作指导；还要充分利用网络、报刊、宣传栏等方式宣传党的方针政策，及时组织党员学习党的理论与方针政策。

（二）对企业遵守国家的法律法规进行引导监督。在社会主义法制体系日益完善的情况下，非公有制企业要保持持续稳健发展，必须遵守国家的法律法规。但“经济人”追求自身利益最大化，又使有的非公有制企业产生不符合市场经济规律要求的非理性行为，一些企业生产、销售假冒伪劣商品的做法就充分说明了这一点，也表明仅靠专职监督部门的外部监督，企业员工的内部监督是不够的，还需要党组织的引导监督。非公有制企业要保持持续稳健发展，必须要遵守国家的法律法规。非公有制企业中基层党组织要主动为企业提供各种法律服务，提高企业主、员工的法律意识；加强对企业经营目标、方式的监督制约，使它们始终在法律法规的约束下开展生产经营活动。

（三）对企业内部经营管理机制建设情况进行引导监督。完善的内部经营管理机制，是企业在激烈的市场经济竞争中生存发展的重要条件。企业内部经营管理机制建设是否完善主要体现在两个方面：一是企业是否具有科学的决策机制，二是企业是否有完善的内控机制。非公有制企业的党组织要积极参与企业民主科学决策，为企业查找经营管理中的薄弱环节，完善企业内控机制建设、推动职工民主管理，密切与企业关系，取得业主认同，获得员工支持。

二、履行党组织的利益协调职能，促进非公有制企业和谐发展

利益表达与整合是政党的基本功能，非公有制企业党组织在畅通信息、协调利益方面发挥职能，有利于建立起企业主、职工互惠互利、共同促进、和谐发展的局面，调动各方面的积极性、营造促进企业和谐发展的良好氛围。

（一）搞好外部协调，为企业发展营造良好外部环境。任何一个组织的生存发展，都离不开外部环境，企业党组织要主动为企业进行外部协调，如主动协调企业与上级党委和政府部门的关系，为企业排忧解难，坚决抵制向企业吃拿卡要等不良现象，净化投资经营环境，为企业发展服务。利用党内资源优势，在资金、项目、技术、市场信息等方面为企业出主意、想办法，帮助企业解决困难，引导企业主动承担社会责任，动员企业主参与社会公益事业，增强社会责任感等，树立企业良好形象与社会信誉，为企业积聚发展潜能。

（二）搞好内部协调，为企业发展营造和谐的内部环境。非公有制企业内部也有不同的利益关系，也会产生一些矛盾，若不及时化解，就会影响企业的生产经营和发展。非公有制企业中党组织主要从三方面入手协调内部关系：一是按照有关法律规定，切实维护企业职工的合法权益，督促企业落实《劳动法》《工会法》，改善企业职工生产生活条件。二是充分发挥思想政治工作优势，释疑解惑、防患未然、积极化解消极因素。三是关注民生，构建和谐劳资关系。要通过建立职工代表大会

制度，促进职工和不同管理层直接的沟通和意愿表达，营造劳资平等、诚信互助、互利共赢的和谐氛围。

三、履行党组织促进发展职能，促进企业可持续发展

非公有制企业多为中小型企业，员工队伍很不稳定，从某种程度上说，这是由于非公有制企业特有的产权关系，劳资双方的雇佣被雇佣关系决定了它很难通过自身的治理结构和管理体制，自动形成具有强大向心力的凝聚核，而这个凝聚核，完全可以借助企业党组织的力量形成。非公有制企业中的党组织要充分发挥自身政治优势，以企业发展为中心，加强对党员职工的团结、教育、引导、服务，不断为企业发展培育核心凝聚力。

（一）发挥基层党组织的战斗堡垒作用，为企业可持续发展提供动力源泉。一要培育企业文化。要充分发挥政治优势、组织优势，领导工会、共青团等群众组织，开展精神文明建设，培育企业价值观念，形成企业文化，贯穿于生产经营管理中，促进企业目标的实现。二要培养中坚力量。要通过加强对党员、党务工作人员和企业主的思想政治、道德、政策等方面的培训，在保证企业健康发展的同时，又注意帮助企业培养业务骨干，尤其是把企业中的业务骨干培养成党员，把党员培养成业务骨干作为党建工作的重点，把党的人才集聚优势转化为先进生产力，转化为企业发展优势，为企业可持续发展提供人才支撑。

（二）发挥党员的先锋模范作用，为企业可持续发展注入活力。党员员工是企业重要的政治资源，因为在党的教育培养下，无论是政治觉悟，思想品质还是业务能力，都可以称之为企业员工中的先进分子，是企业发展的中坚力量。非公有制企业党组织要通过搭建平台为抓手，鼓励党员立足岗位讲奉献、比贡献，发挥示范带头作用。

（三）加强引导服务，激发出员工责任感。一般来说，非公有制企业的治理结构，擅长刚性化的制度管理，欠缺柔性化的思想教育和引导。知道企业员工的工作动机不仅仅是为了物质需求，他们还有精神追求，非公有制企业党组织可以通过建立完善党内关怀机制、党员群众结对帮扶，开展关爱员工和送温暖活动，使员工凝聚到党组织周围，融入到企业当中，把企业的发展目标内化为员工的工作目标，最大限度发挥自己聪明才智。

实践证明，在非公有制企业中，基层党组织只要正确定位，发挥职能，就能在非公有制企业中赢得地位，赢得业主的支持、赢得员工的认可，就能增强工作实效性，形成良性循环、营造“双赢”局面，促进非公有制企业的发展。

【作者单位：兰州蓝天浮法玻璃股份有限公司】

群众路线教育实践活动为企业党建提供新动力

杜景文

群众路线是我们党的生命线和根本工作路线。一个“生命线”，一个“根本工作路线”，精辟地揭示了群众路线关系党的生死存亡、关系党的执政能力和执政地位的深刻意义。回顾我们党走过的九十二年历程，离开了群众路线，党的生命就受到威胁；坚持了群众路线，党的事业就生机勃勃。无数事实证明，实现党的思想路线、政治路线和组织路线，要有正确的根本工作路线即群众路线来保证，群众路线必须贯穿于党的全部工作之中。企业党的建设作为党的工作的重要组成部分，应当坚定不移贯彻党的群众路线，提升党建工作水平，促进企业科学发展。

全党开展党的群众路线教育实践活动，为我们更好地学习群众路线、贯彻群众路线，不断提高企业党建工作科学化水平提供了新的机遇和动力。

牢固树立群众观念，增强贯彻群众路线的自觉性和坚定性。这是做好企业党建工作的基础和前提。这些年来，随着改革开放的不断深入和国际国内形势的发展变化，国有企业党建工作面临许多新情况新问题。比如，企业经营环境发生新的变化，竞争更加广泛更加激烈，要求企业党组织必须有针对性地调整工作思路，改进活动方式和工作方法，更好地围绕企业改革创新，提高核心竞争力来开展党的工作；企业的组织结构和经营管理方式等方面发生一系列变革，要求党组织设置和活动方式不断调整不断创新；随着社会转型，人们的生活方式、价值取向、道德标准等出现了许多新的变化，人们的思想观念更加活跃，舆论环境更加复杂多变，思想政治工作“边际效应”趋减，等等，这些都对党组织做群众工作的能力提出了新的更高的要求。新形势、新任务、新变化要求我们不断研究新情况，解决新问题。这里很重要的一条，就是必须把企业党的工作建立在最广泛、最可靠、最牢固的群众基础之上，从而获得生生不息的力量源泉。思想是行动的先导，这次教育实践活动要达到“四个进一步”的目标要求，其中“思想进一步提高”就是第一位的要求。可见，我们开展活动，必须把解决实际问题和解决思想问题相结合，首要的是要解决在认识群众的地位和作用上存在的问题，在强化群众观念上狠下功夫。

全心全意依靠职工群众，在推动企业科学发展中充分发挥作用。这是做好企业党建工作的关键。我们经常说，有为才能有位，有位才能有为。企业党建工作要真正有为有位，最根本的是要在推动企业改革发展、提升企业核心竞争力、促进和谐稳定中充分发挥作用。要主动适应建立现代企业制度的新形势，坚持服务企业改革发展中心任务，坚持全心全意依靠工人阶级，通过加强自身建设和健全工作机制，充分发挥政治核心作用，汲取群众智慧和力量，切实把党的政治优势、组织优势和群众工作优势转化为企业的竞争优势、创新优势和科学发展优势。

充分发挥党员主体作用，推动党建工作不断改革创新。这是做好企业党建工作的重要保障。党员是党的建设改革创新的根本力量。随着现代企业制度的建立完善以及现代管理思想的广泛应用，企业生产经营管理的方式方法发生了很大的变化而

且还在不断变化之中，企业党组织迫切需要大胆应用现代管理的思想和理念来创新党建工作，这样才能与企业的体制机制和现代化管理相适应。这就要求党组织坚持相信党员群众，依靠党员群众，尊重党员群众的首创精神，充分发挥党员的主体作用。党建工作的改革创新具有丰富的内涵，包括党建工作理念、党组织设置方式、党组织活动方式方法、党建工作制度等许多方面，需要党组织带领广大党员不断探索。

【作者单位：乌鲁木齐市热力总公司】

从党务工作实践看加强作风建设密切联系群众的重要性

蓝　慧

从总体上说，开展党的群众路线教育实践活动，是党的十八大作出的重大决定，是新形势下坚持党要管党、从严治党的重大决策，是顺应群众期盼，加强学习型、服务型、创新型马克思主义执政党建设的重大部署，是推进中国特色社会主义伟大事业、实现中国梦的重大举措；从党务工作实践上看，开展党的群众路线教育实践活动，是新形势下加强党务工作实践，创新党务工作形式，丰富党务工作内容，推进作风建设，密切干群关系的必然要求，是扎实推进企业发展，实现个人自我价值，自我跨越的根本所在。

一、加强作风建设，密切联系群众，对做好党务工作的现实意义

（一）加强作风建设、密切联系群众是做好党务工作的基本要求和前提基础。习近平在十八届中纪委二次会议中指出：“工作作风上的问题绝对不是小事，如果不坚决纠正不良风气，任其发展下去，就会像一座无形的墙把我们党和人民群众隔开，我们党就会失去根基、失去血脉、失去力量。改进工作作风，就是要净化政治生态，营造廉洁从政的良好环境。”习近平的重要指示，是我们切实加强作风建设，密切联系群众的行动指南。

当前，以为民务实清廉，旨在加强作风建设，密切联系群众，推进工作作风转变，促进工作开展并务必取得实效的党的群众路线教育实践活动在全党深入开展，并取得了预期的成果。作为电力企业党务干部，要带头落实中央“八项规定”，结合工作实际，吃透精神，领会实质，认真开展专题学习，率先垂范。并通过深入扎实、求真务实工作作风，把自己的本职工作切实做好、做实、做优。

（二）密切党同人民群众的血肉联系是作风建设的核心。加强作风建设，密切联系群众，不仅是我们党的根本的工作路线，更是我们党的生命线。作为党务工作战线上的一名党员领导干部，必须充分地认识到“工作作风上的问题绝对不是小事”，必须充分认识到加强作风建设，密切联系群众，推进工作开展并取得实效的极端重要性和紧迫性，从而摆正自己的位置，界定自己的定位，做好自己的工作，把自己的工作提高到一个新的水平。

（三）加强作风建设，密切联系群众是切实做好党务工作的最好体现。加强作风建设，密切联系群众，集中体现在切实做好党务本职工作上，这是解决口头说与行动做、出发点与落脚点的、目的与归宿等问题的症结所在，也是检验作风建设加强的程度、联系群众密切的程度、党务本职工作做好、做实、做优程度的分水岭，不把具体的本职工作做好，谈加强作风建设，密切联系群众就是一句空话。

二、做好党务本职工作，必须有针对性地抓住“聚焦”问题，做到有的放矢

对一个党务领导干部而言，加强作风建设，密切联系群众，不能停留在口头上，要落实在具体行动上；对于具体工作的问题，如果没有较强针对性，没有工作的计划性、前瞻性，就不可能“聚焦”到问题，工作就会盲目盲从，工作的实际效果和成果就无法体现出来。在基层工作的同志都知道，现在做群众工作比以前困难得多。讲大道理，群众根本不听你的；讲政策，群众知道的不比你少；群众提出的有些问题，我们往往不好回答；群众提出的很多要求，又一时半会解决不了。所以我们工作要有针对性，不能拿着镜子只照别人而忽略自我，不能没有目的、不着边际的盲目盲从，必须放下架子，自我“净化”。“空谈误国，实干兴邦”，凡事预则立，不预则废，就是这个道理！如何有针对性地抓住和“聚焦”问题，做到有的放矢，把党务本职工作做好，笔者认为，应从以下几个方面入手。

（一）要端正态度，提高认识。思想认识不到位，工作态度不端正，要把工作做好是不可能的。因此，要通过不断深入的学习，从提高思想认识和端正工作态度开始，把自己摆进去，查找问题，找准问题，“聚焦”问题，解决问题，推进工作作风的真正转变，把干群的鱼水、血肉关系建立好、融洽好。

（二）要找准问题，快办办好。讲加强作风建设，谈密切联系群众，必须正确处理好作风建设与密切联系群众的辩证关系。作风建设的核心是密切联系群众，密切联系群众必须在改进工作作风上下大力气、做苦功夫。整天忙在日常事务上，而不深入下去，不放下架子，不端正态度，不诚心实意的沉下去和群众打成一片，不去倾听群众的呼声，不了解群众之所思、之所想、之所需，则是痴人说梦话，也断不能达到“改进”、“密切”的目的和要求。我们要从繁忙的日常事务中解放出来，抽出相应的、必要的时间和主要的精力，沉下基层，调查研究，查找问题，多与一线干部面对面接触，口对口交流，一对一交心，了解情况，做好分析，加强协调，释疑解惑，把该办的事

情办快，把能办的事情办好，把实际问题了解在一线上，解决在基层中。

（三）要敢于担当，认真履职。在电力企业，从事党务工作和党务工作的干部，通常是被认为是不痛不痒、可有可无的闲置部门，是没有出息、没有出路的“万金油”干部，在某种场合中甚至被别人看不起，烦你、不愿接触你，等等。要“密切”与员工的关系，改进工作方法，改变人们的偏见和看法，把本职工作做好，就必须讲究技巧，必须坚持原则，必须忠于职守，必须敢于担当，必须摈弃自身拖拉疲沓、慵懒散奢、自身硬不起来、自己看不起自己等自暴自弃的想法、做法，正视现实，把心交给群众，认真履行职责，勇于担当责任。同时，要以宽和平静的心态，与群众交心交友，以人为本，以“实”为要，将心比心，切实以党务干部深入扎实的工作作风、诚恳务实的服务态度、良好的党务干部形象和特有的人格魅力取信于群众，密切干群关系。

（四）要顾全大局，提高效率。做好党务本职工作要有大局意识和效率意识。何谓大局，简而言之：企业的协调发展、员工队伍的和谐稳定、群众的切身利益，这就是大局。要以一个“服务员”的身份，把自己摆进群众堆里，让自己沉到基层中，切实解决为谁服务、如何服务的问题，让“服务”发挥引导、凝心聚力作用，用优质服务体现“服务”的真正涵义。只有真正深入群众，才能推动工作，把工作落到实处。所有的实际工作都在一线，都在下面。如果只呆在上面，不下去工作，就等于隔靴搔痒，推动工作很难使上劲。

（五）要服务为先，质量至上。不同于其他专业技术人员，党务干部最关键、最基本的就是切实增强全心全意而不是三心二意为职工服务的意识，不解决这一重要认识问题，谈不上把工作做好、做优，更说不上全心全意和提高服务质量。要在增强为职工服务意识的前提下，通过自身的努力和工作成效，提高工作效率，提升服务质量。

三、做好党务工作的基本途径

（一）加强政治理论学习，提高思想政治觉悟。党务干部加强政治理论学习十分必要，是基本功，是必备的条件，是做好、做优工作的基础。要切实按照规定要求，多挤出时间认真学习。通过学习，深入了解和掌握党的路线、方针、政策、上级的指示精神；通过学习，提高觉悟，坚定政治理想信念，把党的路线、方针、政策、上级的指示精神贯彻落实好。

（二）把德才兼备、德为先的培养和造就放在首位。党务干部工作能称职，方向不偏离，必须具备较高的政治思想素质和良好的道德品质，以及坚定的政治立场和理想信念；党务干部工作能做好、做优，高人一筹的实际工作能力和水平是要具备的，但德才兼备、德为先则是必须地。党务工作涉及到各个领域，接触到方方面面，因此，党务干部必须把道德品质放在第一位。在此基础上，还要有做群众工作的真本事，没有真才实学，碌碌无为，最终将无位；德才兼备、有所作为，就会有位有前途，有才无德“位”终失去，光靠嘴巴是办不了事，是站不住脚的。

（三）转变思想，改进作风，提高工作效率和服务的能力与水平。党务干部不能附言趋势，要有自己的主见，思想要跟上形势发展的步伐，作风要深入扎实，雷厉风行，否则就没有工作效率，服务的能力与水平就上不来。因此，要想把工作做好，要想提高工作效率和服务的能力与水平，必须要转变思想，改进作风，这是途径，没有捷径可走。

（四）加强实践锻炼，培养良好心态和习惯。党务干部的能力和水平，不是与生俱来，而是从实践中来。要不断加强实践锻炼，注意培养良好的心境和广泛、健康的兴趣爱好，推进工作方法的改进，良好心态和习惯的培养，不断充实自己，借鉴新的管理手段给自己充电，深化沟通协调能力与技巧，密切与基层一线的干群关系。

（五）从严要求自己，做到廉洁自律。党务干部在工作作风、生活作风、廉洁自律等方面率先垂范十分重要，个人再有能力，心不正，要把工作做好是不切合实际的。党务干部要做好工作，必须要自觉和严格遵守党纪国法和法律法规，提高对廉洁自律制度、规定的执行力，守住底线，不越红线，耐得住寂寞，经得起诱惑，做廉洁自律的好干部。

做好当前和今后的党务工作，不是一朝一夕、一时一事的事，是每一个党务工作者常规性的工作和要求。我们要从实际出发，努力把工作做好，为不断推进党的路线、方针、政策的贯彻落实和企业的和谐发展作出贡献。

【作者单位：大唐广源水力发电有限公司】

发挥基层党委政治核心作用
助推航天事业又好又快发展

李 军

党的十八大报告中对加强党的基层组织建设提出了明确要求。基层组织是党的全部工作和战斗力的基础。只有每一个基层党组织都健全而充满活力，党的整个组织才能坚强有力、朝气蓬勃。因此，我们认为党的基层组织的“政治核心作用”可以这样理解：党的基层组织是党的政治权力与政治活动在社会各基层组织中的根基、堡垒与核心。

中国空间技术研究院西安分院（五〇四所）成立 48 年以来，始终坚持党的领导，充分发挥基层党委在企业发展中的政治核心作用，带领全体干部员工，扎实工作、无私奉献，确保了 110 多颗（艘）卫星、飞船的发射成功并稳定运行，参与铸造了航天事业三大里程碑，推动了航天事业的不断前进。近年来，西安分院党委坚持以科研生产和经营管理为中心，不断加强党建和思想政治工作、持续提升企业文化和精神文明建设水平，加大对工会、共青团等群众组织的支持、指导力度，确保了以嫦娥二号探月任务、载人交会对接任务、北斗导航组网任务为代表的科研生产任务圆满完成，营业收入达到34.6亿元，为推动西安分院各项工作全面进步提供了坚强的政治保证。

一、领导班子谋划全局、推动科学发展的能力大幅提升，党组织在班子建设、参与决策等方面作用突出

近年来，西安分院党委按照上级要求，相继部署开展了深入学习实践科学发展观、建设学习型党组织、创先争优等活动。在各项工作中西安分院党委非常注重结合企业发展实际，务求实效，切实提升了领导干部解放思想、改革创新、学以致用、科学发展的能力。尤其是在学习型党组织建设的过程中，西安分院党委创造性提出了“有丰富内容，促知识结构完善；有良好成效，促中心任务完成；有长效机制，促示范效应形成”的“三有三促”原则，借助党委中心组学习、党委书记讲党课、领导上讲台等多种学习载体和方式，不断丰富完善领导班子、党委中心组成员的知识结构，实现了政治理论水平、业务知识水平、管理能力和学习能力的大幅提升，为领导班子树立战略发展思路奠定了坚实的基础。西安分院党委还结合科研生产、新区建设等面临的形势任务，实施“走出去”、“请进来”的学习模式，多次组织赴北京、深圳、上海、重庆等地著名企业学习管理经验，邀请国内外著名企业领导、大学教授到西安分院交流工作，形成了西安分院组织机构改革、专业技术领域发展、军民融合发展等方面的新思路，持续推动了西安分院科学发展。

如何有效参与企业管理决策，确保企业发展方向和重大问题的决策正确，是西安分院党委近年来着力研究的课题。西安分院不断完善党委工作规则，严格落实“三重一大”制度、民主生活会等制度，强化党委对“重大决策、重要干部任免、重大项目安排和大额度资金使用”的全程参与，努力建设“政治素质好、经营业绩好、团结协作好、作风形象好”的“四好班子。其次是坚持决策前畅通民主渠道，通过公示、座谈、设立院领导接待日、书记信箱等方式，广泛听取群众意见，集中群众智慧，实现最佳的决策目标；在决策中坚持民主集中，充分发挥每一名班子成员的积极性和创造性，遵循少数服从多数的原则，集体决定；决策后实行民主监督，党委对决策实践进行督促检查和纠偏，全过程参与到企业发展的方方面面。

二、党建和思想政治工作扎实开展，党组织在企业中的凝聚力和号召力大幅提升

西安分院党委不断创新基层党组织的工作内容、工作方式和方法，努力使党的工作体现时代性、把握规律性、富于创造性。近年来，西安分院党委全面实施对下设的党支部开展目标管理和标准化管理，开展党员目标承诺活动，开展“将党员培养成骨干、将骨干培养成党员”的“双培养”工作，大力加强党员教育、培训，持续推进多种形式的主题实践活动，务求“三会一课”实效，有效发挥了支部战斗堡垒作用和党员的先锋模范作用，形成了基层党建长效机制。

西安分院党委将思想政治工作视为凝聚员工、鼓舞士气的利器，近年来更是不断创新思想政治工作方式方法，取得了良好的成效。按照阶段形势任务需要，及时编发《形势任务宣传教育提纲》，召开各类形势任务教育会，让广大员工及时了解和掌握企业的科研生产状况和面临的改革发展任务，做到上情下达。及时通过网络论坛、调查问卷搜集、掌握员工各阶段思想动态，编辑《舆情内参》发给领导班子成员，并及时向员工作出信息反馈，建立舆情反馈的有效渠道。以政研会为平台，深入推进理论研究和思想分析活动，鼓励广大干部员工在工作中深入开展调查研究，提升服务中心工作的意识和能力。加强对热点问题的舆论引导，通过举办心理讲座、开辟内网“心理健康”专栏等举措，及时发现和解决员工思想中存在的问题。通过这些创新性工作的开展，西安分院各项工作的开展得到了群众的理解和支持，每年的群众满意度测评中，对党委的满意度均在98%以上。

三、企业文化和精神文明建设硕果累累，党组织在提升企业形象和文明程度方面作用显著

西安分院党委一直将内强素质、外树形象作为企业文化和精神文明建设的出发点。在大力弘扬航天三大精神、践行神舟文化的基础上，西安分院形成了以“关注细节、敢打敢拼、求实创新、和谐共赢”为核心理念的企业文化。“十二五”期间，分院党委又着力加强质量文化、创新文化和团队文化等专项文化建设，推出一批企业文化成果，以企业文化增强对员工的感召力。充分利用中央、省市媒体、行业媒体加强宣传报道，提升企业形象，干部员工对企业文化的认同度和对企业的归属感有明显增强，企业文化作用日益凸现。从2011年至今，西安分院相继被评为五院“十一五”企业文化建设先进单位、航天科技集团公司首批企业文化示范单位。2013年，获得全国企业文化建设优秀成果。

在精神文明建设方面，西安分院党委深入推行“先锋工程、铸魂工程、塑形工程、能力工程、和谐工程、爱心工程”等六大工程，连续5年开展精神文明建设年度“四个一”活动，通过经济资助、文化帮扶等手段，加强与地方的文明共建，履行企业的社会责任。通过树立先进典型，加强舆论引导与教育，强化广大员工公民道德和职业道德意识，员工的文明素养显著提升，精神文明建设结出了累累硕果。2011年，西安分院被命名为第三批全国文明单位；2013年，西安分院导航卫星副总设计师刘波获得全国道德模范提名奖，受到中央领导通知的亲切接见。

四、工会、共青团等群众组织作用明显，党组织在推动企业和谐稳定发展方面指导有力

多年来，西安分院党委积极指导、支持工会、共青团等群众组织独立开展工作，及时研究工会、共青团提请党委讨论的问题，为工会、共青团独立自主地开展工作创造必要的条件，积极支持它们开展适合职工、青年特点的、健康有益的活动。

工会每年组织召开职代会，听取并审议院长工作报告，积极推行院务公开，对大宗采购、干部任免、住房分配方案、薪酬福利等关系员工切身利益的决策，进行听证和公示；公开业务招待费使用情况；分院领导每年向职工代表和中层干部述职，接受民主评议，有效地实行了民主管理和民主监督。支持工会建设、改造多处体育场馆、开展丰富多彩的文体活动。围绕中心任务开展劳动竞赛、技术比武、合理化建议等活动，调动了员工的工作积极性和创造性，涌现了一大批先进集体和先进个人。其中，西安分院工会被评为全国模范职工之家，电子化学车间分工会被评为全国模范职工小家，MIC 组被评为全国学习型先进班组，风云卫星何兵哲副总师、导航卫星刘波副总师先后被授予全国五一劳动奖章，天线设计师杨慧杰被授予全国五一巾帼标兵荣誉称号，史平彦院长被评为陕西省先进工作者。

西安分院党委非常关注青年员工的工作生活，每年都组织多场青年员工座谈会，详细了解青年员工工作生活中遇到的问题，听取他们的建议意见，并及时给予解决和反馈。公开选拔一批八零后青年才俊走上中层领导干部岗位，坚持开展青年科技论文、“五小”成果评比活动来促进青年人才培养。多次组织开展主题演讲比赛、“十大杰出青年”评比等丰富多彩的主题活动，培养团队精神，增强了青年的凝聚力；建设青年单身公寓、改造员工餐厅、举办“神舟伉俪”集体婚礼，发放购房货币补助，有效缓解了青年员工的生活压力。五年来，涌现了一批为分院发展建功立业的青年典型。其中，2 人被评为陕西省十大杰出青年，1 人被授予陕西青年五四奖章标兵。

西安分院党委始终紧密围绕科研生产和经营管理中心，在企业发展过程中发挥着政治核心作用，在干部队伍建设、党的建设、思想政治工作、企业文化建设、精神文明建设等多个方面取得了一系列优异成绩，确保着企业的正确发展方向、推动着企业的科学发展，圆满完成了多项国家重大航天工程任务，连续多年被评为航天科技集团公司、五院、陕西省国防系统先进党委。

【作者：中国空间技术研究院西安分院党委书记】

创新党组织生活是加强基层党建的重要途径

陆荣江

在把握贯彻落实党的十八大精神的总要求和首要任务的党建工作方针的前提下，上港集团党委提出了加强党的基层党组织建设的若干课题，并把“创新党组织生活”作为当前党建基础工作的契入点。本文就如何探索和实践这一课题，谈一些个人看法。

一、“创新党组织生活”的背景要求

党的组织生活是党员政治生活的主要内容，是党组织对党员进行教育、管理、监督和服务的重要形式，是将党的路线、方针、政策与基层工作相结合并取得实际成果的有效方法，是《党章》规定的一项重要组织制度，是加强党员意识、提高党员素质的有效途径，是党的建设的基础性工作。坚持党的组织生活制度对于加强和改进党的建设，提高党建科学化水平，保持党的先进性、纯洁性具有十分重大的意义。但是，在社会环境和利益格局发生深刻变化的新形势下，党的组织生活的一些内容、形式已难以适应新时期党的建设和经济、政治、社会发展的要求，也直接影响到基层党组织工作的针对性和有效性。因此，创新党的组织生活，提高组织生活质量，充分激发基层党组织和党员的生机活力，已成为党建工作面临的重要课题。

（一）创新党的组织生活，就是要解决保持党的纯洁性、先进性的最基层、最基本的组织生活形式问题。党的纯洁性、先进性归根到底要靠各级党组织特别是广大党员的纯洁和先进来体现。只有通过加强最基层、最基本的组织活动，使健全的、充满活力的组织生活和严格的教育管理覆盖所有党员，以形成一支高素质的党员队伍，充分发挥党组织的战斗堡垒作用和党员的先锋模范作用，党才能保持纯洁性和先进性，增强凝聚力和战斗力。

（二）创新党的组织生活，就是要解决对党组织生活主体的认识问题。尊重党员主体地位，保障党员民主权利，既体现了对党员的严格要求，又体现了对党员的尊重和关爱，是在党内生活中坚持“以人为本”核心理念的生动反映。党员是党的组织生活的主体，把组织意愿和个人需求结合起来，才能实现共同目标。各级党组织要顺势而为，尊重党员主体地位，了解党员的需求，激活党员内动力，根据不同环境、不同人群、不同需求来设定组织生活的内容和方式，使党员始终保持良好心态，自觉地积极参加组织生活，提高党员教育的实效性，使党员在思想上、行动上不断适应形势发展的要求。

（三）创新党的组织生活，就是要解决对组织生活的引领和把握的问题。在新的历史条件下，应当赋予党的组织生活新的时代特征，才能发挥组织生活的教育引领作用。各级党组织必须准确把握党员群众关心的热点，包括时事、社会事件、企业经营、党员切身问题等，以增强教育内容的“心灵共鸣”。要强调和强化党支部书记、党小组长的引领作用和能力培养，加强对党的基础理论的学习和社会实践的认识，着重提高党建工作的创新能力，探索研究组织生活的新办法，提高组织生活的前瞻性、计划性、规范性。

（四）创新党的组织生活，就是要解决不同单位、不同环境、不同班次、不同工种的党员活动形式的有效性问题。随着上港集团发展规模、发展领域的不断扩大，基层党组织设置模式更趋多样化，党的组织活动方式也必须与之相适应。要突破传统观念的束缚，注重活动形式的创新、互动和活力，因地制宜、因时制宜地开展具有实效和质量的组织活动，以全体党员的高度自觉和有效工作实现上港集团的愿景目标。

应该看到，近几年来，上港集团党委坚持党建理念创新、制度创新、形式方法创新，高度重视党的基层组织建设，着力推进党建工作民主化、制度化、规范化，为基层党组织加强自身建设、提高工作有效性提供了良好的环境支持、制度保障、创新动力。同时，上港集团各级党组织也充分认识到加强党的建设必须从基层、基础、基本抓起，着力发挥党支部的战斗堡垒作用和党员的先锋模范作用。因此，十分重视以“三会一课”为主要形式的党组织生活的开展，在加强组织领导、健全完善制度、创新活动方式等方面进行了探索和实践，取得了一定的成效，也为创新组织生活，提高组织生活质量奠定了基础。

二、“创新党组织生活”的路径思考

根据上港集团在党建理论研究、制度研究方面的实践经验，“创新党组织生活”也应秉承“顶层设计，基层实践”的理念，进行课题调研，试点推进，形成共识，滚动实践，在此基础上，形成面上的《指导意见》。

首先，要从提升党的建设科学化水平的必然选择，保障党员履行义务、行使权利的基本要求，增强党员主体意识、拓展党员主体地位的重要途径等三个方面，使各级党组织和党员骨干明确新形势下创新党组织生活的重要意义。其次，要以简明扼要、通俗易懂的方式，在党的基层组织中明确创新党组织生活的基本涵义，就是从“实际、实在、实效”出发，赋予党组织生活新的内涵、新的载体、新的方法，体现“有益、有效、有活力”，着力提高质量。要明确目标导向，国有企业的基层党组织，既有贯彻党的政治主张的政治属性，又有保障企业发展的管理属性，因此在结合基层单位实际中，必须坚持“融入中心，服务大局”这个党建工作的核心理念。充分认识创新党组织生活是提升党员理论素养的“主阵地”；提高党员履职能力的“主平台”；凸显党员岗位业绩的“加油站”；彰显党员价值的“主讲坛”；服务帮扶党员的“温馨港湾”。第三，对创新基层党组织生活要有路径指引，明确方法途径。“路径指引”就是“角色创新、内容创新、形式创新”；“方法途径”就是要讲明规定动作、自选动作及规范管理的相关要求，并需明确提出打造“学习型、融入型、互动型、实践型”组织生活的要求。第四，对创新党组织生活要做到“四个坚持”，即：要坚持加强领导，承优创新；要坚持求真务实，统筹兼顾；要坚持抓住骨干，强化培训；要坚持检查评估，机制保障。

在创新党组织生活的过程中，还必须兼顾三个方面的特点。一是注重基础性和针对性。上港集团在去年底对全港进行基础摸底，全面调研。调查中，32 家基层单位、1496 人参加调查问卷统计，占 72.5%的基层党组织负责人、66.7%的党员和群众反映了组织生活单一、内容枯燥的问题。由于形式单一、内容枯燥影响了党员参加组织生活的积极性和组织生活的有效性。因此，创新党组织生活就是要解决党的基层组织和广大党员的迫切愿望。二是注重规范性和创新性。创新党组织生活从规范上要与《党章》完全相符合，与上港集团《关于进一步提高集团党的建设科学化水平的若干意见》相统一，与上港集团《党支部管理指引》相匹配。在这个前提下，对组织生活的作用认识上、定义诠释上、方法推进上应有创新。三是注重原则性和灵活性。在创新党组织生活过程中，要把原则性与灵活性融为一体，把传承和创新融为一体，把对组织生活的指导、操作、实践等层面的分类要求融为一体，对各基层单位创新组织生活既要提出明确的指导性意见，又要留出较大的自我运作空间，使创新党组织生活这项活动体现出与新时期实际情况相适应的政治水平。

三、在“创新党组织生活”中要把握好的几个关键点

（一）要把握好面上指导与基层具体实施的关系

要牢固树立“融入中心，服务大局，保障和促进集团科学发展”的党建工作核心理念，保持工作的连续性、规范性、开创性，以改革创新精神，促进“基层、基础、基本”工作上水平，不断增强基层组织创造力、凝聚力和战斗力。面上指导主要是原则性、方向性、规范性的要求，使基层党组织有更为自主的创新空间。因此，基层党组织要按照上级的要求，制定符合本单位实际情况的贯彻实施办法，并在每年初的党组织工作安排中加以落实。

在实施贯彻中，要切实把握好创新组织生活的基本内涵和目标导向，把握好路径指引和方法途径。在具体实施过程中要做到：①形式要服务于内容，即体现组织严密、工作严谨，区别于群众组织，坚持政治性、思想性和原则性，凸显“三会一课”的要求，保证“三会一课”的质量，达到组织生活的目标，保障促进企业科学、和谐、可持续发展。②形式要服务于实际工作，即联系企业、部门的工作实际，融入中心、服务大局，凸显党支部战斗堡垒的精神状态，在实践中发挥党员的先锋模范作用。③形式与内容要服从于广大党员的需求，即丰富“三会一课”的活动方式，坚持发扬党内民主，发挥党员的主体作用，使之成为“党员诉求的平台，工作交流的平台，信息发布的平台，展示才华的舞台”。④形式与内容要服从于提高组织生活质量，即强化事先设计，突出工作主题，明确组织者，落实责任人。基层党组织对组织生活要有总体要求，根据形势和任务，根据上级党组织要求的指令性内容的组织生活要切实落实好，党支部、党小组自选内容和形式的组织生活要精心设计好。

（二）要把握好党建工作的关键内容，做到四个结合

1.创新组织生活与“创旗承诺”活动有机结合起来。“创旗承诺”活动，通过事先承诺的方式来一步一步践行标的，对于这项活动每年都可以作为专题组织生活的内容安排，并赋予更多的活动形式，对承诺践行情况进行点评。并以“夸夸身边的共产党员”故事会等多种形式，激励更多的党员成为先锋岗，成为优秀共产党员，让更多的党员成为故事的主人翁。

2.创新组织生活与上港集团每年开展的“先进性教育月”活动有机结合起来。每年六月份集团统一部署的“先教月”活动，是加强先进性建设，保持纯洁性的好时机，基层单位要牢牢把握这一契机，精心设计策划“先教月”活动计划，明确主题，明确内容，明确形式，明确责任人。

3.创新组织生活与上港集团开展的“双培”工程有机结合起来。组织党员与群众互动、结对，把党员非骨干培养成骨干，把骨干非党员培养成党员。这将大大改善队伍现状，改善党员队伍结构，这是创新组织生活最有生命力的内容之一。

4.创新组织生活与党务公开有机结合起来。尊重党员的主体地位，党内之事，凡可公开第一时间向党员公开，激励党员在岗位上发挥作用，保障党员的民主权利，着力解决普通党员的知情权、参与权、选举权、表决权和监督权，使全体党员始

终了解基层组织在想什么、做什么、为什么，让全体党员工作起来有一种使命感、愉悦感。

（三）要把握好规定动作与自选动作的工作关系。

根据《上港集团基层党支部管理指引》规定的组织生活每月一次，全年12次的要求，创新组织生活可采取“6+X”的模式。规定动作一般由上级党委和基层党委安排和下达。在完成政治理论学习、党务公开、组织发展和评议表彰、党性党风党纪教育、党内民主生活会、主题实践活动等上级组织规定动作的过程中，重点要开展创新组织生活的工作推进。要着力体现党员的主体地位，形成角色互换。要以党员实际需求出发，使党员乐意参加。要兼顾党支部、党小组、党员的个性特点，因地、因事、因时、因人而异。自选动作一般由党支部在上级党组织的指导下自主安排开展。主题内容由各党支部结合基层党委年度工作安排和本部门的实际拟定，每半年报党委职能部门备案。

（四）要把握好创新党组织生活的总体要求

基层单位的党委要加强对所属党支部组织生活的指导、管理和监督。要制订或形成对基层组织生活的评估方法，每半年一次对基层组织生活进行全过程的跟踪评估，纳入对党支部工作常态考核中，不断总结经验、创新方法，提高组织生活的实际效果。党委成员要参加双重组织生活会，并有计划、有分工地参加各党支部、党小组的组织生活会，听取来自基层的不同意见，帮助其解决党建工作方面依靠自身难以解决的问题。

加强对创新组织生活工作能力的培养和培训。每年组织一次对党支部书记、党小组长的培训交流，开展创新组织生活经验的推介和案例示范，着力提高党支部书记和党小组长的创新意识和应用能力。要加强对广大党员的培训工作，充分利用业余党校开展党员素质的培养提升工作，以真正形式创新组织生活的主体力量。

重视以典型培育为抓手。要适时提炼总结创新组织生活的经典性案例，党委职能部门要及时发现、树立、推广创新组织生活的好方法、好形式，并形成系统性的书面材料，供基层各级党组织借鉴和参照，以推进创新组织生活的进一步发展。

落实各项保障措施。要根据一线、流动翻班的特点，合理设置党小组，使党员资源分布更为均衡有效；要从时间安排、场所、经费、学习资料、设施等方面提供保障，加强分类指导，确保组织生活正常开展；要加强制度保障，落实组织生活的制度化、规范化、程序化，使创新组织生活从筹备策划、过程组织到成果运用都建立起管用、可行、规范、长效的机制。

【作者单位：上港集团煤炭分公司】

选优配强社区党组班子

吴石泉

成华区作为全省10个社区党组织换届试点县（市、区）之一，自4月中旬以来，在全区7个街道扎实开展社区党组织换届试点工作，于6月底结束。试点工作中，我们坚持党管干部和群众公认原则，立足构建区域化党建格局，突出选好带头人和配强班子工作为重点，取得了组织认同、党员信任、群众满意的初步效果。

创新“网格+功能”党组织设置方式，构建网格化党组织体系。按照先优化组织设置再换届的要求，积极构建以社区党委（党总支）——网格党支部——院落（楼栋）党小组为主，功能、特色党支部为补充的网格化社区党组织体系，同时把骨干网格员推选成为社区党组织班子成员，进一步夯实“两委”班子，强化网格服务。根据党员人数和党建资源情况，对33个符合条件的社区，全部升格为党委（总支），新增委员职数29名，组织的升格和委员增配为社区党组织更好地实现组织覆盖奠定了基础。结合我区开展的网格化管理，在网格设支部，在院落（楼栋）设党小组，目前500多个网格采取单建或联建的方式已经组建网格党支部107个，楼栋（单元）党小组246个，有效实现了党组织在社区的全覆盖。按照志趣相投、行业相近、工作相促的原则，灵活设立单位型、楼栋型、志趣型、商务型、物业型、流动型等6型功能、特色党支部（党小组）40多个。

创新“专职+兼职”党组织成员配备方式，以换届试点为契机构建区域化党建格局。为切实解决社区党组织班子结构单一、代表面窄、协调解决社区文体能力弱等问题，推行以“专职+兼职”为主要形式的社区党组织委员设置方式创新，要求各试点社区在换届选举中要选配3～5名兼职委员。同时，对于驻区单位与社区融合度高、关系密切的社区，积极推进“单位人”担任社区“专职”书记的做法，推进企业后勤管理与社区服务管理一体化。结合公推直选程序，采取驻区单位推荐、街道区域党委推荐、公开推荐大会推荐和党员大会选举的方式产生兼职委员。截至目前，36个试点社区已经通过“三推”方式，产生84个兼职委员。

创新“引进+交流”选任工作机制，以换届试点为契机好中选优配强书记。从4月份开始，采取笔试、面试、考察的方式，面向全社会招聘33名社区志愿者，为社区选举储备人才。对其中发现的高素质人才，安排担任社区党组织临时负责人、副书记进行预岗锻炼。坚持“扩大竞争、增强认同度”的工作思路，在公开报名环节，将报名范围扩大到全市范围内，只要了解社区工作、有精力有条件有意愿参与社区建设管理的党员均可报名。每名参选党员就参选纪律、服务事项和任期目标进行承诺亮诺践诺，充分保障选民的参与权、知情权、选举权和监督权，发挥民主优势，保证当选干部群众认可度。在换届启动之初，以街道换届领导小组名义将各社区党组书记、委员职数设置、资格条件、程序换届、推进日期等以公告、宣传单的形式在群众中进行宣传，做到家喻户晓。以社区为单位成立“群众监督小组”，严格把关。在整个换届试点工作中，无一例信访、举报发生。

创新“两新+两专”组织保障机制，以换届试点为契机激发党员群众参与热情。在宣传上，采取新载体+新平台方式全面扩大公推直选群众知晓率。同时，积极运用《成华党建手机报》新平台，设立换届试点工作专栏，加大对换届试点信息的采编力度和发送频次，以精准化的投递方式宣传“公推直选”。党员群众知晓率、参与率分别达到了98.1%和95%以上。在工作保障上，落实“专人指导+专项补助”推动换届试点有序推进。组织全体组工干部对公推直选相关要求进行了集中学习，采取1～2人联系一个街道的方式，每周到街道“下层办公”。按照每个社区5000元的标准，安排专项经费18万元直接补助到社区，以街道、社区为范例，分类提供了格式文本和表样表例，保证了换届试点规范实施、有序推进。

【作者：成都市成华区委组织部长】

走群众路线要“教育”更要“实践”

谢京辉

群众路线不能停留在机关，而应真正走向基层；群众路线不是挂在口头上的，而是放在心头上、做在手头上的。如果把走群众路线搞成写文章、作报告，开大会、写汇报，而不注意密切联系实际，不注意在本职工作中做好服务群众的工作，则难免变成一种新的形式主义。群众路线不能停留在机关，而应真正走向基层；群众路线不是挂在口头上的，而是放在心头上、做在手头上的。如果把走群众路线搞成写文章、作报告，开大会、写汇报，而不注意密切联系实际，不注意在本职工作中做好服务群众的工作，则难免变成一种新的形式主义。归根到底，党的群众路线教育实践活动，教育是手段，实践才是目的。

习近平总书记指出：“时刻把群众安危冷暖放在心上，及时准确了解群众所思、所盼、所忧、所急，把群众工作做实、做深、做细、做透。”这就要求我们领导干部在做群众工作时，不仅要把群众利益放在首位，还要注意工作方法和行动举措。一是要以身作则，“喊破嗓子不如做出样子”；二是对群众要动之以情，晓之以理，做深入细致的思想工作；三是要用事实来证明我们的路线、方针、政策是正确的。归根到底，党的群众路线教育实践活动，教育是手段，实践才是目的。

一、“三难”是典型的官僚作风

党的群众路线教育实践活动开展以来，各地各单位积极响应，开展了丰富多样的活动形式。很多单位坚持开门搞活动，广泛听取群众意见，以敢于亮短、勇于揭丑的态度查找问题、剖析原因，广大党员干部的作风有了很大的改观。但是在实际工作中，依然有不少活动流于形式。有的党员干部看似积极开展群众路线教育实践活动，可是一旦落实到具体工作，要真正去服务群众，则又回到“门难进、脸难看、事难办”的“三难”老路。

在基层不难看到的一幕就是群众为办事盖章到处跑。例如，有的地方，群众为了办一张出国护照，需要在工作地和户籍地往返6次，行程超过3000公里；有的地方，群众跑了4个月，小肚子跑成了大肚子，娃娃的准生证还没有办下来；还有的地方，工商部门“踢皮球”，群众跑了十余次还不能办好一张执照。更让人心忧的是，类似的情况，可能并非个案，有些干部刁难群众的脸色，“看了让人不寒而栗”。

脱离群众的表现有多种，而“门难进、脸难看、事难办”是官僚主义作风的典型表现，是群众最容易切身感受到的，也是最反感的。这不光是因为大家对它的心理感受不好，更是因为它是真折腾人、真耽误事。

二、迈好基层治理转型第一步

脱离群众，缺乏责任意识和服务意识危害极大：一方面严重破坏党和政府的形象，损害党和政府的公信力，疏离党群干群鱼水关系；另一方面，严重损害社会的办事效率，浪费大量人力物力，从而拖了当地经济社会发展的后腿。试想，办一个营业执照就要耗时一年半载，不断地跑部门、盖公章，加重企业负担不说，可能很多宝贵的商机也因此错过。更有甚者，对社会治理而言，脱离群众不办实事，后果更加严重：其一，造成信访上访事件不断，本来一些并不复杂的事情只要沟通一下能解决，但由于见不到“官”，无人拍板定夺，终酿成大事祸事；其二，使各种网络谣言有了市场；其三，强化人治弱化了法制，社会上流传的“老大难，老大出马就不难”很能说明这种心态，以致腐败滋生，社会风气败坏；其四，群众维权工作难以落实，群众的合理诉求、正当权利得不到应有保障。

“三难”的背后，一定程度上也隐匿着基层治理的深层困境。其根源恐怕还在于我们自身的作风不够硬，体制机制不够畅通；政府部门提供的基本公共服务存在短板和缺失，以致有些问题通过正规程序往往难以得到有效解决；还有一些地方基层“一把手”权力过于集中，凡事要上级拍板才能定夺；有些党员干部官本位意识根深蒂固，在群众面前以“官老爷”自居。这样只能把与群众的距离越拉越远。

克服“三难”现象，一定意义上来说，是我们密切联系群众、实现基层治理转型的第一步，这一步迈得如何，事关作风能否转变的关键，必须高度重视，取信于民。

三、走群众路线要立足本职

保持党同人民群众血肉联系的关键，一靠教育、二靠制度。我们要以这次党的群众路线教育实践活动为契机，狠抓作风建设，狠练内功，在广大党员干部心中真正牢固树立宗旨意识，增强群众观点，切实提高清廉为民务实的自觉性。我们更要通过制度建设，将群众路线加以制度化。明确岗位职责，做到人尽其事，各司其职；搞好政务公开，做到群众方便、职能对口、照章办理；明确工作流程，做到严格依法行政，相关告知义务一次清晰到位；加强监督和责任追究，做到守土有责、守土负责、守土尽责。

群众路线不能停留在机关，而应真正走向基层；群众路线不是挂在口头上的，而是放在心头上、做在手头上的。如果把走群众路线搞成写文章、作报告，开大会、写汇报，而不注意密切联系实际，不注意在本职工作中做好服务群众的工作，则难免变成一种新的形式主义。走群众路线，就是要去除形式主义的思想，立足自己的本职工作岗位，为老百姓排忧解难，为群众办实事。

联系群众鱼得水，脱离群众树断根。历史反复证明，群众路线走得好，党的事业就蒸蒸日上，而一旦脱离群众，党员干部就可能犯错误，党的事业就可能受挫折。在新形势下，开展党的群众路线教育实践活动，是对全党同志的又一次精神洗礼，是对我党九十余年光辉历史的伟大传承，必将为全党带来新的面貌、注入新的能量，为实现中华民族伟大复兴的“中国梦”开创新篇章。

【作者：上海社会科学院副院长、高级经济师】

干部作风漂浮的表象及其对策

徐正胜

各级干部是党的路线方针的制定者和落实者，干部作风是干部的世界观、人生观、价值观的外在反映，是一种思想上、工作上的态度，是政治观、事业观、群众观的外在体现和展示。干部的作风如何，直接关系到一个乡村、一个单位的政风民心和发展环境。干部作风好，则单位风清气正，各项事业蒸蒸日上；干部作风漂浮，则单位工作滞后，人心涣散，干群矛盾突出，一盘散沙。

一、干部作风漂浮的表象

干部作风漂浮是人通常看不见、摸不着的，它潜藏在一件件具体事物之中，蛰伏于一个个有形表象之内，只有通过一件件实事进行由此及彼、由表及里的分析，才能获得对思想和作风的本质认识。当前，干部作风漂浮主要表现在以下几个方面：

一是学习上敷衍应付。理论学习态度不够端正，强调工作繁忙，厌倦理论学习，有的在乡科级干部夜校学习中一年都在请假应付，有的在党校主体班次学习时玩弄手机，有的在外出培训时热衷于积累人脉，浪费了培训资源。

二是工作上漂浮浮浅。工作上害怕触及困难和矛盾，对困难事情推诿扯皮，敷衍塞责，在转变作风服务群众中不愿走村入户，担任村级党组织第一书记对村里的情况不了解，在所联系的村队呆不住、留不下，汇报工作报喜不报忧，甚至弄虚作假。

三是对待利益上争权夺利。对自己有利的事情争着干，对自己无利的事情推给他人，在班子内部闹不团结，搞无原则纠纷，在权力上争大小，在利益上争得失，在用人上搞亲疏，在干事上个人保管使用公章。

四是重大决策上搞一言堂。不能坚持民主集中制制度，不能正确对待班子分工，不能顾全大局，在班子研究“三重一大”重大决策时，搞独断专行和一言堂，不容他人提出不同意见和建议。

五是工作缺乏激情创造力。工作按部就班、因循守旧、小富即安，精神状态不佳，看形势只看到成绩和有利的一面，忽视存在的困难和问题，盲目乐观；或者只看到困难和问题的一面，看不到成绩和发展的一面，盲目悲观，缺少作为，不能创造性的开展工作。

六是个人形象上是两面人。语言的巨人，行动的矮子，光说不练；台上道貌岸然，台下徇私舞弊；不给好处不办事，给了好处乱办事；大庭广众之下正人君子模样，私下里吃喝嫖赌样样俱全。

二、干部作风漂浮的成因剖析

领导干部工作作风不实的原因很多，既有历史文化因素，也有现实社会因素；既有环境客观因素，也有个人主观因素。

一是宗旨意识淡化。极少数领导干部走上领导职位后，在“为谁服务”的根本性问题上渐次模糊起来。把“官本位”思想带入工作，不求做大事，只求做大官。急功近利，把立功当作升官的阶梯和筹码，把单位当成自家的后花园，不允许他人参与或了解任何决策过程，把公章当成谋私的工具，个人长期霸占公章，想怎么办就怎么办。从根本上忘记了自己是一名领导干部，淡忘了为人民服务的根本宗旨。

二是知识结构陈旧。少数领导干部虽然提升了职级，但没有提升能力。整天忙于应酬事务性工作，对自己出现的知识短板和能力短板没有及时补课，早年知识积累掏空殆尽，新知识学习不够，对新形势反应迟钝，对新情况研究不够，解决新问题手忙脚乱。

三是党性修养弱化。领导干部作风漂浮，说到底是党性信念发生了变化，党性不纯，信念动摇，工作磨去了棱角，失去了工作的动力和定力，处处相信潜规则。

四是监督渠道不畅。上级监督下级太远，同级监督同级太软，下级监督上级太难，组织监督时间太短，纪律监督为时太晚。监督渠道不畅、制度措施疲软是导致领导干部作风漂浮的一个重要原因。

五是政绩评价失准。干部政绩考评机制太原则，量化操作困难，板子很难打到具体人身上，不能够准确评价、激励、提醒、制约领导干部的日常工作行为。考核结果运用还存在失缺现象，考评干部与任用干部结合得还不太紧密。

三、解决干部作风漂浮的对策

针对干部队伍作风漂浮的原因，必须采取有效措施加以解决。

一是坚持实事求是、与时俱进，改正思想作风。思想是行动的先导，干部是事业的核心，抓住了思想就抓住了人，抓住了领导干部就抓住了事业的龙头。思想作风建设的实质就是坚持解放思想、实事求是和与时俱进。各级干部要不唯上，不唯书，只唯实。坚持从实际出发，遵循事物发展规律，把一切从实际出发同一切为群众着想结合起来，把真理观和价值观结合起来，把善于实事求是与敢于实事求是结合起来，多为人民群众干些实实在在的事情。

二是求实创新，改进学风。弘扬理论联系实际的学风，关键是要把握理论实质。注重把理论业务学习与向实践学习、向群众学习结合起来，与本地经济社会发展的实际结合起来，紧密联系自身世界观和人生观的改造、紧密联系认识和解决改革发展中出现的新情况新问题，紧密联系最广大人民群众的利益，认真发现和总结人民群众在实践中创造的新鲜经验，勇于回答并善于解决改革和建设中的新问题新矛盾。

三是深化干部效能建设，改进工作作风。认真落实加强干部效能建设的规定，教育引导干部端正工作态度，把工作写在大地上，认真思考解决“当干部为什么”、“在岗位上做什么”、“身后留什么”的根本问题，大力开展“树立科学发展观，完善目标规划；树立正确的政绩观，端正为政动机；树立新型的人才观，科学识人用人；树立牢固的群众观，转变工作作风”为主要内容的“树四观”创真绩”活动，做到深入一线发现问题、解决问题，把情感贴在民心上，把工作做到群众的心坎上，把群众的评价作为衡量政绩的重要尺度。

四是规范权力运行，改进领导作风。要完善权力运行公开机制，规范权力公开运行，对重大事项决策、重要干部任免、重大事件处理、重要项目安排和大额度资金使用要坚持班子集体研究决定，班子党政主要领导末位表态，不直接分管财务、人事、工程项目和物资采购，做到用制度明确权力界限、用制度公开权力运行、用制度规范用权行为、用制度保障干部清廉。

五是为政清廉、情趣健康，改进生活作风。领导干部的生活作风无小事，群众评价领导干部很大程度上是从生活作风上开始的，领导干部要讲操守、重品行，杜绝舌尖上的浪费和车轮上的腐败，不包养情人，注重培养健康的生活情趣，秉公用权、廉洁从政，真正把群众的呼声当作第一信号，把群众的需要当作第一考虑，把群众的满意当作第一标准，善谋富民之策，多办利民之事，做到自重、自省、自警、自励。

【作者：新疆温宿县县委常委、组织部长】

如何做好职工思想政治教育

徐宗文

一、在职工中开展思想政治教育的必要性

在企业职工中开展思想政治教育，能够对职工本身、企业发展、社会和谐产生很大作用。

1．帮助职工提升素养，发展自我

在进入一个企业后，职工就是企业不可分割的一部分。企业要发展壮大，必须靠能量强大的领导队伍和尽心尽责的普通职员，他们都是企业职工。而企业职工的个人发展也与就职企业息息相关，如果一个企业能够与时俱进，为职工开拓知识补充的课堂，让职工不断地接受新时代知识教育，就能帮助职工不断提升专业技能和自身素养。因此，对职工进行思想政治教育也是帮助职工提升素养，发展自我的一个重要途径。

2．促进企业健全发展，立足社会

企业想要应对日益变化的社会，在国内外的经济舞台占据长期战略位置，就必须做到结合企业自身实际发展情况和相关的企业发展理论进行企业完善，而对职工进行思想政治教育，不仅能够帮助职工提升自我，更能使职工安心在企业中死心塌地地进行长期就职，这有利于企业留住人才，留住民心，这对企业长期稳定健康发展有极大的帮助。

3．共同构建和谐社会，走向未来

在社会不断发展的历程中，企业是社会组织的一部分，职工是企业的一个基本组成因素。因此，在企业中对职工开展思想政治教育，能够使职工具有主人翁意识，不断提高自身的思想政治层次，增强社会责任感，接受新时代的新理念。同样作为社会一员，职工的良好素养和健康发展也是社会稳定有序的保障因素之一。

二、在职工中开展思想政治教育的有利条件

1．政府给予高度重视和强大支持

为了稳定社会发展，协助企业全面。壮大，政府对企业的发展提供了强大的支持，这其中就包括了对企业职工思想政治教育工作的政策方针支撑。中国共产党一向狠抓思想，因为思想政治工作是其他工作开展的前提，是科学发展的理论支撑。政府积极响应党的号召，贯彻落实党的政策方针，重视对企业职工的思想政治教育工作。

2．市场经济条件为之提供保障基础

社会主义市场经济具有其独特的普遍性、平等性和开放性，这就要求企业应为职工提供提升的机会，开展职工思想政治教育是一种必要手段，使企业职工能够与社会所有人处于同一条件下，接受同样的思想政治教育，培养职工积极为企业发展献谋献策，为社会稳定献出自己的力量。

3．不断提升的职工素养有利于接受思想政治教育

在当前，企业在招聘时不断提高对职工的要求，这是企业力求在社会中良好发展的重要条件。因此，现今企业职工大多接受过义务教育，且思想政治意识普遍较高，能够较快较为顺利地接受思想政治教育。

三、如何有效开展职工思想政治教育的对策

1．提高对思想政治教育工作的重视程度

由于不少企业管理者缺乏较高的思想管理意识，未能正确理解职工思想政治教育的意义，没有在企业中开展职工思想政

教育工作。因此，企业管理者应当从自身进行改善，以身作则，提高对思想政治教育工作的重视程度。

2．明确职工思想政治教育工作的内容

有些企业管理者未能先行明确思想政治教育内容，盲目进行无系统化的教育，导致职工反感甚至离开企业。结合当下我国社会发展实情，建议企业将思想政治教育内容定义以下三方面：第一是提高职工的政治理论水平；第二是培养反腐意识，提倡廉洁奉公；第三是树立正确的人生观、价值观，具有敬业爱岗的精神和强大的社会责任感和使命感。这些具体内容的设定有利于职工自身素养提升，也有利于企业和社会发展。

3．以职工为本，关注职工善待职工

在对职工进行思想政治教育的同时，企业应当坚持做到一切以职工为本，为职工谋取根本福利，减少职工对工作、对企业、对社会的抱怨，这能够使职工增加存在感和自信感，自然就会以自身较高的素养和较为优秀的行为来回报社会，回报企业。

4．增强培训队伍的力量，提高思想政治教育质量

如果没有一支具有素质过硬的培训队伍，培训者没有亲和力、工作责任感和厚实的专业技能和知识，就无法在企业中开展有效的思想政治教育工作。无论是大型企业或小型企业，都应当重视其培训队伍的实际能力，提高培训教育质量，力求在有限的时间内对职工的思想进行大改善。

四、总结

当前我国在进行社会主义市场经济建设，不仅科学技术发展迅猛，社会文化建设也成为国家发展壮大的必经之路。因此，面对日益复杂的社会因素，企业想要长期在社会中占据一席之地，不仅要保障企业的工作成效，更要在职工中开展思想政治教育。

【作者：山东省淄博市淄博包钢灵芝稀土高科技股份有限公司党委书记】

坚持群众路线　建设人民质监

朱　琳

群众路线是我们党的生命线。质监部门面向全社会、面对广大人民群众，质监工作是一个直接与人民群众密切联系的“窗口”。结合质监实际，认真开展好党的群众路线教育实践活动，最关键的是要紧紧围绕“人民质监”这个目标，牢牢把握质量强省这条主线，着力提高全省质量安全水平。

一是政治上明白。要明确政治方向，坚定理想信念，深入学习中国特色社会主义理论体系，不断增强道路自信、理论自信、制度自信。牢记“走中国特色质检之路、树立人民质监形象”的历史使命，克己奉公、追求卓越，保持昂扬向上、奋发有为的精神状态。注重个人修德，做人实诚，待人真诚，正直磊落，厚德载物。坚持原则和公平正义，不媚俗势利，不圆滑世故，不投机取巧。真心依靠群众，多与群众零距离接触，从群众中汲取智慧和力量，决策体现人民意志和期盼。要始终以党章为镜子，时刻做到“三省吾身”，不断提高综合素质和能力，使自己真正成为改革发展的推动者、社会风尚的引领者、公平正义的维护者。要重视加强政治纪律教育，决不允许搞上有政策、下有对策，决不允许有令不行、有禁不止，决不允许在贯彻执行上打折扣、做选择、搞变通，坚决做到一个声音喊下去，一张蓝图干到底，努力作为，干出实效。

二是岗位上清正。质监部门作为联系群众最广泛、服务群众最直接的窗口单位和执法部门，每一个同志都要更加自觉主动地当好廉洁政治的参与者、建设者和实践者。要正确对待个人利益，始终把人民利益放在首位。要正确审慎地运用手中的权力，把权力看成是一种责任。要时时处处自省、自警、自律，认真贯彻《廉政准则》，坚守道德底线，筑牢思想防线，严格要求自己，做到警钟长鸣。要始终稳得住心神、管得住行为、守得住清白，真正做到“心不动于微利之诱，目不眩于五色之惑”。要坚持慎独，养成道德自律，行有所止；慎微，严格要求、防微杜渐；慎初，绝不在腐败问题上迈出第一步。特别是在当前经济转轨、社会转型时期，面对的各种利益诱惑很多，各种腐朽落后观念依然存在，我们一定要挡得住诱惑，经得住考验。要正确看待个人得失，淡泊名利，克己奉公，不为私心所扰，不为名利所累，不为物欲所动，始终保持一身正气，自觉接受组织和群众的监督，堂堂正正做人，干干净净做事，永葆共产党人的高风亮节。

三是工作上实干。树离土难活，鱼无水必死。当前，我们要喊响“人民质监”的口号。建设人民质监，就是要始终站在人民群众的立场感受质量安全，始终依靠人民群众的智慧维护质量安全，始终发挥人民群众的力量监督质量安全，始终把维护人民群众的质量安全利益作为质监工作的出发点和落脚点；就是要牢记责任，转变作风，大力推进质量强省活动、保障和改善民生、促进质量提升、维护质量安全、加快检验检测公共服务平台建设等，不断提升我省的质量安全水平，为人民群众把好质量关口、守住安全底线，当好人民群众的质检员；就是要拿出服务企业、服务群众、服务基层的有效举措和实际行动，坚持在业务工作中查找“四风”问题，以优良的作风促进“抓质量、保安全、促发展、强质检”的落实，确保实践活动不虚、不空、不偏。要教育引导党员干部端正学风改进文风会风，改进工作方法，优化工作程序，真正把心思用在干事业上，把功夫下到察实情、出实招、求实效上，大力培养敢于担当、勇于负责、崇尚实干、协作配合的精神，坚决杜绝推诿扯皮，着力提高执行力。切实解决重审批、轻监管，政策不配套、不协调以及深入基层调查研究不深入、分类指导不到位等问题。坚决推动职能转变、简政放权，精简项目和行政审批，该放的放掉、该管的管好。

四是行动上带头。群众看干部，干部看领导。全省系统各级领导干部要以身作则，当表率、见行动，敢作为、勇担当，自觉从自身做起，认真从自我改起，切实履行好“一岗双责”的职责。要坚决执行中央“八项规定”和省委三十条规定，自觉做到视线下移，身子下沉，更多深入基层，深入一线，全面了解企业关注的热点焦点，质监工作的重点难点，干部职工的所思所盼，从群众呼声中汲取营养，使工作更加符合实际、符合群众需求。要乐于听真话，能够听“气话”，主动接受群众的批评和监督，严于律己、宽以待人，发扬民主、公道正派，展示过硬素质，树立良好形象。

质监部门是抓质量的，教育实践活动也要讲质量、抓质量，融入质量元素，体现质量追求。在这次教育实践活动中，我将按照“照镜子、正衣冠、洗洗澡、治治病”的总要求，切实发挥领导带头作用，真正把自己摆进去，既当好组织者推动者，更当好践行者参与者，用实际成效接受群众的检验，赢得群众的认可。

【作者：安徽省质监局党组书记　局长】

借助双联行动强大合力
全面提升农村基层党建工作水平

郑　钰

强基固本是“联村联户、为民富民”行动的一项重要任务。双联行动开展以来，联系我县的各帮扶单位积极与基层党组织结对互动，兴办实事好事6885件，调处化解矛盾纠纷970件，协调开展各类培训372次，帮助新改建村级组织活动场所63个，使基层党组织推动发展、服务群众、促进和谐的作用得到了有效发挥，为提升农村基层组织建设水平提供了重要途径。我们充分借助双联行动的强大合力，建强班子、创新模式、建好阵地、完善规程、兴办实事，不断加强农村基层党组织建设，着力把基层党组织锻造成为贯彻党的方针政策、加快全面小康进程的坚强战斗堡垒。

一是建强班子，努力提升农村基层党组织队伍的整体素质。一方面，结合村“两委”班子换届，按照“日常管理型+能人带动型”相结合的村“两委”配备模式，对回乡大中专毕业生、复转军人、种养能手、科技带头人、优秀企业家等进行调查摸底，对有意献身家乡事业，带领群众致富的能人通过培养，及时充实到村“两委”班子。另一方面，借助联村单位行业优势，积极组织村“两委”班子到县内外进行学习考察，开阔眼界，提升素质。同时，充分发挥大学生村官的作用，从资金、项目、物资、技术等方面全面扶持，搭建大学生村官创业平台，促进大学生村官由“日常事务型”向“能人带动型”转变。

二是创新模式，积极探索农村基层党组织发挥作用的有效途径。大力优化党组织设置模式，打破行政区域界限，改变过去按照村社设置党组织的单一模式，以蔬菜、畜禽、林果等三大特色支柱产业为基础，在产业链上建立生产、购销、技术服务等各种类型的功能型党小组，有针对性地提供服务，形成纵向以村党支部、社小组管理为主，横向以产业党小组相联结的双重组织模式，不断强化党组织在农村各种组织中的领导核心作用。继续深化农村党员星级分类争创活动，根据党员的家庭状况、从业特点、自身素质、年龄和身体状态等情况，将党员划分为村组干部党员、青壮年党员、流动党员和年老党员等四种类型，分别设定不同的星级和创星标准，设立政策宣传、产业示范、科技帮扶、纠纷调解、村务监督等多个岗位，采取党员承诺认星、设岗定责促星和严格程序评星等争创措施，鼓励广大党员在科技兴农上先学一步，在农业结构调整上先行一步，在发展主导产业上先干一步，充分发挥党员在新农村建设中的先锋作用。

三是建好阵地，全力搭建农村基层党组织服务群众的良好平台。通过财政列支、党费补助、联村单位资助、社会捐助等多种方式和整合村卫生室、农村体育健身设施、农村文化室等建设项目，完善设施，提升功能，合力推进服务阵地建设。同时，着力解决“重建设、轻管理，有阵地、无活动”的问题，设立生产、农资、劳务、医疗等便民服务窗口，保证门常开、人常在、事常办，切实发挥好村级组织活动场所党员活动中心、村民议事中心、便民服务中心、教育培训中心和文化娱乐中心的服务功能。

四是完善规程，不断规范农村基层党组织开展活动的制度机制。积极探索村党组织及村干部考核奖惩办法，加强对村党组织书记的目标管理，明确其工作职责、任期目标和年度目标，向党员群众作出公开承诺，年底由乡镇党委对村党组织书记和村“两委”班子进行考核。全面落实“双述双评”制度，村党组织书记年底向乡镇党委、村党员大会述职，接受乡镇党委和村党员群众的评议，对工作量大、任务完成好、党员群众评价高的村党组织给予奖励。按照务实管用的原则，制定和完善村党组织工作规程，重点落实“一定三有”，推行“四议两公开”工作法，不断健全科学运行机制和议事决策机制，及时总结好经验、好做法，并转化为切实可行的工作制度，有效提升村级党组织活动的经常化、规范化和制度化水平。

五是兴办实事，切实增强农村基层党组织引领发展的能力水平。坚持从群众的实际需要出发，广泛提供政策、信息、资金、技术、人才等方面的支持，帮助改善基础设施条件，强化实用技术培训，加大劳务输转力度，引导群众调整产业结构，努力形成“一乡一业、一村一品、一村一特”的产业发展模式，拓宽群众增收渠道。同时，高度重视发展村级集体经济，采取资源开发、资产经营、土地流转、兴办经济实体等途径，发展壮大村级集体经济，下大力气解决村级组织“无钱办事”的问题，切实增强农村基层党组织的公信度和号召力。

【作者：中共甘肃省靖远县委书记】

接通司法“地气”　革除“四风”陋习

杨宗仁

近期，在党的群众路线教育实践活动工作会议上，习近平总书记强调，活动的主要任务要聚焦到作风建设上，集中解决形式主义、官僚主义、享乐主义和奢靡之风这“四风”问题。当前，“四风”问题在司法队伍中还不同程度地存在，有的情况还比较严重。形式主义导致官僚主义的变异，官僚主义又助推享乐主义、奢靡之风的蔓延，“四风”交叉感染，形成恶性循环，日益成为滋生司法腐败的温床。归根结底，“四风”都是脱离实际、脱离群众、做官当老爷的腐朽思想所衍生。一个法院、一支队伍、一些领导，是否存在这四股“歪风”，谁最有发言权？当地人民群众和单位的普通干警。只要一接地气，这些问题便可看得一清二楚。因此，深入群众，“接好地气”，是革除“四风”陋习最为有效的工作方法。

接通地气，要在提高群众意识上下功夫。人民群众是中国特色社会主义司法制度的根基。只有从群众中汲取司法智慧，才能推进人民法院各项司法改革的发展。思想上尊重群众，坚持一切为了群众，一切依靠群众，从群众中来、到群众中去，把自己的感情、利益和命运与人民群众紧密联系在一起，用足用好人民赋予的司法权；感情上贴近群众，时刻把群众冷暖放在心上，把群众当成亲人，工作中多做换位思考，多为当事人着想，多考虑人民群众的现实需求；作风上亲近群众，用群众听得懂的语言与群众沟通，用群众看得惯的方式开展工作，放下架子、摆低姿态，深入基层、深入实际、深入一线，访民情、知民意、解民困、暖民心。

接通地气，要在解决群众关心的实际问题上下功夫。满足人民群众的司法需求是我们的工作方向。立党为公、司法为民、群众利益无小事，这些观念只有化为真真切切的司法行动，才能迅速提升司法公信力。狠抓执法办案第一要务，着力解决人民群众关心的司法效率和质量问题，切实让人民群众在每一个案件中都感受到公平正义；继续完善和创新执行机制，着力解决人民群众关心的执行难问题；规范司法行为，大力促进司法民主、司法公开，着力解决人民群众关心的司法廉洁问题。当前，要特别注意处理好与群众生存和基本生活息息相关的民生案件。民生问题是事关人心向背的根本性问题，依法保障和服务民生，是人民法院贯彻党的群众路线的重要体现，也是人民法院不可推卸的政治责任。一方面，在裁量权的运用上，生存权利要优先于发展权利，民生权益要优先于非民生权益。另一方面，要注意解决群众的诉讼障碍问题。

接通地气，要在畅通社情民意上下功夫。信息技术的高速发展，法治观念的不断增强，人民群众对司法的知情、参与、表达、监督的愿望日益强烈，要破除司法的神秘主义和关门主义，按照科学、有效、便捷的要求，畅通社情民意沟通表达渠道。一是建立面向群众的司法决策征求意见机制、工作整改情况反馈机制，增强制定司法政策、谋划司法改革的科学性、广泛性，增强人民群众对司法工作的信心和信任。二是不断完善人民陪审员制度，认真接受社会各界对人民法院工作的监督。三是加强诉讼服务中心建设，充分发挥立案信访场所保障人民群众表达诉求、参与诉讼、解决纠纷的作用。四是建立深入基层倾听民意的长效机制，确保人民法院工作建立在广泛的群众基础上。

实践是检验真理的唯一标准，实践中最有发言权的就是人民群众。只有接通司法“地气”，才有刹住四股“歪风”的真底气。能否坚持“群众满意不满意、高兴不高兴、答应不答应”是检验革除“四风”陋习以及教育实践活动成效的试金石。目标对了，标准明了，才能指导和推进人民司法的各项工作，否则，就会使我们的工作偏离方向、失去重心。

革除“四风”陋习，首要之务要对思想之尘来个大清扫。作风不正源于思想上的“尘埃”。要用好批评和自我批评的武器开好专题民主生活会，既红红脸、出出汗，又加加油、鼓鼓劲，并在规定范围内通报民主生活会情况，自觉接受群众评议，广泛接受群众监督。一是强化宗旨意识、群众观念，确保司法的人民性。引导将群众观点和群众立场贯穿于司法审判的全过程，确保司法为民观念入脑入心。二是强化公正意识、使命观念，维护司法公信力。要始终把公正司法作为工作的生命线和提升公信的基石，引导法官要敢于坚持原则，不唯书、不唯上，只唯法，培育为民司法和公正司法的浩然正气。三是强化严格自律、公正操守，确保司法的廉洁性。当前，特别是要严格党内生活锻炼，进一步增强党性修养。在作风问题上，起决定作用的是党性。要牢牢把握党性教育这个核心，教育引导广大干警树立正确的世界观、人生观、价值观，做到坦荡做人、谨慎用权。

革除“四风”陋习，关键是要对作风之弊来个大整治。教育活动搞得好不好，关键要看作风之弊除没除。要围绕在为民、务实、清廉等方面存在的问题，按照“照镜子、正衣冠、洗洗澡、治治病”的要求，以整风精神开展好批评和自我批评，敢于触及灵魂深处，认真查摆问题，早发现、早提醒、早纠正苗头性、倾向性问题，决不闻过则过、避重就轻，切实改进司法作风。要即知即改、立行立改，从人民群众感受最直观的司法突出问题改起，以实际成效取信于民，特别是要切实解决人民群众最关心的公共安全问题、最关切的权益保障问题、最关注的公平正义问题，以作风转变的实际行动和成效取信于民。目前，要重点针对群众反映强烈的突出问题，及时组织开展司法作风专项检查和专项治理。对违规收受礼金、违规使用公务车、违规经商营利、公款吃喝、公款送礼等问题进行专项整治；通过明察暗访等方式，及时发现和查纠在少数干警中存在的冷硬横推、吃拿卡要等衙门作风，及时发现和查纠“庸懒散奢”等官僚作风。

革除“四风”陋习，重点要对制度之缺来个大检修。根除作风之弊，根本还在制度。要重点检视制度上的漏洞，提前着手、谋划建章立制工作，对司法作风相关制度规定进行梳理，行之有效的继续严格执行，不适应形势任务要求的尽快修改完善，实际工作需要但尚未建立的抓紧研究制定，确保各项制度落实到位。一是进一步健全岗位目标考核为重点的司法责任体系，完善审判质效评估、法官业绩考评机制以及错案追究制度，切实促进司法作风转变，提高工作效能。二是坚持公平竞争、奖勤罚懒和责任权利相一致的原则，构筑科学、公正的选拔用人机制，不让老实人吃亏，营造风清气正、干事创业氛围；进一步推行干部轮岗、交流、回避等制度，增强机关活力。三是建立健全内外监督机制。在内，通过纪检监察约束机制有效规范干警的行为作风，对违纪行为人实施零容忍，严格纪律。对外，接受人大的监督，接受政协民主监督和检察院的法律监督，接受社会各界，尤其是新闻媒体的监督。四是全面落实司法公开，将司法过程、司法结果全程公开，特别是完善裁判文书网上发布制度，保障人民群众对审判、执行工作的知情权、参与权、表达权和监督权。五是促进党内民主生活会的制度化、规范化。克服走过场、搞形式倾向，开展形式多样、内容丰富的民主生活会，培养党员干部敢于担当、求真务实的良好作风，提高领导班子发现和解决自身问题的能力，推进法院工作不断实现新发展。

【作者：广东省东莞市中级人民法院院长】

构建“1·2·3·5”党建工作模式 全面建设国际一流高瓦斯千万吨精品矿井

刘　军

山西省晋煤集团寺河矿是全国首座高瓦斯条件下的千万吨级矿井。矿党委下设 32 个党支部，党员 617 人，占职工总数 11%，生产单位党员占党员总数的 65.2%，全矿 35 岁以下青年占到职工总数的 70%以上。近年来，寺河矿党委坚持围绕中心、服务大局，持续巩固创先争优、基层组织建设年、党的纯洁性教育等实践活动成果，创新党建工作思路，推进长效机制建设，在实践中探索形成了“1·2·3·5”的党建工作模式。

“1”是一个目标引领，全面建设国际一流高瓦斯千万吨精品矿井。

“2”是筑牢两项基础，加强党员干部队伍、职工人才队伍两项建设，打造过硬团队。

“3”是创新三项载体，深化党建基础工作、瓦斯治理创新、安全宣传教育三项重点工作，切实将党建工作优势转化为矿井科学发展优势。

“5”是实施五项工程，通过实施文化强企、精神培育、实事惠民、平安矿区、美丽寺河五项工程，普惠发展成果，弘扬寺河精神，激发正能量，提升企业发展软实力。

近年来，在晋煤集团党政的坚强领导下，在全矿党员干部和职工群众的共同努力下，寺河矿党建工作与生产经营各项工作相互促进、协调发展，促进了矿井安全、科学、和谐发展。2012 年，矿党委被中组部授予全国创先争优“先进基层党组织”荣誉称号，被山西省委授予“先进基层党组织”称号。

一、目标引领，在促进矿井可持续发展中发挥作用

在晋煤集团“再造两个新晋煤、对标世界 500 强”的愿景感召下，寺河矿党委坚持顶层设计，通过深入调查研究、广泛征求意见、认真总结经验，确立了“建设国际一流高瓦斯千万吨精品矿井”的奋斗目标，推动矿井走上了安全、稳定、可持续发展的快车道。特别是党的十八大召开以来，山西省委常委、纪委书记李兆前，晋煤集团党委书记、董事长武华太两位十八大代表到寺河矿进行专题宣讲，深刻阐述十八大精神，并对矿井发展建设各项工作给予了亲切指导。寺河矿认真落实两位领导的指示精神，把建设国际一流高瓦斯千万吨精品矿井作为贯彻落实党的十八大精神、推动矿井内涵式发展的重要举措，矿党政共同制定了矿井未来三到五年的发展思路，形成了“一矿两井”的可持续发展格局，大力推行自主管理、层次管理，矿井连续 8 年保持了千万吨以上产能。2012 年以来，针对煤炭市场急转而下的严峻形势，寺河矿从节支增收、创新提效入手，组织党员干部在优化工艺、降低成本、提高效率等方面进行攻关，提升了矿井经济运行质量，2012 年矿井实现利润 32 亿元，其中党员重点攻关项目——选煤厂提块增收工程创造利润 3.5 亿元。寺河矿“建设国际一流高瓦斯千万吨精品矿井”的目标，不仅得到了广大职工的一致认同和晋煤集团的充分肯定，同时也得到了山西省委、省国资委各位领导的认可和好评，受到了新华社、《人民日报》、中国科学领导科学发展调研组等社会各界的广泛关注。

二、筑牢基础，在加强两项建设中提供有力保障

党员队伍建设是党的建设基础工程，职工队伍建设是矿井可持续发展的根本保障。矿党委紧密结合“一矿两井”的实际，全面加强党员干部队伍和职工人才队伍建设。

加强党员干部队伍建设。寺河矿党委认真落实党委中心组学习、领导干部课题调研、党员干部学习培训各项制度，坚持民主集中制，建立日常工作经常交流、重点工作互相参谋的党

政班子协作体系，深化业务能力建设，提高了各级领导班子引领发展的能力。坚持“党管干部、党管人才”的原则，加强和改进干部考核评价、民主评议制度，健全党员能进能出机制，增强了党员队伍的生机活力。强化党员干部先进性、纯洁性教育，每年高标准举办党员脱产培训班，矿党政领导带头讲授党课，组织党员干部参观廉政教育基地、参加拓展训练，磨练意志、锤炼党性。加强党风廉政建设，建立起了“干事干净”PDCA管控模式，开展党的群众路线主题教育实践活动调研，落实党中央关于改进工作作风、密切联系群众的八项规定，制定出台了《改进文风、会风、工作作风的二十二条规定》，党员干部率先垂范，带头落实一线工作法，打造了一支激情饱满、奋发有为、素质优良、作风过硬的党员干部队伍。

加强职工人才队伍建设。深入推行管理、技术、操作三大序列管理，实施全员素质提升工程，将公开竞聘与组织考察、推荐相结合，完善人才选拔激励机制，2012年全矿公开竞聘上岗34人。建成党员网络培训教室，投用机电实训基地，成立大师工作室，开设寺河大讲堂，举行青工技能竞赛，建立13个岗位工种的职工网络培训平台，广泛开展岗位练兵、技能比武和科技创新活动，全矿高技术人才所占比例大幅提升。针对高校毕业生增多的情况，矿党政召开在矿大学生座谈会，制定下发了《大学毕业生岗位成才指导办法》，建立起了区队技术员的成长梯队，为大学毕业生立足岗位、成长成才搭建了有利平台。

三、创新载体，在深化三项重点工作中致力矿井发展

寺河矿党委充分发挥现代企业制度下党组织的政治核心作用，结合高瓦斯矿井安全生产实际，找准党建工作的着力点，努力把党建工作优势转化为企业科学发展的优势。

深化党建基础工作。不断引深党建“四五六八”创建工作，建设四好班子、五星支部、六好党员、夯实党建八项基础工作，建立党群工作一体化运行体系。矿党委全面总结提炼创先争优活动以来的有效经验做法，形成党建创优成果21项，其中“党员科技攻关项目”被晋煤集团评为2013年“党建十大创优项目”。坚持生产经营到哪里、党建工作就开展到哪里的原则，加强党支部建设，全矿32个党支部全部高标准建成党员之家，在此基础上还建立了创先争优先锋园、党建文化一面墙等大型党建活动阵地。以打造特色党支部为目标，创新开展“政工例会进支部”活动，将政工例会由会议室开到了基层党支部，通过党群部门与基层支部结对共建，促进党支部交流学习、提炼特色、改进不足、提升水平，先后挖掘打造了连掘三队、千米钻机二队等一批特色鲜明、亮点突出的先进党支部。结合“干部上讲台，培训到现场”的工作要求，大力开展“政工干部上讲台”活动，锻炼了政工干部学习思考、总结提炼、宣讲表达能力。为全矿支部书记印发配备《党支部标准化建设一本通》，每年举办党支部书记业务培训班，进行综合业务测评，打造了一支懂生产、会管理、善于做党建工作的党支部书记队伍。

深化瓦斯治理创新。组织党员干部积极投身瓦斯治理和防突管理，深入开展瓦斯抽采、瓦斯防突工艺研究，建立瓦斯地质预警系统，完善千米钻机施工工艺，研制防突钻机，矿井日瓦斯抽采量达到了150万方，连续6年居全国单井抽采量之首。按照晋煤集团“煤—气—电”循环经济发展思路，将抽采出的瓦斯广泛运用于发电、交通、供热和供暖，初步构建起了“煤与煤层气共采、采煤采气一体化”的园区式循环经济发展模式，矿井实现了“采煤不见煤、采煤不用煤”。2013年5月26日，“全国煤矿瓦斯抽采利用与通风安全技术现场会”代表团到矿观摩，对寺河矿地面钻井抽采、井下长钻孔区域性抽采、边掘边抽的“三级瓦斯治理”模式给予了高度评价。

深化安全宣传教育。引导职工牢固树立“生命高于一切、一切服从安全”、“瓦斯可治、突出可防”等安全理念。以“党员无违章、身边无事故”为目标，建立党员安全包保“五三”工作体系，形成了支部书记包区、党员干部包片、普通党员包点的包保网络。实施“人人都是安检员”工程，建立起了全员查隐患机制，对职工每班排查的安全隐患给予现金奖励，2012年奖励金额达196.7万元，职工开心挣得“安全钱”。加强不放心人帮教转化工作，每季度召开亲情安全恳谈会，列出违章大王名单，组织女工协管上门帮教，家家签订亲情安全保证书，严重违章人员帮教转化率达到100%。

四、以人为本，在实施五项工程建设中凝聚合力

职工对美好生活的向往，就是我们的奋斗目标。寺河矿党委始终坚持发展依靠职工、发展为了职工、成果普惠职工，大力实施五项工程，凝聚企业发展合力。

实施文化强企工程。把“敬畏生命、敬畏制度、敬畏责任”理念作为安全文化的核心，开展“三个敬畏”大讨论活动、瓦斯爆炸模拟演练和井口逃生预案演练，促进职工安全行为养成。以“知行合一”为引领，编印《寺河矿文化丛书》，推出纪念投产十周年大型画册《跨越如虹》，盘点矿井十年发展历程，回顾艰辛创业史，提升了寺河文化品质。大力弘扬“同心、敬业、奉献、超越”的寺河精神，每年度举行“感动寺河”颁奖典礼、先进人物事迹报告会、“劳模宣传月”活动，大力宣传矿井各条战线涌现出典型人物事迹，推出了“感动中国的矿工”李永学、全国能源化学系统“五一劳动奖章”任江波等一批先进人物，充分展示了寺河人爱岗敬业、无私奉献的优良品质。

实施精神培育工程。落实十八大精神，弘扬社会主义核心价值观，加强“四德”教育，倡树时代新风、凝聚正能量。以“文明礼仪寺河人”为主题，开展礼仪、环境、秩序、服务、住宿、网络“六大文明”引导行动，每月推荐“寺河好人”、季度评选“和谐之星”、年度举行安康和谐幸运大抽奖，港澳双飞游、平板电脑、液晶大电视重奖安全和谐职工，提升了职工文明素养和矿区文明程度。注重丰富职工精神文化生活，投用文体中心、矿区游泳馆，每年举办寺河矿职工文化艺术节，开展“相约寺河”青年联谊活动，帮助职工在工作之余增进交流、舒缓压力、满足爱好、陶冶情操。矿井被评为“2011～2012年度省属企业文明单位标兵”。

实施实事惠民工程。针对矿区远离市区的实际，持续巩固矿嫂参观日、新苗奖、集体生日餐、节日大礼包等具有寺河特色的人文关怀做法，每年职代会确立惠民实事，纳入年度重点工程进行考核。工资分配向一线职工倾斜，为一线区队配发井下防爆型饮水机、电热箱、井下保温杯，职工暖胃又暖心。构建党员联系和服务群众的长效机制，建立起了“党员爱心超市、党员爱心基金、党员服务中心”三大为民品牌，关心关怀弱势群体，关注偏远作业场所的职工生活。进一步完善矿区生产生活环境，井口超市、“自在处”零利润销售普惠职工，建成投用矿区免费停车场、矿区网吧、寺河影院、大型惠民超市，为职工营造了温馨如家的环境氛围。

实施平安矿区工程。加强维护稳定工作，健全完善综治工作“六大机制”，投资200万元高标准建成信访接待大厅，开展“进百家门、知百家情”党员大走访活动，党员干部走进职工家中，了解职工思想、关心职工生活，2013年上半年累计走访职工270余户，化解矛盾纠纷31起。完善矿区治安防控体系，在全矿重要场所安装173个监控探头和6个卡口设备，做到了矿区全覆盖。开展“亮警灯”行动，提高矿区见警率，组织交通安全讲座，加强法制安全教育，各党支部严格推行维稳工作月汇报、值班干部抓稳定、职工思想稳定分析汇报等制度。建矿以来未发生重大稳定事件，职工群众安居乐业，幸福指数不断攀升。

实施美丽寺河工程。致力于生态环保型绿色矿山建设，持续美化矿区环境，改善职工工作生活条件。重视“三废”治理，建成生活污水处理站和矿井水处理站，选煤厂煤泥水实现闭路循环，煤矸石全部用于填沟覆土造田，先后建成员工园、生态园、朝阳园等三处园林景观，矿区绿化率达41%，矿区环境优雅、舒适宜居，彰显了“绿色寺河”的文化内涵。2012年寺河矿被评为“第二批国家级绿色矿山试点单位”、“中国最美矿山”。

立足新起点，实现新跨越。寺河矿党委将在晋煤集团的坚强领导下，继续发挥党组织的政治核心作用，积极应对煤炭下行压力，勇当排头兵，再攀新高峰，全面建设国际一流高瓦斯千万吨精品矿井！

【作者：晋煤集团寺河矿】

坚持群众路线是办好企业的坚强保证

夏立建

一切为了群众，一切依靠群众，从群众中来，到群众中去是我党三大工作作风的重要组成部分。邓小平同志早在山西省直机关干部和太原市机关干部、厂矿企业负责人大会上的报告中就一针见血地指出，党的领导的好坏，关键在于能否依靠群众，能否不断加强思想政治工作，克服我们队伍中的主观主义、官僚主义、宗派主义。坚持党的群众路线工作作风，认清工作的出发点、落脚点和最终目标，抵御各种歪风邪气侵蚀，不仅仅是对党的事业，对现代企业的经营发展也具有重要指导意义。即使在西方企业管理理论、方法大行其道的当下，党的工作作风和路线方针仍然是指导企业科学发展的强大思想武器。中波轮船股份公司作为新中国成立的第一家中外合资企业，六十多年来在远洋运输生产一线实践着合资企业党建工作为祖国服务，为人民服务，为远洋事业服务的方针，坚持依靠职工办企业，凭借多年群众工作耕耘成果始终得到合作方波兰方面的肯定和赞誉。常驻上海十几年的波方总经理曾不无敬佩地称赞公司党委的工作承担着“灵魂工程师”的重要职责。

力量来自群众，发展源于员工

任何历史的开创都不是一个、两个英雄能够完成得了的。马克思和恩格斯很早就提出“历史活动是群众的活动，随着历史活动的深入，必将是群众队伍的扩大”。党的十八大确定了“两个一百”的奋斗目标，分别要在中国共产党成立100年全面建成小康社会，在新中国成立100年时建成富强、民主、文明、和谐的社会主义现代化国家。其后，习近平总书记提出的“中国梦”是对“两个一百”奋斗目标凝练的归纳和诗情的演绎。改革的确已经行到深水区，但我们有摸着石头过河已经取得的成就，继续深入推进意味着未来必将大有可为。在这样的时刻，党中央要求深入开展群众路线教育实践活动，唤起共同的革命理想，凝聚新时期社会经济发展的坚定信心，积极引导广大群众在以往成就的鼓舞下向着新的目标发起冲刺意义深远。开展党的群众路线教育实践活动就是再一次巩固党与人民群众的血肉联系，让“鱼水同心”、“手脑协调”，集广大群众的大智慧，迎接更大的挑战，攻克更多难关，实现整个民族的伟大复兴。

多少次曾经的灾难深重就是在党群携手、发挥人民群众无穷力量的时刻实现力挽狂澜的逆转。“力量的来源就是人民群众”，毛主席用广泛的革命实践阐明了我们一切事业的起点。当年的中波公司起家时也只是仅有四条旧船的行业新生儿。她的起点正是当年招商局起义船员们、一大批为了祖国建设敢于冲破海上封锁的有志青年，他们中有许多人此前甚至没有见过大海。毛主席的一句“我们要建设自己的海上铁路”激励着他们克服困难战风斗浪，冒着枪林弹雨，不顾劫持封锁将新中国建设急需的物资从大洋彼岸的友好国家装运回国。建设祖国，振兴远洋是他们的美好憧憬和使命。当时的中波公司困难重重，除了燃油、伙食等补给困难外，还有更多其他方面的困难需要他们去面对。特别是中方，不仅缺乏航运管理的经验、技术，更缺乏航运管理人才，为了尽快扭转这一局面，船舶党组织动员全体中方船员群策群力，许多人硬是克服了语言不通、文化水平低、文化差异大在当时波籍船员为主导的船舶上苦学、苦练。他们组成学习小组互帮互助共同研究不懂的地方，还开展学习竞赛。当年的中方船员航次汇报向我们展示了在茫茫大洋上中国船员“七一”开展组织生活的情景。他们的发言没有畏缩、没有迷茫，主要的组织生活重点都在如何积极参与船舶工作学好技能。正是一代代艰苦奋斗在各自岗位的中波人，传承优良传统，团结一心、众志成城，才建筑起老牌航运企业立足发展的根本基石，在前赴后继的接力中成就如今重大件设备货全球领军企业的地位。中波的发展历程既是新中国企业的发展缩影也是整个社会经济发展的微缩模型。因此，越是在攻坚克难的时刻，越是考验我们紧密联系群众，积极团结群众，鼓舞引领群众，依靠群众的力量，激发起最广大群众斗志和韧性的能力。企业的发展需要这股力量，社会经济发展依靠这股力量，中国要实现的伟大复兴更只有凭借这股力量。

发展依靠群众，群策群力出效益

“依靠民众则一切困难能够克服，任何强敌能够战胜，离开民众则将一事无成。”旧民主主义革命失败的最主要原因就是人心向背，不顾民众抗日救亡的呼声势必逆潮流、民心而倾覆。近看十一届三中全会拉开了改革开放的大幕，其爆发出的活力是酝酿已久的民心和时机成熟只欠东风的经济环境造就的发展奇迹。作为经济腾飞的亲身参与者，中波公司也曾有迷茫徘徊的时刻。当年为祖国远洋运输货物的计划经济模式被社会主义市场经济的现代企业功能逐渐代替，依靠指标、分配的经营模式一去不复返了，属于企业自己的发展之路又在哪里？面对早已开始深刻变化的市场和越来越开放的经济环境，海内外的中波人没有退缩。思路清晰的中波领导班子求智于民，求智于市场，实地走访、搜集意见、客观排摸得出结论——走出困境的突破口必定就在人无我有的强势领域。重大件设备货全球承运的专攻领域一经提出，公司上下人人豁然开朗心如明镜精神振奋，这是中波创新发展的必由之路。20世纪90年代初公司成功承运上海、广州、新加坡地铁，秦山、绳头核电项目成功交付等等，这些都是中波发动全体员工，公司上下共同努力的实绩；如捧鸡蛋般装运地铁车厢，精于船吊操作乐于奉献的高素质船员队伍是中波的服务保证。新世纪初中波公司毅然出击重大件设备货运输领域，成功转型踏准航运形势一轮上行行情，使中波这老牌航运企业再次走出困境，在世界航运领域上搏风击浪。随后几年“揽货”年、“管理”年、“质量”年一年一个主题，广泛发动员工，依靠全体员工的智慧和努力一步一个脚印向着“中波梦”踏实前行，成为当前世界重大件设备货专业化运输的领先企业。历史事实证明，企业的发展必须依靠全体员工，社会经济的发展要依靠每一个社会成员，中国梦的实现必须依靠每一个心中有梦的中国人。

发展为了群众，拼搏效益双丰收

“一切空话都是无用的，必须给人民以看得见的物质福利。”新中国第一代领导核心就对新中国经济发展的目的做出了最朴素准确的总结。在党的十八大报告里，145次提到“人民”，以发展促民生是报告的重点内容。报告中提到，尊重人民首创精神，保障人民各项权益，不断在实现发展成果由人民共享、促进人的全面发展上取得新成效。八个“必须”中，必须坚持走共同富裕道路。共同富裕是中国特色社会主义的根本原则。要坚持社会主义基本经济制度和分配制度，调整国民收入分配格局，加大再分配调节力度，着力解决收入分配差距较大问题，使发展成果更多更公平惠及全体人民，朝着共同富裕方向稳步前进等等，都是要求改革发展成果必须惠及百姓。“检验我们一切工作的成效，最终都要看人民是否真正得到了实惠，人民生活是否真正得到了改善，这是坚持立党为公、执政为民的本质要求，是党和人民事业不断发展的重要保证。”习近平总书记对十八大报告的解读进一步阐明了我国发展的目标。而开展党的群众路线教育实践活动归根结底是为了群众利益，一定要让群众满意。公司生产经营的目的在于完成中波双方股东制定的经营管理目标，在此前提下不断满足员工生存、学习、发展的各种需要。公司通过多种渠道听取职工群众意见，譬如：每年公司召开的第一场会议就是船舶安全暨船员工作座谈会，会议内容主要围绕回答船员建议、吸收船员合理化提议、航运主业改进等展开。公司专设总经理、党委书记接待日，让普通员工能够与公司领导当面交流。党委成员定期到基层船舶、企业走访调研，了解员工工作、福利待遇等情况。公司建立船岸员工交流机制，业务部门积极吸纳优秀船员挂职参与岸基支持管理工作，船舶也经常迎来岸基骨干青年交流见习。公司工会、团委也在党委带领下积极搜集群众建议，鼓励员工岗位成才。种种举措都是实践群众路线、一切依靠职工办企业的具体演绎。在学习群众路线教育实践活动文件的过程中，公司领导明确提出活动是自上而下，主要是让领导干部带头，加强作风建设整治“四风”问题，目的就是要让领导与普通员工更贴近，更多的为群众考虑。因此，凡是对群众有利的工作一定要做而且要多做，一定要保障和不断增加员工的权益和福利。这样开展的活动才有意义，才符合党中央开展活动的初衷，才能获得职工群众的首肯，群众才会心甘情愿地跟着领头人努力工作、拼搏进取，企业的健康发展才能得到保证。

持续改进工作作风，接受广大群众监督

“改进工作作风的任务非常繁重，八项规定是一个切入口和动员令。八项规定既不是最高标准，更不是最终目的，只是我们改进作风的第一步，是我们作为共产党人应该做到的基本要求。”习近平总书记在第十八届中纪委第二次全体会议上的讲话展示了我党在改革中不断自省、自查、自纠，整肃纪律的勇气和决心。从新中国成立以来，我党在组织全国各族人民大力发展生产力的同时，就始终坚持在党内开展一系列的学习教育活动，根据形势变化不断加强理论自信、道路自信、制度自信。在如今开放的社会，人们的思想日益多元化，国外各种反华势力趁机渗透，意识形态斗争激烈，即使是党员干部若思想领域的学习稍有松懈也很容易产生错误或偏差。目前国内重大贪污腐败案例爆发的现状值得每一位党员干部认真总结经验教训。中波公司领导班子一再强调要广泛接受职工群众监督；私下里要如古人训诫，君子慎独；工作中事事处处以职工利益为己任，不触红线，坚持底线，带头坚守中国特色社会主义事业建设阵线。注重企业反腐倡廉工作的预防，加强企业文化建设，深化思想道德和廉洁从业教育这一重要环节，筑牢思想防线。加强制度建设和创新，形成完善有效的制度体系，确保反腐倡廉工作的有效开展。其中，企业领导是组织核心，班子成员必须发挥示范引领作用，带头执行中央八项规定。“照镜子，正衣冠，洗洗澡，治治病”作为党的群众路线教育实践活动的重要载体，领导班子要坚决贯彻执行，积极查摆问题，征求群众意见，敢于在民主生活会上揭短亮丑，为达成真正的“自我净化、自我完善、自我革新、自我提高”，坦然面对问题，痛下决心改进。

十八届三中全会已经顺利闭幕，新一轮的改革转型即将启动。上海自由贸易区的重大利好消息也必将促进四个中心建设蓝图的实施。站在新一轮发展的崭新起点，我们必须重新审视自己，荡涤内心，调整姿态。未来的发展之路已然铺就，但我们不能低估这一路的艰难险阻，各种困难挑战、思想冲突在所难免，更要警惕内心的动摇迷茫，必须始终与人民为伍，与广大职工保持亲密的联系，倾听前后左右各种呼声，携手相扶，方能在这一轮前所未有的挑战中最后胜出，走出航运严冬，迎接春天的到来。

【作者：中波轮船股份公司党委书记】

构建党与群众的鱼水情、血肉亲和主仆义

——黑龙江大学开展群众路线教育实践活动的思考与实践

刘德权

党的群众路线教育实践活动，从根本上说是一次整风、整顿党的作风。历史上，党整顿作风一共有 10 次，这是第 11 次，前 10 次整风都涉及到了党和群众的关系问题，而这次教育实践活动则是专门针对党与群众关系这一问题开展的。究竟党和群众关系的应然状态是什么，为什么我们党要如此重视党群、干群关系，如何在身系立德树人使命的高校语境下理解群众路线教育，需要我们认真思考并做出回答。

按照历史唯物主义的观点，人民群众是历史的创造者，群众中蕴含了无穷、无尽、无限的创造潜力，群众是政党执政的力量源泉，因此我们党离不开群众，否则我们党就成了无源之水、无本之木；同时中国共产党是人民群众利益的忠实代表，是中国人民和中华民族的先锋，是群众可以信赖的、坚强的、强大的领导核心，是群众的“主心骨”，群众同样离不开共产党，否则群众的根本利益就无法得到实现和维护。从这一意义上我们讲，党与群众的关系是鱼与水、血与肉、仆与主的关系。正是基于这种鱼水情、血肉亲、主仆义，才形成了我们党的群众路线：一切为了群众、一切依靠群众，从群众中来、到群众中去；才形成了我们党的群众立场：把人民群众放到心中最高的位置，与人民群众心连心、同呼吸、共命运；才形成了我们党的群众观点：尊重人民的主体地位，尊重人民的首创精神，拜人民为师；才形成了我们党的群众工作方法：问政于民，问需于民，问计于民，从人民的伟大实践中汲取力量；才有了检验党的各项事业的群众标准：人民拥不拥护、赞不赞成、高不高兴、答不答应。也正是源于这种党和群众的内在关联，才为我们党的长期执政奠定了最坚实的群众基础，提供了最充分的理论前提，因此我们说中国共产党的宗旨是全心全意为人民服务，党的生命线是根植于人民、造福于人民，立党为公、执政为民。

中国共产党是我国的执政党，是国家和社会各项事务的领导者，各级政府、各个行业的领导者也大多是党员。我们党通过不同层次的党组织把全国 8700 万党员组织起来，形成了党的组织体系。党与群众的关系在一定程度上也就是党的组织、党员尤其是党员领导干部与群众的关系，即党群、干群关系。建党 92 年来，共产党领导中国人民取得的丰功伟绩世所共知、有目共睹，但正如党的十八大报告指出的那样，新时期，世情、国情、党情都发生了深刻的变化，全党都面临着“执政考验、改革开放考验、市场经济考验、外部环境考验”四大考验和“精神懈怠的危险、能力不足的危险、脱离群众的危险、消极腐败的危险”四大风险。之所以会有考验、会存在风险，重要原因正是我们党没完全处理好党群、干群关系，党群、干群关系不够协调的矛盾愈加突出。马克思主义执政党的最大危险是脱离群众，当前党内一些领导干部的宗旨意识、进取精神有所淡漠和减退，在公与私、官与民、利与义等问题面前没有站稳立场、摆正位置，为民、务实、清廉很不到位；一些普通党员的先锋模范作用不突出，有的甚至还不如普通群众；一些党的组织对党员干部的监督、管理、惩治不到位，党组织的领导核心作用、战斗堡垒作用发挥不明显。这些现象的集中表现就是在党内存在的形式主义、官僚主义、享乐主义和奢靡之风这“四风”问题。“四风”违背了党的宗旨，是当前人民群众最深恶痛绝、反映最强烈的作风弊病，是损害党群、干群关系的病源所在，如果任其发展，我们党势必经不起考验，扛不住风险，其后果可能会危及到国家的长治久安，危及到人民的幸福安宁，危及到党的长期执政。因此，无论是从人民幸福、国家富强、民族复兴，还是从党要管党、从严治党、长期执政来看，我们党都必须坚决肃清“四风”，有效整顿党的作风。

这次群众路线教育实践活动与以往 10 次整风不同的是，中央对准了焦距，找准了穴位，不走神、不散光，围绕改善党群、干群关系，直接聚焦“四风”问题。为了落实中央和省委要求，黑龙江大学党委经过广泛征求意见，反复深入调研，做好顶层设计，从突出一个主题、抓住一个要害、掌握一个根本方法、立足两个基点、坚持三个结合、把握五条主线等方面着手，构建了“111235”的工作格局，确保了学校群众路线教育实践活动扎实深入，富有成效，解决问题，推动发展，促进和谐，对高校如何贯彻党的群众路线这一重大理论和现实课题做出了积极回应。

——突出一个主题，即在全校党员普遍接受群众路线教育的基础上，突出加强和改进校院两级领导班子、领导干部和机关管理部门作风建设这一主题。

——抓住一个要害，即反复查找、梳理和整改学校两级领

导班子和领导干部在促进学校内涵建设、提高教育质量、密切联系师生、改进学风教风、坚持勤俭办学以及关注民生等方面存在的“四风”问题。

——掌握一个根本方法，即用延安整风精神开门开展这次教育活动，抛开面子，揭短亮丑，深挖根源，触及灵魂，着重在开展批评与自我批评上下功夫。

——立足两个基点，一是从教育以育人为本、以学生为主体的大学本质出发，通过教育实践活动提高人才培养质量。二是从办学以人才为本、以教师为主体的大学特点出发，通过教育实践活动积极、有效地回应教职工的关切，不仅是对提高民生福祉的关切，还包括教职工自我完善、实现自我价值的关切，对推进学校发展的关切，让黑大教职工更加有尊严、有幸福感地工作、学习和生活。

——坚持三个结合，即坚持教育实践活动与学习贯彻党的十八大精神相结合，坚持教育实践活动与落实省部共建任务相结合，坚持教育实践活动与推进学校重点工作、攻坚克难相结合，用教育实践活动来指导业务工作，用教育活动激发出来的优良作风和进取精神推进业务工作，同时用学校办学事业的大发展来检验教育实践活动的效果，达到“两不误”和“两促进”。

——把握五条线索，一是按照中央“照镜子、正衣冠、洗洗澡、治治病”的总要求，循着中央八项规定、省委省政府九项规定和学校关于改进工作作风、密切联系师生规定的线索来查摆和整改“四风”问题；二是循着办好人民满意的高等教育，不断提高人才培养、科学研究、社会服务、文化传承创新的质量和水平的线索，查摆和整改“四风”问题；三是循着建立现代大学制度、建设高水平大学的线索，查摆和整改“四风”问题；四是循着师生员工的民生关切、发展关切的线索查摆和整改“四风”问题；五是循着抓基层、打基础，做到校、处两级班子和领导干部并重的线索，查摆和整改“四风”问题。

【作者：黑龙江大学党委书记】

法人治理结构下
大型国有企业党组织政治核心作用探讨与研究

赵杰　王邦志　陈勇　高中伟

我国多年的经济体制改革，形成了今天国有企业市场竞争国际化、产权结构多元化、职工身份契约化、价值取向多极化的局面，国企的生态环境进一步复杂化，维护国有企业尤其是大中型国有企业的国家经济命脉的稳固地位，发挥大中型国有企业政治先锋的引领作用，就需要研究如何进一步发挥国有企业党组织的政治核心作用，确保国有企业政治经济安全。

南方电网作为国家两大电网之一，始终以“主动承担社会责任，全力做好电力供应”为使命，坚持“万家灯火，南网情深”的核心价值观，恪尽职守，履行中央直管大型国有企业肩负的神圣使命。除确保南方五省（区）各行各业生产、百姓大众生活日常的平稳、可靠用电，南网人在抗击台风、旱灾、洪水、地震等各类自然灾害过程中，充分发挥了党支部的战斗堡垒作用和党员的先锋模范作用，以实际行动体现了党的先进性，展现了公司负责任的社会形象。在“亚运”这样向世界展现中国实力的时刻，南方电网不辱使命，保证了各项赛事用电和日常用电，展现了大型央企负责任勇担当的社会形象和稳健的本色。

自2002年五省（区）电网合并成立南方电网公司以来，“先有子公司、后有集团总公司”的特殊组建模式为南方电网内部管理、党建工作提出了新课题，一方面可资借鉴的成功经验不多，另一方面行业的特殊性决定摸石头过河的过程不能有太大闪失。南方电网任重而道远，从未停止过在新的法人治理框架下对国企党组织如何更好发挥政治核心作用的理论探索与实践总结，形成了一批得到国务院国资委等上级有关部门认可、并可推广的经验做法。同时南方电网也认识到企业党建面临新形势和新挑战，必须对党建工作的理论与实践做超前思考。

一、适应时代发展大潮，与时俱进修正新时期主流价值观，重新摆正党组织的位置，完善公司战略

党组织在企业中发挥政治核心作用的落脚点是制订和完善企业发展战略，因此战略是政治核心作用的具化，党组织要通过党政联席会议、双向交叉任职等方式确保公司重大决策如战略、人事安排等符合时代发展方向、符合党和国家、人民群众的根本利益。

同时用以人为本的理念，切实研究不同时期、不同年龄人群，不同利益诉求群体的思想动态，用顺应时代主流的价值观统领各群体，聚焦各群体合力，以完成共同目标。以南方电网为例，针对当前企业发展快、任务重、压力大、考核多的情况，南方电网认为党建工作必须坚持以人为本，注重人文关怀，与时俱进地创新工作的方式方法。从掌握员工的需求入手，努力变被动为主动，变事后处理为事前预防，提出全面开展员工辅导计划，深入建设幸福南网，更好地激发员工的内在工作动机，促进员工快乐工作，幸福生活，提升员工的敬业度和企业绩效。

二、加强各级党组织自身建设，积极参与企业重大问题决策，保证党的路线方针政策的贯彻执行，发挥党组的政治核心作用

“融入中心做工作，进入管理起作用”是国资委顺应现代企业发展规律，针对党建与企业管理“两张皮”现象而提出的基本要求和基本思路。作为大型国企中党组织，更应该坚持把党组织和企业法人治理结构有效衔接，主动到企业经营中寻找空间。切实形成在“治理中心”和“政治中心”背景下，发挥

“两心变一心，一心谋发展”的国有企业独特发展优势。对此，我们认为可以做以下几个方面的探索：

1. 完善公司治理结构，切实做好与公司党组的有效衔接，参与企业重大问题决策

党组织参与企业重大问题决策是党章赋予企业党组织的重要职责，是发挥企业党组织政治核心作用的重要前提。目前常用的方法是“双向进入、交叉任职”，决策机制上是在公司治理结构外增加党政联席会、“三重一大”等制度参与企业重大决策，确保党的路线方针政策的执行。

我们建议继续推进党委班子和行政班子“双向进入、交叉任职”，按《公司法》的规定，通过法定程序，扩大符合条件的党员委员进入经理层、监事会、董事会及下属专业委员会的比例。符合条件的董事会、经理层党员负责人也可按照党章有关规定进入企业党委会。在未改制的骨干企业，一般的做法是党委书记兼行政副职，行政正职兼党委副书记。在已改制的企业，可由一人担任董事长兼任党委书记，但为防止一人独大，建议党政分离，即董事长不兼任总经理，不干预日常事务。

南方电网在这方面做了些有益的探索。南方电网公司普遍在各级单位中建立了“党政分设、交叉任职”的领导体制，党政负责人各自找准位置，按规定定期或必要时共同研究处理重大问题，优势互补，有效制衡，减少片面性。制订了《“三重一大”决策管理办法》、《党组巡视工作办法》、《党组织先进性测评办法》等制度，明确规定了参与重大问题决策的程序和机制，把参与决策作为党组织先进性的重要衡量指标。党组织重点在企业发展战略、生产经营方针、财务预决算、重大资本运作、重要改革举措、重要人事安排及关系职工切身利益的重大问题等方面，积极参与决策，提出意见建议，尊重和体现党组织的意见。决策后，党组织发动党员带领员工保证各项决策顺利实施，确保了企业发展的正确方向。在公司治理中，实行董事长兼党委书记的制度，有效在企业管理决策中体现党的意志。

2. 有效落实公司治理结构，确保董事会、监事会、经理层的制衡

董事会、监事会、经理层三者制衡是比较理想的状态，在制度上并没有很大的缺失，而事实上在运行中会经常出现国有公司治理失衡问题，要确保三者的制衡，重点在强化落实，重视监督和考核机制。具体来讲，应切实落实起以董事会为核心的内部控制机制，董事会必须对管理层的任命负责；强化监事会组成，专业监督机构如内部审计、监察、纪委负责人应担任监事；监事会应当包括出资人、职工和独立监事的代表；董事会和管理层分离以便对内部人控制进行制度上的保证;董监事的诚信应由法律来规定和制约，要求失职人员承担法律责任，从而避免了董监事的形式主义和一人独大现象。

3. 党组织应紧密结合公司战略，主动研究前沿性或涉及广大民生的共性问题

党组织在企业中发挥政治核心作用的落脚点是依据市场规律，开展经济工作，维护社会各方利益。因此，企业党组要增强参与企业重大决策的实效性，不应该仅仅局限决策中和决策后的监督，更要注重的是决策前。在关乎企业未来方向、涉及广大民生方面，要想企业之想，甚至要先企业之想，想经营者没想到的、或者不愿意想的事情，要走进企业经营实际，以务虚角度研究共性、前沿问题，而不仅仅是狭义上的党性先进性理论研究。

4. 在公司治理结构中，明确落实党管干部原则，并在企业中提供必要的制度保证

上级领导部门应明确企业对中层以上管理人员的任命，党政主要领导应共同讨论，按程序提出人选。保证党委的知情权、考察权、提名推荐权。对新提拔的干部，特别对市场引进的干部，党委应当全过程考察，并有单独的考察与讨论的意见备案，明确提出对该干部的评价，包括优缺点和希望。国有大型企业的主要经营者必须是党员。对党委多数成员不赞成，主要经营者坚持要使用的干部，党委有责任向上级汇报，上级也必须有明确的意见，并记录在案。

5. 加强各级党组织自身建设，保持党的先进性

在完善制度的基础上，加强对各级党组织政治思想觉悟的教育和引导，切实用先进的理论武装党员的头脑，并结合企业实际，实时提供企业经营知识的培训，提升党员到行政系统中的胜任能力，才能在企业经营中提出切实可行的举措。

要研究党务干部从“成长——成才——成功”的职业前途设计，形成一支职业化、社会化的党务干部队伍。建立党委书记及其他党务干部的资质系列和认证。严格按资质选拔党务干部。安排党务干部多岗位交流，提供学习专业知识的机会，制订科学实用的培训教程。通过制度化安排，把党务干部列入社会职业序列，并为他们提供交流和发展的空间。

三、居安思危，优化党建工作者队伍结构

任何组织，人是最关键因素。有的书记估计，“根据目前的形势，十多年后象目前企业拥有的那样一批忠心耿耿的党务干部将逐渐退出。”企业党建队伍结构优化，将成为今后企业党建的一个重要问题。重点是要解决好一批优秀的党务干部的基本利益和前途问题。

上级党组织应从关怀干部的角度考虑，有一个合理的制度性的安排，也就是优秀企业党务干部的出路问题。可以推进一岗多职，行政与党务工作双轨制，让党务工作者有双向职业晋升渠道，既结合经济工作，又发挥党建优势，同时兼顾了个人职业生涯发展。

四、务实创建学习型党组织，创新党建工作的组织形式

1. 更新理念，在党委中心组学习中推行以“解决问题”为目的的培训方式

推行以“解决问题”为目的的培训方式，邀请高层领导深度参与培训，引进外脑，引进先进方法和工具，在培训中研究探讨企业发展中遇到的重大问题，形成科学有效的解决方案，并付诸于实际，提升培训的实效性，服务于公司的长远发展，提升党组织的影响力。

2. 党建手段多样化

大型国企普遍的特点是职工数量多，分布点广、年龄结构多样化。在互联网时代，我们不能只是简单的运用面授、文件

等方式，而应顺应历史潮流，运用论坛、微博、手机、企业网站等新型方式，达到党建信息快速传递与党员互动的目的。

建议建立党建管理信息系统，设立网上党校、党员论坛、学习园地、手机短信等栏目，通过远程教育、信息资源共享、网络视频等方式，实现党员、干部在线学习、在线管理。

五、坚持正确导向，深化干部任免考核体系。

建立综合考核体系，从上至下推行综合经济指标与党建任务的综合考核体系，慎选企业考核指标，真正以考核为抓手，正确引导企业在抓好经济工作的同时，切实抓好党建工作。

坚持“融入中心做工作、进入管理起作用”的基本思路，把加强党的建设与促进中心工作结合起来。改革发展、生产经营是企业的主要任务。把党的建设作为加强企业管理的有效手段，把党组织的机构设置、职责分工、工作任务纳入企业管理体制、管理制度、工作规范之中，特别是要纳入各级领导干部的考核体系中，公司党建工作才能有蓬勃的生命力。

【作者单位：中国南方电网有限责任公司党校】

扎根群众　推动发展

侯团阳

根据近期诚通集团和中包总公司关于开展党的群众路线教育实践活动的工作要求和总公司党委的具体安排，新疆公司结合总公司的教育实践活动视频动员大会、总公司群众路线教育实践活动实施方案及教育环节指导意见、支部学习、座谈等多种途径积极组织开展“深入开展党的群众路线教育实践活动”为主题的学习活动，着力树立群众观点、着力解决群众突出问题、着力改进工作作风，在贯彻党的群众路线教育实践活动过程中总结经验，努力将新疆公司各项工作扎实推进，本人从以下几个方面谈谈学习心得：

一、对教育实践活动重要意义的理解

通过学习，首先理解到：中央决定在全党深入开展以“为民务实清廉”为主要内容的党的群众路线教育实践活动，是党的十八大作出的重大部署，是全党政治生活中的一件大事，也是当前中央企业第一位的政治任务。开展党的群众路线教育实践活动，既是我们党对新形势下面临风险与挑战的清醒认识，也是尊重和顺应人民群众关切，是民心所向；既是我们党勇于自我净化、自我完善、自我革新和自我提高的自觉行动，也是对民族负责、对人民负责、对党的前途和命运负责的具体体现；既是提高党的凝聚力、战斗力的战略部署，也是构建社会主义和谐社会的重要举措。正如习总书记指出的：开展党的群众路线教育实践活动，是实现党的十八大确定奋斗目标的必然要求；是保持党的先进性和纯洁性、巩固党的执政基础和执政地位的必然要求；是解决群众反映强烈的突出问题的必然要求。

通过学习我更认识到，群众工作路线是我党发家和发展的传家宝，既有理论上的成熟，更有实践上的检验。历史和现实告诉我们，不论时代怎么变革，经济如何让发展，但以人为本、执政为民的民本理念不能丢，从群众中来到群众中去的群众路线不能变，否则我们就会丢掉执政的土壤，丧失执政的根茎。这次活动学习，就是我们“照镜子、正衣冠、洗洗澡、治治病”从政治高度上改变党群关系。

二、贯彻落实群众路线，推动公司发展

根据国家能源战略规划和布局，总公司结合自身发展实际，果断把握时机，争取资源优化布局。在总公司的关心和正确领导下，在 2012 年 9 月注册成立新疆公司，新疆公司作为总公司能源板块的一分子，按照总公司的战略部署和指导，在半年多的时间内，各项工作目标稳步推进：一与乌鲁木齐经济技术开发区（头屯河区）政府签订了战略合作框架协议，项目涉及包装产业园及研发基地、煤炭电子交易中心、石油化工储运销基地及铁路物流港项目，获得了当地政府财税等政策资源的大力支持。二与乌鲁木齐铁路局、新疆能源集团、乌鲁木齐经济技术开发区签订了建设煤炭电子交易中心合作协议书，为中包未来撬动和整合新疆煤炭资源搭建了一个重要平台，该项目已经成为自治区重点主抓项目。三与深圳华强、北京天康泰华公司共同完成了新疆煤炭电子交易平台可研代项目建议书，完成了电子商务操作方案。四与中国银行，工商、建设、商业银行等金融机构就平台供应链金融业务服务和后期平台上线运营达成初步合作意向，为获得金融资源和保证煤炭电子交易运行奠定了基础。五联合新疆建筑科学研究院完成了在乌鲁木齐经济技术开发区高铁片区建设煤炭电子交易中心综合大楼选址及可研工作，为未来占据乌鲁木齐高铁片区优良土地资源和进行大宗物资交易平台打下基础。六与乌鲁木齐铁路局就战略装车基地和专用线建设等达成了共识，签订了合作协议。控股和丰地区铁路物流基地的建设工作，为未来争取和丰煤田资源利用打下基础。七联合新疆建设兵团国资委筹备了农六师天然气利用工程项目，获得了 1 个加气母站和 7 个加气子站，该项目远期可达 1.2 亿立方天然气供应能力，为中包在新疆争取利用天燃气资源打开缺口。八在对新疆经济环境和贸易业务充分调研基础上，注重防控分险，优选资源和贸易项目，稳健推进贸易项目实施。日前，在新闻媒体采访亚欧博览会筹备工作时，乌鲁木齐市政府方面专门介绍了在新疆运作的项目，尤其是煤炭电子交易中心的展望。

上述工作无疑凝聚了总公司领导班子和各部门的大力支持，也感谢你们从新疆公司组建起数次来到新疆一线，在高层协调、政策争取、财力支持等多方面的付出。另外，通过工作可以充分的体会到，这些工作汇集了新疆公司员工的努力和付出，也告诉我们必须提高走“群众路线”的能力，党的所有工作和一切发展都需要群众参与，党的群众路线没有捷径可走，也不是纸上写写、嘴上说说、墙上挂挂的空洞理论。基层干部是总公司党委直接面对群众的窗口，走“群众路线”方向正不正、步伐稳不稳、路子宽不宽、关系着民心相背，左右着党群命脉。

要保障“路线”不走样、不走调，必须要提高走“服务路线”的能力，党的全部工作的出发点就是为人民服务、为群众得利。总公司领导在数次赴疆调研中都亲临一线，对员工问寒问暖，明确指示我们基层干部要真心实意当员工的服务员，在涉及民生问题上，切实做到“民困我解、民需我帮、民求我应”。明确要求我们基层干部发挥宣传作用，通过建立党群思想沟通和合理有序的反映意见、建议的平台，把群众组织调动起来。对于基层作出的成绩，总公司主要领导和班子能亲临新疆公司对员工表示感谢，更让我们深刻体会到总公司班子和党委在群众路线上不折不扣的执行力。

三、扎根群众 实现发展

开展教育实践活动必须与整风整纪、严明纪律结合起来。当前，一些领导干部在如何对待人民群众上确实存在一些不容忽视的问题：如宗旨观念淡薄，高高在上、漠视群众；缺少关心群众疾苦，没有帮助群众解决实际困难和问题，有的把个人名利看得过重，缺乏为人民服务的精神和热情，甚至跌入贪污腐败的泥坑。因此，新疆公司在开展群众路线教育实践活动中把贯彻落实“八项规定”作为重要内容加强监督检查，围绕“八项规定”，制定了监督工作方案，明确监督检查的主要任务和基本要求，创新监督检查方式，坚持上级检查与自查自纠相结合。首先从我做起，从班子做起，我们严格制定了出差报销、接待规定等制度，比如出差按里程数控制交通工具、住宿按照低标准、工作餐限额等，每次活动和费用都在会议上公开。通过努力，我们使新疆公司全年管理费用从年初预算的600万元控制到500万元内，较年初预算节省100余万元，节省成本约占年初预算费用的20%，有效地控制了公司内部管理成本。这些工作就是要通过教育实践活动努力实现加强监督和促进工作的有机统一，严格执行纪律，严肃责任，着力整治形式主义、官僚主义、以权谋私等问题，抓作风、严党纪，切实解决我们在作风上可能存在的突出问题，调动大多数人的积极性，形成风清气正、干事创业的良好氛围，引导广大党员干部进一步牢固树立全心全意为人民服务的宗旨和以人为本的执政理念，以党风政风行风的不断好转真正凝聚员工的心。

在总公司主要领导的关心下，新疆公司在建立之初，就考虑到公司地处偏远、生活艰苦，在薪酬上按照国家规定，特意增加了偏远地区补贴；考虑到总部外派员工生活问题，提前划拨资金租赁了员工宿舍并置办了相应生活用具;考虑到饮食的差异，特意要求我们置办了员工食堂，解决了中午就餐问题；为丰富员工业余生活，在租建办公场所时就将文体活动室考虑在内，设置了文体室。总公司主要领导和班子成员在疆调研期间还饶有兴致地和员工组织了乒乓球赛活动。当员工家人生病住院时，我们组织探望，把关心带到家里，帮助解决困难。新疆公司目前虽然只有18名员工，但总公司特意指示我们在疆员工只要通过试用期就必须签订劳务合同，完成对员工社保的全额缴费，而且要求与驻疆央企一样规格缴纳；这一切都被员工看在眼里，感动在心里，所以才能有在工作上无穷的干劲和不折不扣的执行力。

总之，新疆公司按照总公司党委的布置和安排，通过教育实践活动的阶段性学习，使我和公司党员干部从思想上树立正确的群众观，明确党来自于人民、根植于人民，党的一切奋斗和工作都是为了造福于人民；在任何时候都要坚持正确的群众路线，坚持把人民利益放在第一位，要积极深入基层、深入群众、深入实际，在具体实践中站稳群众立场，增进对人民群众的感情、增强服务群众的本领。通过学习自己也找出不少差距和缺点，也决心按新标准改进和调整。今后要更好的加强学习不负重托，带领公司全体员工努力落实“两个千方百计”，忠诚公司，保持信念。在任何时候、任何场合都与总公司保持高度一致，我们一定把握时机，在新疆自治区资源进行再次优化配置中争取优良资源，实现新疆公司的发展，为集团和总公司的发展做出应有的贡献。

【作者：新疆中包能源投资有限公司副总经理】

在聚焦强军目标中着力提升党委能力建设水平

贾荣杰

实现强军目标必须以能力建设为核心要义，对于军分区、人武部来说，聚焦强军目标，提升党委能力建设水平应着力做到以下三个方面。

一、始终把服从命令、听指挥作为党委能力建设的关键点

党委能力建设是部队建设的核心内容。加强军分区、人武部党委能力建设必须在打牢高举旗帜、听党指挥、履行使命的思想根基上下功夫。一是坚定理想信念。坚定的理想信念是共产党人的强大精神支柱，也是我们党的强大政治优势。要围绕“真正信、学得深、贯彻好”要求，以学习贯彻党的十八大和习主席一系列重要讲话精神为契机，结合“坚定信念、铸牢军魂”和“学习贯彻党章、弘扬优良作风”两项重大教育活动，组织官兵认真学习党的基本理论；要紧贴形势任务，充分发挥驻地红色资源优势，组织官兵到红色战斗遗址、纪念场馆参观，抓好职能使命、革命传统和国防教育，引导官兵牢记强军使命、坚定强军信心、献身强军实践。二是铸牢军魂意识。要把保证听党指挥作为首要任务，深入抓好中国特色社会主义理论体系武装，引导广大官兵民兵毫不动摇地坚持党对军队绝对领导，坚决抵制“军队非党化、非政治化”和“军队国家化”

等错误政治观点的影响，一切行动听从党中央、中央军委和习主席指挥；持续开展“知党恩、报党情、跟党走”和“军魂永驻”等活动，大力宣扬我党我军的光辉历程和伟大成就，激发官兵立足本职、履行使命、献身国防的热情，确保官兵在大是大非面前头脑清醒、立场坚定。三是严守政治纪律。党的纪律是党的事业胜利的保证。要充分利用组织生活、集中学习、政治教育等时机，认真学习政治纪律“十不准”，引导官兵不听、不信、不传各种政治谣言，坚决贯彻执行上级各项决策指示，始终与党中央、中央军委保持高度一致；要切实增强政治敏锐性和鉴别力，旗帜鲜明、坚决反对社会上的错误思潮和不良现象，善于从政治上思考、处理问题，做到谋划决策坚持政治原则，处理问题考虑政治后果，言行举止注意政治影响。

二、始终把能打仗、打胜仗作为党委能力建设的聚焦点

能打仗、打胜仗是有效履行我军职能使命的根本目标，也是检验党委班子能力建设的根本标准。军分区、人武部加强党委班子能力建设，必须牢固树立练兵打仗、带兵打仗、时刻准备打仗的思想，努力提高领导部队遂行多样化军事任务能力。一是坚持把提高战斗力作为唯一标准。坚决响应习主席“召之即来、来之能战、战之必胜”的号召，把一切工作的出发点和落脚点放在提高部队战斗力上，广泛开展“牢固树立战斗力”这个唯一的根本的标准大讨论，围绕战斗力“标准怎么看、现状怎么样、建设怎么办”积极建言献策，真正把战斗力这个唯一的根本标准牢固树立起来，努力营造谋打仗、练打仗的浓厚氛围。二是扎实推进军事斗争准备。做好军事斗争准备，是军队和国防后备力量最紧迫的战略任务，与能打胜仗密切相关。作为军分区、人武部，就是要立足军事斗争准备实践，结合自身实际，积极协调军地关系，统筹抓好民兵转型建设、正规化建设和基层武装部规范化建设，走军民融合发展路子，大力加强国防动员建设，注重在完成多样化军事任务中锤炼队伍，有力促进军事斗争准备水平和履行使命能力全面提高。三是围绕应急应战加强训演练。面对新形势下军分区系统所担负的任务，严格按照“跟谁打，就针对谁练”、“任务是什么，就针对任务练”的要求，坚持高起点、高标准，强化遂行多样化军事任务的针对性训练，始终做到党委主动谋训、领导带头参训、机关科学组训，着力提高军事训练实战化水平；结合民兵可能担负的参战支前、抢险救灾、维稳处突、森林防火等应急应战任务，按照“平时战时结合、应急应战一体、经济军事兼顾、市场战场双赢”的思路，定期修订完善各类应急预案，积极组织民兵与驻地武警、公安开展一体化综合演练，使广大民兵真正成为平时能应急、战时能应战的突击力量。

三、始终把转作风、树形象作为党委能力建设的着力点

习主席指出，作风优良才能塑造英雄部队，作风松散可以搞垮常胜之师。作风优良是实现强军目标的根本保证，是党委能力建设的可靠保障。军分区、人武部处在军地结合部，其所处环境和工作特点，决定了人员经常与地方打交道，因此，党委更应该树好形象、带好风气。一是要做到有法必依。加强党委能力建设必须依据党的建设的根本法规，把依法从严治党的要求落到实处。首先是抓好法规学习，利用党委中心组学习、法纪教育等时机，持续开展学法规、用法规、守法规活动，让学法、知法成为自觉，让用法、守法成为习惯；其次是抓好建章立制，从组织领导、考核评估、监督制约等方面，对党委工作的各个环节进行具体规范，努力做到有法必依、执法必严；最后是抓好末端落实，提高各级法规制度执行力，明确细化责任，切实通过严制度、抓养成、正秩序，形成人人守纪、事事规范的良好氛围。二是要发扬实干精神。实干精神，就是习主席倡导的“钉钉子”的精神。要以踏石留印、抓铁有痕的狠劲，水滴石穿、铁棒磨针的韧劲和逢山开路、遇水搭桥的闯劲抓工作促落实，牢固树立正确的政绩观，坚持一切从实际出发，努力在求真务实上下工夫，坚持做到讲真话、出实招、干实事、求实效；坚持立言立行重实干，结合每年的当兵锻炼、蹲点调研工作，深入基层摸实情，扑下身子抓落实，只要是有利于单位全面建设、打基础利长远的工作，就要埋头苦干、紧张快干、真抓实干。三是要抓好廉政建设。牢固树立“以廉为荣、以贪为耻”理念，以开展党的群众路线教育实践活动为契机，深入学习习主席关于党风廉政建设的一系列指示精神，坚决反对“四风”，自觉抵制腐朽思想侵蚀，努力营造勤俭建军、厉行节约的鲜明导向；坚决把好选拔任用干部、大项经费使用、重大工程建设、兵员征集等重要关口，坚持原则，慎重用权，强化群众监督，公开透明处理敏感问题；党委班子成员要模范带头、廉洁自律，切实以自身的好形象促进党风廉政建设、以党委自身的好作风带动单位的好风气，不断推进军分区部队和国防后备力量建设加速发展转型跨越。

【作者：贵州省毕节军分区政治部主任】

做坚持党的群众路线的模范践行者

刘　军

党的十八大提出，要在全党深入开展以为民务实清廉为主要内容的党的群众路线教育实践活动，是我们党在新形势下坚持党要管党、从严治党的重大决策，是推进中国特色社会主义事业的重大举措，是实现党的十八大确定的奋斗目标的必然要求，是保持党的先进性和纯洁性、巩固党的执政基础和执政地位的必然要求，是解决群众反映强烈的突出问题的必然要求。这就要求广大纪检监察干部深刻认识这一活动的重大意义，正确把握肩负使命，以习近平总书记等中央领导同志重要讲话为遵循，不断强化宗旨意识，筑牢思想根基，站稳群众立场，带头做，身先行，作表率，以饱满的热情投身到活动中来，成为坚持党的群众路线的模范践行者。

一、坚定不移地贯彻执行党的群众路线

群众路线是我们党执政的生命线和根本工作路线。历史反复证明，人心向背最终决定一个政权的兴亡，决定一个政党能否长期执政。我们党能从小到大、由弱变强，靠得就是坚持群众路线，一切为了群众，一切依靠群众，坚持从群众中来、到群众中去，保持与人民群众的血肉联系，从广大人民群众中汲取丰富的营养，并为人民群众谋取实实在在的利益，无论是革命战争年代，还是和平建设时期，这都是我们党的力量之源和胜利之本。牢固树立和践行党的群众路线，继承和发扬密切联系群众的优良作风，是我们党的优良传统，良好作风是党不断夺取新胜利的重要保证。面对全面建成小康社会、实现“两个一百年”的奋斗目标和中华民族伟大复兴的中国梦，只有深深植根群众、始终保持党的先进性和纯洁性，才能有效应对“四大危险”、“四大考验”，巩固党的执政基础，实现党的执政使命。党的十八大决定在全党深入开展以为民务实清廉为主要内容的党的群众路线教育实践活动，以习近平同志为总书记的新一届党中央带头制定和践行八项规定，积极部署开展教育实践活动，适应了形势需要、顺应了群众期盼、反映了实践要求、体现了全党意志。当前，各级党组织和党员、干部贯彻执行党的群众路线情况是好的，党群干群关系也是好的，各级党组织和广大党员、干部较好地发挥了战斗堡垒作用和先锋模范作用。但在充分肯定这一主流的同时，必须清醒地看到，当前长期执政、改革开放、市场经济、外部环境带来的考验加大，精神懈怠、能力不足、脱离群众、消极腐败造成的危害加深，部分党组织在贯彻执行党的群众路线、维护群众切身利益上存在一些突出问题，部分党员、干部凌驾于群众之上、脱离群众现象还相当严重，集中表现在形式主义、官僚主义、享乐主义和奢靡之风这“四风”上。要聚焦“四风”问题，对准焦距、找准穴位、抓住要害，不“走神”，不“散光”，找准靶子，有的放矢。反对形式主义，要着重解决工作不实问题，教育引导党员、干部改进学风会风和工作作风，在反对分裂维护稳定等大是大非面前敢于担当、坚持原则，真正把心思用在干事业上，把功夫下到察实情、出实招、办实事、求实效上。反对官僚主义，要着重解决在群众利益上不维护不作为问题，教育引导党员、干部坚持民主集中制，深入实际、深入基层、深入群众，虚心向群众学习、真心对群众负责、热心为群众服务、诚心接受群众监督，坚决整治消极应付、推诿扯皮、侵害群众利益问题。反对享乐主义，要着重克服及时行乐思想和特权现象，教育引导党员、干部牢记“两个务必”，克己奉公、勤政廉政，保持昂扬向上、奋发有为的精神状态。反对奢靡之风，要着重狠刹挥霍享乐和骄奢淫逸的不良风气，教育引导党员、干部坚守节约光荣、浪费可耻的思想观念，做到艰苦朴素、精打细算，勤俭办一切事情。解决“四风”问题，要从实际出发，什么问题突出就着重解决什么问题，什么问题紧迫就抓紧解决什么问题，务求实效。要把“照镜子、正衣冠、洗洗澡、治治病”的总要求贯穿始终，主动对作风之弊、行为之垢来一次大排查、大检修、大扫除，有效解决党员、干部中存在的“四风”问题，进一步传承党的群众路线优良传统和作风，不断增强党组织的凝聚力战斗力，不断自我净化、自我完善、自我革新、自我提高，切实把群众关心的问题解决好。政之所兴在得人心，政之所废在逆民意。坚持党的群众路线关系人心向背、关系党的存亡、关系国家的兴衰，是共产党人必备的政治觉悟和行动准则。这就迫切需要各级党组织和党员、干部进一步加大作风建设的力度，始终坚持在任何时候任何情况下，与人民群众同呼吸共命运的立场不能变，全心全意为人民服务的宗旨不能忘，人民群众是历史创造者的观点不能丢，始终坚持立党为公、执政为民，以为民务实清廉的优良作风和良好形象，团结凝聚人民群众共同奋斗，实现伟大的中国梦。

二、破除隔离党与人民群众血肉联系的“四风”之墙

“四风”是背离群众路线的突出表现，犹如一堵无形的墙，将我们党与广大人民群众隔离开来。聚焦作风建设，集中解决“四风”问题，是党的群众路线教育实践活动的主要任务。纪检监察干部作为党的忠诚卫士和群众的贴心人，应以高度的政治自觉，积极参加教育实践活动，把思想和行动统一到中央决策部署上来，以强烈的事业心和责任感，以整风精神反对“四风”，勇于担当、勤于担当，为党分忧、为国尽责、为民奉献，真正让为民务实清廉的价值追求深深植根于思想和行动中。当前，要使群众路线教育实践活动取得实效，必须找准和着力解决党员、干部在“四风”方面存在的突出问题。习近平总书记对“四风”问题的种种表现，作了详尽列举、细致刻画和深刻剖析，令人深受教育、深感震撼、深为触动。这些问题，在党员、干部中程度不同地都有所表现，有的方面还相当严重，成为损害党群干群关系、制约改革发展稳定、影响跨越式发展和长治久安的重要因素。一是在理想信念、精神状态上，有的理想信念动摇、信心信仰缺失，对中国特色社会主义前途命运心存怀疑，对未来感到迷惘；有的工作缺少干劲、韧劲和闯劲，习惯于用老眼光看待新事物、照老经验处理新情况、按老办法解决新问题，困难问题摆得多、办法措施想得少，等靠要思想严重，软懒散拖问题突出；有的是非观念淡薄、原则性不强、正义感退化，奉行好人主义，搞无原则的一团和气，信奉多栽花少栽刺的庸俗哲学，平时工作只讲好听话，下基层调研只总结成绩，对存在问题视而不见，不敢也不愿提出批评；有的心思没有完全用在工作上，目标不明、动力不足，安于现状、不思进取，玩心重，沉湎个人爱好，热衷灯红酒绿，喜好赶酒场、跑饭局、拉关系。二是在大局观念、履职尽责上，有的党员干部使命意识、忧患意识不强，甚至身处险境不警觉；有的不关注社会主义市场经济发展，不顺应改革开放大势，不关心工作部署和形势任务变化，只重视自己的一亩三分地，不作为，甚至乱作为；有的有令不行、有禁不止，甚至搞“上有政策、下有对策”，对上级决策合意就执行、不合意就放一边。三是在宗旨意识、亲民为民上，有的机关部门和干部衙门习气重，高高在上、官气十足，门难进、脸难看、话难听、事难办，对远道而来上门办事的基层干部和群众态度不热情、服务不主动、办事不及时，不是千方百计帮助解决问题，而是故意推脱刁难、

一句“不行”打发了事，对群众困难疾苦视而不见，对基层诉求置若罔闻，把群众反映意见视为找麻烦，让基层干部和群众避而远之、不敢也不愿亲近；有的来自基层、身居一线，自以为熟悉群众，实际上并未与群众打成一片，“走官”现象严重，“身”“心”都远离群众，不了解群众需求、不明白群众心意、不在意群众态度，对百姓疾苦缺乏设身处地的感受；有的作决策、办事情不从基层实际和群众意愿出发，不怕群众不满意，就怕上级领导有看法，对上吹吹拍拍、低三下四，对下横眉竖目、盛气凌人；有的工作方法简单粗暴，对群众不尊重、不相信、不依靠，不愿做深入细致的教育引导工作，甚至训斥谩骂；有的不注重听取群众意见，漠视群众利益，与民争利，随意侵害群众合法权益。四是在求真务实、敢于担当上，有的不注重学习党的理论政策和做好工作所需要的知识，即使学习也是浅尝辄止、学用脱节，对市场经济规律不熟悉，对城镇化、新型工业化、农业现代化、信息化等满足于一知半解，知识面不宽、视野狭窄，习惯于拍脑袋决策、拍胸脯蛮干；有的缺乏科学思维、创新思维，工作中办法不多、能力不足，面对困难问题束手无策、无所作为、听之任之；有的长期在一个地方或部门主持分管某方面工作，身居其位不谋其政，不研究解决重大问题、工作多年没有思路、缺乏创新，往往碰到矛盾绕道走、见到困难躲着行、遇到麻烦向上推，致使面貌改变不大、遗留问题依旧；有的在家自我感觉良好，对内对下老子天下第一、争名争利争位次，对外交往则有畏难情绪、说话办事唯唯诺诺，抱有多一事不如少一事心理的不在少数；有的本本主义严重，简单地照搬照套上级指示，缺乏具体工作措施，用会议落实会议、以文件落实文件，说得多做得少、会议多落实少、发文多检查少，甚至说归说、做归做；有的没有树立正确的政绩观，缺少实干精神，急功近利、好大喜功，不重基础不顾长远，不讲成本不计后果，搞“形象工程”、“政绩工程”；有的在决策重大项目时，不重视规划、不了解市场、不研究政策，造成失误，留下一屁股烂账，最后拍屁股走人，不负任何责任，照旧当官升职；有的调研身下心不下，蜻蜓点水、走马观花，不愿深入到条件艰苦、困难问题集中、群众意见大的地方去，不着力了解、研究和解决问题，听准备好的汇报、看安排好的点；有的给上级调研设计“精品线路”，一年四季同一条线路、多位领导同一个现场、应付方方面面同一套程序。五是在清正廉洁、秉公用权上，有的唯我独尊、长官意志、独断专行，习惯于个人说了算，对民主集中制和“三重一大”制度执行不坚决、打折扣、搞变通，造成一些不必要的决策失误，甚至滋生了腐败问题；有的不愿改革、害怕开放，不守纪律、不讲规矩、不依法按章办事的现象屡见不鲜；有的背离了艰苦奋斗的优良传统和作风，花钱大手大脚，盲目上一些不适用不需要的项目；有的追求物质享受，情趣低俗、身心颓废，违规配车、多头占房，挥霍公款变相旅游、大吃大喝，什么朋友都敢交、什么钱财都敢收、什么场所都敢去；有的在选人用人上“以人划线”、“以地域划线”，任人唯亲、任人唯利、任人唯“用”，搞亲亲疏疏、团团伙伙；有的喜欢“傍大款”，利用权力插手工程项目，为了私利干预正当竞争，违规为私企担保，甚至搞官商勾结、权钱交易，结成腐败利益共同体，走到哪里带到哪里，在招标投标、土地出让、设备采购、环境治理、项目审批中违规操作、谋取私利，令人触目惊心。这些问题，严重损害党员、干部的形象，破坏党群干群关系，危害各项工作，必须认真加以解决。要坚持从实际出发，把解决党员干部身上实实在在的“四风”问题和群众生产生活中实实在在的困难问题，作为开展活动的有效载体和具体抓手，作为检验活动成效的重要标准，总结运用历年作风建设的经验，探索形成针对性强、管用有效的措施、抓手、载体和形式。要把查找问题、剖析问题、解决问题作为出发点和落脚点，以党性教育为核心，着力激发党员、干部解决问题的内在动力，敢于亮丑揭短，主动接受监督，坚持从自身改起、从现在改起，不等待观望、不敷衍塞责、不推诿扯皮，能够及早解决的就尽快解决，从群众最需要的地方做起，从群众最不满意的地方改起，努力造福人民群众，真正成为人民群众的贴心人、主心骨和领路人。

三、努力打造为民务实清廉的纪检监察干部队伍

为民是群众路线的出发点和落脚点，更是新的历史方位对党提出的必然要求；务实是群众路线的本质特征，更是在新的历史条件下改进作风的重要任务；清廉是群众路线的基本要求，更是在新的考验面前党要解决的紧迫课题。党的根基在人民、血脉在人民、力量在人民。广大纪检监察干部要成为党的群众路线的模范践行者和积极示范者，就必须坚决执行群众路线，思想上尊重群众、感情上贴近群众、行动上深入群众、工作上依靠群众，坚持问政于民、问计于民、问需于民，只有一心为了群众，群众需要什么就努力做什么，群众反对什么就坚决抵制什么，群众满意什么就自觉坚持什么，始终把人民利益放在心中最高的位置，作为工作的出发点和落脚点。在反腐倡廉建设中，要引导和促进广大纪检监察干部切实做到执政为民、自觉践行为民务实清廉，应增强维护群众权利、尊重群众意见、肯定群众创造、与群众同甘共苦、发挥群众作用“六种意识”，做到时刻警惕在工作方法上凌驾于群众之上、在工作作风上游离群众之外、在工作要求上混同于一般群众、在工作态度上明哲保身。突出三个自觉，一是自觉强化群众观点。群众的利益如果不是在心里扎下根，即便是与群众挤在一个坑沿上也想不到一块、说不到一起。要深刻认识人民群众是我们的衣食父母，是我们执政的根基和源泉，离开了人民群众的支持和信任，就会成为无根之木、无源之水。二是自觉站稳群众立场。广大纪检监察干部要经常深入基层、深入群众，多听来自老百姓的呼声，多想老百姓的感受，多看老百姓的生活状况，体会民生，发现我们工作的差距和不足，做到感情向群众倾注、政策向群众倾斜，不断克服交通方便了走近群众的身影却少了、信息灵通了解决群众反映的事情却慢了、生活富裕了和群众的感情却疏远了等弊端。与群众交不上心、说不上话，解决不了群众遇到的实际问题，在群众眼里就会无足轻重，在群众心中就不受尊重，群众就不会买账。三是自觉当好忠诚卫士。纪检监察干部肩负着维护党纪政纪、促进社会公平正义的神圣使命，必须忠诚于党、忠诚于人民、忠诚于事业。对党忠诚，就是无论何时何地都要保持清醒，做到政治信仰不变、政治立

场不移、政治方向不偏，经得起各种风险和诱惑的考验，始终做党的忠诚卫士。对人民忠诚，就是要牢记习近平总书记倡导的“人民对美好生活的向往，就是我们的奋斗目标”，想问题、作决策，干工作、办事情，不要先考虑形式怎么好看，而要先听群众怎么评判；不要先想领导高兴不高兴，而要先分析对群众实用不实用，请群众参与、让群众评判、受群众监督，以对人民负责、对党负责的态度，全身心地解决作风不实不正、行为不廉不洁和发生在群众身边的腐败问题，努力在提高群众工作能力、密切党群干群关系、全心全意为人民服务上取得新成效，努力用看得见、摸得着的实际效果让群众高兴、让群众满意，不断巩固党执政的群众基础。

【作者：新疆兵团纪委副书记】

党建工作要牵住责任制这个“牛鼻子”

——关于落实党建工作责任制的思考

彭江龙

党的十八大报告明确指出，“要落实党建工作责任制”。党建工作责任制，是党要管党、从严治党的具体体现，是确保党建工作常抓不懈、取得实效的有力保证，是从制度机制层面推动基层党建工作各项目标任务落实的重要举措。只有牵住落实党建工作责任制这个“牛鼻子”，才能有效推进党的建设新的伟大工程，全面提高党的建设科学化水平。

一、强化责任意识，真正用责任制管责任人

落实党建工作责任制是一个系统工程，核心在于责任上肩、任务落地，必须创新形式，严格程序，规范操作，形成“述职述党建、评议评党建、考核考党建、任用干部看党建”的党建工作责任体系。

一是构建“述职述党建”的体系链。落实党建工作责任制，党组织书记是第一责任人。要紧紧抓住书记履行党建工作责任述职这个关键环节，进一步强化地方党委和部门党组（党委）书记抓基层党建的责任意识。去年底今年初，湖南省分3批组织14名县市区委书记向省委组织部部务会进行党建责任述职，今年6月份又组织6名市委书记、省直部门党组（党委）书记向省委党建工作领导小组进行党建责任述职。在具体操作中，注重科学设计党建责任述职流程，抓实了几个关键环节，着力提升“述职述党建”的科学性。一是从严把关述职报告。明确规定述职内容，要求书记以述党建责任为主线，着重报告自己在抓党建工作中所做的工作、所起的作用，集中述带头履行党建工作责任情况、抓党建工作总体情况、党建工作存在的问题和不足、下一步抓好党建工作的打算等四个方面的内容。明确提出三类述职报告打回重写，即对只述工作不述责任的打回重写，对只述成绩不述问题的打回重写，对语言拖沓、内容空洞的打回重写，防止班子述职代替书记述职、部门工作代替书记工作、工作总结代替述职报告。明确要求用事实说话、用数据说话、用实实在在的工作举措说话，让没干事的没话说，没干好的述不好。二是扎实开展述前考核。召开述职会议前，省委组织部专门派出考评组，赴述职对象工作所在地，采取查阅资料、座谈交流、实地查看等方式，不打招呼、不要陪同、不看“规定景点”，随机抽查乡镇（街道）、村（社区），随机查看基层党组织各类党建工作资料，随机走访村（社区）干部、党建工作指导员、科学发展指导员和党员群众。注重多渠道掌握真实情况，认真听取巡视组的意见，充分运用班子年度考核、换届考察等结果，做到多方情况相互补充、相互印证，防止述职对象虚报浮夸。三是创新设置现场提问。在会议述职中设置现场提问环节，由基层一线党代表向述职对象直接提问，增强会议述职的互动性、开放性。党组织书记管党意识强不强，管党职责履行到不到位，在现场提问环节中可以得到最直接、最充分的体现。如有基层党代表提出，“如何看待基层党建和城乡统筹发展的关系”、“如何破解村级集体经济发展难题”、“如何破解处置不合格党员难题”等等，这些问题与现实扣得很紧，只有熟悉这些情况并作过思考的书记才能对答如流。四是切实强化述后整改。把述前考核情况、测评情况以及存在的主要问题，及时反馈给述职对象，要求作出整改承诺，制定整改方案，明确整改措施、目标和时限。组织力量不定期抽查，对整改情况跟踪督查问效，确保整改措施落到实处。将整改情况纳入下一年度书记述职的重要内容，明确在下年度述职时，首先汇报整改情况，切实增强了书记的履职尽责意识。

二是扩大“评议评党建”参与度。要建立广泛、畅通、有效的评议渠道，着力提高书记履行党建工作责任评议的公信度。坚持上级领导评价与基层党员群众评议相结合。述职会议既要邀请党建工作部门的同志参加，更要邀请部分基层一线党代表和基层党组织书记、普通党员参加，把上级领导评价与基层党员评议有机结合起来，提高评议工作的参与面和透明度。同时，可在述职对象所在地随机抽样党员群众进行测评，广泛听取基层一线的声音。坚持网上评议与现场评议相结合。在科学组织现场评议的基础上，创新评议形式，可以把会议述职视频在党建、政务网站展播，组织当地党员群众对述职对象履行基层党建工作责任制情况进行评议。安排专人在线值班，对党员群众提出的意见建议分类整理、及时回复，有价值的意见建议原汁原味反馈给述职对象。湖南省在组织县市区委书记向省委组织部部务会进行党建工作责任述职时，开辟网上评议渠道，赢得了广大网民的积极响应，激发了党员群众的参与热情。

三是舞活“考核考党建”指挥棒。要充分发挥考核“指挥棒”的作用，以考评促党建，使党建工作由“软任务”变为“硬指标”。一要将党建工作情况纳入党委、政府绩效考核。将党建工作同经济工作、中心工作一起研究、一起部署、一起考核。湖南省长沙市将抓基层党建情况纳入各级党委、政府绩效考核评价体系，在对各县市区、市直部门单位的绩效考核中，党建工作分别占考核总分的15%和8%。郴州市每年确定年度基层党建工作重点任务，层层签订基层党建工作目标责任书，做到职责明确，责任到人。二要将党建工作情况纳入领导班子和领导干部年度考核。湖南省在省管领导班子和领导干部年度考核工作基本程序中明确提出，“党委（党组）领导班子工作总结和党员领导干部述职述德述廉报告要将履行基层党建工作责任制情况作为重要内容”，把履行党建工作职责的情况纳入日常考核范围，明确履行党建工作职责情况的量分权重。三要将党建工作情况纳入换届考核。对照各级领导班子和领导干部提出的任期目标，查看党建工作职责是否履行到位、党建工作目标是否全部实现、党建工作任务是否圆满完成，建立任期党建工作实绩档案。

四是树立“任用干部看党建”风向标。注重运用党建工作考核结果，将党建工作考核情况作为相关责任人选拔任用、岗位调整、培训教育和奖惩的重要依据，树立良好的用人导向。一要实行考核结果与评先评优挂钩。把落实党建工作责任考核结果作为评先评优的重要依据，在表彰先进基层党组织、优秀共产党员和优秀党务工作者时，对抓党建工作成绩突出的党组织及其负责人优先考虑。对党建工作连续两年被评为“基本合格单位”或一年被评为“后进单位”的，取消考核对象当年评先评优资格，党组织书记或分管领导两年内不得提拔重用。二要实行考核结果与跟踪问责挂钩。对落实党建工作责任不力，测评得票率偏低的，要进行诫勉谈话或者组织调整；组织考核检查发现存在的问题，要及时指出、跟踪问责、督办整改，并视具体情况作出组织处理。三要实行考核结果与干部任用挂钩。把党员干部的选任与党建目标管理考评结果挂钩，对履职认真、业务精通，所在单位党建工作任务完成好的党员干部，在同等条件下优先提拔重用。

二、强化问题意识，坚持用务实作风解决实际问题

问题是时代的声音。一个先进的政党，总是善于在众声喧哗中听清楚时代的声音，正视问题，解决问题。新形势下，党建工作越来越呈现出综合性、复杂性、动态性的特点。要强化问题意识，在发现问题、剖析问题、解决问题中真正落实党建工作责任制。

一是着力解决责任主体认识不高的问题。在落实党建工作责任制过程中，有的党组织书记对什么是党建工作责任制把握不准确，不知道自己该抓什么；有的对为什么要抓党建工作责任制认识不到位，认为党建工作是务虚的工作，不亲自抓、不亲自管；有的对怎么抓党建工作责任制思路不清晰，工作方式简单，创新举措不多。强化党组织书记的管党责任，要牢固树立“抓好党建是本职，不抓党建是失职，抓不好党建是不称职”的责任意识，明确各级党组织书记的管党责任和基层党建工作目标任务，着力增强各级党组织书记抓党建工作的思想自觉和行动自觉。要建立书记抓党建工作公开承诺制度，促使书记“亲自部署重要工作、亲自过问重大问题、亲自协调重点环节、亲自督办重点事项”，增强书记抓基层党建工作的责任感和紧迫感。要建立党组织书记联系点制度，引导各级党组织书记选择党的工作力量比较薄弱、工作难度大的地方作为联系点，深入联系点开展调研，力争把联系点建成示范点，以点上经验指导面上工作，做到联系一个点，抓好一条线，促进一大片。

二是着力解决制度机制不健全的问题。落实党建工作责任制是一项创新性工作，制度机制不够完善，还存在指导不够、工作开展不平衡；标准不科学、人为因素影响较大、工作连续性不强等问题。把党建工作责任制落到实处，要健全党建工作领导小组工作制度，每年初根据中央有关精神和当地实际制定年度工作要点，平时要采取定期检查、随机抽查、集中督查等形式，加强检查指导，分析党建工作存在的问题和不足，提出改进的意见建议，促进问题及时有效解决。要完善书记履行党建工作责任述职制度，抓实“三级联述联评联考”，书记述职时要敢于直面问题、突出查摆问题、深刻剖析问题，通过党组织书记自找差距、自加压力，进一步强化履责意识。各党组织召开述职会议前，要向上一级党组织报告，上一级党组织要规范述职要求、派人到会指导。对工作中和述职时发现的党建工作问题，党组织要及时提出整改要求，制定整改方案，明确整改内容、时限和责任人，作出整改承诺。上级党组织对重点问题整改情况要跟踪督查问效，对整改意识不强、整改措施不力、整改效果不好的采取相应的组织措施，同时将整改情况纳入下年度专项述职的重要内容，防止“年年提问题、年年是问题”。

三是着力解决党员群众参与不广的问题。党员群众的参与和支持是做好党建工作的源动力，是解决问题的有效监督，是落实党建工作责任制的根本保证。个别地方党建工作仍存在“上面热、下面冷，干部热、群众冷”的现象，部分群众缺乏信息来源和参与渠道，参与积极性不高，不知道怎么参与，有的甚至认为参不参与一个样。落实党建工作责任制要坚持走群众路线，注重激发群众参与积极性。要突出群众主体地位，构建群众参与机制，在电视台、广播、报刊、网站开辟党建工作专栏，建立党委部门新闻发言人制度，积极推进基层党务公开，充分调动基层党员干部和群众关心党建、关注党建、参与党建的积极性。2010～2012年，湖南在全省开展“我身边的优秀共产党员”群众推荐活动，共有2990余万人次参与推荐、6340余万人次参与网络和短信投票，推出身边的典型8.9万余名，群众参与党建工作的热情被充分激发出来。要认真总结推广基层党建创新的成功经验，积极拓宽群众参与渠道。要充分听取吸收群众意见，把民意作为评价党建工作的重要标准，把落实党建工作责任制过程作为集思广益解决党建工作问题的过程。湖南省第十次党代会前开展“问政于民、问需于民、问计于民”活动，收到意见建议52021件，书记省长与“三问”活动参与者面对面交流，听取他们的意见建议，并将群众的诤言良策认真吸纳到党代会报告中，落实到工作实践中，得到了党员群众的欢迎。

三、强化创新意识，探索新举措谋求新突破

落实党建工作责任制，各地已经有了许多成功的实践。毋庸

讳言，一些地方也出现了厌烦情绪、应付思想。要坚持探索创新，进一步完善工作制度机制，进一步创新方式方法，进一步健全考评体系，致力形成责任明晰到位、活力迸发涌流的党建工作新局面。

一要着眼形成合力，创新工作机制。地方党委和部门党组（党委）要把党建工作纳入重要议事日程，坚持书记抓、抓书记，各级党组织书记要切实履行“第一责任人”职责，拿出足够的时间和精力抓党建工作，着力抓总体谋划、抓示范带动、抓重点突破、抓基础保障、抓制度机制建设、抓一些重大举措的落实。党建工作仅靠“书记抓”还不够，要切实抓好责任分解，科学界定责任主体，明确党组织班子成员各自职责，做到人人肩上有担子，形成一级抓一级、一级带一级、一级对一级负责的纵向到底的层级责任体系和党委统一领导、组织部门牵头协调、行业系统具体指导、有关方面积极履责的横向到边的齐抓共管格局。要充分发挥党建工作领导小组对党的建设牵头抓总、统筹协调、督查指导的作用，完善党建工作领导小组议事制度、例会制度，定期召开党建工作领导小组会议，通报重要情况，谋划和研究党建工作。

二要着眼务实管用，创新述职方式。要科学设计党建责任述职流程，扎实开展述前考核、从严把关述职报告、精心组织述职会议、切实强化述后整改。同时，党建责任述职不仅仅体现在述职会议的十几分钟内，也不仅仅是准备述职的十天半个月，还要把年初谋划部署党建工作、平时推进落实、阶段性督导检查、随机抽查、年底考核测评都作为述职的重要组成部分，形成完整的述职体系“链条”，不断增强党建责任述职的科学性、严谨性和实效性。要防止“重述轻做”、“述实不一”，避免述职次数多了流于形式，在进一步完善已有述职方式的同时，省、市、县、乡各级根据实际情况，探索新的述职方式，在有条件的情况下，可以开展脱稿述职、视频述职、到基层现场述职、会场随机抽样述职；探索将述职过程通过电视直播、广播、网络展播等方式“晒”出来，同时开通互动平台，建立广泛、畅通、有效的述职评议渠道，进一步扩大群众参与度；探索上级领导评与党员群众评相结合、网上评议与现场评议相结合、定性评议与定量测评相结合，多维度、多层面评议党建工作，促使党组织书记进一步强化党建“第一责任人”意识，切实履职。

三要着眼常态长效，创新考核办法。要紧扣中心、服务发展，科学制定党建工作规划，把党建工作纳入全局性工作来考核，把考核工作同发展目标结合起来，以落实科学发展观的实际成效作为考核评价的基本依据，推动基层组织围绕科学发展改进工作、提高水平、增强能力。要科学合理、简便易行。科学设置考核内容和指标，坚持责权利相统一、注重指标设置的系统性、全面性和差异性，实出考核指标的合理性、可操作性和针对性，最大限度地量化党建工作目标内容和考核标准，对确实难以量化的内容，进行定性分析，提炼出精炼准确的考核指标，努力把党建工作由标准模糊的“软任务”转变为责任量化的“硬指标”。要加强分类指导、完善考核办法。根据不同区域、不同层次、不同类型，构建各有侧重、各具特色的机关、乡镇、街道、社区、村、学校、医疗卫生单位、国有企业、非公经济组织、新社会组织等基层党建工作考核评价体系，改进考核方式方法，把基层党建工作综合考核同分领域考核、分行业考核、分群体考核结合起来，统筹年终考核和平时考核、组织考核与群众测评、定性考核与定量考核、资料台账考核与实绩考核，力戒繁琐，讲求实效，避免形式主义，增强党建工作考核的科学性。

【作者：中共湖南省委组织部党建研究所所长】

一个老党员的党建之路

刘振常

我叫刘振常，今年 75 岁。14 岁在晋中二院参加工作。2000 年退休应聘到宏艺工作，2002 年在县委组织部的大力支持下，宏艺在全县民营企业中率先成立了党总支，我担任了党总支书记。

一、党组织是发展的引领者。如何发挥党组织和党员的作用？我认为有作为，才能有地位、有权威。2003 年突如其来的非典，造成一片恐慌。面对疫情，全体党员发挥表率作用，站在抗非第一线。我每天工作到凌晨，下车间巡视、了解情况、测体温、安抚情绪、为员工购置预防药品和消毒液……经过努力，全公司无一人感染，党组织得到了大家的交口称赞！

2009 年一场 60 年不遇的雪灾，使公司扶持农民建起的大棚遭遇了灭顶之灾……我连夜部署救灾工作，带领党员、团员、民兵 200 余人奋战两昼夜，将 180 多个大棚全部修复，为公司挽回 100 多万元损失。

十一年来，靠着党的坚强领导，宏艺从 10 余名党员，发展成五个支部 41 名党员，宏艺公司也由单一的玻璃器皿厂，发展成集玻璃器皿、新型化工、天然气、农业专业合作社为一体的产业集团。

二、员工是财富的创造者。如何团结凝聚员工？我认为只有无微不至地关心关爱，才能形成企业发展的强大合力、筑牢企业党建的牢固根基。十几年间，我为宏艺员工免费看病 2000 多人次，护送危急病人进行急救 1000 多人次；帮助 10 多名后进青年变为先进并入党，有的提拔为业务骨干；建立了党企联席会议制度，保障企业员工工资年增长 10%，工伤保险全员缴纳，我成了职工最依赖的人，他们都亲切地叫我“刘爷爷”。2009 年金融危机时，我代表全体职工与企业签合同，确定不裁员、不减薪，解除员工顾虑。第二年，企业产值就增加了30%。

三、文化是企业的灵魂。如何使企业文化潜移默化影响员工？我认为只有将党建与文化建设、与职工素质提升有机结合起来，才能激发更大的活力。2008年，我筹划建立了“职工书屋”，并坚持每天学习2小时。十一年来，我写下23本共六七百万字的读书和党建工作笔记。在我的影响下，职工读书蔚然成风。2011年，我代表企业全权负责驰名商标的申报工作，在工商部门的全程帮助下，“宏艺”被认定为“中国驰名商标”，不但彰显了品牌文化，还大大提升了企业效益。我们每年组织文艺表演、文体活动，形成了“享受工作、快乐生活、接受挑战、永不言败”的企业文化。引领企业致富思源，回报社会，累计捐款1千万元以上。

毫不夸张地说，宏艺党组织在当地是呱呱叫的。2011年县非公工委依托工商局成立，他们熟悉经济，熟悉企业，抓党建既合适又给力，使我们的工作又上一个台阶。先后获得“全国模范职工之家”、“全省非公企业先进党组织”等100多项荣誉。我本人也获得了“山西省关心下一代先进个人”、“晋中市劳动竞赛委员会一等功”、“晋中市雷锋式好党员”等称号。

四、党建离不开创新。如何团结更多的党员、发挥更大的作用？我认为，必须拓展党建工作平台，凝聚红色能量，把党的温暖送到千家万户。2012年，我成立了“刘振常党建工作室”。工作室以我个人名字命名，我自己也有压力，是组织部、工委和工商局的大力支持，坚定了我的信心。工作室依据“立足企业、多元共建、辐射周边、服务社会”的原则，使服务的范畴更大，受益的群众更多。工作室是个大课堂，来自社会各行各业的30多名党员志愿者加入了工作室，先后促成宏艺党总支与其他5家非公企业和社会党组织“联姻”，党建共抓，发展共赢；设立了“党员加油站”，11家非公企业通过共同举办活动。共接待来电来访176人次，化解物业群体矛盾6起，开展社会公益活动9次。

宏艺的党建之路，也是公司发展的强盛之路。“党建工作室”的探索之路，也是党员和群众互相帮助、共谋发展的和谐之路。这就是我——一个老党员不懈奋斗的党建之梦！

【作者：中共山西宏艺玻璃器皿有限公司】

第五编

反腐倡廉和思想政治工作与贯彻“十二五”规划

谈西柏坡精神与党风廉政建设

李继林

在中国革命历史上，西柏坡曾是党中央和毛泽东指挥辽沈、平津、淮海三大战役，领导中国人民夺取全国政权，进入北京前的最后一个农村指挥所。同时，西柏坡也是中共七届二中全会召开的地方。在此次全会上，以毛泽东为核心的第一代中央领导集体倡导的“两个务必”和廉洁自律的执政方略，为新中国开创了反腐倡廉的一代新风。艰苦奋斗、始终与人民群众保持血肉联系的西柏坡精神，半个多世纪以来，一直成为我们党在执政过程中加强自身建设，反腐倡廉、永葆生机与活力的精神法宝，代代相传。

一、西柏坡所蕴含的“两个务必”精神，是党风廉政建设的理论基础

1．毛泽东提出的“两个务必”，既是对全党进京赶考的谆谆教诲，也为我党廉政建设奠定理论基础

在全国革命胜利前夕召开的党的七届二中全会上，毛泽东同志告诫全党，务必使同志们继续地保持谦虚、谨慎、不骄、不躁的作风，务必使同志们继续地保持艰苦奋斗的作风。针对夺取全国政权后党内在作风方面出现的一些情况和问题，毛泽东同志严肃地指出，一切党员干部利用职权贪污和浪费都是严重的犯罪行为；必须毫不迟疑地开除一批贪污蜕化分子，撤销一批严重的官僚主义分子和居功自傲、不求进取、消极疲沓、毫不称职分子的领导职务；一定要警惕官僚主义作风，不能形成一个脱离人民的贵族阶层；无论任何人，都要接受党的监督，接受民主党派和党外人士的监督。他提醒全党干部要特别警惕敌人“糖衣炮弹”的攻击。他深刻指出：“我们很快就要在全国胜利了……因为胜利，党内的骄傲情绪，以功臣自居的情绪，停顿起来不求进步的情绪，贪图享乐不愿再过艰苦生活的情绪，可能生长……可能有这样一些共产党人，他们是不曾被拿枪的敌人征服过的，他们在这些敌人面前不愧英雄的称号；但是经不起人们用糖衣裹着的炮弹的攻击，他们在糖弹面前要打败仗。我们必须预防这种情况。夺取全国胜利，这只是万里长征走完了第一步。”他还告诫全党：“中国的革命是伟大的，但革命以后的路程更长，工作更伟大，更艰苦。这一点现在就必须向党内讲明白，务必使同志们继续地保持谦虚、谨慎、不骄、不躁的作风，务必使同志们继续地保持艰苦奋斗的作风。”全会还根据毛泽东的提议，作出了禁止给党的领导人祝寿和用党的领导人的名字作为地名等廉洁自律的6条规定。以毛泽东同志为核心的党的第一代中央领导集体在反腐倡廉方面的重要论述，成为毛泽东思想的重要组成部分。

2．邓小平强调党风廉政建设必须保持艰苦奋斗的传统

在新时期，邓小平同志一直反复强调全党要保持和发扬艰苦奋斗的光荣传统。他认为这是中国几十年建设中得出的经验。为了缩短和消除两三个世纪至少一个多世纪所造成的差距，必须下长期奋斗的决心。在相当长的一段时间里，我们始终要提倡和实行艰苦创业。“中国搞四个现代化，要老老实实地艰苦创业。”他提出，要把艰苦奋斗的创业精神作为实现四个现代化的一个保证条件，“在相当长的一段时间里，我们不能不提倡和实行艰苦创业。”“提倡艰苦创业精神，也有助于克服腐败现象。”(《邓小平文选》第3卷第306页)他说，建国以来我们一直在讲艰苦创业，后来日子稍微好一点，就提倡高消费，于是，各方面的浪费现象蔓延，加上思想政治工作薄弱、法制不健全，什么违法乱纪和腐败现象等等，都出来了。他强调，“应该保持艰苦奋斗的传统。坚持这个传统，才能抗住腐败现象。”(《邓小平文选》第3卷第290页)1989年春夏之交的政治风波后，他又指出艰苦奋斗是我们的传统，艰苦朴素的教育今后要抓紧，一直要抓60至70年。我们的国家越发展，越要抓艰苦创业。

3．江泽民提出党风廉政建设的“八个坚持”、“八个反对”，艰苦奋斗的理论得到发扬

在江泽民担任总书记期间，党的建设面对的一个新的重大挑战是腐败，众多腐败现象中又以“官吏的腐败、司法的腐败”为“最大”。江泽民说，这个问题不解决好，“就会走到邪路上去，就有亡党亡国的危险”。在他的讲话中，艰苦奋斗经常和反腐败并提。

1991年9月21日，江泽民来到西柏坡纪念馆，他留下了“牢记两个务必，建设有中国特色的社会主义”的题词。1997年1月29日，他以《大力发扬艰苦奋斗的精神》为题，在中央纪委第八次全会上作重要讲话。2001年9月，在中共十五届六中全会上，通过了《关于加强和改进党的作风建设的决定》。提高党的领导水平和执政水平、提高拒腐防变和抵御风险能力，被视为新时期党的“两大历史性课题”。《决定》提出了“八个坚持、八个反对”，其中有一条就是“坚持艰苦奋斗，反对享乐主义”。2002年9月18日，江泽民在他主持召开的十六大报告起草组全体会议上说：面对复杂的国际局势，面对繁重的改革和建设的任务，要向全党同志十分鲜明地强调，务必增强忧患意识，务必居安思危，要清醒地看到我们面临的困难和挑战，清醒地看到我们工作中存在的问题，清醒地看到激烈的国际竞争给我们带来的巨大压力，继续谦虚谨慎、艰苦奋斗，同心同德地把党和国家的事业不断推向前进。艰苦奋斗的主题，在党风廉政建设中提高到一定程度。

4．胡锦涛总书记重提“两个务必”，升华了艰苦奋斗作

风在党风廉政理论建设中的地位

党的十六大结束不久，新任总书记胡锦涛与中央书记处的同志到西柏坡学习考察时又强调指出：“坚持艰苦奋斗，根本目的就是要为最广大人民的根本利益而不懈努力，不断把人民群众的利益维护好、实现好、发展好。”做到“权为民所用，情为民所系，利为民所谋”。他殷切希望全党同志特别是领导干部要牢记我国的基本国情和我们党的庄严使命，牢记全心全意为人民服务的宗旨，牢记党的基本理论、基本路线、基本纲领和基本经验，牢记党和人民的重托和肩负的历史责任，大力弘扬艰苦奋斗的精神，坚持立党为公，执政为民，真正为人民掌好权，用好权，做到夙兴夜寐，勤奋工作。

他在 2001 年的一个座谈会上指出，群众路线是党的生命线，艰苦奋斗是党的传家宝。我们要走的路还很长，我们肩负的任务还很重，我们可能遇到的困难和挑战还会很多，我们必须始终谦虚谨慎、艰苦奋斗。一个没有艰苦奋斗精神作支撑的民族，是难以自立自强的；一个没有艰苦奋斗精神作支撑的国家，是难以发展进步的；一个没有艰苦奋斗精神作支撑的政党，是难以兴旺发达的。

改革开放以来，正是因为我党始终十分警惕日益复杂的国内外政治经济环境对党风带来的影响，始终坚持用党的理想、性质、宗旨和与时俱进的科学党建理论教育全体党员，始终注意保持党同人民群众的血肉联系，大力弘扬艰苦奋斗的优良传统和作风，努力从思想上筑起拒腐防变的堤防，才使我们党保持蓬勃的生机与活力，在对外开放和发展社会主义市场经济的环境中，经受住各种困难和风险的考验。

二、西柏坡所孕育的“血浓于水的人民群众的血肉联系、全心全意为人民服务的精神”是党风廉政建设的思想基础

1．西柏坡时期的斗争实践证明：血浓于水是革命胜利的基础，是我们党弥足珍贵的精神财富和与时俱进的精神动力

中国共产党取得中国革命的胜利，并没有得天独厚的条件，相反要面临的常常是敌人的围剿、装备的落后和物资的贫乏。中国共产党之所以能够一次次战胜困难，是因为她深深地植根于民众之中，因而有无尽的民气为之所用。当年的西柏坡，流传着这样一首民谣：“最后一碗米，送去做军粮；最后一尺布，送去做军装；最后的老棉被，盖在担架上；最后的亲骨肉，送去上战场”。满目沧桑的百姓，在只剩“一碗米”、“一尺布”、“一床被”的时候，毫不犹豫的送给军队，送到前方。胡锦涛总书记在西柏坡纪念馆看到图片上挑着扁担、推着小车艰难前进的支前大军，他感慨道：“正是依靠人民的支持，我们党的事业才获得了不断胜利前进的基础。”试想没有这样的群众，哪会有革命的胜利？同样，没有爱民的军队，哪有这样的群众？党离不开人民，人民离不开党，这是一个不可改变的历史结论。只要彰显了人民的伟力，就没有战胜不了的困难，是中国共产党在西柏坡时期的斗争实践再次证明了的真理，也是这一时期留给我们的重要精神财富之一。

2．加强党风廉政建设 必须坚持全心全意为人民服务的思想

“水可载舟，亦可覆舟”。党的执政地位能否巩固，取决于人民群众对党的信赖和拥护，而这又取决于全体共产党员先锋模范作用的发挥，取决于党的干部正确使用人民授予的权利，勤政廉洁。所以加强党风廉政建设必须是广大共产党人牢牢树立宗旨意识，从能从思想上、源头上杜绝腐败现象的发生。

胡锦涛同志在建党 90 周年讲话中强调：“全党同志必须牢记，密切联系群众是我们党的最大政治优势，脱离群众是我们执政后的最大危险。”所以，我们要坚持把人民群众的利益放在第一位，切实做到关心群众、依靠群众，倾听群众呼声，解决人民群众迫切希望解决的问题，把发展好、维护好人民群众根本利益作为一切工作的出发点和落脚点。每一个党员都应认识到腐败和官僚主义是关系到人心向背和党的生死存亡，必须采取坚强有力的措施，将反腐斗争卓有成效地进行下去。

当今，时代在变，观念也在变。尤其是我们的手中拥有了各种各样的权力以后，诱惑和考验越来越多。所以在思想作风上，有人实事求是，有人以空对空；有人依靠群众，有人崇尚权力。在工作作风上，有人满腔热忱，有人冷若冰霜；有人脚踏实地，有人急于求成。在生活作风上，有人一尘不染，有人浑浊不清；有人举止高雅，有人灯红酒绿。因此，必须加强革命传统教育，时刻牢记党的宗旨，大力弘扬西柏坡精神，确保“两个务必”一代一代传下去，使“两个务必”，不仅应当成为中国共产党人永远保持的优良作风，而且应当成为全体中国人民永远保持的优秀品质。

3．党风廉政建设必须坚持以人为本的思想

胡锦涛强调，党风廉政建设和反腐败斗争贯彻落实以人为本、执政为民。在第十六届中央纪委五次全会上，胡锦涛总书记明确指出：“我们党的执政能力和执政地位从根本上说都来自于人民。人民群众的拥护和支持，是党执政最牢固的政治基础和最深厚的力量源泉。坚持自觉反腐倡廉，是我们党同一切剥削阶级政党的本质区别之一。”因此，他强调：“只有切实抓好党风廉政建设和反腐败工作，我们党才能始终得到最广大人民的拥护和支持，才能不断提高执政能力、巩固执政地位，永远立于不败之地。”在党的十六届六中全会，胡锦涛同志又进一步指出：“反腐倡廉是加强党的执政能力建设和先进性建设的重大任务，也是维护社会公平正义和促进社会和谐的紧迫任务。”在党的十七大报告中，胡锦涛总书记又进一步指出：“中国共产党的性质和宗旨，决定了党同各种消极腐败现象是水火不相容的。坚决惩治和有效预防腐败，关系人心向背和党的生死存亡”。

要着力加强以人为本、执政为民教育，加强党的性质和宗旨教育，引导党员干部牢固树立群众观点、坚持党的群众路线，自觉站在人民群众的立场上，坚持思想上尊重群众、感情上贴近群众、工作上依靠群众，始终与人民群众同呼吸、共命运、心连心。要着力建立健全体现以人为本、执政为民要求的决策机制，作决策、定政策必须充分考虑群众利益、充分尊重群众意愿，统筹协调各方面利益关系，坚持问政于民、问需于民、问计于民，坚持科学决策、民主决策、依法决策。要着力按照法律法规和政策开展工作，大力增强法治观念和依法办事意识，大力推行依法行使权力，大力提高依法办事能力，大力实施各项公开制度，保证权力在阳光下运行。要着力维护人民群

众权益，保障人民群众的经济、政治、文化、社会等各项权益，切实把改善人民生活作为正确处理改革发展稳定关系的结合点，切实解决损害群众利益的突出问题，切实健全党和政府主导的维护群众权益机制，完善中央惠民政策落实保障机制。要着力查处损害群众切身利益的案件，维护群众利益。要着力加强基层干部队伍作风建设，教育引导基层干部加强党性修养，继承和发扬党的优良传统和作风，帮助基层干部掌握新知识、新技能、新本领。要理解基层工作的困难、体谅基层干部的艰辛，真正重视、真情关怀、真心爱护基层干部，使他们不断为党和人民作出新的工作业绩。

胡锦涛总书记的这一系列重要论断，与西柏坡精神一脉相承，从党的本质、宗旨以及提高党的执政能力、巩固党的执政地位的高度深刻揭示了反腐倡廉建设的战略意义，彰显了我们党反腐倡廉的坚定决心。

三、西柏坡革命圣地所孕育的红色文化，是党风廉政建设教育基地和精神源泉

1．充分发挥教育基地作用，实施教育“反腐倡廉的基础工程”，筑牢党员干部的廉政防线

思想是行动的先导。充分发挥思想道德教育在反腐倡廉中基础作用，这是中国特色的反腐倡廉道路的重要特点。改革开放之初，党中央明确指出，克服腐败现象，“要解决思想问题，也要解决制度问题”，“根本问题是教育人”。20世纪90年代以来，党中央进一步指出，“加强思想政治建设，就是一项很重要的预防措施，同打击和惩处违法犯罪、加强制度建设是相辅相成的”，明确肯定了思想道德教育在反腐倡廉中的基础作用。十六大以来，党中央明确地把教育和制度、监督相并列，纳入惩治和预防腐败体系和六项工作格局之首，强调要把思想道德教育作为“反腐倡廉的基础工程”来抓，不断夯实廉洁从政的思想道德基础，筑牢拒腐防变的思想道德防线。从而把反腐倡廉教育置于前所未有的高度。十七大对加强党的作风建设和反腐倡廉建设提出了一系列新要求、新思路、新举措。报告明确指出：“严格执行党风廉政建设责任制。坚持深化改革和创新体制，加强廉政文化建设，形成拒腐防变教育长效机制、反腐倡廉制度体系、权力运行监控机制”，“深入开展党风党纪教育”，“切实改进党的作风”；重申“要加强领导干部廉洁自律工作，提高党员干部拒腐防变能力。坚决纠正损害群众利益的不正之风，切实解决群众反映强烈的问题。坚决查处违纪违法案件，对任何腐败分子，都必须依法严惩，决不姑息！”

为落实中央一系列会议精神，党的领导干部应学习西柏坡精神，利用好这块教育基地，筑牢防腐蜕变思想，把西柏坡精神发扬光大。

西柏坡精神作为一种时代精神，已经成为一种文化现象，一种思想理论，一种价值原则。它要发挥出其改造现实的功能，必须内化为实践主体的理想信念、价值追求和行为方式。如果没有人们主观上使这种精神由精神文化到理想信念的转化，就不可能在客观上实现由理论到实践的转化。正如胡锦涛指出的：“只有从根本上解决好世界观、人生观、价值观的问题，牢固树立群众观点，才能使艰苦奋斗的精神在思想上真正扎根、在行动上自觉体现。要实现由精神文化向理想信念的转化，教育是前提。把革命传统教育、宗旨教育作为培养大批思想坚定、作风优良、肯干能干的学习者建设者的奠基工程。榜样是楷模。通过各行各业在弘扬西柏坡精神过程中涌现出的兢兢业业工作、踏踏实实奉献、勇于改革创新的楷模的言行、事迹，向人们展示出什么叫艰苦奋斗，什么叫改革创新，什么叫高尚的理想成就高尚的事业，使广大群众对两个务必的优良作风、高贵品格，即看得见，又摸得着，找到自己得以效仿的具体标尺，在榜样的力量感召下，转变观念，升华理想，提高奉献和创业的能力。所以，在弘扬西柏坡精神的过程中，将思想教育、典型教育、实践教育统一起来，这种三位一体的合力，对于推动广大民众实现由思想文化向理想信念的转化，焕发人们创新观念、创新实践的活力，会起到巨大作用。

2．弘扬西柏坡文化精髓内化为人民群众的自觉行为，发挥人民群众在党风廉政建设中的的监督作用

人民群众是推动历史进步的根本动力。人民群众是监督腐败现象的中坚力量。西柏坡精神是中国共产党人的优良传统和作风，是中国共产党人的政治品格，是一种政治文化。要使其发扬光大，发挥出社会功能，就必须进入普通民众的话语系统，通过切实可行的形式、途径和方法，将西柏坡精神翻译成通俗易懂的大众话语，使作为政治文化的西柏坡精神转化为大众文化。不仅让各级领导干部接受和践行，而且也使普通民众在各自的工作岗位上自觉奉行。使全党的精神理念，内化为全民的追追求，在党的廉政建设中真正发挥人民群众的主人翁精神，很好的发挥人民群众的监督作用。

3．为弘扬西柏坡精神提供制度保障，从根本强化党风廉政建设

任何一种思想理论成果，如果总是停留在思想教育和道德示范的层面，没有与之相适应的规章制度，就难以保证其社会效果的长效性。思想成果只有升华为制度成果，才能够使“两个务必”的教育在社会成员身上、尤其是在各级领导干部身上实现自律与他律的统一，保证其应有的社会效果。因为，西柏坡精神既是一种思想品质，也是一种工作作风，既是对党员个人的要求，也是对党政机关的整体要求。在廉政制度建设中，把对党员干部的思想要求、道德规范同具体的工作职责结合起来，根据岗位职责和业务分工，有针对性的明确制定出具体的廉政建设规定和行为规范，强化约束力；在勤政制度建设过程中，按照执政的一般规律和“两个务必”的要求，形成刚性的工作规定的考评机制。凡是能够量化和细化的工作要求都做到具体清晰，切实可行，便于进行检查监督；还要建立健全社会监督机制，基于两个务必的基本要求，根据自身情况建立起客观适用的道德评价机制，赏罚分明的奖惩激励机制，以及科学有效地工作运行机制。

【作者：唐山师范学院党委宣传部副部长】

建立长效机制　保持党员纯洁性

李　勇

新形势下，党的光荣使命和艰巨任务，对加强和改进党的建设、做好保持党的先进性和纯洁性工作提出了新的要求。胡锦涛总书记强调，全党都要从党和人民事业发展的高度，从应对新形势下党面临的风险和挑战出发，充分认识保持党的纯洁性的极端重要性和紧迫性，不断增强党的意识、政治意识、危机意识、责任意识。

切实做好保持党的纯洁性各项工作，积极探索建立保持共产党员纯洁性的长效机制，不仅是纯洁性教育活动的重要内容，也是加快企业改革发展、不断提升企业核心竞争力的内在要求。田陈煤矿结合自身工作实际和党员队伍思想实际，进行了一些积极的探索。

建立党员经常性学习教育机制

加强党员党性教育。田陈煤矿以增强党员的历史自豪感、身份荣誉感、事业成就感、权利责任感、组织归宿感为主要内容，组织开展了“戴党徽、亮身份、当先进”、“保持纯洁性，迎接十八大”等主题教育实践活动。努力从理论学习入手，以保障党员权利，增强党员能力，落实党员责任，约束党员行为，忠诚党的事业等内容作为增强党性观念的重要途径。

加强党员业务培训。通过举办培训班、报告会、专题研讨，组织知识讲座、专技党课，开展“党员练绝活、技术当先锋”等活动，引导党员根据自身实际和工作需要，制定学习计划，认真搞好自学。党员领导干部坚持带头参加基层党组织集体学习，积极参加干部教育培训，定期给党员讲党课报告，加强对党员学习的具体指导，为党员学习创造良好条件。

加强党员实践锻炼。田陈煤矿组织开展“党员责任区”竞赛主题实践活动，通过党员先锋工程、党员岗位承诺、党员绩效公示、党员“示范岗”等多种形式，为党员加强党性锻炼，践行党的纯洁性，提供载体、搭建平台。在实践活动中，坚持以人为本，从政治、思想、工作和生活上关心、爱护、帮助党员，开展经常性谈心活动，沟通思想，相互启发教育，促进党员的进步和成长。

建立党员联系服务群众工作机制

畅通民意渠道，搞好困难帮扶。田陈煤矿利用电子信息网络建立党建论坛，构建党群互动的平台；公开设置意见箱、设立代访站，为员工群众反映情况、发表意见提供最大方便；大力实行党务、政务公开。采取积极措施帮扶困难员工群众，帮助他们树立信心，提高工作技能，组织和开展各种形式的帮助生活困难群众的慰问捐赠活动。

推行党员承诺，开展服务主题活动。田陈煤矿建立领导包保、员工互助、政策扶持、帮困救助等措施，为员工群众排忧解难办实事。坚持有条件的党员特别是各级党员领导干部每年要承诺为群众办一两件实事，确保承诺内容要切合实际，具体可行，履行承诺的情况要经得起党组织和员工群众的监督。积极建立党员责任区，设立党员先锋岗，为员工群众办实事、办好事、解难事。

深入基层调研，做好群众接待工作。田陈煤矿开展党员领导干部“下基层、转作风、听民声、解难题”主题实践活动，让党员干部做到“八个一”措施，即搞好一次思想教育，组织一次座谈交流，进行一次调查研究，提出一个合理化建议，建立一个联系点，培育一个特色品牌，推出一批先进典型，解决一个实际问题。全体党员深入到联系点、困难单位、问题较多的工程项目调查研究，帮助解决实际问题；坚持和完善企业领导干部定期接待群众制度，及时解决群众反映的问题特别是上访反映的问题，引导群众以理性合法的形式表达利益要求、解决利益矛盾。

建立党委抓基层党建创新工作机制

构建党委对基层党建工作责任格局。明确基层支部书记基层党建创新是第一责任人，分管领导是直接责任人，领导班子其他成员根据分工抓好职责范围内的基层党建工作，形成党委统一领导、党政密切配合、有关职能部门各司其职的工作格局。开展了“党建思想政治工作创新竞赛”活动，矿党委定期召开“党务工作亮点”推广会议，听取基层党建工作创新情况汇报，研究决定基层党建工作重要问题，督促完成基层党建工作各项任务。

建立党员领导干部基层党建联系点。矿领导班子成员及部门科室负责人，本着工作相关联、业务有联系、便于工作指导的原则，特别注意在党组织力量比较薄弱、工作难度大的单位建立党组织联系点，并建立健全联系点各项制度，实施党员干部“挂点包保”，明确每名党员干部都要定期或不定期到联系点检查调研工作，利用“蹲点日记”、“民情日记”等方式记录下基层包保活动中的所见、所闻、所思、所想；形成了一级带一级、一级抓一级，层层有落实的工作机制。强化督促检查和调查研究工作。党委采取督查、巡回检查和随机抽样检查等方式，定期或不定期地对基层党建工作进行督促检查，发现问题及时解决。注意检查党员经常性教育、党员联系和服务群众、党员管理等基层党建工作各项制度的落实情况。结合基层党建工作实际，确定重点课题，组织力量进行调查研究。促进了领导班子成员经常深入基层，总结推广经验，研究解决问题。

处理好三个关系，保持党员纯洁性

一是准确把握集中教育与经常性教育的关系。加强规划，根据不同时期党的中心工作及企业的工作实际，定期推出一些“实际”与“实效”的党课教材或形势读本，用于对基层党员的经常性培训教育。加强党的理论骨干队伍建设，要发挥企业党校和比较优秀的理论骨干或积极分子作用，提高广大党员学习理论的积极性，增强党的先进理论的学习引导和在更大范围的传播。

二是准确把握传统感召和制度激励的关系。坚持定性考核和定量考核相结合的原则，参照在先进性教育活动中所形成的先进性标准，科学地构建一套党员履行岗位职责和发挥先锋模范作用的考核办法。坚持精神与物质激励并重，尊重每个党员在政治上的和价值上的追求，让优秀的党员有机会、有舞台参与党内事务和企业管理。

三是准确把握党内民主和党内监督的关系。党内民主是党的生命，党员对党内民主生活的积极参与是党永葆生机和活力的力量源泉。为此，一方面要建立健全党内民主的参与机制，为党员搭建多渠道、多形式参与政治生活的平台；另一方面要进一步完善党内监督制度，建立党员评议制度，对每一个党员评议的内容、被评议对象、参与评议人员及范围、评议频次、评议结果的运用等多方面的内容，作出具体的规定，从根本上提高党内监督的力度和水平。

【作者：山东能源枣矿集团田陈煤矿党委书记】

以反腐倡廉新成效推动茂名廉洁

廖　锋

2013年是全面贯彻落实党的十八大的开局之年。十一届省纪委二次全会的召开，为我们做好2013年的反腐倡廉工作指明了方向。经受了重大系列腐败案的茂名，站在新的历史起点上，只有以更加鲜明的态度、更加清晰的思路、更加有力的措施全面推进反腐倡廉建设，才能实现廉洁。

在强化“一岗双责”上下功夫，致力打造党风廉政建设责任制工作“金字牌”。茂名市是全国落实党风廉政建设责任制工作联系点，是全省落实党风廉政建设责任制工作先行点。茂名重大系列腐败案的发生，让我们清楚地看到了工作中存在的薄弱环节。我们将按照省纪委全会的要求部署，进一步完善领导机制和工作机制，致力打造“龙头”工程。坚持责任分解、责任考核、责任追究并重，不断创新形式，开展党风廉政建设第一责任人“三述”活动。始终坚持每年由市委常委、党员副市长带队考核制度，以良好成效推动反腐倡廉建设上新水平。

在监督检查上下功夫，推动茂名廉洁崛起。我们将紧紧围绕政治纪律执行情况加强监督检查，促使广大党员干部坚定中国特色社会主义道路自信、理论自信、制度自信，始终与党中央保持一致。紧紧围绕党委、政府的中心工作和重大部署特别是重点项目，加强监督检查，确保中央、省委和市委重大决策部署的贯彻落实。紧紧围绕市委、市政府的部署开展执法监察，坚决纠正有令不行、有禁不止等行为。加大明察暗访力度，强化行政问责，对不作为、慢作为、乱作为现象进行问责，以治庸提能力，以治懒增效率，以治混正风气。

在加强作风建设上下功夫，着力整治干部队伍中庸懒散奢等突出问题。继续巩固“红包”治理成果，让不送不收“红包”真正成为茂名人的生活习惯。抓好以开展“为民务实清廉”为主要内容的党的群众路线教育实践活动，加强党员领导干部作风建设，着力整治干部队伍中的不正之风。认真落实中央关于改进工作作风、密切联系群众的“八项规定”，坚决反对形式主义、官僚主义，纠正少数领导干部脱离群众的行为。进一步巩固全市广大干部人心思进、创先争优的良好局面。

在改革行政审批改上下功夫，努力营造一流的政务服务环境。积极主动协调有关部门推进市本级第五轮行政审批改革，进一步削减、调整和规范行政审批事项。继续抓好市、县、镇三级行政服务中心建设，重点抓好镇（街）行政审批和便民服务平台、人力资源服务平台、“三资”监管服务平台建设，努力提高办事效率，让“办事难”问题一步一步地成为茂名的历史。进一步推进茂名市公共资源交易中心建设，致力推动公共资源交易监管体制改革。同时，继续推动干部人事制度、财政管理体制和司法体制等改革。全力推动茂名形成新一轮发展潮。

在推进惩防腐败体系建设上下功夫，推动权力有序运行。全面贯彻中央《建立健全惩治和预防腐败体系2013～2017年工作规划》，制定符合我市实际的实施方案，建立“一个项目、一个单位、一名责任人、一抓到底”的责任制度，确保各项任务的完成。立足茂名农业大市的基本点，以建设廉洁乡村为切入点推进建设廉洁茂名。全面深化廉政风险防控管理工作，以领导干部为重点，分层次、分系统建设岗位廉政风险防控基本框架。

在加强教育上下功夫，构筑党员干部不想腐败的思想道德防线。深入开展纪律教育学习月活动，举办全市第二期权力集中、资金密集部门主要领导廉政教育培训班，提高风险防范意识，增强拒腐防变能力。继续抓好领导干部反腐倡廉警示教育活动，以身边案警示教育身边人。扎实推进廉政文化进社区、进校园示范点创建活动，营造风清气正的社会氛围。加强和完善市文化广场廉政教育基地和各县（市、区）基地建设，抓好市民公园廉政教育基地规划建设。

在加强惩处上下功夫，始终保持惩治腐败的高压态势。认真贯彻落实习近平总书记在十八届中央纪委二次全会上的讲话精神，坚持“老虎”、“苍蝇”一起打。加强对办案人员人才库和陪护人员人才库人员的培训和管理，加快推进新办案点建设，充分发挥反腐败协调小组的作用，努力形成反腐败斗争的强大合力。重点查办发生在领导机关和领导干部中的腐败行为等案件。同时，要注意区分滥用权力与改革开放中出现的新事物的界限，旗帜鲜明地支持保护改革者。

**在加强自身建设上下功夫，为茂名廉洁崛起提供组织保障。高度重视纪检监察干部队伍的政治理论学习和业务培训，深入开展理想、信念和宗旨教育，有针对性地举办业务培训和选派人员参加上级机关组织的培训班，努力建设一支忠诚可靠、服务人民、刚正不阿、秉公执纪的高素质纪检监察干部队伍，为茂名廉洁崛起保驾护航，提供组织保障。

【作者：中共茂名市委常委 市纪委书记】

以服务型执政党思维构建新型党群关系

毛 跃

建设服务型马克思主义执政党，是党的十八大提出的党的建设新思想、新观点。建设服务型执政党必须以审视和转变传统观念，建立新型党群关系为基础。在深化政治体制改革，全面提高党的建设科学化水平的新形势下，以服务型执政党思维构建党与群众的新型关系尤为重要。

一、认清新型党群关系新变化

时代的发展和变化不断给党与人民群众的关系增添新的内容和要求，人民群众对于执政党的要求和期望越来越高，我们党对党群关系的认识也与时俱进，从建设服务型政府提高到建设服务型政党。

1．党的历史方位和主要任务发生了变化。中国共产党来自于人民，植根于人民，服务于人民。在领导人民群众夺取政权过程中，共产党获得了最广大人民群众的支持。今天，我们党的历史方位发生了两个根本转变：从革命党转变为执政党；从一个受到外部封锁和实行计划经济条件下领导国家建设的党，转变为一个在对外开放和发展社会主义市场经济条件下领导国家建设的党。党的主要任务也发生了根本性变化，从领导人民开展阶级斗争转变为改革开放和建设中国特色社会主义。因此，我们必须以服务型执政党的思维构建新型党群关系，执政党必须通过变革和创新与人民群众的关系，适应时代的发展，才能赢得人民群众最广泛的认同，从而巩固党的执政基础。

2．党执政的阶级基础和群众基础发生了变化。我们党已经从中国工人阶级先锋队发展为既是中国工人阶级先锋队，又是中国人民和中华民族先锋队。改革开放以来，我国逐步建立起以公有制为主体，多种所有制经济共同发展的社会主义市场经济体制。社会变革驱动了社会阶层构成的变化，整个社会逐步形成了包括新经济、新社会组织从业人员在内的具有不同利益诉求的群体。在中华民族这个大家庭里，社会各阶层都是社会主义事业的建设者，他们都是我们党团结、依靠和服务的对象。党的阶级基础和群众基础不断扩大，要求我们党必须要有一种新的群众观。我们在想问题做决策时不仅要考虑阶级的利益，更要考虑整个民族的利益，真正代表中国人民和中华民族的根本利益。

3．党的执政纲领和执政理念发生了变化。随着社会的转型发展，我们党的纲领和理念已经从以阶级斗争为纲转变为以经济建设为中心；从强调国家和集体权利发展为强调以人为本，执政为民。改革开放以来，我们党抛弃了“左”的思想束缚，确立了社会主义初级阶段的理论、路线和纲领，明确了我国现阶段主要矛盾是人民日益增长的物质文化需要同落后的社会生产之间的矛盾，这决定着我们党必须大力解放和发展生产力，进而实现共同富裕。在发展社会生产力过程中所产生的社会矛盾主要是人民内部矛盾，人民群众对党和政府的意见都是在根本利益一致的前提下，社会各阶层各群体利益调节中产生的问题，如何用一种新型的党群观来看待和正确处理人民内部矛盾，是我们党面临的一个历史性课题。

二、确立新型党群关系新观念

毛泽东同志将党与人民的关系比作鱼水关系。特别是在战争年代，党群关系（包括军民关系）生动地说就是鱼水关系，正如鱼儿离不开水一样，离开了人民群众，党与军队将无立足之地。党执政之后，党群关系（包括干群关系）形象地说更像是舟水关系，“水能载舟，亦能覆舟。”党如果不为人民谋利益，就将被人民所抛弃。所以“只有我们把群众放在心上，群众才会把我们放在心上；只有我们把群众当亲人，群众才会把我们当亲人。”在新的形势下，党必须形成一种新的群众观。

1．“党为民用”观，确立党是为人民谋幸福的工具的新观念。习近平总书记说，人民对美好生活的向往就是我们的奋斗目标。中国共产党是中国各族人民利益的忠实代表。党除了工人阶级和最广大人民群众的利益，没有自己特殊的利益。我们党始终坚持人民群众的利益高于一切，坚持把实现人民群众的利益作为一切工作的出发点和归宿。邓小平同志在党的八大上所作的《关于修改党的章程的报告》中指出：工人阶级的政党不是把人民群众当作自己的工具，而是自觉地认定自己是人民群众在特定的历史时期为完成特定的历史任务的一种工具。中国人民之所以选择了共产党，是因为共产党能够带领人民翻身求解放，能够带领人民建设中国特色社会主义。我们党的宗旨是全心全意为人民服务，在新的历史时期，我们党只是人民群众为完成建设中国特色社会主义这个历史任务的一种工具，是为人民谋幸福的工具，是人民的服务员。

2．“党权民授”观，确立党执政没有超乎人民之上的权力的新观念。由于党是人民力量的组织者，在长期的革命和建设事业中，党领导人民取得了新民主主义革命和社会主义建设的伟大成就，赢得了人民的信任，也就成了人民的领导核心。但是党的领导不是威权主义式的领导，党的领导是通过说服、教育、引导、协商，甚至是流血牺牲等形式让人民接受，而不是通过权威强迫群众绝对服从，更不能像“文革”那样理解的要执行，不理解的也要执行。党的权力是人民授予的，因此，党没有向人民群众实行恩赐、包办、强迫命令的权力，没有在人民群众头上称王称霸的权力。党执政的权力就是人民的认同，党有责任根据人民的意志，集中人民的智慧，凝聚人民的力量，带领人民为实现自己的美好生活而奋斗。

3．“党策民选”观，确立党的主张应交给人民自主选择的新观念。党的领导体现在党的理论路线方针政策上，这些都可以称为党的主张。按照党的群众路线的要求，党的主张首先要从群众中来，再到群众中去。党的主张是否集中了民意，反映了民心，需要通过人民群众的实践去检验。党的干部如果没有正确的政绩观、群众观，把群众当作“愚民”，以“领导者”自居，凭想当然办事，就一定会违背经济社会发展规律，损害人民群众的根本利益。特别是在当今这个多元化的社会里，每个人都有很多的选择机会，人们会根据自身的价值认同和生活方式做出选择。因此，党的主张一定要经过民主的、法定的程序接受全国人民的选择，在讨论、选择的过程中，要允许各种意见充分发表，对不同意见不能“抓辫子、戴帽子、打棍子”，要在广泛民主的基础上让人民自由选择。只有大多数人的选择，党的主张才能成为国家意志。不允许人民对党的主张进行选择，党就会听不到不同意见，对党的正确领导是十分有害的。

三、开拓新型党群关系新途径

建立一种新型的党群关系，真正把中国的国情同人类文明结合起来，探索一条更新的、更实在的执政之路，是巩固党的执政地位，推动中国特色社会主义建设不断前进的重要保证。

1．在执政理念上，要切实尊重人民群众的主体地位。党的十八大指出，为人民服务是党的根本宗旨，以人为本，执政为民是检验党一切执政活动的最高标准。传统的政治理念强调以政党和领袖为本位，以政党和领袖的意志为转移，形成政党和领袖至高无上的统治地位和作用，其结果极大地阻碍了民主政治的发展。建设服务型执政党，必须解放思想，以人为本，实现从政治精神的崇拜化转向民主化，确立人民的历史主体和社会主体地位，保障人民群众真正掌握当家作主的权力。因为“人民，只有人民，才是创造历史的动力。”60 多年前，新中国开国大典上毛主席喊出“人民万岁”的历史性口号。30 多年前，我们党尊重群众首创精神，紧紧依靠人民进行了改革开放新的伟大革命，开创、坚持、发展了中国特色社会主义。浙江温州的广大群众敢为人先，大胆探索以市场为导向的改革，创造了举国瞩目的“温州模式”，推动全国改革开放的深入。这是我们党既尊重社会发展规律又顺应党心民心的成功实践，受到广大人民群众的拥护。历史充分证明，“政之所行，在顺民心；政之所废，在逆民心”，执政党任何时候都要把人民利益放在第一位，坚持问政于民、问需于民、问计于民，真诚倾听群众呼声，真实反映群众愿望，真情关心群众疾苦，始终与人民心连心，始终依靠人民推动历史前进。

2．在制度设计上，要强化人民群众对党和政府的监督。党的十八大指出，坚持用制度管权管事管人，保障人民知情权、参与权、表达权、监督权，是权力正确运行的重要保证。马克思和恩格斯在深入研究近代国家的基础上，预见到无产阶级政党在执政后存在着“从社会的公仆变成了社会的主人”，变成了“一个特殊的和富有权势”的政党的危险。毛泽东提出我们党跳出“历史周期率”的民主新路，即“只有让人民来监督政府，政府才不敢松懈；只有人人起来负责，才不会人亡政息。”他还把共产党由西柏坡进北京城比喻为一场考试。考试合不合格，共产党执政的绩效如何，人民群众最有发言权。社会主义国家应该能更好地解决公民的权利和公共的权力之间的关系，健全用权利制约权力机制，比西方资本主义制度更合理、更先进、更文明、更有效。但由于种种原因，长期以来没有解决好这个问题，权力高度集中，导致我们的政治权力，公共权力在运行中缺乏制约。邓小平同志曾说，制度问题带有根本性、长期性、稳定性。这个制度本身一定要包含着权力、民主、平等、监督这样一些理念和精神，这些制度应该使国家更加发达，使社会道德基本精神得以弘扬，保障权力在阳光下合理规范运转，保障人民当家作主的权利不受侵犯。

3．在社会治理上，要加强协商民主和基层民主建设。党的十八大把协商民主和基层民主“两个民主”建设作为坚持走中国特色社会主义道路和推进政治体制改革的重要任务提了出来，对建设服务型政党，建立新型党群关系意义重大。协商民主就是通过国家政权机关、政协组织、党派团体等渠道，就经济社会发展重大问题和涉及群众切身利益的实际问题广泛协商，广纳群言，广集民智，增进共识，增强合力。协商民主以社会文化多元化、社会利益主体多样化为基础，强调合法性、程序性、公开性、平等性、参与性、责任性和公共理性。浙江台州在全国较早开展了基层民主恳谈活动，凡是涉及群众利益的大事，地方党委和政府都与群众协商决定。因为协商民主能够为公民有序参与、公民理性地表达利益诉求、政府与公民能平等对话互动提供广阔的平台，从而达到社会公众的价值认同和意志整合的目的。基层民主就是健全基层党组织领导的充满活力的基层群众自治机制，以扩大有序参与、推进信息公开、加强议事协商、强化权力监督、实施民主选举为重点，拓宽范围和途径，丰富内容和形式，保障人民享有更多更切实的民主权利。改革开放以来，基层民主一直是中国民主政治建设的重中之重。基层民主直接关系到广大人民群众的切身政治权利，是全部民主政治的基础，意义尤其重大。现在我们国家农村有 58.9 万个村委会，其中有 98%以上都实行了直接选举，大部分省份到目前已经开展了 8 到 9 轮的村委会换届选举，村民平均参选率达到了 95%以上，全国约有 6 亿农民参加直接选举，这是世界上涉及人数最多的直接选举，充分体现了人民当家作主的权利。优先发展基层民主，从基层民主逐渐向上推进，也有利于社会政治的稳定和积累民主政治的经验。“两个民主”是中国现阶段民主政治的重点和突破口，既是对精英决策体制下公众民主参与缺失的一种回应，又是对社会多元化背景下公共事务管理等社会现实的回应，为建设服务型执政党，建立新型党群关系开拓了新途径。

4．在公共决策上，要全面把握人民群众的新要求新期待。党的一八大提出到 2020 年，国民生产总值和人均收入要比 2010 年翻一番的目标，反映了全国人民的共同心声。浙江省提出了到 2020 年实现“四个翻番”的目标。中国青年报社会调查中心通过题客调查网和民意中国网，以“你看好未来十年中国的发展吗”为题，对全国万名网友实施的在线即时调查显示，56.6%的受访者明确表示，对中国未来十年的发展充满信心。同时，未来十年中，公众最期待能得到显著改善的问题，依次是“医疗”(68.8%)，“教育”(62.8%)，“食品安全”(60.3%)，“收入分配”(56.7%)，“住房”(53.5%)。最近全国“两会”前，光明网等媒体也进行了民意调查，群众最关心的是民生问题，这从一个侧面反映了群众心声。马克思曾经说过：人们奋斗所争取的一切，都与他们的利益有关。我们党领导的改革和建设事业，根本目的是通过不断解放和发展社会生产力，促进社会全面发展，不断满足人民日益增长的物质文化需要，实现好、维护好、发展好最广大人民的根本利益。我们党的改革开放就深刻地包含着为广大人民群众谋利益的先进理念。在市场经济体制这样一种社会发展背景下，人们往往更关注涉及自身实际利益，更关注自我发展和自我价值实现，生活态度和方式也会表达出更多的务实风格。社会发展的这一特征，要求党的路线方针政策更加贴近群众利益，以最广大人民的根本利益作为改革的基点和决策的依据，努力使公共决策兼顾到各方面利益、照顾到各方面关切使人们共享改革开放的成果。人民群众得到了应得的物质和精神利益，才会更加认同我们党，党的执政基础才能得到巩固。

5．在传播语境上，要形成群众听得懂能接受的新的话语体系和传播方式。向人民群众传播当代中国马克思主义，是由党的性质所决定的。马克思主义和社会主义思想道德是需要灌输的，但灌输的方法是可以“柔情”的。马克思恩格斯非常重视人与人之间的“交往”，包括物质和精神交往。其中精神交往是通过舆论、宗教、文艺、新闻等载体传播思想、信息、观念。党对群众的工作可以看作是“传播者”与“接受者”之间借助媒介所进行的“精神交往”，没有平等的精神交往往往达不到传播的效果。传统的教育方式往往把教育对象（群众）当作被动接受的客体，更多地考虑是如何进行“灌输”，而较少考虑对象的需求。我们有些领导干部作报告口若悬河，直面群众就不知道如何说话了，这实际上反映了一个领导干部的作风和学风问题。向群众宣传马克思主义，首先要充分尊重人民群众的主体地位，形成适应群众需求的话语体系和传播方式，实现由传播者本位向“受众者本位”的范式转变，注重人文关怀，淡化意识形态工作的宣传色彩，使受教育者在充分的自主意识支配下，自觉自愿地、不知不觉地接受其教育内容。习近平总书记已经给我们作出了榜样，他的多次重要讲话平实感人，特别是关于“中国梦”的描绘和“实干兴邦”的阐述，打动了全国人民的心，实现了总书记和人民群众思想和情感上的共鸣。

【作者单位：浙江省社会科学院】

我的“热爱教育观”

孙颖浩

大学办好教育、改革创新、提高质量，理念是先导，转型是方法，机制是核心。为引导广大教师和管理干部以强烈的使命感、责任感投身教学工作，第二军医大学 2013 年在全校范围组织开展了教育思想大讨论活动，从解决教育思想这个“先导性”问题入手，逐步深化教育教学改革，引导全校人员牢固树立并践行“热爱教育”思想。这里，我谈谈自己的热爱教育观。

“热”——就是要对教育充满无限热情，把满腔热血洒在教学这片热土上，热心教学，专注教学，并在完成教学使命后，豪迈地说“我骄傲、我愉悦、我陶醉”

热，是一种能量，是一种动力，是一种精神。生命惟有热度才能存活，人惟有热情才能做好工作。人有两个属性，一个是自然属性，鉴别活人与死人最直观的标志是热与凉，我们经常说一个人已经凉了，那么他就是一个死人了；一个是社会属性，作为一个社会人，应当有一定的社会责任和工作热情，如果一个领导、教师、社会人没有激情与热情，那么他相当于一个活死人，也可以叫作行尸走肉。有的人干什么都无所谓，因为他对工作没有热情，没有激情。人们说，“干一行，爱一行”、“教师是太阳底下最光辉的职业”，在大学工作，你就要热爱教育，把自己的热情和热血挥洒在这里。一所大学需要真心热爱教学、全身心投入教学的教师，即使遇到困难，也从不抱怨，只想办法，不找借口，总用积极的心态释放正能量，用满腔的激情助燃高能量，用持续的努力激发潜能量。大学更需要这样的领导干部和管理干部，不论在哪个岗位，都乐在其中，尽心尽责，精益求精。怎么评价对工作是否有热情和激情，主要看工作标准、工作作风、工作成绩和创新精神。大学要研究一套机制，让那些热心教学、尽心教学、潜心教学的教师安心教学，让那些混日子的人自觉退出。

“爱”——就是要像爱自己的孩子一样，真心地爱我们的学生，把自己对孩子那种“望子成龙、望女成凤”的良苦用心，倾注在教书育人上

鲁迅先生曾说“教育是植根于爱的”。父母对孩子的爱，是最真诚无私的。我们大部分教师、领导和管理干部都已为人父母，最能体会“父爱如山、母爱如水”这句话。当你懈怠学生时，可以设身处地的想一想，你的孩子是否也正受到同样的对待、被人敷衍误导了呢？为人父母的，把自己孩子送到大学，一定是希望得到最好的教育，遇到困难的时候有人帮助，遇到困惑的时候有人开导，遇到困苦的时候有人关怀。假如我们的学生遇到问题没人问、遇到困难没人帮，那么这些学生还能信任我们、还能喜欢自己的学校吗？假如我们的学生毕业时都是骂骂咧咧走的，谁还愿意报考我们的学校？“情之所至，爱之所归”。爱他人，就是爱自己，爱学生，就是爱自己的孩子。

惟有把我们的学生当成自己的孩子来教育、来培养，你才能用心把他教好、管好。这就是一个责任问题，更是一个道德问题。作为一个教育工作者，要经常照照镜子，对照检查一下自己是不是真心关爱学生，是不是做到了问心无愧，是不是用真情去教育学生、服务学生，解决他们的合理诉求了。

“教”——就是要像带弟子一样，用心去教我们的学生，有教无类，循循善诱，因材施教

相传孔子“三千弟子，七十二贤达”。与孔圣人相比，我们要追求更高的优秀成功率，更要做到“传道、授业、解惑”，把学生教好、带好。怎么教？怎么带？最核心的就是要因材施教。同一问题，孔子对学生子路和冉有不同的教育方式，有一段精彩的对话，原文这里就不引述了。孔子的意思是，冉有的性格谦逊，经常犹豫不决，所以要鼓励他遇事果决；子路容易逞强好胜，办事不周，因此要让他多听取别人意见，三思而后行。大学育人，要像孔子教导弟子那样，因人而异，使每个学生都能找到适合自己的成才途径。有的教师上课满堂灌，只教书，死教书，教死书，更谈不上育人，上完课就走人，从不跟学生交流，上了一学期的课，还不认识班上的学生；有的教授才带了几个学生就喊累，一年到头跟学生见不了几次面，这样怎么能育人呢？我们当老师，一定要肩负带弟子的责任，用我们的热情、爱心教育和感染他们的同时，要多一些面对面的交流，多一些手把手的帮带。

“育”——就是要像培育种子一样，精心地呵护我们的学生，为学生的成长创造一个良好的环境

“十年树木，百年树人”。呵护“种子”比呵护“树苗”更重要。一颗种子从胚胎发育到生根发芽，成长为可用之材，需要阳光、雨露、适宜的土壤和温度，如果没有适宜的温度和充足的营养，就很难成活，更别说成才了，一旦环境恶化，还可能发生突变，长歪了或长偏了。植物长歪了还可以修剪，人要是长歪了，他就可能干坏事。所以，我们要培育一种文化，一种大而无形的文化，就是要把学生当作大学的种子，精心培育，悉心呵护，把他们培育壮实了，播撒到世界各地。这需要大学有一种眼光、毅力和责任。从长远来看，一所大学能否真正名扬海内外，能否在将来树立“百年老店”的知名品牌，最终还是靠这些种子，他们才是大学的未来，大学的希望！所以，我们对待学生，要像养育孩子、带教弟子、呵护种子一样，用心良苦，无微不至；对待自己，要像孔子一样，充满热情，诲人不倦。

而作为当代军校大学生，要树立高尚品德和大爱情怀，朝着“智慧的好人”目标迈进；要努力做一个谦虚好学的弟子，不断增长自己的本领，奠定扎实的专业基础，朝着“低调的高人”目标迈进；努力做一个顽强不屈的种子，不断磨砺自己的意志，增强适应各种环境的能力，朝着“伟大的军人”目标迈进。军校大学生要学会愉快地接受现实，积极适应军校严格的管理，锤炼自己的自控能力；适应严格的一日作息制度，养成良好的生活习惯；适应高强度的军事训练，锻炼强健的体魄和顽强的意志。军校是锤炼意志品质最好的地方，用好这些地方大学不具有的优势，将来一定会受益于今天的坚持！

【作者：第二军医大学校长】

多角度考核提高干部选任公信度

武胜国

扩大干部工作民主和完善干部考核评价机制，是党的十八大提出的重要课题，也是干部选拔任用的关键环节。解决好这两个问题，干部选任公信度才能真正提高。

民主推荐是选拔任用干部的必经程序和重要关口。按照常规方式进行民主推荐，容易出现推荐主体单一、投机拉票者得利、简单以票取人倾向明显等问题。从松原市的实践看，可推行结构化复式民主推荐方式，以“会议投票推荐＋个别谈话推荐＋随机问卷推荐＋基层干部群众代表推荐”方式推荐干部。其中，“会议投票推荐＋个别谈话推荐”，在《干部任用条例》规定的人员范围内进行；“随机问卷推荐”，在部门副职中随机抽取部分人员进行；“基层干部群众代表推荐”，在党代表、党员人大代表和政协委员中进行。统计汇总时，对上述四种推荐形式所产生的推荐结果，分别按不同比例确定权重，合并计算推荐票的结果后，确定考察对象。这种推荐方式，尽管在操作上增加了一些程序和工作量，但打破了单一依据会议投票推荐和个别谈话推荐结果确定考察对象的局限，增加了拉票难度，提高了民主推荐的真实性和准确性。

考察识人难，是长期困扰干部工作的一大难题。结合实践，可探索实行多功能测评、不良行为测评、专项领导能力测评和电话随机访谈测评相结合的考评方式，多角度了解干部德才表现。多功能测评，就是在对市管领导班子成员进行民主测评时，在测评票中增设干部使用意向建议栏，设置“提拔任职”、“留任现职”、“向外交流”、“降职”、“免职”选项，了解对干部的使用意见。不良行为测评，就是在测评时列出“部署要求中梗阻”、“脱离群众”等反映干部不良行为的情形，设置“没有”、“偶尔有”、“经常有”、“不了解”选项，深入了解干部的德。专项领导能力测评，就是聘请专业测评机构，对干部专项领导能力和岗位匹配度进行分析评估。电话随机访谈测评，就是按照知情地域确定电话号段，随机等距抽取部分固定电话号码，针对被测干部“工作干得怎么样、社会口碑怎么样”等问题，广泛听取群众意见。“四测”变平面式测评为立体式测评，拓展了考察测评的内容和深度。

【作者：吉林省松原市委常委 组织部部长】

国企思想政治工作的新探索

张崇禧

在中国特色的社会经济体制下，国有企业是一种有别于其他经济组织的企业形式。与一般企业以经济利益为第一追求目标不同，国有企业既担负着建设高度物质文明的任务，又有着建设高度社会主义精神文明的职责，正是这种独特的使命背景确立了“思想政治工作”在国有企业工作中的独特地位。

一、国企发展道路上思想困局

在历经了我国社会经济体制改革和一番市场化的激烈竞争搏杀后，大量的国有企业逐步探索出了一整套与普通民营、外资企业有所不同的管理模式和经营策略，这使得国企在充分享受背景资源优势的同时，也不可避免地滋生出一系列由思想困扰带来的难题。

安逸心理——这是一种在国企内最为普遍的消极心理。由于国有企业的工资福利、人事制度等相对较为稳定，让许多的国企职工乃至干部抱定了一种稳定清闲、与世无争的从业心态。这种心理在外界整体经济形势疲软的情况下更为普遍，逐步形成了所谓的“国企特色”，造成了国企内部人浮于事，管理成本居高不下。

个人主义——在个人利益与企业利益的比较中，缺乏大局意识，过度追求个人利益，甚至偏激地将个人利益与企业利益完全对立，将损害企业利益作为保障个人利益的一种手段，因个人利益因素影响企业内的人际关系和工作开展，扰乱企业的正常运作。

畏难心理——自我排解抑郁烦闷能力较差，心理承受力相对脆弱，处理问题耐心不足。在工作遇到或者可能遇到阻滞时，既缺乏面对“困难”的勇气，又没有排除“障碍”的信心，便采取退缩、躲避、迂回的工作态度，说空话、套话，做表面功夫，导致原本的小问题被“养成”了大问题。

浮躁心态——浮躁心态在青年员工群体出现较多，难以接受较为艰苦的工作环境，不能正确的认识到基层一线锻炼的重要性。同时，对自己的个人能力和未来发展有着过高的估计与期望，一旦现实与期望之间出现落差，就出现心理失衡，从而导致消极怠工、“人在岗位心不在”等问题。

焦虑心态——随着市场竞争的日益激烈，员工工作节奏随之加快，竞争压力增大，环境考验加重，有些国企员工感到难以达到工作目标和要求，对自己的发展定位模糊动摇，应对新情况、新问题、新机遇、新任务感到力不从心，心理上长时期摆脱不了焦灼不安的状态，进而影响工作状态。

这种种思想、心理上的困扰，通过员工的履职行为，将其消极影响辐射至企业工作推进的方方面面，最终实化成企业经营管理上的症结。

思想的困扰必然需要依靠思想上的工作来解决。以洞明人性，通达人情，温暖人心为核心的思想政治工作，正是破解国企这种种难题的有效工作手段。它能够帮助国有企业开展一系列有针对性的教育人人，引导人，塑造人和鼓舞人的举措，进而将国企所独有的政治背景优势转化为企业的核心竞争力。因此，思想政治工作被誉为经营工作乃至其他一切工作的生命线。

二、当前形势下国企思想政治工作所面临的挑战

1.队伍老化让政治思想工作难获实效

国有企业在经历了长期的稳定发展后，人员结构老化的问题开始逐步显现。老员工们作为思想政治工作开展的对象，早已厌烦了传统说教式的工作模式，而逐渐与时代脱节的观念和日益僵化的思维，也让简单直接的思想政治工作手段难以赢得老员工们思想上的共鸣，这无疑对思想政治工作的开展提出了极高的要求。

反观思想政治工作的实施方，管理队伍的老化使得思想政治工作开展过程中经验主义、教条主义较为普遍，思想政治工作的手段、内容、载体也逐步软化，思想政治工作出现脱离职工的思想实际，教育内容笼统抽象，大而化之，理论和实际脱节，针对性差；教育方法单调呆板，仍以说教为主，目的性明显忽视了受教育者的主体地位，夸大了教育者的主观作用；教育对象不分层次需要，不加分类指导，忽视职工群众思想道德水平的差异性；教育途径滞留于从文件到文件，从会议到会议，缺乏吸引力感召力和说服力，与思想政治工作面临的新形势新任务不相适应。工作要求与实际工作质量之间的巨大差距让一些国有企业的思想政治工作难以收获任何成效。

2.经营疲软让思想政治工作压力增大

在市场化自由竞争的浪潮中，大量国有企业原有的经济地位受到挑战，其固有的经营能力、硬件环境和盈利模式难以再支撑其市场竞争优势。经营环境逼迫着企业尽可能地将人力、物力和财力投入到企业的业务经营层面，变相地缩减了企业在思想政治工作战线上的投入，企业思想政治工作概念被淡化，甚至被单纯的企业管理工作所取代，极大地削弱了思想政治工作开展的主观积极性。

另一方面，企业员工的价值观念和思想观念趋于多样化。生活压力的增大，收入分配的差距，弱势群体的出现使得员工对物质利益的要求在思想意识中占据了主导位置。当企业的经营疲软直接影响到员工的收入、福利等物质利益时，员工接受企业思想政治工作的积极性大打折扣，对企业思想政治工作的抵触情绪就会出现。

3.管理疏漏让思想政治工作缺乏支撑

思想政治工作是现代国有企业管理工作的重要组成部分，与制度化管理强调约束和考核不同，思想政治工作更强调思想层面的引导和心理层面的互动，但它仍旧需要基本管理机制的支撑，而转型中的国有企业在基础管理机制上的疏漏让思想政

治工作成为了没有支点的空中楼阁。

制度建设滞后。部分国有企业未将制度建设作为企业的长效工程，任由企业的制度体系过时乃至失效，最终失去制度所应有的约束效果，也让企业思想工作的开展完全失去了理论依据和基础准则，

管理执行缺陷。“不患寡而患不均”是员工的普遍心态，在企业管理执行的过程中，许多员工关心的往往是执行过程是否公平，而不是执行是否到位。部分国有企业在管理执行过程中缺乏持续性和规范性，让员工对企业管理的公平性产生了质疑，进而致使思想政治工作缺乏说服力。

三、针对新形势下思想政治工作的探索

市场形势、社会环境、价值观念等众多内外环境因素的变化造成了国企思想政治工作的困局。在当前形势下，思想政治工作的关键已然不在于企业如何去强调，而在于基层能够真心实意的接纳；不在于管理层面的各种规定，而在于对员工全面发展的深远意义。因此，国有企业的思想政治工作格局也必须有所改变和突破。

1.发挥核心作用，“十八大”精神引领思想政治工作发展

党组织是国有企业内思想政治工作推进的关键平台，担负着其他部门及普通员工难以比拟的职责和使命。党的十八大报告中提到“要抓好道德建设这个基础教育，引导党员、干部模范践行社会主义荣辱观，讲党性、重品行、作表率，做社会主义道德的示范者、诚信风尚的引领者、公平正义的维护者，以实际行动彰显共产党人的人格力量。”这要求国有企业党组织及相关干部明确自身在思想政治工作中的任务，充分起到带头作用、模范作用。

作为国有企业思想政治工作的带头力量，党员干部队伍要“坚定理想信念，坚守共产党人精神追求”，在工作中坚持“从群众中来，到群众中去”的工作方法，真正地深入员工队伍，了解员工、关心员工，在萌芽状态下化解职工队伍中出现的矛盾与问题，为从事思想政治工作的干部赢得基层员工的普遍认可；要善于发现企业工作中出现的不合理现象，对影响企业和谐的问题进行深入的分析探究，制定出相应的解决方案，加强企业与员工之间的凝聚力，引导企业向着和谐、团结、可持续的发展道路迈进。

2.强化队伍建设，“一岗双责”塑造思想政治工作战斗力

实行干部“一岗双责”工作责任制

一岗双责，就是在国有企业中各级管理人员不但承担着企业经营管理的行政责任，也担负企业思想政治工作的政治责任。“一岗双责”能够解决国有企业中存在的业务工作和思想政治工作一手硬、一手软的问题，将思想政治工作由部分干部、个别部门单方面负责的工作模式，转变为党政组织齐抓共管，各职能部门、各级干部分工负责的局面，促进思想政治工作在企业管理中从无形变有形，由虚变实，进而实现思想政治工作与经营管理工作的相互统一，相互促进，增强企业思想政治工作的针对性和实效性。

实行“一岗双责”工作责任制，要强化干部履职意识、履职能力，增强其责任感，通过订立《职责手册》，签订《岗位责任书》等手段明确各级干部的思想政治工作职责和业务职责，并严格要求其在工作中将这双责有效结合，同步推进，将思想政治工作落到实处。

建立干部“双绩效”考核机制

绩效考核是企业管理的有效方法，是提高企业科学管理水平重要手段。国有企业可以将思想政治工作绩效纳入考核体系中，与常见的经营管理绩效考核组合形成“双绩效”考核机制。借助考核工具督促各级干部将思想政治工作与业务工作紧密结合起来。

建立“双绩效”考核机制，首先要建立合理的考核指标体系，根据管理者的工作岗位性质、特点及个人素质，厘定合理的业务工作及思想政治工作内容。其次，考核要兼顾思想政治工作的特殊性，思想政治工作十分注重管理者与被管理者之间的感情互动，因此在考核过程中应适当吸纳被管理者参与考核，改变单纯由上级领导或人力资源部门参与考核的传统模式，保证“双绩效”考核的客观性和公正性。最后，要将思想政治工作绩效考核与激励机制相配套，实现“双绩效”考核与收入分配、职务升降、岗位调整的互相挂钩。

3.完善管理机制，良好氛围筑牢思想政治工作根基

更新制度提供理论基础

“摆事实，讲道理”是思想政治工作核心手段，而企业的规章制度就是工作开展过程中“理”的根源。因此，国有企业应该建立完善的制度建设长效机制，定期根据企业内外环境的变化对制度进行相应的调整，确保制度常用常新，在任何时间都能系统、有效地规范指导经营管理，约束员工行为，避免因制度失效而造成思想政治工作陷入“无理可说”的尴尬。

规范执行培育公平土壤

思想政治工作是柔性的心理感召，它不具备制度管理手段所拥有的强制性，其成功与否关键取决于被管理者的认可程度，而对企业管理执行的敬畏与尊重正是这种认可的基石。因此，国有企业要杜绝制度流于纸面的弊病，将制度具体化成实际的管理举措，在制度执行的过程中要严格遵循严肃、公平的原则，尤其是管理者要身体力行，发挥表率作用，真正做到制度面前人人平等，形成企业内权利公平、机会公平、规则公平的管理软环境，用规范的执行打消员工对管理公平性的质疑，为思想政治工作的开展培育土壤。

举措鲜明树立正面形象

企业的管理举措是思想政治工作开展的风向标，因此奖勤罚懒、处置违规、培育和表彰先进等种种管理举措在实施的过程中必须做到态度坚决，举措鲜明，通过基础管理手段的施展为思想政治工作提供正能量支撑。此外，管理者对自己的管理权限有效使用，有助于在被管理者层面树立起良好的威信，这使得管理者在开展思想政治工作的过程中，更容易与工作对象之间产生良性的思想交流，取得事半功倍的工作成效。

4.引导观念转变，思想教育主导思想政治工作推进

企业价值观和岗位责任意识培育

企业的价值观是企业作为一个集体长期形成的共识，是一种有效联系员工个体的纽带。国有企业的思想政治工作应该以

企业正能量价值观为载体，把全体员工团结起来，在激发团队工作热情的基础上，通过岗位责任意识培育，引导树立起爱岗敬业的职业道德观，加强员工的职业荣誉感和岗位责任感，使员工在优秀的企业文化氛围中自我提升，做好本职，实现企业的可持续发展。

企业发展目标和主人翁意识培育

国有企业思想政治工作应将企业发展目标教育和主人翁意识教育入其内容体系，将企业发展目标与员工个人职业发展目标相结合，鼓励员工在实现企业发展目标的过程中上，设置合理的个人职业发展目标，明确合理的个人职业发展目标是实现企业发展目标的基础，而企业发展目标的实现是个人职业发展目标的保障。同时，辅以主人翁意识教育，激发员工的工作积极性和主动性，引导员工认清形势，转变观念，自发地通过各种渠道提高自身的业务素质和思想素质，促成员工实现自我管理，缓解企业思想政治工作乃至基础管理工作推进的压力。

职工公平观与大局观培育

当前形势下，员工对于利益分配理解的困扰是国有企业思想政治工作开展受到阻碍的重要原因之一，因此将大局观与公平观相结合，开展思想政治教育尤为必要。一方面，通过正面公平观的树立，引导员工正确看待自身与他人之间的利益关系；另一方面，通过正确大局观的树立，引导员工妥善平衡个人利益与企业利益的关系。两者的有机结合能够促进公平与效率兼顾的经营管理理念在企业内生根发芽，打通个人与他人、集体之间的良性沟通渠道，思想政治工作推进的障碍也随之消失。

5.创新工作模式，人本理念激活思想政治工作动力

人既是企业思想政治工作的对象，又是企业思想政治工作的目的。以人为本，做好企业的思想政治工作，调动全体职工生产劳动的积极性创造性是国有企业思想政治工作的永恒主题。以人为本，要求国有企业思想政治工作要做到理解人，尊重人，关心人和团结人。真正把广大职工作为企业思想政治工作的主体，在人之所盼时回应，在人之所需是满足，在人之所惑时释解，使企业思想政治工作反映职工的心声，体现职工的要求，成为凝聚职工、团结职工的桥梁和纽带。

思路创新

国有企业思想政治工作必须冲破思想禁区，倡导创新思维，实现思想再解放，思路再突破。摆脱唯书、惟上的思维定势，向“唯实”转变。从“等布置、听指令”转变为从实际出发，主动出击，及时将问题解决在萌芽状态，牢牢把握工作主动权。同时要根据企业和职工的实际需要确定工作思路，力求工作上有独创性、超前性和开放性，要适应新形势、采取新措施，确立新思路。

内容创新

国有企业思想政治工作要适应中心工作的需要，跟上经营发展的步伐，拓宽服务的领域，要找准结合点，把思想政治工作与企业的业务经营、内部管理、机制转换等工作相融合，坚持与企业各项工作整体配合，把刚性的约束和柔性的导向有机结合起来，使职工在情的激励下爱岗敬业，在法的约束下努力工作。同时，以基层职工普遍关心的切身利益问题为切入点，从健康保障、个人教育、职业发展、薪酬福利及关爱帮困等方面入手，在企业内推行“民生工程”，谋民生之利，解民生之忧，营造企业与员工共建共享的和谐氛围。

形式创新

要打破国有企业思想政治工作原有的单一形式、单一渠道格局，充分发挥宣传作用，运用内部刊物、局域网络、座谈会等多种载体和渠道塑造良好氛围，打好主动仗。要有效地在第一时间里掌握第一手材料，并做出快速反映，使思想政治工作从统一教育向层次教育转变，从单纯说理向结合实际转变，从单向灌输向自我教育转变，从被动应付向超前预防转变，并尝试使用研究式、讨论式、启发式等方法开展工作。此外，要丰富员工的精神文化生活，以面向基层、服务群众为原则，开展体育竞技、棋牌娱乐、技能比武等丰富多彩的文化娱乐活动，寓教于乐，寓教于知，寓教于学，寓教于新，寓教于实，引导员工在文化建设中自我表现、自我教育、自我服务，从而塑造起强大的凝聚力。

【作者：上海华联商厦总经理 党总支书记】

廉政楷模　道德典范

——从文物看陈云的廉政观

徐建平

陈云纪念馆是中央批准全国唯一系统展示陈云生平业绩的单位。至今，纪念馆保存着4万余件的藏品，已经成为全国最大的陈云文物收藏中心。这些文物是陈云同志工作生活的真实写照，体现了一位伟人的高尚情操和人格风范；这些文物是陈云廉政观的重要佐证，体现了一位伟人的思想理论与历史贡献。

一、勤政为民，是廉政观的根本前提

陈云文物是一位伟人全心全意为人民服务的真实写照。一只旧算盘，记录着陈云在灯光下计算各种经济数据；一只公文包，装的是全国人民的吃饭穿衣问题；一盏台灯，是陈云在夜间工作的最好见证；一只茶壶和几只茶杯，让人们想起：50年代中期、60年代初，为解决经济困局，陈云4次回家乡调查研究，没有领导陪同，也没有专车等候。陈云一生注重调查研究，他始终坚持“不迎不送，不请不到”的规矩。他到地方调查研究，从来不要党政主要负责人迎来送往，有事才请到他下榻的住所谈工作，不请就不要他们来。他认为，省委书记、省长们应静下心来谋全局、想大事，扑下身子去办实事。穷于应酬的作风，既当不好领导，也对党和人民没有任何益处。

陈云一生之所以能够做到廉洁从政、勤政为民，最为根本的原因是他始终坚持共产主义的理想信念，始终坚持全心全意为人民服务的根本宗旨。1939 年，陈云指出：要“经常了解群众的情绪，群众的呼声，帮助群众解决困难”；新中国成立前夕，陈云明确指出：共产党及其领导的人民政府，“是真正代表大家，为大家‘当差’的，是遵循工人、农民和其他人民群众的意见办事的”；改革开放初期，陈云说：“搞经济建设的最后目的，是为了改善人民的生活”。

“亲民之官，以廉为基”。陈云心中时刻装着人民，他曾被称为“不管部长”，别人不管的小事，他都要管。在陈云看来，为政清廉与为人民服务是辩证统一的，要想为人民当好“差”，就要在政治上保持廉洁作风；而只有保持廉洁的作风，才能真正地为人民服务。

二、艰苦奋斗，是廉政观的重要保证

陈云曾指出：每个党员，“必须具有艰苦奋斗的精神，继承和发扬党的优良传统”，“我们必须进行长期的艰苦奋斗。”陈云不仅清醒地认识到艰苦奋斗的长期性，更是以身作则，身体力行。

纪念馆保存着陈云穿过的衣服。其中一件棉坎肩，是 1946 年他在临江任辽东军区政委时，军区参谋长望着天寒地冻下的政委，每晚都在哈哈手后再起草电文，每次开会都把军大衣裹了一次又一次，他十分心疼政委，特意请人缝制了这件棉坎肩，给政委暖暖身子。这件棉坎肩，陈云穿了 38 年，上面打了 32 个补丁。陈云在 1952 年出访苏联，1954 年出访越南前夕，分别做了一套藏青色毛料和一套灰色的中山装。这两套服装，也只是他在接见外宾时或参加重要活动时才穿。活动一结束，就赶紧收起来。天长日久，有的部位磨损了，就请夫人于若木缝补。实在补不好了，就送店里织补。这两套服装，陈云穿了 30 多年。他穿的内衣内裤也都是补了又补。他穿的大衣也是两用的: 春秋是夹大衣，到了冬天，就把厚绒衬里用扣子扣上，成了厚大衣。周恩来总理曾经感叹地对身边工作人员说，“陈云同志真会过日子，你们应该向他学习。”

纪念馆保存着陈云身边工作人员提供的一日三餐的食谱。粗茶淡饭伴了陈云的一生。他幼年家境贫寒，自小就体验到人生的艰辛。入党参加革命尤其在长征途中，经常饱一顿，饥一顿，既要忍饥挨饿，又要带兵打仗。在 69 年下放江西“蹲点”，又亲眼目睹、亲身体验了基层群众生活的艰难。因此在陈云的食谱中没有燕窝、鱼翅等高级菜，有的只是豆腐等几样简单的家常菜。早餐面包、果酱和豆浆，午餐一个荤菜、一个素菜、2 两米饭，晚餐一个素菜、一个豆制品、1 两半米饭。难怪陈云的厨师说，“首长一年到头就吃那几样普通的家常菜，我这个技术也提高不了。”

陈云始终强调勤俭节约。在家里，为了节约用水，水池旁贴着节约用水的字条。在纪念馆还保存着陈云使用过的短到不能再短的铅笔头；挤到不能再挤的牙膏皮。为了节约用纸，陈云总是旧台历的背面写字办公，现在纪念馆保存着许多旧台历。

“静以修身，俭以养德”。这些日常生活的平常事，反映着陈云的崇高品德，给党员干部作出了榜样。只有每位党员干部带头艰苦奋斗，中华民族伟大复兴的“中国梦”才能早日实现。

三、遵章守纪，是廉政观的基本途径

任何法律、法规和制度都要落实在行动上。正如陈云所指出：“遵守纪律不是在口头上，而是在实际行动上。口头上说遵守纪律是容易的，困难的是在实际行动上真正遵守纪律。所以党观察党员是否遵守纪律，要看他的行动。”陈云的文物从不同的侧面反映了他带头遵章守纪的情况。

在纪念馆的一楼序厅停放着一辆红旗牌的轿车，这是中央配给陈云的车。陈云明确要求：不准家人搭乘他的车。因此，在纪念馆的库房里，还保存着一辆红旗牌的自行车。这辆自行车是于若木外出的交通工具。两辆红旗牌车是陈云遵章守纪的最好见证。在纪念馆保存着一张陈云在医院住院时赔偿台灯开关的收据。当时，发现台灯开关损坏后，陈云坚持损坏东西要赔偿，说这是医院的规定，我们要遵守。最后做了赔偿。1995 年 4 月 10 日，陈云同志交了自己一生中最后的一次党费，这张收据也保存在纪念馆；还有他在虹桥迎宾馆休养时，缴纳伙食费的收据等等。每次展出这些文物时，都令观众感到惊叹，他们不敢相信，一位伟人对自己的要求是如此严格。正如陈云的秘书所说：“首长对自己的要求几乎到了苛刻的地步。”

陈云定下的规定，他都带头执行。1961 年 11 月上旬，由于受到寒流影响，北京气温陡降。11 月 10 日，周恩来去陈云那里，发现他披着棉被在床上看文件，仍被冻感冒了。周总理于心不忍，马上表示特许这里提前几天供暖气，陈云却坚决说道：“11 月 15 日，供暖的时间是我定的，我不能破这个例。”

陈云同志一生酷爱评弹，工作之余和养病时听听评弹，是他放松疲劳、调节头脑和筋骨的好办法。在上海、苏州等地听评弹时，陈云坚持买票入场入席。为了听评弹的新节目，他请人录制了几盘磁带，坚持付了费用才肯接收。他诚恳地对来人说，我当中纪委书记，不能坏了规矩，应当带头遵守党的规矩。

陈云从不收礼。他常说，“很多人送礼是为了有求于我，我若收下，以后决定事情必有偏差。”有一年秋天，各大军区来京汇报军事演习。有两位军区领导到陈云的住所汇报工作，顺便带了两盒葡萄。当他们起身告辞时，陈云让他们把葡萄带走。两位领导一再解释，这不是送礼，只是让首长“尝尝鲜”。在一再劝说下，陈云摘下 10 个葡萄，微笑着说，这叫“十全十美”，剩下的你们还得带回去。两位军区领导感佩不已。陈云曾幽默的说过，“如果主席、总理给我送礼，我就收，因为他俩没有求我的事儿。”

“言必行，行必果”。党员干部只有带头执行规定，把口号落实在行动上，把承诺兑现在服务上，才能调动全党的积极性，形成高度的凝聚力和战斗力。

四、重视教育，是廉政观的必要条件

陈云不仅是对自己要求严格，也同样重视对子女和身边人员的教育。陈云指出：“希望所有党的高级领导人员，在教育好子女的问题上，给全党带好头。决不允许他们依仗亲属关系，谋权谋利，成为特殊人物。”

陈云对自己的子女要求十分严格，要求他们“读好书，做好人”。“文化大革命”期间，陈云被下放到江西“蹲点”。由于厨师生病，陈云长女陈伟力临时到江西为他做了10个月的饭。陈云对女儿说：“你在这里10个月，是为了照顾我，没有给国家做事，就不能拿国家的工资，回去后，要把工资退给单位。”后来，单位还给陈伟力开了一张收据，现在这张收据也保存在纪念馆。

1977年中央决定恢复高考制度，陈云的二女儿陈伟华在郊区教书，知道这一消息时，距离高考不足三个月，年近30的伟华央求父亲为她找个大学的老师“辅导一下”，父亲以疑惑的眼光看她一眼离去。事后母亲告诉她：你爸说这是“走后门”。要考就凭自己的本事考进大学门。后来，伟华靠自己的努力考进了北师大。

1994年1月至5月，陈云同志在上海休养。4月初的一天，他从《新闻联播》里听到了中央机关为希望工程捐款的消息，第二天就立刻委托身边的工作人员从他的存款中取出5000元人民币送到青少年基金会，捐给希望工程的孩子们。他还专门叮嘱工作人员要转告基金会的同志：“这笔钱要捐助给革命老区和贫困地区的失学儿童，并且要保密。”这笔捐款最终落实到河南省卢氏县的25名贫困学生。这些受助学生的照片都保存在我们纪念馆。陈云同志去世后，他的子女继承父亲的遗志，捐赠80万元，在吉林临江父亲曾经战斗过的地方，建立了陈云教育基金，支助贫困大学生。现在教育基金已经资助了259名贫困大学生，帮助他们圆了大学梦。

纪念馆还保存着一封陈云写给革命后代陆的信，在信中，陈云以父兄的责任，叮嘱陆，“千万不可以革命功臣的子弟自居，切不要在家乡人面前有什么架子或者有越轨违法行为，这是决不允许的。你们必须记得共产党人在国家法律面前是与老百姓平等的，而且是守法的模范。”“我与你父亲既不是功臣，你们更不是功臣子弟。这一点你们要切记切记。”

“公生明，廉生威”。无论对待自己的子女，还是对身边人员，都能保持公正，不偏私，这才能保持自己的威望。这也是后人能够学习陈云、宣传陈云的最为重要的原因。

党的十八大以来，以习近平同志为总书记的党中央，高度重视党风廉政建设，清醒认识党风廉政建设的紧迫性，制定了“八项规定”等一系列措施，不断推进反腐倡廉理论和实践创新。今天，我们不仅要学习陈云的廉政风范，更为重要的是，在新的形势下，在推进党风廉政建设的过程中，要从陈云的廉政思想中汲取营养，从而进一步加强和改进党风，巩固党的执政地位，不断保持党的先进性和纯洁性。

【作者：陈云纪念馆馆长】

浅谈监理如何做好廉洁自律

徐　柱

一、引言

我国建设监理推行20多年以来，监理工作在工程建设中正发挥着重要作用，监理事业的发展和现行监理制度已得到社会的广泛关注和认同。作为建设市场参建主体之一的监理，是为投资者（业主）的项目管理提供技术和管理服务的行业，所以只能要求监理必须用过硬的技术水平，较强的管理能力，崇高的职业道德和认真负责的敬业精神，为业主提供优质的监理服务。由于在工程建设项目中，监理是受业主委托，对建设工程实施过程监督和管理，因而监理也就拥有了一定权利和责任。监理人员拥有对各类施工方案审批权，对工程材料质量的确认权，对附加工程量的签证权，对工程资金支付的审核签字权以及实施过程中对不符合相关规定，要求暂时停工权等等，如果监理人不把这种权利当作监理人的基本职责来看待，而把这种职责权利最大化的为获取监理人个人利益来行驶，此结果可想而知一定是滋生腐败，个人得到好处，以牺牲工程质量为代价，严重的会危及到建设产品的质量安全和建设过程中的施工安全，将造成投资方或人民群众的生命和财产损失，因此监理人的廉洁自律直接关系到工程建设的成效。本文浮浅地谈监理如何做好廉洁自律，供广大监理同仁参考。

二、监理腐败对建设工程的危害

当前的建设市场，施工队伍挂靠的、以包代管的、层层分包的比比皆是，这些建筑队伍中，各种人员来自五湖四海，管理水平差异很大，市场又没有完全监控到位，一些不良承包商（包工头）为了争抢工程或者在工程建设中获得不应有的利益，往往采取大肆行贿、不择手段对监理人贿赂，意志不坚强的监理人在“好处”面前被腐蚀，腐败受贿现象时有发生，监理的腐败受贿现象将直接导致“豆腐渣”工程的出现，具体表现在：

1．隐蔽工程存在偷工减料和不规范施工行为，监理同意隐蔽验收；

2．建筑工程材料“以次充好”存在质量问题，监理视而不见；

3．工程进度和工程量虚报、假报，监理未如实审核；

4．工程变更不实、增大签证量，监理把关不严；

5．施工过程中，安全生产隐患层出不穷，监理监控不到位；

……

以上诸多监理腐败行为会直接导致工程质量存在危害和造成业主投资损失，也必将给工程埋下事故隐患，最终出现“豆腐渣”和腐败工程，终将酿成大祸。

三、监理受贿腐败的常见行为

在日常建设工程监理活动中，监理人利用手中的权力向承包商（包工头）提出这样和那样的要求，若承包商不能满足其要求，监理人在各个方面为难或刁难施工单位，常见的腐败和不正之风有以下收、要、报、推几点行为。

1．收一点：承包商（包工头）为了自身利益，通过送礼、贿赂等手段来拉拢监理人，送礼的方式、手段很多，有过年过节“礼品往来”的，有巧立名目说给监理人加班费、交通费、通信费的、有投其所好送一些礼品、礼金的等等。意志不坚定的监理人往往觉得我没吃、卡、拿、要，是你主动送给我的，送来者皆收，不收还觉得没给送来者面子，有理所当然的感觉。

2．要一点：有监理人错误地觉得，我在建设工地上监管很辛苦，都是为了你承包商在服务，有时加班加点旁站，有时随叫随到对工序验收，那么辛苦的付出。承包商做工程有钱赚又没对监理表示什么，觉得委屈干脆向你要一点，有向承包商（包工头）要求给个人买电脑、买手机、买相机、要礼品、要礼金等等，要了才觉得心安理得、心里平衡。

3．报一点：监理人为了更好地推进工程建设需要同建设主管部门、监督部门、业主等相关单位沟通，发生了一些费用，还有因监理工作。

需要发生的办公费用等，都要求承包商给予报销。另外还有监理个人所发生的费用，例如：车辆使用费、外出差旅费、个人通信费等都在承包商那里报销一点。

4．推销一点：监理人利用职务之便，在工地上擅自向施工方推销材料、设备、购件等，从中获取好处，甚至将一些不合格的材料，设备推销到工程上，监理人给予合格签字。

上述几点是常见的监理人廉洁自律问题，较为严重的还有监理同承包商串通一气、相互勾结，坑害业主获取不应有的利益，例如：隐蔽工程几何尺寸小于设计规定，隐蔽质量不符合要求，隐蔽的一些材料用其他不合格材料替代，基坑支护能减则减，无中生有的，签证量扩大的等等这些违法、违规违反职业道德的事情，监理人为了“好处”大胆签字确认，对所获的偷工减料费用双方商谈分成，或确因监理人帮助弄虚作假获益的，承包商也会将获利部分再回扣一些给监理人。

四、监理人做好廉洁自律应先具备良好的职业道德

国家法律法规赋予监理人员对工程建设实施监理，既是一种权利也是一种义务，权利的实施和义务的承担就需要一定素质的监理人员去完成，这是最基本的要求和必备的条件。监理人员应德才兼备，既要熟悉和掌握工程监理的基本理论知识更要懂得职业道德要求，有才无德和有德无才都不是一个合格的监理人，精心培育监理人员爱岗敬业的团队精神，培养监理人员的良好职业道德是监理企业的财富和发展源泉，是推动监理行业良性发展的精神力量，也是对监理人提高个人素质培养和锻炼人才的重要途径。

监理人有了良好的素质和职业道德对于创建品牌型监理企业，提升监理企业的社会信誉，树立监理行业的社会公信力，具有十分重要和积极的意义。

《注册监理工程师管理》和《建设工程监理行业自律公约》，撰写了规范监理人员职业道德行为。监理人员职业道德行为有3条重点与廉洁自律相关联：

1．严格履行岗位职责，不得与委托方和承包单位，设备材料供应单位串通，弄虚作假，降低工程质量，不得将不合格的建设工程，建筑材料，建筑构配件和设备按合格签字。

2．坚持廉洁执业，自觉抵制腐败行为，不利用职务之便谋求私利，不收受被监理单位的任何礼金，不占用被监理单位的通讯、交通工具，不在被监理单位报销个人费用。

3．不以个人名义承接监理业务，不为所监理工程指定承包单位，分包单位以及建筑材料，购配件和设备供应商。

以上规范监理人员职业道德行为的几点，已经对提高监理人素质和预防监理人腐败，做好监理廉洁自律从职业道德行为提出了要求。

五、如何做好监理廉洁自律防腐败

做好监理廉洁自律制止腐败现象和不正之风从以下几个方面着手：

1．作为监理企业应珍视廉洁自律的品牌形象，狠抓内部管理，建立健全各项监理人廉洁自律规章制度，对监理人加强廉政建设方面的教育与宣传，形成监理企业廉洁自律的文化氛围。

2．深化职业道德建设，学习和贯彻《规范监理人员职业道德行为》，认真领会其精神实质，监理企业各级领导要增强抓监理人廉洁自律的坚定性，始终把该项工作摆到重要日程，当作重要工作来抓。

3．监理企业与项目总监或项目负责人签订廉洁责任书（廉洁合约）合约内容应明确监理腐败必承担的责任，对发生监理人腐败行为必须严肃追究，涉及违法的必交司法部门处理。

4．监理人应坚持公正独立、自主开展监理工作，警惕某些承包商为了获得不应得利益，对监理人采取拉拢、引诱等各种不正当的手段，侵蚀我们监理队伍的肌体，对不正之风的腐败现象，监理人不可掉以轻心，应制止纠正，必要时向监理公司领导及项目业主反映。

5．监理人员应坚持廉洁执业，自觉抵制腐败行为，在工程建设中对隐蔽工程验收必须按施工图纸，施工验收规范进行。发现不符合验收要求的，坚决要求施工单位无条件返工。

6．监理人要自觉做好行业自律，做到不对施工单位吃拿卡要。不接受施工单位奖金、奖品、礼金、礼品及津贴，不准参加承包商组织的旅游，休假和娱乐活动。

7．监理企业要建立和完善监理廉洁自律防腐败的监督体系，随机检查和审核各建设项目易与腐败有关的事项，如设计变更、工程量审报、隐蔽记录现场签证等，及时调查和解决各类廉洁自律方面的投诉，弘扬和树立监理廉洁正气，减少歪风邪气的发生。

8．监理企业适时邀请司法人员针对建设行业特点，结合案例，对腐败的形式、动向进行深入地介绍和教育，提高监理人的警觉性，组织旁听职务犯罪案件的庭审，参观监狱等警示教育基地，增强抵制职务犯罪的免疫力。

六、结束语

监理廉洁自律是一项长期的、艰巨的工作，珠江监理公司近几年制定实施了《关于实行党风廉政建设责任制的规定》和《广州珠江工程建设监理公司职工廉洁守纪细则》等廉政建设

规章制度，并定期考核、确保制度有效运行，对健全约束监督机制，规范监理人廉洁自律的行为起到了良好的作用。

相信，只要我们充分认识到监理廉洁自律的重要性，从如何做好监理廉洁自律的几个方面着手，以我司的有关廉政规定、守则，规范监理人的行为，各项廉政制度贯彻落实，就能够有效地遏制、舞弊、贿赂、腐败现象的产生，就能够在开展建设监理中，做到认真做事、光亮做人，树立监理行业的廉洁形象。

【作者：广州珠江工程建设监理有限公司副总经理】

重心下移扎实推进农村党风廉政建设

钟捷兴

近年来，儋州市纪委、市监察局认真贯彻省委、省纪委和市委关于农村基层党风廉政建设的工作部署，始终坚持以人为本、执政为民，坚持工作重心下移，坚持改革创新，着力解决损害群众利益的突出问题，扎实推进农村基层党风廉政建设，取得新的明显成效。

一、创新工作思路，推进工作重心下移幅度

儋州农村人口比重大、社情民意复杂，做好农村基层党风廉政建设工作，是我市反腐倡廉建设的重中之重，对儋州社会稳定发展至关重要。为此，市纪委将工作重点向农村倾斜，将工作力量向农村聚集，将工作重心向农村下移。

一是摸准基层现状，谋划工作新思路。通过对农村基层党风廉政建设情况的深入调研，为有效解决农村问题信访件居高不下、市纪委案件检查部门初核农村信访件力量不足、镇纪委作用弱化、市纪委与检察机关协作不够等问题，有力推进农村基层党风廉政建设和农村稳定发展，市纪委新一届领导班子研究确定了“围绕一个重点、实现两个延伸、抓好三个联动、达到四个目标”的工作思路，即：以抓好农村基层党风廉政建设为重点；实现纪检监察力量向农村基层延伸，监督检查重点领域向村小组延伸；抓好市纪委基层室、镇纪委、市检察院基层检察室查办农村基层案件协作联动；达到加强基层纪检监察工作、解决发生在群众身边腐败问题、维护农村社会稳定、为推动绿色崛起建设海南西部中心城市提供纪律保障的目标。新工作思路的本质是通过工作重心下移，实现基层纪检监察工作创新发展。

二是健全工作制度，释放基层室能量。为加强基层纪检监察工作，市纪委于2009年在四个镇设立基层室，负责指导协调所辖镇农村基层党风廉政建设，加强对镇党政领导班子、基层站所负责人的监督，查办科级以下党员干部违纪案件。随着基层室工作实践的深入，为进一步强化功能、明确制度、便于工作，市纪委研究出台了《关于进一步加强基层室工作的意见》、《基层室与辖区站所工作联系制度》、《基层室巡查工作办法（暂行）》，进一步明确了基层室的主要职责和任务方法，规范了工作程序，强化了对辖区镇领导班子、基层站所及村“两委”负责人廉洁履职情况监督检查。几年来，基层室先后检查镇党风廉政建设工作50多次，列席镇党委研究“三重一大”事项及民主生活会100多次，与各镇领导班子成员谈话200多人次，受理信访件148件，办结73件，立案查处了一批农村违纪违法案件，对于加强农村基层党风廉政建设发挥了积极作用。

三是结合基层实际，整治“庸懒散贪”。全省集中整治“庸懒散贪”问题专项工作开展后，市纪委注重把集中整治专项工作向农村基层延伸，将“庸懒散贪”4个方面21种问题列入《基层室巡查工作办法》的巡查内容，使基层室成为辖区镇整治“庸懒散贪”问题的重要监督力量。基层室参与市整治办检查镇干部“走读”现象4次，督促和庆、兰洋等镇家住那大市区的干部纠正了上下班纪律松弛问题；对和庆镇美灵村委会党支部书记王某等人在办公场所打牌，漠视群众诉求的问题进行通报批评；针对白马井镇南庄村委会有群众到重点项目现场阻挠施工的问题，及时找该村“两委”班子集体谈话，要求他们切实履行教育宣传群众的职责，有力促进项目推进。

二、构建监督网络，拓宽基层监督工作广度

根据儋州市农村党风廉政建设工作实际，着力加强监督检查，构建市、镇、村三级监督网络，扩大监督工作覆盖面，有力推进了农村党风廉政建设。

一是构建基层纪检监督网络。在全市各镇配备了5名纪检委员，在全市284个村委会（社区）各配备了1名村级纪检委员，使全市镇村两级纪检委员达到360名。建立健全镇、村两级纪检委员工作联系制度，加强工作信息交流，督促各镇建立完善村务监督委员会等监督机构，形成了基层室组织协调、镇纪委为“龙头”、村级纪检员和村务监督委员会成员为主体、广大农民群众参与的横向到镇、纵向到村的基层纪检监督网络。

二是加强涉农问题监督检查。近年来，先后开展了强农惠农富农政策落实情况、各种惠农补贴及扶贫资金管理使用情况、近年财政投入的38个强农惠农富农项目建设情况的专项检查，确保党的强农惠农政策真正惠及群众。根据群众举报和村纪检员提供的信息，严肃查处了南丰镇69户385人违规领取国家水库移民扶持资金106.9万元案，追究有关人员党纪政纪责任，市纪委会同农委等部门依法追缴已领取的不符合扶持条件的资金。通过开展村干部任期和离任经济责任专项审计，共审计22人次，查处违规金额54.54万元。

三是协同维护农村社会稳定。针对儋州农村社会稳定问题复杂、维稳工作任务繁重的实际，与市委政法委、市委组织部建立了社会治安突出问题督办机制，把维护农村社会稳定、化解农村社会矛盾作为基层纪检监察工作的重要任务。基层室对

基层责任单位处置社会治安突出问题的进度、措施、效果进行跟踪督查，对党员领导干部因行政不作为或乱作为、群众反映强烈的问题没有得到有效解决而引发的影响社会稳定问题，提出意见建议，会同有关部门协调解决。三都镇三都村委会马兰村小组和第三村小组因土地纠纷引发村民聚众到镇政府上访，阻挠某项目施工。市纪委会同市委政法委等部门深入现场，找镇村两级班子谈话，督促指导他们做好稳定群众工作，最终消除了治安隐患，促进了项目恢复开工。

三、推进组务公开，延伸村务公开工作深度

长期以来，村务公开仅限于村委会，对村民小组一级的"三资"监管不到位，导致很多涉及村民小组一级的违法违纪案件没能得到有力查处。为此，市纪委将村务公开向村民小组一级延伸，规范实施村小组组务公开，促进了农村稳定发展。

一是抓好示范，以点带面。按照先易后难原则，选择经济条件较好的雅星镇新让村等 3 个村小组进行组务公开工作试点。2012 年 7 月，召开了全市村民小组组务公开现场推进会，出台《关于积极推进村民小组组务公开工作的实施意见》，在全市部署开展组务公开工作。现场会后，每镇选 10 个村民小组先期推行组务公开，全市已有 197 个村小组实行了组务公开。海头镇七坊村小组因前任村小组成员及他人拖欠村集体款 2 万多元，组务一直不公开，造成村账目久拖不清，村民集资建设文明生态村款无法汇入村小组账户，村民意见很大，一度出现群体性上访苗头。第二基层室获悉后，深入该村倾听村民意见，协调海头镇成立工作组对该村账务进行清理，督促指导做好组务公开工作，得到村民大力支持。

二是突出重点，规范程序。在推进普及组务公开工作中，把村民小组财务收支、集体资产资源管理、农村公益事业建设、社会救助等容易引发违纪案件的要素作为组务公开的重点内容，规范组务公开工作程序和方法，公开前，村小组长召集村民代表会议，倾听村民意见，确定公开事项；公开中，严格执行意见收集、资料归档、责任追究等制度，确保公开效果；公开后，村小组认真解决村民提出的问题并答复，接受村民、监督小组及上级的监督，确保公开效果。

三是结合村情，注重实效。把维护稳定、促进发展作为组务公开的落脚点，不断提高组务公开的成效。雅星镇阜气村小组实行组务公开后，村组长威信提高，化解矛盾有力，实现了村"零上访"；大沟等 8 个村委会（并场队）因民生问题得不到有效解决闹退场，上访、举报不断。通过落实村务、组务公开，村民没有出现上访、举报现象，实现从乱到治的转变。木棠镇铁匠村在组务公开前，村民的知情权没有得到有效保障，村班子存在不团结、不办事、不公正、不廉洁的"四不"问题。推行组务公开后，村干部团结实干，带领村民发展黄花梨、海贝、海树等工艺品手工业，近 300 个加工作坊吸纳 10 多个村 1800 多人从业，2011 年该村产值近 1 亿，成为儋州"一村一品"模式的典范。

四、加强协作联动，加大查办案件工作力度

近年来，市纪委注重办案工作协作联动，推动查办农村基层违纪违法案件，提高了办案效率，有效维护了农村稳定和农民群众切身利益。2012 年，市纪委监察局立案 22 件 28 人，其中农村基层违纪案件 9 件 12 人。

一是整合基层办案资源，统筹办案力量。在基层室和镇纪委现有人员编制情况下，以 4 个基层室为中心，形成 4 个办案协作区，每个基层室协调所辖 4 个镇的 20 名纪检委员参与办案，并实行异地交叉办案措施，解决了镇纪委查办案件人手难到位、人情难放下、经费难保障的"三难"问题。推行协作区办案机制以来，市纪委共组织 4 次协作区联动办案，先后查办了和庆镇罗便村委会林某倒卖土地案、雅星镇政府符某侵占他人耕地案、雅星镇调打村委会冒领土地征地补偿款等案件，取得了统筹办案的明显成效。

二是创新办案协作机制，规范办案工作。建立并案处理机制，对多头反映或重复反映的信访案件予以并案处理，由协作办案领导小组研究确定；建立案件移交及移送机制，对受管辖权和办案力量限制需在协作部门间移交或移送的，经领导小组同意，及时办理移交或移送手续；建立案件联合查办机制，出台《儋州市农村基层案件协作查办制度》，建立基层室、镇纪委、市检察院基层检察室查办农村基层案件协作联动机制，对需采取纪检监察及司法等多种手段相互配合进行突破的案件，跨镇抽调有关部门力量联合调查。

三是加强职能部门联动，增强办案合力。在查办农村基层案件工作中，注重加强部门协调，增强办案合力。在查办白马井镇禾能村委会有关案件时，从市纪委、市检察院等单位抽调人员组成专案组，形成市纪委案件检查室负责外围取证、市检察院负责账务核查、白马井镇纪委和基层室负责落实证据补充的协作办案格局，很快办结该案，得到中纪委八室和省纪委领导的肯定。

【作者单位：海南省儋州市委常委　市纪委书记】

靠什么让梦想成为现实

郭治斌

习近平主席在视察海军驻三亚部队时强调，要教育引导广大官兵牢记强军目标，努力把个人理想抱负融入强军梦，强化使命担当，矢志扎根军营、建功军营。这一重要论述深刻诠释了强军梦与官兵个人军旅梦想的关系，鼓舞人心，催人奋进。

伟大的事业需要伟大的精神。从井冈山精神、长征精神，到抗洪精神、载人航天精神、抗震救灾精神……在追寻民族复兴梦想的道路上，我们这支军队迸发出了影响深远的精神力量，成为国家和民族进步发展的宝贵精神财富。

梦想就是动力，而精神凝聚力量。将梦想变成现实，首先需要有信念的支撑。只有坚定理想信念，才能在逐梦的征程中永不偏航。作为当代青年官兵，只有时刻牢记坚决听党指挥这个强军之魂，矢志不渝地坚定信念、铸牢军魂、忠诚使命，才能让梦想的基石更加牢固、坚不可摧。

梦想变成现实，需要保持火热的激情。青年官兵有朝气、有活力、有梦想，可现实中，有人牢骚满腹，对工作环境和待遇有诸多不满；而有的人却能一心扑在工作上，自我加压、自我挑战。这是因为对待工作的态度和热情不同。如果只把工作当作一个职业，那么工作无疑是一个苦差使；如果把工作当作事业，始终保持旺盛的热情，就能激发强烈的进取心，自觉地变“要我干”为“我要干”，做到“想干事、会干事、干成事”。

梦想变成现实，需要保持奉献精神。千里之行，始于足下。志存高远，更需脚踏实地。青年官兵必须认识到，大多数人都工作在平凡的岗位上，但平凡不代表平庸。像“三栖精兵”何祥美、“铁甲兵王”贾元友等，都是在平凡岗位上干出了不平凡的业绩。实现强军梦需要青年官兵心头装着使命，双脚扎根战位，立足本职甘于奉献，凭素质立身，靠实干进取，实现青春梦想。

梦想变成现实，需要保持艰苦奋斗的作风。艰难困苦，玉汝于成。追梦的旅程从来都不会一帆风顺，更不可能一蹴而就。有的同志虽有远大理想抱负，但经不起挫折考验，一遇到困难就打退堂鼓，甚至一蹶不振、意志消沉，最终浪费了大好时光，一事无成。实现强军梦需要青年军人继承和发扬我军艰苦奋斗的优良传统，以踏石留印、抓铁有痕的狠劲，磨练心智、锻炼意志、激发斗志。

更多梦想，更多机会。逐梦的征程中，平凡如你我，都在一点一滴的努力中，为实现强军梦加砖添瓦。

【作者：武警黄金一总队政治部主任】

浅谈加强企业党风廉政建设　必须强化三个约束

周树波

近年来，党中央一直把反对腐败、加强党风廉政建设工作的重点放在党政领导机关和县处级以上领导干部身上，这无疑是十分正确的。但是，反腐败斗争要深入，党风廉政建设要取得更大的成果，抓好企业的反腐败和党风廉政建设也是我们必须关注的一个焦点。同政府机关及其他社会经济组织一样，企业的党风廉政建设也是一项系统工程，要做的工作很多，但强化“三个约束”对于抓好企业的党风廉政建设至关重要。

一、抓学习教育，强化思想约束

正常情况下，人的一切行为都是受其思想支配的。认真分析近些年来党内发生的所有腐败分子的犯罪根源，无不如此。可见，大力开展清正廉洁、党纪条规和法律法规等思想教育，引导广大干部党员特别是领导班子成员牢固树立正确的权力观，以崇尚廉洁、鄙弃贪腐为精神追求，从内心深处筑牢防腐拒变的思想防线，是防治腐败的根本性措施。教育要突出重点，分层次进行，要抓住违纪易发时间开展预防性教育，做到早打招呼，预防在前；要抓住违纪易发部位开展警示性教育，做到及时提醒，警钟长鸣；要抓住违纪易发人员开免疫性教育，做到歧路思鉴，引以为戒。教育要灵活多样，生动活泼，讲究实际，注重效果，具体说要做到“三个结合”：一是与日常的各类集体活动相结合。企业工作千头万绪，总指望拿出大块时间，坐下来四平八稳的搞教育是不现实的。要学会见缝插针，利用一切可能利用的场合和机会，能长则长，要短则短，力求灵活多样，生动活泼。二是与解决“热点”问题相结合。要注意抓住一个时期内倾向性、苗头性特别是群众普遍关注的问题进行教育，增强教育的针对性和实效性，不使苗头成风，不让歪风蔓延。三是与剖析正反典型事例相结合。廉政教育必须坚持正面教育为主，大力弘扬正气。通过宣传先进典型的事迹，引导和激励党员干部特别是领导干部树立正确的世界观、人生观和价值观。同时，还要注意运用剖析一些反面典型的例证和犯罪轨迹，来警示大家，防患于未然。

二、抓建章立制，强化法规约束

推动反腐倡廉制度创新是建立健全惩治和预防腐败体系的中心环节。近年来，上至中央，下到地方各级政府，紧密结合改革开放伟大实践，先后颁布出台了大量法律法规，不断提高了反腐倡廉制度化、规范化、科学化水平。但是，企业作为经济组织，其特性及管理运作模式不仅有别于党政机关，而且其自身的组织架构、经营项目、经营方法、管理模式等也千差万别。我们不能幻想着用现有的法律法规解决所有企业党风廉政建设方面的问题，更不能期待着在这些法律法规中找到解决所有问题的现成答案。必须以勇于开拓创新的精神，紧密结合每家企业的经营特性，统筹规划，突出重点，尽快建立健全符合企业自身实际的反腐倡廉制度体系。尤其是原材料采购、产成品销售、工程招投标、重大项目投资、重大资金支付、工程外委和外包、大型设备更新和改造、资金筹措与信贷等等，均是最容易产生不正之风和腐败问题的敏感环节，必须通过建章立制严格加以规范，以堵塞漏洞，避免少数人钻空子、打“擦边球”，从中谋取私利。抓建章立制要在求实效、出成果上下功夫，绝不能搞形式、图好看。要做到这一点，必须使制度本身具有以下三个特点：一是具有较强的操作性。制度要具体，切合实际，一般应包括具体标准和要求、监督检查办法、违规处理方式等。也就是说，不仅明确规定不准怎么样，谁来组织实施，还要明确违反了规定如何“究”，如何“处”，究到什么程度，处有什么界限，这是一项制度可行不可行的重要标志。二是具有较强的严谨性。制度既要尽可能地完整配套，不留空当和死角，又要避免相互重叠，相互矛盾。只有这样，才不至于使执行者感到无所适从，才不会给人造成事后补漏或临时应急的感觉，才不会降低制度本身的实效性，最终造成有令不行，有禁不止的不良后果。三是具有较强的严肃性。制度一旦出台，就要认真对照检查，严格执行，一丝不苟，绝不搞情有可原，下不为例。党员干部特别是领导干部必须树立法律面前人人平等，制度面前不搞特殊的意识，带头执行制度，自觉维护制度。监督检查部门对制度的执行情况不但要进行认真全面检查，还要不定期地、有针对性地进行重点检查，对于违反规定的要及时处理，公开曝光；对于顶风违纪、明知故犯、搞上有政策下有对策的，要加重处罚，坚决维护制度的严肃性和权威性。

三、抓监督制约，强化环境约束

建立一套完整、科学、严密、有效的监督约束机制，构筑一个上下结合、内外并举的约束体系，形成一个全方位、多层次、多角度的监督网络，创造一个人人想说、人人能说、人人敢说的监管环境，是市场经济条件下，构建权力运行制约和监督机制，遏制党内腐败问题滋生蔓延的客观要求。总结近年来的工作实践，抓好党内外监督，构筑一个有利于党风廉政建设的良好监管环境，应做好以下三项工作：

一是适度分解权力，构建权力约束的制衡机制。要对领导干部和掌管人、财、物大权的部门和机构进行适度的权力分解，实行管与查分离、办理和审批分离式的交叉管理，即把同一工作分给不同级别、不同部门、不同人员共同办理，以便形成相互制约、相互监督的制衡机制。分解的形式有职能交叉、人员交叉、条块交叉、上下交叉等等；分解的目的是使任何部门、任何机构、任何个人都不可能有绝对的、不受制约的权力。这种权力制衡机制和现行的企业厂长（经理）负责制并不矛盾，只要分解适度，科学把握，就不会产生相互推诿、办事效率低下的问题。

二是坚持办事公开制度，为监督制约创造有利条件。只有办事公开透明，私弊才能无处藏身，群众才能做到“清水观鱼”。为了给群众的监督创造更多的机会和便利条件，切实解决“不知情就不能监督”的问题，应做到“三个坚持”：首先，坚持办事程序、办事结果公开制度。企业行使权力的一切活动，包括其过程、结果等等，除法律规定或经营管理确实需要保守秘密的以外，均应向职工群众公开；其次，坚持企业经济生活、政治生活民主化。凡与群众切身利益密切相关又容易产生腐败现象和不正之风的工作，如评优评先、奖金分配、干部任免及其他重要经济行为等等，都必须让职工群众直接参与。对于那些暂时只能让领导层掌握，一时不宜或不便让职工群众参与的事项，必须在班子内部或一定范围内进行通气、沟通；再次，坚持“厂务公开”制度。要通过对企业重大决策、经营管理中的重点问题、涉及职工切身利益和职工普遍关心的热点问题等进行细化，明确公开的内容、时限和形式，并建立完善的考评体系和责任追究制度，以增加工作的透明度，维护职工群众对企业内部事务的知情权和监督权。

三是畅通渠道，为群众监督提供有效保障。企业要定期向职工群众报告工作，举办职工听证会，开展提合理化建议活动，定期组织各种形式的民主测评，建立群众来信来访接待制度，必要时还应设立意见箱和举报电话。领导干部要端正态度，正确对待和处理群众的意见和建议，一旦发现压着不办、层层照转、互相推诿、不了了之或打击报复、徇私枉法的，要认真追究，严肃处理。

【作者：大连环宇阳光集团党委书记】

扎实推进党风廉政建设和反腐败工作
为全省水利改革发展提供有力保证

奥雨迎

经省水利厅党组研究决定，我们今天召开全省水利系统党风廉政建设工作会议，主要任务是：深入学习贯彻党的十八大、中央纪委第二次全会、全省党风廉政建设干部大会暨省纪委第三次全会、全国水利系统党风廉政建设工作会议和全省水利工作会议精神，总结 2012 年党风廉政建设和反腐败工作，研究部署 2013 年工作任务。

一、2012 年反腐倡廉工作回顾

2012 年，全省水利系统继续深入贯彻党中央国务院关于加快水利改革发展的决定和省委、省政府的决策部署，紧抓机遇，扎实苦干，全力推进大水网建设及各项工作，水利事业取得了重大进展。与此同时，我们按照中央纪委、省纪委以及省水利厅党组关于反腐倡廉工作的部署，紧紧围绕水利中心工作，坚持基本方针，认真履行职责，全面推进党风廉政建设和反腐败工作，为大水网建设和各项民生水利工作提供了有力保证。

（一）加强监督检查，有力促进了各项水利政策的落实和工程建设的顺利进行

一是制定监督检查实施方案，开展联合检查。为了进一步推动中央 1 号文件和中央水利工作会议精神的贯彻落实，规范水利工程建设和资金管理，提高工程建管水平，加快转变发展方式，省水利厅制定了贯彻落实《关于加快水利改革发展的决定》及山西大水网建设监督检查实施方案，并从 6 月下旬开始由省纪委组织，通过听取汇报、查阅资料、察看现场、召开座

谈会及调研等方式，对水利改革发展落实情况进行集中监督检查。总体看，我省水利改革发展进展顺利、态势良好，各市及时出台政策措施，强化对中央1号文件和省委实施意见的贯彻落实，尤其对加大水利投资方面，多数市、县对“从土地出让收益中提取10%用于农田水利建设”有了具体措施并开始运作，但也有少数市、县至今也没有措施，更没有落实资金，对水利的投入几乎为零。针对存在问题，检查组及时反馈了意见。二是对2011年工程项目两轮督查发现问题的整改情况进行了抽查，在全省水利工作会上进行了通报，要求对查出的问题进行全面整改，并对责任人员进行纪律处分。整改期间，暂不安排项目和资金。同时，对出现工程质量问题的设计、施工、监理等单位，也作出了停止其一年在同类工程中参建资格的处罚。整改后，组织人员对上述3个项目的整改情况进行了验收，并督促有关地方政府对相关责任人进行了责任追究。三是对“打非治违”专项行动和晋治工办发〔2012〕1号文件的落实情况进行了抽查。5月下旬到6月，按照省治工办的要求，组织人员分3个组，对全省部分县及大水网骨干工程“打非治违”工作进展情况进行了监督检查，重点检查了工程建设中挂靠借用资质投标、违规出借资质等问题。共检查30个县、31个项目。检查后召开全省水利工程专项检查视频通报会，对少数工程项目存在的问题进行通报批评，要求采取得力措施加强工程建设监督管理，并对发现的问题进行认真整改，确保如期完成建设任务。四是以稽察的方式对大型灌区2006年以来项目的工程量进行了专项检查。10月下旬抽调专家，采取听汇报、现场检查、仪器复测、业主填报与核查比对等方式，对全省9个大型灌区2006～2011年续建配套与节水改造项目完成情况进行了专项检查，检查情况向厅长办公会议作了汇报。五是对招投标活动进行了全过程监督。驻厅纪检组及相关处室对194项工程项目招投标活动从招标备案、发布公告、编制标底、开标、评标、公示到发中标通知书进行了全过程监督，及时纠正了招投标活动中的违规问题。

（二）深入开展多种形式的反腐倡廉宣传教育，党员干部廉洁自律意识不断增强

我们始终坚持从教育入手，按照“经常化、多样化、立体化”的工作要求，把反腐倡廉教育纳入全厅干部教育工作总体部署，积极构建反腐倡廉“大宣教”格局。一是常响“警示钟”，加强反腐倡廉警示教育。组织厅机关及厅直干部职工集体观看中纪委、省纪委录制的警示教育光盘，不定期给领导干部群发廉政短信。二是常念“紧箍咒”，积极开展自查自纠活动。7月底，召开了党风廉政建设推进会，在听取各单位上半年党风廉政建设进展情况汇报的同时，针对存在问题，特别是几轮专项检查和审计发现的问题进一步部署了下半年的工作。三是筑牢“防火墙”，对各级领导干部进行廉政专题培训。在全省市县水利局长培训班上讲廉政课，培训廉政风险防控；与省人民检察院联合召开山西大水网工程建设专项预防职务犯罪工作现场会，做到与中心工作同步进行，防范在先。此外，在厅机关大型电子屏上，每周出一期廉政专栏，在山西水利网上宣传纪检监察重点工作和重要活动，努力营造廉洁从政、风清气正的工作环境。

（三）加强反腐倡廉制度建设，具有水利特色的廉政风险防控机制逐步形成

在严格执行原有制度的基础上，依据形势变化和工作需要，又出台了一批新的制度。一是在项目前期及设计变更管理上，为加强水利工程项目前期工作、投资计划及建设管理，印发了《山西省水利工程项目合规性审查制度》《水利工程设计变更管理暂行办法》，保证水利工程项目符合水利发展规划、流域综合规划、有关专业和专项规划要求，严格基本建设管理程序，规范设计变更行为。二是在县级民生水利工程管理上，本着“划分事权、明确责任”的原则，出台了《关于切实加强县级民生水利工程建设管理的意见》，出台7条措施，着重提出了对违规操作的问责及处罚办法。三是在工程招投标管理上，印发了《关于加强水利工程建设招标投标监督管理意见》，对招投标监督管理办法进行了改革。全省水利工程建设项目招标投标监督按照“划分事权，重心下移”的原则，实行分级管理，县级组建项目法人的水利工程建设项目招标投标活动由市级水行政主管部门监督，市级组建项目法人的水利工程建设项目招标投标活动由省级水行政主管部门监督。凡投资额度规模达到招标投标规定的水利工程项目都实行了招投标。从执行情况看，在评标定标中有效减少了人为因素，使评标过程更加公平公正，择优选择施工队伍。四是在廉政风险防控管理上，按照水利部要求，结合我省水利工作实际，对已有的廉政风险防控机制进行了修订完善，起草了《山西省水利厅廉政风险防控手册（试行）》，现已印发执行。

（四）强化作风建设，树立执政为民理念，干部作风和政风行风明显改进

一是加强领导干部作风建设。按照省委、省政府、省纪委的统一安排部署，进一步巩固和深化纪律作风教育整顿工作，创造有利于水利改革发展的良好环境。积极开展了以整治“吃拿卡要”问题，创优发展环境为主题的专项治理工作。为了确保专项整治工作出实绩、见实效，结合水利厅工作实际，成立了整治“吃拿卡要”问题创优发展环境领导组，召开动员会，印发了实施方案，明确整治重点，并将整治工作列为2012年度党风廉政建设责任制考核的重要内容，切实解决影响水利发展的突出问题，创建廉洁高效的水利建设环境，专项治理取得明显成效。二是加强水利行风建设。2011年水利厅民主评议政风行风工作名列前茅，2012年，水利厅领导积极参加《政风行风热线》节目，落实解决听众提出的问题，所提问题全部答复或落实解决；组织开展了以“端正政风行风、优化发展环境”为主题的民主评议政风行风宣传活动，接受群众咨询，发放资料500余份；邀请部分省人大代表、水利政风行风监督员以及新闻媒体代表，参加水利厅民主评议政风行风听证对话会，认真倾听基层水管单位、用水户代表的意见和建议，以“抓作风，管行风、促政风”为切入点，全面提高水利行风建设成效。省水利厅的民主评议工作经过省行评办组织的考核，在省直经济管理部门中排名第一。

（五）严肃查办违规违纪案件，始终保持对各种腐败

的高压态势

严格按照信访举报工作领导责任制，坚持领导阅信、接访、包查信访案件、查办案件反馈等工作制度，做到事事有回音、件件有着落。全年共受理27件信访举报，其中上级转办3件，都已查结并按时上报了结果。

纪检部门自身建设得到加强。积极适应反腐倡廉建设和转型跨越发展的新形势新任务新要求，切实加强队伍建设，省纪委调整充实了驻厅监察室干部，部分纪检干部参加了第三联组组织的培训，对纪检干部严格教育、严格管理、严格要求、严格监督，树立了监督者更要自觉接受监督、执纪者更要带头守纪的意识。积极推进省直派驻机构联组管理，重点开展交叉监督、专项检查和查办案件等工作，派驻机构的作用进一步发挥。

2012年纪检工作进展是顺利的，成效也是明显的。但距上级的要求和干部职工的期望还有一定距离。随着水利资金投入加大和建设项目的增加，监管力量与任务不相适应的矛盾更加突出，廉政风险也在增大；水利基层单位党风廉政建设责任制的落实需要进一步强化；水利系统党风廉政建设工作创新仍然不够；事前、事中监督不到位，办法也不多；水利资金管理使用和工程建设管理中还有漏洞，监督检查力度不够；制度虽然比较完善，但执行中存在打折扣甚至有章不循问题，对违反制度追究不力等等。这些都需引起高度重视，在今后的工作中加以解决。

二、2013年党风廉政建设和反腐败工作任务

2013年，是全面落实党的十八大精神的开局之年，是实施“十二五”水利规划承前启后的关键一年，水利系统党风廉政建设面临新情况新任务新要求，反腐倡廉必须常抓不懈，拒腐防变必须警钟长鸣。要按照“干部清正、政府清廉、政治清明”的要求，扎实推进水利系统反腐倡廉建设。2013年水利系统党风廉政建设和反腐败工作的总体要求是：深入学习和全面贯彻落实党的十八大和习近平总书记重要讲话精神，按照中央纪委二次全会、省纪委第三次全会和全省水利工作会议要求，紧紧围绕水利改革发展，坚持反腐倡廉工作方针，着力加强党的纪律建设、作风建设和反腐倡廉建设，着力提高反腐倡廉建设科学化水平，认真解决反腐倡廉建设中群众反映强烈的突出问题，加强教育防范，完善制度机制，形成有效制约，突出项目审批、工程建设、资金管理、干部任用等重点环节，加大监督检查和查办案件的力度，切实抓好反腐倡廉各项工作的落实，为加快水利改革发展提供有力保证。

2013年，水利厅要重点做好以下五项工作：

（一）加强监督检查，促进水利工程建设

严明党的政治纪律，保证政令畅通。各级各单位要开展党性党风党纪教育，使党员干部认识到遵守党的政治纪律是遵守党的全部纪律的重要基础。引导和督促党员干部自觉遵守党的纪律，维护党的团结统一，在思想上政治上行动上同党中央保持高度一致，做到政治信仰不变、政治立场不移、政治方向不偏。纪检监察部门要加强对党的政治纪律、组织纪律、宣传纪律、群众工作纪律等各项纪律执行情况的督促检查，对于党章规定的不折不扣执行、党章禁止的坚决查处纠正。特别加强对政治纪律执行情况的监督检查，决不允许在贯彻执行上级决策部署和厅党组决定上打折扣、做选择、搞变通。严肃查处有令不行、有禁不止的行为。

继续加强对中央《决定》及省委《实施意见》贯彻落实情况的监督检查，确保水利重大决策部署贯彻落实。纪检监察部门要继续把中央及省委关于水利重大决策部署贯彻落实情况作为2013年监督检查的重要内容，充分发挥联合监督检查工作机制作用，重点督查配套政策执行情况，督查水利基金建立和提取、资金投入和从土地出让收益中提取10%用于水利建设、各种规费收缴和使用情况，以及重点水利建设任务推进情况，水资源管理“三条红线”落实情况，工程建设和水利资金使用监管等情况，对发现的问题要分类处理，严格落实责任，督促整改到位，确保工程安全、资金安全、干部安全和生产安全。

加强对重点和民生水利工程的监督检查，保证质量和进度。纪检监察部门要会同业务部门加大督促检查力度，按照“稳政策、增投资、夯基础、促改革、强管理、惠民生”的总体要求，大力促进各项任务落实。对有明确时限要求的水利建设项目，要及时跟进，定期检查。对重点水利工程建设项目特别是大水网建设要实现全过程、全方位、零距离监督。对于小型水利建设项目，要加强项目监管，充分发挥群众和社会监督作用，实施“阳光工程”，有效防范廉政风险。

创新监督检查方式，强化监督检查责任。坚持全面检查与重点检查相结合，例行检查与突击检查相结合，要注重运用现代科技手段和信息网络技术加强对水利建设项目的监管，实现对重点领域和关键环节的全程监控、动态预警。要充分发挥财务、稽察、审计等部门的监督作用，加强协调配合，形成有效的监督检查机制，必要时请上级纪检监察机关联合监督检查、联合查办案件。坚持“谁主管，谁对纠正整改监督检查发现的问题负责”，“谁检查，谁对监督检查的结论负责”的原则，务求把监督检查工作做深、做细、做实。要改进监督检查方法，提高监督检查质量。

（二）加强作风建设，实现干部作风的进一步转变

深入开展党的群众路线教育实践活动，密切干群关系。要充分认识加强作风建设的重大意义，切实增强密切联系群众的责任感和使命感。水利系统党员干部特别是领导干部必须切实转变观念和作风，摆正自己和群众的位置，自觉做到思想上尊重群众、感情上贴近群众、工作上依靠群众。在加强作风建设上狠下功夫，继承优良传统，弘扬新风正气，永葆共产党人政治本色。

认真落实中央“八项规定”和省委关于搞好调查研究、精简会议文件、规范新闻报道的三个《实施办法》以及厉行勤俭节约、反对铺张浪费的“十条规定”，严肃工作纪律。我们要充分认识加强作风建设的重大意义，把思想和认识统一到中央、省委省政府的要求上来。各级领导干部要深刻领会中央“八项规定”和省委“三个办法”及“十条规定”的精神实质，强化为人民服务这个根本宗旨，抓住领导机关和领导干部这个重点，切实提高作风建设的针对性，达到转变作风成效的长久性。各单位要认真研究制定贯彻落实的具体措施和办法，尽快建立相关配套制度，为改进作风提供制度保障。纪检监察部门要加

大检查监督力度，执好纪、问好责、把好关，以严明的纪律监督各单位和领导干部改进作风。对没有做到的加强督促，违反规定的责令整改。及时受理对有关单位和领导干部违反上述规定方面的信访举报，对顶风违纪、情节严重、造成恶劣影响的，严肃查处并予通报。

坚决整治慵懒散及奢靡之风，弘扬正气。党员干部尤其是各级领导干部要厉行勤俭节约反对铺张浪费，牢固树立节约光荣、浪费可耻的思想观念，坚持勤俭办一切事业，坚决反对讲排场比阔气，坚决抵制享乐主义和奢靡之风。要从自身抓起，从现在抓起。各单位要深化预算管理制度改革，严格执行公务接待制度，严格落实各项节约措施，健全预算执行动态监控体系，推进节约型机关建设。

提高行政效能，优化水利发展环境。要把加强作风建设与加强水利行风建设结合起来，与弘扬水利行业精神结合起来。要围绕加强民生水利工作，把群众受益度作为评判水利工作的重要内容，把群众满意度作为评判水利工作的最高标准。认真解决和处理事关人民群众利益的问题，努力改善群众生产生活条件，让群众从水利改革发展中得到更多实惠，全面提升水利行业整体形象和社会对水利工作的支持。同时要进一步改进文风会风，切实提高文件会议的质量和实效。要进一步精简文件和简报，能不发的不发，必须发的文件和简报要严格把关，力求精炼简短、有的放矢、言之有物。要改进会风，能不开的会不开，能合并的会合并开，必须开的会要严格控制会议规格、规模、会期，尽量开短会、开视频会、开解决问题的会，讲真话、讲实话、讲管用的话，防止出现以会议落实会议、以文件落实文件、以讲话落实讲话的现象。

（三）坚持惩防并举，抓好反腐倡廉各项工作

要把深入推进具有水利特色的惩治和预防腐败体系建设放在更加突出的位置，全面总结省水利厅落实中央《2008～2012年工作规划》及省委实施办法的经验，认真调查研究，抓紧制订落实中央《建立健全惩治和预防腐败体系 2013～2017年工作规划》实施办法，并抓好责任分解和检查考核，建立健全督查机制、考核结果运用机制，保证惩治和预防腐败体系建设任务落实，使惩治更加有力、预防更加有效。

加强廉政教育，筑牢思想防线。要牢固树立社会主义核心价值体系，加强廉政文化建设。以党性党风党纪教育为重点，以《廉政准则》为主要内容，不断创新和丰富廉政文化建设形式，加大宣传教育力度，引导党员干部正确认识反腐败形势，增强反腐败斗争的坚定信心，树立正确的世界观、人生观和价值观，营造浓厚的廉政文化氛围，要抓早抓小、防微杜渐，对反映党员干部的苗头性、倾向性问题，及时谈话提醒、诫勉、函询、教育，防止小错酿成大错，促使党员干部自觉增强拒腐防变的能力，筑牢思想防线。

严格执行廉政规定，规范领导干部行为。水利系统各级领导干部要自觉遵守《廉政准则》，严格做到“五十二个不准”和“八个禁止”，认真落实领导干部报告个人有关事项和对配偶子女加强管理等制度。深入治理领导干部违规收受礼金、有价证券、支付凭证、商业预付卡问题；违规建房或多占住房、买卖和出租保障性住房问题；违规放贷以及利用职权委托理财等形式谋取不正当利益问题。严禁参加可能影响公正执行公务或用公款支付的高消费活动。自觉规范从政行为，守住做人、处事、用权、交友底线。特别是“一把手”要身体力行、当好表率，带头转作风、树新风、扬清风，切实促进党员领导干部廉洁自律。

强化对权力运行的制约监督，规范权力正确行使。要把权力关进制度的笼子里，在完善制度的同时，让制度刚性运行。不仅重视制度的完善，更要重视工作程序和流程的认真执行。要继续推进政务公开，让权力在阳光下运行。努力形成不敢腐的惩戒机制，不能腐的防范机制，不易腐的保障机制。要认真落实党内监督制度，严格执行民主集中制。加强对领导干部特别是主要领导干部的监管，改进工作方式方法，增强发现问题的能力，要善于整合力量，强化同步并行、优势互补的监督机制，督促各级领导干部认真履行职责。

严肃查办案件，坚决惩处腐败。坚持党要管党、从严治党原则，始终保持对腐败的高压态势。紧紧盯住工程建设和资金管理使用中的关键环节，严肃查处发生在领导机关和关键岗位上的违纪违法案件。要进一步提升办案水平和能力，在充分发挥信访主渠道作用的前提下，注重从干部考核、监督检查、工程稽察、专项审计和巡视监督中发现线索，注意从新闻媒体和网络媒介反映的热点问题中挖掘线索，对腐败案件发现一起坚决查处一起，绝不手软、绝不姑息。要充分发挥办案的治本功能，对查处的典型案件，要认真剖析案发原因，查找堵塞漏洞；坚持保护与惩处相结合，对受到诬告、错告的干部，要及时为其澄清是非，保护干部干事创业的积极性。

推进制度改革创新，强化廉政风险防控管理。按照与水利改革发展相适应、与重大举措相配套的要求，找准加强水利反腐倡廉制度建设的着力点，从重点领域、重点部门、重点环节入手，健全内控机制，构筑制度防线。加强程序性、监督性、惩治性制度建设，推行制度廉洁性审查。探索公共资源交易综合监管体制，实行公共资源统一进场交易。积极推进廉政风险防控管理，构建覆盖所有水利业务管理的廉政风险防控体系。我们已出台《水利厅廉政风险防控手册(试行)》，要加强学习培训和运用，并推动这项工作向深度和广度上发展。要认真研究如何完善和严格执行防止利益冲突的各项制度，研究如何运用科技或其他手段防治腐败，使风险防控工作经常化、见实效。要定期或不定期对照《防控手册》的规定开展抽查，检查各项工作是否按照相关制度、程序和流程施行，发现问题及时整改。通过不断完善和创新制度，确保从制度上堵塞滋生腐败的漏洞，减少权钱交易的机会。

完善网络监督功能，发挥网络反腐作用。健全网络舆情收集研判、应对处置和引导机制，充分发挥其运用“制度+科技”手段规范权力运行、加强制约监督的作用。建成统一完整、规范可靠，互联互通、信息共享、业务协同、保障有力的综合网络服务和监管平台，建立以党的纪律、法律法规和反腐倡廉有关制度为依据，以信息技术为支撑，以网络为载体，以加强权力运行全过程监督制约为核心的网络监督体系。实现公共信息在网上公开、公共服务在网上提供、公共资源在网上交易、公共资金在网上拨付、反腐倡廉教育在网上开展、预防腐败职能在网上发挥、公共权力运行在网上监督、惩治腐败合力在网上协调。

（四）深入开展行风评议和专项治理，切实解决突出问题

继续开展民主评议政风行风工作，推进办事公开。在加强政风行风建设，完成日常民主评议工作的基础上，重点在全系统窗口服务单位深入开展“为民服务创先争优”活动。参与活动的范围是承担公共服务职能和社会管理职能的各级水行政主管部门的工作窗口，基层水管单位、乡镇水利站、所，各级水行政审批窗口，农民用水合作组织、抗旱服务队等。目标要求是推动科学发展，促进社会和谐、服务人民群众、加强基层组织。强化各部门各单位的监管职责，对问题长期得不到解决的，严肃追究主要领导的责任。充分发挥群众监督、舆论监督的作用，形成监督和整顿合力，要建立和完善科学规范的民主评议指标体系、运行方式，拓展民主评议工作范围，搞好评议结果运用，认真整改评议中发现的问题，以评议促建设，逐步建立健全水利系统民主评议政风行风长效机制。

深入开展专项治理，认真解决挂靠借用资质投标、违规出借资质和转包、违法分包工程等问题，净化水利建筑市场。要通过核查现场实际施工单位是否为中标单位，中标单位与施工现场的项目经理及主要工程管理人员之间有无合法的人事及社会保险关系等多种手段，发现和认定挂靠借用资质投标、违规出借资质和转包、违法分包工程问题。对违规违法的市场主体，视情节轻重，给予限制或取消市场准入、罚款等处罚，问题严重的要立即清除出山西水利建筑市场。对违规出借资质收取“管理费”等问题，要坚决查处。

继续开展水利安全生产“打非治违”专项行动，进一步明确和落实安全生产责任，认真排查和处理安全隐患，确保生产安全。要严厉查处安全生产责任事故，严肃追究事故责任。同时要严肃查处安全生产责任事故背后的腐败问题。

（五）强化纪检部门建设，更好地履行职责

各单位党委要切实担负起全面领导党风廉政建设和反腐败工作的政治责任，加强组织领导，明确职责分工，确保2013年反腐倡廉各项任务落到实处。一要抓好任务落实。结合自身实际，研究落实办法，把任务进一步细化，把措施进一步实化，做到每项工作都有具体的抓手，每项措施都有可操作的方案，一环扣一环地抓出成效。二要做到责任落实。严格执行党风廉政建设责任制，及早把各项任务分解到部门、具体到项目、落实到岗位、量化到个人；严格责任考核，强化责任追究，做到以责任制促落实、以责任制保成效，形成一级抓一级、层层抓落实的工作局面。三要加强对纪检监察工作的领导，及时研究党风廉政建设的重要问题，切实加强纪检监察队伍建设，关心纪检监察干部的培养和进步，提高他们的能力和水平。

各纪检监察部门要履行好协助党委抓党风廉政建设的重要职责，不断提升履职能力和水平，以更加务实的作风、更加有力的措施，推动2013年反腐倡廉各项任务的落实。要充分发挥党委的参谋助手作用，及时报告党风廉政建设工作和重要情况，积极争取支持，提请帮助解决工作中出现的困难和问题。要加强自身思想建设、能力建设和组织建设。注重把握全局，找准纪检监察与水利业务的结合点和着力点，不断提升工作的针对性和有效性。要把调查研究作为推动工作的基本方法，无论是研究工作，还是推进落实，都要开展深入细致的调查研究，要善于从调查研究中发现问题，探索解决问题的方法，提升解决问题的能力。要善于从基层发现总结经验和培育典型，以点带面，推动全局。要正确履行职责，严守工作纪律，牢固树立执纪者更要带头遵守纪律、监督者更要自觉接受监督的意识，主动接受各方监督，树立纪检监察干部忠诚可靠、服务人民、刚正不阿、秉公执纪的良好形象。

水利系统反腐倡廉建设任务艰巨、责任重大。我们要按照中央纪委和省纪委的要求，以更加强烈的政治责任感和使命感，更加饱满的工作热情，更加严谨的工作作风，围绕水利中心工作，进一步统一思想，凝心聚力，开拓创新，扎实工作，不断取得反腐倡廉建设新成效，为推进我省水利改革发展做出新的、更大的贡献！

【作者单位：山西省水利厅】

有所畏才能有所为

黄志刚

古人云：“凡善怕者，必身有所正，言有所规，行有所止，偶有逾矩，亦不出大格。”对于领导干部来说，“常怀敬畏之心”应该成为一种生命的自觉。只有时时刻刻做到心怀敬畏，才能行有所止，做到在诱惑面前不动心，得意之时不忘形，法纪面前不跌倒。特别是在当前的新形势下，我们每个人都应牢记“有所畏才能有所为”的道理，切不可丢掉敬畏之心。

要敬畏法律。敬畏法律，就是要强化法治意识，自觉接受法律监督。敬畏法律，就是要尊重法律的神圣，敬畏法律的威严，明白法律是至高无上的，任何组织和个人都要遵守，谁都没有超越的特权。敬畏法律，就是领导干部带头学法、用法、守法，自觉用法律约束自己，规范言行。首先，要学法。学法才能懂法，方知事有可为，有不可为。领导干部要经常学法，不断提高宪法意识和法治素质，提高依法行政、依法决策、依法管理的能力。其次，要守法。懂法是前提，守法是根本。党员领导干部大都手握实权，稍有不慎就会违法乱纪，只有尊重法律的神圣，敬畏法律的威严，严格按照宪法、法律的规定约束自己、匡正行为，自觉做到依法执政，维护社会公平正义。

要敬畏纪律。纪律就是规则，是存在于一定组织中的要求组织成员共同遵守的行为规范，是维系社会、组织的工作秩序、生活秩序以及其他方面秩序的准则之一。敬畏纪律，就是要充分尊重和维护纪律的权威与尊严，坚持秉公用权、廉洁从政。敬畏纪律，是党和国家对国家公务人员的底线要求，也是国家公务人员特别是党员领导干部安身立命之本。如果平时不学习，法纪意识淡漠，把严重的职务犯罪行为简单地看做是私人和朋友间的正常交往，就会丧失一个党员领导干部起码的是非标准，忘记“法网恢恢、疏而不漏”这样浅显的道理，最终导致法纪防线完全丧失。

要敬畏制度。敬畏制度，就是要着力维护制度的刚性原则。常言说：越规者，规必惩之；逾矩者，矩必匡之。古人也早就说过：没有规矩就不能成方圆。由此可见：制度在各种管理活动中都是必不可少的。哈佛大学之所以成为世界名牌大学，坚持制度不搞“法外开恩”，没有“下不为例”，恐怕是一个不可或缺的因素。例如：哈佛大学有一项校规，即学生借阅的珍贵图书只能在图书馆阅览，不得带出图书馆一步。18世纪的一天，一名学生借阅了两本珍贵图书，因没有看完，他把书带出了图书馆。当天夜里，图书馆发生火灾，其他图书焚烧一空，而这两本书却因此得以保留。事后，这名学生将书交还给学校。哈佛大学召开大会，校长为该学生保留了学校最珍贵的图书而对他表示最高的谢意，然后当众宣布将其开除。哈佛大学的校长说了一段至今仍为人们铭记的话：“你保留了学校最珍贵的图书，理应得到赞赏；你违反了学校校规，理应被开除。”哈佛大学坚持对规章制度的敬畏，保持了它的刚性原则，非常值得我们的领导干部深思。

要敬畏组织。敬畏组织，就是要自觉强化“组织”观念，增强对组织的归属感，始终把握权力行使的正确方向，干干净净地为群众工作。敬畏组织，就是要自觉用中国特色社会主义理论体系武装头脑，对大是大非问题要立定脚跟、着得眼高；对重大原则问题要立场坚定，不畏人言、不惧人毁。敬畏组织，党员领导干部要服从组织安排，坚决杜绝“只要组织照顾，不要组织纪律”的行为，自觉把个人发展与组织需要有机结合起来，不搞“小圈子”，不做“小动作”，自觉维护组织权威，接受组织监督；自觉维护大局，抵制歪风邪气。

要敬畏人民群众。敬畏人民群众，就是要自动接受人民群众的监督。我们党最大的政治优势是什么？是密切联系群众，是权为民所用，情为民所系，利为民所谋。党执政最大的危险是什么？是脱离群众，正如古人所言，“水能载舟，亦能覆舟”。

要敬畏历史。敬畏历史，就是使自己的工作能经得起实践和历史的检验，要树立正确的政绩观，在推动科学发展上取得成效。“以史为鉴，可以知兴替。”中共中央总书记习近平同志强调，领导干部不管处在哪个层次和岗位，都应该读点历史，从中汲取有益于加强修养、做好工作的智慧和营养，不断提高认识能力和精神境界，不断提升领导工作水平。敬畏历史，这是对马克思主义政绩观的新诠释。它要求各级领导干部所思考的问题、所谋划的事情、所作出的决策、所开展的工作，都必须能够推动科学发展，造福广大人民群众，真正经得起实践和历史的检验。敬畏历史，就是要深思熟虑、认真谋划，多干打基础、利长远的工作。只有破除急功近利的心态，放宽胸怀，放远目光，才能交出经得起实践和历史检验的答卷。

要敬畏媒体舆论。敬畏媒体舆论，就要求领导干部时刻不放松对自己的要求，把舆论当镜子，防微杜渐，慎始慎终，自觉接受舆论监督；也要把舆论当平台，了解社情民意，宣传党的主张，争取各方支持，为事业发展创造良好环境。敬畏媒体舆论，不能“畏而不敬”，要善于从事态中见微知著，从舆论中预见问题，透过舆情审时度势，取得把握大局的主动权，针对事态发展和民心民意顺势而为，以正确的方式赢得人心。敬畏媒体舆论，党员领导干部要把舆论当“镜子”，自觉主动地接受舆论监督，理性对待群众诉求，要真诚面对、积极回应、妥善处理公众和媒体关注的热点问题，广纳善言，吸取智慧，主动营造发展的良好舆论氛围。

要敬畏责任。敬畏责任，就是要担负起经济社会发展、改善民生、加强民族团结和维护社会稳定的责任。敬畏责任，要不断提高自身素质。把不断提高自己的能力作为履行职责的第一要务，不断适应新的形势任务对职位变化的需要。敬畏责任，时刻都要有一种如履薄冰、如临深渊之感，要有一种干不好工作就无法向党和人民交代的强烈责任感，殚精竭虑地为党工作。敬畏责任，要牢牢把握加强党的执政能力建设、先进性建设和纯洁性建设这条主线，坚持以人为本、执政为民，坚持解放思想、改革创新，坚持党要管党、从严治党，更好地发挥各级党委的领导核心作用、党组织的战斗堡垒作用和共产党员的先锋模范作用。

【作者：新疆生产建设兵团十三师党委书记 政委】

周恩来 一面锃亮的“镜子”

葛 平

“照镜子、正衣冠、洗洗澡、治治病”是党的群众路线教育实践活动的总要求。其中“照镜子”既是关键步骤，又是重要方法，也是“正衣冠、洗洗澡、治治病”的坚实基础。“以铜为镜，可以正衣冠；以古为镜，可以知兴替；以人为镜，可以明得失。”周恩来是全党楷模、世纪伟人，是为民务实清廉最难得的典范、是破除“四风”最生动的教材、也是教育实践活动中一面锃亮的“镜子”。全体共产党员都要对照周恩来，往深处照、往细处照，照出真容、照出差距、照出方向、照出实效。

一、以周恩来忠诚品质为镜，治信仰不坚“软骨病”

对党和人民无限忠诚，是周恩来的第一精神。周恩来在确立共产主义信仰之时就说过：“我认的主义一定是不变了，并且很坚决地要为它宣传奔走。”从此无论在战火纷飞的革命年代还是百废待兴的建设时期，矢志不渝、坚定不移，宁可牺牲自我、也要顾全大局，把自己的毕生精力和才华毫无保留地奉献给共产主义伟大事业。当前，一些党员干部出现这样那样的问题，脱离群众，腐化堕落，自由散漫，什么都敢说、什么都敢做，说到底是信仰迷茫、精神迷失。习近平总书记指出，理想信念就是共产党人精神上的“钙”，没有理想信念，理想信念不坚定，精神上就会“缺钙”，就会得“软骨病”。以周恩来信仰坚定的忠诚品质为镜，就要做到政治上清醒，主动排除自由化、宪政等错误思潮的干扰，坚定中国特色社会主义的道路自信、理论自信、制度自信，在纷繁复杂的国内外环境下，坚守共产主义理想信念；就要做到行动上坚定，始终听党话跟党走、忠于党忠于人民，像周恩来那样，立大志、重事业，加强党性修炼，永葆党性纯洁，补足精神上的“钙”，做到内心明镜常擦常亮、信仰地基越夯越实。

二、以周恩来严谨务实为镜，破形式主义“花架子”

周恩来一生坚持求真务实，注重实际、躬行实践，反复倡导“说真话，鼓真劲，做实事，收实效”。大跃进时期，他多次提出要符合实际、循序渐进，反对说大话、放“卫星”、浮夸风，使国民经济运行在正常发展的轨道上。周恩来工作严谨细致，对全国情况了然于心，亲笔修改的《1962 年至 1963 年度粮食包产产量和征购的估算表》标记多达 145 处。当前，一些党员干部工作中重形式轻内容、重数量轻质量、重口号轻行动，贪图虚名、繁文缛节、空话连篇、逢场作秀，把党的路线方针政策变成了没有实际内容的口号、形式和过场，引起群众强烈不满。习近平强调“空谈误国、实干兴邦”。实干就要学习周恩来求真务实的严谨作风，坚决砸掉形式主义“花架子”，深入调研摸实情、真抓实干促发展，树立正确的政绩观，少做造声势、出风头的事，多做打基础、利长远的事，将有限的精力、人力、物力投入到干实事中去，以实实在在的工作业绩推进发展、取信于民。

三、以周恩来民生情怀为镜，清官僚主义“衙门气”

人民总理爱人民，人民总理人民爱。周恩来始终热爱人民、心系百姓、甘当公仆，视人民利益高于一切。他指出，“我们的一切工作都是为了人民”，要“永远做人民忠实的勤务员”。1966 年邢台地震，周恩来慰问群众时，特意请群众转过身来，背风站立，自己迎着风讲话。建设人民大会堂期间，周恩来一再叮嘱要做好拆迁群众安置工作，并邀请群众代表到人民大会堂观看《东方红》演出。周恩来的举动告诉我们，密切联系群众不仅要挂在嘴上，更要时刻记在心上、落实在行动上，真正做到一切为了群众、一切依靠群众。当前，一些党员干部脱离群众、高高在上，对群众漠不关心、生冷狠硬，甚至害怕群众、躲避群众，这些官僚习气就像一座无形的墙把党和人民群众隔开，严重破坏了党执政的群众基础。以周恩来情系群众的民生情怀为镜，就要下基层接地气，讲群众听得懂的话、办群众看得懂的事、做和群众一样的人，彻底扫除官僚主义“衙门气”，把群众呼声作为第一信号、把群众满意作为第一标准、把群众需要作为第一选择，将人民的利益高高举过头顶，把民情、民愿、民意作为决策的依据，切实为群众排忧解难，做到权为民所用、情为民所系、利为民所谋。

四、以周恩来勤勉风范为镜，祛享乐主义“庸懒散”

“周公吐哺，天下归心”。周恩来被誉为“当代周公”，是最忙最累的总理、勤勉履职的典范。为觅真理东奔西走，为求解放北上南下，南昌举旗，西安百般周旋，重庆唇枪舌剑，为中国革命立下了不朽功勋。社会主人建设中殚精竭虑，“文革”中独撑危局，病重住院前的 139 天中，半数以上日子工作在 18 小时以上；在医院里主持召开会议 20 次。周恩来不留骨灰、生而无后、官而不显、党而不私、劳而不怨、去不留言，以“大无”实现了“大有”。鞠躬尽瘁、死而后已就是他一生最真实的写照。近年来，经济社会发展取得了长足进步，人民生活水平不断提高，精神懈怠却成为我们党面临的一大危险，一些党员干部陶醉于已经取得的成绩，安于现状、不思进取、动力缺乏、贪图享受，追求“今朝有酒今朝醉”、“人生得意须尽欢”。以周恩来永不懈怠的勤勉风范为镜，就要进一步提振党员干部的精气神，清除享乐主义的“庸懒散”，认清发展面临的严峻形势和挑战，增强责任感和使命感，经受住执政考验、改革开放考验、市场经济考验、外部环境考验，以饱满的工作热情和昂扬的进取精神，推动我们的事业不断取得新发展。

五、以周恩来艰苦朴素为镜，除消磨意志“奢靡风”

周恩来严以律己、艰苦朴素，反复强调“要使艰苦朴素成为我们的美德”。他居住和工作的中南海西花厅从不许装修、不准更换屋内的陈设，睡的是普通木板床，穿的是补丁摞补丁的衣服，甚至入殓都没有另做一件新衣服。周恩来一贯反对特权，多次要求自己亲属和身边人做一名普通劳动者，不能有任何特权思想，更不能谋求特殊照顾，他的要求有时甚至到了“不近人情”的地步。对此，一些党员干部认为，周恩来精神境界太高了、离我们太远了，现在情况变了、条件好了，艰苦朴素、厉行节约过时了，甚至抱着“浪费也是拉动 GDP”错误观念，“大大方方”花钱、“潇潇洒洒”浪费，讲排场、比阔气，戴名表、坐豪车，不以为耻、反以为荣。大量实例表明，骄奢淫逸是一种腐蚀剂，一些党员领导干部蜕化变质，往往都是从吃喝玩乐、奢靡浪费起步的。由俭入奢易、由奢入俭难，俭则寡欲、奢则多欲，奢靡的欲望之门一旦打开，就很难关上。以周恩来艰苦朴素的廉洁典范为镜，就要牢记“奢靡之始、危亡之渐”的古训，看个人名利淡如水、视党的事业重如山，艰苦朴素、精打细算、勤俭办一切事情，始终与人民群众同甘共苦，为早日实现中华民族伟大复兴的“中国梦”而奋斗终生。

照镜子是教育实践活动的第一步，是对党员干部党性修养和思想觉悟的严峻考验。广大党员干部不能照“哈哈镜”、放大镜，而要时刻以周恩来为镜，抛开面子、揭短亮丑，动真碰硬、敢于交锋，深挖根源、触动灵魂，持之以恒地真照、细照、勤照，找出差距、修身正己，树立为民务实清廉的良好形象，永葆党的先进性和纯洁性。

【作者：江苏淮安市委常委 市纪委书记】

凝聚正能量　提振精气神

黄志刚

为积极推进“和谐中行，平安中行，美丽中行”工作目标的实现，不断改进工作作风，营造履职尽责、协调配合、各司其职、各负其责的工作氛围，塑造良好的行风行纪，增强责任意识，提升服务水平，提高工作质效，促进战略规划目标的实现及业务又好又快发展，中行云南省分行党委提出了“凝聚正能量、提振精气神，切实加强省分行本部作风建设”的工作要求，并从2013年开始开展“作风建设年”活动。

2012年以来，中行云南省分行在辖内开展了以提升“基层建设、基础工作”水平为目标的基层组织建设年活动，各级党组织将“双基”工作与经营发展任务有机结合，抓基层，打基础，催生科学发展持久动力，取得了一定成效，但“双基建设”是一项长期的系统工程，涉及到经营管理工作的方方面面，靠一次活动不可能彻底解决所有问题。基于对其长期性、艰巨性和反复性的认识，该行把“作风建设”作为继续推进“双基建设”和转型变革的重要保障，干劲不松、力度不减，进一步改进作风，增强履职能力和责任意识，提升服务水平，提高工作质效，将“作风建设”作为业务发展的助推器、加速器，促进战略规划目标的实现及业务又好又快发展。

强化发展意识，树立干事创业的良好风气。好的作风出战斗力，已被实践证明是一个铁的规律。面对空前激烈的竞争态势，松一松，缓一缓，就会失去机遇；要是不拼一拼，搏一搏，就会落后。2013年以来，中行云南省分行全行上下牢固树立发展荣辱观，切实增强“昼无为、夜难寐，朝受命、夕饮冰”的紧迫感和使命感，坚决克服小成即满、小富即安的思想，坚持“咬定发展不动摇、加快发展不懈怠、科学发展不折腾”的理念，敢与强的比，敢向高的攀，敢同勇的争，敢跟快的赛，纵比进步、横比领先，提升市场攻击力，在赢得竞争中不断赶超，在战胜挑战中不断跨越。

强化创新意识，树立锐意创新的良好风气。

创新是推动业务发展的不竭动力。中行云南省分行在坚定不移抓发展的过程中，鼓励敢想敢干求突破，坚决克服不思进取、墨守成规的观念，只要是有利于大局、有利于业务发展、有利于员工利益的事，就要敢于突破，善于创新，积极研究新情况，探索新路子，用创新的举措增强发展活力。在领导力建设方面，不断探索、优化用人机制，创新人才发掘及培养模式，加强各级领导班子建设，构建年龄、专业特长互补的结构，继续选聘优秀青年员工到基层挂职，培养业务素质和管理能力兼备的年轻复合型人才；在员工队伍建设方面，完善分层、分类的培训体系，创新拓展培训平台，建立并充实兼职教师队伍，开展岗位任职资格认证，突出员工培训与发展的针对性和有效性；在产品推广方面，强化“接地气”的特色产品设计，在信贷规模有限的条件下，开拓思路、打破常规，转变经营模式，以轻资本、轻资产为目标，打造了一系列“推得出、做得起、风险可控、收入增加”的业务产品。

强化服务意识，树立规范高效的良好风气。面对激烈的同业竞争，各行比拼的关键在于服务环境、服务水平和服务效率——有没有好的服务环境和较高的服务水平、服务效率，决定着有没有好的客户、好的市场、好的发展和好的效益。因此，中行云南省分行进一步强化“服务就是效益”的意识，不断提升服务技能，将服务客户作为开展工作的出发点和落脚点，创新服务工作，构建起“二线为一线，一线为客户，全行为市场”的大服务格局。

强化责任意识，树立敢于担当的良好风气。勇于负责、敢于担当是一个管理者的立身立业之基。面对时不我待的发展形势，中行云南省分行要求管理人员，一要善于谋划工作，要以“达则兼济天下”的胸怀，立足当前，着眼长远，站得高一些、看得远一些、想得深一些，做到境界高、眼界高、标准高；要善于从全局的角度谋划工作，高点定位，勇争第一，努力创造一流的工作业绩；二要善于攻坚克难，要科学分析，积极应对，越是矛盾复杂、任务艰巨，越要注意避免盲目蛮干、心浮气躁，越要讲求工作方法；三要敢于担当，各级管理者应时刻牢记自己的使命，尽职尽责，尽心尽力，把应承担的任务承担好，把应完成的使命完成好，做到勇于负责、敢于负责、善于负责，坚决杜绝“头脑空、讲话空、措施空、落实空”的“四空”现象。以强烈的事业心和责任感为工作依托，义无反顾地承担起组织所赋予的责任，把个人的职业生涯同中行的事业紧密联系起来，开拓进取，积极工作，做“领导放心，员工顺心，客户舒心”的“三心”干部。

强化执行意识，树立真抓实干的良好风气。执行力是作风建设的核心和关键。“三分战略、七分执行”、“一分部署、九分落实”。任何一项工作任务的完成，都是执行和落实的结果；所有成就都是在工作中干出来的。今年伊始，中行云南省分行保持“踏石留印、抓铁有痕”的劲头，坚持真抓实干，雷厉风行，务求实效，用心把握，用心工作，用心落实，推动工作扎实有效开展；经常深入基层、深入网点，开展调查研究，坚持把工作着力点放在业务一线，对当前工作中的优势和劣势进行认真分析，鼓励引导各机构抓住机遇、因地制宜，提高工作的针对性，促进业务的健康持续发展。

强化廉洁意识，树立艰苦奋斗的良好风气。严守组织纪律、工作纪律、廉政纪律是转变工作作风的重要保障。艰苦奋斗是干事之根。在全力推进“作风建设”的进程中，中行云南省分行要求各级管理者要自觉遵守党章，严守党的政治纪律，严格执行中央和总行关于领导干部廉洁从业的各项规定，从我做起，从小事做起，工作生活中处处倡导勤俭节约，反对奢侈浪费，筑牢拒腐防变的思想道德防线，做到廉洁自律，自警自励，做遵纪守法的模范，做廉洁奉公的表率，干干净净干事，清清白白做人，为业务开拓和经营管理营造了风清气正的良好发展氛围。

强化学习意识，树立勤学善思的良好风气。领导力的核心就是学习力。中行云南省分行积极建立学习型组织，鼓励管理者争做学习型领导，把学习作为履行领导职责的第一需要，作为提升管理水平、能力和素质的关键举措，不断增强学习意识，牢固树立终身学习的理念，以谦逊的态度、持久的毅力抓好学习，在学习新知识、增长新本领上下功夫，真正成为“懂政策、守规矩、通业务、善经营、会管理”的行家里手。

开展作风建设活动责任重大、意义深远。中行云南省分行在推进作风建设活动中，精心组织，统筹安排，突出重点，周密实施，通过上述措施加强领导、合理安排、发力宣传，打造了一支支“作风过硬，工作扎实”的卓越团队，推动了该行全员精神状态显著改观、工作效率显著提高、服务意识显著提升、协作意识显著增强；更促使全行广大干部员工时刻保持良好的精神状态，以开拓进取、知难而进、勇挑重担的精神风貌投入到工作中去，以“逢一必争，逢冠必夺”的团队精神，促进了全行各项业务健康发展，开启了中行云南省分行跨越发展的新纪元。

【作者：中国银行云南省分行党委书记　行长】

百色起义红色资源所蕴涵的艰苦奋斗　勤俭节约思想

梁文化

百色起义具有极其丰厚的红色资源。百色起义精神涵盖了党的政治信仰、科学的世界观和方法论、政策和宗旨等。概括起来，其内涵是：心怀理想、坚定信念；实事求是、遵循规律；因地制宜、开拓创新；为民谋利、依靠群众；艰苦奋斗，百折不挠；民族平等，精诚团结；顾全大局、无私奉献。而其中的“艰苦奋斗”，所归纳的就是百色起义中的革命者所展现出的艰苦奋斗、勤俭节约的精神。

一、保留至今的部分百色起义制度文件中，有对艰苦奋斗、勤俭节约的规定，体现在以下方面

红七军和苏维埃政府有十分严格的财经纪律。红七军和赤卫军所到之处，都要严格执行军纪，不拿群众一针一线，不损害群众利益；战争缴获、打土豪筹款和没收豪绅地主财物一律归公；凡应上交的财物应及时上缴，不得截留使用；征收税款要按照规定办法收取，部队不得自行征收，自己支配使用；部队、地方各项支出所需现款，一律按照规定的标准开支，不得随意扩大，等等。这些严格的规定，对保持根据地军民艰苦奋斗、勤俭节约，避免奢侈腐败起到了极大的作用。

《前委通告（第七号）——目前右江党的工作方针》提出，要“肃清苏维埃中官僚化的现象，如讨小老婆，乱用公款，怠工，不接近群众等，推动苏维埃委员到群众中去接近群众、做群众工作”红七军撤离右江地区后，在滇黔桂边区坚持斗争的革命者所制定的《革命青年会目前组织简章》规定：凡是要志愿加入革命的第一个资格条件是“有革命决心与耐苦勇敢的精神”。《右江上游各县代表大会决案》规定：在组织问题上，要求在白色区域的工作“各革命同志要忍苦耐劳，下十二万分的决心，深入白色区域的群众中去发动革命，争取大多数的劳苦同仁到革命中来”。“丁、关于经济问题……（五）要有预算决算财政，前途方面不发生危机所缺，且要节省用度，勿得浪费。（六）反对贪污腐化、空座而食的同志，凡每同志要学习朴素、忠实、廉洁，要生产化。”

因此，在红七军及革命者领导的右江革命根据地，已经把艰苦奋斗、勤俭节约在制度上做了规定，通过制度使奢侈浪费得以避免。

《广西东兰县革命委员会最低政纲草案》《中国红军第七军司令部政治部布告》《中国红军第七军目前实施政纲》《中国红军第七军政治部：我们的主张》中，对官兵平等都进行了规定，事实上起到了提倡艰苦奋斗、勤俭节约，反对奢侈腐化的作用。

对官兵一致的规定，严格地体现在红七军的治军原则中。这一原则，也是推行平等，反对特权，反对腐化堕落的首要保障。当时参加百色起义的部队，主要以我们党通过“兵运”掌握并改造过来的原国民党广西教导总队和广西警备第四、第五大队官兵为基础。这些旧军队成分复杂，队伍中的旧军官拖欠、克扣士兵的军饷甚至吃空饷，以满足自己的私欲，士兵与长官间存在严重的矛盾。我们党掌握这支队伍后，一方面在工人、农民和进步学生中大量扩军，改造了人员成分，增加了工农成分；另一方面及时召开部队党委会作出决议，反对特权、反对贪污。根据红七军前委规定，红七军成立后的头两个月，从军长到战士，每人每月发20银元的薪金（不包括伙食费）。官兵一致的原则，有效地避免了奢侈腐化。这一原则在上文所述的一些规章制度中都有明确规定。

张云逸在《百色起义与红七军的建立》一文中谈到红七军建成和得以巩固的原因，他认为，制胜的法宝就是“政治上、经济上官兵平等，同甘共苦，也在制度上巩固下来了，促使部队内部益发团结一致”。邓小平在总结党的历史经验时深刻指出：“我们的历史经验是，越是困难的时候，越要关心群众。只要你关心群众，同群众打成一片，不仅不搞特殊化，而且同群众一块吃苦，任何问题都容易解决，任何困难都能够克服。”这深刻地说明了百色起义、红七军之所以成功的一大原因。

二、流传下来的部分百色起义诗歌、歌谣，对艰苦奋斗、勤俭节约思想也有所体现

1929年11月百色起义前夕，蒋介石对李明瑞倾向革命的行为极为恐惧，多次派心腹带“广西省主席”、“十五军军长”的委任状和巨款向李明瑞及其亲属游说、威胁，但李明瑞不为高官厚禄强权所动，挥毫赋诗言志：“高官厚禄视粪土，为民效劳堪清高，革命志坚如磐石，愿做壮士抗浊流。”

高官意味着厚禄，意味着李明瑞可以轻松过上富足甚至奢侈的生活。而他这种视高官厚禄如粪土，为了革命甘受清贫的精神，使得他在全军战士，在人民群众心中竖起了绝对的权威。显然，这是因其高洁人格而得到的。

当年右江根据地军民中普遍流行的《红军纪律歌》，对这一思想也有鲜明的体现。歌词如下：“红军纪律十分的严明，凡我同志都要记清，这是我军主要的生命，沿着革命前途飞进；我们都是工农出身，工农痛苦知道最深，工农的东西得来不易，一草一木不得害损；没收豪绅地主的东西，不得自己贪污归私，服从指挥上交给养队，遵照规章统一处理；红军处处爱护群众，莫把群众利益害损，若要发洋财即是反革命，严重处分不得留情；为要发挥红七军的强威，一切行动要听指挥，上级的命令下级要服从，不论官兵不得违背；无论战争时平时与行军，爱护群众保卫工农，力量真强大打得敌人怕，中国革命才得成功。”

而在当时传播于革命根据地的山歌中，也贯穿着这种思想。例如：“日穿草鞋干革命，夜提马灯访贫农。”反映的是1929年邓小平在今田东县，不畏艰辛，脚穿草鞋，就着马灯的灯光，策划和部署恩隆暴动，拉开具有伟大历史意义的百色起义的序幕的艰苦情景。再如，1932年至1935年间黄松坚同志在战斗中所编写的山歌：“不为功名不为钱，几番奔走黔桂边；光阴容易催人老，志士还须学少年。蹈火赴汤非惮苦，山岚瘴气最难眠；今天再度端阳节，蒲剑尤能扫疠烟。”歌中体现了不求名利、不畏艰辛的精神，传达出了革命者的豪情。

三、我们党一直十分重视艰苦奋斗、勤俭节约，反对奢侈腐化

民主革命时期，毛泽东就指出：“共产党是为民族、为人民谋利益的政党，它本身决无私利可图。”抗日战争时期，毛泽东谈到解放区与国统区的区别时指出：“利用抗战发国难财，官吏即商人，贪污成风，廉耻扫地，这是国民党区域的特色之一。艰苦奋斗，以身作则，工作之外，还要生产，奖励廉洁，禁绝贪污，这是中国解放区的特色之一。”在我国社会主义制度确立之后毛泽东又指出：“我们要提倡艰苦奋斗，艰苦奋斗是我们的政治本色。”在新的历史时期，胡锦涛指出“一个没有艰苦奋斗精神作支撑的政党，是难以兴旺发达的”。江泽民也指出：“要在全党全社会大力提倡高尚的社会主义思想道德和中华民族的优良传统，以艰苦奋斗、勤俭朴素为荣，以铺张浪费、奢侈挥霍为耻……我们要在全国形成艰苦奋斗的良好风气，首先党内要大兴艰苦朴素、勤俭节约之风”。2012年底，党中央提出的《关于改进工作作风、密切联系群众的八项规定》中，有很多反对奢侈、提倡勤俭的表述。接着出台的《六项禁令》，又对相关要求作了具体规定。党的十八大报告明确指出，“坚持艰苦奋斗、勤俭节约，下决心改进文风会风，着力整治慵懒散奢等不良风气”。百色起义红色资源中的艰苦奋斗、勤俭节约思想所体现出的特点，学界已多有论述，其中继承性、自觉性等特点，对当前我们提倡艰苦奋斗、勤俭节约精神具有重要的意义。

在继承性方面，艰苦奋斗、勤俭节约观念在我国早在远古时期就已产生。据史书记载，黄帝“劳勤心力耳目，节用水火材物”，以勤劳节用作为治理天下的根本。由此以降，对勤俭的论述和推崇不绝于书，成为中华民族的传统美德。“汝贤，克勤于邦，克俭于家”、“忧劳可以兴国，逸豫可以亡身”、“享乐销骨，安椅铄志”、“历览前贤国与家，成由勤俭败由奢”等劝导，在中华民族的观念中流传不息。事实上，人们已经把国家、民族和一个人的生存与发展与艰苦奋斗、勤俭节约精神紧密联系在一起了。显然，这些思想在几千年的历史发展中已经形成了丰富的道德内涵，对个人、家庭以及国家的生存和发展提出了具体的道德要求。

百色起义红色文化中的艰苦奋斗、勤俭节约精神，与中华民族勤奋节俭、刻苦耐劳、自强不息的传统美德是一脉相承的。不仅如此，它还与共产党人的远大抱负和政治信念结合起来，把这一精神上升到了一个新的高度。老一辈革命者反对腐败，杜绝奢侈，勤俭节约的精神，对我们所起的榜样作用无疑是十分巨大的。我们必须知道，这种精神不仅是当年艰难岁月的无奈之举，也应该是我们处在社会主义初级阶段、全面建成小康社会的历史时期，全体领导干部、全体人民、全体大学生的信念。我们只有秉承这样的理念，才能科学发展，保障中华民族伟大复兴的实现。

在自觉性方面，百色起义对艰苦奋斗、勤俭节约思想的践行是自觉的。这在韦拔群、黄治峰、李明瑞、阮殿煊、黄绍谦等人的事迹上有鲜明的体现。韦拔群家境殷实，完全可以过着舒适的生活。但他1925年4月从广州农民运动讲习所返回广西，回家的第一件事就是宣布：凡租种我家的田地，一律归租佃农所有；凡借我家债务，一律予以免交。并当众烧毁家里所藏的各种剥削契约。黄绍谦出生于富裕之家，为革命变卖家产，支持革命，积极投身革命，牺牲时年仅33岁。在右江根据地土地分配过程中，思林县苏维埃主席阮殿煊带头烧掉自家土地契约；担任奉议县委书记的黄治峰，坚持给自家分最差的土地，把好的土地让给其他贫苦农民。他们自愿为革命甘于吃苦。正如红七军21师副师长黄治峰所言“革命不怕死，怕死不革命，我随时准备脑袋搬家”。他曾与会员宣誓：要生死与共，奋斗到底；要与民共甘苦，不图享受；要见义勇为，不怕杀头。红七军主力北上时，黄治峰回到家乡提取存放在家中的红七军经费——黄金3斤12两、光洋17箱。他的堂兄考虑到他要远离家乡，而家中生活困难，劝他留下一些钱养家糊口。他严肃地说：“你知道这是什么钱吗？这是红军的军饷，一个铜板也不能动！部队马上就要出发了，你知道部队有多困难吗？家里的困难，你们自己想办法解决。”最后他把军饷全部带到部队，一个铜板也没留下。他们明白，只有这样无私奉献，才能为后人赢得自由和解放；只有舍生取义，才能让子孙后代过上幸福的生活。也正如李明瑞所说：“为了共产主义事业，我心甘情愿和大家同甘共苦，我决不愿当国民党的高官，享受厚禄。”没有足够的自觉，是产生不了这样伟大的行为的。

再如，红七军北上途中，由于听信了当局的反动宣传，沿途不少群众害怕共产共妻，在红军未到之前就离家躲藏，豪绅地主、有些城市的商人也早已跑光了，所以后勤给养非常困难。隆冬时节，天寒地冻，红军指战员上至官长下至士兵都穿单衣薄裤、草鞋，有的甚至连草鞋都没有，零用钱已停发九个月，物质困难到了极点。右江赤卫队是志愿兵，不发服装，不发零用钱，没有薪饷，也没有正规武器，武器大多是土枪和梭镖。给养不足时，赤卫队战士还要从家里自带部分粮食。红七军指战员、赤卫军、苏维埃政府人员，发扬艰苦奋斗精神，常常以瓜菜当餐，辣椒水当盐，吃树皮、野菜，过着难以想象的生活。曾经住在武篆县临时野战医院治疗养伤的红军战士黄民政回忆说："粮少，我们吃粗糙的玉米粥；油盐缺，我们喝没有油很少盐的南瓜汤；菜少，大家吃瓜藤、瓜花、瓜叶，上山打竹笋、野菜；肥皂、牙膏等级日用品没有，同志们用过滤后的草木灰水当肥皂，用毛巾擦牙齿代替牙膏牙刷；没有烟叶。有吸烟嗜好的同志找树叶当烟抽。" 1932 年 8 月，桂系军阀白崇禧对东兰、凤山革命根据地发动第三次反革命"围剿"，采取了杀光、烧光、抢光、铲光的"四光"血洗政策，妄图把红军战士杀死、饿死、冻死、困死。但我们的红军战士、赤卫队员经过战斗的洗礼，思想觉悟不断提高，大多无怨无悔，充满革命的乐观主义精神。在极端艰苦的岁月里，韦拔群、陈洪涛和战士、群众一样，以野菜充饥，以辣椒当盐，以岩洞栖身，以稻草作被，烤火御严寒。红七军军部驻在粤东会馆的时候，邓小平、张云逸的办公室和住室就设在会馆厢房的普遍木阁楼上，摆设十分俭朴，两张长条凳架上松木板便成简陋的小床，床前摆张办公桌，坐着床铺办公，每人一桌和一床。和普通战士穿一样的衣服，盖一样的铺盖，吃一样的饭菜，领同样的薪饷。显然，如果没有艰苦奋斗、勤俭节约的思想，没有高度的自觉，以上的事情是难以做到的。

红色资源蕴涵了崇高的理想信念、鲜明的先进文化、丰富的革命精神、高尚的人格魅力，具有超越时空的强烈感染力、说服力、震撼力和强大的教育功能。张正华认为，红色资源具有导向性和传承性。他认为，红色资源是在中国共产党领导中国革命过程中形成的，具有无产阶级意识形态的本质特征，必然会发挥政治信仰的导向功能。他认为，作为时代产物的红色资源，并不会随着历史发展和时代变迁而消亡，反之，它随着时代发展而得以传承下来，并焕发出新的生命力。这种生命力的源泉，既是一代又一代对红色资源的精神的传承和发扬，又是对红色资源内涵的丰富和发展。所以，我们必须珍视这些宝贵的红色资源，对百色起义中艰苦奋斗、勤俭节约思想，我们应该加以挖掘、归纳和开发，概括其内涵，吸取其精华，并将之应用于实践中。

【作者单位：百色学院】

延安精神永不过时

李国胜

根据组织安排，我来到革命圣地¬¬¬延安参加了第 5 期厅局级干部加强党性修养专题培训班学习。通过在延安的 10 天学习与思考，我感悟良多，主要有以下五个方面：

一、这是一次对延安岁月的缅怀

过去我没有到过延安，但对党中央在延安十三年那段充满神奇色彩的峥嵘岁月十分渴望了解与感知。从入学到结业，虽然只有短暂的 10 天时间，在学院的精心安排和组织下，通过 3 个教学模块、10 次现场教学、研究式教学、激情教学、音像教学、中延院大讲堂、社会实践、班组交流、原著阅读及 6 次课堂讲授，使我进一步了解了延安十三年那段火红岁月的艰辛，那段英雄壮举的豪迈，那段辉煌成就的伟大。这些让我们每个学员都无不为之感动，也更增强了我们对老一辈无产阶级革命家的无限敬仰之情。

二、这是一次对心灵的震撼

党中央在延安的十三年，感人肺腑，催人泪下，动人心弦，充满了无限的感染力。无论是在宝塔山下、窑洞门前，还是浴血奋战的前沿阵地，无论是南泥湾火热的大生产运动，还是陕北现代新农村的实地调研，对我们每个学员来说都是一次难得的学习机会，都是一次震撼心灵过程。这种震撼大大提升了我们对延安精神的感知，更增强了我们对延安这片神奇沃土的敬重。延安时期共产党人在困难与失败面前那种坚定的信念，在诱惑与挫折面前的那种坚贞不屈，在奋斗征程中那种坚定正确的政治方向，都使我们无比感动，并在心灵上得到了升华，在思想上得到了很大鼓舞，在言行上得到了很大鞭策。

三、这是一次对延安精神的感悟

通过到南泥湾、张思德、白求恩等处的现场教学与实地考察，我深深感觉到无论是张思德全心全意为人民服务及白求恩毫不利己、专门利人、对技术精益求精的精神，还是自力更生、艰苦奋斗、敢于克服困难的南泥湾精神，无论是解放思想、实事求是、批评与自我批评、坚持真理、修正错误的延安整风精神，还是对党的事业无限忠诚、在各条战线上勇于创新、乐于奉献、埋头苦干、创造出光辉业绩的劳模精神，他们都是我们中华民族脊梁的象征与真实写照，是无数革命先烈抛头颅洒热血凝聚的智慧结晶，是我们克敌制胜的强大思想武器及政治法宝，是老一辈无产阶级革命家留给我们最宝贵的精神财富。在新时期大力倡导和弘扬这些伟大精神，对于增强党和人民的凝聚力和战斗力，必将会产生巨大的感召力和推动作用。

我深刻认识到：人总是要有点精神的，精神是人生的向导，信仰是人生的动力，信念是人生的灵魂。没有一种信仰、信念与精神的支撑，我们就会深深陷入不能自拔的泥潭。通过这次党性修养的专题培训，我们每个学员不仅深深感知了延安这片沃土的神奇与魅力，而且也深深领悟了延安精神的博大与精深。

四、这是一次形式新颖的廉政教育

通过王家坪、杨家岭革命旧址的现场教学与实地考察，我从一个侧面进一步了解了延安时期党员干部正确对待生死苦乐、顺逆荣耻的高尚品质，廉洁自律、严于律己的高尚情怀。毛泽东严格教育和要求子女的一言一行，刘少奇《论共产党员的修养》章章节节，都给我留下了极为深刻的印象。这对我们认清当前反腐倡廉形势，提高廉洁从政和拒腐防变的能力，凸显十分必要，更增强了我们为民谋利天地宽、学廉践廉做表率的信心和勇气。

五、这是一个继往开来的加油驿站

党中央在延安的十三年，岁月蹉跎，艰苦卓绝，震天撼地，光耀华夏。它是我们党由弱变强、转败为胜、毛泽东思想日益成熟、延安精神孕育形成的十三年，是中国革命由挫折走向胜利的真实纪录，是党领导人民艰苦创业的生动写照，是老一辈无产阶级革命家留给我们最丰厚的历史遗产。通过 10 天的学习考察与交流，我认为：重温延安十三年这段充满传奇的历史，如何大力彰显伟大的延安精神，抒发对革命圣地的无限敬仰之情，更加珍惜我们今天的美好生活，对未来充满无限的期待与憧憬，是我们每一个学员都必须认真思考与自觉践行的重大问题。

我深深感到：党中央在延安的十三年充分证明，一个党、一个国家、一个民族，如果没有坚定的理想信念及强大的精神支柱，就不可能有朝气、有活力、有凝聚力、有战胜任何艰难险阻的强大动力。充实难忘的 10 天学习即将结束，今天我们仰望巍巍的宝塔山，低吟滚滚的延水河，无不心潮澎湃，感慨万千。我们缅怀党中央在延安的十三年，它留给我们的不仅仅是那段沉甸甸的历史，更是取之不尽用之不竭的精神财富，是太多的感悟与思考，是太多蕴藏在其中的无穷力量和必胜信心。在我们满载而归即将离开革命圣地延安之际，我们的心情都很不平静，激动之情难以言表。无数的革命先烈为了人民的利益和我们能过上今天美好的生活，在我们的前头英勇地牺牲了，我们只有高举起他们的旗子奋力前行，才能无愧于党和人民，无愧于这个时代的呼唤。今后，我们会在不同的工作岗位上，不断加强党性修养，坚定理想信念，坚持执政为民。像老一辈无产阶级革命家那样，做人一身正气，做事兢兢业业，为官一尘不染。学松树的本领，展柳树的风采。要守住政治底线，筑牢反腐防线，决不逾越红线。不辱使命，牢记重托，把激励变动力，把学习成果化作今后工作的成效，内化入心，践之于行，大力弘扬和彰显伟大的延安精神，让延安精神万古流芳，永远灿烂辉煌！

【作者：广州海洋地质调查局副局长】

煤电一体化企业惩防体系建设探索与研究

梁小成

推进国有企业惩治和预防腐败体系建设，是保持国有企业人员廉洁从业、规范企业运行的重要前提，是实现国有资产保值增值的重要基础，也是实现企业科学发展的重要保障。在惩防体系建设中如何将制度、教育、惩处与企业实际实现个性化融合，渗透到企业管控重要环节，形成大防控机制，中国水电甘肃能源投资公司经过几年的探索实践，提出了“围绕五个要素、构建五个体系”的总体思路，收到了良好效果。

一、惩防体系建设情况

自《建立健全惩治和预防腐败体系 2008～2012 年发展规划》实施以来，甘肃能源公司着力从制度、管理、风险、监察、文化五个方面着手开展工作，经过这几年的深入探索和完善，现已建立起了符合行业特点和公司实际的惩治和预防腐败工作格局，惩防体系为股份公司煤电板块 100 亿的资产安全，为 1000 多名干部职工的从业安全发挥了坚强的保障作用。从 2003 年华亭公司成立至今，中国水电甘肃能源板块已连续八年实现了干部职工“零违纪、零举报”的“双零”目标，被平凉市华亭县评为预防职务犯罪的唯一一家先进单位，惩防体系建设的做法受到了甘肃省检察院及相关部门的关注和推广。

二、惩防体系建设主要做法及成效

五年来，甘肃能源公司结合煤电一体化发展定位，将惩防体系建设作为规范管理、防范风险、促进发展、战略推进的基础性保障要素来抓，经过深入思考和广泛调研的基础上，确定了“围绕‘五个要素’、构建‘五大体系’”的惩防体系建设工作思路并加以推进，即：制度建设是基础要素，注重制度建设的预控性和动态性，着力构建制度防控体系；流程管控是制衡要素，注重流程建设的系统化和模块化，着力构建权力制衡体系；风险管理是预控要素，注重廉洁风险的可评价和可预控，着力构建风险预警体系；监督监察是保障要素，注重监督监察关键人和关键事，着力构建责任追究体系；廉洁文化是核心要素，注重廉洁文化的可传承和可复制，着力构建文化覆盖体系。

1. 制度建设是基础要素，注重制度建设的预控性和动态性，着力构建制度防控体系

制度建设是惩防体系建设基础性、全局性工作，制度建设重在与企业的匹配性，对具体事情的预控性，难在执行，贵在动态修订。甘肃能源公司作为股份公司重要的煤电一体化区域化能源投资公司，从公司成立就注重制度建设与公司发展的同步性、时效性和匹配性，力求将反腐倡廉约束力融入到制度建设的各个环节。

一是关注重要决策的制度体系建设。先后建立了《党政联席会议事规则》、《总经理办公会议事规则》等规范决策类制度 18 项。修订了“三重一大”决策实施办法，督促各子公司也分别修订了“三重一大”决策实施办法，对凡属“三重一大”的决策内容都进行了专项记录，重点记录决策过程，做到过程、责任可查询、可追溯。

二是以“三标一体化”贯标认证为契机，着力推进惩防体系制度标准化建设。2010年，开展了以质量、环境和职业健康安全为核心的“三标一体化”贯标认证工作，在此期间，新建纪检制度、标准22项，将纪检工作并入标准化管理体系。参照国内先进发电企业管理标准，重新制定了涉及党群、纪检、审计等方面的制度90余项，印刷成册后下发至各党支部、各部门、各控股公司，为惩防体系建设提供了科学、规范的预控体系。针对燃料采购、财务管理等“关键”业务，分别建立起了职工廉洁自律条例。

三是支撑公司规范运行的基础性制度。公司先后制定了涵盖综合管理、计划经营管理、财务管理、安全生产管理、党建及反腐倡廉建设管理等五个方面的制度96项，满足公司当前发展的需要和规范运作的需要。

四是注重制度的动态修订、执行评估和效力发挥。先后制定了《党建工作责任制实施办法》、《纪检监察组织建设实施意见》、《领导干部述廉议廉制度》、《领导干部个人收入申报制度》《领导班子民主生活会制度实施意见》等制度5项，重新修订了公司《党风廉政建设责任制实施办法》和《“三重一大”决策制度》。制订了《甘肃能源公司领导干部“二十项不准”廉政守则》，加强对公司领导干部的监督约束。

2. 流程管控是制衡要素，注重流程建设的系统化和模块化，着力构建权力制衡体系

注重流程管理的制衡作用，重点在决策管理、财务管理、资产管理、绩效审计、风险管理等内控关键程序和环节上，形成了一整套的授权审批制度、责任联签制度、责任追究制度和监督防控制度。

一是编制完了《流程管理汇总》，对管控的400多个模块进行标准化管理。编制完成了《甘肃能源公司岗位说明书》，做到岗位职责、岗位风险明确化，对岗位可能滋生的腐败、渎职现象进行预防性评估和警示。

二是注重流程控制的过程约束作用，投资230万元建成MIS管理信息系统，对照《岗位说明书》和《工作流程图》，在MIS系统上建立了物资采购及领料、燃料采样化验、工作票办理、机组运行指标数据采集等16个模块，有效避免了人为因素的干扰，形成了以权力运行受监控、运作程序不能更改、记录痕迹可以追溯为特征的工作流程，用清晰的流程防范腐败风险。

三是结合发电企业实际情况开展了以优化业务流程、提升管理效能为主题的专项活动，对各项管理流程进行了全面梳理，针对一些长期形成的习惯性、主观性工作流程通过制定管理标准的方式加以固化。对燃料采购等重大业务流程以效能监察的方式加以动态跟踪监督，建立了燃料监管机制。

四是强化燃料全流程管理，围绕火电企业燃料成本达到70%的现状，每年都将燃料管理列为腐败风险重点防控项目，加强燃料管理采购、制样、化验、掺烧全过程监督检查，针对存在的问题进行专项研究、集中攻破。建立了燃料动态监管机制。燃料管理部门每月向效能监察领导小组提交《燃料监管月报表》，通报当月燃料采制化情况，要求燃料管理必须做到公开、透明、阳光化。在燃料管理部门设立了燃料质检员，在纪检、生产岗位聘任了5名燃料管理监督员，并以制度的形式赋予其职责和义务。纪检人员每周两次到储煤场监督检查煤炭入厂调运等情况，掌握每月的进煤计划、供应商、来煤量、煤质等详细信息，对合同执行情况进行动态监督，参加每月两次的盘煤、盘油工作，随时掌握准确数据。

五是推行廉洁承诺和轮岗机制。在燃料管理人员中推行廉洁从业承诺制，逐级签订廉洁从业承诺书。对从事燃料管理工作满三年的干部、职工轮岗到经营管理等部门，从机制上规避长期从事燃料管理工作可能滋生的腐败行为。和轮岗交流机制。五年来共提拔、交流干部50余人次，全部由党委书记或纪委书记与其本人进行了任职、廉洁谈话，形成了谈话原始记录。实现了连续8年干部、职工零违纪的目标，没有诫勉谈话对象。

3. 风险管理是预控要素，注重廉洁风险的可评价和可预控，着力构建风险预警体系

企业风险管理是一项关系到国有资产保值增值的重大工作，特别是在时下发电企业大面积走入经营困境的行业背景下，风险管理对于发电企业摆脱经营困境、实现企业持续、健康、稳定发展尤为重要，甘肃能源公司着手从廉洁风险、经营风险、关键业务风险入手加强了预控。

一是在全国发电企业率先编制完成了《腐败风险防控手册》。针对近年来国内发电企业腐败典型案例和发电企业行业特点，在认真调研、广泛论证的基础上，组织纪检、财务、经营、物资等专业人员编制完成了《腐败风险防控手册》，在国内发电企业中尚属首家。《手册》主要由管理流程图、腐败风险防控和测评三部分组成，针对人、财、物、事四方面关键、敏感工作的19个岗位，查找出了在履行职责、开展业务、社会交往、处理个人重要事项等方面存在或潜在的腐败风险点106个，依照腐败行为发生几率以及可能造成后果的严重程度、紧急程度对查找出的腐败风险点进行了等级评定，按风险等级和岗位性质制定了防控措施。《手册》系统分析了腐败风险源，认定了腐败风险等级，提出了腐败风险控制的有效办法，实现了腐败风险预警防控全员全覆盖。

二是率先建立起了由制度、流程和关键控制点组成的发电企业内部风险管控体系，编制了《风险管控体系汇编》，内容涵盖控制环境、风险评估、控制流程、信息与沟通、监控等五个模块，涉及生产经营重点领域的19个岗位，共排查出的风险点106个并划分了风险等级，按风险等级和岗位性质制定了防控措施对风险各个环节做到了可控、在控，从源头上规范领导人员、有资源配置权人员的经营管理行为和从业行为。《手册》的发布实施，对从源头上、体制机制上规范有资源配置权人员的经营管理行为和从业行为起到重要保障作用。

三是加强对市场形势的研判，防范经营风险。“十一五”以来，随着电煤价格放开，火电企业的经营环境正在发生质的转变，发电时数下降、电力市场低迷和电煤价格攀升进一步放大了火电企业经营风险。通过整合市场营销力量，建立了“大市场、大营销”体系，加强对电力市场、电煤市场、国家及地方政策的分析预测和正确研判，通过开展富有成效的对口公关，共获得外送电量5.75亿千瓦时。

围绕煤炭市场在经历了近10年连年涨价后开始出现松动，煤炭价格持续下跌，产能持续过剩。公司准确把握这一形势，将降低燃料成本作为减亏扭亏的关键着力点和突破口，加大力度引进外省电煤和地方小窑煤并取得显著成效。与4家地方煤矿建立了长期合作的关系。通过按照煤价煤质方式竞争性采购电煤的办法，采购的宁夏煤和地方电煤不含税到厂标煤价达到平均538元/吨,比2011年平均标煤单价620元/吨降低13.2%。

4．监督监察是保障要素，注重监督监察关键人和关键事，着力构建责任追究体系

针对纪检监察工作由对项目监管变为对区域公司监管的实际，围绕监管对象由单一向分散转变，产业由熟悉的发电向相对陌生的煤、供水、地产转变，监管对象由全面创业向追求利润转变的现状，纪委提出了“四个关注、四个防止”的总体工作思路，即：关注产业链延伸，防止监管真空；关注经营形势变化，防止风险源扩散；关注“三重一大”决策，防止过程缺失；关注文化整合，防止创业精神弱化。

一是华亭公司与平凉市人民检察院建立了企检共建机制，坚持每年召开一次企检共建联席会议，每年至少开展一次廉洁从业教育专题讲座及主题实践活动，主动接受地方检察机关的监督，每年组织全体党员、组织关键岗位人员赴检察院观看预防职务犯罪图片展，到平凉市监狱进行警示教育，截至目前已累计开展5次。

二是注重发挥效能监察行为纠偏、过程控制、管理提升三大职能，将效能监察贯穿于经营链条全过程，保证各项工作的高效运转和闭环监督落实。结合发电企业特点，将“三重一大”决策、燃料管理、同业对标、管理提升、安全隐患排查作为效能监察的重点，定期进行检查并有针对性的提出效能监察建议。2008年以来，公司纪委重点针对燃料管理、节能降耗、安全生产、三级公司经营管理等专项工作开展效能监察，累计立项42个，提出监察建议164条，共增加经济效益465.19万元，避免经济损失621.03万元，节约费用达348.21万元。生产经营指标逐年优化，华亭电厂循环流化床锅炉连续运行周期达到208天，连续安全生产天数突破2000天大关，华亭公司#2机组、#1机组分别荣获全国CFB锅炉135MW-150MW级纯凝机组竞赛一等奖、二等奖。

三是严格执行“三重一大”决策实施意见，纪委全程参与党政联席会、党委会、总经理办公会，在参与决策中加强监督，避免出现决策失误。全程参与股东会、董事会、党政联席会、党委会、总经理办公会等“三重一大”决策会议63次，涉及重大决策事项19项，重大项目安排事项8项，重要人事任免25项，大额资金使用21项。坚持将“三重一大”项目纳入司务公开范畴，在月度司务会上进行通报，涉及职工切身利益的薪酬改革、生活小区建设等事宜都邀请职工代表参加。

四是在历次招投标、物资采购等经营活动中，无论合同额大小，都设立纪检监察人员担任监督员，参与全过程监督。累计举行合同洽谈40余次，累计合同额达60多亿元，保廉合同签订率达到了100%，没有发生任何违纪违规行为。

五是加强三级公司监管，防范投资风险。着眼检修运营公司战略定位，先后启动开展了“三个深入思考、四个决定因素”讨论活动、“解放思想、隐患治理、管理攻坚”主题实践活动，实施了“百名核心人才”培养计划，建立了全员竞聘上岗和业绩评价机制。推行了廉洁从业十条禁令、二十个不准和“一票否决”制度，凡违反禁令其中一条，对所在项目部实行一票否决制度，一经查实，实行连带考核，当年党风廉政建设责任制定为不合格，对项目部当月绩效“零”兑现。

5．廉洁文化是核心要素，注重廉洁文化的可传承和可复制，着力构建文化覆盖体系

一是注重教育，开展专项活动，打造廉洁文化。坚持月度党委中心组学习制度，把反腐倡廉理论作为党委中心组学习的重要内容，有针对性的学习中央反腐倡廉最新指示和要求，累计开展党委中心组学习15次，科学发展观专题理论教育7次，党委书记讲党课9次，支部书记讲党课5次。对每年提拔交流的干部全部进行任职廉洁谈话，提高其廉洁从业意识。

二是将廉洁文化建设和反腐倡廉教育纳入企业宣传教育总体规划，自2008年以来累计开展廉洁从业专项教育活动、廉政学习30余次，受教育人员达500余人次。2010年以来，先后开展了学习型党组织创建活动、“崇尚廉洁、拒绝腐败”主题实践活动、基层组织建设年活动、保持党的纯洁性专项教育活动，累计开展各项子活动达50余项，内容涉及警示教育、外出学习考察、专题讲座等各个方面。

三是加强廉洁文化建设的宣传报道，在国家及省市级重要媒体刊物上发表专题稿件10余篇，营造了“廉荣腐耻”的良好氛围和“风清气正”的发展环境。《企业党建论坛》杂志探索创新栏目和《甘肃省预防职务犯罪专刊》对公司惩防体系建设成果进行了全面介绍和推广性报道。

四是发挥文化引领作用，搭建活动平台，着力构建大预防机制。针对两家发电公司地域偏僻、青年职工多的特点，搭建职工活动平台，以良好的文化促进党风廉政建设。举办了庆祝建党90周年“永远跟党走”红歌演唱会，405名职工唱响主旋律,集中展示了公司成立八年来职工良好的精神风貌。组织140名党员分三批赴延安参观学习，以革命爱国主义教育培养干部职工的廉洁和忧患意识。邀请人民日报社甘肃分社社长到公司做了《读书·做人·爱国》专题讲座。组织党员、职工观看了《人类需要三大营养》、《传统文化的当代价值》、《走进音乐世界》、《感恩·责任·忠诚》等优秀专题片15次，力求以优秀的文化引导职工精神追求，提高职工精神境界。党员坚持每月撰写5页政治学习笔记，在潜移默化中提高党员、职工的文化素养和思想境界。

【作者：中国水电甘肃能源投资公司党委副书记 纪委书记】

加强舆论监督与保持党的纯洁性

刘爱国

胡锦涛同志在十七届中央纪委七次全会上，向全党发出了“保持党的纯洁性，建设坚强有力的马克思主义执政党”的号召，提出“要大力保持党员、干部思想纯洁，要大力保持党员、干部队伍纯洁，要大力保持党员、干部清正廉洁”；十八大报告更是鲜明提出，“要牢牢把握加强党的执政能力建设、先进性和纯洁性建设这条主线”，不断提高党的建设科学化水平。历史和实践反复证明，我们党作为马克思主义执政党，只有不断保持纯洁性，才能提高在群众中的威信，才能赢得人民信赖和拥护，才能不断巩固执政基础，才能实现党和国家兴旺发达、长治久安。

保持党的纯洁性是一项系统工程，需要多方面的综合作用。胡锦涛同志在十七届中央纪委七次全会上强调，在新的形势下保持党的纯洁性，要坚持党要管党、从严治党，坚持强化思想理论武装和严格队伍管理相结合、发扬党的优良作风和加强党性修养与党性锻炼相结合、坚决惩治腐败和有效预防腐败相结合、发挥监督作用和严肃党的纪律相结合。发挥监督作用，很重要的一方面就是要充分发挥舆论监督的作用。加强舆论监督对于保持党的纯洁性具有必要性，这是因为：

一、从客观现实来看，很多大案要案，都是通过舆论监督、媒体曝光凸现的

从政治学原理来看，舆论监督是指社会利用各种传播媒介和采取多种形式，表达和传导有一定倾向的议论、意见和看法，以实现对政治权利运行中偏差行为的矫正和制约。从社会控制及社会形成的角度来看，以报纸杂志、广播电视及电脑网络为主要载体的舆论监督正显现出越来越强大的力量，因而通常被学者称为一个社会中的“第四权利”，而与立法、行政、司法三权并立，并作为制约这些权利的一种权利。它具有预防功能、矫正功能、惩戒功能、警示功能和教化功能。

二、从历史视野来看，何时舆论监督发达、通畅，党的纯洁性就有保障；何时打击压抑舆论监督，党的纯洁性就遭遇危机

因为领袖的权力无法监督、无从监督，党内无法形成民主气氛，舆论监督几乎为零，造成家长制、一言堂、个人专断、个人崇拜盛行，导致“大跃进”、反右倾无限制的扩大化，最终酿成十年大动乱，给党和国家造成了永远无法弥补的巨大损失：民主法制建设不断削弱；冤狱遍布全国，大批党和国家干部被迫害，甚至致死；国民经济几陷入崩溃边缘，社会各方面都遭受重大损失……

在抗日战争相持阶段，党积极团结各民主党派、各中间派、各人民团体，乐于接受人民监督，畅通舆论监督渠道，勇于改正实际工作中存在的不足和失误，最终取得了抗日战争的伟大胜利。解放战争时期，进一步巩固和扩大了人民民主统一战线，和各民主党派荣辱与共，互相监督，党内民主气氛也较为浓厚，舆论监督活跃，集体领导原则也能充分贯彻，从而保证了解放战争的胜利。

建国初期，毛泽东再三告诫各级党员干部，要坚持“两个务必”，要做人民的公仆，要接受人民的监督，积极发展共产党领导下的多党合作的政治协商制度，扩大民主党派的参政议政权。毛泽东在回答黄炎培等人提出的共产党如何跳出“人亡政息”的周期率时指出，“只有让人民来监督政府，政府才不敢松懈；只有人人起来负责，才不至人亡政息。”此时舆论监督非常自由。中共中央在1950年4月19日，专门作出《关于在报纸刊物上展开批评与自我批评的决定》，其中规定：“在一切公开的场合，在人民群众中，特别在报纸刊物上展开对于工作中的一切错误和缺点的开批评与自我批评。”1954年7月17日，中共中央在《关于改进报纸工作的决议》中再次强调：“报纸是党用来开展批评和自我批评的最尖锐的武器。”正因为党和政府自觉接受人民的监督，“一五”期间，工业生产所取得的成就，远远超过了旧中国的一百年。

1987年，中共十三大正确分析了社会主义民主政治的历史趋势和内在要求，在中国历史上第一次提出“舆论监督”的新概念，并明确表示：“重大情况让人民知道，重大问题经人民讨论。”1989年11月25日，李瑞环同志在新闻工作研讨班上关于《坚持正面宣传为主的方针》的长篇讲话中指出：“新闻舆论的监督，实质上是人民的监督，是人民群众通过新闻工具对党和政府的工作及其工作人员进行的监督；是党和人民通过新闻工具对社会进行的监督，不应仅仅看成是新闻工作者个人或是新闻单位的监督。”在社会主义市场经济的今天，党不仅依然将舆论监督作为社会主义监督机制的一个重要内容加以强调，而且中央领导也曾多次对新闻舆论监督给予充分的肯定和高度的评价，以互联网、微博为代表的新兴舆论监督非常发达，为党的事业健康发展提供了重要保障。

三、从系统论角度来看，舆论监督地位不可替代

党的纯洁性建设是一项系统工程，需要内因和外因的综合作用。“内因”是要求党自身要加强各方面建设，增强自我净化、自我完善、自我发展和自我创新能力；“外因”主要指人民的监督。从本质上说，事物发展的根本动力是内因，外因处于从属地位，而且是通过内因发挥作用的。但是，作为一个长期执政的政党，必然会受到诸多既得利益者和既得利益集团的影响，内因动力明显不足，向来革自己的命都是痛苦的，因此，这个时期外因的推动反而显得更为重要和紧迫。一个现实例子，官员财产申报制度、工资制度改革为何迟迟不能实施，最重要的原因就是受到既得利益者反对。

邓小平同志曾经说过，把我们的事业建立在掌权者个人廉洁和严格自律的基础上，是靠不住的。从全局来看，注重党员领导干部自律，对少数人可以，对多数人不行；对少数人可以，对多数人不行；短时期可以，长时期不行。实际表明，党员领导干部也有这样那样的弱点，更何况权力本身具有的诱惑力和扩张力，权力寻租具有很大的惯性，仅仅靠自律，很难与之抗衡。我们不能寄希望于领导干部没有贪念、没有滥用权力的心理冲动，不能把党内监督的基础建立在党员领导干部严格自律上，而只能寄希望于一整套健全的权力监督机制。因此，从系统论的角度，舆论监督对于保证好的领导干部不致变坏，坏的领导干部不敢做坏事，从而保障党的纯洁性，具有非常重要的现实意义。

四、从党建自身规律来看，党的纯洁性建设需要舆论监督的强力支撑和推动

党的建设包括思想建设、组织建设、作风建设、反腐倡廉建设和制度建设，是五位一体的综合建设。其中思想建设是基础，组织建设是支撑，作风建设是保障，反腐倡廉建设是关键，制度建设是根本。无论哪个方面建设，都必须要畅通舆论监督渠道，发展舆论监督事业。因为我们党的所有活动都在人民监督之下，人民的眼睛是雪亮的；所有党员干部都生活在人民群众之中，人民群众的监督非常直接有效。思想建设的成效与否，组织建设的巩固与否，作风建设的持续与否，反腐倡廉建设的成效与否，制度建设的实效与否，都需要舆论的监督，人民的评判，人民的推动；五个方面的失误与偏差，都需要舆论监督的及时指正，从而避免更大损失，从而确保党的建设始终走在良性发展的轨道，党的纯洁性建设才有保障。

党的建设既可以当作一项工作，也可以当作一种客观现象，存在着客观规律。最基本的一条就是发展民主，就是要发展党内民主和人民民主。但是人民又不是直接行使权力，必须交给少数人让他们来行使。但是如何防止有人运用权力为自己办私事，公权私用？唯一的路径就是让权力透明，公开运行，让无数双人民的眼睛看着，无数张人民的嘴说着，这就是民主监督。其中很重要的一条就是要加强舆论监督。

五、从监督体系来看，舆论监督在监督便捷性、时效性、广泛性、有效性上具有独特优势

从当前我国监督实际状况来看，对党的监督主要有两大类：一是中国共产党的党内监督。包括：党的代表大会的监督，党的专门监督机关（纪委）的监督，党的各级组织及其各个部门之间的相互监督，党员的直接监督等四种基本方式。二是外部监督。包括：人民代表大会及其常委会的监督，司法监督（主要是指检察院和法院的监督），人民政协、民主党派和社会团体的监督，社会舆论（主要是新闻媒介）的监督，人民群众的直接监督（主要是指通过信访举报、直接民意测验、民主评议和直接选举等）等五种基本形式。长期以来，我们自觉不自觉地强调党内监督的最重要地位，这也是造成目前监督效果不是非常理想的一个重要原因。

应该承认，在这两类监督当中，党内监督具有自己的独特优势，但是我们决不能偏颇，我们必须按照十八大报告提出的那样，"要坚持用制度管权管事管人，保障人民知情权、参与权、表达权、监督权……要确保决策权、执行权、监督权既相互制约又相互协调，确保国家机关按照法定权限和程序行使权力。……加强党内监督、民主监督、法律监督、舆论监督，让人民监督权力，让权力在阳光下运行。"因为，监督具有异体性和强制性，一些问题不依靠异体的抗衡和强制性的手段，是无法解决的。直面现实，往往最有效的监督来自外部监督，尤其是包括新闻监督在内的舆论监督在当前一些重大社会问题的暴露、处理上发挥了不可替代的作用。

伴随着社会的发展、政府的行政权的不断扩张和公权力的不断扩大，容易滋生权力滥用而造成腐败，传统的监督方式因其自身的特点难以发挥其应有的机能，因而人们寄希望于社会舆论的监督机制，希望通过新闻媒体等公共论坛公开揭露权力滥用现象，在社会中形成一种不利于被批评者的舆论压力，促使当事人有所觉悟或有关职能机关采取措施，以达到监督和制约的目的。

传统的监督方式是一种权力对权力的监督，这种监督机制内在要求各种方式按照法律的规定相互监督相互制约，但无法避免某些部门或某些官员的相互妥协来掩盖各自的权力滥用，或者相互勾结以期获得更大利益。实际生活中，我们发现一个公共机构对另一个公共权力机构实施权力制约与监督的法定责任，很多是在公共舆论监督下进行的。

法定监督机构有效地履行责任，有赖于发现和掌握有关官员违法犯罪的充分信息。社会信息具有分散性，一个监督机构无论多么主动与积极，都无法收集尽官员的全部信息，况且其时间和精力是有限的，而舆论监督由于其自身的特点，很好地弥补了其他法定监督的不足。与别的监督机制不同，舆论监督的信息类型与其他监督机构不完全相同。舆论监督不仅监督官员的公务行为，而且还监督官员的私人行为，包括其个人的人格、道德品质，以及通过公共选举机制发挥这种监督的作用；而舆论监督对政府机构的行为，不仅作出合法性判断，而且作出合理性监督，行政权中很多法律规范是缺乏的，存在很多自由裁量的余地，正因为如此，舆论监督的合理性弥补了其他监督的缺陷，因而这种监督的宽广性是其他监督方式无法代替的。实践中，公民或媒体的揭露提供了大量的政府机构或政府官员违法的犯罪线索，为案件侦破提供了极为有效的便利。

舆论监督的方式不少，有政府网站、有投诉电话、有投诉部门等等，尤其是现代网络事业的发达、新兴媒体的出现、舆论监督手段的不断丰富与完善，更加彰显了舆论监督在监督便捷性、时效性、广泛性、有效性上的独特优势。特别是当今信息化社会，舆论监督的效应得以充分体现，在党的纯洁性建设中发挥了重大作用。

党的纯洁性建设任重道远，加强监督是保障党的纯洁性的根本路径之一，而不断加强舆论监督，不断提高舆论监督的针对性、规范性和有效性，是其中的一个重要方面。中国舆论监督的前景有赖于政治领域、市场领域和公共领域的共同推进，有赖于新闻事业的法治化。

【作者：上海市长宁区委党校培训部主任】

反腐　要为权力套上缰绳

刘纪舟

党的十八大政治报告指出：“严格规范权力行使，加强对领导干部特别是主要领导干部行使权力的监督。”中央纪委向十八大提交的工作报告指出：“要强化对权力的制约监督，促进权力规范透明运行。”并且把强化对权力的制约监督作为今后反腐倡廉建设的八大任务之一。

学习贯彻十八大精神，对强化权力的制约监督谈一点体会。

一、提出强化对权力制约监督的现实意义

1. 从权力的性质看，必须强化制约监督

什么是权力？有学者认为，权力是一种以法的形式固定的对社会各方面的管理关系，它反映的是一种政治生活。也有学者认为，权力现象局限于政治领域，它以权力金字塔顶端的政治权力涵盖一切权力。权力有四个显著特点：①权力的主体是人。②权力是主体的一种外在型能力。③权力具有不平等性。④权力具有可交换性。权力一旦进入市场，被用来交换，就会发生蜕变。权力发生蜕变，又表现出五个方面：①权力与职务相分离。②权力与主体相分离。③权力与客体相分离。④权力与职能相分离。⑤权力体系产生分裂。权力发生蜕变后又出现三个特征：①公权力的蜕变使公权力商品化。②公权力的商品化使公权力发生交换。公权力可以交货币、物、权力、人情、职称、职位、职务、荣誉、性等等。③公权力在交换中发生增值。几乎所有的公权力在被交换中都能发生增值。能够最大化增值的权力是最抢手的权力、因而也是最容易受到腐蚀、发生腐败的权力。

2. 从权力与腐败的密切关系看，必须强化对权力的制约监督

什么是腐败？在《辞海》中，“腐败”解释为：“败坏、堕落”。《国际货币基金组织》称：“腐败是滥用公共权力以谋取私人的利益”。《透明国际》对腐败的定义为：“公共部门中官员的行为，不论是从事政治事务的官员，还是行政管理的公务员，他们通过错误的使用公众委托给他们的权力、使他们自己或亲近于他们的人不正当的和非法的富裕起来。”《联合国反腐败公约》第十九条指出：“公职人员在履行职务时违反法律，实施或者不实施一项行为，以为其本人或者其他人员或实体获得不正当好处。”在我国国内，大多数专家学者认同这样的定义：“腐败是国家机关和国有企业的公职人员与他人合谋，违反法律和社会公认的行为规范，滥用公共权力和公共资源，为私人和私人小圈子谋取私利或为某一单位、某一行业谋取特殊利益而损害公共利益及其他公民个人利益的行为。”由此看出，腐败与权力紧紧联系在一起。在现代社会中，“腐败”一般是指权力腐败。防止腐败，就要对权力进行制约和监督。

3. 从党的十八大要求“干部清正、政府清廉、政治清明”目标看，必须强化对权力的制约监督

干部清正。就要制约监督好干部手中的权力，保证干部用好权。政府清廉。就要制约监督政府的公权力，保证政府在阳光下用好权。政治清明。就要让所有老百姓监督好干部的权、政府的权，保证权为民所用，利为民所谋，情为民所系，呈现政治的清明。

二、正视当前权力制约监督方面存在的问题

列宁曾经说过：“把希望寄托于人的优秀品质上，这在政治上是不严肃的。”用制度约束监督权力，才能“把权力关在笼子里”。资产阶级启蒙思想家、法国人孟德斯鸠说：“一切有权力的人都容易滥用权力，这是万古不易的一条经验”，“有权力的人使用权力，一直到遇有界限的地方才休止”这里的“界限”可以理解为“监督到位”。英国哲学家阿克顿爵认为：“权力导致腐败，绝对的权力导致绝对的腐败”。

权力具有膨胀的天性，这已是全人类的共识，没有制约的权力必然走向腐败，也已被无数历史和现实所证实。从这个意义上讲，任何腐败都只有一个根源，那就是权力没有受到严格规范、受到严厉约束、受到严厉制约。每一个案件，都与监督空白和监管不力相伴随。因此，监督的核心是监督党员干部手中的权力，每一级党组织，每一个单位，都要对有权者限权、制权，真正做到“把权力关在笼子里”。

回顾当前党内外监督权力的现状，应当充分肯定已经取得的成绩和进步。尤其是党中央颁布《党内监督条例》以后，党内监督的推进有新的进步。但至今仍有许多地方仍不尽人意。有顺口溜这样认为：“上级监督下级太远，下级监督上级太难。同级监督同级太软，组织部门监督太短，纪委监督太晚”。话虽说得重了点，但现象是存在的，监督工作缺乏应有的力度。使一些有权者逃避监督，走上违纪违法之路。并且使教训不断重复，这是值得深思的。当前，对权力的监督制约方面还有五个方面的不足。

1. 对权力制约监督制度还不够健全

世界上有许多清廉国家和地区的做法值得我们学习。今后我国顶层制度的设计将会进一步推进。监督和制约权力的制度还会不断出台。但是我们现在在制度建设方面还有不足，首先，有一些制度尚未出台，譬如：“国家反腐败法”。官员财产的申报制度；财政和其他各方面的支出都要公开的制度；司法和审计独立的制度等。其次，反腐败制度的管制范围在特定历史条件下存在局限性。从整个政治、经济、社会背景下看，还存在着腐败制度覆盖不足的部门、行业和领域。再次，一些官员规避制度，甚至破坏制度。

2. 对“一把手”权力的制约监督难度大

各级“一把手”权高位重，最容易滥用权力，导致腐败。陈希同、陈良宇、薄熙来，都曾经是党的政治局委员，权倾一时的直辖市 “一把手”，但他们没有带头接受监督，结果走向腐败。改革开放以来，一些省部级官员涉及腐败被 绳之以法，

其中"一把手"也占了较大比例。根据中纪委统计，在全国纪检监察机关2007年至2011年近5年立案查处的案件中，县处级以上单位的"一把手"占全部被查处的县处级干部的38.4%。2012年，国家审计署审计报告披露。在2011年移送的112件，涉及300余人的以权谋私、侵蚀公共资源、损害群众利益的职务犯罪中，"一把手"占到38%。另据《法人》杂志等民间机构发布的《2011年度中国企业家犯罪报告》，国有企业管理人员犯罪居高不下，"一把手"占了相当大的比例。这与党政机关工作人员违纪犯罪的特点基本一致。由此看出，对"一把手"的监督仍然是薄弱环节。

3．权力集中的部门和岗位缺乏有效制约和监督腐败案件多发

我国改革开放的步伐加快，在体制转轨过程中，政府权力过大占据资源过多以及社会组织功能较弱等问题。造成了权力对市场的强力干预和市场对权力和过度依附，为权钱交易权力的滥用和寻租留下空间。譬如：政府的行政审批权；规划权；土地使用权；矿业出让权；政府采购权；工程招投标权；教育、卫生权；科研经费权；经费预算下拨权；对社会中介的管理权；对体育的管理权等等。都存在着权力腐败和权力寻租。

4．一些党员干部游离于权力制约监督之外

一些党员干部不敬畏党纪国法，滥用权力；一些党员干部超越权力范围，任意增设权力；一些党员干部不按制度和流程办事，乱用自由裁量权；一些党员干部喜欢揽权，个人凌驾于集体之上，"个人说了算"；一些党员干部在行使权力过程中"暗箱操作，封闭运行"等等，都导致了权力的滥用和失控。使自己走向违纪违法行为。

5．对权力制约监督的社会氛围还不够

随着法律知识的普及及民主政治的推进，整个社会和很大多数公民的反腐败意识不断增强，对权力的监督主动性也大为增强。但全社会"对腐败零容忍度"的氛围还不够，对官员，对政府权力运行的监督自觉性还不强。

三、采取多种措施强化对权力的制约监督

加强对权力的监督和制约，今后还有许多工作要做。路还很长。从根本上看，是要为"权力"套上"缰绳"。即做好"五权"：以法确权；科学配权；改革限权；阳光用权；流程控权。具体要做好六个方面工作。

1．要抓根本，即不断建立和健全强化对权力制约监督制度

坚持用制度管权，按制度办事，靠制度管人。制度带有根本性，只有不断建立和完善监督制度，才能做到列宁所说的"把权力关在笼子里"。制度建设应当有顶层设计，譬如，"官员财产申报制度"，应当加快推进。在制度出台前，分系统、分层次地进行一些试点。各地区、各部门都可以完善具体的监督制度。贯彻制约监督制度，必须让制度在阳光下运行。譬如：行政审批制度，土地使用权出让制度，政府采购权制度，工程建设招投标制度等等。同时，要按照中央的要求全面实现党务公开，政务公开、厂务、村（居）务及公共企事业单位办事公开，促使隐性权力公开化，显性权力规范化。根除"暗箱操作"，避免官员腐败行为。落实制约监督制度，必须要加上"科技"的力量，使制度刚性的执行。坚持把"科技"手段运用于权力监督、市场监管等各个方面，加快电子政务和电子监察系统建设，提高全程监控权力的科技含量。

2．要抓重点。即重点抓好对各级"一把手"权力的制约监督

（1）制约监督"一把手"，必须从监督高级干部的"一把手"做起。从人性看，高级干部不可能是完人。因此，监督权力不能以官员的级别而论，越是高级干部的"一把手"，越要加强监督，接受监督。

（2）要制约监督好"一把手"的权力，就要让各级"一把手"的权力在阳光下运行。因为"阳光是最好的防腐剂"。

（3）要制约监督好"一把手"的权力，就要认真落实2010年中央制定的《关于开展县委权力公开透明运行试点工作的意见》，确定权力，限制权力。全国2000多个县（或县级市）"一把手"的责任重大，同时也面临受到腐败的危险。仅据河南省统计，2006年以来，就有22名县委书记被查处惩办。近16年，湖北省监利县四任县委书记倒台。涉及滥用职权、买官卖官；为商人两肋插刀，收受贿赂；冲刺政绩，疯狂卖地等等。县委"一把手"腐败行为已引起各方越来越多的重视，甚至有人把县委书记列为风险岗位。

在中央和中央纪委的统一部署下，贯彻落实《关于开展县委权力公开透明运行试点工作意见》正在一些县展开，试点单位都提出：实行主要领导不直接分管人事、财务、行政审批、工程项目，物资采购，以削弱"一把手"的权力。这是健全权力运行机制，实现干部用权的规范。这是县委权力公开透明运行的重要方向。

（4）要制约监督好"一把手"的权力。必须从完善"一把手"的权力配置和制约措施入手，进一步加快建立和健全权力滥用和贪腐可能的"早发现"预警机制，强化规则执行力。

3．抓延伸，即监督要向基层延伸

有专家认为，从全国形势看，现在腐败呈现"落势化"，即腐败向基层、向科以下干部滑落。因此，要强化党政机关的科级干部国有企事业单位的基层干部的权力制约监督。这部分同志是"小官"，但手中权力大，掌握的资源多，但他们恰恰处在权力监督制约的"末端"，由于监督制度的不足，使他们处在边缘地带。实际上，干部腐败的"本钱"是权力，而不是职级职务，只要存在权力寻租的空间，有实权的"小官"也能成为"大贪"。老百姓最痛恨身边的腐败。要把这部分干部作为监督关注重点。甚至农村的村党支部书记、村委会主任，他们虽然不是国家公务员，但他们手中握有不小的权力，也可以由"小官"出"大贪"。因此，要监督好基层干部手中的权力，制约和限制基层干部手中的权力十分重要。

4．抓惩处

要通过惩处腐败加强对权力的监督制约。党的十八大和十八届中纪委全会指出：认真查办腐败案件、保持对少数腐败分子的高压态势。这一惩处方针，可以教育大多数干部，可以产生威慑力量。惩处过程也是预防的过程，也是发现制约监督中的问题、深化监督工作的过程，可以促进监督工作更加深入推进。

5．抓自律

把"他律"与"自律"结合起来，抓好党风干部的自律，让党员干部自觉接受监督。习近平同志指出：“严格的监督是防止党员和党的干部腐化变质，维护党的纯洁性的重要途径。上级对下级，下级对上级，群众对领导干部以及干部之间，都要敢于进行有效的监督。各级领导干部要自觉接受监督的意识，自觉把自己置于党和人民事业所要求的各种监督之中。”哲学观点认为，外因是条件，内因是根据。各级党员干部都要自觉遵守各项党内监督制度，认真接受党内监督；要自觉接受专门机关的监督，如人大、政协、审计监督；要虚心接受社会监督，如新闻媒体的监督、网络、微博的监督，还有人民群众日常的监督等等。

6．抓监督队伍

各级都要想办法强化队伍，整合监督力量，健全监督机制。提高监督本领要进一步完善行政投诉、信访举报、专项检查、案件查处等方面的工作机制，对权力风险实施动态监控；建立预警告之、风险提示、诫勉谈话、督促整改、责令纠错等处置措施，及时纠正工作中的失误和偏差，健全有利于群众参与反腐败的工作机制，接受社会各界、人民群众和社会舆论的监督。要加强监督“中枢”——纪检监察组织的力量，提高纪检监察干部的监督水平。加强培训，提高素质、强化监督水平。同时，监督者自己要带头接受监督。

【作者：上海廉政研究会副会长 原中共上海市纪委常委 秘书长】

给自己的思想行为“照镜子”

刘旺洪

“照镜子”是这次党的群众路线教育实践活动的总要求之一，也是党群众路线教育实践活动取得实效的关键环节之一。“照镜子”就是要求党员干部对照党员干部的标准，发现自己在作风上的不足和差距，对自己的思想观念、行为举止进行审视和反省，以便“正衣冠、洗洗澡、治治病”，实现自己灵魂的自我净化、思想境界的自我提升。从这个意义来说，“照镜子”是党员干部荡涤灵魂深处的尘埃，洗涤思想行为上污垢的必要条件和基础工作。因此，认真给自己的思想行为照照镜子是教育实践活动取得成效的前提条件和重要保证。

一、“照镜子”要深化学习党的建设理论和党规党法

“照镜子”首先要解决照什么镜子，用什么标准来评价和判断我们思想行为的问题。这面镜子就是党的理想信念，党的优良作风，共产党员的标准。因此，深入学习党的基本理论、党章和党规党法，深化理解党的优良作风，全面掌握党对党员干部的基本要求是照镜子的基本前提。

“照镜子”必须首先深入学习马克思主义的群众观，深刻理解党的群众路线的丰富内涵。马克思主义的群众观是党的群众路线的哲学基础，群众路线是党把马克思主义群众观的系统运用和具体体现。她是党在长期的革命和建设过程中不断发展和完善起来的优良传统，是党之所以长期保持和人民群众血肉联系这一最大优势，不断夺取革命和建设胜利的法宝，是党必须时刻遵循的根本要求和工作方法。

“照镜子”必须深入学习党章，全面了解党员义务和党员干部的基本要求。党章是党的“根本法”，是党的建设的根本依据，集中规定了党的性质、宗旨、奋斗目标、重大任务，集中规定了党的基本理论、基本路线、基本纲领、基本经验，集中规定了党员义务、党的纪律和党的干部的基本条件。

“照镜子”必须重温入党宣誓，深刻揭示入党誓词的内在精神价值和党员的思想行为导向。“我志愿加入中国共产党，拥护党的纲领，遵守党的章程，履行党员义务，执行党的决定，严守党的纪律，保守党的秘密，对党忠诚，积极工作，为共产主义奋斗终生，随时准备为党和人民牺牲一切，永不叛党。”这是党产党员的入党誓言，必须为共产党员终身坚守和践行。

“照镜子”必须深入学习党法党规，系统把握党员干部的基本行为准则。党中央高度重视党的制度建设，先后制定了一系列党规党法，构建起较为完善的规范党员和党员干部工作生活各方面的行为行为准则，必须系统学习，全面把握。

二、“照镜子”要深刻反省自己的思想和行为

“照镜子”就是“对照”，就是自我剖析、自我批评。勇于对照党员干部标准对自己的思想行为，进行自我审视、自我评价是照镜子的必然要求，能不能深刻反思自我，客观评价自我、深刻剖析自我是党的群众路线教育活动能否真正触及党员干部思想深处，真正实践自我批评，从而达到净化党员干部的灵魂、提高党员干部思想认识水平目标的关键。

“照镜子”必须对照党的理想信念和宗旨要求，是否真正遵循和践行党的群众路线。党的群众路线的基本内涵是为民务实清廉，基本要求是“一切为了群众，一切依靠群众，从群众中来，到群众中去”。对照党的理想信念和宗旨要求，就是要反思自己在工作中是否真正做到了全心全意为人民服务，真正做到了心中时刻装着群众，始终将群众利益放在第一位，深入基层、深入群众，同群众同甘共苦，保持最密切的联系，坚持权为民所用、情为民所系、利为民所谋，而不是脱离群众，凌驾于群众之上；是否真正做到了一切依靠群众，问需于民，问计于民，充分尊重群众的首创精神，始终注意听取群众的意见和建议，而不是独断专行、刚愎自用。

“照镜子”必须对照党的作风建设的要求，发现自己在工作生活作风上的差距。党的作风问题关系到人心的向背，关系到党的执政地位的巩固，关系到党的生死存亡。新一届党中央高度重视党的作风建设，为了加强党的作风建设，新一届中央集体倡行“八项规定”，在此基础上，省委又进一步出台了“十项规定”，对党员干部的作风提出了新的明确要求。因此，党员干部在教育实践活动中必须对照党的作风的新要求，认真审视自己执行中央“八项规定”和省委“十项规定”的情况，还存在哪些问题，以便改正。

"照镜子"必须反思自己的思想行为是否存在目前党内一定程度存在的"四种危险"和"四风"问题。当代中国处于深刻的社会转型时期，随着市场经济的发展，利益关系的变化，价值观念的多元化，一些落后腐朽的思想观念、行为方式也在一定程度上得到反映，党巩固执政地位面临这精神懈怠、能力不足、脱离群众、消极腐败的危险，而脱离群众在党的作风上集中表现为形式主义、官僚主义、享乐主义和奢靡之风这"四风"，这次党的群众路线教育活动就是要集中解决党内"四风"问题。因此，"照镜子"就是要党员干部认真反思自身的思想行为中是否也一定程度存在这"四风"问题，找出自己身上或多或少受到"四风"沾染的灰尘，以便清除和洗涤。

三、"照镜子"要坚持批评与自我批评相结合

批评与自我批评是长期的党的作风建设过程中的形成的成功经验，也是是党内整风的有效武器。以延安整风的精神开展党的群众路线实践教育活动，要求党员干部在"照镜子"的时候，既要做到自我检查思想上、行为上的缺点和不足，也要勇于接受人民群众对自己的监督、批评和意见。

坚持批评与自我批评要在自我对照、自我审视基础上，深入到人民群众中去，广泛听取人民群众对自己的批评意见，虚心接受人民群众的监督，真诚与人民群众交流、恳谈，以更加真实了解人民群众对党员干部的评价，更加了解人民群众对党员干部的期待和诉求，对自己的缺点错误不能遮遮掩掩，避重就轻。

坚持批评与自我批评要主动征求领导和同事对自己的意见，认真听取领导、同事对自己的评价和对自己缺点和错误的批评，将领导、同事和广大人民群众对自己的批评意见作为自己整改的目标，作为深入剖析自己的动力。

坚持批评与自我批评要对自己进行由外到内、由表及里的深刻剖析。人的行为方式的扭曲是思想观念和人格扭曲的外在表现。党员干部的缺点、错误、不足作风问题首先暴露在其工作生活的行为方式之中。开展批评与自我批评，要通过发现自己行为的问题，进一步深刻反思深层思想观念上问题，不断改造自己的世界观和人身观，确立正确的价值观，以达到触及灵魂、净化思想、提升人格的效果。

【作者：江苏省社会科学院副院长 教授】

领导干部要在作风建设方面做好表率

刘兆君

党的十八大进一步强调必须弘扬党的优良传统，保持党同人民群众的血肉联系，中央政治局会议制定了有关改进工作作风密切联系群众的八项规定，对新时期党的作风建设提出了更高要求。加强作风建设，领导干部是关键，努力塑造领导干部良好形象既是转变领导作风的着眼点，又是解决好作风建设中存在的突出问题的着力点。各级领导干部必须以保持同人民群众血肉联系为核心内容，抓住重点，集中解决存在的突出问题，从以下几个方面做好表率。

一要在坚定理想信念上做好表率。作风是领导干部理论素养、思想觉悟、政治品质的集中体现，作风问题在一定意义上也是理想信念问题，理想信念的坚定源于理论上的清醒和正确把握。各级领导干部要进一步认清当前意识形态领域斗争和社会思想文化多元复杂的形势，认清在实现特色社会主义事业的进程中不断出现新情况解决新问题现实情况下，更应注重理论修养，真正深刻理解有中国特色主义理论体系的实质内容，理解掌握十八大精神基本内涵，用于指导实践，用学习成果指导主观世界改造，不断增强贯彻执行党的路线、方针、政策的自觉性、坚定性，不断坚定理想信念。

二要在牢记宗旨，密切联系群众上做好表率。加强作风建设的核心，是实践党的宗旨，保持党同人民群众的血肉联系。当前一些干部特别是个别领导干部，由于价值观错位，把商品经济引入党的政治生活，想问题、办事情不是从人民群众的根本利益出发，而且从个人利益、集团利益考虑，导致不作为、乱作为，甚至产生了贪图享乐、高高在上、作威作福、腐化堕落思想，严重损害了党在人民群众中的形象，在现实生活中脱离群众、脱离实际、与民争利、见好就上，把党的宗旨抛在脑后，甚至，造成了干群关系、党群关系紧张现象。如何对待名利地位，是衡量一个干部作风好坏的试金石。密切党群关系、干群关系，就要充分发扬党的优良传统，牢记宗旨，切实做到"权为民所用、情为民所系、利为民所谋"，在事业上要勇于追求奉献，在名利上要知道退让，切实以高度的政治责任感和强烈的事业心抓好工作，与群众打成一片，以全心全意为人民服务的实际行动，做密切联系群众的表率。

三要在解放思想、实事求是、讲真话、办实事上做好表率。对上不能讲真话、道实情，对下听不进真话，了解不到实情，报喜不报忧，甚至弄虚作假，"拍脑门"决策，"拍胸脯"保证，出了事"拍屁股"走人，或大搞形象工程、政绩工程，迎合领导，搞一些不切实际的东西，冠以解放思想的名头，不是从客观上、实际上进行科学的考察论证和调研，而是凭一时热情冲动和个人好恶行事等等，所有这些都是浮躁和功利思想的集中体现，是作风建设中需要引起高度重视的问题。讲真话靠的是责任和勇气，听真话靠的是胸怀和智慧，作为党的干部，尤其是领导干部，就必须要善于调查研究，讲真话、听实言、知实情、办实事，做一个品德高尚、诚实守信、为民谋利的人，努力塑造人民公仆的良好形象。

四要在忠于职守、爱岗敬业、勤政为民上做好表率。注重实际、真抓实干、务求实效，是领导干部想问题、作决策、抓落实的基本要求。忠于职守、爱岗敬业、勤政为民就是要做到秉公用权、尽职尽责，想人民群众之所想，急人民群众之所急，时刻牢记权力就是责任，古人云："在其位，谋其政，行其权，

尽其责。”作为领导干部就要不辱使命，不负重托，对该干的事做到心中有数，是职权范围内的事，就应该尽心尽力去完成，切不可在其位不谋其政，谋其政不尽其心，碰到问题不解决，遇到矛盾绕着走，或急功近利，遇事就“作秀”，挖空心思搞政绩，不计后果树形象。领导干部作决策、出主意、定措施，更要搞检查，作表率、抓落实。重视落实，敢于落实，善于落实，真抓实干，是领导干部党性修养和工作作风的重要体现，是为官从政的基本功。领导干部一定要树立正确的政绩观，正确处理好显绩与潜绩，对上与对下，当前与长远的关系，具备良好的精动状态，把思想统一到干事创业上，把精力集中到做实事上，把功夫下到抓落实上，兢兢业业完成组织上交办的工作任务，真正静下心来、扑下身子，努力开创工作新局面，确保工作的质量效益。

五要管住自己，把住操守，在廉洁自律上做好表彰。领导干部担当一方重任，掌管用人、投资、发展、管理等多种权力，经常处在各种诱惑和考验之中，必须得管住自己，把住操守。在用权上，既要敢于负责，又要十分谨慎，严格按党性、按法规、按程序办事，坚持原则，经得住金钱、美色、财物诱惑，心正行端，耐得住寂寞，抛开私心杂念，做到一身正气，两袖清风。要继续保持和发扬党的艰苦奋斗的优良传统和作风，谦虚谨慎，戒骄戒躁，自觉做到克勤克俭、廉洁奉公、堂堂正正做人，踏踏实实干事，居安思危、知足常乐，安分守己，珍惜岗位，无悔人生。要防微杜渐，凡事从小事做起，因为作风蜕化是一种“慢性病”，有些人，虽然没有违法，但作风蜕化，如果不加注意，照样会“病入膏肓”，最终致命，等等。显然，领导干部在用权、处事和交往等各方面要严于律己，始终把党和国家的法律法规装于心中，自觉做好表率，做到拒腐蚀、永不沾。

【作者单位：山东新华书店集团有限公司定陶分公司】

勤用“四盆水”洗净“弊”与“垢”（红船观澜）

罗应光

水是生命的源泉。水既能洗污去垢、放松身心，舒张毛孔、促进新陈代谢；“水”又能清洗思想和行为上的灰尘，洁身清心、洁化心灵，让人干干净净做事、清清白白做人。“物洗则洁，心洗则清”，《礼记·儒行》说“儒有澡身而浴德”，意即修养身心，使之纯洁清白。作为党员领导干部，当勤用“四盆水”洗洗头、洗洗脸、洗洗手、洗洗脚，方能去除作风之弊、行为之垢。

第一盆水是“洗头水”。通过“勤洗头”、醒醒脑，使党员领导干部保持政治上的清醒和坚定，增强贯彻执行党的路线、方针和政策的自觉性。现实中，一些党员领导干部疏于理论知识学习，疲于应付文山会海，乐于社会人际交往，不读书、不看报，政策法规不学不用，专业知识不考不究，满足于一知半解、浅尝辄止……“勤洗头”，让脑子清醒清醒，争做带头学习的表率，使学习成为每一位党员领导干部生活工作的一部分。

第二盆水是“洗脸水”。通过“勤洗脸”、擦灰尘，使党员领导干部保持共产党员的先进性和纯洁性，提升党在群众中的良好形象。用这盆“洗脸水”，可以洗出清新的面孔。不可否认，少数党员领导干部宗旨意识淡薄、群众感情淡漠，热衷于为上级服务、为老板服务、为熟人服务，而为群众服务则不冷不热、不闻不问，尤其是对来办事的群众，门难进、人难见、脸难看、话难听、事难办……“勤洗脸”，让面容可亲，争做为民服务的表率，深怀亲民之心、爱民之情、为民之志，把心思、精力更多地用在工作中、用在为民解难和为民办事上，以实际行动赢得民亲、民爱、民赞。

第三盆水是“洗手水”。通过“勤洗手”，使党员领导干部时刻提醒自己不义之财不伸手，增强拒腐防变的能力。用这盆“洗手水”，可以洗出清正做事之手。有的党员领导干部办事讲排场比阔气，不计成本，不注重节约；贪图享乐、盲目攀比，境遇比上、事业比下，比待遇不比奉献、比职级不比实绩；把吃点、喝点、要点、拿点、收点、送点不当回事，利用职务之便以权谋私，致使节俭形象在个人身上得不到更好体现等问题。“勤洗手”，争做勤政廉政的表率，在金钱面前抵住诱惑、在亲情面前摆正关系、在是非面前把握分寸、在朋友圈和社交圈中约束好自己的行为，精打细算、勤俭办事，真正把心思和工夫下到抓落实、解难题、办实事、求实效上。

第四盆水是“洗脚水”。通过“勤洗脚”，使党员领导干部真正从热衷于出入高档娱乐场所向勤下基层、多下基层调查研究工作的根本转变，倾听群众的意见和呼声，提高做好新形势下群众工作的能力。用这盆“洗脚水”，可以“洗”出拉近群众距离之“脚”。有的党员领导干部热衷于出入高档娱乐场所，对深入基层、深入一线调查研究习惯于“看材料、要数字、催报表”；对深入基层、深入群众调查研究少，即使下到基层，也是主观意愿代替调查研究，凭印象和经验办事，或是走马观花、蜻蜓点水，不用心与群众交流……“勤洗脚”，争做放下架子的表率，把工作重心下移，改进调研方式，多到困难大、矛盾多、条件苦的地方去调研，倾听群众呼声，了解群众真实想法，通过“接地气”、“通民情”，以真心换真话、以虚心换智慧、以真情换真招，敢于触及矛盾，敢于面对困难和问题，办事雷厉风行，不拖不等不靠，急群众之所急、想群众之所想，把群众的事当成自己的事。

【作者单位：云南省住房和城乡建设厅】

提高廉政教育实效重在因势利导

骆　锋

我们在开展廉政教育中时常会遇到事倍功半的情况，就是功夫没少下，精力也没少花，效果却不甚理想。究其原因，立足反腐形势对教育对象的思想和作风状况把握不够准，形式和内容针对性不够强是主因。如何提高廉政教育实效？三年前的一件偶发案件，催生了我立足驻在单位实际“因势利导活用特色载体促廉政教育”的摸索实践，真正收到事半功倍的教育效果。

2010年初，我从外单位调到广东省惠州市纪委驻市安监局纪检组工作。履新之初，就在自己谋划派驻工作突破口之时，2010年4月，我市某县安监局一机关干部因公车私用被网民在网上曝光，受到县纪委严肃查处，影响了安监部门的形象。我在事后调研中了解到，此案在全市安监系统引起不小的震动，广大安监干部都表达了要重塑安监形象的愿望。我敏锐抓住这一负面事件的警示教育功能，趁势向局党组建言并被采纳，要以此案为教训，举一反三，把该年确定为“正作风树形象年”，因势利导，在全市安监系统开展具有安监行业特色的“我为安监树形象，安监因我添光彩”主题教育实践活动，切实解决影响安监形象的突出问题。身边人身边事更是身边的教训使全市安监干部对开展主题活动产生共鸣，从市到乡镇（街道）全部安监人员都主动参加了主题活动，认认真真查摆影响安监形象的问题，原来没有认识的问题看出来了；原来没有提到的问题主动摆出来了；原来查找不够深度的问题深入了。同时，实实在在制订整改措施并落实到行动中，全系统共形成剖析材料和学习心得512份，梳理出整改措施106条，完善廉政及作风建设制度57项，真正做到人人都参与、人人受教育、人人有收获。广大安监干部表示：“树形象主题活动”主题鲜明，紧贴实际，很受教育。如今该项活动已成为全市安监系统常态化的廉政教育品牌。

事实说明，开展具有安监行业特色的“树形象主题活动”取得实效的一个重要原因，就是纪检组及时把握偶发案件所促成的广大安监干部迫切要求改变安监形象的良好态势，循势引导大家围绕“怎样树形象，如何添光彩”展开讨论并付诸行动。这就坚定了我“因势利导活用特色载体促廉政教育”的信心。在局党组的支持下，我每年都确定一个教育主题，选准一个富有安监行业特色的载体开展廉政教育。2011年，结合《廉政准则》深化实施，决定把该年确定为“学准则建廉洁安监年”，开展“争当安全发展忠诚卫士，争做务实为民清廉安监机构”主题教育实践活动；2012年和2013年，则确定为“践行群众路线服务企业年”，在全市安监系统深入开展“百名安监干部联百企解百难”主题实践活动。市、县安监局科（股）室副科（股）长以上干部和乡镇（街道）安监所（办）副主任以上干部每人都挂钩联系2家企业，深入企业开展针对性的“问需解难”服务活动，践行群众路线，纯洁思想和作风，更加自觉地贴近基层、服务企业，促进了廉洁安监建设。

近年来“因势利导活用特色载体促廉政教育”的有效实践，使我深切地体会到，廉政教育是一项长期的经常性任务，党员、干部是开展廉政教育的主体，惟有把他们的积极性调动起来，自觉主动融入于教育中，才能充分发挥教育在反腐倡廉中的基础性作用。因此，作为纪检派驻干部，必须善于根据上级每年乃至各个不同阶段的反腐倡廉形势任务确定廉政和作风教育重点，特别是注意及时了解驻在单位党员、干部的思想和作风状况，把握思想脉搏，发现和抓住苗头性、倾向性问题，因势利导，找准具有安监行业特色、贴近安监人思想和作风实际、易于安监人接受和融合参与并产生共鸣的载体，既重形式更重内容，扎扎实实开展廉政教育。只有这样才能使廉政教育更具感染力、亲和力，消除教育组织者“热”、普通党员干部“冷”和行政推动“多”、党员干部参与“少”的现象，提高教育针对性和实效性，真正收到事半功倍的教育效果。

【作者：广东省惠州市纪委驻市安监局纪检组组长】

新时期地勘单位青年职工思想政治工作初探

马　宁

青年职工是地勘单位中最活跃的分子，是地勘单位持续发展的中坚力量，是地勘单位的未来和希望。当前，深刻变化的国际环境、经济全球化趋势以及煤田地质发展的新形势，对地勘单位青年职工的思想政治工作提出了更新更高的要求。我们必须用新的视角、新的理念、新的举措来审视和把握青年职工的思想政治工作，使青年职工思想政治工作更好地体现时代性，把握规律性，富于创造性。

坚持与时俱进，准确把握新时期青年职工思想政治工作的现状。正确认识青年职工思想现状是加强和改进地勘单位青年职工思想政治工作的前提。随着现代文明程度的不断提高，在手机、电脑普及，出门有汽车，上班有空调，物质条件和工作环境日益优越的今天，地勘行业这一迎着晨曦出发、顶着晚霞归宿的工作环境以及苦、累、脏、险的职业特点，不再是年轻一代义无反顾的选择和从业者执著如一的坚守。一是青年职工的思想观念在时时发生着变化，他们对“三光荣”精神及地勘单位多年形成的地勘文化认同感逐渐淡化。他们中有人认为现在应多讲实惠，少讲理论，经济利益第一，没有很好地树立正确的世界观、人生观和价值观；还有人在工作中讲待遇、计报酬、怕出力、不实干，斤斤计较个人得失，缺乏足够的奉献意识和集体主义精神。二是青年职工思想活跃，接受新事物的能力普遍较强，更加务实、更加注重自身价值的实现，在行为方式上普遍表现出一种成才的强烈愿望。他们希望通过自己的努力获得成功，但在心理上也暴露了有不安于现状、急于求成的问题。三是地勘工作一般都在野外作业，远离闹市区，流动性强，文化生活枯燥、单调，跟外界接触比较少，易导致自卑感萌生。这些状况很容易使青年职工的思想产生波动，给单位的稳定和发展带来影响。四是青年职工的群体结构发生了明显变化。大多80后、90后独生子女，已逐渐成为青年职工的主体，其中，本科、研究生以上学历青年职工成为主要构成。他们的思想波动较大，有稳定性较差、遇事不够冷静，易骄易燥等倾向，有些人自认为理论水平高，但存在着社会阅历和实践经验不足、应对现实问题能力较弱等缺陷。五是部分青年党员，虽然在上学期间已经入党，党龄不小，但是在思想上、行动上距离一名真正的党员还有不小差距，思想上还没有完全“入党”。上述种种表现，都给做好新时期地勘单位青年职工思想政治工作带来了挑战。

坚持以人为本，提高新时期青年职工思想政治工作的针对性。思想政治工作必须坚持“三贴近”原则，才能有的放矢。根据地勘单位青年职工的现状，结合三队实际，提出了针对性的措施。针对青年职工对“三光荣”精神了解不深、对行业认同感不够的实际，三队党委通过开展学局史、“忆队史”等活动，让青年职工了解地勘行业的光辉历史和重大贡献，增强行业自豪感和单位认同感，把单位的发展放在首位，把个人的追求融入到全队目标任务中，为单位的发展贡献力量。

针对青年职工不安于现状、急于求成的不足，在陶冶情操、提升素质上下功夫，努力营造思想政治工作的良好环境。一个单位、一个地域都是社会的一部分，不是真空地带，思想政治工作成效不可避免地要受社会环境的影响。对此，要引起普遍重视，综合运用道德教育、法规制度，行政管理和社会舆论等方式，实现个人自律与社会监督相结合，营造扶正去邪、扬善惩恶、人心向正的社会风气。我们通过扎实开展“重温局规章制度”、“厉行勤俭节约反对铺张浪费”专项检查等，坚决抵制那些不健康的精神文化产品和活动流入青年职工中间，使广大青年职工有了一个健康成长的环境，为青年职工成才创造有利条件，提供有效保障。

针对青年职工在野外工作、流动性强、工作环境闭塞等特点，在改善一线工作环境、提高职工工作条件、为一线职工服务等方面下功夫。地勘工作远离城市，部分青年职工长期在野外作业，文化生活单调枯燥，跟外界接触比较少，再加上青年职工男女比例严重失调，使部分青年职工为婚恋问题发愁。在这种情形下，应在坚持以人文本，围绕中心、凝聚人心、体现关心、营造温馨上多下功夫，这对新时期思想政治工作提出了更高的要求。我们从工作实际出发，通过开展多形式多渠道的活动，如夏季“送清凉”、“传帮带”联谊会传统文化教育活动，“我是三队人，我为队上出主意”活动；利用“七夕”组织单身青年男女职工与有关部门和单位进行“联谊”活动，搭建交流平台，让单身青年职工特别是一线地勘青年职工早日找到幸福等等，实打实、心贴心地为青年职工理顺情绪，让优良传统潜移默化地影响青年职工，丰富精神文化生活，解决他们最关心、最迫切需要解决的问题，让青年职工感受到组织的关怀就在身边，为扎实开展青年职工思想政治教育打下坚实的基础。

针对青年职工理论知识多、实践能力差等眼高手低的不足，在提升职工动手能力和操作水平上下功夫，适应青年职工的心理需求。一方面，年轻的地勘职工具有思维活跃，渴望实现自身价值，强烈地希望被关注等特点，另一方面，重视人的心理感受和需求是对人的充分尊重，这也是增强思想政治工作有效性的基本要求。对每年录用的大中专毕业生积极开展“三光荣”理念教育，通过播放单位发展宣传片，召开座谈会，用“谈心、帮助、沟通、促进”和政治上关心、生活上爱护、待遇上平等，大胆使用等多种方式，打消青年职工的思想顾虑，向新职工灌输本队发展历史和光荣传统，引导职工温故知新、展望未来，了解单位的昨天、把握今天、筹划好幸福的明天，认清形势，增强信心，让他们感到在本单位有前景、有奔头。积极宣传引导，做到不歧视新职工也不刻意抬高老职工，求同存异，取长补短全力营造团结和谐的人文氛围。通过多种方式，尊重个体，凝聚人心，使第三勘探队成为一个紧密和谐的大家庭。

针对青年职工部分党员整体素质还不够高等缺点，在加强党性修养、提高党性意识上下功夫。近年来，队党委通过开展“讲党性、重品行、做表率”，“转变工作作风，密切联系群众”等各种活动，引导青年职工加强学习（党章、业务知识等），严守纪律，塑造人品（没有良好的人品做基础，无论做人还是做事都会栽跟头，具有高尚人品的人会产生巨大的感召力和强大的凝聚力）。

坚持激励导向，提高新时期青年职工思想政治工作的实效性。思想政治工作是对青年人在成长中情绪的协调、自尊的完善、境界的升华，做好青年职工的思想政治工作，最关键的就是“激励”，靠多种形式的激励激发青年职工的积极性和工作热情。一是典型激励。按照“抓典型、树导向，立标准、鼓士气”的工作思路，充分发挥先进典型的引路效应、领跑和示范作用，让青年职工学有榜样、赶有目标，不断激发创先争优的热情。通过树立典型、学习先进活动，让更多的青年职工在学习中看得见、摸得着，在学习中陶冶情操，提高思想境界，进而形成创先争优、积极进取的良好风气。2013年以来，我队极响应省委组织部“联百乡包千村”号召，选派了局第二批“第一书记”到贫困村抓党建促脱贫，为青年职工树立了典型，现在青年职工都以成为“第一书记”为荣，在思想上、行动上积极向党组织靠拢。二是任务激励。刚刚参加工作的新职工大都希望能较快地做出贡献，在新的工作中迅速地找到自己的位置，要充分给予他们实践的机会，鼓励青年职工承担重要工作，为他们施展才能创造机会和空间。有一定工作经验的青年职工一般能独挡一面，对于他们，应该充分信任，大胆地将富有挑战性的工作和新的任务交给他们。三是荣誉激励。青年职工都富有上进心，热爱人生，有强烈的荣誉感，要充分利用青年职工对荣誉的追求，构建切实有效的荣誉框架，通过提供各种机会送青年职工参加培训，为他们设计发展规划，帮助他们增加获得荣誉的砝码，为青年职工架设成长成才的阶梯。对于一些工作表现比较突出、具有代表性的先进青年职工，荣誉奖励是非常有效的精神激励方法。四是物质激励。对优秀的青年职工给予充分肯定，将其纳入人才储备。具体执行中，我们注重体现素质、岗位和工作年限的差别，注重考核工作能力和实绩；做到物质激励与非物质激励相结合，通过改善工作条件、评优嘉奖、培训等措施，激发工作积极性，增强他们对地勘事业的归属感。五是感情激励。坚持深入一线、深入青年职工，交流思想，沟通感情，增进彼此的理解和信任。要尊重青年职工，尊重他们的选择、创造和付出的劳动，切实维护好他们的自尊。要信任青年职工，让青年职工真切地感受到自身价值的存在，获得努力工作的动力之源。既要相信他们会把工作做好；又要适度放权，放手让青年职工去做。要关心支持青年职工，时刻关注他们的工作和生活，积极为他们办实事、做好事、解难事。

总而言之，青年职工思想政治工作要紧跟形势发展，与时俱进，开拓创新，不断研究地勘单位职工队伍中出现的新情况、新问题，探讨加强和改进地勘单位思想政治工作的新途径、新方法，多管齐下，多策并举，真抓实干，不懈努力，才能开创地勘单位职工思想政治工作的新局面，为肩负起“富民强队”新跨越提供坚实保障。

【作者：山东省煤田地质局第三勘探队党委副书记】

浅谈廉政文化在推进党风廉政建设中的作用

梁庆忠

廉政文化是在党风廉政建设和反腐败的实践中形成的，是企业文化渗透、推进廉政建设的重要途径。

企业廉政文化在精神层面，表现为对廉政的认知程度、思想意识和价值取向等；在行为层面，表现为人们秉持廉政理念而具有的基本行为方式；在制度层面，表现为各种规章制度及监督机制。加大廉政文化建设的工作力度，可以有效地推动和促进企业党风廉政建设。

当前党风廉政建设中存在的问题

作为我党长期坚持的一项重要工作，党风廉政建设为保证党的先进性起到了举足轻重的作用。总体来说，企业的党风廉政建设呈现良好的发展态势，不仅在制度建设上取得了一些成果和突破，也在企业中营造了一种良好的反腐氛围。但在开展党风廉政建设工作中，个别企业在此方面也存在一些问题。

思想认识不到位。主要表现在：过分看重“政绩”，把利润作为衡量企业经营业绩的硬指标，把党风廉政建设当成“软任务”；认识不到党风廉政建设工作是一项复杂的系统工程，对于抓党风廉政建设的复杂性和艰巨性估计不足。

缺乏持久性和一贯性。主要表现在：教育方式只停留在有计划、有记录、有笔记的肤浅表面；企业内部各项制度建设有头重脚轻、前紧后松的现象；规章制度更新不及时，影响党风廉政建设工作的持久有效开展；在执行规章制度时，还存在因人而异、时紧时松的现象。

监督体系不够完善。主要表现在：缺乏有效的监督渠道，监督网络不完善；在制约机制上未形成有效的制衡空间和制衡能力；对违规人员的惩处力度有待进一步加强。

发挥廉政文化在党风廉政建设中的作用

引导企业领导干部树立廉洁自律、自我约束的思想意识，是企业党风廉政建设的重要方面。解决这一问题的有效途径之一就是在党风廉政建设中引入廉政文化建设机制，充分发挥廉政文化 的导向、教育、自律和监督作用，营造廉洁自律的氛围，使之成为个人发展的行为准则，促进党风廉政建设深入开展，并最终实现领导干部廉洁自律目标。

与企业文化相融合，纳入企业整体发展战略

作为企业文化的重要组成部分，廉政文化和企业文化有很多共通相融之处，二者目标指向都是建立诚信经营的企业，都着力于发挥文化本身的作用，通过文化理念的建立和传播，发挥文化信息、导向和约束功能，从思想和行为两个方面对职工进行教化和引导。

一方面，可以将企业文化阵地作为党风廉政文化建设的展示平台，增强党风廉政文化建设辐射力。根据党风廉政文化建设的形势任务和企业经营管理不同阶段的工作要求，挖掘和提炼企业文化资源，组织开展主题鲜明、层次分明、内容丰富的党风廉政建设活动，使廉政文化渗透到企业各个角落，成为全体干部职工的行为准则，并且贯穿于各项工作始终，为推动企业健康稳定发展提供精神动力和智力支持。另一方面，可以将廉政文化蕴涵的诚信、守法、清廉等内容渗透、充实到企业文化中，进一步提升企业文化的品位，培养企业干部职工高尚的精神境界、价值观念和廉洁操守，使廉政文化与企业文化互为表里，相得益彰。

以廉政思想为核心，构筑廉政体系

廉政思想是企业廉政文化的核心和灵魂，在廉政文化建设中具有引领、先导作用。

企业要开展经常性思想道德教育，不断加强理论学习和职业道德教育，使广大干部职工树立“廉洁诚信”的从业意识；要对党员领导干部着重进行理论教育和党规党纪教育，使其树立勤政廉政、忠于职守、乐于奉献、清明廉政的意识，坚定理想信念，筑牢拒腐防变的党纪国法防线和思想道德防线，勤勤恳恳做事，堂堂正正做人；要对干部职工进行职业道德和公民道德教育，促进以德治企良好风尚的形成。

以廉政制度为基础，加强规范管理

建立一套可靠的廉政制度。一方面，要提出明确的廉政文化建设指导思想，制定具体的廉政文化建设总体目标、长远规划、近期目标和工作计划，确定详细的廉政文化运作机制和效果评估。同时，要着力抓住容易滋生腐败的权力运行的重点环节、重点部位，维护和保证党员和群众的知情权、参与权、选择权、监督权，让权力在阳光下运行。另一方面，要营造良好的制度执行环境。围绕建立现代企业管理制度，不断改进企业民主决策机制，推进企业政务公开和民主管理，认真抓好党风廉政建设责任制的贯彻落实，真正做到履行职责有规定、检查考核有标准、责任追究有依据，努力实现制度管理对企业经营管理工作的全覆盖。通过切实完备的制度为不断完善预防体系提供有效保障，从而使广大干部职工做到一心一意想干事、能干事、干成事。

以文化活动为载体，营造廉政氛围

除充分发挥在企业文化建设过程中传统载体的作用外，还要与时俱进、不断创新，突出自身的特点和特色。通过设立宣传栏，在企业网站开辟廉政专栏，组织以廉洁自律、诚信守法等主题的征文比赛、书画作品展、知识竞赛、参观学习等活动，丰富广大干部职工业余文化生活；运用现代科技、现代传媒等手段，发挥网络、短信、视频等新型载体的作用，快速传播党风廉政文化建设教育信息，赋予党风廉政文化建设教育更加鲜明的时代特色和生命力，使之真正贴近实际、贴近生活、贴近职工，增强党风廉政文化建设的吸引力和感染力，使企业廉政文化建设更鲜活、更普及、更深入、更有效。

【作者：中国烟草山东进出口有限责任公司分党组书记】

把握职工思想脉搏　凝聚改革发展合力

任贵平

如何准确把握公司科学发展的脉搏，在铁路货运组织改革中充当好排头兵的角色、担当起改革先锋的重任、发挥好政治工作的助推作用，对每一名党务工作者都是一个严峻的考验。深入细致地做好职工思想教育引导工作，准确把握职工的思想脉搏，维护职工根本权益，使货运组织改革的目标与干部职工的美好愿景相统一，各项重点工作与职工群众的自觉行动相协调，这是当前货运组织改革实施以后新组建货运中心面临的一个新课题。自西宁货运中心成立以来，通过人员接转、业务衔接、资产交接安全运营等具体组建工作的参与，对职工思想状况进行了一个由浅入深、由点到面、由简到繁的检查调研，就进一步增强做好职工思想工作的针对性、实效性，进而实现安全稳定，效益攀升，队伍和谐有了一些思考。

一、职工思想现状

随着货运组织改革的全面实施和深入推进，各种各样的职工思想问题总会在不同的形势任务下应运而生，这些问题一旦处理不好，就会对安全生产、改革发展等重点工作产生影响，甚至成为安全、经营、稳定的极大隐患。而西宁货运中心现员的638名职工队伍由运输业和非运输业8个单位的人员构成，过去从事的岗位多样，人员构成复杂，业务技能参差不齐，加之年龄偏大，转岗后适应新岗位的意识及主动学习的劲头不足，不同程度地在观念转变、责任意识、敬业精神、工作标准等方面均有所反映，思想不稳定的因素主要有以下五种表现形式：一是对改革不理解。由于宣传引领不到位，自身学习不够，部分职工求稳怕乱，对改革有抵触心理，不愿意主动去适应，甘当改革的“聋哑人”。二是对改革有“恐惧症”。自我信心不足，生怕由于文化低、岁数大被淘汰，谈改革色变，只关心自己的“一亩三分地”，满足于“老婆孩子热炕头”。三是学习能力退化。长期在非运输业从事一些较为轻松的工作，纪律约束较松，突然转入运输站段的现场岗位上，难以接受，难以适应，不想学，学不会的畏难心理普遍存在。四是心理调整不到位。过去在非运输业工作清闲待遇高，现在转岗后，工作繁重岗位工资低，心理失衡，有牢骚、有怨气，缺乏理性认识和换位思考的能力。五是工作环境的压力大。运输站段的大部分营业网点在沿线，倒班制，不能就近照顾孩子照顾家，让许多职工心存疑虑，只是一味地托人情找门子，缺乏主动适应工作生活环境的勇气和信心。以上五种不稳定职工群体，在一定程度上影响着中心职工队伍的稳定，也直接影响了原有货运生产岗位上职工的思想和工作态度。

二、当前采取的对策

1．***大谈心与思想动态分析相结合***。针对职工队伍存在的问题，中心各级干部特别是现场包保干部把工作重心沉入一线，谈心重点放到一线，倾听干部职工的心声，主动与干部职工交朋友，结对子，静心听难题，耐心闻怨气，掌握职工思想、了解家庭困难，讲清形势、详解政策，采取灵活方法，及时活血化瘀，理顺情绪，把思想教育深入到保证各项任务的各个环节，把思想教育深入到解决职工各类现实问题工作中去。一是思想分析固化。将每月一次的职工思想分析工作常态化，动态随时掌握、问题重点分析，跟进及时到位，整改重在效果，严禁发现问题口头不答复、预防不及时、解决不到位、管一时不管长远的处理方法。努力做到文件精神学在前，政策宣传讲在前，安全标准把在前，工作质量高在前，营销任务强在前，自我行为严在前，以潜移默化的引领作用，循序渐进的教育作用，引导广大干部职工认清货运组织改革的重大意义，了解货运组织改革的本质要求，进一步增强压力感，紧迫感，振奋精神、凝聚力量，增强工作的积极性和主动性，进而为促进中心和谐发展做贡献。二是日常谈心强化。针对货运组织改革中出现的新情况、新问题有的放矢地开展谈心活动，设身处地地为职工着想，真心实意为职工办实事、做好事、解难事。通过亲情化的谈心方式拉近干群关系，缩短干群距离，尊重职工的主人翁地位，疏解职工的思想疙瘩，达到收心交心、明理顺气的目的。三是讨论活动深化。不断通过深化“铁路走向市场”大讨论活动的分层、分岗开展，引导职工主动适应铁路改革带来的新变化，增强参与改革的信心和适应改革的勇气。对思想一时转不开、牢骚情绪比较大的，采取引导式主题讨论活动及时进行思想疏导；对惰性思想较严重的，采取选定主题分析讨论，强制考核灌输的方式加强帮扶和教育，通过领学、带讲、解析、感化等手段，切实把大讨论活动转化为职工思想转变的正能量，转化为助力改革的正能量。

2．主题活动与立功竞赛相结合。一是选准载体，开展党内主题活动。让各党支部负责同志和支委成员按照中心分劈的量化指标，担重任，负重责；组成党员市场营销宣传小组、服务难点攻坚小组、“两违”党员帮扶小组等力量，在重点工作和任务中发挥作用；让广大党员树立“品牌”意识，通过设计货运特色产品、诚信服务新老货主、严格执行作业标准、努力争创一流业绩来开拓物流市场，让党员在创建品牌、展示品牌的过程中当主角、展作为，以实际行动支持中心货运组织改革有声有色起步，保质保量推进，安全业绩双赢。二是转变观念，开展“以服务赢取市场”教育活动。按照分层组织、人人参与的要求，在机关、车间、班组等不同岗位群体中，选定主题开展社会体验，服务警示教育，把“主动热情，方便快捷，安全高效，优质服务”的理念根治于心，化之于行，使服务标准、服务承诺、服务内容在“五种受理”方式中得到充分体现。三是找准定位，开展立功竞赛活动。针对中心刚成立，许多职工观念转变慢、适应能力差、自我要求低的现象，组织开展好以铁路总公司和公司货运组织改革为主线，以“转变观念、提升素质、争创业绩”为重点的“寻找货源、服务客户、争当‘营销状元’”立功竞赛活动。通过三个阶段活动的扎实开展，解决好干与不干不一样，跑与不跑不一样的问题，以激励机制使干部职工自觉承担起找市场、请客户、挖货源的营销责任，在中心上下营造一个正确认识改革、主动融入市场、积极参与营销的良好氛围。

3．关爱职工与解决实际问题相结合。要把关心职工生活、解决现场实际困难，作为维护队伍稳定的一项重要任务，各级组织、业务部门要坚持做到“四必须四到位”：现场生产的设施设备和工具材料必须及时配备到位，现场职工的就餐、通勤、住宿等实际问题必须尽快解决到位，现场货运及装卸等重点岗位人员不足的问题必须科学调配到位，现场提出的合理化建议及疑问必须迅速答复到位。自中心成立以来，通过向上级汇报申请、与兄弟单位协商沟通等方式，解决了现场职工关心的一些实际问题，如：在公司领导的高度关注和支持下，甘河等管内各车间及营业点干部职工的就餐问题和甘河职工上下班通勤问题，改善海石湾、西宁北等营业点的工作环境。尤其是6月15日，江仓站货运值班员高原反应，身体不适，中心与车间上下同心、迅速行动，感动了干部职工，以实际行动暖了人心、聚了合力。

三、取得的一些成效

思想上的认识程度，决定着工作的力度。在货运组织改革新形势下，做好思想政治工作的最终目的就是为了凝聚人心，紧盯效益，形成干群同心、合力共为、积极向上的和谐发展局面。在理顺掌握职工队伍的情况下，结合当前营销压力大、工作任务重的实际，通过分析干部职工的思想反映和可能出现的问题，增强了思想工作的针对性和预见性。

1．思想观念有所转变。部分职工由最初的抵触、担忧、逃避逐步转变为试着去了解、去适应，能静下心来认真思考自己在货运组织改革中该做什么，怎么去做、如何做好；认真思考在严峻挑战和考验面前自己有多大能力可以但当、有多少不足应该补强。大部分职工已经能够按照中心的安排到新岗位去学习，去用一种积极心态了解“七个一”“门到门”“一口价”这些新名词所反映的深刻内涵。正如中心第一批货运营销员所说“必须努力去改变自己，如果不积极参与、不主动适应，最终的结果就是无工作可言，无工资可挣”。

2．学习主动性有所增强。从组建之初开设的六期培训班情况看，大部分职工已经有了危机意识，回归运输站段管理模式，已经让职工切身感受到了自身的差距，逐渐由最初的催着学、被动学转化为了主动学、积极学。从培训出勤看，几乎达到了100%，一方面是培训考核机制的约束，另一方面就是干部职工有了主动学习业务、主动适应岗位、主动参与竞争的主观意识，这不能不说是一个可喜的变化。

3．市场营销能力有所提升。无论是对非运输业还是对运输站段的干部职工来讲，营销并不陌生，陌生的只是这种主体方式的位移和转变。由曾经的坐等上门转变为主动游说，让一些人觉得地位低了，不如人了。但是随着时间的推移，压力的传递，大部分职工已经把营销工作变为了自觉行为，能够做到走进厂矿、放下架子、露出笑脸，温馨沟通，以良好的形象、诚恳的态度去广揽货源。自6月20日以后，派驻到企业的货运营销员靠着“不温不火”的韧劲，“不弃不离”的手段，逐步有营销成果显现。

四、下一步工作思考

冰冻三尺，非一日之寒。思想政治工作是一项长期而艰巨的任务，并不能一蹴而就。在下步工作中，必须发挥好“四个作用”，才能确保货运组织改革提出的“安全不乱、生产不停、人心不散”的目标实现。

1．发挥好学习教育作用。必须坚持不懈地抓好学习教育，紧紧围绕货运组织改革的形势任务和发展变化，重点分析，积极应对，以形式多样的学习教育，打牢干部职工思想这个基、筑好认识提高这个源。

2．发挥好宣传引导作用。要让宣传工作有形化，通过制作宣传展板、宣传手册，开展宣讲活动、主题演讲比赛、货运组织改革知识答卷等形式，让干部职工切实感受到改革氛围无处不在，从而激发起参与改革，支持改革，融入改革的工作干劲。

3．发挥好典型引领作用。要将货运组织改革中当先锋、站排头、做表率的一批干部职工的先进事迹总结提炼、充当好“吹鼓手，喇叭筒”，让大家学有标准、跟有典型、干有蓝本，把先进典型的示范引领作用真正辐射到安全生产上、经营业务中、关键岗位里。把立功竞赛活动作为中心选树第一批先进典型的有效手段，真正使其能够激发职工活力、提高工作效能，实现以点带面的效应。

4．发挥好凝心聚力作用。要始终牢记“千里之堤毁于蚁穴”这一古训。发挥好集体作用，用一切可用之才。以人之长找米下锅。有的人也许现场业务不好，但市场营销方法灵活；有的人也许岁数偏大新知识记不住，但善经营搞交际的经验老到，因此，要善于把每个人安排到适合的岗位，让职工体现自身价值，感受到企业的需要，只有这样，才能真正握指成拳，形成合力，助推改革，增运上量。

【作者：西宁货运中心党委书记】

党的群众路线教育的生动教材

——读梁衡同志的新著《文风四谈》

王宏波

党的十八大以来，党中央制订了改进工作作风、密切联系群众的八项规定，在全党深入开展了以为民务实清廉为主要内容的党的群众路线教育实践活动，并要坚持“照镜子、正衣冠、洗洗澡、治治病”总要求，切实解决在有的领导机关、领导班子和一些领导干部中存在的形式主义、官僚主义、享乐主义和奢靡之风，以保持党的先进性和纯洁性。

在这种新的历史条件下，著名散文家、政论家和新闻理论家梁衡同志出版了新著《文风四论》，从反对形式主义、官僚主义、享乐主义和奢靡之风等方面匡正时弊，笑谈真理，细细读之，深感这是一部党的群众路线教育实践活动的生动教材。

全心全意为人民服务是党的根本宗旨，群众路线是党的生命线和根本工作路线。“见不得你吃苦容不下你忧愁，老百姓的事情再小也要挂心头。”这是一首题为《天下百姓》的歌词，它写出了共产党的根本宗旨和深厚的民生情怀。然而，当下个别党员干部当官做老爷思想严重，崇尚享乐主义、奢靡之风。作者在《居官无官官之事》文中，尖锐揭示了脱离群众的种种表现“求政绩，大搞短期行为；多应酬，巧于上下打点；泡会议，镜头来，版面去；造假势，汇报预演；讲排场，警车开道，前呼后拥等等”，在人民群众中间造成了不良的社会影响。作者在《上北戴河不办公书》中，以极大的政治勇气向党中央建言取消中央领导每年一度的北戴河办公，并历数了其多种弊端，诸如“增加地方负担，分散正常工作精力”，“因一事之商也邀请多个部门负责人离京赴议，增加行政成本”，“领导人必携带家属。工作人员也难免呼朋唤友”，“重要车辆来往京戴两地，必然清道警戒，与民争路”等，种种现象影响了党群关系、干群关系。他“建议将办公与休假分开，可轮流休假，办工则仍在北京。”他指出“现在中央新班子年富力强，锐意进取，正可借机革此旧制。虽一事之易，其精神号召力当不同凡响，它最可表明新一届中央正党风、恤民情、重实效之决心，定会得到广大人民和干部的拥护。”在这篇文章中闪耀着党的全心全意为人民服务根本宗旨的光芒，更体现了作者的耿耿丹心。在《关于改进两会会风的两点建议》中，从密切党和人民群众的关系、充分体现群众路线的高度，建言在全国每年一次的人大和政协会议上不要下级表扬上级、地方表扬中央。“在这个场合借机表扬上级，极不严肃，是一种不良会风。对下级来说是阿谀、讨好，另有所求；对上级来说是甘受恭维，是一种精神受贿”；中央领导到各代表团参加讨论，不要“领导一人一车去‘下团’，变成全团兴师动众去‘上团’——上大会堂去‘被下团’。”作者强调“作风问题本来就是细节问题，要从小处着手。所谓耳濡目染、防微杜渐、谨小慎微都是指的从小事抓起。”作者在引证从古至今伟大人物亲近人民的例子后，慷慨宏议“天下者人心，人心者现于言表，见于行动，处处留痕，得人心者得天下。”《对领袖人物不要称爷爷》也是一篇难得的实事求是并饱含政治勇气的好文章。

文风与世风息息相关。文风能反映出时代的变革、党的主张、人民的心声；反之，也可以是形式主义、官僚主义、享乐主义和奢靡之风总体表现的温度计和风向标。作者在开篇的《说文风》文中就一针见血地指出：文风“它的背后是党风、政风、官风、民风、商风及社会和时代之风。”在《开会与讲话》一文中，作者强调“重新审视一下我们平时开会与讲话的质量”，因为“会议是酿造新思想的，”“一个好的报告会，报告人要牵着人思维走，”“使每个与会者都感到一种共鸣的力量，整个会场有一种共振的效果。”可是在我们的现实生活中的一些讲话和会议却不是这样的。会议安排的奢华，讲话写的空洞。领导在台上讲得口若悬河，群众在台下却听得昏昏欲睡。或是成为一架复印机，照本宣科地传达上级的文件，一点结合本地区本部门的实际都没有，说的是空话、套话、旧话，甚至可以把甲地领导的讲话换个地名，拿到乙地来讲，等等，其根本问题是领导者的官僚主义作风严重，不愿意思想、不深入基层、不深入实际、不深入群众的结果，于是会议就是空谈，就是吃喝，在群众中造成了不良的影响。怎么解决这个问题？作者在文中提出“关键要有责任心和创造新”，力戒形式主义、官僚主义，带着问题深入基层深入实际深入群众，不走过场，不走形式，调查研究寻解决经济发展之策、找改变落后面貌之路，集中起蕴藏在人民群众中的积极性创造性，撰写讲话，召开会议，这样领导在台上的讲话才能 “给人新信息、新知识、新思想”，使 “整个会场万焰跳动，热气腾腾，思想气化、升华，贯穿会场的每一个角落”，“开启听者的心扉，开启他头脑里紧闭的大门。”“好让人家举一反三，去想去做。”“去创造新的工作”。在《你有什么资格向全国人民说“不”》，对霸道的文风提出来严肃的批评。在那位官员一篇题为《认真探索凭实绩用干部的正确途径》的文章里，指手画脚连说了 13 个“要”，是一篇典型的官样文章。梁衡同志说：“不知什么时候，我们的干部只会利用职位、权利说话，而再不会用思想说话、用心说话。”如果这种文风蔓延下去，将造成干部脱离群众，媒体脱离群众。

党的群众路线教育实践活动要求党员、干部敢于坚持原则，坚持真理，真正把心思用在干事业上，把功夫下到察实情、出实招、办实事、求实效上。这是人民群众盼望已久的，但在实际工作上一些干部把心思功夫用在一些无为的应酬和政绩工程、面子工程上；或为了个人的利益找门子套关系，跑官要官；或无实事求是之心，只有哗众取宠之意，贻误事业的发展，损害群众的利益。作者在《工作不要挂在空挡上》这篇 369 字的精短之文中，以在采访中听到群众的这句“工作不要挂在空挡上”的话儿为由头，批评一些干部作风飘浮的问题。“现实中这类问题可谓不少。比如会议多，干实事少；会上的空话多，听着如风过耳；文章越写越长，读者不能卒读；文件简报多的看不过来，检查评比一拨又一拨，等等。”“好像只要走走这些程序就算工作。”作者一再强调各级干部“聚在一起开会，是为了碰撞产生新思想；讲话、写文章，是为了启示新思路，给人新目标、新方法；检查评比，是为了揭示新矛盾，解决新问题。如果没有这些内容，就是在挂空挡。”在《邓小平的坚持》文中，强调党员、干部在大是大非面前要敢于担当、敢于坚持原则。在现实工作中一些上级领导对实际情况缺乏了解，下车伊始就哇了哇了乱叫，而作为下级的本应实事求是地向领导说明情况，坚持从实际出发开展工作，或者是发展具有本地特色的产业项目惠及民生。可是有的下级在上级面前不敢坚持正确的主张，而是一味地顺应、奉承，导致了一个地区的工作出现了偏差，耽误了良好的发展的机遇，造成了巨大的经济损失，甚至遗祸于后人。在论证领导提出的意见和方案时一些下级以求同性、诠释性为主，唱赞歌写颂词，缺乏求异思维、证伪思维。作者呼唤干部要向邓小平同志学习，从党和人民的利益出发，敢于坚持正确的主张，指出“敢坚持，不动摇是领袖的基本素质。领袖一身而系天下，稍有犹豫就地动山摇。轻者是一件事的失败，大者影响民族命运，历史方向。”作者还犀利地分析了在坚持真理面前政客和政治家的区别。“政客是从私力出发，看着风向走。政治家是从国家民族利益出发，向着理想前进，他认准的事，就是再难，再险，杀头牺牲也不改变。”

党的群众路线教育实践活动的主要内容是为民务实清廉，这是由党的性质、宗旨所决定的。为民，就是坚持人民群众是历史的主人，人民的利益高于一切；务实，就是求真务实，真抓实干；清廉，就是严格执行廉政准则，干部清正、政府清廉、政治清明。任何一个政权的兴起都是先从干部准备做起，而它的衰落也是从吏治腐败开始。作者深谙此中的道理，渴望正本清源，重拾好风。在《权与德》文中论述了官员的官德，指出从道德的方面“近年来官场有哪些变化呢？或者说出现了哪些坏风气呢？现在官场道德之坏主要表现是：私、贪、假、惰、媚。”怎么整治这些坏风重整好风？作者对症下药开出了十味药方：“为公、为民、诚实、敬业、廉洁、独立、坚定、谦虚、坦荡、淡泊”，以德自立，给社会一个榜样。在《浅谈什么是政治》文中提出来一个政治家的标准，并依据这个道理去实践政治？“对政治家、公务员的最低要求是守住四条底线”：要干事，干一点大事；为公不要营私，更不要贪污腐败；光明正大，公开透明；勤政敬业，勤学多思，尽量少犯错误。在《一把跪着接过的钥匙》中，严肃地批评了低收入人群向领导下跪接过廉价住房钥匙的新闻报道。这是历史的倒退，这是官德的缺失。现在有一种危险的倾向，就是面对党和政府的惠民实事儿，有的干部就组织群众向领导感恩，给领导送表扬信、送锦旗，个别的群众称领导为大救星、活菩萨，对此有的领导坦然受之，还真的把自己当成了百姓的大救星、活菩萨了，其实是错了，而且是大错、特错了。在这个世界上根本就没有什么大救星、活菩萨，如果说或者是假设说有，在中国也只能是毛泽东、邓小平二人！作者批评了这种倾向在“一跪”上的具体表象。他心情沉重地写道：“今天，我们只不过为人民盖了几间房子，发了一把钥匙，就弄得百姓向我们下跪，这值得我们深思。”“这说明我们还没有真正弄懂党和人民的关系。只有这个问题解决好了，我们的事业才有希望。”因为这是关乎我们党以什么理念执政的大问题。

这本书还对新闻媒体、文学创作等方面都做了深入精辟的论述，读后都是震耳发聩，令人深思。但是书中也有不足，在《出版前言》中竟把这么一本政治性十分鲜明、党性十分鲜明的著作的作者称为先生，甚为不妥。文中介绍“他历任《内蒙古日报》记者、《光明日报》记者、国家新闻出版署副署长、《人民日报》副总编辑，有着丰富的政治阅历和文字阅历，是当前为数不多的一直敢于并善于说真话的学者型官员。”可见他不是民主人士、不是社会贤达，而是中国共产党的党员、党的高级干部，应该直呼为同志。这个称谓符合党内同志称呼的有关规定，更符合梁衡同志的身份，读之也更为亲切。

但瑕不掩瑜，《文风四论》是一本好书，更是目前深入开展的党的群众路线教育实践活动的一本生动教材。

【作者：黑龙江省企业报协会会长 黑龙江林业报社长总编辑】

做“活”思想政治工作　推动非公企业发展

吴德跃

以公有制为主体、多种所有制经济共同发展，曾是我国社会主义初级阶段的一项基本经济制度。鼓励、支持和引导非公有制经济健康而有序发展是推进中国构建特色社会主义事业发展的重要举措。随着非公有制经济蓬勃发展，企业思想政治工作的重心亦正逐渐由公有制经济领域向非公有制企业转移。加强非公有制企业思想政治工作是巩固社会主义初级阶段基本经济制度成果，引导非公有制企业向着更新的社会主义经济目标健康发展的需要。

一、加强非公企业思想政治工作现实的意义

随着非公有制经济的发展，日益壮大的新生代职工队伍已经成为社会主义现代化建设的生力军，他们是维护国家政权、巩固党的执政基础的重要力量。在此形势下，党要保持同群众的血肉联系，增强吸引力、凝聚力和战斗力，巩固执政地位，就不能忽视这个越来越壮大的社会群体。而通过在非公企业中开展思想政治工作，宣传党的路线、方针、政策和国家的法律、法规；协调职工之间、职工与企业之间的关系；关心和维护企业职工的合法权益，加强同他们的密切联系，从而会更加赢得他们对党的拥护和支持。

基层思想政治工作时刻肩负着把党的路线、方针、政策贯彻落实到基层单位，把党和政府的关怀与社会主义大家庭的温暖送到每个职工的重要任务，她们是播种机。

同样，“思想政治工作是经济工作和其他一切工作的生命线”，在非公企业中开展思想政治工作，有助于企业树立发展意识、竞争意识、增强创大业的信心，有助于提高企业科学管理水平和员工的整体素质，有助于推动企业两个文明建设，她们是耕耘者。

二、开展非公企业思想政治工作涉及三个层面

非公有制企业思想政治工作内容的确立，要从“有利各方”的角度进行选择，努力使思想政治工作做到“为企业所需要，为管理层所认同，为党员所欢迎，为员工所喜欢”，达到“多赢”的效果。非公企业思想政治工作内容方面涉及的三个层次有：

第一层日常的思想政治工作。非公企业日常的思想政治工作应渗透在企业生产、经营、管理等各个环节，主要目的是消除企业管理中存在的思想障碍，防止对国家政策、法制观念的缺失，增强企业依法经营和构建和谐劳动组织的群体意识，增强企业内在凝聚力，使企业管理工作更为和谐顺畅。这是企业生产、经营、管理工作得以正常进行的思想保证和精神动力。

第二层是整体的思想政治工作。非公企业整体的思想政治工作即围绕企业整体发展过程的思想政治工作，它可以而且应当与企业管理工作融为一体，使文化手段、思想手段、经济手段、行政手段得以综合运用，使物质利益和精神激励两者充分结合，在经济发展与思想工作两者共同实施的过程中提高管理工作者的思想文化含金量。它对于企业发展的推动作用，是从硬件和软件整体的综合实力上增强企业的竞争优势，从精神、文化的层面上促进企业目标的实现。

第三层是系统的思想政治工作。非公企业系统的思想政治工作积极而有效地开展，将极大而系统地提高员工作为“职业人”“产业建设者”的思想政治素质。这种思想政治素质包括人的观念、品德、知识、行为、意识和能力的总和，包括正确的世界观、人生观和价值观，集体主义和爱国主义的思想，对党的路线、方针、政策的正确理解，对企业规章制度的自觉遵守，对自我职业素质的提高等。

三、做“活”非公企业思想政治工作

加强非公有制企业的思想政治工作，既需要我们解放思想，转变观念，从创新的角度思考和探索问题；也更需要我们深入实际调查研究，力求主动从非公有制企业的实际和有利于非公有制企业发展的要求出发，才能得以做“活”。

一是推进非公企业群众组织建设，发挥其在非公企业思想政治工作中的重要助手作用。工会、共青团等群团组织，是党领导下的群众组织，他们各自联系着相当一部分群众，并对这部分群众的工作、生活状况和思想活动的特点有较多的了解，是推动企业发展、维护职工权益、保持企业稳定的一支重要力量，也是党组织抓企业思想政治工作的得力助手。充分调动工会、共青团组织在非公有制企业思想政治工作中的优势作用，有意识地把思想政治工作渗透到各项活动之中。充分发挥工会组织的优势，在做好维护职工权利、推进企业民主、关心员工生活的过程中，做好企业与职工的“双向”思想政治工作。

二是以制度建设为保障，明确思想政治工作职责。根据企业生产经营发展需要，因企制宜建立理论学习文化培训制度，充实员工文化素质培养计划，明确基层宣传员的工作任务职责，完善员工合理化建议、创意功夫奖励制度，以及员工文化活动策划等制度，并以此相互学习、交流借鉴，不断完善提高，参与和协同企业建立生产经营的各种规章制度，保证企业生产经营活动的规范有序和思想政治工作的贯彻落实。

三是以队伍阵地建设为依托，夯实思想政治工作基础。思想政治工作重在建设，要选好人才、建好阵地，充分利用和发挥好队伍阵地作用，开展多渠道的宣传教育。同时，要解决“办事有人，办事有心”的问题，并通过配好专兼职干部，增强非公有制企业基层党群工作者力量。通过建立非公有制企业党务工作与思想政治工作者队伍，加大政工干部培训、培养、提拔力度，推动非公有制企业的思想政治工作。

四是以人为本。非公有制企业思想政治工作要适应非公企业特殊环境，有针对性地处理好复杂的人际关系，做到尊重人、关心人、爱护人、温暖人，努力建立平等、和谐、信任、友善

的人际关系。当前要把引导企业正确处理劳动关系，和谐经济型组织作为突破口，协同与政府职能部门、各级工会组织关系，贯彻落实国家劳动政策法规，加强劳动管理，健全用工制度，把思想政治工作渗透到用工管理等环节中去。

五是以解决实际问题为突破口，增强思想政治工作可信性。坚持“理解人、尊重人、关心人、启发人、帮助人”的原则，变“单一灌输法”为“民主恳谈式”，改“我讲你听”为“双向交流”，实施“活期教育”与“定期教育”双轨制。把耐心说教与热情服务帮助解决非公企业中的实际困难结合起来，通过多交流、多对话、多沟通的方法，去关心、去感染受教育者，使之贯穿于非公企业发展的各个不节。让企业管理层和员工在思想上产生共鸣，变消极情绪为积极因素，激发他们的积极性和创造性，以适应企业发展需要。

六是以企业文化建设为抓手，拓宽思想政治工作的渠道。企业文化建设是企业精神文明建设的有效途径，是加强和改进企业思想政治工作的重要措施。要把企业文化建设作为非公企业思想政治工作的重要载体，把思想教育的内容寓于培育企业理念、树立企业形象的活动中，把党的路线、方针、政策的教育内容转化为企业的价值观，进而增强企业的凝聚力、向心力和吸引力。非公企业党组织应当借助于企业文化建设这个平台，以自己富有特色的企业文化建设为载体，通过在员工队伍中灌输企业经营理念，培育企业精神，引导广大员工自觉地按照企业行为准则办事，培育员工“爱国爱企爱岗敬业”的思想，在维护企业共同利益的基础上，凝聚各方面的力量，建立起平等和谐的关系和良好的工作环境，把思想政治工作真正做得“润物细无声”。

七是以开展丰富题材内容的活动为载体，增强思想政治工作的影响力和吸引力。根据“形势需要、企业需要、员工欢迎”的原则，通过丰富多彩的宣教活动、精神文明创建活动，以经济发展社会进步“企业是我家”活动、“以我为企业献计献策”合理化建议和创意功夫活动。每年定期组织开展有全体员工参加的文体活动等，使经营者和员工精神得到充实，思想受到熏陶。

总之，非公有制经济是发展社会主义经济的重要组成部分，加强非公企业的思想政治工作可以推进经济发展和人的素质的提高。非公企业思想政治工作要因企制宜，与时俱进，力求真正做到不仅要在方式方法上创新，也要在思想教育内容上创新，更要在行动上兑现。

【作者：广东新会中集特种运输设备有限公司党总支书记】

以思想大解放助推实现全面城市化

徐昌盛

解放思想是党的思想路线的本质要求，是发展中国特色社会主义的一大法宝。思想解放的程度，直接决定着改革创新的力度，决定着科学发展的进度。在全省上下深入贯彻落实党的十八大精神、习近平总书记视察唐山时所作的重要指示、省委八届五次全会精神之际，省委提出在全省开展“解放思想、改革开放、创新驱动、科学发展”大讨论活动。按照中央和省市委要求，唐山市路南区客观审视区情实际，深感面临着重大的机遇与挑战。通过进一步解放思想，找到了差距和不足，看到了优势和潜力，找准了思想定位和目标定位，确立了将全面实现城市化作为服务沿海强市、美丽唐山建设的现实路径和确保全省领先地位、争进全国沿海城市第二梯队的战略举措。

这里所说的“城市化”不是传统城市化中的“农村变城市”，“农民”变“市民”，而是遵循高端城市化的发展方向，其实质是产业、环境、文化等各个方面的转型融合，目标是最终实现产业支撑、人居环境、社会保障、人的发展等方面由低到高的转变。围绕如何发挥区位优势，破解发展瓶颈，加快城市化进程，最终实现全面城市化目标，我们进行了认真深入的思考和研究。

解放思想，统筹兼顾：明确“四位一体”任务，构建城市化发展格局

先进的思想观念，是稀缺资源，是潜在的“生产力”。谁抢占了先进思想的制高点，就把握了发展的主动权，就能先期布局、科学发展。路南区作为唐山市中心城区，地域狭小、可供开发利用的剩余空间偏小、地质条件复杂。从总体上看，城市规划布局、产业布局、管理机制等还不完备，城区形象、基础配套、管理效率不高，人居环境、人文素质、幸福指数等各方面都距离全面城市化的目标要求有很大差距。面对错综复杂的宏观经济形势和区域发展竞争激烈的严峻挑战，我们积极加快“思想转型”和“观念更新”，抛弃经验主义和惯性思维，牢牢把握推进城市化这条途径，加速推进“实现小康社会目标、服务唐山、迎接世园会、区域率先优化”四大任务，为建设沿海强市、美丽唐山凝聚共识。

首先，这是省市提前实现全面建成小康社会宏伟目标的客观需要。省委提出河北今后五年“全面建成小康社会的目标在大多数地区总体实现”，并要求“较为发达的地区加快发展步伐，率先达到全面小康水平”；唐山市提出到2016年基本实现全面建成小康社会目标。作为中心城区，城市化是全面建设小康社会的必由之路，是实现建成小康社会目标的有效抓手，抓住了城市化，就抓住了全面建成小康社会的总纲。城市化是有效破解各种瓶颈制约的关键所在，“三大中心”建设、重点区域拆迁改造、加强和创新社会管理、提升城管优化水平，都是在实践城市化。城市化的最终实现，势必促成小康社会的全面建成。

其次，这是服务沿海强市、美丽唐山建设的创新实践。城市化是产业、资本、人口的集聚过程，必然伴随产业经济大突破、城市建设上水平、人居环境大改善，文明素质新提升，这些都与沿海强市、美丽唐山的要求相辅相成。沿海强市、美丽

唐山目标的实现，必然要求我们把握当前机遇，发挥最大优势潜力，促进经济社会协调发展，改善生态环境，提高人民群众幸福指数。推进城市化是我们结合中心城区特点探索出来的，其目的是最大限度的激发城市发展活力，实现经济发展与改善民生互惠双赢，其实质就是加快建设沿海强市、美丽唐山的创新实践。

第三，这是为 2016 年世界园艺博览会成功举办强基固本的紧迫需要。2016 年世园会不仅是举办一个展会，更是通过世园会这个平台，展示经济社会发展与生态建设的最新成果。因此，对于城市建设和城区环境提出了更高要求，路南区作为主会场所在地，理应主动作为，努力改善区域破旧、配套落后的面貌，加快提升城区形象，加强公共配套和管理服务，在推进城市化进程中予以完善和提高，牢牢把握工作主动权，更好地承担起展示形象、综合保障的重要职责。

第四，这是实现区域率先优化的重要途径。率先优化，就是要在发展思路、发展举措、发展成效上眼界高人一筹、动作快人一步、效果优人一等。推进城市化必然要求加快实现产业聚集、完善规划布局、健全公共服务，进而促进硬件基础的快速提升、软件条件的加速改善，这些与区域率先优化的基本要求是相互促进、协调一致的。加快推进城市化，是实现率先优化的最直接、最现实的途径，势必带动全域提升，加速实现率先优化。

解放思想，创新思维：坚持“四化促一化”，加速城市化发展进程

创新，永远是在不断解放思想中迸发出的无穷活力，它是实现城市化的助推器，更是建设沿海强市、美丽唐山的动力之源。解放思想就是要实现观念的更新、思维方式的转变和发展理念的创新。在推进城市化发展进程中，我们通过解放思想，大胆实践，创造性的提出了“四化促一化”的基本原则。具体的讲，就是瞄准城市化目标，以科学化为先导，以效率化为前提，推动城市化和产业化深度融合、社会化和城市化良性互动，产业化和社会化相互协调，统筹推进科学化、效率化、产业化、社会化协同发展，共同推进全面城市化进程，为沿海强市、美丽唐山建设注入活力。

一是坚持以科学化为先导。坚持以科学发展观为指导，准确把握地质条件复杂这一区情实际，合理摆布项目建设、城区改造等重点工作，以科学化主导城市发展。在推进城市化进程中，科学制定城市化发展规划，破除传统城市化引发的“半城市化”及城乡二元结构现象；科学定位城市发展格局，遵循科学的城市经济发展规律，统筹城乡发展、统筹区域发展、统筹经济与社会发展、统筹人与自然和谐发展，走一条集约、智能、绿色、低碳、和谐的新型城市化道路。

二是坚持以效率化为前提。效率是决定事业成败的关键性因素之一。城市化的最终实现必须用高效率做保障。要按照城市化进程的目标要求，分阶段、有步骤的摆布工作重点和任务要求，严格按照时间节点加以推进，以务实的工作作风和高效的运转状态，保证城市化进程高速推进。

三是坚持以产业化为支撑。大力发展城市经济，增强城市化内生动力。以转方式调结构为总抓手，加快城市产业聚集，坚持走产业兴区之路，把发展第三产业作为加快推进城市化的重要内容，优先发展总部经济、文化创意、信息物流等产业，抓好各项产业的功能提升与服务拓展，以产业化带动城市化发展。

四是坚持以社会化为依托。就是要统筹推进各项社会事业发展，激发城市化内在活力。要注重保障和改善民生，加快形成政府主导、覆盖城乡、可持续发展的公共服务体系；要加强社会管理服务，健全完善精细化、长效化的管理机制；要促进全社会素质提升，加强法治教育、道德教育，营造和谐有序、安定团结的社会环境，力争把社会化触角拓展到区内每一个角落，以社会化延伸城市化发展。

解放思想，科学发展：推动“四融一对接”，实现全面城市化目标

解放思想是落实科学发展观的前提。只有解放思想，才能够实现大的发展、快的发展，也只有解放思想，才能够实现更好的发展、科学的发展。在推进城市化进程中，牢固树立加快转型升级是全面推进路南科学发展的战略抉择的理念，注重将产业提升、管理创新、现代文明、民生改善四个关键环节融入整个城市化全过程，实现与全面城市化目标的有效对接，为沿海强市、美丽唐山建设汇集能量。

（一）注重城市经济与产业提升相融合

城市是区域经济发展的“高地”，做城市本质就是做产业。城市化可以为产业化发展创造更为广阔的空间和效益。要牢牢把握城市化发展蕴含的巨大机遇，围绕“三大中心”建设，首先抓好香港新世界、红星美凯龙等 28 个重点推进项目和南新道、建设路等世园会周边重点区域的招商选资和项目推进，着力打造一批产业聚集区、特色街区和商贸综合体；其次，发挥产业集聚效应，重点推进华贸低碳物联产业中心、中国国际石材城二期和侯边庄工业园配套建设，切实增强产业竞争力；深化改革开放，增强产业发展活力，着力引进产业关联度高、财政回报率大、转型拉动作用强的优势项目；积极推进二次招商，引入战略投资者，培育发展战略性新兴产业，增强产业核心竞争力，实现城市经济和产业提升的良性互动。

（二）注重城市建设与管理创新相融合

现代城市三分建、七分管。管理出形象，管理出效益。城市建设靠管理创新来驱动，优良的管理模式必然促进城市建设朝着高端化、集约化、良性化轨道健康发展。因此，要树立用精品意识建设城市，用现代意识管理城市的理念。一是突出抓好城市景观建设，放大城建项目的景观效应，将每一个项目做成城市标志性景观建筑，合理规划新华道、建设路、南新道南侧、南出口沿线等小品、景观项目，提升景观带观赏品质。二是深入实施城市管理创新，将 2013 年确定为“城管优化完善年”，开展市容环境、市场秩序、牌匾广告等专项治理行动，健全完善长效机制。认真履行城市网络管理责任，加强日常督导与舆论监督考核，形成推进城管优化的强大合力。三是瞄准全国一流、省内领先，构建“三全七化”网格管理体系，加强社区网格规范化建设，及时了解舆情信息，掌握群众需求，突

出抓好西北片区回迁安置区域内的管理创新工作，限时消除隐患、理顺关系，实现社会和谐。

（三）注重城市文化与现代文明相融合

文化是城市的生命和灵魂，是城市的内核、实力和形象；城市是文化的凝结和积淀，是文化的容器、载体和舞台；城市文化彰显着现代文明的魅力与活力，是现代文明在城市中最直接、最现实的反映。要大力丰富城市文化的内涵，不断扩大城市文化的外延。秉承境内资源禀赋，做强小山历史文化、陶瓷文化、工业文化、生态园林文化、地震科普文化、饮食文化等品牌，使其与城市文化相得益彰；大力开展文化节、艺术节、文艺晚会等丰富多彩的公共文化活动，不断丰富城市文化生活；全力推进文化馆、图书馆、档案馆、文化广场和社会文化服务网点等公共文化设施建设，形成遍布城区的 15 分钟文化圈；依托大南湖生态优势、围绕服务世园会，开展以文化展演、文化消费，文化体验等为主要内容的休闲观光活动，在文化景观与商业元素交融中，感受现代文明的发展与进步，形成对城市文化的有益补充；同时，在发展城市文化元素的基础上注入现代文明理念，不断加强精神文明建设，强化群众文明意识，提升群众文明素质。

（四）注重城市发展与民生改善相融合

城市化就是最大的发展、城市化就是最大的需求。走城市化道路，就是要实现城乡共享经济发展成果以及居民在生活水平上趋同，把民生幸福作为城市发展的最高追求，注重生态文明建设，打造美丽路南、幸福路南。按照“天更蓝、水更清、路更畅、房更靓、城更美”的要求，深入开展美化、亮化社区行动和“生态社区”建设，在群众中倡导节约资源和环境保护，树立尊重自然、顺应自然、保护自然的生态文明理念，使群众在良好生态环境中生产生活；妥善做好回迁居民的安置工作，探索集体资产管理办法和“村改居”有效路径，切实维护群众的利益；扎实推进重点区域危旧房屋改造，抓好各回迁区域内民政、卫生、教育、文化等后续管理工作。在此基础上，不断完善保障体系，全面落实就业再就业扶持政策，推进社会养老幸福工程。注重提高公共服务水平，优先发展教育事业，不断巩固扩大现有教育优势，促进各类教育均衡发展；扎实开展“健康路南，幸福人民”行动，健全完善三级医疗卫生服务网络，为人民群众提供优质便捷的医疗服务，以城市发展保障民生改善，提高人民幸福指数。

【作者：中共唐山市路南区委书记】

时代呼唤责任

——市场经济条件下国有企业如何有效落实党风廉政建设责任制的思考

张军强

随着社会主义市场体制改革取向的正式确立和国有企业改革的逐步深化，国民经济成分构成多元化、国有经济实现形式多样化已被人们普遍所接受，同时党中央、国务院也清醒地看到许多腐败问题、特别是经济领域的经济犯罪和各种腐败现象均不同程度地来源于国有经济或国有企业，正是基于这一正确判断，党中央、国务院结合各地方在党风廉政方面的有益探索，于 1998 年 11 月 21 日以中发[1998]16 号文下发了《中共中央、国务院关于印发〈关于实行党风廉政建设责任制的规定的通知〉》。从十多年来责任制实行所得到的效果看，可以讲，全面贯彻落实党风廉政建设责任制是加强党的建设和政权建设、保证各级领导班子和领导干部对党风廉政建设和反腐败斗争切实负起责任而采取的一项重大举措，是解决治党不严、执政不严问题的重要保证，同时也是国有企业实现“两手抓、两手硬”和国有企业打好反腐倡廉这一政治硬仗的总抓手和最佳切入点。

一、新形势下腐败的特点与规律，说明了推行党风廉政建设责任制的必要性

腐败现象真正成为社会热点问题始于 80 年代后期，成为引发学潮的主要导火索，损坏了党的形象，破坏了国家稳定的大好局面。自 80 年代以来党中央、国务院掀起了一浪高过一浪的反腐败斗争高潮和专项治理工作。如何由治标转向标本兼治，从源头上、从运作机制上根治腐败现象，已成为当务之急，而治本措施的推出，其前提是认清当前腐败的特点与基本规律，其主要特点是：

一是涉案金额越来越大。由于我国目前正处于深化改革与完善阶段，市场经济运作体制及各项配套规则尚不健全，加之社会惯性下封建思想的侵蚀，开放条件下西方生活方式的影响，我国现阶段仍是各种腐败现象易发多发阶段，且贪污受贿的金额步步攀升。

二是腐败所涉及的领域越来越大。从经济到政治、从行政到执法部门、从企事业单位到部队。

三是腐败的手段越来越隐蔽。①利用配偶子女办企业、利用情人、亲友办企业，达到变相官商结合；②灰色收入（准违法收入），案发后造成巨额财产不明。四是腐败的主体、层次多样化，窝案、串案增多。以前是“59”现象，而现在各年龄段腐败均时有发生。

腐败现象的基本规律：功成名就，失去监督之人；领导干部老婆孩子下海经商者；“59”现象；关键岗位人员；权力寻租的热点与权力监管等的空白点。

事实说明，腐败现象就是“寄生虫”，它依附于经济体上，从源头上避免这种“寄生虫”的有效方法就是要打“预防针”——严格推行党风廉政建设责任制，从而提高经济体的运行质量和免疫力，规避事态严重时做大“手术”的风险。

二、结合国有企业实际，探索如何有效落实党风廉政建设责任制

对于国有企业而言，只有廉洁才能高效，才能形成强大的企业向心力，并不断提升企业综合竞争力，因此，抓好企业党风廉政建设，不仅会使企业产生巨大的经济效益，同时也会产生巨大社会效益和政治效益。

1．推行党风廉政建设责任制的意义。由于国有企业性质所决定，在对企业各级领导干部监督上，存在着以下弱项：上级监督太远，不了解实情；同级监督太险，好人主义；下级监督太浅，受制于人；惩处措施太晚，犹如消防。而推行党风廉政建设责任制，能使上级主管形成责任压力，主动掌握下属情况，并能有效推动人事制度改革，营造良好的选人用人机制；能使同级之间自律与律他工作有效开展起来，并形成领导班子合力；能有效调动下属工作的积极性与主动性；能够强化企业基层党组织的战斗堡垒作用和凝聚力。使各级领导干部不敢贪、不能贪、不想贪、也不必贪。

2．建章立制，从制度设计、运作机制与程序入手，建立预防腐败的多层面、立体型防范体系。营建监督与制约机制，进行科学划分权利，形成规范的操作程序。常在河边走，就是不湿鞋，其中制度保障才能达到走在河边而湿不了鞋，形成无法下手制约机制。“风起于青萍之末，”从许多腐败分子的蜕化轨迹看，他们中的多数并不是根里坏，有的还是好党员、好干部，但因客观条件的变化，制约措施不力，逐步陷入腐败的泥潭。健全的监督制约体系，犹如安全护栏。如联合国日常经费管理，管钱的不购物，购物的不报销，报销的不使用，同时报销实行“三堂会审”制，50 年未出任何经济案件。

3．德法并举，强化思想政治教育工作。孔子曾讲：“道之以政，齐之以刑，民免而无耻；道之以德，齐之以礼，有耻且格。”新形势下，我们更应做好、做活、做实、思想政治这一生命线工作。“欲修其身者，先正其心；欲正其心者，先诚其意。”唯物辩证法告诉我们，任何时候，内因都起决定作用，应使我们国有企业的广大党员干部经得起市场经济风浪的洗礼与考验，达到春风得意不失蹄（刚上任的年轻干部）；条件优越不奢侈（由条件差的单位到条件好的单位）；位尊权重不滥用（关键岗位领导干部）；四知之时不侥幸（天知、地知、你知、我知时应慎独）；离退之前不失节（59 现象）。从主观上做到走在河边不愿湿鞋。

4．诛教结合，严格奖惩。“奖罚不行，百事不成。”不能只拉弓，不射箭。国有企业党风廉政建设责任制的贯彻执行情况与实际效果如何，很大程度上取决于惩戒与兑现力度。制度出台之后，贵在落实、贵在督办，形成一个“策划、执行、检查、反馈”循环体系。同时，应提高腐败成本，使腐败成为一种：高成本、高风险、低收益的行为。

5．发挥好领导干部在企业党风廉政建设责任制的示范带头作用，把企业反腐败作为一把手工程来对待。一个领导，就是一面旗帜，领导干部，在党风廉政建设上，必须树正这面旗帜，要求别人做到的，必须自己先做到。“上梁不正，下梁歪，中梁不正倒下来。”因此作为企业领导干部，特别是企业中高层领导干部，必须树立以下良好的个人形象：一是富于理想、执着追求的政治形象；二是坚持原则、乐于奉献的品德形象；三是廉政勤政、一心为民的公仆形象；四是严以律己，树立表率示范的楷模形象；五是总揽全局、富有魄力的将帅形象；六是勤奋好学、博学多才的秀才形象。

6．使党性原则与市场原则达到兼容并茂、优势互补。在实行社会主义市场经济的今天，特别是入世之后，国有企业作为市场竞争的主体，必须把利润最大化作为企业奋斗的目标，要有竞争意识，有市场观念，市场游戏规则所强调的成本外移、要素组合、收益最大化等优胜劣汰、唯利是图等观念，国有企业也应学会用好。在搞好企业经营管理，把企业做强做大的同时，国有企业还要充分体现党性原则和社会主义制度性质的重任，特别是在抓党风廉政建设上，上述的市场经济原则只应在经济生活中发挥作用。一旦渗入政治思想、文化和意识形态领域，其本身的侵蚀性就会蜕变我们的国体、政体和党性，可以说，目前的党风问题、腐败问题、党员干部退化问题、变质问题，大都由此产生。在社会主义市场经济中，从大的方面看，应由社会主义统帅市场经济，不能让市场经济这个基础凌驾于社会主义这一上层建筑之上，就国有企业而言，应内外有别，做到党性原则与市场原则二者兼顾；对党员干部而言，正如司马光在《资治通鉴》中所言：“才者，德之资也；德者，才之帅也，”做到以德御才。毕竟，丑恶加上才华才是最可怕的。

7．综合治理、整体推进。延伸反腐倡廉防线，推进到企业相关单位，如供应厂商、顾客；构筑家庭防范网，“妻贤夫少祸”。有人讲：一个成功的男人背后总站着一位伟大的女性，这个女人不是他的妻子，就是他的母亲。同样一位犯错误的男人背后，也常常涉及到一位势力的女人，这个女人不是他的妻子，就是他的情人。要么夫妻同流合污，要么与娼女狼狈为奸。例如江西鹰潭市副市长魏时中，开始为躲避他人送礼，逢年过节躲至亲友家中，后经其妻一番耐心开导才慢慢涉足贪欲之河；前车之鉴，后事之师，应强化典型案件反面教育力度，不能只见贼吃肉，不见贼挨打。例如，可组织党员干部到监狱里看看，要比外出参观学习收效大得多；广大党员干部应树立正确的权力观、利益观。“人的权力是暂时的，人的能力是有限的，人格的力量是永恒的。”在市场经济大潮中，领导干部应经得其各种诱惑的考验，强化自律意识，做到“自警、自醒、自励、自重”，增强自身抗变拒腐免疫功能。

三、从讲政治的高度，增强责任感和紧迫感，认真执行党风廉政建设责任制，树立必胜信心

2013 年 1 月 22 日，习近平总书记在第十八届中纪委二次全体会议上强调，“坚持标本兼治、综合治理、惩防并举、注重预防方针，更加科学有效地防治腐败，坚定不移把党风廉政建设和反腐败斗争引向深入。”“党风廉政建设和反腐败斗争是一项长期的、复杂的、艰巨的任务。反腐倡廉必须常抓不懈，拒腐防变必须警钟长鸣，关键就在‘常’、‘长’二字，一个是要经常抓，一个是要长期抓。我们要坚定决心，有腐必反、有贪必肃，不断铲除腐败现象滋生蔓延的土壤，以实际成效

取信于民。”

十八大后，我们党“坚持‘老虎’、‘苍蝇’一起打”，不断加强反腐力度，取得了有目共睹的成效。努力构建“把权力关进制度的笼子里，形成不敢腐的惩戒机制、不能腐的防范机制、不易腐的保障机制。”

由此可见，党中央的认识是清醒的，反腐败的态度是坚决的，采取的措施是得力的，可以这样讲，如果各级党委不是按照中央的要求开展反腐败斗争，腐败现象滋生蔓延的程度将比现在要严重得多，也绝不会有当前改革发展稳定的大好局面。另一方面，如果各级党委都能坚决按照中央的部署不断加大斗争力度，措施更得利一些，工作更扎实一些，腐败现象也不至于像现在这样严重。我们要正确认识当前反腐败斗争的形势，既要看到斗争的复杂性、长期性，深刻理解党风廉政建设和反腐败是一个需要长期认真严肃对待的问题，不能期望采取几次大的行动就能从根本上解决；又要充分认识腐败问题的严重性、尖锐性，增强责任感和紧迫感。越是处在腐败现象易发多发时期，我们越应该以改革创新的精神加倍努力工作，坚定不移地落实党中央的决策和部署。只要全党坚决按照中央要求，切实加大斗争力度，就一定能够把腐败现象滋生蔓延的势头遏制住，进而经过不懈的努力，把腐败现象减少到最低限度。

对于国有企业而言，党员干部在贯彻执行党风廉政建设责任制中，更应起模范作用，认真贯彻执行党中央、国务院出台的党风廉政建设责任制，既是建立现代企业制度的必要条件，也是强化国有企业凝聚力、向心力和提升综合竞争力的根本保证。毛主席曾讲：“村看村，户看户，群众看领导，党员看干部。”在国企党风廉政建设上，党员干部特别是企业中高层领导负有不可推卸的带头责任，在廉洁自律上，只要广大党员干部率先垂范，就会产生巨大的从众效应，这就要求我们的企业与领导干部应树立正确的权力观、地位观、利益观和马克思主义的世界观、人生观、价值观。在思想上、行动上、作风上做到立党为公、执政为民，增强公仆意识。

当前，我们应从讲政治的高度，正确分析和认识反腐败斗争形势，既要增强责任感与紧迫感，又不为谣言所惑，树立必胜信心，主动做到：理直气壮地肯定我们党反腐败的指导思想和方针政策以及取得的明显成效；理直气壮地阐明我国现阶段出现的腐败绝不是根本制度性的腐败；理直气壮地肯定我们党和干部队伍的主流是好的，我们党有能力解决腐败问题，引导广大干部群众认清形势，坚定反腐败必定胜利的信心。“一时胜负在于力，千古成败在于理，”我们应对社会主义必胜充满信心，对共产主义理想充满信心。始终保持旺盛斗志，不断取得反腐败斗争的新成效。

【作者：洛阳单晶硅有限责任公司董事长 党委书记】

持之以恒转作风　踏石留印求实效

邹服进

作风折射党风，关乎政风，引领民风。党的作风关系人心向背，关系党的生死存亡。以习近平同志为总书记的新一届中央领导集体执政以来，从迅即出台改进工作作风的“八项规定”，到制定反对铺张浪费的“六条禁令”，再到以身作则践行规定树立新风，彰显了我们党从严整治作风的坚定意志。兵器工业集团公司党组在第一时间制定施行转作风“二十三条”具体措施，各基层单位围绕转作风实招硬措纷纷出台，如清风拂面，全集团上下激发出了一种“有变化、不一样”的正能量。最近，习近平总书记在党的群众路线教育实践活动工作会议上进一步强调聚焦作风建设、解决“四风”问题，要求全党对作风之弊、行为之垢来一次大扫除。改进作风不仅要有一时治标之态，更要追求长久治本之效，真正使改进作风抓铁有痕、踏石留印。

改进作风，领导干部要带头改、改自己。作风好不好，关键在领导。“其身正，不令而行；其身不正，虽令不行”。基层领导干部每天工作、生活在职工群众中间，自身一言一行、一举一动，职工群众看在眼里、记在心里，潜移默化中引导一种示范。改进作风，领导干部应该带头改、改自己，既为职工群众树立“有变化、不一样”新形象，又坚定职工群众对改进作风的信心。新一届中央领导集体带头承诺践诺，率先垂范，为全党做出表率。正所谓“上行下效”，基层领导干部更理应带头遵守八项规定，要求别人做到的自己首先做到，要求别人不做的自己坚决不做，不搞特殊，不留空白，真正形成领导干部群体的示范效应。

改进作风，制度约束是保证。习近平总书记在十八届中央纪委二次全会上讲话指出，要加强对权力运行的制约和监督，把权力关进制度的笼子里，形成不敢腐的惩戒机制、不能腐的防范机制、不易腐的保障机制。其目的就是要让制度对权力形成强有力的绝对约束。改进作风，需要建章立制、有法可依。作为基层单位既要保证中央总的要求在本单位、本部门“不走样”，又要结合具体实际制定出更为具体、更易操作、更好考核的“硬杠杠”。要把“大力提倡”变为“硬性规定”，将“自由裁量”化为“具体标准”。制度的“笼子”，要既能堵住“老虎”，又能堵住“苍蝇”，就必须严密结实，环环相扣，没有任何漏洞和变通。谓之“铁笼”，就要具有刚性、有标准、易于操作和可执行，一就是一、二就是二，一目了然，一清二楚。制度建设要闭环，要建立健全相应考核办法和奖惩机制，为讲实话、干实事提供制度激励，为敢作为、勇担当提供制度支撑，形成相互支撑的制度链条和稳固架构，要把改进作风情况作为领导干部绩效考核和选拔任用的重要依据，用牢固管用的制度来洗涤和净化领导干部的心灵，引导和规范领导干部行为。

改进作风，重在抓好落实。知易行难。制度再好，不落实、不执行就是一纸空文，一项制度能否发挥效用，关键在于能否下功夫抓落实。领导干部说千遍、喊万遍，不如实实在在做一遍。我们既然已经出台了相关规定，许下了庄严的承诺，就不能让规定只停留在纸面上，既要铭记于心，更要说到做到，真正做到言行如一、言而有信，以“实干”求“实效”，以“真心”换“民心”。“表态”易行，“表率”难为。践诺的前提是牢记承诺，承诺是一种责任、一种担当，承诺后要时时牢记承诺内容，处处用承诺这面“镜子”对照自己的言行，经常自省和盘点自己的思想和工作，看看当初承诺的事项做了多少，还有多少没有落实。要把承诺作为一种约束，一种人格，坚持言必信、行必果，这样才能营造一个干部清正、政治清明的政治生态。

改进作风，需强化监督。信任不代表放任，受尊重不能不受监督。营造改进作风的良好氛围，离不开严格给力的监督机制。如果说制度是将不良作风关进笼子里，那么监督就是“晒权”、“亮权”，就是把不良作风洒在阳光下。只有让监督实起来、硬起来，让领导干部时刻感受到党和人民的监督，时刻意识到“众目睽睽”，不良作风才能被管住。领导干部改进作风不能仅靠自我评价，而且要勇于接受“他律”，坦然面对组织监督、群众监督、舆论监督。特别要让职工群众不断看到实实在在的成效和变化。作风是否确实好转，要以职工群众满意为标准，让职工群众来检验、来评价。监督要有刚性，说到的就要做到，承诺的就要兑现，发现问题不姑息，处理问题不手软，让违规违纪者受到应有处理，并向职工群众公布处理结果，真正做到这些，才能扎实有效地推进作风转变。

改进作风，要内化于心。思为行之始，行为思之成。作风的转变不仅仅是形式上的改变，更重要的是入脑入心，从思想上根本转变。只有将改进作风的理念“流淌进血液里”，从思想、内心深处真正领会、执行，才能由“被动”变“主动”，才能成为一种自觉行为。建立强有力的制度“笼子”，固然可以将权力规范在限定的领域，但只要掌权者常怀“出笼”之心，就难免能够找到机会出笼。改进作风不是一句口号，不能流于形式、停在表面，要有一股锲而不舍、一抓到底的韧劲，要将改进作风作为一种内化于心的精神追求和自觉行动，养成良好的行为习惯，只有这样，改进作风才能见实效、得长效。

改进作风，贵在持之以恒。“为山九仞，功亏一篑”。改作风，难的是锲而不舍、久久为功。作风问题具有顽固性、反复性，抓一抓有好转，松一松就反弹，转作风必须扎扎实实，不能时紧时松，搞“一阵风”。要以“踏石留印、抓铁有痕”的劲头，牢固树立“长期抓、反复抓、经常抓”的思想，一级做给一级看，一级带动一级干，把改进作风作为一项经常性的工作真抓硬抓、抓实抓好。

改进作风，要打“持久战”。作风问题具有反复性和顽固性，作风建设不可能一蹴而就，也难以一劳永逸，必须常抓不懈，持之以恒。作风建设任重道远，丝毫不能懈怠，我们要以追求实效为目标，把精力更多地放在“内功”上，少一些“空头支票”；多一些真办法，少一些表面文章；多一些认真负责的态度，少一些敷衍塞责的侥幸心理，务求使转变作风取得实实在在的成效，向全社会传递出一种清廉务实的正能量，营造风清气正的社会风气。

【作者：中国兵器工业集团西北机电工程研究所党委书记】

学习习近平总书记关于反腐倡廉建设新思想　新观点　新论述的几点体会

——在自治区党委中心组第三次集体学习时的发言

张　力

党的十八大以来，习近平总书记围绕治党治国治军，相继发表了一系列重要讲话，内容丰富，涵盖广泛，为我们进一步深入学习贯彻党的十八大精神，推动各项工作提供了行动指南。其中关于反腐倡廉建设的新思想、新观点、新论述，紧密联系国际国内形势，准确把握反腐倡廉规律，顺应了经济社会发展和党的建设的客观要求，体现了新一届中央领导集体反对腐败、建设廉洁政治的坚定决心和工作方略。这里，我联系分管工作实际，结合个人的学习理解，着重就其中的一些思想观点，谈几点认识和体会。

一、关于反对特权思想、特权现象

习近平总书记在党的十八届一中全会、十八届中央政治局第一次集体学习、中央政治局讨论八项规定等多次讲话中都提到了反对特权的问题。在十八届中央纪委二次全会上的重要讲话中，他再次强调，反腐倡廉建设，必须反对特权思想、特权现象。短短的几个月内，习近平同志反复强调反对特权的问题，足见这个问题的重要性和紧迫性。我体会，这其中，一是基于对党情的科学判断。几十年来，尽管我们党一贯反对特权，但由于传统思维和习俗的影响，以及一些制度的不健全和不完善，特权思想、特权现象依然没有杜绝。部分领导干部把拥有特权作为为官从政的追求，千方百计地把法定之权演变为法外之权。习近平同志在讲话中列举了特权现象的种种表现，比如，违规占有多套住房的，违规占有公家车辆的，以各种形式侵占群众利益的，明里暗里为子女升官发财奔走的，以权枉法的，等等，这些都直指要害，体现了对党情的准确把握和科学判断，具有很强的现实针对性。从我区近年来查处的一些违纪违法案件来看，上述问题也不同程度存在。比如，有的腐败分子利用非法所得，在全国各地购买多套房产；有的违规占有多部公车，侵占救灾等专项资金等，这些特权衍生腐败的典型案例，应引起我们的重视和警醒。二是基于对特权腐败危害的清醒认识。习近平总书记指出，近年来，一些国家因长期积累的矛盾导致民怨载道、社会动荡、政权垮台，其中贪污腐败就是一个很重要的原因。特权是腐败产生的根源和条件。国际共运史和共产党执政史表明，特权从“亚腐败”向腐败转化，从党员个体现象向党内群体倾向演化，势必引发背离党的宗旨、失去群众支持、丧失执政地位等恶果。从苏共亡党、苏联解体来看，最深刻的教训就是在苏共内部产生了腐朽蜕化的特权阶层。如直接管理国有企业财富的经济官僚们，借戈尔巴乔夫推行经济自由化之机大肆谋取个人私利，堂而皇之地窃取国家财产。当这些人发现有更好的办法将个人私利最大化、合法化时，竟然不惜抛弃自己的政权，合谋导演了“亡党亡国”的惨剧。正如美国人弗兰克•奇德富所说：“苏联共产党是唯一一个在自己的葬礼上致富的政党”。我们党应特别警惕有些人利用特权捞取了大量不义之财后，急于通过演变政权来将“黑钱”洗白。三是基于深切的为民情怀。无论哪种特权思想、特权现象，对党群关系、社会风气的危害都很大。“如果升学、考公务员、办企业、上项目、晋级、买房子、找工作、演出、出国等种种机会都要靠关系、搞门道，有背景的就能得到更多照顾，没有背景的再有本事也无法出头，就会严重影响社会公平正义。”“我们共产党人决不能搞封建社会那种‘封妻荫子’、‘鸡犬升天’的腐败之道！群众是要戳脊梁骨的！”习近平总书记的这些讲话既有对特权阶层固化的忧虑，也体现了全心全意为人民服务的根本宗旨，表明了反对特权思想和特权现象的坚定决心。

反对特权思想、特权行为，不仅关乎党的作风建设，而且是涉及党和国家能不能永葆生机活力的重大问题。当前，我们必须把反特权作为反腐败的重要内容，从制度、文化和监督等多方入手，努力消除特权存在的土壤和条件。一是加强制度防范。反特权、反腐败的核心是管住权力。只有进一步减少制度缝隙，切实提高制度执行力，才能让形形色色的特权行为得到根本性遏制。当前，应当以决策权的规范行使为重点，以执行权的阳光公开为支撑，以监督权的权威有效为保障，进一步建立健全权力运行机制制度，确保各级领导的岗位职权不被异化为特权。二是构建文化氛围。邓小平同志曾指出：“搞特权，这是封建主义残余影响尚未肃清的表现。”清除这些腐朽文化残余，需要打造对特权思想、腐败文化“零容忍”社会文化基础。要改进教育的方法和方式，探寻行之有效的措施，引领社会风尚，形成“人人反特权”的浓厚氛围。对特权思想进行文化清剿，应突出重点，从整治有特权色彩的公务行为等具体问题做起，形成由外向内的“倒逼”机制。比如当前，各级落实中央八项规定，改进会风文风、禁止奢华奢靡等，既有利于摒除特权思想，也有利于净化社会文化生态，形成廉荣贪耻的社会文化环境。三是形成监督合力。马克思在总结巴黎公社的教训时曾指出，防止国家政权机关为追求特殊利益从“公社的公仆”变成“社会的主人”的一项重要措施，就是对公务人员实行公众监督。应看到，虽然党的组织和纲领从根本上否定特权，但党员个体却对特权没有天生的免疫力。让人民群众享有充分的知情权、监督权，是督促帮助党员干部克服特权陋习、永葆公仆本色的重要保障。因此，必须畅通群众监督渠道，健全权力运行制约和监督体系，让权力运行在阳光下留痕，并将其置于群众监督的汪洋大海之中，使特权现象无处遁形。

二、关于把权力关进制度的笼子里

习近平总书记在十八届中央纪委第二次全会上强调，要加强对权力运行的制约和监督，把权力关进制度的笼子里，形成不敢腐的惩戒机制、不能腐的防范机制、不易腐的保障机制。这一重要论述，深刻揭示了制约监督权力的基本路径，凸显了制度建设在规范权力运行、防治腐败中的根本作用，对建设廉洁政治具有重要指导意义。腐败，从根源上说，是权力失去制约和监督导致的权力滥用、以权谋私行为。把权力关进制度的笼子里，就是把权力运行纳入制度轨道，用制度监督、规范、约束、制衡权力，保证权力正确行使而不被滥用。

这些年来，我们在用制度监督制约权力方面下了很大功夫，做了不少努力，但离“把权力关进制度的笼子里”的要求还有很大差距。从我区查处的违纪违法案件来看，普遍暴露出机制制度方面存在漏洞和缺陷。工程建设招投标、干部选拔任用、土地资源出让等方面的法规制度，在一些领导干部的权力面前形同虚设。用饭局代替市长办公会违规决策；利用干部任用程序漏洞实现卖官鬻爵；规避招投标程序违法乱纪，等等，这些发生在我们身边的典型案例表明，虽然关权力的“笼子”一直都有，但不够完善，存在“牛栏关猫”漏洞过大，“纸笼关虎”刚性不足等问题，说明现有制度设计不科学、不合理，脱离实际，缺乏针对性和可操作性，或笼统模糊、弹性较大，使得制度不管用、不好用、没有用。

把权力关进制度的笼子里，要从最基础的工作做起。包括通过查处一批案子，发现一些漏洞，完善一批制度，出台一些改革措施，积小胜为大胜，积大胜为完胜。近年来，我们坚持查处案件与完善制度同步推进，在这方面也积累了一些行之有效的经验。比如，针对几起违纪违法案件暴露出来的问题，自治区提出要推进“三重一大”事项决策的刚性程序性制度建设，启动了廉政风险防控工作，加快政务服务平台和公共资源交易市场建设。针对查办案件过程中发现一些领导干部持有多个身份证、因私护照等问题，自治区建立了防逃追逃工作机制，等等。下一步，还要通过惩治已经暴露出来的腐败问题，坚决打击“出笼”的权力；要运用法治思维和法治方式反腐败，在增强法规制度的严密性和刚性上下功夫，进一步管住管好权力；要强化党内监督和党外监督，综合施治，紧紧盯住权力，真正把权力关进制度的笼子里。

三、关于坚持“苍蝇”、“老虎”一起打

习近平同志在十八届中央纪委第二次全会的重要讲话中指出，要坚持“老虎”、“苍蝇”一起打，既坚决查处领导干部违纪违法案件，又切实解决发生在群众身边的不正之风和腐败问题。这不仅提出了惩治腐败的两个侧重点，也直面回应了一

些人对我们“只打‘苍蝇’、不打‘老虎’”的质疑。惩治和预防腐败坚持两手抓，两手都要硬，是我们党关于反腐败斗争的重要指导思想。从严治党，惩治这一手决不能放松。反腐败斗争能否取信于民，群众把是否对腐败分子“动真格”看作是试金石。“老虎”、“苍蝇”一起打，既是中央对群众的庄严承诺，也是科学有效治理腐败的必然要求。

“老虎”要打，是因为发生在一些高级领导干部身上或者一些职务虽低但社会影响恶劣的腐败大案，令人触目惊心，政治影响极坏。近年来，我区先后查处了一大批在社会上有影响有震动的大要案件，形成了“打老虎”的强大声势，目前，正在对几起地厅级干部违纪违法案件进行立案调查，这些都体现了自治区党委坚决惩处腐败的决心和态度，切实做到了有腐必反、有贪必肃，不论什么人，不论其职务多高，只要触犯了党纪国法，都要受到严肃追究和严厉惩处。

“苍蝇”也要打，是因为这类案件尽管个案案值不一定高，但直接侵害群众利益，也会形成对党群、干群关系的损害，危及群众对党和政府的信任。对一切腐败行为，都必须坚决反对，坚决查处。2012 年以来，全区各级纪检监察机关认真落实中央纪委关于“着力解决发生在群众身边 10 个方面的腐败问题”的部署和要求，严肃查处侵害群众利益的违纪违法行为。先后查处了违法违规征地拆迁、损害农牧民群众利益、公路“三乱”等方面的案件 1106 件，有效维护了群众的切身利益。当前形势下，还需要从群众最关心、反映最强烈的突出问题入手，在坚决“打老虎”的同时，继续加大“打苍蝇”的力度，让群众更直接地感受到反腐败的力度和成效，增强反腐败的信心，从而为贯彻落实党的十八大精神和自治区“8337”发展思路打造风清气正的环境。

上述几个问题，只是学习习近平总书记关于反腐倡廉建设讲话中部分思想观点的体会，全面领会习近平同志关于反腐倡廉建设的新思想、新观点、新论述，还需要我们原原本本学习讲话精神，进一步系统把握，准确理解，深入实践。

【作者：内蒙古自治区党委常委 纪委书记】

把权力关进制度的笼子里

安立志

习近平总书记在中纪委二次全会上强调，要加强对权力运行的制约和监督，把权力关进制度的笼子里，形成不敢腐的惩戒机制、不能腐的防范机制、不易腐的保障机制。从权力监督与权力制衡的角度提出反腐败的任务，体现了我党在这一问题上前所未有的认识高度与思想高度，也是党的十八大“五位一体”治国理念在政治建设上的最新思路与举措。

笼子多与动物有关，主要有两种功能，一是防止动物走失，二是防止动物伤人。前者如司空见惯的鸟笼。后者如动物园管理狮虎的笼子。编织笼子的材料也有竹木、塑料、金属等不同。

习近平总书记要求“把权力关进制度的笼子里”，体现了制衡权力与驯服权力的现代政治文明，在其语境中，显然是把权力视为虎狼之类的野兽而非画眉、蝈蝈之类的宠物。编织这类笼子的材料，绝非竹木金属之类，而是“制度”。说来匪夷所思，之所以要把权力关进笼子，正是因为权力具有野兽的种种特质。

在政治发展史上，中外学者都意识到“国家权力从来就是一种危险的、却又是必要的恶。”（卡尔·波普尔）从而提出如何理性地对待权力的多重性质。西方学者从自然人到政治人，特别是对由权力勾引出的隐藏在人性深处的兽性，作出了深刻分析。古希腊哲学家亚里斯多德在两千多年前就说过：“人类由于志趣善良而有所成就，成为最优良的动物；如果不讲礼法、违背正义，他就堕落为最恶劣的动物。”“让一个个人来统治，这就在政治中混入了兽性的因素。”国家无疑是权力的集合体。17 世纪英国哲学家托马斯·霍布斯这样认为，“号称‘国民的整体’或‘国家’的这个庞然大物‘利维坦’，是用艺术造成的，它只是一个‘人造的人’。”而这个“利维坦”，在《圣经》中则是象征邪恶的海怪，也是基督教中恶魔的代名词。

马克思主义创始人也曾论述了隐藏在人性与政体中的兽性。恩格斯指出：“人来源于动物界这一事实已经决定，人永远不能完全摆脱兽性，所以问题永远只能在于摆脱得多些或少些，在于兽性和人性的程度上的差异。”马克思则认为，“专制制度必然具有兽性，并且和人性是不相容的。兽的关系只能靠兽性来维持。”在“文革”中，恩格斯的《反杜林论》曾是毛泽东要求必读的“马列六本书”之一。而马克思的《摘自〈德法年鉴〉的书信》，只见于《马克思恩格斯全集》第一卷，不知是否马克思的批评过于深刻，这篇文章在国内极少被人提起。

在我国古代，与马克思这一思想最接近的当属孔子的“苛政猛于虎”。这一思想在两千年后被英国思想家罗素所借用，将之翻译为“暴虐的政治比虎还凶”，并作为其名著《权力论》节制权力一章的主题。儒家向来主张“王道”与“仁政”，孔子提出这样的观点殊为难得。韩非子作为法家的集大成者，也曾系统论述过政治场域中的法、术、势。在韩非子眼里，势作为权力的外在张力，显然具有兽性的一面，“势者，养虎狼之心，而成暴乱之事者也，此天下之大患也。”

权力的兽性，通常有两个特征，一是贪婪，二是残忍。非洲大草原上的狮子，其捕食猎物固然贪婪与残忍，却是其维持种群生存与繁衍之必需。正如伯特兰 · 罗素所指出，“动物只要能够生存和生殖就感到满足。”而“人类的某些欲望跟动物的欲望不同，是根本无止境的，是不能得到完全满足的。”失去约束与制衡的权力，具有欲壑难填的兽性，对于大量缺乏有效监管的民脂民膏，极尽鲸吞、蚕食之能事，其数额之巨，频率之高，手段之恶，影响之坏，不断创造着新的纪录。以近年落网的贪官为例，动辄赃款上亿、房产百套、“小三”成群……

如果说他们是为了满足兽欲，动物世界也会群起抗议。追求权力与荣誉是官员异于野兽的基本标志。一些官员主政一方，如同野兽的领地，飞扬跋扈，暴虐恣肆，草菅人命，予取予夺，充分暴露了权力的邪恶与凶残。近年来，各地不断上演的、激起极大民愤的死亡拆迁、刑讯逼供、铲车碾压、开胸验肺等等，表现了权力丧尽天良的程度。

习近平总书记要求“把权力关进制度的笼子里”，具有明确的针对性与紧迫的现实性。落实总书记的要求，决不能仅仅变成会议官话与文件套话，而应针对现存的制度缺陷与制度漏洞进行调整与完善，建立行之有效的制衡和监督体系，真正把权力这只野兽关进制度的笼子里。

【作者：山东管理学院党委委员 副院长】

党员干部改进作风应把握好着力点

陈能怀

习主席指出，全体共产党员特别是党的领导干部，要弘扬党的光荣传统和优良作风，永葆共产党人的政治本色。作为党员干部，必须以走在前列的姿态，自觉坚定地贯彻群众路线，躬身实践增强党性修养，身体力行改进工作作风，以更加自觉的行动、更加有力的举措抓好作风建设，着力在培育弘扬思想作风、战斗作风、领导作风、工作作风和生活作风上蓄力用劲，下力落实到具体工作实践中，切实为实现强军兴警目标释放正能量。

一、大力培育和弘扬忠诚使命的思想作风

思想作风是党的作风建设的核心内容，对其它作风起着统领和支配作用。培育优良的思想作风，最根本的就是要落实和体现在对党忠诚、实事求是和服务官兵上。

(一)紧紧抓住对党忠诚这个根本。要在加强理论武装中坚定对党的忠诚，坚持把中国特色社会主义理论体系武装作为基础工程，与培育当代革命军人核心价值观紧密融合，引导官兵在深化感情认同中坚定政治信仰，在廓清思想困惑中明辨是非界线，在抵制杂音噪音中站稳政治立场。要在坚持党性修养中锤炼对党的忠诚，按照党章要求进行自我教育、自我锻炼、自我完善，带头学习党章、贯彻党章、遵守党章、维护党章，始终用党章来规范言行。要在履行职责使命中实践对党的忠诚，增强责任意识，立足本职岗位，坚持从现在做起，从自己做起，扎扎实实、踏踏实实、老老实实地做好每一项工作。

(二)紧紧扭住实事求是这个重点。弘扬实事求是的思想路线，必须注重调查研究，自觉贯彻群众路线，带头大兴调查研究之风，切实从事务性的工作和不必要的应酬当中解脱出来，放下架子，扑下身子，深入基层蹲队住班，深入官兵倾听呼声，在接“地气”中拉近与官兵感情，在与官兵实行“五同”中体察兵情，真正从基层官兵实践中汲取智慧和力量。要深化理解“不受虚言、不听浮术、不采华名、不兴伪事”的基本要求，坚持从实际出发，不唯心、不唯上、不唯书，只唯实，承认事物发展有过程，建设基础有不同，完成任务有条件，自觉做到讲实情、出实招、办实事、求实效，切实增强工作指导的针对性、实效性。

(三)紧紧把住服务官兵这个原则。要牢固树立“全心全意为人民服务”的思想，始终把官兵利益放在第一位，把官兵赞成不赞成、高兴不高兴、满意不满意作为作决策、干工作的根本检验标准。要把知兵爱兵当己任，自觉克服高人一等的官僚思想、唯我独尊的特权意识，切实端正对士兵的根本态度，打牢知兵爱兵的思想基础，坚持与战士打成一片，经常与战士谈心，随时了解真实情况，洞察官兵内心世界，达到相互理解、增进感情。要不断强化责任意识和服务意识，切实把官兵的利益当成自己的利益，把官兵的事情当成自己的事情，认真解决广大官兵最关心最直接最现实的困难和问题，千方百计为官兵排忧解难，努力提高官兵的满意度。

二、大力培育和弘扬能打胜仗的战斗作风

战斗作风作为军人信念、情感、意志和品格的综合反映，是部队战斗力的重要组成部分。培育弘扬能打胜仗的战斗作风需要在工作实践中点滴养成、反复磨砺。

(一)靠强化教育来培植。教育始终是培育战斗作风的根本。要持续不断地抓好性质宗旨、形势任务、职责任命、爱国主义和革命传统教育，把先进军事文化建设作为加强思想教育的重要课题、构建警营文化的关键要素、锤炼战斗精神的基本内容，把战斗文化元素融入到部队教育管理、训练执勤和遂行多样化军事任务之中，充分利用警史馆、荣誉室、灯箱标语、板报橱窗等阵地，不断强化忧患意识和打仗思想，努力培养官兵崇高坚定的理想信念，坚贞不屈的革命气节，敢打必胜的英雄气概，顽强拼搏的战斗作风，真正使部队成为英勇善战的战斗队，官兵成为勇猛顽强的战斗员。

(二)靠躬身践行来磨砺。培育战斗作风，关键是要勇于到艰苦的实践中去磨炼，经受各种严峻的考验。要结合部队所担负的任务，按照“当兵打仗、带兵打仗、练兵打仗”要求，注重从实战需要出发，坚持仗怎么打兵就怎么练，有意识地把任务设难、把情况设真，把环境设险，把练思想、练心理、练作风与练本领、练能力、练谋略结合起来，在严格训练、严格要求中，实现战斗作风与战斗能力的共同提高，时刻做到脑子里永远有任务，眼睛里永远有敌人，肩膀上永远有责任，胸膛里永远有激情，确保完成任务有能力。

(三)靠严明纪律来规范。习主席强调，军无法不立，法无严不威；严则所向披靡，松则溃不成军。战斗作风表现在战时，培养在平时，关键在养成。只有军令如山，纪律似铁，才能攻必克、守必固、战必胜。培育战斗作风，必须认真贯彻依法从严治警方针，注重把纪律建设作为核心突出出来，反复灌输“纪律是战斗力源泉”、“纪律是军人的生命”等基本道理，狠抓条

令条例和规章制度落实，下大气力整肃军纪，认真解决作风松散、管理松懈、纪律松弛等问题，时时处处严要求，一招一式抓养成，努力培养官兵自觉而又严格的组织纪律观念，真正使部队威武之师、文明之师、胜利之师。

三、大力培育和弘扬率先垂范的领导作风

领导作风是党的历代领导人重要思想的核心内容，是新时期加强党的建设的内在要求。改进领导作风既要抓住根本，又要从解决现实存在的突出问题入手，选准切入点，努力营造干部清正、政治清明的良好政治生态环境。

(一)作风要民主。党员干部既要知规懂矩，又要坚持发扬民主。毛泽东同志曾经讲过，让人讲话，天不会塌下来，自己也不会垮台。要自觉强化党内平等意识，善于听取和采纳党委成员及群众的意见，始终摆正位置用好一票之权。要坚持原则性、平等性、广泛性，广泛听取委员、下级党组织、专家和广大官兵的意见建议，力求合理意见进入党委决策，凝聚广大官兵智慧力量。

(二)品行要端正。品行是一个人思想作风的外在表现。领导干部处事用人，要把党和部队建设事业作为根本出发点，严格按原则、按制度、按程序办事，坚持一视同仁，不分亲疏，注重工作实绩，注重群众公论。始终坚持说老实话，办老实事、做老实人，待人处事要与人为善，宽厚待人，大事讲原则，小事讲风格，要善于换位思考，多从别人的角度想一想，切实把关系处得很融洽，把风气带得很纯正，把班子搞得很和谐。

(三)精神要振奋。坚持事业为上、责任为重、工作为先，把主要心思和精力用到部队建设上，做到一门心思干工作，扑下身子抓落实，力求工作有业绩，事业有成就。坚定信心解难题，放平心态看进退，决不能因为个人愿望实现不了而松劲，任职时间过长而懈怠，始终尽心竭力、恪尽职守，切实为部队建设发展打下一个好基础，为后任留下一个好摊子，为自己留下一个好名声。

四、大力培育和弘扬真抓实干的工作作风

空谈误国，实干兴邦。务实最基本的要求是讲求工作质量效益，关键是要有科学理念和管用招法。

(一)务求实效，纠治形式主义。纠治形式主义必须从树立正确的政绩观入手，始终把提高战斗力作为唯一标准，坚持做到建设为实战、教育为实战、训练为实战、管理为实战、保障为实战；始终把“两个确保”作为根本目的，切实把“两个确保”作为目标来追求、作为底线来坚守，作为绩效来检验，任何时候都不能有丝毫的偏移；始终把经常性基础性工作作为实践追求，把主要心思和精力用在抓好经常性基础性工作落实上，紧盯基层基础建设不放松，不断提高经常性基础性工作落实质量。

(二)立足全面，纠治单项冒尖。注重把握部队建设整体性的特点，善于统揽部队建设全局，始终把各项工作放到全面建设、整体推进、创新发展之中定位思考，统筹计划，谋求发展，防止顾此失彼。始终坚持以当前建设促进长远发展，以量的积累实现质的突破，以局部跃升带动整体跨越，不断增强长远发展的潜力和后劲，始终保持部队发展的持续性，坚决克服和纠治急功近利思想和短视行为，既要有一年干好几件事的魄力和成效，更要有几年干好一件事的恒心和境界，努力为武警部队现代化建设夯实基础、积蓄后劲。

(三)盯住末端，纠治虎头蛇尾。着眼末端落实综合效益抓成效。抓好工作末端落实，既要做好“上篇文章”，更要做好“下篇文章”，力争把每一个环节、每一个步骤抓实抓深抓细，防止虎头蛇尾，杜绝半截子工程；自觉摒弃粗枝大叶、大而化之、概略瞄准的工作模式，真正做到筹划工作一定要精致，落实工作一定要精心，指导工作一定要精准，确保干一件是一件，抓一件成一件，力求抓出质量、抓出层次、抓出规格，保证每一项工作都能得到有效落实、全面推进、扎实开展。

五、大力培育和弘扬艰苦朴素的生活作风

党员干部的生活作风，是党的作风建设的重要内容，关系党的形象，关系人心向背，关系党的生命。当前，加强党员干部生活作风建设的任务更为突出、更加紧迫，务必防微杜渐，警钟长鸣，切实管好自己。

(一)防止思想上的蜕变。思想的蜕变是最危险的蜕变。纵情于享受、热衷于应酬、沉溺于吃喝，是引发蜕变的直接诱因。古人云：“火及未燃，杯水可灭；及至火猛风起，虽倾河海不能救也。”不注意小节，不抵制诱惑，思想防范的闸门迟早会打开，思想蜕变的“起点”迟早会到来。警惕和防止思想蜕变的“起点”，关键在于不断改造主观世界，增强敏锐性和警惕性，时刻坚守内心道德的防线，牢牢把住党性原则的底线，严格按照自重、自省、自警、自励的要求规范约束自己，自觉做到“一念之非即遏之，一动之妄即改之”。

(二)防止行为上的放纵。培养良好的生活作风，重要的是靠严格自律，克己慎行，务必做到“三慎”：“慎初始”，慎重对待“第一次”，时刻警惕“第一次”，果断拒绝“第一次”，坚决摒弃“无人知晓”的侥幸心理和“下不为例”的自我谅解，以免一失足成千古恨。“慎交友”，交往之中讲政治，交往之中守纪律，交往之中有陷阱，关键是要注意交往的选择适度性，坚持择善而交、择贤而交。“慎嗜好”，要从政治高度看待业余爱好，自觉加强党性修养，把情趣爱好限制在纪律允许的范围内，做到“爱”而有方，“好”而不嗜，始终保持身正、身硬、身净。

(三)防止欲望上的贪婪。人生天地间，欲望随身来。当今世界，红尘滚滚、物欲横流，吸引人、诱惑人的东西很多，如果纵欲无度、欲壑难填，必然会步入歧途，走上邪路。防止欲望变为贪婪的办法，对党员干部而言，就要时刻牢记党员干部的特殊身份，提高道德自律，自觉过好诱惑关、享乐关、交往关，坚持把“慎欲”作为修身做人的第一要则，始终保持淡泊名利的平和心境，心不动于微利之诱，目不眩于五色之惑，洁身自好、清廉自守，知恩图报、知足常乐、知责奋进、知荣明耻，始终保持良好的品行和高尚的情操，切实以浩然正气带出纯正风气。

【作者：武警西藏总队第一支队支队长】

强化煤企纪检监察干部队伍管见

李海军

随着国有煤炭企业体制改革的不断深入，经营方式逐渐向多领域、产业链向深加工、资源集聚向集团化、自主经营、自我约束的现代企业管理模式的转变。国企煤矿企业党风廉政建设工作面临着全新的机遇与挑战。党风廉政建设工作如何围绕煤矿企业安全生产、更好的在煤焦领域反腐败专项斗争深入开展，为企业维稳发展保驾护航？笔者认为强化纪检干部队伍素质建设，打造一支“自身过硬、敢打硬仗”的纪检干部队伍是关键。

一、“上任之时，不添麻烦。”牢记政治使命，树立“可靠”形象推进纪检干部队伍自身建设

亲民者，民亲之；爱民者，民爱之。纪检监察干部树立可靠的形象，既是贯彻落实“立党为公，执政为民”的要求，也是国有煤矿企业纪检工作者依靠和发动职工群众在党风廉政建设和反腐败斗争中取得胜利的关键。一方面纪检监察工作是一项政治性、政策性很强的工作，这就要求纪检工作者必须具有讲政治、谋大局、政治工作上的敏锐洞察力和处理问题的能力。其次，善于从政治上全局上观察和处理问题，在大是大非和重大考验面前，要旗帜鲜明，立场坚定。自觉地把党风建设和反腐败各项工作放到公司跨越式发展这个工作大局中去把握、判断和估量，使党风廉政建设和反腐败工作更好地服务和服务于煤矿企业发展稳定的大局。最后，恪尽职守、坚持对党的忠诚。只有牢固树立忠诚于党和人民的事业的信念，才能自觉的以党的纪律约束自己的言行，这是作为一名党员首要的也是最基本的要求。我公司始终注重干部队伍政治理论培训教育，将党风廉政教育作为公司党委中心组学习的一项重要内容，集中时间，集中精力，及时认真贯彻。另一方面，以制度管控为抓手，提高纪检干部责任意识。按照阳煤集团统一要求，我公司引申每日学习一项制度活动，首先以纪检干部人员为重点认真学习《阳煤集团领导人员廉洁从业手册》、十七届中纪委七次全会精神等相关内容，通过开展党风讲评、干部作风点评等形式，在各级班子和干部中开展廉政专题教育活动，强化法律法规和企业规章制度的贯彻学习。同时，重点强化关键岗位、敏感部位管理人员的业务学习和党纪条规教育，增强学习教育的针对性。充分利用办班培训、网络宣传、观看警示教育片、案例剖析等方法，坚持不懈地对党员、干部进行党纪条规教育，不断提高其遵纪守法的自觉性，在任何情况下都稳得住心神、管得住行为、守得住清白。

二、“在任时，不留遗憾。”强化服务意识、发挥团队优势、树立“可信”形象推进纪检干部队伍自身建设

有弟子问孔子如何治国理政，孔子讲了三点：足食，足兵，足信。弟子问，如果不得已必须去掉一项，先去哪一项？孔子答：“去兵”。弟子又问，如果还必须去掉一项，去哪一项？孔子说：“去食。民无信不立。”可见，在孔子看来，信任比什么都重要。治国如此，煤炭企业纪检监察工作何尝不是如此。那么，如何做“可信”的纪检监察干部？笔者认为，在加大查办案件力度和提高工作能力上取得党和人民的信任是关键。在案件查办工作保持强劲势头，严厉惩处违法违纪行为。严肃查处领导干部滥用权力，以权谋私、贪污受贿的案件，严肃查处违反“三重一大”、集体议事制度给企业造成形象损伤和经济损失的案件。严肃查办伙同私营企业、中介机构相互勾结损公肥私的案件。严肃查处违反党的纪律、商业贿赂、失职渎职、严重侵害职工群众利益等案件，特别是对职工反映强烈的截留工资奖金问题保持查处的高压态势。认真受理群众信访举报，加大考核力度。严把案件审理关，坚持查审分离、审复分开的原则，做好案件审理工作，保证案件质量，加强案件的组织协调、跟踪回访、统计分析，确保办案成效。对实名举报的案件，纪检工作者要以高度的使命感和责任感坚持做到件件有核实，事事有回应；对职工群众反映强烈的问题，主动介入、对相关责任人严肃查处。不断改进办案方法，增强办案威慑力；注重办案成果转化，扩大教育影响力。

纪检干部队伍的团体创新精神，是纪检工作推向纵深的根本，如何做到推陈出新？使创新的工作动力永不枯竭？笔者认为，纪检工作者首先要在思想上坚持“拿来主义”，坚持理论联系实际的工作方法，结合自身工作实际，有甄别对各类工作方法进行挑选。另外，作为一名纪检监察干部，要培养团体创新能力。纪检工作团队精神的核心在于协同合作，强调团队合力，注重整体优势，为每一位成员提供一个充分施展、表现自己才能的机会，这也将会为纪检监察队伍带来永不枯竭的创新能力。

三、“离任之时，不留隐患。”加强责任意识，从四方面着力，以“可敬 ”形象推进纪检干部队伍自身建设

“打铁还需自身硬”。煤炭企业纪检监察干部要做到可敬，必须在强化业务素质、创新工作思路、工作落实和注重工作成果四方面着力，以身示范，自觉做好表率，通过扎实的工作赢得职工群众的尊敬。

（一）从提高量化水平方面着力。工作量化便于落实。把纪检监察工作的软指标变成硬指标，每项工作都要制定具体的可操作的工作要求和工作标准，如在案件方面，每年要查处多少案件、大要案件要达到多少必须量化；在效能监察方面，每年要围绕重点领域和环节立多少项目、开展多少次检查，发现多少问题，解决多少问题；在宣传教育方面，每年要开展多少次培训，教育多少干部，组织多少次主题活动等等。集团公司的量化指标将在近期以文件形式下发，各单位要相应制定自己的量化指标，便于年终考核。

（二）从加强制度创新方面着力。一方面要推进纪检监察制度创新，深入研究区域化、专业化条件下的纪检监察工作新机制。深入探索对纪检监察机构开展监督检查的机制、领导人员八小时以外的监督机制、重点领域权力运行监督机制、廉洁从业风险防控机制等。另一方面要加强管理性制度建设，通过监督检查，督促有关部门和单位建立和完善工程、资金、销售、供应、干部人事等方面的制度，形成制度体系。

（三）从加大落实力度方面着力。积极发挥监督检查的职能作用。加强对集团公司重大决策部署贯彻落实情况，如“三重一大”、投资融资、兼并重组、销售管理等重大事项以及安全生产、住房发售、招工招聘、药费报销、工资分配、服务性收费等事关职工群众切身利益问题的监督检查，加强对制度执行情况的监督检查，建立健全监督检查机制和纪律保障机制，督促不落实的人，查处不落实的事，不断提高领导决策力和制度执行力。

（四）从注重工作成效方面着力。认真落实集团公司领导提出的：“向工作要结果、一切工作看结果”的要求，把纪检监察各项工作做实，真正抓住成效。比如，反腐倡廉宣传教育的结果是什么？那就是通过宣传营造反贪崇廉的氛围，把腐朽思想挤出主流文化，让廉洁文化占领制高点。通过教育把各级干部的拒腐防变意识提升起来，按规章制度办事，不越“红线”，最终减少甚至杜绝违法乱纪的行为。案件检查的结果是什么？那就是通过查办案件，真正起到震慑作用，使大多数干部不再犯类似的错误，做到举一反三、治标治本。效能监察的结果是什么？那就是始终深入安全生产经营领域，把发现问题、堵塞漏洞、提升效率作为主攻方向，努力挽回或避免经济损失，保证国有资产的保值增值。纠风制奢的结果是什么？那就是通过加强领导人员的作风建设，根治一批职工群众反映强烈的突出问题，建立和谐的党群干群关系，最终达到逐年减少涉纪信访量、逐年提高职工群众满意度。

【作者：山西新景矿煤业有限责任公司】

深入挖掘网络媒体优势
加强企业思想政治和谐稳定

李　彦

面对信息网络时代的迅猛发展，如数字杂志、手机短信、网络、桌面视窗、数字电影、触摸媒体等新兴媒体对于思想政治工作者既是机遇，也是挑战。相对于报刊、广播、出版、影视四大传统意义上的媒体，新媒体被形象地称为“第五媒体”。思想政治工作者如何充分发挥新兴媒体时效性强、覆盖面广、内容丰富、高效便捷、双向互动等特点和优势为思想政治工作服务，积极应对这一挑战是我们应该积极探索的课题。

一、新兴媒体对思想政治工作的影响

新兴媒体，是以计算机技术为基础，以网络技术为基本依托，实现信息传播的载体。相对于四大传统媒体，新兴媒体以其无可比拟的优点，刺激着企业员工的视觉、听觉和思想，给思想政治工作带来了新的挑战。

（一）鲜明的特性。相对于传统媒体，新兴媒体具有明显的优势和特性。第一是内容多元性。互联网既是现有的最为庞大的计算机网络，也是最大的信息传播媒体。网上信息种类繁多，包罗万象，堪称“电子版的百科全书”。第二是影响广泛性。网络传播以互联网为依托和载体，互联网覆盖到哪里，网络信息的传播就覆盖到哪里，范围上没有地域，时间上没有时限，无间断的全时性媒体。第三是传播快捷性。新兴媒体具有及时、高效、快捷的传播特点，被称为“信息高速公路”，不受时间和空间约束。第四是交流互动性。网络信息传播具有独特的、良好的交互性，信息发布者与受众等各个方面之间可以相互交流和沟通，受众不再是被动地“你写我读、你播我看、你说我听”，而是可以主动参与、主动评论、自由发表自己的主张。五是形式多样性。网络传播具有得天独厚的优势，同时具备文字、语言、图画、照片、影像、音频、视频等多媒体传播形式，具有直观性、通俗性、大众化的特点，对受众产生了极大的亲和力、吸引力和感染力，人们对网络传播情有独钟，爱不释手。

（二）受众群体结构发生了新变化。目前，新兴媒体的受众群体中，绝大多数都是中青年，不管是学习、工作，还是生活，已经严重依托于新兴媒体，尤其是对青年员工的成长产生越来越大的影响。青年时期是人生的黄金时期，也是不成熟、不稳定时期。青年员工求知愿望强，但认知世界能力不强，易变化。由于世界观、人生观和价值观尚未成型，对事物缺乏客观、理性的判断，网络上一些落后腐朽的思想、违反社会公德信息的传播和渗透，极易导致青年员工理想信念迷失，价值观混乱；青年员工接受能力强，但也易盲从，网上不良信息容易使青年员工偏听偏信、人云亦云，甚至受到错误的引导。青年员工自我意识强，但自我控制能力弱，易动摇。往往热情多于理性、理想高于现实，当愿望不能满足、目标没有实现时，容易信念动摇、意志衰退，甚至沉溺于虚拟空间，容易造成紧张孤僻、厌倦生活、逃避现实、丧失自我等问题，严重者出现信任危机和人格障碍。

（三）对思想政治工作者的挑战性。新兴媒体的发展，开辟了思想政治工作的广阔前景，同时也对思想政治工作带来了新挑战。第一是对教育方式的新挑战。教育者与被教育者不再是主动与被动、教育与接受的关系，变成有效的互动交流，双方是平等的。第二是对教育模式的新挑战。新兴媒体的发展，造成了“虚拟时空”的存在，改变了人的认知方式，使员工容易失去理性和自我。第三是对表现形式的新挑战。信息网络的形象、直观和趣味性，感染和激发着企业员工的求知欲和想象力，能够最大限度地调动员工获取信息的主动性、自主性和参与性。第四是对思想政治工作的媒体运用提出了新挑战。在新兴媒体时代，思想政治工作者必须与时俱进，充分熟悉新媒体、更新知识、提高素养，充分利用网络技术，创造一种活跃、轻松、愉悦的情景，让在形象、生动、直观的情境中感知教育信息。正确引导广大员工，形成乐观，积极向上的政治氛围，为企业生产经营大局服好务，这也是企业对思想政治工作者迎接新兴媒体挑战的新要求。

二、如何积极应对思想政治工作新形势

面对新兴媒体的新挑战，我们如何充分利用这一机遇，积极探索，深入实践，努力做好新形势下的思想政治工作，这是一个亟待解决的课题。

（一）扩大思想政治工作覆盖面，及时关注员工思想动向及利益需求。利用新兴媒体传播速度快，覆盖面广的优势，采用寓教于乐的方式，将正确的理念渗透到每一名员工思想中，全面提升员工的综合素质，促进思想政治工作由一时一地向全方位覆盖转变，打破时间和空间的制约，形成全方位、无缝隙、广覆盖的工作态势，进一步提高了思想政治工作的社会影响。关注的心理健康，通过学习相关知识、举办专题讲座、提供咨询服务、帮助解决问题等办法，引导释放心理压力，缓解心理疲劳，保持心理健康；关注的成才愿望，广泛开展全员读书活动，强化全员岗位培训，深化干部岗位公开竞聘，对优秀人才给岗位、给待遇、给荣誉，激发提升素质的积极性；关注利益诉求，加强维权意识，落实福利待遇，依法维护权益，确保员工利益最大化。

（二）结合实际创新载体，确保思想政治工作落实效果。运用新兴媒体的优势，结合传统媒体的成熟做法，提升数字化媒体下的思想政治工作能力。如企业文化到班车活动，就是利用车载 VCD 视频，定期刻录企业文化光盘在通勤车上播放，占领员工思想阵地，进行文化渗透；一报一刊到岗位活动，就是将订阅的党刊党报发到班组车间，传播管理知识，推广基层经验，宣传先进典型，鼓舞员工士气；手机短信到个人活动，就是利用手机短信进行正确的舆论引导，在节假日、生日、天气变化时，发一条祝福、提醒、警示等短信，使员工倍感组织的温暖，达到润物细无声的教育效果。

（三）完善新兴媒体信息发布和管理制度，构筑新兴媒体思想政治工作“防火墙”。新兴媒体是把“双刃剑”，必须高度重视网上信息的监督和管理，给新兴媒体思想政治工作提供制度保障。为了确保思想政治工作不留死角，必须实现点的辐射、线的延伸、面的覆盖，延伸到 8 小时之外，全面掌握员工动态，大力监督舆论导向，尤其是在国家、省市和企业内部召开重大会议期间，要严防不法分子利用网络舆情进行不正确的言论传播。必要时各单位各部门制定专人负责，24 小时对贴吧、论坛等网络监控。制定内部网站管理运行办法、网上信息发布审核等相关规章制度，确保网络环境的健康、良性运行。

三、运用新兴媒体开展思想政治工作需要把握的几个问题

当前，运用新兴媒体开展思想政治工作已经成为思想政治工作的重要方面，要注重发挥它的优势和作用，为我所用。

（一）要借助优势，开辟思想政治工作新占地。新兴媒体视野更开阔、时效性更强、施教形式多样化、宣传教育功能大、能多向互动交流等特有优势，我们思想政治工作者要大胆尝试和积极探索，要充分利用企业网，大力加强思想政治工作网络平台建设，完善各级网站，及时维护，开辟思想政治工作专栏，丰富网站内容，创新宣传形式，努力把思想政治工作网络平台建设成为传播先进文化的新途径、宣扬主流舆论的新平台、解疑释惑的新空间、凝聚队伍的新载体、对外宣传的新渠道。

（二）要充分利用网络平台，丰富宣传教育形式和内容。充分利用网络覆盖面广、传播速度快的特点，广泛开展形势任务教育，宣传政策法规，弘扬典型人物，增强思想政治工作的主导性和及时性；充分利用网络图文并茂、生动活泼的特点，开发利用网络多媒体的表现手法，增强思想政治工作的趣味性和新颖性；充分利用网络互动性强的特点，设立领导信箱，开辟论坛，建立个人博客，组织发帖讨论等形式，使思想政治工作对象由消极被动的接受者变成积极主动的参与者，实现思想政治工作主体与客体平等互动的交流，增强思想政治工作的针对性和实效性。

（三）充分结合网络平台，提升企业员工技能。面对新兴媒体的挑战，思想政治工作者首先要提高自身的知识结构和思想水平，特别是要掌握一定的网络知识和技能，才能得心应手地运用网络来加强员工知识培训，开辟学习阵地，增强思想政治工作的辐射力、吸引力、感染力。不断提高科学化水平，努力求新、求实、求活、求深，深度融入人们的日常工作和生活。要提高教育内容的思想性、知识性、趣味性，精心打造有特色的精神品牌，广泛传播先进文化，构建企业员工的精神家园，坚持新兴媒体思想政治工作“四到”，即到机关、到基层、到班组、到家庭。采用更加生活化、人文化的方式开展生动活泼的思想政治教育，形成传统媒体与新兴媒体的思想政治教育合力。

总之，面对新兴媒体飞速发展给思想政治工作带来的机遇和挑战，我们必须积极应对，化挑战为机遇，变不利为有利，开创思想政治工作新局面。

【作者：黑龙江大庆油田有限责任公司第一采油厂人事部】

抓好职工思想教育　聚集企业发展合力

王政松

随着社会经济的不断发展，民主政治的不断进步，人的思想理念与价值取向正悄然地发生着变化。如何做好新时期职工思想教育工作，聚集企业发展合力，已成为当今企业管理者深入研讨的课题。中铁十一局集团五公司作为一个兵改工后，入驻重庆四十余载的国有大型综合施工企业，认为要做好职工思想教育工作，应首先做好“四个统一”。

一、继承发扬铁军文化，以“文化”润物无声的感召力统一价值取向

思想教育工作是一项授之以理、融之于心、润物无声的工作。中铁十一局集团五公司始终将继承发扬传统文化精髓，丰富创新传统文化内涵，挖掘激发传统文化活力，作为实现企业科学发展的动力。一是弘扬传统文化。“九连”是我们企业铁道兵时期的一支尖兵连队。无论是战争年代还是和平时期，“九连”始终以永无畏惧、一往无前的亮剑精神；四海为家、不为名利的奉献精神；艰苦奋斗、勇争一流的创业精神，创造了一个个战功与奇迹，并受到了共和国总理周恩来的亲切接见，成就了我们铁道兵时期战无不胜的精神法宝。二是丰富文化内涵。要使“铁军文化”迸发出新生机与新活力，就必须不断赋予其时代的新内涵。在“红九连精神”的基础上，中铁十一局集团五公司进一步提出了新时期的“五大理念”。无论是汶川、玉树地震的大抢险、青藏铁路的突击施工，还是在近几年国家高铁和基础建设中，都发挥出了巨大的文化感召力与凝聚力。三是创新传播载体。中铁十一局集团五公司在办公楼布设了多媒体“文化展厅”与“责任文化”、“廉政文化”、“精品文化”三重主题文化走廊；利用公司办公自动化平台，定时向员工发送健康小常识、节日小祝福、安全小警句、质量小规范等温馨提示小短信；通过公司网站橱窗及《企业之声》等内部刊物，畅通公司的信息交流平台，展示公司的良好形象，让文化宣传挂在墙上、写在纸上、停在口上，虚无缥缈的文化切实落了地，生了根。

二、建立健全长效机制，以“制度”刚柔并济的约束力统一行动取向

俗话讲：“没有规矩不成方圆”。制度建设应坚守“以刚为首，以柔辅之，融情入理，刚柔并济”的原则。刚则为：以制度的强制约力对不符合企业发展方向、不符合企业发展节拍的一切言行进行及时纠偏与督导。柔则指：注重与员工的思想沟通与交流，处罚不是目的，是让我们员工进一步明确是与非、对与错、好与坏、优与差的评判标准与尺度，决不能推行以处了之、以处代之、只处不教，简单化、粗暴化的管理模式。济则是：在制定、下发《工作责任追究制度》、《安全生产管理办法》、《项目效益策划制度》等一系列规章制度的同时，定期开展职工思想调研工作，并大力推行分级分类的教育、管理模式。对于新员工，根据其专业特长，为其量身制定职业生涯规划。对于老员工，重点加大综合技能、业务能力的培训力度。对退休员工，开一场欢送会、每年进行一次慰问走访。对于农民工，开办课堂讲座与职工夜校。通过分级分类管理，思想教育工作逐步实现了100%的覆盖。据统计：中铁十一局集团五公司每年投入的教育、培训经费就达百万元之多。通过教育、培训制度的不断深化与加强，企业切实发生了一些小变化：办公室的“废纸张”减少了，楼道间的“长明灯”熄灭了，就连施工现场以前司空见惯的“钢筋头”也逐步消失了。仅此几项，每年中铁十一局集团五公司就能节约成本上百万元。

三、丰富创新活动载体，以“活动”寓教于乐的吸引力统一情趣取向

活动是振奋精神与情趣的有效途径与载体。中铁十一局集团五公司不断创新丰富活动载体，不断提振、提升员工的士气与情趣品味。为让活动开展取得实效，中铁十一局集团五公司还积极推进党建工作标准化、片区化、品牌化与绩效化的管理模式，使这个“软指标”变成了“硬规定”。一是“主题”活动激斗志保纯洁。积极组织开展“爱国爱企爱岗位、创先争优做贡献”、“长念廉政经，紧绷警戒线”等主题活动，增强全体员工的主人翁意识与抵抗糖衣炮弹的“免疫力”。二是“主题”活动促生产保发展。通过开展“六比六看，六比六促”等活动推动施工生产，中铁十一局集团五公司连续两年成功晋级中国铁建股份有限公司20强行列。三是“主题”活动控成本增效益。通过开展“成本控制从我做起”大讨论等活动，积极倡导共建节约型企业的先进理念与氛围。四是“主题”活动长知识、陶情操。通过举办各类趣味知识竞答、书法摄影展、拓展活动等，培育积极的生活方式。主题活动的开展，不仅提升了广大员工的情趣与爱好，同时还进一步推动了公司的全面建设与发展。

四、关心帮扶困难职工，以“温情”融冰化雪的亲和力统一认识取向

作为企业管理者，我们应始终将员工的“疾苦”与“权益”放在心坎上。只有这样，员工才会在心里始终惦记着企业，脑子里始终装着企业，嘴巴上始终念叨着企业，行动上始终支持着企业、和企业同呼吸、共命运。一是建造民心工程。历经几届领导的共同努力，金桥鑫都终于建成。目前一期已经交付使用，二期工程已快速推进，届时我们将解决公司700多户员工的安居房问题。二是改善小区环境。每年公司都投入几万至几十万不等的改造经费，现在小区的道路变得宽敞了，路灯变得明亮了，花草也变得更靓丽了。三是结对子送温暖。公司班子成员与贫困员工家庭结成帮扶对子，大到家庭收入生计，小到点滴柴米油盐都一一过问，以实际行动帮扶贫困员工。四是保障五险一金。定期清缴员工的“五险一金”，对拖欠现象一律通过公司办公自动化平台予以曝光督办，切实保护了员工的权益。

思想教育工作是国有企业的优良传统和政治优势，是国有企业改革发展与稳定的有力保证，同时也是中国特色现代国有企业制度的鲜明特征。今后，我们将继续加大、增强、改进新形势下，员工思想教育工作的力度，全面推进“五个文明”的建设步伐，为企业获得新发展、取得新成就、夺得新胜利，发挥出思想教育工作更大的“正能量”。

【作者：中铁十一局集团第五工程有限公司党委书记】

国际反腐败主要理念对建设廉洁政治的启示

熊国建

腐败是人类社会共同的敌人，在与腐败作斗争的漫长历程中，国际社会特别是西方发达国家探索形成了一些主要的反腐败理念，并在实践中得到成功运用，取得了反腐倡廉建设的显著成效。党的十八大提出了建设廉洁政治的战略目标，研究和借鉴这些理念，对于深入推进廉洁政治建设、提高反腐倡廉工作科学化水平，无疑具有一定的现实意义。

一、分权制衡理念

分权制衡理念被誉为“西方立宪主义全部格局的核心”，是西方国家宪政的理论基石。该理念最早可溯源到古希腊的哲学家亚里士多德，他在阐释其“法治应当优于一人之治”的思想时，主张把政府的权力分为讨论、执行、司法三个要素。此后，英国近代政治思想家约翰·洛克和法国启蒙思想家孟德斯鸠等学者对分权制衡理念予以进一步发展。洛克在《政府论》中认为：“如果同一批人同时拥有制定和执行法律的权力，这就会给人们的弱点以绝大诱惑，使他们动辄要攫取权力，借以使他们自己免于服从他们所制定的法律。”孟德斯鸠在其名著《论法的精神》中强调，一切有权力的人都容易滥用权力，要防止权力被滥用，保障人民的自由，就必须以权力约束权力。在资产阶级革命取得胜利后，分权制衡理念逐步形成了较为系统完整的思想体系，并渗透到西方政治、经济以及社会管理等各个方面，对资本主义民主政治发展起到了巨大的推动作用。当前，分权制衡理念及其延伸而形成的“三权分立”制度，被西方资本主义国家广泛采用，并以不同的形式得以体现。

分权制衡理念的核心在于以权力制约权力。不受制约和监督的权力必然导致腐败，要使权力始终按照公共意志规范运行，必须加强对权力的监督制约，把权力“关进笼子”，而通过分权制衡无疑是监督制约权力的有效途径之一。分权制衡防止了权力集中于某一集团，为民主权利的实现提供了新的监督方式，既符合民主政治与反腐败的发展趋势，又符合权力运行的内在规律，是遏制权力滥用和腐败的最有力的理论武器。尽管西方国家的分权制衡特别是“三权分立”模式具有不可避免的阶级属性，作为社会主义国家，我们不可能全盘照搬，但也要看到其历史进步性和合理性。当前，我国权力结构中权力失衡现象比较突出，各级党政机关中决策权、执行权、监督权几乎集于领导班子一身，这种失衡的权力结构催生了“一把手”的体制，滋生了“一支笔”的做法，派生了“一言堂”的局面，其直接后果就是各级党政“一把手”腐败案件频发。要按照党的十八大要求，借鉴分权制衡理念中“权力一定要受到制约”和“用权力去制约权力”的合理价值，进一步完善决策权、执行权、监督权既相互制约又相互协调的权力结构。在党内分权方面，逐步打破党委“议行合一”的领导体制，并建立党代表询问质询、党内民主选举、罢免撤换等制度。在党委、人大和政府分权方面，通过将党的政策主张转变为具有法律效力的国家意志，实现党委决策权和人大决策权有机对接，同时，大力推进党政分工和党政分开，促进权力结构向“党委创议—人大审议—政府执行”模式转变，使党委决策权、人大决策权和政府执行权既相互制约又相互协调；在政府及其内设部门分权方面，严格规范不同权力的使用边界和程序，在班子内部实行正职监管、副职分管、集体领导的新工作机制。要重点加强对各级党政“一把手”的监督，通过建立重大决策票决制、记实制、专家论证制、问责制等，强化对“一把手”行使人事、财务、项目安排等重大决策权的监督；通过建立完善“一把手”履职考核评议和责任追究机制，做到有权必有责、过错必问责。

二、公民社会理念

所谓公民社会，是指社团组织、行业组织和中介机构等非政府组织、非营利性的民间社团、组织和机构。公民社会一词最早出现在古希腊先哲亚里士多德的《政治学》中，指的是“城邦国家”或“自由和平等的公民在一个合法界定的法律体系之下结成的伦理—政治共同体”。17～18 世纪期间，洛克、孟德斯鸠、卢梭等资产阶级思想家提出了社会契约论，主张“天赋人权”和“主权在民”，认为国家的产生是人们相互之间或人民同统治者之间相互订立契约的结果，为了防止政府滥用职权和侵犯民权，人民可以通过各种形式来监督政府的行为。进入二十世纪以来，民主政治家罗伯特·达尔等人进一步丰富和发展了公民社会理论，达尔认为：一个国家要维系民主就必须有各种各样的独立社团和组织，社会对权力的制衡比以权力制约权力的宪法制约更为重要。当前，公民社会作为西方社会生活和政治生活中的重要力量，在政治、经济、文化各个领域中都发挥着举足轻重的作用，在预防和反对腐败斗争中也不例外，公民社会的积极参与已经成为国家廉政体系的重要组成部分。如有的民间组织通过影响议会立法、向政府施加社会压力等方式推动国家廉政机制的创立和完善；借助新闻媒体、网络工具等对民众舆论加以引导；以游行、示威等有组织的公民参与方式形成对政府惩处腐败问题的巨大社会压力；或者以更为直接的方式对腐败官员进行举报。此外，还有的民间组织如透明国际组织等通过进行独立的调查，对政府的廉洁程度进行评议打分等间接的方式，对各国政府廉政建设形成国际舆论压力。

公民社会理念的实质在于以权利监督权力，通过保障社会组织及公民个人的知情权、参与权和监督权，来确保权力正确行使。如果说人大监督、司法监督与纪检监察监督指向的是“权力监督权力”的话，那么，保障人民群众的权利、动员人民群众行使监督权，指向的则是“以权利监督权力”。从当前我国情况来看，权力处于倒金字塔结构，越往上权力越大，而在社会阶层上则处于金字塔结构，广大人民群众构成金字塔的基座。随着政治经济社会的发展，群众的权利意识与政治参与热情越来越强烈，这两种结构之间的矛盾越来越突出，解决这个矛盾，必须积极培育公民社会，强化社会监督，形成专门机关监督和社会监督相结合的完整的监督链条。

借鉴公民社会的理念推进廉洁政治建设，一是主动转变政府职能，构建“有限政府”。如进一步精简、下放行政审批事项，推动源头治理改革，通过政府购买服务等方式向社会组织转移职能，主动削减政府的权力特别是微观经济管理权，扩大社会自治，政府的归政府，市场的归市场，使“缺位”、“错位”、“越位”的权力回归到公共权力本位，剥离附着在政治权力之上的不当经济利益，从而对腐败问题形成“釜底抽薪”式的治理。二是大力培育公民社会组织。当前我国公民社会处于成长阶段，社会组织本身表现出的行政化、等级化、依附性等倾向还比较明显，我市目前登记注册的 1600 多家社会组织中，大多都与行政机关存在着千丝万缕的依附关系，政社不分、财事不分、“搭车”收费、串通谋利等现象并不少见，有的甚至沦为行政机关的“小金库”和腐败通道。要积极推动社会组织建设，如实行社会组织直接登记制度、强化社会组织自治、完善利益协调机制、推动“去行政化”改革等，提高社会组织的自主能力，使其对政府权力形成有效监督和制约，推动形成政府—社会—公民良性互动的反腐败格局。三是拓宽公民和社会组织参与反腐败的渠道。作为政府一方，既要有保持权力谦抑的政治自觉，又要努力为公民政治参与提供必要条件。要建立健全群众利益表达和有序参与监督的机制，提高公民参与反腐败的组织化和有序化程度，进一步拓宽信访举报途径，积极开展网络问政和网络监督，建立健全网上信访举报系统，加大对举报人和证人保护力度，鼓励群众参与监督和信访举报。等等。四是充分发挥新闻媒体的舆论监督作用。新闻媒体在西方国家被称为与立法、行政、司法三权并驾齐驱的“第四权力”，新闻记者有法律规定的采访权和信息披露权，被誉为社会的“扒粪者”，许多重大腐败案件都是由新闻媒介披露出来的。要支持和保护新闻媒体积极开展舆论监督，依法保障新闻媒体自由采访和监督的权利，充分发挥新闻媒体的群众喉舌和反腐尖兵作用。

三、法治理念

西方法治理念是建立在“人性恶”假设基础之上的，古希腊哲学家柏拉图在其著作《法律篇》中提出人性恶的观点，并主张法律的统治。其学生亚里士多德发展了柏拉图的法治理念，提出人的本性都是恶的，法治起源于防恶，只有法治才能防止人性恶的膨胀。英国哲学家大卫·休谟进一步提出了著名的“无赖原则”：在设计任何政府制度时，应当把每个掌握公共权力的人都先视为“无赖”，必须建立一套可靠的预防机制，将他们发展成无赖的道路堵死。经济学大师哈耶克也说过，一种坏的制度会使好人做坏事，而一种好的制度会使坏人也做好事，他认为，制度设计关键在于假定，从“好人”的假定出发，必定设计出坏制度，导致坏结果。这些重要思想都成为了西方法治理念的理论基础。

法治是一种确定性最强、透明度最高、也最容易让人接受的治理模式，是以理性的方式开展反腐倡廉的最佳途径。从我国法治实践来看，几千年来的封建统治所形成的“人治观念”和“官本位”思想在一些领导干部思维中仍然根深蒂固，权大于法、特权腐败等现象仍在一定程度上存在，特别是一些领导干部利用职权便利谋求各种超越法律的特权，形成特权阶层和利益集团，由此衍生出有法不依、执法不严、违法不究以及法外施恩、法不责贵等现象，严重损害了社会公正的基石，践踏了法律面前人人平等的基本原则，必然导致国家法律秩序的失衡和法纪的废驰。西方法治理念特别是“人性恶”假设和“无赖”原则启示我们，建设廉洁政治，必须在法治的框架内进行，必须以法制规章的形式制定规则，并且强力执行，走依法治腐、以法制权之路，否则就会偏离正确的轨道。所以在建设廉洁政治的进程中，强化法治的要素，是一个具有战略意义的抉择，也就是说，要把建设廉洁政治放在法治视域中去谋划和运作。一是创新权力制约模式。要实现依法治权，让所有权力主体都必须在宪法和法律范围内活动，实现“法律面前人人平等、制度面前没有特权”。二是完善政府治理机制。在建设廉洁政治、实现政府清廉的过程中，要抓住政府治理机制改革这个重要内容，坚持政企分开、政事分开、政府与社会组织分开的改革方向，推动政府从全能政府、管制型政府向有限政府、服务型政府转变，让政府从微观经济活动中退出来，最大限度地减少权力寻租机会。要健全清晰化的责任约束机制，这是建设廉洁政治的重要保障。应进一步完善失管必究、失教必究、失察必究的责任追究机制，同时拓展问责范围，既把“三乱”等问题列入责任追究范围，又把决策失误、行政不作为、管理不善、政绩平庸等纳入问责机制；进一步规范责任追究程序，形成责任追究的闭环效应。三是加大依法查处力度。中共中央政治局常委、中央纪委书记王岐山在学习贯彻党的十八大精神研讨班上强调，坚持标本兼治，当前要以治标为主，为治本赢得时间。当前腐败还比较严重的阶段，惩处仍然至关重要，只有通过严厉的惩处，政治意志才能得到宣示，党员干部才能得到警醒，也才能获得公众的信任和支持。如果没有惩治的强制力作保障，教育、监督、制度的效果就会打折扣，预防就将是一句空话。要重点查办发生在领导机关和领导干部中的大案要案，始终保持打击各行各业违法违纪现象的高压态势。狠抓专项治理，坚决纠正损害群众利益的不正之风，着力解决发生在群众身边的腐败问题。加强对社会领域特别是中介组织腐败问题的治理，加大对商业贿赂的打击力度，严厉查处行贿行为，不断提高腐败的风险成本。

四、透明政府理念

透明政府的理论基础在于人民主权原则，由法国启蒙思想家卢梭创立。根据该理论，人们为了维系自由和平等，自愿相互订立契约，让渡出一部分或全部权利给社会，共同组建政府。所以，政府的权力来自于人民，公众与政府之间实质是一种委托与被委托的关系，作为受托人的政府在行使权力过程中，必须对作为委托人的人民和公众负责；作为委托方的公众，有权查阅公共信息，了解受托人政府的运作过程和绩效，对政府工作进行评判和监督。另外，保障公民的知情权和参与权也是透明政府的理论基础之一，西方国家认为现代民主的两大构成要素为公开与参与，知情权和参与权是公民最基本的民主权利之一。为了保障公民的知情权和参与权，政府应该公开一切可以公开的信息，接受人民的监督。根据上述理论，早在 1766 年瑞典就制定了《信息自由法》，此后，西方各国纷纷制定了相关法律，使政府公开制度成为当代民主政治建设的一项基本制度。特别是近年来一些国家广泛开展以建立“透明政治机制”为主要内容的“阳光行动”，成为及时揭露和防止腐败的有效手段，如西方国家大多实施了官员财产申报公示制度，将官员财产“晒”在阳光下接受群众的监督。

我国《宪法》明确规定，国家的一切权力属于人民，各级政府由人民代表大会选举产生，对人民负责，受人民监督，这其中就理所当然地包括向人民公开有关信息，报告工作情况。从我国现实情况来看，政务公开工作仍停留在政府部门有限度的自愿公开的水平，几千年来“民可使由之，不可使知之”的传统惯性导致了权力的封闭运行和暗箱操作，成为权力滥用、腐败滋生的温床。“阳光是最好的防腐剂”，约束权力的最好方式就是把权力置于阳光下，让“阳光”成为预防腐败滋生的最好消毒剂。借鉴透明政府理念，一是要加大公共事务公开力度。要牢固树立公开是党委政府必须履行的基本义务、知情是群众的基本权利的理念，不断拓展党务、政务、厂务、村务公开的广度和深度，特别是涉及群众利益的重大决策、重大建设项目、公共资源配置和社会公益事业建设等信息，必须及时向社会公示，接受社会公众监督，从而推动“金鱼缸”式政府的形成。要重点推进政府财政预算决算公开和“三公经费”支出公开。强化各级政府部门的纳税人权利保护意识，积极推行阳光财政，让社会公众帮政府捂好“钱袋子”。二是推进行政权力网上公开透明运行。当前，以电子监察系统为代表的科技反腐风起云涌，极大地提高了反腐倡廉建设的科学化水平。要大力推进“网上政务大厅”建设，建立融合网上公开、网上办公、网上服务和网上监督等多项功能的行政权力公开透明运行电子平台，推动形成运行公开、制约有效的行政权力阳光运行机制。三是积极探索官员财产申报公示制度。官员财产申报公示制在西方国家被称为反腐的“终极制度”。从我国当前来说，无论是高层的反腐决心，还是社会的民意基础，亦或法律和技术手段，实行领导干部家庭财产申报制的条件都已具备，应积极推行，可以采用分步实施、先易后难的步骤，如先开展新任领导干部和后备干部财产申报公示制度，积累经验后再全面推行。

五、道德教化理念

道德教化理念是与资产阶级的人性论、政治原罪论相对应的一种价值观，提倡对公职人员进行道德教育，给予人性上的去恶存善的净化。在许多西方学者看来，人性可以深刻地改变人格，可以使人放弃其自私自利。因此西方学者认为，道德教化作为国家廉政建设的一种基本手段，它可以促使公职人员建立一种自我约束的道德规范，从实质上说就是一种主观意志的法。当前，道德教化已成为世界各国预防腐败的重要手段之一，凡是政府清廉指数较高的国家，都十分注重发挥道德教化在反腐败中的作用，如新加坡在反腐败道德教化上讲究“心治”，把儒家文化倡导的忠、孝、仁、爱、礼、义、廉、耻“八德”作为整个社会尊崇的道德准则和行为规范；芬兰公务员进入政府机关就职时必须举行仪式，宣誓遵守纪律和公务员道德规范；在瑞典，一个人在任何时期、任何领域违纪违法的不良行为，都会被记录在案，如有不良记录，在就业、晋升、贷款等各个方面都会产生极大的影响，甚至无法立足。

如果说以权力制约权力和以权利制约权力是权力的外在制约的话，那么，以道德制约权力是一种内在的制约，具有更深远的影响。日本社会学家横山宁夫提出了一个著名的“横山法则”：最有效并持续不断的控制不是强制，而是触发个人内心的自发控制。任何制度的推行、法律的实施都离不开人，制度再完善，法律再健全，只要腐败分子的腐败动机存在，再严厉的打击措施，再缜密的法规条文实际上也不能完全阻止他们将腐败的动机变成腐败的行动，最根本最彻底的反腐败措施就是在人们心中建立一条道德防线，彻底根除腐败生存的思想土壤。从这一角度来看，反腐倡廉不仅要靠法律、制度等外在制约，更要靠权力主体的道德自律。建设廉洁政治，必须大力倡导自律从严的道德取向。一是要以社会主义核心价值观重构道德规范。要以社会主义核心价值观为基础，结合我国各地传统廉洁文化，提炼具有地域特质，体现地域人民行为方式、文化艺术、价值观念的核心道德理念，并使之成为当地人民的共同价值取向和追求。要特别注重加强从政道德教育，通过“道德讲堂”、“廉政课堂”等形式，构筑“以廉为纲、以德为先、以信为重”的党员干部道德诚信高地，抑制和消除权力腐败的内心动机。二是要实现道德规范的制度化。个人的道德理性和道德意志是有限的，只有通过制度的强制性力量，才能确保道德规范被严格遵循。要大力推进党员干部从政道德的制度化工作，如制定《党员干部道德守则》，建立领导干部道德档案和考德制度等，来约束党员干部的日常行为，起到防微杜渐的警戒作用。三是要积极推进社会诚信体系建设。权力腐败总是与政府和官员诚信缺失联系在一起的，而企业诚信缺失更是商业贿赂的源头。要大力推进以政府信用为表率、企业信用为重点、个人信用为基础的社会信用体系建设，逐步建立集纪检监察、银行、税务、工商、质监、司法、民政、公共资源交易等部门信用信息于一体的综合性诚信数据库，建立企业廉洁诚信档案，实现跨部门、跨区域信用信息共享。同时，推行守信激励和失信惩戒制度，推动企业廉洁从业、诚信守法。要突出抓好政府信用建设，坚持诚信办事、诚信服务、取信于民，推进诚信政府的建设，切实提高政府的公信力。

六、“零容忍”理念

所谓“零容忍”，是指对不良习惯、不道德行为、轻微违规等行为绝不容忍，其核心是对各种反社会行为和违规违法活动采取严厉打击的态度，哪怕是轻微违法犯罪行为，也要毫不犹豫、决不妥协地进行彻底斗争。“零容忍”的理论基础是“破窗理论”，1982年由美国预防犯罪学家乔治·凯林和詹姆斯·威尔逊提出。他们认为，如果一幢大楼的一扇窗户遭到破坏而无人修理，肇事者就会误认为整栋大楼都无人管理，从而得到可以任意破坏的暗示，紧接着就会发生一系列犯罪行为。“破窗理论”鲜活地说明了在轻微的违规违纪与严重的违法犯罪之间的重要联系。它启发我们：完好的东西一般不会有人去破坏，而一旦这个东西被破坏，如不及时修复，可能会遭受更大的破坏。因此，要对付“破窗”现象，最有效的策略就是实施“零容忍”，在违法违规行为出现苗头的时候，将其扼杀在萌芽状态，真正做到“防微杜渐”。“破窗理论”最先由美国警署应用于社会治安管理，通过对犯罪分子实行“零容忍”，取得了明显成效。此后，“零容忍”理念在反腐败中得到广泛运用，如香港廉政公署把“零容忍”理念应用于廉政建设，坚持“举报必接、有腐必查、惩腐务尽”的原则，使其清廉指数一跃成为亚洲前列；瑞典、新加坡等国对行贿受贿数量不做具体规定，只要属于“不正当的报酬”，不管数量多少，即使只有一毛钱，也属于犯罪行为，要处以刑罚。

“零容忍”揭示这样一个原理：任何事情的发展包括腐败行为都是有一个从量变对质变的过程，如果对“小腐败”问题不注重惩治，采取放任的态度，就会导致积“小腐”为“大腐”。“放纵一个腐败分子，就会使一千个人产生侥幸心理”，如果一些党员干部的腐败行为仅因为性质轻微或身处高位没有被依法严办，就会形成“可以腐败”或“腐败不会被惩处”的心理暗示和行为导向，其结果必然是更多人的学习和效仿，导致腐败现象层出不穷。从社会心理学来讲，重大腐败行为固然不容忽视，但社会大众感受最深和最深恶痛绝的还是发生在身边的轻微腐败行为，如果容忍这些轻微腐败行为，就会使公众对党和政府反腐败的决心和信心产生动摇，进而失去正义感和社会责任感，形成“官民互不信”的严重局面。一要严格落实“零容忍”的普适原则，按照中央纪委二次全会的要求，既打“老虎”，又拍“苍蝇”，只要违犯了党纪国法，无论涉及什么人，都一律依纪依法严肃查处，从而对存在腐败倾向或苗头性问题的党员干部产生“伸手必被捉”的强烈震慑。二要切实完善“零容忍”的制度体系。对腐败“零容忍”，必须健全制度规范，严肃制度执行，提高对腐败行为处罚的刚性。当前在反腐实践中，存在着一种“抓大放小”的趋势，违纪违法案件立案的起始金额标准节节攀升，在适用法纪的标准上因人而异，这些都与“零容忍”理念背道而驰，要通过适当降低并严格执行腐败案件的立案标准，严禁法不责贵、以纪代法等现象。三要积极培育“零容忍”的廉洁文化。通过传递“违规无小事”、“凡腐必究”的理念，警示公职人员自觉抵制各种诱惑，培养廉洁从政的责任意识和良好风尚；通过营造“以贪为耻”的社会氛围，使“零容忍”理念深入人们的思想内心，从而形成有效遏制腐败的社会心理和价值导向，凝聚廉洁从政廉洁从业的正能量，为建设廉洁政治注入源源不断的精神动力。

【作者：中共湖南省常德市政府党组成员
市纪委副书记监察局局长】

程序正义　罪刑均衡

——我看薄熙来案的审理与判决

徐松林

我看了薄熙来案庭审的全部微博直播，这两天又看了该案近5万字的判决书。我对该案的评价是：庭审程序正义、实体判决公正。

首先，该案庭审有六大亮点：

1．庭审公开前所未有

法院每天都有新闻发布会、整个庭审全程微博直播，网络、电视、纸媒立体式报道，整个庭审过程全方位呈现在公众面前，充分满足了公众的知情权。

开庭前，我有某种程度的担忧：像这样一个高度敏感的案件，是否庭前已排练好，开庭只是走过场，是否快审快结？但5天的庭审打消了我的顾虑。庭审控辩双方对抗激烈、被告人从一开始就全盘翻供，直播的微博中甚至出现不少错别字。这些都让人感到，这是一次真正意义上的审理。

案件庭审的公开透明，致使庭前大家预计的将会谣言满天飞的情况没有出现。这也说明，谣言止于公开。

2．关键证人出庭接受质证

我国刑事诉讼法明文规定，关键证人必须出庭，除非法定事由，对不出庭的关键证人的证言不得作为定案依据。但事实上，关键证人出庭率低一直是我国刑事诉讼中的顽疾。关键证人不出庭接受质证，法院凭一纸证言定罪，使得冤假错案时有发生，司法公信力被逐渐侵蚀。

薄熙来案中，徐明、王立军、王正刚三位关键证人均出庭接受控辩双方的交叉讯问并与薄熙来对质，使人感到其证言真实、可信。

3．被告人自辩充分

薄熙来是一位口才极好的被告人，对控方的每一指控，均有长时间的自辩。对被告人的自辩，法庭均能耐心倾听、没有粗暴打断，只是当其扯到与案件无关的问题时，审判长才提醒其陈述与案件有关事实。

倾听被告人自辩意见、保障被告人的自辩权利，这让人感受到法庭审理的公正与理性。

4．庭审中给被告人以人道待遇

庭审中，我们看到，被告人既没有被剃光头、穿囚服，也没有戴手铐、脚镣。这充分体现了无罪推定的现代司法理念。任何人在被刑事判决确定为有罪之前，都应该假定是无罪的，他应该享有正当权利。在庭审过程中不能羞辱、丑化被告人。除非对暴力倾向明显或有可能逃跑、自伤、自残的被告人，一般不宜使用械具。

济南中院的庭审，让人感受到了现代司法的文明与宽容。

5．控辩双方地位完全平等

刑事诉讼中的控辩审三方是一个等腰三角形，控辩双方是三角形的两条等边，法官居中裁判。但毋庸讳言的是，我国的刑事庭审，控辩双方存在着事实上的不平等。控方是代表国家起诉犯罪人、法庭是代表国家审判犯罪人，而辩护律师只是“拿人钱财、替人消灾”。在此观念支配下，辩护律师被逐出法庭、控方抓律师、抓证人的现象时有发生。李庄案、北海案、贵阳案，闹剧一再重演。

但薄熙来案庭审，我们看到，控方、辩方地位完全平等，法庭对双方的权利都给予了充分保护。

6．审判长驾驭庭审能力强

本案审判长王旭光驾驭庭审的能力值得赞许。审判长虽然话不多，但庭审节奏把握得很好。5天的庭审，我感觉审判长真正做到了：不偏不倚、张弛有度、耐心倾听、富有涵养。

在审判长的主导之下，可以说5天的庭审非常成功。

其次，关于该案判决，我认为：

1．判决书说理充分

判决书摆事实、讲道理，认定罪名成立的证据环环相扣、形成完整证据链，法官的思考与推理过程逻辑严密、层次清晰。

譬如关于受贿罪的认定，虽然薄熙来一再辩称其主观上不“明知”、没有受贿故意，客观上是“公事公办”、没有为请托人谋取非法利益。但根据我国刑法条文，受贿罪的成立，客观上不以“谋取非法利益”为必要，只要为请托人“谋取利益”即可；主观上的“明知”不以知道每一次受贿的细节为必要，只要有“概括故意”即可。

“官员为请托人办事、妻子儿女或特定关系人收钱”，这是当下高官受贿的通行模式。徐明对薄熙来妻子儿女不错、对薄之家庭挺关照、“我帮他办事、他帮我带孩子”，这些薄熙来在法庭上也是承认的，仅此，就足以证明，薄熙来对受贿存在概括故意。

2．对被告人自辩意见及律师辩护意见均有充分回应

对被告人自辩意见及辩护律师的辩护意见予以认真回应，是本案判决书的一大亮点。

譬如，对辩方关于薄谷开来证言的证据效力问题、国外取证的证据效力问题、纪委审查阶段亲笔供词是否非法证据、在“自感有压力”或“希望延续政治生命”的心里状态下而书写的悔罪书是否可作为非法证据予以排除，等等辩解与辩护意见，判决书均给予一一回应与说明，而不是以简单的一句“辩方的辩护意见没有事实及法律依据，不予采信”敷衍了事。

3．无期徒刑的判决堪称罚当其罪

根据我国的审判实践，受贿数额2千万以上，其宣告刑可以是无期徒刑、也可以是死刑，关键要看有无索贿、有无造成严重后果等情况，本案中，无证据证明薄熙来索贿或造成严重后果，因而判处无期徒刑是合适的；贪污500万以上，其法定刑是10年以上有期徒刑或无期徒刑或死刑，该案中，法院根据薄熙来并无主动预谋、策划、积极参与等情况，判处15年有期徒刑是比较恰当的；滥用职权罪的法定最高刑为7年，如果因徇私舞弊而滥用职权，法定最高刑为10年。本案中，法庭基于薄熙来滥用职权造成了震惊中外的王立军叛逃事件这一严重后果，从重判处其7年有期徒刑是恰当的。

三罪并罚判处无期徒刑，我认为是罪刑均衡、罚当其罪。

薄熙来案的审理与判决堪称公开、公平、公正之典范。我们希望，我国的法院能以薄熙来案为契机，重塑司法公信力。

【作者：华南理工大学法学院院长、教授】

以“四力”促进廉政文化建设

尹洪三

党的十八大报告中指出：加强反腐倡廉教育和廉政文化建设，更加科学有效地防治腐败。大力加强廉政文化建设，在全社会形成“以廉为荣、以贪为耻”的良好风尚，既是反腐倡廉工作的基础，也是反腐倡廉的治本之策，是落实科学发展观和党的十八大精神的具体要求。 加大宣传，创新内容，灵活方式，注重实效，形成特色，着力提高廉政文化的吸引力、影响力、感召力和执行力。

一、提升廉政文化的吸引力

廉政文化建设作为新形势下反腐倡廉工作的一个有效载体和重要抓手。首先，加强廉政文化建设是构建和谐社会的重要举措。构建和谐社会，离不开廉政文化的支持，和谐社会为廉政文化建设提供有利条件和环境，两者相辅相成。和谐社会就是要建立“不易”腐败的防范机制、“不能”腐败的约束机制、“不敢”腐败的惩治机制、“不愿”腐败的自律机制的社会。加强廉政文化建设，就是要用文化的影响力来推动党风廉政建设，廉政文化建设靠营造文化舆论氛围，靠潜移默化影响，靠社会感染力和公众的力量去推动。只有搞好廉政文化建设，群众的道德素质提高了，法制观念增强了，良好的社会风气形成

了，才能构建和谐社会。其次，加强廉政文化建设是推进反腐倡廉工作的迫切需要。随着改革开放的不断深化，各种思想文化相互激荡，社会价值观念日益多样化，特别是外来文化中消极因素的侵入，使一些人对某些社会行为的评判标准发生了动摇甚至颠倒。因此，要推动党风廉政建设和反腐败斗争深入开展，就必须加强廉政文化建设。

二、提升廉政文化的影响力

企业党政领导要高度重视廉政文化建设工作，切实加强组织领导，把廉政文化建设摆上重要议事日程。抓好廉政文化建设一靠教育，二靠制度。教育是基础，制度是保障。各单位要充分利用广播、电视、报纸、网络等各种宣传媒体，广泛宣传廉政文化建设的重要意义，教育引导广大党员干部和职工群众积极参与到廉政文化建设之中，帮助党员干部群众及时消除“与己无关论”、“形式主义论”等不正确认识，克服“走过场”和“流于形式”的表面现象，做到“两手抓、两不误”，实现“两促进、两提高”。要通过组织开展职工群众喜闻乐见的寓教于乐的活动形式，激发干部群众参与廉政文化建设的热情。在廉政文化建设的内容上，要大力开展理想信念教育，思想政治教育、纪律作风教育、道德法制教育和廉洁从政教育，促使广大党员干部牢固树立正确的世界观、人生观、价值观和权利观。在廉政文化建设的对象上，突出抓好“一把手”的教育，发挥其典型示范作用。在方法上，采取各种行之有效的办法，如典型教育、警示教育等，同时不断创新教育方法，着力提高教育的针对性和实效性。

三、提升廉政文化的感召力

廉政文化建设必须贴近群众、贴近生活、贴近实际，必须在途径上有所创新。在内容上要力求体现通俗性，不仅要把廉政文化内容融入到深厚的历史文化积淀和民族文化的优秀传统中，而且要拓宽思路，积极探索，选择符合实际、群众参与度高、易于接受的内容，如开展评选“我身边的优秀共产党员”、“道德模范”、“廉洁敬业标兵”等活动，充分发挥先进典型的示范作用，倡导尊廉崇廉的社会风尚。要注重人性化，讲求实效，以理服人、以情感人，把廉政文化建设同党组织建设、干部作风建设结合起来，使廉政文化更贴近广大党员干部群众的思想和工作实际，做到入脑、入心。在形式上要力求体现生动性，结合企业特点，把廉政文化融入到企业文化和企业精神的培育中去，增强职工的社会公德和职业道德意识。通过组织党员干部观看廉政影视片、举办廉政文化演出、撰写廉政建设征文等形式，不断增强广大党员干部的廉政、勤政意识。

四、提升廉政文化的执行力

加强企业廉政文化建设，就要建立完善开展廉政文化教育活动的长效机制，不断巩固和扩大廉政文化建设成效。要完善“党委统一领导、党政齐抓共管，纪委组织协调、部门各负其责，依靠群众的支持和参与”的领导体制和工作机制，努力形成廉政文化建设的整体合力。要强化目标管理，将廉政文化建设与经济工作一起部署，一起落实，一起检查、一起考核，形成一套完整的目标管理体系，要切实增强责任意识，变“要我抓”为“我要抓”，增强工作的主动性；要健全完善考评机制和激励机制，从先进性和广泛性、精神鼓励和物质奖励、定性和定量结合上制定出科学的考评机制，要综合运用目标激励、表扬激励、晋升激励及情感激励等各种激励方法，使勤政廉政取得更好的效果。要强化责任追究，要形成一级抓一级，层层抓落实的责任体系。建立责任追究制度，为廉政文化建设提供有力保障。

【作者：山东兖矿集团唐村实业有限公司党委书记】

拒腐防变“四要诀”

周自力

领导干部要过好权力关、金钱关和美色关，关键在把握好世界观这个“总开关”。说到底，领导干部拒腐防变，永葆清廉本色，关键在于自我筑牢思想防线。

一要清醒看到权力面临的诱惑和腐蚀，用权要有如临深渊、如履薄冰的危机感和警惕性。权力，广义指政治上的强制力量，狭义指职权上的支配力量。作为领导干部，正因为享有职责范围内所具有的支配力量，于是在现实生活中和使用权力时，就会面临各种诱惑和腐蚀的考验。这就要求领导干部增强公仆意识，时刻牢记权力是人民给的，是用来为群众办事、为百姓造福的；增强自律意识，自觉以法制权，依法行权，防止和克服等级观念、特权观念；增强责任意识，认清领导干部是党的性质的重要体现者，党的宗旨的忠实践行者，要始终把群众的利益放在心中最高位置，放在行使权力的最高位置；增强风险意识，权力越大，责任越大，预防腐败的难度越高，每当试图滥用权力时，要有如临深渊、如履薄冰的危机感和警惕性，否则一念之差、一脚不慎，就会瞬间走向人民的对立面，坠入人生痛苦的万丈深渊。

二要深刻认识腐败的深重危害和党惩治腐败的坚定决心，仔细算好大小得失账。腐败导致亡党、政权垮台，这是已被历史证明了的。当年时任美国驻华大使司徒雷登离开中国之前，意味深长地说共产党战胜国民党不是飞机大炮，而是廉洁。党的十六大以来，中央一再强调坚决惩治和有效预防腐败，关系人心向背和党的生死存亡，是党必须始终抓好的重大政治任务。反对消极腐败，建设廉洁政治，是我们党孜孜以求的奋斗目标。作为一名领导干部，党执政骨干队伍的一分子，固然要首先算好这笔大账、深明这个大义！同时，也要好好想想对沦为罪犯、受到刑罚的贪官而言的几笔小账，即算政治账他自毁前程，算经济账他倾家荡产，算名誉账他身败名裂，算自由账他身陷囹圄，算健康账他身心交瘁，算家庭账他妻离子散，算亲情账他众叛亲离。自治区检察院预防职务犯罪教育展览所展出的支撑人生大厦的“廉洁柱”、“廉洁多米诺骨牌”和“危险之座”，三件寓意深刻、形象直观的实物警示我们，一旦为政不廉，追求金钱、美色和灯红酒绿的生活，走上了犯罪道路，其人生、事业、家庭大厦顷刻倒塌，自由、地位、幸福等也都将化为泡影……只有算清大小账，方知得与失，才能“有所为，有所不为”。

三要学会心理调适，自觉保持“常乐无求”的良好心态。作为领导干部，通过长期的学习教育，加强党性锻炼和品德修养，自觉接受正确的理想信念、道德规范，进而内化为一种自我约束力量，并能够长期地发挥自律作用，即便一时的制度不全、监督不力，也能始终做到修身正己，自我完善。如此固然重要和必要，也是领导干部应该追求的高境界。但其实学会心理调适，保持良好心态，对恪守廉洁来得更快更直接，也实在管用。隋朝大儒王通有句警世名言：“廉者常乐无求，贪者常忧不足”，意为廉洁的人会因为知足而常乐，贪婪的人会因为想得到更多却不能满足而常常忧虑。反过来说，就是知足者往往守得住清贫、保得了廉洁；而不知足者往往变得贪婪无度。宋朝司马光也语警世人：“由俭入奢易，由奢入俭难”。在现实生活中，作为一名领导干部，如果不能知足常乐，盲目攀比那些暴发户、大老板，一味追求物质享受，就很容易心态失去平衡。事实上，往往那些缺少俭朴意识和作风的干部，就很难廉洁，就有可能经不起诱惑而唯利是图，进而滋生种种贪腐行为。所以说，领导干部必须学会心理调适，自觉保持“常乐无求”的良好心态。在生活上俭朴，保持与合法收入和财产相当的生活水平，这样才不会因追求物质享受而失守清正廉洁的“边防线”，触碰惩治腐败的“高压线”。

四要常怀感恩之心，以清正廉洁、尽忠尽职来报答党、报答人民。党建初期和革命处于低潮时期，党的很多优秀儿女为了党的利益把砍头当作风吹帽；红军长征路上，党员过沼泽地面临没顶之灾时，手上还高举着党费。这种理想信念的坚定、对党的忠诚、对党的感情的淳朴和真挚，真是感天动地。如今，无论从讲政治的高度，还是出于一种朴素的感情，作为没有经历过老一辈的出生入死和艰难困苦，受党教育培养而一路成长顺利的新一代党员干部，特别是领导干部，就更应该常念党的恩情、不忘自己使命。务必清正廉洁，勤奋为政，一心为民，才能对得起党，对得起人民！

【作者：广西壮族自治区人民检察院司法警察总队总队长】

坚持“五字理念”做好企业思想政治工作

王春林　杨洪军

思想政治工作是一项如何引导人、教育人、塑造人、培养人的工作，是企业必不可少的“生命线”。随着我国经济体制的深刻变革、社会结构的深刻变动、利益格局的深刻调整，加之信息传播渠道的多元化，员工的活动方式、交往方式、思维方式和价值取向都发生了很大的变化。如何面对错综复杂的新情况、新问题，积极探索新形势下企业思想政治工作的新路子，是亟待我们认真研究和努力实践的问题。归结起来就是克服一个“难”字、抓住一个“实”字、把握一个“细”字、注重一个“情”字、力求一个“新”字。

一、克服一个“难”字

思想政治工作说到底是做人的工作。由于人与人可能因家庭出身、文化程度、社会环境的不同而其素质、修养参差不齐，可谓“一花一春天，一人一世界”，这是一难；企业改革过程中，势必面临分配利益的调整，人的思想意识和心理状态必然会呈现出复杂性、多变性、矛盾性，这是二难；政工干部受体制和机制的约束，政治待遇低，说话无分量，既有自卑感又收效甚微，这是三难。每个思想政治工作者都应当胸襟宽阔，不计得失，服从、服务于“改革、发展、稳定”这个大局。一是克服等待观望的思想，树立主动应战、积极改进的意识。认真研究新形势下企业思想政治工作的特点和规律，不断探索做好企业思想政治工作的有效途径，牢牢掌握思想政治工作的主动权。二是克服无所作为的思想，树立奋发有为、争创一流的意识。勇于把挑战当机遇、把困难当动力，高质量、高效率、高水平地开展思想政治工作，最大限度地调动广大干部员工的积极性、主动性和创造性，为企业发展提供思想保证和精神动力。三是克服得过且过的思想，树立大胆探索、勇于实践的意识。破除安于现状、因循守旧、怕担风险的心态，着眼改革发展，立足企业实际，在实践探索中形成搞好企业思想政治工作的新思路、新方法、新机制。

二、抓住一个“实”字

思想政治工作脱离了实际只能流于形式，不会有任何效果，必须察实情、办实事、求实效，才能收到事半功倍的效果。一是察实情。察实情就是要“接地气”，只有深入基层，融入群众，才能察到实情。只有脚踩一身泥、身落一层灰，到员工群众最需要、意见最多、困难和矛盾最集中的地方去，与员工群众真情沟通、用心交流，才能赢得员工群众的信任，听到群众的肺腑之言。二是办实事。这是最大、最好、最有效的思想政治工作。从关心员工群众的冷暖，倾听员工群众的呼声，认真解决员工群众的实际困难入手，想员工之所想，帮员工之所需，解员工之所忧。把员工思想政治工作做在解决困难的过程中，坚持既讲道理，又办实事，办了实事，再讲道理，增强思想政治工作针对性、时效性和说服力。三是求实效。就是在思想政治教育工作中，系统性的务虚教育应减少，日常的针对性教育应增多，脱离经营活动的教育应减少，结合企业生产实际的教育应增多，普遍性的灌输教育应减少，联系实际的改革政策教育应增多，改变过去我们讲什么员工听什么为员工关心什么、议论什么我们就讲什么。只有如此，才能把思想政治工作做深、做细、做实，才能凸显效果。

三、把握一个“细”字

天下大事必作于细。思想政治工作是统帅，是灵魂、是生命线，当然属于“大事”之列。首先，心要细。人是千变万化的，做人的工作必须心细。要细心观察，通过会议、谈心、交流等形式，及时发现员工群众思想苗头，掌握思想动态。要倾听员工呼声，了解员工在想什么？需要什么？这就需要思想政治工作者细心分析、判断，及时做好疏导和引导工作。其次，方法要细。在做思想工作过程中，同样一句话由于表述方法不同，就有可能产生不同的效果。强调思想工作方法要细，关键是要有针对性。要根据不同的文化层次，不同的年龄、性别、性格，采用不同的方法。有的通过谈心、交流就可以化解矛盾，有的则必须批评教育甚至处罚才能引起震动、触动思想，有的需要心灵抚慰关心，有的需要物质帮助才能解决问题。第三，要从细微处入手。做思想工作，要善于从细微处关心员工、鼓励员工，从而达到调动积极性的目的。如：生日时祝福，困难时帮助，挫折时鼓励，成功时赞扬，虽然是一句安慰话、鼓励话，但是这些细微处的关心、关怀，可以感动员工，鼓舞士气，增强向心力。

四、要注重一个“情”字

“感人心者，莫先乎情”。我们党一贯倡导思想政治工作要以理服人，以情感人，以行带人。以理服人，一靠真理的力量，二靠人格的力量。要让员工做到口服心服、心中满意，必须要尊重人，讲道理，通过讲道理，让人思想通，心里服。也可以采取正面灌输或总结反面典型的方法，使员工和群众从中悟出道理，也可以通过解决问题，体现道理。唯有如此，才能启迪教育对象的心智，收到良好的教育效果。以情感人，重要的是热爱工作对象，真心实意地关怀、尊重、信任和感化员工群众，同员工群众心连心，通过感情上的融合，实现思想上的统一和提高。在现实生活中，我们常常遇到这样的事情，同样是讲道理，有的人讲，员工群众就爱听，就乐于接受；而有的人讲，员工群众就不爱听，不乐于接受，甚至反感，一个很重要的原因，就是和员工群众没有建立深厚的感情，没有带着真情去讲。因此，各级领导干部、政工干部必须经常深入到员工当中去，密切联系员工群众，了解员工的困难，关心他们的疾苦，帮助他们解决实际问题，找到解决思想问题的共鸣点，思想教育就容易见成效。以行带人，就是身体力行作表率，既做真理的传播者，又当真理的实践者，通过自己的热情与行动去感化人和激励人。我们的各级领导、政工干部在日常生活和工作中，要以身作则。并按照我们所讲的道理去开展工作、狠抓落实、讲求实效，用工作的实际进展和成效来证明我们所讲道理可信、可行。要在行使职权处理与群众切身利益相关的问题时，要严格按原则办事，切实做到公道正派，说话算数，言而有信。只有这样，我们的思想政治工作才能取得广大干部员工的信任，言传才有人听，身教才会有人跟。

五、力求一个“新”字

创新是我们党永葆生机的源泉，也是思想政治工作具有旺盛生命力的关键所在。一是在工作思路上，积极探索形势任务教育的新方法，不回避员工群众关心的热点、焦点问题，切实增强形势教育的感染力、影响力和渗透力。由过去发现什么问题做什么工作的被动式教育，向围绕企业生产经营开展主动式教育转变，增强思想政治教育的针对性和主动性；二是在教育内容上，在坚持传统教育的基础上，注入适应时代变化和干部员工思想变化的新内容，精心设计和组织有影响的主旋律活动，寓教于乐、寓情于理、润物无声。重视用员工身边的先进人物来教育员工，总结推广各具特色的先进典型，增加思想政治工作的现实感和亲切感；三是在教育的形式和方法上，由过去注重集中、大型的教育活动向小型、灵活、多样的教育方式转变。多用耐心疏导、民主讨论、平等交流的方法，认真听取员工群众意见、反映利益诉求、排解公众情绪。多用群众参与的办法，结合企业精神文明创建活动和企业文化活动，增强思想政治工作的吸引力和实效性；四是在教育管理体制上，由过去思想政治工作由专业政工人员做向党政工团各级组织齐抓共管转变。建立健全统一领导、党政工团齐抓共管、政工部门组织协调、各部门各负其责的领导体制和工作机制，为推动思想政治工作提供强有力的制度保障。

总之，企业思想政治工作只有不断改进和创新，才有活力，才能适应发展变化的新形势，才能在企业改革和发展中真正发挥“生命线”作用。

【作者：吉林油田公司新民采油厂党委书记
吉林油田公司信访稳定办公室综合科科长】

党员领导干部须九“慎”

朱争平

市场经济的深入发展，引发了我国经济社会、思想文化、利益格局等一系列重大而深刻的变化。这些变化带来的最大影响，是对人们价值观的影响。面对这样的社会环境，党员领导干部能不能有良好的修养显得尤为重要。可以说，加强党员领导干部的修养，是新形势下增强党性观念、弘扬优良作风、践行党的群众路线的一个现实课题。

一、慎初，止于未萌

慎初，就是戒慎于事情发生之初。明代《松窗梦语》的作者张瀚担任御史后，去拜见都台长官王廷相，王廷相给张瀚讲了一个轿夫的故事：一天他坐轿进城刚好遇雨，一个穿了双新鞋的轿夫一直择地而行，怕弄脏了新鞋子。进城后，轿夫一不小心踩进了泥水之中，一只鞋被弄脏了。为了不让另一只鞋弄脏，轿夫还是择地而行，可是不小心把这只鞋也弄脏了。于是，轿夫便“不复顾惜”了。这个故事告诉我们，人一旦踩入泥潭，便会放松戒备。在我们的社会生活中，类似的故事还有很多。反思这些“湿鞋者”的思想根源，就是在第一次失足后放纵了自己，从而一步步走向泥潭甚至深渊。

作为一名党员领导干部一定要认真对待工作生活中的每个“第一次”，在诱惑面前保持清醒的头脑和冷静的目光。这里，要做到三个警惕：一要警惕一念之差。明朝思想家吕坤在他的《呻吟语》里有这样的话：“一念收敛，则万善来同；一念放恣，则百邪乘衅。”我们一定要从源头上净化心灵，防止因一念之差而误入歧途。二要警惕自我原谅。一些走上犯罪道路的领导干部，在面临第一道关口时也曾犹豫过、心虚过、自责过，但终究没有能够战胜自己，有的还以“就这一次”为托词替自己解脱，最终因自我原谅而不能自拔。三要警惕心存侥幸。陈毅元帅有首诗：“手莫伸，伸手必被捉。党和人民在监督，众目睽睽难逃脱。”侥幸的结果往往是不幸。只有时时慎初，处处慎初，事事慎初，才能做到止于未萌“不湿鞋”。

二、慎微，见微知著

习近平总书记在浙江工作时曾对领导干部讲过这样一段话：“慎微，就是警惕于事物细微之处，‘勿以善小而不为，勿以恶小而为之’，防止小过酿成大错。”现在有些领导干部错误地认为，自己辛辛苦苦工作，收一点拿一点、吃一点喝一点、玩一点乐一点，是人之常情，无伤大雅。有的甚至信奉“潜规则”，把请客送礼看作是私下认可的办事准则。正是这种不拘小节，使得少数党员领导干部最终走向了堕落。沈阳市原市长慕绥新有这样一段忏悔：我最早开始收受的礼物是一条烟。当时我是这样想的：送东西者当时没有与我发生直接交易或者他求我办什么事，他们只是来看望我。由此可见，一个人思想品质的变化，都是由量的积累而致。

市场经济有它通行的一些规则，人情往来有时可能难免，这里不见得都有阴谋和陷阱。但作为党员领导干部，一定要懂得“长堤溃蚁穴、君子慎其微”这个道理，做到小处着眼，重视小节，防微杜渐。一是修身养德知于微，身处市场经济环境，做到心明如镜、不染纤尘。二是从严要求禁于微，时时在细小的事情上严格要求自己，恪守党纪国法、道德规范。三是注重细节行于微，清清白白做官，干干净净做事。

三、慎言，言必有中

孔子说：“夫人不言，言必有中。”意思是说话要谨慎，不说则已，说了就要说中肯、说准确。现在有的慎言不够，口无遮拦，不讲政治，不讲场合，不讲分寸，特别是几杯酒下肚之后，便忘乎所以，满嘴的出格话、庸俗话，有的甚至对党的路线方针政策说三道四、评头论足。人长一张嘴总是要说话的，但作为党员领导干部一定要谨慎说话，因为这是身份和职责对你的特殊要求。看一个干部政治上成熟不成熟，思想境界高尚不高尚，道德操守严正不严正，慎言就是一个重要的标志。作为党员领导干部，应当超越这样的要求，从讲政治的高度，在工作和生活中做到言必适时、言必适情、言必适度。

如何做到慎言，首先要严守党的政治纪律和组织纪律，不该说的话坚决不说。其次要讲真话，不说大话空话套话和假话，实事求是，求真务实。再次要注意把握分寸，工作不啰嗦，表扬不溢美，批评不粗俗。四是要坚持原则，主持正义、敢于直言。

四、慎欲，防意如城

俗话说，人生有三关，即金钱、美色、名利关。能不能过这三关，律己慎欲是要领。作为党员领导干部，慎欲一要慎钱欲。古人在铜钱中间打了一个方孔，意在警示人们钱眼如井，一旦谁掉进钱眼，必有横祸。虽然我们的生活离不开钱，但君子爱财应当取之有道。方志敏烈士生前经手数百万元的款项，但他分毫不沾，始终过着清贫的生活，为共产党人如何对待金钱树立了光辉的榜样。慎欲二要慎色欲。据中纪委统计，被查处的贪官中95%包养情妇，许多人就是被色毁掉了美好前程。我们一定要引以为戒，做到面对美色不迷乱、不失态，洁身自好。慎欲三要慎名利欲。能不能正确对待名利，是市场经济条件下检验一个党员领导干部修养的试金石。作为一名党员领导干部，在名利面前一定要有“壁立千仞、无欲则刚”的境界，有“德人在先、利人在后”的觉悟，有“得之淡然、失之泰然”的心态，不为浮名所累，不为私利所惑，不为积习所蔽，耐得住寂寞，守得住清贫，抵得住诱惑，永葆政治本色。

五、慎权，廉明公正

慎权，实际上是一个权力观问题。权力从来就是一把“双刃剑”，用得好可以服务社会、造福人民、推动发展，用得不好则会贻害事业、败坏风气、自毁前程。当前，人们价值取向的选择性、多变性、趋利性日益增强，这对我们谨慎用权提出了更高的要求。邓小平多次告诫：“我们拿到这个权力以后，就要谨慎”。领导干部手中都有一定的权力，一定要把慎权作为基本的政治准则、道德规范和立身之本，正确行使好手中的权力。

慎权，首先要懂得你手中的权力是人民赋予的，是组织赋予的，只能用来为人民谋利益，而绝不能用来为自己谋私利。其次要懂得权力是责任，一分权力一分责任，职务越高责任越重。身处领导岗位，只有恪尽职守、发展一方的责任，不应有别的什么企图。再次要懂得权力就是服务，一定要把群众满意作为用权的重要检验标准，做到权为民所用、情为民所系、利为民所谋。同时还要懂得权力也是约束，自觉接受组织和群众的监督，让权力在阳光下运行，真正做到公正廉明，使权力经得起群众和历史的检验。

六、慎独，克己慎行

慎独，是我国古代儒家创造出来的自我修身方法。它要求人们在无人监督的情况下，不做任何有违道德信念、做人原则之事。可以说，慎独是个人道德修养的最高境界。《后汉书》里有一个故事：东汉杨震奉命出任东莱太守，途经昌邑县，县令王密曾是杨震举荐。为谢知遇之恩，王密深夜怀揣十金大礼送给杨震，杨震坚辞不受。王密说：“深夜无人知！”杨震却说：“天知地知你知我知，何谓无知？”王密羞愧而去。在今天的社会环境下，到处有诱惑、迷津和陷阱，加上领导干部的自主性、自由度相对比较大，慎独就更为重要。

慎独就要心有所畏。邓小平说：“共产党员做事要有所畏，有所怕，不能无所顾忌。”党员领导干部慎独，要畏党纪，畏国法，畏群众的评判。慎独就要表里如一。领导干部一定要言行一致，表里如一，不能台上一套台下一套，会上一套会后一套，办公室一套家里一套，无论是身处公共场合还是独处，都能做到恪守道德原则，检点个人行为。慎独就要多些自省。面对种种诱惑和考验，做到自我监督、自我克制、自我完善，做一个值得别人和自己尊敬的人。

七、慎好，情趣健康

人皆有所好，领导干部也不例外。市场经济条件下领导干部面临的诱惑多，“投你所好”便是各种诱惑的敲门砖。领导干部的兴趣爱好绝不是小事，它关联着党的事业、形象和个人的政治生命。

如何做到慎好，胡锦涛有一段精辟的论述，他要求各级领导干部要“生活正派、情趣健康，讲操守，重品行，注重培养健康的生活情趣，保持高尚的精神追求”。这一重要论述，旗帜鲜明地对领导干部的生活情趣、品行操守提出了明确要求，我们应当带头践行。一是兴趣爱好要慎重选择。作为党员领导干部，兴趣爱好必须要有选择，不是什么兴趣都可以有，什么地方都可以去。二是兴趣爱好要适度把握。领导干部的兴趣爱好一定要把握好度，并非多多益善。古往今来，因沉迷于个人兴趣爱好而荒废政事，导致丢官丢江山的教训举不胜举。三是兴趣爱好要注意清廉。现在有些别有用心的人专门研究领导干部的兴趣爱好，将之作为攻克堡垒的突破口。你喜好打麻将，就会有人故意输钱；你喜好垂钓，就会有人给你安排；你喜好打球，就会有人前来陪同；你喜好烟酒，就会有人给你送来好烟好酒。岂不知这正是放弃原则的开始、堕落的开端、腐败的起点。因此，领导干部的兴趣爱好应当在加强自身修养中培养，在宁静淡泊中培养，在清廉自守中培养。

八、慎友，择善而交

人生短不了交际来往，关键在于交什么样的朋友。慎友，就是要树立正确的交友观，净化社交圈，自觉抵制不良的交友思想和行为。有人说，平民百姓交错了朋友，无非是礼尚往来破点财，领导干部交错了朋友，轻则丢官，重则丧命。这就告诉我们，交友不可不慎。

慎友就要严格交友的原则。领导干部是一个特殊的岗位，哪些人能交，哪些人不能交，心中一定要有原则界限。慎友还要纯洁交友的动机。观古今交友之事，有三弊：一弊慕其势而交，以免势在友在，势去友去；二弊贪其财而交，以免财聚友聚，财散友散；三弊爱其色而交，以免色驻人留，色衰爱弛。要懂得，交际是以礼为重，交友应该以情为重；交际是暂时的，交友是长远的。不权一时之事者，不顾一时之利者，不看一时之姿色者，才可能成为挚友。慎友还要升华交友的境界。革命导师马克思和恩格斯是一生的挚友，共同的信仰使彼此把对方看得比自己都重要。马克思长期流亡，生活很苦，常常靠典当度日。恩格斯为了维持马克思的生活，宁愿经营自己十分厌恶的商业，把挣来的钱源源不断地寄给马克思。马克思和恩格斯合作了40年，建立起了伟大的友谊，共同创造了马克思主义。我们应当向他们学习，不断提升交友的精神境界，以德会友，见贤思齐，多交学业相长、品行相砺、情深义重、志同道合的诤友、益友。

九、慎终，完美一生

有一句成语叫做“慎终如初”，意思是做人做事永远保持始终如一的作风。有这样一个故事，说的是一个手艺精湛的老木匠一辈子兢兢业业为老板做事，退休前老板一再挽留，但老木匠去意已定。于是，老板请他帮忙造最后一栋别墅。此时，老木匠的心早已不在工作上了，干活用料既不认真也不严格。别墅建好后，老板把钥匙交给老木匠，说这是他早已为老木匠定下的退休礼物。老木匠羞愧万分。他一生建造了许多精美的建筑，最后却为自己建了这样一幢粗制滥造的别墅。日常生活中，类似老木匠的故事不少。在市场经济环境下，有些勤奋清廉了大半辈子的领导干部，在临近退休之际违法违纪，一生清名毁于一旦。人们所指的“59现象”就是一些领导干部未能慎终的典型表现。因此，慎始固然重要，慎终更加可贵。

【作者：中国国际文化传播中心上海总部部长】

浅议如何做好企业职工的思想政治工作

陈宏武

经过多年的工作实践，特别是近几年直接从事企业的思想政治工作，使我们认识到新时期加强企业的思想政治工作，应充分认识新形势下思想政治工作的特点，在内容形式和方法上要有所创新。

一、新形势下企业思想政治工作的特点

新形势下企业思想政治工作的特点是多样化和复杂化，突出表现为以下六个方面：

一是传统型向科学型转变。

随着改革的深入，特别是传播手段的多样化，职工的思维方式已发生了深刻变化，逐步由静态的、狭隘的、封闭的思维方式向动态的、系统的、开放的思想方式转变。面对这种变化了的新形势、新情况，传统型的“学文件”、“读报纸”、“讲传统”等思想政治工作方法必须向科学型的工作方法转化，多角度、多侧面有效地开展工作。

二是灌输型向沟通型转变。

市场经济条件下，思想政治工作必须由灌输型向沟通型方法转变，必须坚持“以人为本”和“尊重人、理解人、关心人”的原则。晓之以理、动之以情，才能收到事半功的效果。

三是说教型向多种形式的传播方式转变。

现代社会，信息传播方式发生了根本性变化。许多企业在注重思想政治工作软件投入的同时，更注重硬件设施的投人。现在广播电视在社会上已经普及，许多企业还办起了图书馆、阅览室、网络信息中心。微博、微信、QQ 群等多种传播方式也将成为思想工作的有效手段。

四是大道理与小道理不统一。

不容置疑，思想政治工作必须旗帜鲜明地坚持真理，把大道理讲透。当前，不少企业思想政治工作不分对象，不分层次，照本宣科，思想工作不切实际，说教味太浓，大道理成了呆板生硬的说教，导致一些人产生了逆反心理，因此思想政治工作要注重实效。

五是前瞻性与现实性不协调。

导向是思想政治工作的基本功能，必须坚持高格调，强调前瞻性。但我们不能脱离现实仅仅强调思想政治工作的前瞻性，必须着眼于现实中职工的思想实际来确定具体的目标、任务、方针、原则和方法。在实践中，我们必须正确处理前瞻性和现实性的关系，把先进性要求同广泛性要求结合起来。

六是以学代教的现象不科学。

片面的把思想政治工作理解为组织学习，认为学习可以取代思想政治工作的一切，学习对思想政治工作来说很重要。当前大多数企业的干部职工对学习是积极的，上进的。通过学习，提高了思想认识，转变了工作方法。但学习只是思想政治工作的一种形式，不能代替思想政治教育，针对企业不同的对象层次，丰富思想政治工作的内容与手段，不断改进工作方式方法，做到因人而异，因事而异，因时而异，使思想政治工作更加生动，增强吸引力与亲和力。

二、切实改进企业思想政治工作的内容、形式和方法

针对新时期思想政治工作的特点和问题，要做好企业的思想政治工作，以笔者之见，应当从以下几方面去努力：

一是内容要“实”。

经济工作讲效益，政治工作也要讲效益。“实干兴邦，空谈误国”、“喊破嗓子，不如甩开膀子”，如果违背这个原则，空调说教，缺乏针对性，思想政治工作就难以奏效。因此，在思想政治工作中，教育内容一定要结合形势，把职工的思想实际，落实到实际工作中去。一句话就是要“实”。怎样才能使教育内容“实”呢？（1）要有针对性的对职工进行“三个代表”重要思想和科学发展观的思想教育是解决企业思想政治工作的关键性问题。思想政治工作要改革思想教育的内容和方法，认真研究我国社会主义现代化建设和深化企业内部改革的重大问题，研究当代企业思想政治工作的规律，分析、批评、纠正有影响的错误倾向，正确有力地回答职工提出的问题，引导他们通过学习、思考和生动活泼的讨论。（2）积极引导职工参加各项活动和有益的社会活动。职工只有在完成工作任务的同时，积极参加各项政治活动，开阔视野，更多地掌握政治理论，了解党的方针、政策，树立事业心，增强责任感，才能树立热爱企业，献身企业发展的信念，逐步锻炼造就一批素质高的有用人才。(3) 把思想政治教育与工作实际有机地结合起来，是做好企业职工思想政治工作的一个根本。要不断引导职工正确认识搞好政治理论学习与完成生产任务的工作关系；在认真学习掌握过硬的技术本领和工作技能的同时，抵制一切消极的东西，摆正理论学习与工作的关系，努力联系企业的工作实践，把思想政治教育贯穿到各个环节中去，解决企业中存在的现实问题，把消极因素变为积极因素，精神变物质，促进生产力的发展，强化各项生产任务的完成。

二是方法要“活”。

长期以来，思想政治工作的方法是你讲我听，这些做法有一定的积极作用，但容易使工作对象产生逆反心理，如果我们不在思想政治工作的方式方法上有所突破，就很难发挥思想政治工作的威力。要按照继承和发展的原则，对那些适应形势发展要求，至今依然行之有效的好方法应当继承发展，并很好地运用。同时，要善于适用现代化传播工具，宣传党的方针政策，根据不同人员的年龄、文化程度、兴趣爱好等，开展不同活动。通过采取多种多样的方式方法，提高思想政治工作的实际效果。另外要学会在解决矛盾中体现思想政治工作的作用。正确处理虚与实的矛盾，做到虚功实做。所谓虚于实，也就是认识与实践、主观与客观、眼前与长远，它们是辩证统一体。思想是人们对现实生活的反映，思想政治工作体现在我们生活的方方面面，处处都感到它的存在，它的价值。

三是正确处理大与小的矛盾，做到维护大局。

大与小的矛盾，也就是整体与局部的矛盾。在现实中，大与小的矛盾，更多地表现为全局与局部、单位与个人之间的矛盾。尤其是在市场经济发展过程中，这一矛盾已经大量暴露出来，进而影响到同志的团结、影响到单位的活力，甚至影响到稳定。合格的思想政治工作者并不一味简单地排斥局部利益，并不绝对地认为全局与局部，集体与个人之间的矛盾不可调和，应在充分尊重对方和他们切身利益的基础上，把解决思想问题与解决实际相结合起来，找出两者利益的共同点，区分不同点，在强调和保证国家利益、集体利益的同时，也注意使局部与个人利益得到必要的照顾，以充分调动各方面的积极性。

四是感情要“真”。

思想政治工作一定要尊重自己工作对象的情感，思想上不歧视他们，工作上信任支持他们，生活上关心照顾他们，使双方产生情感“对流”，他们的潜能就会得到最大限度的发挥，迸发出巨大力量。（1）围绕人的需要做文章。人的需要大体有四个方面：物质、精神、交往和劳动的需要。如果说人们的物质、精神、交往和劳动的需要都得不到满足，就说明思想政治工作的方法不对头，目标不明确。从这个意义上说，思想政治工作不单纯是思想政治工作者的事，而是人人都要做的工作，任重而道远。（2）围绕人的思想做文章。人的思想来源的渠道多种多样，包括封建社会、资本主义社会、社会主义社会三个时期的影响都存在，有的这方面多一些，有的那方面多一些，这就给思想政治工作带来了很大的艰巨性和复杂性。这就要求我们必须把理想信念教育作为思想政治工作的核心内容，使人们的愿望和动力才能有机地统一起来，否则，愿望和动力就会背道而驰。（3）围绕人的观念做文章。衡量一个人，不应看他在舒适的时候，顺利的时候站在哪里，而是看他在受到困难和

有争议的时候，在公与私、苦与乐、生与死的时候站在哪里，这是观念的大展示。这就需要思想政治工作者要对其工作对象进行深入的观察、了解和引导。因此，思想政治工作的首要任务就是要通过各种途径，各种方式在解决人的世界观、人生观和价值观上下功夫，这是事半功倍的工作。

五是形象要“好”。

俗话说：“正人先正己”。要使人听从你的宣传，服从你讲的道理，你不仅要有好的见解，而且还要获得群众对你的信任和爱戴。因此，思想政治工作者要时刻注重自身修养，在群众中树立起良好的形象。要做到这一点，一是，工作能力要强，一个没有工作能力的人，无法让人敬佩。只有自己有能力，有作为，才能在群众心目中有地位，你的宣传才能被人所信服。二是，要言行一致，一个说一套做一套的人，不管他讲的道理多么透彻，话说的多么动听，除了使人反感外，不会再有别的结果。三是要公道正派。清正廉洁，一身正气，干部职工人人敬重。

综合来说，形象的好坏是个素质，而素质从以下几个方面体现出来：(1) 忠诚可靠的政治素质。其中包含三方面的内容：首先，应该具备坚定的政治方向；其次还应该具备争创一流的工作意识；第三是应具备强烈的责任感和敬业精神，我们在工作中才会兢兢业业，任劳任怨，才能真正树立起全心全意为人民服务的宗旨观念。(2) 科学广博的知识素质。在知识经济的时代，思想政治工作者应该集各种知识于一身，博览群书，知识渊博，这样才能根据新形势下各种职业的不同特点开展工作。科学广博的知识素质也应包含三方面的内容：一是扎实的理论基础。要切实加强理论学习，掌握理论的科学体系，基本原理及其精神实质，只有这样，才能保证我们的工作不会偏离正确的轨道。二是具备娴熟的专业知识。我们应紧紧联系各单位的工作实际，认真学习掌握思想政治工作的职责、任务原则和方法，熟知与企业相关的法律法规，使自己干有目标，动有准则，工作越做越好。三是应具有广泛的生活知识和交际知识，我们应注意在日常的工作中，广泛涉猎各种知识，自觉注重不断提高自身修养。(3) 较高的综合素质。综合素质是对思想政治工作者综合素质的更高的要求，是一种综合能力的具体体现，具体来讲，应该包含以下四方面：一是应该具备调查研究解决问题的能力。遇到问题，要善于调查研究，向改革要思路，向实践要办法，坚定地同群众一起，化解难题。二是应具备组织协调能力。三是文字语言表达能力。平时多积累、多努力，使自己的文字语言表达能力不断进步。四是开拓创新能力。要站在高起点上，正确看待思想政治工作，始终保持良好的精神状态，理解地探求摸索，开拓进取，勇于实践，善于创新，不断开创思想政治工作新局面。

【作者：陕西沣京化肥厂党办主任】

对襄阳市开展中介机构清理整顿的调查

张　曙　张金良　陈子贵

近期，省纪委预防腐败局组成工作组，深入襄阳市对治理整顿中介机构防止腐败工作进行调研。中介机构在目前的市场经济中发挥着极其重要的作用，是不可缺少的角色，但就当前情况看，中介机构存在着较多问题，值得引起高度重视。为了达到治理、规范中介机构和防止腐败这三个目的，省纪委 2012 年给襄阳市纪委下达任务，要求该市先行先试，用 1 年左右时间对中介组织进行清理整顿、完善制度、健全组织和推进诚信体系建设。近期我们在该市走访了 6 个单位，召开了座谈会，获得了改革的相关情况，感觉到通过清理整顿，中介机构在襄阳这座古城已经焕发出新的活力。

一、中介机构存在的主要问题

近几年来，对中介机构存在的问题，群众反映一直没有停止过，有些问题还比较突出，归纳起来，问题主要体现在以下几个方面：

一是体制不明，批管分离。一是审批和管理混乱。中介机构执业资格均由政府部门依行政管辖权设立、批准和管理，同类中介机构资格认定和行业管理政出多门、标准混乱、相互排斥。二是机构设置重叠。中介机构同类业务被严重肢解分割，主管部门以各种形式控制着属于自己管辖范围的中介机构，将行政权力渗透到中介机构服务业务中。三是重审批轻监管。发改委、财政、国资委、银行等部门都在审批资产评估机构资质。财政、国土、住建部门均可审批房地产评估资质，这些行业主管部门只负责资质审批，却不管机构的监管，存在重资质审批、轻日常监管现象。

二是环境不优，诚信缺失。一是政府职能转变不到位。房地产估价业务中，部门受利益驱使干预中介机构自主执业，将评估服务作为行政许可前置条件指定服务。并且房屋和土地评估分属住建和国土两个部门管理。二是“官办”评估机构违法违规问题突出。一些“官办”评估机构一味迎合委托方的不合理要求，帮助企业骗取工商营业执照或银行贷款，逃避税收，掩盖经营管理中的问题。三是市场自发建立中介机构无序竞争。一些自发成立的机构呈现散、乱、少的特点，形成恶性竞争，假中介、黑中介乱收费和商业贿赂等问题突出。

三是政企不分，干部兼职。政府部门与中介机构界限不清，脱钩改制不彻底，有些部门对所属中介机构作变通处理。以变更企业法人执照等方式明脱暗不脱，存在“两块牌子、一套班子”情况。

二、认真开展清理整顿

针对中介机构存在的突出问题，省纪委决定在襄阳市进行先行先试治理整顿。襄阳市接受任务后，成立了以市长任组长、常务副市长和纪委书记任副组长、19 个党政部门主要领导为成员的加强中介组织规范管理工作领导小组。襄阳市通过认真调研，发现脱钩不彻底、无证收费、弄虚作假是中介组织存在的突出问题，也是群众反映强烈的热点问题。针对存在的问题，他们首先开展了为期3个月的集中清理整顿工作。坚持区别对待，对自纠的问题从宽从轻，对拒不整改的从严从重。

一是组织自查自纠。按照“市县联动、全面铺开”的原则，组织经济签证和代理类中介机构对“四分开”（组织人员分开、职能工作分工、资产财务分工、办公场所分工）和依法依规执业情况开展自查自纠，资产评估、造价咨询、律师事务所等3类22家中介机构先后对没有公示收费项目、相互压价恶性竞争等32个问题进行主动纠正，自觉规范执业行为。

二是开展专项整治。设置专门举报电话，按照“全面推进、分步实施”的原则，组织18个业务主管部门对所属中介组织逐个清理整顿，先后取消前置条件不达标、名存实亡的中介组织32家，督促纠正脱钩不彻底、借用资质和出具虚假报告等问题17个。针对企业反映中介组织无证收费、不明码收费等突出问题，开展中介收费专项清理检查，清理违规收费160余万元。

三是曝光典型案件。在坚决查处中介组织违法违规案件的同时，对典型案件进行公开曝光，让中介组织心有敬畏、不敢违规。2012年10月，组织房管部门对3家房产评估中介机构在东津新区征拆房屋评估中多估房屋面积、提高定级标准、违反评估程序等问题进行查处并公开曝光；2013年3月，组织检察机关和工商、城建、水利等3个部门对湖北正德拍卖公司单位行贿案等6起典型案件进行公开处理。通过一个时期的治理整顿，在社会上产生了良好反响。

三、建立长期有效的监督管理体系

襄阳市按照“注重预防、科学管用”的原则，加强监督检查，狠抓落实，用制度规范中介组织执业行为。治理工作领导小组先后制定出台7项综合性监管制度，组织相关部门制定出台34项监管制度。

一是建立规范化的执业行为管理机制。制定《襄阳市市场中介机构及执业人员行为规范》，统一规范订立合同、收费、执业记录等25种执业行为，明令禁止虚假承诺、索取财物等17种不良行为。在此基础上，分行业细化执业规则、量化执业标准，确保中介组织执业有章可循、有规可守。比如市水利局制定《水利工程招标代理执业行业细则》，在执业条件、招标公告、受理报名、资格审查等各个环节建立完善程序，堵塞监管漏洞。市交通局印发《交通运输工作咨询监理中介机构监管办法》，明确划定严禁收受施工方现金、不准借机从事营利活动等12道“红线”，对逾越“红线”的一律记入不良行为记录。市城建委制定《工程监理企业与人员行为评价办法》，推行监理企业与从业人员行为记分制，累计分达到相应分值的列为不良行为记录，限制其从业范围和投标行为。

二是建立标准化的业务质量评价机制。坚持定量评估与定性评价相结合，建立中介组织服务质量考评办法，加强质量控制，保障执业质量。加强行政审批前置中介组织服务质量监管，在市行政服务中心建立涉及行政审批中介组织集中监管平台，对9类25个中介组织入驻、收费和服务时限进行电子监察、实时监控。行政审批前置中介服务时限平均缩短25个工作日，中介服务收费平均下降20%。市环保局对环保评估报告实行专家打分考核制，专家审查1次未通过的，责令限期整改1～3个月。市司法局推行律师服务质量跟踪反馈卡制度，实行“一案一卡”，接受服务全程监督。市财政局建立会计师事务所执业质量“三级复核”制度，对条件不达标、出具虚假鉴证报告和整改不到位等3种情形责令暂停执业，对信息不公开、鉴证报告不粘贴防伪标识、蓄意恶性竞争等6种情形公开通报批评。

三是建立公开化的委托服务选聘机制。为防止选聘中介组织“个人说了算”的问题，他们联合市发改委、财政局、招投标监督管理局制定《襄阳市区国有单位公开选聘中介机构办法》，在市公共资源交易中心建立评估、鉴证和代理等10类中介组织备选库，规定国有单位选聘中介组织，单项服务费用在50万元以下的一律随机抽取，50万元以上的一律公开招投标。未按规定方式选聘中介机构的，财政一律不予报销中介服务费用。目前，市招投标监督管理局已全面推行新的管理办法，先后公开选聘评估、监理、招标代理等中介组织52家，交易金额1.1亿元，节约资金500多万元。四是建立示范化的内部约束机制。坚持示范带动，在11个中介组织建立防治腐败示范点，大力推行中介组织事务公开，开展廉洁文化进中介活动，积极打造“阳光中介”、“廉洁中介”。按照“应建尽建、逐步到位”的思路，在30多家中介组织设立党组织和纪检组织，明确纪检组织的职责，保证中介组织防治腐败有人抓、有人管。突出关键环节，分类推进会计师、律师等行业中介组织廉洁风险防控，查找廉洁风险点3462个，制定完善防控措施205项，对41名执业人员实施警示诫勉。

四、建平台营造诚实守信的良好风气

调研发现，襄阳市坚持把诚信建设作为中介组织防治腐败治本之策，注重标本兼治，多措并举，努力在中介组织营造诚信受奖、失信受罚的良好风气。

一是汇聚资源，搭建信用管理平台。在整合全市中介组织信息资源、建立信息数据库的基础上，市政府专门投资50多万元开发建设中介组织监管专业网站——“襄阳中介网”、“信用查询”、“中介遴选”等八大板块，实现中介组织基本信息在一个平台上发布、诚信状况在一个平台上公示、委托服务在一个平台上提供。目前，“襄阳中介网”已发布11类252家中介组织及从业人员基本信息1300多条，其中信用良好信息554条、不良信息53条。

二是明确标准，推行信息分类评价。探索建立中介组织信用分类评价、分类管理新机制，从脱钩改制、办事公开和恪守执业道德等七个方面，对中介信用状况进行综合评价。各行业主管部门和行业协会，根据日常监管、专项检查、群众评议及投诉情况，组织年检年审，对全市中介组织实行“A、B、C、D”四个诚信等级评定，分类建立诚信档案，分别实施优惠倾斜、正常管理、重点监管和惩戒约束。目前，监理、律师和招标代理机构等中介组织已开展信用评价工作，2012年市区12家律师事务所有3家、6家、4家、1家分别被评为A级、B级、C级、D级。

三是追究责任，加大失信惩戒力度。建立“一次受罚、处处受制”的惩戒机制，制定“黑名单”管理制度，对8类严重违规和失信行为的中介组织或执业人员，由行业主管部门列入“黑名单”并向社会公布。“黑名单”期限为两年，期满经主管部门复查仍不合格的继续延长。凡是列入“黑名单”的中介组织及执业人员，依法限制其业务活动，取消其参与各类评选表彰的资格，国有单位及政府投资项目3年内不得委托其从事中介业务。2012年以来，全市已有6家中介组织被列入“黑名单”。2013年3月，市水利局对某工程咨询责任公司在水库除险加固工程中监理缺位、失职等违规行为进行通报批评，并责令1年内不得在襄阳市场承揽监理业务。

作为省纪委的试点地区，襄阳市通过1年的努力，在本地区中介机构清理工作中取得了较好成绩，建立了良好的管理秩序，但是与彻底解决中介机构存在的问题仍然存有距离。襄阳市在实践中认识到，要彻底解决存在的问题还需要相当长一段时间。我们认为，规范中介组织建设，除了各地的努力外，还需从全国、全省层面制定出台加强中介组织监管的相关规章制度，重点建立和完善中介组织执业资格准入退出、执业标准化管理、中介业务公开选聘、中介事务公开、违法违规中介组织“黑名单”管理等制度，适当授予市县部门一些职权。逐步构建全国、全省中介组织防治腐败制度体系外，还必须加强中介组织从业人员职业道德教育，制定完善中介机构信用标准，组建全国、全省区域性中介机构信息平台，建立中介机构诚信档案，组织开展中介组织信用评价活动，只有这样，才能够有效遏制中介“再生腐败”产生的土壤。

【作者单位：湖南省纪委 省预防腐败局】

加强管理力度 克服不良习惯

——谈谈“惯”与“管”

李进权

关于“惯”

这里所说的“惯”就是“习惯”。习惯的性质有好有坏，量值有大有小，现象有生有灭。良好的习惯要保持、发扬，恶劣的习惯要摒弃、改正；脆弱的习惯容易改变，顽固的习惯难以改变；习惯也要与时俱进，旧的习惯总会全部的或部分的落伍，新的良好习惯有待于进一步养成，不良习惯也会随时产生。绝对良好的习惯，有绝对旺盛的生命力，是光荣传统，应该发扬光大；恶劣的习惯，有时也很顽固，但终究是短命的，应该无情地消灭。

不同习惯在一定条件下可以互相转化。勤快与懒惰是两种完全相反的习惯，让懒惰人变勤快，开始是痛苦的，如果适应了，就成了勤快人；让勤快人变懒惰，开始也不自然，久而久之，就成了懒惰人。由好习惯变坏习惯要比由坏习惯变好习惯要容易得多，成书于3000年前的《国语•周语下》说：“从善如登，从恶如崩”。

不同行为习惯的心理情感不同，生理状态不同，伦理观念不同，道德情操不同，社会动机也不同。心理情感有喜欢与厌恶之分，生理状态有昂奋与抑制之异，伦理观念有荣誉与耻辱之别，道德情操有高尚与卑劣之差，社会动机有道义与功利之殊。以上差别这正是积习难改的根本原因，也揭示了改变习惯的基本途径。

改变习惯是要付出代价的，需要勇气，需要智慧，需要毅力，甚至需要大量的流血牺牲。腐化堕落是一种习惯，惩治腐败需要强有力的支持。经济生活方式也是习惯，落后的经济生活方式是不会主动退出历史舞台的。工业文明取代农业文明作为人类主要的经济生活方式，引发了几百年的世界战争，给人类带来剧痛。中国自鸦片战争以来饱受列强凌欺，穷则思变，工业化也是被迫顺应世界潮流。生态文明比工业文明先进，人类也是在环境问题突显，遭受大自然惩罚之后才清醒地认识到保护地球生态的重要性。

“惯”作动词主要有惯纵、惯养、娇惯等，究其原因不外乎无心、无能、无知。无心者身在其位而不谋其政，无能者本领难以胜任其职位，无知者不懂其利害关系，其共同特征都是放任自流、无所作为、误国误民。也有因故意报复而“惯”者，其别有用心。

关于“管”

“管”，即管理。管理的“理”意为客观规律，管理就是要遵循客观规律去管事，管理犹如治水，是疏堵结合的思维与行为。现代管理科学对管理的定义是：“社会组织中，为了实现预期的目标，以人为中心进行的协调活动”。

处理好人际关系是对管理者的基本要求，上下要团结，左右要交结，前后要衔接。管理者必须为人师表，德正、学高、望重。中国古代要求为官先为师，首先堂堂正正地做人，再去实在在地做学问，然后清白白地做官。唐太宗称赞李靖“文可附众，武可威敌”，不一定要有惊人之貌，但必须要有压众之气。

西方古典管理理论的主要代表人之一，管理过程学派的创始人，法国学者利•法约尔认为：管理是所有的人类组织都有的一种活动，由计划、组织、指挥、协调和控制五大要素组成。理可以分为很多种类，比如行政管理、社会管理、工商企业管理、人力资源管理、情报管理等等。

管理的具体工作就是谋划、执行、检查和改进。谋划就是战略运筹，制定计划；执行就是按照计划去实施，检查就是将执行的过程或结果与计划进行对比，肯定成绩，找出差距；改进就是针对检查发现的问题进行纠正、总结提高，鼓励先进，鞭策后进。做为管理者，工作一定要精心，总结一定要精辟，表达一定要精彩。

管理是一种社会责任和义务，是公共事业的需要，人人都有权利和义务参与管理活动，但不能同时让每个人都去进行管理，只能按照一定的竞争法则选择优胜者去从事管理。

管理是一项组织授权和专利，是社会团体赋予的，管理者通过一定程序获得法定的职权，参与管理是按资格分级设层的，职位有高有低，管理者不能把职权当作特权去滥用。

管理是一门人文科学和技术，其最显著的特征是综合性极强，现代管理科学已经相当发达了，管理技术也需要专门的学习和训练，精湛的管理技术还可以上升为管理艺术。

“管”是“官”的天职，为“官”就必须忠于职守，尽职尽责，认真地“管”，严格地“管”，有效地“管”，而决不能一味的“惯”。即使对于良好的习惯也不能信马由缰，而应该积极地保护、正确地引导、适度地给力，防止自由落体运动。“惯”是“官”的过失，是为官的耻辱。当官要有心、有能、有知，不要做无心者、无能者、无知者。

从习近平谈“两个生态”看“惯”与“管”

2010年03月12日，习近平参加十一届全国人大三次会议广西代表团全体会议，发言中谈对漓江生态的保护。习近平回忆漓江给他的美好印象，十分向往桂林山水优美的自然环境，强调保持漓江良好的生态“兹事体大”，漓江水质绝不能破坏！漓江生态绝不能破坏！漓江属于广西人民，属于全国人民，属于全世界人民，是人类共同拥有的自然遗产，我们都要很好地去呵护它。这是“管”的理念。

改革开放以来，我国经济的快速增长创造了世界历史上的奇迹，但在治理生态污染、保护环境方面，无法可依，有法不依，违法不纠，执法不严，环境污染和生态破坏也逐步显露出来。当前部分干部对于科学发展的认识还有偏差，个人或集体的功利观念太强，杀鸡取卵、竭泽而渔的愚蠢行为还很疯狂。随着经济的持续增长、生产规模不断扩大，对资源的利用、对能源的消耗和废弃物的排放都在同步增长，资源、环境问题已经相当严峻，直接影响人类生存和可持续发展。这就是“惯”的恶果。

2007年，中国共产党第十七次全国代表大会将“生态文明”写入报告，生态文明建设被提升到了国家战略的高度。这就是“管”的开端。中共十八大强调：“必须树立尊重自然、顺应自然、保护自然的生态文明理念”，提出“五位一体”的总体布局，“把生态文明建设放在突出地位，融入经济建设、政治建设、文化建设、社会建设各方面和全过程”。这就是“管”的加码。

习近平以漓江自然“生态”作比喻，与广西代表谈对干部队伍的“生态保护”，引用唐代诗人杜甫的诗句：“新松恨不高千尺，恶竹应须斩万竿”。并进一步解释说：“新松恨不高千尺”，就是要加大对年轻干部培养和选拔的力度，为党、为国家、为人民培养出成千上万的、继往开来的接班人；“恶竹应须斩万竿”就是对腐败现象、对害群之马、对干部队伍中的腐败分子，要坚决清除，绝不姑息迁就。要从源头上入手，严格把好干部队伍的入口关。这是“管”的决心和方法。

长期以来，我们的党员干部队伍“生态”不健康，“恶竹蔓延”，“新松受困”，并没有得到有效的治理。有的地区、有的部门时常正不压邪，功利主义、本位主义、形式主义思想和作风相当猖獗，败坏了党风和社会风气，伤害了人民群众的感情，严重影响了党和人民的血肉关系。这也是“惯”的危害。

2012年11月15日中午，习近平同志在中共十八届一中全会上当选为中共中央总书记后，发表就职演讲，感慨地说：“全党必须警醒起来”，应该看到，确有一些党员干部不能自觉抵御拜金主义的侵蚀，享乐主义思想严重，存在着“贪污腐败、脱离群众、形式主义、官僚主义等问题。必须下大气力解决”。中国共产党要领导十多亿中国人民实现中华民族的伟大复兴，“打铁还需自身硬”，“坚持党要管党、从严治党，切实解决自身存在的突出问题，切实改进工作作风，密切联系群众”，建设一支廉洁的、务实的、高效的党员干部队伍，“使我们的党始终成为中国特色社会主义事业的坚强领导核心”。这正是“管”的宣言。

“管”自然环境生态，“管”干部队伍生态，其核心还是管人。想管人的行为，先管人的思想，管思想靠学习教育，管行为靠法律强制；想管好别人，先管好自己，管自己要三省吾身，管别人要以身作则。

思想教育、监督批评、法律制裁是“管”的三部曲。有效的“管”都是从耐心的思想教育入手，严格监督、严厉批评，以无情的法律制裁为结局，循环往复。

“惯”与“管”得到两种截然不同的结果，跟着善“惯”者先甜后苦，跟着善“管”者先苦后甜。漫“惯”必然导致强“管”，否则后患无穷。要深化改革、锐意进取，“病猫型”的对谁都百依百顺的“惯”家该淡出了，我们需要的是“狮子型”的“该出手时就出手”的“管”家。

【作者：陕西社会主义学院院长】

领导干部该如何“洗洗澡”

葛喜明

在日前召开的党的群众路线教育实践活动工作会上，习近平总书记指出：“洗洗澡，主要是以整风的精神开展批评和自我批评，深入分析发生问题的原因，清洗思想和行为上的灰尘，保持共产党人政治本色。”

要洗澡，每个人都知道要先脱去衣服，穿着衣服既无法看到自己身上的污垢，也无法衡量和“诊断”自己身上到底沾染了多少“灰尘”，甚至“油腻”，因衣饰包裹，不能在“赤裸裸”的情形下看到身上已“脏”到何种程度，所以就不会有强烈的“洗洗澡”的动力和意识。因此，“洗洗澡”首先就要求党员干部敢于脱下领导干部的身份“光环”、敢于脱去因远离群众而形成的神秘感，敢于暴露身上的“灰泥”。

然而，为什么有些党员干部总是不敢“脱衣服”“洗洗澡”

呢？归根结底，那是因为他们脱离群众时间过长、沾染的“灰尘”过多、对自己是否做到为民务实清廉感到心虚和不自信，因担心“出丑”而“讳疾忌医”，情愿让污垢粘在身上，以至于发痒、发臭。

笔者认为，“洗洗澡”不是“跳进池子就上来”，也不是“冲一下”就了事，而是要将自己浸到群众路线的“大澡堂”里，“多泡泡”、“多搓搓”，蒸掉身上的官僚之“气”、形式之“气”、奢靡之“气”，搓掉身上的骄奢之“泥”、教条之“泥”。“洗澡”时，对于自己看不到、够不到的地方，要请群众帮忙看、帮忙“搓”，依靠群众的力量把自己洗彻底、洗干净，真正达到“治治病”的目的。

著名作家、翻译家、钱钟书夫人杨绛曾说：“我今年一百岁，已经走到了人生的边缘，我无法确知自己还能往前走多远，寿命是不由自主的，但我很清楚我快‘回家’了。我得洗净这一百年沾染的污秽回家。”百岁老人尚且知道要清除污秽，何况正当壮年、肩负着民族复兴使命的党员干部呢？

对于党员领导干部而言，不仅要“洗洗澡”，而且还要常洗澡，勤洗澡，真正养成“讲卫生”的好习惯。你一旦洗去了滋生在身上的陈年污垢，又时长注意用“洗洗澡”的方式清洗那些附着于身上的新“灰尘”，并在“洗澡”之后注重“照镜子，正衣冠”，你再深入群众时，就会成为一名清爽的公仆，浑身不但无怪味，而且还散发着与群众一样的“人情味”。这样，群众才会靠近你，敞开心扉接纳你。你才能与群众休戚与共，打成一片，从而真正倾听到群众的心声，真正地“接地气”，成为群众智慧的集大成者，为群众办事一办就办到他们心坎上的好党员，好领导。

毋庸讳言，身为党的领导干部，有个别人对“洗洗澡”可能一直抱有抵触情绪，但笔者认为，无论你想不想“洗洗澡”，这个“澡”还是要“洗”的。自己如果不愿“洗”，迟早会有组织或群众来帮你“洗”。

【作者：中建七局西南公司党委书记】

凝聚思想共识　推进货运组织改革

宋旭平

铁路走向市场是更好地服务经济社会发展的重要举措，也是推进铁路科学发展的迫切需要。要开展全员大讨论活动，转变干部职工思想观念，引导干部职工自觉执行货运组织改革的各项规定，为企业增添发展的动力。

货运组织改革是更好地服务经济社会发展的重要举措，也是推进铁路科学发展的迫切需要。要开展全员大讨论活动，转变干部职工思想观念，引导干部职工自觉执行货运组织改革的各项规定，为企业增添发展的动力。

一、全面灌输，把学习培训定位在思想引导上

要紧扣“四个转变”，编写中心组学习资料，组织领导班子成员深入研讨，转变思想观念。要紧扣货运组织改革的重点工作环节，编发《货运组织改革学习通知书》，组织各级管理人员深入学习，传递工作压力。要紧扣“四个讲清”，编印《营销服务学事例》《安全警示讲案例》班组大讨论学习手册，利用集中学习等有利时机，组织干部职工学习先进经验。

要分层开展宣讲活动。车站党委组织召开专题宣讲会，集中向中层管理人员、班组长宣讲推进铁路货运改革的重要意义和目标任务。要采取领导班子成员分片包保讲、车间干部逐个班组讲、科室干部下现场与职工面对面谈心等形式，把货运组织改革的要求传达到具体的岗位和具体的个人，实现全员覆盖。

领导班子成员要带头精选教材、精心备课，对货运营销人员和物流人员进行专题培训。职工教育培训中心要连续举办培训班，提高干部职工的思想认识和业务技能。

二、全员讨论，把观念转变落实到具体岗位上

要以“‘前店’围着市场转，‘后厂’围着‘前店’转，全员围着职责转”为主题，组织干部职工进行深入讨论，提炼“以服务促营销、拓市场、树形象”“方便货主就是最好的营销”等货运营销理念，引导营销人员闯市场，不断开拓货源。要围绕破解营销难题开展讨论，领导班子成员带头深入一线开展调研，按照“网格管理、全员参与、便利服务”的思路，主动走出去，建立有队伍、有分工、有目标的货运营销网络。

要围绕提升服务质量开展讨论，实现从“坐等上门”向“一条龙”服务的转变，制定详细的服务流程，建立集货运、物流、装卸为一体的快速联动机制。要狠抓“后厂”运输组织，打造全天候、大运力、低运价的铁路物流品牌。

三、全员参与，把典型引领落实到具体行动上

要深入挖掘先进典型，发挥先进典型的示范引领作用。我们收集了 21 个经典营销案例，全力打造“王建和‘一主动二对比三服务四回访’货运营销工作法”党内优质品牌，为干部职工树立学习的榜样。我们在货运营销中心设立《开拓市场专栏》和《营销先锋专栏》，对典型案例进行分析点评，宣传先进典型事迹，以品牌创建为引领，推动货运组织改革工作的深入开展。

要加强正面引导，激励干部职工展示作为。我们广泛开展案例讨论，讲述了货运营销员陈金荣 3 次拜访客户，赢得客户信任的故事，引导干部职工克服困难争货源、开阔思路闯市场。

要集思广益，激发干部职工为货运组织改革出谋划策的主动性和积极性。我们广泛开展货运营销“金点子”征集活动，共征集合理化建议 113 个。我们组织党员开展承诺践诺活动，要求党员佩戴党徽上岗，接受客户的监督。我们深入开展“货运改革当先锋、经营创效比贡献”主题实践活动，表彰奖励了 68 名货运组织改革先进个人，构建了营销前店有品牌、运输后厂有标兵的工作格局。

【作者：大秦铁路股份有限公司太原北站党委书记】

切实提高反腐倡廉法规制度执行力

宋筱政

习近平总书记在中国共产党第十八届中央纪律检查委员会第二次全体会议上讲话明确指出，实现党的十八大确定的各项目标任务，实现“两个一百年”目标，实现中华民族伟大复兴的“中国梦”，必须把我们党建设好。为政清廉才能取信于民，秉公用权才能赢得人心。党风廉政建设和反腐败斗争，是党的建设的重大任务。要坚持“老虎”、“苍蝇”一起打，既坚决查处领导干部违纪违法案件，又切实解决发生在群众身边的不正之风和腐败问题。把权力关进制度的笼子里，形成不敢腐的惩戒机制、不能腐的防范机制、不易腐的保障机制。可见，事关党的生死存亡和国家的兴衰成败，中央的反腐决心是非常大的，从依法审判薄熙来案到中石油反腐风暴，我们党抓反腐败真的是拿出了踏石留印、抓铁有痕的劲头。人们在深感欣慰的同时，也在思考，严惩固然重要，但我们需要探讨为什么有那么多的苍蝇？老虎又是因何被养大的？我们怎样才能有效地从源头上治理腐败？

毋庸置疑，严惩治标，制度治本。前者主要是针对已经出现的腐败现象进行纠正和治理，属于事后补救，因此是治标，虽然具有一定威慑力，但不长久；而后者，通过强化制度机制建设，针对可能发生的腐败问题进行防范，从根本上铲除滋生腐败的土壤和条件，属于事前预防，是治本，所以具有长久效力。王岐山同志在新的中央纪律委员会委员培训班上，也承认当前反腐要以治标为主，要为治本赢得时间。那么，是我们反腐制度不健全吗？我看不尽然，反腐倡廉法规制度执行不力，是一个不容忽视的重要问题。也就是说，一方面我们反腐制度建设还有漏洞和缺陷，但另一方面，是我们现行的反腐制度落实不到位，缺乏执行力，导致苍蝇乱飞，老虎变大。因此，切实提高反腐倡廉法规制度执行力，刻不容缓。

一、充分认识提高反腐倡廉法规制度执行力的重要性

（一）提高反腐倡廉法规制度执行力是发挥制度效力的客观需要

邓小平同志讲过：“制度带有根本性、全局性、稳定性和长期性”，“制度好可以使坏人无法任意横行，制度不好可以使好人无法充分做好事，甚至走向反面。”制度自身的重要性无可辩驳。党的十七届四中全会指出，要切实推进反腐倡廉制度创新，坚持用制度管权、管事、管人，深化重要领域和关键环节改革，最大限度减少体制障碍和制度漏洞，完善防治腐败体制机制，提高反腐倡廉制度化、法制化水平。当然，决策层制定制度的用意，绝不是摆花架子，而是要发挥制度的效力。毛泽东同志早就说过:“如果有了正确的理论，只是把它空谈一阵，束之高阁，并不实行，那么，这种理论再好也是没有意义的。”胡锦涛同志也说过：“再好的法规制度，如果不去执行，也会形同虚设，许多法规制度之所以没有发挥应有的效力，一个重要的原因就是执行不力。”因此，要发挥制度的效力，使制度真正具有约束和警示作用，达到反腐倡廉的目的，必须切实提高制度执行力，而不是让它被说起来时头头是道，真做起来却被置之脑后。

（二）提高反腐倡廉法规制度执行力是从根本上有效治理腐败的关键环节

反腐倡廉，必须标本兼治，从长远讲，更重要的是治本。治标不治本，治得了一时管不了一世。客观地讲，近些年，中共对腐败的治理是很严肃的，对腐败现象和腐败分子的打击也很严厉，全国各地查处了大量违法乱纪干部。然而，从实际反腐效果来看，却不是很突出，腐败分子就像韭菜一样，割了一茬又有一茬冒出来。十八大以来，已有9位省部级干部落马，腐败屡禁不止，这其中根源，就是我们在把注意力集中于治标的同时，没有跟着在治本上下工夫，我们也出台了不少的法律法规制度，但执行不力。反腐倡廉既要重视制度构建上的科学性和针对性，更要重视制度执行上的有效性和持久性，这样才能使反腐倡廉工作取得实效。

（三）提高反腐倡廉法规制度执行力是依法治国的必然要求

依法治国就是依照法律来治理国家，这是发展社会主义市场经济的客观需要，是社会文明进步的重要标志，是国家长治久安的重要保障，它要求国家的政治、经济运作、社会各方面的活动统统依照法律进行，而不受任何个人意志的干预、阻碍或破坏。国家制定法律的最终目的是让人们不去犯法，而不是等他人犯法后再去惩罚。倘若制度执行不力，在制度之外有特例，即有令不行、有禁不止、随意变通、恶意规避现象比较严重时，人们就会效仿，最终法不责众，就会失去法律的严肃性和权威性，进而影响依法治国方略的实施。

目前反腐败斗争的形势依然严峻，反腐败的任务依然艰巨，如果一些党风廉政建设责任制继续落实不好，一些领导干部对加强反腐倡廉制度创新和执行党风廉政建设责任制仍旧不关心、不重视，对反腐倡廉制度执行措施不到位、监督检查不力，难免少数领导干部和重点岗位人员滥用职权、贪污贿赂、腐化堕落、失职渎职的案件还会发生。因此，只有不断提高反腐倡廉制度执行力，坚持常抓不懈，每时每刻也不能放松，才能为经济社会良好发展提供有力保证。

二、深刻分析反腐倡廉法规制度执行不力的原因

反腐倡廉法规制度之所以执行不力，既有人自身的主观因素，也有制度设计的客观因素，还有社会环境和内部管理方面的因素。

（一）因认识不到位而不重视执行

思想认识上存有片面性，对腐败的危害和法律法规规章制度的权威性认识不够深刻，没有建立起对法律的信仰，直接导

致对待反腐倡廉法规制度重制定、轻执行；重形式、轻效果；重应急，轻配套；重实体，轻程序等种种问题。比如对腐败问题应该是零容忍，但是现在的办案底线、办案额度不断提高，说明了我们对腐败的容忍度在提高，我们对反腐倡廉的紧迫性在认识上出现了一定程度上的退步。

（二）因制度自身的先天缺陷而无法执行

由于对立法技术或者是制度设计技术研究不足，重视不够，造成了许多制度缺乏科学性、系统性、可执行性。往往是原则规定多，具体细则少；口号要求多，操作规程少。制度之间衔接不畅，规定之间逻辑不严，部分要求规定不现实、不合理、不科学，或者是内容空洞、要求笼统，或者是变简为繁、层层设卡，给制度执行带来困难，让人们无法执行。

（三）出现在制度执行过程中的问题使执行被打折扣

1．不好好执行。有些人搞实用主义，受到私利驱使，对自己有利的就执行，对自己不利的就推三阻四；有些人存有特权意识，把制度当作“手电筒”，只照别人，不照自己；有些人热衷要小聪明，想方设法钻制度的空子；有些人原则性不强，制度执行不坚决、不彻底，担心严格执行制度得罪人，以后工作、晋升、奖励方面都会受人打击；有些人唯上思想严重，一切以领导为指针，只要是领导安排的，违反制度也盲目执行；有些人错误对待制度，认为会上提提就可以了，切勿当真。还有不愿守规矩、理解制度能力欠缺难以正确推动制度落实等情况。

2．执行不好不被追究。从执行后果角度来看，违反制度的成本较低，不执行制度或者制度执行不力，责任追究少，组织处理少，“下不为例”少，异地为官多，对违反制度行为的惩处措施不够严厉，客观上促使或者是纵容一些人面对制度规定“铤而走险”。如许多受到行政问责的干部，迅速异地升迁或复出，不能不让社会对问责产生怀疑，对制度执行不好大而化之。

（四）因现实环境而使执行遇到阻力

制度的执行离不开社会、集体、组织等环境。中国是熟人社会，人情、关系、面子盛行，对制度、法律缺乏应有的尊崇与敬畏，一些社会“潜规则”盛行，常使违反制度者得益，执行制度者受损，造成人们对制度的信任危机，抵消了制度的施行效果。比如情大于法、权大于法现象的存在，使一些人常在如何对待领导或上级的指示与处理执行尺度的关系问题上纠结不已，违心地偏离制度轨道。

三、提高反腐倡廉法规制度执行力的路径思考

提高反腐倡廉法规制度执行力，切实维护反腐倡廉法规制度的严肃性，我们需要从以下方面着手：

（一）强化教育

采取多种形式，加强制度意识的宣传教育，强化干部群众的制度观念，引导干部群众尊重规范、敬畏制度，牢固树立制度面前没有特权、制度约束没有例外的认识，增强学习制度、遵守制度、贯彻制度、维护制度的自觉性和主动性，把制度转化为行为准则、自觉行动，切实维护制度的权威性和严肃性。避免重人情、轻制度，重潜规则、轻显规则的问题发生。

（二）领导带头

“领导带头，万事不愁”。这句话通俗而又深刻地表达了制度执行的核心。领导干部率先垂范，坚持带头学习制度、严格执行制度、自觉维护制度，上行下效，就能尽快形成抓制度落实的带动效应和推动力量。把制度执行情况作为考核领导干部的重点内容，对制度没有执行、执行不到位的，一律追究主要领导的责任，同时把责任追究落到实处，让人们看到不执行制度或制度执行不力必须付出的代价。

（三）事务公开

阳光是最好的防腐剂。坚持把公开作为推进制度执行的重要手段，让制度执行主体切实感受到压力。不仅要公开制度执行的结果，而且要公开制度执行的每个环节，不断提高制度执行工作的透明度。把科技手段融入到制度执行和落实之中，借助电脑代替人脑，让违反制度规定的种种行为无法通过正常验收，切实减少人为操作可能带来的违反制度规定的诟病，确保执行过程和执行结果的公平、公开和公正。

（四）加强监督

明确制度执行的监督主体，强化专职部门的监督责任。加强对制度执行情况的日常检查、专项治理和集中抽查，促进监督的常态化。建立健全制度执行的问责机制，把制度执行情况纳入党风廉政建设责任制检查考核和领导干部述职述廉及民主生活会的内容。充分发挥党内监督、人大监督、政协监督、群众监督和舆论监督的作用。

（五）过程管控

切实加强对制度执行过程、运转状态的管理和控制，通过制度任务责任分解、时间分段等办法，建立制度执行情况通报、情况反映等规范，健全保障制度落实的工作机制。通过计算机手段，建立健全权力运行监控机制，全程监控权力行使的环节、内容、结果。

（六）落实责任

制度执行过程就是权力运用过程。不执行制度要么是渎职，要么是失职。只有责任落实到位，执行才不至于缺位。加大制度执行不力的追究力度。严肃查处不认真执行制度、不及时执行制度和拒不执行制度的行为，坚决纠正有令不行、有禁不止的行为，对执行不力、效率低下、疏于管理及乱执行等行为依纪依法严肃处理。

（七）纪检监察机关要发挥主导作用

纪检监察机关要充分履行监督检查职责，特别要对容易发生问题、滋生腐败的关键部门和关键环节采取明查暗访的方式，定期不定期组织全面检查和重点抽查，对制度执行中存在的问题，早挖死角、勤堵漏洞，根除隐患。

总之，切实提高反腐倡廉法规制度执行力，全面落实依法治国基本方略，就是要求国家生活、社会生活和党的活动的基本方面都纳入法律的轨道，接受法律的调控和处理。这次对薄熙来案件的处理，让人们看到了依法治腐的威力和魅力，增强了人们对反腐倡廉走法治道路的信心。切实提高反腐倡廉法规制度执行力，既不能让执行制度的人吃亏，又不能让违反制度的人占便宜；既要使有权者不敢以权压法藐视制度，又要使位

高者不敢以身试法无视制度。真正通过切实执行各项法律法规规章制度，有效地防止小过酿成大过，小错拖成大错，从根本上增强制度的威慑性和严肃性，发挥制度的效用。这样做了，我们的反腐败斗争就能取得扎扎实实的成效，腐败就能从源头上得到治理，苍蝇会越来越少，老虎不会在变大，以落实八项规定为突破口，我们已经看到一个更加风清气正的先锋队伍将带领13亿中国人在全面深化改革的征途上谱写新的辉煌。

【作者：中共陕西省渭南市委党校副教授】

“把权力关进制度的笼子”

——学习习总书记讲话精神心得体会

杨修文

2013年1月22日，习近平总书记在中纪委全会上强调，要加强对权力运行的制约和监督，把权力关进制度的笼子。

习总书记的讲话如金石之音，令人警醒。如何才能做到将权力关进制度的笼子呢？作为一个地市主管公安交管工作的党的领导干部，首先，思想上一定要认识到权力是党和人民赋予的，行使权力必须要为人民服务，必须要对党和人民负责。其次，要将权力置于阳光下运行，自觉接受党和人民的监督，为政清廉、秉公用权。但要真正做到“权为民所用”，仅此还很不够，还必须建立并坚守保障“将权力关进笼子”的制度。2012年以来，交警在全市推行公车、公职人员交通违法曝光和责任追究，全面推行交通违法“零减免”等交管举措，更是感触很深。

首先，要有“权力笼子”的革新理念。交警是公安机关的专业警种，管理机动车和驾驶人，维护道路交通秩序，查处交通违法行为，预防和处理交通事故，这些既是交警的职责和任务，也是党和人民赋予交警神圣的权力。“一切有权力的人稍不控制就容易滥用权力，权力的周围往往伴随着滋生腐败的土壤”。在交通违法处理，车辆登记管理、交通事故处理，驾驶员考试等领域，因为权力的存在，也产生过执法不严、执法不公等滥用权力和“索拿卡要”等不正之风和腐败现象。损害了人民群众的利益，损害公安机关在人民群众心目中的威信，破坏了社会的公平正义。虽然我们对暴露的问题进行了严肃查处，但是仍然发生这些问题。究其原因，根本在于权力运行缺乏制约和监督、缺乏制度规范。为了维护党和政府的公信力，革除积弊，防止权力滥用，保障公平正义，我们必须树立“把权力关进笼子”的革新理念。基于这一理念，邵阳交警率先在全省开创公职人员、公车交通违法曝光并责任追究，将公车特权和公职人员特权关进制度的笼子。紧接着又在全市全面实行交通违法“零减免”，实现法律面前人人平等，任何人都不能享有交通违法处罚减免特权。

其次，要有自我革命的坚定决心。群众最关心的就是社会的公平正义问题，对司法不公、司法腐败更是恨之入骨。把权力关进制度的笼子，看似简单，要做到十分困难。这要求我们既要有勇气，又要有智慧，还要有自我革命、自我牺牲的精神和决心。革自己的命是痛苦的，因为这是舍弃能用于协调关系、照顾人情、和谐环境的有效“法宝”，有时还能给自己带来利益。然而，没有割舍，就无所谓得到，没有无私，就无所谓无畏，这是公平正义的需要，是交管事业发展的需要，更是人民群众对党、对政府、对公安机关的强烈愿望和期待。因此，我们下定了壮士断腕的决心，及时构筑限制特权的笼子，坚定不移地推行“零减免”和公车、公职人员交通违法追责制度。

第三，要有保障性的顶层制度设计。防止权力被滥用，必须把工作重点放在堵塞制度漏洞上，做好制度顶层设计。一方面，要以科学的制度设计把权力关进制度的“笼子”里，对权力做出明确的规范，这样权力就有了限制和边界，就能在法律制度的框架内运行，从而实现标本兼治。另一方面，制度要严格落实到位，要加强程序性制度设计，以严密的程序压缩制度执行的弹性空间，确保制度在执行的过程中始终如一。我们从交管工作实际出发，针对公车和公职人员交通违法现象泛滥，并且往往得不到有效处罚，群众意见大的现状，进行了广泛调研和科学设计。2012年6月28日，我们向社会公开发布了市委纪委、市委组织部、市委宣传部、市监察局、市公安局、市人社局六部门共同印发的《邵阳市公职人员违反交通安全法规处理暂行办法》，规范和约束公职人员交通违法行为。采取了公车交通违法公告曝光，依照《道路交通安全法》严肃处罚、将公职人员交通违法纳入所在单位年度考核、直至追究党纪政纪责任。

第四，要有执行制度敢于较真碰硬的精神。“天下之事，不难于立法，而难于法之必行”。没有制度固然可怕，有制度不执行，那就更可怕！无论多好的制度，如果不能得到有效实施，最终都是一纸空文。“把权力关进制度的笼子里”不仅仅是一句口号，更是一种承诺、一种责任，要求我们执行制度时一定要做到铁面无私、秉公执法。我们在对违法公车和违法公职人员的处罚中，敢于亮剑，敢于较真碰硬，做到“皮鞋、草鞋”一个样，“官、民”处罚同标准，突破特权“藩篱”。当然，我们生活在世世代代讲人情，讲关系的社会里，而不是生活在真空中，在执行制度的过程中，经常遇到打招呼的上级领导和特权部门的关系，他们个别不理解，找种种理由来为难交警，阻碍交管事业的发展。甚至到交警来找问题，特别是公安内部的特权阻力更大。但我们坚定信念，不开一个口子。哪怕遇到“枪林弹雨”，哪怕碰得头破血流，也不能将特权这只“野兽”从制度的“笼子”里再放出来，自《邵阳市公职人员违反交通安全法规处理暂行办法》实施以来，先后有200多台公务用车被媒体曝光并主动接受处罚。现在，全市公车违法处罚率达100%，公车交通守法率达98.7%，市民驾车守法率上升43.8%，人民群众对邵阳城区交通管理工作满意度飚升至89.7%。2013年11月初，省委书记徐守盛同志在邵阳调研时充分肯定了邵阳交通管理工作的进步，多次表扬了“零减免”和“限摩限电”工作，省委常委、省委政法委书记、公安厅长孙建国同志、副省长盛茂林同志在全省交管工作大会上充分肯定了“零减免”给邵阳交通管理带来的新变化，省公安厅党委委员、副厅长汤向荣同志指出：“邵阳交警敢于亮剑，敢于自我革命，能够自觉地‘把权力关进制度的笼子’，值得全省交警学习。”2013年7月，全省推广了邵阳的经验和做法，新华社、人民日报、人民公安报、湖南日报等数十家媒体对邵阳这一将权力关进制度的笼子、生动实践走群众路线的做法进行了全面报道。

权力来自于人民，也只能为人民服务，决不能让权力成为某个集团、某个部门、某个单位或个人谋利的工具，坚决杜绝公权力“利有化”，让权力在阳光下运行，把权力关进制度的笼子里，这是回归权力本质的必然要求，更是我们党走群众路线的基本体现。

【作者：湖南省邵阳市公安局党委委员、交警支队党委书记、支队长】

第六编

构建和谐社会和民生建设与贯彻“十二五”规划

美丽中国畅想

焦念志

神州大地幅员辽阔，祖国山河壮丽多娇。十八大报告把“生态文明建设”摆在了与“经济建设”、“政治建设”、“文化建设”、“社会建设”同等重要的地位，描绘出中华民族永续发展的宏伟蓝图。这幅蓝图装点着耀眼的“红”、“绿”、“蓝”。这“红”就是中国特色社会主义大旗；这“绿”就是绿色环保、生态文明、和谐社会；这“蓝”就是碧海蓝天、低碳经济、永续发展。

红色大旗　引领方向

红色是中华民族最具代表性的颜色，是中国人的文化图腾和精神皈依。

中国近代史就是一部红色发展史，承载了国人太多的红色记忆。一百多年前，中国这片古老的土地满目疮痍，列强的铁蹄踏碎了华夏五千年的文明，洋炮的硝烟吞噬着民族自强的希冀；一张张绝望的面孔，一声声悲惨的啼哭，一座座废弃的家园，一片片荒芜的土地……在苦苦的探索中，是红色旗帜指引了正确道路、把中国带向光明。一百多年后，在这片饱经沧桑的土地上，红色中国屹立世界民族之林，九七香港回归、九九澳门回归，我们洗刷了百年的耻辱；中国特色社会主义道路让世界五分之一人口摆脱贫困、走向小康；在这面红色大旗下，我们万众一心，众志成城：金融危机没有打垮我们，非典疫情没有吓退我们，洪涝雪灾没有压倒我们，汶川地震也没有震垮我们；在这面红色大旗下，我们意气风发，阔步前进：2001年加入世贸、2004年雅典凯旋、2008年奥运辉煌、2010年世博精彩；在这面红色大旗下，民族自信心不断加强，自主创新能力不断提高，技术尖端不断突破，千年飞天梦，一朝探月圆；在这面红色大旗下，改革开放继往开来，国民经济持续发展，中国速度世人震惊！

红，是“爱国、敬业、诚信、友善”的行为准则和道义之心，是“自由、平等、公正、法治”的权益准则和社会公心，是“富强、民主、文明、和谐”的国家意志和众望民心；红，是坚持改革开放、科学发展的坚定决心，是建成全面小康社会的必胜信心，是实现中华民族伟大复兴的壮志雄心。

绿色发展　生态文明

绿色代表了优美环境、生态平衡、和谐社会、可持续发展。

改革开放三十年来，我们创造了许多经济建设的奇迹。在为成就欢欣鼓舞的同时，我们必须清醒地认识到，许多发达国家工业化时期出现的问题也摆在了我们国家面前，我们绝不能走高能耗、高污染的发展模式。十八大提出建设美丽中国的目标，就是为了满足人民群众日益增长的绿色需求，通过大力加强生态文明建设，还大地以绿水青山，还国人以绿色家园。让祖国大地山更绿、水更清、天更蓝、空气更清新；让我们的社会更加稳定和谐，让人民生活更加幸福美好。

近几年来我国生态建设取得了巨大成就，但从整体看，中国仍然是一个缺林少绿、生态脆弱的国家。目前，全国森林覆盖率 20.36%，不及世界 30%的平均水平，沙化土地面积超过国土面积的 1/5，水土流失面积超过国土面积的 1/3，森林资源和生态总量都严重不足，如此则无法实现永续发展，这与建设美丽中国的要求差距还很大。生态文明就是要可持续发展，我们必须在更高层面上、更大范围内，审视和解决我国突出的环境问题，积极探索中国环境保护的新道路，避免发展经济以牺牲环境为代价，坚持环境保护基本国策，大力推动循环经济发展，构建资源节约型和环境友好型社会。

我们的日常观念和生活方式同样值得反思。随着社会的发展、生活水平的提高，人们对物质的追求变得越来越狂热。成功的标尺一度变成了对财富多少的追求，幸福在有些人眼中变成了车子、房子、票子。节俭不再被赞扬，奢侈反倒为人所羡慕。这样的消费心态、消费习惯，直接导致铺张浪费、过度包装，造成资源能源的大量消耗、生态环境的破坏。从这个角度说，是我们自己糟蹋了原本良好的生产生活环境。所以，调整不健康的生活理念、改变不合理的生活方式，已经成为建设美丽中国的必须。从这个角度出发，检视我们现在的生活，可以改变的其实很多。让我们在消费中多些绿色环保的选择、让我们在生活中多些生态文明的行为；美丽中国的路上，有你、有我、有他。

山清水秀但贫穷落后不是美丽中国，强大富裕而环境污染同样不是美丽中国。良好的生态环境是任何社会持续发展的根本基础，清新的空气、洁净的环境、安全的食品、和谐的社会，都是美丽中国的必要元素。只有坚持绿色环保原则、遵循生态文明的理念，才能建成真正意义上的全面小康社会。

蓝色经济　放眼未来

蓝色就是碧海蓝天、低碳经济、永续发展，蓝色代表了令人憧憬、充满希望的未来。

中国幅员辽阔，不仅拥有960万平方公里广袤的陆地领土，还拥有 300 万平方公里的蓝色国土、1.8 万公里漫长海岸线和数千个大大小小的岛屿。从人类发展的历史来看，一个沿海国家和民族要想有所作为，注定离不开利用海洋、保护海洋。十八大报告提出“海洋强国”的主张，为中国拓展海洋安全利益与经济利益制定了一个总体规划蓝图。

海洋资源丰富多样，不仅有传统的交通运输和渔业资源，还有生物活性物质、海洋药物、基因资源；还有海水淡化、风浪潮发电、温差发电资源；还有矿产、石油、天然气、页岩气资源。在经济迅速增长、人口快速增加及城市化程度不断加快而陆地资源日趋枯竭的背景下，合理开发、有效利用海洋的时代已经到来。在新一轮海洋开发热潮中，开发方式也正在由传统的单项开发，向现代的综合开发转变，开发内容正在由资源的低层次利用，向精深加工领域拓展。开发的领域也已经向深海和无人岛拓展。在这种情景下，我们尤其要警钟长鸣的就是保护海洋，我们要发展蓝色产业、促进低碳经济，我们要建设海洋生态文明。

海洋赐予我们的绝不仅仅是看得见摸得着的有形资源，海洋还有许多我们看不见的功能。例如，海洋是全球气候变化的调控器，对大气中的二氧化碳能起到很好的调节作用，人类活动排放的二氧化碳大约有30%被海洋吸收（否则全球变暖会更加剧烈）。与陆地碳汇相比，海洋储碳时间更长。根据我国科学家新近提出的“海洋微型生物碳泵”储碳机制，海洋微型生物生态过程产生惰性溶解有机碳，可长期储存在海洋中（达5000年），其总量可与大气二氧化碳量相媲美。对于应对未来气候变化、助推低碳经济有着巨大的研发潜力。

要合理有效地开发利用海洋，就要进一步深入了解海洋、认知海洋，就要发展海洋高科技。我们早就到达了南极北极，载人深潜器也已到达数千米的海底。但这只是认知海洋的第一步，我们需要加大人力、物力、财力投入，占领更多的科学前沿阵地，促进海洋高科技研发，不断提高自主创新能力，在海洋领域跨越“中国制造”、走向“中国创造”，乃至领航这个“海洋世纪”；我们要始终坚持“蓝色经济、绿色发展”的理念，为了碧海蓝天、为了永续发展、为了美好未来。中华民族的伟大复兴必将“面海而兴”，崛起的中国必将从海洋大国走向海洋强国！

走“红色”道路，建“绿色”家园，园“蓝色”之梦，建设美丽中国，实现中华民族的永续发展。

【作者：中科院院士 民盟福建省副主委
厦门大学海洋微型生物与地球圈层研究所所长】

出彩须当学为先

胡　迅

前不久，习近平主席在谈及实现中国梦须凝聚中国力量时说：“生活在我们伟大祖国和伟大时代的中国人民，共同享有人生出彩的机会，共同享有梦想成真的机会，共同享有同祖国和时代一起成长的机会。”

毫无疑问，这是新一届中央领导集体也将致力打造公平公正的社会环境的一个宣言。消弭阶层差别和身份差别，给每个人最大限度展示自己的长处有个公平均等的机会，这也是共产党人的使命和职责。

但是，人生出彩是自我超越的潜能发挥，机会的均等并不能等同结果的一致。当今时代，是知识飞速裂变的时代，新知识、新情况、新事物层出不穷，出彩的舞台非常广阔，更需要我们努力提高各方面的知识素养，自觉学习各种科学文化知识，主动加快知识更新，优化知识结构，拓宽眼界视野。总之，就是要学习、学习、再学习。这是我们实现人生出彩，梦想成真机会的必然要求。

正所谓“玉不琢，不成器。人不学，不知义。”我们国家有着悠久的崇尚学习的传统。“学而不厌，诲人不倦。”两千多年前，孔子就把治学作为立身处世之本。古往今来，求学、劝学的真知灼见汗牛充栋。

但是，随着时代的发展，科技的进步，传统的学习观念必须要注入新的时代内容。过去那种学生时代学习以考分为标准，职业学校以技能为中心，成人学校以文凭为目的，职工培训以上岗证为原则的实用主义学习理念，已经远远适应不了当今时代对学习的全新要求，甚至还窒息了学习本身应有潜能的发挥。我们必须明白，一切知识的获得，都是我们对自身现成的观念、惯性及蒙昧无知的战胜，同时又是我们持续对新知识获取的起点。

早在20世纪90年代，联合国教科文组织在世界教育报告中就明确提出，新世纪的教育目标就是要学会学习。世界著名未来学家埃德家·沙因说，未来的文盲不再是不认识字的人，而是没有学会怎样学习的人。

学会学习，在新的时代，已经不局限于课堂教育，也不局限于文凭和学历，而更多的是形成一种新的价值取向，即生活学习化，学习生活化的良性互动，进而使学习终身化。被美国《商业周刊》推荐为当代最杰出的新管理大师的美国麻省理工学院史隆管理学院教授彼德·圣杰，提出学习型组织的五项修炼。把系统思考、自我超越、改善心智模式、共同愿景和团队学习作为基本要领，揭示了新时代学习不仅是工作和创业的需要，而是人类生活的重要组成部分的实质。

谈到怎样学习，最近习近平主席在中央党校建校八十周年暨2013年春季学期开学典礼上也有一番深入浅出的阐述。他说，我们的学习应该是全面的、系统的、富有探索精神的，既要抓住学习重点，也要注意拓展学习领域；既要向书本学习，也要向实践学习；既要向人民群众学习，向专家学者学习，也要向国外有益经验学习。因此，学会学习并不难，难的是不断提高自身的学习力。

学会学习，其宗旨在于提升学习力。学习力是学习的总量、质量、流量和增速的综合效应。所谓“读书破万卷，下笔如有神”，只有博览群书才能开阔视野。所以苏轼才有了“发奋识遍天下字，立志读尽人间书”的感言。有人说，读书的厚度决定人的高度，就积累知识洞察世事而言，学习的总量决定了人的素质。

正所谓“半部论语治天下”，这是学习质量表现出来的学习者综合能力素质以及学习的效率和品质。学习的质量比数量更重要。囫囵吞枣的死读书和读死书只能是入宝山而空回。学习的质量取决于目标明确，方法正确。学习的目的是为应用、为发展、为创新、为进步。我们学习马克思主义，不仅要深入学习理论原著，最根本的是要学习立场、观点和方法，把握其精神实质。只有这样我们才能建设好中国特色的社会主义。

我们生活在一个快速变化的时代。有人研究过，18 世纪以前，知识更新速度为九十年左右翻一番；20 世纪 90 年代以来，知识更新加速到 3~5 年翻一番。近 50 年来，人类社会创造的知识比过去三千年的总和还要多。面对这个快速变化的时代，原有的游戏规则被打破，传统的思想、习惯，陈旧的知识技能快速折旧，信息爆炸和知识倍增让不思进取的人滑向了无知的边缘。因此，把握好学习的增量和流量更是我们赢得速度、赢得未来的成功之所在。

人生要出彩，学习须当先。学习者智、学习者胜，只有不断学习才能生存与发展，选择了学习，就选择了进步，也就选择了出彩的机会。

【作者单位：马钢南山开发公司】

开展农村社会工作　助推“幸福村居”建设

罗新安

2012 年 9 月份，珠海正式启动了创建幸福村居工作，决定实施创建幸福村居“六大工程”，并加大了对农村社区的资金投入力度。创建幸福村居工作到底如何推进，各地各单位都在积极思考和探索。基于打造“幸福的社会生活共同体”这一共识，笔者认为，以“助人自助”为宗旨的社会工作，对创建幸福村居有很大的推动作用，可以考虑以开展农村社会工作为重要抓手来推进幸福村居建设。

一、当前我国农村发展面临的突出问题

在当前的社会转型期，随着农村群众的大规模流动以及农村的城市化推进，中国的乡村正受到前所未有的冲击，带来了诸多的社会问题，随着社会结构的变动、利益的调整和观念的改变，农村居民的行为方式、生活方式和价值体系都发生了明显的变化，一个突出的问题就是农村的凋敝，具体表现为服务空心化、集体空壳化、家庭空巢化、精神空虚化，直接影响着幸福村居建设目标的实现。

（一）服务空心化。受城乡二元体制的影响，农村基础设施建设和公共服务产品投入不足，农村医疗、教育、文化等无法满足农村居民日益增长的迫切需求。从创建幸福村居优秀示范村各村申报材料来看，各村绝大部分项目都集中在基础设施上，就突出体现了各村对基本公共服务均等化的渴求。

（二）集体空壳化。随着市场经济的推进，村民的集体组织观念和社会责任观念越来越淡泊，对基层组织产生越来越强烈的离心倾向，导致农村基层组织涣散，村民自治受到影响，依靠集体力量举办公益事业显得力有未逮。

（三）家庭空巢化。农村青壮年人口大量流入城市，留守在家的多为老弱妇幼，这些“空巢老人”“空巢儿童”受年龄和身体状况的限制，在生存发展中面临着教育、生活、心理、安全等问题。

（四）精神空虚化。由于农村群众自身文化素质、年龄、经济条件等方面的限制，农村的健康文化生活相对贫乏，由于找不到精神寄托，一些群众感到精神生活空虚。

二、农村社会工作在创建幸福村居中的重要作用

（一）开展农村社会工作，既是社会转型的必然要求，也是创建幸福村居的现实需要。创建幸福村居，要紧紧抓住“幸福”这个根本。一个人的幸福指数，固然需要一定的物质基础，但更看重的是精神层面的满足。社会工作以“助人自助”为宗旨，以平等、接纳、尊重为基本价值观，其专业特点、专业价值能够满足农村社区诸多的服务需求，有助于解决幸福村居建设中遇到的各类问题，从而提高村民的幸福指数，是创建幸福村居工作的应有之义。

（二）开展农村社会工作有助于健全农村社会服务体系。受城乡二元体制的影响，当前农村普遍存在着公共资源配置不足、公共产品缺位和公共服务断层等现象。而社会工作的介入将有效改变这种状况。一方面，社会工作者可以充分发挥专业特长，有针对性地为农村不同人群提供个性化、专业化服务；另一方面，社会工作者可以激励和指导农村居民根据现实需求进行自我管理、自我服务；此外，社会工作者还可以通过专业手段整合各类社会资源，动员各界人士和机构投入农村社区建设，形成建设合力。这都将大大丰富农村的公共服务内容，优化农村社会公共服务体系，不断提高村民的生活质量和文明程度。

（三）开展农村社会工作有助于优化乡村治理结构。在当前的乡村治理结构中，仍以行政性组织为主导，多方参与共治的格局还有待强化。尤其是农村的“空心化”，造成农村基层组织涣散、村民自治意识不强。社会工作以助人自助为宗旨，强调居民的能力建设，通过不断的示范和逐步的参与逐渐提升村民的社区意识，有利于重塑农民的“主体人格”。社会工作者在开展宣传倡导、组织动员、资源协调过程中，能够充分调动社会各方面力量参与农村社会管理，形成政府主导、村民主体、社工引领、社会参与这样一种良好的建设格局，实现政府行政管理与基层居民自治有效衔接和良性互动。

（四）开展农村社会工作有助于缓解农村的社会矛盾。社会工作是社会的“稳定器”和“润滑剂”，具有维持社会秩序的功能。社会工作通过及时向广大群众提供经济资助、法律援助、心理疏导、人文关怀等专业服务，帮助受助者在精神层面和心理素质方面恢复和重建，使其能够逐步走出困境，重新回归主流社会，有利于把农村的各种矛盾纠纷化解在基层、解决在萌芽阶段，减少社会不稳定因素，从而构建起农村矛盾冲突调解与利益诉求的新机制。

三、以农村社会工作助推幸福村居建设的思路对策

社会工作在幸福村居建设中有广阔的需求与价值，其较强

的专业性、技术性、科学性和适应性决定了其在幸福村居建设中必将大有作为，并起到立竿见影的效果。要从政策保障、投入机制、平台建设、宣传推广、教育培训等方面人手，通过促进农村社会工作专业化、职业化和规模化，实现社会工作与幸福村居建设互动发展。

（一）强化政策保障，完善农村社会工作制度体系。推进农村社会工作服务幸福村居建设，亟需制定完善富有针对性、指导性和可操作性的政策措施，不断健全珠海市农村社会工作制度体系。一是要把社会工作纳入当地国民经济和社会发展总体规划，统筹安排幸福村居与社会工作人才队伍建设，同时加快编制出台《珠海市社会工作人才队伍建设“十二五”规划纲要》；二是要把社会工作开展情况纳入基层党政领导干部农村工作的考核范畴，比如可以考虑把社会工作人才队伍建设和社会服务项目的开展情况纳入创建幸福村居工作的考核评估指标体系；三是要尽快制定全市统一的社会工作专业人才薪酬指导价，逐步提高社会工作专业人才整体薪酬标准，引导社工机构将服务领域向农村倾斜。

（二）加大投入力度，保障农村社会工作的运作经费。建立以公共财政支持为主、社会筹措为辅的多元经费保障体系，加大对农村社会工作的经费保障力度。一是建议各级政府在每年财政预算中安排专项经费用于社会工作事业的固定投入；二是要从创建幸福村居专项资金中，划拨一定比例的经费专项用于农村社会工作；三是积极探索通过搭建合作平台、培育慈善文化、推动公益创投等途径，广泛吸纳社会力量尤其是社会资金投入社会工作领域；四是要尽快摸清农村的社会服务需求，加大政府购买社工服务的力度。

（三）搭建服务平台，健全社会工作组织体系。服务平台是社会工作人才发挥专业特长、提供专业服务的舞台。要加大农村社会工作岗位开发，推动在农村社区探索设立社会工作站，以转换、开发和引进等方式设置社会工作岗位。各区、镇要加大扶持力度，探索以“岗位式购买、项目化运作”模式，引进、培育民办社会工作服务机构到农村开展专业服务。探索以合同制职员身份招聘一批政府社工，派驻城乡社区指导开展社会工作。

（四）壮大人才队伍，提升农村社会工作服务水平。专业人才缺乏是制约推进农村社会工作及其人才队伍建设的瓶颈。要通过“培养、转化、锻造”，努力建设一支规模适中、结构合理、素质优良的社会工作人才队伍。要通过组织实施大规模、广覆盖的业务培训工程，对现有社会工作从业人员进行培训，使其基本掌握社会工作专业知识和方法技巧，具备岗位所需专业能力，加快向专业人才的提升转化。要不断健全社工人才评价机制，进一步完善社工职称职级管理制度、工作绩效评价细则以及相应的激励保障措施，使我市社会工作人才尤其是优秀人才在数量、结构、能力、素质上满足日益增长的专业服务需求。同时，要利用毗邻港澳地缘优势，聘请港澳资深社工担任珠海社工督导，培养本土社工督导人才，初步建立我市本土专业社工督导制度，进一步提升我市社会工作质量水平。

（五）加强宣传推广，扩大社会认同和公众参与。为提高社会工作的认同度和参与度，必须加大对社会工作的宣传、推广与动员。要加强有关社会工作人才队伍建设的观摩、考察与交流，建立大范围、经常化的学习制度，提高各相关政府部门和用人单位对社会工作的统一认识；要充分利用各类宣传媒介深入宣传社会工作的理念、特点、功能、技巧和典型事例，获取政府支持，提高社会认同；要进一步完善“社会+义工”联动机制，在农村培养志愿者，充分调动包括广大村民在内的社会各界关心、支持、参与社会工作。

四、坚持试点先行，以点带面推进社会工作服务幸福村居建设

珠海市的社会工作目前还主要停留在城市社区，对于幸福村居建设的价值、意义以及推进路径等还需要一个不断加深认识的过程。因此，在社会认知不够到位、实践经验相对不足的前提下，要按照“整体规划、分类推进、试点先行、逐步推广”的原则，推进社会工作服务幸福村居建设。

（一）要集中优势资源。要结合创建幸福村居优秀示范村评选活动，选择入围的示范村作为首批试点，从创建经费中单独划出专项资金用于开展农村社会工作。要充分发挥农村公共活动空间充足、人际关系熟络等优势，利用好农村综合服务中心、祠堂、村庙、戏台等公共建筑作为开展农村社会工作的重要场所。要利用港澳社工已多年在我市开展活动的优势，并借助珠海高校社工专业师生力量，组织我市现有社工机构进入试点村居，培育发展一批农村社会工作服务站，创建一批社会工作服务标准化示范村。

（二）要突出重点领域。要结合社会需求调查，选择当前农村迫切需要的服务项目作为重点领域先行试点，例如为留守儿童提供教育和学业辅导、心理健康辅导等服务，为农村妇女提供生计技能、法律援助、心理咨询等服务，为老年人提供文化娱乐、权益维护、集中关爱和居家养老等服务。

（三）要体现当地特色。由于各村发展水平、工作基础和社会资源具有一定的差异性，因此要充分考虑这些特点，选择合适的农村社会工作发展路径。比如按照现代化和工业化、城市化的三维指标对农村社区进行发展进程分期的分类，珠海既有传统乡村形态的农村如南门村，又有城乡结合部社区如新伟社区，还有延续农村风貌的村改居社区如那洲社区。这些社区无论是产业结构、还是居民人员构成等都有所不同，因此在开展试点时就要因地制宜，科学确定服务内容、服务方式、服务手段，确保各个试点形成符合自身实际、具有自身特点的发展路子。

【作者：珠海市民政局（社会工作促进局）局长
珠海市社会管理组织党委书记】

城镇化不是增长引擎　更不是改革红利

林治波

近年来，城镇化成为十分热门的重大话题。有一种盛行的观点认为，“城镇化将成为未来几十年中国最大的增长引擎和改革红利”。

对城镇化作了一点研究思考，感觉这一观点似是而非。

先说增长引擎。城镇化古已有之，古代的城镇化是由手工业带动的。由于城镇手工业的发展，导致了就业需求，一些农民便由农村进城，变成了市民，由此形成了城镇化的缓慢发展趋势。今天的城镇化，在本质意义上和古代没有两样，只是城镇化的动力由手工业变成了现代工业和服务业为主的各种产业。换言之，城镇化是由产业化带动的，以工业化为主的产业化的发展是城镇化的动力，而城镇化则是产业化的结果，其本身并不构成发展动力，更不是什么增长引擎。这是我们必须明确的关于城镇化的基础性认识。现在城镇化中出现的许多问题，都和违背这一认识有关。在一些地区，居然提出了“推动城镇化跨越发展”的口号，急切地推进城镇化建设。先是强行征地，把有地农民变成无地农民；然后逼农民进城上楼，把无地农民变成无业市民。城镇化的统计数据是上去了，但这种离开了产业发展带动的城镇化，或者说倒果为因的城镇化，带来的只能是双输的结果：农村因青壮年人口减少而导致农业凋敝；城市则因进城农民无业可就而留下巨大的社保负担和治安隐患。无论在我国，还是印度、墨西哥，都存在着很多的城市贫民窟现象，其中相当一部分就是城镇化不当遗留的恶果。进城农民因为没有稳定可靠的就业，当那点有限的土地补偿款花光以后，就成为生活无着的城市贫民。与此相连的社保负担和治安隐患随之而来，成为城市不堪承受之重。

这说明，决不能实行离开了产业化发展的城镇化，决不能实行倒果为因的城镇化。必须把主要精力用于工业化、产业化的发展，以此带动城镇化，这个次序不能颠倒，颠倒了，必定后患无穷。相应的，在城镇化率统计上也应该进行改革，把进城农民就业率作为城镇化率的主要依据，以此推动城镇化的质量提升。

再说改革红利。把城镇化算计为最大改革红利的观点，隐含着剥夺农民的邪念。事实上，这已经不是头脑中的邪念，而是实际行动中的做法。不顾农民意愿，强行征用农民土地，每亩价值一两百万甚至二三百万元的土地，只给农民两三万元，这其中自然会产生巨额的“改革红利”，这实际上是一种剥夺农民的“土地红利”。如果把全国的土地红利累计起来，就是一个天文数字！按理说，在中国共产党领导的社会主义国家，不应该存在这样的红利。如果合理补偿农民的土地，哪来红利之说？如不给农民合理补偿，盘剥农民而得之红利要输送给谁呢？这是搞好今后城镇化必须回答的重大问题。解决这两个问题的正确答案，就是大幅度提高农民的土地补偿金；如果在农民被征土地上兴办产业，那就应该让失地农民优先就业和入股，以切实保障农民的合法权益，使无地农民变成有业市民，使其在城市中获得可持续发展的前景。

给进城农民保留后路，也是今后城镇化应当注意的问题。一个办法是在一定期限内保留他们作为农民的各种补贴；另一个办法是将流转的土地实行集体化经营。现在最普遍的做法是，将进城农民的土地流转给大户，实行规模经营。这种做法看似合理，实则埋伏着隐患。为了保证投入获得长期回报，大户与流转对象的合同往往一签就是几十年。这种做法的弊端，一是富者愈富、穷者愈穷，会加剧农村两极分化；二是进城农民如果回乡，拿不回自己的土地，等于失去退路。因此，对于进城农民的土地，最佳的处置方法，不是流转给大户，而是集中起来实行集体化经营。这样一来可以给那些在城里难以为继的农民兄弟留下后路，二来可以在此基础上推动农业现代化。并且，有了集体经济支撑的村支部和村委会将恢复以往的凝聚力和号召力，真正成为农民的主心骨。

实践证明，作为生产关系的分田到户已不太适应农村生产力发展的需求，集体化的需求已重新出现。伴随着城镇化而出现的大规模土地流转，为新一轮的农村集体经济提供了战略契机，关键就看我们能否抓住这个契机。

【作者：人民日报社甘肃分社社长】

忠于职守　为全面建成小康社会做出应有贡献

钱丽敏

2012年11月8日至14日，作为一名基层党代表，我怀着无比喜悦和激动的心情，与我省代表团50名代表一道，在首都北京出席了举世瞩目的中国共产党第十八次全国代表大会，参与和见证了这一重要历史时刻。此次会议，虽然时间短，但意义重大，主题鲜明，目标明确，内容丰富，富有成效，在我们党团结带领全国各族人民全面建成小康社会、加快推进社会主义现代化、开创中国特色社会主义事业中具有划时代的意义，是在老百姓心中立起的又一座丰硕的里程碑。

大会高举旗帜、继往开来、团结奋进，凝聚了全党智慧，承载着人民期望，体现了最大共识。胡锦涛同志所作的报告，高屋建瓴、主题鲜明，思想深刻、求真务实，鲜明回答了举什么旗、走什么路、以什么样的精神状态、朝着什么样的目标继续前进的重大问题，报告系统总结过去五年和十六大以来十年间我国社会主义现代化建设所取得的伟大成就，确定了2020年全面建成小康社会的宏伟目标。大会通过的党章修正案，把科学发展观同毛泽东思想、邓小平理论和“三个代表”重要思想一起确定为我们党的指导思想，实现了我们党指导思想的与时俱进。

党的十八大报告还提出了一系列新论述、新观点、新思想、新举措和新部署。

我作为一名来自医疗一线的基层代表，更关注我们医务领域的发展方向。报告中在经济建设、政治建设、文化建设、社会建设、生态文明建设这五位一体的总体布局中，把加强社会建设必须保障和改善民生为重点，让病有所医，而且要推进医疗保障、医疗服务公共卫生、药品供应监管体制、综合改革完善国民健康改革，为群众提供安全有效方便价廉的公共卫生和基本医疗等，这些内容，都让我十分振奋。

我想，这就是十八大报告为我们医疗卫生事业指出的发展方向。也是我们今后要切实改进、不断努力攻克的重点和难点。报告中提出的加强社会建设必须以保障和改善民生为重点，让病有所医，让人人享有基本医疗服务，为群众提供安全有效方便廉价的公共卫生和基本医疗服务。这为今后卫生事业的发展描绘了美好前景。作为一名从业三十年的医生我感到责任重大，使命光荣。同时这些年也真切感受到发展带来的成果。如三年医改取得了初步成果。一是新农合筹资水平的提高、覆盖面的扩大、新农合保障水平的提高，充分证明了新农合制度的不断完善。二是国家基本药物制度全面实施，使人民群众切实受益。三是医疗卫生建设项目投资力度加大。三年医改期间，全市共实施卫生项目 237 个。四是公共卫生服务筹资标准从2009年的人均15元提高到2011年的25元。公共卫生服务均等化取得明显成效，政府投入明显增加。五是百万扶贫白内障工程使无数病人受益。但是要想彻底解决百姓看病难看病贵问题还有很多期待。

作为一名基层党代表，我将认真研读党的十八大文件，原原本本学习党的十八大报告和党章，全面准确学习领会党的十八大精神。坚持学以致用、用以促学，把党的十八大精神落实到医院工作之中去，在今后的工作中更要全面地、深刻地认清和把握卫生改革与发展的新形势，认真落实医改各项任务，以病人为中心，以保障医疗安全、提升医疗质量、改善医疗服务、加强医德医风建设、提高医疗效率为主线推进医院改革发展。把工作的落脚点放在惠及民生上，为方便百姓看病就医，大力推行便民惠民措施，继续加大白内障扶贫力度，使更多的贫困的、边远地区的患者得到救治，真正实现“病有所医”的目标。从根本上解决困难群体看病难、看病贵的问题，为百姓提供安全有效方便价廉的医疗服务。

作为医院的带头人，我将带领全院职工，遵照习近平总书记所倡导的“每个人工作是有限的，而全心全意为人民服务是无限的”的要求，以身作则，牢记十八大宗旨，把救死扶伤作为我们的第一天职，进一步改变工作作风，攻坚克难，率领全院落实好十八大精神，践行十八大要求，积极投身到医疗改革中，履行好一名医护人员的神圣职责，为全面建成小康社会做出自己应有的贡献。

今后的工作中，我们要紧密团结在以习近平同志为核心的党中央的周围，坚定不移地走中国特色社会主义道路，与省市医疗战线的同志们一起努力，践行党的十八大的重大决策，争取在这片广袤、富饶的黑土地上取得更好、更大的成绩！

【作者：哈尔滨市眼科医院院长】

传递正能量　共建充满正能量的和谐中国

束昱辉

泱泱神州，人杰地灵，五千载灿烂文明薪火相传。巍巍华夏，钟灵毓秀，政协委员以生命为代价传承中华之魂，挖掘中医秘方，为中华子孙生命安全保驾护航。

2013年，必将是中国历史上放飞梦想的一年，在党的第十八次全国代表大会中，习主席提出“正能量”一词。“正能量”指的是一种健康乐观，积极向上的动力和情感。当下，中国人为所有积极的，健康的，催人奋进的，给人力量的，充满希望的人和事，贴上“正能量”标签。它已经上升为一个充满象征意义的符号，与我们的情感深深相系，表达着我们的渴望，我们的期待。传递这个高意识的智慧，让正能量循环在中国每一个城市，让正能量汇聚满中国每一寸土地。十三亿中国人内在正能量连接起来，必将在外创造一个浩气正然，光辉灿烂，富足安康，和平喜悦的中国。

而健康，是生命之基，是人类生命的核心引擎，是社会发展的必要条件。健康不能代替一切，但没有健康，就没有一切。世界著名社会心理学家在他的“需求层次理论”中把需求分为“生理需求、安全需求、社交需求、被尊重需求和自我实现需求”五类，依次由较低层次到较高层次。而“生理需求”也即是对“健康”的需求。

面对飞速发展的时代，“健康”已不仅仅停留在身体层面。“改革不停顿，开发不止步”。在生存环境日益丰盛的同时，却频频出现了因压力过大造成的“过劳死”，和因错误的生活模式以及情滞所致而引发的糖尿病、心脑血管疾病、癌症直线上升的高发病率。环顾身边，环顾家族，殃及民族，各类疾病充斥着人们的生活，早已不再陌生。当我们对疾病的恐惧由旧社会的惊惧变得习以为常，变得“久病成医”的淡定的同时，是否也该为我们的生命安全敲响警钟？

中华祖先的《黄帝内经》讲得很清楚：“怒伤肝，喜伤心，悲伤肺，忧思伤脾，惊惧伤肾，百病皆生于气”。一个人如果在心理层面里有“怨、恨、恼、怒、烦”的负面情绪，就会是真正的导致身体严重疾病的一个最底层的代码原因。要解决一个人身体上的病，不仅仅要从他的身体层面看，同时，还要去看看他的心性。“怨、恨、恼、怒、烦”的情绪，不仅仅使我们不快乐，不健康，更重要的是，它让我们疾病缠身。

Johns Hopkins(约翰•霍普金斯大学)最新癌症研究报告也指出放化疗其实并不是治疗癌症的唯一途径。化疗不只能毒杀快速增长的癌细胞，更会一并消灭骨髓及胃肠道内的健康细胞，同时造成肝脏、肾脏、心脏、肺脏等器官的衰竭。中医讲求“相生”，是治人之道，而不仅是治病之学。人为本，病为标。病态过程与生命过程是不可分割的。

说到中医，就不能不提起秘方。“神农尝百草，一日而遇七十二毒”我以为并非虚构，民间药师自古如此沿袭。作为中医文化的传承者，束昱辉也是其中之一。

2008 年，在第十一届全国人民代表大会上，温家宝总理在政府工作报告中以较长的篇幅表述要推进医药卫生事业的改革发展，并突出强调要“充分发挥中医药和民族医药在防病治病中的重要作用。”2010 年 6 月习近平主席出访澳大利亚，亲自为皇家墨尔本理工大学中医孔子学院揭牌，并发表重要讲话，强调“中医药学凝聚着深邃的哲学智慧和中华民族几千年的健康养生理念及其实践经验，是中国古代科学的瑰宝，也是打开中华文明宝库的钥匙。深入研究和科学总结中医药学对丰富世界医学事业，推进生命科学研究具有积极意义。

以“挖掘整理中华民族民间秘方，救苦救难”为宗旨，以“演绎自然医学，共享自然天寿”为企业经营理念，权健自然医学科技发展有限公司于 2004 年在天津市武清区应运而生。在董事长束昱辉的带领下，现已成为一家大型的及科研、生产、专业化服务为一体的产业基地。拥有现代化生产厂房及花园式办公场地，世界级先进水平实验室和生产线，及符合 GMP 标准的生产车间和多条自动化生产流水线。其产品更获得美国 FDA 安全体系认证。

2012 年初，权健二期健康产业园全面竣工并投入使用，进一步扩大了中医民间秘方的产业格局。2012 年 1 月 17 日，权健集团宣传片在 CCTV—7 频道黄金时段播出。央视的宣传片对权建集团的事业做了全方位的介绍通过一个一个镜头的衔接，充分地展现了权健集团为探究中医文化、为中医复兴做出的不懈努力和取得的瞩目成绩，彰显了权健这一团队在中医药学领域的探索中孜孜不倦、拼搏奋进的执着精神，诠释了权健人崇尚精益求精，追求最佳标准，高质量的专业要求，为新时期人们追求健康的需求而不懈努力的使命感。

2013 年 1 月，新华社旗下 10 家中央媒体联合举办的“发现中国创造力”年度盛典成功召开，全国大型企业代表、政府官员、专家学者汇聚人民大会堂。在此，权健被评为“2012 中国创造力隐形冠军”的荣誉称号。同时，权健三期工程肿瘤医院也将在 2013 年全面启动。2013 年，是中国腾飞的一年。2013 年，也必将是权健腾飞的一年。

成功，不是偶然的，成功者必有许多值得学习的精神与品质。作为一个企业家，束昱辉对任何人都一贯保持着低调、谦逊的态度，做任何事都非常顾及别人的感受。不管什么样的人与这位富豪打交道，他的平和，真诚，不张扬的作风，足以让人感受到他的知心、知性、知情。

空谈误国，实干兴邦。做得最出色的人，往往很平凡，这样的人非常值得尊重。事业成功，却仍保持着创业初期的品性，他榜样的正能量，已经超越了他的事业，成为对谦逊，细致等人性的坚持。束昱辉说：“要想解决‘治病贵’，‘治病难’，我可以用生命为代价首先解决‘病难治’。”

“欲医者必仁也，仁心，仁术为之则，通晓经文，四气五味，五运六气，天地人和而为之，否则，非医非仁也。”一个领导，要以无我的精神意识化于团队，化于自身。无我背后的支撑是个人的修养：责任、诚信、胸怀。

千百年来，无数中医圣哲仁人为中医秘方付出了生命的代价，而权健，也必将用医者的大爱，让正能量在人们的生命中流动，以弘扬中医国粹为己任，为亿万炎黄子孙的生命健康与生命安全保驾护航！

“企业唯有有益于社会，才有其存在的价值。重要是中华民族的瑰宝，现在假药、假医太多，我们做医院，做疑难病工程的责任就是要让民众看得起病、买得起药、买到真药，同时，为华夏子孙从根本上解决病难治的问题。”

【作者：权健自然医学科技发展有限公司董事长】

莫让空巢再空心

王　平

“空巢”，一般是指子女长大离家后，父母独自在家的空虚、寂寞的状态。随着市场经济发展和社会保障机制的不断完善，对于“空巢”老人来说，已不在乎吃多饱、穿多好，更不在乎你给多少钱，他们需要的是温情关爱和精神慰藉。如何提高空巢老人的生活质量，使他们在感情上得到满足，做到空巢不“空心”，成为当前老龄化研究的一大课题。

一是政府主导要重视。解决“空巢”老人的情感需求要充分发挥政府政策的主渠道作用，政府应当采取资金投入、健全组织、加强立法、出台政策、舆论引导、强化养老基础建设，充分调动各方面的力量等措施，使老人的情感能够及时到位地得到关注与关怀。

要发展社会养老机构，加快养老服务事业发展，为“空巢”老人搭建“安全网”。各级政府要制定具体措施拿出具体办法，“劳我以少壮，息我以衰老”。千方百计地为空巢老人提供生活照料、心理抚慰、应急救助、健康保健等服务，以解决他们正面对或遭受心理危机的困扰。

要加强老龄信息化建设，充分利用现代化技术为老人服务。智能化养老是运用智能控制技术提供养老服务的过程。以互联网、物联网为依托，集合运用现代通信与信息技术、计算机网络技术、老年服务行业技术和智能控制技术，为老年人提供安全、便捷、健康、舒适服务的现代养老模式。突出智能管理，为“空巢”老人服务，以老年人健康、发展为中心，实现智能养老的人性化、个性化，全面提升老年人幸福指数。

要以发展居家养老服务为重点，加快完善社会化老龄服务和保障体系建设。加快社区服务、义工建设、养老资金、心理干预等方面的革新步伐。如加快建立健全居家养老服务网络，大力发展居家和社区照料服务，加强对“空巢”老人特别是失能老人和高龄老人生活照料和各项服务，大力培养居家养老服务中介组织和志愿者队伍，统筹发展机构养老服务，加快老年人护理康复服务等，均是应对解决“空巢”老人精神寂寞、生活照料等现实困难的可行举措。

二是社会公众要关爱。空巢老人生活在社会上，活动在公众中，要在全社会形成关爱老人的良好氛围。

要倡导爱心帮扶活动，让空巢老人不“空心”。实施“爱心行动”关爱空巢老人志愿服务行动。以“多对一”帮扶关爱为主，鼓励有能力的志愿者开展与空巢老人“一对一”结对帮扶活动，签订帮扶协议，为老人提供生活照料、心理抚慰、应急救助、健康保健、法律援助等服务。甚至定期看望老人，陪老人聊天，填补老人身边无人、精神空虚问题。

要健全完善关爱老人的社会支持系统。针对老年人的精神生活贫乏问题，加大制作播放相关的电视节目、改善健身娱乐设施，各社会组织要积极响应政府的号召，采取具体措施，尽最大可能为老人出行、看病就医、采买购物、日常生活提供便利。

要释放正能量，鼓励公众关爱老人。特别是老人活动身边的人，人人都把老人当亲人，使老人遇到困难有帮助、路边跌倒有人扶、迷失方向有指路、遗失物品有人护、伤心痛苦有诉处、突发疾病有救护，使老人身边不是亲人胜似亲人，让老人生活踏实，不再“空心”。

三是基层组织要作为。基层组织包括“空巢”老人所在辖区的行政组织和管理单位，对于保障“空巢”老人身心健康有着得天独厚的有利条件。基层组织工作好坏，直接关系到各项养老政策的落实，关系到老人的生活质量，影响到老人的心理，必须有所作为。

要做到及时了解“空巢”老人的家庭环境、生活变化、身心状况和出现的问题；认真落实党和政府关于退休养老的政策法规，并尽可能提高他们的福利待遇；普及、完善老年公寓、养老院等老年福利机构，加强老人娱乐设施、器材、场所建设，努力提供完善的老年活动中心；经常组织活动，丰富文化生活，引导老人走出家庭，学习年轻时想学而没有学的知识，实现自己的愿望，提升自我价值感、获得更多乐趣；对发现心理障碍严重的老人记录在册，重点关照。根据情况及所需，分类帮扶救助，组织发动志愿者，经常走访空巢老人，组织社区义工、学生开展敬老活动，帮助老人走出心理困境。

要做好“空巢”老人与“离巢”子女之间的桥梁，有条件的帮助老人学习网上聊天、视频、收发邮件等电脑知识，借助先进的视频通讯工具，实时多与子女联系沟通，拉近子女的情感距离。多组织一些适合老人的游戏、健身、娱乐活动，引导老人过上积极向上的生活，学到更多有趣的生活方式和娱乐方式，多结识志同道合的朋友，这样才真正做到老有所乐、精神饱满。

要引导全社会树立尊老、敬老、爱老的良好风尚，特别是对拒不赡养老人的子女要采取强制措施，保障老人的合法权益。劳动部门要为农村青年就近打工创造条件，让老人得到子女更多的关照；文化部门要不断丰富文化生活，让空巢老人的生活得到充实；民政部门要提高空巢老人的救助标准，确保“空巢”贫困老人的基本生存权利得以实现。

四是家庭子女要孝道。家庭要正视空巢，对空巢有足够的心理准备，绝不回避，“空巢综合征”不是过渡性的，忽视会带来更大的负作用，只有积极正视，才能有效防止空巢带来的家庭情感危机。

要摆脱“老年节后空巢症”，最关键的一点在于亲人要多关心“空巢”老人。子女们应该在情感上和理智上有体贴父母的习惯，即使“离巢”，除了托人照顾父母，也要常回家看看，增加与父母联系和往来次数，让老人有盼头，避免“空巢”综合征的发生。和父母住同一城镇的子女，与父母房子的距离不要太远。子女应加强对老人的“精神赡养”，每逢假日团聚后离开之前，一定要给老人们打好“预防针”，让他们慢慢接受。离家后，要勤打电话勤上网，多和父母进行思想上和感情上的交流，冲淡“空巢”状态对老人心理的负面影响。

作为子女要尽孝道，根据条件、想尽办法为老人考虑得更周到细致。如定期探望、定期陪同、定期拉拉家常，掌握老人的生活和健康状况。也不妨煲煲电话粥，离家太远的子女可以多打电话回家报平安，聊天也有助于排解老人心中烦闷；想法缩短空间距离，尽量把家安在离父母更近的地方，做到独立而不分离；建立好融洽的邻里关系，把备用钥匙托给邻居保管，以备不时之需等等。

五是老人心理要调整。我们所做的一切都是为了防止和清除“空巢”老人的心理障碍，最核心的还是要调整老人的心态，只有老人心态得到根本调整，才能达到真正目的。

要引导老人转变观念，从思想上摆脱中国传统文化影响，建立新型的家庭关系。减轻对子女的心理依恋。要尽早将家庭关系的重心由纵向关系（父母与子女的关系）转向横向关系（夫妻关系）。适当减少对子女的感情投入，降低对子女回报父母的期望值。特别是子女到了“离巢”的年龄，要有充分的心理准备，逐步减少对子女的依恋状态。

要引导老人避免产生心理危机。父母首先要对子女与自己的关系有一个正确的认识：无论是父母还是子女都应该是独立的个体，二者不是附属关系。子女就像鸟儿一样，幼时依偎父母，羽翼丰满后自然要离巢飞去，子女的离家是他（她）作为一个社会人已经成熟和独立的标志。在子女离家前，父母就应该调整自己的生活重心和生活节奏，而不是一切围着孩子转。况且子女离家并不等于斩断了与父母的关系，当今世界交通资讯日益发达，沟通感情的渠道已不再局限于面对面的交流，电话、短信、微信、网聊等一样可以传递温馨的情感。

要引导老人正确认识“独守空房”而“力不从心”原因。正确认识长时间封闭自己，沉浸在“寂寞空虚”、“牵挂和思念”之中不但会造成情绪低落、黯然、消极，导致引发各类生理、心理和精神上疾病的危害，甚至会给儿女带来一定的压力和负罪感，人为造成情感距离拉大，舍本逐末，得不偿失。人老心不能老，尽快抛却心理上的依赖感，摆脱“空巢心理”，找到自己的兴趣爱好，把生活内容安排得充实而多彩，享受老年生活带来的轻松、惬意与快乐。

解决“空巢”问题，是一个需要家庭、社区、社会、政府以及个人共同努力加以解决的综合性问题。随着城乡统筹的加快，“空巢”问题必然会最终得到有效解决。当务之急就是需要我们直面空巢现象及其影响，准确把握其发展的趋势和规律，在建设社会主义核心价值体系进程中，加强思想、理论、道德、法规、社会氛围等方面的探索和准备，方能顺应社会发展趋势、解决公众对于“空巢”现象的担忧与诉求。如此，才能真正实现老有所依，心有归宿。

“最美不过夕阳红，温馨又从容。夕阳是晚开的花，夕阳是陈年的酒……”老年，是一个人生命中最富有，也是最从容的年纪。愿老年人老有所乐，即便空巢，也不空心。

【作者：湖北省军区小洪山干休所政治委员】

多给职工一些精神关怀

王若群

现在企业大部分职工对精神追求比较迫切。职工盼每月的奖金和绩效考核奖，但月奖和绩效考核奖也绝对不是万能的。当物质需求获得一定满足后，精神需求则是更为重要的。现在职工更盼望心理关怀。心理关怀的核心是关注职工的心理健康，通过一定的心理疏导手段，疏导职工的情绪和精神压力，改善对自我价值的认识与评价，提升自我调节能力，达到情通理达的目的，使职工幸福愉快地在企业工作和生活，以积极的态度适应企业竞争，发挥主动性和创造潜能。

在职工参与日益激烈的竞争中，来自各方面的压力在逐渐加大，企业可以针对不同岗位、不同性格，经常性地开展心理辅导、心理咨询和心理治疗等工作。现在，工作学习生活的节奏加快了，竞争的压力加大了，那么，思想工作，心理疏导等也应该适应这个变化。心理咨询、心理辅导并不是简单地释疑解惑，更多的是一种倾听和关注，是一种接纳和疏导。有的时候，领导的一两次谈话、一两句问候、一两下点拨、一两次关怀，都会给职工带来极大的精神鼓舞和心灵激励。我所在的企业坚持对职工“五必访”，及时与职工沟通就很有效果。

企业团结稳定绝不是小事，而引发不稳定的苗头又往往是由于不明政策、听信小话、纠缠小事、意气用事等造成的。同样的话这样说还是那样说，职工的感觉是不一样的。经常性的“思想互助、工作互助和学习互助”活动，是渗透在企业生产经营和日常工作中最普遍、最现实、最具体的思想工作。职工企盼思想工作、心理疏导也要加快节奏，采取一些经常性的面对面、心贴心的思想工作、心理疏导工作，企业领导可以坚持“两三百米散散步，两三个人聊聊天，两三句话宽宽心，两三分钟明明理，两三件事暖暖心”，加快节奏，及时与职工沟通，及时化解矛盾、消除忧虑，最终形成谁有困难大家支援、谁有缺点大家帮助、谁闹矛盾大家调解的良好风尚。

职工企盼企业领导都能思考一下，除了日常工作外，能挤出一部分时间来，多给职工一些精神关怀，和自己的职工沟通一下，消除职工思想顾虑，让企业物质文明和精神文明双丰收。

【作者单位：山西省太化集团宣传部】

中核集团十年定点扶贫工作新思考

肖 林

按照党和政府对扶贫开发的整体战略部署，2002～2012年中核集团对口帮扶重庆市石柱土家族自治县，中核建中核燃料元件有限公司受中核集团委托负责抓具体帮扶工作。十年来，该公司在定点扶贫工作中，不断探索新形式下定点扶贫工作的方式、方法，通过创新扶贫方式，巩固扶贫成果，扶贫工作取得了丰硕成果，并积累了大量的宝贵实践经验；总结出了适合石柱县发展的扶贫新思路：即从简单的给予资金扶贫到实施开发式扶贫；从小范围扶贫到整村推进扶贫；从单项扶贫到多元化、多产业扶贫。通过扎实开展扶贫工作，石柱县的经济社会面貌发生了深刻变化，农民的生产生活条件得到了极大改善，贫困群众的生产生活水平有了显著提高。

一、高度重视、科学谋划，重在加强组织领导

提高认识是做好扶贫工作的前提。定点扶贫工作是一项艰巨性而复杂的工作。如果思想认识不到位，没有引起足够的重视，在研究、部署扶贫规划时就会产生偏差，导致扶贫工作处于一种“任务式”或“应付式”的状态。为此我们着重提高三

个方面的认识：一是充分认识扶贫工作重要性。充分认识定点扶贫工作是央企所肩负的社会重任，是央企贴近基层、了解民情、培养干部、转变作风、密切党群干群关系的重要途径；二是充分认识扶贫工作长期性。充分认识到扶贫工作是一项紧迫的现实任务，不是一项阶段性工作，而是一项必须长期坚持和循序渐进的工作，需要不断完善和提高；三是充分认识扶贫工作艰巨性。认识到贫困地区集“老、少、偏、穷”，村镇基础设施严重不足，文化、教育、卫生等事业发展滞后。

建立专门机构是做好扶贫工作的基础。扶贫工作点多面广，如果在工作中缺乏有效的工作组织、决策程序、协调机制、工作规范，往往会出现责任和目的不明确、决策执行力不够、项目落实不到位等问题。为此，应建立和完善了专门的扶贫工作机构，通过强化领导责任、完善工作机制，使扶贫任务有着落、工作进展有反馈。

科学合理制定规划是做好扶贫工作的关键。好的扶贫规划应当具备以下特征：一是实事求是。通过深入开展调研，从贫困地区县情、乡情实际出发，科学制定规划，有计划、有针对性地选择能充分发挥帮扶效应的项目。二是有前瞻性。科学合理地确定扶贫开发项目的阶段目标和任务，把短期计划和长远规划相结合，做到有的放矢。三是可持续发展。结合贫困地区特点，通过把帮扶工作与资源开发、环境保护、生态建设和人口素质提高等有机结合，综合推进，确保产业资源、人力资源与生态环境协调发展，四是以人为本。考虑到贫困地区生产生活特点，为便利群众生产生活，我们不照搬、不抄袭，从解决贫困户最突出、最迫切需要解决的问题着手，坚持量力而行、逐步实施到位。

在与当地政府进行论证后，共同编制形成短期扶贫计划。并明确工作思路，做好具体扶贫工作的总体部署、方案审议、资金预算等前期工作。同时，与地方政府按照每轮扶贫规划内容和要求，认真细化年度实施项目计划，做好年度计划与长期规划的相互衔接。

二、援建助学、科技扶贫，重在提升文化素质

百年大计，教育为重。长期以来，贫困地区与现代化城镇的差距不仅体现在经济上，更体现在观念认识、文化教育等方面。要缩小这些差距，落实智力开发的扶贫战略，必须从推动教育事业发展和提高群众文化素质入手。

改善教育基础设施。由于长期投入不足，贫困地区普遍存在各中小学危房多、教育设施缺乏等诸多问题。由于教育资源不足和配套设施落后，很多贫困地区学校接纳能力有限，这些问题长期积累，使得贫困地区的教育事业发展缓慢。因此，在教育扶贫工程中，我们将改善贫困地区教育设施作为重点工作，多方面援建贫困地区中小学。在两轮帮扶中，中核集团投入扶贫资金 100 万元，修建了石柱县悦崃镇希望小学教学楼、石柱县特殊教育希望学校教学楼及运动场环型跑道、西沱镇新生希望小学教学楼、大歇乡希望中学教学楼等，有力缓解了当地部分适龄儿童就学难的问题。

开展资助贫困大学生活动。贫困地区部分贫困户家庭子女考上大学后，因家庭贫困进不了大学校门或无法完成学业。中核集团联合地方政府和社会力量共同开展资助贫困大学生活动，建立贫困大学生资助金和贫困大学生名册，由地方政府与被资助的大学生保持联系。中核集团公司从 2007 年开始，连续 4 年开展了资助石柱县贫困大学生活动，累计拨付 80 万元资助了 160 贫困大学生，现部分贫困大学生已顺利完成学业，积极地以各种实际行动回报家乡、回报社会。

加大科技扶贫力度。“授人以鱼不如授人以渔”，只有充分发挥当地干部群众的积极性和创造性，着力解决眼界狭窄、观念落后、思路不宽、技术缺乏等问题，才能使扶贫地区真正走上脱贫致富道路。因此，在科技扶贫中，充分利用央企合作企业多、信息丰富的优势，为贫困地区经济发展牵线搭桥，让贫困地区干部学习和借鉴外界地区如何合理利用资源进行开发的思路和先进的管理模式等经验。

三、开发扶贫、狠抓产业，重在增强“造血”功能

扶贫工作要取得实效，关键是要结合帮扶对象的实际情况，由“输血”式扶贫向“造血”式扶贫转变，实行开发式扶贫。要引导贫困地区群众科学合理地开发当地资源，发展市场经济，走出一条具有当地特色的扶贫开发之路，增强贫困群众的自我发展、自我积累能力。在具体工作中，应突出重点，通过一个项目带动一个产业、致富一方群众，形成一套完整的产业扶贫工作模式。

开展产业扶贫项目调研工作。一是收集整理相关产业项目资料，从可行性出发，侧重筛选一些有市场、有效益的项目；二是积极与当地政府进行沟通，听取意见，取得当地政府支持，但不能使他们感到为难；三是在引进和支持产业扶贫项目前，要深入实地对当地的经济、能源、地理、气候条件等进行了详细调研，找出适合当地发展产业项目的优势资源；四是充分考察引进项目的合作对象、技术要求、配套设施、市场风险；五是积极论证项目的持续发展和对当地生态环境的综合影响。

加大产业扶贫项目宣传力度。在产业扶贫项目推广初期，为让当地群众接受，打消他们的疑虑，应联合当地政府，让工作人员亲自走进当地百姓家中讲解、向群众发放宣传单、集中组织观看电视宣传片和签订双向帮扶责任书等形式，宣传引进产业扶贫项目的好处。

实施专业化协作生产模式。在产业扶贫具体推进过程中，可采取“公司+群众+基地”的方式，即由项目合作方企业与当地群众签订分包任务合同，企业实行“四包”政策，即包原材料供应、回收、质量，包生产发展，包技术培训指导，包产品保护价回收及市场销售。项目开展过程中，注重组织开展针对项目技术的培训和安排技术人员深入到现场指导，使群众掌握全套产业项目技术。通过以产定销、适当补助、保护价收购、产品外销的专业协作方式，带动他们实施标准化生产、规范作业，逐渐扩大产业规模，逐步实现产业基地建设的目标，促进项目在当地的产业化发展和当地群众增收致富。

产业扶贫项目的实施，切实增强了扶贫工作效果，帮扶企业虽前期投入的资金有限，但通过好的项目发展，可以让当地群众感受到项目带来的实惠和保障，进而会自发地投入资金，为自身创造更大的收益，切实增强贫困地区“造血”机能。如在针对石柱县的气候、土壤、降水量、海拔高度等自然条件进

行调研后，中核建中在先后为石柱县引进了香桂、山药等产业扶贫项目，并安排扶贫资金200万元在石柱县建立了香料、山药种植基地。2008年，山药在石柱8个乡镇开始推广种植，当年基地产山药180多万公斤，年收入就达到234万元；如今石柱山药基地已扩大到3600亩，年收入成倍增加。香料基地现种植规模已达到3500余亩，每年收入648万元。

四、巩固成果、持续发展，重在加强资金监督管理。

巩固扶贫工作成果。一是要建立长效沟通机制。加强与贫困地区政府的沟通交流，通过扶贫座谈会、实地走访等形式，及时了解扶贫工作的落实情况和取得的效果。公司安排专人负责定点扶贫工作的服务、协调、沟通、检查等工作，加强扶贫工作的全过程参与、监督和指导。二是要收集整理项目档案资料。通过编写总结、统计数据等准确地掌握扶贫项目的投入资金、生产总值、产品收益等详实的数据和相关资料，建立扶贫项目资料库，为做好扶贫项目的绩效评估提供支持。三是要做好扶贫项目绩效评估，总结扶贫项目实施后所取得效果，总结经验，指导工作。四是要加大扶贫工作宣传力度，充分利用杂志、新闻网络、内刊简报等宣传媒体，宣传深化扶贫开发、巩固扶贫成果的重要性和积极意义，提高央企广大干部职工对扶贫工作的认识，使广大干部职工都来关心、支持和参与这项工作，形成扶贫帮困的良好氛围。

做好扶贫资金管理工作。一是整合资金、把有限的资金集中投入到投资小、市场好、风险低、成效快、可持续发展的产业、教育等扶贫项目中。通过少量扶贫资金的投入，在短期内能产生较好收益，以点带面，激发当地群众发展生产积极性，增强信心，从而促进贫困地区经济自身发展。二是加强项目资金监管工作，避免扶贫项目资金被挪用的现象发生。要严格执行按规划定项目、按项目定资金的原则，切实做到扶贫项目资金专款专用。公司和当地扶贫开发办公室沟通后，对扶贫资金实行专户管理，检查项目实施，严格根据项目的实施进度拨付扶贫资金。三是加强扶贫资金审计工作，在项目实施时，公司的审计、财会部门积极参与扶贫项目的招投标和项目验收等相关工作中，强化央企在扶贫项目落实中的审查作用，确保帮扶资金每一分钱用到刀刃上。同时，本着公正、公平的原则及时公布项目经费使用情况，充分发挥群众的监督力量。

【作者：中核建中核燃料元件公司党委书记】

警卫工作的价值在于为民服务

谢 起

中央出台“八项规定”后，如何落实新规定、回应新期待、迎接新挑战？笔者认为，公安警卫部队只有顺应广大人民群众的期待，不断改进警卫形式，才能扎实推动公安警卫工作科学发展。

中央的新规定，就是加强作风建设、改进警卫工作的“指向标”

党自诞生以来，在数十年的革命、建设和改革历程中，形成的一系列内涵丰富、特色鲜明、影响深远的优良传统作风，成为战胜一切困难、取得伟大成就、永葆生机活力的政治优势和精神财富，也是党在新的历史条件下团结带领全国各族人民全面建成小康社会的重要基础。面对新时期艰巨复杂的工作任务，中央以“八项规定”为载体，带头发扬党的优良传统作风，作出了率先严格自律的态度公示，也为全党加强作风建设明确了努力方向和具体要求。贯彻落实中央的新要求，前提就是要清醒认识到作风建设的极端重要性，关键在于以实际行动继承发扬党的优良传统作风。

公安警卫部队作为一支在党的绝对领导下，担负特殊使命任务的重要武装力量，继承党的优良传统作风事关队伍的忠诚可靠，事关警卫安全，事关党和国家的形象。加强作风建设、改进警卫工作就是要以中央的新要求为指导，把党的优良传统作风继承好、践行好、发扬好。一要大兴密切联系群众之风，构建和谐警民关系。二要大兴求真务实之风，弘扬实干兴业精神。三要大兴艰苦奋斗之风，厉行勤俭节约原则。严格按照中央的规定要求，努力打造一支艰苦奋斗、作风优良、廉洁奉公的公安警卫队伍。

群众的新期待，就是加强作风建设、改进警卫工作的“动员令”

党是全心全意为人民服务的政党，人民群众的根本利益和对美好生活的向往就是我们党团结奋进的“动员令”。公安警卫部队官兵是党和人民的忠诚卫士，肩负着党和人民赋予的神圣使命，其主要职责体现在安全服务中，根本价值体现在全心全意为人民服务上。

面对群众的新期待，中央在“八项规定”中将警卫工作专门作为一条，并明确要求“坚持有利于联系群众的原则，减少交通管制，一般情况下不得封路、不清场闭馆”。公安警卫部队作为警卫工作组织实施主体，落实中央要求、回应群众期待，最重要、最直接、最有效的工作就是践行党的宗旨、不断改进警卫形式，不断提高人民群众对警卫工作的满意度。一是要转变思想观念。注重从事关党和国家工作大局、密切党同人民群众联系、提升部队作风形象的高度出发，科学谋划、部署、落实警卫工作；在确保警卫安全的基础上，坚持民意引领、民情为重，努力提高警卫工作科学化水平，正确把握确保警卫安全与讲究社会效果的平衡点，减少对社会和人民群众的不良影响。二是要规范警卫业务。严格按照规定开展警卫工作，从严警卫界限和规格部署，着力规范警卫业务流程，提高勤务组织实施的规范性和科学化。三是要改进执勤方式。从实际出发，根据警卫安全客观需要，着力缓和警卫形式，避免岗哨林立、戒备森严、形式紧张；同时，注重提升官兵的道德素质、群众观念和法治意识，教育引导官兵理性履职、柔性执法、文明执勤。

面临的新挑战，就是加强作风建设、改进警卫工作的“助推器”

中央把改进警卫工作作为“八项规定”的一个重要内容面

向社会公布，这标志着警卫工作从"幕后"走到了"台前"，将接受社会"显微镜"的全方位观察与监督。因此，如何在社会的普遍关注下开展并改进警卫工作，不断提高人民群众对警卫工作的满意度，成为当前我们必须应对的严峻考验，同时也必将成为进一步推动公安警卫工作发展的强大动力。

面对新挑战，我们只有在倍加珍惜、大力推广过去成功经验做法的基础上，认真分析研究公安警卫工作遇到的新情况、新问题，坚持解放思想、与时俱进、改革创新，着力在理念、机制、模式、措施等方面找到破解难题、促进工作的新思路、好办法，才能实现公安警卫工作在继承中创新，在创新中发展。

一是要强化自律约束，规范权力运行。开展警卫工作必须严格遵守国家的法律法规和上级的指示要求，强化自律约束，规范权力运行，让警卫工作置于法律和人民群众的监督约束之下，确保公共权力在阳光下运行，既有效确保警卫安全，又维护人民群众合法权益，提高警卫工作的科学性和公信度。

二是要依靠人民群众，圆满完成任务。军队打胜仗、人民是靠山。针对当前警卫工作面临的严峻形势和艰巨任务，我们要认真贯彻落实"必须在党委和政府的领导下，实行专门机关与依靠群众相结合、既要保证安全又不脱离群众"的方针，在党委和政府的领导下，建立健全群众组织动员机制，与人民群众共同筑起坚固的"安全屏障"，为圆满完成各项警卫任务打下坚实基础。

三是要加强宣传引导，树立良好形象。在信息化时代，随着网络虚拟空间的不断发展，任何社会主体或事件都有可能成为全社会关注的焦点。因此，我们要适应时代发展，高度重视和着力加强新形势下的舆论宣传引导工作，在确保警卫安全和信息安全的前提下，充分利用党委、政府及公安机关的宣传平台，以适当方式加强宣传工作，最大限度地争取群众对警卫工作的理解支持，维护公安警卫部队的良好形象。

【作者：福建省公安厅警卫局政治委员】

爱民固边给公安工作带来"边防效应"

袁晓东

自实施爱民固边战略以来，河北秦皇岛边防支队通过坚持不懈地走访服务群众，排查化解矛盾，创建模范区域等爱民实践活动，为辖区群众办了不少好事、实事，辖区群众对边防派出所满意度非常高。几年来，边防部队通过实施爱民固边战略，解决了一大批困扰民生、民安的难题，在维护秦皇岛沿海地区特别是北戴河新区的安全稳定方面功不可没。2009年，全省公安机关掀起了"学边防守条例"活动，我们也到各边防派出所进行了参观学习，特别是我任北戴河新区分局局长以后，通过走访了解、实地察看，感觉边防部队确实是在维稳、执法、爱民等方面走在了全省公安机关的前面，值得我们所有政法机关学习。

北戴河新区是全国服务业综合改革、旅游综合改革"双试点"和河北沿海地区发展重点区域，是我省经济社会发展的重要增长极。该区位处渤海湾一线，东西纵贯82公里，所辖的41个沿海行政村都处在边防辖区。随着新区的开发建设，各类社会矛盾纠纷也逐渐增多，在涉及土地纠纷、征地补偿、换届选举等引发的案件或者群体性事件中，边防派出所位处热点、敏感的第一线，我们的边防官兵无论遇到什么问题，碰到什么困难，不讲条件，不找理由，服从命令、文明执法、热情服务。"门难进、脸难看、事难办、话难听"在边防派出所是绝对没有的。在"学边防守条令"活动中，我第一次来到西河南边防派出所参观学习。整洁的内务，良好的精神面貌，群众到派出所办事宾至如归，相互非常熟悉，见面就能叫出民警名字。参观完后我就想，同样是派出所，一样的办理户籍、服务群众、执法办案，为什么边防派出所能够做到如此出色？在后来的实际工作中，我找到了答案。从西河南边防派出所这个全国先进典型身上，我深刻体会到了边防派出所实施爱民固边战略给公安工作带来的"边防效应"。

在与西河南边防派出所民警交流时，有两张照片引起了我的注意，一张是一个小女孩在跟一位将军亲切交谈，另一张还是这个小女孩在为省政法委张越书记系红领巾。经过民警介绍，我才知道这个小女孩名叫单鑫旺，在她6岁那年，父母出海打鱼时不幸发生意外，双双身亡，失去了家中的顶梁柱，整个家庭一下子陷入了困境。派出所知道这个情况后，就将这个孩子确定为困难儿童关爱对象，把这个家庭确定为重点帮扶对象；通过联系协调，帮助这个家庭申请到了最低社会保障，将她统一纳入到政府社会保障体系中；还发动辖区群众积极捐款，使单鑫旺的家庭维持了基本生活需要。2010年，在派出所的积极努力下，小鑫旺来到了秦皇岛龙腾私立学校免费就读，衣、食、住全部免费，真正解决了一个大问题。在工作中，派出所民警始终抱着一个信念，把辖区群众当做自己的亲人去关心、去呵护。在农忙季节，民警主动与村里留守的青壮年组成"爱民服务队"，开展助农、帮农义务劳动，帮助困难家庭完成春耕播种。这个所还和当地的医院建立了共建关系，定期组织医务人员到警务室、村委会为村民免费体检、送医送药。民警对小学生的假期生活十分关心，他们在警务室已经连续7年举办"暑期夏令营"，不仅请来大学生老师为孩子辅导功课，还带着孩子们进警营开展各项文体活动，既让孩子们度过了一个快乐有意义的假期，又解除了家长的后顾之忧。

近年来，西河南边防派出所民警不断转变观念、改进作风，做到服务跟进、警力前移，最大限度地服务群众，他们采取"错时走访"、"预约上门"等做法，受到了辖区群众的欢迎。曾经有一段时间，辖区流动作案现象比较突出，邻里纠纷、小偷小摸等治安问题层出不穷。派出所民警从辖区实际出发，协调村党支部和村委会，积极向村民介绍了"电子狗"、"气死贼"等红外线安防设备，只花十几元钱，就能看好自家的门，村民竞相安装。随后，派出所又协调有关部门在各村的主要道路和重点部位安装了无线监控设备，对辖区实施全天候监控。还联系电信部门为村民安装了“平安互助系统”，村民只要拨通相应号码便可通过村内广播进行求助，老百姓亲切地称之为“平安大喇叭”。此外，这个所还开设了“网上警务室”和飞信、QQ群，将各类预警信息、致富信息、招工信息、天气预防等内容及时发送给辖区群众，让群众享受到了“星级服务”，拉近了民警和群众的距离，增进了感情，老百姓有什么话愿意和我们边防民警说，各类不稳定信息能够及时报告给我们，船上来一名生人也有群众向我们举报，多年辖区未发生走私、偷渡等案件。这些做法在秦皇岛公安系统是超前的、先进的，同时也起到了压发案、保平安的良好效果。

爱民固边引发的“边防效应”对于我们公安机关也有着十分重要的借鉴作用。西河南边防派出所无愧为全国的先进单位，我为辖区群众能有这么一群穿军装的好警察感到骄傲，同时也为我们分局有这么优秀的基层所队而感到自豪，它不仅为我们的公安队伍树立了光辉形象，更为我们带来了巨大的精神动力，是我们学习的好榜样。

【作者：秦皇岛市公安局北戴河新区分局局长】

提升精神文明　建设“美丽东昌”

张丹青

近年来，从胡锦涛同志提出的“八荣八耻”，到十八大报告中提出的“三个倡导”，都对中华民族树立正确价值观进行了高度的概括，全面阐述了树立社会主义正确价值观的具体要求，对推动形成良好社会风气，建设文明民主国家，有着极为重要的意义。东昌府区始终把精神文明创建作为一项长期性、综合性的系统工程来抓，将精神文明与物质文明紧密融合，着力提升精神文明，走出了建设“美丽东昌”的文明路径。

一、培育载体，活动开展如火如荼

文明建设需要一个载体，一个抓手。三月份是全国学雷锋月，人们都说“雷锋，三月里来，四月里走”，为让学雷锋活动大众化、常态化，使雷锋精神永驻，并在全区形成奋发向上、争先进位的精神面貌，我们结合东昌府区实际，以“弘扬雷锋精神、塑造聊城形象”为主题，从 2012 年初开始，用三年时间在全区开展“1314 学雷锋”志愿服务活动，大力提高群众素质，提升社会文明程度。“1314 学雷锋”志愿服务活动：“1”是以“塑聊城形象、建人文东昌”为目标，“3”是围绕家庭、单位、社会开展关爱活动，“14”是重点开展 14 项学雷锋活动。志愿服务活动通过开展关爱“身边人”、“空巢老人”、农民工及其子女、未成年人成长等具体活动，从家庭、单位、社会三个层面，为全区百万群众树立了精神标杆，与十八大三个倡导基本吻合，走在了全国前面。

为使“1314 学雷锋”活动顺利开展，我们加强队伍建设，建立志愿者网络体系，在全区成立“1314 学雷锋”志愿者活动总队，区直各部门和街道结合实际成立分队，有条件的分队下设中队，鼓励广大群众积极参加志愿者队伍。强化后勤保障，成立志愿者服务活动关爱基金，分阶段、有重点地组织好活动。拓宽服务载体，建立“1314 学雷锋”服务网站、QQ 群，便于组织、号召、倡导、互促。严密的组织促进了活动顺利开展，志愿者在车站、广场、社区等公共场所义务开展医疗救助、法律咨询、技术难题解答等活动，营造了全城联动，处处学“雷锋”，处处有“雷锋”的良好社会氛围。目前，全区成立了 240 个志愿者组织，招募了 8600 名会员，开展各种志愿活动 740 多场次。

同时，在全区积极开展文明村镇、文明行业、文明机关、文明社区等创建活动，在创建活动中，把群众呼声作为第一“信号”，把群众需求作为第一“选择”，把群众满意作为第一“标准”，探索推行了“十个一”要求、“六个好”标准的文明单位管理要求，即每个文明创建单位(机关、社区、校园、村镇)必须成立一个创建班子、设置一个创建载体、创新一个亮点工作、建立一套管理制度、召开一次动员大会、召开一次创建交流会、开展一次主题活动、创作一个精神文化精品、推广一次创建经验、组建一支公益队伍，所有创建单位必须达到组织领导好、民主管理好、工作业绩好、综合环境好、道德风尚好、创建效果好的标准。以上举措，大大激发了全区文明创建工作活力，涌现出了一个个业绩突出、管理民主、标杆示范的文明“细胞”。2012 年，全区新增省级文明村镇 1 个、市级文明单位 4 个、市级文明社区 2 个，市级文明村镇 1 个。

二、树立标杆，典型带动引领风尚

榜样的力量是无穷的，文明建设需要典型的带动引领。有着数千年历史的东昌府，古往今来涌现出众多道德楷模、先进典型，这些楷模中既有乐于奉献，助人于点滴之间的普通平民百姓，也有大爱无疆、勤政为民的领导干部。我们坚持用先进典型的事迹、精神和思想教育群众、引导群众，通过先进典型的辐射和带动作用加强文明建设，让一个个“美丽”的个体成为照亮人们前行的灯塔和旗帜，从而让更多“美”涌现出来，最终实现一个心灵层面的“美丽东昌”。

2012 年初，我们结合“塑造聊城形象从我做起”主题活动，启动了“感动水城人物”评选活动，一大批先进典型涌现出来，二十年如一日、不离不弃照顾丈夫的詹春芳，9 岁扛起一个家的白广春、让贫困孩子上起学的“蒲公英行动”志愿者协会等 12 个个人和团体走上了“东昌府区感动水城人物颁奖盛典”的舞台。在评选感动人物的过程中，我们自己先收获了感动：解说词采写中，泪水浸湿了稿纸；人物短片的拍摄中，英模人物和拍摄者相拥而泣。颁奖现场，台上泪流满面，台下热泪盈眶。著名表演艺术家薛中锐在颁奖现场激动地说：“我很多年没有这么感动过了，没想到东昌府区涌现出这么多英模人物，希望聊城多举办这样的活动，希望山东省多举办这样的活动!”

为让英模人物走进千家万户，走进百姓心里，我们利用媒体阵地，打造传播平台，在《东昌时讯》、东昌电视台、东昌府新闻网、东昌月刊等开辟专题专栏，对楷模事迹进行深度报道，营造“学楷模，当先锋”的浓厚氛围。同时，邀请省、市电视台，农民日报、大众日报、聊城日报等区外媒体，积极宣传英模人物事迹，放大英模效应，收到良好效果。

一花独放不是春，百花齐放春满园。在英模人物的感召下，一大批新典型涌现出来：自掏腰包为家乡安路灯的打工小伙李震，视菜农为亲人、随喊随到的农技“110”杜广申，身患重病仍坚持为百姓做事的好支书张之旺……通过这些身边典型，广大群众切实感到文明要求的可信可行，“自豪、创业、包容、奋进”的聊城人精神逐步深入人心。

三、搭建平台，文明自觉潜移默化

搭建一个平台，让群众在生产生活中，通过各种通俗易懂、喜闻乐见的形式，自觉融入到文明建设中来。通过开展城区社区文艺汇演和新农村文艺汇演活动，让群众登上舞台，演身边人，说身边事，潜移默化接受教育，身体力行传递文明。

为让汇演活动收到最佳效果，我们从年初就开始广为宣传，发动群众积极参与，征求反映群众自身的原创作品。古楼街道向阳社区 60 多岁的居民李小青，带领一帮老姐妹，连轴转编排节目；凤凰街道农民王玉厚、聂丙元，短短一周即创作出吕剧、锣鼓说唱、秧歌表演唱等不同表演形式的作品 8 篇，成果丰硕；梁水镇运河秧歌队自置行头，挖掘文化遗存，创新秧歌套路。汇演节目之所以受到欢迎关键就是宣传了百姓身边健康向上的新人新事：《好二嫂杨秋凤》歌颂了小区楼栋邻里间的亲情，《到咱村来看看》宣传了农村的新景象、新气象，《八旬夫妇爱助学》倡导了捐资助学新风尚……

社区文艺汇演和新农村文艺汇演等活动点燃了群众的文化热情，每次演出活动中，都有群众要求加节目。在道口铺高马社区演出中，考虑到冬天外边天气冷，决定暂时取消肖庄老年吕剧团表演，可老人热情非常高，坚持登台演出。在城区社区汇演中，有很多群众演员不仅在本社区报名演出，还积极到其他社区报名。更为感人的是，2012 年秋天，新区街道新世纪社区老年京剧团自己组织在板桥广场演出三天，观众场场爆满。目前，我区每年文化活动演出 2000 多场，老百姓自己的原创作品达 1200 多件，占到总数的 60%以上，参与演出群众 2 万多人，现场观众 40 万人。

汇演活动促进了群众文明建设，他们在潜移默化中做到文明自觉。斗虎屯镇郇庄郇广灿和邻居关系不好，看了木板大鼓《对门》后，主动和邻居郇广友和好，现在两家互帮互助，共同致富。侯营镇田庄村民田庆友，嗜赌成瘾，看了山东琴书《戒赌》后，贷款建起了蔬菜大棚，靠勤劳建起了新房、成了家。沙镇侯家村侯长贵等 13 名 60 多岁的老年志愿者，每天坚持扫大街，用自己的辛劳给乡亲带来清洁，也给后辈做出榜样。正是在浓郁的文化熏陶下，2012 年在全区“十星级”文明户评选活动中，被评为“十星级”文明户的占到 80%以上，同比增长 10%以上。

实践表明，在每一个人的心底里，都有一颗文明的种子，都有一个向善向好的心愿。在精神文明建设过程中，只要我们培育好的载体、树立好的标杆，搭建好的平台，就能激活群众文明的种子，提升他们的文明高度，实现他们的文明自觉。当文明成为每一个人的自觉行为时，我们相信，东昌文明之花会越开越艳，城市会更加靓丽多彩，乡村会更加美丽夺目。

【作者：中共山东省聊城市东昌府区区委常委 宣传部长】

公平考试：立法需阔步同行 诚信要共同努力

张建成

广东省公务员考试将于 3 月 14 日在全省举行，计划招录公务员 1.3 万人，此次，公务员招录考试笔试全省报考人数达到 26 万余人，千军万马过独木桥的场面又将再次上演。一方面，公务员招录比例居高不下；另一方面，考试作弊对人事考试造成严重干扰，威胁着公平公正的道德底线。

人事考试不仅是政府选拔人才的重要平台，也是考生施展才华、实现人生价值的重要场所。目前，人事考试项目已伸展到政府机关、企事业单位和私营企业的各个部门，涵盖经济、卫生、司法、建筑、人力资源和社会工作等各个领域。去年广东省有 150 多万人次参加人事考试，其中，公务员考试 50 余万，专业技术人员资格考试 100 余万。无论是哪种类别的考试，确保公平公正都是底线要求，而首要的就是防范考试作弊。

为了维护最广大考生的基本权益，预防考试作弊，确保考试公平公正，各级人事考试机构一直在探索行之有效的种种措施。在考试运作机制上，广东省成立了由政府主导的人事考试考务联席会议机制，政府有关职能部门各尽其责；在考试报名方式上，采取了网上报名、网上缴费的新形式，尽可能减少人为因素对考试工作的干扰；在考生数据管理上，采取全国统一考试报名系统、全省统一管理考生数据、全省统一编排考场的做法，既加强了考生信息保密工作，也最大程度地防范重复报考、恶意报考行为的发生；在考务管理手段上，采取考点全封闭和裸考、满考新举措，极大地打压了高科技作弊空间。

但即便如此，考试作弊行为仍屡禁不止。有些企业制作各种发收装置，如扫描、发送用的眼镜、手表，接听、接受用的耳麦、矿泉水瓶等等，考场变身情报战场，各种作弊工具日新月异，随处可见；某些非法考辅机构打着培训辅导的旗号，举办各种所谓“保过班”、“必过班”，抛出所谓“真题”、“真答案”做诱饵，诱惑考生买“试题”、买“答案”，大行敛财之目的。据报道，2012 年，北京、江西和吉林三地警方联合侦破的 2007 年一级建造师资格考试试题泄密案，就是一考辅机构以举办“保过班”为由，大肆敛财，走上了违法犯罪的道路，最后当事人受到了法律的制裁，“保过班”的学员也全部取消了考试成绩。此外，有的考生更是突破底线，搞假身份证，找“枪手”替考。在 2013 年 3 月 30 日举行的全国职称外语等级考试期间，广东 16 万多名考生中就有上百名替考“枪手”混迹其中，企图蒙混过关，被监考员和考试部门一一揪出和处理。凡此种种，极大地破坏了人事考试的公平公正，极大地伤害了绝大多数考生的利益，严重破坏了社会主义市场经济诚信体系建设。

要想治愈这个痼疾，外部需要法律红线的约束，以法律之手，来严惩舞弊、打击非法；内部则需要诚信意识的警醒，以诚信之手，来警示自我、公正参考。通过这种内外兼修的模式，达到标本兼治的目的。

守一而制万物者，法也。立法可以为考试打造一个绿色的环境提供可能。目前，处理考生违纪违规行为的主要依据是《公务员录用考试违纪违规行为处理办法》和《专业技术人员资格考试违纪违规行为处理规定》。但是，这两个处理规定都是部令，还没有上升到法律法规，从而使一些非法考辅机构和违纪考生有机可乘，铤而走险。同时，也由于处罚太轻，起不到应有的惩戒、教育作用。这些年来，为争取考试工作早日立法，一些法学专家和考试工作者一直在呼吁加快考试立法。遗憾的是，考试立法依旧是小步前行，成效不大。为了做到有法可依，依法治考，期待考试立法步伐可以迈得更大更快一些。

此外，要加强对非法考辅机构的综合治理。非法考辅机构的存在是导致作弊现象屡禁不止的“要犯”，面对非法考辅机构的所作所为，尽管考试工作者和广大考生是恨之入骨，但又有几多无奈。老鼠过街，人人喊打的局面势在必行，加大对非法考辅机构专项治理已是迫在眉睫。这需要发挥公安和工商等政府有关职能部门的联合作用，形成专项治理的高压态势，严查严打，将经济处罚和法律惩处相结合，把非法考辅机构得到的不义之财收回来，用于考试基础建设，筑牢考试公平公正的正义之堤。

国有诚信必兴，家有诚信必和，人有诚信必贤。党的十八大报告明确提出要加强政务诚信、商务诚信、社会诚信和司法公信建设，“诚于信”也是新时期广东精神的一项重要内容。由此可见，诚信建设无论是对于国家还是对于个人都处于十分重要的位置。为了防范考试作弊，必须加强社会监督力度，其中的关键就是加强考生个人诚信档案建设，并以考生诚信建设为契机，促进全社会诚信体系建设。正所谓“人格无价诚可贵，事业有成信当先”，莫因事微而不诚，不因善小而失信。不管人生面临怎样的选择，都需要由诚信这座灯塔来引航。从根本上来说，防范考试作弊行为、维护考试公平公正，需要我们每个人的共同参与，核心问题是诚信建设。个人诚信让社会充满阳光，政府诚信让社会充满希望，如此才能打造出一个公平正义的社会环境。

【作者单位：广东省人事考试局】

西南边乡临沧建设美丽新家园

张志忠

云南省临沧市位居祖国西南边陲，全市七县一区，沧源佤族自治县、耿马傣族佤族自治县，镇康县与缅甸接壤，国境线长 291 公里，是国家新一轮西部大开发的重点扶贫地区——滇西边境山区。为认真贯彻落实 2012 年全国“两会”胡锦涛同志参加云南代表团讨论时的重要指示精神和省委、省政府要求，加快推进农村危房改造，临沧市各级党委政府坚持以民为本，高度重视新农村建设工作，以“新家园行动”为抓手，以新民居建设为核心，制定规划，落实措施，整合资源，新家园行动扎实推进。

乡村农民实现别墅梦。“新家园行动计划”以“和谐平安、宜居家园”为主题，以“旧城、旧村、旧房、旧校舍” 四大工程改造为主要内容，以促进临沧经济快速发展、科学发展，让人民群众生活居住更体面、更舒适、更有尊严为主线，是临沧进入新世纪以来，一项历时时间最长、惠及百姓最多、投入力度最大的民生工程。“计划”的实施，把更多政策性资源配置到农村，真正体现公共财政的均等性。全市在各级党委、政府高度重视和支持下，明确行动目标，落实工作责任，突出工作重点，动员各方力量，整合聚集资金，强势推进新家园行动计划的各项工程建设。2012 底累计完成旧村（组）改造 1202 个、旧房改造 10.2 万户，房屋建筑面积 1366.2 万平方米，现已入住 8.4 万户，完成固定资产投资 152.6 亿元，其中：上级补助资金达 15.5 亿元。

村庄迈向城市化。临沧市计划在“十二五”期间完成旧村(组)改造 2500 个，现已完成 1202 个，共投入资金 20.4 亿元，其中：2012 年完成旧村(组)改造 401 个，投入资金 7.8 亿元。旧村(组)改造加快了城乡一体化的进程，各村修建硬板路，建设公共活动场所，修建人饮工程，建立公共卫生制度，使广大农民群众走上了硬板卫生路、住上新民居、喝上卫生水、活动有场所，教育有学校，生病有医生，红白喜事有人管，衣、食、住、行不用愁，逐步缩小了城乡差距，让农民已过上像城里人一样的生活。

农民是旧房改造的主人。临沧市计划在“十二五”期间完成旧房改造 16 万户，现已完成 10.2 万户，共投入资金 128.9 亿元，其中：2012 年完成旧房改造 4.4 万户，投入资金 58.0 亿元。按照“散户并成寨、四山迁朝路、小村并大村、边远靠集镇”的要求，农户选择适合自身特色和风格的户型进行改造，通过上级扶持，农户自筹，一幢幢各具特色的汉族、傣族、佤族等民居房拔地而起，整洁的道路村庄形成不同风情、风格的一道道亮丽风景线。

旧房改造促进农业转型升级。“计划”的实施打破传统的就城市论城市、就农村说农村的思维定势，把城市和农村、工业和农业、市民与农民作为一个有机的整体，通盘谋划，整体推进，激发群众的投资和创业积极性。坚持生态建设产业化、产业发展生态化，以提高农业单产效益为目的，以“稳粮、扩经、提质、增效”为主要内容，以调整和优化区域布局和产品结构为重点，推进特色产业向优势区域集中，做强甘蔗、茶叶、核桃、畜牧等优势产业基地，做大烤烟、咖啡、蚕桑等特色产业基地，积极推进水产、果蔬、中药材等新兴产业基地建设。至2012年全市累计农业产业化基地面积1642万亩，调减低产低质低效作物面积64万亩，农民人均纯收入增长20.4%，较2011年增加874元，增速居全省第一。

旧房改造促进乡风文明。“计划”的实施推进了村容村貌整治，一种具有时代气息的文明乡风正在融入百姓的生活，随着普法传栏、广播、黑板报等的宣传，在群众中逐步竖立起“尊老爱幼、文明礼貌光荣，赌博、偷盗、打架斗殴可耻”的思想，“知荣辱、树新风、明是非、辨美丑、讲正气、促和谐”的文明新风尚在广大农村初步形成。乡村自发组织打歌队、业余文艺宣传队等，成为广大群众活络筋骨、健美体魄、享受乐趣的健身活动。一种文明的生活方式潜移默化地被村民所接受，并应用到生产生活中去。

【作者单位：临沧市统计局】

统筹城乡建设　推进城乡发展一体化

周　岚

城乡发展一体化是解决“三农”问题的根本途径，也是江苏“十二五”发展的六大战略之一。统筹城乡建设作为推动实施这一战略的重大任务，已经历史地摆到我们面前。统筹城乡建设的成效和水平，直接关系到“八项工程”的顺利实施，直接关系到“两个率先”的发展大局。

近年来，江苏在省委省政府的领导下，坚持以科学发展观为指导，全力以赴推进全省统筹城乡建设工作，取得了显著成绩。一是城乡规划引领作用进一步增强。在全国率先建立完善了覆盖全省的从区域到城市、从小城镇到农村、从总体到专项、从建设性规划到保护性规划的城乡规划体系，引导了城乡空间的有序利用，保障了快速城市化进程中的公共利益和人居环境改善。完成了新一轮江苏省城镇体系规划，适时开展了苏南城镇体系规划等区域性规划编制工作，引领苏南城市群优化提升发展。全省已形成7个特大城市、10个大城市、31个中等城市、15个小城市、98个重点中心镇和814个小城镇构成的等级规模体系。二是统筹城乡基础设施建设取得明显成效。积极推进跨城乡、跨行政区域的基础设施统筹规划实施，将城市基础设施向镇村延伸、辐射。在全国率先构建覆盖城乡的区域集中供水网络，率先推进城市自来水达镇通村入户工程，至今已有76%的乡镇喝上和城市同源同网同质的安全饮用水。积极推进城乡垃圾统筹处理，逐步建立覆盖城乡的“组保洁、村收集、镇转运、县市集中处理”的垃圾收运处理体系。三是村庄环境得到普遍改善。全省近三分之一的自然村得到整治，涌现出了一大批“布局合理、道路通畅、设施配套、环境宜居、特色鲜明”的康居乡村，完成整治的村庄环境面貌明显改善，规划布点村庄公共服务水平显著提升，促进了乡村旅游、特色产业的发展，得到社会各界的普遍认可和农民群众的大力拥护，成为深受农民群众欢迎的民生工程、民心工程。四是节约型城乡建设深入推进。在全国率先提出了节约型城乡建设的发展理念，将资源节约、环境友好、生态宜居的核心理念拓展至城乡规划、建设、管理的各个领域和环节，积极推动工程建设、城市建设、村镇建设模式的转型。全省节能建筑规模、星级绿色建筑数量、国家级建筑节能和可再生能源建筑应用示范项目数量、国家节水型城市数量、国家康居示范工程数量和住宅产业化基地数量均居全国第一。应该说，江苏统筹城乡建设取得的成绩已经在全国形成了一定的影响力，为今后扎实推进城乡发展一体化奠定了坚实的基础。

当前是我省全面建成更高水平小康社会、开启基本实现现代化新征程的关键阶段，也是统筹城乡建设、推动城乡发展一体化的重要时期。在新形势下，统筹城乡建设，就是要在党的十八大精神的指引下，切实加强城市规划建设，进一步提升城市综合承载力和功能品质，就是要加强村庄规划建设管理，加大村庄环境整治力度，推进城乡基础设施共建共享，实现城乡基本公共服务均等化发展，就是要更加注重城乡发展模式转型，在城乡建设中按照科学发展观的要求，扎实推进节约型、生态型城乡建设。

《统筹城乡建设读本》，以党的十八大精神为指引，以省委、省政府提出的“美好城乡建设行动”四项行动计划为纲目结构，系统阐述了江苏统筹城乡建设的主要目标任务、技术途径、政策措施，着力从统筹城乡空间规划、城市功能品质提升、重塑美好乡村、城乡建设转型升级和统筹城乡建设的实施途径等五个方面论述了统筹城乡建设的主要内容。一是通过统筹城乡空间规划的引领和调控，促进新型城镇化和推进城乡发展一体化，引导城镇建设空间集聚和紧凑、集约和节约建设，以“紧凑型城镇、开敞型区域”的发展理念，促进城市群和城市带健康发展，构建大中小城市和小城镇科学布局、合理分工、集约发展的城镇体系，构建新型城乡空间关系。二是围绕城镇功能品质提升，论述了增强城镇综合承载能力、提升城镇空间品质、构建现代化城市综合交通体系、完善城镇住房保障体系、推进城市管理现代化等内容，并从城镇特色、建筑文化、园林艺术三个方面提出了塑造城市特色、提升空间品质的系统策略和技术路径。三是围绕村庄环境整治行动计划，论述了镇村布局规划优化、村庄规划编制、村庄建设的重点以及以村庄环境整治为切入点改善乡村人居环境的思路、目标、要求和重点。四是围绕城乡建设的转型升级，从城市建设模式转型、村镇建设模式转型、工程建设模式转型三个方面，提出了节约型城乡建设的工作重点，将资源节约、环境友好、生态宜居的核心理念拓展至城乡规划、建设、管理的各个领域和环节。并着重阐述了建筑节能的技术路线、监管工作重点，以及建筑节能从建筑单体向区域融合发展、从单项技术运用向综合技术集成发展的升级途径。最后，从机制和保障上，对于完善统筹城乡建设科学决策机制、创新统筹城乡建设管理机制、建立区域协调机制提出了实施统筹城乡建设的实施途径。

同时，《统筹城乡建设读本》还系统梳理了国内外城乡关系发展理论，诠释了城乡关系由二元结构向城乡一体转换的过程和动力特征，揭示了从城乡隔离对立、城乡联系、逐步融合到城乡一体化化的经济社会发展规律，分析了一些先发国家通过制度安排和改善引导，大力推动城乡协同发展的经验。各国和地区普遍将统筹城乡建设作为统筹城乡发展的重要路径；并普遍将村庄环境整治作为政府从物质环境改善入手，带动社会和市场力量推动经济社会发展和文明程度的提高。

《统筹城乡建设读本》图文并茂，案例丰富，贴近基层实践，紧扣江苏省情，时代特征鲜明，理论阐述明晰，有利于广大干部系统把握统筹城乡建设工作重点，期望成为江苏省广大干部推进统筹城乡建设工作实践的有益助手和工具。今后一段时期，是江苏省以实施“美好城乡建设行动”为抓手，加快统筹城乡建设，推进城乡发展一体化的关键时期，相信在省委省政府的正确领导下，通过全省上下的共同努力，“美丽中国”的蓝图一定会在江苏城乡大地变成现实。

【作者：江苏省住房和城乡建设厅厅长】

充分运用法律武器　切实维护国家安全
——纪念《国家安全法》颁布20周年

朱小超

2013年是《中华人民共和国国家安全法》颁布实施20周年。20年来，全市广大公民自觉维护国家安全的法律意识日益增强，国家安全机关及其工作人员的职责和义务得以进一步明确和落实，《国家安全法》在维护国家安全和社会政治稳定等方面发挥了积极作用。

当今世界复杂多变，形势严峻，全球发展不平衡加剧，霸权主义、强权政治和新干涉主义有所上升，局部动荡频繁发生，粮食安全、能源资源安全、网络安全等全球性问题更加突出，传统安全威胁和非传统安全威胁相互交织。党在十八大报告中明确提出了“完善国家安全战略和工作机制，高度警惕和坚决防范敌对势力的分裂、渗透、颠覆活动，确保国家安全”的战略部署。在新的历史阶段，如何充分运用好《国家安全法》这一法律武器，切实维护国家安全，已是国家安全工作面临的重要任务。

首先，我们要认真学习贯彻好党的十八大精神，在新形势下，牢牢把握隐蔽战线对敌斗争的主动权，加强国家安全法制建设，广泛深入地开展国家安全法制宣传教育，切实增强广大公民的国家安全意识。

其次，我们要建立和培育一支作风过硬、业务精湛、能熟练运用国家安全法律的干警队伍，以适应党的十八大提出的加快社会主义法治建设的需要，同各种敌对势力和敌对分子的破坏活动以及一切危害国家安全的行为进行有力的斗争，切实肩负起中国特色社会主义国家建设者和捍卫者的重任。

最后，我们要努力提高全民的法律素质，将法律规定的公民维护国家安全、荣誉和利益的义务变为自觉行动，依靠广大人民群众，共同担负起维护国家安全和社会政治稳定的历史使命。

【作者：上海市国家安全局党委书记　局长】

新生代农民工的城市融入

邹农俭

新生代农民工是指1980年后出生的、现在绝大部分都在三十岁以下的农民工群体。在大约1.5亿进城务工的农民工中，新生代农民工约为1亿人，已经成为农民工群体的重要组成部分。由于这部分农民工有其自身的特点，与老一代农民工相比也有较大的区别，所以需要进行专门的探讨。

一、新生代农民工与老一代农民工之区别

改革开放以来形成的农民工群体已经成为社会生活中的一支重要力量，新生代农民工也已经是我们不能忽视的一个群体。新老两代农民工在基本特质、成长环境、社会阅历、社会认同、社会角色、心理等方面存在种种差异。

1．务农经历之区别

新生代农民工有的来自于农村，有的是父辈进城打工而自己从小就生活在城镇的农民工子女，他们与农村的关系显然不像老一代农民工那样密切了。他们的父辈都在农村生活了多

年，会农活，家里还有责任田、口粮田，家庭、财产关系还在农村。而新生代农民工基本不会种田，也不再愿意做农活了，对土地、对农村不再留恋。外出打工、进城是他们不二的选择。如果说老一代农民工还有农村老家这条退路，而新生代农民工是没有退路的。但这部分人依然是农村户籍，与城市同龄人仍有很大的区别。老一代农民工如果在城市遇到就业困难，他们会很顺利地返回乡村，而新生代农民工即使城市待不下去也不可能回到农村去了。他们一方面离开了乡村社会，与乡村的关系日益松弛；另一方面又没有完全融入城市社会，城市还未很好地接纳他们，这就是他们的矛盾、尴尬之处。

2．文化程度之区别

相对于老一代农民工，新生代农民工受教育程度明显要高，他们中的大多数接受过九年义务教育。这也就使他们更容易接受新事物，他们不仅仅自己有着强烈的学习欲望，而且对下一代的教育也怀着巨大的期望。

新生代农民工无论从受教育程度还是从整体素质来看，都算得上是农村社会的精英。当然与城市社会的素质相比，仍有很大的距离。如果没有特殊的扶助政策，通过广泛的职业培训提高新生代农民工的职业技能，增强他们的市场竞争能力，那么他们的市场弱势地位就得不到改善。长期的低层次就业将很难满足新生代农民工日益迫切的生存和发展需要。

3．消费和业余生活之区别

与第一代农民工的单调生活相比，新生代农民工的消费和业余生活趋向多元化，他们的生活和消费观念更加开放，不再为攒钱而使自己变成“苦行僧”。他们的消费观念在很大程度上受到城市消费文化的影响。老一代农民工进城打工主要是为了挣钱，赚了钱要寄回家，要返回乡村，城市对他们来说只是个找工作、赚钱的地方，他们的生活非常节俭，除了必要的生活消费以外，其他赚的钱大都会带回家里。新生代农民工则不同，他们的花销不再像父辈那样仅用于简单的衣食住行，他们会把钱花在诸如手机、电脑、服饰，以及其他比较高档的消费上，而且在行为方式和思想观念方面也悄然开始与城市居民趋同。在几种传统的休闲方式中，如打牌、睡觉、聊天、看电视、听广播、喝酒聚会等几个方面，新生代农民工相对于老一代农民工比重都有不同程度降低。而在较为现代的休闲方式，如上网、逛街购物等方面，新生代农民工的比重显著提高。他们相比于老一代农民工更容易接受新事物，和城里同代人在日常穿着、谈吐以及生活习惯上的差距相对较小。他们也像城市人一样重视享受生活。在实际的访谈过程中，我们发现有一部分新生代农民工的精神世界处于非常压抑的状态，现实迫使他们难以考虑自己的未来，再与城市同龄人相比客观存在的巨大反差容易产生危机感。加之他们远离家乡，进入城市社会后很难建立起自己的交往圈子，遇到困难挫折无人诉说，精神上的苦楚得不到及时宣泄，这是导致一系列极端事件的重要原因。

4．对城市认同之区别

新老两代农民工相比较，第一代农民工更接近于农民这一群体，他们对城市认同感较低，当他们在城市中遇到困难或者生活不下去时，就会选择回乡务农，在他们看来原来的乡村社会才是他们真正的家，因此，他们对城市往往是一种过客心态。而对于新生代农民工而言，虽然他们的“根”在农村，但由于他们年轻，受教育程度较高，更容易接受新事物，也就更容易对城市产生认同感。他们对农村家乡的认同感逐渐减弱，对农村的一些习惯和传统开始不认可。但现实是他们真正融入城市还有相当大的困难，所以彷徨、无所适从往往伴随着他们，“漂泊的一代”、“双重边缘人”、“无根的一代”就成为他们生活的写照。

对于将来的打算，老一代农民工对自己生活多年的农村和那片土地仍有深厚的情感，觉得自己终归要回到农村。相比之下，新生代农民工则对农村没有那么深厚的情感。他们对乡土文化的疏离和对城市文化的热衷，导致他们不愿回乡。然而面对城市社会的制度和现实屏障时，他们又只能表现为无奈和对前途的茫然。

二、新生代农民工：融入城市的积极力量

新生代农民工的上述特性，决定了他们是融入城市的最积极力量。如果说老一代农民工还有原来农村这一退路，那么新生代农民工就根本没有退路。他们有的是来自于乡村的年轻人，但他们根本不会农活，对农村没有了留恋，思想上对农村也没有感情，既然出来了就不想回去了。有的是自小随父母进城打工的，从小就生活中城市中，更没有回乡的理由了。

有人认为，新生代农民工融入城市的标志是通过户籍制度改革赋予新生代农民工城镇户籍。只要这部分人成为城镇人口了，就标志着他们完全融入城市了。不少地方也在这样实践着，以户籍制度改革作为将进城人口纳入城市范畴的根本举措。

我认为，户籍制度只是个符号，在计划经济的条件下，整个社会资源的配置确实是按照户籍符号来实施的，有了城镇户口就有了就业、入学、养老、医疗及一系列社会福利的待遇，农业户籍人口与城镇户籍人口的待遇决然不同。但现代社会，户籍的意义日益不重要了，城镇户籍所隐含的许多福利待遇正成为改革的对象。从发展趋势来看，户口属性将越来越淡化，户籍将来只具有登记、统计的意义，将不同户籍所具有的不同制度性待遇逐步取消，应是现代化社会的基本要求。从现状来看，就是有了城镇户籍，就业没有着落、缺乏养老、医疗保障，这样的城镇户籍覆盖下的人口不具有现代意义。就是现在的城市、小城镇中，虽有城镇户籍，但失业人口，没有医疗保障的人口，靠政府救济的人口，还有靠低保生活的人口，这样的人群其城镇户籍显然失去了现代性。还有近年大量出现的失地农民，在不少地方已算作城镇人口，但他们种田无地，就业无岗，社保无份，成为一个严重的社会问题，这样的人群越多隐藏的社会危机越大。还有不少地方不顾条件一窝风将农民从分散居住的乡村统统集中到所谓的集居区，地征掉了，房拆掉了，住到了既不像农村也不像城市的小区内，他们也不再是标准意义上的农民了，结果是就业无门，收入无保障，连自来水、煤气等基本设施都享受不起，这样的所谓“城市化”没有根基，根本不是社会进步。所以我们在城市化的过程中，不应将城镇户籍作为农村人口城市化的目标，不应以变农村户籍人口为城镇户籍人口作为政策导向。试问许多地方将“县”改为“市”了，将“乡”改为“镇”了，由此一个符号的改变就带来大量的乡

村人口统统算作城镇人口了，而这些人口的劳动方式、生活方式依然如故，现代社会应具有的社会保障制度根本没有，这样的变动有什么意义呢？这种变动只能称折腾，是城市化政策的重大失误。户籍制度这一符号变起来极其容易，可以说在一个晚上都能全部改变过来，而户籍制度隐含的一系列城镇待遇才是真正成为城镇人口的实质性内容。我们在对进城人口进行制度设计时应将现代人所应有的基本权利、基本待遇作为目标模式，而不是继续延续计划经济体制留下的不同身份的人的不同制度安排。人的户口属性只是个形式，而由户口所隐含的一系列社会待遇则是最为本质的，而健全的失业保障、养老保障、医疗保障、工伤保障等是文明社会的基本要求，是现代人必需的权利和义务。

农民工从农村来到城镇，是以找到工作为基本前提的，有了非农业的就业岗位，对他来说才有意义，所以说农民从农业转向非农业的就业转变开始了其身份的改变过程。而新的社会身份的确认则是以一系列具有现代化特质的文明制度的覆盖为标志的，现代社会保障制度就是现代文明国家最为本质、最有意义的标志。

再说农民开始从事非农业活动了，建立现代社会保障制度就有了可能，不难设想，城市里进了一大堆人，这些人的户口也变为“城市人口”了，而这些所谓的“城市人口”没有失业保障、工伤保障、养老保障、医疗保障，这样的人越多，非但不是社会之进步，反而成为社会不稳定、不和谐之源。

也许有人要说，现阶段我们应当继续发挥劳动力资源丰裕的优势，继续利用人口红利，实行低工资、低待遇的政策。那我要说，现在这一政策是到了改变的时候了。从我国的人口演变趋势，从人口结构来看，为现在正在就业的所有劳动者建立现代社会保障制度已刻不容缓，为数量庞大的、产业工人主体的新生代农民工建立现代社会保障制度是我们现时代的一项基本建设，这项宏伟事业关系到现代化的质量，关系到国家的长治久安。

也有人认为，农民工融入城市的标志是实现与城市人相同的公共产品供给，也就是如果哪一天农民工拥有与城市人相同的公共产品供给了，他就成了一个城市人了。这当然没错。但公共产品的均等化供给不是件容易的事。一是公共产品的范畴相当宽泛，要使每一项公共产品的供给实现均等化确实是很难办到的，就是今天的城镇人口，也没有完全实现公共产品的均等化供给。二是公共产品的均等化供给难以指标化、操作化，很难显示出来，特别是面对大量外来人口、这部分人过去又没有享受到基本的公共产品供给，现在则要与城市人一样享受，很难做到，也缺乏客观标准，硬要这样操作只会招致盲目攀比，引起不必要的社会怨恨。三是公共产品如何供给这本身是个需要探讨的问题，哪些公共产品应当无条件提供，哪些公共产品需要有条件提供，还有些公共产品将会通过市场途径来提供，在这种情况下笼统地将公共产品的均等化供给作为对于数以亿计的进城人口的制度设计目标，显然欠妥。四是在社会主义初级阶段，公共产品的供给这一权利是与必要的义务对等的，也就是说只有尽了一定的义务再享受必要的公共产品供给的权利才是合理的，农民工进城了，有了工作，有了就业岗位，他有了工作就有了积累，就为社会作出了贡献，而农民工的工作一般又是低端的，积累是非常有限的，根据这种情况享受公共产品的供给也只能是低水平的。不然我们为什么不提为所有农村人口提供与城镇人口同样的公共产品供给，就是我们尚不具备为所有的人提供均等化的公共产品。

拥有养老、医疗、失业、工伤等社会保障待遇是成为一个现代人的基本要求和必备条件，也是一个人当有了基本的就业岗位后所能做得到的。如果数以亿计的农民工，特别是新生代农民工在城市就业、生活了数十年后，当年老了没有养老保障，生病了缺乏医疗保障，失业了没有生活的基本保障，那是一件非常可怕的事情，同时也是最大的社会不稳定因素。因此我们应当将这些现代社会必须具备的社会成员基本的保障制度建立起来。

三、社会保障制度建设：新生代农民工融入城市之标志

新生代农民工有其自身独有的特征，是农民工群体中融入城市最为强烈的一群人，也是城市化的主要力量。如果对新生代农民工这一庞大群体引导得当，这部分人将成为我国现代化建设的积极力量；反之处理不当则可能造成极大的社会问题，甚至影响社会之稳定。因而需要制定专门的社会政策。现阶段对新生代农民工的社会政策就是如何使这部分人比较顺利地融入城市。对个人而言，完成由农民到市民的转化，实现自身的根本性跃迁；对社会而言，将一个富有活力、人数较多的群体纳入城市的范畴则是现代化事业的重要组成部分。而构建一套符合现代化理念的社会保障制度则是新生代农民工融入城市之关键。建立现代社会保障制度对新生代农民工意义特别重大，而且现在正当其时，有了这一基本制度的覆盖，一个庞大的群体开始纳入了现代社会的轨道。数十年之后，现代社会保障制度必将显示应有的积极意义，在中国现代化的历史上成为具有标志意义的事业。

如何将农民工和新生代农民工融入城市，实践已经创造了许多新经验。在农民工比较集中的东部、南部沿海城市，由于农民工数量较多，对农民工的社会保障制度建设开始得到重视，并创造了一些好的做法和经验，但综合、全面地看现存农民工的社会保障制度仍有很大缺陷，主要是；

其一，现存农民工的社会保障制度不成为社会的一项基本制度，缺乏现代化理念。我国现在的社会保障制度非常混乱，不同身份的人分别设定一套，公务员一套，事业单位人员一套，城镇企业职工一套，农民一套，农民工又是一套，而且差别非常之大，不同身份的人的社会保障制度不贯通、不衔接。根据身份来设计不同的社会保障制度不符合社会公平、公正的原则。在这样的一个背景下，农民工的社会保障制度设计无所适从。

其二，针对农民工的社会保障制度刚性不强，只是软约束。用人单位、个人可以参加也可以不参加。特别是相当多的非正规就业领域似乎可以名正言顺地拒绝这一先进制度。将一项文明社会所必需的基本制度视为个人、用人单位可有可无的制度选择不符合现代社会的基本要求。

其三，制度设计的层级过低。多为一城一市自主设计，有的甚至以社区为单元，各自为政，自搞一套，各种做法之间缺乏基本的操作规程。制度制定的层级过低也无法确保制度的稳定运行，不成为整个社会的通用规则。诸如社会保障制度这类一个社会的基本制度，应当尽可能设计成通用规则，最好是全国统一，整个国家有一个基本的操作规程。

其四，不能流动。不少农民工在就业地名义上有多项保障，但如果要流动出本城市，累积的基金无法转出、延续，所以在实践中相当多的农民工由于流动而把自己积累的部分领取了，导致社会保障制度的中断，其结果等于是没有保障。不少地方的社会保障项目个人还可利用转移困难而退保。也许在统计时，多少多少人参加了养老保障、医疗保障，但实际上，一项很好的制度事实上没有发挥应有的作用。

实践中已经有将农民工的社会保障程度拔高的倾向，一些地方政府在汇报工作时也说本地农民工的社会保障达到了多少多少，实际上，真正能享受到社会保障实惠的很少。

应当说，我国社会保障制度建设总体上讲相当滞后，针对农民工的社会保障制度建设更是严重滞后，对此应当予以战略性的考虑。“目前老年人中仅有 1/5 领取退休金或养老金，……在职人员参保的仅 1.2 亿，即使相对 2.7 亿城镇从业人员而言，这一覆盖比例也是偏低的；城镇职工基本医疗保险制度也只覆盖了城镇从业人员的 1/3 左右；而农村养老保险的覆盖范围甚至还由 1999 年的 9.75%下降到 2003 年的 7.06%，呈逐年下降的趋势。”“根据北京大学和中国社会科学院等单位对北京、长春等六城市的调查，工作单位为迁移劳动力（指进城务工人员、乡镇企业职工和被征地农民）提供养老保险的比例仅为 14%，而城市本地职工中这一比例却高达 88%；提供医疗保险的比例仅为 20%，而城市本地职工这一比例为 50%。”

农民工和新生代农民工的社会保障制度建设应当考虑：

1．建立起具有现代化理念的社会保障制度。社会保障制度是现代文明社会的基本制度，这一制度在操作层面要实际运用，要起作用，要见实效，因此必须有效。而且作为基本制度是以长期运行为前提的，时间越长，一项好的制度越能见效，时间越长，基金积累越多，制度应对的能力越强，制度的优越性越能发挥出来，因此必须能长期运行，执行数十年，甚至几百年。我国的农民工数量多，涉及社会生活的方方面面，农民工现象将存在相当长的历史时期，因此必须对农民工、特别是对新生代农民工的社会保障制度建设予以战略性的安排。新生代农民工年富力强，正奋战在现代化建设的第一线，正是构建现代社会保障制度的绝好时机，失去了这个时间机会就会犯历史性的错误，就会导致未来工作的多方面被动。

2．建立政府主导型的社会保障制度。根据我们这个国家的基本国情，建立政府主导型的社会保障制度具有可行性。我们的优势是政府动员能力强，这就使现代社会保障制度的推行有了可靠的保证。现在的问题是，财政还没有转向公共财政，政府还没有完全转到服务型政府，利益过度上抽，资源过分向上集中，社会的不少方面责权利不统一，由此引起很多不规范的做法。建立政府主导型的社会保障制度，要求政府切实负起设计这一制度的职责，要求政府真正转为公共服务型政府，财政投入主要转向公共服务领域，包括对社会保障事业的投入，建立利益适当平衡、协调的分配关系。要强制压缩公款吃喝、公车使用等不合理的公共开支，公共开支首先要确保社会保障基金中政府应当承担的部分。要大大减轻企业的负担，同时要求企业应当承担的社会保障支出必须确保。

3．社会保障制度的强制性原则。社会保障制度作为一项现代社会的基本制度，是衡量一个国家文明程度的重要指标，在这个方面，国家利益与个人利益、劳动者就业的单位利益在根本上是一致的。就个人而言，是事关自己未来生存，抵御失业、工伤、疾病等重大事故的有效手段。对国家而言，建立、健全覆盖全体人的社会保障制度是一个国家的基本国策、基本建设，是建设现代化社会的基本要求，没有健全的社会保障制度，现代化就不够格。所以建立社会保障制度是国家的一项基本责任。对劳动者就业的单位而言，健全的社会保障制度有利于稳定劳动者队伍，提高员工的凝聚力，向心力，也是体现一个单位文明程度不可或缺的方面。

4．根据条件，选择社会保障制度实施的先后次序。“在政府财政承担能力有限、财政功能健全需要一定时间的条件下，迁移人劳动力群体的社会保障需求不可能同步得到满足，而必须选择保障方式的优先次序。从实际情况看，因为迁移劳动力大多从事较为艰苦和危险的工作岗位，建立工伤保险和医疗保险的紧迫性更高，因此城镇社会保障体系的并轨应当以这两种社会保障的提供为突破点，然后再逐步满足迁移劳动力养老保险和失业保险等相关需求，从而实现保障方式的渐进式扩展。”我个人认为，新生代农民的社会保障制度可以选择养老保障、医疗保障、工伤保障、失业保障等先后次序顺次展开。要建立全国统一的、能够流动的农民工社会保障制度，用这套制度确保现代化过程中大量人口流动、转移的平稳进行，在人口流动中实现具有现代化理念的制度建构，从而大幅提升整个社会的现代化水平。

【作者：江苏省南京师范大学社会发展学院】

政府主导作用在促进高校毕业生就业中的重大意义

陈晓军

在二十年前，大学生无疑是知识分子或者社会精英的代名词，但随着高等教育的普及和快速发展，目前我国高等教育已进入由精英教育到大众化教育的转变时期，相应的毕业生就业也由原先的计划分配逐步转变为双向选择就业，即毕业生自愿选择与市场需求相结合成为目前主要的就业形式。近年来高校扩招，普通高校毕业生大量增加，莘莘学子学业修满步入社会，给社会带来无穷的生机和活力。但是，我们也应该清醒看到，高校毕业生过量过快地进入就业市场，使本来就有限的就业岗位面临激烈的竞争，高校毕业生就业率普遍不高，使这些受过高等教育的优质人力资源，曾经是社会精英的大学毕业生，在一个时期、在一些地方已经变成了就业的困难群体，大学生就业问题已经成为一个事关国家、社会、高校、学生等方面的一个重要问题。因而正视大学生就业问题意义重大，政府与高校在这一问题的解决上应各司其职、共同努力。从宁夏回族自治区近几年解决普通高校毕业生就业问题的实践经验来看，政府在促进高校毕业生就业方面的主导作用不可或缺，高校在转变大学生培养方向以适应市场需求的重任迫在眉睫，就业部门努力提升针对高校毕业生的就业服务水平显得十分重要。

一、高校毕业生就业难的问题已经凸显

宁夏2012年应届高校毕业生为2.5万名左右，就业压力依然较大。自治区政府从2009年起，连续4年专门出台了促进高校毕业生就业的政策措施，尤其是2012年自治区继续开辟了十多个针对高校毕业生的就业渠道，努力化解高校毕业生就业压力。2011年全区高校毕业生就业率达到91%以上，远远高于国家规定的不低于80%的标准。但我们也应该看到，政府以及相关部门无论从财力、人力、物力等方面的投入和付出逐年都在增加，高校毕业生的就业率逐年提高，各地采取的一些阶段性的帮扶措施，在特殊时期实行的一些优惠度很高的帮扶政策，确实发挥了重要作用。面对今后每年都会大量产生的高校毕业生群体，如何建立一种符合市场就业规律的长效机制，如何维护高校毕业生、中专技校高职毕业生、未升入高校和高中的“两后生”、农民工、就业困难人员等各类人员的就业公平，这是值得我们认真思考和研究的问题。

普通高校毕业生目前不再有社会精英的耀眼光环，这已是不争的事实，普通高校毕业生就业越来越困难也已经凸显，社会、用人单位、家庭包括毕业生个人对此也不再讳莫如深，毕业生家庭和毕业生本人从最初的茫然尴尬，已经逐步趋于理性。现阶段影响大学生就业的原因是多方面的，既有主观方面的原因，也有客观外部环境方面的原因，主要表现在以下几方面：一是高等教育结构失衡。近年来，高校招生人数每年都大幅度地提高，大学生人数逐年增加，但是高校培养人才的模式却未能与时俱进，还停留在原有的精英化教育模式上，而且高校与高校之间专业设置大量的低水平重复，导致人才过剩。宁夏普通高校近年来尽管在积极调整专业和学科设置，但目前仍以社科类、教育类、医疗类居多，而市场急需的能源化工、机械制造、建筑工程、电器工程等紧缺专业设置不足，毕业生专业结构失衡。同时，相当部分高校毕业生的就业理念、就业预期脱离现实，与岗位对接效果较差。二是就业市场供求失衡。主要表现在供求失衡，高校毕业生人数逐年呈爆炸性的增长，而就业岗位的增幅却远远落后于毕业生的增加，需求与供给之间的矛盾日显。其次是岗位供求不对称。现代社会由于经济的高速发展，第三产业特别是现代服务业的岗位需求量比较大，商贸物流、金融保险、旅游会展、文化、信息、中介、咨询、社区和公共服务等新兴的现代服务业要求有相应的专业知识和实际动手能力的高校毕业生。由于高校探知市场人才需求的敏锐性不够，专业调整迟缓，教学模式、教学内容、教学方法等一系列都存在一定的滞后性，以致培养出来的大学生普遍缺乏创新性，动手和实际操作能力不够，与劳动力市场岗位需求不对称。三是就业期望值过高。从择业的领域来看，大部分毕业生对自身就业期望值偏高，包括行业的高选择和高薪水的要求。他们首选的是公务员、事业单位、垄断行业、国有大型公司及科研机构等工作岗位，但是此类单位所能接纳的人数毕竟较少。而当前非国有经济发展迅速，股份制公司、民营企业特别是面广量大的中小企业成为接收大学毕业生的主渠道，但毕业生仅限于选择大中城市的较大规模的公司，不愿意去中小企业、去乡镇社区、去基层单位。从择业的地域来看，宁夏籍的毕业生大量地涌向首府城市和地级市就业，导致大中城市就业市场出现区域过于集中，就业竞争比较激烈。四是就业市场不够完善。现在大部分大学毕业生是通过各相关部门发布的招考、招录信息，或就业部门的人力资源市场发布的招聘信息，有相当一部分毕业生是通过参加每年召开的几次人才招聘会实现就业的，而在这些“集市型”招聘会上，用人单位和大学生在短时间内无法做到深入了解，如毕业生要较深入了解自己感兴趣的单位及向用人单位展现个人优势，或者用人单位要真正发现自己所需要的具备综合素质的优质人才，在“集市型”招聘会上就更难以实现。显然，高校毕业生就业目前缺少大学生普遍认可的、长效规范的场所，也缺少毕业生推介、展示自己能力和才华的平台。

二、政府在促进就业中的主导作用意义重大

就业是民生之本，高校毕业生就业更是涉及到千家万户的切身利益，关系到国家经济发展的后劲和当前的社会稳定。促进高校毕业生就业，是实施人才强国战略的重要举措，也是构建社会主义和谐社会的重要任务。对高校毕业生的培养，国家、社会和家庭都投入了大量的资源，如果他们不能及时就业、没有稳定的工作，不仅会增加家庭的负担，也会造成人力资源的极大浪费，影响社会稳定。因此，解决好高校毕业生就业问题，是当前最大的民生。目前，普通高校的招生、培养方向和目标仍然偏重于国家“计划”，而毕业生走出校门后的就业则主要依靠“市场”。如果把高校毕业生比喻成高校培养出的人才“产品”的话，那么，这种“产品”是否符合市场需求，能否顺利进入市场，是由生产“产品”的企业（高校）决定呢，还是由使用“产品”的市场（用人单位）决定，这其实是一个非常简单的常识性问题。与此形成鲜明对比的现象值得我们研究和深思：近年来技工院校毕业生则广受用人单位欢迎。我区各类技工院校培养的毕业生，近几年就业率都在95%以上，绝大多数学生在实习期间就被企业和用人单位“订购”一空。他们的就业出路与普通高校毕业生就业难的情况相比，前景越来越看好，院校和学生对毕业后的就业前景充满自信，没有求职压力。因此，我们应从高校毕业生就业困难的问题中，去发现高校评价考核体制和高等教育体系中的不尽合理之处。随着高校规模的不断扩张，不少富有特色的专科学校和学院纷纷挤上了综合性大学这条大船。于是，在(规模)大而(专业)全的高校不断诞生的同时，一些原本颇具特色和个性的专业、学校也逐渐消失。一些高校的摊子越铺越大，名头越改越响，但培养出来的学生却远远不能适应用人单位的实际需求。有调查显示，虽然我国将长期处于劳动力供大于求的状况，但在就业市场上，中高级技能型人才仍有很大缺口。鉴于此，国家人力资源和社会保障部已经作了部署，今后将不断扩大技工院校招生规模，加强技能型人才的培养规模。这些情况都说明，就业的难易实际上与高校类型的丰富性和高等教育的层次性紧密相连。我们只有着眼社会的人才需求，明确学校的培养方向和目标，才能扭转高校墨守成规、只重视招生不充分考虑就业的传统倾向。这样，也才能优化我国高等教育的结构和层次，进而促进更多的毕业生出校门后能够顺利就业，能够实现当代大学生应有的社会价值和人生理想。

政府作为高校的行政管理者，要充分发挥宏观调控的职能，要责成和指导普通高校转变人才培养模式和方向，人才的培养同样要与时俱进，要符合社会发展规律，要以市场为导向。高校要真正转变观念、顺应市场，要以劳动力市场对人才的实际需求作为培养人才的指挥棒。政府作为促进就业的主导者，要充分发挥在促进高校毕业生方面的主导作用，广辟就业渠道，提高就业指导和就业服务质量，积极为高校毕业生创造良好的就业环境，为大学毕业生顺利就业和发展提供良好条件。笔者认为，今后各级政府要重点做好三个方面的工作：

一是明确政府职能的定位。要理顺政府与市场、政府与高校、政府与学生之间的关系，进一步转变政府职能。首先，政府要转变管理高校的观念。积极引导高校适应社会、适应经济发展、适应市场需求，确定适应社会发展的大学生培养方向和目标。第二，政府要给学校以更多的办学自主权，使其能够及时调整适应社会经济发展、尤其是物质生产部门所需要的专业设置，减少高校公共资源的重复投入和巨大浪费。第三，政府也应鼓励和支持社会各类职业中介机构为高校毕业生提供职前培训及职业技能教育，提高学生的动手操作能力。第四，政府要通过多种手段控制高校的各项收费，努力降低大学生的培养成本。为培养一名大学生，学生家庭付出的费用较高，投入较大。由于培养成本过高的原因，大学生毕业后势必要选择薪水较高的岗位，而不愿选择工资不高的就业岗位，这也是影响高校毕业生就业的一个重要因素。第五，政府要促使高校树立责任意识，明确高校在大学生培养和就业方面的责、权、利。高校要彻底转变重培养轻就业的传统观念，务必将培养人与重就业统筹兼顾。近年来，一些高校为了提高本校毕业生的就业率，以扣押毕业证的方式要求毕业生提供与用人单位签订的就业协议，导致出现“被就业”现象，有的高校甚至向社会虚报毕业生签约率或就业率。对这些问题，政府应该追究有关高校或个人的责任。高校应该在学生入校后的第一时间，向学生讲明所学专业与将来市场需求的关系，也要讲明大学生毕业生后首先要面对的生存问题、就业问题与个人长久的职业生涯设计的关系。据我们调查发现，很多大学生只是在临近毕业时，才会关注与就业有关的事情。另据上海某知名大学的一份调研报告显示，60%左右的在校大学生了解职业信息不够充分，30%的在校生不会关注职业信息，掌握职业信息的仅占10%左右。这组数据，可以折射出多数大学生对自己毕业后如何就业这个重大问题的淡漠和轻视，也反映出一些大学生脱离社会的浮躁心理。因此，高校要常年为毕业生开设就业指导课程，将其列为课外必修课程，指导学生如何择业、如何向社会推销自己，引导毕业生形成合理的就业价值观。

二是营造良好的就业环境。首先，各级政府要牢固确立发展理念，通过促进经济发展来带动就业，努力创造更多的就业机会。由于现在的绝大部分大学毕业生选择到经济发达的大中型城市就业，不仅是因为这些地区公共物品分布的数量多和质量高，也因为是这些地区所能提供的就业岗位和机遇是其他地区所不能比拟的。政府要发挥宏观调控职能，扶持中小城市及经济欠发达地区发展，活跃当地经济，努力增加就业岗位。第二，政府要用优惠政策引导毕业生的就业方向。从宁夏2011年促进高校毕业生就业工作采取的强力措施，取得的显著成效上看，政府用优惠政策的导向和激励作用十分重要。近年来，宁夏每年将除机关事业单位招录1000多名公务员和工作人员之外，将95%的应届高校毕业生引导到企业和基层就业，鼓励引导年轻的高校毕业生进入中小企业创造财富，到社会最前沿支教、支医、支农、扶贫、助残等，不仅符合人才培养成长规律，更符合优质人力资源向生产一线和社会基层配置的实际需求，也完全符合我区经济社会又好又快发展和构建和谐社会的需要，极大地拓展了毕业生的就业领域，为其提供了参与社会实践的大量机会，既增强了毕业生的就业信心，也为亟待补充优质人力资源、提升队伍整体素质的各类企业和用人单位提供了选才用人机会。第三，政府要进一步完善城乡统一的就业服务体系。要加强对大学毕业生就业的指导与服务，充分发挥各级人力资源就业部门的职能作用，借助公共就业服务机构的力量，为大学生提供良好的就业指导和就业服务。在劳动力供求信息、职业介绍、职业指导、接续社会保险、劳务管理服务及维权等方面提高服务水平。要经常组织开展就业服务系列活动，帮助高校毕业生实现及时就业，对困难家庭的高校毕业生要实施就业援助，建立健全高校毕业生就业的绿色通道。第四，政府要强化舆论宣传，教育引导高校毕业生树立切合实际的就业观。随着社会的发展，对大学生的定位应为“普通劳动者”，而非过去的“天之骄子”。高校毕业生应该有自知之明，不应再秉持固有的观念不放，也不要陷入“大事做不来，小事不愿做”的泥沼，自我封闭了就业之路。各新闻媒体要加大对高校毕业生就业的宣传，要引导和教育高校毕业生树立新的择业观，把眼光放平、姿态放低、心态放正，从而建立起正确的职业生涯规划。对很多毕业生而言，与其说是“就业困难”，不如说是“就业迷惘”，对自己的未来发展缺乏科学规划。要客观评价和认识自我，对于自己的能力、专长、兴趣、爱好乃至不足与缺陷等都应有准确地判断，尽量使自己的“长板”更长，把“短板”补长，尽量做到与职业选择相匹配。如果目前做不到这样，则应努力培养起与新的职业相关的兴趣、爱好，力争干一行爱一行。

三是要积极鼓励自主创业。由于目前大学毕业生与就业市间的需求严重失衡，所以大学生寻找第一份工作时，应该锻炼自身、完善个人能力、探寻发展机遇的心态。要努力创业教育和实践，做一名就业岗位的创造者，这是一种机更是一种挑战。首先要因地制宜地搭建创业平台，有条件方最好创建专门的创业园区，用于高校毕业生创业。固原县创建的大学生设施农业创业园区的成功经验，就是一种的借鉴。其次要搭建创业培训平台，对进入园区创业的高业生进行相关的法规条例、创业政策、生产技术、经营管营销策略等创业培训。近年来，我区各地加强了针对高校生的创业培训，尤其是对进入各类创业园区的大学生开展对性的创业能力培训，增强了其创业能力，同时起到了显著的示范带动作用。第三要进一步完善创业服务平台，自治区、市、县（区）就业服务部门的创业服务机构要充分发挥服务职能，为高校毕业生提供“一条龙”创业服务。第四还要搭建创业融资平台，以小额担保贷款为重点，解决高校毕业生创业资金缺乏的问题。自治区目前已经建立了支持高校毕业生创业的小额担保贷款扶持机制，为大学生创业提供了便利的融资渠道。同时，要教育和引导高校毕业生树立自立自强精神，要有创业的进取精神和知识准备。目前，发达国家大学毕业生创业率在20%至30%，而我国仅为1%至2%。勇于创业，既是就业的一条行之有效的方式，也是事业追求的一种途径。高校毕业生可以从小的项目做起，逐步积累经验，积累财富，即使创业暂时遇到困难和挫折，也是一种有益的尝试和一段充实的人生。

【作者：宁夏回族自治区就业与创业服务局局长】

构建关爱服务长效机制　促进留守儿童健康成长

——基于湖南省“十县百村千户”的调查思考

高志强

农村留守儿童问题已引起社会广泛关注，关爱留守儿童正社会形成共识。针对农村留守儿童这一经济社会转型期的社会问题，湖南省妇联和湖南农业大学开展了“十县百村”的农村留守儿童关爱服务体系建设可行性调研，收集了的基础数据和第一手资料。调查表明，湖南留守儿童总量，现有农村儿童中有44.13%为留守儿童，其中双亲外出的儿童占50.1%。从监护情况看，有58.91%的农村留守儿童祖辈亲人共同生活，形成了祖辈亲人与留守儿童相依为命悲局面。对农村儿童的问卷调查数据的比较分析表明，无生活质量、基本生态状态，还是心理健康状态，留守儿童长环境均显著地劣于父母监护的农村儿童，有不良行为的也较高，分析其原因，父母监护是未成年人的社会化过程态，父母外出委托他人监护所导致的监护不力、家庭教育、亲情缺失等是导致农村留守儿童问题的根源。

在广泛的社会调查、专家咨询、实证研究和理论探索的基，综合分析湖南乃至全国各地已取得的成功经验和具体做我们认为必须构建以政府为主导、学校为重点、社区（村）托、全社会参与的农村留守儿童关爱服务体系，通过体系运作和整体协调，构建农村留守儿童关爱服务工作的长效，促进留守儿童健康成长。

一、构建留守儿童减量化机制

调查表明，留守儿童的最大心愿，就是不成为留守儿童。儿童是我国农村剩余劳动力向城市转移过程中的必然现本质上是一种家庭结构异化，政府和社会的首要责任在于其回归常态化，即在未成年人的成长过程中由其法定监护行监护职责。因此，构建留守儿童减量化机制是从根本上农村留守儿童问题的战略举措。

目前中国农村所出现的农民兼业化、人口老龄化、村庄空心化现象，以及全社会面对的留守儿童问题、流动儿童问题、空巢老人问题、失依儿童问题、夫妻分居问题等，虽然有人口年龄结构变化等因素的影响，农村青壮年劳动力离开户籍地谋生无疑是形成这些问题的重要原因。调查表明，目前中国农村家庭80%左右不再主要依赖农业生产收入，工资性收入（外出务工）在农村家庭收入中的比重越来越大，这是社会经济发展的必然趋势。湖南外出务工人员中，有77.31%的就业地与户籍地相隔200公里以上，必然导致其回家探访频率低，基本失去对其留守家庭成员的照顾。在城市化进程中，城市首先吸纳的主要是青壮年劳动力，随着城市基础设施建设和容纳能力的提升，最终接纳城市就业人群的家庭整体，这是城市化进程中的必然过程。可见，留守儿童减量化机制最根本的也是终极的措施，就是城市接纳其就业人群的家庭整体，从而实现家庭结构常态化回归。

留守儿童减量化机制的另一途径，就是促进农民返乡就业或回归农业。目前中国农村从事农业生产的主要是中老年农民，2013年中央一号文件提出发展专业大户、家庭农场和农村合作经济组织，这为部分青壮年农民回归农业指明了出路：回归农业既可以有效推进农业现代化进程，与家人团聚的乐趣也是一种强烈的内驱力。因此，在社会主义新农村建设中，地方政府和基层干部要大力发展地方特色产业，构建地方产业经济体系，吸纳更多的农村剩余劳动力在本地就业；大力发展和积极扶持农村合作经济组织、专业大户、家庭农场等多种形式的农业经营模式，积极构建现代农业产业体系，将传统农民转型为新型农业工人或农产品加工企业职工，促进农民留守家园；鼓励和扶持农民工回乡创业，扩大本地就业容量，从而实现农村留守儿童的总量下降。

二、构建留守儿童人文关怀补偿机制

作为现阶段中国面临的现实社会问题，留守儿童问题必须引起全社会的广泛关注，必须通过构建科学合理的留守儿童人文关怀补偿机制，最大限度弥补家庭教育缺位与偏差，最大限度降低父母外出后可能对孩子带来的伤害，最大可能避免让农村留守儿童承担现代化发展的代价。留守儿童是进城务工人员最牵挂的人，让留守儿童得到关爱，健康成长，是贯彻落实科学发展观的重要任务，是维护进城务工人员权益最温暖的体现，是推进城乡协调发展最具人文关怀的举措，是社会公平正义最具说服力的内容，是构建和谐社会最显著的标志之一。目前，全国主要留守儿童密集区，针对留守儿童亲情缺失、家庭教育弱化、监护不力等现实问题，通过政府、学校、家庭、社区（村）和社会各界的共同努力，在不同程度上体现和实施了一定的人文关怀和补偿性措施，农村寄宿制学校建设为改善留守儿童寄宿上学提供了一定的条件，留守儿童所在学校和社区（村）通过各种形式的关爱服务阵地建设和关爱服务队伍建设，为留守儿童提供了一定的亲情缺失补偿和家庭教育补偿，对促进留守儿童健康成长起到了积极的作用。

三、构建留守儿童成长环境优化机制

调查表明，湖南外出务工人员中58.04%一年仅回家探访一次，12.08%的外出家长的探访频率在一年以上，且不论回家探访对留守儿童在家庭教育方面的实际作用和意义，就是见一面都难！在这种被异化的亲子关系中，亲情也不可避免地被慢慢淡化，这是对家庭伦理的一种冲击，同时也反映了留守儿童家长的责任意识问题。改革开放带来了中国经济的腾飞，同时也带来了信仰缺失、伦理道德意识淡化和拜金思潮抬头。一方面，家长的责任意识淡化可能漠视未成年人的利益；另一方面，在这种不健康的社会环境和社区现实环境中成长的未成年人，产生认知偏差和价值观异化的潜在危险是很大的。因此，构建未成年人成长环境优化机制，不仅是关爱服务农村留守儿童的重要措施，也是社会主义文化大发展大繁荣的必然要求。

第一，加强农村文化建设，重构社会主流价值观，强化家长责任意识，敦促家长履行家庭教育职能。中国农民的守财意识和对金钱的占有欲，使一部分家长漠视子女成长的正常环境和家庭教育，一心赚钱回家建大房子，殊不知子女需要的并不是这些，而是家庭的关爱、家长的榜样和正常的家庭结构。另一方面，在目前现实状况下，家长提高探访频率或通过电话、QQ等方式加强与留守子女的联系，也能起到一定的补偿作用。

第二，重构中国特色的亲权伦理，强化家长的榜样意识和家庭教育职能。两千多年的封建社会使我国形成了一套完整的封建伦理规范，在《三字经》中就有“子不教，父之过”的明确表述。在家庭关系中，传统孝文化强调“孝”和“顺”也是基于未成年子女的行为能力限制考虑的，既强调子女对长辈亲人的孝顺，同时也强调对未成年人的教育，实际上明确了家长的家庭教育职能和义务。处于经济社会转型期的当代中国，如何重构中国特色的亲权伦理，具有十分重要的现实意义。

第三，制订约束性政策，促使农村未成年人的家庭教育归位。调查表明，87.87%的公众认为必须限制3岁以下婴幼儿母亲长期外出或必须随带幼儿；94.92%的公众认为委托监护人不得超过65岁，74.42%的公众认为委托监护人至少应具有初中文化。在这方面，可以通过立法、制订行政性法规或乡规民约等方式制订约束性政策，切实保护儿童权益。

【作者：湖南农业大学教授 博士】

我的中国梦

葛玉修

八十年代初，一部海鸥双镜头相机，“诱”使我登上了摄影的“魔船”。1995年我第一次踏上青海湖鸟岛，就被那碧水蓝天、万鸟欢歌的场面所震撼，从此我与拍摄高原野生动物结缘，萌发了我的绿色环保梦想。一次偶然拍摄机遇，进一步促成了我的生态环保摄影人生……

那是1997年11月下旬，我和朋友去青海湖布哈河口拍摄天鹅，半路上碰见了7只褐黄色的动物排成一线在草地上奔跑，我立即举起相机将它们拍下来。没想到这张照片，不仅填补了全世界仅存300只普氏原羚图片空白，也有幸使我成为全国第一个拍摄到普氏原羚的人。从那时起，我把挽救这一濒危物种作为义不容辞的责任。考虑到普氏原羚为我国所独有，其雄性长着一双与其他羚羊不同的、相向对弯的黑色犄角，我发出了给普氏原羚起一个中国名字——“中华对角羚”的呼吁，如今这个名字已被越来越多的专家和学者所认可，并且远播海内外。我写文章，提建议，呼吁有关部门建立“中华对角羚专属保护区”，将中华对角羚定为环青海湖国际公路自行车赛吉祥物，获得批准。2008年12月，中华对角羚特护区在青海湖北岸成立，我有幸被聘为保护站荣誉站长……

十几年来，为了追踪青藏高原野生动物的生活习性和生态变化，我几乎牺牲了所有业余时间，先后200余次到青海湖，21次到三江源、9次到可可西里，拍摄了10余万幅野生动物及生态图片。

生态摄影是辛苦的，天苍苍，路茫茫，身背相机走四方，有遭遇狼群的惊险，陷入沼泽的彷徨，掉进冰窟的绝望……小镜头，大视野，我从镜头中不仅看到了青藏高原天地之壮美，也看到了草原在退化、雪线在上升、湖面在萎缩、鸟儿在哭泣、动物在流血、雾霾在蔓延……这一切都使我感到揪心的疼。我要把自己所看到的真实而严重的情况告诉更多的人，让大家都来关注我们的生存环境。

为呼吁人们保护野生动物，我采取图文并茂的方式先后在《人民日报》、《中国摄影报》、《中国国家地理》、《中国旅游》、《青海旅游》等120余家杂志上发表野生鸟类图片1500余幅、

中华对角羚等摄影作品和保护生态环境文章160多篇。利用近300幅图片制作的课件，进清华、北大，下社区、小学，登金沙讲坛、国家地理大讲堂，先后在全国各地进行环保公益讲座300余场。自费创办了青海第一个民间生态环保摄影网站——“青海青生态环保摄影网站”，并在新浪、网易、青海新闻网实名微博发贴宣传保护江河源、保护野生动物，点击总量达千万次，微博粉丝10万余人。

为宣传生态环保，我充分利用美联社、中央电视台、凤凰卫视、东方卫视、山东卫视、浙江卫视、湖南卫视、安徽卫视，《半月谈》，新华网、人民网、新浪网、东方网等媒体采访报道我的机会，倾力宣传保护野生动物、保护生态环境；向北京电视台无偿提供121幅风光、野生动物摄影作品，用作大美青海宣传片在天安门广场大屏幕播放。2012年11月，我应邀赴台湾交流，将“中华对角羚”图片赠送国民党中央常委姚江临等人，表示“中华本同根，大陆台湾一家亲”，呼吁“两岸中华儿女，共同关注生态环境，共同保护世界濒危物种中华对角羚”。在社会各界的共同努力下，中华对角羚从1995年的300只增加到现在的近1000只。

生态摄影是快乐的，它延续了我的生命，丰富了我的人生，载负着我的希冀、感悟以及许许多多语言不能表达的东西。7天7夜只身孤岛，没喝一口热水，没吃一口热饭，与收养的小斑头雁朝夕相处，临别时雏雁三次惜惜送我的情景，拨动了我的神经，铭刻在了我的脑海，使我对生命有了更深层次的理解：生命是伟大的，不管强大还是弱小，都应受到尊重。如果我们的子孙后代只能从影像上看到某些野生动物，那该是多大的悲哀！作为生活于地球的人类，既要关爱自己的生命，也应对地球上所有的“居民”负责！因此，我努力把对生命、社会的思考凝聚在光影艺术中，试图用镜头语言和文字作品记录野生动物的美，用心灵呐喊和实际行动呼吁、影响更多的人保护濒危的生命。当我的作品在全国性报刊发表，以及受邀到外地演讲，能为宣传青海、宣传环保做了一点力所能及的工作时，心生慰藉，更让我感受到影像在读图时代对人们的巨大影响。

生态摄影是幸福的，它磨炼我的意志，锻炼了我的体魄，也给了荣誉、激情和动力。我庆幸自己遇到了太多的好人，领导、同事、家人、朋友以及众多知名不知名的网友，他们用不同方式支持我，帮助我、鼓励我，就连野生动物也摆出各种姿态让我拍照，让我无比感动。当人们和媒体送我“青海湖鸟王”、“中华对角羚之父”等称号时，当省委省政府领导肯定我的工作时，当有幸获得“绿色中国年度人物”、“斯巴鲁生态保护奖”、“地球绿肺天使”等环保公益类奖项和称号时，我感到重重的压力，也切实体会到小爱好变成了大责任。

如今，我的梦想更加清晰，就是希望更多的人加入到环保队伍中来，让我们的家园天更蓝，水更清，鸟儿自由飞翔，动物自由奔跑。我的梦就是绿色中国之梦。

我将心怀感恩，把压力变动力，为实现绿色中国之梦继续前行！

【作者：中国银行业监督管理委员会青海监管局副巡视员纪委书记】

南宫市城乡规划局十大措施推动工作开展

陈桂英

2012年以来，河北省南宫市城乡规划局不断完善和创新工作机制，重点做到十个“并举”，全面推进城乡规划工作再上新台阶。

一是在宣传方面，做到广泛性与有针对性宣传并举，搭建了开展城乡规划工作的舆论平台。南宫市城乡规划局通过建设规划展馆、设置户外大型宣传牌、设立咨询站以及完善政务网站建设等方式做好规划宣传工作；同时，编写了《南宫市城乡规划许可事项服务指南》和《南宫市建设（含市政）工程规划批后管理跟踪手册》等系列格式文书，向许可事项申请人、参与建设活动的相关责任主体宣传城乡法规、许可事项程序和依据以及规划批后管理的主要内容和步骤。

二是在体系建设方面，做到城市与乡村规划、总体与详细规划并举，搭建了统筹城乡建设的依据平台。南宫市城乡规划局高起点、大手笔组织编制了中心城区《南宫市城市总体规划（2005～2020）》、《南宫市近期建设规划（2011～2015）》、《南宫市城市规划区控制性详细规划（2010～2020）》以及实施建设地段（块）的修建性详细规划，完成了道路、绿地等20余项专项规划；同时，督导完成了行政辖区内6个建制镇总体规划和5个乡规划以及45个帮扶村规划的编制工作。

三是在法规体系方面，做到法律法规与规范性文件并举，搭建了依法行政的法规平台。南宫市城乡规划局高标准编制和修编中心城区总体规划，滚动编制近期建设规划；同时，依据城乡规划法律法规和南宫城市总体规划，相继出台了《南宫市城市规划管理实施细则》、《南宫市城市“四线”规划管理规定》、《南宫市建设（含市政）工程规划批后管理规程》等系列规范性文件，进一步健全法规体系。

四是在规划编制方面，做到规划制订与实施并举，搭建了维护城乡规划的权威平台。南宫市城乡规划局严格依照程序和权限变更、修改城乡规划，做到“铁打的营盘流水的兵，一张蓝图建到底”，消除城乡规划实施过程中的随意性，维护了城乡规划的法律权威。

五是在管理方面，做到地上与地下、平面与竖向并举，搭建了科学建设城乡的理念平台。南宫市城乡规划局在城乡规划管理的规划编制、项目许可、批后管理、违法处罚各个环节，均将地上与地下、平面与竖向的相关规划管理要素视为同等重要的角色进行论证、研究、审批和管理，遵循先地下后地上的建设时序，规划好、建设好城市基础设施，尤其是城市的“生命线”——地下管线，补齐“重地上、轻地下，重平面、轻竖向”这块短板，打造城市健康“肌体”。

六是在决策方面，做到规划部门与相关部门、专家、公众代表参与并举，搭建了健全审议的制度平台。南宫市城乡规划局做好决策事项的初步审查工作，涵盖了规划编制、项目选址、总平面图审查、设计方案论证诸方面内容；同时，广泛征求相关部门、有关专家建议，并认真听取公众意见，最终报请南宫市城乡规划委员会例会审议，提升了城乡规划决策水平。

七是在工程建设管理方面，做到许可与监督并举，搭建了实施城乡规划的接力平台。南宫市城乡规划局认真执行“一书三证”制度，制订了规范的工程建设许可程序和言简意赅的流程图，一次性告知申请许可事项所必备的证件和资料，核发的规划许可证件中明确了许可必备的附图及附件内容；同时，依据规划许可的附图及附件，监管取得《建设工程规划许可证》工程项目的建设活动全过程，并且指导乡（镇）人民政府做好《乡村建设规划许可证》工程建设项目的批后管理工作，扭转了以往“重审批，轻监管”的工作理念。

八是在批后管理方面，做到在建项目与既有工程并举，搭建了批后监管工作的提升平台。南宫市城乡规划局依法监管在建工程建设项目实施建设过程；同时更新观念，将城市（镇）规划区内竣工备案的既有建（构）筑物及其他设施改变用途或改变外观形式、色彩、材质等行为纳入规划管理序列，按照《河北省城乡规划条例》的相关规定予以管理，拓展了规划管理业务的覆盖面。

九是在稽查工作方面，做到批后管理与处罚未批先建行为并举，搭建了落实城乡规划的护航平台。南宫市城乡规划局健全了跟踪管理制度，做好对依法取得规划许可工程建设项目的批后管理工作，督促建设单位落实规划许可内容，严惩违反规划许可的违法建设活动；同时，加大对城市（镇）规划区内未依法取得《建设工程规划许可证》而擅自开工建设活动的处罚力度，指导乡（镇）人民政府做好乡村规划区内建设行为的监管工作。

十是在处理违法建设行为方面，做到行政措施与诚信管理并举，搭建了标本兼治违法建设活动的机制平台。南宫市城乡规划局按照城乡规划法律法规的相关规定，处理城市（镇）规划区内未依法取得规划许可或擅自变更规划许可内容的违法建设行为；同时，依据《河北省建设行政相对人违法行为记录管理暂行办法》，将建设单位发生的行为记入违法行为记录信息系统，并将规划编制、勘察设计、施工、监理等单位（机构）以及执业资格从业人员参与的违法建设活动情况和处罚建议报告相应主管部门，让相关责任主体增加违规成本、消减“名利”空间，进一步增强了对违法建设行为的震慑力，铁腕营造依法从事、参与、服务建设活动的浓厚氛围。

【作者：南宫市城乡规划局党委书记 局长】

坚持以人为本　实现人企双赢
扎实推进劳动关系和谐企业建设

崔国臣

几年来，吉林油田公司新民采油厂工会，以深入贯彻落实党“全心全意依靠工人阶级办企业”的指导方针，坚持以人为本，谋求人企双赢，充分调动了广大员工的积极性、主动性和创造性，较好实现了企业与员工的共同协调发展。我厂多次被评为吉林油田公司“模范单位”、“红旗党委”，并获得中油集团公司“基层文化活动先进单位”、“思想政治工作先进集体”，吉林省“精神文明建设标兵单位”、吉林省“五一劳动奖状”吉林省“创建和谐劳动关系模范企业”“全国企业文化建设模范单位”等荣誉称号。

一、加强民主管理，谋求人企双赢，为构建和谐劳动关系奠定坚实基础

坚持从维护企业和员工双方的利益出发，不断拓宽民主渠道，提高员工参政议政能力，自觉接受员工监督，妥善协调各方面的利益关系。

（一）突出抓好员工代表大会制度建设。积极探索新时期石油企业加强和落实员工代表大会制度的有效途径。制定出台了《新民采油厂员工代表大会实施细则》，将厂年度工作会议与员工代表大会一同召开，把民主管理纳入行政工作目标，推动了民主管理工作的深入有效开展。重新修订了《厂务公开实施细则》，普遍建立了党委（党支部）统一负责的领导机制、行政为主的公开机制、工会负责的工作协调机制和纪委监察部门负责的监督制约机制。对关系全厂改革发展的重大问题，采取不同的公开方式，自觉接受员工民主监督。

（二）强化劳动合同管理。严格按照《劳动合同法》和上级要求，切实加强劳动合同的依法依规管理，始终做到员工上岗劳动合同签订及时率和履约率的100%。加强制度建设，依法规范劳动用工管理，增强了员工遵纪守法意识，保障正常生产经营秩序。为维护员工权益，就劳动报酬、工作时间、休息休假、劳动安全卫生、保险福利等事项由厂行政与工会签订集体合同。履行集体合同签订程序，双方严格遵守执行。集体合同的履行接受工会和员工群众的监督。

（三）大力开展“共同约定行动”。面对金融危机，开展工会与厂、员工的“共同约定行动”，努力形成员工与企业共渡难关、共谋发展、共建和谐的生动局面。实现了薪酬和员工福利兑现率100%，“五险”参保率100%，劳动保护和法定休息执行率100%，员工安全教育和培训落实率100%，依法维护员工合法权益，充分调动和激发广大员工的劳动热情，从根本上促进了“两个维护”水平的提高。

二、落实安全措施，关注员工健康，为构建和谐劳动关系创造有利条件

坚持“以人为本”的指导思想，通过有效推行 HSE 管理体系，切实维护员工的根本权益。

（一）加强安全生产制度化建设。按照组织、制度、责任“三落实”的要求，充实完善安全监督管理制度 5 大类 60 多项，厂设置了安全总监和副总监，站队设立了 46 名专职安全副队长，班组设立 178 名兼职安全监督员，形成了厂、队、班三级安全生产监督管理网络。同时，单位与所有岗位员工和承包商分别签订安全环保责任书，并作为劳动合同和经济合同附件一同进行管理；完善消防预案和事故应急预案，采取各种措施积极进行培训教育和演练，增强了员工的安全意识。

（二）大力推进 HSE 管理体系建设。一是结合实际，编制体系文件。厂安委会成员认真研究本厂体系文件的构架，突出《管理手册》政策性特点，明确了管理层和机关各部室的职能分工；突出《程序文件》对 HSE 管理体系每一相关要素的管理行径路线说明，提高了体系的可操作性。二是区分层次、开展联动培训。采取送出去、请进来的做法，选送骨干人员外出培训；聘请国内安全管理工程权威人士和专家，就 HSE 管理模式及安全管理在企业经营中的重要意义等进行集中授课或专场报告，扩大培训面。三是强化审核，完善约束机制。每年都组织开展 HSE 专项审核，对全厂各重点要害场所、重要施工现场进行现场审核，审核覆盖面达 100%，为体系的有效实施提供了保障。四是注重基层，加强风险管理。坚持把风险管理的重点放在基层岗位和生产一线。全面实施两书一表，建立完善一体化的 HSE 管理体系运行模式，我厂在吉林油田公司率先举行 HSE 体系管理手册发布，承办了体系建设经验交流会，成为 HSE 管理体系建设的典范。

（三）着力培育安全亲情文化。坚持把严肃的安全环保工作融入浓浓的“家”氛围。以油气处理站安全环保文化示范区为带动，通过“安全文化长廊”、“安全岗位家人行”等活动，进一步创新了安全教育的形式和方法，自行《习惯性违章行为手册》等实用性强、具有企业特色的资料，组织全员学习。广泛组织开展员工健康体检，在岗员工每 2 年体检一次，体检诊断意见按期返回单位及本人；同时，对特殊工种岗位作业人员进行职业性健康检查，对查出禁忌症的员工及时调换岗位，近几年先后调整 43 人。扎实的安全环保工作，使我厂多次代表油田公司迎接中油公司、省市安全检查，连续两年被公司授予“安全生产模范单位”荣誉称号。

三、提高员工素质、实施能力关怀，为构建和谐劳动关系提供重要支撑

本着“开发油田先开发心田、提高效益先提高素质”的培训理念，大力开展员工提素工程，推动创争活动的深入开展。

（一）实施能力关怀，不断提高员工素质。着眼于企业长远发展，积极为各级各类骨干人才的成长创造条件。将培训费用列入每年的财务预算，做到严格审批，专款专用，保证效果。加大培训基地设施投入，优选和充实师资队伍，编制《培训教学大纲》等实用教材。通过互动研讨、学习考察和拓展训练，通过依托科研项目、专题讲座和技术交流，通过技术比武、岗位练兵等丰富的形式，强化个性化培训，切实塑造出了与油田发展相适应的三支人才队伍，近两年，我厂在公司职业技能大赛中，蝉联团体冠军，参赛选手共夺得 15 金 20 银 17 铜的骄人成绩；并有 2 人荣获中油集团公司大赛奖牌，标志着我厂员工队伍整体素质处于公司一流水平。

（二）大力开展职业道德建设，营造队伍和谐氛围。在生产实践中，注重加强员工“四德”教育。把“诚实守信、忠诚敬业”作为职业道德建设的核心内容，在基层广泛开展了职业道德建设“放心岗”和“劳模责任岗”评比选树活动；大力开展“树文明新风、创和谐新民”活动，为困难群体以及灾区捐款捐物，近两年为省市灾区捐款捐物折合人民币 500 余万元；厂团委积极组织青年志愿者深入周边乡村敬老院和中小学，组织为孤寡老人献爱心，为困难中小学生捐送书本等活动，既树立了员工的社会公德意识，又营造了良好的企业和谐发展环境。

四、加强党建、思想政治工作，发挥政治优势，为构建和谐劳动关系打牢政治基础

坚持注重发挥基层党组织推动发展、服务群众、凝聚人心、促进和谐的作用，创新党建工作载体，创新思想政治工作方式方法，铸牢和谐劳动关系的政治基础。

（一）创新党建工作载体。一是明确了党支部在企业发展中的定位。从思想引领、骨干支撑、保驾护航、夯实基础四个方面找准切入点，深度融合强体、塑型、创效三项主体工程，引领党员树立中流砥柱意识，发挥党支部战斗堡垒作用，强化“四好”班子、“六个一党支部”建设，着力推进“六好”站队和“五型”班组的创建，为企业发展保驾护航。二是创造性实施了“积分制党建”活动。设立党建积分卡，建立起了上级部门、党支部、党员、群众之间广泛参与的综合评价体系，真正实现了对党支部和党员日常工作的 360 度考核。两年来，全厂党员共回收落地油 870 多吨、清理油污现场 240 多个，节约自用油 2300 多吨、节电 394 万度、实施技术革新项目 40 多项。三是设立党风建设监督委员。在 23 个基层党支部增设了“党风建设监督委员”，列为党支部班子成员，促使其将上级的指示精神贯彻落实到一线班组，并将基层一线员工的意见和呼声及时反馈到支部，从而做到上情下达、下情上传，发挥桥梁纽带作用。

（二）深化思想政治工作。厂党委适应企业改革发展需要，把握新时期员工队伍思想政治工作的特点和规律，创造性的实施变事后教育型为事前预防、变浅尝辄止型为深挖根源、变谈话型为座谈、变被动处理型为总结成果、变传统说教型为文化感染的“五个转变”工作方法，有效发挥调节、凝聚、导向三个功能，始终保持思想政治工作生机与活力。我厂被中油集团公司授予“思想政治工作先进集体”荣誉，连续 6 年荣获“吉林省精神文明标兵单位”称号。

五、注重人文关怀，着力改善民生，为构建和谐劳动关系凝聚力量

坚持重民生、保稳定、促发展的思想，真正将改革发展成果惠及广大员工，为建立和谐劳动关系注入了活力。

（一）**大力改善员工生产生活条件**。先后投入2000多万元，实施“暖人心工程”，为基层站队更新了办公桌椅，修缮了办公场所，配备了纯净水装置，为野外施工的作业队伍送净化水，在基层建起“小火房”，为集油区10家站队办起了职工食堂，为井组配备微波炉和热水器，有效解决了员工吃饭、饮水等问题。通过不懈努力，我厂基层站队、班组的面貌焕然一新，员工的生产生活条件极大改善，激发了员工的工作热情。

（二）**扎实开展帮扶工作**。厂工会健全完善困难户档案、完善帮扶体系，推进送温暖活动的经常化、制度化和规范化。各党支部坚持做到“四必谈”、“五必访”、“六清楚”。“四必谈”即：员工之间有矛盾必谈，员工违反劳动纪律必谈，员工思想有情绪必谈，员工获得重大荣誉必谈；“五必访”即：对员工的婚丧嫁娶领导必访，对员工的天灾人祸领导必访，对员工生活困难领导必访，对员工的疾病住院领导必访，对员工生活矛盾领导必访，对节日期间坚持在关键生产岗位上的员工进行走访；“六清楚”即：员工思想状况清楚，工作状况清楚，家庭状况清楚，困难情况清楚，身体状况清楚，生活状况清楚。几年来，我们走访慰问困难户980余户次，发放帮扶款136万多元；开展“金秋助学”活动，发放助学金额15万元，资助贫困学生124名；开展“爱心进病房工程”和“千里送温暖”活动，把组织的温暖送进员工心中。

（三）**着力建设平安和谐矿区**。加强了“三铁一器”的物防；完善防盗仪、报警器的技防；高度重视人防工作，所有在岗员工签订了“一岗双责”责任书，增强全员防范责任。发挥护卫队的专业队伍作用，每天有三支巡逻队24小时巡护，严守“15分钟内到达案发现场”的承诺，落实警企联合、企地联合举措，实现了“案件多发区”向“平安矿区”的转变，我厂成为省、市、中油集团公司治安综合治理先进单位。扎实开展“矛盾纠纷调处化解年”活动，实行一票否决，确保了十七大、奥运会、建国六十周年等重点时段大局稳定，做到了“小事不出班、大事不出队、集体事件不出厂”。

六、继承优良传统，弘扬先进文化，为构建和谐劳动关系赋予精神动力

坚持在继承中创新，在创新中发展，以文化发展推动管理升级，逐步构建开放创新的企业文化体系。

（一）**创新发展特色企业文化**。弘扬大庆精神、铁人精神和石油系统光荣传统，开创了“培育一流队伍、塑造一流形象、争创一流业绩、建设一流采油厂”为时代内涵的新民油田特色的“一流文化”体系。大力推进创新、安全、和谐、节约、执行、廉洁六个文化建设，相继建设成立6个文化示范区，发挥典型辐射作用，带动全厂的企业文化建设水平快速提升，获得了“全国企业文化建设模范单位”荣誉称号。

（二）**推进企业文化与生产经营管理的有机融合**。立足育特色文化于生产实践的基点，深入开展“知岗、爱岗、讲岗”等活动，切实使文化内涵扎根员工心田，达到“内化于心、外化于行、固化于制”的效果。在推动节约文化落地中，先后组织开展“节能大去进班组问诊”等活动，自行编制《节约金点子》教育系列丛书，加大奖励力度，全厂形成了人人参与节约的良好氛围，近两年节能总量达8000余吨标煤，成为油田公司节能节水先进单位。在推动创新文化落地的实践中，每年召开“技术革新成果表彰”会，采取创新成果冠名制，对创新工作表现突出的个人，优先提供关键岗位任用、参加评先选优等机会，切实让“立足岗位搞创新、围绕生产搞发明”的员工有名誉、有地位、有待遇。几年来，我厂员工自主创新成果达到百余项，获国家专利8项，国家级管理创新奖1项，省部级创新奖26项，有效解决了生产管理难题，切实彰显了企业文化推动发展的软实力。

（三）**深入开展群众性文化活动**。兴建健身场、棋牌室、门球场等活动场所；为基层站队购置了篮球架、乒乓球案等活动器材，开展丰富多彩的文体活动，充分发挥文体骨干在群众中的带头作用，使员工的心理素质、健康素质和团队意识不断增强，集中展现了员工热爱生活、乐观进取的精神风貌，而且陶冶了情操，增强了员工的归属感和集体荣誉感。加强班车文化阵地建设，切实使班车成为员工休息活动的温馨港湾。

几年来通过扎实开展劳动关系和谐企业创建活动，我厂的民主管理和维权机制建设得到进一步加强，员工的合法权益得到了有效维护，企业的凝聚力和向心力进步巩固，员工爱岗敬业的精神进一步彰显，我厂的经营管理业绩不断提升，真正实现了企业与员工的互利共赢。今后，我厂将继续深入贯彻科学发展观，认真履行自身责任，在公司的正确领导下，为科技安全和谐大油田建设作出我们的贡献！

【作者单位：中国石油天然气股份有限公司
吉林油田分公司新民采油厂】

共治格局牵引观念转变和监管创新

戴　辉

汪洋副总理在2013年“全国食品安全宣传周”活动上指出，要发挥社会主义的制度优势和市场机制的基础作用，多管齐下、内外并举，综合施策、标本兼治，构建企业自律、政府监管、社会协同、公众参与、法治保障的食品安全社会共治格局，凝聚起维护食品安全的强大合力。国家食品药品监管总局张勇局长也强调，只有形成社会各方良性互动、理性制衡、有序参与、有力监督的社会共治格局，才能不断破解食品安全的深层次制约因素，才能不断巩固食品安全的微观主体基础和社会环境基础。解决好食品药品安全这一重要的社会问题，必须牢牢把握最大限度激发社会活力、最大限度增加和谐因素、最大限度减少不和谐因素的总要求，以解决影响食品药品安全的突出问题为突破口，通过协调社会关系、规范社会行为、化解社会矛盾和广泛深入的宣传工作，加强食品药品安全社会管理法律、制度、体制、机制、能力建设，真正形成食品药品安全社会共治格局的有效机制，实现食品药品安全的长治久安。

一、突出责任共担，监管主体由“部门监管”向“综合施治”转变。实践证明，保障食品药品安全，需要各级政府主导作用、监管部门主力作用和企业主体作用的共同落实，使主体多元、各方协同成为社会共治的引导力和推动力，形成规范高效、运转有序的工作合力，形成综合施治、共保安全的良好格局。

首先，要注重发挥各级政府的主导作用。对各级政府而言，应当切实履行好法规政策的制定责任、重大问题的决策和组织协调的责任、资源保障的责任、检查督促落实的责任等，重点加强人员、经费、基础设施和执法装备的保障，实现食品药品安全保障水平与经济社会发展同步。

其次，要注重发挥监管部门的主力作用。当前进行的食品药品监管体制改革就是以转变政府职能为核心，以整合监管职能和机构为重点，减少监管环节、明确部门责任、优化资源配置。食品药品监管部门在加强统一监管的同时，要加强与农业、卫生等部门的协作力度，完善与司法机关联合打假的工作机制，做好行政执法与刑事司法的无缝衔接。

第三，要注重发挥企业的主体作用。食品药品是生产出来的，企业必须承担起“第一责任人”的职责。企业自律，就是要求企业不但要自觉遵守法律法规规章规定的众多“禁止性规范”（比如企业不得生产销售假冒伪劣食品药品、产品不得未经检验上市销售等等），还要严格遵守“义务性规范”（比如企业应当对原料供应商进行审计等），同时，企业还应当遵守诚实守信的公序良俗。作为监管部门，要坚持重典治乱，始终保持打假治劣的高压态势，严厉打击违法犯罪行为。要加强对企业的教育引导和监督管理，综合运用他律、自律、共律等多种手段，使企业不想造假、不敢造假、不能造假。

二、突出公众参与，监管模式由“单兵作战”向“社会协同”转变。从某种意义上讲，食品药品安全是全社会的共同责任，需要全社会的协同配合。当前，特别要注重发挥人大政协的民主监督作用，发挥新闻媒体舆论引导作用，发挥检验机构的技术监督作用，发挥工青妇等群众组织、基层群众性自治组织、行业协会等社会组织、其他企事业单位的协同作用。

一是更好地发挥好行业协会的组织管理作用。鼓励社会组织建立食品药品行业自律制度，如制定标准或最低质量要求，加强质量检验，开展行业自律。鼓励行业协会积极探讨使用内部通报、行业曝光、终身禁入等内部的非法律惩罚机制，更有效地震慑和抑制某些食品药品企业的违规逐利行为。充分发挥行业协会的作用，推进食品行业诚信体系建设，形成食品药品安全政府监管与社会组织监督的合力。

二是更好地发挥群众团体、社区组织的参与作用。健全完善协管员、信息员为主体的社会化监督网络，引导“两员”切实承担协助执法、隐患排查、信息报告、宣传引导等职责，不断推进食品药品监管工作关口前移、重心下移，加快形成食品药品监管横向到边、纵向到底的工作体系。加强科普宣传，通过在社区设立食品药品科普宣传站，普及食品药品安全知识，动员群众力量参与食品药品社会监管，为监管工作提供更好的社会环境。

三是更好地发挥舆论的监督作用。建立健全监测舆情、分析舆情的工作制度，把舆情作为案件线索的重要来源，形成执法监督与舆论监督的良性互动。加强政府信息公开，通过新闻媒介及时将各种假劣食品药品信息公告大众，使老百姓自觉拒绝假劣食品药品。健全完善举报奖励制度，畅通投诉举报渠道，落实奖励措施，充分发挥群众监督作用。

三、突出风险掌控，监管重点由“事后处置”向“源头治理”转变。理想的社会共治模式是力争将社会矛盾化解在萌芽状态，摆脱总是事后应对的被动局面，更多地把工作重心从治标转向治本、从事后救急转向源头治理上。

一要把住源头，消除隐患。针对当前食品药品安全仍处在风险高发期和矛盾凸现期的特点，必须从优化监管机制入手，严格从生产源头到消费的全程监管，构建防范在早、处置在先、防患未然的源头监管模式。要组织开展新一轮的食品药品安全隐患排查，着力解决食品药品领域潜在的安全隐患和监管中存在的薄弱环节，从源头上预防和减少不稳定因素，堵塞监管漏洞，把矛盾解决在基层、消灭在萌芽状态。

二要统筹城乡，强化基层。在构建食品药品安全社会共治格局时，必须加快监管重心下移，把主要精力向基层转移，监管资源向基层集中，优质服务向基层延伸。要抓住新一轮的改革机遇，建立覆盖到乡镇、街道的食品药品监管机构，密切与基层政府、各行政管理派出机构的沟通协作，构筑“横到边、纵到底”的食品药品安全监管网络。

三要强化预警，防控风险。把风险预警作为重要的管理手段，尤其是在出台重大政策、发现问题苗头或发生突发事件的时候，及时应对、稳妥处置、正确引导，避免产生社会恐慌。建立健全预警监测体系，推动各地建立药品不良反应（医疗器械不良事件）监测中心，提高风险发现能力，切实做到药品安全风险“早发现、早报告、早控制、早解决”。

四要应急迅速，处置有力。强化突发事件监测预警、信息传递、信息发布和舆论引导机制建设，建立健全统一指挥、反应灵敏、协调有序、运转高效、责任明晰的应急处置机制，确保在紧急状态下调运力量及时、现场指挥有力，确保对突发事件和群体性事件发现得早、控制得住、处置得好，牢牢把握工作的主动权。

四、突出资源保障，监管方式由“模糊监管”向“科学监管”转变。在构建社会共治格局中提升食品药品监管水平，必须科学把握食品药品市场发展和公众需求的客观规律，突出科学监管，切实解决制约监管改革和发展的瓶颈。

一要强化法律法规资源保障。法治保障是构建社会共治格局的重要内容。随着食品药品监管体制调整、职能转变及机制创新，要加快修订《食品安全法》、《药品管理法》等及其配套法规、规章和规范性文件，进一步完善实施有利于巩固食品药品安全基础的法律制度、刑事政策、产业政策和市场规范、诚信培育、财政保障等措施，发动社会各界更广泛地参与和支持食品药品安全实践。

二要提升技术支撑能力。以此次机构改革为契机，将分散在卫生、工商、质监等部门的检验检测资源进行整合，强化食品药品检验机构建设，形成的坚强有力的技术支撑体系，服务行政监管。充分运用社会机构的检验检测资源，发挥科研机构、高等院校实验室和经国家认证的商业性检测机构在人才、设备和技术上的优势，实现资源共享。

三要提高信息化建设水平。注重顶层设计，建立全面覆盖、动态跟踪、功能齐全的食品药品安全综合信息系统。积极探索科学有效的药品电子监管和远程监控运行机制，逐步建成覆盖全品种、全环节的食品药品质量追溯体系，实现监管的远程化、资源的共享化、执法的现代化、信息的公开化，实现监管信息化建设上台阶、见实效。

五、突出职能转变，监管手段由“行政管控”向“公共服务”转变。转变政府职能，就是要转变管理理念，将重点放在到市场监管、宏观调控、社会管理和公共服务上来，努力为各类市场主体创造公平的发展环境，为人民群众提供良好的公共服务，维护社会公平正义。

一是大力实施惠民工程。紧紧围绕公众反映强烈的突出问题和影响食品药品质量安全的难点问题，深入开展打击保健食品“四非”和药品“两打两建”专项行动，始终打假治劣的高压态势。深入开展食品药品安全知识进社区、进农村、进企业、进学校、进机关，建立用药安全社区科普宣传站，组织执业药师进社区、进乡镇服务群众安全用药，打造食品药品安全惠民品牌。

二是发挥监管的调控作用。加快推进新版药品生产质量管理规范（GMP）和药品经营质量管理规范（GSP）的实施，通过监管政策调控，努力做到提高一批、兼并一批、淘汰一批，促进药品生产经营集中度的不断提高。鼓励企业兼并重组，促进优质资源向优质骨干企业集中。

三是发挥监管的引导作用。帮助企业利用社会科研力量和外部智力资源，加强与国内外大企业、科研院所的技术合作与交流，构筑“研、学、产”紧密结合的科技孵化平台、技术创新平台，引导企业加大研发投入，提高自主创新能力和水平。四是把监管更好地融入服务之中。全面创新各项服务措施，着力推行政策咨询零障碍、优质服务零距离、行政许可零延误、服务过程零差错、服务效能零投诉，着力推动行政服务“提速增效”，修订、简化许可事项办事流程，建立健全网上预审、上门指导、主动回访等服务机制，不断提升服务效能。

【作者单位：南通市食品药品监督管理局】

探索贯彻群众路线途径　着力构建和谐检民关系

冯爱民

当前，全党上下正在大力开展党的群众路线教育实践活动。笔者所在的山东省平原县人民检察院大力实施灵魂、素质、为民和廉洁“四项工程”，着力把为民务实清廉的价值追求深深根植于干警的思想和行动中，让干警在感同身受中培育爱民之情、在换位思考中力行便民之举，构建起了检爱民、民拥检的和谐检民关系，促进了执法公信力的提升。下面，笔者结合该院近年来探索贯彻群众路线途径、构建和谐检民关系的实践，浅谈几点体会。

一、实施“灵魂工程”筑牢思想根基，着力克服精神懈怠的危险

平原县检察院牢牢抓好思想政治建设这一“灵魂工程”，从强化思想教育入手，大力提高检察干警自我净化、自我完善、自我革新、自我提高的意识和能力。

一是及时补充政治养分，坚定理想信念。始终把坚定理想信念作为思想政治建设的首要任务，常抓不懈，常抓常新。定期邀请离退休老检察官或党校教授上党课、做报告、讲斗争史，让传统教育入脑；结合“五走进”大走访活动，开展经常性的群众路线主题教育，让主题教育净脑；以上级院通报的腐败典型和重大责任事故为反面教材，让警示教育醒脑；将纪律教育延伸到八小时以外的“生活圈”和“社交圈”，让纪律教育健脑。

二是经常开展对照检查，强化党性修养。以党性要求为“镜”找差距，经常看一看政治信仰是否坚定；以先进干警为“镜”看不足，学习先进典型的奉献精神；以岗位职责为“镜”论得失，始终保持检察官的浩然正气；以反面典型为“镜”强免疫，增强拒腐防变能力。先后查找出了队伍建设中存在的争先意识不强导致各项工作落后、服务意识不强导致决策不优、学风不够端正以致学用脱节、执行力不强以致慵懒散拖等13 项不足。院党组坚决扫除这些作风之弊、行为之垢，严格落实整改“挂号销号”和公示评议制度，在整改落实上比精神、比速度、见高低，实现了领导和干警上下感觉一致、认识一致、行动一致，形成了学先进、赶先进、争先进的良好局面。

三是大力弘扬先进典型，保持昂扬精神。几年来，平原县检察院深入挖掘和宣传群众身边的最美人物和身边好人，推出了全省公正执法标兵张振红、全市优秀军转干部郭建平、全县劳动模范陈迎利等一批振奋精神干事业、公正执法为群众的先进典型，在地方电视台、报刊进行宣传报道。同时，组织干警撰写、讲述弘扬身边先进典型、展现现代检察风采的检察人故事106 篇，在写、讲、听故事的过程中进一步提振精气神，形成了浓厚的当典型光荣、创先进吃香氛围。全院有 57 名干部立功受奖，受到地方党委表彰。

二、实施“素质工程”提升履职能力，着力克服能力不足的危险

党员干部能力素质虽然在不断提高，但与检察工作的快速发展在节奏上还有一定的差距。如果不尽快提高能力素质，执法为民理念就会成为纸上谈兵。这几年来，平原县检察院通过积极构建三个平台，有力地提升了干警的履职能力。

一是构建学习平台，推动干警提升自身素质。坚持以人为本，切实调动干警的学习积极性。对通过司法考试的干警，依照规定及时任命为助理检察员；制订培养计划，对干警进行有针对性的引导、教育和培训，提高干警的素质和办案能力；探索推行检察官教检察官制度，为新干警每人指定一名职业导师进行一对一的“传帮带”；在全院开展“一周一讲座、一月一本书、一季一交流、一段一汇报、一案一分析、一部门一流程、一人一心得”的“七个一”学习活动，不断推进学习型检察院和党组织建设，提升检察队伍的整体素质。

二是构建竞技平台，促进干警展示自身才智。每周五召开青年干警“检察创新论坛”，定期组织文书制作竞赛、庭审观摩考评、执法规范化知识测验、精品案件月度评析等活动，让干警在身边人的影响和带动下，学有目标，赶有先进。共组织开展辩论赛、精品案件评选、优秀法律文书评比等各类活动39次，干警业务能力有了很大提高。27名干警在省、市各类竞赛中取得良好成绩。

三是构建检验平台，帮助干警实现自身价值。健全激励机制，对认真学习、善于思考、取得成果的干警给予物质奖励，对政治觉悟高、工作态度积极、业务能力突出的干警，在提拔重用时优先考虑。两年来，有13名干警经过公推公选走上了中层正副职岗位，1名科级干部被推荐到市检察院提拔到副县级领导岗位。在探索派驻乡镇检察室如何延伸职能接地气、服务百姓惠民生工作中，院党组把那些自身政治成熟、创新能力较强、执法水平较高的干警充实到检察室任正副主任，创新的派驻检察室“四三三”工作模式和“三化监督服务”运行机制，赢得了高检院和省院领导肯定。检察室设立一年来，相继获得“全省优秀派驻基层检察室”、集体三等功等荣誉。在推进检察工作的同时，更帮助干警实现了自我价值。

三、实施“为民工程”提升亲民能力，着力克服脱离群众的危险

要克服“脱离群众”的危险，就要在工作和生活中，“面对面”接触群众、“心换心”对待群众、“实打实”服务群众，让干警在感同身受中培育爱民之情、在换位思考中力行便民之举。

一是牢固树立“四家”理念。院党组要求干警牢固树立“群众为‘家人’、群众反映的问题为‘家事’、群众的期待为‘家计’、群众工作为‘家业’”的“四家”执法理念，时刻把群众冷暖安危放在心头、抓在手中，充分发挥司法实践中的智慧创造，让干警在为群众做好事、办实事、解难事过程中增进同人民的感情，提高服务群众本领。2013年3月份，平原县检察院在处置王庙镇沙集村200余名村民因被占用耕地意欲集体上访事件中，干警连续3天与群众面对面释法说理，稳控群众情绪，并监督镇政府组织村委会和开发商与群众代表就被占用耕地、地上附着物补偿等达成协议，有效维护了群众的切身利益，及时避免了一起可能引发的集体进京访。

二是畅通检民“四互”网络。运用现代信息技术，畅通民生检察服务热线、便民检察QQ、微信和检察专线网高清视频四个服务群众互动网络，集社情民意收集、诉求分流办理、落实反馈评价等于一体，为群众办实事、解难事113件，收到群众锦旗13面，感谢信5封，感谢电话429次，以实际行动赢得了人民群众的衷心拥护和支持。2012年，平原县政府在对检察院监督办理的民生检察热线回访中，群众满意率为97.9%，位居全县第一名。

三是大力开展“四民”活动。深入开展“五进两服务”大走访结“穷亲戚”活动，组织干警分期分批进农家屋、干农家活、吃农家饭、睡农家床，听农家言、解农家忧、排农家难、造农家福，大力开展安民、惠民、护民、济民四项活动。共结穷亲戚393户，解决群众涉法难题62件，整治治安管理混乱的村庄8个，查办发生在群众身边、严重侵害群众切身利益的职务犯罪案件11件，开展刑事被害人救助5件、发放救助金4.5万元，有效提升了群众安全感和幸福指数。

四、实施“廉洁工程”提升检察形象，着力克服消极腐败的危险

克服消极腐败的危险，就要积极探索科学评价作风建设情况的考核奖惩机制，建立群众评议监督机关的科学评价体系，强化舆论监督，综合运用党内党外各种监督形式。平原县检察院在这些方面进行了积极的探索和创新，收到了明显的成效。

一是建立三级预警约谈制度。一级预警为职责警示，针对关键岗位、重点环节的重点人员和新参加工作的人员；二级预警为信息警报，针对群众信访举报或在工作中发现有违法违纪苗头性、倾向性问题的检察人员；三级预警为底线警戒，针对经初步确认有违规违纪事实的检察人员。先后开展廉政风险谈话76人次，运用警示提醒、诫勉谈话、责令纠错和组织处理等多种措施，把消极腐败现象消除在萌芽状态，把廉政风险化解在初始阶段。

二是健全执法办案行为规范制度。制定和完善了廉政风险识别要素及防范措施一览表、廉政风险防控办法、检务公开制度、干警执法档案、岗位责任追究制度、科学发展责任目标绩效考核等17项制度规定，全面修订自侦、刑检等各项检察业务办案规范，形成了岗位职责有标准、办案办事有规范、具体操作有流程、监督考核有依据、违规风险有明示的廉政风险防控机制。

三是加强内外部监督管理。在内部监督管理上，相继开展了工作、纪律、执法“三个作风”专项督查，强化了对收受会员卡、违规经商办企业和违规与律师交往、超标准使用公务车的日常监督。同时，制定了干警“八小时以外”管理规定，广泛聘请社会廉政监督员，全面加强对干警社会活动的监督，发现问题及时向院党组、纪检监察部门报告，做到内部监督与外部监督的有机统一。

【作者：山东省德州市人大代表 平原县人民检察院检察长】

如何发挥环境保护在生态文明建设中的主阵地作用

——关于广元生态文明建设与环境保护的思考

冯治勤

党的十八大把生态文明建设提升到“五位一体”总体布局的战略高度。建设生态文明是我们党创造性地回答经济发展与资源环境关系问题所取得的最新理论成果，是我们党积极主动顺应广大人民群众新期待进行的重大部署，为统筹人与自然和谐发展指明了前进方向。广元市委把“生态立市”作为未来发展的根本思路，明确提出了建设川陕甘结合部经济文化生态强市的总体目标。从理论上讲，环境保护是生态文明建设的主阵地和根本措施，是建设美丽中国的主干线、大舞台和着力点，环保工作者是生态文明建设的引领者、推动者和实践者。从实践上讲，如何有效发挥这一作用，值得我们环保工作者深思。为此，本人结合广元工作实际谈几点粗浅的认识。

一、目标

建设生态文明，实质上就是要以尊重自然、把握自然规律为前提，以人与自然、环境与经济、人与社会和谐共生为宗旨，以资源环境承载力为基础，以建立可持续的产业结构、生产方式、消费模式以及增强可持续发展能力为着眼点，以建设资源节约型、环境友好型社会为本质要求。依据这一要求，我们就可以模拟广元未来生态文明建设的发展目标，即通过开展生态体系建设，推进生态产业发展，加强生态环境保护，形成经济布局合理、产业结构优化、生态体系完善、资源环境整体优良、生态文明程度较高的“社会—经济—自然”复合生态系统，初步实现生产、生活、消费、人居的全面生态化，使广元天更蓝、水更清、山更秀、地更绿，进而把广元建成经济繁荣、生态良好、人民幸福的川陕甘结合部经济文化生态强市。其具体内涵包括：

（一）生态容量大。森林覆盖率继续保持在比邻城市首位，森林林分合理、质量较高；森林固碳减排能力不断提升，生态环境对经济社会发展的支撑更加有力。

（二）人居环境佳。主要河流和集中式饮用水源地水质达到国家规定标准，水土流失面积大幅减少，布局合理、生态和谐、条件舒适、环境优美的生态型城镇初步建成。主要污染物排放低于国家规定标准，城市空气质量优于比邻地区其他城市。

（三）综合效益好。生态、经济、社会等各项发展指标居于比邻城市领先地位，经济、人口、资源、环境系统协调发展，实现全市生产发展、生活富裕、生态良好、资源节约、社会文明、和谐进步。

对照这一目标，广元既有现实的基础，但更有历史的差距。

二、现状

近年来，广元市按照建设“资源节约型、环境友好型”社会的基本要求，以建设川陕甘结合部经济文化生态强市为目标，以生态市建设、低碳创建为抓手，大力推进生态市、县区、乡镇、村等生态文明细胞建设，全市环境质量持续改善，低碳产业快速发展，污染物总量排放下降明显，民生工程加快推进，环境保护优化经济发展作用明显，环境安全稳定可控，生态文明建设卓有成效，先后荣获“全国首批低碳发展突出贡献城市”、“中国低碳生态先进城市”、“杰出绿色生态城市”、“四川省环境优美示范城市”、“第二批国家低碳试点城市”等称号。

这一现状所展现出的比较优势是否表明广元已经走近生态文明？是否安然无忧？是否大功告成？

三、问题

广元虽然自然生态环境良好，生态环境质量指数排在全省前列，但在经济快速发展的刚性压力下，环境保护也呈现出结构性、叠加性、压缩性、复合性的特点。“发展不足、发展水平不高”仍然是广元最大的问题。全市生态环境在局部改善的同时，总体恶化的趋势并没有得到根本扭转。随着更大规模的经济活动和更高速度的经济发展，广元将面临总量减排、改善环境质量、防范环境风险、缓解资源瓶颈制约等诸多挑战，发展不足、保护不足的矛盾愈加突出，环境保护形势依然严峻，生态文明建设任重道远。

（一）环境压力依然严重

经过“十一五”发展，特别是3年的灾后重建，全市经济社会快速发展，但是粗放型经济增长方式的局面并没有从根本上得到改变，“拼资源、拼投入、拼环境”问题在一定范围内依然存在，尤其是东部沿海的一些高耗能、高污染、低利用的产业向广元转移，并且在未来较长时期内仍然存在，污染物排放强度大，结构性污染突出，发展负担较为沉重。同时，随着城市化进程的加速推进，城市人口持续增加，灾后重建城区面积明显扩大，城市生活污水和生活垃圾产生量大幅增加，污染物处理压力加大。而且，城市机动车数量及污染物排放量也将持续增加，人口密集区空气质量的改善难度加大。广元市环境容量有限，环境保护与加快发展要求的矛盾十分突出。

（二）农村生态环境保护问题更加突出

广元市农村社会经济发展水平较低，农村生态环境保护问题突出。传统的农业结构转变不到位，农业科技含量较低，科学的施肥技术推广速度慢，农药化肥的大量施用污染土壤以及地下水；市财政对环保资金的投入有限，资金筹措困难，环保基础设施建设落后，畜禽养殖污染还存在蔓延的趋势，农村生活垃圾和污水处理率较低，面源污染日渐突出。

（三）自然保护事业有待加强

在近年来的经济社会发展中，特别是在灾后重建中，由于大型工程项目的实施占用了部分自然保护区的缓冲区，不仅增加了自然资源保护的难度，给野生动植物保护工作造成较大压力，也直接导致我市保护区面积及所占幅员面积的比例降至相临4市最低。同时，森林生态环境质量有待提高。虽然林木蓄积总量达到5212万立方米，但全市尚有疏林地5688公顷、未成林地7052公顷、无立木林地1437公顷，导致单位面积蓄积量偏低，林地生产力和产出率不足。与此同时，资源大量开发给生态环境保护带来压力。“十二五”时期，广元对自然资源的开发利用将仍是经济发展的重要依托，如果处理不好开发与保护的矛盾，水土流失将更加严重，草地建设速度将赶不上退化速度，生态环境问题将进一步加剧。特别是灾后重建过程中，河道里大量的私挖滥采对嘉陵江、清竹江生态系统的破坏极其严重，短时间内难以修复。

（四）公众主动保护生态环境的自觉性不强

近年来，公众环境意识快速提高，维权意识也越来越强，引发的信访量一直居高不下。但反过来看，人们在维权的同时，自觉保护环境的意识并不强，主动参与生态环境保护的意愿并不高，而且往往是因为自身的不良行为习惯给社会公共环境制造了一个又一个的污染源。一些地方政府的领导干部缺乏全局意识和长远打算，片面追求经济指标，为加快发展速度，过多的干预环评，“以言代法”、“以权压法”，严重影响和制约了环境影响评价和“三同时”作用的有效发挥。同时，部分项目业主由于缺乏起码的生态伦理道德观念，以招商引资、灾后重建、棚户区改造为由，“边建边批”、“先建后批”的现象还不同程度存在。可见，生态环境保护还没有真正成为全社会共同的价值准则。

（五）损害群众健康的环境问题日益突出

由于历史的原因，广元城市环保基础设施薄弱，城镇生活污水处理厂（站）和配套污水管网建设推进整体缓慢且运行不好，垃圾处理场及渗漏液处理系统建设滞后，全市大多数乡镇均无污水处理设施，大量生活污水都未经过处理直接排入水体，影响地表水水质的全面改善；乡镇生活垃圾收集处理设施缺乏，极易使土壤和地下水受到二次污染。同时，城市油烟、噪音、工程和道路扬尘等问题突出。部分企业为谋取一己私利，采取各种违法违规手段，规避监督视野、监督政策和监督时序，严重破坏生态环境。而且，有些企业不按审批的环评文件落实环保措施，久拖不验；有些企业则不按环评要求运行环保设施，使一个个新项目变成了一颗颗定时“炸弹”。加之重点行业企业清洁生产水平较低，城乡生态环境问题已经形成了综合、复合、立体的污染特征。特别是近年来全国范围内频发的环境公共安全事件，使环境问题成为民众集体意见和情绪表达最为激烈的公共话题。连日来，网民热传社会人士邀请环保局长、政府市长下河洗澡游泳、检验湖泊河流水质事件；刚刚闭幕的全国两会上，人大代表对全国人大环境与资源委员会人选以及环保部长表决时投出的共和国史上最高反对票数，令世人惊叹。环保部门又一次被推到了风口浪尖，成为众矢之的！

如何有效解决这些问题？答案只能是循序渐进、标本兼治。也就是既要治理被污染的环境，又要保护现有的良好生态不被污染。同时，更要加快建设，进一步提升生态文明的水平。

四、路径

广元位于四川北部，嘉陵江上游。建设良好的生态环境是维护嘉陵江乃至长江流域生态安全，实现全市经济社会加快发展、科学发展的重要保障。生态文明贵在创新，重在建设，成在持久。环境保护是生态文明建设的主阵地和根本措施，亟需在生态文明建设的政策感召下，运用哲学思想和辩证法则，科学认识经济发展与环境保护、总量减排与环境评价、严格执法与主动服务、把住源头与强化整治之间的内在规律，创新思维，主动作为，变压力为动力，着力建设“美丽广元，幸福家园”。

（一）率先布局，统筹规划，积极做好“生态立市”顶层设计

广元作为经济欠发达地区，生态环境受工业化、城镇化影响相对较小，建设生态文明优势比较明显，应紧紧抓住“美丽中国”这个发展的总方向和总趋势，努力抢占发展的先机。市委、市政府要从市域出发，整合生态资源，统筹规划，做好全市生态文明建设总体布局，构建合理的城市发展格局、农业发展格局、工业发展格局。从点到线，从线到面，划清生态红线和耕地、林地保护红线，不断加快生态自然保护区建设，保护绿地、湿地，合理调整城市业态功能分区，联网推进旧城改造，加强城镇化、工业化用地管理，集约节约利用土地，并将生态文明建设的要求作为评价各项规划的重要标准，提高规划质量。

（二）突出特色，打造品牌，走差异化低碳发展之路

广元地势偏远，受大城市的辐射影响较小，但交通便利，四通八达，生态资源丰富，具有很大的发展潜力。首先，以旅游和物流为龙头，大力发展现代服务业，带动全市经济发展，尽量避免与周边其他市县的同质化恶性竞争，大打生态牌，寻求差异化发展。其次，以大力挖掘和开发生态资源为主线，着力发展低碳农业、低碳林业、低碳旅游业，积极寻找各产业之间的契合点，延伸产业链，实现一、二、三产业的大循环，使青山绿水、蓝天白云不单作为广元大众享有的公共产品存在，更是对外宣传、吸引投资、提高人气的金字招牌，为广元在国家产业西部转移的战略机遇期占得先机，主动提供良好的硬环境和软环境。此外，市辖各县区要结合自身的资源优势，突出特色，塑造品牌，不断加强县（区）域之间的合作，共享生态文明建设带来的“红利”。

（三）高度重视，加大投入，丰富生态文明建设动力源

广元经济发展滞后，生态文明建设投入较发达地区差距甚远，环境保护的历史遗留问题不少。各级党委政府要高度重视，切实加大生态文明建设的财力投入。生态文明建设相关责任部门要积极编制国家政策奖励内的项目，向省上、中央争取资金以弥补地方财力的不足；逐步放宽民间资本进入生态低碳产业渠道，由政府牵头，建立和完善投融资平台，广泛接纳和吸收社会资金，激发生态文明建设的社会参与活力。

（四）突出重点，明确责任，建立健全生态文明建设体制机制

制度是推进生态文明建设的重要保障，建立健全相关机制体制是生态文明建设的重要组成部分和核心推动力。一是要不断建立和完善领导机制，政治保障机制，多元化的责任目标考核机制，多样化的投入机制，广泛的公众参与机制和生态补偿激励机制。二是全力践行“在发展中保护，在保护中发展”理念，强化建设项目管理，严格执行国家产业政策、行业准入条件，严把建设项目环评审批关和验收关，以环评优化经济发展。三是在保住底线、不留硬伤的前提下，灵活服务于基础设施、民生工程及重大项目的环评审批工作。四是要重点优化环评准入机制，对重大项目创造实行环评“五联单”制度，细化节点，明确责任，从源头把控环境风险。五是建立完善环评中介机构绩效考核机制，实行环评单位动态管理，优胜劣汰，提高环评质量。六是深化价格体制改革，加快建立反映市场供求关系、资源紧缺程度、环境损害成本的生产要素和资源价格形成机制，推进资源性产品价格和环保收费改革，不断完善绿色环境经济政策，积极开展碳排放权、排污权、水权交易试点。七是提高谋划发展、统筹发展、优化发展、推动发展、可持续发展的能力，构建科学的决策机制和管理机制。八是针对广大农村突出的生态优势和生态贡献率，以工促农，以城带乡，以加快推进生态文明建设为契机，顺民意、解民忧、惠民生、促和谐。

（五）依法行政，严格执法，着力解决突出环境问题

党的十八大指出：“享有良好的生态环境是人民群众的基本权利，是政府应当提供的基本公共服务。”因此，加强环境监管，必须着力构建全天候、全时制、全方位、多层次的环境监管体系，创新跟踪、包案、错时和逆向监管于一体的监管新模式。一要加强工业污染防治。要密切关注和从严控制“两高一资”、低水平重复建设和产能过剩项目，集中力量解决重金属、化学品、危险废物、细颗粒物和持久性有机污染物等关系民生的环境问题。二要深入开展城市环境综合整治。要以建设工地和道路为重点，加大扬尘污染控制力度；加强机动车污染防治，强化机动车环保标志管理，加快淘汰黄标车；抓好细颗粒物(PM2.5)污染的综合防治，实施多污染物协同控制，完善联防联控机制。三要加强农村环境保护。深化“以奖促治”和“以奖代补”政策，集中整治存在突出环境问题的集镇和村庄；主动实施国家优良湖泊水质保护工程，确保城乡居民饮水安全。四要大力实施主要污染物减排。切实推进城镇污水处理厂、垃圾填埋场渗滤液处理系统和工业企业治理等重点减排工程项目的建设和运行，尽可能多地形成减排量；加强与发改、经信、公安、统计、畜牧等部门的协调，建立减排联席会议制度，实现减排数据部门之间的共享和会商；对完成减排任务难度大、重点减排工程建设进度滞后的县区政府，要进行约见谈话、通报批评、公开曝光、“区域限批”，以倒逼方式确保完成减排任务。

（六）以创代宣，全民参与，促进人文教育的生态化

人类起源于自然、生存于自然、发展于自然，要尊重自然规律，推动生态文化、生态意识、生态道德等生态文明理念牢固树立，使之成为中国特色社会主义的核心价值要素。要以创建绿色学校、绿色社区、绿色企业、绿色医院、绿色商场、绿色宾馆、生态小康乡村等生态细胞及创建生态县、生态城市、四川省环境保护模范城市为载体，加强生态文明知识的普及和宣传教育，弘扬符合生态文明要求的生活理念和行为模式，推动全社会生态意识的觉醒和素质的提高，形成人人尊重自然、珍惜生命、保护环境的良好风尚。将生态理念作为人类道德的衡量标准，加强生态文明的系统观、经济观、价值观、科学观、消费观教育，人人遵循，人人监督，做新时期生态文明建设的学习者、推动者、实践者和受益者。

【作者：广元市环境保护局局长】

让人口流动变成共赢的享受而非负担

甘　犁

目前我国约有2.64亿的农业户籍人口生活在城镇，在“以人为核心”的新型城镇化进程中，提高这部分人口的生活质量将是工作的首要任务。中国家庭金融调查发现这部分人群有一个明显的特征，即储蓄率偏低是一种被迫适从。

从收入角度来看，高收入的家庭储蓄率更高。数据显示，55%的家庭没有或几乎没有储蓄，而同时中国收入最高的10%的家庭储蓄率高达60.6%，其储蓄额占储蓄总额的74.9%。从户籍属性看，农村到城镇流动人口家庭储蓄率为11%，而城镇家庭储蓄率为41%，农村到城镇的流动人口家庭储蓄率仅为城镇家庭的1/4左右。

导致流动人口家庭储蓄率低的原因，首当其冲的是通胀对生活成本的抬高侵蚀其本身就过低的收入，使其难有结余。数据显示，流动人口家庭总收入和总消费分别为50276元和44828元，城镇家庭分别为90688元和53543元。当前真实通胀水平抬高了所有人的生活成本，使流动人口家庭虽生活节俭，但却因收入水平过低而难有结余。如对满足生存必需的消费（食物和衣着），流动人口家庭人均食品支出为3000元，低于城镇家庭人均食品消费水平5100元，农村流动人口家庭食品消费处于节俭状态。人均衣着支出，流动人口家庭为682元，城镇家庭为1167元，城镇家庭人均衣着支出几乎是流动人口家庭的2倍。

而流动人口低收入，除劳动力市场歧视外，如旨在保护本地劳动力的户籍束缚使流动就业人口难以进入收入水平相对高的领域，政府的转移性收入也加大流动人口家庭和城镇家庭的收入差距。通常而言，在社会保障缺乏的情况下，预防性储蓄动机会更强烈，但是我们看到的是流动人口家庭低储蓄率与低社会保障共存的矛盾状态。

具体而言，由于户籍制度的原因将导致农村流动人口家庭教育支出负担高于城镇家庭。流动人口家庭教育支出占总收入比重为8%，人均教育支出为1138元，其中农村到外市县的家庭高达11%，人均教育支出为2293元，而城镇家庭仅为5%，人均教育支出为1453元，可见是否拥有本地户籍对家庭教育支出影响巨大。

同时，流动人口的社会养老保障覆盖面窄，并且保障水平低。62%的流动人口没有任何形式的社会养老保障，而城镇人口中有88%的人口拥有社会养老保险或离退休工资。在已领取养老保险和离退休金的流动人口家庭，年养老金和离退休收入只有5139元，而城镇家庭高达17730元。对于医疗保障，流动人口为79%，城镇人口为91%。流动人口医保报销比率为35%，其中农村家庭仅为8%，而城镇家庭为42%。流动人口失业保险覆盖率也低于城镇人口。显然，一旦流动家庭成员生病或是失业，储蓄的缺乏会对他们的正常生活造成极大的冲击。

总之，人口老龄化使劳动力供给偏紧下，对劳动力的吸附能力将成为衡量一个城市竞争力的重要指标，因为流动人口带来的不单是流入地的公共福利支出，更是一种劳动力稀缺资源的输入和财富创造能力。因此，加强公共服务均等化，摒弃以户籍配置社保福利的公共服务供给体系，吸引更多适龄劳动力参与城市建设，既可缓解本外地人基于身份下的矛盾冲突，又能增加城市的财富创造活力。

【作者：西南财经大学中国家庭金融调查与研究中心主任】

唱响时代旋律　汇聚道德力量

——对地市级党报如何加强典型宣传的思考

顾培德

典型宣传是我们党的宣传思想工作的重要内容和抓手，也是加强精神文明建设的一个重要方面。典型具有很强的公信力和感召力，地市级党报通过对典型的宣传、培树，可以发挥其在当地示范作用，引领社会舆论，倡导文明风尚，唱响时代主旋律。

盐阜大众报作为党的喉舌，在宣传政策、传播知识、启迪思想、促进经济发展、维护社会稳定等方面发挥了重要作用。“从群众中来，到群众去”，深入基层抓典型宣传，是盐阜大众报的优良传统之一。作为地市级党报，盐阜大众报长期以来高度重视对典型的宣传，不断创新形式和方法，以高度的责任感和使命感，做好各个时期先进典型的宣传工作，营造良好的舆论氛围，推进精神文明建设。近年来，先后推出上冈交警中队、悦达集团等行业典型，以及“农技铁人”姜德明、“富商英雄”戴俊、“助人为乐模范”张忠泉、“最美环卫女工”韦青、陈红等先进人物典型，2012年又成功地推出了感动盐阜大地的“最美三轮车夫”顾加法这个凡人善举的典型和“7•21”北京暴雨农民工救人团队典型。

社会在发展，时代在进步。随着经济社会的发展，思想和价值观出现多元化，传媒业高度发达，信息传播快速便捷，精神文明建设面临着许多新情况。研究新形势，分析新问题，创新工作方法，抓好典型培树，对于地市党报做好典型宣传工作、促进精神文明建设具有重要意义。

一、建立健全信息网，及时发掘典型，让典型脱颖而出。作为党报，要在基层各地和各行各业培养信息员，建立健全全覆盖的信息网，及时得知各地涌现的先进人物和先进事迹，通过鉴别，发现并报道其中具有代表意义的典型。

1．经常深入基层，及时发掘典型。先进典型常常蕴藏在基层、工作在各行各业。党报的记者编辑只有常常深入基层，深入实际生活，才能不断提高概率，及时发现典型。同时要不断加强学习，研究各项政策，熟悉各地各行业情况，准确把握时代的脉搏和前进的方向，才能在各地各部门各行业众多先进的人与事中，挖掘出能够推得出去、树得起来的典型。

2．健全信息网络，让典型脱颖而出。在各地、各行业培养信息员，定期培训，提高他们的业务素质，建立一支强有力的队伍，形成全覆盖的信息网，及时反映生产和生活中涌现的先进人物和先进事迹，党报根据时代要求，筛选出其中的典型加以培树。有着69年光荣历史的盐阜大众报，拥有广大的基层通讯员队伍，形成了成熟的信息网，能及时得知各地出现的典型，深入报道，让其脱颖而出。在资讯高度发达的今天，地市党报要不断创新获取典型信息的爆料手段，在信息员来电来信爆料的基础上，利用迅捷的网络建立专门的爆料平台，在第一时间得到基层典型的信息。

3．建立选树机制，不断培育典型。通过建立一整套选树典型的机制，营造良好的内部氛围，积极培育先进典型的生长环境，使先进典型不断涌现。通过精心培育，发动群众推荐，组织层层推报，评选各种好人好事，让典型从平凡的生产生活中脱颖而出，站在时代潮流的前沿引领舆论导向。地市党报要及时建立选树典型的资料库，定期梳理各种典型，开展诸如“爱心人物”、“感动人物（事件）”的典型评选，吸引受众参与，为培育典型营造舆论氛围。

二、把握时代脉搏，强化立体式宣传，树立时代典型。发现典型后，就要创精心组织策划，新表达方式，全方位、立体式宣传，全力向公众推介其人其事，让典型立得高、树得住、站得稳，真正成为引领舆论的典范。

1．高度准确定位，适时推出典型，引领舆论导向。站在时代的高度，找准典型定位，抓住精神实质，确定宣传主题，是保证典型在全社会打得出、叫得响的前提和关键。在已有客观事实的基础上，经过反复的归纳、取舍、概括、提炼，总结出典型的精神内涵。“领导干部的榜样”孔繁森、“岗位作奉献，真情为他人”的李素丽、“新时期铁人”王启民、“富商英雄”戴俊、“最美三轮车夫”顾加法等典型的定位，行业烙印深刻，时代特色鲜明，既抓住了典型事迹的特点，又反映了典型的精神实质。

2012年北京“7•21”暴雨中，一群农民工在洪水中勇救命悬一线的180多名群众，本报将他们从弘扬新四军"铁军精神"，是平凡英雄的角度进行报道，刻画了农民工在危急关头舍己救人的英雄气概和淡泊名利、淳朴善良的高尚情操。

同时，结合各种节日、纪念日，选准恰当时机，推出典型宣传，能形成强烈的震撼力和冲击力，达到以高尚情操引导人、塑造人的目的。

2．创新表达方式，报道典型本真，使典型可信可学。首先要抓住典型背后的本质内涵和所代表的精神层面，其次要深入细致采访，抓住典型特征，寻觅独特视角切入，报道典型本真，使典型真实丰满、可信可学。

采访典型时，要观察细致，捕捉细节，深入其内心，运用细节描写、心理描写、情境描写等表现手法，再现感人现场，刻画人物形象，写出的典型就丰满细腻、生动感人。如穆青同志报道焦裕禄时，曾写道："那是个冬天的黄昏。北风越刮越紧，雪越下越大。焦裕禄听见风雪声，倚在门边望着风雪发呆。"通过稍纵即逝的"发呆"的情态描写，生动反映出焦裕禄心中时刻关心群众的温暖，体现出"先天下之忧而忧"的襟怀。

报在报道"最美三轮车夫"顾加法这个典型时，不仅运用细节描写，还有大量的心里描写，使人物鲜活、真实、可信。在报道北京救人的盐城农民工这个群体典型时，主打通讯采取倒叙、插叙的形式，以救人为主线，真实客观地再现了当时惊心动魄的场景，细节描写详实生动，现场感强，内容情真意切，真实感人。

3．精心组织策划，全方位宣传，形成广泛影响力。推出典型之前，精心组织策划，制定详细方案，运用报纸这个传统媒体和本报的网络等新兴媒体集中时段报道，立体式进行宣传。登消息、报通讯、配评论、发图片，全方位介绍典型，形成广泛深远的影响力。2007年6月，戴俊见义勇为的事迹传到家乡后，盐阜大众报第一时间在要闻版的显著位置作了报道，随后以消息、通讯、评论、图片等形式连续报道，树立了"富商英雄"的典型形象。

本报派记者专程赴京报道，推出了一系列消息、通讯，从他们救人的英雄壮举、被救者流泪来感谢、崔永元在京请他们吃饭，到他们谢绝社会捐赠、在京积极申请入党等新闻事实，对这个英雄团队进行跟踪宣传，让社会全面了解了这个典型，实现了新闻价值最大化。

除了把本报作为主阵地进行宣传之外，可以多种形式广泛宣传典型，让典型广为人知。地市党报在大力宣传的同时，可以联合中央级、省级媒体和外地媒体集中报道，外宣和内宣相结合、相促进，形成强大合力，使推出的典型深深植根群众心中。

三、避免宣传误区，精心选树典型，确保取得宣传实效。在切实开展典型宣传时，地市党报要克服思想认识和新闻工作中存在的误区，精心选树典型，确保实现预期效果，取得宣传实效。

1．紧扣时代选典型，避免缺乏新意。典型的意义在于其先进性，体现时代特征。党报选树的典型必须是道德的标杆、学习的楷模，更要是时代的先锋，符合时代的要求，体现时代的特点。选树典型要主题鲜明，充分体现时代特征，否则就会落入俗套，流于形式而缺乏新意，无法激起大众的心灵共鸣。找出现象背后的规律，发掘出时代的普遍意义，以此选树的典型既反映时代特色，又体现时代的发展趋势。

2．实事求是作宣传，避免人为拔高。把典型人为拔高，描绘成完人、圣人，受众就感觉不可信，怀疑其真实性，并产生强烈反感，宣传效果适得其反。英雄也有缺点、也会流泪，党报树立的典型应该有血有肉，体现人性特点、反映群众心声、得到社会认同，典型才可亲可敬、可信可学，才具有亲和力，才能推得出、立得久。

3．深入持久常学习，避免短期炒作。选树出典型后，力避短期炒作，没有持续性，使典型的先进事迹成为过眼烟云。地市党报在开展广泛宣传的基础上，要密切关注社会反响和网上舆情，深入持久进行跟踪宣传，增强典型宣传的吸引力和感染力。同时进一步加强学习，充分发挥典型的示范带动意义，在全社会营造学典型、赶先进的浓厚氛围。

【作者：盐阜大众报报业集团副总编】

坚持以民意引领警务应有三大抓手

黄文通

民意引领警务处于公安机关意识形态的最高层次，对公安工作具有导向功能，对全体公安民警起到了号召、凝聚的作用，是实现各项工作目标的不竭动力。

党的十八大以来，新一届党和国家领导人把民生问题摆到了一个非常重要的位置。公安工作的根本点和落脚点就是为人民服务。因此，坚持以民意引领警务、努力开创人民满意的公安工作，是公安机关践行党的十八大精神，提升社会满意度和群众安全感的必然要求。结合工作实际，笔者认为，要做到并坚持以民意引领警务必须做好三个方面工作。

必须牢记宗旨，筑牢民意引领警务的思想根基

民意引领警务作为一种新型警务理念，不仅是公安工作顺应时代发展的需要，也是指导基层公安机关开拓创新的风向标和试金石。

民意引领警务是一项工作指导方针。工作精神作为公安群体的文化定式，是公安工作中长期所倡导，并被人民警察所自觉接受而形成的，对全体公安民警具有激励作用的一种心理状态。可见，民意引领警务处于公安机关意识形态的最高层次，对公安工作具有导向功能，对全体公安民警起到了号召、凝聚的作用，是实现各项工作目标的不竭动力。

民意引领警务是一项具体的职能。公安机关作为政府职能部门的重要组成部分，必然要把满足社会和人民的利益作为公安机关和人民警察的工作重点落到实处，把服务作为公安机关一项重要的职能。在社会服务链条中，公安机关处于非常重要的一个环节，维护社会稳定、保障人民安居乐业需要人民警察打击犯罪，维护社会治安秩序更需要公安机关履行服务职能，形成公安机关与社会、服务与被服务之间协调发展的局面，从而不断满足社会各个层面的需求，更好地为人民群众服务。

民意引领警务是一种创新动力。目前，整个公安工作正处在一种创新发展的良好机遇期。创新过程中，就要将民意作为创新的源泉，将民意作为创新的导向，按照民之所需，增设创新的内容；根据民之所盼，革除机制顽症；依据民之所求，改变运作弊端。紧紧抓住人民群众最关心最直接最现实的利益问题，大力推动公安行政管理和服务提档升级，回应群众呼声、顺应群众意愿、满足群众期盼。

必须找准定位，寻求民意引领警务的切入点

如何保一方平安，如何做好民意引领警务这篇文章是摆在公安机关面前的一个紧要课题。因此，我们要从实际出发，找准定位，摸准民意，寻求工作的切入点和突破口。

从群众对治安的新要求入手。治安问题关系到投资环境和创业环境，关系到群众的安全感和满意度。泉州经济技术开发区作为一个以企业为主体的工业园区，良好的治安环境是企业和员工生产生活的基础和前提，治安的好坏是风向标，是最大的民意。公安机关必须准确把握群众对治安的新要求这一民意，切实在保障民安上下功夫。

从群众对服务的新要求入手。泉州经济技术开发区是一个以民营企业为主的工业园区。2012 年以来，省、市两级党委、政府提出了服务保障民营企业“二次创业”的战略部署，这对于开发区来说更具有针对性和紧迫性。因此，作为开发区公安机关必须顺应这一民意潮流，紧扣这一主线，主动融入服务创业这一大局，切实改进工作作风，切实改进服务方式，实现从管理到服务的转变。

从群众对和谐警民关系的新要求入手。随着民主与法治进程的推进，随着信息化和新媒体时代的到来，群众对公平正义和公开透明的要求越来越高。这就要求公安机关必须尊重主流民意，积极构建和谐警民关系。开发区以企业家和外来员工为主要服务对象，公安机关要通过创新服务载体，搭建警民互动平台，畅通警民沟通渠道，倾听群众的呼声，切实为企业和外来员工办实事，回应人民群众对和谐警民关系的新期待。

必须建好机制，追求民意主导警务的新作为

习近平总书记指出：“人民对美好生活的向往，就是我们的奋斗目标。”我们要牢固树立民意引领警务理念，把人民满意作为不变追求和永恒主题。

建立打击防范机制，切实提升群众安全感。一要以打开路，震慑犯罪。要因地制宜、有的放矢地组织开展各种专项打击整治行动，切实做到“老百姓最痛恨什么犯罪就严厉打击什么犯罪，老百姓反映什么问题最突出就集中整治什么问题”。二要以防为主，搞好治安。要深化综合警务改革，实施“网格布警，综合用警”；开展多方式巡逻防控，严密社会面控制。三要管建结合，标本兼治。针对流动人口多及行业场所复杂的特点，积极推行管建“三化”模式。实施流动人口管理实时化，开展实时信息采集，确保流动人口“不漏登、不漏管”。推行行业场所管理等级化，努力实现“教育与处罚相结合、保护合法、打击违法”的管理效果。落实警企互动制度化，建立完善警企联席会议制度，全面推广设立警企联调工作站。

建立便民服务机制，提供优质高效服务。一要融入大局，从政策上提供服务。泉州市委、市政府作出服务保障民营企业“二次创业”的决策部署，是当前建立服务机制的有利时机和有效抓手，公安机关必须统一思想认识，切实找准公安工作中影响和制约经济发展的体制性和机制性问题，及时制定出台服务创业的措施和办法，从政策上为企业和员工提供高效优质服务。二要搭建平台，从渠道上提供服务。一方面，要借助“5+N”服务平台，大力推进网上受理、网上审批、网上办公，使网上警务平台成为服务群众的“一号平台”，切实为广大人民群众提供网络远程服务。另一方面，要借助公安官方微博、民警个人微博、警民 QQ 群，搭建警民互动平台，倾听群众的意见和建议，及时为群众解惑释疑。同时，还要优化窗口建设，转变服务态度和作风。三要规范执法，从法律上提供服务。在各项执法活动中，用好宽严相济的法律政策，既要做到依法办案、执法如山，又要做到教育感化、执法如水，努力实现法律效果与社会效果的有机统一。

建立警民沟通机制，促进警民关系和谐。一要在访民情、听民意上下功夫。积极开展大走访活动，定期召开廉政监督员会议，通过座谈会、工作汇报会、治安形势报告会等形式，对公安工作进行评议，将群众安全感、满意度、见警率、熟悉率等状况纳入绩效考核。建立执法跟踪机制，做好沟通回访工作。深化和拓展警务公开内容，提高群众知情度。二要在出实招、办实事上下功夫。开展入企进厂“送法服务”，不断提高企业主和广大员工的法律意识、防范意识。开展“平安建设”创建活动，督促企事业单位完善人防、物防、技防措施，减少刑事、治安案件的发生。三要在扬正气、聚能量上下功夫。建立公安机关新闻发布制度，及时向媒体通报公安工作和队伍建设的新情况、新成果，扩大公安工作的影响力、感染力。把握舆论宣传的规律特点和受众心理，最大限度释放“正能量”，用鲜活的成果、事迹、实例和数据说话，多出让群众愿意看、看得懂、愿意听、听得进的宣传报道，不断展示民警工作的突出成效和良好形象，以实际成果赢得社会各界和人民群众的理解和支持。

【作者：福建省泉州市公安局经济技术开发区分局党委书记 局长】

加快职能转换　服务现代农业

胡友明

在市委提出“双强双兴”战略重点，全市农业战线实施“两转四用”、“个十百千”工程发展战略决策之际，4月28日，我们黄冈市原种场走过了60年风雨历程，适应现代农业发展需要，更名为“黄冈市现代农业展示与信息中心”，成为全省首个地市级现代农业展示与信息中心。

黄冈市现代农业展示与信息中心的诞生意义重大，契合了黄冈现代农业发展方向、趋势和需求。

一、现代农业展示与信息中心的职能定位

现代农业展示涵盖大农业。新时期，现代农业展示与信息化工作，是一项全新、富有挑战的工作，担负着推进现代农业科学发展的重要历史使命，面向和服务“三农”，开展农技示范和农业信息化服务，就是将现代农业种植新技术、新模式展示和示范农民朋友，指导农民朋友优化种植技术和模式，实现增效致富，推进现代农业发展和新农村建设。

具体来说，黄冈市现代农业展示与信息中心主要职责包括三个方面，一是承担全市农业新技术、新品种、新模式、特色农业的展示、试验、实训、推广及农业科技展示体系建设；二是负责全市农业信息收集、整理、宣传、发布及信息网络建设；三是为全市农业发展及决策提供相关信息和数据，为全市农业信息化建设提供技术保障、技术支持和信息服务。同时，成立了与职能对应的农业展示科、农业信息科和综合推广科。

二、创新现代农业展示与信息中心工作的思考

牌子换了，工作职能变了，中心的重要职责就是将技术展示和信息服务落到实处，发挥实效。

首先搭建好展示平台和信息渠道。

不断加大投入，改善中心展示与信息的硬件、软件建设。搭建好省、市、县、乡（镇）四级现代农业展示和信息平台。一要向上借力，积极争取省农业厅有关处室、中心的智力和信息技术支持，共享技术和信息资源；二要建好中心园区展示平台，依托和运用好中心自有人才优势、资源优势和已实施的项目成果，申报相关空白科研项目，将国内外适合黄冈种植的新品种、新技术加以引进、试验和示范，选择适合黄冈气候和地域的品种、种植模式，开展相应的品种比对、种植环境试验，成功成熟后在全市予以推广。三要下联各县市区农业部门和组织，在原先合作的基础上，谋求和开展更加广泛、深入的合作，既与各县市农业系统信息部门搞好对接，构建包括新品种新技术推广、培训、应用、展示及农技信息收集、整理和发布的立体平台和渠道，又与全市各农业专业合作社联合建基地，开展现代农业技术展示与推广。

其次建立灵活的专业人才队伍和网络。

全市展示工作的基础还是人才，一方面内部加强组织培训，与省内各大专院校联合培养；另一方面直接到院校择优输送，最大限度的发挥人才优势、平台优势、资源优势，以推进我市的现代展示与信息事业向前快步发展。

中心成立前，我们已与黄冈师院、黄冈职院建立了合作关系，开展了节水、节肥（为自主知识产权专利），无土（营养液）栽培等技术合作，取得了良好的效果。我们将继续推进这方面的工作，在充分发挥中心农技专家作用的同时，聘任市内一批学者、技术人员，在中心担任技术顾问和讲师，及时解决农民朋友提出的诸如田间管理、病虫防治、作物栽培、市场信息等疑难问题，建立一支稳定、可靠的专家型、技术型服务团队。

第三，创新开展现代农业展示和信息服务。

全面推进展示工作。现代农业是大农业，展示是广义的展示。现代农业展示应从三个层面展开，一是农产品形象展示，二是农作物操作规程展示，三是农作物种植技术、推广体系展示。展示的形式多样，一是文字图片展示，二是网络视频展示，三是现身说法展示，四是会展展示。

发挥专业科室作用。中心农业展示科、农业信息科和综合推广科要积极履行职责，组建专业展示团队，从各种专门渠道收集、整理、发布现代农业信息，服务“三农”发展；紧扣现代农业这一关键内涵，以新品种、新技术为立足点，发挥辐射、示范效应，以点带面，加强与各县市区农业信息部门的密切联系与合作，构建横向联系纵向深入的现代农业展示与信息的新机制。

开展多种形式的展示服务活动。一是以中心蔬菜花卉科研所为主力，以合作形式建展示基地，以基地建展示园区。以基地为依托，积极引进新品种，推广新技术，辐射全社会，服务全市“三农”工作。二是定期策划、组织和举办现代农业展示推介会，推介诸如工厂化育苗等先进适用的农业前沿技术、模式和设备。三是以中心基地为平台，采取引进来，走出去的合作展示形式，与市内高校、农技专家开展项目合作，进行各种现代农业新品种试验，新技术和新模式的推介和运用，实现合作双赢。四是运用数字化技术，开展展示和信息服务，不仅要利用好实物展示，还要通过网络、服务台、热线等现代传播手段和形式，发挥其传播快捷、便利、跨地域的优势，录制现代农业新品种、新技术、新模式的现场操作示范视频，上传中心网站，供需求者有选择性点击学习。同时，运用基地和现场展示、现身说法，既生动形象直观，又易观摩、学习、借鉴，实用性和操作性强、效果好。五是网络一批农业技术人员、专家、学者开展网上专门解答，组织农业专家到农业专业合作社、农业基地现场指导生产。与各农业专业合作社合作建立展示基地，以基地为平台，以展示推动农业科技进步，促进全市现代农业科学发展跨越发展。

【作者：黄冈市现代农业展示与信息中心党委书记 主任】

用情用心的群众工作方法永远是打开群众心门的“钥匙”

纪维萱

街道是最基层的政府组织，既是国家和本市各项政策细化执行的“神经末梢”，又是最直接接触群众的“窗口”、反应群众诉求的“平台”、沟通政府与群众的“桥梁”。近年来，随着城市建设的推进和社会转型的加快，五里桥街道的社区面貌也发生巨大变化，老厂房与优质商务楼宇隔街相望，老式居民区与高档公寓并肩而立，工薪阶层、困难群体、外来人口、高级白领、外籍人士等各类人群成为“社区一家人”，成为街道服务和管理的对象。面对需求多元化、矛盾社区化、问题多样化的新形势，面对街道“资源权限有限与群众诉求无限”、“政策执行与政策制定脱节”矛盾的现实，如何不断适应人民新期待、探索新对策、求取新实效，五里桥街道在市区相关部门的关心支持下，也在不断思考、不断尝试、不断改进，我们感到做好基层组织的群众工作，关键是心系群众、深入群众、依靠群众，具体来说，我们有三个方面的感受：

感受之一：人群多样化带来的对社区服务的多元需求，必须依靠我们细致分类、因人制宜，精细化地服务好、服务实，让群众放心说出他们的合理需求。

一是要把困难群体当亲人，把解决困难作为工作的关键。五里街道现有低保、残疾人、两劳释放人员等各类困难人群，他们中有些能够享受到各级政府的政策优惠，改善生活，有些可以通过社区各类形式的帮困救助活动得到一定的帮助，但仍有许多“靠不上政策、靠不上单位、靠不上家人”的贫困家庭是我们街道工作需高度关注、全力解决的对象。街道没有简单地把问题抛给政策制定部门，而是“急群众所急”，把解决困难当作首要工作，充分调动各方的积极性，依靠机关干部临时救急垫一点，居委会临时帮困补一点，区域单位结对帮困添一点的方式，暂时帮助他们安定下来。同时，为了更大范围地解决类似群众的问题，街道成立了由 86 家企业共同捐助的街道爱心共助会、设立了每年每个居委会 5 万元的帮困基金，想方设法对一些临时有难的家庭给予救济。

二是要把高档社区人群当朋友，了解需求，把引导他们融入社区作为工作的切入点。与困难人群诉求、特点完全不同，另一些居住在高档商品房小区里“开车入库、电梯入户”的高级白领，则独立意识强、注重个人隐私和私人空间，他们对社区不了解，有时往往不知道该找谁提供帮助，我们原有的一些“串百家门、知百家情、暖百家心”工作方式被老小区居民认为是“主动、积极”，却会被他们曲解为“扰民、无聊”。为此，我们还是从贴近需求出发——照单开药，如以育儿这个现阶段家庭关注的焦点为切入点，设计了以小区名称命名的“海悦宝宝”系列活动，白领们走出家门、相互交流。我们也通过这样的机会更多的了解了他们的需求。那些随子女来沪的“漂老人”需要消除在异地的孤单，我们设立了邻里点教他们学沪语、唱红歌；那些不会讲中文的老外，我们送上英文服务小卡片和居民制作的民族特色手工艺品，鼓励他们参加社区活动；那些刚生了孩子的新上海人，我们送上了从办户口到读幼儿园小学的各种流程，并帮其联系入托事宜。“双职工，难碰面，留纸条，错时访；访老外，先准备，带翻译，心不慌”，朗朗上口的“三字经”加上实际案例，一套简单易学的《组团式联系服务手册》，浓缩了街道适合各类人群的实用管用的具体服务内容。

通过这些点点滴滴，我们认识到，居住条件在改善，生活水平在提高，人员结构在变化，要让各类人群和谐相处、各得其所，关键要走好“三步”，第一步带着真情，建立感情。在日积月累、坚持不懈的服务中，与群众建立起亲人般的感情。第二步找准需求，服务到位。深入细致地掌握居民真实需求，按需分类，雪中送炭，送上针对性的服务。第三步提高能力，解决问题。要善于整合资源，利用一切可利用的资源，加大协调力度，提高为群众服务的能力。

感受之二：经济体制改革和社会快速发展带来的利益矛盾社区化，必须依靠转变政府职能，切实改进基层的组织方式和工作方式，让群众成为社会管理、矛盾化解的主体。

计划经济时期，单位体制、单位人是政府实施社会管理、组织发动群众的重要手段，而随着各单位逐步剥离原来承担的社会职能，新成立的就业组织采取“非单位”的管理体制，人口流动的不断加快等，大量社会成员由“单位人”变成“社会人”，这样的转变使社会管理中的一些问题逐步向社区集中，有些矛盾还尖锐地在社区反映出来，要通过社区解决好这些问题和矛盾，我们感到，关键是要彻底转变政府的组织和管理方式，真正把权利交给群众，让他们在自我管理中承担起主人翁的责任。

一是充分依靠群众的智慧，是把好事办好的有效保障。工作中，我们日益感到，简单地由政府一手安排的传统执政方式难以适应新的社会运行方式，即使是办好事，也往往达不到预期效果，甚至事与愿违。比如，近几年，政府大量投入开展了整治大楼外立面、安装统一晾衣架、改造空调滴水管等实事工程，力图改变城市面貌、惠及普通百姓，但由于缺少群众的深入参与，结果是“政府积极干，群众一边看”，有时还有抱怨。为了避免这种现象，街道在社区工作中坚持所有公共议题由居民根据自身需求提出，坚持“事前听证、事中协调、事后评议”的居民自主决策制度，从小区屋顶改造、“二次供水”到中心花园座椅上铺什么木板，都让群众全程参与、自主决定。

二是充分发挥群众的力量，是化解矛盾的有效途径。群体矛盾的化解是当前社会管理的一个难点，如何尽量把矛盾化解在社区，化解在初期，避免矛盾进一步尖锐化、扩大化，我们感到，关键是尊重群众、依靠群众，与群众真正打成一片。一方面要搭建有效平台，主动听取群众意见，从源头上尽量避免矛盾发生。比如，随着世博后街道大批建设工程相继实施，很多社区工作者都有同感，凡工地开工必与周边居民产生矛盾，这往往是由于有些建设工地觉得只要办理了相关证照，就可以理直气壮，忽视群众意见，导致双方隔阂越来越深，最终上升为地区矛盾。街道作为协调化解矛盾的“老娘舅”，常常感到应接不暇。因此去年下半年，街道在筹建新的社区文化活动中心时，就充分吸取教训，第一时间听取文体团队、各年龄段居民的意见，根据居民普遍提出的希望充分考虑楼层高度影响居民私密性的问题，采取了挖地下室、地上只造三层、面对居民楼的窗口改成不规则小窗的方案，使中心的功能布局和内容设置更贴近居民需求。对这一结果，居民们很满意，这种与群众商量办事的做法为我们解决了许多疑难问题，目前，街道要求所有建设工地必须具备“有接待居民咨询投诉的场地和专门人员、有为民服务的承诺”等“八个有”的制度保障，确保群众意见能充分表达。另一方面要创新工作方式，发挥群众自治力量，把矛盾化解在初期。老百姓的事情自己说了算，明明白白把事情告诉老百姓，就能争取大部分群众的支持和理解，尤其是在一些法律法规相对滞后或者难以覆盖的领域，发挥群众自治的力量能够有效化解一些矛盾。根据这一工作经验，针对老小区物业管理这一顽症，街道创新评议监督手段，委托居民志愿者组成的 19 支“文明劝导队”承接物业评估任务，对物业管理实行定期定量考核、直接与奖金挂钩等制度，充分调动了保安、保洁的积极性，居民志愿者在直接参与社区管理过程中，也亲眼目睹了物业人员的辛苦，增加了理解和支持，社区公共事务在公共参与中日益和谐共鸣。

实践中，我们体会到，人民群众是发展和进步的力量源泉和根基血脉，我们要紧紧依靠群众，一是要让群众知道。紧紧围绕“群众希望了解的”和“群众需要服务的”两个重点，开展全方位、多角度的公示和宣传。二是要让群众参与。群众参与度越高，越能亲身感受到项目建设的必要性和艰难性，增强认同感和责任感。让群众自我服务，将拥有更加牢固的群众基础。三是要让群众监督。扩大公开透明的范围，注重“源头”控制和“萌芽”化解矛盾，有时候小小的事情，关注了，去解决了，大问题也就避免了。

感受之三：经济社会转型发展带来的社会管理中的新情况、新问题，必须依靠我们增强责任意识，积极主动作为，不断强化破解难题瓶颈的工作合力。

一是条块职责不清，任务层层下沉，难以执行。目前，街道工作内容可以说包罗万象，涉及政治、经济、司法、民政、科教文卫体，生产、消防、交通、食品安全，社会治安、城区管理、卫生创建等等，街道一个科室最多要对应 22 个条线，居委会要挂诸如“绿色小区”、“消费者权益保护示范联络点”等 20 多块牌子。有的政策把任务或牵头责任放到街道，但是内容笼统，让街道在实际操作中无所适从。

二是关注表面形式，工作方法简单，难有实效。条线部门将工作任务下沉到基层，也存在两种极端的形式：一种是“抄火表”式的工作方式，出个条文、下个任务、签订份责任书、挂块牌子，到了年底一套表格、一份总结作为考核指标，要求基层报数据、报情况；另一种是“抢生活”式的工作方式，一味搞创新，求新求变，不切实际，弄得街道做也不好、不做也不好。

三是相关政策法规滞后，形成管理真空，难以操作。有些领域政策法规的制定还滞后于新的形势发展需要，比如目前淘宝店铺的营业深入到了社区居民区，快递运送货物的噪音、楼道乱堆放的货物、被过度占用的电梯等都给居民生活造成了极大影响。又比如单位作为集体宿舍而租住的群居问题，目前法规仅对人均租住面积做了约束，对居住者应履行的其他义务缺乏法规，仅靠单位的管理和员工的自觉，一旦缺失对周边居民影响很大，街道只能采取上门反复协调、反复劝说的办法，我们曾经有过十八次上门协调才得以解决一个群居问题的经历，深感针对一些新情况、新问题的有关政策法规缺失、缺位给社会管理带来的不便和无奈。

对此，我们体会到，应对新情况、新问题，必须从实际出发，要敢于承担责任，善于解决问题。

一是要条块联手、形成合力。要树立整体意识，主动靠前，加强配合，避免出现“自扫门前雪”，群众反映强烈的问题却谁也管不了的情况。

二是要主动作为、勇于担当。遇到暂时处于管理真空、居民反映强烈的问题，不能排排坐去扯该谁管，而是应该谁有能力就一起上，把问题消灭在萌芽。

三是要加强研究、政策跟进。要密切关注社会管理领域的新情况、新问题，及时把握问题关键环节，制定行之有效的政策措施。

虽然五里桥街道在服务群众工作中进行了一些积极探索，但在实际工作推进中也仍然存在一些困惑，尤其是在一些条块职责划分不清、政策操作性不强、法规支撑不足的领域，仅仅靠苦口婆心、靠人海战术，只能解决一时，缺乏可持续性，这也是新时期对群众工作提出的新问题和新挑战，是对我们党执政能力的考验。

同志们，用情用心的群众工作方法永远是我们打开群众心门的“钥匙”，只有真正把群众放在心上，真情地投入，真心地付出，才能真正赢得群众的信任，让我们共同努力，将党和政府的关心传递到服务群众中去，为党的群众工作增添新的力量。

【作者：上海市黄浦区五里桥社区（街道）党工委书记】

深化五大警务　实现六个走在前列

李介德

在市委、市政府部署的为期三年的“六个走在前列”大竞赛活动中，公安机关既是参与者，又是服务者和保障者，必须积极履职，勇于担当，推动全市公安工作走在全省、全国省会城市前列，为长沙实现“小康梦”、“两型梦”、“幸福梦”创造安全稳定的社会环境、公平正义的法治环境和优质高效的服务环境。实现这一目标，关键在于全市各级公安机关和广大公安干警牢固树立和全面深化“主动警务、专业警务、创新警务、信息警务、民生警务”的理念，坚持以“五个最大限度”为抓手，积极作为，主动作为。

把维护社会和谐稳定作为第一责任：最大限度凝聚发展正能量

维护稳定是公安机关的第一要务，更是第一责任。要进一步增强政治敏锐性和政治鉴别力，始终在维护社会稳定的大局上保持清醒头脑，保持高度警惕，保持敏锐反应。一是要深化维稳预警防范。及时掌握各类危及稳定安全的不利因素，努力做到提前预知、提早预警、及时防范，严厉打击危害国家安全和社会稳定的违法犯罪行为。二是要深入排查化解矛盾纠纷。主动配合党委、政府开展排查、调处活动，努力将各类社会矛盾解决在萌芽状态。深化“一推行四公开”、“三访三评”、“双联三促进”等活动，加强和改进群众工作，维护群众合法权益。三是要依法稳妥处置突发事件。着眼应对大规模、大范围突发事件，完善处置预案，加强合成演练，提升闻警即动、快速反应、有效处置的能力和水平。

把满足群众平安需求作为第一主业：最大限度提升公众安全感

平安是最大的民生。要坚持打防并举，源头治理，动态管控，全面深化平安建设，不断提高群众的安全感和满意度。一是强化专业化打击。要加强刑侦、治安、经侦、禁毒等专业队伍建设，理顺派出所与专业队的关系，提升侦查办案的能力。加强专业手段建设，打好科技战、合成战、信息战和证据战。要通过推进专业化进程提升打击效应，既要抓好命案、黑恶犯罪及有广泛社会影响案件的侦破工作，又要抓好侵害群众利益的多发性侵财犯罪、假冒食品药品等民生案件的侦破，提升群众满意度。二是完善立体化防控。坚持在群防群治上下功夫，探索治安防范社会化道路，构筑由党委政府牵头、巡逻警力为主体、各种社会巡防力量为补充的立体化、联动化、网格化治安防控体系。坚持在科技助力上下功夫，全面提升精确指挥、快速反应能力；坚持在区域警务合作上下功夫，建立地区间警务协作机制，形成打击防范犯罪的强大合力。三是推进常态化整治。持续开展对突出治安问题的集中治理，净化治安环境。建立健全安全隐患滚动排查机制，加强危爆、交通、消防乱源整治，确保不发生影响稳定的安全事故。

把加强基层基础建设作为第一任务：最大限度强化工作支撑力

要紧跟社会动态化、信息化的发展步伐，进一步加强基层基础建设。一是突出派出所的核心地位，做强综合战斗实体。要进一步推动机关警力下沉，理顺辅警队伍管理体制，充实基层力量。明确派出所职责定位，出台科学合理的基层基础考核奖惩机制，引导派出所工作重心向治安防范、人口管理、信息收集、化解矛盾、服务群众等基础防范管控工作回归；创新派出所勤务模式，建立完善科学用警、动态布警和弹性错时工作机制，真正实现“警力跟着警情走、管理跟着信息走、打处跟着实战走”。二是深化城乡社区警务战略，推动警务工作前移。加快推进社区民警专职化，拓展社区警务功能。三是创新社会管理服务模式，提升基础管控水平。加强对人、地、物、事、组织等基本治安要素的管理，创新“实有人口、实有房屋”全覆盖管理模式，积极探索人口管理服务新途径。创新公共安全社会化管理模式。比如交通管理围绕“城区保畅通”的目标，落实网格化勤务、可视化巡逻，严肃查处交通违法行为，严格落实重点车辆管理措施，严防发生重特大交通事故；推动完善消防安全责任体系，继续构建“全警消防”格局，加大派出所监管力度，严防发生重特大火灾事故。四是打造网上网下便民服务平台，服务经济社会发展。全面推行“一窗式受理、一站式服务”，扩大自助服务范围，提升窗口服务效率和水平。大力推行网上服务群众新举措，架设网络警务直通车，努力实现网上咨询、网上宣传、网上办证、网上审批、网上缴费。

把推进信息化深度应用作为第一途径：最大限度优化战斗力生成模式

公安信息化工作要坚持从大建设向大应用转变，从普及应用向深度应用发展，以信息化助推警务工作转型升级，实现战斗力增长。一是在全警信息采集中强化应用意识。源头信息采集是信息化应用的前提。要牢固树立“信息采集人人有责”的理念，按照信息工作基础化、基础工作信息化的要求，全面拓展源头信息采集渠道，规范标准流程，构建“大采集”格局。要坚持信息数量与质量并重，促进社会信息资源高度共享。二是在联通共享中健全应用机制。建立健全合成作战研判工作机制，为打防管控提供决策支撑。三是在实战对接中凸显应用成效。大力推进各警种业务信息系统无缝对接，实现业务流、审批流、数据流、机制流的全面融合，提高警务运行效率。

把深化执法规范化建设作为第一要求：最大限度保障社会公平正义

公平正义是一切公安执法活动的首要价值追求。要主动适应新修改《刑诉法》实施、劳教制度改革等给公安机关执法办案带来的新挑战，深入推进执法规范化建设，不断提高执法公信力。一是抓主体促规范。以推行执法资格考试为抓手，引导民警牢固树立法治思维，带头学法守法用法。大力推进执法工作示范单位的推选树立，开展全员培训，使执法民警适应变化、实现转型。二是严管理促规范。以完善规章制度为着力点，健全执法安全防控机制；以强化责任意识为切入点，巩固深化“治虚灭假”和执法不作为专项整治，实行执法过错责任追究制度；以创新执法监督方式为侧重点，完善事前、事中、事后的多元监督制约机制。三是以公开促规范。继续推行警务公开，提高执法工作透明度，自觉接受社会监督。坚持秉公执法，做到尊重程序、敬畏程序、捍卫程序，忠于法律；坚持以法为据、以理服人、以情感人，实现法律效果和政治效果、社会效果的有机统一。

【作者：湖南省长沙市副市长 市公安局长】

领导干部“自身生态文明”建设势在必行

郎连和

“生态文明”追求的是在更高层次上实现人与人、人与自然、人与社会和谐发展的文明形态，是天人关系的文明，涉及体制文明、认知文明、物态文明和心态文明。由此可见，生态文明是一 种超越民族、阶级、国家的人类社会全方位的文明。而在这诸多文明中，人“自身的生态文明”显得尤为重要，尤其对共产党的干部而言。也就是说，干部“自身生态文明”建设是一切工作的基石。

干部“自身生态文明”概括地说可分为三个层面:即身体生态文明、精神生态文明和行为生态文明。曾几何时，作为现代社会的一分子，我们党的干部的“自身生态环境”也饱受“物质主义”、“享乐主义”和“人类中心主义”的玷污及破坏，其个体生命和谐遭遇极大挑战，表现在精神层面、行为层面和身体层面的生态状况令人担忧。分析近年来反腐败案例中揭露的官员犯罪事实可以发现，精神上信仰破灭贪婪成性，行为上超越底线丧失人格，身体上纵欲无度自食恶果是其共同特征。这反映出部分领导干部的个人生态环境和受到污染的自然生态环境一样已接近崩溃的边缘。同时，也昭示了加强领导干部自身生态文明建设势在必行。

首先，要狠抓领导干部的精神生态文明建设：

第一要本色，要淳朴善良，爱人敬天，操存涵养，身心高雅；第二要绿色，淡泊明志，宁静致远，要清廉纯洁，光明正大，阳光向上；第三要利他，利他被称为现代社会的灵丹妙药。要舍私利，断私欲，己所不欲，勿施于人，先天下之忧而忧，后天下之乐而乐；第四要快乐，快乐幸福是人生追求的终极目标。快乐的至高境界是：快乐每一秒，时刻无烦恼，天天心情好，年年幸福扰，一生永不老。要想快乐至少要常做三件事：多回想过去快乐的事并为之自豪，多寻找当下快乐的事并为之欢笑，多憧憬未来快乐的事并为之祈祷。同时也要注意不能突破三条红线：不能因为寻求快乐而突破生命红线，不能因为快乐而突破法律红线，不能因为快乐而突破道德红线。

其次，做好领导干部的行为生态文明建设：

一是行为要规范：诚实守信，中规中矩；二是行为要简单：简单是效率，简单是能力，简单是财富，简单者长寿，简单很“生态”；三是行为要务实：要实事求是，要求真务实，说真话，办实事，不搞形式主义；四是行为要正派：要光明正大，不搞阴谋诡计，要遵循“三正”准则：做人正直，做事公正，做官廉政。

第三，做好领导干部身体生态文明建设：

身体是生命的载体，是生命的本源，是生命赖以生存的生态环境。生命于身体，无异于人类于自然。因此，搞好身体层面的生态文明建设是基本前提。

首先要有保护意识。要时时处处注意人身安全，同时要预防各种疾病侵蚀；其次要学会养生，养成良好的生活习惯，“合理膳食，适量运动，戒烟限酒，心态平衡”；第三，要学会健身，强身健体，增强免疫力，永葆精力旺盛；第四，要正确面对疾病，善于同疾病作斗争，要坚信：最好的医生是自己，最好的医疗是运动，最好的医药是快乐，最好的医院是家庭。

如果我们每个人都能把自身的“生态文明”建设搞好了，那么整个社会就会和谐文明；如果我们每位党员都能把自身的“生态文明”建设搞好了，那么我们的党就会强大无比；如果我们每位党的干部都能把自身的生态文明建设搞好了，那么我们的党、我们的国家、我们的民族将无往而不胜。

【作者：大连市水务局局长】

践行“俭约普洱” 共建节约型社会

林照森

“历览前贤国与家，成由勤俭败由奢”。这是有识之士从家族兴衰、社稷兴亡、朝代更替的无数经验教训中得出的一条深刻警示。最近，中共云南省委宣传部号召在全省范围内开展“俭约云南”主题宣传教育实践活动，就是从这一警示中做出的事关云南长远发展和民族兴衰的重要举措，更是深入贯彻落实习近平总书记“厉行勤俭节约、反对铺张浪费”重要批示的重大战略部署，对普洱具有很强的现实针对性，必将在云岭大地产生极其深刻的影响。

一、倡导“俭约普洱”，对全市具有很强的现实针对性

俭约是立国、立业、立身之根本，是中华民族的传统美德。倡导“俭约普洱”，事关当前，影响长远，不仅是党风政风建设的重要任务，也是建设节约型社会的必然要求，更是妙曼普洱建设的现实需要。

一是倡导“俭约普洱”是推进党风政风建设的迫切任务。俭约是一种美德、一种品质，是我们党长期保持的优良作风。然而，随着普洱经济社会快速发展和生产、生活与工作条件的逐步改善，社会上出现讲排场、比阔气、炫富显摆现象渐多，奢靡之风逐步抬头。部分公职人员勤俭节约意识淡化，吃喝之风滋长，渐渐从大手大脚发展到用公款挥霍浪费，不仅危害巨大、影响恶劣，严重败坏党风政风，影响政府的公信力和执行力，而且无时无刻不在侵蚀党、国家和社会的肌体，破坏党群、干群关系，给党和国家事业造成严重负面影响。因此，在全市开展“俭约普洱”教育实践活动，是党风政风建设的迫切任务。我们务必按照中央的要求，积极响应省委宣传部的号召，从“俭约普洱”活动切入，从公职人员尤其是领导干部勤俭节约的每一件小事、实事抓起，以优良的党风促政风转变，用纯洁的党风政风带动民风社风的改变。

二是倡导“俭约普洱”是保证资源可持续发展的需要。“取之有度、用之有节”，是人类实现可持续发展的要求。倡导“俭约普洱”，不仅仅表现在消费行为和生活习惯上，也应体现在社会生产中。尽管普洱土地总面积较大，但山区和半山区占98%，坝子（盆地）仅占 2%，高海拔和陡坡地占的比重大，开发利用难度大，人均耕地面积有限。尤其土壤肥力低，用地零散，产出能力相对低。尽管普洱有三大水系，河流纵横、湖泊数量多，但田高水低、水域面积比例低、水土资源时空分布不均匀，农田水利建设成本高，大部分县（区）的水土流失严重。同时，普洱是我省地质灾害频发的地区，崩塌、滑坡、泥石流等地质灾害隐患点多，各种自然灾害频繁发生。尤其近年来，粗放式的发展导致资源过度消费、资源利用效率不高。在与全国全省同步全面建成小康社会的进程中，普洱的工业化将不断提速，城市化步伐将不断加快，资源的需求量增多，资源供需矛盾将越来越大，构建资源节约型社会就成为普洱可持续发展的必然选择。一方面，要求我们内化于心，大力提倡低碳、环保、循环利用的生活方式，培养俭约的生产意识、树立俭约的发展理念，让俭约成为生活习惯和思维定势。另一方面，要求我们在生产过程中务必外化于行，积极转变生产方式，努力调整产业结构，促进产业转型升级，把有限的自然资源和社会资源减少到最低程度，真正把有限资源用在可持续发展上。坚决反对不顾自然、不计代价、不问未来的生产生活方式，在全社会着力构建节约型产业、节约型城市、节约型消费模式，理性取之资源，促进经济社会可持续发展。

三是倡导“俭约普洱”是推动妙曼普洱的现实要求。中国有“美丽中国”之表述，普洱有“妙曼普洱”之形象概况。美丽中国是中国梦的重要内涵，把中国梦具体到普洱就是普洱梦。普洱梦，概括讲是与全国全省同步全面建成小康社会，形象地讲就是妙曼普洱。这个妙曼普洱，既包括生活水平之美妙，也有生活质量之美妙。实现妙曼普洱，既要靠人居环境之美来体现，也要靠人际关系融洽和社会和谐来彰显，更需要靠人与自然共生存来展示。当前，正当举国上下为实现中国梦而不懈努力的时候，普洱梦需要以“妙曼普洱”建设为引领，更需要“俭约普洱”的具体行动和生动实践将一个个美丽梦想叠加串起。为此，我们必须把“俭约普洱”贯穿到妙曼普洱建设中，牢固树立“生态立市、绿色发展”理念，按照“资源利用集约化、能源开发清洁化、工业发展园区化、生态建设产业化、产业发展生态化、城市环境宜居化”的要求，以普洱建设国家绿色经济试验示范区为抓手，加大绿色产业发展力度，强化节能减排，注重科技创新，促进普洱经济社会永续发展。

二、践行“俭约普洱”，必须解决“知行不一”的问题

我们知道，“知”是人的思想认识，靠教育来解决；“行”是人的具体行为，靠制度来约束。“知行不一”就是道理是知道的，思想认识是清楚的，但实际行为是另一回事，思想和行为不一致。当前，在“俭约普洱”的实践中，解决知行不一的关键，一靠教育，二靠制度，必须把“知”和“行”有机的统一起来，不仅要灌输“知”的道理，更要注重生活、工作、生产等方面行为方式的良好养成，才能在“俭约普洱”的实践中取得效果。

一要解决对“俭约普洱”思想认识上的问题。近年来，随着我市经济社会快速发展和生产、生活条件的不断改善，在社会生活中，一些人认为，现在同过去相比，我们发展进步了，物质条件比改善了，个人收入比增加了，导致俭约精神有所淡化，奢华之风渐渐蔓延，“讲排场、好攀比、比阔气”的奢靡之风有所抬头，忘记了我市仍然是一个集边疆、民族、山区、贫困三一体的地区。因此，解决当前人们离开现实的奢华之风仍然需要从教育入手，针对社会各类人员，运用各种手段和舆论传媒造势，把宣传“俭约普洱”的重要意义和相关常识结合起来，在普洱主流报刊和电视媒体开辟“俭约普洱大家谈”、“俭约普洱在行动”等专栏，大力宣传报道各级各部门各行业开展俭约活动的认识、经验和成效，引导社会从全局和战略的高度，增强全民的忧患意识、节约意识、环保意识、生态意识，充分认识“厉行勤俭节约、反对铺张浪费”的极端重要性，让俭约观念扎根于思想中，培育健康向上的文明新风尚，真正在全社会将俭约观念塑造为全民的主流意识。

二要把“俭约普洱”作为健康向上的生活方式。人无俭不立，家无俭不旺。提倡“俭约普洱”，就是要求全市上下无论是在公共活动中还是在家庭生活中，必须牢固树立“以德治家、以俭治家、以俭持家、以廉保家”的时代家庭理念，在全社会倡导良好的生活作风、健康的生活情趣，提倡使用环保物品，把节约社会资源作为可持续发展的永恒主题。尤其要把衣、食、住、行、游贯穿在“俭约普洱”的全过程，自觉融入现代文明大潮，养成良好的俭约出行习惯、饮食习惯、购物习惯和办事习惯，让艰苦朴素、勤俭持家成为“俭约普洱”的自觉行动，动员全民从具体事做起，从节约一滴汽油、一杯水、一张纸、半碗饭、半盘菜等小事做起，培养全民树立“节约光荣、浪费可耻”的意识，把“俭约普洱”变成全市上下健康向上的

生活方式。

三要把“俭约普洱”作为推动工作 方式转变的重要举措。古人说：“俭以养德”、“惟俭足以养廉”。我们党的优良传统和执政理念一直是“厉行勤俭节约、反对铺张浪费”。今天，对普洱这样不发达的地区来讲，更要懂得勤俭节约和“成由俭败由奢”的道理。在工作方式上，大力倡导公职人员俭约行政、勤政为民之风，节约公共资源、降低运行成本。在党政机关中提倡俭约办会、俭约办文、俭约用电、俭约用水、俭约用车、俭约用纸、俭约通讯、俭约购置、俭约接待，做到少花钱、多办事、办实事、办好事，聚合崇俭抑奢的正能量，把“俭约普洱”体现在工作方式上。在生产方式上，大力倡导艰苦创业、节约能源之风，尤其要把节约自然资源摆在企业的重要位置，贯穿在企业资源开采、储运、生产、加工、流通、消费等过程中，大力研发、推广先进适用技术，推行低碳发展理念，提高资源再利用，降低能耗，减少污染，降低成本，真正形成人人俭约循环利用的生产方式。

三、以“俭约普洱”为抓手，共建节约型社会

今后一个时期，普洱在率先跨越发展中，资源需求将持续增加，资源供需矛盾和环境压力将会越来越大，构建资源节约型社会，“俭约普洱”就成为当下的重要举措。在“俭约普洱”的社会实践中，既要建立长效机制，也要开展具体活动，更要领导干部率先垂范，才能在共建节约型社会中取得实效。

（一）必须建立健全“俭约普洱”的长效机制。一是健全厉行节约的规章制度。针对厉行节约不同范围，制定具有针对性、操作性的有效约束与监督、惩戒与奖励措施，避免一阵风。二是强化权力制约机制。严格执行财经纪律，决不允许“上有政策、下有对策”，严禁在批项目、考核、检查过程中请客吃饭，有违反规定的行为必须严肃查处。三是建立节俭激励机制。切实把节能降耗目标纳入经济社会发展规划，将勤俭节约作为选拔、考察干部的一项重要内容。四是完善监督机制。畅通社会监督渠道，敞开大门接受社会监督。鼓励公开举报、公布举报方式，重视有关线索，对曝光的坚决查处。五是健全评比表彰机制。针对不同的部门和行业，制定“俭约普洱”效果评价标准，开展“俭约普洱”评比活动，表彰俭约成绩突出的“俭约型机关”、“俭约型单位”、“俭约型企业”、“俭约型学校”、“俭约型家庭”、“俭约型公民”，并以此鞭挞铺张行为，推动节约型社会建设。

（二）必须强化“俭约普洱”活动的引领作用。“俭约普洱”不是一句空话，而有实实在在的内容。当前，“俭约普洱”的提出，发端于思想认识，最终落脚在具体实践。因此，必须把活动内容与现实实际结合起来。一是开展“俭约进机关”活动。帮助引导机关公职人员在服务社会和服务群众中，牢记党的宗旨，树立公仆意识，尊重人民的劳动成果，珍惜社会财富，提倡公共资源节约，把心思精力放在服务对象上，想群众之所想、急群众之所急，尽心尽力为群众多办实事、办成好事，充分展现“勤政、廉洁、务实”的机关形象。二是开展“俭约进企业”活动。企业是财富创造的重要力量，同时，也是消耗资源的生产线。因此，必须在企业组织开展节约评比活动，大力提倡“条件不好要艰苦创业、条件好了更要艰苦创业”之风，让广大员工自觉参与“俭约企业”建设，形成人人论“俭约”、谈“俭约”、话“俭约”的氛围。要依靠科技进步，大胆改革创新，用科技开源节流，用创新降低生产成本，提高经济效益。要牢固树立“生态立企、绿色发展”理念，创造条件，大力发展绿色经济、循环经济、低碳经济，提高资源高效利用、再生利用、循环利用。三是开展“俭约进社区”活动。一方面，组织所属餐饮业深入开展“文明餐桌、诚信经营”活动，引导广大消费者按需点餐、“光盘”离开。另一方面，组织辖区开展“文明交通、绿色出行”活动，引导人们低碳节能，绿色出行，健康生活。四是开展“俭约进学校”活动。青少年是学校的特殊群体，老师与学生有千丝万缕的天然联系，容易产生师生之间的特殊互动。因此，必须依托“大手拉小手、小手牵大手”活动，引导广大青少年学生身体力行从自己做起，通过节约一滴水、一度电、一粒粮，让青少年学生从内心深处认识勤俭节约的生活理念，使勤俭节约成为广大青少年学生生活中的一种基本品质和人生修养。同时，要开展“环保小卫士”活动，引导广大青少年学生从我做起、从小事做起、从现在做起，从小养成爱护环境、保护环境的习惯。

（三）必须强化领导干部在“俭约普洱”中率先垂范。古人云：“俭，德之共也；侈，恶之大也”。从历史经验来看，修身、齐家、治国都离不开勤俭节约。作为领导干部，其一言一行都代表党和政府的形象。因此，必须自觉养成俭约行为，时刻牢记厉行节约要求，在“俭约普洱”的实践中带头率先垂范。一是带头端正社会风气。领导干部在工作生活中，是厉行勤俭节约，还是奢侈浪费，会对整个社会风气产生很大影响。近年来，个别领导干部不思进取、漠视群众，脱离实际、形式主义，铺张浪费、贪图享受的问题时有发生，严重影响了党的形象和人民群众的看法。俗话说，风正则心齐，心齐泰山移。因此，各级干部尤其是领导干部要以开展“俭约普洱”活动为契机，带头发扬艰苦奋斗、勤俭节约的优良传统，带头反对铺张浪费，带头抵制拜金主义、享乐主义和奢侈之风，杜绝形式主义、政绩工程，不以搞形式、讲排场为荣，坚持用科学方法合理利用各种资源，把有限的财力物力用在迫切需要的刀刃上。二是带头养成健康向上的生活情趣。习近平总书记指出：“领导干部的生活作风和生活情趣，不仅关系着本人的品行和形象，更关系到党在群众中的威信和形象”。从当前出现的反面典型看，一名领导干部的蜕化变质往往是从生活作风不检点、生活情趣不健康开始的，往往都是从吃喝玩乐这些看似小事的地方起步的。如果生活作风不检点、不俭约，肯定导致道德情操上出现缺口、滑坡，就更难做到清政廉政。所以，领导干部必须带头注重培养自身健康的生活情趣，提高自身的思想道德修养，杜绝奢侈浪费、互相攀比的不良习惯，谨记“人欲无穷，物足有尽，超然物体，无往不乐”的古训，始终秉承知足常乐的心态，自觉养成健康向上的生活情趣。三是带头养成俭约的良好习惯。作为领导干部，应该保持“众人皆以奢靡为荣，吾心独以俭素为美”的心态，将俭约的习惯贯彻于自己的生活和工作始终。一方面，始终在生活上俭约，从一点一滴做起，从日常生

活中的每一件小事做起，从珍惜每一滴水、每一张纸、每一粒米、每一度电等与生活密切相关的小事做起，在生活的各个方面厉行节约，养成艰苦朴素、勤俭持家的良好习惯，使俭约成为影响和带动全社会倡导节约、反对浪费的良好风气。另一方面，始终在工作上俭约，将俭约精神贯穿于工作中，在办文、办会和其他办公活动中厉行节约，彻底压缩“三公”经费，做到少花钱，多办事，办好事。同时，领导干部要把俭约意识贯彻到行政工作中，始终树立节俭意识、环保意识，把俭约理念贯穿到决策过程，避免盲目决策造成不必要的人力物力财力损失，使决策符合科学发展观要求，确保公共资源、自然资源节约的最大化，促进节约型社会建设。

【作者：普洱市社会科学界联合会主席】

共治　共责　共建　共享

坚持四位一体保障食品安全

——在2013年河北省食品安全宣传周石家庄主场活动上的主题发言

李同亮

2013年，全国食品安全宣传周活动的主题是“社会共治 同心携手 维护食品安全”，河北省把这一主题细化为“共治 共责 共建 共享”。就是要以共治为方针，以共责为关键，以共建为路径，以共享为目的，坚持四位一体，戮力同心，携手共治，全面保障食品安全。

第一，共治——是维护食品安全的基本方略。社会协同共治是促进政府职能转变、实现公共利益最大化的重要途径，也是解决食品安全监管中存在的公共服务分散不均、监管力量相对不足和微观环境复杂多变等突出问题的有效手段。在当前食品行业快速发展、食品安全基础相对薄弱、监管体制机制有待于健全的背景下，做好食品安全工作离不开社会各方的共同治理和齐抓共管。近年来，全省各地各有关部门认真贯彻落实省委、省政府的决策部署，不断推进食品安全监管体制机制创新，深入开展专项整治行动，探索建立食品安全有奖举报制度，全面加强食品安全宣传教育和舆论引导，初步建立了省市县乡村五级上下贯通、左右联动、通力协作的监管体系，逐渐形成了社会各方关注、支持和参与食品安全工作的浓厚氛围，全省食品安全形势持续平稳向好发展。这些成绩的取得，是省委、省政府正确领导的结果，同时也是各级监管部门、社会各界协同共治的结果。当前，全国上下正在积极推进食品药品监管体制改革，我们要紧紧抓住这一重大契机，以转变政府职能为核心，按照精简、统一、效能的原则，减少监管环节、明确部门责任、优化资源配置，切实履行市场监管、社会管理和公共服务职责，有效调动全社会关心和参与食品安全的积极性，努力用制度再造的力量开创食品安全社会共治的新局面。与此同时，我们也要清醒地认识到，食品安全是一项系统工程，具有复杂性、艰巨性、长期性和挑战性，推进食品安全的科学监管、依法监管、全程监管还有很长的路要走，这就更加需要社会各界一如既往地支持、关心、参与食品安全工作，齐心协力维护食品安全。

第二，共责——是保障食品安全的关键所在。民以食为天，食以安为先，安以责为重。食品安全问题事关人人的切身利益、身体健康和生命安全。可以说，面对问题食品的危害，没有幸免者；在食品安全保卫战中，没有局外人。政府监管部门、食品生产经营者、新闻媒体和广大消费者都要负起责任，共同担当。我们组织开展食品安全宣传周活动，一个重要的目的，就是唤起社会各界维护食品安全的责任感和使命感，动员更多的社会力量投入到食品安全工作中来。责任是力量的源泉，食品安全责任重于泰山。食品安全监管者有了这份责任，就会使工作更加主动，执行更加有力，真正成为食品安全的守卫者。食品从业者有了这份责任，就会把重道德、凭良心作为立身之本，把守法律、讲诚信作为经营之道，把为公益、为民生作为生财之基，努力为人民群众提供安全放心的食品。新闻媒体工作者有了这份责任，就会以良好的职业道德和敏锐的视觉触角，阐释政策法规，加强正面宣传，推出先进典型，普及科学知识，揭露假冒伪劣，鞭笞阴暗丑恶，推动形成全社会都来关心、都来参与、都来维护食品安全的正能量。广大消费者有了这份责任，就会在发现食品安全违法犯罪行为的时候，自觉激发良知和正义感，勇敢地投诉举报，提供线索，配合监管，共同监督，理直气壮地通过各种手段维护合法权益。总之，只要社会各界有了这份共同的责任，就会汇聚起强大的力量，形成打击食品安全违法犯罪的人民战争，构筑保卫食品安全的“铜墙铁壁”。

第三，共建——是推进食品安全的必由之路。食品安全问题的最终解决，依赖于监管的加强和产业的发展，两者缺一不可，如同“车之两轮、鸟之两翼”。我们要在强化监管的同时，积极主动服务，大力推进食品产业科学发展，走企业、政府和社会共同建设之路。首先，在企业层面要重点加强质量保证体系和标准化管理体系建设。广大食品生产经营者要牢固树立以质量求生存、以安全求发展的经营理念，着眼于食品产业结构调整和技术创新，走集约化、规模化、现代化发展之路。要切实强化质量安全管控，规范操作流程，全员责任到岗，全面提高食品安全保障水平。其次，在政府层面要加强食品安全法律体系和诚信体系建设。着力健全褒奖诚信、鞭挞失信的激励约束机制，通过完善信用档案、工作约谈、黑名单管理等制度和措施，不断加大对失信行为的惩戒力度。要以解放思想大讨论为契机，坚持以开放的思维和方法，引资金、引智力、引技术，不断壮大食品产业，增强发展后劲，通过食品产业健康发展来解决食品安全监管中的突出矛盾和问题。第三，在社会层面要建立起有利于食品企业健康发展的消费环境。消费需求决定供给水平。广大消费者要树立正确的消费观，强化理性的消费心理，养成良好的消费习惯，坚持用科学、健康、合理的消费方式来引导和影响食品企业生产出质量上乘、价格合理、安全放心的食品，让破坏市场秩序的假冒伪劣产品没有生存的基础，让信用缺失、制假售假、损害消费者利益的违法生产经营者无机可乘、无利可图。

第四，共享——是实现食品安全的应有之义。前不久，新华网组织了一个关于“中国梦”的调查，在20多个选项中，“吃得放心，吃得健康”前居第4位。一位全国人大代表吐露心声，“希望国产食品能够代表安全、新鲜、放心和品质，国产奶粉、国产饼干、国产面粉等一系列舌尖上的食品成为国人的第一选购品”。可见，共享食品安全，是13亿中国人舌尖上的“中国梦”。习近平总书记指出，“人民的愿望就是我们努力的方向”。有梦想，有机会，有奋斗，一切美好的东西都能够创造出来。因此说，共享食品安全，是让人民群众共享改革发展成果主题中应有之义，也是我们为之不懈努力的奋斗目标。“共享”至少有三个方面的内涵：一是共享健康安全食品。让种养的食用农产品无污染，让生产销售的食品无危害，让人民群众的饮食无忧虑，每一天、每一餐都吃得安心、用的放心。二是共享优秀饮食文化。坚持以安全的饮食保障健康，以优秀的文化滋润心田，以良好的身心享受生活，切实增强人民群众的幸福安康指数。三是共享和谐社会成果。食品安全的不断强化和保障，是维护社会和谐稳定之基，同创食品安全，共建和谐家园，让每个人的“中国梦”盛开在肥沃的土壤中，绽放在绿色的农田里，凝结在安全的饮食中。

【作者：河北省政府食品安全办公室主任】

学习森林品格　建设生态文明

刘新池

从森林的品格中，汲取建设美丽中国的精神元素。

林业是生态建设的主战场，林业人要学习森林品格，为生态文明和“五个湖北”建设贡献正能量。

以松之坚韧加强学习提能力

“落尽最高树，始知松柏青。”松柏的品格，贵在坚韧，正是学习应秉承的态度。

学以立信。切实加强党史、政治、经济知识的学习，特别是深入学习党的十八大精神，学习中国特色社会主义理论，全面提升修养和眼界，真正从历史的、发展的、大局的角度认识和理解中国共产党的伟大，自觉增强“三个自信”。

学以提能。向群众学习，向书本学习，向实践学习，向领导学习，提高领导决策能力、群众工作能力、业务技术能力、推动落实能力。林业系统职工特别要通过学习，着力解决如何加强资源保护与科学利用、如何提升森林经营水平和森林质量等重大理论和实践问题。

学以致用。学习的目的不是为了捞文凭、装门面，而是要消化吸收为自己的知识营养，并应用到工作实践中去。做到学习工作化，工作学习化，把学习的成果转化为促进工作的新思路、新办法，使学习和工作相互促进。

以梅之风骨攻坚克难求突破

“梅花香自苦寒来。”梅之风骨，贵在顽强。谋求现代林业新突破，应有梅之风骨。

要有“为官一任，绿化一方”的责任意识。林业面临的最大现实就是发展不够。无论是生态危机对林业的挑战，还是经济发展对林业的需求，都要求林业加快发展。林业发展周期长、困难多，要有“前人栽树、后人乘凉”的胸怀，有对党和人民、对子孙后代高度负责的态度，不当太平官，不守旧摊子，不失机遇的眷顾，在美丽湖北建设中描绘每个人精彩的一笔。

要有“不畏艰难、不甘落后”的工作激情。湖北林业在全国处于居中靠后的位置，总量指标多处于居中的位置，人均指标、比率指标多处于相对落后的位置。这与湖北重要的生态地理位置是不相适应的。要再定坐标，创先争优，力争通过几年的奋斗，使全省林业主要指标进入全国先进行列。

要有“主动作为、舍我其谁”的担当精神。事不避难，敢于担当，既是精神问题，也是党性和能力问题。林业是生态建设的主战场、主力军。发挥主人翁的作用，迎着困难上，创造新业绩，方显林业本色。

以竹之高节为民清廉树新风

“玉可碎而不改其白，竹可焚而不改其节。”竹之品格，贵在气节，正是为官之本，为民务实清廉之精神所在。

为民重在解决问题。在林企座谈会上，不少企业家反映，林农收入低了，林企贷款难了，政策收费高了，行政审批严了，资源短缺加重了，这就是林业部门要重点思考和解决的突出问题。把这些群众急需的、具体的问题解决好了就是为民。

务实方能推动工作。实干兴邦，实干兴林。谋划工作要务实，做到目标可行，措施可靠，针对性强，不忽悠，不搞形式主义。对于林业来说，有林无荫就是最大的形式主义。这种形式主义的障眼法，最后损害的是林业事业的发展。推动工作要落实，做到责任到位、措施到位、检查督办到位、工作落实到位，凡事都要有部署、有检查、有落实，不能大而化之、笼而统之、最后不了了之；汇报工作要诚实，既讲成绩又讲问题，敢讲自己的观点甚至是不同的意见，不说假话、汇假报、讲违心的话；评判工作要求实，主要看工作实效，看基层群众反映，以群众满意为标准，坚决克服主观臆断。

清廉贵在公道正派。林业部门管理的国土范围很大、责任重大，要为人民群众秉公用权、公道处事。常修为政之德、常思贪欲之害、常怀律己之心，立身不忘做人之本，为官不移公仆之心，用权不谋一己之利，始终保持清正廉洁的浩然正气。

以林的钻劲深入基层接地气

树木深深扎根土壤，方才枝繁叶茂，林业紧紧依靠群众，方能健康发展。

增强群众观念。党与群众是鱼与水的关系，林业与群众是森林与土壤的关系。要把群众当主人，全心全意为群众服务；把群众当老师，尊重、学习、总结推广群众在实践中的首创；把群众当镜子，时常照照我们工作的得失；把群众当标准，由群众来评判我们的工作。

增进群众感情。林业部门党员干部要经常深入基层，深入群众，像一家人一样同吃同住同种树，在共同的劳动中增加感情。对群众要热心，群众来了当亲人，不能当麻烦；对群众要有诚心，真心诚意解决问题，将心比心，换取真心，不能推挡忽悠；对群众要有耐心，群众提出的问题要认真协调、跟踪解决，不能一锤子买卖。

把握群众心声。广泛听取群众的意见，积极接受群众的监督，我们的工作才能更符合群众意愿，更具有针对性、科学性。

【作者：湖北省林业厅厅长】

“三股势力”凭什么破坏我们的幸福生活

木尼尔．木哈买提

近期，在新疆巴楚、鄯善、和田等地先后发生多起暴力恐怖案件和聚众闹事事件，造成那么多无辜群众死亡，我感到非常愤慨。作为一名维吾尔族干部，我非常不理解，我们那么好的政策，那么好的生活，为什么会有人说三道四，为什么会有人去破坏它。我想问问“三股势力”，你们有什么权力破坏我们的幸福生活。

一、新疆的民族政策好不好

以美国为首的西方国家、世维会、三股势力一直拿民族政策对新疆说三道四，说什么中国政府“歧视、限制维吾尔人和穆斯林人”。我真的想说这些人是在睁眼说瞎话，他们是不是应该听听我们少数民族谈谈自己的感受。

拿民族政策来说，我们可以保留自己的语言文字和民俗习惯，群众有信仰宗教的自由。在伊犁大家都知道，清真寺比学校还多，政府专门给我们信仰伊斯兰教的少数民族在古尔邦节和肉孜节放假。拿生育政策说，全国各地城市户口的汉族同志只能生一个孩子，农村户口的汉族同志只能生两个孩子，而我们少数民族同志可以生两个孩子，农村户口可以生三个孩子。在新疆和我们一起生活、一起工作的汉族同志就享受不到这样的政策。孩子上学了，我们少数民族的孩子可以上自己语言的学校，也可以学双语。上了高中，我们有内高班，学费全免。考大学，民考民单独录取，民考汉可以加分。毕业后就业，考公务员有专设的岗位。就拿去年我们伊犁送到江苏省培养的大学生来说，2002 年以后，全国的大中专毕业生都不分配了，就我们新疆 2 万多名 2002 年以来没有就业的大学生送到全国 19 个对口支援省市培养，吃住行全部由国家承担，回来后全部安排到事业单位工作，伊犁去了 3300 多个，少数民族学生占到 82%，每个人花费 6 万多，就伊犁 3300 多人花国家的钱就要 2 亿多。我在人事系统工作快 20 年了，对少数民族就业方面的情况我是最清楚。目前，伊犁政府机关干部近一半是少数民族，事业单位里超过一半的是少数民族，拿到高级职称的占到了 46%。

我讲的这些事在新疆生活的少数民族同志应该都深有体会，这些政策，我们少数民族同志自己想想，同样的人，生活在同一个地方，汉族有的政策我们有了，汉族没有的政策我们也有了，这么多特殊政策给了我们，我想问问，有那个国家比我们新疆少数民族政策还好？

二、我们的生活是不是一天比一天好

这几年，我们的生活在发生着翻天覆地的变化。20 多年前，我们的交通工具有什么？条件好一点的人家，如果有一辆自行车就是宝贝了，出门全是土路、石头路，那时候从伊宁市到乌鲁木齐去一趟，坐汽车要走上三天，路上要住两晚上。那个时候，一大家子挤在几间土房子里，过年小孩子就盼着能穿个新衣服、吃块糖，吃肉更是一种奢求。

看看现在，伊犁火车、飞机都通了，去趟乌鲁木齐市最快一两个小时就能到了，一天之内，到全国各地甚至国外的城市都不是什么大问题。开着私家车去赶巴扎、坐上火车、飞机去旅游都已经是很平常的事。有个什么事，一个电话就解决了。大家想想在农村，只要你盖房子，国家就给补助，现在到处都是国家补助盖的红顶子抗震房，在城市，国家盖了那么多的廉租房。生活困难国家有低保政策，每个月可以给你低保生活费。看病的事，农民只要一年交 60 元的新型农村合作医疗款、城镇居民一年交 120 元医疗保险费，住院最高可以报销到 90%。目前，伊犁州有近 33 万城镇居民和 140 多万农牧民分别享受到了居民医保和新农合惠民政策，这一块国家一年补助资金就快 5 个亿。你老了，国家有城镇居民和新农保，我们的农牧民也有了退休工资，这在以前，真的可以说是天方夜谭。这样的生活，我们以前想到没有？这样好的生活，我们为什么不去享受？“三股势力”凭什么要颠倒黑白，去破坏它？

三、动乱对我们有什么好处

我们都是生活在伊犁的人，美丽的伊犁是生我们养我们的地方，我们世世代代生活在这里，每一个热爱生活、热爱伊犁的人，都希望我们伊犁更加的美丽，都希望我们的生活更加幸福。作为一个老百姓，不管是哪个民族的，谁都希望过平平安安、幸幸福福的日子，都希望我们的家乡成为投资的热土、旅游的好地方、老百姓安居乐业的美好家园。“7·5”事件和最近发生在新疆的多起暴力恐怖案件，不分什么民族，只要反对它的，它都要砍杀、四处搞暴力恐怖活动，把新疆搞的乌烟瘴气、乱七八糟，把伊犁搞的游客稀少，市场凋零，给各族群众带来多大的伤害，这样下去，谁还来伊犁，伊犁发展不起来，伊犁人民的幸福生活从哪儿来。前几天，我们单位在伊宁市挂职的同事对我说，就这几天，疆内外准备去卡赞其民俗街的旅游团退团了150多个。来的游客少了，收入没有了，生意也不好做了，我想问问，这是我们想要的生活吗？2009年发生“7·5”事件后，新疆只要发生暴力恐怖和聚众闹事事件，都被外界戴上“民族问题”的帽子，巴楚和鄯善暴力恐怖事件中的暴徒不分民族都要砍杀，给各个少数民族都带来了影响和伤害，这样的暴力恐怖事件是民族问题吗？只要是个有思维能力的人应该都能分得清，到底是谁在破坏我们少数民族争取幸福生活的权力！

现在都在讲稳定是福、动乱是祸，大家想想是不是这个道理。如果没有了稳定，什么都没有了，我们看看世界上那些社会动乱的国家，倒霉、受苦的不都是老百姓吗？大家这一段时间通过看电视都看见埃及、叙利亚、伊拉克这些国家天天闹动乱，到处都是游行、爆炸、冲突等暴力活动，老百姓过着提心吊胆的日子，妻离子散，背井离乡，房子没有了、家人没有了，还谈什么幸福。不管是什么人、什么民族，动乱不是我们想要的，民族仇恨更不是我们想要的，我们只希望过好日子，我们只要幸福生活，这应该是所有老百姓，包括我们少数民族共同的心声。

只有稳定了，我们国家才能好好搞建设。只有我们的国家发展，新疆才会一起跟着发展，我们的日子才会越过越好，越过越幸福。我们维吾尔人有句谚语“豌豆跳得再高，也砸不破铁锅”，小乱子影响不了大局，不管是维吾尔族也好、哈萨克族也好、汉族也好、还是其他少数民族也好，我们各个民族要团结起来，擦亮眼睛，坚决同一切破坏新疆稳定的恐怖暴力分子、三股势力作斗争，把我们各民族共同的家园伊犁建设的更加美好富裕！

【作者：伊犁哈萨克自治州人力资源和社会保障局党组成员 副局长】

明辨是非　提高认识
全力维护哈密市社会稳定大局

莫合买提·尼亚孜

近期，疆内发生的多起严重暴力恐怖案件，给各族群众生命财产安全造成了严重损失，也严重危害了社会和谐稳定，反恐维稳斗争形势更加严峻。为此，需要我们明辨是非、提高认识，狠抓各项维稳措施，确保全市社会稳定大局和谐。

一是要擦亮眼睛、明辨是非。无论是喀什巴楚4·23暴力恐怖案件，还是在6·26暴力恐怖案件中，疯狂的暴徒滥杀无辜、手段凶残，可谓丧心病狂、灭绝人性、令人发指，充分暴露了暴力恐怖分子反社会、反人类的狰狞面目。暴力恐怖犯罪的目的是制造恐怖气氛、扰乱社会秩序，挑拨民族关系、破坏民族团结，妄图把新疆从祖国的怀抱中分离出去。我们同暴力恐怖主义的斗争既不是民族问题，也不是宗教问题，而是一场捍卫祖国统一、维护民族团结的你死我活的政治斗争，没有丝毫妥协、退让的余地。全市上下一定要心往一处想、劲往一处使，牢牢筑起反分裂的铜墙铁壁，才能打好维护稳定的这场硬仗。

二是要提高认识，克服麻痹大意思想。长期以来，哈密市社会稳定和谐、民族团结进步。但是，我们不能因此在思想上麻痹大意，不能“一厢情愿”地认为暴力恐怖活动的触角不会伸到哈密来。近期的一系列案件再次充分证明，境内外敌对势力乱我之心不死，尤其是在哈密市各项事业蒸蒸日上，人民生活得到极大改善的今天，更要不折不扣地贯彻习近平总书记关于维护新疆稳定的重要指示精神，坚决落实党中央、自治区党委、地委的工作部署，善用底线思维，准确研判形势，始终保持清醒头脑，时刻绷紧维护稳定这根弦。

三是要增强信心，坚决维护法律尊严。保障人民群众的生命财产安全是党和政府的神圣使命。法律尊严不容践踏，市委、市政府决不会容忍恐怖分子的暴行，任何暴力恐怖犯罪都会受到坚决打击、严厉制裁。对于那些胆敢以身试法、搞暴力恐怖活动的犯罪分子，我们敢于早出手、出重手，有信心、有能力保障各族人民的生命财产安全。

四是要使命在身，全力维护社会大局稳定。打击暴力恐怖犯罪，维护社会稳定，事关每一个人的生命财产安全和幸福生活。只有打一场消灭暴力恐怖犯罪的“人民战争”，我们才能成功。这就需要全市各族干部群众积极投身到维护社会稳定、民族团结的各项工作中去，从我做起，从现在做起，从身边的点滴小事做起，做维护社会稳定的实践者、示范者。需要我们像爱护自己的眼睛一样，倍加维护各民族共同团结奋斗、共同繁荣发展的大好局面，倍加珍惜和谐稳定的社会政治局面，以实际行动维护当前的发展成果和团结稳定大局。

【作者：哈密市委副书记 市长】

坚持司法为民宗旨
加快推进法律援助事业科学发展

穆思山

习近平总书记在中央政治局第四次集体学习时强调，要坚持司法为民，切实解决好老百姓打官司难问题，特别是要加大对困难群众维护合法权益的法律援助，加快解决有些地方没有律师和欠发达地区律师资源不足问题。这为我们做好新时期法律援助工作指明了方向。作为法律援助主管部门的司法行政机关，一定要深刻认识自身所肩负的历史使命和政治责任，全面总结取得的成绩和经验，科学研判新形势下法律援助事业发展的新特征，进一步丰富和完善法律援助事业科学发展的新思路、新举措，更好地让广大人民群众共享改革发展成果，同沐共和国的法治阳光。

适应形势发展需要，切实增强做好法律援助工作的责任感和使命感。法律援助是维护困难群众合法权益、保障社会公平正义的一项重要法律制度，是中国特色社会主义司法制度的重要组成部分。《法律援助条例》颁布施行十年来，我省各级党委、政府特别是司法行政部门高度重视，广泛发动，积极推进，扎实落实，法律援助事业取得长足发展和可喜成绩，组织网络基本健全，援助范围逐步扩大，援助能力和援助数量明显增强，便民服务措施更加高效务实，共建立专门法律援助机构189个，配备专职工作人员698名，在乡镇、街道和其他部门、行业设立服务站点3218个，累计办案180000余件，受援群众达210000余人次，帮助避免和挽回经济损失10亿多元。随着经济社会发展和法治进步，广大人民群众的法律需求也与日俱增，我们的法律援助工作还存在一些不适应的问题，整体工作水平还需要进一步提升。当前和今后一个时期，我们将继续以党的十八大精神为指引，坚持党的群众路线不动摇，切实把法律援助工作作为维护稳定和谐、促进经济发展、服务人民群众的一项重要工作来抓，进一步增强责任感和使命感，进一步增强自觉性和主动性，统筹推进平安中国建设、保障和改善民生、维护公平正义等各项工作，认真研究解决法律援助工作中面临的突出矛盾和问题，创新理念思路，完善体制机制，改进方式方法，积聚合力，发挥优势，推动法律援助事业不断迈出新步伐，取得新成果。

立足制度体系创新，不断推动法律援助工作实现新发展。当前我国的社会矛盾主要表现为人民内部矛盾，其中相当一部分涉及困难群众的切身利益。通过法律援助手段向那些处于社会底层的贫弱群体施以援手，依法帮助他们解决在实际生产生活中遇到的实际困难和问题，引导群众依法理性表达诉求利益诉求，有助于排解社会不良情绪，减少社会不和谐因素，促进社会公平正义，进而为广大人民群众安居乐业创造稳定的社会环境。充分发挥法律援助在维护社会和谐稳定中的基础性作用，关键是要保证基层群众能够及时、就近获得法律帮助。我们要认真按照中央、省委有关部署要求，加快推进形成理念先进、管理科学、运行规范、高效务实、水平适度的法律援助工作体系。在充分依托乡镇司法所建站布点的同时，大力向工、青、妇、残、军、警等行业和组织延伸，进一步完善和推行各项便民利民举措，建立健全纵向到底、横向及边、覆盖城乡的基层组织网络，充分发挥律师、基层法律工作者和法律援助志愿者的作用，有效调动和运用各种社会资源，鼓励支持社会力量积极参与，不断提高法律援助事业发展的社会化水平。积极探索法律援助机制和模式，加强与公安、检察、法院以及政府有关部门的沟通协调，不断扩大法律援助覆盖面。建立健全规范高效的法律援助实施体系和实用管用的法律援助服务质量监控体系，不断提高法律援助质量与效率，让人民群众须每一个法律援助案件中都感受到公平正义。调动优势资源进行倾斜性投入，继续提高经费保障水平和基础设施建设水平，确保对法律援助的经费投入与经济发展水平相一致，实现法律援助事业健康、平稳、可持续发展。注重加强法律援助队伍的职业化建设，大量引进高素质专门人才，不断提高法律援助和做群众工作的能力，确保依法公正办理法律援助案件。

围绕保障改善民生，扎实做好法律援助工作的“民心工程”。民生建设是社会主义本质属性之一。法律援助所独具的普遍人民性、社会公益性、公共服务性的性质和特点，决定着法律援助工作必须根植群众、落户群众、服务群众，竭诚尽力为基层群众提供优质可靠的法律援助。我们不仅要解决好老百姓的衣食住行之忧，而且要切实保障其人格尊严和合法利益不受侵害，最终实现人的全面自由的发展，这也是“中国梦”的重要目标之一。目前，各级党委、政府已普遍把法律援助列入“民心工程”或为民办实事项目，为法律援助工作的顺利开展创造了有利条件和环境。我们要从政治和全局的高度，切实把为民、便民、利民作为法律援助工作的出发点和落脚点，进一步巩固深化以办案服务为中心的新型格局，带着对人民群众的深厚感情，更好地践行以人为本、服务为民的宗旨和理念，努力多办案、办好案。深入开展法律援助专项行动，努力为困难群众提供方便快捷的法律服务。进一步扩大援助事项范围，降低受援门槛，努力把服务触角向民生权益保护领域延伸，突出抓好对农民工、残疾人、未成年人等重点对象的法律援助，努力满足社会多层次、多样化的法律援助需求，保证符合法定条件的困难公民的法律援助需求，最大限度地解决基层老百姓最关心、最直接、最现实的利益问题。

深化作风形象建设，着力打造法律援助服务的“窗口”品

牌。作风即是形象，作风系于发展，作风关乎兴衰，作风决定成败。一个好的作风和形象，能够凝聚人心，鼓舞士气，振奋精神，促进事业。法律援助直接面向社会、服务群众，在很大程度上代表和影响着司法行政机关的形象。对此，我们要始终把作风形象建设作为一项重要而紧迫的任务来抓，积极建立完善便民接待服务场所，推广微笑服务和文明用语，积极实行“上门式、预约式、一站式”服务。健全服务公开承诺制、首问首接负责制、回访反馈制和业务质量监管评估制，主动接受社会各界的监督和评议，努力实现服务态度的“零投诉”、服务项目的“零积压”、服务质量的“零差错”。加强和改进“12348”专线建设，扩充平台功能，提升服务层次，确保通畅、便捷和有效发挥作用。大力开展“善行河北•律师公益行”活动，组织广大律师下基层、进村居，扶贫济弱兴善举，为民服务办好事，建成一批文明服务、优质服务样板单位，使法律援助真正成为司法行政机关服务社会、服务群众的亮丽风景线。同时，要注重加大宣传力度，拓展宣传效果，增强群众的知晓度，不断扩大法律援助工作的社会影响力。

法律援助情系百姓，扶助民生，任重道远，使命光荣。我们要以开展党的群众路线教育实践活动为契机，积极顺应人民群众对法律援助工作的新要求、新期待，勇于担当，积极作为，求真务实，创新发展，努力把法律援助工作提高到一个新水平，为维护稳定、促进发展、保障人民群众安居乐业提供更加优质的法律服务和法治保障。

【作者：河北省司法厅党委书记 厅长】

提高警惕　擦亮眼睛
深刻认识宗教极端思想的危害

帕尔哈提·伊布拉音

“非法宗教活动必然导致宗教极端思想的传播和渗透，极端宗教思想的毒害和膨胀必然导致暴力恐怖活动发生。”“6 · 26”鄯善县鲁克沁镇严重暴力恐怖袭击案件，就是一小撮受宗教极端思想影响的犯罪分子策划实施的暴力恐怖活动。他们违背天理人道、逆伊斯兰教倡导的“和平、团结、爱国”的教义教规，手持砍刀冲击基层政权机关，杀害无辜群众，手段极其凶残。这起暴力恐怖案件所破坏和损害的不是哪一个民族的利益，它给生活在这块土地上的各族人民都带来了灾害，是对我们来之不易发展成果和团结稳定大好局面的肆意破坏，是对党和国家法律法规的挑战，是对人类社会共同秩序、人类文明共同底线的疯狂挑衅，毫无疑问，恐怖分子是我们的共同敌人。

极端宗教不是宗教活动，要将其从正常宗教活动中剥离出来，坚决予以遏制和依法打击。暴力恐怖分子往往与民族分裂分子、宗教极端主义相互勾结，具有极端性、欺骗性、政治性和暴力性等基本特征。其目的是竭力制造不同信教群众、不同民族之间的仇视和斗争，严重危害国家安全和社会稳定，危害人民生命安全，同时也严重地毒化了宗教氛围，给宗教的形象和声誉造成深度的损坏。

近年来，“伊扎布特”、“伊吉拉特”等宗教极端势力通过各种方式散布宗教极端思想，毒害群众，特别是对青少年和妇女的毒害更为严重，造成的现实危害非常大。这是一些抱有不可告人目的的人，鼓动妇女穿着吉里巴甫服，鼓动青年人留大胡须。他们并不是要遵从于伊斯兰教，而是打着宗教的旗号煽动宗教狂热。看似是一个穿着和容颜问题，实则是进行宗教极端思想渗透，把广大妇女、青年引向歧途。我们一定要提高警惕，善于识别披着宗教外衣的坏人。

宗教极端主义是全世界爱好和平的各族人民的共同敌人，反对宗教极端主义，遏制宗教极端思想渗透不仅是各级党委和政府的职责，也是各族群众义不容辞的责任。特别是少数民族党员干部要做到立场十分坚定，旗帜十分鲜明，对宗教极端思想渗透进行的暴力恐怖分子态度不暧昧，坚决予以严厉打击。把思想认识和行动统一到中央和自治区党委维护新疆稳定的方针政策上来，统一到中央和自治区党委对当前形势的分析判断和重大部署上来，坚决与党中央和自治区党委保持高度一致，增强维护稳定的忧患意识和责任意识，时刻保持清醒头脑，时刻绷紧维护稳定这根弦，不折不扣地贯彻落实中央和自治区党委工作部署，敢于担当，挺身而出，亮明身份，誓死捍卫人民生命和财产不受侵害，旗帜鲜明地同“三股势力”作坚决斗争。

在新疆“三股势力”往往打着宗教旗号，利用宗教从事分裂破坏活动是他们惯用的伎俩。面对“三股势力”利用宗教从事分裂破坏活动的严峻现实，我们要充分认识非法宗教活动的现实危害，充分认识依法治理非法宗教活动、遏制宗教极端思想渗透是保障公民宗教信仰自由、保护正常宗教活动的前提条件，是反对民族分裂、遏制暴恐犯罪高发态势的重要基础性工作。“6 · 26”暴力恐怖案件，用血的教训再次警醒我们，反分裂斗争是残酷的。越是在这个时候，越要相信和依靠包括信教群众在内的各族群众，把各族群众紧密团结在党和政府周围，形成反暴力恐怖斗争的铜墙铁壁。

新疆对敌斗争的实践充分证明，非法宗教活动必然导致宗教极端思想的传播和渗透，极端宗教思想的毒害和膨胀必然导致暴力恐怖活动发生。“6 · 26”暴力恐怖袭击案件的首要分子艾合买提尼牙孜•斯迪克纠集多人以非法宗教活动的形式进行宗教极端活动，收听煽动暴力恐怖活动的音频资料，形成了 17 人的暴力恐怖活动团伙。因此，我们要遏制暴力恐怖活动，就必须从源头抓起，全力以赴制止非法宗教活动，以“去极端化”为目标，坚决铲除宗教极端思想传播渗透的土壤和条件。要按照“保护合法、制止非法、抵御渗透、打击犯罪”的宗教工作方针，坚决依法制止非法宗教活动，依法制止地下教经、讲经活动，坚决取缔境外宗教组织非法传教，坚决铲除宗教极端思想，严厉打击披着宗教外衣、利用宗教进行的各种分裂破坏活动，绝不能让宗教极端势力坐大成势，绝不给敌对势力任何可乘之机。关键在干部，要加强对党的民族宗教政策学习，掌握政策，不断提升依法管理宗教事务的能力和水平。特别是少数民族党员领导干部，要带头学习宣传党的民族宗教政策，带头宣讲新疆“三史”和吐鲁番发展史，带头宣讲中央新疆工作座谈会精神以及中央一系列惠民富民政策措施，引领各族群众擦亮眼睛、明辨是非，牢固树立“三个离不开”思想，增强“四个认同”意识。教育引导群众自觉遵守法律，自觉维护正常社会秩序，自觉维护民族团结，大力培养群众的国家意识、公民意识、法制意识和现代意识，形成对极端宗教、暴力恐怖、民族分裂活动围打掘根的强大社会氛围。我们坚信，任何暴力恐怖案件都阻挡不了我们发展的脚步，任何蓄意破坏活动都会以失败告终，相信吐鲁番的明天会更加和谐、繁荣。

【作者：吐鲁番地委委员　统战部部长】

凝聚各种积极因素　确保伊犁长治久安

沙布尔·艾提江

2013年，新疆境内先后发生了“4·23”、“6·26”等一系列少数犯罪分子策划实施的暴力恐怖袭击案件，暴徒滥杀无辜，手段凶残、令人发指，给各族人民生命财产安全造成严重损失。恐怖分子的血腥暴行，是对基本人权的严重践踏，是对法制尊严的严重损害，是对文明秩序的严重挑战，再次充分暴露出恐怖主义反社会、反人类的凶残本质。事实充分证明，暴力恐怖活动，已经成为影响新疆民族团结、社会稳定的重大现实危害，暴力恐怖分子是新疆各族人民的共同敌人。归类这些暴力恐怖活动，都是由境内外民族分裂势力相互勾结，境外策划煽动，境内组织实施，有预谋、有组织的严重暴力犯罪事件。“6·26”事件发生后，中央高度重视，习近平总书记作出重要批示，全国政协主席俞正声亲临新疆指导稳定工作，自治区党委迅速采取一系列措施严厉打击暴恐犯罪，全力维护社会稳定。州党委坚决贯彻落实中央、自治区党委的决策部署，就伊犁社会稳定做出了全面部署。从“6·26”事件中我们看到，新疆反渗透、反分裂、反暴恐的斗争是长期的、复杂的、尖锐的，有时甚至是十分激烈的。这些恐怖活动一再说明，国内外敌对势力乱我之心不死，他们不愿意看到一个繁荣强盛的中国屹立于世界之林，加紧对我实施“分化”、“西化”的战略图谋，不断进行渗透破坏活动。同时，境内外“三股势力”打着“民族”、“宗教”的幌子，千方百计地利用群众朴素的民族宗教感情，煽动宗教狂热，制造民族隔阂，伺机挑起事端、制造动乱。历史经验再次告诉我们，各民族大团结是国家繁荣、人民幸福的重要保证，分裂与动乱只会给国家和人民带来灾难；团结稳定是发展的生命线；团结稳定是福，分裂动乱是祸，维护民族团结和祖国统一，是国家和各族人民的最高利益所在。新疆的稳定，关系到全国的稳定。我们一定要高举各民族大团结的旗帜，坚决反对“三股势力”，倍加珍惜各民族共同团结奋斗、共同繁荣发展的大好局面，切实维护民族团结和祖国统一。

近几年来，自治州认真贯彻落实中央和自治区党委的各项方针政策，以科学发展观为指导，改革攻坚不断深化，经济持续快速发展，社会政治稳定，人民安居乐业。我们要清醒地看到，由于深刻的历史原因、复杂的国际背景、动荡的周边环境和特殊的州情社情，伊犁的反分裂斗争一刻也没有停止，我们不能忘记历史，忘记历史就是背叛，就是对人民不负责，伊犁曾经有过深刻的教训，所以说稳定工作是摆在发展道路上的一个重大课题。

人民政协是具有最广泛代表性的爱国统一战线组织，团结和民主是政协的两大旗帜，始终以反对分裂、维护稳定、促进团结为己任。自治州各级政协组织要坚决拥护党中央的决策部署，坚决执行自治区、自治州党委各项维稳措施，把思想和行动统一到党中央和自治区、自治州党委对形势的分析判断和重大部署上来。我们要始终保持清醒头脑，充分认识当前维护稳定的极端重要性，充分认识反分裂斗争的长期性、复杂性和尖锐性，进一步增强政治意识、大局意识、忧患意识、责任意识，勇于担当，敢于负责，自觉站在反对民族分裂、维护社会稳定的第一线。

各级政协委员一定要深刻认识到只有坚持在党的领导下，在中华民族大家庭中，坚定不移地走中国特色社会主义道路，各族人民才有更加光明灿烂的前途和幸福美好的未来。我们要深刻认识民族分裂主义、非法宗教活动在政治上的反动性、宗教上的虚伪性和手法上的欺骗性，在党委领导下，紧急动员起来，迅速行动起来，同一切暴力恐怖活动作坚决斗争。我们要发挥自身优势，最大限度地把各族群众发动起来，亮明态度，带头声讨、谴责暴力恐怖犯罪活动，主动揭露暴力恐怖犯罪反人类、反社会的本质，使全州各族人民进一步认清其丑恶嘴脸，努力构筑维护稳定的铜墙铁壁。要处处以身作则，发挥好模范带头作用，广泛团结各界人士，坚决打击“三股势力”的分裂破坏活动，坚决制止非法宗教活动，坚决抵御境内外反动分裂思想渗透，捍卫来之不易的改革开放和现代化建设成果，捍卫人民群众的根本利益。要积极协助党委和政府做好宣传群众、教育群众、解疑释惑、凝聚力量的工作，坚决做到不信谣、不传谣、不造谣、不上当，切实增强政治敏锐性和政治鉴别力，自觉珍惜和维护民族团结的大好局面。

政协领导干部经历了党的多年培养，有着丰富政治阅历，我们的一言一行都会对社会各界人士产生一定的影响，在大是大非面前，都要有高度的政治敏锐性和政治鉴别力。因此，各级政协干部和各级政协委员、机关干部要带头统一思想，切实增强大局意识、政治意识、责任意识，要发动社会各族各界人士发出声音，亮明态度，果敢的站在反分裂斗争的第一线，为维护社会大局稳定做出贡献。

作为党多年培养成长起来的少数民族领导干部，我们要始终把党和国家的利益放在首位，在事关维护民族团结，维护祖国统一，反对民族分裂等大是大非问题上，始终保持清醒头脑，做到立场十分坚定、旗帜十分鲜明，牢固树立“稳定是第一责任、是硬任务”的思想，积极主动地带好班子、履行好职责、发挥好政协在团结民主方面独特的作用。我们要也深刻地认识到，各族干部特别是少数民族干部必须自觉地把维护祖国统一、维护国家和中华民族最高利益作为自己的神圣职责，作为一项政治纪律、政治要求和政治任务，始终不渝地履行好自己的职责，才能不辱使命，不辜负党和人民的重托，才能为伊犁的跨越式发展和长治久安起到有力和重要的推动作用。我们坚信，有党中央的坚强领导，有全国人民的大力支持，有自治区、自治州党委、政府的统一部署指挥，有全州各族干部群众的共同努力，我们一定能打赢反恐维稳这场硬仗。伊犁的明天一定更加团结稳定，更加繁荣昌盛。

【作者：政协伊犁哈萨克自治州委员会 主席】

大型公立医院履行社会责任的实践与体会

丘 成　刘秋生　王建新　颜楚荣

公立医院是各国普遍采用的保障和增进公民健康的制度安排，我国在新中国成立伊始即建立了公立医院体系。公立医院是目前我国医疗服务体系的主体，按照中国医院协会发布的《2012 中国卫生统计提要》统计，2011 年全国医院诊疗人次数公立医院占 90.9%，入院人数公立医院占 90.3%。

公立医院的公益性，体现在以非营利方式向社会公众提供基本的医疗卫生保健、治疗、预防和医学教育等公共卫生服务，以及向贫困人口提供免费或低收费的基本医疗服务等[]。在新的历史阶段，《中共中央关于构建社会主义和谐社会若干重大问题的决定》和《中共中央国务院关于深化医药卫生体制改革的意见》要求“坚持公共医疗卫生的公益性质”，“强化公立医院公共服务职能”。2010 年 2 月，卫生部等五部门出台了《关于公立医院改革试点的指导意见》，启动公立医院改革试点工作。意见中指出“继续坚持公益性方向；坚持非营利医疗机构为主体、营利性医疗机构为补充，公立医疗机构为主导、非公立医疗机构共同发展的原则。”由此可见，公立医院是最直接的实现医疗服务公平可及性的制度安排，是政府建立覆盖全体人民的服务网络的重要一环。

中山一院作为一所有着百年历史的大型公立医院，在中山大学系统中拥有最大的规模和最强的综合实力，一直致力于探索以大医院为中心，整合地区医疗资源，建立涵盖三级医疗网络的医院服务体系，扶持基层医院，控制医疗费用等实现公立医院公益性、履行社会责任的新思路、新创举。

一、做法

1.融并整合，履行为政府分忧的责任

在不增加政府投入的前提下，短时间内快速提高医疗资源较贫乏区域内的医疗水平一直是困扰政府和卫生行政主管部门的一个难题。在北京，北京大学系统的医院起了很好的示范作用，在上海有复旦大学系统的医院和上海交通大学系统医院通过自身区域内的龙头作用，辐射周边地区，在带动区域内整体医疗水平的提升起到了重要作用。在华南地区，中大系统的医院也发挥着着同样作用，中山一院更是在不断地进行实践，通过融并原黄埔区人民医院和原东山区人民医院，设置建设黄埔院区和东山院区，实现了利用院本部优势资源提高广州周边地区医疗水平的目标，在为政府排忧解难的同时，也获得了良好的社会效益，提升了医院的社会影响力。

黄埔院区前身为黄埔区人民医院，原本是一所二级医院。1999 年 11 月，中山一院开始融并原黄埔区人民医院，这一尝试打破了条块分割，“不求所有、只求所在”的改革尝试当时在全国医疗体制改革中还是先例。

2003 年 9 月，黄埔院区提前 5 年完成升级成三级甲等医院的既定目标，目前已经发展成为广州东部地区专业设置最齐全、设备最先进、设施最完善、规模最大，集医疗、教学、科研、预防、保健为一体，以骨科和创伤急救为重点的三级甲等综合性医院。黄埔区卫生局在总结黄埔区人民医院体制改革时指出：“最明显的成果是，在短时间内快速提高本区医疗水平，解决了黄埔区群众大病、重病、疑难病就医难的问题。主要体现在三个方面：一是让老百姓得到实惠，解决了老百姓重病大病往市中心大医院跑的问题。二是优化了区域医疗卫生资源，以三甲医院的医疗技术水平，带动区内医疗水平的总体提高。三是带动区域医疗水平大幅提高，对进一步优化黄埔区的投资环境，提高区域竞争力，也起了积极的作用。”

2006 年 7 月，广州市越秀区人民政府与中山一院签署《关于医疗卫生服务机构移交协议书》，将越秀区人民医院（原东山区人民医院）和 6 个社区卫生服务中心整体移交给医院经营管理。上述机构整体接收后，医院先后派出 110 多名经验丰富的专家开展技术输出和帮扶工作，同时对病人进行合理分流，相互开辟绿色通道，并建立无障碍双向转诊机制。尤其是对东山院区，本部大批专家进驻后，通过增设专科门诊、加强病房管理和扩大手术治疗范围，使院区各项业务指标大幅飙升，手术量和住院病人数显著增长。为实现“三级医院的医疗技术，区级医院的收费标准”的发展思路，奠定了基础和保障，使人

民群众“用比较低廉的费用，享受到比较优质的医疗卫生服务”。这是医院通过优化整合区域医疗卫生资源，突破传统办医模式的一次敢为人先的实践性创举。

通过融并院区，中山一院首开三级医疗机构直接管理二级医院的尝试，构建了以三级大型综合医院为龙头，辐射带动区域医疗卫生服务水平提高的多赢医疗服务和发展模式。目前，黄埔院区和东山院区的发展都步入了正轨。在 2010 年，中山一院又开始了新的尝试，惠州市大亚湾区管委会与医院签订协议，将惠亚医院委托医院经营管理，惠亚院区预计将于 2012 年底正式投入使用，医院对发展模式的探索还将不断持续下去。

2.授之以渔，履行对基层医院的扶持责任

公立医院的公益性应该体现出一种常态化，承担对基层医疗机构的帮扶资助和医务人员的教育培训义务就是其中一项重要的内容。在建设城市社区卫生服务和新型农村合作医疗制度医疗服务体系过程中，公立医院应发挥自身资源、技术和规模优势，在扶持基层医疗卫生机构发展医疗技术、培养基层医务人员方面承担必要的责任。

中山一院一直重视对基层医院的帮扶工作，现在医院的医疗扶持点遍布全省及周边省市地区，远及宁夏、新疆、西藏，至 2011 年对口支援的医院已达 10 余家。除了既往的帮扶模式外，2011 年医院开展帮扶工作的新举措是组建国家巡回医疗队和建设远程会诊中心，都收到了很好的成效。

以三亚市人民医院为例，2011 年 1 月中山一院与三亚市人民医院正式签约挂牌，截至 2012 年 1 月，中山一院派驻了 5 名呼吸内科、儿科、护理部、重症医学科等领域的权威专家提供技术指导与支持，派出 20 人次的专家进行短期培训或指导，同时接受三亚市人民医院的年轻医师来院参加为期三年的住院医师规范化培训。支援专家在三亚市人民医院开设专家门诊，指导或协助开展了多项医疗新技术。自开展对口支援以来的一年时间，三亚市人民医院门诊量达到了 389292 人次，同比增长 10.79%；急诊 48820 人次，同比增长 1.94%；住院手术 5825 人次，同比增长 31.7 %；健康检查 13381 人次，同比增长 1.77%；病床使用率 98.82%，住院 20083 人次，平均住院日 9.57 天，诊断符合率 99.33 %，治愈率 70.28%，好转率 26.48%，抢救急救危重病人 468 人次，抢救成功率 89.53%。总收入 2.67 亿元，比同期增长 16%，其中业务收入 2.5 亿元，比同期增长 25%。经济收入和社会影响力都有了质的提高。

受卫生部委托，中山一院组建了国家医疗队，成为全国三支国家医疗队之一。从 2011 年 4 月开始，历经 7 个月，共派出 7 支医疗队分赴贵州、广西、湖南、江西、福建和西藏等 6 省（区）开展巡回医疗工作，每支医疗队连续驻点一个月，受援医院主要有 14 所。共派出医疗队专家 75 位，涉及 20 多个专科或职能部门。医疗队专家们根据当地的医疗卫生状况、技术水平和技术需求，从基础知识、规范诊治和最新进展等方面进行了授课，培训内容对基层医疗机构开展工作具有很强的指导性和实用性，对提高当地医疗技术水平有很大帮助。为了加强当地医院医务人员队伍建设，医院还为每个受援省份提供 2～4 名免费进修名额，有计划、有目的地为基层医院培养人才，为提升基层医院的技术水平，有效开展新技术奠定基础，为当地留下了“带不走的医疗队”。

加强远程医学中心建设也是一项支援基层医院的重要举措。2011 年，中山一院被卫生部指定为 12 家设立远程医学中心的部属（管）综合医院之一，医院成立了远程医学中心，聘请专业公司设计开发高端远程网络系统，规划利用医院现有的优质医疗和教学资源，组建医疗会诊及教学等相关专家资源库，利用数字化远程会诊及教学的网络系统平台，与兄弟医院实施高端网络对接，逐步实现高质量的远程医疗会诊、远程预约、远程监护、远程教育等多项功能，打造高水平的远程医学网络医院。目前，医院已严格按照卫生部的要求完成了远程医学网络平台的建设，该套系统已与省内外 160 多家医院签订协议，共建终端联系，迄今已成功远程会诊患者 79 例，开展远程教育 20 次。使基层医院真正实现了足不出户就能享受到拥有优质医疗资源的大型综合性医院的培训和对疑难病例的会诊，造福基层患病群众。

3.热心公益，履行对社会的关爱责任

近年来，中山一院致力于搭建“医院－政府－社会群体”平台，为特需病患提供救助。通过借助社会捐助结合自身医疗优势，为贫困患者提供有针对性的资助，为他们解除病痛折磨，体现医院的公益性。目前医院建立了新苗基金、“爱济童心”基金、同朋——周卉仙基金、碧桂园杨惠妍基金四项基金。以下以新苗基金和“爱济童心”基金为例。

脊柱侧弯常发生于 18 岁以下的青少年儿童，发病率为 2%。在中国，脊柱侧弯患者约 800 万，急需治疗者达数十万，但因为贫困和医疗条件所限，每年接受治疗的却不足 2 万人。“脊柱侧弯若延误治疗，会造成胸廓畸形，严重影响心肺功能甚至危及生命。”2010 年 5 月，医院脊柱侧弯中心和广东省青少年发展基金会合作，建立新苗基金，旨在救助贫困的脊柱侧弯青少年。在新苗基金成立一周年中，共有 35 位脊柱侧弯的青少年获得了基金的救助，并顺利的完成了手术，这些孩子大都已经走上了正常的求学之路。

2011 年 3 月，医院以广发基金管理有限公司及碧桂园有限公司的捐赠作为初始资金，设立“爱济童心”专项基金，定向用于救助广东省贫困家庭 14 周岁以下的先天性心脏病儿童接受心脏病矫治手术。活动开展后，“爱济童心”项目组多次到省内的贫困县组织先天性心脏病的筛查、义诊活动，还通过网络、报纸、电视等多种途径广泛宣传，接受贫困患儿的主动申请，以便让更多贫困先心病患儿能够及时得到救治。至 2012 年 3 月，“爱济童心”项目资助的患儿已达 42 人，其中 37 名患儿已完成手术，均已康复，达到治愈目的，恢复了健康。

表一：中山一院2010年～2011年各项社会救助基金接受捐赠和救助情况

基金项目	救助金额（元）			救助人次
	2010年	2011年	小 计	
新苗基金	914,305.75	2,288,221.00	3,202,526.75	53
“爱济童心”基金		359,800.00	359,800.00	29
同朋——周卉仙基金	50,000.00	60,000.00	110,000.00	7
碧桂园杨惠妍基金	76,720.93	69,532.44	146,253.37	7
合 计	1,041,026.68	2,777,553.44	3,818,580.12	96

4.多管齐下，履行为患者减轻经济负担的责任

有研究表明，患者认为合理的医疗费用、以患者为中心、合理用药检查是最能体现公立医院公益性的3个方面。可见，合理的医疗费用是体现医院公益性的一个重要因素。然而现状是存在着国家财政对公立医院的投入占医院运营成本比例较少等问题，这使大型公立医院在既要保证自我生存和发展，又要履行社会责任，充分体现社会公益性上面临重重考验。是强调困难，还是主动求变，争取打开新局面，这对大型公立医院提出了更高的要求。

大型公立医院不仅要让患者能看得好病，还要看得起病。中山一院通过自己的实际行动对此做出了很好的诠释，近年来，通过不断完善临床诊疗技术规范和临床检验工作规范；探索制定常见病、多发病和费用高的诊疗项目的临床路径，采取适宜技术，避免过度医疗；狠抓处方管理，建立医院药品用量动态监测和超常预警制度；建立执行抗菌药物分级管理制度；推行三级医院之间医学检查、检验结果互认；以及强化价格管理，规范收费行为等种种有效措施，使患者在享有优质医疗服务的同时承受相对合理的诊疗费用。

医院2011年的门急诊量达426.9万人次，日均为16744人次，出院人次89391例，住院手术人次62286例，各项指标在全国大型综合三甲医院里都位居前列，然而在2010年上半年广东省卫生厅公布的省部属驻穗医疗机构医疗服务信息中，中山一院平均每诊疗人次收费比排名第一的医院少21.5元，平均每出院者住院费用少1.1万多元。

在2010年卫生部医管司全国三级甲等医院住院患者体验与满意度调查中，中山一院在医院总体满意度、医疗技术水平满意度、服务与管理水平满意度三个方面均在被调查的41家医院中名列前茅，居广东省首位。这些都充分体现了医院“三高一低”的目标，就是争取做到“患者就医数量保持高位、医疗质量水平保持高位、社会评价保持高位、医疗费用控制在合理低位”。

二、体会

中山一院在历次重大事件中经受住了最严苛的考验，从1951年抗美援朝派出志愿医疗队，到70年代向非洲派出援非医疗队实行人道主义救助，再到抗击非典，汶川、玉树抗震救灾的第一线，处处都留下了中山一院人的身影。作为一所有悠久历史，重视文化传承的百年医院，“医病医身医心，救人救国救世”的祖训时刻提醒着每个中山一院人，每个中山一院人也通过实际行动践行着这个承诺。不仅仅拥有精湛的医术，更赋有崇高的医德。中山一院对怎样实现大型公立医院公益性有着独特的深刻理解。

当前是我国进行新医改的重要时期，中山一院结合自身的探索和经验，认为大型公立医院应着力于：主动承担社会责任，充分发挥自身的优势，以点带面提升区域医疗水平。发挥龙头作用，将医院文化、管理理念、技术力量和品牌效应融入基础医疗体系，积极投身惠及群众的公益活动。能够整合区域卫生资源，实现三级医院与基层医疗机构互动互利局面，建立为患者提供优质安全低价医疗服务的三级医疗联动模式，为人民群众提供更加便利、低廉的医疗服务，从而实现自己的社会价值，同时也为新医改的推进提供参考和借鉴。

【作者单位：中山大学附属第一医院】

植根基层　努力为猎民服务

史毅峰

当前，一些党员干部的宗旨意识淡薄，脱离实际，脱离群众，有的甚至损害和侵犯了人民的利益，伤害了人民的感情。党的十八大报告强调：“坚持以人为本、执政为民，始终保持党同人民群众的血肉联系。”这就要求我们在实际工作中，时刻牢记党的根本宗旨，始终坚持群众路线，根植基层，努力为群众服务。

结合鄂伦春自治旗实际，2013 年的组织工作，我们将突出抓好以下几项工作：一是进一步完善党员干部直接联系和服务群众制度。这几年，鄂伦春旗相继建立了四大班子党员领导干部“一对一”帮扶贫困猎民制度、上级党组织负责人联系下级党组织及党员群众制度、党员干部经常下基层结对帮扶制度，在全旗深入开展了党员干部“下基层、办实事、转作风”活动，全旗 134 个党政机关、企事业单位 3895 名党员干部深入到全旗 82 个行政村、30 个社区与困难群众及学生结对帮扶，帮扶单位争取落实扶贫项目资金 1690 万元，为群众办实事 187 件。窗口单位和服务行业以“三亮三提三比三评三创”为载体，不断提高为民服务的能力和水平；二是努力创建“服务型”党组织。在乡镇设立行政服务大厅，实行“一站式”服务。在农村社区设立了村（居）干部岗位监督台，挂牌上岗，开展为民服务全程代理工作。切实把活动场所建成集党员活动、村民议事、便民服务、教育培训、文化娱乐等多项功能于一体的综合阵地。把服务群众、做群众工作作为基层党组织的核心任务和基层党员干部的基本职责，使基层党组织成为推动发展、服务群众、凝聚人心、促进和谐的坚强战斗堡垒；三是拓宽社情民意反映渠道，引导群众依法表达合理诉求。旗里设立了联合接访大厅，建立了大调解工作机制，有效化解社会矛盾。另外开展调研，认真做好以“为民、务实、清廉”为主要内容的党的群众路线教育实践活动，提高组工干部做好新形势下群众工作的能力。

作为一名组工干部，我们要时刻自重、自省、自警、自励，带头讲党性、重品行、作表率，做到立身不忘做人之本、为政不移公仆之心、用权不谋一己之私，永葆共产党员的先进性。、

【作者：内蒙古鄂伦春旗旗委常委　组织部长】

优化思想政治工作　构建和谐医患关系

王东启

医患关系是医院医疗服务中最重要的人际关系，构建和谐的医患关系是任何一所正常医院的必然追求。然而，随着我国市场经济的深入，医疗卫生行业逐步被推向市场，使得原本“悬壶济世”与“求医问药”之间的和谐慢慢的向利益倾斜。同时随着经济的发展，人们的思想也逐渐倾向于利益最大化，为了利益甚至可以不择手段。当“诚信”成了一个口号时，医患之间丧失了基本的信任。能否改善这种医患之间的不信任，构建和谐的医患关系？笔者认为，首先必须从医院内部医护思想政治工作做起。本文试图就思想政治工作与和谐医患的辩证统一关系、思想政治工作在构建和谐医患关系中的引领作用以及优化思想政治工作的思考与实践三方面，从理论和实践层面上加以探讨。

一、思想政治工作与和谐医患关系二者辩证统一

尽管思想政治工作与和谐医患关系二者从内容、概念内涵不尽相同，但二者又是相互联系、相互制约的。首先，二者在原则、目的指向是一致的。思想政治工作和和谐医患关系坚持的原则指向统一在以人为本上；目的指向均为提升医院外部形象。其次，二者又是相互制约的关系。优化的思想政治工作，将对构建和谐医患关系起到积极地促进作用；和谐的医患关系又对思想政治工作的开展提供优越的外部环境，促进思想政治工作的优化。反之则相反。正确认识和理解二者的辩证关系，将使我们从理论层面上坚定优化的思想政治工作对优化医患关系的信念。

二、思想政治工作对构建和谐医患关系的引领作用

新形势下的思想政治工作，是运用先进的思想教育引导广大医务工作者坚定建设和谐社会、实现伟大中国梦的理想和信念，树立正确的世界观、人生观和价值观，调动一切有利于医院健康发展的正能量，实现医院和谐、快速发展的宏伟目标。它的引领作用是显而易见的。

正确认识的引领　优化的思想政治工作，强大的正确的舆论宣传，能使全体医护人员真正认识新形势下构建和谐医护关系的重要意义。大而言之，它涉及到社会的稳定与和谐；小而言之，涉及到医院自身的发展和员工个人的切身利益。我院政治思想工作不讲大话、空话，从医院自身的建设发展中的正反经验教训，深入到医护人员的心灵，感触构建和谐医护关系对国家、对医院、对个人密切关系，并让医护人员与患者换位思考，真正引领全体员工坚持正确的认识，“以病人为中心”，把患者的利益放在首位，树立起全心全意为患者服务的牢固思想意识。

高尚医风的引领　不良的医护关系，其问题的根源在医护人员的不良医德医风上，高尚的医德医风是构建和谐医患的根本。优化的思想政治工作，必然要大力推进高尚医德医风的建设。通过开展医德信念、医德情感、医德修养教育，开展廉洁从医的警醒教育，完善廉洁从医管理机制，引领医护人员坚守社会效益至上、患者利益至上，筑牢廉洁从医底线，形成高尚的医德医风，在具体行动中，构建新医改背景下，社会和群众满意的和谐医患关系。我院长期积淀的优良医德医风传统和持之以恒的医德医风教育，对构建和谐医患关系起到了重要的引领作用。

人文关怀的引领　和谐的医患关系是一种人文关怀的表征。优化的思想政治工作能把人文关怀细化到医疗服务的全过程，落实为服务环境温馨化、服务流程人性化、医患沟通亲情化。我院在持续开展的“以病人为中心，改善群众的就医体验”活动中，落实的人性化责任医疗、人性化责任护理、倾情回访出院患者等各项人性化服务，是优化的思想政治工作在引领医疗人文关怀的具体体现。正是这种人文关怀的引领，架起了和谐医患关系的桥梁。

三、优化思想政治工作的思考与实践

如何凸显思想政治工作对构建和谐医患关系的引领作用，必须优化医院思想政治工作。我们的着力点必须放在健全思想

政治工作机制和形成氛围上。

健全机制 构建和谐医患关系必须发挥思想政治自身工作的优势，健全自身工作的机制。如，建立健全党、政、工、团、妇齐抓共管的组织领导机制；建立健全内容丰富的思想教育机制；建立健全科学有效地工作责任机制等。长期以来，我院思想政治工作在健全自身工作的机制的同时，其出发点和落脚点是以人为本，教育广大职工牢固树立全心全意为人民服务的思想，通过思想政治工作的各种有效形式和载体，充分发挥思想政治工作的导向、渗透、培育、凝聚作用，调动职工的积极性和创造性，激发职工的敬业精神，增强医院的凝聚力，确保为病人提供高质量、高水平的医疗服务。

形成氛围 民为先，患者至上，构建和谐医患关系，需要一定的氛围。医院要形成精神风貌健康向上、医德医风高尚优良、干部队伍勤政廉洁、广大职工爱岗敬业、学术思想严谨活跃、人际关系团结和谐、文化氛围高雅、院容环境整洁优美的氛围，真正成为社会主义精神文明的窗口。长期以来，我院核心文化围绕追求医术精湛、崇尚医德高尚、强化技术创新以及塑造至善至美品质等，医疗技术和服务水平持续攀升，全院近千名志愿者主动为患者服务，公立医院公益性更加彰显，出院病人回访更加贴近患者，回访率达 85.9%，患者满意度达 96%。2012 年，医院荣获“全国百姓放心示范医院”称号。

【作者单位：山东省单县中心医院】

试论乡镇如何保障和改善民生

王　剑

民生问题，事关广大人民群众的切身利益，改善民生意义重大而深远。党的十八大报告明确指出，解决好人民最关心、最直接、最现实的利益问题，在学有所教、劳有所得、病有所医、老有所养、住有所居上持续取得新进展，努力让人民过上更好生活，这体现了党和国家对民生问题的高度重视，奏响了民生改善的时代最强音。

一、当前乡镇的主要民生问题

一是农村教育问题。对于广大乡镇来讲，农村人力资源数量巨大，但农民的文化素质较低，农村教育存在诸多问题。首先农村教学设施不完备、教学方式陈旧落后，无论是硬件还是软件与城市相比还有很大的差距；其次当前农村师资力量资源分布不合理，一些优秀中小学教师主要集中在城市，农村中优秀的教师资源比例偏低；再次当前高校收费昂贵，对多数来自农村的大学生家庭来说，仍然是一种沉重的负担，为此许多学生不得不放弃深造或者选择一些收费较低，条件较差的学校学习，教育公平得不到充分体现。

二是医疗卫生问题。新型城乡合作医疗制度自实施以来，使老百姓得到了实惠，但该项制度在惠农的同时，也暴露出一些问题。首先，乡镇医疗卫生水平不高，设备陈旧，医务人员水平不高，重大疾病无法医治；其次，等级高的大医院医疗报销比例偏低，报销状况不透明；再次，医院门诊、住院看病收费高，看病难、看病贵的现象依然存在。

三是社会保障问题。随着新农村建设的逐步发展，农村老人养老问题逐步凸显出来。由于农村家庭经济状况和供养水平普遍较低，虽然农村老人的基本生活问题已解决，但老人的生活水平相当部分还停留在温饱线上。首先，农村家庭的养老仍然主要依靠子女，现今的农村子女多数外出打工，很多实为空巢老人，无人照顾；其次，农村未实行养老保险，只能单纯依靠子女赡养老人，经济负担较重；再次，部分农村弱势群体的生活困境未能得到根本解决。

四是社会管理问题。首先，化解社会矛盾难度加大。随着改革的纵深推进，经济快速发展使各类社会矛盾也日益突显，遗留问题逐渐增多，化解社会矛盾，维护社会稳定，处置群体事件难度加大；其次，乡镇能力十分有限，几乎没有执法权，又缺乏行政手段，属“没枪的战士”；就责任而言，“上面千条线，底下一根针”，可谓“责任落基层，权力在部门”，在有限的权力，无限的责任下，做好社会管理工作实属不易。

五是劳动就业问题。由于农村劳动力素质相对偏低，专业劳动技能缺乏，市场竞争能力较弱，特别是“4050”人员、残疾人、农民工等弱势群体，他们自身条件差，就业面较窄，限制很多，导致就业难度大，只能从事高强度、低收入的体力劳动，成为转移就业的“瓶颈”。

二、保障和改善民生问题的对策

针对上述问题，应把保障和改善民生作为工作的根本出发点和落脚点，完善保障和改善民生的各项制度安排，加快基本公共服务体系建设，在学有所教、劳有所得、病有所医、老有所养、住有所居等方面持续取得进展，使改革发展的成果更多地、更公平地惠及全体人民。

（一）努力办好人民满意的教育。教育是中华民族振兴和社会进步的基石。要坚持教育优先发展，全面实施素质教育，深化教育领域综合改革，着力提高教育质量。大力促进教育公平，加大对农村教育的财政扶持力度，完善义务教育免费政策和财政保障机制，提高家庭经济困难学生资助水平，确保农村每一个孩子都享有接受良好教育的机会；另一方面，合理配置教育资源，重点向农村、边远、贫困地区倾斜，加强农村师资力量的配备，提高农村教师的师资待遇和工作条件，健全城乡教师流动交流机制，选派城市教师下乡执教农村，逐步缩小城乡之间的教育差距。同时完善国家助学制度，加大对中等职业学校和高等院校家庭经济困难学生的资助力度。

（二）全面提高医疗卫生水平。要坚持为人民健康服务的方向，坚持预防为主、以农村为重点、中西医并重，重点推进医疗保障、医疗服务、公共卫生、药品供应、监管体制综合改革，为群众提供安全有效、方便价廉的公共卫生和基本医疗服务。健全全民医保体系，建立重特大疾病保障和救助机制，完善突发公共卫生事件应急和重大疾病防控机制。健全农村三级医疗卫生服务网络，配强乡镇医院医资力量，提高农村和偏远地区医疗卫生水平。提高医疗卫生队伍服务能力，加强医德医风建设。改革和完善食品药品安全监管体制机制。同时，加大新型合作医疗制度投入力度。一方面，加大对新型城乡合作医疗制度的宣传，让农民了解城乡合作医疗制度，激发农民参合积极性；另一方面，政府要完善城乡合作医疗救助制度，加大三级医疗网络基本建设的投入，逐步扩大定点医疗机构报销比例，降低群众医疗费用，为参合农民提供价廉、质优、高效的医疗服务。

（三）统筹推进城乡社会保障体系建设。社会保障是保障人民生活、调节社会分配的一项基本制度。要坚持全覆盖、保基本、多层次、可持续方针，以增强公平性、适应流动性、保证可持续性为重点，全面建成覆盖城乡居民的社会保障体系。整合城乡居民基本养老保险和基本医疗保险制度，逐步做实养老保险个人账户，实现基础养老金全国统筹。完善农村最低生活保障制度，全面落实农村五保政策，完善农村贫困群众救助制度,发展以扶老、助残、养孤、济困为重点的农村社会福利事业。

（四）加强和创新社会管理。加强社会管理法律、体制机制、能力、人才队伍和信息化建设。改进政府提供公共服务方式，加强基层社会管理和服务体系建设，增强城乡社区服务功能，充分发挥群众参与社会管理的基础作用。完善和创新流动人口和特殊人群管理服务。建立健全党和政府主导的维护群众权益机制，完善信访制度，完善人民调解、行政调解、司法调解联动的工作体系，畅通和规范群众诉求表达、利益协调、权益保障渠道。适当下放监督、管理和执法权限，让乡镇在社会管理方面更加得心应手，不再有责无权。

（五）推动实现更高质量的就业。就业是民生之本。要贯彻劳动者自主就业、市场调节就业、政府促进就业和鼓励创业的方针，实施就业优先战略和更加积极的就业政策。引导劳动者转变就业观念，鼓励多渠道多形式就业，促进创业带动就业，努力做好农村转移劳动力、城镇困难人员、弱势群体就业工作。加强职业技能培训，提升劳动者就业创业能力，增强就业稳定性：一是通过免费培训提高他们自身能力，要根据劳动力市场的需求情况，开设适合弱势群体特点的培训班，如家政服务、绿化养护、物业管理等，以提高就业弱势群体的竞争力。二是加大免费职业指导和介绍力度，帮助实现再就业。同时，健全人力资源市场，完善就业服务体系，增强失业保险对促进就业的作用。

总而言之，解决民生问题在当下，反映在最基层的农村，所迫切需要解决的就是教育、社会保障、医疗卫生、社会管理等与人民群众最关心、最现实、最直接的利益问题。社会建设与人民幸福安康息息相关，必须在经济发展的基础上，更加注重社会建设，着力保障和改善民生，推进社会体制改革，扩大公共服务，完善社会管理，促进社会公平正义。

始终坚持做到“以人为本”、“民生为先”，将“保障和改善民生”进行到底，让人民群众生活得更加幸福、更加体面、更有尊严。

【作者：重庆市二郎镇党委书记】

找准抓手全面推进社会管理和群众工作

魏发志

党的十八大报告指出:加强社会建设，是社会和谐稳定的重要保证。强调必须从维护最广大人民根本利益的高度，加强和创新社会管理，推动社会主义和谐社会建设。中共贵阳市委群众工作委员会(贵阳市社会管理综合治理委员会)从维护最广大人民根本利益的高度，始终秉持为人民谋幸福的理念，坚持以群众工作总揽社会管理，发挥统筹、协调、督促、指导的职能，大力实施“12345 工程”，系统谋划，锐意创新，积极探索符合贵阳实际的整体推进社会管理和群众工作的新路子。

一、围绕一个规划

围绕贵阳“一先二超一提升”的奋斗目标，贵阳市委群工委（市综治委）牵头制定了《贵阳市加强和创新社会管理“十二五”规划》，明确提出构建民生保障、基层基础、社会矛盾、公共安全、两新组织、信息网络等“八大服务管理体系”，计划到 2015 年使城乡居民的收入差距缩小到 2∶1 以内，群众安全感超过 90%，市民幸福指数提高到 93 左右。根据规划的总体部署，研究制定年度工作计划和具体实施方案，将年度工作任务进行分解，明确牵头单位、责任部门和完成时限，由市委副书记、市委群工委（市综治委）书记与各区(市、县)和成员单位主要领导签订《目标责任书》，一级抓一级，层层抓落实。

二、注重两个结合

注重整体谋划与突出重点相结合。在整体谋划方面，贵阳市委群工委（市综治委）作为总牵头、总协调部门，充分发挥“顶层设计”作用，从宏观的角度，对社会管理工作进行系统思考、整体谋划，找问题、定制度、出政策，为市委、市政府提供建议参考。在突出重点方面，按照“打造亮点、突出重点、突破难点”的工作思路和“统揽不包揽、指导不包办、推动不替代、到位不越位”的工作方法，推动各级各部门每年集中力量、重点解决一批突出问题，并做好经验总结和宣传推广工作，形成以点带面的工作局面。2013 年，继续在深化和完善上做文章，力争在加强城市社区建设、创新农村社会管理、社会组织培育发展、平安建设、法制建设等五个方面实现重点突破。

注重着眼长远与立足当前相结合。一是加强源头防范。切实抓好社会稳定风险预警，加强与市群工中心、百姓——书记市长交流台、12319公共服务指挥中心的协调联系，适时掌握全市信访维稳工作动态，汇总分析、研判社会形势，提出指导性意见和建议。建立社会稳定风险评估专家库，制定出台重大事项社会稳定风险评估办法和考核办法，把社会稳定风险评估作为做决策、搞改革、定政策、上项目和组织重大活动的刚性前置程序，先后对“二环四路”建设等400余项重要决策、重大项目和重点活动进行评估。二是做好动态调处。充分发挥市、县、乡、村四级群工中心(站、室)作用，推动“三级调处”与“三调联动”有机衔接，做大做强各级和谐促进会，将各种矛盾纠纷有效化解在基层。

三、把握三个关系

把握政府、市场、社会三者职能归位的关系。一是转变政府职能。切实减少行政审批事项、下放行政管理权限、清理行政事业性收费、压缩办事时间、精简评比达标表彰和会议活动等。2013年，贵阳市承诺市级行政审批事项的办理时限压缩到法定的50%以下。二是激发市场活力。把政府不该管可交给市场解决的公共服务交由具备条件、信誉良好的社会组织、企业等承担，切实增强市场配置资源的基础性作用，确保该政府管理的管理到位，该市场和社会承担的尽量放开搞活。三是扶持社会组织。推动出台《政府购买社会组织及社区服务的指导意见》、《贵阳市社会组织培育发展创新工作实施方案》、《贵阳市2013年度利用市级福彩公益金用于购买社会组织公共服务工作方案》等政策文件，设立社会组织培育专项资金，编制并发布《社会组织设立导向目录》，大力扶持公益服务、社会事务、文化体育、慈善救济、社区维权等社会组织。

把握加快发展与公平正义的关系。一是推动依法行政。督促指导具有行政执法、行政审批职能的部门最大限度减少行政不作为、乱作为、慢作为现象，树立为民务实清廉的良好形象。二是推动政务公开。要求政府部门凡是涉及群众切身利益的事项，都要向社会公开，保障群众合法权益，让权力在阳光下运行。完善乡镇便民服务中心办事结果查询、电子监察等功能。三是推动公正司法。把推进司法公正作为加强和创新社会管理，做好新形势下群众工作的重要抓手，进一步完善体制机制，不断提升执法司法公信力。四是推进基本公共服务均等化。建立公共服务制度和公共财政制度，改善城乡之间、不同阶层之间公共服务资源配置不均衡和公共服务产品分配不公平的现象，为农民和城市弱势群体提供平等的医疗、教育、就业、养老等方面的公共服务。

把握第一要务与第一责任的关系。一是10个区(市、县)参照贵阳市级设置模式，均成立党委群众工作委员会，位列党委各部门之首，书记由党委专职副书记担任，形成了一名副书记(区长、县长)主抓经济发展、一名专职副书记主抓社会管理的党委领导体制，做到了“两手抓、两手硬”。二是制定《贵阳市社会管理和群众工作目标考核办法》和《贵阳市社会管理工作问责办法》，将社会管理和群众工作纳入市委、市政府综合目标考核。市级财政每年拿出300余万元，对社会管理工作实行单项考核、单独奖惩。推动各级党委政府把社会管理工作与经济建设摆在同等重要的位置，一同研究部署、组织实施、督促检查、考核评比。

四、坚持四个同步

坚持夯实基层与部门联动同步。一是推进基层基础建设。通过“减转分合”(减少管理层级、转变工作职能、实行居政分离、推动资源整合)，撤销全市49个街道办事处，成立了91个新型社区。通过“三化并举”，推进社区职责规范化、服务精细化、管理制度化，确保新型社区切实发挥服务群众、凝聚人心、优化管理、维护稳定的职能。通过开展“三创一强一提升”(创建文明社区、绿色社区、平安社区，建强社区党组织，提升社区群众满意度)活动，从2013年起，由市、(区、市、县)两级财政每年投入2亿元资金，着力解决“路不平、灯不亮、水不通、气不畅”等群众身边急需解决的民生问题，力争到2015年全市80%以上的社区建成群众满意的“温馨家园”。结合“美丽乡村 幸福家园”建设工作，启动农村社会管理“网底工程”，在农村推行“流动服务、错时服务、全程代理”等便民工作，力争在今年年内至少建成20个“和谐家园”示范点。二是推动部门配套改革。进一步理清部门工作职责，理顺部门与基层的“条块”关系。推动相关职能部门出台支持配合基层改革的相关政策措施，加大“简政放权”力度，增强基层服务管理能力。

坚持网上引导与网下处置同步。一是管理好网络。成立了市互联网信息安全工作领导小组及办公室，建立互联网舆情研判导控服务平台，60家单位明确了专门的网络阅评员和联系人，切实提高监测、研判、引导、处置网络舆情的能力，做到对网上炒作苗头及时发声，对网上热点问题及时回应，对网上不实信息及时澄清，对网上串联煽动和制造谣言及时协调删除、落地查人。二是运用好网络。市委群工委（市综治委）牵头将“城市管理12319服务热线”升级为“12319公共服务热线”，整合供水、供电、应急、卫生、民政、交通等81家部门作为联动单位，建立了6个区级平台、91个社区终端平台，为群众提供应急处置、政务事务受理、政策业务咨询等全天候、全方位、全追踪、全监督的优质服务，真正做到“民有所呼、我有所应”。

坚持服务管理与教育引导同步。既要帮助群众解决生产生活中的实际困难，又要教育引导群众正确认识发展中出现的社会矛盾，以理性合法的形式表达利益诉求、解决利益纠纷、维护合法权益。市委群工委（市综治委）把做好服务管理与解决思想问题结合起来，以群众的思想政治教育、法治教育、主人翁意识教育、传统美德教育为主要内容，推动相关部门出台《关于做好群众教育引导工作的指导意见》，将群众的教育引导工作具体化、常态化，引导广大干部群众聚精会神搞建设、一心一意谋发展。

坚持联系群众与办事解难同步。研究制定了《贵阳市干部联系群众实施细则》、《干部联系群众考核办法》和《干部联系群众工作报告制度》等制度，督促各级各部门干部特别是领导干部深入到广大群众中，通过“定时联系、定点联系、定人联系”的方式面对面直接联系群众，为群众排忧解难。畅通社情民意收集渠道，建立《社情民意登记台账》，完善社情民意分析会议制度和跟踪督办考核机制，及时编发《群众之声》，推动各级各部门按照属地管理、分级负责、归口落实的原则，强化社情民意的跟踪督办，对于群众反映的问题，做到“件件有着落、事事有回音”。

五、突出五个重点

把保障和改善民生作为重点。重点摸清辖区范围内的人员结构、区域分布、利益诉求等基本情况，形成《贵阳市实有人口基本情况报告》，全面掌握各类人群的生活状况、思想动态和所思所想所急所盼所难。督促抓好民生工程。围绕“努力让人民过上更好生活”的目标，大力实施“六有民生”行动计划和十大民生工程，督促重点民生部门按照市委市政府的总体部署，出台教育、就业、社保、医疗等基本公共服务年度实施计划，逐年抓好落实。

把平安建设作为重点。一是抓好流动人口服务管理。贵阳市现有流入人口101万，占全市总人口的23%。市委群工委（市综治委）坚持寓管理于服务之中，推动制定了《贵阳市流动人口基本公共服务均等化实施细则》等政策文件，在就业、住房、教育、医疗等九个方面落实流动人口的市民待遇。从2013年6月1日起，探索实行流动人口积分制管理，有序推动流动人口逐步转化为户籍人口。二是改善特殊人群管理服务。把提供就业门路、实现稳定收入作为重要措施，推动制定了《贵阳市建立刑释解教人员、社区矫正对象、戒毒康复人员市级综合安置帮教基地的实施意见》、《特殊人员安置就业办法(试行)》等文件，明确了鼓励社会企业吸收特殊人群培训就业的贷款贴息、财政补贴等扶持政策。三是加强重点涉稳群体管理，细化工作措施，尽量减少不稳定因素。

把各行各业履行社会责任作为重点。出台《经济组织履行社会责任办法》和《社会组织履行社会责任办法》，进一步明确各类组织服务管理职工或成员的社会责任，充分发挥组织在解决社会问题、满足社会需求、创造社会价值、促进社会和谐中的积极作用。建立健全企事业单位参与驻地社会管理的长效机制，完善企事业单位动员员工、离退休人员参与社会公益服务机制，鼓励和引导企事业单位向所在社区开放内部服务设施和文体活动场地。督促党政机关和企事业单位通过报纸、电视、网络和党务政务公开栏等，面向社会公开本单位《社会责任承诺书》。

把引导公众广泛参与作为重点。制定《贵阳市公众参与社会管理办法(试行)》、《公众参与社会管理考核评分办法(试行)》和《社会管理和群众工作公众评价方案》，鼓励和引导公众有序参与基层和企事业单位民主管理，参与公共决策、参与社会组织活动和志愿服务。积极动员“两代表一委员”、法律工作者、机关(企事业)单位离退休人员、离任村干部、“五老三贤”和广大市民加入群众工作志愿者队伍，建立志愿服务的激励机制和长效管理办法，深入开展“绿丝带”志愿服务活动，努力形成社会管理人人参与、和谐社会人人共享的局面。

把加强法制建设作为重点。一是加强社会管理和群众工作的课题调研，针对社会热点、难点、焦点问题，深入91个新型社区，70余个乡镇进行调查研究，先后形成了100余份调研报告。二是做好调研成果的转化，研究制定《社会稳定风险评估办法》、《加强居委会自治能力建设的实施意见》等涉及社会管理和群众工作的60多个规范性文件，推动出台《贵阳市社区管理暂行办法》、《贵阳市计算机信息网络安全管理办法》等8个政府规章和《贵阳市城市社区工作条例》地方性法规。三是按照“全局谋划、系统思考、整体推动”的工作思路，认真对照中央、省、市的有关要求，结合外地先进经验，对社会管理和群众工作需要进一步建立健全的政策制度和法规规章进行全面梳理。四是督促各地各部门认真查找法规制度的“缺失”，扎实做好规范性文件、政府规章和地方性法规的“废、改、立”工作，逐步建立与经济社会发展相适应的制度体系。

【作者：中共贵阳市委群众工作委员会常务副书记】

浅谈如何增强福利彩票的品牌安全营销意识

袁焕来

中国福利彩票已经走过二十六年了，经历了从无到有、从小到大、从弱到强的风雨历程，取得了辉煌成绩，销售发行工作实现了历史性新跨越，福利彩票公益金已经成为加快社会福利事业发展的重要资金来源，为促进和谐社会建设做出了积极贡献。同时，也为福利彩票这一品牌树立了良好的社会形象和信誉。下面，针对当前福利彩票的新情况，结合太原市福利彩票工作实际，浅谈福利彩票如何增强品牌、安全和营销意识，推动福彩事业科学发展。

一、增强品牌意识，提升福利彩票公信力

福利彩票发行二十六年来的伟大实践证明，只有高举“扶老、助残、救孤、济困”的旗帜，福利彩票才能有强大的生命力。一直以来，社会上存在着一种误区和曲解，那就是把彩票混同于博彩业，甚至是“赌博”，对社会舆论和福利彩票事业形成了不良的负面影响。这就要求我们高举社会公益旗帜，占据宣传主流渠道，营造浓厚舆论氛围，用福利彩票的正确理念和正面舆论导向影响民众，感染彩民，主导社会。福利彩票是经党中央、国务院批准，国家财政部监管市场，民政部组织实施的国家彩票，是我国社会福利事业、公益事业的重要组成部分。福利彩票发行本质是有奖募捐的公益慈善行为；福利彩票发行宗旨是扶老、助残、救孤、济困；福利彩票发行理念是公益性、公信性、群众性、娱乐性融为一体；福利彩票运营方式是多人少买、重玩轻搏、量力而行、理智投注、奉献爱心；福利彩票操作原则是公平、公开、公正、公信；福利彩票向全社会的承诺是取之于民、用之于民、取信于民。在当前福利彩票发行的关键时期，必须清醒地认识到，这面旗帜是福利彩票的生命和方向，是福利彩票发展的基石和灵魂。无论是在福利彩

票宣传、发行、销售、公益金使用的任何环节，还是在任何时候、任何情况下，我们的宗旨不能变，方向不能偏，旗帜不能丢。要始终突出福利彩票的公益性，坚决反对和抵制把福利彩票向博彩业靠拢的错误理论和倾向。对于福利彩票事业来说，最重要、最宝贵的莫过于广大彩民的信任和公众的支持。作为给社会公益事业筹集资金的特殊载体，福利彩票就是依靠公正性和诚信度而生存。它的公信力建立在国家信用的基础上，体现在组织、发行、开奖、公告、兑奖、公益金使用、审计和监督等程序上，不仅有严格规章制度，而且还要通过主流媒体和大众传播，自觉接受彩民和新闻媒体的监督，不断提升福利彩票良好的公信力形象。

二、增强安全意识，提高福利彩票销量

“安全运行，健康发展”是对福利彩票销售工作的要求，也是福利彩票工作的重要基础和可靠保障。如果在安全健康上出了问题，那是对整个福利彩票事业的致命打击，甚至一夜之间毁掉整个行业，离开了安全，福利彩票将成为众矢之的，发展更无从谈起。如何才能确保安全健康运行呢？关键要抓住影响安全和健康的重点部位和薄弱环节。

（一）认真防范彩票发行中存在的社会风险。公益性是福利彩票发行的目的，游戏性是福利彩票发行的手段，福利彩票比一般意义上的彩票更加注重公益性。多年来，“扶老、助残、救孤、济困”的发行宗旨，已经得到了广大人民群众的认可和支持。福利彩票游戏既给购彩带来了乐趣，也为彩票埋藏着潜在的风险，如果我们管理不严、操作不当，加之一些“问题彩民”，就随时可能引发社会风险。这就要求福彩站点在醒目位置张贴福利彩票的发行宗旨，“禁止向未成年人销售彩票”的提示语及“多人少买、量力而行、奉献爱心”等理性购买彩票警示语；严禁利用互联网等销售方式代售国家彩票；严禁代售国家彩票以外的任何与彩票相关的如“特号推荐、缩水服务”等各类产品和服务。一经发现违规违纪行为要严肃处理，切实维护福利彩票的正常秩序。

（二）充分认识彩票安全运行对社会稳定的影响。当前，我国正在科学发展观指导下，全面建设小康社会。这就必须保持社会环境稳定和谐，尽管福利彩票不是影响社会稳定的大事，但是，必须防微杜渐、未雨绸缪，站在全局的高度看待它，因为当前许多不稳定的群体事件，多是从一些小事开始的，一点小矛盾可能引发大动荡，任何技术、营销、资金等问题，甚至一句不加考虑不负责任的话都可能引发群情激愤。因此，要求工作人员严格规范管理，完善各项制度，提供优质服务，始终为站点服务，为彩民服务，坚持做到有求必应、有难必帮。同时要求投注站和销售点负责人、销售人员要增强对彩民的服务意识，提升服务水平，牢固树立安全意识，严把从技术、营销过程中涉及到社会舆论、彩民心理等每一个环节、每一项工作的安全关，确保彩票安全运行，营造安心舒心搞销售发行的良好氛围。

（三）建立完善福彩公益金阳光操作制度。管理和使用好福彩公益金是福利彩票发行工作的最终落脚点，要充分认识到福彩公益金的特殊性、严肃性和社会敏感性。健全完善公益金使用制度，遵循福彩公益金使用的公益性、必要性和透明性原则，切实管理好使用好福彩公益金，要把福彩公益金的项目选择、项目审批、质量监督、效果评估、作用发挥等定期发布信息，向社会公开，置于人民群众的监督下，充分体现福利彩票“取之于民、用之于民、取信于民”的发行根本和行业品格，提高福利彩票的社会感召力，提高福利彩票的核心竞争力，这样才能巩固和扩大彩民群体，提高销量，筹集更多的福彩公益金。

三、增强营销意识，推进福利彩票又好又快发展

要想实现福利彩票事业又好又快发展，必须有良好的营销环境和规范的管理制度作保障。

（一）建立规范化管理长效机制。制度是管理的基础，随着福彩发行规模扩大，发行票种增加，管理战线拉长，必然要求我们要不断深化内部管理，完善机制改革，细化目标责任制度。重点解决了与上级管理部门存在的部门之间和岗位之间的制度衔接、工作交叉问题，增设了内部机构，形成统一协调高效的运行管理体系。着力推进内部各项制度研究，增强交流反馈，形成民主决策、科学论证、执行有力、监督有效的管理体系。每个销售网点都是福彩的窗口，都会影响到福彩整体形象。我们要求网点规范管理，站点布局合理、网点设立科学、档案资料清晰，站点形象统一，销售人员规范。通过服务为网点创造条件，通过奖惩机制达到优胜劣汰，实现规范管理长效机制。

（二）营造福利彩票和谐的销售环境。彩票销售发行涉及到社会的方方面面，营造一个和谐的销售环境至关重要。主要有这么几个方面：首先要营造诚信环境。这是和谐社会的标志，更是福利彩票发行工作的生命线，要把诚信体系建设贯穿于福利彩票发行销售点的全过程。其次要营造社会环境。福利彩票发行目的是为社会福利事业筹集公益金，就是服从和服务于党和政府的中心工作，与政府各部门的工作目标是相一致的。因此，与政府有关部门保持密切联系，加强沟通协调，自觉接受财政等部门的监督管理，争取更多理解，寻求更多支持和帮助，确保销售发行工作顺利进行。第三要营造舆论环境。把福利彩票置于社会舆论和新闻传媒的监督下，是提高福利彩票公信力的有效途径，要加强与传媒的沟通联系，主动接受舆论监督，倾听社会各界的意见和呼声，努力营造舆论环境，近年来，山西省太原市举办了“公益福彩、爱心救助”主题系列活动，对困难“三八红旗手”、困难劳模、特困残疾人、农村患病教师、公安英烈家属、患重病交警、贫困家庭学生、低保户等给予了资助，进一步提升福利彩票的良好形象。

（三）促进福利彩票全面协调可持续发展。今后一段时间，我们重点在工作机制、规范管理、技术维护、人才建设、网点布局服务质量上下大力气，尽心尽力为彩票站点和广大彩民服务，努力培育彩票销售新的增长点，确保福利彩票发行稳中有升，筹集更多的公益金，实现福利彩票事业又好又快健康发展。

总之，中国福利彩票发展到今天，充满了希望和挑战。我们要把握好发展机遇，以高度的责任感和使用感，继续发扬艰苦奋斗、开拓创新的优良传统，努力工作，奋发向上，发展创新，扩大发行，开创中国福利彩票科学发展的新局面。

【作者：山西省太原市福利彩票发行中心副主任】

发挥工会在构建和谐中的独特作用

张国明

港口企业工会作为基层群众组织，要在推进和谐企业建设、强港进程中有所作为，就要从维护好和谐稳定的劳动关系出发，坚持连续性、规范性和开创性的工作基调，通过紧紧立足“三个致力于”，加上“咬住、盯住和管住”的努力，来充分发挥好工会在“和谐促发展，发展固和谐，同心建强港”中的不可替代的独特作用。

一、致力于在实现企业发展目标中发挥作用

实现“谁与争锋”的世界强港的发展目标，是上港集团全体员工肩负的历史使命，也是企业工会的根本任务。鉴于此，我们必须从“三个咬住”上显现作用、加以推进。

1．咬住企业生产不松劲，引导员工岗位奉献

工会组织要以完成企业生产经营任务为着眼点，着力培育和弘扬“忠诚敬业，强港立人”的企业精神。要通过发挥劳模标杆作用、创建星级班组、星级餐厅、星级服务中心等各种载体，引导员工恪守职业道德、爱岗敬业、甘于奉献，牢固树立“工作学习化、学习工作化”的理念，培养职工的学习力、创新力和竞争力，推进职工队伍的知识化进程，促进职工岗位成才，创造无愧于时代的工作业绩。如，我公司工会通过建立“劳模创新工作室”，总结推出张彦操作法、周三宝带教法和贡军民维修法，开展技术革新等活动，2012 年公司集装箱吞吐量突破 755 万标准箱，成为上海港第一。尤其是第七次打破集装箱作业效率的世界纪录，不仅有效提升了洋山深水港区的服务能级，而且充分展现了上港员工“立足本职、岗位奉献”的精神风貌。

2．咬住人才强港不松劲，促进员工岗位成才

加强人才队伍建设，是企业永续发展的内在要求，更是对员工关心爱护的体现。工会可利用“网上资料库”、“班组课堂”、“员工讲坛”等平台，加强对员工的培训，也可以用党员带群众，骨干带学员的形式，开展“精一岗、会二岗、懂三岗”的培训实践活动。2012 年，我公司工会针对港口大型装卸设备电气控制复杂的特点，组织专业技术人员以 PPT 演示的方式对维修及操作人员进行培训，有效提高了公司设备管理水平；通过以项目化管理的方式开展“潜力就在岗位上”主题实践活动，各班组根据部门业务生产需要，从科技创新、节能降耗、优化流程、提高效率等方面提出及设立了 45 个攻关项目，不仅增强了广大员共的创新意识和主人翁责任意识，还为企业发展做出了贡献。在去年全国深圳集装箱高峰论坛上，公司荣获了六项大奖，在第二十届全国发明展览会上，公司荣获了 4 项发明展览会奖。而这些荣誉背后，离不开一支高素质和创新力的员工科技攻关队伍。

3．咬住企业文化不松劲，营造员工劳动和谐

工会要高举“文化造势，强港育人”的旗帜，上海港开埠具有一百七十多年的历史，百年的价值目标就是文化，它就像是一面旗帜，指引着方向，凝聚着力量。洋山开港以来，我公司工会积极推进以企业文化为脉络的和谐企业建设，坚持关心员工“八个一”操作法，关爱退休员工“四个一”工作法和班组建设“五访五必谈”制度等。同时，积极推进“面对面、心贴心、实打实”的服务员工举措，每年结合员工需求有序推出办实事项目；多次发起向患重病员工和承包工子女的捐款活动；公司工会每年拨出专款给每位承包工赠送战高温大礼包；开展美化承包工宿舍环境流动红旗评比，通过增添绿色景观植物、粉刷墙面、强化宿舍定置管理、配置“三件套”和加强文明建设教育等，改善了承包工的住宿环境，有效形成了凝聚和激励员工“事业为先、团结奋斗”的良好氛围。

二、致力于在企业民主政治建设中发挥作用

企业工会要把服务员工作为工作的出发点和落脚点，以此来凝心聚力、构建和谐企业，确保企业各项任务目标的实现。鉴于此，要从“三个盯住”上做文章加以推进。

1．盯住企业民主管理不松劲，提高员工权益

坚持以“职代会”为基本形式的民主管理监督制度，维护好员工对企业的知情、参与和监督权。比如，我公司工会每年定期召开职工代表大会，通过讨论、审议企业重大事项，并让员工源头参与，促进员工权益保障，促进企业的正常运转。此外，牢固树立全心全意依靠员工办企业的理念，建立健全厂务公开机制，通过公开栏、公司 OA 网、《洋山》期刊、“盛东电视”和信息发布等形式，推进员工切身利益方面的厂务公开，做到员工一定真参与；领导一定真了解、组织一定真关心。

2．盯住和谐建设不松劲，完善相关制度

强化工会源头参与机制建设，通过完善制度，做到制度管事，流程管人，努力实现员工队伍状况在一线掌握、工会维权帮扶在一线实施、构建和谐劳动关系在一线推进、工会工作任务在一线落实、创先争优活动在一线开展。近年来，公司工会制定、完善了诸如《公司中层管理干部联系班组》等十五项制度，有效推动了员工实事工程和员工的疗休养工作。有序开展了“上海港劳动功臣”评选，让员工感受到和谐家园建设的成果，不断提高广大群众对上港和谐家园建设的认知度和参与度。同时，工会组织通过各种有效途径，收集和反映员工呼声，协助党政及时化解矛盾。2012 年，围绕如何改进薪酬分配体系，工会深入岗位一线，对职工进行能力、素质的综合评定，协助行政做好职工岗位和工资奖金同步挂钩的工作，充分体现多劳多得的分配原则，最大限度发挥薪酬激励作用，营造合理、公平、公正的职工薪酬分配体系。让有能力的人有动力、有冲劲的人有活力。

3．盯住劳动协调不松劲，及时处理争议

及时调处劳动争议是建设和谐企业、构建和谐社会的基本

保证。这就要求工会组织力争把劳动争议和群体性问题解决在萌芽状态，通过坚持以员工为主题，以“目标一致、紧密协作、彼此信任、互相尊重、责任共担、利益共享”为目标，教育引导员工，坚持从我做起、从本岗位做起，以达到在凝心聚力中促进劳动关系和谐，在提升素质中促进管理和谐，在做强品牌中促进环境和谐的目的。这方面，我公司工会积极做好劳动争议的预测、预审、预报、预防工作，力争把劳动争议和群体性问题解决在萌芽状态。如为加强生产现场安全，减少因生产事故造成的劳动争议，工会积极组织开展以安全生产、文明生产为主要内容的“安康杯”竞赛活动，充分发挥工会民管小组的作用，并坚持撰写每天督查日记上网公布，强化工会和群众性监督检查；同时，加大各班组员工、劳务承包工的安全普训和“三违”人员特训，为确保多年来公司安全形势稳定作出了贡献。

三、致力于在自身建设中发挥作用

在新形势新要求下，要不断加强工会组织的自身建设，不断提升工会建设科学化水平，进一步增强工会组织的吸引力和凝聚力。鉴于此，要从“两个管住”上下功夫加以推进。

1．管住素质提升不松劲，强化学习提高

实现强港梦、建设和谐企业，是各级工会组织面临的新的机遇和挑战。这就要求工会干部必须提高自身的工作能力和水平。一要不断改进工作作风，深入群众、深入一线，善于发现并有效解决员工的实际困难。二要坚持创新，不断寻求新的视角、新的载体和新的方法。比如：公司工会推出“四个一”工作法。即：每月对企业经济工作情况进行一次分析；每月对企业员工思想动态进行一次排摸；每月对本月上述难点和热点问题提一个解决方案；每月对工会工作进行一次回顾总结。三要定期组织学习，特别要认真学习掌握《工会法》、《劳动法》等，成为依法维护员工合法权益的专家。公司工会倡导建立了“周末一小时集中学习”的长效机制，熟悉工会业务知识，掌握群众工作方法，不断提高工会干部的政治理论水平、业务素质和工作能力。

2．管住制度建设不松劲，不断提升工作水平

这就要求工会进一步推动工会工作走上规范化、制度化的轨道。要在做到模糊工作清晰化，清晰工作信息化，信息工作制度化的基础上，不断增强工会组织的活力，苦练“内功”，落实从“活动主导型”向“管理服务型”转变，提高工会组织的群众化、民主化水平，增强工会组织的内力；而且要不断总结、优化工作经验，创新服务基层建设的思路、内容、领域，提升工会组织的魅力。2012 年，按照公司《“构建和谐企业从我做起”活动的实施办法》，工会认真分解目标任务，切实细化创建举措，形成了长效维护、系统推进的工作格局。

【作者：上海盛东国际集装箱码头有限公司工会主席】

工会的准确定位：寻求企业与职工的共同利益

周维宾

党的十八大报告指出：“为人民服务是党的根本宗旨，以人为本，执政为民是检验党一切执政活动的最高标准。任何时候都要把人民利益放在第一位，始终与人民心连心、同呼吸、共命运，始终依靠人民推动历史前进”。这一重要论述，深刻揭示和诠释了我们党一切执政活动的根本目的、依靠力量和评价标准，反映了当今时代发展的客观要求，为我们实现社会全面进步和人的全面发展奠定了坚实的价值基础，也为我们构建和谐社会提供了理论支持和思想动力。

“以人为本”就是要以人为中心，以调动人的积极性和创造性为根本目的。具体到企业，就是要以全体职工为中心，凝聚全体职工的智慧和力量，着力推进企业与职工根本利益的健康发展，推动企业劳动关系的和谐稳定。

劳动关系是市场经济条件下最基本、最重要的社会关系。在当前以构建和谐社会为主旋律的时代背景下，作为企业工会，在具体的实践中，应坚持面向职工、以人为本，以构建和谐劳动关系为载体，促进企业整体利益与职工切身利益的融合与发展，并在不断强化自身素质和能力的同时，准确把握自己的角色定位：

一、当好知法、懂法、守法、用法的带头人

当前，依法治国、依法执政、依法办事已成为时代的主流。因此，企业工会在实践中首先必须按照《工会法》、《劳动法》等法律法规的要求，充分运用独特的组织优势，紧密结合面临的新形势、新挑战，不断加强工作方式和方法的研究与探索，努力提高分析、处理复杂问题的能力与水平；其次，要善于运用合理的手段，大力开展法制宣传，努力提高职工学法、知法、守法的自觉性；第三，切实注重调查研究，要善于从企业外部的环境中寻找能提高自身工作水平的典型案例、事件，学习其处理问题的思路与方法以增强自身学以致用的能力；积极参与企业相关劳动事件的调查、处理、结案的全过程，要善于从实践中提升依法维护的素养。在此方面，公司工会数十年来坚持“工会干部学习培训”制度，提升了工会干部的政策水平和依法维权的知识与技能；坚持定期“工会工作交流、研究列会”和“工作考核”制度，推动了工会工作的规范化、制度化；坚持以“黑板报”、“宣传画版”巡回展示的形式和各种类型的知识竞赛，提高了职工思想认识、法律意识与自我保护意识；坚持主动参与企业安全生产检查，加强工会劳动保护监督，维护了企业的安全稳定和职工的合法权益，增强了工会工作的凝聚力和影响力。

二、当好维护职工合法权益的代表人

《工会法》明确规定：“中华全国总工会及其各工会组织代表职工的利益，依法维护职工的合法权益”。因此，工会在具体的工作实践中，必须把党政关注的重点与职工关心的热点有机地形成自身工作的结合点，把企业的发展和维护职工利益统一起来作为落脚点，坚持“以人为本”的工作思路，坚持以经济工作为中心。当企业的合法利益受到损害时，工会应主动配合党政，努力维护企业的合法利益；更要注重职工合法权益的维护：一是当职工合法利益受到不公时，敢于代表职工拿起法律的武器进行维护；二是要重点维护弱势群体的合法权益。因为弱势群体的合法利益一旦受到侵犯，无论从智力、财力上，还是从知情、表达上都处于弱势，根本无法也无力去争取自己的合法权利。此时，工会应从维护稳定、践行“宗旨”的高度，认真履行实情调查、利益表达、维权机制运用等职责，为其争取合法权益。如数年前本厂部分下岗职工分别因工伤和精神疾病导致不同程度的伤残而难以再就业，但因不知相关政策而较长时期仅享受下岗待遇，使其生活产生了较大的困难。为此，厂工会在公司工会的指导和厂党总支的支持下，一方面积极与行政沟通，另一方面按照政策指导其进行丧劳鉴定，先后使这些职工分别享受了长病假和提前退休的待遇；三是要善于运用合法的机制从源头上进行维护。如近几年来我厂工会按照公司工会的总体要求，由工会代表职工同行政进行协商，分别就职工切身利益密切相关的事项签订“集体合同”，同时根据企业经济运营实际适时调整充实其内容（如 2009 年签订“集体合同”时，将“免费向职工提供午餐”、“企业出资为在册职工参加市总职工保障互助会”以及“二年一次女职工专项体检”等内容列入福利条款。2011 年在此基础上，又补充增加了“二年一次职工健康体检”的内容），并加强“集体合同”执行过程的中途管理，每年对实施情况进行审核检查，按时向职代会报告，收到了良好的效果，初步实现了职工与企业利益共享的目标。

三、当好职工参与企业管理的代言人

职工代表大会制度是企业民主管理的基本形式，是职工行使知情权、参与权、监督权、管理权的有效途径。工会作为职代会的工作机构，负有在职代会闭会期间代表职工参与企业管理的职能。因此工会在实践中，应以落实民主管理职权为重点，依法为职工说话办事，切实体现职工在企业转型发展中的主人翁地位。如我厂工会近年来根据“上海市职代会条例”规定，按时召开职代会，认真履行相关程序，使职工的参与权和话语权得到了切实体现；按照上级工会要求，积极推动厂务公开，以员工大会、群众座谈会、厂务公开栏等形式及时公开企业各类重大事项和职工关心的热点问题，使职工的知情权和监督权得到了有效落实；充分利用每月党政班子联席会议的平台和平等协商机制，积极反映职工群众的呼声和意愿，并根据企业经济运营的实际，及时就有关“集体合同”的执行情况及其他涉及职工切身利益的重大事项进行沟通与协商，从而使工会的“维权职能”真正落到了实处。

四、当好弱势群体“解、帮、扶”的责任人

工会是“职工之家”，工会干部是职工的“家里人”。职工普遍希望工会干部在他们思想有疙瘩时，能与他们促膝谈心；在对方针政策不理解时，能为他们释疑解惑；在发生矛盾纠纷时，能为他们出面调解；在发生暂时困难时，能为他们排忧解难。因此，工会作为职工利益的代表者和维护者，理所应当成为弱势群体嘘寒问暖的知心人，切实做好为他们“解难、帮困、扶助”工作。多年来，厂工会坚持“六勤”（眼、耳、脑、脚、手、嘴）作风，认真履行“解、帮、扶”职责，并按照公司“创建民生环境，维护和谐稳定”的要求，制定了《企业“帮困送温暖”工作实施办法》，坚持“四个必访”（职工大‘重’病、住院、意外伤害、突发事故），积极开展“帮困、助学、送温暖”活动，建立工会“职工服务站”，每周定时为职工进行测血压、健康咨询等服务。所有这些，让职工真切地体会到了企业的关心和组织的温暖，在相当程度上促进了企业的和谐与稳定。

五、当好企业中心工作的促进人

围绕中心、服务大局是企业工会工作的出发点和落脚点，也是从根本上维护职工利益、促进和谐稳定的本质要求。俗话说：“大河有水小河满”。从这个意义上说，企业的发展是职工的最大利益。因此，以企业经济工作为中心，团结、凝聚职工为实现企业经济工作目标有所作为，是工会责无旁贷的使命。为此，我厂工会近年来紧密结合企业“三年盈利计划”及其工作重点、热点与难点，及时调整工作思路，主动寻求工作最佳结合点，不断强化工作的针对性和实效性，运用工会的传统优势，以宣传栏、座谈会、知识竞赛等形式宣传企业工作方针和目标，深入开展以“节能减排争贡献，岗位实践当能手”为主题的“五比”劳动竞赛与“合理化建议”活动，主动配合企业安全管理和物业管理，认真组织职工代表进行安全大巡查，开展以“找差距、堵漏洞、创文明、保安全、建和谐”为内容的“文明租赁户”竞赛，积极协助党政总结提炼出“积极进取，艰苦奋斗；知难而进，奋发有为；勤俭治厂，争创佳绩；以人为本、共建和谐”的企业精神，为激发职工工作热情、全面完成企业“三年盈利计划”创造了条件，也为确保企业的和谐稳定奠定了基础。

综上所述，以人为本是构建和谐劳动关系乃至和谐社会中至关重要的一环，坚持面向职工、以人为本是基层工会工作的生命线。工会作为党领导下的群众组织，在发动和组织企业职工为完成企业的经济工作目标中起着不可或缺的推动作用。同时，工会也是职工合法权益的代表者和维护者，更是为职工救急济难、帮困解危的第一责任人。因此，企业工会在繁忙的工作实践中，只有坚持以人为本、服务大局、抓住源头，依法维护的原则，努力实现好、维护好、发展好最广大职工的根本利益，才能拉近工会与广大职工的距离，才能使工会真正成为职工群众的贴心人和诉求心声的“职工之家”，同时也才能为构建企业规范有序、公正合理、互利共赢、和谐稳定的新型劳动关系、促进企业乃至社会和谐建设做出较大的贡献。

【作者单位：上海红光制革厂工会】

保护生态环境 建设美丽陕西

陈 利

良好的生态环境，是人类社会持续发展的根本基础，环境保护是建设“美丽陕西”的首要任务，而美丽陕西的建设，则是实现“陕西梦”的重要支撑。

近年来，随着陕西省经济的飞速发展，生态环境的形势非常严峻，虽然我们的GDP有了高速增长，百姓收入有了较大的提高，但食品安全问题、水资源问题、空气污染问题依然突出。

环境是指人类生存和发展中各种天然和人工改造的自然要素的总体。从大气、水、海洋、陆地、森林、草原、矿藏、野生动物、自然遗迹、自然保护区、风景名胜区到城市和乡村等等。

地球的生态系统有生物成分和非生物成分组成，它就像我们的人体一样，能量转换、物质循环、信息传递都处于稳定通畅的状态，当外界的干扰超过了生态系统的自我调节能力时，生态平衡被打破，地球开始生病了。

虽然地球自身有一定的调节自愈能力，比如很多自然原生的火山爆发、地震、海啸、洪涝、干旱、台风、崩塌、滑坡、泥石流等等不可预防的自然灾害，可以通过自然的消化可以慢慢解决。但是加上人类的过度开发和破坏，环境急剧恶化、灾害频发。比如大量碳排放造成臭氧层破坏，产生温室效应，空气质量极差；生物多样性锐减，很多对生态系统的平衡起到极大作用的动物已经濒临灭绝；海上石油污染，赤潮的出现等等。当自然环境不能自我治病时，我们人类将为之付出代价。

随着人类活动范围的扩大、科学技术的发展和电子产品普及应用，人类对环境的破坏范围和种类越来越多，目前总体可以归结一下七类：水、空气、声音、土地、光、电磁、辐射。而其中和老百姓生活密切相关的水污染、空气污染，以及随之产生的食品污染，都已经到了难以容忍的地步。高速发展的大都市建设，让我们在城市中看不到成片的树林，城市周围的草地逐步退化。而在城市之外，人类的活动也造成了严重的荒漠化和水土流失。

我们陕西近几年经济高速发展过程中环境污染、环境破坏等情况依然存在，煤化工产业发展对当地环境的影响，排污企业的污染治理问题也比较严重，陕南的秦岭生态环境保护和水源地保护任务艰巨。而环保部发布的 2013 年上半年全国十大空气污染城市中，我们西安榜上有名，也是西北地区唯一的上榜城市。

另外我们陕西是旅游大省，游客数量不断增长，部分游客在旅游时，缺乏环境保护责任感，往往会在无意识的情况下破坏旅游环境，比如乱刻画、乱丢废弃物、垃圾等现象，秦岭很多峪口中乱丢垃圾现象随处可见。在我们生活的社区、街道、广场等等公共区域，每天都会有大量的垃圾被随处丢弃。我们每个人都在抱怨的同时也成为环境的破坏者。

人与自然是永远的话题，决定着人与人的关系、人与社会的关系。如果生态环境受到严重破坏、人们的生产生活环境恶化、资源能源供应高度紧张、经济发展与资源能源矛盾尖锐，那我们的社会、经济、文化、生活等等都无从进步。环境的破坏最终直接受伤害的是我们自己，同时也伤害了我们的子孙后代。

可持续之路，才是我们的发展之路。可持续发展的概念就是既要满足当代人的需求，又不损害满足后代人需求能力的一种发展。可持续发展是科学的、公平的、持久的、共同的，甚至是可再生的。

要真正做到可持续发展，首先从人的问题入手。人口的数量、增长率、素质、文化水平；相应的粮食、能源、教育、医疗；生存有关的衣食住行等等。这些直接关系到我们每个人。

据统计全国每年因每个家庭的生活垃圾而产生的资源浪费就有 250 亿，因为没有仔细的进行垃圾分类，在垃圾焚烧处理过程中很多可利用的废弃物成为二次污染的源头。产生了很多有毒气体、有害残渣和有毒灰尘。据统计仅仅随手丢弃的废干电池，每年就有 60 多亿只，里面总共含有 7 万多吨锌，10 万吨二氧化锰，这些资源如果能被回收、提取利用，将对环境保护和资源保护起到极大的积极作用。

其次，可持续的自然资源利用是可持续发展的基础。我们的生产要从粗放型转成精细化清洁生产，要从先环境破坏再治理转为先预防、先环保再生产的模式。将生产过程中造成的资源浪费、有毒物质减少到可容忍的最小程度，同时还要在不危及后代的基础上。

环境保护关系到我们每个人，树立积极的环保意识，重视我们身边的生态环境，是我们每个公民的义务和责任。我们不能有“事不关己，高高挂起”、“多一事不如少一事”等消极的思想观念。只有公众的广泛参与；相关法律、法规的建立和执行；科学化、信息化的管理；以及完整的体制机制保障，才能实现可持续发展战略，才能达到生态环境保护和经济发展双赢。

保护环境，从我做起、从现在做起，从最基本的不随手丢垃圾做起。爱护我们身边的每一棵小草、每一个小动物。让我们的空气更清新、树木更茂盛、山水更秀美。希望经济发展和生态保护能够做到平衡协调，更希望在经济飞速发展的同时能够为我们子孙后代留下更多的青山绿水。

【作者：陕西天润科技股份有限公司 总经理】

青年法官要思考三个问题

耿　辉

近年来，伴随着我国社会经济快速发展、经济体制变革不断深化、社会利益格局不断调整，社会矛盾纠纷处于高发时期，且呈现出纠纷类型多样化、利益诉求复杂化、纠纷主体多元化、矛盾交织复合化等特点，对司法工作提出了新的挑战。特别是随着青年法官队伍的不断壮大，面对社会转型时期人民内部矛盾凸显、纠纷处理难度加大、人民群众司法需求不断增长的新形势，尤其是在处理一些重大、疑难、复杂案件的过程中，青年法官正面临着巨大的压力。青年法官如何才能顶得住压力、如何将压力转化为动力？我认为，需要青年法官厘清三个问题：

一、司法工作的目标在哪里

习近平总书记 2012 年 12 月 4 日在“在首都各界纪念现行宪法公布施行 30 周年大会上的讲话”中指出：“宪法确立了社会主义法制的基本原则，明确规定中华人民共和国实行依法治国，建设社会主义法治国家，国家维护社会主义法制的统一和尊严。落实依法治国基本方略，加快建设社会主义法治国家，必须全面推进科学立法、严格执法、公正司法、全民守法进程。我们要依法保障全体公民享有广泛的权利，保障公民的人身权、财产权、基本政治权利等各项权利不受侵犯，保证公民的经济、文化、社会等各方面权利得到落实，努力维护最广大人民根本利益，保障人民群众对美好生活的向往和追求。我们要依法公正对待人民群众的诉求，努力让人民群众在每一个司法案件中都能感受到公平正义，决不能让不公正的审判伤害人民群众感情、损害人民群众权益。”2013 年 3 月 5 日，中共中央组织部与最高人民法院联合印发了《人民法院工作人员分类管理制度改革意见》。《人民法院工作人员分责管理制度改革意见》，按照具有工作特色，符合审判工作规律，体现人民法院工作人员职业特点的要求，建立分类科学、结构合理、职责明晰、管理规范的人员分类管理制度，优化资源配置，强化职业保障，激发内在活力，提高法院干部人事管理科学化水平，建设高素质专业化法院干部队伍。作为一名法律人，必须要抬头看清头上的这片天空，认清国家法治发展的道路和目标，明确新时期人民法官所肩负的历史使命，找准自己的目标定位，在自己的职业生涯中奋发有为，创造出属于自己、无愧于时代的宏伟事业。

二、怎样找准自己的定位

首先必须搞清楚我们处于什么样的发展阶段，我们应该往哪里走，我们应该怎么走这三个问题。从空间结构和社会结构上具体考察，我们这个陆地面积 960 万平方公里，拥有近 14 亿人口的大国，发展的基本格局是，城乡两个时代生产方式并存、东中西三大板块发展具有阶段性差别，而且经济社会两张皮，社会结构、上层建筑和意识形态的现代化水平远远落后于经济结构。从法治建设进程上具体考察，中华人民共和国成立近 60 年来，特别是改革开放 30 年来，在建设中国特色社会主义的伟大实践中，中国的法治建设取得了巨大成就，以宪法为核心的中国特色社会主义法律体系基本形成。但中国是世界上最大的发展中国家，处于并将长期处于社会主义初级阶段。中国的法治建设仍面临一些问题：民主法治建设与经济社会发展的要求还不完全适应；法律体系呈现一定的阶段性特点，有待进一步完善；有法不依、执法不严、违法不究的现象在一些地方和部门依然存在；地方保护主义、部门保护主义和执行难的问题时有发生；有的公职人员贪赃枉法、执法犯法、以言代法、以权压法，对社会主义法治造成损害；加强法治教育，提高全社会的法律意识和法治观念，仍是一项艰巨任务。因此，我们青年法官必须认清国情和本地情况，既不能照搬西方法治发达国家的标准盲目司法，也不能无视本地区的具体情况机械执行法律条文。要把建设社会主义法治国家的长远目标与本地区、本法院具体司法工作结合起来，把中央对司法工作的总要求与具体的司法实践活动结合起来，把个人的职业发展规划与人民法院的发展规划结合起来，不迷茫、不冒进、不折腾、不灰心、不懈怠，明确阶段性目标，规划清晰的发展路径，积小胜终会获取大成。这也完全符合马克思主义发展观。以我们泗洪法院为例，2012 年换届后，新一届党组根据本院 35 岁以下年轻干警占比超过 57%的情况，详细制定了五年发展规划，明确了每年的奋斗目标和主要工作举措，组建年轻干警业余培训学校，从省法院和市中院为每名初任和见习法官聘请指导老师帮助其尽快成长。2013 年又制定出台了《关于落实和尊重法官主体地位的实施意见》，淡化行政工作对审判工作的影响，消除以行政工作方式支配案件审判的情况，明确建立以审判权为中心的权力配置和运行机制，全面落实法官主体地位的中心思想，探索法官单独的职务序列和法官助理制度，严格落实审判执行单元，实施合议庭负责制，让每位青年法官和法官助理找准自己的职责定位，在各自的岗位上充分发挥自己的职责，做好应该做的事情。

三、为什么许多青年法官工作不开心

信仰，是一种伟大的目标和崇高的人生向往，是人们对世界观、人生观、价值观的持有和选择。英国 19 世纪著名的社会改革家塞缪尔·斯迈尔斯在《信仰的力量》一书中写道：“能够激发灵魂的高贵与伟大的，只有虔诚的信仰。在最危险的情形下，最虔诚的信仰支撑着我们；在最严重的困难面前，也是虔诚的信仰帮助我们获得胜利经过。”经过 30 多年的改革开放，我们的物质生活条件越来越丰富，法官的各项物质保障也越来越充足。但许多青年法官却并未感到满足，相反却陷入对金钱的追逐。常常拿律师的收入、发达地区的法官收入，乃至西方国家法官的收入与自己的收入待遇进行比较，总是抱怨收入低、待遇差，特别是随着案件任务量大幅增加，工作中矛盾、困难明显增多，心理波动更为明显：工作不开心，待群众不热情，凡事讲价钱、索回报，不甘吃苦，不愿奉献，把法官职业看作了养家糊口的饭碗，甚至想方设法调往组织部、税务局等“好单位”，或者干脆辞职去做律师。究其原因是信仰的缺失让青年法官的世界观、人生观、价值观发生了偏差，受到了拜金主义的腐蚀。有这样一个小故事可以给我们以启示：一位老人住的公寓旁边有一个大草坪，不知何时一群孩子常来这里踢球，闹哄哄的。老人喜欢清静，可孩子们在草坪上踢球又并不是人们习惯的休息时间，怎么办呢？老人想了很久，终于想出了一个办法。一天孩子们又在踢球，老人对他们说，如果他们每天都到这里踢球，他将给他们每人一元钱。孩子们很是高兴，玩得开心还有人给钱。没过几天，老人对孩子们说，非常对不起，这段时间，他手头有点紧，以后每天只能给他们每人五角了，孩子们就有些不高兴了，踢球的兴趣也就不那么高昂了。又过了几天，老人又对孩子们说，真的很不好意思，他的手头上更紧了，以后每天只能给他们一角了，孩子们一听，不干了，把球一扔，一角钱踢球有什么意思呀，他们是不踢了，于是老人又恢复了往日的清静。这些孩子开始踢球时，并不是冲着钱来的，他们只是为了自己的爱好和兴趣，因为踢球能让他们快乐，获得精神上的愉悦。但老人的金钱介入后，就像恶魔一样改变了孩子们的纯洁思想，不知不觉中孩子们已在为钱而踢球了，他们开始对钱患得患失。这时他们踢球就背负着一个沉重的负担，老人给的钱一旦少了，他们就好像吃了亏似的，球也就踢得不那么开心了，不那么自由自在了，他们的踢球活动已经明显掺杂了功利因素，一开始或许他们的劲头会更足，但时间一长，这点钱对他们的刺激性也就趋于淡化直至消失，这时也许就要更多的钱才能吊起他们的踢球兴趣，物欲的追求是无止境的，这跟吸毒是一样的道理，到后来就需要越来越多的量才能满足其毒瘾。赠人玫瑰手留余香，真正的快乐不在索取而在于奉献。作为守护社会公平正义的人民法官，我们必须要摆脱对物欲的过度追逐，不断加强世界观、人生观、价值观的改造，牢固树立起社会主义核心价值观，坚定法治信仰、恪守职业道德，让自己活得高贵、活得充实、获得快乐。每个人的一生中都充满了各式各样的选择，当初既然选择学习法律、选择了法官这样一个崇高的职业，想必是每个青年法官当初自觉作出的一个最好的选择。所以，每个青年法官不能背离自己的职业初衷和职业操守。要调整好自己的心态，摒弃攀比心理，与其整天抱怨愁眉苦脸，不如带着信仰和虔诚去做事，让自己开心快乐地工作每一天！与其马马虎虎地应付了事，不如脚踏实地做出成绩，在攀登个人事业阶梯中享受成功的喜悦！

伟大的时代呼唤青年去创造，坚守、承载、传承、弘扬，这就是新时代对青年法官发出的呼唤！大家心往一处想，劲往一处使，就一定会用坚强的肩膀扛起共和国法治的青天！

【作者：江苏省泗洪县人民法院院长】

提升就业质量　优化就业结构

韩 琳　侯东岳　戚 扬

党的十八大报告在强调“就业是民生之本”的前提下，提出“推动实现更高质量就业”。近年来我国大力实施就业优先战略和更加积极的就业政策，引导劳动者转变就业观念，鼓励多渠道多形式就业，促进创业带动就业，抓好重点群体就业，已经取得一定成效。2013 年上半年，全国城镇新增就业人数 725 万人，同比多增 31 万人。二季度末城镇登记失业率 4.1%，与一季度和去年同期持平。但目前仍存在着困难群体就业机会不足、就业结构矛盾突出、就业培训不够协调、就业环境存在缺陷、劳动争议案件多发等导致就业质量不高的问题。为了有效解决以上问题，亟需进一步提升就业质量，优化就业结构。

一、提供充分的就业机会，让更多人实现就业

进一步推进就业岗位开发。在统筹城乡发展、积极稳妥推进全域城市化、新型工业化、城市智慧化和农业现代化中创造更多就业机会。借鉴各地“绿色就业”经验，如北京的“绿色就业行动计划”、大连的“绿色发展规划”等，努力开发从事环境和生态保护工作的直接性绿色岗位，从事绿色产品生产和服务的间接性绿色岗位，以及从事治理污染等领域的绿色转化岗位。在产业向服务化与绿色化转变的同时，实现就业数量的扩大与质量的提升。

充分关注重点群体的就业状况。同时更多运用市场机制，畅通求职就业的通道，加强市场信息交流和就业服务。做好高校毕业生就业工作指导，从健全政策体系、完善服务制度等方面着手，建立促进就业的长效机制；提高被征地农民的技能与就业能力，畅通其就业的服务和岗位对接渠道，促进转移就业和稳定就业；大力扶持家庭服务业发展，积极开发就业岗位，有效安置就业困难人员。同时，进一步完善公共就业扶持制度，落实职业介绍补贴政策，促进自谋职业和自主创业，着重落实好鼓励创业的各项优惠政策。

充分发挥创业对就业的带动作用。制定创业扶持资金使用管理办法，多渠道加大创业资金投入，按照发展阶段对创业项目提供相应的资金支持。继续把创业孵化作为工作重点，努力提高创业成功率；积极探索孵化期满后的跟踪指导，通过帮助开辟市场、园区对接和政策衔接，延长创业企业存活期。

二、调整合理的就业结构，让更多人良性就业

解决招工难与就业难并存的就业结构性矛盾。老城区主要解决不同职位的求职倍率差异巨大问题，如辽宁省人力资源市场供求状况及分析预测中等学历求职倍率在 1.25 左右 高学历却仅在 0.9 左右；新开发区域主要解决被征地农民难以在当地新引进企业求职问题。要针对特定群体制定专项职业培训计划，从根本上实现人才结构与经济结构的和谐发展。

提升第三产业吸纳就业能力。李克强总理谈到，“服务业是就业最大的容纳器”，但目前我国总体的第三产业就业比例仍然不高，这是就业结构性矛盾的另一重要方面。要解决这一问题，不仅要着力提高第三产业就业比重，以经济结构的优化推动就业结构的优化。更要努力扩大产业发展对就业数量的带动作用，提高产业发展对就业质量的提升作用。

三、培训良好的就业能力，让更多人稳定就业

建立政府、资格认证机构、专业培训机构等多部门紧密配合的职业培训体系。根据经济发展和社会需求提出职业教育发展指导计划，以规划和协调社会人才需求与供给的宏观平衡。人社部门根据不同职业要求设置有针对性培训框架、相关激励政策并监督培训质量。社会力量成立独立于政府部门和专业职业培训机构的第三方行业资格认证机构，负责制定行业标准及受训人员的考核和职业技术资格的认证。通过多方协调，充分发挥全社会各类资源的作用，提高职业教育体系的灵活性、适应性，优化就业结构。

改革国民教育体系，建立就业部门与教育部门的协调机制。按照李克强总理“要发展与就业政策相适应的职业教育培训，使很多目前还在中学学习的人未来都能够掌握与市场需求相适应的就业技能”的要求，通过就业部门与中等教育部门的协调机制，提高中学教育阶段教育“分流”的准确性，使学生可以根据自身条件适时选择合适的学习经历，尽早找到合适的岗位，发挥最大的潜力。通过就业部门与高等院校的协调机制，使高等院校的专业设置更加贴近社会经济发展需求，社会人才的结构自然与社会经济对不同层次人才的需求数量相匹配，避免教育资源的浪费，优化就业结构，满足国家社会经济对人才的多样性需求。

改革就业培训体系，提高就业与再就业水平。设置特别针对高校毕业生的岗前培训基地，大力开展岗前培训。如，武汉的做法是在两大开发区设立 20 多个人才服务中心培训基地，面向武汉高校毕业生从事公益性就业、创业培训，加强定单式、定向式培训，积极推广校企合作模式，通过岗前培训为企业培养一线实用型技术人才，努力实现“培训一人、就业一人”。进一步健全企业在岗职工培训制度，通过在岗培训、脱产培训、业务研修、技能竞赛等多种形式，广泛开展在岗职工技能提升培训和高技能人才培训，努力实现“就业一人、培训一人”。

四、营造公平的就业环境，让更多人均等就业

提供均等化的公共服务。如上海的做法是在全市 211 个街道(镇)统一成立了社区事务受理服务中心，融职业介绍、职业指导、职业培训、岗位开发、社会保障事务办理等多项职能于一体，各社区还活跃着分布在居委会的就业援助员队伍和为企业提供劳动保障服务的劳动监察协管员队伍。这样由社区多渠道、多形式开发就业岗位，提供更多的就业机会，缓解日趋严重的就业压力。政府就社区服务产业的总体布局配置做出指导性规划，充分调动社区资源，促进社区组织的发育和发达，建立社区内各种社会主体共同承担责任和广泛参与的发展机制，由社区多渠道、多形式开发就业岗位，提供更多的就业机会。

保障平等的就业权利。在全域城市化进程中，逐渐消除城乡差别，消除城乡二元结构对农村劳动力流动的各种壁垒和障碍，使农村劳动力享有与城镇劳动力平等的就业权利。

五、维护和谐的劳动关系，让更多人体面就业

依法维护劳动者权益。将全面落实最低工资保障制度作为劳动执法监察的重要内容，强化监督检查，加大执法力度，严肃查处不落实或变相降低职工最低工资的行为。

协调规范劳动关系。保障劳资双方合法权益，创新劳动争议仲裁工作运行机制，实现高水平的劳动争议案件调解结案率。

完善社会保障制度。建立健全就业与社会保障的联动机制，提升社会保障水平，促进体面劳动。

【作者单位：中共大连市委党校】

关于加强戒毒场所民警队伍职业心态管理的理性思考

浙江省强制隔离戒毒所课题组

如何在戒毒工作转型发展新形势下加强和促进民警队伍职业化建设，努力打造一支政治坚定、业务过硬、作风优良、纪律严明的民警队伍，是戒毒场所民警队伍建设面临的一项新的课题。民警职业心态管理作为一项以人为本、关注民警个体心理健康状况和构建警队团队意识的管理、教育手段，旨在通过教育、引导等一系列的职业心态管理方法让民警的积极心态成为主导，让消极心态疏通缓解，使民警拥有一个积极健康的职业心理，从而在警队内部形成一种健康积极的职业意识和职业精神，形成良好的工作氛围，最大程度上减少管理成本，能使上级的决策得以正确、及时地落实，从而促进戒毒工作的发展。

一、现状分析

为进一步了解民警职业心态的现状，以求更真实、更广泛地了解广大基层民警的真实感受和想法，为加强民警职业化建设提供重要的参考信息和工作依据，以问卷调查的形式对省属劳教系统民警职业心态情况进行了调查了解。

（一）民警职业心态问卷调查情况

1．调查方法

调查方法主要采用无记名问卷调查形式，同时辅以个别电话调查和现场谈话方式。按照调查目标，问卷分为2个部分，共26个问题，内容涉及个人基本情况、民警职业心态现状及改进措施等方面。在归纳总结中，一方面是各所通过各自调查结果，分析、总结自身工作经验、各所特点以及实际工作中存在的问题与不足，并出具书面分析报告；另一方面，通过对调查结果的汇总，总结、分析出省属劳教系统民警职业心态共性方面的特点和问题。

2．调查目标与调查对象

调查目标主要为民警职业心态现状、职业认可度、职业化建设措施等几个方面。调查对象为四个省属所的150名民警。此次调查共计发放调查问卷150份，收回有效问卷150份。

参与调查的人员年龄结构及工作岗位等情况：被调查人员中男女比例分别为32.7%和67.3%，年龄30～39岁之间的占30%，20～29岁之间的占60%（民警队伍年龄结构近年来逐步趋向年轻化），机关工作人员占15.3%，大队民警占76%。

3．调查结果分析

根据问卷调查情况，结合实际的调研，对民警职业心态状况分析如下：

①民警的职业归属感和自豪感不强。民警职业心态现状调查中有7个问题，主要为调查民警对所从事的劳教工作的感受与评价。

在调查中，认为有职业自豪感的只有17%，认为没有自豪感的却有34%；对工作有成就感的有15%，有时候有的占56%，认为没有成就感的占29%；非常喜欢和喜欢戒毒工作的占7%和35%，基本喜欢和不喜欢的占38%和20%。从这些数据分析，部分民警的职业自豪感和归属感不浅，并在职业活动中的表现主要有：一是逐渐对管理戒毒人员失去耐心，工作缺乏主动性和创造性，并过多运用权力关系（主要是奖、惩的方式）来影响戒毒人员，而不是以动之以情，晓之以理的心理引导方式来管理。时常将工作中遇到的正常阻力扩大化、严重化、情绪反应过度。如将戒毒人员的一个小小的违纪问题看成是严重的冒犯，处理方法简单粗暴。二是对工作完全失去热情，甚至开始厌恶，恐惧管教工作，试图离开管教岗位，另寻职业。这种情绪常常会在民警之间得到互相强化，从而影响整个单位的战斗力。三是对工作的使命感、自豪感降低，出现工作得过且过的情况。

②民警价值取向日趋多元化，对职业发展没有明确的规划。调查结果显示：认为自己的工作受尊重（含比较受尊重）的占50%，认为不受尊重的占20%；调查在戒毒所工作时最想得到的是什么时，认为高薪酬、自我价值实现，分别占问卷调查总数的28%和33%；在职业发展规划调查中，只有10%的人认为个人职业发展的设计是明确的；只有18%的人认为戒毒所关心民警的个人成长和前途；还有30%的被调查者对戒毒所提供的民警职业培训感到不满意。上述数据一方面说明广大民警渴望自己的工作受到他人的尊重，在付出劳动的同时希望得到应有的报酬及自我价值的实现，另一方面也表明民警个人的职业规划不明确，戒毒所在民警的岗位设置、职业发展设计和职业培训等民警队伍建设方面还需要逐步加以改进，为民警的工作和职业发展提供更加公平和科学的发展平台。

③职业素质和工作纪律等将有待于进一步规范和提高。调查中，认为民警素质、工作纪律、管理制度、硬件条件是戒毒所目前的最大优势的，分别占问卷调查总数的10%、15%、35%、40%；75%的被调查者认为硬件条件与管理制度的认知度较高。即硬件条件最大，管理制度次之，民警素质与工作纪律仍有一大部分民警认为一般。随着戒毒工作的转型发展，民警素质和工作纪律等将有待于进一步规范和提高，这将是我们今后工作的重点。

④民警心理压力普遍较大。在问卷调查中，认为自己心理健康的占14%、存在一定问题的占58%，不健康的占28%。通过对调查问卷的分析，并结合实际工作情况，主要表现在民警在基层一线从事教育管理工作中和在日常生活中心情烦躁不安，注意力不集中，缺乏耐心，或出现焦虑、抑郁、失眠等症状。

⑤团队精神和协作能力尚需不断提升。在团队精神和协作能力调查中，认为内部凝聚力强、协作能力强的占问卷调查总数的16%；认为凝聚力较强、协作能力一般的只占25%；认为凝聚力较弱、协作能力较差的占59%。这一调查数据显示，戒毒所的凝聚力和民警的团队精神有待进一步提高。

（二）目前困扰民警职业心态的难点问题及分析

1．社会不良思想的影响和场所内外部环境的变化导致民警使命感和价值观发生变化。一是随着改革开放的不断深入和市场经济的不断发展，道德错位、道德缺失、拜金主义等不良思想冲击着人们的头脑。民警作为社会的个体，其思想、道德在遵守社会主流标准的同时，也不可避免地受到社会不良思想的影响。有些民警在思想上出现了困惑，在是非对错面前失去了判断力，甚至是职业道德的错位。有的民警甚至为了蝇头小利、丧失职业道德为戒毒人员传带违禁品从中牟利，最终导致被清除出民警队伍。二是随着近几年我国法治化进程的不断深入，场所内外部环境发生巨大变化，执法理念、管理机制、考核制度调整日趋合理，方式方法更加科学，但各种制度、举措在实际操作与执行过程中，不可避免地发生一些偏差和脱节，落实结果往往只是“口号化”、“标语化”，民警利益容易流于单纯的物质化，工作的使命感和责任感渐渐模糊。三是由于近年来民警年龄结构、知识结构发生了明显的变化，致使民警价值取向多元化。部分民警更加注重眼前实际利益，而不大关注场所发展，对内部有些方针、政策不是完全理解。有相当一部分民警对调查观点持基本不同意态度。比较集中的是民警在所内的自我感受和内部管理方面。如：一部分被调查者认为民警职业发展设计不够完善，民警工作自豪感不强，满意度较低等等。由此可见，进一步加强民警职业心态管理，更好地体现“以人为本”的价值理念，采取更加灵活有效的思想政治工作方式，提高民警对工作的信心，帮助广大民警树立正确的价值观，在场所当前的发展中尤为重要。

2．职业压力和不良心态导致民警缺乏职业的归属感。民警的职业特点导致工作时间长、工作风险大、工作责任重、工作压力大，同时，戒毒工作相对封闭，社会对戒毒工作了解程度相对较低。这些很容易导致民警缺乏职业的归属感。职业归属感是建立在职业认同基础之上的，从另一个层面来说，也是一种职业凝聚力和职业荣誉感。一些民警常常拿自己的工作与其它职业相比较，并产生自卑、不满等不良的职业心态。如有的民警在亲戚朋友询问其职业时，总是说自己是警察，很少会提及自己是劳教人民警察。这就是因为不良职业心态导致民警缺乏职业归属感，而缺乏职业归属感必将影响到民警的职业自豪感、荣誉感，影响队伍整体的凝聚力。

3．制度与职责设置不明确导致民警职业心态管理工作滞缓不前。完善、健全的机构配置和制度保障是民警职业心态管理工作成败的关键。而要使“民警职业心态管理网络”充分发挥作用，明确的职责与有效的执行缺一不可。当前，各所的民警职业心态管理没有明确部门负责，尤其是民警职业心态工作的可操作性制度尚未建立健全，工作的方式方法无章可循，工作基本停留在被动执行层面，造成面对民警队伍中存在的职业心态问题，一无有效解决途径，二无执行能力，致使民警职业心态管理工作没有创新，滞缓不前。这就需要戒毒所进一步健全、完善机构设置，尽快建立健全相关规章制度，明确职责范围，并授予这个“网络”以合理、有利的执行权利。

二、加强民警职业心态管理的重要意义及其目标

从对目前困扰民警职业心态管理难点问题的分析中，我们发现由于民警工作的特殊性和社会不良因素等诸多原因的综合影响，导致民警职业心态管理相对滞后，假如我们不能正确面对并有效解决这些问题，这些问题就会严重影响我们的民警队伍建设。积极的心态产生积极的驱动，引发积极的行动，达成积极的结果。消极的心态产生消极的驱动，引发消极的行动，达成消极的结果。戒毒所要以民警队伍职业化建设为依托，积极开展民警职业心态管理，这对民警个人成长，对民警队伍整体建设，甚至对戒毒事业的发展都具有至关重要的意义。具体来说：

（一）有助于民警增强职业意识，坚定职业追求。健康的民警职业心态能最大限度地增强民警的职业意识，激发民警工作的主观能动性，使民警以“投入”和“奉献”的心态为场所工作，达到将自己的人生命运与劳教所命运结合在一起的最佳状态。民警职业心态是警队的“铸魂”工程，是一项具有基础性、战略性、前瞻性、起着“内聚人心、外树形象”作用的工作。我们要通过民警职业心态管理，在警队内部形成一种良好的职业意识，而这种职业意识将对民警个体行为起到规范和促进的作用，有助于场所打造一个有共同理想信念、明确的价值指向、高尚道德境界的民警队伍，永葆民警队伍忠于党，忠于祖国、忠于人民、忠于法律的政治本色。

（二）有助于民警增强职业素养，提高工作质量。戒毒人员的教育管理工作是“育人工程”，需要我们的民警具备较高的职业素养，能够运用各种教育矫治、激励引导的手段来管理和教育戒毒人员。管理和教育戒毒人员是一项斗智斗勇的复杂活动，民警也有可能会在工作中遇见大量的突发事件，常常会面临紧张、恐惧或突如其来的危险情境。如果具备成熟的职业心态，良好的思考习惯，顽强的意志品质，灵活的应变能力就能正确地处理各种事件。尤其对戒毒人员的个别教育工作，需要民警具备较高的职业素养，假如连自己的职业心态都调整不好，又如何去做好教育转化工作。

（三）有助于民警拥有健康心态，提升生活品质。一个人要提高生活质量，幸福地生活，拥有一个健康的心态是至关重要的。加强民警职业心态管理，提高民警个体的心理素质和职业素养，就能够使民警经常保持良好的心境，愉快地工作和生活，有效地与人沟通、交往，在工作中能够更好地与同事或领导相互协作，共同做好工作，在家庭中与家人共建一个幸福美好的家。随着生活品质的提升会促进工作更好地开展，而工作的更好开展也将保证生活质量的不断提高，以此形成一个良性循环。

（四）有助于创新工作手段，提高管理水平。为适应戒毒工作转型发展的需要，戒毒所的思想政治工作也需要在传统模式的基础上不断融入新的手段和方法。加强民警职业心态管理正是不断创新思想政治工作的有效尝试。既是针对当前民警的思想现状而实施的有效的管理模式，也是场所思想政治工作科学化、规范化管理的需要。民警职业心态管理在思想政治工作中的定位是：民警职业心态管理是思想政治工作的重要组成部分，要以场所思想政治工作为出发点和归宿，通过有效加强民警职业心态管理，不断提高民警队伍的整体素质。

三、加强民警职业心态管理积极推动队伍职业化建设的初步构想

（一）从建立健全职业心态管理体系入手，不断创新民警队伍职业化建设工作的手段。一是构建民警职业心态管理辅导中心。政工部门要成立民警职业心态管理辅导中心，以关注民警心理、生理需要、引导民警建立积极健康职业心态、帮助民警成长为工作宗旨。要着力构建一个从要求民警遵守法纪到对民警身心的关怀；从道德品质教育到健康人格塑造的“管理—教育—帮助”系统，从而真正使民警职业心态管理工作直接为民警队伍职业化建设服务。民警职业心态管理辅导中心要积极帮助民警树立以下十种健康的职业心态：积极的心态；感恩的心态；谦虚的心态；学习进取的心态；诚实勤奋的心态；付出与奉献的心态；合作与创新的心态；自信与行动的心态；敬业的心态；渴望成功的心态。二是关注民警职业生涯的规划和管理。“以人为本”是民警职业心态管理的指导思想。我们要坚持“以人为本”，关注民警的职业生涯规划，并将此作为民警职业心态管理的重要内容，努力实现民警队伍和民警个体的“双元、双层”发展。“双元”指民警队伍和民警个体的共同发展，即通过育人实现民警队伍的发展；“双层”是指作为民警队伍在考虑发展的同时，必须考虑到民警个人的发展，民警个体在考虑个人发展的同时，必须考虑队伍的发展，从而达到彼此共进的效果。尤其是我们在重视民警队伍整体发展的同时，要更多关注民警个体职业生涯的管理（这一点是我们以前常常忽略的）。民警职业生涯管理是指组织或个体根据个体自身情况和条件，为其设计职业目标，选择职业道路，确定岗位发展计划和继续教育计划的行动方案，以定位其未来的位置和发展方向，发挥自己的长处，最大限度地实现自我价值。要通

过职业生涯的管理，达到警队人力资源需求与个人职业生涯需求之间的平衡，创造高效率的工作环境和引人、育人、留人的警队氛围。三是构建民警职业心态管理的长效机制。加强民警职业心态管理是一项理论性、实践性和创新性都很强的工作，而要实现民警职业心态管理的目标，需要我们逐步建立健全民警职业心态管理的长效机制，不断地调动队伍的积极性和创造性，提高队伍的整体素质，防止出现“一任领导一个令，一届班子一本经”现象。一是要建立健全民警职业心态管理的各项制度。通过制度建设，明确目标体系、构建制度和重点工作，使民警职业心态管理工作按章有序的进行。二是要建立健全民警的竞争和激励机制。使队伍的积极性、创造性得到充分调动，使优秀人才能够脱颖而出。三是建立健全民警的监督和约束机制，增强民警的工作责任感和职业危机感。

（二）从加强民警队伍文化建设入手，弘扬职业精神、塑造职业形象。一是加强职业道德的培养，塑造鲜明警察精神。以当前正在开展的党的群众路线教育实践活动为抓手，加强对民警的宗旨意识教育，自觉践行政法干警核心价值观，形成良好的警察职业道德，形成积极向上的精神价值、道德价值、人格价值和高尚的社会公德、职业道德、家庭美德。加强警察精神的塑造，形成宣传警察精神的浓厚氛围，使民警处处感受到警察精神的存在。各级领导应模范带头，做警察精神的倡导者，躬行者，发挥启迪和引导作用。通过民警自我教育，加深他们对警察精神的认同感和理解程度，提高自觉性以及相互间的影响力。二是构建学习型的民警队伍。现代社会的发展日新月异，民警队伍的发展如何跟上时代的步伐，关键是要不断学习、更新知识和思维。在工作中学习，在学习中工作，这是保持民警队伍永远生机勃勃、积极进取的有效途径。民警队伍的文化建设，应当着眼于培养民警的学习能力和创新能力，通过学习，不断吸收先进的思想、文化，不断提高队伍的整体文化素质，提升文化品位，推进民警队伍整体素质的提高。三是着力丰富民警的精神文化生活。要着力提高民警个体的精神文化生活质量，丰富他们“八小时”外的生活，创造活动空间，制定活动主题，营造健康、积极向上的文化生活氛围。一是搭建展示民警文化艺术才能的舞台，激发民警健康的生活情趣。如举办文艺汇演、书法摄影专题艺术展、社会公益宣传等活动，以提高民警的文化艺术品位，发展个人的兴趣爱好，增强队伍整体的活力，并扩大场所的社会影响力，展示新时期民警的良好风貌。二是提供各兄弟单位民警间以及与社会人士间交流的场所。定期组织各类活动，丰富民警的生活，开阔民警的眼界和思维，使他们能够有更饱满的精神状态投入紧张的工作。三是大力弘扬团队协作精神。团队精神培养是民警职业心态管理的一个重要内容。场所的很多工作仅靠所领导和几个部门难以完成，必须充分发挥团队的作用，依靠团队成员的共同努力。要大力提倡共同创造、共同进步的团队精神，积极营造相互尊重、坦诚沟通、积极进取、团结协作的组织氛围，鼓励不同岗位、不同专业、不同部门的民警在专业分工基础上进行有效合作，齐心协力共同完成各项工作任务。四是加强场所文化建设向外辐射力度。民警职业心态应当本着开放、包容、吸纳的原则，让社会更加关心和了解戒毒所的发展，同时将社会先进的文化补充进来，使民警职业心态与社会文化同步发展。首先，加大场所工作的对外宣传力度，在社会上树立民警公正执法、治病救人、为人师表的良好形象。其次，增强服务社会的意识。利用所内丰富的法制教育资源，建立法制教育基地，加大法律宣传力度，提高公民的自觉守法意识，为创造社会的法制环境，维护社会的稳定尽一份力。同时，在做好法制宣传的过程中，也增强了民警的社会责任感和使命感，督促其不断加强法律、业务知识的学习。再次，加强文化交流。走出去、请进来，通过交流拓宽民警的视野和眼界，使民警职业荣誉感和归属感获得强有力的外部支持。

（三）从创新完善职业心态管理手段入手，积极探索民警职业心态管理模式。一是普及民警职业心态管理，提倡健康的生活方式。提高民警的自我调控能力和健康心理素质，要利用多种形式，在民警中普及心理健康教育，为他们提供心理帮助，提高他们的自我心理调控能力。可邀请心理专家、教授以作报告、讲座或举办培训班的形式向民警普及心理学知识；可联合社会心理工作者或者有关心理咨询机构在所内开展心理门诊、开通心理电话热线，让心理咨询走近一线民警，为民警倾吐心声、疏导郁闷焦虑等不良情绪、舒缓工作家庭压力创造条件；可通过心理专家对民警进行角色扮演和自信心训练，使民警掌握正确应激的技巧和克服自卑感，树立自信心，提高积极性；可建立类似于健身房的健心房，设置宣泄室、音乐间等疏导民警的消极情绪，减轻心理压力。在民警中大力倡导健康的生活方式，鼓励民警与社会保持适当接触，多进行有益的休闲活动，在经济方面量入为出；严格遵守有关禁令，纠正不良生活习性，如酗酒、熬夜、赌博等。二是尝试建立民警心理评价机制和民警身心健康档案。国际上，早在20世纪70年代就有许多国家的警察机构应用心理测量技术对警察进行选拔和评估，并收到很好效果。我们可以借鉴国外的警察心理评价机制，尝试建立一套符合劳教人民警察的心理评价制度，为及时、全面了解民警的心理素质提供依据。在此基础上，尝试建立民警身心健康档案，为民警的民警职业心态管理和综合评价提供依据。民警身心健康档案应包括以下内容：个人简历、体检表、智力量表测试结果评价；卡特尔、明尼苏达等心理量表测试结果评估；心理训练档案；各项体能成绩；其它身心健康方面内容等。三是加强心理训练基地建设，有效促进民警健康心理形成。尝试成立专门的民警心理训练基地，着重训练民警的心理素质。如：进行观察能力训练，培养良好的观察能力，防止工作中出现错误的认识和判断；心理情境适应训练，训练民警勇敢、沉着冷静、机智灵活的良好性格品质，矫正怯懦、冲动、任性的不良品质，更好地适应职业需要；基础心理学的简单应用和自我心理调控能力训练，培养和提高民警自我心理调控能力和承受心理挫折、心理压力的能力，避免由于情绪失控造成工作失误。

【作者：浙江省强制隔离戒毒所课题组成员
李孟春　李继红　车松定　童珍明　梅晓飞】

转作风　强公正　促和谐

——漳平市法院“四项延伸”强力推进平安建设

胡盛源　邱声光

漳平市法院紧紧围绕市委提出的“狠心造环境，推进新跨越”和上级法院提出的“为大局服务，为人民司法”的工作主题，把握机遇，理清思路，自觉服从服务于全市工作大局，加强社会管理创新，认真履行职能，化解社会矛盾，促进社会和谐，使法院工作在更好地为漳平市社会安定稳定，经济发展服务过程中，得到进一步的加强和发展，取得了可喜的成效。2006年至今连续三届被评为“省级文明单位”；2012 年永福人民法庭被评为“全省十佳法庭”；漳平市 2011 年以来在全省 4 次社会治安满意率测评中，3 次进入全省前 10 名，被省综治委通报表扬；2013 年 3 月被评为 2010～2012 年度全国法治县（市、区）创建活动先进单位；2013 年 5 月 31 日被中央综治委授予全国平安建设先进市（县、区、旗）荣誉。主要措施有：

一、延伸审判威效，力导从法促平安

（一）充分发挥刑事审判职能，依法严厉打击严重刑事犯罪和经济犯罪。保持“严打”态势，严厉打击严重暴力犯罪，多发性侵财犯罪，严重危害人民群众生命财产安全的犯罪等，切实提升人民群众的安全感；严厉惩处制假，售假，非法传销等严重经济犯罪和贪污贿赂等职务犯罪，维护市场秩序，正确执行宽严相济刑事政策，积极推进量刑规范化和审前社会调查，最大限度减少社会对立面。

（二）源头预防，减少社会矛盾。依法妥善审理民间借贷，损害赔偿以及教育，医疗，住房，环境保护，食品药品安全，征地拆迁，劳动争议，交通事故等案件，依法妥善处理涉及华龙二期征拆案件，有效化解各类社会矛盾。着眼于预防社会矛盾，及时对各类案件可能导致的社会稳定风险进行评估，与有关部门密切配合，妥善化解风险，防止发生损害群众利益的问题发生。

（三）加强行政协调工作，提高行政首长出庭率，构建官民沟通的平台。依法审理涉及土地征收，城市规划等各类行政诉讼案件，依法受理审查征拆、征收社会抚养费等行政非诉案件，支持和保障行政机关依法行使职权，保护公民、法人和其他组织的合法权益，推进依法行政。

（四）进一步解决执行难问题。巩固集中清理执行积案成效，加快清理无财产可供执行的积案，积极推行执行“110”，分段集约执行，执行公开曝光、限制被执行人出境和限制高消费等方法，保障执行实效。加强与公安、银行、房产等部门联动，及时有效查控被执行人及其财产，对有履行条件而拒不履行的被执行人，依法及时采取强制执行措施，构建综合治理执行难的工作格局。

二、延伸司法公信力，强化公平正义的社会渗透力

（一）以公开保公正，积极探索诉讼服务信息化新模式。市法院采用传统诉讼服务与现代化网络系统结合的新模式，为当事人提供高效便捷的服务。通过立案，审判，执行中引进现代科技手段来进一步促进审执公开，推行阳光审判，阳光执行，自觉接受当事人和社会各界的监督，力促案件公正高效。

（二）以创新求公正，提升司法公信力。牢牢抓住“司法公信”主题，坚持“一线工作法”，做到领导下移，工作下移，责任下移，矛盾在一线化解，问题在一线解决。通过发放法官联群卡，举办“法院开放日”，实行“联帮挂”制度，法律义工进社区，广泛听取民声民意，树立新时期法官务实为民、恪尽职守的先锋形象；搭建服务企业新平台，组建“法律保姆”服务队、青年法官先锋队，设立工业园区诉调对接服务中心，分别成立维护职工权益和台商权益合议庭，开展定时走访企业活动，及时了解企业在生产生活中遇到的法律问题和多层次，宽领域的司法需求，进一步保障和服务我市企业发展；扎实推进“一院一品”服务生态建设，确定了以“服务保障茶产业和乡村旅游发展”为切入点，成立领导小组，制定实施意见，在永福镇、南洋乡设立生态服务巡回法庭，建立生态矛盾纠纷快速处理机制，为推进无讼生态小镇建设提供司法服务。

（三）以素质保公正，实现能力素质双提升。在全院干警中开展群众路线教育和核心价值观等主题实践活动，组织学习詹红荔、吴一心同志的先进事迹，开展思想大讨论。推进实施“四送四帮”，即送政策、送法律，送信息、送服务，帮助推进经济发展，帮助促进社会和谐稳定，帮助基层党组织增强战斗力，帮助群众排忧解难。加强对广大干警的思想教育和廉政纪律教育，牢固树立公正办案，执法如山的观念；开设法官大讲堂，道德大讲堂，“我是法院主人翁”主题演讲，采取面授教育，视频授课，院长带头上讲台，鼓励法官主动学习，积极思考，认真研讨，相互影响，全面提升法官的整体素质。

（四）以监督促公正，确保正确裁决。市法院高度重视人大的监督工作，全面落实向人大报告的制度，积极邀请人大代表，政协委员到法院检查，评议案件，旁听重大案件的开庭，听取人大对法院工作的意见和建议，听取人民群众和社会各界对法院工作的批评和意见，自觉接受监督，坚持纠、评、建并举，改进司法作风，健全岗位目标管理责任制以及落实队伍建设和党风廉政建设责任状，实现审判管理从粗放型向精细化，单一型向系统化的转变。

三、延伸人民法庭化解和社会管理创新调处矛盾前沿阵地作用，有效化解和抑制社会矛盾

市法院根据市委提出的在更高的起点上谋划平安漳平建设的要求，主动把创建工作融入党委领导，政府负责，社会协

同，公众参与的社会管理格局之中，主动深入基层，加强非诉调解指导，提升社会的纠纷化解能力。

（一）发挥各项审判职能的作用，积极参与平安建设的构建。通过巡回审判，多方联动，诉调对接等方式，就地解决群众纠纷，第一时间满足群众的司法诉求。

（二）定期开展矛盾纠纷排查。充分发挥永福、新桥两个基层法庭以及人民陪审员的作用，组织广大法官特别是青年法官到茶区、林区、花区、厂区、矿区、景区、台商投资区、工业园区以及重大项目、重点工程等地调研，加强与有关部门的配合和联系，分析研判，从源头上预防和化解纠纷。

（三）积极参与“平安和谐乡（镇、街道），村（居、社区）”的创建活动。结合“司法走转改”活动，开展“全院干警进农家安万户”以及“送法进农家，无讼促和谐”系列活动，确定工作试点，引导基层组织在法律允许的范围内制定，修订村规民约，规范村规民约的内容，将农村财务、村务等与群众生产、生活关系密切的问题纳入法治化轨道，完善各项依法自治制度，促进农村经济的健康发展。

四、延伸审判职能，积极参与社会治安综合治理

市法院在做好审判工作的同时，积极参与社会治安综合治理工作，充分发挥指导人民调解委员会调解工作，接待来信来访，以案释法等复合性职能。

（一）加强司法调解和诉调对接工作。坚持“调解优先，调判结合”，在案结事了上下功夫，参与组建“漳平市矛盾纠纷排查调处中心”，设立漳平市交通巡回法庭，市工业园区诉调服务中心等及北片调处中心等，实现小纠纷就地化解，避免大量小纠纷进入司法程序，造成当事人的讼累。

（二）妥善化解涉法涉诉案件。坚持院长定期接待，专人日常接待与干警带案下访相结合的接访处访机制，落实包案领导和责任人，做到有人能调，有事能说，有章能循，有诉能回，努力解决涉法涉诉当事人的合法合理诉求，对信访矛盾及时掌控，化解疏导。

（三）加强法制宣传教育，增强公民的法律意识。深化“六五”普法教育工作，认真做好未成年人合法权益保护工作；开设首家网络宣传平台，收集社情民意，回应社会关切，推行司法公正，提升司法公信，通过发布法院工作，弘扬先进人物；开展以案释法以及重大案件庭审旁听等方式，提高广大群众特别是各级领导干部自觉遵守法律的意识，做到知法、守法、用法。

【作者：福建省漳平市人民法院院长；副院长】

程序正义是杜绝错案的关键

黄桂晗

《错案》是法国著名律师勒内·弗洛里奥写于 20 世纪中后期的一部著作，笔者认为，因其内容与现实司法工作的关联性，值得每一位法官认真品读、思考。作者一开始就告诫读者，错案并非只会被那些地位低下的倒霉蛋碰上，每一个人都可能成为受害者。例如在杜培武冤案中，被告人杜培武曾经是一名警察，却也同样遭受了刑讯，成了冤案受害者。因此，讨论如何避免错案，绝不仅仅是对犯罪嫌疑人和被告人的保护，而是对全体社会成员的保障。不难发现证据是导致冤假错案的关键，那么我们应当怎样杜绝错案呢？笔者认为须做到以下两点：

首先，杜绝冤假错案需要我们做到证据归证据、口号归口号。以证据为核心，而不是过去发生的事实，更不是以司法口号为核心。司法活动是不可能像精密仪器一样精确，特别是在自由裁量空间中，有一种司法经验和实践理性所凝结的“只可意会不可言传”的东西。即使我们有再先进的侦查设备也难以复原案发当时的案件事实，但是我们目前的口号“以事实为依据，以法律为准绳”容易引起民众对于司法的误解，并以此为依据申请上诉上访，不达目的誓不罢休，要求司法机关完全以其认定的所谓“事实”为依据，对于司法机关提出过高的要求，这就需要我们民众正确理解“以事实为依据，以法律为准绳”这句话的真实含义。现代诉讼证据理论认为，在客观真实与法律真实、客观事实与法律事实之间，需要通过证据加以证明，才能分清相互区别，再现法律事实。否则，就会出现佘祥林、赵作海式张冠李戴的冤假错案。所以，证据裁判原则中的事实，是指需要通过证据认定的案件事实，也有人称其为待证事实。所有这些“事实”都是审判机关适用何种法律、如何适用法律的前提及依据，而所有“事实”的认定，均取决于法官对证据的取舍和证明力大小的判断。坚持证据裁判原则疑罪从无，就必须做到认定案件事实应有相应的证据予以证明，也就是说一切都要靠证据说话，没有证据不得认定犯罪事实。我国刑事诉讼法规定了物证、书证等 8 种法定证据形式，因此，所有对案件事实的认定都必须建立在这 8 种证据形式之上。

其次，杜绝冤假错案需要我们明确法官非圣人、程序须坚守。民众及媒体需要明了法官并非洞察一切的圣人，法官须坚守程序公正。一个常识性的问题是我们的法官也是人，是人那么他的能力就是有限的。在民众心目中、媒体报道中、理想状态中，我们的法官应该具有圣人般的道德修养、教授级的理论功底、洞察一切的阅历经验、百科全书式的渊博学识。但在司法实践中法官绝对不是全知全能的神探狄仁杰，不能包办一切，法官只有按照正当的程序走下去，才能得到公正的实体处理结果。而错误的不切实际的期待实际上预设了一种结果，在这种结果的指引下，法律规定的运行程序被重新设置了另一个路径。与实体规定大多情形下预期效果单向性不同的是，程序规定效果往往无论向哪个方向偏移，都有其合理性或者不合理性。在错误的期待下，法官被神话被拔高，程序公正却被忽视，甚至走偏。包括河南赵作海杀人案、浙江张氏叔侄强奸案，哪一个冤案的侦破案件的司法人员在当时没被吹嘘和宣传？一些学者往往把发生冤假错案的原因归结于司法权制约不足的结果，笔者认为，造成这些冤假错案相当程度上正是案件承办人思想上受制于全知全能的办案神人。但在这一期待重压下，一些司法人员为了追求所谓的破案率，不惜突破法律禁区和职业底线，人为地将错案办成所谓的“铁案”。错案是在特定语境中形成的，对事实的误读与对法律的误解的叠加，造成了法律对话的错位。

总之，实体公正是司法的不懈追求，程序公正是实现实体公正的唯一路径。法官应当循着法律规定的正当程序去探索案件事实，而不是按照神话的期待要求另辟蹊径，这样才能防止误入歧途。作为司法决策层与管理层的上层人士，更应当少些非理性的期待口号式的鼓噪，多些冷静而成熟的思考。司法公正是社会公正的重要防线，其稳固性取决于我们每一个人能否始终坚持以证据证明的事实为依据，以法律为准绳。只有这样的努力，在每一件司法案件中感受到公平正义就不会遥远，这也是实践习近平总书记提出的“空谈误国，实干兴邦”的要求。

【作者：江苏省邳州市人民法院院长】

祖国大家庭是各族人民幸福生活的摇篮

穆合塔尔·麦提如则

祖国，她就像一位慈祥的母亲，对我们每一个人来说都非常可亲、可敬、可贵。我们生活在祖国这个大家庭里，就像依偎在母亲的怀抱里一样温暖、一样幸福。

我们伟大的祖国由 56 个民族组成，13 亿各族人民生活在一起，同呼吸、共命运、心连心，播撒着团结友爱的种子，在华夏大地上生根发芽，绘制着 56 个民族亲如一家的和睦画面。

对祖国的爱就是对祖国的忠诚，一个没有祖国的人，就像一个没家的孩子，永远都是孤独的。因此，保卫祖国是每一个公民的职责和使命，对祖国失去忠诚就等同于背叛，而背叛祖国无疑是犯罪。所以，我们要像爱护自己的眼睛一样爱护祖国，珍惜今天来之不易的幸福生活，为建设更加美好的明天而努力奋斗！

令人痛心的是，最近新疆发生了数起暴力恐怖案件，暴力恐怖案件严重危害了新疆各族人民的利益，暴力恐怖分子破坏和谐的社会秩序、危害群众生命财产安全，严重影响了各族人民群众的正常生产生活。暴力恐怖分子的手段非常残忍，罪恶行径令人发指，充分揭露了他们反社会、反人类的本质，这是新疆各族人民群众都不愿意看到的。如今，新疆社会大局和谐稳定、人民安居乐业、各项社会事业不断发展壮大，我们的祖国更是日益繁荣昌盛。在如此大好形势下，每一个有良心的中华儿女都无法忍受自己的亲人无辜遭受伤亡，人民安居乐业的和谐局面遭受破坏。暴力恐怖分子的罪恶行径既背叛了自己的祖国，也背叛了自己的民族。

自古以来，新疆就是多民族居住地。在几千年的历史长河中，生活在这里的各族人民团结友爱、同甘共苦，共同建设、保卫着这片美好家园，谱写着民族团结的辉煌篇章。自古以来，新疆就是伟大祖国不可分割的一部分，她的命运与祖国的命运紧密相连，她的稳定关乎祖国的稳定，她的发展关乎祖国的发展，新疆与祖国血肉相融。

历来，党中央都高度重视新疆的经济发展和社会稳定，先后出台并实施了一系列事关新疆发展稳定的方针政策，有力促进了新疆经济社会全面发展。在党中央的关怀下，在内地援疆省市的无私援助下，在自治区党委、人民政府的正确领导下，新疆城乡面貌发生了翻天覆地的变化，各族人民的生活水平大大改善，平等、团结、互助的社会主义民族关系取得长足发展，这是每一个有良心的新疆儿女都能感觉到的，这也对于历经贫穷苦难的新疆各族人民来说尤为可贵。

没有伟大的祖国就没有我们和谐安宁的家，没有和谐安宁的家就没有我们美好幸福的生活。新疆各族人民都深刻明白这个道理，都深刻明白祖国这个“大家”和家庭这个“小家”都需要团结、和谐、友爱、安宁。“爱国爱疆、团结奉献、勤劳互助、开放进取”是新疆精神，贯穿于每个人的生活当中，体现在每个人的行动上。热爱和平、维护稳定是新疆各族人民长久以来继承下来的传统；加快发展、加强团结是新疆各族人民长久以来的共同愿望。但是，“三股势力”就不愿意看到，他们采取暴力恐怖手段企图破坏安定团结的局面。“三股势力”这种逆历史潮流而动的罪恶行径必将失败，因为他们背叛了自己的祖国，他们是新疆各族人民共同的敌人，新疆各族人民决不允许他们的阴谋得逞。

加强民族团结、维护社会稳定是新疆各族人民群众的根本利益，是实现新疆跨越式发展和长治久安两大历史任务的根本保障。因此我们要像爱护自己的眼睛一样爱护民族团结，要像珍惜自己的生命一样维护社会稳定。

作为新闻工作者，我们必须以对党的忠诚和对新闻宣传工作高度负责的精神，在思想上、行动上时刻同党中央、自治区党委、和田地委保持高度一致，利用媒体这块舆论宣传阵地，用自己手中的笔揭露“三股势力”的反动本质，让各族人民认清团结稳定是福、分裂动乱是祸的真理。

暴力恐怖分子的罪恶行径令人发指。我们要团结起来，全力维护社会稳定，倍加珍惜今天来之不易的幸福生活。乌云遮不住阳光，暴力恐怖案件无法阻挡新疆改革、发展的步伐，无法动摇各族干部群众促进发展、维护稳定的决心和信心。

团结就是力量。一个家、一个集体、一个国家甚至世界的发展都离不开团结，只要团结一心，就能无往不胜。伟大的祖国是各族人民共同的家，各族人民都是祖国大家庭的成员。生活在祖国大家庭里的任何民族，都应树立主体民族意识，那就是无论任何民族都是中华民族的一部分，我们的主体民族就是中华民族，各民族之间是唇齿相依的。只要各族人民团结一致，中华民族就能形成强大的凝聚力和向心力，就能够战胜各种困难和挫折。我们要高举民族团结旗帜，互相尊重、互相信任、互相支持、互相学习、互相理解，同呼吸、共命运、心连心，牢牢把握各族人民共同团结奋斗、共同繁荣发展的主题，紧密团结在以习近平同志为总书记的党中央周围，为建设更加繁荣富强的祖国而不断努力奋斗，为实现中华民族伟大复兴的中国梦而不断努力奋斗！

【作者：和田日报社党委副书记 社长】

长治市中医医院构建和谐医患关系实践经验

孙慧哲

近年来长治市中医医院在构建和谐医患关系上做了很多探索。360 度优质护理服务、倡导良心文化等一系列真抓实干的举措令全院上下一团和气，没有发生过医闹事件。连续被评为山西省医德医风示范单位、长治市百姓心中的品牌。

一、长治市中医医院概况

长治市中医医院是 1979 年 12 月在原长治市工业局职工医院基础上成立的地（市）级全民所有制中医医疗机构，起步低、底子薄。全院职工从建院起就秉承“精勤 笃行 厚德 广济”之院训，靠朴实劳动、真诚服务、踏踏实实求发展。

（一）医院硬件设施概况

长治市中医医院 1996 年以二级甲等中医医院的身份被确立为“全国示范中医院”，2011 年年底以全省第一的成绩通过了国家中医药管理局三级医院评审，成为三级乙等医院。医院占地面积 20601 ㎡，床位 400 张，伴随国家重点中医院建设项目——病房楼投入使用，病床扩大到 400 张以上，固定资产超过 1 亿元。现有职工 439 人，临床医技科室 24 个，专病门诊 35 个，拥有 0.4T 磁共振、16 排螺旋 CT、500mA 遥控 X 线机、1000mA 多功能 X 线机、B 超、彩超、电子胃镜、肠镜、全自动生化仪、电凝电刀、麻醉机、呼吸机等大中型医疗设备，可支撑医疗教学科研工作。

（二）科室建设及服务能力

该院科室建设态势良好，从 2002 年起走大专科、小综合的发展之路，各重点专科已成为医院发展的龙头科室。肛肠科为国家级重点专科是晋东南地区首屈一指的肛肠专科、其学科带头人秦俊华、李荷英为长治市十大名医。糖尿病科为省级重点专科，肾病科、脑病科、颈腰椎病科和肿瘤科为市级重点专科，国家中医药管理局重点专科扶持项目 1 个，省级重点专科建设项目 2 个。

近年来，长治市中医医院在市委、市政府和市卫生局的正确领导下，坚持中医特色，全院各项工作实现了跨越式发展，医院综合实力显著提高，社会声誉和美誉度与日俱增。2012 年，全年门诊 87474 人（次），出院人数达 7547 人，平均床位利用率 97.15%，健康体检 10236 人（次），平均住院日 15.4 天，2 个省级重点专科床位利用率都在 100%以上。

（三）特色优势及发展愿景

长治市中医医院以中医药特色为优势，临床开展中医医疗技术项目共 69 项，包括贴敷、中药熏药治疗、针刺、隔物灸法、中药涂擦、小针刀、钩活术、辩证膳食指导、中药蒸气浴治疗、子午流注开穴法等。这些传统中医药技术的开展成为该院发展的特色优势，他们将中医护理技术纳入护士操作考核项目，以成为“360 度护理服务”一大亮点，2009 年糖尿病科被评为“全国中医特色优秀护理单元”。开设“中医治未病”，进一步推动了中医文化的临床应用。全院医护人员坚持“西医学中医”、“中医学经典”、学生拜老师、老师带学徒。首批 18 名青年医师得益于“中医师承培养”。临床推广“小针刀”、“钩活术”中医适宜技术。引进北京同仁堂饮片、中药小包装饮片、三九免煎颗粒等，研制专科专药 38 种，现在中医参与治疗率达 97.8%。在这里不仅能领略传统中医的神奇功效，也能接受现代医学的综合治疗，成为百姓信赖的中医名院。

二、长治市中医医院医患关系调查

长治市中医医院连续三年每天都要在住院患者中发放《住院患者问卷调查表》，调查表由该院党办派专人发放，并在填写好之后收回，统一交由党办处理，按季度装订成册。进行统计和汇总，作为医生的考核指标。近三年来该院未发生过严重的医闹事件，一些简单的医疗纠纷都在党办的协调中得到了及时处理，患者满意度非常高。

（一）患者对技术方面较为满意

98%的患者对于医院的技术水平表示满意，对主管医师解答关于医疗方面的问题基本满意，对综合检验科的工作调查显示一般，原因为设备较为落后，检验结果存在误差。在调查表发放半年后，医院已经积极更换全自动生化仪、血球分析仪等一系列检验设备，检验科的工作得到了全面提升。

（二）患者对护理治疗比较满意

在调查结果的分析中，患者最为满意的是护理服务，该院一直开展的优质护理服务真正的把护士还给病人。每位护士管病人数不得多于八位，并根据护士的专业水平，分配所管病人的轻重，使护士的价值得以充分体现，并使护士对自己所管病人的情况了如指掌。从治疗到健康教育、心理护理、生活护理，护士都会按时、主动的去完成。所管病人少了，与病人在一起的时间多了，说的话也多了，健康教育更加到位了。而且健康教育不仅针对病人，还针对家属以及前来探视的亲友，使所有人都拥有健康的生活方式，尽可能的远离疾病、远离痛苦。

各科室还增设了优质护理服务版面，上面空出一小片地方，名为“护患心语”，以方便护士与患者的书面交流，这样患者不好意思说的话，或者需要提的意见都可以第一时间让护士看到。科室护士的意识提高了，由被动服务变成了主动服务，由以完成工作为目的转变为真诚的为病人提供帮助；通过基础护理的落实，病人的舒适感增加了；通过专科护理的落实，病人的安全感增加了；通过优质护理服务护患关系进一步密切，患者不仅把护士看作是打针、输液的人，更把护士当成是贴心的人；通过优质护理服务，提高了患者的满意度，同时也提升了科室效益，更树立了医院护理品牌。

（三）患者对医院收费比较满意

患者对住院费用明细表示满意，认为医院收费较为合理。该院住院收费中药占比低于38%低于国家标准，非药物治疗较多，大力推广单病种收费制度，极大降低了患者的住院费用。财务科增设收费窗口，提高收费效率，患者排队时间短，结算速度快。医保办也增设了新农合服务窗口极大的方便患者，患者在收费问题上都较为满意。

三、长治市中医医院构建和谐医患关系经验

“长治中医，薪火相传，为了生命的绽放，铸就祖国医学的辉煌……”这是长治中医人共同谱写的乐章，也是长治中医人30年励精图治、开拓进取的心声。他们在构建和谐医患关系中有着十分丰厚的经验积累。

（一）加强质量管理，提高诊疗水平和医疗质量

良好的医患关系要营造良好的医疗氛围，为此医院下大力气建设中医文化。让患者置身医院就有被尊重的感受。为此医院在各门诊候诊室建设了名老中医廊，宣传各个国医大师以及院内名医，让候诊病人在等待过程中了解中医大师的风采。在药房候诊区开辟了名贵中药橱窗和中药简介的宣传栏。在病区结合各个科室的诊疗特色和科室优势制作展板，让住院病人在院期间能尽量得到相关疾病的科普知识，认识自己的疾病，知道疾病的转归和预后，有自我保健的意识，也能更多的理解医生，更好的和医生进行沟通和交流。

良好的医患关系要有制度的有力保障。该院近年来一再修改和完善各项医疗和护理的工作制度。对各级各类人员工作制度与职责进行修订，完善了《医院工作流程》、《360度护理服务考核办法》等一系列制度和流程，使管理效能显著提高。全院医务人员坚持“质量是生命、管理出效益”这一宗旨，先后出台《15项护理操作考核手册》、《院感管理考核办法》、《医疗核心制度手册》、《医疗质量考核办法》、《60项护理技能要点手册》等方案和制度，共修订优化工作流程226条，完善规章制度278条，患者对关键流程可以很快识别，预防医患纠纷的发生。从严考核“三基”、“三严”，建立院、科、个人三级质控体系，加强各个行政职能科室对于质量的监控功能。医务科、护理部、质控办、院感等部门对检查结果进行通报和公示，公示内容集中上公示栏，做到规范严格、依法行医。严格执行“一票否决制度”：如输血管理一票否决、院感一票否决、医疗事故一票否决，创建三级医院以来，没有发生过医疗安全事故。手术切口甲级愈合率达98%，辨证优良率98%。

（二）推进大专科小综合建设，铸就核心竞争力

2002年以来，该院从院情出发，突出中医特色、发挥品牌优势，确立了“大专科小综合”的办院之路，整合资源，做强大专科，向三级医院迈进。经过几年的努力，事实证明，这是一条可持续发展的兴院之路。成立了内一•肾病科、内二•脑病科、内三•糖尿病科、内四•肿瘤科，同时增设肺病科、心血管病科、老年病科、脾胃病科、风湿病科等二级科室，实现了优势互补，优势更优。省级重点专科糖尿病科特色突出，成为长治市慢病糖尿病防治办公室，是国家中医药管理局“天使工程”扶持项目。脑病科引进中西结合“颅内血肿清除术”，特别是引进石学敏院士创立的“醒脑开窍法”，疗效显著，深受广大患者好评。2010年11月12日肿瘤科正式挂牌，填补了上党地区中西医结合治疗肿瘤的一项空白。2011年6月4日，颈腰椎病科桂忠诚主任经过潜心钻研，认真分析研讨，引进中医特异针疗法钩活术，结合本科室的小针刀疗法为患者提供更为立体有效的颈腰椎病治疗方案。这样构成了各大专科领头，全院各科室共同发展的良好态势。药房认真落实《中药饮片管理规范》、《中药房基本标准》、《关于中药饮片处方用名和调剂给付有关问题的通知》等规章制度，严把饮片质量关，先后引进“三九免煎剂”、“同仁堂专柜”、“小包装饮片”，深受患者好评。医院还积极在中医学术的传承和创新上做大文章，在上党地区率先推出“中医师承培养工程”，充分挖掘名老中医资源，遴选出导师10名，与青年医师确立师承关系，使得特色专科建设后继人才。各大专科形成合力，极大地提高了医院的综合实力。

（三）狠抓行风，虚功实做，诚信立院

至诚守信、博爱广济是市中医院形成的文化理念之一。该院将医院管理年活动与深入学习科学发展观活动、治理医药机构商业贿赂活动密切结合起来，加强行风建设，引导干部职工继承和发扬优良的医德医风传统，进一步规范服务用语和“禁语”，医务人员在工作中做到文明行医，耐心向人交代和解释病情，杜绝生、冷、硬、顶、推现象；加强医患沟通，建立医患沟通制度，护士随时与病人沟通，及时解答病人的疑问，完善知情同意书。为落实便民措施，该院把方便留给患者，把实惠让给患者，真正解决病人“看病难、看病贵”的问题。

同时，该院严格执行《廉洁行医十不准》，在全市率先推出了特困病房，单病种限价收费等惠民措施，医疗服务收费和药品价格实行明码公示。重申了《医院人员执业违纪及服务投诉处罚若干规定》、《医德医风随访制度》及《院务公开制度》，建立了《每日例会制度》及时了解和掌握行风动态，并将医德医风建设与社会主义荣辱观教育相结合，积极开展治理医药购销领域商业贿赂专项工作，制定《八不准》，签订《廉洁责任书》，药品全部实行挂网招标采购，万元以上医疗器械通过招标采购委员会招标采购。为进一步推动管理年活动，该院积极参加了长治市万人评议行风活动，出台了《创建医德医风示范医院二十条规定》，做到了阶段性与长期性，主题活动与日常工作有机结合，铸就了全院职工大服务思想和讲诚信理念，2009年全市政风行风评议名列前茅，2009年省卫生厅表彰为“医德医风工作先进单位”。

（四）建设文化型医院，树立“长治中医”形象

中医文化博大精深，中医传统文化的精髓是指引医德医风的重要旗帜。2010年，该院学习高州市人民医院管理经验，提出了全院营造“中医药文化”和“良心文化”两个氛围，要求全院职工“以良心待患，用良心工作”，院长马卫平倡导良心文化。用良心工作，要求行政职能科室的人想一想是否对得起自己的工资，对得起自己的岗位。早上迟到的、迟来早走的，出工不出力的，做工作得不到大家认可的……都要在内心深刻反思。以良心待患，医务工作者就要像对待亲人一样对待你的患者，是真正需要点点滴滴为病人着想、真真切切为病人付出的。在临床工作中要严格遵循“三不要”、“三不用”原则（“三不要”：可做可不做的检查坚决不要做；可开可不开的药物一律不要开；可收可不收的费用分文不要收。“三不用”：能用简单的药就不用复杂的；能用便宜的药就不用昂贵的；能用国产耗材就不用进口的）。

长治市中医医院在抓医德医风建设的过程中，充分发挥了“良心文化”的作用，提出“以心换心、患者第一”的文化建设目标。在晨会学习、年底考核、人员聘用中都将“良心文化”推到前台。在广大职工中营造浓厚的“良心文化”氛围，潜移默化地转化为大家对事业的负责、对同事的友好、对患者的关爱。这些做法从根本上提升了职工的道德素质和医德水平，促进了家庭和谐、医患和谐和医院和谐。专门编撰了体现中国传统文化价值观的读本《杏林镜鉴》，深刻阐述医德、责任和传统文化价值的核心内容。让职工深刻领会我国传统医德的精髓：不图钱财，清廉正直；不贪权势，忠于医业；一视同仁，仁爱为怀；精研医术、行医严谨；医术传人，扶危济困；尊重同道，谦和不矜。并完成了上万字的良心文化文集，书中集中了各个科室工作人员对于良心文化的理解和解读，与本身工作结合，深刻领会良心文化个深刻含义。确立了“至诚至爱、博爱广济”的理念。成功举办了建院三十周年成就图片展，全面反映了医院的变迁与发展，进一步激发了广大职工的爱院热情，受到社会各界好评；筹建中医治未病中心，编印了《中医治未病常识》，并创刊《中医养生》期刊，共编发《简报》33期，广泛宣传中医文化，提升“长治中医”品牌。2009年参加了全省中医院文化建设现场会，进一步促进了医院文化建设。9月29日特邀北京中国中医药报美术总监胡春福教授来院进行《中医医院中医药文化建设》专题讲座，对医院布局、建筑风格进行了现场指导。同时，该院开展了长治市“国家二类城市语言文字工作”，做为全市21个窗口单位，讲普通话，用规范字，使医院文化建设又上了一个新台阶，受到市语委语言文字工作组的好评。举办了职工运动会、首届十佳“杏林歌手”大赛、建院三十年“岁月如歌”和“中医之缘”征文等一系列活动，篮球队、太极拳表演队、舞蹈队的组建，更进一步丰富了职工的文化活动形式。在这样的医院文化的熏陶之中，院领导班子和全院职工坚守医疗工作者的职责，该院也被省、市评为医德医风示范医院、纪检监察先进集体，国家中医药管理局授予中医药文化建设试点单位。这些有力的措施也使长治市中医医院的服务大跨步向前，成为晋东南地区优质服务的品牌医院，多次荣获百姓放心医院，在争先创优、三好一满意活动调查中名列前茅。

【作者：山西省长治市中医医院宣传科科长】

践行党的群众路线　服务基层信教群众

孙剑霖

宗教工作是党和国家工作的重要组成部分，是全面建设小康社会的重要内容，是推进和谐社会建设的重要方面，在党和国家事业发展大局中有着重要的地位。宗教工作贯彻党的群众路线，就是要全面贯彻党的宗教工作基本方针，践行“保护、管理、引导、服务”的宗教工作理念，把做好信教群众的工作作为根本任务，最大限度地把他们团结起来，把他们的智慧和力量凝聚起来，共同为经济社会发展、民族伟大复兴作贡献。

我们在党中央的正确领导下围绕“做好信教群众的工作”这个根本任务，近年来主要做了以下一些工作：一是坚持“服务型政府”理念，精简宗教方面的行政审批事项，规范审批程序，将宗教工作纳入社会管理综合治理考评内容，开展“安全年”、“教风年”为主题的和谐寺观教堂创建活动，推进宗教教职人员认定备案和宗教活动场所财务监督管理等专项工作，加强宗教团体建设，努力实现宗教活动场所合理布局、场所管理民主规范、宗教活动和谐安全，有效回应了广大人民群众特别是信教群众的重大关切。二是贯彻“保护合法、制止非法、抵御渗透、打击犯罪”的原则，对宗教领域存在的假冒僧尼道士行骗、违规设立宗教活动场所、非法“承包”寺庙宫观等现象和行为进行依法打击和取缔，保护了宗教界人士和信教群众的合法权益。三是真心实意关心信教群众，定期给困难教职人员发放生活补助，及时帮助维修维护破损宗教活动场所，积极做好宗教教职人员纳入社会保障工作，妥善解决落实宗教房产政策中出现的矛盾，帮助解决了工作、生活中的许多问题。四是充分发挥宗教界人士和信教群众在促进经济社会发展中的积极作用，积极引导宗教界人士协助党和政府协调关系、化解矛盾，支持宗教界通过开展读经讲经解经活动、举办宗教文化主题论坛、“宗教慈善周”等平台，发掘宗教道德和宗教文化中有利于时代发展、社会进步和健康文明的精华，促进了宗教关系的和谐。

对照贯彻党的群众路线的要求，我们感到还存在一些问题和不足。如到信教群众中调查研究的时间不多、深入不够，对信教群众的期待和诉求把握不够完整，对少数教职人员社会形象欠佳的问题没有及时有效解决。由于基层宗教工作机构执法力量不足，导致对宗教领域的非法现象和行为取缔打击力度不够。机关服务宗教界人士和信教群众工作的效率，有待进一步提高。

“知不足然后能自反”。下一步，我们将按照“照镜子、正衣冠、洗洗澡、治治病”的总体要求，继续深入查找“四风”方面的问题。进一步加强党的群众路线和宗教理论方针政策的系统学习，提高在宗教工作中践行群众路线特别是做好信教群众工作的本领，加强第四支队伍及信教群众基层骨干队伍的教育引导。每年安排1～2个月深入宗教教职人员和广大信教群众调研，及时倾听呼声，摸准脉搏，把握诉求，有效回应。积极争取完善基层宗教工作部门的行政执法主体资格，强化依法行政，有效取缔打击伤害宗教界人士和信教群众感情、侵害其合法权益的非法现象与行为。深入推进以“教风年”为主题的和谐寺观教堂创建活动，推动和帮助教职人员提升综合素质，树立在信教群众和社会各界的良好形象。大力加强机关干部队伍建设和作风建设，进一步简化和规范行政审批和办事程序，提高行政效率与效能，努力建设人民群众满意的政府职能部门。

【作者：湖南省宗教事务局党组书记 局长】

松桃两步走战略　推进全面小康

吴浲富

与全国同步小康，松桃实施两步走战略：第一步，2016年全县小康社会实现程度达90%以上，小康总体水平年均提高7.4个百分点；第二步，2018年全县小康社会实现程度达100%，小康总体水平年均提高6.6个百分点。

围绕这一目标，坚持“环境立县、产业富县、城镇兴县、民生和县、人才强县”发展思路，加速推进工业化、城镇化、农业现代化、文化旅游产业化和社会和谐化同步发展，努力走出一条追赶型、调整型、跨越式、可持续的全面建成小康路子。

加速推进新型工业化。围绕创建“黔东工业聚集区”为目标，打造“一区四园”发展平台，加快壮大工业经济总量。力争到2018年，全县实现规模以上工业总产值100亿元以上，二产占GDP比重达44%以上，把松桃建成全国锰冶金和化工新材料基地、全国特色食品和特色农产品加工基地，形成工业主导型经济发展格局。

加速推进城镇化。大力实施“城镇化带动”战略，按照“一轴两翼三星四特”的发展布局，推进城镇提质扩容。力争到2018年，建成5个城市综合体，城区面积达30平方公里，县城人口达30万人，把松桃建成武陵山区中型城市。

加速推进农业现代化。以“三个万元”及“151”工程为抓手，以创建5个现代高效农业产业示范园为平台，大力发展产业，促进农民增收致富。力争到2018年实现城镇居民人均可支配收入达20000元以上、农村居民人均可支配收入达7000元以上。

加速推进文化旅游产业化。以培育和发展苗族文化、生态文化品牌为重点，倾力打造“一园四区”文化旅游发展格局。力争到2018年，实现年接待游客600万人次以上，实现旅游总收入70亿元以上。

加速推进社会和谐化。积极实施社会保障工程、扶贫攻坚工程、社会救助工程，统筹推进教育文化、医疗卫生、人口计生等工作协调发展。同时要创新社会管理，深入推进“平安松桃”、“法制松桃”创建活动，构建“和谐松桃”。

【作者：中共松桃苗族自治县委副书记 县人民政府县长】

新闻出版工作是西藏长治久安的基础工作

肖传江

西藏是重要的国家安全屏障，在党和国家战略全局中居于重要地位。习近平总书记参加十二届全国人大一次会议西藏代表团审议时强调指出“治国必治边，治边先稳藏”，明确要求“毫不动摇做好长治久安的基础工作”，为实现西藏持续稳定、长期稳定、全面稳定提供了基本遵循。区党委八届四次全委会深入贯彻落实习近平总书记的重要讲话精神，对推进西藏长治久安作出全面部署，要求“着力维护社会和谐稳定”，为扎实做好维护稳定各项工作指明了方向。新闻出版是维护意识形态和文化领域安全的重要战线，是全区维稳工作的重要组成部分，是长治久安的一项基础工作，在促进社会和谐稳定中承担着十分重要的责任、发挥着不可替代的作用。贯彻落实好习近平总书记的重要讲话精神和区党委八届四次全委会精神，必须从事关国家稳定和国家安全的战略高度，充分认识新闻出版在发展稳定大局中的重要地位和独特作用，勇于作为、敢于担当，科学谋划、统筹推进，扎实做好改革、发展、服务、管理各项工作，确保新闻出版安全，为推进西藏长治久安作出最大的贡献。

一、新闻出版是严管舆论导向、确保意识形态安全的重要阵地，在推进西藏长治久安中发挥着不可替代的基础作用

意识形态安全事关国家安全和社会稳定。在西藏，由于存在着各族人民同以十四世达赖集团为代表的分裂势力之间的特殊矛盾，决定了我们同十四世达赖集团的斗争是长期的、尖锐的、复杂的，有时甚至是激烈的。历史经验证明，意识形态领域始终是我们与十四世达赖集团及其支持他们的国际敌对势力斗争的主战场。新闻出版是我们党意识形态工作的重要阵地，在巩固壮大主流思想舆论、抵御反动思想文化渗透、维护西藏意识形态安全方面作用重大。必须切实增强政治责任感和政治敏锐性，站在推进西藏长治久安的高度，认真做好意识形态工作，把好导向、守好阵地、管好市场，确保我区意识形态和文化领域的绝对安全。

确保西藏意识形态安全，最核心的是要加强新闻出版导向管理。导向正确是党和人民之福，导向错误是党和人民之祸。加强新闻出版导向管理，对于确保书报刊、音像电子制品、网络和手机出版物等人民群众日常所需精神文化产品的正确出版方向，严厉打击导向错误特别是反动出版物，具有十分重要的意义。必须严格依法行政，认真执行选题论证、重大选题备案制度，特别是把好重大选题、热点敏感、民族宗教等出版选题关，确保正确的舆论导向和出版方向。加强新闻报刊舆情监测和采编秩序管理，严厉打击各类非法出版物。以社会主义核心价值体系建设为根本任务，做好新旧西藏对比和中国梦宣传教育系列出版物编辑出版工作，组织各级各类报刊开辟专题专栏专版加强舆论宣传，积极营造科学发展、和谐稳定、民族团结、民生改善的良好舆论氛围，巩固壮大主流思想舆论。

确保西藏意识形态安全，最关键的是要加强新闻出版阵地管理。新闻出版阵地是宣传方针政策、传播先进文化、凝聚思想共识、促进发展稳定的坚强堡垒。加强新闻出版阵地管理，是新闻出版工作的基本职责。必须落实谁主管谁负责、谁主办谁负责和属地管理原则，把责任明确到单位主要负责人和分管责任人，严格执行责任追究制，推动各项管理措施落到实处，切实做到守土有责、守土尽责。突出工作重点，着力加强书报刊、音像电子制品、网络和手机出版物等的出版、印刷复制、发行传播各环节管理，管理好使用好农家书屋、寺庙书屋等基层宣传思想阵地，使一切新闻出版阵地都能充分发挥作用、产生效益，以对新闻出版阵地的有效管控，堵塞错误思潮和反动思想传播渠道。改进和创新管理方式方法，综合运用政策的、法律的、经济的、技术的手段加强管理，提高新闻出版阵地管理的科学性、系统性和有效性。

确保西藏意识形态安全，最重要的是要加强新闻出版市场管理。规范的出版物市场秩序，良好的社会文化环境，对维护意识形态安全至关重要。当前，我区意识形态领域斗争尖锐复杂，十四世达赖集团和国际敌对势力通过大量炮制传播鼓吹“西藏独立”、煽动民族分裂、制造民族隔阂、挑动暴力事件的“藏独”反动出版物及宣传品，对我实施舆论攻击和思想渗透，与我争夺人心、争夺下一代。加强出版物市场监管，全面封堵查缴各类非法出版物的任务艰巨繁重。必须坚持依法科学有效管理出版物市场，充分发挥“扫黄打非”作为党管意识形态工作的重要抓手作用，以强化日常监管为基础，以开展专项行动为平台，全面清理市场，开展印刷整治，加强网络监管，严堵入境渠道，深入查办案件，加强协调配合，始终保持打击各类非法出版物的高压态势。大力实施“扫黄打非•珠峰工程”，深入贯彻落实2013年“珠峰工程”座谈会精神，在信息交流、联合封堵、案件查办等方面与“珠峰工程”成员省加大联防协作力度，严厉各类违法犯罪行为，筑牢意识形态领域反分裂、反渗透的坚固屏障。

二、新闻出版是改善文化民生、用社会主义先进文化占领阵地的重要力量，在推进西藏长治久安中发挥着不可替代的保障作用

大量事实表明，任何一个宣传思想阵地，如果先进的思想不去占领，必然会被错误的思潮所充斥。大力推进新闻出版公共服务体系建设，不仅能够扩大宣传思想阵地覆盖面，切实保障和改善文化民生，也能够用社会主义先进文化占领阵地，提高各族群众对十四世达赖集团和国际敌对势力反动思想文化渗透的防范意识，从而筑牢反分裂斗争的思想基础。必须充分认识进一步完善新闻出版公共服务的重要意义，加快建立覆盖城乡的公共服务体系，不断满足各族群众精神文化需求，用社会主义先进文化武装群众头脑，夯实推进长治久安的思想根基和群众基础。

用社会主义先进文化占领阵地，需要大力建设覆盖城乡的出版惠民工程。推动社会主义先进文化进基层、入头脑，离不开宣传思想阵地的实体支撑。新闻出版惠民工程是宣传思想阵地的重要组成部分，是承载社会主义先进文化的重要平台，具有宣传教育、服务群众的重要功能。必须管好用好覆盖全区的5451个农家书屋、1700多个寺庙书屋，落实书屋补助资金，及时补充更新出版物，开展书屋管理员培训，组织星级书屋和示范书屋评比，实施农家书屋、寺庙书屋提升工程，力争实施社区书屋、职工书屋、警营书屋“三个两百”工程，积极引导社会各界帮助支援书屋建设，努力把书屋打造成为社会大众的学习场所、信息窗口、培训基地和坚固阵地。加快建设60个县新华书店和5个边境口岸发行网点，尽早实现县县有新华书店的目标，使用好配发的73辆县级新华书店流动售书车，争取实施城乡阅报栏（屏）工程，使新闻出版阵地更广泛地覆盖西藏120万平方公里的辽阔疆域。

用社会主义先进文化占领阵地，需要不断推出丰富多彩的文化活动。充分发挥宣传思想阵地作用，关键之处在于使用。依托新闻出版阵地开展理论宣讲、政策解读、全民阅读等活动，能够使各族群众在学习教育中提高思想道德素质和科学文化素质，增强维护稳定的责任感和使命感，自觉在思想上行动上与党和政府保持高度一致。必须把农家书屋、寺庙书屋等宣传思想阵地有效利用起来，以书屋为平台举办农牧民读书日、读书节、读书周，开展驻村工作队带领农牧民阅读、驻寺干部带领僧尼阅读、中小学生利用寒暑假与农牧民共同阅读等活动，建立健全书屋使用长效机制。大力实施全民阅读工程，打好“雪域书香”牌，制定全民阅读中长期规划以及细化方案，抓住“4 · 23”世界读书日等时间节点，广泛开展图书下乡、免费赠阅、让利展销、主流媒体开设读书栏目、“书香之家”评选推荐等活动，切实以多种多样的活动服务群众、感染群众、教育群众。

用社会主义先进文化占领阵地，需要加快生产更多更好的出版产品。一本书可以改变一个人的命运，一个有着大量优秀出版物的新闻出版阵地，可以影响一群人。具有宣传党的主张、启迪人们思想、凝聚共同力量等优势的新闻出版产品，越来越在推进长治久安中凸显其特殊重要性。应紧紧围绕发展稳定大局，以满足各族群众精神文化需求为目标，以统一各族群众思想认识、增强和谐稳定意识为重点，以国家出版基金、民文出版专项资金为依托，策划推出一大批解读党的为民富民惠民政策，宣传区党委政府发展稳定措施，以及服务群众生产生活、引导群众崇尚科学文明、帮助群众发家致富的优秀出版物，提升惠民出版水平。贴近群众新需求、适应群众新期待，重点做好百种藏汉对照惠民图画书的出版发行工作，提高面向青少年、进城务工人员、寺庙僧尼等群体的出版发行服务能力，教育引导各族群众感党恩、听党话、跟党走，坚决维护安定团结的良好局面。

三、新闻出版是引领文化产业、打牢文化安全根基的重要领域，在推进西藏长治久安中发挥着不可替代的支撑作用

文化安全是国家安全、社会稳定的重要内容和基础保障。维护文化安全，需要强大的文化软实力作支撑。新闻出版业包含图书、报纸、期刊、音像、电子、网络、手机等全媒体出版和印刷、复制、发行等多方面，门类多，涉及面广，是文化产业的主要经济领域，是提高文化整体实力、打牢文化安全基础的主要力量。必须提高对文化产业发展重要性的认识，以科学发展为主题，以改革创新为动力，做大做强做优新闻出版业，推动我区由文化资源大区向文化发展强区转变，在维护文化安全中发挥主力军作用。

打牢文化安全根基，有赖于新闻出版体制改革提供的强大支撑。改革是推动经济社会发展的强大动力，也是促进新闻出版繁荣发展的活力之源。积极稳妥推进新闻出版体制改革，有助于增强新闻出版业内生发展动力和创新创造活力，推动新闻出版业又好又快发展，进而更好地维护文化安全。应突出改革重点，加快西藏人民出版总社暨西藏藏文出版基地组建步伐，推进内部人事、收入分配、社会保障制度和管理机制改革，力争挂牌成立国家藏文出版基地。大力推进自治区新华书店转企改制，打造合格市场主体。巩固扩大西藏新华印刷厂改革成果，推行公司化改制，完善法人治理结构，建立现代企业制度。通过全面深入的体制改革，进一步解放和发展新闻出版生产力，最大限度释放改革红利，实现有利于维护文化安全的更大发展。

打牢文化安全根基，有赖于新闻出版实力提升提供强大的正能量。文化整体实力和竞争力的提升，既是文化繁荣发展的标志，也是文化安全的象征。近年来，我区新闻出版业在科学发展的轨道上持续健康快速发展，在发展壮大文化产业、维护文化安全中的地位更加突出。必须勇担发展使命，继续发展图书、报纸、期刊等传统出版业，巩固发展绿色印刷、数字印刷业，探索发展网络出版、手机出版、云出版等出版新业态。着力推进出版物物流配送和连锁经营体系建设，打通城乡市场，开拓农村市场，拓展出版物市场空间。大力实施项目带动战略，加快新闻出版东风工程规划项目建设，增强新闻出版业发展后劲。做大做强西藏出版文化产业园，完善基础设施，优化投资环境，提高新闻出版业规模化集约化水平，提升维护文化安全能力。

打牢文化安全根基，有赖于新闻出版“走出去”扩大影响力。提高西藏文化的对外传播力和影响力，既能够拓宽文化市场，也能够大力宣传西藏、维护西藏文化安全。新闻出版是文化“走出去”的重要方面，在宣传社会主义新西藏，驳斥十四世达赖集团散布的所谓“西藏文化毁灭论”方面发挥着重要作用。必须积极推动新闻出版“走出去”，以宣传西藏为重点，以出版物实体、版权、资本“走出去”为载体，充分展示社会主义新西藏的新发展新变化新生活新风貌，把一个真实客观、发展稳定的社会主义新西藏介绍给世人。科学谋划布局国外特别是周边国家出版物市场，支持出版单位在境外建社建站、办报办刊、开厂开店，推动更多弘扬中国文化、体现西藏特色、具备较高水准的新闻出版产品进入国际市场，扩大我区新闻出版业的辐射力和影响力，为维护西藏文化安全、实现长治久安营造良好环境。

【作者：西藏自治区新闻出版局党组书记】

警惕“自毁前程”

——关于预防职务犯罪的思考

张　发

每个人都有自己的前程，前程就是我们经常说的前途。一个人在自己生命运行轨道上，不断成长是前程，人生的不断成功，也是前程。可以说前程是人生规划，是人生的奋斗目标，是人生的自我期许。

现实生活中，确实存在着许许多多自毁前程的现象。在监狱高墙里，许多职务犯罪者在谈起自己往日前程时，都会顿足捶胸地喊“真悔啊，大好的前程被我自己毁掉了”！这些职务犯罪者，在司法程序上是法院判决的，实际上细想想，肯定地说，他们自己的判决书都是自己在往日的行为中，自己一笔一笔写就的。他们这些人曾经为党和人民做过不少工作，有的甚至做出了贡献，有过功劳。他们往日铺就的大好前程，有党和人民的培养，家庭和亲人的支持，更有个人的奋斗。而一个往日的成功者今天成了“阶下囚”，真是令人惋惜和痛心！海南省监狱管理局，自 2006 年以来将中华优秀传统文化植入监狱对罪犯进行教育改造，收到了意想不到的效果。特别是那些职务罪犯以他们“自毁前程”的行为，深刻感受到优秀传统文化是净化心灵的一副良药。海南省监狱管理局在实施优秀传统文化教育过程中，以《弟子规》为主要内容，通过伦理道德教育，使服刑人员耻于犯罪；以《了凡四训》为主要内容，通过改过迁善的教育，使服刑人员悔于犯罪；以《太上感应篇》为主要内容，通过畏果断恶的教育，使服刑人员畏惧再犯罪。进而激发了服刑人员改造的动力，使他们心境由“从前种种譬如昨日死”向“从后种种譬如今日生”的转化。2008 年 3 月 24 日中央电视台 12 频道第一线栏目以《迟来的爱》为题，对海南省监狱系统开展中华优秀传统文化教育的情况进行了专题报道，在全国引起了广泛的关注和反响。监狱是最有价值的社会警示教育基地，在押的服刑人员，是最好的提供人生“参考消息”的反面教员。聪明的人用别人的教训教育自己，愚蠢人的人用自己的教训教育别人，发现错误的价值往往不亚于发现真理。什么叫聪明？聪明就是纠正错误的速度，什么叫愚蠢？愚蠢就是两次被同一块石头绊倒。我本人曾担任过海南省监狱管理局局长，整天和服刑人员打交道，对预防职务犯罪有很深的感慨和思考。那么，我们如何警惕和防止自毁前程的悲剧不断重演呢？

首先，法律行为决定命运结果，道德品行决定法律行为。一个人犯罪，从行为上看是个法律问题，然而从本质上看却是个道德问题，这是因为法律是最底线的道德，道德是高标准的法律。古人曰：“人皆恶之，刑祸随之。”一位职务犯罪者说：“一旦动摇了以德为尚的灵魂基点，接受或追求超越现实基本行为准则的冒险刺激，说不定哪天会在阴沟里翻船！法律是行为最坚实的保证，必须坚守。”当下，各级纪委、各行各业，为了预防职务犯罪，制定了无数条“不准”或者“严禁”，意在约束公职人员违法违纪行为，收到了一定的效果。然而，防腐倡廉工作不能仅仅停留在若干“不准”或“严禁”上，关键就在于是否能找出若干“不准”或“严禁”背后的问题。法律的背后就是道德。法律是树，道德是根，看得见的树干好比法律，看不见的树根好比道德，根深才能叶茂，我们不但要经常给大树浇水施肥，还要防止病虫害，这棵大树才能茁壮成长。因此，警惕“自毁前程”，只有深入到公职人员的起心动念处，即思想道德层面，让恶念、贪念等不好的东西止于起心动念间才具有决定意义，管理好了自己的念头就能管理好自己的命运！

其次，结有德之朋，绝不义之友。贪官落马的忏悔书中出现频率最高的四个字是“交友不慎”。事实一再证明，有些官员就是因择友不慎，在人生之路上付出了沉重的代价，由此改变了自己一生的命运。一名职务罪犯者是这样告白的：“常言道：满面春风皆朋友，欲寻知音难上难。可以毫不夸张地说，在人生之旅中，一个人有什么样的朋友就有什么样的生活，甚至有什么样的朋友就有什么样的人生。人际关系、朋友交往看似小事，实为关键。好的朋友不会带你步入误区，甚至在你迷途时当头棒喝，促你清醒；而不好的朋友从一开始就注定在坏的方面影响你，诱发你人生中罪恶的一面，使你意志消沉，甚至沦为罪犯。”这段迟来的忏悔，道出了人生交往的真谛。我们这个社会是一个人影响人的社会，权力、利益、情感等都存在于人与人之间的关系之中。你一旦拥有权力之后，有些人就会把你当成“资源”来开发。当权者如若权力寻租，和“资源”开发者一拍即合，早晚要出事。行贿的人人是垂钓者，受贿的人人死在鱼钩上。即使你是个清官，也要保持清醒头脑，因为我们可以躲闪一只大象却躲不开一只苍蝇，苍蝇是专门盯有缝的鸡蛋。关系是别人的，责任是自己的。近朱者赤，近墨者黑，要多交仗义执言的诤友，肝胆相照的挚友，患难与共的密友，少交口蜜腹剑的佞友，投机所好的损友，唯得是图的恶友。

其三，欲望放纵酿造“毒酒”，心存侥幸自欺欺人。职务犯罪有三个鲜明的特征：蔑视法律、欲望放纵、侥幸心理。有人认为受贿索贿只要不暴露，似乎成本低，风险小，回报率高。蠢蠢欲动者有之，破门而入者有之，铤而走险者有之，敢于践踏一切法律的有之。一个公职人员一旦收了不该收的钱，就犹如接了一颗随时可以引发爆炸的炸弹，接的次数越多，引爆的机会就越多，接的数额越大，引爆时的杀伤力就越强。有油水的地方最滑，滑倒了是不容易爬起来的！人需要的并不多，想要的太多，出事都出在想要的太多上。当想要的太多的时候，首先要想到并保证已经得到的东西会不会再失去。要时刻警惕在市场经济的趋利性滋生的“有权不用过期作废论”、“掌权不谋利吃亏论”，以及“人无外财不富”、“富贵险中求”的侥幸心理。邪生于不禁，欲生于无度。“壁立千仞，无欲则刚”。监狱里职务犯罪者告诉我们，贪得无厌的结果往往会导致一贫如洗。警惕“自毁前程”，最本质的东西是常怀律己之心，常戒非分之想，常修为官之德，常敲廉政警钟。在物欲横流的社会海洋里，千万不要让功名利禄之舟超重。生活处处是考场，可以说每个人都是自己命运的设计师、建筑师，自己的命运自己主宰！人生岔路口门槛很多，迈过去就是门，迈不过去就是槛。有些人就是一只脚站在自己的家门口，另一只脚站在监狱的大门口，把握得好就会在自己的家门口出出进进享受天伦之乐，把握得不好，就可能迈进监狱的大门。审判席和被告席只有几步之遥，高位和高墙只是一墙之隔，一人不廉，全家不安。

其四，人生要核算，自律伴随行。职务犯罪人员以自己的“自毁前程史”告诫社会什么呢？第一是人生要经常核算。从事不同职业的人有不同的人生核算定律。科学家从事科学研究和实验，不管多少次失败不叫失败，一次成功就有可能获诺贝尔奖。从事政治职业的人，不管有多少次成功不算成功，一次失败就足以身败名裂。在人生道路上，我们输不起无数次成功之后的一次超越法律与道德底线的失败，因为法律没有“将功赎罪”这一说，世界上根本也买不到“后悔药”，人生最大的惩罚就是后悔。第二是囚徒之痛有七痛。一是灭顶之痛。特别是刚刚从各种领导岗位上坠入大牢的职务犯罪者，由于突如其来的反差太大，都会不可避免的陷入了“全完了”的生命困境甚至绝望之中。二是“罪犯”身份之痛。在罪犯身份的阴影下，被人另眼相看相待的痛苦，在中国，一个人“出事了，进监狱了”，每个人所真正在意的，其实并不仅仅是法律评价，更重要的是道德评价。法院的有罪判决在现实中几乎等同于“缺德判决”，人格将钉在耻辱柱上。三是剥夺人身自由之痛。自由是一种顿悟，也是一种体验。其实，一个人犯罪进了监狱，最先最迅速离开的是异性。每天在高强电网真枪实弹下过着规制性生活，在法律和道德允许下的正常的夫妻性生活被剥夺了。四是自我悔恨之痛。假如那一步要是不那么走，假如那件事要是不那么做，假如……。一个接一个的假如，有时使人心烦意乱，有时使人顿足捶胸，痛苦一生，但已无法改变，只能承受牢狱之苦。这是因为监狱的本质属性就是惩罚，遏制继续犯罪。五是愧于亲人之痛。罪犯的悲剧在于先毁掉了自己的前程，接着又毁掉了家庭的幸福。海南有位正厅级的领导干部，因职务犯罪入狱，他写了一篇忏悔的文章《向亲人鞠躬想到的……》，“做为在监狱中服刑的我们，不管是不是有千条万条理由，为自己今天的处境辩解，但有一条是千真万确的，那就是我们的行为害苦了亲人。高墙囚着我们的身子，更囚着亲人的心啊！面对亲人我们有什么资格不低下自己的头，弯下自己的腰？对朋友真诚的鞠一躬，表达自己的感激之情，对妻子深深的鞠一躬，表达自己的愧疚之心，对父母虔诚地鞠一躬，表达自己忤逆不孝的痛悔之意。”六是思家之痛。家对于高墙电网之内的服刑人员们来说，就是他们全部的希望和精神寄托。“团团圆圆，平平安安”，只有监狱人才能真正领悟这八字真谛，这八字破碎的时候，任何家庭，任何人生都不可能避免悲剧的厄运！七是前景迷茫之痛。落马官员在位时飘飘然，是因为手中有权利，坐牢后悲观失望，是因为失去了权利，这种兴也权力，败也权力的现象值得我们深思。有的职务罪犯者说：我愿做一个人生的路标立在悬崖边，陷阱旁、岔路口，警示过往的车辆谨慎驾驶，小心误入歧途陷入泥潭。第三是逍遥法外不自在。做了亏心事就怕鬼叫门。正如《太上感应篇》中所说的：“祸福无门，惟人自召；善恶之报，如影随形。”对于贪赃枉法者来说因时时担心东窗事发，看到电视上贪官受审的镜头血压升高，听到警笛声响心惊肉跳，终日就像塞了一个定时炸弹而且还不能向人倾诉，只能哑巴吃黄连把一切苦水往自己肚子里咽，心贪即不能心安，生活亦已失去真义。心安是人的生命的最好状态，恐惧是人的生命最坏的状态。现实生活中的腐败分子，他们的心理阴影会在自身产生一种有毒的“自攻击体”，去摧残人的身体。巴西一名著名的医生阿尼赛托马丁斯，通过十年的对比研究发现 300 多名不廉洁官员有 60%生病死亡，另外 300 多名廉洁的官员中生病和死亡只有 16%。他的研究报告指出，“当违反道德准则时在精神上和身体上就会受到自体的攻击最终导致疾病和死亡”，这就是他著名的“腐败死亡论”。告诫人们即使你逃脱了法律的制裁，也无法逃脱“自攻击体”的制裁，天网恢恢疏而不漏。自攻击体是什么？精神枷锁，一辈子承受内心法庭对自己的审判，良心的自责。三不做：不要做损人利己的事情，不要做事后心理不安的事情，不要做使自己有负罪感的事情。《弟子规》曰：“无心非，名为错，有心非，名为恶，过能改，归于无，倘掩饰，增一辜。”意思是说，无心之过称为错，若是明知故犯，便是罪恶。知错能改是勇者的行为，如果为了面子、贪欲死不认错，还要去掩饰，那就错上加错了。人生不售返程票，人生是一次没回程的旅行。当人生方向错误时，能停止走错的脚步就是进步！自律决定人生走向和自身形象，每一位公职人员切记：无论办什么事，有规矩按规矩办，没规矩凭党性办，不是共产党员的也要凭良心办。履行职责要干成事，行使权力一定不能干出事，每时每刻都要“提高警惕，保卫自己”，不能做“自毁前程”的蠢事！

【作者：海南省预防犯罪研究会执行会长】

构建制度体系
深入推进干部联系群众 服务基层常态化

袁 文

为不断改善干群关系，推进干部作风建设，促进社会和谐稳定，必须坚持制度创新，构建内容协调、程序严密、配套完备、有效管用的干部联系群众制度体系，建立健全联系群众、服务基层的长效机制，着力解决好群众最关心、最直接、最现实的利益问题，使党的政策更加符合群众的意愿，才能得到最广大人民群众的支持和拥护，实现社会和谐稳定，推动经济持续健康发展。

一、准确把握目标任务，保证干部联系群众制度务实管用

（一）明确联系和服务的群众对象。构建党员干部联系和服务群众工作体系，主体是机关党员干部，对象是人民群众，联结点是联系和服务。这里所说的群众，狭义上是指机关党员干部所在岗位应对的服务对象中所特指的一定范围的人民群众。广义上是指与岗位相对应的服务对象——基层广大群众。前者联系服务的目的在于深入基层，细察民情，力解民忧，解决困难群众的突出问题和困难；后者联系服务的目的在于贯彻落实党的群众工作路线，促进基层发展，密切干群关系，保持先进性，巩固党的执政基础。因此，在建立健全机关党员干部直接联系和服务群众制度时，应区分联系服务的层次，采取不同的形式和方法，既要建立明确的联系点、联系户，又要将广大人民群众全部纳入联系服务的范围，从而使党员干部与群众真正实现“鱼水交融”

（二）明确服务的内容和任务目标。机关党员干部下基层直接联系和服务群众，要坚持把维护和发展人民群众利益作为出发点和落脚点，从机关实际出发，切实找准工作的着力点，做到有的放矢，内容具体，目标明确。一是与党中央和省、市、县委的重大战略决策和部署相结合；二是与本单位党组织决策和计划安排相结合；三是与本部门、本行业、本岗位年度任务相结合；四是与县情、民情相结合，与社会经济发展与干部作风建设相结合；五是与服务群众最关心、最直接、最现实的利益问题相结合。因此，为保证联系和服务群众取得实效，在制定计划时，目的要明确，思路要清晰，要根据群众的实际需求，分轻重缓急，统筹规划，合理安排。

（三）明确联系和服务群众的方式和方法。根据不同的联系服务对象以及不同的任务目标，采取不同的方式和方法，是确保工作取得实效的保证。如专题调研，座谈会，明察暗访，走访慰问，跟踪回访，结对帮扶，定期征求群众意见、现场办公，开展服务群众主题实践活动，建立领导干部联系点和领导干部信访接待日等，尽可能零距离接触群众，尽可能近距离直接为群众办事。

二、适应新的形势需要，推进干部联系群众制度创新发展

（一）从侧重单纯的感情联络到侧重制度建设。构建干部密切联系群众长效机制，必须根据形势的发展变化，不断地进行修改、补充和完善。要充分认识新时期密切联系群众不仅要进一步增进对群众的感情联络，更要从长远和理性的高度建立造福于人民群众的相关制度，不但要把群众观念内化于心、外化于行，而且要固化于制。治本之策就在于以制度的强制力保证党员干部经常深入基层、了解民意、体察民情、增进感情、解决问题、服务于民，从制度上保证各级领导干部永不脱离群众。

（二）从扶贫帮困到建立统一的社会保障制度。长期以来，一些领导干部的思想观念仅仅停留在组织和领导个人对生活困难群众的扶贫帮困上，习惯于在节庆日走村入户，进行慰问关怀活动。群众工作是常态工作、长期工作，只有走上制度化、长效化的轨道，才能避免群众工作中的短期行为和“作秀”行为，才能使党和群众的密切联系常态化长效化。因此，必须健全相关体制机制，使群众工作的运行更加规范化、制度化，不断提高群众工作的科学化水平。要切实推进教育、劳动就业、医疗保障、社会管理等行政体制的改革，加快建立以权利公平、机会公平、规则公平为主要内容的社会公平保障体系，让改革发展的成果为广大人民群众所共享，使社会保障真正成为全体社会成员的保障。

（三）从单一目标到推动执政能力全面提高。一是把联系群众服务基层与落实科学发展观、树立正确政绩观结合起来，坚持以人为本，始终把群众利益放在第一位，带着责任，带着感情，关心群众安危冷暖，着力解决好关系他们切身利益的具体问题。二是把联系服务群众与转变政府职能、建设服务型政府结合起来，力求从体制机制上保障机关联系和服务群众的强制力，使联系群众由“软任务”变成“硬指标”。三是把联系服务群众与规范干部的从政行为结合起来，在规范日常岗位管理中加强干部勤政廉政行为的监督。四是把联系服务群众与干部考核、效能建设、反腐倡廉工作结合起来，努力建设完善的干部联系群众的制度体系，发挥制度系统的整体效应，构建多部门齐抓共管的合力机制。

三、构建长效保障机制，促进干部联系群众工作贯彻落实

（一）健全领导保障机制。领导重视是推进机关党员干部联系和服务群众工作取得实效的前提。要坚持把构建机关党员干部联系和服务群众工作制度体系，纳入党建工作的总体布局去谋划，形成党委高度重视、组织部门牵头抓总、部门主要领导为第一责任人、机关党组织具体组织落实的领导格局。

（二）健全组织保障机制。进一步加强县、镇、村三级便民服务中心建设，县级行政审批事项均进入县行政审批中心，为群众实行一站式服务。镇、街道建立面向群众的综合服务中心，村、社区建立综合服务站，依托三级服务网络，为群众提供就业、卫生、法律、科技咨询等便民利民服务。

（三）健全考核评价机制。坚持把联系群众工作列入机关部门、党组织和党员干部年度目标考核和民主评议的重要内容，以此形成联系群众的动力和压力，“联系群众”才会形成干部乐意、群众欢迎的良性互动局面。党的干部对上级党组织负责同对下级群众负责是一致的，必须把对上负责与对下负责结合起来，必须将群众评议纳入党员干部考核指标体系，在党员干部的考核任用上认真参考群众的评议意见。

（四）健全监督保障机制。要明确干部联系服务工作职责，细化具体目标任务，健全工作台账，实行动态管理，真实记录联系和服务情况，并公开公示。全方位推进政务公开，建立健全政务公开机制，有效保障基层群众对机关政务的知情权、参与权和监督权，实行通报制和公示制，让机关工作更好地接受监督。在搭建好集电子信箱、电话、信访、手机短信为一体的监督网络的基础上，着力抓好“两代表一委员”及组织、纪检、检查、公安、信访等多层次各部门组成的监督体系建设，不断扩大监督的深度和广度，确干部联系群众工作保行之有效。

【作者：中共青海省湟中县委常委、组织部长】

广播影视要服务群众视听新需求

赵　勇

四川广播影视系统承担着在全国广电竞相发展格局下实现追赶跨越的重大责任。我们要按照省委、省政府对广播影视发展的决策部署，贯彻落实好全国和全省宣传思想工作会议精神，坚持高举旗帜、围绕大局、改革创新、服务人民，自觉承担起扎实推进文化强省建设的庄严使命，凝聚推进四川“两个跨越”的强大正能量，谱写广播影视繁荣发展的新篇章。

准确把握广播影视的历史定位。要站在经济社会发展全局、党和政府工作大局、服务人的全面发展的高度，认真审视广播影视在宣传思想文化工作中的特殊地位和重要作用。一是广播影视是宣传思想舆论主阵地。在舆论引导方面，政治性强，权威性强，时效性强。在加强党和政府与人民的沟通、推进社会主义核心价值体系建设、壮大主流思想舆论、增强全民族凝聚力创造力等方面，作用巨大，不可替代。二是广播影视是公共文化服务主抓手。作为公共文化服务的重要组成部分，广播影视公共服务包含技术服务、内容服务、社会服务及传媒平台服务等多重功能，具有先导性和基础性作用和传播迅速、受众

广泛、感染力强、科技含量高等特点。三是广播影视是文化产业发展主支撑。我省广播影视有着坚实的产业、人才、科技基础，以及人口众多的消费市场基础和深厚的文化底蕴基础。省委十届三次全会作出的重大决策部署，又提供了前所未有的现实机遇。建设“视听四川”，每年将催生撬动1000亿元以上的视听消费。

科学分析广播影视面临的新挑战。近年来，我省广播影视保持良好发展态势，但广播影视生产力发展不足、投入不足，产业发展尤其不够、发展不平衡，面临不少问题和挑战。一是在思想多元化、需求多样化、受众差异化的时代背景下，巩固宣传思想文化阵地面临新挑战。二是在信息化、网络化、高技术化的时代背景下，文化安全和传统主流价值观念面临新挑战。三是在市场化、开放化、国际化的时代背景下，广播影视产品、服务的对外输出和竞争力影响力面临新挑战。

深刻洞察受众对广电传媒的新期待。从受众需求的角度出发，广播电视作为大众传媒，要识“时务”、接“地气”，在以下三大功能方面着力。一是信息资讯平台。在信息社会，传统媒体与新媒体、自媒体与多媒体多元共存，信息获取实现了便捷化、平等化，公信力和信息源优势决定着传媒的胜负。广播电视具有主流媒体优势，要通过提高新闻原创力、首发率、落地率，发挥强大的内容集成功能，打造受众公认的信息资讯平台。二是文化娱乐工具。要坚持以人民为中心，发挥“集聚注意力”的大众传媒优势，通过舆论引导、科普教育、人文关怀、道德培养、情感交流、综艺娱乐等节目和作品，满足人的求知求真求善求美求乐需求。三是表达监督渠道。当今社会，受众的自主意识、权利意识不断增强，维护知情权、参与权、表达权、监督权的意愿更加突出。要反映人民心声，发挥舆论监督作用；既传递党和政府的声音，也成为急人民所急、盼人民所盼的“喉舌”。

进一步理清广播影视发展思路。一是始终坚持“五个并重”。坚持宣传和事业产业发展并重，坚持导向、服务和监管并重，坚持内容为王、人才为本、科技支撑并重，坚持规划先行、建设投入、绩效控制并重，坚持务实推动、创新推动、合力推动并重。二是全面加强能力建设。在宣传和事业方面，着重增强舆论引导、公共服务、传输覆盖、安全播出、监督管理等能力；在产业方面，着重增强创作生产、竞争融合、科技创新、市场运作等能力；在自身建设方面，着重增强规划谋划、学习调研、统筹协调、依法行政、狠抓落实等能力。三是加快转变发展方式。加快结构调整和功能优化，推动有线与无线、传统媒体与新媒体协调发展，构建事业产业协调发展格局，将影视动画等内容创意产业上升到战略高度，精心打造优秀产品。大力推进广播影视媒体的数字化、信息化、融合化建设以及下一代广播电视网建设，掌握三网融合主动权，全面加快产业战略升级。四是努力实现追赶跨越。特别是要在提升广播影视综合实力和对外影响力、广电产业发展、监管体系建设等方面奋起直追、勇于跨越。

着力实现广播影视四大突破。一是做大做强正面宣传，为“科学发展、加快发展”营造舆论引导氛围，实现新突破。把坚持正确导向摆在首位，坚持“三贴近”、深化“走转改”，以“创建绿色频率频道”为抓手，净化视听空间，呼应人民心声，创新表达方式。二是广播影视切实为民惠民，提高公共服务能力和水平，推进城乡广播影视公共服务均等化，实现新突破。实施“视听乡村”计划和广播影视标准化规范化建设。三是加强安全优质播出和人才队伍建设，不断提高传播力影响力公信力，实现新突破。坚持内容为王、人才为本、科技支撑，坚持守土有责、守土负责、守土尽责，管好阵地、管好导向、管好队伍，不断提高对传统媒体和视听新媒体的统筹监管。四是丰富视听产品供给，在促进传统媒体、新媒体相融互动和参与信息化建设、促进信息消费上实现新突破。

【作者：四川省广播电影电视局党组书记　局长】

走进福建文化宝库　畅享美丽中国之旅

——在第七届中美省州旅游局长会议上的发言

朱　华

2013年10月9日，中美旅游局长相聚在芝加哥，共同交流、探讨中美旅游美好的发展前景。下面，我带大家共同走进被誉为“山海画廊·人间福地”的福建，畅享美丽中国人文之旅。

文化是一个国家和民族的历史记忆，是人类的共同家园。中华文化博大精深，源远流长，上下绵延5000多年，形成了多姿多彩的风貌。福建位于中国东南沿海，森林覆盖率达63.1%，连续35年位居全国第一，被誉为中国“最绿的省份”；与台湾一水相隔，最近距离仅1千多米。福建山海交融，人文荟萃，“山、海、湖、楼、茶、泉”兼备，悠久的历史和多元文化的融合，为福建发展文化旅游提供了宝贵的资源。截止2012年，福建拥有世界自然和文化遗产——武夷山，世界文化遗产——福建土楼，世界自然遗产——中国（泰宁）丹霞，拥有世界遗产数量位居全国前列。此外，福建南音、妈祖信俗列入人类非物质文化遗产代表作名录；著名的“海上丝绸之路”起源于福建泉州；世界三大宗教佛教、基督教、伊斯兰教，以及印度教、摩尼教，在福建都留下了深刻的历史印记，构成了福建一部多元文化的“百科全书”，成为中国文化宝库中的一颗璀璨明珠。

文化是旅游的灵魂，旅游是文化的重要载体。近年来，福建精心打造了十大旅游品牌，包括神奇的福建土楼、迷人的武夷仙境、浪漫的鼓浪琴岛、神圣的妈祖朝觐、古老的昙石山文化、动人的惠女风情、奇特的水上丹霞等，成为展示福建魅力形象的重要窗口和深化与世界各国旅游交流合作的桥梁纽带。在发展文化旅游过程中，我们注意深度挖掘文化内涵，凸显福建文化旅游的核心吸引力。这里，我主要向大家介绍几个福建世界级的旅游品牌。

神奇的福建土楼：作为世界文化遗产，福建土楼是一部客家先民辗转迁移的传奇史诗。土楼产生于一千多年前的宋元时期，主要分布在龙岩和漳州两地，多达一万多座，其中列入世界遗产有 46 座。楼体用生土夯筑而成，有圆型、方型、凹字型、半圆型等，曾经被美国卫星误认为中国导弹发射基地。神奇的土楼，被誉为“世界民居建筑奇葩”，保留了中国古代聚族而居、和谐相处的传统家族文化，有的至今还居住着 600 多人，最大家族有六代同堂，被誉为“大家庭、小社会和谐相处的典范”。美国旅行商参观完土楼后，说“从来没见过像土楼这么壮观的民居建筑，更没想到智慧的福建人，在一千多年前建好的房子里，到现在还有人在居住，这太神奇了！”

秀美的武夷山水：武夷山是中国四个世界自然与文化双遗产地之一，包括武夷山风景名胜区、武夷山国家级自然保护区和公元前 1 世纪的汉城遗址以及武夷山崖墓群等文化遗产。武夷山景区典型的丹霞地貌、萦回环绕的九曲溪，宛如仙境的纯真山水，体现了人与自然的高度和谐。中国历史上伟大的思想家、哲学家和教育家朱熹在武夷山生活、著述、教学 40 余年，孕育、发展了在世界文化史上具有广泛影响的朱子理学。武夷山还是乌龙茶和红茶的发源地，大红袍是茶中之王，被誉为“国之瑰宝”。早在 1638 年，武夷山茶经俄罗斯恰克图的万里茶路，运往欧洲，在王宫贵族中风靡一时。1662 年，葡萄牙公主凯瑟琳将武夷山正山小种带往英国王室，成为王室的御用茶。秀美的武夷山成为国内外游客体验中国山、水、茶和朱子文化的重要载体。

浪漫的厦门鼓浪屿：厦门是一座风姿绰约的“海上花园”，多国建筑、闽南风情融为一体。19 世纪到 20 世纪中叶，厦门作为中国最早的通商口岸之一，西方文化被带进了鼓浪屿，曾有美国、英国等 15 个国家在此设立总领事馆。一千多座中外风格各异的建筑物在此地被完好地汇集、保留，被誉为“万国建筑博览”。日光岩作为鼓浪屿最高峰，由两块巨石组成，耸立在近百米的海平面上，成为厦门最著名的旅游标志。鼓浪屿还是音乐的沃土，人才辈出，有许多国际音乐大师出生在鼓浪屿。鼓浪屿人均钢琴拥有密度居全国之冠，又得美名“钢琴之岛”、“音乐之乡”。美丽的鼓浪屿成为西方文化和闽南文化有机融合的典范，已列入中国世界文化遗产预备名录。

独具特色的文化旅游，密切了福建与美国的旅游交流与合作。美国是福建最大的入境旅游客源国和我省公民的主要旅游目的地国。2012 年，福建接待美国游客 36.28 万人次。中国国家领导人习近平曾在福建工作生活 17 年半，2012 年访美期间讲述了一个动人的鼓岭故事，故事概要是：美国加州物理学教授密而顿 · 加德纳曾随父亲在福州鼓岭度过一段难忘的童年。60 多年后，他不幸患失忆症，去世前经常念叨“Kuling”，夫人乔伊娜决心圆丈夫的“回乡”梦，时任福州市委书记习近平知晓后，热情邀请她访问鼓岭，成为中美两国人民友好交往的一段佳话。

旅游是传播文明、交流文化、增进友谊的桥梁，旅游还是增强人们亲近感的最好方式。我们相信，通过中美两国近年来的深入交往，中美旅游合作将进一步深化和提升，福建与美国各州之间的旅游交流也将迈上一个新的台阶。希望以本次对话为契机，福建与美国旅游业界建立包括旅游管理部门、旅游中介组织及旅游企业的多层次的交流合作机制，将文化旅游合作纳入双方合作交流的重要内容，制定切实可行的交流合作计划，积极加以推进，取得实质性进展。同时，以双方结好的 15 对国际友城和福建在美国的 100 多万华侨华人为纽带，互推市场、互送客源、互享信息，不断扩大双方游客往来规模，把双方交流提升到一个新的水平。

最后，我希望各位嘉宾能来福建旅游，走进福建文化宝库，体验美丽中国之旅。

【作者：福建省旅游局局长】

凝心聚力　开拓不懈

推动阜新市就业工作跨越式发展

陈　辉

刚刚闭幕的党的十八届三中全会上，党中央通过了《中共中央关于全面深化改革若干重大问题决定》，发出了这个时代改革的最强音。全会明确指出要加快社会事业改革，解决好人民群众最关心最直接最现实的利益问题，健全促进就业创业体制机制，建立更加公平可持续的社会保障制度。就业是民生之本，是人民群众最关心最现实的利益问题。2012 年党的十八大报告中提出：要贯彻劳动者自主就业、市场调节就业、政府促进就业和鼓励创业的方针，实施就业优先战略和更加积极的就业政策，推动实现更高质量就业。报告中的“实现更高质量就业”不仅包含了就业工作对量的要求，更提升到了就业工作对质的要求，不仅要提高就业率，还要让劳动者工作好、收入好，实现自我发展和人生的价值。它具体包括五个方面的内涵，即更公平的就业、更充分的就业、更高素质的就业、更体面的就业、更和谐的就业。

改革开放初期，由于历史因素影响，阜新经济产业结构严重失衡，煤电产业在全市经济产业中的比重曾经达到 76%，当煤炭资源进入枯竭期后，大批国有煤矿破产倒闭，大批煤矿产业工人下岗失业，在尚未进行经济转型的 2000 年，下岗职工占全市职工的 36.7%，人数约 25 万人。自 2001 年被确定资源枯竭型城市转型试点市后，十二年来，阜新就业工作总体稳步向前推进，就业形势不断好转，就业工作的方向也逐步由从解决国企下岗职工并轨的总量矛盾转变为解决企业招工难和求职者就业难的结构性矛盾上来。目前制约阜新实现高质量就业的原因主要有以下几个方面：

一、经济的发展水平和总量制约就业岗位的增加。虽然阜新市国民经济较转型前有了很大发展，各项经济指标均有大幅提高，但受制于历史条件原因，经济规模依然不大，2012 年全市国内生产总值约 560 亿元人民币，在全省 14 个省辖市中处于末位。经济发展水平和经济总量是制约阜新市进一步增加就业岗位数量的决定性因素。

二、产业结构不合理，经济结构与就业结构的调整不匹配，经济发展的区域性不平衡导致劳动力资源供求不平衡，经济结构的不平衡导致就业结构性矛盾更加突出。目前，阜新市经过转型已形成十大产业集群为主体的经济发展模式，但吸纳劳动力就业数量有限，且对劳动者有一定技能要求，无法大规模安置劳动力就业，而能够安置劳动力就业的第三产业在阜新市经济产业比重还较低，经济结构和就业结构的矛盾制约了就业质量的提高。

三、劳动者素质不能适应经济发展的要求，特别是不能适应产业结构升级的要求。经济转型以来，阜新市通过做大做强十大产业集群，努力调整全市的产业结构，这些新确立的产业集群的用工需求较大，但存在着一定的技能要求，而人数众多的下岗失业人员往往年龄偏大、缺乏一技之长，无法满足产业结构升级需求。

所以，要想解决“招工难”与“就业难”，实现高质量就业，必须明确“发展才是硬道理”的思路，只有努力发展经济、不断壮大经济总量才能从根本上改变当下“就业难”的困局。而解决企业“招工难”问题则是一项系统工程，需要企业与政府部门的良性互动，也需要政府部门发挥职能作用，积极引导，提供高效服务。

从企业层面来看。作为用工主体，企业必须进一步规范经营管理，尊重和关爱员工，将善待员工的各项措施落到实处。首先，应适当提高工资待遇，通过待遇留人。企业应立足自身实际，科学制定自身能够接受而且具有吸引力的工资待遇标准，在招工用工时充分考虑员工生活成本增加和生活水平提高等客观因素，适当提高工资和福利待遇。其次，要优化生产生活环境，通过环境留人。特别是针对当前新生代农民工对生活质量和舒适度要求较其父辈明显提高等特点，企业在改善生产环境的同时，应注重搞好生活配套设施、丰富文化娱乐活动，以营造温馨舒适的环境。再次，要加强企业文化等软实力方面建设，建立尊重员工、关心员工、以员工为本的现代企业文化，增强企业的凝聚力和向心力，提高员工在企业工作的稳定性和归属感。

从政府层面来看。政府要通过不断发展经济，创造出新增就业岗位供应，以便提供更多的岗位来满足群众就业需求。首先，要引导企业进行产业转型升级，逐步改变单纯依靠劳动力成本发展的战略，引导企业更多地依靠技术优势、产品质量获得发展，更多依靠产品的科技含量、产品的附加值获得利润，而不是靠增加劳动者劳动强度和降低劳动者的工资待遇来实现。其次，要完善相关法规制定，通过施行行业最低工资标准制度来保障劳动者收入的稳定。再次，加大劳动监察保障力度，对于恶意欠薪、拒不提供必要安全保障措施、危害劳动者生命健康的违法企业进行坚决查处，建立黑名单制度将其曝光。同时政府应该想方设法为企业招工提供各种力所能及的服务，及时制定相应计划，出台优惠政策。近年来，市政府促进劳动者就业创业的责任不断增强，2013 年，先后出台了《促进就业工作实施方案》、《全民创业援助行动三年计划》、《促进高校毕业生就业有关政策的通知》、《实施阜新市大学生创业工程的意见》、《围绕我市“十大产业集群”建设开展产业项目特色培训的实施方案》等一系列支持劳动者就业创业的政策措施，强有力地推动了就业工作的深入开展。

从公共服务层面上看，要充分发挥就业部门在公共就业服务中的作用，不断完善公共就业服务体系，促进人力资源配置更加合理。首先，加大公共就业服务力度，通过定期举行专题招聘会，满足企业的用工需求和劳动者的就业需求，除了每年开展的“春风行动”、就业援助月、民营企业招聘周、大学生就业活动月等公共就业服务活动外，阜新市还立足自身特色产业集群用工需要，多次组织专场招聘会，以取得良好效果。其次，要进一步健全和完善就业服务网络，延伸就业服务工作领域，积极发挥基层劳动保障服务平台作用，为劳动者就近就地就业提供全面、及时、高效服务。再次，要进一步整合培训资源，大力开展职业培训，构筑覆盖城乡的职业培训网络。根据经济转型发展方向，发挥中等职业院校优势，强化特色职业培训，统筹推进就业技能培训、岗位技能提升培训、农村劳动力转移就业培训和创业培训制度。

经济转型十二年来，阜新市各级就业服务部门始终牢记为民服务宗旨、坚持为民解忧、为政府分忧的工作基调，努力让全市劳动者及时、妥善就业，为全市经济转型发展、社会的和谐稳定、人民群众的幸福美满做出了重要贡献。目前，全市就业环境较转型之前已大为改善，就业形势已发生根本性改变，在十八届三中全会精神指引下，我们将以更加昂扬的精神面貌，疑聚共识，齐心协力，以改革者的勇气和魄力推动阜新市就业工作实现跨越式发展。

【作者：辽宁省阜新市就业和人才服务局常务副局长】

在创新中深化军民融合

陈小川

推进经济社会建设与国防后备力量建设融合发展的出发点和落脚点是两者“双赢共进”，应着眼实现军事效益、经济效益、社会效益的有机统一，坚持把兴地富民与兴武强兵结合起来，积极推进“军民结合、寓军于民”实践的创新。

在推进工业化中加强国防后备力量建设。工业化是社会现代化的根基，工业是现代经济的支柱，也是国防后备力量建设的重要载体。随着经济改革发展扎实推进，公有制、非公有制、股份制工业强劲发展。在推进工业化中加强国防后备力量建设，就是要以工业系统武装工作的突破带动国防后备力量建设的整体发展。要在巩固国有工业单位武装工作成果的基础上，着力把武装工作触角向非公工业单位延伸，把民兵预备役编组向非公工业单位拓展，装备物资储备与征用向非公工业单位融合。尤其要着眼做好军事斗争准备，在规模大、效益好、军民兼容性强和党工团组织全的非公有制工业单位设立武装部，按人员、装备、技术一体化的要求，组建一些平时有用、战时必用的民兵预备役专业技术分队，同时落实有关装备物资储备与征用办法，夯实快速动员、平战转换和遂行任务的基础。

在推进城镇化中完善国防基础设施建设。城镇化是经济社会现代化建设的必然过程和全面建设小康社会的重要步骤，也是国防动员基础设施建设的重要依托。应严格按照军需与民用一体、平时与战时衔接、经济与战备兼容的原则，在积极推进城镇化战略、加强城市建设管理中不断完善国防基础设施建设。坚持把人防工程建设纳入城市建设总体规划，在基础设施新建改造、重点工程建设和地下空间开发中，认真贯彻人防空防要求，建立功能完善的人防设施，使城市整体防护能力得到明显增强。坚持把国防交通项目纳入地方交通建设大局，实现国防工程主要进出通道与国道、省道相连接，疏通部队营区、港口、码头、海防一线阵地与主干线的进出道路，提升战时交通保障能力。应结合城市美化工程，加大对军事机关营院、民兵武器装备仓库、民兵训练基地等基础设施的新建或改造的投入，使国防基础设施建设与驻地经济社会发展相协调。

在推进信息化中构建动员指挥平台。应着眼信息化作战需求，坚持把国防动员信息化建设纳入地方经济社会信息化建设的总体规划，通盘考虑，统一建设，同步推进。充分借助地方网络技术、人才和资源，建立与地方政府应急联动中心指挥信息系统互联互通、资源共享的军警民联动信息指挥网络，提高战时动员指挥效率。紧密结合地方政府信息产业改造，建立上接省、下联各市、县（区），横通本级国动委各专业办公室的国防动员指挥信息系统，实现军地一网指挥、一网协调、一网保障，提高国防动员信息化建设水平。

在促进社会和谐中深化军政军民团结。构建和谐社会是党和国家提出的社会建设任务和发展目标。军政军民团结既是和谐社会建设的重要内容，也是和谐社会的重要标志。地方各级党委、政府、企事业单位要变“季节拥军”“节日拥军”为“四季常青”，定期召开军地联席会议，认真研究国防动员和后备力量建设中存在的实际问题，积极为部队建设排忧解难。民兵预备役部队要以地方党委、政府构建和谐社会的重要举措为平台，进一步加大双拥工作力度，坚持以争创“双拥模范城”等活动为契机，广泛开展各类有益的拥政爱民活动。应积极组织民兵参加地方社会主义精神文明、物质文明建设，参与地方扶贫帮困和新农村建设，主动在抢险救灾、应急维稳中发挥模范带头和突击队作用，不断开创军政军民团结新局面。

【作者：山东省烟台警备区政委】

迷雾背后的思考

狄力木拉提·泰来提

长久以来，我一直在思考一些问题，我们究竟是一个怎样的民族，我们经历过多少历史的磨难与兴衰，我们现在的状况如何，又将去往何方。近期想得更多，但对所有的问题，我并非没有完整的答案，我亲爱的维吾尔同胞们，也许我所思考的问题正是我们共同的问题。我想，一个人如果有嗜睡的毛病，那他的身体一定是有问题，大脑不是清醒的，如果一个民族总是沉睡在愚昧与无知当中，或者不愿意直面世界，不擦亮眼睛，不敢面对自己的过去，更不去思考自己的未来，那么这个民族又有多少美好的未来呢。

谈天说地，我们很会找一个合适的墙角，有足够的时间，从东方说到西方，从古说到今，仿佛站在一个沙盘前就能搞定宇宙乾坤，却很少给自己把把脉，我们似乎可以告诉别人的顽症，却未必可以告诉我们自己，缺少面对真实自我的勇气也是一种癌变，缺钙是一种软骨病，需要从阳光里摄取能量，世上多少是是非非，阴阴暗暗，生存永远需要阳光，内心世界同样需要光明。

史前时期，我们只是进化后可以直立行走的个体，后来积累了足够的智慧，靠着对太阳的崇拜，逐渐在草原上驰骋。数百年后，从汉唐到明清，你的驼铃声响彻丝路漫道，你的铁骑也曾护国安邦，平叛治乱，你的僧侣也曾靠佛学的力量超凡脱俗，在中原与西域之间走出过一条条通天之路，盛唐的长安乐、马帮歌，唱不尽东西长廊里的故事，你何时背叛过自己，背叛过家国？

当维吾尔人皈依伊斯兰教之后，巧妙地将伊斯兰文化与维吾尔人文化结合在一起，创造了继佛教文化之后的又一次辉煌，并先后涌现出像麻赫穆德·喀什格里、玉素甫·哈斯·阿吉甫以及阿曼妮莎罕等一大批杰出的思想家、学者和诗人艺术家，为人类的文明及文化发展做出过不朽的贡献，同时产生出独有的维吾尔文化。历史证明，在维吾尔人的发展历程中，所有先进的思想都成为了维吾尔民族发展的引领，崇尚知识、追求理想、寻求开放与自由都给维吾尔历史文化的发展注入过强大的推动，从来没有哪个历史时期，维吾尔人由于对自己的外形装束进行“革命”而得到了发展，倒是在愚昧和无知盛行的时代，维吾尔人或其他任何一个民族都饱受了灾难之苦。

就我们所信仰的伊斯兰教而言，它其实是一个十分开放、包容、崇尚科学、启人为善的人性化的宗教，古兰经字里行间透露着智慧和仁慈，对生命给予了高度的尊崇，什么时候提倡过可以通过践踏生命和犯罪来进入天堂，伊斯兰教同样崇尚科学、提倡人们学习知识，说如果知识哪怕在遥远的中国，你也要去学；先知说过：我创造了你们，创造未来靠你们自己，他告诉我们人是要靠不断学习和不断创作，从而实现永久的发展；伊斯兰教讲的团结和谐，提出任何人都必须遵守国家的法律法规，纵观全世界，我们不难发现，什么样的国家在发展，什么样的国家还处在灾难之中，凡是包容开放，和睦共处，很好地处理了各种宗教之间的关系，同时大力推进科学发展的国家都成为世界瞩目的焦点，其中土耳其应该是个很好的例证。他们用积极进取、勇于变革、谋求自由发展的态度，很好地解决了各种宗教之间及不同信仰之间的关系，成为了欧洲地区的一颗耀眼明珠。

据说德国法西斯头目希特勒从未打过一枪一炮，但他却用充满罪恶和血腥的十七分钟的演讲，把一个国家一夜间转变成了法西斯国家，尽管他的演讲里有足够的智慧，但智慧一旦不为正义所用，那它便是一种深重的灾难，生活在二十一世纪的每一个人，谁都不愿意承认自己没有智慧，但当我们肩上扛着一颗拥有智慧和思维能力的大脑，反倒选择倒退、愚昧和无知的时候，我们还能说我们是智慧的群体吗？当我们的人民选择简单地靠相貌、服饰或其他方式改变自我的时候，难道我们就变得更加彻底了吗？世界上的穆斯林有千千万万，他们都在用自己的方式延续着自己的信仰，至少没有毫无理智地去模仿他人，宗教信仰原本就是一种内心的修养，通过一些正常宗教仪式和活动来净化身心，求得更上层的善果，世上的几大宗教从来都是拒绝邪恶，匡扶正义，如果说信教群体中滋生了邪恶，我想这恐怕就是人的问题了。

就我们的属性而言，我们首先是维吾尔人，之后才信仰伊斯兰教的穆斯林，如果说应该传承，我们也应该首先传承自己的文化，而不是把阿拉伯人的那一套拿过来用，在历史的进程中，当维吾尔面临各种困难和抉择时，他们阿拉伯人也绝不会替你维吾尔人排忧解难，一切还得靠维吾尔人自身的进取和发展。

就目前我们维吾尔同胞中出现一些的种种异象而言，我无权说三道四，似乎那是一种权力，穿什么样的衣服，留什么样的发须，走什么样的路，也似乎都取决于个人意愿，而我们所看到的其实是一种表面现象，这一点作为一种社会现象或一种文化趋向无可非议，但在这种现象背后却隐藏着更深层的东西，这才是我们应该关注的焦点，造物主给了人类英俊俏丽的身姿，我们应该绽放出我们的笑容，就像大自然里千姿百态的花草树木，鸟语花香一样。

有一个小故事是这样讲的，一位穷困潦倒的诗人从一位盲人乞丐旁边走过，他发现盲人乞丐并未讨得多少钱，诗人很是同情，怎奈身无分文，于是他在盲人乞丐袒露的前胸写下两行诗句。不一会儿，乞丐面前就有了一堆钱，盲人不知其故，但凡经过的人读到他胸前的：“春天到了，我却什么也看不见”的两句诗时，无不动情，纷纷投币。这个故事说明我们人类任何时候都是渴望春天，渴望光明的，只要人人心存善良，这个世界一定是和谐而美丽的。尽管那位诗人一无所有，但他却拥有智慧和仁慈。然而人除了有善良还远远不够，还得有足够的知识和识别善恶的慧眼，还应该懂得用我们的一双慧眼看到更加美好的未来，更应该看到向我们漫延过来的邪恶和毒瘤。

我亲爱的维吾尔同胞们，我们有过灿烂的历史文化，对人类历史文化的发展做出过杰出的贡献，我们也有过许多智者和伟大的思想家、哲学家、文学家和医学家，我们也曾为中国的统一与繁荣发展做出过不朽的功勋。尽管我们也曾经历过历史的磨难，只要我们回首历史，冷静分析，不难发现我们曾遭受的那些磨难无不来自愚昧和无知，而且更加可悲的是，正当全世界都在面向二十一世纪，向着更加美好的未来奋进之时，我们依旧面临着愚昧和无知的困扰，甚至在很简单的问题上都表现出茫然无措、无所思考或者像一个即将被宰杀的羊一样那么顺从，如果我们面对愚昧和无知表现出如此懦弱，那么维吾尔民族这辆古老的马车又将何去何从呢？

我深信我们的民族是个勤劳、智慧、勇敢而善良的民族，我们的主体也是积极向善向上的，当今世界的维吾尔人正充分展示着自己的智慧和才华，想想我们的过去，再看看今天，绝不是一个等同的概念，我们同样拥有并感受着现代化给我们带来的快乐和幸福，然而我们的国家依旧处在前所未有的发展期，我们每天都在迎接一轮新的太阳，伟大的太阳会给我们伟大的明天，我想，既然真主创造了我们，就是为了让我们相信明天和未来，而明天和未来是要靠我们用智慧、胆识、勇气、善良和对未来执著的信仰来创造的，我亲爱的维吾尔同胞们，让我们露出太阳般的笑容，迎接伟大的未来吧，倒退只有黑暗。置身于迷雾后面的人们应该好好思考一下这些问题。

【作者：新疆作家协会副秘书长】

创建和谐企业的实践与探索

黄国建

新形势下创建和谐企业其本身就是一个复杂的系统工程，创建和谐企业必然涉及到企业全方位的工作，企业发展战略、发展规划、企业管理等各方面，在企业发展的实践中，液碳公司以深入贯彻落实党的十八大精神，推动企业社会主义核心价值体系建设创新发展为抓手，将国有企业独特的政治优势转化为企业核心竞争力，用以推动企业科学高效和谐发展；坚持以科学发展观为指导，以改革创新的精神和实事求是的作风统筹解决创建和谐企业中遇到的困难，取得了初步成效。

一、深入贯彻落实党的十八大精神，指引企业和谐建设

深入贯彻落实党的十八大精神，就是要将社会主义核心价值观是融入企业发展、企业管理和创建和谐企业之中。要将国有企业特有的政治优势，通过有效方法，将社会主义核心价值观让广大职工认知认同、共同追求、自觉遵循，引导全体职工做社会主义核心价值体系的坚定信仰者、积极传播者和模范践行者，把社会主义核心价值体系熔铸于企业的精神，用社会主义核心价值体系构建富有特色的企业精神；把社会主义核心价值体系贯穿于企业职业道德建设的全过程，完善职业道德内容，加强职业观念、职业态度、职业责任、职业作风、职业纪律教育，来规范行业行为和职业行为；把社会主义核心价值体系融入企业制度建设和企业管理工作之中，将社会主义核心价值体系要求转化为具体的工作标准、岗位规则和行为守则，体现到企业奖励和惩罚、干部任用和人才培养的制度上，引导企业树立正确的质量观、市场观、品牌观和安全观，建立较为完善的利益分配机制、矛盾调处机制、权益保障机制、诉求表达机制，统筹协调好利益关系，调控弥合价值冲突，构建企业内部党群干群关系，进一步达到构建和谐企业。

二、发挥党组织“五个作用”、实现“六个转化”，确保企业和谐建设

在实践中，企业围绕新形势创建和谐企业，在决策、执行和监督环节上注重发挥国有企业党组织的“五个作用”，即充分发挥党组在重大决策中的主导作用，充分发挥各级党组织在维护改革、发展和稳定大局中的中坚作用，充分发挥企业党建和思想政治工作在企业思想文化建设中的引领作用，充分发挥广大党员干部、先进人物在群众中的模范及带头作用，充分发挥党风廉政建设在促进企业健康可持续发展方面的保障作用。同时避免两个方面的问题：一是脱离群众的官僚主义；二是脱离实际的形式主义。企业党组织要把国家精神落实到企业的实际工作当中去，要结合企业自身的实际，打造以理想信念为精神支柱的干部队伍；要从严治党；要加强学习型党组织建设；要讲党内民主，形成民主集中的好氛围。努力实现通过企业价值理念建设，把党的理想信念与企业价值理念建设相结合转化为企业的凝聚力。通过企业战略规划及实施，把党的方针政策转化为企业的发展力。通过党建工作创新，把党组织的政治核心作用转化为企业的领导力。通过企业规章制度及行为规范，把党的作风建设转化为企业的执行力。通过先进典型及形象塑造，把党员的先进性标准转化为企业的带动力。通过强化企业员工主人翁地位，把党的执政为民理念转化为企业发展的主体创造力。

三、以人为本促进和谐企业建设

液碳公司注重在企业内部持之以恒的开展思想政治教育，打牢党员干部坚持以人为本、执政为民的思想基础。一是加强企业内部党员干部的性质及宗旨教育。引导党员干部必须牢固树立群众观点、坚持走党的群众路线，自觉地站在人民群众的立场上，坚持在思想上尊重群众、在感情上贴近群众、在工作上依靠群众，真诚的倾听群众呼声，真实的反映群众的愿望，真情的关心群众的疾苦，始终与人民群众心连心、共命运、同呼吸。二是加强科学发展观教育。引导党员干部深刻的理解科学发展观的核心是以人为本，我们推动科学发展地根本目的就是让人民群众过上更好的生活，牢固树立及自觉坚持正确的政绩观，时刻把人民的利益放在第一位，努力做出经得起实践和人民检验的实绩。三是加强责任意识和服务意识教育。引导党员干部理解权力就是责任、领导就是服务，凡是对职工群众有利的事情要全力的做好，凡是对职工群众不利的事情都坚决不做。只有我们把职工群众放在心上，群众才会把我们放在心上，只有我们把群众当做亲人，群众才会把我们当做亲人。企业的各级领导干部都能够以身作则，做以人为本、执政为民的表率，有力促进了企业的和谐建设。

四、发挥职工群众的创造力，推进企业和谐建设

毛泽东有句名言：“人民，只有人民，才是创造世界历史的动力。”民心向背是事业成败的关键。一个企业要想成就一番事业就必须密切联系群众，充分相信群众的创造力，高度的信任群众，虚心向群众学习。企业的发展归根到底要依靠群众，没有群众的参与，没有职工的积极性、主动性和创造性，就不可能提高劳动生产率和经营效益，就不会有企业的和谐发展。

近几年来，为提高管理水平、提高生产技术能力、液碳公司进一步畅通民主渠道，积极组织开展群众性科技改进、创新创效劳动竞赛和“我为企业献一策”等活动，职工群众纷纷谏言献策，通过各种途径和方式向公司提供各种经营管理、技术进步、节能减排等各种意见146条，为企业领导指挥生产经营、改革创新技术，为企业创造更多的发展提供了依据和思路。

五、尊重职工的民主权利，保障企业和谐建设

企业实行民主管理是由我们党和国家的性质以及工人阶级的历史地位和作用所决定的。要办好企业就必须全心全意的依靠职工，这是我党一贯坚持的指导方针，是代表了先进生产力发展的要求，是企业加快改革和发展的根本动力。

液碳公司一直以来注重企业民主管理，尊重职工的主人翁地位，为确保职工全面了解企业的情况，扩大职工的知情权，每年召开职代会和工作会议，定期落实厂务公开，对出台的重要决策、所做的主要工作和职工关心的热点问题都采取多种形式进行告知。同时提搞职工对领导班子和干部的监督权，提拔任用干部广泛征求职工的意见、建议，并定期组织职工对领导班子和干部民主测评，群众满意的就坚持，不满意的及时改正。通过科学的企业民主管理，增强的企业内部凝聚力，保持了职工队伍的稳定，使企业管理迈上新水平，促进了企业的和谐发展。

六、密切联系群众实现企业和谐发展

我们党之所以在人民群众中享有崇高地位，得到广大群众的用户，最根本一条就是我们党始终坚持全心全意为人民服务的宗旨。增强服务中心、服务基层、服务群众的观念，可以密切党群干群关系，提高党组织的凝聚力，从而促进各项工作的顺利完成。

液碳公司坚持把“深入基层联系点、为基层解决实际困难”作为一项长效机制来实施，在转变领导干部的工作作风上下功夫，在关心和帮助困难职工，维护所有职工的切身利益上动真情，努力增强职工对企业的热爱和忠诚，增强企业内部的凝聚力。

近几年公司建立完善了领导干部与群众的交心谈心机制、工、团组织密切联系群众的工作机制、扩大了干部安全承包点活动内容，增加了解员工思想动态、听取员工诉求的工作内容，形成工作机制。同时定期开展征求意见活动，针对存在的突出问题和主要矛盾，及时进行整改，并将整改情况公示，积极营造“心齐、气顺、友善”的企业氛围。并组织实施“百人百点桥梁工程”，实施困难职工家庭情况的动态管理，积极开展送温暖和帮扶救助活动，实现真困难真帮助的关怀行动，有效促进了企业的和谐健康发展。

【作者：中国石化华东石油局液碳公司党群工作部主任、公司工会主席】

时代呼唤老龄产业

——新型城镇化与老龄产业园区的构建

李粉山

一、发展老龄产业的时代需求

1．发展老龄产业是时代的需求

老龄产业是在社会总需求中，随着老年人特殊需求的迅速增长，以满足老年人特殊需求的养老服务设施、日常生活用品和社区服务、娱乐业的新型产业。业内亦称“银色产业”、“银发产业”。

人口老龄化是一个新的人口现象，老龄产业也是一个新的产业概念，我们不能用传统产业的眼光来理解老龄产业。老龄产业属于一种综合性的产业，是一个横跨第一、二、三产业的综合产业体系，其内涵是：一切为满足老年人特殊需要而提供产品和服务的行业的总称。其外延至少包括家政服务业、医疗护理业、保险业、老年理财业、老年休闲娱乐业、老年用品（涉及服装鞋帽、化妆品、健身器材、保健器材、老年玩具、保健食品）、老年旅游、老年地产、银发农业、老年教青、老年心理咨询等行业，是一个综合的概念。老龄产业是随着人口老龄化的发生而产生的，人口老龄化对传统的家庭养老模式产生了巨大冲击，老年人的服务需求在家庭范围甚至小社区范围内已经难以得到满足，必须由社会和市场为其提供需要的产品和服务，从而促进了老龄产业的产生。

当今的老年人随着时代的变化，消费观念有了很大的变化，从过去的勤俭为家型已经逐步转化为自我享受型，“重积蓄，轻消费”、“重子女，轻自己”的传统观念已经逐渐淡化，花钱买健康，花钱买潇洒成为现代老年人的时尚追求。许多老年人都有补偿性消费动机，常会寻找机会满足年轻时因条件限制时未能实现的消费愿望，圆年轻时未圆之梦。当老年人手上的活钱不断增多时，他们对物质的需求也不断增强，对提高自己的生活品味、生活质量也有了更多的需求。然而，就目前而言，可供老年人消费的市场还远远赶不上老年人的真正需求。

老年人口基数大，增长快，特别是随着家庭小型化的发展，社会化养老的需求迅速增长。我国老年人生活照料需求，是一种长期性的照料需求，它将随着老年人口的增长，特别是高龄老年人和卧床老人的增多而迅速增长。在这种背景下，我国老年人对机构照料和护理服务、护理用品的需求也出现了迅速增长趋势。但我国目前老年人机构照料和护理服务的发展还相当滞后。老年人在日常生活、照料、看病、出行、购物等方面的公共服务需求也远远不能得到满足，这就为老龄产业的发展提供了巨大空间。

发展老龄产业对于全面提升老年人的生活质量，让老年人有保障、健康、安全、有尊严地生活，与全社会共享改革开放的成果具有十分重要的意义。我国连续多年的经济快速稳定增长，以及社会的和谐与安定，为发展我国的老龄产业提供了良好的发展空间和环境。老龄产业是一项涉及多种行业的庞大的系统工程，对于我国发展战略性新型产业将起到积极的促进作用。老龄产业对于我国人力资源开发，增加就业机会同样具有重要意义。另外，面对迅速推进的老龄化进程以及急剧膨胀的老年人市场需求，以及在我国进一步扩大内需，改变经济增长模式过程中，老龄产业将扮演越来越重要的角色。总之，老龄产业是我国社会主义市场经济中重要的经济成分，发展老龄产业具有重要的战略意义。

2．发展老龄产业应走产业化、市场化的道路

老龄产业名为产业，就应走产业化、市场化的道路。老龄产业与老年社会事业、老年福利事业、老年慈善事业等主要依靠国家、企事业单位、社区、慈善机构进行投入的老年事业有着本质的不同。它主要依靠市场力量满足老年人的精神和物质需求，是利用市场机制运作的一种制度安排。

随着人口老龄化趋势加快、老年人收入水平的逐步增加、相关政策环境的逐步改善，中国老龄产业蕴藏巨大商机。中国社会科学院老年科学研究会会长熊必俊认为，中国在经济尚不发达的情况下进入老年社会，面临着老年人口比重上升和养老保障压力增大的挑战。但是，老龄化在给社会经济发展带来制约的同时，也孕育着一个巨大消费市场，发展老龄产业这个新兴的产业还能带动相关第三产业的发展。中国人民大学社会与人口学院院长崔振武认为，未来中国倾斜于老年人的各种社会政策将越来越系统和全面，未来几十年将是老龄业迅速发展时期。

中国老年学学会会长李本公表示，虽然面临着巨大的发展机遇，但是目前中国老龄产业仍面临着尴尬：一方面，老年人的需求十分庞大，也十分迫切；另一方面，老年产品和服务的有效供给严重不足，整个产业尚未在国民经济中形成一定的产业规模和产业链。因此，建立一个政府主导、市场运作、社会参与、全民支持的社会化老龄产业新模式体系势在必行。

基于此，《中国老龄事业发展“十二五”规划》明确就发展老龄产业提出四点要求：

（1）完善老龄产业政策。把老龄产业纳入经济社会发展总体规划，列入国家扶持行业目录。研究制定、落实引导和扶持老龄产业发展的信贷、投资等支持政策。鼓励社会资本投入老龄产业。引导老年人合理消费，培育壮大老年用品消费市场。

（2）促进老年用品、用具和服务产品开发。重视康复辅具、电子呼救等老年特需产品的研究开发。拓展适合老年人多样化需求的特色护理、家庭服务、健身休养、文化娱乐、金融理财等服务项目。培育一批生产老年用品、用具和提供老年服务的龙头企业，打造一批老龄产业知名品牌。

（3）加强老年旅游服务工作。积极开发符合老年需求、适合老年人年龄特点的旅游产品。完善旅游景区、宾馆饭店、旅游道路的老年服务设施建设。完善针对老年人旅游的导游讲解、线路安排等特色服务。规范老年人旅游服务市场秩序。

（4）引导老龄产业健康发展。研究制定老年产品用品质量标准，加强老龄产业市场监督管理。发挥老龄产业行业协会和中介组织的积极作用，加强信息服务和行业自律。疏通老龄产业发展融资渠道。这为我们发展老龄产业指出了明确的方向。

3．新型城镇化与老龄产业园区的构建

新型城镇化是我国现代化建设的历史任务，也是扩大内需的最大潜力所在，2011年中国城镇化率达到51.3%，标志着中国城镇化发展进入到非常重要的转型期。在“十二五”及未来一个时期，中小城市将成为城镇化的主战场和主力军。城镇化是经济增长的巨大引擎，农村劳动力向城市转移，对开拓内需和消费有显著效用。由发改委主导的《促进城镇化健康发展规划(2011～2020年)》初稿已编制完成。该规划称“城镇化将在未来十年拉动40万亿投资”。中国(海南)改革发展研究院院长迟福林提出“未来5～10年，人口城镇化将形成支撑中国发展转型的动力。”

二、城镇化与老龄产业发展模式构想

城镇化是现代经济增长的重要推动力。人口在城镇中聚集会产生显著的规模经济效应，使私人和公共投资的平均成本和边际成本得以大幅度降低，产生更大的市场和更高的利润。随着人口和经济活动向城镇的集中，市场需求将会迅速增长和多元化，这会促进专业化分工，从而进一步提高经济的效率。城镇化不是简单建筑物的堆砌，其核心是设施功能化，就业居住一体化。随着我国老龄人口的急速递增，未来我国老年人口将达到全国总人口的三分之一，因此，以老龄产业为载体，建设区域新型城镇就成为发展的必然要求。如何抓住新型城镇化发展机遇，在合适的地区构建老龄产业园区，将为解决老龄化问题提供一种路径和模式。为此，我们提出如下一种模式。

1．基本构想

（1）规模：在新型城镇规划区域内，用3～5年的时间，以老龄产业为主体，以文化养老为核心，建设占地面积3000～5000亩，服务1～3万老年人，集聚层次丰富、类别多样的养老机构和配套服务设施。

（2）定位：以高质量、高品位、综合性老年服务产业为核心，以大型专业养老机构、中小老年公寓和居家养老集聚区为载体，公益基金、民间资本、政府扶持等资金共同参与老龄产业的经营模式，打造一个既与国际接轨又有中国特色的创新型的老龄产业园区，用高品位打造的品牌，改变人们的养老观念，用高端市场带动低端市场，改变当前单一依靠政府的保障养老模式；用核心区带动周边地区，使老龄产业均衡发展，以点上养老带动网上养老，消除养老盲点，既满足高收入老年人的多样化养老需求以实现养老机构运营的效率目标，又能满足低收入老年人基本需求以实现公平性的和谐社会建设目标，确保所辖区域养老全覆盖，实现企业的社会责任。

（3）市场：打造老龄产业链，形成规模化老龄产业集聚园区和市场，立足江苏，辐射长三角，面向海外群体。

（4）目标：将本项目打造成为华东地区规模较大、省内最大的集休闲养老、生态农业、老年用品交易、老龄产业学术研究、老龄产业人才培养和老龄产业发展论坛为一体化的多功能、综合性、现代化养老服务产业基地，并以此为基础在全国范围内实施养老服务机构连锁经营扩张战略。

（5）意义：以老人为本，提倡尊老、敬老、爱老、养老、护老的社会风尚，弘扬中华民族传统的寿文化、孝文化。形成一个“老有所养、老有所医、老有所为、老有所学、老有所教、老有所乐”的和谐社会，健全对老年人的社会保障制度，逐步改善保障老年人生活、健康以及参与社会发展的条件，为缓解养老服务的供需矛盾做出贡献。

（6）理念：贯穿居家养老、天伦养老、生态养老、科技养老、创意养老、互动养老理念。在充分满足老年人物质养老的基础上，最大限度地满足老年人的精神和心理需求。

（7）步骤：总体规划、分期实施、滚动发展、持续运行

2．功能布局

（1）功能：

（a）核心养老服务功能：

老有所养，涵盖食、住、行等；老有所医，涵盖医、健、护等；老有所为，涵盖传、帮、创等；老有所学，涵盖学、知、读等；老有所教，涵盖授、解、培等；老有所乐，涵盖娱、游、体等。

（b）延伸养老服务功能：

通过核心集聚服务区所形成的管理模式、设备设施、医疗保健、服务人才等，以核心区为半径，在周边市县、重点乡镇，建立养老服务机构，承接200公里以内的社区养老和家庭养老外包任务。实现管理模式、设备设施、医疗保健、服务人才四个输送，做到老年服务全覆盖，利用网络养老服务方式，保障社会养老的全覆盖。

(2)布局

（a）福利养老区。

主要功能：为低收入、鳏寡孤独残疾者提供“老有所养”的住宿、基本护理和照料服务。

（b）机构养老区。

主要功能：为各层次老年人士提供居住、护理、照料、休闲等综合养老服务。

（c）居家养老区。

主要功能：为健康老年人士提供居家养老服务，包括住房、综合社区服务。居家养老小区是以社区综合服务为依托，使老人在家养老，从而达到定心、安心、养心。

（d）康复医疗区。

主要功能：为园区内居住老年人士提供医疗服务，同时医院在老年医疗方面的专业性将能吸引外地老年人士的前来就诊。

（e）教育培训区（文化创意、科研开发）。

主要功能是为老年人提供互动机会和学习机会，培训复合型护老专业人才。

（f）老龄商品物流园区。

建设集老年食品、日用品、特需用品、保健品、老年医药、进口老年商品、老年服务设备设施为一体的商品城，提供老年产品批零展销和信息服务，向国内外辐射。

（g）休闲娱乐区。

园区建设健身休闲区、老年活动广场、温泉度假村等休闲度假设施。场地布局宜动静分区，供老年人散步和休憩的场地宜设置健身器材、花架、座椅、阅报栏等设施，并避免烈日暴晒和寒风侵袭。距活动场地半径100米内应有便于老年人使用的公共厕所。

（h）农业基地区（生态农业）。

园区规划一个大型农业基地区——“生态农业园”，进行苗木培育、蔬菜种植、有机农作物等农业生产活动。为园区老人提供无污染农产品，为园区和周边提供各类苗木，同时也是老人的农业观光乐园。

在“生态农业园”内，辟一块自耕区，为愿意回归自然的老人提供耕作园地，寻找“采菊东篱下，悠然见南山”的乐趣。

（i）综合服务区。园区建设综合服务区，由酒店、超市、商场等基础商业设施组成。

3．运作方式

(1)园区组织管理

坚持以“政府主导、企业主体、市场运作、服务社会”的模式经营老年特别社区；通过政府搭台、企业经营，不断引进民间资本，兼顾效率与公平，逐步减少老年服务产业对财政的依赖，实现自身造血功能；以专业化和规模化的供给模式，低成本提供多元化服务产品，满足多层次养老服务需求。

在此原则下园区的运作方式：

——组织园区管委会，作为养老园区开发建设的管理与协调中枢，主管园区的行政事务。

——组织投资发展公司，作为园区的建设与运行执行机构。

——组织招商事业部，根据园区功能规划，分行业制定相关优惠政策，统一对国际国内招商，让专业的机构做专业的项目。进入园区的单位在业务开展上独立进行各自的服务运作与经营，在外部环境协调上服从园区管委会的统一管理，在设施使用与能力调节上与园区投资发展公司建立经济关系。

(2)策划规划先行

策划决定思路，思路决定出路。策划引领规划，规划引领发展。策划先行，才能做出一个好的规划，策划和规划将是打造老龄服务产业园区的重要抓手。

项目前期策划主要内容有：

——经营发展理念、发展战略规划。

——市场调研、项目区位环境分析、项目SWOT分析、消费群体定位、项目功能定位、总体定位、规划设计指导思想、功能模块划分、产品/服务体系规划设计、服务特色规划设计、构建养老服务产业基地。

——运营策略策划、营销策划、管理模式策划、经营模式策划、资本运营策划。

——项目概念性布局规划设计。

——推介策划及网络、媒体、影视推广等。

(3)市场营销渠道

顾客满意营销是现代营销的新概念、新手段。它是顾客接受产品后感到需求得以满足的状态。本项目将从老人满意的三个层次进行营销策划，从而提高美誉度、知名度和品牌效应。

——物质满意。全力做到客户对园区的居住养老环境和设施设备满意。

——精神满意。全力做到客户对园区软环境和贴心服务满意。

——社会满意。全力做到关老爱老，推进社会文明，让社会满意。

做到特色品牌产品与特定客源市场的有机结合。

认真进行项目市场的需求调研，针对客源市场需求状况，有的放矢的进行品牌型项目的规划设置，树立鲜明的高端品牌战略形象，提高养老服务的知名度和美誉度，并在此基础上展开有针对性的品牌产品促销活动。

(4)资金筹措渠道

本项目投资巨大，在实施过程中坚持“分期实施、滚动发展”原则，前期投资额度大，需要通过多渠道筹资方式，这样既有利于分期分批、有计划地进行建设，也可以让各投资主体之间相互监督，提高资金利用效率。

具体筹措方式包括：一是自有资金；二是引进战略投资；三是银行融资；四是吸纳和引进相关基金；五是争取国际资金支持。

老龄产业园区项目是集经济效益、产业效益和社会效益于一体的工程，需要社会多方面的支持。同时，需要正确调整和处理工程区域内的各种利益关系，包括国家与地方之间、局部利益与整体利益之间、近期利益与长期利益之间、生态效益与社会经济效益之间的关系；需要统一规划管理，多方筹集资金，为项目建设和实施提供坚实的财力与管理支持。

【作者：江苏省房地产业协会房地产开发分会副会长】

关于高度重视土壤生态健康管理促进现代农业可持续发展的建议

林 林

我国农业发展必须在不断提高资源利用率、土地产出率、劳动生产效益的同时，维持农业环境的友好，走“高产、优质、高效、生态”于一体的农业发展道路。近年来，江苏大力发展现代农业，成效显著，粮食生产实现“九连增”，高效农业面积超过 30%，农民收入持续增加等。但农业生产中高投入、高产出的特征没有改变，大量化肥、农药等投入品的不合理使用，带来部分地区土壤退化等问题日益加重。主要表现有：

一、土壤环境功能退化，陷入肥料越施越多的陷阱。一些地区设施栽培条件下，大量使用化肥的结果引起了土壤中氮磷的大量积累，引起土壤的一系列化学性质恶化、环境功能退化，引发作物对各种微量元素吸收利用上的障碍。在氮磷含量越高的农田，作物对化肥的依赖性越强，导致地越“肥”越要施肥的恶性循环。

二、土壤生物功能退化，土传病危害严重。因土壤生物功能退化，土传病害日益严重，每年都造成巨大的经济损失，已成为粮食作物、油料作物、蔬菜等生产中亟待解决的重要问题之一。因连作障碍发病给当季作物造成的损失在 20～80%，严重的几乎绝收。

三、植物抗病虫害能力退化，陷入农药越施越多陷阱。因土壤生态环境的失调导致植物处于亚健康状态，抗病虫害能力下降，作物发病率高，因而不得不加大农药的使用次数和使用量，造成土壤污染和农产品污染进一步加剧。我国农药利用率比发达国家低 10～20 个百分点，一般约 30%，低者不足 10%，大量农药流失进入大气、水体、土壤及农产品之中，引发严重的环境与食品安全问题。

大量研究表明，在长期高强度化肥、农药投入下，土壤生物功能退化，成为“死”的土壤，其固有功能难以发挥，成为现代农业的瓶颈，不利于农业的可持续发展。“十八大”报告提出要大力推进生态文明建设，坚持节约资源和保护环境的基本国策，要节约集约利用资源，推动资源利用方式根本转变。为打破上述瓶颈，在节约集约化生产模式下，既要进一步减少化肥、农药的投入，又要提高农作物产量和品质，并维持环境的友好，需要政府高度重视土壤生态健康管理，相关部门下大力气研发、推广土壤健康的生态技术。为此我们建议：

一、把握未来战略高地，高度关注土壤健康管理问题

土壤是农业生产的基础，土壤健康的管理是提高肥料、农药利用率的基础，也是发挥品种优良性能的基础。袁隆平已提出“良种良田良法”的理念，表明超级稻的生产实现除品种外，离不开配套的耕作方法与良好的土壤条件。FAO 已倡导新的农业技术革命，土壤健康管理有可能是新一轮农业绿色革命的核心。因此，建议省农业及科技等有关部门从战略高度重视土壤健康问题，将土壤健康管理纳入与品种、农田水利建设相等的地位，在加强农田基本建设、土壤污染防治的同时，要进一步关注隐性的土壤健康问题，研发推广“调生——健植——控病——降污”农田生态调控技术。此外，要加强土壤健康管理的宣传和教育，提高人们对土壤质量管理的意识。

二、加大投入，积极推进土壤健康管理技术创新与试验示范

我国农业发展面临的资源、环境约束以及社会、经济发展的现实需求，决定我国农业必须走可持续性的集约化道路。因此，必须结合生产实际，加强经济实用的土壤健康管理技术研究。同时，在苏南、苏中、苏北典型集约化农作区，建设示范区，将有关成熟的土壤健康管理技术与其它可持续性的集约化农业生产技术进行集成、示范，力争在国内乃至国际上引领新的农业绿色革命。因此，省农业及科技部门要加大投入，积极开展土壤健康技术创新与试验示范。

三、建立金融与税收优惠政策，鼓励社会资源投入土壤健康管理

通过制定相关的经济政策和技术政策促进土壤健康管理技术的开发与应用。出台税收优惠政策，进一步改革农村金融体系，积极吸纳社会资金，充分发挥社会力量投入土壤健康管理技术的研发，并通过各种经济手段，如经济补贴、财政刺激等，鼓励公众参与土壤健康保护活动。此外，加快农村耕地产权制度改革，明确耕地保护责任主体，大幅度提高耕地占用与资源耗竭模式的成本，按照取之于土、用之于土的原则，建立耕地质量保护的补偿机制。

【作者单位：江苏省南京市审计局】

发挥全民医保的基础性作用必须做强社保经办机构

林白桦

社保经办机构是医保政策的执行者，是参保人的代理人、基金的受托人，也是医保一线实施者。经办机构能力的强弱，直接关系到医保基础性作用的发挥。

随着“全民社保”时代的到来，广大参保群众对社保经办工作的要求越来越高。当前，社保经办能力不能满足参保人多元化、人性化服务的需求，也不能适应事业可持续健康发展的需要。主要表现在以下方面：一是二十几年前建立的承担城镇职工社保经办任务的管理体制已不能适应城乡统筹的“大社保”要求，基层管理服务能力普遍弱，社保基金风险防控难度加大，离社会保险管理精细化、服务均等化要求差得太远。二是管理职能分散，“多龙治水”，各自为政，管理标准、服务流程不统一，信息系统各成孤岛，政策执行不规范。三是职能部门管办不分，法律责任主体、会计管理主体与监督主体边界不清，权力制衡不力。四是人员编制短缺、专业素质不高、用人机制不活、工作经费紧张等问题久拖未决直接影响服务水平。

当前，全民医保制度体系已基本建立，经办机构任重道远。按照党的十八大报告提出的要求，应该“建全社会保障经办管理服务体制，建立更加便民快捷的服务体系”。笔者认为，一要按照中央关于事业单位分类改革的要求，“政事分开，管办分离”，设置公立法人治理机构，由法规授权履职，接受第二、三方监管，真正向职业化、专业化、法人化的方向迈进。这是增强经办机构管理服务能力和防控基金运行风险的体制保证。二要整合政府服务资源，按照党的十八大报告提出的城乡统筹要求，加快整合城乡社会保险经办管理资源，建立城乡一体化的经办管理体制，将各部门分散管理的社会保障经办职能和事务性工作，归并整合到同一个机构，直属各级政府管理，使“伸开的五指形成拳头”，搭建社会保障服务综合大平台，提供全方位、一体化的社会保障服务。目前存在的医疗保险城乡制度分设、资源分散、管理分离的“三分格局”已经成为提升全民保障绩效、公平水准的瓶颈，不能再继续下去了。三要建立全国统一的社保信息化服务平台，整合各地各部门社保数据，发挥信息共享优势，为不同群体的保险关系转换、医保参保人员异地就医即时结算、医疗保险支付制度改革等提供技术支撑。同时，按照“集中共性、保留个性”的原则，依托统一的服务网点，完善基础业务数据采集，使原来各经办机构重复采集的信息变为统一采集的共享信息，彻底改变一些地区存在的信息孤岛现象，提高数据质量和利用效率。当然，职能整合，机构统一，这件事情的推动才可事半功倍。四要实行混合编制。在公务员编制外，建立雇员制，实行“雇员分类配置比例”。同时，建立人均服务量与人员编制合理调节的机制，改变经办机构人员编制多年短缺、服务力量不足现象。国家作出顶层设计，提出人均服务量规范标准，为各地建立正常调节机制提供依据。五要加强财政经费成本保障，科学核定服务成本，提高经费使用效益，增强社保机构的管理服务能力。

【作者：广东省社会保险基金管理局局长、党委书记】

关于公司股份（股权）回购的法律理解

刘永刚

一、股份回购的法理基础

异议股东股份回购请求权制度发端于美国，并为意大利、英国、日本等其他国家以及我国台湾地区所借鉴，我国新的公司法也引入了该项制度，它已成为公司法上的一项重要制度。有关异议股东股份回购请求权的理论基础，理论上利益平衡说、期待利益落空说、经济分析法学说说等几种理论。

1．利益平衡说

资本多数决是适用于现代化公司制度的重大事项决策规则，它一方面增加了公司动作的灵活性，但另一方面也存在一定弊端，这样很容易导致大股东滥用权利。因此，在实行资本多数决原则时，必须给其设置一个底线，使中小股东的利益不受损害，从而在多数人的民主与少数利益之间找到一个平衡点。因此，设置异议股东回购请求权制度正是实现这一目的平衡器。

2．期待利益落空说

根据资本多数决原则，即使有持异议的股东也只能股份大多数股东的决议，但该项决议将公司进行合并、分立，此时股东加入公司时的公司原有结构就发生了变化，那么股东最初对公司合理期望就落空了。所以赋予异议股东股份回购请求权，使其以获得合理的价格补偿来退出公司是对这些股东的救济之道。

3．经济分析法学说

成本—收益原则，即以最低的成本换取最大收益，这一原则在公司治理机制中也是适用的。当公司内部存在不公平的损害时，赋予异议股东回购请求权可以以较小的成本换取较大的收益，不仅对异议股东进行合理补偿，也推动公司的有序发展，有助于和谐经济的建设。

二、股份回购的法律意义

1．有利于保护小股东利益

资本多数决原则是公司重大事项决策的基本规则，但这种规则很可能使公司沦为少数控股股东的暴政工具，这对于中小股东来说是不公平的。而异议股东回购请求权制度则很好的矫正了这种不平衡。该项制度的设立，既使得异议股东走开，而不再受资本多数决形成的决议的约束，同时又能要求公司回购股份而获得合理而公平的补偿。

2．股东退出公司的合法途径

对于有限责任公司的出资份额不存在一个自由转让的市场，解散公司的代价又很大，所在实践中公司回购欲退出股东的份额则成为解除公司与股东关系的最佳方式，也是一种合法途径。

3．化解公司僵局的有效途径之一

在实践中，当股东对股东大会作出决议不满意时，异议股东不想继续持有公司的股份，而其他股东又不想购买，异议股东不能转让自己的股份的情况下，如果没有回购制度，公司和股东之间必然会产生一种僵局，如不及时解决，会给公司带来很大的负面影响，股东间的利益也会受到一定损害。在此情况下，回购异议股东的股份则是化解公司僵局的有效途径。

4．有利于提高公司决策水平和改进经营管理

公司股份回购制度的建立可以对公司的管理带来积极作用。通过该制度可以使公司的决策获得最大化的多数同意，因为此制度的存在一定程度上制约了大股东的恣意行为，使得小股东的声音在股东会上获得表达，这样公司的决策会更有科学性，提升了公司的决策水平，也促进了公司的经营管理。

总之，股份回购是我国公司顺利发展必然要求，也是公司本身所具备的一些特质体现，股份回购可以解决公司中现实存在的僵局，也可以解决大小股东之间矛盾，为整体提高公司的决策和经营管理，为公司的发展提供了一个良好的机制，也为其长远发展铺平了道路，具有深远的现实意义。

三、我国公司法有关股份回购的法律规定及分析

我国公司法上有关股份回购制度的设置只有两个法律条文即公司第七十五条有关有限责任公司股份回购的规定，及公司法第一百四十三条有关股份有限公司的股份回购的规定。

我国公司法第七十五条规定，有下列情形之一的，对股东会该项决议投反对票的股东可以请求公司按照合理的价格收购其股份：（一）公司连续五年不向股东分配利润，而公司该五年连续盈利，并且符合本法规定的分配利润条件的；（二）公司合并、分立、转让主要财产的；（三）公司章程规定的营业期限届满或者章程规定的其他解散事由出现，股东会会议通过决议修改章程使公司存续的。自股东会会议决议通过之日起六十日内，股东与公司不能达成股份收购协议的，股东可以自股东会会议决议通过之日起九十日内向人民法院提起诉讼。

我国公司法第一百四十三条规定，公司不得收购本公司股份。但是，有下列情形之一的除外：（一）减少公司注册资本；（二）与持有本公司股份的其他公司合并；（三）将股份奖励给本公司职工；（四）股东因对股东大会作出的公司合并、分立决议持异议，要求公司收购其股份的。公司因前款第（一）项至第（三）项的原因收购本公司股份的，应当经股东大会决议。公司依照前款规定收购本公司股份后，属于第（一）项情形的，应当自收购之日起十日内注销；属于第（二）项、第（四）项情形的，应当在六个月内转让或者注销。公司依照第一款第（三）项规定收购的本公司股份，不得超过本公司已发行股份总额的百分之五；用于收购的资金应当从公司的税后利润中支出；所收购的股份应当在一年内转让给职工。公司不得接受本公司的股票作为质押权的标的。

我国公司法有关股份回购制度的规定较为原则，且适用范围较窄，不能涵盖实践中中小股东的多样化利益冲突的情形，且实践中不易操作。总的来说，有关股份回购存在以下缺陷：1.异议股东回购请求范围较窄，且缺少对公司主动回购股份规定。2.程序性规定缺失，主要表现在没有规定公司负有告知股东享有回购请求权的义务，如不对公司负有告知股东享有回购请求权的义务加以明确，则可能导致股东由于没有出席股东会投反对票而丧失股份回购请求权；对于异议股东请求回购股份的方式和时间没有明确；对于股份回购价格确定过于原则。股份回购价格确定是异议股东回购请求权的最核心部分，但公司法仅规定“按合理价格收购”，如何确定合理价格？是股东的出资额，还是回购当时公司账面净资产，或时是评估值？尽管公司法规定当事人在协商不成时可交由司法诉讼确定价格，但在目前我国诉讼机制并不十分完善的情况下，尚有必要对司法估价程序进行限制，防止司法出现偏差，不利于异议股东权利保护；价款支付时间缺失；公司回购股份的处置程序缺失。我国公司法第143条对股份公司的回购股份的处置程序作了规定，但对有限公司公司回购股份后如何处理，是将股份注销进行减资还是转让给其他股东，公司法第75条并未作规定。

四、国外有关公司股份回购的考察

股份回购制度起源于英美法国家。传统大陆法系因家最初恪守资本维持和资本不变原则，严格禁止公司回购股份，后来借鉴英美法系国家的立法经验，引进了股份回购制度。现今各国关于股份回购立法模式分为两种，一种是基于合法正当商业目的股份回购原则许可，例外禁止的模式，如美国，而传统大陆法系国家如德国、日本以及我国台湾地区则采取的是另一种原则禁止，例外许可的模式。

五、有关公司股份回购的法律思考

1．扩大异议股东股份强制回购范围

对照国外立法例，建议将有限公司责任公司章程修改或者作出重大决议将对股东产生重大的、不利的影响的，持有异议的股东有权要求公司回购份，以涵盖实践中有限责任股东利用资本多数决来损害小股东利益的其他情形。

2．增加公司主动回购的股份的规定

关于有限公司能否回购股份有两种观点，一种观点为，从公司法第143条在公司法章节位置看，其针对股份有限公司是非常明确的，对于有限责任公司，公司法不存在禁止回购自身股份的规定，法无明文规定即自由。由于公司法没有对有限责任公司回购股份作出做出禁止性规定，应视为有限责任公司可自行回购股份。另一种观点为，有限责任公司有关股份回购涉

及公司治理结构规范、债权人和其他利益相关者维护、市场交易秩序的稳定等，应更多体现强制性。我国继受大陆法系的立法传统，对于股份回购问题采取了原则性禁止，例外允许的模式，且公司法第36条规定公司成立后股东不得抽逃出资就表明在公司法无明文规定的情况下，可推定公司法对有限责任公司主动回购股份持否定态度。

对于笔者意见为，首先，即使是大陆法系国家也允许公司主动回购股份，如法国和日本公司法就规定，有限责任公司股东对外转让股份，如果未得到公司其他股东一定比例同意，则可以存在其他股东自行购买、其他股东共同指定受让人购买和公司回购三种处理方式，这种公司回购股份可替代选择，较好的平衡了剩余股东与出让股东的利益。其次，我国公司法第七十六条规定，自然人股东死亡后，其合法继承人可以继承股东资格；但是，公司章程另有规定的除外。根据该条可得出，公司章程可以约定在自然人股东死亡时，公司可回收该公司的股份，因此，公司在特定情况下是可以主动回收股份的；再次，公司法第一百七十八条公司需要减少注册资本时，必须编制资产负债表及财产清单。公司应当自作出减少注册资本决议之日起十日内通知债权人，并于三十日内在报纸上公告。债权人自接到通知书之日起三十日内，未接到通知书的自公告之日起四十五日内，有权要求公司清偿债务或者提供相应的担保。公司减资后的注册资本不得低于法定的最低限额。根据该条公司法对公司减资行为并不禁止，因此，有限责任公司可以减少注册资本的形式达到回购股份的目的。第四，公司法第36条禁止股东抽逃出资，但抽逃并不等于抽回，公司法对股东以合法形式抽回出资并不禁止。第五，从司法实践上来看，司法实践对公司职权持股退出机制予以认可，司法实践对公司股份回购采取的宽容态度。但是公司主动回收股份产生两种后果，一是中小股东的股东身份被剥夺；二是大股东运用资本多数决要求公司回收其所持有公司的股份，以达到逃避股东责任的目的。因此，对公司主动回收股份，应加以限制。一是表达一致原则，即公司主动回收股份应由公司章程对主动回收股份的情形加以限制，或是由全体股东一致同意形成股东会决议。二是经债权人同意。从我国公司的规定来看，公司只能通过减少注册资本的方式来回购公司股份，即以减资的形式达到回购公司股份的目的，因此，将影响到公司对外的清偿能力，影响到债权人债权的实现，因此，必须经过债权人同意，并经过法定的减资程序进行。

3．股份回购的财源限定

在美国公司法上将公司回购股份的财源限定为可分配盈余加法定公积金加资本公积金。但如果回购股份后将依法定程序减资并且回购的结果不会导致公司资产不足以支付债务，则可以动用公司资本回购。但公司回购股份还得遵守实质偿债能力标准，即虽然公司资产大于负债，但是不能清偿到期债务时公司不得回购股份。

日本公司则规定，公司回购股份财源仅限于可分配盈余，而不得动用公司资本和公积金。此外，公司回购股份财源时各项数额计算采用时价方法，而非采用上一年度账簿价额。

我国台湾地区公司法第167条规定，收买股份之总金额，不得逾保留盈余加已实现之资本公积金之金额。

我国公司法在放宽公司回购股份事由同时，却仅对用于在从奖励职工股份回购进行了财源限制，“用于收购的资金应当从公司税后利润中支出。”至于其他情形的回购应该从公司何项财源支出则没有规定。对此，笔者认为，为了平衡公司股东和公司债权人利益，应对我国现有公司回购财源加以完善，并把握以下两个原则，一是，公司回购股份不得导致公司的总资产小于总负债，否则，将侵犯债权人优先分配权。二是，公司回购股份不得导致公司不能清偿到期债务。

参照因外及我国台湾地区立法例，结合对我国公司的第143条仅将股份奖励给本公司职工的财源限定为公司税后利润的规定的理解即回购股份奖励给本公司职工并与股东的利益实现并无直接关系，而其他形式下的股份回购均与异议股东存在直接利害关系，影响到股东投资权的实现，因此，应提供足够财源以支持。因此，我国公司回购财源可限定为：公司回购股份的资金应当从公司的税后利润中支出（税后利润包括当年税后利润及历年累计税后利润，即公司可分配盈余），和资本公积金，但如果回购股份后将依法定程序减资并且回购的结果不会导致公司资产不足以支付债务，则可以动用公司资本回购。公司各项资产数额可以根据公允的时价计算。

4．股份回购的价格确定

程序确定

我国采用“先双方协商，协商不成由股东启动司法评估程序”的做法。为了避免公司大股东利用信息不对称滥用协商权，笔者主张在回收价格的确定上应采用美国做法，原则上采用“先履行式”。即异议股东书面提出回购请求权并寄存股份后，公司即刻将他们认为是公平价格的价格支付给异议股东。如果异议股东对此“公平价格”不接受，则可以灵活转用协商的做法。如若双方协商仍不能对公平支付达成一致意见，即应采用股东公司启动司法评估程序。亦言之，无论是公司还是异议股东均可启动司法评估程序。

5．合理价格之确定

韩国公司规定，法院决定价格时，也应根据合理的标准来估算，具体金额应参考该股份的市场价值、资产价值、收益价值、还有分派价值等各项因素来决定。

笔者认为，关于回购股份合理价格之确定，如何才是“合理”在司法实践中确实存在争议，对此笔者认为，股份回购价格之确定，应在坚持公司回购股份不得导致公司的总资产小于总负债；公司回购股份不得导致公司不能清偿到期债务两个原则的前提下，综合以下因素来考虑，即异议股东的出资情况、公司的净资产、公司股份评估价值及公司的财源情况及异议股东提出异议的具体情况予以综合评定。

具体实施构想如下：

关于强制回购股份价格应区别各种情况加以确定，如公司长期分配利润导致股东请求回购股份，在此情况下，公司存在过错，且从公司盈利状况来看，公司发展前景相当好，在此情况下，如仅以公司净资产为限确定回购价格显然对异议股东不利，因此，应综合各种因素评定股份价格。且如果公司剩余利润及公积金不足以支付对应股价，可以通过减少注册资本来实现对异议股东的权利保护。如公司因分立、合并或转让资产等事由引起异议股东提出回购请求权，则因为异议股东对公司重大决策事项不看，而萌生退意，在此情况下，则可以公司净产为限按异议股东所持比例支付股份回购款，则较为公平。

关于主动回购股份的资金来源应限定为公司税后可分配利润，该价格由公司章程加以规定，如公司章程未规定，笔者认为，鉴于公司主动回购由公司章程加以规定，当出现章程约定事由后，公司得以依章程因回购股份，多数情况下，该项回购并非被回购股东所愿，为避免公司利用章程约定侵犯该被回购股东利益，对该股份价格应综合各种因素予以评定。

6．确定合理价格的相关费用承担

合理价格确定必然会产生公司价格评估费用甚至诉讼费用，这些费用如何承担则是利益各方所关心的问题。美国标准商事公司法规定该项费用由公司来承担，除非异议股东非善意或武断性行事。美国公司法的上述规定，可供参考。

【作者：江苏省邳州市人民法院】

十八大对“一国两制”理论的丰富和发展

彭建新　肖　明　言霜霜

十八大报告对全面准确贯彻“一国两制”、“港人治港”、“澳人治澳”、高度自治的方针作出了深刻阐述，有很多新判断、新思考和新概括，极大地丰富了“一国两制”理论，对港澳未来发展具有重要指导作用。本文结合“一国两制”在香港的成功实践，谈谈学习十八大报告的体会。

完整概括中央政府对港澳各项方针政策的根本宗旨。在十七大报告首次提出“保持香港、澳门长期繁荣稳定是党在新形势下治国理政面临的重大课题”的基础上，十八大报告进一步完整概括了中央政府对香港、澳门实行的各项方针政策的根本宗旨，即“维护国家主权、安全、发展利益，保持香港、澳门长期繁荣稳定”。香港回归以来，中央对港各项方针政策的出发点和落脚点都是为了维护国家主权、安全、发展利益，保持香港长期繁荣稳定。这是在香港实践“一国两制”的核心要求和基本目标。十八大报告的这一论断表明了国家民族根本利益与港澳同胞长远利益的有机统一，如果国家主权、安全、发展利益无法得到保障，香港长期繁荣稳定就会成为无源之水、无本之木；香港保持长期繁荣稳定是国家发展大局的需要，有利于维护国家主权、安全、发展利益。

着重指出“一国两制”实践过程中必须处理好的三对关系。十八大报告指出：“全面准确贯彻‘一国两制’、‘港人治港’、‘澳人治澳’、高度自治的方针，必须把坚持一国原则和尊重两制差异、维护中央权力和保障特别行政区高度自治权、发挥祖国内地坚强后盾作用和提高港澳自身竞争力有机结合起来，任何时候都不能偏废。”十六大报告和十七大报告的相关提法分别是：“我们将坚定不移地实行这一方针（‘一国两制’）”和“我们将坚定不移地贯彻‘一国两制’、‘港人治港’、‘澳人治澳’、高度自治的方针”。十六大和十七大报告主要是宣示性地强调“一国两制”方针的重要性以及中央贯彻这一基本方针的坚定态度。十八大报告在将坚定不移贯彻“一国两制”方针作为当然前提的基础上，针对港澳回归以来在经济、政治、法律等方面表现出的各种问题，创新性地指出“一国两制”实践过程中必须处理好的三对关系，使得全面准确贯彻“一国两制”、“港人治港”、“澳人治澳”、高度自治的方针有了操作性的检验标准。

第一，关于“坚持一国原则和尊重两制差异”。胡锦涛同志曾指出：“‘一国两制’是完整的概念。‘一国’是‘两制’的前提，没有‘一国’就没有‘两制’。‘一国’和‘两制’不能相互割裂，更不能相互对立。‘一国’就是要维护中央依法享有的权利，维护国家主权、统一、安全。‘两制’就是要保障香港特别行政区依法享有的高度自治权，支持行政长官和特别行政区政府依法施政。只有把以上两个方面都落到实处，‘一国两制’的优越性才能充分发挥出来，给香港同胞带来实实在在的福祉。”坚持“一国”原则最主要的就是要维护国家主权、安全、发展利益。根据香港基本法第23条，特别行政区应自行立法禁止叛国、分裂国家、煽动叛乱、颠覆中央人民政府及窃取国家机密等危害国家安全的行为。香港特区政府和社会各界应尽快凝聚共识，履行宪制责任，适时完成23条的本地立法。尊重两制差异主要是内地与香港要尊重彼此不同的经济政治制度和意识形态，特别是要保持香港的高度自治，保持原有的社会、经济制度不变，法律基本不变，生活方式不变。

第二，关于“维护中央权力和保障特别行政区高度自治权”。首先，香港基本法对中央权力作出了明确规定。根据香港基本法，中央的权力包括外交权和防务权；任命行政长官和主要官员；审查和发回特别行政区制定的法律；决定部分全国性法律在特别行政区实施；对特别行政区行政长官和立法会产生办法及其修改的最终决定权；决定特别行政区进入紧急状态；解释基本法；修改基本法等等。其次，在“一国两制”下，特别行政区享有高度自治权，包括立法权、行政管理权、独立的司法权和终审权。香港回归祖国以来，中央政府坚定不移贯彻“一国两制”、“港人治港”，高度自治的方针，从不干预特别行政区自治范围内的事务，获得香港同胞和国际社会的广泛认可。需要特别指出的是，“高度自治”不是“完全自治”，“高度自治”不能成为香港背离“一国原则”的借口和托词。香港特别行政区的高度自治权不是其固有的，而是来源于中央授权。吴邦国同志曾指出：“中央授予香港特别行政区多少权，特别行政区就有多少权，没有明确的，根据基本法第20条的规定，中央还可以授予，不存在所谓的‘剩余权力’问题。”

第三，关于“发挥祖国内地坚强后盾作用和提高港澳自身竞争力”。回归祖国以来，香港保持了繁荣稳定，其中除了香港同胞努力拼搏之外，更离不开祖国内地对香港的无私支持与关怀。回归后，中央政府始终坚定支持香港应对各种挑战，连续出台了一系列“挺港”政策措施，包括建立内地与香港更紧密经贸关系的安排，开放内地部分城市居民赴港“个人游”，推出扩大香港银行人民币业务等，令香港转危为安，经济社会获得进一步发展。《珠江三角洲地区改革发展规划纲要（2008～2020年）》、《前海深港现代服务业合作区总体发展规划》等发展规划文件的批准实施进一步推进了香港与广东等内地地区的区域合作。值得特别强调的是，国家“十二五”规划单辟“港澳专章”，进一步明晰了香港在国家经济战略中的重要角色，凸显了中央对香港保持长期繁荣稳定的大力支持，为香港未来发展提供了历史机遇。但是，我们也应清醒的看到，香港经济社会存在深层次矛盾，香港相对于内地以及国际其它先进地区的优势正在逐渐弱化。着眼未来，香港在有效利用中央各项惠港政策措施的同时，应保持“危机意识”，不断提升自身竞争力，厘清定位，坚守原则，发挥优势。特区政府在经济发展中应扮演了更为积极的角色，不断提升决策和执行能力；在巩固原有优势产业的基础上，积极发展科技和创新经济，并将其作为香港新一轮经济转型的突破口；在巩固自身全球化城市地位的同时，加快与内地经济融合的步伐；拓展城市发展空间，合理规划和推进城市新区发展；着力解决住房和收入差距等民生问题，使社会各界都能分享经济发展成果。

特别强调完善与基本法实施相关的制度和机制。十八大报告指出：“中央政府将严格依照基本法办事，完善与基本法实施相关的制度和机制。”十六大和十七大报告的相关提法都仅是严格按照特区基本法办事。十八大报告的表述可以理解为以下两点。第一，基本法从我国国情以及香港历史与现实情况出发，创造性地回答了国家对香港恢复行使主权后采取什么方式管理香港这一重大课题，是“一国两制”方针的法律体现，是依法治港的法律基石，是香港长期繁荣稳定的法律保障。严格按照基本法办事是中央对港澳工作的一贯要求和准则，其核心就是维护基本法在香港的最高法律地位。第二，“一国两制”是前无古人的伟大创举，也是不断发展的崭新实践。香港基本法颁布于1990年，对“一国两制”的制度设计进行了原则性的规定。随着“一国两制”实践的不断深入，基本法的实施必然会遇到新问题、新情况。因此，香港基本法需要着眼于香港的长治久安，不断与时俱进，对有关争议事项正本清源予以厘清，并且提高可操作性，将特区政制运转以及中央和特区关系切实纳入规范化、法制化轨道。具体而言，“要进一步完善行政长官向中央政府述职和报告重要情况、重大事项的制度，把行政长官向中央负责的关系落实好；完善与行政长官和主要官员任命相关的制度，把中央对主要官员的任命权落实好；完善对特别行政区立法机关制定的法律的报备审查制度，把全国人大常委会对特别行政区立法的监督权落实好等等”。

坚定支持香港特区行政长官和政府依法施政。十八大报告指出：“坚定支持特别行政区行政长官和政府依法施政，带领香港、澳门各界人士集中精力发展经济、切实有效改善民生、循序渐进推进民主、包容共济促进和谐。”十七大与之相应的表述为“全力支持特别行政区政府依法施政，着力发展经济、改善民生、推进民主。”首先，十八大报告特别强调了对行政长官的“坚定支持”。自从2013年7月新一届香港特区行政长官和政府就职以来，反对派就利用各种手段阻碍政府有效施政，打压政府威信。近期，反对派更是利用行政长官梁振英寓所僭建问题，在香港社会掀起了一股“倒梁”风潮，其本质是要架空基本法，瘫痪特区政府施政，制造宪政危机和有利于反对派夺权上台的形势，从而全面挑战“一国两制”和中央政府。十八大报告的有关论述既充分显示了中央高度信任和全力支持行政长官梁振英及其领导的管治团队，也向香港市民传达了精诚团结，顾全大局，和衷共济，支持新一届政府开拓新局面的信息，同时也是对反对派的严正警告。有了中央政府对特区政府的坚定支持，反对派的“倒梁”阴谋必将以失败告终。其次，香港特别行政区政治体制的最大特点是行政主导。行政主导的政治体制的最重要特征是“行政长官在特别行政区政权机构的设置和运作中处于主导地位”。香港回归祖国以来，特别是2003年以后，虽然历届行政长官都通过各种措施巩固和强化行政主导的政治体制，实现“强政励志”的目标，但行政主导体制的运行始终不尽如人意。十八大报告通过明确特区行政长官和政府带领香港各界人士推进香港各项事业的地位和作用为香港行政主导的政治体制的正常运转以及特区政府依法高效施政提供了有力支持。

强硬应对外部势力干预港澳事务。十七大报告指出要“坚决反对外部势力干预香港”，十八大报告进一步表明要“防范和遏制外部势力干预港澳事务”。从十七大报告被动的立场性宣示到十八大报告主动的行动性指示，中央应对外部势力干预港澳事务的态度更趋鲜明和强硬，针对性和操作性进一步提升。这是中央对外部势力干预香港事务不断升级的严正回应，也是中央将“维护国家主权、安全、发展利益”作为对港澳各项方针政策的根本宗旨的必然结果。“防范和遏制外部势力干预港澳事务”显然并非无的放矢，而是针对国际上的反华势力。外部势力往往打着“民主”、“自由”、“人权”的旗号，通过明目张胆的鼓动或是暗箱操作的配合，对香港的社会和政制发展进行干预，甚至谋求把香港变成“独立实体”。外部势力还积极培养和扶植香港反对派，作为其干预港澳事务的马前卒和内部策应力量。可以说，反对派就是外部势力在香港的代言人，外部势力则是反对派的根本力量支持。外部势力干预香港事务的直接目的是破坏“一国两制”和基本法的顺利实施，破坏香港繁荣稳定的良好局面；根本目的是以香港为反华基地，达到对中国进行遏制和实施西化、分化战略的图谋。因此，“我们要继续坚决反对，并采取相应措施，更有效地防范和遏制外部势力对港澳事务的干预。”

始终坚信香港同胞的管治能力和爱国情操。十八大报告指出：“我们坚信，香港同胞、澳门同胞不仅有智慧、有能力、有办法把特别行政区管理好、建设好，也一定能在国家事务中发挥积极作用，同全国各族人民一道共享做中国人的尊严和荣耀。”十七大报告的相关表述为“香港同胞、澳门同胞完全有智慧有能力管理好、建设好香港、澳门。”十八大报告所提出的坚信香港同胞“一定能在国家事务中发挥积极作用，同全国各族人民一道共享做中国人的尊严和荣耀”的崭新表述不仅表达了中央对广大香港同胞一贯爱国情操的高度肯定和信任，更是对香港同胞特别是年轻一代进一步加强国民身份认同，积极地参与祖国各项事业的殷切希望，同时也是对香港近段时间以来兴起的所谓“去中国化”逆流乃至“港独”言行的严正回应。“去中国化”逆流的本质是反对派与外部势力相勾结，通过强化香港本土意识，挑动香港民众对祖国内地的对立情绪，妖魔化中央政府和内地，否定“一国两制”实践的政治阴谋。因此，十八大报告新表述无疑具有十分重要的现实意义。中央一方面坚信绝大多数香港同胞有着爱国者的民族立场；另一方面严厉警告一小撮企图“分裂祖国”的“港独”分子，其策动的“去中国化”等小动作是不得人心的。“港独”未成气候，也永远成不了气候。

【作者单位：中央政府驻香港联络办广东联络部调研处】

以构建和谐矿区为目标的物业服务“四个三”集成管理

孙长玉　陈继光　孙耀明　张国义　刘　超　贺文龙　费淑梅

大庆油田矿区服务事业部物业系统管理住宅小区168个，住宅楼4893栋，公共设施1.3万栋，物业服务面积2660万㎡，供热服务面积2698万㎡。几年来，物业管理二公司等所属五家物业服务单位秉承“心系用户，诚信服务”理念，着力探索推行“四个三”管理，在夯实矿区发展基础、增强基层工作效能、提升综合服务品质方面发挥了极为重要的作用，为构建和谐矿区提供了有力保障。

一、实施背景

“四个三”管理主要包括“三定、三令、三化、三率”管理。“三定”指人员定位、岗位定责、指标定额；“三令”指以风为令、以雨为令、以雪为令；“三化”指服务标准化、内务规格化、社区家园化；“三率”指服务及时率、质量达标率、用户满意率。创建并实施“四个三”管理主要基于以下三方面考虑：

（一）解决实际问题，促进规范管理的需要。大庆油田实行物业管理始于上世纪九十年代中期，主要为矿区居民及住矿单位提供清扫保洁、垃圾清运、水电暖排系统维修、公共秩序维护等服务，由于劳动密集型特点突出，每一项服务都要靠身体力行来实现，实行“四个三”管理前，基层不同程度存在着岗位责任不清、工作内容不清、服务标准不清、执行落实不到位等基础管理性问题，导致用户不满意甚至向上级领导或舆论媒体投诉现象时有发生，一定程度上影响了油田物业企业形象，所以必须要抓基础促规范，建立一套科学的基础管理体系。

（二）树立企业形象、促进精细管理的需要。中国物业管理起步较晚，仅有30年时间，大庆油田推行物业管理服务仅有十几年的时间，尽管在一些方面取得了一定的成绩，在国内行业有了一定的知名度，但是客观来讲，毋庸与国际水平对比，即使与国内较早起步的万科、戴德梁行等上海、深圳的一流同行业企业相比，由于体制机制、用工形式的不同，基础管理亟待提升，服务水平存在差距。同时，基于大庆油田在全国的重要地位，矿区服务品质一定要符合“工业战线一面旗”的榜样形象，必须要有科学的管理方法保障，在精细管理上下工夫，站排头、创一流。

（三）构建和谐矿区、谋求科学发展的需要。《大庆油田可持续发展纲要》明确指出，构建和谐矿区是实现油田永续辉煌的三大战略任务之一，矿区物业作为构建和谐的主力军，肩负着重要的历史使命和政治责任。近年来，随着管理幅度加大和城市化发展，管理服务要求日趋规范，服务需求增长、服务标准提高、社会监督加强，原有方式方法已不能满足企业发展进步与促进和谐稳定的要求。面对新形势，矿区物业系统必须创新管理服务方法、强化基础管理，当好企情民意的“传感器”，构建和谐“维稳器”，推进发展的“助力器”，努力实现科学发展。

二、主要做法

“四个三”集成管理通过“三定”抓基础，“三令”抓执行，“三化”树形象，“三率”塑品质，有效夯实了企业发展根基，实现了企业持续健康成长。主要做法是：

（一）推行“三定”管理抓基础，形成责任约束体系

“三定”是“四个三”的基础，做不好“三定”，就无法有效实施后面“三个三”，主要目的就是明确落实责任，做到事事有人管、人人担责任。

1. 实行定位管理，责任划分无死角

以“用户室内零投诉，用户室外零报修、自用设施零问题”为目标，在所属公司层面建立“三级管理促三包，网格管理全覆盖”的定位管理格局，实现了大到一栋楼小到一盏路灯，所有服务要素定位到人头，真正做到人有定位，物有人管，全面覆盖。

2. 实行定责管理，责任落实无盲区

实行以建立完善岗位责任制为主要内容的岗位定责是“三定”管理的实施保障。围绕岗位性质事业部组织多次修订完善物业系统工作岗位责任制共计240项，学习借鉴现代领先企业岗位规范编制内容，在原来的岗位职责、工作标准、工作权限、工作责任四项内容基础上，增加工作程序和内容、绩效考核指标两项内容，明确岗位员工应该干什么、怎么干、干到什么程度，使内涵更加全面，可操作性强。同时，结合“定位”管理和物业系统维修工、环卫工和综合班与业主经常接触的工作特点，在岗位职责中提出“一岗双责”的工作要求。

3. 实行定额管理，责任评价无缺位

指标定额是“三定”管理的绩效评价。依据岗位实际，以激发员工的积极性、发掘人员潜力为目标，优化劳动定额管理和成本定额管理，提高劳动效率，促进运行成本的持续降低。

（二）推行“三令”管理抓执行，强化难点解决措施

“三令”管理是油田物业最具特色的物业管理实践成果。推行“三令”管理就是针对物业服务中的难点，即特殊天气的应急处理，实施有效管理，做好事前预防准备、事中强化执行、事后监督评价。为此，我们系统建立了“三令”管理体系，在特殊天气条件下做到应急组织到位、应对措施到位、服务标准到位、执行效果到位、后勤保障到位。

1．健全“三令”执行制度，实现执行机制科学合理

事业部牵头组织制定了特殊天气预警制、特殊天气响应制和干部员工到岗制等5项基础管理制度，对于不同天气条件下预警报告流程、响应等级、相应到岗人员予以严格要求，同时要求按照“三定”管理中的“三级管理、岗位三包”承包划分明确责任单位或区块，确保“三令”执行责任明晰。

依据多年的物业服务实践经验，细致梳理各项管理要素及重点工作内容，按照风雨雪特殊天气不同，在事前、事中、事后不同阶段执行相应工作流程，清查各项管理要素，确保“三令”执行清晰到位。

以风为令：在季风来临之前，各物业分公司统一组织开展风前“七查一宣”；风起后环卫保洁员执行“五查一报”；风停后做到“一清一查”。

以雨为令：各物业分公司组织相关人员做好雨前“五查”，雨中“三通”和雨后“三清”。

以雪为令：物业分公司组织相关人员做到雪前“四备”保障到位，雪中“三先三后”措施到位，雪停“人机结合”清理到位。

2．细化“三令”执行标准，确保考核有据可依

结合行业标准及管理实际，我们对“三令”的执行标准进行了严格限定，由所属单位服务质量监督中心负责按照标准进行严格检查并将结果纳入经营责任制考核。三令管理重在快速反应、严格执行。正是由于建立了明确的职责、清晰的流程、统一的标准、严格的考核，极大地提升了油田物业员工执行力和战斗力，获得了广大油田业主的普遍赞誉。

（三）推行“三化”管理抓品质，纳入内涵发展模式

“三化”管理包含物业管理中标准化管理和社会管理的基本要求和内容。通过不断优化服务方法、着力提升基层建设、持续创新服务文化，逐步将企业纳入内涵式发展模式。

1．服务标准化，整体上水平

推行服务标准化是做好各项服务的前提。物业系统在实现ISO国际质量管理体系认证的基础上，以持续开展“规范管理年”活动、深入强化三基工作为契机，2009年以来，全面开展了清标、对标、建标工作，细化保洁、维修、客服等岗位服务标准58项，细化报修处理、环卫保洁、客服接待、维修抢修等工作流程42项，制定了《岗位标准化服务手册》和《岗位标准化操作手册》，使每个重要岗位、每个时段、每片区域、每项工作都有明确的规定和标准，为实现服务标准化奠定了良好基础。

2．内务规格化，综合提素质

通过加大环境改善力度和引入6S管理、定置管理和TnPm等先进管理方法，不断强化基层自用和公用设施的日常管理控制，持续优化一线员工工作环境，努力提升岗位员工综合素质。

3．社区家园化，本质树口碑

以建设“责任、亲情、快乐、和谐”家园文化为目标，创新开展针对特殊天气、特殊日期和特殊人群的“三特”服务，积极组织特色文化活动，整合社会服务资源创新社会管理，为构建和谐矿区奠定了坚实基础。

（四）推行“三率”管理抓实效，建立服务动力机制

“三定”、“三令”、“三化”管理是否有真功、基础管理是否见实效，最终要靠“三率”来检验。在管理实践中，我们把服务及不及时、效果好与不好、用户满不满意作为检验一切工作的出发点和落脚点，通过建立完善服务动力机制，推动“三定”、“三令”、“三化”管理各项工作扎实开展。

1．建立层级清晰的三级监督体系

为确保监督考核的有效开展，事业部由上之下建立了三级服务质量监督机构。事业部层面设立服务质量监督处对所属公司物业服务质量的监督测评及考核工作；所属公司层面设立服务质量监督中心对所属分公司物业服务质量的监督测评及考核工作；在基层分公司成立服务质量监督班，对所属客服部物业服务质量的监督测评及考核工作。通过建立三级服务质量监督机构，形成一级抓一级、一级对一级负责的梯次责任落实格局，督促作为最下层级的分公司层面建立自我监督、自我整改、自我完善、实现不断自我提升的PDCA良性循环机制。

2．建立科学合理的指标测评体系

采取主动测评结合用户反馈的方式测算服务考评指标，客观反映被考评单位的服务质量。

3．建立严格规范的指标考核体系

每年初事业部与所属公司，所属单位与所属分公司，各分公司与所属客服部逐级签订经营责任制合同，将考核指标压力层层传递至基层，督促各级组织通过强化管理、创新服务提升服务水平。年度考核分别将三项指标每月得分相加计算平均值，按照得分情况分别排名。排名结果与年初签订的经营责任制合同严格挂钩，真正做到了严考核、硬兑现。

三、取得的效果

几年来，围绕和谐示范矿区建设这一中心任务，通过系统总结实践“四个三”集成管理，综合水平得到有效提升。服务及时率由原来的80%提高到95%以上，服务达标率由原来的90%提高到98%以上，用户满意率由原来的85%提高到93%以上，均处于同行业前列。在水、电、燃料、人工、材料等成本不断上涨的情况下，有效控制了成本增值因素。节约五项费用和非生产性支出3078万元，可控成本同比降低1977万元，年节约热费2400万元。

截至2011年底，事业部已创建国家级示范小区43个，省级以上示范小区111个。事业部及所属单位先后被评为省级卫生先进单位、大庆首届最具社会责任感企业、中国企业文化十佳单位、中国共产党建党九十周年服务文化十佳单位、“中国企业形象管理十强”，省市行业主管部门分别两次组织近百家同行企业到大庆油田交流学习，2011荣获全国物业企业改革发展卅年“行业突出贡献奖”。

【作者单位：大庆油田矿区服务事业部】

高度重视人与自然和谐发展 加快建设生态文明先行示范区

潘　征

党的十八大以来，习近平总书记站在战略和全局的高度，就生态文明建设、建设美丽中国等提出了一系列新思想新观点新要求，为实现中华民族永续发展和伟大复兴的中国梦指明了前进方向和实现路径，也进一步引领福建省生态省建设深入推进。

一、深刻领会习近平总书记关于生态文明建设的重要论述

党的十七大报告第一次提出生态文明概念，并以"建设生态文明"作为全面建设小康社会的一个重要目标。党的十八大报告把生态文明建设纳入中国特色社会主义事业"五位一体"总体布局。在坚持党关于生态文明建设的理论与实践成果的基础上，习近平总书记以全新的视野提出了一系列紧密相连、相互贯通的重要论述，科学回答了当代中国面对的"什么是生态文明、为什么要建设生态文明、怎样建设生态文明"的重大问题，深化了我们党对社会主义建设规律、人类社会发展规律、人与自然发展规律的认识。

牢牢把握人与自然之间的关系，深刻揭示了生态文明是人类社会文明发展新的前进方向。人与自然关系是人类生存与发展的最基本关系之一，是自然界内在关系的最高体现。习近平总书记指出，"人类经历了原始文明、农业文明、工业文明，生态文明是工业文明发展到一定阶段的产物，是实现人与自然和谐发展的新要求"，"生态兴则文明兴，生态衰则文明衰"。这些重要论述，科学回答了生态与人类文明之间的关系，准确把握了生态文明在人类文明形态中的历史方位。生态是自然界的存在状态，文明是人类社会的进步状态，生态文明则是人类文明中反映人类进步与自然存在和谐程度的状态。人类的生存与发展依赖于自然，同时，文明的进步也影响着自然的结构、功能与演化。人类社会文明更替发展过程，其实质是人与自然关系的肯定、否定、否定之否定的辩证发展过程。近300年来，人类在工业化中利用自然、改造自然的能力空前增强，创造了前所未有的巨大物质财富，但也付出了沉重的资源环境代价。可以说，生态文明是人类社会文明螺旋上升发展过程中的一个阶段，是在对工业文明带来严重生态安全问题进行深刻反思基础上逐步形成和正在积极推动的一种文明形态。因此，这些重要论述，将生态文明提升到人类社会发展的一个特定时代的高度，反映了我们党对人类文明发展规律的理性审视和高度自觉，是新时期新阶段我们党关于生态文明建设的理论创新和实践深化。

牢牢把握经济发展与生态环境保护的关系，阐述了生态环境就是生产力的战略思想。习近平总书记强调，要牢固树立保护生态环境就是保护生产力、改善生态环境就是发展生产力的理念。我们既要绿水青山，也要金山银山，宁要绿水青山，不要金山银山，而且绿水青山，就是金山银山。这些重要论述深刻揭示了生态建设与生产力发展并不是绝对对立的矛盾体，而是统一的共生体。在经济社会发展中，良好的生态环境直接关系到生产力系统的运行和效益，是影响生产力结构、布局和规模的重要因素。从这个意义上讲，生态环境本身就是生产力。特别是经济社会发展到今天，生态环境越好对经济社会发展的承载能力就越强，以损害环境为代价的粗放发展模式已难以为继。同时，生态本身具有重大的经济价值，良好的生态环境可以为发展生态农业、生态工业、生态旅游等绿色经济提供直接的条件，生态优势转化为经济优势的趋势日益凸显。实践证明，绿水青山可以带来金山银山，有了绿水青山就会有金山银山。因此，这一重要战略思想，是我们党关于生态理念、发展理念的丰富和升华，有利于指导各级党委政府努力实现生态与经济协调发展。

牢牢把握人民群众对良好生态环境的新要求，作出了良好的生态环境是民生福祉的科学论断。生态文明建设是关系人民福祉、关乎民族未来的根本大业。习近平总书记强调，良好的生态环境是最公平的公共产品，是最普惠的民生福祉。这一精辟论断，既是对生态产品的准确定位，又是对民生内涵的丰富发展，深刻揭示了生态与民生的关系，指出良好的生态环境是提高人民生活质量的重要内容。我们推动发展和改革的根本目的是为了更好地满足人民群众的需求。人的需求既包括物质文化需求，也包括对清新空气、清洁水源、舒适环境、宜人气候等生态产品的需求。生态环境是人类赖以生存和发展的基本条件，特别是随着人民群众总体上温饱无虞、迈向小康，对幸福的内涵有了新的认识，对与生命健康息息相关的环境问题越来越关切。满足人民群众日益增长的对生态产品的需求，这是科学发展的内在要求，也是保障和改善民生的基本要求。因此，这一科学论断，体现了我们党抓生态就是抓民生、改善生态就是改善民生的执政理念，彰显了深厚的历史责任感和现实担当意识。

二、深入实施生态省战略是加快福建科学发展跨越发展的必然抉择

良好的生态环境是福建发展的优势所在、潜力所在。省委、省政府提出，要深入实施生态省战略，加快建设生态文明先行示范区，这既贯彻了习近平总书记系列重要讲话精神，特别是有关生态文明建设的重要讲话精神，又切合福建实际，是我省发挥比较优势、挖掘发展潜力、拓展发展空间的重大举措，也是破解环境资源"瓶颈"制约、推进可持续发展的关键之举。

建设生态文明先行示范区，是贯彻落实习近平总书记对福建发展的殷切期望和重大要求。福建是习近平总书记关于生态

文明建设思想的发源地和实践地。他在任福建省省长时，前瞻性地提出了建设生态省的战略构想，并亲自指导、编制实施了《福建生态省建设总体规划纲要》，全力推动全省生态建设和环境保护工作。他强调，任何形式的开发利用都要在保护生态的前提下进行，使八闽大地更加山清水秀，使经济社会在资源的永续利用中良性发展。他到中央工作后，对福建生态建设依然高度关注，指出生态资源是福建最宝贵的资源，生态优势是福建最具竞争力的优势，生态文明建设应当是福建最花力气抓的建设。福建在这方面是有优势的，应当做得更好，为全国树立标杆。这些富有前瞻性、战略性、指导性的思想观点和重大要求，与习近平总书记系列讲话精神是紧密联系、融会贯通的。我们在深入学习习近平总书记系列讲话精神中，要进一步与学习习近平总书记关于建设生态省的战略思想和对福建生态工作的重要指示结合起来，深刻理解系列讲话的实践基础和思想基础，使加快生态文明建设成为我们的共同意志和自觉行动。

生态省建设的持续有力推进，为科学发展跨越发展提供了坚实基础。近年来，历届省委省政府始终坚定不移地推进生态省建设，生态建设和环境保护迈出了坚实步伐，取得了显著的经济效益和社会效益。我省森林覆盖率连续多年居全国首位，全省23个城市的空气质量达到或超过国家环境空气质量二级标准，12条主要水系水质状况优良，水、大气、生态环境质量均保持优良，节能降耗水平和生态环境状况指数始终保持居全国前列。生态省建设不仅为我省加快产业发展、做大经济总量创造了环境容量空间，同时，绿水青山、碧海蓝天成为我省响当当的“名片”，是我省最具竞争力的独特优势和战略资源。好生态带来好发展，良好的生态环境正转化为吸引新兴产业、高端人才、项目资金的强大“磁场”。我们要倍加珍惜、倍加爱护，持续巩固和扩大生态环境优势。

有效破解资源环境“瓶颈”制约，促进经济社会持续健康发展，是实现科学发展跨越发展的题中应有之义。习近平总书记指出，经过30多年快速发展积累下来的环境问题，进入了高强度频发阶段。这既是重大经济问题，也是重大社会和政治问题。当前，我国资源约束趋紧，生态系统退化，气候变化问题突出，对发展的制约日益增大。这些问题在我省也不同程度地存在。福建是资源相对匮乏、自然灾害多发的省份，生态环境比较脆弱，部分区域和领域的污染问题较为严重，节能减排压力较大。进一步发展将对环境形成新的压力。加快生态文明建设，不仅有利于缓解资源要素制约、腾挪出必要的资源环境容量，也有利于加快淘汰落后产能、推动转方式调结构、培育经济发展新优势。更为重要的是，有利于福建发挥生态优势，坚持扬长避短、取长补短，走特色化、差异化发展的路子，使生态优势更快更好地变成现实的生产力和竞争力。

三、以习近平总书记系列讲话精神为统揽，加快生态文明示范区建设步伐

建设生态文明先行示范区，是我省深入实施生态省战略的新目标新任务。我们要认真学习贯彻习近平总书记关于生态文明建设的重要论述，按照实现“百姓富、生态美”的要求，加快经济“绿色转型”，形成生态文明“绿色导向”，让人民群众享受更多“绿色福利”，探索符合我省省情的生态文明建设模式，率先形成节约资源和保护环境的空间格局、产业结构、生产方式、生活方式。

着力推动思想观念先行。生态文明建设是生产生活方式的深刻变革。要树立尊重自然、顺应自然、保护自然的观念，按照人与自然和谐发展的要求，在经济社会发展中充分考虑自然条件和资源环境承载能力，实现物质财富发展和人的生活环境改善的有机统一，人的自身发展和自然的维护延续的有机统一。要树立改善生态环境就是发展生产力的观念，坚持保护环境与发展经济并重，保护环境与发展经济同步，实现“环境换取增长”向“环境优化增长”转变。要树立“百姓富、生态美”有机统一的观念，“生态美”是富的组成部分，强调“百姓富、生态美”，实质上就是要在实现科学发展跨越发展过程中，把生态建设放在更加突出的位置。

着力推进绿色循环低碳发展。这是生态文明建设的内在要求，是转方式、调结构的主要路径，也是推动可持续发展的重要保障。在这方面，我省有良好的生态优势、环境条件。随着生活水平不断提高，人民群众对食品质量安全的要求越来越高。要充分发挥生态环境优势，大力发展高效生态农业，增强生态农产品生产能力，做大做强绿色品牌。积极发展资源循环利用产业，鼓励企业建立循环经济联合体，推行循环型产业链和共生产业模式，加快构建循环型产业体系。要节约集约利用资源，加强全过程节约管理，大幅降低能源、水、土地等消耗强度。严把项目环境准入关，努力保护好生态环境。

着力解决影响群众生活质量的突出环境问题。环境问题已成为重要的民生问题。习近平总书记强调，要以解决损害群众健康突出环境问题为重点，坚持预防为主、综合治理，强化水、大气、土壤等污染防治，着力推进重点流域和区域水污染防治，着力推进重点行业和重点区域大气污染治理。这一重要论述，很有现实性、针对性和可操作性。我们要加快推进绿色城镇建设，深入实施“家园清洁”行动，改善城乡人居环境和发展环境；强化水、大气、噪声等污染防治，深入推进闽江、九龙江等重点流域治理，综合治理土壤污染和重金属污染；大力实施“四绿”工程和水土流失防治工作，加强海洋、湿地、森林及沿海滩涂、入海河口等保护修复，搞好生态功能区、自然保护区建设管理。

着力健全有利于生态文明建设的体制机制。推进生态文明建设，需要物质基础、精神驱动，更需要体制改革和制度创新。这就要加快价格、财税、金融、行政管理以及企业等改革，完善资源有偿使用、环境损害赔偿、生态补偿等制度，使改革这个最大“红利”更多地体现在生态文明建设上。适应生态资本化和资本生态化的发展趋势，积极推进生态资本市场化运作，探索实施林业碳汇交易机制，加快实施绿色信贷、绿色保险、绿色采购。最重要的是要完善经济社会发展考核评价体系，把资源消耗、环境损害、生态效益等体现生态文明建设状况的指标纳入经济社会发展评价体系，使之成为推进生态文明建设的重要导向。最有力的是建立责任追究制度，对那些不顾生态环境盲目决策、造成严重后果的人，必须且应终身追究其责任。

正如习近平总书记指出的，只有实行最严格的制度、最严密的法治，才能为生态文明建设提供可靠保障。

着力构建“人人参与、从我做起”的生态文明建设新格局。生态文明是人类的共同理想、共同事业。习近平总书记强调，建设生态文明是一项庞大的系统工程，需要全社会共同参与，需要方方面面统一思想、付诸行动，做出坚持不懈、切切实实的努力。要加强公民生态道德教育，全面普及推广生态文明共识，增强全民的资源意识、生态意识和环境意识，形成爱护生态环境的良好风气。加强与生态文明理念相符的消费文化建设，建立并完善引导、激励绿色消费、低碳消费的政策措施和服务体系，引导社会公众形成文明生活方式和合理的消费方式，真正把建设资源节约型、环境友好型社会落实到人们的日常生产生活中，形成建设生态文明的强大合力。

【作者：中共福建省委副秘书长 办公厅主任】

扎实推进确权登记工作
夯实现代农业发展基础

任永昌

近年来，根据中央的有关要求和四川省委、省政府的部署，四川省积极推进农村土地承包经营权试点工作。2008年成都市率先全面开展了农村土地承包经营权颁证工作，之后逐步扩大试点范围。截至目前，除成都市全面完成了确权登记工作外，全省有89个县（市、区）开展了试点，并取得了积极进展，为四川省全面完成确权登记工作探索了路子、积累了经验。

一、加快推进确权登记工作的重要意义

一是完善农村基本经营制度的需要。以家庭承包经营为基础、统分结合的双层经营体制，是符合我国基本国情和农业生产特点、适应社会主义市场经济体制的农村基本经营制度，是党在农村政策的基石，必须毫不动摇地坚持。坚持农村基本经营制度，核心是赋予农民更加充分又有保障的土地承包经营权，保持现有土地承包关系稳定并长久不变。土地权利是农民最重要的物权。开展确权登记，通过法律程序，把农民的土地承包经营权稳固下来，才能使土地承包经营的权益得到维护，权能得到拓展，实现对土地承包经营权的物权管理和保护。

二是增加农民财产性收入的需要。确权登记以后，农民既可以将土地承包经营权入股农业企业、专业合作社、家庭农场等新型经营主体，获得股份收益，也可以通过流转其承包地，按确权登记面积获得收益，且使收益较比确权登记之前有较大幅度增长。特别是承包地被征占时，农民不仅能以物权权利人的身份与土地征用方进行谈判，体现出土地承包经营权的物权效力，而且还能通过谈判争取提高土地征用补偿标准，从而大幅度增加自身的财产性收入。

三是加快推进现代农业发展的需要。通过确权登记，能够达到定地、定权、定心的目的，稳定农民尤其是外出务工农民的预期，增强无力种植或不愿耕种承包地农户流转土地的愿望，从而激发转变农业生产经营方式的原生动力。

二、积极稳妥推动确权登记工作全面开展

一是抓行政强力推动。一是成立工作机构。省级部门建立确权登记工作联席会议制度，各市（州）和试点县（市、区）成立确权登记领导小组。二是深入宣传发动。2012年8月，省委、省政府召开确权登记动员部署会，2013年3月又召开市（州）政府负责人、试点县政府主要负责人参加的确权登记工作会议，全面安排部署确权登记工作。三是制定工作方案。农业厅制发了确权登记工作方案，19个市（州）和88个试点县（市、区）也结合实际，进一步细化确权登记工作方案，建立了政府为责任主体、相关部门分工负责协调配合的工作机制，有力推进确权登记工作顺利开展。

二是抓配套政策制定。省政府印发了《关于稳步扩大农村土地承包经营权确权登记试点工作的意见》，农业厅转发了农业部确权登记试点工作规程，针对试点中发现的具体问题，出台了关于把握确权登记政策界限的通知，印发了确权登记相关示范文书，指导各地出台处理意见，统一政策界限；协助地方制定工作流程，规范登记程序。

三是抓登记质量把关。一是加大政策宣传和培训力度。截至目前，省、市、县三级共培训确权登记工作人员3万余人次，乡镇培训近20万人次，电视宣传相关政策1126次，印发宣传报纸80多万份，发放宣传单近220万份。二是引入专业机构和专家，提升确权登记质量。根据农业部技术规程，邀请专业机构结合实际制定航测精度、影像质量等技术标准。

四是抓成果应用探索。一是拓展确权登记信息管理平台功能。各地利用先进的GIS技术和工作平台，将采集的基础信息与航拍图像信息相结合，建设确权登记管理平台，体现“以图管地、业务直观”的理念。除满足土地承包管理实现数字化、信息化外，还利用航摄数字真彩色影像叠加土肥信息图层，在电子地图上实现对土肥信息的适时管理，利用地理信息系统实现对农业基础设施、特色优势产业、农业区域发展规划等的空间化查询和管理。二是优化配置生产要素。成都市充分应用确权登记成果，积极探索农村资源变资产、资产变资本的新路子，用农村土地承包经营权抵押融资158宗，抵押融资金额达到2331万元，增添农业农村经济发展活力。

三、确权登记工作需要把握的几个问题

一是要防止违法调整承包关系。保持农村土地承包关系不变是确权登记的底线。确权登记，是依法对土地承包关系的完善，要按照中央和省委的部署，严格执行相关法律法规及政策，

在现有土地承包合同、证书和集体土地所有权确权登记成果的基础上，保持原承包关系不变，依法开展确权登记，严禁推倒重来、另起炉灶。

二是要防止政府缺位和越位现象。既要防止部分地方采取消极态度，不愿意开展试点，即使试点，也只选少数村组进行敷衍；又要防止部分地方对政策把握不准、执行走样、打乱重分、违法收回农户承包地，甚至借机预留机动地用于化解建设用地矛盾等错误做法。要充分尊重农民意愿，确权登记中的重要事项均应经本集体经济组织成员民主讨论通过后才能实施。

三是要防止走过场和图形式。坚持进度服从质量，每完成一个步骤，必须开展“回头看”，再转入下一阶段；签订的合同、颁发的证书，内容必须与事实相符，让农民认可，以公示确认的实测面积作为确权登记依据，防止使用达不到精度要求的影像资料、用系数法套算确权面积、直接沿袭原承包合同面积进行确权登记等走过场、图形式的现象。

四是要防止有关基础资料泄密。做好确权登记相关资料，特别是地籍信息资料的保密工作，确保不失密、不泄密。对基础资料都应及时登记，安排专人负责保管。存放有关基础资料的条件与设施应符合国家保密、消防及档案管理的有关规定和要求。贮存土地调查和测绘数据的电脑实行专机专用，严禁与互联网连接，防止网上泄密。

四、下一步的工作思路和重点

一是积极动员并引导农民参与。大力宣传确权登记的意义，抓好舆论引导，营造良好氛围。层层召开动员会和社员大会，把政策交给农民，做到家喻户晓，增强农民参与的积极性和主动性。

二是进一步加强政策引导。加强督查，督促各地在总结前期试点工作基础上，稳步推进确权登记工作，按照法律法规要求，严格政策界限，确保政策执行不走样，努力实现确权登记工作由点到面、由整村推进到整乡整县推进的转变。

三是强化确权登记质量管理。制定确权登记工作成果验收标准和管理信息系统数据库标准，以确保全省的成果质量统一、数据格式统一。出台相应的配套政策，让农民的财产权利得到充分体现，让老百姓看到希望，得到实惠和好处。

【作者：四川省农业厅党组书记 厅长】

中国梦的追求
国家富强　民族振兴　人民幸福

沈新力

富强、振兴、幸福的有机统一凸显中国梦的价值追求。

唱响中国梦、实现中国梦是当前国人关注的焦点，中国梦的基本内涵已明确定为三个层面的内容，一是国家富强，二是民族振兴，三是人民幸福。国家、民族、人民三者各有所重，愿景不同，但息息相关、互为依存、有机统一，共同编织着一个伟大的梦想——建成一个富强民主文明和谐的社会主义现代化国家。

一、国家富强是中国梦实现的先决条件

从本义而言，中国梦是中国人的梦，是每个人在梦想自己的理想、未来，至于国家则是实现梦想的一个平台。但从中国历史和现实来看，国家、民族、个人从来都是融为一体的，须臾不可分离，“没有国哪有家，没有家哪有我？”这一经典名句可谓真实的写照。因此，作为个人或族群要实现自己的梦想先决条件就是国家必须富裕、强大，不能是他国的附庸，更不能任人宰割、受人奴役，否则，这个国度里的民众是无资格做梦的，要做梦恐怕也是痴人说梦，永远无法实现。对于当今中国梦来说，国家富强既是梦的内容又是人们实现自身梦想独一无二的前提。首先，从中国历史看，自古以来内忧外患不断，尤其是周边的环境一直极为险恶，历史上与周边国家的征战从没有停止过，几次被其他民族征服蹂躏。近代鸦片战争以后领土逐渐被瓜分，国家主权毫无保障，到抗日战争时期近三分之二的国土都被占领，山河破碎，国将不国。沉痛的教训告诉我们，国家的富强是人民安居乐业的前提和保障，所以中国梦必须把“国家富强”放在第一位。其次，从当今世界形势看，虽然我们一直强调和平与发展是时代主题，但霸权主义依然存在，不安定因素在增加。特别是周边的领土争端激烈，经济侵略、贸易摩擦、文化渗透不断。国家富强与否对主权行使、民族独立、人民安宁仍然是一个决定性的问题，必然的，国家富强与否与中国梦的实现也是一个决定和被决定的关系。第三，从民族传统看，中国人自古就有一个“家国”的概念，群体意识一直很浓，讲究的是“家和万事兴”。一个家庭之内，关系和睦，人人安康，自己才能幸福。所以中国人的幸福是群体意识的。在一个家庭内部，幸福是共享的;在一个国家内部，幸福也是共享的。因此，国家富强既是中国梦的内在要求又是实现中国梦的先决条件。第四，从国家性质看，社会主义国家强调国家、集体至上，个人的命运系于国家、集体的命运。因而，一个人勾勒自己梦想、规划自己未来以及如何实现自己的价值，首先是建立在国家、集体富裕、强大或是贫穷、落后之上的。一九四九年建国之后，这个理念更是根深蒂固，至今我们在处理国家、集体、个人三者关系时，始终强调要将国家集体利益放在第一位，实践中政策的制定和落实也坚守这一条。所以，中国梦的提出及实现，“国家富强”是第一位的要求。

二、民族振兴是中国梦的主体内容

民族振兴是中国梦的又一组成部分。民族振兴就是我们讲的民族复兴，习近平总书记阐述中国梦时指出，“实现中华民族伟大复兴，就是中华民族近代以来最伟大的梦想。”因此，最核心的讲，实现中国梦就是要实现中华民族的伟大复兴，民族复兴凸显了中国梦的主体内容。这体现在三方面。一方面，中华民族是具有远大梦想的伟大民族。中华民族是中国56个民族的统称，她有悠久的历史、光荣的传统、聪明的智慧和傲人的伟绩，从三皇五帝到诸子百家，从秦皇汉武到唐宗宋祖，从一代天骄到康乾大帝；从文景之治到开元盛世，从贞观之治到康乾盛世，一代一代梦想成真，为全人类留下了灿烂的中华文明。五千年的历史创造了无数的辉煌，也经历了太多的磨难，遭受了不少的挫折，但中华民族始终是敢于做梦的族群，也是善于实现梦想的族群。现在我们强调民族复兴是相对于中华民族近代文明衰落与民族危亡而言的。随着西方资本主义文明的兴起与扩张，古老的中华文明逐步走向衰落。西方资产阶级的思想解放与中国封建主义的思想禁锢，西方产业革命的迅猛前行与中国农业、手工业发展的停滞不前，西方市场经济机制的确立与中国自然经济机制的延续……。如此等等差距使中华民族的发展落在人后甚至倒退多年。落后就要挨打，挨打必然导致民族危亡。鸦片战争后，中国的国门被打开，主权遭践踏，领土被分割，跌到了文明发展的低谷。对此，不屈不挠的中华民族奋起抗争，无数仁人志士怀抱着一个共同的梦想——中华崛起、民族振兴。这个梦激励着一代一代国人奋发图强至今，这个梦实现之时就是民族振兴之日。

另一方面，中华民族的数量和质量足以承载宏大的中国梦。2010年第六次全国人口普查资料显示，我国国民整体受教育水平进一步提高。截至2010年，我国15岁以上人口的人均受教育年限（15岁及以上人口平均在学校接受教育的年数）已达9.05年，比2000年的7.85年提供了1.20年。表明我国人口平均受教育水平已经完成了从初中程度迈入高中程度的转变，人口结构有了重大变化，素质有了较大提高。主要劳动年龄人口受过高等教育的占到12%以上，15岁以上人口文盲的比例已降到4%。从数量看，截至2012年我国总人口为13.7亿人，达全球69亿的19%，目前仍然占据榜首。国家富强、民族振兴、人民幸福是一个极为宏大的目标，更是一个分量十足的系统工程，没有一定人力做基础就难以托起这沉甸甸的梦想。从素质看，中国大学生的数量从恢复高考至今已达三千多万，人口受教育程度正在逐年攀升，人口出生率和死亡率结构趋于科学，人均寿命已达73岁，在发展中国家名列前茅。迄今为止，敢以国家来“做梦”的只有中国和美国这样的大国，不是每个国家都有资格来做梦的，除过其他条件人力是一个很重要的因素。因为，人是生产力中最重要的要素，是经济社会发展的最终动力，是各种创新最终的源泉。

再一方面，中华民族实现中国梦是对人类最大的贡献。中国梦对中华民族是幸事，对全世界各个民族也是福音。实现中华民族伟大复兴，不是要恢复古代中国鼎盛时期的疆域版图，更不是像日本一样搞“军国主义”复活，对全世界和平形成威胁。而是要使中华民族跻身于先进民族行列，为人类文明发展作出更大贡献。比如科技水平，目前中国科技的总体水平与当代世界发达国家科技的总体水平相比落后不少，因而对人类贡献的分量比起古代中国来小了许多。上世纪五六十年代毛泽东曾表达这样的意愿：‘6亿人口的国家，在地球上只有一个，就是我们。过去人家看不起我们是有理由的。因为你没有什么贡献。我们这个国家要建设起来，完全改变过去100多年落后的那种状况，赶上世界上最强大的资本主义国家。你赶不上，那你就不那么十分伟大。经过许多年，应该赶过人家，这是一种责任。如果不是这样，那我们中华民族就对不起全世界各民族，我们对人类的贡献就不大，中国应当对于人类有较大的贡献。’我国现在的人口翻了一番多，对人类的贡献要更大，任务就更加艰巨。这就是说，我们所讲的实现中华民族的伟大复兴，主要是在对人类文明贡献比例的意义上讲的，这是它的核心。实践将会证明，中华民族的复兴必然会有力推进整个人类文明的快速发展，如同古代四大文明古国一样，中华文明又将灿烂绽放，被历史永远铭记。

三、人民幸福是中国梦的价值追求

人民幸福是中国梦的第三个组成部分，对此，习近平总书记指出，“中国梦是民族的梦，也是每个中国人的梦。中国梦归根到底是人民的梦，必须紧紧依靠人民来实现，必须不断为人民造福。”人民幸福是中国梦的出发点和落脚点，实现中国梦须以人民幸福为最终的价值追求，否则，中国梦极易沦为一句空洞的政治口号。

其一，实现中国梦的主体是人民群众。中国梦涉及到国家、民族，涉及到政党、团体，但究其根本，实现梦想的决定性力量是广大人民群众。虽然每个人的梦想各有所异，但在中国特色社会主义的大旗下，每个梦如同一道道涓涓细流汇集到中国梦这个大海之中。每个人在实现自己梦想的过程中，都会采取各种各样的措施、方法，都要为之付出毕生的精力，这些力量在党的正确引导之下就会成为势不可挡的中国力量。中国梦是由人民群众的个人梦组成的，也正是靠这些力量来实现的。

其二，掌握衡量中国梦实现与否标准的是人民群众。实施中国梦宏大工程的根本目的，就是要实现好、维护好、发展好最广大人民的根本利益，进而提升全社会的幸福指数。那么，这些利益实现与否以及实现的程度？人们对自己生活是否幸福感受的程度等等，也就是说中国梦实现与否及其实现的程度，由什么来衡量，又由谁去衡量呢？在这一点上中国梦与美国等西方国家梦形成了鲜明的对照，中国梦是群体的和谐幸福，美国梦是个人的自由和快乐，追求的是个人成功和幸福。实现中国梦，要凝聚群众的力量，人人给力，踏实勤干，利用每个人的聪明才智，朝一个方向努力。它靠的是集体的意识，集体的力量，集体的智慧。因此，一句话，中国梦不是几个人的梦，不是少数人的梦，不是一部分人的梦，中国梦是绝大多数人的梦，她由人民群众说了算，人民群众是准绳。

其三，中国梦实现成果的分享者是人民群众。对于任何一个国家和民族来说，美好梦想不能停留在“想”的层面，梦想成真才是目的。中国梦实现后“果实”是非常诱人的，由谁分享“果实”，不同的主义与制度有不同的结论。对此，习近平总书记明确指出，“生活在我们伟大祖国和伟大时代的中国人民，共同享有人生出彩的机会，共同享有梦想成真的机会，共同享有同祖国和时代一起成长与进步的机会。”这就告诉我们，分享中国梦成果的是广大人民群众，他们是创造者也必然是享受者，是劳动者也是占有者，决不能出现由大多数人奋斗出来的成果却由少数人享用的现象。这同样与美国等西方国家梦形成了鲜明对照，历史上，美国多次利用其他民族的人民来发展自己的国家。比如早期从非洲引进大量黑人搞种植，十九世纪利用中国劳力修铁路，现在又大量吸收墨西哥、东欧的人从事各种各样的体力工作，但他们却不能同美国一些贵族绅士一样成为有闲阶级，整日打高尔夫享清福，分享美国梦的美好成果。虽然都是梦想但价值追求却不相同，在中国特色社会主义制度中，中国梦的价值追求是特定的——广大人民群众的生活幸福。

【作者单位：山西省临汾市委党校】

泰安市推行医患纠纷人民调解机制的探索与思考

杨传文

近年来，医患纠纷呈高发趋势，医患关系紧张成为影响社会稳定的因素之一。为破解这一难题、维护社会和谐稳定，自2010年始，泰安市司法局就根据医患纠纷特点，结合实际情况，探索运用人民调解机制预防和化解医患纠纷，在市及各县（市、区）相继成立了医疗纠纷人民调解委员会。在工作中，通过积极选聘工作人员、建立工作制度、加强指导管理，逐渐形成了“以人民调解为主体，卫生行政部门及医疗机构配合协作，法律服务行业积极参与”的医患纠纷化解机制，取得明显成效。本文试图通过揭示医患纠纷人民调解机制的背景及发挥的作用，认清存在的问题和瓶颈，进一步探索完善该机制的路径，力图更好地指导、推动我市医患纠纷人民调解工作顺利开展。

一、推行医患纠纷人民调解机制的动因

泰安市提出建立人民调解参与医患纠纷化解机制的思路，基于多方面因素的考虑，既包含对新形势任务的分析，也结合了泰安市医患纠纷现状和司法行政工作实际，从而使这一机制在建立之初就有了扎实的理论基础和广阔的发展空间。

一是推行医患纠纷人民调解机制是社会管理创新的新要求。社会管理创新是中央政法委确定的三项重点工作之一，2010年泰安市被确定为全国35个试点市之一，是山东省唯一的试点单位。进行创新试点的目的，就是要探索与经济发展相适应、高效科学的社会管理体制机制、方法途径，从根本上解决社会管理相对滞后的问题。其中一项重要任务是“妥善处理化解人民内部矛盾，最大限度消除不和谐因素，增加和谐因素”。人民调解工作作为社会管理创新的一项内容，着眼于当前的矛盾纠纷热点，特别是面临医疗纠纷的高发，进一步拓宽工作领域，解决医疗纠纷等社会问题，成为创新社会管理工作的有效途径。

二是推行医患纠纷人民调解机解决制是新形势下医疗纠纷的重要路径。随着泰安市医疗事业快速发展，人民群众不断增长的医疗服务需求与医疗服务能力、医疗保障水平的矛盾日益突出，因医疗产生的医患纠纷增多、范围扩大，医患纠纷呈明显上升趋势，且化解难度较大。在解决纠纷的实践中，相比诉讼和行政调解等手段，人民调解是一种公益性、中介性的化解机制，由司法行政机关牵头组织医患纠纷调解，能够通过说服教育，耐心做工作，消除患方的误会，在第一时间起到稳定情绪、平息事态的作用。

三是人民调解在化解医疗纠纷中具有独到的优势。一是无偿性。现实中，当事人为维护自身权利，或通过诉讼，或通过信访，都会在时间和金钱上花费巨大成本。医疗纠纷人民调解委员会提供无偿调解服务，不收取费用，减轻了患者的负担。二是协议书具有法律效力。泰安市已建立起非诉确认机制，对人民调解协议的效力提供保障。在医疗纠纷人民调解委员会主持下达成的调解协议，往往可以通过司法确认得到法院认可，具有较强的执行力。三是调解人员具有专业背景。根据《关于加强医疗纠纷人民调解工作的意见》的要求，各医疗纠纷人民调解委员会注重吸纳离退休医学专家、法官、检察官、警官，以及律师、公证员、法律工作者，人才队伍呈现复合型发展趋势，逐步建立起专兼职相结合的医疗纠纷人民调解员队伍。

二、泰安市推行医患纠纷人民调解机制的探索与实践

自2010年推行医患纠纷人民调解机制以来，泰安市以机制建设的科学性、规范性、长效性为原则，深入研究，多措并举，探索出一条符合自身实际的医患纠纷解决新路径。

一是主要工作措施

市司法局多措并举，切实从加强“沟通协调、队伍建设、制度建设和业务建设”入手，促进医调会的各项工作顺利开展，逐渐形成了一套卓有成效的化解医患纠纷新机制。

1．加强沟通协调，优化政策环境。人民调解化解医患纠纷机制是一个新生事物，需要各个部门积极参与，齐抓共管。为顺利开展工作，市司法局组织相关人员考察学习宁波、济宁等地的成功经验和做法，在此基础上，协调联系综治、卫生、财政等部门，联合制定下发《关于加强医疗纠纷人民调解工作的意见》，对建立人民调解参与医患纠纷的各项措施提出要求，也明确了各部门的分工和责任。随后，市政府办公室印发了《泰安市医疗纠纷预防与处置办法》，结合人民调解工作实践提出运用调解机制参与医疗纠纷预防和处置的具体意见。市司法局还与市中级法院就衔接程序、调处期限、法律效力等作出规定。同时，各县市区也结合实际，出台了相关文件，对人民调解参与化解医患纠纷工作提供了政策支持，理顺了各部门的关系，形成共同参与推动的良好局面。

2．加强队伍建设，增强综合素质。在市级层面，采取推荐、选聘等方式聘用了7名长期从事法律工作的同志组成专职

医疗纠纷调解员队伍。同时，聘请了20名法律工作者为兼职调解员，建立了由23名律师事务所主任、法律服务所主任、法律学者组成的法律专家库，通过市卫生部门建立了由492名医疗医学专家组成的医学专家库，形成了专兼职相结合的医疗纠纷人民调解员队伍。同时，有计划地开展集中培训、优秀案例评选、现场调解观摩等活动，提高了调解员素质。

3．加强制度建设，规范人民调解程序。医调会详细制定了主任职责、值班员职责、调解员工作纪律、档案文书管理规定、受理范围、调解流程等管理制度，规范了申请调解告知书、调解主持词、调解协议书等文书，做到“统一组织形式，统一调解流程，统一档案台账”，保证了工作的顺利开展。大力推行首席负责制、首问负责制、岗位责任制、以奖代补制等工作机制，充分调动了调解人员的工作积极性，增强了调解人员的工作责任心，提高了调解效率和调解质量。建立人员绩效和考核制度，以纠纷化解量和实效率、当事人满意率为主要内容的考核标准。开通医调会网站，方便当事人咨询，接受社会各界监督。

4．加强业务建设，提升工作能力。市司法局把医疗纠纷人民调解员的业务培训纳入司法行政年度培训计划，坚持统一规划，统一组织。业务培训侧重从政策法规、调解规则、调解方法等基本知识入手，围绕个案进行深入剖析，不断加强法律、医学、人际交流、心理学等方面的知识学习，做到“明确职责、熟知法律、了解规程、适应工作”，使调解员在较短的时间内进入角色，成为行家里手。同时，从受理申请、登记备案、调查取证、主持调解、签订协议、档案管理、保密义务等各个工作环节入手，探索总结实际工作经验，提高业务能力，确保了规范调解、阳光调解、公正调解。

二是主要实践成效

医调会成立以来，逐步在化解医患纠纷、保障服务民生、维护社会稳定方面显现出积极的社会效应，发挥出实际功效和作用，也得到了上级领导和社会各界的充分肯定。

1．初步探索出一条运用人民调解方式化解医患纠纷的新机制。市司法局始终坚持以人民调解的中立属性和提高社会公信力为目标，紧紧把握公正性和专业性两个基本要求，从组织指导、具体运作和专业支持三个层面，加强医调会规范化建设，搭建了工作平台，建立了新型的专业性人民调解模式。整合各类资源，初步建立了以人民调解为主体、与卫生行政部门及医疗机构协作、与法律服务配合联调联动工作机制。通过借助新闻媒体正面宣传调解成功的案例，宣传医疗纠纷人民调解的成果，提高社会影响力。

2．构建和谐医患关系，维护社会平安稳定。实践中，由司法行政机关牵头组织医患纠纷调解，能够给当事人公平公正、不偏不倚的感受，有利于消除患方的误会，在第一时间起到稳定情绪、平息事态的作用。同时，基于人民调解的程序公正和调解结果的公正，患方一般都能以理性平和的心态接受调解结果，达到定纷止争、防止激化的目的。目前，经医方申请，及时到现场制止了35起“医闹”现象，通过沟通、教育当事人，最终使纠纷事件以调解的方式圆满解决。

3．维护患方合法权益，保障服务民生。以往解决医疗纠纷主要是通过卫生部门行政调解、诉讼和自行协商三种方式，往往消耗大量的时间、较高的经济成本。医调会作为“第三方”介入医疗纠纷，不收取任何费用，并在法律允许范围内和充分尊重当事人自主意愿的基础上，对医患双方进行法律宣传、政策讲解、心理疏导，为医患双方架起了沟通的桥梁，最终给患者一个信服的结果，既维护了医患双方的合法权益，又减轻了患方维权成本，彰显了调解为民的原则。

三、存在的主要困难和问题

一是工作经费存在较大缺口。人民调解是一种纯公益性、不收取任何费用的矛盾纠纷化解方式，因此工作经费主要依靠财政解决。但市医调会开展工作以来，经费保障措施还没及时到位，其工作经费主要由市卫生平安协会在收取的会费中给予捐助，不利于维护医调会的独立性和中立性。而且从工作中看，经费数量有限，难以满足规范化建设、规模扩大和选聘优秀调解员等方面的需求。

二是社会知晓率较低。医疗纠纷人民调解工作是一个新生事物，人民群众的认知程度还不高，对于调解的效果还持怀疑的态度。

三是各部门协调配合力度不够。运用人民调解化解医患纠纷，是一项系统工程，单靠人民调解组织的力量是远远不够的，非常需要各部门和社会各界的关注和支持。因此，在今后的工作中，还要进一步加强与综治、卫生、医院、财政等部门的联系，进一步整合法律资源和卫生服务资源，形成工作合力，共同营造大调解的工作格局。

四是监督机制尚未完善。根据布迪厄惯习理论，调解行为实际上取决于调解员的调解惯习。而调解员的个人惯习，一部分来源于其个人的主观存在，如调解员的处世经验、人生阅历、谈话技巧和知识结构等。调解员调解惯习的优劣，直接影响到调解结果的公平性。目前，尽管已经出台了《泰安市医疗纠纷预防与处置办法》，明确了调解员的义务，但实质上并未构建硬性的约束机制，监督机制不健全。

四、对策和建议

一是推动医调会向专业化、职业化、规范化方向发展。一是要重视调解人员素质。从事医患纠纷调解，要求调解人员具有较丰富的医学知识和法律知识，掌握以理析法的调解技巧。因此，必须走专业化、职业化道路，广泛吸收懂法律、懂医学、会调解的专业人才参与，并采取各种措施，吸引人才，留住人才，稳定队伍。二是医调会必须坚持规范化运作，制订制度规范，坚持按程序办事。三是加强窗口建设。开展人性化服务，突出服务形象，积极主动介入纠纷处理，以周到热情的服务态度和公平公正的精神面貌树立良好形象。

二是努力避免医疗纠纷人民调解出现行政化倾向。为了推动医疗纠纷人民调解工作，各地大多成立了多部门联合领导小组或者指导委员会，各部门分工协作负责落实。但是个别地方也出现了模糊医疗纠纷人民调解委员的民间调解属性的倾向或苗头。我们认为，要保证医疗纠纷人民调解工作的可持续发展，保证其生命力，必须坚持医疗纠纷人民调解委员会的民间调解属性，避免医疗纠纷人民调解出现行政化倾向。要坚持调解自愿的原则，不能一旦发生医疗纠纷一律半强制性进入医疗纠纷人民调解委员会调解。要坚持调解独立的原则，避免地方行政部门干预调解工作，变成行政调解。同时还要避免医疗纠纷人民调解司法化。

三是加强与各部门的沟通联系。要建立联调联动机制和多部门联席会议制度，逐步完善人民调解与法院诉讼衔接、与治安管理联动、与卫生行政部门协作、与法律服务配合、与医疗机构建立纠纷排查预警制度等机制，充分发挥多部门协作优势，形成工作合力，真正发挥人民调解维护社会稳定的作用。特别作为一方当事人的医院，要增强调解纠纷的主动性，主动协调内部关系，积极配合调解。同时，要建立奖惩激励机制，力争把医疗纠纷人民调解纳入“平安医院”创建工作之中，一同检查评比，进一步调动调动医疗纠纷调处的积极性。

四是积极落实经费保障。目前，根据财政部、司法部《关于进一步加强人民调解工作经费保障的意见》的精神，市财政局与市司法局已联合发文，明确将专业性人民调解组织的运行经费纳入财政预算。《泰安市医疗纠纷预防与处置办法》也明确规定，“医调会调解医疗纠纷不得收取费用，其工作经费及人民调解员的工作补贴由同级财政予以解决”。要认真落实文件精神，协调财政部门提高经费保障能力，保证医调会的业务经费及人民调解员的工作补贴。另外，可以探索研究通过“以案定补”方式，建立健全人民调解办案补贴制度，对调解成功的案件给予一定补助，医调会每季度将案卷报司法局审核，并向财政部门申领补贴。同时，探索建立社会化运作机制，发展医疗、法律专家志愿者队伍，面向社会募集资金，推动医患纠纷调解工作可持续发展。

五是建立调解员监督机制。一是建立调解小组利益制衡机制。每一个案例的调解，都必须有两名以上调解员参与。其中一名为医调委中司法或者卫生派遣的工作人员，另一名为理赔方代表。调解小组成员共同参与调解。二是建立医调委案例件报制度。医调委每调解一个案例均需将所有存档资料交卫生行政部门和司法行政部门同时存档，以备检查。三是建立医疗纠纷人民调解员绩效考核评估制度。建议由专业评估机构设计详细的绩效评估考核体系，确定细化指标。每年进行一次绩效评估。评估主体为医疗纠纷人民调解委员会所覆盖的地方的所有医疗机构、已经调解完毕的患者代表和社会群众。

六是建立宣传引导机制。充分借助电视、广播、网络、报纸等媒体，并在医院开设宣传栏，大力宣传医患纠纷调解的成功案例，及时发现、培育典型，推广优秀调解员的成功经验，提高社会影响，形成良好的舆论氛围，使人民调解在化解医患纠纷中发挥更好的效能。

【作者：山东省泰安市司法局局长】

中国传统文化中和谐生态的思想精髓

张桂荣

在人类文明并不发达的古代，中国人靠直觉思维方式，建立起自己独特的哲学体系，成为人类文明的瑰宝。中国传统文化中“天人合一”“敬天保民”的思想闪耀着和谐生态的光芒，为当今生态文明建设提供了理论基础，令现代西方学者惊叹不已。取用自然是最环保的经济模式，朴素节俭的生活理念是低碳消费的思想根源，被国际社会普遍崇尚。

一、中国传统的和谐生态哲学

一是“天人合一”的生物宇宙观

“天人合一”的思想和概念是由我国战国时期伟大的哲学家、思想家、文学家庄子最早阐述，属于道家思想，也得到儒家认同，后被汉代思想家、阴阳家董仲舒发展为完整的哲学思想体系，再一次实现了儒道合流，由此构建了中华传统文化的主体。

《易经》中所谓“三才”之道，天之道在于“始万物”，地之道在于“生万物”，人之道在于“成万物”，认为自然界中天、地、人三者各有其道，又是相互对应、相互联系的。《庄子·达生》曰：“天地者，万物之父母也”，阴阳二象说认为“天”为大自然之长，“人”为万物之灵，将“地”一劈为二，一半归自然，一半归万物，天、人二者相应，形成“天人合一”的宇宙观。

“天人合一”有两层意思：一是天人一致，宇宙自然是大天地，人则是一个小天地；二是天人相应，或天人相通。认为人和自然在本质上是相通的，故一切人事均应顺乎自然规律，达到人与自然的和谐。老子说：“人法地，地法天，天法道，道法自然”。

“天人合一”是中国传统哲学的基本论点，是中医的理论基础，最初是讲天与人（万物）的生理状态的合一，原本只是“宇宙生物观”。有些儒家学者把“天人合一”思想引申到社会领域，成为“社会历史观”，这种推理本来是可取的，但却犯了客观唯心主义错误，陷入迷信境地，歪曲了“天人合一”的本质，最终发展成“天命论”。“天命论”认为：“天”是可以与人发生感应关系的存在；“天”是赋予人以吉凶祸福的存在；“天”是人们敬畏、事奉的对象；“天”是主宰人、特别是主宰王朝命运的存在（天命之天）；“天”是赋予人仁义礼智本性的存在。

上古之时，祭祀鬼神活动是部落、宗族日常生活中的大事，其落后的一面妨害着人们的正常生活和社会进步。早在公元前1100年，周公首先提出“天不可信”的命题，反对迷信活动。“天命论”却为原始的多神教提供了理论依据，迷信活动更加猖獗，上升到国家政治生活中，成为社会的一大公害。战国末期赵国思想家荀子提出“天人相分”论，肯定自然界的变化有自己的规律，不受人的意志支配，同时天也管不了人事。荀子从理论上把人与神，自然与社会区分开来，是对“天命论”的有力批判，并不是从根本上否定“天人合一”论，而是对“天人合一”思想的完善和补充。

“天人合一”是中国哲学的基本精神，是中国哲学异于西方的最显著的特征。国学大师季羡林先生对“天人合一”解释为：天，就是大自然；人，就是人类；合，就是互相理解，结成友谊。西方人总是企图以高度发展的科学技术征服自然、掠夺自然，而东方先哲却告诫我们，人类只是天地万物中的一个部分，人与自然是息息相通的一体。党的十八强调：“良好生态环境是人和社会持续发展的根本基础”。

二是“敬天保民”的顺应方法论

人类为什么要敬天畏地？因为天地是大自然的代表，大自然孕育了生命，也孕育了人类。人类是大自然之子，是天地的产物，岂有不敬畏天地之理？其次，人类对大自然的了解是非常有限的，对孕育人类的天地知之甚少，即使在科学技术比较发达的今天，在大自然面前人类的力量仍然非常渺小。地震时地动山摇，海啸时人若草芥，龙卷风摧毁一切阻碍它的建筑，自然力量之伟大，人类力量之弱小，人类岂有不畏惧之理？

中国自唐虞以来，即有敬天畏地的思想，这是直觉思维和类比推理的结论，也是经验和教训的总结。“天人合一”的“宇宙生物观”将天敬为父，把地敬为母，是一种感恩之心，也是古人对大自然的崇拜和未知的表现。敬天畏地的思想也被推广到社会政治领域，《周易·革》：“天地革而四时成，汤武革命，顺乎天而应乎人，革之事大矣哉”。即便是皇帝也只敢称自己为“天子”，而不敢凌驾在老天爷之上。北京有皇帝专门祭天的天坛，还有皇帝祭地的地坛。敬天畏地成为一种民族文化，在中国文明史上占据着极其重要的地位，贯穿在百姓的日常生活中。

敬天畏地思想也曾陷于迷信，导致“以神为本”，春秋时期齐国名相管仲最早提出“以人为本”的社会历史观，反对“以神为本”，《管子》曰：“夫霸王之所始也，以人为本。本理则国固，本乱则国危”，也作“以民为本”，“敬天保民”思想由此而来。左传载：“史嚚曰：吾闻之，国将兴，听于民；将亡，听于神。神，聪明正直而壹者也，依人而行”。古人以君为天，以民为地，认为天地和谐，国家才能繁荣，社会才能稳定。

“敬天保民”把“敬天畏地”思想由被动推到主动，由消极走向积极，由片面发展到全面，要求人们办任何事情都要顺天应地，不可违背自然规律。《周易·乾》曰：“天行健，君子以自强不息”、“先天而天弗违，后天而奉天时”。

《逸周书·文传》曰：“人强胜天”，《史记·伍子胥列传》有言：“吾闻之，人众者胜天，天定亦能破人”。宋代刘过《龙洲集·襄央歌》中写到：“人定兮胜天，半壁久无胡日月”。“人定胜天”，古代指人心安定，人人都能安守自己的本分，人类体现出的凝聚力和力量能够超越自然界。“人定胜天”的现代意义多指“人类一定能够战胜自然”。

“敬天保民”就是顺应自然，以人为本，人与大自然和平共处，而不是将人与自然根本对立起来，不要讲征服与被征服，人类只能积极的适应自然、适度的改造自然。我们曾经妄谈“征服自然”、为所欲为，教训是深刻的。人类需要保护自己的生存环境，而对天地的敬畏，建立起保护自然的心理屏障，可以遏制人类的狂妄，让人类变得谨慎一些。党的十八大提出：“必须树立尊重自然、顺应自然、保护自然的生态文明理念”。

二、中国传统的和谐生态习俗

一是取用于天的经济模式

农耕文明是中华文明的主轴，包括种植业、林业、畜牧业和渔业在内的农业都是取用于自然，农业所产生的副产品都很容易被综合利用，进入良性循环。从根本上说，农业是无公害的，最环保的，最有利于生态和谐。农业是第一产业，是中国传统文化产生和发展的经济基础，农耕文明使人类的生活质量大大提高，社会发展普遍加快，农耕文明是工业文明的摇篮。

农耕文明顺天应命、企盼风调雨顺、需要营造和谐的环境，农民终日守望田园、辛勤劳作，致力于掌握争取丰收的农艺和园艺；农家教育后代唯耕唯读，而无需培养侵略和掠夺的战争技艺，也无需培养尔虞我诈的商战技巧，甚至连更多的社会交往都不需要。尽管先秦农业社会并不全是田园牧歌式的太平盛世，也有争斗和战乱，但较之于游牧社会和工业社会的战争，其性质和规模完全不同，对人类生存环境的破坏性也小多了。

中华民族创造的农耕文明被国际史学界称为“新石器时代的革命”，河姆渡文明和半坡文明告诉世界：中国早在七、八千年前就成功的培育了粟、黍、稻、菽等作物。中国人吃的食物都是来源于自然界，“药食同源”，中药也是天然食物。中国第一部农耕专著《齐明要术》里就收集了几百种食物，中华民族的祖先选择了吃植物的种子来维持生命和健康，“得谷者昌，失谷者亡”，这是非常明智的选择。中国传统的饮食结构是最科学的，最有利于健康的，这是中华民族几千年生活经验和教训的结晶。孙中山先生在“建国方略”中说：“我中国近代文明事事皆落人之后，唯饮食一道之进步，至今尚为文明各国所不及”。

改革开放以来，过度的工业化使人们远离了大自然，生态环境恶化，农产品质量安全、可持续发展问题异常严峻。人们生活越来越富，病症越来越多，饭越吃越贵，病越生越怪，药越吃越新，病越治越难。我们中华民族繁衍了几千年，没吃出那么多怪病，得益于传统农耕文明和传统饮食文化。我们应该反思，究竟什么是真正的文明？

我国粮食增长主要靠大量化肥和农药的投入，粗放式的经济发展以对资源的掠夺性使用和对生态环境的严重污染为代价，严重威胁着人类的生存。地球是人类美好的家园，破坏环境、浪费资源是对人类的犯罪！

党的十八大要求“把生态文明建设放在突出地位，融入经济建设、政治建设、文化建设、社会建设各方面和全过程。努力建设美丽中国，实现中华民族永续发展”，“着力推进绿色发展、循环发展、低碳发展，形成节约资源和环境保护的空间格局、产业结构、生产方式、生活方式”。我们应该借鉴和吸纳传统农耕文明的精华，遵循自然规律，重视生态环境保护，减少化学品的投入，发展生态高效农业，注重增长速度与环境安全的协调，达到生产、生态、生活的高度和谐。

二是朴素节俭的生活理念

中国传统文化提倡朴素节俭的生活方式。老子曰：“见素抱朴，少私寡欲”。见：现，呈现，推出；素：没有染色的生丝；朴：没有加工的原木，这里比喻品质纯洁、高尚的圣人。现其本真，守其淳朴，不为外物所牵，大公无私，节衣缩食，不得奢侈浪费。早在春秋时期，俭朴就成为明君志士崇尚的公德，被大力倡导。孔子谓“欲而不贪”为五美之一，欲则可以，不可过分贪求。《论语》中就有“夫子温、良、恭、俭、让以得之”，其中“俭”就是节俭。“勤以养体，俭以养德，善以养智”是祖先的遗训。诸葛亮在《诫子书》中说：“夫君子之行，静以修身，俭以养德，非淡泊无以明志，非宁静无以致远”。

幸福和快乐都是心理满足的感觉，心理期望越高，越难以满足，心理期望越低，越容易满足。当人类的欲望失去任何约束力的时候，势必走向疯狂，必定导致一系列制约社会发展的负面现象，遭到大自然的惩罚，甚至会招来灭顶之灾，毁灭人类自身。

人类从大自然获取的已经很多很多，我们的欲望应该降低一点。当我们在向自然索取物质时，应该清醒地认识到，地球上的一切资源都是有限的，有限的物质无法满足人类无限的需求。如果我们的欲望无限增长，欲壑难填，世界的末日将为期不远。

做人要心地纯正、生活俭朴，面对现实，知足常乐，才会有快乐和幸福。“上善者若水”，“水善利万物而不争”，才是人生的最高境界。疯狂追求物质享受，过分追求功名利禄等身外之物，必然被其所累，甚至误入歧途。

孙中山讲“物尽其用”，毛泽东讲“节约闹革命”、“勤俭建国，厉行节约”，周恩来等老一辈革命家克己奉公，彭德怀、习仲勋更是勤俭节约的光辉典范。艰苦朴素是我党我军的优良传统和作风，是延安精神的主要内容。

党的十八大制定了“坚持节约优先、保护优先、自然恢复为主的方针”，重申“坚持节约资源和保护环境的基本国策”。建设节约型社会，关系到国家长远发展和民族兴衰的战略问题。

中央政治局关于改进工作作风、密切联系群众的八项规定，以及开展群众路线教育活动的要求，表明了新一届党中央厉行勤俭节约、反对铺张浪费的鲜明态度和坚定决心。

近日，习近平总书记在新华社一份《网民呼吁遏制餐饮环节“舌尖上的浪费”》的材料上批示，各种浪费现象的严重存在令人十分痛心，浪费之风务必狠刹！要加大宣传引导力度，大力弘扬中华民族勤俭节约的优秀传统，大力宣传节约光荣、浪费可耻的思想观念，努力使厉行节约、反对浪费在全社会蔚然成风。

铺张浪费绝非小事，不仅仅是个生活问题，而是个严重的经济问题，还是个严肃的政治问题。“历览前贤国与家，成由勤俭败由奢”。这是有识之士总结家族兴衰、社稷兴亡、朝代更替的经验教训得出的警世名言。

勤俭节约是中华民族的美德，是中华民族生生不息、百折不挠、战胜困难的法宝，显示了中华民族的智慧和力量。曾被誉为‘近世以来最伟大的历史学家”，英国学者阿诺德·约瑟夫·汤因比以其独到的历史眼光，高度评价了中国农耕养殖的经济模式、朴素节俭的生活理念，认为这是后工业社会人类最理想的必然选择，是挽救地球生态危机的根本途径。

【作者：陕西中华文化学院党委副书记 副院长】

推进环保建设构建美丽中国

郑金龙

环保问题，不仅是重大发展问题，也是重大民生问题：国务院总理李克强5月13日在国务院机构职能转变动员电视电话会议上指出，当前，一定要把监管的重点放到人民群众反映强烈、对经济社会发展可能造成大的危害的领域上来：不可否认的是，我国各类环境问题仍然严峻，同时也面临一些新情况、新问题、新挑战，环保问题成为摆在我们面前的突出问题。

政策推动成绩斐然

近年来，国家推出一系列的政策措施，积极推动环境问题的解决以及环保产业的发展：如，国家安排中央预算内投资525亿元支持城镇污水、垃圾处理设施建设项目，带动地方投资3000多亿元，城市垃圾无害化处理率达72.4%；饮用水水源保护力度不断加大，重点城市供水量水质达标率提高到84.8%，2.15亿农村人口饮水不安全问题得到解决；在全国范围内实施的天然林保护工程、退耕还林工程效果明显，使得我国的森林覆盖率提高到13～14%：各个城市也在积极探索环保方面的政策举措，在取暖、环城河流、公交、排污等系统方面积极探索。

国家出台了脱硫电价、绿色信贷、绿色证券等一系列政策，全面展开排污权有偿使用及交易、生态补偿、环境污染责任保险等试点。现行国家环境保护标准已达1300项，初步建立了国家环境保护标准体系。

以北京市为例，2013年3月28日，北京市委市政府召开生态文明和城乡环境建设动员大会，集中整治大气污染、污水、垃圾、违法建设这四大城市环境“顽疾”：随着首都城市发展，城乡接合部地区的环境问题日益凸显，这也是首都环境建设长期面临的问题：2013年5月9日北京市发布《关于进一步加强首都环境建设工作的意见》，提出逐步把城乡接合部的环卫作业、环境管理等纳入城市管理体系，解决城乡接合部地区的环境问题。

代价沉重问题突出

尽管我国的经济得到快速发展，环保方面取得了显著成绩，但我国面临的环保问题依旧不容乐观.我们应该看到，我国高速的经济发展，是以沉重的环境污染以及资源浪费为代价的。

就目前情况而言，拉动我国GDP增长的几乎都是高污染、高耗能的产业，如造纸、电力、化工、建材、冶金等。有关数据显示，中国的煤炭、石油、钢等能源消耗全世界第一，建材消耗全世界第一，原材料进口全世界第一。中国是工业用的木材纸浆纸产品全世界第二大市场，石油进口全世界第二，单位GDP能耗是发达国家的8到10倍，污染是发达国家的30倍，劳动生产率是发达国家的1/30。我国的江河水系70%受到污染，40%的严重污染，流经城市的河段普遍受到污染，城市垃圾无害化处理率不足20%，工业危险废物化学物质处理率不足30%。1/3的国土被酸雨覆盖。3亿多农民喝不到干净的水，4亿多城市人口呼吸不到干净的空气，其中1／3的城市空气是严重污染。世界空气污染最严重的20个城市，中国占16个。

过度放牧产生的土壤沙化，过度垦作产生的水土流失，全面、长期的环境恶化而导致的自然灾害频繁，以及其他一些我们尚无法定性的环境污染等问题不仅严重影响着我国的可持续发展，而且威胁着我们的身体健康。例如，2013年1月，从河南到安徽，一起地跨两省的重大水污染事件进入公众的视野。河南惠济河东孙营闸开闸排水，大量氨氮严重超标污染水体从河南省下泄。安徽涡河亳州境内水质由此污染加重，大批网箱养鱼死亡，淮河干流蚌埠市区及怀远县城饮用水安全受到威胁。环境污染对自然生态环境以及对人体健康所造成的影响是非常严重的。

此外，面对节能减排以及环境质量改善的压力持续加大，我国防范环境风险的压力以及应对全球环境问题的压力也在持续加大，环保问题也关系到我国在国际上的政治形象、外交形象，从而影响到我国的经济、文化等方面的国际化发展。

加大力度标本兼治

由于生态系统的复杂性，使得环保问题的解决以及环保政策的出台困难重重。而且，生态环境一旦遭到破坏，恢复过程很漫长：我国可以采取以下措施解决目前环保问题：

完善相关政策措施。要加强统筹规划和顶层设计。当前要紧紧抓住广大群众关心的大气质量、污水、垃圾、违法建设等突出问题，要整体规划，综合治理，突出重点，分步实施。各级政府要将环保问题当成大事来抓，要在治理大气污染，改善空气质量，保护饮用水源地，保障饮用水安全，以及大力推进可再生能源产业健康发展等方面下大力气。要着力推动环境与资源保护领域重大问题的解决，致力于推出环境与资源保护领域的相关政策措施，建立长效机制，对其进行规范化指引。

加强监管。监管问题突出，虽然目前建设项目实行环境评价制度，但各项目依然重事前申批，轻事中事后监管，在实际执行过程中未能在全程实行环境评价与监管。导致建设项目在实施过程中，又引发很多新的矛盾和问题。同时，要避免监管各部门职能交叉与权责不明，协调好各部门的利益关系，必须权责统一，谁治理、谁负责。此外，加强监管，也有利于发展环保以及节能产业，对于培育新的经济增长点有很大益处。

提高环保技术。环境问题的解决以环保技术的提高为着眼点。我国要进一步提高环保技术，开发适用的环保技术，攻克环保领域的难关和瓶颈，推动环保问题的解决，促进环保产业的发展。

加强宣传报道。各类媒体要组织开展环保方面的专题和重点采访活动，进行实际调研，侧重宣传环保方面的成功经验以及典型案例，做好环保方面的宣传活动，充分发挥舆论引导作用，为建设美丽中国营造良好的舆论氛围。

空谈误国，实干兴邦。积极贯彻党的十八大精神，我们将使环境更优美、群众生活更舒适。

【作者：江西省横丰县铺前煤矿党委书记】

中国“90后”大学生素质生态评价研究

黄　艳　田辉玉

中国“90后”大学生素质生态是衡量“90后”大学生作为“大学人”和“社会人”是否实现了全面发展的一面镜子，科学地评价“90后”大学生素质生态，可以解决“90后”大学生素质生态的“发展标准”和“发展程度”的问题，为高校人才培养模式改革与教育行政机构宏观决策提供“路线图”，也有利于发现不同“90后”大学生之间素质生态的发展差异及其原因，寻求“90后”大学生素质生态发展的优化模式，进而促进“90后”大学生综合素质的提升和个性化的发展，为培育优秀的“90后”大学生提供标杆。在推进教育决策科学化、民主化和制度化建设的进程中，开展“90后”大学生素质生态评价研究具有重要的理论意义和实践价值。

一、“90后”大学生素质生态的概念与内涵

“90后”大学生素质生态是指“90后”大学生基于个人的背景因素，包括个人特性、入学前的准备、性别以及民族因素，通过主动地塑造大学人际环境影响大学和社会环境，并且在此环境中获取个人发展的可能性的主体性品质。“90后”大学生素质生态的形成与“90后”大学生的先天禀赋密切相关，最终形成于后天的社会环境与大学教育实践的过程中。

“90后”大学生素质生态的内涵主要体现在四个方面：(1)“90后”大学生素质生态具有内化性。作为先天自然性与后天社会性的综合，“90后”大学生素质生态是经过“90后”大学生与外界环境相互作用，将知识与能量内化为身心组织的重要成分，并持久地发挥作用的个体品质；(2)“90后”大学生素质生态具有稳定性。“90后”大学生的素质生态体现了个人品质的深层意蕴，是长期积淀的结果，具有稳定性；(3)“90后”大学生素质生态具有成长性。“90后”大学生素质生态所具有的稳定性是相对的，它会随着社会经济、科技与文化的变迁，并在它所处的具体环境因素的影响下发生改变；(4)“90后”

大学生素质生态具有整体性。“90后”大学生素贡生态是一个外延宽泛，内涵丰富的综合性概念，它的构成成分不是彼此孤立地存在着的，而是相互依存、相互渗透、相互制约和相互促进的一个有机系统。

二、我国“90后”大学生素质生态评价指标体系的构建

根据“90后”大学生素质生态的概念与内涵，结合现有的研究成果以及“90后”大学生素质生态发展的共性特征，我们展开了“90后”大学生素质生态的评价研究。需要强调的是，从评价研究的角度将上述概念与内涵转化为可以操作的成分是非常困难的，我们抽取了与具体评价相关联并且可以量化的指标：思想道德素质、专业素质、人文素质、能力素质、身心素质与个性化素质等6项二级指标，24项三级指标，61项观测点，构建了一套旨在全面衡量我国“90后”大学生素质生态发展水平的综合评价指标群。

三、我国“90后”大学生素质生态调研的数据采集、统计与分析

为了科学地评价“90后”大学生素质生态的现实水平，我们结合“90后”大学生素质生态评价指标体系，设计了具有较高信效度的调研问卷，对60所大学的20,000名“90后”大学生的素质生态水平展开了规模化的问卷调研，回收有效问卷19,936份，并进一步对调研问卷展开了统计分析。但是，大学生素质生态研究是一个典型的综合性研究，而我们开展问卷调研所获取的统计信息是无法有效显示“90后”大学生素质生态的隐藏信息的，例如：“90后”大学生的思想道德品质、专业精神、创新意识、心理健康、艺术修养等这些无法测量的内隐变量。因为这些内隐变量无法通过简单的数量指标进行判断，只能通过访谈等外部评价方法展开深度的解读。因此，我们为了能够对“90后”大学生素质生态的总体状况进行全面客观的评估，在统计分析调查问卷的基础上，针对研究的需要补充了来源于不同渠道的大量信息。这些信息可以交叉检验、综合显示“90后”大学生素质生态发展状况的结构信息、社会认同和成长趋势。主要包括三个方面的来源：

1．多元评价主体的构成。我们通过学生自我评价、师生共同评价和社会反馈评价的结合，从多方面、多角度对“90后”大学生展开了比较全面与客观的评价。

2．调查问卷的信度与效度分析。我们采用了折半信度分析法将调查项目分成两组，计算折半信度系数 r_{hh} ，并利用斯皮尔曼——布朗公式求出了量表的信度系数 $r_{tt}=2r_{hh}/(1+r_{hh})$ 。

我们进一步采用了测量量表内容效度的单项与总和相关效度法。我们采取的具体做法是计算每个项目分数与总和的相关系数，如果相关系数不显著，表示该项目鉴别力低，如果相关系数的显著性高，则表示量表的效度高。我们将设计的量表经过多次效度分析，删除了低效度的题项，得到了高效度的量表。经计算，量表的效度为0.62，说明量表比较准确。

3．典型抽样调查与综观印象座谈的开展。长期从事大学生素质研究的科研人员或者长期直接融入大学生生活的管理人员，能够对“90后”大学生素质生态水平提供较为客观的判断。我们利用近邻座谈法，在某种较近的社会距离下接近科研人员或者管理人员，采取轻松环境下随机漫谈的方式，引导科研者或管理者自由发表自己的见解，以求证外部评价者对我国“90后”大学生素质生态发展状况的总体印象。

四、我国“90后”大学生素质生态评价的研究方法与评价结果

在对“90后”大学生素质生态调研的问卷与访谈展开分析研究的基础之上，我们为每一个“90后”大学生在每一项评价指标上的表现赋予了评价分值，以反映19,936名调研对象素质生态的现实水平。同时，为了避免量纲、数量级和变化趋势的影响，我们还对统计数据进行了标准化处理，即将它们都转化成无量纲数据。我们采用了最大值最小值标准化方法对数据进行了标准化处理，并采用线性加权和法定量地计算出了反映19,936名“90后”大学生素质生态现实水平的综合绩效值。

根据研究设计的评价指标体系和评价方法，利用调研数据，我们计算出了反映19,936名“90后”大学生素质生态的综合绩效值，并展开了综合绩效值的频数分析，得出了我国“90后”大学生素质生态发展水平的综合评价结论。

我国“90后”大学生素质生态水平的评价中，思想道德素质绩效表现优秀的样本数占调研总人数的比例为27.8%；绩效表现良好的样本数占54.3%；绩效表现合格的样本数占15.9%；绩效表现基本合格的样本数占1.6%；绩效表现不合格的样本数占0.4%。专业素质绩效表现优秀的样本数占调研总人数的比例为6.4%；绩效表现良好的样本数占16.6%；绩效表现合格的样本数占40.3%；绩效表现基本合格的样本数占31.6%；绩效表现不合格的样本数占5.1%。人文素质绩效表现优秀的样本数占调研总人数的比例为5.1%；绩效表现良好的样本数占20.8%；绩效表现合格的样本数占32.9%；绩效表现基本合格的样本数占27.2%；绩效表现不合格的样本数占14%。能力素质绩效表现优秀的样本数占调研总人数的比例为3.8%；绩效表现良好的样本数占8%；绩效表现合格的样本数占33.6%；绩效表现基本合格的样本数占42.8%；绩效表现不合格的样本数占11.8%。

身心素质绩效表现优秀的样本数占调研总人数的比例为2.3%；绩效表现良好的样本数占21.9%；绩效表现合格的样本数占54.6%；绩效表现基本合格的样本数占18.8%；绩效表现不合格的样本数占2.4%。其中，身心素质（男性）绩效表现优秀的样本数占调研总人数的比例为1.9%；绩效表现良好的样本数占23.6%；绩效表现合格的样本数占53.3%；绩效表现基本合格的样本数占17.3%；绩效表现不合格的样本数占3.9%；身心素质（女性）绩效表现优秀的样本数占调研总人数的比例为5.4%；绩效表现良好的样本数占22.2%；绩效表现合格的样本数占45.7%；绩效表现基本合格的样本数占23.5%；绩效表现不合格的样本数占3.2%。个性化素质绩效表现优秀的样本数占调研总人数的比例为36.7%；绩效表现良好的样本数占7.8%；绩效表现合格的样本数占13.4%；绩效表现基本合格的样本数占14.3%；绩效表现不合格的样本数占27.8%。

我国“90后”大学生素质生态综合绩效表现优秀的样本数占调研总人数的比例为1.5%；综合绩效表现良好的样本数占16.6%；综合绩效表现合格的样本数占43.5%；综合绩效表现基本合格的样

本数占33.6%；综合绩效表现不合格的样本数占4.8%。

五、结论

通过以上对我国“90后”大学生素质生态水平的分析研究，我们可以初步得到如下结论：

1．反映我国“90后”大学生素质生态发展水平的综合绩效呈现比较显著的正态分布。我们展开了“90后”大学生素质生态水平综合绩效的正态分布检验，反映“90后”大学生素质生态水平综合绩效的描述性统计分析表显示：调研的样本数据描述取值分布形态对称性统计量的偏度值Skewness=0.147，偏度标准误差值Standard Error of Skewness=0.138，样本数据描述变量取值分布形态扁平程度统计量的峰度值Kurtosis=-0.042，峰度标准误差值Standard Error of Kurtosis=0.275，均近似为0，表明我国“90后”大学生素质生态发展水平的综合绩效呈现较为显著的正态分布。

2．反映我国“90后”大学生素质生态发展水平的多项指标的绩效服从一般正态分布。“90后”大学生素质生态评价中，思想道德素质、专业素质、人文素质、能力素质与身心素质等5项二级评价指标绩效的描述性统计分析表与正态检验表显示：样本数据偏度值Skewness、偏度标准误差值Standard Error of Skewness、峰度值Kurtosis、峰度标准误差值Standard Error of Kurtosis，均近似为0，表明反映“90后”大学生的思想道德素质、专业素质、人文素质、能力素质与身心素质发展水平的绩效呈现一般正态分布。

3．反映我国“90后”大学生个性化素质发展水平的绩效呈现严重的分化趋势。我国“90后”大学生个性化素质的绩效存在高度的发展不均衡和离散集中的状态，反映我国“90后”大学生个性化素质发展水平的绩效呈现U形分布，绩效表现优秀与良好的被测评的“90后”大学生人数占调研样本总人数的比例为41.9%，绩效表现基本合格与不合格的比例为55.5%，绩效表现合格的比例仅为2.6%。由此可以看出，我国“90后”大学群体之间个性化素质的差异非常显著。

4．我国“90后”大学生素质生态的发展水平与外部环境呈现显著的交融互动性。我国“90后”大学生是受全球化和信息化影响最深刻的一代人，“ 90后”大学生也正在越来越多地把现实中的东西转移到互联网上，实现自身与外部环境的彼此交融和相互渗透，并必将作为一个庞大的精英群体引领互联网未来的发展。在我们调研的过程中发现，有占调研总人数98.23%的“90后”大学生利用互联网社交，正是互联网降低了“90后”的沟通成本，提升他们的沟通体验，迅速地扩大和延伸了他们的社交渠道。但是，其中也有高达95.76%的“90后”大学生具有不同程度的互联网依赖症，如何将互联网的负面影响最小化也将是值得我们深入探讨的另一个课题。另一方面，低碳文化与低碳生活已经开始引起“90后”大学生越来越多的关注，他们对低碳文化的认同和接受程度也必然深刻地影响到中国未来的环境状态、气候变化与生产生活方式。调研发现，有占调研总人数57.59%的“90后”大学生认同低碳文化，他们有意愿并认为自己有能力选择低碳生活方式。

【作者：武汉工程大学 高等教育研究所】

把握大局抓关键　凝心聚力保正常

——在全国民航航班正常工作会议上的发言

张群治

尊敬的民航局夏兴华副局长，各位领导：

众所周知，航班正常是行业形象的集中体现，是实现民航强国梦的显著标志，也是公共运输产品的重要内容。近几年来，厦航在局方的正确领导下，在各相关单位的大力支持下，我们紧紧围绕航班运行中的“推动力、决策力、执行力和品牌力”开展工作，着力在确保安全的前提下力争航班正常，在确保正常的前提下持续提升公司品牌形象，航班正常率连续三年位居民航前列，形成了独具特色的“厦航式运行”。

我们的主要做法是：

一、着力彰显精神推动力，善养航班正常之气

厦航抓航班正常始终把发现、营造、弘扬强大的精神力量作为推动企业创新发展的财富，始终把社会的责任、民众的期待、团队的荣誉高高举过头顶，坚持借东风、鼓士气、正能量的工作思路，持续营造抓航班正常的良好氛围。

一是东风可借。长期以来，民航局高度重视航班正常工作，作出了一系列重要指示和重大措施，这是我们抓好航班正常工作的强大动力。近几年来，在民航局夏兴华副局长的积极倡导下，我们与厦门空管站、厦门机场共同建立了以飞行员（签派员）、管制员、指挥协调员为主体的“三员交流”联动机制，建立了厦门地区空中交通运行管理系统平台，对航班运行实施有效监控和指挥。厦门空管站提出“将正常留给公司、将增量留给空港、将和谐留给员工、将发展留给厦门、将困难留给空管”的“五留”宗旨，主动将“空中交通流量协同管理终端”无偿引接到厦航AOC签派员席位，使签派员能快速直观地了解厦门区域的实时流量情况，掌握厦门区域与相邻空域之间的限制情况，有效提高了运行效率和精确放行水平。自2011年7月空中交通流量协同管理平台投入使用以来，厦门机场航班靠桥率提升了8个百分点，厦航航班首班出港正常率达到90%以上。

厦门地处东南沿海，地理位置特殊，机场周边军民航活动限制较多，空域资源紧张问题成为长期制约民航发展的瓶颈。在厦门航空、厦门空管和军方的共同努力下，厦门机场按照新的航行技术，设计飞行程序，在不需要任何地面导航设施投入的条件下，共计新增8条离场航线、11条进场航线，覆盖范围南北达300多公里。在上级机关的组织下，通过军民航和海峡两岸航空界的共同努力，理顺了厦门机场东南侧航线与金门空域的关系，实现了东南侧空域对民航航班的开放，结束了厦门机场开航28年来，始终处于“一个机场，半个天空”的尴尬局面。

二是人心可聚。我们成立了由公司主要领导和分管领导亲自挂帅的航班正常工作领导小组，下设航班正常管理办公室，全面负责统筹、协调、指挥航班正常工作，各分公司、运行基地、部门也相应成立了航班正常工作管理小组，自上而下形成了完整、统一的航班正常组织管理体系。公司主要领导把这项工作作为真抓实干、攻坚克难的重点工程，紧盯不放、逢会必讲、常抓不懈，要求各级领导干部必须身先士卒，带头到运行现场接“运”气、消怨气、鼓士气、聚人气。比如，当大面积航班延误时，公司各部门及以下管理干部都能自觉做到第一时间赶赴现场，及时与旅客进行面对面、心贴心、实打实的有效沟通，提高了现场处置特殊情况的能力。公司党委还将航班正常工作列为党委重要的工作日程，把绩效管理、效能考核与航班正常工作挂钩，较好地解决了精神激励与物质激励两手都过硬的问题。同时，我们还坚持每年召开两次航班正常工作大会，年初会议的主题是誓师大会，全面总结布置工作，大力表彰奖励先进，有力地调动了积极因素，形成了强大的凝聚力和向心力。九、十月份还要再次召开以查问题、找不足、补漏洞为主题的头脑风暴大会，这次会议上，公司和各部门领导都要虚心听取一线员工的意见建议，现场解答一线提出的问题，限时解决一线遇到的难题，形成了抓航班正常工作的倒逼机制。为了使航班正常工作开展得更加有声有色，我们还在全公司广泛开展了“为旅客送正点、为一线送温暖、为行业送和谐、为社会送平安”等内容的“四送”活动，通过征文、演讲等形式加强员工的意识引导和强化教育，持续提升了运行保障效率。

三是正气可养。厦航航班能得到较好运行，关键是主体责任的落实。航班正常工作被列为“十二五”发展战略的关键任务之一，成为每年公司级督办事项，并对相关责任部门负责人进行重点问责，各运行保障部门的负责人亲自抓、重点抓，把航班正常工作列为其岗位晋升的重要考核指标。我们对运行保障的过程和结果进行全方位的绩效考核与评价，层层分解目标、传导压力和动力，把授权、履职、协同、问责等管理要素转化为高效精进的执行力，先后制定出台了《航班正常管理实施细则》、《航班正常管理奖惩规定》、《运行保障类绩效考核细则》等指导性奖惩办法，形成了“抓航班正常光荣、保航班正常有奖”的正能量和高效运行的主旋律，不断完善了绩效管理制度，建立起激发工作动力的良好机制。

二、着力强化运行决策力，善养指挥权威之势

管理机制创新是保证航班正常的重要基础。只有形成并不断完善刚性管理机制，才能促使员工养成保障航班正常的自觉意识，实现决策在一线，决断在现场，确保决策的科学性、高效性和权威性。

一是令行禁止。航班运行是一项复杂的系统工程，如果没有一个系统的指挥决策机构，就有可能出现政令不一、推诿扯皮、各自为政的情形。近几年来，公司领导在各种场合指出，为确保运行的权威性，各级领导、各个部门都必须无条件地服从命令、听从指挥，务必做到“有令必行、有禁必止、违者必究、抗者必损”，为AOC决策的权威性提供了坚实的保障。厦航在日常运行中，为达到“目标的一致性、信息的准确性、指挥的严肃性、协同的高效性、执行的有效性”，形成了严密、严格的厦航式运行体系，即以公司总值班经理为核心的运行管理体系，坚持统一指挥、全面统筹、综合管理；以签派为中心的常态决策体系，坚持信息及时、集中管控、各司其职的模式；以AOC各席位为职能的分工协作特情处置体系，坚持做到“早发现、早研究、早预案、早处置”；以公司领导为主导整体联动的应急处置体系，坚持强化快速响应、果断决策，迅速行动的意识。通过“四大体系”建设，使我们的决策更加科学高效，运行更加顺畅有序，近几年来，公司未发生一起旅客群体性事件。

二是有效计划。航班计划是改善航班正常工作的源头。我们根据自身运行保障实际情况，科学编排航班，承担起航班正常的主体责任。坚持落实航班计划前期评估制度，持续开展航班计划优化工作，建立正常性“事先评估-过程监控-讲评总结-改进提高”的闭环控制。通过数据监控和统计分析，分别按日、周、月、航季等周期对航班计划衔接进行正常性监控，在综合考虑航线结构、机组衔接、飞行时间等因素后，提出改进方案，进行动态调整，使航班计划更趋合理。在航班运行过程中，AOC密切关注航班动态，根据各种突发情况，充分利用预留的不低于2%备份运力，适时调整航班计划，实现航班计划的动态管理。

三是责任至上。我们着重强化各部门、各岗位的责任意识，向管理要效率，向管理要正点。AOC坚持“天天守、班班盯、环环扣、分秒争”的工作思路，坚持做到“航班动态盯得紧、签派放行守得严、机组资源看得住、机务维护做得细、计划调整想得全、现场管理跑得勤、信息通报发得准、旅客情绪抚得平”的工作要求，主动出招，果断决策，从每天第一个航班起飞，到最后一个航班落地，都实时进行多角度、全方位的全程监控。机务部坚持“故障不过夜、排故不延时”的指导思想，有效降低了2～4小时和4小时以上延误的概率。

三、着力创新一线执行力，善养管控提效之策

民航运输链条长、环节多，任何一个环节的疏漏都可能影响到后续环节，引发“骨牌效应”，保障航班正常只有环环相扣，分秒必争，才能得以实现。我们着眼管理创新，挖掘内部潜力，不断强化“航班不因我延误，我为航班争分秒”的意识，坚持提效率抢速度，与时间赛跑，形成了“厦航式保障速度”。

首班“算时间”。根据我们多年来对航班运行情况的总结分析，首班正常对当日航班运行有着重要的意义。对此，我们精打细算，环环相扣，步步出招。一是要算准首班提前关舱门的时间，每天首班提前10分钟关舱，将使全天航班正常率提高5%；二是要算对二次靠桥的时间，为提高首班靠桥率，我们计算出前后起飞时刻间隔35分钟的两个航班，可以停靠同一桥位；三是要算细地面滑行的时间，签派员根据每个廊桥、停机位与飞行跑道的滑行距离和时间，安排不同廊桥，缩短地面滑行距离和时间，提高运行效率，确保首班正点离港。

乘务"赶时间"。空中乘务部在客舱准备中坚持"立、查、点、疏、整、稳"六字诀。一是立理念，树立"时间就是效率，准点就是诚信"的航班正点理念；二是查设备，上机后快速对应急设备、服务设备进行检查，并做好清舱检查与报告；三是点物品，分工明确，快速、准确清点机供品，边清点、边存放，重点突出，先客舱、再厨房，后盥洗室；四是疏旅客，及时疏导旅客、疏通过道，主动协助带小孩的旅客、老年旅客及需要帮助的特殊旅客安排座位，通过话语或肢体语言快速引导旅客尽快入座，节约登机时间；同时提高数客准确率，责任乘务员做到分段计数，适时核对，尽早校对，发现差异立即复核；五是整行李，提前目测旅客行李大小，放满的行李架及时关闭，做到对行李架的可用程度心中有数，及时整理可用空间，减少旅客摆放行李的时间；六是稳关舱，整体工作要稳，局部工作要快，落实《开关舱门检查单》，报告机长并规范落实关舱程序。创造了完成客舱准备9～12分钟的"客舱速度"。

保洁"抢时间"。一是分区定责抢时间，划分客舱不同区域，定人定责，提高保洁协作效率。二是改变流程抢时间，对可能延误的航班，采取从后舱进入客舱保障，提前进行保洁。三是特殊航班增加人手抢时间，对延误航班增加人手，实施快速过站；四是航前检查抢时间，提前一天开展飞机保洁质量检查，有针对性提高次日保洁速度。创造了8～10分钟保质保量完成工作的"保洁速度"。

配餐"挤时间"。配餐部把保障航班正常作为提高管理效能、提升运行效率的重要手段，一是合理计划挤时间，对可能因流控而延误的航班，适当增加机供品的配备数量，避免因外站临时补餐耗费时间。二是流程优化挤时间，配合引入机务系统实时掌握飞机停放位置，快速准确完成配餐保障流程。三是加强协调挤时间，做好早班食品车到达与飞机开舱门时间之间的有效衔接，并理顺机供品保障规则，减少重复保障的时间。四是外站监管挤时间，通过加强对外站配餐代理人的监管与沟通，提高代理人对厦航航班保障的认识。创造了9～13分钟的"配餐速度"。

货运"争时间"。一是激励机制争时间，对装卸工实行计量工资制，从装载时间、货运量、准确性等方面进行考核，激发一线装卸员工的积极性和主动性，做到分秒必争。二是节点前移争时间，做到从收运、配载、装载的全流程进行时间节点前移与控制，设置控制时限预警，建立起以航班运行控制为主线，贯穿货运全流程的业务控制模式，确保每一道工序在可控的时间内并争取用最短的时间完成。三是技术手段争时间，货运部2011年研发了货运信息移动处理系统（PDA），实现了货物处理与信息的实时交互，大大提升了货运的操作保障效率。创造了货运平均25～28分钟的"装卸速度"。

过站"要时间"。航班过站时间的长短，直接影响到后续航班的正常性。为缩短过站时间，公司加强对外站航班运行的监督管理，一是加强航班全过程监控要时间，各驻外机构通过预先了解掌握航班动态，提前制定周密预案，做好应对准备；二是实行"一人一机"要时间，驻外机构对现场保障实行"一人一机"责任制，从飞机落地开舱门到下客，保洁，加油，装货，上客，关舱门，直至飞机滑出起飞，每一个环节都跟踪到位，加快过站保障速度；三是积极协调要时间，驻外机构密切与代理人联系，争取更多有利资源，竭尽全力减少保障时间。

各位领导，"厦航式保障速度"不仅仅是一个效率的问题，而是一种强大的精神财富。它集中展现了厦航人"顾全大局、服务社会"的责任，弘扬了"攻坚克难、负重奋进"的精神，彰显了"团结拼搏、争创一流"的意志，提升了"埋头苦干、无私奉献"的境界。

四、着力提升形象品牌力，善养诚信文化之魂

航班正常作为民航整体运输质量的反映，是推动民航业科学发展、持续发展的重要环节，也攸关航空公司的美誉度和竞争力。我们始终秉承"以诚为本、以客为尊"的理念，在保障人民群众便捷出行的同时，持续提升公司的品牌形象。

一是要有对社会承诺的勇气。厦航始终秉承：当公司利益与旅客利益发生矛盾时，永远把旅客的利益放在首位。无条件地做到：把诚信看大，把金钱看小；把旅客看大，把公司看小；把长远利益看大，把眼前利益看小；把潜在利益看大，把表面利益看小。我们承诺航班有延误，服务不延误，无论何种原因导致的航班延误，厦航都会积极妥善地安排旅客的后续行程。多年来，厦航持续加大航班保障的资金投入、设备投入和人力投入，以诚信的行动履行着对社会的承诺。

二是要有对旅客诚实的自觉。发展中的各种难题，只有通过诚实劳动才能破解；生命里的一切辉煌，只有通过诚实劳动才能铸就。同样的，不正常航班服务也只有通过诚实付出，才能实现旅客的满意。我们倡导"充分理解旅客的心态，充分理解旅客的需求，充分理解旅客的抱怨，充分理解旅客的错误"，我们坚持每隔30分钟为旅客提供真实准确的航班信息；坚持第一时间提供机票签改服务；坚持免费提供航延餐饮及住宿服务；坚持换位思考为旅客提供个性化航延服务。多年来，公司在处理航班延误旅客方面没有发生一起有效投诉和群体性事件。

三是要有对公众诚信的力量。我们坚持"诚信、坚毅、和谐、精进"的厦航核心价值观，弘扬诚信的力量，倡导真诚的服务。我们不断强化"大服务、大运行、大协作"的意识，坚持标准化服务，加强售票与乘机、空中与地面、总部与外站等各个服务环节的衔接，大力推行空地一体化服务，用真诚服务旅客，用真心留住旅客，用真实回报旅客，用真情感动旅客，积极为旅客提供全方位、无缝隙的服务，赢得了旅客对公司的忠诚。从去年第三季度开始，在民航资源网公布的乘机旅客调查问卷测评中，厦航连续三个季度荣获"最佳航空公司"第一名。

各位领导，厦航在抓航班正常工作中虽然做了一些有益的探索，但与民航局的要求、与社会的呼唤和旅客的期待还有较大的差距。路漫漫其修远兮，展望未来，厦航与在座的兄弟单位一样，在抓航班正常工作的征程中，还将面临着种种挑战、重重困难和道道坎坷。同时我们也坚信，有民航局的正确领导，有社会各界的广泛支持，有民航人的共同努力，我们一定能够克服前进中的困难，把航班正常工作推向一个新的高度。

谢谢大家！

【作者：厦航党委书记 常务副总经理】

认真贯彻党的十八大精神
推进民族地区残疾人事业跨越发展

敏俊杰

党的十八大提出了到2020年全面建成小康社会的宏伟目标，这为民族地区残疾人事业发展提供了历史性的机遇，也对改善残疾人状况、保障残疾人权利、促进残疾人全面发展提出了新的更高要求。今后五年，是甘南实施“五大战略”、加快推进“五大建设”的关键期，是残疾人事业与经济社会协调发展的提速期，是改善残疾人生存状况和提高为残疾人服务水平的攻坚期，也是加快发展残疾人事业的重要机遇期。只要我们坚定不移地贯彻落实州委、州政府的决策部署，坚定信心，奋发进取，团结拼搏，真抓实干，甘南残疾人事业就一定能够攻坚克难，破浪前行，在新起点上实现新的跨越。

一、健全残疾人社会保障制度，切实保障残疾人的基本生活

全面落实州委、州政府《关于加快残疾人事业发展的实施意见》和州政府《关于加快推进残疾人社会保障体系和服务体系建设的实施意见》，按照一般性制度安排和专项制度安排相结合、普惠与特惠相结合的原则，加快制定相关政策和实施办法，明确责任，完善机制，努力建立起以社会救助为底线、社会保险为基础、特殊福利为补充的残疾人社会保障体系，使残疾人生活得到稳定的制度性保障。

（一）规范完善残疾人社会救助制度。把符合城乡低保条件的残疾人纳入保障范围，予以重点保障和特殊扶助，做到应保尽保。建立残疾人专项救助金制度，逐步扩大救助范围。落实重度残疾人护理补贴政策，逐步建立按残疾等级分类救助的生活补贴制度。大病救助、医疗救助要优先照顾符合条件的残疾人。对一户多残、老残一体等特殊困难家庭和低收入残疾人家庭，优先实施临时救助。

（二）认真落实残疾人社会保险补贴政策。通过资助参保参合，实现残疾人医疗保险和养老保险全覆盖。用人单位按规定为残疾职工办理基本养老、基本医疗、工伤、失业、生育保险。支持有条件的企业为残疾职工办理补充医疗保险和补充养老保险。

（三）努力提高残疾人社会福利水平。继续将农牧村贫困残疾人危房改造纳入农牧村住房建设和危房改造规划，给予政策倾斜和资金支持，帮助3000户农村贫困残疾人家庭改善居住条件；将符合条件的城镇残疾人无房户、住房困难户纳入住房保障范围，同等条件下优先获得廉租住房和经济适用房。建立健全以县市托养服务机构为骨干、乡镇(街道)和社区日间照料服务为主体、居家安养服务为基础的残疾人托养服务体系。引导支持社会组织和个人兴办非营利性残疾人托养服务机构。按照专业化与志愿者相结合的原则，加强托养服务队伍建设。继续实施“阳光家园”计划，为1.2万人次残疾人提供托养服务。为使用专用机动轮椅的残疾人发放燃油补贴，对残疾人适配基本型辅助器具给予政府补贴。

二、加强残疾人服务体系建设，为残疾人的全面发展提供更多更好的服务

认真落实《国家基本公共服务体系“十二五”规划》和国家、省、州《农村残疾人扶贫开发纲要(2011～2020年)》，进一步加强残疾人康复、教育、就业、文化、维权等服务体系建设，努力扩大服务范围，提升服务质量和水平。

（一）大力推进残疾人康复服务。将残疾人康复纳入政府基本医疗卫生制度和基层医疗服务内容，依托基层社区康复服务网络，为有需求的残疾人就近提供实用、易行、有效的康复服务。加强残疾预防和宣传教育，有效控制残疾的发生和发展。加强专业康复机构规范化建设。将州残疾人康复中心建设成为运营管理和技术水平一流、在全州有影响的康复工作示范窗口、人才培养基地。鼓励和支持社会力量创办残疾人康复机构。加强康复专业人才建设，抓好专业技术人员的培养，培训社区康复员、协调员600人次。扎实开展残疾人康复救助工作，帮助2000名残疾人得到不同程度的康复，为200名0～6岁残疾儿童提供免费抢救性康复服务，为300名贫困肢残患者免费安装基本型假肢、矫形器，为600名贫困精神病患者提供免费服药或住院治疗，免费实施白内障复明手术1500例，为残疾人适配辅助器具5000件，基本解决贫困残疾人“康复难、康复贵”的问题。

（二）着力加强残疾人教育培训。认真落实《残疾人教育条例》、《甘肃省义务教育条例》和《甘南州义务教育条例》，健全特殊教育保障机制。完善以特殊教育学校为骨干，以随班就读为主体的残疾儿童义务教育体系。普及残疾儿童少年义务教育，各类残疾儿童少年义务教育入学率达到85%以上。建立残疾学生和贫困残疾人子女定期发放学费和生活费补助制度，补助率达到60%。实施残疾学生免费学前教育和高中阶段教育，免费接受中等职业教育。大力开展残疾人职业技能培训和农村贫困残疾人实用技术培训，使每个贫困残疾人家庭至少有一名成员掌握1至2门实用技术。

（三）努力扩大残疾人就业。认真贯彻落实《残疾人就业条例》、《甘肃省残疾人就业办法》，将残疾人就业纳入各级政府就业联动和督导工作范围，确保新增残疾人就业4500人。鼓励和支持残疾人选择合适的项目开展自主创业。完善资金扶持、税费减免、贷款贴息、社会保险补贴等残疾人就业保护政策，加大典型选树和表彰奖励力度，鼓励引导用人单位安置残疾人就业。健全残疾人就业服务机构，为有就业需求的各类残疾人提供就业服务，对零就业残疾人家庭和就业困难残疾人实施重点就业援助。抓好残疾人就业扶贫基地建设，培养扶持10个优秀基地，开发一批贴近残疾人实际、适合市场需求的致富项目，带动贫困残疾人增收致富。

（四）加强公共文化体育服务。广泛开展“残疾人文化周”等群众性文化艺术活动，丰富残疾人文化生活。加强残疾人文化艺术中心建设，培养残疾人艺术人才，繁荣残疾人文化艺术创作。认真贯彻落实《全民健身计划(2010～2015年)》，实施“残疾人自强健身工程”，促进残疾人康复健身。加强残疾人体育工作，健全各类残疾人体育组织。形成优秀运动员培养、选拔和激励机制。

（五）切实做好权益维护工作。以《残疾人保障法》和我省残疾人保障条例、残疾人就业条例等政策法规为重点，加强法制宣传教育，增强全社会依法维护残疾人合法权益的观念，提高残疾人依法维权的意识和能力。建立健全以各级司法部门法律服务和援助为主导，以相关部门、社会力量提供的法律救助为补充的残疾人法律救助体系，为符合规定的残疾人法律援助案件提供经费补助。切实加强残疾人法律救助工作协调机制建设，充分发挥相关部门的职能优势，积极为残疾人依法提供优先、优质、优惠的司法救助、法律援助和法律服务。完善残疾人信访工作机制，加大矛盾纠纷排查化解力度，将残疾人信访反映的困难和问题解决在基层。

三、努力营造残疾人事业发展的良好环境，进一步提升残疾人事业的社会影响力

残疾人事业是一项复杂的社会工程、系统工程，需要各级政府、各有关部门和社会各界的广泛参与和大力支持。

（一）优化事业发展的社会环境。积极争取各级党委政府对残疾人工作的领导。注重发挥各级政府残工委的作用，及时研究解决涉及残疾人事业发展的有关问题，统筹协调有关政策、规划的制定和实施。加强成员单位之间的沟通协调，根据部门职能特点，发挥各自优势，共同做好残疾人工作。广泛动员社会团体、企事业单位、爱心人士和志愿者等力量，积极参与扶残助残。发挥残疾人的主体作用，教育引导广大残疾人遵纪守法，积极参与经济社会建设，努力为构建和谐社会贡献力量。

（二）建设无障碍的生活环境。认真贯彻落实《无障碍建设条例》，加强无障碍设施建设监督，促进城市道路、建筑物等无障碍建设，逐步实现全州县级以上城市无障碍化。对300户贫困残疾人家庭住宅无障碍改造提供资助。

（三）营造有利于事业发展的舆论环境。围绕建设社会主义核心价值体系，以宣传贯彻落实十八大精神和建设“两个体系”为重点，以开展“国际残疾人日”、“国际聋人节”、“国际盲人节”、“全国助残日”等活动为契机，广泛宣传优秀残疾人、残疾人工作者和扶残助残先进典型，进一步在全社会弘扬人道主义思想，倡导“平等、参与、共享”的现代文明社会残疾人观，消除对残疾人的歧视和偏见，形成理解、尊重、关心、帮助残疾人的良好社会风尚。

四、全面加强自身建设，努力提高残联组织建设科学化水平

各级残联组织是党委、政府联系残疾人及其亲友的桥梁和纽带。团结带领广大残疾人创造幸福美好新生活、建设幸福美好新甘南的光荣使命，要求我们以改革创新精神加强各级残联组织的自身建设，努力把各级残联建设成为政治坚定、团结高效、开拓创新、奋发有为的组织，把广大残疾人工作者锻造成一支敢于担当、乐于奉献、务实开拓、廉洁高效的干部队伍。

（一）加强思想政治建设，牢固树立全心全意为残疾人服务的理念。把学习贯彻党的十八大精神作为当前和今后一个时期首要的政治任务，深刻领会和把握十八大提出的全面建成小康社会的战略目标和加快推进残疾人社会保障体系和服务体系建设、加强和创新社会管理的新要求，切实增强做好残疾人工作、带领残疾人共奔小康的责任感、紧迫感。广泛开展“人道、廉洁、服务、奉献”的职业道德教育，教育引导广大残疾人工作者时刻把残疾人的冷暖放在心上，始终把推动残疾人事业发展作为自己的使命和追求。

(二)切实转变工作作风，进一步密切与残疾人的血肉联系。深入学习领会新一届中央领导集体“空谈误国、实干兴邦”的执政理念和执政作风，认真落实中央《关于改进工作作风、密切联系群众的八项规定》和省委、州委《实施办法》，在各级残联组织和广大残疾人工作者中大力倡导求真务实、苦干实干的工作作风，踏踏实实地为残疾人解难题、办实事。大兴调查研究之风，全面深入地掌握基层情况，广泛听取群众意见，及时研究提出改进工作的意见和建议，为基层、为广大残疾人解决实际问题。

(三)健全完善工作机制，切实提高为残疾人服务的水平。加强残疾人事业政策理论研究，认真总结残疾人事业发展的基本经验和基本规律，积极探索残疾人工作创新发展的长效机制。着力构建以县级残联为龙头、乡镇(街道)残联为骨干、村(社区)残协为基础、各专门协会和助残志愿者机构为依托的基层残疾人组织网络体系，进一步夯实残疾人事业的组织基础。建立残联组织内部信息畅通、职责分明、上下联动的工作运行机制，整合系统资源，努力打造有社会影响力、受残疾人欢迎、社会认可、符合事业发展要求的工作品牌。健全内容丰富、形式多样、手段灵活、富有成效的教育培训机制，提高残联干部的能力和素质。完善彰显典型、激发斗志、赶超先进、共同发展的考核评估、表彰激励机制，激励先进，鞭策落后，推进事业发展。

【作者：甘肃省甘南州残疾人联合会理事长】

创新执法理念　构建和谐劳动关系

胡登峰

长沙市“六个走在前列”中明确要求，要“在维护社会和谐稳定中走在前列”，把长沙建设成为全省文明、祥和、安定的首善之城。和谐城市的建设是一项综合性系统工程，其中，劳动关系是社会关系中最基本、最重要的关系之一，劳动关系的和谐是社会和谐的基础。因此，创新劳动保障监察执法理念、构建和谐劳动关系有着重要意义。

创新劳动保障监察执法理念，找准构建和谐劳动关系的平衡点和着力点。随着改革深化，国有企事业单位改革改制工作不断推进，一些单位面临优化整合转型发展，甚至破产清算。用人单位和员工之间劳动争议的范围和领域不断扩大，劳动关系问题也进一步凸显出来。有效缓减劳动关系矛盾冲突，做到未雨绸缪，要找准构建和谐劳动关系的平衡点和着力点，妥善处理好如下几组关系：转型发展与稳定的关系，防止转型发展中劳资矛盾激化；劳动维权与维稳的关系，站在维稳的角度处理好劳动维权；企业发展与改善民生的关系，只有企业发展才有个人价值实现、只有企业生存才有个人就业，为打造“平安长沙”、“幸福长沙”、促进社会和谐打下坚实基础。

创新劳动保障监察执法理念，增强劳动保障监察执法效能。劳动保障监察执法是行政执法的一个重要组成部分，在协调劳动关系、维护劳动者权益、化解劳动关系矛盾方面，发挥着不可替代的重要作用。针对劳动保障监察执法中面临的新情况新问题，我们应改进执法方式，以优良的作风增强执法效果，以切实的措施破解执法难题。一要廉洁执法，切实提高劳动保障监察执法的公信力。加强执法教育，提升公正廉洁执法素养；细化执法流程，严密公正廉洁执法程序；强化执法监督，保障公正兼洁执法高效运行。二要服务执法，切实提高劳动保障监察执法的效能。在履行监察职能中搞好服务，在服务中体现监察职能，着重解决好认识不清、重视不够、效果不佳等问题，坚持服务发展与依法办案相统一、执法效果与社会效果相统一、执法的严肃性与务实性相统一。三要和谐执法，切实增强劳动保障监察执法的科学性。要实现合法与合理的和谐。在执法过程中，坚持以法律法规为依据，做到以理服人，严格遵守实体公正和程序正义相结合原则，依法定程序执法。要实现执法主体与执法对象的和谐。既要让执法对象感受到法律的威严，也要让其感受到法律的温情。努力实现执法者与执法对象的和谐、执法权力与执法责任的和谐。要实现执法主体与劳动者的和谐。在执法实践中做好调解工作，既维护劳动者的合法权益，又给用人单位以整改机会，从而合理、有效地解决纠纷矛盾，节约行政资源，提升工作效率。

【作者单位：长沙市劳动保障监察支队】

多重机遇下的检察技术工作
迎接挑战　谋求发展

韩业兴

近两年，与检察技术部门密切相关的法律法规相继修订、颁布和实施以及全国检察机关统一业务应用系统全面上线都为检察技术工作带来了许多新的机遇，多重机遇伴随着多重挑战，如何充分把握和利用机遇，迎接挑战，主动大力推进检察技术工作，发展检察技术事业，是我们检察技术部门应该思考的问题。

2013年1月1日，新的《刑事诉讼法》正式实施，这对检察技术部门的硬件建设和队伍建设带来了新的机遇和挑战。例如，新刑诉法第四十八条中增加了电子数据这一证据种类，明确了电子数据的法律地位，在今后的刑事诉讼活动中，检察机关将更多地面对电子数据这一新的证据种类，仅2013年，河北省院检察技术处电子数据鉴定业务就增加了3倍，今后还将大量增加，这就要求我们检察技术部门加大对电子数据鉴定工作的硬件投入和人员培训，以应对越来越多的电子数据类鉴定和证据审查工作。另外，新的刑诉法对鉴定人出庭行为也做出了明确规定，出庭作证成为了鉴定人的法律义务，这对检察技术部门鉴定人员的专业技术能力、法庭辩论意识和能力等综合素质提出了更高要求，这也要求我们在今后司法鉴定的管理中，要将鉴定人出庭作证作为一项重要的工作加以重视，着手增加、修改适应鉴定人出庭的相关工作章程和工作制度，完善鉴定程序，科学管理鉴定流程，加大出庭方面培训，以应对刑诉法的要求。

2013年12月3日，高检院第十二届检察委员会第十三次会议审议通过了《人民检察院法医工作细则》和《人民检察院文件检验工作细则》（两个“细则”），并于12月25日正式印发施行，这为建立和完善检察技术工作制度体系带来了新的契机。

《人民检察院法医工作细则（试行）》和《人民检察院文件检验工作细则（试行）》是1988年高检院颁布的，已实施了二十多年，这次修订和颁布，既保留了检察机关法医和文检工作中具有影响力和权威性的内容，又结合新时期新形势加入了新的内容，进一步明确了检察机关法医工作、文检工作的范围，同时，吸收了近年来的制度成果和实践需要，将一些好的制度通过规范性文件作出明确，有助于加强风险防控，提高工作规范性和工作的质量与效果。另外，“两个细则”对技术性证据审查作了比较系统的规定，统一了技术性证据审查意见书的用章，这些修改为技术性证据审查工作融入到检察机关办案程序和执法质量考评体系奠定了基础，对于检察技术与检察业务建立起有机的、密切协作的配合机制，使检察技术进入良性的发展循环都是大好契机，也是高检院在顶层设计层面为检察技术工作所做的政策铺垫，希望能够扭转检察技术部门被边缘化，弱化的局面。那么我们检察技术部门要落实好“两个细则”，强化主人翁意识，主动对业务部门进行宣传，扩大检察技术部门的影响，强化主动服务意识，抓住这次机遇，谋求本部门的长远发展。

《人体损伤程度鉴定标准》于2014年1月1日开始正式执行，这个标准是法医临床鉴定最重要、最基本的技术标准，也是司法机关对涉及人身伤害案件定罪量刑的关键。在新旧标准的过渡时期，对于新标准的理解和把握一定会存在许多问题，这对检察技术部门的法医既是机遇也是挑战，机遇是我们可能会有更多的机会融入到业务部门的办案过程中，能够体现我们检察技术部门的专业必要性，但同时带来的挑战是，我们要更踏实地学习和熟悉地掌握新标准，多与系统内外的法医及法律专业人员交流讨论，以保证司法鉴定的公正，更好地为检察业务部门服务。

2014年是全国检察机关统一业务应用系统全面应用的第一年，检察技术部门通过统一业务应用系统也被纳入了反贪、渎职、侦查监督、公诉等业务部门的办案流程，这对检察技术部门融入检察办案流程是一个大好时机。通过统一业务应用系统，我们既可以为其他办案业务部门提供更加方便、快捷的技术服务，充分实现检察技术工作的网上受理，网上流转，促进效率和质量的提升，又可以迅速、准确地给予下级技术部门提供技术指导和支持，逐步实现上下一体的工作格局，使检察技术服务检察机关案件侦办工作实现纵横一体化。

【作者：河北省人民检察院检察技术处处长】

第七编

经济建设与贯彻“十二五”规划

用基层的视野关注国家运行

傅企平

2013年3月5日，人代会正式开幕了，这已是我第11次在人民大会堂听取政府工作报告。

作为人大代表，我对自己的定位就是做农民的代表。我生在农村、长在农村、工作在农村，我有优势用中国最基层的视野关注国家的运行。

我希望能在人代会上为全国的农村和农民“传声”；而作为滕头村的党委书记，我希望滕头多年来所坚持的生态发展经验能够为全国农村做出一定的借鉴贡献。

2013年两会是实现城乡人口等额选举的第一年，全国人大代表中，增加了许多农民代表，相信有关“三农”的议案会增加，农村的发展、农民的利益将会得到更好的保障。

这次参加两会，我带来了三项议案九条建议，聚焦环境、养老、法治、社会保障等多项内容。这其中很多内容，我都在今年的政府工作报告中找到了相关的内容。

比如养老，我提出要加快推进新型养老服务家庭化社区服务体系的建设，报告中则指出，“要加大对社会养老服务体系和儿童福利机构建设的支持力度”。

比如环保，我的三项议案都是关于环境污染防治的，像关于水和大气污染防治法的修订，以及推进农村土地污染防治立法。报告中则指出，“要加快调整经济结构和布局，抓紧完善标准、制度和法规体系，采取切实的防治污染措施，促进生产方式和生活方式的转变，下决心解决好关系群众切身利益的大气、水、土壤等突出环境污染问题，改善环境质量，维护人民健康，用实际行动让人民看到希望。”

还有2012年以来一直是社会公众热议的PM2.5的问题，我也通过调研提出了用精选绿化树木品种，降低PM2.5的建议。

这些建议和议案，既有与滕头生态实践紧密相连的心得体会，更多的还是到各地调研情况、倾听大家特别是农民兄弟心声的结果。

而除了实地调研，我还查阅了大量学术论文，请教相关行业专家、学者。对于议案和建议，我有自己的要求：内容来自基层群众的心声，有具体的事实和数据来支撑，对经济社会发展有一定的可取价值。唯有如此，才对得起一名全国人大代表所肩负的职责和使命。

作为全国人大代表，2013年对于我来说又是一个新周期的开始。2013年的政府工作报告中，总理提到现在社会矛盾明显增多，教育、就业、社会保障、医疗、住房、生态环境、食品药品安全、安全生态、社会治安等关系群众切身利益的问题不少。

这意味着，我们人大代表身上的担子将变得更重。我们应更脚踏实地地把自己所代表的群体的诉求直接传递到立法机构，从而通过法律、政策来破解这些社会矛盾和问题，共同推动国家经济社会的繁荣富强。

社会矛盾的解决不会一蹴而就，而我也正在前进的路上。

【作者：浙江省奉化市滕头村党委书记
宁波滕头集团有限公司董事长 总裁】

加快转变经济发展方式的重庆科学要求与可行路径

王秀模　蔡焘

2013年初，中共重庆市委主要领导将“加快发展方式转变”列为重庆新阶段发展的四个关键节点之一，从而有机地把党的十八大及重庆市第四次党代会关于加快转变经济发展方式精神与重庆当前发展实际结合起来，形成了重庆加快转变经济发展方式的科学要求，为全市上下探索和实践可行路径指明了思路和方法。

一、深化认识，确立加快转变经济发展方式的紧迫感

重庆进入新世纪，年经济增长率上升到两位数后，呈现出快速持续发展势头，连年在全国及西部地区处于靠前位置。而经济发展上的自主创新和生态环境在部分领域始终是薄弱环节，企业核心竞争力和区域综合实力在全国“万亿元GDP省份”中相对靠后。重庆直辖市要建设成为国家中心城市，西部地区重要增长极，必须确立加快转变经济发展方式的紧迫感，善于看优势总结经验，也要善于找问题总结教训；善于千方百计把经济发展做快，也要善于下足功夫把经济发展做优。转变经济发展方式，重要以人为本，以民为先。可以在全市相关方面来一个大讨论，我们加快转变经济发展方式的问题在哪里？潜力在哪里，办法在哪里？

二、转型产业，实现加快转变经济发展方式的新跨越

2012 年末，重庆地区生产总值达到 11459.00 亿元，比上年增长 13.6%。其中第一产业增加值 940.01 亿元，增长 5.3%；第二产业增加值 6172.33 亿元，增长 15.6%；第三产业增加值 4346.66 亿元，增长 12.0%。三次产业结构比为 8.2:53.9:37.9。从各次产业增长趋势和三次产业结构比重，呈现一个较为合理格局，而深入剖析诸多产业内部结构和外部比较数据，使我们深感转型产业的迫切性和重要性。全市特色农业发展和效益处在稳步增长状态，但机械化、集体化、规模化水平显然偏低。需要结合重庆农村、农业实际，促进土地相对集中，农副产品更多进入深加工，农产品和加工品逐步出口。重庆工业已形成“7+1”支柱产业，而汽车的节能、性能转型升级，还只有局部优势，电子信息产品的自主创新尚未真正起步。我们要在夯实基础、积蓄力量、调整结构的基础上，瞄准世界未来市场和前沿技术，在汽车、电子信息、装备制造三大主导产业上全面推进自主创新，实现总体转型升级。还应该努力创造条件，在全国及西部地区率先大力发展现代环保产业，既扩大重庆经济规模，又服务全国经济发展。同时，加快发展现代服务业，做强金融业，积极引进和推动总部经济发展，提升城市综合服务功能和农村基础服务能力。力求在“十二五”至“十三五”期间实现重庆加快转变经济发展方式的新跨越。

三、转化服务，营造加快转变经济发展方式的好环境

转变经济发展方式，既要求政府转变经济工作指导思想，又要求企业转变生产经营模式，而要加快这个转变，重在政府转化服务，营造加快转变经济发展方式的好环境。重庆直辖以来，各级政府比较重视营造经济发展环境，也收到一些良好效果。从加快转变经济发展方式要求看，重庆发展环境还存在不少涉及利益交织或服务能力的深层次问题。今后要以完善社会主义市场经济体制为导向，进一步改善政府及部门服务态度，将企业等实体作为服务中心而不是管理下属，急企业所急，解企业所难；进一步提升开放环境，为企业吸收国外、境外资本、项目、人才提供方便，为企业节省物流成本提供条件，为企业“走出去”发展提供通道；进一步维护公平有序市场秩序，保障本地企业、外地企业或大中小企业平等竞争，平等合作。

四、瞄准目标，在加快转变经济发展方式中促进奔小康

民生问题，是人类社会发展进步的主题，是现代世界人们的共识。我们作为社会主义生产资料公有制国家，于党的宗旨，于情于理都应当比实行其他社会制度的国家和地区更好地将民生作为我们一切工作的根本出发点和落脚点。在加快转变经济发展方式中，我们不仅要加快促进经济结构优化转型，实现更高发展质量和效益，达到可持续发展，更要以民为先，加快提高人民群众经济收入，提升城乡民生建设水平，2017 年末在西部地区率先实现全面小康社会目标。2012 年末，按常住人口计算，重庆全年人均地区生产总值达到 39083 元，赶上了全国平均水平。这几年，重庆城乡居民收入绝对数和增长率一直在西部地区名列前茅。客观分析，重庆城乡居民收入在全国仍处于中下水平；重庆市域地区发展很不平衡，居民之间收入水平差距很大。我们务必瞄准 4 年左右实现全面小康社会目标，加快转变经济发展方式。首先，注重在扩大内需和居民消费中促进经济又好又快发展，在确保低收入群体生活有保障，逐步有提高的同时，下足功夫千方百计调升多数劳动者收入。其次，抓紧对“两翼”地区发展的支持和扶助，特别是对巫山、巫溪、城口等经济落后地区的倾斜扶持，否则 2017 年重庆实现全面小康社会目标会落空。再次，努力加快城乡民生建设，在教育、医疗等公共服务均等化上迈出实在的新步子，在住房、养老等基本社会保障上拿出切实的新举措，使全市城乡人民得到转变经济发展方式的新实惠！

让我们重庆 3100 万人民满怀信心，共同奋斗，并一起期盼着 2017 年全面小康社会的实现，“三个领先”（经济发展水平、社会发展水平、人民生活水平）美梦成真！

【作者：重庆社会科学院产业经济与企业发展研究所所长
重庆市人民政府研究室经济处处长】

抚州县域经济发展统计分析报告

唐永文

根据抚州市政协资政会的安排，市统计局与市九三学社组成联合调查组，对 2010 年至 2012 年县域经济发展情况进行了统计调查分析。现将调查情况报告如下：

一、抚州市县域经济发展取得明显成就

1．主要经济指标快速增长。三年来，抚州市县域经济实现了较快发展，主要经济指标增长快于全省平均水平。2012 年，11 个县区实现生产总值 825 亿元，比 2010 年提高 195 亿元，年均增长 11.9%；县区规模以上工业增加值完成 184.1 亿元，比 2010 年提高 56.4 亿元，年均增长 19.3%；县区固定资产投资达到 682.1 亿元，比 2010 年提高 108.6 亿元，年均增长 27.3%；县区财政总收入 90.87 亿元，比 2010 年提高 30.77 亿元，年均增长 30.9%。

2．综合实力显著增强。2012 年，11 个县区生产总值平均规模显著提高，达 75 亿元，比 2010 年提高 17.7 亿元，其中临川区生产总值突破 200 亿元，达 259.5 亿元，绝对值排名居全省第 9 位；财政总收入平均规模达 8.3 亿元，比 2010 年提高 2.8 亿元，11 个县区财政总收入全部超过 4 亿元，其中有 3 个县区超过 10 亿元，分别是东乡县（14.7 亿元）、临川区（14.53 亿元）、南城县（10.1 亿元）。

3．进位赶超态势显现。三年来，各县区进位意识强烈，一些县区的经济总量和经济指标在全省的位次前移。相比 2010 年，2012 年，各县区 GDP 在全省 100 个县区排位中，宜黄县前进 6 位，南城县前进 4 位，广昌县前进 2 位；各县区社会消费品零售总额中，南城县前进4位，乐安、宜黄县前进3位，南丰、崇仁、资溪、广昌县前进1位；各县区农民人均纯收入中，南城县前进7位，宜黄县前进3位，南丰、乐安、广昌县前进2位，崇仁、东乡县前进1位。

二、抚州市县域经济发展存在的主要问题

1．县域经济实力差距大。抚州市县域经济和南昌、宜春等市相比差距较大，即使和全省平均水平相比也有相当差距。抚州市10个县（不含临川区）在每年的全国县域经济竞争力排名中，没有一个县进入过全国百强县，甚至江西十强。号称抚州地区县域经济强县，也是抚州地区第一个财政收入10亿的东乡县，也仅属于江西县域经济第四集团，差距之大，可见一斑。2012年，抚州市11个县区生产总值平均规模只是全省平均水平的57.9%，仅为南昌市平均规模的22.5%、宜春市的60.1%。财政收入平均规模也只有全省的54.9%、南昌市的24.7%、宜春市的56%。人均经济总量和人均财力则差距更大。

2．企业竞争力弱。一是缺少龙头企业带动。全市县域经济中主营业务收入过亿的企业占县域规模企业总量的比重不到10%，主营业务收入过十亿的企业仅有9家，全省为304家。二是传统产业比重较大。县域规模工业中占比居前的主要是有色金属加工业、纺织业和农副产品加工业，而高新技术产业比重偏低。2012年全省高新技术产业增加值为1163亿元，抚州市仅为43.8亿元，仅占全省的3.77%。

3．县区发展不平衡。受产业基础、区位交通、资源状况等因素的影响，抚州市各县区的经济发展水平差异较大。2012年GDP最高的临川达到259.5亿元，全省排名第9位，但最低的资溪县为22.6亿元，仅为临川的8.7%，全省排名第100位；地方财政收入最多的东乡县达到11.17亿元，全省排名第17位，但最少的乐安县为3.85亿元，仅为东乡县的34.4%，全省排名第94位。

4．部分县区全省排位下滑，进位赶超形势严峻。2012年各县区主要经济指标在全省排位，相比2010年，仍有部分县区出现排位倒退，特别是财政总收入无一县区进位。相比2010年，2012年11个县区GDP在全省的排位3升5平3降；11个县区财政总收入在全省的排位1平10降，其中金溪县不升不降，广昌县大幅后退34位；11个县区规模以上工业增加值在全省的排位1升10降。同时，经济发展速度不快、经济发展结构不优、第三产业增加值占GDP的比重偏低等也是当前我市县域经济发展面临的困难和问题。

三、几点建议

1．把“增总量”作为发展的首要任务。近年来，抚州市县域生产总值和财政总收入规模虽有不同程度的增强，但总量偏小，人均水平偏低仍然是抚州经济的主要矛盾。各县区在新一轮“县域经济大会战”中要把“增总量”作为发展的首要任务，既要突出工业主导地位，做大做强支柱产业，又要着力扩大有效投资，抓重大项目建设，在加快发展中做大经济总量，提高经济运行质量和效益，实现县域经济进位赶超目标。

2．优化产业结构。2012年，抚州市的三次产业比为18.4:52.8:28.7。其中，工业占比为44%，比全省平均水平低1.2个百分点；服务业占比为28.7，比全省平均水平低，5.8个百分点。因此，各县区在稳定发展一产，大力发展二产的同时，要加大第三产业发展的力度，改变我市第三产业增加值占GDP比重长期偏低的局面。

3．着力加强环境保护提高质量。认真处理好开发与保护的关系，不以牺牲环境为代价获取眼前利益，为县域经济的可持续发展保护好环境。为此建议要大力发展高新技术产业。一方面要注重引进生物制药、机电、汽车制造等高新技术企业落户抚州；另一方面要重视对纺织服装、化工建材、食品加工等传统产业的改造升级。深入实施品牌带动战略，引导企业开发新产品，打造精品名牌。

【作者：抚州市政协委员
九三学社抚州市委会副主委 市统计局副局长】

实体书店的生存空间

田建辉

近年来，实体书店的“倒闭潮”正在全球书业蔓延。从美国的鲍德斯、巴诺到德国的贝塔斯曼，从中国的季风书园、风入松到席殊书屋，越来越多的实体书店都深深陷入了生存危机。据统计，中国民营书店近三年内减少了1万多家。

与此形成鲜明对比的是，近年来，以当当、卓越为代表的网上书店以其海量的品种、优惠的价格以及24小时下单服务、送货上门、无条件退换货等鲜明优势，实现了突飞猛进的高速发展，当当网10年间销售额增长了400多倍。此外，据第九次全国国民阅读调查数据显示，2011年我国18～70周岁国民的网络在线阅读、手机阅读、电子阅读器阅读等数字化阅读方式保持了持续的、强劲的增长势头，国民人均阅读电子书1.42本，数字化阅读方式接触率为38.6%，其中网络在线阅读的接触率增长幅度最大，增幅达65.2%。

面对这种冰火两重天的行业发展现状，业内外人士纷纷发出质疑的声音：“实体书店还有生存空间吗？”“实体书店的未来在哪里？”

新华书店作为中国最大实体店的代表，近年来也不可避免地受到了电子阅读、网络书店的市场冲击，流失了一部分读者，但从总体经营情况看，销售额一直保持着稳步增长的态势。以河北新华为例，近几年来，全省营业收入年平均增长率为14.1%；利润年平均增长率为15.6%。2012年公司实现营业收入51.26亿元，同比增长18.35%；实现利润总额2.16亿元，同比增长66.15%。

我认为，虽然数字出版、移动互联网阅读、网上购书是一种无法阻挡、无法逆转的时代潮流，但实体书店依然可以通过创新经营理念、创新经营模式、创新经营业态，实现数字网络时代的自我救赎，在困境中走出一条有特色、有活力、有竞争力的发展路径。下面，我结合河北新华近年来的工作实践和探索，谈谈自己的观点。

一、打造“图书+文化产品+文化服务”复合经营业态，推动卖场转型升级

实体店要走出困境，首先要转变经营观念，对书店的功能进行重新定位：即它不是一个单纯经营图书的场所，而应是一个复合的文化空间。因此，我们要将“文化消费”的深广内涵引入到书店经营活动中去，致力将书店打造成为以文化为主题，集图书、音像、数码、期刊、文化用品、高档礼品、创意产品、收藏品、艺术品以及休闲茶座、文化沙龙、教育培训、特色书吧、电影院线、咖啡餐饮等于一体，能让消费者在同一卖场内享受到文化阅读、文化休闲、文化体验、文化互动等多方位、多功能、一站式服务的文化消费综合体。

“文化大卖场”，是河北新华为应对数字网络冲击，推动全省门店转型升级和业态创新，提出的一种新兴的卖场建设理念。其经营核心在于整合全省新华书店的卖场资源、品牌资源、客户资源，在继续做好图书经营的同时，引入与卖场规模相匹配、与图书经营相得益彰的各类文化衍生品，扩大经营范围，延伸产业链条，提高盈利水平。目前，这项工作正在全省铺开，并收到初步成效。例如秦皇岛图书大厦在卖场内开辟了家庭藏书区、家庭生活区、美术用品区、文化礼品区、书画展览区、数码生活区，总计6000多个品种，经营面积2500多平方米，占大厦总营业面积的四分之一左右。保定图书大厦在“文化大卖场”建设上，突出了保定作为文化古城的历史底蕴和地域特色，在卖场特别设立了“保定文化精品区”，集中陈列易水砚、曲阳泥塑、白洋淀芦苇画、顺平桃木工艺品等在全国久负盛名的地方特色产品，不仅深受广大消费者的青睐，也受到保定市委领导的高度肯定。今后，我们将在认真总结经验的基础上，不断进行这方面的探索和尝试。

二、提升卖场品质，构筑实体书店独有的文化魅力

实体店与网店的竞争，归根结底是对客户群的争夺。如果单纯从卖书的功能来看，实体店无论从品种、价格、服务和便利性，都无法与网店抗衡。但实体店也有网店所不具有的优势，那就是书店里特有的文化气息、书香氛围以及人与书、人与人之间的亲近与互动。这种给读者感官和心灵带来的宁静、放松和愉悦感，是虚拟苍白的网店所无法给予的。尽管网店代表着科技与时尚，但对于生活在真实世界里的人来说，网络不可能解决所有的问题，实体店永远会有忠实它、喜欢它的固定读者群。因此，实体店要生存，必须张扬自身优势，在装修、布局上注重卖场环境、氛围、品味、风格、人文气质的营造，让书店真正变成读者的精神家园。在这方面，台湾诚品书店为业界提供了一个成功范例。

拥有50多家连锁店的诚品书店，如今已是台湾的一个“文化符号”，每年有1.2亿人次消费者造访诚品，VIP会员达到77万人。人们喜欢去诚品，并不一定是为了买书，多半是当成一种享受，因为诚品不只是书店，而是一个可以“让人体验生活美学的创意空间”。除了幽雅的环境，灵动的布局，人性化的图书分类，充满艺术气息的氛围外，诚品还每年至少举办四五百场演讲、座谈、表演与展览等延伸阅读活动，范畴遍及文学、戏剧、环保、舞蹈与美术，开创了书店与读者各种对话的可能。难怪在诚品的忠实粉丝中流行着这样一句话：“我不在诚品，就在去诚品的路上”。

诚品独特的经营理念，缔造了一个书业传奇，也为实体店的未来发展提供了一个样本。近年来，国内很多书店也在吸收借鉴诚品的经营理念，努力提升书店的内涵和魅力。例如，南京先锋书店将静态的图书与动态的文化活动相结合，它办沙龙、开画展、组织诗歌节、电影节，同时开发创意产品；北京凤凰壹力文化公司与书店会员共同打造图书，并提供私人定制、私人阅读顾问、私人图书漂流馆等九项服务。这种个性化、差异化的经营策略，无疑避开了与网店的直接交锋，也打开了实体店生存的新空间。

三、积极发展电子商务，走“实体店 + 网店”，双轮驱动，共同发展的路子

网络销售之所以能实现爆炸式增长，其根本原因在于顺应了互联网时代人们生活方式和消费习惯的改变，因此具有强大的生命力。据美国最新发布的一项研究报告显示：中国的互联网用户数量已经超过了美国和日本，其中网络消费者数量达到1.45亿人，居全球第二。到2015年，中国的网络消费者数量将激增到3.29亿人，使中国成为世界上最大的电子商务市场。为此我认为，新华书店要想在未来竞争中生存下去，必须在继续做好实体店经营，发挥卖场优势的同时，积极发展电子商务，构建网络销售平台，做到实体店与网店相互补充、相互拉动、相互促进。在这方面，浙江新华、江西新华、安徽新华、四川文轩等兄弟省早在几年前就已经开疆破土，在广袤的网络世界里占有了一席之地，网络销售额呈逐年递增之势，2012年浙江新华整体电子商务销售超过4个亿。这既让我们看到了希望，也更加坚定了我们走“网店+实体店”共同发展道路的信心。目前，河北新华的网上商城建设已经启动，计划年内上线运营。今后，我们将依托河北新华的品牌优势、连锁优势、网络优势、物流配送优势，为省内外读者提供“足不出户，好书上门”的网上服务。在经营策略上，我们将利用与全国各大出版社多年的业务合作资源，以实体店库存为延伸，打通上游出版社、供货商的库存信息链，最大限度地丰富图书品种和信息量。在经营品种上，除图书之外，还将所经营的各类文化用品、办公用品、高档礼品、收藏品、民俗文化精品、艺术品等进行全面展示，为消费者提供多类别的选择。

四、贴近读者需求，大力发展校园书店、社区书店、军营书店等便民网点

目前，新华书店营业网点主要集中在当地繁华的商业中心，这是一种资源，也是一种优势。但从广大读者的实际需求来看，只有这些网点是远远不够的。特别是对于寄宿制学生、社区群众、部队官兵等消费群体来说，购书和阅读存在着很多不便。为此，新华书店要从贴近读者、方便读者出发，通过增加便民网点，延伸服务触角，弥补城镇发展过程中发行网点覆盖范围不足的问题，在满足读者实际需求的同时，引导文化消费，扩大市场销售。

从 2012 年开始，河北新华把校园书店建设纳入了重点工作之列，在全省 11 个市统一部署，全面推进。在这项工作中，张家口市店、宁晋县店由于动手早、管理规范、与校方合作顺畅，发展势头强劲。其中，张家口市店创办的一中校园书店虽然营业面积只有 120 平方米，但因其经营品种对路，经营策略与学校特点高度契合，经济效益和社会效益十分显著。开业 4 年来，年销售额从最初的 18 万元逐步提高到 36 万元、55 万元，2012 年突破了 70 万元，相当于一个中等规模县级门店一年的销售，堪称市场开拓和营销创新的典范。宁晋县店创办的六中校园书店营业面积 50 平米，经营品种以图书、文具、小礼品为主。从 2012 年五一开业到年底，扣除学生假期和星期天非营业时间，8 个月实现零售 40 万元，日均销售 3000 元。今后，我们将在全省大力推广先进经验，力争到“十二五”末，全省发展到 300 家校园书店，打造一个销售增长的新空间。

除校园书店之外，社区书店、军营书店也纳入了河北新华的网点建设规划，即将全面启动。

五、以汽车书店为载体，构建“流动+固定”相结合的农村发行网点新格局

地域广大的农村，是我国最后一个尚未被充分开发的文化消费市场，具有巨大的发展潜力。虽然农村市场具有人口分散、购买力低、文化消费意识不强、费用高、效益差的特点，但只要我们创新思路，积极培育，选择适合广大农民消费需求和购买习惯的文化产品和经营模式，这个市场一定是可以大有作为的。

2009 年 9 月，河北新华在全省 6 个市、40 个县启动了“农村文化直通车”项目，采用汽车下乡的形式，统一车辆、统一标志、统一宣传、统一配送，以销售适合农村读者需要的图书、期刊、文体用品、数码产品及具有地域特色的产品为主，常年不间断地活跃在乡村、集市、庙会、学校、厂矿，为广大农民送去他们需要的各类文化产品，被誉为农民家门口的“新华书店”。据统计，截至 2012 年底，40 家县级店共出车 9663 次，总行程 23 万公里，实现销售 270 万元。虽然经济效益并不明显，但在引导农村文化消费，缓解农民买书难方面成效突出，受到广大农民的高度肯定。

今后，我们将进一步向省委宣传部争取资金和政策支持，加大对“农村文化直通车”项目的投入，逐步覆盖到全省 146 个县，把流动的汽车书店与固定的发行网点结合起来，构建起“流动+固定”相结合的农村发行网点新格局。同时，我们将以遍布全省近 5 万个行政村的农家书屋为抓手，使之成为了解农民需求信息，提供图书更新、图书查询、缺书登记、送书上门服务的“文化加油站”。

总之，我认为，虽然实体店正在经受痛苦而艰难的生死考验，但只要人类阅读的需要还在，它的生存空间就在。当前，国家对文化产业的发展和繁荣给予了高度重视，而书店作为汇聚和传播知识文化的行业，在整个文化产业结构中占据着不可或缺的一席之地。只要我们顺应时代发展，加快调整与转型的步伐，积极寻求新模式、打通新路径，实体店一定能够在行业变局中走出困境，涅槃重生！

【作者：河北省新华书店有限责任公司董事长　党委书记】

有章程　有服务　更要有活力

——关于永州烟农专业合作社建设的调查与思考

李刚华

合作社在我国并不是一个新名词，早在 20 世纪 50 年代我国如火如荼地搞过合作化运动。2008 年以来，烟农专业合作社作为一种新型的组织形式，在我国烟叶产区广泛兴起并呈加速发展态势，有力推动了传统烟叶生产向现代烟草农业转变。在地方政府大力引导和烟草部门大力支持下，永州市按照“依法组建、规范运行、循序渐进、自我发展”原则，围绕“生产在户、服务在社”要求，大力发展烟农专业合作社，推进专业化服务开展，在转变烟叶生产方式、减工降本等方面发挥了重要作用。

一、现状与成效

截至 2012 年 11 月，全市注册登记综合服务型烟农合作社 35 家，入社成员 4892 名，其中烟农成员 4787 名，成立专业服务队 156 支，专业化服务覆盖面积 21.39 万亩。烟农合作社在提供专业化服务、提高工场设施综合利用率、提高烟农收益等方面显现出勃勃生机，带动越来越多的烟农从“小生产”走向“大合作”，成为发展现代烟草农业的强力助推器。其中江华冯发、宁远左坝被评为“省委省政府为民办实事示范性合作社”，江华冯发、宁远旺利、新田千山被评为“优秀省级烟农专业合作示范社”。江华冯发合作社运作模式在全国进行了推广，成为全国烟农专业合作社建设的新典范。

一是引导规模化种植，助推产业稳定发展。烟农合作社发展促进了烟叶生产规模和烟叶质量提升，永州市烟叶生产规模从 2008 年的 57 万担稳步提升到 2012 年的 70 万担，户均种植规模提高到 19 亩，烟叶质量连续 6 年受到了国家烟草局表扬。2012 年，全市合作社烟农成员种烟面积达到 10.23 万亩，占总种植面积的 40%，户均种植面积 21.37 亩，高于全市平均 2.37 亩；共交售烟叶 29.67 万担，占全市收购量的 42.38 %，亩平交售烟叶高于市平 0.17 担。

二是推行制度化管理，规范运行取得实效。在烟草和农经部门的指导下，合作社健全了决策议事、资产管理、财务管理、财务公开、民主监督、员工考勤等一系列规章制度，制定了岗位职责、操作规程和管理办法，明确了各岗位的职责和权利，提出具体工作要求和目标，制定了考核和奖惩办法，做到以人管事，以制度管人。在烟草部门支持下，合作社统一制度制作要求，并规范上墙工作，统一合作社成员账户内容和印制，形成规范一致的成员账户。制度化、规范化管理机制的形成，提升了合作社内部管理水平。

三是提供专业化服务，减工降本成效显著。提供专业化服务是合作社的主业，合作社建立专业服务队伍，按照专业化服务流程和服务标准，充分利用两场设备和农机具，有效开展了育苗、机耕、植保、烘烤、分级等五个环节的专业化服务，社员烟叶生产亩均用工从 35 个降至 17 个左右，亩增效益 800 余元，实现了“减工降本、提质增效”的目的。2012 年合作社共完成专业化育苗 27 万亩，实现了 100%全覆盖；专业化机耕服务面积 18 万亩，占全市种植面积的 70.4%；专业化植保服务面积 10 万亩，占全市种植面积的 39 %；专业化烘烤面积 5 万亩，占全市种植面积的 19.6%；散叶收购中专业化分级 19.6 万担，占全市收购总量的 28 %。此外，江华兴涛合作社探讨了统一土地流转、统一协调用工、统一种植布局、统一技术指导的服务模式，开展的土地流转中介服务，有效解决了种烟大户的土地流转和雇工难题。

四是实行市场化运作，综合利用卓有成效。近 3 年来，全市加大两场设施的配套建设步伐，已建成烟叶工场 46 处，配套育苗大棚 304 座、46 万平方米，密集烤房 2524 座。合作社在烟草部门的指导下，依托烟叶工场在闲置期间种植西瓜、栽培食用菌，采取“公司+基地”的运作方式，产品主销粤港，走出了一条“以烟为主、多元经营、自我发展”的路子。特别是江华冯发合作社没有资金自己筹、没有技术自己学、没有市场自己找，坚持自主经营、自我管理，2012 年综合利用可实现产值 172 万元，利润 43.67 万元，为烟农专业合作社建设提供了值得推广和借鉴的经验。以冯发合作社为龙头，全市 12 家合作社加盟，组建了全省第一家“两场设施综合利用合作联社”，开展两场设施综合利用，总收入可达 682 万元，利润可达 140 万元，进一步做大做强供应港澳农产品市场，打造了一条产供销、农工贸的完整产业链。合作社发展了，一年四季需要大量用工，为当地闲散劳动力、留守妇女提供了大量的就业机会，如江华冯发合作社长年聘用 50 多村民，高峰期每天可提供 150 多个就业机会，附近村民在合作社年度用工总收入达 200 万元，社会效益显著。

二、问题与瓶颈

一是“发挥带动作用不多”的思想瓶颈。虽然烟农专业合作社发展势头较好，全市 35 家烟农专业合作社中，运行规范、经营效益较好的不多。有的合作社虽然制定了章程、设立了“三会”治理结构、建立了规章制度，但运作和管理的随意性很大，制度执行不到位，合作社凝聚力不够、民主管理意识不强、被“内部人控制”现象时有发生。有的合作社在注册登记后，没有组织起服务队，有效开展起专业服务，处于“休眠”状态。有的合作社服务面积拓展不开，以周边服务为主，跨区服务的很少，跨县服务的没有。不少合作社的成员，关心的也仅仅是合作社提供技术、信息等方面的服务，至于合作社怎样运作、怎样管理、会员有哪些权利、该承担哪些义务等却不太关心。

二是“市场经营能力不强”的经营瓶颈。在主业方面，有烟草部门的指导，专业化服务市场风险较小。合作社经营风险主要来自综合利用方面，农民是农产品生产流通所有环节中最弱势、信息最封闭的群体，市场经营意识较弱，而农产品的生产周期较短，合作社必须建立了生产、管理、销售一体化的生产经营机制。目前，大部分合作社缺乏一支强大的市场分析、营销队伍，实现与大市场的对接。

三是“引领发展能人不多”的人才瓶颈。一个运行良好的合作社，都有一个或数个“能人”在其中起着极为重要的作用。目前，合作社管理人员中 98%是农民，文化程度 80%是初中以下文化，人才缺乏，特别是懂技术、善经营、会管理的“能人”是所有农业合作社最渴求的资源，如何引进“能人”、发挥“能人”治社，是当前乃至今后烟农专业合作社建设需要解决的一个重要难题。

四是“持续发展资金不足”的资金瓶颈。提供专业服务是合作社成立的宗旨，目前合作社在专业化服务方面基本上是以低于市场价或成本价服务于烟农，服务环节盈利不多，综合利用才是合作社获得盈余的重要方式。但困扰合作社开展综合利用的主要因素是资金问题，合作社注册资金来源仅仅依靠社员入股筹资的方式，不能满足合作社的进一步发展的要求，在申请资金贷款过程中，又存在抵押资产和担保困难，较难获得金融机构的融资，即使通过贷款得到了融资，高额的贷款利息，加重了合作社发展的负担。

三、思路与方向

烟农专业合作社建设事关烟叶生产全局，事关烟叶长远发展。坚持“政府引导、烟草扶持、部门配合、烟农主体”的合作社建设工作机制，进一步完善“统分结合、双层经营”，“种植在户、服务在社”的烟叶生产组织形式，发展综合服务型烟农专业合作社，突出烟叶生产服务、基础设施管护、适用技术推广、烟用物资配送、生产信息支撑五大服务职能，不断提高烟农专业合作社建设水平。

一是突出持续发展，加大政策扶持力度。在启动资金、专业化服务、设施设备、运行管理等环节给予适当政策扶持，争取地方政府支持。继续加大烟叶基础设施建设资金投入力度，优先安排基地单元的建设项目，实现综合配套，提升合作社装备水平。育苗工场、烘烤工场要以协议形式全部移交到合作社进行管理。烟草农机要以合作社为主进行统一购置，并对合作社所购农机（除国家局补贴以外的）进行补贴。对已移交到合作社的可经营性资产要按种烟面积量化到所有成员。烟叶生产专业化服务补贴要与烟农合作社建设进度和建设水平挂钩，根据烟农与合作社的实际交易量确定补贴金额，补贴范围为育苗、机耕、植保、烘烤、分级、技术指导、物资配送等环节的专业化服务。鼓励和支持合作社承担烟草科技推广、创建科技示范园区、标准化生产示范基地、土地整理等项目建设。

二是突出完善体系，提高生产服务水平。按照“生产在户、服务在社”的建设要求，健全合作社专业化服务体系，发挥合作社对烟叶生产专业化服务的基本功能。要在完善和提升育苗、机耕、植保、烘烤、分级五个环节专业化服务的基础上，积极拓展移栽、施肥、采收、运输等环节的专业化服务，逐步形成关键环节的全程服务。推行服务定额管理，分服务环节单独核算每个服务队的成本费用，并推行计件工资制，提高专业化服务效率。专业化服务价格按微利原则制定，实行差别服务价格，确保专业化服务的正常开展工作和烟农成员得到实惠。把合作社建成适用技术推广的有效载体、烟叶生产信息化服务的支撑主体，全面提升烟叶生产管理水平。通过合作社开展土地流转，促进烟叶生产规模化经营。烟草站负责开展专项技术培训，实行农机作业、植保、烘烤、分级等服务队员的持证上岗。完善服务质量测评办法，由烟草站牵头组织烟叶合作社管理人员及烟农成员代表，开展服务质量验收和服务满意度测评。

三是突出规范运行，发挥能人引领作用。一个好的制度和章程是烟农合作社得以存在和正常运转的保证。要健全内部管理规章制度，建立决策议事、社员联系、社务公开等基础管理制度，推行完善理事会领导下的经理负责制，推行决策与经营分离，建立理事会决策，监事会监督，经理负责经营的运行机制，提升内部管理水平，推动规范运行。合作社要规范财务管理，实行统一核算、分队作业，规范会计记录，设立成员账户定期向成员公布财务状况。政府部门要加强外部监督，定期和不定期对合作社的运作情况进行检查，并对有关财务进行审计。广大社员也要积极进行质询，随时对合作社的政务、财务进行监督。要选好合作社带头人，推动能人治理。抓好能人的挖掘培养工作，使之成为懂技术、会管理、善经营的烟叶合作社管理人才。推行合作社的职业经理聘任制，构建职业经理全面负责合作社经营管理的制度体系和工作环境，确保能人真正发挥作用。要完善能人激励和盈余分配方法，体现能人贡献的自身价值，构建留住能人的工作机制。

四是突出人才培养，建立教育培训机制。加强对合作成员尤其合作社管理人员和专业户、大户、技术骨干的教育培训，使他们掌握合作组织的一般运作原理和管理办法，熟悉党的方针政策，熟悉现代烟草农业、市场经济和经营管理新知识。着力培养一批熟悉农技工作，熟悉烟叶生产管理，善于引导和组建烟农合作组织的专门人才，为烟农合作组织建设与发展提供坚强的人才队伍保障。通过人才培训机制，着力培养一批以理事长、总经理为主的合作社管理能手，以会计为主的理财能手，以专业化服务人员为主的技术能手。建立合作社人才激励机制，对作出突出贡献的理事长或总经理，予以奖励。对纳入合作社管理的烟农辅导员，享有医疗保险、养老保险，相关费用列入烟草部门的业务外包费用。

五是突出创新方式，拓宽服务增收范围。积极探索扩展合作社服务功能，拓宽合作社经营范围和增收渠道。采取业务外包方式，将烟站原有的烟农辅导员聘用管理、农资配送、技术指导以及优化烟叶结构的田间鲜烟处理等业务外包给合作社，合作社作为实施主体，烟站负责考核验收。合作社建立农村剩余劳动力及多元经营技术人员的信息平台，为农户烟叶生产提供中介服务及设施综合利用、专业化服务调配劳动力资源。发挥合作社对基础设施管护的主体作用，采取当地政府烟叶税返还，合作社自营收入提取，烟草部门补贴等途径筹措设施管护经费　明确设施管护责任人，建立好设施台账、管护经费使用台账和管护记录。协助烟农专业合作社争取国家和各地方政府支持的农业农村经济发展涉农项目，拓宽烟农合作社经营范围和增收渠道。

六是突出联社建设，提高两场设施利用。采取横向联合、由上至下的方式，有效整合合作社人才、技术、资金、设施和管理等内部资源，跨县、乡行政区域组建烟叶合作社联社，按统一种植品种、统一生产资料供应、统一技术标准、统一技术服务、统一品牌经营、统一市场销售，分社组织生产，分社核算和盈余分配的“六统二分”方式运行，由联社对合作社进行管理、指导和服务，统一管理标准，规范管理行为，降低管理成本，提高运行效率。要开展设施综合利用的产业化模式进行研究和试点，积极探索两场设施综合利用合作联社的运行方式。对于大面积的两场设施及烟草农机综合利用，如果合作社具备市场、资金、管理、技术四方面的能力，则采取自主经营；如果不具备，可采取租赁经营，尽力避免市场风险，防止合作社出现亏损。

【作者：湖南省永州市烟草专卖局（公司）局长　经理】

创新为福彩发展注入新动力

徐　碧

近年来，随着社会发展、人们生活水平的提高，福利彩票事业取得了快速的发展。福彩事业的蓬勃发展逐渐成为经济发展、社会福利事业进步的重要推动力之一，越来越壮大的福彩传递爱心、弘扬公益、传承美德；购买彩票日渐成为人们追求梦想、体验快乐的重要娱乐消费形式之一，越来越多的人走近福彩，关注福彩、支持福彩。

然而，与世界发达国家的彩票事业相比我国福彩发展水平较低、各玩法发展不平衡、行业进入门槛低、文化底蕴薄、社会认同感弱等问题成为我们必须面对的现实。从某种程度上说，福彩近年的发展就像是一个迅速成长起来的“胖子”，看上去块头不小，但缺少肌肉，缺少力量，缺乏核心竞争力，内生增长力不强，抗风险能力较弱。要在日益激烈的市场竞争中持续健康发展、与对手强有力地抗衡，就要求我们要练“肌肉”、练“力量”，这样才能在市场上成为竞争的强者。这个练“肌肉”、练“力量”的艰苦过程，就是增强自主创新能力、提高核心竞争力的过程。

创新日益成为事关福彩发展全局的战略性资源和核心竞争要素。创新是战胜各种风险挑战的制胜之道及掌握福彩发展命运的关键之举。如何让福彩事业注入更新、更多的创新元素，让创新为福彩保持充满活力、持续向上的发展势头提供源源不断的新动力，将是今后福彩工作的重要内容。

福彩创新工作涉及福彩发展的方方面面，必须明确目标，把握重点，力求在以下三方面取得新的突破。

一、以理念创新为启动点，赢得转型发展的主动

理念的创新是一切创新的前提，理念的更新是创新的导向和航标。思想创新，观念为之大变，思路为之大开，点子层出不穷。当今彩市行情瞬息万变，彩民需求日日更新，若没有创新的意识，巨人也得趴下。福彩行业是一个成长不久的行业，管理员及销售员的文化水平、业务素养参差不齐，彩票营销团队的开拓思维、创新热情与市场需求存在一定的矛盾。因此，将主动创新的意识植入福彩行业员工的脑海，方能形成团队主动发现问题的主动性、寻找点子的自觉性、解决问题的变通性；把转变理念作为创新工作的启动点，才能促成团队对营销策略不断加以审视、修改、补充和完善；让思路更新成为团队的主旋律，才会促使团队变“被动售票”为“主动营销”、由“产品推售”到“关系营销”的转变，塑造出员工不断进取、勇于挑战的精神面貌，开启焕然一新、持久辉煌的工作局面。

近年来，南昌市福彩中心把创新意识的培育置于事业的全局进行谋划和推进。首先，着力抓住“引进来”。积极引进一批高校毕业生，充分利用年轻人的工作热情和创新的激情，发挥其主动学习、敢于挑战的带动作用，提升整个管理团队的文化水平及管理修为。积极引进优秀培训师对销售队伍进行创新意识的强化，面向广大销售员工开展业务宣传、营销服务工作，在“送”理念的同时注重“种”理念，营造有利于创新的工作氛围，为创新工作的开展铺垫土壤、播下种子。其次，注重把握“走出去”。在认识自身不足的基础上，善于与其他发达城市进行交流，精心创造学习先进的机会、用心查找差距、尽心运用新理念。充分发挥这两大强有力措施的推动作用，促使创新意识培育工作大进展，增强创新工作的使命感和方向感。

二、以营销创新为着重点，赢得率先发展的优势

营销创新是理念创新的体现载体和实现路径。理念创新是基石，营销创新是大厦。没有营销实践的创新，创新工作将成为“嘴上空口号”、“眼前虚景”，创新工作更是无从谈起。以“起点谋理念全程抓实践”、“前期想点子全期重落实”为根本目标，方能将创新工作落到实处、做出成效。

当前，全省正处在大力发展鄱阳湖生态经济，全力支持南昌市打造成带动全省发展的核心增长极的关键时刻和攻难阶段。民政工作成为核心增长极打造工程的重要组织部分，作为全省福彩中心点的南昌市福彩中心有全力打造成民政工作核心增长极的责任和义务，理应竭力成为全省福彩工作的先驱与模范。为促使全市福彩工作大提升大发展，赢得率先发展的优势，最终形成辐射全省福彩发展的创造力和支撑力，南昌福彩积极探索、勇于尝新。

首先，做好形象新。外在长相的变新会吸引顾客的眼球，激起客户的关注欲望。投注站外在形象的丑不仅影响到人们的视觉美感，更不利于彩票的持续发展。全市福彩中心深刻领会省福彩中心的精神，将站点形象建设列入为工作的重点内容，在全市范围内包装一批示范站点，通过打造旗舰店、精品店的举措促使全市福彩投注站形象逐渐美化，积极促成投注站的形象改良，为彩民创造更好的购彩环境，展现福彩的长相亮、凸显外在美。

其次，做实服务新。服务亟需创新，服务创新没有终点，服务赢得特色，服务创新是可以也是应该长期抓的长久性工程。稳步推进“一站一枪”工作，确保刮刮乐销售安全、高效进行。为扭转过度依赖双色球玩法的局面，促使各玩法协调发展，2013 年市福彩中心重点提升 3D 销量，在充实站点相关资料的同时，片区管理员深入站点，为业主送技术、送营销方法，及时传递信息，增强特色服务理念。顺应全国形势，结合本土特点，开展针对本土市场特点的业务知识培训、服务理念宣传，丰富业主（销售员）的业务知识、提升服务水平，打造一支懂业务、能经营、善服务的销售团队。对投注设备进行换代升级，以新型设备的使用提升销票效率。积极搭建飞信、微博等彩民交流新平台，提升信息交流的畅通性。以细小的改进为投注站提供周到、细致、及时的服务，以细心的服务为彩民创造开心、舒心的购彩环境，在细微之处开启创新的“大棋局”。

最后，做足渠道新。开拓渠道方能提升福彩的覆盖面，借助天时地利的有利条件，开展灵活多样的彩票销售模式，抢占有利新时机，打开更广阔的新空间。善于利用假期、婚庆、集市日等有利时机，搞活小卖场销售，建立常态化的户外销售机制。在巩固现有销售阵地的同时，继续开发社区、城镇地区的空白市场。推动彩票事业与旅游、信息、物流、文化、娱乐等产业融合发展，增加相关产业的彩票文化含量，延伸福彩服务的触角。加大与邮政、移动、火车售票点、大型商场、银行、石油公司等伙伴的合作力度。多措并举，合力推进，促使创新工作在彩票发展大局中实现从“配角”到“主力军”、从“演员”到“执行导演”的真正转变。

三、以文化创新为潜力点，赢得跨越发展的未来

团队之魂，文以化之；行业之神，文以铸之。文化是创新的灵魂和精髓，文化铸造品牌。文化凝聚团队战斗力，文化内生行业支撑力，文化是推动行业进步的软实力。在福彩高速发展的良好形势下，福彩人在创新理念、创新营销的同时，更应倾心挖掘本行文化特色、潜心沉淀文化底蕴、精心形成文化风格，大力促进文化的创新。只有这样，才能让福彩事业根深叶茂、惠民大众、赢得未来。

首先，搭建好传播平台。近年来，南昌市福彩中心在文化传播载体搭建上肯投入、大投入，进一步扩大福彩文化宣传的舞台。继续整合电视台、电台、广告公司等媒体资源，加大原有合作媒体的合作力度，寻找更多的传播渠道，如：善于搭借南昌本地吃喝玩乐的网站“地宝网”等新生宣传媒介，延伸宣传的触角，营造良好的舆论环境。在利用好本市传统媒体的基础上，充分发挥省会城市得天独厚的优势，积极向省级媒体投稿，努力争取省级媒体的宣传支持，放大文化传播的辐射空间。用心打造自己的宣传载体，今年3月底南昌市福彩网、南昌福彩微博相继在互联网上扎根安家，提供及时的本市福彩资讯、开设人性化的服务之窗，尽显福彩的本土特色。

其次，利用好独特资源。慈善、公益文化在百姓心中有良好的群众基础，福彩行业具有独特的公益文化优势。我们应深入挖掘、充分利用这些资源优势，精心策划、潜心创作、尽心打磨，努力打造出更多体现福彩风格、福彩特色、福彩气派，能吸引人、打动人的文化品牌。近年来，南昌市福彩中心紧随时代发展的步伐，不断赋予文化传播新的时代内容，开展了福利彩票温暖南昌系列资助活动，配合省中心开展“福彩公益行－喜迎十八大、走近老支书”、“福彩公益行－走近老劳模”、“福彩公益行－走近乡村教师”等公益活动，努力使福彩行业成为传递爱心、弘扬美德、传承传统的先锋，树立起传得开、唱得响、留得住的福彩文化品牌。

最后，凸显参与者的主体地位。群众的实践始终是文化创作的深厚土壤；群众的实践是文化传播、传承的实现途径。福彩文化创造要“接地气”。努力在福彩行业的一线寻找鲜活的创作素材，力求反应销售员在每日长时间工作中特别能吃苦、平常工作中特别注重诚信等精神面貌，发挥其引领行业精神品质提升的模范作用。福彩文化积淀应“植理念”。福彩行业是一个充满爱心的行业，要让福彩从业人员在工作的过程中深刻体会到“工作为了自己也为了帮助他人”的光荣感和自豪感；要让彩民在参与购彩的环节中感受到追求梦想的乐趣，更要让其在购彩的过程中树立“购彩为了梦想更为了援助他人”的正确娱乐理念。福彩文化传播应“赢人心”。竭力使福彩文化传播与时代同行、与群众同在、与发展同步，努力实现群众可以参与、乐于参与文化互动的良好局面，多为群众提供富有生气、喜闻乐见的文化服务。

歌德曾经说过：“不断变革创新，就会充满青春活力；否则，则可能会变得僵化。”创新型福彩建设是一项长期工程，需要全域实施、全程体现、全民参与，也是一项系统工程，涉及各个部门、各个层面。相信在未来的发展征途上，创新型福彩一定会顺发展大势、成福彩气派，并赢得更多的瞩目和赞赏。

【作者单位：南昌市福彩发行中心】

打造“美丽东太” 建设幸福家园

王千壮

党的十八大报告《坚定不移沿着中国特色社会主义道路前进 为全面建成小康社会而奋斗》，说出了全国人民的共同心声，广大干部群众备受鼓舞、倍加振奋。在全国认真学习宣传贯彻党的十八大精神的热潮中，东太农场正按照总局党委的部署，精心安排有关学习宣传贯彻的活动，及时组织农场干部群众理论联系实际、结合农场发展，认真学习贯彻党的十八大精神。

一是组织全体干部职工集中学习；二是以党支部和党小组为单位学习讨论；三是要求干部自学并写一篇学习体会；四是结合实际，组织各片区相互交流学习；五是利用广播、墙报、宣传车进行学习宣传。通过学习宣传，全场干部群众一致认为，党的十八大报告是我们中华民族继续推进中国特色社会主义建设的政治纲领和行动指南。东太人一定要结合农场实际，更加奋发有为，兢兢业业地工作，充分发挥资源优势和区域优势，发展特色产业项目，打造“美丽东太”建设广大职工群众的幸福家园。

一、深刻领会全面建成小康社会精神，调整产业结构，促进产业升级，为到2020年实现“两个翻番”目标努力奋斗

党的十八大报告强调：“以经济建设为中心是兴国之要，发展仍是解决我国所有问题的关键。只有推动经济持续健康发展，才能筑牢国家繁荣富强、人民幸福安康、社会和谐稳定的物质基础。” 十八大报告同时提出：“到2020年实现全面建成小康社会的目标时，实现国内生产总值和城乡居民人均收入比2010年翻一番。”

要实现以“两个翻番”为目标的经济建设任务，就必须坚持中国特色社会主义道路，坚持科学发展观；必须把科学发展观贯彻到现代化建设全过程，贯彻到各个领域各项工作的各个环节。

东太农场如何科学发展，确保到2020年全面建成小康社会，实现“两个翻番”的目标。联系东太农场的改革发展实际，我们作出了如下思考和选择——

海南“十二五”规划中的海南横线高速公路途经东太农场，附近设两个互通口，一个高速公路服务区，与东太毗邻的琼海会山镇，也被琼海市政府列入重点扶持优先发展的民族风情小镇，这给东太的发展带来了千载难逢的发展机遇。东太农场只有依托海南国际旅游岛建设，调整产业结构，实现产业升级，在发展现代农业搞好种植的基础上，开发农产品加工，引进大项目拉动，以深化改革促进农场经济社会发展，以创新驱动推进农场各行业迈上新台阶。今后，我们将利用现有的资源优势和区域优势大力发展特色经济，使东太农场快速步入良性发展轨道，实现企业发展、职工增收的目标；使农场经济社会各方面到2020年实现全面建成小康社会、地区生产总值和干部职工人均收入比2010年翻一番的目标。要实现这一奋斗目标，就要坚持科学发展观，就要切实增强农场广大干部群众的理论自觉和实践自觉。

因此，发挥农场资源优势和区域优势，发展特色产业项目，是我们东太的历史和现实条件所决定的。

东太农场地理环境优美，湖泊环场，场内有几个大水库，是万泉河、大边河、粉车河三河汇合口。因此，我们选择开发可持续发展产业：一是利用东太场内河流、湖泊、水库众多的资源发展水力发电、农业旅游观光项目和水上娱乐项目；二是利用东太近千亩存量的建设用地，开发建设房地产项目；三是利用东太丰富的页岩资源，开发新型环保页岩砖厂项目；四是发展潜力巨大的红色旅游和历史文化旅游；五是发展前景广阔的少数民族文化旅游；六是大力发展沉香产业。

我们将以实际行动贯彻落实党的十八大精神——全力抓好产业结构调整和项目开发，大力推进二次创业，促进企业走可持续发展的道路。在产业结构调整上，我们将采取长短结合、以短促长、综合发展的战略。下大力气抓好短平快项目，扎实推进中长期项目的实施，积极抓好农业合作社的创建。同时，进一步打造品牌效益，拉动自营经济增长，确保职工自营经济每年都增长8%以上。

二、继续抓好民生工程建设，让职工感受到更多实惠，提高职工幸福指数，建设职工群众的幸福家园

民生为大，民生为先，民生为重。解决好民生是农场广大职工最关心最直接最现实的利益问题。民生投入铸就人民幸福指数，民生工程最终是建设百姓的幸福家园。“两个翻番”表明，我们不是一味追求经济总量的快速增长，而是下决心更加重视职工收入的提高，更加注重民生问题的改善。

全面建成小康社会不仅要求GDP水平继续提高，同时要求人民收入水平的提高，要求推进社会的共同富裕和公平正义，要求推进社会民主和依法治国，要求公民道德的进步和文化的繁荣，以及实现生态环境的改善，这些都要求各项发展任务的整体推进。

2012年，我们重点抓好630套职工保障性住房建设及公路建设，投资100万元改造抽水地下管道，进一步解决职工安全饮用水问题，投资150万元安装新型环保太阳能路灯，投资120万元修建新的人行道及完善其他公共休闲场所，打造亮丽小城镇。我们东太农场经济社会发展目标是：到2012年实现地区生产总值2.5684亿元，比2010年增加0.9551亿元。不断夯实的物质基础为东太民生工程建设提供了有力保障。

三、保护自然环境，建设生态文明，打造“美丽东太”，为职工创造优美舒适的生产生活环境

党的十八大报告提出：“建设生态文明，是关系人民福祉、关乎民族未来的长远大计。面对资源约束趋紧、环境污染严重、生态系统退化的严峻形势，必须树立尊重自然、顺应自然、保护自然的生态文明理念，把生态文明建设放在突出地位，融入经济建设、政治建设、文化建设、社会建设各方面和全过程，努力建设美丽中国，实现中华民族永续发展。”

十八大报告将“生态文明”提升到更高的战略层面。中国特色社会主义事业总体布局由经济建设、政治建设、文化建设、社会建设“四位一体”拓展为包括生态文明建设的“五位一体”，这是总揽国内外大局、贯彻落实科学发展观的一个新部署，是将我国发展到2020年成为生态环境良好的国家作为全面建成小康社会的重要目标之一。

随着生活水平的不断提升，广大民众对美好生活目标有更高的追求和期盼，从“求温饱”到“盼环保”，从“谋生计”到“要生态”。推进生态文明、建设“美丽中国”，是落实科学发展观，实现人与自然和谐共处的理想目标，是体现“权为民所用、情为民所系、利为民所谋”执政为民理念的现实要求。要把生态文明观念贯穿到中国特色社会主义的经济建设、政治建设、文化建设、社会建设的全过程，体现在生产方式和生活方式的方方面面。十八大报告指出：“着力推进绿色发展、循环发展、低碳发展，形成节约资源和保护环境的空间格局、产业结构、生产方式、生活方式，从源头上扭转生态环境恶化趋势，为人民创造良好生产生活环境，为全球生态安全作出贡献。”东太农场原有良好的生态环境，我们将更加自觉地珍爱自然，更加积极地保护生态。为了更好贯彻落实党的十八大精神，我们将在推进“美丽东太”小城镇建设当中，大力促进生态产业发展，积极制定出台一系列激励政策和扶持机制，引导企业、职工和社会各界向生态产业投资；结合垦区产业技术推广工作，宣传、教育干部群众提高认识水平，清醒地认识到环境污染和环境生态问题。同时，依托生态产业发展，广泛开展各种形式的实用技术培训、职业培训，引导职工崇尚科学，接受新知识、新方法，强化职工的生态产业发展意识，为职工创造优美舒适的生产生活环境。

【作者：海南省国营东太农场场长】

重庆市餐饮商会创新工作显活力

严　琦

在重庆市发展民营经济大会后，重庆餐饮商会响应市委、市政府支持引导民营企业抱团合作、创新发展、共同兴业的号召，成立了重庆餐投集团。餐投集团的成立，结束了重庆餐饮老板单打独斗的历史，推动了重庆市餐饮行业加快转型升级，催生商会工作焕发出新活力。

成立重庆餐投集团既是适应新形势下对高端餐饮企业转型升级的需要，也是商会会员企业抱团取暖，提高整体竞争力的自身要求，同时也是商会创新服务会员的重要形式。

据悉，重庆市发展民营经济大会提出要着力转变发展方式，调整经济结构，打造一批区域、行业民营企业的“龙头”和“小巨人”。会后，商会班子认真分析了重庆餐饮业的发展状况，思考如何加快重庆市餐饮企业转型升级，做大做强餐饮业。大家认为，重庆在全国叫得响的知名餐饮品牌企业并不多，同质化竞争严重，整体竞争力不强；过于分散和小型的餐饮企业，对水电气、劳动力和房租等成本上涨的承受能力弱，无法持续发展。

通过分析，商会决定，顺应国家产业政策的引导，学习浙商抱团发展的经验，渝商也要抱团发展，走大联合、大集团、大品牌、大发展的道路，做大做强重庆餐饮，让重庆餐饮企业在全国业界享有更大话语权。经过充分酝酿和共同协商，最后形成以自愿入股的方式成立重庆餐饮投资集团。

在重庆市委统战部、市工商联的支持下，商会的报告很快得到了分管市领导的批准，集团于2012年11月26日登记注册，于2013年1月正式挂牌成立并开始项目运作。

餐投集团公司现有注册资金3亿元，股东由陶然居、秦妈等19家知名餐饮龙头企业和部分区县餐饮商会会组成。目前进行的首个项目为建设武隆仙女山美食一条街天下宴。该项目占地240亩，总建筑面积约16万方，是一条集美食、购物、休闲、娱乐、院落式客栈为一体的具有巴渝民俗风情特色的商业美食街，相关工作正在有序推进。此外，还有其他几个项目也正在进行意向商谈。

据了解，餐饮商会成立餐投集团在全国尚属首列，受到了中餐协和市政府有关部门重视，新闻媒体给予了广泛关注和报道，也得到了全国同行的广泛认同，一些外省市同行纷纷组团来商会考察交流或邀请商会组团出访交流。

一些以前对商会工作不是很热心的会员企业，现在很关心商会工作，关注餐投集团投资项目的工作进展情况。同时，商会有关会务活动的参会率和商务活动的参与率较之以前有了明显提高，增强了商会的向心力。

商会班子成员互通情况，传递信息，交流经验，打牢团结办会的感情基础。研究决定商会重大事项，会前，注重征求彼此意见；会上，充分发扬民主，不搞个人说了算；会后，按照分工负责制，各负其责，互相配合，抓好落实。

2012年以来，无论是在确定商会的年度工作思路、阶段工作重点，还是研究餐投集团投资项目的选择，"一班人"都能很快形成共识，做到了关起门畅所欲言、打开门一个声音、走出门一个步调，商会班子成员更加团结和谐，进一步激发了广大会员参与商会建设的工作热情。

【作者：重庆市工商联（总商会）餐饮商会会长】

利用新产品新技术实现建筑节能

——赴美国加拿大学习考察新型墙体材料发展应用情况的报告

余天寅

2012年12月3日至12月13日，我们团组一行9人，赴美国、加拿大学习考察新型墙体材料发展应用情况。现将考察活动情况报告如下：

一、概况

（一）美国的基本情况

美国地处北美洲南部，东临大西洋，西濒太平洋，北接加拿大，南邻墨西哥及墨西哥湾，面积962.9091万平方公里，人口307,212,123人。美国是世界上经济最发达的资本主义国家，国民生产总值居世界第一。自然条件优越，平原占全国国土面积的一半，耕地面积约占三分之二，农业的现代化和专业化程度高，为世界农业大国，工业也极发达。美国是世界上出口农业产品最多的国家，但同时也是世界上进口产品尤其是消费品最多的国家。美国现有三大工业区，以纽约、华盛顿、芝加哥为中心的东北部工业区，主导产业是钢铁、汽车、化学；以休斯顿为中心的南部工业区，支柱产业是石油、飞机、宇航、电子；以旧金山、洛杉矶为中心的西部工业区，基础产业是宇航、电子、飞机制造。

在全球金融危机的暴风雨中，2010年8月，奥巴马总统签署《制造业促进法案》，拉开美国"再工业化"的序幕。美国实施"再工业化"战略和主导以新能源革命为突破口的第四次技术革命，将对全球科技发展、能源结构和产业结构调整，特别是对新兴经济体的产业发展战略和布局产生重要影响，尤其是最不发达国家面临与发达国家经济差距进一步拉大的巨大风险。能源结构调整、能源多样化和节能减排，是第四次技术革命的突破口和主要领域。新能源技术将推动绿色发展、建设绿色经济，从而逐步实现人与自然、人与环境和谐可持续发展。截至2011年5月，美国有30个州出台了气候行动计划，有900个城市签署了气候保护协定。奥巴马政府计划通过设计、开发和推广新的切实可行的"绿色能源"，培育一个超过20～30万亿美元产值（大大超过2011年美国GDP）的新能源大产业，重振美国经济。

美国在"开源"过程中，实施"节能减排"计划。建筑物是耗能大户，根据美国白宫13514号决议，美国联邦政府各级办事机构都必须设法完成一定的节能目标。到2030年，所有新建筑必须实现零排放，同时节水30%，减少50%的填埋垃圾。美国现有砖瓦公司约310多个，产量在120亿块砖左右；砖瓦公司规模大，有数条生产线，而且自动化程度较高。由于受到金融危机的影响，美国近两年的建筑业和砖瓦行业很不景气，砖瓦行业的总产量比正常年份降低约70%，许多砖瓦公司处于减产或停产状态。我们参加的亚特兰大"Pine ball Bricks"公司，年产能达1.5亿块，目前年产仅为3500万块左右，年产量只占正常年份的23%。但从2012年下半年开始，建筑业在逐渐恢复，美国的失业率在下降，就业状况有所好转，买房的贷款利息也从3%的历史上最低点上涨至6%。砖瓦业界的许多人士认为，2013年的砖瓦行业形势将比前几年好转，但要恢复到金融危机爆发前的2007年水平，还需要一段时间。

在美国，90%的砖用作外墙装饰，美国称Face brick（面砖）。在外墙装饰砖（面砖）中，一是80%用于住宅建筑，其中单体别墅占 89%，联体别墅占 10%，还有非建筑用途占 1%；二是 20%用于非住宅建筑，其中商业建筑占 46%，公共建筑占 47%，工业建筑占 6%，非建筑用途占 1%。

（二）加拿大基本情况

加拿大 Canade，在印第安易洛魁语中，是“Kanada”（卡拿塔）的谐音，意思是一片房屋、定居点或村落。加拿大位于北美洲的北半部。东临大西洋，西滨太平洋，北濒北冰洋，西北部邻美国阿拉斯加，南界美国本土，面积 998 万平方公里，为世界第二大国，仅次于俄罗斯。从东到西，加拿大横跨 6 个时区。在南边，加拿大与美国有 8892 公里长的共同边界。在北边，北极区的岛屿离北极不到 800 公里。全国划分为 10 个省和 3 个地区。素有“枫叶之国”美誉的加拿大，现有人口 3242 万，人口总数增加，得益于近几年移民每年都保持在 20 多万人，其中亚洲移民约占 1/3。全国人口大多数集中在南部，以圣劳伦斯河沿岸密度最大。加拿大是个移民国家，英语和法语同为官方语言，它是一个非常年轻的国家，有文字记载的历史不超过 500 年。但这并不影响加拿大在国际舞台上扮演重要角色，作为联合国创始国之一，制造业和高科技产业较发达，资源工业，初级制造业和农业亦是国民经济的重要支柱。财政收支连续几年盈余，是西方七大工业国中唯一财政盈余的国家。在世界贸易体系中，加拿大地位举足轻重，是世界贸易组织条例的重要起草国之一。因与世界最富有的经济大国为邻，美、加之间的贸易额每天高达 18 亿加元，加拿大出口总额的 86%出口美国，美、加两国互为世界上最大的贸易伙伴。因此，加拿大的经济和经济结构，受美国的影响很大。加拿大以贸易立国，对外资、外贸依赖很大，GDP 的 38%与服务出口国外。加拿大雇佣 1000 多万从业人员，占全国劳动力总数的 70%。加拿大地域辽阔，天然资源非常丰富，镍、锌、铂、石棉的产量位居世界首位；铀、金、镉、铋、石膏居世界第二位，已探明的原油储量为 80 亿桶。全国森林面积达 440 万平方公里，木材蓄积总量为 172.3 亿立方米。它东临大西洋，西滨太平洋，北靠北冰洋，优越的地理位置，使其渔业非常发达，75%的渔产品出口。而且，加拿大在能源、交通、通讯、航空、生物遗传、制药等高科技领域，处于世界范围内的主动竞争地位。

我们这次专程到加拿大的多伦多考察。多伦多是安大略省的省会，在印第安语中意为“相会的地方”，17 世纪时发展成为贸易中心，从 20 世纪 70 年代起，多伦多逐渐发展成为加拿大工商业、金融、造纸、造船、新闻等中心，属重要港口城市，现有人口 450 万人，是全国最大的城市，距离加拿大首都渥太华 399 公里。多伦多是华裔在加拿大居住最集中的地区，有 50 多万人。坐落在安大略湖畔的加拿大国家电视塔，是多伦多的象征之一，553 米高的塔体为世界上最高的独立建筑物，其总重量 13 万吨，由 1500 多名工程技术人员用 3 年 4 个月的时间，于 1976 年建成。它像一枝挺拔秀丽的画笔，直插蔚蓝色的天空。电视塔旁边的多伦多圆顶体育馆，是顶部可自动开启的最具现代化的体育设施，像一个巨大的圆型画板与电视塔巧妙地搭配在一起，并与周围的建筑群构成一幅美轮美奂的画面。

多伦多是加拿大制造业、商业和金融中心。作为世界第四大资本市场，加拿大各大银行的总部几乎都设在这里，号称“加拿大的华尔街”，其股票交易所的规模在北美地区仅次于纽约，位居第二；世界各大银行，包括中国银行也在多伦多设立了分行，全市 2600 多家银行，为全国经济发展做出了积极贡献。

二、收获

我们这次到美国、加拿大，虽然只有短短的 10 天，时间匆忙，但内容丰富，行程充实，颇有收获。大部分人是平生第一次去美国、加拿大，不仅拓宽视野、增长见识，而且结识新朋友，增进了友谊，在专业技术方面更是感触良多，受益匪浅。

（一）崇尚自然，节能环保意识强烈。到 20 世纪 50 年代末，美国已经实现工业化。在 1980 年，美国制造业前十名的产业是汽车、飞机、通讯、电子配件、新闻与杂志、钢铁、塑料、建筑、妇女服装和商业印刷，其中汽车、钢铁和建筑业仍是美国经济的“三大支柱”。目前，美国、加拿大作为发达国家，建筑业已退出支柱产业的地位，取而代之的是信息技术、生物技术和新能源技术产业。在美国、加拿大，所到之处，看不到工业化、现代化过程给生态环境造成破坏的痕迹，其城市规划建设、单体建筑物和工厂等都科学规划、精心设计、合理布局，顺应自然、保护自然，按客观规律办事。

（二）科技领先，重视建筑节能技术应用。2012 年 12 月 5 日上午，专家莱根先生给我们详细介绍加拿大经济社会发展情况，使我们拓宽了眼界，很受启发。加拿大是世界上气象变化最复杂的国家之一。东部气温稍低，南部气候适中，西部有山脉，气候温暖潮湿，北部为寒带苔原气候。中西部最高气温可达 40℃，北部酷寒，气温可低于 −60℃。加拿大的雨雪量很大，降雨以太平洋沿岸最多，每年达 2400～2700mm，大西洋沿岸次之，达 1000～1400mm，中部内陆地区约为 300～500mm。在外人眼里，加拿大是名副其实的冰雪之国。受自然环境条件的影响，加拿大高度重视建筑材料和建筑物的节能利废、保温隔热、防潮采光的性能。复合型社区成为加拿大城市发展的主要社区。如多伦多安大略湖滨社区，在建筑节能减排、发展绿色建筑方面做了大量有益的实践，旨在建造生态绿色社区。在建筑设计方面，建筑朝向、建筑形体、材料选择、可再生能源利用、废弃物综合利用等等，都按绿色建筑的标准创新构造，RBC 皇家银行主楼和 Earth Rangers Center 皆应用天窗照明、雨水收集、自动反射遮光板、废热回收、太阳能利用等一系列先进节能技术，既节约了能耗，又使建筑物展现独特的空间魅力。

利用高性能的设备提高能源使用效率是加拿大建筑节能常用的办法。而且，建筑节能不再是单纯的单体建筑的节能，而是将关联建筑统一考虑；这幢建筑排放的废弃物可能是另一幢建筑的资源能源，从而避免重复投资的浪费，保证资源能源的充分有效利用，发展循环经济。智能化系统对建筑节能也有作用，将安保、门禁系统和照明系统相联，经由监控人员确定照明，克服长明灯，仅此就可节约超过 50%的电能。

通过考察，比较系统地了解加拿大在政府监管、政策激励等方面推广建筑节能的成功经验，例如在城市规划、建筑设计方面创新节能理念和有效的节能手段，在建筑能效测评方面实行科学合理的评价体系，在建筑材料、设备等方面领先的技术，都值得借鉴。

在美国、加拿大，不管是大都市的建筑物，还是乡间别墅，都把烧结页岩砖作为珍贵的装饰材料贴在房屋建筑的表面，里面主体是钢筋混凝土或木结构建筑。我国与之不同，把粘土砖、页岩砖当成普通的建筑材料用作建筑物的墙体，这既不能体现其稀有珍贵的价值，也酿成贱卖滥用的现象，破坏和浪费宝贵的粘土资源，影响了墙材革新和节能建筑工作的顺利进行。

（三）设备先进，企业管理规范科学。2012 年 12 月 10 日，我们来到位于美国亚特兰大的“Pine ball Bricks”参观，该公司创建于 1916 年，是一个家族企业，总部设在北卡罗莱纳州，现有 7 个分厂。我们所参观的分厂建于 2003 年，两条生产线，年产量为 1.5 亿块美国砖，由于自动化程度高，全厂只有生产工人 35 名，管理人员 7 名。热情洋溢的美国斯蒂尔亚洲公司总裁、高级工程师黄建先生，一边陪同我们参观厂容厂貌，一边给我们讲解工厂的产品和生产工艺流程，即原料——箱式给料——初级粉碎——初级筛选——二级粉碎——振动筛筛选——箱式给料——搅拌及加水——料库——自动取料——箱式给料——初步搅拌（加水）——恒量给料——密封搅拌——真空挤出——切坯——上窑车——烘干——烧结——打包出厂，共 20 道程序。美国烧结砖（制品）的主要特征有：a.原材料以页岩为主，也有粘土，或者混合物；b.生产工艺为一次码烧，硬塑成型；c.燃料有天然气、油、锯末或煤；d.以外燃为燃烧方式；e.产品以装饰砖（面砖）和铺路砖（地砖）为主。通常情况下，美国的一个砖厂都有数十种不同规格、配套的系列产品，最多的达 5000 种不同颜色、尺寸、形状和规格的产品，我们参观的工厂有 200 多种系列产品。

参观以后，有几点印象很深刻：一是重视安全，严格要求。按规定，我们进车间前须戴好安全帽，穿上工作服，然后才能参观。二是工艺先进，工人较少。整个工厂从原料到产品出厂，都是机械作业，自动化程度高，工人只要按技能操作就行。全厂一线工人加管理人员仅 42 人，国内同类企业至少要 200 多人，比美国的相关企业人员多 5 倍。三是科学安排，分区合理。整个工厂以工艺流程为主线，谋划功能分区，组织生产，做到精确、严密、高效。四是精细管理，讲求质量。不仅码坯、装车都是机械化，而且由机械打包，精心养护，减少产品破损率。每一件产品都有明显的标识。五是秩序井然，清洁卫生。由于箱式给料，实行密闭式作业，使得整个厂区整治美观。

三、思考

（一）加强生态文明建设，认真实施绿色行动方案。

城镇化是我国现代化的历史任务，也是扩大内需的最大潜力所在。我国城镇化率现为 52.57%，距离发达国家 80%的平均水平还有很大差距，这个差距就是中国经济未来发展的宏大空间。我国的城镇化有别于传统的城镇化，是工业化、信息化、城镇化和农业现代化同步发展，国家发展改革委主导编制的《促进城镇化健康发展规划（2011～2020 年）》，明确将拉动 40 万亿投资。2013 年 1 月 1 日，国务院办公厅转发国家发展改革委、国家住建部《绿色建筑行动方案》，“十二五”期间，完成新建绿色建筑 10 亿平方米；到 2015 年末，20%的城镇新建建筑达到绿色建筑标准要求。“十二五”期间，完成北方采暖地区既有居住建筑供热计量和节能改造 4 亿平方米以上，夏热冬冷地区既有居住建筑节能改造 5000 万平方米，公共建筑和公共机构办公建筑节能改造 1.2 亿平方米，实施农村危房改造节能示范 40 万套。到 2020 年末，基本完成北方采暖地区有改造价值的城镇居住建筑节能改造。从科学规划城乡建设、发展城镇化绿色建筑、建设绿色农房、落实建筑节能强制性标准共 4 个方面提出任务，要求加快实施“节能暖房”工程，公共建筑节能改造，夏热冬冷和夏热冬暖地区居住建筑节能改造试点、创新既有建筑节能改造工作机制。自 2014 年起，政府投资建筑，直辖市、计划单列市及省会城市的保障性住房，以及单体面积超过 2 万平方米的大型公共建筑，要全面执行绿色建筑标准。这充分表明，不管是城镇化，还是推行《绿色行动方案》，都要大力发展绿色、节能、环保、利废、节水、节地的新型墙体材料和新型建材。美国、加拿大等发达国家的经验表明，发展经济、社会进步，不应以破坏生态环境，污染环境为代价，应当进一步加强生态文明建设，预防在先，防治结合，避免“先污染、后治理”的老路，依靠科技进步和技术创新，促进建材行业的转型升级，转变其发展方式，走可持续的科学发展道路。

（二）促进节能降耗，强化砖瓦行业窑炉改造

据科学测算，我国建筑材料行业能耗较大，生产能耗占全国能耗的 9%左右，约占工业能耗的 15%。由此可见，建筑材料行业，尤其是砖瓦行业节能减排的潜力巨大。目前，我国有 10～20 万个砖瓦企业，年产约 6000 亿块砖，其中 90%以上（超过 10 万座轮窑）由普通轮窑生产，所以，对原有和新建普通轮窑的改造，意义十分重大。

一是推广应用“窑门通风”新技术。这种新技术在节能降耗，提高产量、质量等方面，均取得较好的效果。每部火轮窑一般只需花 2000 元左右，修设小通风道，或再购置小风机（配 1KW 以下小风机）即可，投资少、见效快。采用“窑门通风”，通常可以提高产量 10～20%，砖的一级品率可提增 5～8%，煤耗可节省 5～10%。

二是采用结构合理的轮窑。使用三心拱型轮窑，适当降低窑的高度，可以优质高产，并易于保护。

三是搞好节能风机的推广应用。用轴流式节能风机代替动力大的离心式排风机，以解决烟囱抽风不足的问题，提高产量的效果非常明著，应大力推广。

美国“Pine ball Bricks”公司的设备，是内宽 2.4m，长度达 116m 左右的隧道窑，其烧结砖的质量很好。我们的意见是，今后烧结窑炉的造型应首选隧道窑和节能轮窑。采用“一次半码烧”工艺，选用直拉排潮的小截面一次码烧隧道窑，能较好地解决一次码烧隧道窑存在的问题，节能降耗效果突出，具有广阔的发展前景。

（三）围绕建筑结构体系，积极研发推广应用新型墙材。

首先，根据建筑物的结构特点和功能，以社区为单位通盘规划设计，采用先进的节能技术和设备，精心打造环境优美、分区合理、配套齐全、节能减排降耗、经济循环利用、可持续发展的绿色社区。如今，复合型社区成为加拿大城市发展的主流社区。该社区的建筑物，尤其是住宅，都是一次性精装修到位，不搞二次装修。建筑物的廊柱和外墙，多数采用水泥预制板和石材板外贴或外挂，坚固耐用。

其次，采取新政策、新举措，进一步加大“禁实、限粘、推新”力度。

近年来，我国“禁实、限粘、推新”工作取得显著成效，为促进节能减排，发展循环经济，搞好生态文明建设作出了重要贡献。然而，与美国、加拿大比较，我们在重视环境保护，珍惜和节约资源能源等方面还有一定的差距。美国、加拿大属于发达国家，地大物博，自然资源能源十分丰富，但却用法律手段，禁止随意拆除和建造房屋，更不允许破坏植被，任意取土。建设房屋，要经过非常严格的审批手续才能营建。在房屋、市政建设中注重细节，实行精细管理。如脚手架的固定连接件是 360° 的圆孔钢铸件，可做剪刀撑的支点；街道排水系统实用科学，既有路面的窨井盖，还有侧立装有隔栅的溢流口，即使雨水再大也不会因杂物堵塞而引发洪涝灾害。不用粘土烧砖，所有的房屋建筑都不用粘土砖作墙体材料；页岩烧结砖也只用作墙体外表装饰，显得贵重。

第三，按科学规律办事。俗话说：物以稀为贵。粘土是宝贵的不可再生的稀缺资源。应当按价值规律办事，实行优质优价。目前，我国许多城市兴建地铁产生的地下淤泥，清理出的河道淤泥等，可以采取定点收集、生产、销售的办法，生产用于古建筑的高档清水砖和具有砖雕性质的绘画、书法相间的文化砖，在市场竞争中随行就市，使其物有所值、物尽其用。

总之，我们这次到美国、加拿大学习参观考察，不仅亲身感受到浓厚的异域风情和西方高度的物质文明，而且进一步激发了强烈的爱国情怀，迸发出为实现中国梦，为社会主义现代化建设，为全面建成小康社会而勤奋工作的壮志豪情。

【作者：福建省发展新型建筑材料领导小组办公室主任】

高陵之行对永寿发展的启示

张清泉

为了加强统计工作的交流与合作，探索分析新的经济增长点，为国家统计局将要开展的“双收入”统计方式改革做好铺垫，进而推动县域经济快速发展，实现咸阳市委六届五次全会提出的“四个翻番”的目标，加快实现“四强三领先”的咸阳梦和为小康永寿、美丽永寿、福安永寿的实现提供统计服务。5月15日上午，咸阳市彬县、长武、旬邑、淳化、永寿五个县统计局前往陕西省十强县之一——高陵县交流学习，学习采取听介绍、看资料、到现场的方法收效良好。学习组一行分别参观了高陵县现代设施农业发展、工业园区、农村新社区建设等，听取了高陵县政协副主席、统计局局长张护安的情况介绍，重点学习高陵县县域经济社会发展和实施统计监测工作的实践与成功经验，学习归来，感慨万千。

高陵县地处关中平原，一马平川，“泾渭分明”自然景观文明遐迩，交通便利，水资源丰富，是传统的农业大县，产粮大县。近年来，该县大力实施泾河工业园带动战略、农业产业化经营战略和城镇化战略三大战略，县域经济综合实力显著增强，高陵之行使我们深受启发：

启示之一：解放思想是跨越发展的永恒主题。这次考察学习，给我们最大的启示就是：“观念决定思路，思路决定出路”。高陵成功的秘诀就是实施开放带动战略，作为传统的农业产粮县、且没有资源的陕西十强县之一，高陵能在短短的十几年间实现经济社会跨越式发展，连年获得“陕西十强县”，“西部百强县”，给我们留下了深刻的思考空间：其根本原因在于以开放促开发，以开发求发展。高陵之行告诉我们，观念新则思路广，思路广则发展快，解放思想必须做到与时俱进。作为典型的旱作农业大县、工业小县、财政穷县的国定贫困县永寿，在没有自然资源的情况下，要实现自身的大发展，迈过经济社会“爬坡过坎”的阶段，就必须结合实际，强化忧患意识、创新意识、品质意识，以先进为榜样，取人之长，补己之短。永寿近几年发展速度突飞猛进，但与兄弟县区相比，经济基础薄弱，总量偏小。当前，市委六届五次全会作出了共建大西安的战略部署，永寿已站在新的历史起点，迈入了争先进位、跨越发展的新阶段，要实现跨越发展、就必须不断解放思想，用战略的眼光，超常的魄力，锐意进取，埋头苦干，激发新思维，增添新活力，实现大发展。

启示之二：工业是拉动县域经济的主导力量。1996年，高陵推出了建设泾河工业园区的发展思路，将“工业兴县”的基石植入泾渭三角洲，十余年来，形成了汽车、石油设备、新材料、精细化工及食品、饲料等关联度强、产业链长、附加值高的五大支柱产业，以势不可挡之力推动了园区和县域经济发展，把高陵从传统的农业县一步步推上了工业强县、发展快县的轨道，使高陵圆满完成了从农业小县、财政穷县向工业强县、财政大县乃至经济新区的历史性大跨越。高陵县能连年荣获陕西十强县，关键靠工业园区的快速拉动，将园区功能定位为西安装备制造业基地，科学规划，高起点、高要求、高标准，实现了园区工业的大发展、县域经济的大跨越。2012年，高陵GDP达到228.16亿元，同比增长18%，增速超全市平均水平6.2个百分点，位列西安市十三区县第一；规模工业增加值实现161.27亿元，同比增长19.5%，高出全市平均水平6.5个百分点，增速位列西安市十三区县第一；规模以上工业总产值实现580亿元，同比增长19.8%，全县工业增加值实现167.5亿元，占全县经济总量的73.4%。高陵成功崛起的经验就是大力发展工业，工业强，则县域强。永寿发展的差距在工业，希望也在工业，因此，我们要始终把招商引资作为经济发展的第一抓手，进一步加大园区规划建设力度，不断提升园区的档次和水平，为招商引资提供良好载体和空间，进一步加快工业化进程。结合永寿县实际，要在汽配制造、物流配送、能化建材、生态旅游和现代服务业等方面下功夫，再引进一批支撑力强、带动作用明显的大项目。同时加强投资硬环境和软环境建设，努力营造安全、稳定、和谐的创业环境，让企业安心经营、放心发展。

启示之三：发展现代设施农业是提升农民收入新的途径。高陵县稞青农产品专业合作社是高陵县发展大棚蔬菜的一个成功典型，该合作社是以农业技术开发推广、蔬菜生产、包装和配送为主体，采取公司+合作社+农户的形式，发展日光温室大棚蔬菜。目前，入社农户达到1000多户，社员大棚5000多栋，蔬菜品种齐全，有西红柿、紫色圣女果、螺丝椒、彩椒、豇豆、苦瓜、丝瓜、金瓜、荷兰豆、美国西芹等等，主要销往西安的各大超市及周边院校、酒店等，全年销售量近2万吨，销售额超过2700万元。所有入社农户每亩日光温室较普通农户增收超过4000元以上，部分社员增收2万元以上，并解决当地600多人的就业问题，理事长李亚荣当选为省人大代表。高陵发展大棚蔬菜的特点就是公司+农户+基地”的品牌化经营模式，实施品牌化战略，使农产品市场竞争力不断提升。要让高陵模式在永寿大地上开花结果，就要打破我县农民长期形成的“爱种粮、怕受饿、不赚钱”的思维模式，结合永寿实际，要把发展现代农业作为促进农民增收的重要途径。一是加大水利基础设施投入，提高农业抗旱防灾能力，尽量改变农业“靠天吃饭”的局面。二是大力实施果业提质增效，让金玉寿苹果成为全国知名品牌；实施畜牧业倍增工程，加大对畜牧业养殖特别是生猪养殖的政策引导以及资金扶持力度，鼓励群众扩张PIC生猪养殖规模，提升养殖效益；实施核桃基地建设工程打造全国核桃名县，加大土地流转力度，引进龙头企业，培育种植大户，推动核桃产业规模化发展。三是以特色产业为支撑，积极发展生态养鸡、养猪、獭兔、中药材、大棚蔬菜、礼品西瓜、红提葡萄、刺绣、土织布等。

启示之四：统筹城乡发展、农村新社区建设是提升农民幸福指数的创新模式。在通远镇何村拆迁现场，拆迁办主任王刚建介绍说，何村有8个村民小组，1964人，耕地2500亩。20年前，由于远离县城，交通不便，信息闭塞，以种粮为主，农民人均收入低于全县平均水平，自2001年起，村支书史安民带领群众抓住机遇大发展，大力发展大棚蔬菜，2008年全村蔬菜总收入达到3000万元，人均蔬菜收入达到1.5万元，何村从一个以种粮为主的穷村一跃而成为闻名省内外的小康村，村支书史安民也经常被邀请到各地讲课，进行现场指导，辐射带动周边地区大棚产业的迅猛发展。2009年9月何村被省政府定位为高陵县集中安置、撤村并点的试点村，按照“城中村融合，城边村并入，小村并大村”改造模式，采用县城楼房化安置、县城+本地安置、本村庄基安置，实行就地城镇化，通过节约土地，走集约化发展道路，充分发挥当地大棚产业优势，缩小城乡差别，推进农村城镇化。如今的何村，已经成为高陵农村发展的一个典型，西安市农村产业结构调整的一个范例，乃至在全省、全国，何村的发展模式和统筹城乡发展成果都产生了巨大影响。当前，永寿县农村新社区建设正处于起步阶段，我们要借鉴高陵的发展模式，一要加强农村水、电、路等基础设施建设；二是要培育能促进农民收入的支撑产业；三是要加强精神文化建设，推进经济社会协调可持续发展，切实提高人民的幸福指数，真正实现人民安居乐业的永寿梦。

【作者：陕西省永寿县统计局局长】

中国场外交易市场现状研究

——以上海股权托管交易市场为例

张云峰

在过去的一年，中国的资本市场上诞生了一颗耀眼的明珠，那就是上海股权托管交易中心。在中国证监会、上海市委市政府的正确领导下，在社会各界特别的大力支持下，上海股交中心取得了骄人的业绩。到目前为止，上海股交中心挂牌公司总数为63家，储备企业300余家。上海股交中心的会员单位现在有253家，其中推荐机构会员78家，会计师事务所36家，律师事务所66家，资产评估机构29家，除此之外，还有暂未放开的试点经纪业务会员30家。投资者总数2087户，交易金额2.53亿元，股权融资额10亿元，银行贷款中的信用贷款1.9亿元，股权质押贷款1.1亿元。虽说这些数据与主板市场同类数据不能比较，但在同类市场中，以上数据是相当可观的。

第一部分　交易市场的现状

一、上海股交中心创造了良好的工作成绩，取得了八项第一

经过一年多的市场运营，上海股权托管交易市场初具规模，市场功能发挥良好，取得良好的市场经济效益，创造了业内八项第一：

（一）制度体系最完善。上海股权交易中心的制度体系填补了中国资本市场发展六年多以来资本体系的空白，因此获得了上海市政府颁发的金融创新一等奖。这个制度体系本质上贯彻了重实质、不重形式的基本原则。

（二）公信力最强。公信力主要体现在审核标准是否严格把关，工作是否规范。在这个方面，真正严格把关的只有上海股交中心一家。严格是把双刃剑，对企业、会员单位来说增添了负担，但是这是市场必须地，如果把关不严，不能真实、准确、完整披露信息的话，就吸引不了投资者。从长远发展大计

来说，严格把关、规范运作是市场必须遵循的底线。

（三）上市效率最高。在严格把关、规范运作的前提下，从上市的规模、效率及速度来看，上海股交中心的效率是最高的。主要原因有以下两点：一是上海股交中心对制度理解深入，二是上海股交中心团队具备拼搏精神，这种工作干劲在国有企业中非常少见。

（四）融资能力第一。融资能力是按照融资总量除以挂牌公司总数量来计算的，与同类市场中表现最佳者相比，上海股交中心的融资能力是其九倍。

（五）融资满足率第一。上海股交中心的融资满足率达78%，即提出融资需求的企业中78%都是满足的，而在同类市场中表现最好的都不足20%。

（六）交易活跃度第一。上海股交中心的交易总量是1.8亿，与同类市场中表现最佳者相比，上海股交中心的交易活跃度是其三倍。

（七）市盈率第一。目前上海股交中心的市盈率倍数高达46倍，这个数据雄踞全国所有市场的第一名。这个数据的背后表明企业的高速成长。

（八）唯一一个进入良性运营状态的市场。如果一个市场中，有任何一个相关主体不受益，那这个市场就不能说进入良性状态。而上海股交中心市场中的四个参与主体都受益，包括挂牌企业融资快速发展、推荐机构盈利、投资者盈利及上海股交中心本身盈利。

二、上海股权交易市场产生的社会效益

（一）真正促进了企业发展。促进企业发展是设计市场的根本目的。按净利润计算，上海股交中心挂牌企业的成长性达142%；按营业收入来计算，成长性达82%。这个成长性是空前的，肯定能够支持企业高速发展，一定能支持市场高市盈率。

（二）正在改变中国群体的投资理念。当今中国的社会资本很多，但是与中小型企业的对接效率却极低，原因就是目前投资者的理念就是做Pre-IPO，但如果所投资企业没能上市，就可能导致投资失败。上海股权托管交易市场正在引导投资者转变投资理念，使投资者认识到企业在上海股交中心挂牌对投资者来说也是很好的退出渠道。目前已经有越来越多的投资者意识到了这一点。

（三）培养锻炼了专业队伍。在过去的一年中，会员单位通过参与上海股交中心的工作，深入地认识了当前法律法规，对公司的财务报表更加熟悉，同时增加了对行业认识的广度。而一个好的推荐挂牌项目的成功完成，不仅仅需要法律、财务和行业方面的知识，还需要非常强的协调能力、推进力。上海股交中心培育了一大批有专业素养的队伍，这批队伍不仅仅为上海股交中心储备企业资源，实际上也决定了中国投资银行业未来的发展方向，为金融业从过去的分业管理向将来混业经营模式转变打下坚实的基础。

三、上海股权交易市场运营以来的三点体会

（一）股权交易市场与证监会、市委市政府、市金融办的大力支持分不开。

（二）专业务实的工作作风非常必要。上海股交中心这个市场具备了专业务实的精神，坚持股票需要一股一股地卖，项目要一个一个推进。

（三）会员的努力工作非常必要。没有会员的努力，也没有中心的八项第一和三个收获。

第二部分　现今所存问题

虽然说业绩是骄人的，但同时也存在大量的问题。

一、资源不足。股权托管交易市场的使命是解决中小企业融资问题，而全国的中小企业数量巨大，我们需要服务的企业非常多。我们目前已帮助部分企业解决了这一问题，但与全国企业的需求差距很大，不是几十家、几百家能解决问题，而现在还有相当一批会员单位没有业务可开展。

二、融资能力不足。等着融资的企业很多，等着大宗交易股票的股东或投资人也有很多，我们的确有江郎才尽的感觉。融资做得慢，是因为融资要一单一单做，且要拉开时间做，否则一旦两个融资项目一起做，总会有一个项目受冷落。融资能力不足和交易不活跃是目前现实问题，各市场都存在。

三、交易不活跃。场外交易市场通常都是不活跃的。做市商是最适合于这类市场的，它能活跃市场、平抑风险、引导投资的功能。而目前场外市场做市商的口子还没有放开。

四、投资者主要集中在上海。目前没有精力、财力在各地设分支机构，政策也不允许。因为投资者开户要现场开，所以投资者客户都集中在上海。

五、会员单位在人力、精力及财力上投资不足。投资银行业务是非常高端的业务，需要集中精力来做，不能蜻蜓点水，今天干这个明天干那个的后果就是在推荐挂牌、交易、融资、开发市场等方面严重依赖上海股交中心。我们接下来可能要对会员进行清理，如果对未来没有良好的预期，不能投入大量精力做，不如不做，要做就要踏踏实实，沉下心来做。

六、会员单位中出现了价格战、低价竞争的情况。这是一种不好的情况，不利于会员单位和企业的良性发展。

七、会员单位会费缴纳不主动。上海股交中心是公司制的企业，收入不能靠政府补贴。没有会费收入，我们就会亏损，亏损就会面临降低员工工资，降低员工工资优秀人才就会流失，市场发展就会走向恶性发展道路。

第三部分　当前形势判断

一、对当前形势，笔者认为存在以下六大问题：

（一）政策被地方误读。《关于规范证券公司参与区域性股权市场监督管理办法》的出台后，该办法被误读成每个地方都能建设这样的市场，地方政府一哄而上。这个办法是规范证券公司的，证监会没有要求地方政府建立市场。

（二）2013年1月16日全国中小企业股份转让系统有限责任公司开业，标志着一个新的交易所及新的市场的诞生。2月8号出台了新政策，新政策有很多突破，例如可以超过200人；可以竞价交易；个人投资者准入；可以执行做市商制度等。这些新政策的出台客观上对上海股交中心的建设产生了影响。

（三）法律上有些混淆不清。过去认为，只要是没有国务院的批准或国务院文件支持的股权交易场所就是非法的，而现在各地都在开设股权交易场所，不知道怎么界定是否合法。此外，能交易的股权应该都能称作股票，不应该在股权、股份、股票三个词上玩文字游戏。

（四）市场公信力严重不足。有些市场股份制改造还未完成就挂牌交易；有些市场就是按照时间表进度严格执行，定好时间表即使手续来不及办理也先挂牌，后补资料、补办手续。类似这样的市场很多，企业说来就来，这种做法损害了投资者利益，严重扰乱了市场的正常运作。资本市场没有公信力是不现实、不可能、不允许的。

（五）行政垄断加剧。各个地方政府都在垄断资源，不让自己的企业到外面的股权交易市场去挂牌，而企业也不敢违背政府意志。在国外充分竞争是正常的，行政垄断导致市场之间不能充分竞争是不可行的。

（六）市场功能发挥不佳。资本市场的功能是资源配置与再配置，即交易与融资功能。如果丧失了以上功能，市场开设则完全失去了意义，而现在真正能够通过市场机制发挥市场交易与融资功能的只有上海股交中心。大部分市场融资额为零的不用说，有的市场也是象征性的少量融资，实际上融资量较大的就只有上海股交中心与新三板，而只有上海股交中心发挥出了市场的机制。

二、要解决上述问题，首先要充分和清醒认识到以下问题：

（一）多层次资本市场的结构。现在最具有权威性的就是2007 年证监会向国务院报的关于多层次资本市场的建设方案中所提到的多层次资本市场，这个方案就把资本市场划分为三个层次，划分层次的原则是根据服务对象的不同来划分，当前中国有三个交易场所，就有三个层次，第一层次即上交所和深交所的主板中小板市场；第二层次即深交所的创业板市场，是服务于成长后期的高成长性的有自主创新能力的企业；第三层就是场外市场，是服务于目前不具备上主板、创业板条件的，但符合一定规范条件的又有融资交易需求的企业。新三板与各地设立的股权交易市场就是一个竞争关系，服务对象都是一致的，不存在层次区分的问题。

（二）区域性与非区域性的误导性理解。区域性市场源于美国的柜台市场，美国的柜台市场的确是区域化，它的区域概念就是就近，那是因为当时通讯不发达。后来美国的区域化市场则是指要遵循本地的法律法规，而服务对象是针对全球的。因此，地方管理的，需要遵循地方性法律法规的称作区域性市场，但是服务范围还是面向全球的。

（三）公开与非公开。市场前面没有定义，市场本身就是公开性的，是开放式的。但是有些市场公信力不足、风险控制力不够，做不了或者是能力不行不被允许做某些活动，这是对的，但不能就此判断这个市场是非公开的。在国外公平、公正、有效率、风险控制好就可建市场。

（四）融资和交易的难点。很多人认为融资难、交易难是因为制度问题、是因为不能连续交易、个人投资者门槛高等，其实根本原因是投资者对市场不认可，投资理念没有转变。解决上述问题的办法有两条，一是公开发行，二是改变投资者理念。但是目前，公开发行基本上不可行，因为一旦要公开发行，按照现行法律就需要证监会发审委批准，就走到了和主板创业板一样的道路，这对中小企业不现实、不可行，所以只能改变投资者理念。上海股交中心就是遵循改变投资者理念这一原则往前走，只有如此才能真正能谈得上解决融资、交易难的实际问题。

（五）新三板新政能否解决当前面临的问题。新三板新政主要有以下几条：一是超过 200 人，这个只有当公司在交易环节上必须超过 200 人时才能发挥作用，而场外市场的企业股东人数基本在 10 人以内，很少有企业面临超过 200 人的问题，所以说这条不能解决当前的真正问题；二是竞价交易，其实这是最高效的交易，但竞价交易只有在出现堵单的情况下才能发挥作用，场外交易市场其实基本不会出现堵单的情况，因此这也不是解决当前问题的根本；三是 T+1，有观点认为 T+1 是连续交易，T+5 就不是连续交易，其实这样界定是不正确的，此外，实行 T+1 对解决问题来看其实也没有什么意义；四是更多投资者参与，本来新三板自 2006 年开设至 2009 年 7 月 6 号之间对投资人是不设门槛的，和参与主板的投资人要求是一样的，投资者都可以进来，但是交易量还是很少，所以说并不是投资者少的问题，而是投资者愿不愿意来投资的问题；五是做市商制度，做市商制度对活跃市场有好处，但前提是也要能找到投资者，现在有些股权交易市场实行做市商制度，但是实际情况是有卖无买，这样也没法解决流动性问题，活跃市场，归根结底还是要转变投资者理念；六是转板问题，现在证券法把上市与发行分开，发行的证监会审核而上市则是交易所审核，证券法第 50 条规定，股份公司上市须具备以下条件，第一就是公司股票经过国务院证券监管部门的核准公开发行，上市的前提是需要先发行，根据上述规定现在只有退市公司可以转板，而其他情况下企业都不能直接转板。

三、问题的解决方法

（一）在理论上要正本清源。

（二）争取与新三板类似的政策。仅仅靠政策不能真正解决实际问题，宣传意义大于实际意义。

（三）保护好会员的利益。主要表现在以下几个方面，一是严格审查入会资格，不合格的会员要清退，保证会员的品质；二是尽最大努力解决会员金融牌照问题。

（四）坚守底线，主动依法合规工作，树立为投资者、为企业、为市场负责的理念。不投机取巧，对工作要尽责，尽责体现在：一要看企业是否符合挂牌条件，二要真实、准确、完整披露企业情况。

（五）要从改变投资者理念高度来发展机构投资者，同时争取让会员独立完成交易融资任务。

（六）会员单位在财力、人力及精力上加大投入，独立完成项目开发和推荐。

（七）树立好的挂牌融资理念。挂牌重在信息披露，差的企业也可以挂牌，只要进行充分信息披露了都可以挂牌；但融资问题则不完全是愿打愿挨，要慎重，不能损害投资者的利益，不是所有企业都能融资，融资不能有误导性，以融资、套现为目的来挂牌要慎重。

（八）加强与地方政府战略合作，来推动地方政府的资助和政策落地。与地方政府的合作模式有很多，希望大家共同来推动。

（九）在经纪业务上加大力度。提倡推荐和经纪业务一起做，就好比证券公司，主要业务就是投资银行业务和经纪业务，以及资产管理，而现在资产管理由于资本规模问题做不了，只能专于其他两项。

（十）开发融资新途径。除了股权融资以外，银行贷款、私募债券及衍生产品也不能忽视，但要在整体政策指导下开展。

（十一）积极参与新的平台建设。上海股交中心新平台很快就要上线了，内容非常丰富，有股权交易、LP份额转让、产品展示、金融衍生品、并购等等，允许会员单位积极参与新业务。

（十二）避免低价竞争，不要相互诋毁。要合作共赢，创造多赢局面。

第四部分　对未来的展望

一、竞争中优胜劣汰。上海股交中心正在积极做好布局，坚定不移、集中精力做市场，不要做无意义的市场。将来通过竞争优胜劣汰，上海股交中心一定能做到国内一流、国际知名。

二、上海股交中心市场的企业规模将来会相当可观，不是几百家的概念，各会员单位也会因此而得到收入回报。

三、投资者高度聚集，财富效益显著，融资和交易变得非常容易操作，参与这个市场的投资者会越来越多。

四、会员拥有金融牌照，可以做三大主营，资源稀缺。会员会成为高端的企业，人才济济，投资银行、经纪业务、理财业务齐头并进。

五、上海股交中心市场除了公开发行以外，其他的业务全都能做，会出现大量的金融衍生产品。

六、真正解决中小企业的融资交易问题，促进实体经济发展，做出有特色的模式，发挥重要作用，这是我们的立命之本，在整个国民经济发展中起到积极的作用。

【作者：上海股权托管交易中心党委书记 总经理】

在推进经济结构战略性调整中实现跨越式发展

赵德儒　陈德峰

胡锦涛同志在党的十八大报告中指出：“推进经济结构战略性调整，必须以改善需求结构、优化产业结构、促进区域协调发展、推进城镇化为重点，着力解决制约经济持续健康发展的重大结构性问题”。这为我们通过转变经济发展方式实现跨越式发展指明了方向。推进新疆跨越式发展是党中央新时期新阶段治疆的新谋略，是国家发展和治理西部的核心战略之一，是撬动中国西部经济发展的重要战略支点。我们必须确立全新的发展战略，处理好经济与社会、高碳与低碳、三次产业结构、大企业大集团与中小企业、轻重工业、中央企业与地方企业以及对外经贸结构的关系，只有这样才能从根本上转变经济发展方式，以坚实的经济基础确保新疆的长治久安。

一、新疆跨越式发展面临的现实困境

一是经济发展滞后。不仅与东部差距拉大，而且在西部不占优势。我区经济社会发展总量指标在西部地区不占优势，人均指标少数居西部地区前列、多数居西部地区中位或相对落后的位次。我区人均GDP的位置从1999年的第13位退居到2011年的第19位，城镇居民人均可支配收入从1999年的第17位退居到2011年的第30位，农民人均纯收入的位次虽然变化不大，但与全国平均水平的差额由1999年的737元扩大到2011年的1535元。在西部省区，我区人均GDP的位置已从第1位退到第5位，城镇居民人均可支配收入从第6位退到第11位。

二是经济结构不合理。农牧业方面，农民收入来源单一，家庭经营收入中来自第一产业的比重占到80%以上。工业方面，石油石化“一枝独大”；非公有制经济占地区产值的比重仅为25.8%。第三产业方面，服务业和外向型经济发展滞后，服务业占地区生产总值的34%，且多为传统服务业；外贸主要以边境贸易为主，加工贸易只占3.5%。技术创新能力薄弱，全区高新技术产业增加值占工业增加值的比重仅为0.16%，比全国平均水平低7.9个百分点。自我积累能力不强。目前全区财政自给率仅为28.8%。全区仍有90%以上的县市财政不能自给，无力于建设和发展。

三是区域发展不平衡。主要是少数民族聚居地区和边境团场农牧民相对贫困，南疆三地州和边远山区、高寒山区生存条件艰苦、生产生活条件恶劣，农牧民生活贫困，缺乏自我积累和自我发展能力。1990年全区城乡居民收入差距比为1.92：1，到2011年全区城乡收入差距比为2.85：1。全区标准以下的贫困人口还有329万人，占全区农牧民人口的31%。特别是南疆三地州发展困难大。2011年，喀什、和田和克州三地州人均GDP仅为全区平均水平的31%。三地州低收入贫困人口占到全区低收入贫困人口的81%以上。

四是生态环境极其脆弱。结构性缺水十分突出，全区水资源径流量884亿立方米，已经使用500多亿立方米。目前全区农业用水占到总用水量的96%，而对GDP的贡献率却只有17.1%，农业每立方水产出量仅为1.32元，远低于全国7.6元的平均水平。天山北坡一带缺水率超过10%，南疆水资源开发利用总体已经接近承载能力。水已经成为新疆经济社会发展的重要制约因素。近年来随着经济的发展，自然环境遭到了不同程度的破坏，部分河流断流、湖泊干涸、土地荒漠化、风沙侵袭严重。以采掘业、制造业及重化工企业的污染，使新疆生态环境面临巨大压力，生态环境平衡便成为新疆经济可持续发展的底线。

五是基础设施建设滞后。目前我区与内地和中亚国家的铁路通道只有一条，全区只有兰新铁路、南疆、北疆铁路3条干线，国省干线中二级以上公路的比重为53%，远低于全国70%的水平，南北疆缺乏便捷连接的公路通道，交通大通道和密度都远远落后于西部地区。能源建设仍很滞后，南疆地区缺电严重。

六是人才严重匮乏。主要是人才流失严重，高端人才、实用技能人才不断流失。新疆80年代到90年代中期，有统计的科研人才流失达20多万人，其中高级教师、学术带头人、技术创新骨干、中青年专业技术人才达10多万人，其后人才管理体制放开以后，流失人才的数量进一步增大，特别是进入21世纪以来。新疆每年考入内地院校4万多名学生，毕业返回不到27%。缺乏高端人才、复合型人才、实用型人才、专业型人才、创新型人才。特别是南疆三地州及偏远贫困地区人才严重不足。收入偏低是人才流失的重要原因。

二、新疆实现跨越式发展需要处理好几个关系

一是进一步优化经济发展与社会稳定的关系。作为中国向西的地缘政治的前沿，新疆经济必须与周边国家同步发展，同时，由于新疆与内地，尤其与沿海地区经济发展落差的拉大，都将进一响到新疆的社会稳定。新疆经济发展的基础条件是社会稳定大局。在新疆，既要有效打击恐怖分裂活动确保地区安全，又要避免公民权利受损，营造各民族和谐相处的氛围，同时还要保证经济的持续健康发展，这需要我们以更细致的工作和耐心寻求更适合的策略和方法。

二是进一步优化高碳能源与低碳经济的关系。新疆是资源大区，形成了以化石资源产业为主的支柱产业。近年来，尤其以吐哈、准东、伊犁、库拜四大煤炭产业基地为主的国家特大型煤电煤化工产业群建设加速推进，将使新疆面临巨大碳排放压力。在这种情形下，“十二五”期间如何处理高碳能源与低碳经济的结构优化关系，显得十分重要。新疆处在工业化发展的初期，重化工业是必然的选择，但新疆生态环境脆弱，低效落后的煤炭利用技术会给环境带来严重破坏，燃煤排放物占总量的比例分别为$SO_2$85%、NO_x60%、$CO_2$85%、烟尘70%，发展低碳经济又势在必行。所以，新疆的重化工业必须是环保型的，并逐步增大低碳经济的份额，才可使新疆的生态环境逐步改善。

三是进一步优化三次产业结构的关系。加快第三产业的发展，是推进经济结构战略性调整的重要方向，是提升我区经济发展质量和层次的迫切要求，也是扩大消费需求、拓展就业渠道、提高各族人民生活水平的现实需要。今后要抓住当前的有利时机，采取更加积极有效的措施，结合新疆实际，加快经济结构调整步伐，大力发展第三产业，不断强化第三产业为新型工业化、农业产业化、构建和谐社会、社会主义新农村建设服务的地位和作用。

四是进一步优化大企业大集团和中小企业的关系。大企业大集团战略对于做大做强我区优势产业，加速新型工业化建设进程发挥着举足轻重的作用。但中小企业的发展是一个地区经济增长的持续动力来源，是解决地方就业的主力军，造成新疆与内地经济差距的重要原因之一，就是中小企业作为新疆的经济主体还未发挥出应有的作用。新疆中小企业在融资、财政及市场准入等众多方面还需政府给予大力的支持，只有实现中小企业健康、快速的发展，新疆经济与社会才会呈现又好又快的发展前景。

五是进一步优化轻重工业的结构关系。当下新疆的工业主要以初级能源开采和基础原材料供应为主，由央企投资兴建的重工业基地主要进行自然资源的生产，深加工业产值比重较低，其产业和产品结构尚需进行改善。新疆轻工业虽然在产业结构、技术结构、产品档次已发生了显著的改善和提升，但所占比重仍然过低。要充分发挥新疆向西开放的地缘优势，打造中亚经济圈，利用政府这只“有形的手”，改变“重工业过重”和“轻工业过轻”的局面，积极推进新疆轻工业的发展，实现新疆经济的科学发展。

六是进一步优化中央企业与地方企业的关系。经过多年发展，石油石化工业已成为新疆第一大支柱产业，其增加值多年来占到新疆规模以上工业增加值60%以上，新疆石油石化工业“一业独大”的产业格局也加大了新疆经济发展的不稳定性和不确定性。新疆在立足做大做强石油石化产业的同时，要改变产业结构单一的现状，积极推动、壮大地方工业。

七是进一步优化对外经贸结构的关系。新疆自古以来就是连接我国与中亚、西亚、南亚和东西欧的重要通道，著名的“丝绸之路”横贯新疆全境，使新疆与毗邻各国的对外经济贸易活动源远流长。要以更宽广的视野推进对内对外开放，面向国际国内两个市场、两种资源，形成全方位开放新格局。充分利用国家给予的特殊政策，积极支持新疆企业“走出去”开展对外投资合作，加快新疆对外贸易发展。加强口岸大通道建设，改善通关环境，提高贸易便利化水平。充分利用新疆区位和资源优势，积极吸引各类企业建设向西进出口商品加工基地、商品中转集散地，鼓励走出去开发能源资源，开拓国际市场，用好“新欧亚大陆桥”。进一步加强同周边国家以能源资源互补为主的深层次国际经贸合作，努力把新疆打造成我国内陆开发开放的战略支点以及我国对外开放的重要门户和基地。

三、推进新疆跨越式发展的政策建议

一是加快矿产资源收益分配改革。新疆是国家重要的能源战略接替区，也是整合利用世界两大成矿带天山、阿尔泰成矿带矿产资源的战略前沿，更是利用里海—中东地区能源战略枢纽通道，应在新疆设立国家矿产资源收益分配改革试验区。明确界定矿产资源管理权限。依照国家矿产资源法规的执行和监督实施，生态环境的保护，将资源税、生态环境治理恢复基金全额留给资源所在地。赋予新疆适度的石油天然气调配权。根据新疆作为能源富集区的实情，给予一定比例的石油、天然气产量的调配权，以支持地方石油化工产业的发展。适当增加原油、天然气在新疆本地留存份额，其中天然气按照当年产量留10%用以改变新疆能源消费结构，实施城市气化工程，改善民生。

二是加快制定更加有利于跨越式发展的财税政策。建立生态环境补偿金。建立资源地“资源耗竭补贴”制度，按企业销售收入的5%提取生态环境补偿金，从高产稳定期油气田的利润中提取15%土地恢复保证金，用于生态恢复和环境治理。建立非矿业城市向矿区（矿业城市）生态补偿转移支付制度，转移方式可采用区际补偿方式，由新疆自治区设立矿业城市可持续发展基金，也可以由国家通过财政进行转移支付。建立矿产资源开发风险基金，主要适用于预防无法预期的生态风险，由于不可抗力原因导致到生态风险损失。

建立边疆特殊工龄补贴制度。对在疆工作人员（包括援疆工作人员）实行特殊边疆工龄补贴，按每增加1年工龄每月增发100～200元特殊边疆工龄补贴，以此类推，工龄越长发放金额越多，以此尽快缩小边疆与内地沿海的收入差距，增强新疆居民建设边疆守卫边疆的信心。边疆特殊工龄补贴资金由中央财政按80%比例支付，20%的资金由地方自筹，把提高边疆少数民族地区人员的收入待遇作为待遇留人事业留人的重要条件。

建立出疆物资运输补贴基金。乌鲁木齐市距北京的直线距离2700多公里，各地州市距乌鲁木齐市的平均600公里，县市间平均距离为100公里以上，高额的运输成本是降低新疆产品市场竞争力的主要难题。借鉴建立三峡电力基金的做法，建立出疆物资铁路运费补贴基金。

加大对中小企业的财税支持。积极运用财政贴息，帮助民营企业增强融资能力、吸引信贷和社会资金。建立中小企业发展专项基金，专门用于支持中小微企业发展。对民营企业、中小微企业和符合国家、自治区产业政策的新办企业，实行税收减免政策。要大力发展中小微企业，把就业作为经济发展的重中之重，作为社会稳定的重要基础。

着力解决总部经济问题。进口原油加工环节增值税全额留疆。提高矿产资源补偿费率。专项用于新疆1∶5万80.53%的区域地质调查未测面积以及地质灾害调查、地质环境治理。要着力解决好发展的财力问题。

三是加快建立与跨越式发展相匹配的金融政策。打造百家特色资源上市公司。资本化运作是新疆发展优势资源产业的重要工具，新疆丰富的矿产能源、文化旅游及其他特色资源必须实现资本化和证券化，企业上市是实现资本化和证券化最好平台。新疆应以具备优势的能源矿产、文化旅游、农林畜牧业等众多特色资源为依托，打造100家以资源开发及深加工为主业的上市公司，把新疆优势资源集中到上市公司，通过上市公司做大做强新疆的核心产业，进而带动新疆经济整体的发展。

赋予新疆组建特殊金融机构政策。适应面向中亚国际贸易发展需要，根据新疆经济社会发展需要和对外开放区域，组建中亚银行股份有限公司、新疆证券公司等地方化金融机构，发挥既有的辐射地理范畴和国际知名度，引进外来资金，为提升新疆作为中西南亚区域经济中心地位服务。中亚银行股份有限公司以乌鲁木齐商业银行为基础，吸收合并新疆各地州商业银行以及吸纳国内资本入股，国家开发银行、进出口银行、投资银行等政策性银行可以作为股东出资；同时以上海合作组织为平台，吸收中亚五国资本入股中亚银行。对到境外进行资源开发、加工贸易和产品替代发展的企业所需的流动资金贷款，经信用评级授予或扩大授信额度。对经济效益较好的境外资源开发类投资项目，给予专项商业贷款优惠利率支持。积极为符合条件的企业提供打包贷款、境外代付等形式的融资和国际结算服务。

建立新疆能源产业投资基金。新疆能源产业投资基金的投资方向以新疆石油、天然气、电力、煤炭、新能源等相关领域进行战略性和策略性投资为主，并成为与国外，特别是对中亚地区能源投资，最终建立有利于中国的能源供给体系。

创新新疆金融监管模式。新疆特殊的地理范围形成的金融监管格局是：人民银行受总行派出的西安分行管辖，而银监会、保监会、证监会均为直接派出机构管辖，金融监管的协调、高效、灵敏和适应性远非能适应新疆经济社会发展的需要，建议国家在新疆试点东部沿海城市对等的金融开放政策，改变金融监管模式。

加大对地方金融机构资本金支持。将新疆农村信用社纳入央行专项借款扶持范围，核销其不良贷款，延长税收优惠时限，并暂免征收股金分红个人所得税、减免行政事业性收费，对3%营业税实行先征后返。采取财政转移支付，或以拨款入股、国债资金、长期借款等方式，为新疆地方金融机构提供资本金支持。实行有别于内地的差额贷款利率政策。对新疆统一执行比全国平均水平低2个百分点的优惠贷款利率，利差由中央补贴。

四是加快建立富有区域特色的产业政策。建立特殊的土地使用政策。对利用国有荒山、荒地进行工业项目建设的土地，实行免交土地使用费政策。准许新疆实施耕地占补平衡制度。国家在土地利用政策上应对新疆实行区别对待，加大新疆后备土地资源重大项目开发整理投入，允许在新疆建立土地占补平衡制度，区别新疆土地价格的级差。

增大水资源向现代工业的配置。水是新疆最为稀缺宝贵的资源，在发展新疆农业的同时，应注重对水的高效运用，进而加大水资源在现代化工业上投入的比重。农业耗水较多、水资源运用效率较低，单位水量用于能源、矿产开发及化工等现代化工业的产出明显高于用于农业的产出。在没有彻底解决新疆水资源瓶颈的前提下，新疆应该适度发展农业，增大工业用水的比重会给新疆经济的快速发展做出更大的贡献。发展必须以水资源这条红线来统筹安排。

实行差别化产业政策。目前国家《产业结构调整指导目录》制定过程中主要是参照东部发达地区经济发展状况制定的，特别是一些限制类、淘汰类目录，西部落后地区执行有一定的难度。国家应给予新疆特殊的产业政策支持，允许新疆因地制宜发展特色优势资源下游加工业，对新疆边远、贫困地区资源开发性项目、基础设施建设项目给予更灵活的项目准入政策。

建设国家棉花、特色林果和绿色畜产品战略基地。制订棉花收购最低保护价，启动棉花政策性保险，建立棉花风险基金，将新疆棉销售与进口棉配额发放挂钩，支持新疆棉产品和特色林果精深加工。支持新疆大力发展牛羊产业，对新疆畜牧业生产资料和生产设施建设给予财政补贴，建立人工种草补贴政策、休牧舍饲补贴政策。

建设国家石油天然气化工和煤电煤化工基地。要不断提高新疆原油加工能力，使新疆原油加工能力年均提高30%以上。将新疆煤炭资源的综合开发利用纳入到国家能源发展战略规划，作为国家煤炭资源开发利用的重点区域。

加快发展一批出口加工基地和现代物流产业。以现有和未来开放的口岸为牵引，以口岸进出口加工区、边境经济合作区为平台，以通向口岸的国家骨干公路、铁路为支撑，大力发展出口加工业，加快建设一批向西出口加工基地和物流中转集散地，增加出口加工区仓储企业的现代物流配送功能，享受保税物流中心的待遇。

五是进一步加快向西开放步伐。 实施更加优惠的向西开放政策。对新疆境外投资企业进口原油、成品油、化肥、钢材、金属矿产品等资源性商品免征进口关税和进口环节增值税。对新疆境外投资企业生产的农产品，实行免关税配额的政策，以鼓励企业到境外去开发利用耕地资源。进一步下放边境小额贸易进出口商品管理的权限。赋予新疆对中亚国家贸易差别化贸易政策。恢复新疆开展边境贸易进口环节双倍抵扣政策和边贸出口商品的退税政策。赋予新疆政府较大的自主审批和相关政策制定的权限。

建立中亚国家经贸合作专项金。建立中国与中亚国家经济发展合作基金。参照中非合作模式，设立“中国—中亚合作基金”，为我国企业参与中亚资源开发提供政策性融资支持。将部分关税和进口环节增值税留在新疆，用于支持建立面向中亚国家的进出口加工基地、开拓中亚国家市场、鼓励企业扩大从中亚国家进口国家建设急需和国内紧缺的能源矿产资源、支持企业在中亚地区收购矿山、承包工程、建立农业生产基地和口岸基础设施建设等项目的补助资金。

加快自由贸易区建设。按照中国—东盟自由贸易区模式，办好中国—亚欧经贸博览会，启动建立中国—中亚自由贸易区前期工作。加快乌鲁木齐国际贸易中心和国家重要能源陆上安全大通道建设力度。大力扩充出口加工区功能，吸引国际研发机构进入出口加工区，进行研发、试制、加工、出口等生产活动。放宽区内企业产品内销的政策限制，降低国内市场对出口加工区企业的准入门槛。支持承接发达地区产业转移。

【作者单位：新疆自治区人民政府研究室】

推动山西转型跨越发展　标准化工作大有可为

常高才

标准化工作是经济社会发展的战略性、基础性工作，也是质监部门最基本的一项职能。当前，经济发展的国际化和全球化趋势，标准化工作的地位和作用日益凸显，山西转型跨越发展，再造一个新山西的战略构想，为标准化工作提供了广阔的舞台，标准化工作大有可为，标准化工作要成为提升经济发展速度和质量的推手、成为服务民生提高幸福指数的援手、成为打造美丽山西绿色山西的助手。

一、山西省标准化工作进入新的发展时期

近年来，山西省质监局将标准化战略作为服务政府，服务企业，服务百姓的重要抓手，面向需求，主动作为，整体筹划、有序推进，山西省标准化工作进入了新的发展时期。

（一）各级党委、政府越来越重视标准化工作。 近年来，全省系统标准化工作围绕重点，用工作成效赢得了各级政府的重视和支持，目前，山西省已有 8 个市、县将标准化工作纳入政府绩效考核数据采集，2012 年，国标委一次性批准了山西省 14 个国家服务业标准化试点项目，项目数量位居全国之首，省政府对完成国家服务业标准化试点建设的单位给予 100 万元奖励，这样的奖励幅度在全国也是不多见的，各地市政府纷纷出台举措推动标准化工作，太原、长治、晋中、阳泉、太原高新区等地市政府在试点建设经费、标准化工作奖励方面给予了大力支持，这些政策和资金的支持充分说明标准化工作已经成为各级政府推动工作的重要抓手。

（二）全省各行业参与运用标准化的热情空前高涨。 为提升标准化工作服务能力，从 2011 年开始，山西省标准化工作建立了“面向需求、广泛参与、公开透明、便捷高效”的工作机制，每年向全省 100 多个部门发布征求标准制定意见的函，极大地激发了全省各行业、各部门、各单位对标准需求的热情，标准制定呈现较快的增长态势，仅 2012 年就征集地方标准 133 项，批准发布地方标准 80 项，同比增长了 78%。2013 年年初，我们又专门召集省相关部门召开标准化联席协商推进会议，听取各部门对于标准化工作的需求和建议，并形成了合力推进的会议纪要，使标准化工作得到了更加广泛的认同和支持，目前已经向各部门征集地方标准达到 208 项。

（三）企业成为实施标准化活动的主体力量。 近年来，各地质监部门通过指导和帮助企业完善产品标准、加大标准宣贯培训力度，搭建标准化信息服务平台，借助行业协会、新闻媒体等力量，大力传递标准信息，使标准化工作在企业得到了深入的推广和应用，企业建立、完善和实施标准体系的主动性和积极性逐年提高，目前，全省大中型企业都成立了标准化组织，制定了标准化活动工作机制，加大了标准化的投入，积极按照标准组织生产和管理，积极参加各类示范和试点，创建标准化良好行为等活动，积极参加国家标准、行业标准的制订，科技创新型企业更多地将创新技术融入标准，发布企业标准的数量大幅攀升，全省确认、在建国家、省级标准化良好行为企业已经达到 33 家。

（四）人民群众越来越享受到标准化带来的福祉。 近年来，山西省加大了服务人民群众的标准化工作，建立健全了全省旅游业服务标准体系，高速公路管理体系、循环经济管理体系，农业标准化体系、社会服务和公共管理服务标准化体系，开展了晋中市国家旅游标准化试点城市建设，太原、长治、晋城、运城四个城市开展了国家级循环经济标准化试点城市建设，建立了 16 个国家级农业示范区项目、30 个省级农业标准化示范区项目等等，这些标准化试点城市的创建成果和标准体系的推广使用，农业标准化示范区项目的深入推进，为城市带来了更多的绿色，为人民群众生活带来了更多的便利，为农民增收带来了更多的福祉。

二、新时期标准化工作的地位和作用更加突出

目前，我们已经突出地感到，标准在经济社会发展中的作

用越来越重要，具体表现在：

（一）**标准是服务经济社会转型发展的重要支撑**。党的十八大提出全面建成小康社会的宏伟目标，山西提出转型发展，这将对标准化的需求更加迫切，标准在经济社会发展中的作用越来越重要，加快转变经济发展方式，标准是抓手、是杠杆、是导向；促进工业化、信息化、城镇化和农业现代化同步发展，都离不开标准化，经济社会的新发展新变化，需要不断完善标准体系，对滞后的标准及时更新，缺失的标准及时制定，另一方面，传统产业的升级需要标准抬高门槛，淘汰落后工艺和产能；新型产业需要标准高水平高起点涉及，抢占市场先机；社会管理和公共服务需要标准规范，保障和改善民生；安全环保需要标准制定守住底线，严把准入关口，实现可持续发展。

（二）**标准是应对激烈竞争的重要战略手段**。一流企业做标准、二流企业作品牌，三流企业做产品，可以说，标准是未来企业竞争的方向，标准是企业参与国际竞争的战略手段和制胜法宝，标准之争被经济学家称作“赢者通吃”，目前，以技术、品牌、质量、服务为核心的竞争优势，很大程度上是标准的优势，只有标准才能推进山西省的企业、产品和产业提升竞争力，从而占领行业制高点，提升行业话语权，促进全省经济社会由资源型向质量效益型转变。

（三）**标准是促进质量提升的基础性工作**。标准是质量的三大基础设施之一，质量的前提是标准，无论是企业组织生产经营，还是政府开展质量监管，都必须以标准为基础，用标准做准绳，2012 年，国务院颁布了《质量发展纲要》，如何落实，强化标准是基础，只有加快现代农业、新兴产业、社会管理等重点领域的标准体系建设，做好质量管理、品牌发展、诚信建设等方面的标准化工作，用标准引领产品、过程、服务质量的提升，才能实现质量强省；另外，标准做到质量评价有依据、风险分析有基础、检验检测有方法，所以，标准化工作也是更好地开展质量监督、检验检测、认证认可、执法打假的重要手段，是更好地开展质监工作的重要保障。

三、山西省转型跨越发展，标准化工作大有可为

山西省要实现“转型跨越发展，再造一个新山西”的战略目标，必将对标准化需求更加迫切，要求更加明确，措施更加具体，坚持以质取胜、质量强省战略也对标准化提出了新的更高的要求，所以山西省标准化工作大有可为。全省质监系统要从三方面入手，推动标准化为政府服务、为地方经济服务、为人民群众服务。

（一）标准化工作要成为经济发展速度和质量的推手

各级质监部门要按照“经济发展到哪里，标准化工作就跟进到哪里”的工作思路，注重建立科学高效的工作机制，及时跟进，主动开展工作，把标准融入经济社会发展的各项领域，各个方面，让标准成为经济发展的“助推器”；要进一步加强与行业主管部门的合作，完善协调推进机制，注重把党委、政府关心、关注和转型跨越发展急需的行业和领域作为主攻方向；要研究把握质量工作的规律和特点，研究产品质量标准化问题，用标准化引领产品、工程、服务质量的提升；要强化企业在技术标准创制中的主体地位，要鼓励企业参与标准制修订活动，发挥市场主体作用；以标准为重点，健全质量管理体系，强化社会责任和诚信意识，培育品牌，提高竞争力；要鼓励企业加大采用国际标准和国外先进标准的力度，鼓励和引导科技创新型企业参与标准化，用科技水平促进标准升级，用标准服务科技成果转化，培育更多的“山西设计”“山西制造”；要创新标准化活动的激励机制，尽快设立“山西省标准创新贡献奖”引导更多的部门、行业、企业投入到标准化建设的工作中来，壮大标准化队伍，迸发标准创新，推进经济发展速度和质量的活力。

（二）标准化工作要成为服务民生提升幸福指数的援手

保障改善民生、实现发展成果共享，是科学发展的基本要求和根本目的，是持续发展的基础和动力，全省的标准化工作要着力健全特色农业标准体系、旅游服务标准化体系建设，加强农业示范区、国家服务业标准化试点建设；要系统研究分析涉及人身健康安全标准化需求，加快消费安全、生产安全、公共安全等领域强制性标准制修订；要加强与质量监督、检验检测、认证认可、市场准入、执法打假有机衔接；要督促企业严格按标准组织生产管理，加大对违反标准生产行为的查处力度，保障安全；要抓好宣贯实施，提高全社会学标准、用标准的意识，让标准化成果真正惠及于民。

（三）标准化工作要成为建设美丽山西绿色山西的助手

党的十八大把生态文明建设放在突出地位，作为国家煤炭资源基地和国家转型综改试验区的山西，近年来，在省委省政府的全力推动下，全省通过技术创新，循环经济发展已成为转型发展、打造美丽三晋的金钥匙。目前，山西省 4 个地市也作为国家质检总局和国家发改委首家批准筹建的循环经济标准化建设单位，得到了各级政府的高度重视，各级质监部门要以此为契机，加快自身转变和创新发展步伐，加强与各级的沟通协作，充分调动发挥各方面积极性，从循环经济基础标准体系、城市市域标准体系、循环经济评价标准体系上下功夫，科学引领循环经济健康高效开展；要围绕综改试验区建设，围绕绿色标准化工作，重点在推动建立循环经济框架标准体系、节能标准体系、再生能源综合利用方面实现突破，并贯穿于生产、流通、外贸、消费和建设各领域各环节，着力构建资源节约、环境友好的产业结构、生产方式和消费模式，为建设美丽山西绿色山西发力。

标准提升质量效益、标准服务民生幸福、标准创造美丽家园，在山西转型跨越发展的重要时期，标准化工作一定能够大有作为，发挥更大作用，作出更大贡献！

【作者：山西省质量技术监督局党组书记 局长】

中国经济增长与地方政府管理经济方式转变

陈敬东

中国经济经历了改革开放以来的快速增长时期。但是我们过去的增长，大多是要素驱动。这种驱动的结果：一是增长依靠的是投资拉动和出口。投资又主要靠政府投资，而中央投资又集中在“铁、公、机”，地方政府集中在能出政绩的城市建设，民生领域的投资严重不足。更值得关注的是宏观政策的变化无定，让有投资的市场变态。中国的房地市场处在青春期，打压政策下必会反弹。二是粗放的经营模式将会对经济增长方式的转变造成影响。利益的驱动造成低端产业，包括高耗能、高耗能源等加大了资源消耗。三是政府改革十分艰难。用经济手段管理经济的方式方法不多，管理经济的成本过大。

中国未来经济增长，不是在不在于增长率保 8 或保 7 的问题。而是在于经济增长方式和政府管理经济方式的转变。这种转变不是一蹴而就的，是长期而又要从上到下的。首先是城镇化问题。现在的城镇化率不到 50%，按每年 1%的城镇化率增长算，我国还有 30 年城镇化高速增长期。城镇化必然会拉动经济增长，但这是一个静态的比率，问题是每年有 1000 多万的农村人口来到城市，城市的功能最现实的是住房保障能否保障？还有本来城市就业压力就大，再加这些就业压力是否有自由的通道解决？解决城镇化要对全国城市进行功能细分，不建设大而全的城市，而是靠卫星城市和城市功能网格化提高城市对县镇的辐射能力。二是农业现代化。现在农业、农村、农民的根本问题是农村生产力的提高，要推进农村土地流转制度改革。联产承包责任制，在偏远山区完善，在产粮区的大平原进行农业专业化细分，工厂化经营，规模化操作。三是政府自身改革。其方向是市场的让市场办，政府的政府办好。比如：卫生、社保、贫富差距、保障性住房、教育均等化、环保等，政府要有硬措施；对股票市场、汇率市场，包括房地产市场可以在规范的基础上适度放宽。

关于中国经济增长对本行业的影响。我从事的是地方政府融资平台行业。未来中国经济增长对我行业影响最大的方面：一是宏观经济政策。如果宏观经济政策如司机手中的方向盘想怎么拧就怎么拧，那地方政府融资平台就死定了。二是地方投资冲动和债务控制。分税制的财政体制运行了 18 年，中央财力集中了 60%。地方财力增长有限，于是就想到了土地财政，想到了用地方融资平台的办法解决资金难的问题。只有适度的让地方政府财权事权统一，下放一定的财力，上收一部分事权，同时开前门堵后门，发地方政府债解决地方政府融资难。三是房地产市场。地产市场如果长期处于被打压的情况下，地方政府融资平台也一样面临困难。我们希望是平台能对房地产市场能起到微观调控作用，对各地的刚性需求进行量化，对土地出让各地实行需求当量供应。同时，对两年不开发的土地坚决没收。保证有效的供应才是解决房地泡沫的根本。

【作者：湖南省襄阳市建设投资经营有限公司总经理】

TPP：中国不妨自愿加入

陈诗一

跨太平洋伙伴关系协议（Trans -Pacific Partnership Agreement，TPP）的前身是 2005 年由新西兰、新加坡、智利和文莱四国签署的跨太平洋战略经济伙伴关系协议，自从 2008 年美国加入并主导以来，影响大增，更由于其刻意把中国排除在外，倍加引人注目，TPP 似乎一下子就成为了美国重返亚太遏制中国崛起的经济大棒。有这样的想法并不奇怪，既然 TPP 的标准更高，理应由更容易达标的国家组成，但是按照 TPP 目前 12 个成员的构成，既包括了劳资标准还不如中国的秘鲁、马来西亚等国，也包括了和中国制度相似而且更难达标的越南，因此，把世界第二大经济体的中国排除在外并不符合逻辑。但是反过来，这也意味着要按照美国的意图把 TPP 打造成 21 世纪自由贸易的新标杆并不是那么容易，2010 年 3 月份以来的 17 回合谈判进展不大就是很好的说明。如果这些更不容易达标的国家最后都能够谈判加入 TPP，中国又为什么不能呢？我认为，中国对 TPP 根本不需要担心和排斥，完全可以表达自愿加入谈判的意愿，不管美国邀请与否。

中国加入 TPP 谈判有诸多利好。从开放的视角看，TPP 无疑会成为亚太区域经济一体化的重要推动力量，只有加入 TPP 等主要区域自由贸易协议才能进一步提升中国的开放水平和全球化程度，才能使得中国在 21 世纪的世界经济格局大国博弈中获得有利地位和与自身经济实力匹配的话语权。加入 TWO 之初，我们不也曾忧心忡忡，担心相关产业面临冲击如何存活，但是今天来看，加入 WTO 后的十年恰恰是中国经济增速最快的十年，中国目前已经成长为世界第二大经济体和第一大贸易国，外需驱动功不可没。然而，这十年也是多边贸易谈判困难重重的时期，事实上多哈回合谈判现在已经陷入僵局，因此，谈判对象更少、谈判成本更小的区域自由贸易协议更受各国青睐，大有架空 WTO 之势。

2008年全球经济危机之后，区域自由贸易协议更被赋予抵御风险和实现经济复苏的重要手段。美国奥巴马政府重拾小布什政府并不重视的TPP就是要扩大出口、提高就业和推动美国经济增长的内在需要。美国推进美欧跨大西洋自由贸易区和准备升级谈判北美自由贸易区也是如此。可以说，今天的经济全球化正表现出向区域一体化深入发展的显著特征，中国不能也不应缺席这个重要进程。目前，中国已经与东盟、新加坡和冰岛等签订了近10个双边和区域自由贸易协议，与香港和台湾地区也签署了CEPA和ECFA，特别是，中国正在积极参与由东盟十国发起16个国家参与的区域全面经济伙伴关系（Regional Comprehensive Economic Partnership, RCEP）。RCEP与TPP同是亚太区域自由贸易协议，市场和规模相似，而且成员有7个重叠，有意思的是，RCEP没有包括美国。正是由于TPP还没有包括中国，而美国又一心想把TPP打造成标准最严、排他性最强的自由贸易俱乐部，如果中国不尽早加入的话，肯定会对中国参与亚太区域经济整合进程带来负面影响。

从国内的改革看，为达到TPP要求的高标准所进行的各种改革努力也必然会助推中国的转型发展进程。正如加入WTO一样，中国收获的不仅仅是进出口的增长和FDI的流入，更获得了发展的动力，赢来了高速增长期，超越了许多没有像中国一样开放市场的国家。未来十年是中国发展的关键时期，为了彻底解决长期累积的各种经济社会矛盾，避免落入中等收入陷阱，中国仍然需要借助亚太区域经济一体化的有利契机来破解各项改革难题，成功打造中国经济升级版。由于市场化和全球化的巨大变化，较早签订的各种自由贸易协议已经不能满足现实多样化经济行为的需要，订立更高标准的区域自由贸易协议也在情理之中，而TPP最能体现这样的宗旨所在。为什么不能把加入TPP看成一个倒逼中国改革加速进行的积极冲击呢？事实上，TPP的许多准则与中国需要进行的诸多改革有着高度重叠。

比如货物、服务和农产品的贸易和投资准则，TPP旨在最大范围和程度上降低关税和非关税壁垒，甚至实行零关税，在区域内实现劳动和资本的充分流动。这对中国传统的劳动和资源密集型产业、落后的服务行业和农产品市场肯定会带来极大的冲击，但是好处也同样明显。贸易壁垒的消除将会极大地促进中国的出口和对外直接投资。中国还可充分利用TPP的原产地原则来制定适合中国经济发展战略和产业升级的规则，来保护中国的敏感行业（比如汽车产业、农业）和主要出口产业（比如纺织服装业），避免美国联合TPP内发达国家压制中国产业升级和产业链提升、扶持低人力成本国家挤压中国劳动力比较优势以及率先和资源性国家制定规则控制中国发展所需矿产资源这种局面的出现。美国的服务业很发达，固然想利用TPP来打开其他国家的服务业市场，但是中国也可以利用TPP平台来制定有利于发展现代服务业的规则，其中TPP采取的负向清单准则很值得借鉴，这可极大地促进中国服务贸易的发展，激发更大的贸易创造热情。

再比如竞争、市场准入、透明度和立法保障准则，TPP倾向于用严格的法律建立一个减少政府对市场干预、保证经济政策透明度和可预期性、给予所有企业国民待遇的自由贸易区。这些标准绝大多数就是现阶段中国政府正在大力改革的内容。在经济起飞阶段，政府可以发挥经济主导作用，通过要素投入来驱动经济增长，但未来10年中国要建成可持续的发展模式，必须要升级为生产率和创新驱动，这仅仅依靠政府主导的少数大型国企和相关产业扶持政策不足以实现，最终必须依赖发达的市场和富有创新活力的企业家精神。因此，加入TPP谈判可以起到倒逼政府加速进行行政职能改革的作用，政府要从市场能够发挥作用的经济领域坚决退出，赋予所有企业同等的准入门槛，政府还要树立服务市场的意识，为企业的正常运转培育良好的法制软环境，对于应该负责的领域则要管好和管起，而不是仅仅在减少审批事项的数量上做简单文章。

当然，美国主导的TPP新标准远不止这些，还包括劳资标准、环境标准、金融监管、知识产权保护、政府采购等一系列准则，虽然看似针对中国而定，但也确实都是中国经济发展的滞后环节和现阶段必须大力改革的领域。与其冒美国最终达成TPP协议而边缘化中国的风险，还不如知难而进，主动参与TPP谈判进程，因为TPP不仅仅是一个经济和贸易协议，更事关国家的政治和安全利益。美国要打破亚太原有的区域经济整合节奏，主导一个没有中国参加的TPP协议并不会那么容易，中国应该充分利用自身优势，像推动RCEP一样来积极加入TPP谈判，力争把这两个区域协议最终推动成为亚太自由贸易区。为此，中国可从内外两个方面来积极应对：

1．做好TPP谈判的准备。TPP想打破传统自由贸易区模式，达成无例外的更高标准的综合性自由贸易协议，这本身就是一个很难达成的目标，因为TPP现有12个成员的经济发展水平存在巨大差异，修改规则最终不可避免。并不存在绝对的一成不变的标准，事实上，美日就TPP谈判已经达成了美国汽车行业和日本农产品不纳入免税目录的例外案例。中国应该在认同TPP大部分准则的前提下尽早加入谈判，为涉及国家利益不能让步的行业和产品争取例外原则。

2．做足国内改革的功夫。一国贸易的自由化是以市场经济的发展为基础、以国内经济的相对自由为前提的。国内的改革做好了，市场经济发达了，签订高质量的区域自由贸易协议才有根基和底气。中国与TPP协议的差距并非不可弥合，可以通过改革来缩小差距。一方面可在全国层面上根据区域自由贸易协议特别是TPP的各种准则来寻找差距，制定国内改革的基本原则和实施方案；另一方面，对于那些一时还不能够在全国推行的自由贸易改革，可以通过在全国设立数个有代表性的自由贸易园区来进行先行先试，比如在上海、天津和重庆等贸易发展比较成熟的区域。自由贸易园区事实上是涉及贸易、航运、金融和生产的经济综合实验区，通过在这些园区实施最为宽松的改革政策，将它们打造成中国加入TPP的对外开放窗口。

【作者：复旦大学沪港发展联合研究所所长】

摆脱贫困谱新篇

陈增光

自 1840 年鸦片战争所开启的近代史，中华民族 160 多年的奋斗，就是要实现两个“中国梦”：一是国家独立、民族解放；一是消除贫困，民族复兴。1949 年，中华人民共和国成立，实现了第一个梦想；新中国成立尤其是改革开放以来，在中国共产党领导下，全国人民共同奋斗，努力摆脱贫困、建设社会主义现代化国家，正在实现第二个梦想。如果说正在托起的“中国梦”是一部伟大交响曲的话，那么扶贫开发的成功实践，则是构成这部交响曲的一篇壮丽乐章。

中国扶贫第一村

发轫于福建省宁德市，滥觞于全国的扶贫开发攻坚战，于上世纪八十年代拉开了其波澜壮阔的历史序幕。

1984 年 6 月 24 日，《人民日报》在头版刊登了一封来自宁德地区的群众来信，题为“穷山村希望实行特殊政策治贫致富”，并为此配发了《关怀贫困地区》的评论员文章。针对这个曾是老区基点村的“一部分农民温饱问题还没有得到解决”状况，文章大声疾呼：“我们共产党人的天职，就是领导全体人民走共同富裕的道路，如果让这些贫困现象长久继续下去，不但会影响整个农村经济的持续发展，也愧对那里曾为革命做出过牺牲的父老乡亲”。

一石激起千重浪。一场声势浩大、旷日持久的中国反贫困事业也由此有计划、有组织、大规模地推开。福建省委省政府历届领导高度重视，始终把扶贫开发作为改革、发展、稳定的一项战略举措，精心组织、扎实并随之形成不同阶段的扶贫开发策略和政策体系，通过从“输血功能”到“造血机制”建立、从“造福工程”到“整村推进”攻坚、从“产业开发”到“协调发展”变化等不同形式、不同内容的探索后，我省的扶贫开发也走出了一条“以经济发展为带动力量、以增强扶贫对象自我发展能力为根本途径，政府主导、社会力量与农民主体作用相结合，普惠性政策与特惠性政策相配套，扶贫开发与社会保障相衔接”的发展新路子，全省 242 万贫困人口彻底摆脱了贫困，提前六年实现国家提出的到 2010 年基本解决贫困人口温饱目标。

2009 年 4 月，福鼎市下山溪村被国务院扶贫开发领导小组命名为“中国扶贫第一村”。前不久，我用一个多月的时间，通过“走边点、看新点、访老点”的形式，重访当年闽东脱贫致富的老先进、老模范、老典型。所见到的一个个当年贫困村，都犹如一座座小城镇拔地而起，家家户户安居乐业，而想起 30 年前的土坯房、茅草房连片、道路泥泞不平……不禁有一种恍如隔世、时空交错的穿越之感。

“滴水穿石”见精神

在扶贫开发所取得的历史性沧桑巨变背后，不仅仅是欠发达地区、革命老区广大干部群众长期的艰苦创业、默默奋斗，也不仅仅是其物质财富的积聚与跃迁，更在于其精神财富的累砌与沉淀。他们渴望改变自身命运的“滴水穿石”般的韧劲意志、“弱鸟先飞、勇为人先” 的创业激情、“意气风发，放胆开拓”的坚强勇气、“人一我十、力求先行”的进取品格、“功成不必在我任”的奉献精神、“以开放促开发、以发展聚合力”的创新智慧等，都是一笔巨大而丰厚的动力资源，取之不尽用之不竭。如始于宁德地区的“造福工程”，就是摆脱贫困路径的有益尝试和扶贫开发机制的积极探索，在省委省政府倡导下推广多年，造福全省群众无数。

在这场摆脱贫困的历史征程中，时任宁德地委书记习近平同志所倡导的“滴水穿石”精神，更是欠发达地区、革命老区广大干部群众宝贵的精神财富。“一滴水，既小且弱，对付顽石，肯定粉身碎骨。它在牺牲的瞬间，虽然未能看见自身的价值和成果，但其价值和成果体现在无数水滴前仆后继的粉身碎骨之中，体现在终于穿石的成功之中。在整个历史发展进程、在一个经济落后地区发展进程，都应该不追慕自身的显赫，应寻求一点一滴的进取，甘于成为总体成功的铺垫。”“我推崇滴水穿石的景观，实在是推崇一种前仆后继、甘于为总体成功牺牲的完美人格；推崇一种胸有宏图、扎扎实实，持之以恒、至死不渝的精神。”正如已故省委老书记项南同志为《摆脱贫困》一书所作序言所说的那样，“虽然近平同志已经调离宁德，但今天是从昨天走过来的，他留下的这份精神财富，肯定会对继任者起承前启后的作用”。

正是这种穿越时空的一种抗争精神、一种拼搏意志、一种前行力量，使得各级领导干部在不懈地坚持着“一任接着一任干，一任干给一任看，任任干给人民看”之信条，继续卧薪尝胆、矢志如初，再接再厉、奋斗不息，我们才有了今天来之不易的丰硕成果。作为当年全国重点帮扶的十八个集中连片贫困地区之一的宁德市，实现了历史性的大跨越。2012 年全市所完成地区生产总值、财政总收入和农民人均纯收入，分别比 1990 年增长了 14.4 倍、44.2 倍和 13.6 倍。当前，全市上下扎实围绕实施“环三”战略，积极构建“高质高效新产业、宜业宜居新城镇、畅通便捷新交通、丰富多彩新文化、幸福和谐新民生、优质优美新环境”的“六新大宁德”发展思路，开发成效显著、崛起势头强劲。宁德市正计划通过五年努力，打造福建“新增长极”，跻身全省“第二方阵”，与全省同步全面建成小康社会。

“四个坚持”启未来

扶贫开发是一项长期艰巨的系统工程，因为贫困事实和贫困现象的存在，是由自然、历史、经济、人文、社会等多种因素综合作用的结果。我们必须不断解放思想、创新体制、倾斜政策、强化手段、提升水平，认真落实福建省委尤权书记“要抓得更有特色、更有实效”要求，必须注意把握好以下几个关键：

一是坚持开放开发。“小康不小康，关键看老乡”。党的十八大报告明确提出，到 2020 年全面建成小康社会。但没有农村的小康，特别是没有贫困地区的小康，就没有全面小康。我们必须从战略全局出发，通过扩大开放，引入更多的外部资源，巩固温饱成果、加快发展步伐、改善生态环境、提高发展能力、缩小发展差距，为实现“中国梦”增砖添瓦。

二是坚持科学发展。着眼于提高区域自我发展能力，继续坚持“政府主导、社会参与、自力更生、开发扶贫、科学发展”的扶贫开发路子，充分结合“百姓富、生态美”的发展战略取向，主动融入新形势下的城镇化进程，努力实现欠发达地区经济、社会、文化全面发展和资源、人口、环境的可持续发展以及统筹协调发展。

三是坚持不断创新。在新形势下我们要大胆探索、不断创新扶贫开发新的发展形式、构建新的发展载体、开辟新的发展渠道，把资金、物资、技术、信息、人才等资源要素集中起来，推动质量更好、层次更高的扶贫开发。

四是坚持资源整合。必须进一步建立健全把社会各方扶贫力量动员和整合起来的有效机制，充分发挥各级老区发展促进会、扶贫开发协会、扶贫基金会等社会组织和团体作用，动员和组织各方社会力量参与，共同形成“大扶贫格局”，不断聚集扶贫济困正能量，为福建省早日全面建成小康社会贡献一份力量。

【作者：福建省省扶贫开发协会　福建省扶贫基金会会长】

在数字城市地理空间框架建设项目成果
——新闻发布会上的讲话

陈建国

数字城市地理空间框架是国家空间信息基础设施建设的重要内容，它为“数字城市”、“智慧城市”建设提供统一、权威、标准的地理信息公共服务平台和信息服务环境。浙江省的数字城市地理空间框架建设工作，得到了省、市、县各级人民政府的高度重视和有关部门的大力支持，并取得了一定的成绩，主要体现在以下几个方面：

一、全省各级人民政府高度重视数字城市地理空间框架建设工作

当前，浙江省正处于经济社会发展的重要时期，推动产业转型升级、新型城市化建设、社会管理创新、信息化建设和电子政务工作等，都需要数字城市地理空间框架为其提供统一的地理信息公共服务平台和基础地理信息支撑。全省各级人民政府都充分认识到数字城市地理空间框架对推进信息化建设和国民经济与社会发展具有重要的基础性、支撑性作用，高度重视数字城市地理空间框架建设工作。

《浙江省基础测绘管理办法》规定，建设和维护数字城市地理空间框架是市、县测绘与地理信息主管部门组织实施的基础测绘项目，列入国民经济社会发展计划，经费纳入财政预算。浙江省政府办公厅专门向市、县（市、区）人民政府、省政府各部门下发关于加快数字城市地理空间框架建设促进地理信息公共服务平台应用的通知，省财政安排 5190 万元专项资金，用于支持全省县（市、区）的数字城市地理空间框架建设。

各市、县（市、区）人民政府积极落实项目经费，主动申报立项。在建设过程中，各地人民政府都制定下发了规范建设和应用的相关规定，协调工作，积极推进数字城市地理空间框架项目建设。

二、全省数字城市地理空间框架建设工作全面推进

2008 年 12 月，浙江省基础地理信息系统建设项目通过了省发改委组织的验收；2013 年初，浙江省地理空间数据交换和共享平台分别通过省发改委、省科技厅组织的验收，并通过了由国家测绘地理信息局组织的科技成果鉴定。这标志着数字浙江地理空间框架全面建成。

浙江省共有 11 个设区市，至 2012 年底，已有杭州、宁波等 9 个设区市的数字城市地理空间框架建设项目先后通过国家测绘地理信息局组织的验收，其中嘉兴、温州、宁波、杭州等 4 个设区市被国家测绘地理信息局授予“全国数字城市建设示范市”荣誉称号，其余 2 个设区市正有序实施，计划于 2013 年底通过验收。

在县（市、区），除主城区外，我省被纳入数字城市地理空间框架建设的县（市）共计 63 个，截止 2013 年 8 月初，已有 47 个县（市）完成立项申报工作并获得我局批复，立项率达 75%，其中 6 个县（市）已建成并通过验收。

在数字城市地理空间框架建设过程中，浙江在认真贯彻执行国家建设方案和标准规范的同时，坚持从实际出发，积极创新建设和应用服务模式。在建设条件具备，设区市和所辖县（市）政府思想统一的地区，我们采取市、县（市）建设方案统一设计、联动建设的方法；在经济条件差、技术力量薄弱的个别欠发达县（市），我们采取数据资源和数据库独立建设与更新，服务器和系统运维服务托管在设区市的做法。为了服务省委省政府浙中城市群建设战略和义乌国际商贸综合改革试点国家战略，我们在国家局数字金华地理空间框架建设试点项目中，突破行政区域界线，积极协调绍兴、丽水、衢州的测绘与地理信息主管部门，努力打造浙中城市群数字城市地理空间框架，服务区域经济发展。

三、建设成果丰硕，经济和社会效益显著

一是丰富了市县基础地理信息资源，推进了基础测绘工作。通过数字城市地理空间框架建设，加快了基础地理信息资源建设，同时也极大地推动了全省的基础测绘工作。获取了覆

盖全省的航空影像和卫星影像数据，其中分辨率为 0.18 至 0.4 米的数码真彩影像占全省陆域面积 40%以上；覆盖全省陆域范围的 1:10000、城市规划区范围的 1:500、1:1000、1:2000、1:5000 国家基本比例尺地图及其数字化产品得到及时更新；在已开展数字城市地理空间框架建设的地区基本实现了 1:2000 国家基本比例尺地图及其数字化产品的全覆盖；建成了基础地理信息数据库和地名地址、地下空间设施、遥感影像、城市三维精细模型等数据库，丰富和完善了基础地理信息数据体系。

二是推广应用成效显著，促进了地理信息资源共建共享。随着我省数字城市地理空间框架建设的全面开展，各地构建起纵向贯通省、市、县（市、区），横向联通各有关部门的地理信息公共服务平台，有效促进了地理信息资源的共建共享。数字浙江地理空间框架（省地理空间数据交换和共享平台）已整合了 38 个省级厅局和单位的 119 大类 1000 多个图层的专题数据，支撑基于平台的应用系统已达到 64 个。各地已接入或基于平台开发及正在建设的应用系统达 300 多个，为当地经济转型升级、信息化建设、城市管理、辅助决策等工作提供了有力支撑。目前正在开展的地理国情普查工作，也充分利用了 1:2000 数字线划图、地名地址数据库、高分辨率航空数码影像等数字城市地理空间框架建设的数据成果，提高了工作效率。

三是有力促进了“天地图”建设，更好地服务民生。我省结合数字城市地理空间框架建设，同步开展“天地图”市、县级节点建设，目前已有 11 个设区市、8 个县（市）建成“天地图”节点。“天地图”网站内容丰富，覆盖日常生活的方方面面，为公众出行、购物等提供了便利。企事业单位或个人用户还可以利用“天地图”节点提供的二次开发接口，调用“天地图”地理信息数据资源，促进地理信息资源共享和高效利用。

四是发挥基础平台作用，推动智慧城市建设。数字城市地理空间框架建设成果已在我省的智慧交通、智慧电力建设等领域发挥了重要的基础作用。为服务智慧城市建设，宁波市已将数字宁波地理空间框架升级优化为智慧宁波地理信息共享服务平台，为智慧宁波建设提供及时准确的地理空间基础和位置服务。数字城市地理空间框架已经成为我省智慧城市建设试点的基础平台和必备条件。

目前，我省数字城市地理空间框架建设正如火如荼地开展。计划于 2013 年底完成全部县（市、区）数字城市地理空间框架建设的立项申报工作，到 2015 年底完成全部县（市、区）的数字城市地理空间框架建设工作。我们将加强督促指导，突出推广应用，加快推进数字城市地理空间框架建设，为我省智慧城市和信息化建设作出新的更大的贡献！

【作者：浙江省测绘与地理信息局局长】

认真履行检察职责
为推进县域经济快速发展服好务

邓广丰

为了贯彻落实内蒙古自治区党委“8337”的发展思路，科左中旗旗委、政府提出了发展壮大县域经济的宏伟目标，学习后为之振奋。检察机关作为法律监督机关有责任、有义务为推进县域经济快速发展服好务、护好航。

一、充分认识加快发展县域经济的重要意义

发展县域经济是旗委、政府按照自治区党委、通辽市委对科左中旗发展的新要求，着眼长远发展，统筹考虑旗情提出来的。抓住了科左中旗推动科学发展的突破口和着力点，具有很强的针对性。

首先，加快发展县域经济，是深入贯彻落实党的十八大精神，加快实现全面建成小康社会的重大部署。发展县域经济，体现出加快形成新的经济发展方式的重要性和紧迫性，着力增强创新驱动发展新动力，着力构建现代产业新体系和培育开放型经济发展新优势。是自治区重大发展战略在科左中旗的落实和细化深化，必将有利于增强科左中旗长期发展、加快发展后劲、实现科学发展、富民强旗、全面建成小康社会的目标。

其次，加快发展县域经济，符合全旗各族人民的愿望和期盼。科左中旗是全国蒙古族人口第一旗。最基本的旗情是欠发达，属国家级贫困地区。经济基础薄弱，民生经济、社会事业、人民生活发展缓慢。只有发展壮大县域经济才能进一步增加收入，提高人民生活水平，才能有更多的财力发展社会事业，提高服务水平，满足全旗各族人民群众的期盼，促进社会和谐稳定。

三是加快发展县域经济，是推动经济社会持续健康发展的重要保证。全面建成小康社会最艰巨最繁重的任务在旗县，难点在农村。农村经济发展了，县域经济的发展任务就实现了大头。我旗大部分自然资源分布在农村，目前旗委、政府规划建设的许多重大项目也布局在农村。当前和今后一个时期，推动全旗经济健康持续发展的主阵地在农村。只有加大农村的项目建设，才是对全旗县域经济发展壮大的重要支撑。

二、立足检察职能，为县域经济的发展服好务

检察工作只有以经济建设为中心，提高保障改革、服务发展、维护和谐稳定的能力，才有生命力。按照旗委、政府确定的“打造五大基地，确保四个翻番”的目标，紧紧围绕“科学发展，富民强旗”和“开放转型，创业富民”的总要求，全力为我旗加快县域经济的发展提供有力司法保障和法律服务。

（一）履行法律监督职能，创造和谐稳定的社会环境。要加大查办和预防干扰、损毁县域经济发展的职务犯罪工作力度，保持查办职务犯罪案件的强劲势头。按上级检察机关查办

和预防职务犯罪的工作重点，结合左中实际，集中查办有影响的贪污贿赂、渎职侵权犯罪。认真落实预防职务犯罪工作制度，主动向旗委、人大报告预防职务犯罪的开展情况。要严力打击破坏县域经济发展的各类刑事犯罪，在完善工作机制，提高办案水平上下功夫。要突出审查逮捕、审查起诉的工作力度，认真贯彻宽严相济的刑事司法政策，健全批捕、起诉效率和案件质量效果工作机制。规范轻微刑事犯罪案件的快速办理和刑事和解机制，运用法律政策手段，推进未成年人犯罪案件专人办理、分案起诉制度，探索建立对罪行轻微的老年人犯罪依法从宽处理机制，依法保障特殊群体的合法权益，以此促进县域经济发展的和谐稳定局面。

（二）坚决维护司法公正，全力提高人民检察院的执法公信力。发挥好检察机关的监督职能，不断提高司法公信力，是党的十八大确定的全面建成小康社会的重要目标。服务保障县域经济发展，必须把维护司法公正、提高检察公信力作为根本，切实实现习近平总书记提出的“努力让人民群众在每一个司法案件中都感受到公平正义”。要把提高检察队伍素质作为基础性工作，深入开展“三个年”建设活动，严肃工作纪律整顿工作作风，以党建带队建、强素质树形象，坚决杜绝慵懒散奢、冷横硬推、吃拿卡要等不良作风，自觉“恪守检察职业道德，促进公正廉洁执法”，树立“反特权思想、反霸道作风”，维护人民群众合法权益，解决好他们反映的突出问题。

（三）加强检察建议工作，为推动社会管理创新做出应有贡献。紧紧围绕“三化”互动、“四大立旗产业”、“300万亩高效节水农业、200万亩饲草料基地、100万亩黄牛养殖”和“打造以孝庄园、哈民遗址为主的独具特色的文化旅游产业”建设，开展好检察调研。从全旗实际出发，对近年来反映突出的土地草牧场纠纷、矿业产权纠纷、民间借贷纠纷等案件制定检察指导意见，牢牢把握检察服务的前瞻性和主动权。要推动依法科学决策，在对全局有重大影响的规范性文件或决策出台前，在重大工程建设项目立项前，积极向有关部门建言献策，对检察工作中发现有影响县域经济发展的苗头性和倾向性问题，及时向旗委、政府报告，对个性问题和管理漏洞，及时向有关部门提出检察建议。同时，要建立健全检察建议工作机制，进行跟踪和反馈，确保检察建议转化为推进县域经济发展的重要举措。

三、强化保障措施，确保县域经济发展取得实效

作为检察机关，服务和保障全旗县域经济发展，就必须创新工作理念，不断强化大局意识、服务意识、责任意识、法律意识，强化保障措施，确保在真抓实干中取得实效。一要强化服务理念。要切实更新司法理念，强化服务意识，特别是检察院的领导班子，要不断提高对县域经济发展壮大重要性的认识，每作一项工作决策，每处理一起案件，都要从是否有利于发展壮大县域经济的目标出发，是否有利于改革发展稳定大局出发，是否有利于保障和改善民生出发，坚决摒弃就案办案、机械执法的观念。二要强化组织领导。要建立健全发展壮大县域经济的领导机构和工作机制，明确目标责任，要明确“一把手”是第一责任人，确保各项工作任务和措施落到实处。检察机关内部要协调好关系，要把业务工作纳入到发展县域经济的大局中，用业务工作的优异成绩促进县域经济工作的深入开展。三要强化工作措施。要进一步制订方案，细化工作措施，落实工作责任。要把服务和保障县域经济发展的目标纳入到检察工作的绩效考核中，加大考核力度，严格落实奖勤罚懒，推动服务和保障工作取得新成效。四要加强沟通协调。检察机关要加强与发展县域经济的有关单位、重点项目地区、重要领导部门沟通协调，积极协调解决发展县域经济遇到的重大个案和重大事项，及时向旗委、人大、政府汇报有关涉法涉诉问题，为检察机关的服务和保障工作奠定坚实基础。

总之，落实好发展壮大县域经济的各项工作任务，是检察机关职责所系、任务所需，我们一定要教育全院检察干警，要牢记为人民服务的宗旨，牢记“空谈误国、实干兴邦”的道理，为发展壮大县域经济，为科左中旗的繁荣稳定贡献检察机关的一份力量。

【作者：科左中旗检察院党组书记 检察长】

小微企业发展的突出问题及建议

郭振家

近些年来，小微企业在促进我国经济增长、增加就业、科技创新与社会和谐稳定等方面具有不可替代的作用。然而，当前一些小微企业经营中存在着难以应对的重重难关，融资难和税费负担偏重等问题突出，对此不能不引起我们的注意。这些难关突出表现在，第一关就是融资关。2013年以来，由于银行信贷紧缩力度增大，而针对小微企业的直接融资的“通道”又太少，使一部分小微企业面临融资难，且融资成本不断上升。第二关是成本关。今年以来，原材料、劳动力、租金、资金等多项成本大幅上涨，加之中小企业在产业链中缺乏议价能力，无法通过定价转移成本，于是利润空间遭到压缩，处于亏损边缘。第三关则是用工关。据一些中小企业人力资源部负责人介绍，目前中小企业很难招到熟练掌握生产技术的蓝领工人，原因是要求的薪酬太高，企业难以承受，有时去一次招聘会连一个人都招不到。第四关是税负关。当前，中小企业税负偏重是不争的事实。据统计，如果把中国各种隐性、显性的税加在一起，很多中小企业平均税负在40%以上。税种包括增值税、城市维护建设税、教育附加费、印花税、房产税、车船使用税、城镇土地使用税、企业所得税等多项，仅增值税一项就占营业额的10%。税负关使企业难堪重负。

小微企业发展中面临着重重难关，加之银行贷款门槛不断提高的现状，使得那些资信状况并不占优势的小微企业从银行分到的信贷之“羹”越来越少。在资金瓶颈中生存，不少小微企业只好转向民间借贷，从而造就了民间借贷利率的暴涨。在当下的民间借贷市场上，月息10%是最常见的利率标准，有的地下钱庄年息居然达到了180%。根据国家规定，民间借贷利率不得超过基准利率4倍，那按一年期利率计，4倍基准利率为26.24%；而月息10%，折合年息就是120%，已超过了商业银行贷款利率的18倍。民间借贷利率的暴涨，还形成了一个火爆的高利贷产业链。这个产业链，囊括了商业银行、担保公司、典当行、信托投资公司、租赁公司、上市公司、民营企业及个人，整个链条环环相扣，共同造就了活跃的民间高利贷。在高利贷链条中，担保公司是个重要角色，通过担保获取银行资金，然后用于放贷，最终成为民间高利贷的积极推动者。而这场火爆的高利借贷中的可怕之处就是，由于民间借贷行为存在交易隐蔽、法律地位不确定、风险不易控制等特征，有些甚至以非法集资、洗钱等犯罪行为充斥其间。一旦民间资本借贷出现问题便会像“多米诺骨牌”一样引发一连串的问题。有媒体报道称，因资金链断裂而“跑路”甚至跳楼的温州企业主仅9月以来就高达25人。他们要么借了高利贷，但营业利润抵不上所需偿还的高额利息；或者自己担保的巨额资金连本带息难以收回。还有，不少中小企业既是债权人又是债务人，一旦哪个环节出现了问题，上游下游都会随之出现不良运转。

目前，财政部会同国家发展改革委印发通知，决定从2012年1月1日至2014年12月31日，对小型微型企业免征管理类、登记类、证照类行政事业性收费，具体包括有企业注册登记费、税务发票工本费、海关监管手续费、货物原产地证明书费、农机监理费等22项收费。通知指出，各有关部门要督促本系统内相关收费单位加强对小型微型企业享受收费优惠政策的登记备案管理，确保符合条件的小型微型企业享受收费优惠政策。各省、自治区、直辖市财政、价格主管部门要加强监督检查，对不按规定落实免征行政事业性收费政策的部门和单位，要按规定给予处罚，并追究责任人员的行政责任。通知的下发为小微企业发展带来机遇，为此具体建议如下：

首先，相关部门应积极按照国务院常务会议提出的支持小微企业发展的金融、财税政策九项措施办事，紧密与商业银行加强沟通与联谊，并提请商业银行对小微企业的资金需求提供信贷支持。要提高小型微型企业增值税和营业税起征点以及进行结构性减税。加大对符合国家产业和环保政策、能够吸纳就业的科技、服务和加工业等实体经济的支持力度，引导和帮助小型微型企业稳健经营、增强盈利能力和发展后劲。

其次，资本市场要为小微企业股权融资创造有利条件。逐步扩大小微企业集合票据、集合债券、短期融资券发行规模，积极稳妥发展私募股权投资和创业投资等融资工具。进一步推动交易所市场和场外市场建设，包括中小板和创业板以及三板市场建设。拥有符合国家重点产业调整和振兴规划要求的新技术、新工艺、新设备、新材料、新兴业态项目的中小企业应将陆续成为上市公司中的一员，以改善小微企业股权质押融资环境，进而远离高利贷融资环境。

再次，尽快建立健全中小企业信用担保制度。中小企业信用担保制度能够有效分散金融机构对中小企业融资的风险，切实解决中小企业融资难问题。近年来全国中小企业信用担保体系建设已取得积极进展。下一步，中小企业信用担保机构要通过合理确定并适当降低贷款担保收费标准，简化贷款担保手续，缩短贷款担保办理时间等办法提高信用担保质量。还要加强与银行协商，争取在授信额度内采取“一次授信、分次使用、循环担保”方式，提高审保和放贷效率。

【作者：全国政协委员　福建省政协副主席　省新闻出版局局长】

农村科技从单向突破到链条整合

——试论县域农村科技服务综合体的构建

刘　波

一、研究背景

党的十八大将城乡发展一体化、促进城乡共同繁荣列为解决“三农”问题的根本途径。要完成这一任务，农业农村工作必须尽快实现四个转型：一是经营主体转型，农民从精于生产的传统农民向懂技术、会经营、善管理的新型农民转型；二是农业功能转型，农业从追求单一的生产功能向追求生产、生活、生态并重的多功能农业转型；三是组织制度转型，在家庭联产承包责任制基础上不断提升农业集约化、组织化、企业化程度；四是农村社会服务转型，将现有农村社会化服务从重提高生产效益向提升生活质量并重转变。要实现上述四个转型，就需要对现有农村社会化服务体系进行全新的构建。

我国现有农村社会化服务体系问题颇多。一是系统性不强，无法为“三农”工作提供配套、系统的服务，重生产轻销售，重生产轻生活，对农业生产效益和农民生活质量提升关注不够。二是协调性不够，部门之间力量分散，农科教、产加销、贸工农等各环节协调运作困难，缺乏配套性和前瞻性。三是科技服务不到位。农技人员综合服务能力不足，服务积极性不高。四是政府的财政投资效率不高，持续性差。

笔者认为，建设农村科技服务综合体，是解决当前农村社会化服务存在的问题、促进城乡一体化发展的有效途径，通过农村科技服务综合体建设，可以有效整合农村社会化服务资源，推动政府、企业、科研单位、农民的有机结合，构建起专业化、组织化、社会化相结合的新型农村社会化服务体系，在继续做好技术服务、生产服务的同时，可以加强在农村组织制度创新、社会保障、农村消费等方面的指导与支持力度，加快农民生活的市民化，实现农村社会服务的长效发展。

二、农村科技服务体的建设思路与建设原则

（一）建设思路

农村科技服务综合体建设应以科技为支撑，建立农业生产技术攻关与技术指导、农业科技示范、农产品物流、农民培训、农村组织制度创新、农民生活服务环环相扣、综合高效的农村服务体系。通过农技推广、企业经营、政府管理与农民合作组织的紧密联系，推动农村社会服务力量的四个结合：农业生产、农民生活、农村发展结合，农业产前、产中、产后服务结合，政府、科技、企业、农民合作组织结合，科技引领、政府扶持引导、市场化运营结合，促进科技服务“三农”的长效化、常态化。

在我国目前的农业生产方式和农村社会管理体制下，以县域经济为单位建设农村科技服务综合体较为可行。其主要思路是：在县城建立农业物流商贸城，组织农超对接，承担农资与农产品的营销，打通生产与销售通道。在县域重要农产品生产乡镇建立农业物流中心，形成村镇商业中心，集农产品加工、农业超市、物流配送、电子商务、农村教师住宅、农村医院、农村培训教室、农村养老院、农村娱乐中心等为一体，打通生产与生活通道。在自然条件和农业生产基础较好的乡镇建设智慧农业博览园，承担农业高新技术的展示与示范、农民培训、农民合作组织指导、农业生态休闲等工作，打通科研与推广通道。在主导（特色）农产品生产较集中的乡镇建设农业综合实验站，承担生产技术攻关任务，打通科研与生产通道。

上述四条通道建成后，一个县就围绕农业产业链形成了科研、推广、物流、培训、生活服务等完整的服务网络。

（二）建设原则

以农为本，因地制宜。坚持以更好地服务“三农”为出发点，立足当地主导特色产业与自然条件，注重生产、生活、生态三位一体的和谐发展，推动农村发展方式的根本性转变。

政府引导，多方合作。政府做好规划、制定政策、资金扶持，推动资源要素的统筹，发挥科研单位人才、技术等支撑作用，强化企业的市场化运作功能，构建由政府、企业、科研单位、农民专业合作组织优势互补、互利互惠的多功能、复合型、创新性的产业结合体。

市场主导，长效发展。引导企业积极参与投资建设，以市场机制把龙头企业、科研单位、农民合作组织、种养大户等有机组织起来，以市场为导向，以科技为支撑，利益共享、风险共担，实现农村社会化服务的长效发展。

统一模式，规范运作。政府、农业龙头企业、农业科研单位、农民合作组织四方通过有法律约束力的协议，建立统一的紧密型协作关系，构建一个相互依存、高效运作的稳定支持构架。建立可复制的规范化、模式化运作体系，提高信赖度和市场竞争力。

三、建设重点与规模

县域农村科技服务综合体应重点建设三大综合服务平台（载体），即：农村物流综合体、农业综合实验站（专家大院）、智慧农业博览园（现代农业科技园），形成一县范围内较为完善的农村服务体系。

（一）农业物流综合体

以企业为主体，以农村物流体系为基础，吸纳其他各类农村社会化服务力量，通过体制机制创新，为农村搭建一个综合性、一体化服务平台，解决单体服务力量无法解决的问题，增加农民收入，提升农民生活质量。

1．农业物流商贸城。在县城建设农业物流商贸城，作为本县域内的农产品与农资物流中心、农村科技服务综合体管理中心、农村六大员生活中心。占地 100 亩左右。一般可建设 1 幢商贸主楼、2 幢物流楼、2 幢商住楼。商贸楼 1～2 层设农业超市、金融服务机构，主要服务于农资与农产品销售；3 层以上为办公区（也可兼作住宅），用作检验检疫、工商等农业物流配套服务。物流楼主要用于县域农产品集散，一般可建设 2 层，一层为生鲜农产品区，二层为干品和加工品区。商住楼主要用于农村六大员、物流企业工作人员、教师、医生等农村社会化综合服务人员的住房。

2．物流中心（站）。在主导或特色农产品生产较集中的乡镇建立物流中心（站），作为本乡镇范围内或周边乡镇的农产品与农资物流中心、农村科技服务综合体管理中心、农村六大员生活中心。占地 10 亩。建设 1 幢 5 层左右商贸楼，1 幢 2 层左右物流楼。商贸楼 1 层设乡村超市、农村金融服务机构，主要用于乡村农资与农产品销售，兼作工业品超市；2 层以上为生活服务区，主要用于乡村医疗、乡村培训、乡村养老等服务，同时作为农村六大员、物流企业工作人员、教师、医生等农村社会化服务人员的公寓。物流楼 1 层设农业物流区，主要用于乡镇农产品集散；2 层设生产服务区，主要用作农技推广、检验检疫、工商等农村物流配套服务平台。

3．规模化生产基地。根据当地主导或特色农产品的生产规模，以村庄或乡镇为单位，建设一批规模化、标准化农产品生产基地，每个乡镇物流中心建设 3～5 个基地，每个基地面积 3000 亩以上，为农业物流提供安全、稳定的农产品供应。

（二）农业综合实验站

在主导（特色）农产品生产较集中的乡镇，根据特色农产品数量各建设 1～2 个农业综合实验站，每个占地 10 亩左右。

建设方式：与国家现代农业产业技术支撑体系、行业实验站、专家大院等相结合，实行院县合作，由所在地政府在土地、基础设施建设等方面提供支持，科研单位在技术、项目、资金等方面进行投入。

主要功能：推广应用农业“五新”成果，培训农业从业人员，作为科技人员长期定点科研与服务平台等。形成集“观测、研究、试验、示范、人才培养”五位一体、具有科学数据积累、科技创新、学术交流、人才培养和科技示范功能的农业野外科技服务平台。

（三）智慧农业博览园

在生态环境较好、山水田配套、交通较为便利、乡土文化气息较为浓厚、特色农产品生产基础较好的乡村，通过公司+

科教单位+农民合作组织（+农户）的合资合作方式建设智慧农业博览园，其中企业为投资主体，科技为技术支撑，政府在用地、政策等方面提供支持，形成集农业科技创新、种质资源保存、农业成果展示、休闲农业示范等功能于一身的现代农业示范园区。面积 1000～3000 亩，根据各地自然与生产条件，选择建设以下全部或部分项目。

1．农业科技主题公园：以当地主导、特色农产品为主题，进行农业优良品种引进与开发、高新技术示范应用与推广、农村文化展示、科普宣传等建设，打造一个展示农业文化、科技博览、闽台合作、观光旅游的现代农业示范园区。在设计理念上，按照高水平的园林标准设计，将自然风光和休闲观光资源融入农业生产中，形成自然景观、科技景观、田园景观的有机融合，休闲观光、科技创新、产业孵化、科普教育和生态建设有机联系的休闲观光农业科技主题博览园。总体可建设一环五区一中心，即：环园区生态景观走廊，种质资源展示区、绿色农产品规范化生产技术展示区、循环农业展示区、农业工厂化生产展示区、农耕文化展示区，综合保障服务中心。

2．休闲农业生态园：利用农村田园风光、自然生态及环境资源、农村人文资源等，结合农业生产，发展以农业生态游、农业景观游、民俗风情游、特色农（牧、渔）业游为主的休闲农（山、渔）庄和农（牧、渔）家乐等。可重点建设观光采摘农园、市民农园、休闲农场、农业公园等。

3．微生物发酵床人工腐殖质工业园

规划面积 300～350 亩。以微生物人工腐殖质生产开发为重点，开展废弃农产品原材料的资源循环利用。主要建设以下内容：

（1）微生物人工腐殖质生产开发中心。以微生物发酵床技术为重点，利用果林残枝、农作物桔秆、山地草枝等废弃物生产垫料，以畜禽为生物媒介，构建起集垫料、人工腐殖质、畜禽产品、有机肥于一体的生产体系，有效解决畜禽养殖业的污染问题，实现农业废弃物治理的减量化、无害化、资源化。

（2）有机肥加工厂。以人工腐殖质为原料，生产有机肥及功能性生物肥料、食用菌栽培棒，提供给园区及周边农业生产使用。

（3）特色农业生产示范园。围绕微生物人工腐殖质生产开发中心、有机肥加工厂，以景观化、生态化手法建设若干地方特色主导农产品精品生产示范区（水稻、果树、蔬菜、食用菌、花卉等），利用微生物人工腐殖质生产的有机肥（食用菌栽培棒等）进行循环生产，集约展示地方特色农业优质化生产。

4．创意农场：借助创意产业的发展理念，将科技和人文要素融入农业生产，促进科技、农耕文化、艺术与农产品生产有机结合，把传统农业发展为融生产、生活、生态为一体的现代农业，提高农场或农产品的附加值。重点建设创意农业产业与产品设计、创意农业样板展示、创意农业示范应用、创意农产品展销、创意农耕文化、市民农园等多个功能区。

五、运行管理

（一）全面推行企业化运作。围绕现代农产品产业供一体化，突出农业企业的经营主体地位，在政府扶持下，运用市场机制，整合政府、企业、科教单位、农民合作组织等各种资源，建立具有市场竞争力的农产品产供销一体化、产学研紧密结合的新型生产经营管理体系和综合服务体系。

（二）重点依托农民合作组织。企业、科教单位可以通过参股组建或投资新建等多种方式，对农民合作组织进行培育和规范化管理，增强其市场参与能力和竞争优势，为企业和基地建设提供规范、有信誉的合作伙伴，为农民提供可信赖的组织管理者。

（三）有效整合农村服务力量。依托农业科教单位的科技人才队伍、农村六大员等，建立针对农民合作组织的农业技术服务平台，通过农民合作组织为农户提供深度服务。条件具备的农村科技服务综合体可以把乡村教师公寓、乡村六大员、乡村老年公寓等结合起来发展，将乡村六大员吸纳作为科技服务综合体的成员，由企业或综合体发放工资，实现农村社会化服务的长效化、常态化。

（四）加大政府支持力度。政府应尽快出台相应的政策法规，鼓励农村科技服务综合体的发展，规范综合体的组织行为。支持和鼓励科研单位、科技人员深入农村与企业、合作组织等合资成立农村社会化服务实体。地方政府在综合体用地、融资等方面给予支持。

【作者：福建省农业科学院党委副书记 院长】

关于将阿克苏打造成中国新疆南疆区域中心和丝绸之路南线重要枢纽的思考

刘新利

我们是踏着春天的脚步，赶上中央党校成立 80 周年好日子进校学习，从 1954 年中央党校新疆班举办至今，体现了党中央对新疆的关怀和厚望，作为新疆班的学生，感到荣幸，更感到一份责任，能否尽最大努力让中央的好政策创造性地得到落实，能否让边疆各族干部群众同心协力共守边防、共创和谐的同时，实现共同富裕，作为学生，我想在系统学习的基础上，理论联系实际，尝试跳出阿克苏看阿克苏，对阿克苏发展和所承担的任务进行一些深入思考。

一、为什么要打造新疆南疆区域中心和丝绸之路南线重要枢纽

（一）设想提出的依据

1．中央对新疆定位和实现中央目标的难点

2010年，中央新疆工作座谈会提出推进新疆“跨越式发展和长治久安”两大任务，要求深入实施“稳疆兴疆、富边固民”总体战略，并指明新疆发展的特殊意义，即新疆的发展和稳定，关系全国改革发展稳定大局，关系祖国统一、民族团结、国家安全，关系中华民族伟大复兴。

2010年，《中共中央、国务院关于推进新疆跨越式发展和长治久安的意见》对新疆做出新的定位，即：新疆是我国实施西部大开发战略的重点地区、是西北的战略屏障、是对外开放的重要门户、是我国战略资源的重要基地。该意见还提出产业发展定位：把新疆建设成为国家大型油气生产加工和储备基地、大型煤炭煤电煤化工基地、大型风电基地和国家能源资源陆上大通道。

落实中央新疆工作座谈会精神和实现中央的新疆战略定位，重点在于加快新疆发展，而难点中的难点是要加快南疆发展，特别是南疆三地州的发展。

2．南疆的基本情况

指天山以南的新疆广大区域，范围包括巴州、阿克苏、喀什、克州、和田等五个地州所管辖的国土区域，塔克拉玛干大沙漠、塔里木盆地位于其内。

西边与哈萨克斯坦共和国、吉尔吉斯坦共和国、塔吉克斯坦共和国、阿富汗伊斯兰共和国、巴基斯坦伊斯兰共和国、印度共和国等6国接壤。

国土面积109.63万平方公里，占全疆国土面积65.8%，占全国陆地面积的11.4%。

人口1069.36万人，占全疆总人口48.4%，经济总量占全疆29.8%。除巴州外，汉族人口占9%，少数民族人口占91%。南疆少数民族人口占全疆少数民族的68%。

特殊的区情，赋予南疆承担保卫国家安全、维护祖国统一和民族团结重大责任。

2012年全国人均GDP为6100美元，新疆人均GDP为5420美元，南疆各地州人均GDP分别为巴州10698美元、阿克苏3814美元、喀什2029美元、克州1825美元、和田1124美元；地方公共财政收入分别为巴州79亿元、阿克苏71.9亿元、喀什37.8亿元、克州9.15亿元、和田11亿元；全国城镇居民人均可支配收入24565元，新疆城镇居民人均可支配收入18151元，南疆城镇居民人均可支配收入分别为巴州18100元、阿克苏18209元、喀什15179元、克州15200元、和田16700元；全国农村居民人均纯收入7917元，新疆农民人均纯收入6442元，南疆农牧民人均纯收入分别为巴州11782元、阿克苏8266元、喀什5100元、克州3236元、和田3896元。可见，南疆与新疆、全国平均发展水平存在差距，内部发展很不平衡，尤其是喀什、克州、和田发展层次不高，成为解决南疆发展问题的老大难。

生态条件，南疆生态脆弱，沙漠、戈壁、山地占据大部分国土空间，荒漠化、盐渍化严重，绿洲十分有限，约占国土面积的5%，气候非常干燥，少雨，蒸发量大。

3．南疆是一个整体，阿克苏应发挥特殊作用。

南疆稳定不能乱，南疆发展不能慢。

中国可持续发展必须解决与世界各国交往的通道安全问题，为打破马六甲海峡被美国等国家威胁的局面，有必要在陆地打通到印度洋和欧洲的新通道，其中通过喀什—巴基斯坦瓜达港，就是一条重要线路，也是到印度洋最近的一条线路，而南疆又处于这条大通道上，必须保障通道安全。

南疆与6个国家接壤，阿富汗战争至今未结束，美国对中国的包围、中亚国家的不稳定、印度对我国的敌视等，均对我国边境安宁构成威胁，新疆南疆首当其冲。必须保证国防安全。

南疆稳定形势总体可控，总体向好，但由于各种原因，非法宗教活动和恐怖活动时有发生，必须保证南疆稳定。

南疆发展对于全新疆发展意义重大，只有南疆经济发展、社会和谐稳定，才有新疆的经济发展、社会和谐稳定。

能否在落实中央决策过程中，给阿克苏一定的政策，让其能够快速发展并有力地支持、配合其他地州的发展，促进南疆更快更好的发展，根据国内外的形势、阿克苏的实际和对经济发展理论的认识，我认为是有可能的。

经济学的增长级理论和区域经济梯度推移理论给出有益启示。增长级理论表明，经济增长并不是在不同区域以相同速度同时出现，而是条件较好的区域优先增长，然后辐射带动周边区域增长。经济梯度推移理论认为，资源要素从高梯度区域向低梯度区域推移，是一种客观规律。根据这两个理论，可先在南疆选择发展条件较好的地州，集中必要资源推进该地州优先快速发展，同时依托南疆西边邻接中亚诸国的优势，推进沿边开放，形成新的丝绸之路，利用中亚、西亚、南亚的资源和市场，助推该地州快速成长，从而形成南疆区域中心和丝绸之路南线重要枢纽，成为高梯度区域，然后，通过增长级的扩散效应，对腹地进行辐射，实现经济要素由高梯度区域向周边低梯度地州扩散，进而带动整个南疆快速发展。

中央政治局委员、中共新疆维吾尔自治区党委书记张春贤同志对阿克苏“两个率先”的定位，即率先实现跨越式发展和长治久安，率先实现新型工业化、农牧业现代化、新型城镇化。

中共阿克苏地委书记黄三平同志对阿克苏“两个支柱”的定位，即阿克苏地区要发挥经济跨越式发展的重要支柱和社会和谐稳定的中流砥柱作用。

（二）设想的基本要求和基本要素

南疆区域中心和丝绸之路重要枢纽需要满足一定基本要求和基本要素。

1．基本要求。

首先，是区域经济发展的增长级和示范区。

其二，是对外开放的重要门户或支撑区和物流枢纽。

其三，是维护稳定的示范区。稳定是南疆发展的基础，没有稳定一切无从谈起。

其四，是现代文化引领的示范区。

第五，是南疆国防的重要组成部分。

2．基本要素。

首先，地理位置独特。

其二，人文条件较好。

其三，经济基础扎实。

其四，水的保证到位。

最后，稳定形势良好。

二、阿克苏具备新疆南疆区域中心和丝绸之路南线重要枢纽的条件

阿克苏，维吾尔语，意为“清澈透明的水”。位于新疆天山南麓、塔里木盆地北缘，东、南、西、北分别与新疆巴州、和田、喀什和克州、伊犁州相邻，西北同吉尔吉斯斯坦和哈萨克斯坦接壤。全地区总面积 13.13 万平方公里，边境线长 235 公里，与邻国有 24 个通隘山口。辖 8 县 1 市、84 个乡镇、41 个农林牧场，新疆生产建设兵团一师阿拉尔市及所属的 14 个团场分布在地区境内。全地区总人口 257 万，其中，维吾尔族占 78.4%，汉族占 20.22%；农业人口 157.36 万，是一个以维吾尔族为主体，由 36 个民族组成的多民族聚居地区。

（一）自古以来阿克苏地区就是南疆的中心和古丝绸之路的重要驿站

一是特殊的区域位置决定着历史上阿克苏地区作为南疆中心的地位。

汉朝以来，阿克苏地区就是南疆中心。

公元前 60 年，西汉在乌垒（今轮台县东侧大雅一带）建立西域都护府，管辖西域三十六国，阿克苏地区的龟兹、姑墨、温宿三国均为西域都护府所辖而正式纳入汉朝版图。东汉时期，班超将都护府迁往龟兹（今库车），由此，龟兹成为西域地区的政治、经济、文化、军事中心，理所当然也是南疆的中心。

唐朝显庆三年（公元 658 年），唐朝在龟兹设立安西大都护府，先后下辖 3 个都护府、52 个都督府，辖地西至于波斯（今伊朗）、南至帕米尔高原之南（今阿富汗、巴基斯坦）、北至安加拉河以南（今俄罗斯中南部）。唐朝在目前的南疆地区设立安西四镇，即龟兹、于阗（今和田）、疏勒（今喀什）、焉耆(今巴州焉耆县)四镇，专属于安西大都护府管辖，后来碎叶镇取代焉耆镇。辉煌一时的唐朝安西之治，使龟兹再次成为西域的政治、经济、文化、军事中心。

明清以及民国时期，均把阿克苏做为一个区域的中心，建国后，中国人民解放军第一野战军第一兵团第二军第五师师部进驻阿克苏，驻防库车、温宿、和田、且末。成立阿克苏地区行政督查专员公署，1953 年 6 月，新疆军区奉西北军区转军委命令，将第五师就地整编为中国人民解放军新疆军区农业建设第一师。

二是特殊的地理位置决定阿克苏成为古丝绸之路的重要驿站。西汉汉武帝时期的张骞出使西域，首次开拓了丝绸之路，东汉时期的班超经营西域并再次打通延伸了丝绸之路。丝绸之路进入新疆后分为北、中、南三道，中道路线为：起自玉门关，沿塔克拉玛干沙漠北缘，经楼兰（今罗布泊）、车师、高昌（今吐鲁番）、尉犁（今焉耆）、龟兹（今库车）、姑墨（今温宿）、疏勒（今喀什），越过帕米尔高原，到达地中海东岸地区。其中，库车、温宿属于阿克苏地区。龟兹的绿洲面积大、水源充足、土地肥沃，良好的自然生态条件使龟兹成为丝绸之路的重要驿站。通过丝绸之路，以丝绸为代表的中原货物源源不断经龟兹至中亚、西亚，同时为龟兹的商业繁荣创造了条件，龟兹商人参与中西贸易，以差价方式获利，或者就地开设酒馆、店铺、货栈、组织骆驼队，获取利益。商业的繁荣推动文化发展，以龟兹乐舞为代表的龟兹文化得到长足发展。可见，作为丝绸之路上的重要驿站，龟兹经济文化不断发展壮大，逐渐成为南疆的经济贸易中心和文化中心。阿克苏地区造币历史渊源流长。由于阿克苏地区金属矿产丰富，历朝历代成为造币厂的首先地。早在汉唐时期，为了适应内外贸易需要，龟兹开始铸造自己的钱币，即铸有汉文、龟兹文两种文体的铜币。清朝时期，在新疆设立 7 个造币局，而阿克苏地区就有阿克苏局、乌什局、库车局等三个局。

综上可知，阿克苏地区特殊的地理位置、良好的绿洲生态环境、肥沃的土地、丰富的矿产资源，使其成为古丝绸之路的重要驿站，成为诸多朝代在南疆的政治、经济、文化、军事中心。

（二）阿克苏具备的条件

一是区位优势突出。在地理空间上，阿克苏地区北与伊犁州、东与巴州、南与和田、西南与喀什和克州、西与吉尔吉斯坦接壤。阿克苏地区的行政公署所在地阿克苏市位于南疆的地理中心，以半径 500 公里画圆，北至伊宁 460 公里，东至库尔勒 500 公里，西南至阿图什 427 公里、喀什 470 公里，南至和田 540 公里，西北至吉尔斯斯坦首都比什凯克 490 公里、哈萨克斯坦的原首都—阿拉木图市 500 公里。阿克苏市距离 7 大口岸分别是霍尔果斯 560 公里、木札尔特 390 公里、别迭里 195 公里、吐尔尕特 635 公里、伊尔克什坦 740 公里、卡拉苏 689 公里、红其拉甫 890 公里。南疆的陆路口岸沿边布局形成一个“C”字形，而阿克苏正处在“C”字的腰部和南北疆的接合部，具有起着沟通南北疆、贯通中亚市场的枢纽作用。阿克苏独特区位优势，可以更好发挥“东联西出”、“南引北联”的作用，更好实现同周边国家经贸往来，更好实现与南疆其他地州进行分工协作，更好实现生产要素和产品的集聚和辐射，促使阿克苏增长极快速成长，进而实现与巴州、喀什、和田、克州联动发展的目标。

二是综合资源突出。阿克苏地区资源丰富。石油、天然气、煤炭及其他矿产资源在整个南疆具有绝对的优势。目前，境内已探明石油储量超过 10 亿吨，天然气储量 9741 亿立方米，凝析油储量 7169 万吨，分别占塔里木盆地已探明石油和天然气储量的 80%和 90%以上。“西气东输”“一大五中”六个主力气田全部在阿克苏地区境内。阿克苏地区已经成为塔里木油气勘探开发的主战场和“西气东输”工程的主气源地。库拜矿区是自治区规划的四大煤炭矿区之一，预测远景储量 358.7 亿吨，探明储量 40 亿吨，占南疆的 90%以上，是南疆重要煤炭能源基地。有色金属资源丰富，金属矿丰度高的有铝、铁、铜、锰、锌、镉、镁等 150 余种。水资源丰富，共有冰川 1298 条，冰川面积 4098 平方公里，储水量 2154 亿立方米，境内有大小河流 16 条，塔里木河流量的 70%以上为阿克苏河下泄水；地表水年径流量 133 亿立方米，地下水动储量 77 亿立方米。光照适宜、降雨适中、土地肥沃、河湖交织，农林果畜牧业发展良好，长绒棉占全国九分之一。阿克苏地区富集的石油天然气、煤炭、金属、水资源，是实施资源转换战略，提高增长极发展能级的重要条件，增长极低成本快速增长成为可能。

三是经济发展基础良好。2012 年，阿克苏地区实现国内生产总值 947.7 亿元（含一师和石油开采作业区），同比增长 14.1%；三次产业结构比为 23∶36∶41；地方公共财政预算收入 71.9 亿元、增长 15.9%；招商引资到位资金 208.3 亿元，增长 98.4%；完成固定资产投资 424 亿元，增长 68.2%；全社会消费品零售总额85.5亿元、增长18.8%；农牧民人均纯收入8266 元、增长 19.9%；城镇居民人均可支配收入 18209 元、增长 15.1%。形成较为完善的产业体系，石油石化、煤电能源、煤盐氟化工、金属冶炼和矿产开发、纺织服装、农副产品加工六大支柱产业蓬勃发展。

四是综合交通基础设施完备。G3012、国道 314 线、南疆铁路经阿克苏横贯东西，国道 217 线纵通南北，拥有阿克苏、库车两个机场，西气东输管网和环塔里木天然气利民工程管网纵横交错。

五是人文环境支撑有力。以社会主义核心价值体系为主导的现代文化宣传教育不断深入，长治久安大宣教活动扎实开展，城乡文化市场繁荣，“热爱伟大祖国、建设美好家园”主题教育活动成效显著。龟兹、刀郎文化活力显现，非物质文化遗产保护、农民画、民族器乐等基层健康文化艺术发展取得新进步。文化惠民工程、文化精品工程、文化设施建设、文明创建活动成效显著，涌现出一批文明县乡、文明村队。库车县荣获国家历史文化名城，阿克苏市获得全国文明城市提名。文化服务深入基层，文化产业起步发展，文化创作积极活跃，人民精神文化生活丰富多彩，体育竞技、全民健身活动健康发展。人们的思想较开放、包容，现代文化引领呈现强大活力。

六是稳定形势持续向好。深入持久推进民族团结和社会主义法制教育，全社会“三个离不开”、“四个认同”意识普遍增强，“一反两讲”深入人心，社会管理有效推进。依法管理宗教事务，各族信教群众权益得到保障。有力打击各种违法行为。城镇网格化巡控和农村（社区）警务战略深入推进，防控能力明显提升。严打严防有力有效，实现了“不出事、尤其不出大事”目标，社会大局安定祥和，人民群众安居乐业。

综上，阿克苏在历史上作为南疆中心的传统、特定的地理位置优势、丰富的石油天然气煤炭资源、充足的水资源保障、良好的经济发展基础、支撑强大的人文环境，使阿克苏成为打造南疆区域中心和新丝绸之路南线重要枢纽首选之地。

三、如何将阿克苏打造成为新疆南疆区域中心和丝绸之路南线重要枢纽

坚持有所为有所不为，在南疆各地州各展优势、相互支持中有所作为，以争取加速自身发展，支持其他地州经济加快发展。正确处理好阿克苏“东西南北中”的关系，通过“东联西出”、“南联北依”、“中间极化”，构建南疆增长级，将阿克苏地区打造为南疆区域中心和丝绸之路南线重要枢纽。

1．东联

与巴州一起，向东加强与内地联系。首先，开辟丝绸之路支线，为降低物流成本，克服出疆通道运力趋紧状况；其次，发挥阿克苏和巴州各自比较优势，在产业分工协作、产品品牌共创、内地市场拓展等方面，两地进行合作，形成联合力量，通过南疆铁路、铁路兰新线出疆通道，共同向东参与东部内地大市场；再次，把握全国产业结构调整和产业由东部向中西部梯度转移的机遇，发挥两地的资源优势、地缘优势，积极承接东部产业转移。

建议：

（1）向青海方向开辟丝绸之路新支线，远期目标并行铁路。向东修建阿拉尔至且末沙漠公路，连接若羌已有公路，经青海格尔木至内地，形成新的出疆通道。

（2）修建完善乌鲁木齐至喀什南疆铁路复线和 G3012 吐鲁番至和田高速公路。

2．西出

开辟中吉两国新口岸。吉尔吉斯斯坦矿产资源十分丰富，已探明的矿藏有 90 多种，尤以钨、铜、铅、锌、钼、铬、白银、煤、铁、铝钒土、磷灰石最为丰富，钨储量居世界第一，铬和磷矿石居世界第二，铜、锌、钼的储量占亚洲第一位，目前，我国的大唐集团公司、西部矿业等企业在该国已经取得探矿权和采矿权。吉尔吉斯斯坦旅游资源丰富，伊塞克湖是世界闻名遐迩的旅游景区。别迭里口岸开放，可构筑中国与吉尔吉斯斯坦的资源通道，开辟南疆与中亚的国际旅游环线，推动中国与吉尔吉斯斯坦等中亚、西亚国家的经贸往来。

建议：高位推动中国—吉尔吉斯斯坦国别迭里口岸开放，并在此基础上建立国家级边境经济合作区。

3．南联

以五大口岸和喀什国家级经济开发区为前方，阿克苏做为后方，进行区域合作，联合并支持南疆三地州发展与稳定。

第一，全力支持喀什国家级经济开发区。与喀什、克州建立联合体，进行分工合作，联合打造开放合作平台，促进阿克苏和喀什、克州互动发展，重点发展商贸物流、出口机电产品配套组装加工、农副产品深加工、纺织、建材、冶金、进口资源加工、机械制造、旅游、文化、民族特色产品加工、生物技术、可再生能源、新能源、新材料等产业，共同走西口。第二，发挥阿克苏丰富的煤炭、水能资源、石油天然气、粮食优势，确保南疆三地州煤炭、电力、石油天然气和粮食的供应安全。第三，发挥三地州人力资源丰富的优势和阿克苏产业优势，发展劳务经济，阿克苏产业积极吸收三地州农村富余劳动力就业。

建议：在阿克苏选定一定区域做为喀什特殊经济区的一部分予以政策支持。

4．北依

向北要依托以乌鲁木齐为核心、昌吉、奎屯、石河子、伊宁、霍尔果斯等重点城市和口岸共同组成的天山北坡经济带，在市场开拓、商贸物流、金融服务、研发设计、教育培训、劳务输出、医疗卫生等方面争取得到支持，在产业分工协作方面争取得到加强。

建议：

（1）把阿克苏市机场打造成国际机场和航空口岸。

（2）打通温宿至伊犁昭苏公路。

5．中极

中间极化阿克苏。构建南疆区域中心和丝绸之路南线重要枢纽，成为南疆重要的经济增长极，并对其它地州予以有力支持，首先，阿克苏各族群众要勇于担当、主动作为，尽最大努力干好自己事情，在确保平安和谐的基础上加快发展；其次，与农一师联手发展；再次积极争取浙江产业支持。

建议：

（1）将阿克苏纺织工业园区和库车工业园区升格为国家级园区。

（2）在阿克苏市建二类口岸。

总之，南疆跨越式发展和长治久安，以及打造向西“陆上开放”的重要窗口事关国家的重要战略。在实现的路径上能否考虑用阿克苏所具备的基础和优势，给予一定的特殊的政策和特殊的关注，让其先行先试，率先作为，做出示范，当好“领头羊”，在环塔里木区域、特别是在带动、服务和支持南疆三地州方面做出贡献，加速战略目标的实现。

【作者单位：新疆阿克苏地委组织部】

立足检察职能为民营经济发展营造最佳软环境

李志刚

民营经济是市场经济的重要主体，是推动科技创新的重要力量。近年来，宏观经济形势的复杂多变和民营经济的产业结构矛盾，使得民营企业生存和发展面临许多新问题。作为基层检察机关要在地方党委的领导下，立足职能，围绕中心，服务大局，不断强化能动司法意识，为民营企业良性发展营造良性司法软环境。

一、抓住重点，深入民营企业开展全程性服务

民营企业是社会和谐之基，是民生之辅。要牢牢把握中央经济发展“稳中求进”的总基调，密切关注宏观经济环境变化对检察领域带来的一些新情况、新问题，不断创新服务方式、提升服务质量，全力为民营企业健康发展营造良好的司法环境。

一是加强领导，落实责任。要按照“拓展服务视野，优化服务方法，强化服务措施，注重服务效果”的工作思路，落实民营企业包保服务机制，主动扎实服务民营企业发展。要抓好此项工作，必须强化“一把手”的服务意识，成立服务民营企业领导小组，通过定期走访、电话沟通等形式，全面掌握情况，实时跟踪企业发展动态，及时跟进预防服务举措。形成上下联动、任务明确、全员参与的工作格局，扎实开展服务民营企业工作。

二是完善制度，建立机制。按照上级院制定的服务民营企业意见，结合本地实际制定《为民营企业发展服务工作实施方案》，《基层院服务企业实施意见》等制度，树立全院服务民营企业一盘棋思想，做好服务、监督、考核三项工作。如我院立足 19 个检察工作服务站和小微企业服务站，认真开展服务民营企业工作。由预防局具体负责，每月深入到民营企业，充分了解和全力解决企业在生产经营过程中遇到的难题，为企业经营者提供法律咨询、法律支持。同时纪检监察部门要做好监督检查，确保服务实效。

三是突出重点，强化措施。将我市涉及食品、医药如正方股份、四环制药等涉及民生的民营企业作为服务重点，对于盗窃、哄抢企业财产、侵占、挪用企业资金、绑架、敲诈勒索、伤害企业经营等严重影响企业发展的刑事犯罪案件，依法及时批捕、提起公诉。严肃查办和积极预防行政审批、许可、监管、处罚等环节的贪污贿赂、渎职侵权犯罪，保障企业投资经营顺利。

二、破解难点，深入民营企业开展针对性服务

民营企业发展关系到国计民生，检察机关要为民营企业提供全方位的支持。特别是针对民营企业的法律需求和诉讼现实，要不断改变服务方式方法全力开展服务。

一是企业，主动帮扶。结合工作实际，坚持“三个到位”，即组织领导到位、深入企业到位、解决问题到位；建立“三个机制”即整体推进机制、联络沟通机制、应急处置机制，推出“三建一办”：即建立联系、建立机制、建立档案，为企业办实事。邀请企业家代表召开座谈会，围绕“企业需要什么、检察机关能够提供什么”这些关键问题，交换意见，互通信息，帮助企业营造良好的发展软环境。

二是绕职能，公开承诺。开展服务民营企业，切实做到“三心三有”，即“服务企业有诚心、帮扶企业有真心、解决困难有热心；接待有记录、工作有日志、意见有反馈”。坚决打击破坏企业发展的刑事犯罪，营造使投资者放心、创业者安心的治安环境；严肃查办损害企业权益的职务犯罪，营造廉洁高效的政务环境。

三是开展预防，加强教育。选派素质高、能力强的检察人员担任联络员，负责对企业进行法制讲座、开展专项预防、处理涉法问题、帮助开展营销等四项内容的服务活动，为企业在修改完善合同、协调解决贷款、开展员工普法教育等方面提供法律咨询和服务，切实增强为企业服务的针对性。

三、消除盲点，深入民营企业开展长效性服务

检察机关要立足职能将服务民营经济发展作为服务大局，增强经济活力、扩大就业、缩差共富的重要手段，激发全社会的创业热情，以创业带动就业，以就业促进缩差共富。

一是广泛开展法制宣传教育。以电视公益广告和市内公共汽车为载体，以预防职务犯罪和举报常识为主要宣传内容，向社会、社区广泛进行法制宣传。如我院在火车站等人流密集的地方连续播放廉政广告。编制《职务犯罪预防手册》，向社会各界发放。定期走访包保企业，以案释法，有的放矢地宣传法制，给企业家打气。

二是适用检察建议延伸服务。职务犯罪预防部门要切实发挥职能特别是对个别行政部门在执法中滥用职权，不依法行政，违规操作，及时发出检察建议，指出行政违法和犯罪隐患，同时以案释法、强化行政执法人员的法律意识。

三是时开展案后回访。对因诉讼、纠纷而陷入经营困境的企业，积极与工商、税务、法院等部门联系沟通，帮助挽回经济损失，走出困境，做到“办理一个案件，帮助一个企业，扶持一个项目”。

四、夯实基点，不断提升服务民营企业水平

民营企业的发展需要运用市场与政府两只手协调配合，需要全社会的厚爱与支持。在服务过程中，要不断提高认识，延伸法律触角，护航民营企业发展。

一是转变理念，不断提高重视程度。只有从内心重视，才能真诚服务。民营企业在社会经济发展中具有不可代替作用，也能作出大贡献。小企业可实现大就业。小企业造就大市场。小企业可以成长为大企业。任何一个企业都有一个从小到大发展过程，小企业可以成长为大企业。

二是提升能力，不断提高执行力。在服务民营企业过程中，不断增强服务的主动性和创造性，提高执行力。如果执行力不强，很可能出现偏差和寻租现象。服务民营企业的方式也要不断调整，要从直接扶持为主向间接服务为主转变，从行政性操作为主向市场化操作为主转变。

三是立足职能，不断创设良好的发展环境。检察机关要立足检察职能，加强对当前经济形势的分析研判，采取有效司法应对措施，促进企业发展稳定，促进民营企业健康发展。一方面应加强检察机关自身建设，确保权力不被滥用；另一方面，应促进企业建立有效的维权机制，如对民营企业投诉和举报件的调查核开启“绿色通道”，为民营企业提供免费法律服务等等。

良好的法治环境是企业发展重要的基础性保障，在市场风险不断加大的情况下，民营企业更加需要良好的司法服务保驾护航。扶持民营企业做大做强，努力做到打击与保护相统一、查办与预防相统一、依法办案与服务发展相统一是检察机关义不容辞的责任。

【作者：吉林省梅河口市人民检察检察长】

组织“三农”的总抓手　服务“三农”的集团军

——兖州市供销社创新基层组织体系建设镇级联合社

申宝东

兖州市供销社紧紧围绕农业现代化和城乡一体化发展的新要求，创新基层组织体系，建设规范化、规模化的供销合作服务组织，积极对接现代农业规模化经营的新模式。以镇为区域，吸纳经营和技术服务主体、专业合作社、龙头企业、专业村、家庭农场等，按照自愿的原则组建了镇级供销合作联合社。新的镇级供销合作联合社为镇政府经济组织，依法接受镇党委、政府的管理，按照《联合社章程》选举产生理事会和监事会，镇政府分管镇长任镇供销合作联合社名誉主任，业务接受兖州市供销社的指导，为市供销合作社的成员社。

兖州市供销社通过组建多成员的镇级供销合作联合社，把具有带动力量的优秀为农服务组织吸纳到联合社来，结合各镇农业产业特色，推进农业产业化经营，提高农民整体进入市场的组织化程度。颜店镇供销合作联合社吸纳具体先进性、代表性、带动性的独立法人成员单位 15 家，结合全镇林木、养殖产业，发展特色经济，推进生产规模化、管理科学化、经营产业化、服务系列化，不断成为带领农民进入市场的新型主体。颜店镇南阁村人口 1068 人，耕地 1680 亩，通过积极引导广大农民发展花卉苗木种植，全村苗木种植面积达到 1400 亩，品种有法桐、国槐、白蜡、栾树、樱花、玉兰、大叶女贞、紫叶李等 80 余个，镇供销合作联合社充分发挥在市场预测、对外联络、协调价格、销售信息等方面的组织与服务功能，使花卉苗木远销北京、上海等大中城市，今年上半年全村花卉苗木实现销售收入 100 多万元，人均增收 900 多元，并带动了周边村花卉苗木种植，成为农民增收的一大支柱产业。目前，颜店镇苗木种植业面积达到 6 万亩，全镇 66 个村中苗木、肉鸭、蛋鸡、生猪等特色种植养殖专业村达到 20 余个，产业化经营已日益成为特色经济发展的亮点。

兖州市供销社依托成立的镇供销合作联合社，吸纳各类合作经济组织，为农民专业合作搭建服务平台。镇供销合作联合社将从事同类生产经营的农民专业合作社联合起来，与联合社成员单位之间优势互补、资源共享、各展所长，采取“龙头企业+专业合作社+农户（基地）”、“专业合作社+农户”的运作模式，为农民提供生产技术销售服务，实现了农业生产的服务规模化。目前，镇供销合作联合社已带动发展各类专业合作经济组织 20 多个，会员 5000 多人，带动专业户 2200 户，发展标准化生产基地 2 万余亩。兖州金桥蔬菜专业合作社与 356 户蔬菜种植户（基地）签订了合同，蔬菜种植面积 1500 多亩，辐射带动了全市 200 多个村，主要给农户统一提供种子、农药、化肥等农资，进行优良品种推广、种菜知识培训、测土配方施肥，成立科技服务队为农户提供统一技术指导，通过统一生产规范加强对生产环节的管理操作，注册无公害蔬菜商标、申请绿色品牌认证，实行统一品牌销售，实现了专业合作社和农户的双赢，形成了市场连基地、基地连农户的发展格局。兖州金桥蔬菜专业合作社带动兴隆庄镇胜利村种蔬菜致富了，全村种植的蔬菜每天早晨采摘下来，还带着露珠就直接送到新合作百意商贸公司大卖场进行销售，黄瓜、茄子、油菜、毛豆等蔬菜一年四茬能接上，一亩地收入能达到两万元，全村 80%以上的农户以蔬菜种植为主。兖州市新发农机专业合作社社员 235 人，拥有各种农业机械 1882 台，总资产 2200 多万元，主要对合作社社员进行技术培训、农机维修存储和作业信息服务，为农户提供机耕、机播、植保等服务，作业服务面积机耕 18.5 万亩、机播 18.5 万亩、小麦机收 18.5 万亩，玉米机收 6.2 万亩，植保 1.3 万亩，6 万多农户受益。

兖州市供销社发挥商业网络优势，深化全面为农服务，把镇供销合作联合社建设成为乡镇范围内农民生产生活提供综合服务的载体。兖州市供销社遍布城乡的经营网络成为居民购物消费的主体，日用品、家电、农资下乡和农产品回城的“三下一回”，搭建起城乡统筹、双向流通的贸易平台，成为市委、市政府调控市场、稳定物价、食品安全、为城乡居民生产生活服务的重要抓手。在做好“三下一回”的同时，社属企业与加入镇供销合作联合社的 110 多个经营单位业务合作，适应农业生产、农民生活的新需求，为农村新型社区开展综合性商业服务，增加了药品、家具、食品加工、移动充值、邮政 EMS 授权服务、代收水电费及儿童娱乐城等服务项目，也为农业技术推广站、庄稼医院等各部门的下乡服务项目提供了平台。加入镇供销合作联合社的各类经济服务组织，形成合力抱团发展，延长为农服务链，在新的创业平台上不断提高服务能力和水平，真正实现了为“三农”的有效服务，全面服务和规范化服务，开创了多元发展新局面，体现了新时期供销社的价值。

【作者单位：山东省兖州市供销社】

服务货运改革　强化“后厂”功能

杨　永

一、借势谋势，凝聚干群共识

以往车站货运体系建设和思维定势是自我为中心，计划经济条件下，以卖方自居。对市场经济“无形之手”，不能准确感受和运用。呼和站围绕货运组织改革，站领导班子经过研讨，响亮提出“五破五立”的服务理念，即：破除“官商”、“坐商”观念，树立“行商”服务意识；破除改革影响职工利益观念，树立改革创造最大红利意识；破除被动“等靠要”思想，树立主动“闯市场”意识；破除客货营销被动服从运输组织观念，树立运输组织主动服务客货需求意识；破除单一生产观念，树立生产与经营并重意识。通过树立“五破五立”服务理念，进一步统一干群思想，强化“由独立生产向市场转变”的思维模式，通过借全国铁路货改之大势，谋车站全面发展之势，进而统一干群积极应对客运走市场的共识。

二、路企联动，深挖运输需求

如何能够确保货运改革在市场经济条件下实现多方共赢，关键是找准定位。产品研发需要定位，企业发展同样需要定位。在市场经济环境下，车站与货运中心的定位货运中心是“前店”，车站是“后厂”。“前店围着货主转、后厂围着前店跑”，车站的后场作业就是要围绕前店货主需求，深挖运输潜力，满足货主不同层次的需求。呼和站所辖呼准线的何家塔站毗邻鄂尔多斯市准格尔旗大路工业园区，久泰、东华、伊泰、伊东、天润等自治区 20 多家知名企业在这里落户，各企业产能突出。目前，大路工业园区煤化工产品产能达到 288 万吨，其中，危化品约 206 万吨，白货约 82 万吨。原料煤及燃料煤约 1000 万吨。由于煤化工等企业苦于公路运输成本太高，而且限制条件较多，运能不足。铁路由于到厂按卸能力、装车排队等困难，一些企业处于待产状态，尽管单位厂房、设备已经到位，但只能是发展初期的以运定产。据大路园区管委会报告，预计 2017 年，危化品、白货产能将分别达到 740 万吨、899 万吨，需要进原料煤 13600 万吨，迫切需要铁路直接进厂运输呼和站“白加黑”增量增运前景广阔。蒙牛、伊利集团等生产企业高端奶需求量旺盛，建议铁路能够多调运核定载重量相对轻、容积较大的 40 英尺集装箱来满足客户需求。车站班子成员按照领导包保责任区划分，分组深入企业当中，针对当地大客户，实行上门走访，了解客户新的需求，协调运作，深度开发既有大客户。在车站的增量、增重、限制口增量上给予倾斜，确保每个班多交 2 个重车整列、多接 2 个空列的运输组织目标。

三、提质提效，打通运输节点

车站后厂发展不能游离于市场之外，如何参与铁路企业整体经济健康快速发展，车站作为铁路局营销体系建设中的一个重要环节，提质提效，打通运输节点，顺利链接企业供应链才是发展之本。认真做实“后厂”功能，保证货检作业安全和货物运输安全；加强作业组织链接，及时取送车，积极配合货运作业人员，做好倒钩对位，满足装卸作业需求，为货主提供便利；提高作业效率，合理划分调车作业区，努力压缩中停时，减少大点车，为运输企业减少货车占用延时使用收费。重点抓好四个方面的具体工作：一是进一步优化呼准线运输组织，加强呼准线车流与京包、集包线的衔接，确保呼准线到达甲兰营站的重车能够与干线有效衔接。二是在主型车不足的情况下，用好其他杂型车，开展车种代用，采取以保温车、棚车代替集装箱装运适合货物等措施缓解空车不足，进一步抓好各企业自备车的运用循环效率。三是针对煤化工企业能源输出，充分利用车站所辖各中心站接轨既有专用线，克服熟练工种人员不足的困难，积极开通呼和浩特南站晋丰元专用线，提高货物发送量。四是行李房快运“后厂”职能接管后，对于小件快递和行包业务，注重装卸人员服务意识养成，明确行包运输“后厂”内部分工，强化对运输组织环节、重点车辆和站台作业的管理和卡控，完善行包房作业流程和装卸管理办法，结合站停时间变化，合理安排行包装卸劳力，合理更新机具设备，加强养护维修，保证装卸机具性能良好，努力增加行包发送量。

四、善用善导，扩大媒体效应

企业的发展离不开社会各界的支持，货运改革更是需要媒体的关注和支持，快速扩大宣传效应。围绕货运改革，车站主动与中央、自治区、市级主流媒体取得联系，为车站发展和货运改革扩大舆论宣传；对于呼和站如何遵循内蒙古自治区“8337”发展思路，服务内蒙古自治区五大基地建设，跟进并保障基地产品的运输，做好铁路货运改革后厂服务、服务地方百姓等重要工作的落实思路，依靠媒体，有效运用大众传播手段发送信息，进一步提升了车站的服务形象。通过邀请电视台、报社、电台、杂志、互联网等媒体单位，召开新闻发布会、通气会、深入现场采风等方式方法，让媒体朋友真正感受到了铁路服务社会、服务市民的主动性和有效做法，一是铁路运输能真正降低生产企业的原料运输成本，以煤为原料，一般企业取煤每吨比公路运输少 30～40 元左右；二是产品运输安全有保障，天气状况影响小，下雨下雪不造成堵车、全天候服务，尤其是涉及到危化品，铁路拥有专用线，长途运输方便安全；三是对于货主的不同运输需求，车站后厂能够及时调运平板车、集装箱等车辆，保证前店的紧急时期需要；四是车站良好的后厂服务，有一批忠诚度较高的稳定客户等等，通过他们客观评价，媒体的认可和赞同，提高了车站良好服务的可信度和美誉度，同时为百姓提供了更多、更好的信息来源和渠道；通过充分利用媒体的信息反馈，诚恳问计，说明原委，做好了负面报道的解释公关工作，维护铁路窗口单位良好形象。

【作者单位：呼和浩特火车站】

推动长江经济带迈入大经济区

——打造全流域黄金水道的几点思考

张　林

全流域黄金水道，不是一个地理概念或工程概念，而是涉及长江全流域、政治经济多领域的宏大命题。

2013 年 7 月 21 日，习近平总书记冒雨视察武汉新港阳逻集装箱港区，作出了“长江流域要加强合作，充分发挥内河航运作用，发展江海联运，把全流域打造成黄金水道”的重要指示，为长江流域大经济区建设指明了方向。长江流域经济发展，迎来了合力推进的重大战略机遇期。

流域经济是一种生产布局以自然河流水系为基础，以水资源综合开发为核心的大区域经济。流域经济开放开发是当代世界经济发展的重要趋势，对所在国家、地区的竞争力和经济实力有着决定性影响。

长江接南济北，沟通东西。长江流域经济已基本形成华东地区以上海为中心、华中地区以武汉为中心、西南地区以重庆为中心的基本格局。全面提升长江水运的服务能力和质量，建设长江流域大经济区，对加快经济发展方式转变，促进区域经济协调发展，积极承接与合理布局沿江产业，扩大内需和增强经济外向度等方面，具有十分重大的战略意义。

全流域黄金水道，不是一个地理概念或工程概念，而是涉及长江全流域、政治经济多领域的宏大命题。奔腾不息的巨龙，有待“龙头”、“龙身”、“龙尾”一起腾飞。

基础：干支流共同推进

长江干支流通航里程约 7.1 万余公里，约占我国内河通航总里程的 56%，流域国土面积约占全国的 1/5，人口总量和经济总量占全国的 1/3，年直接贡献 GDP1200 多亿元。2012 年，长江干线货运量达到 18 亿吨，是世界上内河运输最繁忙、运量最大的通航河流。

打造全流域黄金水道，我们首先必须正视这样一个现实：黄金水道依然面临着“成色”不足的尴尬。以密西西比河为主干的美国航道网、以莱茵河为主干的西欧航道网和以伏尔加河为主干的俄罗斯欧洲部分航道网，是当今世界已成形的三个现代化的内河航道网。与其相比，长江通航里程超过三大航道网之和，但平均通航千吨级以上船舶的高等级航道比例，却与以上三大水网相差甚远。密西西比河水系千吨级以上航道约占 50%，莱茵河水系达到 75%，伏尔加河水系近 40%，长江水系截至 2010 年底千吨级以上航道不到 7%。

干支航道条件不匹配、中游航道滩多水浅、航槽演变剧烈等，是长江航道的短板。基于“深下游、畅中游、延上游、通支流”航道建设思路的指导，对中游航道进行系统性整治，推动 6 米航道上延至武汉；通过整治并结合渠化加快一、二级支流航道的通航条件建设，实现干支联动的长江航道网。加快信息资源整合、传统产业改造、江海联运和干支联运标准化船型开发配套，提升长江流域整体空间价值，是贯彻习总书记关于打造长江全流域黄金水道的关键性基础工作。

前提：调整优化航运组织

搞好航运不仅靠增加投入，调整航运组织形式对赢得发展同样关键。目前，长江流域航运组织一定程度上存在管理体制、运输网络、运营组织和政策法规等方面的障碍，需进一步加大对长江航运多式联运组织的投入与扶持力度，积极推进铁水、公水、水水联运发展，推动经营管理的规范化、现代化和国际化水平。

在武汉至上海洋山港“江海直达”航线、重庆两江新区果园港水铁公联运港建设、泸州—武汉集装箱快巴、宜昌—荆州—武汉城际集装箱航班等航运品牌的基础上，积极试点武汉—长江中上游地区集装箱铁水联运、泸州—武汉—台湾集装箱快班服务航线等示范项目，加大以航运节点为枢纽的多式联运组织，实施规模化运输，推动船舶大型化，并加快配套畅通高效的长江航道网，助推全流域航道实现效益最大化，以有效提高港航企业的运输效率和抵御行业“寒冬”的能力，将推动长江流域各地区的经济繁荣，甚至对全国经济发展都会产生深远影响。

引擎：发挥三大航运中心引领驱动作用

近年来，上海、武汉、重庆三大航运中心在服务东、中、西部区域经济发展上取得了显著的成效。三大中心各具优势，只有三者协同联动，充分发挥对上、中、下游干支流各地区的引领驱动作用，长江巨龙才能血肉丰满，才能真正腾飞。

三大航运中心中，上海航运中心通过与武汉和重庆航运中心联手，以输出现代管理和航运服务为特征，把航运由国际市场和长三角地区延伸到整个长江流域，以稳固其国际航运中心地位；重庆航运中心借江出海，进一步与中下游航运中心加强合作，实现航运资源共享，提高通航效率，加强对长江上游干支流各地区的辐射作用；武汉中游航运中心与上游的重庆航运中心和下游的上海航运中心协调呼应，是重要的纽带，为全面服务长江航运起到关键性作用，应大力实施“壮腰工程”，加强对河南、陕西、甘肃、湖南等中游地区的辐射作用，助推三大航运中心的协调联动发展。

关键：推动港、产、城一体化发展

大经济区建设过程中，应坚持以“建大港、兴产业、造新城”为三大引擎，以港促产、以产兴城、港产城互动，推动港航经济向区域经济迈进。

在产业发展方面需拓展传统东－中－西部大开发的视野，实施流域经济大开发战略，增加流域中上游地区物质投入，加强流域上中下游之间的经济联系与合作，改变流域经济相互割裂的局面；港口注重开发梯次，做到港口岸线利用效率最大化，科学组织物流交通协同；城市注重推进长江流域空间结构的优化，尤其需要在流域上游各地区尽快形成核心区域，为港口提供必要的基础设施和综合服务。构筑集约高效的综合运输体系，是“港口、产业和城市”协调发展的关键。

保障：打造航运网络大通关机制

现行管理体制下，我国口岸通关涉及海关、检验检疫机关、外经贸主管部门、外汇、税务、运输、海事、银行、保险等国家执法机关和商业机构。现行信息重复录入、多部门“串联式”口岸通关模式，通关成本高、效率低。

目前，上海海关实施了提前报关、无纸通关、空运直通式通关、便捷通关、特定区域快速通关等改革项目，取得了初步成效，但是相对于长江全流域迅猛发展的外向型经济，“大通关”建设依然任重道远。实行各地区、多部门联动的“大通关”制度，实现“一次申报、一次查验、一次放行”，才能以最短时间、最低成本为企业提供合理、规范、畅通的服务，提高政府行政监管的能力和效率。

支撑：加快发展现代航运服务业

信息化是转变发展方式、改造提升航运业层次和水平的重要支撑。需要打破行政区域和部门界限，在海关、检验检疫、国税、外汇等管理领域信息化建设的基础上，构建公共信息平台，实现信息共享和业务协作，有效提升政府主管部门物流公共服务和监管能力。通过制定标准和统一规划，改变第三方服务运营商、货主企业等各自为政的现象，增强企业之间物流作业协同度、诚信信息共享度和市场透明度。

高端航运服务业发展方面，着力发展航运融资、海事保险和仲裁、海损理算、航运交易、航运咨询、航运组织、船舶租赁和管理、信用评级、运价指数衍生品交易等服务业务，有效延长航运服务产业链。通过多式联运将口岸功能从实体港后移，建设虚拟口岸，建立虚拟保税机制，将长江黄金水道构筑成快捷、高效的全流域进出口大通道。

根本：打造人水和谐魅力长江

上世纪 80 年代以来，长江流域发生了巨大变化，经济发展的同时，也给母亲河带来了沉重的负担。热爱长江，利用长江，更要保护长江。长江的生态环境问题不仅是水污染问题，要解决好水的问题，涉及到各省市、全流域经济社会发展的各个方面。

在长江航运发展和区域经济建设过程中，共谋福祉长江是根本。妥善处理好经济效益和生态效益、部门利益和整体利益、当前利益和长远利益的关系，践行以“维护健康长江、促进人水和谐”为基本宗旨的开发思路，促进流域经济社会可持续发展的战略目标，打造一条人水和谐、生生不息的魅力长江。

【作者单位：湖北武汉新港管理委员会】

深刻把握全面建成小康社会目标
奋力走在基本实现现代化前列

徐山瀑

党的十八大根据国内外形势新变化，顺应我国经济社会新发展和广大人民群众新期待，对全面建设小康社会目标进行了充实和完善，提出了更具明确政策导向、更加针对发展难题、更好顺应人民意愿的新要求。胡锦涛同志代表党的十七届中央委员会所作的报告明确提出：确保至 2020 年实现全面建成小康社会宏伟目标。实现这一目标新的要求包括经济持续健康发展，人民民主不断扩大，文化软实力显著增强，人民生活水平全面提高，资源节约型和环境友好型社会建设取得重大进展等五个方面。习近平总书记在中央政治局第一次集体学习的讲话中强调，这些目标要求，既与党的十六大提出的全面建设小康社会奋斗目标和党的十七大提出的实现全面建设小康社会奋斗目标新要求相衔接，又与中国特色社会主义事业总体布局相一致。这是当代中国发展进步的指路明灯，是在新起点上奋勇前行的进军号角，从江苏的实际来看，为我们全面建成更高水平小康社会、奋力向率先基本实现现代化迈进增添了强大动力。

江苏地处我国东部沿海，有必要也有条件走在全面小康建设和基本实现现代化的前列。改革开放以来特别是进入新世纪以来，省委、省政府团结带领全省人民，紧紧咬定全面小康和基本实现现代化目标不放松，抢抓机遇、开拓进取，积极探索具有区域特点的科学发展新路子。2003 年，根据党的十六大精神和中央对江苏提出的明确要求，我省确定了“两个率先”的奋斗目标，制定了全面建设小康社会的综合指标体系，涵盖经济发展、人民生活、社会建设、生态环境四个方面，有 18 项 25 条具体指标，对推动全面小康建设起到了重要的导向和激励作用。2011 年，省第十二次党代会确立了“全面建成更高水平小康社会、开启基本实现现代化新征程”的奋斗目标，提出四大类 30 项的基本实现现代化指标体系，到 2015 年，全省以县为单位达到省定全面小康指标，苏南等有条件的地方在巩固全面小康成果基础上率先基本实现现代化，到 2020 年全省基本实现现代化，总体上达到中等发达国家水平。经过全省上下的共同努力，2010 年底全省总体上达到省定全面小康指标，去年超过 3/5 的县（市）达到标准，全面小康建设取得重大阶段性成果；近两年基本实现现代化进展顺利。目前我省正积极配合国家有关部委编制苏南建设现代化示范区规划，苏南现代化建设上升为国家战略，必将在我国现代化建设中发挥示范和引领作用。

经过多年努力奋斗，江苏在全面小康和基本实现现代化的征程中不断取得显著成就。综合实力大幅提升，全省地区生产总值在 2006 年、2008 年、2010 年分别突破 2 万亿元、3 万亿元、4 万亿元大关，2011 年达到 49110 亿元，人均地区生产总值达到 9644 美元；2012 年地区生产总值预计突破 5 万亿元，如果作为独立经济体，位居全球第 18 位，人均地区生产总值可望突破 1 万美元。转型升级步伐加快，三次产业增加值比例由 2002 年的 10.5:52.8:36.7 调整为 2011 年的 6.3:51.3:42.4；新兴产业发展势头强劲，2011 年战略性新兴产业销售收入超过 2.6 万亿元，高新技术产业产值占全省规模上工业比重达 35.6%；服务业增长加快、比重提升，全省服务业增加值占地区生产总值比重从 2002 年的 37.2%提高到 2011 年的 42.7%。城乡区域更趋协调，城乡发展一体化扎实推进，苏南转型发展、苏中特色发展、苏北跨越发展态势明显，苏北地区经济增长连续 6 年超过全省平均水平。人民生活持续改善，全省城镇居民人均可支配收入从 2002 年的 8178 元增至 2011 年的 26341 元，年均增长 13.9%；农民人均纯收入从 2002 年的 3996 元增加到 2011 年的 10805 元，年均增长 11.7%，城乡居民收入之比为 2.44:1，收入差距是全国最小的省份之一。在经济又好又快发展的同时，改革开放深入推进，文化建设成效显著，生态环境不断改善，社会建设全面加强，中国特色社会主义在江苏大地上焕发出勃勃生机。

结合江苏实际学习贯彻十八大精神，努力实现全面建成小康社会目标，继续走在科学发展前列，有必要认识和把握好以下几方面问题：

坚持持续增长与提升质态有机统一。十八大报告强调，以经济建设为中心是兴国之要，发展仍是解决我国所有问题的关键。要在转变经济发展方式上取得重大进展，在发展平衡性、协调性、可持续性明显增强的基础上，到 2020 年，实现国内生产总值比 2010 年翻一番。近年来，江苏坚持稳增长与抓创新促转型相结合，在保持经济平稳较快增长的同时，结构调整和发展方式转变也取得了可喜的成效。实践表明，无论是当前还是今后一个时期，都必须在加快转型升级中保持经济持续平稳较快增长。要防止两种倾向，一种是眼睛只盯着 GDP，过于强调速度，没有把经济增长与转型升级、社会建设以及生态建设统筹考虑和推进；另一种是忽视 GDP，把转型与增长割裂开来，对经济增速下滑过快给居民收入、企业经营乃至社会和谐可能带来的影响估计不足。正确认识和处理好增速与结构、质量和效益的关系，必须适应国内外形势新变化，加快形成新的经济发展方式，把推动发展的立足点转到提高质量和效益上来，着力激发各类市场主体活力，着力增强创新驱动力，着力构建现代产业体系，着力培育开放型经济优势，着力形成区域协调发展新格局，不断增强发展后劲。

坚持硬实力与软实力同步提升。十八大报告提出，要实现文化软实力显著增强，社会主义核心价值体系深入人心，文化产业成为国民经济支柱性产业，社会主义文化强国建设基础更加坚实。如果我们把由经济实力等要素构成的国家力量称作“硬实力”，那么通过文化建设等体现出来的国家力量就可以称作 “软实力”。近年来，江苏围绕“文化凝聚力和引领力强、文化事业和文化产业强、文化人才队伍强”的目标，加快推进文化强省建设，在公共文化服务体系建设、文化体制改革、文化产业培育、文艺作品创作等许多方面都走在全国前列。在新的发展阶段，我们要把提升文化软实力摆上更加重要的位置，加强社会主义核心价值体系建设，大力弘扬“三创三先”新时期江苏精神，丰富人民精神文化生活，推动文化事业全面繁荣、文化产业快速发展，进一步增强文化整体实力和竞争力，加快建设文化强省，切实发挥文化引领风尚、教育人民、服务社会、推动发展的作用。

坚持发展经济与改善民生相互促进。十八大报告强调，到 2020 年，实现城乡居民人均收入比 2010 年翻一番，人民生活水平全面提高。近年来，我们坚持把保障和改善民生作为一切工作的出发点和落脚点，提出并实施民生幸福工程，每年都坚持兴办一批民生实事，着力构建“六大体系”，对强化基本公共服务、提高人民群众生活水平作出了具体安排，成效是明显的。要紧紧围绕报告提出的改善民生目标，在改善民生和创新管理中加强社会建设，继续兴办一批惠民利民实事，深入实施居民收入 7 年倍增计划，有力有序推进终身教育、就业服务、社会保障、基本医疗卫生、住房保障、社会养老服务“六大体系”建设，多谋民生之利，多解民生之忧，解决好人民最关心最直接最现实的利益问题，在学有所教、劳有所得、病有所医、老有所养、住有所居、困有所助上持续取得新进展。

坚持生产发展与生态改善统筹兼顾。十八大报告提出，要大力推进生态文明建设，资源节约型、环境友好型社会建设取得重大进展。这反映了我们党在一以贯之的接力中，对中国特色社会主义事业总体布局的不断丰富和完善。改革开放初期，党中央明确提出“两个文明”一起抓。党的十二届六中全会提出以经济建设为中心，坚定不移地进行经济体制改革、坚定不移地进行政治体制改革、坚定不移地加强精神文明建设的“三位一体”总体布局。党的十六届六中全会将总体布局拓展为“四位一体”，增加了社会建设。党的十八大报告把生态文明建设纳入了中国特色社会主义事业总体布局，使生态文明建设的战略地位更加明确。近年来，江苏坚持生态优先、节约优先，较好地完成国家下达的节能减排指标，生态创建全国领先，生态省建设取得明显成效。要按照十八大报告关于生态文明建设的新部署新要求，树立尊重自然、顺应自然、保护自然的生态文明理念，把生态文明建设融入经济建设、政治建设、文化建设、社会建设各方面和全过程，切实抓好优化国土空间格局、促进资源节约、加大自然生态系统和环境保护力度、加强生态文明制度建设等重点工作，为人民创造良好的生产生活环境，使生态文明成为江苏的重要品牌。

坚持经济体制改革与民主政治建设紧密结合。十八大报告明确了经济、政治、文化、社会、生态文明建设等方面的改革目标。要深刻学习和领会报告关于深化重点领域改革的新精神新要求，充分发挥江苏改革起步早、创新意识强、发展活力足等优势，全面深化以所有制改革、财税体制改革、金融体制改革、健全现代市场体系等为重点的经济体制改革，为加快转变经济发展方式提供制度保障。同时，要按照十八大报告提出的“促进上层建筑与经济基础相协调”的要求，积极推进民主政治建设，支持和保证人民通过人民代表大会行使国家权力，发展社会主义协商民主，完善基层民主制度，深入推进法治江苏建设，继续深化行政体制改革，建设职能科学、结构优化、高效廉洁、人民满意的服务型政府。

【作者单位：江苏省人民政府研究室】

让法律服务和保障经济发展

张志宏

“8337”发展思路无论是在发展定位、发展路径，还是在工作重点、主要任务的提出上，都既切合实情，又出实招，既体现了形势任务的新变化，又回应了人民群众的新期待。

仅从“8337”发展思路的内容上看，我们不难看出，这不仅是经济领域的一次革新，它涉及各行各业。作为审判机关如何审视和践行“8337”发展思路，仁者见仁，智者见智，但其最终目标不会偏离公正审判这一主题。

当前，人民法院工作正处在发展的关键期，站在了新的起点，既面临新的机遇，又面临新的挑战，并呈现出新的阶段性特征：即司法需求与司法能力的差异，人民法院对保障经济增长、和谐社会建设的广度和深度不断拓展，人民群众对维护自身合法权益的要求和期待不断提高，以及人民法院工作的内外部环境发生了深刻变化。面对新机遇和新挑战，着力解决新形势下的新情况和新问题，要求我们既要增强大局意识、机遇意识和忧患意识，敢于正视困难和问题，坚定做好工作的决心和信心；又要将审判与服务经济发展相结合并贯穿司法工作当中，只有这样才能不断提升服务科学发展和实现自身科学发展的水平，为实现中华民族伟大复兴的中国梦提供有力司法保障。

审判是法院的核心，加强审判管理，总结审判经验，提升审判质效是法院工作的灵魂。狠抓审判执行第一要务，通过各种措施和机制，继续深化审判能力，开展两评查活动，评选优秀庭审、优秀裁判文书，提高法官的庭审驾驭能力和裁判文书的制作水平，保证每一次庭审，每一个判决高质高效；认真落实司法为民，努力构建“千名法官下基层”活动的长效机制，切实为基层群众解决实际问题，真正实现公正审判。每个法院，每级法院为了提升审判质效各尽所能，举措不断创新，笔者认为只有增强司法服务自觉性和主动性才是提高审判质效的关键，只有法官的意识提高了，才能更好地服务审判。切实加强立案信访窗口建设，打造“一站式”诉讼服务平台，领导干部包案化访、轮值接访，让人民群众切实感受到司法的方便和快捷；开通民生案件“绿色通道”，确保对涉及民生的重大案件快立、快审、快执；加大巡回审判的力度，结合地区实际有效深入推进“巡、立、审、执、教”的一体化巡回办案机制，将矛盾纠纷化解在基层。近年来司法保障和服务地区经济发展的作用日益凸显，尤其是重点经济项目发展、非公经济发展和民营经济发展，以及棚户区改造等重点民生工程建设；各类合同纠纷和经济发展中产生的新矛盾；重点项目、小微企业发展中的实际困难；企业重大活动法律咨询和引导等等。如何及时有效地解决这些问题，不断深化与重点企业定期联系，把主动上门为企业提供服务作为常态性工作机制，帮助企业依法经营、依法竞争、依法维权才是切实有效的办法。

“8337”发展思路的提出，深化了能动司法和服务经济的内涵，新形势下，法院要始终把法院工作放到全区经济发展大局中来定位，要着力维护社会稳定，切实审理好事关改革发展稳定大局的重点案件，特别是妥善处理好影响社会稳定的恶性刑事案件以及涉及能源矿产、土地草场、征地拆迁和民间借贷等纠纷，确保为地区经济社会发展提供安全稳定的社会环境。特别是领导干部要把与“8337”发展思路相关的重点案件抓在手上，做到心中有数，分解任务，细化责任，务求实效，真正把教育实践活动的成效转化为服务和保障“8337”发展思路的具体措施和实际能力。

法院队伍中的任何举措贯彻落实都离不开领导队伍，尤其是党员干部队伍，关键在党员干部队伍的思想作风，关键在真抓实干。因此，在贯彻落实“8337”发展思路的同时要进一步提高干部队伍思想，转变作风，提升能力，密切联系群众，深入贯彻《中央关于改进工作作风密切联系群众的八项规定》和“严肃工作纪律 整顿工作作风”活动的精神，树立为民务实清廉形象，对于凝心聚力贯彻落实“8337”发展思路，实现全面建成小康社会目标，具有极其重要的现实意义。

【作者：扎鲁特旗人民法院院长】

实现“五个必须” 重新占有市场

赵 屹

在货运组织改革中，铁路如何走向市场、融入市场，如何发挥好市场主体作用，办好前店，学会经营、学会经商，把“实货制”要求实现随到随办、随到随装，实现“流水线”作业的无缝服务；如何守住老阵地、谋求新发展，把零担、白货这些“小业务”再次尽收囊中，是每一名铁路干部职工都应该认真思考的课题。

长期以来，铁路已经形成了一种墨守成规、自我运行的运输体制，这种与市场脱节的结果就是竞争优势逐步退化，市场占有率逐步降低，最终制约铁路健康有序地向前发展。

铁路要重新占有市场要实现五个必须：

1. 要占有市场份额，必须走向市场。随着经济的快速发展，公路、航空、海运的市场份额都大幅度增加，但是铁路非但没有增加反倒有所减少，这在全国经济形势不景气的时期体现的尤其明显。所以铁路要想占有市场，必须走进市场，去感受现今市场发展的氛围和需要，去通过对比认识自己的差距和不足，从思想上、行动上都明确自己想要抢占市场要做的工作。

2. 要提高竞争优势，必须改变受理模式。此次货运组织改革提出的“七个一”“门到门”等新的服务理念，证明铁路经过深思熟虑在自我问诊把脉的基础上，痛下决心要对顽症下猛药。铁路失去竞争优势的原因无非是收费不规范、服务质量差、管理不系统、受理渠道不通畅等陈年痼疾在作祟，如果摒弃了这些陋习，再加上铁路自身设备、线路上的优势，竞争力自然就会提高。

3. 要全面开拓市场，必须改变服务方式，提高服务质量。俗话说，伸手不打笑脸人。铁路走进市场的第一步就是为了开疆拓土，重新在竞争激烈的经济市场中抢占一席之地。但靠什么去开拓，这是至关重要的。要改变服务方式，让货主感受到你所表现出来的服务方式、服务过程中的变化；要主动出击，掌握市场的主动权，变以前的货主找到现在的找货主，变曾经的坐等货主上门到出门请货主，让货主通过你的态度、业务素质、细节服务等方面感受到铁路改革的变化。

4. 要紧跟市场发展，必须建立营销网络。所谓的营销网络就是属于铁路自己的客户群，通过 12306 等电子商务平台，实现横到边纵到底的客户交流、交易营销网络。要重视每一个客户，建立客户资料库，在客户需要的第一时间能够从网络上获知信息，提供满足客户需求的服务。

5. 要融入市场，必须有优质产品做引领。每一个企业做强做大做出业绩，都离不开优质产品的“代言”，所以打造既能够体现铁路企业特点，又能够融入市场发展的优质产品是铁路改革必须要做的事情。无论是营销产品、服务品牌还是物流套餐，最终目的就是为了赢得客户青睐，根据企业或客户的不同需求，及时设计新产品，会让铁路不但赢回市场份额，而且还会提升魅力指数，吸引更多的客户回归，这样才真正实现了货运组织改革的目标。

【作者：西宁货运中心经理】

加快大理州工业发展的思考与建议

章 键 杨嘉积

一、2012 年全州工业发展状况

2012 年，全州工业系统深入贯彻科学发展观，以科学发展为主题，以转变经济发展方式为主线，坚定不移地实施“工业强州”战略，大力推进科技进步，着力加快工业发展，推进工业化进程。坚持以提高经济增长的质量和效益中心，着力抓好支柱产业培植和工业园区的发展，稳增长、转方式、调结构、促转型，呈现了工业生产持续发展，经济效益显著提高，支柱产业发展壮大，园区工业发展步伐加快，实力不断增强的良好态势。

（一）工业生产持续发展

2012 年，全州工业增加值完成 235.2 亿元，同比增长 21.6%；全州工业总产值完成 782.24 亿元，同比增长 28.7%。12 个县（市）工业总产值均保持在两位数以上的增幅。六大支柱产业完成工业总产值 468.44 亿元，同比增长 26.5%。支柱产业工业总产值占全州工业总产值的 60%，占全州规模以上工业总产值 87%。园区工业总产值完成 474.77 亿元，同比增长 78.8%，园区工业总产值占全州工业总产值的 60.7%。支柱产业的发展壮大，园区工业的发展，支撑了全州工业的发展，加快了工业化进程。

（二）产品销售收入大幅增长

市场总体看好，但竞争仍较激烈。通过强化销售管理，加大促销力度，大力拓展市场，促进了产品销售大幅增长。2012 年，主营业务收入完成 509.04 亿元，同比增长 28.6%，其中六大支柱产业主营业务收入完成 455.31 亿元，同比增长 26.2%。

支柱产业主营业务收入占全州工业主营业务收入的89.4%。工业产品产销率达94.5%。

（三）经济效益显著提高

全州工业系统坚持以提高经济增长的质量和效益为中心，内强管理，向管理要潜力、要效益，外拓市场，增强市场竞争力，实现了"产销两旺"，促进了经济效益的提高。2012年，全州规模以上工业实现利税113.57亿元，同比增长22%，其中实现利润60.7亿元，同比增长20.5%；实现税金52.8亿元，同比增长23.8%。全州六大支柱产业实现利税107.79亿元，同比增长21.8%，其中实现利润57.3亿元，同比增长21.2%；实现税金50.49亿元，同比增长22.6%。支柱产业实现利税占全州工业实现利税的94.9%。

随着经济效益的提高，上交利税增加，财政增收。2012年，全州规模以上工业上交利税达58.47亿元，同比增长19.5%，其中六大支柱产业上交利税55.52亿元，同比增长18.5%。全州工业上交利税占全州财政总收入的46.8%，六大支柱产业上交利税占全州工业上交利税的95%，占全州财政总收入的44.5%。

（四）支柱产业发展壮大

为进一步加快全州工业发展，推进工业化进程，举全州之力，重点培植烟草、矿冶、机械、电力、建材、生物资源及食品加工六大支柱产业。通过招商引资，增加投入，大力推进技术进步，推动了支柱产业的发展，呈现了规模扩大、产能增加、生产发展、效益提高、实力增强的较好形势，支柱产业发展壮大。2012年，规模以上六大支柱产业的工业总产值完成468.44亿元，同比增长26.5%，支柱产业的工业产值占全州工业总产值的60%。支柱产业中，矿冶业、机械工业产值突破百亿元大关，分别达到118.14亿元和104亿元。支柱产业的工业销售产值完成459.24亿元，同比增长25.2%；主营业务收入完成455.31亿元，同比增长26.2%；实现利税107.79亿元，同比增长21.8%。实现利税占全州工业实现利税的94.9%。上交利税55.52亿元，同比增长18.5%。上交利税占全州工业上交利税的95%，占全州财政总收入的44.5%。支柱产业的发展壮大，支撑了全州工业的发展和经济效益的提高。

（五）园区工业发展迈出了新步伐

按照省委、省政府"工业向园区集聚、工业园区向山地布局"的战略和州委、州政府"关于推动工业园区跨越发展"的决定。我州工业园区坚持高起点规划、分产业布局、分层次建设的格局，大力推进工业园区建设。随着园区基础设施建设步伐加快，服务功能不断完善，集聚、带动和辐射功能不断增强，积极引导现有企业向园区集聚，同时，加大招商引资力度，以园招商、以商建园、以商兴园，入驻园区企业不断增加，促进了园区工业生产发展，经济效益不断提高。2012年，入园企业已达617户，从业人员达64523人，园区固定资产投资完成65.54亿元，同比增长14.9%；工业总产值完成（规模以上及规模以下企业）474.77亿元，同比增长78.8%；实现利税121.02亿元，同比增长2.2倍。

（六）科技创新成果初见成效

通过大力推进科技进步，建立以企业为主体的技术创新体系，坚持自主创新、重点跨越、引导未来的方针，企业建立了技术研发中心，以研发中心为依托，专门从事新产品、新技术、新工艺的研发、推广应用、科研成果转化和技术服务。科研与生产紧密结合，着力突破制约生产发展的关键技术、核心技术，研发出了一批科研成果，科技创新取得较好成绩，据不完全统计，截至2012年末，全州有29户工业企业申报专利115项，已授权的专利有77项，待授权的38项。技术创新成果较显著的企业有云南力帆骏马车辆有限公司获得专利28项、云南祥云飞龙有色金属股份有限公司获得专利9项、云南欧亚乳业有限公司获得专利9项。企业拥有一批自主知识产权，转化应用到生产中发挥了重大作用，推动了企业技术进步，提高了自主创新能力，增强了创新驱动发展的新动力，推动了工业生产的持续发展和经济效益的显著提高，加快了工业化进程。

（七）存在的主要困难和问题

全州工业虽取得了较好成绩，但仍存在一些不可忽视的问题，其主要问题是：发展不平衡，结构性矛盾仍较突出，部分产品产能过剩；传统产业改造提升较慢，自主创新能力弱；部分企业经济效益较差，全州规模以上企业达209户中，有49户企业亏损，亏损面达23.4%，亏损企业亏损额达2.31亿元，同比上升2.2倍；粗加工产品多，精深加工产品少，产业链短，附加值低。这些存在的问题，在发展中应加以解决。

二、对加快工业发展的对策和建议

为进一步推进"工业强州"战略，走新型工业化道路，加快工业化步伐。要抓住国家新一轮西部大开发、"桥头堡"建设和云南加快滇西中心城市建设的历史机遇，大力推进技术进步，转方式、调结构、促转型，以提高经济增长的质量和效益为中心，加快工业发展步伐，提高发展质量和效益，努力实现跨越发展，推进工业化进程。

（一）推动信息化与工业化深度融合，以信息化带动工业化

信息化和工业化需要深度融合。信息化是工业化的产物，反过来又通过与工业化融合，带动工业化发展。随着信息技术的快速发展和普及应用，信息化与工业化深度融合已经和正在成为一种全面、动态、优化的资源配置方式，重塑经济全球化条件下我国产业竞争新优势。工业化和信息化深度融合，要着力推进产业升级、增强竞争力，推进信息网络技术广泛应用，以信息化带动工业化，以工业化促进信息化。只有推动工业化和信息化深度融合，才能加快转变经济发展方式，在新型工业化道路上迈出新步伐。

（二）加快技术改造步伐，抓好工业发展项目

为进一步加快全州工业发展，推进工业化进程。按州委、州政府确定的工业园区40个基础设施建设项目和60个重大工业发展项目是关系全州工业经济发展的全局，要全力以赴抓好大项目建设，促跨越发展。

一是对已开工建设的项目，要抓进度，帮助协调解决建设中遇到的困难和问题，进一步加快建设步伐，如期竣工投产，发挥效益。

二是对尚未开工建设的项目，要抓落实，帮助协调解决前期工作中的问题，积极促成项目尽快上马开工建设。

（三）着力抓好六大支柱产业、园区工业的发展

全州重点培植的六大支柱产业、园区工业在全州工业中占有举足轻重的地位。2012 年，六大支柱产业、工业园区的工业总产值分别占全州工业总产值 60%、78.8%。要使我州工业实现跨越发展，加快工业化进程，必须举全州之力，着力抓好六大支柱产业和园区工业的发展。

一是要着力抓好六大支柱产业的培植。六大支柱产业已初步形成六大产业集群，在全州工业中占有举足轻重的地位。工业要跨越关键在产业，推动产业跨越发展，重点在县域，潜力在民营。要加大支柱产业的扶持力度，加快技术进步，转方式、调结构、促转型、提效益，不断发展壮大支柱产业。

二是着力抓好工业园区的建设。进一步加快园区的基础设施建设，完善服务功能，改善园区发展环境，增强集聚功能，为入园企业创造良好条件，筑巢引凤，促进企业向园区集聚。在抓好入园企业在建项目尽快竣工投产的同时，要进一步加大招商引资力度，力争拥有一批大项目入园开工建设，推动园区工业的发展。园区工业必须以产业支撑，因此，要大力培植产业集群和配套产业的发展，延伸产业链，提高附加值，向规模化、专业化、集约化发展，大力提高发展的质量和效益。努力实现州委、州政府规划的发展目标：努力打造一个销售收入上千亿元、两个五百亿元、五个上百亿元的工业园区。不断增强工业园区的集聚、辐射、带动功能，推动园区工业跨越发展。

（四）进一步加快科技进步，实施创新驱动发展战略

加快科技进步，实施创新驱动发展战略，进一步提高自主创新能力。要着力强化企业自主创新的主体地位，构建以企业为主体、市场为导向、产学研相结合的技术创新体系。建立企业主导产业技术研发创新体制机制，促进技术、人才等创新要素向企业研发机构流动，培育和壮大创新型企业。二是大力培育和发展战略性新兴产业，围绕战略性新兴产业需求部署创新链，突破技术瓶颈，掌握核心关键技术。三是加快新技术新产品新工艺研发应用，加强技术集成和商业模式创新。四是运用高新技术加快改造提升传统产业，加快科技成果转化，提升传统产业创新发展能力。五是推动创新体系协调发展，以全球视野谋划和推动创新，提高原始创新、集成创新和引进消化吸收再创新。

（五）要大力实施人才战略，加快培养创新型人才

当今世界范围内的综合国力的竞争，归根到底是人才的竞争，特别是创新型人才的竞争。全州工业要实现跨越发展，科技要创新，靠的是人才，要大力培养和引进创新型人才、高技能人才，要在科技创新实践中发现人才、培养人才、引进人才，造就一支具有高超技艺和精湛技能的人才队伍。要牢固树立尊重知识、尊重人才、尊重创造的人才观，营造人才辈出、人尽其才、才尽其用的良好氛围。充分发挥科技人才的积极性、主动性、创造性和聪明才智，在科技创新活动中作出贡献。同时，要建立健全激励机制，在技术创新中作出重大贡献的科技人员给予奖励，进一步激发科技人员的积极性和创造性，推动科技进步。

（六）深化企业改革，向集团化发展

深化企业改革，以资产为纽带，引导、推动优势企业跨地区强强联合，兼并、重组，推进行业整合，提高产业集中度，培育若干个大企业集团，充分发挥规模经济优势、技术优势、人才优势、资金优势，做大做强产业，推动自主品牌建设，提升品牌价值和效应，加快发展拥有国际、国内知名品牌和核心竞争力的大企业集团。

【作者：云南大理州工经联】

打造儋州——洋浦区域经济体刍议

郑　钢

我们要以更加开放的精神，采取更加有力的措施，打造并推动儋州—洋浦区域经济体的发展，塑造海南与东盟合作桥头堡，实现对接东盟、经略南海，成为海南发展的高地和排头兵。

2011 年 12 月，省委、省政府准确把握海南在全球发展和南海经略布局中的地位和作用，顺应中国—东盟自由贸易区发展和成熟的趋势，做出了关于全面加快洋浦开发建设的决定。决定的深远意义将随着时间的推移而日益为人们所认识。

在省委、省政府的领导下，洋浦近年有了新的进步，儋州的快速发展也有目共睹，但是要真正落实省委、省政府的决定，实现对接东盟、经略南海，成为海南发展的高地和排头兵，还有必要以省委号召的更加开放精神，采取更加有力措施，打造并推动儋州—洋浦区域经济体的发展。

依托洋浦港 打造儋州—洋浦区域经济体

洋浦因港而生，无港不立，其在儋州—洋浦区域经济体和海南未来发展中具有十分重要的地位和作用。

从世界港口建设的发展情况看，优越的地理位置只是成为枢纽港的前提，而不是唯一条件，准确的定位以及随之而来的发展思路、政策、制度策略、措施才是最重要的。

港口功能定位是指在一定时间和腹地范围内，港口主导功能的定向。上世纪 60 年代，当集装箱运输在世界上逐渐兴起时，并没有被周边国家所看好，在新加坡国内对是否重点发展集装箱中转业务也存在分歧。得益于当时领导人的远见卓识与勇气，新加坡将港口功能定位于国际集装箱中转枢纽港，并开始大力兴建集装箱专用泊位，首个泊位于 1972 年投入运营。通过逐步改建和新建集装箱专用码头，并采取一系列有利于国际中转的制度、政策、策略和手段来实施其中转港战略。

在招商引资方面，新加坡港围绕集装箱国际中转，引进相关产业，如国际集装箱管理和租赁中心、国际船舶换装修造中心、国际船舶燃料供应中心、物流分拨中心，并衍生出附加功能和业务，丰富和提高港口的综合服务功能，进一步提升了港口的竞争力。新加坡港迅速发展，转变成为地处东南亚的集装箱国际中转中心。

洋浦港起步于上世纪八十年代，虽然有了长足的发展，但港口功能定位还不明确，仅仅提出洋浦港是面向东南亚的航运枢纽是不够的。要在深入研究和全球布局眼界上弄清楚洋浦港的主导功能：是国际性或区域性的集装箱中转枢纽港？干线港？支线港？还是大宗散货中转运输口岸？或者集装箱、散货、专门运输通道港口兼有的功能？国际性的地区枢纽港建设专业性强、关联性大、科技含量高，是具有区域引领作用的重大基础设施建设，不能急功近利，零敲碎打。应在明确港口功能定位的基础上目光长远、着眼全局、统一规划，超前建设、分期实施、坚持不懈。

目前，除港口定位以外，洋浦港公用码头与企业码头比例、岸线利用和港区纵深发展、港口综合服务功能建设、招商引资门类、管理体制和人才结构等方面还有很多不足。建议省委、省政府以更大的力度，更有力的措施，更开放的精神，关注洋浦港以及洋浦开发区的发展。比如，能否像上海张江国家自主创新示范区一样，面向全球选拔开发区和洋浦港的管理人员。

依托经济体　塑造海南与东盟合作桥头堡

中国—东盟自由贸易区已于 2010 年全面启动，按计划将于 2016 年全面建成。到那时，儋州—洋浦区域经济体将初步形成高速公路、铁路、港口、（机场）相连的态势。建议省委、省政府以更大的力度，更开放的政策支持儋州—洋浦区域经济体成为海南对越南、进而对东盟的交流合作的桥头堡，成为围绕中国—东盟自由贸易区招商引资的重点区域。调动省内有关资源，聚焦儋州—洋浦区域经济体，在布局研究、资源组合、信息咨询、招商引资等方面给予全面支持。

（一）充分利用中国热带农业科学院研究力量，就国内市场对热带产品的需求情况和东南亚的热带产品生产能力作调查研究，利用儋州—洋浦区域经济体的区位优势和港口优势，组织热带产品进口和中转，为我国生产和生活服务。同时，利用中国热带农业科学院、海南国家南繁育种基地、儋州良好农业条件等优势，在儋州建立谷种、果苗、猪种、鸡鸭苗种生产研究基地，不断推出适合热带地区的各种优良品种，推动海南对东南亚国家供应种苗、饲料、农产品采收和产后处理设施的合作。

（二）充分利用儋州区位优势，研究在儋州—洋浦区域设立海南—东盟出口贸易加工区的可行性方案，鼓励和推动儋州与越南等东南亚国家的官方和民间的交往。

（三）积极参与中国—东盟自由贸易区建设，有计划地加强与东南亚相关省和地区的往来，协调关系、互相沟通、营造氛围，提升知名度和影响力。(1)每年度有计划安排省领导与越南、印尼、新加坡、泰国等东盟国家的相关省和地区政府领导会面；(2)省、市县和有关部门的出访应侧重安排东南亚方向，通过交流总结经验、解决问题；(3)推动省、市、县与东南亚有关地区、城市的结好；(4)每年举办的欢乐节可以有计划邀请东南亚有关地区和友城的领导来参加，每年组织在加强海南—东盟合作上有贡献的人士到海南参观旅游，或适当进行奖励，以提升海南的知名度和影响力，消除隔阂，推动双方经济贸易合作的全面发展。

（四）在中国南海研究院建立东南亚经贸信息中心，加强对东南亚各国经济的研究，为加强合作提供准确信息。

【作者：全国政协委员　儋州市副市长】

浅谈对新型城镇化的认识

蔺泉田

一、新型城镇化已成为我国经济发展的重要战略

2012 年 11 月 18 日党的十八大报告指出：“坚持走中国特色新型工业化、信息化、城镇化、农业现代化道路，推动信息化和工业化深度融合，工业化和城镇化良性互动，城镇化和农业现代化互相协调，促进工业化、信息化、城镇化、农业现代化同步发展”。2012 年 12 月 15 日召开的中央经济工作会议指出：“城镇化是我国现代化的历史任务，也是扩大内需的最大潜力所在，要围绕提高城镇化质量，因势利导，趋势避害，积极引导城镇化健康发展。要构建科学合理的城市格局，把有序推进农业转移人口市民化作为重要任务抓实抓好，把生态文明理念和原则全面融入城镇化全过程，走集约、节能、绿色、低碳的新型城镇化道路。”2013 年 1 月 15 日，李克强同志在国家粮食局科学研究院考察调研时指出：“推进城镇化，核心是人的城镇化，关键是提高城镇化质量，目的是造福百姓和富裕农民。要走集约、节能、生态的新路子，着力提高内在承载力，不能人为造城”。2013 年 3 月 15 日温家宝同志在十二届全国人大一次会议上所做的政府工作报告中指出：“城镇化是我国现代化建设的历史任务，与农业现代化相辅相成，要遵循城镇化的规律，积极稳妥推进城镇化健康发展”。这些都充分地说明了新型城镇化是我国经济发展的重要战略。

二、新型城镇化的核心是以人为本

2013 年 3 月 17 日李克强总理在与中外记者见面回答记者关于城镇化问题时指出：“我们强调的城镇化，是以人为核心的城镇化”。现在一些地方政府一说要搞城镇化，首先就想走圈地搞房地产，去造城的老路子。这种方式就是通过低价征地，高价出售的途径推进城镇建设，这样做的结果会造成土地城镇化了，而未能实现人口的城镇化，与新型城镇化的“以人为本”是背道而驰的。据统计，我国 2012 年的城镇化率是 52.6%，但这个数字是有水分的，因为其中包含了进城务工的农民，他们的人在城镇，但并不是真正的城镇居民，有学者推算，如果只计算城镇户籍人口，我国现在的城镇化率只有不足 40%。而发达国家的城镇化率一般接近或高于 80%，因此，要真正地实现新型城镇化，就必须在以人为本的原则下，使居住在城市的农民成为真正的城镇居民。改革开放三十多年来，我国的城镇面积扩大了 4 倍，但城镇人口仅增加了 1.6 倍，充分证明我国的人口城镇化并未和土地城镇化同步。十二届人大一次会议政府工作报告提出：“有序推进农业转移人口市民化，逐步实现城镇基本公共服务覆盖常住人口，为人民自由迁徙，安居乐业创造公平的制度环境”，这对我国加快推进户籍制度改革指明了方向。我们必须要认识到，由于进城务工的农民工不能定居在城市，不能享受城镇居民的待遇，结果造成父母在城市打工，儿女在农村成为留守儿童，由于孩子与父母长期分离，得不到应有的关爱教育，对家庭造成很大的伤害，给下一代的成长也留下很大的问题，如果处理不当，会形成严重的社会问题。笔者认为应该让那些长期在城镇工作并居住在城镇，参加了社会保险的农民工通过公平公正的制度落户在城镇，让他们与城镇居民享受平等的社会福利。因为农民工有序转为城镇居民以后，他们将成为城镇的消费群体，这有助于扩大内需，促进内需的增长。

三、新型城镇化应与新型工业化和农业现代化同步协调发展

从世界发达国家的经验看，城镇化是工业化发展的必然结果，城镇化又是推动工业化的重要力量。新型城镇化的重要标志就是大量的农村人口成为城镇人口，也就是说只有大幅度减少农村人口在总人口中的比重才能够真正地实现城镇化。但如果没有工业化的发展，农村的剩余劳动力就不能就业。城镇化使农业劳动力向城镇流动，从事农业的劳动力大幅度减少，这就必然要求提高农业生产率，就必然要求由传统农业向现代农业转型，即实现农业现代化，农业现代化以后就会给工业化生产提供市场条件，给城镇化农产品消费提供充足货源，同时城镇化带来人的集聚，消费的集聚，而这些集聚效应必然要求扩大城镇经济规模，从而促进新型工业化的发展，新型城镇化使农业人口减少，从而导致农业劳动力比重的下降，为农业机械化率的提高创造了条件，从而推动农业现代化的步伐，农业现代化的实现，使农民真正地富裕起来，使“三农问题”也随之得到解决，有利于推动农村城市化，因此，新型城镇化必须要同工业化和农业现代化同步协调发展，这就要求我们各地方政府应将农业现代化、新型工业化和新型城镇化统筹考虑。

四、新型城镇化必须注重科学规划和制度建设

虽然新型城镇化是我国三十多年经济高速发展的必然结果，但在我国长期城乡二元分割的体制下，实现新型城镇化仍然需要强有力的规划布局和政策制度。首先，应从经济现代化的发展需要搞好城镇的规模和布局，要因地制宜地制定出新型城镇化的规划设计，要根据本地区的产业规模，产业支撑，就业人口规模决定城镇的规模，认真地分析和测算城镇规模大小与人均公共基础设施成本之间的数量变动关系，要考虑城镇规模经济效益。有的人认为城镇越大，人口集聚越多越好，其实不然，因为城镇越大，会使人们的生活成本增大，进而推动企业的成本要素价格上升，进而推动企业成本增加，不利于企业的发展和产业的扩张，因此，要科学规划城市规模。其次，在科学规划城镇规模的前提下还应该注重提高城镇建设水平，要使交通、排水、垃圾处理等基础设施的建设与城镇化步伐相协调，要通过科学的规划集约化地充分利用城镇有限的空间，避免城市出现交通拥堵，雨季排水不畅，垃圾围城，环境污染，空气质量差的问题。第三，要制定相应的政策和制度来保障新型城镇化的实现。如土地征用制度，城镇化离不开土地的征用，而征用土地后就会涉及到失地农民的安置问题，如何使农民在城镇化过程中分享土地的增值收益是新型城镇化必须考虑的问题；对于对民工市民化后，他们在农村承包土地，宅基地、住房制定何种政策；对于真正实现农民工市民化后与城镇居民享有平等的权利制定出合理的制度，这些都是新型城镇化的主要内容。

总之，新型城镇化就是坚持以人为本，以新型工业化为动力；以统筹兼顾为原则；以和谐社会为方向；以全面协调，可持续发展为特征，推动城市现代化，城市集群化，城市生态化，农村城市化，全面提升城市质量水平，走科学发展，集约高效，功能完善，环境友好，社会和谐，个性鲜明，城乡一体化，大中小城市和小城镇协调发展的新型城镇化路子。正如李克强总理曾经指出的：城镇化不是简单的城市人口比例增加和面积扩张，而是在产业支撑，人居环境，社会保障，生活方式等方面实现由“乡”到“城”的转变。新型城镇化的“新”，是指观念更新，体制革新，技术创新和文化复兴，是新型工业化，区域城镇化，社会信息化和农业现代化的生态发育过程。“型”是指转型，包括产业经济，城市交通，建设用地等方面的转型，环境保护也要从末端治理向“污染防治——清洁生产——生态产业——生态基础设施——生态社区”五同步生态文明建设转型。

【作者：河北保定农垦总公司党委书记、总经理】

当前铜加工企业国际化经营的环境及策略分析

邵宏宝

我国铜加工产业经过了六十年的发展，已经成为重要的铜材生产、交易以及消费的大国。随着社会的不断进步，铜材的应用范围越来越广，主要应用在电气、半导体、电子、通讯、机械制造以及交通运输等各个行业之中。随着铜加工技术的不断进步，市场的需求量也就随之增加。通过分析铜加工的现状，了解国际化经营的环境以及相应的策略。

一、铜加工企业的发展现状

（一）**铜资源短缺**。铜作为人类社会发展过程中不可或缺的金属原料，其资源是有限的，但是社会的需求是旺盛的，这就使人们不得不接受：铜作为普通原料的事情已经成为过去，它将会以稀缺原料的身份登上世界的舞台，同时也会导致铜价格的不断提升，铜加工产业的不断精密化。我国的铜资源是非常稀缺的，其供应量不足需求量的 25%，我国精铜的产量已经是世界首位，但是生产精铜的原材料中的再生铜、矿粉等主要还是依赖进口，国内铜矿的产铜量只占需求总铜量的 1/4，缺少铜原料已经成为影响我国经济发展的重要因素。为了保证经济的发展速度，一定要充分利用铜资源，节省资源的消耗，进行综合利用，推进技术创新。

（二）市场的竞争激烈。我国铜加工企业面对激烈的市场竞争，其原因如下：

近年来，我国铜加工企业得到了飞速的发展，在世界上都取得了优异的成绩，据统计新建铜板产能约计 130 万吨、铜线产能 160 万吨等，所有新建铜加工产能的综合将达到 320 万吨，这些新建项目的投入加大了市场的竞争力。

国外的一些发达国家以设备、技术的优良以及高精产品占据着我国的铜加工市场。

世界铜材市场的萎靡，只是我国铜材生产产品逐渐转向发展中国家的铜材市场。

（三）加工技术落后。我国铜加工的技术是先进和落后并存的，传统加工技术仍然占据着主导的位置，其加工工艺为：合金熔炼、连续铸造、热加工以及冷加工，工艺流程比较长，能源的消耗比较高，而成品的概率非常低，并且会破坏周围的环境。针对落后技术的不足之处，应该尽快进行解决，发明一些先进的加工技术。

（四）产品技术含量低。产品的技术含量比较低，主要表现在种类少、质量差以及规格少，根本满足不了现代社会的需求，因此，一定要加强产品更新换代速度。

（五）管理制度不够完善。随着铜加工企业的不断发展，其生产规模的不断扩大，就需要相应的管理政策，目前，我国相关的管理结构还不够完善，正处在调整的阶段，因此导致铜加工产业的竞争越来越激烈，而其生产的产品质量又不是很高，进而降低了企业的竞争力。

资金运转困难。我国铜加工厂产业大部分是在计划经济的体制下建立并发展起来的。在市场经济体制运行过程中，企业资金不足以及缺少流动资金的现象逐渐暴露出来。

二、国际经营环境与策略

（一）扩大合作领域。面对世界新形势下的经济格局，积极进行跨越式的发展，这是我国发展铜加工产业国际化的唯一手段。以发展为前提，我国铜加工企业一定要选择以及制定符合本企业实际发展的策略，这是目前所有铜加工产业需要深入研究与分析的问题。在我国加入到世贸组织之后，企业的发展范围不在只局限在国内，还可以向外发展，与此同时，其竞争也就越来越激烈。因此，一定要学会并掌握经营国际化企业的方法与技巧，发展自己的长处，弥补自身的不足，充分发挥自身的竞争优势，增强企业在国际市场中的竞争力。与此同时，企业通过国际化的经营，可以扩大企业境外的发展空间。

从合作形式方面来看，首先可以充分利用国外的市场、技术以及资金等相关资源，进行一些来料加工贸易。比如：洛阳浩泰铜业目前已经与国外公司达成协议，利用该公司提供的相关的技术以及资金对现有的生产设备进行改造，选用先进的生产工艺，提高生产产品的质量，通过这样的方式开展来料加工并将生产的产品再出口国外。其次可以以参股与控股的方式，开展资金重组，吸引更多的外资投入，进而加快企业的发展速度。再次可以选用技术嫁接的方法，改造传统的生产工艺，提高企业生产的技术水平。最后可以进行相关的技术交流，以此来掌握国外铜加工产业的一些发展动向，根据市场的实际动态，确定自身的发展目标，制定先进的应对策略。

（二）引导市场的消费以及市场空间的拓展。随着建筑行业的不断发展，对于其质量的要求也在不断的提高，导致建筑用铜量的逐渐增加，不仅使用大量的铜制水暖件以及铜水管，同时地板、装饰以及屋顶等地方的用铜量也在不断的增加。与此同时，一定要培养使用优质铜材的市场消费观念。目前，在电器市场上充满了质量低劣的铜材，尤其是低压电器市场。其中包括现象有：用于输送电力的导线横截面不符合有关标准的固定，对一些废旧线芯进行翻新，使用原材料不符合规范等等。这些现象将会直接导致用电效率低下、电线损伤非常大、容易老化以及不安全的状况，严重的危害了消费者的权益。所以，我国铜加工产业有责任、有义务，既满足了消费者的权益，又保证了自身的发展，开展应用合格铜材以及优质铜材的工作。并且铜材的应用范围在不断的扩大，目前在海水淡化以及电子信息等领域也得到了广泛的应用，因而发展了更多的适用市场，引导市场的发展。我国铜加工产业要想在市场竞争与国际竞争中得到生存与发展的空间，就一定要具有超前意识以及敏感性，争取在市场取得一定的发展空间。

（三）实施创新管理以提升企业的竞争力。面对日益激烈的竞争形势，加强企业管理，完善以及提升企业的管理水平，是我国铜加工产业的首要任务。大部分企业在管理方面的不足，主要是因为企业内部的管理工作不能有效的适应环境的变化进而进行创新。

1. 创新企业的实际管理模式：创新管理模式的目的就在于提升企业的竞争力以及实际的经济效益，因此这样的创新形式绝对不是一种企业形象的改变，而是“有效、实用”的一种具体方法，所以，一定要从企业的实际情况出发，从企业的实际问题出发，从企业的特点出发，在进行管理的过程中认真总结以往实践的经验教训，进一步研究行之有效的新方法、新思路，并进行实践应用，解决企业发展过程中遇到的各种问题，促进企业的发展。

2. 坚持以经常性的企业咨询以及管理诊断作为管理创新的基础，同样发现问题就是解决问题的基础。企业管理诊断就是指发现企业管理过程中存在不足之处的手段以及方法，所以，进行经常性的企业咨询以及管理诊断是创新企业管理过程中不可缺少的必要途径：在诊断的基础上，结合自身发展的实际状况，落实新方法、新措施，做到创新管理。

3. 确保创新管理的有效性、实用性。有效性就是指创新管理在成果上的相关收益，只有实施有效管理在可以确保管理的生命力。实用性指的是创新管理在方法上一定要切合实际需求。在实际管理过程中，没有必要一开始就采取全面的创新管理模式，而是要采取“拿来主义”的方法吸取别人的经验教训，再结合自身的发展情况，采取相应的创新管理措施。

三、结语

综上所诉，我国铜加工企业的发展一直保持着良好的状态，但是，在发展过程中也存在着许多问题，特别是随着经济全球化的发展，市场的竞争力也随之加大，为我国铜加工企业的发展带来了机遇，同时也伴随着挑战。在我国铜加工产业国际化的发展过程中，一定要充分考虑国际市场的需求以及自身的发展特点与实际情况，使其得到更好的发展。

【作者：浙江昌兴铜兴有限公司】

搞好四个服务　发挥四个作用 不断增强工经联（经团联）的生机和活力

刘书敏

工经联是市场经济的产物，自它产生起，就是一个以实体经济为主体、以双向服务为宗旨、以多样化活动为载体的联合组织，是党委、政府联系实体经济和行业的平台和纽带。如何把这个平台做大做强做优，这几年来，我们邢台市工经联（经团联）进行了积极的探索。我们感到，只有搞好四个服务、发挥四个作用，才能不断增强工经联（经团联）的生机和活力。

一、服务政府，发挥好参谋和助手作用。在各个时期，都要紧紧围绕党委、政府的中心工作和重点工作，发挥工经联优势作用，搞好服务。在当前形势下，就是要围绕中小微企业、县域经济发展、园区建设、农业经济和新能源、新材料、生物制药、节能环保四大新兴产业，积极开展大调研活动，为党委、政府及有关部门提供更多有价值的参考依据和合理化建议及对策。做到积极参谋不添乱，当好助手不错位。

二、服务企业，发挥好桥梁和纽带作用。要围绕做大做强现代企业，不断创新服务方式、拓宽服务领域、提升服务水平。特别要在为企业增强创新驱动力、加快转型升级步伐等方面提供帮助，搞好服务，就要在政策、人才、资金等方面给予支持，不断提升企业的市场竞争力；要围绕着力改善两个环境建设，在企业中开展“诚信守法企业”创建活动，利用各种宣传平台，建立企业诚信档案和信用信息交换平台，进一步提升企业的公信力和社会影响力；帮助和支持企业做大做强先进企业文化建设，使企业把先进文化建设贯穿于企业机制创新、管理创新、技术创新、品牌创新的各个环节，促进企业经营方式的转变，实现可持续发展。搭建多种服务平台，彰显企业形象，营造发展氛围。如继续做好中国500强企业、河北百强企业、河北行业标兵企业等排序工作和符合各地实际的强优企业排序、诚信企业、社会责任企业、社会贡献企业、年度经济人物等评选活动。当好企业的帮手，传递好政策信息。

三、服务协会，发挥好培育和规范的作用。工经联要根据经济发展战略，研究产业导向，规范行业协会发展布局，在主导行业和新兴产业大力培育行业组织，引领行业规范、有序、健康发展；要规范和畅通行业协会与政府、行业协会与企业、协会与协会之间的交流渠道，积极反馈行业的诉求，维护行业的合法权益；要深入开展行业自律和诚信建设，在发挥协会职能、提升服务能力、强化自身建设上求突破，努力提升行业协会诚信度和公信力，扩大影响力和吸引力；做好行业协会组织的评估工作，为承接政府转变职能、减政放权，奠定坚实的组织基础。当好协会的推手，促进行业规范建设。

四、服务社会，发挥好指导和引领作用。工经联做为群团组织，经济组织的联合体，创新社会管理，服务社会责无旁贷。服务社会就要牢牢把握最大限度激发社会活力、最大限度增加和谐因素、最大限度减少不和谐因素的总要求，不断增强工经联组织的创造力、凝聚力。重点要在两个方面着力：一是指导和引领企业加强社会责任建设。这是企业实现与社会和谐、环境协调发展的重要举措，是企业科学发展、和谐发展、可持续发展的必然要求，也是企业提升知名度、美誉度和社会影响力的有效途径。加强企业社会责任建设，既有利于增强企业凝聚力和向心力，也有利于提高企业经济、社会效益和市场竞争力，更有利于提升企业的品牌形象。加强企业社会责任建设，重点是推动企业诚信守法经营、坚持依法纳税、注重产品质量、维护消费者合法权益、注重环境保护、保障职工权益、创建和谐劳动关系、积极开展慈善事业、参与公益事业活动。积极创造就业岗位，吸纳大学生、下岗失业人员、农村失地劳动者以及残障人员等就业；积极参加民生工程，回馈社会等。从而引导企业真正敢于承担促进公平正义的责任、发展和谐劳动关系的责任、改善人与自然和谐关系的责任、恪守诚信守法的责任、感恩时代倾情回报社会的责任。二是要充分发挥行业协会和中介组织提供服务、反映诉求、规范行为的作用，形成社会管理和社会服务的合力。正确引导行业组织发挥自主性、自律性、代表性、协调性、服务性及公共性为基本特征的社会功能。这对于保证市场经济的高效运行和有效协调、处理社会矛盾，促进社会公正，应对社会风险，规范行业行为，维护会员正当权益，促进社会建设协调可持续发展有着极其重要的作用。当好社会的抓手，促进社会和谐发展。

【作者：河北省邢台市工经联（经团联）副会长兼秘书长】

坚持节约集约用地　助推区域经济发展

汤志军

作为全国第一批对外开放的沿海城市大连市，改革开放几十年来发生了翻天覆地的巨大变化。作为大连市主城区而又半城半乡的甘井子区，也同大连市一样，面貌焕然一新。正是这种又城又乡的独特的区位优势，决定了甘井子区的土地越来越金贵，越来越紧缺。这使我们大连市国土资源和房屋局甘井子分局的土地管理任务繁重而艰巨。对此，我们分局在市局和区委、区政府的领导下，坚持以科学发展观为指导，努力破解保护资源与保障发展双重压力的难题，不断探索土地资源节约集约利用与合理有序开发的新机制新模式，为有力有效地助推当地区域经济又好又快地发展，为构建资源节约型环境友好型社会，做出了应有的贡献。

一、坚决维护规划权威　科学优化用地布局

甘井子区南临黄海，北濒渤海。是连接主城区与新市区的纽带，东与金州新区接壤，西与旅顺口区毗连。区域面积 455 平方公里，人口 69 万。区辖 14 个街道，其中涉农街道 5 个。大连周水子国际机场、大连新火车站、沈大高速公路出口、大连港杂货码头和客滚码头均集汇于此。随着大连新机场、地铁核心站以及市体育中心、卫生中心等一系列重大基础设施项目的全面建设竣工，其作为大连市新的公共中心和城市综合交通枢纽的地位正在凸现。

由于主城区的高速发展和本区自身发展的快速跟进，甘井子区的用地压力相当之大。在这种情况下，分局在坚决维护以新一轮土地总体规划权威性的同时，结合大连市城市总体规划和区经济发展规划，坚持节约集约用地，走内涵挖潜之路，以保证土地利用效益实现最大化。在这个思想指导下，全区规划形成了以大连生态科技创新城、大连体育新城、大连湾临海装备制造业聚集区、大连西城国际旅游商务区、中华路中央商务区和大连空港商务区为框架的“两城四区”六大功能区，同时大力加强对老城区的改造和功能提升，形成“6+1”板块布局。在这种布局下，中国一重、重工起重、海洋工程、中远船务等一批国内外行业领军企业进入并形成集群发展。目前，先进制造业已经成为甘井子区的优势产业。连续多年，甘井子区地区生产总值、全口径财政收入、地方一般预算性收入等各项经济指标在辽宁省及东北地区一直名列前茅，成为辽宁沿海经济带开发建设的重要组成部分。

按照构建“资源节约型和环境友好型社会”的要求，甘井子分局正确处理土地资源开发、利用与保护之间关系，建立集约、高效、和谐的土地利用方式，提高土地利用效率和产出效益。分局制定了三大土地利用战略：一是生态优先战略。依据土地用途分区，严格土地用途管制，加强对土地生态资源的保护和生态用地的培育，加大对林地的保护力度，加强城区内生态绿廊的建设。二是优化发展战略。通过合理有序的土地供应与布局引导，推动土地利用向结构优化和布局合理方向转变，通过产业空间布局引导和基准地价等经济杠杆，促进各业各类用地布局更合理。三是集约利用战略。积极推进产业向园区集中，促进产业用地集约化；推动村民居住向新村集中，整合闲置低效住宅用地；提高产业准入门槛，鼓励土地资源立体开发，提高土地产出效益。

据此，根据甘井子区不同区域的资源禀赋、经济发展程度、人口密度等，以区域发展功能定位和产业定位等各区域的特色和发展方向的差异，形成了以东部装备制造产业用地区、北部都市农业发展用地区、中部城市建设用地区、南部高新技术产业用地区和西部生态涵养用地区为主体的土地利用空间布局。在农用地方面，规划形成了都市农业区、休闲观光农业带、水产养殖基地和西郊森林公园的空间布局；在建设用地方面，规划形成了老城区加上机场、高新园区、大连湾、革镇堡、营城子五大组团的城镇空间布局。在生态用地方面，重点建设水源保护区、山林保护区、历史文化保护区。

二、倾力服务发展大局　推动经济快速发展

坚持节约集约用地，不是单纯为了节省土地，而是为了服务于经济社会发展的大局。甘井子区在招商选资中，制定了《甘井子区关于规范项目准入和管理的暂行规定》，把节约集约用地作为项目引进的重要前置条件，把单位 GDP 耗地量作为衡量土地节约集约用的标准，确保了一批土地集约利用程度高、税收贡献大、吸纳就业多、能源消耗少、符合园区产业定位和环保要求的项目落户园区，做到把有限的土地用在刀刃上。生态科技创新城三大起步区 2012 年注册企业 57 家，入驻企业 48 家，总投资 247 亿元，产业占地面积 40 公顷，容积率 0.94，吸纳员工就业 6 万多人，2012 年实现税收 70.2 亿元。投资 400 亿元的联想未来城项目已经启动、简伯特、固特异等 17 家知名企业也纷纷落户生态科技创新城，有力的拉动了经济发展。

为了确保建设用地项目科学合理，对建设项目用地实行严格的预审。在建设用地选址和可研阶段，国土资源分局提前介入，确保项目选址符合土地利用总体规划，坚决核减不合理用地规模，避免土地的闲置。定期召开由发改委、规划、国土资源和财政等部门联席会议，严格审核项目的投资规模、容积率、年产值等指标。2012 年共预审建设项目用地 11 个，核减用地面积 85 亩。2013 年上半年，共预审建设项目 8 个，核减用地 135 亩。

还特别加强建设用地批后监管。严格控制划拨用地范围，对经营性基础设施用地实行有偿使用，运用价格机制抑制多占、滥占和浪费土地。特别是在国有建设用地管理中，坚持做到对照划拨用地目录，严格审查划拨用地标准和范围。不符合划拨规定的，坚决有偿使用。经营性项目、工业用地全部实行招拍挂出让。努力实现公开公平交易，用市场来配置土地资源。区政府还专门制定下发了《关于规范土地管理和集约用地的通知》，严禁用地者与农村集体经济组织或者个人签订协议圈占土地，严格限制闲置土地，建立用地评价制度，规范农村集体土地使用权流转和农村宅基地管理，严格用市场来配置土地资源，妥善解决批而未用、征而未供等历史遗留的问题。经过近几年的积极探索，全区在土地资源配置方面形成了一整套行之有效的办法，如建立用地信息公开制度，建立建设用地开发利用动态监管体系，建立多部门联动，按建设项目的进行分程分段管理，适时激活各类低效用地。还采取“腾笼换鸟”的方式，优化产业结构，推动产业升级。截至目前，全区共清理用地项目 81 项，有效利用土地 653 公顷。科学严格的土地管理，使不合理用地和违法用地得到有效的遏制，使科学合理的用地项目得到了充分的保障。仅 2012 年，全区保证重点项目就有 145 个，开工率达 80%，完成投资额达 500 多亿元。

三、坚持做到以人为本　竭力保障服务民生

土地管理工作，关系社会方方面面，尤其是在服务和保障民生方面，有着其他部门不可替代的重要作用。分局是最基层的国土资源局，也是服务和保障民生工作的最前沿阵地。近些年来，我们按照全域城市化的要求，在尊重农民意愿保障农民的权益的原下则，全面推动村民居住向“新居工程”集中，整合闲置低效住宅用地。在实施过程中，我们选择最好的区域，提供最完善的配套，建设最优质的房屋。目前，全区已建成“新居工程” 10 个，建筑面积 205 万平方米，回迁农转城人员 3.7 万人，腾出集体存量建设用地近 3.8 平方公里，为产业集聚发展提供了宝贵的土地资源。

几年来，我们为加强生态建设，提升生活品质，先后关闭非煤矿山 31 个，治理废弃矿坑 5 个，整理出可建设用地 997.8 亩，计划安排建设项目 2 个，有效的缓解了供地需求压力。同时也为配合大连市体育新城建设，我们对朱棋路仓储区搬迁、关停低效企业 800 余家，腾出土地 20 平方公里，建设场馆 8 个，媒体中心 1 个，占地面积 57.1 公顷，有力的保证了十二届全运会的顺利召开，也为甘井子后期发展提供了储备用地。

几年来，我们累计完成经济适用住房审核 4267 户，完成经济适用住房货币补贴审核 3050 户，完成廉租住房审核 1029 户，完成廉租住房实物配租 183 户，完成房地产中介备案 32 家，完成公共租赁住房审核 9966 户，完成机关事业单位货币补贴审核 5203 户。累计完成维修资金利息划拨、结算审核 496 笔，总金额 2.18 亿元。我们把解决中低收入家庭、城市无房户和新就业职工的住房问题，作为重要民生工程和德政工程抓紧抓实。全年审核完成公共租赁住房 9411 件，实物配租 3580 件，机关事业单位住房补贴 5203 件，审核廉租住房 890 件，完成商品住房预售许可前置核查 83 件，完成公有住房租金核补 355 件，较好地保障了人民群众的住房需求。我们在全区物业小区开展了“文明城市创建活动”，开展了“整治小区环境，建设美好家园”为主题“义务奉献日”活动。全面提升物业小区环境卫生质量，保证居民的生活秩序井然有序，安全稳定，为城市绿化、美化、亮化、净化的“四化”建设做了大量卓有成效的工作。

我们还特别注意做好事关人民生命财产安全的地质防灾工作。位于大连至旅顺中路的岔鞍村大巴山特大滑坡灾害隐患，多年来一直困扰着当地居民。去年年初，国家财政部下达地质灾害防治项目专项资金 3600 万元，市财政在此基础上拨款 6000 万元，用于治理岔鞍村特大型滑坡体，我们组织力量，采取削坡卸荷、反压坡脚、施工抗滑桩等措施，完成排土石方 300 万立方米，滑坡地质灾害隐患被完全消除。

四、大力加强制度建设　全面提升队伍素质

靠制度管事，靠制度管人。有了健全的行之有效的管理制度，才能把土地管理事业做好。近年来，我们通过工作实践和发展创新，已经建立起了一套比较完善的管理制度。

在土地节约集约管理工作上，我们一是建立了建设用地评估制度。严格执行建设用地控制标准，对超出标准的要坚决核减。严把建设用地供应关口，落实项目验收制度。二是建立了征地信息公开制度。根据省国土资源厅《关于进一步加强征地信息公开工作的通知》要求，对征地信息在公共互联网上进行全面公开，提高征地工作的透明度，做到公开、公正、透明，接受社会监督；三是建立了土地供应跟踪检查制度。我们通过跟踪督促各街道和用地单位，尽快促成项目供地要素齐全，加快供地速度，确保 2012 年及以前年度批准的建设用地供地率要达到 100%，2013 年新批准的土地供应率达到 50%。

同时，我们还着力加强内部管理制度建设。一是全面完善管理事权。成立“五所两中心” 7 个事业单位，并理顺土地审批和土地储备管理职能，促进了各项工作的顺利开展；二是规范内部管理程序。把各种职能职责落实到每个科室每个人。设立分局收报件窗口，制订《分局内部审批流程》。三是坚持集体领导制度。对事关分局管理改革发展、机制体制建设、干部调整配备等问题，做到决策程序化、民主化和科学化。四是实施财务开支公开制度。把有限的财力用在关键环节上，分局信息化建设不断迈上上新台阶。几年来，分局累计投入固定资产投资 149.5 万元，购买工程一体机、大幅扫描仪、测距仪和 GPS 定位仪等设备 78 台，实现了电脑的更新换代。五是建立完善的廉政建设制度。几年来，通过认真开展党的群众路线教育实践活动，和各种理论学习活动，思想建设、组织建设、作风建设、管理水平和执政能力明显提升认真贯彻执行《领导干部廉洁从政若干准则》，层层签订《政风行风廉政建设责任状》，廉政建设取得了很好的效果。不仅上级党委领导满意度进一步提高，更是得到了人民群众和服务对象的认可。近年来，分局获得了多项荣誉，较好地树立了国土部门的良好形象。

【作者单位：大连市国土资源和房屋局甘井子分局】

创新工作思路　加快城市基础设施建设

郑文成

2013 年 9 月 1 日，十堰市委组织的领导干部生态文明建设和经济发展转型专题研讨班正式开班，本人作为学员之一亲身聆听了昆山率先发展的经验，实地感受了昆山经济社会各方面建设的巨大成就，被昆山科学发展、快速发展的浓厚氛围深深震撼。通过一路看、一路听、一路比、一路议，我们收获满满。学贵在用，城建部门向昆山学什么？昆山归来后，我连日消化理解，逐渐加深了对“昆山模式”的认识，总的体会如下：

一、几点体会

（一）昆山的发展意识强。纵观昆山的每一步发展，每一项工作都结合实际，用极强的发展意识牢牢把握发展机遇。无论是改革初期的农业经济转型为工业经济，实施外向带动战略，还是经济起步阶段的自费兴办开发区，以及后来由“昆山加工”、“昆山制造”转为“昆山创造”、“坚持工业化致富农民、城市化带动农村、产业化提升农业”，等等，都体现了“大胆想、大胆闯、大胆干”强烈的发展意识和“埋头苦学、埋头苦干、埋头干成、埋头干好”的实干精神。

（二）昆山的创新理念新。昆山人在追求发展的进程中，把超前谋划放在首要位置，充分地解放思想，把创造创新发挥到极致，用自身努力让一个个梦想变成了现实。从创办了全国第一家自费建设进入国家序列的开发区开始，到办起了江苏第一家合资企业，建立起全省第一家外商独资企业，实施了全省第一幅土地使用权的有偿出让，创建了全省第一个陆路口岸通关点，创办了我国历史上第一个出口加工区，等等，创造了无数个全国“第一”，一个“第一”就是一次创新，一片空间，一项产业，一个平台，况且昆山人又把“一生二，二生三，三生万物”的朴素哲学演绎得相当娴熟，发展空间在创新中得到了拓展和延伸。

（三）昆山的服务水平高。昆山对行政效能的标准是：“部门设置的审批项目最少、审批环节最少、收费项目最少、透明度最高、服务最周到，打造一个行政效率的高地，行政成本的洼地，投资者的福地的宽松发展环境”。思路形成后，昆山市历任领导持续坚持、一抓到底，使思路落到了实处、变成了现实。先后打造了“人人都是投资环境、个个都是形象大使”、“零障碍、低成本、高效率”等服务品牌，目前，从服务工业园区建设，到城市规划建设管理、社会事业发展等方面看，都体现着特点鲜明、执政为民、廉洁高效的具有核心竞争力的政府形象，昆山各方面的环境优势已经凸显。

（四）昆山的城乡统筹好。从 2003 年起，昆山市打破城乡界限，把昆山整个市域范围作为一个整体来规划。在城市发展总体规划的指导下，编制完善全市农业、服务业、社会事业、土地综合利用等专业规划，坚持“富规划、穷开发”，以规划为引领，积极推进工业向园区、人口向城镇、住宅向社区“三个集中”，促进镇村建设呈现新的格局。在昆山所到之处楼房整齐划一，街道干干净净，处处体现着城乡统筹的和谐宜居之美。在推进城镇化过程中，昆山始终把“富民优先”作为发展第一导向，坚持产业富民、创业富民、就业富民、物业富民、投资富民、保障富民，以城市化引领新农村建设，推进城乡建设规划、产业布局、基础设施、社会事业、劳动就业、社会保障、体制改革、富民工作八个一体化，全面提升城市化和城市现代化水平，为推动昆山经济社会又好又快发展、率先实现现代化奠定了坚实基础。

（五）昆山的法制环境优。昆山牢牢把握利益关系和谐这个核心，始终践行“依法治市”的理念，从解决土地征用、城镇拆迁、单位改制、工资支付、劳动者权益保障等涉及群众切身利益的突出问题入手，始终依靠法治手段来引领和规范各类经济主体的行为，协调各种利益关系，使大部分干部群众腾出精力搞发展。同时，全面推进文明城市和“平安昆山”创建工作，始终坚持让利于民，不断把“和谐昆山”建设推向新的境界，切实维护了社会的和谐稳定，为昆山经济社会发展提供了坚强的保障。

二、学习昆山经验，全面做好城建各项工作

（一）学习昆山强烈的发展意识，加快城镇基础设施建设

从昆山发展历程来看，昆山发展的每一个大突破，都得益于其强烈的发展意识。昆山全市上下始终坚持经济建设这个中心不动摇，敢闯敢冒敢争先。对看准的事，分秒必争去“抢”，有胆有识地去“闯”，一抓到底，抓到实处，抓出成效。最终昆山以经济结构、质量、效益的“好”，以环境保护、生态建设、人居条件的“好”，以节约土地、降低能耗、利用资源的“好”，促进区域发展的“快”，实现了由“又快又好”向“又好又快”的转变。“率先”是昆山参与区域竞争的必备条件，是抢抓发展机遇的必然要求。当快不快，就会错失良机、浪费资源，愧对历史、愧对人民。学习昆山经验，就必须从学习昆山全市上下强烈的发展意识入手，把自己所从事的工作置身于全市的大局中来考虑，摒弃部门和局部利益，增强工作的紧迫感和责任感，要围绕区域性中心城市建设目标，认真履行好部门职责，做到“踏石有印、抓铁有痕”。作为城建部门，一是积极参与规划编制工作。规划是所有建设的龙头和总开关，要突出抓规划就是促发展，明确规划的效益就是最大的效益，规划的浪费就是最大的浪费，立足全域规划，以城区为核心，以各县市为支点，努力形成多点支撑、多点突破的发展格局。二是大手笔推进城镇建设。以科学规划为先导，加强以市政道路为重点的基础设施建设，按照建设大通道、疏通内循环的目标，近期全力推进中岳路、发展大道、林荫大道、机场大道、西城大道、和谐大道等 10 余条市政道路建设，积极谋划镜谭路、清潭路、大岭路、三峡路等市政道路建设，远期推进北部环线、环湖旅游道路等道路建设，其中力争发展大道年底全线贯通，中岳路 10 月份建成通车，着力构建外部成环、内部成网的交通网络。同时，抢抓各种机遇争取项目资金推进我市污水处理、供排水设施、天然气、集贸市场、停车场、休闲场地等配套设施的建设，逐步完善城区商务、信息、旅游、物流、展览等区域性服务职能，提升区域性中心城市的服务水平。扎实推进以县域中心城区、省级重点中心镇、特色镇、宜居村庄为重点的项目建设，积极争取扶持资金推进农村危房改造工作，继续推行"以奖代补"措施，调动全市上下积极性，推进城镇基础设施的完善，全面提升城镇公共服务和居住功能，全方位加快推进我市新型城镇化进程。

（二）学习昆山开拓创新精神，进一步创新城建工作思路

我国实行对外开放，首先在沿海设立 14 个国家级经济技术开发区，当初昆山不在其内。而昆山从本地实际出发，审时度势、果断决策，仿效江苏南通、连云港经济技术开发区的做法，独辟蹊径，于 1984 年 8 月在全省乃至全国率先自己规划、自筹资金、自费兴建中国第一个占地 3.75 平方公里的工业新区，并常常以"14+1"的身份参加全国开发区有关会议，尔后通过昆山的同志年复一年的努力，终于在 1992 年 8 月由国务院正式批准为昆山经济技术开发区为全国县（市）中第一个国家级开发区。昆山人通过坚持自力更生、艰苦奋斗，闯出了一条从无到有、由弱变强、不断延伸发展的昆山之路。昆山经济技术开发区的成功告诉了我们：思想是行动的先导。不管起点多低，只要转变观念，抢抓机遇，"咬"住目标不放松，就一定会有大的发展。地理位置不是关键，更重要的在于人的理念和思维方式。因此必须进一步解放思想、更新观念，把"敢学、敢想、敢干"作为解放思想的突破点，向解放思想要出路、要办法、要干劲、要发展。当前，我市面临着诸多机遇，十堰建设区域性中心城市已上升到省级战略，秦巴山片区规划、丹江口库区及上游水污染防治和水土保持"十二五"规划等正在集中实施，与北京市、天津市等大城市对口协作工作已全面铺开，等等。我们一定要倍加珍惜一系列千载难逢的机遇，创新工作思路，投身到十堰市跨越发展征程中去。一是树立"富规划、穷开发"城市建设理念。学习"昆山经验"，打破城乡界限，把整个十堰当作一个整体来规划，完善总体规划，编制农业、服务业、土地综合利用等专项规划，推进工业向园区、人口向城镇、住宅向社区"三个集中"，全面推进城乡发展规划、资源配置、产业布局、基础设施、公共服务、就业社保、生态环境、社会管理等八个一体化发展，促进城镇村建设的快速发展。二是树立"绿水青山，就是金山银山"城市建设理念。全面加大对污水处理厂、垃圾处理场、五条河流域治理等项目建设力度，探索污水处理厂委托经营机制，用"一库清水"去争项目、抢机遇，把"绿色福利"转化为"发展红利"。三是树立"生态是形、文化是神"城市建设理念。昆山的发展告诉我们，文化是经济社会发展的持久动力，必须更加注重挖掘文化资源，开发本地文化，融会外来文化，增强城市的亲和力、凝聚力。按照市委市政府"外修生态、内修人文"工作要求，围绕十堰特有的山地资源优势以及未来的大面积的水域做文章，以绿化、美化为抓手，将武当文化、汉江文化、汽车文化、道教文化、移民文化、七夕文化等元素融入城市建设，营造"文化搭台，经济唱戏"的良好氛围。继续巩固创建国家园林城市、国家卫生城市成果，加快推进国家环保模范城市、全国文明城市、国家森林城市创建步伐，逐步把十堰建设成为国家级生态文明示范区。按照"路畅水清、岸绿景美、休闲兴商"的思路，在注重生态建设的同时，更加注重人的精神建设，提高市民的素质和文明程度，弘扬创业、创新、创优、担当的时代精神，营造尊重首创、鼓励创新的社会氛围，实现经济社会的持续健康发展。

（三）学习昆山优质的服务理念，全面提升城建服务水平

要谋求经济的大发展，就必须抓好政务环境的大优化。昆山加快发展，就是从改善政务环境做起的。昆山在全市干部中牢固树立了"权力就是责任、工作就是服务、公务员就是服务员"的理念，每个环节每个岗位都按新的机制和规范运转，大力打造零障碍的发展环境，消除了"吃、拿、卡、要"等特权问题，实现了政府由管理型向人民满意的服务型政府的转变。城建部门决心从学习昆山入手，认真做好以下几个方面工作。一是加强作风建设，优化政务环境。进一步贯彻落实中央"八项规定"、省委"六条意见"和市委实施意见，结合"学习贯彻十八大、争创发展新业绩"、"道德讲堂"等实践活动的开展，加强调查研究，建立约谈机制和工作倒逼机制，加大干部督办考核力度，深入治理"庸懒散奢软"等不良作风，优化政务环境。二是深入推进减政放权措施，实现行政审批高效运行。按照审批、监管、服务职能适度分离的原则，把分散在各科室审批职能权力剥离出来，成建制进驻市行政服务中心集中办公，充分授权行政审批服务科科长为首席代表行使行政审批审核权，打造"一站式"服务平台。三是进一步优化行政审批程序，提高办事效率。通过清理行政审批前置条件，压缩办理时限等措施，对行政审批流程实施优化再造，提高办事效率。四是规范审批行为，推行"阳光作业"。对城建口所有规费进行清理，在保证相关规费依法征收的情况下，对建设项目有明确减免收费依据的直接审批报市政府备案或对重大项目的减免报请市政府批准后实施。五是建立"特事特办"机制，提升服务水平。在不违反政策法规规定的前提下，进一步完善"特事特办"机制，采取提前预审、延时服务、边办边补、后续完善等形式，主动与重点招商项目、工业性生产项目、重大市政项目进行对接，"一对一"明确人员上门（跟踪）服务，为项目单位提供便利服务。六是加快推进公用事业单位改革，不断提高服务质量。在市政设施维修维护管理上，按照市政设施管理精细化管理思路，进一步探索完善管理机制，明确市级、区级在市政设施维修维护管理责任，实现市政设施维修维护管理的精细化、全覆盖。在污水处理企业管理机制上，着力探索实施政企分开的污水处理厂托管运营机制。借助与北京市对口协作机遇，积极与北京排水集团、北京碧水源公司等知名污水处理企业进行合作，借助其先进的人才和技术优势，不断提高污水处理厂运营管理水平。

【作者：湖北十堰市住建委党委书记 主任】

西部地区新型城镇化建设投融资问题研究
——以四川为例

王　中

从理论研究和城市发展轨迹来看，城市化可以划分为三个阶段：城市化率在30%以下为初级阶段，30%～60%为中级阶段，60%以上属于高级阶段；不同阶段的城镇化发展速度是显著不同的，中级阶段是城市化相对快速发展的阶段，城镇化发展过程呈现出明显的“S”型特征。我国城镇化率已经超过50%，进入快速发展的新阶段。同时，受制于宏观环境影响，进出口和投资带动经济增长的引擎作用明显削弱，作为启动内需的新型城镇化需要承担更多带动经济增长的重任。新型城镇化是建成小康社会，拉动内需的最有效方式，因其对资金的需求异常庞大，必须在投融资体制等方面做出突破。

一、西部地区新型城镇化暨投融资状况分析

2011年全国城镇化率为51.3%，东中西部地区城镇化率差异较大，东部地区城镇化率61.53%，中西部地区分别是46.99%和40.77%，上海、北京、天津三个直辖市则达到80%以上，云、贵、藏则不到40%。西部地区不仅城镇化落后，而且市场化程度低，推进新型城镇化建设无论在融资数量还是在融资方式等方面都与东部地区存在差距。

（一）产、城是新型城镇化投融资中密不可分的组成部分

要加快以人为核心的新型城镇化建设，重要内容是促进城镇基础设施和公共服务设施以及优势产业发展。从投融资领域来看，新型城镇化建设涉及产、城两个方面。产业上重点发展劳动密集型的传统优势产业，解决农民的非农就业问题。从四川省来看，应重点发展电子信息、装备制造、能源电力、油气化工、钒钛钢铁、饮料食品、现代中药等优势产业以及航空航天、汽车制造、生物工程和新材料等“7+3”优势产业。发展产业应重点抓好产业园区这个关键，目前四川省有各类产业园区200多个，从层次上包括国家级产业园区、省级产业园区、市（州）级园区和县（市、区）产业集中区，其中国家级和省级园区占比25%。从产业园区发展趋势以及支持新型城镇化来看，应将国家级、省级高新技术产业开发区和经济技术开发区作为支持重点，通过产业集群式发展带动园区发展，以园区发展带动城镇加快建设。从城的角度看，新型城镇化建设包括大中城市和小城镇，从四川实施多点多极的城镇化战略看，将天府新区打造成宜商宜业宜居的产业新城是成都新型城镇化的重中之重。将绵阳、内江等发展成区域性的大城市；以新区建设带动城市发展，通过城市扩容带动城镇化建设是建设多点多极的重点。实施百镇试点，着力发展工业型、交通型、商贸型等小城镇是新型城镇化的最基础要求，也是新型城镇化的重点和难点。

（二）新型城镇化投融资主体和融资模式以传统方式为主

从目前看，新型城镇化投融资主体包括市场化融资主体和政府融资平台两大类。市场化融资主体多分布在产业领域，以行业龙头企业和民营中小企业居多，一般分布在产业园区，多通过企业自筹、银行贷款、发行债券和资本市场筹资，融资行为市场化。鉴于城镇化基础设施投资期限较长，政策限制较多，市场化资金进入渠道不畅，政府融资平台成为城镇化基础设施、公共服务设施投融资建设的主体。政府投融资平台普遍存在市场化程度不高、公司治理结构不完善、资产负债率较高等问题，因此其融资方式主要是银行贷款。部分市场化程度较高、实力较强的政府融资平台可以通过发行企业债券等募集资金，如四川发展通过发行企业筹集资金。

从融资模式来看，新型城镇化建设项目可以分为公益性项目、准经营性项目和经营性项目。对于市政道路等不存在排他性的公益性项目一般由政府融资平台使用财政资金、银行贷款等进行建设。目前，除保障性住房等极少数领域，其他公益性项目必须使用财政资金建设。在国家严格控制地方政府性债务，严禁以BT等形式通过政府融资平台融资建设公益性项目的情况下，新型城镇化建设中大量公益性项目因财政资金缺乏难以推进。对于自来水厂等准经营项目，其传统融资方式多为政府给予财政补贴，政府融资平台或项目建设单位通过银行贷款等方式融资。在西部地区，除部分大城市可以采取一些市场化融资方式，绝大部分中小城市和镇仍然采取传统融资模式，严重依赖自筹和银行贷款。对于电信、电力等存在垄断性的经营性领域，完全可以通过市场化方式筹集资金，企业融资渠道多元化。其他一些经营性领域由于改革不到位等原因融资渠道狭窄，主要通过财政资金和银行贷款推进项目建设，还不能大量采取市场化方式进行融资建设。

二、新型城镇化建设投融资供求分析

一直以来，小城镇基础设施建设主要采取依靠财政资金投入的传统模式，由此造成小城镇融资渠道狭窄，资金供给量严重不足，地方政府相当一部分精力是通过各种渠道筹措资金。根据审计署2013年24号审计公告，在银行贷款受限时，地方政府选择信托、融资租赁、BT和集资等方式变相融资，这种方式筹集的资金成本远超银行贷款利率，导致政府负债率高企。

（一）新型城镇化建设资金需求量异常庞大

根据统计，城镇基础设施（市政公用部分）投资一般相当于当年GDP的3%～4%，占全社会固定资产投资的10%～15%。联合国社会发展部推荐发展中国家市政公用设施投资占生产总值的3%～5%，我国尚没有达到此标准。新型城镇化建设涉

及城镇基础设施、公共服务设施、社会事业以及产业发展等诸多领域，投资量巨大。根据测算，一个农民市民化需要大量配套资金，包括政府提供的公共服务住房需求、社会劳动保障等，比较保守的测算是人均 10 万元，较为激进的达到 30 多万元，未来 10 年我国新增城镇人口将达到 4 亿左右，按较低口径，即农民工市民化以人均 10 万元的固定资产投资计算，能够增加 40 万亿元的投资需求。不管按照哪种口径计算，新型城镇化建设资金需求量巨大是毫无疑问的。国家发改委投资研究所研究员罗松山称“十二五”期间，我国基础设施投资规模将达到 50 多万亿元。在城镇化过程中，无论是农民工市民化成本还是基础设施建设，都需要巨量资金投入。这一点在城镇化水平较低的西部地区更加突出，融资量也将更大。

（二）资金供给不足严重制约新型城镇化快速发展

与庞大的新型城镇化建设资金需求相比，新型城镇化建设资金供给则存在总量不够，结构不均衡的问题。从四川省来看，通过指数预测和时间序列模型测算，2013～2015 年四川省新型城镇化基础设施和公共服务设施建设总投资大约 3 万亿左右。从资金供给来看，通过对历史数据的分析，运用指数平滑线性模型等方式综合测算 2013～2015 年四川省城镇化固定资产投资资金来源供给量约为 2 万亿元，缺口较大。从资金供给结构来看，财政资金约占 13%、银行贷款约占 27%、自筹资金约占 51%、其他资金约占 9% 。也就是说与庞大的城镇化资金需求相比，资金供给在量上明显不足，在结构上则侧重在自筹和银行贷款方面。这一方面与新型城镇化建设资金需求量庞大有关，另一方面则与四川省经济实力相对较弱有密切关系。

三、加快西部地区新型城镇化投融资的途径

新型城镇化建设事关亿万农民福祉，加快新型城镇化建设必须在深入改革基础上全面推进。借鉴发达国家经验，城镇化建设融资比较典型的有美国的市场竞争性融资模式，日本的银行导向型融资模式。根据市场经济发展规律，我国新型城镇化应走政府引导下的市场主导型融资模式，在投融资主体改革、模式创新、重点突破等方面进行探索，才能有效克服目前城镇化建设中存在的诸多弊端。

（一）产城融合是新型城镇化的核心内容

在推进新型城镇化过程中，依托既有的产业园区、产业聚集区建设城镇是比较现实可行的途径。产业是城镇实现健康可持续发展的关键，依托园区大力发展能够发挥当地资源优势的传统产业，就地实现农民变工人是解决新型城镇化中农民就业的关键。在产业园区附近建设小城镇，鼓励工人就近在小城镇买房，就地将农民变市民，才能彻底完成新型城镇化全部内容。只有建立在产业发展基础上的新型城镇化才是以人为本的城镇化，华夏幸福基金通过产业园区推进新型城镇化建设的河北固安模式，成都双流蛟龙工业港模式即是产城融合的典型，较好地实现了产业发展与小城镇建设的有机融合。同时，需要注意的是，由于现代工业对产业工人的素质和技能有较高要求，符合产业园区要求的多为文化水平较高的年轻人，即产业园区企业对产业工人的需求存在一定选择性。依托园区和城镇大力发展生产保障性、生活服务型产业对文化素质较低、劳动能力较弱的中老年人更具有可操作性。农村年轻人多已流向大中城市，留在农村的多为妇女、儿童、老人，形成三八六一九九人群。新型城镇化从一定程度上讲是解决这些人的就业问题，难度也更大。因此，依托园区和城镇大力开发保洁、绿化、小生意等岗位更能满足这些人的就业需求。

（二）打造多类型投融资主体是新型城镇化融资体系的重要内容

新型城镇化建设涉及公益性、准经营性、经营性等多个领域，项目类型各异，融资需求量大，任何单一融资主体都无法满足城镇化建设项目资金需求。在目前政府融资平台受限，融资渠道收窄情况下，必须发展政府型、市场型、混合型等多元化投融资主体才能较好地解决资金问题。首先应重点打造好政府型的城镇化建设平台。我国实行的是政府主导下的社会主义市场经济，政府在推动经济增长中发挥了极为重要的功能和作用。在新型城镇化建设中，政府必须做好引导和表率作用，通过多种方式筹集资金，加快城镇基础设施建设。可以考虑将省级政府融资平台打造成全省性的城镇化平台，省政府授权其负责全省城镇化项目“统贷统还”，与各大银行整体对接融资方案，与市县政府共建项目。其次积极推动市场型融资平台建设。市场型平台则通过可以市场化运作的国企（央企、省企）、民企以市场化方式筹集资金，投资于城镇化项目，可以将同质的公益性项目与经营性项目结合起来，统一交予市场型平台进行融资建设，政府通过投资补助和优惠政策等形式给予支持。最后要集合政府和民间力量发展混合型平台。混合型平台是政府与民间资金融合发展的一种类型，新型城镇化建设中财政资金缺乏，但庞大的民间资金一定程度上可以弥补这一缺口，混合型平台则为民间资金参与城镇化建设提供了一种渠道。此外，新型城镇化基金也是一种较为可行的方式，北京小城镇发展基金是国内第一家专门从事小城镇融资建设的基金，此举一方面可以吸引民间资金投资于新型城镇化建设，另一方面作为完全市场化的融资主体可以与银行对接，发挥杠杆效应加速推进新型城镇化项目建设。

（三）土地制度创新是新型城镇化的难点和焦点

新型城镇化不是简单造城，在力保 18 亿亩耕地前提下，必须走集约、高效利用土地的模式，通过土地制度创新助推新型城镇化融资建设。一是充分利用好城镇存量建设用地。在以往的城镇化浪潮中，地方政府以较低成本拿到大量土地，但由于种种原因一直未开发利用，这些土地分布或集中或较散，但总量不小。新型城镇化建设首先应将这些城镇存量土地进行开发利用而不是新占耕地，这是新型城镇化土地使用的方向。二是产业园区建设要走节地模式。曾几何时，我国工业发展出现了县县建园区、村村点火、户户冒烟情况，产业园区走的是一条粗放式道路，土地浪费现象惊人，目前很多园区还存在土地占而不用现象。对此，在推进新型城镇化产业园区建设中一方面要充分利用已有土地，未经省级部门批准不能再圈占耕地；另一方面要推动产业园区立体发展，向空中要效益。产业园区中除大型装备制造业生产线外，一般性的企业生产线均可以实现楼上生产加工，因此建设高层厂房、节约土地是完全可行的，这是园区土地使用的方向。三是在农村建设用地方面做出创新突破。农村土地包括农用地和非农建设用地，耕地作为最宝贵的土地资源是不能随便动用的。非农建设用地在现有情况下完全可以进行创新突破，支持新型城镇化建设。由于农村大批青壮年进城务工，农村空心化现象较为突出，农村宅基地大量荒废。一般而言，农村宅基地单户面积较大，虽然标准在100平方米/户～150平方米/户，加上房前屋后的使用面积，总面积约为250平方米左右，但实际上农村宅基地使用面积数远大于此标准，同时农村宅基地荒废现象大量出现。综合来看，农村宅基地荒废总面积是非常大的。一方面新型城镇化建设和产业园区建设需要土地，另一方面农村宅基地大量荒废，完全可以将二者结合起来。农村宅基地属于非农建设用地，不是耕地，转化成国有建设用地并不减少耕地面积，可以在保护农民权益条件下进行制度创新，通过流转、拍卖等途径满足城镇建设用地需求。也可以将农村宅基地进行集中收储，土地指标可以用于产业园区建设，将农村集体性质的非农宅基地转变成农村集体性质的非农建设用地，农民以入股形式分享宅基地租金收益，这种转变不改变宅基地的农村非农建设用地性质。还可以探索在宅基地进行确权办证后进行抵押融资，建立地方性宅基地收储中心，农户以宅基地使用权向银行融资，宅基地收储中心进行担保；或者农户将宅基地使用权卖给宅基地中心，宅基地中心以此向银行抵押融资。通过多种方式探索集体土地与国有土地同地同权，让农民分享土地增值收益，变土地资产为土地资本。

（四）市场化融资是新型城镇化必须坚持的方向

新型城镇化化建设需要的资金量庞大，在现有融资渠道和融资方式有限的情况下，地方政府必须进行投融资模式改革，建设财政资金引导和市场化为主的城镇投融资方式。一是积极探索发行城镇化债券，在成功代发地方债基础上，财政部发布《2011年地方政府自行发债试点办法》，批准上海市等4省市开展地方政府自行发债试点，所发债券由财政部代办还本付息。尽管这种债券发行试点范围有限，发行规模较小，短期内不宜推广，但作为国外一种成熟的市场化融资方式，可以创造条件发行特定市政收益债券，这种债券与特定项目收益还债挂钩。在此基础上逐渐扩大市政建设债券的范围，不断扩大经营性建设项目的直接融资规模。二是推广小城镇市场化融资方式，由于地方财政资金能够投入小城镇建设的部分有限，将更多地采取参建方带资建设和运营的模式，如BT、BOT、BOO模式等，这就要求施工企业必须具备项目融资和项目运营能力，同时要求地方政府同步提高项目经营管理能力。三是建立各种形式的小城镇建设基金，通过改革投融资体制，地方政府鼓励引导社会资金进入到污水处理、文化、医疗等经营性领域，设立基金公司面向全社会发行基金股份，吸纳社会闲散资金。基金这一市场化主体不需要政府进行投资担保，不是政府债务，地方政府授予其城镇范围内的特许经营权推动城镇化建设。四是积极利用资本市场筹集城镇化建设资金，我国资本市场发展还有较大空间，应充分利用好FDI、PE、VC等在内的各种性质的投资，鼓励债权变股权金融创新。

四、结束语

新型城镇化建设没有统一的模式，应在审慎试点基础上进行各具特色的创新。以人为本的新型城镇化需要在土地制度、户籍制度等诸多领域进行相应配套改革，解决其融资问题必须坚持市场化方向，政府财政资金是引导而不能形成新的政府性债务，打通社会资金进入城镇化领域的瓶颈成为市场化的关键。

【作者：国家开发银行四川分行党委书记 行长】

人才创业成长周期规律在打造知识经济高端走廊中的实践与思考
——以广州开发区推动人才创业为例

陈小华

知识经济时代背景下，掌握知识的人才是区域科学发展的核心资源和转型升级的核心竞争力。作为首批国家级开发区，广州开发区得改革开放之先机，较早地将人才工作的重心转移到推动人才创业上来，着重通过营造环境、搭建平台、项目支持等政策工具引才、育才、用才，促进知识经济繁荣和发展。从广州科学城到中新广州知识城和广州国际生物岛，广州开发区在绵延50公里的土地上，打造了一条知识型人才云集、知识成果不断涌现、知识创造财富的“神话”不断出现的知识经济高端走廊，成为了广州乃至广东高新技术产业发展的龙头。迄今为止，广州开发区聚集中央“千人计划”的创业人才15名，广东省创新科研团队3个，广州市创新创业领军人才13名，已评选引进区科技领军人才28名，超过2000名海外高层次人才在区内创新创业，涌现出了威创视讯、冠昊生物、金发科技等一批创业成功的典型案例，推动了自主创新能力和产业竞争力显著提升。目前，全区建成国家级高新技术产业基地8个，集聚省现代产业500强项目20个，上市企业25家，高新科技企业1607家，其中，经认定的国家级高新技术企业258家，国家级创新型企业6个，省自主创新百强企业11个。2011

年全区专利申请量达到3400件，专利授权量达到1800件，同比分别增长60%和40%；高新技术产品产值超过2350亿元，占工业总产值的比重达到48%。

广州开发区以人才创业促进知识经济发展的战略之所以能够取得较好的成效，关键在于我们积极摸索人才创业成长的规律，科学配置政策资源，完善创业支撑体系，形成了知识与技术研发、孵化和成果转化的全过程链条。

一、人才创业成长周期的基本规律

创新理论的鼻祖约瑟夫·熊彼特指出，创新就是执行五种"新组合"：（1）生产一种新的产品，或者发展产品的一种新特性；（2）采用一种新的生产方法；（3）开辟一个新的市场；（4）拓展原材料（或半制成品）新的供应来源；（5）采用一种新的企业组织形式。人才投身创业，往往是仅凭着一项新的技术成果、一种新的商业模式或者是一个新的商业创意，就像一粒种子撒进土壤。从启动创业到创业成功，就如同种子成长为大树的过程一样，需要经历从种子破土而出到小树苗茁壮成长，从一棵参天大树到成片茂密森林的过程。一般而言，人才创业成长包括四个阶段，即：萌芽期、幼苗期、成长期和成熟期，在不同阶段，其发展目标、核心任务、资金状况、生产规模、市场环境等都是不同的。

（一）萌芽期

在萌芽期，人才创业的重点是对已选定的具有商业开发前景的科技成果进行商业价值论证、技术难点攻关和中间实验。科技成果的转化和产品尚未实现投产，没有营业收入，生存发展的风险最大，无法获得商业银行等金融机构的资金服务，资金来源渠道单一，主要来源于创业者或亲戚（Family）、朋友(friends)，以及一些敢于冒险近乎于"傻瓜"的投资人（Fools），资金缺口成为这个阶段最大的瓶颈。许多人才新创办的企业都会在这个阶段的后期遭遇"死亡谷"，而成为创业成长最为艰难的节点。

（二）幼苗期

幼苗期是指生产出可供市场出售的新产品（服务）或新工艺，实现科技成果向现实生产力转变的过程。这一时期，人才创业生产的新产品虽然具有特色和竞争潜力，但是还不十分成熟。由于研发生产成本较高，因此新产品的价格普遍较高，市场尚未打开，产品局限于小批量的生产，占有率低，产品规模成本尚未体现，成熟的营销网络没有形成，大多数处于亏损状态，少数获得微利。同时，由于还没有很好的经营业绩，风险仍然较大，风险投资和各类信用担保机构进入的力度不大，融资成本相对较高。

（三）成长期

通过前期的艰苦创业，实现了科研成果向现实生产力的转化，便进入了成长发展阶段。在这一阶段，人才创办的企业有了自己的主导产品，产品和工艺也逐渐稳定；企业以扩大市场份额为战略目标，产品在市场上占有了一定的地位，生产能力已经形成，销量开始出现大幅增加，企业开始赢利，形成了规模经济所需要的核心能力。但随着规模的逐步增大，孵化器等创新载体的空间与功能已经无法满足需求，扩大生产规模和市场份额的资金缺口往往成为瓶颈，很多人才缺乏品牌经营的意识和实力，拓展市场的能力较弱。

（四）成熟期

在成熟期，经过一定时间的成长和扩张，产品的技术日趋成熟，人才已形成自己的特色产品甚至名牌产品，生产、销售、服务已为大多数潜在的消费者所接受，产品价格销量趋于稳定，产品销售利润达到顶峰，市场逐渐趋于饱和。此时，有能力生产此产品的企业越来越多，市场竞争的焦点逐渐转向价格、质量、服务、品牌的竞争，产品销售的增长速度开始放慢。但进入成熟期的企业，往往追求短期收益的最大化，忽视了对高投入且回收期长的高科技产品的开发，在技术改造与创新上的脚步放慢，甚至出现停滞现象，直至失去原有的技术优势。

二、人才创业成长周期规律的应用

从人才创业成长的规律来看，必须要针对不同阶段的实际特点，采取针对性和个性化的措施。综合借鉴世界各国的先进经验，我们将政府培育企业成长所需要采取的措施归纳出激活人才创业成长周期的路径，其中，资金、载体和服务是三条主线。

（一）围绕人才创业成长的资金需求，提供从财政扶持到股权融资全过程多样化持续性解决方案。资金瓶颈是人才创业面临的最核心的问题。但是，在人才创业的不同阶段，政府所需要采取的措施是不一样的。越是创业前期，市场机制就越难以发挥作用，政府就要采取直接资助的财政手段帮助人才；越是创业后期，就越是要更多地依靠间接手段引导、带动风险投资、社会资本、信贷资本等支持人才的创新创业，增强人才自我融资、自我发展的能力。

在萌芽期，政府主要通过直接资助支持人才创业。直接资助手段主要以小额的无偿资助为主，资助期限较短，资金的使用多用于商业价值论证与技术可行性研究，以及前期的项目研发费用。

在幼苗期，政府主要通过项目资助和权益性资助等方式支持人才创业。项目资助的方式主要是对人才的研发中试费用进行补贴和资助，旨在帮助创业的人才顺利通过中试阶段，尽快形成大规模生产的条件。

在成长期，政府通过税收优惠、补贴等激励措施引导创业投资机构，并发展"三板"市场解决人才创业融资需求。政府支持创业投资机构向人才创办企业投资，帮助人才创业发展。一是创业投资，政府为参与计划的创业投资机构提供融资便利，间接地为人才创业提供股权融资和技术援助。二是天使投资。政府主要是采取税收减免和财政补贴政策鼓励天使投资人投资于人才创业。三是柜台交易市场（OTC），又称"三板"市场），主要作用是为风险投资提供退出通道。

在成熟期，政府通过担保、上市扶持等方式助推人才创业。政府加大对贷款担保机构的支持力度，尤其是组建政策性担保机构，如设立官办（即全额由政府出资）的、公营的（政府、中央银行、地方公共团体、中小企业协会等共同出资）专门金融机构为人才创业提供信用担保，促使银行向人才创办的小企业提供更多贷款。

（二）围绕人才创业的载体需求，提供从办公场地到标准厂房的渐进性规模化功能性创新平台。载体是企业成长必须的条件。在我国，创新载体提供是政府对企业创新进行扶持手段中投入最大、使用最多的方式。

在萌芽期，政府为人才提供孵化器等创新载体，降低创业成本，促进技术共享。孵化器主要是为孵化企业配置共享服务资源，为创业者提供咨询服务，降低创业者在创业初期的投资风险；成熟的孵化器还会引入天使投资，培育创业者成为成熟的企业家。

在幼苗期，政府为人才提供加速器等新型空间载体，满足快速成长的需求。企业加速器以高成长企业为目标对象，它以一定的物理空间为依托，塑造适应于人才创办企业快速发展所需要的成长性工作环境，通过提供一系列的公共技术平台、融资、市场、信息、专业管理咨询、合作与网络等资源和服务，帮助人才突破成长发展过程中的瓶颈和障碍。

在成熟期，政府为人才提供土地等资源环境，满足其规模生产、场地扩张的空间需求。由于人才创办的企业一般在投资规模、经济效益等方面与外资企业有一定差距，我国各地政府需要对创新型企业用地给予一定的倾向性政策，对技术含量高、产业前景好的项目优先供地，这本身也是对政府官员判断能力的一个考验。

（三）围绕人才创业的服务需求，提供从创业辅导到集群提升的高标准人性化差异化的创新服务体系。在政府服务方面，越是创业前期，政府的服务越是要具体化；越是创业后期，政府主要是要做好集群提升的促进工作。

在创业前期，政府为人才提供服务补贴和创业辅导服务。服务补贴主要是对企业技术评估、应用设计、设备使用等产生的费用给予资助；创业辅导服务主要是解决人才创业初期经验不足的问题。

在创业后期，政府主要着力于促进创新产业集群发展，完善人才创业的综合支撑环境。主要包括：一是提供共性的政务服务。政府通过改善自身的公共服务，或者通过支持中介服务机构发展对企业的服务，降低集群整体的运营成本，提高服务效率。例如，国内外许多地方都设立了一站式服务中心，集中对企业提供企业注册、税收收缴、海关、社会保障等方面的政务服务。二是提升集群网络以促进知识溢出。政府需要采取措施，促进集群内各类网络组织的形成，促进知识溢出效应最大化。例如，通过发起创新沙龙等活动搭建企业间信息交流平台，通过推动创新联盟等方式促进技术合作，在集群内形成知识溢出和协同创新的良好机制和氛围，从而降低创新成本，提高创新效率。

三、广州开发区推动人才创业发展的实践探索

根据人才创业成长的基本规律，广州开发区科学配置政策资源，着力打造知识经济高端走廊，推动提升自主创新能力和产业竞争力。

（一）急人才之所急，发展助力创业的高端金融

广州开发区以财政资金为“杠杆”，引导和聚集社会资本投入创新，打造满足人才创业成长需求的资本洼地，形成了政府引导、市场主导、人才受益的高端金融体系。

项目助才：设立4亿元科技发展专项资金。广州开发区设立了科技发展专项资金，采取区立项资助和上级立项的配套资助两种方式，给予人才全方位的扶持。“十一五”以来科技发展资金投入累计达11.2亿元，2012年计划投入4亿元，重点解决人才创业早期技术研发和产品中试之前阶段的资金需求。

杠杆撬动：设立种子基金和引导基金。广州开发区财政出资设立5000万元种子基金，面向创业初期的创新型投资，政府在企业中所占股本最大比例为49%，项目成功后由企业投资方优先回购。设立规模达到10亿元的创业投资引导基金，用于面向私募投资者（天使投资人）和创业投资公司对区内科技企业的创业投资按照一定比例跟进投资，或共同组建创新基金，投资于创新企业，目前已经吸引100亿元的社会资本参与到创新创业中来。

信贷担保：设立3亿元的担保基金。主要为区内外科技企业提供贷款担保、投融资担保以及相关服务。以担保基金为载体，搭建了政银企合作平台，由管委会领导牵头与区内银行机构建立密切合作关系，采取融资洽谈会和推介的方式，帮助企业获得银行融资。

上市扶持：制定企业股份制改造和发行上市规划。对新上市公司和进入股权代办系统的公司分别给予300万元和50万元的资助，每年重点组织一批基本具备条件企业进入上市推荐培育期，全区上市企业已达25家，成为华南地区上市企业最为密集的地区。

（二）想人才之所想，打造支撑创业高端平台

广州开发区投资300亿元打造了广州科学城，投资50亿元打造广州国际生物岛，正在积极推进建设中新广州知识城，建成了生物、电子信息等8个国家级产业基地和3个省战略性新兴产业基地。一流的载体，为人才创造了一流的创新创业和生活居住环境，形成了“招才引智”的巨大优势，受到了国内外投资者的交口称赞。中共中央政治局委员、广东省委书记汪洋曾指出广州科学城“代表了广东的未来”。

建设了100万平方米科技企业孵化器。全区目前已有各类科技企业孵化器10多个，既有国有资本投资建设，也有民营资本投资建设，还有外资投资建设，呈现多元化、专业化的特点，是华南地区孵化器资源最为密集的地区，在孵企业1000多家，累计已孵化企业1500多家。比如，1999年8月建设的留学人员广州创业园，2001年8月被国家科技部、教育部、人事部和外国专家局联合认定为国家留学人员创业园建设示范点，是广东省唯一的国家级留学人员创业园，已建成了资源互补、配套齐全的孵化网络，包括广州科技创新基地园区等六个园区。

加快建设100万平方米公共技术服务区。广州开发区依托一流的区域环境，聚集了研发机构386家，其中，国家和省市级研发中心和企业技术中心占全市比重在1/4左右；建设了100万平方米的电子信息、生物和新材料三大主导产业公共技术平台，开发了软件共性技术实验室、低温技术实验室等12家开放实验室，引进了瑞士通标、德国莱茵等一批世界一流的检测认证机构，建立4000多项仪器设备资源库，区内企业可进行各类检测和实验达1万多项，实现创新资源的共享，并由区财政对创新型企业使用公共技术平台每年补贴3万元，有效降低企业创新成本。

正在建设100万平方米科技企业加速器。借鉴国内外一流科技园区的经验，着力建设100万平方米的加速器，为高成长性科技企业提供更适宜的发展空间。目前，一期25万平方米已投入运营，超过30家高成长企业进入。

建设100万平方米高档次生活配套设施。根据区域内生态环境优美、国际化程度高、高端消费需求大的特点，着力建设了超过100万平方米的高档次生活配套设施。包括投资10多亿元实施“教育强区”战略，建设了日本人学校、美国人学校、重点中小学和幼儿园等教育基础设施，新成立了广州开发区技工学校，正在规划建设广东省职业教育基地，计划引进国内外13所职业技术院校进驻；建设了超过50万平方米的员工公寓，并实施品牌管理；规划建设10万平方米的科技人员公寓；投资5亿元与中山大学合作建设面积达9万平方米的三甲医院以及NBA体育演艺中心、国际网球中心、国际羽毛球中心、文体中心、体育公园、香雪公园等休闲娱乐场所，积极实现从传统的工业园区向国际化生态型新城区的转型。

（三）帮人才之所需，提供提速创业高端服务

围绕人才事业和生活两方面的需求，深入推进人才工作机制和政策创新力度，努力构建人才优先发展的良好环境。

制定实施“1+7”人才政策。率先制定出台了覆盖吸引科技领军人才政策，给予每名区科技领军人才扶持奖励金最高1500万元；对中央“千人计划”人才提供配套支持，给予每名“千人计划”创业人才扶持金最高750万元，给予每名“千人计划”创新人才科研启动经费最高50万元。研究出台了技能人才住房补贴管理办法，建成了10万平方米的科技人员公寓，妥善解决人才居住难问题。

构建人才协同创新的良好机制。设立了专项资金，鼓励跨国公司在区内设立研发中心，支持内外资企业开展科技合作，推动成立了生物、LED等领域7大创新联盟，加快聚集各类创新资源。率先建成了华南地区首家创新驿站区域站点，拓展与法国索菲亚等各类国际创新组织和科技园区的合作关系，为各类人才构建了获取全球创新资源的网络渠道。管委会与美国兰德公司签署了协议，就创建全球连接的区域创新体系开展合作研究，将为广州开发区和知识城量身订做创新发展的战略纲要和创新活动的指标体系。

铸造人才发展服务品牌。建设高层次人才服务区，按照“一站式受理、一次性告知、一条龙服务”的原则，为在我区工作的国家、省、市各级高层次人才提供统筹服务，服务内容囊括了事关人才创业和生活的项目。实行服务专员制度，“一对一”地为高层次人才代办或协助办理有关事项。积极推行“中国创业导师行动”，聘请了一批专家为创业者担任创业导师；从本区的成功企业家中选聘20名担任创业辅导员，对创业者进行培训和辅导；建立“企业联络员”制度，安排专人及时跟进企业的实际需求。派遣创业助理，由区财政出资聘请一批大学生，经培训后派往创新型企业工作2年，帮助高层次人才协调办理工商、税务、环保、海关等手续及日常事务，使高层次人才集中精力从事专业工作。

推动社会管理服务创新。学习借鉴新加坡先进经验，累计投入3138万元，建成了7个家庭综合服务中心，按照无差别、均等化、不收费的原则，采取政府购买服务的方式，委托专业机构管理运行，为各类人才提供12大类110项服务，为人才提供与国际接轨的社会管理服务。

四、国家级开发区、高新区推动人才创业发展的思考

国家级开发区、高新区是高端产业的聚集区，也是高端人才的聚集区。在21世纪激烈的人才竞争中，开发区、高新区政策创新的着力点是要成为人才特区。2011年3月，中组部等国家15个部委与北京市委、市政府联和出台了《关于中关村国家自主创新示范区建设人才特区的若干意见》，并在境外股权和返程投资、结汇、科技经费使用、进口税收、居留和出入境等方面实行先行先试的政策措施。国家级开发区、高新区应在现有基础上，积极学习借鉴北京中关村的先进经验，围绕人才优先发展的总体方针，着力创新人才体制机制，完善人才发展的特殊政策，努力形成人无我有，人有我优，人优我特的高端环境，建设具有全球影响力和竞争力、彰显区域品牌和特色的国际化人才特区。

一是打造智力密集、体系完善的人才特别集聚区。以超前的眼光、世界的眼光、竞争的眼光来思考和谋划人才工作。抢抓当前全球产业结构调整机遇，通过驻外使领馆、华人华侨组织、高端中介等多种渠道、多种方式，面向全球招揽具有开阔国际视野、掌握高端技术水平、洞悉行业发展规律、精通国家商业运作的一流人才。加快推进百名高层次人才、千名骨干人才、万名技能人才的“百千万人才金字塔”计划，统筹推进党政人才、企业经营管理人才、专业技术人才、农村实用人才、社会工作人才以及青年人才等六大培育工程，造就规模宏大的高素质人才队伍，强化加快转型升级、建设幸福萝岗的人才优势。

二是打造体制灵活、政策领先的人才管理改革试验区。积极借鉴先进经验，加快推进人才工作创新，形成有利于人才创新创业的特殊政策。争取国家、省、市支持，努力在居留和出入境、人才股权激励、科技经费使用、创业融资、人才子女入学等制约人才创新创业的关键环节和重点领域进行突破，提高人才创办企业注册登记、市场拓展、专业技术职称评审等专业化服务水平，畅通人才引进、人才培养、人才创新创业的渠道。建立健全党委统一领导，组织部门牵头抓总，有关部门各司其职、密切配合，社会力量广泛参与的人才工作机制，推动人才资源优先开发，人才结构优先调整，人才投资优先保证，人才制度优先创新，营造充满活力、富有效率、更加开放的人才制度环境。

三是打造创新活跃、创业发达的知识经济示范区。探索以知识为驱动、效益为导向、智力为支撑的知识经济发展模式，构建能充分发挥人才专长、推动知识创造与转化的自主创新体系，建立知识和技术的创造产出、转化、孵化、产业化的有效机制，推动各类高层次人才和创新创业资源优先向开发区、高新区集聚，培育一批掌握核心技术、具有国际竞争力的企业，成为战略性新兴产业策源地。

【作者单位：广东省广州开发区、萝岗区人力资源和社会保障局】

贵州省实施创新驱动战略的思考

蔡福顺

2013年以来，习近平总书记就实施创新驱动发展战略发表了一系列重要讲话，3月4日下午，习近平总书记参加全国人大会议科协、科技界委员联组会时指出，实施创新驱动发展战略，是立足全局、面向未来的重大战略，是加快转变经济发展方式、破解经济发展深层次矛盾和问题、增强经济发展内生动力和活力的根本措施。7月17日习近平总书记到中国科学院考察工作，他强调，科技兴则民族兴，科技强则国家强，要结合实际坚持运用我国科技事业发展经验，积极回应经济社会发展对科技发展提出的新要求，深化科技体制改革，增强科技创新活力，集中力量推进科技创新，真正把创新驱动发展战略落到实处。8月28日至31日在辽宁考察时，习近平总书记强调，深入实施创新驱动发展战略，增强工业核心竞争力，形成战略性新兴产业和传统制造业并驾齐驱、现代服务业和传统服务业相互促进、信息化和工业化深度融合的产业发展新格局，为全面振兴老工业基地增添原动力。11月3日至5日，习近平总书记在湖南考察时强调：深化改革开放推进创新驱动实现全年经济社会发展目标。

省委、省政府一直高度重视科技创新工作，不断加大科技投入和政策措施的支持力度。比如：两次召开全省科技大会，出台《中共贵州省委贵州省人民政府关于加强科技创新促进经济社会更好更快发展的决定》等政策文件，新建国家级工程技术研究中心2个、工程研究中心（工程实验室）8个、重点实验室1个和企业技术中心2个，新建省级重点实验室10个、工程技术研究中心20个、工程研究中心（工程实验室）8个、企业技术中心28个，形成了一批产业技术创新战略联盟，建设院士工作站30个。实施了一批国家级、省级科技专项，牵头承担国家重大科技项目33项，累计突破了186项关键共性技术，52项重大关键技术实现产业化。国家大科学工程500米口径球面射电望远镜项目积极推进，“贵州科学城”项目启动建设。2012年全省科技进步贡献率达到42.2%，比2010年提高2.4个百分点。

但由于贵州省经济社会发展落户，科技投入不足，全社会科技研发投入占生产总值的比重不增反降，科技创新平台少，自主创新能力弱，人才资源总量不足，高层次创新型科技人才、高技能人才匮乏。

我认为，贵州实施创新驱动发展战略，要从以下三个方面着力。

一、把企业培育成创新驱动的主体

企业是市场的主体，也是创新创新驱动的主体，是实施创新驱动战略中最重要的结点。一是增强自主创新能力。企业要加大技术改造力度，增加资金投入，强化企业技术创新主体作用；加快创新平台建设，增强研发力量，实施一批重大科技专项，突破一批重大关键技术，提升自主创新能力；完善科技成果转化激励机制。各级政府部门要加大研究出台培育企业成创新驱动主体的鼓励性政策，引导企业和社会加大科技投入，努力提高全社会研发经费占生产总值的比重。二是采取“学习、合作、竞争”战略。引进国内外同行的先进技术设备和工艺，学习先进经验，吸取其研发过程中的教训，不断提高自身技术水平，当自身发展到一定程度时，要做到引进消化与创新输出并举，实现与同行研发的合作，在合作的同时开展全方位的竞争，成为既与其合作又与其竞争的战略伙伴。三是增强技术创新能力。技术是企业创新的灵魂，只有不断进行技术创新，才能使企业在激烈的竞争中立于不败之地，才能全面提升市场竞争力，才能实现企业的可持续发展。企业要切实增强企业技术创新的动力和活力，掌握产品生产的关键技术，培育自主品牌，学习先进的生产技术和经营理念，提升企业生产创新能力和管理创新能力。

二、建立区域科技创新体系

建立区域科技创新体系，是贵州省实施创新驱动战略的客观要求，是进一步提升全省科技创新综合竞争力主要途经，也是落实习近平总书记关于实施创新驱动发展战略的重要讲话精神的重大举措。促进区域科技创新体系建设取得实质进展，一是加强创新平台建设。创新平台是区域科技创新体系建设中的重要组成部分，高水平创新平台的建设，对一个地区的创新能力提升起到至关重要的作用。围绕贵州省新材料、航空航天、生物、新能源、信息等领域产业基础，调整、重组、新建一批科研创新平台，如国家级重点实验室、省级重点实验室和省级工程技术研究中心、省级企业技术中心、产业技术研究院（所），产业技术创新战略联盟等。二是加强高新技术产业化的载体建设。加强高新技术产业产业化载体建设，培育一批战略性新兴产业集群，推动升级一批重点产业集群；大力发展战略性新兴产业，促进完善战略性新兴产业投融资机制，加快培育高新技术企业；有效增强园区（基地）的整体创新能力，提升高新技术产业聚集能力，为企业特别是中小企业的创新发展提供有力支撑。三是加强科技服务体系建设。完善科技资源共享服务体系，进一步实施科技特派员制度，结合省情实际，广泛开展农村科技特派员试点工作。四是加强科技企业孵化器的建设。加快科技企业孵化器、大学科技园等科技创业基地的培育和建设，为创业者提供良好创业条件和服务，降低创业风险和创业成本，提高创业成功率，促进高新技术成果的转化及产业化。五是发展壮大生产力促进中心等科技组织。加快生产力促进中心的发展，已经成立生产力促进中心的市、州，要加大对生产力促进中心的投入，充分发挥生产力促进中心的作用。没有成立生产力促进中心的市、州，要整合机构、资金、场地、人员等资源，尽快建立生产力促进中心，充分发挥生产力促进中心的作用。

三、加快推进创新型人才队伍建设

贵州省科技创新人才总量低，领军人才匮乏。2012 年，贵州省万人专业技术人员数、万人大专以上人员数为均在全国排 29 位；R&D 人员为全国的 1.26%；两院院士 8 人，仅占全国总数的 0.4%；百千万人才工程国家级人选 18 人，占全国总数的 0.44%；国家有突出贡献中青年专家 38 人，占全国总数的 0.73%；全省国家千人计划 3 人，尚无长江学者等创新人才；支撑科技创新的人才资源严重不足。加快推进创新型人才队伍建设，一是要积极引进高层次创新型人才（团队）。高层次创新人才的引进，既要看已往研究成绩和掌握的技术，也要认真审核引进后的 5 年工作规划，确保客观公正地评审和引进。特别重要的是，引进来高层次创新型人才（团队），一定要有高层次的创新成果，确保能创立一个品牌，建成一个企业，带动一个产业，搞活一方经济。二是大力实施本地中青年创新型人才培养项目。贵州省人才资源总量仍然较小，整体素质偏低，创新创业能力不强，因此要高度重视本土创新人才的培养，通过黔灵杰出人才培养引进行动计划、创新型企业行动计划和民营科技企业培育行动计划，设立科技创新能力建设专项资金，增加科研院所事业编制，大力培养优秀青年科技人才，快速提升本地产业科技含量，为进一步的自主创新提供基础。三是加强政产学研合作，大力推动科技成果转化。由政府政策引导，建立专家工作制度，充分发挥贵州省高校和科研机构现有创新人才智力，推动产学研合作，采取有力措施，实施一批重大科技专项，突破一批重大关键技术，实现科技成果转化，提升创新驱动能力。

【作者：贵州省政府发展研究中心副主任】

对招商引资的几点思考

关文旗

通过对党的十八届三中全会精神学习与思考，深切感知到要实现中华民族伟大的复兴梦，发展是主题，落实是关键。下面结合本职工作，结合十八届三中全会会议精神，就如何做好全市招商引资工作谈几点体会。

一、要做好招商引资工作，明确思路是前提

“思路决定出路”，没有明确的招商思路，只能是顾此失彼、疲于应付。自招商局成立起，霍州市充分发挥招商部门职能，借鉴发达地区成功的经验，确定了“走出去、请进来、找老板”三大措施，强力实施“五大战略”的招商思路。

一是工业转型发展，增强地方财力。常言道：“无工不富”。霍州要想掷地有声，富甲一方，大力发展工业项目是必由之路。为此，我们以资源枯竭城市这一良好契机为切入点，用足用活国家政策，以霍州市新产业聚集区霍煤工业园区为依托，加大工业项目的招商引资力度。

二是发展特色农业，增加农民收入。民富则国富，民强则国强。本着藏富于民的工作理念，我们加大发展特色高效农业的招商引资力度，建设万亩核桃基地、万亩蔬菜基地、规模养殖三大基地，同时，在西张垣建设现代农业示范基地，并招来浙商建设现代草莓示范基地，不断增加广大人民群众的收入。

三是发展“眼球”经济，宣传扮靓霍州。霍州署、七里峪、陶唐峪、悬泉山、油盆峪等，都是祖先、大自然留下的宝贵资源与财富。我们加大招商引资的工作力度，和山西中景公司合作开发建设具有江南乌镇水乡特色的陶唐峪景区，并邀请全国霍姓人氏近 200 人，在霍州举行霍姓宗亲招商引资推介会，大力发展眼球经济，通过旅游资源的开发利用与建设，把霍州扮靓，让霍州走出山西、走向世界。

四是科学经营城乡，富裕霍州人民。霍州城市东扩，我们加大旧城改造、新农村建设（西张新农村建设连片开发）、星级酒店建设（金东五星级酒店）、物流园区（山西联源物流园区）建设等招商引资力度，把城市和近郊的“土地”用足用活、科学经营、最大限度地富裕广大城乡群众。

五是发展文化产业，建设文明霍州。文化是一个民族的灵魂，我们以州署文化产业园和浙商文化创意园为依托，加大文化产业招商引资的力度，建设文明富裕新霍州。

二、要做好招商引资工作，跟进服务是保障

为了最大努力地做好招商引资工作，我们改变以往的思维方式，变招商为招亲戚，“一站式”、“保姆式”服务为“母亲式”“妈妈式”服务，以及一个招商引资项目就是一个 4A 级风景区的服务理念，努力并坚决做到，既能招来商，更能安商和富商。对于招来和将要落地的项目，包联到人，从项目签约、手续办理、落地建设一包到底，用心服务、跟进服务，让客商合作项目在霍州落地、生根、发展，最终实现合作共赢。

霍州市新产业聚集区霍煤工业园项目 2012 年 5 月 18 日开工建设，我们全力协调各种关系，服务园区建设，及时处理有关矛盾，保障园区的顺利建设；在霍州天然气调峰液化储气项目上，我们多次协调各部门，保证征地工作、管线铺设和主体工程有序建设，2013 年年底该项目将投产试运行；在霍州浙商文创园项目上，招商局创新服务，和国土部门多次沟通协调，调整取得了用地指标，为项目落地奠定了基础；霍州市人民医院　霍州普仁人民医院 在我们的努力参与下，征地工作有力有序推进，8 月 29 日已经举行了奠基仪式；中景公司投资开发陶唐峪景区项目、北京城建五维公司投资人防地下商业街项目、粉煤灰综合利用项目、300 万吨洗煤厂项目，在我们的服务协调努力下，各项工作都在有序进行……

三、要做好招商引资工作，领导支持是关键

自霍州市招商局成立后，我们不怕冷板凳、冷面孔，更不怕冷言冷语，一班人像兄弟姐妹一家人一样，心往一处想、劲往一处使，千斤重担大家挑，以有为争有位，用心血和劲头赢得了市委、市政府主要领导对招商工作的高度重视，而且在人力、财力、智力等方面给予了大力的支持。2012 年 4 月 26 日，在霍州市党政主要领导人的带领下，市有关职能部门和 12 个乡（镇）办的乡（镇）长、主任 50 余人，在深圳市富临大酒店成功举办了“2012 深港重点企业（霍州专场）投资项目对接洽谈会”，有力地宣传了霍州，有效地进行了对接；2013 年 1 月 6 日，霍州市委书记陈纲等领导，去江苏华西村进行了干部培训的对接宣传；5 月 17 日，霍州市市长崔山原带队去郑州参加“中博会”进行宣传；3 月 28 日，霍州市分管副市长郭宏生带队去深圳威迪科技公司进行了实地考察宣传；特别是 4 月 28 日，霍州市委书记、市长又亲自率团，在浙江杭州举办了“2013 · 山西 · 霍州——浙江 · 杭州投资洽谈暨浙商县域论坛”招商引资活动，引起多家媒体的反响，取得了可喜的成果。同时，书记陈纲、市长崔山原明确表示：有项目签约、落地，随时可召开招商引资项目领导组会议，有重要客商，招商部门可随时约见和电话他们；只要是为了招商引资工作，霍州市委、市政府要钱给钱，要人给人……

四、要做好招商引资工作，建设园区是基础

巧妇难为无米之炊！项目要落地，土地是保障。为此，我们霍州市从大处着想，实处着手，规划了 7500 亩地，由北京大学深圳城市与研究院进行规划设计和可研编制，打造“霍州市新产业聚集区”，为招商引资提供载体，为项目落地提供土地，为企业发展壮大提供“孵化地”。通过 1 年至 3 年的努力，真正使落地霍州的企业，最快速度地落地、建设，最短时间内产生效益。让落户霍州的企业，由一棵“树”变成两棵“树”，两棵“树”变成四棵“树”，四棵“树”变成“一片森林”……抗得起“风雨”，经得起“折腾”，相互扶持，持续健康地发展。

五、要做好招商引资工作，部门联动是保证

我个人通过这次培训学习，认为我们面临最大的问题还是发展不足，最突出的问题是新产业发展和新项目储备不足，最紧要问题是干部队伍对大发展思想准备不足，这一点表现在三个方面，一是一些干部不去想大发展，二是一些干部不敢干大发展，三是一些干部不善谋大发展。面对这些问题，中华民族要实现中国梦，山西省要实现“山西梦”，我们霍州也得实现“霍州梦”。要实现霍州梦，就得发展，而且要大发展；要大发展，就得大招商、招大商；要招大商，仅靠招商部门能行吗？不但不行，而且绝对不行！只有我们全市各级部门联动起来，行动起来，以招商为荣，以发展为己任，我们霍州才能大发展，霍州人民才能殷实，霍州梦才能实现，党的十八届三中全会精神才能实实在在落到实处！

苏州，大家大部分人都去过，是一个非常美丽的城市。当年，苏州人为了招商引资，不但敢想、而且敢做，曾到香港大公报做广告，自封为“国家级”城市。苏州人把招商引资当作了一项职业、一个事业，把招商引资这个大项目放到大市场，让普通市民自发自觉去做。他们的理念是：招商就是招财神，财神来了，咱就富了。而且，他们上下形成一个共识：来投资的人是帮我们来发展的，千万不要嫉妒人家，要创造做得比说得还好的环境！所以，苏州的招商引资就像苏州人的性格一样，细致入微，以小夺大。我们是霍州的干部，如果都能像苏州人一样，对客商像亲人一样，敬客商，像自家敬的财神一样，对发展服务环境，像珍惜自己的眼睛一样，霍州梦就一定能够实现！

雄关漫道真如铁，而今迈步从头越。让我们团结一致在市委、市政府的坚强领导下，借十八届三中全会的强劲东风，开拓创新，超时俱进，共同为霍州的建设与发展做出更大的努力与贡献！为实现中华民族伟大复兴的中国梦增砖添瓦，尽一份中国公民应尽的力量！

【作者：山西省霍州市招商局局长】

雾霾天气警示我们必须从国家战略层面高度重视甲醇燃料的推广应用工作

郭卫东

甲醇(CH_3OH) ，作为一种对人类未来生存和发展具有重大意义的化学品，正在受到世界各国科学家和政治家的高度重视。中国作为世界人口大国、第二经济大国，同时也是能源消费大国、化学品和合成材料生产消费大国，甲醇作为人类跨越油气时代且对人类未来生存发展有重要意义的化学品，也应该从战略层面尽快引起国家和各级政府的高度重视。

从人类未来的生存和发展讲，在地球含碳的主要能矿资源（煤炭、石油、天然气、页岩气、煤层气、页岩油、高原冻土和深海甲烷冰等）耗竭之后，跨越“煤油气”时代，能够继续满足人类可持续发展，对上百万种化学品、化学合成材料及其化学制品需求的替代品，将首选甲醇。从人类目前的科学认识水平看，CO_2 加氢合成甲醇技术、可再生植物资源高温催化热解合成甲醇技术，正在全球走向成熟并陆续产业化。甲醇可以代替石油合成几乎所有机化学品和绝大多数化学合成材料，可以替代石油生产的汽、柴、煤油，成为优质清洁、廉价、低碳、低毒、环保、高辛烷值和深海、深空、高原缺氧环境的高含氧发动机燃料。2012 年 7 月世界上第一架甲醇飞机在美国成功试飞。由于甲醇良好的综合燃料特性，甲醇火箭发动机、甲醇航空发动机、甲醇船舶发动机、甲醇车用发动机、甲醇发电机组、甲醇高原专用车和工程车辆、工程机械、筑路机械、施工机械、建筑机械、军民两用动力装备，都会在全球陆续出现。根据科学家的推测，以能矿资源、可再生植物资源（也叫绿色资源）、二氧化碳等各种资源合成甲醇技术的成熟，随着MTO、MTP、MTA、MTG、MTE、MTL等一系列应用技术的不断成熟和装置的大型化，随着甲醇燃料的广泛应用，由甲醇引发的一批战略性新兴产业将在全球兴起，甲醇作为一种绿色化学品和可大幅降低城市PM2.5的清洁燃料与缺氧环境的高含氧燃料，将受到各国政府的高度重视。虽然人们现在由于专业知识局限，更多地看见全球在推广乙醇燃料，但由于甲比乙醇更低碳、更环保、更廉价、含氧更高、更容易生产，最终人类在消费理性驱使下，还是要“改邪归正”，更多地选择使用甲醇燃料。近一个月来连续数场笼罩大半个中国的大雾天气，再一次警示我们，必须从战略层面，高度重视甲醇燃料的推广和应用工作。

近几年在技术专家和懂技术的政治家推动下，甲醇产能发展快于消费。由于各级政府对甲醇燃料推广应用重视不够，由于人们的消费习惯、非理性消费偏好、加注设施不健全等因素的影响，出现了产能相对过剩。但从甲醇更加广泛的用途看，从人类长远生存和可持续发展看，从当前人类迫切期盼的低碳发展、清洁发展、绿色发展的愿望看，从解决城市阴霾减少PM2.5浓度的最迫切民生需求看，甲醇燃料推广应用，理应受到政府重视，甲醇的消费需求理应而且一定会持续增长。

2012年下半年以来，中国连续出现的雾霾天气，先是横扫北方地区，再雾锁东南沿海，进而扩展至中西部地区，许多省会城市能见度不足百米。从地球环境科学角度看，雾霾天气主要由排放增加、大气自净化能力减弱和不利气象条件三大因素形成。但排放增加是主要原因。据北京“雾霾天气”主要大气污染物分析，主要污染源中，汽车尾气排放约占20%，工业排放约占17%，城市施工扬尘约占20%，空气流动形成的外来污染物约占20%。从城市主要污染物的化学成分看，有机物约占40%，硫酸盐约占17%，硝酸盐约占14%，铵盐和黑炭颗粒物等占比也较高。从城市本身形成的主要大气污染物分析，来源主要是汽车排放，其次才是工业排放。从省会城市来分析，近10年来，由天然气的普遍使用和城市集中供热的形成，工业排放正在逐年减轻。由于城市汽车数量，特别是家庭用车数量的持续猛增，汽车排放已成为并将持续成为城市PM2.5中主要污染物快速增加的主要来源。汽车排入大气的主要污染为CO_X、CH_X、NO_X以及在此基础上由大气环境化学反应条件决定形成的有害产物。其终极“罪魁祸首”就是汽柴油。

如果我国在城市全面率先推广车用甲醇燃料，专家预测PM2.5一定会大幅减少。中国科学院地环所和长安大学汽车学院在向陕西省政府提供的专题决策咨询研究报告中，搜集分析了数十个国家科学家对车用甲醇燃料发动机排放的实验结论，发现现有汽车若改用M85以上高比例甲醇燃料，PM2.5排放可减少72%至83%。从CO_X和CH_X排放讲，由于汽油中含6到11个碳，柴油中含12到16个碳，而甲醇分子式中只含1个碳，除了氢能源、电动车，再也没有比甲醇更低碳的燃料。从NO_X排放看，由于甲醇分子量中氧占50%，而汽柴油几乎不含氧。由于不含氧汽柴油在燃烧作功过程中，需要从空气中吸入氧气助燃，因而在吸入氧气助燃的过程中也带入了空气中的氮气，燃烧后形成NO_X排出。甲醇高含氧不需要从空气中取更多氧助燃，因而带入发动机的氮气就相应减少，形成和排放的NO_X也就大大减少。从全国看城市NO_X排放指标削减屡屡完不成任务，汽车排放可能是最主要原因。据国家环保部卫星遥感监测，1月16～18日大雾涉及中西部地区十几个省市，2013年1月29日以来的全国第二场雾霾天气，灰霾面积涉及东南沿海9省市，143万平方公里。在北京、天津、上海、石家庄、南京、西安、郑州太原、武汉、长沙、合肥等大城市的中心城区，在近期的大雾天气，PM2.5浓度比世界卫生组织推荐的空气质量标准高约20倍以上。在国际上，一般认为，每立方米空气中PM2.5在75微毫克以内，是比较适宜人类健康居住的，PM2.5浓度超过150微毫克就会对人体健康构成损害，且由于PM2.5微小颗粒物极小，敏感人群戴口罩也解决不了多大问题。专家们建议，遇到大雾天气尽量少出门，但中国作为世界上人均GDP100位左右的发展中大国，劳动依然是人们谋生的重要手段，不出门对绝大多数人是办不到的。如果，在电动汽车、氢能源汽车未得到广泛应用的情况下，从关注民生，从科学发展、安全发展、低碳发展、清洁发展、绿色发展的战略高度，加速在全国重视推广使用车用甲醇燃料，将对降低城市PM2.5、降低交通运输成本、降低城市家庭出行成本、带动甲醇汽车、甲醇燃料产业发展，提高国家能源安全水平具有重大现实意义。

同时，美国正在将超过50%的军事资产布局亚洲，挑唆、拉拢、支持日、菲、越、印等亚洲邻国，对抗遏制中国和平发展，使我国85%石油进口的海上通道和我国南海、东海领海及其油气资源主权，受到严重威胁。在这种新形势下，能源安全，原料安全，以及由此引发的更为广泛的国家安全，均受到了严重挑战。这种遏制与反遏制斗争将是一个长期的历史时期。中国和平崛起和“两个百年”目标的顺利实现，必须要有安全的能源和原材料保障，也必须有更加安全低碳的环境保障。因此，从国家层面和各级政府层面，高度重视推广使用甲醇燃料、发展甲醇及甲醇燃料、甲醇汽车、甲醇发动机、甲醇内燃机产业，对国家可持续的安全发展，将具有重大现实意义和重大战略意义。甲醇燃料和甲醇汽车的推广应用，党和国家领导曾有过重要批示，不少省的主要领导同志也有过重要批示。一批央企和省属能源化工类大企业已进入这一产业领域，民间资本也以极大热情进军这一产业。现在的主要问题是业界热政界冷，相关制度创新严重滞后于社会需求和产业发展需要。支持和重视这项工作，既是科学发展、安全发展的要求，也是大国崛起的一种政治责任。政治家要学科学，更要用科学理念治理国家，建设国家，用科学理念指导发展。甲醇燃料推广使用及其相关产业发展，必将成为全球转型发展的必然选择。我国政府高度重视调整产业结构，鼓励产业转型升级，甲醇燃料推广应用和相关产业发展，也应该尽快成为产业转型升级和经济转型发展的重要内容。

我国高原缺氧地区有高达上数百万平方公里，有几十座城市和上亿人口。在这些地区，从推动产业转型升级、拉动内需、转变发展方式的高度，从发展甲醇燃料应用及其相关的甲醇汽车、甲醇工程机械、甲醇发电机组、甲醇内燃机、甲醇发动机、甲醇动力军用装备、甲醇航空发动机、甲醇航天发动机、甲醇船舶发动机、甲醇深海动力装备等产业入手，对加快推动产业转型、经济转型、创新发展具有重要意义。全球一般制造业产能过剩、市场饱和，迫切需要瞄准需求升级之后带来的新需求，来带动产业创新和产业转型升级。甲醇下游产业延伸和甲醇燃料的推广应用，有可能会成为一场新技术革命的突破口。我们必须登高望远，不失时机抓住这个发展的重大历史机遇。最近，由方德威、郭新宇等一批科学家在昆山中试基地成功建成的甲醇生产“三烯”、“三苯”及高清洁高辛烷值汽柴油技术（JMPG），由国家工信部启动的甲醇汽车试点工程，由国家标准委、国家石油和化学工业协会、国家汽车协会主导的车用甲醇燃料推广应用工作，全国 27 个省区市甲醇燃料技术标准的出台，国家 M85 标准的出台及其它系列国家标准的启动，均对以甲醇应用和甲醇产业链延伸为突破口的新技术革命，起到了基础性的推动作用。我们已站到了一个值得高度重视的新技术革命的历史关口，迈进去走下去，一个促进人类可持续发展的历史机遇和光明前景，将会展现在我们这一代人的面前。

【作者：陕西省决策咨询委员会办公室主任】

准噶尔盆地西北缘中国石化探区勘探突破实践

隋风贵

一、勘探概况及困惑

准噶尔盆地西北缘位于加依尔山一哈拉阿拉特山东南侧山前带，呈条带状北东向展布。沿走向自南而北可划分为南段车排子凸起(包括红车断裂带)、中段克拉玛依一百口泉构造带和北段乌尔禾一夏子街构造带(本文称哈山构造带)3 个次一级构造单元。而中国石化西缘区块和北缘 1 区块分别位于南段的车排子凸起和北段的哈山构造带上。

准噶尔盆地西北缘的勘探始于 20 世纪 50 年代。2000 年中石化介入该区勘探，哈山构造带新疆油田完钻探井 19 口，虽在多口探井中的白垩系、侏罗系见油气显示，但总体勘探成果较差。

西北缘南段车排子地区，1958 年 6 月 25 日新疆油田钻探了该区第一口探井——户 1 井，此后 8 年又钻探了红 1、红 2 和车 4 井等探井，都见到了油气显示，但未获工业油流。20 世纪 80 和 90 年代勘探重点放在红车断裂带的下盘，相继发现了车排子、小拐和红山嘴油田，而在车排子凸起仅钻井 8 口，其中车浅 5 井等 5 口井见油气显示，但均未获工业油流，显示红车断裂带上盘的车排子凸起油质稠，采出困难，勘探价值低，被列为矿权弃置区。2000 年以后，开展了大量的综合研究和勘探部署工作。首先，对研究区油源条件进行分析评价，落实烃源区；其次，烃源落实后，分析评价油气输导条件，建立主要成藏模式，落实主要圈类型，从前人以构造圈闭为主要目标转为以岩性、地层岩性为主攻目标；最后，在综合研究评价的基础上，选择正确的突破方向，车排子凸起南侧主攻环带滩坝砂体岩性上倾尖灭油藏，哈山构造带浅层、车排子凸起东侧主攻地层一岩性油气藏。在上述研究思路和勘探部署的基础上，取得了一定的理论认识，形成了配套勘探技术，并在车排子和哈山构造带相继获得了重大勘探突破，先后发现了春光、春风和春晖油田，展现了 2 个亿吨级规模储量的勘探大场面。

二、勘探思路与方法

（一）对比油源特征，明确“远源供烃”的成藏基础条件

通过钻井、油气显示及烃源对比，车排子地区和哈山构造带具有远源或源外油气供给的特征。其中烃源以二叠系风城组、乌尔禾组烃源岩为主，次为侏罗系烃源岩。生油凹陷不同，各套烃源岩分布及地球化学特征也不尽相同”。

玛湖凹陷为西北缘中、北段二叠系的主要供油区，油源特征基本一致。玛湖凹陷早二叠世风城组沉积期构造趋于稳定，普遍发育细碎屑岩夹碳酸盐岩沉积，岩性主要为黑灰色泥岩、白云质泥岩等，形成了一套十分有利的烃源岩层。中二叠统下乌尔禾组沉积期，玛湖凹陷为淡水浅湖—半深湖沉积，南部昌吉凹陷为半深湖—深湖环境，相应地形成了 2 个独立的生烃中心。

尽管北缘 1 区块也面临玛湖生油凹陷，但新疆油田公司资源评价表明，二叠系烃源岩仅分布于哈拉阿拉特山东南侧，而哈拉阿拉特山山前的二叠系可能是粗相带加之乌夏冲断带的影响，油源问题一直困扰着哈山构造带的勘探。经过二维、三维地震施工，结合野外考察、重磁电震联合解释，地质构造建模，构造演化分析，落实地层结构，确定哈拉阿拉特山逆冲推覆体可能存在原生或准原生二叠系烃源岩，可作为研究区上覆层的侏罗—白垩系地层圈闭及石炭一二叠系火山岩储集层的油源，由此生烃范围向北延伸 6～10km，提高了哈山构造带的勘探前景。后经钻井证实这一推断是正确的。

综合研究指出，车排子地区具有双源双向供烃的特点，通过对红车断层的生长指数，红车断层上下盘方解石胶结物 FeO、MnO 和 MgO 含量，岩脉包裹体颜色及岩脉盐度分析后认为，断裂上盘流体性质与断裂带更为接近，车排子地区是油气运移的三方向；昌吉凹陷二叠系油气运聚成藏期要早于车排子地区圈闭形成期，推测在红车断裂东侧下盘可能存在“古油藏”，车排子地区沙湾组成藏，是古油藏破坏调整的结果，其主要形成春风油田的稠油层；四棵树凹陷和昌吉凹陷中、新生界也提供油源，主要形成春光油田的稀油层，暗色泥岩在四棵树一昌吉凹陷分布广泛，发育侏罗系八道湾组和西山窑组、白垩系吐谷鲁群、古近系安集海河组 4 套潜在烃源岩，四棵树凹陷中下侏罗统沉积中心暗色泥岩厚度超过 600m，昌吉凹陷暗色泥岩厚度 400～800m。侏罗系所有层段均分布有碳质泥岩，但各层段分布不均，煤层主要分布在侏罗系八道湾组和西山窑组。

四棵树凹陷生烃能力的落实，对于西缘区块的勘探具有重

要的作用。多年来，四棵树凹陷能否生油一直是争论的焦点，经过多次油源对比和成藏期构造演化的分析，认为四棵树凹陷具有一定的生烃潜力。为证实这一认识，在P2区块三维地震实施后，先向西部署了P2区块西三维地震，后部署了位于P2区块北侧的P6区块三维地震。钻探证实P2区块西三维地震区油层是存在的，并成为近期扩大勘探沙湾组油层的主要方向之一。

（二）研究输导样式，建立“断—毯输导”的远源成藏模式

针对研究区远离主力烃源岩、以晚期成藏为主的特点，通过对不整合、油源断层、输导砂体等的输导性评价研究，建立了远源供烃、“油源断层十底板砂砾岩+调整断层”的断毯输导体系。

1. 不整合面　盆地西北缘构造活动强烈，区域性升降运动频繁，主要形成N1s／E、E／K、K／J(C)、J／T (C)等多期区域性不整合。岩心、测井和录井及野外地质露头表明，不整合面具有明显的层状结构底砾岩、水进砂体、风化壳泥岩和半风化淋滤岩层发育。根据不整合面上、下岩性组合关系，分为渗透层与非渗透层、渗透层与渗透层、非渗透层与渗透层、非渗透层与非渗透层4种。

车排子地区多为渗透层与非渗透层、非渗透层与非渗透层对接，仅局部地区形成渗透层与渗透层对接，这样就造成有些部位运移阻力大，使油气沿不整合面作“线状”运移。车排子地区为源外长距离成藏，充注动力不足，制约着油气高效运移，单靠不整合难以形成较大规模的油气运移，必须与骨架砂体、断层形成有效的空间配置，才能形成油气的大规模运移。

2. 骨架砂体　研究区中、新生代总体经历了多期沉降一抬升剥蚀的构造演化，发育多期正旋回叠加沉积。哈山构造带侏罗系八道湾组自下而上为湿地扇一辫状河—滨浅湖相沉积演化序列；下白垩统清水河组、呼图壁河组表现为辫状河三角洲一滨浅湖相演化特征。沉积旋回早期，在宽缓的斜坡背景下发育了区域稳定分布的低位体系域快速水进砂砾岩沉积，八道湾组一段和清水河组二段砂体单层厚度大，一般为20～50m，横向上分布稳定，连通性好；平面上叠合连片。储集层埋藏浅，成岩作用弱，以原生粒间孔为主，孔隙度一般为20.9%～33.3%，渗透率为28.01～680.29mD，为中高孔中渗性储集层。厚砂层分布稳定，可形成油气横向运移的毯状输导层。车排子地区沙湾组沙一段砂体分布连续，单层厚度大，埋藏浅，成岩作用弱，砂体南部厚达100m，向北、西北方向变薄尖灭。岩性总体上以含砾砂岩、砂岩等粗碎屑岩为主，孔隙度达20%以上，具有高孔高渗的物性特点。3期骨架砂体是油气横向运移的有利通道。

3. 断裂　断裂是油气纵向运移的重要通道，控制了含油气流体的运移方向和分布。按照断裂在成藏过程中的作用，划分为下部油源断裂和上部油藏断裂。下部油源断裂沟通深部的烃源岩，为下部烃源岩生成的油气向上垂向运移提供通道；上部油藏断裂多为次级调整的小断层，为油气调整成藏提供通道。

哈山构造带下部乌尔禾断层等为油源断裂，形成早、断距大、平面延伸长、继承性发育。平面上，断层走向主要为北西、北西西向，主要呈平行式、雁列式和斜交式等断层组合，断面北倾或北西倾；剖面上多呈叠瓦状、“Y”字型等组合，断穿层位多，深部断穿风城组烃源岩，浅部与白垩系底、侏罗系底不整合面或砂体形成空间上的对接。乌尔禾断裂为主要油源断裂之一，具有长期活动的特点，主要活动期开始于海西运动晚期，持续至燕山运动末期，断裂长期活动与烃源岩生排烃期形成了良好配置，为油气大规模向上运移提供了运移通道。

哈山构造带上部油藏断裂以4、5级逆冲断裂为主，局部发育小型正断层，垂向断距及平面延伸距离不大，断面倾角大、开启性强、活动期晚，一般仅断开侏罗系和下白垩统，与砂层配合可形成台阶状运移通道，断裂静止期对油气又可起到封堵作用，为该区重要的油藏断层。

车排子地区下部断裂系统是海西运动晚期形成的石炭系内幕压扭性逆断层，其中红车断裂是车排子地区主要的油源断层，为“古油藏”二次调整提供通道。上部断裂体系是喜马拉雅运动期形成的贯穿新近系张扭性正断层及负反转断层，新近系断层倾角大，开启性强，是油气运聚调整成藏的重要通道。

（三）分析构造、沉积演化，确定油气成藏模式

盆地西北缘斜坡带远源油气输导成藏，需要多种输导要素在三维空间上组合形成输导体系，构成油气运移的路径。通过断层活动性及与烃源岩、储盖组合的匹配关系研究，落实了车排子、哈山构造带远源供烃、“油源断层+底板砂砾岩+调整断层”的断—毯输导特征。

通过对“多旋回正序叠加”的底板砂砾岩发育展布特征、物性特征、运移指数、荧光定量分析及对不整合结构、输导性能评价研究，明确了N1s底、K1，底和J底3套低位体系域板状砂砾岩是相对稳定的区域性高效毯状横向输导层，乌尔禾断裂、红车等主油源断裂长期活动，沟通了深部的烃源岩和浅部的毯状厚砂体，后期发育的次级小断裂沟通了下部毯状砂体和上部的孤立砂体，形成了油气垂向运移的调整网，而沟通底板砂砾岩的次级断层具有垂向调节作用。油源断层与底板砂砾岩“输导毯”组合为主要输导体系，多套“断—毯输导”组合为“网状”输导体系，为油气长距离横向运移提供了通道，控制了含油气层位与油气藏分布，“输导毯”岩性、物性和鼻状构造背景控制油气富集。

在哈山构造带，白垩系和侏罗系底部的输导砂体与深浅2套断裂系统构成了油气运移的网毯输导网，形成了斜坡带源外供烃，沿梁“断—毯”式输导的成藏模式，油气垂向上叠置、平面上连片的分布特征。一是毯内成藏，由南部油源断裂运移来的深部油气进入浅部的不整合面上部的毯状厚砂层，沿斜坡带上倾方向运移，在后期次级断裂的遮挡作用下大面积成藏；二是毯上成藏，毯内的油气通过次级断层垂向调整，进入毯上的孤立砂体成藏；三是毯缘成藏，油气沿输导毯向北、向西运移，在砂体尖灭端聚集成藏。

三、结论与认识

在准噶尔盆地西北盆缘斜坡带，以扎实、严谨、精细的工作为基础，以油气富集规律及圈闭发育模式为指导，选择正确的勘探突破方向，优选有利圈闭目标，取得了比较丰硕的勘探成果和创新认识，形成了远源盆缘斜坡带油气勘探的研究思路和技术方法，实现了重大勘探突破。

1. 基于区带构造沉积演化研究，确定了斜坡区圈闭发育分布规律，选择上部浅层地层岩性圈闭为主攻方向、兼探深层构造裂缝圈闭；以成藏控制因素等多因素叠合，评价部署有利勘探区带及有利目标，以精细地质模型及控砂机制研究为基础、油气运移研究为重点、成藏控制因素研究为核心、适应技术攻关为手段，实现了该区勘探的突破。这些经验和认识可广泛应用于我国西部斜坡带的油气勘探，对指导国内外其它盆地的油气藏勘探也具有较大的借鉴意义。

2. 针对准西盆缘斜坡带远源岩性、地层岩性圈闭背景，以沉积规律分析毯缘、毯上砂体分布特征；以地震模拟方法外推确定毯缘地层岩性圈闭边界、地震属性和反演确定毯上岩性圈闭边界；以主控因素分析判定毯缘鼻凸控运、物性控油，毯上断层开启控运、离毯距离控油的成藏特征；充分利用流体识别技术，地震属性、等时切片分析毯缘含油，“油亮点”、分频检测毯上含油特征，确定有利钻探目标.

【作者：中国石化胜利油田分公司西部新区研究中心】

以开放促发展　加快推进蓝色经济区建设

刘德军

“海洋是潜力巨大的资源宝库，也是支撑未来发展的战略空间。”海洋经济又称蓝色经济，是开发、利用和保护海洋资源与空间的各类生产活动，以及直接或间接为海洋资源与空间之开发、利用、保护服务的相关产业的总和，它以海洋经济为主体，以海陆统筹发展为基础，以科技创新为引领，具有开放、生态、文明和可持续发展的基本特征。21世纪，海洋经济对国家和地区的经济发展、对外开放与合作具有重要战略意义。2011年1月4日，国务院批复《山东半岛蓝色经济区发展规划》（以下简称《规划》），这是“十二五”开局之年获批的第一个国家发展战略，也是我国第一个以海洋经济为主题的区域发展规划。

一、山东半岛蓝色经济区建设取得阶段性成果

《规划》获批以来，经过两年的努力，山东半岛蓝色经济区建设取得重要阶段性成果，呈现出投入力度大、增长速度快、质量效益好、发展后劲足的良好态势。

（一）区域总体实力显著增强。2011年，山东半岛蓝色经济区地区生产总值达到21395.1亿元，同比增长11.7%，高于全省增幅0.8个百分点，占全省的47.1%；地方财政收入1480亿元，增长25%，占全省的43%；规模以上固定资产投资总额13090.3亿元，增长22.6%，占全省的50.5%。2012年前三季度，实现地区生产总值17295.2亿元，完成公共财政预算收入1327.4亿元，同比分别增长10.4%、18.9%、，比全省平均增幅分别高0.7个百分点和2个百分点。同时，蓝色经济区海洋生态文明建设取得了新的进展，人民生活质量得到了新的改善。

（二）现代海洋产业体系基本建立。海洋渔业、海洋化工、海洋油气、海洋盐业等传统优势产业平稳较快发展，海洋生物医药、海洋装备工程、海洋化工、海水养殖及水产品加工等产业规模居全国首位，海水利用、海洋新能源等新兴产业和滨海旅游业、海洋交通运输业迅速发展。海洋药物的种类和市场占有率列全国第一，初步形成了产业门类齐全、主导产业优势突出、新兴产业发展迅猛的海洋产业体系。

（三）对外开放水平不断提高。2011年，蓝色经济区实现进出口总额1800.5亿美元，实际到账外资69亿美元，分别占全省的76.3%和61.8%。2012年1～11月份，外贸进出口总额和实际到账外资分别完成1718.2亿美元和74.1亿美元，分别占全省的77.6%和66.7%。积极推进口岸大通关建设和通关便利化，开通了中韩陆海联运汽车货物运输，对外开放环境明显优化。目前，区内拥有省级以上各类园区已达68家，其中国家级园区16家，成为对外开放的重要平台。

（四）重大项目建设成效显著。烟台港西港区等3条疏港公路建成通车，日照港岚山港区、滨州港2×3万吨级码头、青岛港董家口港区30万吨矿石码头等一批港航项目相继建成投产，前三季度沿海港口货物吞吐量达到8亿吨，同比增长10.3%。东营机场完成4D级改造工程，青岛新机场、烟台潮水国际机场加快建设。华能威海、华电莱州2×100万千瓦机组、宁东—青岛特高压直流输电工程建成投产，青岛500千瓦海洋能独立电力系统示范工程开工建设，国电蓬莱风电实现并网发电，海阳核电一期、烟台西港区至淄博重质液体化工原料输送管道、青岛—威海天然气管道工程一期、青岛LNG等重点工程加快建设。烟台—海阳、滨州—德州高速公路竣工通车，青荣城际铁路、滨海高等级公路等一批重点项目加快推进。胶东调水108个单项工程全面开工建设，南水北调东线一期山东段干线工程年底前主体工程基本完工。

（五）发展机制更加完善。编制完成了24个专项规划，印发了7市规划，形成了以国家规划为纲领、专项规划为支撑的规划体系。研究制定了《蓝色产业领军人才团队支撑计划实施办法》、《“两区”重大课题研究管理办法》等一系列文件。进一步健全考核评价体系，出台了《“两区”建设年度绩效评价考核暂行办法》。总规模300亿元的蓝色经济区产业投资基金获批设立，首期已落实认缴出资48.4亿元。《规划》确定的18个国家级科技创新平台有13个基本建成。威海国家海产品质检中心和日照“中国蓝色经济引智实验区”启动建设。“四区三园”顺利推进，烟台东部新区快速启动，青岛西海岸完成了行政体制一体化改革。

（六）科技创新能力不断提高。目前，海洋领域国家级工程技术研究中心已达5家，居全国第1位。规划确定的18家国家级海洋科技创新平台，有15家取得较大进展。青岛海洋科学与技术国家实验室一期工程已经完工，威海国家海产品质

检中心和日照“中国蓝色经济引智实验区”启动建设。青岛蓝色硅谷建设列入《全国海洋经济发展“十二五”规划》，将建成我国首个海洋科技自主创新示范区。潍坊滨海科教创新园区成为全国第一个在地级市开展的“国家职业教育创新发展试验区”。依托国家重大科研项目、重点科研基地和国家学术合作交流项目，积极实施国家“千人计划”、省“万人计划”，引进了一批国内外高层次人才和紧缺人才。

蓝色经济区建设虽然取得了初步成效，但仍然存在一些难点和问题。主要表现在：一是，海洋产业结构不够合理。海洋产业整体素质不高，产业结构亟待调整和提升。海洋渔业、滨海旅游业和交通运输物流业仍居主导地位，占海洋生产总值的比重近 70%；海洋装备制造业技术水平不够高，高附加值产品比重偏低；海洋生物等战略性新兴产业仍处于起步阶段，整体规模偏小。二是，区域经济发展趋同现象较明显。区域发展缺乏鲜明的地方特色，沿海各市海洋产业结构趋同，重复建设问题突出，在船舶修造、风电等产业上表现尤为明显。沿海港口布局不够合理，功能定位趋同，整合难度大。三是，园区和企业的发展空间不足。部分省级以上园区在空间上已不能满足快速发展需要，一些大项目在园区内难以落户。企业发展受国家用地、用海政策制约严重，一些发展较快的县市区，建设用地指标尤其紧张，部分重点项目难以落地。四是，海洋科技创新和成果转化能力不足。海洋科技资源缺乏有效整合，集成创新能力不足。企业创新能力不强，政产学研一体化发展的海洋科技创新体系尚未形成。据测算，我省海洋科技成果本地转化率不足 30%，对海洋产业发展的贡献不高。五是，政策落实还不够到位。部分重大政策需要进一步细化落实，需争取国家有关部委给予进一步支持，同时政策的协调性和整体效应还有待于进一步加强。

二、以开放促发展，加快推进蓝色经济区建设

开放性是现代海洋经济的重要特征，海洋经济的开发必然是开放经济环境下的开发，必然是开放合作中的开发，因此，推进蓝色经济区建设，必须把开发与开放相结合，以开放促发展。在对外开放方面，蓝色经济区建设取得了一定的成绩，但仍存在巨大发展空间，尤其是在经济全球化和国际产业分工与转移的背景下，作为我国对外开放的重要门户，山东半岛蓝色经济区可以在更广范围、更大规模、更深层次上参与国际合作与竞争，发挥比较优势，获得稀缺资源，开拓市场空间。2013年，蓝色经济区建设将进入加快推进、集中突破、形成优势、引领示范的关键时期，要充分利用对外开放优惠政策，加强海洋经济科技国际合作、加大招商选资力度，全面加强对外合作与交流，努力推动蓝色经济区建设迈上新台阶。

（一）推动中外合作海洋产业园区建设。总结青岛中德生态园、日照国际海洋城、潍坊滨海产业园等中外合作园区建设的经验与做法。建立多种合作交流机制，创新利用外资建设园区新模式，支持以多种形式合作新建一批海洋产业园区，构建海洋经济对外开放新平台。抓住国家支持蓝色经济区与日韩在海洋产业合作、投资贸易便利化、跨国交通物流、电子口岸互联互通等方面先行先试的大好机遇，积极借鉴横琴新区类自贸区政策，以建设海洋产业园区为切入点，按照突出重点、各个击破的原则，制定行动计划，加快推动与日韩在海洋经济技术合作，承接产业转移方面取得实质性进展。

（二）打造国际一流展会平台和大宗商品国际交易平台。整合资源，丰富内涵，扩大规模，同期举办中国国际海洋节和举办蓝色经济论坛，把“中国国际海洋节(青岛)”办成山东半岛蓝色经济区扩大对外开放的重要窗口和国际蓝色经济合作交流的重要平台。继续办好中国国际消费电子博览会、(烟台)APEC 电子商务博览会、（东营）国际石油石化装备及技术展览会、潍坊寿光蔬菜博览会、烟台国际葡萄酒博览会、（威海）国际渔具展览会，提高展会国际知名度和影响力。打造建设橡胶、棉花、矿产、塑料、建材、油品等 10 大商品保税交易市场，构建国际商品电子交易市场体系。

（三）构建中日韩区域经济合作先行试验区。借鉴北欧厄勒海峡地区跨境区域、日本福冈—韩国釜山跨区域经济合作区、珠澳跨境工业园区和广西与东盟跨境合作等国内外区域经济合作实验区经验，依托青岛、烟台、威海、日照等中心城市，建立与日韩城市合作新机制，探索跨海域边境经济合作模式。进一步加强与日韩的产业互动，大力承接日韩高端产业、现代服务业转移和高科技输出，积极承接日韩软件外包和流程外包业务。加强可持续发展领域合作，建立“中日韩循环经济示范基地”。实现中日韩三国产业链的深度对接，充分发挥日韩资金、技术优势和中国的劳动、市场优势，达到双赢。

（四）吸引外资助力蓝色经济区建设。外资带来的不仅是资金，还包括技术和人才。要突出产业链招商、定向招商、专业招商，加快引进一批经济效益好、科技含量高、带动作用强、发展后劲足的重大海洋产业项目，推动蓝色经济区加快形成较为完善的产业链和产业集群。借助海洋经济文化（技术）国际博览会、蓝色经济高峰论坛、广交会、西洽会等平台，加强区内园区的选出推介，搭建园区招商引资平台。深入研究 500 强企业、大型央企的投资动向，支持跨国公司、央企在蓝色经济区设立地区总部、生产基地、研发中心、采购中心等各类功能性机构。组织区内一批基础好、潜力大的产业园区到海洋经济发达、园区建设先进的国家展开招商引资活动，扩大影响，吸引战略投资者，积极引进国外开发利用海洋资源、培植海洋优势产业等方面的高端技术和特色园区建设管理的先进经验，提升园区建设和管理水平。

（五）构建人才交流和引进机制，为蓝色经济区建设提供智力支持。构建人才交流机制，鼓励人才走出去，为专业技术人才在次区域内的流动提供包括签证、居住等各方面的便利，加强次区域内的双边或多边形式的合作办学，加强培养适合次区域合作与发展的复合型人才。实施积极开放的人才引进政策，建立规范健全的人才引进机制，打通国内、国外专业人才引进的两条渠道，对专业人才予以物质激励，对人才合理流动实行宽松政策。依托区域优势和中日韩区域经济合作先行试验区的建设，有针对性地吸引日韩专业人才到山东工作。形成统一、长效的人才引进服务体系，实行全方位“绿色通道”服务，简化外智引进手续大力引进带资金、带项目、带技术的高层次、创业型海外留学人才。最终形成良好的研究氛围和产生人才集聚效应。

三、以开放促进蓝色经济区建设的保障措施

广范围、大规模、深层次的对外开放为蓝色经济区建设注入资金、技术、人才和活力，能够有效地提升和改善产业结构层次低的问题，有效地提升区内技术水平、科技创新能力和带动科研成果转化，能够引进更多、更好的项目，并以此为契机，整合老园区，创建新园区，开拓区域经济发展的思路和方向，合理化园区规划与布局，可谓益处良多。但保证对外开放政策措施的顺利实施，也需要多方面的支持。

（一）先行先试。中日韩区域经济合作先行试验区是区域合作由松散向紧密过渡的一个良好开端，有助于摸索区域经济合作的方式方法与道路。首先，建立具有权威性的次区域经济合作试验区理事会，成员来自相关国家中央和地方政府、行业协会等，设立若干行业、专业的专门委员会，专门委员会下设若干项目推进组，对区域内可持续发展合作项目进行推动和监督。在研究国内外相关法律法规的基础上，借鉴国际自由贸易区建设的成功经验，制定统一管理条例，成立经济合作仲裁中心，依法探索解决在试验区产生的各种商事争议。借鉴国际先进经验，发展相关中介机构、行业协会等组织，为企业和居民提供各种咨询服务。区域经济合作可以次区域经济合作试验区为先锋和标本。

（二）支撑条件。以重大基础设施项目为重要载体，强化重大项目对经济区对外开放的带动作用和纽带作用。以青岛港为核心，烟台港、威海港、日照港为骨干，整合资源，完善功能，吸引和培育航运物流市场主体，集国内外知名航运企业，开辟远洋国际航线，拓展航运物流业务，打造东北亚国际航运物流枢纽。以中韩铁路轮渡项目，中韩陆海联运汽车货物运输项目，日本的集装箱班轮运输项目等为中日韩区域经济合作先行试验区建设创造良好环境。

（三）调查研究。总结经济区对外开放、招商引资、园区建设等方面的好经验、好做法，抓好典型带动。针对经济区对外开放的重点、热点和难点，组织专门力量深入开展专题调研，提出有针对性的对策建议。围绕产业升级，资金、技术和人才引进，合作机制等开展课题研究，形成一批有价值的理论研究成果，为经济区对外开放，参与区域合作与竞争提供科学指导。

（四）宣传推介。进一步完善“两区”宣传长效机制，加强与中央和省内重要媒体的合作，充分发挥新华社“蓝黄两区网”、大众日报社“两区”记者站、山东广播电视台“两区”记者站的作用，全方位宣传报道“两区”建设的好经验、好做法。组织筹备好蓝色经济发展国际高峰论坛、“两区”经贸洽谈会等重大经贸活动，积极开展境内外招商引资活动，争取签约一批重大合作项目。加快建设蓝黄主题展馆，将其建设成为宣传“两区”建设成果的重要载体。构建信息传播机制。建立大型区域经济合作的专业网站和区域基础数据库，构建区域发展合作的报纸、广播、电视等多媒体立体宣传网络。

（五）政策支持。加大财税、投融资、人才等方面对经济区对外开放的政策支持力度。税收方面，支持符合条件的领域和项目争取国家相关专项资金和税收优惠政策，如中央和山东省每年安排一定规模资金支持中日韩试验区建设。设立中日韩试验区建设财政专项资金，省财政资金进行配套，采取贴息、补助、奖励等形式，重点支持建设重点项目，优先给予政策支持。投资方面，下放投资审批权，除少数涉及国家经济安全及重要敏感行业的准入仍由国家级管理机构、部门审批外，其他领域、部门及行业的审批权可逐渐下放山东。在中日韩试验区内，探索简化外资审批手续和部分领域投资享受内资待遇的做法和细节。在烟台循环经济示范基地建设中适当放宽船舶等相关行业利用外资政策。金融方面，建立相对宽松的金融监管模式，改进外汇服务方式，加大对涉外主体的政策支持力度。完善服务贸易外汇管理法规，简化行政审核。允许青岛和烟台保税港区金融机构开展综合经营试点，开展个人本外币兑换特许业务试点。开展金融产品和服务创新试点。积极引进全国性证券公司，鼓励境外银行、保险公司设立分支机构。设立“境内关外”的期货交易市场，发展大宗商品的仓储物流。加强山东与国外金融管理部门、反洗钱监管部门和司法部门在反洗钱和反恐怖融资领域的政策协调与资讯沟通。加强跨境外汇和人民币资金流动监测。

（六）政策落实。按照国务院关于蓝色经济区规划的批复精神和国家发改委要求，推动重大政策事项的贯彻落实。按照蓝色经济区《试点方案》要求，进一步抓好海洋经济发展试点工作，争取在机制创新、实践成果、理论研究上取得重点突破，为全国海洋经济发展提供示范。按照省政府印发的《中日韩地方经济合作示范区框架协议》，加快推进中日韩地方经济合作示范区建设。积极开展中韩陆海联运汽车货物运输。加快推进董家口、丁字湾、龙口湾、潍坊滨海等集中集约用海片区建设。推进长岛休闲度假岛和荣成好运角旅游度假区基础设施建设，加快布局一批旅游项目。争取基本建成青岛海洋设备检测中心、烟台海洋产权交易中心、威海海洋商品国际交易中心等7个公共服务平台。同时，要加强考核和督促检查，积极配合政策落实。

【作者：山东省宏观经济研究院研究员】

大同市转型发展中经济金融协调性研究与对策

康　义

大同市位于山西省北部，是我国重要的煤炭和电力工业基地。近年来，大同市提出了“转型发展，绿色崛起”的发展思路，借山西省列入国家资源型地区转型综合改革试验区的政策契机，加大了经济结构调整力度，取得了显著的发展成绩。但受传统经济结构制约和不利因素影响，全市经济金融发展的协调性、匹配度仍然不足，亟需采取措施加以解决。

一、全市经济金融发展协调性、匹配度不足的主要表现

（一）经济发展放“慢”，信贷增长加“快”。2013年前三季度，大同市经济发展速度趋缓。到9月末，全市完成地区生产总值682.9亿元，同比增长7.9%，增速与去年持平。工业经济形势整体不容乐观，煤炭、冶金、机械三大支柱产业受煤炭市场低迷和经济大环境影响，产值、销售收入、利润大幅下降，导致全市规模以上工业企业总产值、实现利润同比出现下滑。只有电力、医药行业保持了较快增长的态势，成为支撑全市工业经济增长的主要力量。今年以来，大同市金融运行保持了健康快速发展的势头。1至9月，存款保持平稳增加，9月末，存款余额达2236亿元，较年初增长11.03%。贷款投放增势迅猛，到9月底，已新增贷款150.91亿元，比2012年全年贷款增量还多40亿元，贷款余额达到921.43亿元。同时，直接融资规模不断扩大，前三季度金融机构通过非公开定向企业债、私募基金、理财、信托产品为企业融资208.3亿元，异地投向大同市的贷款余额达到92.77亿元，社会融资总规模的增长量远高于经济发展速度。

（二）发展资金吃“紧”，社会资金偏“松”。随着城市建设的推进，城建后续资金逐渐“吃紧”，加上政府融资平台部分债务陆续到期，政府还债压力加大。而与此相对应，大同市银行体系流动性和社会资金却呈现出宽松的局面。从银行看，全市存款存量和增量继续位居全省第二位，而且存贷比较低，银行体系流动性充足。从银行体系之外看，民间资金相当活跃，从煤炭行业退出的大量资金寻找新的投资目标。存款利率长期保持低位导致公众投资意识增强，民间借贷空前活跃。房地产行业的不确定性，使大量社会资金转而寻求更为稳健的投资渠道。并且，外围的私募资金、风险投资基金等都在主动寻找好的合作项目，整个社会资金总体宽裕。

（三）中小微企业融资能力“低”，银行拓展市场的热情“高”。从走基层了解的情况看，大同市中小微企业普遍存在投资盲目性强、财务不健全、高新技术含量低等问题，整体融资能力较低。而且，中小微企业金融意识较差，有的中小微企业固步自封，不愿意股权融资；有的企业对于贷款有畏难情绪，主动放弃了与银行的接触。而与这种情况相对应，金融机构拓展中小微企业市场的热情逐步升高。随着金融竞争的加剧，高端金融市场的饱和，国有银行把发展的突破点转向了中小微企业，股份制银行对中小微企业这块市场的开拓力度也进一步加大。

（四）民间资金活力“大”，民间资本进入金融市场的入口“小”。如前所述，大同市民间资金相对充裕，而且投资的活力较“大”，但受政策因素影响，大同市民间资金进入金融市场的入口较小，其进入金融市场的渠道只有投资小额贷款公司，入股农村信用社和城市商业银行。其中，以投资小额贷款公司为主要形式，约占进入金融领域民间资金总量的八成。村镇银行、农村信用社和城市商业银行对民间资金进入的限制较多，进入这几类机构的民间资金只占总量的两成左右。从规模上看，已经进入金融领域的民间资金总量也不大。如，全市有53家小额贷款公司和1家农村互助资金组织，唯一一家村镇银行还有筹建中，注册资金仅为34.32亿元。而与大同市经济规模相当的晋中市，仅小额贷款公司就吸纳民间资金36亿元，加上6家村镇银行、3家私募基金、39家商业性担保公司等，进入金融领域的民间资金更多。

（五）支持中小微企业发展的政策“多”，银企对接的机制“少”。近年来，各级各部门高度关注中小微企业发展，从国务院到省政府，从金融机构到其它部门，均出台了多个支持中小微企业发展的政策意见，但真正落到实处的较少。从大同市情况看，促进银企对接的政策措施较少，在担保、风险补偿、财政激励、政策性收费等银企合作的中间环节上，还存在政策缺失或渠道不畅的问题。

二、促进大同市经济金融协调发展的对策建议

（一）推动金融市场发展，形成多层次，多元化的金融市场体系。政府及金融管理部门应积极为外埠金融机构、信托资金、私募基金进入本市设点展业创造条件，推动金融业有序竞争。利用好各项政策措施，进一步发展小额贷款公司、村镇银行、农村互助资金组织，完善普惠制金融体系。充分发挥证券类机构的融资功能，加强与山西省股权交易中心的联系，推动中小微企业开展股权融资、引入风险投资基金。积极探索资产证券化的渠道，盘活大同文化旅游和城建资产。发挥保险公司“社会稳定器”的功能，探索和完善“银行+保险+企业”的融资模式，依托保险保障金融资产安全，增强企业获得资金的能力。

（二）优化金融发展环境，鼓励金融创新。一是对金融创新有突出贡献的金融机构、单位和个人进行奖励。二是支持和鼓励地方金融机构引进国内高级管理人才，为金融创新提供人才支撑。三是建立激励机制，对信贷投放力度大、效果好、符合产业发展政策的金融机构进行奖励。四是降低产权公证、验资、评估、登记等地方政府性收费标准，进一步减少企业筹资成本。五是改善信用环境。除金融机构外，政府应协调各政府部门，对失信企业进行联合制裁。同时，加大对守信企业的宣传力度。发挥工商联的组织作用，对失信企业建立内部通报制度，定期在工商联和金融机构内部进行通报，督促企业诚实守信。

（三）搭建政银企合作平台。一是建立中小微企业信息库，通过网络或其它形式，实时发布中小微企业信息，实现政银企信息资源共享。同时，政府通过适当方式定期向中小微企业发布产业政策指引、经济金融动态、重点产业行业分析，为中小微企业发展提供政策引导，增强中小微企业投资的科学性。二是建立中小微企业融资服务中心或金融超市，为中小企业融资提供一揽子金融服务。同时，对中小微企业市场进行细分，针对不同类型中小微企业采取不同的信贷政策和信贷产品。三是建立社会化中小微企业服务中介体系，加强对中小微企业的综合辅导。包括提供融资、担保、创新、信息、培训、社团建立、中介服务、对外合作等综合性服务。四是定期组织有信贷合作意向的金融机构召开座谈会，面对面解决贷款审查、审批中的问题，提高贷款的审批发放效率。

（四）改善金融管理与服务。一是适当降低监管标准，放

宽向弱势群体发放贷款形成不良贷款的容忍度。例如，农村信用社支持的是弱势群体，信贷风险较大。受目前千分之五的不良贷款监管指标管制，农村信用社在支持“三农”发展中有“惧贷”心理，如果能够放宽容忍度，有利于这些金融机构更好地支持弱势群体发展。二是政府在重视金融机构放贷的同时，更要重视帮助金融机构收贷，增加金融机构信贷投放的信心。三是强化政府的规划和调控职能，科学制定城市规划，严格执行规划，从项目审批等源头上降低项目投资风险，从而降低信贷风险。四是综合运用“奖、补、贴”的方式，扶持大同市商业银行和农信社等本地中小金融机构发展壮大，以更好地支持中小微企业发展。五是建立财政资金回流机制，充分运用财政杠杆作用，按照“谁投放多，回流谁多”的原则，对信贷投放力度大的金融机构给予正向激励。

（五）进一步完善担保市场。一是改变目前财政担保公司运作方式，变委托经营为自营，不以盈利为目的。二是对全市各县区财政担保公司进行整合，形成资产规模大、担保实力强的市级担保公司，在全市范围内开展担保业务，增强担保能力。三是政府可根据财政实力，每年预算注入财政担保公司一定数量的资本金，并建立风险补偿金提取制度，以增强担保公司担保实力。同时，也可以考虑以财政资金为主，吸纳会员企业会费，并接受社会捐赠，做强做大担保基金。四是鼓励大公司、大集团、各种民间资金投资担保机构，并积极引入外埠担保公司来同设点或开展业务。

（六）大力推进金融产品和融资方式创新。对大同市建设银行的“助保贷”和“速贷通”、工商银行的“网贷通”、晋商银行的“的哥贷”、民生银行的“小企业贷款”等业务开展情况较好的信贷产品进行挖掘、整理和宣传，形成品牌效应。在全市大力推广。稳步推进灵丘县综合财产保险贷款、阳高县土地使用权流转抵押贷款、浑源县林权抵押贷款，形成成熟的融资方式，在全市进行推广。同时，对信贷资源进行整合，降低成本，提高效率，如，以建设银行助保贷风险担保基金为基础，将其拓展为面向所有银行、所有企业的贷款风险担保基金，解决全市担保和风险补偿不足的问题。通过对全市信贷产品的摸底、整理和挖掘，形成功能不一、形式多样的金融产品，供不同企业选择，真正做到“一企一品”。

（七）以金融手段盘活全市文化旅游和城建资产。“以金融手段盘活全市文化旅游和城建资产”是一个大课题，也是一个具有现实意义的课题。如果能够取得突破，对大同市而言，利在当代，功在长远。要“面上搞研究，点上做文章”，既要立足盘活全市文化、旅游、古建、场馆等所有文化旅游和城建资产，全面规划，分块设计，形成整体方案；又要边研究边操作，抓住其中一点，盘活资产，取得实效。在具体操作上，首先要摸清资产底数，第二要明晰资产产权，三是要按照不同的资产类型多途径融资。如，以城市文化资产、旅游资产以及城建资产的未来收益为资本，打包上市或者发行债券；引入战略合作者，将城市资产打包后出让或出租部分股权，回收部分建设资金，等等，推动城市可持续发展。

【作者：中国人民银行大同市中心支行党委书记、行长】

财政给力生态文明　努力建设美丽福建

唐金倍

作为全国最“绿”的省份和生态文明建设的重要省份，福建正在认真贯彻落实十八大精神，加快推进生态省建设，努力建设美丽福建，既要实现“百姓富”，又要保持“生态美”，为科学发展创造优良环境，为全国生态文明建设作出更大贡献。

一、滴水穿石　构建生态长效机制

推进生态文明建设，是涉及生产方式和生活方式根本性变革的战略任务。建设美丽福建，是八闽儿女的美好追求与自觉实践。全省各级财政部门认真贯彻落实中央和省委、省政府建设生态省的决策部署，充分发挥财政职能作用，加强政策引导，创新投入机制，加快形成资源节约环境友好的增长方式，努力实现生产发展、生活改善、生态良好的有机统一。

一任接着一任干。历届省委、省政府弘扬“滴水穿石”精神，高度重视并持续推进生态建设，早在 2000 年，时任福建省省长的习近平同志就提出了建设生态省的战略构想，强调“任何形式的开发利用都要在保护生态的前提下进行，使八闽大地更加山清水秀，使经济社会在资源的永续利用中良性发展”。在他的推动下，《福建生态省建设总体规划纲要》在 2002 年通过了国家环保总局论证，并成为全国首批生态省试点省份。十多年来，福建省财政坚持把生态省建设作为科学发展观在福建的具体实践，一任接着一任干，持之以恒、锲而不舍，全力支持生态省建设并取得了阶段性成果。在保持经济快速增长的同时，福建环境质量多年保持全国一流水平，水、大气、生态环境三大指标保持全优，走出了一条人与自然和谐相处，经济、社会与环境协调推进的可持续发展之路。

财政保障常态化、长效化。近年来，全省各级财政部门紧紧围绕生态省建设目标，不断以资金支持、机制创新来保障生态省建设的常态化和长效化。省级财政先后设立重点流域水环境综合整治专项资金、森林生态效益补偿基金，安排农村环境连片整治示范资金、造林绿化资金、省级水土保持专项资金等，2012 年上述资金规模达 21.86 亿元。同时，结合实际，探索建立并不断完善适合省情、有利于生态环境保护的区域性生态补偿机制。尤其 2009 年以来，通过调整支出结构，整合相关财政专项资金，持续加大闽江、九龙江流域上下游补偿资金规模，建立了重点流域水环境综合整治专项资金因素分配和考核奖惩相结合的分配方式。为强化生态环保能力，2012 年安排 5.2 亿元，建立生态保护财力转移支付制度，奖补结合推进生态省建设。在现有支持生态保护和补偿专项资金、补助办法不变的基础上，新增安排资金对《福建省主体功能区规划》确定的限制开发区域和禁止开发区域且属于县级基本财力保障补助范围的县（市、区）给予财力补助。随着近年来区域性生态补偿机制的持续深入落实，福建省森林质量稳步提高，水土流失得到有效遏制，生态环境脆弱地段的森林植被逐步恢复，生态环境质量名列全国前茅。2011 年，福建省 12 条主要水系达到和优于Ⅲ类水质的比例为 95.6%，比全国七大水系水质达标率高 36 个百分点，森林覆盖率达到 63.1%，连续 35 年位居全国第一。

二、先行先试 合力打造绿色生态

福建山清水秀、天蓝海碧，生态环境良好，是大自然的恩赐，更是全省干部群众长期以来共同维护的成果，同时也是福建发展的优势资源。近年来，福建省各级财政部门牢固树立“保护环境就是保护生产力、改善环境就是发展生产力”的理念，勇于探索，先行先试，在全国率先走出一条全社会多方参与、共同保护绿色生态的路子。特别是近三年来，全省累计投入资金 214.65 亿元，新增造林绿化 1339.43 万亩，量与质均为历年之最。到目前为止，全省有林地面积 1.15 亿亩，其中竹林 1490 万亩，居全国第一；森林蓄积量 4.84 亿立方米，其中人工林蓄积量 1.96 亿立方米，也居全国第一。全省森林每年吸收的二氧化碳相当于全省二氧化碳排放总量的 57.8%，在全国打响了“清新空气游”旅游品牌。

率先开展集体林权制度改革。2002 年在全国率先开展了以“明晰产权、放活经营权、落实处置权、确保收益权”为主要内容的集体林权制度改革，2006 年又率先推进综合配套改革，有效调动了广大林农和社会参与林业建设的积极性，增强了林业发展活力，初步实现了“山定权、树定根、人定心”和“国家得绿，林农得利”的目标，取得了“资源增长、农民增收、生态良好、林区和谐”的明显成效。2012 年全省林业产业总产值达 3078 亿元，同比增长 20.3%，位居全国前列；全省农民人均涉林收入增加 490 元，对全省农民增收贡献约占 30%；全省森林生态效益价值超过 7000 亿元。

开创区域性生态公益林补偿先例。在财政部、国家林业局等有关部门的大力支持下，福建省各级政府和财政、林业部门创新思路，积极探索，不断拓宽生态公益林补偿的新路子，从 2001 年起实施江河下游地区对上游地区森林生态效益补偿政策，开创了我国区域性生态公益林补偿的先例。在各级政府的努力下，福建省省级以上重点生态公益林补偿标准从启动时的 6.35 元/亩提高到目前 12 元/亩(省级以上自然保护区 15 元)，各级财政投入生态公益林资金从试点时 1.22 亿元增加到目前 5.15 亿元，资金量增长 322%。2001～2011 年，中央和省级财政已累计投入 27.55 亿元，全部用于生态公益林经营区林农的管护费和部分补偿费。同时，加快建立市县两级森林生态效益补偿基金制度，探索生态公益林受益者合理分担的补偿途径和办法，目前主要有三种形式：依托森林资源开展旅游的，从旅游经营收入中提取一定资金，直接用于生态公益林所有者的补偿；对利用水资源发电的企业，从其所收取的水资源费中安排一定比例用于生态公益林补偿；鼓励各地积极探索以森林资源入股方式参与新建水电站和旅游区的开发。通过十几年生态公益林保护和建设，不仅增加了水源，而且大大改善了流域的水质和水文状况。据有关部门检测，目前全省 9 个设区城市的 22 个饮用水源地水质达标率在 90%以上。

探索完善流域生态补偿机制。2003 年开始在省内部分流域开展生态补偿试点工作。按照“受益者补偿”的原则，结合本地实际和长期以来实施的山海协作政策，在加大省级财政对上游欠发达县市转移支付及补助力度的同时，积极引导下游受益地区向上游保护地区提供经济补偿，即建立上下游横向补偿与省级财政纵向补助相结合的流域生态补偿机制。2008 年闽江、九龙江被列入了环保部的流域生态补偿试点。流域生态补偿资金机制的不断完善促进了全省主要流域水质的改善，2012 年，“六江两溪”122 个常规水质监测断面整体水质为优，水质基本保持稳定，水域功能达标率、Ⅰ类—Ⅲ类水质比例和交界断面达标率分别为 97.7%、94.7%和 97.6%。

水土流失治理成效显著。一直以来福建省都把水土保持作为可持续发展战略和人民安居乐业的重要内容，其中地处闽西的长汀县经过 10 多年的艰苦努力，累计治理水土流失面积 110 多万亩，被誉为“南方水土流失治理的典范”，取得了显著的生态效益、经济效益和社会效益。在全面推广长汀经验的基础上，福建省加快水土流失严重地区的治理步伐、加强开发建设项目水土保护、推进主要江河水源地和生态脆弱区综合治理与生态修复以及自然保护区和重要湿地等生态功能区建设。2012 年省财政筹措 16 亿元，强化治理 22 个水土流失重点县，推动了全省水土流失综合治理工作上新的台阶，2013 年，增加财政预算资金支持治理 100 个水土流失重点乡镇，在全国率先把水保工作落实到乡镇。经过长期不懈的综合治理，一批批裸山、崩岗变成帮助农民增收的生态型果茶园，全省生态环境得到显著改善。

三、政策引导 促进经济绿色转型

生态文明建设既要着眼长远，又要立足当前。同全国一样，福建在发展中也面临资源环境压力加大的难题，特别是进入工业化中后期阶段，工业快速重型化特征明显，生态文明建设面临较大挑战。而破解资源环境对经济发展的制约，根本出路在于加快转方式调结构步伐，着力构建绿色生产体系，努力实现绿色转型。福建省财政在“既要加快发展，又要加强保护”的政策引导下，积极探索，主动作为，加快推进全省经济绿色发展。

促进产业转型升级。积极贯彻落实国家重点产业调整振兴规划，从市场开拓、技改投资、技术进步、投融资服务、土地政策方面支持钢铁、有色金属、汽车、船舶、石化、纺织、轻工、装备制造等重点产业的调整振兴，大力改造提升传统优势产业。严格项目准入门槛，通过加强固定资产投资项目节能评估审查和环境影响评价，严把产业政策关、资源消耗关、环境保护关，实现产业项目的好中选优，避免走“先污染后治理”的老路。设立战略性新兴产业引导资金和战略性新兴产业创业投资基金，引导民营企业、三维对接向战略性新兴产业倾斜。统筹安排工商发展资金，促进战略性新兴产业的节能技改、共性技术研发、产业化和创新能力建设。落实促进战略性新兴产业发展的优惠政策，把握战略性新兴产业发展的特点，加快建设一批创新能力强、创业环境好、特色突出、集聚度高的战略性新兴产业示范基地和园区。近年来，福建省高新技术产业特别是战略性新兴产业发展较快，2011 年高新技术产业增加值占国内生产总值比重达到 13.4%，“十二五”期末将超过 15%，形成新型显示器、计算机及网络、软件、物联网、移动通讯、LED 和太阳能光伏等 6 个千亿级产业集群。

加强环保节能减排。2012 年全省公共财政环保支出 48.08 亿元，比上年增长 26.7%。实施合同能源管理财政奖励政策，引导服务机构采取合同能源管理方式开展节能项目建设。统筹中央和省级财政节能资金，支持 10 大重点节能工程以及节能监督能力的建设。在争取中央财政淘汰落后产能奖励资金的同时，省级财政加大淘汰落后产能资金投入和实施差别电价征收政策，加快建立落后产能退出机制。省财政每年预算均安排监测监察标准化建设资金支持减排能力建设。重点支持重金属、水质藻类、大气重点污染源中特征物监测设备配置，增强省级环保部门、设区市和重点流域和重点区域的县级应急能力。重点补助新型干法水泥窑脱硝、合成氨工业提高氨回收率减排、畜禽养殖粪便生产有机肥减排项目。积极落实《福建省场外核应急准备专项收入管理办法》，组织征收场外核应急专项收入，并多渠道筹措资金支持核应急指挥中心、省级辐射环境监测和实验室分析系统以及环境监管指挥决策系统等建设。2010 年，全省化学需氧量、二氧化硫排放量分别比 2005 年减排 5.44% 和 11.2%，工业固体废物综合利用率达到 75%，工业用水的重复利用率达到 60%，单位 GDP 能耗降至 0.783 吨标准煤/万元，位居全国第六位。

优先发展循环经济。积极支持国家级循环经济试点单位和省级循环经济示范企业、循环经济示范区的试点示范工作和循环经济产业园区的规划建设。采用因素分配、以奖代补、财政补助等措施促进土地、矿产资源合理开发和节约利用。2009 年起实施了低丘缓坡地“以奖代补”财政扶持政策，促进土地节约集约利用。在全省范围内实行“用一补一”的耕地保护机制，连续 12 年保持耕地占补平衡。2010 年福建省建立了耕地保护责任与资金安排挂钩的土地开发整理新机制，实施最严格的耕地保护制度，明确各地耕地保护责任，并探索建立补充耕地激励机制。加大政策支持力度，积极利用中央支持资金，支持一批优势矿山企业采用先进技术，提高开采回采率、选矿回收率、促进低品位矿、尾矿综合利用。积极引导企业开展清洁生产审核；认真落实国家对资源综合利用的税收优惠政策，鼓励企业开展资源综合利用认定。“十一五”期间，全省共建立 5 家国家级循环经济试点单位和 14 个省级循环经济示范园区、94 家循环经济示范企业，181 家企业通过资源综合利用认定。2011 年，福建省又有 15 个城市、22 个园区和 205 家企业入选“十二五”循环经济示范试点单位名单。

大力发展海洋经济。2012 年 9 月，国务院正式批准了《福建省海洋经济发展规划》，福建省正式成为国家海洋经济发展试点省份。省财政根据省委省政府的决定，在新增和整合各类涉海财政性专项资金的基础上，加大对海洋事业的投入力度，设立省海洋经济发展专项资金，2012～2015 年，每年筹集不少于 10 亿元，重点用于支持海洋重点产业发展。同时，从省海洋经济发展专项资金中安排部分资金，引导设立蓝色产业投资基金。继续落实细化梳理国家和省里出台的促进经济发展的税收优惠政策，归纳出海洋产业相关税收优惠政策，促进海洋企业发展。采取奖励和补助，支持建设国家、部省级工程实验室和技术研发中心的建设。扶持建设一批省级海洋产业示范园区，对园区内符合产业布局规划、城乡规划和节能环保要求的海洋生物医药、海洋工程装备等现代海洋服务业、海产品深加工和远洋捕捞企业，由当地政府按照其缴纳的地方级税收比上年增加部分的 30%～50%给予奖励，奖励资金由企业所在县（市、区）财政负责兑付，涉及省级、设区市级集中一定比例的，按奖励金额同比例返还给县（市、区），此外，还按规定对符合条件的海洋产业建设项目给予海域使用金、耕地开垦费减免等政策优惠支持。组织评选一批海洋新兴产业、现代海洋服务业和现代海洋渔业龙头企业，对获得“十佳”的海洋产业龙头企业给予 100 万元奖励；支持海洋龙头企业上市融资，对成功上市的海洋企业给予 100 万元奖励；对在福建省注册的航运企业新增船舶运力的，按有关规定给予贴息补助。鼓励海洋战略性新兴产业企业打造自主品牌，对新获得中国驰名商标、地理标志商标和省名牌产品、省著名商标的企业分别给予 100 万元、80 万元、30 万元的奖励；支持企业加强品牌宣传，给予企业在省级以上媒体广告投入 10%的补助。2011 年，海洋经济生产总值从 2005 年 1496.4 亿元提高到 4419 亿元，位居全国第 5 位，年均增长 19.78%，海洋经济生产总值占 GDP 比重由 2005 年 22.8%提升到 2011 年的 25.2%，海洋经济在国民经济中的地位日益提升。

支持发展生态旅游业。持续加大对海峡旅游品牌宣传的财政投入，按照“集中财力、保证重点、兼顾一般、注重效益”的原则，下达旅游重点建设项目补助资金，推动全省“六大旅游工程”建设。继续实施旅游项目贷款财政贴息政策，对重要旅游基础设施、四星级以上酒店及重要旅游景区配套项目给予财政贴息支持。对国家 4A 级以上旅游景区实行奖励政策，支持和鼓励全省旅游景区创建国家 A 级景区。制定下发《福建省乡村旅游资金管理暂行办法》，安排乡村旅游专项奖励资金，对 40 家评选为三、四星级乡村旅游单位予以奖励，着力打造一批有一定档次和接待能力、管理较规范、形式多样、能带动三农发展的乡村旅游新亮点。筹集红色山区旅游建设资金，支持红色旅游地区和山区完善旅游基础设施建设。在财政政策资金的有力支持下，近年来福建省整合、保护和开发滨海、生态、文化、红色四大优势旅游资源，发展乡村旅游、温泉旅游、森林旅游、体育休闲旅游、海上旅游和红色旅游成效显著，逐步形成了以“海峡旅游”为主题的大旅游发展格局。

四、民生优先　建设幸福绿色家园

建设生态文明，归根到底是为了提高人民群众的生活质量，为人民群众创造良好的生产生活环境。在生态省建设过程中，省委省政府坚持以人为本，把优化城乡人居环境摆在突出

位置，着力解决与群众利益密切相关的生态环境问题，努力打造具有福建特色的人居环境品牌。全省各级财政部门围绕“城市让生活更美好、乡村让环境更宜居”的目标，把城市建设、小城镇综合改革试点纳入全局工作重点，对城乡环境进行综合整治，开展“点线面”攻坚，努力构建和谐优美的人居环境。

支持农村环境整治。2010 年福建省被财政部、环保部列为全国 8 个中央农村环境连片整治示范省份之一，2010～2012 年中央补助 7.5 亿元，同时省里按 1：1 配套 7.5 亿元，支持农村环境整治。三年来，通过积极协调，有效整合流域、饮用水源保护、“家园清洁行动”、农村沼气、农村饮水安全、库区移民搬迁等专项资金 6 亿元，建立了“中央引导、省级补助、市县配套、镇村自筹”的资金筹措模式，结合新农村建设、小流域综合治理、农村清洁能源、农村建设外立面改造、土地开发整理、小城镇综合改革建设试点等带动投入地方资金近 10 亿元。采取“以奖代补”的方式，重点抓好 2400 个建制村的垃圾治理工作，全面清理公路沿线、河道两侧、村道里弄的垃圾，完善村庄环境卫生基础设施，健全农村垃圾清运和处理机制，逐步实现农村垃圾无害化处理。同时，通过加大督查力度、简化报账流程、实行预算执行跟踪通报制度等方式，积极推进农村环境连片整治工作。2010～2012 年，共整治 93 个示范片区、1285 个村庄，总投资 15.28 亿元，受益农村人口达 262 万人。

打造宜居生态城市。福建省坚持统筹城乡绿化，植绿造景并举，绿化美化兼顾，全力打造宜居生态城市。2010 年福建省实施以绿色屏障、绿色城市、绿色村镇、绿色通道为主要内容的“四绿”工程建设，造林绿化重点由山上为主转变为山上山下统筹，让森林进城、下乡、上路，进一步改善人居环境。全省各级财政加大资金投入，强化资金保障机制，出台造林绿化的十二条优惠政策，扎实推进造林绿化。全省已累计创建“绿色乡镇”356 个、“绿色村庄”3343 个，城市建成区绿化覆盖率提高到 41.39%，人均公园绿色面积提高到 11.72 平方米。从城市到村镇，正在变得更美更宜居；从通道到屏障，正在变得更绿更靓丽，实实在在地改善了群众的生活质量，提高了人民群众的幸福指数。

加快城市环境基础设施建设。多年来，福建省通过调结构并积极争取中央资金扶持，加大推进城镇污水管网及垃圾转运设施建设，累计投入各项资金 40 多亿元。为切实提高补助资金使用效益，省财政厅捆绑整合中央、省级城镇污水处理设施配套管网建设资金，研究统一的补助政策，避免有限财政资金撒胡椒面。建立“以奖代补”机制，在资金分配时，直接与项目实施目标和效果挂钩，有效带动地方投入；建立“因素分配”机制，采取当年资金补助上年建设的做法，以新增管网长度、实际污水处理量和 COD 削减量为资金分配主要因素测算补助资金，促进资金分配公平、合理；建立基础数据月报制度，事先做好上年全省城镇污水处理设施配套管网新增长度、实际污水处理量和 COD 削减量统计工作，为资金分配提供基础数据，简化项目补助资金申报程序，便于尽快分解下达补助资金，尽早发挥资金使用效益。

【作者单位：福建省财政科学研究所】

全面履行工商行政管理职能服务“五位一体”建设的思考

吴克俊

党的十八大报告强调指出，建设中国特色社会主义，要全面落实经济建设、政治建设、文化建设、社会建设、生态文明建设五位一体的总布局。这是党中央向全党和全国人民提出建设中国特色社会主义的根本任务。工商行政管理机关如何发挥职能作用，积极服务国家“五位一体”建设呢？可从以下方面思考和探索。

一、主动作为，服务于国家经济建设

党的十八大报告强调，着力激发各类市场主体发展新活力；着力增强创新驱动发展新动力；着力构建现代产业发展新体系；着力培育开放型经济发展新优势。这为发挥工商职能服务经济建设指明了方向。

（一）利用政策支持，扩大和激活市场主体。企业是经济的细胞，也是增加税收、扩大就业、支撑国计民生的源泉。没有市场主体就没有市场经济。工商登记是市场主体进入市场的第一道门槛，对市场主体发展有着重要作用。现在，各级政府正在实施民营经济发展三年倍增计划，对工商部门最急切的需求，就是要进一步降低门槛、放宽条件，增加市场主体。这既是工商部门服务经济的主要着力点，同时也是工商部门面临的最主要的行政风险。如何实现监管与服务的统一是个很现实的问题。在实际工作中，第一，发展是硬道理，我们要立足于围绕中心、服务发展；第二，依法行政是工商部门的生命线，我们不能违法行政。但也必须清醒地认识到，我国目前不少法律法规或多或少还带有计划经济色彩，法律法规滞后于市场经济发展需要，应该改革创新；第三，监管与服务的统一要避开大的风险点，保持企业和社会稳定。第四，监管与服务的统一要注意获得授权、局部试验。

（二）完善工作机制，服务企业发展。第一，简政放权，能减少的审批要减少审批，能下放的权限要下放权限。例如省工商局争取外商企业注册登记权下放到市（州）、县级工商局就是放权的最好体现，这在全国是首例。第二，贴紧地方发展战略，加大服务力度。坚持毫不动摇地支持国有经济发展，毫不动摇地支持民营经济发展。要充分利用好省政府扶持发展微型企业的“3个15万元”优惠政策，大力发展民营经济，黔西南州仅2013～2013年就发展微型企业2950户。第三，擦亮服务窗口，提供优质服务。黔西南州人民政府出台了《政务服务中心并联（联合）审批服务办法》、《政务服务中心代办服务办法》、《政务服务中心特别通道服务办法》、《政务服务中心上门服务办法》、《政务服务中心预约服务办法》，从政府的高度推行标准化服务，提高行政效率。

（三）拓展服务职能，帮助企业融资。充分利用动产抵押、商标专用权质押、专利权质押、股权质押、债权转股权、农民土地使用权、流转权、林权、等多种渠道，拓宽企业融资，同时，充分发挥个私协会职能，联络银行实现银企对接，缓解中小企业融资难题。

（四）严厉打击企业违法行为，维护市场秩序。深入开展反垄断、反不正当竞争、打击各种侵犯商标专用权的治理活动，保证多种所有制经济依法平等使用生产要素，公平参与市场竞争，同等受到法律保护。

二、从严治党管党，服务于国家政治建设

党的十八大报告指出，改革开放以来，我国社会主义民主政治建设取得重大进展，成功开辟和坚持了中国特色社会主义政治发展道路，为实现最广泛的人民民主确立了正确方向。工商服务政治建设，要做好以下几个方面：

（一）要坚守政治纪律，和党中央保持思想上、政治上、组织上的高度一致。作为党员、领导干部要坚决拥护中央领导集体，令行禁止，坚持党章规定中个人服从组织、少数服从多数、下级服从上级、全党服从中央的要求，维护党的团结统一，保证党的路线方针政策的贯彻执行。

（二）要进一步坚持依法行政。只有依法行政，才能有效防范监管风险，才能保障社会公平正义。坚持依法行政，要进一步落实好总局提出的“规范化、制度化、程序化、法治化”的“四化建设”；坚持依法行政，要进一步加大执法办案力度。在观念转变、经济转轨、社会转型过程中，各种违法犯罪活动也会不断甚至比较集中地涌现，工商部门必须加大行政执法力度，维护社会公平正义；坚持依法行政，必须规范执法人员的行为，提高依法办事能力和水平。同时加强执法监督，保证有法必依、有案必查、违法必究。

（三）要进一步加强党的建设和干部队伍建设。第一，要加强学习、提高素质。大兴学习之风，坚持学习学习再学习，实践实践再实践，增强解决新情况新问题的本领。解决好领导干部学习问题，要克服“思想懒惰”和“心态浮躁”问题，做到心如止水、波澜不惊，耐得住寂寞，不计较得失，能够沉下心来，以我们正在做的事情为中心，认真学习，调查研究，深入思考问题，总结规律性的东西，破解改革开放过程中出现的新情况新问题。第二，要坚定理想信念，坚守共产党人精神追求。永远对党忠诚，对国家忠诚，坚持理论自信、道路自信、制度自信。加强党性修养，牢固树立正确的世界观、权力观、事业观，践行社会主义荣辱观，讲党性、重品行、作表率。着力解决好人民群众反映强烈的突出问题，着力整治慵懒散软、铺张浪费等不良风气。第三，要不断完善党内机制，提高科学化水平。要完善监督制约机制，严格程序，落实制度。要完善民主集中制，防止个人说了算。要完善反腐倡廉的体制机制，下决心解决好腐败问题，做到干部清正、政府清廉、政治清明。要进一步扩大民主，实行政务公开、党务公开、事务公开，使权力在阳光下运行。第四，要加强领导班子和干部队伍建设。通过科学的制度，保证选人用人的公正公平。选好配强组优各级领导班子，形成素质优良、结构优化、干事创业的坚强领导核心。要创造条件、改善环境，最大限度吸引人才、留住人才、用好人才。

三、坚持外促内修，服务于国家文化建设

文化是一个团体、国家、民族共同的价值观念、思维方式和精神家园。在文化建设中，工商部门肩负着促进社会文化发展繁荣和加强自身文化建设的双重任务。

（一）推动社会主义文化大发展大繁荣。充分发挥工商登记职能，促进重大文化建设项目落地。积极支持文化广播影视新闻出版等文化企业改制，完善经营性文化单位法人治理结构，增强先进文化的辐射力、影响力。要研究发展新型文化业态，提高文化产业规模化、集约化、专业化水平。要大力加强广告产业园建设，促进广告行业大发展。

（二）规范和净化文化市场。要依法查处取缔“黑网吧”。要持续开展“扫黄打非”，抵制低俗现象。要严厉查处虚假违法广告，促进社会诚信。

（三）大力加强红盾文化建设。要提高廉政文化建设效能，发展各种业余社团组织，广泛开展群众性文化活动，引导群众在文化建设中自我教育、自我服务。

（四）教育干部树立社会主义核心价值观。坚持用中国特色社会主义理论体系教育干部，深入开展社会主义核心价值观体系的学习教育，使广大干部把富强、民主、文明、和谐的国家价值观，自由、平等、公正、法治的社会价值观，爱国、敬业、诚信、友善的公民价值观牢记在心，实践于行。要全面提高干部道德素质，加强社会公德、职业道德、家庭美德、个人品德教育，培育知荣辱、讲正气、作奉献、促和谐的良好风尚。

四、加强消费维权，服务于国家社会建设

随着市场经济的充分发展，多种经济成分、多种就业方式、多种分配方式的大量涌现，在社会管理体制、机制、公共服务体系和现代社会组织的建设管理服务中，工商机关作为市场监管的行政执法机关都程度不同地承担着法定任务。

（一）要切实提高消费维权水平。要进一步更新维权观念，坚持事后调处与事前防范并重，更加重视事前防范；坚持消费维权和行业规范并举，更加重视行业规范。要广泛开展消费宣传教育，提升消费者自我维权能力和经营者自律水平。要大力推进12315行政执法体系建设，做强12315公共服务民心品牌，提高维权效能。充分发挥行业协会作用，形成“大消保”工作格局。健全城乡消费维权组织网络，发挥“一会两站”作用，推动城乡消费维权服务均等化。积极推进消费纠纷调解和执法协作机制，积极探索行政调解与人民调解、司法调解联动机制。

（二）不断创新执法机制。坚持先行教育规范、再行责令整改，对屡教不改的予以行政处罚的三步式执法。完善网格化监管，建立健全科学化、精细化的监管制度，切实把突击性、事后性监管向日常规范监管、事前防范转变。

（三）依法严厉打击传销和严格规范直销。要充分发挥打击传销社会管理综合考评工作机制作用，不断完善打击传销长效工作机制。要创新宣传教育形式，引导群众拒绝传销、远离传销、主动抵制传销。

（四）积极促进就业和再就业。继续大力实施“3 个 15 万元”政策，积极会同相关部门，结合贵州省情和微企发展实情，完善微型企业扶持政策措施。重点围绕工业园区扶持微型企业，重点围绕主导产业扶持微型企业，重点围绕高效农业示范区扶持微型企业，重点围绕小城镇建设和生态移民工程扶持微型企业，促进就业创业。要充分利用个体劳动者协会、民营企业协会，进一步发挥融资、用工、信息、维权、资政“五个平台”作用。

（五）切实做好诚信建设和社会综合管理工作。强化合同监管，提高合同示范文本的覆盖率、使用率和履约率，进一步打击“霸王条款”。继续开展诚信市场、文明市场创建活动。制定科学可行的企业信用分类标准，规范评价企业的诚信行为，并逐步应用到社会经济生活中去。要创新“守合同重信用”企业认定活动，促进企业诚信建设。

五、从我做起，服务于国家生态文明建设

把生态文明建设纳入到国家建设的总布局，是我们党和国家对自然规律、经济规律、社会规律的最新认识和把握，是努力建设美丽中国，实现中华民族永续发展的重大举措。工商部门要认真履行职能，从我做起，把生态文明建设放在突出地位。

（一）严把市场准入关，敞开市场退出关。坚持节约资源和保护环境的基本国策，支持符合节能减排要求、具有高新技术的企业设立，着力推进绿色发展、循环发展、低碳发展。支持实施主体功能区战略，调整经济结构、产业结构和生产力布局，构建科学合理的城市化格局、农业发展格局、生态安全格局。支持发展海洋经济。按照鼓励先进、淘汰落后的方针，积极参与淘汰落后产能的工作。

（二）积极配合做好城乡管理工作。支持城乡一体化建设，做好集体所有制企业转为股份制企业的注册登记。依法定职责积极参与加强城市管理的相关工作，为城乡人民群众创造良好的生产生活环境。

（三）自觉做好本系统本单位每个干部职工的节能环保工作。要教育广大干部职工自觉树立尊重自然、顺应自然、保护自然的生态文明理念，自觉养成节约资源能源，保护环境不受污染的良好行为习惯。要加强行政管理和资产管理，厉行节约，反对浪费。要严格公务用车管理，降低使用率，提高利用率，减少排放率。加强生态文明宣传教育，增强全员节约意识、环保意识、生态意识，形成合理消费的社会风尚，营造爱护生态环境的良好风气。

【作者：贵州省黔西南州工商行政管理局机关党委书记】

激活内生动力　承接资源输入
提高医疗服务水平　为贵阳市经济社会发展保驾护航

向德芬

通过认真学习省委常委、市委书记陈刚《在贵阳市经济社会发展形势通报会上的讲话提纲》，结合贵阳市医疗卫生事业及我们金阳医院的发展现状，我对贵阳市经济社会的下一步发展形势特别是医疗卫生事业的发展有一些感悟和想法和大家进行交流：

陈刚书记的讲话提纲，统领性地总结了贵阳市从 2007 年～2013 年以来的经济社会发展情况，准确地剖析了贵阳市在改革发展过程中存在的问题，对贵阳市下一步发展的定位作了详细的阐述，对贵阳市方方面面的工作都做了精要的分析。尤其是确定贵阳市产业发展方向是“快、转、高”并举，走一条以科技创新为引导、以实体经济为支撑、以生态保护为底线、以改革开放为动力、以改善民生为根本的可持续发展之路，争做贵州省经济社会发展的“火车头”和黔中经济区崛起的“发动机”方面的论述尤为重要。

我作为一家迅猛发展的市级三甲医院负责人和一名从事多年临床医疗工作的专业技术人员，着重思考了医疗卫生工作如何为贵阳市经济社会发展保驾护航、如何解决老百姓看病贵、看病难的诉求、如何推进医药卫生体制改革和公立医院改革，提升医疗服务水平等方面的问题。

2013 年 7 月底，我院按照市委、市政府和市卫生局的要求，在全院广泛开展了“找问题、找差距、找目标”活动，对比自身和发达地区一流医院的情况，找出了医院在改革发展过程中存在的五点问题和差距，即：高水平专业技术人才数量较少、业务用房紧缺、医院建设资金不足、科研教学水平有待提升、医疗服务水平与老百姓的要求还有一定差距，有待进一步提升。我想，这五个方面是贵阳市医疗卫生机构目前所面临的共同问题，是通病。特别是业务用房和建设资金的不足严重制约着我院的下一步发展壮大，成为医院发展的瓶颈。

要解决这一系列难题需要把中央、上级精神与本地实际紧密结合起来，确立科学的发展路径，既要充分发挥内部动力，又要全力争取外援力量，不断改革创新寻求突破。

为此，我院理事会成立后，在理事会管理体制的框架下，先后争取到 3000 万美元（合 1.845 亿元人民币）沙特政府贷款和 5140 万美元（合 3.238 亿元人民币）美国进出口银行贷款用于医院本部业务用房建设和设施设备完善。其中，沙特政府贷款期为20年，含5年还款宽限期，年利率为3%；美口行贷款还款期为7年，年利率为2.5%。

2013年9月初，贵阳市与中关村签订战略合作框架协议，以创新驱动促进产业升级和发展跨越的大好形势下，北大方正集团向我院伸出合作的橄榄枝，提出与我院在贵阳市联合办医的合作意向。我们院党政班子立即召开专题会议，认真研究近年来国务院、国家卫生和计划生育委员会关于引入社会资本参与公立医院改革发展的一系列文件精神，我们一致认为，和北大方正集团合作办医将解决我院发展过程中所面临的一系列瓶颈问题，并视之为引领医院实现下一个跨越式发展的重要机遇。在此之后，北大方正集团先后两次委派考察组来我院就开展合作进行讨论并实地考察，北大方正集团认为我院发展潜力巨大，对合作意向十分感兴趣，计划投入10个亿参与我院的建设发展。

我们就与北大方正集团在医院本部和分院建设的合作提出了初步的意向，我们提出：对院本部职工实行“老人老办法、新人新办法”的管理方式，以保障老职工的福利待遇和利益，避免职工对合作产生误解和抵触情绪，保障院本部发展的稳定。北大方正集团和医院（含职工）出资建设金阳医院分院，院本部和分院拟分别挂牌成为北京大学贵阳地区一附院和二附院，在医院合作开设国家精神卫生中心西南分中心、吴阶平泌尿外科中心西南分中心、神经康复医院西南分院等。北大方正集团负责协调北京大学医学部在市二医本部成立博士站、硕士站、北京大学博士后流动工作站及联合人才培养基地，提供市二医医疗技术人员及管理人员赴北京大学医学部学习培训的机会和平台，对医院职工到北京大学相关专业攻读硕士及以上学历学位制定倾斜照顾政策，同时支持和促进市二医科研教学实力的提升，达到医学院校附属医院的标准，从医疗、科研、教学等各个方面全面提升医院的技术实力和服务水平。分院按照现代化法人治理机构的要求实行理事会管理体制，基层管理人员由市二医理事会委派，基础医疗卫生技术人员和骨干力量由市二医本部人员采取多点执业方式配备，高精尖技术人才由北大方正集团派遣。

通过这样的合作方式，我们既解决了医院发展过程中面临的资金困难、业务用房紧缺、高层次人才不足、科研教学实力不强等一系列瓶颈问题，又为医院“十二五”发展规划所确立的‘在3～5年内把医院建设成为开放2000张床位的一流大型三级甲等综合医院”的目标打造了坚实的基础，并引入发达地区医学院校和一流医院的资源，帮助贵阳市医疗卫生机构提升技术实力和服务品质，努力解决老百姓看病难、看病贵的问题，为政府分忧、为群众办事。

我们正积极努力对具体合作事宜进行洽谈，争取走出一条符合贵阳实际的引入社会资本参与公立医院改革、建设和发展的创新之路，为贵阳市经济社会和医疗卫生事业的发展做出贡献。我想，这样的一条路子是践行党中央特别是党的十八届三中全会提出的改革精神的，是认真贯彻贵州省委、省政府关于加快贵阳经济社会发展的总体要求的，是较好落实赵克志书记、陈敏尔省长、陈刚书记等领导对贵阳市下一步发展的重要指示的。

【作者：贵州省贵阳市第二人民医院党委书记】

关于把内蒙古建成清洁能源输出基地的几点思考

许柏年

自治区党委提出的“8337”发展思路，科学地确定了内蒙古的发展方位，明晰地规划了内蒙古的发展路径，全面地制定了内蒙古的发展举措，是当前和今后相当长时期内蒙古经济社会发展的重要遵循。

在学习发展思路过程中，我们结合自己的工作实际对把内蒙古建成清洁能源输出基地的问题做了进一步的思考。下面，把一些想法提出来，请广大读者和我们一起商讨。

一、世界能源格局发展的新形势：从传统化石能源走向可再生能源

在能源发展的历史上，人类社会已经历过两次能源结构大转换，目前正进入第三次大转换时期。第一次是18世纪开始的产业革命，促进了煤炭的大规模开采。煤炭取代木材等自然能源成为世界的主要能源。第二次能源结构大转换开始于19世纪70年代，电力代替了蒸汽机，煤炭在世界能源消费结构中的比重逐渐下降。1965年，石油首次取代煤炭占据首位，世界进入了“石油时代”。上个世纪70年代，世界经历过两次石油危机，促使各国能源政策发生巨大变化，欧美等发达国家继信息技术革命之后，紧接着就开展起能源技术革命。欧洲把开发可再生能源（主要是风能、太阳能）当作“第三次产业革命”的核心，美国把“页岩气革命”当作实现“能源独立”的重要途径，大大加快了世界能源供应结构和消费结构优化的步伐，使我们亲身经历由此开始的第三次能源结构大转换。

第三次能源结构大转换的主要背景是：（一）上世纪70、80年代的世界石油危机和本世纪初到现在的国际金融危机催生了能源领域的科技革命，活跃的能源创新是全球能源格局大变革的深层次动力。（二）世界各国应对气候变化、实现减少二氧化碳排放任务的压力越来越大，高效低碳开发利用能源资源，实现可持续发展，越来越成为国际社会的共同要求和行动。（三）人们对过度开发利用传统化石能源，特别是对过度开发利用煤炭、石油资源给生态系统、水资源、大气环境以及居民生活、人身健康造成的危害有了共识，迫切要求改变能源结构、着力开发利用各种清洁能源。(四)传统化石能源储量有限，加上投机活动和地缘政治等原因，能源安全受到威胁，不得不设法开拓新的发展途径。因此，第三次能源结构大转换具有鲜明的清洁、低碳、多元、安全的特征。据国际能源机构 2011 年预测，2035 年世界一次能源消费结构中，石油将占 28%、天然气占 23%、煤炭占 24%、核能及可再生能源占 25%。世界能源正在迈入石油、天然气、煤炭、新能源“四分天下”的发展时代。再过一个相当长的时期，世界能源结构将会以可再生能源占据主导地位。

二、构建以低碳排放为特征的可持续能源体系，是我国加快经济发展方式转变的战略选择

加快经济发展方式转变，走上科技创新型、内涵提高的绿色低碳发展路径，既是世界应对全球气候变化的变革趋势，也是中国突破资源环境的瓶颈性制约、保障能源供给安全、实现可持续发展的内在需求和战略选择。中共“十八大”强调指出，要“着力推进绿色发展、循环发展、低碳发展，形成节约资源和保护环境的空间格局、产业结构、生产方式、生活方式，从源头上扭转生态环境恶化趋势，为人民创造良好生产生活环境，为全球生态安全做出贡献”，“推动能源生产和消费革命，控制能源消费总量，加强节能降耗，支持节能低碳产业和新能源、可再生能源发展，确保国家能源安全”。

从 1990 年到 2011 年，我国 GDP 增长 8.0 倍，能源强度和碳排放强度都大幅下降，但同期我国二氧化碳排放总量增长 3.4 倍，而全世界只增长 50%。我国 GDP 目前占世界生产总值不到 10%，但能源消耗已达世界总消耗量的 20%，能源消耗排放的污染气体量居世界之首，排放的温室气体占世界总量的 25%。我国单位 GDP 能耗是发达国家的 3～4 倍，石油对外依存度已达 58%以上，超出了美国石油进口的比例。我国煤炭的年产量已达 35 亿吨，占了全球总煤耗的 50%，其中只有不到一半符合科学产能的要求，多半产能达不到安全生产和保护环境及生态的国际标准。据国家发改委能源研究所、中国人民大学、世界自然基金会等单位联合研究发布《煤炭的真实成本》报告，煤炭利用的各种社会损失约占年 GDP 的 7.1%，目前的煤炭价格仅是其真实成本的 40%。煤炭开采、运输、转换和燃烧的过程中，对气候变化、环境、生态、公众健康已经造成严重破坏和威胁。2013 年春季，我国中东部大部分地区遭受建国以来面积最广、时间最长、危害最大的一次灰霾空气污染事件，波及 6 亿人口。为此，中共中央政治局进行第六次集体学习，习近平总书记强调指出：“要正确处理好经济发展同生态环境保护的关系，牢固树立保护生态环境就是保护生产力、改善生态环境就是改善生产力的理念，更加自觉地推动绿色发展、循环发展、低碳发展，决不以牺牲环境为代价去换取一时的经济增长。”6 月 14 日，李克强总理主持召开国务院常务会议，部署大气污染防治十条措施，条条涉及能源生产方式和消费方式大转变，涉及构建以低碳排放为特征的可持续能源体系。

三、把内蒙古建成清洁能源输出基地，需加快开发利用天然气、特别是非常规天然气资源

在“8337”发展思路中，“把内蒙古建成保障首都、服务华北、面向全国的清洁能源输出基地”位居八大定位之首，凸显自治区党委结合区情，全面贯彻落实中共“十八大”和党中央、国务院一系列指示精神的坚定决心，真实地表达了全区各族人民要从“高能耗、高排放、低产出”的粗放型经济发展方式向“低能耗、低排放、高产出”的集约型经济发展方式转变的强烈愿望。从资源禀赋和国内需求考虑，在本世纪内，能源产业将始终是内蒙古的主导产业。给内蒙古的能源产业以科学的定位，很大程度上决定着内蒙古经济社会发展的方向。把内蒙古建成清洁能源输出基地，突出“清洁”、“输出”四字，这就不仅揭示了解决自治区“一煤独大”、结构单一问题的具体路径，而且给自治区的能源产业以科学的定位，为能源结构调整和能源产业发展指明了清洁、低碳、多元、安全的必然趋势，是自治区党委带领各族人民把内蒙古建设的更加繁荣富裕和谐美好的重大战略部署。

清洁能源大体包括两类：（1）可再生能源，即消耗后可得到恢复补充，不产生或极少产生污染物。如太阳能、风能、生物质能、水能、地热能、氢能等，还包括聚变核燃料（氘、氚。每升海水中含有 0.03 克氘；自然界中虽然不存在氚，但靠中子同锂作用可以产生，而海水中也含有大量锂。核聚变基本无污染。）。（2）低污染或用洁净技术处理过的非再生能源，即在生产及消费过程中尽可能减少对生态环境的污染，包括使用低污染的化石能源（如常规和非常规的天然气）及利用清洁能源技术处理过的化石能源，如煤制气、煤制油等；还包括裂变核燃料（铀、钍）。

内蒙古发展清洁能源的资源条件非常优越，煤炭储量超过 8000 亿吨，石油储量 6 亿吨以上，天然气储量 1.67 亿立方米，风能技术可开发量占全国陆地风能的一半以上，光能资源居全国第二位，铀和钍的储量均居国内第一位。值得重视的是，内蒙古还有极为丰富的非常规天然气资源：(1)如致密气(即致密砂岩气)。我国致密气储量约 12 万亿立方米，而我区仅鄂尔多斯乌审旗境内的苏里格气田(致密气，统计上并入常规天然气内)，探明地质储量即达 1.1 万亿立方米，目前年产量达 105 亿立方米，分别占全国天然气储、产量的 14.7%、12.1%。专家们认为，仅鄂尔多斯盆地内蒙古境内（包括苏里格气田、大牛气田和乌审气田）致密气储量就在 2.5 万亿立方米以上。(2)再如煤层气。我国埋深 2000 米以浅煤层气地质资源量约 36.81 万亿立方米，相当于 500 亿吨的标准煤，居世界第三位。在全国 14 个含煤层气大于 5000 亿立方米的盆地（群）中，内蒙古境内就有鄂尔多斯、二连、海拉尔等 3 个盆地（群）。其中鄂尔多斯盆地资源量在全国最大，约 10.72 万亿立方米（地跨蒙、晋、陕、甘、宁五省区）；二连盆地的可采资源量在全国最多，约 2 万亿立方米；海拉尔盆地的煤层气资源量约 1.6 万亿立方米，可采资源量约 8799.51 亿立方米。此外，(3)还有丰富的页岩气。中国陆域页岩气地质资源潜力为 134 万亿立方米，可采资源潜力为 25 万亿立方米(不含青藏地区)，而据内蒙古煤炭地质学会和内蒙古自治区煤田地质局对全区页岩气资源进行的初步估算，我区页岩气资源潜力约 30 万亿立方米，有可能在中国的“页岩气革命”中发挥重要作用。

如上所述，当前从世界范围来看，正在经历第三次能源结构大转换——由以石油（或煤炭）为主向以非化石（或可再生）能源为主转换。期间有个较长的过渡阶段，这个过渡阶段的能源结构将显现多元化的特征，内蒙古的风能、太阳能、生物质能以及天然气（包括常规和非常规天然气）等各种清洁能源必将百花齐放、协同发展。但根据目前我们所能控制的技术水平和开发成本，国内外许多专家估计，一二十年内，在各种清洁能源中，天然气将发挥重大作用，有可能是发展速度较快、比重增长较大的清洁能源。其主要原因是：

（一）相对于煤炭和石油，天然气比较清洁。与等热值燃料相比，天然气产生的二氧化碳排放量比煤炭少近一半，比石油少近30%，其它污染物排放也少许多。相对于风能、太阳能，其清洁程度虽然低一些，但风能、太阳能的使用成本很高，其核心技术——储能技术尚未突破，受气候影响，发电具有间歇性和不稳定的特点，需要天然气发电作为核心调峰；天然气的优越性在于，它的开发技术比较成熟，使用成本较低，可以替代煤、油，用途广泛，不受气候影响，输送便利，供应稳定。

（二）储量丰富。我国常规天然气储量虽然不大，但非常规天然气储量达200多万亿立方米，是常规天然气的5倍，再加上煤制天然气，总量也相当可观。据专家估计，到2020年，我国天然气年总产量有望达到2300亿立方米，其中常规天然气1100亿立方米，非常规天然气可快速增长至1200亿立方米(致密气800亿立方米，煤层气300亿立方米，页岩气100亿立方米)，占国产天然气总量的52%，成为国产天然气的主体。

（三）需求旺盛。据国际能源署《2012天然气市场中期报告》，到2015年，预计中国的天然气进口将达到850亿立方米，总消费量会达到2230亿立方米，其中470亿立方米将以液化天然气（LNG）的形式输送；到2017年，中国的天然气消费量将从2011年的1300亿立方米上升到2730亿立方米，平均年增长率为13%，中国将成为继欧洲和亚太之后的全球第三大进口市场，未来5年，全球1/4的天然气需求将来自中国。

（四）天然气可替代石油当作汽车燃料。未来几十年，使用液态运输燃料的内燃机仍将居汽车动力的主导地位。作为汽车燃料，天然气具有单位热值高、排气污染小、供应可靠、价格低等优点，它可分为压缩天然气(CNG)和液化天然气(LNG)两种，目前已成为世界车用清洁燃料的发展方向，天然气汽车已成为发展最快、使用量最多的新能源汽车。国际天然气汽车组织的统计显示，近10年来天然气汽车的年均增长速度为20.8%，目前全世界共有大约1270万辆使用天然气的车辆，2020年总量将达7000万辆。

（五）输送方便。众所周知，天然气可通过管道长距离运输。如果把天然气变成压缩气或液化气，体积分别缩小250倍或625倍，则不受管网限制，以专用汽车或其他交通工具（如轮船）输送，可通向四面八方。

（六）是优质、清洁、高效的电源。天然气发电可增加电力有效供给，和煤电相比，明显高效，和水电、风电、太阳能发电相比，不受气候季节影响，稳定可靠；天然气发电可优化电力运行方式，相关研究表明，电力系统中峰荷电源一般占装机容量的25%～35%，目前我国主要靠30万千瓦以上大型煤电机组承担深度调峰任务，而煤电机组制粉、除灰、油、汽水等系统频繁调整，磨损大、效率低，对使用寿命和安全性带来很多负面影响，天然气发电启动迅速、运行灵活，是最佳的调峰电源；天然气发电还可促进电力节能减排，世界上最先进的天然气联合循环发电机组净效率已超过60%，是最先进煤电机组的1.3倍，二氧化碳排放强度仅为最先进煤电机组的40%左右。

因此，国际能源署认为，“21世纪是天然气的黄金时代”。最近，在国务院部署大气污染防治的十条措施中，单列第四条，也强调要“加快调整能源结构，加大天然气、煤制甲烷等清洁能源供应。”内蒙古天然气、特别是非常规天然气储量丰富，理应积极加以开发利用，为给国家供应更多的清洁能源、为保障国家能源安全做出更大贡献。

四、加快开发内蒙古非常规天然气，应以煤层气为先

2013年3月，自治区党委书记王君同志在全区传达学习全国两会精神大会的重要讲话中，公布了一个重要数据：“内蒙古煤层气储量10万亿立方米”。这是一个重要信号，引起了各级领导、相关机构和企业的高度重视。在内蒙古所拥有的各种清洁能源中，有的已经成规模开发和利用，如风能资源、致密气；有的已有多项示范性工程，如太阳能、煤制气、煤制油、煤制烯烃等；有的因技术、开发条件暂时不成熟而尚未启动，如页岩气、核能。但煤层气的开发和利用，既有丰富的资源储量和比较可行的技术支撑，又能获得较好的经济、社会和生态效益，却缺乏有力的推动，不能不说是一件遗憾的事情。王君书记的讲话体现了自治区党委着手推动煤层气开发和利用的战略意图，必将在内蒙古清洁能源输出基地上培育出一支新的生力军。

煤层气俗称“瓦斯”，其主要成分为甲烷（CH_4），与煤炭伴生，是以吸附状态储存于煤层内的非常规天然气。煤层气发热量大于8100大卡/立方米，与常规天然气相当，可以与常规天然气混输混用，燃烧后非常洁净，几乎不产生任何废气，是上好的发电、车用、居民生活燃料和化工原料。

我们主张自治区开发非常规天然气要以煤层气为先的主要理由有以下几点：

首先，从当前油气资源管理体制考虑。长期以来，我国油气资源勘探开发实行的都是国有垄断经营的体制。常规天然气资源的矿业权都在中石油、中石化、中海油和延长石油（人们称之为“三桶半油”）的手里，除此之外，其他企业是不允许开发勘探常规天然气资源的。这种体制在相当长的一段时间内，对于保证国家能源安全是必要的，“三桶半油”都做出过重大贡献，但目前的体制确实也遏制了地方和其他企业参与的积极性，妨碍市场机制发挥资源配置的基础性作用，影响天然气资源的开发和利用。在非常规天然气资源中，致密气已并入常规天然气矿种，地方和其他企业也不可能有矿业权；煤层气和页岩气虽已先后成为独立矿种，打破了管制，但依然没有打破资源垄断。因为，这两种非常规天然气的资源有利区，大部分已被“三桶半油”的矿业权区所覆盖（即与“三桶半油”的原有矿业权区重叠），如鄂尔多斯盆地、四川盆地、塔里木盆地等区块；按目前的政策，原有矿业权的企业可以优先获得区块内新发现矿种的矿业权，“三桶半油”只需在国土部门申请变更勘探矿种或新增矿种即可。这样，地方和其他企业只能在少量空白区域申请矿业权，或者同“三桶半油”协商合作开发。

以山西晋煤集团为例，2010 年，晋煤集团获得国土资源部授予的成庄和寺河(东区)区块煤层气采矿许可证，这在煤炭行业实属首例，它意味着地方煤炭集团将可以“合法”进入到煤层气开采领域，也意味着国家从政策层面加速了煤层气多元化开发的支持力度。2012 年，该集团煤层气年产量已达 23.78 亿立方米，其中地面开采 14.6 亿立方米，占全国煤层气开发的 60%，连续七年全国第一，但全省煤层气矿业权登记面积的 88%，依然都在中石油、中石化、中海油等央企手中，该集团仅拥有全省煤层气矿业权登记面积的 0.32%。日前，山西省人民政府发布了《关于加快推进煤层气产业发展的若干意见》，提出“深化矿权管理改革”，“进一步做好煤层气矿权两级管理试点工作”，揭开了合理配置煤层气资源、从根本上解决煤层气和煤炭矿权分置重叠问题的序幕。内蒙古开发利用煤层气应以山西省、晋煤集团为样板，并努力在此基础上根据自身特点加以创新。

至于自治区自身开发页岩气，其难度会更大，第一，国土资源部现有的招标区块中就没有内蒙古的，难以取得矿业权；第二，我国页岩气的开采工作刚起步，开发成本和耗水量都较大，经济效益和社会效益较差；第三，自治区地方企业缺乏技术，没有业绩，尚需有一段实践探索和积累经验的过程，我们希望经过努力尽量缩短这一过程的时间。总之，在油气资源管理体制未做重大改革之前，自治区在非常规天然气开发利用中能够发挥重大作用的，主要还是在煤层气上。要充分运用《中华人民共和国民族区域自治法》和丰富的资源禀赋，多争取矿业权，深化改革、扩大开放，更加广泛深入地同央企及国内外其他企业合作，共同促进内蒙古的新兴能源产业健康快速地发展。

其次，从节约能源资源和保护生态环境考虑。煤层气与煤炭共生共伴，只要开采煤炭，煤层气如不加以开发利用就会散失而进入大气之中，这不仅浪费了清洁能源资源，而且更严重的是，煤层气直接向大气排放，被公认为是造成地球自然环境恶化的主要原因之一。致密气和页岩气，你不动它就仍可继续保存，不会扩散。目前，我国煤层气向大气空排的数量每年高达 200 亿立方米，占全球煤层气排放量的 1/3，是全球煤层气第一排放大国，且有增加的趋势。煤层气的温室效应是二氧化碳的 21 倍，对臭氧层的破坏能力是二氧化碳的 7 倍。每利用 1 亿立方米煤层气，就相当于减排二氧化碳 150 万吨。同时，排放到大气中的煤层气还混杂有甲烷的同系物，如硫化氢、一氧化碳、二氧化硫、一氧化氮以及氡、钍、锕等放射性物质，不仅污染大气，还对人体健康有害。据测算，每利用 1 亿立方米煤层气，就可以少排放 5000 吨烟煤尘。可见，积极开发和利用煤层气对节约能源资源、减少温室气体排放、改善生态环境和治理大气污染有着重要作用。

第三，从保障煤矿生产安全考虑。我国煤矿的安全生产状况近些年虽有很大改善，但煤矿灾害仍然比较严重，其中瓦斯爆炸事故要占一半以上。当煤层气在空气中浓度达到 5%～16% 时，遇明火就会爆炸，这是煤矿瓦斯爆炸事故的根源。2011 年，我国煤矿瓦斯事故死亡 533 人，是美国的 10 倍，居世界之首。煤层气的综合开发利用，是通过提前预抽、边采边抽和采空区抽采，可以有效减少瓦斯事故的发生。实践证明，在采煤之前如果先开采煤层气，煤矿瓦斯爆炸率将降低 70%～85%，并使煤炭建井费用至少降低 1/4。

第四，从煤层气和煤制气相比较考虑。煤制气或煤制天然气，是指煤经过气化产生合成气，再经过甲烷化处理，生产出代用天然气，广义上说，也属于非常规天然气。在煤制能源产品中，煤制气与煤制油、煤制烯烃、煤制甲醇相比，能量效率最高，耗水量相对较低，因而成为煤制能源产品的最优方式。它既实现了清洁能源生产的新途径，优化了煤炭深加工产业结构，丰富了煤化工产品链，又具有能源利用率高的特点，符合国内外煤炭加工利用的发展方向，对于缓解国内石油、天然气短缺，保障我国能源安全具有重要意义。近年来，煤炭市场低迷价格下跌，天然气价格有望上涨，煤制气前景比较看好。只要具备条件，符合低碳发展要求，经国家主管部门批准，煤制气项目应当给予支持。但是，煤制气只能是天然气的重要补充，难以在整个天然气资源中占据主要地位。这是因为：(一) 煤制气的耗煤量较大。1 千立方米煤制气需消耗原料煤和燃料煤 5 吨左右，一个 40 亿立方米的煤制气项目，年消耗煤炭将达 2000 万吨（内蒙古大唐克什克腾项目，估算耗煤 2050 万吨），在国家将对煤炭的消费总量实行严格控制的条件下，煤制气项目不可能多上快上。(二) 煤制气耗水量大。1 千立方米的煤制气需耗水 7 吨，1 个 40 亿立方米的煤制气项目，年耗水量高达 2800 万吨。同时，煤制气在工艺上往往采用碎煤加压气化技术，这虽说是较为理想的褐煤气化方式，但因废水污染物浓度高、成分复杂、数量大，难以零排放、清洁处理。(三) 煤制气二氧化碳排放量大。1 千立方米煤制气二氧化碳排放量为 4.3 吨，一个 40 亿立方米的煤制气项目，二氧化碳的年排放量约为 1600 万吨。在低碳发展条件下，如何捕获、利用与封存这部分二氧化碳也将是个大问题。(四) 煤制气投资额巨大。一个 40 亿立方米的煤制气项目，投资额在 250 亿元左右，其经济效益主要取决于煤炭价格和天然气价格。如果按《煤炭的真实成本》估算，我国目前的煤炭价格仅是其真实成本的 40%，一旦煤炭外部成本内部化，则煤制气项目很难取得预计的经济效益。煤制气项目的这些缺陷，在煤层气开发利用中基本上都可以避免或减缓。

五、对内蒙古开发利用煤层气的四点建议

第一，建议着手制定开发利用煤层气的中长期（2013 年至 2020 年）规划。由于区内外多个地质勘探机构已在内蒙古地区做过一些勘探评价工作，也积累了部分地质资料，因此这个规划不仅是煤层气的地质勘探规划，而且是个一揽子开发利用规划。首先，摸清家底、确定试验区块和重点开发地区；其次，规划输送通道，包括管网、公路建设；三是规划利用方式，发电、民用或是车辆加气；四是发展相关设备制造业和服务业。

第二，建议由自治区政府出面，与“三桶半油”及其他掌握大量煤炭开采权的央企协商，对其已获煤层气矿业权而尚未开发的地块进行合作开发。同时，对目前内蒙古含煤范围内尚余的少量煤层气矿权空白区，立即组织有关部门向国土资源部申请矿业权，该初始配置的矿业权，可归属地方国有资本控股企业。

第三，建议及时组建专业的内蒙古天然气开发公司。该公

司的性质，将是由地方国有资本控股、其他国有经济和非公经济共同参与的混合所有制股份有限责任公司。该公司的近期任务是，优先开发和利用内蒙古的煤层气，并立即在试验区块上开展实际工作。

第四，建议联合区内外科研机构和高等院校，聘请国内外有关专家学者，组建内蒙古天然气开发利用研究中心，为内蒙古党委、政府和相关企业提供决策参考。

【作者：内蒙古低碳发展研究院院长】

基于制度层面的建筑业“营改增”困境分析

汪士和

一、引言

营业税改增值税是国家税制改革的大政方针。建筑业的“营改增”目前还没正式展开，由于建筑市场的不规范及建筑行业自身特点，按文件公布的赋征税率，非但不能达到通过税改减轻企业负担的初衷，反而会给建筑行业和建筑企业造成严重的负面影响。鉴于建筑业“营改增”的相关问题已有较多研究，本文试图从制度层面探讨解决建筑业实行“营改增”后所出现的困境，供有关部门参考，以促进建筑业健康稳定发展。

二、制度困境：建筑业税负过重，全行业利润率偏低

按照现行税制，建筑业纳税的负担大约是工业企业的三倍。工业企业上缴国家税金与自身实现利润的比例是 1∶3，而建筑业企业上缴税金与自身利润的比例是 1∶1 左右。

与批发、零售、住宿、餐饮等服务行业相比，建筑业税负明显偏高。

从上述各行业上交国家税金与主营业务利润比例，不难看出建筑业税金与利润之比是最高的，与其他行业相比，税负高出很多倍，反映出现行的税收等制度设计存在着不公平和不合理之处。

三、制度困境原因分析

建筑行业上交税金与实现利润的比例与其他行业失衡，本文认为，有四大制度原因需要认真分析。

（一）建筑产品没有法定的利润

在市场经济中，商品价格构成，指的是形成价格的各种要素及其组成情况，简单地说，商品价格由两大要素组成——生产成本和利润。从理论上讲，生产成本应当是生产商品的社会平均成本或行业平均成本，利润应当是平均利润。但是实际生活中，各行各业(包括购买服务)都有个基本的利润率，利润率过高了就是暴利行业(如部分垄断行业和房地产业)。从诸多行业的主营业务利润率分析，一般在百分之十几，其中餐饮业高达 40%多。而建筑业工程项目价格的合同书中却没有法定的利润取费。历史曾经有过给予建筑企业 2.5%的法定利润，后来就这么一点利润率也被取消了。似乎认为只有这样才能做到建筑行业在市场经济中的充分竞争，因此建筑企业从“胎”里带来的就是没有应得利润，利润率低也就成必然。根据《中国统计年鉴》资料，2005～2010 年我国建筑业产值利润率最高的年份只有 3.5%。

（二）招投标实行的最低价中标制度挤压了施工企业的利润

虽然法律上明文规定工程招投标的投标价不得低于成本价，如果低于成本价就被认定为废标，但由于“低于成本价”没有判断的标准，所以评标时很难以此为由认定投标(标书)报价为废标。例如，某施工企业低于标底价 30%中标一项医院工程，中途停工要求退场或者追加投资，甲方认为工程已完成部分质量合格，希望该队伍继续完成工程，最后由主管部门出面协调，追加投资 1000 多万元。此类以低价中标后，中途停工要求追加投资的工程并不罕见，且谈判、协调期较长，拖延工期。其原因主要是评标时难以判定投标报价是否低于成本价。房屋作为建筑产品，一方面其价格中没有法定的利润，另一方面同业无序竞争，非理性压价，行业利润被挤压，始终比较低下。而税费是按合同额收取的，不管项目盈利还是亏损，无一例外都要征税。税利比例失调自然就发生了。

（三）国家有关主管部门过高地认定了建筑行业的盈利水平

应税所得率的确定必须与纳税人的盈利水平相匹配，如果应税率定得过高，纳税人的实际税负会过重；如果定得太低，核定征收就会变成一种税收优惠，造成税源流失。而国家有关税收文件上往往把建筑业与房地产业相提并论，认为建筑业应税利润率为 8%～20%，所以征收企业所得税时就是 8%×25%所得税率，征 2%所得税。笔者 2008 年参加国家税务总局在江苏召开的建筑业税负调研座谈会时曾经指出：笼统确定建筑业与房地产利润率为 8%～20%是不恰当的，对于建筑业来说，8%的利润率都偏高了。国家税务总局对各行业的利润率分不同地区进行过测算，结果显示建筑业平均利润率是 6%～15%，与建筑业实际利润大相径庭。按照这样的利润率，征 11%的增值税应该说是合理的，施工企业是负担得起的。而实际上，目前建筑行业的平均利润率只有 3.5%，其中还包含了多种经营和少量自营房地产开发的企业综合利润率，纯房建施工的企业利润率普遍达不到 1%。有关部门在对外公布国税总局的测算结果时，也认为“由于各种原因，上述测算依据的统计数据普遍存在不够完整，准确的问题，因此测算结果不一定完全符合实际情况。”

（四）银行“设卡”，建筑企业财务成本大幅度增高

2012 年以来进行调研时，企业普遍反映因银行“设卡”，加大了财务成本，加重了企业负担。这一问题严重影响企业的实际收益。例如在某银行办理流动资金贷款时，可用简单的路线图表示：

企业到银行贷款——同意贷款后被要求全额储蓄在该银行——急需用的流动资金仍拿不到现金，得到的是一张承兑汇票——贴现后才能拿到部分现金——提现金的时候又配发了部分存款单，甚至被动员购买金融产品，如此流程导致企业的

财务成本不断增加。

年产值100亿的建筑施工企业，营业收入约能有80%进账(很多地区合同上注明竣工付款到50%，那企业的资金缺口就更大)，但这就是说差20亿元周转资金。一般而言，材料、设备、商品砼厂商可暂欠一部分，大约占60%～75%，而占20%～25%约5亿元的农民工工资是万万不能欠的，否则后果很严重，甚至触犯刑法，必须依靠贷款，及时付给劳务款。按一年期贷款利息6.11%算，需付利息3055万元。从上面的流动资金贷款路线图可以发现，除了付贷款利息，还得用贴现方式解决承兑汇票拿不到现金的矛盾，贴现率一般3.5%，5亿元承兑汇票仅剩4.8亿多需要支付银行贴现利息1750万元。这样，建筑施工企业的财务成本被抬高了。按规定在对企业进行增值税征缴时，财务成本又是不允许抵扣进项税的。

四、改进制度困境的建议

建筑业是国民经济的支柱产业，关系到国计民生。基于前文的分析，就解决建筑业“营改增”的制度困境提出如下建议：

第一，准确测算建筑行业利润率。这已经是当务之急，因为其直接影响到增值税率制定的准确性和合理性，如果草率地根据建筑业6%～15%的利润率这一错误信息，按11%税率下达征收建筑业增值税，建筑业将全行业遭到重创，不仅国民经济健康发展要受到影响，恐怕国家“双倍增”目标也将难以实现。

第二，在定额取费中规定5%的不可竞争企业法定利润。当前要以建筑业实施“营改增”为契机，在工程造价中明确规定一定比例的法定利润，假如在定额取费中规定5%的不可竞争企业法定利润，那么即使不改变11%增值税率，施工企业也是能够承受并且是可以取得合法收益的。这应该是各方都能接受的最佳方案。

第三，“营改增”税率降为6%。从根本上解决建筑业“营改增”矛盾的办法就是把11%的税率降为6%，否则即将进行的建筑业“营改增”继续依据现行税金与利润比例设计，得出建筑业应征11%的税率，不仅脱离实际，而且会造成新的社会不公平。

第四，各级金融监管机关应对银行等金融机构不合法“设卡”现象采取有效的措施加以规范和约束，为建筑业创造一个可健康持续发展的外部环境。

五、结语

本文分析的上述四大原因是导致建筑企业利润率低下的外部因素，也是造成建筑业“营改增”困境的制度原因。建筑企业应税利润率与实际实现的企业利润相去甚远，据此确定建筑业11%的增值税率显然有失偏颇。阐述上述原因，目的在于提醒行政主管部门充分调查研究，审慎科学地设置建筑业“营改增”制度。

【作者：江苏省建筑市场管理协会】

红色金融擎起南国一片天

张孝忠

1932年2月1日，新生红色政权下第一个具有中央银行职能的银行——中华苏维埃共和国国家银行在瑞金正式成立。它像一座丰碑，屹立于跌宕而光辉的共和国金融史上。

一、“袖珍”国家银行担起大任

苏维埃国家银行，是当时世界上最小的国家银行：成立之初，全行仅行长（毛泽民）、会计、记账员、出纳员、兑换兼杂务5人；成立时注册资本仅有20万元，且在成立后的几天之内因为战争需要也全部划出；办公地点是只有200平方米的两层民居，而且还住有老百姓，金库是10平方米的柴房。

然而，正是这样一个“袖珍”银行，自建立始，就承担起了建立苏区财政金融制度、支援革命战争、巩固红色政权的重任。

苏维埃国家银行的创立，打破了自1905年以来主要由以外商银行为代表的帝国主义金融资本势力、以钱庄（银号）为代表的中国旧式金融机构、以银行为代表的资本主义信用机构构成的旧中国金融体系，创立了独立的苏维埃金融体系，开启了中国共产党领导的新民主主义金融事业。

国家银行的金融业务筹集到了充足的战争经费。随着战争的发展，国家机器从弱小到强大，吸收存款、放贷兴业成为国家银行面临的重大任务，支援革命战争必须充实国库家底。为了筹集军费，维持临时中央政府的运转，国家银行还从1932年7月代理临时中央政府发行了两期革命战争公债和一期经济建设公债共480万元，经过地方政府层层宣传动员，开展认购竞赛，老百姓争相购买，很短的时间内超额提前完成。

国家银行的金融业务也擎起了苏区经济一片天。国家银行存款与信贷工作两头并进，在吸收存款步入正轨后，国营工矿、手工联营、耕田农民、个体商家均成为国家银行的放款对象，当时苏区各行各业的手工业生产合作社迅速兴起，造纸、织布、铁器、榨油、砖匠等行业都得到了国家银行的扶助支持。尽管国民党在外面层层封锁，但中央苏区内百业俱兴。

二、创立货币制度巩固政权

统一货币是中华苏维埃共和国国家银行成立后的首要之事。只有统一了货币，建立起独立的货币制度，才能掌握国家的经济命脉，巩固工农革命政权。

由于国民党长期对中央苏区进行军事“围剿”和经济封锁，苏区的物质条件极为艰苦。国家银行在发行货币时缺少印制钞票的纸张、油墨等印刷材料。1932年5月，红军攻克福建漳州后，银行工作人员才辗转从厦门采购到彩色油墨等印刷材料。同年7月，国家银行即发行了面额为伍分、壹角、贰角和壹元的纸币。

为了统一货币，国家银行及临时中央政府相关部门又制定了一系列金融财政上的法规法令、政策章程，确立了当时红色政权统一币制的基本内容，为这一币制的实行提供了法律保证。

当时各种杂币、劣印、外币同时在苏区内交叉流通并且没有一个统一的兑换比例，这也使得当时的货币混乱到了极点。毛泽民认识到国家银行及执行货币政策的国家权力机构必须承担“驱逐劣币，回收杂币，禁用外币”的重任。这样国家银行的工作人员就必须走出去，发动群众，建立兑换和回收网点，使已连成一体的中央苏区内的广大民众听从政府的号令，团结在国家银行周围，自觉维护新生的苏维埃国家金融政策法规。

强大的宣传、切实可行的兑换措施、畅通的发行渠道，使得苏维埃纸币在人们心目中的地位越来越高。货币统一后，市场物价和金融秩序平稳有序，苏区百姓对苏维埃纸币的信用度提高了，苏区的金融环境开始稳定。

三、统一金融体系开创新篇

刚成立时的国家银行虽然“袖珍”，但随着各革命苏区的发展和扩大，国家银行的分行、支行等分支机构相继设立。

1932年冬，国家银行总行机构达到最大规模，行长之下设总务、业务两处，总务处下设文书科、券务科和管理科，业务处下设会计科、营业科和出纳科。在这期间，国家银行分别在福建、江西设立分行，在福建白砂、南阳、江西瑞金等地设立兑换处4个，在各县苏维埃政府、各红军经理机关设立了数十个代兑处。1933年1月成立中华苏维埃共和国金库后，国家银行总行开始代理国库，又增设金库会计科。

第四次反“围剿”胜利后，中央苏区迎来了全盛时期。苏区的扩大、苏区经济以及各业生产的发展，都需要国家银行增设分支机构。兴国县支行、瑞金市支行、石城县支行以及国家银行长汀县办事处，便于这一时期陆续成立。同时，其他苏区的金融事业和组织也得到迅速发展，湘赣、湘鄂西苏区的金融机构统一发展成为国家银行湘赣省分行、湘鄂西特区分行。由于各地苏区仍未连成一片，处于分割状态，这些国家银行分行与总行业务上没有直接往来，仍独立发行货币。

信用合作社，是当时的国家银行的一个得力助手。临时中央政府成立后，中央苏区的粮食价格仍然不稳定，老百姓生活仍然十分贫苦，给苏区的经济发展带来了困难。鉴于此，临时中央政府高度重视信用合作事业的发展。1932年2月，临时中央政府发布《关于春耕问题的训令》，要求各地积极创办信用合作社。《训令》指出，要发动群众由雇农工会贫农团领导，在春耕中开展耕种互助运动，无论人工、耕牛、农具、种子一概彼此帮助，以便适当解决各种困难。随后，临时中央政府又颁布了《合作社暂行组织条例》。1933年，临时中央政府陆续颁布了《劳动互助社组织纲要》、《耕田队条例》、《组织犁牛站的办法》和《组织犁牛合作社的训令》等，及时指导了当时的互助合作运动。1933～1934年，根据地互助合作运动得到了广泛发展。到1934年，兴国、瑞金、会昌、于都、石城、寻乌等县的信用合作社陆续成立。各地信用社也积极发放贷款支持农民进行农业生产，填补了国家银行业务的空白区。

国家银行这种初步的组织体系以及内部的架构设计，成为后来中国人民银行的雏形。

中华苏维埃共和国国家银行圆满完成了自己的历史使命，她不仅为社会主义金融体系的建立和金融事业的发展提供了宝贵的借鉴和启迪，培养了大批干部力量，为新中国金融事业培养了优秀人才，而且把艰苦奋斗、无私无畏的革命精神传递给了后来的金融工作者。

【作者：中共江西省赣州市委党史工作办公室主任】

推动冶金工业生产持续发展的对策和建议

章　键　　杨嘉积

冶金工业是我州重点培植的支柱产业之一。2012年，全州冶金工业企业紧紧围绕以科学发展为主题，加快转变经济发展方式为主线，加大投入力度，大力推进技术进步、上规模、上技术、上水平，加强企业管理，加大营销力度，大力拓展市场，促进了生产的持续发展，冶金工业发展壮大，实力不断增强。

一、冶金工业发展现状

（一）生产持续发展，实力不断增强

2012年，全州冶金工业总产值完成124.84亿元，同比增长17.2%，其中有色金属工业完成工业总产值103.53亿元，同比增长19.1%；黑色金属工业完成工业总产值21.31亿元，同比增长8.9%。冶金工业总产值占全州工业总产值的16%，占全州规模以上工业总产值的23.4%。冶金工业产值位居六大支柱产业之首，对全州工业起到了支撑作用。

2012年，主要产品产量完成均有不同程度的增长。锌完成137213吨，同比增长0.4%；粗铅完成16546吨，同比增长8.1%；电解铜完成8934吨，同比增长2.1倍；黄金完成5848千克，同比增长2.2%；白银完成20979千克，同比增长78.6%；精锑完成13291吨，同比增长44.4%；锑矿石完成56394吨，同比增长21.8%；铜精矿含铜量完成9285吨，同比增长2.22倍；铜精矿含银量完成3451吨，同比增长84.1%；钼精矿含钼量完成533吨，同比增长3.3%；成品钢材完成127700吨，同比增长4.8%；铁精矿完成728411吨，同比增长13.8%；球团铁完成738411吨，同比增长1.1倍；锰矿（成品矿）完成72435吨，同比增长10.7%；铁合金完成28624吨，同比增长35.7%；钛矿完成66349吨，同比增长6.8倍；重晶石完成200280吨，同比增长94.4%。

（二）加大营销力度，销售保持增长

在激烈的市场竞争中，各冶金工业企业，采取切实有效措施，加大营销力度，大力开拓市场，促进了销售收入增长。2012年，主营业务收入完成102.54亿元，同比增长6.8%，其中有色金属工业完成主营业务收入84.14亿元，同比增长7.8%；黑色金属工业完成主营业务收入18.40亿元，同比增长2.5%。

（三）税收增长，财政增收

随着销售收入的增长，税收增加，财政增收。2012年，实现税金4.81亿元，同比增长13.8%，其中有色金属工业实现税金3.88亿元，同比增长16.5%；黑色金属工业实现税金0.93亿元，同比增长3.7%。上缴利税（仅指主营业务税金及附加、增值税和上交所得税）完成6.61亿元，同比增长5.9%。冶金工业上缴利税占全州财政总收入的5.3%。

（四）生产发展，效率提高

2012年，全员劳动生产率（人均/年）达99.85万元，同比提高31%，其中有色金属工业全员劳动生产率108.93万元，同比提高33.8%；黑色金属工业全员劳动生产率71.71万元，同比增长21.1%。

（五）科技创新，成果显著

冶金工业企业紧紧围绕大力推进技术进步，建立以企业为主体的技术创新体系，成立了技术研发中心，紧密结合企业的生产技术，着力突破制约生产发展的关键技术、核心技术，研发出了一批科研成果，推动了企业技术进步，不断提高了自主创新能力，促进了生产的发展和经济效益的提高。如云南祥云飞龙有色金属股份有限公司，是冶金工业的龙头企业，为进一步加快技术创新步伐，先后与省内外大专院校和科研单位挂钩，形成了厂学研相结合的技术创新体系，技术创新成果显著。从2002～2013年十二年间，共研发了17项科研成果，申报了专利，有效专利14项，已授予专利权的有9项，已申请专利待批准的有4项。又如祥云县黄金工业有限公司，对高砷高硫金矿的加工提取技术进行了多项试验研究，历时十年，耗资7500万元，终于先后研发出“槽型封闭曲线循环焙烧炉”和“改进的槽型封闭曲线循环焙烧炉”两项新工艺技术，应用于工业生产实践中获得成功，并分别获得国家知识产权局授予的“实用新专利证书”，该公司同时又研制出“难处理多金属矿综合利用技术”，把各种有价元素分别回收，提高资源综合利用率。

二、存在的主要问题

（一）市场价格下跌，利润大幅下降

由于市场低迷，竞争激烈，部分产品价格大跌，2012年祥云飞龙公司，每吨锌合金销售价15597元，同比下跌11.6%，每吨粗铅销售价21434元，同比下跌19.7%。加之原材料、煤、电、油、运价格不断上涨等因素，生产成本升高，导致了利润大幅下降，亏损额大幅上升。2012年，全州冶金工业盈亏相抵实现利润12.62亿元，同比下降14.8%。38户冶金企业中，有14户企业亏损，亏损面达36.8%。亏损企业亏损额达1.31亿元，比上年的0.2亿元上升了5.6倍。经济效益不理想，有的企业由于亏损严重，生产经营步入困境。

（二）基础薄弱，产业链短

我州冶金工业虽有长足发展，但仍存在总量小、层次低、基础薄弱、结构不合理、产业链短、附加值低。粗加工产品多，精深加工产品少，多为粗级产品、半成品和原料。由于产业链短，附加值低，经济效益差，制约冶金工业的发展。要改变这状况，必须加大科技投入，加快技术进步，提高产品科技含量，大力发展精深加工产品，延伸产业链，创新产品的高附加值，提升产业核心竞争力，大力提高经济效益。

（三）矿产资源短缺，产能不能充分发挥

我州矿产资源短缺，尤其是铅锌矿资源短缺，主要依靠外来供给，制约因素较大，产能不能充分发挥。6户铅锌企业中，仅有祥云飞龙公司、剑川益云有色金属工业公司、剑川县金威铅业有限公司3户维持生产，其他3户企业停产。2012年，电锌产能达25.5%万吨，生产锌137213吨，达产率仅为49.9%；粗铅产能9万吨，生产粗铅16546吨，达产率仅为18.4%。由于铅锌矿短缺，达产率偏低，产能不能充分发挥，加上市场、价格等因素，制约铅锌生产的发展。

三、对策和建议

冶金工业是重要的原材料工业部门，为国民经济各部门提供金属材料。有色金属不仅是世界上重要的战略物资、重要的生产资料，也是人类生活中不可缺少的重要消费资料，尤其是有色金属产品种类多，应用领域广，关联度大，产业链长，在经济社会发展中发挥着重要作用。近年来，我州冶金工业有了长足发展，尤其是铅、锌生产到资源综合利用，通过自主创新，拥有成熟的工艺技术，为今后的发展奠定较好基础。要紧紧围绕西部大开发和“桥头堡”建设的战略机遇，转型升级，加快发展。坚持以提高经济效益为中心，把推动发展的立足点转到提高质量和效益上来，大力提高经济效益，着力增强创新驱动的发展动力。目前我州已储备了一批冶金工业的发展项目，为确保项目实施，首先要着力抓好在建项目，如期建成投产，增强实力，发挥效益；其次要加大招商引资力度，以项目促招商，以招商促发展，积极促成一批新项目上马建设，不断增强实力和发展后劲，推动冶金工业实现跨越发展。

（一）着力抓好在建项目，不断增强发展后劲

目前冶金工业在建的16个重点项目，要着力抓好。重点打造祥云、鹤庆、剑川三个矿冶业功能区。祥云矿冶业功能区：支持祥云飞龙公司，发挥技术领先优势，大力发展精深加工产品，延伸产业链，提高资源综合利用水平，做大做强铅、锌产业。加快黄金、铜、钼、钡、锑的发展；鹤庆矿冶业功能区：依托资源优势，着力加快黄金、铝、铅、锌、铁精矿、铁合金、锰矿的发展，择机发展钢铁产业，大力发展精深加工产品，提高资源综合利用率；剑川矿冶业功能区：要巩固提高锌产业的发展，加快铜、铅、铁矿的发展，择机发展钢铁产业。同时，弥渡县要重点抓好铜精矿、铂钯矿的开发。巍山县重点抓金矿开发及锑产业的发展。云龙县要加快铜、锌产业的发展。永平县要重点抓好铜精矿、铁合金、铁矿石产业的发展。洱源县要抓好钛矿的开发。16个在建项目共计投资117.21亿元，项目竣工投产，规模扩大，产能增加。按达产概算，可新增工业产值250亿元，新增利润25亿元，新增税金13亿元。同时，在储备项目中，还有一批大的重点项目，正在做前期工作，有的项目已签订了意向性协议，通过招商引资，进一步落实，要积极促成上马。在建项目竣工投产，储备项目开工建设，将进一步增强冶金工业的实力和发展后劲。

（二）依靠科学技术进步，提高自主创新能力

冶金工业要可持续发展，最重要的是要提高自主创新能力。加快建立以企业为主体、市场为导向、产学研相结合的技术创新体系，使企业真正成为研究开发投入、技术创新活动、创新成果应用的主体。重点引导和支持创新要素向企业集聚。提高自主创新能力是提升科技水平和市场竞争力的关键，也是调整产业结构、转型升级的中心环节。因此，要大力开展技术创新，不断提高自主创新能力，着力研发具有自主知识产权的关键技术和核心技术，拥有一批自主知识产权。努力提高自主创新和引进消化吸收再创新的能力。依靠创新驱动，增强发展后劲。

（三）加大地质找矿力度，增加矿产资源储量

我州地处“三江”成矿带，矿产资源丰富，潜力巨大。近年来，地质部门在云南省“三年找矿行动”中，在我州鹤庆县北衙片区找矿取得了重大突破，探明了金矿、铜矿、铅锌矿、铁矿等矿产资源，储量可观，为开发利用奠定了基础。为加快我州冶金工业的发展，要进一步加大找矿力度：一是依靠地质找矿，增加资源储量。二是建立政府引导，企业主体、法人资本和社会共同参与的矿产资源勘探投入找矿。三是支持、鼓励大企业进行勘探找矿，增加矿产资源储量，逐步实现优势资源向优势企业集中。四是充分利用国际、国内“两种资源”，支持祥云飞龙公司等一批骨干企业走出去，与周边国家和地区合作找矿、开矿或建立长期稳定的伙伴关系，发挥优势，互利共赢，提高资源保障程度，促进冶金工业生产持续发展。

（四）加强矿产资源管理，大力整顿矿山秩序

矿产资源是宝贵的财富，是发展冶金工业的物质基础，要依据矿产资源法加强矿产资源管理，整顿和规范矿产资源开发秩序。运用法律、经济和行政手段，对现有矿业权认真进行清理整顿，坚决禁止无证开采，乱挖滥采。对肆意破坏资源的行为要坚决打击，对长期“圈矿不探，探而不采”的矿业权要依法进行清理整顿或注销，将优势资源优先配置给符合产业政策的优势企业，把资源优势变为经济优势。要严格执行矿产资源管理制度，实行矿山最低开采规模标准，推进规模化、集约化开采，发展绿色矿业。强化矿产资源节约与综合利用，提高矿产资源开采回采率、采矿贫化率、矿山循环利用率、选矿回收率和综合利用率。推进矿山地质环境恢复治理和矿区土地复垦，完善矿山环境恢复治理的保证制度，加强矿产资源和地区环境执法监管。

（五）提高资源综合利用率，推进循环经济的发展

随着冶金工业生产持续发展，对矿产资源的需求量将不断增加。因此，要靠增加资源储量来保证，同时，要靠通过技术改造，提高回采率和提高资源综合利用率来实现。综合利用资源是一条最为有效的途径，它不仅可增加社会财富，而且还可以有效地缓解资源的供需矛盾。对提高企业经济效益、治理污染、改善环境、促进经济增长方式转变，增强可持续发展能力发挥重要作用。更为重要的是，它可极大的延缓矿产资源的消耗速度，有利于冶金工业可持续发展。针对我州矿山开采和资源利用率水平低的现状，必须采取有效措施，研发、推广应用资源循环利用先进技术及产品，大力提高资源综合利用率；鼓励企业利用低品位、共伴生矿、难选冶矿、尾矿和熔渣等资源开发利用；促进铅锌企业从原料中回收贵金属、稀有金属及各种有价元素，以及冶炼余热利用；支持改扩建，形成锌等金属回收利用及冶炼废渣、废物进行综合利用，实现资源的高效利用和循环使用，提高资源综合利用率，促进资源综合利用上水平、上台阶，推进循环经济的发展，努力构建资源节约型、环境友好型社会，促进冶金工业可持续发展，大力提高经济效益。

（六）大力开展节能降耗，提高能源利用效率

节约能源是我国的基本国策。国家实施节约与开发并重，把节约放在首位的能源发展战略。我州冶金工业是能源消耗的大户，也是节能减排的重点行业，为进一步推动节约能源，提高能源综合利用率、保护和改善环境，促进冶金工业全面协调可持续发展。要着力采取有效措施，加强能源管理、降低能源消耗。一是大力推进节能技术进步，开展节能技术的应用研究，开发节能共性和关键技术，促进节能技术创新与成果转化，推广使用先进的节能技术和节能产品，降低能源消耗；二是严格执行国家有利于节能和环境保护的产业政策，限制发展高耗能、高污染行业和产品，发展节能环保型产业；三是对能耗高、污染严重，危及安全生产、技术落后的工艺和产品实施淘汰；四是加强节能管理，建立健全规章制度，层层落实节能目标责任制，完善激励机制，对节能取得显著成绩的个人、集体给予表彰和奖励；五是建立健全能源统计、分析制度，完善节能指标统计体系，改进和规范能源统计方法，对各类能源的消费实行分类计量和统计，并确保能源消费统计数据真实、完整；六是积极争列为取“矿电结合”的试点。依托大理州及滇西地区电力资源的优势，积极向国家和省争取扶持政策，把大理州列为“矿电结合”的试点，实行电价优惠政策。

【作者：云南省大理州工经联】

建设海洋强国　维护南海海洋权益

钱宏林

党的十八大报告明确提出“提高海洋资源开发能力，发展海洋经济，保护海洋生态环境，坚决维护国家海洋权益，建设海洋强国”。这是我们党准确把握时代特征和世界潮流，深刻总结世界主要海洋国家和我国海洋事业发展历程，统筹谋划党和国家工作全局而作出的战略部署，是一条以海富国、以海强国、人海和谐、合作发展的道路。充分体现了我们党的理论创新和实践创新，具有重大的现实意义和深远的历史意义。

一、我国南海海洋维权发展中存在的主要问题和原因

我国政府十分重视海洋事业的发展，积极推进海洋维权工

作，尤其是最近一个时期，党和国家领导人对海洋工作做出了一系列重要指示，通过国家层面推动海洋维权工作，建立海洋维权海上行动协调机制，建立全面开展我国管辖海域定期维权巡航执法制度，加大对海洋维权工作投入等措施，加强海上维权巡航特别是取得南海黄岩岛维权重要成果，海洋维权取得历史性突破，我国南海海洋维权处在历史上最好的发展时期。

但由于国际环境日益复杂多变，我国南海维权也显露出了一些问题，如果这些问题得不到及时调整和解决，将会影响南海维权深入和南海问题的解决。当前存在的问题主要有：

（一）南海维权缺乏整体战略的宏观指导

目前，已有 20 多个国家发布新的国家海洋发展战略，强化海洋权益维护，力争获得最大的海洋利益。美国制定了《二十一世纪海洋蓝图和海洋行动计划》，欧盟发表了《海洋政策绿皮书》、韩国颁布了《韩国海洋二十一世纪》、日本继推出了《二十一世纪海洋政策建议》和《海洋基本法》。印度尼西亚、印度、越南等国家还先后成立了内阁一级海洋管理机构，越南刚出台《海洋法》。而我国作为一个海洋大国，党的十八大提出的“41”字建设海洋强国的战略部署中明确“坚决维护国家海洋权益”。目前，我国尚未完善国家层面的海洋维权战略和总体规划、国家政策；尚未有一个责、权相应的国家层面的海洋管理机构。目前，我国海洋管理机构层级较低，部门分散，职能交叉，存在“五龙闹海”现象，造成管理条块分割，重复建设，资源浪费严重。

（二）相关立法、制度建设仍显落后

法律和制度是海洋维权的基础。沿海国对本国管辖海域的海洋权益内容、范围、立场和要求只有以法律的形式固定下来，才能得到其他国家的尊重，也才能得到有效的维护。目前，我国海洋权益保护方面还存在法律体系不够完备、相关制度不够健全、许多配套措施还没完善。在国家海洋局以及中国海监内部，虽然已经建有一些维权工作制度，但整体而言尚未上升为国家法律法规，给海洋维权执法带来难度，给侵权行为留下空间。

（三）队伍规模、装备和基地不足

由于人员受编制局限，船舶、装备和保障基地建设受项目审批时间长等因素影响，队伍规模和装备增长慢，按照现在维权执法的任务需要和安排，巡航主力船舶每年出海时间均在 200 天以上，现有执法人员基本处于全负荷轮转，船舶和人员均得不到应有的休整和维护。南海海域扩广、南北距离长，缺乏中远程海监飞机。在南海维权前线综合保障基地不足，为后勤保障和快速前出造成困难。

（四）海洋维权执法理论研究亟待加强

海洋维权执法是一项涉及国家核心利益、政策性强、涉及面广、面对国内、具有战略性的工作，需要各个相关部门有机联合、系统研究、专门决策。目前，海洋维权执法工作的理论基础还比较薄弱，宏观研究不够系统性、微观研究不够深入。要进一步组织各方面进行研究，以科学的理论成果，指导维权执法的有效实践。

二、促进我国南海海洋维权进一步发展的主要措施

（一）完善国家南海发展战略，为南海维权指明方向

根据建设海洋强国要求和南海的实际情况，以“维权稳边，经略南海”为布局，强化国家海洋事务高层协调机制，通过“大部制改革”，逐步理顺国家海洋管理体制，建立国家层面的海洋行政管理机构，从国家层面统筹谋划我国海洋发展战略和总体规划。适当调整和修改《南海各方行为准则》，与时俱进制定国家的南海政策，明确重要海域和岛礁功能定位、资源开发利用和国家安全等南海行为准则的基本方略。整合海上执法队伍，加快壮大海上维权执法队伍，推进海上统一执法，优化维权资源、提高执法效能等。通过加强南海维权的顶层设计，从根本上解决海洋维权战略不够完善、政策不够力度、管理机构层级低、执法力量分散等突出问题，强化南海海洋维权工作，适应日益复杂和艰巨的南海维权形势的需要。

（二）加强和完善海洋维权法律体系建设，为南海海洋维权做好制度保障

依据我国《领海及毗连区法》、《专属经济区与大陆架法》、《海岛管理法》等法律原则，加快制定海洋基本法、涉外海洋研究管理等相关法律，完善我国海洋维权法律体系。有针对性制定相关配套制度，重点对维权执法的范围、职责权限、基本原则、内容方式、工作程序及海上应急处置措施、紧追权、登临权、抓扣权等制度进行具体规定，体现国家意志。深化南海历史和九段线法理研究，做好与周边国家海域划界技术和法理准备。加强海洋安全磋商与合作，积极参与涉海国际公约、规则等的制定工作，增强在国际上对维护南海权益的话语权。

（三）整合执法力量，建立一支统一高效有力的海上综合执法队伍，应对南海维权执法发展的需要

发达沿海国家和南海周边国家都在整合提升队伍，提高国家海上维权执法能力。统一队伍的主要好处：一是便于统一规划国家维护海洋权益的能力建设，并与时俱进；二是可以整合现有的资源，实现统一执法，避免力量分散、重复建设、重复检查、重复执法和多头管理的现象。整合后可充分发挥资源的潜力，做到“物尽其用”，降低执法成本，提高执法效能，便于统一领导指挥，提高快速反应能力；三是便于进行国际合作，有利于营造和谐周边海洋环境，打击跨国侵权行为；四是保持能够一队多能的特点，综合执法，紧急情况下可作为一支特遣力量使用。因此，我国要科学整合海上执法力量，强化综合执法管理。建立一支具有中国特色的海洋综合执法队伍，既可借鉴其他国家海岸警备队的职能和模式，又结合我国的实际情况兼有护海、护渔、护航、护油、护边、处理海上突发事件等任务。在别国侵犯我海域、岛屿、资源时，在我渔船、商船、石油勘探生产活动受到别国干扰时，以及在我海军不便出面的其他活动中，它都可以采取执法行动阻止并查处违法行为，保护我国海洋权益。队伍应是准军事性质，接受严格的军事训练和管理，同海军保持密切联系。队伍应置于国家层面海洋行政主管部门之下，平时执行维权巡航执法和其他行政执法任务，战时或应对海洋突发事件时接受国家的统一调遣。队伍建设途径，不管何种形式都应从国家层面以世界眼光和战略思维建设

海洋执法队伍，努力提高队伍的综合执法理念、人员素质和装备水平，较好地履行维护国家海洋权益的职责。

（四）加强南海经济区建设和行政管辖，有效维护南海海洋权益

经济是维权维稳的重要方式。一是大力支持国内企业加大南海资源开发力度，逐步形成我国在南海石油资源开发的主导地位，为解决南海核心问题掌握主动权。二是开发南海诸岛旅游，结合海南国际旅游岛建设，科学规划西沙、南沙旅游线路和项目。南海诸岛是我国“海洋文明”的重要载体和历史见证，开发旅游的过程也是历史文化交流和宣示我国对南海诸岛的主权的有力措施。三是加快南海诸岛的行政管辖和民事化建设，以大力推进海南省三沙市的建设和发展为依托，充分发挥三沙市的政府职能，抓紧依法对我南海西中南沙开展行政综合管理，坚持军进民随，鼓励屯海戍边，加大关键岛礁基础设施和民生工程建设力度；建设南海石油开发和南海维权保障基地；在管辖海域和岛礁建立海洋保护区，加强海洋生态和岛礁管理；扶持我国渔船在南沙传统渔区生产活动，开展海上搜救、导航、预报等公共服务事业。四是发挥与东盟自由贸易区合作的桥梁作用，扩大我国对外开放合作和实施企业“走出去”、引进来战略，依托比较优势，有利于产业转型升级，争取在国际分工体系中取得更有利的位置。此外，还可以发挥华人华侨的纽带作用，扩大对外影响力，化解南海紧张局势。

（五）加强海上巡航执法，全面强化南海海域维权管控能力

全面开展领海基点巡查和保护，完善南海海域地名管理，进一步加强船舶、飞机、装备、基地等维权执法能力建设。实施常态化的维权巡航执法，开展多形式海洋维权行动，及时发现和掌握外方侵权情况，遏制严重侵权行为，看好海守住岛，维护我国在南海石油勘探开发、传统渔区的正常生产活动秩序。探索建立军队和非军事队伍海上协同巡航机制。深化与海洋大国在海运管理制度等方面的合作，加强海上战略安全、通道安全的磋商与对话协调机制，拓展在打击海盗、反恐、反走私、缉毒、搜救等领域务实合作，共同维护海上运输通道安全。加强与南海海域重要通道及沿岸国在海洋观测、航道测量、环境保护和灾害预报、航海保障能力建设等领域的互惠合作。积极参与维护马六甲海峡安全的地区事务和海上合作，进一步提高海上维权执法与管控能力。

（六）加强维权法理和相关问题研究，为维权斗争和决策提供支撑

发挥海洋战略研究所、发展研究会等国内研究机构和高校的作用，进一步拓展我国大陆和台湾两岸在南海问题的合作机制，有针对性地对南海历史、南海诸岛、九段线、南海资源开发、通道安全、岛礁民事化建设、南海旅游、热点问题以及南海行为准则的各方面的实施措施和法理研究，提出南海维权对策和建议，为维权行动和中央决策提供有力的智库支撑。

【作者单位：国家海洋局南海分局】

发挥大学科技　人才　智力优势
主动服务自治区经济社会发展

朱炳文

内蒙古大学作为自治区唯一一所“211 工程”重点建设大学、内蒙古自治区人民政府和教育部共建高校、“中西部高校综合实力提升工程”高校，自觉担负起贯彻落实“8337”发展思路的历史责任，努力在祖国北疆高素质人才培养、高水平科技研究、高质量成果转化和高层次决策咨询等方面发挥更大的示范引领作用，不断增强服务地方经济社会发展能力，为建设更加繁荣富裕、和谐美好的内蒙古做出新贡献。

一、以人才培养为核心，构筑人才高地提升地方经济软实力

作为区属高校，内蒙古大学始终把“地方性”作为学校生存和发展的基础，主动适应地方产业结构调整需要，把人才培养与地方经济发展需要有机结合起来，以培养适应地方经济社会发展的高素质应用型、复合型、创新型人才为主要目标，以培养创新意识和实践能力为核心，加强人才培养的针对性和适用性，努力提升社会服务水平。学校瞄准自治区“加快‘五个基地’的建设和推进”的战略部署，重点建设了“蒙古学与内蒙古少数民族发展研究”、“草地生态学与农牧业生物技术”、“内蒙古优势资源高效清洁利用与环境保护发展”3 个与地方经济的主导产业、支柱产业和新兴产业密切相关的学科群，大力发展了与草地生态、清洁能源输出、煤化工生产、蒙医药、食品安全、新一代信息技术领域、绿色农畜产品生产加工输出、文化旅游等专业，加强了人才培养的针对性，使人才培养与“8337”发展思路紧密对接，更加契合了地方经济社会发展对人才需求的实际。

二、以协同创新为引领，积极融入地方创新体系

内蒙古大学高度重视科技创新在区域科技创新体系中的支撑和引领作用，在科研工作中坚持“顶天立地”。所谓“顶天”，就是依托自身科研基础和综合优势，面向国家、地方战略需求和学科前沿，积极开展高水平基础研究，力争承担更多的国家重大战略、地方和行业重大需求项目，形成一批具有国内乃至国际先进水平的重大研究成果。近年来，内蒙古大学承担国家重大项目取得历史性突破，共承担国家科技重大专项课题 10 项，国家科技支撑计划项目 3 项、课题 6 项，“973 计划”项目 1 项、课题 9 项，“863 计划”课题 8 项，对自治区畜牧业、特色农业、生态环境建设、优势资源高效清洁利用等重大领域产生了重要和长远的影响。所谓“立地”，就是按照自治区当前和今后一个时期经济社会发展“三个着力”、“七项重点工作”的主要任务，面向区域科技创新主攻方向，优化整合科研力量，重点选择了现代农牧业、蒙医药、生态环境、人畜共患病防治、稀土及新材料等重大专项，以及内蒙古能源、化工、农畜产品加工、高新技术等支柱产业，组织开展科技攻关，深入推进创新链与产业链“双链融合”，探索走出一条科技创新与经济社会发展深度融合的新路子。与此同时，大力协同社会各类创新力量，积极牵头和参与国家、地方协同创新中心建设，实质性推动“内蒙古草原生态畜牧业”、“蒙古族与北方少数民族文化传承与发展”等协同创新中心的培育组建工作，积极构建协同创新的新模式新机制，力争进入国家和自治区“2011 计划”建设行列，促进创新能力快速提升，努力成为地方经济转型升级的“助推器”。

三、以产学研用为载体，为地方经济转型升级注入“源头活水”

内蒙古大学不断增强主动服务地方经济社会发展的意识，积极适应经济结构战略性调整和产业升级需要，充分发挥综合大学学科门类齐全、综合优势突出、科技人才密集、实验设施先进的优势，自觉参与推动新一代信息技术、分子克隆技术、蒙医药、新能源、新材料、高端装备制造、节能环保等战略性新兴产业加快发展，促进产学研用紧密融合，加快科技成果转化和产业化步伐，不断增强为国家和地方经济社会发展服务的能力，以服务和贡献开辟自身发展的新空间。2008 年以来，《信息技术－信息处理用蒙古文词语标记》等 8 项发明专利形成国家标准，获得授权国家发明专利 67 件、实用新型专利 6 件、计算机软件著作权 38 件。在冶金法制备高效多晶硅太阳电池工艺等方面为企业提供了良好的技术服务，体细胞克隆技术、膨润土制备、降血脂药物、高吸水树脂的制备等成果实现了转让和产业化示范。研制了蒙古文机器翻译系统、蒙古文扫描识别系统、蒙古文多文种跨平台输入系统、蒙古语标准音测试系统等，开发了蒙汉英三向手持电子词典“蒙文之星”、“蒙古语语法信息词典”、“达尔罕电子词典（汉蒙、蒙汉、英蒙）”等新产品。这些科技转化成果，为加快自治区经济结构战略性调整提供了有力支撑。

四、以推动文化传承创新为己任，为政府决策、文化发展繁荣提供强有力的理论保证和智力支持

内蒙古大学聚焦国家和区域经济社会发展中的重大理论和现实问题，以人文社会科学重点研究基地为依托，凝练研究方向，汇聚学术队伍，通过承担科研项目、深入社会基层调查、开展高水平学术研讨等多种方式，开展前瞻性、对策性研究，在县域经济发展、城镇化建设、生态环境保护、地方发展规划、产业空间布局、文化发展战略等重大问题上持续产生了一批具有浓厚“本土”色彩的重大研究成果，为党和政府的科学决策、民主决策发挥智囊团、思想库作用，以服务和贡献开辟发展新空间。2008 年以来，“乌兰察布市经济崛起的路径选择与政策投放”、“草原 110 研究”（第五届“中国地方政府创新奖”优胜奖）、“内蒙古牧区工矿开发对社会经济与生态环境的效应研究”、“鄂尔多斯市生态环境建设与可持续发展战略研究”、“元上都申遗历史资料及元上都研究”、“关于蒙古国纪念‘民族解放运动’100 周年‘蒙古人民革命胜利’90 周年相关活动及几点建议”（教育部社科司 2011 年度优秀咨询报告）等 30 多项研究成果被采纳，为自治区经济决策、文化繁荣与和谐社会构建提供了强有力的智力支持。同时，内蒙古大学以自治区“加强‘两个屏障’的巩固和发展，加大‘一个桥头堡和沿边经济带’的建设力度”为契机，利用地缘优势，实施“走出去”战略，立足东北亚，积极开展对外文化传播和交流，充分利用中国政府奖学金和孔子学院奖学金来华留学生接受院校资格的优势，在稳步扩大接收周边国家来华留学生，为国家培养对华友好人士，发挥高等教育在服务国家周边外交战略中的重要作用，同时，重点与俄罗斯布里亚特国立大学、卡尔梅克国立大学和蒙古国国立大学、蒙古国科技大学、蒙古国教育大学和蒙古国科学院开展了广泛深入的学术交流合作，特别是与俄罗斯卡尔梅克国立大学共建了孔子学院，不断增强文化软实力和中华文化国际影响力，进一步提升了学校在国际毗邻地区的影响力。

今后，内蒙古大学将高举中国特色社会主义伟大旗帜，以邓小平理论、“三个代表”重要思想、科学发展观为指导，认真落实国家和内蒙古自治区中长期教育改革和发展规划纲要，紧紧抓住国家新一轮教育改革发展和振兴中西部高等教育的战略机遇，强化高水准办学和质量水平赶超意识，紧密围绕有特色高水平大学建设目标，坚定不移地走以质量提升为核心的内涵式发展道路，以培养高素质创新型拔尖人才为根本任务，以高水平学科专业建设为龙头，以吸引海内外高端人才为突破，以协同创新为引领，促进学校与经济社会紧密结合，大力提升人才培养水平、增强科学研究能力、服务经济社会发展、推进文化传承创新，全面提升办学质量和核心竞争力，不断提升对地方经济社会发展的介入度和贡献率，为建设创新型国家和贯彻实施“8337”发展思路提供强有力人才保证、智力支持和科技支撑。

【作者：内蒙古大学党委书记
天津大学管理科学与工程专业在读博士】

深圳经济发展质量的测度

董晓远　廖明中

党的“十八大”报告指出：“必须更加自觉地把全面协调可持续作为深入贯彻落实科学发展观的基本要求，全面落实经济建设、政治建设、文化建设、社会建设、生态文明建设五位一体总体布局，促进现代化建设各方面相协调”，“要适应国内外经济形势新变化，加快形成新的经济发展方式，把推动发展的立足点转到提高质量和效益上来”。要做到经济、政治、文化、社会、生态建设协调发展，并将发展的立足点转到提高质量和效益上来，除了科学规划、周密组织之外，还要做好上述五大方面发展质量的动态监测分析。

本文在阐释经济发展质量内涵的基础上构建了一套评价经济发展质量的指标体系，并利用该指标体系和深圳的经验数据对“深圳经济发展质量”进行监测分析，结果发现，近年来深圳经济发展质量逐年提高。

一、关于经济发展质量的相关论述

关于经济发展质量，学术界尚无一致的表述。

发展经济学认为，经济发展不仅仅指经济社会转型的过程，还包括社会为之奋斗的主要经济目标、社会目标和价值观，其核心是生存、自尊和自由。当基本需要改善时，当经济增长促进了社会成员自尊感提高时，当物质进步扩大了人民的权利和能力时，发展就真正地发生了。

世界银行 2000 年出版的《增长的质量》一书指出：“发展就是改善人民的生活质量，就是提高他们构建自己未来的能力。这通常需要提高人均收入，但它还涉及更多的内容。它涉及到更平等地享受教育和工作的机会，更高水平的性别平等，更好的健康和营养状况，更清洁和可持续程度更高的自然环境，更公正的司法体系，更广泛的公民和政治自由，以及更丰富的文化生活。”

联合国《1996 年人类发展报告》曾经指出五种有增长而无发展的情况：一是无工作的增长，指经济增长未能制造足够多的就业岗位，甚至恶化了就业形势；二是无声的增长，指经济增长未能带来民众参与和管理公共事务、自由表达自己意见和观点的可能性；三是无情的增长，指经济增长导致了收入分配格局的恶化，财富的扩大带来了新的贫困阶级；四是无根的增长，指经济增长对文化的多样性造成破坏，使人们失去了自己的文化家园和历史；五是无未来的增长，指经济增长对生态、资源和环境造成破坏，消灭了经济增长的可持续性。

学术界对经济发展质量的关注更多聚焦于经济增长质量。而对经济增长质量的界定主要存在两类观点：一种观点从狭义角度来定义经济增长质量，将经济增长质量理解为经济增长的效率，这种效率表现为一定的投入获取最大的产出，或者是保证达到一定的产出付出最小的投入；另一种观点从广义角度来界定经济增长质量，认为经济增长质量是相对于经济增长数量而言的，包含了更多关于发展的价值判断。

国内大多数学者是从经济增长的优劣程度来理解经济增长质量的，并进一步将经济增长质量归纳为经济效益、经济结构、生活水平、科技进步、环境保护及增长稳定性等方面进行考察。从狭义效率视角来理解经济增长质量的学者，大多采用全要素生产率的变化来度量经济增长质量。从广义视角来理解经济增长质量的学者，则要通过一个综合的评价指标体系来测度经济增长质量。

我国著名经济学家刘树成在其发表的《论又好又快发展》(2007 年)一文中同样从广义上界定了经济增长质量。文章认为，提高经济增长质量是指不断提高经济增长态势的稳定性，不断提高经济增长方式的可持续性，不断提高经济增长结构的协调性，不断提高经济增长效益的和谐性。文章指出，经济增长的数量与质量是一个有机统一的整体，经济增长质量与经济增长数量的持续性紧密相关。

概括地说，经济发展质量就是指一个国家或地区在经济数量增长的同时，在经济增长的稳健性、效率性、协调性、创新性、持续性、包容性等诸多方面表现出来的优劣程度。

二、构建经济发展质量监测指标体系

循着上述观点，我们可以从发展水平、稳健性、有效性、结构合理性、创新性、可持续性和包容性等七个方面来监测深圳的经济发展质量。具体来看：

经济整体发展水平。用来表示经济发达的程度，一般用人均 GDP 衡量。

经济发展的稳健性。即指国民经济运行的平稳状况，经济发展质量建立在一定的增长速度基础上，稳定的增长是提高经济发展质量的重要保证。衡量经济发展稳定性的代表性指标主要有：GDP 增速和 GDP 增速变动率等。这两项指标也是评价经济发展是否稳健的基础指标。“有质量的增长”应当是“又好又快”的，增速太慢，不是健康的增长。GDP 增速变动率越大，说明经济增长稳定性越弱；GDP 增速变动率越小，说明经济增长稳定性越强。

经济发展的有效性。即经济发展的效率，反映经济发展过程中投入与产出关系，其高低可反映经济发展质量的优劣。单位投入获得的产出越多，表明生产要素的使用效率和经济发展质量越高。衡量经济发展有效性的代表性指标主要有：全社会劳动生产率、单位资本产出、建成区单位土地 GDP 产出等。其中，单位资本产出用固定资产投资效果系数代替。

经济发展的创新性。指经济发展的驱动力主要来自于技术创新。技术创新既是产业竞争力的源泉，也是提高区域经济发展质量的决定因素。衡量经济发展创新性的指标主要有：研发支出占 GDP 比重、自主知识产权高新技术产品产值比重、万人专利授权量等。

经济发展的持续性。指经济持续发展的能力，主要表现为指资源、环境承载经济长期发展的能力。衡量经济发展持续性的代表性指标主要有：万元 GDP 能耗、万元 GDP 水耗和建成区绿化覆盖率等。

经济结构的合理性。指经济结构（产业结构）的合理程度。在各类经济结构中，产业结构在整个国民经济中居于主导地位，它的变化对经济发展起着重要的作用，是经济发展质量的重要内容。衡量经济结构合理性指标主要有：高新技术产业增加值占制造业增加值的比例、现代服务业增加值占第三产业的比重等指标。其中，因数据难以获得，在测算时采用“金融、物流（交通运输仓储和邮政业）增加值来近似反映现代服务业增加值。

经济发展的包容性。指经济发展的结果，即经济发展对于减少贫困、提高居民生活水平的作用，居民能否分享经济发展成果是经济发展质量高低的重要标志。经济发展的包容性可用居民人均可支配收入增长率、基尼系数和劳动者报酬占地区生产总值比重等指标来衡量。不过，基尼系数难以获得数据，故用城镇最高最低组别收入比代替。

三、经济发展质量指数的计算方法

目前，国内外关于评价指标权重的确定方法有数十种之多，大致可分为三大类：一类为主观赋权法，一类为客观赋权法，一类为主客观综合赋权法。

主观赋权法，由专家根据经验进行主观判断而得到权数，然后再对无量纲后的指标进行综合评估，如专家调查法（Delphi法）、层次分析法、模糊分析法等方法；客观赋权法，根据无量纲后的指标的变异程度来确定权数，如熵值法、变异系数法、主成分分析法等。

主观赋权法的优点是不需要具备样本数据，专家仅凭对评价指标内涵与外延的理解即可做出判断因此，适用范围较广；其主要缺点是主观随意性大，选取的专家不同，得出的权重也不同；这一点即使采取诸如增加专家数量、仔细选专家等措施也难在得到显著改善。客观赋权法的优点是避免了主观随意性，不增加对决策分析者的负担，评价结果具有较强的数学理论依据；其缺点是这种赋权方法依赖于实际的问题域，因而通用性和决策人的可参与性较差，没有考虑决策人的主观意向。主客观综合赋权法的优点，是通过对主客观赋权方法的组合，可以达到取长补短的效果；其缺点是可能会出现较大的随机偏差，从而与真实情况不相符合，而且所得结果更加综合与抽象，其社会经济含义不易把握，不利于进一步分析。

在信息论中，熵代表着事件的不确定的程度，熵越大，事件越不确定，熵等于 0，事件就是确定的。熵与变量本身含义或值无关，只和变量的可能取值范围有关。熵这一概念现已在工程技术，社会经济等领域得到十分广泛的应用。在多指标综合评价体系中，熵可以用于度量已知数据所包含的有效信息量和确定权重。通过对熵的计算确定权重，就是根据各项监测指标值的差异程度，确定各指标的权重。当各评价对象的某项指标值相差较大时，熵值较小，说明该指标提供的有效信息量较大，其权重也应较大；反之，如果某项指标值相差较小，熵值较大，说明该指标提供的信息量较小，其权重也应较小。当各项被评价指标值完全相同时，熵值达到最大，这意味着该指标无有用信息，可以从评价指标体系中剔除。考虑到客观赋权法中的熵值法“由于深刻地反映了指标信息熵值的效用价值，其给出的指标权重比德尔菲法和层次分析法有较高的可信度”，因此本文采用熵值法确定各指标的权重。

四、深圳经济发展质量的测算结果和分析

依据 2006～2011 年的基础数据，我们可以测算得出深圳经济发展质量综合指数。从测算结果来看，2006～2011 年深圳经济发展的质量呈现稳步攀升的态势，这主要得益于深圳科技创新能力的不断提升、产业结构的不断优化，以及经济发展可持续性和经济产出效率的逐年提高。为了全面解析深圳经济发展质量的变化状况，我们分别从发展水平、稳健性、有效性、结构合理性、创新性、可持续性和包容性等七个方面阐释近 5 年来深圳经济发展质量的演变特征和基本趋势。

1.发展水平指数

发展水平指数由 2006 年的 0.000 增长到 2011 年的 0.058，该分项指数对深圳经济发展质量综合指数的贡献率为 5.76%。从熵值法的概念理解，表明 2006～2011 年深圳经济的发展水平指数变化幅度不大，且呈现出稳步增长态势。就衡量发展水平的人均 GDP 指标绝对值而言，深圳已经达到中等发达国家的水平，这也意味着深圳必须站在一个更高的平台来审视未来的发展方式，并且以更高的尺度来评价发展的质量。

2.稳健性指数

稳健性指数从 2006 年的 0.139 下降到 2011 年的 0.002，该分项指数对深圳经济发展质量综合指数的贡献率为 13.92%，是过去几年拉低深圳经济发展质量的一个重要因素。2006 年以来反映运行稳健的 GDP 增速指标值持续下滑，到 2011 年已下降至 10%，未来甚至可能出现个位数增长幅度。需要说明的是，过去几年深圳经济运行中出现了较大的波动，主要是受 2008 年以来全球金融危机和全国宏观调控等大环境因素的影响所致。既要追求更高发展质量，又必须保持增长的稳健性，是摆在深圳当前经济发展中的一个严峻挑战。

3.有效性指数

有效性指数由 2006 年的 0.023 增长到 2011 年的 0.15，该分项指数对深圳经济发展质量综合指数的贡献率为 14.96%。从熵值法的概念理解，说明 2006～2011 年深圳经济的产出效率指数变化幅度相对较大，且呈现出快速增长态势。从衡量发展有效性的具体指标来看，无论是全社会劳动生产率，还是建成区单位土地 GDP 产出的绝对值，在过去几年都出现了较大幅度的提升，这说明深圳经济发展的效率在不断的提高。

4.结构合理性指数

结构合理性指数由2006年的0.000增长到2011年的0.106，该分项指数对深圳经济发展质量综合指数的贡献率为 11.01%。从熵值法的概念理解，2006～2011 年深圳经济的结构合理性指数呈现出“前稳、后快”的变化特点，总体上保持较快增长态势。从衡量结构合理性的具体指标来看，无论是服务业的内部结构，还是工业的内部结构都在不断优化提升，这与新加坡等发达经济体的发展经验是基本吻合一致的。

5.创新性指数

创新性指数从 2006 年的 0.017 提高到 2011 年的 0.199，该分项指数对深圳经济发展质量综合指数的贡献率为 19.87%，是过去几年提升深圳经济发展质量的最重要的因素。从熵值法的概念理解，2006～2011 年深圳经济的创新性指数呈现出“持续飙升”的变化特点，也是七个分项指数当中变化最突出的一项。从衡量创新性的具体指标来看，无论是反映创新投入的 R&D 支出比例，还是反映创新成果的自主知识产权高新技术产品比重都呈现持续上升势头，尤其是万人专利授权量指标可以用“飙升”来形容。毫无疑问，创新已成为当前创造深圳质量最核心的动力源泉。

6.可持续性指数

可持续性指数由 2006 年的 0.000 提高到 2011 年的 0.186，该分项指数对深圳经济发展质量综合指数的贡献率为 18.64%，也是过去几年对提升深圳经济发展质量起了关键作用的因素之一。从熵值法的概念理解，2006～2011 年深圳经济的可持续性指数变化幅度相对较大，同样呈现出“持续攀升”的发展趋势。从衡量可持续性发展的具体指标来看，反映经济能耗的万元 GDP 能耗、水耗指标均出现了持续下降的较好势头，同时反映生态环境的绿化率指标则保持了平稳增长。

7．包容性指数

包容性指数从 2006 年的 0.039 提高到 2011 年的 0.101，该分项指数对深圳经济发展质量综合指数的贡献率为 15.83%。从熵值法的概念理解，2006～2011 年深圳经济的包容性指数相对变化幅度较大，呈现出“前高、后低”的特点，总体上包容性指数有一定的提升。这主要得益于深圳宏观经济的持续稳定发展和政府对社会事业、社会保障等民生投入的加大，以及政府对社会建设的重视。当然也要看到，反映收入分配指标——劳动者报酬占地区生产总值比重在过去几年总体上呈现下滑态势，显示深圳在推动全民共享经济发展的成果方面还有进一步的作为空间。

总的来看，2006～2011 年深圳经济发展质量指数总体呈现出逐年提高，特别是最近 3 年来，深圳经济发展质量指数的提升速度明显加快。这与深圳市委市政府持续贯彻落实科学发展观，不失时机推动深圳从“速度型”向“质量型”发展所付出的努力密不可分。

【作者单位：广东省深圳市社会科学院】

关于加快推进资源型经济转型的思考与建议

贾京磊

党的十八大报告提出，全面建成小康社会和全面深化改革开放，加快完善社会主义市场经济体制和加快转变经济发展方式，完善互利共赢、多元平衡、安全高效的开放型经济体系。因此，加快产业结构调整，转变经济发展方式，促进经济健康可持续发展，成为当前摆在各级党委、政府面前的一项重要课题和紧迫任务。结合迁西实际，对加快推进资源型经济转型进行了深入思考，提出了相关建议。

一、加快推进资源型经济转型的有利条件

（一）产业基础较为厚实。经过多年的发展，大多数资源型经济区域特别是以资源为依托的区域，工业发展较为迅速，在资源开发黄金期经济持续高速增长，经济实力不断增强，人均 GDP 和人均财政收入增速加快，形成了以资源为主导的较为完善的工业体系，区域经济综合发展竞争力显著增强，因资源而兴、因资源而强的特点非常明显。雄厚的产业基础，必将对推进资源型经济转型起到积极的促进作用、奠基作用。

（二）比较优势较为明显。特殊的地理环境和复杂的地质构造，造就了资源型区域丰富的自然资源，不仅是区域经济发展能源原材料产业的重要基地，也是吸引外来投资、发展优势产业的“金字招牌”。依托丰富的自然资源，丰厚产业业态，延伸产业链条，雄厚转型资本，比非资源型或零资源型经济发展更具优势，更易吸引投资。依托比较优势而不依赖比较优势，往往能在推进经济转型方面先人一步，快人一招，赢得主动，占得先机。

（三）基础设施较为完善。大多数资源型经济区域依托资源开发，城市快速发展，迅速集聚了大量的人流、物流、资金流、信息流，有力带动了餐饮服务、房地产开发、商贸流通、金融服务等产业的迅速发展，进而带动交通道路、供热供水、供电供气、移动通讯、休闲娱乐等基础设施的快速完善。按照水、电、路、讯等“统筹推进、协调共进”的原则，建设承载产业发展的工业园区和产业基地，不断完善基础设施，为资源型经济快速转型发展提供了重要支撑。

（四）转型愿望较为强烈。依靠资源开发，一大批有竞争力、有实力的中小企业迅速脱颖而出，一大批创业有成、年轻有为的民营企业家队伍迅速壮大。自 2008 金融和经济危机爆发后，资源型经济陷入徘徊不前的困境，开展二次创业、实现转型发展成为民营企业摆脱困境的唯一途径。一批有一定实力和长远眼光的民营企业，在转型成功企业的示范带动下，转型发展的愿望强烈，二次创业的信心坚定。

二、加快推进资源型经济转型的制约因素

（一）经济增长后劲明显不足。一方面，资源型经济区域主导产业以资源开发为基础，初级化特点明显，产品附加值低。在三次产业结构中，资源开发型经济所占比重较大，一产和三产发展缓慢。在产品结构上，以能源原材料初级产品为主，呈粗放型特征。另一方面，人才结构单一，资源开发人员相对较多，而其他产业科技力量不足，推进经济转型缺乏科技支撑。近年来，受国际金融危机的影响，买方市场产生的内在约束力加大，经济发展的内生动力不足，资源型经济陷入了“矿竭城衰”的困境。

（二）经济转型后续资金缺乏。一方面，在矿产资源日趋衰竭的条件下，资源型产业市场竞争力不足，加之产业集中度较高，在短期内难以形成支柱性替代产业，仅凭自身力量难以实现产业接替和经济转型。另一方面，资源型经济转型需要大量的资金。由于经济形势不好，一些过去通过资源开发完成原始资本积累的企业家看摊守业思想严重，主动谋求转型的积极性不高、主动性不强，宁愿将钱存在银行吃利息，也不愿意冒更大风险，拿出更多资金发展替代产业、接续产业，产业转型资金投入不足，极大程度上制约了经济转型。

（三）环境治理任务十分艰巨。在资源型经济发展过程中，高耗能、高污染、低效率、低附加值的外延式、粗放式发展模式占据主导地位。这种粗放型经济增长方式，导致资源浪费，环境受损。大规模资源开采使环境承受能力下降，滑坡、崩塌、泥石流和水土流失等地质灾害频发，也造成周边地区地下水位下降，地面沉陷，开采区居民住房开裂，人畜饮水困难。同时，资源开采中产生的废气、废水、废渣给矿区周边的空气、水流

和植被带来很大污染，生态环境受到较大程度破坏，环境治理工作任务十分艰巨、繁重。

（四）社会维稳压力不断加大。在资源开采中，企业与企业之间的矛盾、企业与周边群众之间的矛盾、企业与村委会之间的矛盾日益凸显，呈易发、多发、群发的趋势，维稳成本、维稳压力不断加大。随着资源的萎缩枯竭，必然会出现大批资源型企业倒闭，导致城市经济整体性衰退，社会对劳动力的吸附能力减低，就业机会减少，整个城市劳动力转移和就业再就业任务繁重。另外，拖欠银行贷款、拖欠民工工资、拖欠补偿款、民间借贷等矛盾纠纷也会随之暴露出来，这些矛盾和问题触点多、燃点低，一旦处理不好，就会牵动全局，影响县域经济社会发展。

三、加快推进资源型经济转型的路径选择

资源型经济特别是矿产资源经济转型，必须本着尊重历史、立足现实、面向未来的原则，对经济发展进行重新定位，在此基础上确定产业结构调整、经济转型的路径。

（一）着眼提高抗压力，大力发展协调关联性产业，实现产业实力由"弱"到"强"。产业间和产业内部各行业之间的内在关联性和产业协调性，客观上要求产业发展必须坚持相互协调，连锁互动的原则。发展关联性产业，必须在三次产业之间和各产业内部，营造互相协调和连锁互动的发展局面。在规划和引导县域经济发展方面，应从宏观上注重产业关联性，跳出县域看协调，提高产业的丰厚度；在微观上主动适应产业互动关系，跳出产业看统筹，拉长产业链条，提高产业的延伸度。在产业发展方面，应坚持继承性与创新性并重，实现提升传统的、发展新兴的、打造特色的、壮大优势的有机统一。

（二）着眼提高抗险力，大力发展替代接续性产业，实现产业结构由"点"到"面"。在资源型经济发展中，普遍存在着对资源依赖性大，产业结构单一，接续替代产业发展严重滞后，抵御市场风险能力不足等问题。在资源开发成长期，就应积极谋划发展接续替代产业，构建多元发展、多点支撑的产业结构体系。积极延伸资源型产业链，采用高新技术和先进适用技术改造和提升原有的资源型产业，推动产业链条向精深加工和高附加值环节拓展。积极发展特色制造业，以吸纳就业为导向，发挥区域比较优势，建设特色产业承接园区，形成一批具有综合竞争力、品牌影响力、较强带动力的产业集群，培育资源型经济转型的新增长点。大力发展生产性服务业、商贸流通业、现代物流业，促进科技服务业和商务服务业大发展、大繁荣。

（三）着眼提高抗寒力，大力发展优势集群性产业，实现产业布局由"散"到"聚"。针对资源型经济产业单一、布局分散、点多面窄，抵御市场风险能力不强的实际，准确把握产业集群不同发展阶段特征，结合区域优势和特色，大力发展集群性产业，进一步提升产业集中度，实现"抱团取暖"。积极培育关联度大、带动性强的龙头企业，发挥其产品辐射、技术示范、信息扩散和销售网络中的"领头羊"作用。鼓励集群内企业加大研发投入，在产业集群内建立技术创新、科技研发服务中心，强化信息服务、产品开发、设计示范、培训服务等功能，搭建关键共性技术和行业技术支撑平台，实现管理集约、要素集聚、产业集群，将产业集群打造成人才集聚的洼地、技术创新的平台、生态建设的样板。

（四）着眼提高抗阻力，大力发展政策支持性产业，实现产业选择由"乱"到"治"。随着国家环保监管与治理力度的不断加大，一些高耗能、重污染、低产出的产业项目将会受到越来越多的限制。因此，必须利用市场手段和政策倒逼机制，迫使限制性产业逐渐退出竞争领域。要主动搞好与上级产业政策的对接，打造政策支持、财政扶持、要素支撑、项目生成、人才引进等方面的比较优势，着力培育和发展有地域特色、有竞争优势、有品牌影响、有发展前景的新兴产业，实现从"采到篮子都是菜"到"选到篮子才是菜"的精彩蝶变。大力发展生态绿色产业，实施生态优先战略，在产业发展中注重生态建设，走出一条产业发展与生态建设的和谐发展、互促双赢之路。

四、加快推进资源型经济转型的对策建议

（一）以开拓创新、求真务实的思路谋划资源型经济转型。一要应势而变寻出路。对资源优势比较突出、尚有开发前景，并能保持和延伸甚至可以放大这种优势的，要把资源优势转化为地区发展的经济优势，大力延伸产业链条，增加产品附加值。对原有资源优势正在逐渐消失，甚至衰退的，要从资源状况、现实基础、区位特点、技术条件及投资来源等方面确立新的定位，通过优化资源配置，重组资源存量，让资源增量转移到经济效益好、市场前景广的行业和部门。二要更新观念拓思路。坚持走出去，组织地区内重点企业到经济转型快的先进地区学习考察，让他们亲身感受先进地区经济转型新理念、新思维，提高转型发展、科学发展的责任感和紧迫感。坚持请进来，聘请专家学者开展经济转型形势教育，使广大干部群众在拓宽思路中开阔眼界、提高境界。坚持坐下来，开展以经济转型为主题的解放思想大讨论活动，统一干部群众思想，努力营造政府支持转型、企业加快转型、舆论引导转型的浓厚氛围。三要咬定目标探新路。在深入调研和广泛论证的基础上，确定本地产业结构调整、经济转型的重点和目标。强化要素分配转移，提高各类专项资金使用功效，在努力向上争取专项资金的同时，整合现有可支配财力，集中投向重点企业、重点项目和重点园区，加速实现既定目标任务。

（二）以壮士断腕、攻坚突破的决心推进资源型经济转型。一要突出企业的主导作用。企业既是产业转型主体，又是产业转型直接受益者。要充分发挥企业的自身优势，尤其是资金优势、管理优势、客源优势，积极引导企业投身二次创业，促进企业转型发展，充分将企业转型发展的积极性激发起来、主动性调动起来，打造多点支撑、多元发展的产业发展格局。二要突出政府的指导作用。结合资源状况和产业基础，编制产业指导目录，建立符合产业政策的项目库，向企业主提供针对性强的项目信息，增强企业转型创业的针对性。定期组织重点项目招商会、项目对接洽谈会，开展"面对面、点对点、一对一"的招商活动，积极营造"全党抓发展、全员抓项目"的浓厚氛围。三要突出示范的引导作用。充分发挥先进典型的引路、示范作用，选树培育不同类型、不同层次、不同模式的转型典型，大张旗鼓地宣传表彰，让他们在政治上有地位、社会上有影响、发展上有前途，为其他企业转型发展树立标杆，指引方向，起到“点亮一盏灯、照亮一大片”的示范作用。

（三）以政府搭台、企业唱戏的手段丰富资源型经济转型。一要搭建创业平台。探索制定符合本地实际促进经济转型、支持中小企业发展的考核办法、奖励办法等政策文件，对转型企业在资金、用地、用电、用水等方面给予重点倾斜。积极邀请专家学者举办中小企业创业辅导、大学生创业等各类培训班，提高社会各阶层转型创业本领。二要设立事业擂台。设立推进产业发展招商引资奖、中小企业创业奖、财税贡献奖、科技创新奖等奖项，重奖转型创业有功人员和有功企业，激发广大企业转型发展、跨越发展的主动性和积极性。在税费减免、建设用地、资源配置等方面优先向转型企业倾斜，用政策、机制倒逼企业转型，在全社会努力营造“转型发展前景光明、等待观望死路一条”的浓厚氛围。三要开办转型讲台。在对转型创业先进典型大张旗鼓地表彰奖励的同时，让他们走向前台，走近讲台进行典型发言，用他们转型的亲身经历、成功经验，讲述他们的转型历程，教育引导那些持观望态度、有等待想法的企业加快转型步伐。

（四）以项目建设、科技引领的策略支撑资源型经济转型。一要打造产业基地。建立中小企业孵化园，对在创业初期、资金不足、经验不足，但有发展前景的企业给予大力支持，形成大企业顶天立地、小企业铺天盖地的发展格局。积极主动搭建发展平台，加大对转型企业的培育力度，大力支持转型企业发展壮大。以地区内重点企业、重点项目为中心，建设凸显本地特色的工业园区，为企业转型提供广阔的空间。二要构筑引资洼地。破解交通瓶颈，促进本地区与其他地区主干公路网络实现衔接贯通，提高项目的可进入度，降低交通运输成本。破解土地制约，通过利用废弃地、开发滩涂地、置换宅基地、治理尾矿地、吸纳股份地等多种手段，拓宽土地利用空间，提高土地利用效率。破解资金制约，召开银企对接座谈会，通过成立中小企业信用担保公司、城市投融资有限公司，引进城市商业银行等多种方式，畅通中小企业融资渠道。三要抢占科技高地。引导鼓励转型企业加强与重点科研院所、大专院校的联系，通过校企联合、购买专利、联合开发、委托研发等方式，推进技术进步与创新，实现先进技术与优势企业的有机对接，将潜在生产力转化为直接生产力。以技术进步提高转型企业生产质量，坚持走科技兴企、科技强企之路。

【作者：中共河北省唐山市迁西县委副书记】

煤层气发展技术突破和政策扶持是关键

田润年

一、我国的煤层气开发较美国、加拿大、澳大利亚等国家起步晚、规模小

我国的煤层气开发较美国、加拿大、澳大利亚等国家起步晚、规模小，加之我国的煤层气地质条件相对较差，具有煤层薄、高煤阶、低渗透的特点，储层改造难度大，单井产量较低。但是，随着我国能源紧张局势的不断加大，高碳能源的大量消耗，环境污染日趋严重，人们对寻求新的接替能源、特别是清洁能源的渴望日益增强，煤层气的勘探开发越来越受到人们的重视。目前，中石油、中海油、晋煤集团等国有大企业纷纷加入到煤层气开发的行列，并且形成了一定规模。虽然与国外企业目前相比规模还比较小，但是，随着开发企业的不断增加、政策支持的不断加大、开发技术的不断突破，加上我国拥有埋深 2000 米以内 36.8 万亿储量的优势，相信在不久的将来，我国一定会迎来煤层气开发的春天。

中国石油华北油田公司在沁水盆地南部进行煤层气勘探已经有 20 多年的历史，进入正式开发也已经有 8 年的历史。8 年的开发历程中，虽然遇到政策支持力度小、自然环境恶劣、自然灾害频发、开发技术难以突破等一系列困难，但是，在各级领导的大力支持下，我们克艰攻难，锐意进取，艰苦创业，克服了一个又一个艰难险阻，突破了一个又一个技术瓶颈，取得了骄人业绩，建成了中国第一个数字化、规模化煤层气示范工程。目前，年产量接近 8 亿方，并且形成了一系列煤层气勘探开发的自主知识产权、勘探开发技术标准、地面集输工艺和自动化控制技术，为我国今后大规模煤层气开发奠定了基础。

我国的煤层气开发整体来说，还是处于初级阶段，要想形成更大规模，追上国外发达国家的开发水平，还需在技术方面寻求更大突破，并且需要一个漫长的过程。因此，需要国家在政策方面给予更大、更优惠的支持。一是增加煤层气的利用补贴，在原每利用 1 方气国家财政补贴 0.2 元的基础上增加到 0.6 元，降低煤层气开发企业的生产成本压力，提高企业煤层气开发的积极性。二是国家统一将煤层气的开发交由具有油气勘探开发技术的大型企业来做，避免不具备煤层气开发技术的小企业或外行企业恶意竞争，参与进来后对煤层气的整体开发、高效开发产生不利影响。三是在煤层气勘探开发的土地征用过程中，无论是临时占地，还是永久征地，希望国家出台相关政策给予扶持，减少审批环节，缩短审批时间，加快煤层气开发进度。四是希望国家继续保持煤层气资源税免交、增值税先缴后返等现有优惠政策，给煤层气开发企业一定的发展空间，扶持煤层气企业快速做大做强。五是建立国家级煤层气技术研究中心或由国家扶持、支持企业建立煤层气技术研究中心，或者直接建立非常规天然气技术中心。煤层气开发是目前非常规天然气开发中技术相对成熟的产业，煤层气开发技术的突破势必带动其他非常规天然气技术的突破。

二、煤层气行业在国内属于新兴行业，是目前最现实的开发资源，并且前景广阔，潜力巨大

我国煤层气储量巨大，但是只有沁水盆地区域煤层气

企业在煤层气开发方面做得较好。煤层气技术瓶颈目前都没有大的突破，只攻克了一部分技术，找到最好的解决办法还需要相当长的时间。一旦技术得到革新，许多问题将迎刃而解。

而在资金投入方面，区块情况不同所以产能也不同，相同的技术，在产量高的区块有效果，但是在另一个区块并不见效，这可能一定程度打击了总部投资信心，归根结底，提高技术是关键。此外，开发所面临的安全压力、环境压力和产量压力都是不小的挑战，这是挑战也是鞭策我们前行的动力。

山西最近出台的政策，对我们在该省继续扩大矿权有难度。但这也是一个契机，说明煤层气受到开发企业重视、受到地方政府重视。其他煤层气企业在开发过程中同样会遇到技术困难，我们相对来说更有经验，发展也成熟些，可以给予技术支持，这是在大环境下继续从事煤层气大规模勘探开发的有利因素，将不利因素变成有利因素，矛盾进而转化。

上级单位在政策支持方面给予了大力支持，希望地方政府也能给我们更多的支持，不要过分强调利益。

【作者：中国石油华北油田煤层气分公司党委书记】

壮大县域经济 实现富民强旗 努力建设更加美丽富饶的绿色乌审

张占霖

自治区“8337”发展思路，描绘了建设繁荣富庶祖国北疆的宏伟蓝图，是中国梦在内蒙古的具体体现。乌审旗贯彻落实好“8337”发展思路，最重要的就是立足旗情，依托资源禀赋、区位优势和产业基础，培育特色产业，优化经济结构，提升发展质量，努力建设更加美丽富饶的绿色乌审。

一、围绕自治区“五大基地”建设，加快推进经济结构调整和产业升级

乌审旗位于自治区最南端，资源富集，区位优越，县域经济发展基础与自治区“五大基地”战略定位高度契合。今后，乌审旗将紧紧围绕“五大基地”建设，不断培育壮大特色优势产业，加快推进经济结构调整和产业升级，努力实现后发赶超、富民强旗。

一是打造清洁能源产业集群。乌审旗被誉为“中国天然气之乡”，现已勘探发现苏里格、乌审、长庆、大牛地四个超千亿立方米的大气田，天然气探明储量1.2万亿立方米，远景储量3.6万亿立方米，位居全国县级地区之首；煤层气预测储量近1.4万亿立方米；境内铺设天然气井网管线6522公里，建成、在建处理厂、净化厂6座，是国家西气东输的主要气源地之一。在今后的发展过程中，乌审旗将把清洁能源开发利用作为战略性产业，加快天然气勘探开发和煤炭的清洁生产及洁净利用，突出抓好中煤气化岛、煤制天然气等重大项目建设，积极建立与有关省市区的能源供应合作关系，提高乌审旗清洁能源产品在全区乃至全国的市场占有率。

二是做强现代煤化工产业。乌审旗煤炭储量丰富且品质优良，探明储量520亿吨，远景储量超1000亿吨，平均发热量近7000大卡。目前，境内规划开发2个矿区、17个井田，规划产能1.4亿吨/年；17个井田中有9个列入国家“十二五”煤炭发展规划；建成、在建和拟建的煤化工折合甲醇当量近1000万吨。在今后的发展过程中，乌审旗将积极引进煤气化、净化、合成等现代煤化工产业技术，围绕千万吨级甲醇母料，大力发展烯烃、聚甲醛、芳烃等甲醇下游产品和精细化工产业；围绕煤、气资源开发，大力引进煤机、化机维修、矿山设备制造等配套服务项目，提高煤炭资源的科学利用水平。

三是发展精品农牧业。乌审旗是自治区传统的农牧业大旗，具有良好的农牧业发展基础和条件，黄河一级支流无定河穿境而过，全旗1000万亩草牧场被国家质量认证中心认证为有机牧场，55万亩水浇地被中国绿色食品发展中心认证为全国绿色食品原料标准化生产基地，鄂尔多斯细毛羊被认证为国家地理标志产品，通过国家认证的无公害农畜产品达26种、绿色食品达18种、有机食品达19种。在今后的发展过程中，乌审旗将以发展精品农牧业为主，以萨拉乌苏休闲养生农业园、百万口生猪基地、百万只细毛羊产业基地、20万头肉牛养殖基地为核心，按照“公司和大户齐头并进，公司带大户、建基地、扩规模、拓市场，公司农户齐受益”的经营方式，在特色养殖和品牌经营上下功夫、见成效。大力推广紫花苜蓿、螺旋藻球配方饲养技术，不断提升生猪、细毛羊、肉牛产品品质。对高档农畜产品进行策划包装，实行统一标识、标准、包装、销售，实行农商超对接，进军高端市场，逐步形成长期稳定的销售网络。

四是建设生态文化旅游体验目的地。乌审旗历史文化底蕴深厚，7～14万年前“河套人”曾在这里繁衍生息；传统民族民俗源远流长，是蒙古族文化保留较完整的地区之一；自然景观独特秀美，草原、大漠与水乡交相辉映。在今后的发展过程中，乌审旗将大力整合旅游资源，深入挖掘文化内涵，注重生态文化与传统旅游深度融合，突出体验性、参与性和互动性，加大旅游景区整体包装和提档升级力度。重点打造萨拉乌苏河，着力构建“一河三园”文化旅游产业带，即：上游萨拉乌苏国家级文化遗址公园、中游萨拉乌苏国家级湿地公园、下游沿河床及两岸萨拉乌苏休闲养生农业园，形成人文考古、观光娱乐、休闲养生、田园采摘、农牧生活体验等相衔接的精品文化旅游区，努力把乌审旗打造成为民族文化浓郁的生态文化旅游体验目的地。

五是培育现代煤炭物流业。依托地处蒙陕甘宁能源化工

“金三角”和自治区“南大门”的区位优势，围绕蒙西至华中煤运铁路通道和5条出区公路通道建设，积极引进大型物流企业，建成浩勒报吉、纳林河综合物流园区和大牛地煤炭物流园区，完善配套仓储设施，构建持续稳定的煤炭供应体系，逐步形成外接蒙古国，内连陕西、山西产煤地的交通物流枢纽和通道，着力建设区域性煤炭物流中心。

二、围绕自治区两个“屏障”建设，全面提升经济社会发展内涵和质量

生态环境关系国家、民族和子孙后代的根本利益，安全稳定是经济社会发展的前提和基础。在今后的发展过程中，乌审旗将围绕自治区两个“屏障”建设，进一步加大生态文明建设和社会管理创新力度，走出一条生产发展、生活富裕、生态良好的文明和谐的发展道路。

一是努力创建国家级生态文明示范区。乌审旗地处毛乌素沙地腹部，国土面积约占毛乌素沙地总面积的29%。多年以来，各族干部群众始终把生态建设作为立旗之本、生存之基，坚持不懈地治理沙漠、改善生态，缔造了一脉相承的生态文明意识和令人瞩目的生态建设成果。截止2012年底，全旗林地面积达到565万亩，基本草原面积达到1060万亩，森林覆盖率、植被覆盖度分别达到32.3%和80%。在今后的发展过程中，乌审旗将继续坚持尊重自然、顺应自然、保护自然和建设绿色乌审的生态文明理念，执行最严格的生态环境保护制度，提高项目准入门槛，加大生态建设力度，着力构建生态环境体系、生态经济体系、生态文化体系和生态人居环境体系，努力将乌审旗建成全国生态文明示范旗、国家园林县城、国家环保模范县城和全国人居环境示范城镇，为自治区打造祖国北疆生态安全屏障作出积极贡献。

二是努力建设社会和谐稳定示范区。近年来，乌审旗始终坚持“以人为本，建设绿色乌审”发展理念，注重保护群众合法权益，注重保障和改善民生，注重提升公共服务水平，人民群众安居乐业，社会大局保持和谐稳定。在今后的发展过程中，乌审旗将更加妥善地处理好科学发展与社会稳定、资源开发与环境保护、发展速度与质量效益、经济增长与民生普惠之间的关系，优化基层治理结构，强化社会管理创新，加快建设基础更牢、水平更高、人民群众更加满意的平安和谐乌审。

三、围绕自治区“三个着力、三个更加注重”，统筹推进各项重点工作

“8337”发展思路中的“三个着力”和“三个更加注重”，提出了处理经济社会发展中的突出问题和薄弱环节需要强化的工作重点。在加快县域经济发展中，乌审旗要结合“8337”发展思路，立足实际，突出特色，统筹推进县域经济健康协调可持续发展。

一是统筹推动城乡发展。积极构建以城镇化为引擎，以培育产业带动就业为支撑，以人口和劳动力转移为突破口的城乡统筹发展格局。打造以嘎鲁图镇为核心区，以无定河镇、苏力德苏木、乌兰陶勒盖镇、图克镇、乌审召镇5个小城镇为支撑，以纳林河、图克两个工业园区为重要支点，以中心嘎查村为基础的城乡一体化框架。按照宜工则工、宜农则农、宜游则游的原则，重点在强化基础配套、完善服务功能、体现地域特色上下功夫，着力提升城镇综合服务功能和产业、人口、生产要素集聚能力，促进农牧民向城镇集中。

二是努力壮大非公有制经济。抢抓中央、自治区鼓励支持民营经济发展的政策机遇，通过政策引导、项目策划、优化服务等多种方式支持民营经济，凡是国家没有明令限制的领域和行业逐步向民营企业放开，积极搭建服务平台，鼓励和引导民间资本进入基础建设、公用设施、社会事业等领域，鼓励民营企业、个体工商户、农牧业科技人员、大中专毕业生、种养能人到基层创业，带动全民创业，形成促进非公有制经济竞相发展的良好局面。

三是切实保障和改善民生。持之以恒地加大民生投入，构建改善民生长效机制，将每年可用财力的60%以上用于保障和改善民生，有效落实教育优先发展、创业保障、社会保障、公共卫生保障、社会救助、文化惠民、少数民族扶持、住房保障、居民增收保障、诚信保障等覆盖城乡、衔接配套的惠民政策，逐步缩小城乡区域间基本公共服务差距，努力实现学有优教、劳有多得、病有良医、老有颐养、住有宜居。

四是精心打造工业园区。按照突出特色、错位发展、优势互补、差异竞争的理念，培育壮大园区经济，合理布局生产力，统筹规划、建设各类基础设施，规范管理、简政放权，从整体上提高园区的配套服务水平。加大招商选资力度，加快项目建设，通过项目和要素集聚，真正把园区打造成为县域经济的主要增长极。力争建成中煤鄂尔多斯分公司、博源集团、世林化工3个营业收入超百亿元企业，纳林河、图克、乌审召、毛乌素4个产值超百亿元园区。

五是不断加强基础设施建设。加快省际通道、境内铁路及通用机场建设，构建立体交通网络；完善电网布局，形成双回路、双电源环网供电新格局；加快水权置换和供水工程建设，着力突破水“瓶颈”制约；推进“数字乌审”，建立健全覆盖全旗的综合信息服务体系，不断提升县域经济发展的综合承载功能。

六是着力优化发展环境。进一步强化政府自身建设，深化行政审批制度改革，规范审批程序和方式，不断提高推动发展、服务群众的能力和水平；进一步加强和创新社会管理，深入推进社会矛盾纠纷排查化解和解决重点领域信访问题专项行动，坚持用群众工作统揽信访工作，不断提高社会服务管理水平；进一步抓好安全生产和环境保护工作，确保人民群众生命财产安全；进一步加大人才引进和培养力度，建立健全更加科学、更具活力的人才发展保障机制，依靠人才资源的大开发，推动全旗经济繁荣发展。

【作者：内蒙古鄂尔多斯市乌审旗委副书记 旗长】

充分发挥广西海洋特殊优势 加快建设“海洋强区”支撑打造全国发展引擎

蒋升湧

一、广西建设“海洋强区”是党中央、国务院对广西寄予的高度厚望。

要求“充分发挥广西作为西南地区出通道作用”；“保增长”、“保稳定”、“保民生”、“保持广西平稳较快发展的良好势头”四个保；“广西发挥区位优势，实施两大战略，打造西部经济加速发展的引擎，成为全国对外开放的一个新亮点”。

二、广西建设“海洋强区”对广西发展具有极为重要意义

新形势下，广西要充分发挥沿海有利条件和海洋特殊优势，加快转变发展方式，加快建设“海洋强区”，使沿海经济发展成为新一极，打造成为全国新引擎，将成为未来广西发展重要的战略任务。

三、广西建设“海洋强区”具有特殊优势

主要有六方面：一是广西海洋开发历史悠久。北部湾曾经是中国历史上最早走向海洋的门户之一，广西合浦就是著名的“海卜丝绸之路”始发港之一。二是广西拥有丰富的海洋资源优势，特别是对港口发展方面的优势。三是广西拥有突出的海洋区位优势，北部湾港已成为西南地区最便捷的出海口。四是广西享受国家多重优惠政策叠加的政策优势。五是广西北部湾经济区是国务院按照主体功能区规划第一个批准成为国家沿海重点开发区。六是北海市在上世纪 80 年代就已经成为我国沿海 14 个进一步实行对外开放的城市之一。

四、广西建设“海洋强区”具有坚实的基础条件

(一)广西本土在建设海洋强区研究和设想方面形成了一批有价值的研究成果

早在 1985 年，马飚、陈武、杨道喜、冯柳江、李少民等在《广西日报》第 1 版就发表了《加快广西经济发展必须处理好的几个关系》，提出正确认识桂东南与桂西北关系，认为应该充分利用沿海首先开放的有利时机，优先建设桂东南地区，以此带动全区经济的发展。这是经济阶梯式发展规律的客观要求。全国没有东部沿海和中部的进一步发展，大西北和大西南的开发也会困难重重。现在我们不能要求桂西北开发与桂东南建设齐头并进，均衡发展。必须让桂东南优先发展起来，同时采取多种形式和多种办法，推动桂东南与桂西北的联合，带动桂西北的开发建设，是在现实条件下加快山区建设、加快全区建设的有效途径。这一决策与选择，叫做“欲西(北)先东(南)”，“以东(南)养西(北)”，“以东(南)促西(北)”。

邱祖强同志 1985 年发表了《建设防城港为国家自由贸易港研究报告》。陈武同志上世纪 80 年代大学毕业后，自主完成和牵头组织完成了《开放——摆脱贫困之路》、《广西北部湾沿海地区开发战略》、《广西联合西南加快开发开放研究》、《广西北部湾沿海地区发展规划》等一大批重要成果，到 2005 年任自治区副主席，专管北部湾(广西)经济区规划与建设领导小组及办公室，亲自负责并与中央有关部门领导和专家以及广西区内的政府部门领导和专家一道参与起草《广西北部湾经济区发展规划》，该规划于 2008 年 1 月 16 日国务院批准颁发。

自治区原副主席、现自治区人大常委会常务副主任杨道喜同志在二十世纪八九十年代也形成了关于北部湾经济区、广西沿海发展研究一系列重要研究成果。他在由中国经济出版社出版的《论转轨时期的广西经济发展》专著一书中有几点亮点。①明确地提出了科学地划分经济区是研究制定区域经济政策和实施区域经济战略的重要前提，并将广西区域经济发展划分五大经济区，桂南沿海经济区、桂中经济区、桂北经济区、桂东经济区、桂西经济区，深刻地研究了广西区域经济发展战略演变四大时期及五大经济区划分的依据和意义。②充分发挥沿海优势，加快南北钦防沿海经济区发展。南北钦防这一区域优势在海，潜力也在海。南北钦防沿海经济区区位和资源优势突出，在未来广西经济发展中将起着龙头和窗口作用，沿海三大港口要按照建设现代化组合港的要求统筹规划，分工合作，协调发展。沿海四个地级市要按照建设现代化城市群的要求，确定各自功能分工和主导产业布局。③广西南北钦防沿海经济区发展战略研究。提出力争用 30 年左右的时间把南北钦防沿海经济区建成现代化城市群，中国西南部国际贸易和运输中心以及商业、信息中心，抓好基层设施、交通网络、三大港口、产业的发展，并提出按照可持续发展战略要求抓好海洋、城市、陆域的生态建设和环境保护。

自治区发改委原主任章远新同志在 2003 年 11 月中国物价出版社的《新世纪新阶段广西加快发展重大问题研究》中明确提出广西拓展内外贸易与走向东南亚市场，强调沿海合作，共同发展组织完成了《广西出海出边国际大通道建设规划思路》，编制了《广西出海出边国际大通道建设规划》。原自治区计委代表自治区人民政府在 1986 年委托世界最著名的咨询公司——柏克德国国际公司、雅邦城市规划及景观设计公司、成功技术公司、信威工程有限公司等编制《钦州湾区发展规划》，钦州湾区就是现在广西北部湾区，包括钦州市、北海市、防城港，明确提出钦州湾区发展目标为西南各省对外的窗口，成为广西和西南各省的主要对外海运通道。原自治区科委、广西社科联、社科院等六大部门联合成立我国第一家省市自治区软科学咨询公司——广西软科学咨询公司暨广西经济社会技术发展研究所，起初发展和建设北部湾也是其重点，与青协共同组织的北部湾重要岛屿——涠洲岛发展总体规划，当时有马飚同志等

40 多位领导和专家参加!第一批最多调研人员上岛调研半月有余，规划报告数百万字。

广西社科院研究员周中坚在 1988 年写成《从历史走向未来：北部湾经济圈的构想及其依据》，全面探讨北部湾经济圈：文章从地理、历史、现实三方面论述北部湾经济圈形成的条件，从港口、交通、产业、合作四方面构想北部湾的发展方向与未来，在北部湾经济圈的总框架，文章提出了许多创见，例如，关于建钦州港与铁山港的构想、建设连接太平洋与印度洋的亚洲大陆桥(西南大陆桥)、建设纵穿中国西部的新干线——包(头)钦铁路、建设环北部湾铁路的构想，关于钦州湾区“金三角”(防城——钦州——北海)、北部湾“中三角”(钦州湾区——雷州半岛)、“大三角”(合浦——钦州——海防)的构想，关于“北部湾——未来中国沿海经济区南翼与环太平洋经济带重要环节的构想”等等。该文曾在国内外产生了一定影响并收到了较好的社会效益。对此，北京大学陈玉龙教授 1992 年 9 月 19 日来信云：“《构想》一文，笔势纵横，引人入胜：不只是一般学术论文，而是阐述有关国家百年大计、战略方针的重要策论，确是一篇优秀的科学论文：”广西社科院李甫春研究员 1993 年 1 月 10 日对该文评价云：“这是一篇功底深、视野广、立论高的力作。它横贯古今，纵览中外，言之有理，论之有据，具有开拓创新思想：一篇论文产生如此广泛的影响和重大的作用，在广西是不多见的”。

(二)《广西北部湾经济区发展规划》的有力实施为建设广西“海洋强区”发展奠定坚实的基础

《广西北部湾经济区发展规划》实施进展顺利，阶段性目标总体实现，重点任务深入推进，保障措施顺利落实，广西北部湾经济区经济实力显著增强，产业结构逐步优化、交通设施不断完善、基础设施顺利推进、保税物流体系功能逐步完善，社会事业全面发展、生态建设得到加强、体制改革深入推进，为广西未来建设“海洋强区”发展提供坚实有力的基础条件。

1. 基础设施建设发展基础。截止到 2011 年底，北部湾经济区内铁路里程约 970 公里，高速公路里程 1048 公里；南宁、北海机场快速发展，其中南宁吴圩国际机场已经开通 11 条国际航线，2011 年旅客吞吐量突破 700 万人次；新建成一批万吨级以上泊位，最大达 10 万吨大泊位，港口进港航道 131 公里，港口年吞吐能力达到 1.37 亿吨；建成投产了一批高参数低排放火电项目，装机容量 306 万千瓦；积极稳妥发展沿海核电，防城港红沙核电一期(2x 108 万千瓦)2010 年 7 月获国家核准，目前建设总体顺利；煤炭、清洁能源、可再生资源、天然气建设、电网建设顺利推进；水利建设投资规模大、防灾减灾能力、供水保障能力等进一步增强；加快推进广西区域性信息交流中心建设，广西北部湾信息化建设成果突出。

2. 产业发展基础。广西北部湾经济区产业结构逐步优化，发展层次不断提高，现代产业体系初步形成。石化、钢铁、林浆纸、铝加工、电力等重大产业项目建设取得突破性进展，重化工业、支柱产业发展的格局逐步形成。2011 年，广西北部湾经济区三产产业结构调整为 16.4∶43.1∶40.4，重点规划的 14 个产业园区发展迅猛；重大项目建设成效显著，工业经济发展迅猛。北海、防城港、钦州三市燃煤电厂、钦州中石油 1000 万吨炼油，中石油 1000 万方原油储备库一期，钦州金桂林浆纸，北海铁山港城德新材料一期，中粮钦州粮油加工等重大项目建成投产，中石油钦州炼油一期配套工程、防城港红沙核电、北海炼油异地改造石油化工等开工建设。2011 年，北部湾经济区规模以上工业增加值 1302 亿元，占自治区规划以上工业增加值的 26.5%；国家级和省级高新技术园区、产业开发区、经济技术开发区基础设施不断完善，初现集群效应。

3. 港口物流发展基础。截至 2011 年，广西北部湾拥有生产泊位 227 个，其中万吨级以上泊位 56 个，最大泊位防城港散货泊位 20 万吨级，建成防城港 20 万吨级进港航道，目前在建最大航道钦州 30 万吨级进港航道。港口进港航道全长 131 公里，港口年吞吐能力 1.37 亿吨，迈入了全国亿吨大港行列；北部湾区域内形成了以钦州保税港区、凭祥综合保税区、南宁保税物流中心(B 型)、北海出口加工区拓展保税物流功能、防城港保税物流中心(B 型)为依托的保税物流体系，保税物流功能逐步完善，形成了服务华南、西南、中南、面向东南亚的北部湾供应链体系；北部湾货物存吐量 1.53 亿吨，集装箱 73.8 万 TEU，货物存吐量增长加快。

4. 生态建设基础。北部湾在开发开放过程中注重加强生态建设和环境保护，使“山青水秀生态美”成为亮丽品牌。2011 年，北部湾森林面积 2.03 亿亩，森林覆盖率达到 60.5%，城镇污水集中处理率达到 65%，目前已经批准的国家级生态示范区已经有 23 个，各类自然保护区有 78 个，其中国家级自然保护区已经有 16 个，森林生态系统及生物多样性得到了很好的保护。

5. 社会事业发展基础。广西北部湾经济区开放开发坚持经济和社会协调发展，着力保障和改善民生，积极发展社会事业，不断深化教育、医疗、科技、文化体制改革，就业规模不断扩大，覆盖城乡居民的社会保障体系逐步建立，住房保障制度不断完善，公共服务水平显著提高，人居环境舒适优美，社会安定和谐进步。

5. 合作开发基础。2011 年，广西对外贸易保持全国前列，其中，广西北部湾经济区进出口贸易总额达到 11.3 亿美元，出口 4.6 亿美元，进口 6.7 亿美元，利用外资总额不断增加，利用外商直接投资增长速度不断加快；中国一东盟博览会的规模和影响力不断提升，广西对外开放水平逐年提高，与东盟的区域合作全面推进，在中国一东盟自由贸易区合作框架下，北部湾经济区积极参与和推动北部湾经济合作、大湄公河次区域合作、“两廊一圈”等次区域合作都取得了积极进展；开放型经济取得新进展，我国第三个中外两国政府合作的产业园区——中马钦州产业园 2012 年正式启用，中马钦州产业园也是马来西亚在中国设立的首个产业园区。广西广东全面启动建设“粤桂合作特别实验区”；湘桂钦州临港工业园、川桂临海产业园等多个区域合作共建产业园区全面启动；凭祥综合保税区、钦州保税港区、北海出口加工区和南宁保税物流中心等积极发挥作用。

五、广西建设“海洋强区”的对策和建议

(一)进一步解放思想，提高认识，加强宣传

必须从大局出发，牢固树立海洋强区共同发展的思路，牢

固树立海洋国土意识、海洋资源意识、海洋产业意识、海洋环境意识，形成发展广西海洋强区意识，注重建设广西“海洋强区”各沿海城市的联动互动，跳出各市县的行政区域的限制，置身于世界、中国一东盟、全国、广西的全盘发展格局考虑，坚定干部队伍的理想和信念，以坚韧不拔的意志，脚踏实地，艰苦卓绝，埋头苦干，突破体制机制性障碍，进一步增强建设广西“海洋强区”的动力和活力。

(二)成立领导机构，强化规划指导，加强组织协调

建议成立广西海洋强区领导小组，加挂到广西北部湾经济区规划建设管理委员及办公室，加快推进行政管理一体化的进程，理顺管理体制和运作机制，统筹协调海洋强省(区)发展，促进资源要素整合；加快推进广西“海洋强区”规划编制工作，推动各级政府加强组织对广西“海洋强区”问题的前瞻性和战略性研究，加强对海洋强区基础理论和应用工作的研究。

(三)积极争取国家将广西列入全

国重点海洋强省之列，争取国家层面更大的支持力度

广西应积极争取国家在海洋资源开发、海洋科技创新、海洋生态文明建设、海洋权益维护等方面的大力支持，积极争取国家批复广西海洋强区、广西海洋经济发展等一系列配套规划，使广西海洋真正成为拉动广西经济发展的重要引擎。

(四)培植壮大一批引领全国、世界的海洋产业，大力发展海洋经济

充分发挥海洋资源优势，发展壮大传统海洋产业，加快发展临海产业，积极培育新兴海洋产业。重点发展海洋交通运输业、滨海旅游业、海洋渔业及配套服务业、海洋油气业及滨海矿业、新兴海洋产业等领域。发展一批在全国、世界都具有示范意义的海洋产业，使广西的海洋产业成为全国乃至世界新的经济增长点。高起点开发、利用、保护北部湾海洋资源与环境，探索具有引领未来意义的海洋资源利用和管理模式，形成海洋经济发展示范区，扩大海洋经济对经济区的影响，使海洋经济成为北部湾新的经济增长点。

(五)发挥非公经济在海洋强区建设中应有的作用

真正激发激活民营资本，发挥民营经济内生活力，加快提高在国民经济中的比重。建议设定海洋产业发展目标、产业链条件、技术条件，实行公开招标，进行重奖。切实破解海洋关联产业(如钢铁、石油化工等)仅仅停留在资源初级加工阶段的难题：做到拉伸拉长产业链，形成产业集群，形成产业核心竞争力。

(六)在广西大力实施“江海直达”战略

大力实施“江海直达”战略，积极推进内河水运主通道项目建设，真正实现通“江”达“海”，促进沿江沿海地区经济社会整体持续健康发展。积极推进连接南宁、北海、钦州、防城港、贵港、梧州、百色、来宾、柳州、崇左等市的内河水运主通道建设，支持其他支线航道建设，形成以西江水运干线和右江、红水河、柳黔江水运通道为主骨架，干支畅通、“江海直达”，设施较为完善的内河航道网：通过调动与整合江海地区的各种资源，发挥各自比较优势，以 产业和企业合作为突破口，做强北部湾这一增长极，做大西江流域这一增长带，实现通“江”达“海”，促进沿江沿海地区经济社会整体持续健康发展。

(七)必须着力推进实施海洋教育强区、人才强区战略

一是引进先进教育资源，为经济社会发展储备高层次人才。加强与国内知名大学、研究机构的合作，充分利用其丰厚的海洋研究技术人才：二是大力兴办高等教育，办好现有大学，成立北部湾大学等一批高等院校，在北部湾大学、广西大学等广西高校成立海洋学院，重点开设海洋、港口、船舶、国际物流等相关专业，加快发展海洋强区开发所需的新型特色专业和人才，发展中高等职业技术教育，大力培养海洋科技人才、经营管理人才和高素质的海洋产业技工人才：三是建设完善海洋科技和管理人才的培养、激励和使用机制，加强高层次科研人才、工程技术人才、企业管理人才的引进工作，优化发展软环境，塑造良好的法制环境和社会服务环境，想方设法吸引人才、留住人才，逐步形成一批开放、竞争、协作的高素质海洋人才队伍。四是发展职业教育，加强继续技能培训，提高劳动者素质和业务水平，为企业输送熟练的劳动力。五是建立高效的人才引进和激励机制，广纳贤才，任人唯贤，积极引进外来先进人才为北部湾经济区所用，完善人才发展服务体系和人才统筹发展体系，优化人才发展环境，关注引进人才的安置，消除其后顾之忧。

(八)提高政策执行力

国家对经济区的扶持政策涉及基础设施建设、产业发展、对外贸易、民生改善等各个领域：这些政策有的是具体的，有的是原则性的：要让各部门各单位确实读懂、正确理解这些政策的内容和执行程序，明确政策落实机构和负责人，做到认识到位、落实到位。组织梳理现有政策，已落实的要及时总结经验并加以推广；能够继续实施的要用好用活；国家已明确但尚未启动的政策，要抓紧组织落实，对于定性和抽象的政策，要将其具体化并创造性地加以运用；积极借鉴其他区域好的适合自己的优惠政策，努力向国家争取。强化政策落实的监控，更加关注政策的“双刃剑”效应，加强对政策落实情况的监督检查，既要防止政策落实过程中出现变形、遗漏和落空，又要着力避免政策衍生的负面影响，同时防止政策多了“绊倒人”情况的发生，提高政策的实施效果。

(九)增强总体竞争力

未来经济区的发展要形成国内独特品牌，能经受住考验，关键在于是否具有总体竞争力。要破除制约长期可持续发展的体制机制障碍，形成稳定的政策环境，重点向科技人才使用、平台建设、成果转化、技术创新等方面予以倾斜，提高科技对发展的贡献度和支撑作用，把经济总量做大、把产业结构做优、把企业做强：加大对特色产业的支持力度，向国家申请把临海化工、林浆纸、水产等特色优势产业列入鼓励类产业目录，同时申请降低政策门槛，扩大财政支持和税收优惠政策覆盖面，形成具有竞争力的特色产品。

(十)优化行政管理体制

可借鉴上海浦东新区模式、天津滨海新区模式，着眼于经济区一体化发展，进一步理顺经济区管理体制和运作机制，切

实解决资源等生产要素实现有效整合、集聚问题。探索研究将北海、钦州、防城港整合为副省级城市——北部湾市，形成北部湾市与南宁市两核带动，辐射玉林、崇左两翼的北部湾经济区发展格局。

（十一）加强园区新区建设

产业园区和新区是实现产业集群发展、资源集约利用的重要载体，是创造就业、增加财政收入的重要途径，是实现跨越式发展的重要手段：广西要统筹安排财政资金，引导和利用全社会各种资源，鼓励多种投资主体以各种形式参与投资产业园区新区基础设施建设。五象新区要加快建设步伐。

（十二）着力解决能源资源约束和生态环保问题

加快转变经济发展方式，承接产业转移时，要避免产能过剩和高耗能产业，依靠科技进步，优化能源资源配置，同时请求国家确定分解下达能源消费总量时充分考虑经济区正处于大发展阶段、资源需求量较大的实际情况，在用电负荷、万元能耗等指标上适当倾斜：积极推进大用户直供电，实行多种形式的矿电结合，探索煤、电、铝联营的模式：加大环境保护和生态建设的投入，建议国家每年安排一定数量的北部湾生态屏障建设专项资金，尽快完善生态补偿机制，提高国家生态公益林补偿标准，并将防城港市防城区增补为国家重点生态功能区财政转移支付县。

（十三）设立经济区综合配套改革试验区

借鉴设立成渝统筹城乡综合配套改革试验区、武汉城市群和长株潭城市群“两型社会”综合配套改革试验区等成功经验，争取国家将北部湾经济区也列为国家综合配套改革试验区，在体制机制创新方面给予先行试验的机会和权力：比如，充分利用建立中国——东盟自由贸易区的制度资源，争取国家批准在北部湾经济区设立中国——东盟自由贸易区综合改革试验区，通过先行试验海关特殊监管等一些重大改革措施，不失时机地推进北部湾经济区贸易与投资的自由化，加快北部湾的全方位开放开发步伐：同时，积极推进重点领域和关键环节的改革，以体制机制新创造发展新优势、增强发展新活力。

（十四）加强开放合作

充分利用经济区沿海通道，加快发展“飞地经济”，推进东兴国家重点开发开放试验区、中越凭祥——同登和东兴——芒街跨境经济合作区建设，提升边境口岸功能；采取两国合作共建方式，加快中马钦州产业园建设，推动设立中泰、中越、中韩等产业园。加快广西与广东、海南等周边省份在北部湾经济区合作建设产业园区，在合作方式、税收分成、土地指标、统计指标和节能减排指标分享分担上进行先行先试。加强泛北部湾经济合作，将南宁——新加坡经济走廊纳入“中国——东盟投资合作基金”的重大基础设施投资合作项目，推动连接西部地区与东盟的道路、港口等基础设施项目建设，加快推进北部湾区域性航运中心建设。搞好港口与铁路、公路等交通基础设施的衔接，实现沿海通道的畅通。积极创造条件，促进铁山港的对外开放。

（十五）加大政策支持力度

尽管国家加大西部大开发的力度，对后发达地区采取了很多支持政策，但由于国家近年出台了一系列促进区域协调发展的文件或规划，出现了政策趋平化，经济区享受的政策优势不再突出。广西要加强研究，提出具体的有差别的特殊优惠政策，近期可重点申请两项政策：一是扩大企业债券发行规模，解决资金投入不足的矛盾，这是促进投资平稳较快增长和加快项目建设的一条重要途径。二是争取土地使用优惠政策，申请开展国土规划编制试点，在安排土地利用年度计划、城乡建设用地增减挂钩周转指标等方面加大倾斜支持力度；申请列为全国开展未利用低丘缓坡实施工业和城镇建设试点地区，相关指标单列管理，解决当前土地供需矛盾问题。同时也要注意政策的两面性，既考虑政策的优惠性，又考虑增加地方税收，创造更多就业岗位。

【作者：广西发改委经济研究所所长】

开启赤水河航道事业更加美好的明天

沈秀华

时光的脚步悄然跨过了2012年，我们满怀收获的喜悦迎来了2013年新年的钟声。站在新的起点上，赤水河航道人即将开启更加美好的明天。

在2012年里，带给赤水河航道人太多难忘的美好记忆，这群为实现这条航道畅通贡献了青春、热情和汗水的水上铁军在这年收获了很多梦想：

春天，在繁花盛开的季节里，“全省文明单位”——这项在贵州省精神文明建设中的最高荣誉颁发给了赤水河航道人。多年来，生活和工作在赤水河岸边的这群水上铁军在文明创建活动中结合“民主评议行风”、“深入学习实践科学发展观”、“创先争优”、“四帮四促”、“三个建设年”及“四型”机关创建活动，使全体职工树立起了建设现代化航道的坚定信念，一个热爱航道，爱岗敬业，团结和谐，积极工作的生动局面已经形成，全处上下形成了团结拼搏、务实高效、锐意创新、优良服务的良好氛围。

夏天，在被绿色环抱的季节里，“全国航道管理与养护先进集体”——这项为表彰确保航道畅通与安全，有力支撑水运和社会经济发展而设立的国家级单项奖在这年颁发给了赤水河航道处。多年来，航道人在工作中用严明的纪律和务实的作风认真执行了航道相关法律、法规和标准，规范航道管理养护工作，倡导遵章守纪、文明礼让、友爱互助，共同维护公共秩序，做到主动、热情、耐心、周到，努力提高赤水河航道管理养护能力和服务水平，确保了赤水河航道优良畅通。

秋天，在带给人们丰收喜悦的日子里，“全国文明样板航道"——这项在文明创建活动中航道管理最高综合奖项同样也在这年颁发给了赤水河航道人。在文明航道创建工作中，赤水河航道人经过长达10年时间的艰苦创建，在2010年已获得首条全省文明样板航道的基础上，交通运输部正式授予赤水河狗狮子至合江段"全国文明样板航道"称号。这是贵州省内河航道荣获的第一条全国文明样板航道，也是西部地区第一条全国文明样板航道，同时也是全国第一条在五级航道上获得的"全国文明样板航道"称号。

2012年，这一个又一个荣誉奖杯带给赤水河航道人无限荣耀，她们有足够理由去欢欣雀跃，但这一切又是历史，她们必须去开拓新的未来。

2013年，赤水河航道人又站在新的历史起点上。全国各族人民正按党的十八大规划的目标奋进，去实现中华儿女的富民强国梦；全体贵州人正在贯彻落实国发2号文，不断增强发展的动力和活力，努力走出一条符合贵州自身实际和时代要求的后发赶超之路，确保与全国同步实现全面建设小康社会的宏伟目标，以改变和战胜现阶段贵州贫困和落后这对主要矛盾。贵州水运人则要在落实两个国发2号文的同时，进一步提高水运在服务全省经济社会又好又快发展的能力。

而赤水河航道人必须为到2020年赤水河年通过能力达到1000万吨目标而未雨绸缪、不懈努力。提出这样的目标，又是一个新的机遇和动力，赤水河航道人要用激情和实干抒写出充满希望梦想、饱含时代温度的"赤水河故事"。

赤水河有太多的历史故事，赤水河是中国工农红军"四渡赤水"的红色旅游胜地，素以"英雄河"、"美酒河"、黔北川南人民的"母亲河"著称于世。而今，英雄的赤水人民和赤水河航道人又赋予她"生态河"、"文明河"的厚重内涵。在赤水河沿岸延绵数百里范围内，山川秀丽、景色迷人，人民勤劳，民风淳朴，尤以"千瀑之市"、"丹霞地貌世界自然遗产地"、"桫椤王国"之美誉深深地吸引着海内外游客。她承载着亿万华夏子孙和世界人民的向往，承载着川南黔北居住在沿岸数百万人民走向民主、富裕、文明、和谐的梦想和希望！

赤水河航运建设事业发展进入了全新时代。作为赤水河航道的建设、维护和守卫者，一代又一代航道人用一生的光阴呵护着这条航道的畅通，在赤水河上书写壮丽人生，实现人生价值，是理想的实现地。

2013年，我们赤水河航道人面临新起点、新要求。新起点，源于对历史方位的准确把握。起点既是时间上的整装待发，又是空间上的全新谋划，新起点意味着新征程的开始。在新起点上，只要坚定信心，我们就有理由相信，今后在赤水河航道管理和养护事业上必将开启赤水河航道事业更加美好的明天。

【作者：贵州省赤水河航道管理局党委书记】

第八编

社会行政事业管理与贯彻“十二五”规划

新增地方本科院校管理体制改革的思考

李可君

一、地方本科院校发展的现状

地方本科院校包含两层涵义：一是学校是适应地方经济社会发展的需要而产生，其任务是为地方经济社会发展服务；二是学校管理权归属地方政府，学校以地方财政拨款作为办学资金的主要来源。近十年来，新增地方本科院校得到迅猛发展。以 1999 年的全国高校扩招为标志，高等教育的管理体制由过去的“条块分割”，改为“以块为主”，高等教育的举办者由过去的以政府公办为主的单一模式，转变为以公办和民办相结合的多种模式，一批新兴的民办高校迅速崛起。高等教育由过去集中于省会城市办学转向地方中心城市发展，我国高等教育由精英式向大众化迈进，呈现了明显的地方化发展趋势。

地方本科院校在我国高校群体中所占比重大分布广。据统计，2011 年我国高等教育学龄人口为 1.463 亿，在校大学生规模将近 2866 万，其中 90%左右的大学生都在地方本科院校就读。在一定意义上讲，地方本科院校的发展水平，决定着高等教育大众化的速度和质量。随着地方新增本科院校数量逐年扩大，它们在新的办学环境中上遇到许多困难，能否抓住机遇，科学定位，选择符合自身发展目标的办学模式，从而发挥优势、形成特色，促进地方经济和社会的发展，就成为当前新增本科院校发展中一个极为重要的课题。本文新增地方本科院校为主要研究对象，探讨管理体制改革问题。

二、地方本科院校发展出现的问题

（一）地位尴尬、不上不下，在夹缝中求生存

蔡袁强等人在对地方本科院校发展研究中发现：与重点大学相比，地方本科院校的生存环境不利，在人、财、物等教育资源获取方面处于劣势地位，在重点学科、重点实验室、质量教育工程项目、优质师资和生源等方面根本无法与其展开竞争，而且不平等格局还呈现扩大趋势。与高职院校相比，地方本科院校也不具优势，高职院校采用多样的人才培养机制，灵活设置专业，培养出的学生动手能力强、社会适应快、就业期望值较低，社会需求广泛；而地方本科院校面对经济社会发展的需求适时调整专业的能力很弱，专业设置重复，教学内容与方法老化过时，培养的学生容易眼高手低。蔡袁强分析，地方本科院校处于上顶不了天，下立不着地的尴尬局面，所培养的学生学术性比不上研究型大学，应用性、职业性比不上高职高专，未能在中间层次的人才培养中把握定位与趋势。正所谓处于前有重点大学的阻击、后有众多高职高专学校的追击、旁有民办大学虎视眈眈的夹击的恶劣环境中，生存与发展不容乐观。

（二）投资不明、地理偏远，造成高层次人才匮乏

我国大部分新建本科院校大都是地方专科层次升格而来，由省市共建，这就造成了它的投资主体不明确，互相推诿谁都不愿管。这种双重体制的，使得新建地方本科院校经费使用受到更多的制约，造成发展经费严重缺乏。特别是大部分地方本科院校在二三线城市办学，有的甚至地处经济落后的老、少、边、穷山区，教师不愿来，学生不想进，这种地理位置决定了招聘优秀人才难，留住人才更难，培养和留住自己的人才难上加难。再加上学校连年扩招，师资力量明显不足，特聘双高教师、学科带头人、优秀科研人才偏少，生师比严重失调，直接影响了学校教育质量的提高和教学、考研工作的发展。

（三）婆婆较多、惯性运行，加剧学校管理行政化

地方本科院校长期的行政管理运行模式导致行政权力过大，用行政权力治校，用行政权力替代学术权力，教授和教职工权力被边缘化，有悖于教育教学规律和学术规律。

1．高校外部“婆婆”多。一是设立了众多管理高校的教育行政机构。高校实际上成为政府教育行政机关的附属机构，学校的人、财、物被行政部门严格控制，二是对大学规定了部级、厅级等职级。副校级、中层干部也都相应有了级别，这造成了大学行政化倾向加剧。

2．高校内部行政权力集中。杨德广在《教育发展研究》中指出，高校内部行政权力集中：一是高校内部按行政机构设置管理门，大学似乎成了行政机构、官僚机构，等级森严。科长、处长可以官员身份对教师施于行政管理，按行政规则运作，不再是服务者，而是管理者、管人者；二是学术管理行政化，高校行政机关俨然像政府机关，权力很大，各院系的专业设置、调整，课程结构、教学内容的确定，教师职称评定，教师的招聘、流动，教师的考核、晋级等，即无论是学术事务还是行政事务，统统由行政部门决定。三是党、政不分，职责不清普遍存在党委领导不善于领导，校长负责难负责的状况。四是教授和教职工权利被边缘化。由于干部任命制导致下属干部必须听话、服从，工作中主要对校领导负责。教授及教职工权利被边缘化，处在一种“说不上话”的状态。

（四）定位不明、体制死板，造成办学活力不足

1．定位不清，目标不明。有些地方院校升格以后，对自身的发展目标缺乏明晰的思考，部分学校一味追求规模发展，盲目扩张，向重点大学看齐，追求大而全，但明显能力不足，最终发展成四不像。还有有一些院校没有举办大学的经验，满足于专科时代的模式，失去学校发展的大好时机。更有一些特色学校，找不到前进的方向，原有的特色又损失殆尽。如一些师范院校，师范特色渐行渐远，而其综合性、学术性却未得到实质性提高。

2．专业学科结构单一，科研组织性较弱。新建地方本科院校的学科体系是从专科层次演变而来的，学科较为单一，科

研管理组织较差，多数教师缺乏科研意识，搞科研的教师也是散兵游勇，无法实现大学科研的集成与创新。

3．管理相对弱化，攀比正规大学。有些地方本科院校追逐正规办学的教授不坐班，学生纪律松弛培养目标不明确，就业困难。

三．地方本科院校体制改革的思考

由于地方本科院校收入固定化，专业无创新，机制死板，债务沉重，地方政府压力大，不改革将会是坐以待毙。改革的方向就是要建立现代大学制度，走出一条“自主办学，服务社会，培养造就有用之才”的新路。

（一）谁出资谁决策，探讨现代大学管理模式

1．政府放权给院校，实施宏观调控。一是给予院校更大的自主办学空间，使其按教育规律自主运行。特别是在机构的设置、干部的使用、人力资源的配置、课程专业的调整等方面，大胆放手；二是引导学校多方面筹措办学资金。政府为院校的发展一方面提供充足的经费保障，同时积极支持学校学校自筹资金，多方面融资，利用学校科研优势积极服务社会，取得更大回报，鼓励大型企业集团为学校投资；三是政府转变职能，为推动校企结合前行牵线搭桥。如积极推进大学生就业工程，为学校的发展引荐企业，推进产学研一体的“双赢工程。

2．新建地方本科院校要组建学校领导机构，即“董事会”，党委书记作为出资人代表任董事长。董事会组成应广泛吸收社会各阶层代表，特别是那些为学校捐款或投资的企业代表，所有成员义务参与高校的管理，这样就在一定程度上保证了院校与社会经济、市场需求的紧密联系，也为学校办学管理引入了社会监督力量。

3．新建地方本科院校要成立监事会，党的纪委书记任监事会主席。监事会成员吸收教师代表、学生代表、家长代表及部分用人单参加。教师可以通过一线教学了解情况，参与管理；学生可以根据自身学习体会进行评价；家长可随时参观、听课，并通过对自己孩子的成长进步来对学校的教学管理提出合理建议和意见；用人单位则通过对学校毕业生在德、智、体、美各方面的表现来评价学生、评议学校。学校要高度重视监事会的作用发挥，定期召开专题会议，及时发放问卷调查，通过不同的渠道邀请家长参与学校重大事项讨论，以全面地了解学校的办学实绩与社会认可度。

（二）党委领导、校长负责，保障校长作用发挥

确立党委在学校的领导核心地位，党委是学校各级组织和一切工作的领导核心。党委要切实尊重和充分发挥校长在学校中的重要作用。中共中央党史研究室主任欧阳淞在《高等学校实行党委领导下的校长负责制的实践与思考》一文中提出，从工作职权上，校长在全面主持学校的行政工作，依法行使管理学校的权力，是学校的法人代表；从履行职责上，校长要全面贯彻党的教育方针，贯彻执行党委的决议，统一组织实施党委决定的重要工作，通过具体的行政措施，把党委的决议落到实处，在党委的领导下，积极主动、独立负责地做好教学、科研和其他行政管理工作。

1．夯实坚持和完善党委领导下的校长负责制的思想基础。高校领导班子成员特别是党委书记和校长要充分认识到坚持和完善党委领导下的校长负责制是完成高教管理的法律依据，是完成历史使命，实现办学目标的关键因素。自觉坚持党委领导下的校长负责制是衡量一个领导干部讲政治、讲大局、顾大局的必然要求。

2．规范会议管理制度和民主决策规则。要健全和完善党委会议议事规则；健全和完善校长办公会议或校务会议议事规则；明确重大问题和重要事项的范围，均须由党委集体讨论决定。

3．健全组织权力运行保障机制。要畅通沟通渠道，健全沟通协调机制。通过民主生活会、恳谈会、见面会等各种会议渠道，进行班子成员之间的相互沟通，彼此相互了解、相互理解、相互支持。建立和完善监督机制，及时对执行党委领导下的校长负责制管理运行情况进行不同形式的监督。

4．不断提高贯彻执行党委领导下的校长负责制的能力和水平。校长要敢于负责，善于负责，为学校的事业发展搭台、护台，为学校的发展当好后勤部长。

（三）教授治学、教授管理，突出教授中心地位

我们所说的“教授”不是指具有教授职称的狭义概念，这里说的“教授”，一方面自身在育人方面取得突出成绩、在学术领域达到较高水平；另一方面具有崇高的品德及人格。是在学术水平及人格品质上集大成者。教授在完成自身的教学科研工作任务以后，愿意为学校的发展贡献力量、献计献策，这就要求教授不仅具有渊博的专业知识，同时还要具备一定的管理知识及决策能力，了解高教管理规律，懂得现代大学制度。

1．发挥教授的敬业精神，提高教学水平。大学的根本性社会责任就在于教书育人，文化传承。教书育人是教师的首要任务。学校坚持以教学为中心，教授时完成教学任务的主导力量。教授应以渊博的知识吸引学生，教给他们服务社会的本领，以高尚的品格引导学生，使他们成为德才兼备的人才，以严谨的治学态度影响学生，使学生全面发展，综合素质不断提高的合格人才。

2．发挥学术水平，提升学科建设层次。学校的品牌和办学优势通过学科建设来体现。教授是学科建设、专业建设的中坚，是教师队伍培养培训的骨干。教授治学就体现在负责学科建设，掌握学科建设的方向，凝炼学科特色，建设学科队伍，发展学科基地。

3．发挥科研能力，提高科研水平。无论是教学型大学还是教学科研型大学，科研水平、科研能力无不体现一所大学的综合实力，每一位教授都与学校的兴衰荣辱息息相关。教授应当发挥主人翁责任感，立足科研，立足前沿，以卓越的学术造诣和无私的人格魅力，成为具有一定影响的大家。

4．发挥教授管理能力，提高决策水平。教授参与决策管理，主要表现三种具体行为：一是指导。即教授作为咨询者，对高校的发展提出指导性意见。二是管理。即教授作为管理者，对高校工作或其中部分工作进行日常管理。三是决策。即教授作为决策者，对大学发展的重大事项行使决策权，其决策由行政机构具体执行。

（四）推动绩效奖励改革，提高教工工资待遇

1．建立完善的绩效考核方案。坚持奖勤罚懒，优劳优酬，体现多劳多得，绩效优先。坚持向一线的骨干教师和有贡献的工作人员倾斜；坚持在考核过程中定量与定性相结合，避免主观倾向，赋分不公平；坚持综合考量，既要关注到工作量的完成情况，又要考核科研业绩，更要关注日常德育工作及师德表现等等。

2．透明、公开评价考核过程。及时向教工反馈考核结果，并做好公示工作，使每个职工都能明白自己取得的成绩以及丢分的项目，及时了解学生、领导、同行对自己的评价，了解自己的科研在社会中的影响，以便更好地改进教学活动。

3．发挥绩效奖励的激励功能。绩效奖励制度的实行，除了在物质上给每位教工带来实惠之外，还要从精神上真正起到刺激作用，将考评结果与晋升职务、职称晋级、年度评优紧密结合，作为综合考核的依据，引起教职工对绩效管理、提高绩效的重视。

4．严格落实考核过程，做到“三个”坚持。坚持考核公私分明，公平公正，做到制度管人，流程管事；坚持对日常工作的人检查，把量化考核落到实处；坚持考核数据的真实性，在考核中注意实地考察、收集原始数据，做到过程评价与结果评价相统一。

（五）创新运行模式，提高学校办学活力

1．决策重心由一级向二级转变。在新的社会发展形势下，新增本科院校要清晰认识，真正实现自主办学必须坚持权力下放，实行二级管理。基层单位在培养方案制定、教育科学研究、为地方经济社会服务等方面是处在第一线的，大学实行一层楼管理必将萌生官僚主义，不符合教育发展的规律，决策权力的下放、管理重心的下移则成为必然趋势。作为学校主要领导必须要有这种大局意识和大刀阔斧的改革意识。

2．干部使用由任命制向竞聘制转变。改革系一级领导干部管理体制，系主任由任命制改为教授推选举制，实行任期轮换制。基层领导班子由系主任组阁，绩效分配、人事安排、工资涨幅、职称晋升统统由基层领导班子负责。专职党务干部一律由本系党员选举产生，辅导员直接归学生处管理。党委做好教学工作和学生的思想政治工作。

3．人才培养以社会需求为导向。实施按大类招生的招生方案，一年级进行基础知识教育和良好习惯养成，二、三年级根据自己需要确定专业方向，强化专业知识学习，大四实行全年实习，提高实践能力，增强就业竞争力。淘汰落后、老化专业，根据社会发展需要适当建设新型专业，融入当地，自主决定专业设置。明确办学定位，为地方经济社会发展培养应用型人才，不断完善人才培养方案，使学校的教育跟得上社会发展的脚步。加强学生管理，提高毕业生质量，培养德智体美全面发展的合格的有用人才。

总之，新增地方本科院校体制改革势在必行，改革是系统工程，解放思想是关键，领导带头是根本，各部门共管理，才能全面推动学校的建设和发展。

【作者：唐山师范学院纪委书记】

谈谈香港政府服务及启示

——以广东茂名滨海新区行政服务为例

李清汉

建设服务型政府，是近年来全球范围内各国政府推进自身建设的重要发展趋势，是从政府结构、职能转变、流程再造、管理方式等多个方面为适应现代市场经济社会而设计的，是在公民本位与社会本位理念的主导下，在整个社会民主秩序的框架中，把政府定位于服务者的角色的。长期以来，我国传统计划经济体制下形成的管制型政府，弱化和忽视了社会服务职能，造成了政府行为越位、缺位、错位的现象。党的十八大指出：“行政体制改革是推动上层建筑适应经济基础的必然要求。”要“深化行政审批制度改革，继续简政放权，推动政府职能向创造良好发展环境、提供优质公共服务、维护社会公平正义转变。”因此，政府必须用公共管理的理念改造政府，变革政府治理观念、手段、方式和方法，实现从传统管制向现代服务的转型。2012 年 9 月，中共茂名市委组织部与香港理工大学联合举办滨海城市建设和管理培训班，我有幸参加培训班到香港学习考察，从而对香港政府行政服务的理念和做法，有了更深的了解与认识。现结合学习贯彻党的十八大精神，就如何借鉴香港服务型政府的经验，推动广东茂名滨海新区行政服务改革，谈谈自己的几点看法：

一、香港服务型政府服务理念和做法

在学习考察中，我们感受最深的，是香港政府以服务作为一切工作的出发点，政府部门管理架构的基本工作原则就是向市民负责，量入为出，有效管理，服务改善。在保证服务质量的同时，对办事的效率也提出了很高的要求。这仍在不断地改进。比如，政府开通的政府服务热线“一站式”服务，就是一个非常有效的措施。

（一）香港政府架构

香港政府在经济政策上，一直奉行“积极不干预”的自由市场理念，政府同企业市场的关系明确，坚持市场主导，靠法治管理经济，有健全、独立的法律体系，既不干预企业的具体运作，又使企业发展有法律保障，使企业和个人在经济发展中成为担当主体，发挥主导力量。凡是能够由市场来办的事情，一律由市场来办，政府仅提供服务和依法监管。

因此，在公共治理上也随之形成“小政府，大市场”的“有限政府”模型。在这个模型中，可以看到香港虽然只有一级政府架构，但是这个人口达700万的国际金融中心却能高效有序运转。整个香港分为18个区，每个区都设有议会、民政事务处及管理委员会，议会是民意代表机关，民政事务处是总署的派出机构，与地区的管理委员会统筹地区的各项政府服务以及公共设施计划的推广工作等。将政府职能限定在尽可能小的范围内，即除非社会无法解决的问题，政府才发挥相应作用去解决。这意味着香港政府把生存、发展的根本动力和立足点放在社会上。在社会主导下的辅助作用，政府职能设置的简约，与社会的大方向和基本秩序相一致的行使方式，是香港决策部门职能模式的显著特点。

（二）香港政府的公共服务平台

香港政府为了解决服务水平不理想，服务成本较高、效率较低，人财物资源浪费而采取多种有效的措施，开设了多种公共服务平台，其中主要包括民政事务处提供各项政府服务办理、政府公共服务电子平台、开通政府服务热线“一站式”服务等。尤其是政府公共服务电子平台的投入使用，不仅保证服务的质量，提高办事效率，更能有效地预防腐败。

香港政府近几年相继建立两个面向社会的电子政务平台。其一，是政府资讯平台，香港政府各部门在这个平台上大展身手，共建设250个网站，向市民提供1200项网上服务和网上资讯，网页浏览率为600万次/日。其二，是正式推出的公共服务平台，内容是以电子商务为主及改善公共服务效率的业务。这是一个为公众提供方便、易用、稳妥的电子公共服务及个人生活服务的平台，50多个决策局、政府部门及公营机构参与，已经提供200余项公共服务，范围涉及到政府交费（税收、差饷税费、地租等），预约服务（驾照考试、验车、身份证领取等），搜索信息（地图查找、旅游服务、办理驾照、商业登记、政府刊物等）。迄今完成电子交易总数达1150余万件，每日网站浏览次数逾53万次。该建设方案出台当年就获得斯德哥尔摩科技挑战奖。

香港政府公共服务平台建设取得成功的一个重要经验，是采用政府与私人企业合作的方式，政府公开向私人企业进行目标明确的招标，未完成230万个交易政府不支付经费，完成这个指标后，政府每个交易按5.5港币支付交易费，每月再支付4万元港币管理费，合同期定为5年，可延长2年。这个获奖系统果然不负厚望，正在按照香港政府的预期目标在顺利运行。香港政府在其成功运行后，提出进一步改进的方案，新的方案将更加贯彻以民为本的电子政务思想并将政府咨询中心与公共服务电子化平台合为单一的网站，成为更加方便应用的一站式服务系统。新系统将担负起致力打造香港政府品牌的使命，对服务范围、服务的组别进行明晰的划分，进一步增强政府的电子政务基础设施，继续采用公私合作的成功模式推进。

（三）建立廉洁高效的政府

香港政府通过加快内部改革，建立廉洁高效的政府。政府高层官员接受全社会的监督，并推行“问责制”。特区政府对官员办事效率、办事能力要求较高，当前机构合并、人员压缩的进程在不断加快。透明政府决策，建立公开型政府。特区行政长官每年都要向立法会报告施政纲要，接受监督和咨询。特区政府对重大问题的决策，都要公开征询市民意见，了解市民意愿。

（四）优越的公务员管理体制

香港公务员制度建立比较早，在运行过程中积累了不少有益的经验，也体现出许多优点，概括起来，主要表现在以下几个方面：一是入职要求高。对新入职公务员以专门技能、工作经验、语文能力为重点进行考核，所有入职公务员必须通过公开、公平竞争，择优聘用。一般来讲，新入职公务员要经历两年的试用期，试用期满工作表现突出，再签订2～3个合约期，合约期满经评核合格后才能进入永久聘用期。这种制度，有利于增强公务员责任感和事业心，有利于建设一支较稳定的专业化的公务员队伍。二是对公务员的纪律要求高，监督机制比较完善。香港公务员廉洁程度在亚洲排在前列。三是公务员管理方针明确。公务员管理的具体目标是培养一支廉洁奉公、高效率、责任感强的公务员队伍，为市民提供优质服务。四是薪酬及附带福利待遇高。香港工资福利水平很高，社会保障体系比较完善。特区政府以高薪养廉、留住人才为目的，特别重视稳定和提高公务员工资福利待遇。新入职公务员月薪在1.7～2万港币之间，高级公务员月薪约20万左右。福利有假期及旅游费（家属子女均能享受）、房屋福利、教育津贴、膳宿津贴、交通费等，公务员在公立医院就医基本免费。由于各种制度健全、管理比较规范、有一套较好的激励竞争机制和工资福利政策，因此，香港公务员工作积极，效率也非常高。

二、借鉴香港行政服务经验，推动茂名滨海新区行政服务改革

建设茂名滨海新区是广东省委、省政府着眼于打造新的经济增长极而作出的重大战略决策。当前，茂名市正上下齐心，为发展滨海新区建设出谋献策。茂名滨海新区承载着茂名人的“百年滨海梦想”，立足为广东发展转型探路，为全国后发地区加快工业化、城市化创造新经验。而政府服务作为经济发展的重要载体，更要为茂名滨海新区经济发展提供好的环境。我们可以参考香港政府公共服务中取得成功的经验，进一步推动滨海新区服务型政府建设。

（一）把转变政府职能作为建设服务型政府的首要任务

企业发展需要提供良好环境。温家宝总理指出，服务型政府“是为市场主体服务，为社会服务，最终是为人民服务”的政府。建设服务型政府，关键是要把政府主要职能转变到经济调节、市场监管、社会管理、公共服务上来，把公共服务和社会管理放在更加重要的位置，努力为人民群众提供方便、快捷、优质、高效的公共服务，尤其要为企业经营与发展提供良好的环境。

2012年8月，国务院批准广东省在“十二五”时期，在行政审批制度改革方面先行先试。我们应借此机会，把握机遇。滨海新区是新兴经济区，各职能部门建设正逐步建立，政府行政服务正逐步完善，也是行政改革中阻力最小的，把滨海新区行政改革作为我市行政改革中的排头兵，为我市下一步行政改革工作打好基础。同时，积极争取纳入国家和省级战略，借助茂名在全省率先建成综合政务服务体系的优势，申报建设广东省综合政务服务先行试验区。

在改革政府自身方面，广东的第一个试验是地方“大部制”。但是，大部制改革仅仅是机构改革，是“物理变化”，真正要做的还是在于”化学变化”，也就是一定要转变政府职能，一定要使政府的行政权力越位、错位、缺位的问题得到纠正。而行政审批制度改革正是这样一种“化学变化”。行政审批制度改革很重要的一点就是转变观念和职能。原来政府是重审批、轻监管，以后则要轻审批、重监管，就是成立企业容易，但违规处罚力度加重。政府要保证企业能遵循市场规则来运行，而不是在成立前审批。企业只要符合成立条件就可以成立，但一定要按照市场的游戏规则来运作。政府的职权减少了，但监管的力度会加强。

（二）加强软件实力，完善行政服务平台建设

将公共服务作为电子政务建设的核心，已经是一个世界性的汹涌潮流，其形成的原因是全球经济一体化与知识经济发展的必然结果。

香港政府正是将电子政务与电子商务作统一考虑，有意识地以电子政务来带动电子商务。从他们的公共服务平台内容，可以很清楚地看到这点。香港的新一代身份证已经为公民设立电子签名，体现出特区政府推动电子商务的战略和战术。而茂名乃至广东省来说，政府的公众服务依旧处于各部门单独开发的阶段，尚未形成集中整合、集成、实现一站式服务的矩阵，各部门都把电子政务视为自上而下的行政安排，缺乏从全面提高城市竞争力战略角度的考虑。茂名滨海新区作为一个现代化新兴工业区，在硬件基础建设不断完善的同时，可以加强软件电子商务方面建设，把电子政务与电子商务作统一考虑，组建区级电子政务中心、服务热线及在辖区内各（县、区）、镇（街）行政服务中心设置审批“一站式”服务平台等等，让企业和群众可以及时了解和办理相关事项。这也是吸引外来投资者的一项重要举措。

（三）建设三级行政服务体系，构建三级联动机制

党的十八大强调，要“改进政府提供公共服务方式，加强基层社会管理和服务体系建设，增强城乡社区服务功能”。2012年8月22日，国务院总理温家宝主持召开的国务院常务会议要求：“进一步健全行政审批服务体系。继续推进政务中心建设，健全省市县乡四级联动的政务服务体系，并逐步向村和社区延伸。”

将行政服务延伸到镇（街道），建立上下联动的便民服务体系，是加快行政管理体制改革，建设服务型政府，构建便民服务体系的一项实实在在的利民工程、民心工程，也是落实科学发展观，服务发展、服务企业、服务群众的有效举措。一直以来，我市高度重视行政审批服务体系建设工作。2012年6月30日，在县级行政服务中心都已经按政府工作报告的要求按时建成运作的基础上，邓海光书记、梁毅民市长又作了加快推进镇（街道）行政服务中心建设的指示。通过建设镇（街道）行政服务中心，构建一套集搜集社情民意、咨询信息政策、代办有关事务、调解矛盾纠纷、解决实际问题于一体的便民服务体系，完善健全三级行政服务体系，是新一轮深化行政审批制度改革的重点内容，是滨海新区建设服务型政府的重要任务。所以，滨海新区要在服务型政府的建设上有所突破，有所创新，就要紧紧抓好镇（街道）行政服务中心的建设，构建好三级行政服务体系，实现三级行政服务中心的上下联动，实现市、县、镇三级电子政务网络和行政审批数据信息的互联互通、信息共享。

（四）把法治政府作为重要目标，建设廉政政府，树立公信力

建设服务型政府，就要切实做到依法行政，建设法治政府，保护企业和公民合法权益。这就要求政府必须更多地运用法律手段管理经济和社会。机关党组织要在推动党员干部依法行政中更多地发挥作用，树立滨海新区政府的公信力，给企业、群众一个信任、公正、公平的政府。

参考香港政府的做法，建议从以下几方面做好。一是完善行政审批信息公开、行政审批决定公示、行政审批听证制度以及重大行政审批决定备案制度等，切实提高行政审批的透明度。二是实行审批过程全程监察、服务对象评议、服务对象意见征询会制度等，设立行政服务与行政投诉热线，充分发挥社会监督作用。三是实施行政审批责任追究制度，加大对不作为、慢作为、乱作为和影响发展环境、损害群众利益等行为的追究力度。在工业性投资“特事特办”项目批办过程中，采用黄、红色督办单规定时限进行督办，超越时限给予政纪处分。

（五）要把队伍建设作为重要保证，大力提高行政效能

建设一支高素质干部队伍，是建设服务型政府的组织保证，也是机关党建的重要责任。机关党组织要把创先争优作为培养优秀人才、提高队伍素质的重要抓手，把开展创先争优活动与建设学习型党组织结合起来，提高队伍素质，提高行政效能。

香港政府在公务员管理方面有着完善的制度，入职门槛高，这是公务员队伍素质保持稳定、高效最强力的后盾。滨海新区正是用人之际，应向全国各地宣传自己的发展规划，突出优势，以优异的待遇和美好的发展前景吸引更多、专业性更强的优秀人才来加入，共谋发展。

总之，滨海新区是茂名发展的希望所在、后劲所在。把滨海新区建设好、发展好，向历史交出满意的答卷，这应该成为全市人民的共同追求。在这方改革开放的热土、激情创新的舞台上，全市上下要站得更高一些、看得更远一些，以更高的标准、更大的魄力，投入到滨海新区建设中来。

【作者：广东省茂名市人民政府副秘书长
市政府综合政务服务管理办公室主任】

关于提高领导干部法治能力的几点思考

李先波

法治是人类文明的共同成果，是治国理政的基本方略。依法治国，是我国全面建成小康社会，坚定不移走中国特色社会主义政治发展道路和推进政治体制改革的重要保障。党的十八大要求“更加注重发挥法治在国家治理和社会管理中的重要作用”、“坚持党的领导、人民当家作主、依法治国有机统一，……加快建设社会主义法治国家”、“到2020年法治政府基本建成”。特别是对于法治建设，党的十八大明确提出了“全面推进依法治国”的奋斗目标，并就如何实现这一目标指明了具体路径。其中，提高领导干部依法行政能力，对于加快我国的社会主义法治建设具有重要的意义。中共中央政治局2月23日就全面推进依法治国进行第四次集体学习时，习近平总书记强调指出：各级领导干部要带头依法办事，带头遵守法律。各级组织部门要把能不能依法办事、遵守法律作为考察识别干部的重要条件。加强法律知识的学习，提高自身的法治能力，也是当今时代领导干部党性修养的必然要求。

一、提高领导干部的法治能力：全面推进依法治国的关键

改革开放以来，经过三十余年的努力，我国的法治建设取得了显著成就，中国特色社会主义法律体系已经形成，“无法可依”问题逐步解决，国家各项事业都纳入了法治化的轨道。然而，在具有两千余年封建历史和人治传统的中国要实行法治，无疑是一项十分艰巨而复杂的工程，是一场深刻的社会变革。迄今，“领导的看法比法大”在某些地区还很有市场，以言代法、以权压法、徇私枉法等违法行为仍然存在，极少数行政机关有法不依、执法不严、违法不究，部分地区执法司法标准不统一，司法腐败现象依然存在，这些问题都需要下大气力，用新思维、新方式进行全面、系统的社会变革，才能解决。“十二五”时期我国处于社会转型期，也是矛盾凸显期，改革发展稳定总体局势良好，但也面临着经济发展容易失调、社会规范容易失序、心理状态容易失衡、人文精神容易淡漠等诸多新情况新问题。法治发展在当前和今后相当长的时期面临的突出问题是“快速建立”的法律制度与法律秩序“缓慢生长”之间的矛盾。这不仅对加强法治建设提出了更高要求，也预示着我国已经迈入以全面提高法治水平为中心的法治建设的攻坚阶段。党的十八大提出的“全面推进依法治国”奋斗目标，切中时弊，是全面提高我国法治水平、建设法治中国的攻坚令。实现中国社会的长治久安，是全党的共同任务，实现中华民族的伟大复兴，是中国共产党人肩负的历史责任。“全面推进依法治国”是全面建成小康社会和实现中华民族伟大复兴的重要保障。而全面推进依法治国，关键在于提高各级领导干部的法治能力。这主要体现在：

其一，各级行政机关是法律的主要实施者，也是“全面推进依法治国”战略的实施者。众所周知，我国绝大多数的法律、法规都是由作为执法机关最重要主体的行政机关实施的，因此，政府是否依法行政以及依法行政水平的高低，直接影响着政府的形象和依法行政能力，而各级领导干部法律意识的强弱和法治能力的高低直接决定着政府是否依法行政以及依法行政水平的高低。

其二，自上而下推动的法治建设模式，决定了各级领导干部在我国法治建设进程中的重要作用。“全面推进依法治国”的奋斗目标体现了我们党对执政规律的深刻把握，法治是人类文明发展的结晶，是被人类历史反复证明并为当代绝大多数国家所接受了的先进的治国方略。“法治是治国理政的基本方式”，我党顺应时代的发展需求，自觉地提出了依法治国战略。从一定程度上可以说，我国的法治建设进程主要是自上而下推动的，党的领导干部的法律意识和法治能力直接关涉我国法治建设的进程和法治水平。因此，党的十八大报告明确要求“提高领导干部运用法治思维和法治方式深化改革、推动发展、化解矛盾、维护稳定能力。”

其三，法治的本质决定了各级领导干部在我国法治建设中的重要作用。“吏治清则国治，国治而后天下平”。依法治国本质上是依法治权，主要是依法治官。操作国家机器，行使权力的是遍及全国的各级政府机关，依法治国，实质上是国家权力与法律的一种配置和关系，各级领导干部的行政活动是法治的治理的对象。历史表明，诱惑性、腐蚀性是权力运行中的内在属性。正如孟德斯鸠所言，“一切有权力的人都容易滥用权力，这是万古不易的一条经验。有权力的人们使用权力一直到遇有界限的地方才休止。”要防止权力的滥用，就必须将权力关进制度的笼子。制约行政权力重在“治官”、“治权”。因此，各级领导干部手中的权力是否受到有效制约以及各级领导干部是否遵法依法行政，直接影响到我国法治建设的进程。韩非子说过：国无常强，无常弱。奉法者强则国强，奉法者弱则国弱。现代化中国的建设和中华民族的伟大复兴历程，必须靠法治予以保障；而全面推进依法治国，各级领导干部就必须带头奉法，在遵法守法执法中发挥表率作用。正如党的十八大报告指出的“党必须在宪法和法律范围内活动。任何组织或者个人都不得有超越宪法和法律的特权”。这就要求，各级党组织必须在宪法和法律允许的范围内活动，各级领导机关和领导干部要模范遵守法律，带头依法办事，切实提高依法执政的能力和水平；各级党组织应领导和监督各级行政机关严格依法行政；坚持党的群众路线，密切联系人民群众，尊重群众的首创精神，做好新形势下的群众工作，引导广大人民群众增强法律意识，形成人人守法的良好社会氛围。

历史经验表明，领导干部自觉和善于运用法治思维和法治方式，必然会促进相应国家、地区的法治实践，提高其法治水平。发挥领导干部的领导作用和表率作用，是全面提高法治水平的助推器。党的坚强领导，是我国民主法治建设中的政党制度优势和根本保障。党的领导是人民当家作主和依法治国的根本保证。

二、提高领导干部的法治能力：新时期党性修养的重要内容

加强干部队伍建设是实现中国现代化和中华民族伟大复兴的重要保障。领导干部不断提高自身素质和能力是新时期干部队伍建设的重要内容，党内干部加强党性修养是提高素质和能力的重要途径。古人云：“善治人者，能自治者也。”能够管理众人的人，自身应有较高的思想、道德、知识和能力方面的修养。当今世界正在发生广泛而深刻的变化，当代中国正在发生广泛而深刻的变革。全球化、后现代思潮与社会转型对我国社会发展产生了重大的影响，对社会制度和价值产生了巨大的冲击，当下我国价值观念领域的总的特征是“多元并存，新旧交替”，由于社会意识多样化、社会文化多元化以及西方文化的入侵，作为我国主流意识形态的马克思主义的主导地位和指导作用受到了前所未有的挑战，社会上存在的拜金主义、享乐主义、权钱交易、以权谋私、损公肥私甚至是贪污腐败等等行为，也都给党员同志的党性修养提出了新的要求和任务。事实雄辩地证明，越是深化改革、扩大开放，越是发展社会主义市场经济，越是要加强对广大党员、干部的理想信念教育，激励全党同志在日益复杂的环境中进一步坚定理想信念，加强党性修养成为当今时代的强烈召唤。作为党的建设的重要内容之一，党性修养是指党员在自己的思想上、行动上自觉地按党性原则办事，是党员的自我教育、自我改造、自我完善；加强党性修养需要从理论修养、思想品德修养和科学文化素质修养几个方面入手。

中国共产党是具有与时俱进的创新精神的无产阶级政党，党的路线方针政策也都会根据每一个时期的具体实际有所调整。这些正是共产党员进行党性修养的重要内容之一，因此共产党员要随着党所处的时代条件、党的任务和路线政策的变化不断加强学习、加强修养。“法治是治国理政的基本方式”，是人类现代文明的成果。我党顺应时代的要求，提出了依法治国的战略，党的十八大明确提出了全面推进依法治国，并要求“提高领导干部运用法治思维和法治方式深化改革、推动发展、化解矛盾、维护稳定能力”，学好法律知识、增强法律意识，不断提高依法行政的能力，是新时期保持党的先进性的必然要求，是当今时代党性修养的重要内容。科学文化和专业知识的修养靠学习，不善于学习是党性不强的表现，对自己而言，就是在自我淘汰。在知识经济时代，不学习必将被淘汰。

其中，优良作风的修养是加强党性修养的重中之重。党的作风即党风，是党的无产阶级性质和世界观在党的工作与活动中的表现，是全党包括党的各级组织和党员个人在政治、思想、组织、工作、生活等方面体现党性原则的一贯的态度和行为。党风的核心内容，集中表现在五个方面。

——理论联系实际的作风。强调理论联系实际是马克思主义的学风；马克思主义是一切教条主义的敌人；一切从实际出发，按照实际情况决定工作方针；没有调查研究就没有发言权；具体情况具体分析，把握事物发展的主要环节，做老实人，说老实话，办老实事。

——密切联系群众的作风。强调人民是创造历史的动力；共产党的力量在于保持同群众的密切联系；官僚主义容易使党脱离群众；坚持群众路线，正确处理人民内部矛盾；虚心向群众学习；一切为了群众，全心全意为人民服务。

——批评与自我批评的作风。强调批评与自我批评是共产党人坚强的标志；要善于从错误中学习；批评要光明正大和实事求是，防止主观武断和批评庸俗化；对犯错误的人要实行“惩前毖后，治病救人”、“团结——批评——团结”的方针；坚持真理，修正错误，同一切离开党的原则的错误倾向作坚决的斗争。

——谦虚谨慎、艰苦奋斗的作风。强调骄傲自大就会走向失败和灭亡；永远保持谦虚进取的精神；艰苦奋斗是共产党人的政治本色；坚持自力更生、勤俭建国的方针。

此外，加强党性修养还需加强科学文化素质修养，树立与时俱进的党性修养观。在新形势下，党员只是有为人民服务的满腔热血，有献身改革开放和现代化建设的主人翁意识和责任感是不够的，还必须树立与时俱进的党性修养观。在这个瞬息万变的时代，特别是当前我国社会正处于向社会主义现代化转型的加速期，我们的党员必须具备强烈的时代意识，将继承光荣传统和弘扬时代精神相统一，不断地学习和掌握新知识、新技术、新本领，做一名学习型的人才。

三、　转变思维和治理方式：提高领导干部法治能力的有效路径

提高领导干部的法治能力，就是要提高领导干部运用法治思维思考问题和运用法律手段解决问题的能力。因此，转变思维和行为方式是提高领导干部法治能力的关键。党的十八大报告提出的“提高领导干部运用法治思维和法治方式深化改革、推动发展、化解矛盾、维护稳定能力”，为领导干部指明了提高依法行政能力的具体路径，立意深远。

要转变思维方式，首先必须有一定的知识储备，知识是基础。在当今法治时代，领导干部必须学习法律知识，储备足够的法律知识，牢固树立法律意识。法治思维是指公权力行使者在法治理念的基础上，运用法律规范、法律原则和法律逻辑对所遇到或所要处理的问题进行分析、综合、判断、推理和形成结论、决定的思想认识活动与过程；法治方式是指在国家治理和社会管理活动中将法律手段作为首要选择的方式。作为一个国家工作人员，特别是领导干部，在行使国家公权力或实施社会管理乃至单位内部管理时，无论是决策，还是执行，或者是解决社会矛盾、争议，基于法治思维，都应遵守下述五项要求：（1）目的合法。即公权力行使者作出某一决策，实施某一行为，应符合法律、法规的目的和宗旨。（2）权限合法。权限合法也即职权法定、越权无效规则。它是指作出某一决策，实施某一行为，应符合法律、法规为之确定的权限。（3）内容合法。是指作出某一决策，实施某一行为，应符合法律、法规的具体规范以及法律的原则、精神。（4）手段合法。指公权力行使者作出某一决策，实施某一行为，其运用的方式、采取的措施应符合法律规范以及法律的原则、精神。一些公权力行使者往往

对手段合法的要求不以为然，认为只要目的合法、目的正当，至于采取什么手段达到目的可以不予计较。这种认识是人治思维的体现。(5)程序合法。正义不仅要实现，而且要以看得见的方式实现。程序是看得见的正义，也是实体正义的根本保障，因此，程序合法即公权力行使者作出某一决策，实施某一行为，其过程、步骤、方式、时限等应符合法律、法规的规定，是法治的基本理念。所谓程序合法，是指公权力行使者作出某一决策，实施某一行为，其过程、步骤、方式、时限等应符合法律、法规的规定(即法定程序)和正当程序的要求。法定程序的基本原则是公权力行为应公开、公正、公平，正当程序的基本要求是公权力执掌者对相对人做出不利行为应说明理由、听取申辩，不得自己做自己的法官等。对于法治思维的程序合法要求，许多领导干部往往不予重视。

运用法治思维和法治方式治理国家和管理社会要求领导干部在行使国家公权力时，必须转变传统的行政思维和行政治理方式，无论是决策，还是执行，或者是化解社会矛盾，都应随时和不断审视其行为是否遵守和符合目的合法、权限合法、内容合法、手段合法、程序合法的要求，将法律手段作为深化改革、推动发展、化解矛盾和维护稳定的首要的和最基本的选择。法治在国家治理和社会管理中处于核心的地位，其他方式和方法不得同法律的规定相违背。以言代法、以权压法、徇私枉法是当前社会生活中较突出的三类违法行为，是人治的残余形式。要实现社会主义法治，必须根除历史的陋习，使法治形成国家治理和社会管理的基本规则，正如党的十八大报告明确指出的“绝不容许”这三类行为等内容集中体现了这一思想。

【作者：湖南警察学院副院长 湖南师范大学博士生导师】

科技创新：为杨凌农业示范区插上腾飞的翅膀

梁 桂 郭社荣

国务院批准设立国家杨凌农业高新技术产业示范区 15 年来，我们依靠科技示范和产业化带动，走出了一条干旱半干旱地区农业实现可持续发展的道路，成为高起点做好“三农”工作的领头雁。

做优技术示范，使科技成为农业现代化的加速器。为彻底改变我国科技对农业贡献率低的局面，我们以技术示范为突破口，着力夯实科技兴农的人才基础。培育能够常年奔走在田间地头的农民技术员，通过专家授课、评定农民技术职称等措施，每年培养一批农民技术员。一部分农民技术员在区内带头发展现代农业，还有一部分到外省市从事现代农业技术服务。示范区每年都有500多名农民技术员分赴西北五省区开展技术有偿服务。大力引进技术创业企业和团队，以土地出租的方式广招农业技术创业企业、农业科研人员、海外归国创业人员，直接把农业技术和人才“根植”于生产一线。目前，已引进创业企业和团队 53 个，转化推广科技成果 180 多项。推动基层农技机构与农业大学协作，聘请了 12 名大学教授为首席专家，以 90 名基层农技干部和农民技术员为骨干组成农技服务团，按产业布局进行网格化技术服务，推进农业科技与农村经济的深度融合。2011 年，示范区农民人均纯收入达到 9110 元，连续 3 年增幅位居陕西省第一。其中，家庭经营性收入占农民人均纯收入的比重由 2008 年的 57%提高到 2011 年的 67%。

破解融资难题，使金融成为现代农业发展的助推器。我们积极推进农村金融创新，构建新型融资平台。对在区内投资的股权投资基金、合伙制股权投资基金的自然人给予适当补贴和税收优惠；与国内 26 家知名创投机构共同成立了全国首个现代农业投资联盟；引进 4 家创投机构在杨凌运作，其中杨凌东方富海生物产业投资基金规模达 3 亿元。组建了关中首家农村商业银行，注册资金 2 亿元。2012 年初，示范区联合中国农村技术开发中心、清科集团发布了我国首个《中国农业产业投资报告 2011》，架起了创投机构和现代农业的桥梁。在金融产品和服务创新方面，积极支持农业产业化龙头企业发行企业债券，现代农业开发集团成功发行 15 亿元企业债券；3 家企业发行了西北地区首支涉农中小企业集合票据，资金规模 2.1 亿元。建立了陕西省最大的农业担保平台，100 多家涉农企业通过担保方式获得银行贷款 4 亿元；积极开展农业保险创新试点，对合作社和农户参加农业保险实施补贴，近 1 万亩设施大棚参加了保险，政策性奶牛、能繁母猪保险覆盖率达 100%。通过设立风险补偿基金、成立农村产权流转中心等措施，稳步开展农村产权抵押贷款试点，抵押融资总额达 5000 多万元。同时，全力扶持龙头企业上市，已有 10 户企业成为上市后备，为推动金融资本与现代农业有效对接创造了条件。

搞好农技培训，使新型农民成为发展农村经济的主力军。我们发挥驻区两所涉农院校优势，面向西部地区开展了 7000 多场次农村基层干部、农技人员、大学生村官和职业农民培训，学员累计超过 10 万人次，5000 多人获得了农民技术职称，成为活跃在田间地头的土专家。今后，我们要把杨凌打造成旱区农业科技和新型农民培训中心，每年培训农民和基层农技人员 4 万人次以上。以未升学的农村高初中毕业且有意愿从事农业生产的青年为重点，依托西北农林科技大学和杨凌职业技术学院，免费开展农业技能培训，着力培养一批以农为业、以农为根的职业农民。在积极开展农民学历教育试点的同时，加大“生产型”农民的培养力度，重点开展适用性生产技术培训，对合格人员颁发“绿色证书”，作为从事生产经营、获得政策扶持的技术资格凭证。推进农业科技创新，关键是加大对“创业型”农民的培养力度。我们以乡镇现代农业企业孵化中心为载体，大力发展种植养殖大户等生产经营型人才；大力培养“服务型”农民，加强对农机手、防疫员、植保员、信息员等技能人才的培养，使之成为专业化生产的操作主体。我们还从持有“绿色证书”的职业农民中选拔优秀人才，进行系统的理论和实践教学培训，每年培养千名左右并向外输送，使之成为服务旱区现代农业发展的生力军。

创新生产关系，使龙头企业、合作社和农户结成“产业共同体”。要从根本上解决损害农民利益的问题，关键是创新生产关系。一方面是大力发展全产业链龙头企业。龙头企业要专注于技术研发和品牌化的市场营销；农户则定格在种养层面，从而使自然风险、销售风险以及食品安全风险通过产业链一体化实现转移。另一方面是建立真正由农民当家作主的专业合作社。以由政府设立公益性岗位的形式，使一批涉农院校毕业的大学生、农民技术员成为合作社管理人员，建成一批具有示范性的专业合作社，在为农户提供低成本、便利化服务的基础上，率先实现利润盈余分红，带动农民增收；支持合作社跨区域合作，打通合作社与超市对接的快捷通道，减少农产品从田间到餐桌的中间环节。政府要当好企业、合作社和农户的媒介，运用项目、财政补助等措施，协调龙头企业、合作社与农户建立产业协作关系，带动农民增收致富。我们着力推进土地流转，在家庭经营制度不变的前提下，建立土地流转管理机构，积极探索现代企业化家庭农场经营方式。同时，充分发挥全国现代农业科技创业孵化联盟和现代农业风险投资联盟的作用，推动创投资本进入现代农业领域。

坚持城乡统筹，让城镇化与村庄田园化“交相辉映”。示范区按照“城乡产业一体、基础设施一体、公共服务一体、政策措施一体”的思路，初步形成了现代城市与现代农村统筹发展和谐相融的新形态。我们坚持规划引领，以《杨凌城乡总体规划》为抓手，将幅员135平方公里规划为“一个中心城区、三个重点镇、三个田园农庄”，逐步形成“有二、三产业技能和创业本领的农民进城居住，有意愿发展现代农业的职业农民在田园农庄生活”的格局。强化政策保障，加强城镇职工、居民基本医疗保险与新型农村合作医疗制度的有效对接，实现同比例报销；统一城乡居民社会养老保险政策，确保城乡居民同待遇；对进城、进镇居住农户和耕地全部外租、且未租赁他人耕地从事农业生产的农户，实施粮食补贴、生活补贴、高等教育补助、免费就业培训、代缴医疗保险个人自筹部分五项制度，为他们向二、三产业转移、进城进镇居住消除后顾之忧。促进公共服务均等化，加大投入力度，大力推进城乡教育、医疗、就业、文化等社会事业均衡发展。重点镇和田园农庄着重完善公共服务设施，让广大农民不进城也能享受到与城市居民同等水平的生活。同时，突出产业支撑，围绕中心城区，积极打造陕西涉农工业战略高地；围绕小城镇和田园农庄，大力发展现代农业，让一大批农民实现在农业内部就业增收。对于被征地农民和不愿意从事农业生产的农村剩余劳动力，一方面开展技术培训，使之成为产业工人；另一方面通过提供创业贴息贷款，支持其自主创业。着力加强基础设施建设，不断优化创新创业环境，全力打造绿色自然的宜居环境，展现“村在田园中，城在森林中，人在公园中”的美好画卷。

【作者：杨凌农业高新技术产业示范区党工委书记　杨凌农业高新技术产业示范区党工委副书记 管委会常务副主任】

善用“众智”以成业

刘庆祥

在迈向实现强军目标的征程中，没有哪位领导干部不想成就一番事业，留下政绩政声。而如何成业却是一门学问。

唐代诗人周昙《咏史诗》写得好：“禽虽一目罗中得，岂可空张一目罗？”光凭一个人的才干，能做的事情毕竟是有限的。即使是卓越超群之人，也无法胜任所有的事情。“盖有非常之功，必待非常之人”。一名优秀的领导干部，要想事业有成、人生出彩，并不需什么都懂，什么都会，最重要的是善用“众智”，善驭人才，充分调动每个人的积极性创造性，从而完成超出一己之力的事情，乘人才之功以成其业。

用众人之智，乘人才之功，并不是把别人的功劳记在自己的名下，把别人的成绩当作自己的政绩；而是善于管理人才、任用人才，善于把每个人的潜能和智慧发挥到极致，从而推动单位建设全面发展，创造出看得见的辉煌。如此，领导者的功业自然就会呈现出来。

能用众力，则无敌于天下；能用众智，则无畏于圣人。历史上，乘人才之功以成其伟业、壮其大业的人比比皆是。比较典型的一个是尧。“尧知九赋之事，使九子各授其事，皆胜其任以成九功。尧遂乘成功以王天下。”正是尧任用舜作司徒，契作司马，禹作司空……让他们个个都成就了一番事业，才有了自己的一统天下。还有一个是刘邦。刘邦之所以打败项羽，建立西汉，也是因善用子房、萧何、韩信之智所致。

领导者，以善管善用人才为其能；普通人，以才识学识胆识为己能。现实生活中，部分领导干部未能有所作为、建功立业，单位建设总在低层次徘徊，一个重要原因就是不得人心、难得人智。这里有私心、私利的桎梏，也有人才观念上的封闭短视、陈旧落后。如果用的是庸才，总是“关系兵”，或者像武大郎开店挑矮个，总是用听话的、能力比自己差的，那么可能会得到一些眼前利益，但绝不可能留下口碑丰碑，留下让人羡慕的事业功业。

如何用“众智”？一个重要法宝就是要做到知人善任，真正让人才各安其位、各尽其智、各显其能。很多人，并不是没有才能，而是领导者会不会用的问题。正所谓：骏马能历险，犁田不如牛；坚车能载重，渡河不如舟。即使是千里马、万里驹，置于宫室，使之捕鼠，也不如小狸。因此，领导者善于发现人才，善于用人之长，给“虎”一座山，给“鲨”一片海，让其辅业助业，何愁无人才可用？何愁事业不兴、功业不振？

【作者单位：济南军区青岛第一疗养院】

建设一支“能打仗、打胜仗”的高素质参谋人才队伍

刘长武　赵　耀

党的十八大报告中指出：“要坚持党管干部原则，坚持五湖四海、任人唯贤，坚持德才兼备、以德为先，坚持注重实绩、群众公论，深化干部人事制度改革，使各方面优秀干部充分涌现、各尽其能、才尽其用。”这是人才建设的基本指导，对于准确把握军队人才建设发展目标，科学筹划军队人才建设发展蓝图和路径，推动军队人才建设又好又快发展，都具有重要的指导意义。总结使命实践，着眼履职强能，我感到，在当前人才竞争激烈的情况下，要建设一支“能打仗、打胜仗”的高素质参谋人才队伍，提升司令部工作的质量效益，推动军事工作创新发展，就要遵从“能打仗、打胜仗”高素质参谋人才培养造就的客观规律，健全和完善科学的人才选用机制，为优秀人才脱颖而出创造良好的条件。

一、匡正用人导向，以“德”为先选准人

“事业兴衰，唯在用人；用人之要，重在导向。”选好一个人，就能树立一面旗帜，调动一批人的积极性，促进事业的发展。反之，则风气败坏事业受阻。参谋队伍是司令部机关的主体，也是军事工作的基础。参谋队伍其职责就是为首长和机关当好参谋和助手，能不能当好参谋、出好主意，不仅取决于其业务素质、更取决于其道德品质。因此，在参谋人才的选拔上就要坚持用好的作风选作风好的人，以好的品德选品德好的人，旗帜鲜明的把品德、知识、能力和业绩作为衡量人才的主要标准，不唯学历、不唯职称、不唯资历、不唯身份。一要坚持以德为先。“有德无才是下品，无德有才是废品，有才无德是危险品，有才有德是上品。”“宁舍千金，不舍一德。”这些朴素的民间俗语无不蕴含着做人做事的道理，闪耀着品德之上的光辉。参谋人员来自于群众，服务于群众；来自于基层，服务于基层。他们在工作、学习和生活中的一举一动都会被群众、被基层所关注，他们的形象不仅事关党的声誉和组织的威望，事关工作的顺利开展和事业兴旺发达，更关乎自身的荣辱成败。因此，选用参谋人员，既要看重实际工作能力，更要看重道德品行，不能简单的以貌取人、以年龄取人、以学历取人，而要坚持把品德修养摆在参谋人才标准的首要位置，形成一种以品德名节立身，靠良好素养进步的良好风气。二要强化人才至上。科学研究发现，一个人创新的最佳年龄区在 25 至 45 岁之间，其峰值年龄在 37 岁左右，是出成果的黄金时代。在思想观念上，对年轻参谋人才一定要早发现、早扶持、早使用，让他们在创造或创新的高峰时期唱主角、挑大梁；要不断强化人才为第一资源、人才是强军之本的思想，坚决打破论资排辈、求全责备的陈旧思维定势；要按照治军打仗的要求，真正把那些思想品德好、发展潜力大、基础素质好、创新能力强、知识结构新的人才选拔上来。三要综情聚合择优。选准人是用好人的重要前提。提高参谋人才选拔的质量效益要严格标准程序、规范把关考核，注重抓好“三关”。一是抓好“群众关”。干不好不好，素质高不高，群众最有发言权。选拔参谋人才，要扩大群众的知情权、参与权、监督权，进一步畅通民意表达渠道，进一步健全民主推荐、民主测评、民意调查和实绩公示等制度，增强选人用人的准确性，形成“以公论定英雄、凭实绩用干部”正确导向。二是抓好“素质关”。崇高坚定的政治信念、广博精深的专业知识、严谨务实的工作作风、运筹谋划的超前智慧和果敢立断的过人胆识是高素质参谋人才必备的能力素质。研究中外典型战例的打赢，反观当前大项军事活动的成功，几乎每一次战役的胜利，每一次军事活动的成功，每一个正确的决断都集中体现了参谋人员的良好素质。倘若参谋人员满足于唯唯诺诺、跑跑颠颠，既不敢参，又不能谋，恐怕也无法胜任本职，也算不上合格。所以，选拔参谋人才，要严格按照“站起来能讲，坐下来能写，走下去能帮”和能参善谋的标准，把那些基础素质好、综合能力强、特殊专长突出的优秀干部挑选到合适的岗位上来，切实使统帅机关这个的“中枢神经”和“大脑细胞”健康、过硬。三是抓好“事业关”。一个人的能力有大小，但有了事业心、责任感，能力强的可以把事情做得更好，能力相对弱的可以在实践中不断提高，把工作做得越来越好。没有事业心、责任感，履职尽责，干事成事也就成了无源之水，无本之木。机关参谋承载着上级的重托，肩负着下级的厚望，责任重大，使命艰巨，来不得半点松懈马虎。所以，选拔参谋人才，必须要抓住事业心这个关键，把能否孜孜不倦地追求事业、殚精竭虑地履职尽责、扎扎实实地忘我工作作为选拔参谋人员的基本条件和标准。

二、纯正用人风气，以“绩”为上用能人

“得亦风气，失亦风气。”风气建设的核心和要害在于选人用人。选人用人的好坏，直接影响干部的质量。这就要求我们必须坚持正确正确的选人用人标准、原则和程序，以更宽的视野、更高的境界、更大的气魄，广开进贤之路，广纳各路人才，把优秀人才及时发现出来，合理使用起来，坚决防止和杜绝用人中的不正之风而带来的“人情参谋”、“包袱参谋”、“瘸腿参谋”。一要依众定位。群众是实践的主体，参谋人员都是置身于群众之中实施领导活动的，其言行举止、所作所为群众最清楚，评价他们的德、能、勤、绩，群众最有发言权。如果参谋人员是在凝神聚力为部队建设做奉献，是在热情积极为官兵做好事、解难题，势必会受到群众的拥护和赞誉。反之，群众就会反感、厌恶。在参谋人员的选用上，要坚持党委集体“评”，班子成员人人当“伯乐”；坚持各级机关“评”，机关层层当考官；放在基层部队中“评”，官兵个个当裁判，把群众拥护不拥护、赞成不赞成、高兴不高兴、答应不答应，作为参谋人员优劣定位、进退升降的重要尺度。二要论才选位。俗

话说：“君子用人如器，各取所长”。参谋人员的性格爱好、特点专长等不尽相同，参谋人员的位置放得对不对，用得好不好，既影响部队建设的质量，也影响个人的成长进步。要切实按照“人事相适、量才适用”的用人原则，在最需要的时间、最合适的岗位，选择最适合的人才，将每一个参谋人才的优势专长发挥到极致，使各项工作搞得有声有色，各项事业干得兴旺发达。三要按绩给位。不怕实干吃了亏，就怕实绩没了用。不怕进步出现“黄牛”，就怕提拔杀出“黑马”。进步是靠成绩还是靠关系？提拔是靠素质还是靠门路？其实在大家心中都有一杆秤。用好一个人，激励一大片；用错一个人，伤害众人心。一个参谋用不好、用不对、用不公，既会给部队建设带来损失，还会挫伤一片积极性。事情往往就是这样，工作苦点累点没关系，怕就怕领导处事不公。领导若不能“一碗水端平”，就会让部属伤锐气、生怨气、常叹气，单位建设有新起色、新进步就无从谈起。所以，领导干部要公平公正处理每一件事情，对待参谋人员晋升等敏感问题，要坚持一把尺子量长短，让参谋凭实绩说话，坚决摒弃以主观掩盖客观、以情感湮没理智、用人情替代原则的不正之风，让大家在“靠素质立身、凭实绩进步”的良好风气中真正受益。

三、健全用人机制，以“人”为本育贤人

“参谋强了，司令部就强了，司令部强了，指挥就灵了。”、“参谋人员是部队的灵魂”。这些精辟的论断，是近代诸多军事家对参谋工作实践活动的科学总结。在当前人才竞争日益激烈的情况下，要建设一支素质全面、精明强干的参谋人才队伍，提升司令部工作的质量效益，推动军事工作创新发展，就要遵从高素质参谋人才培育造就的客观规律，健全和完善科学的人才选用机制，为优秀人才脱颖而出创造良好的条件。一要优化环境淬炼。良好的氛围环境，对参谋人员接受正确思想、养成良好行为习惯、激发干事创业热情、提升综合能力素质具有潜移默化的教育激励功用。所以，要营造浓厚的学习环境，狠抓参谋 “五能”、“六会”业务素质的学习提升，积极开展“练文才、练口才、成专才”等活动，强化参谋人员八小时以外和点滴时间的吸收利用，与时俱进提高自身素质。要营造利于优势发挥的环境，为参谋人员搭建能放开手脚、用其所长、释放能量、施展抱负、充分发挥能力优势的基础平台。要营造温馨的人文环境，在他们顺境时多提醒、多督导，在逆境时多鼓励、多理解、多帮助；对他们工作中出现的一些问题和失误，要头脑清醒，明辨是非，勇于为他们承担责任，承担风险，在他们遭遇不平时要旗帜鲜明地主持公道，充当人才的“守护神”。二要搭建平台锤炼。人才成长的客观规律告诉我们，一个岗位就是一所学校，一次任职就是一个老师。多岗位交叉任职和多层次循环锻炼能有效强化和提升参谋人员的复合素质。一方面，要抓好基层与机关之间的交叉循环。要把经过基层锻炼的优秀人才选送到机关任职，要把机关优秀参谋安排到基层主官岗位上锻炼，以培养他们理性思维能力、组织协调能力、作战指挥能力、实际带兵能力和大局意识。另一方面，抓好部队与院校之间的循环。要把经验丰富的参谋人员选送到院校任职、任教，着重更新知识、提高理论素养。再一方面，抓好军兵种之间的循环。把本单位培养的重点苗子选送到其他军兵种任职，着重学习诸军兵种知识和战术思想，以不断拓宽视野。这样，使人才始终在部队、机关、院校的有序循环中锻炼成长，使参谋队伍素质由单一型向复合型、由经验型向科学谋划型转变。三要激发内力自炼。精气神是一个人追求事业、成就理想的动力之源，没有精神力量的支撑，理想就是一只断了翅膀的小鸟，永远也飞不高。坚持自学自励，追求创造卓越是参谋人员提高自身能力素质的必然途径。实践中，一方面要教育引导参谋人员增强事业心责任感，激励他们对照职责讲责任、联系工作查责任、检讨反思悟责任、着眼发展看责任、主动作为强责任，明确努力的目标和方向，在深化对岗位责任的理性认同中升华他们的使命意识，激发他们干事创业的决心动力；另一方面，要大胆地把参谋人员放到艰苦环境中锻炼磨砺、大项任务中培养提高，有意识地“设险境”、“压担子”、“出难题”，迫其“思良策”“谋作为”、“唱主角”，使其早堪大任，独当一面。

加强“能打仗、打胜仗”高素质参谋人才队伍，是落实习主席“军队要能打仗、打胜仗”要求的基础和前提，也是推动新军事变革、加快转变战斗力生成模式的时代要求。然而，这却是一项基础工程、长期工程，任重而道远。只有认真贯彻落实党的十八大精神，进一步拓展参谋人才队伍建设的战略视野，准确把握参谋人才队伍建设的时代要求，明确参谋人才队伍建设的基本思路，建立健全参谋人才选拔、培育、任用的长效机制，才能更加科学地把参谋人才队伍建设推向前进。

【作者单位：内蒙古包头军分区】

坚持“三个为主”
努力开创社会服务工作新局面

马传凯　王言快

民主党派社会服务是参政议政的延伸和拓展，也是服务国家经济建设和社会发展的实际行动。多年来，适应执政党治国安邦形势的不断变化和新要求，社会服务在我国多党合作政治格局中的地位和作用日渐凸显，民主党派对于社会服务愈来愈重视，各自发挥优势，竞相开拓进取，硕果累累，精彩纷呈，成为推动经济社会发展的一股重要力量。在社会服务工作实践中积累了许多宝贵经验，也遇到一些问题和困惑，迫使我们从理论与实践的结合上认真总结探讨，寻求解决问题的途径与办法，开拓新思路，建立新机制，认清新机遇，迎接新挑战，以确保该项工作可持续发展。为此，我们结合工作实践做了些理论思考，认为，坚持三个为主开展社会服务工作的做法，值得探讨。

一、内容上，以智力服务为主

民主党派的社会服务工作，其本质属性是参政议政工作的副产品，政府财政没有专项经费支持，不可能给予社会以纯物质性服务，能够做也可能做好的，主要是发挥普遍所具有的联系广泛和人才荟萃、智力密集的优势以及各自所独有的特色优势有所作为。

（一）适宜提供应用性服务。就是将由本党派界别及党员学识、专业等形成的人才和智力优势，直接服务于社会特别是基层社会群众的精神文化生活实际需求。像我们多年来普遍开展的诸如文化、科技、卫生、法律等等内容不一、形式多样的“三下乡”活动即是典型的应用性社会服务活动。这种社会服务活动几乎不需要物质成本，通过调研了解社会需求，有的放矢组织党员提供服务，有人有知识足矣，力所能及，切实可行。而且在服务实践过程中还可以发现受众新的需求，从而不断丰富活动的内容。

（二）适宜提供媒介性服务。就是凭借自身联系广泛的优势，作为桥梁纽带，间接服务于社会。像致公党中央引资捐建“闫楼致公希望小学”，有些省份开展的引资捐建美国健华图书社图书馆，有的省份开展的“引凤工程”等引资引智活动，就突出体现了社会服务工作的媒介性特点。致公党作为具有“侨、海”特色的参政党，拥有提供媒介性社会服务的有利条件和独特优势，可以把“走出去”“请进来”的过程同时变成宣传推介中国、引资引智建设家乡的过程。

（三）适宜提供造血性服务。就是授之以渔式的深层次社会服务。像致公党中央组织开展的“致酉合作”、“致泸合作”服务项目，致公党山东省委组织开展的“致福 · 同心书屋”捐建、“致福 · 乡医培训”项目等定点、定领域扶贫工作就是造血性服务的范畴。这种服务不是简单的公益行为，而是综合性、系统性、指导性强的公益举措，含智量高，力度较大，见效持久。民主党派成员中不乏科研院所、政府职能部门、企业集团等造诣深厚的专家学者和权威人士，在直接服务于当地经济与社会可持续发展中大有用武之地。

二、机制上，以整合资源为主

虽说民主党派具有人才和智力优势，但不可能独善其事、包打天下，要搞好社会服务，除了充分发挥自身资源优势外，主要还应在打破党派界限寻求广泛整合包括物质在内的各种资源上多动脑筋、狠下功夫，以营造“大服务”工作格局。

（一）寻求联动以积聚资源。即探索形成旨在党内纵向和横向间整合社会服务资源的机制。致公党中央把以往开展和正在开展的社会服务项目“分类合并，建成体系”，纳入全党着力打造的社会服务品牌“致福工程”，依托优势资源，重点围绕“侨海报国、阳光关爱、支边扶贫、科技帮扶、民生改善、帮医助教”等“致福工程”系列6大类项目做好工作，尤其是组织参与毕节试验区建设活动，为全党在建设联动整合资源机制方面树立了典范。以联动整合资源方式保障社会服务工作，有利于统一认识、集中行动，充实内容、形成规模，精选项目、做大做强，达到“1+1＞2”的良好效果。

（二）寻求借力以拓展资源。即探索形成借助外部力量为我所用的社会服务资源整合机制。比如可以通过借人，扩展我人才队伍。人才是社会服务的决定性因素。民主党派要想胜任新形势下的社会服务，在充分发掘党内自有人才资源潜力的同时，还应开阔视野，着眼借力于党外人才资源，以填补我之空白、弥补我之不足，壮大我之力量。比如可以通过借台，弥补我物力之不足。物力不是社会服务的决定性因素，但离开必要的物力也不利于社会服务的开展。这就要求我们在社会服务工作中，一方面本着实事求是、量力而行的原则坚持有所为、有所不为，另一方面还要善于“借台唱戏”、“借鸡下蛋”，以求以较小成本换取较大效益。致公党山东省委近年来采取“你搭平台，我出人才”、“共同搭台，云集人才”的路子，不断拓展社会服务的平台，在寻求与地方政府及相关部门优势互补、合作共赢方面进行了有益探索，成效显著。

（三）寻求创新以挖掘资源。社会服务对于民主党派来说，不变的是倾情奉献国计民生的责任和使命，可变的是服务方式的不断创新，在“变”与“不变”中寻求向更广领域、更高层面、更深层次拓展，势在必行。创新是发展进步的不竭动力，创新同样是推动社会服务不断发展进步的永动力。创新的前提是研究新情况、解决新问题。当前，缺钱少物等资源短缺是制约民主党派社会服务较为普遍的矛盾。这就要求我们以开放性思维寻求形成新的更高层次的整合资源机制。比如可以尝试利用国家基金、收缴特殊党费等办法，建立由“五侨”单位和政府有关部门参与的“5+N”合作模式，聘请由内地和港澳台海外进步组织及友好人士组成的“致公之友”、“致公顾问”等途径，多管齐下开发积聚社会服务资源。致公党山东省委正就此进行深入调研，积极探索和实践。

三、目标上，以打造品牌为主

品牌是指消费者对产品及产品系列的认知程度；履职工作的品牌是其质量和信誉的保证。社会服务只有形成了富含质量与信誉的品牌，它才有价值、信誉和生命力。坚持并不断加强品牌建设应成为我们社会服务倾力探索、孜孜以求的奋斗目标。

（一）成为激发公益力量的示范引导。民主党派开展社会服务是直接参与社会管理，其意义不仅在于惠及社会和公众多少方便和好处，更为重要的是通过我们的参与启发、引导和唤起社会各界参与其中，从而汇成阵容强大、覆盖面广的社会公益大军，正如费孝通早就说过的，“要形成一个以智力为基础的社会服务体系，目的在于贯彻我们在党的领导下做好事、做实事的主张”。我们应当致力于营造社会服务的这种品牌效应，要动员优势资源，选准服务对象，精心组织谋划，确保活动效果。要集中优势力量相对固定、持久地做大、做深、做强重点项目，切实做出特色、形成亮点。要随时总结成功做法和经验，注重宣传，扩大影响，提高社会公众的认知认可度，以更好地发挥示范引导作用。

（二）**成为加强参政议政的有力补充**。社会服务作为参政议政的延伸和拓展，其最高境界莫过于服务和促进参政议政。参政议政成全了社会服务，社会服务反过来又为参政议政提供了保障，相辅相成，相得益彰，因此，我们要把社会服务和参政议政有机结合、统筹谋划，协调进行。要教育和引导各级组织和广大党员辩证看待、自觉提高社会服务工作的重要意义，把服务社会的活动过程变成调查研究体察社情民意的过程，变成印证和补充已有调研成果的过程，为参政议政采集鲜活的第一手信息资料，使建言献策真正建立在实事求是的基础之上，确保建有用之言、献务实之策，力求使社会服务成效最大化。

（三）**成为促进自身建设的重要途径**。社会服务是民主党派加强自身组织和思想建设、提高履职能力和水平的重要载体，各级组织应以“同心”思想为指导，把社会服务与自身建设有机结合起来，为社会服务注入新的内涵和活力。要使服务社会的场所成为广大成员施展才华、增长才干的场所，组织党员学有所用、各展所长，在体现奉献社会价值的同时提升实际工作能力；成为深接“地气”、学习锻炼的场所，使党员有深入基层、体味群众疾苦、了解群众诉求的机会，增强密切联系群众、参政兴国的自觉性；成为集聚优秀人才扩大党员队伍的契机，通过服务社会所展现出的良好党派形象，感召吸引更多有志于多党合作事业的有识之士和各界才俊加入到我们队伍中来。致公党山东省委重视以社会服务促进自身建设，特别是在自 2012 年开始的包村帮扶工作中，坚持虚实结合，着力开展“四个主题实践行动”，收到“帮扶群众得实惠、广大成员受教育”的双重效果。

【作者：致公党山东省委副主委；海外联络部部长】

诚信是社会创造的第一要素

石书红

诚信和道德的缺失，已成为当今社会亟待解决的问题，它直接影响了人们的工作和生活，乃至人性的改变，正当举国上下全面建设小康社会、为实现“中国梦”满怀激情不懈努力时，加强社会诚信建设和道德文化建设，重拾传统美德，成为摆在我们面前的重要课题；把注重发展经济和加强社会公德、职业道德、家庭美德和个人品德教育与实践和社会主义核心价值体系建设放在同等重要位置尤显迫切，把实现中华民族的伟大复兴与实现“中国梦”和广大人民群众紧密联系起来，尊重人民群众的主体社会地位、民主政治地位、权利主张地位。正确用好权力，才能激发社会活力，使每一个中国公民在制度自信中充分发挥创造性和能动性，享用改革带来的成果，平等参与各项事务；注重社会分配和民生改善存在的厚此薄彼，或顾此失彼带来的巨大损失和浪费的有效防控。

大家知道，前段时间学历和年龄造假、数据作假、食品安全连续出现问题、建筑钢筋瘦身、偷工减料引起的建筑和桥梁事故接二连三发生等，类似衡阳“神童局长”张湘东、常德刘琼的“火箭提拔”、耒阳王卿的“快提速成”引发系列社会诚信和政府诚信的公共危机，这群“80 后”局长市长或区长（书记）的共同特点，是父母手中有权或曾担任过地方领导，他(她)们最初的学历都不高，有的是中专或高中，都在后来再索取文凭晋升，谁能知道他们这些哪些又都是真实的，连续系列问题引发公众质疑。在面临就业压力吃紧、全日制高学历者已成趋势、倍感就业困难时，他们都能轻而易举进入公务员队伍，这样有悖常理。有干部年轻化理解为“一刀切”是对中央用人原则和方针的一种误解。群众的眼睛最亮，得到多数群众拥护的年轻干部，才是事业需要的干部。只有以更宽的视野，在更大的范围内充分听取群众意见、坚持走群众路线，才能使优秀人才提拔出来，提高选人用人公信度，提振群众广泛参与的信心，让群众推荐人才，在群众中发现人才，需要创新选人用人方式方法和制度机制，从深层解善权法矛盾、权钱矛盾和权情矛盾滋生的土壤和环境。

在诚信和道德建设方面，政府应主动成为第一责任者，自觉增强责任意识、服务意识、民本意识、法治意识，以良好的形象率先示范、恪职操守、一诺千金承担起行政的社会责任，着力提升政府职能部门的公信力和执行力；一旦政府部门或政府官员不讲诚信、表里不一、敷衍愚弄群众，不仅会损害政府权威，失去群众信任，而且会使自己成为“孤立”的“舞者”。正所谓：“其身正，不令其行。其身不正，虽令不从。”

我们不无忧虑地看到。网络和情妇反腐，折射出制度的自我约束力减弱。统计数字造假，相互串通隐瞒事实，政策逐级打折、歪理正说，漠视群众声音，欺上瞒下，阳奉阴违，文过饰非的情况时有发生。长期潜在的游戏规则或暗箱操作渗透在各个领域和行业。如果我们坐视不管，听之任之，或任其蔓延，损害的不仅仅是权益，而是整个社会体系。

有人感叹，我们遭遇了一个“问题时代”。从大都市恼人的雾霾到田间空心化村庄，空巢老人、留守儿童的增量呈现，从“蚁族”、“蜗居”，“车海大战”城市病到“舌尖上的安全”。不是今天张家被“盗”，就是明天李家被“撬”。电信网络诈骗花样翻新，各种理财金融陷阱，名望众归“特色教育”，“贵族教育”就是想方设法掏你口袋的“钱”。说“诚”色变，人人自危。一时间各种问题让人烦恼，使人愤怒，乃至令人“绝望”。只有带着“问题”去解决问题才能有助于去伪存真，不回避矛盾，不掩盖事实才能更好地化解矛盾，改进方法。问题是时代的声音，没有问题也就不会改革。当然，我们更应该从辩证的角度看待我们所处的世界，本身就是一个不断发现问题，解决问题的过程。关键是要把问题放在制约自身发展环境和语境中去表达，不是照搬照抄去空谈。

发展最为显现的实现，莫过于人们对城市的视觉盛宴和感观的刺激，城市很美很炫，却又很“无奈”，过于“增长主义”为目标的施政理念“盛行”。发展很快，矛盾突出，问题不少，一些领导想在任期内“妙出奇招”、“急功近利”，最后欠下一屁股债，把矛盾和问题留给下一届。这样一来不少新问题成为老问题。最后总是处理不完的问题，最后吃亏留下遗憾的还是老百姓；在谋求发展时既要有“一万年太久，只争朝夕”的紧迫感，但同时不要忘了，我们仍处在社会主义初级阶段，面对众多民众和家庭的实际处境，不切实际的“空头支票”，超越阶段的“卫星口号”，并非是“一招就灵”的万能良药；还是脚踏实地，固其根本为好。

物质的量变，一切以利益和物质为中心，邀功请赏，忽视了人们的道德建设，唯利是图严重扭曲了人民群众的世界观和价值观。导致传统道德的缺失；除了金钱，没有什么可信。某市为应付检查，将一块非法占地500多亩的废旧钢材市场进行“复耕”，辖区干部调用人力物力运来黄土覆盖在已建成的柏油和水泥地板上，美其名曰复耕。等检查组一走把这些黄土又重新拖走。如此“糊弄”，诚信何在？政府不讲诚信，群众就不言而喻了。

诚信建设，政府应该责无旁贷。政府是社会的管理者，是社会秩序的维护者，是良好社会道德风尚的促进者。推进精神文明建设，形成良好的社会风尚，是政府的职责所在。政府有义务和责任为树立公民诚信道德做表率。为商业以及经济社会交往建立诚信规范。

国无常俗，教则移风。任何东西并非天生就有的，需要通过不断地学习和实践。然后不断地发现和总结将其规范下来，引导大家去遵循，诚信建设是一项系统工程。主题涉及个体、企业、政府各个方面。诚信建设涵盖体制机制、硬件与软件等不同领域，只有政府才有能力以其行政资源动员全社会、引导社会、促进社会，协调各方面力量去推动和深入，帮助全社会自觉形成良好的诚信互信体系机制。加大各方面宣传使诚信与道德深深扎根于人民的灵魂和血液里，伫立历史的长河。

我们要做的是去掉“官僚衙门”习气，正视存在的问题，把党的正确主张地位化为群众自觉行动，推动社会朝诚信、文明方向发展。

中国人民怕的是动荡，求的是稳定，盼的是太平。多年来我们为此做出了不懈努力，但凡都必须着眼根本，从群众的切身利益出发，以群众的生存与生活为主线，不能取去他们的权利，在日新月异改革的进程中，要适合公众社会需求，改进作风，创新理念，把全面推进诚信建设和道德文明建设、社会主义核心价值观的文化建设与人民群众生活紧密联系起来。既要重视整体，又要关注个体，在制度机制、能力建设上下功夫，更要立足当前，在解决突出问题和群众反映强烈的问题上不回避，不能拈轻怕重，不以点代面，更不能撒手，做好好先生。

社会进步是历史发展的必然，只有尊重历史，才能更好地拥有未来，只有懂得尊重群众，才能正确对待自己，对于某些人这也行，那也行那是自欺欺人，在制度完善、设计合理的循环体系中，把谁放在同等位置上都可以，只是机遇不同，创造的条件不同而已，所以切不能把自己置于群众之上。若干年后，能有群众因为你的存在论起，那就是你对社会最大的贡献。

做一个有利于人民、有责任、有良心、有道德、能担当、讲诚信的公民是全社会共同的理想，有了这些，我们还怕什么？

【作者单位：湖南省对外经济文化促进会】

坚持“三个导向” 增强党群工作实效 推进医院跨越式发展

涂 峰

重钢总医院作为重庆市最大的一家企业医院，近年来，医院党委始终以党的十八大精神为统领，坚持把改革创新精神贯穿于医院党群工作的全过程，着力构建格局清晰、责任明确、运转有序、保障有力的党群工作机制，有力促进了医院党群工作的科学化、制度化、规范化，确保了医院的持续、健康、协调发展。

一、当前党群工作的一些难点

市场经济的发展在推动历史进步的同时，也对社会生活和人们的思想产生不容忽视的负面影响，在某些方面对党群工作也带来一些新的难点，重钢总医院也不例外，主要表现有以下方面。

1. 社会经济发展过程中的某些消极因素对党群工作的影响

社会上拜金主义、享乐主义、极端个人主义的思潮和医疗卫生行业中的“潜规则”如吃“回扣”、收“红包”、开单提成等不正之风给党建工作带来新的难点。随着市场经济的发展和完善，人们思想的同一性逐渐淡化，差异性逐渐增强，对改革有不同的愿望和要求。加之，医疗服务对象的特殊性，造成医疗行业的高风险性，面对工作的压力和社会上的种种不理解的言论，出现了一些个人与社会生活失调的现象，有些甚至出现抵触情绪。

2. 片面强调经济效益的观念对党群工作的影响

一是“淡化论”。认为现在是市场经济，只要经济效益搞上去了，职工收入提高了，物质利益满足了，道德水平和精神境界自然就无问题了，党建工作做和不做都无所谓；二是“无价值”论，认为企业党群工作多空谈、重务虚、少实效，不能直接产生经济效益。效果究竟怎么样，看不见也摸不着；三是“渺茫论”，有些职工认为，党群工作“说起来重要，做起来次要，忙起来不要，奖励起来想不到”。有些党群工作者认为自己虽然整天忙碌，但工作效果不明显，甚至还不被人理解，感到心灰意冷，对党群工作失去了信心。

3．党群工作在体现以人为本精神方面也存在一些不足

一是提“党员义务”较多，讲“党员权利”较少。主要表现在有的基层党组织不够尊重党员权利，有的不及时或不向党员传达通报党组织的重大决策和本单位的主要任务，有的不能正确对待党员的批评意见，有的长期不找党员交心谈心；二是组织党员务虚学习较多，帮助党员务实解决问题较少。开会形式单一、内容空泛，而倾心听取党员内心诉求，研究解决他们所关心的困难和问题较少；三是工作要求较多，激励关怀较少。有的基层党组织虽然也采取了激励措施，但力度较小，使得很多党员对党内评优不感兴趣，也难怪有的单位在党内评优上变成“轮流坐庄”。

二、加强党群工作的主要做法

1．坚持“主题导向”　明确教育方向

第一，院党委结合 2013 年党建工作“三个确保”目标和医院改革发展新任务，在全院党员中开展了“创五好党委，促医院发展”的主题教育活动，激发全体党员搞好本职工作、促进科学发展的活力。在主题教育活动中，着重抓好“四个无缝衔接”：一是与医疗中心工作无缝衔接，院党委、支部层层召开党员会议，要求以创建工作的新成绩，为完成医院各项医疗工作任务提供有力保障；二是与重大节庆无缝衔接，以建院 72 周年，建国 61 周年，建党 89 周年等为契机，组织党员参观烈士陵园、三峡博物馆，请市委党校专家讲授党课，开展创建演讲，组织党员开展廉洁知识竞赛、书法比赛、“我爱医院”摄影比赛、中秋国庆联谊活动等；三是与“三诊三送”活动无缝衔接，组织党员开展义诊、健康咨询、送医送药到社区困难户，送去党的关怀，帮助解决具体困难，以实际行动转变医德医风；四是与营造创建氛围无缝衔接，通过院内局域网、专栏、《重钢总医院》报等发表创建图片、党员感言，组织党员学习党章，观看时事教育专题片等，努力使创建活动人人知晓，党的宗旨深入人心。

第二，完善学习教育方式，增强学习效果。在坚持和完善“三会一课”制度的司时，根据临床科室的实际，充分利用小会议室、小讲台、小屏幕、小课堂、小阵地等“五小”活动载体，开展“微型党课”、“微型论坛”，深化创新争优活动，试行党员教育“四三四”工程，即四种方法：理论武装法、紧扣中心法、业务提高法、典型引路法；三种形式：每月一党课、季度一考核、半年一交流；四个手段：电化教育、党课教育、传媒教育、自我教育。促进了党员教育工作的深化开展，进一步提高了党员学习教育的效果。

第三，紧扣医院中心工作开展院情教育，转变职工观念，增强危机意识、竞争意识、服务意识。一是开展了“转观念、尽责任、创三甲”为主题的院情教育，向党员、职工讲清、讲明、讲透当前医院面临的新形势、新情况、新压力，引导职工正确树立思想观念，是高服务本领和水平；二是充分发挥思想政治工作优势的作用，采取院级领导分片包干、上下联动、责任到人、层层落实的方法，稳定职工队伍，增强职工战胜困难的勇气和信心；三是建立和完善职工思想信息“三定三查”处理制度，即定人头、定时间、定内容了解情况，查问题、查原因、查落实解决实际问题。

2．坚持“领导导向”，注重教育示范

第一，以“五求”为突破口，狠抓学习型领导班子建设。年初，院党委提出“创争”活动的“四化”目标，即个人学者化、科室学科化、医院学院化、服务人性化。实现这一目标的关键是首先要推进学习型领导班子建设。一是要深刻把握学习型领导班子建设的重大意义，在思想认识上求“同”；二是深入学习理论知识，在学习内容上求“精”；三是灵活安排学习方式，在丰富载体上求“新”。两级班子开展“三讲、三爱”“五项学习制度”，确保“创争”活动的规范运行。同时，建立了“三项保障措施”，即两级班子成员在每年度的业绩考评、考核中应有“述学、评学、写学”要求；五是坚持学用结合，在成果转化上求实。两级班子成员把解决关键问题、突出矛盾作为推动医院、科室发展的出发点和落脚点，针对学习调研分析查找的问题，逐项研究解决，看整改措施是否得力，实施进程是否按计划完成。使创建学习型领导班子的过程和领导班子全面贯彻落实科学发展观的过程互为促进，坚持学有所用，确保将学习成果转化为推动“两个效益”提高的实效。

第二，积极发挥核心引导作用，在党员教育活动中充分体现“三个重”。一是重导向、抓引领，院党委委员通过讲党课、作报告等各种方式，要求全体党员增强大局意识、责任意识、主体意识，在推进医院发展中起好先锋模范作用；二是重参与、多沟通，院党委委员积极参加所在支部组织生活，激励党员迎难而上，攻坚克难，彰显共产党员光荣本色；三是重感言，吐心声，院党委委员、支部书记主动利用休息时间，精心撰写心得体会。有的查阅了建党以来 16 的部党章、17 次党代会资料，真实的讲述自己入党心声，有的重温入党誓词，表示要在医院发展的关键时期，为实现创建“三甲”医院目标而奋发努力。

3．坚持“实践导向”，增强教育特色

第一，紧密结合医疗中心工作，深化创先争优活动。在全院党员中以“弘扬白求恩精神，全心全意为人民健康服务”为主题，以“树良好医德医风，做人民健康卫士”为载体，努力将创先争优活动与学习实践科学发展观活动的有机衔接，推动了与中心工作的相互融合。一是狠抓关键环节，坚持把“一讲二评三公示”作为做实活动的抓手和载体，紧紧抓住兑现“党员承诺”这一重点环节，将党员承诺的事项向全院职工公布，逐项检查评价；二是在创先争优活动中推行“一线工作法”即：“党建夯实在一线、人才培养在一线、典型发现在一线、问题解决在一线、业绩创造在一线”，为深入推进医院改革发展夯实了组织基础；三是努力将创先争优活动建成群众满意工程，注重广大职工群众和患者的参与。在创先争优活动中做到“三请三让”，即：请群众参与、让群众知情；请群众建言，让群众讲述；请群众监督、让群众讲评。使医院的创先争优活动引起各方面人员的高度关注，得到广大职工群众和患者的好评。

第二，以党建项目管理为抓手，增强党建实效性。按照“融入中心抓党建”的要求，院党委抓住医疗工作和职工队伍中的薄弱环节作为党支部工作突破的重点，实施支部党建“双控”

（院控、支部控）项目绩效管理，通过目标负责，全程监控取得较好效果。内科党支部的“住院病人一对一健康顾问”、外科党支部的“手术期释疑服务”、医技党支部“双缩”（缩短检查预约时间、缩短领取报告时间）、机关后勤“三下”服务等项目，均取得实效，得到患者和职工群众的一致好评。在2013年每个月的患者对临床、临床对机关后勤的满意度测评中，平均分值在90分以上，达到三级医院标准。

第三，狠抓医院文化建设，不断凸显党组织的凝聚力，院党委着力打造“文化、技术、服务”三大品牌，精心推出网络、院报、电视宣传片、愿景、手册等“五大文化”名片，大力实施服务流程便捷化、服务沟通亲情化、服务行为规范化、服务收费大众化、服务延伸社会化的“五化服务”。同时还积极培育廉洁文化，引导广大医务人员正确对待得与失、义与利，算好“人生大帐”，以强烈的“事业心”冲淡“私利心”，以“责任感”挤兑“失衡感”，提出了“三不伤害”的廉洁文化理念，即：不伤害自己、不伤害别人、不被人伤害。让丰富朴实、语重心长的廉洁文化在“院中设”、“墙上挂”、“桌上放”，在职工“手中看”、“脑中想”。院党委还根据胡锦涛总书记提出的“八荣八耻”社会主义荣辱观要求，结合其他企业医院的一些工作经验，在医院推广了具有行业特色的“医院八大子文化”，即：以康复病人为荣，以耽误病情为耻——传统文化；以诚信服务为荣，以虚假待患为耻——诚信文化；以廉洁行医为荣，以不正之风为耻——廉洁文化；以医院兴旺为荣，以事业衰败为耻——忠诚文化；以团结互助为荣，以损公济私为耻——情感文化；以敢当风险为荣，以推卸责任为耻——责任文化；以博学精业为荣，以马虎草率为耻——求实文化；以攻克顽症为荣，以平庸无为为耻——创新文化。并将其印制成精致小巧、便于携带的卡片发给每位员工，深受职工欢迎和患者的好评。

三、取得的初步成效

1．进一步提高了医院党群工作水平，增强了职工凝聚力

院党委按照“三个导向”的工作思路，系统的开展了创建“五好党委”、“五好党支部”的工作，加强了党员和职工群众的思想教育，在医院二次创业的征途中进一步统一了职工思想，激发了党员和职工群众潜心发展，苦干实干、创新创效的工作热情。院科两级班子成员的理论水平、管理艺术、专业知识在整体上有明显提高，以身作则，带头示范作用发挥更为出色，党群关系、干群关系进一步改善，增进了沟通、理解和团结。2013年1～9月向党组织递交申请书的有30人，比2012年同期增加200%，新发展党员11人，比2012年同期增加71%；党员在市级以上学术刊物发表论文的有23人，比2012年同期增加30%，有16名党员被评为优秀管理者、学科带头人、技术骨干、十佳医生、星级护士。

2．医院“两个效益”发展取得历史性的突破

各项医疗指标与2012年同期相比状况良好，形势喜人。2012年，住院病人增加5101人次，增幅23.84%；平均住院天数下降1.8天，手术增加612台次，增幅10.9%；门诊病人增加23291人次，增幅7.72%；医疗收入增幅31.57%；职工收入和福利待遇也有明显提高和较大改善，职工的长远利益和当前利益也兼顾较好。

3．创建“三甲”医院迈开坚实的步伐

全面启动了创建“三甲”医院系统工程，制定了创建工作规划，成立了创建工作领导小组，各科室相应组建了创建班子，将创建工作纳入年度进度工作的目标考核体系。重点从学科建设、科研论文、人才梯队、专业结构等方面开展攻坚克难，突破“瓶颈”。同时，按照“三甲”医院的上千条标准逐一对照检查，提出整改措施。医院规划在2013年以前建成内科大楼（约20000平方米）、门（急）诊楼（约5000平方米），改造手术室、生化检验室、消毒供应室等，彻底改变就医环境，理顺就医流程，提升医院形象，努力实现医院发展“四化”目标，即：技术精细化、服务人性化、流程便捷化、环境温馨化，为创建“三甲”医院奠定坚实的基础。

【作者：重钢总医院党委书记】

创新应用型人才培养模式　实现学历与技能有机融合

——西昌学院实践“本科学历+职业技能素养”人才培养模式

夏明忠

西昌学院是四川省民族地区的新建地方本科院校，和全国新建本科院校一样，在区域条件、师资队伍以及本科办学经验等方面与老牌大学存在明显差距。如何在夹缝中求生存，探索有别于老牌本科大学的人才培养新模式，成为学校的重要选择。为此，西昌学院正视困境与挑战，于2006年创立和推行“本科学历（学位）+职业技能素养”人才培养模式，该模式2009年被四川省教育厅列为“首批本科人才培养创新试验项目”和“高等教育人才培养质量和教学改革重点项目”。

困境一：没有地域优势。地处边远民族地区，远离省会城市，交通、信息相对不便，学习生活条件相对较差，办学成本相对较高，就业创业机会相对较少。引进人才难，留住人才更难。

困境二：生源凸显危机。大部分优秀学生集中在省会城市的老牌本科就读，学校录取的往往是二本分数线末端的学生，第一志愿录取率低，新生报到率不高。加之学习习惯、态度、价值取向等差异，使生源质量相对较低。

困境三：社会认可度较低。由于办学历史、办学条件、教学科研水平等无法与老牌本科相比，社会影响力小。加之在人才培养方面尚未形成自己鲜明的特色，公众对其办学定位和办学成就的认可度较低。

困境四：毕业生就业率不高。新建本科院校的毕业生平均就业率80%左右，且呈逐年下滑的趋势，而一些质量较高的高职院校毕业生就业率高达90%以上，新建本科院校毕业生就业面临极大压力。

困惑五：教育观念落后。受精英教育思想观念的影响，眼睛向“上”，有的教师甚至简单认为本科教育就是学术型、研究型的教育。重理论、轻实践、忽略能力培养，学生动手能力和职业能力较差。

困惑六：办学定位不准。向“老牌本科”看齐，盲目攀比，好高骛远，原有的实践教学优势丢失，新的特色又尚未培育。“形而上”，缺乏学科基础理论能力，难以产生认识世界的基础条件。“形而下”，又不乐于培养改造世界的技能人才，将自己悬于半空。走传统本科之路，很难与人竞争；走本科层次职业教育，没有现成的模式，创新和开拓又可能承担成本代价，在走向上左右摇摆，踯躅不前。

困惑七：培养规格不清。人才培养简单模仿传统本科，简单改造原有专科，培养质量标准与社会需求脱节。培养的学生“几不象”，学科理论不如老牌本科大学，动手能力不如高职高专。

困惑八：师资建设滞后。数量不足，结构不合理，能力不胜任。青年教师动手能力差，“双师型”教师缺乏，“产学研”合作办学和合作育人机制没有真正形成。

上述生存困境和办学困惑倒逼西昌学院创新人才培养模式，真正实现从“新建”走向“新型”。

学理与支撑：强化本科职业技能培养的四大依据

依据一：符合国际教育分类标准。《国际教育标准分类法》（2011年修订）规定，2级（初中教育）至8级（博士教育）均有普通教育（A）和职业教育（B）。6级为学士学位层次的高等教育，在类别上其应用型人才培养的定位应当归于professional education。将层次和类别组合，西昌学院这类学校处于“6B”的位置，即应为职业教育类学士学位层次的高等教育。这就为实施职业技能教育提供了依据和范式。

依据二：自身具备职业教育属性。“高职”是高等职业教育的简称，是一个涵盖多个层次的系统概念，不应当仅限于专科层次。完整的教育体系应当是职业教育与高等教育交叉渗透、并行发展，形成高等职业教育的“立交桥”。“高职”是属的概念，“高专”是种的概念。“高职”涵盖了包括“高专”在内的各级高等职业教育。强化本科“职业技能培养”既符合职业教育的内涵又扩大了“高职”的外延。因此，将具有职业教育属性、发展处于抉择关口的西昌学院这类学校纳入职业教育体系，实现其层次的提高和体系的延伸，对于现代职业教育体系的构建抑或是对整个高等教育结构的优化都有积极意义。

依据三：国内外有本科高职教育的成功经验。发达国家本科职业教育已经走过了数十年的历史，如德国和瑞士的双元制发展模式；英国、法国、澳大利亚的证书和资格认可模式；美国社区学院与产业界结盟，促进学生职业能力提升；挪威的学术教育融合发展模式等都已获得了许多成功经验，值得借鉴。

台湾地区本科高职教育体系已经较为完善。“应用学院”、“科技学院”、“科技大学”，其培养目标立足于地方需求，培养职业技能人才。如高雄第一科技大学“落实务实教学，推动产学交流，加强科技整合，适应产业升级”。

在大陆，潘懋元先生认为：新建本科院校“主要培养技术型和工程型人才，也可培养职业型人才。培养职业型人才也要有本科，应该有职业型本科”。上海电机学院开展“技术本科人才培养创新试验”，北京联合大学推行“实践实训为主的应用教育”模式，培养具有职业能力的技术人才。云南民族大学搭建现代职业教育“立交桥”，构建高职专科教育、应用本科教育、研究生应用人才培养的高等职业教育体系。

依据四：学校定位的客观需要。西昌学院的诞生具有独特的历史使命，即培养地方需要的应用型人才。这就决定了人才培养规格定位要以技术应用能力培养为主，“学用结合、学做结合、学创结合、学以致用”。学校较之老牌本科最为突出的特征和分工在于“应用型”，只有遵从组织分工的内在逻辑，以职业或技术岗位需求规定教学活动，才能获得在高等教育系统中的最优发展位置。职业教育类型标识与本科教育层次标识结合，可能成为其办学特色和优势，还可以摆脱现有高职院校学生升学无路的境地，也为专业学位研究生教育铺平道路。

突破与做法：强化本科职业技能培养的六大举措

举措一：开展理论研究和制度建设。围绕模式的内涵和现实问题开展系列专项研究（“产学研基地建设”、“‘双师型’教师队伍建设”等七大课题），制定了《加强职业技能培养的实施意见》、《加强职业生涯规划课程建设的意见》等系列文件。强调本科学历教育与职业能力培养深度融合，实现学历教育“本科性”和类型“职业性”的有机统一，彰显类型上的特色和优势；搭建“学历教育+职业技能”培养的教学内容和课程体系，优化应用型人才培养的教育过程；提出了“在本科学历教育中搭建‘职业技能培养平台’”、“本科职业技能培养是学历教育在实践教学中的拓展”等具有较高理论价值的观点；发表了《强化本科职业教育，培养地方应用人才》等近30篇论文，出版专著《地级市新建本科院校应用型人才培养探索》和《本科教学质量标准与监控》。研究成果及制度丰富了本科职业技能培养的理论，为新建院校培养应用型人才提供了参考。

举措二：确立科学的办学定位和发展思路。营造应用型人才培养良好氛围，召开“人才培养社会评价会”、“师生面对面座谈会”、专题讨论会和专家报告会等100余场次；安排1500余万元，资助教师外出业务提升；70余人次参加应用型人才培养研讨会。正视学校的办学实际，面向地方，突出应用，着眼服务，理清向应用型本科转型的办学思路。提出学校实现第二次转型的观点和加速“四个推进”，实施“五大工程”的办学思路。凝练“三大”办学特色，即应用性——应用为本，培养基础理论够用，职业能力扎实的应用型人才；地方性——艰苦创业，融入地方，服务“三农”；民族性——心系彝区，科教兴凉，促进民族地区繁荣稳定。

举措三：制订和实施应用型人才培养方案。在突出“三个特性”（培养目标的职业性、课程设置的应用性、教学过程的实践性），做好“三个调查”（用人单位需求、毕业生追踪、行业的咨询），实现“三个协调”（学历教育、职业能力、综合素质）的基础上，突出职业技能培养三大特点，即增设职业能力培养课程，强化职业道德、职业认知和职业技能的教育；突出职业能力集中训练，增设专业技能竞赛项目和技能训练周（月）；探索职业技能培养的激励措施和质量评价方法等。确立应用型人才培养的规格与标准，要求毕业生应达到本科层次的学业标准，又要符合应用型教育的特殊要求，重在知识运用和技术创新，侧重于改造世界；建立符合学校定位和培养目标的质量标准，学生的基础理论够用，动手能力最强。构建应用型人才培养的课程体系，将职业技能培养贯穿于人才培养的全过程；增加应用性知识和职业岗位能力培养的课程；优化课程结构，拓宽实训课，强化专业实践课，加大实践教学学分比例，将人文社科类、理工类和艺体类实践教学的学分比例分别调整为32%~35%、35%~38%和40%~45%；构建“5—4—3”实践教学体系；推行“三层次实践教学模式”；灵活设置实践教学学期制，根据生产季节变化和企业实际需要，安排对应的实践教学；鼓励学生将生产中的问题作为选题依据，在“社会实践”中完成毕业论文（设计）。

举措四：推进应用型人才培养教学内容和方法改革。突出课程内容实用性，以够用为原则，适当压缩基础理论，增加提升专业能力和职业能力的内容；强化课程论文训练；改革实验教学内容，增设反映现代科学技术成果的新项目；构建新型的实习实训体系。改革应用型人才培养教学方法。改变单一“讲授”满堂灌的教学方法，贴近和还原现实情景，采取丰富多样的教学方法。鼓励采用研讨、案例分析、现场教学等，实现由教师为中心向学生为中心、由以理论传授为重向实习实训为重等方法的转变。

举措五：架构职业能力培养平台。多途径开展职业技能培养，工学结合、校企合作、顶岗实习。把职业规划纳入全程教育，并选派120多名教师参加“职业规划指导”培训。编写职业能力培养实训教材，出版了《渔政法实训教程》、《植物学实训教程》等7部实训教材。推行职业资格证书，并建立资格证书质量管理体系和认证制度。开展职业技能竞赛，先后开展了家畜外科手术、园林设计等100多项技能竞赛活动。

举措六：强化应用型人才培养的保障条件。投入近1亿元，购置实训设备，新建50多个实训室，改造维修40多个实验室；建立农业技术实训中心等8个专业实训基地、2个省级实验教学示范中心、2个省级重点实验室和1个省级社科研究基地；学校与通威集团、四川乾坤集团等35个单位建立了校企合作关系，与九龙、普格等县建立了校县合作关系，为应用型人才培养建立订单式训练基地。推进“双师型”队伍建设。建立“双师型”教师的准入标准，提出由“双证”转向“三能”的新要求；制定“双师型”教师培养激励政策，安排200余名教师到企业、实训基地等一线锻炼，参与企业“立地式”应用研发服务；从校外企业聘请60余名技术人员担任指导教师，新进硕士生和教师120余人充实到实验（训）室。目前，具有“双师”素质的教师239人，占专任教师的33.2%。完善应用型人才培养质量保障体系，落实三大质量控制系统、四大保障制度、五大监控机制；建立质量评价制度和教学信息分析报告体系，充分发挥教学状态数据常态采集制度、教学质量管理信息沟通制度、试卷与论文（设计）分析制度对应用型人才培养质量的保障作用。

回报与效果：强化本科职业技能培养的六大收获

收获一：教育思想观念根本转变。突出“地方性”和“应用性”定位，践行“知行对接、实训贯通”的理念。学校在顶层设计上强化本科职业技能培养，把创新人才培养模式提高到学校生存和发展的高度来认识。教学管理层和教师群体更加自觉将应用型人才培养的理念融入到教学中，走应用型本科之路成为全校教师的共识。应用型人才培养模式的实施，实现了本科学历教育与职业技能培养的高度融合，找到了本科教育与职业技能培养的切入点、载体、路径和有效方法。实现了应用型人才培养的目标和规格创新，毕业生实际工作技能扎实、职业操守良好、职业迁移能力较强，集学术、技术、职业为一体，是适应能力和职业能力的优化组合。实现了应用型人才培养的办学定位创新，针对地级市，强化地方性、突出民族性，实现了为民族地区提供人才、科技、文化支撑的不可替代性。

收获二：人才培养质量逐步提升。应用型人才培养方案日趋完善，管理制度基本建立，保障条件基本达标，人才培养质量得到保证。学生通过各种社会实践、实习实训和技能大赛，增强了实践动手能力。2009年以来，近1万名学生获得景观设计师、园林工程师、畜牧兽医师、注册监理工程师、注册会计师等职业资格证书，有力地促进了学生职业能力的提升。来自“社会实践”的毕业论文（设计）比例由2008年的42%提高到2012年的95%。学生专业知识更加扎实，毕业生备受用人单位好评。攀西地区最大的农牧企业——西昌华宁公司董事长刘勇深有感触地说：“西昌学院培养的学生职业技能较强，理论和实践都过硬”。凉山州烟草公司总农艺师邢小军认为：“西昌学院的学生之所以受到烟草行业的欢迎，是因为一毕业就成为理论与实际相融合的直接可用人才”。

收获三：服务地方能力显著增强。为地方培养了大量的应用型人才，成为地方专业技术人才培养的摇篮。西昌华宁农牧科技有限公司员工中，西昌学院培养的专业技术人员占97.37%；西昌市农业局专业技术人员占85.29%。根据地方经济建设需要，合理调整专业结构，专业与地方经济建设的符合度达到95%以上。开展服务地方的科学研究，积极探索校地合作新模式，主动投身地方重大项目攻关，建立了5个科研所，在德昌、盐源、普格等地建立了5个农业科技专家大院，在攀西地区推广科技成果50余项，取得显著社会经济效益。

收获四：生源质量明显好转。人才培养模式改革取得的成效得到了考生、家长和用人单位的认可，学生踊跃报考。2012年我校本科文、理科录取分数线大大超过省控线，录取分数甚至超过部分老牌二本大学。文、理科最高分515分和507分，分别超过省控线61分和62分。学校第一志愿投档率逐年增加，由2008年30%上升到2011年的90%，2012年达到132%。新生报到率大幅提升，由2008年本专科报到率81.7%，上升到

2011 年和 2012 年的 93.6%和 96.3%，其中本科生报到率由 2008 年的 85.5%提高到 2012 年的 97.7%。

收获五：毕业生就业率稳步提高。毕业生实践能力和职业技能明显提高。2009 年以来，600 多名学生参加国家级、省级各种课外科技技能竞赛获奖 212 项。毕业生深受用人单位欢迎，一次就业率连续 5 年保持在 90%以上，水利水电工程、工程管理、动物科学、动物医学等专业就业率达 100%，同时，专业与就业岗位对接率提高，就业质量明显改观，毕业生供不应求。学校连续多年被评为“四川省普通高校毕业生就业工作先进集体”。

收获六：社会评价良好。应用型人才培养模式，引起了许多高校的关注和共鸣，提供了可借鉴的经验。2009 年以来，全国 30 余所新建院校来校学习考察，20 余次在全国会议上交流。《中国教育报》、《四川日报》等报刊进行了广泛的宣传报道。专家教授也给予了充分肯定和高度评价。黑龙江科技学院赵国刚院长认为，“‘本科学历+职业技能’培养模式意义重大，很具有创新性。”武汉理工大学张安富副校长认为，“‘本科学历+职业技能’人才培养模式特色鲜明，通过‘双师型’教师培养、产学研结合、强化学生的实训来实现应用型人才培养”。北京工业大学高教研究所所长肖念教授认为，“本科学历+职业技能’人才培养模式非常好，是学校从专科到本科过渡时最好的一个选择”。

【作者：西昌学院校长】

职业教育大有可为

王宗敬

职业教育同普通教育一样，是“横看关系到千家万户，纵看关系到千秋万代”的百年大业。但是，由于方方面面现实原因的，大多数职业学校也出现了不可回避的现实困难，有的面临生存危机。主要表现在以下几个方面：一是生源短缺。随着普通高校的逐年扩招，“普高热”也日益升温．再加上计划生育的实施，报考职业学校的初中毕业生逐年减少。二是生源素质差。如今，报考职业学校成为学生及家长无奈的选择，只有那些分数极低、智力平平、不思进取、升学无望的学生才会考虑就读，职业学校成了家长为不至于让自己孩子无书可读的“托管所”。三是师资水平下滑。一方面，各职业学校的教师都需承担一定的招生任务，并与教师的个人收入挂钩，由于完不成招生任务，教师就得不到应有的劳动报酬，教师待遇低、教书无成就感的窘境造成一部分有能力的教师跳槽外流，更无法吸引外来的优秀教师。另一方面，由于学校经费紧张，现有教师无法外出进修、参加各种交流会、研讨会，缺乏必要的知识更新，只能停留在原来的水平上吃老本，对于“双师型”的教师更是紧缺。四是办学硬件不强。近几年来，由于职业学校生源逐年下滑，财政上拨入的少量经费再加上办学的各种收入充其量仅能维持正常的经费收支，根本无力再拿出钱来充实教学设备，要想把全新的教学内容系统地传授给学生，只能靠画饼充饥或纸上谈兵。总之，由于受教学设备和师资水平的限制，再加上生源素质差，不管是龙还是虫，来者不拒，学生入校后普遍厌学，从而导致一部分毕业生在走向社会以后不能满足用人单位对专业技能的需求，这也是职业学校的一大败笔。

近几年来，国家从现代化建设全局和战略的高度，从贯彻落实科学发展观和构建和谐社会的高度，出台了一系列有利于职业教育发展的强有力的政策措施，比如，从 2007 年秋季开始对中等职业学校农村学生和城市家庭经济困难学生实行国家助学金，从 2009 年秋季开始实施中等职业教育涉农专业免学费，从 2013 年秋季开始，农村学生免费接受中等职业教育，城市涉农专业学生和家庭经济困难学生免费读中职，并逐步实行中等职业教育免费制度，中央投入 100 亿元，加强职业教育基础能力建设等。这些政策措施都在一定程度上为职业教育的改革和发展带来了新的契机。

2009 年，聊城市委、市政府抓住这一难得的历史机遇，经过多方考察、反复论证，对市直 11 所职业学校进行资源整合，组建了“聊城高级工程职业学校”和“聊城高级财经职业学校”，筹资 7 亿多元打造两艘职教“航母”。目前，两个学校的 26 栋楼均已封顶，规划用地面积 1175 亩，两校共分三个功能区，即工程职业学校区、财经职业学校区和共用设施区。工程职业学校建筑面积 14.5 万平方米，财经职业学校建筑面积 11.3 万平方米，两校办公楼、图书馆、文体活动中心合建，为共用部分，建筑面积 2.2 万平方米。两个学校招生规模均为 6000 人，共 12000 人。两校的设计指导思想是，近期为两所学校，远期合并为一所学校，功能布局合理且方便使用。按照“城建靓市”方针，坚持“高标准规划，高水平建设”的原则，确保规划设计达到一流水平，确保项目几十年不落后，打造经得起历史检验的精品工程。

新校区的建设，是聊城职业教育发展史上的一个里程碑。笔者认为，仅有一流的办学条件是远远不够的，还必须有一流的办学理念、一流的管理水平。通过资源整合，实现真正的资源共享，推动职业教育上规模、上水平，推动职业教育全面、协调、可持续发展。

一要统筹整合教师资源，加强专业课教师队伍建设。要牢固树立教师是学校第一资源的思想，充分认识学校迁入后教师队伍建设面临的新形势和新任务，深入分析教师队伍建设中存在的困难和问题，研究加强教师队伍建设的对策，重点解决专业课教师和实习指导教师比例偏低、骨干教师和学科带头人缺乏的问题，理顺教师管理体制，完善教师管理制度，建立与职业教育发展相适应的用人机制，逐步建设一支数量充足、素质优良、结构合理、专兼结合、特色鲜明、适应职业教育发展要求的教师队伍，为职业教育快速健康发展提供强有力的人才支持。

二要统筹整合专业资源，加强特色骨干专业建设。要坚持以市场为导向，根据国家的产业政策和产业发展变化趋势，重点建设与聊城支柱产业、先导产业、优势产业密切相关的专业，支持建设社会需求旺盛、符合产业发展方向的专业，鼓励建设产业发展需要而目前短缺的专业，新增与经济社会发展密切相关、就业前景好、有市场竞争力的专业，淘汰与市场需求脱节、长远无竞争优势的专业，积极创造条件开发、增设新专业，拓宽、改造老专业，通过整合重组，形成鲜明的专业特色。

三要统筹整合实验实训资源，培养学生实践能力和创新能力。以高级工程职业学校为例，根据专业规划，在实验方面要新建 CNC 培训实验系统，新建和升级改建电气自动化、金工物理、制冷设备、数控编程仿真、建工材料、纺织保全等 20 个标准实验室和专业教室，建设校园有线电视教学系统和校园计算机网络，建设较规范的学校网络和远程教育网络，实现教育资源共享。实训方面要争取进入全省 200 个设施设备先进并与企业对接密切，运行管理水平较高的多功能综合实训基地。要高标准建设数控加工中心、焊接中心、模具加工中心、电气自动化中心、机械加工中心，并建立 10 个以上校外实习基地。

四要扩大对外交流与合作，增强职业教育的发展活力。要不断扩大交流与合作的范围和领域，借鉴国内外先进的教育思想、教育理念、办学模式和管理经验。积极开展校校合作、校企合作，把实验实训设备与生产、经营、培训、技术开发结合起来，充分发挥实验、实训设备的社会效益和经济效益。

西方社会历来重视职业教育，一些技术工人的工资甚至比博士还要高，才使得西方科学技术飞速发展。德国学生初中毕业后，75%以上都直接接受“双元制”职业教育培训，只有 25%的学生接受普通教育。正是职业教育为德国培养出大量的高技能人才，才造就了今天德国作为制造业强国在世界上的竞争力。当今社会，谁掌握技术，谁就能立于不败之地。职业教育是就业教育、是创业教育、是成才教育，职业教育的发展是社会的需要、是时代的要求，职业教育大有可为。早在 2009 年 10 月 29 日，时任国务院总理温家宝在山东调研时指出，“职业教育的重要性，怎么强调也不过分；职业教育发展的广阔前景，怎么描绘也不过分！” 2009 年 12 月 21 日，时任中共中央总书记胡锦涛在视察珠海市高级技工学校时指出，“技能型人才在推进自主创新方面具有不可替代的重要作用”，“没有一流的技工，就没有一流的产品”；十八大报告提出，“要坚持教育优先发展，加快发展现代职业教育”，把教育放在改善民生和加强社会建设之首，这是全面建成小康社会赋予职业教育的新使命，是中国特色新型工业化、信息化、城镇化、农业现代化建设赋予职业教育的新任务，体现了党中央对职业教育改革发展的新要求。所有这些，都让我们感到职业教育是前所未有的机遇，任重道远、前途光明、大有作为；我们坚信，有市委、市政府的正确领导，通过学校广大教职员工的积极努力，聊城职业教育的明天一定会更加美好！

【作者单位：山东省聊城市劳动技工学校】

高职教育何以让人民满意

尤建国

党的十八大报告把教育放在改善民生和加强社会建设之首，提出要“努力办好人民满意的教育”，这充分体现了党中央对教育事业的高度重视，对优先发展教育的坚定决心。“努力”二字，充分体现了一种求真务实的态度，充分体现了党中央把人民是否满意作为检验教育工作最高标准的勇气和智慧。

高等职业教育已占我国高等教育半壁江山，在办人民满意教育的过程中起着举足轻重的作用。那么，何为人民满意的高职教育？笔者认为，人民满意的高职教育即为学生成型的教育、社会认可的教育、家庭得益的教育。

一、学生成型、全面发展

其一，强化学生公民意识。高职学生作为高素质的公民群体，不仅是学习的群体，也是国家建设的重要后备力量。面对当今学生中普遍存在的公民义务意识和行为意识薄弱的现状，高职教育不仅要担当起培养学生文化知识和专业技能的重任，更要向他们传播公民教育的核心价值理念，引导他们正确认识个人与社会的关系，最终成为构建社会主义和谐社会的中坚力量。

其二，关注学生全面发展。教育的核心在于以人为本。从学生的成长、成才、成型出发，完善品质、塑造灵魂，使学生全面发展，达到社会所需人才的规格和要求，此乃教育的最高境界和题中之意，也是教育产生高质高效的前提。就高职教育而言，应强调学生的综合职业能力和全面发展，以培养学生的综合素质为重点，培养学生自我教育、自我管理、自我超越的能力，增强他们适应社会、服务社会的能力，从而更好地提升社会和用人单位对高职学生的满意度和认可度。

其三，塑造责任意识、创新精神。高职教育不仅要对学生传授知识和技能，还要注重加强对学生社会责任感的培养，使他们切实负担起党和国家赋予的历史使命。同时，作为新时期的高等职业教育，应以能力培养为主，以培养一线生产型技术精英为目标，不断对传统教育模式、传统办学模式进行突破，不断探索创新之路，探讨和建立符合我国国情和高职院校特点的创新能力培养体系，着力培养学生的创新精神、创新人格和创新能力。

二、社会认可、企业满意

其一，树立良好的职业素养。优秀的职业道德和职业素养是高职学生的竞争力，是发展的动力，也是用人单位衡量毕业生质量最重要的指标。在我们的实际工作中发现，用人单位对毕业生的评价往往是通过学生自身的职业道德和职业素养反映出来的，如遵章守纪、踏实肯干、品行端正、爱岗敬业、吃苦耐劳以及团队意识、协调能力、进取精神等。近年来，尽管我国高职教育发展迅速，但高职教育在培养人才的过程中，普遍存在重技能轻素养的不良现象，从而直接影响到用人单位对毕业生的认可度和满意度。

其二，提升可持续发展能力。长期以来，高职教育总是以某一具体岗位所必须具备的知识和能力为依据设置课程，根据“必需，够用”的原则进行教学和实际训练，强调学生的实践能力，对学生的理论素养要求较低，培养出的技能型人才在具体工作岗位上接受新知识、新技能的能力较弱，可持续发展能力不足。高职院校在人才培养的过程中，不仅要让学生掌握一技之长，具有岗位适应能力，顺利就业，还要注重让学生在未来的工作中具有潜在的发展后劲，具有较强的可持续发展能力和岗位“迁移”能力。高职生可持续发展能力的培养是一个系统工程，与学校的办学理念、办学目标、人才培养模式与定位、专业培养方案、课程体系以及学生知识素养、能力结构等诸方面息息相关。

其三，充分实现岗位效益最大化。随着高新技术的迅猛发展，企业对生产一线工人技术水平的要求逐步提升，对高等职业教育的人才培养也提出了新的需求。高等职业教育既具有“职业性”，又具有“高等性”，其所培养的人才类型不仅要具备扎实深厚的基础理论和专业理论知识，更重要的还要有精湛的实践动手能力和分析、解决生产实际问题的能力，也就是说，学生应兼备技术与技能，能在工作岗位上创造最大效益。一方面，高技能型人才娴熟的操作技能和经验性知识能使其在工作中的损耗达到最低，从而使企业成本大幅度减少；另一方面，高技术型人才具备现代高新技术的系统理论知识，适应高新技术产业化的需要，对企业的技术改造、产品革新产生积极的正能量。现代高职教育正要适应这一市场需求，在人才培养目标上立足于产业转型升级在知识、能力和素质等方面对人才的要求，使其培养的学生真正成为企业基层技术、技能兼备的行家里手，为企业实现最大的经济效益服务。

三、家庭得益，幸福提升

其一，改善家庭经济状况。由于高职学生很大一部分来自偏远农村，出身于普通工人、农民家庭，处于社会基层，家境条件并不理想。譬如，笔者所供职的国家示范高职院校南京工业职业技术学院，在校生中近80%来自农村，在他们身上，往往维系着家庭改变命运的希望。据麦可思公司对 2011 年全国本科院校排名前26所的应届大学毕业生半年后薪资调查显示，排名第25、26位的大学，其应届毕业生的平均月收入均为3084元，而南京工业职业技术学院的学生，其毕业半年后即达到月收入平均 2860 多元。可以说，获得一份满意的工作是让农村贫困家庭摆脱窘境，让城里低收入家庭减轻负担、改善经济状况的最好途径，也是让家庭得益的切实体现。

其二，提升家庭幸福指数。在我国，历来存在根深蒂固的“望子成龙，望女成凤”的传统民族文化心理。可以说，儿女能有个好的发展前途是所有中国父母的最大愿望。近日，由中国人口宣传教育中心等单位举办的“2012 年中国家庭幸福感热点问题调查”结果显示，现代人的幸福之源在于家庭，其中，子女的成才是影响中国家庭幸福感的主要因素。好孩子是家庭的财富，儿女一份令人满意的工作，从物质层面来说，可以直接改变寒门家庭的生活状况，提高生活质量；从精神层面来说，亦是家庭的荣耀，可以让家族成员生活得更有尊严，缓解家庭矛盾，促进成员间的和谐相处和人际协调，提升生活的满意度和幸福感。

十八大报告中“努力办好人民满意教育”纲领的提出，为我国职业教育未来的发展规划了宏伟的蓝图，作为高职人，我们将携手同行，在推动教育事业科学发展之途中勇往直前。

【作者：南京工业职业技术学院党委书记】

内外兼修　助力公安政工队伍建设

张文安　普金华

公安政治工作是为公安各项工作作服务保障的。可以说公安政治工作是公安队伍建设的生命线，是公安一切工作的力量源泉。公安机关从公安部到基层派出所都有一大批政工干部，如各级公安机关的政治部（处）主任、政治委员、教导员、指导员等政工部门的干部都是公安机关的政治工作者。要充分发挥公安政治工作在各项公安工作中的服务保障作用，使政治工作出战斗力，当务之急是必须抓好政工干部队伍建设。

一、政工干部的定位要准确

公安政工干部应主要侧重于公安思想政治工作，要有明确的职责、任务、分工，要制定出各级政工干部的职责。政工干部与其他业务部门的干部职责要有明显区分。要让各级政工干部明确自己的主要工作职责是什么？现在有少数公安基层政工干部不知道自己的主要职责是什么？对自己职务的职能及工作职责很模糊。笔者曾经遇到一位派出所的教导员提出，他自己的职务是属于党内职务还是属于行政职务？怎么能闹出这样的笑话呢？这怎么能明确职能、履行职责呢？事实上，教导员是公安政工干部的一个行政职务。主要职责是做好民警的思想政治工作，为本部门的各项公安业务工作发挥服务和保障作用。公安机关的各级政工干部要准确定位，与其他公安业务工作干部的工作要各有侧重，既要防止“头发胡子一把抓”，又要防止“两张皮”。要增强政治工作的服务意识，密切配合，通过强有力的思想政治工作，增强队伍的凝聚力、创造力和战斗力。

二、选拔配备政工干部要严格把关

为建设一支高素质公安政工干部队伍，要重视政工部门领导和政工部门干部的配备，在选拔配备政工干部时，要高标准选人，切实从严把关。切不可把政工干部当作“万金油”，人人皆可用，人人可不用。要真正把综合素质高、亲和力强、热爱政治工作的干部选拔到政工岗位上来，不能把政工岗位用来安置干部、解决待遇。政工干部是管民警的民警，是管干部的干部，必须是政治最可靠的人，素质相对高，创新意识强，身体健康，年富力强的人。要真正把学习理论先人一步，掌握情况早人一时，提出见解高人一筹，思考问题深入一层的有谋有识之人，不断充实到政工干部队伍中来，使每位政工干部都成为民警的表率，心中的“标杆”。

三、政工干部要努力具备八种品质

当前，我们正处在各种矛盾的凸显期，人们逆反思想的活跃期，各类问题的连锁反应期，政治思想工作难度将会越来越大。但危机也预示着机遇，要做好新时期公安思想政治工作，既要认清挑战、应对挑战、战胜挑战，更要珍惜机遇、抓住机遇、把握机遇、用好机遇，奋发图强，努力使政工干部成为本职业务精、邻近业务通、相关业务懂的复合型优秀人才。

（一）要有优秀的品质

公道正派是做人和做官的第一品质，更是政工干部必备的作风修养，俗话说：“打铁要靠本身硬”。政工干部要想取得民警的信任，使自己的工作有根基、有底蕴、有成就，自身的品质、修养、行为都必须是工作对象的榜样。

（二）要有敏锐的洞察力

政治思想工作是针对人们的心理活动所进行的一项特殊工作，这就要求每个从事思想政治工作的同志，都必须才思敏捷，能洞察秋毫，要善于从工作对象的表情、性格、行为，只言片语和人际关系中判断其真实的心理活动。要善于识别假象，要准确把握工作对象的心理变化和思想脉搏，在工作中“对症下药”。

（三）要有深厚的知识底蕴

思想政治工作的目的，就是要改变人们的错误行为，为人们指明正确的行为方向。要改变民警的行为，就要改变民警的思想和态度。政工干部要用正确的见解去改变错误的见解。自己必须要有深厚的知识底蕴，要有深厚的理论功底，要有底气。只有这样，才能为工作对象提供有价值的信息，才能做到以理服人，以改变其不正确的态度和行为。

（四）要有强烈的情感

政治思想工作本身就是一种感情工作，所以，政工干部要用自己炽热的情感去教育、引导、感染、激励工作对象，与工作对象保持良好的情感联系，要用真挚的情感促使不利的情感向着有利的情感转变。

（五）要有良好的口才

口才是政治思想工作者所必不可少的工具，这是正确思想得以准确表达的重要途径。所以，政工干部要注意学会措辞技巧、语言技巧，不要夸夸其谈，按照工作对象的接受能力，选择谈话的内容和技巧，做好思想政治工作。

（六）要有应变能力

事物是不断发展的，人的思想也是如此。在政治思想工作中，政工干部与工作对象的思想交锋，情绪冲突，是不可避免的。因此，需要政工干部高人一筹，有较强的应变能力，遇事要沉着冷静，处事不惊，切不可虎头蛇尾，敷衍了事，感情用事，要用最小的代价收到最大的效果；要让人讲话，听人说理，甚至听人发牢骚，要适时地使用激励发泄、疏导发泄、引导发泄等工作手段，做好思想政治工作。

（七）要有严谨务实、踏实肯干的作风

评价一个干部是否称职，就看他肯不肯干事。干事，体现了一种精神，一种责任；干成事体现了一种能力、一种贡献。每一个政工干部做任何事都要脚踏实地。“政治工作无小事”。它涉及到每个民警的思想和利害关系，政工干部工作做得好，不一定有人夸你，不一定看得到你的成绩，但如有一点点失误，马上就会有人提意见。因此，政工干部一定要胸襟开阔，高度负责，严谨周全，轻重得当，防止工作中出现差错，伤害了民警。

（八）要有与时俱进、开拓创新的作风

政工干部，尤其是政工领导干部一定要解放思想，与时俱进。要自觉加强学习，锻炼作风修养，不断提高自己的工作能力和水平，成为具有高素质、懂法律、业务精、会管理、善服务的新时期合格的公安政工干部。

四、政工干部要以身作则

政工干部要以身作则，要堂堂正正做人、扎扎实实做事、清清白白为官。不争功诿过，不躬上傲下，不阳奉阴违。要牢固树立“六种作风”：团结奋进、干事创业的作风，实事求是的作风，艰苦奋斗的作风，廉洁勤政的作风，严谨细致的作风，敢于创新的作风。要着力培养“五种能力”：组织指挥能力、调查研究能力、协调办事能力、文字和口头表达能力、指导下属及基层的工作能力。在廉洁自律上要做到“六防”：政治上防渗透、思想上防蜕变、纪律上防松弛、工作上防失职、生活上防腐化、经济上防贪占。

喊破嘴皮子，不如做出好样子。政工干部要敢于叫响：从我做起，向我看齐！要用人格魅力感染身边的人，感染民警。这些年来，各种规章制度多了，说的多了，喊的多了，为什么总是达不到最佳效果，关键是敢于叫响“从我做起，向我看齐”的为数很少，甚至没有。我们党的优良传统，领导干部历来都是用身先士卒，率先垂范来赢得人民群众的信任和拥戴，人民群众中流传着一些很朴实、很贴切的语言：村看村、户看户、群众看干部。干部带头、群众加油！毛泽东同志说过：“只有落后的干部，没有落后的群众”。“群众的眼睛是雪亮的”。“群众是真正的英雄，而我们自己则往往是幼稚可笑的，不了解这一点就不能得到起码的知识”。这些都充分说明了榜样的力量和以身作则的影响力和号召力。

五、政工干部要甘于奉献

政治工作是为各项公安业务工作作保障的。因此，政工干部要选准位置、当好配角、甘于奉献。军队的军政首长制和强有力的思想政治工作从建军之日起就有，值得我们借鉴。公安政治工作可以学习军队的思想政治工作方法，连长是军事干部，政治指导员是政工干部，工作各有侧重，在作战训练中，某一位士兵受到连长严厉批评，事后政治指导员会在最短的时间内找到这位士兵交心谈心，作心理疏导，说明连长的批评那些是对的，那些是欠妥的，有则改之，无则加勉。批评得对的充分肯定，批评欠妥的，代表连长向其承认错误，即解开了这名士兵的心结，也丝毫不影响连长在这名士兵中的威信。

事实上，公安政治工作与军队的政治工作没有什么两样，如公安基层单位的县市公安局长、政委，大队长、教导员，派出所长、教导员，都可以仿效军队的思想政治工作方法，如局长、大队长、派出所长在工作中严厉批评了某一位民警，可能这位民警一时还难以接受，甚至分辨不清对错，觉得领导跟自己过不去，只要我们政工干部把思想政治工作及时跟进，民警的心结就会迅速解开，就会知道什么是对，什么是错，就会知错改错，就会以更加饱满的热情投入新的工作，所以，政治工作做得好，必然出战斗力。

因此，要做好公安思想政治工作，这就要求我们政工干部要选准位置，当好配角，在公安工作中极力配合其他公安领导干部，有人唱黑脸，有人唱红脸，各有择重，积极补台，排忧解难，像一对相声演员一样密切配合，把工作做好。

【作者：云南省楚雄彝族自治州南华县公安局政委
南华县警察协会秘书长】

全力打造阳光安置

——河北省建立公平、公正、公开安置机制

苑鸿志 郝占奎

河北省是兵员大省、驻军大省、军转干部接收安置大省，每年接收安置军转干部数量在全国名列前茅。为促进军转安置工作公平、公正、公开，全省建立起阳光安置工作机制，全力推进军转安置工作健康发展，取得显著效果。

全面落实政策规定，加大安置力度

军转工作是重要的政治任务，公平、公正、公开是军转安置工作必须坚持和把握的重要原则。中央和国家文件对这项工作提出了具体要求，2012 年初国家再次出台政策文件，明确把“建立健全公平公正公开的安置工作机制”作为安置工作的总体要求之一进行了强调。2012 年度军转工作展开后，河北省委、省政府主要领导专门对做好年度军转工作作出重要批示；在省军转安置工作领导小组会议、省军转安置工作大会等重要会议上，省领导都对有关工作进行了重点强调。各级认真贯彻省领导同志批示精神，紧紧抓住制定政策、宣传政策、落实政策等关键环节展开工作，进一步加大了公平、公正、公开安置的力度。

认真制定政策，确保工作有法可依。工作中，河北省积极推行了考试、考核、公开选岗的阳光安置办法。2012 年初，国家出台《关于改进计划分配军队转业干部安置办法若干问题的意见》（国转联[2012]1 号）文件后，河北省在全国率先出台相应文件，明确提出军转工作要“适应国家和军队各项改革特别是干部人事制度改革的新形势新要求，进一步创新办法，规范程序，完善信息公开、透明安置、强化监督等制度措施，建立公平公正公开的安置工作机制。”各级还制定政策公布、信息公开、结果公示等相关政策，使公开透明工作有章可依，有法可循。

加大宣传力度，确保政策公开透明。全省各级积极通过开展政策宣讲大会、召开座谈会、开通军转热线、开辟军转专栏和新闻媒体宣传等方式，广泛宣传军转政策和军转工作，及时把军转政策宣传到部队、用人单位和社会，营造全社会关心军转干部、理解军转工作、支持军转事业的氛围。

严格落实政策，确保实施阳光安置。全省各级坚持把落实政策作为工作的重点，通过实施“一把手”工程、严格落实工作责任制、完善各项工作措施、加大督导力度等，切实把“公平、公正、公开”的工作要求落到实处。通过强化领导、细化政策、落实政策，全省的军转安置工作更加公开透明，公平公正。

积极改进安置办法，健全安置制度

多年来，全省各级采取“考试考核、积分选岗”、“双向选择、组织保底”等分配办法，合理配置军转干部人才资源，逐步建立起了“公平、公正、公开”的安置制度。

强化政务公开。全省各级通过召开会议、联署办公、公开选岗、接收监督监察、印制宣传手册等形式强化政务公开，坚持做到“安置政策、分配办法、安置计划、考试考核成绩、安置结果”五公开，通过安置工作的公开透明，确保安置结果的公平公正。

规范分配办法。结合河北省实际，专门出台政策，对安置工作中的考试考核、照顾功臣模范、专业对口安置、指令性分配以及赋分标准、照顾条件、对口资质等主要项目进行了详细规范，先后制定了《河北省中直省直单位团职军转干部安置实施办法》、《河北省中直省直单位营职以下及技术级军转干部安置实施办法》、《省直单位团职军转干部选岗规则》等安置办法，使全省的军转安置工作科学规范、正规有序。

加大政策倾斜力度。全省各级积极出台政策，加大对功臣模范安置的政策倾斜力度，特别是对荣立二等战功以上奖励、在抢险救灾等急难险重任务中表现突出和长期在艰苦边远地区以及从事飞行、舰艇等特殊岗位工作的军转干部，进行照顾和从优安置，树立“在部队贡献大，到地方安置好”的安置导向。通过改进安置办法，完善安置制度，确保了安置质量，提升了安置工作的透明度和公信力，赢得了广泛赞誉。

合力推进安置工作，营造安置环境

中央文件要求，接收安置军转干部是全社会的共同责任。河北省各级军转部门牢固树立大军转的观念，自觉把军转工作置于社会之中、阳光之下、监督之列，在工作中贯彻“公平、公正、公开”的原则。近年来，全省的军转工作逐步形成了省

军转部门牵头实施，有关职能部门共同负责，军地合署办公，纪检监察部门全程监督，全社会共同参与的工作机制。具体工作中，军转政策由军地相关职能部门共同研究制定；军转安置计划由编制、计划部门共同协商，广泛征求用人单位意见，经军转领导小组会议审议通过后实施；考试、考核由相关院校、保密印刷厂、考录中心等相应资质单位命题、印刷、阅卷、登统，由军地双方共同组织，纪检监察部门全程监督，成绩经公示后生效；省直单位团职军转干部公开选岗，由驻军师以上政治机关领导、部队转业移交办、全军驻冀联络员，地方军转领导小组成员、纪检监察人员、用人单位人事处长以及新闻单位等共同参加；岗位分配，严格按照安置计划，本着照顾功臣模范、对口安置需要等原则，采取自选与指令相结合的办法进行配置。

每一年度军转安置工作结束前，河北省专门组织由军转、组织、人事和部队移交部门组成的联合工作督导组，赴各市和各系统对军转干部接收情况、团职军转干部职务落实、功臣模范照顾安置、随调家属安置等进行督导检查，及时发现和纠正安置工作的问题。多年来，逐渐形成了各负其责、各司其职、齐抓共管的大军转工作格局。

强化监督制约措施，贯彻安置原则

近年来，河北省各级不断强化监督制约措施，严格各项制度规定，自觉接受各方面的监督监察，确保了公平、公正、公开安置原则的贯彻落实。

主动接受纪检监察部门监督。对军转安置工作中的考试、考核、选岗等重要环节，主动邀请纪检监察部门联署办公，全程监督，对政策落实、考试考核、公开选岗等工作，均由军转部门负责同志、纪检监察人员和部队移交部门负责同志共同把关签字，收到了较好效果。

主动接收部队监督。年度工作展开后，邀请部队转业移交部门合署办公，在改进安置办法、考试考核赋分、定岗定位等方面，共同组织实施。对工作中遇到的诸如工作进度、职务落实、工资衔接等困难和问题，与部队有关部门共同研究解决，促进了工作的落实。

广泛接受社会监督。全省各级军转部门，从地方有关部门和驻军聘请了工作监督员、设立了意见箱、公开了监督服务电话，主动接受社会监督，并广泛征求工作意见和建议。通过广泛接受监督，保证了军转安置工作的健康有序开展，较好实现了部队、军转干部和接收单位的满意。

安置政策和过程公开，安置标准和办法公正，促进了安置结果的公平。同时，安置政策和规定全面落实，安置办法和制度逐步完善，全社会共同参与，全方位监督制约，使河北省的军转安置工作逐步走上公平、公正、公开和正规、有序的轨道，有力推进了军转安置工作的顺利开展。

【作者单位：河北省军转办】

坚持改革创新 服务科学发展

余晓明

2012年，在国家统计局和自治区党委、政府的领导下，国家统计局新疆调查总队团结带领全体干部职工学习贯彻党的十八大精神，以科学发展观为指导，认真贯彻落实全国统计工作会议精神和国家统计局的决策部署，牢固树立国家队意识、调查队意识，紧紧围绕“三个提高”，积极推进四大工程，巩固基础，深化改革，加强建设，提升优质服务水平，各项工作成效显著。

一、推进统计调查发展改革，着力提高数据质量

坚持把获取真实可信、准确完整的调查数据作为第一要务，加强调查业务建设，推进方法制度改革，强化统计法制保障，促进统计调查规范统一，数据质量得到新的提高。

（一）完善数据质量保障体系

精心组织调查业务。加强对各项调查业务和年报工作的组织，及时组织召开总队党组会议、队务会议、业务会议和年报会议，学习国家统计局的重大决策部署、重要工作安排和调查方案，研究提出贯彻落实措施，安排布置各项统计调查业务和年定报工作，明确工作任务和工作要求，规范调查工作程序，为圆满完成各项调查业务和提高数据质量提供了组织保障。

强化数据质量控制。结合统计调查改革发展新要求，贯彻落实《县级统计机构工作规范（试行）》和《国家统计局县级调查队考核办法（试行）》，梳理完善各项业务工作考核评比办法和数据质量控制办法，强化对数据生产过程的控制和管理，不断提高调查业务工作的规范化、制度化和科学化水平。

严格数据评估审核。坚持分级负责、集中管理原则，进一步完善各专业数据审核评估规定，规范数据、信息审核、上报和发布制度，强化数据、信息管理。坚持主要数据评审机制，定期召开总队数据评估会和经济形势分析会，审慎评估调查数据的趋势性、逻辑性、可比性和科学性。重要调查数据、重要信息上报和发布之前经过总队队务会议审核把关。

加强数据质量检查。围绕统计调查重要工作部署和重点工作，经常深入基层一线调研检查，及时掌握工作开展情况，指导和帮助解决问题，从源头上保证统计调查数据质量。根据国家统计局有关业务司的要求，总队专门召开队务会议研究部署，采取上下联动、点面结合、自查与复查相结合的方式，在全系统认真组织开展2012年主要调查数据基层基础工作检查。各专业处结合实际，制定了具体工作方案和各专业检查办法。在各地、州、市、县（市）调查队自查的基础上，总队领导带领相关业务人员分赴南北疆5个地、州、市和8个县（市）开展实地复查，针对存在的问题提出整改要求，促进了统计调查规范统一和数据质量的提高。

（二）认真落实重大统计改革措施

加快推进城乡住户调查一体化。成立一体化工作领导小组，整合农村住户调查处、城镇住户调查处，筹建住户调查处，根据工作需要调整了住户调查力量。加强与自治区统计局的沟通协商，共同研究制定新疆住户一体化调查相关方案，与自治区统计局、兵团统计局和兵团调查总队建立完善新疆住户一体化调查工作机制，做到相互配合，统筹安排，协调推进。争取自治区人民政府办公厅印发《关于开展全区城乡住户调查一体化改革工作的通知》，促进住户一体化调查工作顺利开展。加强住户一体化调查基础数据工作，圆满完成住户一体化调查落户和开户工作，顺利完成试记账并全面进入正式记账阶段。

稳步推进流通消费价格调查体制改革。针对手持数据采价器推广应用后，现有CPI调查专业的管理体制、人员力量无法适应新形势下价格调查改革发展需要的问题，积极与自治区统计局协商，联合向国家统计局请示，将11个地县统计局承担的居民消费价格调查工作移交到有关地县调查队，理顺了居民消费价格调查体制，调查力量得到加强，调查数据质量得到提高。

扎实做好规模以下工业统计调查和服务业小微企业调查改革工作。认真组织学习规模以下工业抽样调查新统计报表制度和数据审核处理办法，深入基层开展调研，核实规模以下工业新增非目录企业分布及经营状况，对新疆新建规下工业企业的行业分布、地理分布等信息有了更全面准确的认识。组织开展小微企业监测培训，严格执行抽样制度方法，圆满完成样本抽取工作和小微企业名录核查工作，为服务业小微企业监测调查工作顺利开展奠定了坚实基础。按照国家统计局的统一安排，加强沟通协调，顺利将企业景气调查移交自治区统计局，同时将采购经理调查样本数量由原来的29家增加到128家，有效提高了非制造业采购经理指数的代表性。

积极做好遥感试点。全力配合国家统计局农村司和中科院遥感所完成新疆两个县（市）棉花遥感空中样本点的核实和24个县（市）农作物遥感识别样例地块的调查。组织开展农作物遥感识别样例地块调查培训，积极推进GPS、农作物遥感等新技术的应用。

（三）坚持依法统计调查

深入开展统计法制宣传。坚持把普法宣传与统计调查工作紧密结合，加强统计法规制度和调查方法制度的学习。采取会议培训、面对面宣讲、发放宣传品、寄送明信片等方式，送法下乡、入户、进社区、进企业，并统一印制《致调查对象的一封信》发给调查对象。在全国普法宣传日等重要时点，组织全系统广泛开展统计法制宣传活动，增强了统计法制宣传效果。

加强统计执法培训。加强对专兼职执法人员的业务培训，利用总队内网上传学习资料，加强学习交流，积极解决统计执法中遇到的问题。组织总队机关40余名同志参加行政执法人员公共法律知识统一考试，并取得执法资格证。全年换发办理统计执法检查证71本、监督证14本、调查证83本。

加大统计执法检查力度。规范统计执法检查工作，加强统计执法检查，共检查5123家单位，发现统计违法行为110起，查处案件数量和质量较上年度明显提高。

二、推进四大工程建设，着力提升现代信息技术应用水平

积极适应统计调查数据生产方式变革要求，将国家统计局制发的《统计四大工程系列介绍》光盘刻录下发各地县调查队，组织全系统干部职工观看，准确把握四大工程的重大意义和具体内容，千方百计筹集资金，加大信息化建设力度，努力推进四大工程建设。

完善信息网络。建立完善调查队系统内外网管理规定，规范内外网的日常维护、加载、审核等工作，提高了信息加载质量。更新计算机等设备，为地、州、市调查队配备服务器，新开通16个县（市）调查队内部信息网。开展总队内部信息网页设计制作评比活动，对总队内网进行改版，完善网站架构，丰富网站内涵，拓展网站功能。用半年的时间完成第一期OA办公系统建设和应用，总队机关实现无纸化办公。2013年将实施第二期OA办公系统建设，在全系统全面实现OA系统的应用。信息网络系统的完善和升级，将更好地服务于四大工程建设。

扩大联网直报。通过现场走访企业、召开会议、电话、网络等方式，全面掌握样本企业联网直报工作情况，及时解决企业在联网直报中出现的问题，面对面指导企业开展网上直报，工业生产者价格、房地产价格、固定资产投资价格、规模以下工业企业、部分服务业企业联网直报率稳步提升。制定完善电子采集数据相关工作制度，组织开展手持数据采集系统培训，新购置83部手持数据采集器发放到各调查队，全区20个居民消费价格调查地县和8个农产品集贸市场价格调查县（市）实现应用手持数据采集系统直接向国家统计局报送原始采价数据，减少了中间环节，价格调查数据质量迈上新台阶。

加快视频会议系统建设。在提高地县调查队网络带宽的基础上，加快视频会议系统建设。按照无缝对接、先试点、分批推进的要求，采用了国家统计局现行的视频会议系统装备，协调建设单位对3个市级调查队进行测试，并实施总队到南北疆7个市级调查队的网络视频会议系统建设试点工作。2013年全面完成总队到14个地、州、市调查队的网络视频会议系统建设和总队到县（市）调查队网络视频会议系统建设，实现从国家统计局到总队、地（州、市）、县（市）调查队（网络）视频会议系统四级联通。

三、推进“结对”援疆工作，着力提高基层调查能力

深入开展“结对”援疆工作，认真贯彻落实全国国家调查队工作会议精神，抓住机遇，全面加强基层调查队建设，着力提高调查能力。

“结对”援疆实现良好开局。明确总队领导联系支援单位分工，进一步加强“结对”援疆工作的协调配合。坚持“请进来”和“走出去”相结合，加强与各兄弟调查总队和深圳、厦门调查队的双向沟通交流，突出调查业务援疆，强化人才智力援疆，加强资金项目援疆，促进了“结对”援疆工作全面开展。截至目前，已有23个总队、调查队来疆接洽“结对”援疆事宜。重庆等10个总队和深圳调查队向受援调查队援赠资金174万元，广东等18个总队和深圳调查队向受援调查队援赠价值

43.3 万元的计算机等办公设备，广东等 6 个总队和深圳调查队培训受援调查队干部 70 人次。重庆总队还选派 1 名业务骨干到福海调查队指导工作、培训业务干部。应支援单位的邀请，总队领导带领相关处室和受援调查队负责人，前往四川、重庆、湖北、湖南、广东、广西总队和深圳调查队学习交流，协商完善“结对”援疆工作计划。“结对”援疆工作实现了良好开局，并取得初步成效，对新疆统计调查科学发展和调查队伍素质的提高，特别是县级调查队办公条件的改善和统计调查能力的提升起到很大的促进作用。2012 年 10 月，新疆总队会同自治区统计局、兵团统计局和兵团调查总队向国家统计局上报《关于统计援疆工作开展情况的报告》，马建堂局长对此报告作出重要批示，进一步推动了援疆工作深入开展。

基层调查队建设取得新成效。认真贯彻落实全国国家调查队工作会议精神和《关于加强和改进国家调查队工作的决定》，研究制定三十条贯彻措施，继续对基层调查队实行扁平化管理，进一步建立完善基层调查队的业务、政务、人事、财务等工作制度，加强和改进对基层调查队的管理和监督，保障《县级统计机构工作规范（试行）》《国家统计局县级调查队考核办法（试行）》全面落实。积极协调新源、布尔津、青河、福海县党政领导解决办公用房，协助做好调查队领导和业务干部的调配，顺利完成 4 个国家调查队组建工作，完善了调查队组织体系，优化了国家调查点布局。在各兄弟调查总队和深圳、厦门调查队大力援助的基础上，坚持重心下移、向基层倾斜，优先保障基层调查队工作经费和办公设备，加强基层一线统计调查人员教育培训，2012 年基层调查队参加培训人数占系统培训人数的比例达 90%以上。对 27 名新招录公务员进行了初任培训，为基层调查队增添了新鲜“血液”。基层调查队的办公条件和装备水平明显改善，基层调查力量得到加强，统计调查能力进一步得到提高。

四、推进调查分析研究，着力提高服务决策能力

在保质保量地完成各项国家调查任务前提下，充分发挥国家调查队机动、灵活、快捷、高效的工作优势和遍布城乡的调查网络优势，紧紧围绕中央确定的“稳增长、控物价、调结构、惠民生、抓改革、促和谐”方针和自治区的中心工作，加强与行业部门的沟通，加强统计调研分析和信息报送，提升了服务决策能力。

加强经济运行情况监测。密切关注新疆经济运行情况，加强对新疆经济运行和民生指标的跟踪监测，认真编制城镇低收入基本生活费用价格指数，按时召开总队和局队经济形势分析会，多次参加自治区人民政府经济形势分析会，深入研究分析经济运行中的新情况、新问题和新态势，及时提出前瞻性和针对性强的对策建议，向自治区党委、政府提供及时准确的调查数据和决策建议，受到自治区党政主要领导的充分肯定。

深入开展调查分析研究。围绕自治区第八次党代会提出的奋斗目标、自治区“三化战略”和“民生建设年”部署，突出产业结构转型升级、收入分配、居民消费、“三农问题”、新型工业化、新型城镇化、价格问题、区域经济、中亚经济合作等重大社会经济问题和民生问题，集中全系统的力量，并加强与政府部门、高等院校、研究院（所）的合作，对 32 项课题开展了分析研究。其中，《新疆肉羊效益及发展措施研究》得到中央政治局委员、自治区党委书记张春贤的重要批示；《居民基本生活费用价格指数与社会保障的联动关系研究》《新疆新型工业化实现水平比较分析》《新疆城乡低收入群体住房保障问题研究》得到自治区党委常委、乌昌党委书记、乌鲁木齐市委书记朱海仑的批示。完成自治区党委农办委托的《新疆农牧业现代化进程评价》研究课题、自治区专家顾问团委托的《实现新疆居民收入倍增，缩小与全国差距的思考》《以发展大城市为重点，推进新疆城市化进程》2 项课题项目。

提高调查信息报送质量。积极适应新疆改革发展形势，创办《新疆调查专报》，直接报送自治区党政主要领导，提高了统计调查信息的时效性和针对性。截止 11 月 15 日，编发《新疆调查信息》88 篇、《新疆调查资料》47 篇、《新疆调查研究》14 篇，分别上报国家统计局和自治区党委办公厅、政府办公厅。其中《新疆调查信息》被国家统计局采用 9 篇、国家局领导批示 9 篇，上报两办 9 篇、采用 4 篇，自治区政府办公厅累计采用 103 篇次、自治区领导批示 1 篇；《新疆调查资料》《新疆调查研究》被国家统计局采用 14 篇。

组织开展地方委托调查。受自治区党委组织部、政法委的委托，精心组织开展了全疆组织工作满意度调查、公众安全感和对政法综合治理工作满意度调查及复核工作，对调查问卷进行了汇总分析，为自治区党委加强和改进组织、政法工作提供了决策参考。

五、推进统计公开透明，着力扩大国家调查的社会影响

贯彻全国综合统计暨新闻宣传工作会议精神，建立完善新闻宣传工作机制，加强统计调查工作宣传，及时发布、解读统计调查数据，打造透明统计调查，扩大了统计调查工作的社会影响力。

加强新闻宣传工作领导。成立新疆调查队系统统计新闻宣传工作领导小组和办公室，制定《新疆调查队系统统计新闻宣传工作管理规定》，各处室和地县调查队均设立了新闻信息员，形成统一领导、上下联动、协调高效的新闻宣传工作机制。

广泛开展统计新闻宣传。充分利用报刊网络、广播电视等媒介，传播统计知识，介绍调查队工作，发布统计调查数据，促进社会公众对统计调查的理解和支持。定期和自治区统计局召开季度、年度新闻发布会，通报新疆经济运行情况，回答记者提问，接受新闻媒体采访，解读统计调查数据和社会各界关注的热点问题。积极向自治区党委、政府有关部门报送统计调查资料，提供咨询。与自治区统计局、兵团统计局和兵团调查总队联合开展中国统计 60 年庆祝活动，编辑出版《新疆统计 60 年》《新疆统计调查报告—2011》《新疆调查年鉴—2012》，协调自治区统计局在《新疆年鉴》中新增县市社会经济篇章，为社会公众提供多元统计调查数据，增强了统计调查工作的透明度和公信力。

深入开展“统计开放日”活动。围绕“中国统计开放日”年度主题，与自治区统计局共同制定《庆祝第三届“中国统计开放日”活动方案》，组织新疆调查队系统和各级统计部门开展了一系列宣传庆祝活动。新疆调查总队和自治区统计局主要领导接受新疆影响力最大的网站之一——亚心网的专访，在人民剧场组织开展了统计宣传活动，为市民发放统计资料，现场回答市民关注的热点问题，并接受新华社新疆分社、新疆日报、新疆电视台等媒体的现场采访，普及统计知识，展示统计工作成就，增强了公众对统计工作的认同感。

六、推进干部队伍建设，着力提高综合素质能力

坚持抓班子、带队伍，深入推进调查队系统领导班子和干部队伍建设，提高干部队伍整体素质，为统计调查改革发展提供了组织保证。

加强思想政治建设。深入学习领会中央精神和统计改革发展部署，加强社会主义核心价值体系、新疆“三史”、民族团结宣传教育，提高干部职工的思想政治素质。创办《新疆调查论坛》，围绕统计学科前沿问题、最新研究成果和统计学科人才培养等问题进行学术研讨和交流，总队主要领导作了开坛报告。及时组织干部职工收听收看党的十八大报告，并召开总队党组中心组学习会议，传达学习贯彻党的十八大精神，要求调查队系统把学习贯彻十八大精神作为当前和今后一个时期的首要政治任务切实抓紧抓好，把十八大精神贯彻落实到统计调查工作的各个方面、各个环节，推动新疆统计调查科学发展。扎实开展“基层组织建设年”活动，加强党员教育管理和入党积极分子培训，实行党员公开承诺和挂牌上岗。深入开展社区共建活动，加强对社区党建工作的调研和帮扶。组织开展建党91周年、新中国成立63周年系列活动和多种形式的送温暖、献爱心、扶贫帮困活动。认真总结“热爱伟大祖国，建设美好家园”主题教育活动，推动创先争优常态化长效化发展。

完善选人用人机制。认真贯彻落实《党政领导干部选拔任用工作条例》，积极推进干部人事制度改革，加大处级领导干部公开选拔和横向、纵向交流轮岗力度，提高干部选用公信力，激发了干部活力。精心制定方案，严格落实工作程序，充分发扬民主，首次对总队机关4个业务处处长岗位开展竞争上岗，得到干部职工的好评。对总队机关2个处室负责人进行轮岗交流，选派总队机关4名处级干部到市级调查队任职，选拔1名总队优秀干部到市级调查队任副职，交流1名市级调查队队长到总队机关任职，选派2名处级干部到国家统计局有关业务司挂职、1名副处级干部到伊宁县挂任科技副县长。对5名市级调查队党组书记进行了离任检查。认真做好全国统计系统和新疆统计系统先进集体、先进工作者和先进个人推荐工作，10个调查队、1个业务处和25名干部受到表彰。

加强教育培训工作。研究制定《新疆调查队系统“十二五”教育培训规划》，加强人才培养。在积极参加国家统计局组织的学习培训的同时，加强与地方组织部门的沟通联系，努力争取干部培训名额，多渠道加强干部培训工作。2012年全系统66人次参加国家局组织的各类培训，6名处级领导参加地方组织的学习培训。鼓励和支持干部职工报名参加统计专业技术资格考试。举办了调查队系统第二届统计建模大赛，18支参赛队54名选手参加集中培训和比赛，学习应用建模理论知识和统计分析软件，提高了日常调查工作中的数据处理、分析研究能力。通过教育培训，进一步提高了调查队系统干部的业务能力和综合素质。

深入开展党风廉政建设和统计文化建设。广泛开展理想信念、党风党纪、统计核心价值观教育活动，增强党员干部的忧患意识、责任意识、宗旨意识和廉政意识。认真落实党风廉政建设责任制，在地县调查队全面实行党风廉政建设承诺制。扎实开展廉政风险防控管理工作，取得阶段性成效。加强对人财物管理使用和关键岗位、重大决策及项目实施和领导干部的监督。在全系统落实国库集中支付制度，推行公务卡，严格控制经费支出，规范津补贴。加强纪检监察干部队伍建设，严格配备县（市）调查队纪检监察员，努力提高纪检监察干部队伍的综合素质和能力。积极参与全国统计系统庆祝中国政府统计机构成立60周年书画作品投稿和“我与统计共成长”征文活动，2幅书法作品和1篇征文获奖。开展了形式多样的统计文化活动，积极引导干部职工恪守统计职业操守，弘扬奉献精神，确保统计调查数据真实准确，努力打造国家调查队品牌，树立国家调查队的良好形象。

2013年，新疆调查总队将深入学习贯彻十八大精神，坚持以科学发展观为指导，按照全国统计工作会议的部署，增强“两个意识”，以“三个提高”为中心，以四大工程建设为抓手，深化统计调查改革，深入推进“结对”援疆工作，全面加强业务建设、统计法制建设、干部队伍建设和党风廉政建设，提升优质服务水平，开创新疆统计调查科学发展新局面。

【作者：国家统计局新疆调查总队党组书记 总队长】

打造“江苏慈善”品牌 传播现代慈善理念

赵顺盘

江苏省慈善总会自成立以来，始终秉持“服务、指导、协调、互动”八字方针，与各级慈善总会保持着密切的合作关系。在宣传工作上，每年召开一次通讯员座谈会，交流工作，总结经验，表彰先进，查找不足，明确任务。同时，还针对慈善事业发展的热点难点，结合工作实际，举办培训班，从理论到实践，提出问题并探索解决问题的路径，开阔思路，创新作为，积极营造公益慈善事业发展的良好氛围，产生了显著的效果。2013年以来，为更好地开展慈善宣传工作，扩大公益慈善事业的社会影响，激励更多的人支持并参与慈善宣传工作，省慈善总会在省民政厅的关心支持下，与省福利彩票发行中心联合开展“福彩杯”公益慈善宣传奖评选活动，共收到申报作品1100多篇，其中不乏高质量、高水准的文稿。借此机会，希望全省慈善宣传工作能更上一个台阶。

一、深刻认识新时期下慈善宣传工作的重要性和艰巨性

我国现代慈善事业的发展历程，如果从1981年7月28日成立的"中国少年儿童基金会"那天算起，方才步入而立之年。我国慈善事业从无到有，从势单力薄到崭露头角，走过了一条不平凡的道路，在历次重大自然灾害救援工作和各类社会救助活动中日益发挥出巨大的正能量。实践告诉我们，市场经济越发达，越需要慈善来合理分配调节社会资源；社会文明程度越高，越需要慈善守护纯净的精神家园。社会公众对慈善的认知度、热心度和参与度，最本质的是源自于慈善组织自身的作为力和公信力，其次，也源自于积极的、正确的宣传。加强慈善宣传，不断提高人们的慈善意识，是发展慈善事业的基础性工作之一。

（一）慈善宣传是社会主义精神文明建设的重要使命

党的十八大强调："要深入开展社会主义核心价值体系学习教育，用社会主义核心价值体系引领社会思潮、凝聚社会共识"，"倡导富强、民主、文明、和谐，倡导自由、平等、公正、法治，倡导爱国、敬业、诚信、友善，积极培育社会主义核心价值观"。因此，大力弘扬慈善的博爱友善、回报社会的无私精神，是实现社会主义核心价值的有效途径和重要手段。

（二）慈善宣传是慈善事业从传统走向现代的重要手段

在我国，发展现代慈善事业，思想和理论准备都不足，很多人同情弱者，愿意奉献个人价值，但是却不清楚什么才是行之有效的途径和方法。正因此，慈善宣传工作是一项艰巨的任务，任重而道远。必须在弘扬中华民族乐善好施的传统美德的基础上，以社会主义核心价值观为道德支撑与思想引导，吸收、借鉴西方有益的慈善理念，从而形成并推广具有中国特色和鲜明时代特征的先进慈善文化。

（三）慈善宣传是提升慈善工作者能力素质的重要途径

现阶段慈善组织工作人员普遍较少，多则7、8人，少则2、3人。人手越少，对能力素质的要求越高。在这样的背景下，慈善宣传要充分利用媒体、网络等所有阵地工具，穷尽会议、培训、调研等机会手段，传播现代慈善的理念、知识、信息，推介国内外，尤其是省内各地的新思路、新模式、新举措，通过学习借鉴别人的成功经验，不断提高自身的理论水平和工作能力。

（四）慈善宣传是塑造自身良好形象的重要方法

近年来，媒体和网络对某些慈善组织的质疑，给本就基础脆弱的慈善发展环境带来了较大的负面影响。对于公众的质疑，要本着"有则改之，无则加勉"的态度，学会客观、冷静地面对，妥善处理。2013年4月11日《新华日报》一篇评论员文章就对省慈善总会历年来的财务公示制度报以赞许和肯定。我们欣喜地看到，目前全省各级慈善总会都越来越重视公信力建设。徐州市慈善总会将信息公开写进工作手册，制定了一套完备的工作流程加以规范。他们还建立新闻发言人制度，设新闻和网络发言人，负责对新闻媒体和网络新闻的发布、沟通联络及咨询服务等事项。苏州市慈善总会将救灾款物的收支情况及时在当地主要媒体上公示，这些做法都值得大力提倡。

二、做好当前及今后一段时间全省慈善宣传工作的几点建议

（一）深入贯彻落实《关于进一步加强慈善宣传工作的意见》，不断加大慈善宣传工作力度

这是2012年省委宣传部与省慈善总会联合下发的全省慈善宣传工作的纲领性文件。《意见》明确了慈善宣传工作的基本目标和主要任务，对慈善宣传工作提出了新的更高要求，切合江苏慈善事业发展实际，对各地开展慈善宣传具有重要的指导意义和可操作性。全省各级慈善总会应当深入学习领会《意见》精神，切实贯彻落实，大力宣传慈善文化，创新宣传方式，推进我省慈善宣传工作再上新台阶。

（二）打造宣传合力，共建江苏慈善宣传平台

指导、协调全省慈善宣传工作是省慈善总会义不容辞的责任。《江苏慈善》杂志和"江苏慈善"网站是自办宣传载体，2012年，我会对杂志和网站进行了改版，使其在形式和内容上都有了明显的提升。同时，我会与《新华日报》、省广电总台以及《扬子晚报》等多家新闻单位建立长期合作关系。通过自办和合作，一个覆盖全省、初具规模和影响的慈善宣传平台已经建成。近年来，我们已经利用媒体的多个版面宣传过一些地方慈善总会的好经验、好做法。其中，2013年5月对徐州慈善的报道用了一个完整版面，社会反应良好。我们期盼着有更多地方来利用这个宣传平台，褒扬先进慈善文化、人物，推介有创意有成效的慈善活动、慈善项目，激励大家都来争先创优。

（三）围绕救助重点，提高慈善项目宣传实效

为慈善救助项目的运作服务是慈善宣传的重要任务之一。一个好的慈善项目，不仅需要好的设计和运作，而且需要慈善宣传的配合和引导。比如，"情暖江苏"品牌之所以打造得好，资金、物资募集逐年增加，受助对象的实惠逐步增多，与社会知晓度密切相关。贫困家庭儿童重大疾病慈善救助项目创意很好，在全国起步也最早，目前该项目做得好的地方，无一例外地都是重视项目的推介和宣传。连云港市打算借助妇联组织志愿服务，深入基层宣传救助政策，排找符合条件的对象。这是个好主意，希望各地都来做好这项工作。

（四）培育宣传人才，壮大慈善宣传队伍

要鼓励慈善工作者学习理论知识，并努力为他们提供这样的机会。省慈善总会坚持每年举办一期培训班，让大家多听听专家学者的观点，吸收先进慈善工作者的经验。各级慈善组织要学会借助社会各界的力量来壮大慈善宣传队伍，新闻媒体记者、大专院校师生、党政机关干部等都可以吸纳到这个队伍中来。我会的"江苏慈善网"，就是借助南师大新闻专业师生办的，他们已经成为省慈善总会名副其实的宣传义工队伍。在南京、徐州、苏州、南通等地，已经建立了一定规模的宣传义工队伍，希望能很好地借助多方面的力量来为慈善事业服务。

江苏慈善是一个整体，每一家慈善组织都是这个系统内的重要成员。我们要进一步增强主人翁意识，发扬进取精神，努力把全省慈善宣传工作做得更好，服务好慈善事业发展大局。

【作者：江苏省慈善总会副会长】

以学生核心竞争力培养为保证
破解研究生就业难题

赵　越　教立营　王之琼

随着研究生招生规模的扩大，研究生就业关注度持续升温，然而研究生就业状况并没有像如火如荼的招生态势那样发展。近几年来，研究生就业问题突显：一方面，就业市场抱怨“招人”难；另一方面，毕业生苦于没有“好”出路……研究生就业前景令人担忧。

一、研究生就业现状

（一）研究生就业率走低

近几年来研究生的就业优势逐渐下降，甚至出现了就业率与学历层次的倒挂现象，即学历越高就业率越低。例如 2010 年，江苏省毕业研究生就业率为 84.46%，本科毕业生就业率为 88%，专科毕业生就业率为 92.17% ；2011 年浙江省毕业研究生就业率 86.62%，本科生就业率为 90.30% ，毕业研究生就业率倒挂现象仍存在。

（二）就业市场供需双方满意度下降

研究生就业单位按性质分主要集中在高等院校、科研院所、国有企业、民营和外资企业，按工作内容分主要从事研发、国际销售、行政等工作。无论高校、科研机构还是企业，给予毕业生满意度评价都在下降，普遍反映毕业生用起来不如以前“顺手”；同时已走向工作岗位的毕业生对自己从事的岗位也热情大减。

（三）“研待”、“裸退”一族出现

由于研究生的就业前景不甚理想，目前很多学生在毕业前一年甚至更早就开始物色工作，但临近毕业工作还是没能落实，成了实实在在的“研待”一族；还有部分博士研究生在入学一段时间后便选择放弃学业，有些学生甚至没有选择好退路，从而成为“裸退”一族。

二、研究生就业困难的原因分析

造成研究生就业优势下降的原因是多方面的，一是研究生扩招以来，毕业生增长速度大于社会对研究生的需求速度，研究生就业形势由易转难；二是招聘单位的用人理念发生了变化，在要求专业知识过硬的前提下各有侧重：科研单位侧重“专业对口”，高等院校录用毕业生时除了“专业对口”外还希望研究生加强“外语能力的培养”，企业更强调“研究生个人能力”，如国有企业注重“组织、协调能力”等。学历、学位仅仅是个门槛，用人单位的要求更加务实化。

以上两点都是客观存在的事实，在一定程度上增加了研究生的就业困难，但笔者认为以上并不是影响他们就业的决定性因素。根据教育部公布的全国教育事业发展统计年报显示，我国研究生毕业人数还不足高校毕业生总人数的 5%，研究生人才还属于稀缺产品，不应该存在如此大的就业难题。笔者认为影响研究生就业的根源在于研究生核心竞争力的缺失。

三、解决研究生就业困难的关键——培养研究生核心竞争力

（一）研究生核心竞争力的内涵

关于研究生核心竞争力的内涵观点主要有两种：有学者认为主要包括自己的学习能力、实践能力、创新能力和目标动力。有人认为核心竞争力不仅表现在所掌握的技术上，更重要的是体现在所具有的独到思想或见解、对某个领域业务的综合把握能力。本文是在后一种界定的基础上结合自身学生工作的实际，将研究生核心竞争力分为职业规划能力、资源获取能力、科研创新与实践能力。

（二）研究生核心竞争力的意义

职业规划是研究生核心竞争力的前提，没有规划就没有准确的目标定位，没有定位在就业过程中就容易迷失自我；资源获取是研究生实现高质量就业的途径；科研创新与实践能力是研究生核心能力提升的保证，也是研究生与本科生学习能力的最大区别所在。研究生核心竞争力是其在就业过程中能否立于不败之地的关键因素，没有核心竞争力，他们在宽松的外部环境下也很难顺利就业。打造核心竞争力不仅能够促进就业，更能够为毕业生未来的职业发展奠定良好基础。

四、结合实际谈如何提升研究生的核心竞争力

东北大学中荷生物医学与信息工程学院自 2006 年招收研究生以来一直围绕“培养学生核心竞争力”为核心，通过建立学生个人发展规划体系、整合内外部资源、提高科研创新能力及贯彻行动与执行能力全面提升学生就业质量。

自从 2008 年第一届研究生毕业以来，东北大学中荷学院培养研究生四届共 138 人。

近两年来，学院对实践基地实习生和已就业的毕业生实习和工作情况开展了抽样调查，单位反馈满意率为 100%。较好地实现了“培养能够适应国际前沿科学领域发展的需要，熟悉国际规则和惯例，拥有基础理论、精通专业知识，具有创新精神、创造能力、较好的外语水平和较强的国际沟通能力的应用型、国际化的高端人才”的目标。

（一）以学生为主体，做好个人发展规划

1. 建立研究生个人发展规划培养体系。个人发展规划（PDP 是 Personal Development Planning 的缩略词）就是培养核心职业能力的一种行之有效的方式。它是一个系统工程，集中表现了以下三个侧面：即个人潜能的激发、学习能力的提高以及对包括学业、性格和职业的前瞻性规划。PDP 是一个新近提出的概念，目前已经广泛应用于国外高校研究生培养。它为参与的研究生创造了一个自我塑造、自我测控、自我监督的环境，使

参与的研究生能够在现实与计划对比的过程中发现差距，随时调整自己的步伐，从而以最佳状态面对未来的人生。

2．构建个性化教育模式。一方面，采用借鉴国际先进教学经验，以此促进教学方法现代化的融合型模式。如举办一系列主要针对研究生及导师、以学术交流为目的的研究生学术论坛，借此研究生提供一个高起点、大范围、多学科的学术交流平台，启迪他们的思想，丰富他们的知识，拓宽他们的视野，增强他们的创新意识进而提高学生的持续学习能力；同时加强研究生人文素质的培养，实现学术、科学与人文的有机结合，提高研究生的综合素质。另一方面，根据研究生培养类型的不同分别制定适合学术型和应用型研究生的教育模式。针对学术型研究生可采用联合实验室的模式，根据研究生专业特点吸纳国际优质教育资源，为研究生科研、创新及深造提供良好环境；针对应用型研究生可通过与知名企业的合作，有计划、分阶段地进入名企实习，为就业创造机会。

(二)以市场为导向，充分挖掘就业资源

1．根据专业实际，开拓就业市场。首先要从学科专业所关联的行业、企业分布出发，在了解相关行业、企业总体信息的基础上，确立重点，逐步推进。对于传统优势专业，要树立“品牌”效应，站稳高端市场，并以此拉动整个学院知名度。对于新设专业或社会需求较少的专业，市场开发的切入点要实施“重点突破”的战略计划，对市场布局进行深入分析，确定市场重要点位，进行集中开发，以求快速突破。其次要遵循产品生命周期（导入期、成长期、成熟期、衰退期）的特点，做到培育一代、开发一代、巩固一代、储备一代。最后要坚持抓住龙头的原则，即对于学生十分倾心的重点企业，要采取多种方式，实现持续性投入，使得关系牢不可破。

2．结合行业动态，加强开拓就业市场平台的建设。开拓就业市场，必须依托一定的平台，这样才能起到事半功倍的作用。为此，一要依托学校就业职能部门的平台，把学院就业市场的开拓纳入到学校整体就业市场开拓的工作中，通过学校牵头的企业走访，学校举办或参加的相关行业、企业的信息交流会等平台，联系用人单位，推介学院毕业生。二要依托学院各专业校友会的平台，充分发挥校友熟悉相关行业的优势，广泛搜集需求信息，并且，可以积极建立毕业生推荐机制，使得校友所在的单位一有用人需求，第一时间学院的学弟学妹们就可以得到推荐。三要依托学院各研究所的平台，以学院与企业的科研合作为切入点，拓宽合作思路，开展就业合作，为毕业生提供更多的求职机会。

（三）依据载体，提高研究生科研创新和实践能力

1．构建 DCL 教学模式，以 SIVI 平台为载体，培养学生科研创新能力。东北大学依托校外资源，引进荷兰埃因霍温科技大学（Tu/e）所采用的教学模式，形成 DCL（Design Centered Learning 以项目为中心的课程设计）教学模式，即给定课题以分组答辩的方式完成课程所布置的项目，每次小组会议都会选出 1 个主席，1 个秘书，1 个书记，主席负责控制整个会议的流程及监督组员的讨论，秘书负责记录会议内容，书记负责板书……通过这种模式的学习可以将平时在课堂上的理论知识应用到实际的项目实践中去，培养研究生学习能力，发挥学生创新潜能，并且能通过担任主席秘书等职位来锻炼同学们的实践能力。除此之外，学校还开创了 SIVI(Science Innovation & Venture Incubation 科技创新与创业）（以下简称 SIVI）平台，以 SIVI 为载体，提高生医专业国际化人才（创新、创业）就业能力的培养。SIVI 平台是由学校生物医学产业研究所统一组织创建，为学生构筑一个创新与创业能力培养、实践活动拓展及创业项目孵化的平台，以课题研究和问题解决为核心，以项目为载体，注重方案设计、过程训练，激发学生科学研究兴趣，培养学生自主学习能力、提出问题、分析问题、解决问题的能力，让学生提前了解企业运作机制，为学生创新创业乃至项目产业化搭建一个良好的平台。以项目为中心的教学模式结合付诸实践的孵化平台，通过对学生实验教学、实训教学方面的专业技能训练，很好地提升了学生专业实践能力和创新能力。

2．通过实习基地建设、联合培养等模式提高研究生实践能力。一方面，东北大学根据学院“国际化、研究型”人才培养目标的定位，利用建立的企业实习基地，提前推荐学生进入企业实习。例如，借助东软搭建的“远程医疗会诊系统”，可以拓展学生在软件应用方面的认知，增强对企业的了解，同时显著提升了学生的实践能力，也使研究生及时了解国内外相关领域的科研动向、扩展了科研视野。另一方面，学校与国内外一流大学及科研院所合作，采用联合培养研究生模式。在对研究生进行专业能力培养的同时，也提高了研究生双语沟通、适应各种生活、学习环境的能力。另外，也为学校与企业、研究机构、医院的进一步深入的科研合作奠定了坚实的基础。

【作者单位：东北大学中荷生物医学与信息工程学院】

构“五化”德育模式　育德技双优职业人才

董从华　张延强

云南省玉溪工业财贸学校是一所集工业、财经、技工教育为一体的国家级重点中等职业学校。获得过全国教育系统先进集体、中国师德建设示范单位、全国五四红旗团委创建单位等殊荣。学校考虑中职人才培养目标的不同，将德育工作内容拓展到人力开发、素质培养、职业指导、企业管理等更宽广的理论和现实视野中进行考量，构建职校特色鲜明的德育模式，培育德技双优的一流技能人才。

职校德育工作的多维视野

学校德育工作好做，但做好不容易，由于生源的参差不齐，中职学校的德育工作做好更不容易。在当前的教育体系中，中等职业学校的学生，在升学教育模式下被喻为应试教育“失败者”，又因多数是弱势群体的子女成为“边缘者”，还有的因为家长认为学校可以帮忙管管孩子而成为“被托管者”。怎样把“失败者”转变为业精技强的“优胜者”，把“边缘者”转变为实用型人才的“武状元”，是摆在职业学校面前不可回避的一道难题。玉溪工业财贸学校从不同的理论角度对这一难题进行了长期的思考。

从多元智能理论出发，智力由彼此相互独立的语言智能、数理逻辑智能等7种智能组成，个体的智力都具有自己的特点和独特的表现形式，从而拓展了衡量中职学生智能发展与成就的尺度、成功的维度。

从“素质冰山模型”出发，隐性素质对个人职业行为表现起决定性作用，是人们素质表现差异化关键所在，所以德育工作更应该关注学生个性品质等隐性素质的培养。

从企业原理出发，中职直接为产业发展提供人才，让学生熟悉基本的企业伦理和文化，是中职学校德育工作一个重点。

从军事文化出发，“军事化”是学校开展德育工作的重要形式，“校军合作”是中职学校宝贵的德育资源。军队是忠诚、吃苦、纪律、爱国等形象的代名词，军队的严格管理和艰苦训练，是社会普遍高度认可的提高人才综合素质的方式。

在长期的理论思考与学校德育工作实践中，玉溪工业财贸学校形成了“班级管理企业化、养成教育军人化、现场管理‘7S’化、学生活动社团化、班主任培训军事化”的职校德育模式，全力推进培养“德技双优”的高素质职业技能人才。

“五化”德育模式的内涵

班级管理企业化。企业化班级管理是把班级看作企业，班主任相当于董事长，是理念层；班长、副班长、团支部书记相当于总经理、副总经理，是管理层；班委相当于部门经理，是执行层；广大同学相当于公司员工，是实施层。核心是将企业制度及管理方式渗透到班级管理中，实施模拟工资、奖金、罚款，明确制度、责任、权利和义务等。使学生深刻感受企业文化，让班级充满活力，培养适应社会、企业需要、具有员工职业习惯的学生。

养成教育军人化。学校与驻云南陆军预备役某团开展“校军合作”，像训练士兵一样抓养成教育，学生要像军人一样完成任务，像战士一样苦练本领。具体做法是把连队建在院系，把军训引进课堂。全面实行“每日一抓、每周一练、每月一汇报、每学期一总结、每学年一表彰”制度。重点抓好新生军训、综合复训、岗前模块培训等环节，锻造一支上得课堂、下得厂房，上得战场、下得操场的职教新军，锻造一支作风顽强、吃苦耐劳、业务精湛的技能精兵。

现场管理“7S化”。学校借鉴现代企业优秀员工的职业素养，如热情、敬业、责任、行动、忠诚、勤奋、自信，在日常的实践教学与实习中，全面推行“7S”现场管理模式，做到与企业的要求相衔接，上课即上班。整理(Seiri)：将物品分为有用和无用的；整顿(Seiton)：把留下来的物品归类放置并标示；清扫(Seiketsu)：清扫工作场所，干净亮丽；清洁：留下有用的，清除无用的；素养(Shitsuke)：养成良好习惯，遵守纪律，培养职业精神；安全(Safety)：预防、杜绝、消除一切不安全因素；节约(Save)：合理利用时间、空间、能源等。

学生活动社团化。玉溪工业财贸学校的学生活动丰富多彩，活动以“五个主题月、十二个主题周、八个一”德育主题实践活动为主。这些活动的开展，又主要依托学生社团进行。

学生社团是学生培养职业兴趣、参与实践活动、扩大社交领域、丰富内心世界的重要方式，也是学生自我教育、自我管理、自我服务的有效形式。学校结合各类主题实践活动，支持、指导学生建立了万人国学社、千人花鼓队、百人礼仪团、职教艺术团、护校队、民族舞社团、健美操社团、书画摄影协会等六十多个学生社团，成为学校思想道德教育的重要渠道，学校精神文明建设的重要内容。

班主任培训军事化。如何实现国防教育常规化、学生培养军人化、宿舍内务军营化、作风纪律军队化，作为德育骨干力量的“董事长”班主任是承上启下的连接点。

自2007年以来，依托与部队共建的“修理所”，学校每年对班主任“成建制”地进行培训。培训内容丰富多彩，既有军事训练科目，又有班级建设与管理、班主任专业化发展、企业化班级管理、班主任兵法、问题学生对策与突发事件处理、校园安全教育与地震消防演练、心理健康教育等内容。

【作者：玉溪工业财贸学校党委书记
玉溪工业财贸学校党委副书记】

全力以赴打造“四个高新”不遗余力推进科学发展

侯有龙

把握新形势、立足新起点，当前和今后一个时期，张家口市高新区将深入贯彻落实党的十八大精神，紧紧抓住和充分用好当前发展的重要机遇，切实巩固全省开展的“解放思想、改革开放、创新驱动、科学发展”大讨论活动成果，扎实践行以“为民、务实、清廉”为主题的党的群众路线教育实践活动，确保崭新的精神风貌和过硬的工作作风，不断推进全区全面发展、协调发展、可持续发展。

一、传承“活动精髓”，为加速崛起、着力做大做强开发区注入强大动力

“解放思想、改革开放、创新驱动、科学发展”是一项永不竣工的系统工程。活动中，通过学先进、找差距、谋发展，全区各级党组织和广大党员干部引领发展、推动发展的思路更加清晰、举措更加务实。务必要按照既定的目标和措施，力度不减、方向不变，扎扎实实、认认真真地把大讨论后续工作开展好、落实好，把大讨论活动成果巩固好、拓展好。

（一）***始终坚持解放思想***。思想解放的程度决定着改革的深度、开放的力度和发展的速度。纵观我区现状，一些不利于发展的陈旧观念和长期以来形成的固有顽疾仍然大有市场，思维不活、标准不高的工作状态，小进则满、小富即安的保守思想，求稳怕乱、左顾右盼的观望心理，抓而不实、得过且过的应付心态，“庸懒散”现象的不同程度存在，习惯于纵向比、自己跟自己比、现在跟过去比，谋发展的思路不开阔、推进工作的措施不多、抓项目的意识不强、争一流的观念淡泊，缺乏应有的危机感和紧迫感。解放思想天地宽，墨守成规难作为。只有进一步解放思想、冲破束缚，才能凝聚新共识、凝聚新力量、开拓新境界，才能实现全区各项事业的新跨越、新发展。

（二）***始终坚持改革开放***。改革是一种魄力，开放是一种胸襟。一个地方的活力强不强，关键取决于改革开放的力度大不大。发展中的一些老方法、老路子效果已经不如从前，一些旧机制、旧框架也越发变得不合时宜。不破则难立，上级的重托、群众的期望，要求我们必须以更加开放的眼界、更加开放的思维、更加开放的举措，顺势而为、乘势而上，当好对外开放新窗口，坚定不移地推进对外开放向全方位、宽领域、纵深化方向发展。特别是要紧紧把握京津冀一体化和环首都经济圈发展机遇，积极参与区域经济合作，全面加强与北京的产业对接、经济合作，增强发展活力。务必要拿出时不我待、舍我其谁的勇气和胆识，以观念的大突围和改革的大踏步实现发展大跨越、经济大提速。

（三）***始终坚持创新驱动***。创新是一种竞争力和生产力，是再造区域竞争新优势、加快地区新发展的必然要求，是转变经济发展方式、推动产业结构优化升级的强大驱动力。紧扣区情实际，努力摆脱各种思维定势和路径依赖，以超常规的思维和手段，把创新贯穿于经济发展的各个领域、各个环节。要抓技术创新、上高新项目、引智力人才，不断寻找发展的突破点、制高点，赢得发展的主动权，提升产业核心竞争力；创新城市经营，做足金融文章，善于运用市场经济的思维和现代金融手段，多元融资，全方位、大力度引进各种资金，靠资源变资本、变资金，用足用好社会资本，多渠道融资筹资；做足土地文章，从优惠政策中要地、从闲置土地中盘地、从规模发展中省地、从复垦土地中腾地，多管齐下、多措并举，全力破解资金、土地等制约瓶颈，不断增强发展活力。

（四）***始终坚持科学发展***。发展是第一要务，是强区之本、富民之基。无论是解放思想，还是改革开放、创新驱动，落脚点都是为了科学发展。高新区坐拥全市政治、经济、文化中心，在全市“打造强市名城、实现绿色崛起”的战略进程中具有举足轻重的作用。客观地讲，高新区整合以来经济社会各项事业发展确实很快，在城市建设、创新社区管理等方面取得了显著成效、创出了典型经验，但与省内外大发展的形势相比、与市委市政府的要求相比、与兄弟县区的快速发展态势相比、与核心区的地位相比，还存在不少差距和不足，这对我们而言，既是机遇，更是压力。要充分挖掘和用好位于“三大中心”、地处四大园区和新区腹地的独特优势，按照市委“勇于担当、实干苦干、绿色崛起、奋力争先”总要求，力争在千军万马中抢到先机、突出重围，在发展速度上快人一步、在发展水平上胜人一筹。

二、聚力“四个高新”，为加速崛起、着力做大做强开发区明确发展路径

近年来，在经济社会发展过程中我区也累积了一些突出的问题：公共配套相对滞后、财源结构单一、产业建设后劲不足、经济实力总体偏弱、投融资平台不强、体制机制不顺等，这些都是推进科学发展的最大“绊脚石”。发展是硬道理，发展中的问题仍然要通过发展来解决。对这些问题，必须用发展的、辩证的、改革的眼光来看待，要放在全区发展大局中统筹考虑，积极寻求化解问题的途径和方法，为加快发展注入持久的内生动力。从全市、从更大的范围来看，高新区仍然具备很大的上升空间和发展余地，“机遇大于挑战、办法多于困难”，必须选准突破点，付出更多的努力、鼓起更足的干劲、实现更大的作为。

（一）***在产业培育上转变方式、积蓄后劲，着力打造产业高新***。没有产业的壮大和项目支撑谈不上发展，更谈不上赶超先进地区。要在全区真正唱响“全员抓招商、重点抓园区、集中精力上项目”主旋律，全方位对接京津，全力培强现代产业体系。一是增强产业发展后劲。按照“总量攀升、比重提高、领域拓展、产业互动”的原则，紧紧围绕新兴产业领域，明确主攻方向，在园区着力引进和做大做强新型工业，在城区大力培育金融服务、拓展提升商贸物流、加速做大总部经济、积极发展文化旅游，进一步提升城市活力，打造现代服务业新格局。对于现有的工业企业，进一步完善工业扶持政策和服务体系，大力支持技改扩模，鼓励引导企业加大人才引进力度、加强与科研院所的合作、与优势企业嫁接，提高企业自主创新能力，真正把企业做大做强。二是加快项目建设进度。对确定的重点项目，落实“一个项目、一套机制、一名领导、一套班子、一抓到底”的五个一机制，定人、定岗、定时、定责，挂出“作战图”、列出“时间表”，加快进度往前赶、不遗余力往前推，切实形成投产一批、建设一批、谋划一批、储备一批、争跑一批的项目建设格局。及时协调企业生产和项目建设中的难题，重大项目坚持特事特办、一事一议，打造“绿色通道”，以项目建设的大突破，带动全区经济的大发展。三是创新园区建设思路。按照“一年打基础、三年见成效、五年实现倍增跨越”计划和“政府主导、市场化运作、项目化带动、公司化管理、多元化投入、社会化服务”的思路，创新园区运作模式，鼓励各类社会投资主体通过投资、联营、参股等方式参与园区开发建设。当前，要坚持“建设招商两手抓、两手都要硬”的原则，加快推进园区基础设施建设进度，力促签约项目真正落地、开花结果。四是加大招商引资力度。加大对外宣传，采取全员招商、聘用招商、委托招商、以商招商、以情招商、小分队招商等多种方式，充分发扬踏遍千山万水、吃尽千辛万苦、说尽千言万语、历经千难万险的“四千四万”精神，“多流一点汗、多跑一点路、多吃一点苦、甚至多受一点气”，增强招商的敏感性和敏锐性，点线面全面出击，内资与外资一起引、项目与品牌一起引、技术与人才一起引、资源与产品一起引，力争引进一批重大项目、“绿色”项目、争取一批专项资金，真正形成大项目顶天立地、小项目铺天盖地的生动局面，为长远发展蓄后劲、打基础。五是积极争取政策性投资。一定要“眼睛向外”，认真研究宏观调控政策和投资导向，围绕国家和省市投资重点，立足自身的优势，做好谋划包装，有针对性地筛选、论证一批教育、卫生、工业、城建、交通、涉农等方面带动作用大、影响深远的重大项目，进一步加强同上级部门的汇报、衔接、争取工作，争取上级更多的支持，提高跑项目，争资金“命中率”，减少区财政配套压力。

（二）在城市建设上精益求精、彰显特色，着力打造生态高新。坚持“经营城市、提升形象、城乡交融、共同发展”的思路，坚定不移推进城市建设上水平、出品位，创建与核心区地位相匹配的宜居宜业新环境。一是完善城市功能。以重要节点、商住小区、城市游园为载体，以规为引领，高品位设计、多元化论证，加快城中村和棚户区改造步伐，进一步完善城市基础设施建设和教育、医疗、文化、商场等公共服务配套建设，打造一批标志性建筑精品和综合体，力求“一区一特色，一街一风景，一路一景色，一楼一亮点”，提升城市品位、集聚城市人气、丰富城市内涵、提升城市综合承载力。二是加强绿化建设。积极借鉴潍坊生态建设的先进理念和先进经验，按照拆违建绿、见缝插绿、造景栽绿、建园增绿的思路，以扩大绿地面积为重点，进一步完善城市道路绿化，着力构建多树种、多层次、多色彩、多功能、立体化的生态景观体系，对已既有的道路绿化要进行完善、提升，对未实施的要提高标准、一步到位，做一段成一段，稳步推进，努力提升城区绿化水平、档次和规模。引入市场化机制，按照公开、公平、公正的原则，推行公开招投标、报账、监理、管护机制，吸引民间资本参与城市生态绿化建设，选择专业绿化公司承建工程，确保种一片树、活一片绿、成一个景。引导道路沿线的机关和企事业单位按照统一规划参与城市绿化，实现共建共享，真正让群众感受到环境的改善和城市品位的提升。三是创新城市管理。进一步理顺城市管理体制、落实部门管理责任，加大对主次干道的整治力度，严格实行门前“三包”，增进全民参与城市管理的积极性；按照“少花钱、多办事”的原则，加快推进环卫体制改革，通过公开招投标优化专业清扫队伍，切实把环境卫生工作做深做细，彻底清除城市“脏、乱、差”死角；积极推行“数字化城市管理新模式”，依托空间信息技术、计算机网络技术、无线移动定位技术、无线移动通信技术等，再造城市管理流程，建立一套科学完善的监督评价体系，逐步实现城市管理和社会治安综合治理的信息化、标准化、精细化、动态化、一体化。

（三）在城乡统筹上以人为本、科学推进，着力打造幸福高新。天津东丽华明示范镇新农村建设从规划实施到农民回迁，仅仅用了一年半时间，将原有的宅基地统一组织整理复耕，不仅实现耕地占补平衡，而且在复耕土地上建设农业产业园区，让农民住了楼房，有了工作，一举两得，拥有薪金、租金、股金、保障金的“四金”农民过上了安居乐业有保障的幸福生活。因此，必须把“让利于民、惠民为先”作为城乡统筹的指导思想。一是统一规划实施。按照城镇化发展需要，打破镇域界限，对 32 个村统一规划、统筹考虑，对地理位置相近、居住环境相似的村实行合村并点、整体改造，加快整合力度，细化工作举措，尽快完善整合方案。在规划选址上充分考虑群众“就近、就城、就便”的意愿，在项目建设上充分考虑群众的承受能力，在拆迁、补偿、安置等政策制订上充分考虑群众的实际问题，合理合法地处置好集体资产和村民拆迁安置利益，合情合意地解决好村民转变成居民后的生活、就业、教育、社保等需求，切实解除农民的后顾之忧，使村民成为城乡统筹的参与者、享受者和得益者，确保真正实现“两化两转”（推进城市化，使大批农民向非农产业转移；培育特色化，使大量土地向公司流转），切实做到“四个同步”（城乡基础设施建设同步、城乡社会事业发展同步、城乡政治建设同步、城乡居民收入同步）。二是发展现代农业。立足近郊优势，以现代都市农业为主攻方向，坚持以工业化的理念来谋划农业的发展，全面加快设施农业、生态农业、观光农业发展步伐。要因地制宜，创新思路，在发展果蔬大棚、生态观光、鲜果采摘、花卉种植、休闲旅游等各个环节上动脑筋、想办法，在引导农民加快土地流转、提高农民组织化程度上下功夫、做文章，建立完善“龙头企业+基地+农户”和“公司+农民合作社+农户”等先进经营形式，努力把广大从业农民更多地吸引到各个产业链条中来，真正实现土地向大户集中、人口向城市集中、产业向园区集中。

（四）在社会管理上强化责任、多措并举，着力打造平安高新。牢固树立“稳定是第一责任”的意识，坚持一手抓发展、一手抓稳定，强化基层基础工作，切实做到源头治理，严格落实各项维稳工作责任制。一是重视安全生产。加大安全生产隐患排查力度，全面深入开展食品药品、消防和生产安全等专项整治，突出抓好学校医院、宾馆饭店、车站商场、集贸市场、工业企业、公共娱乐场所和石油、化工、建筑、铸造、建材等重点场所、重点部位、重点环节的安全监管，着力从源头上杜绝各种隐患，坚决避免重特大事故发生。二是创新社会管理。以改善服务为重点，健全党委领导、政府负责、社会协同、公众参与的社会管理格局，提高应对和处置突发事件的能力；健全社会治安防控体系，依法打击违法犯罪活动，确保社会公共秩序安全稳定，保障群众安居乐业、社会和谐稳定；维护和保障群众合法权益，关心困难群众的生产生活，深入推进依法行政、公正司法，维护社会公平正义。三是抓好信访工作。以息诉罢访、案结事了为目的，坚持重心下移、工作下沉、保障下倾，强化矛盾排查调处，细而又细地做好群众工作，引导有序合理上访、打击无理缠访闹访，真正形成信访稳定多位一体的维稳大格局，解决源头性、根本性、基础性问题，真正实现“两个转移”（把工作重点从事后处理转移到事前排查调处、从被动应对转移到主动解决化解），确保和谐稳定。

三、强化“党的建设”，为加速崛起、着力做大做强开发区提供坚实保障

做好各项工作，关键在党，根本在人。务必要牢牢高举“党要管党、从严治党”旗帜，以深入践行党的群众路线教育实践活动为动力，着力提升新形势下党建的科学化水平。

（一）加强班子队伍建设，提升战斗力。围绕“作风硬、能力强、素质优”，加强各级领导班子和干部队伍建设，着力打造政治坚定、团结协作、富有朝气、执行有力的干部队伍。大力弘扬“凭工作看干部、凭实绩用干部”的正确用人导向，着力完善干部考核评价任用体系，激发干部队伍活力。干与不干、干好与干差，都必须有一个明确的说法，真正让肯干事的人有机会、能干事的人有舞台、干成事的人有地位，绝不让踏踏实实、埋头苦干的人吃亏。就是要发出一种信号，工作上去，干部上去，“有为才有位、有位必有为、无为要退位”。

（二）加强基层组织建设，提升凝聚力。充分发挥基层党组织推动发展、服务群众、凝聚人心、促进和谐的作用，优化组织设置、扩大组织覆盖、丰富组织生活，真正做到哪里有群众哪里就有党组织，哪里有党组织哪里就有坚强的战斗力。规范权力运行、提高服务效能，切实落实“书记抓、抓书记”的主体责任，加强镇街和部门的党组织建设；全面推行“一清四议两公开”工作法，大力推行“六位一体”村级组织运行机制，强化“三资”管理，实现农村基层组织建设的规范化、制度化、法制化；全面推行“两网一站”运行机制，按照“发扬成绩、完善创新、体现实效”要求，创新服务方式，全面提升品牌社区水平；进一步发挥企业党组织和广大党员的先锋模范作用，促进企业健康发展；高度重视对典型的培树，认真落实各项激励关爱机制，发挥党员干部的模范带头作用，不断夯实党的群众基础和执政基石。

（三）加强干部作风建设，提升执行力。“喊破嗓子不如甩开膀子”。面对补课、赶超、转型的多重压力，面对繁重艰巨的发展任务，面对不进即退、慢进也是退的日趋激烈的竞争态势，必须切实增强责任感，坚决克服说的多、干的少、口号喊得响的现象，按照既定的目标任务，思想同心、工作同力，低调做人、强势做事，铁腕抓落实、强力往前推。对认准的事情，对看准的、议定的事情，要拼死拼活地闯、不遗余力地抓、任劳任怨地干，要鼓足干劲、迎难而上，扭住不放、一抓到底，确保工作实效。

（四）加强党风廉政建设，提升免疫力。进一步深化和完善廉政建设长效机制，扎实开展警示教育、岗位教育，切实防止重选拔、轻管理和失之于宽、失之于软的现象，努力做到查找风险在前、提醒教育在前、建章立制在前、监督约束在前。在廉政问题上，务必要严格执行好“八项规定”等廉洁自律的各项制度，“生活上知足、学习上知不足、工作上不知足”，始终保持政治上清醒、工作上清正、生活上清明，把“经济账”、“自由账”、“家庭账”、“亲情账”、“名誉账”算对、算清楚，要看好自己的门、管好自己的人，以实际行动践行廉洁本色，始终做到为民、务实、清廉，确保想干事、能干事、会干事、干成事、不出事。

【作者：中共河北省张家口市高新区工委书记】

架设高等职业教育“全立交”

蒋广庭

党的十八大提出“办人民满意的教育”是我国教育发展的重要目标。尽可能提高受教育人群在升学和就业、学术和职业轨道之间进行选择的自由度，架设高等职业教育立交桥，是提高广大人民群众高等教育满意度的重要方式。为了架设职业教育立交桥，各地和有关部门已经做了一些探索，如中高职对口招生、五年制高职、专升本等等，在沟通高等职业教育和普通高等教育方面取得了一定的成效。概括起来，职业教育立交桥要解决职业自身教育体系的贯通问题、升学与就业的自由选择问题以及职业教育与学术性教育的沟通问题，分别简称为职业教育内部立交桥、企业立交桥和外部立交桥。

一、职业教育内部立交桥

职业教育内部立交桥包括两个方面，一是中高职的衔接，二是高职专科与高职本科之间的衔接，或者叫做高职教育层次的上移。中高职衔接对于实现职业教育学生的个人发展与社会流动具有重要意义，大家已经形成共识，在政策上已经没有障碍。在上世纪 90 年代广东的一些高职院校已经开始对中高职衔接进行了探索，目前各地的实践也很多，在招生、学制、人才培养目标、课程等具体操作层面也积累了不少经验。2011 年中国和英国建立的职业教育政策对话机制也把“中高职课程衔接”作为重要的合作项目，进一步明确了深化中高职衔接教学改革的基本思路和主要措施。一个政策配套、体系完善的中高职衔接体系已经初见成效。中高职衔接的顺利进展为职业教育立交桥建设打下了良好的基础，也为建立高职专科与本科的衔接提供了一些经验。

目前关于开办高职本科的呼声越来越高，相关的理论探讨已经比较完善，开办高职本科的时机已经成熟。有关部门应开放政策，允许部分条件较好的高职院校探索高职本科教育的办学模式；另外，高职教育的发展要突破把职业教育局限于单纯技能培训的模式，在强化技能培养的基础上，加强对学生综合素质的培养，实现高职发展模式的多样化。高等职业教育要以就业为导向的原则不能动动摇。但是，我们要看到企业对人才的需求是各种各样的，不同的职业、不同的岗位对知识、能力、性格的要求有不同的特色，有些就业岗位需要很高的专业能力、知识和技术方面的修养，有的则相对来说需要更好的综合素质，而对专业性的要求没有那么高，企业希望或者愿意学生在企业中完成一些专业性的训练。研究表明，目前我国高职教育毕业生有四成以上不能对口就业，对于这些学生来说，如果在校期间所接受的课程与训练能够更加注重综合素质的培养，效果会更好。要把高职教育打造成职业教育立交桥的重要平台，应该走模式多样化之路，根据不同的专业和市场环境采取不同的策略。那些专业对口率高、专业特定性强的专业要高度重视专业知识的传授、专业技能和能力的培养，那些专业对口率较低或市场风险较大的专业，则应把重视放在基本素养和综合能力的培养上，学生毕业以后即可以直接进入职场，也可以继续深造，有充分的选择空间。

二、职业教育与企业立交桥

广义来说与企业立交桥包括两个方面，一个方面是在学生接受职业教育的过程中，在企业实习与在学校学习交替进行，另一个方面是部分学生在企业就业后再次接受职业教育，或者在职接受职业教育。职业院校的学生到企业进行工读交替目前的最大的障碍来自于企业的积极性不高。欧洲职业教育发达的国家，比如说德国和英国都有明确的法律对企业在职业教育工学交替过程中所应承担的责任做出规定，能够保证企业对职业教育有较高的参与度。鉴于此，有不少人提出我国应该也有类似的法律。英国和德国一些的相关法律都有一个长期的演化过程，而且这些国家的行业组织比较发达，在相关法律的制定和执行方面起了很大的作用。而我国是个地区发展不平衡比较严重的国家，企业的情况也千差万别，确有一些企业领导因缺乏社会责任感、没有战略远见而不愿意介入职业教育，也有一些企业技术水平低确实没有能力参与。同时我国相关行业组织的发育程度也较低。目前制定一个全国性的法律条件还不太成熟。比较审慎的办法是各个地区根据自己的实际需要，制定的一些地区性的法律、法规或条例，或者把参与职业教育的要求和一些优惠政策相捆绑，促使那些有能力的企业积极参与职业教育，促进行业组织的发育，等时机成熟后再考虑是否出台一个全国性的法律作为支撑。由于高职教育办学层次受到限制、品牌认知度较低，在市场上的号召力和影响力也比较低，高职院校在为企业职工提供继续教育的市场中所占的份额较低，发展并不太理想。我国高等教育适龄人口正处于下降通道，估计到 2020 年将会持续减少，目前部分高职院校已经出现了生源缺乏的问题。高职院校如果能够适当拓宽办学层次，加强品牌建设，下大力气开发符合企业继续教育的课程与项目，挖掘好网络教育的潜力，吸引企业继续教育的生源，则不但可以为完善职业教育企业立交桥建设做出贡献，而且可以一解生源不足之困，为自己赢得更大的生存空间。

三、职业教育与普通类教育立交桥

职业教育与普通类教育立交桥是指为接受职业教育的学生提供转入学术性教育机构的机会，这不但有利于提高职业教育的吸引力，而且也有利于建立合理的社会流动机制。调查表明，在我国高等教育规模扩大的过程中，农村生源的比例依然处于 20%的水平，但在高等职业技术院校中，农村生源比例则接近了 38%。我国的产业工人、农业劳动者、城乡无业、失业、半失业者等社会弱势群体所得到的高等教育机会低于社会平均水平，而他们在高等职业院校中得到的机会较在其它类型的高等教育中得到的机会为多。这说明一方面高职教育为社会弱势群体供了高等教育机会，但如果不能建立高职教育与学术性普通高等教育之间的沟通机会，则社会弱势的高等教育机会将会局限于高职教育，不利于建立合理的社会流动机制。国外在建立职业性教育机构与学术性教育机构之间的流动关系有许多成功的经验。上世纪六十年代美国出现的《加州高等教育整体规划》要求作为加州高等教育旗舰、作为世界一流研究型大学的加州大学保持大约 40%的低年级本科生（一、二年级学生）和 60%的高年级本科生（三、四年级学生），以接受社区学院转来的学生。通过社区学院与世界一流的加州大学建立转学关系，不但使得社区学院的学生有了多种选择，而且使得社区学院可以专注于自己的定位，不需要谋求自己办学规格的提升。目前美国有多个州已经建立了自己的大学系统，将区域内不同各类的大学组合在一起形成战略联盟，有的州内还有几个大学系统。目前我国高等教育的区域规划一般只注重不同高等教育机构的数量，不太注意在区域内的高等教育机构形成合作关系。在打造高等职业立交桥的过程中，我们一方面可适当增加一些本科类型的高等职业教育机构，打通高职教育的内部联接；另一方面也可以通过加强区域规划建立高等职业教育与学术性高等教育机构的合作关系，提高高职院校的吸引力，打造高等职业教育立交桥，可以使得大部分高等职业院校能够安于其本身的定位，促进区域内高等教育机构的分工与合作。

【作者：湖南交通职业技术学院副院长】

以人为本理念
在检察管理中的实现路径

蒋志刚　沈红波

在检察系统，谈起“以人为本”往往指检察工作中应坚持“以人为本”，容易忽略机关管理中的“以人为本”。在一定程度上，没有检察管理的“以人为本”，就没有检察工作的“以人为本”。明确目标，克服障碍，在检察管理中推行以人为本，这对推动检察工作科学发展，并最终实现整个社会“人的全面发展”的终极目标善莫大焉。

一、以人为本理念在检察管理活动中的引进

（一）以人为本理念与管理理论的发展

以人为本思想在中西方都源远流长。在西方，古希腊的城邦文明就已经孕育了“以人为本”的思想；在文艺复兴时期，

意大利率先举起了人文主义的大旗。在中国，春秋时期的孟子提出了“民贵君轻”的“民本”思想。在历史的演化和进程中，经历了“以神为本”、“以物为本”、“以社会为本”的思想观后，最终发展到今天的“以人为本”的思想观。

从西方管理理论的发展来看，其产生与发展经历了早期管理思想、古典管理思想、行为科学管理思想、现代管理思想和未来管理思想阶段。虽然在每个阶段都重视对人的研究，不同的管理理论也多是建立在对人的本性、动机等不同的认识之上，但各种管理理论的不同也多是基于对人的认识的不同。古典理论和行为科学理论把人看作是“经济人”、“社会人”，追求技术和经济价值的极大化，忽视人与社会、人与环境的和谐发展；而现代人本管理思想主张人是管理的核心，人不单纯是创造财富的工具，人是企业最大的资本、资源和财富，满足人的需要是企业管理的根本目的，管理主体在管理实践中一切从人出发，以人为根本，充分理解人、尊重人、关心人，强调重视人的价值，把个人价值的实现与追求单位的价值最大化相统一。

以人为本的能本管理要求：第一，充分重视“人”的地位和作用，“人”是管理中最重要、最活跃的因素；第二，人也是组织发展的终极目标之一。组织的目标除了组织自身发展的目标之外，还要满足社会需要，体现组织的社会价值和满足组织成员成长的需要，组织成员全面快速成长也是组织的终极目标之一；第三，纵使每一个组织成员的能力有大小，但其尊严和权利是平等的。

事实上，以人为本在管理领域的核心是通过激发和调动人的积极性、主动性和创造性，从而实现人与组织的共同发展。检察管理作为管理活动的一种，同样是围绕“人”展开的，引进以人为本理念是借鉴管理领域共性研究成果的结果。

（二）以人为本与以事为中心两种管理模式在检察管理中的比较

长期以来，在包括检察机关在内的国家机关管理中存在两种管理模式：以人为本的管理模式和以事为中心的管理模式。以人为本管理模式是以团队精神凝心聚力，以激活潜能提升素质，以领导带头示范引领，以情感互动营造和谐，以精细管理激励制约的人文检察管理模式。这种管理模式注重从人性角度出发，借鉴现代企业管理理念，重视每一个检察人员的地位和作用，立足于符合实际、注重人性、蕴含先进管理制度，通过调动每一个检察人员的积极性、主动性和创造性，把制度建设与科学信息技术、精细化管理有机融合，最终实现检察工作和检察人员的共同发展。

而以事为中心的管理模式则是以完成工作任务为中心，做事多少及其好坏程度是评判一切的标准，不注重人的地位，忽视了人的发展及其潜能的挖掘的管理模式。从对待“人”与“事”的基本态度上来看，这种模式把工作目标放在第一位，不重视人的发展和内在素质的提高；从管理方式上看，忽视干警个性的差异；从管理者对下属的关心程度来看，不关注干警的思想情感；从对知识和人才的重视程度上看，只注意用现有的知识和人才，忽视对人力资源的投入和开发；从个体对工作的态度来看，干警被动工作，缺乏主动性和创造性。事实上，以事为中心的管理模式基本符合古典管理思想的特征，对管理客体实行“物本管理”的方式，重物轻人，把人当工具来进行管理，这是一种已被淘汰的落后管理思想。

值得注意的是检察管理的“以人为本”不是最终的目的，它最终服务于检察工作中以人民群众为主体的“以人为本”。这是因为检察管理的“以人为本”主要是以检察人员为中心的，依靠干警推动检察工作创新发展，并最终实现法治社会下“人的全面发展”的终极目标。

二、实施以人为本管理在检察管理中存在的主要障碍及其原因分析

以人为本理念在检察管理中存在的障碍，突出表现在一些地方的检察人员的主体地位、能力发挥、素质技能的提高和职业保障方面。

（一）对检察人员主体地位与价值存在方面问题的分析

每个人员的能力是有差别的，但尊严和地位是平等的。被需要或被人尊重的感觉是每个正常人都渴望得到的，当这些渴望得到满足时，常常会激励干警积极地表现自己。在检察人员的地位与尊严方面，个别地方不注重发扬民主，一般干警难以参与到机关管理决策中来。此外，对检察人员工作的正确评价是尊重其主体地位及价值存在的重要表现。目前，检察机关的考核模式基本上两种并存，即人事部门统一组织的公务员考核和检察机关自己组织的考核。前者完全按照人事部门的统一组织进行，由于缺乏对各岗位职责和标准的具体界定，且优秀、称职、不称职各等次之间没有可操作性的具体评价指标，不论工作岗位与性质如何，都笼统地分为德、能、勤、绩四个方面，概括性的描述较多，不能具体反映考核对象各方面的素质。后者是检察机关自行制定考核标准组织的考核。从笔者对多省数十个检察院的考察结果来看，由于不同部门以及不同岗位人员的工作内容不一样，无法建立精确的考核标准；即使个别院建立了精确的考核标准，对每一项标准赋予一定的分数，但无法解决每一项标准与对应赋值多少的公平问题，导致普遍存在着“重部门，轻个人”现象，最终只能对个人实施模糊的考核。

（二）对检察人员能力的发挥方面存在的问题分析

在影响检察人员能力发挥方面，一是干部结构不尽合理。工作的优劣，其中人是决定性因素，在配置人力资源上，管理者要根据岗位特点选任人员。如果非专业岗位长期缺乏流动，个人的能力、兴趣和所从事的工作不一致，这不仅容易产生腐败，而且导致人员思维僵化，思考问题往往只从本部门的角度、立场出发，较少顾及对其他部门及机关整体的影响。二是办案体制倾向行政化。长期以来，我国各级检察机关采用的是以“领导审批、集体负责”为主要模式的办案管理体制。在这种体制下，检察官只是一名案件承办人员，即“行政垂直线上底部的一个点”。案件的决定权集中于部门负责人、检察长和检委会。这种办案管理体制不仅违背了司法活动“亲历性”的要求，难以保障司法决定的正确性，而且办案环节繁琐，办案效率低下，违背了诉讼经济原则，更重要的是造成了承办人员对领导的依赖，难以充分调动承办人员的积极性。三是差异化管理不够明显。虽然最高人民检察院早在 2002 年制定的《人民检察院基层建设纲要》中就明确要求“对检察人员实行分类管理”，但时至今日分类管理成效并不明显，大多数地方在职务晋升、工资待遇、考核奖惩等人事管理的主要方面，不管干警在哪一个部门工作，一般都按统一的管理方法、标准进行管理，检察人员所处的检察院层级、工作岗位、法律职称对管理目标和管理手段的影响微乎其微，这也最终导致了检察人员执业追求的偏离。特别是现行的晋级模式使从事政工、财会、技术、后勤等工作的人员被迫以通过司法考试进入检察官为唯一目标，他们失去了钻研本职工作的动力，工作技能自然难以得到提高，制约了检察机关非法律专业人才的培养。

（三）检察人员能力素质的发展提高方面存在的问题分析

在影响检察人员能力素质的发展提高方面，一是法学教育和职业培训未能较好地衔接。在国内高校中，除了个别检察机关和高校合作为定向培养的检察官开设一些检察课程外，基本上没有介绍检察学的课程，更没有专门讲授检察业务的具体课程，一些高校开设有侦查学，但没有职务犯罪侦查学。检察机关法学知识培训的多，专业技能培训的较少；泛泛培训的多，针对某一业务岗位的培训较少，法学教育和职业培训没有很好地衔接。二是培训模式稍显单一。教育培训的方式、手段、机制等“组成基元”缺乏创新。较少改革长期以来形成的培训模式，培训方式基本上定性于“老师讲课，学员听课”课堂式的培训模式，没有能体现多样化人才培养模式所具有的多样性、动态性、个性化等培训特点。三是对学员素质与能力的培训不够完善。培训内容注重表面化知识，重视知识的传播，强调课时和课程，忽视了对学员创新能力等静态要素构成的培训，较少涉及对通过培训获得的能力与素质提高的评估。

（四）检察人员的职业保障方面存在的问题分析

职业保障方面存在的问题，一是一些地方人与事矛盾突出，办公办案手段落后。个别地区办案任务较重，办案量年均增长较快，但检察官数量青黄不接，同时办案手段过于落后，受制于各种条件，办公办案自动化没有很好地实现，办公效率没有提高，人员压力较大。二是个别检察人员的权利没有得到很好地保护。如有的地方“反贪人员常年加班，每天只休息四五个小时”，晚上或周末加班获得劳动报酬的权利也没有很好地得到保障，甚至极个别地方或明或暗地对检察人员经济处罚更是与以人为本的管理理念背道而驰。三是检察人员的待遇优越性没有充分体现出来。检察官相对行政官、律师的优越性没有充分体现出来。在中西部地区不同程度存在检察官“跳槽”现象，流失到经济发达地区。“特别是中西部贫困地区，有的连工资都不能按时发放，很难吸引法律院校毕业生，分配去一些也很难留住。”

三、在检察管理中坚持以人为本理念的路径指向

诚然，在检察管理中坚持以人为本需要外部环境的配合配套，但并非只有检察机关整体外部环境改变了，才能实行以人为本的管理模式。在现行的体制框架下，转变观念、思路，以人为本战略仍有大的施展余地。在检察管理中实施“以人为本”模式管理，切实做到关心人、理解人、依靠人、发展人和为了人，需要从以下方面努力：

（一）转变思想观念，把以人为本理念融入检察管理活动中，确立检察人员在发展中的主体地位

人是生产力诸要素中最积极、最活跃的因素，是检察机关最有价值的资源和财富，是决定检察工作成败的关键。人力资源的拥有和管理已成为各地检察机关竞争的焦点，只有在人才上抢占先机，拥有一流的人才资源，才能保持各项工作的先进性。

注重民主参与机制建设。孔子在《泰伯篇》中说：“民可使由之，不可使知之。”意思为民众遵守政令则为好，如果政令不被认可，则必须让其知道其中的缘由，也即注重管理者和员工的沟通。坚持以人为本要实行人性化检察管理机制，须着重培养检察人员的主人翁地位及其感觉，围绕实现民主管理，加强民主参与机制建设，建立保障知情权、参与权、建议权的长效机制，提高干警的决策参与度，尊重和实现干警的主人翁地位。

加强检察文化建设。管理思想既是文化环境的一个过程，也是文化环境的产物。文化被称之为现代管理之魂，它作为一个群体共同的信仰体系和内在的精神力量，不仅展现着群体的个性特征，而且推动着群体高效运行。加强检察文化建设就是要使检察人员在法律监督过程中，在制度、环境、物质等因素的影响下，逐渐形成并共同遵循一定的理想信念、执法理念、价值判断、道德涵养等精神生活的抽象集合，并最终形成良好的外在行为。

在人力资源配置上，要根据人员的受教育程度、工作经验、工作技能和岗位特点来评定每个人从事某一岗位的能力，坚持以岗定责和“岗、权、责”相统一，避免岗位交叉，职责不清，形成内耗，降低工作效率；注重检察人员日常礼仪和行为规范的教育和规范，培养检察人员的团队精神。真正把以人为本的理念贯穿于日常管理之中，必须充分尊重人员的主体地位，在鼓励干警实现社会价值时，还要敢于承认干警的个人价值，努力营造良好的人文环境，把以人为本的管理方式转变为推进检察工作科学发展的动力。

（二）加强动力机制建设，关注人的价值与意义，调动检察人员的积极性、主动性和创造性

动力机制建设是实施以人为本管理的核心。注重关注人员的价值与意义，实施资源优化配置，确保人员人尽其才、才尽其用，在自己的岗位上能够发挥自己的聪明才智。为此要在调动检察人员的积极性、主动性和创造性方面努力。

确保检察官权力行使的相对独立。检察官在诉讼活动中具有相对的独立性。检察官在“检察事务方面，是具有自己决定和表示国家意志的独立机关，而不是唯上司之命是从的行使检察权。检察官所以被称作独任制机关的原因就在于此。”对于上级的违法指令，检察官可以拒绝服从，也就是说法律高于“上命下从”。检察官权力行使的相对独立有其特定的理论基础。亲身经历是司法活动要求的一个重要特点，司法人员亲身经历之后才能做出一个判断。特别是公诉检察官和法官，两者都需要独立作出判断，工作性质十分接近。提高人员对所办案件的责任心、主动性和积极性，必须确保检察官的相对独立性，一个人只有在自己的积极努力下解决了某些问题，才会有成就

感。如果检察官没有相对独立性，在案件的处理上没有发言权，必然会使检察权回到“审而不定、定而不审”的怪圈中，人员的积极性必然无从谈起。要赋予检察官具有对抗非法指令权。对于上级和本级领导违反法律和事实的要求，检察官有权拒绝服从，并以转移事务的方式予以对抗。进一步消除行政层级制残余，减少审批环节和层次，减少行政性命令，更多地运用审查、劝告、承认的方法，行使指挥监督权。

实施检察人员的分类管理。一方面，检察机关内部工作的多样性，以及检察工作自身兼具司法和行政双重属性的特点，决定了应根据不同的岗位实行差异化的管理；另一方面，不同的工种、不同人的资质能力是有差别的，但调动所有人的积极性、主动性、创造性则是无差别的。为此，要建立不同种类人员的岗位职责、工作目标、培训、晋级体系和薪资标准，实施分门类、专业化的管理。在分类管理模式下，不同种类的人员应按其性质分布在不同的检察岗位上，如书记员类，可引入具有竞争性、激励性的晋级机制，设定不同级别，并对应不同的薪资标准，以保持书记员队伍的相对专业化和职业化。

建立公平有效的工作评价机制。工作评价作为重视员工的一种重要方法，严谨的评估根源于彼此的高度期望，会让员工感觉单位需要自己，因而会刺激员工产生高期望。一是要准确定位岗位职责。明确岗位职责是实施科学考评的前提和基础。由于不同的人员具有不同的工作，而不同的工作又不具有可比性，为此对干警工作的评价只能把本岗位工作职责作为衡量的尺度，完成本职工作的，即应给予积极评价。二是注重对管理层的考评。包括工作执行情况的考评、所属部门干警对管理层的考评、管理者的上级主管对其的考评、上下游部门对管理者的考评等四部分组成，考评主要方式是述职，还要当场回答问题。三是注重考评结果的应用。真正将考评结果与检察人员的晋级晋职、表彰奖励衔接起来，使考评结果得到充分应用，有利于后进的人改进业绩，而不能使其产生被抛弃的感觉，把考评结果应用作为提高人员积极性、主动性和创造性的有力杠杆。

（三）加强保障机制建设，满足人多维发展的需要，促进检察人员的全面发展

检察人员的知识、能力、健康等素质是检察机关人力资源的具体体现，是检察工作发展的第一资源，其发展提高在检察工作的发展中起着基础性、战略性和决定性作用。要通过加强保障机制建设，满足人多维发展的需要，促进检察人员的全面发展。

加强检察机关信息化建设力度。检察管理的方向是要引入现代化科技手段，实现检察管理信息化，从低效的“手工劳动”跨越到现代信息化，从纷繁芜杂的事务中解放出来，借助信息化的形式使工作更简便、工作效率更高，达到人与劳动工具的合理配置与有机结合。要求检察机关通过建立信息技术平台，开发应用包括办公软件在内的各具特色的检务管理应用软件，将检察业务、队伍、事务与信息技术有机结合，实行网上流程办案，实施案件质量监控，为办案活动的开展提供技术保障和服务，为检察工作实现可持续发展提供了有效的载体和必要的条件。在经费保障上，应给予一系列财政支持，使检察机关不再为经费发愁，从体制上消除“为钱办案”的财政因素。

保障检察人员的合法权利。一是保障干警的休息权利。确保人员节假日、休息日、工作时间之外正常休息的权利。二是保障干警的身份权利。即法律规定检察官的无过错免责权，非因法定事由、非经法定程序，不被免职、降职、辞退或者处分。三是保障干警的人身安全。采取有效措施，保障人员在办案中不因抵制非法干涉受到人身威胁和打击报复。对于发生报复袭击、围攻殴打检察人员事件时，要依法督促公安机关采取措施，有效控制事态发展，开辟救治“绿色通道”，并落实专门的医疗经费。

保障检察人员的待遇。在西方国家，司法官的待遇一般都高于行政官。通过建立经济保障机制，努力提高检察人员的薪酬待遇，使检察职业的优越性充分体现出来，足以抵制非法利益诱惑，为公正司法建立物质基础。提高人员的政治待遇。优秀人员能得到提拔重用，使政治待遇成为激励人员上进的一种因素。提高人员的福利待遇，把对人员的关心从工作延伸到生活，特别是干警在生活中遇到的重大困难，需要所在单位帮助时，单位应及时介入，切实解决干警的后顾之忧，使干警感到集体的关心和大家庭的温暖。

保障检察人员知识能力的发展提高。一是要建立集中开放的知识平台，为人员学习提供场地。二是完善培训的内容和形式，确保培训效果。在建立专业技能培训知识库，完善培训考核，确保培训效果的同时，还要探索开展“破冰热身—项目体验—分享提升—回顾总结”式的“拓展培训模式”，通过亲身体验挖掘干警自身潜能，培养实践精神和创新能力。三是要适时进行岗位交流，确保人员从工作实践中提高业务技能。根据岗位特点和人才培养需要定期开展交流和轮换，有计划地开展岗位锻炼，能够培养人员一人多专、一人多能的能力，不断增长其阅历，丰富其经验，提高其岗位能力。

【作者：湖北省十堰市人民检察院研究室主任】

实施“445”工作思路
全力打造绿色农畜产品生产加工输出基地

奥林虎

通过学习自治区党委王君书记“8337”发展思路及市委何永林书记“1359”发展思路，结合2013年中央一号文件精神和巴彦淖尔市农牧业发展实际，经过调查、研究，初步确定当前和今后一段时期巴彦淖尔市农牧业发展总体思路是：大力弘扬和践行“总干”精神，按照市委确定的“一产做精”和“打造绿色农畜产品生产加工输出基地”的产业定位，用工业化的思维来谋划农牧业，用产业化的理念来经营农牧业；实施“四大工程”、完成“四项重大任务”，推进“五项重点工作”，即“445”工作思路。紧紧围绕农牧业增效和农牧民增收总体目标，创新农牧业经营体制机制；依托农牧业资源优势，抓好产业基地规划建设，积极推进土地规模化经营和设施农业与规模化养殖业发展。通过抓基础设施建设、抓科技服务、抓农牧业产业化经营，努力把巴彦淖尔市建设成为内蒙古自治区“呼包鄂经济圈”食品加工业的优质原料基地、城市居民的“米袋子”、“菜篮子”和休闲度假的绿色生态旅游区，建设成为国家西部地区规模大、产品层次高、知名品牌多的绿色农畜产品生产、加工、出口基地，推进“塞外粮仓”到“西部厨房”的现代农牧业转型。

发展目标是：2013 年全市粮食产量稳定在 56 亿斤以上，2015 年达到 60 亿斤；农牧民人均纯收入年增长 13%，2013 年达到 1.2 万元，2015 年达到 1.5 万元，2017 年达到 1.9 万元，提前三年实现收入翻番的目标。

一、实施四大工程

1．创新体制工程。巴彦淖尔市 1000 万亩耕地及 7840 万亩草场分别由 25 万户农户和 1.6 万户牧户承包经营，组织化程度低、经济效益不高，急需转变经营主体。通过大力引导、扶持和培育种养殖专业大户、家庭农牧场、农牧民专业合作社和农牧业产业化龙头企业等新型经营主体，构建节约化、专业化、组织化、社会化相结合的新型农牧业经营体系，提高农牧民的组织化程度，解决一家一户分散的小生产与大市场的矛盾。积极抓好农村牧区集体经济组织“三资”清理整顿工作，盘活集体资产，壮大嘎查村集体经济组织实力，增强带动能力。

2．科技兴农工程。大力培育发展多元化服务主体，进一步完善多元化的农牧业科技服务体系。重点完善市、旗县区两级农牧业技术推广机构，为加强队伍建设，增强服务能力；理顺苏木镇农牧业公共服务机构，重点强化农牧业技术推广、动植物疫病防控、农畜产品质量安全监管等公共服务机构的服务能力。加强科技培训，重点突出设施农业和标准化规模养殖生产技术，每年培训农牧民 50 万人以上，确保从事农牧业生产的农牧民科技培训覆盖率达到 100%。加大农牧业适用生产技术的推广力度，重点抓好科技示范园区建设，通过园区的示范带动，全面提高农牧业适用生产技术的普及率和覆盖率。

3．安全监管工程。一是抓好农畜产品质量安全工作。强化监管队伍建设，健全完善市、旗县区、苏木镇三级监管网络；强化能力建设，建立和完善市、旗县区、苏木镇三级农畜产品质量安全检测检验体系。全面落实网格化监管制度，按照属地管理、分级负责的原则，明确职责，责任到人；抓好源头控制，建立农畜产品质量安全追溯体系，实现农畜产品从农田到餐桌的全程质量控制。二是抓好重大动物疫病防控。对口蹄疫、高致病性禽流感、高致病性猪蓝耳病、猪瘟、布病五种重大动物疫病进行强制免疫，免疫密度、免疫抗体合格率均达到国家规定标准；对鸡新城疫、羊三病、羊痘、狂犬病、炭疽实施计划免疫。三是抓好植物病虫害绿色防治。围绕粮食作物、向日葵、西甜瓜、设施蔬菜等重点工作，建立向日葵黄萎病、粮食作物病虫、西甜瓜细菌性果斑病、设施蔬菜绿色防控示范区，通过示范引领，带动农民自觉应用病虫绿色防控技术，确保种植业生产安全、农产品质量安全。

4．种子改良工程。围绕优势特色产业，建立和完善品种繁育与推广体系，构建科研院所、推广机构、原良种生产场三级品种选育与推广应用网络。重点抓好具有地域特色的优质小麦、玉米、向日葵和巴美肉羊等品种的更新改良；同时，积极开展二狼山白绒山羊等地方优势品种资源保护。

二、完成四项重大任务

1．发展以设施农业为主的高效种植业。在抓好粮食作物、经济作物的同时，重点发展设施农业。2013 年新增设施农业面积 5 万亩，全市设施农业面积累计达到 18 万亩以上，2015 年达到 30 万亩。做好产业发展规划，主要布局在交通干线两侧、政府所在地周边、土壤资源条件好、基础设施比较完善、人均土地面积相对较少的区域；按照集中、集聚、节约发展的原则，重点打造集中连片的设施农业园区。积极培育和引进经营主体，以企业、农民专业合作社和农户为主体，同时，通过招商引资，引进外地的企业和种植大户，投资建设设施农业，提高设施农业的科技含量，培育品牌、开拓市场。加大科技培训力度，重点实施“151”工程，即：每年培育 100 名设施农业技术员、500 名农民技术员、1 万名从事设施农业生产的农民，“十二五”末，达到每 800 亩设施农业配备 1 名科技人员的标准，全面提高设施农业的利用率。

2．壮大以肉羊产业为主的畜牧养殖业。在抓好奶牛、生猪、禽类、水产养殖等产业的同时，重点培育肉羊产业。2013 年新增肉羊 500 万只，饲养量达到 2200 万只；到 2015 年肉羊饲养量达到 3000 万只，打造全国最大的能够四季均衡出栏的肉羊生产加工输出基地。大力发展规模化养殖，按照现代化肉羊养殖标准的要求，构建专业化、大规模、高标准肉羊育肥产业带，2013 年肉羊规模化养殖的比例达到 70%，提高 5 个百分点；到 2015 年达到 85%以上。抓好肉羊的繁育工作，以标准化、规模化基础母羊养殖园区、养殖场为示范，以千家万户养殖为载体，形成各具特色自繁自育、群繁群育、优繁优育基础母羊繁育体系；2013 年基础母羊存栏达到 680 万只，2015 年达到 900 万只。做大做强巴美肉羊品牌，建立巴美肉羊研发中心，抓好巴美肉羊种源基地建设，构建以核心育种园区为主，以扩繁场、扩繁户为骨干的三级育种体系；2013 年巴美肉羊种畜饲养量达到 5 万只，优质种畜供种能力 3 万只；到 2015 年巴美肉羊种畜饲养量达到 10 万只，优质种畜供种能力 5 万只。同时，建立肉羊电子销售平台，按照国内领先、业内一流的标准，逐步实现肉羊规模养殖、饲料加工、疫病防控、肉制品分割和冷鲜标准化，构建肉羊制品质量可追溯体系，提升巴美肉羊品牌影响力，开拓国内外市场。

3．强化培育大而强的龙头企业的农牧业产业化经营。2012 年，巴彦淖尔市有销售收入在 500 万元以上的农畜产品加工企业 225 家，销售收入 336 亿元，完成增加值 113 亿元，利润 30 亿元。这些企业主要分布在粮油、乳业、番茄等十类领域，在带动农牧民致富、产业链和促进农牧业发展等方面起到了重要作用，但是，大部分龙头企业还存在实力不强、产业链短、与基地的结合不够紧密、市场开拓能力差、知名度不高等问题。这样我们必须采取引进国内一流的行业龙头企业通过兼并、重组、收购、控股等方式整合改造中小企业，培育壮大一批产业链条长、技术装备水平高、市场竞争力强的龙头企业，促进面粉、乳业、油脂、肉制品、绒纺、炒货、番茄、脱水蔬菜、饲料、生物能源等产业集中、集约发展，培育一批具有本地特色的知名品牌。2013 年计划销售收入 500 万元以上的农畜产品加工企业达到 240 家，新增 14 家，销售收入突破 360 亿元，使得农畜产品加工转化率达到 72%以上，提高 2 个百分点。

4．推进各类流转主体发展的土地规模化经营。依法落实和保障农牧民的土地承包权益，确保土地承包经营权长久不变；认真组织开展土地承包经营权的确权、登记、颁证工作，确保合同、证书、地块、面积“四到户”，为土地流转创造条件。引导农牧民依法、有序流转土地，完善相关手续，建立健全流转档案。鼓励和引导龙头加工企业、农民专业合作社、规模化养殖场、家庭农牧场和种植大户等经营主体流转农牧民的土地，实行规模化经营，提高土地的集约化水平。2013 年的目标是新增流转土地 50 万亩，全市农村土地流转面积达到 250 万亩以上，到 2015 年达到 350 万亩以上。

三、推进五项重点工作

1．抓好优势特色产业发展，全力打造绿色农畜产品生产加工输出基地。依托巴彦淖尔市资源优势和农畜产品特点，重点打造粮油、瓜籽、番茄、脱水蔬菜、肉羊、乳制品、绒纺、饲草、水产、制种等特色产业。按照产业化经营理念，围绕龙头加工企业，积极抓好标准化、规模化原料生产基地建设。目标是：粮食种植面积稳定在 500 万亩左右，建设好 47 个万亩粮食作物高产创建示范区，以高产创建为抓手，大力提高粮食生产水平。采取订单方式落实番茄、脱水蔬菜种植。通过提高单产和品质，增加食用向日葵种植效益。大力发展畜牧养殖业，推动农牧业经济结构由种植业主导型向养殖业主导型转变。积极开展为养而种，大力发展饲草产业，优质牧草种植面积达到 20 万亩以上。依托丰富的水产资源，大力发展水产健康养殖业。依托优越的光热、水土资源优势，大力发展以玉米制种为主的制种产业。

2．积极抓好标准化生产和品牌化建设，打造绿色农畜产品品牌。围绕优势特色产业，配套完善农牧业标准化生产技术体系，大力推广应用农牧业标准化生产技术；积极开展无公害农产品、绿色食品、有机食品和优势农畜产品地理标志登记保护，打造绿色农畜产品品牌，扩大品牌效应。2013 年新增无公害农产品、绿色食品、有机食品认证 23 个，完成河套番茄、巴美肉羊和河套向日葵三个产品的地理标志产品登记保护，并做好用标工作；同时，积极开展河套小麦、华莱士、枸杞、苁蓉、二狼山白绒山羊、乌拉特羊的地理标志产品的登记保护，打造具有巴彦淖尔市特色的农畜产品品牌。

3．抓好项目的储备和实施，夯实农牧业发展基础。贯彻落实《国务院关于进一步促进内蒙古经济社会又快又好发展的若干意见》和 2013 年国家与自治区两个一号文件精神，围绕国家和自治区的产业发展政策，做好项目的储备。同时，与相关部门对接，积极争取和实施涉农项目，夯实农牧业发展基础，增强服务能力和服务水平。

4．认真落实国家的惠农惠牧政策，切实保护农牧民利益。配合相关部门认真落实好国家的粮食直补、良种补贴、农资综合补贴等政策，通过“一卡通”的方式，把补贴资金发放到户。重点抓好草原生态补奖机制、政策性农业保险和农机补贴政策的落实。加大宣传力度，做到家喻户晓、人人皆知；严格规范补贴程序，做到公开、公平、公正；加强对补贴资金的督查管理，对政策实施的每个环节和资金管理使用过程做到全程监控、监督，保证政策落实、资金安全，切实维护农牧民利益。

5．努力做好招商引资、招才引智工作，加快现代农牧业发展步伐。围绕巴彦淖尔市的农牧业优势特色产业，积极组织开展招商引资和招才引智工作。重点在设施农业和规模化养殖业经营主体的引进、带动能力强的农畜产品加工企业的引进方面进行招商引资，推动设施农业和规模化养殖业加快发展，推动农牧业产业化经营向深层次发展，带动农牧民增收。

【作者单位：巴彦淖尔市农牧业局】

21 世纪初台湾职业教育发展的困难与改革略论

曾繁相

台湾自然资源匮乏，人口稠密，上世纪后半叶创造了世界经济发展的奇迹，成为“亚洲四小龙”之一。职业教育的高度发达，是促进经济高速发展的重要原因。上世纪 50 年代以来，台湾经济转型、产业升级的每个阶段，职业教育所提供的丰富的人力资源，为其奠定了转型和升级的基础。职业教育在配合经济的发展中，也形成了自身的发展特色，为世界各国职业教育与经济发展的良性互动建立了榜样。进入 21 世纪后，由于台湾社会、政治、经济和科技的发展变化，职业教育面临着诸多新的困难和挑战。

一、21 世纪初台湾职业教育面临的新挑战

进入 21 世纪后，随着全球经济一体化和知识经济时代的到来，台湾的社会、政治、经济发生了深刻变化。大批传统产业逐渐被新兴的科技产业所取代，产业进一步升级，制造业大量外移，生产智能化程度提高，三次产业比例变化等。台湾职业教育的传统优势渐失，改革与发展面临新的挑战。

（一）产业升级，制造业外移，工作岗位减少，层次要求提高。随着产业的升级和转型，台湾的三次产业比例发生了较大变化。2000 年，三次产业的就业人数比例为 7.79:37.24:54.98，

到2009年为5.3:35.9:58.9。又由于台湾土地、人力资源等生产要素的成本不断上升，使得许多产业不得不外移至劳动力价格低廉、生产成本较低的欠发达国家和地区。据统计，台湾制造业移至海外生产的比重逐年上升，已由“2005年的36.9%成长至2010年的50.4%”，造成产业空洞化，减少了就业岗位。同时，由于高科技产业的发展和生产智能化程度的提高，一个技术能力合格的工作人员，在同一时间内可以完成更多的工作任务，同一规模的企业需求的生产人员大大减少。“知识工作者”和“知识技术工作者”需求增加，操作型人才和中低层次的技术工作者需求减少。概言之，产业比例变化，制造业外移，产业升级，导致了就业岗位减少，人力资源需求层次提高，职业教育传统优势严重削弱，社会吸引力下降。

（二）人口出生率下降，生源萎缩，职业院校改制升格。近年来，由于人口城市化比例增加，受教育程度提高，子女教育培养费用上涨以及生活压力增大等诸多因素的影响，台湾年轻人的生育观念发生了重大变化。晚婚、不婚、晚育、不育、少育现象越来越严重。加之台当局没有及时出台奖励节育措施，致使台湾人口出生率持续下降。1990年出生人口为335,618人，出生率为16.55；2011年仅198,348人，出生率降到9.0，为全球最低。2010年底，台湾户籍登记人口为2,361万人，总增加率仅1.8，创历年来新低。据《环球时报》2008年8月7日报道，2008年台湾生育率已正式排在全球倒数第一位，出生率排倒数第二位，仅次于韩国。

由于出生率下降，初中毕业生人数逐年减少。据台湾“教育部”统计处推估，2011学年至2018学年初中新生将大幅减少近70,000人，平均每年减少9,000人。至2020学年累计减少825,000人，平均每年减少29,000人。因此，高职生源萎缩，招生难度加大，影响高职教育的发展在所难免。

（三）职业教育定位模糊，追求高学历之风日盛。职业教育在其产生的那一天起，就与经济发展息息相关。人类社会的发展进步，现代化程度不断提高，人们生活水平的持续改善，均离不开职业教育的所提供的人力资源保障，促进经济的不断发展。职业教育为社会经济发展所起的作用已为世人所认可。台湾是我国的一个省份，同样具有悠久的儒家文化传统。儒家文化的教育价值取向对台湾社会的影响根深蒂固。虽然儒家文化具有许多值得提倡的积极因素，比如“尊师爱生，注重集体利益，团结友爱，注重民族气节”等。但其糟粕一面也不可忽视，如“在认知上具有重传统与权威的取向，在人事上具有重功名的取向”等。

从上世纪90年代开始，台湾的高等教育逐渐从传统的精英教育走向大众化教育，高等教育的入学机会不断增加。由于台湾近年来少子化的家庭越来越多，家长有能力提供子女更多的学习机会；“劳心者治人，劳力者治于人”的儒家传统文化价值观念的根深蒂固等因素的影响，让子女上大学仍是家长的首选。因此职业院校学生升学比例不断攀升。

升学比例的上升，为广大学生提供了更多的就学选择机会，进一步满足产业提升对高层次技能型人才的需求。但为了满足学生升学的需要，台湾职业院校不得不改革课程设置，缩短专业实习时间，淡化技能要求，增加学术含量，向普通教育靠拢，职业教育呈现普通化的发展趋势。使职业教育渐失其办学特色，定位模糊。“现阶段台湾技职教育政策过分注重学术，例如现在技职体系的教授都要写SCI的论文，将导致学生技术不够专精，且做学问、写研究论文，成果又比不上一般大学。高等技职教育大幅扩充，中等技职教育渐渐失去职业养成教育的特色，整体太向一般普通教育靠拢，因而渐失特色。”职业教育有其自身的培养目标和办学要求，如果偏离办学规律，必将影响人才培养质量，造成“不良不莠”，学术不强，技能不硬的中庸之才。台湾职普在校生的比例上世纪80年代曾达到7:3，由于升学观念的重新抬头，进入新世纪后台湾在校生的职普比又重新回到了上世纪60年代3:7的水平。

二、21世纪初台湾职业教育发展的新对策

面对新世纪出现的新形势和新问题，台湾当局出台了诸多职教改革政策，力图通过改革课程设置，改进办学模式，完善职教体系建设，达到既能满足个体升学的意愿，又能适应劳动力市场对技能型人才的需求。

（一）提升职业院校的办学层次

进入新世纪以后，台湾各类职业院校的设置比例在不断变化着。总的发展趋势是：高职学校、高等专科学校减少，独立学院减幅最大，大学增长最快。10年时间，高职减少了15所，高等专科学校基本稳定，但与最高峰时的1992年74所相比，20年间减少了59所。10年时间大学增加近一倍。这一调整部分原因是为了满足社会民众对子女升学的需求，另一部分原因是为适应产业升级、经济转型对高技能人才的需求。但由于步伐太快，学校的师资、设施相对滞后，生源质量降低，影响培养质量。

（二）打通职业院校的升学通道

1．创办综合高中。职业教育的办学宗旨是为满足经济发展对建设人才的需求，升学原本不是职业教育的培养目标，因此，具有“终结性教育”的性质。台湾进入“亚洲四小龙”行列后，社会财富增加，民众的生活水平普遍提高，对受教育的需求也逐步提高，对具有“终结性教育”性质的职业教育逐渐失去了兴趣。另一重要原因是，上世纪90年代后，台湾经济发展进入了高科技的工业化时代，高科技产业、资讯产业、服务业逐渐成为经济发展的主流，对人力资源的层次需求也逐步提高。基于以上两种原因，在民众呼声居高不下的情况下，1996年台湾开始创办综合高中。通过“高一统整，高二试探，高三分流”，延迟学生分流的时间，为学生创造更多升入大学的机会。至2011学年，综合高中已达114所，在校生数达83,674人，而同期的高职为155所，在校生366,499人。

2．建立升学立交桥。上世纪末台湾已建立了由“高职——专科——技术学院——科技大学”构成比较完整的职教体系，分别培养初级、中级和高级技术人才，被称为“第二条教育高速公路”。进入新世纪后，这一体系得到进一步完善，多元入学方式得到更深入的推广，使高职生具有与普高生同样的升学机会，在一定程度上满足广大民众对子女升学的普遍要求，也为巩固职业教育的办学规模起到了一定作用。

（三）提高职业院校的办学质量

新世纪，台湾职业教育面临着诸多挑战，“追随高科技发展的新趋势以适应台湾经济转型与产业结构调整；实施教育资源的公平分配以构建全民参与享有的技职教育体系；建立终身学习的技职体系以实现通识教育的全人发展。”同时，还得最大限度地满足民众的升学愿望。为了确保职业教育技能性培养的本质特征，又能使学生得到更多的升学机会。当局在职业教育的改革上采取了必要的措施。

1．实施“最后一哩学程”。上世纪末，台湾的高等教育逐步由精英教育向大众化教育转变，伴随着升学教育机会的增加，高等教育规模急剧扩大。更多的学生把接受学术性教育作为首选，挤压了职业教育的生存和发展空间，综合高中异化为升学考试的训练场，职业院校的生源萎缩。为了迎合社会的需要，职业院校的办学方向不得不进行修正，增加学术性课程，压缩实习时间，导致职业院校毕业生的职业技能弱化，出现了“很多人找不到事做，很多事找不到人做”的尴尬局面。2004年7月，台湾正式实施“最后一哩学程”方案，前后五年，共投入新台币1,156万元。

“最后一哩学程”其实质就是毕业生进入工作岗位之前，配合用人单位的需求对学生进行强化训练，培养学生“知识+态度+技能+创业”4种能力。通过实施“最后一哩学程”，改变了学生的学习方式，增加学校与业界沟通、学生与企业接触的机会，提升了职业院校学生技能素质，缩短了企业培训人员的周期，降低人力成本，并可从中获得企业所需要的人才，一举多得，普遍受到欢迎。

2．技职院校教学卓越计划。为了改变职业院校重理论研究轻技能教学的职业教育品质异化倾向，创造更为良好的教学环境，台湾当局于2005年开始实施“技职院校教学卓越计划”，2009年开始实施第二轮。通过竞争性的奖励机制，向30%—40%的职业院校提供经费奖励，鼓励职业院校重视技能教学，提高教学质量。

该计划的主要内容有：引导职业院校调整和改善教学制度，强化“教学核心价值”；推行9项教学基本核心指标；建立竞争性经费奖励制度；完善教学资源共享平台；引导职业院校多元发展，提高竞争能力。实施以来，受到社会各界的好评，对于促进职业院校教学风气的转变，教学核心价值观的认同，教学质量的提高意义重大。

3．产学携手合作计划。2006年，职业教育界开始实施“产学携手合作计划”，由高级职校、技专院校和产业界共同合作，根据业界用工需求调整课程设置，实行弹性学制，学校的课堂学习与企业实际上岗操作轮换进行。合作方式有3+2（高职+二专）、3+2+2（高职+二专+二技）、3+4（高职+四技）、5+2（五专+二技）等，学制五年至七年不等。学生毕业后实行“双向选择”，即可在原企业就业，也可选择其他单位。

这种学习方式使学生尽早且有更多机会体验企业工作生活，强化了“做中学，学中做”的职教特色，有利于培养企业所需要的工作态度和工作技能；使学生毕业即能上岗，缩短适应期，减少企业员工培训成本，也有利于企业根据自身需要量身定制培养员工；对学生、学校、业界三方均有利可图，对人才市场的供需平衡也是最好的选择方式。

4．技职教育再造方案。

为了进一步改善职业教育的办学环境，提高办学质量，2009年5月，台湾当局推出了《技职教育再造方案》，并决定2010年至2012年三年内投入200亿新台币，推动该方案的实施。

“再造方案”提出了“改善师生教学环境、强化产学实务连结、培育优质专业人才”三大目标，涵盖“制度、师资、课程与教学、资源、品管”五个方面内容，出台了“推动五专一贯人才培育；强化实务能力选才机制；强化教师实务教学能力；引进产业资源协同教学；扩展产学紧密结合培育模式；落实学生校外实习课程；改善高职设备提升质量；建立技专特色发展领域；建立符合技专特色评鉴机制；落实专业证照制度。”十项具体措施。

“再造方案”目标明确，内容具体，措施有力，经费充裕，特色鲜明，是在台湾经济持续低迷，职业院校纷纷升格，职业教育优势渐失，升学浪潮高涨的情况下出台的。“被看作是重塑技职形象、强化专才培育特色，推动六大新兴产业发展，重振台湾经济的重要手段。”对于改善职业教育的社会地位，提升职业教育质量品质，实现职业教育健康良性发展，具有重要的意义。

自上世纪50年代以来，台湾职业教育在促进经济发展的历程中所起的作用已为世人所肯定。它保障了经济发展的人力需求，为经济发展奠定了人力资源的重要基础。“台湾著名经济学家李国鼎先生曾说过：‘人力资源的有效培育与运用，是台湾发展成功的主要因素之一。在这一方面，技职教育扮演甚为重要角色。’”进入新世纪后，面对职业教育发展遇到的新问题，台湾当局虽已采取有力措施，但最后的成效还有待进一步检验。

【作者：福建省侨兴轻工学校校长 党委书记】

高校建设大学章程需妥善处理的三对关系

陈德喜

2011年12月，教育部下发的《高等学校章程制定暂行办法》明确规定，高校应以章程为根据，制定内部管理制度与规范性文件。从本质上讲，大学章程建设是对大学治理中各利益主体权力进行分配，对相关权力边界进行明晰的过程。而且，大学章程还是大学教学、科研等各项管理制度的“母法”，对校内各种权力的运行进行原则性规范，并从中体现出基本的“立法”精神。大学章程需要上承国家法律，彰显现代大学理念；同时，章程还构建了高校内部治理的基本框架，大学在管理中必须以章程为基准。当前，我国高校的章程建设还不健全。由于缺少依法治校的理念和切实执行的科学章程，不少高校出现了难以克服的权力运行无序问题，学校权力配置“人治”痕迹较为明显，规章制度甚至前后不一、精神相悖。因此，亟需加强大学章程建设，推进依法治校进程。建设现代大学章程，重点是要处理好权力配置过程中的三对关系。

一、决策与执行的权力划界

根据现代治理理论，在管理中，决策权与执行权需要有严格的区分。决策权是对组织发展中战略层面重大事务进行路径选择的权力。管理学家西蒙认为，“管理就是决策”。这一理论把决策从管理的计划、组织、指挥、协调和控制等普通职能中分离出来，彰显了决策的重要性。战略决策是方向性的，它决定了组织未来发展的路径，具有高度的职能性。因为，对组织而言，如果发展方向出现了偏差，则组织运行效率越高，其偏离组织目标就越远。所以，在现代治理理论中，把决策权从执行权中分离出来，强调的是决策的重要性和专业性。现代管理需要有具备专门素养的专职人员来进行战略决策，所以需要把决策权与执行权分离开来，以促进决策的专业性和科学性。

对当前我国高校内部治理而言，从学理上看，决策权对应的是党委的领导权，执行权对应的是校长为首的行政权。“党委领导下的校长负责制”是我国高校基本的领导体制。《中华人民共和国高等教育法》和《中国共产党普通高等学校基层组织工作条例》对党委领导权力与校长行政权力进行了原则上的划分。但是，由于种种原因，在管理实践中还是存在着“领导”与“负责”的权力冲突，或者说是“两个一把手”的困惑。因为现有的制度安排，没有明确党委与校长的权力归属，尚需根据现代治理理论，明确党委归属于决策权、校长归属于执行权。当前只是简单地规定“党委领导”、“校长负责”，问题的关键是，没有确定“党委领导”是决策领导还是执行(行政)领导。如果没有把“党委领导”限定为“决策领导”，则会出现如上所说的“权力冲突”问题。当前存在的普遍现象是，大学党委委员（常委）兼任校长、副校长，既是决策者，又是执行者，一身二任，这样就使更具重要性的决策权不能更多地体现专门性。简单地说，就是战略决策者普遍地陷入了纷繁芜杂的执行事务，难以集中精力处理重要的战略决策大计。而且，决策者兼任执行者也会降低决策的科学性和公正性。与此同时，执行者同时拥有决策者身份，也会使执行的问责机制难以发挥功效。

在高校管理体制机制改革过程中，迫切需要通过大学章程建设，在“党委领导下的校长负责制”这一基本制度安排下，进行更为细化的制度设计，对大学内部治理中的决策权与执行权进行明确的界划，逐步减少决策权与执行权交叉不清的现象。中国共产党高校基层委员会一方面代表党和国家的利益，另一方面也自然地代表人民和社会的利益。高校党委就是大学业务中各利益相关者的代表，党委科学公正地为大学发展进行重大决策。这些重大决策是实现“党委领导”的途径，它包括党对高校的政治领导、思想指导和方向引导，大学发展的战略决策和高级执行层的人事决策。党委履行校内的政治决策职能是其实现政治领导的关键，党委需要确保大学发展过程中思想意识形态上的正确性，保证党的政治思想路线、大政方针政策在大学不折不扣地得以贯彻与执行，保证中国共产党领导大学的本色、宗旨和基本制度，保证中国大学及其办学方向、培养目标的社会主义性质，以实现高等教育为党和国家服务、为人民服务、为社会发展服务的目标。

党委是“决策人”，在宏观上把握大学的发展趋向，作出大学发展的战略决策，从而在业务上实现对大学的战略领导。这既是其行使决策权力的重要体现，也是其行使决策领导职能的基本途径。大学发展的战略决策包括大学发展的愿景和理念选择，以及大学发展不同时期的战略规划。在大学组织中自下而上形成师生共同分享的愿景和办学理念，并根据如上愿景理念、社会发展需要和高等教育规律，选择学校发展各个时期的战略规划，是大学发展的顶层设计，对大学发展意义重大。党委需要确保大学发展愿景和理念的适恰性，以及战略规划的科学性，使学校能够更好地履行科学研究、人才培养、社会服务和文化传承创新的职责。党委负责高级执行层的人事决策是其实现人事领导的重点，也是对“党管人事”原则的贯彻。党委的高级执行层人事决策权主要包括对高级执行人员的遴选、任命、授权与约束等。通过对学校高级执行层人事决策权的行使，包括干部的选拔和任用，进而实现党委对学校的政治领导、战略领导和组织领导。

校长是“行政人”，从宏观上看，“校长负责”对应的是执行权的行使，即校长负责对党委决策的执行，但其执行不是单一、单向度的，而是综合的、全方位的。一方面，校长参与（有些校长不是中共党员，列席党委会）党委决策；另一方面，管理就是决策，执行之中有决策，校长也履行相应的决策权，只不过这些决策权属于执行决策而已。校长履行执行权是为了实现学校发展的愿景与战略，其重点是依据大学章程，将党委的决策细化为具体的管理制度，并对学校人、财、物等资源进行科学合理的分配与管理，以发挥其最大的使用效率。原则上，校长的执行权包括了上述党委决策权以外的所有重要权项，特别重要的是中级执行层的人事权与财务的分配权。校长必须拥有充分的人事与其他资源分配、使用、管理权，才能履行好其职责，进而实现党委作出的重大战略决策，并接受党委决策权的监督和制约，这些都需要在大学章程里作明确规范。

二、行政与学术的权力限定

行政权与学术权在大学内是两种重要权力。行政权，在学校层面，表现为校长治校及其对学校的行政管理，在二级学院（学部、学系、研究所、研究院等）层面，表现为其负责人对所属组织的行政管理。学术权，考察国内外大学的权力运行模式，其共通之处在于，均由教授个体或组织在不同层级自主承当或充分行使，即由教授、学者群体管理科学研究和教书育人，负责治科学、治教学、治学问、治学风、治专业、治学科。由于大学不同于其他社会组织，它是一个学者聚居、研究高深学问的场所，所以在大学内，学术权力应得到应有的尊重，否则就会违背高等教育发展规律，不利于大学探索真理、培养人才、社会服务和文化传承创新等功能的发挥。当前我国公立高校运行过程中，行政权与学术权之间关系出现问题，一方面是行政权力过分主导，甚至是“越界”干预学术权力；另一方面是行政权与学术权过度交叉分享、界限不明晰，直接影响大学治理过程中决策的科学与公正性；另外，还会形成大学学者共同体内不合理的氛围，使“研而优则仕”成为大学里盛行的潜规则，让学者分散精力，以追求行政晋升为工作旨趣。

大学章程建设本质上就是要对权力进行科学而合理的基础性限定。通过章程建设，我们应该重新厘定行政权与学术权的边界，行政权履行就是要落实“校长治校”，学术权履行则是要落实“教授治学”。“校长治校”是指以校长为首的行政权力执行学校决策层党委的重大战略决策，为学校发展战略目标的实现，实施具体的管理措施。从原则上讲，“校长治校”所治的对象是大学发展过程中的科学研究、人才培养、社会服务与文化传承创新等事务。校长对外是大学的法人代表，代表学校经营外部关系；对内是最高行政长官，直接或间接管理校内除党委所承担的政治领导、战略领导和高层人事领导之外的所有重大事务，并向党委负责。“教授治学”指的不只是教授要做好自己的学问，还要通过学术委员会等学术评议组织对重大学术、教学事务做出专业的、科学的决策。详言之，“教授治学”既窄指以教授为代表的学者群体或教师队伍潜心学问、钻研学术、深入研究，又专指其搞学科、搞专业、搞教学，更宽指其在学校各个层面统筹管理教学和科研，加强学风建设，提高学术水平。

然而，重大学术、教学事务也是学校发展问题，是“校长治校”的治理对象，即“治校”的内容。从广义上讲，这种观点是正确的，但是，重要的是，对学术、教学等专业问题，校长在治校过程中，应采用间接的方式进行管理，不宜过度地介入学术、教学等具体事务，通过合理的制度设计、特别是大学章程建设中的基础性制度安排，让学术委员会、教授会等学术评议机构科学有效地进行决策。确保当前我国高校“教授治学”落到实处的关键在于，需要在章程中清晰规范，校长应把教学、学术重大事务的决策权让渡给学术评议机构，校长对教学、学术重大事务实施间接管理，校长向学术评议机构进行教学、学术重大事务的质询，但此类事务的决策权在学术评议机构，学术评议机构要对自己的决策向校长负责。

需要强调的是，长期以来，我国高校治理中学术风气不正，诸多学术、教学重大事务交由学术评议会组织进行决策后，却因为学术近亲繁殖、派别利益争夺等原因，使决策不科学、欠公正，甚至是进一步催生或强化了学术不当现象及学术不端行为。这就更需要在大学章程建设过程中，不只是对行政权力，而且还要对学术权力进行明确限定。通过对行政权力进行规范，让其在自己的边界范围内行使，不越界。这样行政权力能够专心地处理自己职责内的事务，会使行政更加专业和有效。通过大学章程建设，对行政权力进行限定，还为“教授治学”发挥功效提供了空间。对学术权力的合理运行做出基础的刚性规范，对其运行的边界，包括运行过程中的具体议事规则等进行限定，使学术评议会组织能够为学校发展战略目标的实现做出应有贡献。在大学章程建设过程中，还要做出规定，避免行政权力与学术权力过度交叉。这种权力过度交叉会使行政权与学术权的限定不能在实践中得到真正执行，并产生应有的效果。

三、学校与学院的权力分配

在大学内部治理中，学校与学院是两级主要的权力主体。学校层级主要是教务处、人事处和财务处等职能部门，学院层级则主要是各学院(包括各类研究机构)。校内的权力分配，国内外通行的形式主要有两种。一种是学院分权式，以美国哈佛大学、英国牛津大学为典型代表。在这些大学中，内部治理权力是高度分散于各学院的，这些学院一般享有高度的自治权力，包括人事权、教学权、学术权和财务权等。在分权式大学内部治理结构中，各学院犹如分封诸侯，掌握各种重要权力资源；学校层级对大学的治理往往是通过愿景理念构建、战略规划确立等宏观方式实现的，而具体的科研、人才培养和社会服务事务则由各学院根据学校的愿景与战略处置。另一种是学校集权式，以中国众多公立大学为典型代表。在这种管理模式中，人事权、财务权、教学权和学术权等都集中在学校层级，学院在校部及学校各职能部门的管理下开展工作。

大学内部治理的学院分权模式与学校集权模式各有优缺点。但是，我国大学内部集权式管理存在权力在校级过分集中，院级拥有的人事权有限的问题。各学院想要引进人才，需先经学校人事处审核运作。而人事处所制订的政策虽然有诸多宏观考量，但各用人学院因学科特色以及学院发展具体情景不同，对人才的需求也各异。所以，学校人事部门的宏观政策因其统一刚性而不能真正促进学院发展。在人事方面，还存在一个升迁激励问题。不少高校的干部任命与升迁等权力集中于学校层级，学院难以根据实际情况使用干部升迁和任命等方式来激励教工并合理配置人力资本。在财权方面，学校把资金分配权集中在校级职能部门，会产生资金使用效率低下等问题。教学权和学术权过分集中于校级，相关决策经常存在专业性欠缺问题。还有一个被忽视的情形是，权力过度集中于校级，直接影响了二级学院工作积极性、主动性和创造性的发挥。

当前，国内大学的内部管理，应特别注重学校向学院合理地让渡权力，而这种权力的下移需要通过章程建设来实施和巩固。在章程制订过程中，对权力在校院两级进行分配时，要注意防止出现两种情形，一是向学院层级赋权过少，改革没有进展，导致权力“一收就死”；另一情形是向学院赋权过多，又没有合理的监督机制，导致权力“一放就乱”。所以，如何在学校和学院之间进行科学的权力分配，是大学章程建设的难点和重点。学校层面应根据党委制订的学校发展愿景和战略规划，遴选学院主要负责人，实施院长任期制和责任制，指导并考核和监督其制定本部门的中长期或年度事业发展目标，制定并执行资源在院级分配的原则。学院拥有人、财、物的院级分配和管理权力，有权对人才的引进、培养和使用，以及干部的任用、考核、提拔和考核等做出符合学校宏观规定的决策。学院对由学校所配置下来的财、物有进行院内分配、管理的权力，以确保资源利用的效率最大化。充分落实“教授治学”，重大教学、学术事务的决策权由院级学术评议机构履行，院级学术评议机构应为学院的学科发展、科研与教学品质提升做出决策。学院行政权力与学术权力不得交叉分享，院长对学术、教学事务实施依托院级学术评议机构的间接管理。

大学章程建设是构建现代大学制度的关键。科学地配置内部权力，妥善处理决策与执行、学术与行政、学校与学院的权力配置关系，是大学发展的基础性工程，是现代大学制度建设的应有之义。教育行政部门主推的大学章程建设工作，无疑会对我国高等教育事业发展带来积极而深远的影响。

【作者：浙江师范大学党委书记　教授】

适应国际化营商环境需求　提供优质司法服务

陈　密

根据大亚湾区企业国际化贸易程度高、外资企业多以及大型企业多等特点，主动适应企业需求，提供优质司法服务。按照国际化需求，积极引进高素质人才，同时，加强现有人才的培养，造就一支既懂法律又懂英语、既懂国内法又通晓国际贸易相关法律的复合型法官队伍。

建设法治化国际化营商环境，是完善社会主义市场经济体制的重要一环。大亚湾经济技术开发区经济发展国际化程度高，作为开发区法院，必须更加努力地为建设法治化国际化营商环境作出贡献。

一、转变思想，树立国际化司法理念

我们要求全院干警结合大亚湾经济技术开发区的实际，解放思想、更新观念，善用世界眼光、战略思维来谋划和推进法院工作。立足开发区建设国际化程度高的特点，围绕中心服务大局，努力建设法治化国际化营商环境。特别是要构建适应国际化需求的审判模式。同时，高起点、高标准按照国际化要求加强法院各项基础建设。

二、适应需求，加强国际法律研究服务

根据我区企业国际化贸易程度高、外资企业多以及大型企业多等特点，主动适应企业需求，提供优质司法服务。一是为企业提供国际贸易法律服务。认真研究国际贸易相关法律和世贸组织相关规则，突出对反不正当竞争、反倾销、反补贴法律研究，有针对性地指导企业按照国际贸易规则开展对外贸易活动；指导企业正确运用国际贸易争端解决机制开展诉讼活动，及时维权；指导和帮助企业走出去，稳妥开展兼并、收购、重组等对外投资活动。通过提供有效司法服务，使企业在国际贸易中免受不当损害，从而提升我区产业竞争力和企业在国际贸易中的市场竞争力。二是加强对外资企业的法律服务。引导外资企业自觉遵守中国法律，依法开展生产经营活动，依法履行劳动合同义务，切实减少劳资纠纷，保障在外资企业工作的中国员工的权益。三是做好企业个性化法律服务。在大企业设立服务联系点，开展法律咨询和法律讲座活动，建立诉讼直通渠道，保障企业所遇到的诉讼纠纷能得到及时有效化解。

三、改革机制，筹划构建以法官为中心的审判模式

我院草拟了《大亚湾区法院“综合审判机制”改革实施方案》。该《方案》将打破刑事、民事、行政审判庭界限，实行主审法官制度，设主审法官室。为主审法官配备 1 名法官助理和 1 名书记员，另安排两名普通法官或人民陪审员作为合议庭成员，构建成“1+1+1+2”模式。方案还对主审法官的选任、考核和案件质量责任追究等问题作出了规定。

四、提升能力，培养适应国际化司法需求的高素质法官队伍

按照国际化需求，积极引进高素质人才，同时，加强现有人才的培养，造就一支既懂法律又懂英语、既懂国内法又通晓国际贸易相关法律的复合型法官队伍。积极争取区组织人事和财政部门支持，落实一批事业编制，通过对外招聘和内部培养，组建一支高素质的法官助理人员队伍。建立主审法官遴选制度，通过优胜劣汰的动态竞争，不断提升法官素质与能力。

五、关爱法官，做好后勤保障配套建设

为落实以法官为中心审判模式，加强对一线办案法官的关爱，我院草拟了《关爱干警的决定》，从关心成长进步、改善工作条件、提升工作积极性、解决后顾之忧等方面，落实对法官的关心和爱护。

【作者：广东省惠州市大亚湾经济技术开发区法院院长】

关于健全法律法规
加强我国整容整形业监管的建议

程　苏

近年来，随着人们生活水平的提高和消费观念的更新，我国整容整形产业迅速壮大，成为有着巨大利润空间和市场潜力的产业。整个医疗整容整形行业仅在 2009 年就产生了约十几亿元的经济附加值，并以每年约 20%的速度递增，继美国和巴西后，中国已成为全球第三整容大国。但是我国医疗整容整形机构良莠不齐，整容整形业已成为医疗事故的重灾区之一，亟待加强监管。目前整容整形业的问题主要表现为以下几方面：

1．该行业的政策和法律法规不健全且执行力度不够，监管工作难度大。行业监管的法律、法规、规章制定滞后，对现实中存在的问题尚缺乏统筹考虑和发展战略性研究。如生活美容院不能做涉及到侵入人体的美容项目，做了即是违法，但由于它是在工商部门注册，卫生部门监督不了，而工商部门则认为美容院是否超范围经营应由卫生部门进行鉴定，这就使一些美容院的整容整形在事实上成为监管的真空地带。

2．政府职能部门管理缺位，导致整容业乱象丛生。主要表现为公立医院的整容整形科室被承包，变成了私人性质的经营机构，这些整容整形机构具有双面性，在利益至上的思想支配下，借助公立医院的公信度，不顾消费者权益，实际是民营资本在运营，使我国的整容界更加鱼龙混杂。

3．整容整形机构存在问题多。主要有：（1）不具备资质的医疗机构进入整容整形业，加大了行业的安全风险；（2）使用劣质整容整形器材和材料以减少费用；(3)硬件设施不过关，急救设备不全；（4）机构自行议价，没有一定标准，坑害消费者；（5）宣传虚假广告，误导消费者。

4．医生的从业资质不符合规定，非法行医问题严重。由于利益驱动，很多医生甚至是没有行医资格的人员纷纷进入整容整形业，而目前我国还没有健全的整容整形专科医师准入制度，在专业资格证的审核方面比较含糊，因此造成无证行医、跨专业行医的现象。另外，技术资质较好的医生在谋求“外快”致富的过程中，不顾行业道德，到各种类型的整容整形机构甚至是美容院“走穴”，进行非法行医。

5．消费者对整容整形业疏于了解，盲目追求“整形美”，忽视自身的安全和健康。大部分消费者辨别不清生活美容和医疗美容，又很难核实医生是否具备专业资质，很容易被价格便宜、富丽堂皇的外装修环境（不包括手术室的环境）、咨询医生的承诺等所诱惑。由于人们对整容整形认识不到位，认为只是“美容”没有多大风险的错误认识更加大了整容手术的风险。

6．对整容整形消费者的法律保护措施不完善，加之消费者的维权意识薄弱，致使天价收费、整容成了毁容，又得不到合理赔偿的案例屡屡见诸报端。

为进一步保护消费者的权益，加强整容整形业的监管，使我国的整容业市场更加规范，建议：

1．促进相关政策法规的修订和完善。据了解，目前整容整形行业监管依据的是 2002 年颁布的《医疗美容服务管理办法》和《美容医疗机构、医疗美容科(室)基本标准(试行)》，随着我整容整形行业的迅速发展，已不能够完全符合新形势的需要，有必要及时修订并出台新的相关法律法规，使整容整形业步入健康发展之路，也使消费者得到法律保护。

2．加强对整容整形行业违规行为的整治力度。相关部门不仅要重视整容整形行业违规行为，还要加大整治力度，如设立严格的从业准入门槛，对有关技术细节进一步进行规范，加大监管和查处力度，尤其是行业监管中的后续执行，绝不能对整容整形业的乱象视而不见，或持放任态度。

3．严格规范医疗整容整形机构的操作，对无法认证的机构实行强制干预。监管部门严格审批准入条件，如：医生资质、经营规模资质、手术室设施、配套急救设施、手术检查程序等等；严厉打击劣质整容整形材料的非法流通；制定公开化行业定价参考标准，减少整容机构乱收费现象；对整容整形广告的发布进行限制，从重处罚发布虚假信息的整容机构。

4．坚决打击和取缔整容整形行业的非法行医行为，提高美容整形医生的准入门槛。严格按照《医疗美容服务管理办法》中对医师资格的规定进行审核，建议规定医学院校的毕业生必须取得主治医生资格并经过整形外科手术的专业考试合格，领取美容整形师资格证书后，方可作相关美容整形手术。

5．加大有关整容整形的相关法律和科学知识宣传普及，提高大众对整容整形的了解，引导其形成健康的审美观念，同时增强法律维权意识。

【作者：全国人大代表　民盟青海省委专职副主委】

“调查梦”的攀枝花路径探索

景培朗

2012 年 11 月 29 日，习近平同志在参观国家博物馆时向世界宣示了“中国梦”——“实现中华民族伟大复兴，就是中华民族近代以来最伟大的梦想”。2013 年 3 月 17 日，习近平同志再次畅谈“中国梦”——“实现中华民族伟大复兴的中国梦，就是要实现国家富强、民族振兴、人民幸福”。当前，全社会掀起了学习实践“中国梦”的高潮，将个人的梦想与国家的梦想紧密相连，生死相依。实现中国梦，建设美丽繁荣和谐四川，不是空中楼阁，必须找准现实的落脚点，必须与四川调查的“二次创业”紧密结合起来，必须与攀枝花调查队“三个一流”的奋斗目标紧密结合起来，将“中国梦”转化为“调查梦”，并努力探索攀枝花的实践路径。

强身健体——“调查梦”的业务建设路径。数据质量是调查的生命，必须倍加珍惜和呵护。朱熹的《观书有感》中诗云“问渠哪得清如许，为有源头活水来”。保障源头数据质量的客观、真实、可信，是我们调查人的神圣使命和责任。一是强基础，打好根基。要突显基层基础工作的重要地位和作用，建立统一规范标准化的台账制度；要建立去机关化的作风机制，加强调查对象的业务指导和执法检查；要完善数据质量的责任追究制度，坚决反对在数据上的弄虚作假。二是搞创新，提升业务价值。在完成国家调查任务前提下，要紧密结合地方经济社会发展特色，充分发挥国家调查的优势，拓宽服务领域和范围，开展业务拓展和调查研究，不断提升调查业务的价值和作用。在攀枝花“钒钛之都”的建设中，要积极发挥价格调查的优势，着力于钒钛价格指数和期货指数的研究工作。要突出攀枝花特色农业和边远民族地区农民增收，扩充调查样本，加强涉农监测工作。抓住住户一体化建设契机，着力建立社情民意调查网，开展快速调查，发挥“轻骑兵”作用，为政府管理和决策提供民意支持。

突显地位——“调查梦”的品牌建设路径。我们始终坚持“调查为立队之本”的理念，积极研究“国家调查”的实质意义和现实作用，在实践中不断丰富和完善其内涵和外延，着力树立“国家调查”的品牌战略，不断提升其实力和地位。一是打好国家统计局、四川调查总队专项调查牌子，争取多方支持，利用多方资源，坚持原则和调查规范化流程，保质保量完成任务，扩大国家调查影响。二是坚持“做大不做小、做长不做短”的原则，积极作为，主动服务地方经济社会建设，扎实开展好发展软环境调查、服务对象满意度调查、党风廉政建设调查，以及社会治安和公安队伍满意度调查等专项调查任务，提升国家调查的地位和作用。三是充分利用系统行政资源、智力资源，积极服务县域经济社会发展，扎实开展涉及攀枝花区县党委政府的“宜居”、“平安”、“和谐”、“幸福”等调查研究和长期监测工作。四是借力借智，利用好攀枝花学院经管学院的优良资源，组建智囊团队，建立精干专业的调查队伍。

软实力较量——“调查梦”的文化建设路径。梦想是我们走向胜利的前提，没有梦想就没有奋斗的目标，也就失去了前进的方向。我们要积极教育和引导全体干部职工树立远大的梦想，认真实践自己的“调查梦”，奋力为国家调查的光辉未来添砖加瓦。一是深入开展“实现伟大中国梦、建设美丽繁荣和谐四川”主题教育活动。通过组织学习、参观，开展思想大讨论、征文和演讲比赛，将思想统一到“为国调查、为民服务”的“调查梦”的实践中，并积极献身于二次创业的各项工作当中。二是扎实推进省级文明单位创建工作，大力开展文化建设活动，丰富文化内容和形式。三是认真开展好读书系列活动，不断丰富“道德讲堂”、“文化讲堂”活动内容，增强系统道德文化素质，提升调查人的综合素质。四是认真开展丰富多彩，健康向上，寓教于乐的文体活动，充分发挥“三八”、“五四”、“七一”、国庆等重要节点，积极支持和发挥党团工青妇的职能作用，着力营造良好的、团结的、奋进的文化氛围。五是充分利用“文化长廊”、电台电视台“国家调查”品牌专栏、《攀枝花调查》、《调查随笔》内刊、《国家调查专报》等阵地加强宣传力度，提升国家调查的软实力。

组织保障——“调查梦”的人才建设路径。梦想是需要人来完成的，“调查梦”的攀枝花篇章需要人才作保障。攀枝花调查队要将人才队伍建设作为实现“调查梦”，开创二次创业新局面的重要抓手，纳入培养规划。一是着力完善领导班子配备和中层干部梯级层次配备，增强党组核心领导能力，提高科学决策水平。二是着力培养后备人才队伍，将优秀的年轻干部提拔到领导岗位锻炼，并适时进行人才流动和干部交流，要加大上挂、下派和外派主干线工作力量，多岗位锻炼队伍。三是着力加强学习培训，积极参加多层次、多角度、多形式、多内容的学习培训，努力培养业务骨干人才和综合性管理人才，基本实现每年每人有一次学习培训的机会，开阔眼界，拓展视野，提升能力。四是着力研究制定实现二次创业的队伍建设和培训规划，不断挖掘系统潜力，发挥系统优势，为调查事业的不断发展提供人才保障。

梦想的帆船已经起航，攀枝花调查队将沿着“调查梦”的航程，开辟着符合自身实际的实现路径，为开创四川调查“二次创业”的新征程贡献力量！

【作者单位：国家统计局攀枝花调查队】

法德共进是社会管理的必然选择

郝志学

法德共进，就是在社会管理实践中，从客观实际出发，将法与德两种治理方式有机结合，同步运用，互为补充，互相促进，坚持不懈，长期推动，使人们的法律意识和道德素养达到新的水平、新的境界。

法治属于政治建设，属于政治文明；德治属于思想建设，属于精神文明。法治以其权威性和强制性手段规范社会成员的行为，德治以其说服力和劝导力提高社会成员的思想认识和道德觉悟。法律和道德作为上层建筑的组成部分，都是维护社会秩序，规范人们的思想和行为的重要手段，在社会管理的实践中有着十分重要的作用。

目前，在市场经济飞速发展的新形势下，社会的各个方面正在发生着急剧的变化。新的利益阶层和格局的不断涌现和形成，对旧有的一切都产生了冲击和影响。在这个过程中，各种利益之间的冲突加剧了，社会矛盾纠纷增多了，不安定因素充满着社会生活的各个层面，好像人们都得了焦虑症、愤懑症似的，在各种媒体上几乎都能看到听到人们不满的情绪，甚至谩骂的声音。尤其令人忧虑的是，一部分人见利忘义，道德沦丧，坑蒙拐骗，制假售假，无所不用其极。2013年春天，世界范围的奶粉限购事件，让国人脸面尽失。许多人在网上惊呼：堂堂大国，神十上天，航母下海，为什么造不出让人放心的奶粉来？肯定不是技术问题，也不是设备问题，只能是道德问题，良心问题，还有就是法治不力的问题。因此，从社会现状出发，必须坚持法治主导，法德共进的原则，全面加大对社会的管理治理力度。古人说过，“徒善不足以为政，徒法不足以自行”。两种治理方式缺一不可，不可偏废。只有这样，才能取得更好的社会管理效果。

法德共进，德治是基础。德治具有悠久的传统和厚重的历史土壤，它能够为社会管理，提供积极的推动力，提供弘扬正能量的充足营养。德治在中国特定的历史文化条件下，具有不可替代、不可忽视的作用。它几乎贯穿了中国人文历史的全过程。儒家思想，道家思想，以及之后的程朱理学等都属于这一范畴。几千年走过来，人们的血液里、基因里，传承的是德治的思维和习惯，存在着巨大的历史惯性。在今天，这种历史惯性，如果运用的好，把握的好，将会在社会管理中发挥非常积极的作用。因此，在大力提倡法治的时代，绝对不应忽视德治的作用。在中国，德治有漫长的历史，而提出依法治国的方略只有几十年的时间。在德治的土壤里，栽种法治的秧苗，没有办法换土，只能对它进行利用，进行土壤改良。同时，施肥浇水，辛勤管理。只有这样，法治的秧苗才能长成参天大树，才能开花结果。

同时，德治是法治的必要补充。不管有多少部法律，不管有多少条条款款，它都不可能全面覆盖人们的生产生活领域。法管不到的地方，或者不宜用法律调整的方面，用德治手段来补充，这对于维护良好的社会秩序是十分有益的。中华民族崇道尚德的传统是融化在血液里的。用道德的标准来评判人们的各种社会行为，在现代社会里仍然有极大的约束力。大力弘扬社会主义道德新风尚，与人为善，互助友爱，将是和谐社会的润滑剂。

法德共进，法治是保障。没有法治的保驾护航，弘扬社会正气，倡导文明行为，有些时候会显得十分苍白无力。道德的力量固然作用很大，但是它不具备强制力，社会上的一些严重违反道德伦理的不文明行为，单靠社会舆论的谴责，是解决不了问题的。在这种情况下，只有法治才能够匡谬正俗，体现公平正义。因此，社会主义道德新风尚不可能单靠表扬和鼓励来树立，最终还要靠法律的规范和支撑。人们的高尚品质和文明行为不是与生俱来的，除了后天的不断修养外，还有法律的强制力、威慑力在发挥作用。它不允许人们做坏事，同时，鼓励做好事。任何违犯者都要受到惩罚，这就是法律惩恶扬善的威力所在。法律不仅要维护公平，更要伸张正义，它是传播道德的有效手段。一切正义的行为，都应该逐步通过建立健全相关的法律法规来进行界定和保护。用法律法规来保障社会的风正气清，健康向上，秩序井然，文明和谐，这才是稳定可靠的长久之计。

法德共进的主导和发展方向是法治。法治具有规范性、权威性和强制性。毫无疑问，我们必须朝着法治社会的方向努力前进。用法治思维、法治方式而不是“人治”，来处理改革发展稳定问题，是执政理念的升华。十八大报告在论及政治体制改革时，引人注目地提出要“加快建设社会主义法治国家”，更加注重发挥法治在国家治理和社会管理中的重要作用，又专门阐述“全面推进依法治国”，首次提出要“提高领导干部运用法治思维和法治方式深化改革，推动发展，化解矛盾，维护稳定能力”。党的十八大报告还指出，要加大法制宣传教育力度。当前，全民的普法工作已经进行到第六个五年规划。2010年，中国特色社会主义法律体系基本形成，意味着短暂三十年中国就走过了许多西方国家上百年才完成的立法过程。法治建设的重点，也从“无法可依”转向如何真正落实“有法必依，执法必严，违法必究”。

法德共进，普法是关键。从建设法治社会的要求上看，普法工作仍然任重道远。从现实情况看，普法工作的重点和难点是如何增强人们的法律意识，培养人们的法治思维，而不在于了解掌握多少法律条款上。如今，在社会生产生活中，有一种比较普遍的现象，那就是一旦出现矛盾纠纷，许多人的第一反应不是找法律而是找关系。甚至还有的使用一些非法的手段来解决问题。为什么会出现这种现象？恐怕历史的现实的原因都有。主要的有两方面，一是人治的习惯性思维在作怪；　二是司法不公，无法通过正常的法律程序来表达诉求。在现实生活中，第一方面的原因占绝大多数。当今社会，人们“畏”法，但不“尚”法，法律没有位置，更没有崇高神圣之感。如此说来，要让法治精神在人们的心中“生根开花”，将是一项长期而艰巨的任务，必须有持之以恒的决心和信心。

法德共进要在实践中发挥作用，取得实效，必须将其推进活动进一步具体化、平台化、大众化。在具体的推进过程中，机关，学校，农村，社区，企业，就是不同领域的平台和载体。具体说，应该在以下几方面多下功夫。首先，舍得投入。要搞好法德文化教育室、法德文化一条街、法德文化公园、法德文化宣传栏等法德文化阵地建设，寓教于乐，耳濡目染，潜移默化，让人们在不断地熏陶中，提高法德意识。其次，建立健全活动机制。有一个好的活动机制能够使法德共进活动，更受大众的欢迎，更贴近社会实际，更具有持久生命力。尤其是在一些社区、村居、企业，由于其自我管理的手段灵活多样，它可以将法德共进活动与村(居)民和职工的切身利益联系起来，通过一定的考评和公开的方式，把内在的约束与外在的要求相统一，让人们逐步养成守法尚德的自觉习惯。第三，充分利用各种现代传媒手段宣传法德文化知识。在用好电视、电台、报纸三大传统传媒的同时，应该更加重视微博、微信等现代传媒的作用。这些媒体具有传播快、覆盖广、影响大的效能。法德文化知识的传播，一旦有了现代传媒的助推，将会迅速占领信息高地，对人们的社会行为产生积极正面的影响。第四，组织开展丰富多彩的法德文化活动。把法德二字渗透到各种健身娱乐活动中去，让其在潜移默化中发挥作用。目前，从城市到乡村，从社区到村居，到处都是人民群众自发组织的各种健康有益的文化活动。把这些活动稍加引导和“嫁接”，就达到自娱自乐、自我教育、自我激励目的，是一种十分直接有效的法德意识养成方式。

【作者：烟台市司法局局长】

营造良好法制环境　加快推进平潭开放开发

龚清概

平潭开放开发是党中央、国务院着眼于两岸关系和平发展作出的重大战略决策。三年多来，在省委、省政府的坚强领导下，实验区围绕建设“两岸同胞科学建设、先行先试、科学发展的共同家园”，在建设理念、行政体制、两岸合作、融资模式、通关模式等领域大胆探索创新，取得了阶段性成效。但也遇到了政治、法律、政策和人才等障碍和问题，特别是随着开放开发的深入推进，法律障碍日益成为制约平潭开放开发的突出问题。首先，实验区管理机构的法律地位不够明确，体现在其能否依法独立行使职权，承担法律责任；其次，平潭综合实验区作为国家设立的对台先行先试的特殊区域，需要在经济、政治、社会、文化等各个领域开展综合实验，不可避免地会突破现行法律法规，但由于缺乏对一些法律法规作出特别规定，在先行先试过程中遇到了诸多困难和障碍；第三，由于两岸实行不同的法律，而且差异性较大，法律障碍成为两岸合作交流的最大障碍，如人才的招聘、民商事纠纷的处理等，都面临两岸法律障碍。

省委、省人大、省政府高度重视实验区法制建设，积极研究建立适应平潭先行先试的法律体系。在省政府法制办牵头下，在反复征求意见、修改论证的基础上，数易其稿，并经省政府常务会议研究，形成了《关于加快推进平潭综合实验区开放开发的决定（草案）》（以下简称《决定》），于 2013 年 7 月 25 日，获省十二届人大常委会第四次会议审议通过。《决定》的出台实施，把中央和省委关于平潭开放开发的决策部署以法律形式转化为全省人民的共同意志，是平潭开放开发历史上的又一个里程碑，标志着实验区法制建设迈出了重要一步，为平潭开放开发提供了坚实的法制基础和法律保障，必将对实验区发展产生重大而深远的影响。

《决定》的出台，明确了平潭综合试验区管委会的法律地位。目前，管委会的性质在现行法律中没有明确界定。《决定》明确，平潭综合实验区管理委员会是省人民政府的派出机构，按照省人民政府的授权，依法行使设区市人民政府经济社会管理权限以及中央、省人民政府特别赋予的管理权限，统一领导和管理实验区开放开发。这是首次从国家权力机关层面明确了平潭综合实验区管理委员会的机构性质、法定权限，确立了管委会的法律地位和主体地位，增强了管委会的权威性和影响力，有利于推进实验区法制化进程，实现从政策治理走向法律治理。同时，《决定》还规定了实验区的管辖范围及管理体制和机构设置的基本原则，为实验区行政管理体制的探索创新明确了方向。

《决定》的出台，为实验区先行先试提供了法制保障。中央赋予平潭最大的政策，就是先行先试、综合实验。《决定》突出强调授权先行先试这一重要原则，主要体现在对实验区制度建设和法律适用的创新措施上。《决定》不仅明确，省人民代表大会及其常务委员会根据法律和国家授权积极行使地方立法权，适时制定促进平潭综合实验区开放开发的地方性法规，而且还规定本省地方性法规和省政府规章可以在平潭灵活变通适用，并授权平潭综合实验区管委会在坚持国家法制统一原则和不违背本省地方性法规基本原则的前提下，制定促进与台湾地区和对台交流合作的规范性文件，以鼓励、支持和保护平潭综合实验区的改革创新。这些规定，为平潭的先行先试、综合实验提供了法制保障。

《决定》的出台，为探索创新两岸合作模式创造了良好环境。法治是两岸沟通的重要条件，是两岸相互融合的基础。汪道涵先生曾经指出，所有的台湾问题、两岸问题，最后都是法律问题，两岸要往前走一步，就是法律往前走一步。要把平潭建设成为“两岸民众的共同家园”，法治是不可缺少的因素。《决定》要求平潭实行灵活、开放、包容的对台政策，借鉴国际及台湾等地区在经济、社会管理方面的先进理念和成功经验，为平潭探索两岸合作新模式从法律上留足了空间。同时，台湾是法治相对完善的社会，台湾民众对法制的权威比临时的优惠政策更具有吸引力，通过出台《决定》，从立法层面明确实验区发展的相关问题，对消除台胞对平潭综合实验区法制环境、体制机制的顾虑起到积极作用。

《决定》的出台，有利于在全省范围内凝聚推动实验区发展的合力。《决定》明确了各级人民政府、各部门在推进平潭开放开发中的作用，要求全省各级国家机关和社会各界，把思想和行动统一到中央的决策部署上来，充分利用一切有利条件，支持和促进实验区全方位开发建设。这有助于进一步统一全省人民的思想，最大限度地凝聚社会各界的智慧和力量，继续坚定不移地举全省之力推进平潭开放开发，开创性地探索建设两岸民众共同家园，为促进两岸和平发展做出新的贡献。

历史选择了平潭，建设平潭的重任交到我们手上。经过前三年的艰辛努力，实验区已具备了开放开发和两岸对接的条件，为今后发展奠定了坚实基础。根据《总体发展规划》，到 2015 年，平潭新兴城市框架初步形成，特色产业发展迈出新步伐，开放开发的体制机制基本建立，两岸交流合作前沿平台功能更加凸显。未来三年，我们的工作重点要从大规模基础设施建设向共同产业培育、体制机制创新、两岸交流合作取得新突破的转变。一是要提升规划。充分借鉴国内外先进规划理念，提升优化各层级、各类别专项规划，做到更科学，更具前瞻性。严格遵循规划，坚持循序渐进、分步实施，集中力量、集中资源抓好金井湾、澳前两大组团，尽快形成建成区。二是要培育产业。积极发展节地、低碳、环保、高附加值的高端产业，重点培育四大产业：高科技产业方面，打造以宸鸿科技、冠捷电子、协力科技等为主的“平潭新竹科技园”，形成电子信息产业；现代物流产业方面，建设保税物流园区和对台小额商品贸易市场、台湾农副产品市场，吸引台湾物流企业落地，打造两岸商品集散中心；总部经济方面，建设企业总部基地、商务营运中心、隧道大厦、航运中心等项目，打造海峡企业总部基地；旅游文创产业方面，建设海坛古城、长福博物馆、大型旅游综合体等项目，规划建设两岸文化创意产业园，打造世界知名的海岛旅游休闲目的地。三是要落实政策。抓好产业发展指导目录、对台小额商品交易政策、海关监管办法等已落地政策的组织实施，积极推动企业所得税优惠目录、一类口岸开放等政策落地，并用足用好用活政策，发挥政策效应的最大化，营造政策洼地。同时，以打造自由港为目标，加快建设通关软硬件，争取年底具备封关的条件，实施“分线管理”模式。四是要创新体制。建立扁平化、高效率、大综合的行政管理机制，提升行政服务、国库支付、招投标交易等“三个中心”的运营质量和水平，筹建社会保障服务中心，营造良好营商环境。探索“五个共同”合作新模式，畅通两岸沟通机制和通道，加强与台湾机构的“点对点”合作，推动两岸交流合作实现新突破。五是要改善民生。抓好就业特别是失地失海农民的转产专业和社会保障提标扩面工作，加快建设8个安置小区、37所标准化学校、3家三甲医院、6大市民公园、两岸高教园区等一批民生工程，最大限度让广大群众共享开放开发成果。

《决定》的出台，为平潭开放开发注入了强大动力，标志着实验区的发展已站在了一个新的起点上。我们要组织全区上下认真学习宣传贯彻《决定》，增强法制意识，提升依法行政水平，营造良好的法制环境。要以《决定》为指导，敢于担当，先行先试，开拓创新，不断破解开放开发中遇到的困难和问题。要以贯彻《决定》为契机，艰苦创业，负重拼搏，砥砺奋进，加快推进平潭开放开发，为推动两岸关系和平发展，实现中华民族伟大复兴发挥更大作用。

【作者：福建省人民政府党组成员
平潭综合实验区党工委书记 管委会主任】

牢牢把握正确方向
认真履行法定职权　努力开创人大工作新局面

陆武成

一、牢牢把握正确方向，切实增强做好人大工作的责任感和使命感

（一）把握中国梦与建设幸福美好新甘肃的本质内涵，始终把工作的着力点放到推进发展上。2013年春节前夕，习近平总书记到甘肃省视察指导工作时，提出了建设“经济发展、山川秀美、民族团结、社会和谐的幸福美好新甘肃，努力到2020年同全国一道全面建成小康社会”的奋斗目标和“八个着力”的具体要求。在十二届全国人大一次会议上，习总书记在讲话中强调要实现中国梦，并明确指出中国梦就是要实现国家富强、民族振兴、人民幸福。中国梦是一个生动形象的概括，顺应了时代发展的潮流，反映了广大人民的心声。中国梦是个宏大的梦，是全民族的梦，要实现这个梦，需要我们各方面坚持不懈的共同努力。从我们甘肃来说，习总书记对甘肃提出的“建设经济发展、山川秀美、民族团结、社会和谐的幸福美好新甘肃，努力到2020年同全国一道全面建成小康社会”的目标要求，实际上也是中国梦的一部分。在省第十二次党代会上，王三运书记在报告中也把建设幸福美好新甘肃、与全国同步建成全面小康社会作为奋斗目标提了出来，这与总书记对甘肃的要求完全吻合。因此，建设幸福美好新甘肃，与中国梦在本质内涵上是完全一致的，这既是甘肃人的梦，也是中国梦的一部分。我们要建设幸福美好新甘肃，与全国一道建成全面小康社会，最关键的是要靠发展，这是复兴之本，梦想之基。没有发展，一切都无从谈起。人大作为国家权力机关，在促进转型跨越发展、建设幸福美好新甘肃的伟大实践中发挥着重要作用。我们学习和贯彻落实好中央和省委的一系列重要讲话精神，就一定要牢固树立发展是硬道理的理念，始终坚持发展不动摇。在任何时候都要围绕发展大局开展工作，把工作的着力点放到促进发展上，切实做到思想上明确、认识上到位、行动上落实。

（二）把握正确的政治方向，始终坚持党的领导、人民当家作主和依法治国的有机统一。坚持正确的政治方向，这是人大工作必须遵循的重大原则问题，也是考量和检验我们工作是否做好的一个重要标准。对于这一问题，习近平总书记和吴邦国、张德江委员长都作了重要论述。对此，我们要始终保持清醒的认识，在地方人大的具体工作中，我们一定要始终坚持正确的政治方向，坚持党的领导、人民当家作主和依法治国的有机统一。具体来说，就是要注意做到三个毫不动摇，一是坚持党的领导毫不动摇，二是坚持走中国特色社会主义政治发展道路毫不动摇，三是坚持和完善人民代表大会制度毫不动摇。这三个方面，都是做好人大工作必须始终注意把握好的问题，在任何时候都不能含糊和动摇，其中最关键、最核心的是坚持党的领导。党的领导是做好人大工作的根本保证。因此，我们一定要自觉坚持党的领导，在工作中既要坚持以党的基本理论、基本路线、基本纲领、基本经验和基本要求为指导，也要把中央和省委的决策部署贯穿于人大工作的全过程，落实到依法履职的各方面，无论是开展地方立法、依法监督、代表工作，还是决定重大事项、人事任免、专题调研等，都要符合中央的精神要求，都要在省委的领导下来进行。总之，人大的各项工作，都要从人大工作的特点出发，找准工作切入点，紧紧围绕中心任务和重点工作来开展，自觉地服从省委的领导，服务全省改革发展稳定大局，推动省委各项重大决策的贯彻落实。

（三）把握人大工作的本质要求，始终把维护群众根本利益作为人大工作的出发点和落脚点。国家的一切权力属于人民，这是宪法规定的，也是我们国家的性质决定的。人民通过各级人民代表大会行使国家权力，管理国家和社会事务、管理经济和文化事业。人大的权力来自人民，人大的一切权力也必须为了人民，维护好、实现好、发展好最广大人民根本利益，是我们人大工作的出发点和落脚点。党的十八大报告和习近平等党和国家领导人都明确指出，要坚持人民主体地位。对此，我们一定要在思想上高度重视，工作中认真贯彻落实。要牢固树立宗旨意识和执政为民的理念，自觉坚持人民主体地位，坚持人民利益高于一切，坚持把工作的出发点和落脚点放到维护人民群众根本利益上，努力做到情为民所系、权为民所用、利为民所谋，心里装着群众、凡事想着群众、工作依靠群众，全心全意为人民群众谋利益、求幸福。在实际工作中要优先把涉及群众切身利益的重大民生事项纳入工作议题，进一步加强民生立法，强化工作监督，充分听取群众意见，使人民群众的利益诉求得到充分表达，使人大制定的法规、作出的决定最有效地保障人民群众的根本利益，推动人民群众最关心、最直接、最现实的利益问题得到解决，切实保持国家权力机关应有的人民性和人大工作旺盛的生命力。

（四）把握人大工作的主要任务，始终把民主法制建设摆到突出位置。发展社会主义民主、健全社会主义法制是我们党和国家的一项基本方针。习近平总书记、吴邦国、张德江委员长等党和国家领导人在十二届全国人大一次会议上的讲话中，都强调了这一问题，明确指出人大工作必须加强社会主义民主法制建设，全面推进依法治国，切实维护法律权威，完善中国特色社会主义法律体系，为全面建成小康社会、深化改革开放提供更有力的法制保障。并强调指出，要把不断扩大人民民主、推进依法治国作为全面建成小康社会和深化改革开放的一个重要目标。这既为我们做好人大工作提出了要求，也进一步明确了工作方向。人民代表大会是国家权力机关，发展社会主义民主，加强社会主义法制，是各级人大及其常委会的一项重要任务。面对改革发展的新形势，我们一定要按照宪法和法律赋予的职责，认真行使立法权、决定权、任免权、监督权等各项职权，完成好、落实好人民当家作主的历史使命，切实为促进民主法制建设做出积极贡献。

二、紧紧围绕发展大局，认真履行法定职权

人大工作涉及面广，涵盖领域宽，要做好人大工作，必须紧紧围绕中心任务，紧扣主题主线，突出着力重点，认真履行法定职权。要做到这一点，关键是要抓好以下几方面的重点工作。

一是要围绕全面建成小康社会做好地方立法。全面建成小康社会是党的十八大确定的奋斗目标。习近平总书记视察甘肃时，对甘肃省也明确提出了努力与全国一道建成全面小康社会的要求。因此，全面建成小康社会是我们当前和今后一个时期的奋斗目标和中心任务。从人大来讲，我们要围绕中心、服务大局，就是要紧紧围绕全面建成小康社会这个奋斗目标和中心任务来展开。立法工作是宪法和法律赋予人大及其常委会的一项重要职权，在履行法定职权中，我们务必要加强地方立法。一是要以促进经济转型跨越发展为重点，切实做好经济领域的立法工作；二是要以促进社会和谐稳定发展为重点，切实做好社会领域的立法工作；三是要以促进民族共同繁荣发展为重点，切实做好民族自治地方的立法工作；四是要以促进生态绿色持续发展为重点，切实做好生态环境保护等领域的立法工作。在立法工作中，要坚持科学立法、民主立法、开门立法，抓紧制定新的地方性法规，及时修改完善现有的法规，充分发挥立法顾问和立法联系点作用，积极开展立法后的评估工作，努力提高立法质量，切实为全面建成小康社会提供法制保障。

二是要围绕省委重大决策部署的贯彻落实做好监督。近两年来，特别是省十二次党代会以来，省委立足省情实际，着眼长远发展，明确提出了科学发展、转型跨越、民族团结、富民兴陇，建设幸福美好新甘肃、与全国同步建成小康社会，坚持八个发展取向、实施十大重点行动、推进“3341”项目工程和“365”现代农业发展行动计划等一系列重要的发展思路、目标任务和重大举措。实践证明，这些发展思路、目标任务和重大举措，既符合中央的精神要求，也符合甘肃实际，符合全省人民的意愿。监督是人大的一项重要职权，依法履行好法定职责，确保省委重大决策的贯彻落实，是我们义不容辞的责任。在监督工作中，我们一定要把工作的着力点放在推进省委发展思路和各项重大决策部署的贯彻落实上。项目建设是发展的重要载体。当前，尤其要加强对“3341”项目工程等重点工作实施情况的监督，通过有效监督，确保中央和省委重大决策部署落到实处、见到实效。

三是要围绕全省经济社会发展的重大问题做好决定。决定重大事项，也是宪法和法律赋予人大及其常委会的一项重要职权。在行使这一职权中，不仅要在人代会期间审议好人大常委会和“一府两院”工作报告及发展计划、财政预算报告，而且还要抓住带有全局性、根本性、长远性的重大问题，特别是涉及人民群众切身利益、社会各界高度关注的热点难点和重大问题，适时进行专题调研，听取有关专项汇报，依法科学作出决定。这些年来，我们省人大在这方面也作了不少工作，取得了一些成效。2012 年，围绕兰州大气污染防治这一社会广泛关注的问题，人大常委会在调研视察、听取汇报的基础上，就进一步加强兰州大气污染防治工作，作出了决议，社会反响良好。今后，我们还要继续针对这类重大问题切实做好重大事项决定工作。

四是围绕党委人事意图的实现做好人事任免。决定干部任免，是法律赋予人大常委会的又一项重要职权。党管干部是我们党的一项重要原则，提交人大常委会决定任免的干部，都是经过党委通盘考虑、民主推荐、反复酝酿、认真研究后提出的。因此，人大常委会在决定干部任免上，一定要正确处理好党管干部与依法任免的关系，既要充分发扬民主，也要严格依法办事，通过法定程序，确保党委人事安排意图的实现，努力为加快推进经济社会发展提供坚强组织保证。

三、坚持改革创新，努力开创人大工作新局面

人民代表大会制度，既是我国的根本政治制度，也是具有中国特色的一项政治制度，从建立到现在已经走过了六十年的历程，其本身就是一个不断完善、不断创新的历史过程。面对新形势、新任务、新要求，我们一定要不断解放思想，创新理念，改进和完善工作机制，努力开创人大工作新局面。

一是要加强和改进立法工作。这些年来，我们在立法方面做了大量富有成效的工作，取得了积极进展，立法工作不断加强，立法机制不断完善、立法程序不断规范、立法质量不断提高。但是我们也要清醒地看到，我们的立法工作仍然存在一些问题和不足，有的立法存在部门利益保护问题，有的立法质量有待进一步提高，有的立法渠道还不够广泛等等。因此，在今后的立法工作中，我们一定要立足新形势，加强和改进立法工作，不断提高立法质量，努力把立法工作提高到一个新水平。一要从被动立法向主动立法转变。既要在政府及有关部门提出的立法建议项目中进行筛选，确定立法主题，做到成熟一项制定一项，也要掌握立法的主动权，通过多种途径，广泛征集意见，实行开门立法、科学立法，在深入调研、广泛征集意见的基础上，根据发展需要和群众期盼，科学合理地确定立法项目，切实使立法工作更好地服务发展、反映民意，增强针对性和实效性。二要从重视经济立法向经济、社会立法并重转变。既要重视经济立法，也要重视社会立法，并适当向社会立法倾斜。在社会立法方面，当前要把立法的着力重点放到推进生态环境资源保护和人民群众关注的社会管理、民生改善等热点难点问题上。通过立法，进一步促进生态环境保护，推进社会事业发展，加强社会管理，从而使地方立法工作更好地为经济社会协调发展提供法律保障。三要从一般立法向特色立法转变。地方立法的主要任务是弥补国家立法的不足，反映地方的实际，这是地方立法的灵魂和根本。在地方立法中，既要严格遵循“不抵触、有特色、可操作”的原则，又要着眼发展大局，立足省情特点，紧紧围绕与全国同步建成全面小康社会、坚持“八个发展取向”、实施“十大重点行动”和“3341”项目工程等重大问题，积极推进地方特色立法，而且要尽可能实现由宏观到微观、由浅及深的转化，以着力解决甘肃省经济社会发展中的现实问题和特殊问题，为建设幸福美好新甘肃从法律制度上提供保障。

二是要加强和改进监督工作。人大监督是宪法和法律赋予人大及其常委会的一项重要职权。近年来，省人大及其常委会认真履行职责，全面贯彻实施监督法，紧紧围绕全省经济社会发展中的热点难点问题，加强法律监督和工作监督，完善监督工作方式方法，监督和支持“一府两院”的工作，有力地推动了省委重大决策部署的贯彻落实。但从实践效果看，我们的监督工作还存在针对性和实效性不强，监督方式单一，审议意见落实不到位等突出问题。因此，我们还要进一步加大工作力度，加强和改进监督工作。一方面，要紧紧围绕全省经济社会发展的主题主线实施监督，力争在服务发展大局上有新进展。按照省委的总体发展思路和决策部署，当前和今后一个时期，全省经济社会发展的奋斗目标和重点任务已经十分明确。在监督工作中，我们一定要围绕中心，突出重点，强化监督，确保监督工作取得实实在在的成效。另一方面，要紧紧围绕人民群众关注的热点难点问题实施监督，力争在促进民生改善上有新进展。要综合运用宪法和法律规定的监督手段，加强对涉及民生问题的监督。当前，尤其要把城乡社会保障体系建设、医疗体制改革、教育均衡发展、保障性住房建设和管理等影响社会和谐稳定、群众反映强烈的问题作为重点，通过人大监督，使人民群众最关心、最直接、最现实的一些利益问题得到有效解决。

三是要加强和改进调研工作。调查研究，既是人大工作的重要内容，也是做好人大工作的重要方法和基本条件，特别是这次换届后，省人大常委会新进组成人员较多，占到三分之二强，大家不熟悉、不了解、不掌握的东西还比较多，从这个角度来讲，我们更要把调查研究作为一项重要工作来抓。2013年在专题调研上，我们适当做了一点改进，并在第二次主任会议上专门进行了研究，做了具体安排，各专委会、各工作部门要按照各自的工作分工，要切实抓好工作落实。为了搞好专项调研，我们一定要注意在“准、深、新、活”上下工夫。“准”就是调研内容要选准。要紧紧围绕全省发展大局和工作部署来展开，围绕人大依法履职来进行，在这个前提下，尽可能把调研内容浓缩，突出重点，分清主次，使调研真正服务于科学决策、依法履职、促进工作。“深”就是调研要有深度。不仅要依据调研专题深入扎实地开展调研，还要深入地进行分析；既要全面了解有关情况，也要准确把握事物规律，做到言之有物，言之有理，言之有据，提出的问题要切中要害，提出意见要切实可行。“新”就是调研要有新意。通过调研要善于发现问题，提出创新性的意见和建议，力争形成一批有分量、有深度、有价值的调研报告。“活”就是调研方法要活。既可集中调研、也可分散调研，既可在省内调研、也可赴外地调研，既可自行调研、也可委托专业部门调研。总之，要切实搞好专题调研，不断增强调研工作的主动性、灵活性和有效性。

四是要加强和改进代表工作。充分发挥代表作用，是完善人大制度的客观要求，也是做好人大及其常委会工作的重要基础。在这方面，通过多年的实践，我们已积累了一定的经验，特别是在拓宽联系代表渠道、丰富代表活动方式、提高代表能力素质方面，取得了明显成效。下一步，我们要继续把代表工作摆在突出位置着力抓好。一要着力抓培训，不断增强代表素质。要根据代表实际情况，建立和完善代表培训制度，有针对性地制定系统的培训计划，对代表进行基本素质和法律及专业知识的培训，切实增强和提升代表的履职素养和能力。二要着力抓联系，不断拓宽知政渠道。要通过在闭会期间邀请人大代表列席人大常委会会议，召开代表座谈会，为代表发送人大工作报刊资料，向人大代表反馈人大工作信息等形式，帮助代表更加全面、深入地了解全省发展大局和重点工作进展情况，为代表知情知政、议政监督创造条件。三要着力抓活动，积极搭建履职平台。要有计划、有专题地组织代表开展视察、调查和执法检查，深入开展“联村联户人大代表在行动”活动，积极探索研究组建代表小组、规范小组活动，不断创新代表活动形式。四要着力抓督办，不断提高办理质量。要选择综合性强、

涉及面广、问题反映比较集中的建议，采取常委会领导和各专委会重点督办，并加强与承办单位的联系，及时了解情况，督促落实办理，积极推动和促进问题的解决，确保人大代表议案和建议件件有交代，事事有结果。

四、加强自身建设，不断提升工作水平

加强人大自身建设，既是提升机关服务水平和工作效能的现实需要，也是省人大及其常委会做好各项工作、抓好任务落实的重要保障。在新的形势下，我们一定要把加强人大自身建设作为一项常抓不懈的任务，摆上重要位置，下工夫抓好，努力建设学习型、服务型、创新型、效能型的机关，使人大工作不断迈上新台阶、取得新成效、展示新作为。

一是要切实加强思想政治建设。一方面，要强化理论学习。当前，重点是要加强中国特色社会主义理论体系的学习，同时，要深入学习党的十八大精神和习近平总书记的一系列重要讲话精神。通过学习，进一步增强理论自信、制度自信、道路自信，自觉以科学理论武装头脑、指导实践、推动工作。另一方面，要强化业务知识。要从工作需要出发，既要学习做好本职工作的业务知识，也要认真学习人民代表大会制度的相关知识，还要广泛涉猎政治、经济、文化、法律及社会管理等各方面的知识，不断提高自身的思想理论水平和业务履职能力。与此同时，要强化联系实际学。要在学中干、干中学，学用结合，学以致用，学用相长，努力把学习成果转化为推动工作的具体思路和实际行动。

二是要切实加强制度建设。制度是管根本、管长远的。在这方面，当前，重点要抓好三件事。一要抓好建章立制。办公厅和有关部门要对过去的各项制度进行认真清理和梳理，需要修改的要及时修改，需要完善的要抓紧完善，需要重新制定的要尽快研究制定，真正把各项工作纳入制度化、程序化、规范化轨道，切实做到靠制度管人管事。二要抓好制度执行。无规矩不成方圆。制度是有约束力的，制定制度的目的就是要遵守执行。因此，凡是已定的各项制度或已有明确规定的，常委会及其各专委会、各工作部门的干部职工都要自觉遵守执行。三要抓好督促落实。有关部门要切实负起责任，加强制度执行情况的督促检查，确保制度执行到位、落实到位，切实为人大及其常委会依法履职提供制度保证。

三是要切实加强作风建设。一要在注重工作实效中转变作风。要认真抓好中央、省委和省人大常委会党组有关改进工作作风、密切联系群众的意见和办法的贯彻落实，无论是在听取和审议专项工作报告、还是组织代表视察，无论是专题调研、还是执法检查，都要求真务实，注重实效，不断提高工作的质量和水平。二要在提高工作效能中转变作风。要把效能建设作为加强作风建设的重要抓手，针对工作中存在的薄弱环节和突出问题，进一步加强机关管理，切实在提高办文、办会、办事的质量上下工夫，不断提高工作效率和服务水平，努力实现机关作风与业务工作两促进、两提高。三要在密切联系群众中转变作风。按照中央和省委的统一部署和省人大党组的安排要求，常委会及其各专委会、各工作部门都要深入推进机关双联行动和双联“人大代表在行动”活动，努力取得新的成效，切实以作风的大转变推进工作的大提升。

四是要切实加强队伍建设。2013 年是深入学习贯彻落实党的十八大精神、全面建成小康社会的起步之年，也是新一届省人大及其常委会履职的开局之年。面对新形势，中央和省委对民主法制建设和人大工作都提出了新的更高的要求，加之换届后省人大常委会新进人员较多，这就更加需要我们重视和加强机关队伍建设。因此，我们一定要从人大的实际需要出发，紧密结合人大特点，围绕立法、监督、代表工作、服务保障、党务等工作，进一步改进人事工作，完善管理制度，健全工作机制，坚持正确用人导向，切实加强人大机关干部队伍建设，努力为人大工作不断开创新局面提供有力保障。

【作者：甘肃省人大常委会副主任　党组副书记】

在实干中实现督察价值的最大化

赖团辉

警务督察作为公安内部监督的重要部门，正发挥着越来越重要的作用，也得到了各级公安机关党委、行政首长、广大民警和人民群众的广泛认可。面对人民群众对社会平安、公平正义、权益保障的新期待，全民监督、网络监督无处不在、无时不在的新形势，警务督察部门客观上需要以更加开阔的思路谋求新作为，以更加务实的精神推动新发展。

督察理念决定督察行为。核心理念具有指导全局、引领全局的作用。在督察工作实践中，我们致力探索督察理念的创新，确立了以“和谐督察”、“依法督察”、“民本督察”和“数字督察”为核心理念的指导地位，引领督察工作科学发展。树立“和谐督察”的理念，就是立足于消除督察与民警“对立”情绪，视民警为同志、战友加手足兄弟，把关爱带进督察，把服务融入督察，做到宽严相济，重在整改提高。树立“依法督察”的理念，就是在督察职责范围内，严格、公正、文明行使督察权力，大胆揭露问题，跟踪整改落实，严肃追责问责，保持督察的锋芒和战斗力。树立“民本督察”的理念，就是要借督察之力推动解决群众反映强烈的突出问题和合理的个人利益诉求，做和谐警民关系的促进者和维护者。树立“数字督察”的理念，就是向科技信息要效率，加大督察信息化建设投入，努力构建功能强大、高度灵敏、互联互通的网上督察平台。实践证明，只有树立正确的督察理念，督察这艘航船才能不至于偏离方向，督察工作才能深深根植于警营这片沃土。

督察作为决定督察权威。督察工作必须有权威，这是由督察工作性质和任务决定的。但权威地位不是凭空无缘无故得来的，而是扎扎实实地做出成绩赢来的。只有通过“有为”，才能实现“有威”，进而达到“有位”的目标，这也是湖南督察工作实践得出的生动启示。具体而言，一靠全面履职，主动督察。坚持督察无禁区，用好、用活、用足督察权力，真正做到督察工作与公安中心工作同行，与公安执法执勤活动同行，与构建和谐警民关系同行。二靠坚持原则，敢于督察。大胆揭短亮丑、动真碰硬，特别是督察部门领导要守得住正义，顶得住压力，扛得起责任。三靠讲究策略，善于督察。既要督促落实从严治警各项规定，又要坚决维护民警的执法权益，督促从优待警各项措施的落实，从监督中传导关爱、构建和谐。四靠借助外力，联合督察。通过向业务部门借力、向监督部门借力、向下级督察部门借力，开展多形式的联动督察、异地督察、交叉督察、派驻督察，整合督察力量，形成“大督察”格局。五靠运用成果，放大督察。大胆行使督察“建议权”、“扣分权”和“否决权”，并将督察结果进行串联分析，提出建设性意见，为领导决策服务。实践证明，只要达到让党委感到离不开，让广大民警信任，让人民群众满意的工作水平，督察权威地位就会自然形成。

督察创新决定督察高度。面对督察工作的新形势、新任务、新要求，必须坚持创新驱动，以改革创新的态度破解督察工作难题。一方面充分尊重基层民警的首创精神，鼓励先行先试，大张旗鼓地推进机制创新、管理创新、制度创新，带动督察工作提质增效。另一方面充分发挥先进典型示范引领作用，坚持典型引路，注重在基层一线中培树典型，在调查研究中挖掘典型、在学习实践中宣传典型，做到成熟一个，推介一个。近年来，我们在全省相继培育推介了探索市级督察体制改革的“岳阳经验”、在全国率先推行“积分督察”的“怀化经验”、打造督察“信息化航母”的“株洲经验”、引入第三方力量参加督察监督的“益阳经验”，形成了一批具有湖南特色的督察品牌。全省上下形成了“学典型、赶先进、争创新、树品牌”的热潮，直接带动了督察工作大发展、大跨越。实践证明，创新是引领督察工作发展的原动力，也是打造督察品牌的必经之路。

督察队伍决定督察发展。打铁还需自身硬。督察队伍正规化建设是一项系统工程，离不开党委和行政首长的重视支持。以领导班子建设为重，大力发挥领导干部表率和示范作用，增强班子的凝聚力、向心力和战斗力，使其成为推动督察工作的坚强堡垒。以做强督察专业力量为重，按照满足基本履职需要这个前提，把好督察民警“进口关”、“出口关”，严格督察民警任职标准，维护督察队伍的纯洁性，提高团队的战斗力、执行力、监督力。以锤炼队伍过硬作风为重，认真开展党的群众路线教育，打牢督察民警立警为公、执法为民的思想基础，带头改进工作作风，始终保持蓬勃朝气、昂扬锐气、浩然正气，确保自身硬、自身正、自身净，树立“标杆警”、“警中警”的良好形象。以练就过硬本领为重，强化教育培训和岗位练兵，不断提高督察民警政策法律水平和发现、纠正、协调解决问题的能力。以关爱督察民警为重，落实惠警措施，解决后顾之忧，搭建拴心留人、干事创业的工作平台，营造激情工作、幸福生活的良好氛围。实践证明，一个地方的督察工作要勇立潮头，关键在于有一支精干、权威、公正、高效的优秀督察队伍。

【作者：湖南省公安厅警务督察总队总队长】

忠实践行群众路线　全面开创督察工作新局面

李　鸣

扎实、深入开展党的群众路线教育实践活动，是公安机关当前和今后一个时期的首要政治任务。警务督察部门开展教育实践活动，必须密切联系警务督察工作实际，积极回应人民群众的新期待新要求，采取务实举措，全面开创督察工作新局面，助推公安队伍建设和业务工作再上新台阶。

一、积极回应群众需求，优化督察工作运行机制

警务督察部门要立足于回应群众对公安工作的实际需求，畅通群众意见建议反馈渠道，不断优化督察工作运行机制。一是优化信访投诉渠道。严格落实 24 小时值班制，便于群众通过来信、来电、来访、网络等多种渠道投诉、提出意见和建议。督察部门要高度重视群众心声，做到件件有落实，事事有回音。二是扎实开展派巡督察工作。派巡督察是破解同级监督难的重要举措。派巡督察民警深入基层、深入一线工作中，要用群众的眼光审视各项公安工作，用群众的视角反思队伍建设中存在的问题，集约群众智慧提出切实可行的整改措施，整合社会监督合力，确保问题整改到位。三是强力推进专项督察工作。针对人民群众最关心的公共安全问题、最关切的权益保障问题、最关注的公平正义问题，深入推进打假、取保候审突出问题整治等各项专项督察工作，切实从根本上维护人民群众合法权益，确保取得人民群众看得见、信得过、真满意的实际成效。

二、紧紧依托群众基础，创新督察工作方式方法

无论环境和条件怎么变化，执法为民的宗旨不会变，专群结合的方针不能丢，警务督察工作务必深深扎根于人民群众之中，在换位思考中不断创新督察工作方式方法。一是加大明察暗访力度。通过明察暗访深入基层、融入群众，才能在感同身受中不断增进同人民群众的感情，才能更客观地发现问题，更理性地解决问题。近日，市局警务督察总队结合“抓思想、转作风、树正气、保平安”集中教育整顿活动，组织专班到基层暗访并制作专题警示片，全警观看后反响强烈，警示教育成效明显。二是深化警务评议工作。群众的意愿是公安工作的“风向标”，群众的评价是公安工作的“试金石”，警务评议是依托群众强化公安机关内部监督效果的重要举措。督察部门根据具体情况，因地制宜采取问卷调查法、电话调查法、网上评议法等方式开展警务评议，并对先进的评议对象大力宣传，对落后

的评议对象曝光亮丑，最大限度地发挥鼓励先进、激励后进、取信于民的作用。三是提升网上督察水平。督察部门在创新群众工作方法上下功夫，务求将现场督察与网上督察有机结合起来，有效提升新形势下社会沟通能力和服务群众水平；加快推进网上督察系统升级改造工作，不断延伸网上督察领域，切实深入执法办案、服务群众等关键环节，不断提升督察工作科技化、信息化水平。

三、善于运用民意导向，提高督察工作综合效能

警务督察部门要紧密结合开展党的群众路线教育实践活动，自觉把群众满意作为衡量和检验警务督察工作成效的根本标准，善于运用民意导向开展督察工作，不断提高警务督察工作综合效能。一是定期研判预警。针对当前队伍管理现状或季节变化、重大节日、重要任务等期间队伍管理特点，结合受理核查群众投诉、明察暗访等情况，落实定期分析研判预警机制，做到有问题早发现、早解决，切实提高督察工作的针对性、建设性、实效性。二是严格责任倒查。建立刚性问责机制，着力查究各种违法违规和违纪问题，严格按照纪律规定，督促追究责任落实，推动严格依法办事，提升队伍形象。三是强化成果转化。只有当督察的工作成果转化为行政首长的明确警令时，才能真正做到排除阻力、行使权力、凸显威力。督察部门要善于将工作成效以督察专报、专题片等方式呈报领导，最大限度地争取领导支持，警示教育全体民警。对于问题突出的单位，要通过约谈相关领导、集中讲评等方式促其提高思想认识，加强队伍建设，完善长效机制，密切警民关系。

四、牢固树立为民意识，夯实督察队伍发展根基

意识决定行为。只有全体督察民警牢固树立全心全意为人民服务的宗旨意识，方能建设一支领导信任、民警欢迎、群众满意的督察队伍，夯实队伍可持续发展的根基。一是强化政治建警，夯实思想根基。结合督察部门实际深入开展党的群众路线教育实践活动，有利于提高督察民警的思想认识，进一步夯实“忠诚、为民、公正、廉洁”的人民警察核心价值观，促使督察民警主动、积极、创造性地开展工作。二是强化从严治警，提供组织保障。督察部门作为抓监督、抓落实的职能部门，督察民警首先要做政令警令畅通、纪律作风严明的模范和标兵，对有令不行、有禁不止、推诿拖拉、落实不力、违背原则、违反纪律的一律从严处理，为圆满完成各项督察任务提供坚强有力的组织保障。三是强化业务培训，提升能力水平。坚持缺啥补啥、务求实效的原则，不做虚功、不搞“花架子”，采取外出考察、专家培训、岗位练兵等多种方式强化业务培训，尤其需要不断提高督察民警的群众工作能力，以满足有效履行督察职责的客观需要。

【作者：重庆市公安局警务督察总队总队长】

提升高等职业院校教师职业幸福感的对策研究

皮霞 刘瑶 文剑平

一、概念界定

职业幸福感，是指主体在从事某一职业时基于需要得到满足、潜能得到发挥、力量得以增长所获得的持续快乐体验。教师职业幸福感是指教师在教育教学工作中需要获得满足、自由实现自己的职业理想、发挥自己潜能并伴随着力量增长所获得的持续快乐的体验。这种幸福感关系到教师自身的生活质量、工作积极性与效率，关系到教师队伍的稳定与绩效，关系到学生的培养和发展，也关系到学校的质量和发展，因此具有重要意义。但目前国内教师幸福感的相关研究主要关注的是教师的主观幸福感，较少关注教师的职业幸福感，对高职教师职业幸福感的研究更为罕见。针对近年来国家越来越重视高职院校的发展，但同时高职院校教师由于工作环境的特殊性所导致的压力感大，职业倦怠程度高，职业幸福感低的情况，将提升职业院校教师职业幸福感的研究融入到促进院校发展的大环境中显得尤为重要。

二、高职院校教师职业幸福感的影响因素及现状

高职院校教师生存和工作压力的特殊性直接严重影响着教师的职业幸福感，其表现主要有以下几点。

1．学校的生存压力，导致教师的职业安全感低

虽然国家对高职院校越来越重视，也不断出台相关政策鼓励扶持高职院校的发展，但传统的重理论学习轻技能学习，重普通高校轻职业院校的观点在家长心里还是普遍存在。社会并未真正全面认可高职院校的地位，对高职院校的偏见和过低的评价仅从高职招生的情况就可见一斑。以2010年陕西省为例，共有8万多名达到全省高职录取分数线的应届高中毕业生弃填报志愿。连同征集志愿和补录，仍有5万多人放弃上高职。而2012年江西高考招生高职高专总缺额计划达33220人，属所有批次中缺额数量最多的批次。再加上办学的规模与投入、师资力量、学生就业等多方面不利因素的影响，高职院校的生存状况让许多高职教师的职业安全感比其他普通高校教师的职业安全感更低。这无疑从根本上影响了高职教师的职业幸福感。

2．职业素养要求越来越高，自我提升的机会较少，教师工作满意度低

大部分高职院校都强调教师必须具有“双师素质”，既要有扎实的专业理论知识基础，又要具备很强的实际动手操作能力，另外还得有较强的科研能力，这使得教师的职业压力范围较其他高校教师更广。另外为更好地适应市场需求，高职的课程更新频率快，时效性强，与市场就业联系较密切。但教师却往往局限在校园内，知识更新速度远远跟不上市场需求的速度，并且学校相应的培训往往又跟不上，这些都使得教师授课的挑战性加大，压力倍增，幸福感随之降低。

当前高职教师工作满意度较低的三个方面主要表现为：学习满意度(培训和进修机会)、成长满意度(晋升和职业发展)和物质满意度(薪酬待遇等)。高职院校教师作为高级知识分子的重要组成部分，他们同其他高校教师一样对自我能力的提升、力量的成长有着非常迫切的需求。但高职院校的科研学术氛围，分配关系，薪酬待遇，培训学习机会等可供教师实现个人成长的途径却是处于瓶颈状态。以 2013 年江西省高校中青年教师发展计划高校培训指标分配为例，本科院校的指标每校从 40 到 120 人不等，平均 57 人次每校，但职业院校却是 5 至 40 人不等，平均只有 15 人次每校，而且还有很多学校榜上无名。虽说职业院校的教师还有虽说职业院校的教师还有其他培训机会，但也是屈指可数的。另外，高职教师的工资和其他普通高校教师的工资基本上没有可比性，付出同样的甚至更多的劳动，回报相去甚远，也使高职教师的工作满意度不高，张灿茹和贺光明等的研究都表明，在物质报酬上高职教师的满意度较低。职业满意度较低，职业幸福感也当然随之降低。

3．能力无法真正发挥，教师的职业挫折感和倦怠感攀升

调查表明大多职业院校的教师认为自己的地位不如中小学教师，甚至有 45%的教师认为在各级教师中职业院校教师的排位是最后的。除了要求社会地位的提高，包括高职在内的高校教师要想证明自己，获得职业成就感主要是通过教学和科研两条途径。目前的现状是高职院校在我国的高考招生层次中排位靠后，因此大多数学生基础较差，学习兴趣较低，自信心不高，学习动力不足。教师虽然花费了很多的时间和精力投入教学，但收效却并不明显。教师的付出和能力得不到相应的证明，挫折感便会油然而生。另外，目前国内相当一部分高职院校的科研基础薄弱，科研平台不足，教师的科研能力不强，所以科研这条途径非但不能成为大部分高职教师展示自己的窗口，反而成为一种沉重的负担。由此，高职教师较其他普通高校教师而言，职业压力和倦怠感更高。如贾素萍的研究表明职业院校教师的职业倦怠普遍表现为成就感水平低，其中 71%的教师觉得工作费时费力且成效不明，效率低。77%的人认为学生难管，或无可救药，而逃避与学生交流。79%的教师觉得自己的工作枯燥单调，很少能体验到真正的成功和满足。65%的教师有离职的愿望。贺光明的调查中，所有的高职教师对“科研条件”和“学术创新的气氛”这两个项目普遍感到“不满意”和“非常不满意”。

4．学校管理的局限性，降低了教师的职业幸福感

首先，由于师资、经验的欠缺，导致目前许多高职院校在管理队伍的专业性和管理模式的针对性上存在许多不足。比如，在很多新组建的高职院校，中层以上干部中具有高学历的甚少，甚至有些没有接受过正规的大学教育，另外还有一些院校的管理部门并非教育部门，所以导致一些不懂管理、不懂教育的人员在管理高职院校，这样也使得很多高职院校的在管理上问题频发。另外，高职院校照搬本科院校的管理模式也非常常见，这不仅使职业院校失去自身的特色，而且加大了教师的负担，阻碍了教师活力的发挥。

其次，就管理机制的实践操作而言，许多高职院校在教师管理、学生管理、专业设置、院系衔接、激励机制等诸多方面还有相当多的局限性。使得教师工作的压力和难度增大，积极性和效率降低，整体影响了教师的职业幸福感的提升。

5．教师个人因素造成的压力

为了更公平地对教师进行评价和考核，提高教师的教育教学水平及学校的办学效果，学校的评价机制和管理模式往往趋于统一性和规定性，无法做到因人而异，这本是正常现象。但由于每个教师在人格特点、心理素质、适应能力、人际关系的协调、家庭环境、人生观、价值观等方面存在极大的差异，所以即便在相同的工作环境中，他们对压力的看法、体验与反应也会有极大的不同。另外，教师的身体健康水平、年龄、学历、能力、教学观、工作胜任程度等因素也会对教师的职业压力感产生影响。因此每个教师的职业幸福感必然会存在差异。

三、提升高职教师职业幸福感的对策

为了体现以人为本的教学理念，提高教学质量，促进高等职业学校进一步发展，提升其教师职业幸福感已经势在必行。但只有将教师职业幸福感的提升有机融入在促进学校发展，加强学校竞争力的大局中进行讨论，和谐度才会更高，根基才会更稳，实效性才会更强。

1．完善学校管理，增强教师的归属感

包含职业安全需要在内的安全需要是人最基本的需要之一，营造和谐的校园氛围，让教师在和谐平等的环境中感到自己被尊重被重视，其归属感自然会加强。设计公平合理的管理制度，如分配公平、晋级公平、竞争公平等，既可有效提高教师的职业幸福感，激发教师的潜能，又可增强学校的核心竞争力。在做好招生就业工作的同时，将每个教师的学校荣誉感、使命感和责任感激发出来，不仅可以提高教师的职业安全感和幸福感，更能巩固学校的发展。提供有效的后勤服务，不仅可以提高师生的生活质量，减少教师的后顾之忧，也能提高学校的工作效率。总之，在体现教师主体性的基础上完善学校管理，教师必定更会以校为本，以校为家，其体验到的职业幸福感也会更高。

2．提供多种平台，促进教师的自我完善与发展

学校的发展在于教师的发展，而教师的发展主要源于职业能力的提升和个性品质的完善。要使教师能更好地发挥自身的潜能，学校应提供更多的机会和平台引导教师完善自我，体现自我。

首先，要让教师博采众长，促进自身职业上的完善与发展。学校应提供多种机会，如业务和科研培训，参加学术、经验交流会研讨会等，帮助教师走出去，提高他们的工作动力；也可邀请专家学者来校讲学，开阔教师的视野，提高教师的科研意识和积极性，激发和保持教师重新追求自我发展的热情；另外，还应为教师提供必要的时间和资源，让教师有机会参加各种进修，提升自身的教学能力与实践操作能力，增强工作的自信心和积极性。

其次，要拓宽途径，促进教师心理上的完善和发展。开展心理讲座，提供心理疏导途径；鼓励教师多与同事联系，交流情感、分享经验，获得精神上的支持；鼓励教师多参加社会活动，拓展交际圈，提高社会支持度；使教师能以健康向上的积极心态投身于教育事业。

3. 完善学生管理，提高教学质量，优化师生关系

教学是学校工作的重中之重，师生关系是校园人际关系的核心内容。教学效果和师生关系从根本上影响到教师的职业幸福感，反之亦然。因此，完善学生管理，提高教学质量，优化师生关系不仅对教师而言非常重要，对学校而言同样是举足轻重。要做到这些，必须是学校和师生的共同努力。

首先，从学校的角度来说，必须以人为本，要引导和管理并重。学校要关注环境的力量，营造良好的校园舆论氛围、文明的校园文化环境、积极的校园风貌。通过良好的校园文化环境建设潜移默化地影响学生，规范学生言行举止，促进学生健全人格的形成。在加强学生思想引导的同时，要加强对学生的纪律约束。高职学生相对于普通高校的学生来说，有其自身的特点，如学习积极性不高，自我控制力较差，个性较为张扬等，所以应通过完善相应的学习管理制度和生活管理制度来加强对学生的外在约束力。

其次，从学生的角度来说，必须要树立他们的责任意识，提高他们的自信心，加强他们自我监督和自我管理的能力。如可以通过培训和选拔学生干部，引导和规范学生社团和组织，提高他们的自我监督与管理的能力。也可通过组织实践创新活动、校园文体活动，开放第二课堂等活动，为学生发挥自己的特长、才华提供各种途径、空间和自由。

最后，从教师的角度来说，要树立新的学生观和服务观。推动教师加强职业能力发展，鼓励其以自身的人格魅力促进学生个性的发展。教师，尤其是管理工作人员要真正深入学生，了解学生，关心学生，知道他们的想法，知道他们的需求，针对学生的不同特点，采取不同的管理措施与方法。总之，要引导教师进行正确的角色定位，树立正确的师生观，培养自身的敬业精神、乐观积极的态度以及坚定的意志力，从自己做起，提高教学效果，改善师生关系，提高职业自豪感。

四、结束语

在高职院校和谐发展的过程中，教师职业幸福感的提升是一个不容忽视，亟待解决的问题，但我们不能割裂地看待问题，将教师的职业幸福感放在脱离现实的“真空”环境中去讨论。只有将教师与学校发展有机结合，共同考虑，一切才能切实可行。本文意在抛砖引玉，相信以后会有更多的学者关注高职院校教师的职业幸福感。

【作者单位：江西冶金职业技术学校】

在求实　争先　创新中开创发展新业绩

李运祥

武汉市洪山区城管局在“学习贯彻十八大、争创发展新业绩”主题实践活动中，以确立新目标，推出新举措，建立新业绩，展示新形象为抓手，立足于提升市容品质，提高管理水平、推进城管整体面貌的改变为出发点，重实干、讲实绩、求实效、坚持思路创新、管理创新和机制创新，把“学创”活动融于各项目标任务之中。

一、促发展，重在一个“实”字。新春伊始，全局上下围绕打造“整洁有序”的市容环境，立足城管工作实际，将全年工作目标任务落到实处。**一是目标定“实”。**按照建设新型中心城区标准定位，明确把“建设美好洪山、创最洁净城区、创最洁净道路、创最洁净街道、创最洁净社区”和“十个突出问题整改”作为全年工作总体要求，对全区每个街道、每条道路、每个社区提出了明确的市容目标，将全局各项工作都纳入绩效目标考核体系，通过制定“创新业绩目标报告书”，推动工作落实。**二是任务抓“实”。**结合工作实际，强化落实区域、路段责任制，对全局290多个班组进一步细化目标任务，将总目标细化分解到队、班组和个人，并确定完成时间和责任人，形成人人有责任、个个有目标的工作局面。对重大任务实行跟踪，督办和回告。如此同时对完成任务质量进行评估和奖励。**三是责任落“实”。**进一步建立健全了岗位工作责任制，对每项工作任务实行定岗、定责、定人、定时、定基标，虚功实做，指标量化，抓好节点。对不作为，慢作为造成不良影响的实行问责。全局统一印发《基层单位党政负责人月度考核记实簿》，形成了日登记、周汇报、月考核、年总结的工作机制。

二、谋新篇，强化一个“争”字。坚持不等不靠，主动作为，努力开创城市管理新局面。

一是争做表率，提升领导能力。以创先锋领导班子为先导，开展以“讲学习、比创新；讲团结、比风格；讲责任、比担当；讲奉献、比精神；讲实干、比业绩”为内容的“五讲五比”活动。围绕城管工作目标抓好“五个一”工作，即：选好一个调研课题，开展一项工作创新，解决一个工作难题，抓好一个示范点（路），为群众办一件实事。

二是争创佳绩，提升管理水平。围绕城管工作重点和难点在提升管理水平上下功夫。通过广泛征集群众意见，确立了10个调研课题和10件实事，明确了10个创新工作试点，进一步细化了53条考核路段的责任制，全局建立了“创新业绩月度考核榜”，在每个岗位营造出“逢先必争•逢旗必夺”、奋发有为、积极向上的良好工作环境和氛围。

三是争做模范，提升城管形象。通过开展“洪山城管之星”、“城管先锋岗（号）”的评选活动，发掘先进人物、宣传创新做法、推广成功经验，借助新闻媒体扩大正面影响。2012年底全局评选出了3名年度洪山城管“新闻人物”和6名“感动身边的城管人”，这些人物媒体均作了有影响的报道，取得了良好的社会效应。

三、创业绩，抓住一个“新”字。按照把武汉建成国家中心城市和美丽洪山的要求，坚持以问题为导向，把创新作为城市管理工作持续发展的重要抓手，立足于开新局、出新招、创新业。

一是优管理，建立“新”机制。全面推行领导路段挂点工作责任制和时效奖惩机制。将年度考核分解为月度考核，按业绩完成情况进行奖惩。增强奖惩时效性、激励性，不断加大巡查力度，发现问题及时调度，限期督办整改，并进行通报公示。同时，全面推行新“门前三包”，即：“包洁净、包有序、包美化”，发动门店业主参与管理，不断完善长效管理新机制。

二是建平台，力求“新”突破。积极推进环卫市场化改革，实行定责任，定目标，定经费。积极推进城管社会化管理，利用辖区高校密集优势建立了武汉市首个“大学生城管社会实践基地和城管志愿者协会”以及“学雷锋志愿者服务队”。目前，已有一批在校大学生及留学生、教师和社会人士参与市容保洁行动。使城管与市民的距离更近了，关心支持参与城管的人更多了。

三是重服务，扩大正面影响。围绕争创新业绩，在推出新目标、新举措、新思路的基础上，积极探索新的执法管理方式，把“服务于民”做好做实。不断提升执法管理人员的综合素质，今春实施的楼道清碍、楼顶美化、洁净社区、城管志愿者等一系列活动，受到社会赞誉。

【作者单位：武汉市洪山区城市管理局】

接地气　访基层的见闻与思考

石晶莹

根据省行党委“访基层、接地气、转作风”密切联系群众专题活动的统一安排，下决心从机关繁琐的事务和会务中脱身，4 月份定点深入到本人联系的淮安区支行和邗江区支行，每个支行用足一整天工作时间，分别与支行班子成员、中层干部和绝大部分员工进行了随便聊天式的沟通、问询，听了支行业务发展、基础管理、队伍建设等方面的介绍，参加了两家支行的信贷、财会晨会，了解了员工对支行业务经营、发展前景、内部氛围、人际关系以及对团队的期望、对现状的看法和对今后的想法及建议等等。通过看、听、问、聊等途径，对一个县支行的总体情况有了比较全面和细致的了解。虽然只有短暂的一天时间，还难以对一个支行的内部运转功能和员工的内心真实状况做到透彻了解，但相对于以往走马观花、蜻蜓点水式的下乡调查方式，这次算是较为深入细致的了。

按照接地气、访基层的工作意图，一是要了解基层，帮助促进基层；二是启发思路，反思工作的得失；三是学习基层，汲取营养，提振工作精气神。据此目的，现将两个县级支行的见闻与感受整理如下，作为调研结果汇报。

一、关于发展问题

一是人心齐。很突出的感觉是，支行发展意识都很强。两个支行座谈中，从班子成员到普通职工，都对农发行要发展，要有作为，有地位，有名气有待遇形成高度一致。员工对本行近年的发展成果感到满意，对支行领导和业务骨干为发展做出的努力和贡献充分肯定，也充满敬意。不论是财会人员，还是信贷内勤，或者是办公室后勤人员，全行都形成了浓厚的发展意识，人心齐，心气足是发展的内在动力。

二是很努力。淮安区支行在做好政策性购销储信贷业务和中长期贷款的基础上，积极营销苏食淮安公司、康乃馨织造有限公司、飞翔纸业等一批产业化龙头企业。在存款营销上，主动营销了社保基金账户，成功吸收了新农合医保基金存款 4900 万元。淮安区支行一个最典型的存款营销做法是:支行行领导找关系，与政府相关部门进行高层对接，营销达成意向后，交由支行专门营销小组负责具体营销事项，做好客户维护服务等工作，并把成果算作营销小组的业绩，形成了全行营销的良好格局，调动了员工的工作热情，值得总结推广。

江区支行面对主城区金融机构多，竞争激烈的区位特色，找准优势，奋力拓展，各项业务都有明显起色，尤其是 2013 年一季度，在全省县支行争先创优考核排名中，最主要的人均利润、人均企事业存款和人均新增存款三项指标，均位列全省前五名。支行狠抓财政性存款和非贷客户存款营销，最大的一笔非贷企业新光源公司在我行存款近一亿元。该行还加大开户企业销售款归行力度，所有企业均足额将销售货款存入我行账户，所以邗江区支行一季度人均新增企事业存款达到 1689 万元，列全省第三位。

三是可持续。体现在支行发展理念比较健全，对内外部环境、压力与努力方向认识明确，知难而不畏难。在目标定位上，立足现实，积极争取，不含水分，不贪图急功近利。体现在发展方式上，注重全面协调，既注重班子带头，又注重带动全行，既抓业务指标，又重视基础管理。尤其是支行班子，体现了全面发展的要求，重视抓基础建设，重视企业文化和队伍建设。相对于以往有些县支行片面抓业务指标，不注重团队建设和发展后劲的状况而言，淮安区支行和邗江区支行领导班子的发展理念、发展方式是值得借鉴和提倡的。发展的基础、发展的后劲，其重大意义一点也不逊色于当前的业绩指标。

二、关于支行班子队伍

淮安区和邗江区两个支行的领导班子都配齐到位。支行班子结构相对合理，充满朝气，愿意做事，专业素质和管理能力都比较强。

两个支行行长都年富力强，有活力，有点子，又极具有当地人脉。从业务发展来看，很适合担当县支行的带头人。两个主管也按专业要求配备，履职比较专业、尽职。班子个体素质较好，加之整体功能发挥较好，配合主动，不推诿，不扯皮，互相补台，形成有力的领导团队。像淮安区支行高茂萍副行长，在分管好财会专业的同时，主动为行长分忧，为全行发展操心，连接员工与班子桥梁纽带作用发挥出色，值得支行副行长兼主管学习借鉴。

两个支行的队伍总体上看，可以讲基本能适应业务运行的最低要求。多数员工很努力，肯做事，但存在人数不足，人员变动多，新老交替后个别员工业务素质不高等问题。还有一个问题就是员工性别比例不协调，邗江区支行女职工 9 名，占全部在岗职工 15 人的 60%，仅信贷客户部就有 4 名女员工，年龄整齐。据了解，会计部有两名女员工同时结婚，到休产假时无法轮岗替换。

三、关于基础建设（从基层看）

去支行之前，心中最关注的，还是基层行的基础管理情况。为此，去支行的第一件事，就是在早晨开门营业之前，观摩支行的财会、信贷两个晨会。通过晨会，对支行的基础管理窥一斑而见全豹。

我来的这一天，支行的两个晨会都正常召开。从形式上、时间上看，都是不错的，程序上也都按照上级要求走完了每一步骤。会后，接着召开座谈会，听取了大家对晨会的认识和意见。听到两个支行绝大多数员工都认同了晨会的积极作用，感到很欣慰。省行出台的一项管理措施，牵涉到县支行绝大多数员工，能得到大多数人的接受，可谓来之不易。也告诉我们一个道理，一样管理办法，要想达到预期效果，就要努力做好解释与沟通，认同的基础上抓执行才能到位。

晨会的好处，是行长、主管认为带队伍有了抓手，年轻员工认为学习成长有了良好环境，甚至有的员工认为可以培养与人沟通、交流的习惯与能力，磨练性格、提升素质。对晨会召开还有一部分接受程度较低的人，主要是一些年龄较大、工作积极性偏低的职工。当然，座谈中大家也提出处理好晨会与业务处理、客户接待的时间调节、优先次序等意见。

关于晨会的实效，重点在员工自检自测和主管点评两个环节，比较而言，财会晨会的自测内容比较具体详实，风险点揭示到位，客户晨会稍差一些。两行比较，淮安区支行晨会的质量更扎实一些，邗江区财会主管的点评与柜员处理业务缺少联系，而淮安区支行财会主管高茂萍能够就昨日业务处理环节进行点评。信贷客户人员的自检自测内容，从观摩了解的情况看，主管和客户经理还不得要领。

关于晨会卡片，通过参加晨会，感觉小小卡片，作用不容忽视，员工每天为晨会做卡片，既反映了日常所做的工作成效，又能自我反思工作中的疏漏，实现业务逐日逐笔回顾。员工自我计划管理，养成按计划考虑工作，按进度完成目标，按规范对照检查的良好习惯，对于培养职业化团队，善莫大焉！

提升晨会实效，是当前县支行基础管理的当务之急。大家认可了这种模式，乘势而起，趁热打铁，把晨会设计的功效发挥到最优，是各级管理行的跟进管理重点。第一，要及时检查总结晨会是否达到推进任务序时完成、充分揭示风险隐患、加强合规自我建设、促进尽职履责、培养良好职业行为的目的。市、县行都要围绕目标、坚持基本流程要求不变的前提下，提升自测与点评的深度与精细度，提出完善的具体措施。第二，完善晨会卡片管理，提升卡片记录规范性，昨日工作只写任务名目，写好卡片，照卡片内容在晨会交流，也可交流对比卡片。尤其是信贷晨会，可以要求照卡片记录口头交流，抓住要点，节省时间。自检自测要具体反映业务处理的尽职程度、风险揭示充分程度、工作合规自查等情况。第三，鉴于信贷工作的连续性较强，单项工作时间跨度较大，信贷主管可根据实际情况每周安排一次重点晨会，重点部署与点评阶段性工作要求和实际成效以及存在问题。第四，加强县支行信贷、财会两个主管培训，要重点提高点评水平，点评内容必须深入到昨日业务工作的关键环节，发现不足，揭示问题，督促进度，一针见血。

在初步了解两行情况的基础上，与支行商量在两个目标上下功夫：一是努力发展业务，把等级行目标定位在标兵行、精品行上；二是扎实抓好基础管理，率先在改进晨会质效上取得新成果。

【作者：中国农业发展银行江苏省分行党委书记 行长】

立足岗位　创先争优　推动后勤事业不断发展

唐国良　游雪梅

自创先争优活动开展以来，电子科技大学后勤集团党委紧密联系学校和集团中心工作，以“创先争优”为契机，坚持走内涵式发展道路，在提高队伍素质、提升服务水平上下功夫，开展了一系列加强集团党建和后勤服务保障工作的举措，努力建设高效率的后勤服务保障体系。

一、明确目标，精心组织，工作力求到位

创先争优活动开展力求组织领导到位，方案制定到位，动员教育到位，宣传氛围到位。为加强对创先争优活动的组织领导，确保活动顺利开展，集团成立了活动领导小组，制定了《后勤集团深入开展创先争优活动实施方案》，明确了创先争优活动的指导思想、活动原则、主要内容、方法步骤和工作要求，召开党员大会，对开展创先争优活动进行了动员部署。充分利用后勤信息网、成电后勤报等形式，大力宣传活动中涌现出来的先进事迹，推动“创先争优”活动深入开展。

二、围绕主题，创新载体，扎实有效开展创先争优活动

（一）突出后勤特色，明确创争思路

围绕创争活动的总体要求和总体目标，明确了“一条主线，两个重点”、“五项活动”和“三创建、三争当”的创争活动内容。

“一条主线”，即：全面加强基层党组织建设，创建“五好”先进基层党支部，争当“五带头”优秀共产党员，不断深化后勤社会化改革，提高后勤服务质量和管理水平。

“两个重点”，即：一是把加强队伍建设作为重点；二是

把落实学习实践科学发展观活动整改方案、探索创先争优活动长效机制以及为师生员工办实事作为重点。

“五项活动”，即：党性教育；岗位奉献；服务群众；亮牌示范；组织创新活动。

“三创建、三争当”，即：创建品牌中心、部门，争当管理标兵；创建品牌岗位，争当技能标兵；创建品牌服务，争当服务标兵。

（二）把握立足点，坚持服务育人为本不动摇

紧密结合后勤工作的实际，立足为学校人才培养服务，把“三服务、三育人”作为集团工作的出发点和落脚点，将创先争优活动与服务育人工作紧密结合。

结合学校教育教学工作会，集团各支部围绕汪劲松校长“更新观念、育人为本、内涵发展，不断提高我校人才培养质量”的主题报告和大会的相关议题，认真开展“全员育人与条件保障”的大讨论，举办了“我为人才培养做什么”的演讲比赛，组织召开专题研讨会，进一步探讨和明确后勤保障在人才培养中的重要作用，服务育人的意识进一步增强。

（三）构建支撑点，确保创先争优有平台

以队伍建设为支撑点。积极开展“五项活动”。采取重温入党誓词、回顾党的成就、领导干部讲党课等形式，对党员普遍进行党性教育。各支部设立“党员服务示范岗”、“党员服务示范窗口”，亮明党员身份，强化党员角色意识和责任感。开展“优质服务月”、“技能比武”等活动，引导党员在服务师生的具体工作中创先争优。把“基层组织建设年”活动作为深化创先争优活动的重要抓手，充分发挥基层党组织推动发展、服务师生、凝聚人心、促进和谐的作用。集团各党支部立足实际，创新组织活动方式，面向师生开展了丰富多彩的主题活动，如举办了校园美食节、演讲比赛、“好阿姨”评选、“走进家属区、服务暖人心”活动等。通过活动的开展，不仅激发了党支部的生机与活力，而且也使基层党组织的凝聚力、战斗力得到了进一步增强。

在创先争优活动中，以典型引路、以模范带动，积极开展各类先进典型选树工作，充分发挥先进典型的示范引领作用，形成比工作、比奉献和学先进、赶先进的浓厚氛围。开展评选表彰后勤集团先进党支部和优秀共产党员活动，开展“三创建、三争当”活动，评选“服务标兵”、“技能标兵”、“管理标兵”，激励后勤人积极钻研业务知识，不断提高业务水平，提高后勤服务质量。

（四）找准切入点，活动方式求实效

集团党委以文化建设为切入点，在创先争优活动中推进集团文化建设，通过文化“铸魂”，文化“树形”，文化“引领”，提升集团服务品质，提高集团的经营管理水平。

集团通过制定四年发展规划、十周年庆典活动的开展，初步凝炼出了集团的核心价值观、经营理念和工作目标。通过管理制度体系建设，把集团文化的基本理念融入到管理、技术、安全、经营、服务等各个方面，进一步促进服务标准化、管理规范化、发展科学化工作的开展。

集团积极引导各级党组织、党员和员工立足本职岗位和工作特点，在具体实践中践行集团核心理念、推广集团品牌。举办饮食文化节、公寓文化节、职工文化艺术节和集团运动会等文化品牌活动，拉近了后勤和师生之间的距离，增进了彼此的沟通和理解，为丰富师生文化生活、学生成长成才发挥了积极的作用。

（五）选好着力点，坚持以人为本重长效

集团党委始终坚持以人为本，把涉及师生员工的切身利益放在第一位。多次举办学生座谈会，了解学生的需求，切实为学生解忧；与各学院党委书记座谈，听取对集团改革、发展的建设性意见；与学校引进人才座谈，学习国外高校后勤先进的理念，了解学校杰出人才的需求；举办教代会执委巡视工作座谈会，听取职工的建议等等。后勤各单位在创先争优活动中，主动帮助师生解决其学习、生活、工作中的实际困难，切切实实为师生员工办实事，努力做到让师生满意。

集团坚持以人为本的思想，营造和谐后勤。以实施凝聚力工程为抓手，关爱员工，为员工办实事、办好事，提高员工的归属感和凝聚力。举办各类职工文体活动，丰富了员工生活，增强了集团凝聚力，促进了校园和谐稳定。

三、结合实际，注重实效，创争活动成效明显

后勤集团把深入开展创先争优活动与办师生满意后勤结合起来，与全面推进后勤事业发展结合起来，坚持与时俱进，以求真务实的作风，深入细致的工作，扎实开展创先争优活动并取得良好成效。

（一）党员干部的政治引领强。全体党员干部大局意识、创新意识和自律意识明显增强，综合素质进一步提升。

（二）推动后勤事业不断发展。坚持走内涵式发展道路，加强精细化管理，大力推进人力资源改革和文化建设，集团内部干事创业的氛围更加浓厚。集团工作迈上新台阶。2011 年评为全国高校后勤社会化改革先进单位、全国信息宣传工作先进集体等荣誉。

（三）激发改革创新活力。不断深化后勤社会化改革，不断推进党建工作创新，积极构建创先争优长效机制，激发了广大干部员工的积极性和创造性，促进了集团各项事业的发展。

（四）凝聚保障力得以加强。领导班子、干部队伍和党员队伍建设得以加强，实现了党组织和党的工作全覆盖，具有一支能打硬仗、值得信赖的队伍。党建思想政治工作进一步加强。

后勤集团通过创先争优活动的深入开展，推进了后勤改革和后勤服务工作，努力实现集团党员干部思想认识的大提高，推动了后勤事业的发展。

【作者单位：四川成都电子科技大学后勤集团】

开办校园书店的五点注意

王富江

河北省新华书店非常重视校园书店建设，2013年更是把校园书店作为“七个突破”之一，重点推进。目前张家口市新华书店、宁晋县新华书店和新乐市新华书店开办的校园书店已初具规模，并取得显著效益。

邢台市新华书店按照“先切入后拓展，先运作后规范，先普及后提高”的总体思路，积极推进校园书店建设，辖区的宁晋六中校园店开业至今一年来，已实现销售收入近八十万元。截至目前，邢台市店又先后开办了邢台市七中校园店、柏乡中学校园店、临城中学校园店、临城二中校园店、宁晋一中校园店、沙河中学校园店、临西中学校园店、宁晋第一私立校园店等12家。其他县市的校园店也正在积极洽谈中。笔者认为，在开办校园书店方面必须掌握好以下几点：

把脉共赢点，找准切入点。把脉共赢点，就是通过店校双方深入沟通协商，力争实现书店、学校、学生互利多赢。找准切入点，就是不拘建设形式，自建、合建、无偿使用、租赁等均可；不拘经营品种，就是单一经营、多品种经营、综合经营均可。在经营时间上要与学生作息同步，一切以满足学生、老师和学校三方需求为原则。

选址要精确定位。一要选择封闭管理的寄宿制学校，因为阅读消费比较集中；二要尽量远离城区中心，这是建设校园店的重要理由；三是学生人数宜在2000人以上，越多越好，因为适度规模才可以维持正常运营；四是尽量选择初高中学校，因为中学生自主消费能力较强，消费需求较旺盛；而小学因为消费乏力，即使一时建起，也难以为继。

经营策略要因地制宜。一要坚持盈利和公益相结合。书店一方面可投入部分图书，向学生提供免费阅读或开设阅读课等，还可为学生提供代缴话费、代取邮件、干洗衣服等无偿服务；另一方面可通过经营文化用品、生活用品、小礼品等实现盈利。二要坚持零售与团购相结合。要充分利用与学校老师零距离接触的优势，开展课外读物、考试用品、生活用品的团购。三要坚持校园店消费和中心门店消费相结合。通过优惠共享、借书卡与购书卡共用等，实现两者间的互动。四要坚持日常营销与学校活动相结合。紧紧围绕学校节日庆典、达标升级、评优评先、读书比赛等各种活动，有针对性地开展营销策划。

工作人员要精心选择。一要找准定位，校园店的工作人员既是书店员工，又应把自己看作是学校的一员，在工作中不仅要对书店经营负责，又要为学生利益着想。二要能力突出。既要懂营销，又要善于和学校协调关系；既要懂图书，又要懂其他相关产品。三要有开拓精神，在严格进销存管理的同时，创造性的开展营销推广。四要给予一定的自主经营权和成长进步空间。

必须提供优质适销的图书。中学生正是思维活跃和生长发育的关键时期，对图书内容的要求非常高，必须严把进货关，以健康向上、富含正能量的优秀图书吸引学生，坚决杜绝暴力、色情、网络游戏等图书进入校园。要有针对性的鼓励和引导学生阅读经典图书，对于学生喜闻乐见的《读者》、《看天下》、《特别关注》等杂志刊物要保证供应。

【作者：邢台市新华书店有限责任公司党委书记　总经理】

六项工程实现科学发展
六大帮扶举措赢取民心

——甘南州发展和改革委员会开展“双联”工作纪实

王建军

2012年全省“联村联户、为民富民”行动开展以来，甘南州发改委在州委、州政府的正确领导下，全力以赴帮助“双联”点临潭县王旗乡中寨村。在“双联”工作中全力依托王旗乡党委政府，紧紧依靠中寨村党员群众，大胆创新工作思路，突出转变帮扶方式，坚持走好群众路线，将“双联”工作定为全委两大重点工作任务之一，通过大力实施“稳定、强基、温饱、小康、生态、文明村建设”六项工程，采取“六帮六结合”的工作措施，使该村经济社会各项事业实现了科学快速有序发展，“双联”工作取得明显成效，赢得了全村群众的一致好评和交口称赞。

一、以政策宣讲为核心，实施稳定工程，实现帮扶与维稳相结合。坚持始终把维护联系村社会政治稳定、经济社会全面发展作为“双联”最大的工作任务，抽调全委工作人员，以6人为一组轮流常驻该村。委主要负责人多次深入该村，以大会宣讲、走访调研等形式，大力宣传党的十八大精神，将我委自行编印的十八大学习资料汇编一、二、三册带到双联村，组织全体党员群众学习，让他们了解党的惠农、惠民政策，共发放“双联”工作宣传袋279个，散发宣传资料2000份。通过引导村民算好近年来党和国家对全村的投入和支持这本账，用实打实的数据和实例教育群众牢记党的恩情，树立感恩思想，坚决拥护党的领导。同时积极开展矛盾排查工作，逐户调查摸底，共排查调解矛盾纠纷39起，确保了全村未发生一例不稳定事件。

双联扶贫大调研活动开展后，我委召开联系村党员群众大会传达王三运书记重要批示的基础上。分成4个工作小组入村，采取先易后难，先慢后快，先草表后正表的方法，逐门挨户进行调查（对全家外出务工人员采取电话联系），通过亲自看、亲耳听，实打实对话的方式，确保不漏户、不漏人、不漏调查事项，数据客观准确，准确掌握了基本村情、民情以及群众目前急需解决的困难、致富愿望等。带着焦点、难点问题再调研、再思考、再剖析，修改完善了我委“两规划一计划”。并在入户调查初步筛选的基础上，根据2012年帮扶效果，按照以扶贫开发与农村低保两项制度衔接确定贫困对象为重点的原则，通过召开党员大会和征求群众意见的方式对个别特困户进行了调整公示，有效杜绝了以往群众反映的帮扶对象分配不公平等问题，做到了列入的对象心安理得，未列入的人心平气顺，全面完成45户特困户、91户贫困户，143户联系户入户调查填表工作，建立完善了工作台账，双联扶贫“图表式”管理模式全面建立。

二、以加强基层组织建设为目标，实施强基工程，实现帮扶与固本相结合。

一是帮助健全村级组织。结合基层组织建设提升年活动，帮助推行在具备条件的村民小组、农民合作组织、专业协会等建立党组织，加强以村支部为核心的基层组织配套建设，全面健全完善了该村共青团、妇女、民兵等组织。

二是帮助建强村级班子。按照州委组织部统一安排部署，选派2名政治素质高、群众工作能力强的党员干部担任该村副书记。并帮助联系村党支部制定村级后备干部培养计划，从“土专家”、“田秀才”和致富能手中培养5名村级后备干部。

三是帮助加强规范管理。按照“五个好”、“五带头”的要求，指导和帮助联系村按照贴近实际、务求实效的原则，建立健全了各项规章制度，规范完善发展党员流程等党建工作规程，指导联系村做好推行“四议两公开一监督”工作法和“双管三评”制度，健全了党务（村务）公开和民主管理制度、农村党风廉政建设责任等一整套制度。四是帮助建好村级阵地。针对中寨村新村级综合服务中心已经竣工的实际，按照“八有”（即村级活动场所要有牌子、有党旗、有制度、有各种记录、有文化室、有活动室、有办公设施、有电教设备）的要求，会同王旗乡党委制作完成了所有需要上墙的规章制度。同时计划为该中心配备必要的办公桌椅、文件柜等办公设备，目前已经完成需要配备的数量统计，计划9月底完成配备，确保使该中心10月正式投入使用，充分发挥村级活动场所农民群众的政治活动中心、党员干部的教育培训中心、农民学习科技实用技术的致富中心、农民文化娱乐中心和便民服务中心“五个中心”的作用，不断提高村级组织联系群众、教育群众和服务群众的水平。五是帮助带好党员队伍。委领导至少每季度到联系村讲1次党课或作1次专题报告，开展1次形式教育或警示教育活动，采取以会代训，为该村党员上党课等方式，对当前形势和党的政策进行宣讲。协助村支部研究制定了党员教育管理工作的规划和年度计划，帮助发展党员4名，预备党员2名，入党积极分子6名。搭建完善党员服务群众平台，全面推行无职党员设岗定责和党员承诺制。引导村党员发挥先锋模范作用，在春耕生产，抗旱救灾，双联贷款，危房改造中发挥先锋模范带头作用，照顾非党困难群众，主动帮助困难群众发展生产生活。六是帮助树立先进典型。在联系村级党组织和全体党员中深入开展以“支部树标杆、党员树形象”为主要内容的主题活动，积极营造学习先进、赶超先进的良好氛围，6月22日与王旗乡党委一道组织建党92周年纪念表彰大会，对联系村涌现出的6名优秀共产党员、1名优秀大学生村官和8名致富能人进行了表彰奖励，有效鼓舞了全村、全乡干部群众在党的领导下致富奔小康的信心和决心，进一步夯实了该村党的执政基础。

三、以药材种植为基础，实施温饱工程，实现帮扶与扶贫相结合。针对中寨村地处山区，人均可耕地仅0.62亩，基本无成片地，农业发展先天不足的现状。我委扬长避短，发挥当地气候条件优势，大力扶持该村发展党参、黄芪、当归等药材种植加工特色产业。在2012年党员干部职工个人捐款17.4万元，单位捐赠价值10万元的化肥作为药材产业技术扶持资金物资的基础上。2013年抓住双联惠农贷款的时机，协助乡上举办了双联贷款培训班，在帮助联系村做好春耕抗旱生产工作的同时，引导群众扩大药材种植面积，将贷款用于药材特色产业种植和加工产业，并再次捐赠化肥（美国二胺）20吨价值10万元，使中寨村药材种植总面积达到520亩，户均1.86亩。帮助联系村成立了中寨村药材种植收购粗加工运输协会、中寨村养殖合作社、中寨村经济林果园协会等4个合作社组织，形成了“基地+协会+农户”的经济发展模式，并通过资金、技术帮扶，培养了周建平等7名党员致富带头人和53名个人致富带头人，为下一步药材、养殖、果林等特色产业发展壮大，增加集体、群众收益打下了良好的基础。同时利用元旦、春节等节假日期间，筹资9.2万元慰问了92户困难群众和老党员；为乡幼儿园135名儿童捐赠学习用品0.2万元；为34名0～3岁婴幼儿购置营养包34份0.34万元，受到群众的好评。

四、以劳务输出和技能培训为重点，实施小康工程，实现帮扶与扶技相结合。把激发干部群众脱贫奔小康的信心放在首位，以提高党员“双带”能力为目标，加强党员党性教育和农村实用技术培训，配合相关部门，开展以木工、特色种（养）植等农村实用技术培训和农民工技能培训，目前已培训267人，其中225人取得劳动部门颁发的初级（五级）资格证书。同时积极做好劳务输出工作，与乡、村干部一道完成了2013年劳务输出摸底工作，帮助外出务工人员联系工作，鼓励其外出打工致富。目前，根据我们和乡上初步统计，全村劳务人员输出数已经超过年初既定的300人这一目标，每名外出人员有望实现劳务收入1～2万元，有效加快了群众奔向小康的步伐。

五、以扶持营造生态林和经济林为抓手，实施生态建设工

程，实现帮扶与可持续发展相结合。针对中寨村十年九旱、十旱九灾，水土流失严重，村集体经济薄弱的现状。我委采取每年投入资金和村民自筹的方式，开展生态林和经济林建设，实现发展和生态保护齐头并进。在2012年捐赠价值17.6万元苗木的基础上，2013年3月再次捐赠价值20万元的白杨等生态绿化树苗2万株，早熟梨、苹果等经济树苗1.04万株。通过在山区适林地封山管护育林，制定管护办法，按照“谁栽树、谁管理、谁受益”的原则，鼓励群众实行大户承包、分段承包，将造林主体全部落实到农户，林木管护责任到人。并邀请县林业局技术人员对中寨村种植户做了现场指导，进行了技术培训，确保了两年栽种树苗成活率保持在95%以上，有效了改善全村生态环境。预期今后生态林成材，经济林挂果后，不仅可有效增加全村农民收入，也可有效解决村集体经济薄弱、少钱办事的问题，而且可以进一步有效改善水土流失，发挥保护生态的长远效益。

六、以制定完善新农村建设规划为中心，实施文明村建设工程，实现帮扶与新农村建设相结合。我委筹资10万元委托西北师大设计院编制完成《临潭县王旗乡中心镇区修建性详细规划暨周边村庄整治规划》，确立了王旗乡以中药材种植为农业支柱产业，集镇贸易与遗址历史探访、库区旅游配套服务提升转型为方向的新兴产业，确保实现“经济—社会—生态”三效益共赢的科学发展思路。同时严格按照规划，不断加快联系村村基础设施建设，以村道硬化、上沟河堤坝修建为抓手，积极帮助做好项目前期勘探、申报工作。目前，已协调解决了王旗桥建成但未能通车使用的问题，捐赠节能灯1000个，基本硬化中寨村完毕全村道路。中寨村投资397万元，总长4.5公里的护村护田河堤项目已经立项动工实施。现在正在积极协助解决修建上沟门通村道路等民生项目资金。同时，我委在该村开展了以牢记党的恩情，打造社会主义道德观为核心，开展和谐村庄、和谐家庭建设活动，全力促进村容、村风建设整治工作。修缮加固了有一百多年历史的中寨村戏台，对广场进行硬化，为全村群众提供一个娱乐休闲文化场所，不断提高村民的文化素质和道德修养，实现精神文明与物质文明两手抓、两促进。使中寨村不但在经济发展上成为全乡的领头人，而且在精神文明建设上先走一步，为全乡和周边村社做出良好表率。规划的制定，资金的投入和项目的实施，为该村实现科学发展奠定了坚实的基础。

【作者：甘南州发改委党组书记 主任】

开放教育学生思想政治素质教育的创新思考

王观斌

《国家中长期教育改革和发展规划纲要》提出“办好开放大学”的战略举措，标志着我国开放教育事业进入到一个崭新的阶段。培养数以亿计的高素质的劳动者和数以千万计的专门人才是开放大学责无旁贷的历史重任，而关系到中国特色社会主义事业兴旺发达、后继有人的思想政治素质教育工作在与时俱进的历史进程中尤显突出重要，需要我们站在新起点，瞄准新目标进行创新思考。

一、把握现实特点，转变工作观念，创新开放教育学生思想政治素质教育的工作目标

现代远程开放教育是一项具有世界趋势的现代教育体系，其全新的教育理念、开放的教育时空、丰富的教育资源、便捷的教育传播突破了传统教育的种种圭臬，对开放教育学生的思想观念、价值取向和政治立场产生着最广泛、最直接、最现实的影响，形成了开放教育学生思想政治素质教育工作普遍性的现实特点。与此同时，随着办学规模的不断扩大，教育对象来源广泛，结构复杂，思想多元；价值取向趋于现实和功利化，面对社会复杂问题心理失衡因素较多，加之对开放教育的理论观念、自主意识、能力方式等方面的不适应，形成了开放教育学生思想政治素质教育工作特殊性的现实特点。

面对形势、新特点开放教育学生思想政治素质教育的工作观念必须创新。一是要坚持以中国特色社会主义理论和科学发展观为指导，在成人在职学生思想政治素质教育领域创造新意。二是坚持“以人为本”、“以学生为中心”的思想政治素质教育新观念。强调人的社会属性，尊重人的自然属性，兼顾国家需要，自身发展，有的放矢地解决现实问题。三是奉行支持服务的教育宗旨，树立学生为主的主体意识，在引导和帮助学实现生自我教育、自我管理、自我服务、自我约束、自我提高上下功夫。四是践行贴近生活，贴近现实，贴近学生。

在此基础上，准确定位新时期，新阶段开放教育学生思想政治素质教育的工作目标。首先把坚定正确的思想政治方向放在首位。在坚定正确的政治方向引领下，把“德智体美”全面发展作为思想政治素质教育工作的综合目标，结合开放教育“职业性应用型”人才培养目标的规定，着力培养学生的创新精神，实践能力，知行统一，身心兼修的基本素质。

二、实现完型建构，确立科学框架，创新开放教育学生思想政治素质教育的内容体系

《中共中央国务院关于进一步加强和改进大学生思想政治教育的意见》（以下简称《意见》）指出，加强和改进大学生思想政治教育的主要任务是以理想信念教育为核心，以爱国主义教育为重点，以基本道德规范为基础，以全面发展为目标。《中共中央关于深化文化体制改革 推动社会主义文化大发展大繁荣若干重大问题的决定》系统地确立了社会主义核心价值体系，如果用系统论理解两个文件，其呈现的是一种横向和纵向的立体结构。

在横向机构上可以概括为政治教育、思想教育、道德教育、法纪教育和心理教育五大内容。五大内容的横向建构体现了开放教育领域内学生思想政治素质教育内容体系的全面性特点，覆盖了人才思想政治成长的各个方面，显示了各要素在人才成长过程中相对独立不可替代的诸项功能及相互依赖的逻辑关系。

在纵向结构上我们可以进一步对开放教育学生思想政治素质教育做层次性理解。首先，我们将文化层面的教育作为开放教育学生思想政治素质教育的基础内容。其次，我们将知识层面的教育作为思想政治素质教育的有效链接。第三，直接的思想道德教育是我们工作的常规渠道。

三、加强科学管理，运用控制理论，创新开放教育学生思想政治素质教育的体制机制

开放教育学生思想政治素质教育的管理体制必须坐实在本级办学机构独立法人地位的基础之上，实行党委领导，校长负责的管理体制。党委领导思想政治工作是我们党一贯的优良传统，有较大的权威性和成功的经验惯势。开放教育的基层单位往往实行党政一体化领导体制，行政领导一般都兼任党委领导职务。党委领导下的党政领导成员可以将群团工作和学生管理工作统筹兼顾，整体运作，体现出思想政治教育与行政管理工作的有机结合，加强校长负责学生思想政治教育的功能。在此体制框架下，建立党委——校长——职能部门——专职教师——课程班辅导员的管理格局。

构建开放教育学生思想政治素质教育的运行机制，重点在于从整体上树立开放教育人才培养目标以思想政治方向为首位的信仰理念，科学地设计好开放教育学生思想政治素质教育教育系统的领导与决策、整合与协调、目标与责任、评价与反馈等运行环节并进行科学的管理，促使思想政治素质教育环境条件优化、资源配置合理、措施保障有力，从而实现人才培养目标在思想政治素质方面的最佳效果。开放教育学生思想政治素质教育运行机制系统架构应该由决策机制、目标机制、合力机制、保障机制、激励机制、服务机制、评价机制和创新机制八个方面构成，其中决策机制是核心、目标机制是基准、合力机制是效应、保障机制是前提、激励机制是动力、服务机制是宗旨、评价机制是监控、创新机制是源泉。各个方面都具有各自独特的职能，它们不是孤立的，而是相互联系并按照一定的结构关系相互依托、和谐共生。

四、坚持统筹协调，贴近学生实际，创新开放教育学生思想政治素质教育的方法途径

开放教育学生思想政治素质教育的基本途径取决于开放教育的规律特点，它是创新思想政治素质教育的渠道性选择。其表现形式为：

（一）贯彻以学生为本的理念，坚持人文主义的思想观念。

以人为本体现在开放教育领域就是以学生为中心，一切为了学生，充分发挥学生自主学习的主动性和创造性，尊重并正视其作为个性人的特有差异，把思想政治素质教育的目标定位于满足学生的成才需求，帮助他们适应社会需求，实现自我价值，完善人格修养。

（二）重视校园文化环境建设，营造浓郁的思想文化氛围。

一方面要加强政治理论教育课“进教材、进课堂、进头脑”实施力度，实现个个专业、门门课程、堂堂讲授都渗透思想政治素质教育的基本元素；另一方面要在现实的校园环境和虚拟的网络环境中为学生的全面发展和健康成长营造健康、高雅、活泼向上的思想政治素质教育氛围。

（三）坚守支持服务职业理念，铺就宗旨性思想教育路径。

开放教育学生普遍面临工学矛盾大、家无负担重、社会交往多的现实问题，思想政治素质教育者必须树立支持服务职业化的理念，把工作性质定位于为学生解决思想问题和现实困难的基础之上，紧密结合实际，不断改革学生思想政治工作的内容和方式，把学生思想政治工作做实、做活、做细，让思想政治素质教育体现人性化的支持服务。

（四）熟练运用现代信息技术，抓住体现特色的主要渠道。

开放教育的主要活动都是基于网络环境进行，网络是思想政治素质教育的主要渠道。熟练地掌握现代信息和多媒体技术同学生进行思想上的交流和沟通是开放教育工作者的主要任务。学校应该为教育者掌握现代教育技术创造条件，利用专题网站、网络课件、交流工具帮助帮助学生扩大视野、解放思想、提高境界，全方位、广覆盖、深层次、多角度地开展思想政治素质教育工作。

（五）建立健全学生自治组织，形成自我教育的网络覆盖。

开放教育学生是一个相对成熟的社会群体。他们很多人思想觉悟、组织能力、管理水平较强。在开放教育学生思想政治素质教育工作中发挥他们的作用和积极性是经过实践验证非常有效的思想政治教育的好办法。建立健全学生自治组织，形成自我教育的网络覆盖，是开放教育学生思想政治素质教育途径创新的有效措施。

（六）实行教师联系学生制度，搭建共同教学关系的桥梁。

开放教育师生准分离的特点，形成了教与学双边关系事实上某种程度的断裂。因此有必要实行师生之间的联系制度。这种联系制度在人员分工上应该有课程辅导教师和学生的联系，有课程班辅导员和学生的联系，有学生管理部门和学生组织及学生干部的联系；在工作目标上除了教学业务和管理业务的内容之外，主要是思想政治素质教育的联系，包括心理咨询、理论教学、实践活动、时势教育、工学协调、学业拓展，职业规划联系等；在联系方式上主要有定期走访、随机面晤、集中会议、网络互动、电话短信联系等。师生联系制度是开放教育学生思想政治素质教育工作中一个非常有实际效果的途径。

开放教育学生思想政治素质教育的途径和方法作为一种实践活动在方法论上体现出针对性、群众性、有效性的基本特点。所谓针对性，就是把握开放教育学生的基本特征，遵循开放教育的基本规律，有的放矢的解决成人在职学生因社会矛盾、工作矛盾和家务矛盾产生的思想问题，而不是脱离实际，空喊理论，空唱高调。所谓群众性，就是坚持学生在开放教育中的主体地位，正视他们自我教育、自我管理、自我约束、自我服务的显示能力，发挥他们在社会实践中培养的思想政治素质教育的积极作用。所谓有效性，就是思想政治素质教育要真正解决具体的实际问题，比如，记忆力减退的问题，工学矛盾的问题，经济拮据的问题，心理自卑的问题等。

【作者单位：齐齐哈尔市广播电视大学】

围绕“过得硬、打胜仗”抓好人社干部队伍建设

吴顺江

党的群众路线教育实践活动即将在全党全国逐步展开，通过这一活动，重要的是建设一支“过得硬、打胜仗”的干部队伍。“过得硬”，就是干部作风要过硬，“打胜仗”就是要有干事成事的能力。我们要对照这一标准，全面提升人社干部队伍的素质和能力，为人社事业科学发展提供坚强的组织保证。

一、提升精神状态，做“狮子型”干部。精神状态是干事创业的前提，领导干部的精神状态决定一个单位的精神状态。“兵强强一个、将熊熊一窝”。“一把手”精神状态好、为人正，这个单位的战斗力、执行力就会强，作风会正，会有团结向上的正气，“人正道正、道正人正”就是这个道理。省委书记夏宝龙多次强调要做“狮子型”干部，要求我们各级干部要激情干事、勇于担当、善打硬仗。省委组织部蔡奇部长对“狮子型”干部有全面阐述：充满智慧，善谋与驾驭全局；勇往直前，克难攻坚；团队作战，带好班子与队伍；坚守领地，为党委政府站岗放哨；具有王者风范，以实绩与品行树立威信。当前我们人社工作任务很重，既要努力完成全年工作目标任务，又要推动事业改革创新，不但要“循吏”，更要“能吏”；不但需要“老黄牛”式干部的“韧劲”，更需要“狮子型”干部的“闯劲”。因此，我们必须保持干事创业的激情，戒骄戒娇戒空，努力带出一支敬业为民、创新实干、高效清廉的干部队伍。

二、转变工作理念，做解放思想的干部。创新驱动发展，本身就包含解放思想的要求。没有思想的大解放，就不可能有创新的大发展。人社工作要承担起服务创新驱动、服务“物质富裕、精神富有”现代化浙江建设的使命，同样要解放思想。思想如何解放，我认为关键是把握好“三个有利于”。第一是有利于事业发展。现在我们最大的事业是什么？就是“两富”现代化浙江，就是干好“一三五”、实现“四翻番”。只要有利于“两富”浙江建设，有利于“四翻番”实现，就要大胆地去想去做。时代在变、实践在变，如果总是习惯于找政策、找依据，不敢越雷池半步，我们的事业就不可能发展。前段时间，省委省政府提出支持“个转企”、“小升规”，如果我们死守规定，没有作为，肯定不行。所以，必须要敢于突破条条框框，突破的标准就是有利于事业发展。第二是有利于广大民众。我们是一个特别贴近民生的部门，无论是出政策还是想问题，心里都要装着老百姓，从大多数人的利益出发，为大多数人服务，多想想如何造福百姓、方便群众。有时候我们举手之劳，就能为老百姓解决大难题；我们笑脸相迎，就能在老百姓当中树立党和政府的良好形象。第三是有利于问题解决。当前我们既面临许多历史遗留问题，也面临不少发展中产生的新问题，对此我们不能回避，不能遇到困难绕着走，特别是不能简单地说“不”，而是要多想想怎么样才“行”。总之，要按照“三个有利于”要求进一步解放思想、转变理念、形成文化，推动工作不断与时俱进。

三、善于见微知著，做研究问题的干部。有没有强烈的问题意识，能不能发现问题、研究问题、解决问题，这是领导干部的基本政治素养，也是重要的工作方法。当前摆在我们面前的问题不少，比如老百姓对民生保障有很多新期待，如何守住底线、保证重点；比如在腾笼换鸟、机器换人的背景下，充分就业如何实现；比如企业欠薪如何防范，职工如何更加体面地劳动；比如社保基金尤其是医保基金如何安全运行；再比如人才培养引进工作如何创新，评价机制如何完善等等。有问题不可怕，关键看我们有没有发现问题的智慧、直面问题的勇气、解决问题的本领。不去发现、研究、解决，问题就始终会是问题。智者见于未萌。我们确实对工作中的新情况、新问题要敏感，对党委政府中心工作和经济社会发展大局要敏感，对社会上的反映包括网络上的舆情要敏感，敏于思、勤于行，做一个有前瞻意识、战略思维的领导干部。

四、坚持实干实效，做求真务实的干部。为政贵在行。实干才能兴邦。党的十八大以来，从中央到省委、省政府都反复强调实干，我们要把精气神凝聚到实干上来。实干要察实情、摸实情。要眼耳鼻手脑“五官联动”。人力社保工作直接和群众打交道，更要“接地气”，只有深入了解人才的真实想法，深入了解老百姓的所思所盼，我们工作才能更加有的放矢。实干要出实招、办实事。事情都是干出来的，有唱功更要有做功。人社干部要围绕工作目标，真正把心思用在干事上，把功夫放在成事上，一天接着一天干，切实做到善始善终、善作善成。实干要求实效、看实绩。我们讲实干，是要有实效、见实绩的真实干，不是偏离目标的盲干、蛮干，否则用力越大、效果越差。当前，就是要看服务创新驱动有没有真举措，推进改革有没有真成效，老百姓满意度有没有真提高，目标任务有没有真落实。各级人社干部要“干”字当头，以实干抓落实、求实效。

五、时刻自省自警，做干净干事的干部。人社系统或多或少地有一些权力。有权力就会有风险。预防和反腐败，关键要靠制度，尤其是要建立阳光透明的权力运行机制。阳光是最好的防腐剂，权力越公开，廉政风险就越小。2013年，浙江人社系统要省厅带头全面推行“阳光政务”，实行网上办事。从制度上全面落实为老百姓服务的要求，切实方便群众。

【作者：浙江省组织部副部长 省人力资源和社会保障厅厅长】

突破关键共性技术　促进工业型升级

谢超英

科学技术是第一生产力，科技创新是提高社会生产力的战略支撑。作为产业的创新基础，关键共性技术薄弱已成为制约战略性新兴产业发展和工业转型升级的重要瓶颈。

立足我省战略性新兴产业现实，充分发挥市场机制对产业发展方向和技术路线选择的基础性作用，省推新办通过深入开展调研、广泛征求意见，从最急需、最有基础、最有条件的技术入手，遴选出30项关键共性技术，编制《湖南省战略性新兴产业重大关键共性技术发展导向目录（2014）》。

在项目凝炼过程中，注重抓好了以下两个方面：

一是深入细致开展调研

从2013年4月开始，省经信委成立以科技处牵头，相关处室及专家学者参加的调研组，重点围绕全省七大战略性新兴产业亟需突破的关键共性技术内容、该项关键技术在国内外的研发进展情况、我省相关企业与科研院所开展该项关键技术前期研发情况、技术突破可能对产业发生的重大影响和预期等方面开展深入调研。①书面征集需求意见。专门下发通知，部署各市州主管部门、行管办、产业园区和重点企业，广泛征集战略性新兴产业重大关键共性技术需求，累计收到企业反馈意见表230份。②分领域召开专题座谈会。在对书面反馈意见分析的基础上，根据产业分布，重点深入岳阳磁力装备、湘潭矿山机械、双峰农用机械、长沙电子信息、浏阳生物医药等产业聚集地区，先后召开8场专题调研座谈会，涉及骨干企业160多家。通过和企业技术专家面对面的座谈讨论，掌握关键共性技术需求的第一手资料。③组织专家论证。在初步筛选的基础上，6月下旬，组织重点企业、高等院校、科研院所和行业部门的专家分领域对关键共性技术进行评审、筛选。④注重与国家产业政策进行对接。将筛选的技术项目与国家产业技术发展规划、相关产业“十二五”发展规划以及国家产业关键共性技术发展指南等进行比对，努力做到与国家最新产业技术发展同向，积极抢占产业技术制高点。如这次筛选确定的电子信息领域的“新型触控显示屏（OGS）”、“微波陶瓷覆铜板关键技术与工艺”等，就是2013年国家电子信息产业发展基金重点支持的技术发展方向，以确保相关技术项目研发和攻关能最大限度获得国家政策资金支持。

二是突出两大方向做好遴选

其一，突出重点产业。2013年省委经济工作会议、省政府工作报告强调要“加快构建多点支撑的产业发展格局”，明确提出大力支持矿山机械、农用机械、磁力装备、通用航空等装备制造业以及电子信息、新材料等优势产业做大做强，积极扶持汽车及零部件、轨道交通、生物医药、节能环保等一批产业加快发展，为我们做好关键共性技术的遴选指明了方向。这次确定的30项关键共性技术，均分属对于打造更加稳固的多点支撑产业发展格局具有重要作用的战略性新兴产业，充分体现了省委、省政府战略部署的要求。

其二，突出市场导向和产业发展重大需求。围绕促进我省产业结构调整和工业转型升级，针对重点行业和技术领域特点及需求，通过深入调研、广泛听取意见、科学开展论证，明确制约产业发展的关键共性技术，明确技术研发攻关的战略、思路、目标和任务。同时突出分类指导，引导和聚集创新要素，促进产业由价值链低端向高端跃升。

总的来说，《湖南省战略性新兴产业重大关键共性技术发展导向目录（2014）》中的30项关键共性技术均符合以下原则和条件：一是属于我省重点培育发展的战略性新兴产业范畴，符合我省构建多点支撑产业格局的需要；二是各项技术均由5家以上行业重点骨干企业提出；三是各有关企业进行了较长时间的技术跟踪和技术储备，与相关高等院校、科研院所初步探讨了产学研合作机制，有的还进行了前期投入，具备了研发攻关基础；四是带动效应好，产业化目标明确，技术突破能给产业和经济发展带来切实的推动作用，作出实质性的贡献。

【作者：湖南省加速推进新型工业化工作领导小组办公室主任
湖南省经济和信息化委员会主任】

政校企合作办学　提升人才培养“契合度”

杨春光　张景春

如何实施开放办学，拓展学生发展空间，增强学生可持续发展能力，实现学生“价值倍增”，促进学生人人成才，一直是铜仁职业技术学院办学关注的重点。近三年来，学院以国家骨干校建设为契机，发挥示范引领作用，深化政校企合作办学体制机制改革，推动政府优化统筹职业教育发展布局，创新理事会议事决策运行机制，构建多方合作联动机制，吸引行业企业紧密合作，实施多元合作育人，实现学生能力结构和就业结构的转变，不断提升学校发展竞争力。

一、示范引领，统筹优化职业教育发展布局

铜仁职业技术学院是2009年贵州省首批示范性高职院校、

2010年国家首批骨干高职院校和2011年国家1000所示范性中职校，拥有11个国家级重点建设专业、1个国家级教学团队、2个省级教学团队和1个省级创新人才团队，专业办学优势资源凸显。省市政府高度重视和关注学院的发展，对学院的发展寄予厚望。2012年，在贵州省教育工作会上，刘晓凯副省长明确提出：“铜仁职业技术学院要在全省职业教育改革发展上发挥示范和引领作用，先行先试，积极推动职业教育集团化发展，探索一条适宜于贵州职业教育集团化发展之路”。

对此，学院依据铜仁市委市政府制定的“四化同步、一业振兴”（新型工业化、农业现代化、特色城镇化和信息化，创新发展旅游业）发展战略，围绕铜仁市县区重点产业发展布局，新确立“向上提升、向下延伸、国际化办学”的立体式办学发展思路，发挥政府主导作用，紧密结合行业企业，优化调整职业教育发展布局，完善专业结构体系，整合学院专业资源、各区县产业资源和行业企业技术资源，全方位地拓展学院的办学发展空间，努力把专业办学优势转化为专业品牌优势，扩大专业办学竞争力和吸引力，着力提升学校发展竞争力。

具体讲，一是在省教育厅支持下，向上提升办学，与贵州大学共同开发农学、动物学2个专业四年制应用型本科人才培养方案，联合试办四年制本科应用型学历教育，突破高职教育发展办学层次“天花板”瓶颈，提升高职教育人才培养层次。二是在铜仁市政府主导下，向下延伸办学，与铜仁市10个区（县）12所中职学校共同组建“铜仁职业教育集团学校”，并依托各县区中职校，结合县区特色产业资源，优化专业结构布局，分别成立铜仁职业技术学院分校——玉屏黔东工业学校、江口梵净山旅游学校、印江茶业学校、石阡黔东营养健康学校、思南黔东电子信息技术学校和碧江区医护学校等，优化统筹全区职业教育发展布局，引领和带动各区县中职教育同步发展。三是设立梵净山奖学金，招收老挝、俄罗斯等国留学生，向外拓展国际合作办学空间，开辟中国——东盟高职教育国际合作办学新领域，培养学生国际化视野，顺势及时成立了国际教育学院，申请设立了HSK考点，提升国际化合作办学影响力。进而全方位地拓展学校办学发展空间，发挥骨干示范校的辐射带动作用。

二、深化改革，构建多方合作联动机制

政校企合作办学的关节点在于能否建立多方合作联动机制，让参与各方能够相互对话，合作共建，利益共享，责任共担。对此，学院以政校企合作办学体制机制改革为突破口，进行了有益的尝试和探索，具体包括多方合作参与的人才需求调研机制、理事会议事决策机制、集团学校合作办学机制。

1．人才需求调研机制力求专业与产业无缝对接

学院围绕“政府推着产业跑、专业围绕产业转、企业跟着需求走、岗位引着教学动”的政校企合作办学思路，出台教师联系企业制度，发挥“铜仁地区产业发展研究中心”的统筹功能，完善由铜仁市办下文、各县领导支持、县直相关部门协调、企业乡村参与、学校调研小组下县调研的政校企联动人才需求调研机制，以产业人才需求调研为切入点，推动政府和行业企业参与办学。进而，为学院专业建设做到“三个坚持”，即坚持新专业申报必须开展专业人才需求调研；坚持每年对各县产业人才需求和毕业生就业进行调研；坚持依据人才需求调研报告及时调整相关专业人才培养方案等提供了坚强保障。2013年，学院新增的农产品检测技术、农村金融等8个紧缺专业，就是在调研基础上确定的，与铜仁市人民政府和万山区人民政府开展合作培养订单培养生555名，其中，铜仁市万山区人民政府订单培养免费医学生30名（临床医学专业15名、护理专业15名）；铜仁市人民政府订单培养生525名（临床医学100名、水利水电建筑工程专业50名、设施农业技术专业35名、畜牧兽医专业50名、茶叶生产与加工技术专业40名、农产品质量监测技术50名、农村金融50名、建筑工程技术150名），也是在充分调研的基础上形成共识的。

2．理事会议事决策机制创新凝聚多方合作智慧

职业教育是开放的教育，如何搭建开放的议事平台，让政府部门和行业企业的领导、专家能够直接参与人才培养议事工作，吸纳政府、行业和企业的智慧，对帮助学院解决企业参与教学、教师互聘互派、实习实训基地共建、学生顶岗实习及就业等关键问题至关重要。对此，学院创造性地提出了“理事会法人治理结构改革思路”，一方面，推动市政府组建成立由政府职能部门、行业企业领导和铜仁职业技术学院领导代表组成的“铜仁市政校企合作理事会”，由分管教育副市长担任理事长，每年定期开展政校企合作办学专题研讨会，共谋政校企合作办学大计；另一方面，学院党委聘请政府代表、行业代表和企业代表，组建铜仁职业技术学院理事会，推行理事会领导下的学院二级分院院长负责制，建立“党委统一领导、理事会民主管理、院长依法负责、专家潜心治学”的内部管理体制，积极探索党委领导下的理事会法人治理结构。这一创新举措，建立起了政府、行业和企业之间的多方合作交流平台，增进了沟通、理解和支持，提高了合作办学的质量和水平，列入了中央编办事业单位法人治理结构改革试点单位。截至2013年6月，铜仁市政校企合作理事会参与协调政府部门20多个，参与协调合作企业40家，帮助协调学校建设资金近6000万元，协调新增建设用地200亩，参与和指导政校企合作政策制定8项，帮助协调兼职教师聘任98人，搭建起了沟通政府、行业和企业的议事平台，合作办学的机制瓶颈开始化解。

3．集团学校合作办学机制引领中高职教育协调发展

以铜仁职业技术学院为龙头，与铜仁市10个区（县）12所中职学校共同组建“铜仁职业教育集团学校”，实施“统一管理、合作共建”的办学模式，建立集团学校合作办学机制，是铜仁市政府基于铜仁职业技术学院中高职教育混合发展的特点和铜仁市各县区职业教育发展不平衡、特色不突出、办学水平低、吸引力不强等现状，为做大做强铜仁市职业教育发展规模，系统培养区域技能型人才，推进中高职教育协调发展所采取的职业教育创新发展战略。具体做法体现在三个方面：一是政府主导成立，集团学校内的中职校全部委托由铜仁职业技术学院管理，以集团学校名义统一招生，统筹各县区中职教育发展；二是在保留各区县中职学校牌子基础上，设立铜仁职业技术学院各区县特色分校，将中职办学机构向县区腹地延伸，

扩大办学规模，建立高职生源基地，打造县区特色品牌学校；三是创新利益激励机制，拓展县区中职学校发展空间，比如鼓励中职校以铜仁职业技术学院分校的牌子扩大招生，办学收入的绝大部分留归分校，并且各分校可参照执行铜仁职业技术学院的津贴发放政策；支持各分校发展到一定阶段，可申报组建铜仁职业技术学院二级分院，共建高职专业，将高职教育向县区延伸，实现城乡居民家门口上大学的愿望。集团学校成立运行1年多来，拉动了各县区中职学校发展，增加了中职教育在当地的吸引力，2012 年中等职业教育招生数比上一年增加27%，2013 年，集团学校招生计划规模接近 10000 人，促进了铜仁市中高职教育协调发展。

三、多元办学，提升服务区域经济发展能力

关注学生个体差异及不同需求，实施多元合作办学，是学院拓展学生发展空间，提升服务区域经济发展能力，增强学校办学竞争力的重要举措。

1．政府订单办学。围绕铜仁市政府主导产业和社会事业发展需要，与政府产业部门开展政府订单办学，合作培养地方产业急需高技能人才。2013 年，政府订单办学专业由 2010 年的 1 个增至 8 个，培养人数由 100 人提高到 555 人。培养过程中，学院与政府产业部门签订合作培养协议，明确双方人才培养责权利。学生毕业后，由政府按照订单协议，将毕业生安排到乡镇医疗卫生、农业、畜牧、水务、金融、建设机构等部门或单位就业。开展政府订单培养后，生源质量明显提高，学生报到率和毕业生专业对口率大幅提升。2012 年录取最高分，文、理科分别高出省控分数 272 分和 210 分，平均分分别高出省控分数 90 分和 67.5 分，学生综合报到率提高到 90.03%，毕业生专业对口率达 80%以上，其中护理专业高达 93.90 %，医学检验技术专业和临床医学专业 100%，学院的知名度和社会影响力显著提升。

2．校企合作办学。各专业依托行业企业，建立紧密型合作企业 3～5 家，合作培养企业所需的高技能人才。合作双方签订校企合作协议，制定校企合作培养方案，共建实习实训中心，共同开发课程，互兼互聘教师，合作开展技术研发，协同安排学生顶岗实习。学生毕业后，优先接受和推荐毕业生就业。目前，各专业构建紧密型合作企业 114 家，合作开发本土化课程 111 门，毕业生在本地就业人数超过 80%。从 2012 年毕业生就业单位性质看，在行政事业单位就业有 335 人，占 19.69%；在国有企业就业有 66 人，占 3.88%；在中小微企业就业有 1262 人，占 74.19%；升学有 8 人，占 0.47%；自主创业达 30 人，占 1.76%，就业结构中自主创业比例逐步提高。特别值得一提的是，2013 年，学院校企合作项目——贵州中兽药工程研究中心（省级工程研究中心）与贵州梵净山生态农业股份有限公司合作申报的中兽药制剂国家地方联合工程中心，累计投资 6200 万元，成功入选 2013 年国家地方联合工程研究中心（工程实验室）的备选项目。建成后，将新增研发中试设备 112 台套，新增动物养殖实验场 2000 亩，新增药材种植基地 420 亩，中心教学科研实力显著增强。因此，通过校企合作办学，学院的技术研发能力不断提升，人才培养质量不断提高，学生获取职业资格证书比例达 100%，其中获高级职业资格证书超过 50%。

3．校际联合办学。2012 年，学院发挥农学类专业品牌优势，首次与贵州大学强强联合，联合试办农学（特种经济作物繁育与推广方向）和动物科学（动物繁殖与疾病防控技术）2 个专业四年制应用型本科学历教育，每个专业 50 人，纳入贵州省普通高校招生计划，从贵州大学第二批次录取。联办专业学生在铜仁职业技术学院就读，享受贵州大学本科学生待遇。学生完成学业，经考试合格后，颁发贵州大学本科毕业证；符合授予学位条件的，授予学士学位。目前，有在校生 81 人，2013 年又与贵州师范大学、贵阳医学院签订应用型本科合作办学协议，开展生物科学、环境科学、药学、护理四个专业本科试点，预计招生 250 人。通过联合办学，不仅提升了学校的办学层次，扩大了办学影响，而且加强了文化交流，拓展了学生的成长空间。

4．国际合作办学。学院主动开展国际合作办学与交流，出访英国、德国、俄罗斯、瑞士等多个国家高校，与英国阿斯顿大学、柬埔寨经济管理大学等达成合作办学意向。在 2011 年招收 22 名老挝留学生后，2012 年招收了老挝、俄罗斯等国家的留学生 104 名。通过国际合作办学，营造了良好的国际化办学氛围，培养了学生的国际化视野。同时，学院每年派出教师到国外访学交流，教师们不但带回了合作学校先进的教学理念和教学方法，还把国外的历史、商业、风俗等文化渗透、融合到实际教学中，培养学生跨国文化意识和沟通能力。

【作者：中共铜仁职业技术学院】

建设现代林业　服务“两个跨越”

尧斯丹

四川省委十届三次全会贯彻中央要求、立足四川省情，作出了实现经济大省向经济强省跨越、总体小康向全面小康跨越的战略部署，将建设生态文明列为八大任务之一。全省林业必须服务大局，顺势而为，奋力推进四川现代林业科学发展、加快发展。

一、服务大局，科学把握四川林情

立足全国和全省经济社会发展大局，重新审视四川省林业面临的形势和任务，主要体现为三个方面。

（一）建设生态文明美丽四川林业责任重大。党的十八大提出建设美丽中国，全面部署生态文明建设，形成了“五位一体”总体布局。林业是自然生态系统的主要建设者、社会生态产品的最大提供者、绿色循环发展的重要参与者、生态文明意识的直接引领者，在生态文明建设中处于基础性、关键性地位。四川是长江、黄河的发源地，生态区位极为重要，森林资源十分丰富，林业对增加生态产品、促进农民增收、改善人居环境作用突出，在维护国家生态安全、建设美丽繁荣和谐四川中担负重大使命。

（二）全面建成长江上游生态屏障任务繁重。经过多年努力，四川省长江上游生态屏障已基本建成，森林覆盖率达到35.3%，自然保护区达到167个，50%以上的自然湿地纳入了保护范围，90%以上的重点物种得到了保护。但是，四川省自然生态体系还不完善，功能发挥还不突出、不稳定，土地沙化、石漠化依然严重，湿地退化、水土流失仍然较重，干热河谷地区生态治理困难，地震灾区生态功能恢复缓慢，生态治理成果巩固难度较大，一些地区还存在边治理边破坏的现象。落实省委要求，确保到2020年全面建成长江上游生态屏障，任务十分艰巨。

（三）四川林业经济“大而不强”亟需改变。四川林地面积、森林面积和森林蓄积分别居全国第3位、第4位和第2位，2012年全省实现林业总产值1746亿元，居全国第八位，但是“大而不强”的特征明显。全省林业科技贡献率为40%，造林良种使用率为40.8%，每亩林地产值为485元，均低于全国平均水平。高寒地区、边远山区森林资源产业贡献率低，农民群众还不能主要依靠林业脱贫致富。必须通过提升增效，完成由“大”到“强”的转变，服务四川由经济大省向经济强省跨越。

二、理清思路，着力建设“六个林业”

根据对形势的综合判断，我们确立当前和今后一段时期全省林业发展的总体思路是：高举中国特色社会主义伟大旗帜，以邓小平理论、“三个代表”重要思想和科学发展观为指导，深入贯彻党的十八大和省委十届三次全会精神，坚持以建设生态文明美丽四川为统领，着力建设生态林业、民生林业、法治林业、效益林业、人文林业、服务林业，努力实现林业经济由大省向强省跨越、长江上游生态屏障由基本建成向全面建成跨越。概括起来就是：“坚持一个统领、建设六个林业、实现两个跨越”。

力争到2020年，全省林地保有量3.54亿亩、森林面积2.7亿亩、森林蓄积17.5亿立方米，森林覆盖率达到37%，国土绿化覆盖率达到66%，实现林业产业总产值3000亿元、农民人均林业收入1500元。

（一）推进重点工程，建设生态林业。按照习总书记“保护生态环境就是保护生产力，改善生态环境就是发展生产力”的要求，着力于建设森林生态系统、保护湿地生态系统、改善荒漠生态系统、维护生物多样性，深入推进天然林保护、退耕还林、野生动植物保护、川西北防沙治沙、湿地保护恢复、石漠化综合治理、灾区生态修复等现有重点生态工程，适时谋划、争取和启动实施新的工程。突出重点区域造林，丰富造林形式，发展森林碳汇，落实生态效益补偿，加强大熊猫保护研究。当前要重点实施好《川西藏区生态保护与建设规划》，尽快启动芦山地震灾区生态修复工程。

（二）加快产业发展，建设民生林业。重点抓好“六大产业、四大集群、六十强县”建设，做强做大林业经济，助推山区农民增收致富。突出发展木竹、特色经济林、林下种养、苗木花卉、野生动物繁育利用、生态旅游等重点产业，着力打造成都平原区林板家俱、川南竹产业、川东北特色经济林、川西生态旅游四大产业集群，加快培育现代林业产业基地带，做强大熊猫、森林、湿地、乡村等四大生态旅游品牌。大力培育产业要素市场，推进木竹产品精深加工，建设产业园区，培育一批林业产业化龙头企业，创建一批“川”字号林产品品牌。推进林业棚户区改造，加快林区基础设施建设，改善林区生产生活条件。

（三）强化资源管护，建设法治林业。认真落实《森林法》、《野生动物保护法》、《防沙治沙法》、《湿地保护条例》等涉林法律法规，履行好林业资源管理、经营、保护三大职责。加强林地保护管理，做好重大工程、民生工程征占用林地工作。强化木材战略储备，加强林木采伐运输管理，严格森林采伐限额和凭证采伐制度。加强森林经营，实施森林经营工程，确保实现森林面积、森林蓄积“双增长”目标。加强森林火灾、林业有害生物、野生动物疫情等自然灾害防控，依法打击森林资源违法犯罪活动，维护林区和谐稳定。

（四）创新体制科技，建设效益林业。着力于体制创新、科技创新、管理创新，推进传统数量林业向现代效益林业转变。深化集体林权制度改革，完善县级林权管理服务机构，创新林权流转和抵押贷款办法，健全森林资源资产评估机制，推进森林保险工作。组织实施林业科技攻关，加速成果转化，强化科技服务体系建设，加强优良资源收集保存和利用，加强林木良种繁育推广，加快推进林业信息化建设。完善林业管理体制，推进国有林和国有林业单位管理改革，创新林业经营机制。加强对外交流合作，支持各类社会主体兴办林业。

（五）繁荣生态文化，建设人文林业。推进城乡绿化一体化，加快绿色城镇、绿色新村、绿色通道建设，深入开展森林城市、绿化模范县、绿化模范单位等创建活动。充分挖掘森林、湿地、花卉、竹、茶、大熊猫等文化内涵，组织开展生态文化创作，弘扬生态伦理道德，建设一批生态文化教育基地。加强古树名木保护，积极发展珍稀树木，广泛开展义务植树活动，规范和提升生态节庆活动。加大生态文明宣传，积极营造保护生态、建设林业的良好氛围。

（六）夯实基层基础，建设服务林业。抓实基层管理，强化基层在资源保护、灾害防治、服务林农等方面的基础作用。抓实基本体系，加强森林防火、森林病虫害防治、林业科技推广等管理服务能力建设，提高基层装备设备水平。抓实基础工作，加强生态监测、资源调查、产业发展等基础数据的收集整理，全面掌握林业实情。抓实基层队伍，提升业务素质，强化群众意识和法纪意识，提升基层林业干部服务农民的能力和水平。

三、强基固本，增强林业发展实效

（一）加强规划引领。牵头制定生态文明建设规划纲要，组织制定全省林业建设生态文明实施规划，参与制定主体功能区生态保护与建设规划，适时启动新一轮森林防火规划，编制完成川西北防沙治沙工程成果巩固、林下经济发展等规划，组织完善森林资源增长、湿地保护、荒漠化治理、低产低效林改造、林业产业发展等专项规划。

（二）**加强政策支持**。加强调查研究，做好政策研判和项目论证包装，完善涉林惠农政策。加强林业补贴、补助、补偿到位情况监督检查，加强林业项目管理，确保资金和项目安全、高效、惠民。建立健全林业投入、工程管理、监督检查、绩效考核等工作机制，精心组织实施林业各项工作部署。

（三）**加强能力建设**。加强林业体系和装备建设，固牢林业工作网底，提升灾害防控和应急处置能力。扎实开展以“为民务实清廉”为主要内容的群众路线教育实践活动，加强行业作风建设，增强林业服务大局、服务农民的实效。

【作者：四川省林业厅厅长 党组书记】

辽宁省渔业安全应急管理现状问题与建议

阴惠义

近年来，辽宁省全面加强海洋渔业突发公共事件应急预案管理工作，进一步强化应急管理体制机制建设，夯实海洋渔业事故发生前基础工作，狠抓事故中应急事件处理的有效性，提升事故后调查处理及保险理赔工作的时效性，省、市、县、乡镇、村屯分级负责，渔业、海事、安监、边防等多部门通力合作，依法管理。2012 年，我省海洋渔业安全生产事故起数、死亡（失踪）人数、沉没渔船数及经济损失较前三年平均数分别下降 39.1%、43.5%、70.9%和 28.4%，全省海洋渔业安全生产管理工作呈现出稳定发展的良好态势，正在一步一个台阶地向前发展。本文从陈述该省相关基本情况入手，回顾五年来应急管理所做的工作，总结经验，分析存在的主要问题，提出进一步完善海上应急管理工作建议，期盼对减少海上事故发生能起到一点作用。

一、辽宁省渔业安全基本情况

（一）海域自然状况

辽宁省海域广阔，坐拥黄、渤两海，所辖大连、丹东、锦州、营口、盘锦、葫芦岛六市及绥中县，陆地海岸线东起鸭绿江口西至绥中县老龙头，全长 2920 公里，占全国海岸线长的 12%，位居第 5 位。岛岸线全长 627.6 公里，占全国岛岸线长的 5%。海域（大陆架）面积 15 万平方公里。

（二）渔船数量情况

根据最新统计，目前全省共有海洋渔业船舶 40527 艘。其中捕捞船 19356 艘，养殖船 16653 艘，渔业运输船 986 艘，其它类渔船 3532 艘。

（三）海难救助基本情况

2008～2012 年，五年里全省共组织实施渔业海难救助 365 起，救助渔民 1764 人，救助渔船 389 艘，调度渔政执法船等公务船只参与救助 249 艘次，组织渔船参与救助 770 艘次，投入救助费用近 1300 万元，挽回经济损失约 2.5 亿元。

二、辽宁省渔业安全应急管理工作情况

（一）**编制《辽宁省海洋渔业特大安全事故应急预案》**。2005 年，省海洋与渔业厅制定了《辽宁省海洋渔业特大安全事故应急预案》。2006 年，省厅又制定了《辽宁省远洋渔业涉外突发事件应急预案》，并以省政府办公厅文件形式发布。长期以来，我省结合渔业生产实际，对各类应急预案不断进行修订完善。

（二）**制定相关制度措施**。为确保各类《应急预案》的落实，省厅制定了《省属渔政执法船应急救援综合演练实施方案》、《辽宁省海洋渔业安全事故报告规定》等规章制度，下发了《关于进一步加强渔业较大以上等级事故报告工作的通知》、《关于进一步加强突发事件信息报告工作的紧急通知》等一系列文件；同时，要求沿海各市和绥中县，不断健全和完善本级应急预案，并报上级有关部门备案。

（三）建立并逐步完善应急管理机制体系

1．成立“省海洋渔业安全领导小组”。我省成立了以省厅领导为组长的“辽宁省海洋渔业安全领导小组”，并将领导小组办公室设在辽宁渔港监督局，由该局全权负责渔业船舶水上突发事件信息报送、海难救助组织协调、气象信息传递等应急处置日常工作。

2．明确省属相关单位职责。一是省属大连、锦州两个渔政管理局分别设立“渔业海难搜救中心”，负责全省渔业海难遇险求救信号的处理、上报及海难救助的通信指挥及海难的搜救工作；二是授权辽宁省海洋环境预报总站负责全省海洋灾害应急反应系统的日常工作，相关单位各司其职，职责明确。

3．成立石岛办事处。2010 年，为了强化对转港生产渔船管理，我省特成立“辽宁省海洋渔业安全领导小组驻石岛办事处”，为防止并及时处理转港生产渔船海上突发事件起到积极作用。

4．成立市、县两级安全组织。继省安办成立之后，沿海各市、县相继成立安全领导机构，进一步强化对海洋渔业安全生产工作领导。

5．完善基层安全组织建设。在先后建立省、市、县三级海洋渔业安全领导机构的基础上，各地政府部门在主要渔业乡镇明确主要领导负责制，在重点渔村、社区建立联络员、信息员制度。基层安全组织的建立与完善，对遏制海洋渔业安全生产事故发生起到积极推进作用。

三、辽宁省渔业安全应急管理工作取得的经验

（一）**建立健全组织体系**。各级渔业行政主管部门领导高度重视，将海洋渔业安全生产同绩效考核结合起来，成立了由主要领导负责的各级安全组织，建立了村屯等基层监督制度，职能清晰，责任明确，奖惩分明，从组织层面确保安全不出纰漏，渔业安全生产管理工作有章可循。

（二）**加强制度建设、明确相关责任**。上世纪九十年代以来，我省相继出台了《辽宁省海洋渔业安全管理条例》、《辽宁

省渔船管理条例》、《辽宁省渔港管理条例》等法规。近年来，省厅又先后制定实施《中小型渔船作业人数安全定员管理规定》、《渔船安全生产应做到十必须、十不准》、《转港生产渔船安全监管登记报告制度》等规章制度，明确了各级主管部门及相关人员责任，从法律层面严格规范，渔业海上突发事件处置能力不断增强。

（三）完善设施，提升能力。 2010年以来，我省先后在沿海六市一县全面推进渔船安全信息系统建设，系统总投资14295.9万元，其中地方投资9574.9万元。系统采用渔船避碰系统（AIS），北斗卫星定位，GPS、CDMA近岸救助定位通信终端和计算机网络与数据处理等技术，建设省级安全信息中心1个，市级系统平台6个，县级系统平台1个。2013年上半年将基本完成对丹东边境地区60马力以上，其他地区80马力以上7309艘渔船，配备AIS自动识别避碰系统、北斗船位导航监控设备建设任务。同时，《辽宁省海洋渔业安全信息系统管理办法》也将颁布实施。

（四）采取联动，提高效率。 辽宁省海洋与渔业厅与辽宁海事局于2010年建立了海上信息（险情信息、天气海况、救援进程等）交流通报、通信协作、搜救应急工作会商等搜救联动机制，实现海上搜救资源共享，提高了海上救助和突发事件处置效率。

（五）加强检查，奠定基础。 平时各级管理机构不定期地开展渔船设备及船员配备、各种证书、证件及渔船编队生产等安全生产检查：一是开展日常安全生产检查；二是开展重要节日及两会前安全检查；三是开展“渔港水域执法年”、“打非治违”等专项执法；四是开展省市县联合执法检查。这种做法，为减少海上突发事件发生奠定了坚实基础。

（六）广泛宣传，营造氛围。 一是利用广播电视、网站、报刊，广泛开展宣传教育，及时曝光典型渔船违规事件；二是在渔港、办公场所张贴标语、宣传横幅，印发宣传单、宣传手册到渔民手中；三是利用船员培训、召开船东座谈会等方式，大力宣传渔业法律、法规，营造浓厚的安全生产社会氛围。

（七）加强队伍建设。 一是增加进驻港口执法人员数量，增强一线执法力量；二是加强政治、业务学习，研究探索新形势下渔业执法新思路、新举措；三是加强应急演练，提高陆地、海上消防和海上抢险救助能力。

四、辽宁省渔业安全应急管理工作存在问题及建议

（一）是进一步提高渔业从业人员应急处置能力。 目前，随着传统渔民和职务船员流失，大量内地农民下海入渔，渔业劳动力流动速度加快，渔船船员整体素质下滑，其安全意识淡漠、技术水平低下、应急处置水平差等问题将更加突出。对渔民、船东和船长进行安全生产教育和应急处置培训刻不容缓。

（二）是进一步加强渔船海上安全适航能力。 近年来，尽管我省加大了渔船安全救助信息化装备建设的资金投入，使渔船安全装备水平有了一定改善，但由于渔船众多，特别是个体渔船船体陈旧、设备老化、安全性能差等问题没有得到根本改变，渔船海上生产安全隐患仍然较为突出。因此，应进一步加强渔船安全应急保障装备建设，以提高安全适航能力。

（三）是进一步加强渔业应急管理队伍建设。 目前全省渔港监督执法人员450名，270座港口，有渔港监督人员进驻的一线港口只有42个，很多渔港无法派驻执法人员进行渔船进出港登记。全省现有在册渔船4万余艘，渔船分布具有点多、线长、面广、流动性大等特点，尤其是小型渔船随意进出港口，渔业安全应急管理力量明显不足，渔业水上应急处置工作很难有效开展。因此，应进一步加强渔业应急管理队伍建设。

（四）是进一步完善渔业水上应急管理体制机制。 目前，渔业海难救助机构数量很难满足救助需求。建议国家在重要的地区，增强专业搜救机构和力量建设，建立空中、海上、港口渔业水上应急救援立体体系，为渔业水上应急救助提升救助空间。

（五）是进一步提升渔业安全监管体系组织化程度。 目前，尽管我省大多数地区建立了自上而下管理体系，但距要求还有很大差距：一是有些地区还没有在主要渔村、社区建立联络员、信息员制度，渔民的违规行为还不能及时反馈到主管部门，无法及时采取有效措施；二是个别地区领导对渔业安全重视程度还有待于进一步提高等。因此，渔业安全监管体系组织化程度仍需进一步完善与提高。

（六）是进一步加大资金投入力度。 近年来，尽管政府投入一定救助资金，但其数额与渔业海难救助资金需求相比差距很大，很难提高渔民群众参与救助的积极性。同时，由于资金缺乏，应急救援演练及基层体系建设都无法落到实处。建议设立专项救助资金，确保渔业海难救助相关工作需要。

【作者：辽宁渔港监督局副局长
辽宁省海洋渔业安全教育中心副主任】

以解放思想大讨论活动为动力引擎驱动消防工作和部队建设创新发展

尹　超

河北省省委八届五次全会上，周本顺书记明确指出，“要按照‘解放思想、改革开放、创新驱动、科学发展’的要求，实现河北经济社会持续健康发展，既要统筹谋划、协调推进，又要突出重点、抓好关键。”实现河北经济社会持续健康发展，已成为当前全省共同关注、共同探索、共同推进的时代工程。消防工作作为维护社会火灾形势稳定、保护人民群众生命财产

安全和护航经济社会发展的职能部门，如何把握自身特点，找准工作定位，切实在促进经济社会发展的大潮中走在前列，是摆在我们全体官兵面前的重要课题，下面笔者结合近期对省委八届五次全会以及省厅、总队各级会议精神的学习，就解放思想大讨论活动的开展对邯郸市消防工作和部队建设的推动谈几点体会。

一、要深刻领会解放思想大讨论活动的内涵，不断深化改革，提升消防工作专业化水平

省委八届五次全会，是河北发展史上一次具有里程碑意义的会议。随着“解放思想、改革开放、创新驱动、科学发展”动员令的发出，河北经济即将进入发展黄金时期，但这同时也是社会矛盾的凸现期，社会转型带来的不稳定、不和谐因素增多，而管理的目标就是社会稳定和谐。消防工作管理创新是消防部队应国家经济社会发展需求的必然之举，服务和管控是一对辩证的矛盾，消防工作管理创新说到底是通过创新正确处理二者关系，形成相辅相成的合势。

（一）加强队伍建设，提升消防“软”实力。进一步提升全体官兵专业技能和服务水平，通过岗位大练兵，干部素质提升工程、开展比武竞赛等形式，对标晋位，虚心学习先进单位的经验做法，提高队伍整体素质；进一步完善绩效考评机制，研究建立一整套竞争激励和考核晋升制度，以制度管理人员，用岗位增加竞争，靠压力强化激励，用考核形成淘汰，真正让每一名官兵都有危机感、紧迫感。

（二）提高科技水平，做强消防“硬”环境。近年来，随着经济社会的日益发展，对消防工作提出了更高的要求。消防部队要以科技思维和科技手段促进消防工作的科学发展。依托省厅天网覆盖、邯郸智慧城市和数字城管等重点项目，广泛应用信息技术，建立科技引领、技术支撑的新型灭火救援和消防监督执法体系。消防部队要继续在工作中坚持科学的态度，实施科学的技术，进行科学的管理，充分利用科技给消防工作带来更快的发展。

二、要准确把握解放思想大讨论活动的实质，不断转变观念，树立“服务型”消防理念

省委八届五次全会明确指出要突破思想藩篱，搞好解放思想、改革开放、创新驱动、科学发展的大讨论。这对消防部队践行“人本、专业、安全”的服务理念提出了更实、更新的要求。

（一）加强服务意识培养。注重每一名消防官兵服务意识和服务养成的训练培养，将“热情服务、文明执法”贯穿于各级干部的入警培训、在职培训和晋升培训的每个环节，并通过开展“执法岗位互比互评”、评选“文明执法标兵”等活动，努力形成具有职业特点的团队氛围，实现全体官兵工作理念、人生价值的趋同，用实际行动履行“忠诚可靠、服务为民、竭诚奉献”的总要求。

（二）细化服务理念内涵。结合消防监督执法和审批验收等服务工作实际，与不同执勤岗位的工作实际相结合，针对岗位职责、服务流程、工作环节的每一个细节进行分析、讨论，探索建立相应规范，创新服务模式，提高服务艺术，强化服务技能，积极践行服务理念，全面提升服务质量。

（三）加大服务品牌宣传。就邯郸支队驻行政服务中心窗口而言，自进驻大厅以来，始终坚持“以人为本，服务至上”的工作宗旨，认真深入开展服务能力建设，结合窗口的实际工作情况制定了多项便民、利民措施，切实做到了“执法立足服务，服务以民为本”。一是减少消防行政许可前置受理条件，实行一次性告知、一站式服务，推行集中受理、网上流转，做到不缺项，不漏项，缩短消防行政许可申请时限，避免办事单位二次申报，坚决杜绝了二次许可和体外循环，不让群众多跑冤枉路；二是缩短消防行政审批时限，审批时间由原法定 20 个工作日内缩短为 10 个工作日内出具审批意见书，对于符合申报条件的固定资产投资联合审查项目，缩短为 3 个工作日内办结。三是重大项目提前介入，超前服务。对于国家、省、市重点工程项目，开辟消防行政审批“绿色通道”，从简、从快，优先受理，优先审批。超出技术规范，需要论证的项目，组建专门力量，帮助谋划方案，追踪服务，积极协调省直属部门，缩短论证时限，以最快、最优方案办结审批事项。四是对法律、法规没有明确规定的事项坚决取消，凡应下放和事后监督的事项，一律予以精简。五是强化窗口素质，提升服务质量。加强窗口人员业务培训，提高办事能力，增强主动服务意识，树立执法形象，打造窗口服务品牌，提高群众满意度。六是延伸服务水平，培训对口办事单位专业知识，建立便捷沟通渠道，提供随时咨询服务，提高对接质量。一项项便民措施的出台和推行，无不对外宣传了“邯郸消防”这一服务品牌，树立了良好的对外宣传形象。

三、要全面落实解放思想大讨论活动要求，不断开拓创新，提升服务标准和质量

（一）树立大局观念，形成一致认同的价值取向。消防部队要围绕省委改革发展的总体布局，树立大局观念，按照省厅、总队党委的决策部署，站在全局的高度，紧密联系工作实际，找准消防工作在地方经济发展中的定位，对内抓好规范建设，对外提供服务保障，自觉地将消防工作融入党委政府的“一盘棋”中。

（二）规范执法行为，践行“人民消防为人民”的根本宗旨。要打造一支人民群众最信赖、最亲近的队伍，关键是提高消防官兵的整体业务素质和服务水平。具体而言，消防监督检查要严格执行《消防监督检查规定》的量化要求，不擅自扩大检查范围和领域，不以任何理由干预企业经营。缩小培训范围，仅对企业“明白人”开展专业消防培训，倡导推行内部自主培训；组建消防技术服务制度。组建消防审验、灭火救援和火灾事故调查专家组，为社会单位提供消防设计、火灾调查、火灾隐患整改、抢险救援、消防安全评估等方面的技术咨询和论证服务。深化火灾调查，提升案件处置效能。发生火灾，调查人员要同执勤中队同时出警，第一时间赶赴火灾现场，第一时间调取物证，第一时间认定灾害原因。需要有关国家技术鉴定部门出具报告的，组织协调相关单位，倒排工期，缩短火灾认定时限，坚决从速从快认定。需要封闭火灾现场的，尽量减小火灾封闭范围，不能以任何理由擅自扩大封闭区域。从速从快组织调查，以最短时间帮助企业、群众恢复正常生产、生活。

（三）创新服务理念，为地方区域经济发展助力护航。省委八届五次全会提出，要“把握大势，肩负重担，戮力前行，趋利避害，抢抓机遇，乘势而上，河北依靠改革、开放、创新，正在走出一条科学发展的新路，实现从经济大省到经济强省的跨越。”在总队第一次党代会上，张越书记、张士良副厅长反复讲到，“经济发展到哪里，消防服务就要延伸到哪里”，变“坐等受理”为“上门服务”。经济发展的关键是市场经济的培育和发展，市场经济的培育和发展关键是企业。消防官兵要创新服务理念，全力打造服务性消防。要真正在减少审批事项、加快审批速度、提高服务质量、保障合法权益等方面下功夫，研究制定服务经济社会发展、切实便民利民的创新举措，努力在优化发展环境、激发市场活力上走在前列。要把消防工作和地方经济建设紧密结合起来，诚心诚意为企业、为单位服务，诚恳接受社会各界的监督和指导，不要威风、不要特权。在为重点单位服务的过程中，要树立“超前服务”意识，做“助推器”，不做“绊脚石”，做到虚心、诚实、不欺瞒、不压制。在对单位监督执法中，要做到主动上门服务，跟踪监督管理，做到“事前解释清楚、事中沟通协调、事后征求意见”，切实帮助当事人排忧解难。要言而有信，坚持做到“一切让群众满意”，接受群众的监督，真正树立消防部队文明之师的良好形象。

【作者：邯郸市公安消防支队党委书记 政治委员】

贵在坚守 重在落实

赵洪生

前不久，中央和省委相继召开了宣传思想工作会议，提出了一系列的新思想、新要求，进一步明确了宣传思想工作的主要责任和根本任务，具有划时代的重大意义。认真学习、宣传、贯彻、落实全国、全省宣传思想工作会议精神是当前全省广播影视工作的重中之重。要领会精神实质，把握内在要求，完善思路措施，强化任务落实，努力开创广播影视工作新境界。

一、坚持新闻宣传的正确导向，充分发挥主流媒体引导作用。广播电视是党和政府的“喉舌”，必须旗帜鲜明地坚持党性原则，讲党的话，办党的事，坚持同党中央保持高度一致，守住底线，不越雷池，始终把握正确的政治导向。要坚持服务人民的原则，把握好“为了谁、依靠谁、我是谁”这个根本问题，把镜头、话筒更多地对准人民群众，集中反映人民群众的伟大奋斗和火热生活，集中宣传人民群众的先进典型和感人事迹，始终坚持以人民为中心的宣传导向。要坚持团结稳定鼓劲、正面宣传为主的方针，把握主基调、弘扬主旋律、打好主动仗，做好鼓劲文章，做足正面宣传，始终保持昂扬向上的主流舆论导向。要坚持以经济建设为中心，加大宣传力度，营造发展氛围，突出宣传重点，紧紧围绕实施“三大”国家级发展战略和加快发展十大重点产业搞好宣传报道，始终保持推进龙江科学发展的准确导向。

二、坚持文化传播的正确方向，努力壮大主流媒体红色地带。广播影视是宣传思想工作的重要组成部分，其根本任务同样是“两个巩固”。我们所有工作的出发点和落脚点都必须紧紧围绕强化“两个巩固”，时刻不能游离“两个巩固”。要坚持不懈推进马克思主义中国化、时代化、大众化，用中国特色社会主义理论体系武装全党、教育人民、指导工作、推动发展，始终坚持正确的理论方向，积极做好推动“补钙”的工作。要坚持不懈地推进社会主义核心价值体系建设，弘扬传统美德，引领时代风尚，传颂先进典型，提供正向能量，积极做好推动“修行”的工作。要坚持不懈地推进“中国梦”宣传教育，引导人们把个人的“梦想”同国家发展、民族振兴结合起来，树立远大理想和抱负，积极进取、拼搏奉献、无私无畏、不怕困难，敢于胜利，勇往直前，积极做好推动“立志”的工作。要坚持政治家办台，站稳政治立场，增强政治定力，真正做到守土有责、守土负责、守土尽责，不给错误思想提供传播渠道。要加强宣传管理，净化音频荧屏，强化监听监看，抵制“三俗”之风，清查违规广告，不给错误信息提供传播平台。要推进节目栏目创新，提高广播影视节目、影视剧的思想品位和文化品位，增加公益广告制作播出数量，打造生产力强大的红色“信息源”。要抓好广播影视播映调控，把握好节目制播内容和影视剧播映结构，增加国产影视剧、主旋律影视剧的数量，增加国产纪录片、动画片的数量，打造传播力强大的红色地带。

三、坚持事业进步的正确方向，强化广电公共服务体系建设。广播影视服务具有很强的公益属性，经济社会越发展，广播影视公共服务体系应该越发达、越完善，社会主义国家更应该如此。要切实加强公共传输覆盖体系建设，扎实做好高山台站改造和传输体系数字化升级改造工作，提高传输覆盖工作财政保障水平，进一步扩大覆盖面，提高覆盖质量，实现满功率、满时间、满调制播出，保证人民群众无偿收听收视权益。要积极推进直播卫星“户户通”工程建设，扩大广播电视公共服务节目套数，更好地满足基层人民群众的文化需求。要积极推进县级城镇数字影院建设，提高农村电影放映工程实施质量，逐步实现室外放映向室内放映转变，切实解决好基层群众看电影难的问题。要加快广播电视综合监测网、发射台远程监控系统和高山台自动化监控系统建设，完善监管体系，及时发现和解决传输覆盖存在的问题，提高收听收看质量，保障广大群众的基本文化权益。

四、坚持改革发展的正确方向，始终坚持把社会效益放在首位。广播影视具有事业和产业双重属性，也有社会效益和经济效益双重追求。但是，广播影视工作的党性原则和服务人民的基本特质，要求我们必须始终坚持把社会效益放在首位。我们要力求社会效益与经济效益相一致，但当两者发生矛盾的时候，必须无条件地保持社会效益不受伤害。作为行政管理部门，一方面要转变职能，进一步推进广播影视领域管办分开，发挥市场在文化资源配置中的积极作用，激发市场主体和社会组织的创造活力，增强广播影视事业产业发展的内生动力，更好地适应发展社会主义市场经济和社会主义先进文化的需要。另一方面要提高广播影视依法行政水平，在积极简政放权的同时，牢牢抓住意识形态管理的关键环节，增强宏观调控能力，强化市场准入、内容监管、行政执法等核心职能，不断完善行业法律法规，加快建立统一、权威的行政管理体系，切实做到依法依规有序有效管理。作为市场主体部门，一方面要适应市场经济规律和企业管理规律，把握市场需求，强化内部管理，追求最佳经济效益。另一方面要牢记广播影视产业的特殊属性，坚守社会良知、承担社会责任，使我们的每一分的收入都不伤害社会、不伤害人民。作为党委和政府，一方面要严格要求、严格管理，确保导向正确、阵地巩固。另一方面要大力支持，帮助广播影视部门解救实际问题，让他们不再单纯依靠市场生存，能够大胆地、自主地、无后顾之忧地坚守公德、坚守责任、坚守阵地。

理念已经厘清，思路已经明晰，任务已经明确，关键是要抓好落实。责任在肩，不容懈怠，心无旁骛，一心一意抓落实，求实效，奋力承担起我们应有的责任。

【作者：黑龙江省广播电影电视局局长】

扎实做好本职事　助推实现中国梦

赵前程

习近平同志提出的实现中华民族伟大复兴的中国梦，令人憧憬、催人奋进，成为凝聚全党全国民团结奋斗的时代号角。怎样才能实现中国梦？空谈误国，实干兴邦。实干是成就事业的基石，是实现梦想的关键。实现中国梦，最根本的就是把本地区、本部门、本单位的工作干好，以实实在在的工作成效汇聚起推进社会主义现代化事业的磅礴力量。对于基层消防部队来说，就是要把一心为民作为出发点和落脚点，提高能力素质、忠诚履行职责、形成工作合力，努力建设平安中国，为实现中国梦保驾护航。

提高能力素质。立足岗位，履职尽责，为实现中国梦作贡献，前提是提高能力素质。应加强学习，追踪科技、社会发展趋势特别是消防领域业务和技术发展前沿，积极学习先进科技知识和业务技能，不断提高做好消防工作的能力素质；积极实践，坚持在干中学，深入研究防火、灭火工作规律，在实践中总结经验、增长才干、提升能力；不断创新，敢于打破习惯做法和思维定势，始终保持昂扬向上的精神状态，勇于在破解难题中提高能力素质；保持警醒，深刻认识到部队作风建设和能力素质与所承担的职责使命相比、与人民群众的期待相比还存在不小差距，大力弘扬优良传统作风，深入开展岗位练兵活动，把人民消防为人民的本质要求落实到具体工作中。

忠诚履行职责。把握好各级党委、政府高度重视消防工作的重大机遇，紧跟形势，创新举措，主动作为，努力实现消防工作科学发展。在服务改善民生上下功夫，任何时候都把人民利益放在第一位，紧盯火灾形势稳定这一根本目标，努力为经济社会发展创造良好的消防安全环境，不断提高人民群众的消防安全感和满意度。强化执勤岗位全员练兵，完善调度、指挥、作战等相关制度，推进应急救援队伍专业化建设，全面提升灭火救援能力。强化队伍管理教育，形成抓好经常性管理工作的立体网络，确保队伍安全稳定。加强多种形式消防队伍建设，实现城乡消防队伍全覆盖。以保障服务为主线，全面提高后勤保障能力，推进后勤保障社会化进程，加强消防队站和战勤保障体系建设。

形成工作合力。消防安全是人民幸福安康的基本要求，是实现中国梦的重要保障。近年来，一些重特大火灾事故给人民生命财产造成了巨大损失，给抓好消防安全敲响了警钟。应把消防工作放到党委、政府工作大局中来谋划和推进，以政府为龙头、社会为依托，形成工作合力，共同保卫经济社会发展成果和人民生命财产安全。加大火灾隐患排查整治力度，持续开展重大火灾隐患政府挂牌督办整治活动，扎实做好火灾防控工作。强化社会单位消防能力建设，筑牢社会单位安全防范基础。加强消防宣传教育培训，营造全社会关心消防、支持消防、参与消防的良好氛围。针对形势任务变化积极探索创新，着力解决影响消防安全的体制机制性问题，充分调动社会各方面积极因素，不断扩大消防工作覆盖面和参与度，着力提升全社会抗御火灾的能力。

【作者：辽宁省葫芦岛市公安消防支队党委书记 政委】

整合资源　凝聚力量　共同推动行业持续健康发展

郑　怀

四川省勘察设计协会成立于 1986 年，2009 年换届后，首次由大型设计院院长担任协会理事长。目前我会有会员单位 548 家，分支机构 11 个。承担秘书处日常工作的人员 12 人，平均年龄 40 岁，本科以上学历占 75%。近年来，协会在当地建设行政主管部门领导下，按照素卿理事长“三个结合”的指导思想，以行业的管理和技术创新为突破口，认真践行“提供服务、反映诉求、规范行为”的职能，做了一些工作，主要有：

一、紧扣会员发展的内在需求，不断推进四川省勘察设计行业科学发展

（一）引导会员单位转型升级，促进企业管理创新。一是建立了大院负责人联系会议制，定期召开高层研讨会，为管理者们交流思想、整合资源、寻找突破搭建平台。近年来，中国成达工程公司与西南电力设计院、电子第十一设计院合作，先后承接了国内外多个总承包项目，为四川省勘察设计企业走强强联合，共同开拓国际国内市场的发展模式树立了标杆。二是协会工程总承包工作委员会首次开展了省级优秀工程项目管理和优秀工程总承包评选，此项评选是对同类国家级奖项的很好补充，对加强我省勘察设计企业业务模式创新、不断开拓工程项目管理和工程总承包市场起到很好的推动作用。三是组织会员单位赴印度尼西亚实地考察中国成达工程公司的总承包项目，亲身体验发展方式转变带来的成效。四是举办工程总承包和工程项目管理的交流和培训，向广大会员普及工程总承包和工程项目管理相关知识，为企业今后开展这方面的工作做好人才储备。

（二）举办各类交流与培训，促进企业科技创新。一是根据会员需求，举办各类研讨会、座谈会。如为了增强设计人员对建筑作品的知识版权保护意识，提升行业在知识产权的创造、运用、保护和管理方面的能力，协会和省版权局共同举办了“建筑作品版权保护座谈会”。为了帮助会员单位及时掌握前沿信息化技术，助力企业的创新发展，协会信息化应用专业委员会就协同设计、电子签章、ERP、虚拟化技术、知识管理等信息化技术组织了大量的培训和交流。同时针对会员单位在知识管理中需大量购买外部资料的实际，还与知网和万方签订了《四川省勘察设计企业知识管理平台建设暨外部知识资料联合采购方案》，有效降低了会员单位的采购成本。另外，还组织会员单位参观大型设计院的信息化管理，现场感受信息化为单位提供的技术及管理支撑，实地体验大型企业的综合实力。二是举办技术规范培训，帮助工程技术人员及时、全面、系统地掌握最新规范和标准。如举办了《建筑抗震设计规范》、《混凝土结构设计规范》、《低压配电设计规范》、《建筑地基基础设计规范》培训等，培训所请教师均为规范的主要编制人，收费大大低于市场同类培训收费，同时对会员和非会员单位学员实行差异收费，有效降低了会员单位培训成本，更好地体现了会员单位权益。三是做好全省注册人员继续教育（选修课）培训，不断提高从业人员素质。我会近年来举办了注册建筑师、注册结构工程师、注册土木工程师（岩土）继续教育（选修课）培训，培训内容主要针对工程中的热点、难点问题，由生产一线的老总根据实践经验撰写教材并讲授，培训效果得到学员普遍认同。同时为了更好地服务会员，协会还免费为会员单位学员提供午餐，免费搭建人才交流平台，引进书商现场售书等。协会切合实际的教学内容、图文并茂的教学方式以及规范有序的组织管理得到省住房和城乡建设厅的充分肯定，特授予协会培训先进单位称号。

（三）开展评优荐优，树立行业标杆。协会在做好“四优”及QC小组评选的基础上，还进行了其它评选：一是企业文化工作委员会开展了全省企业文化建设先进单位、先进工作者及优秀论文评选，并召开了四川省勘察设计行业首届企业文化建设先进表彰暨经验交流大会。评选活动对系统归纳、总结、分享四川省勘察设计企业先进企业文化，不断提升企业的综合素质，形成可持续发展的“软实力”具有重要的推动作用。二是开展首届四川省优秀青年工程勘察设计师评选。目前申报人员在各市州协会初审的基础上已完成专家组评审。此项工作对激发青年工程勘察设计人员的积极性和创造性，建立人才培育和选拔新机制，促进行业人才队伍建设具有积极的作用。三是首次开展了协会优秀信息联络员评选，这对鼓励企业信息人员的工作积极性，收集行业信息起到重要的作用。四是受省住房和城乡建设厅委托，做好四川省工程勘察设计大师评选基础工作。主要是提出大师评选领导小组及评选专家组成员建议名单、补充和完善评选办法及细则、组织专家实施评审等。目前已有来自我省不同行业的勘察设计专家共113位获此殊荣。

二、开展行业调研，反映会员诉求，提出发展建议。

协会通过会议、文件、网络等多种方式收集会员的意见和建议，及时向建设行政主管部门反馈并提出发展建议。协会先后起草了《四川省省外勘察设计企业入川备案暂行管理办法》、《四川省工程勘察设计行业动态监管与诚信管理试行管理办法》、《四川省住房和城乡建设厅关于大型房屋建筑和市政基础设施工程初步设计审查实施办法》等，起草的办法基本都得到建设行政主管部门的采用。同时我们也将“四川省勘察设计协会自律公约”和政府的监管办法结合起来，共同推进行业的诚信建设，促进政府、协会和企业三个层面的作用得到更有效的发挥。

三、认真完成政府主管部门交办的各项工作

协会承接了部分政府转移的事务性、基础性工作，如入川勘察设计企业备案核查；全省勘察设计质量及节能工作情况执法检查；全省注册人员基础管理；全省勘察设计企业和施工图审查机构相关统计；各类图集、导则、条例的组织编撰；各类会议的会务承办等工作。协会在工作中始终坚持两个原则：一是对政府主管部门交办的事项做到实事求是，绝不越权；二是对办事的企业做到热情服务，绝不缺位。通过努力，协会的工作得到了政府和企业的广泛认同，协会职能得以拓展，会员不断增加。

四、加强协会自身建设，不断提高服务水平

按照素卿理事长“四个建设”的要求，协会秘书处一是在建立各种制度的基础上，设立了周会制度和员工培训、交流制度，周会主要是学习国家政策法规、通报各部门工作情况，提出改进意见和建议等，通过每周的例会反思各自的工作，把思想建设、作风建设融入日常工作中，促使大家同心同行。员工培训、交流是协会根据岗位需要对员工提供业务培训和外出学习考察，同时各岗位人员实行定期轮岗。通过这一制度，员工的业务水平和综合能力得到很好的提升。二是建立了四川省勘察设计行业专家库，为协会各项工作的顺利开展提供人才支撑。三是协会通过网站、期刊、QQ群及短信平台专属业务，及时宣传国家政策法规、披露行业动态、展示企业风采、提供相关咨询，有效地提升了协会的服务质量和工作效率。四是协会有完善的党支部和工会组织，并通过这些平台向帮扶地区和贫困家庭捐款、向离退休老同志发放节日慰问金、组织职工开展丰富多彩的工会活动、积极发展新党员等。活动的开展增强了协会秘书处的战斗力和凝聚力。

以上是协会近年来开展的一些主要工作，虽然取得了一定成绩，但与日益发展的行业需求和会员希望还有很大距离，在今后的工作中我们将始终坚持“以有为求有位、以自律求自强、以创新求发展”的工作理念，在中国勘察设计协会的指导下，不断完善和改进工作，不断提高为政府、为行业、为会员服务的水平和实效。

【作者：四川省勘察设计协会常务副秘书长】

做给农民看　带着农民干

——浙江实施科技特派员制度的实践和启示

周国辉

2003 年 3 月，根据时任浙江省委书记习近平的倡导和省委、省政府的决定，我省开展科技特派员制度试点工作，继而在 2005 年全面推开并不断深化完善。

十年来，省财政共投入科技特派员专项资金 1.41 亿元，省市县三级共派遣个人科技特派员 10443 人次、法人科技特派员 25 家、团队科技特派员 354 个，牵头实施科技项目 9515 项，创建科技示范基地 120 多万亩，建立科技示范户 34073 户，培育发展农业科技企业 432 家，建立利益共同体 1623 家，解决农村劳动力就业 204 万人，被农民群众誉为“永远不走的特派员”。

浙江的做法

强化组织领导，不断完善科技特派员政策体系。省委、省政府成立了科技特派员工作领导小组，省委副书记任组长，组织部长和分管副省长任副组长，领导小组办公室设在省科技厅。省委组织部、省农办、科技厅、财政厅和人力社保厅等五部门建立了联席会议办公室，形成了工作会商制度。各市县也相应建立了科技特派员工作领导和组织管理机构。2003 年以来，省委、省政府先后下发了《关于向欠发达乡镇派遣科技特派员的通知》、《关于全面推行科技特派员制度的通知》等一系列政策性文件，各市县党委政府和各有关涉农高校、科研院所按照也制定了相应的政策措施。

强化人才保障，造就一支高素质、可持续的科技特派员队伍。遵循“不求所有、但求所用”原则，按照“个人自愿、双向选择”要求，打破专业、身份、地域等各种界限，选派优秀科技特派员。省市县各级党委政府高度重视，各派出单位积极响应、精心挑选，把政治素质好、业务能力强，对“三农”有深厚感情，有较强敬业精神，有丰富实际工作经验和较强的解决实际问题能力的人才推选为科技特派员。为鼓励科技特派员安心工作，省委、省政府明确规定科技特派员下派期间，其行政关系、职务、待遇等保持不变，工资、奖金、福利从优，由派出单位发放，其专业技术职务评聘在同等条件下优先。

强化需求导向，建立科技特派员工作运行模式和长效机制。针对各地产业发展特色和农民实际需求，以培育发展企业、组建专业协会、创建示范基地和扶持种养大户为重点，抓点带面，将技术推广辐射到广大农户，形成了多种科技创新服务模式。2008 年在一乡一名科技特派员的基础上启动实施法人和团队科技特派员制度，浙江大学等 19 个涉农高校、科研院所与龙泉市等 19 个县（市、区）结对，省农科院等 28 个涉农高校、科研院所组成的 120 个团队服务于 72 个县（市、区）的 57 个区域特色产业。

强化科技引领，为“三农”建设提供强大支撑。科技特派员始终把“三农”建设作为重点，以市场为导向，以项目为依托，积极开展多种形式的科技创新服务活动。做给农民看，带着农民干，一批农村能人成为具有经营头脑和科技文化素质的新型农民。我省传统农业实现三个转变：一是从分散粗放低效的农业生产模式向规模化、标准化的高效生态农业生产模式转变；二是从自产自销为主的小农经济向品牌化、产业化经营的现代农业产业发展转变；三是从种养殖为主的传统农业向产后加工、一二三产融合发展转变。如淳安、景宁的中药材产业，磐安、龙泉的茶产业，文成的兔产业，从区域特色产业培育发展成为区域支柱产业。

给我们的启示

从最初的个人特派员到团队特派员、法人特派员，再到正在筹划的企业法人特派员，科技特派员制度在我省历经十年的实践，被证明是富有生命力的，并且还在不断地创新和完善。

这一制度创新为农村科技体制改革找到突破口，有效地解决了科技与经济结合问题，受到基层欢迎、院校关注和领导肯定；充分体现省委关于改进工作作风、密切联系群众的要求，是科技工作转变作风、弘扬实干精神、深入基层服务发展的重要体现。这一成功实践，也为实施创新驱动发展战略、建设创新型省份，以及深化科技体制改革、破解“四不”问题等提供了重要启示。

科技工作必须与经济建设紧密结合。科技特派员制度之所以取得成功，之所以受到广大农民欢迎，是因为始终坚持把“三农”建设服务作为根本出发点和落脚点。同样，要实现创新驱动发展，发挥科技在经济转型升级中“当先锋”“打头阵”的支撑引领作用，科技工作就必须面向经济建设主战场，为农业现代化、工业转型升级和服务业加快发展服务，为“干好一三五、实现四翻番”服务。

科技工作、科技人员必须面向基层、面向需求。科技人员走向科技成果转化第一线，既满足了农村对科技的需求，也为科技人员发展开辟了新渠道。高校和科研院所只有面向基层、面向需求，才能更好地发挥作用；科技人员只有“眼睛向下”，走进农村、走进企业，才能找到发挥自身价值的最佳场所。同样，科技工作也要树立基层和需求导向。要进一步调整完善科技计划体系，促进科技资源向基层向企业、向重点产业、向科技成果转化集聚。要加强对市、县科技工作的指导、考核、评价，赋予市、县科技部门更大的工作权限，充分调动基层工作积极性。

科技成果评价必须以注重实绩为改革方向。科技特派员把论文写在田野上、技术送到农民家，促进了新技术、新产品的推广应用，增加了试点地区农民收入，为农业和农村经济发展做出了实实在在的贡献。据对 51 名省功勋科技特派员候选人的调查统计，10 年间累计推广农业新品种 1311 个，培训农民 13.48 万人次，推广面积 186.85 万亩，年增加经济效益 13.73 亿元。下一步还要改革完善科技成果评价体系，建立以创新质量和实绩为导向的评价机制。对从事基础研究、技术开发和成果转化、科学普及等的不同类型进行分类评价，对应用研究的科技成果评价必须更加注重实绩。

科技体制改革必须以充分激活创新主体为核心。科技特派员制度创新形成了稳定的扶持科技人员创业服务的政策体系，极大调动了科技人员和农民的创新活力和生产积极性。同样，完善科技创新体制机制，必须以激活创新主体的动力和活力为核心，加强政策引导、提供有效服务、营造良好环境，打通政—产—学—研—金—介—用的创新链条，走“企业出题、政府立题、协同破题”的创新之路。要进一步简化科研项目申报、检查、验收程序，减少对科研人员的干扰，使科研人员潜心搞研究。注重和加强科研诚信和学术道德建设，努力营造诚信、宽松、和谐的科研学术环境。

发展的愿景

当前及今后一段时期，是我省全面实施创新驱动发展战略，“干好一三五、实现四翻番”的关键时期，对科技特派员工作提出了新要求。我们要以强烈的使命感和责任心，把服务“三农”作为实施创新驱动发展战略的重要着力点，持续深化推进科技特派员工作。

深化完善法人和团队科技特派员制度。建立法人和团队科技特派员长效运行模式和管理制度，扩大覆盖面，拓展服务领域。按照“双向选择”的原则，优化团队科技特派员人员结构，调整和充实一批开拓创新意识强、事业心和责任心强、技术水平和实际工作能力强的科技特派员，重点服务于区域特色产业的发展。

探索试行企业法人科技特派员制度。以服务“三农”需求为导向，以企业自愿为原则，试行企业法人科技特派员制度。充分发挥科技型农业龙头企业的人才、技术、资本、市场等优势，带动农户建设标准化生产基地，发展农产品精深加工，促进农产品流通销售，拓展农业产业链条。

加强对科技特派员的管理考核和激励。建立科技特派员考核评价制度，通过加强管理和考评，促使科技特派员更有成效地开展工作。探索以科技特派员工作实绩为主要依据安排经费的办法，重点支持年度考核优秀的科技特派员，充分发挥有限经费的保障和激励作用。

强化科技特派员工作的典型示范。优秀科技特派员是最美的科技工作者。继续通过网络、报纸、杂志、电视、电台等媒体，广泛宣传有关政策，深度报道先进人物、先进事迹，组织成果展示，及时总结先进经验，形成各级党政部门真正重视、社会各界广泛关心、科技特派员潜心服务的良好氛围。

坚持真抓实干、务求实效的工作作风。科技部门要进一步增强工作使命感、责任感和执行力，形成敢于担当、善作善成的良好作风，形成抓紧干、马上干、认真干的工作氛围，发扬解放思想、锐意进取、真抓实干的精神，完成科技改革和发展各项任务，争取交上一份满意的答卷。

【作者：浙江省科技厅厅长】

着眼支援保障打胜仗要求
加强民兵队伍应战能力建设

艾如良

习主席强调指出：“能打仗、打胜仗”是强军之要。民兵是我国武装力量的组成部分，是军队的助手和后备力量，担负着支援保障我军打胜仗的使命任务。必须牢记战斗队职能，坚持战斗力标准，着力加强质量建设，不断提高支援保障打仗、支援保障打胜仗的能力。

一、着眼使命要求，理清应战建设思路

民兵作为群众性武装组织，战斗队是基本属性，参战支前、保障打赢是根本任务。加强应战能力建设，必须着眼使命任务要求，转变观念、发挥优势，以清晰的建设思路引领发展。一要坚持任务牵引。基于任务、聚焦能力是加强武装力量建设的重要原则。信息化条件下局部战争，已经成为交战双方集中精锐力量实施的、以信息网络系统为支撑的诸军兵种联合作战和以破击要害为重心的全纵深、多维度体系对抗，民兵直接参战的机会相对减少，主要担负城市防空、边防执勤、网络攻防、重要目标防护、工程技术和高新装备维修等作战保障任务，应战功能已由过去的直接参战向支援保障诸军兵种联合作战为主、由补充一般兵员向补充技术兵员为主转变，支前模式也由传统的人力密集型向科技密集型、由数量规模型向质量效能型转变。因此，必须紧贴信息化条件下局部战争需要，坚持建用一致原则，按照“有什么任务就建什么分队，什么分队有用就建强什么分队”的思路，科学统筹，突出重点，切实把战时必用、管用的力量编实建强，真正实现任务与功能、建设与使用相一致。二要坚持信息主导。随着世界新军事变革的深入推进，信息与信息技术已日益成为未来战争的主导因素，并渗透于作战和保障的各个领域、各个要素和各个环节。要积极顺应战争形态发展，坚持把提高信息力作为加强民兵应战能力建设的核心，有计划、分步骤地推进信息化建设发展。要加强现役部队作战需求研究，在指挥控制、运行方式和制度保障等方面搭建衔接配套的体制和平台，实现与现役部队信息化建设的有效对接。要加快信息型支援保障作战力量建设，进一步调整优化组织结构，创新兵员编组模式，推进军事训练转变，全面提高遂行任务能力。要突出抓好信息人才队伍建设，发挥民兵寓兵于民优势，依托地方科技人才资源，重点培养具备全面系统的信息化知识和研究能力的“专家型”人才，掌握信息技术运用和信息装备操作的“技能型”人才，提升民兵队伍整体质量和科技层次。三要坚持军民融合。民兵队伍亦兵亦民，在融合发展上具有独特优势。进入信息时代，社会经济与国防经济、民用技术与军用技术的结合面越来越广，也为后备力量建设实现更广范围、更深层次的军民融合提供了广阔舞台。要充分利用双重领导的组织优势、寓兵于民的人才优势、军民通用的科技优势和军地共建的体制优势，在融合中谋求民兵队伍应战能力的提升。要从军事机关单向推动向军地双方协调互动转变，把民兵建设纳入地方经济社会发展总体规划，共同投入，齐抓共建，实现提高战斗力与发展生产力的有机结合。要从数量简单融合向质量效益融合转变，按照打赢信息化局部战争要求，进一步加强相关领域科研成果、科技人才、信息技术等要素的交流，搭建起军地融合共享的平台。要从靠“关系”和“感情”融合向靠制度机制融合转变，落实双向兼职、党委议军等基本制度，制定完善与之相配套的地方性政策法规，着力解决人员、经费、装备等重点难点问题，推动民兵应战能力建设科学发展。

二、优化布局结构，完善应战力量体系

组织落实是民兵应战能力建设和遂行任务的基础。必须积极适应战争形态发展和“打赢”需要，坚持“建为战、编为用”的原则，进一步调整完善力量体系，优化兵员素质结构，努力实现布局合理、结构科学、功能优化。一要搞好统筹布建。根据战时可能担负任务，从本地区经济社会发展和兵员潜力实际出发，认真搞好民兵组织应战队伍布局的统筹规划，科学确定编建种类和数量。防空作战力量主要调整布建在国家、省（区）属人防重点城市；信息作战力量主要调整布建在大中城市和高等院校、科研机构及信息技术产业相对集中的地区；重要目标防护力量主要调整布建在战时指挥中枢、重要水利工程、能源（化工）生产和原料基地、油气输送管线节点；勤务保障力量主要调整布建在军兵种部队驻地、中印边境方向、进疆入藏通道沿线等；工程技术和高新装备维修力量主要调整布建在高新技术企业、装备研发机构和生产厂家等单位，逐步形成以中印边境为主要使用方向，以交通要道为轴线，以大中城市和经济相对发达地区为重点的组织建设格局。二要优化力量结构。民兵防空队伍，要将导弹、高炮、高机分队整合为防空团（群），并把空情报知、消除空袭后果、伪装防护分队统一纳入防空力量体系规划和建设；信息作战队伍，要增大信息网络分队建设比重，依托地方高新技术企业和行业系统，组建网络攻防、电磁频普管控和“三战”等分队；勤务保障队伍，要优先落实军兵种民兵分队，多建军民兼容度强、科技含量高的情报侦察、装备维修等专业技术分队；边境一线地区要在继续完善边防民兵“队、哨、网”格局的同时，有针对性地建好相应的翻译人才队伍，确保在关键时刻能提供有力保障。三要提高编兵质量。积极创新编组模式，提高兵员科技层次，实现由补充一般兵员向补充技术兵员、特别是信息技术兵员为主转变。在编组范围上，逐步向交通运输、信息通信、民用航空、海事海监、医疗卫生等行业系统拓展，向高等院校、科研院所、高新企业延伸。在编组对象上，要最大限度把政治可靠、文化较高、年龄合规、有专业特长的优秀青年编入民兵组织，尤其是要大幅提高军民通用、军队紧缺的，熟练掌握信息技术运用和信息装备维修保障技能人才的编组比例，确保战时有足够的人才为部队补充。在编组方法上，要贯彻“哪里有兵员就在哪里编民兵”思路，采取成系统成建制编组、抽组的方法，既要落实任务属地编组，同时对网络攻防、核心设备维护等高新技术重点领域人才实行跨区域抽组，逐步建立和完善链接、组合、联动机制，形成功能齐全且能相互补充的模块体系，保证一旦需要能够拉得出、起作用。

三、加强军事训练，提高遂行任务能力

军事训练是生成和提高战斗力的根本途径。必须着眼民兵应战能力生成的特点规律，突出重点，改进方法，狠抓落实，推进军事训练向信息化条件下转变，提高快速动员和遂行任务能力。一要强化信息素质。民兵聚则为兵、散则为民，信息素养参差不齐，尤其是军事信息化知识和技能普遍缺乏。要把强化官兵军事信息化素养、优化知识能力结构作为加强信息化条件下实战能力建设的基本要求，贯穿到军事训练的各个层次、各个阶段和各个环节，积极营造钻研信息化知识、运用信息化手段的浓厚氛围，在潜移默化中增强信息化意识。要注重加强信息化知识的学习研究，以新一代《军事训练与考核大纲》为依据，大力抓好信息化基础理论、信息化战争特点、军事高科技等新知识的灌输和普及，提高民兵预备役人员信息化理论素养。要重视抓好信息化装备和技能训练，利用现有和预编的信息化装备器材，加强使用操作和维护保养等基本技能训练，提高实际运用能力。二要突出训练重点。加强军分区、人武部首长机关训练，深入开展信息化条件下人民战争的特点规律研究，有针对性地组织进行支援保障作战行动战法训法研练达，突出抓好情报信息收集、传输、处理和复杂电磁环境下指挥技能训练，开展带实战战术背景的快速动员、支援保障、作战行动指挥所演习和实兵演习，提高信息化条件下谋略水平和组织指挥能力。要突出骨干队伍训练，重点抓好电子战、网络战、心理战和高新装备维修、电磁频普管控等新型队伍训练，调整训练内容，增加科技含量，并努力在训练时间、经费等方面向骨干队伍倾斜，促进信息化条件下作战和支援保障能力生成。

要积极推进复杂电磁环境下训练，充分利用民用电磁信息资源，加强民兵训练基地信息化建设，嵌入信息技术，构建电磁平台，配备模拟器材，积极探索复杂电磁环境下训练的方法路子，提高支援配合部队抗自扰、互扰、民扰、敌扰、“天”扰和实施电磁对抗能力。三要加强联合训练。体系对抗、联合制胜是信息化战争的本质特征。抓好联合训练，就抓住了提高民兵应战能力生成链条中的关键环节。一方面，要继续深化与现役部队的联训共演。坚持把民兵纳入战区整体作战力量体系，根据配属、支援和保障关系，利用现役部队的装备、人才、场地等训练资源，建立完善专业训练对接、挂钩帮训等机制，特别是在组织重大军事演练活动时，要针对民兵担负的任务设置演练科目，使民兵队伍在近似实战的环境下练指挥、练协同、练战法、练保障，提高与现役部队联合行动能力。另一方面，要加强军政军民联合训练。以各级国防动员委员会为平台，按照实战化、实案化的要求，建立平时建设与战时动员的对接机制，明确军地各级各部门在兵员征召、装备征用等动员实施过程中的任务和职责，加强军地联合指挥、联合行动演练，熟悉掌握动员程序和指挥方法，确保一旦有事，能够军地一体、快速反应。

四、健全运行机制，促进应战能力生成

加强民兵应战能力建设，是一项关联军地各方的复杂系统工程，必须健全运行机制，加强科学指导，促进战斗力生成。一要形成齐抓共管合力。当前，加强民兵应战能力建设，既面临难得的发展机遇，也面临许多急需解决的矛盾和问题，必须凝聚军地合力，齐心协力抓好落实。战区领率机关要把民兵应战能力建设，纳入军事斗争准备全局，统一计划部署，加强检查指导，主动解决问题。现役部队要发挥自身优势，依据挂钩帮训的有关规定，为民兵建设提供人才、技术、场地和装备技术支持。地方各级党委、政府要发扬党管武装优良传统，积极创造条件、解决困难、搞好保障。省军区系统各级党委和机关，要把提高民兵队伍应战能力作为贯彻强军目标的重要任务，从思想认识、领导精力、力量使用、经费投入等方面实施重点聚焦，按计划、分阶段逐项抓好落实。二要认真搞好综合保障。要进一步研究细化加强民兵应战能力建设的保障需求，认真借鉴近年来遂行应急维稳、抗震救灾等重大军事行动保障方面的成功做法，逐步建立“军地一体、上下结合、分级负责、责任明晰”的联合保障机制。在制度保障上，要在现行法律法规的框架下，制定配套性政策法规，使之与西北地区实际相适应，与能力建设需求相衔接。在经费保障上，要积极商请地方政府建立与经济发展相协调的民兵事业费逐年增长机制，按时足额拨付城市民兵训练经费和基层武装部建设经费，并把民兵参加战备执勤、执行重大任务保障纳入政府财政预算保障范畴，及时给予解决。在装备保障上，将大型制式装备、专业器材和模拟器材纳入战区统一保障体系，使民兵队伍与现役部队装备建设同步发展；要充分挖掘地方军民通用装备数量大、种类多、技术含量高的优势，通过预征预储，提高装备信息科技含量；要通过嵌入信息功能模块，认真搞好现有装备的信息化改造，推动民兵装备与现役部队的快速接轨。三要严密组织考核评估。考核评估是促进建设落实和能力生成的重要手段。要针对民兵战斗力要素构成、标准要求，逐步建立起系统规范的评估指标体系，研究制定考评实施细则，进一步明确组织领导与职责、评估权限与对象、评估标准与周期、评估程序与手段。要以快速动员能力、遂行任务能力、科技支前能力为重点内容，以民兵城市防空、重要目标防护、保交护路等骨干队伍和信息侦察、网络攻防等战时必用的新型队伍为重点对象，采取军地联合考、人机结合考、动静综合考等方法，力争作出全面、客观、真实的总体评价和量化评估。要重视通过考核评估发现问题，及时纠正工作指导上的偏差，进一步加大工作落实的力度，推动民兵应战能力建设规范化、制度化、科学化发展。

【作者：新疆兵团第五师人武部部长】

政府　协会　企业三方共同努力
促进仓储业转型升级

陈祥龙

2013年的新春，在深入学习贯彻“十八大”精神之机，我们迎来了商务部“关于促进仓储业转型升级的指导意见”重要文件的颁布，感到由衷高兴，这是仓储业的大喜事。这一文件颁布对我国仓储现代化建设发展有着十分重要的现实意义和战略意义。

仓储业是商品流通体系的主要基础，是物流业重要基础和主要节点，可谓是重中之重，仓储业发展的好、坏、快、慢，将决定现代物流业的发展速度和发展质量。“十一五”期间，上海市仓储业在市府有关部门的关心重视下，在仓储物流企业的努力下，得到了长足的发展：仓储星级设施得到明显推进，物流信息化技术得到普遍推广，物流主体企业不断发展壮大，仓储物流国家标准得到逐步推行，5A、4A物流企业，五星、四星仓库和金牌仓储企业不断涌现，仓储物流企业政策环境得到不断优化，呈现欣欣向荣的景象。

但是，我们也清醒地看到，所取得的“快速发展和显著成效”，与国际先进水平相比，与上海“二个中心”建设和实现“四个”率先的要求相比，仍存在较大差距，有五个“不平衡”：

一是仓储硬件建设和软件建设发展不平衡；

二是仓储物流布局与功能开发发展不平衡；

三是仓储物流的整体推进与重点突破不平衡；

四是仓储资源整合中大企业与小企业发展不平衡；

五是第三方物流的发展与制造业物流外包发展的不平衡；

对此我们认为：在商务部“关于促进仓储业转型升级的指导意见”的及时颁发、认真贯彻和有效执行下，在政府、协会、企业三方共同努力下，这些问题在“十二五”期间将得到有效解决和完善，为“十二五”时期上海初步形成国际经济、金融、贸易、航运中心的核心功能提供坚实的支撑。

【作者：上海市仓储行业协会秘书长】

“四大机制”催生靖宇加快崛起强劲动力

毕增祥

为深入开展党的群众路线教育实践活动，进一步加强和改进工作作风，切实解决“浮、庸、懒、散、奢、腐”等问题，我们在全县大力推行了“高压紧逼、跟踪问效、载体推动、规矩约束”四大工作机制，全力抓好县委、政府各项决策部署的贯彻落实，促进靖宇加快崛起步伐。

一、围绕中心，服务大局，充分认识推行“四大机制”的重要性和紧迫性

新一任县委、县政府认真审视县情，科学确立了“1234”的总体发展思路。“1”，即锁定一个目标，就是锁定全面建成小康社会这一目标；“2”，即做好两大品牌，就是做好中国矿泉城、英雄城这两大品牌；“3”，即提升三大载体，就是提升城市、开发区、物流园区这三大载体；“4”，即做好四篇文章，就是做好矿泉饮品、人参农特产品加工及医药、矿产和新能源新材料、物流和旅游服务业这四篇文章。坚持好这一发展思路，实现好既定目标，没有拼搏精神不行，循规蹈矩更不行，必须有一套强有力的机制来推动、做保障。多年来，县委、县政府一直高度重视机制建设，出台了一系列规章制度和激励约束机制，也取得了较好成效。但是，与加快发展的要求，与人民群众的期盼，与客商和企业的需求相比，还有较大差距，还存在一些亟待解决的问题，有些还很严重，主要表现在以下几方面：一是思想不够解放，干事创业精神状态不佳；二是大局意识不强，部门本位主义严重；三是政令不畅，“中梗阻”现象比较突出；四是服务质量不优，行政效率低下；五是纪律松散，好人主义严重；六是诚信意识淡薄，损害形象的事情时有发生。上述这些问题，虽然发生在少数单位和个人身上，但危害极大，损害了群众利益，也影响了发展大局。产生这些问题的原因是多方面的，但根本原因在于管理体制滞后，职能转变不到位；机关作风不正，部分干部缺乏对人民群众的深厚感情，缺乏对党和人民事业的炽热激情，缺乏对靖宇加快崛起的强烈责任感。全面推行“四大机制”，就是要从根本上解决这些问题，既要治标又要治本。

二、突出重点，强化措施，全力推动“四大机制”深入实施

“四大机制”既各成体系、有所侧重，又相辅相成、有一致目标。高压紧逼机制重在促进工作能力和执行力的提升，跟踪问效机制重在促进责任意识和工作效率的强化，载体推动机制重在促进思想观念和工作方法的改进，规矩约束机制重在促进作风转变和自律意识的加强。“四大机制”的一致目标，那就是提升工作效能。

（一）用“四大机制”治“浮”，以治“浮”促实干。“浮”，归结起来就是对工作不求实、不务实、不着实、不落实。以治浮促实干，要讲实话、办实事、求实效。前不久我县研究通过了“四大产业”中长期发展规划，规划利用十年时间做大做强矿泉饮品、人参农特产品加工及医药、矿产和新能源新材料三个百亿元产业，物流旅游服务业一个五十亿元产业。可以说，县新一届班子发展思路和目标已经明确，现在要做的，就是以踏石留印、抓铁有痕的劲头抓落实、求实效，真正把干事创业作为一种使命、一种追求、一种责任，脚踏实地想事、干事，把更多的时间和精力放在项目建设、民生改善上来，从一个一个项目、一件一件实事抓起，定一件、干一件、成一件，扎扎实实推动靖宇加快崛起。

（二）用“四大机制”治“庸”，以治“庸”提能力。庸官之“庸”归结起来，就是在其位不谋其政，谋其政无为政之力。庸官的产生，与相关制度的激励与约束不力密切相关。我们出台的“四大机制”，就是进一步建立科学、有效的业绩考核评价体系，通过创先争优治庸，以工作业绩检验治庸成果，真正做到“平者让、劣者下、能者上”，使广大干部在其位谋其政、善其政，使干部队伍呈现人人思进、创先争优的精神面貌。近几年来，靖宇在经济基础特别是工业基础非常薄弱、各方面条件十分困难特别是财力非常有限的情况下，建设了矿泉水产业园区、现代物流产业园区、人参产业园区，引进了一批大项目，培育了一批优势产业，各项主要经济指标增速也居全市前列。2013年上半年，全市通报的八项主要经济指标完成情况，我县有五项第一、一项第二。事实说明，办法总比困难多，只要下定决心，敢于争先，攻坚克难，就一定能干成大事、创成大业。

（三）用“四大机制”治“懒”，以治“懒”增效率。懒，在现实中有懒于学习、懒于做事、懒于深入、懒于创新等多种表现。懒严重影响机关工作效能，破坏党群干群关系，损害党和政府形象，贻误加快发展大业。井无压力不出油，人无压力轻飘飘。没有责任就没有压力，没有压力就没有动力。我们出台了《靖宇县“四大机制”整体实施方案》，对每项机制都规定了具体内容，每项机制都采取“百日”考核的办法，每项机制都有具体的责任追究。应该说，“四大机制”带来的压力是巨大的，要让工作压力催生工作动力，让工作动力生成工作能力和执行力，让有责任的单位领导坐不住、等不得，让有任务的岗位干部拖不起、懒不了。

（四）用“四大机制”治“散”，以治“散”凝合力。散，就是纪律涣散、作风散漫。“散”风蔓延，必然导致个人虚度时光、无所作为，甚至失职、渎职；必然导致单位一盘散沙，执行不得力；必然导致一个地方思想混乱、人心涣散、事业延误。以治散聚合力，必须增强工作协同力、班子凝聚力，关键是要增强纪律约束力。转变干部作风，仅仅依靠干部的自觉性是远远不够的，我们制定的《规矩约束八项纪律》就是遏制不良风气的刚性约束。通过八项纪律坚决整治干部队伍中存在的无组织纪律、有令不行、有禁不止等散漫作风，坚决查处危害社会公德、违反财经制度、损害发展环境、违规收送款物、公款相互宴请和公款旅游、公车私用等行为。同时，县委还制定了《领导班子及领导干部“688”行为规范》，切实解决工作中存在的宗旨观念淡薄、工作平庸、进取意识不强、作风不够扎实等问题。

（五）用“四大机制”治“奢”，以治“奢”正风气。奢，即挥霍浪费钱财，过分追求享受。奢侈之风盛行，必然孳生贪污腐败温床，疏远党群干群关系，动摇党的执政之基。历经几届县委县政府带领全县人民励精图治，靖宇经济社会虽然取得了长足发展，但我们应当清醒地看到，经济总量小、财政实力弱、城乡居民收入少这“三座大山”，仍然横亘在我们面前。我们仍然处于“栽树”时期，远远不到“乘凉”的时候，根本没有“吃果子”的资本和条件。把反奢、治奢、防奢列入党风廉政建设责任制中，贯彻到干部培养、选拔、任用和考核中，健全审计、纪检监察等监督机制，全面构建反奢、防奢、治奢的立体式框架。只有通过健全制度和强力执行来约束公权力，未富先奢的社会风气才能从根本上得到扭转。

（六）用“四大机制”治“腐”，以治“腐”聚民心。“腐”，主要指运用公共权力谋取私人利益。腐败问题不除，任凭滋生、蔓延，最终必将亡国亡党。以治“腐”聚民心，必须从源头治理、系统治理和综合治理腐败。深入实施“权力入笼”工程，促进公共权力规范运行。依托政府网站建立电子监察系统，强化对权力运行的实时监控。依托科技手段，创新举报模式，拓宽违法违纪事件线索渠道，重点纠正重大项目、征地拆迁、涉法涉诉、教育医疗等领域损害群众利益的不正之风和突出问题，做到“老虎”与“苍蝇”一起严打。构建独立的外部监督体系，落实派驻纪检组、监察室从所驻机关中独立出来，隶属于上一级纪检监察机关，重点监督派驻单位的党政班子及其领导成员。围绕党内外廉洁制度和法律规定，建立完善一整套行之有效的反腐倡廉法律体系，以法律制度为保障，促使干部清正、政府清廉、政治清明。

三、加强领导，严格考核，确保“四大机制”取得实效

启动实施“四大机制”，是县委、县政府做出的重大决策部署，体现了县委、县政府的决心，反映了全县人民的意愿。

（一）健全组织机构，明确领导责任。县委、政府成立了由县委副书记任组长，政府常务副县长和纪委、政法委、组织部、宣传部主要负责人为成员的县“四大机制”领导小组，领导小组下设办公室，为正科级建制，从县委办、政府办、纪委监察局、组织部、宣传部、政法委等部门抽调精干力量组成，将县域突破办、绩效考核办的职能整合到“四大机制”领导小组办公室，专门负责“四大机制”推行与考核。

（二）加强督查指导，务求取得实效。县“四大机制”领导小组及其办公室对考核内容、考核办法、结果运用进行细化，对全县各部门不定期地进行督导，对先进经验做法宣传推广，对存在问题责令整改，对整改不到位的亮“黄牌”或建议县委对部门主要领导进行组织调整，对造成严重后果的给予党政纪处分，直至移交司法机关处理。

（三）严格考评考核，实施标本兼治。“四大机制”的权威性与震慑力必须通过有效、有力的惩处来体现。比如在高压紧逼机制中，第一个“百日”和第二个“百日”考评没达规定分数线的，分别亮黄牌，年度累计两次亮黄牌的单位确定为未达标单位。年终考评结果为基本达标的单位中，对乡镇序列和党群序列分别排名后两位、县直部门序列排名后三位的亮黄牌；在第三个“百日”考评中，排名仍然没有晋位提档的，即确定为未达标单位。年终考评未达标的单位主要领导免去现职，改任副职主持工作。“四大机制”的追责力度是空前的，所产生的动力也是巨大的。在追责的同时也进行激励，对工作突出的单位给予一定的物质和精神奖励。

（四）加大宣传力度，营造舆论氛围。宣传和广电部门制定宣传计划，对推行“四大机制”进行多层面、高强度的宣传报道。在广播、电视上开辟专栏、专题，注重发现并及时宣传报道先进典型，让大家学有榜样。同时，加强舆论监督，及时曝光反面典型，让那些工作不力、有损我县形象的单位、人和事公诸于众，引以为戒。

【作者：中共靖宇县委书记】

创新发展举措　推进工运事业

洛桑久美

中国工会十六次全国代表大会在党中央的亲切关怀下，经1980余名代表的共同努力圆满完成了大会的各项议程。这是我国广大亿万职工政治生活中的一件大事，也是我国工运事业发展史上具有里程碑意义的重要会议。中央政治局常委刘云山同志代表党中央所做的重要讲话以“三个不愧为”进一步明确工人阶级在我国革命和建设中的重要地位和作用，充分肯定各级工会组织的“三大作用”，以“三个始终”明确当前和今后一个时期我国工运事业发展方向，对做好工会工作提出具体要求。大会还全面总结成功经验，深入分析面临形势，全面部署今后工作目标任务及具体措施。大会始终贯彻中央八项规定，

是务实、团结、奋进的大会。我们将始终坚持党的领导，始终坚持中国特色社会主义工会发展道路，牢牢把握为实现中华民族伟大复兴的中国梦而奋斗的我国工人运动的时代主题，在新的起点上以服务大局、服务职工，全力维护职工群众合法权益为重要职责，进一步深入贯彻好党的十八大精神及习近平总书记等中央领导重要讲话精神，进一步理清发展思路，创新发展举措，不断推进工会事业向前发展。当前要结合深入开展群众路线教育实践活动，以深入学习贯彻中国工会十六次全国代表大会精神为重点，动员西藏各级工会组织力求在围绕大局、建功立业上有新发展，在完善体系、服务职工上有新举措，在维护权益、构建和谐上有新进展，在转变作风、提升能力上有新起色。

【作者：西藏自治区政协副主席、西藏自治区总工会主席】

园区起飞的关键

李学辉

园区兴则区域兴，园区强则区域强，园区起飞是一个区域起飞的强大引擎。当前，园区起飞还面临不少困难和问题，结合郴州高新区建设和发展实践，就园区起飞作一些粗浅探讨和思考。

一、以企业所盼为园区工作所向。以企业所盼为园区工作所向是园区建设和发展的整体指导思想，必须一以贯之，坚定不移。这是园区的职责所系，园区是为企业而建的，园区的天职是为企业服务；这是园区的活力所在，园区的活力在于企业的引进和壮大，企业是园区的生命；这是服务型政党的内涵所需，十八大报告明确指出要把我们党打造成服务型政党，各级组织服务发展，造福人民是最重要职责，园区的主要服务对象是企业，园区的发展靠企业，以企业所盼为园区工作所向，正是打造服务型政党的内在要求。

2010年以来，郴州高新区紧紧围绕企业所盼，突出“造环境、建平台、补短板、优服务”，帮助企业解决了一大批现实问题，促进了企业做大做强，园区快速发展。一是精雕细刻造环境。三年来，投入90亿元，完善园区路电水迅30多平方公里；为了支持金旺和柿竹园两个企业快速发展，园区筹集1个多亿分别为两个企业修好了仙溪冲路和东河东路。抓紧实施了西河东河治理工程，修建了白水湖、金田湖、刘仙湖三个人工湖；规划建设了林邑公园、刘仙岭公园、文化公园、地质生态公园，使园区形成了山水相连、绿满全园的良好环境。二是大刀阔斧建平台。三年来，建成标准厂房160万平方米，打造了产业承载平台；建设了郴州战略性新兴产业孵化平台、郴州大学生创新创业基地、国际企业服孵化中心，打造了园区创新平台；引进了工商银行、交通银行、中国银行入园，筹建了郴州高科投资控股有限公司、祥和中小企业贷款公司，打造了园区投融资平台。三是千方百计补短板。物流成本高，产业配套不全是企业反映集中的两大短板，针对这一情况，园区制定了一系列优惠政策，引进物流企业、配套企业30多家，筹建了惠尔物流园、有色金属物流园。四是“三严问责”优环境。坚持从严治乱，对于强买强卖、阻工扰工的，一律从严打击，顶格处罚；坚持从严治权，索拿卡要的一律免职；坚持从严治庸，不管任何部门同一问题被同一业主投诉两次的，部门负责人一律免职。以企业所盼为园区工作所向指导思想的确立和持之以恒的坚持，促成了园区起飞，2013年9月30日止，园区共有市场主体1205户、工业企业361家，分别比2009年增加835户、247家；2012年园区实现技工贸总收入408亿元，是2009年的8.3倍。

二、把“既好看又好吃”作为园区项目建设和招商引资的根本标准。所谓“好看”就是指项目科技含量高，环境污染少，外观形象好；所谓“好吃”就是指项目利税贡献大，带动性强。这个标准体现了新型工业化的本质要求，是调结构、转方式，科学发展、创新发展的迫切需要，目前，许多园区项目要么“好吃不好看”，要么“好看不好吃”，甚至还有个别项目“既不好看更不好吃”，亟待一大批“既好看又好吃”的项目引领科学发展，创新发展；这个标准是园区全面、协调、可持续发展的根本保障，园区要大发展大建设，必须要有大投入，目前，绝大部分园区自有财力不足、造血功能不强，主要靠负债建设，要确保大投入的资金融得到、还得起，必须不断引进和培育一大批“既好看又好吃”的项目来带动和保障。

2010年以来，郴州高新区在项目建设和招商引资中，坚持“既好看又好吃”的标准，做好了三件事：一是从严招商选资，拒绝了一大批不符合这个标准的项目入园。二是用现代科技改造提升传统产业，鼓励金旺、金贵、裕龙纸业等企业投入十多亿元进行技改提升，使一批传统企业变成了“既好看又好吃”的企业，特别是金旺铋业，通过技改年产氧化铋4000吨，占全球市场份额75%，在全世界具有绝对话语权，年利税3亿元以上。三是招大引强，引进了格瑞普新能源、格兰博智能机器人、春意空调、华卓科技、炬神电子、飞利浦、保来得等投资额大、科技含高的一大批好项目。这批项目全部达产，将贡献300亿以上工业产值，贡献税收30亿以上。特别是保来得粉末冶金制品有限公司生产含油轴承，为华为、三星、苹果配套，将占全球市场份额的60%以上。一大批“既好看又好吃”项目入园，极大地提升了园区自我发展能力，2012年园区实现财政收入8.6亿，是2009年的9.1倍。

三、以“三区合一”建园理念促进人的城镇化，进而解决招工稳工难题。李克强总理指出，新型城镇化核心是人的城镇化。人的城镇化至少要在以下三方面得到保障，一是充分就业，二是完善的公共服务，三是人的思想道德素质与城镇化同步提升。依托工业园区，打造实力园区、活力城区、魅力景区是提供上述保障的最有效途径。一是工业化和城镇化互动互促，二三产业融合发展，可以提供巨大的就业岗位，为公共服务提供重要财力支撑。二是“三区合一”可以解决产业工人住有所居、病有所医、娱有所去等配套问题。三是人创造环境，环境改变人，人长期生活在美丽城区、靓丽景区之中，可以加速由产业工人向现代市民的提升。四是经过社会化大生产洗礼的产业工人更有责任意识、规则意识、配合意识、守时观念，而这些都是现代市民最应具有的素质。马克思指出：工人阶级是最有觉悟、最有纪律性、最先进的群体。“三区合一”的格局，一方面为产业工人队伍的快速壮大提供了平台，另一方面产业工人队伍的不断壮大又为市民素质的提升提供了基础。

2010 年以来，郴州高新区围绕“三区合一”做了一系列工作，加速推进了人的城镇化，进而成功解决了招工稳工难题。一是突出高新形态强产业，紧紧抓住工业化这个牛鼻子。二是千方百计抓好城市配套，在打造好生态环境的同时，引进和建设了中源国际、富士房产等城市综合体，建设了金伯利五星级酒店、市人民医院东院、电子商务创业基地、职工之家、园区一完小，争取政策，引进资金建成了公租房、廉租房 30 万平方米。三是因地制宜，变废为宝建景区，规划建设了以金田湖为龙头，以金田河为纽带连接东河西河的景观带；在柿竹园废弃的尾砂库上规划建设了占地 13 平方公里的柿竹园景观带，目前，占地 900 亩的首期工程已即将完工；建设了建筑面积 2 万多平方米的世界有色金属博物馆，为市民休闲娱乐观光学习提供了又一重要场所。目前，园区常住人口已达 8 万多人，产业工人达 6 万多人，都比 2009 年增加了 4 万多人；2013 年，招工 1.8 万人，稳工率达到了 85 %以上，稳工率比 2009 年增加了 35%。

四、以“三个三分之一”的用地规划突破融资瓶颈。把园区土地规划为三分之一用来发展工业，三分之一用来发展第三产业，三分之一用来完善园区基础设施配套，是突破园区融资瓶颈的最主要途径。当前，园区建设资金普遍不足，负债建设，滚动发展是基本模式。任何金融机构和投资主体都不是慈善家，保证其投资安全和效益是第一要责。如何保证？靠园区税收分成蛋糕太小；靠工业用地出让，卖得越多窟窿越大；唯有靠商业用地的出让来保障金融机构和投资主体的投资安全和必要回报，从而确保园区发展资金不断链，发展可持续。

2010 年，郴州市委市政府出台了一定期限内土地出让金全额返还给园区的政策，并全力支持郴州高新区实施“三个三分之一”的用地规划，为园区破解融资瓶颈，加速建设和发展起到了拨云见日的作用。一是保证了“三区合一”各项基础设施用地不受影响。二是保障了工业快速扩张的用地需求，为做大做强工业，提升工业的带动力奠定了基础。三是通过工业的发展、基础设施的完善，带旺了城区，助推了第三产业发展，带动了商业地价大幅度上涨。从而形成了“融资——建设——产业发展——商业地价大幅上涨——再融资”的良性循环。2013 年，园区商业用地价格突破了 160 万一亩，是 2009 年 30 万一亩的 5 倍多，这个地价支撑了园区大融资、大建设、大发展，仅 2013 年园区融资就突破了 50 亿。

指导思想、项目建设、招工稳工、资金保障是任何一个园区起飞的关键。一个园区，只要有一个符合科学发展观的明确而坚定的指导思想，并且在这个指导思想指引下，能够逐年引进和培育一些“又好看又好吃”的项目；工人能够招得进，稳得住，发展得好；园区融资瓶颈能突破，建设资金能保障；这样的园区一定能抢占发展的制高点，实现快好久远起飞。

【作者单位：郴州市高新技术产业开发区管委会】

基层法院如何应对网络舆情新挑战

宋长琴

当前我国正处于发展的重要战略机遇期，又是社会矛盾凸显期，突发群体性事件频发，暴力泄愤事件多发。基层法院处在执法办案第一线，是社会矛盾的主要“集散地”，法院审理的每一起案件，都有可能引发网络热议。舆论对法院工作的监督，从来没有像网络舆论这样明显。可以说，互联网改变了法院的执法环境。法院如何在处理好各类案件的同时，做好网络舆情危机的应对工作，是各级法院特别是基层法院所面临的新课题和新挑战。

一、争取主动，力争抓住舆论引导“第一落点”

欲先声夺人、赢得主动，必须抢发新闻；要释疑止谣、摆脱被动，唯有快报事实。重大敏感案件审结后应遵循“黄金两小时法则”，抢占信息传播第一落点，受众往往以此形成第一印象。基层法院要利用网络传播快捷性的特点，在宣判之前做好充分准备，力争第一时间发布权威信息，及时发出正面声音，做到关键时候不“失语”，使“谣言止于事实”。同时，针对网民最为关心、质疑最多的问题，邀请法律专家解答，及时进行后续报道，利用网络的海量性推出专题，通过准确、客观、全面的报道，向社会提供有关案情及审理等方面的全方位信息，满足不同社会群体不同层次的信息需求，消除可能产生负面舆论热点的信息盲点。

二、司法公开，主动接受外部监督

正义不仅应当实现，而且要以人们看得见的方式加以实现。网络受众之所以容易对审判过程及判决结果产生各种怀疑，很多时候源于信息的不通畅，来自主流媒体的正规信息得不到有效的传播。而个别与案件当事人有利害关系的网民容易在网络上发布各种不实的暗示性信息，诱导不明真相的受众做出“理所当然”的推测。面对网络舆情，基层法院既要妥善应对，减少、消除其负面影响，更要认真倾听，改进审判、执行工作中存在的各类问题。

三、练好内功，促进司法质量提高

许多涉法网络事件证明，司法作风、质量以及腐败问题是引发网络聚焦的重点。身正不怕影子斜，只有抓好基层法院自身建设，才能不惧网络负面炒作，从根本上降低网络舆情对法院工作的负面影响。即使遭到恶意攻击，也能化被动为主动，拨乱反正，化解流言，赢得人民群众的理解和尊重。要从加强和改进基层法院执法办案工作做起，狠抓源头治理，努力营造和谐的诉讼环境。以规范审判流程、提高庭审驾驭能力、完善裁判文书质量等方式加大审判管理力度，着力保证办案质量、办案效率和办案效果；要注重加大调解工作力度，准确把握社情民意，深入推进社会矛盾纠纷化解，真正做到案结事了人和，取得法律效果、社会效果与政治效果的统一；要培养干警的群众观念，加强业务技能培训，进一步提高干警化解社会矛盾、做群众工作的能力。

四、构筑平台，建立网络舆情处置机制

基层法院要精心打造法院网站，在司法与民意之间架起一座"金桥"，积极了解民意、传达民意、疏导民意和吸纳民意。凡是可以公开的司法信息，均在网上发布，掌握网络舆论宣传阵地的主动权，正确引导网上舆论。要重点抓好网络舆情预测评估机制建设，强化审判执行人员网络舆情意识，对网络舆情不抬高、不回避，坦然应对，对社会关注度高的案件要实行风险评估，随时做好舆论应对准备，注重从立案、审判、执行、审判监督、信访各个环节把握矛盾纠纷的焦点，及时公正透明的化解矛盾纠纷。一旦发生网络事件，要快速反应，迅速启动应急预案，争取在第一时间，尽早地给予回应。在处置事件的同时，搞好舆论引导，迅速平息舆论风暴。

【作者：江苏大丰市人民法院党组书记、院长】

有效监管政府采购产品质量的探索与思考

林　欣

《政府采购法》颁布十一年来，政府采购的规模和频率快速增长，与此同时，政府采购制度的不完善与管理滞后，采购产品质量监管长期处于监管真空。在缺乏有效的监管下，采购产品质量低，不能很好满足采购人差异化需求，损害国家采购资金和采购人的合法权益。四川、湖南、吉林、江西、云南等地质监以"抓住两头，简约中间"为总体思路，以预防和制止着手，用法律的手段切实保护采购人的合法权益，减少政府采购资金损失，提高政府采购资金的使用效益，有效维护了国家利益和社会公共利益。

一、当前政府采购产品质量监管存在的主要问题

（一）采购产品标准不合理。由于采购人对产品质量标准缺乏认识，在制定采购产品技术参数时，存在低于国家标准或高出产品实际性能的情况。再者，若业主请相关企业帮助制定采购产品参数，企业在制定时会有排他性，故意设置门槛，导致参数不合理，丧失公平竞争的意义。

（二）采购产品验收不规范。产品验收是检验采购到的产品是否符合相关要求的关键环节，部分供应商利用采购人不了解验收规定和无产品识别技能，在供应产品时偷工减料、以次充好。同时，参与验收的人员缺乏识别、鉴别技能，有缺陷的验收程序导致验收基本流于形式，只能象征意义的在验收单上签字，最后采购产品质量关形同虚设。

（三）政府采购产品质量监管存缺陷。由于《政府采购法》重程序忽视了对需求与履约管理的规范，供应商不管采购产品参数是否合理，在应标时为了能中标都全部应承，中标后再采取向采购人和验收组织人公关方式，利用以假充真、以次充好等形式达到牟取非法利益的手段，常造成采购产品质量监管最后防线的丧失，甚至在部分地区成为腐败的温床。

二、加强政府采购产品质量监管的措施探索

在充分认识到政府采购产品质量问题普遍后，质监部门结合职能职责和采购产品生产销售的特殊性，及时调整监管思维，改变常规监管手段，最终以标准化管理模式，成功解决了政府采购产品质量的三个问题，遏制住一个违法行为。

（一）用职能部门优势，解决采购产品技术参数不合理问题。利用质监是标准化行政主管部门，对相关标准的认知度相对较高的特点，由质监协助制定技术指标，及时纠正低于国标或超出产品实际性能的不合理要求，并在标准文件中明确了招标代理机构、采购人、业主在采购环节中应尽的责任和义务，明确采购人的权利和对采购产品的诉求、验收时的依据用等相关事宜纳入招标文件，并以标准的形式确立、管理，确保采购工作的正确导向和采购验收的科学性。

（二）解决产品验收识别难，把好采购产品验收关难题。质监负有质量建设、质量监管、质量发展的责任，在长期监管产品质量中积累了丰富的识别和判定产品质量的技能，利用质监质量识别和判定技能判定采购产品是否符合国家相关标准或招、投标文件要求，有效防止了供应商以次充好、以不合格产品冒充合格产品的行为。

（三）解决验收缺乏科学依据，坚守采购产品质量最后堡垒。以能代表整批产品性能的抽样，由国家认可的检测机构作出的检验报告作为验收依据，体现出政府采购行为中代理机构、供应商、采购人的公开、公平、公正的权利，做到科学合理，不以个人或单位因素影响验收结果。

（四）加大打击力度，有效遏制供应商故意质量违法行为。加大打击供应商在政府采购过程中，为牟取最大非法利益，不惜牺牲产品质量的违法行为，让其不再抱侥幸心理蒙混过关，从而完善采购的监管机制，有力遏制政府采购产品因监管缺失，造成普遍质量不高的局面，为政府采购科学发展、加快发展保驾护航。

三、做好政府采购产品质量监管的政策期待

目前，财政部已明确"因现行法律制度设计上的缺陷，在

招标文件中产品技术标准和验收的履行缺乏科学监管，现行《政府采购法》已不能完全适应政府采购实践和发展，已建议全国人大财经委，将修订《政府采购法》列入十二届全国人大常委会五年立法工作项目”（财法便函［2013］9号）。离十二届全国人大常委会对采购法的修改有着一定时间间距，为在修改前有效保护采购人的合法权益，减少政府采购资金损失，提高政府采购资金的使用效益，有效维护了国家利益和社会公共利益。政府或财政部门应主动作为、积极应对，以弥补现行《政府采购法》的质量监管缺陷。

（一）期待政策落实。由政府或财政部门出台相关规范性文件，弥补现行《政府采购法》在质量监管中存在的不足，进一步规范和完善政府采购文件、采购程序、履约验收等方面的法律规定，并做好法律衔接，补充完善法律责任的规定，理顺细化违法行为的处理机制。

（二）期盼质量监管部门切实履行监管职能和提供技术支持。首先，阳光政府采购产品质量监管程序，打击在采购中恶意制、售假冒伪劣的行为，杜绝暗箱操作；其次，协助采购人科学做好招标文件，并在履约验收中为采购人把好质，确保质量关的前提下的公平竞争；第三，适时通告采购产品存在问题，避免同类型产品再采购时出现类似问题；第四，由质监技术机构不定期培训质量监管人、采购人和采购代理机构现场识别技能，尽可能早发现问题早处理，增强编制招标文件的科学性，履约验收的有效性；第五，技术机构为政府采购开启绿色通道，以快速、公平、公正、准确、科学的检测数据为采购工作服务。

（三）期望强化履约验收中委托代理机构的责任意思。产品验收是采购的产品是否符合采购人预期目的的关键环节，强化采购代理机构在采购产品验收责任。为预防采购代理机构流于形式的验收，可要求其承担履约验收后相应的质量连带责任，并纳入相关考核、评级管理等工作中，有效堵住履约验收的漏洞。

【作者单位：四川省质量技术监督局】

认识新媒体　开发新媒体　利用新媒体

乌永陶

陕西省司法厅历来重视宣传工作，曾经取得不俗成绩。但随着新媒体的发展，单一的宣传手段已经不能满足社会发展和人民群众的需要，我们亟需认识新媒体、开发新媒体、利用新媒体。

新媒体的显著特点是便捷、即时、交互、共享、全天候、全覆盖、无限量、超文本链接。新媒体时代，博客、播客、微博、微信等迅速发展。在这样一个人人都有麦克风的时代，舆论对政法工作和干警言行的监督呈现出高强度、高密度、高持续度态势。

面对舆情，我们要通过发布准确信息，澄清事实真相，消除公众误解，避免以讹传讹。同时，要积极适应现代信息技术发展的新趋势，提高与媒体特别是新兴媒体打交道的能力，着力增强宣传工作的针对性、实效性，确保在重大问题上不缺位，关键时刻不失语，努力形成司法行政工作与舆论监督的良性互动。

但从实际情况看，我们在这方面还存在理念不到位、要求不明确、制度跟不上、方式方法简单等问题，需要集中时间厘清工作思路、明确目标方向、掌握方式方法，以便更好地适应新媒体发展的需要。

“法治陕西建设”是由设在陕西省司法厅的“省委依法治省工作领导小组办公室”牵头抓总的一项重要工作，2013年初省厅党组新一届班子提出了以“法治陕西建设”为中心开展“六大行动”的工作部署。为配合做好这项工作，2013年7月1日，我们将法制宣传教育的网络主阵地“陕西普法网”全面改版升级更名为“法治陕西网”，同时，开通加“V”认证的新浪“法治三秦”和腾讯“法治陕西”两个官方政务微博，并要求各地各单位在8月底前全部开通政务微博，从而构建覆盖全省司法行政系统的政务微博群，以此精心打造具有陕西司法行政系统新闻宣传工作服务特色、品牌特色和网络宣传特色的新媒体时代宣传工作新格局。

“微而不薄，关注民生；创新管理，贴近百姓。”这是陕西省司法厅在官方政务微博上标注的显眼标签。

实践说明，网络虽然是虚拟的，可为群众排忧解难、服务社会却是实实在在的。我们从最初的“严肃面孔”、“官方语言”到坚持用网民喜欢的网言网语和生动诙谐的交流方式编发各类信息，真切反映司法行政工作动态、发布与群众密切相关的法律服务信息、进行法制宣传教育、回应社会关注大事小情等，已经拥有庞大的微博粉丝群。

“工欲善其事，必先利其器。”为创新载体、进一步突出网络视频等新媒体的宣传功效，我们着力将法制宣传类的视频栏目打造为“法治陕西”网站的“金牌栏目”，用更直观的形式反映法治陕西建设的新进展。2013年5月，我厅给各市、县(区)司法局配发了每套价值近15万元的广播级非线性编辑系统和高清摄像机，发放宣传器材总价达1700多万元，是全系统近年来发放宣传装备价值最高的一次。现在，全省各级司法行政机关通过制作各种视频信息，配合以前发放的数码电影放映机，走村串巷、上网播发，及时、真实鲜活、形象直观地反映出各地在普法依法治理、特别是“六五”普法工作开展以来的新经验、新做法，为大力宣传法治陕西建设插上了科技翅膀。

【作者：陕西省司法厅党组书记　厅长】

基于三维网格化社会管理服务平台建设探讨

马洪斌

一、引言

为了贯彻落实中共中央关于加强和创新社会管理，进一步完善社区服务管理体系，强化服务功能，提高工作效能，各个城市均在实行试点社区全力推行网格化覆盖，以求达到“精细化管理、人性化服务、多元化参与、信息化支撑”的三维网格化社会服务管理新模式。

《十二五规划纲要》指出，以居民需求为导向，整合人口、就业、社保、民政、卫生、文化以及综治、维稳、信访等管理职能和服务资源，加快社区信息化建设，构建社区综合管理和服务平台。

居民希望通过社区信息化带来多项便利，包括通过公共服务网络，享受便民利民及政策引导服务等；通过网络这个平台，进一步扩大社区事务参与和监督。

社区组织及工作人员希望通过信息化平台更好的服务居民，推进社区建设，提高社区工作效率和管理水平。

为此，我们迫切需要借助先进的信息化技术手段，大力推行网格化社会管理新模式，把按行政层级和职能部门条块切割的分散管理模式，转变为按地理网格划分，并按“区一级网格>街道二级网格>社区三级网格>一线四级网格”组织的立体化网格，建立跨层级、跨部门的一体化综合管理和服务新模式。

二、建设目标

三维网格化社会管理服务平台建设的总体目标是:通过建设三维网格化社会管理服务平台，借助先进、逼真、直观的三维地理信息技术，把按行政层级和职能部门条块切割的分散管理模式，转变为按地理网格划分，并按“区一级网格>街道二级网格>社区三级网格>一线四级网格”组织的立体化网格，建立跨层级、跨部门的一体化综合管理和服务模式，实现资源和职能的横向、纵向整合。同时，通过管理和服务下沉，在社区基层一级建立针对社会问题和不稳定因素排查解决、矛盾纠纷调解、公共安全防控、社会民众服务的统一协调管理和服务机制。通过在区一级建立立体化的网格管理和服务体系，明确责任，建立闭合管理机制，减少职能部门之间的推诿扯皮，加快政府办事效率；加强政策政务和社情民意的双向畅通；提高人民群众对社会管理和服务的满意度；满足维稳要求，建设安全、稳定、和谐的幸福社会。

三维网格化社会管理服务平台建设的具体目标是通过建设九大体系、四大能力和两大模式，实现网格化、可视化、精细化的管理和服务，体系化的运作以及一体化的协作，打造新一代的智慧社会综合管理平台。

（一）九大体系

问题隐患排查解决和矛盾纠纷调解体系、公共安全防控体系、公众服务体系、绩效考核体系、政务民意畅通体系、民众自治体系、党建工作体系、数据采集管理体系、联动协作体系；

（二）四大能力

通过平台的九大体系打造四大核心能力——问题隐患排查解决能力、矛盾纠纷调解能力、公共安全防控能力和社会公众服务能力。

（三）两大模式

三维网格化社会管理服务平台需要建立了两大模式：立体化网格管理和服务模式；闭合管理模式。

三维网格化社会管理服务平台的网格是立体化的网格，纵向由“区一级网格>街道二级网格>社区三级网格>一线四级网格”4 层组成，横向跨越各职能部门。各级网格有相应的具体负责人，通过他们的工作，有效整合各层级、各职能部门的行政资源和功能，以及各类社会资源和功能，从而建立综合化、扁平化、精细化的立体化网格社会管理和服务体系。

闭合管理模式首先从事件受理、立案，到派遣、分流、处理、跟进，最后核实、结案，有明确的负责人，有完整封闭的流程，确保有始有终；其次从整个案件开始到结束，有自动化的逾期警示，有全程的督查督办，有对处理结果的综合评价，有绩效考核的自动关联，从而建立完整闭合的监管体系，确保效率及无遗漏。

三、建设思路

整个平台建设需要遵循实用化、体系化、刚柔并济和二三维一体化的原则。

（一）实用化

在平台开发中，除了实现系统功能本身，更重要的是如何确保用户能把系统功能用起来、用好，这就是如何提高系统实用化水平的问题。做到实用化的一个关键因素就是要做好配套功能，解决各种应用当中的具体问题。比如数据是系统准确、高效运行的基础和关键，就需要强调开发数据导入批量处理、数据匹配合并、质检、纠错等功能，解决数据的初始化、更新维护和数据质量等问题。

（二）体系化

不管是对线上的系统内部和系统之间，还是线上系统与线下流程制度资源之间，我们都强调建立一个完整、有序结合、有机协作的体系。

对于线上系统，需要强调各个功能、流程、数据的关联、打通和融合，比如事件响应、处理的速度，事件处理结果的评价，自动计入绩效考核的指标数据；人口、房屋、地名地址数据可以关联查询分析等等。

关于线上系统和线下流程制度资源的协作配合，比如线下的事件处理、网格巡查、民情日记、民情研判、民众自治、党建工作等，都有对应的线上功能和流程来支撑、优化和完善。

（三）刚柔并济

系统要有一定的刚性，比如界面上如果某些信息没有录入，就无法提交；流程上某些环节如果没完成，任务就不能结束等等，要通过信息系统固化规范、标准的业务操作。

同时系统要有一定的柔性，比如流程可以结合业务变化进行动态调整，系统易于扩展、修改和维护等等。

（四）二三维一体化

一般情况下，网格化社会管理服务应用对空间分析的要求不是很高，建议以 2.5 维地图为主来建设数据。如果确实需要大量的复杂分析，可以叠加二维矢量地图。对需要重点展示的区域，可以叠加虚拟实景增强效果。

如某些重点区域确实有三维空间分析和任意漫游的需求，可以叠加三维地图。平台可以对二维、影像、2.5 维、三维和虚拟数据实现无缝的一体化集成联动。

四、系统总体架构

系统总体分为接入层、应用层、服务层、数据层、交换层和协作层共六层，其中服务层的视频监控、实景漫游、GPS 定位、二三维地理信息服务等功能可以调用综合管理信息平台的地理空间信息服务来实现。

由于网格化管理是基于三维地图来实现，三维网格化社会管理服务平台与综合管理信息平台的关系非常密切。为了更好地实现三维网格化社会管理服务功能，可能需要综合管理信息平台针对网格化管理进行扩展和调整，以便两边平台的集成能更加紧密和顺畅。综合管理信息平台可由专业化公司承建，以确保在开发三维网格化社会管理服务平台时，能够更加优质高效地完成两边的调整和集成。

五、技术实现路线

平台架构：系统应集中采用 J2EE 架构，应用 B/S 模式实现；WebGIS 平台应采用 OGIS 实现，能部署和运行在多个操作系统上。

（一）三维地理信息系统

三维地理信息系统是以三维可视化的数据展示方式为基础的地理信息系统，相比二维地理信息系统，三维地理信息系统为空间信息的展示提供了更丰富、逼真的平台，使人们将抽象难懂的空间信息可视化和直观化，人们结合自己相关的经验就可以理解，从而做出准确而快速的判断。

三维地理信息系统在可视化方面有着得天独厚的优势。虽然三维地理信息系统的动态交互可视化功能对计算机图形技术和计算机硬件也提出了特殊的要求，但是随着软、硬件技术水平的不断提高，一些先进的图形卡、工作站以及带触摸功能的投影设备的陆续问世，不仅完全可以满足三维 GIS 对可视化的要求，还可以带来意想不到的展示和体验效果。

（二）基于 J2EE 架构，B/S 模式

系统采用 J2EE 架构，应用 B/S 模式实现：因为 J2EE 是跨平台技术，可以部署和运行在任何平台上面，所以它既可以部署在 IBM AIX 系统上，也能够部署在 Window 平台上。

支持 Struts、JSP、Hibernate 技术，采用 Eclipse 开发工具来开发；支持 JDBC 技术；提供基于 Java 的统一开发模式，以及全套的开发调试环境，简化程序设计和开发的工作量，其中业务系统要采用 B/S 结构。支持 XML 技术。应用软件支持安全 XML 扩展标记语言技术：支持 HTML 超文本标记语言。

（三）面向对象技术/UML 建模技术

面向对象技术是软件技术的一次革命，在软件开发史上具有里程碑的意义。与传统的结构化软件开发技术不同，面向对象技术提出了对象的封装、继承、多态性、对象的覆盖等方法，而传统的程序表示方法（如：框图、NS 图等），无法对面向对象这些新的特性加以描述表达。因此，面向对象技术的表达、面向对象技术的方法论也是面形对象技术必不可少的研究内容之一。

（四）组件化、构件化开发技术

软件开发的应用手段从最初的源代码、目标代码、类库（面向对象技术），发展到今天的组件式开发技术。组件是具有某种特定功能的软件模块，它几乎可以完成任何任务。组件以其较高的可重用性产生了一种崭新的软件设计思路，它把硬件以芯片为中心的工艺思想恰如其分地融合于软件的分析、设计和施工之中，组件的构件化就将多个组件组织在一起形成不同的构件，随着构件的积累，利用这些构件开发软件就像搭积木一样容易。组件技术是迄今为止最优秀也是发展最快的一种软件重用技术，它比较彻底地解决了软件开发中存在的重用性、适应性差和周期长等问题。系统基于 ArcEngine 构建，并提供跨平台的支持。ArcEngine 支持全部标准开发环境，包括.NET，组件对象模型（COM），Java 和 C＋＋以及所有主流操作系统，如 Windows，UNIX 和 Linux。

在系统的开发中，将坚持组件化、构件化的开发技术，通过开发不同的组件、接口和构件，实现软件的重用和快速开发。

（五）应用服务 WebService 技术

WebService 使用标准技术让软件应用程序资源在网络上可用。因为 Web Service 基于标准接口，所以即使是以不同的语言编写并且在不同的操作系统上运行，它们也可以进行通信。因此，Web Service 是生成必须适用于网络上不同系统的分布式应用程序的极好方法。

六、系统功能

三维网格化社会管理服务平台设计本着以人为本、追求完美的用户体验的理念，重点打造一种“可视化网格操作”的工作模式，可以在三维网格地图上清晰直观地看到每一个网格的概况、楼宇、房屋、人口等信息，看到每个网格的管理员、网格上所发生的事件等等。可以直接在网格地图上查看各种丰富的业务信息和地理空间信息，并且可以完成各种管理工作，如可以提交事件、指挥分流、督查督办、民情日记、巡查情况、民众自治、党建工作等等。系统把数据、功能和流程，与三维网格地图进行有机结合，力求几乎所有工作都可以直接在图上完成，从而实现一种直观简单、高品质、高体验度的系统操作模式，降低系统复杂度、工作负荷和疲劳感，提高工作效率。系统主要功能有：

（一）人员、房屋、部件管理

人员、房屋、部件是社会管理创新服务平台的核心数据。通过 GIS 地图的位置服务手段，可视化管理人口、房屋、建筑

的信息以及关联关系，同时可对社会公共部件设施数据信息进行管理。以此为基础，可拓展党建、计生、信访、维稳、综治等业务管理模块。

（二）网格化管理

依托统一的社会管理创新服务平台，将城市管理辖区按照一定的标准划分成为单元网格。通过加强对单元网格的部件和事件巡查以及人员房屋信息的更新录入，建立一种监督和处置互相分离的形式，能够做到主动发现，及时处理，加强对城市的管理能力和处理速度，将问题解决在居民投诉之前。

（三）事件/任务处理

网格人员携带智能手持终端，通过移动互联网快速上报事件、部件，同时接受指挥中心调度，进行实时任务处理。并可查看事件详细信息和任务信息。

（四）物联网接入

平台与呼叫中心管理系统、消防预警系统、防入侵预警系统集成，提供空巢老人求助、消防预警、防入侵等智能化预警服务。当检测到火警时、入侵行为时、有人救助响应时，平台在三维地图相应位置弹出预警信息并标示预警位置。

七、结语

三维网格化社会管理服务平台以三维地图为展示形式，以网格化作为管理手段，以三维 GIS 技术为位置服务，强调社区服务理念，整合社会信息服务资源，构建社区综合服务管理平台，实现创新型社会管理与服务的科学化和人性化。

【作者：新疆维吾尔自治区第一测绘院党委副书记 院长】

以优良作风　聚警心　促警风

朱新华

当前，党的群众路线教育实践活动在全党如火如荼地开展，这项活动的主要任务是聚焦作风建设。作风是形象，作风是力量，作风是生命，决定事业的高度和成败。这些年，我们部队在工作战斗中所形成的优良作风是推动消防事业科学发展的可靠保证。我们必须继承和发扬，把作风建设摆在更加突出位置，常抓不懈、持之以恒，这是我们履职担当的根本政治要求。具体讲，就是要大力倡行“五种作风”：

一、重学习，倡行学以立身之风。一是要勤于学习。要树立“本领恐慌”的危机意识，把学习作为一种政治责任、一种生活方式，当作立身做人之本，为官从政之需。根据自己的工作实际和知识结构，明确学习重点，丰富知识积累，做到掌握基本的、追踪前沿的、精通专业的、涉猎相关的，以勤学上进之风以增长才干、提高素质。二是要善于思考。消防部队面临着许多新情况、新问题。要带着问题去学，在学习中升华思想、境界，把感悟、教训、经验上升到理性，树立科学的世界观、人生观、价值观和发展观，让学习真正促进思想、促进工作。三是要勇于实践。要坚持学有所用、学以致用，通过消防工作和部队建设实践来检验学习效果，使学习的成果真正转化为解决问题、推动工作的能力。

二、尽职守，倡行勤勉敬业之风。一是要主动抢抓机遇。重庆正处于多重机遇汇集的黄金发展期。我们必须因势利导、主动作为，紧紧抓住这一难得的发展契机，深入贯彻落实国务院 46 号文件和重庆市“十二五”消防工作规划，为促进我市经济社会全面、协调、可持续发展提供有力保障。二是要强化主业意识。要牢固树立“守土有责”的意识，用科学发展观统揽全局，紧贴消防工作和部队建设实际，着眼重点工作，着力基础工作。三是要时刻保持警惕。消防安全容不得半点疏忽和懈怠。我们必须把增强忧患意识和风险警觉作为一项政治责任来强化，深扎忘民必失、忘安必危、忘本必骄的思想根基，把居安思危、精武敬业的好作风体现在具体工作之中。

三、讲公正，倡行公道正派之风。一是要秉公选人。要树立公道对待干部、公平评价干部、公正使用干部的正气，用制度和程序来保证选人用人的公平公正。二是要秉公执法。要端正执法理念，转变执法思路，积极适应执法环境的新变化，进一步规范执法行为，改进执法态度和方式。三是要秉公用权。要把握好公开、公平、公正的大原则，把践行民主集中制作为秉公用权的重要关口，充分发扬党内民主，不凭个人感情取舍，不为人情关系左右，在建审验收、工程招标、装备采购等敏感事务中，建立标准为决策提供依据，公开程序让决策接受监督，完善制度使决策更加规范，让人民群众和广大官兵感受公平正义，提升部队公信力。

四、顺民意，倡行亲民爱民之风。一是要真诚倾听民意。人民群众的意见和诉求是我们改进作风、改进工作的“风向标”。我们要结合这次党的群众路线教育实践活动，与群众面对面地交流、心贴心地沟通，敞开大门访民意，把群众对消防工作的期待要求作为整治“四风”、转变作风的基本依据，让广大群众感受到实实在在的变化。二是要真心化解民忧。要发扬密切联系群众的作风，深入到困难群众中去体察民情，站在群众的立场上思考问题、研究方法，满腔热情地办一些顺民意、解民忧、疏民困的实事好事。三是要真情服务民生。要抓住在教育实践活动中“群众”这个关键词，做好消防工作亲民爱民的“大文章”。要在感情上贴近群众，在服务态度上敬重群众，在服务民生上惠及群众，多出台一些结合实际、服务发展的便民利民措施，顺应人民群众的利益需求，做到实用、管用、好用。

五、敬法纪，倡行廉洁自律之风。一是要坚守拒腐防线。我们必须对党纪国法始终心存敬畏，想清楚“权从何来、为谁掌权”，算清楚政治、经济、亲情“三笔帐”，自觉筑牢拒腐防变的思想道德防线，始终做到自重、自省、自警、自励。二是要坚持淡泊名利。领导干部必须要有淡泊名利、甘于奉献的精神，不为名所惑，不为利所累，真正做到在名利上有满足感、在能力上有危机感、在工作上有紧迫感。三要坚决狠刹歪风。抓作风建设必须敢于较真碰硬，决不能板子高高扬起轻轻放下。要有“抓铁留痕、踏石留印”的决心，不论是谁，不管职务高低，不论资历深浅，只要违法就要查处，以严格的纪律执行传递正能量、维护队伍的清风正气。

【作者：重庆公安消防总队政治委员】

干工会是我一生的事业

曾繁明

我从 1990 年开始在广东肇庆高新区总工会工作，一干就是 24 个年头，可以说，我的半辈子都守在了工会。

从上世纪九十年代开发区发展之初，我经常一个人骑着一辆破摩托车跑企业，一家一家地发动企业主组建工会。有时候进不了企业门，被人给脸色看，但我从未想过放弃。我就整天守在门口，等老板一出来就上前介绍自己，然后再约时间详谈。经过不断摸索，我总结出“情、理、法”组建工会三部曲。功夫不负有心人，全区基层工会组织从 2000 年的 21 家发展到现在的 253 家，并建立了 3 个区域联合工会、2 个行业工会和 5 个社区工会，覆盖了区内 300 多家小微企业，会员由 3000 多名壮大到 5.5 万名，在高新区实现了工会组织全覆盖。

工会工作，不显山不露水，却默默地为地方经济社会发展提供有力的支持。20 多年来，我没有休过年假，每到过年过节，别人闲着，我和同事们依旧在工作着，举行迎新春等活动，努力让职工过一个欢乐祥和的年节。无论是维权、帮扶，还是开展各类文体活动，我和工会干部都坚持在第一线。这些年，我介入协调并成功处理的劳资纠纷有 200 多件，涉及赔付金额 5500 多万元，涉事员工 2 万多人次。每次我都带领工会干部走到职工中协调，做到“大事不出园区，小事不出企业”。

近年来，高新区总不断创新社会管理，推出为非公企业工会主席发放岗位津贴、工会会员购物折扣卡、开展定向扶贫济困行动、成立党工组织义工队等，许多创新工作产生了广泛影响。现在我们的工会干部无论到区内哪家企业都受到欢迎，这也是工会用真心、真情服务职工和企业的见证。

我热爱工会工作，但让我感到愧疚的是，家人为我的坚持付出了很多。这么多年的春节，我从没有回老家与父母、兄弟一起过个团圆年，每年他们都盼望着我能够回家一起吃顿团年饭，但直到我父母去世，这个愿望都没能实现。2003 年，我爱人得了大病，为了不影响我的工作，她宁愿忍受病痛的折磨，主动将手术时间推迟了两个月。连我自己都不记得类似的事情发生过多少次，我亏欠家人太多了。

这 20 多年中当然还有很多其他的辛酸、伤心和流泪，但我从未后悔，因为我早已认定干工会是我一生的事业。2013 年初，区领导提出把我调离工会，我不肯，并向区领导表示，我早已与工会结下了不解之缘，我要在工会的岗位上干到退休。

【作者：广东省肇庆市高新区社会工作局局长　区总工会主席】

总局调训：创新商业模式

吴高余

在新媒体和新技术的冲击下，传统出版业挑战与机遇并存，音像电子出版社更是首当其冲。挑战来自于阅读方式的改变、商业模式的创新和市场化程度的自我提升，机遇来自于在出版行业新一轮的数字化转型和升级之路上，大家基本处于同一起跑线，且有国家宏观政策的调整和对文化产业的大力扶持。如何在这场数字化的转型和升级中把握趋势，谋而后动，并进而提升本单位的企业管理水平、创新商业模式、提高市场化运作水平，是大多数音像电子出版社一直在思索的问题，也是在努力破解的困惑性问题。新闻出版广电总局组织的这次为期 5 天的培训仿佛一场及时雨，不仅起到了答疑解惑、交流学习的作用，更收到提振信心、拓展视野、启迪思路、转变观念的良好效果。正如新闻出版广电总局音像电子处处长许正明在开班式中提到的“通过三个学习提升三种能力”的要求：通过对党的政策理论方面的学习，提升政策法规理解能力；通过加强经营管理方面的学习，提高推动出版业改革发展的能力；通过加强新媒体、新技术方面的学习，推动音像电子出版数字化转型升级能力。

结合我社在数字化转型之路上的战略定位、业务范围、发展方向、人员结构、流程再造与优化等方面的情况，我想具体谈一下这次培训的实际收获。

一、立足传统求生存，数字化转型谋发展

九通社自 1993 年成立以来，一直从事中小学教育和儿童教育类产品的出版，在过去几年间，我社顺势而为，打破了过去较为单一的出版形态，发展成为一家利用纸、磁、光、电、网多种介质开展出版活动的专业出版机构，年销售额逐年提升，2012 年销售收入 7500 余万元，创利 800 多万元。目前九通社的传统出版业务仍占较大比重。但在新形势面前，数字化转型已不可改变。自 2009 年以来，我们社就确立了多载体立体化开发的研发思路和多渠道多种经营的营销思路，发挥电子音像社在技术上的优势及数字化转型上的无观念障碍优势，提前布局数字出版，强调立足传统出版的同时，实现数字出版的转型和升级。迄今为止，我们社通过盘活存量资源和整合外部资源两种方式，在互联网出版、手机阅读、电视阅读、数据库开发和电子商务等5个方面进行了多种尝试，不断加大投入和跟进，利用增值服务、信息服务、多载体立体化促进和线上线下统一规划等多种方式进行探索，取得了一定的效果：在淘宝淘花网上建立了国内第一个儿童早教视频专区；成为中国电信天翼阅读有声读物首批独立CP之一，并拥有独立定义包月包资责；规划了6大特色数据库，正在组织实施其中的《数字湖北：省情百科电子书》数据库；与湖北、江苏、广东等地运营商合作，搭建IPTV业务框架；自建淘宝商城等电子商务平台，于当年实现盈利。

二、聚焦业务范围，强调小、专、特

在业务范围上，我们社不断聚焦，正如中国音像与数字出版协会副秘书长王勤所介绍的那样，在充分分析自身优势和潜能的基础上，找准自己的金刚钻，揽自己能把控的瓷器活。对我们社来说，整体实力并不强，资源优势不明显，在数字出版投入大、海量资源的要求下，我们扬长避短，不贪大求全，不过于追求技术的自我投入，不建大平台，而是选择那些能把控的业务，通过小平台接入大平台，突出专业性和特色化，聚焦业务范围，带动我社的整体性数字化转型。例如，我们正在实施《数字湖北：省情百科电子书》数据库项目，采用移动介质载体形式，投入不大，凸显省情教育这一特色主题和内容，提供专业性的内容。这个项目得到湖北省委省政府的大力支持，并获得2012年湖北省社会公益资助项目。

三、创新商业模式，强化市场化运作

在数字化时代，必须对传统出版的商业模式进行改造才能适应新的要求和需求。商业模式的创新，源头在企业管理和运营流程的再造与优化。为此，我们从2011年开始此项工作，让工作流不断适应数字出版的运营要求。同时，数字出版的整体设计上，强化用新的商业模式和纯粹市场化的运作方式来进行。如，在中小学教育业务上，我们通过“三维数字课堂”的方式，在提供传统纸质版教育内容的同时，将大量辅助性教育内容汇聚在网站上，通过传统出版和数字出版的互动融合，提供各种增值服务。近期，正在筹备“长江翻转数字课堂”项目和“湖北省教育信息化班班通课课通”项目。在儿童教育业务板块，我们正在与中国电信协商，导入二维码的运用，实现线上业务和线下业务的共促融合。

四、合作共赢，定位优质数字化内容信息提供商

出版社长期以来，在内容资源的积累上有优势，在技术的开发和建设上是薄弱环节，因此我们在数字化转型的道路上，将自身定位在优质内容信息提供商的角色，通过外部协同合作，谋求共赢共促。如，我们与中国电信的合作，虽然有较为优质的内容，但缺少对这个领域的运营人员，所以采用引入有经验的SP运营商的方式，大家一起合作共赢。在“长江翻转数字课堂”的建设上，我们采用开放式的平台建设，充分调动尽量多的科研人员、教学人员的参与，在技术建设和平台搭建上，与长江出版集团下属的多多社区深度合作，共建共赢。

通过这次培训，老师们的课程给了我更多的启发，有很多环节还有很大的差距，有很多模式还有待于进一步的深化，这将是我社下一步的工作重点。同时，这次培训，更加坚定了我们社突围市场困局、实现数字出版转型的决心，这也有赖于创新精神更大的培育，进一步调整产业结构，争取在二次创业中走出一条市场化、数字化、精品化的道路，焕发二次青春。

【作者单位：湖北九通电子音像出版社副社长】

内蒙古开放大学建设中的党建与思政工作探究

赵　东

党的十八大，对全面加强党建思政工作，不断提升高校党建科学化水平做出了重大战略部署。当前，内蒙古电大正处在向内蒙古开放大学转型发展的关键期，内蒙古现代远程开放教育正处在品质提升的新阶段。认清形势，统一思想，提高认识，振奋精神，开拓进取，是电大各级党组织的历史责任所在，也是全体电大人必须面临的时代选择。

认真学习贯彻党的十八大精神，深化对办好内蒙古开放大学的认识，明确阶段性目标，提高工作的针对性、实效性，加快内蒙古开放大学建设进程，并通过加强学习型、服务型、创新型党组织建设，调动大家的积极性、创造性，为形成惠及全民的公平教育、构建自治区体系完备的终身教育提供有力的政治保证、思想保证和组织保证是全区电大系统在战略转型期面临的主要任务。

一、深化认识，增强做好党建与思想政治工作的责任感和使命感

加强全区电大党建思政工作，是我们正在进行的内蒙古开放大学建设的重要政治保证，我们一定要统一思想、深化认识，自觉增强新形势下做好全区电大系统的党建思政工作的政治责任感和历史使命感。党的十八大报告指出，实现中华民族伟大复兴，一定要牢牢坚持中国共产党的领导，坚持中国特色主义道路，坚持和丰富中国特色社会主义理论体系，坚持和完善中国特色社会主义制度。在第二十次全国高校党建工作会议上，习近平同志强调指出，高校是教育培养青年人才的重要园地，也是用社会主义核心价值体系武装青年的重要思想阵地。高校党的建设要紧紧围绕培养中国特色社会主义事业合格建设者和可靠接班人这个根本任务，为建设能够培养高质量大学生的社会主义大学提供坚强的思想、政治和组织保证。党的十八大报告和习近平总书记的重要讲话深刻阐明了高校党建思政工作的重要性和紧迫性，高度概括了加强高校党建思政工作的总体要求、主要内容和根本目标，明确指出了加强高校党建思政工作是高校坚持正确的办学方向，提高人才培养质量的根本政治保障。我们一定要认真学习，深刻领会，进一步增强做好实际工作的自觉性和责任感。早在 60 多年前，毛泽东同志就把武装斗争、统一战线和党的建设并提为夺取中国革命胜利的三大法宝，把思想政治工作称之为团结全党取得胜利的重要保障，是灵魂，是生命线。

建党 91 年来，我们党无论是在革命斗争时期，还是在社会主义建设时期，每一次重要的战略选择、部署和推进，都离不开思想政治工作，都把党的建设放在首要位置。改革开放以来，经济建设突飞猛进，中国社会发生了前所未有的巨变，这其中，党建和思想政治工作发挥了坚强的战斗堡垒作用，发挥了先锋模范作用，发挥了凝心聚智、润物细无声、潜移默化、不可替代的重要作用。这是我们党的政治优势，是当代中国的政治优势，是中国特色社会主义的道路优势、理论优势、制度优势，正是依靠着这个优势，我们才化解了前进道路上的一个又一个问题和矛盾，战胜了一个又一个险阻和困难。

开放大学建设是一项全新的事业，实质上是推进电大的战略转型、促进电大教育品质的提升。由终身学习的需求和现代远程教育的特点所决定，开放大学建设也是一项复杂的社会系统工程，需要我们在实践中坚定信念，大胆探索，勇于创新。全区电大各级党组织要牢牢把握这一工作重心，增强紧迫感和责任感，坚持思想建党、方向引领，在实践中加强党的思想建设，创新党的思想政治工作。

二、认真总结，科学分析全区电大党建与思想政治工作

在电大发展的 33 年历程中，在近年来电大系统共同建设开放大学的实践中，我们坚持党委领导下的校长负责制和民主集中制，紧扣中心工作，围绕发展抓党建，突出服务抓作风，求真务实，开拓进取，充分发挥党建和思想政治工作的引领作用，全区电大系统各项工作成效显著。

（一）建设学习型党组织，引领电大事业发展进步

建设学习型党组织是建设马克思主义学习型政党的基础工程，具有重大而深远的意义，具有很强的现实针对性和紧迫性。内蒙古电大党委和各分校党委按照中央和自治区党委关于推进学习型党组织建设的要求，组织广大党员干部认真学习了马克思主义理论，学习党的路线方针政策和国家法规，学习党的历史，学习开展现代远程教育所需要的理论知识，不断在武装头脑、指导实践、推动工作上取得新成效。一是进一步健全了领导班子理论学习的长效机制，努力将电大领导班子建设成为学习型领导班子。二是启动了学习型电大建设工程。按照上级党委要求，率先开展了学习型党组织建设活动，组织各党总支、各部门针对管理、服务、系统建设等方面存在的问题，有针对性地进行了学习和讨论。同时以学习实践科学发展观、深入开展创先争优活动为契机，深入系统调研。通过学习调研，树立了深入分析问题、解决问题的良好风气，进一步提高了全区电大广大干部理论素养和解决实际问题的能力。

（二）认真组织开展创先争优活动，拓宽了党建和思政工作领域

按照中央和自治区党委的部署，全区电大系统各级党组织开展了学习实践科学发展观和创先争优活动，使全体党员普遍接受了新时期的党性教育，进一步坚定了理想、信念，进一步增强了党员意识和党性观念，进一步明确了做新时期合格共产党员的基本要求。坚持抓好了“四个提高”、“五个结合”，把活动的目标任务落到了实处。即提高学校领导班子组织全区电大系统科学发展能力，提高学校各级领导干部的思想认识能力和工作水平，提高基层党组织的凝聚力和战斗力，提高党员队伍的生机与活力。同时，坚持把创先争优与学习实践科学发展观结合起来，与推进开放大学建设结合起来，与贯彻落实党中央精神对远程教育和创建终身教育体系的要求结合起来，与深入推进学校制度改革、不断加强学校各项管理工作结合起来。通过学习实践科学发展观和创先争优活动的开展，提高了党组织的凝聚力和战斗力，为开放大学的建设提供了坚强的思想政治保证。

在加强党员日常教育、管理的同时，结合形势任务和重大纪念节日、重大事件，开展了一系列主题教育活动。2008 年开展了心系汶川赈灾捐款活动；2009 年围绕 30 周年校庆召开了纪念庆典、新闻发布会；2011 年以建党 90 周年为契机，广泛开展了师生读书活动，举办了“我们的旗帜”庆祝建党 90 周年纪念大会暨文艺汇演；2012 年，积极开展了党员干部下基层活动，学校下基层工作组对我校的下基层对口单位进行了调研，制定了工作方案，相关人员赴乌兰察布市四子王旗六股村扶贫点，与旗委、乡镇及村委会对接，拉开了我校党员干部“下基层、办实事、转作风”活动的序幕。每年积极开展扶贫帮困献爱心活动。在乌兰察布市兴和县大库联中学建立了内蒙古电大首个“农村电大书屋”；组建了内蒙古电大青年志愿者服务队，向贫困地区孩子捐赠衣物活动。

（三）加强党风廉政建设，护航电大科学发展

全区电大系统各级党委从党的建设、政权建设和事业发展的高度，深刻认识党风廉政建设的重要性。围绕学习贯彻中纪委、教育部、监察部《关于加强高校廉政建设的意见》，按照《建立健全教育、制度、监督并重的惩治和预防腐败体系实施纲要》的要求，切实加强党风廉政宣传教育，切实加强制约监督机制和制度建设。坚持重大问题集体决策的制度、领导干部重大事项报告制度、审计制度。组织制定了《内蒙古电大关于对党员干部进行诫勉谈话的暂行规定》、《内蒙古电大监察工作条例》、《内蒙古电大领导干部廉洁自律的若干规定》等制度和措施。2011 年按照上级要求，认真开展了公务车辆和“小金库”专项治理工作，取得了明显成效，实行了处级干部廉政档案动态管理。

（四）坚持深化改革，推动开放大学建设进程

按照党和国家的有关要求及《教育发展纲要》提出的目标和任务，全区电大系统各级党委与时俱进，积极推进电大系统的改革与发展。学校认真开展调研，广泛征求各方意见，结合上级有关精神，制定出《内蒙古广播电视大学“十二五”发展规划（2011～2015）》，明确提出了发展的指导思想、总体目标、改革和建设重点以及保障措施。目前，全区电大系统在籍生已达到了7.8万余人，累计为自治区培养了各类学历教育毕业生20万余人。2008年以来，作为电大主要办学形式的开放教育招生人数连年增长，从2008年招生16349人到2012年的23164人，办学规模不断扩大。在全区建设了以内蒙古电大为中心、12所盟市级电大、3所行业电大、100个基层工作站的一个较完备的现代远程教育体系，办学层次不断提升，为推进内蒙古开放大学建设奠定了坚实的基础条件。

（五）发挥优势，积极推进系统建设

完整、有力、顺畅的系统建设是电大履行社会责任的重要前提，也是进一步推进内蒙古开放大学建设的重要环节。内蒙古电大党委遵照科学发展的要求，近年来，通过多种方式，采取有力措施，不断加大了全区电大系统建设力度。一是通过绩效评估和教学点等级评定，推动了开放教育内涵建设，创新了系统管理体制，共同促进了系统的和谐发展，同时，深入了解基层电大现状，理顺系统层级关系，达到了凝聚系统的目的。二是组织实施了“创建示范性基层电大（教学点）项目”的申报工作。目前，兴安盟电大、包头电大、巴彦淖尔电大、呼伦贝尔电大入选了“全国示范性基层电大（教学点）”，包头和巴彦淖尔电大奥鹏远程教育中心还入选全国奥鹏远程教育示范学习中心。校部残疾人教育学院入选“全国示范性电大教学点”。据统计，内蒙古电大系统中基层电大接受中央电大援助项目和资金数均高于全国省级电大平均水平。三是清理、整顿了教学点。经过清理整顿，现有开放教育教学点100个，分布在78个旗县（区），对旗县的覆盖率有较大提高。清理整顿工作规范了教学点的建设与管理，促进了基层电大和系统发展。

经过不断加强和改进党的建设和思想政治工作，充分发挥了领导核心作用和党员的先锋模范作用，保证了学校各项事业全面进步。但也必须实事求是地看到，我们的工作还有许多不尽如人意的地方，比如基层党建和思想政治工作进一步细化，党建和思想政治工作重心下移，党的创先争优活动长效机制进一步完善，部分电大分校党组织机构的建立健全等问题。面对新的形势和任务，进一步提高校党委的治校办学能力，解决好统揽全局、把握方向和协调各方的问题，保持学校改革发展稳定的良好局面；必须进一步研究如何在错综复杂的局面中开展党建和思想政治工作，更好地研究解决师生切身利益问题，解决好凝聚人心、调动师生员工积极性的深层次问题。

三、深入学习贯彻党的十八大精神，不断开创全区电大党建思政工作新局面

邓小平同志曾经语重心长地讲过，办好中国的事情的关键在党，在党的领导。形势的发展，事业的开拓，广大受教育群众的热切期盼，要求我们责无旁贷地办好内蒙古开放大学，而办好内蒙古开放大学的关键在党，在党的领导，在以改革创新精神全面推进党的建设新的伟大工程，全面提升党的建设科学化水平，全面加强和改进思想政治工作，确保学校各项事业健康快速发展。各级党组织要把学校党建思政工作放到社会发展全局中去谋划，紧扣教学中心工作，围绕开放大学建设来开展，要用事业发展的新业绩来检验党的建设和思想政治工作的成效。电大系统的党政和思政工作，应结合系统的特点，突出目标、责任和创新教育，通过教育使全区电大各级党组织和广大党员群众树立宗旨意识、明确发展目标、提升创新能力。

教育党员、干部以开放大学建设为己任，以高度的党性自觉和宗旨意识投身于教育改革创新的伟大实践中来。当今世界，随着知识经济的发展和科学技术的进步，学习的方式和教育的内容正在发生着革命性的变化：从有围墙的校园教育越来越向社会教育延伸；从学龄教育越来越向终身教育转变；从少数人的精英教育越来越向大众化的教育发展；从知识面较窄的专业教育越来越向综合性的通识教育拓展。开放大学以它独特的办学理念、教育方式和社会效益，越来越受到人们的重视和关注，成为教育改革发展的重要生长点。内蒙古地处祖国北部边疆，118万平方公里土地，东西跨度4000公里，外联蒙古、俄罗斯，内经甘肃、宁夏、陕西、河北、黑龙江等8省区，面积辽阔，地域差异大，战略地位十分重要，现代远程开放教育的潜力和空间巨大。党和国家历来把办好内蒙古的事情作为国家全局建设发展重要组成部分给予高度重视，办好内蒙古开放大学，对于经济发展、边疆稳定、民族团结、社会进步具有重要的现实意义和深远的历史意义。30多年来，内蒙古电大遵循邓小平同志的指示，在中央电大指导帮助下，在各级党组织和党员干部的带领下，经过全系统广大师生员工的艰苦创业和努力奋斗，走过了不平凡的历程，成为自治区高等教育的重要力量：建成了覆盖盟市、旗县的远程办学系统；形成了社会各界广泛参与的开放办学模式；培养了各行各业大批应用型的专门人才；发挥了缩短教育差距、促进教育公平的重要作用，成为提升全区各民族群众文化素质的重要渠道和内蒙古学习型社会建设的重要力量，为人的全面发展和边疆的稳固繁荣作出了不可替代的重要贡献。

党的十八大提出全面建成小康社会的宏伟目标，明确提出合理配置教育资源，重点向农村、边远、贫困、民族地区倾斜，赋予了教育新的使命。开放大学以信息网络技术为支撑，打破了教育资源的时空限制，使人人皆学、时时皆学、处处皆学成为可能，是教育服务国家发展、提升国际竞争力的重要抓手，是构建终身教育体系，形成学习型社会的重要举措，是满足人民群众多样化的学习需求、促进教育公平的重要途径，是促进教育信息化、推动教育改革创新的重要支撑。全系统各级党组织和广大共产党员要以高度的政治责任感和历史使命感自觉地投身于这一伟大的实践中来，站在时代的前列，敢为潮头立，争当时代的先锋和模范。

教育党员、干部以办好人民满意的教育为目标，立足本职工作，争创一流业绩。要把学习贯彻党的十八大精神和提高思想认识、加强党性修养锻炼与做好学校教学、科研、管理服务紧密结合，把坚定理想信念，坚守共产党人精神追求贯穿于学校改革发展的全过程，体现在业绩里，升华在情怀中。在实际工作中，要注意到三个抓好：一是要注意抓好思想理论建设这个根本，引导党员、干部紧密结合实际认真学习中国特色社会主义理论体系，学习现代科技知识，深入实践科学发展观，推进学习型党组织建设，教育党员、干部矢志不渝为加快推进内蒙古开放大学建设进程而奋斗。二是要抓好党性教育这个核心，教育引导党员、干部在教学、科学研究和管理服务等工作实践中，大力弘扬党的优良传统和作风，解放思想、改革创新，勤奋敬业、争创一流，牢固树立正确的世界观、权力观、事业观，明辨大是大非，在政治上与以习近平为总书记的党中央保持高度一致。三是抓好道德建设这个基础，教育党员、干部模范践行社会主义荣辱观，讲党性、重品行、作表率，做内蒙古开放大学文化建设的示范者、引领者、维护者，以实际行动彰显共产党人的人格力量。

教育党员、干部勇于探索、奋力开拓，在生动的教育改革实践中加强党的思想建设，创新工作载体。党领导的中国特色社会主义是一项开创性的伟大事业，高校党的思想建设在学校改革发展的建设进程中担负着提供强有力的思想保证、精神动力和舆论支持。改革开放三十多年来，我们在实践中积累、总结、提炼了许多增强党心、校心、民心凝聚，促进事业发展，鲜活生动、与时俱进、行之有效的好经验好做法，这些经过实践检验并被证明为广大党员干部所欢迎，有利于增强党的活力和战斗力的好经验好做法，我们要善于总结，通过制度的形式把它固化下来，并加以坚持。同时还要不断地更新，有所发明、有所发现、有所创造。时代在发展，社会在进步。当今时代，日新月异，知识经济的发展和科学技术的进步，正在深刻的改变着人类的生产生活方式，现代远程开放教育特有的办学理念、办学方式和社会效益及责任，对担负着领导重任的党和党的思想建设提出了前所未有的更高要求，我们必须适应于时代发展的新形势，研究新情况，解决新问题，具体在教育学习引导形式和方式上注意三个运用：一是现代网络信息技术的运用。党不是刻板僵化墨守陈规的教条，更不是神秘虚幻飘忽不定的宗教，她是工业革命的产物，是无产阶级进步的象征和旗帜，是人类社会先进生产力的代表，她从来不拒绝先进的东西。现代信息技术是我们这所具有鲜明时代特征高等学校的优势，我们要在包括党的思想建设在内的学校各项工作中注意加以运用、融合及彰显，形成我们特有的工作形式和模式。二是新的工作载体和平台的运用。要围绕学校改革发展建设中的要点、重点和攻坚点，教学、科研、管理和服务工作中的疑点、难点和关注点，组织党员干部利用组织机制，发挥团队精神，攻坚克难，创新争优。三是系统优势的运用。电大三十多年的发展，在内蒙古已经形成了最大规模的远程教育系统，在“统筹规划、分级办学、分级管理、分工协作”的架构下，已成为对社会服务、对人才的培养延展线最长、覆盖面最广的教育支撑体。这是我们的优势，也是我们的责任。分校也好、各教学点也好，都要从全面建成小康社会、为构建学习型社会作贡献的大局出发，加强思想建设，统一认识，凝聚人心、振奋精神，把思想统一到党和国家的要求上来，把行动落实在脚踏实地、勤奋努力的工作实践中，为自治区经济社会又好又快发展作出新的更大的贡献。

电大系统的党建思政工作，要结合系统特点、形成自己的特点，在抓好党的建设的同时，突出创建有活力人才成长环境、突出推动体制改革和机制创新、要发展积极、向上的系统文化和校园文化，全方位提高我们的党建和思政工作水平。要以思想建设、组织建设、作风建设和廉政建设为抓手，切实加强各级电大领导班子和干部队伍建设。要深入学习贯彻十八大精神，努力把党中央的要求转化为班子谋划发展的共识、领导发展的思路、促进发展的决策，领导班子及其成员要进一步增强政治意识、忧患意识、责任意识，在实践历练中提高民主办事、依法办事的能力，提高敢做善成、化解矛盾的能力，提高破解难题、驾驭复杂局面的能力；领导班子内部要充分发扬民主，严格执行议事规则和决策程序；要践行党的根本宗旨，大力弘扬求真务实精神，严格落实廉洁从政的各项规定，始终保持密切联系群众和清正廉洁的良好作风。

要建构公开透明、科学合理的人才评价评估体系，建设好教学、科研、管理和技术四支队伍，优化结构，广泛吸纳整合全区电大系统及各方优质师资，建设全区“现代远程教育师资库”，在配置充实的基础上要加强对教学科研、管理和服务人员的继续教育及岗位培训工作，结合电大教育的实际特点，加大现代远程教育理论和现代教育技术应用方面的全员培训力度，形成具有较高水平的教学、管理和科研骨干队伍，使其逐步提升到符合开放大学建设的总体要求。

要进一步深化内部管理体制改革，提高管理和服务水平。要进一步完善党委领导下的校长负责制和民主集中制，推进依法办学、民主治校、科学决策的机制建设，进一步完善学校的领导管理体制和民主监督机制。遵循“从严治教，规范管理”的原则，加强制度建设，逐步形成“自主管理，自主发展，自我约束，社会监督”的机制。

以文化建设为抓手，凝心聚力，构建优质、开放、特色、服务、进取的价值取向和美好精神家园。要把学习贯彻十八大精神与加强文化建设结合起来。我们讲的文化建设应该包括校园文化和系统文化两个有机联系的层面，我们的校园文化应该体现开放大学的特质和现代远程教育的特点。通过文化建设，努力形成风清气正、勤奋敬业、人心思进、人心向好、团结和谐、共同追求的内蒙古开放大学文化和价值取向。要保持校园安定团结，维护校园稳定，把校园建成工作、生活的美好家园。

要建立能够保证和促进电大系统完整、稳定、顺畅、有序运行和发展，体现着责任、开放、合作精神的系统文化，不断夯实系统和谐、发展的基础。党的十八大提出：“我们党担负着团结带领人民全面建成小康社会、推进社会主义现代化、实现中华民族伟大复兴的重任。形势的发展、事业的开拓、人民的期待，都要求我们以改革创新精神全面推进党的建设新的伟大工程，全面提高党的建设科学化水平。”我们要坚持不懈地用中国特色社会主义理论体系武装党员干部、用社会主义核心价值观引导教育广大师生，全区各级电大要着力提高领导班子办学治校能力，积极推进党内民主建设，着力加强党组织建设和党员队伍建设，进一步提高思想政治教育的针对性实效性，深入开展党的建设理论研究和思想政治教育研究。让我们用科学发展观统揽全局，在继承先进经验中求突破，在坚持改革创新中求发展，在推动科学发展中求实效，积极进取，自觉地为坚持党的领导、增强党的活力、巩固党的执政地位、推进党的教育事业服务，努力开创党建和思政工作的新局面，为构建自治区终身学习体系和建设学习型社会重要平台做出更大的贡献。

【作者：内蒙古广播电视大学党委书记　研究员】

基层公安信访工作长效机制建设研究

张　军

公安信访是公安工作中各种社会矛盾和治安热点、难点问题的综合反映，信访问题的大量存在会给当事人带来经济和精神上的双重负担，也会给社会稳定带来直接危害，信访问题得不到及时有效处理，还会影响人民群众对公安机关的信任、支持，对执法活动和警民关系的潜在影响将是长远和深刻的。为此，笔者结合工作实际，对解决当前群众信访问题谈几点粗浅的认识。

一、当前公安信访工作存在问题的特点

从信访数量看，呈递增趋势。近年来，从接访情况看，信访群众及信访事项逐年递增，尤其是一些上访老户因其信访事项未得到有效解决或者虽经多次解决而未达到本人意愿或要求而长期上访，所占信访数量比例较大。

从信访内容看，涉及范围广。包括对公安机关的控告、对公安机关做出处理决定的申诉、对证件办理周期长投诉以及要求破案追逃、解决纠纷、举报案件线索、反映社会治安、提出建议等。

从信访形式看，呈现多样性。一是由过去给公安机关写信投诉到以走访形式到公安机关反映问题的形式转化；二是对于集访案件中的一些不合理诉求，党政机关和执法部门考虑到稳定需要，多采取让步态度，造成个体访多转化为集体访；三是信访人员行为过激，采取围堵机关大门闹访、同时到几个部门信访的越来越多，有的甚至以自杀、自残相威胁。

巴州公安信访工作主要经验做法：

一是公正执法做在信访问题发生前。针对容易引发信访的执法环节和群众普遍关注的治安热点问题，向社会公开各项执法承诺，主动接受社会各界的监督，从源头上预防和减少信访问题的发生。同时，进一步完善现有的执法日常监督和年终质量考核制度，开通网上行政许可平台，推行书面回告制度，定期向群众通报案件办理情况。

二是排查化解做在信访苗头激化前。建立“事前有排访，事中有接访、处访，息访后有回访、走访”的公安信访工作的“五访”长效机制。健全完善信访苗头月排查制度，以基层派出所为单位，定期开展专项排查，逐一登记造册。按照属地管理和谁主管谁负责的要求，及时上报党委、政府，进一步明确预防、疏导、化解的责任和措施，确保每个信访苗头都能得到重视，每个信访事项的办理都能落实到人。

三是民警上门做在群众投诉申诉前。将信访工作的重心放在基层一线，以社区和驻村民警为主体，采取上门走访入户调查等方式，主动加强与群众沟通联系。开创具有巴州公安特色的每月6日“警民相约警务室”等措施，为群众表达诉求开辟便利渠道。

四是局长接访做在群众越级上访前。建立局领导日常信访接待制度，每周二为“局长接待日”，由局领导班子成员轮流接访，确保领导在一线接访、矛盾在一线化解、问题在一线解决。对各地初信初访排查化解情况、重点信访案件包案落实情况、信访“四前”机制建设等情况进行督导，帮助分析信访工作中的薄弱环节，并提出整改意见，全力实现吸附群众就地信访。

二、对做好公安信访工作的几点建议

坚持以民为本，筑牢执法为民根基。要解决和减少信访问题，必须用“立警为公、执法为民”及科学发展观武装民警的头脑，不断提高民警的思想政治觉悟，强化公安队伍的宗旨意识。在接待群众来信来访时，民警切忌推诿塞责或滥用权力、刁难群众，要诚心诚意帮助群众解决问题。

大力排查调处，避免矛盾纠纷转化。矛盾纠纷化解不及时，很容易转化为信访案件，甚至转化为刑事案件，严重影响社会稳定。因此，公安机关要重视矛盾纠纷排查化解工作，对排查出来的问题要妥善解决，做到消化在基层、稳定在当地。要建立健全“经常排查、定期分析，信息预警、事前防范，随时化解、应急处置，督导检查、责任倒查”的长效机制。同时，要建立和完善县市、乡镇、村组、社区四级信访网络，最大限度地将矛盾纠纷化解在基层、解决在萌芽状态，防范重大风险事故和信访问题发生。

加大打击力度，增强人民群众安全感。矛盾多，社会的不稳定因素就多；社会不稳，民心就不稳。公安机关必须保持清醒的头脑，严厉打击爆炸、杀人、抢劫、强奸等严重暴力犯罪和盗窃、抢夺等多发性侵财犯罪，有针对性地开展重点治乱和追逃专项工作，大力扫除“黄、赌、毒”等社会丑恶现象，重点解决好群众反映强烈的热点和难点问题，让群众在家平安、外出放心，最大限度地消除群众积怨。

加强协调配合，教育与查处相结合。对于复杂疑难或公安一家无法解决的信访问题，要及时向当地党委、政府汇报，由党委、政府协调有关部门解决问题。同时，要主动与人大、检察、法院等部门加强联系，互通情况，共同做好信访人员的思想工作。绝大多数上访者是讲道理的，只要信访工作人员把道理讲透，上访人还是能够接受的。对缠诉缠访、严重干扰党政机关及领导干部正常工作生活秩序的上访人员，也要批评教育，依纪依法处理。

注重初信初访，建立信访工作长效机制。做好信访工作是各级公安机关的重要职责，对待群众信访一定要立足早解决、快解决。要紧紧围绕关注民生、服务百姓，变上访为下访，变等访为寻访，变事后解决为事前预防。把信访工作融入“警民亲”、“大走访”等活动中，对群众反映的问题在第一时间做出答复。同时，要建立和完善信访问题首次处理责任制和工作责任追究制，凡因错误执法和违法违纪引发信访问题，造成较坏影响和严重后果的，都要追究当事人和有关领导责任。

【作者：新疆维吾尔自治区巴音郭楞蒙古自治州公安局党委书记局长】

关于进一步加强国资系统企业政工队伍人才工程建设的对策研究

马修洁

为认真贯彻落实《中央宣传部、国务院国资委关于加强和改进新形势下国有及国有控股企业思想政治工作的意见》以下简称《意见》精神，按照“要牢固树立政工干部是企业人才的理念”，“实施企业思想政治工作队伍人才培养工程”的要求，有针对性地加强国有企业政工人才工程建设，切实为党组织政治优势的充分有效发挥提供队伍保证。近期，我们在国资系统国有及国有控股企业中开展了企业政工队伍人才培养工程建设情况的调研。调研采取在集团和企业层面进行问卷调查和抽样调查，区别控股集团、实体集团和基层企业的不同情况进行现状分析，分别召开集团组织部长、企业党委书记座谈会进行研讨，形成初步成果后听取和征求各方意见进行修改完善等方式进行。

本报告从企业政工队伍的实际出发，从分析研究解决重点问题入手，对人才工程建设的选拔、培养、使用、激励四个环节中的关键点提出了针对性的对策建议。

一、在政工人才的选拔上，提升入门标准，解决好选人标准不清、队伍结构不够合理的问题

近年来，随着从中央到地方对思想政治工作重视程度的不断提高，各级党委对加强政工人才队伍建设力度的不断加大，企业政工队伍整体素质与人员结构有了明显的提高和改善。本次调查结果表明，部门配置和人员结构总体向好，集团层面实现了政工部门分设；企业层面实现了配备比例在1%以上。

对调查结果进行分析：一是年龄结构趋于年轻化。在被调查的50家集团和企业的1696名政工人员中，40岁以下的政工人员占到总数的41.2%。二是文化层次明显提升。大学以上学历的政工人员占到总数的 60.6%，其中研究生占到 5%。三是专业结构得到改善。一些集团和企业有计划地招收文科专业，特别是学习马列、社科、哲学等专业的大学生、硕士生进入政工岗位。以钢管集团股份有限公司为例，在集团层面的 14 名政工干部中，年龄在 40 岁以下的占到 79%，40 岁以上的仅占 21%；学历全部是大学以上，其中研究生 2 人；文科专业 11 人。

（一）问题及原因。调查结果表明，队伍年龄、文化、专业结构等有了明显的改善，但是，按照企业体制机制的新变化和科学发展的新要求，在政工队伍结构上仍然有一些关键和难点问题还没有得到有效解决，特别是既精通政工业务，又熟悉生产经营管理的政工干部还比较少，使得整体素质受到一定的影响。主要原因：

一是安置性问题没有得到根本解决。研讨中，书记们提出在严格入门标准、把好用人关口中遇到的实际问题，特别是在选拔任用上，“硬伤”好把关，但“软伤”难处理，比如，对“年龄大一些、能力差一些、身体弱一些”的同志，安置性问题还不同程度的存在，还很难从根本上得到解决。

二是入门标准不清、定位不高。一些企业在政工人员的选拔上，没有明确的入门标准，习惯于把能力强、综合素质高的干部放到管理和行政岗位上，造成政工岗位复合型素质人才少。

三是人才选拔上“有价无市”。由于一些企业党政领导，把对思想政治工作的重视停留在口头上，企业缺乏在选好用好政工人才上实实在在的硬措施，往往是岗位需要优秀人才，而实际上优秀人才不愿干的问题。特别是一些优秀大学生，不愿从事政工工作，使得结构问题难以从源头上得到解决。

（二）对策建议。高素质的政工人才队伍是确保企业思想政治工作出成果、见实效的重要基础和保证，提升入门标准是确保政工人才队伍高效高质履职的关键。

近年来，市国资委党委积极推进中国特色现代国有企业制度建设，随着现代企业制度的建立，企业体制机制发生了很大变化。在实行现代国有企业制度且领导体制为党委书记兼任董事长的 25 个集团中，已有 6 个集团的党委办公室主任兼任董事会秘书处主任，占 24%。党委书记兼任董事长领导体制模式，客观上对政工干部的素质能力提出了新的、更高的要求，要求党委办公室主任要具备履行好党委办公室工作和董事会秘书处工作两个职责的素质能力，这些同志感到任务更重了，学习的压力更大了。

针对满足现代国有企业制度建设要求的政工人才还比较少、入门标准还不够高的问题，要进一步明确企业党委、党委书记以及组织部门各自的职责任务，切实严把入口关。

一是企业党委要制定入门标准。企业党委要适应党对企业思想政治工作的新要求、企业改革发展的新任务以及职工队伍结构的新变化，特别要按照履行“双重职责”的要求，进一步研究制定政工人才选拔的新标准，切实按照优化队伍结构的要求，选好配强政工干部。每年要对队伍的现状和需求情况进行一次认真的分析，结合实际、与时俱进地修订完善政工干部入门标准，为政工队伍整体素质的提升奠定基础。

二是企业党委书记要尽职尽责。制度规定关键靠人来保证落实。企业党委书记在政工干部的选任上，要本着对事业负责的态度，尽职尽责把好选任的入口关，消除干部任用中的“安置性”问题。

三是选人用人部门要恪尽职守。要把政工人才队伍建设工作纳入到企业人才队伍建设总体规划中，统筹做好设计。企业党委组织部，要坚持按照标准选人，加强对拟用干部的考察，按照“政治强、业务精、作风正、复合型”的标准把好入口。

海鸥手表集团党委对集团内部党群干部进行公开招聘，在全公司符合学历、年龄、经历等入门硬件条件的72名同志中，经过严格的笔试、面试、组织考察、党委讨论通过等程序，选拔了5位同志到党务部门领导岗位。

二、在政工人才的使用上，历练复合素质，解决好优秀人才引不来、流不动的问题

调研中我们发现，一些企业政工岗位流动性很小，整体缺乏活力。存在着经营管理岗位的优秀人才引不进来，而政工岗位的优秀人才流动不出去。一些政工干部，在政工岗位上一干就是十年、二十年，有的甚至是“一辈子”。我们对20家企业进行抽样调查的结果表明：在政工岗位上工作10～20年的达到被调查政工干部总数的37%。

（一）问题及原因。

一是因“自身履职经历单一”，而不易流出。现岗政工人员多数由于知识、专业较单一，特别是40岁以上的政工人员多数缺乏做经济、管理工作的经历，造成不容易流动。

二是因“工作出色领导不舍”，而难以流动。有的同志因在政工岗位上业绩突出、工作出色，领导用着“顺手”，因此，而不愿“放手”，使得优秀政工干部的发展受到限制。

三是因“现实利益影响明显”，而不愿流入。由于政工岗位与业务管理岗位收入上存在着差距，使得经营管理岗位上的优秀人才引不进来。调查中，建工集团反映，他们发现项目经理中有具备政工干部良好素质的人才，但是，由于岗位收入差距大，本人不愿到政工岗位工作。

（二）对策建议。提升政工干部的综合素质能力，强化复合型岗位锻炼是必备条件，在政工人才的使用上，加大复合型素质历练的力度迫在眉睫。要按照《意见》关于“建立政工干部交流、轮岗制度，使政工干部合理流动，在不同岗位经受锻炼、增长才干，成为复合型人才”的要求，完善相应有效措施。

一要“敞开出口”、“舍得放手”。企业党委要树立“大政工”理念和“大人才”观，从企业整体发展大局和有利于干部成才发展的实际出发，建立完备的政工人才储备和流动机制，以制度机制保证“出口”与“入口”顺畅，确保政工队伍合理流动。在“敞开出口”的同时，更需要企业党政领导“舍得放手”实现合理流动。要切实把优秀人才引进来、送出去，轮岗锻炼优秀干部的复合型素质能力，给人才提供更加广阔的舞台和更大的发展空间，使其在企业最需要、更能体现自身价值的岗位上展示才干，为企业发展做出更大的贡献。天津电力公司滨海供电分公司党委有计划地对政工队伍进行充实调整，有意识地将优秀政工干部推荐到经济工作重要岗位委以重任，并积极培育政工岗位上的新人。

二要把政工岗位作为企业人才培养基地。企业党委要充分发挥在企业选人用人中的主导作用，制定好人才培养规划，推进人才培养的规范化。要把政工岗位作为企业人才培养基地，完善优秀人才复合型素质培养锻炼的有效方法和刚性措施，对拟提拔的经营管理岗位的优秀干部，要放到政工岗位进行实岗考察和能力锻炼，把政工岗位的历练作为岗前必备的履职经历，把做好政工岗位工作、创造工作佳绩作为提拔任用的硬性考核条件，切实通过政工岗位的历练提升复合型素质，为胜任新岗位工作奠定坚实的素质能力基础，使更多地复合型优秀人才在企业发展中担当重任。城建集团五公司把对政工干部的培养纳入到公司整体人才战略规划中，有计划地安排政工干部轮岗轮训，到基层或业务部门挂职锻炼，重点培养一批驾驭能力强、综合素质高的项目书记。

三要合理确定轮岗锻炼的比例。企业党委要谋划好工作全局，做好政工人才轮岗锻炼培养的中长期规划。把到经营管理岗位进行轮岗锻炼，作为培养政工干部围绕经济做好思想政治工作素质能力的重要途径。要在向经营管理岗位输送优秀政工干部的同时，有计划地安排一定比例的政工干部到经营管理岗位轮岗锻炼，使其能够了解和丰富经营管理经验，增强围绕经济做好思想政治工作的本领和复合型素质能力，切实培养建设一支懂经营、会管理，思想过硬、业务精通的政工人才队伍。城建集团党委根据企业实际，已坚持五年把一定比例的优秀大学生党员送到重点项目中挂职锻炼，并实施跟踪考评，为选拔任用提供实践依据，重点培养一批年富力强、技术过硬、素质全面的项目书记。

四要落实政工人员的薪酬待遇。要合理确定政工干部的工资、奖金待遇，把政工人员业绩考核与企业经营管理人员业绩考核相统一，切实使政工人员与同级经营管理人员同考核、同待遇、同奖惩，确保政工干部与同级生产经营管理人员同时享受奖励政策，使政工人员的实际利益得到有效保证。

三、在政工人才的培养上，强化新知识培训，解决好知识能力与所承担的职责不匹配、不适应的问题

思想政治工作的成效大小，取决于政工干部能力素质的高低，而提升能力素质的重要渠道源于学习与实践。当前，信息技术发展的新背景、企业科学发展的新实践和职工队伍结构的新变化，都使企业思想政治工作面临新挑战，对企业思想政治工作者所必备的知识提出了新要求。企业职工，特别是青年职工，了解和得到新信息的渠道，已经从以电视、广播、报刊为主体，向着更加便利、快捷、量大、面广的网络信息渠道发展，这一新变化，要求政工干部不仅要把握传统渠道，而且要拓展新领域，学习掌握现代信息技术、熟悉网络知识，以满足形势发展对企业思想政治工作者履行职责提出的新要求。

为了解政工干部对新知识的掌握情况，适应《意见》中“要加大企业内部网络建设的投入，建立网络、手机即时交流平台，开设新闻、访谈、论坛、博客、微博、学习园地等栏目，构建高效、互动、个性化的企业思想政治工作网络体系”的要求，我们对20家企业进行了相关内容的抽样调查，在总数312人的政工人员中，开设微博的有67人，其中，35岁以下42人，占总数的13.5%，35岁以上的25人，占总数的8%；开设博客的16人，其中，35岁以下的12人，占总数的3.8%，35岁以上的4人，占总数的1.2%。由数字分析看，从一个侧面反映出了政工干部在了解新知识、掌握新技能上还存在着一定的问题，政工干部中开设微博的人数还达不到全国微博人数的平均值，特别是35岁以上的政工干部中的比例则更低。

（一）问题及原因。

客观上，企业党委对政工队伍的培训和知识层次提升重视不够。一方面，在培训经费投入上没有保证。被调查的20家集团，有固定专项培训经费的8家，仅占被调查总数的40%。有的企业，特别是一些生产经营较困难的企业，政工干部几年、甚至十几年没有参加过正规培训；另一方面，培训缺乏针对性和制度化。被调查的集团中，对政工干部培训每年一次及以上的6家，仅占被调查总数的32%。有的企业虽然有专项培训经费，但是在培训内容，特别是在与网络信息技术飞速发展相适应的知识培训上缺乏系统性，造成政工人员知识更新和储备的速度难以满足形势发展的新需要，导致队伍知识老化，新知识匮乏，直接影响了思想政治工作的实效和水平。

主观上，政工人员自我提高的意识不强。一些同志，习惯于通过电视、报纸、电台等新闻媒体了解掌握信息，特别是一些长年从事思想政治工作、年龄较大的政工干部，满足于已有知识，对与网络相关的新知识学习掌握不够，缺乏与思想政治工作对象，特别是年轻人的沟通平台和共同话题，造成对职工的思想动态捕捉不够及时，或不够准确，在结合企业发展实际做好职工思想政治工作上存在着“说不上话，插不上手，使不上劲”的问题。

（二）对策建议。要在按照《意见》要求“把日常思想政治工作经费列入企业年度经费总体预算”的同时，认真抓好培训措施的完善和落实，确保培训的长效化。

一要推进培训工作的规范长效。要落实《意见》中关于“要制定实施企业政工干部培训计划，力争每5年对基层政工干部轮训一遍”的要求，制定好政工干部培训的中长期规划，结合形势的发展变化，与时俱进地对年度培训内容进行充实调整。要完善培训工作责任制，落实责任部门和责任人。要进一步落实政工人员的培训经费，在企业培训经费中提取一定比例，足额用于政工干部参加必要的专业培训和学习考察，企业的上级主管部门要定期对企业落实培训规划的情况进行检查。钢管集团对政工干部的培训工作已经步入规范化制度化的轨道，党委有专项基金用于政工干部每年一度的培训工作，特别注重与现代科学技术和网络技术发展相接轨丰富培训内容。在集团72名政工干部中，有47人建立了个人微博，占政工干部总数的65%，高出抽样调查企业政工干部建立个人微博数的44个百分点。其中，35岁以上的21人，从一个侧面反映出集团政工干部对新事物、新知识的接受能力。

二要完善培训途径和保证措施。要在坚持行之有效地培训方式的同时，不断创新与形势发展相适应的方式方法，完善学习提升的保证措施。要积极拓展高层次报告会了解掌握国家政治经济大局、脱产轮训强化丰富党务工作业务、信息技术知识讲座汲取增强新技能等途径，不断完善边学习培训，边检验成效的保证措施，切实增强培训实效。冶金集团党委采取专题培训、在线学习与政工例会相结合的方式，定期组织政工干部学习专业知识，交流工作思路和学习体会，不断丰富政工干部的知识素养和实践经验。一商集团党委注重以“复合型”素质为政工岗位要求，以一商学院为平台，实施集团与企业两级培训，开展政治理论、党群工作各专业、企业经营管理和政策法规等培训，组织政工人员参加专业继续教育和党校学习。

三要完善督促自学的制度办法。企业党委要完善督促政工干部自学的相关制度，对政工人员年初制定、全年落实自学计划的情况进行跟踪检查，完善相应的考核评价措施。要把对政工人员自学考核情况纳入到全年工作绩效考核之中，解决好政工人员自身“气场”不强、“内功”不足的问题，促进政工人员增强亲和力、说服力和影响力。机电集团从2009年开始，每年两次组织人力资源管理师、企业文化师等职业资格认证培训工作，鼓励政工干部通过自学提升职业化、专业化素质。大港发电厂党委，建立奖励基金制度，鼓励政工干部自学，根据不同岗位指定读书书目，要求政工干部结合工作实际撰写读书心得，适时组织读书心得交流评选，并进行表彰奖励。

四、在政工人才的激励上，完善刚性措施，解决好激励不到位、积极性调动不起来的问题

完善的激励约束机制，是保证人才积极性创造性充分发挥的外在动力。健全政工干部履职情况的考核评价机制，完善人才激励的刚性措施，是加强政工队伍建设工程中的重要环节。

（一）问题及原因。

一是“同工不同酬”的问题仍然存在。从客观上讲，思想政治工作不如管理、技术等行政工作的业绩来得那么直观，对思想政治工作是“软指标”、“软任务”的认识仍然存在。同时，对行政干部的工作激励方式早已与市场经济接轨，而对企业政工干部的激励方式还比较滞后，认为政工干部的工作业绩“看不到、摸不着”，因此，对政工干部的激励还很难与行政管理干部同步。

二是缺乏量化可考的刚性考核指标。对政工干部的“德、能、勤、绩”考核评价还停留在“粗线条”，工作标准、考核内容、评价手段缺乏细化、量化、个性化。对政工干部的工作业绩一般是年度考核，客观评价政工干部行为表现和工作成果的日常或阶段可操作性的考核机制还没有建立起来，指导性、操作性强的政工干部工作职责与权利的规定还不够完备。

三是激励途径不够宽、措施不够有力。政工干部的职业生涯发展前景不明晰，成长成才途径单一，对政工干部的激励办法还很少、方法还比较单一，对政工干部的激励措施更多的是精神鼓励，缺乏到位、有力的奖惩措施。

（二）对策建议。要把完善激励机制和有效措施，作为人才工程建设中的重要环节来抓，进一步完善考核激励办法，拓展激励途径，多种渠道、多种方式对政工干部进行激励，激发政工干部的工作积极性创造性。

一是完善业绩考核办法。要按照企业科学发展对政工人员提出的新要求，进一步明确政工干部的职责任务，完善对政工干部职责任务完成情况的业绩考核办法，把以定性评价为主的“粗放式”业绩考核向以量化考核为主的“精准化”考核办法延伸，细化、量化、硬化考核内容，完善奖惩措施，并严格按照业绩指标考核结果兑现奖惩。利和集团党委结合企业改革发展的实际，从整合考核资源入手，积极探索创新，建立了一套适应企业发展需要和政工队伍实际的绩效考评体系。

二是健全目标激励措施。根据政工干部个人的经历、学历等不同情况，逐人制定职业发展规划，为热爱政工岗位工作，且工作成绩突出的政工干部，设计好政工职称晋升的目标；为具备复合型素质的优秀政工干部，设计好到更高职位、担当行政管理工作的目标；为有学历提升要求、渴望知识更新的政工干部，设计学习深造的目标，不断完善目标激励措施，拓展政工干部个人成长成才的发展路径与空间。天津电力公司城南供电分公司党委，逐人制定政工人员成长成才的发展路径。对升迁硬件不足的军转政工干部，开辟评先评优的激励路径；对硬件条件符合要求且工作业绩突出的政工干部，开辟适时提拔的激励路径；对具备党政两种岗位工作综合素质的政工干部，开辟放到更有利于企业、更适合个人发展的重要岗位提拔使用的激励路径，有效地激励和调动了政工干部的积极性和创造性。

三是推进物质与精神激励并举。做思想政治工作的人，同样需要精神与物质激励。要对政工人员的工作成果和劳动价值给予公正的评价和充分的肯定，把精神激励与物质激励相结合，对工作业绩突出的政工干部要给予相应的政治荣誉和物质鼓励。二轻集团党委坚持每年开展“优秀思想政治工作者”评选表彰活动，树立先进标杆，予以一定奖励。钢铁集团党委不断完善政工人员的考核评价体系，坚持每月对政工干部进行一次考评，并与经济责任制挂钩，与政工人员绩效和职称评定挂钩。

【作者：天津市国资系统企业党委书记工作研究会】

关于新桥镇总工会参与社会管理创新的调查与思考

江苏省总工会干部学校/江苏省工运研究所课题组

2012 年 12 月下旬，江苏省总工会干部学校、江苏省工运研究所课题组会同中国劳动关系学院学报总编一行，来到无锡江阴市新桥镇总工会调研。经广泛深入走访后，我们感到，该镇总工会紧紧围绕经济社会发展大局，主动参与社会管理创新，在构建企业和谐劳动关系，维护职工合法权益，推动地方经济社会发展和维护社会稳定等方面成效斐然。

一、概况与特色

新桥镇地处江阴市东南，沿江高速公路横贯镇区，全镇总面积 19.3 平方公里，总人口 5.5 万人，其中常住人口 2.4 万人。拥有江苏阳光、四环生物、凯诺科技三家境内 A 股上市公司，初步形成了产业集聚、企业集群、经营集约的发展格局。先后曾荣获国际花园城镇、全国环境优美乡镇、国家卫生镇、国家园林镇等多项荣誉。

据镇总工会主席肖均贤介绍，2012 年，新桥镇实现地区生产总值 112 亿元，全口径财政收入 15.7 亿元，其中一般预算收入 6.6 亿元，人均 GDP6.8 万美元，农民人均纯收入达 2.5 万元。主要经济指标在全市乡镇名列前茅。截至 2012 年 12 月，全镇独立建会企业 71 家，园区工会联合会 1 家、村（社区）级工会联合会 13 家，覆盖企业 53 家，机械制造行业、餐饮行业、个体私营行业工会 3 家，工会组建率 99%以上，职工入会率 99%。

近年来，新桥镇总工会坚持以构建和谐劳动关系为抓手，不断优化机制，创新务实，先后获得“全国百家示范乡镇工会”“江苏省模范乡镇工会”“无锡市和谐劳动关系乡镇”等荣誉称号。在工作中，紧紧围绕镇经济社会发展中心，坚持以职工为本，以推进“两个普遍”为抓手，建工会强基础；以社会主义核心价值体系建设为目标，建平台提素质；以构建企业和谐劳动关系为重点，促发展重维护；以关注民生为要务，多为职工办实事、解难事，创新机制、做实工作，促进了当地经济发展和社会和谐。

随着社会结构转型和经济发展方式的转变，长三角地区出现了城乡区域发展差距和居民收入分配差距拉大，大量流动人口向经济发展较快的区域流动的现象。就新桥镇而言，本镇职工总数为 32000 多人，其中：当地职工（均为失地农民）约 10000 人，其余外来（非本镇户口）务工人员，占本地人口 60%以上，这给社会管理带来了新的课题。

近年来，镇总工会根据党的十七大提出的“建立健全党委领导、政府负责、社会协同、公众参与的社会管理格局”要求，及时调整了工作思路，从强化工会组织建设、提升职工队伍素质、维护职工合法权益、延伸社会服务功能等四方面入手，充分发挥镇级总工会在参与社会管理创新中的作用。镇总工会先后获得“江苏省百强乡镇工会”、“全国百家示范乡镇工会”“江苏省模范乡镇工会”等荣誉称号。镇总工会积极协同主动参与社会管理创新，赢得了镇党委政府的高度重视和大力支持，受到企业和职工的好评。我们觉得，转变发展方式、建设经济强镇，需要工会组织来推动；保障职工权益、促进民生改善，需要工会组织来协调；巩固执政基础、维护社会稳定，需要工会组织来聚力。

伴随着城镇化建设和社会主义新农村建设步伐的加快，新桥镇和许多经济发达地区一样，也进入了城镇化建设的快车道。乡变为镇，村变为社区，原先的小企业发展成为了上万人的跨国规模企业，小集镇变成了国际花园城镇、全国环境优美乡镇，犹如凤凰涅磐。镇党委书记赵强认为，如果说“三集中”（工业向园区集中、农业向规模集中、农民向镇区集中）建设是我镇加快新型城镇化建设步伐的一项创新之举，那么，镇总工会则是承接这一创新之举最给力的接力棒，其可圈可点的创新实践，不断丰富着“三集中”背景下社会管理创新的新内涵。

二、思考与启示

新桥镇总工会参与加强和创新社会管理，给我们许多启示与思考。我们认为主要有以下几点：

1. 工会参与社会管理创新，应紧紧围绕实现全面建成小康

社会这一宏伟目标，在党政主导下积极协同主动作为

党的十八大提出了“确保到 2020 年实现全面建成小康社会宏伟目标”，强调要“增强城乡社区服务功能，强化企事业单位、人民团体在社会管理和服务中的职责，引导社会组织健康有序发展，充分发挥群众参与社会管理的基础作用。”我们认为，工会作为党领导下的群众组织，参与社会管理是法律赋予的神圣职责，是坚持和发展中国特色社会主义的必然要求，也是坚持走中国特色社会主义工会发展道路的必然要求。工会组织参与并实现社会管理创新，必须在党政主导下，紧紧围绕推动经济、政治、文化、社会、生态文明建设全面协调可持续发展，积极协调、主动参与、找准位置、突出重点、因地制宜地开展工作。要有所为有所不为，多做些党政所望、企业所需、职工所盼力所能及的实事，切忌越位越权，包打天下，成为第二政府。当前，重点是紧紧围绕党的十八大确立的主题、主线，紧扣实现全面建成小康社会这个宏大目标，深入推进“两个普遍”，促进经济社会和企业发展，维护职工合法权益；核心是依法维护好、实现好职工的经济、政治、文化和人的全面发展权益；抓手是构建企业和谐劳动关系，方法是“建起来，转起来，活起来”。这虽说是老话题，“更是一个亟待从理论到实践上认真加以研究和解决的新课题。”

2.工会参与社会管理创新，应把工作重心下沉，充分发挥乡镇、社区、开发区基层工会的作用

乡镇、社区、开发区工会是最基层一级的工会组织，与工人群众有着天然的联系。每天都与企业工会、村（社区）工会打交道，与企业和职工面对面，可谓是零距离接触，是工会组织的前沿阵地。密切联系群众是党的优良传统。习近平总书记指出：“密切党群、干群关系，保持同人民群众血肉联系，始终是我们党立于不败之地的根基。”这是党中央对做好新时期群众工作提出的新要求。工会是党联系职工群众的桥梁和纽带。随着“工会工作重心下沉，紧贴职工群众实际，是工会组织参与社会管理创新的基本方向。”“因其紧贴社会生活实际，紧密联系职工群众实际，应当成为工会参与社会管理创新的微观载体。”我们在调查中了解到，乡镇和开发区工会编制人员少，一般只设一、两个，而社区工会几乎没有编制，上级工会部署的工作和基层工会本身的工作就落到少数专职工会干部和兼职工会干部及志愿者身上，其工作量可想而知。因此，一方面要充分发挥一线基层工会组织的作用，另一方面上级工会更应改进作风，多为基层提供法律和政策支持，多下基层调查指导，多帮基层解决实际困难和问题，少开会、少发文件、少搞评比检查等形式主义的东西，最大限度地减轻基层负担。

3.工会参与社会管理创新，应面在创新中求发展，在真抓实干上下功夫

加强社会建设，是社会和谐稳定的重要保证。党的十八大要求，“在改善民生和创新管理中加强社会建设。”我们认为，工会参与社会管理创新的一项重要任务，就是团结动员职工群众在加强社会建设中发挥工人阶级主力军作用，只有把社会建设搞上去了，全面建成小康社会的目标才能实现，包括职工在内的广大人民群众的利益才能得到有效维护，改善民生才有保障，人民群众才能实现学有所教、劳有所得、病有所医、老有所养、住有所居，过上更好生活。

新桥镇总工会参与社会管理创新工作的一大亮点，就是紧紧围绕镇经济建设中心创新务实。我们认为，工会在这方面应多下功夫。一是充分利用好法律赋予和党政赋予工会的资源和手段，联合社会力量，实行开门办会，解决基层工会人手少、工作量大、经费不足等困难和问题。二是要创新体制、机制和方法，尤其要加强基层工会组织建设，切实解决好工会上层组织机构庞大、基层工会组织人员稀少的“倒三角”型问题。三是要发挥工会自身力量，协调利用社会力量，“面对面、心贴心、实打实”地多为职工解难事、办实事。王兆国同志曾多次强调，各级工会要扎根基层、夯实基础，推动各项重点工作的深化和落实，更加积极主动、深入细致地做好职工群众工作，面对面地与职工交流，心贴心地做思想工作，实打实地维权服务。这是工会参与社会管理创新工作应当遵循的基本原则。工会组织应树立“以人为本、服务为先”的观念，多办得人心、暖人心、稳人心的实事。

4.工会参与社会管理创新，应重视职工闲暇时间，丰富职工群众精神文化生活

休闲是人的生命活动的组成部分。马克思认为，休闲“就是非劳动时间”，并认为我们的目的是要建立社会主义制度，这种制度将给所有的人提供健康而有益的工作，给所有的人提供充裕的物质生活和闲暇时间，给所有的人提供真正充分的自由。党的十八大把“文化软实力建设显著增强”作为全面建成小康社会的五大目标之一。新桥镇总工会双联双管和一总六分的做法，体现了以人为本的理念，把关爱职工 8 小时外的服务做到了职工的心坎里，值得借鉴。我们认为，要重视发挥工会教育职能作用，进一步加强工会文化阵地建设，因地制宜地加强职工生活区、文化区建设，如：职工之家、工人文化宫、职工技校、工会干部培训院校、职工法律援助中心、困难职工帮扶中心、职工心理咨询中心等。要针对包括第二代农民工在内的职工队伍发生的新变化、新特点、新需求，在维护职工的经济、政治、人的发展等权益的同时，更要重视维护职工的文化权益，以建立社会主义核心价值体系为核心，加大企业文化、职工文化建设力度，同时重视工会自身的文化建设，以文化人，以文育人，以文树人，实现从文化自觉到文化自信，达到：以文化振兴企业，以文化提升职工素质，以文化促进企业和谐发展，进而推进社会和谐发展。

党的十八大要求全党坚定对中国特色社会主义的道路自信、理论自信、制度自信。习近平总书记在全国劳模代表座谈会上强调，“我国工人阶级一定要在坚持中国道路、弘扬中国精神、凝聚中国力量上发挥模范带头作用，为实现中华民族伟大复兴的中国梦而不懈奋斗。……‘空谈误国，实干兴邦’。工会工作要顺应时代要求、适应社会变化，善于创造科学有效的工作方法，把竭诚为职工群众服务作为工会一切工作的出发点和落脚点，全心全意为广大职工群众服务，让职工群众真正感受到工会是‘职工之家’，工会干部是最可信赖的‘娘家人’”。

【课题组：李全英、沈惠宁、王如华、闻雪琴、丁艳娟、张燕】

当代青年在培育社会主义核心价值观中的历史责任

平章起　原宙

青年是国家的未来，民族的希望。党的十八大已经吹响了中国特色社会主义伟大事业的新号角，踏上了中国特色社会主义伟大道路的新征程。此时，党对当代青年提出了殷切希望，在十八大报告中写到：“中国特色社会主义事业是面向未来的事业，需要一代又一代有志青年接续奋斗。”社会主义核心价值观的提出是党的十八大最重要的理论创新之一，它在国家、社会、公民三个层面上集中概括了社会主义最基本、最核心、最重要的价值理念，它从本质上点明了中国特色社会主义的国家奋斗目标、社会应有属性和公民道德规范。培育和践行社会主义核心价值观是建设中国特色社会主义的重要内容和根本要求，当代青年要责无旁贷担当起历史赋予的重任，把社会主义核心价值观学习好、践行好，为实现中华民族伟大复兴贡献自己的力量。

一、当代青年应在倡导富强、民主、文明、和谐的现代化国家建设中成为时代开拓者。

“富强、文明、民主、和谐”这四个词在国家层面上概括了建设社会主义现代化强国的核心价值目标，是所有中华儿女共同的“中国梦”，这也是当代青年共同的政治理想与历史责任。当代青年朝气蓬勃、志向远大，历史已经充分证明党和国家事业发展离不开广大青年，他们是中国革命、建设和改革的生力军和突击队，是实现国家昌盛、人民幸福和民族复兴的希望所在。“五四运动”以来的90多年间，在党的领导下，一代又一代优秀青年，用智慧、汗水、热血和生命谱写了一曲曲可歌可泣的青春之歌；一代又一代先进青年，在与时代齐发展、与祖国共奋进中成长成才。

经受了改革开放洗礼的当代青年展现出鲜明的时代特点：他们热爱祖国和人民，有理想、有抱负，拥护党的领导，对中国特色社会主义事业充满信心；他们在社会主义市场经济大潮中，敢于竞争、不怕压力、不怕失败，拼搏进取，努力追求事业成功；他们紧跟科技发展步伐，积极主动地学习新知识、新技能，创新意识和创造活力不断增强；他们能够顺应世界的大变革、大调整以及我国对外开放深度与广度的不断扩大，信心百倍地以更加开阔的视野、更加积极的姿态走向世界。在实现富强、文明、民主、和谐的奋斗目标中，在夺取中国特色社会主义新胜利的进程中，青年一代在思想上、能力上已经逐渐成熟，值得党和人民信赖。

当代青年应在倡导富强、民主、文明、和谐的现代化国家建设中努力成为时代的开拓者。在新的历史条件下，广大青年要坚定中国特色社会主义的理想信念，把个人理想同实现中国特色社会主义共同理想紧密结合起来，实现更大的人生价值；要自觉学习和领悟中国特色社会主义理论体系，把科学发展观认真贯彻落实到社会实践中去，为祖国建功立业；要刻苦学习一切有用知识，不断提高创新能力，为建设创新型国家做出更大贡献；要注重思想道德修养，提高思想道德素质，塑造正确的世界观、人生观、价值观，努力成为中国特色社会主义伟大事业德才兼备的建设者。

二、当代青年应在倡导自由、平等、公正、法治的社会建设中成为时代的先锋队。

“自由、平等、公正、法治”这四个词语在社会层面上概括了中国特色社会主义社会建设所追求的核心价值理念，是包括青年在内的全国人民的共同愿望，是当代中国社会文明与和谐的根本指针，这也是当代青年参与国家管理、国家事务的根本价值动机。青年一代充满生机活力、富有创造性，是一支推动社会变革、促进社会发展的重要力量。青年始终走在时代的前列，他们广泛参与的社会活动，唤醒了民众的思想意识，开创了一个又一个新纪元。尤其是改革开放以来，正是由于广大青年的锐意改革、善于创新，才让民主法治、自由公正等政治文明理念深入人心，被民众广泛认同。

在市场化、信息化高速发展的今天，当代青年思维活跃，眼界开阔，民主意识、主体意识、竞争意识、法治意识强烈，这也使得他们有着更强的参与意愿和积极性，他们在面对政治、社会热点问题时，更加关注社会的自由、平等、公正、法治，他们也通过自身的行为投入到社会公共事务的建设和服务中去，不断为实现社会公平而努力。近年来，在牵涉到国家利益的大事小情上，广大青年体现出众多令人称赞、昂扬向上的时代精神，如抗震救灾精神、志愿者精神、奥运精神、世博精神等等，他们高举理性、民主与法治的旗帜，以强烈的使命感、荣誉感、责任感，向世人展现了当代中国青年的精神面貌。我们完全有理由相信，当代青年有信心、有能力让自由、平等、公正、法治在中国大地上开花结果。

当代青年应在倡导自由、平等、公正、法治的社会建设中成为时代的先锋队。在新的发展阶段下，广大青年应当不断加强政治理论学习，提高思想政治素质、法律素养；应当不断接触社会，了解社情民意，积极参与社会实践和社会公共活动，提高社会参与、政治参与的能力；应当不断强化公民意识，树立社会主义民主法治、自由平等、公平正义理念；应当不断培育自尊自信、理性平和、积极向上的社会心态，学会正确看待和处理个人与社会、自我与他人等关系，为促进社会和谐添砖加瓦。

三、当代青年应在倡导爱国、敬业、诚信、友善的道德文明建设中成为时代的践行者。

“爱国、敬业、诚信、友善”四个词语在公民个人层面上概括了社会主义国家公民道德根本准则和社会主义国家道德文明建设的核心价值追求，这也是青年成长成才和全面发展的首要价值前提。时代进步离不开高尚道德的引领，社会发展离不开道德力量的推动。社会主义道德文明建设关键在青年一代。他们的道德水平，事关国家前途和民族命运，关系到中国特色社会主义宏伟蓝图能否顺利实现。当代青年不仅要以一个先进群体承担国家建设的重任，成为"国家栋梁"，还要以一个道德情操高尚的群体成为"人民楷模"，这是历史赋予青年群体的重任，青年一代承担着继往开来的历史使命。在继承中华民族传统美德、发扬优秀革命道德传统、借鉴世界各国道德建设成功经验和先进文明成果的过程中，青年是继承者；在建立与发展中国特色社会主义道德文明体系、推进公民道德建设的进程中，青年又是创造者。

中国青年素有开风气之先的传统。中国共产党成立以来，广大先进青年立志跟党走，不仅战斗在革命的最前线，而且在社会主义建设和改革中勇当排头兵。在推进中国特色社会主义伟大事业不断深入的新时期，青年一代在开创社会风尚、引领社会风气上焕发出极大的创造活力和激情，积极参与爱国主义教育活动、"知荣辱、树新风"道德实践活动、青年志愿者、"青年文明号"等一系列行之有效、富有时代特色的精神文明创建活动。青年群体中不仅涌现出了一批又一批敬业奉献、助人为乐、诚实守信、见义勇为的先进模范人物和群体，更为重要的是，高扬了爱国主义、集体主义、社会主义的时代主旋律，倡导了团结互助、扶贫济困、平等友爱、诚信和谐的时代新风，激发了新时代的正能量，他们已成为社会主义道德文明建设的生力军。

当代青年应在倡导爱国、敬业、诚信、友善的道德文明建设中成为时代的践行者。青年时期是道德品质培养的关键阶段。作为生逢盛世的新时代青年，务必要打牢报效祖国、服务人民、奉献社会的道德基石。广大青年要积极践行"爱国守法、明礼诚信、团结友善、勤俭自强、敬业奉献"的公民道德规范，自觉弘扬以爱国主义为核心的民族精神和以改革创新为核心的时代精神；积极践行社会主义荣辱观，自觉抵制拜金主义、享乐主义和个人主义思想侵蚀；要积极创建贴近实际、贴近生活、贴近群众的道德实践活动，积极参与社会公益和志愿服务活动，为不断提高我国社会现代文明程度展现青春风采。

倡导富强、民主、文明、和谐，倡导自由、平等、公正、法治，倡导爱国、敬业、诚信、友善，积极培育和践行社会主义核心价值观，这是党的十八大布置的一项紧迫而重大的战略任务。当代青年应当始终坚持远大理想，始终坚持刻苦学习，始终坚持艰苦奋斗，始终坚持开拓创新，始终坚持高尚品行。只有如此，当代青年才能在培育和践行社会主义核心价值观的进程中切实肩负起时代赋予的光荣使命。

【作者单位：天津南开大学马克思主义学院】

舆论当务真求实　力戒功利心态

王国权　李晓东

连日来不怎么知名的《新快报》算是"出名"了，从头版醒目的标题"请放人"之刚刚发出到顺势而变的头版致歉，速度之快、转变之大让人眼花缭乱、目不暇接。护犊之心原本可以理解，但需要思考的是，运用社会公器挑战司法秩序，其本身是否就存在舆论干扰甚至是绑架司法之嫌？而更需为之深思的是，一名报社记者竟然动用自己的社会影响力，连篇发稿诋毁一家企业时，居然什么都不顾，连发出的稿子看都不看？此次事件给予我们的教训是：务真求实是媒体的永恒追求，媒体当力戒浮躁、功利心态。

首先，新闻媒体应当将务真求实作为第一要务。

客观事实，是新闻报道的第一要素，坚持新闻的真实性，是对新闻工作者和新闻媒体最基本、也是最重要的要求。虚假报道、虚假信息通过不同渠道出现在不同媒体上。对于社会和受众，是严重的伤害；而对于新闻界自身，是致命的毒瘤。不但损害了媒体公信力，也给国家、社会带来危害。虚假新闻危害极大，尤其是法律类，医学类的新闻如果是虚假新闻，那么会对人民群众产生不良影响。诚如中国记协所称，陈永洲的行为严重违反了《中国新闻工作者职业道德准则》，严重违背了新闻真实性原则，严重损害了新闻媒体公信力。在一些发达国家，新闻从业人员造假需要承担严重的后果；而在国内，涉嫌造假的个人和新闻媒体被追究责任的案例极少，完全凭新闻从业者的自觉而非法律的约束来杜绝虚假新闻。虚假新闻的收益大于风险，这是虚假新闻猖獗的一大原因。

如近期有媒体报道的《老汉约网友开房竟是儿媳妇》；如记者陈永洲，在未经核实的情况下，收受他人巨额现金，连续发表多篇文章致使中联重科这一大型企业的声誉严重受损，股民的损失更是惨重。正所谓：人无德不立，作为媒体更应如此。陈永洲的个案无疑是给全媒体行业上了生动的一课，也给整个媒体行业再次敲响了警钟：坚持职业操守是立身之本，依法开展舆论监督，传递真实新闻信息，宣扬社会主旋律、传递社会正能量是其职业核心。真实是新闻的生命，而虚假新闻是指未能真实反映客观事物本来面貌，伪造、歪曲事实的报道。但凡虚假新闻都有一个共同特征，即新闻报道者离开新闻赖以产生和依存的客观事实，任意凭借个人的主观愿望或依据他人的意志去报道"新闻"。

在资讯高度发达的今天，媒体的社会监督功能越来越被民众所看重，更有群体将其看作是当今反腐的重要力量。作为媒体，在享受这些自豪的基础上，更应秉持专业素养和职业操守，坚守道德，坚守法律底线；在认真审核稿件材料、把好法律关口的基础上，站在客观公正的立场审慎传递、报道一些新闻事件；在价值多元中秉承良知，在纷繁复杂中坚持正义，这才是一个媒体保持舆论监督之公信力所不可或缺的基本前提。时效性也是新闻的生命力之所在，“新”和“快”越发越为每一家新闻媒体所孜孜以求。但是，如果脱离了“真实”二字，再快、再新的“新闻”也就失去了存在的土壤，没有了任何意义。因此，维护新闻的真实性，确保新闻信息来源真实可靠、新闻事实准确无误，杜绝虚假信息的产生传播，是一切正直、有良知的新闻工作者义不容辞的职责，也是新闻媒体一项长期、艰巨的任务。

其次，媒体当谨遵职业道德力戒功利心态。

加强新闻职业道德建设是有效遏制虚假新闻产生的关键所在。首先，要提高认识，增强坚持真实性原则的自觉性，树立正确的新闻观，自觉地遵循新闻职业道德原则与要求，并将其转化为正确的职业行为。只有这样，才能从根本上解决新闻工作者职业道德缺失的问题，杜绝虚假新闻。其次，一个具有新闻职业道德修养的人要自觉地坚持实事求是，坚持一切从实际出发，深入实际调查研究，把全部新闻工作建立在调查研究的基础之上。每个新闻从业人员都应当以此为原则、为标准来检验自己的工作，审视自己的新闻实践活动是否做到了实事求是，是否做到了全面、准确地报道新闻，是否符合客观实际。第三，要增强法制观念，防止新闻侵权。新闻媒介及新闻工作者应当增强法制观念，掌握好“法”与“非法”的界限，自觉遵守国家的各种法律、法规，尊重法人和公民的各种合法权益，防止在新闻报道中出现违反法律、法规和侵权、毁誉现象。

网友新闻工作者力戒浮躁功利心态。当今社会处在一个急剧变革的时代，节奏日益加快的现代生活，使一些人陷入一种精神上的焦灼，产生浮躁心理。浮躁是一种不良情绪、一种不可取的人生态度。在浮躁的状态下，人会过分追求眼前的利益，追求形式上的成功而忽略自己人生的根本目的，会变得心神不宁、焦躁不安、无所适从。长此下去，人会被生活的急流所挟裹，与成功无缘，因一无所获而使内心变得更为焦躁不安。力戒浮躁，要摆脱“速成”心理的牵制，务实重干。但欲速则不达，从实际出发，站得高一点，看得远一点，把注意力放在干事上并持之以恒，方能成事。“非淡泊无以明志，非宁静无以致远”，这是先贤的经验之谈，也是为人处世的重要原则。浮躁是精神上的“杂草”，是个人操守的大敌。戒除浮躁心态，必须静下心来，脚踏实地，淡定处世，不要“花架子”，不搞“假名堂”，重实际、干实事、求实效。唯有如此，才能担负起党和人民赋予的重任，创造出经得起实践、人民和历史检验的业绩。

作为首先向警方“发难”的《新快报》难道不应该认真反思？法院还没审，怎么新快报和众公知就大喊放人了？陈永洲还没去采访，怎么就言之凿凿认定某个上市公司的黑幕呢？法院还没审，你们怎么就认定他是被逼供了？如果央视不播这个证据，公知是否又该鼓噪了：“你敢拿证据么？你能让他自己说话么？”播了之后继续有话说：“你们居然让他认罪!赤裸裸侵犯隐私!”央视只是播了他自己认罪的视频，但一顶“央视给陈永洲定罪”的帽子已然扣到央视头上。以前看守所太封闭，大受诟病，后来公安部规定可以让看守所接受媒体采访，以接受社会监督，现在又被批侵权。一些媒体直接转发《新快报》的“请放人”报道，通过刊发社论、时评、专家和网友观点等方式予以支持，但短短几天时间过后，陈永洲已供认收取钱财发表虚假报道，《新快报》也公开道歉，对于其他媒体而言，所表现出来的热情无异于被泼了冷水，网友和时评作者们的“头脑发热”和“愤青心态”是否也该进行反思？

毫无疑问，舆论监督能够发挥其重要作用。然而，我们看到，关于一些所谓“丑闻”的报道，最终形成的网络舆论往往都是异常偏激甚至是完全错误的，当然，像陈永洲们会从中渔利，那些有些严重功利心态的网络媒体，将会名利双收，他们会收获一种凌驾于体制之上的异样快感，更会直接扩大发行量并由此赚得更多的钞票。作为掌握舆论话语权和负有正确引导舆论方向责任的记者和媒体，更应知晓一片失实报道可能带来的巨大祸患，他们更应竭力站在公正和客观的立场上表达真实的新闻事件，摘掉有色眼镜，抛开世俗偏见，带着一种沉着的理性和崇高的正义感，引领公众在全面掌握真实新闻的基础之上，形成正确的和有益的舆论导向。

【作者单位：江苏邳州市人民法院】

创新教育改造　限制减刑罪犯模式之探索

王平　赵威

《刑法修正案（八）》实施后，监狱普遍推行的罪犯计分考核、以分减刑的改造手段将对限制减刑的罪犯失去意义。对限减罪犯的教育改造，无疑将是今后监狱管理的一个亟待解决也是最突出的新问题。

一、限制减刑罪犯的现状和基本特征

《刑法修正案（八）》实施后，通过对吉林省长春监狱收押限制减刑罪犯相关情况的调查和分析，限制减刑罪犯有以下基本特征：

（一）**暴力性突出**。限制减刑罪犯大多为严重的暴力性犯罪，犯罪主观恶性深、情节恶劣、手段残忍、人身危险性大，在人格特征方面均有明显的暴力倾向，遇事易冲动，自我控制力差，作案突发性强，不计后果，危险性大。

（二）**思想上悲观绝望，易铤而走险**。一方面，悲观厌世心理突出，尤其是当看到自己与其他罪犯改造前途上的巨大对比落差后，极易出现心理失衡，容易出现对前途失去信心，心理封闭，消极服刑。另一方面，感到服刑出狱无望。产生铤而走险念头，寻机脱逃，甚至采取极端暴力方式，劫持人质、暴狱，制造重大恶性案件。

（三）**改造难度大**。在改造手段上，由于减刑这个调动罪犯改造的“杠杆”失去了作用，导致管教人员对于限减罪犯的教育改造感到无计可施，只能是被动地严控。例如某监区针对限减罪犯王某的教育改造方法是：一是尽量不去刺激他，他想劳动就干点，不想干也不敢强制，怕激出事来，王犯性格比较内向平时爱看书，每天就是看书，不怎么参加生产劳动；二是采取“外松内紧”的管制，挑选责任心强、业务过硬的民警作为专管民警，同时在区队内选出4名改造表现好的罪犯对其严密监视，以防其自杀、凶杀，死看死守，确保安全。为了这一个限减罪犯要耗费很大人力，同时也对其他罪犯的教育改造造成一定影响。

二、限制减刑罪犯教育改造模式探索

限制减刑罪犯没有改造信心的根本原因是其失去了未来生活的目标，悲观地认为已无路可走。针对限制减刑罪犯的思想状态和行为特点，长春监狱党委与教育委员会对此进行了深入调研，努力寻找这部分罪犯在改造生活中除了减刑以外的目标和动力，从而调动其改造积极性。经过调研和评估，决定给这部分限制减刑罪犯发放特殊标准比例的劳动报酬，为其设计一种适当实用的生活和改造目标与实现途径，激发其生活的信心，重新铺就一条充满希望的人生之路。

（一）将劳动奖分兑现成劳动报酬。被限制减刑的罪犯在服刑期间确有悔改表现，积极参加生产劳动的，按《罪犯考核奖罚办法》将其所得劳动奖分兑现成劳动报酬，监狱按月发放，存入罪犯狱内的个人账户，解决其实际生活问题。

（二）规范劳动报酬使用方法。劳动报酬按比例分为三个部分进行分配与使用，其中30%作为罪犯支配的零花钱使用，购买生活用品；30%由罪犯本人申请，作为罪犯赡养老人、抚养子女、扶养配偶等所用的资金；40%作为罪犯出监的生活保障基金由监狱统一保管或与社会劳动保障部门协调办理养老保险基金。

（三）特殊犯人特殊对待。对年龄在50岁以上限减罪犯，考虑其出监时年龄较大，有的甚至在被限制减刑后出监无望，可由罪犯本人申请，将这部分资金存入罪犯零花钱账户，由罪犯本人支配。

三、限制减刑罪犯实施劳动报酬后改造效果评估

（一）有效提高了罪犯生活信心和动力。罪犯通过劳动获得劳动报酬，是其自我价值实现的最好最直接的体现，他们可以通过劳动满足其在狱内的消费，减轻家庭负担，使其体会到做人的价值，生活的价值，树立起生活和积极改造的信心，稳定改造期间的情绪。同时，参加劳动又可潜移默化地培养罪犯的劳动习惯，通过习惯于劳动，稳定情绪，养成好的行为惯势，矫正自身所存在的恶习，掌握一定的劳动技能，回归社会后能够自食其力。

（二）有效提供了罪犯履行责任的机会。对于一些家庭较为困难的罪犯，可以准许其提前支配一定比例的刑释谋生基金，用于资助家用，帮助罪犯实现了因服刑而无法履行的家庭责任，给罪犯创造一个弥补和回报家人的机会，让其改造生活有了减刑以外的目标和动力。

（三）有效解决了罪犯出狱后生活保障问题。这部分罪犯由于在监狱服刑的绝对时间长，当他们出狱时大多年老体弱，基本丧失了劳动能力，就业困难，担心出狱后生活，从而对改造、对前途失去信心。罪犯通过劳动得到报酬，监狱每月将这部分钱作为定期储蓄按40%比例定期存入其个人账户或投入养老保险，为罪犯出狱后谋生就业提供基础和保障。对没有劳动能力且无亲属照顾的人员也有了直接安置到当地社会福利院的物质基础，解决了他们出狱后的生活着落问题。

（四）有效减轻了监狱管理的压力。由于这部分罪犯改造积极性的提高，由被动改造变主动改造，相对减轻了民警的压力。

四、限制减刑罪犯教育改造成果的巩固和延伸

多年来，在教育改造工作中，减刑作为调动罪犯改造积极性的一项主要措施，应用于罪犯改造的方方面面，考核分目前只有互包组分（安全分）、劳动分两部分。绝大多数罪犯会为了得到减刑奖励而积极劳动。减刑作为改造罪犯的激励手段，几乎成了罪犯服刑生活最大的目标。而对于限减罪犯来说，减刑的杠杆作用失衡，罪犯失去了这个最为有效的目标和动力，自然也就没有了劳动积极性。有了相应合适的劳动报酬后，罪犯在享受劳动报酬时，重新树立了改造生活的新目标，有了新的动力，有了对创造劳动价值的认同和肯定，稳定了改造情绪，同时也有效地调动罪犯改造的积极性和主动性。这种教育改造手段的创新有利于转化罪犯的思想，矫正其恶习，最终重新回到社会，符合刑罚的最终目的。

（一）加强教育，强化其悔罪意识。向罪犯讲明《刑法修正案（八）》所体现的“宽严相济”的刑事政策，促使限制减刑罪犯认识到法律的公平和正义。认罪悔罪教育应突出“悔罪”和“赎罪”教育。对限减犯开展法律法规教育，除了要开展法律条文的教育，达到让其知法、守法和学会用法的目的外，还应重点开展“罪刑均衡、罚当其罪”《刑法》立法原则的教育，让其认识到知道自己的罪行所受的刑罚是公正的，从而消除其抵触心理，引导其深刻反省自己的罪过，用实际行动承担起自己应负的责任。要通过深刻剖析其罪行的危害、犯罪的原因，引导罪犯换位思考，从受害人及家人的角度，去认识自己的犯罪给受害者及给家人带来的伤害，唤醒罪犯的良知，让他们真正悔过自己所犯的罪行，从而激发其赎罪的责任意识，为改造打下良好基础。

（二）加强会见管理、通信管理和社会帮教工作。应根据实际需要出台相关政策，对表现稳定的罪犯适当增加会见次数，放宽会见人员范围，充分利用亲情力量感化罪犯，稳定其改造情绪。

（三）加强保障制度建设。协调社会机构在监狱内为罪犯建立劳动、工伤、养老等保险，建立罪犯刑满释放后的生活保障金制度，为罪犯出狱后谋生就业提供基础和保障，使正在服刑的罪犯看到将来的出路，增强改造的信心和希望。

（四）丰富罪犯改造生活。监狱可根据实际情况设立象棋、读书等各种兴趣小组，吸引限减罪犯参与。同时，适时举办各类文艺和体育活动，丰富罪犯单调的改造生活，缓解其思想压力，培养正能量，树立生活的新目标。

【作者单位：吉林省长春监狱】

创新发展思维　走应用技术大学发展之路

——南宁学院的认识和探索

夏建军　赖　每　陈雄章

随着经济社会的快速发展，各行各业对人才的需求比任何时候都迫切。高校的人才培养与社会的实际发展需求之间的不适应问题也更为明显。如何从高校人才培养体系的结构、层次等方面破解这一难题？南宁学院创新发展思维，致力于提高高等教育质量，围绕应用技术人才的培养这一特色进行了有益的实践和探索。

一、应用技术大学之路为广西高校的未来发展打开了一扇重要窗口

应用技术大学作为一种独特的人才培养类型，是高等教育发达国家和地区在知识经济社会和高等教育大众化背景下的共同选择和普遍趋势。在发达国家，约80%的高校属于这种类型。相对基础性、学术性高校而言，这种类型高校强调产业行业的专门性、针对性、实践性、与经济社会发展适配性，能比较好地适应经济社会发展和高等教育大众化阶段产生的多样化需求。我区高校在其发展进程中普遍存在低质扩量、同质化、内部管理不顺、面向社会能力不强等共性的问题，这在1999年以后升本的11所高校中表现尤为明显。破解这些问题，不妨聚焦于应用技术大学的发展之路。这一路子也符合《国家中长期教育改革与发展规划纲要(2010～2020)》提出要“促进高校办出特色，建立高校分类体系，实行分类管理”的精神。可以说，在广西高校普遍面临定位发展、转型发展、提升发展、跨越发展的重要节点上，应用技术大学之路为广西高校的未来发展打开了一扇重要的窗口。

第一，应用技术大学之路是广西高校特别是进入新世纪以后新升本高校转型发展的最佳路径。应用技术大学的办学模式强调面向社会办学，实现与地方经济社会互动发展，所以其办学模式是开放式的，开放的办学模式道路深度融合地方经济社会发展，既推动了办学理念、办学观念的转型，更可推动广西高校对人才培养模式、科研模式、社会服务方式、文化传承与创新的路径等大学基本办学职能的重新定位与转向行动，从而走上依靠、依托社会力量与资源来办大学，而不仅仅是依靠自身力量关门办大学的良性发展道路。

第二，应用技术大学之路是越来越接近生产与技术第一线的道路，可以有力促进广西高校提升办学特色。要克服广西高校办学定位不清、同质化倾向严重等问题，一个重要的路径是提升办学特色。应用技术大学的道路之所以有助高校提升办学特色，就在于应用技术大学强调与社会发展的紧密结合，坚持为区域发展服务，为地方经济建设、产业与科技发展服务，在服务社会中发挥优势，形成办学特色。越往社会的基层走，其形成办学特色的可能性越大，我们只需要在某一个层次、若干个领域办出学科专业特色，抓住某些亮点和特色做好文章，就可以扬名立世。

第三，应用技术大学之路可以有力深化广西高校教育教学改革，提高人才培养质量。比较普通大学，应用技术大学的核心比较优势是实践性与应用性，这两点恰恰是广西新升本高校在人才培养模式上的软肋。应用技术大学开放式的办学模式，催生了以实践应用为主要特征的人才培养模式。这种模式无论是在人才培养方案的制订上，还是教学模式、教学方法、评价方式上，都突出实践动手能力培养这个核心，以实际动手应用为导向，对接生产岗位，面向职业与实践，遵循“社会需要什么、学校就能教什么、技术发展到哪里、我就跟进到哪里”的原则，充实新知识、新工艺、新技能、新方法，这样，应用型技术大学的教学就比任何时候都更接近生产与技术的前沿。

二、以南宁学院为例看应用技术大学必须具备的构成要素

2013年年初，教育部启动了应用技术大学改革试点研究，推动全国630多所1999年后升本高校向应用技术大学方向转型发展。2012年由原邕江大学升本而来的南宁学院由于长期坚持走应用技术型人才培养发展道路而被选入全国36所改革试点高校。这就意味着新升本的南宁学院肩负着走出一条与众不同发展道路、起到试点单位示范与辐射作用的时代责任。

通过解剖教育部遴选南宁学院作为应用技术大学改革试点单位，可以看到应用技术大学必须具备的一些构成要素。

第一，应用技术大学的学科构成以工程技术为主。南宁学院在近30年的办学历史中，虽是民办高校，缺乏国家的财政投入，但始终坚持“应用为先，敢做善成，帮助每一位学子获得成功”的办学理念，敢于发展投入比较大的工科，以工科为主，多学科协调发展，围绕生产与技术第一线，培养应用型工程技术人才。

第二，应用技术大学学科与专业群建设突出与经济社会发展的适配性。南宁学院面对广西尤其是广西北部湾经济区经济社会发展对工科人才的需求，选择与实力强大的知名行业、企事业单位合作共办特色、急需专业，重点选择以应用性强、技术内涵要求高、有良好行业背景的专业作为试点，深度开展产学结合、校企合作、校校合作，走开放式办学，协同创新之路。学校紧扣广西北部湾经济区，特别是南宁市的经济社会发展需要，引导专业建设向机电一体化及信息产业专业集群、城市交通产业专业集群、城市建筑建设专业集群、城市经营管理产业专业集群四大专业集群聚焦，从而大大提高了学科专业建设与经济社会发展的适配性。

第三，应用技术大学的人才培养模式以应用能力培养为主线，重在实践育人。南宁学院紧紧围绕“就业能称职、创业有能力、深造有基础，发展有后劲的高素质应用型人才”培养目标，努力构建“产学结合、学用交替”的多样化人才培养模式，深度开展校企、校政、校校合作。在校企合作方面先后与南宁轨道交通有限责任公司开设城市轨道交通控制专业、城市轨道交通运营管理专业；与中兴通讯公司合作共建“南宁学院——中兴 NC 学院”，共办通信工程、物联网专业等通信类专业，依托中兴通讯的尖端技术力量培养通信行业拔尖人才；与苏州高博教育集团合作共建“南宁学院—高博软件学院”，共办软件类专业，共同打造面向东盟的广西软件行业人才基地。在校政合作方面学校与南宁市安全生产监督管理局合作，共办工业环保与安全技术专业等专业，培养面向南宁市工业环保与安全管理行、企业，适应工业环境与安全技术管理等相关岗位要求的高素质技能型人才。这些校企、校政、校校合作，实行产、学、训一体，搭建起一个具有内容创新、模式创新、人才培养效果突出的高素质应用型人才培养平台，推进特色培养和订单教育，实现人才培养与企业需要的无缝对接、就业与创业的有机结合，毕业生广受社会欢迎，就业率一直稳居广西民办高校的前列。

三、走应用技术大学发展之路需要深入研究的若干问题

显然，要走上应用技术大学的发展之路，有一些关键问题需要我们结合广西经济社会发展与高校发展的实际逐一破解。其中以下八大问题尤其值得深入研究：思想观念如何统一到应用技术大学?也就是思想观念需要从理论型、学术型中解放出来，树立应用技术大学是一种全新的人才培养类型的思想观念。办学模式如何彰显应用？也就是办学模式要强化与经济社会发展的协同，通过更直接作用于社会，从而从社会获得更多的办学资源，扩大办学资源的来源渠道。学科专业如何优化到应用？也就是进一步提高专业建设与地方经济社会发展的适配性，使专业建设更紧密结合产业、行业的发展需要。人才培养模式如何突出应用？也就是进一步改变重理论，轻实践的人才培养模式，突出人才的实际应用能力，使之能迅速对接生产第一线的工作。师资建设如何跟上应用？也就是要建设一支与学术型不一样的师资队伍，从大企业大行业聘用有一线经验的专家、技师做兼职教师，同时提升原有师资的实践动手能力。硬件建设如何保障应用?也就是要强化实验、实训、实习条件的建设，提供最优的实践动手条件。制度建设如何有利应用？也就是学校的奖励、激励等机制要更有利于从事应用人才培养的师资队伍、管理队伍积极性的发挥。国际合作如何助力应用？也就是如何通过借鉴国外应用技术大学成功的办学经验，推进我们的应用技术大学建设。

大学发展的根基是“学术”。既要致力于“学”，走应用技术大学之路，培养高素质应用型人才，更需要着力于推广应用的“术”，这样才能错位发展，差异竞争。形成学校的发展特色与核心竞争力，走出各个大学自己独有的发展路径，为广西高等教育的发展增添新的活力。

【作者：广西南宁学院党委书记、校长；副校长】

推进制度创新　确保政协工作有为有序有效

高　鹰

实现政协工作的科学化离不开制度的保障。只有加强政协工作制度建设，才能逐步克服工作中的随意性和盲目性，富有成效地履行职能。延安市宝塔区政协经过多年的工作实践，提出了建设“五型”政协（聚智政协、亲民政协、和谐政协、效能政协、活力政协）的工作目标，围绕工作制度创新进行了一些有益的探索，为确保政协工作有为、有序、有效，奠定了扎实的基础。

一、创新委员队伍建设机制

一是建立委员学习活动小组。按照界别相近的原则，把委员划分为党政、农林、科技、文体、教育、卫生、经济等多个活动小组，每个小组设组长 1 名、副组长 2 名。由相关专委会协调，定期或不定期，有组织、有计划地开展活动。二是建立联系委员制度。主席、副主席、秘书长联系常委，常委联系委员、委员联系群众，明确了联系对象、工作内容和具体要求。三是建立定期走访委员制度。每年安排一至两个月时间，由主席、副主席带队，开展走访委员活动，重点走访个人或企业成绩突出的、两年内不提提案、三次以上不参加政协会议或活动的委员，确保走访率达到 95%以上。走访的形式有：个别走访、召开座谈会、听取汇报、问卷调查。走访的目的是：了解掌握委员的工作、学习和生活情况，征求对全区经济社会发展以及政协工作的意见和建议，收集有关社情民意信息，协调解决委员遇到的困难和问题。通过走访活动，将收集、汇总到的情况作为年终委员评优的依据。四是建立委员动态管理机制。2012 年出台了《宝塔区政协委员管理办法》，加强对 191 名政协委员的考核考评，规范委员履职行为。对只当委员不履职、失去界别代表性的委员，由区政协常委会、区委组织部、统战部对其进行劝退，真正使政协委员能上能下的工作机制建立确定。开通门户网站和委员 QQ 群，有效地拉近了政协组织与委员、委员与委员之间的距离。2013 年在原有 4 个专委会的基础上，新增设政协委员工作委员会，委员管理工作得到进一步加强。

二、创新提案工作机制

提案工作是政协工作的重中之重。经过长期的实践，区政协形成了独具特色的提案工作机制。一是工作内容上唱“四季歌”。即：按“春、夏、秋、冬”四季，有重点、分阶段地开展工作，使提案工作步入经常化、规范化轨道。“春季”，主要是做好政协全委会期间的提案征集、审查、立案工作，及时召开提案交办会；“夏季”，主要是政协主席、副主席、秘书长领衔督办提案，政府督办室、政协提案委深入到乡镇、办事处和提案集中的部门督促检查“三结合”、“两见面”的落实情况，

并适时组织召开办理工作现场会，承办单位按照承办人、部门领导、区级领导三审制度的要求，在规定时间内起草、寄发答复函，并督促承办单位登门回访；“秋季”，主要是对一些大案、要案进行跟踪办理；“冬季”，主要是召开提案通报会，向有关方面公布办理结果，开展“优秀提案”、“提案工作先进个人”的评选活动，征集下一年度的提案。二是工作安排上坚持“四步走”。即：明确提案办理的程序和时限，按“十日看、百日办、一周函、半月谈”的步骤进行安排。“十日看”，就是承办单位的领导、承办人员要在10天内熟悉提案内容，并到现场实地察看，吃清提案人意图；“百日办”，就是利用三到四个月的时间，采取切实有效的措施，认真落实提案；“一周函”，就是利用7天左右时间，按规定格式拟定答复函，并寄发委员；“半月谈”，就是利用半个月时间，回访委员，当面征求委员意见。三是办理提案的“四经验”，即：常委包案、优质办案、开门办案、联合办案。“常委包案”，就是制定出台《常委包抓督办提案制度实施办法》，把审查立案的提案逐一分配给常委，每名常委具体包抓2件以上提案的督办，主席、副主席、秘书长每人联系3～4名常委。常委每年都要向所联系的政协领导、常委会专题汇报进展情况和落实结果。“优质办案”，就是通过把好交办和审查这“两关”，抓好对内培训、对外考察这“两学”，坚持评选先进办理单位和个人、评选优秀提案这“两评”，确保提案答复率100%，落实率80%以上，满意率95%以上；“开门办案”，就是通过邀请新闻媒体参与提案督办、召开提案办理工作现场会、组织委员视察等形式，使提案办理工作接受社会监督，并动员社会力量，上下联动，齐抓共管；“联合办案”，就是政府督查信息室、政协提案委为办理工作的顺利开展，心往一处想，劲往一处使，联合立案、联合交办、联合督办、联合验收，分工协作，互通信息。

三、创新工作互动机制

区政协在完善工作机制、搭建工作平台、促进政协与党委政府之间的互动等方面做了不懈的努力。一是建立健全情况通报制度。区委、区政府经常向政协通报全区经济、社会发展情况，重大事件及时向政协领导班子成员通报；区政府的重要决策和将要采取的重大措施，在酝酿过程中或决策之前，主动与政协沟通协商、通报情况；区政协领导积极向区委汇报政协工作，征求区委意见，赢得区委支持。二是建立区政府与区政协的领导联席会议制度。区政府与区政协召开领导联席会议，先后就乡村道路管护、退耕还林工程建设、畜牧产业发展、蔬菜产业发展、林业工作等议题进行了5次专题协商议政，政协方面共提出意见和建议43条，都得到了政府及其有关部门的认真办理和采纳落实。三是建立健全区委、区政府工作部门与政协专委会的对口联系制度。区委、区政府各工作部门与区政协各专委会，先后两次对《联系制度》进行修订，广泛开展对口联系协商，进一步拓宽联系范围，规范对口工作联系的内容、形式、督促落实。实践证明：这些制度的建立和运用，有力地促进了政协与全区党政部门、街道办事处、乡镇的密切联系，实现了工作互动，形成了工作合力，也扩大了政协组织的政治影响力。

【作者：陕西省延安市宝塔区政协主席】

人力资源服务机构诚信体系建设思考

赵云中

一、人力资源服务机构诚信的重要性

诚信是一个道德范畴，是日常行为的诚实和正式交流的信用的合称。宋代理学家朱熹认为：“诚者，真实无妄之谓”，肯定“诚”是一种真实不欺的美德，要求人们修德做事，做到真实可信，说真话做实事，反对虚伪。从古到今，都要求做人诚信，作为主要为人和企业服务的人力资源服务机构更应该如此，更应该讲诚信。

（一）人力资源产业的健康发展需要有诚信。市场经济是契约经济，契约经济本质上要求讲诚信。人力资源服务机构是人力资源市场建设和发展的重要参与者。人力资源服务机构讲诚信也就为市场提供了基础支撑，有益于市场的发展。它所包含的契约和信用既是市场游戏规则的基础，也是我们经营性人力资源服务机构生存与发展的出发点及归宿。

（二）维护劳动者和用人机构的合法权益需要讲诚信。人力资源服务机构是非常特殊的一类中介机构，联系着劳动者，也联系者用人单位。如果人力资源服务机构不讲诚信，就会为劳动者、用人单位的切身利益带来损害和影响。

（三）人力资源服务机构的自身建设更需要诚信。比如塑造品牌、提高社会美誉度、增强客户信任度和认同度等。没有诚信，企业就没有生存的基础，无立足之地。

二、人力资源服务机构诚信建设现状

（一）人力资源服务机构失信的典型表现

1．提供虚假信息。比如招聘中，向劳动者编造高薪酬，比如在广告中宣传不实等。

2．恶意隐瞒。比如在商务谈判中刻意隐瞒自身曾受到违法违规记录。对劳动者隐瞒一些高危职业的危险性、甚至于将劳动者推荐给非法机构等。

3．违法违规经营及超范围经营。违法违规经营的典型是黑中介，也有部分打擦边球的正式中介机构。比如没有派遣等资质，却又开展相关业务。

4．不公平竞争。比如机构之间为取得商业合同、以牺牲服务质量和服务内容而进行随意杀价行为。又比如部分猎头采取恶性甚至非法手段挖人。

5．合同欺诈及合同违约。比如部分派遣企业对派遣员工在劳动合同中设置合同陷阱，或者规避某些法律法规要求写明的事项。合同违约就是对客户不执行商务合同或协议，以及部分派遣企业不履行与派遣员工之间的劳动合同，如拖欠工资等。

（二）人力资源服务机构诚信建设进展

1．从国家层面来说，2007 年国务院办公厅出台了《关于社会信用体系建设的若干意见》，随后各省市也都纷纷出台了一些意见、试行办法等，但没有出台人力资源服务机构诚信方面的文件；2012 年人社部出台了《关于加强人力资源服务机构诚信建设的通知》，但该通知约束力也非常有限。

2．从执行层面来说，各省市目前还没有相应的贯彻意见，即使有了，也只是体现在以发文件代表贯彻而已，更多的是有形式无内容，可以预计的是，很多地方都没有下功夫去做。

3．从社会层面来讲，2013 年初，中国对外服务工作行业协会等共同起草的《人力资源服务机构诚信服务自律公约》也进行了发布，希望通过五家协会合作平台共同向各自的会员单位推荐执行，并向社会做出承诺，接受监督，但这更多也是一种表率和倡导。

三、重庆的做法

重庆市人力资源协会（前身为重庆市人才交流协会）成立于 2006 年 1 月，目前会员 100 多家。协会成立以来，一直在诚信建设方面进行探索与实践。

（一）在协会成立之初，就向广大会员发布了《诚信宣言》，公开向社会做出承诺，“诚信经营，坚守职业道德；平等竞争，自觉接受监督；严格自律，坚持规范服务；勇于担当，努力促进就业；开拓创新，服务重庆人才”。

（二）从 2010 年开始，我们就开展了重庆市人力资源服务业十佳评选活动。在评选活动中，也把诚信建设作为非常重要的内容，参评条件包括：业务资质基本情况、经营业绩、员工队伍情况、服务体系规范与管理流程、投诉与违规纪律、遵守行规情况和参与社会公益活动情况等。我们通过：网络评价、服务单位评价、行业评价、现场评审等流程进行评价，按不同权重计分，评出“十佳”机构进行网上公示。应该说，这几年十佳机构评选活动的开展，对促进重庆人力资源服务机构诚信建设起到了一定推动作用。

（三）在 2013 年 4 月，根据需要，重庆市人力资源协会也专门承办了中国——欧盟公共管理二期项目，这期主题就是“诚信控制管理”专题研讨班，邀请了荷兰、德国等国的欧盟专家进行专题讲座和情况介绍，全市 38 个区县的人社局领导和几十家人力资源服务机构代表参加了研讨。通过研讨也使我们更加了解了欧盟发达国家在廉政、诚信方面的一些经验和做法，使大家对人力资源服务机构的诚信建设的重要性有了更深刻的理解和认识。

四、人力资源服务机构诚信体系建设构想

诚信体系建设不可能一蹴而就，而是一个相当长期的系统工程，应该坚持：政府推动、市场引导、行业自律、社会督办相结合的原则，从实际情况来讲，可以从以下“五个一”方面进行框架设计，或许能起到一定的效果：

（一）制定一部人力资源服务机构信用规章

在国家尚未出台信用法律法规的情况下，为给企业信用体系建设提供有法可依、有章可循的法律支撑，本着先急后缓、先易后难的原则，积极着手制定《人力资源服务机构诚信管理办法》等规章，明确目标、任务、职责、奖惩等要求，使人力资源服务机构信用体系建设有章可循。

（二）建立一个人力资源服务机构信用信息监督管理系统

以企业“入市”的注册登记事项或人力资源服务机构中介许可证申办的材料为基础，日常监管和发生（掌握）的信用信息为重点，企业自愿申报的信用信息为补充，建立企业信用信息数据库，构成覆盖全部企业的信用管理网络体系，为政府及其职能部门监督和为社会各界查询有关企业信用信息提供服务。

人力资源服务机构信用信息监督管理系统由下列 3 个子系统构成：

1．企业信用信息征集记录系统。按照有关规定和标准化的数据库，统一规范、分工负责、各司其职的原则，分别录入或传输有关企业信用信息；主体库与分支库既相对独立又链接互通，主体库作为系统中枢负责整合分支库按规定传输的企业信用信息，将整合的有关信息反馈给分支库所在单位利用，并通过国际互联网为信用监管、查询、评价等利用需要提供服务。

征集记录企业信用信息，应以企业注册准入、存续经营、退出消亡的客观过程为主线，以经营信用为重点，全面记录企业从市场准入到退出的全过程信息。

其内容包括：一是企业身份信息，主要是企业的注册登记事项、行政审批许可事项、资质等级评定和其他身份信息；二是企业经营信用信息，主要是反映其存续期间的经营业绩、履行合同、纳税缴费及获得的荣誉和违法、违章、违约等不良行为；三是企业分立、合并、注销、吊销、破产等信息，以及与其信用相关的其他信息。

2．人力资源服务机构信用信息查询系统。利用计算机技术和信息网络，建立面向社会统分结合、各取所需的企业信用信息系统。其查询方式及内容分为：

一是公共服务性的无偿自助查询，其信息内容为依法属于政府部门监管的社会公共和政务公开范畴的企业信用信息；

二是市场化的有偿档案查询，其信息内容为依法属于国家信息资源且可供查询的企业信用信息。

3．企业信用信息公示系统。建立统一规范、统分结合、各司其职的企业信用信息公示制度，依法及时、客观地向社会公众披露企业的有关资信状况和商务信用事项，主要包括优良信誉、违法失信行为、警示信息 3 类。

（三）抓好一项企业信用自律管理机制

1．组织教育培训，普及信用知识。政府和行业主管部门要重点抓好人力资源服务机构法定代表人和信用管理骨干人员的培训，着力增强全员信用意识，大力培育具有信用特质的企业文化。

2．发挥人力资源服务行业协会的作用。支持行业协会建立“自我管理、自我教育、自我服务、自我约束”的企业信用自律机制。逐步将仍由政府或其职能部门主持的具有信用特征的评优（认证）事项授（还）权于相应的信用自律团体或信用中介服务机构。

3．组织诚信状况评估。结合本地区服务机构情况，确定评估标准，制定评估规程。要按照确定的标准、程序，采取自我评价、专家评价和群众评价等方式，综合衡量服务机构的基本条件、服务规范、组织建设、信用状况、服务业绩、社会责任等因素，对服务机构的诚信状况进行认真评估，指导和督促服务机构不断提高诚信服务能力。

（四）培育一种诚信的行业风气

1．表彰企业信用典范，树立诚信之风。在全市人力资源服务机构中深入开展多形式、多层面的讲诚信反欺诈活动，继续培育壮大诚信纳税、知名品牌、驰（著）名商标、“重合同守信用”、“无虚假误导广告”等商务信誉优良的企业队伍，宣扬其诚信经营事迹，发挥其诚信示范作用。

2．曝光失信案例，警示公众防范。适时选择反映社会“热点”的典型违法失信案件，利用媒体公示，使失信者从财产到声誉上付出高额成本和代价。

3．抓好舆论导向，坚持正面引导。注重舆论宣传与监督，利用宣传文化的潜移默化作用，为企业信用体系建设营造良好氛围，让守信企业感到荣耀，使失信企业自惭形秽。

（五）推行一批信用管理制度

1．人力资源机构信用档案制度。以政府职能部门从工作需要出发，以各自在履行法定职责中发生的企业信用信息为内容，分别建立分门别类的企业信用档案，记载企业诞生、存活、消亡全过程中涉及信用的资讯、事件、荣誉、处罚等信息，为其监督管理活动服务。

2．人力资源服务机构信用身份证制度。政府部门监管企业信用记录为内容，信用中介机构评价结果为依据，对人力资源服务机构信用实行评级颁证制度。企业信用身份证可分为单项信用等级证和综合信用等级证两种；先试行单项信用等级证，条件成熟时实行综合信用等级证。

3．人力资源服务机构从业人员信用档案制度。从业人员诚信档案建设包括：基本信息模块、培训经历模块、职业经历模块、职业信誉模块、职业能力测评模块、其他特别记录模块等。

4．企业信用激励惩戒制度。逐步建立健全企业信用激励约束机制，使企业以诚信为荣、失信为耻、无信为忧，诚信得实惠、失信受惩罚、无信被约束。

（1）企业信用激励办法：一是褒扬勉励；二是资质、证、照年检和经营检查的适当豁免等。

（2）企业信用惩戒措施：一是执法机关加大查处违法失信行为的力度，严厉打击欺诈行为；二是严格执行法律法规关于限制违法失信者“入市”、经营的规定；三是建立政府各部门的企业信用投诉举报网络；四是对严重违法失信行为予以公示曝光。

【作者单位：重庆市人力资源协会】

创新理念共享资源全力为社会主义新农村建设服务

夏帕克提·吾守尔

库车县地处新疆天山南麓中部，是举世闻名的古龟兹文化发祥地，也是国家“西气东输”工程的主气源地，总面积 1.52 万平方公里，辖 14 个乡镇 188 个行政村，最远的乡距县城 120 公里以上，总人口 48 万人，是一个以维吾尔族为主体的多民族聚居县。近年来，库车县档案局馆将农村建设档案工作摆在突出位置，不囿于农村工作面广线长、语言文字差异带来的种种困难和劣势，坚持在实践中求创新，在服务中谋发展，通过“三抓”措施，力推农村档案信息资源共享工程，较好地发挥了档案工作服务农村经济建设、维护边疆稳定的作用。

一、抓示范，提升农村档案规范化管理整体水平

抓住重点，培植典型。结合实际分别树立乡、村两级示范点，严格按示范县创建标准，突出打造档案硬件设施建设、档案信息化建设和档案信息资源共享样板单位。示范引导，形成合力。通过开展经验交流、现场观摩、交叉检查、表彰通报、激励奖罚等措施，充分调动基层档案管理创建的积极性和主动性。层层联动，全面推进。有效发挥“乡镇一级带动村一级”“示范点带动各点”“涉农部门带动基层站所” 3 个带动作用。

二、抓亮点，全面建立突出新疆区域特色的农村档案资源体系

强化新农村专项档案管理。重点规范土地承包、抗震安居、定居兴牧、合作医疗、养老保险、农村低保、宗教管理等各项专门档案，改善农村档案结构单一、利用率低的状况。调整涉农档案归档及接收范围，将乡镇所辖站所、新型经济合作组织及龟兹文化、特色产业等领域纳入涉农归档范围，把接收民生档案作为接收“主流”。创新农村档案服务模式与途径，建立现行公开文件阅览中心，直接面向农民提供文档信息利用服务；紧贴民族地区实际建立宗教档案；阿格乡栏杆村利用档案建立新农村建设成果展厅，展现全县新农村发展变迁；齐满镇设立的荣誉档案陈列室已成为该镇激励干部群众干事创业的教育场所；地处城乡结合点的乌恰镇萨哈古村建立的房屋租赁档案在落实“四知四清四掌握”维稳机制中发挥着重要作用；“塔里木小山羊”等名优特产档案的建立促进了特色农业创响品牌和产业化发展；乡镇永久档案实现全文数字化管理，加快推进了农村档案信息化建设进程。

三、抓整合，着力拓宽各族群众共享档案信息资源的渠道

依托党务、政务网络平台，建立库车档案信息网，开辟新农村档案工作专栏，上载涉农开放档案目录、已公开现行文件等各类涉农档案信息；送档下乡共享资源，收录编印《新世纪库车县新农村建设惠农政策选编》《与民心同行强农惠民政策手册》等维、汉文双语版本的宣传资料 8000 册，刻录“三农”政策光盘 2500 张，免费送到基层干部群众手中。依托场所基地共享资源，利用政务信息公开场所和爱国主义教育基地，举办农村专题流动展 10 余场，开放涉农档案目录 3 万余条，利用档案为近万名基层群众维护权益提供了优质服务。搭建乡镇档案中心共享资源，建立乡镇档案管理中心新模式，将乡镇机关、站所、行政村、经济合作组织、“三农”特色档案、农业科技图书等集中整合，统一利用。

通过上下联动，合力推进，全县农村档案管理工作走上了规范化、制度化、科学化的轨道，对此的体会有以下几点：

一是充分认识农业农村档案工作的重要意义是思想保证。只有本着“对历史负责、为现实服务、替未来着想”的高度责任感，主动承担起记录新农村发展变化过程和历史面貌的责任，才能进一步把新农村建设档案工作抓紧、抓实、抓好。

二是各级领导的重视支持是组织保证。一直以来，县委、县政府高度重视支持档案工作，把新农村建设档案工作提上重要议事日程，统一部署，形成合力，充分调动和发挥各方面的智慧和力量。县财政先后投入新农村建档管理专项资金 150 万元，全面解决行政村建档用品、设施设备，把村级档案室建设纳入基层阵地建设规划，为每个行政村配备了档案专用库房。在创建活动中，各涉农部门与档案部门通力协作、密切配合，切实解决档案工作机构、人员经费、设施设备等实际问题；建立实施了库车县农村档案工作联席会议制度，每季度召开 1 至 2 次联席会议，通报情况、查找问题、解决困难，联合开展涉农档案专项检查指导。

三是科学规范的管理机制是制度保证。近年来，全县始终坚持研究探索农业农村档案工作的新思路，不断健全和完善既符合现实又着眼长远的工作机制。全面落实“三纳入”工程，把档案工作纳入全县国民经济和社会发展规划中；把档案管理纳入各单位和乡镇年度工作计划和责任目标考核中；把档案事业经费纳入本级财政预算中，实现了档案工作与县域经济建设同步筹划、协调发展。将档案工作列入全县社会主义新农村建设整体规划中，档案工作任务逐项细化分解，层层签订目标责任书，形成档案管理联创网络；建章建制，统一标准，结合实际先后制定下发了规范性文件 20 余项，实施农村档案协作联系小组、农村档案工作台账管理等机制。

四是倾心竭力服务边疆群众是根本动力。针对全县农村90%以上为维族群众的实际，在新农村档案工作中，牢固树立“基层重要、群众第一、民生优先”的工作理念，坚持吃苦在基层、战斗在一线、用真情换真心、以服务提质量，想方设法解决农村档案工作困难，在规范化建档的同时，完成了所有永久、长期档案目录及全文的维、汉语互译工作，全面建立“双语”档案和利民惠民资料。

【作者：新疆库车县委常委副县长】

法治建设要着力实现四大转变

周爱仙

近年来，全省以提高全社会法治化管理水平为目标，以公正司法、依法行政、法制宣传为重点，大力开展法治建设，有力促进了经济社会的协调发展、维护了社会公平正义、营造了良好的法治环境。但要继续加快法治建设进程和步伐，我认为必须着力于以下四个转变：

一、实现由“推进”到“对进”的转变。从 2006 年“法治江苏”创建活动开展以来，自上而下各级各单位都成立了法治建设工作领导小组，围绕法治建设的目标任务和工作要求，采取各项举措，扎实推进落实，取得了一定的成绩。但法治建设总体进程与群众对法治建设成效的感受度和满意度差强人意。因此，改变过去由党委、政府主导的自上而下的单向“推进”向自上而下与自下而上的双向“对进”转变，更好地发挥好群众在法治建设中的主体和主导作用显得尤为迫切。在法治成员单位部署开展“法治建设开放日活动”，广泛吸纳各界意见建议，接受社会各界的咨询、质询，不断改进完善各地、各单位的法治建设工作，才能加快法治建设的进程和步伐。

二、实现由“推动”到“轮动”的转变。针对目前法治建设成效累积的速度跟不上成效流逝速度的现状，必须由过去的泛泛“推动”到条口“轮动”的转变。每年选择某一条口，集中时间精力和政法部门的优势资源，对这一条口单位的法治建设状况进行“会诊”，围绕条口部门法律法规，对“法”找“差”，分析现状，拿出实在的举措，解决具体问题。通过逐年逐条口的努力，力争法治建设的面貌和状况有根本性的改变。

三、实现由“撮合”到“融合”的转变。法治建设必须改变过去“油水分离”、“两张皮”现象，实现业务工作与法治建设工作由“撮合”到“融合”的转变。要围绕存在的问题和差距，制定切实可行的法治建设规划、计划和工作举措。在法治建设的督查、检查中，不能仅仅简单地检查有没有法治工作领导小组、日常工作机构、人员和相关文件资料，并以此来判定法治工作成效的好差，而应采取促进司法、执法行为上“轨”、入“框”、进“笼”的有效措施，实现公权力在法律和制度的框架中行使，以确保公正、规范、廉洁、高效。

四、实现由“宣法”到“立信”的转变。分析群众对法治建设的满意度没有想象那么高的原因，是一些地方、单位信用的透支超过了金钱的透支，在解决群众具体问题时并没有严格按法照章办事，说一套、做一套，失信于民。故必须实现由过去过分注重“宣法”到着力加强“立信”的转变，不放空炮，拿出更多的时间和精力，按法照章解决群众遇到的一个个具体问题，树法律的权威和公信，积公职机关和公职人员的信用，重拾群众的信任，让学法、用法、守法真正成为群众的自觉行动。

【作者：江苏省丹阳市委常委、政法委书记】

中国式发展呼吁中国社会科学的升级换代

陆　丹

海南省第一届社会科学年会在这里设立分论坛，这是三亚市的盛会，也是三亚学院的幸会。海南建省二十多年，海南的各项事业在发展，海南的社科界在进步，但是举行仪式性特别严肃、严谨的，认真庄严的社科年会是第一次，在艰难之处看是破冰之旅，在希望之处看是破土之芽。特别感谢社科界的领导和同仁，大家都付出了很多的努力。

前些日子网上报道出湖南某高校一个教师由于常年没有科研成果被学校转岗。网上有很多议论。我注意到社科界主流对此失声。可能是社科界有些难言之隐，在我看来，中国社科界还处在幼稚状态，理不直气不壮。幼稚状态是我在上海读博时向老师请教、和同学交流中得到的印象。我到海南近十年了，十年过去了，这种幼稚状态在我观察下来似乎没有根本改变。我今天发言的题目是中国式发展呼吁中国社会科学的升级换代。

在中国，整个社会科学领域，研究队伍缺乏体系化的完整规范学术训练和科学的学术评价，缺乏跨学科知识训练和实证精神传统；学科研究的取向和研究成果中，地方经验的自足和普世知识的傲慢这两类偏见同时存在；研究趣味中，社会事实的缺位和思辨的信马由缰两种状态充斥；伪命题、无足轻重的命题、不能自圆其说的论证、可有可无的文章、低引用率状态普遍存在。这种我称之为幼稚状况的存在，与教育的急功近利和不负责任、与杂志社的市场取向和编辑水平没有及时更新、与学界名流主流没有学术坚守、与政府主管和评价部门的外行趣味，等等，都脱不开干系。

我这个忧虑，学术界可能会集体批判我的无知或者是粗暴。我想我们暂且跳出学术圈子，我们做一个比较去看，中国经济发展的阶段性的成就已经远远地拉开了与中国社会科学界成就的距离。换言之，中国社会科学对于中国社会发展的贡献可能是捉襟见肘。中国产业向中国社会贡献了巨大的财富，向全世界贡献了中国制造，向疲软的世界经济贡献了中国动力，并且还志在升级改造。我们社会科学界回眸自己，可能也有堆积成山的成果，可这些成果就普遍幼稚的状态而言，是让我们汗颜的。中国社会科研粗放式发展的幼稚状态是否要向中国实践的经济成就脱帽致敬呢？

具体的问题，我和各位一起来分析。

第一，社会科学研究与社会实践成为两股道上跑的车，不交叉。

诚然，学术研究有学科基础研究和应用研究之分，但这不是社会科学研究不回应实践的正当理由，也不是社科人自卑或自大的条件，中国财政对社科研究拖入大量的人力和财力，中国教育培养了大批受过高等教育的人才进入政府和各类事业部门，但事实上企业例外，中央政府少数集中课题例外，社会科学工作研究和理论研究两个系统各自独立运行，比如决策和对策研究上，同一内容，相互缺少关切，话语对不上，难以对话，遑论兼容，与国际通行的相关领域合作的调查、决策、评价的对接配套打通的状态相去甚远。两方面无能为力，两方面相互瞧不起，对两者都是浪费，两个系统都存在比较大的浪费，两个系统都存在着低水平运行的状态。

第二，实证研究功能没有传统，实证研究没有正式进场。

实证研究落后于时代需要，这助长空洞理论、虚假命题，致使理论研究与实践相互边缘化。这与现代化以来的国际学术研究的价值取向似乎不处在同一时空。以至于我们看书买书愿意收集其他国家、地区的学术书籍，不因为价值观不同，不因为外来和尚好念经，仅仅因为资料的学术价值有较大差距。

第三，理论研究的宏大偏好。

选题宏大、切入点宏大、理论关切宏大、实践指导和对策研究宏大。但研究不接地气，结论不解决问题。对时代中中国人的实际关切太少，与市场和社会的需求得到满足相关度太低，与社会科学发展的国际经验差距太大。这种好大喜功与浮而不实，也许与中国人修齐治平大抱负相关，与中国持续大转型未竟现代事业相关，与中国学术研究国家趣味相关，与国家课题大关切和大功利诱惑相关，与杂志社大功利趣味相关，与新媒体的市场价值倾向相关，还与学者急功近利相关。

第四，社会科学研究价值取向和研究方法创新的抱负不大。

自觉自愿处在西方研究范式之下，乐此不疲。价值观、方法论、内容关注、研究路径、评价标准，缺少"跳出"路径依赖的勇气、思维和办法。这与学术研究的历史纵深感不足、对全球化的商业倾向辨析不清，"被认同"度过高、对本土本民族文化传统与世界文化的同质性和特异性两者的认知度不够相关，学术价值和方法的简单一路向西，反过来加剧学人的学术人格惰性和学术国格的自我矮化有关。

第五，缺少真问题研究以至于勉为其难做学术真命题。

中国理论与中国道路的两个自信是相互支持的。对中华文明现象的解读过度依赖西方经验，对中国实践的观察简单依赖西方技术一种尺度，实践的体验和关切肤浅，自然产生不了新的观察和研究方式，反过来，单一依赖的方式又造成对来自和依赖的西方研究和评价的范式、经验、技术的不得不依赖和推崇。这样，事实存在的社会科学研究的精神惰性接通了学术研究态度的奴性，其实，显现在学术的趣味性、价值观和感情上的学术庸俗和学术奴性，并非学术观点立场和感情问题，而更多根基于学术研究态度上的不够勤奋、不够真诚、不够勇敢，心智上的不够聪明和抵御市场诱惑、抗击学术外的压力之能力不足。所以，中国社会科学研究从幼稚状态走向成熟，非不能也，乃不勤也；非不诚也，乃不智也。

我们的海南社会科学研究起步比较晚，底子也不太厚，中国社会科学所存在的有些问题，我们还没有资格去面对，它犯的有些错误我们还没有资格去犯；但相应的，我们也简单一些，底色干净一些，因此有可能孕育出后发的优势。当然惭愧的是，我个人作为三亚社科联的主席，仅仅能提出自己的一点困惑就教于大家，却提不出有价值的问题，更谈不上解决问题的办法，只是趁这次机会，趁我们同仁聚会的机会就教于大家。我有一点点的自信，就是我们这一届的领导同志和其他成员，是想作为、敢作为、能作为的；我有一点点自信，是对中国道路的自信，尤其是对马上召开的三中全会的成果的相信，以及对回到我们古人为学的精神的自信，所谓勤能补拙，智能去惑。

【作者单位：海南省三亚学院】

深化广电网络改革

王建又

党的十八大以来，习近平总书记发表了一系列重要讲话，全面阐释新一届中央领导集体的执政理念和治国方略，深刻回答了新的历史条件下党和国家改革发展的一系列重大理论问题和现实问题。学习贯彻习近平总书记关于全面深化改革的论述，使我们更加增强了贯彻落实党的十八届三中全会精神，全面深化各自领域改革的决心和信心。回顾云南广电网络改革的历程，使我们对深入学习贯彻习近平总书记关于全面深化改革的论述有了更加切身的体会。

一、深化改革必须整合重组资源

按照中央关于“一省一网”的战略部署和省委、省政府关于“政府推动、市场化运作”的要求，从 2009 年开始，云南广电网络整合重组历经了三年多的艰苦工作。所谓“政府推动、市场化运作”，就是要以强大的政治勇气、高超的政治智慧、敢作敢为的担当精神，正确处理好政府和市场的关系，充分发挥市场在资源配置中的决定性作用。广电网络原本属于垄断资源，是从政府行政序列中剥离出来的，组建广电网络企业后，政府职能部门担当的是监管和服务作用，广电网络企业不再是政府职能部门的一部分，而是走向市场，资源配置由市场决定，通过市场调节以带来更高的效率和效益，从而应对市场成熟的互联网、电信网的挑战。这次整合重组涉及 60 多亿元的网络资产，30 多亿元的债务，4 个法人主体，130 多家股东单位，2000 多名“事转企”人员和 6000 多名从业人员，同时面对 2001 年、2004 年两次整合未完成留下的尖锐的矛盾。我们依靠广大干部职工，积极化解矛盾，破解难题，到 2012 年底，完成了整合重组任务，实现全省一张网、一个法人主体、人财物、经营业务全归一体的目标，建立起以市场为导向，以资本为纽带，以现有国有网络资产为基础，以内容（节目）为龙头，以科技创新为动力，全省联网、上下贯通的广电网络运营新格局，形成了统一领导、统一经营管理、统一技术业务、统一战略规划的集团化管理体制，为做大做强云南广电网络事业和产业奠定了坚实的基础。可以说，三年整合重组的过程，就是啃硬骨头的过程、涉险滩的过程、突破利益固化藩篱的过程。

二、深化改革必须解放思想

云南广电网络一方面要积极主动承担社会责任，每年为全省用户减免收视费近亿元，盈利压力较大；另一方面是历史包袱重，整合重组时承接了 2004 年网络整合后各级地方股东移交的存量债务 11.5 亿元，负担较重。还有以往的广电网络基础设施规划起点低，标准不统一，网络老化严重，可持续发展能力薄弱。面对这些困难和问题，唯有解放思想，打开思路。解放思想，就要有自我革新的勇气和胸怀，跳出条条框框的限制，克服利益固化的掣肘，积极主动，勇于进取。于是，我们主动寻求股权改革。由于历史原因，占集团公司股权比例 70%以上的云网股份股权分散在全省 14 个州、市和 100 多个县（市），出资人极度分散。为避免在今后的投融资工作和资本运作过程中由于股权过度分散而被分散收购，导致股权转移，我们寻求分步解决省级国有资产控制权。一是凡涉及云网股权转让事项须征求云南广电网络集团意见并报经省财政厅批准方可实施，以维护全省一张网的格局。二是根据国有文化资产管理要求，由省财政厅主持进行对全省广电网络股权进行优化整合，实现由省财政厅对云网股份股东合并工作，实现对云南广电网络资产实际控制，确保省级国有资本控制权。其次，我们积极主动寻求战略合作伙伴，引进战略投资者。2010 年，我们与全国广电行业领军企业浙江杭州华数传媒结成战略合作伙伴，实质性推进新业务合作；2013 年 5 月，我们与湖南电广传媒签订战略合作协议，湖南电广传媒通过股权投资方式注入 10 亿元左右资金，实现两省广电网络资本层面的强力合作。我们还充分发挥全省广电网络资源、资产、用户和产业优势，在资本层面加快完成股份制改造、引入战略投资者的基础上，采用借壳上市、打包上市等方式进入资本市场。

三、深化改革必须加快发展

广电网络被誉为朝阳产业、新兴产业和技术含量较高的文化产业，是能够跨行业跨区域发展的大产业。全省一张网整合重组为广电网络产业的改革发展注入了新的活力。因此，我们把云南广电网络的改革发展放到繁荣发展云南文化事业和产业的大盘子中，经过严密论证，制定了集团“十二五”规划发展纲要，围绕“多媒体综合信息服务运营商”的战略定位和“服务主业，相关多元”的集团化发展思路，实现产业多元化、业务多元化和资本多元化。力争到 2015 年末，有线电视、广电宽带、广播电视户户通、无线电视用户达一千万，资产总额突破 100 亿元，基本实现云南省城乡家庭的全覆盖。未来十年，力争集团经营收入达到 100 亿元，成为我省文化产业航空母舰和领军企业，为云南文化事业和产业的繁荣发展做出新的更大的贡献。为达此目标，我们将一批重大项目建设作为重要战略支点，着力推进骨干网升级改造，实施了“云南下一代广播电视网（NGB）项目”、“云南迪庆3个藏区县有线电视宽带综合信息网建设项目”、“云南广播电视集中集成播控中心项目”等等，“NGB”项目被列入云南省“十二五”发展规划，“云南广播电视集中集成播控中心”项目列入省级重大标志性文化设施10+1项目和省文化产业发展“十二五”规划重大项目，并取得了省政府以资本金方式注入集团2.1亿元资金扶持。我们积极寻求同金融部门的合作，于2013年8月与国家开发银行云南省分行签订了39亿元贷款协议，为项目的建设提供了资金保障。我们积极应对“三网融合”挑战，在国内整合全光交接和云计算等全球最先进的技术，实现基础网络、业务平台、产品应用、运营服务的全方位跨代升级，包括跨代网、全业务、多终端、云服务四大子工程，结合昆明作为全国“三网融合”试点城市的有关政策，加快推进播控中心云平台建设，加快省级骨干网、接入网升级改造和云终端的部署，尽快建立云电视、云宽带、云通信、云家庭、云城市等几大产品体系和运营服务体系，为全省1000万有线、无线数字电视用户和其他网络视频终端提供多媒体信息服务，形成城乡一体化文化信息服务格局，较好地适应电子政务、平安城市、数字旅游、智能交通、数字交通、家庭娱乐、家庭通信、家庭安防等智慧城市、数字家庭信息建设的需要；较好地服务云南桥头堡文化信息大通道建设，为加快推进富民强滇步伐，谱写好中国梦云南篇章作出应有的贡献。

【作者：云南广电网络集团公司党委书记董事长】

以创新驱动　改革发展为指针
努力提升学会的综合服务能力

杨豪标

2013年以来，全省学会工作在省科协党组的正确领导下，在中国科协的具体指导下，认真贯彻省委、省政府《关于加强新时期科协工作的意见》和省科协“八大”精神，积极开展学会改革，学会建设取得了明显成效，为全省的科技创新和经济社会发展做出了积极贡献。按照党的十八大提出的创新驱动发展战略、中国科协关于新时期学会工作的新要求和省科协“八大”的部署，全省学会工作要继续与时俱进，开拓创新，进一步加快改革步伐。

一、创新驱动、改革发展是新形势下学会工作的重要指导方针

首先，创新驱动、改革发展是党的十八大提出的重大发展战略。2012年召开的党的十八大明确提出，国家要实施创新驱动发展战略，强调“科技创新是提高社会生产力和综合国力的战略支撑，必须摆在国家发展全局的核心位置”。报告提出了科技发展两个百年的目标：即在2020年进入创新型国家行列，到本世纪中叶成为科技强国。报告还强调要“加强和创新社会管理，强化企事业单位、人民团体在社会管理和服务中的职责，引导社会组织健康有序发展，充分发挥群众参与社会管理的基础作用”。这充分体现了党对科技创新和社会组织的高度重视，体现了党对当代经济社会、科技社团发展规律的深刻理解和把握，为新时期加快推进国家创新体系建设、深化科技体制改革和社会组织改革发展指明了方向。学会作为国家创新体系的重要组成部分，必须围绕党的重大发展战略，把创新驱动、改革发展作为新时期学会工作的重要指导方针，深化学会改革，为国家的科技创新和社会管理创新作出积极贡献。

其次，创新驱动、改革发展是中国科协对新时期学会工作的新要求。中国科协书记处第一书记、党组书记申维辰同志在第十五届中国科协年会地方科协党组书记座谈会上讲话时指出：“我国经济发展已到了必须依靠创新驱动发展的阶段、国家科技投入大幅度增强、政府职能转移，这些因素都为科协组织及所属学会提供了前所未有的机遇和挑战，同时也为新时期科协工作和学会工作提出了新的要求和历史使命。能否把握机遇从而做大做强做优学会，关键还要看科协、学会自身是不是具有相应的能力和素质。”他要求“学会要大幅度提高服务社会、服务政府的能力和水平，切实建设成为能负责、能问责的学会；科协组织及所属学会要大幅度提高服务科技工作者的能力和水平。”2012年8月，申书记出席省科协“八大”开幕式的讲话中指出：“广东省科协一直坚持敢为人先的创新精神，广泛开展群众性技术创新活动，在全国率先建立企业专家工作站和学会科技服务站等科技服务平台，为广东的建设和发展作出了重要贡献，也为全国科协的工作提供了宝贵经验。”他希望广东省各级科协组织要认真学习领会党的十八大精神，贯彻落实国务院机构职能转变动员电视电话会议的部署，按照国家副主席李源潮同志在与中国科协所属学会负责人座谈时的讲话要求，抓住改革机遇，提升学会能力，拓展学会功能，为实施创新驱动发展战略多做贡献。中国科协领导的重要讲话，深刻阐明了新时期学会工作面临的形势和任务，提出了新的要求，为我们开展新时期学会工作指明了方向。

第三，创新驱动、改革发展是省委、省政府对科协工作的新期待。省委、省政府《关于加强新时期科协工作的意见》指出，科协要把团结和带领广大科技工作者服务和推动科技创新作为科协工作的主要任务。着力实施创新驱动发展战略，围绕改造提升传统产业、培育发展新兴产业和加快发展现代服务业，引导广大科技工作者深入开展基础研究、前沿技术研究、社会公益性技术研究，提高原始创新、集成创新和引进消化吸收再创新能力。加强院士专家企业工作站和学会科技服务站建设，开展企业技术创新方法培训，促进高端人才、技术等创新要素向企业聚集。省委常委、统战部部长林雄同志在省科协“八大”开幕式的讲话中指出：“经过改革开放30多年的发展，广

东进入了转型升级、创新发展的新阶段，我省各级科协组织要按照中央和省委的新要求，紧紧围绕中心、服务大局，不断激发科技工作者的创新热情和创造活力，为全面实施创新驱动发展战略，为加快推动全面建设创新型试点省步伐多做贡献。”省人民政府副省长陈云贤同志在省科协“八大”闭幕式的讲话中也强调：“在全面实施创新驱动发展战略中，科协扮演着重要角色，承担着重要责任，全省各级科协组织必须进一步解放思想，改革创新，凝聚力量，全面服务省委、省政府的工作大局，奋力开创广东科技创新新局面，为创新型广东建设，为实现‘三个定位、两个率先’的总目标做出新的更大的贡献。”这是省委、省政府赋予我们的重大任务，我们要深刻领会，狠抓落实，不辜负省委、省政府的殷切期望。

二、创新驱动、改革发展是学会发展壮大的必由之路

近年来，特别是党的十八大之后，各省级学会围绕实施创新驱动发展战略，充分发挥人才智力优势，为全省的科技创新和社会经济发展献计出力，学会改革呈现出方兴未艾的可喜局面。

（一）改革创新给学会创造了发展机遇。党的十八大作出加快转变政府职能、深化行政体制改革的重大决策。2013 年全国两会期间通过的《国务院机构改革和职能转变方案》明确提出，重点培育、优先发展科技类等社会组织，按规定需对企事业单位和个人进行水平评价的，政府部门依法制定职业标准或评价规范，由有关行业协会、学会具体认定。这是首次把学会任务写进政府文件中。广东作为全国行政审批改革先行试点省，改革步伐很大，截至 2012 年底，省政府调整行政审批事项 483 项，其中取消 231 项、转移 88 项、下放和委托管理 164 项，其中不少和科技工作直接相关。不少省级学会抢抓机遇，觅得先机，主动承接了政府转移的部分职能。据不完全统计，2012 年省级学会共承接政府转移职能 10 项，向政府购买服务事项 36 项。如省护理学会受省卫生厅委托，成立了广东省护理质量控制中心，同时承接了省卫生厅转移的护士执业注册工作。省青少年科技教育协会承担了全省青少年科技创新大赛。省空间结构学会和省土木建筑学会分别承担省住建厅委托的编撰《钢结构设计技术规程》、《锤击式预应力混凝土管桩基础技术规程》和《静压预制混凝土桩基础技术规程》。省机械工程学会承担了省科技厅委托的“数控一代”机械创新应用示范工程有关项目。学会争取的这些职能和服务项目，不仅为学会创造了新的发展机遇，也为学会融入国家创新体系创造了有利条件。

（二）改革创新给学会提供了新的路径。在创新驱动发展战略的指引下，大部分学会与时俱进，积极探索学会发展新路子。省计算机学会把学术交流作为学会的立会之本，整合资源，上下联动，积极主动地开展多种形式的学术活动，使学术交流成为学会凝聚会员、促进创新、支撑发展的内生动力。省生物医学工程学会推行“理事长人选提名竞选制”，促进了民主办会。省电子学会与中国电子学会“会员互认”，探索大联合、捆绑式发展会员新模式。省水利学会等 9 个学会经省科技厅批准设立了“学会科学技术奖”，开创了科技成果评价由专业和社会认可的新局面。省消防协会、省护理学会、省电子学会、省土木建筑学会等积极创办科技服务实体，盘活学会人才智力资源，培育了学会科技服务能力新的增长点。特别是省科协倡导的学会科技服务站创建工作，经过三年努力，省、市两级学会在全省共创建了 93 个科技服务站。学会利用科技服务站这个平台，为企业的技术创新、专业镇的产业调整升级、医院及农村先进技术推广应用、专业技术人才培养作出了很大贡献，产生了很好的社会效益和经济效益，成为拓展学会服务领域，探索学会创新发展的新路径。这项工作受到了中国科协和省委、省政府领导的充分肯定，并在全国科协系统推广。

（三）改革创新增强了学会的服务能力。创新是经济社会发展的强大动力。各学会把握国家改革发展大势，突出学会能力建设这个重点，抢抓机遇，主动出击，增强了学会的实力和服务能力。省机械工程学会抓住政府机构改革的有利时机，在全省社会组织中率先承担了省人事厅委托的机电工程系列技术人员高级职称评审工作和非公有制企业专业技术人员初级职称认定和中级职称评审，每年评审 400 多人。省农学会围绕省委省政府的“三农”决策部署，多次举办建设广东现代农业强省论坛和研讨会，推动了全省现代农业的科技应用与创新。省消防协会承接了国家劳动和社会保障部、公安部消防局委托的消防行业特有工种职业技能培训和消防职业技能鉴定职能，每年培训消防技术人员 2 万多人，年收入达 1200 多万元。2012 年，省级学会举办决策咨询活动 200 多次，参加活动专家 3000 多人次，提供决策咨询报告 200 多篇，40 多篇获领导批示。其中省人才研究会的《广东省博士后培养及创新调研报告》、省科学学与科技管理研究会的《广东省科技服务业发展调研报告》、省有色金属学会的《广东省稀土产业发展战略研究报告》分获 2013 年中国科协优秀决策咨询成果一、二、三等奖。

（四）改革创新给学会带来了蓬勃生机。各学会按照学术立会、活动兴会、服务强会的发展思路，根据各自特点开展学会改革，学会工作呈现出蓬勃生机。一是学会实力大幅提升。据统计，2012 年省级学会经费收入总额 1.9 亿元，较 2011 年比增 6824 万元，增幅 53%，学会平均年收入 131 万元，比增 45 万元，增幅 52%。省医学会、省消防协会、省电机工程学会、省药学会、省抗癌学会、省质量协会、省航海学会、省护理学会等 8 个学会年收入超过 500 万元。省中医药学会、省中西医结合学会、省生态学会、省园林学会、省电机工程学会、省畜牧兽医学会、省石油学会、省林学会、省硅酸盐学会等 9 个学会连续两年获全国省级“学会之星”称号。二是学会影响力明显提高。2012 年省级学会举办国内学术会议 1000 多次，参加人数 18.3 万人，学术会议总数及高端前沿、综合交叉学术会议、境内国际学术会议、港澳台地区学术会议的次数和参加人数均持续增长；2012 年学会主办的 72 种科技期刊，发表论文 6000 多篇，共印 400 多万册；2012 年学会开展科普活动 1600 多次，受众人数 100 多万人次。三是学会凝聚力大大增强。2012 年省级学会个人会员超过 45 万人，比增 57%；团体会员 1.4 万多个，比增 1093 个；学会从业人员 1700 多人，比增 1.6 倍。我省学会的综合实力在全国各省级学会中名列前茅。

三、依靠创新驱动、改革发展，努力提升学会的综合服务能力

一要提高认识，统一思想，始终把改革创新摆在学会建设的首位。回顾这几年学会的改革历程，我们收获的不仅仅是学会改革的丰硕成果，更树立了学会只有改革才能发展的坚定信念。当前，国家创新驱动发展战略的实施、政府行政体制和科技体制改革的不断深化、社会管理的不断加强和创新，既给学会提供了难得的发展机遇，也给学会提出了严峻挑战。学会作为国家创新体系的重要组成部分、社会管理创新的重要协同力量，如何把握机遇，勇挑重担，不辱使命，这是摆在全省各级科协组织和学会工作者面前的重大课题。我们要提高认识，把思想和行动统一到党的十八大精神上来，统一到中国科协和省委省政府的部署要求上来，始终把学会改革摆在首位，作为第一要务。要坚持以服务科学发展为主题，以提升综合服务能力为重点，以大团体、大联合、大协作为主要工作方式，以创新管理体制和运行机制为抓手，继续解放思想，开拓进取，凝心聚力，努力推进学会工作创新发展。

二要大胆改革，主动作为，积极调整学会的发展思路。省科协所属学会虽然大部分发展势头良好，但也有部分学会存在领导思想僵化、组织基础薄弱、管理体制落后、承担社会服务职能少、自筹经费能力不足等问题。学会要更好地生存和发展，必须与时俱进，因会制宜调整发展思路。要破除陈旧观念的束缚，牢固树立经营学会的理念，以市场为导向，以公益性、服务性为主旨兴办各种科技服务实体，使学会的科技服务工作更有针对性和实效性，使学会更好地融入社会、服务人民、促进发展。要以政府简政放权、职能转移为契机，积极承接政府转移职能和委托的科技服务项目，壮大学会实力。要以科技创新为重点，发挥学会大团体、大联合、大协作优势，建立各种科技创新联盟，积极开展产学研合作，为创新型广东提供智力支撑。要继续以科技服务站为抓手，组织学会的各类人才为企业、医院、农村提供科技服务，发挥学会科技服务站的最佳效能。

三要振奋精神，真抓实干，努力提升学会的综合服务能力。近几年来，广东省的科技投入持续增加，科技创新的条件和环境持续改善，为学会发挥作用提供了更为广阔的舞台。2013年，省科协正向省财政争取“学会能力提升专项”，拟通过以奖促建和重点项目资助的方式，遴选奖励一批优秀学会，择优培育一批品牌活动，发挥示范带动作用，推动学会整体发展。希望各学会在省科协的引领和支持下，努力提升学会综合服务能力。要认真查找学会自身的薄弱环节，分析影响学会发展缓慢的症结所在，采取切实有效措施，推动学会加快发展。要以创建“五种类型”学会为突破口，选准最佳发展路径，因会制宜，增强学会的实力和服务能力。要以先进集体和优秀秘书长为榜样，学习和借鉴他们开拓创新，想方设法推动学会全面发展的成功经验，推动自身建设上新台阶。要认清形势，进一步增强学会改革的责任感和紧迫感，振奋精神，真抓实干，努力把学会建设成为现代科技社团。

学会的出路在于改革，学会的发展在于创新。学会工作进入了一个新的发展阶段，任务光荣而艰巨。让我们在党的十八大精神指引下，围绕中心，服务大局，大胆改革，勇于创新，全面提升学会综合服务能力，为建设创新型广东多做贡献。

【作者：广东省科协党组成员 秘书长】

站在战略全局高度弘扬践行山西精神

尹天五

精神就是旗帜，精神就是品格，精神就是形象，精神就是力量。一个国家、一个民族、一个地区的发展，不能没有强大的精神力量。在特殊的情况下，有时精神的力量比物质的力量还重要。“信义、坚韧、创新、图强”的山西精神表述语，集全省人民之智慧，聚三晋精神之精华，言简意赅，博大精深，内涵丰富，特色鲜明，体现了理论的深度、历史的厚度、现实的宽度、未来的长度，是一个揭示本质、把握规律、引领方向的凝练和概括。我们必须站在战略全局高度，十分珍惜、大力弘扬、躬身践行山西精神。

第一，要以高度的自觉弘扬践行山西精神。山西精神是山西转型跨越发展之魂。“信义、坚韧、创新、图强”八个字的精彩概括，来之不易，弥足珍贵，我们必须以高度的理论自觉和实践自觉弘扬践行山西精神。就理论自觉而言，一定要充分认识到，八个字的山西精神立足当今、传承历史、昭示未来、贯通古今，是山西几千年来伟大精神的大融合、大凝练、大提升，蕴含了山西人民的优秀品格，展现了山西人民的光辉形象，凝结了山西人民的美好追求，给山西核心价值观注入了独具特色的内容，是研究探索的新成果，开辟了山西精神发展的新境界，理论意义和价值十分重大，我们要努力把思想认识统一到八个字的要求上来。就实践自觉而言，一定要充分认识到，八个字的山西精神贵在践行、重在落实，具有重大的实践意义和价值，只有坚持不懈、持之以恒，将其内化于心、外化于行，才能在全省上下形成诚实守信、公平正义，吃苦耐劳、执著无畏，勇于进取、敢为人先，自信自强、追求卓越的良好文化氛围和行为习惯，才能充分发挥山西精神对山西科学发展的引领作用、激励作用、支撑作用，才能将山西精神转化为办好两大事、加快转型跨越、建设美丽山西的强大精神力量和物质力量。

第二，要以科学的理念弘扬践行山西精神。科学的理念就是中国特色社会主义理论体系特别是科学发展观要求的理念。只有始终坚持以科学发展观为指导，才能确保在弘扬践行山西精神的过程中头脑清醒、理念先进、方向明确，不迷失、不走偏、不犯错。用科学的理念弘扬践行山西精神，最重要的是要唯物辩证地领会和把握山西精神的科学内涵，坚决克服教条主

义、经验主义、实用主义的阐释解读。对“信义”的阐释解读，不能照抄照搬晋商的“信”，不能照抄照搬关羽的“义”，应当超越其历史局限性，以现代人的思想、理念、价值、追求，科学地、创造性地给以承继和阐释，坚决剔除其封建、落后、消极乃至腐朽的东西，赋予其鲜明的时代特色。我认为，“信”就是诚实守信，“义”就是公平正义，这样解释既有历史感，又有时代感，大大拓展和深化了“信义”的丰富内涵。对“坚韧”的阐释解读，就是要深入挖掘太行精神、吕梁精神、大寨精神、右玉精神等伟大精神的深刻内涵，着力阐明其当代价值，使坚持不懈、坚韧不拔，顽强不屈、愈挫愈奋，艰苦奋斗、勇于奉献的精神同改革开放、市场经济紧密结合起来，同转型跨越发展、再造一个新山西紧密结合起来，同实现“中国梦”紧密结合起来，赋予革命、建设时期的伟大精神以新的内涵和价值，焕发出新的光芒和力量。对“创新”的阐释解读，既要看到李悝变法、赵武灵王胡服骑射、孝文帝改革等历史上山西创新求变的深厚思想和精神，又要看到推进综改试验区建设、办好两件大事、建设美丽山西对先行先试、敢闯敢冒的迫切要求，特别是要看到传统思维定式、煤炭路径依赖、保守行为模式等不同程度的存在，成为制约山西创新发展、科学发展的巨大障碍，弘扬创新精神，既是弘扬山西传统优秀精神的应有之义，更是破解山西转型跨越发展难题的紧迫需求。对图强的阐释解读，既要看到历史上一代又一代的山西人励精图治、求富求强的执著追求，晋国霸业、晋商奇迹、抗日伟业都见证了山西人震古烁今、彪炳千秋的图强精神；又要看到内陆省份、欠发达地区、老工业基地、资源型经济，使我们在改革开放和市场经济的大潮中落下了发展步子，我们只有以高度的文化自信和自觉善拼会搏、自强不息、奋斗不止、勇于攀登、敢于胜利，才能急起直追、赶超先进，实现富民强省的战略目标。总之，我们必须以科学的理念阐释解读、宣传培育、弘扬践行山西精神，唯如此，山西精神才能以其万丈光芒、磅礴之势、千钧之力作用于三晋大地，成为引领、激励、驱动 3500 万人民奋力前行的精神火炬。

第三，要以系统的思维弘扬践行山西精神。“信义、坚韧、创新、图强”八个字，是一个紧密相连、相互贯通、相辅相成的完整体系，信义是根本特征，坚韧是鲜明品格，创新是不竭动力，图强是永恒追求。在弘扬践行中，我们一定要牢固树立全局观念、整体意识、系统思想，把八个字统一起来，做到统筹兼顾、全面贯彻、系统落实。要谨防只见树木、不见森林，谨防割裂肢解、为我所用。同时要看到，弘扬践行山西精神涉及山西省改革发展稳定的全局，一定要把山西精神贯彻落实到转型跨越发展、全面建成小康社会的全过程，贯彻落实到经济建设、政治建设、文化建设、社会建设、生态文明建设和党的建设等各方面。特别需要指出的是，弘扬践行山西精神，一定要同社会主义核心价值体系四个方面的内容结合起来，特别是要同“富强、民主、文明、和谐”，“自由、平等、公正、法制”，“爱国、敬业、诚信、友善”三个层面的核心价值观结合起来，通过弘扬践行山西精神，推动山西文化建设“八大工程”的实施，全面铸就山西省转型跨越发展的强大灵魂。

第四，要以坚定的立场弘扬践行山西精神。这个立场就是山西人民的立场。人民是真正的英雄，是创造历史的真正动力。杰出人物只是顺应了时代的潮流和人民的意愿，他们植根于人民、来源于人民，是人民中的杰出代表。山西精神是几千年来，勤劳、智慧、勇敢的山西人民创造的。山西人民是山西精神创造的主体，也是弘扬践行的主体。我们之所以大力弘扬践行山西精神，根本目的就是为了增强山西人民的精神力量，创造更多的物质文化财富，满足人民群众的需求。因此，在弘扬践行山西精神的过程中，一定要牢固树立以人民为中心的价值导向，把人民放在心中的最高位置，坚持为了人民、依靠人民，成果由人民共享，充分调动全省人民弘扬践行山西精神的积极性、主动性和创造性。弘扬践行山西精神是润物无声的伟大工程，是持续不断的战略任务。要及时发现人民群众中弘扬践行山西精神的先进典型，并给以科学总结、广泛推广。党员干部特别是领导干部要按照为民务实清廉的要求，带头践行山西精神，充分发挥表率和示范作用。各级党组织要把宣传、培育、弘扬、践行山西精神作为神圣职责，针对不同区域、不同群体、不同对象，创新途径、创新方法、创新手段，形式多样、生动活泼地宣传普及山西精神，尤其要格外关注贫困山区、落后地区群众的精神状况，采取切实可行的措施推动山西精神在那里落实。总之，通过我们坚持不懈、持之以恒的努力，一定会让山西精神在 3500 万山西人民中生根发芽开花结果，形成攻坚克难、科学发展的强大正能量。

【作者：中共山西省委宣传部副部长】

关于新时期党建工作创新的几点思考

李　刚

基层党建工作创新是应对时代变革，夯实执政之基的必由之路和必然选择。通过学习党的知识，对党的性质及新时期党所负的历史重任有了进一步认识和理解，我认为必须面对和解决好以下几个方面的问题，才能做好新时期党建工作。创新，党建工作的活力之源。党建工作是一项严肃的事业，需要严谨的作风和科学的态度。

党建工作更是一项充满生机活力与创造锐气的事业。任何领域的任何创造，都必须有一个崭新的、有创意的观念作指导。基层党建工作，要在新的形势和任务面前实现更大的跨越，提升整体水平，必须首先在观念上实现突破。而目前，党建工作与经济工作的游离；党务干部在继承与创新关系上的犹豫与彷徨，都不同程度地影响党建工作的改革和创新。有时片面强调原则，习惯于照既定框子办事，改革怕出乱子，创新怕担风险；有时片面强调继承，缺乏辨证观点，对过去的经验全盘照搬，食而不化。所有这些，在本质上都是思想观念僵化的表现。而思想观念上的僵化，导致工作实践上不出新意，生机不足，工作局面打不开。创新的实践有力推动了党建工作不断迈入更高的层次，面对新形势下的新问题，广大党建工作者在党建领域进行了有创新的探索。如在基层组织建设上，加强了民主政治建设，广泛推行了厂务公开，等等，有效地拉进了党组织和群众的距离，密切了党群干群关系。这些改革与创新仍然是初步的，只有不懈地探索，持之以恒地创新，才能推动党建工作实现新的起点上的更大飞跃。

创新，轴心在促进经济发展。党建工作必须紧紧围绕经济建设这个中心，必须以推动经济发展作为自己的第一要义。党建工作能否推动经济的发展，这是检验党建工作创新实际价值的最重要、最直接的判断标准。党建工作的创新，不是形式上的花样翻新，也不是口号上的推陈出新党建工作创新的落脚点必须定位在为经济发展提供强大的推动力上。因此，在今后的党建工作中，实现党建工作与经济工作最佳结合，才能使灿烂的党建之花，结出丰硕的经济建设之果。

创新，重槌应打在鼓心上。“响鼓要用重槌擂”。创新的重槌打在鼓心上，创新的大鼓才会更响亮、更激越、更豪迈。那么，党建工作创新的这柄槌究竟应落在何处？

抓调研，在工作思路上创新。调查研究是谋事之基、成事之道。为此，要大兴调研之风，努力构建完善的调研机制，通过调研出思路，出对策，出成果；通过调研开拓视野，掌握脉搏，形成科学的认识。对于有创新的调研成果，要敢于放在实践中试验，并注意总结、改进和完善；对一些成熟的经验，要提升为加强党的建设的办法、意见和规定，指导基层工作，提高整体工作水平。

抓突破，在工作重点上创新。没有创新，就没有突破，就没有发展。抓住重点，就是抓住了主要矛盾。组织部门要围绕重点工作，寻求工作的突破口，找准工作的主攻方向，大胆实践，创造性地开展工作。当前，特别是要抓住干部制度改革这个关键。因为干部制度改革牵动全局、左右全局、影响全局，直接关系到党的建设和经济建设。同时，要从本地实际出发，围绕党建工作其他重点、难点问题，大力创新，努力形成自己的特色。

抓典型，在整体工作上创新。抓典型，就是采取以点带面的方法，通过树立方方面面的典型，推动党建工作全面展开，促进整体工作上水平。要深入基层全方位地选树各条战线、各个层次的典型，采取扶持、帮助、指导的办法，总结典型经验，提高典型水平，及时发现和解决典型存在的问题和困难，着力构筑党建工作的先进群体，带动整个党建工作不断发展，使党建工作在典型的带动下不断创新，整体推进。

抓规范，在工作机制上创新。党建工作要创新，必须以高效的工作机制为保证。各级党建部门要努力创新机制，促进党建工作的制度化、程序化、规范化。要按照有关规定对党建工作进行科学分析和研究，形成系统的、完整的工作程序，用以指导和规范党建工作。

【作者单位：内蒙古呼和浩特市自来水公司】

坚持科学发展　巩固国卫成果
建设美丽杭州　共同实现“中国梦”

吴伟根　王莲花

中国梦，是人民的梦。空谈误国，实干兴邦，唯有紧紧依靠人民，“中国梦”才能落地生根。近十年来，杭州市委、市政府从人民群众最关心、最直接、最现实的问题入手，把人民的梦想落实到共建共享“东方品质之城，幸福和谐杭州”的目标中去，把打造“国内最清洁城市”、建设健康城市作为全面改善民生、提高生活品质的一项重要举措。杭州市爱国卫生工作紧紧围绕这一目标和工作重心，深入学习实践科学发展观，不断更新思想理念，创新体制机制，革新技术方法，创造性地解决了制约发展的深层次矛盾，使爱国卫生工作不断取得新的突破，国家卫生城市（简称“国卫”）的巩固发展有了新的收获。2006 年、2011 年，杭州市高标准通过国家卫生城市新标准颁布后的两次复评。至 2008 年底，杭州市所辖淳安县、富阳市、桐庐县、临安市、建德市等五县（市）都相继创建成为国家卫生城市（县城），使杭州市成为全国首个所辖县（市）“国卫”创建满堂红的省会城市；同年，杭州被全国爱卫办正式列为全国建设健康城市的试点城市，也是全国省会城市中首个唯一的试点城市。许多具有杭州特色的爱国卫生自主创新工作得到全国爱卫办的肯定和推广，杭州市的爱国卫生工作一直保持在“全国领先、全省示范”水平。

一、以科学发展观引领爱国卫生理念更新

新的发展路径需要与之相适应的新的发展理念进行指导，科学发展观作为理论创新的一大成果，为我市爱国卫生工作新的发展路径指明了方向，引领了爱国卫生工作理念的不断更新。

（一）将爱国卫生工作上升到精神文明建设的高度。一个城市的卫生清洁程度，是城市经济社会发展水平的体现，是城市管理者执政能力的体现，更是城市市民文明素养的体现。抓卫生，绝不是扫扫地、洒洒水的小事，也不仅仅是爱卫会、卫生部门的事情。但有一段时间，一些地方和部门的领导对爱国卫生工作的认识有一定差距，在重视程度、经费投入、措施落

实等方面，缺乏按照各地经济社会发展的客观规律和统筹城乡一体发展的思路。针对这一情况，杭州市将巩固发展“国卫”工作纳入精神文明建设重要内容，以创建全国文明城市为总载体，并与“清洁杭州”、打造“国内最清洁城市”紧密结合，每年由市政府下达年度任务，并与满意不满意单位评选挂钩，实行一票否决制。各城区、县（市）也相应分解和下达爱国卫生工作任务，促进了爱国卫生工作层层落实。实践证明，以精神文明建设作为总推手，杭州市爱国卫生工作的发展更有力度、更有广度，也更有深度。

（二）遵循与时俱进的科学发展规律。科学发展观强调认清社会主义初级阶段基本国情，立足社会主义初级阶段这个最大的实际。巩固发展“国卫”成果，是一个与时俱进、不断自我完善提高的过程，许多工作不能一蹴而就。特别是各区、各县（市）之间发展不平衡，城郊结合部（城中村）的卫生问题、农贸市场的综合整治等等，都需要一个时间与实践的过程。因此，杭州市对《国家卫生城市标准》中一些在短时间内难以普遍达到要求的项目进行目标分解，制定阶段性目标，克服巩固和发展创新工作中的“欲速则不达”和盲目性，达到逐步推进、整体提升城乡“清洁杭州”的水平，并实现市委、市政府“国内最清洁城市”的要求。因而，在学习实践科学发展观的过程中，各项工作的创新，也都从实际出发，深入调研、充分酝酿，在各地区、各部门达成共识的前提下，先行试点，积累经验，再逐步完善，全面推进，从而使各项创新工作减少失误和工作成本，做到稳步有序，扎实有效。

（三）把爱国卫生工作纳入全社会监督之下。“清洁杭州”是市委、市政府的民生工程。为营造全社会关心、关注爱国卫生工作的良好氛围，我市充分调动社会力量参与爱国卫生监督。邀请市人大代表、政协委员和民主党派成员，每季对各区、县（市）、各部门的爱国卫生工作进行检查，其结果通过《杭州日报》等媒体向社会公布；2001 年起组建了一支群众义务监督员队伍，常年深入街巷里弄检查监督；开通爱国卫生举报、投诉专线电话，畅通群众投诉渠道。2007 年，根据市委、市政府要求，整合市文明办和市爱卫办群众义务监督员队伍资源，并由市爱卫办牵头成立了打造“国内最清洁城市”群众义务监督员队伍。目前，这支队伍已成为巩固发展“国卫”成果、打造“国内最清洁城市”、建设健康城市和共建共享“生活品质之城”的一支重要群众监督力量。

二、以科学发展观推动爱国卫生体制机制创新

新一轮思想解放，核心就是按照科学发展观的要求，解决好“敢不敢创新、会不会创新、能不能创新”的问题。杭州市的爱国卫生工作较好地把握住了“创新”这一时代特征，不为传统模式所局限，不为既有经验所束缚，敢于在体制、机制、制度上破题创新，在实践和理论方面迈出了可喜的一步。

（一）健全爱国卫生法制建设，依法推进爱国卫生工作。加强新时期爱国卫生工作法制建设，是实现爱国卫生事业可持续发展的重要保障；依法加强各级爱卫会组织机构，建立健全规章制度，切实解决“有人做事、有钱办事、有章理事”，是爱国卫生科学管理的关键所在。2003 年 8 月 1 日，经市人大常委会通过、省人大常委会批准，颁布实施了《杭州市爱国卫生条例》。这是浙江省第一部爱国卫生地方性法规，使我市爱国卫生工作由此步入法制管理轨道，成为杭州市爱国卫生发展史上划时代的里程碑。《杭州市爱国卫生条例》明确规定组织开展全市爱国卫生工作是各级人民政府的职责，使群众性的爱国卫生运动上升为各级政府的法定职能，强化了各级政府、各个部门开展爱国卫生工作的法制意识，为促进爱国卫生运动的深入开展提供了有力的法律保障。

（二）加强部门协调，形成齐抓共管的工作机制。爱国卫生工作内容丰富、涉及面广，各成员单位的齐心协力、密切配合是推进爱国卫生工作的重要保证。长期以来，在城市管理上由于条与条、块与块、条与块之间存在一定的职责交叉，导致相互推诿、相互扯皮，有利争着管、无利不愿管的现象时有发生。在“国卫”复评期间，市委市政府从强化和完善城市管理的高度，将市文明办、市爱卫办、市城管办“三办合一”，整合力量，分工协作。同时，建立各成员单位定期报告制度、季度联席会议制度等联动工作机制。2005 年起杭州市创新工作机制，开展“国家卫生城市先进城区评估”工作；市爱卫会牵头，成立了由卫生、建设、城管、执法、环保、贸易、林水、房管、园文等 14 个政府职能部门参加的评估小组，充分发挥了爱卫会成员部门的协调作用。各成员单位的配合协作也更为默契，按照“分工负责制”的要求，树立全局意识，增强大局观念，积极配合、参与全市爱国卫生重大活动，形成部门协调、职责明晰，共同推进爱国卫生工作的良好局面。

（三）实行“双三制”考评和“双最”评选，切实提高创卫工作质量。为提高卫生创建工作（简称“创卫”）质量，规范工作程序，2001 年，市爱卫会更新沿袭多年的“创卫”考评机制，对申报市级卫生街道、乡镇及社区、村，实施“申报制、公示制、淘汰制”，变过去下达任务的被动方式为自愿申报的主动做法，变“要我创”为“我要创”，使“创卫”工作走向主动。2003 年，又进一步实施“准入制、评估制、届期制”（简称“双三制”），并在市区、县（市）城区开展三项“双最”（卫生最佳、最差社区、村、撤村建居点）评选活动，从而充分调动各地创建的主动性和积极性，推动了全市各级各类卫生创建，提高了创建工作质量。至 2012 年底，全市创建成为杭州市级以上卫生乡（镇）、街道创建比例达 88.14%；其中国家卫生镇 5 个，省级卫生乡（镇）、街道 96 个。

（四）借鉴“木桶理论”，夯实巩固发展“国卫”基础。1995 年，杭州市在上城、下城、西湖、拱墅、江干五个老城区的基础上创建成为国家卫生城市。其后，在城市化进程中，新设立或撤县（市）建区增加的 5 个新区，其中四个没有经历过“国卫”创建和 1999 年全国第四次卫生大检查。同时，城市急剧扩张过程中涌入的大量外来务工人员和各区经济社会发展的不平衡，使各城区在爱国卫生工作的管理水平上有所差异。为解决巩固发展“国卫”成果中的“短板效应”，2005 年，杭州市依据管理学上的“木桶理论”，在全市城区首创开展“国家卫生城市先进城区评估”工作。以区为单位，以国家卫生城市标准为依据，分“先进城区、达标城区、基本达标城区、不

达标城区”四个等级，通过每年各区自我评估、市主要职能部门组成的评估小组的日常评估、市爱卫会年终的综合评估，针对存在问题，落实对策措施，逐步拉长“木桶中的短板”，提升巩固发展杭州市的“国卫”整体水平，达到“国卫”的较高标准。至2010年底，全市8个区和2个管委会均已先后评估为先进城区。全国爱卫会对杭州的做法给予充分肯定，并在全国通报和推广。

（五）加大经费投入力度，改革经费使用方式。限于财政体制格局，县（市）农村缺乏省、市经费的支持，农村改水改厕工作不尽人意。杭州所辖县（市）农村改厕工作，特别是无害化改厕的发展受到制约，部分地区由于水源污染问题得不到解决，发生了水媒肠道传染病的局部暴发，直接影响农民的生活质量和身体健康。“农村奔小康，农民蹲茅坑”的现象与杭州经济社会发展不相协调。2004年起，市委、市政府从“大杭州”概念出发，首次突破省管县（市）财政体制，对五县（市）农村进行改厕专项经费补助，并将农村改水改厕工作列入各级政府“为民办实事”工程，同时带动县（市）财政的配套补助政策。另外，对市区除“四害”工作经费使用进行改革，打破平均分配，按照各城区除“四害”工作质量考核结果拨发经费，实行以奖代拨，大大提高了各区的工作积极性和自主性。

三、以科学发展观促进爱国卫生技术方法革新

科学发展观既是指导发展的世界观，又是指导发展的方法论。我们学习、实践科学发展观，不仅要把它作为统领一切工作的指导思想，还要注重领会和掌握它所蕴涵的科学方法，自觉、积极地运用到实际工作中去。杭州市爱国卫生工作摒弃了许多计划经济体制下旧有的工作方法，运用市场经济和技术创新的手段促进了工作的发展。

（一）实行除“四害”PCO运作模式，提升除“四害”工作质量。自20世纪70年代以来，杭州市除“四害”工作一直由街道消杀站负责实施。随着改革开放的不断深入，这种“管办不分”的工作模式已越来越不适应新时期除“四害”工作的现实。为切实改变政府统包统揽、效率效果不高的状况，杭州市爱卫办借鉴国外的PCO运作方式（专业化消杀虫害有偿服务），于2001年至2003年在滨江区试点公共环境除“四害”市场化运作。2004年，在全市城区首先推开PCO运作。通过公开招投标，择优竞聘专业消杀公司承担除“四害”工作，取得了满意效果。至2008年，杭州市15个区、县（市）、管委会建城区的公共环境除“四害”工作全部实行市场化运作。同时，逐步向全市卫生乡（镇）延伸。目前，有条件的建制乡（镇）建成区公共环境、城区大中型重点单位除“四害”工作都推行了市场化运作。实行市场化运作，把政府主管部门的工作职能从以前的直接操作转变到监督管理上来，彻底做到“管办分离”，改变了原来既是“运动员”又是“裁判员”的被动局面。由于采用专业化程度较高的PCO作业，也确保了除“四害”工作的整体质量。

（二）实行农村改水市场化运作，提高农村供水水质。随着经济社会的发展，农村改水面临环境破坏、水源污染较为严重的新问题，农村改水成本越来越大。杭州市充分运用市场规律，积极探索，走出了一条适应全市不同经济条件、不同地理环境的农村改水市场化运作的新路子，开创了结合各地实际，实施政府主导、企业筹资，民间投入、独资经营，政府、民间股份合作等多样化运作模式。坚持“因地制宜、分类指导”的原则，在经济、地理条件较好的地区，推行城乡一体化区域集中供水方式；对一些偏远山区则普及推广二氧化氯消毒发生器、CL缓释消毒器和浮筒漂白精片缓释加氯技术，并不断改革适宜技术，保证农村供水安全。同时，一些经济、自然条件比较好的地区，从可持续发展的高度，在农村改水走市场化道路的过程中，统筹解决农村改水和集镇排污问题，很好地处理了发展与保护、发展与提高的关系。

（三）实行三格式无害化改厕，提高农村粪便无害化处理率。为规范和提高粪便无害化处理技术，2001年，杭州市爱卫办在江干区和萧山区进行三格式户厕集中统一预制生产试点。之后，在全市范围内大力推广三格式户厕改造建设，推动了农村改厕规范化、产业化运作。同时，实施指导前移，镇乡在审批新房建造和旧房改建时，必须配套建造三格式无害化卫生户厕，提高粪便无害化处理率。目前，全市已有三格式（或三缸式）户厕预制企业10余家，使用产品均经过省市爱卫办技术鉴定，并已推广到兄弟省市。

四、以科学发展观提升爱国卫生内涵拓展

巩固发展国家卫生城市创建成果，实现爱国卫生的科学发展，不仅需要在体制机制技术上有新思路，新举措，更需要在内涵的拓展与提升上花大心思，下大力气。杭州市把建设健康城市作为接轨国际、改善民生，深化与提升“国卫”创建成果的重要载体，向建设健康城市迈出了坚实的一步，使全市爱国卫生工作循入以人为本、促进生态文明建设、实现可持续发展的轨道。

（一）以人为本，全面建设健康城市。健康城市是世界卫生组织针对全球迅速城市化，对自然生态系统和人类健康产生的严重影响，从保障人民健康出发而倡导的一项全球性行动战略。杭州市从把握国际国内大势和杭州实际出发，在全国较早提出了建设健康城市的新目标，充分体现了“以人为本、科学发展”的理念，为杭州市巩固发展创卫成果注入了新的活力，使新时期爱国卫生工作内涵得到了深化与拓展，对于提升市民生活品质，优化投资和创业环境，增强生态、经济、社会可持续发展力，都具有极为重要的现实意义。

在市委、市政府的高度重视下，2005年，组织了杭州市建设健康城市课题研究。2006年，建设健康城市工作列入杭州市国民经济和社会发展“十一五”规划、党代会决定和政府工作报告。2007年，在上城、下城和拱墅三个区开展试点取得初步成效。年底，杭州市被全国爱卫办列为全国建设健康城市唯一的省会试点城市。2008年，杭州市委、市政府作出《关于建设健康城市的决定》，确定了建设健康城市“七个人人享有”总目标和“六大健康体系”建设任务，建立了杭州市建设健康城市工作领导小组及其办公室（简称市健康办），制订实施了《杭州市建设健康城市三年行动计划（2008～2010）》，成功举办了首届“中国国际健康城市市长论坛”，开展了征集建设健康城

市标识、标语、歌曲活动和“健康生活进百万家庭”、公共场所控烟立法、重点慢病干预控制、健康知识大赛、健康单位创建等系列工作，取得可喜成效。2011 年，市发改委和市健康办共同制订了《健康杭州“十二五”规划》(专项)，将“推进空气灰霾综合治理、农村安全饮水提升、放心食品综合整治、出生缺陷综合干预、公共场所控制吸烟、慢病综合系统干预、市民健康素养、社会保障综合、国民体质综合、中小学生保健提升”等 10 项健康工程列为“十二五”期间健康城市建设的主要任务，推动新时期爱国卫生运动向更高层次深入发展。

（二）城乡统筹，推动健康农村建设。农村是中国社会二元结构的重要组成部分，因此，健康农村建设无疑是不可缺少的有机成分。根据市委、市政府区域城乡统筹发展战略，我们探索性地提出了建设健康农村这一具有中国特色社会主义新农村建设的创新命题，并借鉴建设健康城市的实践经验和理论研究，从理念认识、内涵目标和策略方法三个层面，对建设健康农村提出了较为系统的探索性思考，把健康农村建设作为统筹城乡协调发展，促进社会主义新农村建设的有效载体和重要内容，以加快推动各地农村、农业现代化的早日实现。2009 年，“健康生活进百万家庭”系列工程实施了“健康生活进千村万户”行动，并列为当年市政府为民办实事项目，编印赠送《杭州农村居民健康知识读本》100 万册，使健康城市建设从城区向县（市）、农村延伸拓展跨出了标志性的一步。各县（市）相继提出了建设健康城市（县城）规划，建立了相应领导组织。围绕“健康人群、健康环境和健康社会”三个主题，将农村安全饮水、无害化卫生改厕、农村卫生站（室）、计生服务室、幼儿园、体育健身点、“农村星光老年之家”等都纳入健康农村建设范畴，并将健康农村理念引入各行各业，与杭州市区同步开展公共场所控制吸烟、重点慢病干预控制和健康机关、健康（促进）学校、健康村、健康市场等 12 类健康单位的创建活动；开展健康知识社区巡讲，选拔居民参加杭州市民健康生活大赛，积极倡导和传播健康生活方式新理念，促进健康知识、技能和健康素养的提高。2012 年，全市城乡居民健康基本知识知晓率、健康生活方式与行为形成率和基本技能掌握率分别达到 85.84%、66.59%和 79.40%，五县（市）农民健康知晓率达到 86.32% ，健康技能掌握率 67.70%，行为形成率 79.80%。

（三）美丽杭州，实现全民健康“中国梦”。党的十八大报告将生态文明与经济、政治、社会、文化一起形成“五位一体”的“美丽中国”发展构想，是对马列主义、毛泽东思想、邓小平理论、“三个代表”重要思想和科学发展观的继承和创新。市委、市政府认真贯彻落实党的十八大精神，提出了“美丽中国，杭州先行”的要求，全市城乡广泛开展了“四边三化”、“清水治污”、“三改一拆”等行动，进一步深化和推动了“打造国内最清洁城市”、“卫生镇村”、“生态镇村”、“美丽乡村”等创建活动，使爱国卫生工作又一次遇上了新的历史发展机遇。健康人群、健康环境、健康社会、安全食品、洁净饮水、清新空气等目标不仅是建设健康城市的目标，更是“美丽杭州”的内涵。在新形势下，我们要进一步坚持以科学发展观为指导，深入学习贯彻党的十八大“开展爱国卫生运动，促进人民身心健康”的精神要求，结合群众路线教育实践活动，努力把创新科学发展的理念、科学工作的思路和解决现实问题的科学方法结合起来，多出新招、实招，推动杭州经济社会、生态文明协调发展，促进杭州特色的健康城市建设，提高全民健康水平，为建设“美丽杭州”，共同实现“中国梦”作出新的贡献。

注：“七个人人享有”目标 和“六大健康体系”任务：即，人人享有基本医疗保障、人人享有基本养老保障、人人享有 15 分钟卫生服务圈、人人享有 15 分钟体育健身圈、人人享有安全食品、人人享有清新空气、人人享有洁净饮水；营造健康文化、改善健康环境、优化健康服务、培育健康人群、发展健康产业、构建健康社会。

【作者：吴伟根　原浙江省杭州市卫生局副局长
杭州市爱卫会专职副主任
王莲花　浙江省杭州市卫生局（市爱卫办）副处长】

形式主义的末路

赵青云

形式本身并没有对错，人类对形式的追求从未间断。世界主要宗教都有其独特固定的仪式，但并非每个追随者都能领悟宗教的深刻内涵，因而膜拜的形式也显得颇为讲究。中国传统文化历经多次外族入侵而延续不断，重要的一点是其有着相当稳定的形式和标准。我们的老祖宗通过描摹事物的方式创造了象形字，借字的外表形式而体现了要表达的内容。而孔子一生的理想是“复礼”，他寄望于等级森严的仪式，维护社会秩序。

五代厉归真画了很多老虎的画，自以为深得其道，却被猎户戏称为“猫气”十足，便趁夜深入老林，见识到老虎“呼啸山林，万壑雷鸣”的威武雄姿，终成画虎名家。把这种“皮毛”功夫运用于现实生活，有些人便属“青出于蓝而胜于蓝了”。但见学武术只求招式美妙，练来练去那几招，对敌全无用处，学唱歌不学嗓音，学架势，学台风。江浙一带有许多乡镇，那里的房子都有一个有趣的景象：朝着马路的这面大抵都装修得不错，从旁经过或者登门拜访，华丽壮观之风扑面而来，倘若从背面来看，则档次差距很大，有的甚至是惨不忍睹。形式再好，也不能代替结果，形式只是形，而不是神，一味追求形式，永远无法达到形神兼备。

事实上，形式主义虽在民间大有市场，但就老百姓而言，讲求形式主义，无非是图个面子。而对于一些领导干部醉心于形式主义的现象，便不由不让人值得深思了。那种花哨的表面功夫，到底是能力有限，还是居心叵测，也只有其本人心中最为清楚。更有些干部把形式主义当成护身符，因循守旧，生搬硬套，或把形式主义当做挡箭牌，上挡政策，下拦民声。纵观如今的官场，有三类人被形式主义异化得最为明显：

第一类是太极高手，腾挪闪躲，借力打力。对上级的政策规定，不研读解析，不结合实际，原封不动扔给下面，下级有反馈，不调查研究，不梳理总结，转手又扔回给上级，是一名优秀的“二传手”。过手不过目，留步不留心，以文对文，以空对空，端的是妙手空空，不着痕迹。

第二类是宣传干将，吹拉弹唱，摇旗呐喊。喜欢提口号，动不动国内一流，国际领先，拉大旗作虎皮。热衷于添置设备，装饰外观，到处树标语，挂口号。解决问题三板斧，召开大会，层层动员，全面部署，会议文件一大箩筐，前期黑云压城城欲摧，到了后来是既无风雨也无晴，不落实，不督察，没有实际行动，难的是宣传总结还能做得漂漂亮亮。

第三类是奸诈商人，讨价还价，精打细算。根据个人利益需求，设立工作标准，专挑容易出彩，出政绩的做，亮点工程、形象工程抢着做，基础工作、疑难杂症躲着做。无利不起早，一切工作以自我喜好和自身发展为出发点，活脱脱一副奸商的嘴脸，官商合体，比官商勾结还可怕。

近来，中央下定决心铲除令民众深恶痛绝的“四风”，这让那些还痴迷形式主义的官员们颇显窘境，也不得不去好好想想形式主义到底是护身符还是催命符。一时间，个个对其唯恐避之不及，但凡提及，大有与其一刀两断，老死不相往来之势。其实，作为官场上的“四风”之首，形式主义虽早已臭名昭彰，而让有识之士们怒斥痛骂，但其脸皮之厚，生命力之强，也是超乎人们想象的。有时候，看似在痛骂之下销声匿迹，却也总会在某种历史特定时期卷土重来。只有全社会上下齐心，坚定不移，视“四风”为“四害”，如过街老鼠将其穷追猛打，才会真正把它赶上穷途末路。

【作者：浙江省宁波海事局党委书记】

规范行政权力运行　建设群众满意交通

白理成

一、以机制创新为抓手，推进权力阳光廉洁运行

一是依法界定权力，优化再造流程。坚持职权法定，认真清理权力事项。我厅及直属单位共清理确定行政权力 358 项，已报省政府审核公布。坚持标准统一，规范编制权力清单。对每一项行政权力统一编号，并按照不同权力类别，分别明确实施主体、权力依据、裁量标准等内容。坚持服务便民，优化工作流程。对每一项行政权力运行流程进行优化再造，逐一编制外部、内部流程图，并从办理时限、执法主体资格确认、自由裁量等方面设置监察点位，加强管控。

二是运用信息技术，规范权力运行。在厅门户网站上集成了交通业务、自助查询、协同办公于一体的电子政务系统，实现网上办事、在线服务等政民互动。建立了高速公路交通综合执法信息管理系统，实现执法流程标准化管理、执法裁量运用智能化控制、执法办案信息实时化监督。

三是突出重点领域，实行阳光运作。实行建设项目公开。充分征求各方意见，集体研究、科学制定高速公路、国省干线、农村公路、汽车站点、港口航道等各类交通项目的建设规划和年度计划，经批准后全部公开，并严格依照执行。实行资金安排公开。分类制定交通建设项目省级资金补助标准，经批准后及时公开，有效杜绝基层“做工作、跑资金”现象。实行行政审批和行政执法公开。实现项目、依据、标准、程序、结果的全面公开，防止权力滥用。

四是注重风险防控，加强制约监督。紧紧抓住问题易发多发领域、部位、岗位和环节，认真排查每一项权力运行中存在的风险点，共确定风险点 1430 个。坚持事前预防和事后矫正相结合，制定风险防控措施 1326 条，编制《交通建设领域风险防控管理指南》，建立健全设计变更、工程分包等管理制度 469 项，形成了“权力运行到哪里，风险防控就跟进到哪里”的预警监控防范机制。

二、以自由裁量权为重点，推进权力公平公正运行

一是健全制度，明确实施标准。在全面梳理查找自由裁量“弹性空间”的基础上，研究制定《四川省交通运输厅规范行政处罚自由裁量权管理办法》，明确了裁量应遵守的原则、程序、权限、责任等。依据执法实践，对公路路政、港口行政、道路运政等 274 项行政裁量权进行细化量化，按照轻微、一般、较重、严重、特别严重五个档次明确具体的裁量标准，分别规定不同的处罚幅度，最大限度让裁量权不再“自由”。

二是加强指导，提高法律适用能力。将行政处罚自由裁量标准、行政许可办理规定、行政强制指导意见等编印成册，印发全系统学习掌握。建立行政处罚典型案例库制度，分类归纳出 30 个典型案例，作为执法机构对同类违法行为进行处罚的先例。在执法人员业务培训中，将自由裁量权的行使作为重要内容，帮助执法人员准确理解法律精神实质，正确把握法律适用的尺度。

三是规范执行，确保公平公正。建立自由裁量说理制度，对于存在自由裁量的案件，在案件讨论记录和行政处理决定文书中说明裁量理由。建立重大案件集体讨论制度，对重大行政处罚、重大行政许可、重大行政强制等案件，通过集体研究作出决定。建立立案、调查、核审和决定分离制度，完善行政执法程序，最大限度压缩自由裁量的隐蔽空间。

四是强化监督，严格责任追究。加强备案审查，执法机构按规定将达到一定标准的行政处理决定向上级机关备案。加强案卷评查，将自由裁量行使情况作为执法案卷评查的重要标准，评查结果与执法人员奖惩挂钩。同时，将自由裁量的实施作为行政复议审查的重要内容。

三、以队伍建设为基础，推进权力亲民和谐运行

一是加强思想作风纪律教育。在全系统组织开展“富民路·连心桥”以评促建活动，教育干部职工树立正确的权力观，牢记使命、心系群众、亲民爱民，推行文明执法、规范执法、公正执法，健全完善岗位责任、首问负责、服务承诺、限时办结、责任追究等制度，努力建设人民群众满意交通。

二是加强执法人员资格管理和业务培训。去年，全系统统一培训教材、统一考试试卷、统一开考时间、统一组织监考，对15000余名行政执法人员进行了培训考试，成绩不合格者取消执法资格。2013年，研究制定了执法人员培训工作方案，计划用三年时间，分类分层次对全系统执法人员进行全员轮训。

三是加强执法评议考核。建立工作制度，细化量化考评指标体系，每年在全系统组织开展交叉检查和案卷评查，有效促进各地交通运输依法行政工作，为构建畅通高效的现代综合交通运输体系提供坚实的法制保障。

【作者：四川省交通运输厅党组成员、副厅长】

立德树人是高校学生思想政治教育工作的根本任务

曹显明

一、高校学生思想政治教育工作现状及存在的问题

随着我国高校教育事业的不断发展，大学生的思想政治教育工作也有了新的变化。认真学习十八大报告中关于教育方面的文件精神，以立德树人作为高校学生思想政治教育工作的根本任务，要求培养学生德智体美全面发展，将大学生塑造成社会主义事业的建设者和接班人。但是，当前随着社会经济的全面发展，大学生的意识形态、价值观念等方面受到了很大的影响，给高校学生的思想政治教育工作带来了很多的挑战。怎样根据时代发展的新形势，认真分析高校思想政治教育工作的现状及存在的问题，是值得广大高校教育工作者认真思考的。

1.高校思想政治教育工作面对的新形势

不少高校思想政治工作都是以高校思想政治教育以及管理体制的改进为主，但是却没有考虑到社会环境的影响。实际上，大学生的思想状况在很大程度上会受到社会环境的制约。所以，在当前社会改革发展的重要时期，多元化的社会意识的变化让大学生的思想、心理以及行为习惯都发生了不小的变化，既有先进的、正确的，也有落后的、错误的，它们共同影响着大学生的思想观念。因而如何在这样的环境下加强大学生的思想政治教育工作，其意义重大。

2.高校思想政治教育工作的内容有了新变化

二十一世纪的中国，正在努力实现社会主义现代化，力图将我国建设成为民主、富强、文明的现代社会主义国家。而大学生是我国未来的主要人才力量，他们的思想政治修养以及文化道德品质对我国的社会主义建设有着重要的影响。当下，旧的高校思想政治教育工作理念不已经符合我国现阶段的发展趋势了。有些高校还是按照传统的思想政治教育理念进行授课，在课堂上满堂灌输，然后通过考试来检验学生的思想政治教育情况。这种模式的弊端是只重教而不重学，简单的将高校思想政治教育工作等同于思想政治教育课，让学生产生厌倦和反感的心理，从而导致他们对思想政治教育不重视，与当前的时代主题产生了很大的偏差。

3.新时期的高校大学生的思想状况有了新的变化

当前，由于社会多元化的发展，很多高校大学生在思想政治、道德观念和价值取向上存在很多矛盾。具体来说，虽然主流的大学生群体都具有稳定的政治信念，但是还有一些学生缺乏坚定的政治信念。他们对党、对社会、对生活都感到迷茫和困惑，思想觉悟不高，政治热情低。大学生的思想比较开放，而且也具有创新意识，但是，西方的一些腐朽思想也在不断的侵蚀着他们，出现了拜金主义、享乐主义等极端思想。而大学生的道德观念随着社会多元化的发展也变得更加复杂了。他们有着传统美德观念，也受到西方道德观念的影响。所以，很多大学生重视自我发展，但是却缺乏集体主义，对待社会公德意识不够强烈。在激烈的社会竞争中，他们自控能力差，缺乏有深度的辨析能力。如果没有人及时给予引导，就容易走向极端，进而出现道德观念差、生活行为不理智等一系列负面问题。对于整个社会也缺乏足够的认识，奉献意识差。另外，大学生的价值观念的多元化，让一部分大学生十分重视个人的利益和发展机遇，但是却不重视社会价值和集体利益。功利化的价值取向让一些大学生崇拜金钱，追求物质享乐，缺少立德树人的思想政治教育的积极引导。这是值得广大高校思想政治教育工作者认真反思的问题。

二、如何通过立德树人做好高校学生的思想政治教育工作

1.创新高校立德树人思想政治教育工作的核心载体

第一，高校的思想政治教育工作者应该树立立德树人的教育观念。将立德树人当作教育的基础点，利用高校教育资源促成思想政治教育工作的根本任务的完成。只有树立立德树人的教育观念，才能有利于发挥思想政治教育的主体性作用。对大学生开展立德树人教育工作的目的是为了将大学生培养成为具有高素质、高文化、高品味的人才。教育工作者应该提升自己的思想政治教育工作理念，处理好教育过程中的主客体关系。所以，立德树人观念的确立，是思想政治工作创新的前提，能够很好的解决当前思想政治教育工作中存在的一些问题。与此同时，要树立立德树人的教育观念，就需要有科学有效的教育方法，不能流于形式。立德树人是创新思想政治教育的重要理念。它很大程度上影响着思想政治教育工作能不能够成功达到实际效果，这就需要我们的教育工作者进行深入的研究，在实践中认真探索，不断的完善思想政治教育系统，推动高校思想政治教育工作不断创新。教育工作者要重视将教育、育人两个

方面结合起来，才能真正做好立德树人的思想政治教育工作。

第二，重视对大学生的人文关怀，推动立德树人教育工作向前发展。科学、人文两大精神是现代社会的主流精神。缺少人文精神，科学精神就形同虚设；缺少科学精神，人文精神就匮乏无力。加强人文关怀是提高大学生立德树人教育工作的重要手段，也是符合当前大学生的教育环境。通过加强人文关怀来提高对大学生的立德树人教育工作力度，将人文和科学精神联系起来，对大学生进行德智体美等方面的陶冶。具体来说，思想政治教育工作者应该用实际行动，将大学生的学习、生活、高校工作统一起来，整体上推动思想政治教育工作向前发展。另外，要加强大学生立德树人教育，还要树立他们的科学精神和人文精神，培养学术的科学能力、动手操作能力以及创新能力，在这个过程中让大学生学会团队合作、艰苦奋斗、挑战自我，促使大学生全面发展。

第三，构建思想政治教育工作新体系，加强大学生立德树人教育。对大学生进行立德树人教育必须要扩大教育空间，合理配置教育资源。具体来说，高校大学生立德树人的思想政治教育工作是全社会的工作。应该由学校、家庭、社会共同形成教育体系。在学校通过课堂教学使学生受到良好的教育，在家庭方面加强大学生的道德教育，在社会实践中锻炼大学生的生存能力。通过各方面的教育达到“立体”教育的效果，将立德树人教育渗透到学生生活学习的各个方面。与此同时，要确保立德树人教育工作的稳定进行，还要重视学生基层党组织建设，实施以社会实践为载体、信息技术为手段、大学文化为依托的新型教育途径，提高思想政治教育工作者的教育执行力。从制度上保证教育工作的认真落实，切忌流于形式的教育工作作风。

2.将校园文化作为立德树人教育工作的突破点

校园文化建设是大学生立德树人教育工作的主要实现途径，它不但反映了大学生精神文明建设情况，也直接关系到思想政治教育工作的质量。通过推进校园文化建设，让大学生在潜移默化中受到德育熏陶，净化大学生的心灵品质。所以，高校思想政治教育工作者应该将立德树人教育融入到丰富多彩的校园文化活动中，给大学生营造一个积极健康、向上的文化氛围和学校环境，让学生以崭新的精神面貌投入到生活和学习中去，将校园文化的立德树人教育功能完美的发挥出来。另外，也要重视对学生的心理辅导。很多大学生都存在不同程度的心理问题，这也极大的影响了立德树人教育工作的顺利进行。因此，要加强大学生心理辅导，教育工作者应该积极深入学生群体当中，积极主动与学生平等交流，为学生解决好他们面临的各种困惑，加强大学生的健康心理教育。同时，在深入学生群体开展心理辅导教育时，要以学生为本，真正的关心学生，为学生着想，通过科学的工作方式确保学生的心理健康教育得到落实，从而促进立德树人教育工作的深入开展。

3.完善立德树人思想政治教育工作机制

首先应该重视党政领导。大学生立德树人的思想政治教育工作要想真正取得实效，就必须要重视党政领导的作用。所以，学校的党政领导应该站在才人教育的高度，认真谋划和落实大学生立德树人思想政治教育工作机制，指导大学思想政治教育工作者认真开展立德树人教育工作，并给予积极的政策支持。其次，高校应该建立一支高水平的思想政治教育工作者队伍，细化每个教育工作者的职责和任务，提高他们的素质和业务水平，使得思想政治教育工作能够有效执行下去。最后，要完善高校立德树人的思想政治教育工作制度，让教育工作者们在开展的思想政治工作时有理有据，真正实现大学生的立德树人教育。

三、结束语

总而言之，随着社会的不断发展和时代的不断进步，将立德树人作为高校思想政治教育的根本任务的内涵不是机械不变的。加强大学生立德树人的思想政治教育工作具有重要的时代意义，只有与时俱进的将立德树人的思想政治教育工作进行深入创新，才能真正的发挥其作用，帮助大学生树立良好的人生观和世界观，同时也加强了大学生自身的素质锻炼。随着立德树人的思想政治教育工作的根本任务的提出，给大学思想政治教育工作者提出了新的要求，进而促进了大学生思想政治教育的深入开展，有利于促进高校大学生的全面发展。

【作者：贵州省黔南民族卫生学校党总支书记、副校长】

四举措优化发展软环境

李鸿雁

近年来，辽宁省建平县以搭建政务服务平台、完善民主评议方法、畅通群众诉求渠道和强化追责问效四项举措为抓手，全力打造优良的软环境，促进全县经济社会快速发展。

搭建政务服务平台。大力推进公共行政服务体系建设，打造“政务超市”。强化县公共行政服务中心功能，46个部门、291个事项全部进驻中心大厅办理。全力夯实方便群众、服务经济“两个基本点”，开辟企业设立、企业年检“绿色审批通道”，做到“三简化、两明确”：简化前置审批要件、简化部门办事流程、简化重复外业，明确收费项目及额度、明确法定办结时限。推行“八个一”工作法：一门受理、一窗通办、一表预审、一车踏勘、一票否决、一单收费、一批出件、一簿年检。延伸服务触角，在全县31个乡镇全部建立公共行政服务中心，在260个行政村、29个社区设立便民服务站，形成以县公共行政服务中心为龙头牵动，乡镇公共行政服务中心为主体支撑，村（社区）便民服务站为基础辐射的三级公共服务体系。

完善民主评议方法。运用科技手段，搭建网络评议平台，将57个重点单位、194个重要岗位、31个乡镇的931个基层站办所及窗口单位全部纳入软环境暨行风评议范围。建立具有广泛代表性的测评人员信息库，由评议系统随机抽取测评人员，对全县软环境及行风建设情况进行网上评议。评议前，评议系统自动从信息库中随机按比例抽取测评人员，并通过手机短信告知其密码。测评人员进入评议窗口时，输入密码，系统将自动导入评议页面。评议结束后，系统将自动汇总得分、满意率等数据，确保评议结果的公正性和科学性。对评议排名后5位的重要岗位负责人及工作人员实行重点考察，对存在违纪违规问题的考察对象，严肃追究责任，并进行组织调整。

畅通群众诉求渠道。以“三网三线三中心”（省民心网、建平纪检监察网、建平新闻网，党风廉政舆情在线、阳光热线、民生热线，市民投诉中心、纪委信访接待中心、行政效能投诉中心）为载体，构建立体化的民意诉求办理反馈网络，对群众的诉求直查快办，使群众投诉的问题在最短时间内得到顺利解决，提升监督实效。2013年以来，全县共受理涉及软环境方面的群众举报投诉151件，现已办理109件，其余42件正在调查核实中。

强化追责问效。县纪委、监察局制定了《关于开展明察暗访工作的实施办法》，成立3个工作组，采取常规检查、重点督查、个别抽查、模拟办事等方式进行明察暗访。对发现的各类涉及软环境方面的问题做到“三个必须”和“四个不放过”：涉软案件必须严查、查实必须重处、处理必须曝光，问题不查清不放过、问题不纠正不放过、责任人不处理不放过、整改措施不落实不放过。2013年以来，全县共责任追究280人，其中查办涉软案件22件，移送司法机关4件；立案调查党员干部47人，其中处分科级领导干部7人。

【作者：辽宁省建平县委常委、县纪委书记】

打造“美丽窗口”　做实民本警务

江心田

公安服务窗口与群众利益息息相关，直接影响公安机关和党委、政府形象，直接影响群众满意度。2013年以来，山东省枣庄市公安局大力倡导“民事不可缓、凡事认真办”的工作理念，在全市公安行政服务窗口倾心打造 “美丽窗口”，收到了明显社会效果。事实证明，只有一心为民，才能获得群众肯定；只有做实民本警务，党的群众路线教育实践活动才能真正取得实效。

一、坚持以人为本，营造精细精致、贴心舒心的“美丽环境”

亲民便民是窗口服务的关键环节。打造“美丽窗口”，就要把亲民便民作为主攻方向，千方百计满足群众对公安窗口服务的新要求，让人民群众实实在在地感受到公安机关以人为本带来的实惠。

（一）服务环境人性化。设立综合服务台，配齐工具箱、饮水机等便民设施，对老弱病残孕等特殊群体要专门引导，确保“无障碍”办理，让办事群众有“家”的感觉。在业务量较大的窗口服务大厅设置自助填表机、取号机、LED叫号显示屏和业务引导员，引导群众有序等候、规范办理。

（二）办事流程亲民化。把传统工作方法与现代科技手段有机结合起来，精心设计工作载体，改进办事流程，增强窗口服务的亲和力、感染力。2013年以来，枣庄市户政服务窗口推广安装了自助式居民身份证人像采集“满意拍”系统。这个系统操作简便直观，既保证了照片质量，又通过群众亲身参与，使原本简单枯燥的拍照过程有了全新的娱乐体验，深受办证群众好评。

（三）窗口硬件标准化。按照《公安机关窗口单位服务规定》要求，对服务窗口实行标准化改造，本着业务分流、方便群众的原则，规范设置办公区、等候区、信息采集区、档案区、服务区、群众休闲区，悬挂、张贴“民事不可缓、凡事认真办”等标语，做到提示标志醒目，内务管理井然有序，办公环境和谐温馨。

二、坚持服务为先，优化高效便捷、规范有序的“美丽服务”

效率是评价窗口服务工作的重要标尺，也是群众对窗口服务反映最多、呼声最高的问题。打造“美丽窗口”，就要建立协调紧密、运转高效的窗口服务工作机制，努力实现手续简便化、程序规范化、方式多样化，切实为人民群众提供方便快捷、优质高效的服务。

（一）服务手续简便化。在内部，进一步压缩合并审批程序，下放管理权限，简化办事手续。同时，明确各部门服务职责、服务要求和责任约束，形成衔接顺畅、明确规范、运转有序的内部联动机制。在外部，将岗位职责、工作内容、工作标准和工作时限一律公开，认真落实公安部14条便民利民措施，全面推行各项惠民工作举措。

（二）服务程序规范化。全面实行“一窗式受理”、“一站式服务”和“首问负责”、“限时办结”、“一次告知”、“先受理、再补全”制度。凡一次能办好的事情做到“四清”：咨询一口讲清、表格一次发清、材料一次理清、内容一次审清，决不让群众跑第二趟；手续不齐的实行《告知单》制度，保证第二次办好。

（三）服务方式多样化。大力推行网上受理、网上审批、网上办公，让群众足不出户就能了解办事流程，鼠标一点就能快速办理业务。加快推动窗口服务进社区，依托社区服务中心或警务室的便民服务窗口、流动服务车，把户政、出入境、车管、消防等窗口的受理、咨询服务辐射、延伸到每一个社区，打造群众家门口的公安服务“超市”。

三、坚持内外兼修，塑造为民务实、文明有礼的“美丽形象”

接待热心、服务耐心，是群众对窗口服务最基本的要求。打造“美丽窗口”，就要大力加强窗口民警素质能力建设、工作作风建设，自觉做到思想上尊重群众、感情上贴近群众、行动上深入群众，把“民事不可缓、凡事认真办”的工作理念融入到窗口服务的各个环节，展现在待人接物的方方面面。

（一）强化教育培训，提升勤政廉政新形象。以深入开展党的群众路线教育实践活动为主线，紧紧围绕“我是谁、为了谁、依靠谁”这一根本问题，广泛开展“为何从警、如何做警、为谁用警”大讨论活动，教育引导广大民警自觉做到主动服务不推诿、协调服务不扯皮、高效服务不拖拉、廉洁服务不设卡。

（二）改进工作作风，提升为民务实新形象。以“改进作风年”为主线，进一步规范窗口民警日常行为，做到“四个一”：一张笑脸相迎、一把椅子请坐、一杯开水暖心、一句好话相送；“五个心”：服务诚心、帮助热心、回答问题耐心、解决问题细心、办理业务用心；“六个零”：责任“零推托”、受理“零推诿”、事项“零积压”、服务“零距离”、办事“零差错”、工作“零投诉”。

（三）加强内外监督，提升公开公正新形象。加强视频督察、窗口服务评价、明察暗访等监督机制建设，加强与人大、政协等部门和新闻媒体的沟通联系，把监督手段覆盖到窗口服务的每个环节。目前，枣庄市户政窗口全部推行了获得国家发明专利的户政窗口新版服务评价系统，办理户政业务过程中通过针孔摄像头现场采集评价人图像及评价信息，市局、分局实时监督，狠抓限时回访、刚性考核和示范带动，有效规范和改进了户政服务工作。该工作模式被评为山东省公安机关社会管理创新二等奖。

四、坚持民意导向，用心用情送群众“美丽心情”

打造“美丽窗口”的目的是让前来办事的群众“如沐春风”，拥有“美丽心情”，从而带着期盼而来、带着满意而归。这就要求公安机关牢固树立民意导向的警务理念，把窗口服务工作定位在群众满意上，从人民群众最满意的事情做起，从人民群众最不满意的事情改起，努力把“美丽窗口”打造成群众参与的品牌、群众受益的品牌、群众认可的品牌。

（一）实时感知，在交流互动中链接民需。借助“大讨论、大走访、创满意”、警营开放日、警民恳谈会等活动平台，邀请人大代表、政协委员、特邀监督员、社区群众代表、网民代表等走进公安服务窗口进行现场交流。依托公安微博、微信、QQ 群等互联网平台，加强与网民的网上交流互动，让网络平台成为群众表达诉求、建言献策、参警议警的重要渠道。

（二）及时回应，在改进服务中衔接民心。加强服务回访，对群众意见需求及时响应，定期督察督办，做到能答复的当场答复，能解决的当场解决，需转办的及时转办，切实把工作做到群众的心理“期望值”内，确保群众诉求“事事有落实、件件有回声”。

（三）强化考评，在整改提高中回应民盼。加强和改进满意度调查工作，强化结果运用，倒逼窗口单位和民警提升服务水平。进一步严明纪律、严肃警风，通过落实一系列有效措施，努力促进公安窗口服务水平的持续改进和提高，增进群众对公安工作的理解与支持。

【作者：山东省枣庄市公安局党委书记、局长】

立足新起点　明确新目标　实现新跨越

杨树军

六十年的发展成就与重要启示

甘肃农垦是新中国农垦事业的重要组成部分，从 60 年前划下垦荒的第一犁起到改革开放之初，甘肃农垦发展经历了艰苦创业的历史时期，先后创建了 120 多个国营农场，建立了一批工矿企业，为开发甘肃、建设甘肃贡献了积极力量。

改革开放以来，甘肃农垦改革不断深化，经济快速发展，社会事业全面进步，职工生活实现了从贫困到小康的历史性跨越。

体制改革取得重大突破。改革开放以来，甘肃农垦顺势而为、与时俱进，按照发展社会主义市场经济的要求，积极推进经济体制和管理体制改革，分阶段完成了从省农垦局向甘肃省农垦总公司、省农垦总公司向省农垦集团公司的改革，到 2008 年完成农垦整体公司制改革，标志着甘肃农垦管理体制总体完成政、企、事分离，全面实现企业化转型。

经济建设突飞猛进。从 1978 年到 2012 年，主营业务收入由 0.66 亿元增加到 50 亿元，增长 72 倍；GDP 由 0.54 亿元增加到 16.33 亿元，增长 29 倍；利税总额由亏损 1467 万元增加到 8.9 亿元；职均收入由 590 元增加到 3.2 万元，增长 53 倍。发展成为拥有企事业单位 36 户，土地 810 万亩、耕地近 100 万亩、总资产 160 亿元、10 万人安居乐业的全省最大的现代农业企业集团。农垦各主要农业企业，也发展成了当地经营能力最强、产业化程度最高、现代农业发展最快的龙头企业。营业收入上亿的企业达到 15 个，利润上千万的企业达 10 个。每年为社会提供优质安全食品 60 万吨，带动农村 20 多万农户和近 200 万亩产业基地发展，促进农民增收 10 亿元以上。

农业现代化加速推进。垦区农业生产发生了质的变化，表现在：优质高效农业快速发展。“千元田”达 80 万亩，“双千田”22 万亩，高效经济作物比重达到了 90%。大基地建设快速推进。创建苜蓿草、制种、食葵、果品蔬菜、马铃薯 5 个规模达 10 万亩的大基地。现代农业装备不断加强。建成了面积达到 35 万亩的全省最大的现代节水农业示范区；装备具有世界先进水平的现代大型农机具，农机数量达到 2.3 万台（套），农机总动力达 50 万千瓦，农业耕种收机械化率比我省农村高出一倍。农业科技进步与创新能力得到新的提升。农业科技贡献率达 60%，优良品种覆盖率达到 95%。农业产业化和现代农业示范区建设积极推进。创建了 4 个国家级、13 个省级重点龙头企业、2 个国家级现代农业示范区和 1 个国家级绿色农业示范区，培育了亚盛、莫高两家上市公司，打造了黄羊河、条山、八一、敦煌等一批现代农业样板企业，啤酒原料、酿造葡萄、马铃薯、甜糯玉米、制种、果品蔬菜、草畜、特种药材、节水滴灌、化工建材十大产业大多处于省内或国内领先水平。

职工生活大幅改善。职工衣、食、住、行等生活条件得到根本性改善，新建小康住宅10000余套，完成危房改造23000户。职工人均住房面积接近40平方米，60%的职工搬进了楼房。昔日的地窝子，变成了今天的生活设施齐全的新楼房。职工消费结构发生较大变化，轿车、电脑等高档生活消费品进入职工家庭，职工购买小轿车2600辆，电脑9000台，垦区职工过上了住有所居、病有所医、学有所教、乐有其所、老有所养的小康生活。

60年来，三代甘肃农垦人发扬艰苦奋斗、勇于开拓的农垦精神，勇担党和国家赋予的各项光荣使命，战胜了一个又一个困难，创造了一个又一个奇迹。总结甘肃农垦60年的奋斗和发展，最值得我们充分肯定、认真总结和倍加珍惜的是：创建了来之不易的甘肃农垦事业，明确了必须坚持的发展方向，培育了弥足珍贵的农垦精神，给我们今后的发展带来五个方面的重要启示：

一是必须自强自立，坚韧不拔，高举农垦精神旗帜。60年的发展历程告诉我们，艰苦奋斗、勇于开拓的农垦精神是我们60年积淀的最宝贵的精神财富。在甘肃农垦的开发和建设中，三代农垦人、特别是早期的农垦创业者，他们住地窝、干打垒，抗风沙、战严寒、斗酷暑，经受了难以想象的艰险磨难，进行了艰苦卓绝的创业奋斗。他们献了青春献终身，献了终身献子孙。这种艰苦奋斗、勇于开拓、无私奉献的精神，是农垦事业发展的本源。作为当代农垦人，我们要进一步把农垦精神发扬光大，并赋予新的时代内涵。只有农垦精神代代相传，农垦事业才能生生不息。

二是必须解放思想，推进改革，不断创新体制机制。60年的发展历程告诉我们，解放思想和推进改革是确保农垦事业生机和活力的根本途径。只有解放思想，转变观念，才能坚持正确的发展方向，做到与时俱进；只有推进改革，创新体制，才能适应新形势，解决新问题，不断激发经济社会发展的活力和动力。

三是必须尊重历史，科学定位，正确把握发展方向。60年的发展历程告诉我们，农业和农业现代化是农垦的根本所在。总结农垦60年的改革发展历程，我们得出的基本结论是，农垦发展必须立足农业、大力推进农业产业化和建设现代农业，偏离这一方向，农垦发展就会走弯路。

四是必须发展经济，造福职工，突出以人为本理念。60年的发展历程告诉我们，我们矢志不移奋斗的最终目标就是创造更多的财富，为社会提供放心安全的食品，让职工群众过上幸福平安的生活，要将科学发展观的根本要求和精髓贯彻到改革发展和生产经营的全过程，聚精会神谋发展，全心全意惠民生。

五是必须求真务实，扎实苦干，树立良好工作作风。60年的发展历程告诉我们，求真务实，扎实苦干是三代农垦人在实践中形成的优良传统和工作作风。甘肃农垦事业是在一穷二白的基础上一步步发展壮大的，在长期的创业和建设中，正是有了求真务实，扎实苦干作保证，我们才经受住了各种压力和挑战。特别在近十年的改革发展中，集团公司党委把握大局、科学决策、树立正气、顶住压力，各企事业单位狠抓生产、强化经营、竞相发展，广大干部职工扎实工作、敬业奉献、求实奋进，开创了今天这样一个好的局面。

继往开来 建设幸福美好新垦区

按照中国特色社会主义事业“五位一体”总体布局和到2020年全面建成小康社会的宏伟目标，立足甘肃农垦实际，在“十二五”及今后一段时期，甘肃农垦发展的总思路是：坚持以科学发展观统领全局，把打造百亿元集团、推动跨越式发展作为总体奋斗目标，把率先实现现代农业化和率先建成全面小康社会作为根本任务，把加快转变经济发展方式作为根本途径，努力实现科学发展、和谐发展和跨越发展，建设幸福美好新垦区。围绕总体思路，狠抓九项重点工作：

一是奋力落实百亿集团发展目标。坚持大企业引领、大项目支撑、大资本运作，注重企业内在生产经营能力的提升和发展方式的转变。到2015年末，力争生产总值、主业收入、固定资产投资，经营利税、职均收入“五个翻番”。大力实施“21143”工程，到“十二五”末，使农垦集团总资产达到200亿元以上，主营业务收入达到100亿元以上，经营利税达到10亿元以上，职均收入达到4万元以上，上市公司市值达到300亿元以上，使农垦集团综合经济实力进入省属国有企业的前五位。

二是大力实施“三化”战略。即加快推进农业现代化、国有资产资本化和企业组织集团化。进一步提升现代农业层次，担负历史使命，示范引领全省现代农业发展，体现农垦存在价值；进一步加快国有资产资本化进程，充分发挥上市公司的作用，推动资本运营和实体经济双轮驱动发展。加大新上市公司培育力度，实现农垦农业类资产的整体上市；进一步深化经营机制改革，培育专业集团，壮大一批农业产业化龙头企业，提升资源整合和农业经济组织带动能力。

三是着力抓好“三个十大”工程。实施十大现代农业示范区、十大特色优势产业和十大重点项目工程。建设国家重要的特种药材、啤酒原料、有机食品、优质苜蓿草和全省重要的酿造葡萄、马铃薯、果品蔬菜、现代种业生产基地，培育29户利润超千万元企业和26个利润超千万项目。在全省打造现代农业示范区集群、样板企业集群和优势产业集群。

四是确保完成“两个率先”任务。以“三大一化”为抓手，按照用现代物质条件装备农业、用现代科学技术改造农业、用现代产业体系提升农业、用现代经营形式推进农业、用现代发展理念引领农业“五个现代”的要求，率先实现农业现代化。按照十八大报告提出的两个同步的要求，完善收入分配制度，统筹企业增效和职工增收，全面改善职工生活。争取提前两年，即到2018年率先实现全面小康目标。

五是下大力气抓好项目工作。把项目建设摆在更加重要的位置，“以项目建设论英雄”，切实加大抓项目的力度，抓好新项目论证和储备。进一步突出集团公司的主导作用，整合垦区优势资源，谋划重大项目。用项目建设的新成效推动垦区经济社会新发展。

六是继续推进内部经营改革。加强对集团化、企业化和股份化改革的研究，确保“四个中心”和“六位一体”管控模式的有效实施；深化内部经营机制改革，推进企业和资产重组，加快主导产业和核心企业培育步伐；进一步推进依法经营，防范经营风险，保护经营成果。

七是全力维护垦区稳定。把握信访维稳工作形势，积极做好各种矛盾纠纷的预防和化解工作；切实完善社会保障工作，着力解决社保医保方面存在的问题；帮助困难企业走出困境，对困难企业和在困难企业工作的干部职工，要格外关注，千方百计帮助他们排忧解难。

八是全面做好党建工作。把党建工作放在与经济工作同等重要的位置来抓。全面做好党的十八大精神的学习宣传贯彻；进一步加强干部人才队伍建设和管理，突出干部年轻化、知识化和专业化，打破论资排辈，完善竞聘上岗选人用人机制，激发干部队伍活力；加强基层党组织建设，抓好党的群众路线教育实践活动，建立健全促进党员干部作风好转的长效机制；毫不松懈地抓好党风廉政建设和反腐倡廉工作；加强宣传思想和企业文化建设，以庆祝甘肃农垦创建 60 周年为契机，全面加强精神文明建设。

九是坚持“五位一体”构筑甘肃农垦梦。站在新起点、展望新征程，我们的最终奋斗目标，就是实现建设富裕文明和谐生态幸福新垦区的农垦梦。富裕，就是通过百亿集团的打造，使农垦综合经济实力大幅提升，职工生活水平根本改善；文明，就是通过农垦精神的传承，“提高人”、“塑造人”、“凝聚人”，通过加强家庭美德、职业道德、社会公德教育，培养“四有”职工队伍；和谐，就是通过党的群众路线的深入开展，密切党群干群关系，营造良好秩序；生态，就是通过树立新的生产观念和生活观念，倡导低碳生活、植树种草、美化环境，让职工群众喝上更加干净的水、吃上更加健康的食品、呼吸更加新鲜的空气，过上更有尊严的幸福生活。

实现农垦梦，经济建设是根本，建设是保障，文化建设是灵魂，社会建设是条件，生态建设是基础。要按照科学发展观要求，将五个方面有机统一起来，协调推进。

实现农垦梦，要坚持农垦传统、彰显农垦精神、弘扬农垦作风、增长农垦志气。

实现好农垦梦，就是对甘肃农垦事业的继承和发展！

【作者：甘肃农垦集团公司董事长】

树好选人用人的“风向标”　选准用好四类干部

林少文

吏治清明，是一个国家兴衰成败的命脉，树好选人用人的“风向标”事关江山社稷。在 2013 年的全国组织工作会议上，习近平总书记围绕怎样是好干部、怎样成长为好干部，怎样把好干部用起来这三个问题作了深刻阐述，在全党全国引起强烈反响，是今后干部选拔任用工作必须遵循的目标方向。全面把握好习总书记的重要讲话精神，抓好贯彻落实，笔者认为首先要解决好新时期选人用人的导向问题，鲜明树立起选人用人的“风向标”，进而结合该县干部队伍建设的实际，选准用好四类干部。

一、选人用人导向极其重要，事关大局

成就如何一项事业，关键在人。同样，陆河要有所发展，有所进步，则要依靠一支素质好、本领强的干部队伍。选贤任能，是关系我们事业兴衰的关键性、根本性的问题，是我们党的建设和组织工作必须正确面对、正确回答、正确解决的问题。正确回答并解决好这个问题，首先必须树立正确的导向，即选什么人、用什么人。导向就是路标，引导人们路往哪里走。用人导向则是干部路线的方向，直接影响干部的成长愿景和努力方向，影响干部队伍的作风和能力建设，进而影响一个地区的党风政风。用一君子，则君子皆至；用一小人，则小人竞进。如果识人不准、考核不实、选择不精，所用非人，用不当时，任非所长，其结果是良庸不分，庸才塞路，而英雄却无用武之地，只得徒喊奈何或远走他乡了。

什么是党和人民需要的好干部？习近平总书记讲得很清楚，好干部就要做到信念坚定、为民服务、勤政务实、敢于担当、清正廉洁。党的干部必须坚定共产主义远大理想，真诚信仰马克思主义，矢志不渝为中国特色社会主义而奋斗，坚持党的基本路线、基本纲领、基本经验、基本要求不动摇；党的宗旨决定我们的干部必须做人民公仆，忠诚于人民，以人民忧乐为忧乐，以人民甘苦为甘苦；实事求是的思想路线要求我们的干部，必须勤勉敬业、求真务实、真抓实干、精益求精，创造出经得起实践、人民、历史检验的实绩；当然，作为党的干部还必须坚持原则、认真负责，面对大是大非敢于亮剑，面对矛盾敢于迎难而上，面对危机敢于挺身而出，面对失误敢于担当责任，面对歪风邪气敢于坚决斗争；必须敬畏权力、管好权力、慎用权力，守住自己的政治生命，保持拒腐蚀、永不沾的政治本色。选拔出使用好符合这五个标准的干部，就形成了正确的选人用人的导向。

二、选准用好四类干部

形成正确的选人用人导向，不仅要明确好干部的标准，还要进一步落实选人用人的要求，努力形成系统、科学规范、有效管用、简便易行的选人用人机制。只有这样，正确的导向才能保证，风清气正的氛围才能形成。具体来讲，要选准用好四类干部。

一要选准用好勇于任事、敢于担当的干部。看干部的德与才怎么看，看行动。德与才不是嘴上功夫，而是真功夫、硬功夫，全部体现在行动上。一个干部没有事业心、责任感，碰到事情不敢担当或难以担当，这样的干部绝不是一个信念坚定的人，也绝不是一个忠诚于人民的人，是我们干部队伍中的“混

混”，是拉慢我们前进步伐的“拖后腿”。每位干部都担负着一定的责任，大到一个县、一个镇、一条战线，小到一个村、一个单位、一件事，勇于任事，管好自己的事，完成好上级交给的任务，就是对人民负责、对党的事业负责。勇于任事是一个干部思想道德素质的综合体现，是为民务实清廉的基本保证。一个勇于任事的干部不大可能是丧失理想信念、思想颓废、道德败坏、不思进取的人。勇于任事的干部也一定是敢于负责敢于担当的人，有干事创业的锐气，面对事业发展的需要敢想敢干、敢闯敢冒，遇到困难和问题敢于揽事上身、攻坚克难，出现失误和错误敢于承担责任。我们要用这些事业心强、敢担当的好干部，决不能用玩忽职守、敷衍塞责、把个人的升迁看得比党的事业还重、有了好处往前凑、面对困难往后缩的干部。一大批勇于任事、敢于担当的干部用起来，我们的事业才会兴旺发达。

二要选准用好善谋全局、协同作战的干部。每个职位都有相应的能力素质标准，要使干部的才能和职位相匹配，把岗位的需要、德才的要求、个人的素质综合起来考虑，做到选贤任能、人岗相宜、用当其时、知人善任、人尽其才，把有本事能胜任的干部用在合适的岗位上。不能把干部的选拔变成安排干部，特别是一把手不能搞排资论辈、平衡照顾。一把手至关重要，往往关系着一项事业的兴衰成败、关系着一个地区成千上万人的工作生活，选好用好一把手是对党的事业高度负责的表现。选好配强一把手，关键看两条。一看能否胸怀大局谋全域。寡谋谋一弈，善谋谋一局。就是说下棋时，高手谋的是全局输赢，而非谋一兵一马的得失。二看能否协同作战。我们整个干部队伍就是一个团队。团队战斗力水平的发挥决定于整体战斗力的发挥，而不是一个师、一个团的单一作战能力发挥，这就是说团队需要协同作战，一把手就好象是师长、团长，他们之间的协同意识，协同技巧决定整个团队的战斗力发挥。我们现在有些部门领导眼睛只盯着盘中鱼，兄弟之间争着吃鱼，自己不敢到大海去捞鱼，回来让全家来共享，更不会联手去打鱼，谋取利益最大化，这是很可悲的事。一把手的岗位不能滥竽充数，也不能作为锻炼培养干部的岗位，不能把陆河的发展大业拿来让干部练手。干部能否有本事负责一方，有一系列政策规定，要认真落实好《干部选拔任用工作条例》和《关于加强市管党政正职管理的若干规定》，对那些确实不能胜任岗位要求的一把手，要下决心调整出来。

三要选准用好务实肯干、勤政为民的干部。空谈误国，实干兴邦，再科学的规划不干就落不到实处，再美好的蓝图不干就是空想。面对艰巨繁重的改革发展稳定任务，我们的干部必须精神振奋、勤奋敬业、务实肯干，没有一种夙兴夜寐、开拓进取的劲头，没有一种实事求是、求真务实的精神，干不好工作。现在推进陆河经济社会发展的各项工作都需要较真碰硬，我们的干部必须做到脚踏实地、用实劲求实效，作风漂浮、华而不实，工作就会打折扣。陆河的发展进入了一个关键时期，放眼陆河，潮惠高速正在兴建，产业园区进展顺利，灾后重建全面铺开，二、三号地即将开工，医院大楼、职校、四馆、温泉度假村如期推进，村级换届、群众路线教育实践活动正在紧锣密鼓筹备中，整治庸懒散奢初见成效，所有这些工作，需要有一大批务实肯干、勤政为民的干部去干，要多用这样的干部，倡导务实求实抓落实的风气，让那些精神懈怠混日子的干部、吹牛皮说大话玩花活的干部、做表面文章搞面子工程的干部没有市场，让那些搞形式主义、官僚主义、享乐主义和奢靡之风的干部没有市场。

四要选准用好阅历丰富、历经考验的干部。干部的成长有一定的规律。不经过基层和一线工作的干部往往素质不全面，越是在基层一线条件艰苦、困难大、矛盾多的地方，越能锻炼人。要在选人用人中树立一线工作导向，加强干部的实践锻炼，注重干部的工作实绩。要提倡干部深入基层、深入实际、深入群众，到一线去，到基层去，到艰苦的地方去，砥砺品质，增强本领。要在改革发展的主战场、维护稳定的第一线、服务群众的最前沿去发现和培养干部。要采取措施，切实做到不让在基层一线做出成绩的干部吃亏，不让踏实做事的老实人吃亏。对那些拈轻怕重、挑肥拣瘦不愿意到第一线工作的干部、关键时候冲不上去掉链子的干部，决不能提拔使用。当前，要围绕大局和中心工作，有具体的举措，形成鲜明的导向，让优秀的干部在重点工程、重大项目、重要平台的建设中，在加快经济转型升级、改变落后面貌的实践中，更好地锻炼成长。

【作者：广东省汕尾市陆河县委书记】

准确把握《条例》实质
扎实推进全省动物防疫工作

康国玺

《甘肃省动物防疫条例》（以下简称《条例》）已经省十二届人大常委会第六次会议审议通过，将于 2014 年 1 月 1 日起实施。《条例》的颁布体现了省委、省人大、省政府对动物疫病防控工作的高度重视，顺应了人民群众加强食品安全监管的强烈愿望。《条例》的出台标志着甘肃动物疫病防治工作进入到依法防疫、依法治疫的新阶段。《条例》在贯彻上位法的基础上，结合甘肃省实际，从七个方面作出了创新性、特色化的规定。

一是进一步明确了强制免疫的主体责任。规定乡镇人民政府、街道办事处应当按照动物疫病强制免疫计划，组织执业兽医、乡村兽医和村动物防疫员实施本辖区的强制免疫工作。动物饲养者应当依法履行动物疫病强制免疫义务。

二是加强动物疫病源头控制。《条例》从推进健康养殖、建立禁养限养制度、完善动物防疫条件审查制度三个方面，加强动物疫病源头控制。在推进健康养殖方面，鼓励动物饲养者按照健康养殖的要求，发展标准化规模养殖，降低动物疫病发生风险。在建立禁养、限养制度方面，为解决大中城市、风景名胜区、水源地等区域的生态环境保护问题，降低人畜共患病发生风险，规定县级以上人民政府可以规定在特定区域内禁养或限养动物。在完善动物防疫条件审查制度方面，规定新建动物饲养场（养殖小区）、动物隔离场、动物屠宰加工场以及动物和动物产品无害化处理场等四类动物生产经营场所，可以采取前置审查的程序，并规定动物防疫条件合格证有效期为三年。

三是有效控制活畜禽跨区域流动。为有效降低活畜禽跨区域流动传播疫病的风险，《条例》从设立指定通道、加强贩运户资质管理、实行落地报告和隔离观察制度三个方面进行了规范。《条例》规定省人民政府根据动物防疫和检疫的需要，本着就近、便利的原则，指定动物及动物产品运输通道，在指定道口设立动物防疫监督检查站。跨省调运动物、动物产品应当从指定道口进入本省。《条例》规定，对于从事动物、动物产品经营、运输活动的单位和个人，应当向县级动物卫生监督机构备案，运输动物、动物产品的车辆应当符合动物防疫的要求。《条例》规定，对于从省外引进动物用于饲养的，应当在到达目的地二十四小时内向所在地动物卫生监督机构报告，并按规定进行隔离观察。

四是实施动物疫病分类管理。着眼于甘肃省特有的地理条件、自然气候、经济状况、养殖特点，按照区域化防控和差别化管理的理念，《条例》确立了分病种、分区域、分阶段预防控制动物疫病的总体策略。这与国家中长期动物疫病防治规划保持了高度一致。

五是建立风险评估机制。《条例》不仅对开展风险评估提出了具体要求，而且对防范外省疫情的传入等作出了具体规定。《条例》规定，对从有疫情风险的区域拟调入动物、动物产品进行风险评估，经评估有疫情风险的，调入地县级以上人民政府可以依法采取暂停调入动物、动物产品等预防措施，推进由被动防疫向主动防控转变。

六是进一步完善补偿机制。《条例》规定县级以上人民政府对动物疫病预防、控制和扑灭过程中强制扑杀的动物、销毁的动物产品和相关物品，以及因依法实施强制免疫造成动物应激死亡的应当给予补偿。同时，对疫病监测采样造成动物应激死亡的，也应当纳入补偿机制。

七是规范了病死动物无害化处理。《条例》规定，任何单位和个人不得随意丢弃动物尸体，不得污染环境。对无害化处理工作中的部门职责也进行了明确界定。即对饲养环节发现的病死动物，应当在动物卫生监督机构监督指导下进行无害化处理；在公共场所发现的无主动物尸体，由场所管理单位负责进行无害化处理。

《条例》既是对多年来甘肃动物防疫执法实践的规范化和制度化，又吸收和借鉴了外省区先进的管理经验，构建了一套符合甘肃省情、体现依法防控的法律规范，具有较强的针对性和可操作性，是加强动物疫病防控等工作的法制保障。各级农牧、兽医部门要充分认识《条例》的重大意义，认真学习各项规定，深刻领会精神实质，准确把握基本内容，严格落实各项措施，建立健全相关制度，切实把《条例》的规定落到实处。

一是抓紧做好《条例》的学习培训。各级农牧、兽医主管部门、动物卫生监督机构和动物疫病预防控制机构，担负着动物疫病防控的重任，也是贯彻实施《条例》的重要力量，要立即行动起来，通过举办培训班、召开研讨会和组织专题讲座等多种形式，扎实做好《条例》的学习培训工作，使各级兽医部门的领导干部明确防控责任，行政执法人员掌握《条例》的基本精神，动物防疫技术人员熟悉《条例》的基本内容和技术规范。

二是积极开展全方位的宣传活动。动物疫病防控工作涉及面广、工作难度大，要依靠群众、面向社会，实现群防群控。各级农牧、兽医部门要加大宣传力度，以赢得各界的理解，获得公众的支持，争取农民的配合。各地、各有关部门要制定具体的宣传方案，采取群众喜闻乐见、生动活泼、通俗易懂的形式，利用广播、电视、杂志、报纸、网络等媒体，做好宣传普及工作，力争家喻户晓，深入人心，使农民群众正确维护自己的合法权益，认真履行应尽的义务，积极配合政府和有关部门做好动物疫病的防控工作，形成全社会共同防控的合力。

三是切实抓好《条例》的贯彻落实。根据《条例》确立的基本原则和精神，积极开展《条例》配套法规和有关标准的制定、修定工作，进一步增强可操作性。要以贯彻《条例》为契机，坚持“预防为主”方针，加强强制免疫工作，强化疫情监测预警，提升畜产品质量安全监管水平。要统筹推进防疫体系建设，不断完善应急防控机制，依法加大重大动物疫病防控力度，确保不发生区域性重大动物疫情。

【作者：甘肃省农牧厅厅长、党组书记】

第九编

企业管理与贯彻“十二五”规划

浅谈如何依法制定制度规范企业管理

兰向东　熊　伟

“国有国法、家有家规”，这是一句流传了千年的老话，就像古代的大家族中，往往有着内部管理族人的一套规矩一样，现代的企业中，也会有着在企业内部通行的管理制度。那么，如何制定企业的规章制度，并有效地运用管理制度对企业的方方面面进行管理呢？本文旨在于此方面进行探讨，浅陋之处，敬请方家指正。

一、企业必须严格按照法律法规来制订企业管理制度

在制订企业管理制度前，我们首先要清楚，什么是制度？百度百科给出的定义是，指企业根据自身生产经营特点依法制定的，组织和管理所有员工的行为准则。从定义中可以看出，企业管理制度能够生效的一个最重要的前提就是“依法”。那么，首先就让我们来看看制订企业内部开展各方面管理工作的规章制度可以依靠哪些法律。

（一）与规章制度有关的法律法规

1.《中华人民共和国劳动法》第四条，用人单位应当依法建立和完善规章制度，保障劳动者享有劳动权利和履行劳动义务。

2.《中华人民共和国劳动合同法》第四条，用人单位应当依法建立和完善劳动规章制度，保障劳动者享有劳动权利、履行劳动义务。用人单位在制定、修改或者决定有关劳动报酬、工作时间、休息休假、劳动安全卫生、保险福利、职工培训、劳动纪律以及劳动定额管理等直接涉及劳动者切身利益的规章制度或者重大事项时，应当经职工代表大会或者全体职工讨论，提出方案和意见，与工会或者职工代表平等协商确定。在规章制度和重大事项决定实施过程中，工会或者职工认为不适当的，有权向用人单位提出，通过协商予以修改完善。用人单位应当将直接涉及劳动者切身利益的规章制度和重大事项决定公示，或者告知劳动者。

3.《中华人民共和国公司法》第十八条中：公司研究决定改制以及经营方面的重大问题、制定重要的规章制度时，应当听取公司工会的意见，并通过职工代表大会或者其他形式听取职工的意见和建议。

（二）相关法律对企业规章制度的指引

1．法律赋予了企业自主制度规章制度管理企业的权力。

2．企业在制定直接涉及劳动者切身利益的规章制度（包括劳动报酬、工作时间、休息休假、劳动安全卫生、保险福利、职工培训、劳动纪律以及劳动定额管理第八项内容），或重大事项的规章制度时，必须依据民主程序制定并公示。

3．企业制定的各项规章制度必须不得与法律相抵触，否则制订的规章制度不但无效，企业还将为此承担相应的后果。

（三）相关法律法规的分级

而能够制约规章制度的法律到底有哪些呢？在中国，广义上的“法律”包含有如下的几个层级：

1．宪法，由全国人大修改。法律体系中的最高层级，任何法律、行政法规、地方性法规和部门政府规章都不得与之相抵触。这是国家的基本大法，有效范围为全国。

2．法律，由全国人大及其常委会制定及修改，法律体系中的第二层级，有效范围为全国。

3．行政法规，由国务院制定及修改，法律体系中的第三层级，有效范围通常为全国。

4．部门规章，由国务院的各部委制定及修改，法律体系中的第四层级，有序范围通常也为全国。

5．地方性法规，由省、省会市及其他较大市的人大及其常委会制定和修改，同样为法律体系中的第四层级，有效范围通常为其制定机构所在的行政区划之内。

6．地方性政府规章，由省、省会市及其他较大市的政府制定和修改，为法律体系中的第五层级，有效范围通常为其制定机构所在的行政区划之内。

也就是说，我们在制订管理制度时，不但要严格注意不能与宪法、法律、行政法规和部门规章相违背，同时，还要注意所在地的地方性法规和政府规章，尤其是一些跨区域的集团性企业，很可能因为区域性的法规而导致自己内部的规章制度无效。

此外，由上文中《劳动合同法》的相关条款可知，劳动合同中的内容效力也是大于规章制度效力的，此段内容将在后文详细论述。

二、企业管理制度的起草与制定

（一）管理制度的分类

在起草之前，我们首先要确定是否有必要为某项工作起草制度。如果确有需要，应该由分管的专业部门负责起草初稿。同时，要根据规章制度的重要性和针对性，来选择不同的名称和文体。下文，将对几种企业管理中规章制度常见的文体进行简要介绍和分析：

1．章程：这是指依企业性质不同，严格依据国家专业性法律法规，制定出的规范本企业的行为、组织结构、权利、责任及义务等方面的管理制度。例如，股份有限公司和有限责任公司的章程，要依据《中华人民共和国公司法》来制订，而合伙企业要依据《中华人民共和国合伙企业法》来制订。

2．条例：是指规范某一类对象、某一系统、某一系列活动的综合性管理制度，通常只在跨地区、超大型、集团化企业中采用此种文体。

3．职责：是指对企业内不同工作岗位权利和义务的具体

描述。例如厂长工作职责、生产部部长工作职责、操作工工作职责等。

4．守则：特指行为规范。

5．细则：是指本公司为实施制度、规定、守则而制度的比较细化的管理制度，以突出操作性为主要目标。

6．专业类制度：这是规章制度中最多的类型，是指规范企业在某一具体工作方面行为准则的制度。包括人事管理类制度，专业管理类制度，技术规范类制度等等。

针对不同职能制度我们要采取不同的文体，而起草时，也通常要由专业部门来牵头，才能做到有的放矢，而针对一些重要的制度，如公司章程，就必须由企业的最高权力机构（股东会或国企的国企监督机构）去亲自起草或修改。并组织与制度相关的各方面，包括相关部门、工会、员工代表等进行研讨和意见征求。

（二）制定与劳动者利益相关的管理制度时要特别注意的地方

针对上文提到的劳动合同法第四条中包括的“劳动报酬、工作时间、休息休假、劳动安全卫生、保险福利、职工培训、劳动纪律以及劳动定额管理”等八项直接涉及劳动者切身利益（以下简称“劳动者利益八项”）的规章制度或者重大事项时。应当严格按法律规定经职工代表大会或者全体职工讨论，提出方案和意见，与工会或者职工代表平等协商确定。

这就需要在制定涉及“劳动者利益八项”的规章制度时，要完成以下步骤：

1．形成规章制度初稿。

2．由员工代表大会或全体员工进行讨论，形成意见稿。

3．根据意见稿进行修改，形成修改稿。

4．再次由员工代表大会或全体员工进行讨论，形成定稿。

5．公司批准后进行有效公示。

6．组织全体员工传阅和学习，并做相关记录。

注意，企业在根据民主程序完成制定规章制度方面的工作后，一定要将所有书面原始文件，包括草稿、意见稿、修改稿、定稿和正式制度文件，以及会议时的会议纪要、会议签到等，进行整理和归档保存，以备将来涉及关于规章制度方面的劳动争议时，以之为证。

三、如何对管理制度进行有效地公示

制定管理制度的目的是为了让被管理者遵守，从而更好地规范被管理者的行为。而劳动合同法更是直接规定了“用人单位应当将直接涉及劳动者切身利益的规章制度和重大事项决定公示，或者告知劳动者。”所以，在企业管理者出台新的规章制度后，一定要通过有效的手段，在企业内部广而告之，才能更好地使被管理者遵守规章制度，特别是针对“劳动者利益八项”的规章制度，必须采取公示的有效手段，才能使规章制度在法律上，针对被管理者生效。下面，下文，将介绍并分析几种常见的规章制度公示方法：

（一）常见有效的公示方式

1．传阅。这是最普遍的制度公示方法，针对重要性一般，同时容易理解的规章制度可以采用此类方式。

2．培训。对针对性强，需要一定理解力的制度，在制订完毕后，可以采用培训的方式组织执行者与被管理者对制度的相关内容进行学习。而且培训时，可以设定培训签到表等记录培训信息，如参加人员姓名，培训制度的名称与内容，培训时间、培训地点等等。

3．笔试。针对专业性强，尤其是安全、生产、操作等标准类制度，这些制度员工一旦违反，不仅会对自身造成严重损害，也会给企业带来难以估量的损失。所以，在开展培训后，还应该将此类规章制度的内容编辑成考卷，组织员工进行认真的考试。当员工考试成绩出现问题时，企业可以督促其进行有针对性的学习。在这里，笔者之所以强调是笔试而不是口试的目的，就在于笔试记录了姓名、考试时间和得分等信息，这是宝贵的原始证据。如果，企业在未来发生安全等方面的事故时，政府部门一旦介入调查，这些试卷将成为对企业有利的宝贵证据。

4．发放员工手册。对比较重要的制度，可以采用这样的方法，确保所有被管理者知晓。这一点针对“劳动者利益八项”相关制度的公示尤为有效，一方面，“劳动者利益八项”的制度并不是经常性的更改，属于在相当长的时间内不会变更的制度，编入员工手册中，进行发放，让所有员工随手翻阅，比较方便。此外，新入企业的员工没有参与到制定“劳动者利益八项”的程序中去，对这些制度是陌生的，手册就起到了对新员工宣传、解释制度的作用。同时，要注意的是，发放员工手册时，最好要有员工亲笔签收记录，为将来出现争议时，留下有利证据。

5．写入劳动合同。我们要清楚这样一个法律常识，即当企业与全员签订的劳动合同与企业自身制订的规章制度相冲突时，劳动合同的效力是高于规章制度的。所以，企业可以将“劳动者利益八项”的核心内容，特别是对员工处罚、甚至解除劳动合同的条款，直接引入劳动合同。这样，在被管理者签字后，只要企业制定的“劳动者利益八项”条款，不违背法律，效力便无可置疑，从而避免了劳动合同与规章制度相冲突的问题。

（二）不宜采用的公示方式

需要提醒的是，一些企业普遍采取的公示方式，存在较大弊端，特别是在公示与“劳动者利益八项”相关的制度时，不建议采用，举例如下：

1．在厂区大门前张贴公示。

2．电子邮件方式告知。

3．内部网站公示。

4．内部刊物刊登公示。

以上方式，无法确保每一名被管理者知晓，特别是在发生劳资冲突时，企业无法证明自己的规章制度已经被管理者知晓，从而导致规章制度的无效或针对具体对象的失效。

这里，可能会有一些企业的管理者举出国家法律的例子，以即使是不清楚自己的特定行为已经违反国家相关法律的法盲，也要受到国家法律的制裁，即法律对不清楚他的人依然有效这一事实，来通过类比推理，以证明即使被管理者不清楚规章制度，也可以援引相应制度对其进行处罚。这不仅在逻辑上犯了类比推理必然成立的错误，而且是相当一部分企业家，尤其是国企领导者“夜郎自大”的表现。现在，一些企业由领导者自己“拍脑袋”制定的规章制度可谓多矣，往往以为自己制定的东西在企业内就等同于了“法律”，殊不知，在日常管理中，简单的内部罚款，换岗可能因为劳资双方关系实际上的不平等，而没有什么冲突发生。但是，当一旦到了解除劳动合同的地步，也就是俗称的“砸饭碗”，必将引起对方的“殊死一搏”的时候，许多企业往往最后倒在了劳动合同法的第四条上，即“用人单位应当将直接涉及劳动者切身利益的规章制度和重大事项决定公示，或者告知劳动者。”

这一条款实际上说明了，如果用人单位没有将“劳动者利益八项”公示或告知，将导致该项规章制度对劳动者不利时，无效。而一旦发生劳资诉讼，负责提出已经公示或告知证据义务的是用人单位，而采取上述或与上述类似的公示方式时，企业往往拿不出已经将规章制度公示或告之到位的有力证据，从而承担举证不力的后果。

四、如何有效地执行管理制度

刑法的目的是通过惩治犯罪来预防犯罪，而企业规章制度在很大程度上的目的也是通过处罚违章来杜绝违章。所以，如何有效地执行管理制度，使其不是束之高阁的一纸空文，也是我们要研究的。

（一）治病救人，尊重员工

当员工出现一般违章行为时，管理者应对违章员工进行批评和帮助，甚至给予警告，这时，经济处罚甚至人事处罚不是第一位的，而是要让其在认识到自身错误的同时，感受到企业的温暖，而不要用冷冰冰的处罚将偶尔犯错的员工推到企业的对立面。

孔子曰：“道之以政、齐之以刑，民免而无耻；道之以德，齐之以礼，有耻且格。”意思是说，用政令教化，用刑法来整治，大家即使免除了刑罚处置，仍然会缺乏廉耻之心；而如果用德来教化，用礼来整治，大家就会感觉到廉耻，从而从心灵深处服从安排。现代企业，错杂复杂的传送带、纵横交错的管线、复杂多变的仪表，想要让员工由始至终地高度紧张，不出丝毫差错，几乎是不可能的。

早在 1949 年，被我们讥讽为单纯地追求利润的一位资本家，美国的大卫·帕卡德（HP 创业者），就鲜明地指出：“一家公司有比为股东挣钱更崇高的责任，那就是领导人应该对员工负责，承认他们的尊严。”所以，尊重被管理者，对偶尔犯错的员工通过警告、教育等方式，比单纯地强调制度和规范要好得多。

（二）惩前毖后，杀一儆百

但是，当员工的违章行为达到了损害企业和其他员工利益的程度时，就必须对依照规章制度进行处罚，并通过处罚来避免被管理者及他人再犯同一类错误。而这时，如果处理不当，企业与受处罚的人就会形成对立。而当企业决定解除与员工之间的劳动合同时，企业与员工之间的矛盾已经在一定意义上等同与敌我矛盾。处理不当，劳动仲裁、劳资诉讼便会接踵而至。那么，如何使企业立于有理的一方呢。

1．依据的规章制度的制定程序和公示方式符合相关法律。

2．在处理违章员工时，确认违章事实，由违章员工签字形成书面依据。

这一点在以劳动者严重违反规章制度为理由，企业单方面解除劳动合同时尤为重要。因为，解除单位需要承担举证责任。企业提出解除或终止劳动合同是要遵循法规原则的，这样才能成为一份具有法律效力的书面文件。

当然，解除劳动合同只是最后的手段，正所谓“兵者不祥之器也。非君子之器，不得已而用之，恬淡为上，胜而不美，而美之者，是乐杀人”，解除劳动合同等严厉的处罚，同样也只是最后的手段，如果经常解除劳动合同，甚至以“炒人”来变相达到节约人力资源成本的目的，则企业内很难形成具有凝聚力的企业文化，而最终被其他企业所淘汰。同时，对于广大国企来说，除了追求利润外，同时还具有更大的社会责任，在使用解除劳动合同这一杀手锏时就更加需要慎之又慎。

五、规章制度的修订与注意事项

每一项规章制度生来就是要接受众多妄图违纪者的不断挑战的。违反规章制度的行为与流水很相似，哪里有漏洞就从哪里漏出去。所以，检验盆漏不漏最好的办法是装满水，而检验规章制度最好的办法就是看他能不能截断违纪的途径。所以，在规章制度出台并运行了一段时间之后，或者为了顺应企业内、外部的变化，或者由于规章制度在执行中出现了问题，这时，就需要管理者对规章制度进行修订。

（一）随着法律法规的变化，而修改制度

前文已经说过，企业要依法来制定规章制度，那么，当法律法规发生变化时，原有的规章制度当然也要进行相应的调整。如，在 2008 之前，国有企业和集体企业可以直接援引 1982 年国务院出台的《企业职工奖惩条例》，对违纪员工进行处罚，而相当多的企业也直接将《企业职工奖惩条例》引到规章制度，甚至是劳动合同的条款之中，而 2008 年 1 月 15 日，国务院的第 516 号令《国务院关于废止部分行政法规的决定》已经明确废止了这一条例，而相当多的国有企业的领导班子仍然乐此不疲地引用这一条例来处罚员工。一旦引起劳动仲裁或劳资诉讼，企业必将失败。

其实，该条例的废止给了企业制定规章制度更大的自主空间，只要企业能够制订相应的规章制度进行补充、完善，反而更有利用企业的自主管理。如该条例第十一条第（一）款规定，对于经常旷工的职工，可以给予行政处分，（包括“警告，记过，记大过，降级，撤职，留用察看，开除”共七种），也就是对于“旷工”这一行为，只有经常发生，才可以给予行政处分。而在该条例废止后，企业便完全可以制定更严格的规章制度，如规定只要连续旷工两日，就可以解除劳动合同。

（二）修订时的注意事项

规章制度不是企业管理者手中的橡皮泥，而是约束企业和劳动者之间的双刃剑。修订规章制度，特别是“劳动者利益八项”的相关制度时，仍然要按照制订制度时的民主研讨和有效公示的流程来进行，否则，也很可能导致修改后的制度无效。

“凡治之极、下不能得”。总之，善于以儒家德治、人治的思想，在企业文化，提升忠诚度方面，自然有他的价值。但是，管理首先是建立在理性基础上的，一个成功的企业在无数风雨洗礼下岿然不动，依靠的不只是凝聚人性的企业文化，更重要的是科学有效的规章制度来管理人、激励人、警示人、留住人。所以，本文用了较大的篇幅来侧重论述规章制度与被管理者之间的关系，希望可收抛砖引玉之效。

【作者单位：抚顺石化公司石油三厂】

东煤交易市场化交易模式的探索与实践

李洪国

一、东北亚煤炭交易中心概况

东北亚煤炭交易中心（简称“东煤交易”）组建于2009年7月，并于2010年7月6日，在“东北亚煤炭交易会”上，正式揭牌。

伴随着国际煤炭电子商务的迅速发展、国内煤炭市场化进程以及煤炭交易自身发展需求，强力推动着国内煤炭电子商务平台建设，在这样的大市场环境下，依托政府的助推和城市特点，东煤交易自成立以来，在实践中不断探索发展之路，目前已经形成了完整的业务和服务体系，就是以交易服务为核心，以供应链金融和物流服务、信息和社区服务为基础，为客户提供会员服务及举办“东北亚煤炭交易会”等综合服务的一个创新的电子商务平台。东煤交易在服务于国内煤炭贸易的同时，也致力于成为国际/国内煤炭企业之间的桥梁。

二、东北亚煤炭交易中心交易模式及其特点

东煤交易自2010年成立以来，是国内最早探索煤炭交易模式的企业，在煤炭交易体系建设方面，在煤炭市场化方面有一些具体的探索和尝试。

煤炭交易服务，是区别于期货的现货交易模式，所以，以煤炭为代表的大宗商品交易的特点，是以长协现货为基础。在长协现货的基础之上，近些年来，出现了短期现货，尤其是2个月以内的以贸易商参与的短期现货非常活跃。但是长协现货和短期现货都有各自的局限性，长协现货的局限在于兑现率不高，短期现货的局限在于不稳定，并且，在过去若干年，无论是长协现货还是短期现货都带来了很多负面的影响。在这样的背景之下，东煤交易对短期现货，对长协现货和短期现货之间的短长协现货，进行了探索和实践。

在东煤交易的电子商务平台上，交易模式主要有以下两种，电子商务现货交易模式和短长协现货交易模式。

1．电子商务现货交易模式

这种交易模式是将传统的交易模式电子化，是关于短期现货的电子商务交易模式，从2012年的下半年开始，东煤交易便开始了这样的探索和尝试，实际是运用了阿里巴巴淘宝的电子商务模式，构建了煤炭商铺、煤炭招标、煤炭拍卖的模式进行上线运行。

（1）煤炭商铺

供需双方在煤炭商铺电子平台上，直接对接、自由洽谈、自由交易。买卖双方签订标准合同，并通过东煤交易进行第三方结算。

煤炭商铺的特点：

供需产品多样，交易方式灵活，自主确定价格。

依托东煤交易的煤炭电子商务平台，解决交易中信息流和商流的不对称，打破时空限制的煤炭交易模式。

（2）煤炭招标

将传统的招标采购方式电子化，用煤企业发布招标产品和招标要求，在指定时间内竞标方集中报价竞标，评标成交。

煤炭招标的特点：

市场化招标方式。

优质供应商的发现平台。

（3）煤炭拍卖

将传统的煤炭拍卖方式电子化，卖方发布拍卖产品和拍卖要求，在指定时间内采购参与方集中报价竞拍，价高者得。

煤炭拍卖的特点：

市场化拍卖方式。

价格发现的平台。

统计数据显示，从上线开始到2012年年底，线上报盘的煤炭日均在线最高量达到4500万吨。为了进一步提高数据的真实、有效性，2012年12月31日，东煤交易推出全新供求信息发布标准并将此前所有商铺的报盘数据全部下线，从零开始进行数据统计。从2013年1月1日开始到2013年2月中旬，经过40多天，目前线上煤炭日总量又恢复到3000多万吨，该数据显示表明，市场对短期现货的煤炭商铺、煤炭招标、煤炭拍卖的交易模式给予了积极的响应。

需要说明的是，东煤交易统计的交易量仍然是局部的，东煤交易只是把煤炭招标和煤炭拍卖的交易量进行了统计，而对煤炭商铺线下的交易量无从统计。这有待于东煤交易构建自己的标准合同，尤其是以融资为代表的支付模式，一旦建立起来，会员会自主的通过线上进行交易，这样的交易量的统计会更真实。以目前现有的方式，其市场需求也已经充分的显现出来，所以，东煤交易用了电子商务这种交易模式来对短期的现货进行了探索，并且取得了初步的成效。

2．短长协现货交易模式

这种交易模式是东煤交易从2012年下半年开始，自主研发创新的短长协现货交易模式。

东煤交易的短长协现货交易模式，是一种针对3~6个月的预售现货的交易模式，它克服了短期的不稳定和长协的不兑现、交付率低的特点，将煤炭以产能预售的方式建立的一种交易模式。

东煤交易的短长协现货交易模式有六个主要环节：

第一环节是预售，或者叫发售。这一环节包含三方面的内容：合作意向、发售和申购。

这种模式是建立在长协基础之上的，发售的底价有两种，一种是长协底价，另外一种底价，则参照国内的秦皇岛指数，国际上的纽卡斯尔指数。这是发售中的一个重要环节，通过竞价的方式把煤炭发售到市场上去，因为全国有5万多家有证的贸易商，这些市场的资源就可以参与进来，由于发售的底价是长协价，所以早期东煤交易通过进口煤来探索和实践发现，市场反应比较积极。

第二个环节是采购和融资。这个环节包含三方面内容：采购、融资和付款。

当下游买方支付了20%的保证金时，便已经锁定了销售，因为下游买方承担不起这20%不交付损失，那么对于上游煤炭企业，就可以提前3个月完成对下游的销售。上游煤炭企业可以自己来发售，也可以通过东煤交易，或者通过代发企业，完成代发企业和上游煤炭生产企业的采购，这个采购过程，最终通过下游企业的保证金，上游煤炭企业开具的履约保函，完成银行的融资，这样可以提前3个月把煤款回到上游煤炭企业的账上，也就实现了提前3个月的产能预售。这个融资产品，实际上是东煤交易和中国建设银行、和中国银行共同研发的。为此中国建设银行在大连主要针对煤炭供应链产品专门成立了供应链金融实验室。所以，短长协交易模式的第二个环节的核心是融资，上游煤炭企业可以提前拿到货款。

第三个环节是连续转让。这个环节包含四个方面的内容：挂牌转让、求购、差价结算和连续挂牌转让。

买到煤炭的企业，也就是申购方，在这三个月中，因为他只支付了20%的保证金，所以他可以在东煤交易进行挂牌转让。东煤交易通过与税务部门的多次沟通，通过对国家政策的研究，经过多次实践，将挂牌转让设计为有别于期货，更接近于传统的转让环节，包括挂牌、求购，差价结算和连续挂牌转让。目前，东煤交易经过初步的市场探索结果显示，3个月内可以实现挂牌转让若干次，多的可以达到7、8次，一般也有2、3次。

第四个环节是合同结算，实际是清算。最终买方按发售价格向上家交易商进行付款，直至推付至发售方。

第五个环节是交付。这个环节包含两方面的内容：交付和验收。

在挂牌转让的过程中，很多中间参与到转让环节的买方已经退出了，最终是完成由最后一家买方和发行企业，或和上游煤炭企业的交付过程。

第六个环节是二次清算。这个环节包含发售方与最终买方对验收后的货物进行二次结算和发售方与供应方进行二次结算的两次结算。

交付过程有资金流的一个结算，同时有整个装船的一个过程，这个过程完成之后，最后一次，由于是现货交付，所以，有二次结算的过程。

以上就是东煤交易短长协的六个主要环节，通过六个环节完成了一个短长协的交易模式。

总结以上，东煤交易的短长协交易模式是以电子竞价方式对未来3~6个月拟交付产品进行预售，交易商以支付履约定金的方式实现订购并可连续转让的交易模式。

东煤交易的短长协交易模式对供应方（大型煤企）、发售方、转让方、买方均体现出了不同的的价值：

从2012年的下半年至今，东煤交易借助进口煤，参照了纽卡斯尔指数的定价，对短长协的交易模式进行了初步的实践和探索，这种交易方式实施以来，得到了市场上较好的反应。目前通过和上下游企业的沟通，企业给出的反应比较积极，认为这样的模式可能会稀释整个市场的风险，尤其是在2013年，双轨制并轨后，我国煤电企业的长协合同还处在这种不确定的一个阶段，那么这样一个短长协的产品在这个过程中适度的推出，它在市场上的价格优势，把过去的交付的不确定变成确定，同时让金融和社会的资源进入到市场中来，源于以上种种因素，因此，东煤交易将在2013年2季度，将其作为东煤交易的一个创新的模式在国内市场中推出，这也是东煤交易2013年要重点推出的一个项目。

三、东北亚煤炭交易中心的专业服务

东煤交易作为一个国际化的电子商务平台，其核心专业服务能力体现在交易服务、供应链金融与物流服务等方面。

1．交易服务

通过电子交易服务，实时发布或代为发布国内、国际煤炭销售、采购信息。通过商铺、招标、拍卖、短长协等多样的交易模式，自由选择商流模式，借助完善的电子交易规则体系，确保国内、国际煤炭交易顺畅。

（1）电子商务现货交易服务

煤炭商铺：议价交易

煤炭拍卖：竞价销售

煤炭招标：竞价采购

（2）短长协现货交易服务

以电子竞价方式对未来3~6个月拟交付产品进行预售，交易商以支付履约定金的方式实现订购并可连续转让的交易服务。

交易标的：3~6月预期产能

销售模式：竞价发售、申购

交易资金：履约定金交易

创新方式：协议可连续转让

（3）交易代理服务

东煤交易在2013年1月推出电子交易代理服务模式，通过短长协、商铺、招标拍卖等电子交易模式，增加会员企业的销售、采购渠道，提高会员企业的业务规模及盈利能力，降低人力成本。代理商、代理人通过收取代理佣金增加收入。

2．供应链金融与物流服务

东煤交易致力于成为煤炭供应链融资专家，借助自身优势，成为煤炭企业“融资部”，帮助煤炭企业解决业务融资及相配套的物流问题。

东煤交易的自身优势体现在：

专向煤炭企业服务，服务方式灵活、便捷，更符合煤炭企业业务习惯

为暂达不到银行融资条件的煤炭企业提供资金服务

相比银行之外的其他融资渠道具有成本优势

拥有成熟的煤炭行业经验、雄厚的资金实力、完善的物流管理能力

东煤交易的供应链金融与物流服务内容包括：

（1）代理销售服务：东煤交易通过代理会员完成向下游客户的销售，帮助会员提前收回贸易应收款，有效提高会员资金周转效率。

（2）代理采购服务：东煤交易通过代理会员完成向上游煤矿的采购货款支付，帮助会员顺利达成业务。

（3）港口存货监管服务：东煤交易通过监管会员港口存货，为会员提供资金支持。

（4）供应链物流监管服务：为使用东煤交易供应链金融服务的客户提供与金融服务配套的物流监管服务，帮助客户提高资信水平，帮助客户获得东煤交易及银行融资。

东煤交易的供应链金融与物流服务价值体现在：

提高客户资信水平，为客户提供多渠道业务资金支持。

帮助客户提前回收应收款、帮助客户有效盘活港口存货、为客户预付部分采购资金。

资金支持规模可达到客户自有资金的1～4倍。

通过与金融服务配套的物流监管服务的实施，为客户节约了使用第三方监管机构所带来的成本。

东煤交易的供应链金融和物流服务是基于商流、物流、资金流、信息流管理的煤炭供应链管理模式及广泛的煤炭客户资源，结合客户实际业务需求，为客户的煤炭业务提供整体解决方案及个性化服务，通过组织、整合各方资源，为客户业务提供资金支持，帮助客户扩大业务规模，保障业务顺利实现。2012年东煤交易为近30家客户提供了供应链金融和物流服务，资金服务规模超过10亿元。预计2013年融资规模将达到3 5亿元。

四、东北亚煤炭交易中心的会员服务

东煤交易作为一个国际化的电子商务平台，除了全力为会员及客户提供专业的交易服务和供应链金融与物流服务之外，同时为会员建立起一个以A类会员服务、B类会员服务及园区建设、电子社区服务、信息服务及东北亚煤炭交易会等会员综合服务。

1. A类会员服务

作为东煤交易的核心会员组成，在A类会员社区中，通过东煤交易提供的全方位服务与管理，形成会员之间的互动和沟通、增进社区成员间的了解、共同成长。

在实际交易业务开展中，A类会员通过交易量和信用累积，享受更多东煤交易煤炭电子交易和煤炭供应链金融与物流服务，从而建立企业诚信度，形成品牌效应。

东煤交易通过各项线上、线下服务支撑，强化A类会员服务，帮助会员畅通信息交流、拓展交易合作、助力业务成长。

东煤交易目前的800多家会员企业中，国内会员遍布全国29个省，主要分布在东北（包括内蒙古东部）、华北等区域；国际会员75家涵盖美国、英国、瑞士、瑞典、澳大利亚、加拿大、马来西亚、南非、韩国、日本、泰国、新加坡等世界主要产煤国。预计2013年底将实现2000家会员企业。

2. B类会员服务及园区建设

坐落于亚洲最大广场—大连星海广场的诺德大厦，位于大连核心商务区，为东北第一高楼，大连市地标建筑，是东煤交易会员独享的煤炭交易空间，是东煤交易着力打造的煤炭交易企业聚集的社区。会员在交易空间内共享多种服务，在“熟人社区”中轻松自如地获取煤炭交易价值。

东煤交易采用会员制，入驻诺德大厦的A类会员企业即成为东煤交易B类会员，可享受政府项目补贴、获取煤炭经营资质及其他增值服务。

（1）业务拓展

开展煤炭经营业务：东煤交易协助B类会员取得独立煤炭经营资质，便于企业开展煤炭批发业务；

建立战略合作联盟：与未来150家社区会员建立战略合作联盟，打造煤炭联合经营航母；

煤炭经理人交流：东煤交易定期组织会员洽谈，便于会员之间相互熟悉，共建“熟人社区”，扩大交际范围。

（2）资产管理

产权及资产增值：诺德大厦拥有优越的地理位置、政策环境和成本优势，产权有巨大的增值空间；

尊享顶级物业服务：偌大大厦为国际双5A甲级写字楼，聘请国际顶级物业公司，为会员提供高端的管家式物业服务；

资产管理服务：诺德大厦配备专业的资产管理公司，协助会员开展办公室装修、租赁等工作。

东煤交易成立以来，B类会员累计实现交易量1500万吨，销售收入近100亿元，截至2013年2月，已入驻企业50余家，预计2013年底将实现100家企业入驻。

3. 电子社区服务

东煤交易的社区服务，是东煤交易基于社区会员的商务需求专门建立的电子社区，为会员提供全面的、互动的、新鲜的交互平台，模拟真实业务的社交场景，通过信息分享、交流互动和增值服务等多种方式，帮助会员不断发现、建立和保持人脉关系，从陌生人逐渐成为熟人，充分挖掘交易机会，通过共建电子社区实现会员业务成长。

通过东煤交易的电子社区服务，建立煤炭人的微世界，找客户、寻商机、交朋友、捕新闻，实现365天的煤炭交易会。

4. 信息服务

东煤交易通过直达终端的信息流贯穿交易始终，通达的信息是交易低成本、高效、便捷达成的有力支撑。

信息服务平台

整合国际、国内煤炭行业信息，涵盖行业资讯、价格行情、专家解读、市场统计，以及煤炭知识和企业资源信息，范围覆盖5个主要煤炭进口国、23个煤炭中转港口、10余个煤炭经营地区以及煤炭生产、运输和消费行业，为国内外会员提供全面、及时、准确的信息服务，多角度满足会员个性化的信息服务。

煤炭手机报

每日整合最新国际、国内煤炭行业信息，涵盖行业资讯、价格行情、市场分析、统计数据，范围覆盖煤炭生产、消费等供应链各环节，以彩信的形式为会员提供最为便捷、及时、准确的煤炭市场信息。

煤炭信息周报

依托全面、及时、准确的煤炭资讯、行业数据集市场剖析，定期回顾煤炭市场形势，以最快捷的方式、最精炼的语音，第一时间为会员传递一周的煤炭市场信息。

5．东北亚煤炭交易会

“东北亚煤炭交易会”是东煤交易致力打造的“国际领先的煤炭供应链专业服务与电子商务平台”的核心组成部分；是东煤交易全力策划组织的，由会员与东煤交易具有煤炭进口资质及国内煤炭经营许可资质以及深入的煤炭行业合作伙伴关系，战略合作者共同参与的，立足煤炭交易供应链优化的重要服务项目。

“东北亚煤炭交易会”为煤炭交易的达成，提供了线上、线下全方位的专业化服务；为煤炭交易各方提供了面对面深入交流的空间，是构建煤炭交易“煤炭供应链社区”的有效渠道。同时，交易会秉承“创新性、国际性、交易性、服务性”的理念，将成为成熟的供应链服务、创新的专业化服务展示的舞台。

结合中国及国际市场煤炭交易惯例，“东北亚煤炭交易会”每年夏季举办，通过不断创新与实践，让煤炭交易更简单、更流畅。东煤交易自成立以来，已经成功举办了三届“东北亚煤炭交易会”。

2013年（第四届）东北亚煤炭交易会将以“市场突破与创新”为主题，于2013年8月1日～2日在大连举办。本次大会依然是由中国煤炭工业协会指导，中国煤炭运销协会和东北亚煤炭交易中心联合主办。会议期间将由中国重点企业的企业家组织召开战略圆桌会议，研讨中国煤炭发展趋势，同时将有一批业界精英组织研讨本年度的市场运营现状及趋势。

五、总结

作为国内煤炭交易中心市场化运营的前行者和探索者，东煤交易认为，在整个煤炭市场化进程中，需要不断通过产品的创新，不断去试错，才能找到一个具体的办法。通过近三年的探索和实践，东煤交易越来越自信，尤其是以电子商务，还有短长协方式所带来的市场反应，让东煤交易更加坚定的在探索和实践的道路上继续走下去，同时，东煤交易也确实看到了在实践中关于供应链金融的突破，还有整个物流的市场化进程，未来都会成为东煤交易进一步发展的双翼，并更快的推动东煤交易的发展。

【作者：泰德煤网股份有限公司董事长兼总裁
东北亚煤炭交易中心董事长兼总裁】

深入实践科学发展观　努力实现公司基业长青

李文学

党的十八大系统回顾了过去五年的工作和党的十六大以来的实践，深刻总结了党团结带领全国人民坚持和发展中国特色社会主义的历史进程和宝贵经验，科学阐述了党和国家未来发展的一系列重大理论和实践问题，对全面推进改革开放和社会主义现代化建设、全面推进党的建设新的伟大工程作出了战略部署。大会把科学发展观同马克思列宁主义、毛泽东思想、邓小平理论、“三个代表”重要思想一道，确立为党必须长期坚持的指导思想并写入党章，实现了党的指导思想的又一次与时俱进，对于党和国家建设具有重大现实意义和深远历史意义。

十八大报告指出，科学发展观第一要义是发展，核心立场是以人为本，基本要求是全面协调可持续，根本方法是统筹兼顾，最鲜明的精神实质是解放思想、实事求是、与时俱进、求真务实。学习贯彻十八大精神，关键是要用科学发展观武装头脑、指导实践、推动工作、强企富民，实现公司基业长青。

一、全面落实科学发展观的第一要义，切实推动公司经济发展

发展是当代中国的主题，也是企业的第一要务。长期以来特别是2003年改企以来，公司以发展战略为指导，服务黄河治理开发，开拓国内外市场，取得很大成绩。十年来，公司勘测设计年收入翻了两番多，年签合同额由1亿余元增长到16亿余元。公司成为持有全国工程设计综合资质甲级的50余家单位之一、国家高新技术企业，被命名为全国水利文明单位，连年保持省级文明单位称号，并被授予全国模范职工之家、全国水利优秀企业，河南省重合同守信用企业、和谐劳动关系模范企业，黄委目标管理一等奖等荣誉称号。尽管获得较大发展，但与有些大的勘察设计单位相比，还存在经济总量偏小、经济增长质量不高、收入结构较单一，市场竞争和抗风险能力不强等问题，发展任务依然繁重。

践行科学发展观就要紧紧围绕公司中心工作，聚精会神抓经济、一心一意谋发展，深入贯彻公司发展战略，实施质量立企、科技兴企和人才强企战略，力争2015年公司收入与2010年相比翻一番，为发展打下牢固物质基础。要把握行业大势，创新发展理念，破解发展难题，完善体制机制，增强发展活力。十八大报告多处涉及水利，并把水利放在生态文明建设的突出位置，要落实“给子孙后代留下天蓝、地绿、水净的美好家园”、“推进水循环利用，建设节水型社会”、“推进荒漠化、石漠化、水土流失综合治理，扩大森林、湖泊、湿地面积”、“加快水利建设，增强城乡防洪抗旱排涝能力，强化水、大气、土壤等污染防治”等重大部署，坚持水利发展与资源、能源节约并重，从勘测、规划、设计各个环节落实生态文明建设，切实肩负起“致力于黄河长治久安，致力于经济社会可持续发展”的公司使命。要把服务治黄工作与开拓外部市场结合起来，坚持全公司经营一盘棋，理顺经营管理体制，完善领导重视、部门专管、多方齐抓、全员支持的多级经营格局，加大经营力度。要抓住十八大要求推进城镇化、合理布局基础设施和基础产业带来的机遇，积极介入城市供水、污水处理、地铁等市政工程以及新能源等新兴产业的工程建设，并努力拉长业务链。

二、全面落实科学发展观的核心立场，切实坚持以人为本

以人为本是我们党的根本宗旨和执政理念的集中体现。坚持以人为本，就是要以实现人的全面发展为目标，从人民群众的根本利益出发谋发展、促发展，不断满足群众日益增长的物质文化需要，切实保障群众的经济、政治和文化权益，让发展成果惠及全体人民。

践行科学发展观必须坚持以人为本的核心立场，落实公司“以人为本、富裕公平；客户利益至上、诚信服务至尊”的价值观，在服务治黄、奉献社会的同时发展经济、造福员工，始终做到发展为了职工，发展依靠职工，发展成果由职工共享，切实把实现好、维护好、发展好广大职工的根本利益作为工作的出发点和落脚点。必须依靠职工办好企业，尊重职工的主人翁地位和首创精神，健全职代会制度，推进企务公开，强化民主管理，保证职工的民主权利，调动职工投身发展的积极性、主动性和创造性。必须从推动企业发展、提高经济效益入手，不断增加职工收益，使职工平均收入每几年上一个新台阶。要心系职工，始终把职工“拥护不拥护，赞成不赞成，高兴不高兴，满意不满意”作为衡量工作的重要标准，切实关心和维护职工的切身利益。要注重民生，抓好职工博士后培训楼、郑东新区黄河大厦、职工危旧房改造等项目，改善职工生产生活条件；关心工程一线职工，关爱劳模和离退休老同志，帮扶困难职工等特殊群体。要注重人文关怀，尊重人、理解人、关心人，公平待人，公正办事，搭好职工实现人生价值的舞台，满足人的多样性需求，促进人的全面发展。

三、全面落实科学发展观的基本要求，切实做到全面协调可持续

科学发展观所追求的发展是全面协调可持续的发展，是又好又快发展。全面是指各个方面都要发展，注重发展的整体性；协调是指各个方面的发展要相互适应，注重发展的均衡性；可持续是指发展进程要有持久性、连续性，注重当前发展和长远发展的结合。

践行科学发展观必须坚持全面发展，推进公司物质文明、政治文明、精神文明和生态文明建设，实现经济和各项工作的共同进步。坚持协调发展，立足黄河、面向全国、走向世界，实现三驾马车竞驰、三个市场协调并进；推进水利、水电、工民建、路桥、生态水利等业务协调发展，并推进勘察、设计向咨询、监理、施工、岩土工程、工程总承包和项目代建等领域延伸，促进传统业务、新兴业务和延伸业务相协调，使勘察设计收入约占65%，总承包和项目管理等收入约占35%，非水利业务收入明显上升。坚持可持续发展，从人才、技术、品牌、管理、文化等多个方面打造企业核心竞争力，增加项目储备，增强发展后劲，促进公司持续发展；坚持开源节流并举，在促进经济总量增长同时，提高经济增长质量，实现公司又好又快的发展。

四、全面落实科学发展观的根本方法，切实做到统筹兼顾

科学发展观的根本方法是统筹兼顾。统筹兼顾，就是要总揽全局、兼顾各方，统筹谋划、综合平衡，把立足当前和着眼长远相结合，把全面推进和重点突破相结合。

作为一个流域设计单位和国有企业，我们必须善于总揽全局，统筹规划，妥善处理各种关系。要统筹兼顾经济、人文、资源、环境等因素关系，统筹兼顾上下游、左右岸、城市与农村，流域与区域、防洪与抗旱等各方面关系，综合考虑经济效益、生态效益和社会效益，注重人水和谐，积极建设生态文明。要统筹兼顾企业与自然、企业与社会的关系，诚信经营，以社会为重，对社会负责，建设资源节约型和环境友好型企业，树立良好形象。要统筹兼顾公司生产和经营、项目进度和质量、经济积累和分配、管理和服务的关系，改革、发展、稳定的关系，企业经济建设、文化建设和党的建设等工作的关系，使各方面相促进。要统筹兼顾企业利益和职工利益、当前利益和长远利益等各方面利益，统筹兼顾勘测和设计、主业和辅业、生产单位和职能部门等方面的发展，融洽单位之间、员工之间的关系，调动各方面积极性，努力形成各尽所能、各得其所而又和谐相处的局面，增强企业发展的合力。

科学发展观是中国特色社会主义理论体系的最新成果。我们要深刻领会其内涵，把握其精神实质，全面贯彻落实，从而解决公司“建设什么样的企业、怎么建设企业”等重大战略命题，解决制约发展的重点难点问题，解放思想，改革创新，奋发有为，开拓前进，实现市场国际化、业务多元化、设计施工一体化，打造富有国际竞争力的工程咨询公司，做大做强做优企业，确保公司科学发展、和谐发展、永续发展。

【作者：黄河勘测规划设计有限公司党委书记 董事长】

对江苏局制造业转型升级的思考

陆云富

国务院国资委公布的中国煤炭地质总局主业为：“煤炭地质勘查、研究及矿业开发，相关工程施工、服务与专用设备制造”，到2012年底，总局加工制造业实现经营收入占全部收入的三分之一，江苏局制造业经营收入超过46亿元，占江苏局经营总收入的80%以上，占总局制造业收入的83.5%，成为江苏局“十一五”以来增长最快的产业板块，确立了支柱产业地位。按照江苏局“地质立局、工业强局、矿业富局”发展战略，作为主要产业版块的材料及装备制造业，如何实现又好又快发展，实现做强的目标？笔者谈些粗浅的思考。

一、制造业发展历程

（一）发展现状

从地勘单位实施产业结构调整以来，江苏局就把发展工业产品一直摆在重要的位置，对工业的定位从开始的加工制造业到目前的材料及装备制造业。在勘探队转产初期，针对单位处在“长三角”区域优势，提出了“一队一厂”的产业调整方向，较早地实现了产业转型。在谋划“十一五”发展规划时，基于原有“四大块”产业，明确了“以地勘及延伸业、加工制造业、三产服务业主业结构框架为基础，在每块产业链拉长、壮大上做文章，重点在地勘及延伸业、加工制造业上下功夫”的产业定位，并根据加工制造业企业的产品类型，重新定位为材料及制造业，确立了以地质及延伸业、材料及制造业为主体的“两轮驱动、做大做强”的发展思路。在工业发展上，进一步明确加快骨干企业建设，培育大企业，增强带动力，通过扶优扶强、集中资金、重点培育六大工业产品生产制造基地，着力推进产品结构调整，促进产业升级，发展有前景、上规模的项目，创本地名牌，使骨干企业产业链不断拉长，产品逐步系列化。先后投资建设了配合饲料、永磁材料、铝型材料、环保包装膜料、钢制轮毂等生产线；在江西赣州信丰兴办了金石源新材料合资公司；液压油缸、活塞、焊接材料增加了产品的科技含量，开发出一些具有自主知识产权的产品；重点扶持金石彭源稀土材料厂、长江生物科技公司等一批规模企业做大做强，稀土冶炼位列全国稀土冶炼的前5名，长江生物被选为徐州市农业产业化龙头企业，尧欣塑胶薄膜产量位居华东第一位，长江焊接材料已进入全国前10、省内第二位。目前已经形成了金石稀土材料、金源永磁材料、铃柯铝型材料、海华焊接材料、尧欣塑胶材料、鑫长江饲料以及彭源工程机械、恒利液压油缸、远方机车活塞等产品品牌。其中稀土材料、塑胶制品、焊接材料、活塞产品能自营出口，跻身于海外市场。到2012年底，全局9家工业企业年销售收入都在3000万元以上，经营收入超过45亿元，其中20亿元以上规模的企业2家，超过1亿元的1家。

（二）发展中存在的问题

尽管江苏局的制造业发展迅速，但同时又要看到，制造业企业间的发展不平衡在加大，金石彭源稀土材料厂、长江生物科技公司两企业经营收入、利润总额占局工业企业的92.09%和97.04%。部分企业还在总局认定的“三小”行列，主要是盈利水平不高。这些企业或多或少存在生产工艺、设备较落后，劳动生产率较低、产品质量或性能不高；管理系统不尽完善，管理还比较粗放；融资能力不足、资金周转慢、回款期长、流动资金比较紧张；企业研发、创新能力较低、缺少具有核心技术自主产品、市场竞争力不强；企业自我发展能力不强，规模化步伐不快，还没有形成新的经济增长点，增长乏力等等困难。

二、制造业可持续发展的思考

（一）实施制造业资源整合

做精大地质、做强大工业、培育大企业、实现大发展，是江苏局提出的“地质立局、工业强局、矿业富局”发展战略基础上再上台阶的总体目标。按照总局的要求，企业资产总额不足1000万元、经营收入不足1000万元、利润总额不足100万元的“三小”企业都要整合。到2011年底，江苏局仍有3家工业企业没有摆脱“三小”，因此，按照上级的要求，对“三小”企业要进一步加大清理整合力度，同样也是培育大企业（这项任务几乎集中在工业企业）必然要求。

1．加大制造业基地建设，实现产业集聚

“十一五”期间，江苏局提出了打造各具特色的三个经济圈，即构架徐淮经济率先圈、锡常经济振兴圈、宁镇经济崛起圈三个经济区域，推行以资质、资产、资源“三资”为纽带的专业性和区域性整合重组，实施区域性布局，加强区域性投入，引导和培育各个经济圈的龙头企业和产品，形成全局三大经济圈资源共享、优势互补、南北互动、强势带动弱势、共同协调发展的新的经济格局。在制造业板块上，通过对原由江苏物测队兴办的强物预混料、长江药业的整合重组，提升管理层级，组建了由局管理的长江生物科技公司，在原来小打小闹基础上，新上适应饲料业发展需求的配合饲料，经济总量和效益有了飞速发展。“十二五”期间，推进制造业的整合重组，既是总局的要求，更是江苏局自身发展的必然选择。按照总局关于理顺省级公司管理体制的要求，原来由三级投资的企业已全部升格为江苏中煤长江集团公司投资，下一步在管理体制上也将逐步改革到位，选择适合自身发展的模式。对于相近行业的产业，按专业化、区域化整合，实施公司化运作，提升综合决策能力、市场开拓能力，降低管理成本。2012年开始以徐淮经济圈作为试点，开展内部单位间的区域整合重组，组建江苏中煤长江集团下的区域公司，二队恒利液压油缸、147队彭源工程机械之间的整合提上日程。常州既有三队的机械加工与轮毂产品，又有机研中心的柴油机配件产品，实施制造业的整合也是势在必行。通过加大制造业基地的培育，实现产业集聚，使制造业各基地的规模达到数亿元、数十亿元以上。

2．扶优扶强，培育大企业上市

金石稀土、长江生物科技是江苏局工业企业的领头羊，“十二五”期间要继续领跑工业企业快速发展、率先发展。长江生物科技围绕“做大做强饲料产业，稳步发展原料贸易，适时拉伴产业链”的思路，实施低成本扩张战略，做出规模，争取到“十二五”末，饲料年产销售能力要超过50万吨，原料贸易年销售收入15亿元以上，成为省级农业产业化龙头企业，并达到国家级农业产业化龙头企业的基本要求。随着我国对稀土矿产资源保护力度的加大，稀土价格在2011年飙升之后将有一段时间处于下行通道，价格止跌上行、需求复苏回暖前景还不明朗，保持持续增长需增加新的经济增长点，要在开发单中、重稀土金属及稀土合金产品、高端钕铁硼产品、稀土再生资源的合作生产等方面加快步伐，参与稀土行业整合，与大企业的联营，打造稀土冶炼龙头企业。并以此为契机，按照上市标准，对徐州金石彭源稀土材料厂中金石分厂、金石源分厂和金源分厂进行资源优化配置，引进社会资源，进行股份制改造，组建金石稀土江苏股份有限公司，积极谋划企业上市，实现资本多元化，推动企业更好更快发展。制造业中的其他企业按照“能做多大做多大，能跑多快跑多快，能做多强做多强”的要求，积极融入区域经济，充分利用“长三角”制造业区位优势和加快徐州老工业基地、沿海经济带建设的机遇，积极创造机会开展社会并购、股份合作等，达到强强联合，合作共赢，进一步提高市场影响力与占有率，集中力量抓重点破难点，优化产品结构，全力推进企业规模建设。

（二）促进制造业转型升级

推动产业结构优化升级，积极实施转型升级战略，是做强做优、培育具有国际竞争力一流特色央企的重要举措，也是江苏局实现工业强局战略的重要途径，应把产业产品结构的优化升级，放到可持续发展的突出位置考虑，增强转型升级的紧迫感和责任感，早转早主动，越迟可能会越被动，产品是有生命周期的。

1．提升产品研发创新能力

企业要建立研发中心，不仅承担企业的一些产品或工艺的改进工作、企业内部内部信息化管理工作，还要组织技术研发、产品创新、利用和转化科技成果。金石彭源成立生产技术研发部后，着力产品技术创新优化，申报的2项国家发明专利，其中“烧结钕铁硼回火工艺”2012年7月10日获得国家知识产权局授予发明专利，并被专家组认定为国内领先水平，这是金石稀土厂拥有的第一个自主知识产权，标志着金石稀土科技工作迈上了一个新的台阶，产品核心竞争力也得到了进一步地加强，同时为确定省级高新技术企业奠定了基础；生物科技公司启动省高新技术企业、省高新技术产品申报工作，被授予徐州市高新技术企业，取得1项国家发明专利和8项市高新技术产品的好成绩。通过与扬州大学合作成立江苏省企业研究生工作站，以产学研合作推动科技创新和科技成果产业化；机研中心GEV016涡轮增压器壳体供应中国南车通用公司后，又成为北车集团的供货商，正在筹备开发7个柴油机新产品，向相关企业定向配套服务方向发展。这些企业的成功范例再次说明，在规模扩张的同时，要向特色优势转变，向精、特、优方向发展，积极申报高新技术企业和高新产品，以争取政府政策和资金扶持，扩大企业影响力。通过招贤纳才，采取更加灵活措施，借用“外智”，聘请外部专家担任营销或技术顾问等方式，为制造业发展提供新思路、新市场和新技术支持，以此带动推进两个转变，即加工制造向先进制造的转变，推动加工制造向终端产品制造转移，提高制造业产品的科技附加值。

2．加强品牌建设，提升市场竞争力

品牌是企业重要的无形资产，它直接影响着企业的长远发展，一个拿得出叫得响的品牌，有利于提高企业的竞争力，而企业的实力、活力、潜力以及可持续发展能力都集中体现在竞争力上。长江生物科技这几年已尝到品牌效应所带给企业的优势，通过创建市级、省级名牌，“鑫长江”饲料已成为江苏省著名品牌，市场份额不断扩大，尤其是开发的肉种鸭配合饲料被广西桂柳鸭业集团、安徽强英鸭业集团等大型企业作为首选品牌，种鸭饲料市场销售在淮海经济区位居第一，是华东地区第一品牌。生物科技应乘势而上，在2012年实现省级农业龙头化企业后，向国家级农业龙头化企业迈进。“金石彭源”稀土品牌在在行业内有一定的知名度，销售国内前5位，就连日本的中电稀土、日立金属、昭和电工、丰田通商等著名公司对金石稀土金属非常认可。目前江苏局工业企业大多有自己的品牌，像“海华”焊材、“远方”活塞、“尧欣”塑胶都已在工商注册了商标，但知名度不高，要加强宣传，扩大影响力，发挥品牌效应，争创地方和国家级名牌产品，培育2～3个核心竞争力强的企业，争取在本行业中赢得话语权。

（三）提升制造业盈利能力

总局第三任期经营业绩考核办法年度经营业绩考核指标中，把企业盈利能力、资产质量状况等纳入主要指标加以考核，这种考核办法作为一种导向，既符合国家关于加快经济发展方式的要求，也符合国资委关于增强企业竞争力的要求，更是总局做强做大的必然要求。“做强”体现的是科技创新、行业对标、市场竞争力，“做大”大在市场占有率、社会影响力、行业话语权上。按照总局经营业绩考核办法，对成本费用利润率指标的要求，不是以各单位所从事的行业确定目标值，而是以地勘行业作为参考，未达地勘行业平均水平的要在上年实际数的基础上提高15%确定当年考核目标值。对一个行业来说，收入利润率、成本费用利润率这种盈利指标相对稳定，年度之间不会有太大变化。在国资委考核的中央企业中，工业企业全行业的成本费用利润率平均值是5.5%，优秀值是13.2%；地质勘查业的成本费用利润率平均值是6.2%，优秀值是14.5%。就江苏局而言，在目前的产业版块中，由于地勘比重不占主导，成本费用利润率指标是短板，全局成本费用利润率是5%左右，制造业的成本费用利润率4%左右，比央企工业企业、地勘行业平均水平低2～3个百分点。“工业强局”作为发展战略的重要组成部分，就是要在做强上下功夫，“十二五”期间要重点解决不强的问题，关键是提升盈利水平。

1．开发产业链上具有一定附加值的产品

铃柯精密机械要名副其实，推动现有的轧机产品、铝挤压产品增加科技含量，向高附加值的自动化水平高的轧机和铝型材方向发展，并利用自产轧机和铝型材，实现产业向下游的延伸，生产铝型材产品，适时进入换热器领域，以解决附加值低下问题；恒利液压油缸在提高产品质量和市场占有率的同时，考虑向煤机整机生产和装备发展，提高盈利水平；顺安机电对现有的产品进行梳理，确定主攻方向，选择盈利水平较好、适合自身发展的产品；尧欣公司在扩大产能的同时，应把医用、新能源太阳能电池背板膜等高附加值的无纺布、塑胶薄膜作为开发的重点进行突破，发挥三层共挤等设备的效能；长江焊接材料要进入三星、西门子等世界知名企业和海尔、格兰仕等国内大公司，扩大市场占有率，大力推广铜铝药芯焊丝产品，抢占行业的制高点，并以此为契机，申请市、省级高新技术企业，为效益增长给力；金石稀土调整金属冶炼产品结构，扩大高附加值金属比重，增加高性能永磁材料比重；精典彩印向印刷产业链中的边缘化产品发展，打造集创意设计、制版、印刷、包装、具有相应印刷后道生产能力的现代化印刷企业；机研中心要围绕柴油机活塞系列化产品特别是铸造核心技术优势，在巩固活塞系列产品市场的同时，加大技术含量和效益高的柴油机缸头、增压器壳体的生产规模，在盈利水平上有新的提升；长江生物科技在饲料生产规模扩张的同时，开发新饲料品种，原料贸易上深化与国内外知名企业的合作，着力提升利润相对高的产品销售比重，在利润率上实现稳步提升，与此同时，要加大与广西桂柳合作的领域，向产业链的上游养殖业、下游屠宰发展，尽管投入大，但效益丰厚，反过来又能带动饲料上更大规模。

2．强化管理，内部挖潜增效

“十二五”期间不确定的因素很多，包容性增长提倡的是经济发展和职工收入的同步，而江苏局从事制造业的职工收入普遍不是太高，提高职工工资意味着人工成本的增加，也给提高盈利水平带来更大的难度，但科学发展观的核心是以人为本，绝不能把提高职工收入作为企业的负担，而要把它作为厂长、经理的一种责任。这就需要统筹规划，处理好相互关系，在增收节支、降低成本、提高利润上动脑筋想办法，尽最大努力消化增资因素，提高经营效果。要打破传统的粗放型经营模式，做到既开源又节流，树立成本领先的战略意识，细化成本控制、质量控制、财务监管、节能降耗等管控体系。要以“强基固本、控制风险，转型升级、保值增值，做强做优、科学发展”为主题的管理提升活动为契机，把提高企业盈利水平的责任落实到每一个员工，通过管理提升找出风险点，止住出血点，找准经营管理中存在的突出问题和薄弱环节，集中力量解决制约和影响发展的关键问题，向管理要效益、要质量、要增长，真正实现发展更快、结构更好、质量更优、效益更高的经济可持续发展目标。

（四）强化激励机制

1．考核激励

随着江苏中煤长江地质勘查有限公司由母公司升格为中煤长江集团公司，公司董事会试点即将展开。尽管下辖的9家制造业企业的注册资本全部划入中煤长江集团，形式上属三级企业，但目前仍由勘探队管理，勘探队对他们业绩考核。中煤长江实质性运作，制造业企业经营者应比照局与队经营者签订业绩责任书的办法进行业绩考核，提高经济实体负责人的荣誉感，着重考核各企业的价值创造能力和经济增长的质量，提升各企业在市场上的竞争能力。

2．职级激励

目前江苏局部分企业的经济发展已到了一定的规模，由于受到队级班子职数的限制，部分制造业企业的经营者进不了队班子。为进一步完善干部管理体系，激发干部干事创业的激情，江苏局参考江苏省经济发达乡镇行政管理体制改革试点的工作意见，出台相应的政策，对具备一定规模、经济效益突出的企业经营者明确带职级，营造按业绩论英雄的氛围，让一批所在行业的领军人物脱颖而出。对制造业年销售收入在5000万元以上，利润达500万元以上；或创收规模达亿元以上，效益水平高于同行业企业的经营者，明确副处级。这项措施只有真正落到实处，才能起到激励作用。

制造业是我国国民经济的“脊梁”，同时也是影响实体经济走向的关键要素。在天津举行的2012年夏季达沃斯论坛期间，多位中外专家表示，受世界宏观经济形势低迷、国内制造行业低水平重复建设、成本上扬致企业外流等因素制约，中国制造业目前面临的增速回落、需求放缓局面短期内恐难以改变。江苏局的制造业也不可能独善其身，怎样在不是太好的宏观经济环境中危中求机，保持可持续发展，还有许多工作要做，本文所述有偏颇之处，甚望指教。

【作者：中国煤炭地质总局江苏煤炭地质局副局长】

脱硫设施为何运行效率低
制度创新推进合同环保服务

吕和武

雾霾天气频发，与高耗能、高污染行业有较大关系。作为能源消耗、污染排放大户的钢铁行业，有的企业环保欠账比较多，特别是烧结机脱硫设施建设运营存在很大问题。

相关数据表明，全国现有各种规模烧结机总数为1240余台，脱硫烧结机台数317台。然而，脱硫系统运行情况不尽人意，多数脱硫装置因技术、质量、运行成本、管理不善等原因，不能正常运行，脱硫设施与烧结机的同步运行率较低，虽然设计脱硫效率在90%以上，但实际综合运行脱硫效率在50%左右。

为什么会出现这样的问题？我认为，主要有以下原因：

第一、项目建设缺乏技术论证和审批制度，各种技术工艺路线差异很大，业主在技术方案选择上存在一定的盲目性。

第二、环保设施在设计时，由于前期对业主工业排放数据掌握不准，取值过大或过小，导致大马拉小车现象，增加了能源消耗，造成浪费；参数取值过小，导致环保设施不能满足工况的较大变化，脱硫能力不足，建成后运行不能达到预期效果。

第三、行业管理不健全，对环保公司的准入和业绩要求不高、考察不严，环保公司良莠不齐，恶性竞争，相互压价，导致设备选型和材料选择的低质量。工程建设缺乏行业监管，建成后运行不能达标，有的设施建成后就一直不能正常运行。多数环保公司没有自己的建设施工队伍，承包给无资质、经验不足的施工队伍，质量保证能力差，盲目追求降低成本，导致环保设施整体施工质量差，无法正常运行。

第四、整套环保设施的自动化水平不高，检测参数不能自动化连续计量，有的设施，参数人工计量，精度不高，容易出现人为操作失误和弄虚作假，设备无法实现稳定运行，高效运行，也不利于主管部门监管。

第五、环保设施运行操作人员、管理团队整体水平不高，没有健全环保设施的维修保养机制，环保设施与业主设备同步运行率低。对运行工况控制不严谨，导致设施的过度腐蚀、磨损甚至无法运行。

环保产业要想大发展，创新体制机制是关键。

首先是建设模式的创新，国家要出台政策，鼓励采用“项目总承包＋运行承包”模式（EPCO），和“投资＋项目总承包＋运行承包”模式（BOO）承建、运行脱硫环保系统，强化环保公司责任，实现专业化运行，提高脱硫效果。

其次、制度也要创新，参照"合同能源管理"的模式，从国家层面开展"合同环保服务"管理，对以BOO模式、EPCO模式投资于环保项目的"合同环保服务"企业，给予一定的绩效奖励和财政、税收等政策方面的支持，使这一环保新型模式快速发展，促进每一个环保设施稳定运行、排放达标。

第三、要规范行业管理，提升准入门槛。必须建立环保设施建设、运营准入制度，提高进入门槛，规范行业管理，建立健全行业质量标准体系，提高环保设施的建设质量和运行管理质量，杜绝浪费，促进环保企业实力的提升和发展，进一步推动我国环保事业的健康发展。要强化行业监管，建议强化对环保设施减排量核查，对脱硫设施与烧结机同步率低于90%的企业减排量不予认可，对偷排、关停环保设施的行为给予经济处罚，情节严重的，追究刑事责任。增强企业对环境保护和节能减排的重视程度和敬畏心，重视环保设施的建设和运行。

第四、要建立环保设施建设的审核、审批制度。环保设施在建设前，应该经过专家认证和审核，拒绝落后的工艺和技术实施。审核环保公司的资质和业绩，对于不具备资质、业绩不好的企业，不予批准，从源头上避免不合格工程和不合格环保企业，确保环保设施建设的成功率和运行达标率。

【作者：山东国舜建设集团有限公司 董事长】

品牌传播与媒体传播力建设

马振霖

高品质的传播既能产生良好的社会效益，也能得到较高的市场回报率，继而又会对宣传的品质产生积极的影响。在受众需求多元化的今天，媒体传播力，只有定位准确，传播精读高的媒体才能在同质化市场中在占据有利地位。作为媒体，首先要明确自己品牌定位，而一个成熟的媒体品牌应具有知名度、美誉度、忠诚度三个特征，在一个品牌形象建立之后，需要不断提高品牌的"三度"来强化和巩固其地位，品牌在得到受众普遍认可之后也要加强维护，品牌战略必须步步为营，不可一蹴而就，品牌的升腾与维护必须整合各类媒介产品，采取多元化策略。

"碰到台海大事，就看海峡导报"导报依靠自身对台宣传特色，成功构建自己的新闻品牌，台海专题报道深入读者的心，并与新华社、人民日报三家媒体单位被国台办列入对台宣传工作的主要媒体。2012年9月，中国品牌媒体高等论坛授予海峡导报"2011～2012中国品牌媒体百强——都市报品牌竞争力10强"荣誉。海峡导报的成功正式基于品牌传播与媒体传播力建设的成功。

首先，找准支点打造媒体传播精度方面。我们海峡导报首先抓住了地域优势，立足厦门，辐射台湾。除了做好厦门本地新闻，还重点采写台海新闻，以增进两岸相互了解、相互交流、共同发展为宗旨，全方位多角度报道海峡两岸政治、经济、文化等方面的最新动态，每天刊发的台湾新闻稿件量位居全国媒体第一位，是目前全国唯一以对台宣传委主的综合性都市报。

其次，培育传播力度，构建品牌体系方面。尤其注重品牌价值的晕轮效应、扩散效应以及协同效应。说到底，媒介的营销在本质上是一种影响力营销，媒介的出发点和落脚点都是增强其整体的公众影响力。

第三，强化辨识度，打造品牌核心价值方面。我们除了强化"海峡导报"这个名称，让它有辨识度外，我们报纸的内容也有很多独创性，海峡导报拥有数十名对台宣传经验丰富的采编人员，他们深耕岛内的人脉资源，总能"新闻发生时我在场"带出台味十足的报道，皆有这些资源报纸推出了《对话台湾名嘴》、《台北观察》、《台海名家》、《台海评论》等一系列独家的深度评论报道。

第四，在有效整合，由点到面完善品牌体系方面，导报在办好报纸的同时，通过自身滚雪球式的成长，以"一体化模式"将台海品牌做强做大，以"报、网、刊"联动的形式打造全国唯一立体式台海报道体系。我们的台海网是两岸交流的新闻网站，《海峡商业》是以华人视角跨越海峡、直通财富，呈现深度，实用的财经资讯刊物。同时我们还有强大的驻台记者团队和两岸涉台研究的著名专家、学者评论员、政论名嘴等300余人，通过导报搭建起了一个汇聚两岸，点评台海的权威言论平台。

报纸品牌的真正意义，是让读者对报道建立信任感，依赖感，体现出"独此一家，别无其他"的特殊价值，海峡导报做到了。在提升传播力度，品牌深化策略方面。我们不但让台湾名嘴为导报说话，我们还利用名人效应扩大影响，让台湾"名笔"为导报撰文，一批有影响的岛内著名时事评论员和专栏作家，不仅为大陆读者提供了一个来自对岸的思想观察，也为台湾"名嘴"、"名笔"提供了一个在大陆发表意见的舞台。同时，我们更加注重两岸文化的交流互动，"海峡两岸七夕牵手会""海峡两岸中秋博饼王中王大赛"等都是我们导报举办的成功具有相当影响力的海峡两岸民间交流活动。

随着数字技术席卷全球，我们迎来了一个由传统媒体和新兴媒体相互融合、共同发挥作用的全新发展阶段。我们深刻意识到在这样一个全媒体时代，受众不仅仅是信息被动的接收者，还是一个主动的传播者。确立成功的品牌传播与媒体传播力建设，影响不言而喻 。

【作者：《海峡导报》社社长】

人才兴企当关注人文关怀和心理疏导

庞忠生

十八大报告中关于全面提高公民道德素质的论述指出：“加强和改进思想政治工作，要注重人文关怀和心理疏导，培育自尊自信、理性平和、积极向上的社会心态”。通过深入学习领会，我们惊喜的看到把心理疏导、人文关怀写进报告，说明党中央对人民群众身体和心理健康的重视程度越来越高，同时也是对我们大力推进职工心理帮扶计划工作的高度肯定。

深入学习贯彻十八大精神，要求我们要深刻认识保障和改善民计民生的极端重要性，以事关人民群众福祉、社会和谐稳定、巩固党的执政地位的高度，更加自觉的解决好民生问题。对于企业来讲，就是要在抓好当期经营发展的同时抓好关心关注关怀关爱员工的民心工程。

随着中国经济的飞速发展和当前全球经济面对的困境，企业内外条件和环境发生很大的变化，中国的企业已进入了一个追求心理和精神需要的“心经济”时代，不仅仅是做好有形产品和满足物化需求，还要充分了解并满足员工和顾客的心理和精神需求。因此，加强对员工心理的关注和引导，深化企业EAP管理模式，搭建“员工心理帮助计划”平台，营造人文关怀氛围和环境，这样的企业才能赢得人心赢得市场赢得发展。

一、让员工幸福起来是企业追求的新目标

根据专业心理健康机构调查发现，工作压力、职业倦怠、物价压力、孩子教育、家庭问题等正日益成为企业员工的心理压力，心理健康状况已对员工工作、生活产生了非常大的影响。关心员工心理健康，对员工进行职业心理健康管理，为员工提供心理援助，进行心理健康服务，显得尤为重要。企业坚持以人为本，首先要关怀员工的身心健康。天津一轻集团打造好同心文化，一方面高度重视和谐的劳动关系的打造，关注和维护员工的利益，建立领导与员工沟通、凝聚、连心的方法和机制。另一方面是落实关心职工十件实事和深化“十送”机制建设，努力为员工创造良好的工作生活环境和条件，同时为员工提供在同行业或同区域有竞争力的薪酬福利待遇，开展多层次多方面的培训教育，不断提高员工的素质能力水平，激发员工的积极性、热情和智慧，为员工搭建在干事创业中成长成才工作平台。

让员工成才必须关注员工物心两方面的幸福，关怀关心关注关爱员工要体现无微不至，从工作上、生活上、健康上（包括心理健康）任何一个环节入手，任何情况都不放过，在员工最困难、最悲观、最不高兴和最需要帮助关怀的时刻各级领导一定要到位，把温暖送到员工手中。让员工有一个好心情，生活上乐观向上，工作上积极主动，学习上不断进步，业绩上不断提高，打造团结奋进的局面，形成团队及组织强大的竞争力、战斗力，只有员工心理健康、快乐幸福的才能实现幸福家园幸福工厂的目标，这样企业才能具有强大的凝聚力，才能保持旺盛的生命力，才能铸就非凡的战斗力，推动企业持续健康发展。

二、不断投资员工的情感账户走好“心经济”之路

从“身经济”走向“心经济”这是一批健康持续发展的企业和集团在后危机中转变发展方式走的成功之路。建设幸福工厂幸福家园，不断提升员工心理健康水平和幸福指数，是“心经济”的重要内容。自导入EAP项目以来，天津一轻将EAP融入“党政工团四合力班组”建设，使得“党政工团四合力班组”成为了EAP的有效载体，同时也借助“党政工团四合力班组”建设，使EAP得以“本土化”“一轻化”。将员工心理健康管理纳入党、政、工、团的工作日程，认真开展心理咨询和心理辅导工作，并使之常态化，充分发挥党、团、工会组织和党务工作者的作用，调动思想政治工作者的积极性，聘请心理咨询专家，打造心理咨询师队伍，经常的对员工进行培训、教育与沟通，将民心工程具体落到阳光心态工程和员工幸福工程上来，不断的向员工的情感账户投资，让所有员工看到自己工作的价值，调整好心理压力，快乐工作，幸福生活。推进“心经济”就要用心去做人心工作，要尊重、理解、帮助员工，坚持真诚和奉献的方针，把关心实实在在落在班组层面上，落在员工身上，将党、政、工、团四合力创建和谐活力班组活动与员工心理健康工程、幸福工程紧密结合起来，真正发挥党、政、工、团小组长的热情和智慧，对员工在工作上指导、思想上教育、生活上关怀、困难上帮助、进步上推动，释放出员工的活力、班组的活力，打造出一大批活力四射的班组。要利用3～5年的时间从各企业工会主席和人力资源负责人中培养出“百名员工心理健康咨询师”，从各企业车间主任中培养出“千名员工心理健康管理员”，从各企业班组长中培养出“万名员工心理健康辅导员”，为员工提供EAP服务，深化人文关怀、加强心理疏导，全面促进员工素质的提升。使更多的员工都能树立起积极、乐观、向上的工作和生活态度，展现全新的精神面貌，提高职业竞争力，提高企业的凝聚力和市场的竞争力，走好“心经济”这条企业成功的发展道路。

三、搞好民心工程 拴住员工的心 留住企业的人才

十八大报告指出:“必须更加自觉地把以人为本作为深入贯彻落实科学发展观的核心立场，始终把实现好维护好最广大人民根本利益作为党和国家一切工作的出发点和落脚点”。

员工是企业发展动力和源泉，人才是支撑企业发展的中坚力量。实施人才兴企战略就要用事业留住人，用感情留住人，用待遇留住人，真正把员工放在心里，与员工建立深厚的情感就能把人才留住并发挥作用。要搭建好干事创业的平台，放手发挥人才的作用，将员工创造的价值最大化。要关怀员工加深情感增强理解共同创业，要建立激励奋进的薪酬和分配机制，贡献大就要收入高，把员工创造的发展成果再回报给员工，这样员工才会真有幸福感，企业才能健康发展。企业在推进“心

经济”过程中应该确立追求职工幸福感这一个目标，这样员工才有幸福的可能。客户满意、员工幸福、股东放心的企业才是好企业。一个好企业必须是能够健康持续发展的，体现在客户对企业的信任，员工有满意的笑脸，股东坚定支持企业发展。

当前，呈现在我们面前的形势千变万化错综复杂，虽然有许多困难和问题，但解决了困难就等于抓住了机会。工会工作在当前困难和复杂的局面中实现科学发展，必须做到要做正确的事，正确地做事，有时我们出发点很好做了一些好事，但员工不领情，说明我们的工作还不到位或我们的工作方法有问题。要做正确的事，选择对的方向和目标，更要正确的做事，这是各级工会组织做好员工工作的两大原则，只有这样才能走进员工心里，才能真正得到员工的理解和支持，我们的事业才能成功。

【作者：天津市一轻集团（控股）有限公司党委委员 工会主席】

浅谈如何解开班子成员在合作共事中的“心结”

沈小方

俗话说：“火车跑得快，全靠车头带。”事业要发展，班子是关键。我们党从成立以来，一贯重视加强领导班子建设。实践证明：什么时候，领导班子建设搞得好，我们的事业就会发展壮大；反之则会影响发展。因此，加强领导班子建设，事关全局，事关长远。一个国家、一个政党、一个地方如此，一个单位也是如此。然而一个优秀班子的打造不仅要有良好的愿望，更要解决好面对的现实问题。本文就班子成员在合作共事中面对的问题及解决办法做一个探讨。

一、面临的问题

善于合作共事是对每个领导干部最起码的要求，但不是每个领导干部都能很好地与班子成员打成一片，或者孤军奋战，或者只是貌合神离，这样的班子就很难开展工作，更谈不上开创工作新局面。那么，在合作共事中究竟有哪些问题会导致班子不得力呢？笔者认为主要有以下三方面的根源。

1．个人意志的实现及冲突

个人意志的实现是人们永恒的追求。一个思维正常的人在工作和生活中的行动都是有目的的，受个人意识发动和调节。意志是不同于缺乏意识控制的行动和本能的一种心理过程。说想说的话、做想做的事，是人的一种需要。相反，人最苦的是违心地活着。古今中外对犯人的惩罚是剥夺人身自由，让人失去“自由”这个最基本的个人意志，更不用说其他实现个人意志的权利。

另一方面，随着社会文明程度的提高，民主法治意识的增强，以自我为中心的价值观的流行，个人意志也越来越被人看重。我们都在为实现意志而努力，表达意志并希望随时随地实现自己的意志。随着职务的提升，权力的增大，个人意志的表达意愿随之膨胀。有的人当了官、有了权，总想说点话办点事，甚至随心所欲、呼风唤雨。

而领导班子是一个拥有大小不同权力的领导团队，班子成员都有自己的意志。当各自的意志相左而没有得到调节时，不可回避，就会产生矛盾和冲突。

2．利益（包括权力）的博弈和冲突

利益是客观存在，是最实际最受人关注的话题。古往今来，人间一切的崇高和卑劣，都与利益密切相关。在马克思看来，人们奋斗所争取的一切，都同他们的利益有关。并形象地说：思想一旦离开利益，就一定会使自己出丑。直白，坦率，丝毫不回避“利益”问题。现实中，工作的安排、制度的设计、意见的表达及实施，无不带上权和利的痕迹。然而，利也能令智昏。一个人一旦被利益捆绑，为人处事必定有违常规，一个团队也会失衡。可见，领导班子在布置工作、安排人事、支配财物等行使权力时，利益的冲突、权力的制衡是一种常态。

3．个性的展现与碰撞

人的习性、审美及观念的差异，反映了人们对事物认识上的不一致。不同的认识，不同的待人处事风格，必然会在工作中形成意见分歧。班子成员在决策、评价时不免以他的标准、他的思维方式、他的认识去判断人和事。尽管班子成员都希望能客观公正地去看人看事，但从属于个人的风格，在班子中产生碰撞在所难免。

二、如何处理

既然班子成员在合作共事中会面临这些“心结”，那么要把基层党委领导班子建设成为具有凝聚力、感召力、创造力的坚强集体，全体班子成员必须牢固树立“讲原则、讲团结、讲奉献，树形象”的意识，特别是“一把手”要给班子成员作出表率。具体来讲，有三点可以关注。

1．讲规则

没有规矩不成方圆。十八大报告指出，干部一定要自觉遵守党章，自觉按照党的组织原则和党内政治生活准则办事；党章要求，党的干部必须正确行使人民赋予的权力，坚持和维护党的民主集中制，善于团结同志，包括团结同自己有不同意见的同志一道工作。班子成员在合作共事中因权利、个人意志、性格差异发生冲突与矛盾时，规则能起到重要的调节作用。

一是能够保证班子运转有序顺畅。科学完善的制度，比如党委议事规则、党委集体领导下的分工制、“三重一大”决策制度等，能使班子决策、议事、分工与合作等班子运行做到有章可循，减少“人治”带来的矛盾冲突。

二是能够维护权利、督促义务和约束权力。对权力的过度关注及对职责的不作为是班子合作中的常见问题。习总书记一针见血地指出：要把权力关进制度的笼子里；十八大报告也指出，要严格规范权力行使，加强对领导干部特别是主要领导干部行使权力的监督。权力是个好东西，用制度做保障，才能避

免权力的争斗，约束权力的滥用，班子成员各自的权力和权利才能得到保障和维护。职责也一样，该谁履行就由谁负责，清清楚楚，责任到人。

三是能够减少人盯人的不快。有点职务的人总想说点话办点事，这无可非议，但如果说话办事过于随性，甚至违背了规定，官大面子大，别人还不好直言不讳，这就需要用制度来规范。每一个班子成员都要认识到，生活上的事各有各的喜好，但政治上的事、工作上的事，不能凭个人喜好，要讲大局、讲党性、讲原则，要照章办事，在大是大非面前立场坚定、旗帜鲜明。

2．转作风

党中央倡导的实事求是作风，对于提高工作效率，做好各项工作具有十分重要的意义。坚持实事求是就是要让我们的认识和行动统一到客观实际上来。而客观实际并不那么容易掌握，事实、真理永远不会说话。领导处于高位，接受着人群对权威的信服，往往容易把自己的主观感受、想象推断当成事实和真理。如果不能做到实事求是，作为领导干部特别是一把手，定会使工作错误不断。

既然实事求是如此重要，但当那些明明白白的道理、清清楚楚的事实一旦与个人认识、利益、情感等不一致时，做抉择要过好两关。

一方面要有务实的态度和实事求是的思想方法。由于客观实际瞬息万变且错综复杂，特别是人的思想，不易掌握，导致认识不同步，人们的主观认识与客观事实之间永远存在差距，我们始终在探寻事实的过程中。李家祥局长在《用科学的思维方式和思想方法指导工作》一文中指出：“为什么有的同志资历相当、学历相近，对同一问题的看法和处理却迥然不同？为什么有的同志人品厚道，工作勤奋，效果却往往不理想？……诸如此类的问题归纳起来都是思维方式和思想方法问题。”班子成员在合作共事中要坚持实事求是，如果都从个人主观认识出发，按照自己的感觉、标准来行事待人，就很难统一认识、统一行动，只能在分歧中感叹“白天不懂夜的黑”。

另一方面要打破“屁股决定脑袋”的魔咒，排除个人因素的干扰。作为拥有权力的班子成员，必须在责任、使命、大局与个人权力利益、情感恩怨和本位主义等之间做出选择，处理问题应从坚持真理、尊重事实、注重效果出发，而不是争输赢、争谁说了算。事实证明，一旦受个人因素干扰，能力水平的发挥势必会受到影响，客观公正的立场也势必大打折扣。

可见，坚持实事求是，既要克服认识的局限性，摒弃主观主义、自以为是、偏执极端的思维定势，又要摆脱利益、情感、恩怨等个人因素的捆绑。希腊哲学家休谟说过：既然我们试图从主观意见中找出真知识，那么就永远不知道哪个是真知识，因为分辨真知识的理由仍然是一种意见。实事求是、一切从实际出发是马克思主义根本的思想方法。那么，认识世界就不能跟着感觉走，而是尊重客观规律，符合客观事实。我认为，关于对错标准可以从四点来判断：一是符合客观实际；二是符合大多数群众的意愿；三是符合政策、法律规定；四是符合上级组织的意图要求。

因为认识与事实存在差距，思想动态不易掌握，深入实际、深入群众，就是坚持实事求是的最根本保障，脱离实际、脱离群众的实事求是只能是一种空谈。即使有时花了功夫也很难察到实情、听到实话，如果仅停留在喊喊口号或来点花拳绣腿，那能有多少事实。我深深体会到只要到生产一线走一走，到职工群众中听一听，每次都会有收获，也常会颠覆自己原有的或在办公室想象的一些认识。

3．讲境界

近年来，国航领导谈及管理时强调最多的是境界问题。面对同样的问题，境界不同结果是不一样的。如：考虑问题是从工作、全局、组织、他人出发还是从自我出发；出了差错是强调客观、推卸责任还是多从自身找原因；面对规定是要求别人做到还是以身作则率先垂范等等。班子成员在一起和谐共事，除了规则、务实作风的保障，境界更重要。

我认为领导干部讲境界，要做到“三少两多”。

一是要以诚相待，少一些虚假。真诚是人际交往的核心要素，决定着心与心的距离。班子成员要把在一起合作共事当作一种缘分，倍加珍惜，用真心换真情。班子成员在工作中相互依存，快乐双赢，在生活中相互依靠，亲如兄弟。

二是要高风亮节，少一些自我。班子成员在个人利益、荣誉和一些小事方面，要讲奉献、讲风格。所谓风格，就是看一个人的私心重不重，对权和利看得紧不紧。高风亮节的合作共事体现为：见荣誉就让，见困难就上，没有斤斤计较。退而其次，也应该是：表达意志不妨碍组织、他人；维护利益不损害集体，不侵犯他人；张扬个性，对他人少些干扰。如果班子成员过不好这个关，面对各自的意志、利益和个性，互不相让；有了过错、遇到难题，与之无关，那么合作共事就会要多难有多难。

三是要敬畏尊重，少一些自大。良好的合作都是从尊重开始。人格上要相互尊重，对事不对人，不能伤人自尊；无论自身有多优秀，不要对人不屑。下对上自然形成敬畏，但我们要倡导平级之间、乃至上对下也要有敬畏，敬畏正确的事实，尊重他人的思想。工作中产生意见分歧很正常，有些是能力水平问题，更多的是思维方式、个性等差异，班子成员应相互尊重，求大同、存小异，切忌自高自大、盛气凌人、固执己见，或者是把自己的意见强加于人。

四是沟通包容，多一些理解。人际问题，大多是因信息不畅，误解猜疑及缺少包容引发的，而加强协调和沟通是化解矛盾、消除误会、增强团结、增进友谊的有效途径和方法。特别是当双方看法不一致、工作方法出现分歧、工作需要衔接需要合作，以及关系不顺、职能交叉造成争功诿过时，更要通过协调来疏通关系，调整利益，形成共识，达到和谐共事的目的。沟通首先要有姿态，要怀着诚意，放下身段主动协调；其次要修正自我，学会让步，学会包容。包容是人际相处的润滑剂。人有差异，人总会犯错，作为一个领导干部特别是一个主要领导干部，一定要搞五湖四海，有容乃大。

五是支持配合，多一些付出。与人共事，就要学会支持配合。班子是一盘棋，党政之间、班子成员之间、分管工作之间都要相互支持。正职对副职要放权、放手、放心；副职对正职要主动配合，揽事不争权、尽职不争功、到位不越位；副职之间要积极合作，分工不分家。可见，支持配合是相互的。班子围绕一个目标，发出一个声音，在人、财、物、时间等资源上给予支持，履行好各自的职责，实现单位目标。

强调领导班子搞好合作共事，并不意味着领导干部要无原则的一团和气，也不是当是非不辨、好坏不分的老好人，而是要解开这些“心结”，营造一个心齐风正、人心思干、团结协作、和谐共进的浓厚氛围，班子成员能各负其责，每个人的才干都充分施展，心情愉快、精神振奋，真正形成心往一处想、劲往一处使、话往一处说、事往一处做的生动活泼、团结和谐的良好局面。

【作者单位：国航贵州分公司】

发挥党建优势
打造全国最大的合成橡胶生产基地

隋　军

认真学习党的十八大精神，我认为，作为公司创利大户的有机合成厂贯彻十八大精神关键要发挥好党建思想政治工作优势，抓好结合和措施落实，要在“四提升，四助推”上下功夫，努力把我厂打造成全国最大的最具竞争力的合成橡胶生产基地。

一、提升基础管理，助推管理创新再上新水平

基础管理扎实一直以来是我们工厂的一大优势，按照十八大精神，结合管理提升要求，谋划好夯实基础管理工作，我们在全厂范围内开展了管理标准提升、问题查摆整治活动，组织查找和整改管理上的漏洞和薄弱环节，对照先进找差距，通过开展这项活动装置的基础管理又有了很大提升。我们要继续研究如何更好地巩固整治活动成果，在消除现场低标准问题的同时，尽快提升各级领导干部和管理人员的责任意识，消除管理低标准问题，从源头入手提升基础管理水平。明年我们要创新“三基”工作思路，学习借鉴和推广应用公司、工厂管理创新成果，用经验性理论指导工作，推进管理科学化、理论化、规范化进程。

二、提升发展质量，助推乙丙橡胶新装置建设步伐

2013 年项目建设任务比较繁重，4 万吨/年乙丙橡胶项目能否在 2014 年 3 月份建成投产，明年的工作非常关键。为此，我们要加强工厂项目管理队伍的建设，提高项目管理的综合能力。发挥以工厂为核心的项目管理团队作用，共同推进实现总体进度计划。从细节入手，在深化管理上下功夫。提高现场管理水平，实现文明施工、安全施工。强化项目 HSE 体系建设。以我为主，不等不靠，加快推进项目进程，保证项目建设质量。要积极主动开展工作，加快实现乙丙 B 线产业化突破、乙丙 C 线按时完成建设进度目标、乙烯装置扩产改造步伐，早日形成新的产能，进一步扩大工厂创效优势。

三、提升发展效益，助推安全生产再上新水平

结合质量效益要求，谋划好明年安全生产工作，是装置安稳长满优生产质量效益的有力保证，安全生产依然是我们明年工作的重中之重。我们要牢固树立“安全是工厂最大效益、是员工最大利益”的理念，2013 年继续争创高标准无事故工厂，做好厂级目标分解工作，要将工厂年度任务目标分解成具体工作任务，落实到主管厂领导和科室，并明确具体完成时间。做好 HAZOP 分析工作，提高自主进行 HAZOP 分析水平，强力推进 HSE 体系的有效运行，强化现场的安全管理，进一步提升安全整体管理水平。要在精细生产控制上下功夫，研究制定更为严格的考核办法和更加有效的工作措施，加强对质量、效益、产量、成本、费用等关键指标的管控，确保各项任务顺利完成。

四、提升作风建设，助推干部队伍管理水平再提高

围绕 2013 年“提升年”质量效益和队伍作风两条主线，结合干部作风建设要求，我们要完善干部考核制度、强化监督教育，提高干部队伍作风建设，继续研究干部考核的新方法新途径，推进考核机制创新，突出各级干部在管理工作中的核心作用，特别是要重点加大对副职干部的考核力度，发挥好副职干部在专业管理中的重要作用。要深入研究当前干部队伍思想状况和存在问题，实施科科级干部岗位状态监测办法，有针对性地开展思想教育，优化干部配置，准确掌握科级干部履职情况，合理调整科级干部岗位，人尽其才，发挥功效。强化基层班子建设，完善干部考核奖惩制度，把作风建设的考核指标纳入到目标考核中，对重大决策、重点工作进行全程监督，严格落实责任追究制度，推进各级领导干部在思想作风、工作作风、领导作风、生活作风和学风等方面有较大转变。

五、加强思想政治工作引导，准确掌握员工思想动态

要全力抓好员工形势任务教育工作，通过开展“岗位攻关、质量增效”等宣传教育活动，将员工思想统一到提升管理、转变作风、提高质量效益的要求上来。建立员工岗前思想动态分析预警管理机制，对员工岗前状态实行动态管理，广泛开展“岗前观察三分钟”活动，确保员工在岗位上做到精神集中。建立八小时内外谈心、谈话制度，及时掌握员工思想动态，有效疏导员工不良情绪，保持员工思想稳定、队伍稳定。建立企业文化教育基地，选择两个车间建立企业文化走廊，定期召开企业文化建设推进会，营造浓厚企业文化氛围，引导员工自觉践行公司、工厂文化理念。

六、加强党建宣传工作引领，增强党员模范带动作用

要围绕创建先进党委工作，以“提标准，树形象，立新功”创先争优主题实践活动为主线，全面加强党员作风建设，通过

重点组织开展党员承诺、党员创效工程、党员示范包机、党员安全员等活动，突出党员在各项工作中的引领作用。大力开展党建工作创品牌活动，力争年内创成党建责任目标管理、党员责任区、“一岗双责”三个品牌。开展好“两带动”工作，组织深入学习公司“十佳”党支部书记先进经验，带动基层党支部书记能力提升；全面总结橡胶车间建成中油级基层建设示范队工作经验，带动各车间争创公司级基层建设示范队。推进学习型党组织建设，创新党员教育方式方法，加强政治理论知识培训学习，深入贯彻领会党的十八大精神，保持党员先进性。做好组织发展工作，优化积极分子队伍结构，特殊加强对一线员工、优秀青年、大学毕业生和班组长的培养。加强宣传引领，大力讴歌先进人物和典型事迹，在全厂形成“学先进、赶先进”的良好氛围。

七、加强纪检监察工作监督，筑牢工厂反腐倡廉防线

要落实好党风廉政建设责任制，定期组织开展廉洁教育，严格检查“三重一大”决策制度执行情况，大力开展廉洁文化“五进”活动，积极做好“四个一”工作，全面增强各层面人员的遵章守纪意识。持续推进惩防体系制度建设，以规范“四项权力”为重点，对重点部门、关键岗位人员进行监督检查，及时发现处理工厂管理和规章制度中的存在问题，有效防范各类违法违纪问题发生。紧密结合工厂重点工作进行效能监察选题立项，科学制定实施方案，提高效能监察的针对性和实效性，充分发挥好监督保障作用。

八、加强综治维稳工作防范，建立和谐生产生活环境

要完善领导信访接待制度、矛盾纠纷排查化解制度、领导包案下访制度，畅通信访渠道，履行接访职责，确保信访接待率达到 100%，及时帮助广大员工群众协调解决合理诉求，维护好员工群众的切身利益，把好维护稳定的“第一道关口”。抓好事前预防和源头治理，坚持深入困难员工家庭走访，开展困难员工生活和思想状况调查摸底，做好困难员工情绪疏导以及扶贫帮困工作，有效减少因困生访问题。健全维稳防控体系，完善群体性事件处置预案和应急处置机制，坚持对不稳定因素开展滚动式、不间断地排查和化解工作，做到底数清、情况明、措施超前，特殊重点时期采取升级管理，坚决避免由于个别人员上访事件对全体员工利益造成影响。以“平安文明单位”创建活动为载体，加强厂区治安及门卫管理，有效预防各类案件发生。

九、加强群团工作服务保障，充分发挥群团组织作用

要适时组织开展劳动竞赛、合理化建议征集等活动，增强广大员工做好本职工作、参与企业管理的积极性。大力开展标准化“五型”班组创建工作，拓宽交流宣传渠道，增进班组相互交流，营造相互促进、共同进步、整体提升的良好创建氛围。组织广大青年志愿者紧紧围绕“奉献企业促发展、服务社会创和谐”两条主线，扎实开展具有自身特色的志愿者活动，全面树立青工良好形象。加强规章制度、法律、保密、档案、绿化、厂容厂貌等工作，逐步改善食堂、通勤车、倒班宿舍、办公楼等生活服务设施条件，全面提升行政后勤系统服务水平，为广大员工创造良好的工作生活环境。

【作者：吉林石化有机合成厂党委书记】

拓展效能监察工作思路　提升企业管理水平

王　峰

效能监察是纪检监察工作融入企业生产经营管理的最佳切入点，是企业管理中的一种监督活动。随着企业改革发展稳定的需要，如何进一步规范和深入推进效能监察工作，对于强化企业内部监督、提升企业管理水平、源头上预防治理腐败具有重要的意义。

一、企业效能监察概念及其重要性

（一）效能监察的概念

效能监察是企业监察机构针对影响企业经营管理效能的有关业务事项或活动过程，监督检查相关经营管理者履行职责行为的正确性，发现管理缺陷，纠正行为偏差，促进企业规范管理，实现自我完善，提高经营管理效能的综合性管理监控工作。它是一项旨在促进管理增加经济效益、促进廉政建设增强各级干部和管理人员勤政廉政意识和责任，适应企业自主发展需要的再管理、再监督工作，是企业发展的内在需要。

（二）效能监察的重要性

随着市场经济发展的不断深入，新旧机制的更新、思想的进步和观念的创新决定了企业未来发展方向，只有将先进的思想和创新的观念与社会变革发展相融合，才能在变革时期抓住机遇而迅速发展。在深化改革的进程中，不断增强核心竞争能力、创效增盈能力、持续发展能力和抗御风险能力，已构成企业自我发展的首要任务。当前，石化企业管理现状在深化体制改革的主要框架下所面临的是新机制、新要求、新环境的严峻挑战，加强管理创新已成为一种不可回避的选择。因此，推进石化企业健康发展，就必须发挥效能监察对监察对象是否依法、合理履行职责，执行职能及工作质量、工作效率、实际社会效应等情况进行监察的作用，起到对规范项目适应市场低标价的成本管理，减少效益流失和管理浪费，提高效益指标等各方面的积极作用，最终达到“改善管理，提高效能”的目的。效能监察作为管理的再管理，监督的再监督，属于高一层次的管理和监督。效能监察在企业的推广和应用，促进了监察工作与生产经营的紧密结合，加强了企业管理，提高了经济效益。

二、开展效能监察必须处理好的几对关系

（一）效能监察与廉政建设的关系

在企业开展效能监察工作，是改善经营管理，提高经济效益，促进廉政建设的需要，也是保证政令畅通，促进高效工作的需要，更是全面履行纪检监察职能的需要。而廉政监察则侧重解决领导干部的行为是否规范，是否存在以权谋私等问题。效能监察与廉政监察都是以管理为主线的，二者之间有着内在联系，是相辅相成、相互促进的。如果既存在效能问题，也存在廉政问题，在开展效能监察过程中就会发现问题线索，查出经济上的违法违纪问题，这无疑是对廉政建设的促进。

（二）效能监察与服务大局的关系

效能监察的工作定位是围绕中心工作、为建立行为规范、运转协调、廉洁高效的现代化企业服务。对于中国石化，以加快改革和发展，建设世界一流能源化工公司是长远发展的核心目标。近年来，中石化坚持围绕这个核心目标，明确效能监察工作是"一把手"工程，充分运用效能监察手段，把效能监察工作融入企业管理，进入业务流程，围绕生产经营管理的重点，选题立项组织实施。仅 2011 年，中石化开展效能监察 457 项，完成 342 项；提出监察建议 4215 条，下达监察意见书 617 份、决定书 16 份，协助有关部门建立制度 1728 项(条)，避免、挽回经济损失、节约资金、增加经济效益 6.75 亿元；发现案件线索 43 条，立案 4 件，移送司法机关处理 4 人，党政纪处分 12 人，组织处理 10 人。通过效能监察工作，发动广大员工参与对管理的再管理、对监督的再监督，有效地堵塞了管理漏洞，提高了企业效益，为服务中石化长远发展的大局和实现核心目标起到了保障和促进作用。

（三）效能监察与企业管理的关系

企业效能监察不能脱离企业管理，更不能取代企业管理，它是管理的再管理，监督的再监督。它是对各种立项问题进行检查，主要发现管理中的问题，提出改进管理的意见和建议，建立健全制度并督促落实，而非直接参与管理和纠正错误。指导企业尤其是各部门建章立制、监察一批项目、堵塞一些漏洞、夯实一片基础、实现企业的自我约束才是企业效能监察的重点工作和最终目的。

（四）继承借鉴与创新发展的关系

1989 年效能监察这个概念在我国正式提出，期间经历了探索起步阶段（1989 年～1997 年）、发展提高阶段（1998 年～2002 年）和推广普及阶段（2003 年～现在），国企开展效能监察工作经理 20 多年的努力和探索，已经迈上了制度化、规范化和程序化的轨道。随着石化企业改革的不断深化，效能监察工作思路也在不断调整和创新，效能监察工作由生产经营型管理的一般领域，向资本营运和资产基础管理的深层次延伸，由一般纠错功能向促进经营管理活动整体规范拓展，由事后监督向过程监督推进，从具体项目监察向综合管理监督延伸，呈现出全方位和多层面、向纵深发展的态势。因此，必须在总结和借鉴过去做法的同时，根据"先试点后推广，先易后难，先单项后综合"的原则，搞准定位，积极探索效能监察的评价标准、工作程序和工作方法的创新，大胆实践、大胆探索，逐步推进效能监察工作，在实践中不断完善，在完善中不断规范和发展。

三、拓展思路 创新企业效能监察工作方法

企业效能监察是监督创新的产物，没有统一或现成的方法去解决效能监察工作中遇到的所有问题。近年来，中国石化不断探索新形式下因地制宜、因时制宜、因事制宜、有的放矢的效能监察工作方法。

（一）开展派驻督察，强化过程控制与跟踪监督

重点工程建设项目既是国有资本的增长点，也是防止效益流失的关键监控点。效能监察工作必须以融入管理、进入流程为理念，以检查国家法律法规和企业管理制度的执行情况、及时发现违法违规违纪线索、督促监察建议或决定的落实、健全管理制度为主要任务，注重源头介入，发挥应有的监督作用。

当前，很多国有企业正处于加快改革发展的关键时期，重点工程建设项目多，资本投入大，管理模式新，而重点工程建设项目中监督主体多，力量分散，监督滞后等现象时有发生。中石化创新工作思路，对重点工程项目实施派驻督察制度，有效地防止了国有资产流失。通过有选择地向投资建设的重点工程建设项目派驻督察组，监督检查重点工程建设项目效能监察工作实施情况、项目建设的相关管理者执行党和国家方针、政策、法律、法规以及履行职责情况，促进重点工程建设项目规范管理，提高工作效能，从源头上预防职务犯罪，防止国有资产流失。这些监督方式包括结合实际确立思路、选聘人员、建立制度，常驻现场、严格监督等，并做到监督到位不越位，促进管理不代替管理。

2006 年以来，中国石化有选择地对部分重点工程项目、物资装备部和总承包单位派驻了效能监察督察组，围绕工程建设的进度、投资、质量、合同和廉政建设，进行全过程督察。从向海南大炼油项目派驻效能监察督察组作为试点开始至今，已先后对青岛大炼油、福建炼油乙烯一体化、川气东送建设工程项目、天津石化炼油乙烯一体化、镇海炼化 100 万吨/年乙烯、中国石化工程建设公司、洛阳石化工程建设公司等重点项目和单位，开展了派驻效能监察督察工作，有力地促进了重点工作的顺利进行。实践证明，开展派驻督察，与工程建设零距离接触，及时发现问题、整改问题，把问题消灭在萌芽状态，对工程建设打造"阳光工程"、"廉洁工程"有着不可替代的作用。从派驻督察组工作取得的明显成效可以看出，效能监察"更靠前一步"，更近距离地贴近企业管理，延伸效能监察工作的"触角"，可以及时监督检查相关经营管理者履行职责情况，纠正行为偏差，减少经营风险，进而增强企业的核心竞争力。

（二）开展统一立项，实现精细管理与降本增效

随着企业组织形式的多元化和管理领域不断扩大，效能监察工作必须从落实科学发展观，促进国有资产保值增值的高度来拓展领域，将其触角向企业经营管理的各个环节延伸，对一些普遍性强，影响企业效能的领域采取统一立项的方式开展效能监察，强化企业管理，实现降本增效。

2003 年以来，中石化不断围绕生产经营管理的重点选题立项，针对生产经营管理的重点难点和影响企业效能的业务项目，先后在全系统对清理不良资产呆坏账、油田化学剂及炼化"三剂"采购和使用管理、清理外协队伍管理等问题统一立项开展效能监察工作。要求凡涉及统一立项项目的单位都要立项开展，并会同总部相关部门开展监督检查。

为最低限度降低国有资产损失，中石化首次将清理"369 亿元"包括不良实物资产、债权和投资的呆坏账作为重点项目，

在全系统统一立项开展效能监察。至 2006 年底，该项工作已累计取得处置收益 19 亿多元、建章立制 781 项、处理人员 71 名的绩效。在统一立项项目开展过程中，首先做好梳理摸底工作，突出了抓住重点监察环节，以重点带全面，把内控流程要求落到实处。同时抓住阶段性重点工作，处理好了阶段性工作与整体目标要求、具体监察环节和整体业务流程的关系。在监督中，审计、财务、工程等相关业务部门和监察部门加强协作，形成合力，抓出成效，在检查、整改、落实中总结经验，探索创新工作机制，发现总结推广好的经验做法。通过开展效能监察，最大限度地挽回了损失，既剖析了 369 亿元不良资产呆坏账的深层次原因，同时建立健全了制度、堵塞了漏洞，从源头上预防和治理腐败，促进了企业管理，规范了企业经营行为，减少财务风险，防止和避免了国有资产流失。

通过统一立项的方式开展效能监察，既形成监督合力，也使发现的问题符合实际，提出的建议切实可行，对企业堵塞管理漏洞、实现降本增效、促进稳健经营效果显著。

（三）推进业务公开，提高效能监察科技手段

科学发展观强调把科技手段融入到监督之中，也就是提高监督的技术含量。利用现代信息技术加强开展业务公开网上巡视监督，是效能监察工作的创新举措之一，中石化进行了有益探索。

2008 年，按照“选准一个项目，查透一类问题，完善一套制度，规范一项管理”的思路，依托 ERP 平台实施效能监察在线监控，以 ERP 管理系统和 BW 管理系统为支撑，对企业业务关键点、风险点、效益点进行实时监控、预警和分析。首先组织开发了化工产品销售业务在线监察系统，对发生的每笔化工产品销售业务进行实时监控。在此基础上，2010 年组织开发了重点业务公开信息系统，对各单位主要对外经营活动的实施结果在一定范围内公开，以监督信息化促进业务公开透明化。中石化开发的业务公开这个平台，着眼于深化精细管理、深挖内部潜力、堵塞管理漏洞，不断创新监督模式，完善监督机制，改进监督方法。轻点鼠标，即可对全系统效能监察重点项目进行在线跟踪监督和检查指导。效能监察工作紧跟业务公开网上巡视监督发现的问题而开展，不仅推动了业务公开有效开展，而且拓展了效能监察的覆盖面，通过“扫描”加“解剖”，加大网上巡视力度，加强网上巡视和线下调查相结合，实现重点项目“普照阳光”，有效促进了效能监察工作的深入开展。

（四）重视成果运用，发挥效能监察实效

效能监察成果是效能监察工作的核心，是项目从立项到调查乃至实施过程的最终结果的体现。效能监察成果利用在很大程度上决定了一个项目的成败优劣，其利用的充分与否，直接关系到效能监察的价值实现和工作质量的高低。效能监察成果的利用是前提、是基础，而对效能监察成果的综合分析是成果利用的进一步延伸和升华，效能监察成果的最终落实则是前二者的根本保障，三者相互关联，共同促进效能监察质量的提升。要提高效能监察质量，就必须充分利用效能监察的成果，而要做到这一点必须做好以下几方面工作：首先抓好成果的宣传利用，扩大效能监察成果的影响。其次抓好效能监察成果的分析工作，纪检监察部门组织有关专家，从选题立项的精准度、程序执行的规范性、综合效益的显著性等方面，对效能监察工作进行总结评审。第三狠抓成果的落实，要尽可能将效能监察成果的作用发挥到极致。

【作者：中国石化销售有限公司华东分公司纪委副书记】

抓转型　强管理　提质量
确保各项业务优质高效快速发展

王　伟

2013 年，青海农行将紧紧围绕党的十八大和总行 2013 年工作会议精神，立足青海省十二次党代会确立的发展蓝图，牢牢把握全国全面建成小康社会步伐的加快和青海省“两新”目标和“三区”战略的全面实施等经济发展新变化，深入实施“两大发展战略”，抓转型、强管理，提质量，坚持苦干兴行，努力推动各项业务优质高效快速发展。为确保实现年度奋斗目标，全行将以“双轮驱动”为引擎，努力做好以下工作：

一是发挥优势，加快主体业务发展速度。以“盯客户、盯账户、盯项目”为业务营销主线，以“抓产品、抓网点”为业务拓展重点，以“强机制、强管理”为业务转型关键，改进工作思维和模式，从注重结构调整，优化客户组合，拓宽增收渠道，推动信贷业务规模、质量和效益统筹协调发展，提升中间业务发展的广度和深度入手，深挖营销潜能、客户潜能、产品潜能和管理潜能，推动主体业务发展再上新台阶。

二是突出特色，推动县域业务高效发展。深入实施“1210”县域行加快发展战略，按照“一行一规划、一县一主题”的要求，紧紧把握“四化”同步、城乡统筹以及城乡一体化发展衍生的新机遇，形成各具特色和竞争力的符合自身发展实际的经营模式；以新农保、新农合和财政支农补贴等各项代理项目为依托，加快推进重点区域金穗“惠农通”工程建设步伐；以“千百工程”重点客户为依托，以产业链为对象，加快培育县域目标客户群，提高对龙头企业、知名市场及商户的业务覆盖面；做实城镇化建设金融服务，积极对接政府城镇化建设政策和实施方案，推动全省城镇化建设进程。

三是改进机制，激发发展内在活力。继续实施城市行优先发展战略，深化西宁城区行综合改革，进一步优化运行机制，推进城区行对公业务特色化、专业化，个人金融业务标准化、统一化，运营后台管理集约化、集中化的发展方向；深化人力资源管理改革，围绕“岗位、绩效、薪酬、培训、运行”五大体系建设，努力构建符合全行经营管理和业务发展规划设计要求的员工队伍和人力资源管理体系；细化资产负债管理，围绕资产负债管理要点和要求，细做文章，做好文章，提高经营质量；加大经济资本管理，强化绩效考核作用，在“总体稳定，适度调整”的原则下，对考评政策进行前瞻性、适应性调整。

四是强化管理，增强发展内在动力。以加强基础、基层“双基”管理为平台，持续推进“基础管理提升年”活动，不断突出风险管控、内控合规、运营管理、科技保障等方面的精细化管理水平，努力构建与业务发展速度、规模及人力资源配置相配套的基础管理体系，为推进全行各项业务的高效快速发展提供坚实的保障。同时，不断增强整体案件防控能力，切实发挥合力，打造“平安农行”。

【作者：青海农行行长】

在新厂　新制　新形势下发挥工会组织作用

王　旭

工会是党领导下的群众组织，是党联系群众的桥梁和纽带，在联系服务群众、开展思想工作等方面具有得天独厚的组织优势。充分发挥各级工会在围绕中心、服务大局、促进和谐、推动发展中的积极作用，有效架起公司与职工的桥梁，为公司提供良好的群众基础和组织保障，在新厂、新制、新形势下具有十分重要的意义。

一、关爱职工，当好公司领导的参谋

任何一个单位的工会组织，都应该义不容辞地参与领导决策和政治业务活动，充分吸收和反映群众的意见与建议在新厂中更是尤为重要。及时为公司领导提供决策的依据和工作的方向，为公司领导当好参谋，是工会组织的义务和基本工作。

俗话说“站得高看得远”，要做好参谋，其基本在于提高工会干部的自身素质。工会工作者必须努力学习党和国家的路线、方针、政策，把握工作的重点和阶段性要求，以主人翁的姿态积极投身到工作之中，对公司的各项工作心中有数。

只有爱岗敬业、求真务实，才能真正参政议政，深入群众，倾听意见，解决困难，取得群众信任，群众把你当成知心人，就能掌握真实详尽的材料。细心分析平时积累的素材，根据工作的阶段性安排加以思考，形成成熟的工作思路或议事方案。这样地参政议政，有依据，必然会得到党政领导的重视，能促进工会工作的开展。

二、强化引导群众的职能，实现推动发展的目标

工会重要职能之一是发挥引导群众。在新公司、新制、新形势下，工会引导、疏导的作用显得更为重要。引导、疏导工作也在新公司里面临着更为严峻的挑战。一要加强渗透思想工作。通过谈心、宣传等方式，教育引导职工正确处理个人利益与整体利益、当前利益与长远利益的关系，正确对待改革和利益关系调整中出现的矛盾，引导群众树立主人翁意识，支持党组织工作。使职工群众与组织之间彼此沟通，互相理解，理顺情绪，取得共识，化解矛盾。二要坚持正面引导。采取群众喜闻乐见的形式，宣传党和国家的方针政策、法律法规，提高政策的覆盖面和透明度，提高正面宣传引导的效果，从根本上解决群众的思想认识问题，使群众能够正确辨别利益要求的合理性和合法性。三要合理进行疏导。引导群众以理性合法的形式表达利益诉求，通过制度化、规范化、程序化的途径表达自己的意愿，使广大群众清楚地认识到维护自身利益必须依法行事，不能损害国家、集体和他人的利益。

推动公司发展和进步，是工会工作努力的方向，也是工会一切工作的终极目标，所以各级工会要紧紧围绕公司中心工作服务，充分发挥主观能动作用，打好主动仗。一要立足统一群众思想行动。用中国特色社会主义共同理想凝聚职工，用民族精神和时代精神激励职工，用社会主义荣辱观引导职工，通过积极组织开展多种形式的活动，努力实现全公司干部职工政治思想和道德素养的全面提高。二要积极搭建民主平台。建立和完善以职代会为基本形式的民主管理制度，积极探索职工对公司事务民主参与民主监督的有效形式，依靠法律、依靠制度让广大干部职工参与民主决策、民主管理和民主监督。充分挖掘广大干部和有能力的职工发展自我、推动工作的活力，激励广大干部职工同心同德搞好建设、推动公司向前发展。三要树立典型和榜样，激发群众建功立业。选树先进典型，加强典型评选，加大宣传先进力度，开展适应公司实际的评优活动，创造比、学、赶、帮、超的良好氛围，为推进企业发展做出贡献，为人才强企战略提供保障，为建设人才森林奠定基础。

三、发挥凝聚群众的作用，提高和谐企业建设的能力

工会要关爱职工，发挥凝聚群众的作用，围绕中心、服务大局、促进和谐。关爱职工，是发挥工会作用的实际体现之一。工会组织做好了这一点，无疑就是为企业分忧，为群众谋福利，就体现了社会主义的优越性。最大限度地把干部职工吸收到工会队伍中来，让干部职工人人都成为工会组织的成员；最大限度地把会员吸引到工会组织的各项活动中来，让广大会员在活动中受到教育。一要及时有效地反映职工的正确意见，解决带共性的倾向性问题。特别是当单位领导决策出现偏差引起群众反感时，工会出面疏通，效果显而易见。二是关心弱势群体，有意识地关注职工生老病死及孩子上学、住房困难等实际问题，并为他们排忧解难，提高工会亲和力。三是适当组织一些公益性活动，诸如座谈、联谊、娱乐、健身等，让职工身心愉悦，感受到组织的温暖。四是坚持送温暖等活动。五是积极开展各类劳动竞赛，激发职工的工作热情，让职工在工作中充分发挥其聪明才智，让职工在各自岗位上建功立业，并使之成为企业发展的不竭动力。

工会在党组织的领导下联系群众、服务群众、教育群众，

把广大干部职工紧紧团结和凝聚在大唐集团发展的大旗下，每一个工会干部都要增强做好工会工作的使命感和责任感，以良好的工作姿态投入到实际工作中。新厂工会更加需要团结向上、齐心协力的团队精神，而需要维权凭律法、处事不偏颇的工作原则，能够做到这些，工会组织就深得民心，就会成为群众的主心骨，就能够使工会组织在推动企业发展中。

【作者：宁夏大唐国际大坝发电有限责任公司团委书记政工部副部长】

小企业的“强企富民”梦

——快速发展中的陕西省电力设计院

许万军　姚小平

在市场经济高速发展的今天，“不进则退，不快则后，不优则败”已成为每一个竞争主体必须遵守的竞争准则，作为全国电力设计行业中的小院——陕西省电力设计院更是谨记于心、力践于行，并将其化为实现“强企富民”梦的警企恒言和策动力量，在百舸争流、千帆竞渡的格局中奋楫争先，成功闯出一条小企业的快速、持续发展之路。

攻坚克难，危中求进

悠悠五十载，漫漫创业路。1954 年，陕西省电力设计院应运而生，迄今已有 59 年的历史。纵观陕西院半个多世纪的创业之路，可谓筚路蓝缕、举步维艰。期间，曾数度迁址，几次易名，在生存大考面前，陕西院的前辈们始终秉持着西北人的豪放精神和倔强性格，力挽困局，奋发图强。五十余载，陕西院一代人风雨兼程，为共和国电力建设事业做出了一定的贡献，但由于各方面的原因，自身设计能力始终处于行业的落后水平：经营范围上难以扭转主业单一的局面，技术上未能打破小机组、低电压等级的瓶颈，设施装备及人力资源不足以支撑企业发展需要，盈利能力与办公环境令人惴惴不安……是固守现状还是寻求变革，是安贫认命还是图强争先，在“十五”末期，这样一个攸关进退的艰难抉择横在了陕西院人的面前。

“穷则变，变则通，通则久”。2005 年，陕西院新一届领导班子带着这条古训接过企业发展的“接力棒”，毅然带领 200 多名职工迎难而上，破难而进。陕西院着眼长远发展，审时度势，准确定位，坚持一切在发展中解决的理念，积极营造和谐共赢的外部环境和团结奋进的企业氛围，定方向、定制度，强科技、强管理，抓学习、抓队伍，经营效益大幅提升，竞争能力明显增强，职工士气空前高涨。在陕西院五十多年的奋斗史上，“十一五”在此留下了精彩的一章。

经营业绩：短短五年间，企业主要经营指标实现迸发式增长，其中，利润达到 2005 年以前盈利总和的 30 倍，人均工资水平增长近 4 倍。企业打赢了生产经营攻坚翻身仗，包括离退休人员在内的职工群众满意度明显提升。

主营业务：电网设计实力由 330 千伏迅速提升至 750 千伏，承担了一批包括 ±500 千伏德阳至宝鸡、±400 千伏格尔木至拉萨“电力天路”等直流跨区联网输电工程，在超高压和直流市场开拓中取得重大突破。发电设计实力从 5 万、10 万机组迅速跨入到 30 万机组行列，同时承揽了 10 余项发电和送变电总承包工程，主营业务均实现了跨越式发展。

资质荣誉：陕西院先后获得工程设计电力行业甲级、工程咨询电力行业甲级、工程勘察综合甲级和工程总承包甲级等资质，百余人分别获取了全国各类勘测设计注册师执业资格、全国勘察设计行业工程项目经理资质等。陕西院先后荣获了 55 项局级及以上各类先进集体奖，主要有“全国五一劳动奖状”、全国电力行业优秀企业、全国“守合同、重信用”企业、全国电力行业 AAA 信用企业、全国电力行业用户满意服务单位、全国电力行业实施卓越绩效模式先进企业、全国工程勘察诚信单位、国家电网公司文明单位以及陕西省文明单位标兵等荣誉称号，有 130 余人次获得了局级及以上各类先进个人。

科技进步：100 余项科研项目和工程荣获了国家级金、银、铜奖，省、部级优秀工程设计奖，优秀工程咨询奖和科技进步成果奖。有 9 个项目获得了国家专利。

内控管理：制定并实施了以“项目经理负责制”为核心的薪酬管理体系；导入了“全面考核”、“目标管理”、“两转服务”（外转——经营围绕市场转，内转——全院围绕经营转）等先进理念以及“全面预算管理”、“审计闭环管理”等先进手段；建立健全制度流程百余项，全面提升管理水平；较早通过了“三标”一体化管理体系认证，有 10 余项管理成果获得省部级企业管理现代化创新奖。

基地建设：2008 年，陕西院运用自有资金建成并投运了新的设计办公大楼，一扫往日狭小、落后的办公环境，初步建成了稳固、大气、现代化、学习型的办公基地，实现了数辈设计人翘首期盼的梦想。

回顾 1954～2010，陕西院从默默诞生之日起，历经了千种艰辛、万般磨难，见证了苦尽甘来、云开月明。陕西院这一段成长历程，是陕西院人攻坚克难、危中求进的艰辛奋斗历程。虽小但不妄自菲薄，虽弱但不暗自消沉，这就是陕西院从积贫积弱走向企强民富的重要法宝之一。

应时顺势，变中求强

2011 年 9 月 29 日，中国电力体制深化改革翻到了新的一页，中国能源建设集团有限公司隆重成立，陕西院幸运地登上了这艘能源建设航母，成为其设计板块重要一员。

2012 年，中国能建打响了辉煌事业开局第一枪，陕西院 300 余将士紧跟战斗步伐，转观念，树信心，首次以完全竞争型企业的身份独立闯荡市场，成功续写了昔日辉煌。

站在新的起点，陕西院瞄准先进，主动加压，修订了企业发展战略规划。新的战略规划明确了企业发展目标：建设一流工程公司。确立了企业基本定位：服务能源建设，满足顾客需求，履行社会责任，实现职工价值。理清了企业发展思路：做优做精设计和咨询业务，做大做强总包和投资业务；积极开拓国内和国际市场，努力实现多元化经营效益。部署了“一二三四五”工作思路：围绕一个目标（建设一流工程公司），坚持两个营造（积极营造和谐共赢的外部环境和团结奋进的企业氛围），推进三个建设（党的建设、企业文化建设、职工队伍建设），做强四项业务（工程咨询、勘察设计、工程总包、多元投资），提升五种能力（市场开发能力，经营管理能力，学习创新能力，沟通协调能力，决策执行能力），确保企业健康快速协调发展。陕西院新的企业发展战略规划，高度契合了集团公司“世界能源，中国能建”的组织使命和“行业领先，世界一流”的战略愿景，尊重本院历史，紧贴本院现状，遵循市场规律，响应市场要求，充分反映了全体干部职工对“打造‘两型两化’大、强、富企业集团”的工作热情和推动自身实现跨越发展的迫切愿望，是陕西院立足当下，面向未来的宣言书、动员令和线路图。

2012 年，陕西院以集团公司市场开发工作会精神为指引，坚持市场开发第一要务，充分发挥资质、业绩、荣誉、服务等优势，深化“两转”理念，发扬“三千”精神，广交朋友、广开财路，在市场大潮的冲击中站稳了脚跟并取得了重要成绩。电网市场：中标了 1000 千伏浙南变、浙北站～浙中站线路设计监理；参与了国网公司“七线两站”（1000 千伏靖边～潍坊、陇彬～连云港、±1100 千伏准东～四川、±800 千伏哈密北～重庆、酒泉～湖南、宁东～浙江、蒙西～湖北等输电工程，1000 千伏靖边站和渭南北开关站）特高压工程可研设计；中标了新疆与西北主网联网 750 千伏第二通道线路工程；参加陕西省电力公司集中规模勘察设计投标，确认中标 14 项；承揽了西北地区首个 330 千伏全户内变电站——西安城南 330 千伏变电站以及国内规模最大的 110 千伏户内变电站——三星 110 千伏输变电工程等。电源市场：签订了大唐略阳电厂 7 号机、新疆瑞恩发电厂一期（2×135MW）工程等数十项设计合同。总包市场：签订了蒲城清洁能源用户变电站供电工程、凯迪勉县 1×30MW 生物质电厂等总包合同。国际市场：准确捕捉到中航林业拟在俄罗斯建设工业园区自备电厂这一信息，积极跟进，多方运作，终获突破；此外，积极与葛洲坝国际公司、西电国际公司等企业寻求合作，协同开拓国际市场，取得良好开端。

2012 年，陕西院强化安全质量环保管理，实现健康发展目标。全院在确保实现“三零”目标（安全零事故、质量零缺陷、环保零投诉）的同时，坚持按照“三标”体系要求狠抓在建项目管理，在勘察设计、咨询及优质工程评奖中，获国家级奖 2 项，省部级奖 24 项，创历史最好水平。其中 750 千伏延安智能变电站获得中国电力优质工程奖、国网公司输变电工程优秀设计奖、电力行协优秀工程设计一等奖以及国家优质工程银质奖。

2012 年，陕西院认真落实科技发展规划，核心实力持续提升。获省部级一等奖 1 项、二等奖 2 项、三等奖 2 项，获局级一等奖 1 项，实现了陕西院省部级科技进步一等奖零的突破；参与国家和行业标准编制各 1 项，参加国网公司企业标准编制 11 项（其中 2 项为主编单位），是参编规范、标准数量最多的一年，并实现了主编零突破；发表科技论文 14 篇，创近年来新高；1 项获得实用新型专利证书，2 项实用新型专利获得授权，2 项发明型专利已被受理，取得历史最好成绩。同时，陕西院获准为第二批省级技术转移示范机构，1 项 QC 成果获得省级二等奖，1 项成果获南方电网公司基建“金点荣誉奖”。

2012 年，陕西院多措并举加强人资管控，人企共进实现双赢。通过狠抓全员日常培训、拓宽人才引进通道，加强人才梯队建设；通过政策倾斜，鼓励职工考取执业技术资格、提高专业技术职称，并为包括派遣制职工在内的有志青年提供深造机会。全年共有 12 人分别获得压力管道设计、注册公用设备工程师、注册咨询工程师（投资）等执业资格，4 人获得教授级高工资格、23 人获得中高级技术职称；2012 年上半年，在西安交大工程硕士培养项目中，共有 10 人通过笔试和面试，被顺利录取，其推荐报名人数和考取人数均创陕西院历史新高，下半年，又推荐 14 人参加硕士生考试，目前录取工作正在进行中。

2012 年，陕西院多管齐下完善内控管理，企业实现好快运转。根据中央企业“管理提升年”和集团公司“建章立制年”相关要求，加快制度体系建设；按照国资委和集团公司部署，推动所属多经企业的改制和规范工作；前瞻企业发展需要，加强企业资质管理；严格执行集团公司“依法、从严、精细”六字治企方针，着力加强风险防控。此外，陕西院认真总结、申报管理创新成果，全年共获得省部级二、三等奖各 2 项，省行协二、三等奖各 1 项。

2012 年，陕西院党群工作开展扎实有效，护航企业平稳发展。通过组织学习党的十八大精神，激励广大党员立足本职创先争优；积极协助集团公司和省国资委圆满完成在陕企业党组织关系划转；持续加强“四好”班子及后备干部队伍建设，中层干部民主测评优秀率逐年上升；深化惩防体系建设，严格落实廉政建设责任制，全年未发生一起违纪违规事件；工会和团组织以创新性的工作举措服务职工和青年，助力市场开发工作，推动和谐企业建设。

回望 2012，中国能建“打造‘两型两化’大、强、富企业集团”总体目标深入人心，在此远大目标的感召下，陕西院更是收获了诸多喜悦：一是主要经营指标全线飘红，超额完成了集团所定任务；二是全员思想观念明显转变，基本适应了新的发展环境；三是抢抓机遇能力日渐提高，看得到、抓得住、落得实；四是企业新的机制逐步建立，内部发展活力持续增强；五是获得了多项荣誉，外在影响力不断扩大：再次取得中国电力企业联合会 AAA 信用认证；连续五次被评为陕西省“重合同，守信用”企业；荣获集团公司质量工作先进单位、国网公司青藏交直流联网工程建设先进单位、陕西省技术交易先进单位、陕西省工程勘察与岩土行业诚信单位等荣誉称号。

披荆斩棘，好中求快

2013 年，是举国上下贯彻落实党的十八大精神的开局之年，是中国能建实施中长期战略规划的起航之年，更是陕西院深入贯彻集团公司2012年工作会议精神，坚持“两个优先”（总包业务优先，国际业务优先），做强“四项业务”（工程咨询、勘察设计、工程总包、多元投资），加快向一流工程公司转型奠定基础的关键一年。

2013年春节刚过，陕西院领导班子即走访了几个关键部室，听取干部职工对于企业转型升级的意见和建议。经过梳理，陕西院将企业发展战略规划中的工作思路丰富发展为“一二三四五六”工作思路：围绕一个目标，坚持两个营造，推进三个建设，做强四项业务，提升五种能力，完善六大体系（市场开发体系，生产组织体系，科技创新体系，人才建设体系，内控管理体系，和谐发展体系），确保企业健康快速协调发展。

2013年，国家经济政策明朗，为我们提供了良好的发展环境；电网投资势头依然强劲，为我们夯实电网基础业务创造了重要条件；国家发展新能源的信号鲜明而强烈，为我们做大做强新能源及总包业务提供了重要机遇；葛洲坝集团等兄弟单位在海外市场中乘风破浪、勇立潮头，为我们开拓国际市场增添了信心和力量；对外交往不断增多，对外关系逐步扩大，为我们推动转型升级集聚了宝贵的社会资源；内部环境持续改善，内部士气空前高涨，为我们建设一流工程公司注入了强劲动力。

在最大限度地发挥好自身优势、利用好外界条件的同时，陕西院将沉着应对局部市场萎缩、竞争对手渐强、经营风险日增、履约难度加大、核心资源紧缺等困难和挑战，在快速发展中谋求转型升级，在转型升级中实现跨越发展。

经营管理上：继续坚持市场开发第一要务，强化中标是硬道理理念，坚持以业绩论英雄的标准，在巩固勘察设计咨询业务优势地位的基础上，优先发展总包和国际业务，积极发展非电业务，审慎开展投资业务。陕西院六届一次职代会暨2013年工作会上，与会代表已就此达成共识，相关部室、公司亦签订了《年度经营责任书》。责任书就是军令状，全院将士正以最好的精神状态，勇闯市场首关，并从市场开发入手，推动业务转型升级。

项目管理上：将“干好项目就是干好经营”的理念引向深入，围绕电网工程、电源工程、总包工程和国际工程，加强对人、财、物等生产资源的集中统一调配，制定合理的生产计划及科学的应急预案，刚性执行，严格考核。围绕各类在建工程，陕西院将积极应对恶劣自然环境、不利气候条件及其他不确定因素的干扰，坚强履约，圆满履约，打造优质工程，确保业主满意，此外，坚持向先进单位虚心求教，促进项目管理水平实现新突破。

科技创新上：持续加大科技投入，扶助科技人才，努力提升第一生产力；深入推进“1816”业务上台阶计划（掌握1000千伏交流特高压、±800千伏直流特高压、100万机组和60万机组设计能力）；科标业建设将选择更高、更新的课题进行立项，严格评审，加快推广，争取更高申报奖项；加快推进三维设计工作，确保年内有部分工程实现三维设计；持续推动信息化建设，重点做好一体化信息平台、数字档案馆及门户网站的建设与管理，以更好地服务生产经营。

内控管理上：争取获得新能源咨询资质，新增一批包括国际注册项目经理在内的注册类执业资质，提前着手开展教授级高工的评选准备工作；修订完善《注册执业资格管理办法》，进一步提高注册师津贴标准，鼓励员工积极考取本专业执业资格；更加注重财务预算管理、财税法规研究、财务风险评估，坚持立足本院，服务本院生产经营；做好内控体系建设、运行、改进阶段的各项工作，加强日常和专项审计；持续、稳妥地推进所属多经企业的改制工作。

队伍建设上：正在研究集团公司出台的一系列用工制度，毕业生招录、系统外调入（公开招聘）和系统内调动三管齐下，拓宽人才入口，并逐步建立规范科学的用工体系；坚定“做强做优、世界一流”目标，努力培养“有理论功底，有经济头脑，有战略眼光，有领导能力，有人格魅力”的“五有”干部；按照“精一门，会两门，懂三门”的要求培养专家型、特长型及复合型人才；坚持“干项目”和“育人才”并重，创新开展劳动竞赛和技术比武。

党群建设上：深刻领会和准确把握十八大精神内涵，加强和改进党的建设，把贯彻精神转化为推动企业发展的强大动力；认真落实廉政建设责任制，大兴廉政文化学习之风，强化效能监察，推动作风改进；提升群团工作，维护职工群众民主监督权，为困难职工排除后顾之忧，为新进员工搭建干事平台；充分借助各类媒介，强化宣传工作，展示重要业绩，推介企业形象；积极参与社会公益活动，履行企业社会责任，与地方共建和谐社会。

2014年，是陕西省电力设计院60华诞。回顾往昔，征程万里，历久弥坚；展望未来，霞光万丈，任重道远；审视当下，西北一隅，三百余众，居欠发达之地而不懈，携小规模之躯而不怠，志存高远，士气鼎盛。历史可证：在陕西院全体将士的戮力奋战中，在“两型”（科技型、管理型）、“两化”（国际化、多元化）两组车轮的强力推动下，小企业的“强企富民”梦想必将提早照进现实！

【作者：许万军　陕西省电力设计院院长 党委副书记
姚小平　陕西省电力设计院党委书记 副院长】

浅谈企业思想政治工作与制度建设中的难点和对策

张庆帮

随着新赛股份行业规模呈现跨区域性的迅速发展，思想政治工作在服务经济发展，凝聚企业精神方面，存在一定困难。为此，在中央举全国之力发展新疆和湖北对口援建五师这样一个新的经济发展形势下，积极分析和研究企业思想政治工作开展与现代企业制度建设中存在的难点和对策十分必要。

一、现代企业制度建设中，思想政治工作开展的重要意义

新赛股份公司，是一家按照现代企业制度建立的国有控股上市公司。近年来，公司“一主两翼和向优势资源转换战略”目标的全力推进，下属的28家企业已经遍布新疆乌市、伊犁、石河子、塔城、南疆、湖北等省份。随着行业规模跨区域迅速拓展，思想政治工作在服务经济发展，凝聚企业精神方面，存在一定困难。一些基层企业的党政领导在现代企业制度建设与“双文明建设”关系的认识方面意识呈现淡薄，思想政治工作得不到重视。忽视和弱化了思想政治工作在企业改革、发展、稳定中所发挥的重要作用。

现代企业制度建设，是符合社会化大生产要求，适应市场经济“产权清晰、权责明确、政企分开、管理科学”依法规范的企业制度。从宏观上看，建立现代企业制度，是发展社会化大生产和市场经济的必然要求，是公有制与市场经济相结合的有效途径，是国有企业改革的方向；从微观上看，现代企业制度是实现政企分开的组织手段，是理顺产权关系的组织形式，是使企业成为独立法人的组织保障，是转变企业领导体制、组织制度，实现管理科学的组织措施。为此，企业思想政治工作要发挥作用，必须按照现代企业制度的要求，找准思想政治工作的结合点，联系职工思想变化的实际，创新思想政治工作机制，采用科学有效的途径及方法，才能适应企业思想政治工作面临的新情况，保证和推动企业完成应有的使命。

二、现代企业制度中的思想政治工作难点

有什么样的企业制度，就有什么样的企业经营机制，也就要求有与之相适应的企业思想政治工作。现代企业制度是企业领导机制由行政型向经营管理型转变，受产权所有者及其选举产生的领导机制的支配，国有独资和国有控股公司的党委成员可通过法定程序进入董事会、监事会。董事会、监事会成员依党章进入党委会，职工代表依法进入董事会、监事会等等，这些变化，就使企业党组织面临如何发挥政治核心作用的新课题，企业思想政治工作也面临着许多新的变化和难点。

第一，由于现代企业制度中思想政治工作的定位发生了新变化，出现了思想政治工作与企业生产经营活动如何结合的难点。思想政治工作与经济工作是两个不同的领域，各有其自身的特点和规律，如何将思想政治工作渗透到经济建设中去，为经济发展服务，就产生了一个找准结合点的难点。这一难点的出现也与一些片面的认识有关。例如在企业发展过程中，合作的民营管理者存在认知不同，有的武断地将建立现代企业制度与发挥企业思想政治工作对立起来，盲目地、不适当地减并企业思想政治工作机构，挫伤了思想政治工作人员的积极性，使思想政治工作在“硬件”方面明显减弱；有的把建立现代企业制度与思想政治工作分离出来，形成“两张皮”；有的以行政经营管理办法代替思想政治工作，把企业制度、机构重组，简单等同于思想政治工作机制的创新等等，未解决好“结合点”，使思想政治工作失去了自己的阵地，不能充分发挥应有的保证和服务作用。

第二，由于现代企业制度建设中思想政治工作的环境发生了新变化，出现了队伍不稳定、人员流失、后继乏人的难点。产权关系的变化以及所带来的管理机制的变化和分配方式的变化，必然引起人们精神追求的变化以及人际关系的变化，这就使企业思想政治工作面临着一个新的环境。由于工作的重点转移到了以经济建设为中心，有些人便片面地将物质利益抬到了至高无上的位置，出现了严重忽视思想政治工作的倾向。某些政工干部缺少敬业、创新精神，工作安于现状，不研究新问题，凭经验和老办法行事，使思想政治工作大大滞后于形势的变化和发展。正是由于以上原因，在现代企业制度中，一些政工干部感到无所适从，甚至认为前途渺茫，出现了政工干部队伍难于稳定的问题。

第三，建立现代企业制度使思想政治工作的内容和形式难以统一的难点。在当前，如何把解决生产经营中的难点问题、职工群众思想中的热点问题，作为企业思想政治工作的重点问题，来加大思想政治工作的力度，引导职工正确分析看待企业发展及现实中的社会问题，这些都对思想政治工作内容和形式的统一提出了很高的要求。既要做到用先进的思想教育人、培养人，提高人的思想道德素质，为企业经济建设保驾护航，又要以科学有效的形式和载体使思想政治工作渗透到经济工作中去，使思想教育内容与经济工作融为一体，真正使职工以饱满的政治热情，勤奋扎实的工作作风，开拓创新的进取精神投入到企业生产经营中去并取得一流实绩，这正是思想政治工作的难点所在。

第四，现代企业制度建设中，思想政治工作的对象发生了变化，出现了传统的思想政治工作方法难以适应群体结构多元化的难点。现代企业制度实施以人为中心的管理，用工制度是劳动合同制，企业职工相当一部分具有股东和员工的双重身份，同时职工的来源渠道和构成成分也和原来有较大的区别，他们在成长环境、文化层次、精神追求和经济利益的获取等方面都有所不同，因此表现为人生观、价值观、道德观和思维方式上的很大差异，从而使企业的思想政治工作面临前所未有的对象多元化。而我们长期形成的思想政治工作方法在许多方面难以适应这种群体结构多元化的变化。为此，如何既能继承思想政治工作的优良传统，又在实践中根据新形势、新任务的要求，大胆尝试探索新的工作方法；如何转变单一的工作方式，学习其他行业的先进经验，完善和充实思想政治工作的内容、方法和手段；如何利用现代科学管理和高新技术，在方式方法上与现代企业制度管理的科学化、现代化相协调；如何运用各种现代信息传媒和网络技术，加大思想政治工作中的科技含量等等，都是随着工作对象的新变化而必须解决的难点。

三、现代企业制度中思想政治工作的对策

思想政治工作如果不能适应现代企业制度所带来的新变化，只是简单地重复过去的老方式、老办法，就不可能收到应有的效果，甚至适得其反。对此，我们应有清醒的认识，现代企业制度虽然给企业思想政治工作带来新的严峻挑战，但是更带来新的良好机遇，而新的挑战和机遇为思想政治工作提供了更广阔的舞台和发展空间，只要我们能进一步增强紧迫感、责任感，采取有效对策，就一定能够牢牢把握思想政治工作这一“生命线”，使之对企业的生产经营管理充分发挥服务和保证作用。

第一，提高认识，坚定信心，树立适应现代企业制度的观念。作为思想政治工作者首先应树立起与现代企业制度相适应的观念。如，一是“大政工”观念，即要有思想政治工作的大视野、大思路、大队伍，形成齐抓共管的“大政工”格局。二是“大管理”观念，即思想政治工作不仅是企业管理的有机组成部分，而且是调动和激励职工产生稳定、持久的积极性的精神动力，决不能将其分离出来。三是“大服务”观念，即思想政治工作必须服务和服从于经济建设这个中心，自觉地围绕企业的中心工作开展活动。四是“大文化”观念，使各行业优秀文化成果互相补充和渗透，融合成推动企业职工树立正确价值取向的现代企业文化。

第二，按照现代企业制度，创新思想政治工作的领导机制和物质保证机制。首先，要坚持党组织的政治核心地位，采取双向进入的办法，处理好党委会、工会、职代会与股东会、董事会、监事会的关系。即党委主要领导人，依据法定程序进入董事会、监事会，使党的路线、方针、政策以及企业党组织思想政治工作的决策，通过企业制度转化为企业生产经营的规范。董事会、监事会、经理层及工会中的党员干部，可依照党章及有关规定进入党委会，董事会和监事会都要有职工代表参加。这就形成了“班长”负总责，其他领导分工负责和“一岗两责”，企业各管理部门齐抓共管的思想政治工作领导体制。其次，要从长远目标出发，把企业思想政治工作纳入企业发展的总体规划之中，为思想政治工作提供必需的物质基础，创造开展思想政治工作的环境条件，以保证企业思想政治工作所必需的硬件设施、先进科学的技术手段和开展各项群众活动的基础。

第三，认真探索和研究现代企业制度中思想政治工作的新途径和新方法。一是结合现代企业制度在继承的基础上创造性地开展工作，针对如覆盖不到位，观念相对滞后和方法手段落后等问题，就需要我们在继承和发扬优良传统的基础上，解放思想、实事求是、锐意进取，在思想政治工作的内容、形式、方法、手段，等方面不断创新。二是把握导向，始终坚持团结、稳定、鼓劲和正面宣传为主的方针，把讲道理和办实事结合起来，把教育职工和说服职工结合起来，努力做到知行统一，义利统一，两个文明统一。认真研究职工心理，讲究方式方法，化解矛盾，理顺情绪，增强吸引力、感染力和说服力，使思想政治工作融合到企业生产经营管理的每一个环节之中。三是寓教于乐，发挥群众文化活动和精神文化产品潜移默化的作用。要依靠科技，努力提高思想政治工作的科技含量，实现思想政治工作的科学化、现代化；运用社会学、心理学、行为学等最新研究成果，使思想教育做到随风潜入，润物无声，增强实效性。四是要充分尊重群众的首创精神。进一步强化实践意识，不断总结和推广思想政治工作的新鲜经验，并逐步推广，使思想政治工作迅速呈现生动丰富、积极向上、健康发展的局面。

第四，努力提高现代企业制度建设中思想政治工作者的素质。一是要自觉学习、认真研究与现代企业制度相关的知识、法规、政策，学习和研究思想政治教育学及其相关的知识技能，学习和研究优秀企业“以人为本”科学管理的知识和经验。在学习中，要注意克服“差不多”、“无所谓”、“顾不上”等思想，克服“摆样子”的倾向，还要克服畏难情绪，培养坚持不懈的毅力。二是要强抓机遇，勇于创新。必须做到强化以下几种意识和能力：强化政治意识，提高宏观驾驭能力；强化中心意识，提高服务大局能力；强化阵地意识，提高打主动仗的能力；强化民生意识，提高为职工服务的能力；强化创新意识，提高改革创新能力；强化岗位意识，提高适应环境的能力；强化预测意识，提高前瞻性研究的能力。三是要运用思想政治工作的艺术，增强思想政治工作的有效性。如结合职工思想实际，坚持用科学的理论武装人，用真挚的情感启发人，用身边的典型激励人，以优秀的人品吸引人，以丰富的活动凝聚人。又如，根据本企业的情况，可充分运用理想信念激励、荣誉激励、目标激励、榜样激励、竞赛激励、危机激励、领导行为激励、物质利益激励等方式方法来激发职工的责任感、进取心和创造热情。再如，通过倾听诉说、平等协商、以心换心、关心尊重等理解人、体贴人、感化人的方法来慰藉心灵、化解矛盾、凝聚人心。四是培养自身良好的心理素质，增强人格魅力。思想政治工作者，面对复杂多变的客观环境和工作对象的思想追求，任务十分艰巨。因此，应当具有强烈的成就动机和愿望；坚韧不拔、百折不挠的毅力；稳定自如、处变不惊的心理素质；充满正气、刚气和大气的气质风度；求真向善、从善如流的情感世界。

通过积极分析和研究企业思想政治工作开展与现代企业制度建设中存在的难点，积极探索和建立今后的工作对策，使新赛股份思想政治工作具备先进性、科学性、前瞻性、实效性，才能在新的经济发展形势下不断做出新的贡献。

【作者：新疆赛里木现代农业股份有限公司工会主席】

“专一化”将成饲料企业主流趋势

易勇均

日前工信部联合发改委等 12 个部门联合印发《关于加快推进重点行业企业兼并重组的指导意见》。农业部部长韩长赋也曾提到，未来 3～5 年时间将培育包括水产在内的 100 家年销售收入超过 100 亿元的重点行业领军企业。这一系列措施都在使水产饲料行业竞争激烈，大企业的竞争优势越来越明显，这样一来，中小企业的出路又在哪里？大企业又将如何更好地发展？本人就此问题在 3 月 3 日中山大学举办的 2013 年水产饲料企业技术研讨会上谈了一些看法。

第一、中国饲料行业已经发展到了第二个阶段——调整阶段。第一个阶段是怎么做饲料、怎么做大、怎么做强，那已经成为过去。不管是大企业还是小企业，都在默默地走一条路，那就是“专一化”的道路！恒兴的子公司中有专做混养料的，有做虾料的，有做膨化料的。行业中有很多企业在宣传中打膨化料第一、海鲈料第一、罗非料第一等等口号，这给了我们水产饲料行业一个“专一”的信号，所以未来的饲料企业会越来越专一，这也是第一个调整阶段。

第二、饲料企业都面临着一个瓶颈期——用工荒、科研技术跟不上生产实际的需求。根据政府统计数据显示，目前广东至少缺 100 万民工。我们中山大海饲料公司一直在推鱼虾混养料，但是苦于一直没有得到“真经”。在听了中山大学何建国教授有关鱼虾混养技术报告后，体会到要克服科研技术与实际生产脱节这个问题，就必须要企业与科研机构共同来解决。

第三、饲料行业很快将进入理性化竞争阶段。最近几年，大企业都在打价格战，但 2013 年我们明显感觉到竞争相对比较缓和了，这种竞争才是一种理性的竞争，大企业都在思考如何对养殖户负责任，如何带给养殖户效益最大化的产品。这是养殖业所急需的，创造养殖利润最大化。

第四、新兴饲料企业将越来越少，现有的企业发展会逐步增大，而且现有的企业在发展的过程中会趋向于“本土化”。如广东的草鱼 4 块多/斤，基本能够保本；江苏的草鱼 6 块多/斤，还能赚钱，但是如果把广东的草鱼运到江苏去，那成本是相当高的，多数时候也只是徒劳，所以会更趋向于本土化发展，采购本土原料、饲料本土销售、养殖水产品本土消费。现在就要给饲料同行提一个醒：“你是否够专一？如果不够，那么在未来的竞争中或将处于弱势。”

目前，在大企业、大集团的各个子公司都在走专一化的道路。对此，中小企业也应根据自己的实际情况，在某个品种、或者在某个领域做到最好，这是未来饲料企业竞争的核心所在。

【作者：广东省中山市大海饲料有限公司总经理】

国有企业对后备干部梯队化管理初探

杨晓燕

企业要发展，人才是关键。市场经济是一种竞争经济，它包括资本、技术、资源和管理等各方面的竞争，这些竞争，归根结底则是人才的竞争，是企业之间经营管理人才的竞争，是经营管理者观念与素质能力的较量。纵观国内外企业集团发展的历程，不难发现这样的共同点，大凡那些成功的企业，都是把后备干部队伍建设作为企业管理中的必要环节来抓，这对于提升企业的核心竞争力，实现企业可持续发展，具有十分重要的战略意义。美国通用公司总裁韦尔奇提前七年就开始筹划接班人选，对三位候选人至少密切观察了一年多时间；还有中国阿里巴巴董事局主席兼首席执行官马云，最近他将集团 CEO 职位交给了他的首席数据官——陆兆禧，自己则专心做董事局主席。马云卸任 CEO 职位，标志着阿里巴巴的接班人制度已经趋于成熟。

鉴于培养选拔德才兼备的优秀后备干部对企业发展的重要性，美天商业公司领导层在后备干部建设方面进行了有益的尝试，大力推进用人制度的改革，采用梯队化的管理方式，使优秀人才脱颖而出。

一、正视现实，完善制度

上海美天商业有限公司诞生于上世纪九十年代中期，当时我国市场经济迅猛发展，带着浓重计划经济色彩的区烟糖公司、区燃料公司、区粮食局、区副食品公司等国有企业，无力和大卖场、大超市相抗衡，因此区政府决定将上述公司合并，组建成立了美天商业有限公司。经过几年的深化改革和资源整合，公司在市场经营中重新站稳了脚跟。可是公司在选拔培养后备干部上发生了较为严重的断层，出现了青黄不接的局面。究其原因，是由于长期以来，国有传统企业受自身机制、用人观念以及企业经营状况等方面的制约，员工基本上是“只出不进”的（只有职工退休时“自然减员”的流出，而流进的则很少），总之，人才流动性差，人才流入的渠道少。公司的领导人都是经过层层选拔，最先在基层锻炼后当上管理人员，然后担当基层领导干部，再当企业的中层干部，待企业领导班子有人退休，岗位出现空缺时，中层干部中的“佼佼者”才有机会进入领导班子。近年来，公司也招收了一些大学生，但大学生中能够成为中层干部的很少，纳入后备干部队伍的就更少。因此，后备干部断层的情况就越演越烈了。

面对后备干部紧缺这一关乎企业前途命运的问题，公司领导层相当重视，将后备干部选拔培养工作纳入“一把手工程”，成立了公司人才梯队建设领导小组和工作小组，保证人才梯队建设有人抓、有人管、有人负责，同时经过两上两下反复的讨论、修改，形成了《美天商业公司人才梯队建设制度》，从指导思想、工作机构、职责分工、梯队设置、专业构成、选拔条件、选拔流程、时间安排、培养方式和考核激励等十大方面对人才梯队建设工作进行了总体要求，对梯队人员的培养、考核、使用等工作进行了细化，增强了制度的可操作性，还把人才梯队建设工作列为考核各级领导班子的一项重要内容，从而更明确了梯队工作的领导责任，为梯队建设工作顺利开展提供有力的政治保证。同时确定各单位的组织部门是梯队人员的日常管理部门，在梯队人员管理过程中应起到牵头抓总、协调各方的作用，为梯队人员的规范管理提供了坚强的组织保障。

二、严格把关，注重品行

根据公司人才梯队建设制度的规定，人才梯队建设分为三个梯队（层级），第一梯队：培养目标是成为公司中层、二级公司班子成员及以上的干部，由公司直接管理，各二级公司配合协管；第二梯队：培养目标是成为二级公司中层干部、三级公司班子成员，以各二级公司为主进行管理；第三梯队：培养目标是成为基层管理干部，在原先的岗位上跨一个台阶，以各三级公司为主进行管理，梯队在专业设置上则涵盖了公司经营管理的方方面面。

由于梯队人员队伍的整体素质，决定着企业未来领导干部的素质。因此在梯队人员的选拔方式上坚持创新思路，高起点、严要求。首先公司上下统一认识，扫除思想上的“拦路虎”，轻装上阵：

1. 破除论资排辈思想。论资历，但并不唯资历，坚持德才兼备、以德为先，注重实绩、竞争择优的选人观念，对品质好、能力强、作风正、有发展潜力的员工，不拘一格选拔。

2. 破除求全责备思想。坚持用发展的眼光，看大节、看主流、看潜力，按照梯队建设的专业设置、结构合理的要求，选拔配备梯队人员。

3. 破除平衡照顾思想。坚持公平公正的选拔原则，严把关口，不因人情降标准，不因亲疏做取舍，不因好恶论长短，按照企业未来发展的要求，努力把德才兼备、实绩突出、群众公认的人才选拔上来。

为了确保梯队人员队伍的数量、质量和活力，使美天商业公司各级领导班子有充足的后备人选，在公开选拔条件和标准的基础上，积极引入竞争机制，努力营造能够使优秀中青年干部得以脱颖而出的环境和条件，具体方式为：1. 采取个人自荐、单位推荐、群众举荐（员工 10 人以上联名推荐）、组织部门审核把关的方法，确定入围人选；通过笔试、面试、考核、考察的程序，全方位、公平测定每位竞选者的综合素质和能力，从而择优选拔梯队人员。2. 在梯队人员遴选过程中注重将临场发挥与日常表现结合起来；3. 在梯队人员遴选过程中将定期选拔与不定期考察结合起来。把那些考核优秀、但因职数限制未能入选或未能上岗的优秀中青年人才，纳入到梯队中来；把那些群众公认的政治、业务素质好、各方面表现突出的优秀中青年人才纳入到梯队中来；把那些在处置突发事件和完成急难险重任务中发现的优秀人才，尤其是他们中的优秀中青年人才，纳入到梯队中来。于是，拓宽了公司发现和选拔人才的视野，为更多人提供了展现自身才能的机会和平台。

三、提供平台，规范管理

公司经过认真调研，在充分考虑企业未来发展对经营管理人才需求的基础上，在公司和子公司的各主要岗位上，按照最多 1:1.5 的要求建立起了一支分三个层级、具有一定规模的人才梯队。

俗话说：十年树木，百年树人。选拔出来的梯队人员大多年纪轻，思想活，知识水平较高，但在政治理论水平、处理复杂问题的能力方面还是略显欠缺。为了让梯队人员能够尽快成熟，担负重任，公司针对梯队人员的特点及成长规律，对他们进行多层次、多方位的培养锻炼，不断提高他们的综合素质和实际工作能力。主要做法如下：

一是抓好“学”。首先是加强政治理论的学习。梯队建成后，对所有梯队人员进行培训。以当代企业职工核心价值观主题教育实践活动为载体，加强对梯队人员的理想信念和“团结、务实、开拓、创新”的企业精神等方面的教育，引导他们牢固树立正确的世界观、人生观、价值观，不断增强政治信念的坚定性、政治鉴别的敏锐性，真正确立“爱岗敬业，公正诚信，廉洁自律，创新进取”的职业道德规范。

其次，按照“干什么学什么，缺什么补什么”的原则，进行业务知识培训。根据公司经营特点，按照梯队专业设置要求，经过对梯队成员培训需求的调查，采用“走出去、请进来”等多种形式、分门别类的培训活动，比如开展业务知识讲座、专题座谈会、学习讨论会，演讲活动；到其他大型国有、民营、外资、合资企业去参观学习，开阔视野，借鉴别人的经验和教训，拓展自己的思路，逐渐提高梯队人员提高现代管理能力。

公司在实际操作中，摸索了一套较为有效的培训方法，既定期与不定期相结合、集中培训和外送培训相结合，做好对梯队人员的培训和教育工作。集中培训是以思想政治素质、综合知识培训为主，外送培训则以业务知识培训为主。我们把理论培训贯穿于梯队人员培养的全过程，并且要求梯队人员制订自学计划，提高自我学习的能力。梯队管理人员经常检查梯队人员自学的情况，鼓励梯队人员在职攻读更高的学历学位。这样多管齐下，以期不断提高梯队人员的政策理论水平和相关业务水平。

二是强调“炼”。当前，国内企业常用以下五种实践锻炼方法对后备干部进行培养：定岗压担、多岗转换、上挂锻炼、下派任职、应急磨砺。公司结合行业实际，针对商业网点综合管理、商品营销、人事党务、行政管理、资本运作和财务管理等不同培养方向的梯队人员，分别采取其中几种方法进行定向培养。

1. 放到基层去“炼”。对于缺乏基层工作经历的梯队人员，先放到基层去进行任职锻炼，丰富阅历和经验，增加他们解决实际问题的能力。

2. 大胆放到重要岗位去“炼”。让梯队人员参与公司的一些重点项目、重点工作，承担一些“急、难、险、重”的工作任务，考察梯队人员的能力，磨练意志，为梯队人员提高自身处理复杂问题的能力和增长业务才干创造条件。

3. 放到信访岗位上去“炼”。信访部门经常面对不同的矛盾群体，把梯队人员放到这个特殊的部门去锻炼，有利于他们进一步了解职工群众的困难和疾苦，磨练他们的耐性，提高他们的服务意识和政策理论水平。

4. 放到更高层次岗位上去“炼”。对于一些特别优秀、可塑性强、发展潜力大的优秀梯队人员，公司结合实际，为他们铺设成长的“快车道”，不过分拘泥于梯队的三个“台阶”，大胆提拔到适合岗位上去压担子，促进他们早成才。

三是注重“管”。公司对每位梯队人员制定了具体的培养计划，按照梯队制度要求，确保对梯队人员管理监督工作的规范化、科学化。

1. 采用带教制：由梯队管理单位为梯队人员选好带教老师，梯队人员在带教老师的指导下开展工作。制度规定了带教老师的职责：（1）在工作中，带教老师要以自己的工作经验、业务技能等指导梯队人员，辅助梯队人员解决工作中的困难，对其工作中需要改进和完善的地方给出建议；（2）带教老师要经常和梯队人员谈心，结合实际情况，提出具体要求，适当压担子、提能力、促其成长；(3) 带教老师要督促带教的梯队人员写工作小结，并从思想品德、大局意识、工作实绩、责任意识、团队协作、专业能力、学习能力、沟通协调、创新意识、分析能力十个方面，填写带教培养工作手册，对梯队人员进行点评和打分，指明努力方向，搞好“传帮带”。

2. 采用轮岗制：开展不同岗位分工之间的交流，包括跨类别之间的交流，如政工到行政、行政到政工，进行多岗位培养；开展基层到公司、公司到基层，子公司到总公司本部、总公司本部到子公司，营业网点到职能部门、职能部门到营业网点的上挂下派培养。

3. 采用助理制：梯队人员可以在部门经理助理（或基层书记助理）的岗位上培养，为优秀的梯队人员提供锻炼的平台。在部门经理助理的岗位上培养锻炼若干年，就可以提拔进入中层干部队伍。中层干部被列为梯队人员后，条件成熟的可以压担子，让其担当总经理助理（或党总支书记助理），全面了解整个公司的运作，参与经营管理工作。

4. 严格执行考核制：有五个规定动作：(1) 本职工作考核：每年一次，由梯队人员单位对其进行考核；(2)带教老师评价：公司每半年对梯队人员进行考核，在梯队人员小结的基础上，由带教老师做出评价；(3) 职工民主测评：每年一次，由单位人才梯队建设工作小组召集职工，开展民主测评工作，访谈梯队人员周围 7～10 人，由被访谈人填写《梯队人员考核表》，然后由工作小组人员汇总计算出平均分数；(4) 考核分值计算公式为：

期末考核成绩=本职工作考核平均分*30%+带教老师评价分*25%+职工民主测评平均分*25%+单位领导评议*20%

①对于期末考核成绩 90 分及以上，单位总评为“优秀”的梯队人员，有领导岗位空缺的直接上岗，无岗位空缺则纳入后备干部名列；②对于期末考核成绩 89～75 分，总评为“再努力”者，可以免去相关考察程序，自动进入后续梯队建设中相应梯队进行培养；③对于期末考核成绩 75 分以下，总评为“不合格”者，在后续梯队建设中，需重新考察方可进入培养，考察不通过者一概淘汰。

公司梯队人才管理机制就是优胜劣汰，严格按照综合考察的结果，及时调整梯队人才队伍，使“出口”畅通；同时根据梯队人才管理要求和程序，对梯队人才队伍进行补充，有进有出，使梯队人才队伍保持着动态的平衡。

两年来，公司通过人才梯队化建设的实践活动，初见成效，已经培养出一批优秀的后备干部，为公司中层干部队伍建设提供了源头活水，大大改善了后备干部紧缺的状况，而且这种引入竞争机制的“选才”方式，赢得了广大职工的普遍赞誉。

【作者：上海美天商业有限公司工会主席】

企业“贯标”的问题及对策

张维明　彭德威

当前，GB/T 19001、GB/T 24001、GB/T 28001、GB/T 50430 等作为一种国际先进的管理标准，已被大多数施工企业所接受。但是在标准的引入、贯彻与实施中总是存在这样或那样的问题：有的脱离实际，生搬硬套，简单的“照搬照抄，复制粘贴”，没有与企业现行管理标准、管理实际有效结合，新标准在企业中尚未“落地生根”便产生“水土不服”；有的标准写的是一套，实际执行的是另一套，即所谓的“说一套，写一套，做一套，行无效”，造成执行“走样”，“两张皮”；有的执行乏力，标准和制度束之高阁，成为装点“门面”的“摆设”，标准“越编越厚”，执行“越来越薄”；有的管理评审“年年岁岁花相似，“走马观花、隔靴搔痒、流于形式”，贯标中存在的问题“日日讲，月月讲，年年讲”，“似曾相识燕归来”，最终却“不了了之”，凡此种种，不一而足。好的标准和制度，是规范公司管理，提高公司管理水平，保障公司效率和效益的重要基础。但是如果好的制度不能与公司经营生产的实际相结合，不能很好的贯彻和执行，造成引入、制定（适宜性）和执行（有效性）的“两张皮”，那只能是“与虎谋皮”，适得其反了。

中国能源建设集团湖南省火电建设公司自 2002 年实施“三标（质量、职业健康与安全、环境管理）”体系认证已 10 余年了，经过 10 余年的运行和持续改进，目前已日臻完善，成为确保公司体系有效运行的基础标准。随着国家标准的不断更新和施工企业竞争的加剧，国家、社会、业主对安全、质量、环境的管理要求也越来越高，企业引入和建立“三标管理体系”已是大势所趋，但是三标体系的引入和制订，只是企业“贯标”工作第一步，企业只有在体系运行和审核过程中不断发现问题、解决问题，持续改进，才能确保“三标体系”的适宜性、充分性和有效性。

一、企业“贯标”过程中存在的问题

通常而言，企业“贯标”中存在的问题分为适宜性和有效性两个方面，适宜性主要是指“合不合适、适不适合”的问题，标准体系是否适合公司实际，是否与企业现行标准之间存在冲突，是否存在“两张皮”现象，适宜性问题通常产生在标准体系的引入和制定过程中。主要体现在以下几个方面：

其一是引入和制定过程中简单的“拿来主义”，一则对新标准没有进行仔细研读，对标准的认识不全面、不准确、不彻底，简单式的“拿来主义”、教条式地“闭门造车”；二则对企业的历史、文化、资源和管理实际缺少充分的调查，对新标准不能“消化吸收”而是“照搬照抄”、“生搬硬套”。所引用的标准与所写的文件与企业的管理体制、发展战略及企业标准体系“严重脱节”，管理体系各要素与国家法律、法规和企业的管理标准、技术标准、工作标准“格格不入”，不能“融会贯通”，“为我所用”。新标准一味追求“形而上”，成为“不食人间烟火”的“阳春白雪”，新标准与公司“两层皮”现象严重，成为一个没有基础支撑、“高高在上”的“空中楼阁”。例如，某集团公司下属子企业重组整合为新的二级集团公司，在引用和制定标准体系过程中，将子企业之一的体系标准作为母板，进行简单的“查找、替换、复制、粘贴”后便“大功告成”，全然不顾新企业的运营规模、业务结构、发展战略和管理流程，这种没有任何“智力劳动”、“急功近利”的简单创造，充其量只能是“装点门面”的“摆设”而已，至于能否成为指导企业管理实践的管理体系标准，那只能是“可想而知”，“不言而喻”了。再如，某子公司引入和制定本公司的管理标准体系时，犹如节假日期间互发慰问短信一样，将母公司的体系标准直接“复制、粘贴”（有的甚至单位的名称都没有改动）便成为子公司的体系标准。这种直接“拿来”产生的后果就是标准体系与公司经营管理实际的背离。例如母公司的职业健康安全管理目标中的职业病发生率小于 1‰，这项目标是建立在全公司2800 多人的基础上的，如果子公司人员低于 1000 人，那么制定这项目标时仍沿用 1‰的标准，一则显得管理不严，要求不高，“胸无大志”，二则与管理体系目标设计的初衷也“大相径庭”。又如公司“年工伤事故频率不超过 12‰”的管理目标，子公司亦不能照搬，分解目标后应以单位“例”计算，即每年发生事故频率不超过几例。

其二是体系标准在引入和编制过程中统一协调性差，各职能部门之间各自为阵，“各唱各的调，各走各的道”，造成部分体系标准自相矛盾，执行时“无所适从”。各部门在起草和制定体系标准时“本位主义”作祟，更多地考量本部门的“权力”和“利益”。“权力都想掌握在自己手里，事情都想要别人去做，好处都想归自己所有”。这样制定出来的体系标准各要素之间，自然会存在“自说自话”，接口不完善，互相割裂，落实困难，不可操作，无法实施等现象。同样，在对体系的自我诊断、修编和自我完善过程中，只从本部门角度和单个要素考虑问题，不能正确把握体系要素之间的内在关联，势必割裂体系标准各要素之间的天然联系，造成文件适用性较差，缺乏对岗位操作的指导性，文件写的是一套，执行起来却是另一套。例如，某公司在标准体系修编过程中，对内部机械台班定额标准的确定上存在分歧，机械管理部门认为台班收费标准是按照市场原则确认，与市场价格全面接轨，而使用部门却普遍反映台班收费标准偏高。凡此种种，争论不休，今天是“蛋炒饭，明天是饭炒蛋”，虽是“老生常谈”，却总是“无功而返”，最终只能是“星星还是那颗星星，月亮还是那个月亮”。

有效性主要是指“执不执行，谁来执行，执行效果如何，监没监督，谁来监督，监督效果如何”等问题，有效性问题通常产生在标准体系的执行和监督过程中。主要体现在以下几个方面：

其一是对标准体系宣贯的认识和力度不够，“只知其然，不知其所以然，只知道如此，不知为何如此”。对标准体系负有管理职能的部门和人员，对体系理解不透彻、不准确，“盲人摸象，一知半解”，而其又负责标准体系的宣贯和指导工作，贯标过程中，宣贯者“坐而论道”，“玄而又玄”，被宣贯者“一头雾水”，“不知所云，人云亦云，不甚了了”。

一些企业存在着较为严重的“重制订、轻宣贯”现象，在标准体系的引用和制定过程中耗费了大量的人力、物力和财力，但标准制定完成后便以为“大功告成”，随之“马放南山、刀枪入库、偃旗息鼓”，后续最重要的宣贯工作成了“可有可无”的“附属品”，以至于一些老员工和入司不久的新员工“不识庐山真面目，不知标准为何物”。宣贯认识和宣贯力度的不足，最终导致管理标准体系无法在本企业得到有效的贯彻和执行。

其次是全企业、全员、全过程的“三全”理念没有很好的得到贯彻和有效落实，体系标准执行乏力。一则一些企业在体系贯标过程中，体系责任部门单打独斗，一些业务部门和执行部门积极性不高，缺乏与体系责任部门的主动沟通，贯彻不积极，实施不用心，“推一步动一步”，把管理体系贯标工作当成一种负担，作为一项任务来完成。平时没有对管理体系进行有效控制，体系审核时补记录、整现场、背条款，搞“形象工程”。二则有些部门执行标准时乏力，或者“搞上有政策，下有对策”，始终按照自己的想法做事；或者“拈轻怕重”，有选择地执行，容易执行的执行，不容易执行的不执行，对自己有利的执行，对自己无利的不执行，“对自己有没有好处”成为执行的标准。某公司在班子会上形成决议，对某些重要部门负责人的岗位进行了调增，人事部门负责人认为自己的资历老，能力强，对不在调增之列有意见，于是没有执行公司调整岗位的决议。一年后，有人过问此事，人事部门以“不清楚”此事为由搪塞过关，公司体系标准成为“一纸空文”。三则有的公司标准体系不能一以贯之地执行下去，而是朝令夕改，红头文件“满天飞”。企业的管理标准是公司的“法典”，理应具有相对的严肃性和稳定性，但是有些日常管理行为却按照领导的意志以“红头文”的形式加以改变和固化，轻而易举地将体系标准“抛之脑后”，使其成为“可有可无”的“傀儡”。

其三是体系标准不能与时俱进，持续改进不够。体系标准固然有其严肃性和稳定性的一面，但这与体系标准的与时俱进、持续改进并不矛盾。众所周知，企业发展的环境处于不断变化之中，包括政治的、经济的、文化的、体制的、市场的等等，如果企业不能与时俱进、持续改进，适应环境变化，那只能导致“夜郎自大”、“固步自封”。世界上从来没有最好的标准，也没有一成不变的标准，只有最适合的标准。

但是我们却经常看到有些企业，体系标准从计划经济走到市场经济，从旧世纪走到新世纪，基本是“任凭风吹浪打，我自岿然不动”，企业管理者和体系标准管理部门“敝帚自珍”，“读他千遍也不厌倦”。也有一些企业也引入了体系审核制度，但基本上是“走过场”，是一种形式上的持续改进，体系审核中提出的不符合项，或者封闭困难，没有封闭，或者涉及某些利益裙带，不愿封闭。在某些要素上没有发现不符合，便认为该要素在本单位运行状况良好，不存在缺陷和不足，缺乏深入的调查研究；在进行顾客满意度调查时，收集的也只是顾客对企业“满意”方面的信息，而很少收集“不满意”的负面评价以及持续改进的意见，殊不知，真正对管理体系不断改进，管理水平不断提高，公司实现可持续发展大有裨益的恰恰是这些“不满意”。如果一个企业不能看到自己的差距，看不到改进的方向，这个企业一般可以界定为没有希望的企业。

二、解决“贯标”问题的对策

如上所述，针对企业在管理体系贯标中存在的问题，施工企业要确保管理标准体系的有效运行，关键是要消除体系运行中影响“适宜性、有效性”的“两张皮”问题。

1．适时更新管理体系方针、目标

施工企业“三标”管理体系的方针、目标一般分为管理目标和工程目标，从管理的方式来看一般分三级管理，公司级、项目部级（二级机构）、班组级，管理体系各级目标要逐层分解，逐级细化，不断更新。

有些施工企业所制定的“三标”体系方针、目标沿用多年不变，显然不适应发展的需要。随着各类标准的更新，顾客（业主）、社会、员工需求的提高，企业发展战略规划的变化，企业的“三标”体系方针、目标定位应“与时俱进，适度超前”。如果方针、目标定位低，一方面企业缺乏大胆的志向，往往只产生平庸、仿效的工作策略和改进方案，使方针、目标失去激励作用；另一方面也不利于员工智慧、创造力和开拓精神的发挥。当然，提出这样的方针、目标的基本原则是“跳起来能摘到苹果”，而不是一味“好高骛远”，对所有领域、所有员工都用高的目标去要求。

2．加强组织领导，实施分级管理和控制

要充分认识“领导作用”与“全员参与”的重要性，要把企业最高管理者的强制推动，转变为企业全体员工的自觉参与。各级领导要坚决摒弃原有的习惯思维和工作方式，一切按制度、程序、文件办事，彻底由“人治”向“法治”转变。

在“三标”管理体系运行中，实施分级管理和控制。企业层面上，要依据管理体系标准和管理手册要求，通过系统性地开展内部审核、管理评审，从总体上确保管理体系的有效运行；项目部级管理层面上，要依据程序文件以及相关过程管理制度，确保管理体系各个过程的规范与可控；作业层面上，要通过落实作业文件，确保日常作业活动的受控。这样以形成体系——过程——活动的逐级控制机制，从而增强企业的执行能力和自我约束能力，促进管理体系“PDCA”大循环与作业活动“PDCA”小循环之间形成良性互动。

3．加强管理体系的宣贯和教育培训

一是意识的提高需要不断的宣贯和教育培训。“三标”管理体系代表了科学的管理方法，体现了全员参与、全过程控制的思想，员工作为“过程”的直接操作者，只有对体系充分的理解，才能自觉地把自己的工作同企业产品质量、成本、效益及顾客利益联系起来，尽职尽责地做好工作。

二是只有不断加强对体系文件的学习和教育，才能确保人人掌握体系文件的要求，消除各种误解，把文件化的标准与实际工作有机地结合起来，真正做到“说到要写到，写到要做到，做到要有效”，其中最关键是“做到要有效”，消除常见的“两张皮”现象。

三是加强工作方法或操作技术方面的培训和教育。包括对管理人员、内审人员、特殊工序检验人员、操作人员的培训，要特别注意对骨干力量和后备力量的培养。一支意识高，责任感强，且训练有素的员工队伍，是施工企业“三标”管理体系持续有效运行的重要保证。

4．有效运用内部审核、管理评审等手段，强化自我约束力

内审和管理评审是企业“三标”管理体系重要的自我纠偏措施，是实现体系自我完善的重要手段。内部审核的深度、审核的质量、不符合项纠正和预防措施的制定、落实及效果检查，对提高管理体系的有效性有着十分重要的作用。

管理评审不仅是为确定企业的质量方针、目标总体是否有效，而且还要根据技术进步、市场、顾客需求等变化对管理体系的充分性、适宜性、有效性作出评价，并对不充分，不适宜，无效的部分制定切实可行的纠偏措施，确保“相同的错误不再次发生”。

5．坚持持续改进，是确保有效性的保证

“改善无极限”，不断持续改进是确保体系有效性的保证。“三标”管理体系只有不断完善和改进，才能适应企业的发展和外部环境的变化。要开展持续改进，应做好以下工作：一是将产品、过程和体系改进作为企业及每一位员工的一致目标和行动；二是要周期性按照“卓越”的准则进行评价，以识别具有改进潜力的区域；三是要鼓励预防性的活动，全面贯彻“预防为主”的思想，积极寻求和准确把握改进的机会。四是企业领导层对改进要予以足够重视，要创造必要的条件，包括向每一位员工提供有关持续改进方面的教育和培训。

【作者：中国能源建设集团湖南省火电建设公司】

强化品牌　开拓市场　精细管理 提高企业核心竞争力

张卫华

重庆工业设备安装集团有限公司2002年1月由重庆第二安装工程有限公司与重庆第一工业设备安装公司强强联合组成，系重庆建工集团全资子公司。现有在册职工2400多人，注册资本金1.9亿元，下属20多家分公司和2家控股子公司。10年来，重庆安装集团伴随重庆直辖市的迅速崛起，步入发展快车道。10年来，公司主营业务收入和实现利润总额与合并前比分别增长了8.1倍和7.5倍。公司根据市场情况，制定并实行强化品牌，开拓市场，精细管理的发展战略，经过全公司职工的艰苦拼搏，始终保持了持续健康稳步发展态势。2011年公司实现主营业务收入22.75亿元，利润3610万元，2012年1～11月，实现主营业务收入20.39亿元，利润3392万元，继续保持良好的发展势头。

一、强化专业品牌，打造重庆安装

专业品牌是安装企业生存发展的核心竞争力，是企业的名片。公司确定的企业战略是由传统的专业安装向以安装为主的大型建筑集团发展，我们坚持实行“干一项工程，树一块牌子，做一个行业，创一个品牌”，注重发挥4个总承包一级资质作用，精心组织，精心施工，提高专业品质，强化专业品牌。

坚持强化化工石油工程品牌。公司具有化工石油工程施工总承包一级资质。公司创建于建国初期，60多年来，从东北到西北，从西北到西南，从西南到重庆，始终在化工石油工程施工领域辛勤耕耘，在石油化工、煤化工、盐化工、精细化工、医药化工、建材化工等领域完成了一大批国家、省市重点化工项目，如四川维尼纶厂、重庆化工厂，四川福华农药科技集团，万州盐化公司100万吨/年真空制盐工程，重庆国际复合材料公司，青海昆仑100万吨/年纯碱工程，内蒙华泰、新疆兰太等大型化工工程，形成了以石油化工、煤化工、盐化工、精细化工为主的化工优势品牌，公司8项化工安装技术荣获中国安装协会科技进步奖，2项化工工程荣获中国安装工程优质奖，23项化工工程荣获省市级优质工程奖。最近公司获得国家知识产权局颁的发1个发明专利，3个实用新型专利。目前正在编制《真空制盐设备安装施工规范》行业规范和《无损检测.射线数字成像检测术语》国家规范，均已立项。

精心做好机电工程品牌。公司具有机电安装工程施工总承包一级资质。机电安装是公司的主项资质，承担了企业稳步发展的重要职责，公司先后承接了5000多项工业、公用、民用机电安装工程、其中国家省市重点工程1000多项，如重钢、四川汽车制造厂等，荣获国家鲁班奖8项，省市优质工程奖70多项，国家级工法2项，市级工法7项。

着力打造市政工程品牌，公司具有市政工程总承包一级资质，承接了国内许多著名市政交通工程，如深圳发展银行、重庆江北机场，重庆火车站，重庆港务大厦、重庆三峡博物馆等工程，荣获多项国家、省市级优质工程。近年来，公司迅速进入高速公路建设领域取得了良好业绩。

做实做好房建工程品牌。公司具有房屋建筑工程施工总承包一级资质，承接并圆满完成多项房建工程。由工业土建向房屋建筑总承包拓展。最近，重庆建工集团为公司配备了一名土建公司调来的副总经理负责土建管理工作，公司成立了土建管理部，成立了专业土建分公司。房建将成为公司专业配套新的效益增长点。

公司还具有电力总承包、冶炼总承包等30多项专业资质，承接了一大批电力、冶金、新能源等工程，树立了良好的专业形象。目前重庆安装品牌在重庆家喻户晓，在全国具有较高的知名度。

二、坚持对外开拓，寻求新的突破

在世界经济复苏缓慢、复杂多变和建筑市场日益激烈的竞争中，安装企业如何遵循科学发展规律，积极应对，实行对外开拓具有十分重要的意义。我们认为对外开拓是现代企业发展的必然选择，是企业稳步发展的需要，是改善企业经济结构和增长格局的需要。公司坚持“走出去”经营战略，早在20世纪80年代初期，公司就制定了市内、国内、国外三条战线经营战略，经过30年来的实践，形成了比较稳固的国外、市外市场和远征专业队伍以及与当地文化融合的特色文化。在市外工程、主要实行区域化经营，目前主要在新疆、内蒙、山东、安徽、四川等地施工。在国外，30多年来先后在西亚、非洲、东南亚、南美洲等施工，承接并圆满完成了伊拉克、阿尔及利亚、老挝等20多个国家和地区多项高级工业民用工程，取得较好的经济效益和国际信誉。目前在苏丹、斯里兰卡、巴西等工程项目施工，并在澳大利亚承接铁矿施工成立了澳大利亚分公司。目前公司市内、市外、国外工程施工占公司年工程总量比为5:4:1，对外工程占据了公司的半壁河山，对外开拓为公司跨越式发展插上腾飞的翅膀。

在国家经济转型调整，建筑行业面临严峻考验的形势下，公司积极思考如何迎接挑战，寻求新的突破。

重点发展化工石油工程施工。根据公司的历史发展，重庆化工市场的巨大潜力和长远考虑，公司把发展和经营重点放在石油化工工程上，以承接德国巴斯夫MDI项目为契机，提高化工施工技术管理水平，计划在十二五期末，企业向化工石油工程为主转型。

着力提高企业施工总承包和工程总承包能力。企业由传统的专业安装施工到全面实行工程施工总承包是一个巨大的转变。公司将充分发挥4个总承包一级资质优势，努力提升管理、技术、装备、人才能力和水平，向BT、BOT、EPC工程总承包方向发展，在十二五期末形成相当规模的EPC施工能力。

延伸产业链条。公司重视从安装施工前、后两端延伸。前端为设计，为适应企业转型需要，公司计划在十二五期间，成立一个设计院。目前正在大力推行以信息化为基础的项目深化设计工作。建筑信息模型（BIM）是运用信息技术推动建筑走向更高层次的一种新技术，是提高建筑安装工程质量和效率，降低成本最直接有效的形式。公司大力推行BIM技术，掀起学习、使用“BIM”技术的高潮，公司和分公司两级都成立了深化设计领导小组，在多年来，信息化技术应用有比较好的基础上，组建了由优秀的施工技术管理人员组成的深化设计队伍，进行安装和建筑的三维、四维设计，每年都要召开深化设计工作会，展示设计成果交流经验。后端是维保服务，公司积极与大型项目业主联系，承接维保业务和远程监控技术业务。

探索稳健的资本市场发展之路。企业发展的历史经验证明，资本市场是企业发展最有力的杠杆。我们将伴随重庆建工上市的契机，积极探索资本市场发展之路。目前在资本保值增值上作了一些尝试，公司正在重庆最具发展潜力的两江新区投资1.2亿元，建设一座19层建筑面积1.5万平方米的现代化、智能化的公司新办公楼，目前已进入前期装修，计划明年下半年投入使用。同时，在西彭工业园85.9亩地的基地上，计划投入1亿元建设一座压力容器和钢结构制作加工的现代化基地，目前正进行环评。“跳出安装做安装”，公司拟与安装施工相关企业进行资本投资，以期取得较稳定的投资收益。

三、加强精细管理，深化信息技术

公司重视加强企业现代化管理，近年来，围绕如何把企业做强做大，建立现代化企业，加强精细化管理，在管理理念、管理制度、管理方法上不断探索。公司修订制订了120多个约40万字的管理制度，形成了公司比较系统严密的管理体系。公司要求各级都要做好每一个管理环节、细节，每项工作都要成为满意工作。

公司重视信息技术在管理中的推广应用，公司于2000年建立局域网，2004年建立了OA办公自动化系统，实现无纸化办公，2006年建立五大系统信息化管理平台，2007年自主研发制作了PM2项目管理平台，该平台是从工程合同实施到完成，对工程项目施工实行全方位全过程控制管理的系统。2008年，公司与用友软件公司合作进行软件升级，建立了覆盖公司全部管理系统的NC企业综合管理平台，2011年，建立了信息化管理系统模块，其中公司对焊接施工进行计算机实时监控的《管道工程焊接质量图形化管理远程控制系统》获国家版权局计算机软件著作权，中国安装协会科技进步。目前公司正在建立企业成本信息化控制系统。10多年来，公司信息技术应用提升了公司管理水平，有力推动了深化设计工作的开展，取得较好成绩。公司信息化管理办法在重庆建工集团系统全面推广应用，多次荣获市科委、国资委科技进步奖。

四、建设企业文化，构建和谐重安

企业文化是企业的核心竞争力，是企业的灵魂，公司把企业文化列入企业战略，坚定不移地贯彻执行。公司坚持继承创新的原则，总结提炼形成具有自身特点企业理念。“服务、责任、发展”是企业的价值观，“团结、务实、自强、创新”是企业精神，“发展企业、成就员工、奉献社会”是企业的宗旨。

公司重视企业的战略文化、管理文化、技术文化建设。重视人才队伍建设，近年来，涌现了一批模范杰出人物，公司有2人荣获全国劳动模范，6人荣获省市级劳动模范，1人荣获重庆市创新企业家管理创新特别奖。

公司按照社会主义核心价值体系要求，树立共赢价值观，正确处理好与建设方、国家、社会以及相关协作方的关系和利益，正确处理好上下级各部门之间，职工之间的关系，开展丰富多彩的职工文化活动，增强企业凝聚力，形成良好和谐环境。

近年来，公司荣获全国建筑业先进企业、全国建筑业AAA级信用企业、全国安康杯竞赛优胜单位、全国优秀施工企业、中国安装行业先进企业、重庆五一劳动奖状等荣誉，荣获国家建筑工程鲁班奖8项，国家优质工程奖4项，中国安装之星9项，省市级优质工程奖70余项。

我们认为加强企业现代化管理是企业的当务之急，科技进步、科技创新刻不容缓，建设高素质人才队伍，特别企业人才高地是重中之重，我们计划十二五期末，力争实现年合同签约额50亿元，主营业务收入45亿元，提高公司BT、BOT、EPC能力，创建多元化盈利模式，为早日把公司建设成为以安装为主的质量效益型，有一定国际竞争力的大型建筑企业而奋斗！

【作者：重庆工业设备安装集团有限公司董事长 党委书记
重庆市建筑业协会安装分会会长】

浅谈如何培育和践行保险行业核心价值理念

朱海涛

3月21日，中国保监会正式发布保险监管核心价值理念和保险行业核心价值理念。保监会党委书记、主席项俊波在发布会指出：加强保险文化建设，是保险业贯彻落实党的十八大精神，推进社会主义文化强国建设的重要举措。培育和践行保险监管核心价值理念、保险行业核心价值理念是保险文化建设的关键环节，是转变发展方式、推动行业科学发展的内在要求，是加强行业文化建设、凝聚行业力量的有效途径，是加强改进保险监管、提高监管效能的重要手段，也是提升行业形象、增强行业软实力的迫切需要，对促进保险业持续健康发展具有十分重要的意义。本文就如何培育和践行保险行业核心价值理念进行简单阐述。

一、充分认识保险行业核心价值理念建立的重要意义

一个高效率的行业离不开自己的核心价值理念，核心价值理念是一种发展的内驱动力，是行业保持持续、健康、快速发展势头的重要因素。此次，保监会首次对保险行业提出“守信用、担风险、重服务、合规范”十二字核心价值理念，这是以发布行业核心价值理念的形式引导行业文化建设的具体体现，是推动行业科学发展的内在要求，也是加强行业文化建设的关键所在。保险行业的核心价值理念是保险文化的精髓，蕴含着我们对保险业生存和发展的根本价值取向，深刻影响着保险从业人员的思想观念，思维方式和行为规范。培育和践行保险行业核心价值理念是提升行业形象，增强行业软实力的迫切需要。党的十八报告明确提出，要提高保险业的竞争力，先进的保险文化是保持行业竞争力的重要因素，是行业持续健康发展的重要支撑，行业文化的力量，归根到底来自于凝结其中的核心价值理念的影响力和感召力，有利于弘扬行业精神，扩大行业影响，树立良好的形象，增进全社会对保险业的了解和支持，促进行业更好的发挥自身的特色和优势，不断提高保险业在经济社会发展中的地位和作用。因此，保险行业文化应该是行业在改革发展和经营管理实践中形成的、能够为行业内部所认同并共同遵守、体现行业特点的发展使命、发展愿景、发展宗旨、发展精神和价值观的总和。

二、培育和践行保险行业核心价值理念的基本原则

保险行业建立核心价值理念，其出发点和落脚点就是基于

服务经济社会发展大局，基于服务人民群众多元化的保险保障需求，基于不断提升自身的核心竞争力，基于行业科学发展的需要。因此，保险行业培育和践行核心价值观应坚持以下基本原则。一是履行社会责任使命，提升保险业发展力的原则。随着社会主义市场经济的逐步深入，经济社会的发展将对保险业提出越来越高的要求。保险业只有顺应社会发展形势，以一种有利于社会进步的方式进行经营管理，积极承担好高于自己目标的社会义务，才能发挥更大的价值，才能在履行社会责任中不断提升自身的发展能力。二是坚持以人为本，易于接受与实践的原则。以人为本，是指以保险业所联系的各方利益群体的根本利益为本，要维护好、保护好客户、股东、员工等各方面的合法权益，要体现关心、尊重、理解和信任的价值取向。同时，现阶段更要着眼于保险业存在的诸多矛盾和问题，从有利于解决矛盾、化解矛盾出发，从有利于行业全面协调可持续发展出发，从有利于满足最广大人民群众的保险保障需求出发，从有利于保护好、维护好消费者根本利益出发，积极树立并大力培育同业之间、同一公司员工之间、不同行业之间、行业与社会各界之间的和谐共赢的发展理念。三是坚持继承与创新，着力增强核心竞争力的原则。核心竞争力是一种能够长期获得竞争优势的能力。因此，核心价值理念的培育与践行必须充分考虑整个行业市场竞争的环境变化，坚持继承行业多年来业发展历程中积累下的宝贵精神财富，吸收经济社会发展与整个行业发展中形成的先进理念，在行业内部积极培育共同的价值理念。经过相当长时间的核心价值观念的建立与培育，将使之不断内化为保险从业人员的自觉行为，使保险业获得保持长期稳定的竞争优势。

三、培育和践行保险行业核心价值理念的核心是加强保险行业文化建设

先进的行业文化具有强大的导向功能，培育和践行行业的核心价值理念的关键环节就是加强保险文化建设，从精神层面立足于保险业的本质追求，为保险业发展提供根本的价值遵循，为保险经营提供最终的价值依托，确保保险业始终沿着正确的发展方向前进。当前，保险业处于发展的关键时期，保险文化建设也面临着许多新情况和新问题，如：“分散风险，互助共济”、“依法合规、信守承诺”等保险文化中最本质，最具特色，具富有感召力的价值理念和文化要求还未得到社会的广泛认同。长期以来，重经营、轻服务，重发展、轻合规，重销售、轻管理等行业实践与行业文化的本质追求，价值取向严重背离的问题还没有得到根本解决。如何彻底解决以上问题，关键就是加强保险文化体系建设。

保险行业的发展与风险社会相依相存，保险业的核心价值在于坚持“诚实守信”的信用文化，坚持“风险管控”的风险文化，坚持“优质高效”的服务文化，坚持“依法经营”的合规文化。保监会发布的保险行业核心价值理念——守信用、担风险、重服务，合规范就是以上信用文化、风险文化、服务文化、合规文化的具体诠释和精髓所在。所谓的“信用文化”就是我们必须以最高的诚信标准要求自己，信守承诺、讲求信誉，向客户提供诚信服务，才能树立良好的社会形象，才能赢得社会的信赖支持，才能不断发展壮大。所谓的“风险文化”就是要通过科学专业的制度安排，为经济社会分担风险损失，提供风险保障，参与社会管理，支持经济发展，充分发挥保险的“社会稳定器”和“经济助推器”功能作用。坚持改革创新，加快转变发展方式，不断提升风险管理能力和核心竞争力，增强行业发展活力，夯实科学发展基础，更好地履行保险责任。所谓的“服务文化”就是整个行业要积极服务经济社会发展和人民群众多层次的保险需求，加大产品和服务的创新力度，着力提升服务质量和水平，通过真诚文明、专业精细、优质高效的保险服务，传达保险关爱，体现保险价值。所谓的“合规文化”就是保险机构和从业人员必须严格遵守国家法律法规、行业规则规范、职业道德准则，并在具体工作中时时、处处规范行事。在全行业大力倡导知法守法、合规经营的道德风尚，培育良好的市场秩序，保障保险业健康可持续发展。

近年来，随着社会经济建设的快速发展，保险业也取得了较为显著的成绩。在肯定成绩的同时，也表现出一些突出的问题，如从业人员的不诚信，不规范，职业道德水平不高，行业间不同程度的恶性竞争等，究其根源，主要在于保险企业和从业人员没有树立正确的核心价值观，没有真正建立起先进的保险文化。由于保险文化的缺乏导致行业社会形象缺失，已成为制约行业快速发展的瓶颈。建设适应中国社会主义核心价值体系的保险文化及其行业核心价值理念是保险行业当前及其今后的重要战略任务之一。只要保险业坚守核心价值观，主动服务民生需求，保障经济社会发展，才会被全社会所认可、所尊重。

对中国人寿宁夏分公司来讲，培育和践行保险行业核心价值理念，是我们当前一项重点工作，也是一项长期的战略任务。我们将站在全局的高度，统筹协调、突出重点、常抓不懈，将保险行业核心价值理念的培育与践行融入于日常经营管理、业务发展、队伍建设、合规经营的具体工作中。在培育和践行行业核心价值理念的工作中，我们将以社会主义核心价值体系为指导，传承优秀的行业理念，利用各种机会，大力培育公司和从业人员的依法经营意识、诚信服务意识和奉献意识。以科学发展观为指导，始终坚持以人为本，积极培育合作共赢的发展文化，统筹兼顾不同利益群体，实现各方面的和谐发展；以机制建设为根本，发挥监管机构、保险公司和广大从业人员的主体作用，将人作为培育核心价值观的核心实践者。将文化建设作为保险行业管理的重要内容和提升竞争力的重要环节，积极树立正确的价值观念和哲学思想。从保险业自身科学发展和履行社会责任角度出发，切实提高科学发展能力、承担风险能力、风险防范能力、服务社会能力，更好地为经济社会发展和人民生活需求提供保险保障。

【作者：中国人寿宁夏分公司党委书记 总经理】

稳中求进
推动金华市物流业持续健康发展
——金华市现代物流协会 2012 工作回顾及 2013 工作思路

陈 宁

2012 年是不同寻常、令人振奋的一年。我们迎来了党的十八大的胜利召开，憧憬了全国建成小康社会和深化改革的宏伟蓝图；我们见证了“神九”飞天，蛟龙深潜，航母出海，彰显伟大祖国的腾飞和气魄。金华市现代物流协会作为金华市新社会组织“大家庭”中的一员，始终坚持“政府指导，服务为先”的宗旨，在“赶超发展，浙中崛起”总基调的引领下，在各级政府及职能部门的大力支持下，积极开展调查研究，合理反映公共诉求，深度参与产业联动，发挥了桥梁纽带和物流保障的作用。现就 2012 年协会工作归纳以下几个方面：

第一，积极宣贯物流政策，坚定物流企业发展信心。2012 年尽管全球经济局面依旧低迷，给物流业平稳增长带来较大的压力，党中央和各级政府审时度势，积极应对，从中央到地方纷纷出台一系列政策扶持物流行业发展，如国务院《关于深化流通体制改革加快流通产业发展的意见》、《关于鼓励和引导民间投资进入物流领域的实施意见》、《物流企业土地使用税减半政策》、《营业税改增值税试点方案》及省市人民政府出台的大力发展现代服务业若干意见等一些利好政策应运而生。协会秘书处紧抓时机，广泛收集权威资料，第一时间围绕政策文件精神以简讯、QQ 群、微博等多种形式开展宣传和解析活动，让广大物流企业及时了解相关政策资讯，为用足用好政策，增强物流企业发展信心增添了动力，据不完全统计 2012 年市区新增物流企业 30 余家，超亿元营收物流企业 10 家。

第二，开展专项调研，配合业务主管部门出台物流产业发展规划。2012 年市区快递物流井喷式发展，快递服务的规范性成为了物流行业发展的热点和社会关注的焦点，7 月协会牵头召集组织了全市重点快递企业座谈会，着力贯彻落实《快递企业服务规范》国家标准和倡导市区快递企业诚信服务公约，为开展金华市快递企业自律工作开创先河，同时将 15 家企业负责人提出完善快递业社会立法、加强组织机构领导等公共诉求和集聚优先发展、规范快递车辆处罚等建议反映给了相关部门，为此得到了广泛的认可。9 月底在交通运管部门的统一安排下金华市现代物流产业发展规划纲要顺利结稿，与此同时协会主要领导为了配合该物流规划早日出炉，从 5 月初至 7 月底专程拜访职能部门领导并召集市区龙头物流企业负责人共商物流业规划发展大计，为《金华市现代物流产业发展规划》尽早完稿作出了努力。

第三，充分发挥为政府部门服务的参谋助手作用，出色完成工作任务。推进金华物流公共信息平台建设是金华市政府、交通运管部门的一项重要工作，从平台筹建、软件推广到供需资料收集、网站平台试运行都能见到协会工作人员的身影。为了节约资源，整合提升，便于推广，协会将自有域名（www.jhxd56.com）免费无偿提供给物流公共信息平台使用，同时参与多次业务主管部门召开的业务研讨会，提出信息平台方案的修改意见，主动承担了域名过户等细节工作，目前物流公共信息平台网站已成功上线运营。2012 年 12 月 1 日起浙江省全省范围对现代物流业等服务业开展营业税改征增值税试点，9 月以来协会受市商务局委托开展了物流企业“营改增”调研工作，并提出借鉴北京的做法出台过渡性财政政策；营造公平竞争的纳税环境；发展物流总部经济等建设性意见，受到商务部门的高度重视。随着现代服务业政策的不断优化，市发改委、财政局、交通局等部门联合开展了市区服务业引导资金政策完善修订工作，协会抓住这一时机，向广大物流企业开展了征询和申报服务工作，在帮助物流企业落实政策的同时，圆满完成了政府部门交办的工作任务。

第四，开展基层党组织建设活动，评定表彰重点物流企业。党的十八大报告作出了“全面提高党的建设科学化水平”的重大部署，明确加强党的建设八个方面的重大任务，全力推进“学习型、服务型、创新型”党组织建设，协会党支部及时开展了贯彻落实“十八大”会议精神系列活动，结合《金华市两新组织党建标准化建设菜单》、《关于进一步加强和改进新形势下新经济组织和新社会组织党的建设工作的实施意见》等地方指导文件精神，有针对性开展基层党组织建设活动，切实围绕领导班子好、党员队伍好、工作机制好、发展业绩好、群众反响好开展创先争优活动，深化党组织和广大党员服务社会、服务人民群众的觉悟和能力。2012 年底前，协会参与了金华顺丰快运党支部成立大会，并积极筹划组建金华海润物流党支部、金华陆港物流党支部；在上级党委关心支持下，协会党支部培养预备党员 1 名，党员发展对象 4 名，入党积极分子 6 名；为加强金华市新社会组织党委的工作力量，协会支部书记被推选为金华市新社会组织联合党委委员，协会基层党组织得到上级党委的充分信任。2012 年 7 月协会参与金华市现代物流龙头企业评选工作，在市运管部门的推荐下，共计评选出浙江诚信物流有限公司等 41 家物流龙头企业，极大推动了行业自律的氛围，增强了物流产业的凝聚力和战斗力，得到广大物流企业的欢迎。

第五，推动产学研结合，促进物流行业文化发展。产学研工作是物流协会成立以来常抓不懈的一项重要工作，不仅体现了社团组织服务功能，而且突出反映了社团组织推进先进文化及科学技术成果转化运用的能力，以此来提升物流协会的品牌。如2012年6月协会带领专家教授参与《义乌市国际货代服务规范》地方标准修订，提出5条规范性条款全部被采纳，为规范义乌货代行业规范发展贡献了力量；2012年9月支持海润物流基地与金华中小商贸服务平台开展供需对接，批准设立物流服务机构，为物流企业开拓市场、技术推广创造条件；2012年底为市区物流龙头企业开展知名品牌的申报提供政策咨询和理论支撑，振华物流、鼎发物流、金隆物流、陆港物流、尖峰物流等一批企业率先开展现代物流标准化升级及团队营销策划，浙江师范大学、金华职业技术学院等一批专家教授的先进理念和成果得以广泛运用。除此，协会通过本地电视、电台、报刊不同角度报道物流企业转型升级的新面貌、新情况，始终把握正确的舆论导向，为促进物流文化发展开好了头。

2012年协会还做了大量的工作，限于篇幅和时间不能一一提到。我们之所以能够取得这些成绩，是政府各级部门及业务主管部门大力支持、充分信任的结果，是广大会员企业积极参与的结果，更是协会工作人员辛勤工作的结果。在回顾总结过去成绩的同时，我们更要放眼未来，开拓创新，扎实工作，为此协会提出2013年工作思路，请大家审议。

2013年是贯彻落实十八大精神的开局之年，是落实金华市委、市政府“赶超发展，浙中崛起”战略的关键之年，为此协会的基本思路和工作重点是：

第一，认真贯彻落实党的十八大精神和中央工作会议精神。协会要结合地方经济特色，牢牢把握“稳中求进”的目标，以金义大都市经济开发为契机，全力推进物流企业入驻、物流项目推介、物流总部经济落户等工作。尤其是要整合、团结协会会员单位、理事单位及副会长单位的力量，多方论证，科学发展，促进金华市物流业抱团健康发展。

第二，推动政府各级部门完善落实一系列促进物流业发展的政策措施。金华市大多物流企业尚处现代物流发展的初级阶段，在规模、效益、人才储备等方面与发达地区相比差距较大。协会秘书处要深入研究、广泛总结，为政府出台及落实物流政策提供依据和资料，更好地发挥政策引导和杠杆效应，切实为物流企业服务。

第三，围绕节能减排，降低物流成本，开展创新模式推介活动。物流企业成本居高不下是困扰物流企业发展的顽症，为此要在交通主管部门领导下，大力推广物流公共信息服务平台的功能，优化车辆配送调度软件；扩大“甩挂运输”、“双重运输”、“海铁联运”项目试点；积极开展物流车辆“油改气”的探索试点；深化物流业与制造业、商贸业联动发展。

第四，开展对外交流合作，提升物流行业可持续发展的能力。金华市物流业发展前景广阔，条件优越，世界知名企业及媒体都有深度宣传报道，“婺商回归”工程实施在即，协会应抓住这一有利时机，组织政府人员、企业主及专家学者开展经验交流、考察合作活动，以“走出去，引进来”的方式多渠道多方面谋求集智发展、可持续发展。

第五，进一步加强协会自身建设。一是要扩大协会会员覆盖面，优化会员结构；二是要推进专业化管理，加强国际货代、快递等专业委员会建设，发挥专家委员会作用；三是要提升工作人员学习能力、业务能力，强化服务能力，树立责任意识；四是要做好会费收缴工作，多方面争取协会工作经费，保障日常工作顺利开展。

2013年春风拂面，物流协会各项工作蓄势待发，我们坚信在上级有关部门的英明领导下，在全体会员单位及协会工作人员的共同努力下，克艰攻难，真抓实干，稳中求进，谱写新时期胜利篇章，为浙中崛起贡献力量。

【作者：浙江省金华市现代物流协会秘书长】

后勤单位为货运组织改革做什么

——对 “铁路走向市场大讨论”的几点体会

何志祥

6月15日，货运组织改革正式开始，作为后勤部门的房建生活系统也积极投入货运组织改革的宣传学习中，从上至下，从干部到职工，从科室到基层班组，积极开展“铁路走向市场”的大讨论活动。在讨论中，存在这么一个认识误区，房建生活系统与货运改革关系不大，我们已经改革整合了好几回，即使下一步进行公司制改革也无所谓，公司的改制就是领导的调整，几块牌子的撤换和称谓上的变更而已，对于机关来说，不过是科长变部长，对于基层来说，就是主任变经理，工长变队长、变厂长……

这么一个现象值得我们深思：这些认识误区非常不利于企业今后发展生存，货运组织绝不只是一线运输企业的事，而是关系到整个铁路行业饭碗工程的问题，对于当前的铁路货运组织改革，我们后勤部门重要的是观念上的转换，急需的是体制转换的准备。在铁路走向市场的大讨论中，本人作为一名基层站段领导干部，有以下几点体会。

一、要纠正几点认识上的误区

（一）改制就是改名称、甩包袱

对于改制就是改名称，换领导，这是表象认识的错误。货运组织宗旨是以运输市场需求为导向，以客户满意为目标，企业改制的核心是经济机制的转变和企业制度的创新，实质是调整生产关系以适应生产力发展的需要，就是调整当前铁路内部体制结构不适应铁路发展的关系。

改制就是在甩包袱，这是客观上认识的错误。无论从国家的大政方针、产业政策上，还是从企业自身发展的现实上讲，只有从体制改革的核心是机制这一根本上进行改革，才能充分调动各方面的积极性。国有企业改制的目标是结合国有经济布局和结构的战略性调整规划以及产业政策，以有利于优化资源配置和提高企业核心竞争力为目标。所以，公司改制，实现主、辅分离，是路局改革的必然举措之一。

（二）改制最终将影响到职工的利益

改制最终将影响到职工的利益，这是主观意识上的错误。职工从自身角度出发对于企业改革改制的认识不够全面、客观和理性。目前我段职工年龄普遍老化，平均年龄达 49.7 岁，业务技术无从提高，在改革进程中没有优势，所以压力感受大，单纯害怕改革就一定使目前的收入受到影响，说明对自身没有足够的信心，没有充分考虑到在改革引进的竞争机制带来了危机的同时，同样也带来了更灵活的商机。

二、要转变旧观念应从多渠道入手

转变旧观念势在必行，货运组织改革成为铁路走向市场迈出的坚实一步。我们首先改的是什么?改的是由高到低的姿态，改的是由大到小的心态。从“铁老大”到“店小二”的观念转变，放下“铁老大”的身架是铁路自我完善、自我改革的第一步。

（一）充分认识到陈旧观念的根深蒂固

铁路部门是一个典型的计划经济宠儿，因为铁路运输在国民经济中有显著的地位和作用，就等于端了一只温饱不愁的“铁饭碗”，进了旱涝保收的“保险箱”，这一没有“危机”的职业也造就了行业的“铁老大”观念，因此，当前改革的首要任务，“大讨论”的关键就是破除铁路“高、大、全”“自然垄断”的特点，改变铁路“只能集中管理，不能放开搞活”陈旧迂腐观，破除“铁路具有公益性，不必追求企业效益”的过去式观点。

尽管多数人都知道铁路改革势在必行，这是一股不可抗拒的历史潮流，近年来铁路走向市场的危机感和竞争意识也有所增强，但是，观念还没有彻底改变，对体制转换存有种种疑虑，给工作增加了难度。

（二）通过各种渠道加强宣传，营造良好的舆论氛围

一是全方位加强宣传。通过专题学习讨论，听取有关文件精神，通过大力营造改革宣传氛围，让职工们积极了解当前货运改革的重大意义、改革目标、主要任务等，让大家能清楚地意识到，铁路体制转换改革是国民经济全面提升和改革的必然需要和结果，对阻碍生产力发展的一些旧格局，就必须进行重新调整组合。

二是树立“店小二”的经营理念。

“店小二”是客户第一，勤勉努力，把小事做好的代名词，只有人人都树立“店小二”的观念意识，才能真正走出“铁老大”的阴影。

三是拟定有效的管理机制，强化管理人员的改制意识。

企业的各项改革每前进一步都是举步维艰的，面对企业改制，首要的是管理意识上的改革，拟定有效的管理机制，强化管理人员的改制意识十分重要。房建生活系统做为铁路内部的服务机构，是为一线生产服务的，从始至终，也许大家的认识就仅限于内部的管理，而忽视了走向市场的竞争意识，一直无法达到高标准的服务要求。随着企业改制的形成，市场化已成必然，如何与市场接轨，今后如何生存和发展，重在管理者。

在思想上，管理干部要率先确立市场观念、质量观念、效益观念，首先使思想步入一个新的境界，适应铁路走向市场的要求。

在管理上，不能停留在路局政策上等、靠、要，而要积极创收，走向市场，这意味着管理者的管理模式必然要进行创新，如管理人员不尽快转化观念，将势必无法适应改制后的管理需要。

（三）从职工切身利益出发，转换基层群众的利益观念

如何引导职工正确对待企业改制中的利益关系，使职工与企业成为利益的共同体，从而积极支持和参与企业的改制工作，就只有从职工最切身的利益出发，从职工最关心的话题入手，如：走向市场后的工资收入如何？职工福利如何？对日常工作的考核办法如何完善？段对提高职工收入有和新的思路？

职工思想观念的转变是搞好改制的前提，那么，就要求广大职工在“铁路走向市场”中主动探索改革，不能被动观望改革。一是要增强职工的市场意识。要让职工明白，没有市场就没有企业的利益可言，更无从提高职工的福利，而职工的利益与段的利益是一体的，是无法分割的，从而促使职工更主动的参与市场竞争。二是要增强职工的发展意识。没有发展就没有前途可言，改革是发展的动力，发展是改革的目的，每一个人，每一个岗位，每一个部门都要努力开拓发展空间，才能从自我封闭、行业垄断的束缚中解放出来，要用“店小二”的方式从当前岗位做起，做好自己的“店小二”，只有这样，才能求生存，才能促发展。

三、充分认识到面临的压力，努力拓展生存的空间

经过大讨论，我们充分认识到当前房建生活系统面临的压力，主要体现在以下几个方面：

（一）当前“软硬件”资源对我们走向市场不适应。主要体现在：软件上，职工的思想观念比较落后，等、靠、要思想还很严重；内部管理制度的实用程度与市场运作规律有差距；企业资质等级较低，技术力量较单薄，经营范围单一，跟不上市场步伐。硬件上，我们的资金、机械设备跟不上房建工程，给水供应的需要，劳动生产率、利润率不高，使得人、财、物难以达到人尽其才、物尽其用的效果。

（二）安全生产的压力增大。由于管理范围的扩大，高铁的开通运行，给我们在公寓业务、房建给水设备安全管理上带来很大的压力，特别是在应对台风灾害方面的压力更大。

如何将压力变为动力，在铁路走向市场的大环境中使段可持续发展？

一是注重夯实基础业务。

房建生活系统作为后勤运输保障单位的基础业务在三个方面，既：铁路房建大维修，铁路生产用水及内部生活供水，行车公寓保障服务。夯实基础，确保专业范围内基础业务和质

量，这是生存之根本。

二是努力拓展对外业务。

在做好基础业务的同时，要积极开辟路外市场。拓展其他业务收入，实现利润最大化。

第一，积极承揽工程施工和工程设计任务。到铁路各单位和地方市场上去承揽工程施工、工程设计和参与招投标，提高自揽工程的比例，提高自营工作的比例，扩大职工收入增长的来源。

第二，利用供水优势，积极承揽外委工程。积极拓展自产水水厂的延伸供水市场，承揽外委接水工程施工项目，在工程施工管理过程中获得收益，在长期供水中增加收入。同时，在我们现有水厂供水能力富余的条件下，保持铁路供水竞争优势，想方设法争取路外用户，实现增收。

第三，巩固现有房屋租赁收入，开发新的经济增长点。切实提高未售住宅房租收缴率。提高单身宿舍的管理服务水平，对现有的租赁性房屋租金必须无条件的 100%收缴到位。充分利用我们管理房建设备的优势，对闲置房屋、空关房屋进行改造出租，盘活资产，产生效益。

第四，不断强化全面预算管理工作。全面预算管理的目的就是将段一切经营活动、收支、资金及资产全部纳入预算管理，按预算支付资金，按预算控制支出，充分发挥预算管理统筹配置资源、协调经营管理，确保经营目标完成。因此段已经从制度上建立了严密的责任体系，把责任落实到各部门、各车间，建立了分层分权成本管理模式，制定科学的成本管理作业流程，实行“划小核算，分块经营”的经营管理模式，不断强化成本意识、经营意识和作为意识。

总之，铁路走向市场是趋势，后勤部门的改制是必然，目前大力进行“铁路走向市场”大讨论，就是转型的开始，是全面步入市场化运作的开始，但这只仅仅是形式上的初始阶段，是远远不够的，只有彻底从观念上“转型”，才能解放思想，推动、促进段的和谐发展。

【作者：南昌铁路局福州房建生活段工会主席】

创立成本优势　完善 LED 供应链建设

范玉钵

LED 产业发展到今天，很需要规范企业的运行，提升企业的素质，把企业做大做强。通过规范管理、经营风险控制，创立 LED 产业的成本优势，同时完善供应链管理。而在达成这些目标的过程中，需要认识到，人的文化的问题和对人的管理问题是解决上述问题的核心。

一、从文化角度看待成本和供应链

成本优势和供应链的建设首先是一个战略问题，也是一个文化问题。

在企业发展中，我们必须有根据内外部环境等因素所确立的企业产品和市场发展战略。站在这个战略的高度，也因此而形成了我们的供应链建设、成本优势创立的战略。

就我们企业而言，在市场拓展中，我们选择了要做国内外大客户、优质大客户的战略，把自己打造成金牌供应商的战略，因而也就确定了我们必须优选供应商，绝不能只选低价供应商，必须强化内部管理和规模采购、无缝对接的低成本模式等等。也就是说，从战略角度看，我们产品和市场客户的选择与供应商选择的对应性是非常重要的，不同产品和市场客户的定位、相应的供应商选择是有差异的。

当然，有一个好的企业定位和发展战略，并实际构成在市场中的竞争优势，是成本战略策略制订的重要依据。当然要有好的素质基础，并形成质量优势、技术优势、成本优势，才能定位一个好的供应商选择策略。

同时从成本优势创立、供应链建设的内涵来看，它又是一个文化问题。供应链的各个环节，和则久远，共赢则可持续；与人为善是基础，“平和、平静、和谐”是自然界的法则。对于法则，逆则不顺，顺则自然而多利，一味地追逐单方利益，而不顾及其他，则必然会违背和谐原则，致恶性争斗而两伤，甚至两败。这是站在大局长远角度来看的基本的一个法则。

而在供应链建设，甚至日常生活中，我们都需要善以待人，诚以待人，尤其要拒绝恶性行为。我个人始终坚信做人做事，不仅要顾及现在，更要顾及长远。彼此合作中的持续善念、善意、善举，是彼此长期合作的基本动力和润滑剂。这样的案例在我的企业经营经历中不胜枚举。我们应当十分清楚地意识到，长期稳定成功的合作，源自于诚信、互利、和谐、共识和共同的理念目标。这是中华民族几千年儒释道传统文明的深刻影响和巨大力量所告诫我们的。

在供应链建设和成本优势创立中，我们应该把“质量”两个字放在首要位置去考量。无论是什么样的市场战略，什么样的供应商选择战略，无论选定什么样的价格，而“质量好”是达成共识形成合作的基础，是成功共赢的关键，当然也是企业能否持续经营的关键。我们应该清晰注意到，在供应链建设中，其真正意义上的谐振点就是“质量好”。

当然质量谐振下的价格问题则是突出矛盾，价格是在产品和市场定位以及选择比较和规模状况前提下共商形成的，是一个综合因素制约的结果。满足客户是价格形成的必需条件，两利是价格形成的内涵。片面追求，单方刻意在价格上做文章势必影响战略性合作和长远发展。

二、成本管理应考虑风险防控

经营风险控制是不可或缺的成本管理，必须强化经营风险意识及控制。

市场的无序竞争、内部管理的缺失、或是恶性事件影响等等，都会一定程度上造成经营风险。在企业发展战略及日常经营管理中，必须强化经营风险意识及控制。因此我们非常注重在企业组织体系建设中要有市场战略、成本战略的制订管理；要有成本优势组织及执行机构；要有成本战略对策和执行结果的监控奖惩方案及管理机构；以及要有经营风险防控管理机构。

而在具体经营风险防控中，我们则形成了经营风险防控要点：

一是设立风险控制点，并有组织进行定期不定期巡检监控。而风险控制点则是易产生风险的一些关键环节，比如已形成的3个月以上的库存、客户端的异变、进出厂检验异常等等，都将列入巡检监控。

二是对风险控制点要形成管理文件，这包括市场客户信用等级评价；供应商评价；已取消合同，已变更设计物料及在制品、成品处理方案及监控；已形成报废物料处理方案；已超期库存物料处理方案；已超期货款处理方案等，要逐项形成文件纳入常规管理。

三是建立监督检查机制，组建监督检查组(由专业人员为主组成)，对体系运行定期巡检，对风险点抽查，对安全等事宜进行检查。

任何企业都有或多或少的风险防控方面的经验和教训，这确实是成本优势创立中不可或缺的管理。

三、创立成本优势根本在于人和文化

全员动员介入成本优势创建，把成本优势建立和文化建设、素质提升有机融合。

战略问题、文化问题必须有系统的推进方案，必须有全员的认同参与推进。因此在这项工作中必须十分关注人的因素，把人动员起来，把每个环节上的人动员起来，尤其是要从全员成本意识角度，从爱岗敬业、爱公司角度，把全体员工动员起来，才能产生根本性作用、持久作用。

因此我们注重了全员成本意识的宣传贯彻，并充分发挥党、工、团组织的合力推动作用，充分运用企业文化建设和企业管理推进的各种方法来推动，包括精益生产、QC小组活动、5S活动、合理化建议推进、员工培训、小改小革、重大攻关等等。我们还坚持将活动列入奖励计划，并与人才培养、发现人才有机结合。使得这样一项看来是纯业务性的工作融入文化建设、素质提升，是符合企业发展长远建设的根本利益的。

近期，我们更进一步注意到：成本问题不仅是材料价格的影响，不仅质量问题会造成严重的成本损失，也不仅仅是经营风险会造成严重成本损失，效率问题在当前对成本构成的影响也越来越重要。人员素质提升、人员的效率提升及人员稳定性，尤其是骨干稳定性，已很大程度上影响了效率、影响了质量的稳定;随着企业技术进步，现代化精益生产、体系流程优化及稳定正常运行都是当前要认真面对的课题。这里又有人的问题，把人的文化的问题解决好，把人的管理问题解决好，显然对成本优势创立是根本性建设。

在讨论了价格、成本优势创立、供应链建设问题之后，也许我们应有几点共识。我们必须意识到这是一个战略性问题，也是一个文化问题，产品和市场战略决定了我们的供应商选择战略，而“和则久远，共赢则两利”、“与人为善和谐共赢”则是供应链建设的文化内涵；不论何种选择，向客户提供好的质量是取得共识并成功合作的基础；而经营风险控制、效率的提升是不可缺少的成本管理。不断提升企业素质，在好的企业定位和发展战略指引下顺应规律、成功进取，才能立于不败之地。

【作者：厦门华联电子有限公司董事长】

石油人的中国梦

——谈用大庆精神培育员工核心价值观

李博训

“中国梦”首先是自强梦，它浓缩了中国人的民族理想和抱负。60年代，以铁人王进喜为代表的石油工人自强、自力，在松嫩平原上开展了艰苦卓绝的大会战，实现了爱国的石油梦，培育了英雄的石油队伍和宝贵的精神财富。面对新时期、新任务，石油人把大庆精神作为凝心聚力的兴油之魂、强企之魂。用大庆精神培育员工社会主义核心价值观，高唱“我为祖国献石油”主旋律，怀揣“宁肯历尽千难万险，也要为祖国献石油”的中国梦，在原油持续高产稳产的征程中实现新梦想。

社会主义核心价值观的提出，是党的十八大最重要的理论创新之一，它用三个倡导集中概括了社会主义最基本、最核心、最重要的价值理念。大庆精神其“爱国、创业、求实、奉献”的内涵是社会主义核心价值观本土化的具体体现，对几代石油人产生了巨大影响，在油田员工核心价值观培育形成中有着非常重要的作用。近年来，大庆油田第一采油厂地质大队围绕科研生产中心任务，结合油田地质工作的特点和员工群体的特质，积极开展大庆精神、铁人精神再教育活动，进而培育形成了由“八个倡导”和“做好四士”为内涵的地质科研人员的核心价值观，集聚了巨大的正能量，为科研生产提供了不竭的精神动力。

一、深化大庆精神教育，是培育核心价值观的现实需要

大庆精神是在大庆油田创业初期，以铁人王进喜等英雄人物为代表的石油人，自觉践行社会主义价值观，事事以国家利益为重，处处以民族命运为念，在“青天一顶星星亮，荒原一片篝火红”的艰苦条件下，开展艰苦卓绝的石油会战中形成的，充分展现了爱岗敬业、拼搏奉献的高尚情操，并成为油田乃至全国宝贵的精神财富。近年来，伴随着油田改革的逐步深入，尤其是社会生活多样、多元、多变的特征日益凸显，各种价值观念相互交织、相互影响、相互激荡，不可避免地影响员工的价值取向和心理定位。地质大队认识到，把员工的价值观统一到“我为祖国献石油”的核心价值观上，是建设一支胸怀大局、勇担重任、甘于奉献、具有科技龙头作用的员工队伍的关键，是为原油持续稳产提供技术支撑的重要保证。为此，地质大队把弘扬大庆精神、引导员工树立正确的人生观和价值观摆到突出位置，把“我为祖国献石油”作为崇高的理想和追求。油田公司四届一次职代会提出了到2020年实现“4000万吨硬稳产、油气重上5000万”宏伟目标，第一采油厂作为油田的主力大厂，承担着重要的责任。面对新的形势、新的任务，要确保油藏工程各项战略措施得到稳步实施，必须建立员工队伍的共同价值观，必须使员工的人生观和价值观同油田开发核心价值观形成良性互动，确保员工队伍有长期的动力，为原油持续稳产做贡献。

二、融入大庆精神内涵，是构建特色核心价值观的灵魂

大庆精神，以爱国为根基，以创业为主题，以求实为精髓，以奉献为基础，是对石油人核心价值观的最好诠释。石油企业、单位构建核心价值观，必须用大庆精神打牢共同的思想基础。地质大队成立于1964年，几十年来，地质科技人员在创新油藏工程技术理论、取得油田开发技术成果的同时，自觉发扬大庆精神，将大庆精神内涵融入工作，创造并形成了“八个倡导”具有地质开发特色的价值理念。“八个倡导”是在科研生产实践中总结提炼出来的，是大庆精神、铁人精神的传承和发展，是我们创新油田开发核心技术的力量源泉。“八个倡导”具体内容：一是倡导践行“解放思想，勇突瓶颈”的创新精神；二是倡导践行“讲政治、讲责任、讲大局”的高度觉悟；三是倡导践行“宁可熬干心血，也要确保持续稳产”的坚韧精神；四是倡导践行“我为稳产当先锋、打头阵”的龙头意识；五是倡导践行“踏踏实实、埋头苦干；殚精竭虑、无私奉献”的敬业品格；六是倡导践行地质开发“准确一条线、精细一个面；不差一个层、不丢一个数”的严细作风；七是倡导践行“基础要牢，科技要精，思路要清，队伍要和，班子要强，人才要多，发展要实，境界要高”的团队标准；八是倡导践行“超前、创新、实用、高效”的开发理念。地质大队将“八个倡导”作为全大队员工的价值理念；“坚持创新，追求一流”为价值取向；“甘于奉献，超越自我”为人格品质。“八个倡导”是地质大队结合行业特点创造的特色核心价值观，融入了大庆精神内涵，体现了大庆精神的灵魂。

三、根植大庆精神入心，是强化核心价值观建设的根本

培育核心价值观，必须具有正确的理想观、职业观、金钱观、名利观、苦乐观、道德观、成才观、幸福观。用大庆精神培育员工队伍，必须将大庆精神根植于心，融于脑海，牢固树立社会主义核心价值观。为此，要结合油田地质工作实际，以培育灌输“八个倡导”，帮助员工树立正确的理想观、职业观、人才观。

（一）帮助员工树立“我为祖国献石油”的理想观。树立正确的理想和坚定的信念，是确立正确人生观的前提。“八个倡导”的核心是“爱厂爱岗，踏实奉献”，是大庆精神和铁人精神在地质人身上的具体体现。地质大队着重树立员工的理想观，旨在赋予员工以鲜明的“八个倡导”特质，激发员工“我为祖国献石油”的豪情壮志。从某种意义上说，地质科研工作枯燥辛苦，默默奉献，没有强大的内心驱动力很容易懈怠懒散。因此，在重大攻关课题研究中，为了使科技人员的劳动得到应有的尊重，必须营造“鼓励创新，宽容失败”的科研氛围，每当他们工作遇到挫折时，领导干部就主动同科技人员交朋友，及时得到组织的关心和帮助，让科技人员正确对待苦和乐，把自己的理想抱负与企业创新发展融为一体，相互促进，实现共赢，从而树立正确的业绩观和理想观。

（二）帮助员工树立“科技兴油、敬业报企”的职业观。大庆精神因油而生，大庆精神为油助力。用大庆精神培育员工核心价值观，其中重要的一项就是树立感恩情怀，进而树立正确的职业观，报效企业，回馈企业。树立正确的职业观，就是要珍爱自己的工作岗位，对从事的职业有一种自豪感、神圣感和强烈的使命感。作为一厂油田开发的核心技术支撑单位，地质大队把探索新领域、研究新对象、攻克新难关作为自己的使命和责任，把区块综合调整、增加可采储量、提高采收率作为毕生的职业追求。教育员工树立“科技兴油、敬业报企”的职业精神，使员工认识到自己的工作责任是什么，质量要求是什么，正确的思维方法是什么等。通过职业观教育，技术培训使员工把个人的职业定位和职业发展，同全厂的发展战略和需要结合起来，把实现个人的人生价值与打造原油持续稳产实践结合起来，把实现个人的人生价值与讲求质量、讲求效益的职业要求结合起来。如，地质大队通过师带徒活动，促进了青年成长与企业发展的共赢，有28名80后青年大学生担任了专业组长，2名提升为副主任。

（三）帮助员工树立“术业专攻、岗位成才”的人才观。对于员工来说，具体工作的落脚点就是如何提高员工素质，提高工作能力，也就是专业成才是将核心价值观与工作实际有机联系的重要手段。围绕核心价值观，地质大队提炼出符合本大队定位和专业特点的经营理念——“专工成业、跬步致远”，即在工作中，准确把握地质大队的发展定位，专心致志做好专业分工内的各项业务，提高员工素质，优化工作流程，精细过程管理，忠实诚信、优质服务、求真务实、稳步推进。按照“专工成业、跬步致远”的理念，倡导“忠诚、敬业、服从、主动”的工作价值观，要求员工对事业、对工作、对企业等，真心诚意、尽职尽责；恪尽职守，把工作当作信仰，专心致力于学习和工作；遵纪守法，服从领导，听从指挥；不等不靠，充分发挥主观能动性，朝着潜力后备人才、骨干技术人才和专家核心人才的目标努力。

四、推进大庆精神实践，是物化核心价值观建设的关键

十八大报告中明确指出，价值观和价值观体系是决定人的行为的心理基础。核心价值观形成后，关键要践行，要融入员工工作、学习和生活中，成为一种自觉的追求和习惯。不能停留在口头上、纸面上，不能抽象地建设。铁人王进喜说：“干，才是马克思主义；不干，半点马克思主义也没有”。为此，必须坚持把员工的核心价值观通过身边典型的引导示范，变成员工的实行行动，要以“三个坚持”为落脚点进行整体推进。

（一）坚持理念倡导、外化于行，是践行核心价值观的主

导工作。在原油持续稳产的征程中，必须不断加强理念引导，外化于行，采取边学习、边讨论、边征求意见的方式，开展"持续稳产，地质人怎么办"专题讨论，总结提出了"四士理念"，即：当好"领导谋士"、争当"科研勇士"、做好"油层医士"、勇当"效益卫士"的工作理念。其宗旨是提升员工的思想境界，解决个别人甘于平庸、低标准、低要求的工作作风，引导科技人员树立站排头、争一流思想，增强"争先进位"意识，基层干部自己总结出："宁肯当弯着腰的员工，绝不当背着手的领导"，做到追求卓越，永不满足，努力创造一流的工作业绩。根据员工队伍和科研生产实际情况，地质大队具体倡导"干是千斤顶，学是螺丝钉"、"甘于平凡、不甘平庸"、"身不离岗，责不离心"三个方面的人生观念，并落实于制度，体现于文化活动，努力把理想信念教育转化为员工的自觉行动，使员工对核心价值观的认识更加清晰。

（二）坚持氛围营造、正面激励，是践行核心价值观的内在动力。弘扬"爱国、创业、求实、奉献"精神的过程，就是对员工进行培养和教育的过程，这种培养和教育是全方位的，包括文化知识、思想意识、行为表现等。地质大队缘于地质开发的独特分工等因素，常年坚持大庆精神铁人精神再学习再教育，让每一个员工去思考老一辈石油人的过去，正视自己现在，规划未来。先后举办了请"四老"（老会战、老领导、老模范、老工人）忆传统、"爱岗敬业保稳产"员工先进事迹报告会和"忆传统、学先进、爱岗位"座谈会，参观"两馆一宫"等传统教育基地，征集地质人弘扬大庆精神的小故事，开展了"对照老一辈地质人查思想，看世界观正不正；对照老一辈地质人查工作，看责任感和事业心强不强；对照老一辈地质人查作风，看综合素质高不高"的"三查三看"活动等系列教育活动，使员工再次受到大庆精神的洗礼。

（三）坚持典型引路、模范带头，是践行核心价值观的榜样力量。喊破嗓子，不如干出样子。大队注重发挥干部、党员的带头示范作用，对党员和干部分别提出了明确具体要求，积极争做"为地质科研担重任"和"为持续稳产当尖兵"。大力培养、树立和宣传员工身边可敬、可亲、可学的先进典型，先后选树了"宁可身上受累，不让脸上发烧"的油田公司杰出员工金贤镐、"宁可让体重递减，也不让含水上升"的优秀党员梁东林、"病痛可以挺，我的方案发不出，产量不能挺"的好员工高润林、"事情无论大小，要干就干最好"的公司优秀共产党员李自平，每年推选10个"党员先锋示范岗"，以及第一采油厂"十一五"科技创新突出贡献奖获得者刘国涛、李瑞生等10个学术带头人，编写了优秀共产党员事迹文集《飘扬的旗帜》。用先进典型弘扬核心价值观理念，在员工中引起共鸣，产生效应，形成"千里油田精细挖潜白加黑挺四千万，百名将士殚精竭虑五加二为四个一"的生动写照，它将抽象的核心价值观，通过形象塑造，使其成为激励员工为油拼搏的不竭动力。运用微博这一新媒体，通过创作发布、转发点评、微直播、微访谈等多种形式，建立了"典型——粉丝"的互动模式，扩大了典型的影响力和感召力，传递物化了核心价值观，传播激发了大庆精神、铁人精神的正能量；同时，在大队网站主页上，发布典型人物的学习心得、体会文章，很多员工在阅读后，内心受到了深深地感动和震撼，也从中理解先进人物的奉献情怀和酸甜苦辣，使员工的价值观念在身边典型人物的奉献与奋斗篇章中得到升华。在这样长期的熏陶和心灵感应中，核心价值观的精髓渐渐融进了员工的血液和灵魂，变成自觉的行为习惯，为第一采油厂原油1111万吨三年硬稳定注入了强大的精神动力。

实现中国梦，必须弘扬中国精神。大庆精神作为中国精神的重要组成部分，其"爱国、创业、求实、奉献"的核心理念，在培育员工核心价值观中，将会愈发重要。

【作者：大庆油田第一采油厂地质大队党委书记】

西江农场甘蔗生产全程机械化发展对策初探

李　震

西江农场毗邻贵港市，为郊区农场，甘蔗产业是支柱产业之一，是稳农之本，职工增收之源。目前农场甘蔗生产面对日渐严峻民工荒形势，突显了机械化程度不高；过多的依赖民工更导致了受制于人的被动局面。而随着老龄化的加剧、新生代务农人员的减少、生产成本日益提高、甘蔗产业价低利薄等矛盾进一步突显。如何卓有成效地推进甘蔗生产全程机械化，降低农工的劳动强度，减少甘蔗生产的成本，提高生产效率（不误农时）已成为我场甘蔗生产迫于解决的燃眉之急和长远发展之计。

一、西江农场甘蔗生产主要环节机械化推广应用现状

（一）农业生产基本情况

西江农场位于广西中南部贵港市城郊，地处广西最大的冲积平原-浔郁平原，属亚热带气候，年均气温21.5度，全年无霜期360天，年均日照1750小时，年均降雨量1520毫米，非常适宜种植甘蔗，而且比较便利于机械化操作。2012年全场耕地2.8万亩，种植作物全部为甘蔗，年平均产量为6吨/亩。2011/12榨季甘蔗生产各环节成本费用为：种苗420元/亩，机耕费（含犁田培土）150元/亩，化肥400元/亩，农药40元/亩，地膜45元/亩，土地管理费410，灌溉80元/亩；人工费用为：种植120元/亩，施肥12元/亩，喷农药30元/亩，收割480元/亩（按平均产量算），装运费20元/亩（按平均产量算），以上费用合计2227元/亩。2011/12榨季甘蔗原料蔗收购价为475元/吨，平均产值达到2850元，利润为623元/亩。

（二）机械化现状

甘蔗的生产过程，已经完全实现机械化的有：机耕（含犁田培土）；部分实现机械化的有培土施肥；完全人工的有：种植、喷药、收割。

（三）发展形势

随着劳工成本的急剧增加，民工荒越来越严重（有时已经到了有价无市的地步，请不到人，榨季尤甚），迫于形势，同时也为了把人从繁重的、机械化的劳动中解脱出来，促进甘蔗产业的更快、更好发展，我场急需以下甘蔗生产过程机械化。

1．种植机械化

西江农场目前有7台大型甘蔗联合种植机，但由于农机农艺结合度不够高，机器过于庞大，需要人工辅助过多等原因，基本搁置不用。我场迫切需要寻找轻便的可以一次性完成开沟、施肥(施肥量可调节)、切断播种、喷药、覆膜、培土、镇压等工序的机械。

2．破垄施肥机械化

甘蔗中耕培土时，一条龙完成了破垄、除草、施肥、培土等工作。目前我场已经购置两台破垄施肥培土机，每小时能作业5亩，每亩作业耗油20元，急需作业功率大点的机械。

3．收割机械化

目前西江农场的甘蔗收割绝大部分停留在人工阶段（机械收割不足2000吨)，人工收割速度慢，平均每人每天能收割0.8吨，每人劳工费64元（按照2011/12榨季计算）。高峰期，我场日请工量达到3500多人，劳工费用高不说，进度还慢，难以满足糖厂要求。为此，农场需要引进大中型甘蔗收割机，具有在收割过程中完成切稍、砍蔗、输送、剥叶、蔗叶分离等自动化功能，同时需要适用于平原，丘陵，不规则小地块等大小田块及烂泥田的家庭用的小型甘蔗收割机作为辅助，要求：操作简单，工作效率高，收割干净，铺放整齐等。

二、西江农场甘蔗生产机械化发展的制约因素

（一）甘蔗机械研制、开发水平不够成熟（农机农艺结合度不够高）

据了解，近年来，国家投入资金在广西建立了“甘蔗机械国家重点工业性试验基地”，并成功研制了一批甘蔗机械，有的机械已推广应用。但从总体看，我国甘蔗机械的研制开发还远不能满足甘蔗生产的需要。如：甘蔗种植、收获是劳动强度最大、费工费时最多，需要成本最高的两道作业环节，蔗农迫切要求用机械代替人工种植和收割。但是，目前经过在我场不断的尝试和示范，能够推广应用甘蔗种植、收获机械还不够成熟。比如种植方面：农场共购进了7台大型甘蔗联合种植机，该机器能一条龙完成开行、种植、施肥（药）、盖膜等工作，但该机器过于庞大（需904以上拖拉机方可牵引），且对于面积较小地块、丘陵地块难以运作；另外该机器需要过多人工辅助（至少5人以上）。收割方面：1、切段式甘蔗收割机收割方式与现有糖厂制糖工艺不配套（收获不够干净，含杂较高，平均12%）。2、整杆式收割机，机型庞大，地头转弯困难，不能收获倒伏严重的甘蔗，破坏来年留茬和含杂高等。另外甘蔗割铺机割台可调性差，留茬高度不一致，破头率高，不能收获倒伏交叉的甘蔗，作业时甘蔗为行铺，层层覆盖，给后序剥叶耗时多，所需的辅助工也多等等。

（二）甘蔗生产集约化程度不够高

一是农场承包户承包的土地不够连片。部分职工承包的土地比较分散，职工种植甘蔗地块东一块西一块；二是散户经营，承包户众多，土地难以成片，2012年西江农场甘蔗种植28000亩，承包户为1447户，其中种植面积50亩以上的260户，面积共13023亩；种植面积200亩以上的仅有2户，面积500亩，剩下的每户平均十几亩（且还有的分布为若干块），一块块土地纵横交错，给机器运行、调头，增加了许多的难度。三是管理粗放。职工照传统方式和习惯进行生产，种植品种、种植时间、种植规格和管理方式不统一，客观上限制了机械化的发展。

（三）原料蔗进厂扣杂标准难以科学化

现有的甘蔗扣杂标准难以科学量化，难以同时让农工和糖厂都满意。

（四）机械化收割成本较高

2013年在我场机械化收割价格为140元/吨（收取蔗农劳工费110元/吨，同时获得农机作业财政补贴30元/吨)，同期人工是80～110元/吨，且机械收割还存在含杂高、浪费、损坏蔗蔸影响来年宿根性等问题。

三、甘蔗生产机械化发展的对策

（一）提高农机农艺的结合度，满足生产需要

要提高国产甘蔗生产机械的开发研制力度，政府、制糖公司应该承担起更加重要的责任，除了要增加经费投入、积极引进和培养人才、加强信息网络建设外，当前着重要注意两个方面：一方面要加强横向联系：科研院所、大专院校、生产单位、推广机构要紧密联系，加强合作，优势互补，充分发挥科研究所大专院校的技术和人才优势、生产单位的制造能力和推广机构的试验选型作用，开展农机具的开发及技术难题的攻关，在增加机具品种、提高科技含量、提高性能和制造质量方面下工夫，进一步提高现有机具的性能和制造水平。另一方面，要加强与国外有关机构的联系，积极引进先进农机化新技术新机具，消化吸收先进技术，提高研制产品的科技含量，提高研发水平。进一步提高农机、农艺的结合程度，降低工作成本，适应生产的需要。

（二）土地整理，实行规模化、集约化经营为机械化生产提供前提

推行甘蔗农场土地连片规模化、集约化经营，为推进甘蔗生产机械化创造条件和奠定基础。当前，我场要逐步制定和出台土地连片工作实施方案，采取有力的措施将土地相对集中起来，重新规划，将土地平整，修建机耕道路和水利设施，做到路相通、渠相连；尽量增加单块土地的面积，减少单个岗位耕种地块的数量使得单个岗位耕种土地尽量集中。在此基础上要还要积极引导蔗农改变传统的生产方式，根据农场生产部、制糖企业的实际，引导农户实行统一良种、统一种植时间、统一种植规格、统一管理，为充分发挥机械化高效作业提供有利条件。

（三）尽快制定发展甘蔗生产机械化的政策和措施

政策的支持是甘蔗生产机械化发展的基本保证。农场需要在以下几个方面制订相关政策和措施。一是要将发展甘蔗生产机械化作为一项工程来抓。制定西江农场甘蔗生产机械化发展的总体规划，提出发展目标。二是要制定优惠政策，重点要支持农机大户以及推广阶段的机械（可以通过农场引进示范和补贴垫支承包户购买等方式)。三是要按照上级相关部门发展规

划制定本场工作计划，用好、用足政策，指导本场甘蔗生产机械化技术推广应用。

（四）加大农机补贴力度，降低蔗农成本

建议国家加大农机补贴力度，特别是对大中型拖拉机、甘蔗联合种植机、收割机等；另外在机械推广阶段，建议农机推广部门给予适当的补贴（比如油料补贴），降低农机服务组织和蔗农的成本。

（五）加强蔗糖产业标准的制定，实行标准化生产

甘蔗收割机收割的甘蔗含杂量高于10%以上，这是蔗农与糖厂面临的一个难题。一方面，要加强甘蔗机械收获作业质量标准和糖厂收购扣杂、扣损行业标准的制定，实行标准化生产，产业化管理。另一方面，要根据实际，提高甘蔗收割机械工艺，研发出甘蔗含杂量少、比较成熟的甘蔗收割机，在收割机技术未成熟时可以考虑提升榨糖工艺。同时，糖厂应就原料蔗扣杂问题，与农场出台资金扶持政策，减轻蔗农经济压力。

（六）建立卓有成效的农机组织管理模式

农场在机械化推广的过程中还应该选择适应本场发展的组织管理和运行模式。就目前农场的现实情况来看，要强化农机化组织领导以及技术服务功能。要突出抓好两个方面：一是要建立机械化组织的领导机构，必须由农场和糖厂领导。目前甘蔗产业还是计划经济，种植、收割作业计划、标准等需由农场和糖厂制定、领导。二是建立、健全可行的运行模式、服务模式以及作业模式等。

【作者单位：广西农垦国有西江农场】

谋转型　促升级

全力打造自治区装备制造业主力军“升级版”

李建平

未来几年将是我国产业结构转型升级的攻坚时期，也将是传统制造业转型升级的重要时期。在这个关键时机，自治区及时推出打造我国有色金属生产加工和现代装备制造等新型产业基地的“8337”计划。北重集团作为国家重要的装备制造企业，将紧紧围绕内蒙古自治区“8337”计划，以结构调整、技术创新、管理创新三大举措提升企业科学发展能力。坚持军民融合、军地融合，依托360项目和特钢改造工程，走精品特钢之路；坚持自主创新，做中国大吨位矿车领头羊；立足成套化，建成自治区煤机生产基地，为实现富民强区的战略任务，做出新的更大的贡献。

以产品结构优化升级为牵引，积极转变发展方式。

产品是企业发展的支撑，持续开发适销对路、性价比高、满足客户期待的产品，是企业做强做大、实现基业长青的根本所在。近年来，北重集团坚持走军民融合、军地融合发展之路，确定了军品，特种钢及延伸产品，矿用车及工程机械三大核心业务；煤炭机械、石油机械、专用车三大支柱的产品发展定位，围绕做强核心业务、做优支柱产品，持续推进技术工艺改进创新，不断提升产品的市场竞争力和顾客满意度。

依托360项目和特钢改造工程，持续推进高端精品特钢发展。一是通过实施电炉提质增效改造工程，利用热兑铁水工艺稳定炼钢原材料质量，提高钢水纯净度，降低电炉冶炼成本500元/吨左右；通过采用中频炉熔化高合金废钢及返回料，回收合金元素，降低钢水成本，提高材料利用率和产品竞争力。二是要加快对奥地利因泰克公司特殊钢生产工艺技术的消化、吸收和固化，力争在今年一季度见到实效。要将引进的先进经验和先进操作法形成标准化作业规程，全盘固化，全面实施，提升特钢产品的成本竞争力、技术竞争力和市场竞争力。三是充分发挥3.6万吨垂直挤压生产线和1600吨精锻机独有优势，抓住自治区电力新上项目采用大容量、高参数的超临界或超超临界机组的有利契机，打造国内电站用超临界、超超临界大口径厚壁无缝钢管供应基地，为自治区和国家电力事业发展做出贡献。

坚持自主创新，矿用车及工程机械产品紧盯市场需求，特别是要用好自治区加快培育发展工程机械、矿山机械、输变电设备等先进装备制造业的机遇，进一步提升自主创新能力，积极开发300吨至400吨的电动轮矿用车，实现矿用车产品全系列覆盖；做好36吨级新型液压挖掘机工艺优化和质量提升，为研制大吨位挖掘机做好技术储备。不断开拓国内国外市场，通过与海螺集团、华润集团等国内水泥行业龙头加强沟通联系，确保小吨位矿用车继续占据国内主导地位；不断突破合资方的地域限制，进一步扩大矿车在非洲、亚洲和澳大利亚市场份额，提升全球市场话语权。

立足产业化、成套化，建成自治区煤矿综采设备生产基地。作为有着30多年煤机生产历史、自治区唯一一家能够研发生产煤机产品的企业，全力做强做大煤机产品，推进自治区煤基新兴产业快速发展，是北重集团义不容辞的职责和使命。公司将紧跟煤机前沿技术发展趋势，抓住自治区加快发展与煤炭紧密相关的煤化工、煤电铝、煤机械、煤安全等产业的难得机遇，立足煤机生产成套化，不断提升液压支架大倾角、大采高、电液控技术水平，加快采煤机、刮板运输机等配套产品的研发和样机生产；积极优化现有规格掘进机的结构和性能，进一步扩大自制能力；加快井下救生舱、EBZ300等大功率智能掘进机的市场推介力度，争取早日实现市场销售。通过老产品升级和新产品开发，确保煤机产品质量性能不断满足用户需求和新期待，把北重集团打造成自治区煤机生产基地。

以技术创新为核心，提升企业核心竞争力。

技术能力在哪里，我们的未来就在哪里。北重集团紧紧围

绕集团公司“十二五”战略定位和主业范围，将技术创新的聚焦点放在核心业务上，从创新机制、创新投入、创新人才等几个方面入手，加强技术创新体系建设，培育和积累技术能力，加快转型升级，走以质量和效益为核心、创新驱动的内涵式发展道路。

强化科技发展战略规划，加快完善科技发展路线图。通过加大技术改造投入，提升现有装备、工艺和技术水平，努力突破制约产业升级的关键核心技术。通过加大研发投入，加快创新成果产业化，不断培育和形成北重集团独特的技术优势，以科技创新带动产品结构的升级。以技术创新体系建设为主线，以机制创新为重点，从体制上、机制上、人才建设上加强创新文化和创新保障体系，进一步解决好制约企业发展和产品发展的深层次矛盾和问题。

加强研发团队建设，激活科技人才队伍活力。在培养使用好集团公司现有技术员工队伍的基础上，对于稀缺的研发人才，通过引进社会资源来解决。2012 年，公司成功引进高层次人才 5 名；成立了包头市、自治区特种材料院士工作站；建立了两座国家级技能大师工作室——“李文玉电工技术工作室”和“郑贵有车工技术工作室”；加快科技创新、成果转化、科技激励和技术人才开发管理机制建设，增强了自主创新对北重集团发展的支撑力。

整合资源优势，充分发挥矿用车研究院、特种材料研究院、新产品研究院的作用。利用集团本部和北方股份的技术资源，整合技术资源，形成整体研发优势。加快项目研发速度，将研发项目产业链适当延长、拓宽，不断增加产品附加值，增强盈利能力，确保早研发成功，早投放市场，进而站住并扩大市场，增强企业市场竞争力。目前，高压气瓶钢等 6 项新材料研发取得新进展，加快高端材料异型件挤压工艺研究，为航空、航天、船舶、军工等国家战略行业自主发展提供高端材料支撑。最高强度石油钻具、国内首台 NTE260 电动轮矿用车在内的多项高端装备在公司问世，300 吨电动轮矿用车进入样机试制阶段，高端液压支架技术工艺进一步成熟，不仅填补了国家空白，而且成为企业占领市场的“杀手锏”。

以基础管理为保障，苦练内功提质量

管理就是生产力，管理就是竞争力，没有科学严格的管理就没有成功的企业。目前，兵器集团把精益管理上升到战略管理的高度，把持续推进管理创新作为转型升级的重要抓手，向管理要市场、要效益、要发展。

持续推进信息化建设步伐，用数字化再造新北重。推进现有管理手段的信息化改造和提升，加大对计算机辅助设计（CAD）、计算机辅助工艺（CAPP）、企业资源计划（ERP）等管理工具的应用力度，实现业务流程的再造。加快信息技术在产品研发、生产制造、经营管理、营销物流等环节的覆盖渗透、集成应用和融合创新，推动制造模式向数字化、网络化、智能化、服务化转变。

深入推进精益生产、精细化管理及合理化建议工作，按照全系统、全流程推行模式，将“三化”工作扩展到企业经营管理的各个方面，围绕质量、安全、节能环保、成本费用、应收账款、存货、物流、大宗物资集中采购 8 项重点领域，建立归口职能部门与分子公司协同推进机制，量化工作目标，建立考核联动机制，共同推动精益改善工作，实现质量、产品提高产品稳定性的同时，实现成本的最优化，真正实现科研、生产、供应、营销、财务等全价值链体系化精益管理战略，全面提升企业经营管理效能。

党的十八大报告指出，“综观国际国内大势，我国发展仍处于可以大有作为的重要战略机遇期”，在这个重要的战略机遇期，北重集团转型升级如能加快推进，就能打胜加快转变经济发展方式这场硬仗；如果行动迟缓，不仅资源环境难以承载，而且会错失这一重要的战略机遇期。北重集团将按照自治区党委的部署和要求，不断在改造升级老产品、设计开发新产品上用功着力，使公司产品结构符合自治区产业发展新格局的要求，符合市场和用户的要求，当好自治区改造提升传统产业、大力发展新兴产业排头兵，为实现富民强区的战略任务，做出新的更大的贡献。

【作者：中国兵器工业集团北重集团董事长　党委书记】

安全解码之“驴牛雁”

李　智

2012 年 7 月，我从重庆能源同华煤矿调到打通一矿任党委书记，来后第一感受是人多、点多、面广工作量大、管理难度大。

不出所料，2013 年上半年，安全经营形势发生逆转，安全上吃了败仗，生产上欠账，经营是亏账，使各项工作陷入被动状态，让全矿员工在精神上遭到了重大打击，收入上受到重大损失。

面对极为不利的安全经营形势，部分党员或管理人员感到黔驴技穷，尽管使尽全身解数，采取严管重罚等措施，但事与愿违，未收到预期效果。

作为党委书记应该怎么做？如何尽快走出事故的阴影，调动员工积极性，让员工重树信心、提振士气，是摆在广大党员干部面前的一道难题。

于是，我开展了一项调研，对 1～5 月员工违章、受伤情况进行了认真分析，发现两个违章高峰和两个违章低峰，低峰出现在工龄在 5 年以下的新员工和 25 年以上的老员工；高峰则出现在 5～10 年和 20 年以上的员工中。其中工龄在 5～10 年的违章比例占违章总数的 47%，受伤比例占受伤总数的 21%；20 年以上的违章比例占违章总数的 28.8%，受伤比例占受伤总数的 15%。这些违章和受伤人群，均自持有经验、有技术发生习惯性违章，最终付出了惨痛的代价。

通过调研发现，两起事故有两个的共同点，两人均是生产骨干，均是习惯性违章。分析得出，事故的发生，不是偶然，而是一个量的积累，是一个长期习惯养成，其核心就是员工安全意识出现了偏差。

为此，我对员工安全意识进行剖析，将安全意识划分为六层次，分负向意识三个层次和正向意识三个层次。负向意识的三个层次即："感染"阶段，比喻为含羞草，遇上问题躲着走、绕道走；负向意识的"中毒"阶段，比喻为苦菜花，被动的抓安全，应付心态严重；负向意识的"重症"阶段，比喻为空心萝卜，就是过分信任"老经验"，受情感的偏袒，留下管理意识上的"空档"，成为了一个华而不实的"空心萝卜"。

同时，把正向意识也划分为三个层次：初级阶段，比喻为驴，能够按部就班的开展工作；正向意识的中级阶段，比喻为牛，有实干精神，把减少隐患和不发生"三违"当成挣钱的手段和方式；正向意识的高级阶段，比喻为雁，把"不三违、无隐患"变为自觉的行为习惯，能把团队互助变为一种文化，将工作做细做实。

安全意识划分后，怎样让员工进行自我剖析、自己提升，怎么落实到行动中去。于是，我组织相关部门，将六个层次的安全意识进行归类，哪些行为属于哪个层次，在全矿范围内开展自查自纠、自悟自省活动，活动分自我剖析、支部定格、结对帮扶、检查验收、实时抽查等五个阶段进行实施，实实在在从提升意识入手杜绝悲剧重演。

目前，我们在安全文化的视角层面上，已经形成了强大宣传阵势，在员工学习室、井口、井下车场、硐室等不同场所都设置了安全文化，但员工是否接受，是否真正转变意识，还需要用安全意识六个层次来进行分析和检验。

笔者认为，"罚"是外部约束猴子的"紧箍咒"，"佛"才是从内心改变猴子意识的"真经"，只有成"佛"了，才可能佛度众生。换句话说，在煤矿生产中，若过多强调外部的"紧箍咒"，忽略了员工安全意识的提升，势必形成制度与安全意识的倒挂，必将制约煤矿的安全发展。

实践证明，意识是决定一个行为的原始动力，安全意识不强，是导致事故的直接原因，这是不争的事实。只有待安全意识定位与提升后，才可能将正向意识转换为规范的操作行为，形成一个由安全意识为核心的长效推动机制，实现视角文化、自悟文化和行为文化的螺旋式上升，安全事故自然会减少和避免。

【作者：重庆能源打通一矿党委书记】

构建新型管理体系　营造和谐幸福环境

——关于和平牧场加强社会管理服务中心建设的思考

倪金珠

和平牧场党委积极适应经济社会发展的新变化和新要求，坚持以人为本、多方参与、服务为先的原则，推进社会管理服务中心建设，突出管理服务，创新工作模式，为职工群众提供高质量的服务。

一、提高认识水平，统筹管理资源

在城镇建设不断完善过程中，和平牧场党委把践行北大荒核心价值观、"绥化理念"与创新社会管理、文明单位建设及区域特色和自身实际相结合，以建立社会管理服务中心为重点，为职工群众提供更加便捷的服务。

创新体制机制。针对牧场社会结构发生深刻变化的新形势，面对城镇化步伐的加快、自然分散村屯农户和社会成员大量聚集到场部中心区的实际，牧场党委从提高认识、加强领导、完善体制机制入手，最大限度地激发社会活力、增加和谐因素和减少矛盾冲突，完善了党委领导、部门负责、社会协同、全民参与的社会管理制度，确立了以人为本、民生至上的服务理念及建设"和谐牧场"、"幸福和平"的指导思想。牧场成立了由党政主要领导为组长，分管领导为副组长，民政、建设、办公室、社区、公安、司法、宣传等部门参与的社会管理服务中心工作领导机构。在筹建、使用管理服务大厅上，牧场明确分工和职责，形成主要领导为第一责任人抓分管领导、分管领导抓服务中心责任人的管理机制，并层层签订责任书，明确工作时限、工作要求和所要求达到的运行效果。同时，牧场加大硬件投入，为职工群众提供快捷、便利的服务环境。牧场社会管理服务中心于今年 2 月建成投入运行，在选址上，为给职工群众提供更便利的服务场所，选择了在机关、职能部门、银行、社保、医院、学校等单位集中地段设置。服务大厅面积达 236 平方米，投入 30 万元用于购置办公用品和室内装饰，为提高服务质量提供了完备的场所和设施保障。此外，为搞好推介宣传，各服务窗口入驻服务大厅前，分别在牧场电视台举办专题讲座，讲述服务大厅的服务内容、办事程序等，并公开收费标准，让职工群众心里托底。为把关注民生、以人为本的理念融入千家万户，管理服务中心工作人员深入小区栋楼，详细介绍服务项目和内容，征求职工群众的意见和建议，累计发放宣传单 1630 份。

二、增强责任观念，提升服务水平

作为社会管理主体，和平牧场把提高服务质量作为重中之重，通过全社会的关注支持，建立了"一站式"服务平台，实现了社会管理与服务百姓的有机结合。

牧场社会管理服务中心由 13 个单位或部门选派人员进驻，设立 14 个服务窗口及 1 个警务室和调解室，设置社区服务、城管物业、综治维稳、通讯管理、房产交易等管理和服务项目。服务大厅安排两名工作人员兼职负责日常事务管理，并在大厅内设置休息座椅、触摸屏查询机、电子显示屏等设施，职工群众可自主查询各类收费标准、住房公积金贷款相关政策法规、有关办事程序等相关信息，使办事程序更加透明。同时，牧场积极强化制度建设，在服务中心实行直办、转办、协办、催办、督办的“五办”服务流程和首问负责制、服务承诺制、限时办结制。为加强规范建设，服务大厅全体工作人员树立了“精细服务为民、敬业工作报国”的服务理念，制定了13条大厅工作人员工作职责，并要求每名工作人员熟记内容、遵照执行。为实现标准化作业管理，服务大厅召集入驻单位和部门人员，认真编制了有关当事人来大厅办事应提供的手续、须知等事项，时刻给办事人员一个满意的答复、清晰的办事流程、明确的收费项目和标准，使职工群众期待而来、满意而归。

三、创新工作方式，全心全意为民

在推进“一站式”办公、“一条龙”服务过程中，和平牧场严格做到“四零”要求，即业务沟通“零距离”，对涉及民生、与职工群众切身利益相关的服务项目和类别，通过“一站式”、“零距离”服务，给职工群众一个满意交代，并在节假日主动上门提供信息服务，答疑解惑；咨询服务“零障碍”，通过触摸屏查询机、告知牌、印发办事指南等方式，为职工群众提供办理业务所需资料和流程，并要求服务大厅工作人员限时办结；服务标准“零差错”，服务中心运行以来，组织工作人员举办了两次业务考核和技术比武竞赛，使各窗口树立了无差错、争一流的意识；服务对象“零投诉”，工作人员自觉接受群众监督，提供文明、微笑和礼仪服务，实现了窗口服务“零投诉”。

牧场还积极创新工作方式，采取了“听、闻、问、切、诊”的工作方法。“听”即认真倾听到大厅办理业务职工群众的想法、诉求和要求提供的业务服务，认真听取各方面反馈的意见、要求及职工群众的建议，对合理的要求认真整改、按章办理，一时解决不了的要记明情况，须给询问者一个满意的答复；“闻”即观察留意，对来大厅办事人员心存疑问的，工作人员要根据来办理业务职工群众的表情和心理反应，主动上前征询、查明情况、迅速办理；“问”即对表述不清的职工群众要不怕麻烦，亲自了解其所要办理的业务，不是自己分管的，也要引领到其他窗口，并协调配合为其做好服务；“切”即对个别到大厅办理业务人员一时不知所措的，由大厅的业务主管主动接待，了解其办事内容，确保服务到位；“诊”即将上述综合信息汇总后，掌握规律性的服务要求，以诚实、守信、热情、顾客至上的标准，为职工群众提供满意的服务。

【作者：黑龙江省和平牧场党委书记】

企业经理应具有雅量与担当

孙兴平

总经理要有容许下属成长的雅量，虚心听取正确的意见。

一个心智成熟的领导者，不以物喜，不以己悲；淡泊明志，宁静致远、平常心态、顺其自然。

我们常说，考察、评判一个干部合格与否的标准是看其是否“德才兼备”，那么，什么才是德才兼备呢？

一名优秀的总经理首先要襟怀坦白、豁达大气，有容人之量，善于听取不同意见并采纳正确的意见。总经理要有容许下属成长的雅量，虚心听取正确的意见；更要知人善用，选择合适的人做合适的事。

要具备全局观念和创业精神，要有甘为事业忍受寂寞、不辞辛劳的自我牺牲精神。

要心智成熟，意志坚强，胜不骄，败不馁，为理想执著奋斗。要努力做一个心智成熟的领导者，不以物喜，不以己悲；淡泊明志，宁静致远、平常心态、顺其自然。

要勤于学习，善于思考。通过学习不断拓宽知识面，提高自己的文化素养，同时要注意学以致用，将所学理论与工作实践有机结合起来，提高分析问题解决问题的能力。

要具备乐观向上的积极心态，开朗豁达，冷静理智，善于控制自己的情绪，任何时候都不把坏情绪带入工作甚至影响决策。

要目光远大，高瞻远瞩，善于用战略的眼光看待问题，正确处理好眼前利益与长期利益、企业利益与集团利益之间的关系，不因只为赚取任期政绩而急功近利甚至牺牲集团整体或长远利益。

要有一颗“公心”，不为财动，不为色诱，洁身自好，公平公正。每个人都有七情六欲私心杂念，但所谓君子爱财、取之有道，一定要通过诚实的工作来获取合理、合法的回报。

以上七个方面讲的是一名优秀总经理应该具备的“德”，下面笔者再谈一下总经理应该具备哪些方面的“才”。

总经理必须具备比较宽泛的知识面，尽可能地多掌握包括财务、投资、人力资源、市场营销等企业管理各个领域的基础知识，尤其要具备比较丰富的管理学知识，能熟练运用各种管理工具。

必须具备出众的组织协调能力。通过建立高效的企业内部运作机制，科学合理地配置企业的人、财、物等各类资源，使人尽其才物尽其用，最大限度地形成合力，以最低的成本达成组织目标。

应具备良好的沟通交际能力，包括逻辑思维能力和语言表达能力。拥有良好的沟通交际能力有助于建立起人际关系，从而为企业创造更好的外部经营环境，使企业如鱼得水左右逢源，运转更加顺畅自如。沟通交际能力的基础是逻辑思维能力和语言表达能力。

要具备团结他人的能力，即通常说的亲和力和凝聚力。总经理必须有能力、有办法将整个团队牢牢团结在一起，消除内耗形成合力，使企业和谐、有序、健康地发展。

要具备分析问题和解决问题的能力。优秀的管理者善于把复杂问题简单化，善于在千头万绪中抓住主要问题，切中问题的要害，从而使解决问题事半功倍、游刃有余。

要具备较强的判断力和应变能力。企业的经营者必须能审时度势，对市场作出准确的预判，并适时调整策略，采取相应的措施，确保企业不偏离预定的目标。

要具备创新能力。创新是企业不断发展壮大的驱动力，决定了企业的未来，一个企业如果失去了创新能力也就没有了未来，终将被淘汰出局。

以上所说的这些能力的形成绝非一蹴而就的事情，需要通过不断地学习和长期的工作实践慢慢培育、积淀。

【作者单位：协鑫电力集团有限公司】

持续深化创先争优活动　促进企业健康发展

王春东

在党的基层组织和广大党员中开展创先争优争优活动，是党中央着眼于保持和发展新时期党的先进性建设而作出的重大部署，是巩固、拓展和深化学习实践科学发展观活动成果的重要举措，对于国有企业改革发展同样具有重大的意义。创先争优活动在企业开展几年来，已经取得重大成果。如何在企业建立创效争优活动长效机制，是摆在企业各级党委面前的重要课题。而在新的历史时期和新的条件下，进一步深刻认识和把握创先争优的本质内涵、创新并运用有效的活动载体、找准工作的落脚点，对于国有企业实现创先争优常态化、长效化，促进企业持续健康发展，具有十分重要的意义。

一、要实现创效争优常态化、长效化，必须深刻认识创先争优活动的本质内涵，不断增强创先争优的责任感和使命感

2010年，中央决定，以深入学习实践科学发展观为主题，以“推进科学发展、促进社会和谐、服务人民群众、加强基层组织”为目标，深入开展创先争优活动，有着深刻的思想内涵。当前，在全国上下将创先争优活动进一步引向深入的大背景下，作为大型国有企业的党组织，应该更加深刻地认识创效争优活动的本质内涵，深刻理解和把握中央的意图，并从企业实际出发，做好引导和教育工作。

（一）创先争优是中国共产党人一种积极的精神状态、一种崇高的价值追求。

中国共产党是中国工人阶级的先锋队，同时也是中国人民和中华民族的先锋队。从党的章程看，中国共产党从其性质上就决定了其自身的先进性。从建党90年多来波澜壮阔的奋斗历程看，也正是由于我们党不断追求先进的思想、理念和代表人类社会发展方向的先进目标，才能引领中国人民从一个胜利走向另一个胜利。每一个基层组织和每一名共产党员都应时刻认识到，只有永葆自身的先进性，才能始终不愧为中国无产阶级、中国人民和中华民族的先锋队，才能不断地赢得人民群众的拥护、支持和爱戴。而要永葆先进性，就需要我们广大共产党人始终高扬强烈的责任意识，始终保持积极向上的精神状态。

从我们党的章程和奋斗历史看，近年来开展的创先争优活动，尽管从形式上大体有阶段性的重点安排，但它又绝不是短期的工作目标和行为取向，而是党的建设的一项经常性的工作。由此观之，创先争优更应该是我们党一种积极向上、奋发有为的精神状态，一种崇尚先进、追求卓越，坚持不懈、始终不渝的崇高价值追求。也只有这样，我们各级党的组织、每个共产党员，才能以先进和优秀的榜样示范作用，始终成为中国特色社会主义事业的领导核心，从而引领和带动身边的干部群众，为国家的经济社会发展、为中华民族的伟大复兴做出新的贡献。

（二）创先争优对于企业来讲，更是一种持续完善、追求卓越的管理手段。

创先争优活动是中央在全党开展的一项党内特色活动，有着一定的时代背景，但创先争优在企业不是最新的动作。多年来，在国有企业内部，党、政、工各个层面，围绕企业中心工作，以创先进、争优秀为主题，开展了卓有成效的活动，为企业发展建设发挥了不可替代的关键作用。近年来，河北省委、省政府在国有工业企业层面，中国钢铁协会在全国冶金企业层面，纷纷组织开展以“学先进、提指标”为主题的对标挖潜上台阶行动，这与唐钢多来持续开展的“对标挖潜力、指标上台阶”活动一样，都是企业内部创先争优活动的重要组成部分。由此观之，从企业层面看，创先争优更是一种对标先进、查找差距、不懈赶超、追求卓越的管理手段。它不仅涉及党员干部，而且涉及广大职工群众，具有广泛的群众性；它不是短期的管理行为，而是长期坚持开展的一种争先进位得活动；它植根于企业内部，渗透并作用于企业各项管理活动之中，与企业生产经营和改革发展紧紧相连，与党员干部和广大职工的工作成效和个人成长密切相关，具有永恒的生命力。

创先争优活动开展三年多来，唐钢党委利用历次推进会时机，注意将中央和地方各级党委开展此项活动的重要意义向企业各级基层党组织和广大党员讲清楚，有效地提高了大家的认识，增强了开展活动的自觉性和主动性，激发了推进工作的责任感和使命感。

二、要实现创效争优常态化、长效化，必须不断创新创先争优活动载体，努力实现融入中心服务大局

只有充分认识和始终把握创先争优的本质内涵，企业各级管理者才能更加自觉地联系本企业党员干部实际，紧密结合生产经营各项工作开展活动。

对于国有企业来讲，着力调结构，深入转方式，实现企业的转型升级和科学发展，应是始终需要把握的活动主题。因为，这是促进社会和谐、服务人民群众的根本。而只有抓住了这一根本，才能实现中央对国有企业党的工作的总要求——融入中心、服务大局。在明确活动主题、把握活动根本的基础上，为避免活动搞形式、走过场，必须因地制宜地研究并选择好活动的载体，充分运用好的载体，将中央及上级党委的要求与基层党的建设、与企业生产经营和改革发展的目标任务紧密结合起来，真正通过活动，促进企业发展。而不同的企业，其党员干部状况、企业发展阶段、生产经营中心工作不尽相同，能否选准适合企业发展实际、适合党员干部队伍状况的有效载体，并以载体为依托，围绕企业生产经营和改革发展实际，创造性地开展活动，就显得非常之关键。

近三年来，唐钢党委着眼于充分发挥基层党组织和广大党员在企业生产经营、发展建设中的作用，按照加强党的先进性建设、提高党建科学化水平的要求，结合企业转型发展和争先进位实际，以“解决企业内部与时代要求不相适应的理念、标准、体制机制问题，进而改进管理、提升指标、增创效益，打造精品唐钢、创建最具竞争钢铁企业”为重点，确定了“创建党员精品岗位”这一基本载体，要求基层广大党员立足本职，创企业精品岗位、争行业一流水平。为最大限度地贴近企业实际，唐钢党委充分利用这一载体，对基层创先争优提出“五个围绕”、“三个强化”和“四紧四性”的基本目标要求。“五个围绕”是：围绕提高企业发展转型创先争优，在树立行业一流标准上实现新提升；围绕拓宽企业发展思路创先争优，在加快经济发展方式转变上取得新突破；围绕建立科技创新和人才支撑体制机制创先争优，在提高企业核心竞争力上实现新跨越；围绕提高职工幸福指数创先争优，在和谐企业建设上迈出新步伐；围绕活跃党的工作创先争优，在提高党建工作水平上取得新成效。“三个强化”是：不断强化党组织的思想引领力；不断强化党组织的组织保障力；三是不断党组织的群众凝聚力。“四紧四性”是：党员精品岗位的标准要紧扣党员的岗位职责，体现先进性；要紧靠具体实的在先进指标，体现可操作性；要紧贴职工群众，体现带动性；要紧跟形势发展，体现动态发展的渐进性。同时，唐钢党委强调创先争优活动要狠抓基层支部这个关键环节，要求各级党委广泛建立创先争优基层支部联系点制度，经常进行活动指导；各支部将上级规范动作与自选动作相结合，结合内部工作把活动抓实；支部之间开展好考核评比与交流互动。

正是由于创建党员精品岗位这一载体贴近并融入了企业生产经营和改革发展之中，唐钢创先争优活动取得了比较明显的效果。三年来，企业各级党组织和广大党员，通过确定争创岗、设定争创目标、细化精品岗位标准、认责承诺、亮牌示范、定期评比表彰等方式，组织引导广大党员融入中心创先、立足岗位争优，以岗位工作的进步和技术经济指标的提升，推动了基层班组、车间、厂矿乃至全公司生产经营创水平、上台阶，充分发挥了党员的先锋模范作用。同时，各级党组织号召力、执行力、凝聚力以及广大党员的不断完善、持续创新、奋勇争先的意识和岗位责任意识极大增强，企业综合管理水平显著提高，各项技术经济指标普遍大幅改善。2010 年以来，唐钢有 17 项指标进入行业前三名，3 项名列第一；三年来生产品种钢逾 1200 万吨，增创效益近 10 亿元；三年来挖潜增效 123 亿元，实现利润 21 亿元，创出挖潜增效历史最好水平和严峻市场形势下同行业中生产经营的出色业绩。2012 年，唐钢党委被中央授予“全国创先争优先进基层党组织”荣誉称号。

总结前段工作，应该说，贴近企业实际的党内特色活动确实是推进基层党组织建设的重要载体，也是广大党员立足岗位发挥先锋模范作用、展现先进形象的有效平台。换言之，企业内部创先争优活动也只有与企业中心工作融为一体，才能焕发出强大的生命力。

三、要实现创效争优常态化、长效化，必须以服务职工群众作为创先争优的落脚点，促进企业和谐发展

要做到在创先争优中更好地服务人民群众，就要求基层党组织和党员充分尊重群众，认真倾听群众呼声，及时反映群众意愿，主动关心群众疾苦，真心实意为群众办实事、办好事，努力使创先争优的过程成为不断提高群众幸福指数的过程，成为维护和保障人民合法权益的过程。对国有企业来讲，广大职工是增强企业竞争力、推动企业发展的主体力量，是企业党组织和党员的主要服务对象。要保证创先争优活动在企业真正取得实际成效，就必须把服务职工群众作为重要落脚点。

服务职工群众首先要始终坚持“发展”这个硬道理。服务职工群众，其基本的前提就是持续推动企业又好又快发展。只有企业得到健康发展，才能真正维护职工利益、增进职工福祉。从这个意义上讲，服务职工与推动企业发展是相辅相成的，应把二者统一起来开展创先争优活动。唐钢党委在开展创先争优活动中，始终坚持“建设唐钢、受益于唐钢”的共建共享理念，牢牢把握让企业发展惠及职工这一基本宗旨。2010 年以来，唐钢在持续严峻的市场环境中，不断加强管理，持续挖潜增效，始终保持了生产经营稳定顺行和较好的效益水平，唐钢职工收入实现了稳中有升。三年来唐钢职工像往年一样，每年都能拿到了一笔数目可观的效益奖。

服务职工群众就要解决实际问题、维护职工利益。要将服务职工作为创先争优的落脚点，就要真心实意、想方设法地为职工办实事、做好事，努力为职工解决实际困难，切实体现人文关怀和全心全意依靠职工办企业的宗旨。创先争优活动开展以来，唐钢党委一手抓生产经营不放松，一手抓关心职工生活不松懈。公司领导认为，企业内职工的事就是天大的事，唐钢所做的一切，就是要为职工谋求最大利益，让企业成为职工的家，企业最终也将转变为责任型、幸福型企业。公司两级领导班子成员每月第一周坚持深入基层车间班组，开展面对面的形势任务宣讲活动，同时倾听职工心声、了解职工疾苦、解答职工关心关注的热点问题，并尽可能帮助生产一线和困难职工解决生产生活中的实际问题。创新开展了职工民主参与月等活动，实现了一线职工与公司高层的直接对话，畅通了干部职工沟通的渠道，使职工的主人翁地位得到切实尊重。连续出台措施为职工群众谋利益：在党员和职工之间坚持经常性地开展“心连心、手拉手、肩并肩”和“送温暖”活动，密切党群干群关系；每年投入 300 多万元补助职工就医；给全体职工上了“企业补充医疗保险”，职工最高可申请 20.5 万元的补充医疗保险；建成并不断完善 2.4 万多平方米的职工生活综合服务区，为职工提供了存车、洗浴、餐饮、洗衣等全方位的“满意服务”和“感动服务”。近年来，人民日报、新华社、光明日报、经济日报等中央新闻媒体先后报道了唐钢关心职工生活、构建和谐劳动关系的经验做法，在全国引起强烈反响。

服务职工群众还要努力构建促进职工全面发展的体制机制。作为现代企业的职工，除了希望有好的收入、好的环境、好的心情之外，也都有自己的理想追求，更希望在企业的发展中实现自身的发展。为此，服务职工群众不应仅仅局限于为职工提供稳定的收入、解决生产生活中的实际问题，还要对职工的成才成长和自我发展负责任。创先争优活动开展以来，唐钢党委进一步加强和改进党管人才、党管队伍的职能，积极搭建各级各类职工成才成长平台，努力构建促进全体职工实现自身价值的保障机制。一是投资 2000 多万元用于改善职工技校办学条件，要求学校全面承担起为企业培训职工的任务，为职工搭建了加油充电、完善技能、提升素质的良好平台。二是重视新入厂大学毕业生成才成长。陆续出台一系列制度和办法，推行在新入厂高学历人才中选拔聘任见习作业长、享受技术操作岗位待遇等制度，为企业管理团队新生力量在岗位工作中磨练成长提供了重要平台。三是每年对全公司 2500 名班组长进行生产、设备、精细管理等方面的系统培训，同时建立班组长协会、开通班组长热线，定期组织班组长进行经验交流和外出考察，为班组长发挥作用、施展才干奠定了基础。

经过三年来的实践，作为国有企业这个层面，我们深深地体会到，只有准确理解和把握中央开展创先争优活动的本质内涵和长远意义，才能不断增强开展活动的自觉性和坚定性；只有找准活动载体、将创先争优融入企业生产经营和改革发展之中，才能更好地实现创先争优的常态化和长效化；只有将创先争优落脚于服务职工群众，才能促进和保障和谐企业建设，为国家经济社会发展做出更大的贡献。

【作者：唐山钢铁集团有限责任公司党委副书记】

深化党内“三无” 筑牢党内“安全屏障”

王增周

近年来，邯郸工务段党委在开展党员“无违章、无违纪、无事故”活动中，以控制党员“两违”为突破口，注重探索构筑党内“安全屏障”的新形式，不断完善控制党员“两违”的工作方法，通过强化五项机制建设，充分发挥了党支部和党员在安全生产中的“安全屏障”作用，收到了较好的效果。2012 年段党委荣获“全路创先争优先进基层党组织”光荣称号。

一、基本情况

自创先争优活动开展以来，党员“两违”率经历了从高到低、从波动到均衡的发展过程。在初期主要存在着个别党员对“两违”的认识程度不高，支部分析预测力度不足，“两违”率较高、上下波动较大，党员现场作业“两违”较多等问题。针对这些问题，段党委专门召开了会议，研究制定了整改方案，通过强化分析预警机制、强化安全教育机制、强化考核明示机制、强化问题整改机制、强化奖惩通报机制的手段，经过一年多的实践，取得了较好的效果。自 2011 年 6 月份以来连续 17 个月党员“两违”率控制在了 5%以下，连续 5 个季度受到路局党委的通报表扬。

二、主要做法

本着边探索、边改进、边完善的原则，通过强化五项机制建设，不断提高了党员对“两违”的认识，促使党员“两违”工作逐步步入有序可控、规范达标的轨道，确保了“两违”率的始终达标。

1．强化分析预警机制。利用“安全风险过程控制系统”，每周对全段职工“两违”和党员“两违”受牌情况分别进行汇总，对倾向性、苗头性、关键性问题进行趋势分析，用全段职工“两违”的趋势，对党员“两违”进行预警。同时，对党员“两违”触限或较高的支部进行“预警”，按照偶发、频发的性质分类以及人身、设备、管理的具体因素制定针对性的对策，把问题消灭在“萌芽”状态。各生产一线党支部每周对本支部党员受牌情况，在安全生产中发挥作用情况进行综合分析，深挖问题的根源，制定针对性措施。并做到“三个清楚”，即党员“两违”的主要问题清楚，党员“两违”的重点人清楚，减少党员“两违”的措施清楚。

2．强化安全教育机制。针对党员“两违”存在的频发性普遍问题和突发性的个性问题，围绕不同时期的重点工作，利用职工大会、早晚点名对规对职工群众进行普遍教育，利用“三会一课”对党员进行重点教育，利用谈心包保对重点人进行针对性教育。并引导党员树立“两新”意识，把自己当做一名“新党员”，激发对党组织的拥戴和热忱；把自己当做一名“新工人”，从零开始重新灌输安全理念。同时，加强“双培双带”力度，组织党员加强对新技术新知识的学习，大力开展岗位练兵和技术比武，坚持每年举办一次党员技术比武，进一步提高了党员的安全技能。

3．强化考核明示机制。制定了《党支部及党员安全生产责任制》和《生产一线党支部党员“两违”控制考核措施》，明确了考核范围、考核标准、考核方式和考核程序，使“两违”考核控制形成制度化、规范化。各支部重点抓党员岗位职责落实，建立了党员“两违”台账，认真进行建档、统计、存档。支部书记在对党员的承诺践诺点评中，对发生“两违”问题的党员进行重点剖析点评，并每月在车间安全会议上进行分析，将党员“两违”情况在“创先争优”考核评比台进行公示，接受职工群众的监督，引导党员将责任意识转化为实际行动，自觉遵章守纪，带头发挥先锋模范作用。

4．强化问题整改机制。为各支部统一制作并配备了党员写实台账，凡是党员受到车间发放的“两违”白牌及以上问题、党员责任区受到段级黄牌及以上安全问题，受牌党员定为“不放心人”，由支部“一帮一”抓好问题整改。建立了党委委员包支部、支部委员包党员、党员包责任区群众的党内三级安全包保网络，党员因违章违纪被发牌时，党支部书记要亲自谈一次话，了解情况，分析问题原因，帮助整改。党员发生“两违”黄牌时，一律到党支部交班。党员本人发生严重事故苗子及其以上问题，以及被上级发红牌及以上问题的党员，由党支部书记带队到段党委交班。同时，段党委将党员“两违”问题的整改列为支部书记督导检查的重点工作，加大了现场盯控力度，强化了对防护员、巡道工、看守工等关键岗位作业人员的监控力度，对关键岗位、重点岗位实施常态化检查和管理，通过跟班检查、定期排查、突击抽查，随时掌控党员标准化作业情况，做到发现问题一追到底、销号解决。

5．强化奖惩通报机制。把党员“两违”情况作为每季度对党支部的考核验收的重要内容，将考核结果纳入到对车间的整体工作考核之中，实行一体化考核。每季度定期编发党员“两违”情况通报，对各支部党员“两违”情况进行统计分析，每季度对“两违”率控制在5%以下的支部进行500元奖励，并把各支部控制“两违”情况作为“七一”评先的依据，对连续两个季度党员“两违”考核排在队尾的党支部，要写出书面分析和整改措施上报段党委。对党员发生严重事故苗子和上级发红牌的，党支部书记要到段党委交班，并由一名段班子成员进行重点帮助，限期整改。同时，党委书记利用月度电视电话会议，对党员“两违”情况进行点评。通过赏罚分明的措施，提高了支部控制党员“两违”、构筑安全屏障的主动性和积极性。

三、初步效果

1．党员“两违”问题得到控制。党员“两违”问题从最初的每月25件，降低到了今年平均每月7件左右，2013年以来党员“两违”没有发生黄牌及以上问题，大部分支部党员“两违”率都达到5%标准以下。同时，党员身边“两违”也呈下降趋势，全段职工“两违”比2012年同期下降了14.3 %。党员的引领示范作用得到了充分体现。

2．安全责任意识得到增强。通过不断的教育考核，党员对“两违”的认识逐渐提高，能够正视自身存在的问题，以往的标准不高、整改不严、落实不力等问题得到根治，广大党员的安全风险意识越来越体现到安全生产全过程，现场作业标准化程度越来越高，党员的学技练功积极得到了提高，涌现出了一大批党员技术能手。

3．标准化作业习惯得以养成。通过长期的教育考核激励，一些长期以来形成的不良作业习惯慢慢得到了纠正，广大党员能坚持从小处着手，从日常做起，强化自律意识，使落实安全生产各项制度和标准化作业，成为党员的自觉行动，进而也影响带动了全体职工自觉遵章守纪，培养良好的行为习惯，从源头上构筑起第一道安全防线。

4．党组织活力得到提升。通过控制党员“两违”，深化了创先争优活动，丰富了“三保一促”、“党内品牌”等活动内容，在围绕中心工作中更好地展示了党员风采，提升了基层党组织的活力。2013年，“继学钢轨焊接五步法”被部命名为“全路党内优质品牌”。

5．安全生产工作持续稳定。通过控制党员“两违”，以点带面，全段安全生产各项工作持续稳定，党组织围绕安全生产中心作用得到充分发挥，党员的模范带头作用在安全生产中得到较好的体现。截至2012年11月30日，实现全段安全生产727天、党员连续安全生产1914天的成绩。

四、几点思考

1．安全教育是前提。盛部长在讲话中提到，推进安全风险管理是在更高层面上对安全意识的强化、安全理念的提升、安全工作思路的系统优化。开展安全教育是提高职工安全风险意识和预防事故能力的重要途径，也是我们基层党组织发挥组织作用的前沿阵地，所以我们基层党支部一定要牢牢抓住安全教育这个牛鼻子，筑牢安全屏障工程的第一道防线。

2．分析预警是关键。控制党员“两违”关键是针对“两违”情况及时进行分析，要充分运用“党组织、党员安全控制管理评价系统”，及时掌握、分析党员“两违”情况和存在的突出问题，针对苗头、倾向性问题要认真进行风险识别研判，找准症结所在，对症下药，做好“预警”提醒，控制问题的“源头”，才能有效提升安全管理水平。

3．问题整改是核心。安全风险管理的核心是过程控制，作业的标准化和管理的规范化是我们问题整改的目标。发生问题并不可怕，可怕的是发生问题后整改措施落实不到位，所以我们要狠抓规章制度与作业程序、标准的落实，提高党员和职工群众的作业自控能力，控制和消除安全风险，促进良好作业习惯的养成，努力实现对安全生产全过程的有效掌控。

4．考核奖惩是保障。考核奖惩是评价基层党组织和党员在安全生产中作用发挥情况的有效手段，也是发挥导向和激励作用的必要措施，通过考核明示通报等方法，可以较好的起到扬先促后作用，进而提升党员保安全的主动性和自觉性，营造浓厚的保安全氛围，形成了人人、事事、处处保安全的良好习惯，从“要我安全”主动转变为“我要安全”。

5．提高技能是基础。安全技能是为了安全地完成生产任务，通过学习获得的完善的技术能力，是保障安全生产的最科学的、最有效、最长期有效的手段。所以，我们要把提高党员的技术业务素质作为最重要最基础的工作来抓，要认真落实“双培双带”要求，把整治党员“两违”重点放在提高党员队伍的技术业务素质上，在新技术、新业务的学习培训上下功夫，让技术党课到一线，促进党员业务素质提高，才能真正使党员“两违”处于可控状态下。

【作者：北京铁路局邯郸工务段党委书记】

中国梦也是中国企业辉煌的绽放

刘中国

五粮液正顺应市场变化，开发更多亲民产品，构建全价位产品线。

走过“黄金十年”，白酒业又走到行业调整的关键节点，各种不利于行业发展的事件频发，唱衰行业发展的声音四起。面对困局，白酒业要积极突破重围。

从改革开放至今，中国白酒业已经历过四次大的调整，五粮液坚持用品质和品牌凝聚信心、带领行业冲出重围，挺起脊梁迎接春天。正是借助行业调整和洗牌的契机，缔造了如今的“中国酒业大王”五粮液。

五粮液在品牌、技术、资本、管理、规模等方面有明显优势，具备加速扩张、发展，实现千亿目标的良好机会和条件。在四川省委、省政府的大力支持下，在公司几万名员工的共同努力下，五粮液将再次为中国酒业做出更大贡献，努力实现五粮液的千亿梦想。

2012 年，五粮液逆流勇进，各项经济指标再创历史新高。集团公司主营业务收入突破 600 亿元、利税突破 200 亿元、品牌价值达到 659.19 亿元，均稳居中国白酒业首位，并跃居中国企业 500 强第 206 位、中国制造业 500 强第 103 位、中国企业效益 200 佳第 51 位。五粮液股份有限公司实现营业总收入 272.01 亿元，同比增长 33.66%，实现净利润 99.35 亿元，同比增长 61.35%，为投资者交出了一份漂亮答卷。

白酒行业面临的挑战促使企业自身要生产更高质量更好的产品。市场力量很强大，目前五粮液正顺应市场变化，制定新的市场支持政策，积极抢占市场份额，开发更多亲民产品，更好地满足消费者需求，构建全价位产品线，要把高端产品做得更精、更细，把中价位产品做得更强、更大，把低价位产品做得更稳、更实。这样的产品结构调整和产业调整，都会对五粮液甚至四川白酒做出更大的贡献。

五粮液要把高端产品、中端产品、低端产品做得更大更强。中国梦是 21 世纪中国人最宏伟的梦想和远景。中国梦是中华民族的复兴，是大国的崛起，也是中国企业辉煌的绽放。五粮液要走向世界，在全球寻找市场，让中国酒业走向世界，让世界人民认识五粮液。

中国的五粮液要走向世界，在全球寻找市场，在全球配置自己的资源，让中国酒业民族品牌走向世界，让全世界的华人都能品鉴到五粮液，让国际友人、全世界人民都能认识、喜爱五粮液。在四川省委、省政府领导下，借力打造“中国白酒金三角”战略契机，五粮液将会把自己的品牌做得更响、做得更亮，形成“世界白酒看中国、中国白酒看四川、四川白酒看‘六朵金花’、‘六朵金花’看五粮液”的局面，缔造“中国的五粮液，世界的五粮液”，最终让五粮美酒香飘五洲。

【作者：五粮液集团公司总经理　五粮液股份有限公司董事长】

加快建设攻坚　推进管理转型 全面实施“新疆基地突破”战略步伐

王贯东　崔正民　杨西栋

“新疆基地突破”是集团公司加快建设国际化新型能源企业的战略需要，符合伊犁能源发展的战略选择，其核心要义就是按照“集中力量、抓住机遇、加快发展”的总体要求，通过“十二五”后三年的奋力拼搏，努力建成“世界先进、国内一流”的现代新型能源化工基地。

2013 年是实施“十二五”规划承前启后的关键一年，是集团公司创新发展的“深化年”，也是“新疆基地突破”具有决定意义的一年。为此，我们制定新的一年工作的指导思想是：深入学习党的十八大和上级一系列会议文件精神，以科学发展观为指导，认真贯彻集团公司“创新发展、深化突破”的总要求，紧紧围绕建成“世界先进、国内一流”的现代煤化基地总目标，以“攻坚转型年”为总抓手，以 20 亿立方米煤制天然气项目为龙头，按照 2468 的工作部署，全面实施“新疆基地突破”战略，坚定信念，统筹协同，励志创新，求真务实，努力提升企业成长力和核心竞争力，为集团公司建设国际化新型能源企业做出新的更大贡献！

目标思路：2468，即：围绕“两大主题”，确保“四个实现”，着力“六大突破”，抓好“八项工作”，具体是：‘以建设攻坚和管理转型为主题；围绕完成 20 亿立方米煤制天然气项目设备安装，实现集团公司下达的全年项目建设重点工程考核目标，实现煤炭产量 360 万吨，实现安全年“四个确保”，着力手续办理、对外合作、项目融资、资源整合、园区建设、创收增效“六大突破”；具体做好“八项工作”：

一、以 20 亿立方米煤制天然气项目为龙头，坚决打好工

程建设攻坚战

按照关于20亿立方米煤制天然气要确保2014年6月机械竣工、投料试车的目标要求，切实把20亿立方米煤制天然气项目摆在龙头地位、作为“一号工程”。全力抓好供水工程、接入系统、热电装置、公用装置、气化装置建设5项关键工程以及到4月份完成全部设计、6月份完成全部设备订货、8月份完成全部土建工程、年底设备安装完成“四个阶段”目标任务，进一步细化、量化，排出时间表和路线图，强化节点控制，确保建设工期。

二、坚持基本建设与生产经营“两手抓、两手硬”，努力创造和培育经济增长点

围绕从单纯的基本建设向生产经营、由项目管理向经营管理“两个转变”，加快转型，创新经营，加快工程建设，努力创收增效。其中，伊犁一矿围绕“实现安全试采、分期释放产能”这一主线，抓好南北工厂贯通明风。伊犁四矿围绕20亿立方米煤制天然气项目建设，确保下半年试产。昭苏煤矿组织好首采面试生产。秦华煤矿以主井运输、供电和地面出装运系统改造为契机，确保年末具备100万吨产能。永新煤矿以“产能升级”为重点，建成南疆现代化循环经济示范矿井。

三、全力抓好手续报批、对外合作、项目融资、资源整合“四件大事”

一是手续报批。严格项目手续办理主体责任，抓好20亿立方米煤制天然气“路条”、四号矿井完成立项；二号矿井前期工作手续；昭苏矿井采矿许可证问题；秦华和永新煤矿的验收事宜等。二是对外合作。围绕转化项目建设，加快推进与中海油的合作，与中电投、华电、浙江能源的合作，拓宽合作途径、创新合作方式。三是项目融资。制定项目融资行动计划，进一步创新项目建设的方式方法，采取带资建设等途径，提供工程建设的资金支持，确保资金安全。四是资源整合。盘清企业的现有资源状况，特别是昭苏、秦华、永新三个矿井，下大力气做好煤炭资源整合工作，确保资源安全。

四、以人为本，科技兴安，确保实现安全年

一是明确目标，严格责任。坚持“谁主管、谁负责”的原则，坚持生产、安全、技术“三位一体”，坚持从上到下的“垂直”“联动”“闭合”的安全预控管理机制，逐级落实、层层分解目标责任。二是活动承载，制度保证。深入开展“三提三减推进年”、“灾害治理深化年”、“三基建设提升年”、“安全监管强化年”四项主题安全活动。三是抓典树标，强基固本。树立“朴素的质量标准化、本质安全的质量标准化、以人为本的质量标准化”的理念，坚持矿井质量标准化从基础入手、从基建抓起，努力创建“示范岗位、样板采区、标杆矿井”。四是依靠科技，创新驱动。树立“无人则安、无忧则优”的理念，围绕“三提三减”和“三基三化”建设，开展科技攻关，破解技术难题。全面推进“管理规范化、系统自动化、岗位无人化”矿井建设。

五、围绕建设现代新型能化基地，着力打造循环经济示范园区

一是坚持理念先行，系统规划。牢固树立“黑色煤炭、绿色开采”“高碳企业、低碳运行”的理念，坚持科技领先、环保优先，将循环经济发展理念贯穿到项目设计、建设、管理、运行全过程，全力打造企业发展新模式。

二是坚持立足实际，突出特色。煤矿项目围绕“出煤不见煤，矸石不上井，污水不外排，垃圾不落地”的目标，重点抓好污水治理、矸石充填、精细洗选、厂区绿化等工作。煤化工紧紧围绕工艺路线优化、产业链条延伸和环保要求，做到吃干榨净，建成精细化工企业。

三是坚持园区带动，整体推进。集中抓好“伊犁能源新天煤化工循环经济示范园”建设，按照“绿化、净化、美化、亮化”的要求，进一步优化完善园区总体布局。做到“高端、高质、高优、高效”“集中、集约、集群、集成”。

四是要坚持分步实施，政策引领。加强国家和区域政策的学习，充分发挥引导激励优势，围绕企业、产业到社会三个层次，进一步深化建设循环经济示范园区的研究。

六、实施素质提升工程，提供强力人才支撑

一是提升学习创新能力。树立“培训是最好的福利，知识是最大的财富”的理念，每一个副科级以上管理人员每年发表一篇论文；每一个副处级以上领导干部年内主持完成一个创新课题；班子成员要每年一项成果在集团公司及以上获奖。

二是引进市场选聘机制。认真贯彻《关于中层管理人员选聘管理办法》，引进市场化选聘机制，跟进集团公司机关总部“大部制”改革，以适应集团总部管理的新要求。

三是深化全员绩效管理。逐级明确岗位职责和岗位描述，实行全员绩效考核，量化、细化、具体化，合理配置人员，做到精简效能，做到一岗多责、一职多能。奖优罚劣，优胜劣汰。

四是严格人才引进程序。坚持程序，保证质量，做好专业技术、管理等各类人才的招聘工作。进一步规范劳动用工管理，加大“四类人员”清理，努力探索“用工不招工”等新机制。

五是加快年轻人才培养。重视优秀年轻人才的选拔培养，引导他们树立“扎根新疆、奉献新矿”的理念，制定员工成长计划和激励机制，实现员工和企业共同发展的目标。

六是打造和谐高效团队。坚持同心、同向、目标统一，步调一致，着力推进各权属单位人员的交流，促进相互学习提高。注重培养培育团队精神，弘扬企业文化，凝聚发展合力。

七、坚持战略、管控、文化“三位一体”，打造卓越成长力、提升核心竞争力

一是在战略上：按照集团公司打造“国际化现代新型能源企业”的战略目标，对接集团公司“四大产业”板块，以煤炭生产为基础，以资源转化为主导，以园区建设为依托，以循环经济为载体，以关联配套产业为支撑，努力打造现代产业集聚区和经济增长极。二是在管控上：立足集团公司在新疆的产业布局，在坚持财务、人员、供应、销售“四个统一”的基础上，突出战略管控，进一步健全完善法人治理结构和“三会一层”的现代企业组织架构。逐步完善“监管到位、规范协调、统分结合、运转高效”的运作机制。三是在文化上，围绕建设“世界先进、国内一流”的现代煤化工基地的总目标，突出理念、

制度、行为和环境文化，着力推进企业文化延伸、拓展、融合、提升，内凝人心、外塑形象，逐步形成富于伊犁能源特点的企业文化体系。

八、加强各级领导班子和干部队伍建设，深入开展“责任重大、使命光荣”系列教育

始终把建设坚强有力的领导班子摆在重中之重的位置，毫不动摇地贯彻集团公司和上级一系列会议文件精神，坚持民主集中制的原则，认真执行“三重一大”等各项制度，畅通民管渠道，维护职工的合法权益和根本利益。转变作风，真抓实干，求真务实，雷厉风行，深入开展“责任重大、使命光荣”主题教育，进一步激发创业热情，鼓舞创业士气。以此为载体，发挥媒体优势，营造声势，创造环境，全力凝成“企业是我家、发展靠大家”的共识，凝聚实现“新疆基地突破”的持久推动力，为加快建成“世界先进、国内一流”的现代新型能源化工基地做出新的贡献。

【作者单位：山东能源新矿集团伊犁能源有限责任公司】

实施全员绩效量化考核
提升采油厂发展质量与效益

王新东　张宗檩　李　涛

2013 年以来，中国石化胜利油田滨南采油厂紧扣提升质量和效益中心，以提高单位和个人绩效为目标，以岗位量化考核为重点，创新实施全员绩效量化考核办法，充分调动全厂干部员工的工作积极性，促进了经营管理水平全面提升。

一、实行工作量化，人人肩上有指标

一是梳理工作业务。依据中国石化流程分级原则，滨南厂学习借鉴镇海炼化经验，结合实际，各专业科室在采油厂总体业务分类框架下，对本系统工作进行全面梳理，做到业务“全覆盖、不重叠”。采取自查互查、反复对接等形式，对各项业务进行分类登记，编制了采油厂业务目录，横向上分为 21 大类，其中主营、配套和其他业务 5 大类，管理、服务和支持业务 16 大类；纵向上，大类业务根据流程层级细分为中类业务和小类业务，共计梳理小类业务 425 项。通过梳理，采油厂各项业务有了清晰的界定，各项业务主导部门和涉及部门一目了然，促进了工作效率的提升。

二是改造制度流程。遵循“统一、规范、实效、继承、创新”原则，严格执行制度从制定（修订）、发布与归档、执行、监控与检查、问题分析与整改、评估与考核再到修订（制定）的闭环管理流程。滨南厂专门成立制度改造办公室和五个专业委员会，按照“谁制定、谁负责”的原则，负责本系统业务流程、岗位职责、规章制度梳理和制度标准化改造工作。本着“高效顺畅、删繁就简”原则，对 134 项业务流程从开始到结束各个环节工作任务、责任部门、责任人进行全面梳理，尤其对科室之间权责界定模糊、职能分布错位、业务交叉管理所形成的流程冗余环节，进行系统性的再梳理、再设计，将分散在各职能科室的工作业务进行有序组合，形成“以业务为中心”完整业务链，使得业务流程“上下环节清、责任部门清、岗位责任人清”。与此同时，对业务配套制度严格进行“三个比对”，与上位制度进行纵向比对、与同类业务制度横向比对、与本制度内容中引用标准或涉及制度对比，再对制度进行废止、修订或者完善。截至目前，废止制度 52 项，计划修订制度 234 项，完善制度 79 项。

三是量化岗位工作。要实现全员绩效量化考核，明确岗位职责是基础，有效量化工作是关键。根据业务流程节点，滨南厂坚持责任科室牵头、横向部门配合、纵向单位落实，操作人员执行职能职责体系，通过重新界定业务流程上每项业务的职责分工，建立了以业务流程为中心的《职能职责手册》。在此基础上，他们对单位部门、岗位各项工作进行量化，细化为衡量经营成果的效益指标、衡量管理水平的重要综合管理指标和规范经营行为的约束性指标。各单位部门依据《职能职责手册》，将三大类指标责任细化落实到负责单项业务各个环节、单井、单台设备管理的岗位人头上。

二、推进三化建设，考核运行有规范

一是一体化考评。专门成立一体化考评委，全面负责全员绩效量化考核的组织实施、监督检查。按照“层级考核、责任连带”原则，在考核层级设置上，建立了三个层级单位绩效考核体系，即采油厂对三级单位和厂机关科室考核、三级单位对四级单位和三级机关股室考核、四级单位对班组考核；建立了五个层级个人绩效体系，即采油厂对三级单位和机关科室部门正职的考核、三级单位和机关科室部门正职对本单位副职的考核、三级单位对四级单位和三级机关股室正职的考核、四级单位正职对本单位副职和班组长的考核、厂机关科室和三级股室基层班组对岗位个人的考核。在责任连带方面，对各单位、科室部门负责人实施与本单位（部门）整体绩效“捆绑式”量化考核，各级正职上提一个层级进行考核兑现效益工资；各级正职对各级副职实施与分管工作绩效“捆绑式”量化考核，打破了以往各级副职奖金平均分配的局面。

二是多样化考核。坚持“定量指标为主、定性工作为辅”原则，采取“效益指标对标考、工作绩效循环考、综合测评上下考”等多样化考核方式，确保考核的科学性、操作性和有效性。各基层单位紧密联系实际，创新完善符合单位特色的岗位绩效量化管理办法。采油 101 队创新实施了以“工分制”工作写实为主要内容的全员绩效考核管理办法，对各班组设置了效益指标类、现场管理类和否决约束类三大类指标，实行月度绩效百分制考评；在各班组内部，按照八点、大班和夜班岗位责任制及班组常规工作进行工作量梳理，量化分值，汇总形成了以工作写实、挣“工分”为主要内容的指导性实施细则；班组运行时以设备承包为基础，班组长对班员岗位履职工分进行考核，并对单项工作量进行工作写实，由班员每天签字确认，每人挣的“工分”作为月底奖金分配依据。特车队推行单车工时制绩效考核机制，实行工作量写实（行驶里程、工作小时、出车台次等），分别计算工时，详细记录各项成本指标发生情况（油料、材料消耗、维修费用等），对照计划严格考核，月奖兑现到人。

三是信息化提升。逐步推进制度信息化建设，将制度要求嵌入信息系统。建立了问题管理信息系统，界定各类提报问题的解决权限，规范运行流程，强化问题监督检查考核。推行了干部绩效考评系统，建立个人业绩与单位业绩、专业技术进步状况、人才培养情况相挂钩的评价机制和考核办法，从公共绩效、岗位绩效、工作态度以及附加激励四方面，每月对机关干部、基层党员干部全面考核。通过信息化手段保证制度要求“不可逾越、不可替代、不可或缺”，从“人控”到“机控”，推动管理体制、运行机制的持续优化，让制度刚性化、监督实时化，并努力实现业务全流程的信息化，堵塞管理漏洞，提升管理水平。

三、严格奖优罚劣，质量效益有保障

一是全员工作积极性进一步提高。绩效量化考核打破了传统的“大锅饭”理念，“干多少活拿多少奖金”、“多劳多得”深入人心，员工由原来的“发奖金”变为现在的“挣奖金”。奖金收入档次进一步拉大，单位人均奖金最大相差420元左右，一线员工得奖最高的比机关多900元左右，一线员工之间最大相差560元左右，厂机关人员之间最大相差180元左右。“绩效看得分，收入凭贡献”的奖励考核办法得到了各级干部员工的认同，特别是基层员工普遍接受这种办法，从厂机关到基层岗位工人精神面貌发生了显著变化，工作真较劲、管理动真格。“照章办事”、“今日工作今日毕”、“施工间歇整修设备”、“遇到问题第一时间反馈信息”成为一线员工的自觉行动，并实现了由“派活干”到“找活干”的可喜转变，推动了采油厂整体工作迈上新水平。

二是干部工作作风进一步转变。机关干部以往是考核的难点，采取月度指标考核和互评措施以来，机关干部感受到了工作压力，促使其进一步加强互相配合，千方百计干好工作，积极主动提高工作效率，推动了采油厂各项工作的快速启动和有序推进。机关干部下基层不再是走马观花，没有给基层“开单子”，采油厂就会给科室“开单子”。各级单位负责人“瞪起了眼”，由于各单位、各级负责人绩效得分的高低直接影响到奖金收入，而单位绩效指标完成情况又决定绩效得分，促使各单位负责人更加关心自己单位和个人绩效得分，积极改善工作绩效，推进了由“重工作量、重事务性工作”向“重指标、重质量、重效率、重效益”的转变。

三是全员精细管理意识进一步增强。全员绩效量化考核改变了以往主要依据工作量进行考核的情况，取而代之是依据产量产值、成本等效益指标，促使大家干工作看质量看效益。采油厂建立重点工作挂牌督办制度，机关干部主动对标找差距，对一季度注采、作业指标落后情况主动找差距、找潜力。基层员工成本管理的意识显著提升，“单井系统工程”、出租车式管理、“一元一算”、光杆润滑“打点滴”、皮带“紧三紧”、加药精确到5个ppm、小站“百宝箱”、废旧衣物再利用三年没有领棉纱、每道焊口少点7次每天节约焊条300根等精细成本管理做法得到全面推广。

【作者单位：中石化胜利油田滨南采油厂】

对提升空管执行力的几点思考

吴新安

题记：一个好的战略，如果没有强的执行力，那只是理论；一个普通的战略，如果具有超强的执行力，也能把一切做到极致，取得成功。执行力是把发展规划变为客观现实的重要载体，对行业的兴衰成败起着决定性作用，提高执行力是行业改革与发展的必然要求。

保证飞行安全是空管工作的核心目标，其工作性质和肩负的使命，决定了空管系统必须具有较强的执行力。空管安全工作重在落实，落实说到底是个执行问题，可以说，空管安全工作的关键在于执行力是否到位。不论是空管决策层、管理层、还是执行层，任何一个空管单位或个人在对待安全生产制度上采取的执行力度，都会直接影响安全工作的顺利开展。影响执行力强弱的因素有很多，如何提高空管执行力，应在以下几个方面下功夫：

一、机构高效

组织机构是企业资源和权力分配的载体，也是决定执行力高低的重要载体。一个科学合理、运行高效的组织机构，其对企业价值创造的所有功能，可以概括为三个方面:效能、效率和安全。空管组织结构应与空管业务运行匹配，科学管控，保证已经制定的战略方针顺利地贯彻实施。空管“政企分开”一体化改革后，空管系统实行企业化管理的国家事业单位体制，结构是职能型组织，综合了现代企业制度一些特点的事业管理组织。组织的目标在于内部的效率和技术专业化，纵向控制大于横向协调，正式的权力和影响来自于职能部门的高层管理者，核心优势是区域化、专业化分工，这种不完全遵循企业市场化的需要，具有中国特色的组织机构，体现了中国国情，也使得其国有企业性质的竞争力包括执行力出现折扣。空管系统作为关系国家利益、关系人民生命安全、关系国防建设的特殊行业，在进行组织结构和机构设置设计时，既要考虑特有国情，又要考虑企业化管理的方向，从培育空管核心竞争力的战略高度出发，以空管业务流程再造为核心，冲破“企事不分”的藩篱，加快现代企业制度的建设步伐，优化组织结构，创新管理模式，不断建立和完善扁平化的企业体制组织结构，更好地体现企业化的运营流程、人员流程和战略流程。坚持利于效能提升，坚持利于管控提升，使空管主业得以强化，空管核心价值链得以强化，空管安全管理短板得以提升，企业化运行效率得以提高，从而提升执行力。

二、目标清晰

清晰的目标和准确的结果定义是工作落实的基础，也是提高执行力的前提。一个清晰、明确、科学的规划目标，是员工坚定信念的来源，使他们看到发展的前途和方向，保持执行的一致性和为规划目标而努力工作的积极性，增强团队意识与合作精神，从而提高执行力。目标明确了，执行力才有执行的方向，工作才能做到有条不紊、忙而不乱，克服管理工作的盲目性。

清晰的规划目标是可以量化的。目标是否清晰，应从以下几个指标来判断：目标必须是具体的(Specific); 目标必须是可以衡量的(Measurable)；目标必须是可以达到的(Attainable); 目标必须和其他目标具有相关性(Relevant); 目标必须具有明确的截至期限(Time-based)。对于空管系统，为实现“民航强国”规划目标，必须以现状为起点，加深对“民航强国”目标及其实施环境的认识与理解，进行目标差距分析，并对空管执行力现状进行评估，对规划执行中可能遇到的困难做到心中有数，明确实现规划目标执行力的应达状态，以规划整体执行运作过程为横轴，以规划执行力的主要要素为纵轴，分析并建立提升规划执行力的框架体系，找出执行力差距，瞄准规划目标提升执行力。在吃透精神实质后，还必须从实际出发，将规划的战略目标与地区实际情况结合起来，分解和细化规划目标，制订行动计划，落实相应措施。用目标提升执行力的实战技能很多，如分解细化目标，定期跟进、跟踪，强化时间管理，培养良好的时间习惯；建立和完善激励机制，明确管制层次、岗位责权，强化危机管理，激励不断提升目标；完善沟通与协调机制，整合资源，强化目标引导，形成合力；营造良好的组织文化，培育“忠诚、服从、奉献”的良好执行意识，提高工作效能。正像海尔集团首席执行官张瑞敏所说的，“管理就是擦桌子”，在哪里擦、谁来擦、什么时候擦、谁来检查擦的效果都有着严格、清晰的规定。每一名员工都应充分认知自己所扮演的角色和应担负的重任，清楚自己到底要做什么？负什么责？怎样执行？对自己所从事的每一项工作，有一个清晰、规范、科学的规划目标，有一个准确的“执行路线图”，只有都清楚了这些，下一步才能更好地制定和落实好保证目标实现的措施，到位做实，执行力强。

三、中层一流

一流的中层是提高执行力的最关键环节。中层的执行力不是某项单一素质的凸显，而是多种素质的结合与表现，体现为一种总揽全局、深谋远虑的业务洞察力；一种不拘一格的突破性思维方式；一种“设定目标，坚定不移”的态度；一种雷厉风行，快速行动的管理风格；一种勇挑重担、敢于承担风险的工作作风。

中层不仅要个体优秀，而且能让团队整体优秀。中层在企业内部起到承上启下的作用。“承上”，要充分领悟企业整体战略、高层的策略思路等，并基于此对各项目标进行充分的延展、完善和细化，使部门中的每一位员工都能了解自己的目标和方法，让战略与每一位员工关联，使执行体系具备可操作性；“启下”，要利用管理技能，保障每一个执行细节落实到位，最终实现一个个子目标。“领悟力”是中层非常重要的品质，在做任何一件事前，一定要弄清楚是否与高层的战略目标一致，所以对于中层来说，既要“埋头拉车，又要抬头看路”，方向是重点。“管理”是关系中层执行力的又一关键，有效的管理是通过“计划、组织、实施、控制、反馈、改善”等管理，循环有效的执行管理目标，在工作中要既“勤奋”又“懒惰”，“勤奋”是对于业务的拓展、创新性的工作、培训和指导员工；“懒惰”是指遇事不必事必躬亲，更不能越俎代庖，学会放权艺术，这样基层有工作的压力又有锻炼的机会，主管层又有精力履行好自己的职责，有利于企业执行力的开展。

要培养和锤炼一支懂执行、会执行、一流高效的中层管理队伍，首先要在选人、用人、育人上逐步完善以执行成效为导向的用人机制，形成“公开、公平、公正”的选拔任用机制，把能否注重员工培养，能否善于团队建设作为衡量中层绩效的重要指标，把提高执行力的要求更加鲜明地体现在干部选拔任用的全过程，同时多渠道、多途径提供和扩大中层管理者成长空间，形成“能上能下、能进能出”的流动机制，为能干事的人提供舞台，让干成事的人得到施展。其次加强中层干部的培训学习，把提高执行力列为中层管理人员培训的必修课，提高其领悟能力、计划能力、指挥能力、控制能力、协调能力、授权能力、判断能力和创新能力，促进中层管理人员把个人潜能变成显能，变成执行决策的效能；第三，要有意识、有重点地改变一些不利于提高自身执行力的不良思想倾向：如畏难情绪、不敢担责、急于求成、降低标准等，建立健全以强化执行力为导向的干部考评和激励机制，通过公正、公开的绩效考评，激发中层管理人员的工作热情和创造活力。第四，要强化中层管理人员的率先垂范、模范带头的责任意识。没有责任谈执行力就如同空中楼阁，责任心决定执行力的成效。杜邦公司的老总平时住在生产炸药的厂房顶上，煤炭企业的领导必须亲自下矿井，这里面就是包含了责任和执行力的问题，领导干部身先士卒，在执行力方面绝不能做落后者，亲自抓安全，树典范，带动大家落实责任，切实增强执行力。

四、员工优秀

员工执行力的高低是企业执行体系中的关键因素，优秀的员工是企业长期兴旺的源动力。

一是增强员工的责任意识。责任心决定执行力的高低和执行效果的好坏。加强责任心的教育，职业道德的养成，提高履职能力，是确保执行力的有效保证。实实在在地培养员工的专业精神、敬业精神，培养员工勇担责任的信心和能力。

二是营造执行力文化氛围。特色的执行文化内容是执行力的生命之源。“没有任何借口”是美国西点军校建校 200 年来奉行的最重要的行为准则。可见，执行力文化所体现的核心内容是一种负责敬业的精神和服从诚实的态度。空管的执行文化，就应当有空管的特色，是空管在社会上的名片，展现的是空管“保障飞行安全、服务民航建设”的宗旨，表现为高度信任、反应快速、决策果断、指挥畅通、措施有力，目标执行完美。

三是提高员工的工作能力。能力强则执行力强，完成任务就出色。加强培训是行之有效的措施，建立起长期的、持续的、有计划、有目的的培训教育机制，做到联系实际、形式多样、讲求实效，与时俱进地提高员工工作能力。

四是树立团结协作意识。这是一种良好的职业道德。空管在贯彻落实各项安全生产的规章制度时，需要一种团结协作的环境，需要一个团结协作的领导班子，需要一支团结努力工作的员工队伍。

有组织就有管理，有目标就有执行，执行力如何提高将是每个组织的热门话题。良好的执行体系，发挥卓越的执行力，不是一朝一夕、一步到位就能成功的易事，它是一种积累，是多年如一日管理的沉淀。在提升执行力这个问题上，没有捷径。空管只有切实一步步提高自己的执行力，才能真正走向世界、走向成熟，赢得品牌、赢得未来。

【作者：民航河南空管分局党委书记】

食品安全拷问企业良心

——写在我国第一部《食品安全法》颁布4周年之际

阎继红

到2013年6月，我国第一部《食品安全法》的颁布实施，就整整四年了。四年来，随着这一民生法规日益深入人心，我们食品产业的生存环境，开始有了明显好转，人们对“毒食品”的恐慌情绪，也在一定程度上得到了改善。但问题远未解决。就从近期又接连出现的食品安全事件来看，我们目前面临的形势依然十分严峻。所以，要从根本上解决好这一问题，除了需要不断加大法制建设力度外，认真搞好食品企业诚信建设，完成企业良心再造，已成当务之急。

搞好企业诚信建设意义重大

所谓“诚信”，就是诚实守信，是我们民族的传统美德。诚信缺失是市场经济中一系列问题包括食品安全问题在内的道德根源。诚信建设对食品企业来说，既是道德重构和良心再造，也是企业行之有效的发展方式和发展手段。诚信建设不仅对一般食品企业，即使对诚信基础较好的“老字号”，也同样有着极其重要的现实意义。

搞好诚信建设，企业的内生动力就强劲，企业的生存发展就充满活力。太原六味斋作为一个有着270多年历史的“中华老字号”，诚信经营是我们企业文化内涵的基本要求，是我们参与市场竞争的真正优势。然而，在市场经济的义利冲突中，我们也有着深刻的教训。改革开放之初，六味斋放弃传统，见利忘义，一心追求经济效益，最终是顾客不买账，产品难销售，短短两年时间，企业便濒临破产，几百号员工半年多领不到工资……而与此同时，我们下属的一家门市部，恢复传统，挑头“单干”，重启前店后厂经营模式。他们继承传统，诚实守信，用良心打造产品，靠信誉铺设销路，产品品质不断提高，服务质量交口称赞，短短一年多时间就恢复了生机，成为六味斋发展到今天的再生源头。

搞好企业诚信建设，可为企业提供极为有效的发展方式和发展手段。企业的发展，一靠牌子，二靠信誉。特别是老字号企业，品牌就是生命。以诚信建设引领品牌战略，企业特色就能得到充分发挥，企业竞争力就会不断增强。再有，以诚信建设建设和谐企业，能有效提高员工素质，形成员工与产品良性互动，有利于提高产品品质，为企业发展提供有效的物质手段。

总之，企业诚信建设搞好了，社会主义义利观和价值观就会在企业文化中生根，就会为企业的生存发展源源不断地注入正能量，食品企业发展中的包括食品安全问题在内的一系列问题，就会迎刃而解。

建立健全企业诚信长效机制

做良心企业，不断提高诚信建设水平，是一个企业成熟的标志。特别是老字号企业，大多靠特色和老牌子惯性发展，缺乏现代企业管理经验，难以适应新技术新材料的运用，管理靠“老板”，营销靠特色，抱吃老本，缺乏创新意识，忽视道德文化的传承，最终导致经营失败。据统计，我国目前注册的1600余家“中华老字号”，其中有20%濒临破产；70%惨淡经营；只有10%还充满着生机。尽管其中原因十分复杂，但丢失特色和品牌，不能诚信经营，恐怕是致命原因。所以，心存忧患意识，靠诚信建设全力打造基于社会责任和道德操守的良心企业，建立健全企业诚信长效机制，才是从根本上解决食品安全问题和企业发展问题的正道。

创建学习型企业，形成学习制度，强化企业诚信建设的学习氛围，让“诚信”在企业员工中入心入脑。比如我们坚持每月一次的企业精神和企业宗旨教育，就主要是为了培养起一种持之以恒的学习精神，并把这种精神融入员工特别是中层以上管理人员的日常工作中。对企业员工的职业道德教育，每年进行两到三次，以不断强化员工职业操守。为教育员工诚实守信和增强员工责任意识，长期来坚持组织员工积极开展学雷锋活动，参与无偿献血、赈灾等各种社会公益活动，通过实践学习，强化员工诚信意识。

制定诚信管理制度，把以加强质量安全诚信为核心，以保障食品质量安全为目标的“三查、三建、三落实”工作制度化。具体是，一查生产、销售、供应、供应中就含了等重点部门，建立覆盖全过程的质量安全制度，落实质量安全一把手责任；二查重点环节，建立分类管理、风险预警和快速反应机制，落实风险防范措施；三查自身履行责任情况，建立协调有序、分工负责的工作机制，落实生产管理责任制。为确保不因食品安全问题影响品牌信誉，针对企业全员质量管理要求，制订严格的诚信管理内审制度。主要内容一是执行 QS 和 ISO9000 质量管理标准；二是积极推行 HACCP（食品生产危害分析）管理技术，不断完善质量管理和质量保证体系，杜绝不合格产品出现。

明确诚信经营工作目标，建立顾客满意的售前、售中、售后服务体系。融诚信于服务过程，赋予企业人格魅力，打造品牌道德光辉，确立“产品百分之百合格，服务百分之百满意”的营销理念，依靠创建优质品牌来赢得市场。比如复秤制度，所以在六味斋能够坚持至今三十多年，就是坚持践行六味斋“做事靠良心”的核心价值观，以诚信换取客户信任。

落实诚信建设责任，明确诚信建设标准。要把企业诚信建设落到实处，常抓不懈，就必须要有抓手。要根据不同部门，不同工作内容，不同工作性质制定出各不相同的诚信建设标准，再根据这些标准制定出相应责任人的具体责任。如对生产经营部门，要制定出开展经常性自查自纠活动的具体内容和实施办法，并结合落实食品安全事故追究责任制，对工作效果和责任效果一起考核。为确保食品安全，要明确锁定严格控制食品安全责任事故和产品质量顾客投诉事故“双控目标”，强化诚信自律。比如六味斋的豆腐，从 1996 年开始，国家还没有明确规定食用级和非食用级卤片，我们宁肯用每吨高出非食用级卤粉 1300 元的食用级卤片来点制豆腐，也不用廉价的对顾客身体有害的卤片，真正把食品工业当作“良心工业、道德工业、生命工业”来做。

构建和完善社会诚信体系

食品安全问题关系着人民群众的健康和生命，关系着企业的生存和发展，关系着社会的和谐和稳定。事关重大，任何单一的治理措施，都难以从根本上奏效。所以，要“法制”“德治”双轮驱动，诚信建设全民参与，大力构建和不断完善社会诚信体系，努力从硬件和软件两方面，遏制诚信缺失和责任意识缺失的不良社会风气。

首先，在传统文化道德作用削弱或丧失，新的文化道德体制尚未建成的情况下，充分发挥行业协会、商会及社会团体等各有关方面的作用，组织开展以增强全社会诚信意识为目的的“诚信社会”宣传教育活动，通过研讨、讲座、参观学习、典型介绍、文艺宣传等形式，让建设诚信社会家喻户晓，积极倡导符合传统美德和时代精神的道德规范和行为规范。

其次，构建企业诚信行业自律机制和政府约束机制，促使包括老字号在内的所有食品企业，进一步将诚信建设规范化、常态化。政府要加快建立失信约束和惩罚机制，要在新的食品安全法修改中，应增加对违法违规行为的打击力度，要改变违法成本低，守法成本高的现象，加大对诚信的监督力度，发挥制度建设在诚信监督和管理中的作用。

第三，加大奖惩力度，强化法规制度管理，建立有效责任追究机制和市场退出机制，使法律真正成为维护诚信关系、保护守信人合法权益、追究失信人违约侵权责任的有力武器。监管部门对召回制度的监管要加强，对涉事召回问题的企业要构建有效的诚信惩罚机制，凡是因诚信缺失造成食品安全问题的，不能简单地处罚了事，要有明确的责任追究。对政府执法部门、行业管理部门的不作为，管理不到位等要依法加大惩罚力度。

第四，借鉴西方发达国家诚信管理的先进经验，建立社会化诚信监管体系，建立企业诚信档案，敦促企业诚信经营。有关部门要配合建设诚信社会的活动，抓好诚信监督体系建设，建立诚信评估制度，完善符合市场规律的诚信体系“游戏规则”。

总之，市场经济离不开法制，更离不开德治。诚实守信，做“良心企业”，这是解决食品安全问题的根本，也是企业可持续发展的根本。

【作者：太原市总商会副会长
太原六味斋实业有限公司董事长 总经理】

全方位协作　整建制推进
坚定不移地推进测土配方施肥真正为农民创造价值

杨华锋

湖北新洋丰肥业股份有限公司是一家以生产高浓度复合肥为主导产品的大型民营磷化工企业，总部位于湖北省荆门市，分别在湖北荆门、湖北宜昌、湖北钟祥、四川雷波、山东菏泽、河北徐水和广西南宁等地建有大型生产基地，现已拥有资产总额 60 亿元，员工 6000 余名，年产高浓度磷复合肥能力 540 万吨，主导产品磷酸一铵和三元复合肥产销量连续多年位居全国前列。

近年来，我们通过与全国农业高校、科研院所和土肥推广系统合作，进一步优化肥料产品配方，生产推广配方肥，建立配方肥推广示范基地，整建制推进配方肥应用，取得明显效果。下面，从四个方面向大家汇报：

一、与农业教学科研单位合作，创新贴近农业需求肥料产品

我国化肥产业经过多年持续快速发展，目前产能已经严重过剩，产品同质化现象严重，市场竞争异常激烈。为了应对这些变化，全国各肥料厂家纷纷推出新产品，但是其中绝大部分是未经实践检验的概念炒作，仅通过强力宣传掀起热潮，一时间市场上各种新品种类繁多，令人应接不暇，形成一种新品乱象。

作为行业的旗舰企业，我们新洋丰肥业也将产品创新定位为企业未来发展的突破口。但是，作为一家负责任的企业，我

们始终坚守“底线”:绝不推出没有经过实践检验、不能为农民创造价值的新产品。在这种定位的指引下，很多新品被我们逐步认识并淘汰，我们一度感到迷茫，后来，在与中国农业大学、全国土肥推广系统等合作过程中，我们才逐步辨明了方向，清晰了定位，即创新满足农业需求的测土配方专用肥。

公司过去产品以传统氮磷钾复混肥为主，在养分配比调控上更多参照农户习惯和市场趋势，在2010年配方总数为75个，其中15-15-15等通用型配方占销售总量的54.5%，但是到了2013年配方总数为117个，通用型配方的比例降低到45.9%，而开发的小麦、玉米、水稻、油菜、苹果等专用型的配方销量占比提升到8.6%。同时为了满足施肥方式转变的需要，我们针对东部沿海地区蔬菜冲施肥需求，研发了铵态和硝态配合的硝硫基产品，针对新疆滴管施肥体系研发了水溶肥系列产品，针对果园等土壤研发了有机无机产品。2013年我们为了消除农户选肥用肥的困难，进一步开发了作物全生育期的套餐肥，如苹果套餐肥15-14-16、17-10-18、12-8-10，不同配方用于不同生长周期，发挥不同功效。

事实证明，通过测土配方施肥，我们发现产品的研发有着非常广阔的空间，而产品研发在助推农业增产增效的同时，也引领我们公司从过去拼价格转向了拼技术的道路。通过产品研发，我们肥料生产技术水平显著增长，近三年来为了满足配方肥生产，我们公司生产工艺改进了10几项，为了满足配方肥批量生产供应，我们生产和经营流程做了相应调整。目前我们公司已经具备生产各种养分配比、适合于各种施肥方式的大部分产品。

二、大面积应用的主要做法和成效

（一）校企合作优势互补，推进示范网络快速建成

2010年10月，新洋丰肥业与中国农业大学签订合作协议，联合成立了中国农大—新洋丰新型肥料研发中心，该中心的一项重要工作，就是联手打造全国测土配方施肥示范网络利用自身优势，联络全国的农业院校、农科院所以及各级政府土肥技术推广部门参与到我们联手打造全国测土配方施肥示范网络的事业中来。中国农大—新洋丰联手打造全国测土配方施土示范网络，确定的目标是：示范推广配方肥，探索成功的种植模式，在示范推广的过程中，始终与观摩、培训相结合，把提高农民对测土配方施肥的认识、提高农民的种植水平放在首位，用长势说话，用产量对比（示范基地与习惯种植对比）说话，在此基础上认知和接受测土配方施肥的重大意义，从而加入到测土配方施肥的伟大行动中来。

截至目前，我们已在吉林、河北、山东、安徽、江苏、浙江、湖北、海南、广西、重庆、新疆、陕西、河南等13个省市自治区建设了20个示范基地，示范作物包括玉米、小麦、水稻、棉花、油菜、柑橘、甘蔗、辣椒、苹果、大蒜、香蕉等11种大宗作物和经济作物，并依靠中国农业大学联络全国知名农业大学和农科院所的专家攻关，分别为这11种作物设计的专用配方肥，交由湖北新洋丰肥业独家生产，在市场上推广。

每个示范基地500亩到2000亩，在每茬作物示范过程中，我们不仅进行“大配方、小调整”试验，而且重视示范基地与农民习惯施肥田地的比较，一方面展示区域大配方的效果，另一方面针对当地的实际情况验证小调整思路。为了适应农业发展趋势，我们充分糅合了高产高效作物生产技术，进一步发挥大配方的效果。如棉花和甘蔗水肥一体化技术的结合，玉米一次性施肥转为分层施肥的探索，柑橘和苹果主抓秋施肥提高产量和品质，通过减少基肥氮的施用减少倒伏、病虫害高发的风险、促进健康高产群体的形成等。

通过2011年和2012年的示范对比试验结果表明：与习惯施肥处理相比，配方肥处理明显节约化肥养分的投入，其中大田作物平均节约3.5kg N/亩，经济作物节约12.2kg N/亩、18.5kg P_2O_5/亩和10.7kg K_2O/亩。配方肥在节约肥料的前提下，大田作物平均增产8.9%，经济作物平均增产12.3%；同时，肥料效率得到显著提高，大田作物氮肥效率平均提高35.7%，经济作物平均提高39.0%。配方肥的应用达到了明显的节本增收的目的，大田作物平均节约成本10.2元/亩，增收121元/亩，经济作物平均节约成本236元/亩，增收824元/亩。

（二）把配方肥下地、培训、示范观摩等活动有效融合，实现示范效果最大化

在打造全国测土配方施肥示范网络过程中，我们将启动、培训、服务、观摩等各种活动有机融合，实现示范效果最大化。通过启动会，广泛宣传，营造氛围，让农民感兴趣；通过培训会和跟踪服务，传授适销对路的实用知识，帮助农民提高用肥和种植水平，让农民接受和配合；通过观摩会，现场实测收获产量，用对比数据说话，让农民真正认账，真心认可并接受这种科学的施肥模式。

为了进一步扩大示范效果，我们将各个示范点的技术要点整理成为技术材料，发送给企业所有客户。同时，我们组织业务员在3个点上开展了卫星试验，将18个示范基地的技术辐射到200县。2011年和2012年共组织召开26场启动会、18场观摩会、43场技术培训和大量的跟踪指导，总共培训指导了37672人次，其中农技推广人员3094人次，企业农化服务人员和业务员2594人次，经销商6631人次，农民25353人次。

（三）多方联合互动，稳步推动整建制覆盖

近三年来，我们与中国农业大学联手打造全国测土配方施肥示范网络，整建制推进配方肥应用，得到了基地所在地政府、土肥站、农业院校、农科院所的大力支持和积极配合，同时也引起了各级媒体的广泛关注。

洋丰的模式成为全国主导模式。

2011年4月24日，中国农大——新洋丰在吉林农安县启动了打造全国测土配方施肥第一个示范基地，得到了全社会的认可。在吉林农大、当地农技部门和经销商的支持下，我们创建了政府测土—专家配方-企业供肥—联合服务的模式。当地经销商以此为契机，建立了产品专营店，展示适合当地使用的配方肥产品。通过直销模式降低了农户购肥成本，通过与吉林农大和洋丰公司服务人员共同组建专业服务队伍，每年三次访问1万多个农户，为1000多户测土。通过这种组合拳，该地的销量从2010年的1200吨，一跃提升到了2013年的6000多吨。目前我公司已经选定其他9个示范基地，全面推行这种服务营销一体化模式。将稳扎稳打地推进，争取在这十个县中，将技术和服务扩展到每个村、每个乡镇。

通过服务营销，让我们看到了服务的巨大潜力。为此，我们进一步制定了组建专业化技术服务队，将业务员培养成农化员，将经销商培养成懂肥料、懂植保、善管理的高水平商人的目标。为此，我们在湖北荆门和北京分别建立了两个成规模上档次的培训基地，邀请中国农业大学等单位的专家对400多名业务员、3000多名经销商进行系统培训，并且借助中国农大学生暑期实践的机会，每年组织上百人的队伍奔赴各个示范基地对农户进行服务。

三、存在的困难

测土配方施肥不仅有助于降低生产成本，增加农业效益，还有利于减轻滥施化肥对农业生态环境的影响，从我们2011、2012两年示范基地实测效果看，每亩地至少可增收100元以上，按全国18亿亩耕地计算，每年至少可为国家创造效益1800亿元。但是，这样利国利民的好事，经过这些年的努力推广，实事求是地说并没有发挥其应有的效果，主要问题还是没有真正“落地”的问题，广大农民对测土配方施肥的观念和技术还没有普遍认可并接受。结合近三年测土配方施肥推广的实践，我们主要感到存在以下困难：

一是要下大力转变农民用肥习惯。我国作为一个传统农业国家，农民的施肥和种植习惯形成了一定的思维定式，要改变这种习惯，推行先进科学的施肥与种植技术，是一件十分困难、需要长期坚持的事情。比如中国农大推出的很多配方与传统观念存在很大区别，不仅农民难以接受，我们生产企业起初也持怀疑态度，但是实践证明这些配方是最科学的、最合理的，要让农民最终接受就需要用时间说话、用事实说话。

二是经销商要科学引导消费者。目前，农民用肥购肥习惯的引导还主要来自于经销商，而经销商因自身知识有限或受利益驱使，往往不科学引导，致使农民走入误区。比如高氮配方肥可使作物在生长初期长势喜人，很多经销商为了迎合农民喜好，非科学引导农民使用高氮配方肥，最终未能达到增产增收的结果，还造成养分浪费和环境污染。

三是整顿配方肥市场鱼目混杂的局面。现在，市场上很多小企业打着测土配方的幌子，不依据科学事实胡乱推出所谓的测土配方肥，甚至制售假肥，忽悠农民，以致出现了不少农民谈“配方肥”色变的现象。

四、下一步工作打算

在推广测土配方施肥的进程中，虽然有很多困难和阻力，但是我们仍将坚定不移地与中国农业大学等全国农业院校、农科院所、土肥系统以及广大经销商等保持全方位协作，应用农业部发布的区域大配方，同时因地制宜推出经济作物测土配方专用肥，并逐步细分市场，继续开展好农企合作整建制推广配方肥，努力探索成功模式并进行复制和放大。通过整建制推进，让测土配方施肥的种子在全国各地真正落地生根，开花结果，以引领中国肥料行业的发展方向，引导全国测土配方施肥工作走上正规化的发展道路，引导中国农民的用肥革命。

推进测土配方施肥，是中国现代农业发展的希望所在、动力之源，我们将坚定不移地走下去！我们希望将这项伟大的事业进行到底，让我们点燃的测土配方施肥的星星之火在全国燎原！

【作者：湖北新洋丰肥业股份有限公司总经理】

国有企业加强群众工作的思考

尹德法

职工群众是企业改革发展稳定的主体，全心全意为职工群众服务、全心全意依靠职工群众办企业是我们党的性质和宗旨所决定的，从这个角度来看，提高职工群众的幸福感和满意度，是当前形势下，国企践行科学发展观，构建和谐社会的必然选择，也是贯彻落实十八大精神的重要体现。国有企业职工群众工作说到底，就是把分散在职工群众中的分散、弱小和无序的力量集中起来，汇集成强大的、富有生机和活力的群众力量，并使之沿着正确的方向、目标前进，夯实国企发展根基，推动国企持续健康发展。所谓幸福感和满意度，就是人们的现实需要得到满足后，其内心涌现出来的愉悦心情和自我满足程度。就人自身来说，人的欲望和追求是无止境的，已有的欲望和追求满足之后，又会产生新的欲望和追求，由此推动了社会的进步和发展。随着社会的进步和发展，国有企业职工群众的思想观念、利益诉求和价值取向日趋多元，再加上历史和现实矛盾交织，如何把职工群众的思想观念、价值取向统一起来，充分调动其积极性、主动性和创造性，全身心投入到企业生产建设中去，一心一意谋发展，凝心聚力搞建设，是摆在国有企业各级党组织和各级干部面前的重大课题。

一、必须把发展放在首位，用发展的办法夯实物质基础、造福职工群众，解决前进中的问题

发展是企业亘古不变的主题，企业发展是职工群众赖以生存发展的基础。要坚持发展为了职工群众，发展依靠职工群众，发展成果由职工群众共享。让每个职工群众过上幸福美好的生活，实现企业与职工群众同发展、共富裕、都受益。从一定意义上说，我们所作的工作，其根本目的就是不断提高职工群众的收入水平和生活质量，努力满足职工群众不断增长的物质文化生活需要，让职工群众生活的有尊严。这就需要我们正确处理发展企业与造福职工群众的关系。企业要发展，必须坚持以人为本，突出“人”的核心地位和作用；必须有党组织的正确领导，有各级干部的模范带头；有职工群众的团结一致，同舟共济，勤奋工作，三者缺一不可。离开企业发展，不把“蛋糕”做大，满足职工群众不断增长的物质和文化需要，促进人的全面发展就是空谈。同样，不关心职工群众的切身利益，不提高职工群众的“幸福指数”，就难以让职工群众对企业有归属感

和认同感，企业发展就缺失动力。因此，要始终把发展放在首位，用发展创造财富，用发展夯实物质基础，用发展把“蛋糕”做大，用发展造福职工群众。要坚持以人为本，努力践行科学发展观，始终把实现好、维护好、发展好职工群众的利益作为一切工作的出发点和落脚点，尊重职工群众的首创精神，尊重职工群众的劳动价值，维护和保障职工权益，使发展成果更多地惠及职工群众，实现发展成果与职工群众共享，促进人的全面发展。应坚持把发展作为第一要务，在努力做大“蛋糕”的同时努力分好“蛋糕”，并鼓励职工群众再做和再吃更大的“蛋糕”，为国企发展提供不竭动力，促进国企沿着科学发展的道路奋力前行。一般来讲，国有企业历史较长、摊子大、人员多，利益诉求复杂多样，这是国情和企情决定的，再加上历史矛盾和现实问题交织，解决难度很大。在这种情况下，更应咬定发展不放松，聚精会神搞建设，一心一意谋发展，用发展的办法解决前进中的问题，同时，更加注重让职工群众更多地享受企业发展成果，使之看到更多的希望，从而更加自觉地投身企业发展建设，积极为国企发展做贡献。

二、必须树立正确的国企领导观，将对上负责与对下负责统一起来，把服务职工群众作为想问题、做事情的出发点和落脚点

职工群众是企业的主体，是推动企业发展的主力军，无论是企业愿景目标的实现还是当年生产经营任务的完成，无论是科技创新、新工艺新技术推广应用，还是每一项具体工作，无论是绿色低碳还是安全生产、增收创效、节约挖潜，无论是和谐平安企业建设，还是文化体育活动，广大职工群众无一不挑大梁、唱主角，无不处于主导地位、发挥主导作用。可以说，离开了职工群众，企业将一事无成。群众中有真理、有方略、有智慧、有力量，职工群众是真正的英雄。职工群众的热情高不高、干劲足不足、决心大不大、能力强不强，关键看国企领导者是不是坚定不移地走群众路线，心里是不是装着职工群众。从根本上说，这是个政治觉悟、政治态度和政治立场问题。只有尊重职工群众的主人翁地位，关心每个职工，爱护每户家庭，用实际行动践行党的宗旨，全心全意依靠职工群众办企业，全心全意为职工群众服务，才能赢得广大职工群众的赞同和拥护，促进企业又好又快发展。这就要求国企干部，尤其是高层领导干部牢固树立正确的国企领导观，把对上负责与对下负责统一起来，把为党、为国家干事和为职工群众办事有机结合起来，把服务职工群众作为想问题、做事情的出发点和落脚点，坚持科学决策、民主决策、依法决策。凡是涉及职工群众切身利益的决策，都要充分征求职工群众的意见，凡是损害职工群众利益的做法都要坚决防止和纠正。相信群众、依靠群众、尊重群众，深入基层，深入一线，求计于基层、问计于群众，在职工群众中吸收营养和智慧，力求所作的每一件事情都经得起时间的检验、历史的检验、群众的检验，用发展的实绩、队伍的稳定、人心的所向、职工群众的实惠，作为领导干部干事创业、服务群众的检验标准，这样才能凝聚人心和力量，调动一切积极因素，推动企业持续健康稳定发展。

三、必须切实转变作风，密切干群关系，干部给群众一份关心，群众就会还企业一个放心

群众工作无处不在、无时不有，群众工作涉及到成千上万职工，也涉及成千上万家庭，群众的诉求和问题既千差万别，又有千丝万缕的联系。群众工作无小事，群众反映的问题拖不起、绕不开、回避不了，早解决早主动，解决越早效果越好，越拖情况越复杂、矛盾越激化，解决起来成本越高、难度越大。解决群众问题不可能一劳永逸，更不会一蹴而就。这就要求各级干部尤其是党员领导干部深入职工群众、情系职工群众，用心体味职工群众，设身处地为职工群众着想，怀着对职工群众的深情和亲情做群众工作。坚持人民是历史的创造者、群众是真正的英雄、是推动历史前进动力的唯物史观，把职工群众利益放在更高更重的位置，时刻心里想着职工群众，时刻不忘自己来自职工群众，时刻不忘职工群众把自己推上了领导干部岗位，时刻不忘自己身上背负着职工群众的期望和重托，任何时候都不能忘记自己的身份和历史，任何时候都不能脱离职工群众、疏远职工群众，更不能高高在上、指手画脚、欺压愚弄职工群众，始终与职工群众心心相印，始终与职工群众同甘共苦，始终与职工群众团结奋斗，夙夜在公，勤勉工作，努力为职工群众掌好权、用好权、服好务。从根本上讲，职工群众是我们的衣食父母和坚强靠山，群众身上有多少汗，干部身上就要有多少汗；群众身上有多少泥土，干部身上也要有多少泥土；只要根植于群众，才能代表群众，与职工群众同呼吸、共命运、同甘苦、共患难；只有心系职工群众，才能保持与群众的血肉联系，真正做到情为民所系、权为民所用、利为民所谋。从一定意义上说，职工群众又是“弱势”群体，职工群众可亲、可敬也可怜，职工群众有时候办个事真的很难，需要领导关心、组织帮助。要把转变工作作风、密切党群干群关系作为加强职工群众工作的主抓手和主渠道，坚持“不嫌弃、不放弃、不抛弃”，做深入细致、富有实效的工作，畅通联系渠道，加强与职工群众的联系，及时了解职工群众诉求，倾听职工群众呼声，使职工群众说话有人听、事情有人问、困难有帮扶、情绪能发泄、怨气不淤积、诉求有回音、解决有希望，才能激发职工群众爱岗敬业、共促发展的积极性。就国企而言，要维护和保持大局和谐稳定，实现科学发展、和谐发展、率先发展，就必须进一步转变作风、密切干群关系，一个微笑能拉进与职工群众的距离，一举暖心话能增进与职工群众的感情，一件小事能传达组织的温暖和对职工群众的真情。事实证明：职工群众是明是非、通情理的，有些诉求或反映的问题即便解决不了，但只要解释清楚、说明情况、讲清道理，职工群众就能理解或认可。只有相信群众、尊重群众、关心群众、服务群众，才能赢得群众、引领群众、成就事业。

四、必须求真务实、心系群众，在提高职工群众生活水平和生活质量的同时培养健康心态

现实生活中，每个人都是立体的、动态的和有多重需求的。在人的每个发展阶段，都会不同程度地具有多种多样的物质、情感和精神需求。国有企业用工结构复杂，各类群体较多，思想观念、价值取向多元并存，利益诉求多种多样，且有着千丝万缕的联系，牵一发而动全身，要满足广大职工群众和各群体的诉求，其难度是可想而知的。在满足职工群众合理诉求的同时，还要采取“物质满足”与“情感关爱”、“精神激励”相结合的方式，解决职工群众的困难，理顺职工群众的情绪，提高职工群众的幸福感和满意度，调动一切积极因素，促进和谐发展。客观地讲，目前，国企职工群众的收入水平还比较低，其诉求在很大程度上还处在物质层面，最主要的诉求就是满足物质需求。长期以来，国企高度重视和关注民生，尽力而为、量力而行，积极为职工群众办实事、做好事，努力满足职工群众的物质文化需求，但相对职工群众不断增长的物质文化需求来说，还有许多不尽如人意的地方，还有许多“遗憾”，还显得有些“滞后”，仅靠“物质满足”的方式来解决民生问题，几乎是不可能的。一是没有那么大的经济实力，二就是有那么大的经济实力但没有政策，三是即使有了政策，但职工群众的诉求又有了新的变化。对职工群众基本的、合理的物质需求，一定要发挥“经济杠杆”的作用，最大限度给予满足；一时解决不了的困难和问题，要给职工群众讲清楚，并积极创造条件争取尽快解决。同时，应加强对职工群众的教育引导和文化熏陶，大力营造温馨和谐、积极向上的良好环境和氛围，加强对职工群众的精神激励和情感关怀。进行感恩教育，培养“感恩之心”。结合自己的成长历程，深刻体会和感悟：在家庭里父母的养育之恩，在学校里师长的教育之恩，在社会上他人的帮助，在单位里组织、师傅、同事的关心支持，常怀感恩之心、报恩之意。进行平安教育，培养“敬畏之心”。树立安全是幸福、健康是幸福、平安是幸福、和谐是幸福的理念，常怀“敬畏之心”，自觉遵纪守法、照章办事，始终不碰撞法纪“红线”，不超越道德底线。进行传统教育，培养“知足之心”。结合国企发展历史，请老工人、老专家、老干部、老家属忆过去、讲传统，讲企业的艰难创业史和个人进步史，通过今昔对比，使广大职工群众“纵比知足、横比知福”，克服浮躁心态，常怀“知足之心”，珍惜身边的幸福、感受身边的幸福、享受身边的幸福。进行奉献教育，培养“奉献之心”。大力培养选树典型，大力宣传其先进事迹，教育引导职工群众树立“工作是福、‘吃亏’是福，奉献是福”的理念，常怀“奉献之心”，积极主动为国家、为社会、为企业发展做贡献，在工作和奉献中感受幸福。培养形成“健康心态”，尽可能把“物欲”转化为对文化和精神等方面的多重追求，最大限度缓解或消除因“物欲”得不到满足而产生的不良情绪、心理压力和由此引发的各种矛盾，已达到陶冶情操、净化心灵、提高素养、振奋精神、提振士气、构建和谐、促进发展的目的。

【作者单位：胜利石油管理局技术检测中心】

深入推进“两个转变” 全面提升科学发展水平

尹正民　梁国庆

当前，宏观经济形势、国家政策环境、能源发展格局不断发生深刻变化，针对这些新形势和新情况，国家电网公司二届四次职代会暨 2013 年年中工作会议，就进一步加快“两个转变”、加强队伍建设做出了重要部署。国网湖北省电力公司将坚决贯彻落实国家电网公司党组决策部署，深入推进“两个转变”，提升科学发展水平。

“两个转变”是建设“一强三优”现代公司的必由之路。近年来，国网湖北省电力公司坚定不移地执行国家电网公司的战略部署，加快推进发展方式转变，企业和电网发展不断取得新的成绩，“两个转变”越来越显示出强大力量，成为企业持续稳定发展的动力和广大干部员工的共识。

进一步转变公司发展方式，全面建设“三集五大”体系

转变公司发展方式就是要建设“三集五大”体系，构建科学治企模式。目前，体系建设已进入全面建设阶段，我们将按照国家电网公司的统一部署，切实做好体系建设各项工作，努力建成职责明晰、流程顺畅、科学高效的现代企业管理体系，为企业持续健康发展奠定体制机制基础。一是落实全面建设要求。加强“三集五大”体系全面建设方案学习宣贯，结合实际制定国网湖北电力体系全面建设方案。开展通用制度、标准修订工作，年内基本建成与“三集五大”体系相适应的制度标准体系。加快“三个中心”建设，年内完成省公司客户服务中心业务集中，实现地（市）县调控业务协同运作，建成地（市）公司运营监测（控）中心。二是确保体系建设质量。完善机构设置和人员配置，构建内部人力资源市场。深化“六统一、五集中”，拓展财务资金管理深度广度。建立物资供应快速响应机制，保障物资及时可靠供应。加快国网湖北电力新调度通信大楼、计量中心大楼、信息通信等基础设施建设，增强科研、后勤等支撑服务能力，为体系建设提供坚强保障。始终把安全稳定和优质服务作为硬约束，确保改革平稳有序。三是完善体系运转机制。以岗位职责为基础、业务流程为链条、制度标准为依据、考核评价为手段、风险管控为保障，着力构建业务活动“五位一体”的协同机制。统筹利用企业各类资源，健全科研、信息通信、审计、法律、后勤等保障体系。完善用工管控机制，合理控制机构、用工和定员，着力解决结构性超员、缺员问题。

进一步转变电网发展方式，加快构建湖北“三型”电网

转变电网发展方式就是要建设坚强智能电网，推进各级电网均衡发展。多来年，湖北电网主网发展较快，但在主网日益坚强的同时，配电网发展相对滞后，与国内先进水平存在明显差距。我们将加快转变电网发展方式，着力构建坚强的“三型”电网，全面提升电网的安全性、经济性和资源优化配置能力。一是构建“更高层次的枢纽型”电网。切实落实属地化责任，做好湖北境内特高压工程的沟通协调，推动相关项目早核准、早开工。完善工程建设组织体系，强化施工能力和队伍建设，加快建设省内“两纵一横”特高压交流和一回特高压直流工程，进一步巩固湖北电网在全国联网中的枢纽和通道地位。二是构建“更加坚强的受端型”电网。加强主网建设，着力解决局部卡口、短路电流超标等问题，进一步完善湖北中部500千伏大框架，逐步形成以武汉、宜昌、襄阳为中心的三个受端电网，保障特高压电力“送得进、落得下、用得上”。加快配电网发展，密切关注城镇化和县域经济发展，确保配电网发展与电网整体规划、新型城镇化建设、分布式电源发展相协调。三是构建“更高水平的智能型”电网。加强智能用电技术研究与应用，深入开展分布式发电并网、微电网技术、智能变电站专项课题研究，加快新一代智能变电站及智能电网工程建设，做好智能电表及用电信息采集系统推广和实用化工作，使湖北电网逐步发展成一个资源配置能力强、安全运行水平高、满足清洁能源发展和新型电力客户要求更高水平的智能型电网。

进一步夯实安全管理基础，确保安全生产局面稳定

安全是企业发展之根，电网发展之本。随着特高压电网的加快发展、分布式电源的大量接入，电网建设和运行管理不断出现新情况和新问题。入夏以来，湖北主网最大用电负荷和日用电量连创新高，供电保障和优质服务的任务十分繁重。越是形势复杂，越是任务艰巨，越不能放松安全工作。我们将始终保持如履薄冰的警惕性，夯实安全基础，强化安全管控，确保企业与电网安全稳定。一是严格安全责任落实。坚持把安全生产作为事关发展、影响稳定的头等大事来抓，按照“谁主管谁负责、管业务必须管安全”的原则，明确各项业务的安全责任主体和工作要求，严格履职履责考核，确保各级各类人员安全责任落实到位。加大安全生产检查力度，改进检查方式方法，切实做到真问真查真改。二是提高全员安全素质。增强全员安全意识和培育安全文化是提升队伍安全素质的根本途径。结合各部门各单位的工作性质、人员结构、业务特点等因素，凝聚和激发员工在安全工作中的精神力量，着力培养适合岗位特征的安全意识，培育符合工作实际的安全文化，通过意识提升和文化引领，促进全员安全素质提高。三是完善安全制度体系。按照“三集五大”体系建设的新要求，对现有安全管理制度进行全面梳理，找出薄弱环节，不断加以完善，建立健全与“三集五大”体系相适应的安全管理制度体系，用机制的健全弥补管理的短板，促进安全管理水平提升。

进一步加强员工队伍建设，为“两个转变”提供有力支撑

加快“两个转变”，根本要靠高素质的员工队伍，关键是各级干部。深入开展党的群众路线教育实践活动，要求强化宗旨意识，弘扬优良作风，解决突出问题，保持廉洁本色，对于加强企业干部员工队伍思想、素质和作风建设提出了更高要求。我们将始终把队伍建设作为推动工作、服务发展的重要保障，着力打造一支素质高、能力强、作风硬、形象好的一流人才队伍。一是加强理想教育。坚定理想信念是加强队伍建设的根本问题。将通过集中学习、网络培训、专题辅导、个人自学等方式，教育引导党员干部坚定不移地贯彻党的群众路线，切实改进作风，始终赢得员工群众的信任和拥护；教育引导广大员工坚定不移地落实国家电网公司的发展战略，坚定推进“两个转变”、创建“两个一流”的信心。二是加强作风建设。全面落实“照镜子、正衣冠、洗洗澡、治治病”的总要求，坚决反对形式主义、官僚主义、享乐主义和奢靡之风，引导广大员工正确对待是与非、公与私、实与虚、俭与奢、严与宽，增强自我净化、自我完善、自我革新、自我提高的主动性。深入开展廉政风险排查，健全惩治和预防腐败体系。严格执行《国家电网公司员工奖惩规定》，切实规范员工行为。三是加强人才培养。大力实施人才发展战略，健全人才需求预测与培养开发、员工进出流动与内部调配、全员绩效考核与薪酬激励统一协调的科学管理体系，激发员工的工作积极性和创造热情。创新教育培训方式，完善以能力建设为核心的培训体系，加强在岗培训和岗位锻炼，做好优秀人才培养选拔。

【作者：湖北省电力公司总经理　湖北省电力公司党委书记】

梦在心中　路在脚下

——我的梦，企业梦，中国梦

佘少雄

中国梦，是民族奋进的滚滚大潮，是气势磅礴的宏伟蓝图。“中国梦归根到底是人民的梦”，“实现中华民族伟大复兴是每个中国人的梦。”我们每个人为实现自己梦想的努力就拥有广阔的空间，伟大时代的中国人民共同享有人生出彩的机会，共同享有梦想成真的机会，共同享有同祖国和时代一起成长与进步的机会。我们每个人都有自己的梦想，中国梦就是汇聚所有中国人实现的梦想和追求，汇聚中国企业的中国制造、中国创造所形成的综合国力，也就是你的梦、我的梦、企业梦、中国梦……

新中国成立60多年、改革开放30多年来，我们的一个个梦想成为现实，圆了民族独立梦，圆了百年奥运梦，圆了航天航海梦，也圆了房子、汽车、上学、养老的百姓梦。世界还将见证，一个更加美丽的中国梦将在我们手中梦想成真！

没有梦想的民族是可悲的，对美好梦想没有坚定不移、矢志不渝追求的民族同样没有前途。我们的民族曾经历尽苦难，但正是汉武帝、唐太宗时代的中国人一以贯之的民族复兴梦召唤着我们顽强奋斗，艰苦奋斗，不懈奋斗。可以预见的是，只要我们胸怀理想，坚定信仰，又脚踏实地，苦干实干，我们就一定能够拥抱美丽的中国梦！

实现中华民族伟大复兴，有两个重要参照可以帮助我们了解这个美好愿景。

一是中华民族在历史上的兴盛状况。中华民族是个有着几千年历史的伟大民族。而在这其中汉民族早自秦汉就进入盛世。作为其载体的古代中国曾以世界上头号富强大国“独领风骚”达1500年之久。

古代中国的盛世有两个重要标识：

1、疆域版图特别辽阔。从汉武帝始，疆域版图就已经很辽阔了。唐朝的盛世疆域版图达1000多万平方公里。元世祖忽必烈开辟的蒙古帝国，面积约为1500多万平方公里。清康熙年间设立台湾府，使古代中国疆域版图的最后定格为1300多万平方公里，包括台湾和南海诸岛。满清帝国中央政府对各地的管辖权和控制力达到了封建社会的最大值。

2、对世界文明的贡献特别巨大。16世纪以前，影响人类生活的重大科技发明约有300项，其中175项是中国人的发明。正是这些重大的发明（包括发现），使中国的农耕、纺织、冶金、手工制造技术长期处于世界先进水平。直到18世纪末期，中国的经济规模仍然是世界上最大的，相当于刚刚过去的上个世纪末期美国经济总量在世界经济总量上的比重；且对外贸易长期出超，当时西方国家中最富强的英国销往中国的商品总值，尚不足以抵消中国卖给英国的茶叶一项；全世界50万以上人口的大城市当时共有10个，中国就占了6个。

而当世界进入工业文明之后，资本帝国主义的入侵使这个已内腐的庞然大物轰然坍塌。这个曾在世界上独占鳌头、傲视诸“夷”的“天朝上国”，迅即成为由多个帝国主义列强瓜分的积弱积贫的半殖民地半封建国家。仅仅五六十年间，几乎所有西方和东方列强通过侵略战争，签订了数百个不平等条约，对中国进行疯狂掠夺。中华民族濒临亡国灭种边缘。正是这种苦难中国的历史背景，呼唤着中国共产党诞生。她接过先进中国人“击鼓传花”的接力棒，经过90多年艰苦卓绝的不懈奋斗，终于探索出中国特色社会主义道路，使实现中华民族伟大复兴呈现出灿烂前景。

二是两个百年的发展战略。即中国共产党成立一百年时全面建成小康社会，新中国成立一百年时建成富强民主文明和谐的社会主义现代化国家。第一个百年发展战略，党的十八大报告作了专章阐释。第二个百年发展战略，此前党的领导人讲话也有说明。那就是赶上中等发达国家水平，基本实现社会主义现代化。此后的奋斗目标是什么？联系到毛泽东在1962年讲的“要赶上和超过世界上最先进的资本主义国家，没有100多年时间我看是不行的”设想，联系到邓小平在制定三步发展战略时讲的到21世纪中叶接近世界中等发达国家水平的构想，不难得出结论，在本世纪中叶赶上中等发达国家之后，应当是接近、赶上和超过世界最发达的国家。显然，这是一个更长远的目标。

“中国梦”是最大限度凝聚中国共识，包容各种合法、合理、合情的诉求。现代化是中国近代以来的民族梦想，其实，现代化不是概括中国所发生的巨大变化，也无法描绘中国与世界关系的巨大变化。“中国梦”不只是西方现代化模式、理念在中国的实践，而是中国结合自身国情，实现马克思主义中国化，开创出中国特色的社会主义道路。中国是文明古国，中国梦的深远意义是文明复兴，通过文明复兴和转型推动人类文明转型、实现持续发展。中国梦超越崛起，着眼思考崛起之后的中国诉求、定位和情怀。“中国梦”的提出表明我们对内要改变单纯以经济建设为中心的局面，以务实的理想主义坚定我们走中国特色的社会主义道路的信心和决心，对外要致力于推进国际关系民主化，实现东西方大包容、南北大均衡，实现和谐世界的世界梦。

当今世界上国际竞争格局讲求核心利益、根本利益和重大关切，打的是没有硝烟的战争，其实国与国之间的竞争在于综合实力，而综合国力主要是源自国中的企业。现代战争中，冲在最前沿的不是士兵，而是企业。是企业丰富了综合国力，是企业装备了军队。企业本身在创造财富和就业机会，企业之间的竞争主要是人，然后是产业定位和技术资本，产业、战略、机制、制度、文化都是由人决定的，因此重视人才、开发人才、留住人才是企业生存的根本，企业家的胸怀、气魄和投入决定企业的大小和成败。曾国藩“小胜靠智、大胜靠德”是他几十年鞠躬尽瘁治理朝廷总结的道理，刘邦出身草莽但兼听开明，聚贤纳才，与时俱进而实现“大丈夫当如是也”宏达夙愿。其实历史发展的进程，也是人才辈出不断变革的历史过程。卡耐基认为，作为社会实践主体的个人，自然应该随着社会的经济基础和文化环境的改进而调整或重建自己的价值观念与人格结构。我们应当转变管理思维，调整价值观念，优化业务结构，加快转型升级，强化发展战略，追赶行业标杆。

世界上有70%的企业没有执行战略，不是没有定战略，而是因为各种原因、环境、条件而没有实施、没有办法执行战略。我们也曾经大谈战略，曾经花时间、下力气大搞战略，但是，我们大部分企业并没有明确清晰的、切实可行的发展战略。没有真正意义上的企业价值观，更没有确定核心价值观。其实，任何具备综合实力和发展前景的企业，都应该描绘明明白白的企业发展愿景，明确企业的使命和“梦想”，并使员工保持乐观开朗积极向上的精神面貌去为之奋斗。共产党以实现“共产主义”为理想目标，毛泽东领导中国人民闹革命，早期就是“打土豪、分田地，解放劳苦大众”，到“推翻三座大山”，后来“打倒蒋介石，建立新中国”，邓小平“改革开放，发展生产力，让人民富裕起来”，现在是建设小康社会，实现“中国梦”。简单扼要，覆盖所有理想、核心利益和价值观念。我们大多数企业应该说已拥有健全的制度和健康的文化体系，可以使之良性成长持续发展，只要我们不断纠偏完善，丰富加强并坚持不懈地实践，就能够做强做大做出大品牌，就可以规避“飞鸟尽，良弓藏；狡兔死，走狗烹”的伤痛，杜绝“成也萧何，败也萧何”的悲剧。

变革需要投入，创新需要成本。每一项的改革创新，首先是人力物力的投入，还需要耐心和包容。深圳的建设发展过程，给我们最好的启示和证明，深南大道、北环大道今天之所以敞亮畅通，那是历时20多年，经过五六次的反复改造建设。过去党政军盛行的形式、官僚、教条三大主义到今天的简约务实，也耗费了大量的时间、财富和人才。早些年公、检、法、工商和税务等政府衙门，抓、查、扣、罚是管理工作手段，也有胡作非为，后来也整束规范。我们的生活不是没有阴霾，既有“十面‘霾’伏”的尴尬，也有“房叔”“房妹”的不公，“问题官员”腐蚀政体，“问题富豪”横行商界，南北差异，东西悬殊，城乡落差，贫富极端等等，正因为还有种种不如意，所以才期盼有更好的教育、更稳定的工作、更满意的收入、更可靠的社会保障、更高水平的医疗卫生服务、更舒适的居住条件、更优美的环境，期盼孩子们能成长得更好、工作得更好、生活得更好。时下党政体系所推行的一系列政治举措，行政改革，党风政体，雷厉风行，务实高效，全国上下耳目一新，如沐春风。

“人民对美好生活的向往，就是我们的奋斗目标。” 这是当代中国人的美好愿景和使命，也必将凝聚起强大的精神能量。

目前，就我们企业所处的行业产业来说，市场集中度较低，行业结构仍比较分散，呈现“大行业小公司”格局。但是，工程施工行业即将进入稳定发展时期，虽说行业产值超过 2 万个亿，而从业企业超过 15 万家，准入门槛低，规范难度大，行业内“大鱼吃小鱼，小鱼吃虾米”的殊死竞争必将上演，弱肉强食，强者恒强。随着行业发展，必将由分散走向集中，具有竞争优势的企业将不断提高市场占有率。尤其是行业上市公司，在资金实力、资质品牌、业绩荣誉、客户资源、施工能力和跨区域经营、设计施工一体化、人力资源储备等方面将具备突出竞争优势。

资本市场无疑是我们的坚定目标。上市公司拥有更好的资金渠道、品牌溢价，更重要的是有更强的人才吸引力。自 2006 年金螳螂作为行业龙头率先在 A 股挂牌交易以来，行业已有金螳螂、洪涛、亚厦、广田、瑞和等五家综合类装饰企业成功上市，东易日盛过会但尚未发行，同时还有东方园林、铁汉生态、江河幕墙等多家专业工程企业闯关成功，登陆股市。数据显示，这些公司对接资本市场之后，凭借雄厚资金实力和良好口碑品牌，迅速积聚了行业优质客户资源、人力资源，真正如虎添翼、如鱼得水。2012 年，广田股份陆续收购华南装饰、方特装饰，逐步加强了消防、智能等细分领域的业务能力，全力推行“大装饰”战略；2013 年 1 月，金螳螂率先走出中国建筑装饰行业“跨国第一购”，斥资 7500 万美元，以新加坡子公司为平台购入全球最大的高端酒店室内设计巨擘、美国 HBA International 70%股权。HBA 是美国最大酒店设计公司，世界上设计酒店最多的公司，也是全球高端酒店设计领域领先企业。自此，金螳螂在国内甚至世界高端酒店装饰设计、施工领域一举获得无可争议的高人一筹的品牌和技术实力。

事实证明，假以时日行业上市公司、行业领军企业将会加速拉开与追赶者的距离。作为追赶者，我们别无他途，只有加快自身建设，更新理念，解放思想，规范管理，优化资源配置，创新经营方式，突破管理瓶颈，全面转型升级，实现跨越式发展，全力追赶行业标杆，确保不掉队不落伍。

现代企业无论是世界 500 强，还是中国 500 强，之所以成功，路径和原因千条万条，其实最重要的是最大限度地发挥了人力资源和财力资源的作用。换句话说，就是它们的老板和管理团队极其智慧、仁德和权威地用好了上述两大资源。企业的一切经营管理目标都是通过员工和团队去实现，所以说人才是生产力，是企业最重要的资源。企业要实现梦想，首先要我们每个员工具有实现梦想的心态、观念、勇气和能力。

柳传志说在联想只做三件事：搭班子、定战略、带队伍。联想出色的软实力就是优秀的人才培养体系，从总裁至各中层管理人员直到骨干岗位员工，绩效考评指标里就有培养多少个接班人的规定。直系亲属不能进公司，新聘员工必须有三个副总裁签字。管理上推行民主集中制，一切管理矛盾由主管副总裁负责。而华为任正非则认为，并购的冲突是文化的冲突，宣布永不上市、永不进入资本市场，斥巨资制定《华为基本法》，以斯巴达克方阵往前推进。注重委员会讨论，保持不对称竞争，致力提高组织能力、管理员工能力的能力，以公司平台让员工干出不平凡的业绩。最经典的授权策略是让听到炮声的人指挥决策。柳传志、任正非的共同点是注重企业文化和核心价值观，也就是企业的“硬管理”，这是决定企业寿命的关键，也是企业大小的根本区别。马云的“阿里巴巴”第 14 号员工，是他的财务总监。美国耶鲁大学毕业，在美国工作年薪 50 万美元，回来杭州拿几百元月薪，与其一起创业，风雨同路，不离不弃。这里有马云本人的人格魅力，重要的是文化价值观问题。柳传志对联想团队实行诸多改革举措和激励措施，让员工与企业实现利益捆绑，培养和实现“主人意识”，也是一项使企业能够做大做强的战略保障。

如果说我们在社会上获得了尊重，很大程度上是因为我们背后的公司。尤其是那些跨国的、知名公司的员工和经理人，他们的名声、荣誉、地位其实都归功于他们背后的“佛塔”，公司的“梦想”光芒照亮了他们的人生。公司是员工学习的平台，发展的跳板，是员工实现理想的舞台，为员工的发展铺平了道路。我们应该保持良好的心态，做好本职工作，公司的经营管理发展与员工的收益是成正比的。要认识到，员工花的是公司的钱，成就的却是自己；看似在为公司打工，实际上是为自己工作。很多人简单地认为，员工与公司是一种对立的关系，给多少钱就干多少活儿，认为自己是在为公司而工作；工作中能敷衍就敷衍，领导在时就勤快点，领导不在时就松懈。实际上，在公司这个平台上学的本事都是员工自己的，对工作敷衍就是对自己不负责任。应该谨记：每个人都是为自己的未来与梦想而工作，为使自己的将来是成功的、幸福的，现在就应该努力工作。

公司是全体员工共同经营的。如果每一个员工都有一种“这就是我们的公司，这里就是我们的家”的意识，那样的企业一定是和谐而成功的企业。热爱公司包括两个方面：一是要融入公司的文化。不同的公司有不同的文化，假如你不能适应，其结果可能使你失业。如果你希望得到这份工作，就必须遵守公司的管理制度，你选择了这份工作，就要接受公司的企业文化。融入公司的企业文化的基本要求是：靠眼睛去观察、用语言去沟通、用心灵去体验、用行动去参与。要想在公司这个平台上发展，必须积极地融入公司文化，不断地调整自己的行为以适应公司的文化，而不是让公司来适应你。只有真正融入公司的文化，才能在职场上实现突破。二是要认同公司的价值观。

价值观是一个公司的理想、信念、作风和群体意识。只有把自己和公司价值融为一体，从公司的角度来考虑问题的员工，才能创造出卓越的业绩。要培养对自己公司的认同感、归属感和自豪感，从而激发热情，增进感情，端正行为。每个人都是公司舞台上的演员，舞台可以简陋，但演出必须精彩；岗位可以平凡，但追求必须崇高；生命需要鼓励，自豪就是为生命喝彩，只有身心都洋溢着自豪，才能真正喜欢工作，热爱公司。

人生如船，梦想是帆。梦想是深藏在人们内心深处最强烈的渴望，也是人们走向成功的原动力。每个人都有一个只属于自己的梦，都有着自己的渴望和追求。但我们同属于一个国家，所以每个人的梦又与国家民族兴衰荣辱紧密相连。先贤顾炎武早就发出了“天下兴亡，匹夫有责”的呐喊。

汉武帝“开疆辟土，削藩平乱，推行儒学，政治一统。”一代枭雄曹操对天吟唱“老骥伏枥，志在千里。烈士暮年，壮心不已”之梦想。唐太宗以“济世安民”为己任，实现了均田制和租庸调制，三省六部科举制，加强各民族团结和开辟外交，善用人才和兼容纳谏而富民强国。康熙的“文治武功，巩固统一”。还有诗仙李白“长风破浪会有时，直挂云帆济沧海”之梦。陆游的梦想“王师北定中原日，家祭无忘告乃翁”。宋代诗人郑思肖“宁肯枝头抱香死，何曾吹落北风中”。爱国名将岳飞“壮士饥餐胡虏肉，笑谈渴饮匈奴血”的梦想，何等壮怀激烈！因为，国家好，国民才能好！

领会了个人幸福与国家梦想的关系，每个人心中都会升腾起关于国家社会的梦想，关于自己所执业打拼的企业的梦想，这个梦想一定是五彩缤纷，一定是芳菲满眼，一定是最温暖的玫瑰色。

我们每个人都有自己的梦想，但一定要志存高远，脚踏实地。以“知其不可为而为之”的逐梦精神，激励着我们为理想而奋斗不懈，即使失败又有何悲，又有何悔？在失败中前行，一样能走向成功。做事业、做企业、做人都一样，成功了不是忘乎所以，不是傲视天下，不是春风得意马蹄轻，而是谦虚而踏实；不是止步不前，而是扬鞭策马，一路长驱，永无止境。梦想就本该如此，熟视岁月如流，有雪底苍松之不屈，有僻壤兰草之淡泊，咬住青山不放松。“爱员工、爱企业、爱国家”，不断创造价值，提升品质，达成企业的使命和梦想，从而体现个人的价值，实现自己的梦想。每个中国企业实现梦想，每个中国人实现梦想，国民活得更有尊严、更有意义，生命更精彩！

让我们每个人怀揣使命和梦想，立足本职，恪守责任。把简单的事办好，把平凡的工作干好。不以物喜，不以己悲。携长风，浩荡而去，昂首挺胸风沙渡。

梦在心中，路在脚下……

【作者：深圳市奇信建设集团股份有限公司总裁】

全心全意依靠职工办企业

张　麟

“一切为了群众，一切依靠群众”。更好地团结带领广大职工群众，推动企业又好又快发展；最大限度地提高职工群众的物质文化生活水平，让职工群众真正得到实惠。这是我们一切工作的出发点和归宿。好的愿望，能否得到实现，取决于干部队伍的作风，取决于职工群众的认同。要把作风建设放在突出位置，要“照镜子、正衣冠、洗洗澡、治治病”，下大力气消除干群之间存在的“隔阂”。聚焦“四风”问题，解决“四风”问题，沉下“身子”、放下“架子”、结成“对子”，切实与职工群众保持密切联系，全心全意依靠职工办企业。

沉下身子，深入到职工群众当中去

在开展党的群众路线教育实践活动中，企业党员干部中还一定程度存在这样一种错误认识，认为“企业是干实事的，要生产经营，干部都有具体的工作任务，经常在‘现场’转，与政府部门比，谈不上‘四风’问题”。任何问题都是相比较而存在的，是不是有“四风”问题，得让群众来评价。大冶有色连续几年，开展了干部下基层活动，这是我们密切联系职工群众的好做法。要把好做法做好，各级干部的思想认识是关键。如果身子沉不下去，浮在表面，好的做法，也会流于形式。在这次教育实践活动的意见征求中，我们认真听取了基层群众的意见。如：一些干部到基层去，目的不明确，不知道该怎样做，可能还给基层添了不少麻烦；在下基层活动的组织上，也存在简单化的倾向，考虑方便基层不够，缺少目标管理。这些与我们干部下基层活动的初衷是相违背的，必须认真加以解决。

“党员应该站在民众之中，而绝不是站在民众之上”。密切联系群众，一定要沉下“身子”，深入到职工群众当中去，与群众建立血肉联系；一定要带着为基层解决实际问题的目的下去，哪怕是一个很小的问题，都不应该放过。对此，我们组织了总部科职以上领导干部 200 多人，分别下到 200 多个班组征求意见。经过对意见的整理，有 160 多条意见，我们将重点加以解决。比如：在搞设备安装的班组，他们对公司一些设备在安装过程中，仍然采用“垫板找平”的方法，提出了改进的要求。我们对此要求技术人员和项目管理人员，要到设备安装现场，亲身体验用“垫板找平”的劳动强度，切实解决实际问题。干部到基层去，不是摆样子，要解决问题，要更多地解决像用“垫板找平”这样的实际问题。我们班子成员还分别带着问题到联系点调研，能现场解决的问题现场解决，让职工群众感受到我们是真正来解决问题的，而不是停留在形式上。只要我们想问题、干事情，“站在职工群众之中”，而不是“站在职工群众之外”，更不是“站在职工群众之上”，我们的各项工作就会产生实效，就会赢得职工群众的真心拥护，企业的发展才会具有坚实的基础。

这几年，我们开展干部下基层活动，目的就是要解决工作中存在的“不深入、不具体、不细致，群众难以接受、工作难出成效”的问题。通过党的群众路线教育实践活动，使干部下基层活动得到进一步深入。我们在活动的组织上，采取更加积极主动的方法，让各部门自己拿出下基层的工作计划，变“要求下基层”为“我要下基层”，想方设法将“下基层”作为管理的一种内在要求，形成一种干部想下去，基层职工群众欢迎下来的良好局面，形成长效机制。总之，就是要通过落实好干部下基层活动，推动干部队伍作风建设，多为基层解决实际问题。

放下架子，真心倾听职工群众的声音

本公司的干部，大多数来自基层，自以为对基层的情况很了解，不自觉地养成了一种“自以为是”的作风。在这次教育实践活动中，我们提出了更高的要求，要求查摆存在的差距。重点针对在管理工作中，缺乏调查研究，容易站在自己的主观立场上看问题，或者照搬书本和专家意见，看不到职工群众主流的正能量，以偏概全，把职工群众放在了管理的对立面等问题，并明确指出其主要表现。

官僚主义，在本公司的干部队伍中，不是没有，而是普遍存在。比如：一些同志，不愿意搞调查研究，很是“自以为是”，总以为只有自己在做事，缺乏群众基础；还有一些同志，事不关己，高高挂起，“一定要刻上自己的政绩印记才干”，缺乏“功成不必在我”的铺垫精神等等。这几年，在我们先后开展的5S管理、全面预算管理、全员绩效管理、信息化建设、人力资源体系建设和企业文化建设等工作中，存在较严重的投入强度与收效不成正比的问题。为什么这些工作发展不平衡？工作上难易差别是辩证的，难的事情不一定做不好，容易的事情也未必做得成。如果把自己看作群众的主人，那么，不管他们有多大的才能，也是群众所不需要的，他们的工作是没有前途的。脱离群众是官僚主义的病根，忽视了依靠群众这个根本，我们将一事无成。

毛泽东同志指出：“凡属正确的领导，必须是从群众中来，到群众中去。”习近平总书记在广州考察时曾指出：“要做群众的先生，先做群众的学生。领导干部要放下架子，甘当小学生，多同群众交朋友，多向群众请教。要真正悟透群众是真正的英雄。”通过这次教育实践活动，我们对此有了更深刻的认识。搞管理要相信专家和依靠专家，更要相信群众和依靠群众，更要理论联系实际。大冶有色正在构建的管理模式，也要防止教条主义可能带来的危害。教条主义也是官僚主义的表现。因此，在开展的各项工作中，特别是与职工群众相关的工作，要进行深入的反复的交流，集中职工群众的智慧，调动大家的创造热情，形成不竭的动力。

结成对子，做职工群众的知心朋友

企业在创建初期，干部和职工群众在一起“同吃、同住、同劳动”，彼此没有距离。群众的一切，都记在干部的心里。现在，工作和生活条件好了起来，干部与职工群众的交流却少了、距离大了。这种变化，使一些脱离群众、不关心群众的问题也较突出地反映出来。最近我在冶炼厂调研，基层一线岗位的职工普遍反映，“工作服不够穿”，有的甚至向二线职工买二手工作服，应引起各级干部认真关注，要立即拿出解决办法。脱离群众的另一种表现就是特权思想。在这次调研中，还听到反映，有些单位搞起了“小食堂”，工作餐不与职工群众在一起吃了；有些单位搞起了“小车通勤”，上下班不与职工群众一起坐车了；搞文体娱乐活动，也不在一起“同乐”了，把体育运动分年龄段变成了分级别段。这虽然是极个别的苗头问题，但值得警惕。这是典型的特权思想，是享乐主义在作怪，这种享乐主义在相互攀比中，就会发展成为一种奢靡之风。

习近平总书记强调，我们要与人民心心相印、与人民同甘共苦、与人民团结奋斗。现在我们谈不上说一块苦，但一定要一块过、一块干。我们要通过这次教育实践活动，不断密切干部与职工群众的联系，对“玩风”、“吃喝风”、“特权思想”，来一次大扫除；对增进干部与职工交流的好做法，来一个大发扬；对干部与职工群众结对帮扶，来一个大推广，使干部与职工群众的关系更加密切。

这些年来，我们一直在努力解决职工群众中存在的困难。2008年，我们提出“大福利”理念，开展了一系列有针对性的扶贫帮困措施，形成了一些制度机制。我们始终把关心爱护职工群众、切实解决职工群众困难、为广大职工群众创造更良好的生活环境，作为企业发展的重要组成部分，我们一定会始终坚持并不断加以完善。当群众有困难的时候，一定要体现干部的作用。职工有干部依靠，职工才会成为企业的依靠。这样，职工的成长与企业的发展才会统一起来。我们必须畅通职工群众的职业成长道路，关心职工群众的工作生活，丰富职工群众的精神家园，培养职工群众的幸福感和成就感。

【作者：大冶有色金属集团控股有限公司党委书记 董事长】

坚持服务群众 推动企业发展

赵常胜

党的十八大报告指出，要在全党深入开展党的群众路线教育实践活动，这是党做好新形势下群众工作，保持同人民群众血肉联系的一个新举措。在新的发展阶段，基层党组织要推进企业持续有效和谐发展，必须高度重视群众工作，坚持在思想上尊重群众、在感情上贴近群众、在作风上深入群众，在工作上依靠群众，始终把人民群众放在心中最高位，使基层党组织成为推动发展、服务群众、凝聚人心、促进和谐的坚强战斗堡垒。

一、坚持在尊重依靠上见真诚，不断强化做群众工作的自觉性

新的时期，职工群众思想观念日益多元化，利益需求多样化，要保持持续和谐稳定的局面，一个重要因素就是要较好地落实以人为本的思想和"依靠"方针，从思想上、制度上、行动上真正把尊重依靠职工群众落到实处。

（一）**在思想上强化群众观念**。要结合党的发展历史和改革发展的艰辛历程，教育党员干部树立群众观念，时刻牢记职工群众是企业之本，发展的办法在职工群众中，前进的力量在职工群众中，使党员干部形成"只有真心实意地尊重依靠职工群众，职工群众才能为企业发展担责分忧当好家"的共识，不断增强尊重群众、相信群众、依靠群众、服务群众的自觉性。

（二）**在制度上保障民主权利**。要建立完善自下而上的民主管理机构和运行机制，不断畅通职工群众参与企业民主管理的途径和渠道。要完善厂务公开、党务公开和业务分开管理办法，对关系企业发展和职工利益的市场战略、技术引进、经营政策、评先选优、职称评聘、干部调整、住房分配、困难帮扶等事项，都进行公开、公示，保障职工的知情权、参与权、监督权，努力在解决干部作风不实、不正、不廉上取得实效。

（三）**在工作上落实尊重依靠**。坚持把职工群众的意愿、要求和利益作为想问题、作决策、办事情的出发点和落脚点。通过开设微博、到基层调研、召开座谈会、发放意见征询表等多种形式，征求职工群众的意见和建议，并以是否符合职工群众的根本利益为取舍标准，及时进行调整完善。特别是在遇到急难险重情况时，更要注重汇聚群众智慧，鼓励大家勇挑重担，克难奋进，主动为企业分忧担责。

二、坚持在把脉问诊上求主动，努力增强做群众工作的针对性

及时了解民情民意，掌握职工群众的思想动态，是做好群众工作的前提和基础。只有勤走基层，听最真实的话语，才能把问题摸透、说透、看透，做到说话办事有灼见、有效率。

（一）**建立群众工作联席会议制度**。协调整合各方资源力量，研究分析职工群众的思想动态，交流职工群众思想工作情况，提出改进措施和办法。遇有重大、紧急情况，或在敏感时期，及时召开专题会议，排查矛盾，研究对策措施。

（二）**建立月度职工思想动态分析制度**。要以座谈会、个别交谈、主动下访、问卷调查、共同劳动等多种形式，每月定期分析职工队伍的思想动态，及时了解职工群众在物质和精神上的需求和期盼，有针对性的提供对策措施，并力所能及地满足职工需求，将矛盾化解在萌芽状态，提高思想动态分析的质量和时效。

（三）**建立完善调研及联系基层工作制度**。深入基层调查研究，是领导工作的首要任务。要大力弘扬深入群众、深入基层、深入调查研究的优良传统，建立可操作、易考核的调研工作指标。激励干部拿出更多的时间和精力到基层去、到一线去、到条件较差和情况复杂的地方去，察实情、办实事、求实效，做到谋划发展思路向人民群众问计，查找发展中的问题听人民群众意见，改进发展措施向人民群众请教。同时，采取配发《干部工作周志》以及《基层联系点工作手册》等方式，接受考核和职工群众的监督，增强干部联系基层的主动性。

三、坚持在教育引导上下功夫，注重突出做群众工作的导向性

注重突出群众工作的导向性，充分发挥思想政治工作在理顺情绪、启发自觉、鼓舞士气、凝心聚力方面的积极作用。

（一）**抓正面教育强素质**。职工群众思想的觉悟、行动的自觉，固然有其自身知识素养的影响，但外部环境和氛围的影响也很重要，特别是正面的教育和引导。一是以正面教育为主，一个阶段抓住几个问题，突出一个主题，坚持不懈、形式多样地在全体员工中开展敬业精神教育、企业文化教育、政策法规教育和形势任务教育等，不断提高员工队伍的思想政治素质，努力营造良好的厂风民风。二是通过大力选树各类先进典型，号召干部职工向身边的典型学习，争当创争先锋，增强员工爱家的情感和兴家的责任。

（二）**抓活动引导聚人气**。要广泛动员和凝聚各方面力量，开展职工群众喜闻乐见的活动，引导和激励大家在活动中争创一流团队、争创一流业绩、共建和谐家园。要紧紧围绕"塑文明之师、闯特色之路、建和谐之家"等目标，开展"学习贯彻十八大，争创发展新业绩"、"道德讲坛"、"中国梦"、党的群众路线教育实践活动等各具特色的活动，通过对各路工作的全包容，对职工群众参与过程的全覆盖，细化分解工作任务，打造出凝聚职工群众智慧和力量，引导职工群众建功立业的活动阵地。

（三）**抓分众疏导稳人心**。员工的心，企业的根，职工群众的稳定有利于企业的持续有效和谐发展。一是要针对不同的队伍结构和艰苦的野外施工环境，分层分众做好思想疏导工作，动之以情，晓之以理，导之以行，使职工群众始终保持旺盛的斗志和昂扬的锐气，确保企业的发展和队伍的稳定。二是要发动居委会、班组长、党团员等各类骨干面对面地做工作，解决职工群众后顾之忧，点燃职工群众实现中国梦和发展兴家的热情。

四、坚持在关心爱护上出实招，切实提高做群众工作的实效性

党政干部要在正确的政绩观下成就功名，对群众要实实在在，不玩虚招。让职工群众切实感受到组织的温暖，产生家的归宿感，从而有效地增强了企业的向心力、凝聚力。

（一）**搭桥铺路促成长**。牢固树立"人人皆可成才"的观念，积极培养适应市场竞争需要的各类人才。一是要定期分专业、分层次开展技术练赛，激励员工学业务钻技术，与企业共成长；二是要通过办班培训、师徒结对、送外培训，开设科技讲坛、技术讲座等形式大力培养造就青年英才；三是要探索建立技术专家评聘制度、劳务派遣工考核晋级制度，让各类人才拥有广阔和创业平台和发展空间。

（二）**改善环境建家园**。做几件群众关心的事，加强党同人民群众联系。一是要积极加大投入，改善员工的工作生活环境，改善职工活动场所，加强职工活动中心、食堂、澡堂和公寓的管理，确保办食堂一定要适合群众的要求。二是要加强劳动保护和职业卫生工作，努力提高艰苦岗位和一线员工劳保用品的档次和质量。三是要积极落实国家和上级有关带薪休假、员工疗休养等有关政策。并结合实际，力所能及地安排员工定期体检和国内外市场员工进行轮休。四是鼓励各基层单位因地

制宜地开展一些小型群众文化活动，活跃职工的业余文化生活，让职工们感受到家的温馨。

（三）尽心竭力真帮扶。帮富裕，更要帮贫穷。一是要在广泛开展送温暖活动的基础上，重点对劳动家属、协解人员、改制员工、员工遗属、困难职工家庭进行帮扶。要通过调整劳动组织和扩大市场规模来增加就业岗位，帮助生活困难的各类群体人员实现就业再就业。二是要对因历史原因造成的困难和改制企业，通过提供市场信息、尽可能在工作量上适当倾斜，保证他们的正常经营。三是机关干部要与困难职工家庭结成帮扶对子，力所能及地帮助他们解决一些突出的困难，实现真困难真帮助。四是要对一些可能诱发群体事件的个案问题，落实专人负责协调帮助，让职工群众感受到组织的温暖和关怀，激发职工群众一心一意谋发展，扎扎实实干工作的热情。

【作者：中石化江汉石油工程有限公司测录井公司党委书记】

激活执行力促管理提升

赵　健

执行力是企业策略的根本，是企业管理提升的基石，其强弱程度直接制约着企业任务目标能否顺利实现。那么，如何激活执行力，使企业管理提升卓有成效，进而促进年终指标务期必成？笔者认为，应做好以下几个方面的工作。

激活执行力，需强化责任意识。责任心是一个人做人、做事的基础，有了责任心，精力就会集中在执行上，干工作就会热心、用心、尽心，就会精益求精，就会积极主动地想办法、出主意、拿措施、抓落实，执行就会“没有任何借口”。因此，要时刻加强员工责任心的教育，从企业长期沉淀累积的软实力——企业文化着手，以“大唐大舞台，尽责尽人才”的理念为导向，将责任意识融入人心、付诸实际，引导大家自觉构筑起“从我做起、兴旺大唐”的思想信念，以负责、和谐、务实、进取的发展氛围激发员工想干事的欲望、能干事的潜能和干成事的水平，不折不扣地将企业各领域工作落到实处、做出成绩。

激活执行力，需完善制度保障。提高执行力，仅靠个人的自觉性是不够的，还要有完善的制度作保障，企业内必须形成规范的、有章可循的“以制度管人、而非人管人”的有效管理制度体系。要根据企业实际，用“五确认一兑现”的方法加快规范、科学、合理而有效的制度建设，从人力资源、薪酬体系、业绩评价和责任管理等各环节入手，用制度来体现和强化清晰、有效的工作标准、工作程序、岗位职责、考核标准，进而规范执行力的标准。用制度管理克服职责划分不清、工作推诿扯皮、管理效能低下等影响执行力的因素，将岗位职责精细化、立体化、阳光化，使每项工作都做到有目标、有措施、有责任人、有时限、有督查、有考核，形成管理闭环，以无死角、零缺陷的制度管理来约束和校正企业执行力的偏差。

激活执行力，需打造一支高执行力的队伍。人是执行的主体，要提高企业执行力，必须要培养一支执行意识较强的员工队伍。其中，由于中层既是执行者又是管理者，在企业执行文化中发挥着纽带和表率的作用，因此，必须要着重抓好中层执行力的培养，要坚持任人唯贤，选拔聘任那些具有较强示范性和影响力、执行好、口碑佳的人才担当中层，提升中层整体形象，进而以“上行下效”的标杆典范作用潜移默化地影响全员的执行力“气场”。同时，还应做好员工评价工作，对执行力强的员工及时予以肯定和奖励，以此进一步释放员工实现自身价值、高效执行任务的激情和踏实工作、比学赶超的劲头，进而不断激活企业执行力。

激活执行力，需抓好有效沟通。有效沟通是企业与员工建立共同目标、以换位思考和深入理解达成共赢的重要手段，通过有效沟通，能收到群策群力、集思广益的效果，从而使执行更加顺畅无阻，为企业实现持续稳健协调发展奠定坚实的基础。要做好沟通工作，企业必须坚持以人为本，努力搭建多种领导与员工之间沟通的平台。其中作为领导干部，要保证至少有一种无障碍纵向沟通的方式，确保自己可以用心聆听一线员工的心声，能够深切体会到一线员工无私奉献的热情，及时了解一线员工对企业发展的愿望和建议，尽快切实解决一线员工在工作、生活中遇到的棘手困难。只有在良好沟通中方能搭建起领导与员工对企业发展的共识，方能提升企业的执行力，从而确保企业的正确决策得到高效、创造性执行，促进企业实现又好又快发展。

【作者：大唐黑龙江新能源公司总经理】

浅谈企业如何做好农民工的思想政治工作

赵平安

农民工是中国现实社会所产生的一个庞大的特殊群体，目前人数已超过城市在业工人，已占农村劳动力的五分之二；它是我国产业军的一个重要组成部分，是新形成的一种生产力。在企业中，脏、险、累活都离不开农民工，它以劳动为载体为企业做贡献，又以收入支援农村建设，开拓农村市场拉动农村消费基金的增长，成为建设新农村、全面实现小康社会的中坚力量。目前在企业中，农民工已成为一支不可或缺的重要的力量。

然而，由于固有的传统观念和法制保障不健全存在的漏洞，企业中严重存在着对农民工另眼相看、工资拖欠、人身自由受到限制、劳动条件恶劣、动辄训斥甚至打骂、民主权利等合法权益得不到有效保障的问题，使农民工在企业中成为一个弱势群体，甚至只被看作是一个会干活的机器，农民工的思想政治工作更不会被纳入企业文化和企业思想政治工作的范畴。

社会成员的人格是平等的，农民工也有喜怒哀乐，七情六欲和多彩的梦想，他们理应拥有相应的政治地位。我国新的《劳动合同法》已全面贯彻施行，在农民工的各项权益将逐步得到保障的同时，本文着重探索如何做好农民工的思想政治工作。

一、企业农民工思想政治现状和存在的问题

1．企业对农民工的政治地位重视不够

随着国有企业的改革改制，出现岗位空缺，有些岗位随企业经营需要和季节变化而设立，这些岗位具有很大的不确定性，而填补这些空缺岗位，选择农民工就成为了必然。由于农民工流动性较大，也具有了很大的不确定性，因此，对农民工的企业化管理常被忽视，造成了农民工在企业中政治地位低下。加之农民工来自不同地域，自身综合素质差别较大，短期内也难以融入企业文化建设的过程当中，因此，也是造成其政治地位甚至人格主体被企业忽视的因素。

2．企业农民工合法权益得不到有效保障

在一些企业，农民工常被分配做一些重体力活，危险的工作，而人身安全得不到保障和有效的劳动保护；一些企业设立繁多的克扣条款，使农民工的付出得不到应有的回报，对农民工患病不闻不问，甚至负了工伤，只是付给极少的医疗费而了之。凡此种种，农民工的合法权益受到侵害，又得不到保护。农民工的喜怒哀乐没人去关心，农民工的思想问题更没人去考虑，由此对企业和社会的不和谐与不稳定带来了极大的隐患。

3．企业农民工未纳入企业工会、企业文化和企业思想政治工作的范畴

农民工流动性大，其特殊的工作性质决定了农民工加入工会组织不容易被接受。更重要的是，企业由于观念上的误区，存在着根深蒂固的企业员工与农民工身份上的差异，农民工没有被企业当作自己的一员，而统一纳入到企业文化建设、企业教育培训和企业职工思想建设的范畴，使企业农民工从整体看，始终游离于企业之外，被企业各项工作所忽视，农民工的思想政治工作更被忽视和放弃。

4．企业员工的福利和待遇农民工无法享受

企业对员工的福利待遇体现在多个方面，例如国家规定的日工作时间和周工作时间的制度，农民工享受不到；正常的休假制度农民工享受不到；企业员工的工资递增农民工享受不到；因工作表现突出该作出的褒奖，农民工享受不到；因病就医的医疗保险农民工享受不到。诸如此类种种，都严重影响到农民工的工作情绪和生产积极性。

5．企业开展的文化体育娱乐活动，农民工很难参与

企业为了活跃员工业余文体生活，增强凝聚力，体现企业文化建设新形象，经常开展一些文体娱乐活动。但农民工却很难参加。其实农民工很愿意融入企业参加活动，但许多企业不给这样的机会，视农民工为“外人”，置农民工于各项活动的“圈外”。长此以往，就形成了企业不把农民工当作自己的一员，农民工也不把自己看作企业的一分子。

鉴于以上存在的诸多问题，我们应当深入的思考。企业要得到更好的发展，必须把农民工的思想政治工作尽快提到议事日程，并且当作一件大事来抓，抓实抓好、抓出成效。

二、如何做好农民工的思想政治工作

1．健全机制，转变观念，把农民工的思想政治工作纳入到企业文化建设和企业职工思想工作范畴

加强领导，健全机制是做好农民工思想政治工作的保证。首先在制度上，把农民工的思想政治工作纳入到企业整体的文化建设之中，有计划、有措施、有方法、有步骤、有专人负责；领导认识明确，态度坚决，亲自抓，常抓不懈；同时教育员工转变观念，改变对他们的认识，把他们与员工一视同仁，不另眼相看，不厚此薄彼。这就为做好农民工思想政治工作奠定了良好的基础，提供了有力的机制保障。

2．加强对农民工的教育培训，提高农民工的整体素质

农民工的整体素质参差不齐，相对较低。因此企业要有计划有步骤的对他们进行岗位技能、安全常识和综合素质的培训教育，以提高他们的素养，使他们在心里和思想上尽快融入到企业的大环境和企业文化的氛围之中，让他们不光是一个劳动者，是一个产生经济效益的动力源，更是一个有血有肉和企业同呼吸、共命运、息息相关的一员，去关心企业、爱护企业，积极主动的为企业做贡献。

3．切实维护农民工的合法权益，把农民工的维权工作纳入到工会的工作之中

企业要实实在在地认真贯彻落实《劳动合同法》和《劳动法》，根据自己的实际，制定切实可行的实施办法细则，使农民工的合法权益得到保证，使他们没有后顾之忧，能够心安理得、踏踏实实的劳动、工作，为企业多做贡献。工会要把维护农民工的合法权益作为自己的职责和分内工作，积极主动去维权，把工会变成农民工之家。

4．坚持以人为本，是做好农民工思想政治工作的关键

胡锦涛同志曾经指出：“思想政治工作说到底是做人的工作，必须坚持以人为本，既要坚持教育人、引导人、鼓舞人、鞭策人，又要做到尊重人、理解人、引导人、关心人、帮助人”。对于农民工来说，这一点尤为重要，作用更大，效果更明显。

首先要尊重农民工。农民工不是干活的机器，他们有思想、有感情、有精神需求，他们更有自尊心，更希望被别人尊重。一是要尊重农民工的人格，实行人性化管理，与他们平等相待相处，不要居高临下、简单粗暴，动辄训斥、打骂，更不要以扣工资，撵走相威胁。要多沟通，多交流，多鼓励；即使他们做错了事，批评时也要注意方式、方法，更不要在大庭广众之下去批评、训斥或谩骂，那样会严重伤害他们的自尊心。二是要尊重农民工的创造精神。对农民工主动自发的创新工作，要及时予以精神上、物质上的鼓励和支持，对取得成效的要进行表彰奖励，使他们有成就感、荣誉感和自豪感。对农民工的意见和建议要真诚倾听，有价值、有条件的要付诸实施，不能实施的要及时向他们反馈沟通，使他们感受到企业对他们的重视，从而激发他们更大的创造激情和工作热情。

其次要理解、关心农民工。要给予他们信任、依靠和关心，要以情感人，以理服人，以心换心，从情感上激发他们的积极性、创造性，增强他们为企业主动自觉奉献的动力。农民工的积极主动的干好自己的本职工作。

5．组织农民工开展丰富多彩的文娱体育活动

农民工远离家乡亲人，下班后业余生活十分单调、乏味，思想空虚，就会想入非非，甚至干一些违法乱纪影响社会稳定的事。因此，企业工会要把农民工组织起来，开展各种文体活动，活跃他们的业余生活，丰富他们的精神世界，使农民工融入到企业的文化建设上来，使他们真正感到，我就是企业的一员，各种困难很多，要切实关心他们的生活、工作和冷暖疾苦，对正式工实行的“五必到”、“六必访”活动，对他们更实用，要坚持不懈地开展“送温暖”活动，切实帮助他们解决生活、家庭及工作中的实际困难，改善他们的工作环境和生活条件，逐步提高他们的收入和生活质量。让他们切实感受到企业关心爱护他们，他们是企业生死与共的一员，企业需要他们，离不开他们，而企业就是他们的家和赖以生存的基础。从而自觉自愿、从而增强企业的凝聚力，进而变成强大的动力，推动各项工作。

总之，新形势下，农民工的思想政治工作是一项十分重要和艰巨的任务，应该尽快的提升到议事日程上来，要不断地给予研究、探索、创新。只有这样，才能把农民工的思想政治工作做实、做透、做好，发挥出应有的作用，促进企业的发展，维护社会的和谐稳定。

【作者：西安南风日化有限责任公司洗涤剂厂厂长】

“443”新模式探索企业的班组建设

陈家莲

班组是一个企业的组织“细胞”，是落实完成具体生产任务和指标的基本单位，是生产管理及执行力最终的落脚点，是实现企业发展壮大的有效载体。对于企业来说，要打造一支战斗力强和高素质的员工队伍，必须有一个执行力强和凝聚力高的班组，如何有效提升企业的班组管理水平呢?

笔者针对近年来在企业班组建设存在的问题和管理难点（如班组管理效能没达到最大化及班组员工队伍素质参差不齐等问题及难点）进行了调研，深入基层班组不断创新班组建设新格局，不断地发掘出蕴藏在广大员工中的积极性和创造力，创新性打造了“443”班组建设新模式。“443”即遵循“四个原则”，抓好“四项建设”，搭建“三个机制”，营造“比、学、赶、帮、超”氛围，有效地提升班组管理人员的领导力和管理效能，促进班组管理水平的不断提高，实现班组组织管理水平的提升。

一、4：班组建设应遵循的“四个原则”

（一）围绕中心，注重实效的原则。企业班组建设紧紧围绕生产经营为中心工作，以企业效益最大化为目标，将企业的战略目标层层分解后，落实到部门、班组、岗位及员工个人，使班组及员工身上有目标、有指标、有方向，有效支撑班组各项活动的深入开展，提升班组管理水平，促进班组各项任务的完成。

（二）分步实施，持续推进的原则。班组建设是一项长期性的工作，需要有计划、分阶段地逐步推进实施并持续开展。企业的目标指标在班组中层层细化和推进，在持续推进过程中班组还要针对管理中存在的不同“短板”，通过课题攻关或其他方法进行提升、完善，分步实施，持续推进。

（三）建立标准，体现个性的原则。企业的班组既有共性也有差异，为了使班组建设均衡发展，班组更具活力和聚力，企业职能部门要建立和完善企业班组建设共性的管理标准，统一、规范对班组管理的要求，同时也要制定适合自身特性的活动载体和管理规定，使班组建设既体现班组的统一性又体现班组的个性。

（四）树立标杆，由点及面的原则。班组建设过程中，总会出现很多不同的问题点和难点，企业将针对班组管理中存在的问题进行课题攻关，并运用一些先进班组管理方法和工具，打造样板班组，树立标杆，由点及面，以标杆的力量推进企业的班组建设全面提升。

二、4：班组建设应抓好的“四项建设”

开展班组建设要重点抓好班组目标体系、班组规范化管理、班组团队文化及组织结构等四个方面的建设，“四项”建设是班组建设努力的四个方向，四个方面不是孤立的而是相互关联和交叉。

（一）抓好目标体系建设。目标体系建设是要明确班组各阶段工作重点和工作目标，使班组更加凝聚人心、形成合力，朝正确的方向，做正确的事。目标体系建设不仅仅是确定目标，同时还包括针对目标建立配套的保证措施，在目标实施过程中进行检查、控制、反馈，对目标完成情况进行评价、奖惩。班组目标体系建设要以创建优秀企业工作为中心，充分运用先进对标管理的方法，与绩效管理工作紧密结合。

（二）抓好规范化建设。规范化建设目的就是要实现班组的规范化管理，提高效率和效益，为班组管理水平的提升起到基础保证作用。规范化建设的内容主要是班组管理制度化、业务流程化、行为标准化、组织系统化等等。班组规范化建设实施过程中，班组的管理要求和管理标准做到“流程化、目视化”，各项目标和指标“数据化”，这样在执行中员工会更容易被理解、接受，执行力就越强。

（三）开展团队文化建设。开展班组团队文化建设就是要营造一种向上的环境，创造一种和谐的气氛，让人受到激励，让人受到感染，增强班组员工的凝聚力、向心力和归属感。通过开展各种活动增进班组成员沟通、交流、了解；可以针对班组的特点有规划、有计划、系统性地开展班组精神和班组特色文化的塑造，例如：突出"和谐文化"建设，营造互助、融洽的氛围，让员工在班组有家的感觉；突出"活力文化"建设，营造鼓励创新、宽容失败的氛围，使班组充满活力；突出"金牌文化"建设，营造不服输、敢争先的氛围，培养班组成员的竞争意识，使班组具备事事争一流的勇气。

（四）抓好组织建设。组织建设包括班组的划分、岗位设置、责权分配，参与、配合班组队伍建设的指标体系和评价机制。组织建设工作的重点是细化班组单元，抓好班组管理团队的建设。"火车跑得快，全靠车头带"，班组管理水平如何，很大程度上取决于以班组长为核心的班组管理团队的领导能力和管理效能。通过建立健全班委来抓好班组管理团队的建设，先要明确班委成员的组成及分工，选配合适的人选，并形成梯队，积极推动建立班委成员的能力素质模型。抓好班委成员的学习、培训和培养，要为他们搭建学习交流的平台，为他们提供学习培训的机会，给他们创造施展拳脚的空间，为他们开通职业发展的通道。

三：3：班组建设应搭建的"三个机制"

（一）班组争先创优机制。围绕生产经营管理工作，开展班组间的竞赛评比活动，营造"比、学、赶、帮、超"氛围，实现各项基础管理工作在班组的"落地"。同时在争先创优机制引导下，优秀班组及班组里优秀员工在此机制下脱颖而出，更好地为企业培养出班组的标杆及后备力量。

（二）学习交流机制。针对员工队伍素质参差不齐的难点，建立员工学习交流机制。首先是搭建班组管理人员间的学习交流平台，加强对班组管理人员及员工的培训，提升班组管理人员的领导力和管理效能；其次建立班组建设论坛，班组建设推进办公室每季度定期组织一次论坛活动，活动内容包括：金牌班组典型发言、班组建设课题成果发布、案例研讨、专家讲座等；再次采取"请进来、走出去"的方式强化学习培训，企业职能部门每半年组织一期不少于1天的班组管理知识技能的内部培训，促进班组长领导力和管理效能的提升。积极组织班组管理人员到先进企业学习考察，通过考察学习，更新观念、开阔视野，有效促进班组建设工作的开展。

（三）课题攻关机制。将班组管理中的问题及难点进行课题攻关立项，持续不断地开展课题攻关，不断解决班组建设中存在的问题，通过一个个"短板"的提升，实现班组管理水平的不断提升。

在推行"443"班组管理模式后，经过不断地探索和实践，班组建设进一步地推动了企业精细化管理前进的步伐；班组目标管理大大提升班组的发展能力和员工潜能的激发；优化班组组织结构不断地提升班组的管理效率和员工的自主能力；班组员工整体素质在学习交流机制引导下得到不断地提升；班组团队文化营造了一股积极向上的正能量氛围；企业班组之间营造了一股"比学赶超"的良好竞争的氛围，取得显著的成效。

【作者单位：广西中烟南宁卷烟厂】

煤矿企业境外 BOT 投资方式的实践与思考

刁树来

BOT 投资方式是八十年代初由土耳其总理厄扎尔第一次选用的，是英文 Build-Operate-Transfer 的缩写，翻译成中文为"建设一经营一转让"，由于国内尚无明确的代名词，所以国内一般称这种投资方式为 BOT 投资方式。根据联合国国际贸易法委员会第二十九届会议秘书处的说明，就其实质而言，BOT 是传统项目投融资方式的一种新形式：东道国就某一特定项目向某一投资者集团授予开发、运营、管理和商业利用的特许权，然后由项目财团建立的项目公司按照与政府签订的特许协议，开发并运营该特许项目，以偿还并获取利益，协议期满后，项目产权无偿移交给所在国政府。

一、BOT 投资方式的特点

（一）从投资主体看：政府与项目公司作为 BOT 合同主体，一方是东道国政府，另一方为私人投资者或外资企业。其中政府既是一个与外商地位平等的合作伙伴，又是一个政府特许权利先行获得者、承受者和具体实施的监督者，即其具有双重身份。

（二）从投资客体看：BOT 投资方式起源于大型基础设施建设的筹资需要，目前也主要适用于交通、能源、通讯等基础设施建设项目。作为 BOT 投资项目的标的，不同于其他的投资项目，东道国对其拥有绝对的建设权，私营企业则通过许可取得其专营权。又因其涉及到本国使用者的利益，国家必须权衡本国的国情和投资者利益两个方面，对其行使价格决定权以及相应的管理监督权。

（三）从财产权利看：政府通过与项目公司签订特许权协议(合同)，通过经济活动的方式将设计、融资、建设、经营、维护的责任转移给项目公司。作为独立法人的项目公司对其项目拥有所有权，但始终是一种不完全的财产所有权，直至项目建成后经营一定的时期后将其无偿移交给当地政府。

（四）从项目资金看：采用 BOT 融资的项目所需要的资金全部由项目公司通过融资、贷款解决，政府不提供担保资金，但可适当贷款或参股，共同投资。

二、开滦集团境外 BOT 投资的实践与思考

（一）我国采用 BOT 方式简析

BOT 投资方式已被许多国家在建设项目中付诸实践，如澳大利亚悉尼港湾隧道、英吉利海峡隧道、马来西亚南北高速公

路和泰国曼谷第二期高速公路等都是世界上颇具代表性的交通基础设施 BOT 项目。BOT 融资方式在中国基础设施建设中同样得到广泛的应用。如：1995 年 5 月，广东来宾电厂 B 电厂，在上世纪内建成并投入运营；1995 年 11 月，上海水处理厂，筹措 5400 万美元的银团贷款用于项目建设；总投资 11.4 亿美元的河北保定附近的丁渠火电厂；由亚洲电力公司承担的深圳电站项目以及陆续开发的广佛公路、襄荆高速、金湘高速、津宁高速、渝遂高速等，都引入了 BOT 融资方式，从而大大改善了我国基础设施建设的进程。但是不难发现，迄今为止，我国采用 BOT 项目大多是引入了外资，发挥了 BOT 的融资功能。而在经济全球化的大背景下，尤其煤矿企业，“走出去”战略还没有真正迈开步伐，煤矿企业境外 BOT 投资方式的成功案例也很少见。事实上，BOT 项目并不仅限于外国资本参加的融资活动，它是扩大开放领域，优化开放结构，把‘引进来’和‘走出去’更好地结合，实现互利共赢和安全高效的开放型经济体系的重要手段。在当前经济低迷、国内煤炭产能过剩、价格下滑、企业经营困难的形势下，认真分析煤矿企业境外 BOT 投资方式的经验，深入探讨其途径和注意问题，具有非常重要的现实意义。

（二）开滦集团 BOT 项目简述

开滦集团作为我国煤炭行业中的大型国有企业，面对国际经济全球化，国内市场竞争日趋激烈的新形势，坚持“走出去”战略，积极参与国际市场竞争，努力培育具有国际竞争力的跨国企业。开滦集团在长期的生产和经营实践中积累了丰富的经验，在矿井建设、煤炭开采、矿山灾害防治、煤矿伴生资源的综合利用以及煤炭的洗选加工等方面具有较强的技术实力。上世纪九十年代，开滦集团引入 BOT 投资方式，为越南的冒溪煤矿、王名煤矿进行了矿井的设计、建设和技术指导；承建了柬埔寨咋格亭年产 15 万吨水泥厂及矿山开采 BOT 项目；对印度东南煤矿进行井下综采工作面的安装、包达产的技术服务。2012 年 6 月 14 日，从遥远的大洋彼岸传来消息，承载着开滦实施走出去战略，优化产业布局，推进转型发展战略构想的加拿大盖森项目取得 BC 省政府许可，这标志着开滦在境外资源开发上迈出了坚实一步，盖森项目将全面转入开工建设阶段。加拿大盖森煤田位于加拿大不列颠哥伦比亚（BC）省东北部，属太平河（Peace River）煤田，总资源量为 20 亿吨。经过项目投资和效益分析，盖森煤田开发有着较好的经济效益，具有较高的投资价值。盖森项目符合国家战略发展规划和产业政策，它不仅是一个企业的独立投资行为，更肩负着开滦集团加快国际化进程，为国有企业走出国门，探索成功路径的神圣使命，具有重要的示范引领作用。

（三）开滦集团境外 BOT 投资的思考

开滦集团早期境外 BOT 投资项目，处在改革开放初期，企业缺乏 BOT 的运作经验，承担了过多的风险。例如，由于偏重市场机制作用，轻视政府干预，导致项目运作困难。BOT 投资项目的大部分经济行为都是在市场上进行，政府以招标方式确定项目公司的做法本身包含了市场竞争机制，项目公司在 BOT 项目实施过程中的行为也完全符合经济人的假设。但是，BOT 投资方式为政府干预提供了有效的途径，尽管 BOT 协议的执行全部由项目公司负责，但政府自始至终都拥有对该项目的控制权，立项、招标、谈判、履约、项目经营，政府意愿起着决定作用。对 BOT 投资方式这种市场机制和政府干预相结合的混合经济特点缺乏清醒的认识，必然影响项目的顺利实施。例如开滦集团九十年代的柬埔寨咋格亭年产 15 万吨水泥厂及矿山开采项目，恰逢柬政局动荡，国家权力更迭，投资环境发生重大变化，致使项目难以达到预期效果。其他诸如项目资金保障机制不健全、项目收益缺乏科学论证、法律保障关系不清晰、管理体制障碍等问题，都是制约项目实施的重要因素，需要慎重对待。

尽管 BOT 投资方式在运作过程中极具复杂性，也有其实施的局限性，但是，开滦集团多年的工作实践告诉我们：BOT 作为一种新型的投资方式，对亟待实施“走出去”战略的煤矿企业而言，较其他传统模式仍具有以下几方面的优势：

1．可以创造项目投资机会。在市场经济低迷时期，企业面临投资项目短缺，员工收入降低，社会就业压力突出等诸多问题，通过 BOT 方式企业可以大力实施“走出去”战略。同时，BOT 方式可以激发政府、银行和大财团的兴趣，从而缓解融资压力，创造更多的项目投资机会。

2．可以减少项目承办方的投资风险。BOT 融资方式为有限追索权的项目融资，承包方的贷款一般以项目资产和收益来偿付，而不会追索到项目公司的母公司；项目的境外投资者会向跨国保险公司投保，有了这种复杂的相互担保、保险和抵押关系，项目风险就会被有效地分散。

3．有利于提高企业经济效益，促进发展。BOT 项目在建设和营造时，政府通常提供一定的行政、法律、经济上的支持；可以扩大经营范围，开拓海外市场，带动产品和技术出口，合理利用企业闲置资源，提高经济效益。可以给大型承包商提供更多的发展机会，有利于刺激发展和就业率的提高。

4．有利于企业参与国际竞争，走出国门。BOT 投资方式打破了国家在基础设施领域中的绝对垄断，在公共设施的建设中引入市场机制，是对参与其中的企业竞争能力的一次检验和提升。有利于提高企业综合经营管理水平，特别是资本运营能力，扩大企业影响力，锻炼人才队伍，积累国际化经营经验，促进企业上规模、上档次，为企业走向国际市场，参与国际经济、技术合作，实现跨国经营奠定坚实基础。

总之，在外资企业大举进入中国、分享中国市场的情况下，中国经济必须考虑新的发展空间。无论从开拓市场空间，优化产业结构，获取经济资源，争取技术来源，还是突破贸易保护壁垒，培育中国具有国际竞争力的大型跨国公司，“走出去”都是一种必然选择，也是中国对外开放提高到一个新水平的重要标志。积极探讨 BOT 投资方式，是煤矿企业实现“走出去”战略的重要途径之一。

三、煤矿企业境外 BOT 投资方式需要注意的问题

（一）解决思想认识问题

BOT 对于正处于经济转型的煤矿企业来说是一个新生事物，还需要一个熟悉、认识、探索、提高的过程。要摒弃 BOT

法律关系复杂，操作难度大，煤矿企业做不了的畏难情绪和惧怕思想。也应防止对 BOT 复杂性认识不足、盲目立项、简单操作的行为。要积极学习，深入探讨，增强紧迫意识，树立进取精神，勇于融入全球经济大潮。

（二）有针对性地选择BOT项目的国家、行业和项目

BOT 项目，投资大，周期长，风险多。选择项目所在国时需要考虑该国与本国在经济，外交等方面的关系，最好是与本国有地缘优势的国家。并且要构建明确的、权威的法律保障，增强规定性文件的透明度，解决相关法律的矛盾，使 BOT 在成熟的法律环境中运作。此外，选择的项目类型要注意和自身企业的优势相适应。

（三）实施地质补充勘探

煤矿企业是高危行业，自然灾害频发，生产工艺复杂，作业环节多，确定 BOT 项目时，单凭项目发标方提供的地质资料是不够的，要进行地质补充勘探，详细掌握所要开发资源的储量、种类、面积、层级分布、层级厚度、地质构造等。否则，不掌握详细的第一手资料，就无法对项目的收益做出准确评估，盲目投标必然给企业带来经济损失。例如，开滦集团对加拿大盖森煤田 BD 区进行了补充勘探，共施工 15 个钻孔，总计钻进 8078.15 米。由详勘情况可知，该区域内的煤炭赋存条件良好，是不可多得的炼焦煤优良资源，其精煤回收率和洗选后精煤指标都远好于国内煤炭指标，进而为项目推进实施提供了科学依据。

（四）依法依规进行项目运作

受地缘和文化的影响，项目发标方国与我国在思维模式、劳资、环境保护、政策法规，特别是商业运作方式等方面有着较大差异。为避免走弯路和给企业造成不必要损失，必须认真学习掌握发标方国相关法律法规，积极与当地专业机构沟通合作，严格按法律要求和规定程序进行项目报批，积极稳妥、扎实有效推进项目进展。

（五）超前做好人员储备

运作境外项目，必须要有相应的人才队伍，但跨境的人员输出输入，涉及两国政府相应管理法规，程序严格，手续繁琐，为满足项目后续建设需要，必须提前启动派出员工的相关工作，超前做好人员储备。应有目的地培养储备实施 BOT 项目所需要的人才，使其掌握国际资本市场的游戏规则，熟悉项目所在国的市场营销，具备项目建设的管理和营运能力，以保证项目实施的成功。

BOT 项目是承包工程的最高形式，对项目的管理要求是很高的。有关境外 BOT 需要注意的问题还很多，如建设、经营等合同的法律问题、风险防范问题、价格体制问题、外汇问题等。这些问题在相关文章中已多有论述，这里不再赘言。

【作者：开滦（集团）公司物资分公司党委书记
纪委书记 工会主席】

浅析企业“十四责”管理

金廷海

近年来，责任管理成为企业管理领域的热点问题与内容，它是企业管理的重要手段和方法。责任管理有丰富的内涵，可以从不同层次、不同形式来区分，可以从不同范畴、不同角度去认识，本文阐述的“十四责”管理是基于企业内部的责任管理。

一、责任管理的内涵

责任经常在各种语言环境下出现，然而，责任在管理学领域具有特殊的意义。责任是企业管理过程各个环节得以有效运行的根本保证，是最具能动性、最具潜力、最难以被复制和模仿的核心要素。责任管理就是通过对这一核心要素的清晰合理划分以及科学管控，达到自动自发、自我管理的目标。根据管理过程理论，责任管理可以分为十四个环节，即“定责、告责、评责、问责、连责、审责、修责；知责、熟责、负责、守责、自责、补责、尽责”。具体内容为“四个统一”：

一是人与岗位相统一。从企业的角度来看，与责任直接对应的是岗位，而从资源配置的角度来看，岗位目标的实现需要相应的人力资源与非人力资源的投入，所以，与岗位直接对应的是员工，在岗员工是对应岗位的人格化。

二是权利与义务相统一。企业的管理干部在岗位上既具有一定的权利，又代表企业进行管理，履行应尽的岗位义务，因此，责任管理是行使权力与履行义务的统一过程。

三是管理与被管理相统一。管理与被管理是企业管理过程中的两类角色，从局部来看，管理者与被管理者对应着两个主体；从全局来看，一个岗位的在岗人员，在下属面前是管理者，在上司面前又是被管理者，往往很多岗位是两类矛盾角色的统一体。

四是决策与执行相统一。责任的履行是执行的过程，执行过程始终要以决策为前提，决策与执行映射了管理者与被管理者两种角色，因此，责任管理是决策与执行的统一。

由此可见，责任管理以管理者和被管理者为主体，以人力资源和管理岗位的融合为途径，以义务和权力为静态内容，以决策和执行为动态过程，以员工与企业的可持续发展为最终结果。

二、“十四责”管理的过程

“十四责”管理的过程，就是管理者和被管理者两类角色相互统一、共同作用，达到企业管理的目标。在管理者层面，包含“定责、告责、评责、问责、连责、审责、修责”的过程；在被管理者层面，包含“知责、熟责、负责、守责、自责、补责、尽责”的过程。

（一）管理者自我管理、自我约束的过程

1．定责：是指管理者根据中长期规划和年度经营目标，在企业责任的框架内，对管理范围内的岗位责任进行系统设计，实现由岗位责任到部门责任，再到企业责任三个层次的有效衔接与整合优化，形成指导岗位工作和对岗位考核的责任体系。定责是管理之源，管理之本，定责不清是管理混乱的根源。

定责的三个层次为：一是企业责任的确定，从内容上看，企业责任包括对出资人的责任、对员工的责任和对社会的责任；从时间上看，企业责任又体现为远期责任、年度责任和日常责任。二是部门责任的确定，是企业责任的延伸，也是企业责任在各专业领域的体现。通过部门责任的明确与界定，实现从企业责任到岗位责任的过渡与有效衔接。三是岗位责任的确定，是部门责任的进一步细化与延伸，同时也是企业责任分解与执行的终端。与管理层次相对应，岗位责任分为高层责任、中层责任和基层责任。

定责的内容主要包括：一是本管理岗位直接下属岗位责任、基本内容，对所有下属岗位的责任进行分解完善；二是对同一层次其他部门岗位责任进行参与平衡意见；三是对更高层次岗位定责负参谋责任；四是对定责后履行职责的流程进行设计，为程序化管理打好基础。

在“定责”环节，管理者同时要做到“知责、熟责、负责、守责、自责、补责、尽责”。

2．告责：是管理者将定责的思想、内容、过程和结果，通过沟通和培训，借助制度和流程，与被管理者进行信息交流，实现双方思想与认识上统一的过程。定责是告责的基础条件，告责不明是员工与高层沟通的障碍，以及部门之间推诿扯皮的主要原因。

告责的主要内容包括：一是告知下属岗位责任、基本内容；二是告知同一层次其他部门岗位责任作为参考；三是讲解高层岗位、部门、企业责任，使之知道本岗位责任在企业中的位置及重要性；四是培训履责流程，使之程序化。

3．评责：是依据定责、告责的内容和标准，对各级人员的履责情况进行评价的过程。定责、告责是评责的基础条件，评责是责任管理的原动力，也是督察督办的过程。

评责的主要内容包括：一是被评价人对本岗位述责；二是主要管理人评价、同级责任人互评；三是被管理层评价。

4．问责：是指管理部门根据定责、告责、评责的情况，对被管理者履责情况进行责任追究的过程。

问责的常见方式有：通报批评、诫勉谈话、绩效考核、停职检查、引咎辞职、责令辞职、免职、解除劳动合同等。

5．连责：是指根据定责的内容，以及评责情况，追究相关部门、人员的连带责任。连责是增强集体意识，加强横向联合，促进团队观念提升的动力。

主要内容包括：一是追究上级管理部门、主要管理者的连带责任；二是追究其他相关管理部门、管理者的关联责任；三是追究被管理部门、人员的连带责任。

6．审责：是根据内外部情况变化，定期对岗位责任、部门责任、企业责任执行情况进行评价审计，使之更符合责任划分的实际。

主要内容包括：企业制度、标准的内部审计，依托上级公司、管理公司的外部审计，对照的标准是企业标准化框架体系。

7．修责：是根据责任审计情况，对不符合管理实际的责任过程进行修订。修责是完成整个责任管理 PDCA 循环的末端环节。

主要内容包括：一是本岗位提出对相关标准、制度的修订意见和要求；二是管理部门提出对分管标准、制度的审核意见；三是标准化委员会、高层管理者对需要修订的标准、制度进行审定。

（二）被管理者自我管理、自我约束的过程

1．知责：是与“告责”相对应的环节，是同一过程的两个方面，是被管理者通过与管理者沟通、接受培训、学习制度和流程，系统掌握“定责”的思想、内容、过程和结果，以便在企业管理链条中正确定位，更好的履行责任。从博弈论的观点来看，“知责”与“告责”就是解决管理者与被管理者双方信息不对称的问题。

主要内容包括：一是知道本岗位的责任；二是知道本岗位在企业层面的位置；三是知道关联岗位、同级岗位的责任。

在“知责”环节，被管理者还要知晓“定责、告责、评责、问责、连责、审责、修责”环节的内容。

2．熟责：理解并熟练掌握定责的内容以及企业责任管理链条设置的意义，清楚为什么这样“定责”。

主要内容包括：一是熟知本岗位的责任；二是熟知本岗位在企业层面的意义；三是熟知关联岗位、同级岗位的责任。

3．负责：是指尽到应尽的责任，恪尽职守、敢于承担、敢于担当、敢于做事，践责、履责的过程和一种坚持负责任的精神境界。

负责包括对企业负责、对部门负责、对岗位负责，对上级负责、对同级负责、对下属负责。

4．守责：是指不折不扣、始终如一的践行定责的内容，严守自己的职业或岗位，坚持真理和原则，坚持职业操守和职业道德，体现了一种高效的执行力。

主要内容包括：一是不折不扣坚守自己的责任；二是不管外部条件发生什么变化，始终坚守自己的责任；三是不管内部条件发生什么变化，仍坚守自己的责任。

5．自责：即检查自己的责任，是指根据定责的内容，时刻反省、检查履责情况，是自我管理，高度自觉的过程。

主要内容包括：一是检查自己履责情况与定责的差距；二是检查自己履责情况与同级部门的差距；三是检查自己履责情况与企业对部门要求的差距。

6．补责：是指对照定责的要求，以及自责情况，对于没有尽到的责任进行及时补救，设法帮助，以达到圆满的管理效果。

7．尽责：是被管理者根据与管理者在定责的思想、内容、过程和结果上形成的共识，借助制度和流程，充分利用自身的能力，全面实现岗位责任。尽责的过程，可以进一步细分为计划、组织、领导和控制四项职能，这四项职能闭环运行，成为“十四责”管理闭环下的二级循环。

三、“十四责”管理的特点

一是管理思想的转变。传统的企业管理主体是工作，从本质上而言是更倾向于工作导向的管理方法；“十四责”管理的主体是人，强调人的能动性在工作中的重要作用，将工作目标转化成人的责任。

二是管理方法的转变。在“十四责”管理中，通过管理者和被管理者两类角色，统一于同一个人的责任体系，也是同一责任主体责任的不同层面和不同环节的精细化。传统的企业管理强调目标的约束作用，“十四责”管理强调员工的成长与企业发展相协调，更加注重自我管理。

三是克服了目标管理的不足。“十四责”管理不仅涵盖了目标管理的内容，而且通过人的能动性而克服了由于目标的刚性所造成的目标分解所带来的总体目标偏离，实现了管理思想与管理方法的进步。“十四责”构成了一个完整的管理链条，实现了循环往复，螺旋式上升。

由此可见，构建以企业为单位的责任体系，既有利于责任的划分与履行，也有利于责任履行水平的监督与考核，是提高企业责任意识和水平的有效途径。

【作者：安徽华电宿州发电有限公司党委书记】

铁路走向市场大讨论

——抓住四大关键　确保期到必成

段清俊　陈家勇

西安西站是西北地区最大的综合性货运站，管辖的17个站所中有14个货运办理站，99家企业专用线，配属14台调机，在货运组织改革中任务艰巨、责任重大。我们将抓住观念突围、流程再造、服务升级、合力共为等四大关键，确保期到必成。

观念突围。就是要突破传统的思想禁锢，从思想观念、经营理念上敢为人先，主动适应和搏击市场。深化“铁路走向市场”大讨论，引领干部职工树立强烈的市场意识、服务意识、效益意识，深入查找思想观念、运输组织、经营管理等方面存在的问题，理清思路、细化措施，使思想上适应市场、行动上服务市场、运输组织上衔接市场的理念，成为干部职工的行为自觉。

流程再造。就是要创新思路，按照“前店”“后厂”优化运输组织。办好“前店”，敞开收货；优化“后厂”，提供保障。围绕“前店”化繁为简，我们拟定了五种情况下的“发货流程”和作业标准，制定货运服务手册、物流服务手册，达到一站式服务、一口价清算、门到门全程物流承运。依据“实货制”对“后厂”优化调配运力，提高生产组织效能，保证“前店”“后厂”有序衔接、畅通高效。

服务升级。就是要以改进客户全新体验为方向，各工种协同联动，展示全员全过程的全新服务。健全客服人员首问负责制，完善服务流程和质量标准，制作客户发货信息采集卡、物流服务信息采集卡、客户服务质量信息回访卡，发至管内每个经营网点接受客户监督。让客户真正体验敞开式收货、简单化操作、温馨式提醒、全过程掌握动态信息、主动式售后服务等系统性高品质服务。

合力共为。就是要发挥各级组织的优势，激发全员创造力，形成目标同向、责任共担、合力共为的浓厚氛围。要以“货运改革当先锋、经营创效比贡献”为主题，持续深化创先争优，着力思想引领、骨干带头、作风保证。广泛开展争当“营销状元”、“服务明星”和金点子合理化建议活动，引导干部职工为货运改革建言献策、攻坚克难，努力实现效率效益最大化。

【作者：西安铁路局西安西站党委书记，站长】

强化管理全面提高企业经营管理水平

盖新武

宁夏宁东供电公司全面贯彻落实国家电网公司年中工作会议精神，以安全稳定和优质服务为前提，以发展质量和经济效益为中心，以队伍建设和作风建设为保证，深入推进“两个转变”，推动企业科学健康发展，全面提高经营管理水平。

一、优化完善提高机制建设水平

宁东供电公司进一步统一思想、提高认识。统筹优化机构和人员配置。构建职责、流程、制度、标准、考核“五位一体”协同机制，解决整体协同问题。

进一步优化组织机构设置和岗位编制，落实供电企业劳动定员达标工作，推行全员绩效考核标准及岗位绩效工资制。加快推进财务业务融合，解决制约财务管理的瓶颈。完善“五大”体系协同工作机制。进一步明确责任、优化流程，提高运转水平。优化运检业务管理模式，明晰运维一体化和专业化检修职责分工。推进“一口对外”高效协同服务机制建设。

抓住宁夏电网建设的有利时机，加快建设各级电压协调发展的宁东电网，为地区经济发展提供稳定可靠的电力供应，促进宁东地区资源优势的转化。加大配网投资额度和比例，优化配网建设方案，着力解决结构薄弱、安全水平低、供电“卡脖子”等问题，保证配电网发展与新型城镇化建设相协调。健全完善客户安全用电管理制度，监督安全隐患整改，提高安全用电管理水平；严把客户设备入网关，严禁客户设备“带病”入网，确保电网安全运行。加强与政府职能部门的沟通，及时调整110千伏及以上电网规划，完善宁东地区2013~2020年配电网规划。加强基建工程过程管控，严把各类工程设计审核，确保工程设计合理、准确。

二、攻坚克难提高经营管理水平

宁东供电公司密切跟踪园区项目建设情况，加快业扩报装接电速度，力促负荷落地。深化用电信息采集系统应用，实现线损、台区损耗、母线平衡的准确统计和日监测；加强设备调试、技术攻关，健全运维体系，提高采集成功率。规范营销项目管理，力争年内建成营销项目管理样板单位。

强化内控机制建设，加强协同监督，加大“三重一大”决策制度执行情况的监督检查。落实问题整改，提高依法治企水平。强化预算指标过程管控，严格控制会议费、业务招待费等消耗性费用支出，确保完成全年预算指标。加强废旧物资、拆旧物资管理，完成物资利库工作。加强同业对标管理，实现同业对标排名晋位。

三、融入中心提高“三个建设”水平

推动企业健康发展，根本是要靠高素质的干部员工队伍。尤其是当前面对复杂环境和艰巨任务，加强队伍建设尤为紧迫。要教育引导干部员工正确对待是与非、公与私、实与虚、俭与奢、严与宽，增强自我净化、自我完善、自我革新、自我提高的主动性，促进政治素质、能力水平、工作作风全面提升。

进一步提高党建和企业文化建设水平。打造核心价值观教育基地，搭建员工岗位践行平台。加强共产党员服务队“三化”建设，促进实践活动与中心工作相融共进。坚持落实中央八项规定和国家电网公司党组一号文件精神，厉行勤俭节约、反对奢侈浪费。严格落实党风廉政建设责任制，完成惩防体系建设，开展示范教育、警示教育和岗位廉洁从业教育，加强供电所长、班（站）长、重点岗位人员等末梢的廉洁从业管理。持续加强队伍建设，贯彻落实《国家电网公司员工奖惩规定》，加强全员能力提升培训及“四德”教育。加强对干部队伍的培养、使用、监督和考核。做好各类专业技术职务资格评审和职业技能鉴定管理工作，拓展职工职业发展空间。

【作者：国网宁东供电公司总经理】

作风就是战斗力

高　峰

偶尔翻阅一本杂志，看到一篇关于军队作风的文章，题目叫《作风等同战斗力》。仔细读来，不仅被其中的故事所打动，更为其中的观点所折服。联想到自今年7月以来在全国开展的党的群众路线教育实践活动，聚焦改进“四风”，使我对作风建设有了更多的思考。

一、优良的“种子”

什么是作风？为什么把它等同于战斗力？书中的故事或许能给我们带来不小的启示：辽沈战役时，一位部队文工团员下到连队体验生活，他所在的连队有148人，打下锦州后只剩下了19人。平津战役开始前，连队又补充到148人，打下天津后只剩下22人。连队渡江参加衡宝战役，战前仍是148人，战后还剩30人……

一场场惨烈的战斗，一次次人员的补充，只要保留着优良的“种子”，经过补充、培养和训练，这支连队始终都是响当当、硬邦邦的主力军。

电视剧《亮剑》也反映了这样一种作风，纵是敌众我寡，纵是身陷重围，只要一人犹在、一息尚存，就敢于亮剑、敢于战斗，直到生命的最后一刻……狭路相逢勇者胜！要胜利就需要一种坚定的精神力量，这就是我军的战斗作风。

什么是作风？这就是作风。它是一个人或者一支团队在一定的环境中通过长期有意识的打磨，铸就的一种在思想、工作和生活中表现出来的稳定态度或行为习惯。这种习惯，在部队就是战斗作风，在企业就是工作作风，也可称为企业文化或企业精神。这种习惯平时你可视而不见，而当其遭遇特殊的条件与环境时，他会以咆哮之势，举鼎之力凝成一股坚强而庞大的力量，一路披靡，克敌制胜。

二、作风是看不见的武器

早在1939年，毛泽东在《共产党人发刊词》中提出的中国革命的三大法宝：统一战线、武装斗争、党的建设，而其中党的建设，就包含着作风建设。延安整风运动更是提炼了我党的三大作风——理论联系实际、密切联系群众、批评与自我批评。长期以来，坚持不懈地紧抓作风建设，是中国革命和社会主义建设取得胜利的重要基础及宝贵经验。

今天，我们在新的历史条件下开展党的群众路线教育实践活动，聚焦作风建设，从大的方面讲，关系到党和国家的生死存亡；从小的方面讲，关系到企业的发展和形象。作风是看不见的武器，却也是实实在在的利器。

东航山西分公司是一支具有深厚历史积淀和光荣传统的航空队伍，曾有过航测大队、工业航空公司、通用航空公司等专业飞行历史，加入东航后又走过了十几年不断发展壮大的成长历程。回顾几十年的发展历程，东航山西分公司既创造过辉煌，也遭遇过瓶颈，但是老通航、老专业队伍“艰苦奋斗、勇于拼搏、善打硬仗”的优秀作风的“种子”却在这支队伍中得到了良好的传承，并使其像优秀基因一样代代相传。

作风似一条线，更似一条紧紧的纽带，将一批批员工团结在一起，融合在一起，凝聚成了一个敢于担当、乐于奉献的坚强集体。自1998年东航山西分公司成立以来，历经四任总经理、三任党委书记，在人员更迭、领导变动的情况下，领导班子做到了始终引领鲜明的政治方向，始终树立正确的大局意识，始终拥有敢于超越的工作激情，始终保持勤勉踏实的工作作风。特别是在东航新一届领导班子带领东航“活过来、站起来、跑起来”的过程中，山西分公司干部职工更加紧密团结，更加精神振奋，更加奋发向上。

在上级党委的正确引领下，分公司党委一班人团结带领各级基层组织勇挑重担，广大党员冲锋在前，全体员工与企业同舟共济，讲奉献、扎实干。截至目前，山西分公司创造了连续21 年、70 余万小时的安全飞行纪录，分公司党委班子连续 4 年被评为创建“四好”领导班子先进集体，各方面工作也得到了东航的一致肯定。东航企业形象在当地树立起了良好形象，地面及空中服务获得旅客认可，服务评比名列东航各分子公司前茅，多年来形成了较好的企业作风。

“风成于上，俗形于下”。作风的养成和坚持离不开一支队伍的班子长期不懈的带动与促进。在本次开展党的群众路线教育实践活动中，我们对照活动要求、反思自身工作，也深刻意识到良好的作风需要在长期的实践中不断的培养。

三、用优良作风促进企业发展

按照反对“四风”的活动要求，我们的干部队伍在形式主义、官僚主义、享乐主义和奢靡之风等方面都不同程度的存在这样或那样的问题。经过总结归纳为四个不足，即“学习意识不强、创新精神不足、工作激情不足、竞争意识不足”。

针对这些不足，我们积极探寻改进措施，着力培养良好的作风。在党的群众路线教育实践活动中，分公司党委坚持“三个结合”的工作方法，即与“上级要求相结合、与岗位特点相结合、与企业文化与历史传统相结合”。

在与上级要求相结合方面，分公司党委迅速布置、快速铺开，在 1 个月的时间里，召开动员会、调研会近 20 次，特别是开展的“访员工、知实情、解矛盾”活动，征求了 40 余条意见；同时召开了一线员工、女工、青年代表等不同内容、不同形式的专题调研座谈会，营造了浓厚的活动氛围。

在与岗位特点相结合方面，分公司要求领导带队下基层、党员带头转作风、机关带头上一线，以旺季生产调研、党员旺季争先锋、“六点半”、爱在东航志愿服务等品牌活动为抓手，解决实际问题，回应员工诉求，打造队伍作风。

在与企业文化和历史传统相结合方面，分公司党委要求改进作风要紧密结合东航企业文化，要再次深刻领会“员工热爱、顾客首选、股东满意、社会信任”的企业愿景，深刻领会“客户至尊、精细致远”的企业核心价值观，深刻领会“严谨高效、激情超越”的企业精神，深刻领会分公司艰苦奋斗、勇于拼搏、善打硬仗的企业传统，认真对照要求，查找自身差距，用先进的文化指引价值观，用优良的作风促进企业不断发展。

作风是军人手中先进的武器，练到极致，能够达到不战而屈人之兵之效；作风是企业开疆拓土、所向披靡所表现出来的那种气势和自信，用到极处，能发挥事半功倍之功。

近年来，新东航在打赢 3 场战役的过程中，不断积累并提炼出了自己的企业文化和精神。在新一轮的发展期，我们仍要依靠业已形成的企业精神和宝贵经验来面对“转型发展之战、品牌提升之战、能力提升之战”这 3 场新战役，努力为建设“幸福东航”贡献自身力量。

在开展党的群众路线教育实践活动着力转变干部作风之际，在提升企业竞争力着力推进企业快速发展之际，我们谈作风、讲作风，无疑是希望我们的党、我们的国家、我们的企业、我们的干部职工能进一步继承和发扬优良传统及作风，以作风建设带动各项事业蓬勃发展。作风就是学校，作风就是命令，作风就是战斗力!

【作者：东航山西分公司党委书记】

“34567”助推企业安全发展

郝永军　杜称心　高立英

随着峰峰集团的跨越发展和改革创新的不断深入，职工的思想意识、价值趋向和行为表现都发生了较大的变化，给思想政治工作带来了新的挑战。如何适应这些变化，充分发挥思想政治工作功能作用，为企业创造一个和谐、文明、平安的环境，是思想政治工作需要解决的课题。大淑村矿党委结合实际，创建了“34567”思想政治工作模式，彰显了思想政治工作虚工实做的魅力。

一、主要内容与实施

“3”是建立了职工思想掌控工作三防线。矿党委提出“专业统领、自主管理、岗位自律、督导规范”的工作理念，实行班队长以上管理分片包干稳定工作制，班班排查不稳定因素，矛盾问题在第一时间从快化解；实行党支部书记和区长轮流在矿全天候执勤制，把本单位发生的矛盾性问题当天必须化解；建立了群众工作室，成立了群众劳动争议调解委员会，完善了思想分析和谈心对话制度，超前疏通各种矛盾，化解职工情绪。

“4”是 4 看，即“上班看情绪、班中看状态、干活看劲头、操作看心理”。日常工作中，我们通过进行班前亲情卡确认，利用亲情座谈，基层单位每月或每季度召开“三违”家属座谈会制度，让“三违”职工、家属和企业之间实现零距离沟通，构筑了一道家属安全屏障，实现了企业和家庭之间的安全互动，有效避免各类事故的发生，同期相比职工三违率下降 20%。

“5”是采取“开门式”交流、“闭门式”沟通、“朋友式”谈心、“师徒式”帮教、“家长式”跟踪的五种方法进行疏导教育，能够及时掌握职工的所想所为，根据实际，切实解决职工的工作、生活等困难，使其放下思想包袱安心工作，消除了职工因不良情绪可能导致的安全隐患，不让职工带着情绪下井。

“6”是强化六种手段凝心聚力。一为制度强心。健全完善了各工种岗位管理制度，建立了三级联动机制，制定了职工文明行为规范，并成立了督查小组，24小时不间断对厂区内各个角落进行严细督查；二为文化凝心。始终践行“厚重实诚、艰苦奋斗、勤勉敬业、规矩本分”，坚持十年感恩教育不断线，编写了《五精之韵》、《汇聚新实践》等一系列文化丛书，坚持每月为职工购买《责任胜于能力》、《请给我结果》等书，利用每日一题、每周一课、每月一考等方式提高职工修养。三为实事贴心。大力实施惠民举措，重新修建了职工公寓、新建了一个多功能活动场馆，职工澡堂淋浴设施进行改造，营养餐系统改革，建成投用矿医疗室，设立了爱心互助基金会，给职工提供纯净水，提高交通补贴，在父亲节、母亲节发放慰问品，中考、高考实施带薪休假等实事好事不断线。四为政策暖心。不断加强三项制度改革，为想干事、能干事、干成事的人才提供施展才华的广阔天地，认真开展月度“十大优秀员工”评比活动，推进“提升班队长管理能力、激发年轻技校生潜力、鼓励大学生到一线锻炼、鼓励职工岗位成才”等工作的落实，努力让人尽其才、才尽其用。五为新风清心。从抓“三风”建设入手，大刀阔斧给文山会海“减肥瘦身”，发文总量同期减少50%；办公印刷费用同期下降20%，实行了无纸化办公，出台“限酒令”，促使各级管理人员集中精力抓基层、抓现场、抓关键、抓落实。六为民主舒心。抓好三级公开，定期召开职工座谈会和恳谈会；在全矿食堂、澡堂等场地建立了职工意见箱，广泛征求职工的意见和要求，落实和反馈率达到了100%；设立了劳动争议仲裁机构，每周一、三、五为有争议的职工组织仲裁，赢得了民心，聚合了力量。

“7”是在思想过程中实施了“谈心法、帮教法、震撼法、体贴法、解压法、答题法，实物法”的“七法”培训，全力打造一支“一专多能”业务强硬的职工队伍。2012年在冀中能源技术比武大赛中，六个工种的比赛，我们就取得了2个技术状元。2013年二季度在集团公司组织的质量标准化考试中，大淑村矿又取得了第一名的好成绩。

二、实际效果

促使各级管理人员工作作风转变。主动深入基层、深入现场，与职工群众面对面，听取建议，广纳民意的积极性得到充分彰显。

促使思想教育工作走进一线、走进岗位、走进现场、走进矛盾。特别是对发生了事故苗头，出现了严重违章违纪的职工，在第一时间组织谈话谈心、帮教，从思想根源上杜绝违章现象的重复发生。

促进干群关系和谐。特别是通过运用亲情教育，开展家访座谈，当着家属的面讲清违章违纪可能造成的严重后果，以及对单位、对家庭、对个人的影响，进一步增强了职工和家属的危机感，筑牢了和谐安全“屏障”，为确保安全生产长治久安提供强大的精神支持。

提升安全管理水平和职工安全自律水平。三违率同期相比下降20%，瓦斯超限率同期相比下降65%，质量标准化工程达标跃居集团公司前列，全矿实现了零上访。

【作者单位：峰峰集团大淑村矿党委】

职工代表安全督查的实践与探索

李英志

在集团公司党建思想政治工作会议上，党组书记傅成玉提出要发挥“五个作用”、实现“六个转化”，把国有企业独特政治优势转化为企业的核心竞争力。为贯彻落实这一要求，齐鲁石化烯烃厂结合自身实际，把职工代表作用的发挥与企业安全生产中心任务紧密结合，创造性地组织职工代表开展安全督查，深入生产现场查找安全隐患，提出安全管理意见和建议，助推企业安全环保无事故目标及提升经济技术指标等任务的完成，既有力促进了企业核心竞争力的提升，又从根本上保障了广大职工的权益，探索出了一条发挥职工代表优势，围绕中心、服务大局的新路子。

一、职工代表安全督查检查的形势任务背景

烯烃厂作为大型石油化工企业，生产活动具有高温高压、易燃易爆、有毒有害等特点。随着企业改革发展的不断推进，企业面临的安全形势日趋复杂，集团公司对安全管理的要求也越来越严格规范。烯烃厂在已经建立了安全专业管理体系的情况下，生产过程中有时仍会发生一些安全事件，虽然经过及时有效处理未造成严重后果，但这些看似微小的未遂事件始终让各级管理者胆战心惊，让广大职工忐忑不安。

烯烃厂工会从保障企业安全生产和职工人身安全及职业卫生等权益出发，对此进行了深刻反思和认真分析。造成未遂事件时有发生的主要原因是企业的安全管理网络不够完善，职工在安全管理方面的主观能动作用发挥得不够，主要表现在以下方面：一是职工参与安全管理工作的机制不够健全，二是职工所发现安全问题的解决流程不够畅通，三是职工发现安全问题的技能还有待于提高。

为解决上述问题，烯烃厂发挥两级工会的组织优势和广大职工的主人翁精神，他们从职工代表入手，通过赋予职工代表安全督查检查权，组织他们深入现场开展安全督查，及时检查排查、整改消除各类安全隐患，为企业安全生产增加了一条防线，使企业安全网络更加完善和牢固。此项活动使工会组织的桥梁纽带作用以及民主监督职能的发挥与企业生产建设中心任务得到了良好结合，在企业安全管理工作中发挥了不可替代的作用，得到了企业的高度肯定，深受广大干部职工欢迎。参与安全督查的职工代表，被广大干部职工亲切地称为“安全代表”。

二、职工代表安全督查检查的实践与机制化建设

在开展好职工代表日常督查的基础上，烯烃厂工会重点抓好每月一次的集中专项督查，联合安全环保、生产技术、机械设备等专业职能部门，组织职工代表对重要生产装置和重点工作进行集中督查检查，并以常态、长效为着眼点，注重总结提炼和固化富有成效的工作方法，逐步探索形成了一整套体系化的长效工作机制，使职工代表安全督查科学化、系统化、常态化。

管理工作规范化。制定出台了《职工“安全代表”督查检查制度》，规范了两级工会的活动形式和频次，专门建立了两级职工“安全代表”数据库，成立了7个职工“安全代表”专业督查小组，分别针对贯穿全年的企业重点工作进行跟踪督查。根据企业重点工作要求，每年年初，在征询专业职能部门和基层车间意见的基础上，编制《职工“安全代表”督查检查计划表》，内容涵盖厂级督查、专业组督查和车间级督查检查项目，并提前发各部门和车间，便于全年督查项目的统筹安排。如有特殊工作要求，厂工会随时组织专项督查。

教育培训经常化。每年职工“安全代表”改选后，厂工会组织安全环保专业人员集中授课，讲解现场安全督查检查的重点、注意事项以及处理措施等，提高安全技能，确保督查检查的实效性。定期收集HSE(安全环境健康)督查通报、安全法律法规等安全工作信息，编印成学习资料发放给职工“安全代表”学习，并利用职工代表活动日组织专题培训交流活动。组织优秀职工“安全代表”参加厂和公司HSE工作例会，及时掌握企业安全管理动态。在开展专项督查时注意做到与专项培训配套进行。以基层车间为单位，经常性组织职工“安全代表”安全技能对抗赛和消防演练活动，先后组织开展了正压式空气呼吸器佩戴计时赛、灭火器使用演练、脚手架搭建挑错等一系列培训活动，提高了职工“安全代表”的安全技能。

督查形式多样化。一是日常督查检查：利用办公自动化“HSE观察问题整改表单”，将日常工作中发现的安全隐患和职业危害向相关主管单位反映。二是集中督查检查：厂工会联合相关职能部门，组织“安全代表”针对某个基层车间或专项问题进行统一督查检查。参加集中督查检查的代表人数根据工作量的大小确定，并根据督查任务的专业要求选定人员。三是专业性督查检查：由职工“安全代表”专业督查小组根据厂工会的安排独立完成的，针对特定项目组织的不定期督查检查活动。

督查程序标准化。制定了《职工“安全代表”集中督查检查标准程序工作法》，对集中督查检查的全过程进行规范。职工“安全代表”到达受检车间后，首先由安全环保部人员对安全代表劳保穿戴和防护用品佩戴情况进行检查，不规范的立即整改，不合格者拒绝参加活动；其次，由受检单位主要领导介绍本单位主要工艺流程、装置布局和检查要点，并由工会负责同志强调督查检查的注意事项和要求；再者，按照事先的分组，由车间专人陪同，根据责任区划分进行地毯式排查，发现问题同时进行登记并拍照。集中督查完毕，相关人员当天统计完成《职工代表集中督查检查问题汇总表》，并制作成图文并茂的课件，于第二个工作日反馈给车间。所有材料在安全环保部备案，并发厂领导审阅。

督查定位精细化。明确职工“安全代表”督查检查内容的定。一是装置的边缘地带，各类专业安全检查容易忽略的地点。如乙烯装置三座80米以上的丙烯精馏塔、穿越地方企业和无人山区的管廊管线等。二是配合专业部门，完成需要投入较多人力物力的重点工作。如各套装置在不停工情况下的防腐刷漆，由于现场作业施工点多面广，管理难度大。三是坚持每月针对一套装置进行深度的督查检查，帮助车间查找事故隐患和职业危害。

问题处理封闭化。对职工“安全代表”集中督查检查问题的整改采用PDCA循环管理，规定问题受理单位必须在5个工作日内作出答复并给予明确的处理意见。如果提出人对问题处理结果不满意，可直接向厂工会申诉。厂工会审核确认申诉有效后，以工作督办单的形式发相关职能部门或车间整改落实，并及时将结果反馈给提出人。责任车间组织召开专题会议，对职工“安全代表”查出的问题进行确认并分类，落实整改责任人和整改期限。车间设立问题整改情况公示看板，实行问题整改销项制度，并每月向厂工会反馈。车间范围内无法自行整改的，由厂工会协调职能部门和相关单位落实整改。职工“安全代表”集中督查检查出的问题，要求责任单位1个月内进行封闭，厂工会每月检查，并在岗检讲评会上进行通报点评问题整改封闭情况激励措施完善化。完善的激励措施和浓厚的舆论氛围是确保职工“安全代表”督查检查工作健康高效运行的基础。为此，烯烃厂制定了一系列激励措施，不断调动职工代表参与该项活动的积极性和主动性，让真正做出贡献的人扬名、得利、受尊重。一是奖励及时到位。在工会经费预算中列支专项经费用于奖励职工“安全代表”集中督查检查工作，每半年集中发放。二是营造舆论氛围。依托厂内新闻主页、公司电视台和报纸等宣传媒体，全方位宣传报道职工“安全代表”督查检查工作。厂工会每季度编发《职工代表风采展示信息集锦》，宣传亮点，搭建学习交流平台，收到良好效果。三是注重典型选树。每季度开展“烯烃明星”评选活动，优秀职工“安全代表”作为“烯烃明星”评选的重要条件之一。2011年全厂48位“烯烃明星”中，有7位优秀职工“安全代表”当选。

三、职工代表安全督查检查取得的实效

烯烃厂开展的职工代表安全督查检查工作有力地维护了生产稳定和职工生命安全健康，促进了企业经济效益和管理水平的提升。

保证了装置安全稳定运行。2010年下半年以来，烯烃厂先后组织职工“安全代表”开展了21次安全督查，共有481人次参与，累计查出各类安全隐患845项，已整改落实799项，未解决问题均已制定计划，待装置停工检修时集中处理。大量安全隐患的发现和有效整改，将安全事故扼杀在萌芽状态，确保了生产装置的安全稳定运行，自督查工作开展以来，烯烃厂未发生一起装置非计划停工以及安全生产和人身伤害事故，为企业避免了巨大的经济损失。

促进了经济技术指标提升。安全生产是任何工作的前提，同时也是企业最大的经济效益。2012年上半年，烯烃厂主要经

济技术指标与 2010 年比较，乙烯加工损失率由 0.32%下降至 0.14%；全厂燃动能耗由 413 千克标油/吨下降至 391.36 千克标油/吨。其中，多项指标在 2012 年创出历史新高，为企业经济效益的大幅提升做出了突出贡献。

深化了企业民主管理工作。组织职工代表督查安全工作，直接公开了企业的管理缺陷与管理漏洞，让职工直接面对问题，充分行使监督检查职责。开展职工“安全代表”集中督查检查，让职工代表全方位、全过程参与企业管理，主动去发现问题并监督问题的整改封闭，进一步拓展了职工代表参与企业民主管理工作的渠道和载体，提升了工作的实效性，巩固了企业劳动关系的和谐。

推动了企业安全文化建设。烯烃厂始终坚持“给予职工安全就是给予职工的最大福利”的理念，让每一名职工代表都成为安全工作的监督员、巡查员、信息员、宣传员、示范员，潜移默化树立全体职工的“我要安全”意识，并通过培训提升其安全技能。职工“安全代表”督查检查机制，以其规范的管理流程、针对性的教育培训、及时的问题整改封闭和有效的激励约束，为全体职工自觉关注安全并主动参与企业安全管理做出了表率、树立了标杆，促进了全员安全行为自觉的养成，有力地推动了企业的安全文化建设。

【作者：中国石化齐鲁石化公司烯烃厂党委副书记、工会主席】

浅析困难时期煤炭企业工会组织应该发挥的作用

李云宏

目前，我国煤炭经济形势已处在相当困难时期，全国煤炭产能过剩，煤炭销路不畅是所有煤炭企业难以逾越的一道关卡，价格的一降再降，次次在撕扯着煤矿人的心。需求不振加之进口煤的冲击，国内煤炭产量又未明显减少，供大于求的局面自然难以改变，尽管所有企业都在想尽办法提煤质拓市场，但煤炭是一种需求弹性极小的商品，目前的这个价位只有成本较低的煤炭企业还能保持盈利，不少企业已亏损，而面临煤炭企业固定成本、财务成本高的现状，也不得不以低价将煤卖出去以减少停产而造成的损失。工会工作直接涉及广大职工的切身利益，是构建和谐企业的关键所在，面临企业的发展现状，工会组织应该怎么办？我认为工会组织必须认清当前形势，在企业特殊发展时期认真做好以下六项重点工作。

一、讲清当前经济形势

工会组织要利用自身优势搞好宣传教育，狠抓职工观念的转变，向职工宣传受世界和国内经济形势影响，我们企业现在正面临着艰难处境，让职工了解企业目前现状，了解企业的应对措施和采取的方法，把职工的思想认识统一到为企业的发展上来，让职工明白企业在当前时期正在“做什么”和“怎么做”，集思广益，充分发挥职工的聪明才智，使每一位职工都树立“企业靠职工发展，职工靠企业生存”的理念，把职工和企业的命运紧紧地结合在一起。只有这样，职工才能和企业心往一处想，劲往一处使，同甘共苦，共度难关。

二、维护职工合法权益

越是在企业困难的时候，企业的发展受到阻力，往往个别企业领导不按照规定政策办事，为了保障企业的利益，出台了一些所谓是为企业发展，改革、创新的措施，这些措施在执行时多多少少就会侵犯职工的合法权益。这时候，工会组织就要切实承担起关心职工福利、劳动保险、劳动就业及女职工特殊权益保护等方面的职责和任务，从维护职工群众切身利益出发，把关系职工权益的工作做细、做好、做实，当好职工权益的维护人。

三、 创新工会工作方法

困难时期下，工会必须具备与时俱进、开拓创新的精神开展工作，要在当前复杂的客观环境中，以变应变，找准定位，标新立异，重点突破，体现出工会工作的特色性、灵活性和实效性，适应企业发展的需求。同时，工作必须要“做实”，讲究创新中突出重点，通过深入基层、深入职工，为职工讲实话、办实事，最大限度地调动职工的积极性、创造性。

职工业务素质的提升是企业发展的不竭动力和源泉，在企业困难时期，企业的发展要靠职工的素质提高来实现，工会组织要通过开展各种形式的劳动竞赛、技术比武等“创先争优”活动，把广大员工的积极性、主动性和创造活力调动起来，把全体职工的集体智慧和力量凝聚到完成企业各项目标任务上来，确保企业长足发展。

四、职工参与 共谋发展

工会参与监督，是社会主义国家赋予职工群众的一项民主参与、监督权利，作为企业工会组织，要切实维护好职工参与企业民主管理、民主监督的权利和义务，让职工了解企业发展现状。对于涉及到员工利益的重大问题更要由员工群众讨论通过，让员工参与决策，参与管理，增强员工的主人翁责任感，使员工明白当家作主的责任，更加爱护企业，关心企业的发展、前途和命运。同时，要求员工履行义务，为完成企业的各项目标而奋斗。

五、文体活动 陶冶情操

文体活动的开展是愉悦职工身心、丰富职工精神生活、放松职工紧张情绪的重要措施。开展健康向上的文体活动，不但可以满足职工群众精神文化的需求，还能增强团队精神，提高职工的参与意识，增强企业的凝聚力和向心力。尤其在企业困难时期，工会组织要结合自身优势和企业发展实际，开展丰富多彩的文体活动，并注重将开展文体活动与寓教于乐结合起来，使职工受到潜移默化的影响，为困难时期构建和谐企业创造良好的文化氛围。

六、打造“有困难找工会”工作品牌

做好困难职工帮扶工作，为职工办实事、解难事，是工会最基本的职责。在当前形势下，工会组织应站在职工的角度，从维护职工的切身利益出发，切实把金秋助学、帮扶慰问等关系职工切身利益的工作做细、做好、做实。建立起以困难职工帮扶中心为依托，自上而下的"有困难找工会"服务职工工作品牌，真正地为职工排忧解难，让职工认识到，不管在任何时候工会大家庭始终是他们坚实的依靠和避风的港湾。企业只有把职工群众真正地放在心上，职工才能为企业忠实工作，拼搏奋进。企业的发展离不开职工，职工的未来更离不开企业，只有企业和职工上下一心，共同努力，企业才能不断发展壮大，才能不断适应市场的发展，不被市场所抛弃。

【作者：河南能源集团鹤壁煤业集团五矿纪委书记兼工会主席】

沟通是化解矛盾的一剂良药

祁致祥

职工是企业的主体，他们的情绪好坏直接影响到企业的安全生产，对职工多一些人文关怀，强化心理疏导，有效化解矛盾，理顺情绪，是我们干部的基本职责。

当前煤价下跌、效益下滑，而部分干部职工对此轮市场危机的认识不够，成本意识、责任意识和忧患意识淡薄，过紧日子的思想准备不充分。因此，我们矿大力开展形势任务宣传教育活动，目的是号召广大干部职工正视危机，抱定必胜的信念，与企业同呼吸、共命运，肩负起企业发展的重任。

为针对性地做好思想政治工作，我们矿积极吸纳时代元素，切实改进宣传教育工作，以党支部为单元建立了 46 个职工家属 QQ 群，每个群指定专人负责，积极解答职工工作和学习上的疑难点，及时发布企业安全生产动态，宣传安全知识，让职工随时了解企业的动态，学习安全生产技能知识，化解各类矛盾纠纷，消除倾向性、苗头性的不稳定因素。

我们通过多种途径将安全不放心人归纳分类，主动与他们谈心，走访慰问，调整情绪，解决困难，因人施教，最大限度地将矛盾化解在基层、问题解决在内部。

与此同时，我们在矿内的管理信息网上开通了党委书记、矿长信箱，职工的想法、问题、疑虑、建议等都可随时与党委书记、矿长直接沟通，拉近了领导与职工的距离。

煤质提升、成本管控是共度时艰的关键。过去那种只管生产不管成本、只管出煤不管煤质的错误观念必须纠正。我们在干部层面做工作，强调全面成本管控重要性，将工作任务指标分解到岗位、人头，同时鼓励职工自觉加入，从节省一度电、一张纸、一滴水、一升油做起，把生产成本降到最低，取得了很好的效果。

【作者：山西阳泉煤业集团五矿党委书记】

浅谈员工队伍稳定与安全生产的关系

王少华

在中国航油新疆公司旺季生产即将来临之际，安全生产是我们各级领导干部必须认真考虑的问题，稳定是基石。"基石不牢，地动山摇"，尤其是生产一线职工队伍的稳定尤为重要。

职工队伍稳定，首先是职工的思想要稳定。职工思想稳定了，人的情绪才不会产生大的波动。职工在一种宽松和谐和心情愉悦的状态下工作，他们的专心程度和自觉自愿的接受管理的心境与被动接受大相径庭。因此，每个层级的管理人员，就如何稳定员工队伍，做好人的工作，需处理好四种关系。

一是要处理好人和事的关系。常言道："做事先做人"。首先，管理者要以身作则，通过言传身教做出表率；其次是通过耐心细致的工作，培养骨干、树立标杆，因人而异，最大限度地调动下属的工作积极性和创造性，让他们充分展示各自的才能，并适时给予鼓励，赏识他人的劳动，让职工感到自身存在的价值和尊严，更体面地从事各自的工作。当然，要做人的工作，不是一蹴而就的事情，更不是一件简单的事情。人的情绪波动，无规律可循。每个人的性格表现各异，喜怒哀乐不以管理者的意志为转移。因此，做人的工作的艰巨性和复杂性是显而易见的。只要我们每个管理人员把握好一个原则，"以人为本、公平公正"。一切简单粗暴的管理方式，都是行不通的。

二是处理好情和规的关系。没有规矩，不成方圆。以遵守规章、严明纪律为原则，以晓之以理、动之以情为方法。情不能代替制度，但制度也不是万能的。必须两者有机结合，特别是在处理一些棘手的问题时，我们每个管理人员与员工之间有效沟通尤为重要。在以理劝诫和以情劝诫之间寻找最佳切入点。既要让员工知道必须执行规章制度的理由和自己所担负的责任，又要满足员工受关注、受尊重、受欢迎的心理期盼。由表及里、由此及彼，以情感共振的方式，来达到劝诫的目的。

三是处理好奖和罚的关系。凡事，都有一个度的把握问题，奖励和处罚同样如此。我们在生产实践中常会遇到，对工作表现成绩突出的员工给予表彰和奖励，对工作不负责任出现差错和事故的员工给予批评和处罚。如果方法不当，效果肯定不佳。赞美员工要真诚，批评员工要诚恳。如果度把握的不好，那么其效果就不言而喻了。因此，方法尤为重要。奖励和处罚的形式多种多样，有物质的、也有精神的。如受奖者心情愉悦，挨罚者心理沮丧。得到奖励者未必满意，利益受损者也未必服气。因此我们必须学会平衡各方，既不要让使受奖者沾沾自喜，也不能让挨罚者由此而沉沦。让他们懂得，受奖者荣誉的背后还有多少同事在支持着他，挨罚者在出现问题后又有多少同事受到了牵连。总之，处罚不是目的，真心实意去帮助人、教育人、爱护人，树立集体荣誉感才是每个管理者追寻的目标。

四是处理好张和弛的关系。“团结紧张，严肃活泼”，是毛泽东主席在 1939 年为“抗大”的题词，是我军治军的法宝。在当今企业管理中也同样不过时。“张”要“张”的合理，“驰”要“驰”的有度。拳头收回来是为了打出去更有力，让员工在工作之余适度放松，有助于他们更好的工作。每个管理人员要体恤员工，真心实意关爱他们，为他们创造宽松的环境，让员工在紧张的工作中感到集体的温暖。同时也要员工在放松心情的过程中，感悟人生，实现真正意义上的“健康生活，快乐工作”。

员工队伍稳定，关系到公司的健康发展，关系到安全生产的持续稳定，关系到全体员工的切身利益。我们每个党员干部重任在肩，大家携起手来，为建设“幸福美丽新疆航油”，贡献自己的力量。

【作者：中国航油新疆公司党委书记】

搭建成长平台　提升班站长素质

——中国石油大港油田公司班组长协会创建成果

陈兰英　康德昌　王志红　李玉军

提升班站长素质，是激发班组活力，夯实企业发展根基的关键。多年来，大港油田公司班组长协会积极组织和带领广大班站长学知识、练本领、强素质、创一流，为油田的生产建设做出了突出贡献。特别是 2010 年以来，按照天津市总工会扎实推进职工素质建设创新发展工程的要求和部署，班组长协会着力发挥“大学校”作用，精心构筑学习、交流、创新三大成长平台，培养和造就了一支技能高超、创新有为的班站长队伍。

一、搭建三位一体学习平台，着力提升了班站长业务素质

本着掌握需求、创造条件、创新形式的原则，班组长协会在党政领导的支持下，努力搭建集中培训、自助成才、班组送教于一体的学习平台，多层次、全方位提升班站长的综合业务素质。首先，针对班组长素质的薄弱点抓好集中培训工作，先后开展了工艺技术、现代班组建设、企业文化、计算机操作等培训教育活动，有 700 余人次参加，还选派 11 名班组长参加了全国企业班组长岗位示范班培训学习，有效弥补了班站长业务知识上的不足。针对班组长的个性成长需求实施自助成才工程，建书社，开专栏，开展班组读书、导师带徒、推荐深造等活动，带动班站长自觉学习、自我提升，先后编写下发《怎样当好采油班站长》、《采注输班站实用手册》等书籍 3400 册，推荐 78 名班站长参加了专科以上在职学历教育。针对班站长岗位分散的特点开展送教到班组活动，各分会均成立了技术服务组，结合生产管理的难点和重点，及时深入生产现场传授油水井分析、标准化建设等实际经验，以点带面不断提高了班组长的生产管理技巧。今年，班站长中有 12 人走上了管理岗，15 人考上了技师，在央企大赛中取得了一金、两银、一铜的好成绩。

二、搭建异地异岗交流平台，着力拓展了班站长管理视野

为持续推进班站管理上水平，班组长协会积极搭建异地异岗特色交流平台，不断拓宽班站长管理视野。一是组织异岗交流。由总会在各采油厂之间开展跨区域横向岗位交流，由各分会组织本单位内部的纵向岗位交流，优选先进站与落后站进行结对帮扶，班站长在互换岗位中取长补短，缩小差距。截至到目前，已有 1/3 的会员参与了异岗交流。二是开展异地交流。组织班站长“走出去”，开展跨单位、跨行业、跨区域观摩交流活动，组织各班站长围绕“精细化管理”到百面红旗单位、优秀“五型”班组、安全示范岗观摩取经动，组织采注输协会与井下作业班组长协会开展了油水井作业管理沟通互访，切磋技术，共同为夺油上产出谋划策，协会还组织班站长到辽河油田、摩托罗拉公司参观学习先进的企业文化，为班组管理增添新鲜养分，大港油田公司目前已有 80%的班组成功创建为“学习型、安全型、清洁型、节约型、和谐型”的班组。

三、搭建三化三促创新平台，着力激活了班站长内在潜能

为进一步激发班站长的内在潜能，为企业发展献策出力，协会积极搭建了“三化三促”平台。一是强化参与促创新，激活科学管理的潜能。各分会利用周例会的机会收集、分析班组建设中存在的问题，定期开展纳言献策、制度研讨、创新工作法评比等活动，解决班组困难和问题 69 项，有效推进了班组科学管理的进程。二是细化考核促创新，激活精细管理的潜能。班组长协会结合班组实际细化考核内容，规范管理内容，帮助基层班站建立完善了自查自改制度，引入对标管理模式，大力选树和培养班站典型，不断提升班站的整体管理水平。三是优化竞赛促创新，激活创效管理的潜能。结合生产实际，大力开展“我想我井、我说我井、我爱我井”、“我们都是班站讲解员”、“挖潜增油我当先”、“金点子”征集等主题竞赛活动，2010 年仅班站长提合建 207 条，实施 158 条，抢救危险井 67 口，累计增油 5923 吨，共评选出合建小状元、管井小状元、拿油小状元 30 人。

大港油田公司通过发挥班组长协会组织的特殊优势，为基层广大的“兵头将尾”搭建起了成长成才的广阔平台，为班站的创新发展提供了强有力的人才支撑。

【作者单位：陈兰英　康德昌：中国石油大港油田公司
王志红　李玉军：中国石油大港油田电力公司】

强化党建顶层设计　助推企业科学发展

张　德

中国石化集团华北石油局三普石油工程公司（简称三普），始建于1955年2月，是一支以石油、天然气、地热资源的勘探开发专业性队伍。在半个多世纪里，三普在陕、甘、宁、蒙、青等九省区进行了石油、天然气及地热资源的普查、勘探和开发工作，在鄂尔多斯盆地石油天然气的勘探开发中，为共和国的石油事业做出了重大贡献，先后获得“全国科技重大贡献奖”、“地质找矿功勋单位”、“陕西省文明单位标兵”等荣誉称号，被誉为“鄂尔多斯雄狮”。

三普按照上级要求，于2012年年度改制转型，整体转为中石化股份公司华北分公司，从事油气田勘探开发生产保障业务和采油工作。三普紧抓华北石油局、华北分公司鄂尔多斯盆地油气增储上产大会战的大好机遇，三普党委围绕“投身大会战，实现大发展”的中心任务，紧抓“促生产、惠民生、保和谐”这一主线，广泛开展了各类党群主题活动，全面推进了党的思想、组织、作风、制度和反腐倡廉建设，有力推动了生产经营中心工作，实现了党建工作与生产经营的相融共进。

一、健全党建工作体系，强化党建工作系统性

全面布置起步有力。每年年初，三普党委通过召开年度党建思想政治工作暨党风建设和反腐倡廉工作会议，部署年度党建思想政治工作任务、各类党群主题活动，同时与各基层党支部签订《党支部工作目标责任书》、《党风廉政建设责任书》、科级干部及重点岗位《廉洁自律承诺书》。

制度保证强力推进。三普党委建立健全了一系列党建工作制度和工作台账，以党组织生活正常化、党组织活动常态化、基础工作规范化、堡垒先锋作用明显化的“四化工作法”系统推进基层党建工作上台阶上水平。每年年初各党群部门细化分解年度党委工作目标任务指标，经党委会议审议后，形成考核指标，将其纳入公司总的绩效考核体系，按季度硬考核、严兑现。这一举措促进了单位党建工作体系的进一步健全，调动了党群部门和每一位政工人员的积极性，保证每项工作都有布置、有跟踪、有落实，不流于形式。坚持党建工作与生产经营同步规划、同步部署、同步推进、同步检查、同步考核。

二、围绕中心分步实施，党政工作深度融合

多措并举实现安全管理目标。作为油气生产单位，三普党委高度重视安全工作。公司领导坚持每季度带队深入一线开展安全检查；基层党支部进一步深化“党员安全责任区”活动，发挥共产党员在安全生产中的先锋模范作用；进一步加强安全文化建设，征集筛选了三普安全文化条目，用文化引领安全工作；公司工会牵头在全体职工中开展了“安全歌曲大家唱”活动，促进安全理念深入人心；开展全员岗位风险识别与控制百日安全活动，通过层层识别，建立“危险危害因素识别与控制清单”，逐项制定防范措施，全面识别、全面防控、消除不安全因素，实现本质安全。党委将安全环保指标纳入党建工作责任制，实行“一票否决”，保证在高速、高效的会战节奏中实现HSE管理目标。

强化协作建立“大政工”格局。一是抓党员领导干部“一岗双责”。党委要求广大党员领导干部在履职中，要贯彻六个“一岗双责”（生产经营、安全工作、思想政治工作、党风廉政、稳定工作、队伍建设），党政齐重视、齐融合，带好队伍，推动企业发展。二是抓党群部门协作。在机关执行月度政工例会制度，旨在加强党群部门信息沟通，各部门汇报当月工作开展情况及需要重点解决的问题，研讨部署下一步工作重点。三是抓领导班子联系基层。通过建立领导干部基层联系点、领导干部接待日、领导干部安全督察与重点要害部位承包等工作，强化与基层单位的联系，掌握各类动态，做到党建思想政治工作有的放矢。通过以上三种手段，推动了有问题第一时间沟通、第一时间合作、第一时间解决的“大政工”格局。

三、深入开展主题活动，党建促发展效果凸显

为将全体党员、干部员工的思想和行动统一到单位发展目标上来，三普党委今年组织开展了“转观念、转作风，促稳定、促发展”的“双转双促”形势任务教育主题活动，加强党员干部思想、作风、能力建设的“三项建设”活动，以及开展岗位廉洁风险体系建设，通过以上主题活动有力推动了三普业务转型后快速适应上市公司的管理运行模式，快速建立起与上市公司相一致的激励约束机制、管理制度、考核体系、薪酬分配方式，快速投入到新业务发展上来，快速推动采油厂、油气生产支持中心及社区管理各项工作的全面有效开展，为鄂尔多斯油气上产会战再立新功。

打造高效机关服务基层一线。在加强学习、提升业务水平的基础上，机关实行差异化服务、制度化服务和人性化服务。对于可预见的生产需求做到超前准备；对于少见或不可预见的生产突发需求，实行“首问负责，限时办结”制度，每周生产例会通报督办事项进度，确定了“小事不过天，大事不过周”的办事准则，实行不定期“回头看”的工作方法，确保生产顺利推进。

四、践行群众路线，依靠职工办企业

牢固树立群众观点。在开展党的群众路线教育实践活动中，三普党委要求所有党员干部在思想上牢固树立一切依靠群众，从群众中来，到群众中去的思想观念；从行动上主动并善于听取不同意见和观点，特别是听取各种反面刺耳的意见。要求党员干部切实落实党中央改进作风的“八项规定”，以及带头强化落实“五个一”工作，即帮扶一户困难家庭、分包一名上访人员、联系一个基层单位、解决一件棘手问题及建立一项长效机制。

深入生产一线解决实际问题。党员干部通过深入到基层班

组一线，广泛听取干部群众意见，开展以解决实际生产经营中存在问题为目的调查研究，集中解决实际问题。三普党委要求党员干部职工“树立服务会战的思想，快速解决生产运行中的问题；树立服务基层的思想，积极解决基层单位反映的问题；树立服务群众的思想，有效解决职工群众的困难”这一理念贯穿党的群众路线教育实践活动始终，保障活动“对准焦、不散光，切实改进作风，解决实践问题”。

建章立制推动企业梦和职工人生价值的实现。三普党委通过系统梳理建立企业文化、企业发展愿景和人才发展规划，凝聚企业发展合力，打造公平、公开、公正的职工发展平台，以制度促进职工关心企业发展，以制度促进企业关注职工成长，为职工打造建功立业平台，在推动企业实现“千万吨 华北梦”的同时，职工体现人生价值实现个人梦想。

【作者：中国石化集团华北石油局三普石油工程公司党委书记】

浅谈企业政工干部应具备的素质

谢步云

当前，我国的改革开放和社会主义现代化建设进入了一个新的历史时期。社会主义市场经济体制的逐步建立和企业改革、改制、改组的不断深化，为我们开展思想政治工作创造了一个良好的社会环境。同是，随着深化企业内部改革的工作在国有大中型企业的全面推开，也给企业政工工作带来了不少新情况、新问题，对企业思想政治工作提出了更多、更高的要求，这种情况无疑在客观上也对企业政工干部提出了更高、更新的要求，那么，企业政工干部在涉及观念更新、机制转换、利益调整等诸多问题的时期，应具有怎样的素质，才能不断加强企业思想政治工作，保证和促进企业经济效益的持续稳定发展呢？我们认为新时期、新形势下的企业政工干部不仅应具有共产党人之德，而且应具有市场经济之才。

一、企业政工干部首先要具有共产党人之德——这是一个毋庸置疑的要求

政工干部要具有共产党人之德，具体而言，就是要拥有较高的政治素质、高尚的品德素质、较强的专业才能以及与改革开放形势相适应的能力。

（一）较高的政治素质是加强企业思想政治工作的前提条件和重要保证。

从事新时期企业思想政治工作的政工干部要想在为经济建设服务中发挥更大的作用，首先就要有的放矢地学习马列、毛泽东、邓小平原著，提高政治理论水平，同时要紧紧联系近年来的工作实际和思想作风实际，真正用党的理论武装自己的头脑，解放思想，转变观念，提高辨别重大是非的能力，坚定不移地贯彻和执行党的各项路线、方针、政策，而且理论联系实际，能够研究新形势下的新情况、新问题、有针对性地开展思想政治工作，从企业的实际出发来确定思想政治工作的内容和形式，政工干部要研究企业深化改革和生产经营过程中出现的新问题，要根据市场的变化和企业生产经营的发展及时加以调整思想政治工作手段方式。

思想政治工作只有在深化企业改革和生产经营中找准自己的位置，才能发挥出应有的作用，体现出自身的价值。企业思想政治工作者只有具有了较高的政治素质，才能发挥思想政治工作的超前作用，为企业深化改革保驾护航。

（二）高尚的品德素质是企业思想政治工作者必须具备的基本条件，也是市场经济条件下，政工干部经受住各种严峻考验，把共产党人的先进性在物质文明和精神文明中充分发挥出来的重要条件。

企业政工干部必须在思想上、形象上、行为上认准自身的角色，注重自身廉洁、作风正派、一心为公、言行一致、为人表率，不以权谋私、不假公济私，以模范的行为赢得人们的尊敬和信赖。唯其如此，才能够带动广大党员和群众在物质文明精神文明建设当中，立足本职、脚踏实地、兢兢业业、艰苦奋斗，为企业的经营和发展作出自己的贡献。政工干部在不断加强自身共产主义道德修养的过程中，也才能真正成为“一个高尚的人，一个纯粹的人，一个有道德的人，一个脱离了低级趣味的人，一个有益于人民的人。”

企业思想政治工作者只有具备了高尚的品德素质，才能面对日益发展的形势和日益变化的教育对象，摸清特征，掌握规律，运用规律，从根本上提高职工的思想觉悟和认识水平，激发职工不断产生积极的进取精神，引导职工以主人翁的姿态，关心企业发展，投身企业改革，进而形成强大的动力，使个人目标与企业目标结合起来，从而使思想政治工作成为企业贡献力量的动力源泉。

（三）较强的专业才能使企业政工干部增强思想政治工作有效性的决定因素。

政工干部要彻底改变在计划经济条件下形成的思维模式和思维方法，着力研究在社会主义市场经济条件下出现的新情况和新问题，要善于从企业的生产经营实际出发，创造性地提出思想政治工作的目标、任务和方法，以三个有利于作为思想政治工作的目标。

1. 要能够立足本职，拓宽政工工作思路，围绕企业改革、改组、改制和加强管理，深化对职工的思想政治工作内容，坚决克服忙于事务、流于形式、脱离生产经营、只做表面文章的倾向，一定要思想政治工作与生产经营工作结合起来、融为一体，虚实结合、务实求效。

2. 要能够在创新中开创思想政治工作新形式，注重为企业的生产经营办实事，通过对时间安排、具体实施、活动内容的灵活把握，教育党员、干部及全体职工树立正确的世界观、人生观、价值观，从而激发广大党员爱岗敬业的主人翁意识。使寻思想政治工作的作用和效果不仅体现在企业的思想、组织、作风建设上，而且体现在经济效益的提高上。

3. 尤其要清醒认识当前思想政治工作的当务之急，能够及时抓住职工思想上的疑点和热点，认准抓好思想政治工作的重点和难点。就煤炭企业来说，目前，围绕企业改革、减员分流、工资拖欠、下岗再就业等职工关心的热点和难点问题，政工干部一定要帮助职工认清形势、了解政策、转变观念、鉴定信心，使广大职工作到目标一致，同心同德，齐心协力，为使企业渡过难关、扭亏脱困、走出低谷，做出应有的贡献。

二、企业政工干部更要具有市场经济之才——这是一种不可或缺的素质

企业政工干部更要具有市场经济之才，这是针对当前市场经济形势，力求正确认识和把握时代特征而提出的。企业的中心任务是市场经营，企业思想政治工作的内容必须紧密结合企业的生产经营来确定。这就要求企业政工干部在具备了共产党人之德的基础上，另一方面还要懂经济规律，有科技头脑；懂经济政策，有全局思想；懂经营管理，有协调本领。

既然经济工作是企业工作的中心，同样也就是思想政治工作的中心。企业政工工作就必须以建立现代企业制度为目标，以保证搞好生产经营、提高经济效益为出发点和落脚点。围绕这个中心，政工干部首先要做到“三个破除”：

（一）破除思想政治工作和经济工作两张皮的观念，树立经济工作和思想政治工作相统一的思想。

企业政工干部应充分认识到思想政治工作与企业管理相互渗透、相互结合、目标一致。政工干部不但要注重学习和研究注重理论，而且还要进一步学习了解企业的技术、管理等方面的知识，积极参与生产经营的实践，熟悉、掌握企业的生产经营状况，提高为企业生产经营服务的本领，要真正打破过汽车头脑中的“专业”局限，注意在当前时期把重点放在熟悉经济工作上，从而增强政工干部参与企业生产经营的意识，使思想政治工作由“虚”到“实”，由“软”到“硬”，实现思想政治工作思想指导宏观化、目标管理制度化、教育方法社会化。

思想政治工作要面对现实，主动出击，做到“两大适应，四个体现”，即，适应时代特征，提高自身素质，实现自身价值；适应市场经济，增加风险意识，强化竞争意识。突出体现改革内容，反应改革总体目标；突出实现改革基本思路，把握改革趋势，使各项工作和改革趋于同步，突出体现改革的现实要求，是改革和职工利益、社会的发展有机结合，促进企业全面进步。发扬说实话、办实事、鼓实劲、出实力的实事求是的精神。

（二）破除思想政治工作单纯是做人的工作的老观念，树立思想政治工作要为经济工作和深化改革创造良好环境的思想。

思想政治工作的落脚点是“以人为本”，思想政治工作的对象是职工，企业政工干部必须着眼于企业的经济效益和职工在深化企业改革中焕发出来的积极性，既要坚持“理解人、尊重人、关心人、引导人”的思想政治工作原则，又要研究职工的心理、行为和需要之间的关系，在此基础上做好企业思想政治工作所承担的舆论导向、协调关系、理顺职工情绪的工作任务，同时必须切实拓展和加大思想政治工作力度，做到“思想政治工作要与职工思想动态相同步，思想政治工作要与企业生产经营相结合”。

为经济建设创造一个良好的政治环境是企业思想政治工作首当其冲的重要职责，企业政工干部要紧紧围绕生产经营这个中心，排除影响生产经营的各种因素和困难，科学地运用“超前主动工作法”，提前做好疏导工作，使职工的思想行为顺应社会历史发展的必然，达到思想上和政治上同党的基本路线始终保持一致，充分调动职工在生产经营中的工作积极性，并将其引导到搞好企业、提高经济效益上来，从而为生产经营提供强有力的精神动力和政治保障。

企业政工干部在自觉地为企业的改革和生产经营把握方向、增强动力、提高保证的过程中，通过充分发挥思想政治工作的作用，引导、带动和协调各方面的力量，最终造就适应建立现代企业制度要求的“四有”职工队伍，“讲求实际、讲求价值、讲求实效”，共同促进企业两个文明建设的持续、快速、协调发展。

（三）破除不适应经济发展的传统保守观念，树立改革和创新的思想。

在国有企业经营机制转换过程中，企业政工干部首先要研究和把握市场跳动的脉搏，在对企业功能的理解和操作上做一个根本性的转变。这就要求政工干部一是能够从纷繁复杂的具体事务中解脱出来，更新知识，通过学习和掌握当今先进的科学技术知识、管理思想和方法，使自己的思维尽快适应企业的改革创新。二要大胆探索、勇于实践。企业政工干部在具体的思想政治工作中，不仅要善于捕捉不同时期的热点，并且要通过帮助和引导职工群众正确认识和解决种种面临的问题，不断加强自身素质。国有企业在改制脱困的过程中，不仅要建立一个精干、高效的领导班子，培养一支清正廉洁的干部队伍，更需要造就一批既熟悉政工业务，又懂生产经营的干部队伍。要充分利用思想政治工作优势，在营造企业文化、增强企业凝聚力中发挥作用，从而带出作风过硬、开拓进取、能征善战的职工队伍。

企业政工干部要能够从根本上提高广大职工的思想觉悟和认识水平，帮助职工把握形势的走向，分析和解决深层次的思想认识问题；正确处理好长远和眼前的利益、局部和全局的关系。注意把物质激励、精神激励有机结合；特别是通过政工干部群体的努力，注意扭转当前企业中存在的“工人为钱干、干部用钱管、上下围绕钱转、一切向钱看”的错误思想。在企业面临严重困难的关键时刻，企业政工干部必须以实事求是的科学态度、改革创新的开拓精神、行之有效的正确方法，严格遵循思想政治工作的自身规律，积极探索职工思想政治工作的新途径，为企业扭亏增盈奠定坚实的思想基础。

思想政治工作是企业经营的生命线，在任何时候、任何企业都要摆在一个重要的位置。企业需要拥有“共产党人之德、市场经济之才”的政工干部，而培养和造就确实能适应市场需要的政工干部也将是国有企业摆脱困境的一项长期性、基础性的重要工作。

【作者：中煤平朔集团公司安太堡露天矿党委副书记 纪委书记 工会主席】

探索运用博客开展企业思想政治工作

张国来

良村热电政研会担负着河北省政研会《如何运用新兴媒体开展思想政治工作》课题研究任务。2010年11月，石家庄良村热电有限公司党委决定，向职工公开《张国来博客》征求职工意见，把握职工思想脉搏，了解群众诉求，有针对性地开展思想政治工作。经过近3年的努力，企业干部职工精神状态发生根本转变，生产经营业绩和精神文明建设取得双丰收，所承担的省政研会课题研究也取得可喜进展。我们认为，运用网络博客征求职工意见，是符合良村热电厂情的有效工作方法。我们深切体会到，运用网络博客与职工互动交流，一定要坚持实事求是、坚持群众路线、坚持正面疏导，才能保持网络博客的生命力，才能取得干部群众满意的效果。

坚持实事求是，说实话，不耍嘴皮子

党的十一届三中全会重新确立了实事求是的思想路线，为全面改革奠定了思想理论基础。实事求是是毛泽东思想的精髓，是邓小平建设有中国特色社会主义理论的哲学基础。我们以此为指导，从厂情出发，把握客观情况的变化，运用新兴媒体，有针对性地开展了思想政治工作。

良村热电是一家新建大型热电联产企业。2009年开始建设，现有职工493名。建厂初期，多数干部职工对大型电力企业的文化极不适应，表现为对贯彻规章制度有抵触情绪，对岗位薪酬极差有较大怨言，对高标准精细化管理不理解，甚至出现个别职工竞聘上岗后，又返回小电厂工作的现象。

2010年11月，中电投河北公司党组决定成立良村热电党委，任命我担任副书记主持党委工作。我情况不熟、人员不熟，需要调研。当时良村热电工期很紧，干部职工的精力不容分散。又想利用大家的业余时间聊一聊，听一听职工的意见。由于我同时兼任良村热电二期总经理，负责二期项目前期跑办工作，经常在外，怎么办？

运用网络博客征求职工意见适合良村热电实际。此前，我已在网易开通博客一年有余，主要用于亲朋好友间的交流。我体会，博客可随时记录自己的所思、所想、所感、所悟、所做、所为，可以与博友即时交流，不受时间地点、职位高低的限制，方便快捷，既可公开亦可隐秘，是现代生活中重要的交流沟通方式，很适合良村热电当时的实际。根据我的提议，公司党委研究决定，在公司网站公布了我的博客网址，职工浏览博客留言可用网名或匿名，不会暴露自己的身份，网上直接与党委书记交谈，就有信心畅所欲言，有胆量品头论足，有勇气点名批评，甚至敢骂一骂大街。因此，也能够听到职工群众最真实的声音。

要摸到真实情况，就要与职工群众交朋友。11月15日，博客公开的第二天，首发《把心交给职工》博文，期待与职工真诚互动，得到了职工群众热情回应。到目前，已发表博文180多篇，博客点击量超16万次，职工留言提出意见建议2000多条，多数意见建议被采纳办理，受到职工群众称赞，被《光明日报》称之为“和谐企业建设的润滑剂”。

我们深深体会到，与职工交流必须坚持尊重历史、正视现实，不回避矛盾，不掩盖问题，与职工群众推心置腹说实话，不说空话、不说套话、不说官话，才能取得职工的信任、理解和支持。《我有难处问职工》、《大家出出主意》、《拿中电投的工作，你准备好了吗》等一批博文，说实话、讲实理、吐实情，深受职工群众喜爱。

坚持群众路线，办实事，不做假样子

群众路线就是一切为了群众，一切依靠群众，从群众中来，到群众中去。群众路线是毛泽东思想的活的灵魂的三个基本方面之一。开展思想政治工作，坚持马克思主义基本方针，就必须坚持群众路线。

职工群众是创造社会财富的主体，是企业生产经营的骨干，是实施民主管理的生力军。职工群众对美好生活的期盼，是开展思想政治工作的方向。为职工群众办实事、办好事、解难题，调动职工群众的积极性，是思想政治工作的出发点和落脚点。

一切为了群众。在日常互动交流中，职工群众提出了大量工资待遇、劳保福利、食堂饭菜、班车运行、文化生活、教育培训、带薪休假、倒班洗澡、岗位晋级、职称评定等涉及职工切身利益的问题。我们通过博文《不是滋味》、《关于薪酬》、《我也说说定岗定薪》、《关于餐卡的争论》、《养老保险故事》等，及时一一进行解答，迅速予以处理，维护职工合法权益及正当要求。大量职工留言反馈表明，职工群众十分满意。

充分相信群众。良村热电多数职工是大专以上学历，政治素质、思想水平、业务能力很高。在博客留言中，不少职工反映企业发展、经营管理、党群工作、干部任免、举报违规行为等涉及企业整体利益的问题。我们充分相信群众，组织力量展开调查研究，制定改进措施，推进企业管理，并及时通过博客等渠道向群众反馈，取得了实实在在的效果。《职工有意见是好事》、《议杜绝违章、树良好学风》、《职工“三年”讲的是实话》等，就是针职工对管理中的意见而发表的。

一切依靠群众。群众的眼睛是雪亮的，群众是创造历史的英雄，一切工作离开了群众支持都会落空。自向职工公开博客以来，职工群众登录博客所提出的意见建议，不乏真知灼见。所有职工留言都原汁原味地予以保留，供大家浏览、交流、研究、讨论。《面对职工感受责任》、《厂区行车应自觉》、《大家说说怎样分蛋糕》、《议杜绝违章，树良好学风》等博文，充分依靠群众，引导职工讨论。通过群众讨论，达到了明辨是非、统一思想、凝聚力量的目的。

我们深深体会到，坚持群众路线就必须维护群众利益，为群众办实事、办好事，帮助职工解决工作、生活中遇到的实际困难和难题，决不能搞形式主义、摆官架子、做假样子。要让职工群众切实感受到组织的关怀、集体的温暖、领导的爱护。只有这样，才能充分调动职工群众的积极性。

坚持正面疏导，求实效，不搞花架子

正面教育疏导就是用马列主义、毛泽东思想和中国特色社会主义理论体系武装教育职工群众，这是当前开展思想政治工作的首要任务。只有掌握了马克思主义的思想武器，才能正确认识客观事物的本质和规律，才能树立起崇高的理想和坚定的信念，才能明确奋斗目标和前进方向。

当前，一些同志对网络存在畏惧心理，不愿甚至不敢运用新兴媒体开展思想政治工作。良村热电运用博客征求职工意见，顶着压力进行了艰苦的探索与实践。

倡导职工参与企业民主管理。职工博客留言中，有大量对企业管理的批评意见。我们认为，这是职工群众对企业的关心，是职工参与民主管理的热情，是群众对企业健康发展的期望。因此，我们没有消极堵塞，而是积极疏导，有效地唱响了主旋律，发挥了正能量。《与职工座谈》、《与新职工做游戏》、《博客留言—参与企业民主管理的好途径》、《总结演讲比赛的演讲》等博文，旗帜鲜明地倡导职工积极参与企业民主管理。

鼓励职工群众监督企业管理。由于管理人员素质参差不齐，任何单位在制度执行过程中都难免出现偏差。职工群众对管理过程的监督，能够保证制度沿着正确的方向贯彻实施，有利于企业健康发展。因此，我们予以积极鼓励。博文《过程要公平》、《这位职工的建议应予重视》、《XIXI 最美》、《关于二期建设问题》等，记述了这方面的情况。

支持职工群众与企业共成长。由于良村热电绝大多数职工缺乏大型机组的管理运营经验，头一年出现了多次非正常停运，给企业造成了巨大损失。职工迫切需要知识技能的学习更新，以适应企业生产需要。因而反映在博客中，就是职工对学习培训有强烈的期待，对学习培训安排有这样那样的意见。实际上，公司安全生产同样也需要提高操作工人的基本技能。职工的要求与企业的愿望是一致的，是相统一的。为满足职工的要求，促进企业发展，我们采取多种形式，高密度安排职工学习培训和实际操作，使广大职工的基本技能得到有效提升，企业安全生产实现了长周期运行，机组连续运行超过 200 天，企业效益稳步提高。发电分场集控操作是电厂的核心，集控操作水平是电厂管理水平高低的重要标志。2013 年，良村热电集控人员在中电投集团调考竞赛中，荣获了第二名的好成绩，标志着良村热电已经跻身同行业先进行列。《信心比什么都重要》、《维护分场的自信》、《欣闻集控获集团亚军》、《为“坐一望一”喝彩》等博文，就是给职工的成长进步加油助威。

引导职工群众为社会做贡献。职工群众期盼美好生活，是正当合理的愿望及要求。博客中同样有大量这样的信息。一些原东方热电岗位工资级差不大，到良村热电级差拉大了，有想法；一些岗位知识技术技能含量低，工资待遇相对也比较低，有意见；一些岗位相对重要，工作任务重、压力大，对提高待遇有要求。所以，职工留言对某企业“发展企业、富裕职工”理念高度认可，认为暖人心，很贴心。针对这一思想倾向，我及时发表《我看“发展企业、富裕员工”》博文，肯定这一理念。同时指出，再加一句“奉献社会”则更完美，引导大家在发展企业、富裕员工的同时，树立崇高理想，承担社会责任。

我们深深体会到，坚持正面疏导必须动之以情、晓之以理，既要“动情”，又要“入理”，更要注重实效。不能摆花架子，做表面文章。只有做到入心入脑、触及灵魂，才能凝聚人心、促进和谐、激发热情。

近 3 年来，良村热电广大职工热情参与博客互动，即时解决了大量涉及职工群众切身利益的问题，干部职工精神面貌焕然一新，勤奋工作、理性平和、积极向上成为企业思想主流。今年初，公司组织“博客互动这两年”征文比赛，全厂 293 名职工提交了征文，占职工总数的 60%。大家对博客征求职工意见给予高度评价，希望能够长期坚持，为职工群众排忧解难，共同期盼良村热电更加美好。我们把 290 多篇文章编辑成《共同的实践》内部资料，印发全厂职工学习交流，对统一职工思想，凝聚群众共识，促进企业发展发挥了积极作用。2013 年 10 月，又正式出版 42 万字专著《拨动心弦----用新媒体开展思想政治工作的探索与实务》，全面回顾总结了良村热电 3 年来运用博客开展思想政治工作的探索与实践，分发到公司全体干部职工，对良村热电深入开展党的群众路线教育实践活动，必将产生积极的促进作用。

【作者：河北省石家庄良村热电党委书记】

“三集五大”架构下人力资源柔性管理的创新及实践

游步新　周焰

2011 年，重庆市电力公司被国家电网公司确立为“五大”（大规划、大建设、大运行、大检修、大营销）体系综合试点单位。按照市公司的统一部署，江津供电局积极行动，高质量完成“五大”试点任务。江津供电局在企业变革过程中，紧紧抓住“人”这个核心，在企业人力资源管理中实施柔性管理。通过“差异化培训”、“后备干部助理制”、“积分量化绩效管理”、“用心工作、快乐生活、感知幸福’企业文化主题实践活动”等创新举措，从内心深处来激发每个员工的内在潜力、主动性和创造精神，使员工自我价值实现与企业发展目标相融合。

柔性管理实施的关键点

有研究表明，人类具有四种基本的情感需求或驱动力，即"获取、结合、理解和防御"，而这些驱动力正是我们一切行为的基础。管理学中的员工激励"四力模型"即来源与此。要想充分激励员工，管理者就必须同时满足所有四个驱动力。事实上，每个情感驱动力都可以用不同的组织杠杆最有效地加以满足。江津供电局的柔性管理正是将"四个驱动力"作为实施关键点，一系列管理措施恰恰体现了满足这四种驱动力的不同的组织杠杆，从而使员工的积极性得到最大程度的发挥，为"三集五大"建设的顺利推进产生了积极的促进作用。

"柔性管理"是相对于"刚性管理"提出来的。刚性管理是以控制、规章制度、惩罚等手段为特征，有浓厚的强制色彩。而柔性管理，本质上说是一种对"稳定和变化"同时进行管理的新战略，核心是"以人为中心"，其最大特点是从内心深处来激发每个员工的内在潜力、主动性和创造精神，使他们能真正做到心情舒畅、不遗余力地为企业开拓优良业绩。柔性管理与刚性管理并不互斥，而是互为补充。刚性管理强化的是员工的执行力，柔性管理则是强化员工的内在驱动力。

差异化培训

（1）具体做法

采用一种新型的人才培养模式——"三融合"差异化培训，培养"一岗多能"专业人才。所谓"三融合"，一是融合各专业、各层级，制定专项培训计划；二是融合多种培训形式，实施特色差异化培训，并将业务培训和业务调整协同推进；三是融合培训效果考评方式，确保培训质量，保证业务顺利移交和平稳过渡。具体来讲，差异化培训包括"计划—培训—评估"三个阶段。

①计划阶段。推行的差异化培训体系对于培训人员进行了更为精准的细分。例如，在培训之前，人力资源部门为每个参加培训的员工准备了一张员工卡片，上面详细记录了该员工的基本信息、工作历史情况、已有技能和将去职位的需求。对参培的各岗位人员进行逐一分析，制定出差异化的培训计划。

②培训阶段。根据制定好的个性化培训计划，统一安排培训的顺序和流程。培训的形式多种多样，除了不同工种的员工间开展交叉培新，还有针对业务调整涉及面广、工作流程复杂、人员培训量大的特点而开展的分业务内容、分时段的专项培训。同时，还根据业务的特点进行现场培训、系统操作、集中讲课、事故流程模拟等多种培训形式来保证培训的实效性。

③评估阶段。评估方式主要有三种，一是以业务流程推演来考评培训人员，二是理论考试和现场抽考相结合，三是对培训效果进行周统计、月考核，跟踪各层级参培人员的培训效果，将考评情况反馈到人力资源部及员工所在部门，并将考评成绩记入员工个人培训档案。

（2）实例剖析

按照"大检修"体系建设改革要求，江津供电局结合继电保护、自动化、直流、仪表四个专业的实际情况，组建了集人才技术、专业管理、生产装备于一体的集约化、专业化、扁平化的大二次班。

二次班通过"拟定计划、实施培训、现场考核、开展实施"四个关键环节，循环推进大二次专业的不断融合，具体实施步骤如下：

①制定针对性的差异化培训计划。根据二次专业人员的技能水平、专业特长，每季度制定与个人岗位标准相符的针对性培训计划。培训计划制定后由主管部门共同审核，直到审核通过为止。培训计划的审核制度是保证培训方案合理、可行的必要措施。

②专业理论讲授与实践操作培训。理论讲授方式以课件讲授为主，使待培人员对所接触工作有整体、系统性的认识。实践培训主要设在新站或新间隔调试现场，使待培人员能够安全、系统的接触工作设备。培训过程严格执行标准化作业流程管理要求，培养专业人员的安全意识，树立良好的工作习惯。

③联合开展现场考核。待培人员培训期满后，进行现场考评。考评专家由局安监部、人资部、运检管理部等相关人员担任。对未能够在规定期间内满足考评的人员，班组对其进行强化训练和专项提升，使其达到岗位工作标准。

④下发考评合格书。根据现场考评结果，成绩合格者，下发考评合格通知。考取合格证书的待培人员开始负责从事与培训内容相关的二次工作。

后备干部助理制

（1）具体做法

自 2010 年 8 月起，江津供电局开始实行一种新的干部培养方式——后备干部助理制。这种培养方式改进了原有的后备干部选拔模式，通过以公开竞聘方式为主的选拔渠道，将综合素质良好、业务技能过硬、具有一定管理水平的干部聘任为部门或车间的主任助理，给平台、加担子、增动力，让其在专责岗位，以主任助理身份履行中干副职管理权限，兑现相应的绩效待遇，激发后备干部工作能动性。公开竞聘的方式增强了员工的公平感，极大地激发了优秀员工的干劲。同时，"且备且用"的后备方式也让企业能够在实践中进一步考察干部候选人，让他们在实际工作中证明自己的能力，同时最大程度地发挥员工的积极性为组织创造价值。

（2）实例剖析

"后备干部助理制"的实施，加强了江津供电局的干部队伍建设，一批优秀人才脱颖而出。比如：刘和志，原变电运检工区主任助理，现变电运检工区副主任。该同志在担任主任助理期间，充分发挥领导作用和带头作用，为重庆市电力公司首座智能变电站（110 千伏杉树智能站）的安装和调试做出了积极的贡献。同时，以主任助理身份分管创新工作室创建，举办智能电网培训 10 余场次，编制公司智能变电站二次设备规范 5 个，在 Ei 核心期刊发表论文 1 篇，在第五届中国国际供电会议中发表英文论文，培养出 5 名智能变电站调试运维高精尖人才。

全员绩效管理

（1）具体做法

按照"效率优先、兼顾公平"的原则，江津供电局完成了对原有绩效制度的修订，出台了《全员绩效管理办法》及相配套的《组织绩效管理办法》、《员工绩效管理办法》，并制定出台了包括驾驶员和炊事员等社会通用工种的薪酬管理办法。对绩效指标体系、绩效管理周期、绩效管理过程、绩效评价结果应用等作了详尽规定，务求将绩效管理作为分解、传递全局经营责任和压力的重要管理举措，全面提升工作效率和管理水平，真正将绩效与业绩挂钩。

（2）实例剖析

在“五大”体系的“大营销”建设方面，江津供电局成立客户服务中心，优化业扩报装流程，实施营销“一口对外”，电费账务、稽查业务实现集约化管理。在此过程中，特别开展了业务风险分析，根据“大营销”建设后的职责和业务流程调整情况，重点在人员稳定、政府对接、电费回收、业扩报装、客户服务、横向协同等6大类21小类方面仔细进行风险分析并逐一制定管控措施。同时，为加强营销工作的绩效管理，专门制定了《营销差错考核办法》，对营销管理方面的“用电检查专业、电费专业、营业专业、优质服务专业、稽查专业、计量管理专业、市场开拓”等7个专业25类工作进行了详细规定，规范营销服务行为，并将绩效指标分解到班组，落实到个人。周密全面的营销绩效管理举措，激发了员工的积极性，使江津供电局经受住了“大营销”构建过程中职责、业务流程调整带来的考验，实现了改革期间服务质量的进一步提升。

“用心工作、快乐生活、感知幸福”特色文化实践

（1）具体做法

江津供电局在“五大”体系建设过程中，紧紧围绕重庆市电力公司提出的“加强文化融合、选树先进典型、开展特色文化实践”的部署，有针对性地开展“用心工作、快乐生活、感知幸福”主题活动，活动贯穿全年，从3个方面，11个大项，25个小项，引导员工正确对待个人幸福、个人发展与企业发展的关系，将对幸福的感知建立在爱岗敬业、忠诚履责上，体现在用工作成果来实现自我价值上。通过活动，对内让员工感受到企业是一份事业、一个平台、一个家；对外让客户、合作伙伴感受到高效专业的业务水平、周到细致的服务标准、严谨敬业的工作态度。

（2）实例剖析

“用心工作”主要关注员工的工作领域，而“快乐生活”和“感知幸福”则将对于员工的帮助与关怀从工作层面延伸到了生活中。具体来说：

“用心工作”主要是通过开展“三个用心”（全体员工用心做事、领导干部用心沟通、政工人员用心发现）专项工作，打造共产党员创新工作室、开设“帅乡靓电”讲坛等员工成长通道，真心为员工办实事、好事，持续改善一线员工工作、生活环境等，让员工全身心投入到工作中。

“快乐生活”是指关心员工身心健康，引导员工树立健康的人生观与价值观，与社会相适应，与环境相和谐，进而提升员工个人生活品质。通过开展员工心理辅导、个人形象设计、健康生活方式、安全驾驶技能培训、各类文体活动等，帮助员工更快乐地生活。

“感知幸福”是指从心理层面帮助员工更好的感知幸福，包括开展关于幸福感的问卷调查，了解员工需求，以及与幸福主题有关的牵手成长、大家谈、晒幸福等活动，倡导正确的幸福观，进一步引导员工正确对待个人幸福、个人发展与企业发展的关系，将对幸福的感知建立在爱岗敬业、忠诚履责上，体现在用工作成果来实现自我价值上，保证队伍稳定、干群和谐。

柔性管理模式实施取得的成效

促进了“三集五大”体系建设的顺利推进

在“三集五大”体系建设过程中，江津供电局广大干部员工任劳任怨，无私奉献，用集体的智慧和力量破解各种难题，确保了综合试点工作务期必成。大规划方面，建立起覆盖各电压等级、各专项、各层级的统一规划体系，实现电网规划启动、审查、成果发布三个环节集中归口。大建设方面，规范电网项目管理，实现项目建设管理和实施环节的“管办分离”，10千伏新建项目实现三个关键环节管控。大运行方面，推行调度运行和设备监控业务一体化，实现通自信息专业大融合，电网实时运行状态管控能力进一步增强。大检修方面，实现输变配设备管理专业化、集约化，运维一体化稳步推进。大营销方面，优化业扩报装流程，实施营销“一口对外”，电费账务、稽查业务实现集约化管理，营配彻底分离取得初步成效并成为市电力公司的典型经验。2011年11月15日，江津供电局“五大”体系建设通过市公司总体评估验收并受到了高度评价。

推动了企业各项工作齐头并进、蓬勃发展

据统计，2011年江津供电局通过开展特色差异化培训，参培人员达到300余人次，培训项目达70余项。通过差异化培训，培养“一岗多能”的专业技术人才，最大限度地挖掘了人力资源存量，尽快实现了各岗位人员的角色转变。“后备干部助理制”实施至今的一年多时间里，江津供电局已产生8位主任助理，其中有5位主任助理已被提拔为中层干部。

【作者单位：国网重庆江津供电公司】

“3E”人才培养模式　给力一流企业建设

赵晓东　李雪忠

人才，即“人中之才”，有谋事之才、谋略之才、将帅之才、栋梁之才等等，一国人才的众寡影响着国家的兴衰存亡，一个企业的人才优劣则关系到企业的发展成败。在当今时代，企业的核心竞争力越来越表现为对人才的培育、拥有和运用能力。因此企业要想实现科学、健康、可持续发展，必须高度重视人才，努力做好人才的选拔、培养和管理工作。

华电内蒙古能源有限公司包头发电分公司（简称“华电蒙能包头公司”）是中国华电集团公司在内蒙古投资建设的规模

最大的优秀火力发电企业，公司人才现状存在以下几个特点：一是员工队伍比较年轻，总体素质较高，可塑性比较强；二是员工技术技能水平不高，经验不足。三是人才队伍的整体数量和质量不能满足企业发展的需要。于是，公司于 2008 年启动了全员素质提高工程，从深入调研分析员工队伍现状和企业发展需求入手，制定了多项强化岗位培训、提升员工技术技能水平的措施，但是事倍功半，并未得到全体员工的积极响应，收到的效果也不够理想。2009 年初，公司对以前年度的员工培训和人才培养工作进行了全面认真的分析，发现在人才培养工作方面亟待解决四个问题：

1. 员工参与培训的积极性不高
2. 员工队伍自我训育能力不强
3. 才成长和激励机制不够健全
4. 培训效果缺少检查和评估

为了破解人才培养和激励过程中遇到的难题，公司结合实际，从基层调研、立项、做样板入手，通过反复的实践、修正，逐步构建起了“3E”人才培养模式。

“3E”是指人才培养的保障机制（ensure）、活力（energy）机制和评价（evaluate）机制。“3E”培训模式就是从完善培训的保障机制入手，通过各种有效手段为培训和人才培养注入活力，最后以科学的评价机制实现管理的闭环。保障机制是培训模式的基础模块，为人才培养提供必要的机制保障，此环节我们倡导的是“个性化”，即根据人才的不同特点进行个性化的、有针对性的培养；活力机制是培训模式的支柱模块，为人才培养提供激励和动力，此环节我们突出的是“自主化”，即主要立足和充分挖掘企业内部资源，通过传帮带的方式进行培养；评价机制是培训模式的核心模块，为人才培养取得实效提供有效的检验和评价，此环节我们强调的是“标准化”，即以科学的标准化的评价体系，对培训效果进行评估和检验。

（一）保障机制

完善的保障机制是人才培养取得实效的前提和基础，此模块是系统的基础模块，特色项目是人才素质测评、培训学分制和疏通人才成长通道。

1. 人才素质测评

知人才能做到善用，因为不同的个体有不同的特点、不同的潜质、不同的兴趣爱好，所以人才培养首先要了解人才的特点，再根据其特点，帮助人才选择不同的发展方向，设计不同的培训内容。人才素质测评是帮助企业进行人才鉴别、分析，实现科学选才、用才、育才的有效方式，也是实施人才差异化与个性化培养，提升培训和人才培养效果的必要手段。

公司结合 80 人才工程的开展，从 80 后的年轻人入手，开展了人才素质测评。测评通过调查问卷的形式，从 16 个维度对这些年轻人的性格优势、劣势、团队角色、适合的工作等进行分析和评价，指出其潜在的能力和缺陷，并提出发展建议。人才素质测评主要有以下用途：一是有助于提升培训效果。企业可以根据不同人才的素质特点设计不同的培训方式和培训内容，从而做到因材施教，从根本上解决以往培训吃“大锅饭”、收效甚微的问题。二是有助于人才选拔和使用。传统的选拔方法一般都有很强的主观性和随意性，往往导致员工不适应岗位工作、人浮于事的不良后果。使用人才测评技术，可以全面了解人的素质，能够做到因事择人、人职匹配。三是有助于建立人才素质档案。除了传统的自然信息之外，人才素质测评还可以帮助企业掌握人员的能力水平和个人特点等信息，建立全方位的人才素质档案。四是有助于员工自我认识和发展以及管理者的工作开展。对于个人来说，人才测评可以帮助个体了解自己，从而在实践中扬长避短，有助于个人职业生涯设计，实现更好的自我发展；对于管理者来说，可以帮助其迅速的了解下属的实际能力，并为人员培训提供诊断性信息。

2. 培训学分制

培训学分制是人才素质测评的延伸，其设计思路是借鉴高等学校的学分制课程设计思想，对于不同的培训课程设计不同的学分，课程分为必修和选修两种，员工可以根据自身的需要和兴趣爱好参加公司、部门、班组组织的培训，赚取学分，员工获得学分的途径有参加公司培训、外出学习进修、自己设计制作课件、讲课以及自学等等。员工参加培训需达到一定的出勤率，同时考试合格才能计人学分。公司对每个岗位都有对应的学分要求，每半年进行一次学分考核，年终进行整体评定，没有达到学分要求的员工，不能通过年终考核，晋升、评优、奖金都会受到影响。公司建立人才培养数据库，随时掌握每位员工培训履历和档案，定期组织优秀学员和优秀团队评比。

学分制不但从机制上保证了员工能够按照公司要求接受必要的培训，而且有以下几个特点：一是员工能够根据自身的发展需求选择课程，使课程更具实用性和针对性；二是员工能够根据企业的工作部署和个人工作的轻重缓急，选择学习时间，避免学习和工作出现矛盾，做到工作学习两不误、两促进；三是通过将学分与奖励挂钩，充分激发员工学习的积极性和主动性，变“要我学”为“我要学”，提升了培训效果。

3. 疏通人才发展通道

受到长期的管理体制、机制的束缚和官本位思想的影响，企业人才成长通道十分狭窄，各种类型和特点的人才只能谋求行政管理通道的晋升和发展，这一问题容易引发两种现象，一是有能力的人都想方设法向行政通道发展，造成千军万马挤独木桥，员工发展通道形成狭窄的“h”型；二是技术、技能人才得不到应有的重视，薪酬待遇长期没有提升，流失情况日益严重。

作为生产型企业，发电厂对技术、技能型人才的需求是长期的、刚性的，如果不能及时打通技术、技能人才的成长通道，培养和建设自己强有力的技术、技能人才队伍，将会在很大程度上威胁到生产的安全稳定，甚至影响企业的可持续发展能力。因此，打破人才发展瓶颈，为专业技术、技能岗位开辟发展通道，建立“H”型员工职业发展通道，解决企业发展的人才急需，成为公司人力资源管理需要破解的重要课题。

为了拓宽员工职业发展通道，公司开展了三届首席工程师和一届首席技师的评选。针对首席“有职务、无实责”的问题，进一步明确了不同通道专业技术、技能职务的任职资格、职责和评价标准，建立了专业技术、技能通道职务评聘和业绩考评体系，例如：明确规定了“首席工程师每季度参加总工程师组织的技术汇报会，每半年进行一次全面的工作总结，每年至少解决一项专业技术工作中的重大技术问题，完成技术报告不少于2篇，授课不少于24学时”等。除了技术、技能通道外，公司还建立了专兼职培训师-内训师-管理咨询师-项目经理的成长通道，并在此基础上，为各岗位疏通晋升通道，建立成长矩阵，使所有的人才都能找到适合自己的发展路径，踏上成长的“快车道”。

（二）活力机制

此部分是系统的核心模块，为人才培养注入活力、提供动力。主要内容有：内训师培养、OJT两部分。

1．内训师培养

内训师是为企业内部员工进行培训的授课老师，他们能够根据企业的培训需求，为企业量身定做培训课件，开展不同形式有针对性的培训。包头公司内训师最大的特点是“来自于员工、服务于员工”。

公司的内训师的培养起源于结合学习型企业建设创办的“员工讲坛”。所谓员工讲坛顾名思义就是让员工走上讲坛成为讲师，为台下的员工讲课，讲课的和授课的都是员工。员工讲坛开讲后收到了意想不到的效果，受到了员工们的广泛欢迎。于是，公司开始着手培育自己的内训师，2011年，公司从各专业精心挑选了一批专业技术精、表达能力强的员工，组建了自己的内训师队伍，并与专业管理咨询公司合作，组织了四期内训师专训，20名优秀内训师取得资格认证。目前，公司已将内训师的培养范围扩展到各个专业和部门，越来越多的管理人才和技术能手加入了内训师的队伍。

员工走上讲坛成为内训师之所以受到欢迎，主要有以下几个原因：一是讲课内容贴近实际，内训师来自于员工，最了解员工的培训需求，其课程设计都与日常工作息息相关，是员工们能够用到和愿意了解的知识、技能；二是讲师与学员之间容易建立起良好的关系。培训成功很大程度取决于讲师与学员之间的关系，内训师都是公司某方面的专家和技术能手，令员工信服，同时又能够与员工进行坦诚交流、灵活互动，为培训成功奠定了基础。三是内训师的产生为广大基层员工树立了榜样。2010年8月，汽机检修班检修组长王广富走上员工讲坛，他收集了大量一手的照片和数据，以自己的亲身经历，用讲故事的方法为大家讲解了汽轮机轴瓦检修的全过程和工艺要点，员工们说“广富平时不多说话，讲起课来却头头是道，看来咱们一线工人也能站在台上讲课！”内训师培养工作告诉我们：要相信每个人都是一座沉默的火山，都有机会爆发，人的潜能是无限的。

2．OJT

OJT（on the job training）是在岗培训的意思。公司的在岗培训包括师带徒、实操培训、技术讲课、技术比武等多种形式，OJT的特点是在具体工作中，双方一边示范讲解，一边实践学习，有不明了之处当场询问、补充、纠正，还可以在互动中发现操作中的不足之处和不合理之处，共同改善。以下是公司OJT开展的两个特色活动。

（1）金牌师徒评选

中国几千年文明的传承，有着自己特殊的延续方法，身怀技艺的师傅招收学徒工，让他们一边工作一边学习，这就是所谓的“师带徒”。由于师带徒一不需要企业多大的投入，二不影响正常工作和业务的开展，所以也成为现代企业员工岗位成才的最有效捷径之一。

针对以往师徒合同流于形式的问题，公司对师带徒活动进行了规范，一是签订合同的师徒要立足工种要求和各自的特色所长详细制定培训方案和计划，建立师带徒培训档案；二是人力资源部每月对师带徒合同执行情况进行检查，按照工种分类定期组织师傅和徒弟召开阶段性总结、交流会；三是培训期满之后，人力资源部要会同师徒所在部门就徒弟在岗一年工作的态度、思想、理论水平、专业技术水平、熟练程度、分析解决问题的能力、创造能力等进行检查、考核，通过笔试、面试、特色陈述、现场考问等形式，经部门、公司两级筛选，评定出“金牌师徒”。

（2）可视化实操培训

随着电子信息技术的不断发展，可视化教学以其形象、生动的特点轻而易举的战胜了纸质教材，受到了越来越多人的青睐。可视化操作培训是将设备检修或运行巡视、操作的全过程以图片或录像的形式制作成幻灯或者录像短片，配以详细的操作步骤解说，将抽象的操作文件包、工作票变成了可视化的教材。一方面使得对操作的说明更加形象、细致，便于理解和掌握，另一方面也使一些刚入厂的员工能够看到设备的起停、解体过程和内部构造，在很大程度上提升了实际操作的培训效果。

在《前置泵检修操作详解》这一视频培训课件的制作过程中，我们的内训师从制作脚本开始，对教材进行全方位的设计和构思，发动自己的员工充当摄影师、解说员，一线操作人员成了演员。培训教材投用后收到了意想不到的良好效果，大家都说这样的教材生动、实际，是员工们的“原创”经典教材。

（三）评价机制

评价机制是检验人才培养工作效果必要和有效的一环，此部分是系统的核心模块，主要包括：岗位知识技能标准和能力胜任模型两部分。

1．岗位知识技能标准

岗位技能标准是岗位任职资格系统的一部分。岗位任职资格系统简单地说就是对符合岗位要求的人进行多维度的描述，明确什么样的人适合某一岗位。明确岗位任职资格是人员招聘配置、员工培训开发、岗位业绩评价等工作实现标准化的基础。

公司建立的岗位技能标准是对某一岗位应具备的基础知识、专业知识、专业技能、问题处理能力等以文字和表格的形式予以明确，以设备维护部汽机检修泵专业岗位知识及专业技能标准为例，该表全面反映了汽机检修泵专业各岗位应掌握的知识和技能，知识包括基础知识和专业知识两部分，基础知识有安全知识、管理知识、创新知识和企业文化等，专业知识则详细的描述了各岗位应该掌握的关键知识点，例如凝汽器的结构及检修工艺等。各岗位应掌握的技能，包括关键实操技能和关键缺陷处理两部分。评价标准则用简单的★、☆、◇等符号代替，分别表示熟练、掌握和了解。这样，我们可以对汽机专业班长、技术员、组长、检修工等所有岗位的知识、技能等级要求有一个非常全面和清晰的了解。管理岗位知识技能标准与之相对应，例如人力资源专责应具备的能力包括招聘问题的设计能力等。

该标准主要解决了以下几个问题：首先标准确立后，每个专业和班组可以将人员实际掌握的知识、技能状况填入表中进行对比，找出差距，从而有针对性的制定培训计划和方案。其次是解决了培训的标准问题。表格明确了每个岗位对每一项知识、技能的掌握程度，例如对于"阀门的研磨"这项技能，组长是应该熟练，而检修工只需掌握即可。三是可以非常直观的检验培训效果，公司在进行培训效果检验或人员选配时，只需对照标准进行考评。

2. 能力胜任模型

现代企业竞争愈演愈烈，企业的利润来自于业绩，业绩来自于绩效结果，绩效来自于员工的工作能力。那么能力是什么？员工的能力达到什么标准才能胜任岗位？不胜任的存在哪些问题？应该从哪方面培养？为了解决这些问题，公司启动了岗位能力胜任模型的建立工作，以基层管理者——班组长为样板，建立了能力胜任模型。模型从工作业绩、学习能力、创新能力等方面对班组长进行量化测评。以集控运行班长的素质能力模型为例，其工作业绩占总评价成绩的70%，工作能力占20%，学习能力和创新能力各占 5%。其中工作业绩包括安全指标、巡检质量、定期工作、生产指标等，涵盖了其岗位的主要工作内容，并用能够量化的数据说话，例如：巡检发现的缺陷数量，7S 问题点的数量等等。

按照打分结果，我们绘制了雷达图。将评价结果以坐标的形式在雷达图中直观的表示出来。同时通过雷达图对班组长的能力进行横向和纵向两种比较，横向比较是对相同工作性质的不同班组测评结果的比较，纵向比较是对同一班组长不同时间段评价结果的比较，通过两种比较不但可以看出每个班组长的优势和短板，还可以看到班组长在某一方面的进步和提升。通过对所有雷达图的分析比较，还可以发现班组长在某些方面普遍存在的欠缺，为强化培训、改善管理提供了非常有益的参考。

经过两年时间的努力，"3E"人才培养模式初步建立，工作也取得了阶段性成果，主要体现在以下几个方面：

（一）员工队伍素质不断提高。

通过人才训育机制的不断创新，员工队伍素质得到了快速有效的提升。从学历状况看，拥有专科以上学历的占总人数的比例由原来的67%提高到 74%，从技能状况来看，高级工占总人数的比例由原来的 29%提高到 38%，技师人数由原来的 4%提高到 6%，公司有 4 人取得高级技师职业资格。公司已经通过认证的内训师有 20 人，正在培养的有 32 人，通过审核的优秀课件 59 个。公司有 75 人经过专项培训得到岗位的提升，34 人通过师带徒取得了岗位技术能手或在区域、系统组织的技术比武中获得名次。

（二）生产经营业绩逐年提升

企业的发展和业绩的提升依托于人才培养、激励机制的不断创新，在"3E"人才培养模式构建的两年里，员工之间、班组之间、部门之间逐渐形成了一种"比学赶帮超"的良好氛围，通过岗位之间、班组之间、区域内和行业内的管理、技术和学习对标，公司的生产经营业绩不断攀升。综合供电煤耗由 2009 年的 327.63 克/千瓦时，降低到 2012 年的 303.69 克/千瓦时；综合厂用电率由 5.96%降低到 5.69%；企业利润由 1.55 亿元增加到 2012 年的 3.31 亿元。公司#2 机组被集团公司评为标杆机组，并在全国火电 600MW 级机组能效对标及第十五届年会获 600MW 级亚临界机组一等奖。

（三）创新改善能力显著增强

在公司人才训育系统强有力的支撑和助推下，公司的管理创新工作不断涌现出新的成果，从 2009 年的 7S 管理，到 2010 年的星级班组创建，再到目前正在推行的精益价值管理，员工的改善能力不断增强，创意创新不断涌现，两年间共征集合理化建议 660 条，落实 252 条，发布损耗改善 30 项，产生经济效益 700 多万元。两年来，发表科技论文 32 篇，开展 QC 活动及技术创新 44 项，为公司创造经济效益近千万元。公司荣获全国质量管理活动优秀企业，9 项成果受到全国、自治区的表彰。

下一步，公司将把人才培养创新继续推向深入。主要做好以下几项工作：一是进一步丰富培训资源，提升培训效果和效益。一方面对照岗位知识技能标准，努力完善可视化培训教材、试题库等培训资源，提升培训效果；另一方面努力将培训成果转化为企业效益，积极培育更多的科技、创新成果，带动企业核心竞争力的提升。二是进一步开展人才库建设，培养一流的后备人才梯队。对所有的员工进行人才素质测评，摸清员工的性格特质、技能专长、兴趣爱好，全面完善人才素质档案和人才库，同时结合公司发展需要和岗位需求，帮助其选择适合的目标岗位，开展有针对性的培训，建立完整的后备人才梯队，为公司的后续发展做好充足的人才储备。三是进一步提升在职教育的规范化水平。依托内训师团队，借助首席工程师以及区域、行业内的专家力量，创办"华电包头学院"，员工都可以自愿报名进入学院，通过学习获得学分，拿到证明其具有一定知识、技能等级的结业证书。大力提倡科学技术创新，成立跨部门的专业技术委员会，定期举行各种报告会、擂台赛，进行交流和共创。四是打造华电包头培训和人才品牌。通过实践，我们发现内训师大多是行业管理、技术专家和能手，熟悉电力系统的工作特点，相比管理咨询公司更有"先天"优势，于是我们想立足包头公司标杆机组的优势，充分发挥带动和辐射作用，让内训师"走出去"，为其他电厂提供培训、管理和技术咨询服务，为区域甚至行业的培训和人才培养工作多做贡献。

"十年树木、百年树人"，人才培养是一项长期而艰巨的工作，虽然包头公司在这方面做了一些积极的探索和尝试，但这仅仅是一个开始，我们将把人才培养当作一种使命，作为一项事业，不懈努力、不断创新，努力提升人才培养能力，打造一流员工队伍，树立培训和人才品牌，为华电包头公司创建一流发电企业做出应有的贡献！

【作者单位：华电内蒙古能源有限公司包头发电分公司】

如何以思想政治工作引导煤企执行力

赵应生

执行力是企业在达到其安全、生产、经营等目标过程中，对所有影响最终目标达成效果的因素进行规范、控制及整合运用的能力。执行力的强弱关系到企业的生存与发展，而思想政治工作对提高执行力至关重要。对此，阳煤集团下属的山西新景矿煤业有限责任公司规范制度，严格要求，作为党务工作者，必须在行政管理之外，充分发挥思想政治工作的优势，提升企业执行力，并形成一种文化长久地发扬下去，为企业的发展提供了源源不断的动力。那么，究竟如何以思想政治工作引导企业执行力呢？

一、煤炭企业执行力现状分析

煤炭企业是高危行业，面临着产能提升与安全压力之间的矛盾。因此，对于煤炭企业而言，执行力不仅意味着按质按量完成任务的落实效果，也不仅意味着生产组织的战斗力和降本增效的经营能力，更意味着摆正安全与生产关系的战略决策力，安全规程、措施的贯彻力。特殊的行业性质要求在企业各项工作的每个环节都必须认真按照程序完成既定流程，严格按照制度、守则来操作。但具体过程中是否能不偏不倚地达到预定的执行效果呢？从行政管理的角度讲，需要一整套监督、监管措施和奖惩激励制度，还有相关职能部门的检查与考核。但令企业决策管理层头疼的是在实际运行中效果并不那么理想。笔者就根据实际工作做如下分析：

（一）管理跨度大，造成管理层的决策意见到达员工时已经走样。

（二）在合理的考核机制也会有漏洞，甚至出现干部在场一个样，干部走后一个样，执行者工作的主动性缺失。

（三）员工素质层次不齐，导致执行效果不尽人意。

（四）干部没有真正沉到基层、沉到现场、亲力亲为，往往是动嘴的多，动手的少。

个人认为，执行力的强弱取决于执行者，而执行者作为人思想是复杂的，这直接导致执行效果的好坏，因此，决不能仅仅将执行力的提高寄希望于行政管理手段，更重要的应该充分发挥政工干部的引导作用，使执行者乐于执行、主动执行。同时，还应该建立最高管理层和基层员工的直接沟通渠道，对执行效果进行不定期的检验。

二、企业思想政治工作必须要从企业发展的角度出发

思想政治工作是我党的优良传统，经历了战火的洗礼和市场经济大潮的多重考验。但是，当前企业的思想政治工作必须要体现它的时代性、针对性和实效性，特别是在煤矿这样一个特殊的行业，必须不断调整思路、对症下药，在安全生产经营实践过程中，真正发挥其独特的政治引领作用，凝心聚力的引导作用以及不同凡响的激励作用。

发挥政治引领作用，就是要把煤矿企业全体干部职工都统一到党的坚强领导上来，统一到"十八大"精神的贯彻上来，摒弃"只顾埋头拉车不看路"的错误思想，认清形势、统一思想，号召广大党员领导干部和普通党员群众充分发挥其先锋模范作用，带头深入生产一线、深入井下现场，帮助和解决职工群众实际工作中遇到的难题。

发挥凝心聚力的引导作用，就是要让广大职工群众真正认识到企业的发展与自身利益紧密相关，用党的理论武装人，用高尚的情操感染人，用实际行动带动人。同时，各级政工干部一定要认真研究在新形势下思想政治工作的特点和规律，主动学习和掌握安全生产知识，特别是通风瓦斯防治知识，细致了解现场生产流程，将二者有机结合起来，动态地开展思想政治工作。将思想政治工作的融入现场的每一个环节，逐步发挥其潜移默化的作用。

发挥不同凡响的激励作用，就是要充分激发执行者的主动性和创造性。在这个问题上，绝不能简单地认为职工群众只是为了薪酬而工作，要建立一套行之有效的激励机制，充分激发广大职工群众的荣誉感，作为国有企业职工的自豪感和为国家、为企业发展无私奉献的源动力。

三、思想政治工作在执行力建设中的有效应用

煤矿企业如何在工作过程中将思想政治工作与安全生产的各个环节有机结合起来，带动整体优势发挥，在员工中树立坚定的执行力意识，是关系到高层决策是否得到切实落实的关键。那么，怎样才能在调动员工工作积极性的同时，坚定不移地按照既定方针去完成不同阶段的工作目标呢？笔者应该从以下几点入手：

（一）特别强调领导干部在团队中的带头作用。

煤炭企业领导班子及各级干部具有双重身份，既是上级战略决策及方针政策的执行者，同时，也是本单位决策和任务的制定者，这一双重身份决定了安排部署和具体执行密不可分的关系。企业执行力是否能够达到理想效果，核心在干部如何组织和监督。首先，各级领导班子必须具备坚决的决心，特别是中层管理人员必须亲力亲为，起到表率和带头作用，这些都是工作安排落实是否到位的必要条件。其次，领导干部必须提高自身素质，这一点将在很大程度上影响上级决策是否能够不偏不倚、科学合理地贯彻到操作层。同时，领导干部必须全面理解和掌握上级的方针政策及安排，结合本单位实际，在充分调研、准确判断的基础上，科学作出决策，创造性地贯彻执行。第三，要实现程序化管理。在执行过程中，要确保所开展的工作有布置、有检查、有记录，以保证领导班子在提高协调能力和管理能力的同时，使企业的各项方针政策和决策措施得以顺利贯彻执行。

（二）充分发挥员工在团队执行过程中的重要作用。

执行力最终都将会落到每一名员工的具体行为上，因此，

打造企业卓越的执行力，必须以员工队伍建设为根本。那么该从哪里入手呢？笔者认为，一是标准。二是激情。在标准的掌握上，必须以提高企业执行力为目标，加大员工队伍建设，在强化教育培训，提高员工业务素质的同时，企业应坚持从实际出发，不断给员工灌输执行力理念，培养员工负责、服从、诚实、敬业的精神。在激发工作热情方面，必须采用行政和思想政治工作双重手段，在规范行为，提倡按照岗位标准操作的同时，不断增强员工的主人翁意识，增强自信心，提供进一步发展的平台和机会，从而提高其执行的自觉性和主动性。

（三）以党员领导干部为重点加强作风建设。

企业发展关键靠班子，核心在干部，领导干部以及部门、团队的工作作风直接决定着执行的效果。因此，企业领导干部必须要从落实科学发展观的高度提高认识，把握发展大局，通过民主生活会等手段，深入开展批评与自我批评，强化自我认识，树立良好的企风、矿风。干部作风要求实效，必须从以下三个方面入手：一是深入基层、深入员工。注重了解民心、民意，缩短管理跨度，抓好工作落实，同时，强调用制度管人的原则，在具体管理和分配上，强调公平、公正，做到有有章可循、有据可依，努力营造出开拓进取、积极向上的氛围，将员工的自身价值与实现企业目标结合起来，让每位员工都能够感觉到自身在企业发展过程中所发挥的作用。二是增进团结，凝聚合力。加强上下级之间、同级之间和部门之间的相互沟通协调，减少不必要的环节，降低沟通成本，让执行力有一个畅通的渠道。三是强化责任落实。进一步细化各级干部跟班上岗和现场写实制度，并形成配套的监督管控机制，发现问题，严肃追究，绝不姑息，为政令畅通、落实到位创造一个规范的制度环境。

一切工作看结果，但一切工作等不来、靠不得，必须对执行过程进行多维度、多层面，透明化、规范化地控制，才能将决策层需要贯彻落实的部署、制度真正落到实处，为企业安全、高效、和谐、稳健发展提供不竭的动力源泉。

【作者：山西新景矿煤业有限责任公司】

培育煤矿安全文化应体现五个基本特征

周立冰

培育煤矿安全文化是落实科学发展观、建设和谐企业的客观要求，也是煤矿企业极力寻求新型管理途经，打造本质安全型矿井的必然趋势。现结合开滦集团塑造本质性安全人的实践，谈谈煤矿安全文化的基本特征及实现途径。

一、培育煤矿安全文化，必须充分体现人本性特征

煤矿安全文化的首要特征就是人本性。所谓人本性就是以人为本的特性，就是要以人为基础，以人为前提，以人为动力，以人为目的，一切以人为中心，确立一种尺度、遵循一种原则，使人的安全需求和人的安全价值观得到充分体现。人本性特征主要体现在以下三个方面：⑴人本性是社会发展的根本属性。人是社会发展的主体，人民群众是推动经济社会发展的根本动力。马斯洛的需求层次理论指出，人的第一需求就是生命安全，只有遵循一切以人的安全为首要前提的原则，保证了人身安全不受伤害，才能调动人的主观能动性进行所有社会性实践活动。煤矿安全文化建设不能脱离这个大前提，否则，就失去了其本身的意义。⑵人本性充分反映了煤矿企业中人的主导地位。煤矿生产实践表明，在煤矿安全生产的人、机、环境这三个要素中，人的因素发挥着更多的主导作用。相对于机和环境因素来讲，人的行为的不确定性是安全安全生产中的最大变数，人的行为是否规范直接决定着安全工作效果。因此，培育煤矿安全文化必须从培育人的共有价值观、提升人的素质、规范人的行为入手，以人为主体，围绕人的安全开展一切主题活动，努力打造本质型安全人。只有抓住煤矿安全生产中“人”这个关键要素，强化人在煤矿安全生产中的主导地位，才能牢牢把握安全工作的主动权。⑶人本性是煤矿安全文化提倡生命无价的思想意识和价值观。煤矿安全文化建设从其目标愿景出发到其所有举措，无时无刻不体现生命无价的目标导向，其主体思想提倡的就是在煤矿企业所有进行的生产、加工、交易、升值过程中，唯一的定数价值就是人的生命价值，因为人的生命只有一次。实践煤矿安全文化的人本性，就是要以更充分地发挥人在安全工作中的主动性和创造性为着眼点，把尊重人的价值、满足人的需求、实现人的愿望、促进人的发展作为根本出发点，引导员工认清自己在安全工作中所处的地位，激发和引导员工集思广益、群策群力抓安全，并通过实施安全激励政策，大力营造一个“以人为本抓安全、抓好安全为了人”的积极向上的安全氛围。

二、培育煤矿安全文化，必须充分体现规范性特征

安全文化是煤矿管理文化的核心，其根本目的是铸就每个员工良好的行为规范和安全习惯。具体就是要求员工在每一项流程的每一处细小环节上都要按章操作，只有这样才能使安全文化的提倡不会沉浮于表面、流于形式，这也是安全文化规范性的应有之义。规范性特征具体体现在以下两个方面：⑴体现在企业管理行为的规范性，即管理行为规范。企业管理行为是企业中所有管理者管理行为的综合反映，管理者的管理行为规范了，企业的各项制度就能够得到不折不扣地落实。安全文化的规范性就是通过具体的安全规章制度约束，使管理者正确履行职责，严格按照规章制度要求，落实好企业的管理制度和安全规章制度，建立起规范管理模式，使企业的生产经营工作始终保持在执行规范、完善规范的过程，促进日常每一个管理细节的规范化，从而为实施科学管理奠定良好的基础，最终完成由经验管理向科学管理的成功过渡。⑵体现在自我行为的规范性，即规范操作行为。操作行为的规范程度是企业管理行为规

范与否的客观表现，更是对管理行为规范性的检验，管理行为越是规范，操作行为也就越趋规范。安全文化的规范性体现在自我行为的规范上，就是以规范员工的行为为主攻方向，通过观念引领与行为养成训练，使员工摆脱对制度监督管理的依赖，树立正确的安全价值观，实施自主管理，最终成为“想安全、会安全、能安全”的本质型安全人。近年来，开滦集团主要围绕实现以上两个方面的规范性，通过采取教育、管理、培训并重的方法，坚持不懈地实施员工行为养成训练，不断规范管理者的管理行为和操作者的操作行为，取得了安全文化建设方面的长足进步，充分体现了煤矿安全文化的规范性。

三、培育煤矿安全文化，必须充分体现渐进性特征

煤矿安全文化的渐进性是由其传统的文化积淀和其与时俱进、不断发展的规律决定的。首先，培育煤矿安全文化是一项企业将安全理念渗透到每一个员工的思想，督促员工把握精髓和实质，落实在自身行为上的系统工程，不可能一蹴而就，毕其功于一役。它需要煤矿人用锲而不舍、持之以恒的精神去研究和探索。它的建设过程是一场持久战，这是安全文化延续性的具体体现之一。其二，煤矿安全文化建设是动态的，是随着客观环境发生变化而不断成熟、不断完善、不断发展的趋近过程。它只有起点没有终点。在推进安全文化建设过程中，必须依据客观实际，不断更新观念，丰富安全文化的内涵。其三，从现阶段看，煤矿安全文化建设正处于起步阶段，只是煤矿人对自身文化研究的初始阶段，其发展的空间还很大。实践煤矿安全文化的延续性，就是要深刻认识煤矿安全文化建设的长期性、艰巨性和持久性，准确把握安全文化建设的重要内涵和基本方向，真正将其作为打造本质安全型煤矿、实现企业长治久安的重要战略举措，坚持与时俱进，不断加强研究探索，在新的历史时期赋予新的时代内涵。

四、培育煤矿安全文化，必须充分体现文明性特征

打破煤矿企业给人留下的“矿工野蛮粗俗，环境‘黑、脏、乱、差’”的印象，是煤炭生产企业一直为之努力，但未能取得突破性进展的工作。煤矿安全文化作为煤矿特有的行业文化，提升煤矿工人和煤矿企业的文明程度则是其建设的落脚点之一。煤矿安全文化的文明性具体体现在以下两个方面：⑴个体文明。通过文化引领，不断提高煤矿员工的文化素养、职业文明和道德操守，使员工成为举止大方、谈吐高雅、文明作业、具有现代工业文明品格的新时代矿工。⑵群体文明。通过对个体的培育，在企业内部形成群体共同持有的文明理念，循序渐进地形成健康向上的群体文化氛围。实践安全文化文明性特征的主要途径有：一是以企业共同愿景为引领，培育员工共有价值观，使文明理念成为员工认可并强力执行的日常规范。二是以开展井巷文明、文明语言和文明行为进工作面等活动为载体，通过企业文明行为养成训练提升员工自身的内在素质，并将内在素质通过外在行为得以充分体现。三是注重文明环境的塑造，通过实施硬化、亮化、绿化、美化工程，进行环境刷新，改变煤矿企业的外显形象。

五、培育煤矿安全文化，必须充分体现创新性特征

创新是民族进步的灵魂，是国家兴旺发达的不竭动力，同时也是赋予煤矿安全文化生命力的力量源泉。煤矿安全文化的创新性主要体现在以下几个方面：⑴安全文化是一个新生事物，它是企业安全管理从制度管理到文化管理过渡的桥梁和纽带，如何优化改进管理是它的工作出发点，它出现的本身就是创新。⑵安全文化在安全管理中的先导作用，要求安全文化必须来源于安全管理并高于安全管理。⑶安全文化与员工之间的互动性，决定了安全文化必须以符合不同时期、不同群体的需要为基础来发展，是一个与时俱进、不断渐进升华的过程。实践煤矿安全文化的创新性，要把握创新的核心与本质，坚持集中优势，重点突破。一是要坚持理论创新与实践创新相统一的原则和方向，结合实际进行理论创新，在实践中完善和提升理论层次。二是要把握煤矿企业安全管理特点，大胆借鉴并消化吸收不同行业的管理模式，夷人之技为己之长，为安全文化创新开阔思路，提供经验借鉴。三是要夯实文化基础，加强人力资源开发与管理，为安全文化的创新奠定扎实的文化根基。四是健全完善创新机制，为实施文化创新提供可靠保障。

【作者：开滦（集团）有限责任公司荆各庄矿业分公司党委书记】

浅谈工会在新时期企业人力资源管理中的独特作用

卓伟秋

企业在面对经济发展全球化，自由化与国际化的趋势，人力资源管理已成为因应竞争、企业发展和个人规划的重要手段，优秀的员工为企业重要的资产。作为企业工会如何在新时期人力资源管理中充分发挥独特作用，塑造良好的工作环境，有效解决员工在工作和生活上所遭遇的各种问题和困扰，提升工作效率，促进员工职业生涯发展，实现个人梦想，是工会面临的挑战。

一、企业人力资源管理的特点

随着社会进步和经济发展，人力资源已经从人事管理发展进入到人力资源管理阶段。在人事管理阶段，其最大特点是企业高管将人事部门的各种活动以及企业员工看成负资产和纯支出，在谋划企业发展时企业高管都尽可能削减这部分的开支，企业对人事部的活动常常持不积极的态度。现在已发展到人力资源管理阶段，其特点是企业员工被看成可以增值的资产。人力资源部门充分利用工作分析、人员选择、职位招聘、员工培训等手段方法来提高企业员工的效率，从而增加企业的管理和运营更加有效。当一个企业实行人力资源管理战略的时候，人力资源部门将被纳入企业战略计划的一个重要组成部

分。企业的未来发展、市场拓展、新产品研发等都要牵涉到人力资源部门的支持、协调和合作。人力资源被作为提高公司竞争力的战略手段而被重视。同时，人力资源管理还要激励员工，透过一些物质上的满足和一些内在奖励，从而增加员工对企业归属感，增加员工士气和减低对工作的不满，最终达到企业和员工各有得益。

二、现代人力资源管理新趋势

基本上我们企业传统的组织环境、制度和文化在人力资源管理上都偏重于控制，一切按行政管理模式管理，缺乏创新和激励，不愿作改变，人力资源管理越来越僵化，越来越无价值。事实上随着社会经济的变化，我们目前面临的是多元化的环境，劳动者也日趋多元化，上世纪80年代、90年代出生的一代，已逐步步入社会，他们有魅力，具有专业知识和强烈的自我主张欲望，为追求快乐而工作，重工作性质和工作的感觉，追求乐在工作中，他们重视工作中的自我实践，强调个人的自我价值、成就感，追求弹性的工作时间，充分的工作自主性和自我成长的机会。

由此可知，目前企业人力资源管理对现代多元化环境还缺乏了解和跟进，观念与想法还有相当大的差异，人力资源管理上的冲突也越来越尖锐化，总觉得年轻一代的员工缺乏耐心，率直自私、冷漠无情和没有家庭观念。相反，年轻一代的员工对企业人力资源管理也有不满，认为他们古板保守，执着于现有的制度，缺乏弹性和创新，因此，现代人力资源管理对环境的变动趋势要及时掌握，管理方式必须作相应改变。

另一方面，现代的营商环境越来越走向信息化，企业人力资源管理要顺应信息社会带来的变化，不仅管理和工作内涵要改变，工作技巧也应随之调整，因此，人力资源管理要跟随企业经营发展迈向信息化和多元化，提高人力资源管理者的职业素养，重视和强调组织的学习和再改造。

三、工会在新时期人力资源管理中的独特作用

工会是劳动者的代表者，是员工权益的维护者，同时又是联系职工和企业的桥梁和纽带。工会职能在企业人力资源管理中具有独特作用，工会在很大程度上影响企业人力资源管理的成效和企业劳动关系的和谐。工会参与企业人力资源管理能提高人力资源管理计划的有效性和促进企业的长效管理，工会是解决人力资源管理发展面临的挑战的一支重要力量。

（一）企业员工个性化发展的挑战与工会独特作用

企业员工日益跨文化化、多样化、差异化、个性化，要求人力资源管理必须提供个性化、定制式人力资源服务和关系管理，在人力资源管理中恰当平衡企业和员工个人的利益。由于企业内每个员工的性格、责任、学历、经验、家庭背景、社会阅历和身体健康等是各不相同的，这必然导致员工的价值观念是不相同的，在对待工作方式的处理必然有着一定的差异化，而工会是联系职工和企业的桥梁和纽带，可以充分发挥引导职工群众的作用。平衡企业与员工个人的利益是一项长期的人力资源管理工作，是一项系统工程，工会参与其中，一是能引导职工立足本职，积极向上，争创一流，营造出良好的舆论环境和干事创业的浓厚氛围；二是能引导广大职工正确的政治方向，加强思想文化导向和社会主义价值导向，为企业发展建功立业，实现个人梦想；三是能引导企业内部劳动关系更加和谐，协调企业和员工关系，以便在更高层次上实现劳资双方利益最大化目标。此外，工会对于企业内部员工信息了解最为充分，企业要为人力资源管理和供求制定计划的时候，工会可以根据企业人力资源信息和企业经营的实际情况，提供建设性的意见和建议。

（二）工作生活质量提高的挑战与工会独特作用

员工不再仅仅追求工资、福利，而是对企业在各个方面所能满足自己日益增多的各种需求的程度越来越高，更全面化，人力资源管理必须提高更加全面周到的人力资源服务。工会在提高员工的工作生活质量方面可以起到独特作用。一是企业工会可以依托自身优势，充分利用工会组织协调能力，建立优秀技术人才激励机制，充分发挥员工潜能，提高工作效率；二是鼓励员工进行开放式的沟通，员工可随时反映意见，企业主管也可借此了解和吸收不同的资讯，体现出对员工的尊重和信赖，发挥出工会人性化的做事方式；三是工会能够给予员工足够支持，创建关爱员工的氛围，与员工分享成功的喜悦，适时地给员工以公开赞扬，工会是职工群众信赖的“职工之家”；四是工会通过关注员工满意度，注意对提高员工满意度的各种措施的反馈控制，及时修正和强化为提高员工满意度所付出的努力；五是开展以劳动竞赛，合理化建议为主要内容的科技创新活动，在不断提高员工工作生活质量能力上，体现工会的作为；六是扩大送温暖活动的范围和内涵，为员工送健康体检，送文化艺术、送幸福旅游、送家庭关怀等为提升员工幸福指数的主题活动项目。

（三）工作绩效评估的挑战与工会独特作用

员工考核和报酬日益强调以工作绩效考评为基础，并形成公平竞争工作绩效评估体系。但现时很多企业绩效考核机制缺乏公平性和科学性，不能对员工行为进行正确的引导，挫伤员工的工作积极性，另外，绩效反馈渠道缺失，企业管理者不重视沟通技巧、不能进行有效的绩效沟通。相关调查显示，部分企业绩效评估体系存在员工对薪酬的内部公平性、效益评估的公平性处于较低的满意度水平，有些企业甚至剥夺员工公休假的权利。工会作为企业中的一个维权监督机构，它的一个重要功能就是对考核过程的全面有效监督，工会利用搜集考核依据，督促和监督人力资源部门更加公平、公正地对员工进行考核，在创建公平工作绩效评估过程中，能使企业的薪酬体系更加科学化。企业工会组织可以代表职工就劳动报酬，工作时间、休息休假、保险福利和劳动保护等事项与企业通过协商谈判，能够督促企业引入公平竞争机制的工作绩效评估制度，能使企业员工绩效考核更趋客观和公正，使得企业的人力资源管理充满活力。

（四）人员素质的挑战与工会独特作用

随着社会经济迅速转型，企业对各类人员的素质要求日益提高，培训、教育越来越重要。工会在提高员工素质方面有着很大优势，能使企业的培训更有针对性。企业组织员工从事学习和训练，就是为了提高员工的知识和技能，改善员工的工作

态度，激发员工的创新意识，使员工能更好地胜任本职工作。但从企业实践看，如果只有企业行政单方面进行培训工作，往往达不到预期的效果，达不到预期效果的培训，不能有效解决企业问题的培训其作用便打折扣，使企业主管和员工对培训工作的不满。此外，有部分企业对培训积极性不高，视培训为消耗负担，忽视对员工的培训，致使员工在知识技能上无法更新。由企业工会牵头组织的培训，由于工会拥有完善的组织体系和良好的运行机制，对企业员工的培训教育将更有针对性和计划性，能使企业培训教育效果更好，做到有的放矢，其作用能充分发挥。其次，工会开展有益于职工身心健康的活动，有利于职工素质全面发展的专题活动，能起到提高职工的思想素质、文化素质、专业素质、身心素质等的作用，使职工能更好适应企业日益提高的素质要求。

（五）职业生涯管理的挑战与工会独特作用

现代企业的员工日益重视个人职业发展计划的实现，企业必须日益重视职业管理，为员工创造更多的成功机会和发展的途径，以其获得个人事业上的满意。研究显示，很多企业在绩效薪酬方面相对较为重视，通常会采用加薪方法激励员工，却往往忽视对员工个人发展的激励需求，员工缺少必要的发展空间和成长机会，在人才使用问题上存在短视行为，对员工晋升等职业发展通道和其他高层次个人需求少有关注。工会作为职工群众的利益代表，可以当好广大职工实现梦想的引路人，为实现个人梦搭建广阔的舞台。一是为广大职工勤奋劳动、诚实劳动、创新劳动积极创造条件，劳动是实现员工个人梦想的立业基础，通过深入开展劳动竞赛活动和群众性经济技术创新活动，用足用好各项资源，发挥工会自身优势，不断激发员工的劳动热情和创造活力，鼓励员工积极参与“创新提升”金点子活动，培养和造就起一支知识型、技术型、创新型职工队伍；二是建设学习型组织，提高职工主动学习的热情和善于学习的能力，促进员工的个人成长、成才和自我增值；三是以先进为标杆，加大先进的表彰力度，通过树立榜样，用典型引路，调动员工坚定梦想信念，点燃起广大职工追逐梦想的激情；四是关爱员工，工会是广大职工值得信赖的组织，通过营造浓厚人文关怀氛围，重视员工个人全面发展，真心实意做好职工群众服务工作，从理念到行动培育员工精神家园，让职工群众真正感受到工会是“幸福之家”，帮职工之所需，解职工之所难，员工就能切身感受到工会大家庭的关怀和温暖，在工作岗位上容易聚成一股力量，推动梦想实现。

（六）人力资源要素发展变化的挑战与工会独特作用

企业快速健康发展，要求人力资源管理必须不断提高人力资源管理的预测性和长远安排。每个企业都有自己的发展目标，而要实现这些目标，人力资源管理必须有长远规划，但企业和员工个人都是在不断变化的，如果企业发展变化了，员工跟不上，或者员工个人进步快了，在这个企业不适合，都存在一个企业和员工相匹配问题，这要求人力资源管理提前做好企业未来一段时间内的人力资源质量与数量方面的预测和相匹配工作。从人力资源管理实践效果看，如果工会也参与到这方面工作更能创造和体现出人力资源管理“以人为本”的文化内涵。当员工跟不上企业发展变化可能要离开企业，或者员工通过努力跟上企业发展，对于这部分员工，工会可以依托其组织功能对企业员工进行针对性训练，开展各类技能培训，增加员工交流，提高工作适应能力，以便跟上企业发展步伐。其实，企业员工的能力差异并不代表不能胜任工作，只要树立“以人为本”的理念，对不同岗位、不同类别的员工采取不同的管理方式和激励方式，并做好企业和个人相匹配，员工都是企业竞争力的贡献者，他们只是由于工作内容的不同而存在差异，同时，工会作为员工利益维护者，能使企业在追求经济效益最大化的情况下，只要员工在这个企业工作，工会就尽力保护员工的权益不受到伤害，维护员工合法的民主权利、经济权利和劳动权利，以利益“双赢”促进企业人力资源管理更人性化和合理化。

总之，新时期企业工会参与企业人力资源管理具有独特作用。面对环境的改变，上述的人力资源管理挑战可对企业产生影响。因此，工会的角色和功能也应加以调整和强化，主动发挥工会在企业人力资源管理及促进劳动关系方面的独特作用。为了企业长期稳定的发展，提升人力资源服务企业发展目标的管理水平，更好保障广大职工的权益，创建和谐劳动关系，工会参与企业人力资源管理所具有的独特作用是不可替代的。

【作者：广东省广州市南方大厦集团有限公司工会主席】

增强使命意识　提供政治保障

晁克峰

实施铁路货运组织改革是铁路适应经济社会发展的重大举措，也是铁路实现可持续发展的必然选择。铁路基层党组织在货运改革的大潮中担负着引导广大干部职工打破思想桎梏、转变思想观念、统一思想行动的重要职责，必须切实增强使命意识，创新工作内涵，为改革的顺利实施提供可靠的政治保证。我结合本段工作实际，就基层党组织如何在货运组织改革中发挥政治保障作用进行了一些有益的探索与实践。

一、发挥导向作用，为货运组织改革提供强大思想保障

这次货运组织改革力度之大、变革内容之多、涉及面之广、影响之深远，前所未有。能否顺利推进改革，摆脱旧有计划经济的“依赖症”，加快建立符合市场规律的管理体制和运行机制，取决于思想认识的高度和观念转变的程度。一方面，强化正面引导。针对货运组织改革的难点、热点和职工关注的焦点问题，我们坚持“正面引导、互动交流、注重实效”的原则，

围绕“四个如何认识和把握”展开讨论，组织干部职工学习“十个怎么看”系列解读文章，引导干部职工深刻认识到“生存源于安全，收入源于市场，质量源于责任，品牌源于服务，动力源于创新，发展源于改革”，切实形成“四个转变”的高度共识。另一方面，把握思想动态。在强化职工思想动态四级分析制度的基础上，我们通过开办职工服务热线、互助咨询贴吧、QQ群和沟通协调服务日等载体，及时掌握职工思想动态，做好超前分析预判，进一步加大人文关怀和心理疏导力度，及时理顺情绪、化解矛盾，引导干部职工理性面对和接受角色转变，进而树立货改必胜的决心和信心。

二、强化堡垒作用，为货运组织改革提供强大组织保障

针对全新的货运组织模式，我们突出基层党组织的战斗堡垒地位，引导基层党组织在打造全程物流服务链条中不断强化思想引领作用、组织动员作用、攻坚克难作用。一是优化党支部设置。我们在调整机构设置的同时，同步优化调整党支部设置。针对本次货运改革新划归我段的装卸人员，我们将装卸在曹妃甸地区的6名党员就近纳入曹北站和曹妃甸站班组党支部管理，在强化装卸党支部作用的同时，对新接收党员形成了规范的管理序列，促使广大党员真正发挥效能。二是厘清工作职能。针对“前店”“后厂”的不同职责和业务界面，我们厘清党支部的工作职能，完善了涉货党支部的工作制度，同时加强党支部书记业务培训，帮助其尽快适应新环境、新要求。三是强化示范引领。我们以“四带头、四争当”为主题，深化创先争优活动。组织广大党员在推进货运组织改革中争当党员先锋岗、争创红旗责任区。四是强力攻坚克难。我们将党组织在货运组织改革中发挥的作用纳入“美丽车站”创建活动，围绕如何开拓白货市场、如何做到“应流开车”、如何实现全程物流等改革中的难点问题，开展市场调查、组织立项攻关，为段难题破解提供一手资料及具体思路。五是强化合力发挥。充分调动工团组织作用，积极开展“主人翁示范岗”“青年文明号”和“安全生产示范岗”创建活动，引导广大职工争当营销模范、服务标兵，在货运改革主战场上展示作为。

三、打造服务品牌，为货运组织改革提供强大文化保障

据铁路总公司统计中心有关数据显示，2002年到2011年10年间，铁路客货市场份额分别减少了4%、27.1%；2012年全路货物周转量同比下降0.7%。铁路市场份额的减少固然受旧有运输组织及货运营销模式的制约，但铁路服务、特别是铁路货运服务的缺失也是造成市场份额下降的一个重要原因。因此，提升服务标准、打造服务品牌已成为铁路提升企业形象、创造经济效益刻不容缓的内在需求。作为铁路基层党组织，在货运组织改革中必须尊重市场规律，从企业文化建设的高度强化内涵挖潜，倾力打造一批让客户信得过的服务品牌，形成品牌示范辐射效应，不断提升市场份额占有率。一是强化制度约束。“没有规矩，不成方圆”。我们通过评选“安全理念”“执业理念”和“服务理念”，初步形成了有形的文化制度约束，进而凝聚了无形的责任感和使命感，提升了全体员工的执行力。二是坚持诚信为本。围绕“简化受理、随到随办、规范收费、热情服务”，我们坚决守信践诺，为客户提供“待客诚心、解答耐心、服务热心、全程用心”的“四心”服务，让客户在与我们的合作过程中安心放心。三是学会换位思考。“利润”是客户的生命线。我们想客户之所想，急客户之所需，为客户提供“效率最高、质量最高、效益最高”的“三高”服务，用有形的利润吸引客户、争夺市场。四是实行差别服务。在平等对待客户的前提下，我们结合客户对效益、时间等指标的不同需求，为客户提供“量身定做、量体裁衣、量凿正枘”的差别化服务，努力实现路方与客户的互利共赢。

四、提升员工素质，为货运改革提供强大人力保障

再好的顶层设计也需要人来执行和落实。落实“三大任务”要学会搞营销、提效率，但绝不能忽视员工综合素质的整体提升。我们积极拓展培训内涵，从三个方面实行全员提素：一是强化培训比武。积极组织运输、职教部门强化货运岗位业务培训，确保所有货运人员熟悉货运规章制度，力争做到“一口清”。同时开展货运服务“大比武、大练兵”，通过重奖业务标兵调动全员“学业务、比技能、拼服务”的主动性和积极性。二是组织集体“充电”。采取“请进来”和“送出去”的方法，为全员普及现代物流知识，促使全体干部职工迅速适应货运市场营销的要求。三是强化落标塑形。邀请“高姐”“动姐”为货运岗位员工提供礼仪培训，提升货运人员的整体服务质量。

五、营造和谐氛围，为货运组织改革提供强大舆论保障

推进货运组织改革，需要强有力的舆论支撑。我们按照总公司和路局党委的统一部署，坚持“低调、平和、据实”“主动发声”的原则和“积极审慎、内外有别、统一口径、切合实际”的思路，组织好新闻舆论宣传工作。一是加强对外营销宣传。通过在主要货源地打广告、主动拜访既有客户和潜在客户、动员关联企业协助营销和发动干部职工主动营销等方式，加大对铁路服务客户新举措的宣传，让客户充分认识到铁路货运组织改革带来的方便快捷，扩大铁路货运产品的知名度和影响力，更好地吸引客户和货源。二是加强社会舆论引导。主动回应社会关切，超前研判，及时处置负面舆情，防止和减少负面炒作。三是严格执行新闻宣传纪律。准确把握宣传口径，避免过度、过热、过大宣传引发不良反映。四是加强内部宣传。通过积极宣传改革的方向、前景和形势，引导广大干部职工凝心聚力、合力攻坚，确保货运组织改革期到必成。

六、确保令行禁止，为货运组织改革提供强大纪律保障

严明的纪律是保证货运组织改革目标不移、方向不偏的重要保障。改革期间各项纪律的执行情况必将集中反映每一个基层党组织的工作作风、执行能力和政治素质。货运组织改革以来，我们坚决贯彻执行总公司的战略部署，严格落实“三重一大”事项决策制度，保证科学民主依法决策重大问题，有效规避和防范了一些可能存在的风险。在今后工作中，我们将始终牢固树立大局意识，严格执行组织纪律、劳资纪律、营销纪律、运输纪律、收费纪律和财经纪律，坚决防止和杜绝违反纪律问题的发生，保证各项政策不折不扣地落实到位，确保货运组织改革顺利实施。

【作者：山西省太原铁路局大秦车务段党委书记】

建立健全为民服务长效机制

杜永朝

在全党深入开展群众路线教育实践活动，是党的十八大作出的重大决策。如何在这次教育实践活动中，力戒"四风"，改进作风，进一步密切党群干群关系，是国有企业面临的重大课题。

南通产业控股集团作为南通市属最大的国有企业，对作风建设一直比较重视，各投资企业的多数党员干部都能倾听群众意见，通过合理化建议评比、送温暖工程等活动，做到围绕经营中心工作，为基层服务、为职工群众服务，取得了较好的效果。同时，集团党委也认识到，作风问题具有反复性和顽固性，形成一种优良作风不可能一蹴而就，克服一种不良作风也不可能一劳永逸。因此，要按照党的群众路线教育实践活动的要求，建立健全促进党员干部坚持为民务实清廉的长效机制，真正做到思想上尊重基层，感情上贴近基层，行动上深入基层，工作上为了基层，做好党的群众路线教育实践活动的组织者、参与者、推动者。

全力践行"三深入"，做职工群众的贴心人。把坚持深入基层、深入群众、深入实际经常化、制度化，使其成为联系群众、密切干群关系的桥梁和纽带。一是建立完善基层联系制度，建立良好的沟通交流渠道，及时了解掌握基层和职工群众的诉求。二是推行干部挂职锻炼，通过集团总部干部、基层干部的双向互动式挂职锻炼，促进机关和基层作风的转变。

强化服务意识，帮助基层解决实际困难。党员领导要进一步强化服务意识，倾听基层和职工群众的呼声，倾力为基层和职工群众解决热点、难点问题。一是加强业务指导和政策咨询服务。二是简化工作流程，提高办事效率，提供高效服务。三是了解掌握基层和职工群众存在的困难，改善职工的工作、生活条件，把企业改革发展成果惠及方方面面。四是通过主要领导信访接待日、设立意见箱、公布电子信箱等形式，广泛收集和听取各方面的意见、建议和诉求，畅通基层信息反馈的渠道。

完善长效机制，靠严格规范保障服务到位。健全完善长效工作机制是转变党员干部作风、密切干群关系、推动各项工作落实的有力抓手。一是把国企党员干部的工作作风、服务情况作为经营管理和"四好班子"考核内容及年度述职内容，实施双向考核，作为评优评模的重要依据。二是建立完善厂务公开、首问负责、服务承诺、限时办结等工作制度，并在制度落实上狠下功夫。三是建立健全监督检查机制，设立全方位、立体化的监督网络，多渠道征求基层对各级机关和领导干部的意见、建议。加大责任追究力度，保证不走过场，不流于形式。四是充分发扬民主，真诚接受群众的评价和监督，通过发问卷、网上投票等形式，由职工群众对党员干部做出评价，对满意度不高的，要及时给予通报并限期整改。

【作者：江苏南通产控集团董事长】

坚定信念　勇于担当

陈　丽

有担当才有责任，有责任才有动力。我做建筑装饰行业二十年了。二十年下来，我最大的体会是：这个行业，是一个苦中有乐、乐中有苦的行业。而我，却一直热爱着这个行业。因为这是一个追求完美，完善自我，永远留有遗憾的行业，故深深吸引着我，这就像一个人的人生，永远留有遗憾，当你完美时，也就涅槃了。这也铸就了我们新丽"诚信第一，责任至上"的理念和铁律。这种精神也感动了不少业主，赢得了许多荣誉。

回想起来，二十年的遗憾，二十年的坚持，二十年的专心致志，我们新丽在政府和行业协会的引领和扶持下、在社会各界的关心和爱护下逐步成长。荣获了很多的荣誉，没有辜负社会各界的期望。在此我们感恩感谢所有的一切，因为有你们，新丽才得以由昨天的平台走上今天的舞台。

习近平总书记说，没有理想信念，理想信念不坚定，精神上就会"缺钙"，就会得"软骨病"。

时代发展，信念不变。作为企业家，有什么样的信念很重要。我们新丽在企业发展过程中，一是有坚定的理想信念，牢固树立正确的世界观、事业观；二是有足够的担当，勇于承担社会责任。并且，我们始终尽心尽力的去做。

历史告诉我们，每个人的前途命运都与国家和民族的前途命运紧密相连。国家好、民族好、大家才会好，企业更是这样。没有国家的繁荣昌盛，企业的发展就无从谈起。

我相信，我们在座的企业家，不仅发展企业、发展经济，而且都主动肩负着报效祖国、回馈社会的重要使命。这也是当今我们实现"中国梦"的过程中，所有企业家应当努力的方向与目标。

作为社会发展的参与者与实践者，我与各位一样，目睹了国家、社会的巨大变化。尤其是改革开放 30 多年来所取得的成就，使我对建成富强、民主、文明、和谐的社会主义现代化国家充满信心，中华民族伟大复兴的梦想一定能实现。

近年来，国际政治经济环境复杂多变，国内经济发展面临的困难增多，在此重要阶段，我在企业发展中，积极建设能够体现“爱党、爱国、诚信、创新”的新丽企业文化，把个人和企业的发展，深深地融入到社会的发展之中。我们力求在发展自身中服务社会，在服务社会中发展自身，提升自身！

企业最主要的，还要有担当精神。新丽公司从最初的白手起家，到发展成为如今国内知名的建筑装饰企业，总结下来，主要原因，还在于我们的担当——

我们对员工有担当。我们给员工创造更多的学习机会。我们把企业当作一所培养人才的学校，为行业，为国家，培养人才。我们将“企业梦”与“员工梦”相互融合，相互促进，让员工共享企业发展成果。如今，在新丽公司，员工充分分享到了公司发展成果，在公平的环境中共享利益。

我们对客户有担当。二十年来，我们坚持责任至上，说到做到，将“一诺千金”体现在行动上。我们用新颖的设计、精湛的施工、优异的质量、诚信的服务来回报客户。我们以农夫的心态精耕细作，以一丝不苟、近乎苛刻的专业精神对待每一项工程。

我们对社会有担当。常怀感恩心，常行回报举。我们弘扬榜样正能量，推动实现“中国梦”。从1994年至今，我们始终坚持开展“每年一日捐”的活动，动员全体员工捐出一天的工资来资助公益事业，其目的就是为了提升员工对社会的责任。我们每年捐款数百万元以上。截至目前，新丽用于教育、医疗、扶贫、赈灾等各类公益慈善事业的捐款已超过3000多万元人民币。我们把社会责任放在心上、扛在肩上，与人民与国家同舟共济、融社会和谐共生。热心公益慈善、感恩回报社会，将是我们新丽人百年不变的追求。

李克强总理说，对民营企业家，政府要信任，要依靠。所以，作为民营企业家，我们不仅要担当发展之责，创造更好的产品、创造更多的就业岗位、创造更多的社会财富；还要担当创新之责，不断开发新技术、新产品、新市场，创造新的生产组织形式、新的资源配置方式。此外，还要致富思源，服务大众，回馈社会，进一步担当起反哺之责。

花开有时，圆梦有期。在现在同心共圆中国梦的进程中，我们企业家一定要坚定坚持走中国特色社会主义道路的信念，增强对党和政府的信任，对企业自身的发展充满信心。不断加强自身建设，充分发挥积极作用，勇担责任，团结一心，携手前行，为中华民族早日圆梦作出应有的贡献！

【作者：上海新丽装饰工程有限公司副董事长兼总经理】

科技创新驱动　促进煤炭企业转型升级发展

——陕西煤业化工集团科技创新调研报告

高新民

陕西煤业化工集团有限责任公司（简称“陕煤化集团”）是陕西省省经三次重组的特大型能源化工企业。三次重组，基本形成了以煤、煤化工为主导，机械制造、钢铁冶炼、运输物流、建筑施工、金融服务等多元产业发展的格局。目前，集团已拥有全资、控股、参股企业60余个，在册职工13万余人。

“十一五”时期，陕煤化集团煤炭产销量双双过亿吨，销售收入由112亿增长到1007亿，增长了8.9倍；资产总额从153亿增长到2600亿，增长了16.9倍；利税总额从12.6亿增长到248亿，增长了19.7倍；职工收入从14700元增长到68000元，增长了4.6倍。2012年，陕煤化集团煤炭产量1.14亿吨，销售收入1250亿元，实现利税208亿元，连续三年跨入亿吨级煤炭企业行列；位列中国企业500强第107位，成为陕西省增速最快的国有大型企业之一，并连续4年蝉联中国企业效益200佳。到“十二五”末，将力争销售收入达到2000亿元，利税500亿元，挺进世界企业500强。

所有这些成绩的取得，与陕煤集团行之有效的科技创新举措紧密相关。具体地，有以下几方面的经验。

一、系统构建科技创新“五大体系”

以“面向市场、服务产业、体系完备、体制先进、机制灵活、政产学研用深度合作，决策层、管理层、研发层与应用层协调运行”为目标，建立了“三委一部一院、两站五所十中心、两基地一联盟”的科技创新组织体系；以企业为主体、科研院所为依托、技术成果转化和产业化应用为目标，集科研机构，创新平台，工程设计、咨询、技术服务平台，基础设施平台，人才支撑平台，战略合作平台，技术转让销售平台为一体，形成了产学研用相结合的技术研发体系；以《“十二五”科技发展规划》、《知识产权战略规划》为核心，“一个决定六个办法”为支撑，搭建了科技创新规划制度体系；以科研管理类、技术研发类、工程技术类、专业技能类四类人才队伍，首席专家、技术带头人、重大项目总设计师、总指挥、国家级科研机构主任及各所所长五个高层次岗位为框架，构建了科技创新人才体系；以科研项目、技术、经济、成果、人才评价指标为重点，优化建立了科技创新技术评价体系。五大创新体系的建立与完善，有效聚合了陕煤化集团内外科技资源，企业创新主体地位显著增强，系统创新优势逐步显现。

二、坚定不移实施“项目带动战略”

着眼于水、火、瓦斯等地质灾害防治的安全技术研究，开展了韩城矿区卸压瓦斯治理技术和复杂地质条件下极不稳定薄煤层（2#煤）综合机械化煤岩同采技术研究，杜绝了3#煤层开采时瓦斯超限现象，实现了月推进度达到150m、保护层对突出煤层的快速卸压增透，达到国际领先水平；成功开发了“中低温煤焦油加氢技术”，探索出一条“高碳产业低碳化”的发展道路，被业界誉为“陕煤——榆林版煤制油”，2011 年，利用该技术建成了世界首套生产装置，实现销售收入 27.2 亿元，利润 3.6 亿元。先后投入 7000 余万元的甲醇制烯烃（DMTO）技术，已对外技术许可 18 套，实现销售收入 20 多亿元，连续两年荣获“陕西省技术交易工作先进单位”；西安重装集团通过科技创新，新产品销售收入达 7 亿元，科技对企业发展的贡献率达到 65%以上。

2013，陕煤化集团下达科研计划项目 588 项，重点科研项目 100 项，其中有多个项目列入政府重大科研计划，包括 1 个国家发改委高科技装备项目、2 个省科技厅陕煤化专项、1 个省重大科技专项、1 个省统筹科技创新工程项目、2 个省级国有资本经营预算科技创新专项资金项目，1 个重大科技创新产业化项目，累计获得科技支持资金 1.286 亿元。基本完成了“十二五”后三年重点项目的布局工作。在煤炭领域，布局了千万吨级矿井群建设管理模式研究、本质安全、生态智能现代化矿井管理模式研究等重点项目，以此支撑集团千万吨级矿井，陕北千亿基地建设，最终在此领域率先形成行业乃至国家标准。在煤化工领域布局了中低温高效热解工业化成套技术研究项目，解决陕北和关中地区煤炭高效转化这一技术难题，开创继煤燃烧发电、气化、直接液化和焦化之外一条高效清洁利用的新加工路径。积极响应省政府绿色健康发展的理念，重点布局了环境友好的煤炭开采技术研究、煤矿生产过程中地质保障技术研究等项目，力争形成国内领先的煤炭资源综合开发技术体系。

三、研发平台建设以“陕煤主导”

在省发改委、省科技厅等有关部门的关心指导下，陕煤化集团主导申报和建设的“国家能源煤炭分质清洁转化重点实验室”于 2012 年 8 月 31 日正式揭牌，成立了由浙江大学、华陆工程公司等 13 家共建单位组成的理事会，国家能源局、行业协会有关领导组成的指导委员会，27 名权威专家组成的学术委员会，5 个不同专业研发方向的技术研究分部。现有 27 项支撑陕煤化集团煤炭分质转化联产工程和引领该领域发展方向的科研合作项目正在研发或洽谈中。同时，依托该平台组织的陕西团队参加了中国工程院主持的《煤炭清洁高效可持续发展战略研究》和《能源金三角发展战略研究》两个国家重大咨询课题研究，既在国家和行业层面理清了产业科学发展的方向和路径，也把陕西区域和集团公司的产业发展诉求提升为国家发展战略。

2011 年 12 月组建成立的“陕西省煤炭绿色安全高效开采工程研究中心”，正在申报国家级工程研究中心。现已延伸成立了以矿井灾害综合治理技术研究为主的韩城分中心；以煤炭绿色、安全、高效开采技术研究为主的神南分中心；以生态环保和循环经济矿区建设研究为主的黄陵分中心；以煤与瓦斯共采技术研究为主的彬长分中心。并在国内外率先开展千万吨级矿井群建设管理、绿色智能开采技术及标准规范的探索。着眼煤炭行业前沿发展趋势，参与完成的《煤矿井下随钻测控千米定向钻进技术与装备》、《大倾角煤层综采综放工作面成套装备关键技术》获 2012 年国家科技进步二等奖，合作完成的《井筒基岩冻结法施工解冻水害治理技术研究及应用》获 2012 年陕西省科技进步一等奖。并有《黄陵矿区煤层瓦斯赋存规律、资源潜力及瓦斯防治技术研究 》、《神南大型矿区煤炭开采水资源动态及保水技术研究》等 5 项成果获 2012 年陕西省科技进步二等奖，另有 3 项成果获 2012 年陕西省科技进步三等奖。

陕煤化集团充分利用与大连物化所合作的国家地方联合共建煤制烯烃工程中心，针对集团公司产业发展需要，在成功研发出 DMTO 二代工业化技术的基础上，又主导研发出《高混合 C4+制烯烃》和《甲醇甲苯烷基化制 PX》两项世界领先工业化技术。拥有完全自主知识产权的中/低温煤焦油全馏分加氢多产中间馏分油成套工业化技术（FTH）项目系“世界首创，居行业领先水平”，为我国煤化工产业高效清洁发展开辟了新的技术路径，对保障国家能源战略安全具有重要意义。

四、广泛吸纳人才打造“智力高地”

科技人才是科技创新最为活跃的要素，创新团队是企业最为核心的竞争优势。陕煤化集团依托现有国家级研发平台和院士专家工作站、博士后科研工作站，充分利用“百人计划”、“千人计划”、“三秦学者”等各项人才引进政策，开展了高层次科技领军人才的引进和培养，目前已聘请 6 名院士进站工作，聘任哥伦比亚大学终身教授陈曦担任客座研究员和学术带头人，同时拥有驻站院士 6 人，享有国务院特殊津贴专家 3 人，陕西“青年百人计划” 1 人，“陕西省有突出贡献专家”8 人 ，“三秦学者”1 人，“三五人才”12 人和 “长江学者”1 人。并先后赴中科院研究生院、清华大学、中国矿业大学、中科院大连化物所、浙江大学等国内知名科研院所和高等院校招录了 100 余名硕士、博士。陕煤化集团按照产业现状和科研人才成长的规律，坚持以科研项目为纽带，鼓励员工深入基层熟悉产业现状，面向一线开展技术服务。同时制定配套了项目经理、项目核算和项目奖励管理办法，有效激发科研人员论证项目、实施项目、推进项目的积极性，建立了科研人员在项目中成长、成才、成功的良性机制。

五、坚持走“科技兴煤”的道路，不断加大科技投入

陕煤化集团从成立以来坚持走“科技兴煤”的道路，不断加大对科技创新的资金投入，大力实施科技创新驱动发展战略，全面提升企业核心竞争力，仅“十二五”前两年就投资 51.58 亿元。集团成立后，就抓紧着手建成了决策层、管理层、研发层、应用层协调运行的科技创新体系。几年来攻克了大型矿井建设生产中的一系列技术难题，为陕北 3 个千万吨级矿井顺利建成投运，提供了科技保障；通过对水、火、瓦斯、顶板和沉陷治理技术研究，关中老局取得了掘进速度、开采工效、煤炭产量、资源回收率增加 15%，井下直接作业人员减少 30%，百万吨死亡率大幅下降的突出成绩；通过对传统化工装置的技术升级改造，形成了新的规模优势，成本优势和技术优势，占领了煤化工产业的技术制高点，在煤制稀烃、煤炭分质领域赢得了一席之地。取得了世界领先水平的 DMTO 二代、PX 技术，世界先进水平的混合碳四技术，国内领先的中低温煤焦油加氢技术，已建成了 DMTO 二代技术示范装置和煤焦油加氢示范装置；2012 年，安排资金 20 亿，开始建设西安总部研发基地和华县工业化试验基地，两大基地建成后，将会推动集团科研工作更上一层楼。

【作者单位：陕西省煤炭学会】

适应新形势的发展
努力做好新形势下的职工群众工作

李恒君

“面对面、心贴心、实打实服务职工在基层”活动是近年工会工作的主线。开展这项活动，是工会组织践行党的群众观点和群众路线、做好新形势下群众工作、发扬党联系职工桥梁纽带作用的重要举措，是构建和谐劳动关系、参与社会管理创新、维护职工权益和职工队伍稳定的迫切需要，是适应职工队伍新变化、转变工会运行机制和活动方式、提高工作科学化水平的内在要求，是改进工作作风、增进与职工群众的深厚感情、增强工会组织吸引力和凝聚力的具体实践。各级工会把开展服务职工活动作为推动工会工作创新发展的重要机遇和强大动力，把这项活动与学习宣传实践中国特色社会主义工会发展道路相结合，与开展创先争优活动相结合，与推进工会重点工作相结合，取得了积极进展。

一是提高认识，加强领导，精心组织“面心实”活动。

公司党政领导高度重视开展“面心实”活动，在活动初期，公司领导班子成员分成五个组，深入到发电厂、露天矿、综合服务中心、铁路运输处、机电修配处、物资供应部和职工医院等单位职工群众中间，召开各岗位职工群众代表参加的座谈会。认真倾听来自不同岗位上的职工群众代表对公司生产经营、建设发展、队伍建设、工资奖金、工作生活、后勤服务、企业文化建设、和谐企业建设、“创一流”工作和其他关心问题的意见和建议，通过职工群众代表与公司领导坐在一条板凳上，面对面、心贴心、实打实畅所欲言，职工群众代表反映各岗位职工利益诉求、提出管理中存在问题，班子成员在充分理解职工群众意愿的基础上，阐释政策，从全局的角度和发展的高度分析问题和破解问题的办法，进一步拉近了公司和职工的心理距离，理顺情绪，化解矛盾，起到了明确解决的问题和诉求，统一思想，凝心聚力的作用，为开展好“面心实”活动指明了方向。

按照国务院国资委、全国总工会和华能集团工委的文件精神，公司工会成立了活动领导小组，下发了《关于开展“面对面、心贴心、实打实服务职工在基层”活动的意见》，明确了活动的重要意义，提出了活动总体要求，确定了活动具体任务、方法步骤及具体措施。在公司工会四届二次全委会议和公司工会机关进行动员和部署。各基层工会都把开展服务职工活动作为今年的重点工作，相应成立了活动领导机构，明确了职责分工，制定开展活动的实施方案，全面部署开展活动，形成一级抓一级、层层抓落实的工作格局。广大工会干部积极响应、踊跃参与，以更大的热情投入到这项活动中，按照职工群众的意愿和要求，扎实开展“面心实”活动。

为进一步落实公司《关于开展“面对面、心贴心、实打实服务职工在基层”活动的意见》，公司工会先后对发电厂、露天矿、综合服务中心等7个基层单位，就工会系统开展“面心实”活动等方面情况进行了工作调研。广泛征求职工群众对公司工会的意见和要求，听取职工群众对公司创一流企业、长远发展、生产经营、队伍建设、开展劳动竞赛、工会组织建设、工会干部培训、困难职工救济、文体娱乐活动、职工子女就业等意见和建议，对这些意见和建议及时进行了答复。

开展“面心实”活动，既是贯彻落实中央关于做好群众工作要求的重要举措，也是在公司大局工作中充分发挥工会优势和作用的重要途径，对推进公司可持续发展，保持企业和谐及职工队伍稳定，具有重要的保障作用。

二是员工为本，和谐为基，全力开展“面心实”活动。

公司各级工会在制订方案和开展活动的过程中，着重把握好精神实质，按照满怀深情地做好职工的思想工作、切实为职工和基层办实事的基本要求，以职工群众是否满意作为衡量“面心实”活动是否有效的重要标尺，下大力气抓落实，以实干求实效。公司露天矿工会紧密围绕服务职工活动，在2013年移动式半连续采煤设备系统移设期间，矿领导多次到场子面移设检修现场，亲自慰问参加移设和检修的员工，送去饮品、点心和水果。铁路运输处工会走访了铁运处各班组，通过“面对面”地与职工交流，为化验班更换了防尘口罩劳动保护用具，为机务班铁路机车司机解决了夏季铁路机车司机取证存在的困难。发电厂、露天矿、铁运处、机修处、综合服务中心等工会，在酷暑期间，天气持续高温，炎热的天气下，深入作业现场慰问奋战在顶着酷暑辛勤在生产一线岗位工作的员工们，为一线员工送去了西瓜、饮料等防暑降温水果、饮品。

公司工会充分发挥组织优势，大力开展具有时代特点和职工群众特色的文化体育活动，满足职工不断增长的精神文化需求。为丰富活跃职工群众文化生活，坚持开展丰富多彩、形式多样、职工群众喜闻乐见的各种文体娱乐活动。2013年以来，先后举办了迎新年职工联谊活动、欢度春节文化娱乐系列活动、庆“五一”职工棋牌比赛、迎“七一”首届职工业余歌手大赛、职工书画创作交流笔会及广场文艺演出等活动，举办了职工羽毛球、保龄球、篮球等比赛，充分发挥了职工群众在企业文化建设中的主体作用。

公司工会的“两节”送温暖活动已形成制度化和常态化。2012年“两节”期间，公司党政工领导深入到公司特困职工家中走访慰问，各基层工会开展了“送温暖”活动，共走访慰问困难职工494户，发放慰问金75.9万元。

为了让每位职工都能及时了解自己的身体健康情况，做到有问题早发现早治疗。近年来，公司邀请天津肿瘤医院的医生，为接尘接毒作业人员进行了职业健康检查，为公司全体在岗干部职工和内退职工每年进行一次健康体检和对女职工进行一次妇女病普查工作。特别是2013年的体检，新增了内科咨询、外科咨询、甲状腺和CT（45岁以上）等项目。为更好地给体检过程中检出疾病的患者做出进一步的健康咨询和指导，公司特邀请天津肿瘤医院专家来公司职工医院进行义诊和提出诊治意见。同时，还邀请哈尔滨医科大学附属一院专家，为患有慢性病的职工进行诊治。通过这些举措，切实解决了职工及家属外地就医的困难，满足了广大患者的就医需求，为职工家属做了好事、解了难事、办了实事。

三是关爱为要，全力而为，扎实推进“面心实”活动。

公司从职工衣、食、住、行入手，努力为职工群众办实事、办好事，让职工切实享受企业发展所带来的实惠。仅2010至2011年，公司利用补充医疗保险，为2002至2008年度患大病住院人员发放补助金509万元，直接惠及3980人。“两节”期间，为患病和困难员工发放慰问金117.85万元；开展“金秋助学”发放助学款20.4万元。提高班中餐质量，增开海拉尔通勤客车。新建住宅22栋、车库422户，在海拉尔新区建职工住宅760户。整修了生活区内交通主干线、人行道、宅前绿地和路面，实施宅前道路绿化、美化和硬化工程。新建了明珠广场，重新装饰了“草原明珠”标志性建筑，兴建了新源区新建公园，室内网球馆和室内门球馆投入使用。购置了数字X光机、超声血液分析仪等先进设备。公司积极为职工子女创造就业机会，解除了职工后顾之忧。

各级工会及时了解和掌握在岗及离退休困难职工家庭的生活状况，对困难户实行动态管理，健全了困难职工电子档案。各级工会始终坚持“五必访”制度，在日常生活中每逢职工家属有婚丧嫁娶和家庭有重大变故及生病住院的，工会干部都进行走访慰问，送去领导和组织的关怀和温暖。几年来，共家访慰问困难职工及家属2230人次，支出职工救济经费111.51万元。公司组织职工为患白血病矿工女儿张新硕捐款55.05万元。开展了“博爱一日捐”活动，彰显了煤电职工“扶危济困、奉献爱心”的优良品德。为关爱女职工，为1322名女职工续签一年特病保险合同。

为做好职工群众来信来访，拓宽职工群众工作渠道，公司将每周二设定为总经理接待日，由公司领导亲自接待群众来访，自2007年7月份以来，共接待来访人员471人次。公司针对职工来访诉求，坚持热情服务、正面疏导，开展政策解释工作，定期梳理、分析、研究职工来访诉求问题，积极妥善做好维稳工作，保证了公司大局稳定。

为推动服务职工活动取得更大的成效，下一步，一是在深入推进实施上下功夫。进一步加强对活动的领导，扩大覆盖面，把这项活动进一步向基层工会延伸，向车间班组延伸，严格督促检查，分析问题，有针对性地加以改进。二是在进一步解决实际问题上下功夫。把办实事、做好事、解难事作为检验活动成效的重要标准，对于听到、看到的问题，能解决的马上解决，能改进的马上改进，真正做到服务基层、取信职工。三是在建立长效机制上下功夫。注重对活动成果的转化运用，通过调查研究，发现和总结带有普遍性、规律性的经验做法，转化为工会干部联系基层、服务职工的长效机制。对涉及职工切身利益的政策性问题，积极提出工会的意见主张，推动有关法律法规和政策的贯彻执行，使活动取得更加长远和广泛的效果。四是在加大宣传力度上下功夫。在公司新闻媒体、局域网、工会信息、工会宣传阵地上，推出一大批有深度、有分量的宣传报道，广泛宣传活动的重要意义和积极成果，不断扩大活动影响，让广大职工更深切地感受到公司的关心和温暖，让广大工会干部更清醒地认识到自身肩负的责任和使命。

【作者：华能伊敏煤电有限责任公司党委副书记、纪委书记、工会主席】

党建有目标　融入管理见实效

王大勇

上海三五一六厂是中央企业新兴际华集团下属的一家三级企业，目前拥有一万六千平方米的购物中心。企业经过五年的蜕变，正逐步转型走上集物业租赁、商业运营为主营模式，积极拓展科研、贸易和其他业务发展空间，实现多元化经营的发展新路子。

2012年以来，根据集团公司要求，在新兴发展公司的指导下，三五一六党建“五个体系”建设已经摸索出了自己的一套工作方法，以“三个优化”主题活动为推手，党建管理机制得到了创新，党建工作科学化水平得到了提高，党建“四个作用”得到更好发挥，使党建“五个体系”真正融入管理见实效。

一、“三大教育”促进党员素质提升，发挥党员先锋模范和干部带头作用

上海三五一六厂在岗职工中72%都是党员，在“退二进三”历史遗留工作中，存在部分人心不齐、企业精神理念跟不上企业发展的现象。为改变这种情况，凝结企业发展正能量，围绕企业改革发展中心工作、集团公司“四新”形势任务教育活动，我们结合“五个体系”思想建设项目里主题“教育活动项次”、“精神文明建设成果项次”等指标，细化了“月月有主题，教育走在前”的做法。

（一）理念教育，构筑先锋模范意识。

与党员“亮身份、亮承诺”活动相结合，我们在全体员工中发起了“一人一格言”活动，每个党员根据自己的工作目标和承诺内容，讲座右铭式的格言警语“亮相”在承诺展板上，参与率100%，用一种全新的形式将承诺记在心间，更好的发挥党员的先锋模范作用的同时也推进了“党员承诺兑现率”的指标落实。随后又开展了“五体系建设”知识竞赛活动、新党

章学习和党史知识竞赛活动，观看了大型党建历史文献纪录片《信仰》，让大家在寓教于乐的同时牢记党的宗旨、明确党员责任，将党员的作用发挥记在心间，有利于党员先锋模范意识的加强。

（二）组织生活，强化示范带头作用。

为构筑党员领导干部廉政思想防线，我们结合“廉洁月”活动，召开党委中心组学习会，学习《国有企业领导人员廉洁从业若干规定》、集团公司职务消费相关管理办法、观看廉洁教育片《雨中的树》。同时开展对关键岗位人员的廉政谈话，让其始终紧绷“廉洁弦”。工厂领导从自身廉洁勤俭作风抓起，形成良好的廉政风范，发挥党员领导干部的示范带头作用。召开党内组织生活扩大会，学习有关惩防体系建设的文件、组织全员参与廉洁短信征集等活动，将廉洁从业常态化。同时严格执行“三重一大”决策制度建设、职务消费管理办法、党委议事规则等工作方针，确保了教育监督项目下纪检监察组织健全率“惩防体系落实率”、“廉政建设责任制落实率”“三重一大评审项次”、“领导干部遵纪守法率”、“法规教育警示频次”、“党内民主生活频次”等指标的落地。

（三）文化建设，凝聚企业精神正能量。

为落实企业文化建设项目下的“企业文化体系健全项次”、“特色文化建设项次”等指标落实，上海三五一六结合企业实际开展了丰富多彩的企业文化活动。举办了“迎十八大”摄影比赛、“我是党员我践诺”演讲比赛、“庆祝集团党代会胜利召开”歌咏比赛、还举办了职工春秋两次的职工运动会，凝聚了人心、活跃了气氛、丰富了职工的文化生活。开乐物业公司还组织开展了以维修水箱为内容的劳动竞赛，既赛出了技能高底，又提高了服务小区居民的工作水平，也落实了“员工技能结构改善率”等指标。

二、“三项措施”促进支部工作开展，发挥党支部战斗堡垒作用

党支部是党的全部工作和战斗力的基础，是党充分发挥战斗堡垒作用的重要源泉。上海三五一六厂共有支部4个，在企业改革发展稳定工作中，支部发挥了很大的作用。

（一）改革选人用人机制，解决人才瓶颈问题。

综合党支部主要由三五一六厂机关工作人员组成，在企业中心工作中发挥主力军作用。根据新兴发展公司《关于进一步加强人才工作的指导意见》，经过综合党支部提议，通过党政联席会讨论，草拟出《上海三五一六厂后备人才培养工作计划》，将改进人才培养和引进工作方法，对现有人员进行副职试行管理形式，抓紧落实后备干部队伍建设。在人才招聘工作方面，总结以往招聘重学历轻经历，重文凭轻文化的现象，大胆启用社会成熟人才，拟推行关键岗位人才薪酬改革工作，为企业留住人才，也推进了“专业人才引进批次”等指标落实。

（二）发挥群团桥梁作用，维护企业和谐稳定。

上海三五一六厂作为一个老企业，历史遗留问题是企业和谐发展的一个重点问题。企业共有离退休职工812人，分三个宿舍区居住，为了加强离退休人员的管理工作，我们实行“块组长负责、离退办管理、厂工会指导”的模式，在三个家属区中选出“块组长”，负责职工信息收集、职工诉求传递、职工初步安抚工作。工会离退办支部的同志，在得到相关信息后，组织生病职工的看望、困难职工的慰问、问题人员的安抚工作，加强企业离退休人员管理，为企业和谐稳定工作奠定了基础，同时也落实了“抚慰帮困员工受益率”、“信访维稳责任落实率”、“零越级上访频次”、“隐患排查化解率”等指标。

（三）调整人员奖酬机制，实现发展成果共享。

为调动员工的积极性，落实“绩效考核落实率”等指标，对于员工的薪酬机制我们及时做了调整。增加了专业职称对应的岗级工资，形成行政职务与专业技术职称双通道；增加了新招聘员工的岗级，明确招聘人员定岗定薪标准，对有无工作经历、何种学历水平等情况加以区别，加大了业绩考核比重。修订后的薪酬制度对调动员工积极性，吸引留住人才具有积极的作用。今后还要着力培养商业地产适用人才，正确处理学历、资历、能力和品质的关系，大力造就各种类型的复合型人才。我们将完善激励机制，对领军人物给予特殊政策，在凝聚人才上下功夫，为各类人才发展搭建施展才能的平台，用事业发展、合适待遇和优秀文化凝聚人才，为企业发展提供组织保证。

三、“三个环节”促进生产经营工作，发挥党委政治核心作用

（一）紧跟商业物业经营，学管理抓调控。

积极学习先进的经营模式和管理理念，为将来自主经营培养能力、积累经验，三五一六商业物业部积极参与经营公司的租户招商、商场营销及租户管理等工作，全面了解经营公司的运作模式以及实际经营情况，对东方商厦以及各租户的经营情况进行“日跟踪”和“月跟踪”，并且在月度的经济活动分析会上进行讨论。

在百货业受到电子商务冲击，购物中心进行全面业态调整的背景下，为完成推动发展项目下的“预算计划指标完成率”、“重点工作项目推进率”、“重点工作任务落实率”等指标，以“责任体系”为抓手，我们从委托经营方及经营公司同时入手，双管齐下，据理力争，积极催缴，2012年租金收缴任务完成了95%。

（二）推进物业公司剥离，市场化创效益。

上海开乐物业公司作为三五一六原经营物业，前几年由于物业费收取标准低，艰难维持。在党建五个体系工作中，他们扎扎实实开展党员承诺活动，加强了基层党支部“三会一课”建设，凝心聚力、攻坚克难，2012年实现了营业收入 66 万元，利润总额 1.3 万元。下一步，开乐物业将在职工生活小区物业管理现在的承包经营基础上，将积极采取鼓励政策，大胆支持经营模式创新。鼓励现有人员走向市场，向市场要效益，尝试自己组建物业管理公司，进一步接盘小区物业管理业务，从逐步过渡到与工厂彻底脱钩，进入市场化经营，进一步创造效益。

（三）抓紧盘活现有资产，为发展添后劲。

为实现企业发展的目的，实现“重点工作项目推进率”、“重点工作任务落实率”的指标落地，企业加强充分利用土地资源，改善办公条件，对现有办公场所进行改造，寻找引进增加新的经济增长点的项目。现正与上海海洋大学高科技园积极磋商，将旧房改造与建立上海海洋大学高科技园分园结合起来，同时，将分配的商业物业的部分房屋也一并纳入，力图通过高科

技园区项目，培育新的经济增长点，做大做强企业。

2013年是全面贯彻党的十八大精神，打好“十二五”规划中期攻坚战的关键一年，具有承上启下的重要作用。我们将进一步解放思想，振奋精神，凝聚力量，落实两级集团党委要求，继续深化推动“二二五管理体系”建设，进一步落实2013年指标，通过“三个优化”、发挥“四个作用”，进一步强化党建“五个体系”指标融入管理见实效，不断提高党建工作科学化水平。

【作者：新兴际华集团上海三五一六厂工会主席】

地市党报的办报策略

唐跃培

无论是比覆盖范围比影响力还是比发行量比广告收入，绝大多数地市级党报都很难与全国性大报、省级党报相提并论。但是，地市级党报在它们各自所在的地市，其发行密度往往要比《人民日报》及本省党报高得多。这种状况赋予了地市党报非常独特的地位和作用：它所承担的舆论引导、信息传递职责，无论是全国性报纸还是省级党报，都无法代替承担；它所能发挥的舆论引导、信息传递作用，无论是全国性报纸还是省级党报，都无法代替发挥。

当今中国早已成为多元开放社会，某一个区域的舆论引导效果如何，不仅影响着本区域的和谐稳定，而且影响着全国的和谐稳定；当今中国早已进入信息时代，某一个区域的信息传递是否顺畅充分，不仅影响着本区域发展的速度与质量，而且影响着全国发展的速度与质量。因此，从总体上看，地市党报应该发挥的作用，一点也不比省级党报乃至全国性报纸小。

一张办得好的地市党报，可以为当地党委、政府和人民群众发挥好无可替代的耳目、喉舌、参谋、助手作用，从而有力推进当地的经济、政治、文化、社会、生态文明建设。同样，那些办得不好的地市报呢，不仅自身生存状况不好，更重要的是不能在当地的现代化建设中发挥应该发挥的独特作用。从严格的意义讲，这是当地党报的失职乃至渎职。

遗憾的是，在全国几百家地市党报中，不能在当地充分发挥耳目、喉舌、参谋、助手四大作用的报纸不在少数。导致这种状况的直接原因，就是这些地市党报领导者专业素养欠缺。一个优秀的地市党报决策者，应该是政治家、新闻专家、企业家“三位一体”的统一体，而实际呢，我们不少地市党报的领导人这“三位”中的哪一“位”都算不上，能算上一两“位”的就很难得了。导致这种状况的深层次原因，就是当地党委对地市党报的作用和地位认识不充分，对新闻与宣传的区别认识不充分，从而没有对地市党报的办报队伍进行必要的专业化建设，在党报领导人的选择上片面地认为只要当过政工干部、宣传干部就行了，或者认为只要干过文化类工作就行了。

地市党报领导者的专业素养不够，致使这些报纸在报纸设计、舆论引导、信息传递上缺乏谋略与策略。这类报纸领导人所办的报纸，往往停留在简单的宣传纸水平，对读者缺乏吸引力，对社会缺乏影响力。

我们认为，虽然全国几百家地市党报各自的情况千差万别，但在报纸的实际运作中，应该有一些可以共同运用的策略。

办好地市党报有哪些策略具有共性呢？下面我结合自己在《克拉玛依日报》的实践，进行尝试性的梳理。

一、有思想地办报确立报纸的专业地位。

不客气地讲，有些地市党报还停留在黑板报的水平，只是一张简单的宣传纸，连一张有水平的宣传纸都算不上，更不用说有水平的新闻纸了。

原因在哪？一言以蔽之，报纸的领导者对办报没有想法。

这些报纸，没有明确的定位，没有自己的办报理念、宗旨、方针，没有明确的功能构想，没有清晰的内容结构布局，没有统一的版式风格要求。一眼望去，只是国内新闻、国际新闻、本地新闻、副刊的粗糙堆积。

《克拉玛依日报》在创办之前就进行了精心的概念设计。概念设计中明确确定了报纸定位、办报理念、办报宗旨、办报方针、办报目标、版式风格，甚至还明确了报人的修养追求。正是因为有这些明确的想法，所以《克拉玛依日报》在2005年一经创办，就完全以一张成熟党报的风度面市，立即成为全市无可争议的第一媒体。这几年来虽然不断扩版、改版、增刊，但办报思想总体上没有改变。也就是说，报纸长高了、长大了、穿着打扮改变了，但气质没变、灵魂没变，给读者的感觉是一以贯之又越来越有味道。

只有具有专业深度的办报思想，报纸才能成为一张真正的新闻纸，才能确立自己的专业地位，才能真正肩负起重大的宣传与舆论引导职责。

二、办有思想的报超越竞争对手。

有思想地办报，相当于修建一座坚固、美观、结构合理、使用方便的商场；而“办有思想的报”，则是讨论这座商场里要销售什么货物的问题。

随着信息技术的不断进步，报纸面临的竞争压力越来越大，即使身处并不发达的中西部地级市，地市党报也同样面临巨大的竞争压力。广播、电视、网站、省会报纸地方版、户外多媒体、楼宇电视、公交电视……智能手机的出现，更是对报纸雪上加霜。

在这种群狼争食的环境中，地市党报凭什么取得自己的生存与发展权利呢？答案就是要办有思想的报纸。

各种新兴媒体最大的优势就是快捷、可视、互动性强。但是，这些优势都偏重在传播的形式上，而在传播的内容上却没有实质性的新东西。这种特点给报纸提供了巨大的机会。

也就是说，在搜集信息的广度、传播信息的速度上报纸都不占优势，但在对信息进行深度加工从而生产具有深度的新思想新观念上，报纸可以具有其他媒体无法比肩的优势。用好了这一优势，报纸就能在媒体竞争中超越竞争对手。

并不是每家地市党报都认识到了自己拥有的这一优势，有些地市党报在竞争上并没有把着力点放到这个地方，而是以己之短去攻彼之长，去和其他媒体拼时效、拼可视化。这些东西不是不能拼，但最重要的战场不应放在这些地方。

也就是说，对本地的发展有较强指导、借鉴正义的新思想、新观念、新方法，应该成为地市党报这座“商场”出售的“独家商品”。有了丰富的这类“独家商品”，地市党报就牢牢占据了本地舆论引导的制高点，成为本地媒体当然的主力军。

这实际上涉及到对报纸功能的界定问题。

过去，我们基本只认识并发挥了党报的喉舌、耳目这两项功能。实际上，党报还应有另外两项重要功能，那就是参谋和助手。要当好党委、政府和读者的参谋，当然得有思想。

如何才能使报纸有思想？具体方法很多，但最根本的因素是报社要有一批有思想的业务精英，特别是总编必须有思想。这批业务精英要对事关本地发展的种种问题了如指掌，并下工夫进行研究与思考，能提出独到的看法和建议。

克拉玛依是一座典型的资源型城市，转型是事关它生死存亡的问题。2010 年，市委市政府明确提出了“打造世界石油城”这一城市转型战略，核心意思就是要把克拉玛依放在世界石油版图这个大格局中来考虑克拉玛依的发展，以世界性的视野来布局传统产业、新兴产业的发展并确定城市的定位、规模、档次。这一战略年初在市长的政府工作报告中提出时，只是一个粗略的构想。《克拉玛依日报》非常敏锐地认识到了这一战略构想的重要性，随即发表对市长的长篇专访细化这一战略的内容。此后短短几天，日报就开始以每天一篇的速度推出关于这一战略的系列评论，一共十篇，对这一战略进行细化、升华性阐释与评述。在此后的一年多时间里，日报共推出三次系列评论对这一战略进行评论，总字数达八万多字。可以说，这些评论为这一战略奠定了理论基础，使广大市民对这一战略由疑到信、由信到积极参与。与此同时，报社派采访组探访鄂尔多斯，探访长庆油田，探访新疆各主要地市，传达这些城市和油田的新思想、新观念、新方法。探访鄂尔多斯和新疆各地市的报道分别都在 20 万字以上。这些规模化的评论与报道，蕴含了丰富的思想观念，使报纸不仅是新闻纸，而且成了观念纸。同城其他媒体对此只能望洋兴叹。

三、以本土化确立核心竞争力。

本土化，本来不该成为地市党报办报实践中的一个问题，但事实它仍然是个问题。

对地市党报而言，本土化本来是天经地义的事，但在实践中，没有自觉地实施本土化的地市党报不在少数。

所谓地市党报的本土化，可以分为三个层面说，一是明确地以为本地、为本地人提供尽可能优质、周到的新闻文化服务为目标来定位报纸，确定办报的理念、宗旨、方针，确定内容结构、版式风格；二是本地新闻、本地作者的稿件占绝对的主体地位；三是以本地人的视角、内在需求、兴趣点为标准来报道国内国际新闻，选择文摘类的服务性、休闲性稿件。

一些地市党报没有明确的本土化意识，最典型的表现就是地市党报的“省级党报化”乃至“《人民日报》化”。这种毛病的具体表现是：让新华社发的国内国际要闻占据了一版和其他要闻版的主要版面；选择国内国际新闻以省报乃至《人民日报》的标准为标准，让一些全国性会议、大型活动、国家领导行踪充斥版面；本地新闻数量少、形式僵、在版面上偏处一隅。

说得通俗一点，这种做法是毫无意义的重复建设。除发达地区的少数例外外，地市党报版面本来就有限，你去帮省报、《人民日报》干活，帮又帮不到人家的水平，白白把宝贵的版面浪费了，又没有空间去干应该为当地党委、政府、人民群众干好的事。

近年来，一些报纸在本土化上走得很远，曾看到过一条报道：某地市党报完全不刊发非本地新闻。在现在这样一个有很多渠道可以快速获知国内国际新闻的信息环境下，这样做也未尚不可。

《克拉玛依日报》明确规定，除非有党代会、奥运会、汶川地震这样重量级的大事，不在一二版上刊登非本地新闻。2012 年，报纸改版为 ABC 三叠，明确地将非本地新闻的报道任务交给 B 叠；在 24 个版的常规规模中，本地新闻绝对优先，本地新闻多了就压缩 B 叠的版数。

地市党报的本地化，实际上就是新闻的接近性原理在整张报纸上内容布局上的运用。无论是在与省会报纸地方版的比较中，还是在与同城其他报纸、广播、电视、网站的比较中，什么内容是人无我有、人有我多、人多我深的呢？显然就是对本地各类新闻、各类问题的生动而深入的报道，这就是地市党报的核心竞争力所在。

在这方面，地市党报有以下独特优势：1、地位优势。地市党报是地市党委机关报，这一地位决定了它比其他媒体有获取本地权威信息的天然优势。2、人才优势。地市党报一般都聚集了本地水平较高的新闻人才，地市党报人才群体的理论水平、思想水平总体上要比同城其他媒体的人才群体高。3、情感优势。由于地市党报是正规的事业单位，从业者就业后流动性不会太大，因此从业人员在感情上与本地有很深的联系，有真心希望本地繁荣发达的内心渴望，从而会产生一种其他流动性较强的媒体从业者难以产生的使命感和责任感。这一优势，决定了地市党报人对本地有更深的了解，从而拿出更具针对性更能合本地人胃口的报道。

四、以规模化的主题式报道强化核心竞争力。

本土化是地市党报的核心竞争力，这话没错。但是，是不是本土化了就一定有强大的核心竞争力呢？那还不一定。

也就是说，本土化不仅要有数量优势，不仅要让本地新闻、本地稿件占据报纸的主要版面、大多数版面，而且要有质量优势，要把本地新闻做活做深，要使本地新闻对促进本地的发展、对提高本地人的生活质量有用，有独特的不可替代的大用。

做活做深本地新闻有很多方法，我们认为，做好规模化的主题式报道，是一种极为重要极为有效的方法。

所谓规模化主题式报道，就是精心选择与本土发展相关的重大主题或重大问题，然后围绕这一主题或问题，不惜篇幅进行系统的立体化报道。

进行这种主题式报道，至少有三个方面的好处：

（一）报道的巨大规模、磅礴气势、厚重质感会引起社会的高度关注，成为一个时期的舆论焦点，产生较大的社会效应；

（二）以淋漓尽致的新闻带动相关的专题式广告，有些专题式广告本身就是这类报道的有机组成部分，从而产生良好的经济效应；

（三）锻炼队伍。这种报道对任何一家新闻单位来说都是大仗、硬仗。军队的战斗力在大仗、硬仗中才能迅速提升，编采队伍的战斗力也是如此。

进行这种主题式报道要注意以下几个问题：

（一）主题要选准，要选那些能真正引起大家关注、能真正拨动大家心弦的主题或问题。

（二）策划要周密。策划必须先行，策划书要讲清楚报道的内容、形式、费用解决方案、具体责任人的具体工作。

（三）既要考虑社会效益又要考虑经济效益。这类报道花费的资源很大，所以要尽可能使报道合法合理地产生经济效益。

（四）形式上有三种选择：一种是以连续报道的形式持续推出，一种是集中以特刊的形式一次性推出，一种是先做连续报道，结束时整理成特刊再一次推出。后两种方式效果最好。

规模化主题式报道可以说是《克拉玛依日报》最具特色最有影响力的报道品种。《克拉玛依日报》2005 年 2 月创刊，4 月分就开始做克拉玛依油田勘探开发 50 周年纪念式报道，整个报道历时 5 个月，先以每周 5 个版的速度推出专版，到 9 月 20 日又一次性推出由 96 个版组成的纪念特刊《克拉玛依，五十岁的青春油田》。整个报道达 200 多个版，稿件全部自采，成为了记述、颂扬、思考油田五十年发展历程的宏大史诗。这样的报道当时完全出乎所有读者的意料，引起持续的赞叹完全在我们的预料之中。紧接着，《克拉玛依日报》又于 10 月份开展“天山南北行”特大型异地报道，采访组奔赴天山南北各地市，以每期两个版的速度推出报道，共发表约二十万字的文字报道、150 多幅图片报道。

此后，《克拉玛依日报》的这类报道从未间断，仅 2008 年一年，就推出了总版数达 500 多个版的 10 本特刊纪念克拉玛依建市 50 周年。这 10 本特刊分别是《超越与梦想——建设现代化大油气田的构想与实践》、《光荣与使命——历代党和国家领导人关怀克拉玛依纪实》、《50 年 · 50 人》、《克拉玛依演义》、《油城骄傲——克拉玛依名企名牌展示》、《金色年轮——克拉玛依建市 50 周年纪念》、《克拉玛依爱情》、《油城英才》、《改天换地——十年城市建设演义》以及记录这九本特刊如何诞生的特刊《纸上鏖兵》。这一系列特刊在克拉玛依引起轰动，市委书记在纪念大会上称赞系列特刊是克拉玛依的一道亮丽风景，并把它作为送给外来宾客的常备礼品。这一系列特刊也在业界引起震动，很多省级甚至全国性的报纸从业人员看了特刊后坦承：我们做不出来。同时，特刊也带来了可观的经济收益，仅《50 年 · 50 人》这本特刊，经济收入就达 130 多万元。

这类特刊成为了很多克拉玛依人的收藏品和赠送亲友的礼品，它们的不断推出，使日报不仅成为同城媒体的当代领跑者，而且和其他媒体之间的距离越来拉越大。这个距离越大，报纸作为“老大”的安全感就越强。

五、以精品新闻打造锤炼队伍。

从业队伍的专业素养不足，是地市党报的普遍困惑。但是，如果对这种状况束手无策，报纸就很难办出专业水准。稿件不专业，版式不专业，报纸就不可能有较大的影响力。

改变这种状况当然需要做多方面的工作，比如进人要注重专业基础，比如要有好的机制防止人才流动太频繁，比如有好的政策确立编采人员在报社的主体地位、引导他们崇尚专业精神，等等。而所有的这一切努力，最后都必须体现到对一篇篇精品新闻的打造上。

地市党报一定要把打造精品新闻、获得尽可能高等级的政府新闻奖作为重要的业务追求之一。从表面上看，追求高质量的新闻奖项，有利于编采人员的职称评审。从更深层的意义上讲，制作精品新闻，是提高编采人员专业技能的有效方式，是提升整个采编队伍专业素养、形成浓郁的专业氛围的有效途径。

客观地讲，一家地市党报想要拥有众多新闻业务高手是一种奢求，但是，我们至少应该有几名领军人物是真正的新闻专家。通过他们的示范、把关与督促，一是确保报道有起码的专业水准，消息像条消息，评论是篇评论，使报纸不至于停留在黑板报、内部简报的水平，不至于闹低级笑话，二是隔三岔五地推出精品新闻，既作为本报专业水准的标志，也给整个编采工作悬一个引领性的标准，让大家看到差距并学有榜样，与惯性化的平庸新闻打持久战。

幸运的是，《克拉玛依日报》有几位堪称新闻专家的工作人员，他们制作精品新闻的愿望和能力都比较强。报社专门制定了“精品新闻制作办法”，明确规定了好的新闻线索从发现到制作完成的方法和程序；同时，编采人员每周进行两个小时的集体业务学习，重点探讨精品新闻制作的相关问题。这些措施，确保了专业追求成为编采队伍的风尚。新疆仅报纸就有几十家，每年的新疆新闻奖一等奖也就十来个，一些地市报基本与一等奖无缘，但《克拉玛依日报》的作品已连续几年年年荣获一等奖。制作好新闻对队伍素养的提高作用巨大。在十分注重专业水准的“新疆十佳新闻工作者”评选中，《克拉玛依日报》6 位编采人员当选，而全市其他所有媒体到目前为止只有 1 人当选。

六、以时尚得体的版式为报纸增值。

如果把报纸的新闻作为内容，那么版式当然就是形式。好的形式有助于内容的传播，这一点是绝大多数人都知道并且没有多大异议的。

但这并不意味着绝大多数地市党报对版式给予了足够的重视。从一些地市党报的版面现状来看，他们对版式的重视程度远远不够。

“言之无文，行而不远。”这句话大家都会说，但并不一定真正明白“文”的重要性。当今时代从某种意义上可以说是一个包装时代，任何产品，乃至一种思想、一种理论、一个人、一个政党、一个团队……如果不想默默无闻，就都需要包装。

版式设计，就是报纸这种特殊商品的包装。

更进一步讲，好的版式不仅可以增加新闻的吸引力与传播效果，而且它本身就可以成为一种值得欣赏、能给读者带去美的享受的内容。也就是说，好的版式不仅是一种为新闻内容服务的形式，而且是一种独特的能够单独带给读者特殊价值的内容。这样一种美的形式或独特的内容，会使报纸版面不仅具有传播新闻的实用价值，而且具有愉悦心灵、培育美感的艺术价值。也就是说，报纸可能因好的版式而由新闻纸升华为艺术品。

《克拉玛依日报》一向重视版式设计，十六字的办报方针中，“前卫、精美”四个字明确地指向版式设计。日报制定了自己的版式规则，把规范、大气与秀雅、灵动的结合作为自己追求的版式风格。在追求自己版式风格的过程中，《克拉玛依日报》把《华西都市报》的版式作为最为重要的借鉴对象，组版室经常性地研究《华西都市报》的版式。尽管没有专门的美术编辑，但《克拉玛依日报》的版式设计水平可以说位于全国报纸版式设计水平的第一方阵。业界大名鼎鼎的视觉专家张光老师看了《克拉玛依日报》后感叹：“这怎么看也不像没有美术编辑的报纸啊！”日报的特刊能成为不少市民的收藏品，版式设计精美应该是重要的原因之一。

七、以文化经贸活动开发报纸新功能。

我们认为，为了适应市场经济代替计划经济带来的深刻变化，党报必须转型。怎么个转法呢？简单地说，就是要由社会生活的反映者、记录者转型为反映者、记录者+思考者、实践者。也就是说，报纸不仅要报道新闻，而且要创造新闻。正如本文前面已经提到的那样，报纸不仅要成为党委、政府、人民群众的耳目、喉舌，而且要成为他们的参谋和助手；不仅要为社会实践中的各个主体提供新闻、文化服务，而且自己也要成为社会实践中的一个主体，直接参加社会的经贸、文化实践。一言以蔽之，报纸除了耳目、喉舌功能外，要自觉开发自己的参谋与助手功能。

主办文化经贸活动，地市党报就成为了党委、政府和人民群众的助手，挽起袖子冲到了现代化建设的第一线。

地市党报主办文化经贸活动有得天独厚的优势，因为它在本地有强大的宣传、动员、广告能力，这是其他任何可以主办相同文化经贸活动的企事业单位所不具备的。正因为有了这种能力，地市党报主办文化经贸活动对相应的企事业单位和社会各界有天然的吸引力，很容易引起较大的社会反响。

在这方面，已有不少地市党报走得很远。那些已经成立报业集团的地市党报，大多在这方面做得很成功，它们不仅仅是开展活动，而且创造产业，获取了巨大的经济和社会效益。同时，也有不少地市党报在这方面没什么动作，甚至还没有意识到自己具备这种功能。

地市党报开展文化经贸活动，可以直接推进当地的文化建设、经济建设，刷新社会各界对地市党报的认识，提升地市党报的地位和影响力，为地市党报的品牌价值增加大大的分量。

《克拉玛依日报》受地域与体制的制约，到目前为止还没有真正进行过具有产业意义的经济活动，但是，从 2005 年创办起，它就明确地把开展文化经贸活动作为自己的重要功能之一。几年来，它开展的主要文化经贸活动有汽车文化节、春秋房展、准噶尔大讲堂、“本土英华”文学艺术作品系列品评会、本土书画大赛、本土歌王大赛、本土校园歌手大赛、中学生作文大赛、《消费指南》音乐周、诗歌朗诵大赛、婚庆博览会、旅游形象大使选拔赛、KBA 篮球联赛，等等，这之中不少活动是持续举办的。它主办的“汽车文化节”被中国节庆委员会评为“最受群众喜爱的节庆活动”之一。这些活动的举办，大大增强了日报在本地的良性存在感，很多读者甚至领导开玩笑说：你们不要把文联、体育局、文化局、经贸委的饭碗抢了嘛！

八、以品牌经营促进实体经营。

除东部发达地区以外，中西部特别是西部的地市党报，经济条件大多不算太好。在这种情况下报社的经营状况、创收数额，往往在很大程度上决定着报社日子的穷与富、队伍士气的高与低、报纸质量的好与坏。

我们认为，党报既然姓党，为党委、政府服务是最重要的职责，那么，服务当然就应该有“服务费”，不能盲目地、不讲客观条件地把地市党报往市场一推了之。这个问题，在经济发达地区可能不存在，但在中西部地区却很严重。个别地市党委在这个问题的处理上很欠考虑，在不具备基本条件的情况下让地市党报自负盈亏。这种做法是很不合适的。

党报的主要职责就是为党工作，怎么可能全身心为你干活你却不管饭呢？东部发达地区的党报社可以自负盈亏，那是当地经济社会发展自然形成的结果，这种自然的结果一望而知不能成为中西部地区的主观标准。

当然，这只是问题的一个方面。

从另一方面讲，地市党报毕竟也是一种可以销售的商品。既然如此，它就不仅有新闻价值、宣传价值，同样也具有经济价值。一句话，地市党报和其他报纸一样，有发行、广告、印刷等经营性业务和手段，具备赚钱的能力。既然有这种手段和能力，就应该努力用好这种手段和能力，创造尽可能多的经济效益。

长期以来，报纸创收工作中存在一个普遍的误区，那就是广告、发行、印刷等经营业务与新闻报道业务各干各的，似乎互不相干。报纸的创收工作因此也就似乎只是经营部门的事，似乎和其他部门、员工没有关系。

我们认为，这种状况应该改变，改变的方法就是把报纸经营变成经营报纸。

所谓经营报纸，就是明确地把报纸当作一种特殊的商品，采取各种手段打造、提升报纸的品牌价值，然后自觉利用报纸良好的品牌形象，去促进广告、发行、印刷等经营实体的创收。

也就是说，对报纸的经营工作不能只是就经营抓经营，正确的方法是通过抓报纸品牌的提升来抓经营。这样一来，报纸的经营创收就不只是经营部门的事，而是各个部门、全体工作人员共同的事。

试想，如果报纸在当地没有较强的影响力，没有良好的声誉，你叫发行员怎么去销售报纸？你叫广告员怎么去拉广告？如果报纸办得好，报纸又通过开展各种文化经贸活动赢得了很高的知名度美誉度，整个社会对报纸有很强的“好感”，那么，广告员、发行员去做工作不就是顺水推舟、高山滚石了吗？

所以，地市党报一定要改变就经营抓经营的思路，通过提高办报质量、开展良性的文化经贸活动来努力提升报纸的影响力、公信力、美誉度，形成良好的品牌形象，然后再做创收工作，就不会那么费劲了。报纸的收入增加了，队伍的士气提得更高、报纸的质量变得更好也就有了更好的条件，如此一来，良性循环就形成了。

在经营报纸上还要特别注意一个问题，那就是决不能“贱卖”版面。由于地市党报所在城市一般不太大，报社与其他党、政、群部门关系比较密切，再加上地市党报经济状况好的不多，抬头不见低头见加一点人穷志短，这就很容易产生拿版面拿注水新闻换方便换费用的冲动。这样做是一种自毁品牌的短期行为，当下得到了某种好处，但降低了党报的身份和质量，也降低了党报的权威性和美誉度，给报纸造成内伤，必然会给报纸的创收带来长期的负面影响。

《克拉玛依日报》所在城市地处西北，人口不足 40 万，经济结构单一，经济总量偏小。在这样的不利条件之下，它自觉采用经营报纸的策略来促进创收，效果非常明显。自创办以来，《克拉玛依日报》的广告收入以每年一百万元以上的增幅不间断上升，这不能不说是一个小小的成功。

黑格尔说：“方法就是一切。”所谓策略，就是方法。方法虽然不能说等于一切，但它确实极为重要。同样的事，用这种方法做不成，用另一种方法可能就做成了；用这种方法可能只做到了七分，用另一种方法可能就会做到九分乃至十分。对地市党报的从业者而言，所做之事肯定算不上多么宏伟的事业，但既然干了，就要争取把它干好。而要办好地市党报，方法，策略，同样十分重要。我所列举的策略，纯粹是“经验主义”式的东西。之所以和盘托出，是希望能抛砖引玉，引起同行们对这个问题的普遍重视。井底之蛙，贻笑大方之处在所难免，请同仁们见谅。

【作者：新疆克拉玛依日报社社长】

整合资源　建立精简高效的危机应对体系

——成品油销售企业常见危机处置的探索与实践

吕　力　陈　玲　殷　悦　付晓兰

中国石油四川德阳销售分公司位于川西平原北部德阳市，是中国重大装备制造业基地和四川重要的食品、化工基地。公司现有在用油库 1 座，自营加油站 75 座，发挥着德阳市成品油供应的主渠道作用。2011 年，公司销售汽柴油 34.72 万吨，其中零售汽柴油 31.59 万吨，实现营业收入 27.11 亿元，实现考核利润 7526.16 万元，上缴税金 2447.4 万元，综合业绩指标居于中国石油四川销售公司各二级分公司前列。2011 年，德阳公司连续三年荣获省级“守合同重信用企业”称号，绵竹片区党支部分别被集团公司党组和省国资委评为先进基层党组织，1 名员工被集团公司党委授予优秀共产党员称号。

一、项目实施背景

成品油销售是整个石油行业链条中的末端环节，也是实现整个行业价值链条的关键所在。成品油销售企业是社会焦点行业，时刻接受大众对其经营、管理的评价。在日常生产经营活动中，成品油销售企业常常遭遇油品应急供应、油品数质量及服务纠纷、网络舆情和自然灾害四类危机。上述危机一旦发生，波及范围广、影响深远，倘若无法妥善应对处理，不仅将影响企业员工、社会大众及消费者的权益与生命财产安全，严重影响并损坏企业形象，甚至会撼动企业的经营基础。

二、项目实施成效

（一）保障市场供应能力进一步提高

履行三大责任，是中国石油义不容辞的职责，更是对企业快速反应、稳定市场的全面检验。在 2010 年下半年全国性油品资源紧张时期，德阳公司按照省公司总体部署，采取了适当措施，保障了区内市场的基本供应，最大限度地降低了供应紧急状态对全市经济和人民生活的影响，保障了社会生产、生活的正常运行，赢得了社会各界的一致好评。

（二）突发事件处置能力得到提升

2008 年 4 月 17 日，广汉汉龙公司下属乙源实业公司一驾驶员投诉我公司广汉交通加油站油品质量问题，同时该客户在尚未弄清车辆故障原因的情况下要求德阳公司负责维修车辆并支付赔偿金。公司高度重视，提出先对油品质量和车辆故障进行检测，待查明真实原因后再判定责任的意见，得到客户同意。但随后两天，该驾驶员带领数辆小车两次围堵交通加油站，并殴打员工，严重影响员工工作、生活和加油站正常生产经营。德阳公司在省公司和当地市委、市政府的支持下，按照“不私了，不妥协，利用正规渠道解决问题”的原则，妥善处置了该突发事件。

（三）企业危机管理水平进一步提高

经过一系列危机的洗礼之后，公司和广大干部员工应对危机的意识和能力进一步增强。近三年来，德阳公司先后成功应对了“5.12”特大地震、“8.13”特大山洪泥石流、“8.19”输油管线险情、“4.17 加油站围堵”、“12.7 加油站斗殴”及两次全国性资源紧张等重大自然灾害和突发事件的考验，最大程度地保障了员工的生命安全和企业的财产安全，维护了企业安全平稳运行的良好态势。

（四）企业良好形象和公众地位得到持续巩固

德阳公司在“5.12”、“8.13”抢险救灾工作中的突出表现，得到省、市各级领导的高度赞扬，省委书记刘奇葆两次与公司前线保供员工握手慰问，并“感谢公司为打通生命线做出的贡献”；省委副书记李崇禧、副省长李成云等领导在抢险现场对德阳公司保供工作给予了充分肯定。在2008年抗震救灾中，公司创下四川销售系统内六个“第一”（即第一个收到市委、市政府感谢信的公司；唯一一个由政府直接拨付救灾资金50万的公司；第一个得到市委、市政府赈灾物资的公司；第一个接受党委政府移交使用高科技移动撬装加油站的公司；建设一流中油爱心小区的公司；办公区征地价格全系统最低的公司），同时被集团公司评为“抗震救灾先进集体”，并获得“四川省工人先锋号”光荣称号；什邡片区红白加油站被国务院国资委授予“抗震救灾先进集体”称号。在2010年抗洪救灾中，1名员工被评为四川省“抗击特大山洪泥石流灾害先进个人”，2名员工荣获德阳市“抗洪抢险先进个人”称号。由于社会美誉度和影响力空前提高，公司在当地的话语权和在政府、公众心中的地位持续提升，企业建设、发展等多方面工作得到了市委、市政府及相关部门的大力支持。

四、经验与启示

德阳公司在常见危机管理实践中摸索出一些措施，积累了一些经验，归纳起来主要有：

（一）油品应急供应是成品油销售企业危机处置的重点

面对油品供应紧张和应急供应，我们的经验：

一是科学制定单车次油品限量供应标准，避免了因车辆循环排队、重复加油而造成现场拥堵、资源浪费的问题，同时也在一定程度减轻了加油员的劳动强度；

二是对不同销售对象分别采取保障供应、定量供应、限量供应、限时限量供应和酌情供应等差异化供应措施。

三是主动与各区县政府搭建沟通平台，得到各区县政府领导对油品供应工作的大力支持与配合。

四是采取指挥疏导、“绿色通道”、引导选择、“三防一停”多措并举，维护现场秩序。

五是加强内部销售监控，将销售纪律作为“铁的政策”，确保良好的经营秩序。

六是以人为本，切实关心一线员工工作、生活，使员工能够全心投入工作，无后顾之忧。

（二）正确处置油品数质量及服务纠纷是体现顾客至上原则的关键所在

面对油品数质量及服务纠纷，我们的经验：

一是坚持“友好、协商、沟通”和客户至上的原则，稳定客户情绪，积极控制事态发展，防止事态蔓延。

二是启动加油站应急预案，关闭加油机电源，抽调人员维持现场秩序，并将油品抽样送检。

三是稳定员工情绪，提醒员工增强防范意识，注意自身安全。

四是尽快送检油品，给顾客一个满意一交代。

（三）网络舆情危机处置是信息化社会企业发展需要重视的“战略”性问题

我们的经验：

一是坚持勇于承担责任是处置网络舆情危机的首要原则，不推诿企业应该承担的责任。

二是坚持信息公开。网络社会信息传播快捷，封锁消息的做法是愚蠢的、掩盖不了的，起结果往往事与愿违，只会是事情变得更加复杂。

三是坚持真诚对话。当网络舆情危机出现时，应积极、真诚与公众、媒体对话，取得公众和媒体认同和理解。

四是积极开展信息化建设，利用信息平台，理解和掌握顾客和员工的意见和建议，调整公众方式，满足顾客和员工要求，积极争夺网络舆情话语权，规避网络舆情危机。

（四）打破常规，保障自然灾害发生时油品供应

近年来，德阳公司成功应对了“5.12”特大地震、“8.13”特大山洪泥石流等自然灾害，并在实践中逐步摸索并积累了一系列经验和做法。

一是调动一切资源进行抢险自救。人力资源保障上，全公司取消一切休假，进入自然灾害应急状态；按照“轻重缓急”的原则调配物资，优先保障重灾区一线员工及原有生活配套设施受到破坏的加油站的日常需要；加强排险、严防次生事故发生。

二是打破常规，千方百计保障抢险救灾油品供应。

三是与当地政府应急信息实现对接。积极介入当地政府应急指挥体系，参与制定政府应急方案，便于随时掌控灾情进展及救灾情况，与政府实现信息的无缝对接。

【作者单位：中国石油四川德阳销售分公司】

改革创新　解放思想　永无止境

刘绍明

开展“解放思想大讨论”活动，关键是取得实实在在的效果。解放思想是先导，改革开放是动力，创新驱动是路径，科学发展是目标。就是要以思想的大解放促进发展的大跨越。张家梁矿把“解放思想、改革开放、创新驱动、科学发展”大讨论”活动融入到开拓思路、挖潜增效、技术创新等当前重点工作中，在增强“六种意识”、提高创新驱动层次，促进思想解放的同时，着力解决制约企业发展的实际问题，增强了大讨论活动的针对性和实效性，为打赢“四个攻坚战”，全面提升企业的战斗力、凝聚力、创新力和竞争力，促进企业质量效益的双提升提供了强大动力。提前18天完成上半年生产任务，实现了时间任务双过半。

一、在解放思想开阔思路上实现新突破

思想决定思路，思路决定出路。对我们以“做实、创新、发展”为途径，全面建设“安全、稳定、和谐、富裕”的张家梁矿有着很强的针对性和指导性。为了推动“大讨论活动”健康有序地开展，矿领导班子在加强学习、提高认识、拓宽思路的同时，利用各种会议和场合，组织专题学习、专题研究，并对“大讨论”活动做了专题布置，做到党政领导负总责，分管领导、部室负责人进角色。深入开展形式多样的学习宣贯落实活动。通过学习，使干部职工充分认识到，开展好“大讨论”，不仅是落实好上级党委工作部署的需要，更是推进张家梁矿实现更好更快发展的现实需要。特别是在当前宏观经济持续下滑、国内煤炭市场持续低迷，企业生产经营遇到极大困难的情况下。通过深入学习讨论，把干部职工的思想观念从那种过大日子、过好日子、过富日子、等靠要等惯性思维中解放来出来，进一步突破束缚思想解放的藩篱，在转变观念中激发活力，凝聚力量，为建设“安全、稳定、和谐、富裕”的张家梁矿扫除障碍、清除羁绊，奠定科学发展的坚实基础。张家梁矿作为集团公司核心主力煤矿，思想解放必须要宽一点，发展步子必须要快一点。首先我们围绕增强“六种意识”，充分发挥思想政治工作思想引领、鼓劲造势、凝心聚力的优势，针对张家梁矿实际，五月份在全矿范围内扎实开展了一场声势浩大的“四个讲清、四个提升”发展意识宣传教育活动，以此掀起“大讨论”活动的高潮。即：讲清张家梁矿面临的困难及克服困难的措施，提升干部职工知难而进、遇难而上、勇于担当的信心；讲清张家梁矿在困难中蕴含的发展机遇和优势，提升干部职工在逆境中看到希望、看到优势、居危思进的执行力；讲清张家梁矿在困难情况下艰苦奋斗、深挖内潜、严控成本的必要性，提升干部职工同舟共济、共克危艰的凝聚力；讲清在应对危机中的不同认识和态度，对张家梁矿发展造成的不同影响，提升干部职工的发展意识、市场意识和责任意识，以此进一步统一思想、统一认识、统一行动，广泛凝聚力量，坚定必胜信心，为全矿高效圆满完成各项任务目标提供强有力的思想保证和精神支持。在此基础上，我们在全矿分层次广泛开展了“面对当前形势，我们应该做什么、我们能够做什么、我们正在做什么”的大讨论，在层层议、个个讲、大家谈的基础上，深入开展“反悲观、反失望、反牢骚、反畏难、反松懈、反无所作为”活动，通过以上活动，使干部职工充分认识到，困难是存在的，危机是客观的，形势是严峻的，任务是艰巨的。但作为一个从艰难困苦中几经磨砺，自立自强的张家梁矿，在把握市场、迎接挑战、争取主动等方面已经积累了一定经验。我们应对危机的准备是超前的；应对危机的策略是科学的；应对危机的实力是雄厚的。我们有集团公司和各级政府的大力支持，有坚强过硬的领导班子，有务实高效的员工队伍，有较为成熟、科学的管理经验，同时，更充分认识到自己肩负的重要历史使命和责任，把思想和行动进一步统一到全矿各项工作部署上来。

二、在破解难题节支降耗上实现新突破

严峻的形势与繁重的任务摆在我们面前，特色优势和进取实力已经具备，在这种情况下，把思想和行动统一到一起，把信念和力量汇聚到一处，就显得尤为重要。当前，如何应对日益下滑的煤炭市场形势、确保企业健康发展是张家梁矿面临的最大难题。在促进思想解放的同时，我们着力从解决实际问题入手，发动职工群众，破解发展难题，强化成果转化。矿党政因势利导，不失时机地在全矿组织开展了“谏言献策”征集活动，一是开门见山明主题。采取集中召开班子成员会、部室负责人会议、职工代表和区队管理人员会议，理清思路、明确“谏言献策”主题、制定“谏言献策”计划，确定“谏言献策”的重点和难点，达到“谏言献策”目的。二是深入浅出到基层。发放“谏言献策征集表”，在全体干部职工中开展谏言献策征集活动；三是敞开心扉听民意。采取设置内外意见箱、设置热线电话，不限时间、不限内容，结合自身岗位工作谈想法、提建议等多种形式和方法，广泛听取干部职工对解决当前发展实际问题的建议和意见，收集谏言献策 120 余条。经过对 120 多条谏策的筛选，汇集整理出具有前瞻性、建设性、针对性的“金点子”36 条。我们在对这些“金点子”进行论证分析、分专业逐步实施的基础上，确立并实施了“主动应对，眼眼向内，一手抓精心管理，一手抓挖潜增效”的思路和措施，坚定了干部职工实现双过半和完成全年目标任务的信心和决心。为了实现奋斗目标，打响节支降耗的“铁算盘”，打赢“四个攻坚战”，在 5、6 两个月，由矿党政领导亲自带队，组织生产、技术、销售、企管等有关人员，顶烈日，冒酷暑，对标行业内先进企业，找差距、找不足，加大创新力度，通过技术改造，采用新技术、新工艺、新材料，提高产品技术含量，开辟降低生产成本的新途径。先后对鄂尔多斯满世集团金阳煤矿、民达煤矿、冀中股份张大银煤矿等周边煤矿企业，进行原煤价格、土石方剥离、采煤单价、洒水降尘、爆破费、燃油费、排土运输、工程量验收、零星工程价格和采煤机具等逐一对标调研。在此基础上，结合张家梁矿实际，定出了“节支降耗”方案，采取了如下措施：一是在采矿方面，坚持矿领导跟班带班制度，对剥离量精确测量，准确计算，保证数字的可靠性；二是对采煤队伍重新招标议标，采煤综合单价成本下降了 32.6%，下半年可为矿节约 1550 万元；三是在土石方剥离成本上算细账，挖潜力，堵漏洞，重新制定了剥离成本的单价，重新签订了剥离合同，剥离费用成本下降了 4.5%，下半年可为矿节约 595.35 万元；四是对土地绿化覆盖实行议标，与同期相比降低 33%；五是从降低燃油费入手降消耗 10%～15%；六是坚持“精干高效”原则，加强用工管理，将原有 130 人减少至 110 人，每月可节约工资成本 10 余万元，下半年可为矿节约工资成本 60 余万元，其中卫生方面由原来的三人打扫改由各部室轮流打扫和矿领导自主打扫，每月可为矿节约工资一万余元；重新制定了节人、节水、节电、节材、节支等综合管理办法；严格执行用电、用水、用油管理，杜绝“跑、冒、滴、漏”现象；七是围绕设备维修“节支降耗”堵塞漏洞，加强配件制作和设备修理，做到能自制的不外购，能自修的不外修，全年外委修理费不超预算指标。矿专门制定下发了《外委设备修理管理办法》、《关于零星工程的管理规定》，对外委加工、设备、零件、材料、车辆的管理控制、加工修理费用和零星工程范围、零星工程申报、验收及结算都做出了具体规定和规范，使节支有据可依，降耗有据可查。八是淘汰旧机具，换 360 型挖掘机为 480 型，提高了挖掘质量和效率。九是引导干部职工从提高采装效率、平整采场道路，提高运输质量、物资供应、劳动用工等各个环节要效益，有效地降低了成本；十是重点围绕节支、降耗关键环

节，确立挖潜增效课题研究，总结推广挖潜增效的好经验好做法，制定奖惩机制，为下一步增强企业发展内在动力打下了基础。

三、在抓住重点 降本增效上实现新突破

尽管遇到了前所未有的困难，张家梁矿深刻理解“创新驱动”的内涵，坚决打赢“四个攻坚战”的决心不动摇，坚持突出重点抓落实，盯住关键求突破。一是制定并推行了部室以上领导责任指标和重点工作跟踪管理办法，成立了包括安全、生产、机电、技术、调度、供销、后勤在内的7个专业保障组，由专业领导担任组长，对重点工作进行全面跟踪督导，促进了领导干部作风的转变，强化了各项工作的落实。二是组织开展了“降本增效建新功、岗位创新促发展”主题实践活动和“张家梁矿是我家，我为张家梁矿做贡献”劳动竞赛，及时为做出贡献的优胜单位敲锣打鼓送喜报，照光荣相，上光荣榜，坐“光荣席”，进一步激发了干部职工的工作热情和干劲，营造了“夺旗争星”争做贡献的浓厚氛围。三是为提高资源回收率，充分发挥露天煤矿资源回收率高的优势，对开采边坡进行控制测量，建立了120个观测点。查阅资料并分析掌握本地区各种岩层岩石的移动规律，对收集观测点数据进行汇总分析。化验不同岩层岩性的力学性质有关参数，对收集的有关参数进行理论分析，建立开采模型，并确定安全、合理的最佳边坡角。每周继续对观测点进行监测和对数据收集对观测数据进行分析，确定并推广最佳边坡角和坡度角，定期检测其稳定性。从而减少边坡压煤面积，提高资源回收率，从推广该项目至今，未发生一次边坡滑坡事故，回收率达到98%以上。四是为提高出块率，实现降本增效，我们对周边多个煤矿进行考察、调研，分析掌握本地区煤层硬度同时，通过调整打孔方式、孔排距、装药量、导爆管毫秒断发等办法，最终确定了适合张家梁矿煤层爆破的最佳参数，由过去出块率15%左右，现在煤层爆破出块率达到15.5%以上。极大地增加了煤矿效益和满足了块煤用户的需求量。五是在销售上，以创品牌和树品牌为工作重点，诚信经营，优化服务，在满足主要用户用煤需求的同时，灵活采装，稳定市场供应，不仅巩固了与用户建立起来的中长期战略合作优势，而且在销售形势波动的情况下，保持了产品畅销渠道，树立了品牌形象，有效提升了企业的市场竞争力。六是发动职工围绕“降本增效”动脑筋、想办法，生产技术部采取新的采煤工艺，优化平盘工作面的布置，从源头做起提高煤质；煤场维修班通过对振动筛进行多次改进，由原先直接从传送带落地后铲车装车，这样容易把块煤摔碎。现在采取在出煤口安装滑筛，使块煤和面煤彻底分开的措施，这样，客户可按需装车，既提高了生产效率，又满足了客户的需求。

【作者：内蒙古鄂尔多斯市张家梁煤炭有限公司党委书记】

认清发展形势　强化人才理念
努力建设高水平科技人才队伍

李庆福

大庆油田公司科技工作会议重申了“科技是企业的生命线”、“人才是企业的第一资源”、“先进的技术、众多的人才，是企业发展的力量所在”等油田人才观念，对科学技术及科技人才在企业发展中举足轻重的地位和作用给予了很高的定位。

作为外围油田增储上产主力，作为大庆油田4000万吨稳产伟业中的重要组成部分，第八采油厂在实现160万吨持续稳产奋斗目标的过程中，也必定要依靠科技进步和发展，依靠具有“三超”精神的科技人才队伍，才能全面落实“1153”发展思路，攻坚克难，挑战极限，为油田发展做出自己的贡献。为此，加强科技人才队伍建设，为八厂打造一支“量要合理、质要提升”的“基础人才、接替人才和拔尖人才”相结合的人才队伍，已成为当前一项重要而紧迫的工作。

本文从我厂科技人才队伍基本情况、现状分析及下步工作设想等几个方面，对我厂科技人才队伍建设工作进行探讨。

一、基本情况

全厂共有专业技术人员409人（女180），平均年龄33.5岁，第一学历大学本科及以上240人（硕士研究生2人）。

（一）科研单位专业技术人员简况

地质大队、工程技术大队、规划设计研究、信息中心，四个科研单位共有专业技术人员213人(女93人)，平均年龄34.1岁，第一学历大学本科及以上160人（硕士研究生1人）。

（二）其他单位专业技术人员简况

1．技术队（组）专业技术人员简况

采油矿技术队、作业大队井下工艺队、电力维修大队技术组现有专业技术人员105人（女52人），平均年龄33.6岁，第一学历大学本科及以上40人。

2．基层队专业技术人员简况

采油矿、作业大队、电力维修大队基层队现有专业技术人员91人（女35人），平均年龄32.1岁，第一学历大学本科及以上40人（硕士研究生1人）。

二、现状分析

结合我厂发展的实际情况及科技人才队伍现状进行分析，我们认为，在科技人才队伍建设上我们还有很多工作要做，还有很长的路要走。这里既有困难和挑战，也有潜力和机遇。

存在问题

（一）人才结构不尽合理

1．专业结构。全厂具有中专以上学历的科技人才中，非主干专业居多，油气储运、土木工程、建筑设计等专业缺乏。

尤其是在我厂生产规模不断扩大，基本建设任务繁重的情况下，土建、道路、采暖、环保、结构等专业设计人员严重不足；数字化油田建设步伐加快，建成后的运行维护管理专业人员目前依然空缺，亟需提前培养和储备。

2．文化结构。虽然全厂专业技术人员学历水平不断提升，但硕士以上高层次学历人才依然短缺。基层单位专业技术人员学历水平中，第二学历所占比例较大，存在现有学历水平与实际能力水平不相匹配的问题。

3．年龄结构。全厂科技人才队伍的年龄结构总体来说较为合理。人才队伍整体上呈现年轻化趋势，显示出人才接续资源充足。但 35 岁以下年龄段比例过大，而经验丰富、能力突出的 36～45 岁年龄段的中坚力量相对不足。

（二）高层次人才短缺

外围油田增储上产的形势，对科技创新提出了迫切要求，需要更多的科技拔尖和技术领军人物，肩负起突破技术瓶颈，勇于创新的重大责任。而目前我厂拔尖人才还不够多，公司级、厂级核心技术人才仅有 22 人，其中油田公司级技术专家 2 名、学术技术带头人 1 名；厂级技术带头人 6 名、技术骨干 13 名，核心技术人才在科技人才队伍中所占比例明显偏低。在高层次人才供给不足的情况下，需要我们开通各种渠道，通过引进、培养、鼓励自学成才等方式，加大人才建设力度，加快人才成长步伐，缓解高层次人才短缺的问题。

（三）人才流失呈上升趋势

近几年来，因个人发展、照顾家庭等原因，调离、辞职人才呈现上升趋势。尤其是油田开发、规划设计等方面比较成熟的专业人才的调离、辞职，给我厂科研工作的发展带来一定的损失。2006 年以来，全厂科研系统调出 28 人，辞职 12 人，合计流失人才 40 名。2008 年以来，已有 17 名大学生陆续辞职，其中 8 人在专业技术岗位。如何留住人才、有效控制人才流失已成为人才建设工作中一个不容忽视、刻不容缓的问题。

（四）缺乏有效的激励机制

近两年，我厂给予科技人才充分重视，在薪酬分配上予以倾斜。从横向对比，我厂专业技术人员在月度奖金、年终兑现、单项奖等方面的收入在采油厂中居较高水平，但依然存在正激励不足，负激励缺乏的问题。在奖金分配上，仍然存在平均主义思想，干好干坏、干多干少基本没有在奖金上体现出来。从我们调研的情况看，专业技术人员并不满足于奖金较其他单位高，而是“不患寡，患不均”。此外，专业技术人员受工作性质限制，岗位提升的机遇不多，周期较长，“原地踏步”的情况比较普遍。经济回报和政治成长上的正激励作用没有充分发挥。而工作干得不好的人员又没有相应的处罚或退出机制，形不成负激励，造成个别业绩平庸、不思进取的专业技术人员有“混日子”的思想，不利于人才队伍建设。

三、有利因素

（一）企业的发展为科技人才队伍建设拓宽了空间

随着我厂 160 万吨以上持续稳产目标的确立，生产规模进一步扩大，对专业技术人才的需求不断加大，科技人才队伍规模、素质将进一步提升，科技人员在事业上具有广阔的发展空间。

（二）企业发展为科技人才提供了施展才华的平台

科技是企业的生命线，制约油田有效开发的技术瓶颈必须突破，这就需要有一支攻难关、克难题的技术拔尖人才队伍，每名技术人员都可以通过挖掘自身潜力，刻苦钻研，大胆创新，秉承“三超”精神在这一平台上一展风采。

（三）技术人员队伍建设后续基础较好

公司人才引进政策的贯彻落实，使我厂近年来分配的大学毕业生在数量上、层次上始终保持上升趋势，逐渐形成了有效的人力资源储备，可开发和培养的后备力量充足。从 2006 年至目前我厂油田主干专业毕业生 205 人，硕士研究生 24 人（其中研究生阶段所学专业为油田主体专业的有 7 人，本科、研究生阶段均为油田主体专业的有 11 人）。

四、科技人才队伍建设设想与建议

科技人才队伍建设是一项长期的系统工程，需要有战略性高度，而且不可能一蹴而就。在科技人才队伍建设上，我厂要有针对性地开展各级各类人才的培养，通过严格的选拔制度，遴选出岗位需要的人才，不拘一格地大胆使用人才，对人才进行有效的激励，从而形成培养、选拔、使用、考核一整套人才建设机制。在这方面有如下的想法和建议：

（一）优化人才队伍结构

一是改善人才层次结构。要提高关键领域高素质专业技术人才比例，缩短拔尖人才的成长周期。二是有针对性地调整专业结构。根据科研攻关方向和企业发展战略及时调整，加强薄弱环节的技术力量。三是形成合理的年龄结构。强化 30～45 岁的技术骨干队伍建设，加大 25～30 岁技术人才培养力度，建设合理的人才梯队。

（二）强化专业素质培养

一是根据研究课题要求和专业技术人员培训需求，组织其到国内技术领先的院校，科研机构学习，获取具有应用价值的知识，助推技术攻关。二是发挥典型引领作用。通过要求核心技术人才举行 1-2 次学术报告会，开展学术交流活动扩展自身知识面，同时传授知识，带动一般技术人员理论知识和业务水平提升。三是赋予核心技术人才培养接替人才的责任。核心技术人才任期内应认真选择培养对象，利用任期内的三年时间，从技术把关、科研理论、技术创新等方面为培养对象制定较为科学的培养目标和培养计划，落实“传、帮、带”责任。四是加强专业技术人才的继续教育。有计划的选拔青年科技人才进行专门培训，可考虑与相关高校合作，举办硕士进修班等方式。

（三）规范人才选拔和使用

畅通人才选用渠道，形成能者上、庸者下的使用机制，促进人才的合理流动和调整。今后几年，重点在通过一表录取的主干专业毕业的大学生中选拔专业技术人员。

一是对毕业生进行分类管理，对油田主体专业或岗位急需专业毕业生，精心设置培养方案，缩短成长周期，促使其尽快成才。对需求少或根本无需求专业的毕业生强化岗位管理，不再安排轮岗实习，侧重培养操作技能。二是丰富毕业生基层工作经验。新毕业大学生必须在采油矿工作两年以上，积累丰富的基层经验，方能有资格通过相关程序进入科研单位。三是通过为大学生设立科研小课题、虚拟课题，开展技术打擂赛，从中发现有潜力、可开发的人才。四是建议在采油队设立见习技术员岗位，全部安排新毕业的一表主干专业或相近专业大学生，以培养基础人才。如该岗位发生人事变动，必须由另一名在操作岗的大学毕业生接续。

（四）适时增补技术岗位

在油田开发精细化程度越来越高，数字化油田建设步伐加快的形势下，技术工作量逐渐增加，现有技术人员数量无法满足技术工作需求。根据实际工作需要，与相关管理部门、科研单位结合，对采油矿技术队及科研单位技术人员定员标准进行修订，拟增设油田数字化建设维护、计量管理等技术岗位，对动态管理、机采管理、总体规划设计、软件开发等现有岗位进行数量上的补充。

（五）探索实施绩效考核

积极开展我厂核心技术人才的任期考核工作，并在参照公司考核评价办法的基础上，结合我厂实际，积极探索专业技术人员的绩效考核办法，将考核评价延伸至一般技术人员范畴。逐步建立完善以工作能力、工作业绩和科研成果为主要内容的考核评价体系，对各岗位专业技术人员的能力进行评估，准确评价他们在专业领域上达到的水平、取得的成绩，并将考核评价结果记入个人业绩档案，与岗位聘任和相关待遇相结合，做为提拔使用、评先选优的重要依据。

（六）建立有效激励机制

在科技人才队伍建设中，要努力使科技人员“待遇上有提高，经济上有回报，政治上有进步”，这需要建立起有效的激励机制。近几年，我厂在薪酬分配上不断向科研单位倾斜，科技人员的整体待遇不断提高，但还没有形成一套有效的激励机制。在这方面，我们提出以下建议：

一是建议对在科技创新中有重大突破且能够创造巨大经济效益的科技人才予以重奖，以激励人才快速成长，成为拔尖人才。

二是建议增设责任工程师岗位。将科研单位重要的专业技术室主任聘为责任工程师，给予其相当于大队级副职待遇。

三是在科研单位试行奖金浮动制度。科技人员从每月奖金中拿出一定数额进行动态考核发放，科研单位结合本单位各岗位实际，制定出具体考核标准和办法。

（七）培育人才建设文化

企业发展需要人才。要留住人才，仅靠管理制度、激励机制是不够的，能留住人才、留住人心的最终还是依靠文化。要大力加强企业文化建设，在全厂形成一种“尊重劳动、尊重知识、尊重人才”的文化氛围，创造“人人都能成才”的发展机遇，提供“人尽其才、才尽其用”的展才平台，使我厂的人才队伍能够培养得出、用得住、留得住，为我厂发展提供充足的人才资源。

【作者：大庆油田有限责任公司第八采油厂人事部（党委组织部）】

发电岗位星级员工动态管理

王　义

华电新疆发电公司乌鲁木齐热电厂位于乌鲁木齐市水磨沟区工业园内，规模为2台33万千瓦热电联产机组。是新疆“十一五”电力发展规划和新疆自治区重点建设项目，是目前新疆火力发电单机最大机组，是新疆首家采用管带输煤，首家采用BOT脱硫运营模式，首家中水回用并取得中水运营权的发电企业，堪称是新疆目前火力发电企业中最为环保、最为节能、最为科学的典型坑口电厂。

2008年建厂初期，乌鲁木齐热电厂的生产主力军由来自苇湖梁电厂分流来100人，其中包括多经非生产岗位人员60人，其余40人中20名在生产主机岗位，剩下20人在生产辅助岗位。加之同年分配来80名应届毕业大学生组成，无论是立足企业的长远发展还是面对个人价值的充分体现，全员素质的提升都迫在眉睫。

一、融汇企业精神，实现人才成长通道

近年来，中国五大电力公司先后进驻新疆，并且开发建设了多个火电项目，给新疆发电事业的发展带来了勃勃生机。但电力事业的迅猛发展背后，是大批电力人才的缺乏，这就迫切需要迅速培养出一批高素质的电力人才，以满足电厂发展的需要。乌热电厂远观这一形势的发展，在2011年初，本着“成就每一个人”的企业精神，为搭建人才培养平台、畅通人才成长通道，促进生产运行人员岗位技能和整体素质的快速提升，满足企业安全生产、持续性发展的需要，积极创新培训手段，结合培训工作实际、企业员工特点，结合薪酬激励机制，在该厂发电运行部即“每月一考”“每班5分钟，人人当老师”“仿真机比武”“事故大演练” 一系列的活动之后，又开展了“创建星级值班员”活动。

乌热电厂全厂集控炉、机、电专业及辅控燃、化灰专业，共108人，岗位都是固定。4个班长、8个主值。岗位一般不会变动，也就意味着在一个岗位上工作3年、5年或者更长的时间，势必会造成人员思想的波动。热电厂发电运行部，在不断探索中发现了这一问题的存在，通过不断的研究、深入基层了解和针对现场实际情况的了解，开展了“创建星级值班员”活动。通过“创建星级值班员”活动的开展，畅通了人才成长通道，使每一个员工都能够通过自身的努力达到更高的岗位级别，得到更多的晋升机会，提高自身的成就感和归属感，使人才在没有空余岗位的情况下，也能够有成才和上升的空间，从而激发员工学习业务技术、苦练岗位基本功的积极性、主动性和工作热情，进一步巩固全能岗位培训的成果，提高运行人员独立操作及事故应变和处理能力，全面实现真正意义上的集控、辅控全能值班员。

二、形式新颖多样，实现动态管理考核

本着“公平、公正、公开”的原则，根据乌热电厂《发电岗位星级员工动态管理》，星级值班员评定每半年举行一次，实行动态管理考评，评定依据为员工半年综合测评成绩。正所谓“学好了上，学不好就下”，所有运行人员晋星都不受岗位限制，集控、辅控运行岗位均按十星级划分，基础星级最低为一星级，最高为十星级。集控星级为金色，巡操基础星级为一星，副值基础星级为四星，主值基础星级为七星；辅控星级为银色，值班员的基础星级一星，主值基础星级为四星，班长基础星级为七星。参加星级员工评定的人员，晋星期间必须完成发电运行部年度培训计划内容和部门规定的专业学习内容，从理论知识、实际操作、仿真机培训、现场考问等多个层面进行考评，结合“每月一考”“人人当老师，每班5分钟”“每月事故演练”“仿真机技术比武”等，分别对集、辅控人员能否完成锅机电、燃化灰专业的日常独立操作、事故处理进行测评，判断能否晋星。

“发电岗位星级员工动态管理”活动一经全面开展，班前班后惊喜的发现——身边问问题的同事多了、翻规程的同事多了、跑现场的次数也多了……一个月一度的考试、专工的现场考问，就像是在搭建实现自我价值的阶梯，块块青砖砌地平平稳稳。半年学习期满后，综合测评成绩高于85分者，具备晋星资格，并进入下一专业学习；综合测评成绩在70分～85分者，保持原岗位星级，继续原专业学习；综合测评成绩低于70分者在原岗位基础星级上下调一星，继续本专业学习。同一岗位星级最高的人员优先推荐晋升更高一级岗位。达到晋升岗位对应的星级及培训积分时，如没有空缺岗位，推荐成为所晋升岗位的备员，当岗位空缺时，直接推荐上岗。每次评定晋星人员比例控制在15%范围内，80%的人员保持原岗位星级，5%的人员降星。员工评星结果需经厂长办公会审议通过，由人力资源部根据厂长办公会审议结果，对晋星和降星人员按相应的系数发放绩效奖。以此激发员工学习业务技术、苦练岗位真功的主动性、创造性。一时间全厂上下形成了良好的培训意识和浓厚的学习氛围，使“要我学”，转变为“我要学”。

三、思想高度重视，实现“公平、公正、公开”

乌热电厂一直以紧抓员工基础培训为首要工作，在培训的道路上不断的探索创新。此次《发电岗位职工星级员工动态管理》一经提出，便引起了厂各级领导的高度重视，即可便成立以厂长为组长、生产副厂长为副组长、人力资源部主任、教育培训主管、发电运行部主任、副主任、各专业专工为成员的星级员工评定领导小组，专门负责对星级员工评定全过程的监督、指导，审查，最终确认评定结果，并经厂长办公会议审议通过。

《发电岗位职工星级员工动态管理》中各部门分工明确，各司其职，坚决做到“公平、公开、公正”。星级员工评定领导小组成员中，发电运行部负责制定发电岗位职工星级员工动态管理的具体实施方案、培训内容及细则并加以实施，并做好员工星级评定期间日常培训内容的制定、组织各类考试、阅卷、考试成绩及培训积分的统计、上报等工作。人力资源部主要负责对员工评星期间培训全过程进行监督、审核，对发电运行部上报的员工考试成绩、评定意见等进行审核、备案，提交厂长办公会列入议事议程，全程进行监督，将“公平、公正、公开”的精神贯穿全程。最后员工评星结果需经厂长办公会审议通过。由此看出，该厂对促进生产运行人员岗位技能和整体素质的快速提升的高度重视，该厂深刻认识到培养出一批高素质的电力人才，是满足电厂发展的迫切需要。

四、做细评定内容，实现由点到面的结合

发电岗位职工星级员工动态管理以员工晋星期间的各类考试综合测评成绩为依据。其中各类考试包括月度考试、晋星理论考试、仿真机考试、岗位实际操作、现场考问等。晋星期间，每月出各专业学习计划，员工月度考试以培训计划内容为主，集控、辅控晋星理论考试包括炉、机、电和燃化灰三个专业内容，仿真机、实际操作考试为本岗位所学专业内容。

由发电运行部炉、机、电专工每月对集控主值、副值、巡操分别进行出题考试，燃、化专工每月对辅控班长、主值、值班员分别进行出题考试。考试试题理论部分从试题题库内随机抽取专业考题，仿真机部分为必考题和随机抽取考题。实际操作由部门各专业专工组织，设专业评审人员测评。

晋星期间的各类考试均由发电运行部负责组织，人力资源部全过程监督、审查。考试一般安排在每月25日后进行，15日内所有考试必须全部结束。考试阅卷工作由发电运行部负责，并将考试成绩在考试结束后5个工作日内上报人力资源部教育培训主管审查后予以公布。因各种原因三次未参加月度考试者，则取消该阶段晋星评比资格。

员工无论是否具备晋星评比资格，都必须参加部门每月组织的各类考试，综合测评成绩达不到70分者降一星。星级值班员评定工作的开展，调动了一线员工主动参与培训的积极性，使“要我学”转变为“我要学”更加具体化，全体员工比学赶帮超热情高涨、全厂上下创争氛围浓厚。

五、奖惩多元化，“经济、安全、发展”多位一体

乌热电厂针对实际情况，以保障机组安全、稳定、经济的前提下，对做出突出成绩的给予奖励或优先晋级，对工作中安全存在失误等给以处罚和降星处理，还结合经济指标的评比，使全员从安全生产、经营管理、节能降耗、等全方位看问题，大大提高了全员素质，落实了创建“星级值班员”的实质。

《发电岗位职工星级员工动态管理》中指出参加华电集团、新疆公司及厂级专业技能大赛、技术比赛获奖的员工，在星级评定时给予一定的奖励。集团公司级一等奖晋升一星，二等奖综合测评成绩加3分，三等奖综合测评成绩加2分；新疆公司级一等奖综合测评成绩加3分，二等奖综合测评成绩加2分，等奖综合测评成绩加1分；厂级技术比武、知识竞赛，获技术能手综合测评成绩加3分，一等奖综合测评成绩加2分，二等奖综合测评成绩加1分。

评星期间员工若为人为异常、障碍责任人，予以综合测评总成绩减分或取消评星资格。异常综合测评成绩减1分/次，二类障碍综合测评成绩减 4 分/次，一类障碍综合测评成绩减 8 分/次，半年内发生2次一类障碍，取消评星资格。

六、创新培训模式，结出丰硕成果

随着第一批星级值班员的诞生和全厂上下高涨的学习热情、良好的学习氛围，标志着“星级值班员”的评定工作取得了巨大的成功。集团公司领导也对乌热电厂这一工作给予了充分肯定。目前，已有7名员工成功晋星，成为了全厂员工学习的楷模。培训是企业积累人力资本、赢得竞争优势和可持续发展资源的重要手段。而“星级值班员”的评定作为这种新颖培训模式得到了员工的普遍认同，大家在工作中认真总结经验、虚心请教，工作之余不断充电，掀起了空前的学习高潮，进一步巩固全能岗位培训的成果，提高运行人员独立操作和事故处理能力，全面实现真正意义上的集控、辅控全能，全体员工比学赶帮超热情高涨、全厂上下创争氛围浓厚。

乌热电厂一直将人员培训作为重中之重，本着“实战出真知”的信条，将争创星级值班员与“每月一次反事故演习”“消防培训理论教授实战模拟相结合”“小指标竞赛”等相结合，力求通过直观、鲜活的模拟培训、竞技培训模式，鼓励员工学在岗位、练在岗位、赛在岗位、成在岗位，努力锻造出一支知识扎实、素质全面、技术过硬的人才队伍，为各项工作目标的完成提供强有力的人员支持。

岗位培训工作的扎实开展，也结出了丰硕成果。在集团公司第二届燃煤采制化大赛中，该厂2名2008年进厂年轻选手获得了二等奖并获集团公司“技术能手”称号。该厂还通过做好作响对外培训工作有效提升企业知名度，作为华电在疆单机容量最大的首家电厂，该厂在员工整体素质得到提升的同时，还担负起了疆内同类型机组新建电厂的实习培训任务，仅2011年就先后有昌吉热电厂、新疆天富热电股份有限公司热电厂、国投伊犁能源开发有限公司等3家单位150余名生产准备学员来厂实习，为兄弟单位培养出了一批批生产骨干力量，同时也提高了企业在疆内的美誉度。目前该厂正加快完善培训的机制、手段和模式，积极打造一批素质过硬、技术顶尖的品牌职工，为企业大发展打下坚实的基础，力求将乌热电打造成为人才“蓄水池”，为新疆电力的长远发展积蓄力量。

【作者单位：新疆华电发电有限公司乌鲁木齐热电厂】

浅淡领导者与企业的危机意识

余少雄

没有危机意识的民族，是濒临衰亡的民族；没有危机意识的军队，是注定打败仗的军队；没有危机意识的企业，是没有发展前景的企业；没有危机意识的员工，绝对是被优化淘汰的员工。危机意识是人类进步的原动力之一，在自然界和社会中，一切生物的生存过程都是时刻在防范危机并与危机作斗争的过程。在市场经济条件下，企业更是如此。企业之间的竞争从表象上看是优胜劣汰，但优劣之间是相互转换的动态过程，取决于那些掌握企业命运的领导者能否有警觉危机的智慧、能力和意识。领导者具备危机意识，就会激励团队奋发图强，未雨绸缪，即使面临危机，也能化险为夷，转危为安，保持企业的健康发展。反之，如果领导者没有危机意识，企业就会停滞不前，业态绩效下滑，面对危机束手无策，最终使企业陷入困境，以致倒闭。

古语云：“安而不忘危，治而不忘乱，存而不忘亡。”尽管这是治国安邦之策，可对于企业管理同样适用。一个企业自诞生之日起，就不可避免的进入一个不断与危机作斗争的过程，能警觉、能遇见、能克服、能战胜危机的企业，自然就可以发展壮大，否则，就必然在无情的竞争中被淘汰。我们必须居安思危不断进取，要随着主观形式的变化不断调整思路，迅速实现市场意识的转变，从满足市场向创造市场转变，从狭义的市场向广阔的市场转变。企业的成功就是企业的领导者不断克服危机、排除危机的过程，企业的失败其实就是企业领导者丧失应对危机的能力，无法战胜危机的结果。

在现实社会生活中，一切的发展进化，都是一个时刻防范危机与危机作斗争的过程。挪威船长在装满沙丁鱼的鱼槽里放入一条吃鱼的鲶鱼，鲶鱼进入鱼槽后便四处游动，而沙丁鱼见到鲶鱼后十分紧张，四处躲避而加速游动，这样可以保证沙丁鱼的鲜活。可见沙丁鱼是受到了外界刺激和压力才保持了生机和活力，这就是西方管理学上著名的鲶鱼效应的说法。

二十多年来，中国民营企业的潮起潮落，有两个十分突出的现象：一是企业寿命普遍偏短。据调查，中国民营企业的寿命仅3.7年，而美国企业为8.2年，日本企业为12.5年。二是存在着一种令人心悸的崩盘现象。所谓“成功3年，崩盘3天”，企业往往是在很短的时间内完成了令人炫目的成功，然后，却又毫无预兆地以同样令人诧异的速度直线陨落。这种“短命”的生存状况，除了客观规律的必然因素外，应该就是企业领导者的价值观念、用人习惯和模式、领导者本身的品格素质、独裁治理和家族人治陋习等主观因素的局限。从企业经营治理发展现实来说，民营企业的生存发展主要受以下五个方面的条件制约，一是企业领导者的观念意识和综合素质，二是企业的法人治理结构，三是企业的文化，四是企业的战略规划，五是经营管理的创新。但最为关键的则是企业领导者的品格观念、行为准则、价值观、道德观等的升级转变和危机意识的强化，而决定危机意识的强弱，上述问题是关键因素。下面就相关要素进行粗浅的分享探讨。

一、民营企业的成长历程

回顾二十多年来中国民营企业的发展历史，在创业成长阶段即最初的原始资本积累阶段，汹涌澎湃，跌宕起落。当然也不乏光鲜辉煌，星光灿烂。其最大特点是领导者靠敏锐的市场嗅觉抓住机遇，凭着强烈的创业热情和闯劲，使企业迅速成长起来。这时企业的成长和管理主要依靠领导者的个人威信和聪敏才智，投机性和不确定性都很强，管理是粗放和随意的，可谓“摸着石头过河”，有幸走过这一阶段而存活下来的企业和领导者显然是极少数。从某种意义上说，初级创业成功而能够存活下来的民营企业和领导者，确实是运气，或者说是上苍的眷顾。

（一）洗脚上田的农民商贾

上世纪八十年代，改革开放初期，一大批农民进城，迅速成为沿海开放城市和经济特区建设的有生力量，随着社会的进程大部分“农民工”被改良成为“城市人”和“建设者”，再随着不断的成长、进步而进一步改良，到九十年代初，深圳的私营经济和民营企业异军突起，涉足天上地下不受专控的所有行业，大批人成为老板、老总。那真是，做什么生意都能赚到钱。深圳的“三都一阳”生意兴隆，名扬四海，龙岗农行旁边的“顺风酒楼”，天天爆满，餐餐翻台。“第一城夜总会”大白天都歌声嘹亮。“大排档”做到买别墅，倒卖宅基地炒到身家过亿。真是刮台风一块招牌砸到十个人，九个是老总董事长，还有一个是老板娘。在宝安，华都、金都、都之都何等繁荣昌盛，现如今只有国企背景的一家还在营业。十几年间，诸如金田、原野，海诚、深港等等，大批的企业和它的领导者，或换旗易帜，或销声匿迹。

深圳民企的生态更迭，只是中国民企的一个缩影，或者说是一种市场经济发展过程中企业生态现象的代表。从改革开放起创业的一大批民营企业领导者，到了 1995 年，大部分已经在市场经济的发展、完善和转型的进程中灰飞烟灭，要么已经完成了资本的原始积累，进入了二次创业阶段。

（二）急功近利的草莽英雄

进入到第二次创业的民营企业主也出现了严重的多级分化。境遇各有不同：有的小农思想严重，小富即安，不愿继续冒险，开始过起了得过且过的舒坦日子，企业发展缓慢，逐步等待淘汰；有的没有考虑顾及内、外部经营环境发生的重大变化，仍沿用创业初期的粗放式的经营与管理方法，在规模迅速扩大的同时，管理思想和水平都没有跟上去，导致企业发展失控进而关张大吉。

做现代企业与挣钱的最大不同之处在于：挣钱是个人对物质利益的占有欲望所驱动；做现代企业是团队为实现其最高层次的追求，使命感和对他人、对社会的责任感所驱动，是集合具有同种理想的团队行为。正如著名经济学家吴敬琏先生告诫民营企业和领导者：“千万不要陶醉于已有的成功上。过去的成功，很大程度上得益于体制转轨带来的利润空间和商业机会，这种好事今后会越来越少，市场也越来越规范。过去是挣钱，而挣钱和做企业是不一样的。民营企业家要有决心和信心开始做现代企业。”

（三）市场趋势的转型改变

市场经济初级发展阶段的上世纪 90 年代，当时的“多元化”发展“坑害”了许多“青春蓬勃”的企业，尤其是“一夜暴富”的民营企业和它们的领导者，欲望膨胀，各个行业都想投资赚钱，最后是样样都不行，资金链断裂，或成负资产，众多的“财主”变成“光腚”。

其实，办公司、做企业，不能只在乎表面与规模的变化，而最重要的是企业领导者的思维及观念要随企业的发展而发展，不能固化创业时“成功”的教训和“经验”，成为领导者自以为是的异化理论，投机取巧、偏激策划、过分勾兑等，不能让这些异化理论和固化理念长期束缚我们的观念转换和意识提升。那些掉队、消失的领导者在社会、市场和企业的发展进程中，都没有实现从“生意人”、“小财主”、“土豪”，向现代企业家的转变。

企业发展到了一定规模，需要做到更加强大，更加规范，更加接近现代企业模式，更加能够抵御更大的市场风险，是领导者从个人英雄时代向团队组织精英群体的建设和发展的阶段，是企业走向成熟和国际化的阶段，这也就是我国民营企业发展方向——家族资本主体加职业团队管理。而当今中国民营企业中只有少数企业达到现代国际化、企业化的规模标准。领跑中国民企的联想、华为等民营企业标杆和它们的领导者说明，只有那些敢于面对挑战，敢于自我否定并全面进行管理体系建设，注重家族管理模式的转型和规范，企业才有可能步入平稳的发展阶段；只有对员工团队、对营销和合作客户、对社会负责任，并且能够不断地创造价值，持续、健康发展的企业，才能称得上为现代企业。它们的领导者才能叫做真正意义上的领导者，这样的领导者才能缔造成功的企业。

二、企业领导者的观念和素质

（一）领导者的管理理念

回顾历史，我们不难看到，在这二十多年来我国初级市场经济发展过程中，无数各类体制、各种制度下的公司、企业，可谓风起云涌、潮起潮落，几经沉浮。亚细亚、三株、太阳神、南德、深圳爱多、金田、原野、海诚等等，一大批曾为国人寄托希望，而最终以流星般坠落的公司，已给经济学家、企业家、社会各界学者留下了太多的问题和太多的感慨。这些企业的失误和消亡，现已成为尘封的故事，逐渐退出人们的记忆，也总结出了各种各样的失败、消亡的原因和问题，但是，一个重要的、关键的因素，总是被忽略，那就是企业管理理念。

我们从人为操纵的计划经济时代过渡到充分尊重市场体系的以自由企业为基础的自由公司经济体制的时代。在正确的概念下，规范行为。在规范的行为下，运行、完善和提升。但是，现在我们很多领导者，也可以说绝大多数企业家、老板、经理人，仍不关心经营公司的核心问题——企业管理理念。他们实质上最关心的是个人利益的最大化，这是最实际的表象。正因为这样，这种民营企业注定不会有发展前景。这些领导者在创建企业之初，将个人狭隘的、短视观念复制为公司的经营理念，造成整个企业发展过程中的战略决策、战术执行和日常工作安排、日常问题的处理，都显现个人意识的狭隘和短视，阻碍企业的发展。

（二）领导者的基本综合素质

近年来，关于领导者辉煌沉沦的事例不胜枚举。无论是贵为一品的高官，还是《福布斯》榜上的富豪，高调张扬，不可一世，自以为是，专横跋扈者大多数都是以悲剧收场。正反面的案例很多，根本上说，都是由当事人的品格、个性和修养决定的。诚信、宽容、谦逊是为人之本，华人首富李嘉诚堪称楷模。

走在我们前面的，无论是世界的、还是中国的现代化先进企业，它们的领导者的案例说明，不同文化背景及不同年龄段的创业型领导者普遍存在以下几方面的性格特质。

1．他们拥有强烈的责任心和使命追求。

2．他们拥有优秀的品格素养和良好的个人魅力。

3．他们都有远大理想抱负和持续向目标前进的信心和决心。

4．他们都有坚忍不拔的毅力和超常的耐力。

5．他们都有坚强的抗诱惑能力，耐得住寂寞。

6．他们都有共同的文化观念和超强的学习能力。

其实，每一位成功的企业领导者都因其具有超强的人格魅力和事业感召力汇聚了一大批各类杰出的人才，而组织协调好这些人才正是企业领导者必须加强的管理观念和管理才能。

三、领导者与法人治理

企业实行法人治理是现代企业规范化管理的必经之路，但对中国企业而言确实是“痛苦的蜕变”。这是计划经济的历史原因，或者是中国人的传统习惯使然，国有企业沿袭官场体制，老大说了算，客观上往往形成了个人的独立三国，权利高度集中，缺乏监督，唯我独尊。最终不是国有资产流失，企业衰败，就是企业领导者腐败落马，悲叹收场。而民营企业由于强势的“主人意识”主导企业经营管理，结果是直接导致企业衰亡，领导者沉沦消失。“企业的法人治理结构”，我们可以按《公司法》、《公司章程》和国家财政部等六部委的要求标准实行规范的内部控制管理，这一问题必须是在领导者（企业老板和决策者）对企业法人治理有了一个清楚和正确的认识后，才可能将企业推向规范的第一步，这是民营企业从家族管理向现代化企业管理的关键性进步。

目前，民营企业由职业经理人全权负责企业经营管理的范例不多，大多数是所有者与经营者归为一身，在董事长与总裁之间的角色转换上，很难能达到一个最佳转换时间和效果。一是往往因为角色转换所需的时间太长，造成经营管理的实效降低。工作效率低下，这种情况在民营企业是突出的普遍现象。二是责任不够明确，造成工作落实不充分，中、高层的工作围绕让一个人或业主家族成员做表面文章，结果是一个人不满意，大家都不满意。这种状态往往让裙带关系有机可乘，结党营私，投机取巧，工作浮于表面。三是没有明确分项到责任人，造成具体项目工作没有详实的工作计划，即使有计划也随个人意志随意更改，造成一大群人等待工作具体安排，无可适从，循环内耗。四是责任与利益关系不明确，以至于造成企业内很多人对老板或业主家族成员总是用一种阿谀的口吻表达自己的意思。或是鞍前马后唯唯诺诺，大行溜须拍马之能事，争权夺利，抢功避过。或是保持沉默以求平安，没有一个反对意见，一片赞美之词。这种企业生态势必影响企业的业态绩效和寿命，也是民营企业生存发展的障碍和瓶颈。

法人治理结构即公司治理，并非个人人为随意性，是市场经济体制中，企业的所有者、经营者和生产者，按照企业的章程、内控流程和社会责任形成了各自独立、责权分明而又相互制约和依赖的法人治理结构。而现代管理制度建设的一个重要的基点，就是要实现“少了谁都行”的防范风险机制，以及发挥团队每一个成员的合作机制的经济运行和管理体系。我们很多企业业主或决策链成员似乎都懂得这些道理，说起来也理直气壮、振振有词、头头是道，俨然是企业管理的教父级高手，可是在实际工作中就是做不到，或者压根儿就不想做到。

法人治理结构的核心是责、权、利对等并相辅相成，有效利用组织绩效来管理管理层，让管理层真正的负起责任来，经营的结果与个人的收益有明文的规定和考评的科学方式，并以企业法律性文件界定好。保证决策层能够思考企业长远发展，现行业务有专人按照年度规划严格执行。企业的各项目标都分解落实到人，公司都按照既定的基本规划执行工作流程，在工作中充分发挥创造性思维的积极作用。法人治理是强调一个团队的管理，是专业的现代化企业管理。企业管理，重要的是制度建设和创新，而所有的制度建设和创新都要求我们首先建立起对制度的正确理解和认识，建立起有利于制度形成的文化氛围和机制，而且能够被大多数员工拥护和认同，从而产生通过降低管理运作成本实现最大利润的强烈渴望。只有在这种制度的建设和创新中，企业才能形成健康发展的共享知识和共同的文化积淀。同时，要确立“纠偏机制”，依靠法人治理结构和依靠制度防止重大决策失误给企业带来灾难，这是企业法人治理的重要功能，也是应对危机、化解危机的根本保障。

四、领导者与企业文化

我们经常可以听到这样的话：一头狮子带领的羊群会成为一群“狮子”，一头羊带领一群狮子很可能会成为一群“羊”。一个领导者的胸怀、气魄和品格素质决定着他的事业、企业的大小。而企业文化是领导者或领导集体的品格理念在企业中转化为行为细则，对外是品牌、是旗帜，对内是凝聚力，是综合竞争力，是核心价值观。企业文化既是一个关于企业自身的制度知识和价值观念的不断阐释和丰富提炼的过程，也是将这种阐释在内部进行复制的过程。

“三年的企业靠运气，十年的企业靠亲情，三十年的企业靠制度，百年的企业靠文化。”企业的利润取决于管理，企业的寿命取决于文化。而管理和文化都应该是在企业发展进程中，与市场和时代发展变革同步。同样，每个人的发展进步又推动着社会发展的进程。真正使企业久盛不衰的秘密，往往是经营业态后面的企业文化。我们大多数中小企业的文化就是领导者个人把自己的人生观和价值观及行为习惯放在自己企业里勾兑出来的饮料，是否可口，老板自己最清楚。也因此，领导者个人的为人处事风格，就是企业的风格，领导者的德行就是企业道德水平。大举跨越扩张的企业，当业务的扩张规模超越企业文化张力的时候，这种反差又长期不被引起重视的情况下，领导者的心态必然发生变异，先是欲望膨胀失去自我，或是目空一切夜郎自大，到最后是关门大吉失去企业。

企业要实行有效的管理，关键在于它的内聚力、向心力和持久力，而企业文化有着不容忽视的重要作用，在经营管理中主要有下列几点：

1．激励作用。以“企业精神”为中心的组织文化体现了以人为中心的管理思想，培育企业文化对调动员工团队的积极性有着重要的激励作用。企业文化的激励功能是综合发挥目标激励、领导行为激励、竞争激励、奖惩激励等多种手段的激励，从而激发企业内部和所有员工的积极性，成为企业发展的内生力量。

2．导向作用。企业文化在很大程度上决定着员工的价值取向，确定员工的共同目标。为了增强企业活力，要冲破陈腐过时的封建文化和传统观念的束缚，在改革创新的实践中形成现代的心理正能量、价值观和行为方式。

3．规范作用。企业文化的一个重要特征就是根据企业整体利益的需要，提供一整套行为准则，通过一系列的形式来规范企业全体员工的行为，使之心往一处想，劲往一处使，自觉地维护共同的整体利益。企业为了保证经济目标的实现和生产、经营活动的一致性，需要确立行为准则来统一员工的信念、价值和行为，并以此作为价值取舍的标准，调节员工活动关系，这是企业生存的保障。

4．凝聚作用。企业文化能够培育员工的集体意识，企业文化对员工明确，企业的利益、形象和前途，与员工有着密切的联系。这种对企业共同体的统一性的认识，是企业凝聚力的来源。在企业内部营造一种和谐公平、友好的气氛，促进全体员工的团结、信任、理解和相互支持，使之形成团队的向心力和凝聚力。

5．稳定作用。企业文化具有相对稳定性。企业文化一旦形成模式化后，就能起到坚强的稳定作用。这是因为企业长期形成的渗透到企业各个领域的文化，可以成为深层心理结构中形成行为细则，对员工的思想感情和行为起到潜移默化的作用。

6．平衡作用。企业文化是一种内在的企业“精神动力学效应”，这种无形的动力可以激励员工的自豪感、责任感和“主人意识”，并转化为推动企业群体职业创新行为的动力。能够辅助或替代强化经济、行政手段的控制功能，发挥管理控制手段的平衡作用。

五、领导者与企业战略规划

无论哪一种体制的企业，如果想要立于不败之地，首先要明确的是自身的发展重点是什么？从而制定切实可行的企业发展战略规划。它必须有自己持久的竞争优势和清晰的发展目标。市场及竞争环境是制定企业发展战略规划的基础，包括行业现状、市场需求、市场增长速度、客户群、竞争态势、技术发展战略规划趋势、政策环境等各方面的分析。同时对行业内企业的关键成功因素进行分析，如企业整体反应速度、经营管理能力、价值链整合能力、品牌影响力等。

当前，经济形势复杂多变，竞争环境激烈，特别是在适应调整、改革、转型、升级中，领导者有无战略意识和战略意识强弱、能否对企业的发展做出有效性的战略安排。直接关系到企业的生死存亡。古人云：“量物易长，放物宜远。”领导者真正要想办好一个企业，必须站在全局的高度，去把握未来环境的发展变化，通过强化自身的优势，取得企业内部资源和外部环境的动态平衡，最终保证企业发展战略的顺利实施和实现。

下面简要概括一下战略选择应考虑的四个问题：

1．行业趋势和市场风险的评估；

2．业务结构与经营方式的均衡；

3．战略步骤、实施方式的决策；

4．企业内部组织架构设置匹配。

只要我们民营企业的领导者都能认真客观的面对上述问题，全面反思、持续改进。只要思维和观念确实能够与时俱进地转变，确定并实施企业的战略规划，增强危机意识，就能够减少经营管理中出现危机，提高应对危机的能力。

六、领导者的创新意识

市场经济就是竞争经济。在当今错综复杂的经济全球化条件下，企业之间的竞争不仅在国内，而且扩展至世界。竞争是无情的，“胜者为王，败者为寇”。即使在市场经济运转正常的情况下，由于有些领导者缺乏竞争意识，从残酷的竞争中失败灭亡。在变幻莫测的商海中，很难设想一个企业一次成功就永远成功。在企业界，生与死、成与败，都是竞争的结果，也是一种不可抗拒的市场规律。世界500强企业年年都发生变化，有些企业从中消失了，又有一些企业脱颖而出。企业家也一样，此起彼伏，新老更迭，昨天不能代表今天，今天也代表不了明天。企业领导者要想在竞争中不落败，必须正确地树立自己的竞争意识，培养企业的核心竞争力，合理应用竞争战略。企业的核心竞争力关系到企业盛衰荣枯、生死存亡的根本。美国的通用、福特这样的企业都面临破产，“汽车之城”底特律寻求破产保护，“三星”的崛起，意味着“苹果”已很难“独领风骚”。我们要知道，做企业其实是世界上最难的事，现在的中国，成功的企业为数不多，联想、华为、万科、万达、腾讯、阿里巴巴……所以，经济危机下民营企业的消失，主要的一个原因是因为我们的领导者对于企业的本质缺乏认知所造成的。通用都可以倒闭，百年的雷诺兄弟轰然倒塌，从这个意义上来讲，我们的领导者本质上的问题是对做企业的难度缺乏认知，相当大部分的领导者在创业阶段积累一定财富以后，就开始不太关注企业的本质。创业阶段因为生存的艰难，尤其是我们的领导者们在艰难的创业阶段，都有许多辛酸打拼的故事，把生存的艰难等同于做企业的艰难，但是一旦过了原始积累，超越了生存的基础而换了人样，就会春风得意忘乎所以，对真正怎样做企业缺乏根本的认知，丧失了经营企业的危机意识。

现代企业的使命主要是责任和创新。创新是一个动态的滚动发展过程，也是应对危机和化解危机的措施手段。世界经济形势充满变数，不容乐观。企业的运行成本与日俱增，从而降低了企业的生存能力。创新，力求使生产力的增长快于成本的增长，而保障企业能够良性地持续发展。古人云：“兵无常态，水无常形，守业必衰，创业有望。”我们始终生活和工作在忧患和危机之中，任何发明和创造以及在竞争中的胜利，都是暂时的。因而，一个明智的企业领导者，必须牢固树立创新意识。福特公司前总裁亨利·福特说：“不创新，就灭亡。”“不创新，就要承担时代的一切不幸。”德鲁克说：“创新”已成为本世纪所有企业生存发展的马达，墨守成规的公司纵使没做错事，也都活不了了。

著名经济学家许小年告诫我们，美国通过几年来采取的各项措施，已经从经济危机的谷底逐步往上爬升，欧债危机还没有完全处于底部，还有相当艰难的复苏过程，而中国，整体的市场经济结构性下行，面临改革、调整、转型和升级。机会稍纵即逝，抓住了就是机遇，抓不住就是挑战。所谓运气，就是能够发现机会并能够抓住机会。因此，作为企业领导者，我们必须增强危机意识，紧紧抓住和用好新一轮的科技革命和产业变革的机遇。正如民企标杆联想、华为、海尔、万科等企业一样，时刻准备应对市场的“寒冬”不期而至，时刻准备足够的“现金流”应对企业运转的不时之需。我们的先驱者经常现身说法、设身处地的告诫，所以我们更应该未雨绸缪，居安思危，强化学习，开拓创新，才能保证应对自如，处变不惊。

当我们到达一定高度的时候，千万别忘了自己是谁。我们的民营企业，我们的企业领导者，要加强学习和转变思维，善于学习借鉴先进企业的发展和管理经验，学习国内外前沿的企业管理及运作知识，切实提高企业内部控制管理能力。增强危机意识，未雨绸缪，开拓创新，随时准备应对和化解可能出现的危机。

企业的竞争发展，也是与社会的变革进化和市场的发展变化息息相关，在生存发展中竞争，在竞争中生存发展。那么，在生存、发展和竞争过程中，企业面临的危机大致有政治、法制、经济、社会、政策、产业、行业竞争危机等，我们的企业领导者亟需具备经营管理企业的理念和良好的综合素质，实行规范的企业法人治理，构建和锤炼企业文化，确立有竞争力的企业核心价值观，管好用好财力资本和人力资源，坚定不移地实施企业战略规划，与时俱进地坚持创新，做到有能力、有信心随时准备应对这些危机。人无远虑必有近忧，危机虽然无法预见，也无处不在，但成功总是青睐有准备的人。

【作者：广东省深圳市奇信建设集团股份有限公司总裁】

石化企业基层建设管理机制的创新与实践

郑守林　吉万春

基层建设是石油工业的优良传统，是大庆精神的重要组成部分。大庆石化公司作为国有特大型炼化企业，在组织生产过程中，所具有的高温高压、易燃易爆、工业自动化程度高、大生产连续性、人员和知识密集等特点，决定了企业必须抓好基层建设、基础工作、基本素质，从而实现安稳长满优生产。几年来，大庆石化不断创新基层建设管理机制，取得了显著成效。

大庆石化公司是中国石油天然气股份有限公司的地区分公司，是以大庆油田原油、轻烃、天然气为主要原料，从事炼化生产，兼具工程技术、装备制造、矿区服务等业务的特大型石油化工联合企业。公司历经 50 年的发展，已成为东北地区资源条件最好、社会环境最优、业务门类最多的国有炼化企业，现有二级单位 29 个，有车间级管理单位（厂、队）428 个，基层党支部 501 个（含机关和内退员工党支部），1642 个一线生产班组。员工 3.2 万人，生产装置 87 套，可生产 62 个品种 255 个牌号的产品，年营业收入 480 亿元，上缴税费近 60 亿元。

一、实施背景

50 年来，公司坚持“爱国、创业、求实、奉献”的企业精神，发扬艰苦奋斗的优良传统和“三老四严、四个一样”的工作作风，抓基层，打基础，大练基本功，强化企业管理，加强三基工作。在企业管理中创造积累了许多宝贵经验。如：从六、七十年代的“三基”工作，八十年代的“标准化”、“企业升级”，到九十年代的“装置全面达标”、“基层单位建设达标”、“三学”活动，都明确突出了加强三基工作、推进基层建设这一主题。

但随着市场经济的不断深入，进入新时期新阶段，企业内外部环境发生深刻变化，市场竞争日益激烈，员工价值取向日趋多元，改革发展稳定任务艰巨，企业面临许多新情况、新课题、新挑战。为解决好这些矛盾和问题，公司结合贯彻中国石油天然气集团公司《基层建设纲要》，把基层建设作为固本强基的战略任务来抓，经过反复论证和研究，确定了“创新基层建设管理机制”的现代化管理项目，并认真组织实施。具体表现在以下几个方面：

1．创新基层建设管理机制，是公司和谐稳定、提升员工素质的需要。实现“高效、持续、稳健”发展目标，创建“五型”企业，争占国内最具竞争力的优秀炼化企业排头，这是基于大庆石化现实基础和发展需要提出的工作总目标，而实现这一目标的根本是基层建设、基础工作和基本素质。

2．创新基层建设管理机制，是提升企业核心竞争力的需要。人是企业最可宝贵的第一资源。大庆石化公司生产装置运行的平稳和优化，各项经济技术指标的改善和提高，都要靠员工的精心操作和持续创新。

3．创新基层建设管理机制，是提高企业科学管理水平的需要。炼化企业规模大，技术密集，具有高温高压、易燃易爆、有毒有害、生产连续性强、自动化程度高等特点。这些都决定了基层管理必须有严格的制度，科学的管理程序；基础工作必须扎实、完善、规范；基层员工必须思想好、作风硬、技术精。

二、项目实施的创新点

大庆石化落实科学发展观，选择了以加强基层建设带动企业各项工作的发展思路，其创新点主要体现在以下几个方面：

1．思路和观念上的创新：

炼化企业实行生产受控管理，是基层建设的重要抓手。针对炼化生产过程连续、工艺复杂等特点，将基层建设融入到生产经营过程中的每个人、每个点，力求实现标准化管理，实现生产经营受控。以大庆石化化工一厂为代表，在各生产装置全面推广以“三级巡回检查、两级变更实施、一级要素控制”为主要内容的生产运行标准化管理模式，有效克服过去因员工作业和操作经验成分多，个体差异大，缺少规范、统一、科学的程序和标准，而导致人的行为、物的状态和生产过程不能完全受控的弊端。

2．载体和模式上的创新：

创新基层建设管理机制是一套整体的管理措施。四个载体和谐联动，互为要素。内容基本包括了对基层建设的普遍要求和基本标准，符合企业管理功能和定位。在三年的持续推进过程中，基层建设有了统一、规范、实用的载体，对加快企业管理科学化、规范化和标准化建设的进程起到了积极推动作用。

改变传统的检查、考核、达标的做法，取而代之的是“抓重点、抓推进、抓示范、抓典型、抓机制、抓投入”的“六抓”做法，把基层建设的重点放在车间、班组和岗位上，具体模式是通过每年“一个主题”带动日常“四个载体”的“一带四”模式。“一个主题”就是围绕公司生产经营、安全生产中心工作，围绕提升员工素质、提高执行力、强化基础管理和基础工作等重点内容，每年开展一个主题活动。“四个载体”就是“四好”班子、“六好”车间（“六个一”支部）、“五型”班组创建和争当“五星”员工活动。“一带四”的出发点是提高员工素质、提升管理水平，切入点是以不同主题为统领，按不同管理层面整体推进，落脚点是推进基层建设，保证安全生产。

3．内容和做法上的创新：

企业竞争归根结底是人才的竞争。这既需要经营管理人才、高级专业技术人才，也需要大批技术熟练的一线操作员工。大庆石化下大力气抓好员工队伍的“提素工程”。2010 年伊始，公司全面开展了“提升员工素质，加强基层建设”主题活动。

活动以“六好”车间（“六个一”党支部）创建活动、“五型”班组创建活动和争当“五星”员工活动为载体。三个载体都围绕着“提升员工素质”这一主线，即努力建设一支规模适当、结构合理、素质优良、充满活力的员工队伍。

与原有的“五型”班组创建活动同频共振，公司各单位结合各自实际，分别制定了“六好”车间（“六个一”党支部）创建活动、争当“五星”员工活动方案及考核细则，用力打造自己“建设好班子、带出好队伍、落实好制度、构建好机制、打造好文化、创造好业绩”的“六好”车间，精心培育员工队伍中的“技能之星”、“安全之星”、“创新之星”、“文明之星”、“绩效之星”。物业管理中心每月对所有车间进行一次全面检查，考核结果与当月奖金挂钩，年终进行达标验收。未达标的车间，取消评选先进单位的资格。储运中心每月评选出一名“储运之星”，并对其进行嘉奖。

企业的核心竞争力从何而来？只有尊重一线员工，才有执行力、竞争力。一方面从本质安全、改善管理、关爱员工出发，加大隐患治理力度，改善基层生产生活环境，努力消除影响安全生产的不利因素。另一方面注重减轻基层负担，深入推进“三减一加强”工作。

三、内涵和主要做法

（一）创新基层建设管理机制的基本内容

“一个主题”带动日常“四个载体”：“一个主题”就是围绕公司生产经营、安全生产中心工作，围绕提升员工素质、提高执行力、强化基础管理和基础工作等重点内容，每年开展一个主题活动。“四个载体”就是“四好”班子（政治素质好、经营业绩好、团结协作好、作风形象好）、“六好”车间即“六个一”支部（选配一个好书记、建设一个好班子、带出一支好队伍、完善一套好制度、构建一个好机制、创造一流工作业绩）、“五型”班组创建（“学习型”班组、“安全型”班组、“清洁型”班组、“节约型”班组、“和谐型”班组）和争当“五星”（技能之星、安全之星、创新之星、文明之星、绩效之星）员工活动。

（二）创新基层建设管理机制的具体做法

1．加强组织领导，明确责任分工。公司自上而下建立了组织领导体系。建立完善公司、分厂、车间基层建设三级领导小组。公司、分厂分别在企业文化处（党委宣传部）、企业文化科设立办公室，负责组织协调创新基层建设管理机制实施推进工作。同时企业文化处（宣传部）通过对车间班组建设情况进行全面摸底调查基础上，进一步明确工作的总目标、阶段目标、内容和具体措施。

各基层单位积极行动，结合自身实际，细化方案，重视和强化车间班组建设成为普遍共识。塑料厂每季度召开一次创新基层建设管理机制活动推进会，为季度综合考评排名第一的单位颁发厂长嘉奖令，号召各单位互相学习、公平竞争。热电厂对党支部书记进行了“六个一”党支部创建活动的专项辅导，选派一线优秀干部赴京参加高规格培训，让其增长见识、学会思考、提升境界。水气厂利用“五型”班组建设研究会开展活动，让“五型”班组成为班组长热议的话题。开发公司坚持半年召开一次情况汇报会，肯定成绩，查找不足；机械厂为班组配备了“四长四员”，落实“五星”员工创建。

2．细化创建标准，实施量化考核。为使创新基层建设管理机制有序推进，大庆石化公司制定完善了创新基层建设管理机制标准，100%的车间细化了车间制度流程，96%的班组制定了“班规”。公司企业文化处在协调各专业部门健全完善基础管理工作考核体系基础上，突出实地考核、专项考核，定期对夯实基础管理主题活动开展情况和效果进行检查评估。重点考核二级单位“六个一”党支部、“六好”车间、“五型”班组创建活动的总体推进情况，并将考核结果作为年终评选基层先进单位、先进车间、先进班组的重要依据，严考核、硬兑现。公司对评选出的基层建设“十大”标杆车间和“十大”标杆班组给予物质奖励，标杆车间标准为 5 万元，标杆班组标准为 1 万元。

各二级单位结合本单位绩效考核实际，也不断充实完善创新基层建设管理机制基层建设创建载体奖惩措施和奖励办法。塑料厂积极推进月综合考核，季度评选先进，突出生产受控，用一带四统领全厂各项工作，把生产运行管理、技术管理、设备管理、KPI 指标完成、HSE 管理、形象管理、班组管理等 15 项内容纳入“创新基层建设管理机制基层建设月综合考评”，与绩效考核全部挂钩。腈纶厂实施“五级预警”机制，对安全风险进行预测和评估，使基层建设与企业安全生产有效地融合在一起，提高了基层的执行力，确保了安全生产。

3．注重典型引领，发挥示范效应。在推进创新基层建设管理机制过程中，大庆石化公司坚持把榜样示范作为推动工作的有效手段。

培育典型，提高影响力。挖掘、总结、提炼、培育了凭借精湛技术维护着我国第一台国产化大型裂解气压缩机组，被集团公司授予“百面红旗班组”的化工一厂维修车间钳工七班；“开展四化管理，推进技术进步，变不良资产为优良资产”，荣获共青团黑龙江省青年文明号的化工三厂 ABS 车间；用可靠的服务和信誉赢得客户青睐，培育了班组“螺栓精神”的中国石油基层建设标杆班组——化建公司李树林班；从事换热设备高压水射清洗服务专业，凭借敢打敢拼的团队精神，多次拿下清洗作业硬仗，被国资委授予“中央企业红旗班组”称号的实业公司洪流清洗队“蓝剑”班组；“弘扬大庆精神，深化基层建设，让大庆石化保洁的旗帜永远鲜红”，被中石油命名为白面红旗单位的物业保洁公司；“凝心聚力，服务中心，不断增强党支部的战斗力”，被集团公司授予先进党支部的开发公司编织袋车间等先进经验。三年来，全公司培育总结车间典型 59 个、班组典型 76 个、车间主任典型 48 个、班长典型 80 个、岗位典型 91 个。总结公司基层建设达标标杆单位经验 32 个，总公司级优秀基层单位经验 4 个。

宣传典型，提高感召力。组织编写了《基层建设案例集萃》、《基层建设十大示范点经验集》、《基层建设十大示范点画册》、《班组榜样—公司十大标杆班组管理经验集》、《基层建设学习资料汇编》等资料，拍摄了 20 部基层建设专题片；制作集团公司级劳动模范和先进集体事迹光盘，在公司电视台进行循环播放，让 200 余个爱岗敬业典型集体亮相公司“员工风采”栏目，重点对推介到集团公司的姜国军、左成玉等典型进行深度采访报道等。三年来，公司累计评选、表彰优秀车间主任 342 名、优秀班组长 657 名。

学习典型，提高辐射力。公司通过组织“三基”工作推进会、千队示范启动会、“五型”班组创建现场会、先进典型报告会和演讲会，成立班组长联合会、班组文化沙龙等多种形式，加强学习交流。先后组织 26 个团组 300 多人到抚顺石化公司、大庆油田公司观摩学习；组织机关干部和基层车间主任、党支部书记、班组长近 6000 多人次到炼油厂催化重整车间、开发公司雪龙包装公司、物业管理中心保洁公司等基层建设示范点单位互动交流，提高了典型辐射力。2010 年，中国石油天然气集团公司“五型”班组创建现场经验交流会在大庆石化召开，公司“五型”班组创建经验得到了总部及参会单位领导的充分肯定。

4．强化舆论引导，努力营造氛围。

充分利用电视、报刊、网络、板报、简报等形式，广泛宣传加强三基工作的重要性、紧迫性和必要性，宣传创新基层建设管理机制主题活动的工作亮点和特色经验，把宣传动员贯穿于活动始终，努力形成全员参与、全方位覆盖的工作格局。《大庆石化报》、电视台、《大庆石化》杂志开辟了《三基新视点》专栏，为基层单位提供交流的平台。各基层单位全年累计在市级以上媒体发稿 152 篇。

四、实施效果

创新基层建设管理机制运行 3 年来，取得了显著的管理效益和经济效益。

活动开展三年来，公司各级领导班子建设的整体水平不断提升，“四好”班子比例达到 35%以上。从 2009 年至 2011 年，公司 115 个车间实现了“六好”车间创建目标，501 个党支部有 80%实现了达标，20%进入了示范群体行列，90%的班组实现了“五型”班组创建标准。先后建立党员先锋岗 1357 个，党员责任区 943 个，党员挂牌服务点 427 个，组织开展党员攻关项目 76 项，整改各类隐患达 530 项，实现创效近 6000 万元。

活动开展三年来，公司先后被评为全国质量管理先进企业，产品出厂合格率始终保持 100%。石油、化工、塑料、腈纶等系列产品荣获全国市场同行业“产品质量、服务质量无投诉用户满意品牌”称号。企业先后荣获全国“五·一”劳动奖状、全国思想政治工作优秀企业、国家守合同重信用企业、全国文明单位、中国企业文化典范单位、黑龙江省文明单位标兵等荣誉称号。

创新基层建设管理机制，使公司的各项管理水平都登上了一个新台阶，为公司完成和超额完成集团公司下达的生产建设任务做出了重大贡献。

2009 年，全年完成商品总量 731 万吨，超奋斗目标 34.8 万吨。实现收入 394.7 亿元；完成利润 19.7 亿元，同比增加 95.3 亿元，超额完成蒋总提出的“盈利 20 亿元”目标，上缴利税 89.5 亿元，同比增加 151.4 亿元。用能、用水、排污总量与上年同比分别降低 6.5 万吨、245 万吨、10 万吨，降幅 3.3%、5.6%、0.6%，超额完成年度指标。

2010 年，营业收入达到 479.7 亿元，完成利润 13.2 亿元，上缴税费 77 亿元，盈利水平稳居中国石油炼化企业前列。全年累计节能 4.9 万吨标煤、节水 210 万吨、减排 6 万吨，同比分别降低 2.7%、4%和 0.3%。公司 66 项主要能耗、物耗指标 50 项优于计划，炼油综合能耗、吨油耗水等 22 项指标创历史最好水平。

2011 年，全年营业收入首次突破 500 亿元大关，全年营业收入首次突破 500 亿元大关，达到 586 亿元，创历史最好水平，考核利润 19.4 亿元，上缴税费 59.3 亿元，超额完成了总部下达的节能节水减排任务，公司 66 项主要能耗、物耗指标，42 项同比提升，24 项创历史最好水平，较好地履行了政治、经济和社会责任，实现了“十二五”良好开局。

根据上述数据分析，创新基层建设管理机制，人员责任意识和凝聚力明显增强，蕴藏的各种潜力有效释放，公司生产经营发生了根本性的变化。企业经营管理成本逐年降低，经济效益不断增长。

根据财务报表提供的数据，公司 2009 年、2010 年和 2011 年经营效益为：19.7 亿元+13.2 亿元+19.4 亿元=52.3 亿元，按照中层以上管理人员对降本增盈的贡献率为 1%计算，则实现经济效益：52.3 亿元 × 1% = 5230 万元。

【课题组其他成员：刘桂波　刘静波　陈树清　孙熙中　曲玉华】

传统出版的发展空间和发展战略

童 健

传统书业正面临重大挑战和机遇：一方面，数字化如火如荼，势头越来越猛，“一元”书业不再，“二元”、多元书业时代来临，“上市”、“转型”、“购并”等新潮流令书业同行目不暇接，备感兴奋或压力。另一方面，作为传统的创意产业，资本的丰盈似乎并不能与成功划等号，就目前看，传统书业虽然都在备战数字化转型，但数字出版赢利模式还没有真正建立，可谓路漫漫其修远兮。

传统出版到底怎么了？它的发展空间和发展前景如何？面对新的趋势和新业态挑战，该如何从容应对？需要我们认真探索研究，寻求生存发展新空间。

一、传统出版面临的时代困境

任何产业都是时代的产物，都是与社会发展息息相关的，出版作为内容产业，它的读者群和作者群的忠诚度是产业兴盛的基础，而利润率的高低则是反映行业地位和竞争力的晴雨表。近几年来，我国图书市场的增长速度逐步放缓，传统书业进入了低增长和微利时期，主要原因有三：

1．从读者层面看

由于互联网和手机、iPad 等的普及，读者的阅读习惯和阅读方式发生很大改变，浅阅读、碎片阅读、即时阅读、兼有互动及娱乐尤其是触手可及的免费阅读，对读者的吸引力巨大。读者的阅读时间、精力被大大分流，对一本完整的书进行透彻的阅读，越来越少，这是不可逆转的大趋势。而快节奏的生活，高强度的工作压力，更加剧了这一趋势。

2．从利润层面看

出版的暴利时代一去不复返，出版业已经明显进入微利时代：

第一，教育出版利润递减。由于学生人数减少、教材的循环使用、印制成本上升等原因，导致教材教辅的投入产出率持续下降。

第二，市场图书利润率趋薄。由于众多出版集团普遍追求做大的目标而加大了对图书品种的投入，促进了市场的规模性增长，图书市场上同质化重复出版严重，出现“三高一少”现象——制作成本高、作者版税高、图书库存率高、畅销书少，自然挤压了市场图书的利润。

第三，书业库存面临高速膨胀。库存不仅造成资金周转率低，也直接吞噬了书业的利润，使得传统图书业利润微薄。

第四，图书出版品种连年增长，而实体书店却面临萎缩。上游出版的图书品种快速增多，而下游发行网点连年减少，不是自有物业的实体书店陷入危机。

3．从内容资源掌控看

出版社最大的资源是内容和版权资源，内容或者说版权资源是作为内容产业的传统出版的产业根基。目前的情况是，对传统出版来说，这一根基受到了撼动：一是作者版税高。10%的版税，已是作者的普遍要求，这等于说即使是销售达到一万册的图书，出版社要将毛利的30%以上要支付给作者当版税，更不用说销售平平的图书。二是版权资源不稳定。按惯例，出版社与作者的合约为五年一签，不少畅销书作者一般只签三年。所以，每隔三到五年，出版社就要面临作者跳槽的风险。三是版权尤其是网络平台版权争夺正酣，出版社存在被边缘化、资源制高点被抢占的危险。四是缺乏精品力作。浮躁的社会心理影响精品生产，原创精品稀缺，使畅销书作者奇货可居。

二、传统出版的历史机遇和发展空间

1．从社会发展趋势看

随着国家综合国力的增强，国民受教育程度和收入水平不断提高，图书购买力也在增强。国际经验表明，当人均 GDP 超过 3000 美元时，文化消费会快速增长；而当人均 GDP 接近或超过 5000 美元时，文化消费有可能出现井喷。我国人均 GDP 在 2011 年已经超过 5000 美元，因此从人均收入及消费结构看，中国的文化产业将进入一个高速发展的阶段。

有数据反映，中国的国民阅读率大概是每人每年 5 本左右，远低于一些欧美发达国家的每人每年 50 本左右，我国国民阅读率相对低很多，这是不争的事实。所以单从阅读率看，中国的书业应该还存在一个巨量增长空间。

2．从传统出版自身特点看

传统出版依然有自身的独特优势：

第一，传统出版社在作者和读者心目中的认可度相对较高，纸质书依然是读书人的首选，纸质媒体将会长期在多媒体时代占据它独特的地位。

第二，现阶段，传统出版社与大多数网络平台拥有的作者与作品资源及读者对象不是同一种类型，交集并不多，并非是完全形成竞争的。从阅读人群看，手机网络产品的读者主要是学生和城市年轻就业人群，与传统出版的读者交叉度不高。

第三，传统出版社或策划公司的人才队伍更强，策划经验更丰富。而且从策划和营销而不是从出版的数量看，还没有达到充分竞争的程度，这就传统出版留下了很大的发展空间。

第四，近年来快速增长的网上书店分流了实体书店的销售，但阅读群体没有消失。网上图书销售的快速增长正说明了广大读者对于图书的需求依然存在，这也正是书业发展的长久动力。

3．从宏观环境看

文化大发展大繁荣史无前例地上升为国家意志，建设社会主义“文化强国”已成为时代的最强音。中国的文化产业将作为国民经济支柱产业，迎来一轮新的发展高峰。根据《国家“十二五”时期文化改革发展规划纲要》，“十二五”期间，文化部门管理的文化产业增加值年平均现价增长速度高于 20%，2015 年比 2010 年至少翻一番，实现倍增。

国家对出版业的扶持力度也不断加大：如国家出版基金每年 3 亿元、古籍整理出版基金每年 2500 万元，等等，都是实实在在的扶持，对提振出版从业人员的信心和决心意义重大。

4．从新技术的长远影响看

电子商务网络书店发展迅速，而网络书店销售的还是以纸质书为主。网络和数字技术使得传统出版搭上现代化的顺风车：传播手段不断翻新，传播能力大大提高。网络发行的总量已占了全部发行的三分之一。而且从营销效益看，借助网络，传统出版可以将出版信息快捷告知读者甚至是精准定位的目标读者。比如通过手机出版，可以向目标读者发布图书信息，重建客户与作者的关系，实现价值链的整合。

5．从图书的策划和市场营销看

图书出版多，但受读者喜爱的好书少；重复性出版多，创意性出版少；已经出版的好书中，广为读者所知的并不多，这也是我国国民阅读率不高的重要原因。可以说，传统出版的瓶颈，是“粗制滥造+粗放经营”，而不是数字出版等新业态。所以从图书的策划和市场营销看，传统出版还存在很多薄弱环节，因而也还有很大提升空间。

三、浙版集团战略转型初现端倪

浙江出版联合集团自 2008 年以来，围绕改革发展，解放思想，开拓创新，制定了《2008～2012 年发展规划纲要》和《“十二五”时期发展规划纲要》，明确了改制后及“十二五”时期集团工作的指导思想、基本原则、发展目标、发展战略以及重点项目和保障措施。

集团不仅自觉担当文化责任，通过每年 1000 万元的出版扶持基金等举措，组织出版了一批标志性、有影响的重大项目和反映最新成果的精品力作，有一大批图书获得国家级大奖，还审时度势，努力在调整结构、整合资源和转型升级上下功夫，在全国宏观经济不景气、图书市场增速持续放缓的形势下，坚持主业不放松。集团努力做宽教育出版，做特专业出版，做强大众出版，使产品结构调整取得了明显成效，保持了平稳较快和健康可持续发展，各项指标明显向好——

2010 年，集团总资产和总销售首次迈入了“双百亿”。与改制完成时的 2007 年相比，集团资产总额增长 49.19%，净资产增长 40.27%，主营业务收入增长 43.73%，利润总额增长 21.88%。2012 年，总销售 134. 6 亿元，同比增长 14. 63%；主营业务收入 90.38 亿元，同比增长 10.39%；利润总额 6.14 亿元，同比增长 18.6%，实现利税 8.73 亿元；资产总额 124.44 亿元，所有者权益 75.9 亿元，同比分别增长 13.34%和 10.89%。

集团旗下有 6 家出版单位的出版总定价过亿元：浙江教育出版社达到 9.9 亿元，浙江少儿出版社 6.1 亿元，浙江科技出版社 4.2 亿元，浙江人民出版社 2.5 亿元，浙江文艺出版社 1.5 亿元，浙江美术出版社 1.1 亿元。

集团海外出版和销售板块也正在加快形成。2012 年，版权输出项目 150 种，同比增长 15%；图书和文化产品出口达到 519 万美元，同比增长 119%。继成立法国东方书局后，东京分社正式成立并开始运作，26 种新书陆续推向海内外市场；与英国主流媒体普罗派乐卫视签署了出版合作框架协议；海外连锁的“亚马逊中国书店”仅 9、10 两个月销售就超过 300 万元。

浙江出版联合集团在取得上述成效的同时，面临的根本性困境和挑战依然存在：一是利润支柱还是教材教辅。一般图书虽然规模品种在持续快速增长，但就码洋贡献率和赢利能力而言，除了少儿板块和文教板块外，其他出版板块的市场图书的码洋贡献率和赢利能力都相对薄弱，单品种赢利能力不强。二是数字版权资源紧缺，从总体上看，可进行数字开发的自有版权资源不多，对出版的转型升级带来一定的困难。数字出版投入多，产出少，还没形成稳定的盈利模式。

四、传统出版的发展战略

传统出版的发展战略简要来说，可以归结为：一个“提高”、四大“转型”。

1．“提高”，就是提高核心竞争力

所谓核心竞争力，就是持续地策划、吸纳和运作好优质内容资源的能力与机制，就是持续地推出精品力作的能力，就是不断地提升出版企业品牌和知名度的能力。

内容是出版转型升级的基础保障。出版社只有占据了内容和产品的制高点，只有拥有众多优秀内容资源，数字出版才有赢利的可能，也才能有与平台和渠道议价的资本，因为中外互联网上卖得最好的电子书都是一些超级畅销书。

互联网企业主流赢利模式是“内容免费+广告收益”，而传统出版的赢利模式是“内容收费”。所以内容的稀缺性、独特性、可读性和权威性就显得十分重要，而行之有效的市场推广也不可或缺。好作品也要销售得好，作者才能有最大的获益和更大的影响力，也才会更信任甚至依赖出版社。

总之，传统的“出版+发行”模式要向“策划+营销”转型，原来的“出版”就是来什么书稿出版什么书，原来的“发行”，就是图书出版了就批发出去，然后似乎与出版社无关了。现在应该更强调根据市场和读者的需要加强策划，更强调全过程、全方位、常态化的营销。说到底，出版企业拼的不是有多少钱，不是靠新的设备和机器，而是掌握多少一流作者资源，有多少善于发现市场契机、善于发现作者和作品、也善于策划组织和精于内容加工的优秀编辑，以及自身在渠道和销售上的优势。所以传统出版企业关键是要在体制机制上改革创新，提高出版精品力作的内生动力，增强自身的核心竞争力及品牌打造能力。

2．四大“转型”

转型一：从单一经济支柱向多元经济支柱转型

全国 500 多家出版社中有 400 多家出版社参与教辅读物出版。每年教辅读物的码洋高达 200 亿元，占整个图书码洋的 25%左右。对教材教辅的过分依赖，对出版企业的长远发展埋下一定的隐患。在努力维护好教育板块核心利益的基础上，以市场为导向，调整单一的产品结构，由过分依赖教材教辅向同时壮大一般图书的生产和销售转变，努力实现两翼齐飞，应是多数地方出版集团着力的方向。

做宽教育出版：立足市场化，服务大教育，努力开发面向市场的高校教材、职业教育、成人教材、学前教育教材以及地方教材、校本教材等各级各类教材。

做强大众出版：加强产品线建设，狠抓市场图书开发，壮大常销和畅销图书阵容。大众出版市场将进入品牌营销阶段，出版社只有在重视规模发展和产品线建设的同时，狠抓精品、努力提高品种效益，争取有尽可能多的产品进入到市场销售榜的前列，才能够争取更多的码洋、夺得总体码洋规模的增长和盈利能力的提高。

做特专业出版：专业出版是读者粘度高、准入门槛高、专业性强，同时又容易出精品力作和便于数字化开发的门类。地方出版社由于资源局限，很难在专业出版上全面开花，所以一定要根据自己的专业特色、资源优势，做特做精，争取在某些细分门类取得差异化竞争优势。

转型二：从单一的图书出版经营向全版权经营战略转型

随着科学技术的不断发展，出版产业与整个社会经济发展的关联度也不断提高，出版产业的发展已经进入到新的竞合时代。新的竞争业态，要求出版业链接和整合更多的社会资源，以不断壮大产业实力，做大产业规模，实现出版业的超常规、跨越式发展。这既是应对阅读方式改变和受众多元化需求的必然之举，也是实现客户（作者）和出版单位自身利益最大化的重要举措。

诚如前面分析，出版业成本高（尤其是版税高）、利润薄已经是趋势，优质版权资源稀缺也是不争的事实，所以要尽可能地开发多媒体出版和全版权经营，实现“一菜多吃”。以内容为圆心，延伸产业链，努力推动动漫、影视、专有产品等内容产品的衍生开发，拆分内容的多载体版权，比如数字网络版权、海外版权，动画改编权、周边形象授权等，努力延伸出版价值链。

转型三：从单一传统实体出版向“实体出版+数字出版”转型

出版的转型升级、数字化是趋势所在，所以要积极面对。成功的数字出版企业都有自己独特的商业模式。国际上，谷歌的数字图书馆模式、亚马逊和苹果的“内容平台+终端设备”模式、爱思唯尔和斯普林格的专业数据库模式都是经典的数字出版商业模式。但目前为止，国内罕有出版社成功走出一条数字出版的阳光大道，找到可持续发展的商业模式。

地方出版集团一无一呼百应的内容平台，二无高黏度的专业化内容的积累，所以，一定要走出一条适合自身发展的数字化转型道路：一是获取海量的内容授权，数字出版产业的核心资源是版权尤其是优质版权的规模化，所以，要想方设法获取和掌控优质内容资源，并拥有更多的数字版权。二要从源头改良和创新数字出版的内容和形态，出版方要对受众做非常精确的分析，深入探索打通数字化产品从选题、形态到销售平台，再到阅读终端、消费体验的内容传播方案。如手机阅读内容要适合手机用户阅读的特点，为用户量身定做，并努力在提高用户的阅读体验上下工夫。三是要积极为数字出版储备人才。出版社要引进不同背景的人来构建自己的数字出版团队，或通过培训来调整人才结构，否则人才脱节必然导致出版模式的脱节。

转型四：从内容提供商向“内容提供商+资源服务商”转型

要积极寻求突破内容提供商的角色定位，尽快实现从内容提供商向“内容提供商+资源服务商”的转型。这不仅需要思路的改变，更要有对内容资源的整合和运营模式的转变。这在期刊界已经有了很多成功的范例，比如汽车类、房产和时尚类杂志充分利用自己的内容资源、读者资源和广告客户资源，积极参与到展示、产品推广与销售等经营性活动，大大拓展了期刊的影响力和盈利能力。国内外很多知名的教育类出版集团也都在教育培训的道路上越走越稳健。

对出版业来说，最需要转型、也最容易转型成功的是传统的教育类内容提供商向教育服务商转型。教辅出版的优质内容资源、作者资源、客户资源将成为教辅出版企业未来的生命力所在，用好这些资源可以向数字出版平台、数字化教学产品、线上线下培训等多领域发展或转型。另外，专业类出版社也具有这方面的优势，要积极通过特定的网络平台，或举办各种培训等，打造读者社区，积极利用自身的专业和资源优势，增强服务功能，提高经营意识，既培育读者忠诚度，为自己的内容产品寻找到更多更直接的出口，更能进一步锁定读者，提供满足个性化需求的定制服务。

英国古典政治经济学创始人威廉•配第说过：“土地是财富之母，劳动是财富之父”。套用过来，我们可以说，“内容是出版之母，编辑是出版之父”。当下出版者应该坚守的两点依然是“内容”和“产品”。对传统出版而言，内容自始至终都是安身立命之本，善于策划和加工的编辑也是传统出版企业最大的优势所在。但是传统出版不能安于传统，必须与时俱进，要有大内容大出版的概念，多元产品和产业化的理念，改变传统出版人的思维定势，跟上读者阅读习惯的变化，认清发展大趋势，借着文化强国的强劲东风，大胆创新，大胆实践，结合自身特点走出一条可持续发展的道路。

【作者：浙江出版联合集团董事长】

实施五大创新模式　提高企业的抗风险能力

汪家玉

马鞍山市一个基础雄厚的工业之城、充满活力的创新之城、通江达海的枢纽之城、积淀深厚的人文之城、生态宜居的文明之城。马鞍山市成功跨入中国城市经济千亿俱乐部后，正持续快速发展。

与之相背的是，在金融危机的拖累下，世界经济依然在马鞍型的底部运行。在此大背景下，一些曾经风光无限的巨无霸企业或轰然倒闭，或资产大幅缩水，或深陷泥潭难于自拔。这也提醒我们，即便是在你一路高歌之时，风险依然会在你身边潜藏暗行。

在日本的松下电器公司，不论是会议室还是走廊通道的墙上，都能看到一幅画，画上是一艘即将撞上冰山的巨轮，下面写着：“能挽救这条船的，唯有你。”

松下之言并非危言耸听。泰坦尼克号就是在一片欢呼声中撞上冰山而沉没的！泰坦尼克何以沉没？从设计上看，只考虑了船头、船尾和船底被撞的可能性，没有考虑船侧面被撞的情况，忽视了侧面进水对船整体安全的影响。当船躲避冰山时，恰恰是侧面被撞。从造船材料上看，只考虑到要增加钢板的硬度，而没有考虑到要增加其韧性。结果船体在强撞击下很快断裂。而拿当今用于造船的钢板在同样的温度和强度下进行强撞击，钢板只会变成V形而不会断裂。再者，泰坦尼克沉没还有船员判断上的失误，如果当时是以船头去撞击冰山，即便出现危险，船上乘客依然有3天的逃生时间而不是短短的3个小时。

泰坦尼克号上演冰海沉船悲剧，孰之过？遭遇冰山是一个外因，而其更深层的原因却是早已存在于自身。

驾驭企业航船，就要不断查找企业日常运行中潜存的风险，并以恰当的手段与措施排除这些风险，让企业的航船能够涉过险滩，躲开暗礁，稳健前行。

作为一个企业管理者，这几十年来危机感一直伴随着我。也一直从众多企业盛极而衰的案例中思考如何提高企业的抗风险能力。我的体会是，持续创新是企业成功规避风险的最为有效的手段之一。我们深装集团这些年一直走稳健发展的路子，有三大创新模式保证企业的发展，不断提高企业的抗风险能力。

一、创新企业文化，增强企业综合竞争力

企业文化是企业生产经营的重要组成部分，与企业经济相辅相成，不可或缺。通常说，末流企业靠权力，三流企业靠生产，二流企业靠营销，一流企业靠文化。重视企业文化建设与文化管理是我们企业的一个光荣传统，一个很有成效的做法。这一点得到了中装协领导的高度评价以及行业的认同。我们深装企业文化起源于军旅文化，公司是由两万基建工程兵集体转业深圳而创办的企业之一。我们继承了军旅部队突出思想教育、突出文化建设的光荣传统，发扬了把红旗插到山顶上的拼搏精神。

在企业经营中，我们不断创新企业文化，不断丰富和提升企业文化。在军旅文化中吸收徽商的诚信文化，提炼成职业道德上的“四个负责”：对国家负责、对业主负责、对企业资质负责、对自己的言行负责的责任文化体系。提出“奉献过程精品”：为客户奉献过程精品，为社会做出回报，才能在激烈竞争中把握先机，掌握主动。提出“创办一个成熟的企业”的五条标准：企业的责任标准、企业的文化建设标准、企业的抗风险能力标准、企业的诚信经营共赢运作标准、企业的可持续发展标准。创办成熟的企业是我们的长远发展目标，不争一时之利，不争一时之名，而着眼于持续健康发展。

我们的企业文化在不断创新中，公开出版了三本书：一是《平凡与价值》，它的主旨思想是：大家都在做平凡的工作，但我们争取把它做成有价值的工作；二是《责任》，它突出诚信、负责、稳健发展的责任文化；三是《上善若水—深装集团企业文化》，我们在军旅文化、徽商文化、不断创新企业文化的整体链条上进行了概括，提炼成为深装集团整体的企业文化。我们用自身特色文化来凝聚员工，提高员工整体素质，提升企业形象，打造企业品牌。

二、创新管理体系，打造企业核心竞争力

企业管理体系创新重在实践，重在摸索。作为深装集团的创始人之一，我对这一摸索创新过程深有体会。当初为了摆脱负债经营，我们大胆尝试了“一企两制”的承包制、“绩效考核”的分配制等。从1986年成立到现在，在企业管理的每一个阶段，我们皆致力于企业管理体系创新，坚持一切问题在发展中解决。在市场中求生存，在市场中谋发展，探索具有行业特色、符合企业实际、能为企业带来效益的管理模式。我们的做法主要有：

合同运作上的“四个强化”：强化法律意识，强化科学决策，强化动态管理，强化规范运作。

资金使用上的“四个到位”：材料费控制到位，国家税收预留到位，人工费兑现到位，成本管理费用分解到位。

经营战略上的“四个取胜”：在全国以样板工程取胜，工程项目上以精品意识取胜，市场竞争以价格合理取胜，经营管理以遵纪守法取胜。

我们创新企业管理体系，积极实施转变经济增长方式，实施“研发科技化，部品工厂化，施工机械化，现场装配化”的工业化生产方式变革，将公共建筑装饰、建筑幕墙、和上海荣欣公司合资创建的荣欣弘馆、家居精品超市化的设计及施工业务做专、做精、做强、做大，实行强强联合，逐步构建以室内外装饰设计和施工为主，包括装饰部品部件工厂化等配套服务在内的装饰业务格局。

三、创新“变”与“动”机制，支撑企业不断发展壮大

变则立，动则生。变就有生机，变就要快速，变就是创新。死水一潭是没有出路的。企业如同万物，变才能发展，动才能增效。深装集团诞生在深圳经济特区，深圳敢闯、敢试、敢于杀出一条血路的特区精神，一直激励着我们企业成长。我们根据不同时期的形势，不同的行业态势和不同的市场走势，实施变与动策略，完善变与动机制，在变与动上找生机，在变与动中把握机遇，创效益，促发展，推进企业持续稳健发展。我们企业的经营成长分为三个阶段，每个阶段都有其创新亮点，支撑着企业不断发展壮大。

第一阶段：开拓经营阶段。用12年共创造了数百项市级以上获奖项目，企业的业绩获得不断积累，1993年被国务院发展研究中心、国家建设部、国家统计局评为中国500家最佳经济效益建筑企业第89名。

第二阶段：稳健经营阶段。用12年时间完成了四大目标，一是组建集团；二是实施国企改制；三是创建过程精品；四是规范管理。

第三阶段：创新经营阶段。工厂化、工业化的发展是装饰行业的必由之路，为此我们制定了创新经营的战略规划：总部在深圳，科研在高校，基地在池州，市场在全国。公司对战略布局进行了全面优化，以深圳为公司总部所在地的总部管理机构进一步完善和巩固；以池州产业园和合肥学院为主的研发机构初见雏形；公司主业配套生产基地池州产业园顺利建成投产；市场遍布全国，经营走向海外。

四、创新战略合作，提高企业抗风险能力

深装集团凭借诚信与过程精品管理，在突出资源整合上下功夫，依靠良好的口碑和品牌优势，以高效的管理团队和优质的工程质量，与一批知名品牌企业建立了优势互补、合作共赢的战略合作关系，特别在市场资源上，如：万达集团、和记黄埔、华为公司、希望集团、华润置地、卓越地产、星河地产等等。我们公司与万达集团合作已有 10 年历史，公司施工团队将“红旗插到山顶上”的企业文化与万达集团的“打铃交卷”的工期管理特色紧密结合，得到了高度认可，荣获万达集团“优秀供方”称号；公司与和记黄埔合作已达 16 年，将企业自身管理模式与和记黄埔的管理模式有机结合，实现了稳固的战略合作关系。在与创新战略合作中我们牢牢把住控制风险的“三不原则”：低于成本的工程不做；多方合作、责权不到人的工程不做；招投标不规范、转手多次的工程不做。“三不原则”有效控制了经营风险，保障了企业的稳健发展。

三、创新“悟”与“行”理念，加大贯彻力和执行力，提升企业发展特色

善悟笃行就是加大贯彻力和执行力。一是善悟国家的方针政策；二是善悟行业的态势，三是善悟市场的走势，才能应对各种复杂的环境，引领企业和谐稳健发展。2003 年 9 月，我们深装集团作为深圳市首批国有企业试点改制成功签约，勇于承担深圳国企第一批改制试点单位的重任。我们用智慧与责任顺利完成国企改制，带领集团所属四家独立法人企业一并参与改制。改制后，企业稳定，业绩不断提升，发展速度喜人，有一家成功上市，三家一直属于中国建筑装饰百强企业，同时，获得了深圳市政府的高度评价，我们集团被评为深圳市和谐劳动关系先进企业。

在 27 年的发展过程中，每逢企业发展的变革关键时刻，都要召开一次重要的工作研讨会议。通过总结工作，研究形势，制定目标，为企业的创新发展做好铺垫。如 1998 年在集团组建之初，我们在深圳的小梅沙召开工作会议，确定了“三变工作方针”：把思路变为制度，把制度变为行动，把行动变为效益。又如 2007 年在市场竞争激烈、要以精品取胜的关键时刻，我们在深圳东部华侨城召开了“创建过程精品”研讨会，确立了“创建过程精品”理念。2013 年是公司的创新年，我们在安徽池州召开了“善悟笃行、梦想成真”的研讨会，确立了“深装梦”的四个层面：战略规划梦、文化强企梦、产业发展梦、企业效益梦。最终要实现企业经济效益和社会效益同步增长，股本回报率、员工福利待遇要在行业超前，公司的发展要持续稳健的目标。

以上五大创新模式的成功实施，确保深装集团稳健经营，公司盈利以及抗风险能力进一步增强。目前，深装集团已成为中国建筑装饰行业的一流品牌企业。把每一项工程做成精品，把企业经济做强，回报股东、回报员工、回报社会……创建百年老店，让基业常青的“深装梦”已经成为每个深装人的共同梦想。

【作者：广东省深圳市建筑装饰（集团）有限公司董事长】

改进工作作风“三部曲”

薛彦卓

自中央部署党的群众路线教育实践活动以来，中国石油湖北销售公司就将作风建设作为提升工作水平，促进公司发展的法宝。特别是中国石油集团公司启动教育实践活动后，湖北销售公司针对区外销售企业特点，进行了认真调研和精心准备，期望通过开展学习教育活动，促进作风改进，提升各项工作水平，完成全年任务指标。

一、从思想上认识

深入开展群众路线教育实践活动，是实现中华民族伟大复兴的“中国梦”的必然要求。党的十八大描绘了全面建成小康社会、加快推进社会主义现代化建设的宏伟蓝图。要实现这一蓝图，夺取中国特色社会主义伟大事业的新胜利，必须紧紧依靠人民，充分调动最广大人民群众的积极性、主动性和创造性。而开展群众路线教育实践活动，是实现党的十八大确定的奋斗目标的必然要求，是解决群众反映强烈的突出问题、巩固党的执政基础和执政地位的必然要求，更是实现中华民族伟大复兴中国梦的坚强保证。湖北销售公司正处在实现科学发展新跨越的上升期，迫切需要用中国特色社会主义理论体系提升理念、武装头脑，指导和帮助全体党员干部学习掌握群众路线这个最基本、最有效的工作方法和手段，引导和带领广大干部员工，深刻理解和全面把握科学发展观的基本内涵，用精细化管理理念实现公司科学发展、战略发展，为实现全面建成小康社会的宏伟目标做出新的贡献、创造新的业绩。

深入开展群众路线教育实践活动，是实现中国石油全面建成世界水平综合性国际能源公司的必然要求。中国石油集团公司党组提出坚定“一个目标”、做到“四个坚持”、实施“有质量、有效益、可持续”的发展方针，到 2020 年要全面建成世界水平综合性国际能源公司，实现“三个 60%、两个倍增”，主要指标进入国际大石油公司前列。要实现这一战略发展目标，就必须把队伍建设、班子建设、作风建设放在更加突出位置强化打造。湖北销售公司各级党组织、广大党员继承发扬了大庆精神、铁人精神，有效发挥了政治核心作用和先锋模范作用，在密切联系和服务员工群众方面做了大量富有成效的工作。但在激烈市场竞争中、在快速发展过程中，湖北销售公司各级干部队伍中也不同程度地存在着“四风”的表现，一定程度上影响了党群干群关系。因此，在党内开展群众路线教育实践活动，就是要结合思想行动、结合灵魂深处采取革命化的措施手段，切实解决“四风”方面的突出问题，为全面推进世界水平综合性国际能源公司建设汇聚正能量。

深入开展群众路线教育实践活动，是实现保质量、保效益、保增长战略发展的必然要求。2013年，全球经济仍处于危机后的调整期，欧洲经济预判可能延续下滑、美国经济复苏依然弱势缓慢、日本经济拉动恢复仍小步低速。而中国经济将继续把握“稳中求进”的总基调，持续实施积极的财政政策和稳健的货币政策，大力实施城镇建设促进城乡一体化，拉动内需，GDP增度将保持在7.5%左右。在外冷内缓的大环境下，上半年国内能源消费市场“油降气升”，导致销售企业成品油销量整体下滑，传统的旺季不旺，企业效益受到明显影响。湖北销售公司要借这次群众路线教育实践活动的契机，充分相信员工群众、紧密依靠员工群众，调动和发挥员工群众的积极性、主动性和首创精神，在公司上下形成心往一处想、劲往一处使的良好局面，有效促进公司高质、高效、健康发展。

二、从行动上促进

在推进党的群众路线教育实践活动中，湖北销售公司希望以贯彻落实八项规定为切入点，进一步突出作风建设，着力解决人民群众反映强烈的突出问题，提高做好新形势下群众工作的能力，保持党同人民群众的血肉联系，弘扬大庆精神铁人精神，为集团公司全面建成世界水平综合性国际能源公司做出新贡献。

在扎实开展活动中，湖北销售公司牢牢把握“为民务实清廉”的主要内容，坚持从群众百姓利益出发，多深入基层一线，多了解一线员工疾苦，多为基层一线员工排忧解难；干工作发扬理论联系实际的优良作风，传承“三老四严”的优良传统，千方百计地为员工群众谋福谋利；严格执行各项廉政准则，深刻领会中央八项规定、集团公司二十条要求的精神实质，规范言行，养成慎始、慎独、慎微的意识，做到自省、自警、自重。

活动的总体要求是“照镜子、正衣冠、洗洗澡、治治病”，就是以党章为镜，在自身作风建设上摆问题、找差距，保持清醒认识；正视缺点和不足，从自我做起，从现在改起，端正行为，保持良好形象；以整风精神进行自我净化、自我革新，保持政治本色；区别情况、对症下药，惩前毖后、治病救人。

在把握焦点问题——反对形式主义、官僚主义、享乐主义、奢靡之风这“四风”上，湖北销售公司教育引导党员干部真正把心思用在谋大事、想实事、干好事、办成事上，把功夫下到察实情、出实招、办实事、求实效上；教育引导党员干部牢固树立“领导就是责任、领导就是服务”的理念，虚心向群众学习，真心对群众负责，热心为群众服务，诚心接受群众监督；教育引导党员干部牢记“两个务必”，克己奉公，勤政廉政，保持昂扬向上、奋发有为的精神状态；教育引导党员干部坚守节约光荣、浪费可耻的思想观念，做到艰苦朴素、精打细算、勤俭节约、清正办事。

在“学习教育，听取意见”、“查摆问题，开展批评”、“整改落实，建章立制”三大环节设计上，湖北销售公司分别以“五个一”活动为载体。第一环节是基础，我们将“开展一系列集中教育培训活动，听一次专家辅导授课讲座，组织一场自学课题网上讨论，搞好一次深入联系群众联系点活动，实施一次公开征求意见活动”，力求通过活动帮助党员干部掌握思想武器、提高思想认识，增强思想动力；第二环节是关键，我们将“观看一部主题教育电影——《周恩来的四个昼夜》，开展一次学铁人对照铁人找差距活动，召开一次高质量的专题民主生活会，安排一次专题组织生活会，安排一次专题民主评议会，力求通过活动帮助党员干部找准问题，明确方向和整改目标；第三环节是根本，我们将“制定一套问题整改任务书和时间表，抓好一次问题整改落实方案大公示，健全一套加强作风建设的工作制度，建立一个贯彻党的群众路线工作长效机制，组织一次问题整改情况大检查”，力求通过活动帮助党员干部实现有所改进、自我提升，达到见到成效、长期固定的最终目的。

在“建立健全长效机制”工作中，湖北销售公司既着力解决当前存在的突出问题，又着眼长远、建章立制，既全面梳理完善已有的各项规章制度，又结合上级要求和公司实际制定新的规章制度，努力形成一套具有湖北销售公司特色的、完备有效的群众路线工作制度体系。

三、在成效上运用

在这次教育实践活动中，湖北销售公司要以八项规定为切入点，强化作风建设，努力把两级领导班子和党员干部队伍打造成为政治坚定、素质优良、团结和谐、作风过硬、结构合理、绩效显著的“火车头”、“排头兵”。

湖北销售公司坚持领导示范带头与组织开展活动相结合，两级党委班子成员带头学习提高、调查研究、听取意见、交心谈心、开展批评和自我批评、进行整改，力争认识高一层、学习进一步、实践先一招、剖析问题深一筹；坚持党内学习教育与开门搞活动相结合，请群众来参与、来监督、来评判，坚决不走过场、不打折扣、不搞变通，做到人员一个不缺、内容一样不少、环节一项不拉、标准一点不减，真正使教育实践活动成为员工支持、员工检验、员工满意的“民心工程”；坚持抓正风肃纪与抓队伍建设相结合，必须谈自身存在的问题、思想根源、努力方向和整改措施，必须谈班子和班子成员存在的问题、对班子的整改建议，一对一、面对面，历史客观辩证地查找问题、剖析问题，真正达到“团结--批评--团结”的目的；坚持开展教育活动与抓好生产经营相结合，把开展教育实践活动、调动员工群众积极性与深入推进精细化管理、开展全员劳动竞赛活动“大干一百天，零售上七千”紧密结合起来，在活动中积极思考企业发展问题、谋划企业战略发展规划、解决企业发展难题，力争把活动成果转成为工作成果，把作风改进转化为工作精进，把联系群众、发动群众转变为服务基层一线、提高工作效率的发展实绩，以良好的业绩来检验和展示活动的成效；坚持强化思想教育与弘扬石油文化相结合，既要通过学习上级精神来强化思想教育、提高思想认识，不断增强党员干部坚持走群众路线的自觉性和坚定性，更要通过继承和弘扬大庆精神铁人精神的实践，来不断提高党员干部贯彻群众路线、做好群众工作的能力，教育和引导党员干部自觉践行“我为祖国献石油”的核心价值观。

【作者：中国石油湖北销售公司党委书记】

永远高举铁人旗帜

赵明涛

大庆油田1205钻井队建队已经60年，首任队长是铁人王进喜。60年来，我们作为老队长的传人，始终高举铁人的旗帜，发扬铁人精神，铸铁人魂、走铁人路、创铁人业，累计为国家交井2033口，在全国首创“月上五千，年上双万”、年进尺10万米等多项钻井纪录，总进尺250多万米，相当于钻透282座珠穆朗玛峰，为共和国石油工业的发展做出了我们的贡献。

一、始终用铁人精神引领，传承铁人志，永铸石油魂

铁人精神永远是1205钻井队的传家宝。60年来，尽管队长换了19任，党支部书记换了29任。但我们坚持继承不丢根、创新守住魂，持续开展铁人精神再教育。常年对职工进行会战传统熏陶，用会战时期战天斗地的英雄事迹感召职工，用1205钻井队50多年涌现出的英雄模范人物引领职工，不断增强“队史使我更光荣，我为队史添光彩”的自豪感和使命感。在铁人精神的激励和感召下，全队干部职工坚持发扬“岗位报国、矢志一流、自我超越、求实创新、和谐奉献”的新时期铁人队伍“五种精神”，积极践行“胸怀石油安全，传承铁人精神，争做稳产先锋，永续油田辉煌”的价值追求，始终牢记铁人“要把中国贫油落后的帽子甩到太平洋里去”的豪情壮志。第18任队长李新民在建设“海外大庆”的征程中。更是用“宁肯历经千难万险，也要为祖国献石油”的赤子之心，诠释了铁人精神的深刻内涵，被授予“大庆新铁人”光荣称号。

二、始终用铁人精神育人，熔入一块铁，锻出特种钢

发扬铁人精神，狠抓“三基”工作，是1205钻井队锤炼钢铁之师的优良传统和基本经验。无论是新人队青工、转业军人还是大学毕业生，在1205这座大熔炉的淬火锻造中，都能成为一块响当当、硬邦邦的好钢。

注重以党建、班子建设为主要内容的基层建设。以党员责任区、党员示范区、党员服务区“三区”建设为载体，深入开展创先争优、争当铁人式党员等形式多样的创建活动，教育引领党员在观念上领先、行动上率先、业绩上创先，发挥了党支部战斗堡垒作用和党员先锋模范作用。

注重以标准化、制度、流程等为主要内容的基础工作。发扬会战优良传统，将“上就上标准岗、干就干标准活”的好作风融入队伍管理，积极推行“严格岗位交接、严格岗位操作、严格岗位巡检、严格技术执行”的“四严”管理法。使职工养成自觉执行的好习惯。全队职工人人出手过得硬，项项工作质量全优，连续48年保持无不合格井的施工纪录，被中石油集团授予“金牌钻井队”。

注重以政治素养和业务技能为主要内容的基本功训练。在大庆油田率先创办“青工岗位技校”，零距离传授岗位技能。开展“青工大拜师”活动，签订师徒帮带合同。开展“双百”达标活动，使全员岗位技能掌握和落实率均达100%。先后涌现出先进模范人物300多名，为兄弟油田和单位输送干部和技术骨干1200多人，在历届技术大赛中1205队均名列前茅。

三、始终用铁人精神创业，立铁人品格，创一流业绩

铁人精神是1205钻井队发展的力量源泉，开拓前进的动力之根。

针对油田开发难度不断加大，各种特殊工艺井技术含量越来越高的实际，1205钻井队继承发扬铁人科学求实精神，追求技术进步，勇创国内一流。2006年，成功打出大庆油田第一口长水平段水平取芯井，并以取芯长度339米创当时全国最高纪录。我们坚持管理创新，积极接轨国际，建立了岗位价值评估体系，通过实行岗位价值评估、建立岗位评价模型、引入岗位竞争机制，科学规范人员薪酬管理。强化安全环保，借鉴国际STOP卡隐患识别形式，全员参与，持续改进，连续30年实现安全生产，被评为大庆油田“绿色作业示范队”。

【作者：大庆油田1205钻井队队长】

践行党的群众路线 以改革创新精神 加强企业党建工作

贺 宇

在全党开展以务实清廉为主要内容的党的群众路线教育实践活动，是党的十八做出的一项重大部署，是新形势下坚持党要管党、从严治党的重大决策，是推进中国特色社会主义伟大事业关重大举措，也是推进公司改革发展的强大动力。党的群众路线教育实践活动进一步明确了巩固党的执政基础和执政地位，全面提高党建科学化水平，以实现伟大复兴中国梦的宏伟目标。我们的党担负着实现这一宏伟目标的历史重任。社会的发展、事业的开拓、人民的期待，都要求我们的党要以改革创新精神全面推进党的建设新的伟大工程，全面提高党的建设科学化水平，全面提高党的执政水平，以便担负起历史的重任。

以习近平同志为总书记的党中央把党的群众路线视为“党的生命线和根本路线”，重点要解决“四风”问题，夯实党执政的组织基础。可以说一个大党、一个执政党只有不断的创新和与时俱进，永葆党的先进性和纯洁性，党才有旺盛的生命力和战斗力。这也是群众路线主题教育活动中提出的“全面提高党的建设科学化水平”的客观需要。结合万州港电公司实际，我认为贯彻落实好党的群众路线教育实践活动的新要求、新任务，必须切实联系公司“基本建设、安全生产、经营管理、员工队伍”这四大方面实际，以优良的作风、创新的精神全面加强企业党建工作，抓住“四好”班子建设这个关键，突出建立健全企业党组织、充分发挥党组织政治核心作用这个重点，创新党建工作的思路、机制、方法和载体，扎实推进企业领导班子建设、基层组织建设、党员队伍建设、人才队伍建设，努力把党组织建设成为推动企业科学发展的坚强政治核心和战斗堡垒。

一、提高思想认识，大力发挥企业党组织和广大党员的先进性

思路决定出路。思路新，则举措新、面貌新。要认真分析企业面临的形势和任务，总结、提炼万州港电公司党建工作的经验和做法，不断拓宽党建工作的思路，牢牢把握万州港电公司建设“五化五型”、“国内第一、世界一流”港电一体化示范项目目标的重要意义，坚定信心，攻坚克难，紧盯这一目标不放松，依靠广大职工群众的力量，全面确保这一目标实现。这是公司落实十八大精神，开展党的群众路线教育活动的基本思路。在具体工作中，要牢固树立“三种理念”：一是要融入中心抓党建。将党建工作与企业重点工作和中心任务进一步相结合，从严治党与依法治企进一步相结合，思想政治工作与神华企业文化建设进一步相结合，发挥企业职工民主管理作用与提高领导干部整体素质、维护企业领导人员依法行使经营管理职权相结合。二是要突出基层抓党建。广泛深入基层，开展调查研究，认真倾听职工群众意见，善于集中他们的智慧，为企业科学决策出谋划策；充分发挥公司党委的政治核心作用和党支部的战斗堡垒作用及党员的先锋模范作用，为职工群众作榜样树标杆，充分调动广大职工的积极性、主动性、创造性，为企业科学发展贡献力量。三是要贴近实际抓党建。贴近万州港电公司科学发展实际，贴近基本建设、安全生产、经营管理、员工队伍实际，贴近党员职工思想实际，开展党建工作，促进企业发展的重大问题和涉及职工切身利益问题的有效解决。要通过创新党建工作理念，使企业的思想政治工作适应新的发展形势，跟上发展节拍，使企业党组织和全体党员在思想、工作、作风等方面充分发挥先进性。

二、提高工作效能，积极探索企业党组织发挥政治核心作用、参与重大决策的有效途径

规范的管理流程和工作机制，是企业党建工作更好发挥作用、持久发挥作用的关键。我们要围绕企业基建、生产、经营管理、员工队伍这一工作主线，积极探索党组织参与重大决策的有效途径，建立健全运作规则和程序，坚持党政领导重大问题决策前共同磋商，不断完善党委会等制度，促进企业的科学决策、民主决策、依法决策。要按照参与决策、带头执行、保证监督的总体要求，将党组织政治核心作用贯穿于决策、执行、监督全过程，把国有企业党的政治优势转化为科学发展的强大动力和实际成果。目前，万州港电公司领导班子正按照国神集团公司党委的要求，积极开展企业“三大体系建设”，这无疑是对企业科学管理体制有力的补充和完善。

与此同时，我们要充分尊重员工的价值和愿望，切实维护职工的根本利益，全心全意依靠广大职工群众建设好公司，发展好公司。公司员工来自不同地域、不同单位，为此，公司将持续关心员工，帮助他们解决子女就学、就医等实际困难，创造好的工作生活条件，使员工安心工作。我们视人才为企业的第一资源，为此，我们将进一步创新引进人才、留住人才和激励人才的体制机制，为员工搭建成长平台，保证员工与企业共同发展。同时，还要积极探索企业党管干部及人才的有效实现形式，建立和完善与现代企业制度要求相适应的选人用人机制，把好企业干部及人才选拔、引进、任用、监督考核和教育培训关，并为各类人才施展抱负营造良好环境。另外，我们要进一步创新党组织保障监督作用发挥机制，规范企业人员经营行为，建立与现代企业制度相适应的教育、制度、监督并重的惩治与预防腐败的体制机制，切实搞好企业党风建设和反腐倡廉工作。

三、创新形式，不断增强企业党建工作的针对性和实效性

加强企业党建工作，要善于运用党的创新理论来研究新情况、分析新问题、采取新举措，努力探索符合实际、灵活多样、扎实有效的工作方法和手段。一是创新党建活动方法。把重点工作和广泛覆盖结合起来，把思想教育和严格管理结合起来，把思想建设和文化建设结合起来，把解决思想问题与解决实际问题结合起来。二是推进企业党建工作信息化。充分利用港电QQ群、0A系统、集团公司视频学习以及公司党政联席会等载体，开展党员学习教育，建立和完善企业党建基础管理系统，为党员教育管理提供条件。三是典型引路，抓点带面。坚持每周一召开党群工作部例会制度，每年召开七一表彰大会，总结阶段工作，安排布置近期工作任务，及时总结和推广先进典型经验，发挥先进典型示范带动效应，实现重点工作的突破和整体工作的协调发展。四是坚持用开放思维抓党建。组织公司党政领导、部门负责人、党群工作部人员参加公司举办的视频培训讲座，学习党的先进理论和企业管理知识，增强广大领导干部、党员的能力和水平。四是创新群众工作方法。积极探索现代企业制度下发挥职工民主管理作用、维护职工合法权益的有效途径，正确处理职工民主管理与企业负责人依法管理的关系，既要尊重维护职工的合法权益，充分发挥职工民主管理和监督的积极作用，又要积极支持企业负责人依法行使经营管理权力，从而把发扬民主和依法治企统一起来。

今年以来，我们结合群众路线教育实践活动，相继组织各部门员工开展了“员工住宿环境和条件情况调研”，召开了中层干部座谈会和员工代表座谈会，组织各部门员工代表作为

"食堂成本监督员"，对职工食堂成本管理进行长期监督。通过系列调研与座谈包括每月领导接待日等活动，有效听取员工对基建、管理、党建、企业文化、精神文明建设、后勤保障、生产准备等方面的意见和建议，起到了不断改进企业工作作风和管理水平的作用，同时，让员工主动参与到企业管理、生产建设等各项工作中来，对共同营造良好的企业文化氛围也具有积极促进作用。

四、创新载体，努力提高党建工作的活力和党组织的创造力、凝聚力和战斗力

按照党中央的部署，神华集团及国神集团公司的要求，万州港电公司坚持从实际出发，开展了学习宣贯十八精神、党的群众路线教育实践活动、"一书一片"等一系列主题鲜明、内容丰富、形式多样的主题实践活动，为公司科学发展不断注入新的生机和活力。公司党委领导班子将在认真总结经验的基础上，积极适应企业发展新形势、工作开展新要求，统筹兼顾，突出重点，全面加强各项创建活动，积极创新活动载体。

近期要开展好党的群众路线教育实践活动，深入开展"五好四有"党支部建设和"达标、升级、创优"活动，做好思想政治理论研究工作；要抓好党建品牌建设，努力将其建设成为"特色鲜明、运作顺畅、机制完善、效果明显"的品牌项目；要深入开展党建"找抓促"和管理提升活动；要按照集团公司整合情况，全面修订完善公司党建有关制度，不断夯实管理基础；要加强政治本安体系建设，以落实《体系运行考核办法和考核标准》为重点，建好以风险预控为核心的政治本安管理体系，为公司科学发展提供保障；要在神华文化统领下，根据集团公司优秀文化传统，提炼万州港电公司企业文化核心内容，形成具有特色的万州港电公司企业文化，从而用优秀的文化规范和引领企业员工的行为；要继续加强"四好"班子创建活动，着力在理论武装上下更大功夫，切实做好用中国特色社会主义理论体系武装领导班子头脑的工作；要着力在推动企业又好又快发展上下更大功夫，注意学习，加强研究，努力提高战略决策能力、经营管理能力、市场应变能力、开拓创新能力、风险防范能力和驾驭复杂局面能力；要着力在坚持民主集中制上下更大功夫，形成团结共事的合力、完善科学决策的制度；要不断创造新的活动载体，为党建工作的开展搭建良好平台，营造浓厚氛围，不断推动党建工作上台阶、上水平。公司党委将继续加强学习型党组织建设，充分调动一切有利于公司科学发展的积极因素，努力营造风清气正，同举一面旗帜，同干一个事业、同奔一个目标的浓厚氛围，以服务职工的新成果、作风建设的新成效、党员干部的新形象、凝聚发展力量，使党组织和党员在思想观念、工作方法、活动方式等方面与企业基建生产、经营管理相适应，与推进党组织建设相适应，与推进企业文化建设相适应，从而不断增强党组织的创造力、凝聚力、战斗力，不断提高党建工作的实效性。

作为一名党员，一名基层党组织的负责人，我一定牢记使命，坚决贯彻中央精神，深入落实神华集团及国神集团公司的各项工作部署，以高度的政治责任感，以切切实实的行动，把党的群众路线教育实践活动开展好、落实好，从而为国神集团公司"一二三五"发展战略的实现做出新的更大的贡献。

【作者：重庆万州港电公司党委书记】

第十编

社会文化繁荣发展
与贯彻“十二五”规划

文化强国建设背景下体育的融合与创新

雷选沛

建设社会主义文化强国是党的十八大报告提出的宏伟目标。体育是现代社会繁荣和文明进步的标志，是国家软实力的体现，具有特殊的文化价值和文化内涵。新时期体育事业要为文化强国建设担当历史使命。

一、建设文化强国为体育强国建设增强了驱动力

文化强国建设具有丰富内涵：在文化元素层面，文化创造活力持续迸发，物质文明和精神文明全面发展，社会文化生活丰富多彩；在文化享有层面，人民的基本文化权利得到保障，思想道德素质和科学文化素质全面提升；在文化影响力层面，文化是一个国家和民族的精神家园，是人类文明进步的标志。体育强国是指国民的体育意识、运动习惯、身体素质以及国家在竞技体育、体育科教、体育产业等综合水平均处于世界前列。即要求通过体育事业的发展不断增强体育的影响力、创新力、凝聚力、整合力，充分发挥体育在建设文化强国中的作用和功能，让体育成为社会主义先进文化的传播者和创造者。

文化强国与体育强国二者之间是一种总与分的关系。前者包含着后者，后者是前者的组成部分。从实践角度看，文化强国的总体设计包含着体育强国的构成要素，而体育强国建设为文化强国增加了体育运动元素。体育一方面是指以发展体力、增强体质为主要任务的教育，通过参加各项运动来实现；另一方面即指体育运动。就文化而言，涵盖了物质和精神两方面成果，达到了高度抽象；就体育来说，既指出其教育属性，又点明其运动属性，其中体育的教育属性又彰显了体育具有丰富的文化属性，因而两者在属性上具有一致性。其次，文化与体育之间具有不可分割的内在关系：文化包含着体育，体育属于大文化范畴；随着生活内容的日益复杂，文化样式的逐渐增多，文化与体育之间的紧密关系在现代社会表现得更加明显。现代社会每天都会涌现出新的文化元素，体育将这些新的文化元素融入传统的体育运动，丰富着体育运动的形式和内涵。

建设文化强国与建设体育文化强国两者高度关联：一是建设目标一致。建设社会主义文化强国，要从中国的传统文化出发，坚持“二为”方向和“双百”方针，古为今用，去粗取精，积极吸收世界优秀文化成果，着力打造面向世界和具有中国风格的文化业态。体育强国建设既要发展民族体育又要发展现代体育，在挖掘民族体育文化遗产的同时积极弘扬奥林匹克精神，在继承的基础上推进传统体育的创新，形成符合时代需要的新体育文化。二是建设理念相同。社会主义核心价值体系是“两个强国”建设的精神支柱。在文化强国的引领下建设体育强国，必须坚持用社会主义核心价值体系凝聚中华体育精神，形成优良体育道德风尚，推动体育事业持续发展。三是建设任务一致。不断满足人民的文化生活需求是文化强国建设的基本任务，而满足人民的体育需求则是体育强国建设的基本任务，两方面都需要建立健全公共文化体育服务体系，为人民愉悦身心、陶冶情操、强身健体提供服务保障和精神支持。

因此以文化的视角来认识体育，它既是一种人体运动的形式，有益于人们身体健康，也是一种社会文化活动，提升人们的生活品质，表达民族精神的文化载体，是体育事业获得持续发展的内在驱动力。

二、体育的价值功能为文化强国建设增强了活力

体育的教育价值。首先体育本身具有教育属性，它是指通过参加各项运动以发展体力、增强体质为主要任务的教育；其次体育的目标在于人的发展，人是体育存在和发展的物质前提和最终归宿。体育构成了人们生活的文化环境，在影响人的自我发展，塑造人的自身方面发挥着教育和培养的作用。体育的教育价值在《奥林匹克宪章》中已明确表述：“奥林匹克主义是将身心和精神方面的各种品质均衡地结合起来，并使之得到提高的一种人生哲学。它将体育运动与文化和教育融为一体。奥林匹克所要建立的生活方式是以奋斗中所体现的乐趣、优秀榜样的教育价值和对一般伦理基本原则的推崇为基础的。”

体育的教育价值表现在三个方面：一方面体现为身体形态和机能的变化方面，另一方面则体现在人们通过运动体验，不但能形成对身体、健身活动的正确观念，同时促进人们对自然和生命本身的关爱，从而逐步养成健康的行为习惯和生活方式；第三则体现在把培养人们的情感、理想、意志力作为体育教育的重要内容，通过体育教育促进人们身心健康地融入社会竞争。

体育的凝聚价值。首先通过体育运动可以引导人们追求和树立共同的价值理念；其次，通过体育运动可以促进关注本民族、本地区，增强民族自尊心、自豪感；再次，体育运动可以增进人际交流，它对人的聚合、凝聚作用是其他活动无法比拟的。从外部来说，不同国家、不同民族、不同文化修养和具有不同政见的人都会因一次运动会或一场比赛聚合到一起，没有了民族偏见，没有了种族歧视。从内部来说，现代社会生活节奏加快，竞争日益激烈，人们的闲暇时间相对减少，通过体育活动为人们创造聚集机会，增进和改善人际关系。

体育的传播价值。体育作为一种通行世界的语言，具有特殊的文化价值和文化传播功能。同时体育也是一种传播手段和传播内容，成为了传播人类文化的重要窗口和载体。大型体育盛会，能够承载着不同国家与不同地区之间政治、经济、科技、教育、文化等多方面的交流与合作。申办和举办体育赛事，不再是体育界自己的事情，而是彰显、传播着一个国家政治、经济、科技、文化等各方面的综合实力和影响力。

体育的经济价值。体育蕴涵着丰富的经济功能，体育产业作为第三产业的重要组成部分，逐渐成为经济持续健康发展的新亮点。体育事业的发展是一项系统工程。由于体育具有竞赛、健身、娱乐、休闲的特点，所以能够推动商业、旅游、新闻出版、餐饮等行业的发展，使得大量的社会成员能够从体育消费中获得收入。有数据显示，人们用于体育健身的消费每增加1%，就会带动GDP增加0.5%。从而为社会提供就业机会。体育是大量的人流、物流、信息流的汇集，是区域间交流的纽带和桥梁，促进区域经济发展，为经济市场注入活力。

体育的激励价值。体育的激励作用更多地体现为一种内在精神上的鼓舞与激励，可以发挥一般物质激励所不能的效果。“更高、更快、更强”的奥林匹克精神，倡导没有歧视、团结、友谊、公平竞争、不断进取，这既是对人们内在素质提出的一种基本要求，又是人们精神本质的一种体现，同时关注了人的生存、发展以及人类终极价值目标的实现。如“贵在参与精神”体现了人类对于自身的超越，以及对于至美世界的不懈追求，这种追求不仅是对于胜利本身，更是体味追求过程中的快乐。因此，以奥林匹克精神为代表的体育精神不仅激励着人们产生强烈的责任感、荣誉感和进取心，而且激励着人们不断挑战自我、超越自我。

三、融合与创新是建设体育强国的必然选择

体育的价值理性，是体育事业的立身之本，是体育发展的核心。建设体育强国必须确立体育价值理性的主导地位，必须坚持融合与创新相结合，融合与创新才是体育事业发展的未来。

加快体育与教育的融合，增强体育在文化强国建设中的向心力。一方面我们要探索“教体结合”模式，将体育队伍建设放到未来的青少年教育中，把业余体校建到中小学，安排体校教练定期到中小学授课，扩大体育教育源头。另一方面要让高校领导真正意识到体育对于学校教育的意义，找到体育在高校评估体系中的合理位置，发挥高校发展体育的主动性。如果以高校高水平体育为龙头，则必然带活青少年后备人才的培育选拔机制。体育与教育融合，就是让体育真正回归教育本质，发挥体育教育的育人功能，不但培育人的良好体质，而且培育人的良好精神，形成身心健全的人格。体育与教育的合作还能够促进中国文化的有效对外传播。目前，世界上的很多国家都已经开办了孔子学院，我们可以增设专门的中国民族传统体育课程，如太极、武术等，不仅传授体育技能，而且更要传播体育的文化价值观。

加快体育与公共服务体系的融合，增强体育在文化强国建设中的影响力。目前我国公共体育产品供给难以满足人们快速增长的需求，必须创新管理体制和运行机制。政府应把承担的公共体育服务职能和相关的服务资源，向社会和市场转移，允许和鼓励民间资本和社会组织进入公共服务领域，参与服务产品的生产和提供，形成政府、民间和社会多元化，多渠道公共体育服务格局，实行多层次、多时段、多元化的服务。公共体育场馆、经营性体育场地设施向社会群体开放，让每一个公民都能享受体育公共服务，感受体育在生活中的幸福指数，将体育运动融入人们生活之中并使其生活化。让体育成为人们的一种生活方式，一种精神寄托和财富载体。

加快体育与文化旅游的融合，增强体育在文化强国建设中的渗透力。党的十七届六中全会提出，“推动文化产业与旅游、体育、信息、物流、建筑等产业融合发展，延伸文化产业链，提高附加值”。这对推动体育与文化、旅游相结合提出了明确要求。体育与旅游、文化具有天然的紧密联系。体育赛事可以增强旅游吸引力、感染力、影响力，旅游资源是开展体育休闲的最好载体，体育与旅游、文化相互依存、相辅相成、相得益彰。体育与旅游文化相结合，正在催生出巨大的社会效益和经济效益。山水资源是体育休闲的最好载体，对广大消费者的吸引力与日俱增，体育与旅游结合，既展示了当地独特的历史文化内涵，彰显了地域文化魅力和影响力，又催生了旅游衍生产品，带动了配套服务业的共同发展，成为促进当地经济社会发展的新亮点。大力开展体育赛事的策划与运营，将体育独特的文化特色与广阔的市场和巨大的资源相结合，将体育文化的精神内涵和文化特色与商业利益有机聚合，积极推动体育与旅游、文化在更广领域、更高层次深度融合。

加快体育品牌的创建与运营，增强体育在文化强国建设中的竞争力。我国民族传统体育项目近千种，其中汉民族的项目有300多种，少数民族的体育项目多达600多种。面对如此博大精深的民族传统体育项目群，继续深入挖掘、优化、重构、系统开发具有民族传统特色的体育项目，创建并运营具有民族传统特色的体育品牌的任重道远。韩国的跆拳道既是奥运比赛项目，又是大众乐于参与的健身项目；印度的瑜伽风靡全球，却从未将竞技性置于首位；西班牙的斗牛令人神往，每年的奔牛节更是人声鼎沸。由此可以看出，尽管这些国家的民族传统体育项目的推广方式不尽相同，但是都为其文化传播开拓了更加广阔的生存和发展空间，广泛传播其中蕴含的行为方式、思维模式、价值观念等文化信息，实现了文化的国际化渗透。我们要分类、归纳、整理众多不同类型项目的特性，在充分保留文化内核的基础上找到最适合其传播的形态。突出地域特色，因地制宜地、培养和推广具有民族特色示范效应的体育赛事品牌，如中国武当武术节，如武汉国际长江渡江节等，以特色体育提升体育在当地的影响力；统筹国际国内两个市场两种资源，统筹对外文化交流与对外文化贸易，通过在国际上有知名度和影响力的体育赛事和体育明星，开发体育用品及与体育相关联品牌，提升中国体育在世界上的感召力和影响力，从而实现提升国家文化软实力。

加快体育与城市形象的融合创新，增强体育在文化强国建设中的感召力。体育形象是社会对体育界的整体感觉、印象和认知，是体育在社会中的综合反映。创新体育形象环境首先要求体育工作者要更新体育思维方式、转变体育观念，不仅要求体育工作者熟知体育人文知识，增加体育人文社会科学知识的含量，更重要的是培养体育工作者人文观体育的思想意识，进而转变思维，把握操作体育的视角；其次要注意体育物质环境的布置，体育物质环境包括体育机构、体育场馆的建筑布局、风格，所处的自然环境和体育设施的装修、布置及其现代科学水平等。良好的体育物质环境不但能够给公众以美的享受，而且能够充分体现体育界的品位、审美情趣和综合实力，有利于塑造良好的体育形象。体育形象是体育文化外在表现的一种形式，促进体育形象的创新有利于塑造体育文化良好的外在形式，从而增强体育在文化强国建设中的渗透力。因此，我们要充分发挥体育对促进社会主义文化强国建设的功能，加快体育的融合与创新，在文化强国中增加体育的分量。

【作者：湖北省奥林匹克体育中心党委副书记 主任】

科学理解与传承发展地域文化

——以琼学为例

陆丹　黄守红

源远流长、博大精深的中华文化，是由若干特色各异的地域文化共同构成的。地域文化是中华文化的重要组成部分，以自身特色丰富与拓展着中华文化。研究、挖掘地域文化的深刻内涵和思想精华，可以为培育和弘扬中华民族精神提供丰富素材，是促进文化繁荣、社会和谐、民族团结的重要举措。

一、地域文化的内涵

地域文化作为具有地域特征的文化形态，既有地理环境意义上的自然属性，也有历史传统意义上的人文属性，包括特定区域的典章制度、民风民俗、传统习惯、生态环境等，可以从自然地域、族群地域、经济地域、政治地域及历史变迁等方面加以把握。

文化在广义上指的是人类在社会历史发展过程中所创造的物质财富和精神财富的总和，在狭义上则指人类所创造的精神财富，包括宗教信仰、风俗习惯、道德情操、学术思想、文学艺术、科学技术、社会制度等。地域文化也有广义和狭义的区分。例如，“海南文化”是一个涵盖面非常广的概念，不仅包括流行于海南地区的哲学、伦理、政治、法律、文学、艺术、宗教和制度等，而且包括海南的民风民俗、民族心理等所谓“俗文化”，还包括海南饮食文化、服饰文化、建筑文化、历史遗存、江山胜境、海南特产等物质文化的内容。相对狭义的“海南文化”可以称之为“琼学”，是指在海南历史发展中诞生并对海南地区产生广泛影响的、以哲学为核心的学术思想。作为学术观念形态的琼学，是中华传统文化在海南的本土化和具体表现形式，在海南经济社会发展的历史中逐步形成、积淀和发展，并对当前的海南建设具有重要影响，是海南文化的精神内核，具有鲜明的地域特征和深厚的历史底蕴。

二、地域文化的特征

在中华民族数千年的历史发展中，不同的地理环境和时空孕育了各具特色的地域文化。这些地域文化既有差别，又具有一些共同特征。

其一，对中华文化具有从属性。我国所有的地域文化，都以作为主体的中华文化为思想理论基础，都是中华文化的子文化或分支文化，因而都带有中华文化的普遍性特征。无论徽学、湘学还是琼学，都尊崇儒家的孝、悌、忠、信、礼、义、廉、耻等思想观念，都坚持究天人之际、明修身之道、讲义利之辨、求天下为公的儒家道德理想。地域文化只是在此基础上，将中华文化的普遍性与本区域的特殊地理环境和历史际遇相结合，突出了其中某些方面的内容；或者对中华文化作出了与其他区域不同的理解而显示出本地域的特色。

其二，形成过程具有长期性。地域文化需要一定的时间持续沉淀，才能形成区别于主体文化与其他地域文化的独特性。地域文化形成过程的长期性，一个典型例子就是琼学的形成。琼学的形成史，既是一部中原文化进入海南实现本土化的历史，也是一部本土文化吸收同化并反哺中原文化的历史。中原文化进入海南，可以分为零星阶段、自发阶段、自觉阶段等。在汉晋的零星阶段，大陆各地的汉族间或进入海南，使海南人对先进的中原文化有了一定了解。在唐宋的自发阶段，统治者并未有意识地推动中原文化在海南传播，但从内地贬谪和流放到海南的官员开展了一系列文化活动，使中原文化对海南的影响不断加深，在客观上促进了海南文化的发展。海南历史上第一位中举的士人，就是苏轼被贬海南期间的学生。在明代的自觉阶段，统治者开始重视海南的开发，致使明代海南文教盛行、学校众多、文化昌盛，造就了琼学的历史辉煌。

其三，不同地域文化之间和而不同。长期以来，组成中华文化的各种地域文化和谐相处、共存共荣，既共同推动了中华文化的繁荣，又保持了自己的特质和个性。它们不会因为具体表现形态的差异而歧视或企图消灭其他地域文化，相反，它们不仅能够容纳而且能够不断吸取其他地域文化的有益因素来发展自己。地域文化的发展史，呈现出本地文化薪火相传、其他地域文化不断被引进传播的良好格局。不同地域文化相互融合、共同发展，是地域文化发展的基本规律。比如，海南的妈祖文化虽由福建传入，却在海南人民心中占有重要位置，成为两地共有的一种文化现象。

三、地域文化的传承与发展

一方水土孕育一方文化，一方文化又影响一方经济、造就一方人才。地域文化可以为当地经济社会发展提供精神动力和文化支撑，产生巨大的社会效益和经济效益。因此，自觉传承与发展优秀地域文化具有重要意义。

首先，积极培育地域文化自信。有效传承与发展地域文化，需要深入理解地域文化的内涵和特质，积极培育地域文化自信。在中华民族漫长的历史发展进程中，海南由于地处偏远、交通不便、孤悬海外，长期被统治者视为鞭长莫及的“化外之地"，海南文化的一些优秀因子也湮没在人们的偏见和漠视之中。即使在今天，许多人对海南的理解也仅停留于旖旎风光与民俗风情，而对作为中华主流传统文化的儒学在海南的流播、影响和丰厚积淀以至形成独具风骨的琼学知之甚少。当然，由于以往相关研究的匮乏，这些思想文化也未能充分散发独特的魅力与光芒。随着海南建设的全面深入，琼学研究已经成为学者特别是海南哲学社会科学工作者的显学。"美丽海南"不能缺少琼学的魅力，"绿色崛起"也不能缺少琼学的传承。

其次，大力保护与光大地域文化遗产。有效传承与发展地域文化，离不开对地域文化遗产的发掘、保护和弘扬。为此，应建设文化资料库和数据库，深化对地域优秀传统文化的挖掘、研究，做好文化遗产的保护、开发、展示，鼓励各地对古村落、古街区、古祠堂、古民居、古井古桥、名人故居、古寺庙等进行保护性开发。例如，位于海南省三亚市西部的崖城镇，先后贬逐到这里的历朝官员有 40 多人，仅皇子、宰相和内阁大臣就多达 14 人，其所接收的贬逐官员之多、官阶之高、名气之亘，在我国历史上十分罕见。这些被贬谪的官宦往往具有较高的文化品格，在失去了身居庙堂的话语权后，受儒家"进退不失"传统的影响，往往把保持与展示儒家文化当作自己的精神依托，在偏远的海南岛上传道、授业、解惑。此外，海口的"五公祠"、三亚崖城的"圣德堂"、三亚鉴真遗迹、道教内丹派南宗创始人白玉蟾遗址等，都是不可复制的珍贵文化遗产，应进一步做好保护和开发工作。

再次，努力实现地域文化传承与创新的有机结合。即使是优秀的传统文化，也要适应时代发展的需要，实现现代性的转化。地域文化的现代性转化与创新，需要具有强烈责任感的专家学者和文化工作者来推动。大学是一个国家的精神高地，是文化发展的前沿阵地，应以人才培养、科技创新、社会进步、文化繁荣为己任，为地域文化的传承与发展作出积极贡献。基于这种认识，三亚学院成立了"琼学研究中心"，秉承充实民族血脉、建设精神家园的学术精神，积极响应中央提出的"提高国家文化软实力，发挥文化引领风尚、教育人民、服务社会、推动发展的作用"的号召，自觉担当起琼学传承与创新的历史使命，努力打造地域文化研究创新基地。相信在学者们的共同努力下，琼学一定能够进一步发扬光大，成为当代海南文化建设生机勃勃的组成部分，为海南"绿色崛起"添砖加瓦。

【作者：海南省三亚学院党委书记 校长
海南省三亚学院琼学研究中心主任】

继承和发扬贵州民族文化之我见

欧秀昌

党的十一届三中全会以来，特别是改革开放以后，从省到县，民族事务和文化部门在各级党委和政府的领导下，在继承和发扬各民族文化方面，做了大量工作，取得了显著的成绩。但在贵州，民族文化的继承和发扬民族文化依旧存在问题，如民族文化消失的速度正在加剧、民族传统文化的原生态环境遭到严重破坏等等。结合贵州实际，我从以下几点来分析继承和发扬我省民族文化的思路和举措。

一是成立领导小组，作出具体规划。随着社会发展和民族文化继承和发扬的新问题出现，有关部门应成立领导小组，以乡(镇)或村为单位，对继承和发扬民族文化作出具体规划。在党委、政府的领导下，民宗局、旅游局、国土局、文化局等部门组成一个指导机构，与乡政府和村支两委结合，对有开发价值的民族村寨进行规划，对旧的民居和建筑，采取国家支持和个体维修相结合，实施保护和维修，对新建筑和村寨各种建设应有一定的规定，要求应有民族特色，防止乱建乱开发，让新老建筑和谐，融为一体，将传统建筑与现代装饰结合起来，既是民族的，又适应现代生活，这样才能充分展示民族特色和民族文化特征。

二是鼓励和支持个人或集体开办民族村寨博物馆。每一个民族居住在不同的地方，在改造自然和与自然和谐之中，形成了自己独特的民族文化和地域特色，形成了自己的生产生活方式，而这些文化和生产生活方式随着社会的发展和进步，有的已经成为历史文物，比如先进的纺织技术的发展，农村的织布机几乎失去了功用等，而这些是一个民族所走过来的历史，是民族文化的一个部分，若不加以保护，将自然消失，所以，有关部门应采取一定的措施，针对一定的民族村寨，采取国家、集体和个人一起上的政策，鼓励和支持他们修建和成立民族博物馆。

三是以开发促进民族文化的继承和发扬。首先要有计划地建设民族旅游村寨，让少数民族群众在保护生态文化中得到实惠，从而促使他们自觉主动保护民族生态文化，让民族建筑、歌舞、杂技、绝技、服饰、工艺、在旅游展现中得到保护和发扬；其次是省、地、县继续有计划地组织各种民族文化活动，如：多彩贵州风，全省民族原生态歌舞大赛，全省少数民族体育运动会，各地、州、市、县所组织的民族传统节日活动等等，让民族歌舞有一个展示的平台，让民族歌舞人才有展示才华的机会。

四是走开发、保护、发展相结合之路。保护和发展是有矛盾的，一方面要保护，一方面要发展，两者怎样做到有机统一，是一个值得研究的问题。如果我们对于某一类文化只是一味地继承保护，而不让它展示，那么这一类文化的存在又有多大意义呢？事实上，民族在历史上也是发展的，我们不应把某一种民族文化停留在某一个历史阶段上看待，而再前进一步就不是民族文化，这种观点不符合发展观点。因此，在民族文化继承和发扬上，也要有所创新。

五是大力发展贵州民族文化产业。文化产业是世界公认的

21 世纪的朝阳产业，具有广泛的发展前景和蕴涵着巨大的市场潜力。虽然贵州的民族文化大部分是可以发展民族文化产业的，并且在有些方面具有一定的优势和特色，比如在民族竞技体育业、民族文化旅游业、民族娱乐业、红色旅游业上，我们可以做大做强，只要我们做好文化产业这篇文章，我们一定能在继承和发扬贵州民族文化上再做出新的成绩。

【作者：贵州省铜仁地区苗学会副会长兼秘书长
铜仁地区科技局纪委专职委员】

实施文化撑州战略　推进文化甘南建设

——甘南州实施文化撑州战略的实践与思考

全永康

2012 年甘南州深入贯彻党的十八大、十七届六中全会、省第十二次党代会、州第十一次党代会和州委《关于实施文化撑州战略建设文化甘南的意见》精神，以大力实施“文化撑州”战略、全面推进“文化甘南”建设为主线，认真落实《甘南州 2012 年文化事业发展实施方案》、《甘南州 2012 年文化事业发展实施方案》，确保了全州文化事业、文化产业有效推进，全州实施“文化撑州”战略工作取得了较好的成绩。

一、实施文化撑州战略，推进文化甘南建设取得的成效

（一）明确目标任务，扎实安排部署

1．加强组织领导，靠实工作责任。一是制定有效措施，促进文化发展。认真贯彻落实州委《关于实施文化撑州战略建设文化甘南的意见》精神，全面实施文化事业发展“八个一”工程，研究制定了《甘南州文化产业跨越式发展实施办法》、《加快推动甘南州文化体制改革工作实施方案》、《甘南州文艺精品生产传播实施办法》、《甘南州文化建设考核评价办法》、《甘南州文化改革发展保障政策实施办法》等 8 个实施办法。按照州委的安排部署，制定下发了《甘南州“文化撑州”战略实施方案》、2012 年度“文化撑州”战略领导小组工作计划、考核考评办法，认真抓好“文化撑州”战略的实施。二是层层靠实责任，明确目标任务。年初，省政府与州政府、省上相关单位与州文广新局、州实施“五大战略”督查领导小组与“文化撑州”战略工作领导小组、“文化撑州”战略工作领导小组与 29 成员单位、州政府与各县市政府、州文广新局与各县市文广局分别签订了年度目标管理责任书。通过扎实安排部署，统一了思想认识，明确了目标任务。同时，认真落实、督查各级各类工作目标责任书分解的目标任务，使文化重点工作取得了阶段性的成果。

2．加强理论学习，提高思想认识。一年来，29 个成员单位始终坚持中心学习组学习制度，多次召开专题会集中学习了党的十八大报告、十七届六中全会《决定》、中央关于加强文化建设、深化文化体制改革、推进社会主义文化大发展大繁荣的重要文件、州委关于实施文化撑州战略建设文化甘南的意见和各级党委关于做好维稳工作的一系列指示精神。特别是在十八大召开期间，全州各级党组织和单位全体党员干部集中收听收看了大会盛况和新当选的中央政治局常委同中外记者见面会，深刻领会了十八大报告的精神实质，特别是加强社会主义文化强国建设和社会主义核心价值体系建设的重要部署极大的鼓舞了广大党员干部的精神，增强了做好本职工作的信心，普遍表示要学习好、宣传好、贯彻好党的十八大精神，着力推进甘南文化事业、产业建设。

3．落实工作措施，取得明显成效。一是文化产业重大项目申报取得突破。我州申报的“甘肃藏羌彝文化产业走廊项目”进入国家规划，包括四个文化产业园区、21 个文化产业重点项目，规划投资 70 亿元，其中中央财政投入 20 亿元，银行贷款 30 亿元，社会融资 20 亿元。二是拉卜楞寺申遗工作进展良好。按照州委、州政府 2013 年要推动拉卜楞寺申遗工作的总体要求，已完成了《甘南州夏河县拉卜楞寺申报世界文化遗产工作实施方案》，上报州委、州政府研究审批。将甘南藏族民歌、“南木特”藏戏、拉卜楞佛殿音乐“道得尔”、甘南藏族唐卡、藏医药等五项申报国家级非物质文化遗产。深度挖掘保护省级非遗项目“博峪采花节”，组织力量进行了采风活动。三是文艺创演繁荣发展。为了感谢党中央、国务院和国家有关部委的关怀，展示甘南经济社会各项事业取得的巨大成就，宣传推介甘南独特的民族文化艺术，扩大甘南文化的影响力和知名度，年初组团进行了为期 15 天的“赴京感恩汇报”演出，取得圆满成功得到了中央领导的高度评价和首都各界人士的普遍欢迎。州藏族歌舞团选送的舞蹈《雪山脚铃》，10 月 23 日在北京参加了中央电视台《2012 年中国民族民间歌舞月盛典》的录制，并在庆阳市进行了慰问演出。夏河艺术团随甘南党政领导考察团参加了北京、天津、深圳、上海等地的招商引资宣传演出活动。以各类节庆赛事活动为契机，州藏族歌舞剧院新创排了女子群舞《笛声奶香》、舞蹈《羚羊记忆》、服饰表演《四季甘南》、藏戏面具舞《佛阁古韵》，夏河县新创舞蹈 15 个，新创歌曲 1 首，为全州各族干部群众增添了精神食粮。四是文物保护加大力度。拉卜楞寺嘉木样行宫、弥勒佛殿、夏卜丹殿 3 处文物保护修缮工程正在组织实施，到位资金 1620 万元。编制完成了国家重点文物保护单位夏河甘加八角城城址规划、可行性研究报告和初步设计方案，修缮经费 130 万元已经下达。完成了第三次文物普查后续工作，3 个单位荣获“第三次全州文物普查先进集体”，13 人荣获“第三次全州文物普查先进个人”。加大了文物保护申报力度，洮州边墙、迭部多儿水磨群等 8 除文物单位入列第七批省级文物保护单位。五是体制改革深入推进。完成了《州藏族歌舞剧院内部机制改革实施方案》，力争年底

完成内部人事制度、收入分配制度改革任务。七县艺术院团5月底完成了转企改制，注入了企业发展扶持资金，制定了公司章程。按照省州精神，5月底组建成立了州文化广播影视新闻出版局，并挂牌运行。六是精心筹划州庆节目。制定了《州庆60周年文艺演出组工作方案》，积极筹划、创派一台甘南原生态印象音乐舞诗画大型节目《甘南音画》，邀请我国著名舞蹈家杨丽萍和藏族著名歌唱家容中尔甲担任节目总策划和编导，已于容中尔甲的专业团队九寨之子艺术工作室达成了意向性协议，节目演出方案和经费预算已报州委、州政府研究审定。

（二）加强基础建设，重点文化项目建设进度加快

1. 甘南州文化新区建设项目

州文化新区建设项目是州委、州政府确定的自治州成立60周年大庆13个州级重点建设项目之一，主要包括：甘南大剧院、州图书馆、州藏民俗非物质文化保护中心和文化新区拆迁住户安置住宅楼。在州委、州政府的大力支持和原州文体局全局上下全体干部职工的共同努力下，文化新区的拆迁安置补偿，以及大剧院项目建设进度基本按时开工，扎实推进，进展良好。一是甘南大剧院建设项目进展顺利。甘南文化新区主要项目甘南大剧院经156天艰苦奋战，11月11日主体工程顺利封顶，完成投资6000多万元，内部装修装饰和舞台工艺设计方案完成全部前期工作。文化新区拆迁安置住户住宅楼6月9日动工建设，年类完成了总工程量的50%，以修建到主体五层。12月11日，州文化广播影视新闻出版局组织召开甘南大剧院后续工程工作协调会，为甘南大剧院后续工程顺利进行、按期完成奠定了良好的基础。12月11日，总投资2800万元的甘南州图书馆业务楼项目开工建设。二是甘南州藏民俗非物质文化保护中心项目正在进行初步设计阶段。该项目计划在原州影剧院旧址新建，计划总建筑面积8000平方米，由于州影剧院承担着州府合作市区群众文化活动等公共文化服务场所的功能，旧影剧院的拆除工作尚未进行，计划在年内拆除并开工建设新的“非遗”保护中心。四是州文化新区拆迁住户安置住宅楼已开工建设。该项目为文化新区拆迁住户修建的安置住宅楼，是一项民生工程，涉及到拆迁住户的切身利益，目前已完成了基础开挖及地下一层的浇筑、垫层，正在按工程进度计划施工，力争在11月15前完成主体工程，明年7月份竣工并交付使用。

2. 舟曲“8·8”灾后重建项目

舟曲灾后恢复重建文化广电项目共4个，总投资9439.28万元，为了加快推进舟曲灾后重建项目建设进度，州文广新局多次派人进行督促检查，目前已完成以上4个项目的主体工程并封顶。州重建办与16号在舟曲召开灾后恢复重建项目建设进展督查会，我局将指定一名副局长和项目管理人员参加，并对涉及灾后重建的文化项目建设进展情况进行实地查看。

（三）重视文化产业，全力推进文化产业发展

党的十七届六中全会提出要把文化产业培育成国民经济支柱性产业。2013年，省政府给我州下达了文化产业增加值8000万元，增速达到25%，文化产业投资额2亿元，文化产业从业人数2000人，文化企业达到25个，占全州GDP的比重达到1.11%的目标。

一是文化产业任务超额完成。通过全州上下积极努力，2013年全州文化产业增加值达到8120万元，占全年指标0.8亿元的101.5%；投资额达到2.32亿元，占全年指标2亿元的116%；文化产业从业人数达到2180人，占全年指标2000人的109%。二是重点加快4个文化产业园区建设进度。2012年重点加快甘南州羚城藏文化产业园区建设进度，开展夏河县拉卜楞文化产业园区建设的前期工作，完成白龙江流域民俗和生态文化园区、洮河风情文化产业园区建设的项目规划，以及可研报告等前期工作。力争在年内完成羚城藏文化产业园区可研的评审、建设用地的批复，完成千幅唐卡制作项目在国家开发银行贷款1900万元的前期审批等。督促相关县争取在年内完成其他3个园区建设项目规划和可研报告。三是全力做好3个文化产业基地建设。2012年重点做好甘南藏族歌舞演艺基地、夏河摩尼宝唐卡艺术传承基地、迭部腊子口生态文化基地等3个文化产业基地建设。力争在年内申报一批我州文化企业挂甘肃省文化产业基地牌子，同时还要积极争取申报挂国家文化产业基地牌子。加大对3个文化产业基地建设的政策扶持，协调有关贷款政策，推动招商引资工作，全力推进3个文化产业基地建设，发挥带动示范作用。四是重点扶持6个文化产业项目。2012年重点扶持甘南羚城藏族文化公司、夏河摩尼宝藏族文化艺术公司、卓尼洮砚制作工艺展示中心、迭部腊子口生态文化园、碌曲郎木寺藏族歌舞演艺中心、夏河县民族歌舞演艺中心等6个文化产业项目。从国家对藏区扶持政策、申请银行贷款、政府财政资金补助、土地政策、税收政策、社会融资等方面积极协调给予重点扶持。五是重大项目争取取得进展。发展文化产业是大力实施“文化撑州”战略、全力推进“文化甘南”建设的重要举措，是新的经济增长点，也是调整经济结构和转变发展方式的着力点。按照省文化厅的安排，我州积极争取建设甘肃藏羌彝文化产业走廊项目，能够达到社会效益与经济效益相统一、实现两者双赢的目的。9月份，州文广新局研究编制了《甘肃藏羌彝文化产业走廊项目建议书》，“十二五”时期计划总投资70亿元，其中中央财政投入20亿元，社会融资50亿元，甘肃藏羌彝文化产业走廊。并及时与省文化厅进行了衔接，将《项目建议书》报送文化部。近期在四川成都市召开的全国藏羌彝文化产业走廊项目专家座谈会上，得到了与会专家的一致好评，所列项目得到了专家的普遍认可。

二、我州实施文化撑州战略，推进文化甘南建设存在的问题分析

（一）各县市对文化产业发展重要性的认识不到位。2013年3月份州政府下发了文化事业、文化产业两个《实施方案》，对2012年的重点工作做了全面的安排部署，但8县市政府对文化产业发展重要性认识不到位，县市党委、政府主要领导把文化产业发展没抓上手，对文化产业园区建设项目规划、基地建设、重点项目扶持等工作没有引起重视，仍然停留在以往的工作水平上。与州委提出的大力实施“文化撑州”战略，全力推进“文化甘南”建设，文化事业产业发展“八个一”工程的建设要求，还有很大的差距，有待进一步提高各级党政领导的认识，加大对文化产业的政策扶持、资金投入。

（二）省政府关于文化大省建设若干政策规定未落到实处。甘政办发[2012]38号文件印发了《甘肃省加快文化大省建设若干政策规定》，政策规定中从财政、税收、投融资、工商管理、土地等8个方面，分37条政策，对文化事业和产业建设提出了具体的扶持政策，但我州各县市对38号文件贯彻落实不够，至2013年没有下发相关的贯彻意见，制约着今后“文化撑州”战略的实施。

（三）甘南州文化产业改革发展专项资金未设立。按照省政府《若干政策规定》（甘政办发[2012]38号）提出，从2012年开始将甘肃省文化产业改革发展专项资金规模扩大到1亿元，以后逐年增加，到2015年达到2亿元。各市州和有条件的县市也要设立文化产业改革发展专项资金，加大对文化产业的资金扶持力度。但我州至今未设立文化产业改革发展专项资金，制约着全州文化产业的发展繁荣。

（四）甘南州文艺精品创作生产传播专项资金未设立。按照省政府《若干政策规定》（甘政办发[2012]38号）提出，理顺和扩大资金扶持范围，增加对影视、文学、书法以及其他艺术门类重点精品项目创作生产传播的扶持、奖励投入。对重大文艺项目，采取专项申报的方式，由财政予以拨付。我州尚未设立甘南州文艺精品创作生产传播专项资金，严重制约着甘南民族文化艺术创作和传播。

三、对我州实施文化撑州战略，推进文化甘南建设的对策建议

文化是民族的血脉，是人民的精神家园。推动甘南文化大发展大繁荣是全面建设小康社会的客观需要，是实现甘南经济社会跨越式发展的客观需要，也是反分裂、反渗透、反颠覆斗争的客观需要。要坚持社会主义先进文化前进方向，以建设文化甘南为主题，加强社会主义核心价值体系建设，坚持以人为本，把社会效益放在首位，实现社会效益与经济效益的统一。以改革创新为动力，以满足人民精神文化需求为出发点和落脚点，挖掘弘扬特色文化，引进融汇文化新元素，开发利用甘南丰富的文化资源，发展面向现代化、面向世界、面向未来的民族的科学的大众的社会主义文化，充分发挥文化引领风尚、教育人民、服务社会、推动发展的作用，使甘南成为充满人文关怀、人文风采和文化魅力的一方乐土。

（一）要深入推进社会主义核心价值体系建设。社会主义核心价值体系是兴国之魂，是社会主义先进文化的精髓，决定着中国特色社会主义发展方向。建设文化甘南，必须坚持马克思主义指导地位，坚定中国特色社会主义共同理想，弘扬以爱国主义为核心的民族精神和以改革创新为核心的时代精神，树立和践行社会主义荣辱观。要把社会主义核心价值体系融入国民教育、精神文明建设和党的建设全过程，贯穿改革开放和社会主义现代化建设各领域，体现到精神文化产品创作生产传播各方面，在全社会形成统一指导思想、共同理想信念，强大精神力量和基本道德规范。

（二）要大力发展公益性文化事业。满足人民基本文化需求是社会主义文化建设的基本任务，是推动甘南文化大发展大繁荣的重要内容。要坚持政府主导、公众参与、多方协作、市场运作的原则，按照公益性、基本性、均等性、便利性的要求，加强文化设施建设，完善公共文化服务网络，保障人民群众基本文化权益。一是构建公共文化服务体系。突出抓好以图书馆、文化馆、博物馆、民俗馆、文化站（室）、演艺中心、数字影院、爱国主义教育基地和国防教育基地等为重点的基础设施建设，公共文化服务设施向社会免费开放。加快推进州文化馆业务楼、甘南藏族文化艺术展示中心、甘南州民族博物馆等重大文化设施建设。二是提高公共文化产品供给能力。鼓励各类企业参与公共文化服务，生产质优价廉的公共文化产品。各级公共文化事业单位、专业艺术团体等文化团体要充分发挥在城乡公共文化服务中的骨干作用，为群众提供更多更好的公共文化产品。

（三）要促进文化产业跨越式发展。加快文化产业发展是社会主义市场经济条件下满足人民多样化精神文化需求的重要途径。要坚持把社会效益放在首位、社会效益和经济效益相统一，按照全面协调可持续的要求，以扩大总量、优化结构、提高层次为重点，促进文化产业跨越式发展。一是努力构建传统与现代相融合的文化产业体系。优先发展广播影视、文娱演艺、文化旅游、出版印刷四大重点产业，加快培育数字内容和动漫、广告会展、文化创意等新兴产业，构建结构合理、门类齐全、科技含量高、富有创意、竞争力强的现代文化产业体系。依托州民族歌舞、戏剧、民俗、服饰、美术、技艺、饮食等原生态文化资源，积极发展适应大众文化需求、具有市场发展潜力的文化产品，重点打造香巴拉旅游艺术节、临潭万人拔河、格萨尔赛马大会和唐卡、“南木特”藏戏、州花儿等文化精品。二是优化文化产业布局。“十二五”期间，大力实施“47155”文化产业建设工程。即：争取建成甘南州羚城藏族文化产业园区、夏河拉卜楞文化产业园区、甘南白龙江流域民俗和生态文化产业园区、洮河风情文化产业园区等4个文化产业园区；建成甘南藏族歌舞演艺基地、甘南藏族服饰制作基地、夏河唐卡艺术传承基地、拉卜楞藏传佛教文化研究基地、碌曲藏医药生产基地、玛曲格萨尔文化开发基地、迭部腊子口生态文化基地等7个文化产业基地；建成甘南香巴拉文化长廊、羚城藏族文化出版中心、甘南文化艺术会展中心、夏河县民族歌舞演艺中心、卓尼洮砚公司、夏河摩尼宝藏族文化艺术展示中心、舟曲楹联文化展示中心、夏河拉卜楞原生态民俗文化村、舟曲博峪多地舞艺术展示中心、临潭磨沟齐家文化遗址展示中心、玛曲格萨尔文化艺术展示中心、临潭“中国公开拔河赛”中心、迭部生态文化园、碌曲郎木寺藏族歌舞演艺中心和文化资源数字化建设15个重点项目；重点培育甘南羚城藏文化科技开发有限责任公司、夏河拉卜楞摩尼宝藏文化艺术有限公司、卓尼洮砚公司、碌曲藏药厂和冶力关唐古拉风演艺公司5个文化产业骨干企业。完成全州重要文物的数字化采集整理，完成州博物馆重点展示项目的数字化制作，加快全州文化遗产数据库、数字图书馆和数字博物馆建设。通过积极的政策扶持和有序的市场运作，着力构建以藏文化为特色，与市场经济相适应，具有多元投资主体的文化产业体系。扶持壮大一批有实力、有活力的文化骨干企业，打造甘南知名文化品牌，提升甘南文化的竞争力和影响力。

【作者：中共甘南州委宣传部副部长
甘南州文化广播影视新闻出版局党委书记 局长】

工学结合视野下高职校企文化互融机制研究

秦祖泽　严俊杰　汤忠义

随着我国高等职业教育规模的快速扩张和高等职业教育领域改革的不断深化，高等职业教育必然要经历一个轮次的大调整，各高职院校面临着在激烈竞争中重新“洗牌”的严峻局面，“生存问题”已成为当下大部分高职院校要面对的首要问题。如何在这一轮高等职业教育的调整中立稳脚跟并获得快速发展？“质量”是关键，“改革”是保障。高职院校需要从规模式建设转到内涵式发展的道路上来，通过改革来全面提升人才培养质量从而求得生存与发展。工学结合就是高等职业教育人才培养模式改革的重要切入点，是实现校企合作培养高端技能型人才的必由之路。在工学结合的人才培养模式背景下，高职校园文化与企业文化拥有了互融共生的环境和土壤，校企文化互融成为工学结合的实现形式，也成为校企合作纵深发展的强大动力。要实现高职校园文化与企业文化的互渗融合和构建校企文化互融的长效机制，需要我们充分解析高职校园文化和企业文化的个性与功能，深入研究工学结合的实现机制进而探索校企文化互融机制。

一、高职校园文化与企业文化的个性与功能

（一）高职校园文化的个性与功能

校园文化即“学校全体师生员工在长期的办学过程中培育形成并共同遵守的最高目标、价值标准、基本信念和行为规范”。每所高校的校园文化在某一社会文化背景、内外环境等多种因素综合作用下必然产生不同的特质，不同高校形成了属于自己所特有的校园文化形态，这就是高校校园文化的个性化。高职院校校园文化是高校校园文化的一个子系统，高职院校校园文化在具有高校校园文化的共性外，还具有其自身的鲜明个性。专业应用性、职业选定性和行业指向性是高职校园文化的个性特征。高职校园文化以其鲜明的个性区别于普通高校校园文化，并以其独特的价值功能对身居其中的高职院校师生的道德品质和职业素养发挥着不可替代的濡化作用。高职校园文化服务于培养高端技能型人才这一教育目的，它对人才的培养具有导向、规范和潜移默化的育人功能。

（二）企业文化的个性与功能

企业文化是企业为解决生存和发展的问题而树立形成的，被组织成员认为有效而共享，并共同遵循的基本信念和认知。学术界倾向于把企业文化的概念界定为“企业信奉并付诸于实践的价值理念”。人本性、稳定性和独立性是企业文化所具有的鲜明个性。约翰·科特、詹姆斯·赫斯克特在《企业文化与经营业绩》一书中指出：企业文化对长期经营业绩有着重大的作用。企业文化的功能价值包括导向功能、凝聚功能和约束功能，在企业系统中起着提高企业竞争能力、提升企业品牌形象、增强企业凝聚力、推动企业持续发展的作用。例如，湖南电气职业技术学院的主办单位湘电集团确立了“以公司发展为第一要务，以职工幸福为第一责任”的企业文化宗旨，导入“以人为本”的企业文化战略，提出以“力”为特征的企业文化精神。湘电集团经历70多年的风风雨雨，积累了深厚的“力”文化。

“力道”文化已成为湘电集团独具特色和鲜明个性的企业文化，这种“力”的文化逐渐融入企业生产、经营、管理的各个环节当中，逐渐根植于企业员工的内心，犹如万有引力一样牢牢地吸引着全体湘电人。一直以来，“力道文化”成为了湘电人奋发图强的精神支撑和湘电集团蒸蒸日上的动力源泉。

二、校企文化互融：工学结合的实现机制

文化即人化，文化的主体是人。校园文化和企业文化都毫无例外地指向“人”这一主体，都以“人”为着眼点，重视人的价值和人的发展。在文化共同属性的统领下，校园文化和企业文化具有相互融合的对接点，这是校企文化互融的基础。工学结合是高职院校与企业合作培养人才的重要途径与方式，而校企文化互融能够推动工学结合人才培养模式良性运行，是工学结合培养高端技能型人才的实现机制。

（一）文化互融：工学结合的教育本质

工学结合是将学习与工作结合在一起的教育模式，以职业为导向，以提高学生就业竞争能力为目的，以市场需求为运作平台，充分利用学校内、外不同的教育环境和资源，把以课堂教学为主的学校教育和直接获取实践经验的校外工作有机结合，贯穿于人才培养全过程。在这一过程中，高职学生在校内以受教育者的身份，根据专业教学的要求参与各种以理论知识为主要内容的学习活动，在校外根据市场的需求以“职业人”的身份参加与所学专业相关联的实际工作。通过工作与学习交替进行的教育过程，高职学生能够在真实的生产情境中把课堂上学到的理论知识迅速转化为生产实践，使实际操作技能得到进一步磨炼，并且置身于企业生产环境中，高职学生必然会受到企业文化的熏陶和浸染，为其成为“职业人”打下职业道德素养的铺垫。同时，高职院校的老师和学生也在工学结合的教育活动中为合作企业输入了优秀的文化因子，能够为企业生产管理与技术创新带来了先进理念，补充和丰富了企业文化系统。虽然工学结合的形式可以多样，但其本质就是学校与企业两个文化系统之间的双向交流，校企文化互融是工学结合的教育本质。

（二）文化互融：工学结合的实现机制

校企合作是工学结合的前提，工学结合是校企合作的途径。校企双方能否为工学结合的教育活动提供良好的管理环境和文化氛围，这是工学结合这一人才培养机制得以良性运行的关键。在工学结合培养高技能人才的过程中，企业文化通过校企合作的通道进入高职院校，能够有效补强高职校园文化的不足，从而对高职学生产生文化辐射作用。学生进入企业实践和学习形成了学生与企业员工的双重身份，提前进入了职场，提

前接触到了企业的文化、企业的管理，提升了学生的就业竞争能力。工学结合需要在校企文化互融互渗中实现人才培养的教育目的；校企文化互融能够为工学结合培养人才提供必要的育人环境。校企文化互融是工学结合人培养模式的实现机制。

湖南电气职业技术学院与湘电集团形成了紧密的人才培养合作关系，工学结合的人才培养模式能够在校企间顺利实施，学院通过校企文化互融来实现工学结合的人才培养工作。第一，通过营造校园环境的职业氛围来引入企业文化。本着环境育人的基本理念，导入企业文化元素建设校园文化，积极推进校园物质环境的企业化。在校园绿化美化过程中有意识地融合企业文化元素，如在学校宣传栏中展示湘电集团技术能手的风采（有国家技能大师董日中、牟密等）；实训楼张贴湘电集团优秀管理人员的照片及其体现先进管理理念的经典语录；以湘电集团企业员工的工作服作为学生的校服等等。第二，通过校企共建实训基地来注入企业文化。湖南电气职业技术学院依托国有大型企业湘电集团办学，充分利用湘电集团的丰富资源进行校企共建实训基地，在湘电集团内的事业部和分公司建立了 15 个稳定的实训基地。通过校企合作、共建与互融，湘电集团所倡导的“严谨、创新、感恩、自强”的企业文化宗旨在学校已深入广大师生员工的心灵，并与学校文化紧密结合、水乳交融形成了企业化的校园文化氛围。第三，通过共建学习型企业来强化校企文化互融。校企合作过程中资源流向不是单向的，而是双向的，既应有企业的优势资源流向学校，又应有学校的优势资源流向企业，从而实现校企双方资源优势互补。基于校企文化互渗融合，构建学习型企业文化，既是高职院校的义务，也是企业的内在需求。

三、校企文化互融机制的实践性探索

校企合作、工学结合是高职教育发展的必由之路，随着校企合作的广泛和深入，校企之间文化的互融、互动、互惠逐渐成为校企合作的新取向。加强校园文化和企业文化的有机融合，构建以职业为特征的特色校园文化，是高职院校校园文化自身发展的需要，是高职学生健康成长的内在需求，也是提升企业文化软实力的必然选择。因此，建立校企文化互融的长效机制至关重要，湖南电气职业技术学院在构建校企文化互融机制方面进行了一些探索和实践。

（一）建立企业文化引入机制

在校企文化融合方面，湖南电气职业技术学院践行了“文化三进”的具体做法：一是让企业文化进入校园环境。将湘电集团企业文化的内涵引入校园，融为学院校园文化体系，外化为校园物质环境，从而营造出具有鲜明特色的校园文化氛围。如：建设湘电集团杰出校友墙；设立充满湘电企业文化气息的雕塑、壁画、宣传标牌等人文景观；实习实训室引入湘电车间文化；举办湘电集团企业文化培训班；校企联合开展文体活动、技能竞赛、职业资格鉴定等丰富多彩的文化活动等。让湘电集团的企业文化精神以生动活泼的形式潜移默化地深入学院师生员工的心灵。二是让企业文化进入学生课堂。湘电集团的“力道”文化是在湘电七十余年的发展史逐渐积淀而成，有着悠久的传承和深厚的底蕴，是湖南省企业文化建设的典型。为更好地融入湘电企业文化，推动企业文化进入课堂，学院开设了湘电力道文化课程，将其纳入人才培养方案，并依托“职教新干线”建设了“力道文化空间资源课程”。另外，学校还设立了“企业家论坛”（侧重管理内容）、“专家论坛”（侧重技术内容）、“大师讲坛”（侧重操作内容）、“校友讲坛”（侧重创业内容）等。三是让企业文化进入学校管理。学院借鉴湘电集团 6S 管理理念，通过实行校园 6S 现场管理，使学生的安全意识、节约意识、服务意识等得到有效培养；把湘电集团人本化的管理理念引入学院的教育教学管理和学生管理中，形成了“以人为本，立德树人”的办学理念；用湘电“严谨、创新、感恩、自强”的企业精神来激励全院师生员工为实现学院跨越式发展贡献力量，进而转化为学院的办学精神。

（二）建立学院文化输出机制

湖南电气职院主动适应湘电集团转型升级的需求，通过建立面向企业的学院文化输出机制，为湘电集团实现产业战略转移服务，为湘电集团构建学习型企业、创新性企业服务。第一，建立面向湘电集团的人才培养机制。对接湘电产业建专业，改革人才培养机制，系企联合构建“湘电电机学院”、“海诺电梯学院”、“湘电风能学院”等校企利益共同体，为湘电集团培养新能源和先进装备制造产业一线急需的高端技能型专门人才。第二，建立面向湘电集团的员工培训机制。根据湘电集团产业转型对员工素质更新的需求，学院大力开展专业技术、技能人员的岗位培训、岗前培训，每年为湘电员工进行技术技能培训达 3000 人次；根据湘电集团干部队伍建设、管理人员培训等需求，开展多种形式和各层次的管理干部、管理人员培训，年培训规模达 3000 人次；根据湘电集团建设“学习型企业”的需求，帮助湘电集团员工建立“职教新干线”个人空间，享受世界大学城资源，为湘电员工搭建终身学习平台。第三，建立面向湘电集团的技术输出机制。根据湘电集团产业转型升级的技术需求，电气职院与湘电集团公司电机事业部成立了“电机研究所”，与湘电风能公司成立了“风电技术研究所”，与海诺电梯公司成立了“电梯技术研究所”，利用学校的科研优势，为企业在产品开发、生产与销售方面提供服务，目前，校企共同开发产品 23 项，获得专利 19 项，为湘电集团创造了巨大的经济效益。

总之，校企文化在校企合作、工学结合中相互交融、相互影响，高职院校校园文化充分吸纳企业文化的优质因子，在校园中营造浓厚的企业文化氛围，丰富和发展着高职院校校园文化内涵，既有利于高职院校人才培养质量的提高，又有利于企业文化软实力的提升。通过校企文化互动促使校企双方在文化的深层次上展开交流与合作，让校企文化渗透在工学结合教育活动的每个环节，以文化为纽带来紧密校企合作关系，既让高职学生在车间生产中受到企业文化的熏陶又让企业员工在文化互动中得到学校文化的滋养，可以更好地实现工学结合的教育目的和丰富工学结合的教育内容。

【作者：湖南电气职业技术学院党委书记
湖南电气职业技术学院讲师】

提升文化软实力 聚集兴场正能量

孙 鹏

党的十八大提出：实现中华民族伟大复兴，必须推动社会主义文化大发展大繁荣，兴起社会主义文化建设新高潮，提高国家文化软实力，发挥文化引领风尚、教育人民、服务社会、推动发展的作用。提升文化软实力对于推动七星经济发展、率先全面建成小康社会具有重要意义。

以北大荒文化为统领 为文化兴场聚集正能量

文化是一个民族的血脉。同样，文化是农场发展的灵魂，是七星人的精神家园。深刻认识并传承北大荒系列精神，对引领和鼓舞干部、职工、群众积极投身北大荒现代化农业建设具有积极作用，是农场发展的不竭动力。

实施"文化兴场"战略，要与北大荒精神结合。七星农场自1956年建场以来，三代北大荒人前赴后继，牢记"艰苦奋斗、勇于开拓、顾全大局、无私奉献"的北大荒精神，将北大荒变成了北大仓。实现了七星人"耕作在广袤的原野上、居住在现代化城镇里"的梦想，并在"百年垦区"建设中站排头、创一流，做出了突出贡献，是文化精神一脉相承的硕果，是北大荒精神的指引下创造的辉煌业绩。

实施"文化兴场"战略，就是践行北大荒核心价值观，秉承"诚信、务实、创新、卓越"的理念，凝心聚力，提振士气，鼓舞斗志，激发活力，为奋力超越提供强大的精神支持。

实施"文化兴场"战略，就是要沿着"忠诚、坚守、忘我"的北大荒文化精神，坚持对祖国和人民赤胆忠诚，对工作和事业精益求精，坚持远大的理想信念，牢固树立正确的世界观、人生观、价值观，发扬公而忘私的奉献精神，以孜孜不倦的钻研精神，勇闯一流的拼搏精神，团结奋进的集体主义精神，投身到"百年垦区"建设中来。

实施"文化兴场"战略，就是以"开放、开拓、智慧、包容"的胸怀，迎接机遇应对挑战，以严谨、求实的科学作风接纳文明，大胆创新，以海纳百川的气度求同存异，实现和谐，为率先全面建设小康社会提供强大的精神动力。

实施"文化兴场"战略，就是坚持"六民"执政理念，思民、爱民、为民、利民、安民、富民。一切以职工群众利益为出发点，以情系百姓，忠于人民，牢记宗旨，执政为民。以创建和谐，凝聚人心，共同创富，美满幸福为工作目标，扎实贯彻"六新"勤政理念，与时俱进，勤奋好学，大胆实践，视野开阔，善谋善断，大胆超越，达到信息新、知识新、思想新、措施新、政绩新。

在北大荒系列文化的指引下，在北大荒精神的鼓舞下，2012年七星农场获得"全国粮食生产先进单位"、"黑龙江省粮食生产先进单位"、"垦区农业标准化提档升级活动标兵单位"、"垦区政务公开先进单位"、"垦区高产创建先进单位"等荣誉称号，继续保持垦区排头兵的地位。

以"五大文化板块"为核心 "三个基地"为中心布局

实现"文化兴场"，要了解一个农场的过去，农场的现状和发展愿景。七星农场是垦区较大农场之一，拥有耕地面积130万亩。通过57年开发建设，现代化大农业建设、城乡一体化建设成绩有共目睹，形成了在垦区示范引领作用突出的发展态势，形成了独具特色的文化体系。实现"文化兴场"，要不断丰富内涵，依据自身特色，形成了"企业文化"、"群众文化"、"校园文化"、"社区文化"、"旅游文化"五个文化版块建设和以"七星国家级农业科技园区基地"、"七星二中北大荒精神教育基地"、"社区文化活动中心"三个基地为中心的文化布局、突出七星现代化大农业旅游文化特色、城乡一体化文化品牌特色和"群众性文化蓬勃发展"的文化特色局面。

七星农场近年来加大旅游文化建设。2013年4月，3A级旅游名镇正式在国家级科技园区挂牌。通过"国家级农业科技园区"、"北大荒精准农业农机中心"、"寒地水稻高科技信息化园区"等一批科技园区为中心，全力打造"大旅游""大农业"、"大产业"、"大生态"的旅游文化发展格局。在打造旅游文化发展方向上，要用新思路新构想加强北大荒文化的建设和延伸，以3A级景区为基础，加快建设和申报5A级景区建设，将北大荒文化融入景区建设，打造北大荒农业特色景区建设。北大荒文化和北大荒景区相辅相成，通过旅游景区的开发和建设来扩大和宣扬北大荒文化的知名度和感染力，提高农业旅游文化的魅力。加大旅游文化产品的开发建设。2012年，七星农场携带50余种旅游文化产品在哈洽会上亮相，不到两天产品就被抢购一空。旅游产品是北大荒旅游文化的一种展示和标志，对宣传北大荒精神、提高北大荒精神影响力、辐射力作用卓著。

在"群众文化"建设上，开展送文化、送科技、送法律下乡活动，为职工群众提供更多更好的公益性、大众性、经常性的文化服务和知识普及。2012年，农场为职工群众播放北大荒主题教育电影10场；为基础单位发放北大荒精神文化书籍2000多本。加大职工群众文艺活动和队伍建设，每年举办10场以职工群众参加的文艺演出和广场文化演出。农场建立了一支50余人的文艺队伍，鼓励职工和文艺创作者自编自演，以农场的大事小情为文艺创造源泉，提高对农场发展过程的了解，歌颂农场发展的丰功伟绩，为经济建设鼓足干劲、凝聚心力。

在"校园文化"建设上，以七星二中"北大荒精神德育馆"为中心，开展"校园艺术节"、"我是北大荒人"、"我身边的榜样"读书比赛等各种形式的文化教育活动。以关工委为牵头部门，在广大学生中开展"北大荒历史教育"、"北大荒感恩教育"、"北大荒愿景教育"，将北大荒精神薪火相传，为北大荒建设发展后续接班人。

"社区文化"建设以"城乡一体化"建设为契机，打造独有的社区和谐文化建设。通过举办演讲赛、红歌赛、主题广场文化系列活动，组织排练好广场文化演出节目。实施好创建文明社区、文明楼道、文明户等细胞工程，推进“我们的节日”主题创建活动。通过开展“十星级文明家庭评比”和“感动七星人物、好媳妇、好婆婆、社区好人”等评选活动，在广大居民中形成树正气、讲爱心、重品行、懂孝道、做道德高尚的七星人的良好风气。通过“和谐社区”、“平安社区”创建，提高职工群众幸福指数，为农场发展聚集正能量。

结合工作重点 提升文化建设工作水平

加快“学习型党组织”建设步伐，提升全体党员干部思想文化素质。近年来，七星农场以农场党委中心理论组为龙头，以广大党员、干部为骨干，创新理论学习方式，丰富理论学习内容，增强学习效果，不断提高各级领导干部和党员群众的思想文化素质。在学习内容上，以“十八大”、“总局党委扩大会议精神”、“北大荒精神”等为重点，以各类“先、优、模”等先进典型为目标，以“感动七星人物”等身边人物为样板，通过“百名书记上党课”这一重要载体，确保学习效果。

以“居民素质升级工程”和“十星级文明家庭评比”为载体，加强精神文明建设。推进“居民素质升级工程”，对推进七星文化建设举足轻重。加强“十星级文明家庭”评比工作，丰富十星内容，将爱场爱家、文明新风、诚信守法等纳入重点评比内容。在评比过程中，坚持公开、公平、公正的方式，让居民通过自评、互评、组织评定等多级评定，掀起“户户争当十星级文明家庭、人人争当文明先锋”的文明评比工作高潮。同时将十星级文明家庭进行目标量化：全场10%的家庭达到十星级文明家庭标准；20%的家庭达到九星级文明家庭标准；25%的家庭达到八星级文明家庭标准。同时，对十星级文明家庭实行动态管理，接受群众监督，对不达标的家庭取消其已获得的荣誉，让职工重视十星级文明家庭评比，提升全员素质。

在广大居民群众中深入开展三项教育实践活动，形成讲传统、知感恩、明愿景、爱七星的浓厚氛围。做好《公民道德建设实施纲要》的学习和宣传。大力倡导和弘扬农场五位一体建设，使之成为职工群众的价值观和行为准则。培育社会主义道德风尚。在敬业之道、爱家之德、立人之品、乐善之行等方面做好宣传和教育活动，让文明观念深入人心，提高居民素质。

加大文化基础设施建设，实现文化惠民。实现文化兴场，就要文化惠民。到目前为止，七星农场在社区、三区建立大型职工群众文化活动中心两处，占地面积达到 3000 平方米，内设棋牌室、乒乓球室、健身室等娱乐设施，可为近 3 万名职工提供文化活动场所。在显著地段设立北大荒精神广告牌 6 处；在七星二中建设了北大荒精神教育馆；完善了新城社区电子大屏幕、图书馆、场史馆和文化体育广场等设施建设。在社区、管理区建立 17 个标准书屋，累计藏书近 13 万册，成为群众学习的主要场所。农场每年通过艺术节、邻居节、才艺大赛、广场汇演等方式，举办群众文化活动 20 余场次，每场次都有 2000 余名群众参加，调动群众参与文化活动的热情，丰富了职工群众精神生活。

文化软实力是基于文化而具有的凝聚力、生命力、创新力、传播力和文化张力，以及由此而产生的感召力和影响力。提升文化软实力的最终目的是为了促进农场发展。文化兴场，任务艰巨，任重道远，需要全员凝聚北大荒文化合力，吸纳传统文化精髓、借鉴先进文化经验，逐步探索，共谋科学发展之径，为“百年垦区”建设凝聚人心，最终实现垦区梦。

【作者：黑龙江农垦建三江管理局七星农场党委书记】

新形势下项目文化作用发挥途径探析

韦建平

当前，施工企业在社会经济多元化、信息化的大背景下，所属工程项目分布较散、流动性大、条件艰苦等因素，都对员工的文化和价值观念造成一定的冲击和影响。如何发挥项目文化的作用，使企业在激烈的竞争中展示良好形象，获得更大的发展空间，成为一个重要的课题。笔者认为途径之一必须与时俱进，勇于创新，创造出先进的、独特的项目文化。

一、完善制度体系，起到夯实项目文化基石的作用

项目文化建设是一项系统的工作，要富有成效地抓好项目文化建设，首先要强化制度建设，完善管理体制，营造领导重视、全员参与，氛围浓厚的文化环境。

切合实际，完善制度。从企业发展的高度充分认识加强项目文化建设的重要性和必要性，并将此项工作列入重要工作的议事日程，从战略高度抓牢抓实。在运作上，确立符合项目特点的文化建设方案，制定出切实可行的实施举措。根据项目设计建立领导班子议事规则，完善生产管理制度、安全质量管理制度、日常生活管理制度、员工食宿管理制度等一系列规章制度，在制度保障上主次分清，职责分工明确。

明确职责，班子带头。企业各级领导干部要切实担当起项目文化的倡导者、设计者、宣传者和组织者的角色，切实履行工作职责，形成科学管理理念和系统的项目文化建设思路，制定规划，明确目标任务，落实保障措施，带头实践，狠抓落实。不断增强责任心和事业心，并且能以自己的行动自觉地去维护好企业的良好形象。

四轮驱动，同步推进。在项目文化建设方面做到“四同步”。在工作中，牢固树立“一盘棋”思想，着眼大局，共谋发展，充分体现在施工一线做到项目文化建设与项目建设同步，与项目管理同步，与安全质量管理同步，与其它工作落实同步，把企业文化的理念在项目规划，建设上体现到位，确保项目文化建设顺利进行。

刚柔相济，潜移默化。在具体实施中，把制度的刚性和文化的柔性充分融合，使全体员工在企业文化的熏陶中理解制度，认同制度，潜移默化变成自觉行动，促进项目管理向科学化、规范化、制度化发展。严格按照企业识别系统、规范手册等相关要求，高标准、高质量地推行统一的企业文化识别系统标准，在工地上规范使用企业统一的标志、企业价值观，为现场管理人员和施工人员配备统一的工作服、安全帽，优化室内外和施工现场环境。

二、潜心打造特色项目文化，起到增强企业凝聚力的作用

当前，社会转型所引发的价值观念的深刻变化，铁路施工企业受“急刹车”的影响，员工的思想也不同程度地受到波动，企业维稳工作面临挑战，何以能实现观念趋同，形成合力？笔者认为塑造和确立现代企业项目文化，必须贯彻“以人为本”的理念。

用正确的思想武装人。人是要有一种正确的思想作为行动指导的，行动从思想中来，落实到行动中去，任何人想要做成功一件事情，没有一个正确的思想，没有一个端正的态度，行动就会偏离方向。因此，我们必须坚持用正确的理论和思想武装人。作为施工企业树立正确的企业价值观，必须注重用“三个代表”重要思想和科学发展观把员工思想武装起来，引导员工树立正确价值观。落实到实践中就是让员工知荣辱、明是非，在实践中正确判断是非得失，从日常行为体现个人思想境界，升华为爱国、爱企、爱家，并正确地处理好三者之间的关系。

用明确的目标鼓舞人。创造效益是企业追求的目标，并在此基础上提高广大员工的生活水平。把员工的思想和命运与企业的兴衰联系起来，使员工有了归属感和向心力，聚合员工的能力和才智，达到员工与企业共存和“上下同欲者胜”的境界。企业还应根据本企业的实际确定其具体可行的发展战略目标规划，然后分解到具体的每个实施计划中，让员工看到希望，增强信心，从而凝聚起各个具有不同能力、不同个性的个体，组织成一个有共同目标的相互协调的整体，最大限度地发挥每个员工的才能，并使每个员工的才能全部朝着有利于达到企业的目标发展，最终凝聚为企业群体的力量。

用良好的人际关系凝聚人。良好的人际关系，是做人、行事的根本，也是营造和谐、广集人脉的动力源泉。良好的人际关系，除了能够给我们日常生产、生活带来便利外，还有利于促进企业、团队和个人的发展。因此说，和谐社会离不开良好的人际关系；企业发展，离不开良好的人际关系；个人愿景的实现，更离不开良好的人际关系。施工企业如何有效地调节好其内部的各种关系，包括个人与个人之间，个人与组织之间，下级与上级之间，同事之间等关系，是事关企业健康发展的大事。作为企业的各级组织，我们要注意尽可能多的为员工创造彼此间相互学习和交流的条件，要通过沟通加深全员之间的感情，建立和谐融洽，周密配合，互相关心，互相帮助的人际关系氛围。

用先进典型的示范作用激励人。在全国深入开展创先争优活动中，我们要重视发挥党员先进典型的示范引领作用，用党员先进典型影响人、鼓舞人、激励人，使党员和群众学有目标、赶有榜样、干有典范。在长期的工作实践中，为了发挥好典型的示范带头作用，企业所选树的典型一定要注意真实可信，必须是企业的优秀分子，同时，还要注意把典型的培养、选树、关心和爱护紧密的结合起来，在企业内部形成一个学习榜样、创先争优的良好氛围。

用健康向上的文化活动陶冶人。现代企业在努力创造物质文明的同时，还要注意不断地丰富职工的文体生活，要用健康向上的文体活动丰富职工的精神世界，要创造条件，加大精神文明的投入，以满足职工精神生活的需求。通过活动培养员工的业余爱好，锻炼身体，交流情感，陶冶情操，极大地活跃和丰富项目的文化生活，展示员工积极向上的良好精神风貌。

用和谐美好的环境吸引人。员工生活工作在一个和谐美好的环境里，其心情肯定比较舒畅，他的尊严、自信和人生价值也可以得到展现。因此，企业不仅要加强项目的环境建设，还要为员工提供良好的自我实现的工作氛围和发展机会，员工在企业中受到重视和尊重，其工作成绩受到认可和赞赏。因此，激励员工为实现自我价值投入到企业的工作中，激发员工的工作积极性和创造性。

三、打造品牌文化，起到充分展示项目外在良好形象的作用

项目是展示企业形象的窗口和打造企业品牌的阵地，是企业外在形象的表现和载体。项目文化品牌的打造要靠特色活动来体现，只有不断创新适合企业特点且富有特色的活动载体，才能不断深化企业项目文化建设。

积极开展职工之家创建活动。在项目实施区域的设置上，要本着从实际出发，因地制宜，合理安排的原则，按照“三线建设”的要求，最大限度地改善员工生产、生活环境。把创建劳动关系和谐企业、建设模范职工之家有机结合起来，坚持以人为本思想，本着“依靠大家建小家，建好小家为大家”的思路，坚持“建家就是建企业，建家就是建队伍，建家就是建项目”的宗旨，把建线建家工作作为一项重要工作来抓。项目部要具体到统一配备空调、电视、衣柜以及床上用品等设施。还要为解决双职工、临时来队家属住房难的问题，修建家属区，纳入项目部统一管理。重视民工队伍建设，一切生活、生产设施高标准配置，与正式编制的职工一并纳入“五同”管理，即：同学习、同劳动、同管理、同生活、同报酬，有效地调动民工队伍的工作热情。在项目驻地设置文化长廊展示企业环保、安全文化、质量文化、名人格言，体现企业精神追求，还要把干过的“高、难、险、要”工程图片和获得的荣誉展示在醒目的位置，以此来鼓舞员工的士气。

统一企业文化标识强化视觉感知能力。按照企业的统一标准建设，在提升企业形象，改善职工工作、生活环境上下功夫，努力实现一切有标准，一切讲标准，一切高标准，并做到“五个统一”：生产生活区统一规划、施工现场统一布置、职工宿舍统一布设、生产生活区场地统一硬化、企业标识统一制作。包括项目部的大门，项目部门部室的桌牌、岗位职责，还有施工现场的标语、标识、彩旗、机械设备的管理标牌，现场员工的安全帽、胸卡、名片、信件、文件、项目广播播放的歌曲等都要按照规定统一定制、强力推行，潜心打造项目文化，树立企业良好形象，使更多的人了解企业的文化底蕴。

开展经常性的文体娱乐活动。用健康向上的文化活动陶冶

员工良好情操，在工地上设立图书室，开展群众性读书活动，适时开展征文活动，为员工创造良好读书氛围，提高员工素质。在“元旦”、“五一”、“国庆”等重大节日开展文体娱乐活动，活跃广大员工的业余文化生活，满足员工的精神需求。节假日组织棋牌球类和文艺晚会，与当地学校和施工单位举行篮球联谊赛，加强沟通、丰富员工业余文化生活。把“以人为本、关爱员工”的管理理念真正落实到实处。

以文化力提升企业核心竞争力。时代在进步、社会在进步、科学技术也在飞速发展，只有勇立潮头、锐意进取，用市场经济的观念引导和提高员工的综合素质才能增强企业的核心竞争力。必须下功夫教育和引导员工转变观念，增强其适应性，培养其参与意识、竞争意识，发挥其创造力。以“人才强企”为战略目标，立足岗位创先争优，强化技术培训工作，通过各种形式的学习培训、岗位练兵、导师带徒和技术比武活动为广大员工提供展现才能的舞台，充分调动他们的积极性、创造性，引导他们学习新知识、新技术、新工艺，在实践中不断提高技能，增长才干，让各种技术能手、业务尖子脱颖而出，员工也由劳动密集型向技术密集型转变从而推动企业技术创新，增强企业文化力，从而提升企业核心竞争力。

随着日益频繁的经济文化交流的到来，在我国的管理学界以及企业界当中，企业文化理论已经逐渐地被重视与认可，项目文化又是企业文化的一种模式。因此，笔者在文中浅论项目文化在新时期企业发展中的作用，通过项目文化的熏陶，使广大员工做到内化于心、固化于制、外化于行，打造优秀团队精神，使企业核心价值体系成为广大员工的主导意识，成为不懈追求并化为自觉行动，将项目文化打造成品牌，推动工程项目管理水平不断提升。

【作者：中铁十五局集团贵州中铁路桥工程有限公司党委书记】

浅谈进一步加强基层企业文化建设

张学平

近年来，随着经济全球化趋势的进一步发展，企业文化在企业的发展竞争中发挥着越来越重要的作用。

一、进一步正确认识基层企业文化建设在企业发展中的巨大作用

改革开放的总设计师邓小平提出：科学技术是第一生产力，这一论断已被人们广泛接受，但是企业文化也是生产力的理念还远远没有得到人们的普遍认可。一些基层单位企业文化建设仅局限于口号、标语、册子、宣传牌和宣传栏上，没有深入到员工心上，所谓的文化缺少内在精神，缺少特色和创意，基层干部员工不能深入理解企业文化的内涵和主旨，存在人云亦云的现象。一些基层单位把企业文化与文体娱乐活动混同起来，陷入企业文化建设文体化的误区，造成企业文化与企业战略的不配套，领导者言行与企业文化的不配套。

企业文化是现代企业管理理论和经营理念的创新和飞跃。文化管理成为现代企业管理的新趋势，文化竞争也成为企业竞争的最高层次。从 20 世纪 60 年代“两论起家”、“三老四严”、“四个一样”的工作作风和“铁人”王进喜“有条件要上，没有条件创造条件也要上”的豪言壮语到 90 年代“科技兴油”“两新两高”创国际一流和新型现代化油田的崛起，都是石油人精神的体现。尽管在这个过程中，企业文化的概念可能尚未提出，或者还没有形成整合的、系统的企业文化，但这种精神对石油人的凝聚力却时刻存在着，激发着一代代石油人的进取心和创新意识。没有这种精神内动力的作用，就没有石油工业今天的辉煌。

二、“以人为本”重在塑魂，突出基层企业文化建设的向心力

基层企业文化建设应以人为本，重在塑魂。魂就是核心，就是企业的精神、企业的生存理念和企业的价值取向。一个人如果没有一种精神，无异于行尸走肉；一个企业如果没有一种精神，就会是一盘散沙，无法凝聚企业的全部力量。企业文化理论倡导尊重人的价值与尊严、关注人的志趣、强调人的能力等级差别和不同的需求，企业已不再单纯是员工求生的场所，而是实现人生价值的舞台，企业要对员工不断地培养与锻炼，通过不断满足员工变化的物质和精神需求，引导和激励优秀人才努力学习、勤奋工作，不断提高自身能力，最大限度地挖掘人的潜能，最终实现员工与企业的共同发展。

28 年前就远征异乡的临盘钻井公司，当时，由于国际油价低迷，甲方工作量锐减，导致临盘钻井公司出现了日进尺为“零”的状况。没有了井打，拿不出钱给员工发工资，公司只好出人力派员工“改行”当修路工。从那一年开始，员工们开始从“要我干活”逐渐向“我要干活”的主人翁意识和姿态转变。员工们在困境中自发转变观念、要在困境中崛起的欲望激发起来了，公司因势利导，以“生存危机”意识和“谋求发展的欲望”为基础构建的企业文化从此起步。因此，基层单位只有切实建立起“以人为本”的核心价值观，牢牢把握住尊重人、关心人、理解人这条主线，让员工的利益、前途、命运与企业的利益、前途、命运融为一体，才能真正突出基层企业文化建设的向心力。

三、基层企业文化建设要结合生产实际，凸显单位特色

在企业文化建设中，文化活动、媒体宣传、文学表述只是一种载体，而企业精神的提炼、企业生存理念的构筑、企业价值取向的确立才是企业文化的实质内容。形式服务于内容，内容通过形式体现，如果形魂游离，形只是个美丽的躯壳，只有形魂兼备，才能浑然一体。企业文化建设要结合自身的实际，创造出个性鲜明、实用的企业文化，不能人云亦云、照搬照抄，搞“假、大、空”或“一刀切”。基层单位在设计企业文化理

念时，应该与自身的工作实际充分结合，征求全体员工的意见和建议，提高企业文化的认同度。

临盘钻井公司致力于培育有公司特色的企业文化，形成公司发展的不竭动力。在实践中，经过分析研究，公司上下一致认为：不能一味地把盈利作为企业唯一的目的，而忽视企业的责任感，必须把自身效益和油田的发展统一起来。"诚信共赢、优质创效"的经营理念和"服务油田、完善自我、国内做强、追求卓越"的市场理念便浮出了水面。这两个理念表明要一切服从于市场、一切服务于油气。为油气勘探开发提供一流服务，为甲方提供优质的产品，而甲方通过优质的产品获得最大投资回报，增大勘探开发区域和工作量，进而扩大市场容量，形成共赢。市场理念中最早叫服务甲方，后来改成了服务油田，增强了客户的信任感，公司市场份额也在不断地扩大。此后，临盘钻井公司在"务实、创新、竞争、奉献"的企业精神基础上，不断完善并提炼形成了"打造和谐、精干、高效的石油工程临盘钻井铁军"的企业愿景，"关注大西南、寻求新市场"的发展战略，"提升实力，造福员工，回报中石化"的价值理念等，企业文化建设蓬勃发展起来。

四、基层企业文化建设要靠领导引领推广，也要结合实际不断创新

基层企业文化建设要靠领导的引领，企业领导要同员工一样做企业文化的设计者、宣传者和身体力行者。要重点抓好三项工程。一是企业文化的确立与培训工程。企业文化应该是全体员工所广泛接受的文化。部分基层单位在企业文化建设过程中，往往是一个或几个部门、一个或几个人在提炼、在参与，忽视了基层员工的广泛参与，员工只有被动接受，从而造成企业文化与企业经营建设脱节的情况。一些基层单位虽然设计了完整的企业文化体系，但在文化建设的推广与宣传上缺乏深层次的教化，基层员工对本单位的企业文化仍然停留在读过、背过的基础上，而没有发挥出企业文化的真正作用，企业文化并没有转化为员工的群体意识和整体行动，更不能转化为企业的财富。要培养员工对企业目标和经营理念的认同感，增强员工的自尊心、自信心和自豪感。二是制度建设工程。以企业价值观为导向，制定和完善管理制度，通过制度的强制性，引导员工形成符合企业理念和价值观的行为。三是形象创新工程。把自觉实践企业理念的员工选树为典型，通过示范效应，使企业理念形象化，让更多的员工理解并认同企业理念。

肖红斌是临盘钻井公司机修厂的一名钻修工，34 岁的他连续好几届参加了公司的技术大比武，通过不懈地学习、实践和总结，终于在 2012 年获得了"技术能手"称号。按照公司的规定，在一年的时间里，他将每月获得 100 元的"技术能手"津贴。他还被评为公司首届十二名"明星员工"之一，他的形象被印在挂历上，成为公司家喻户晓的"明星"。"技术能手"、"明星员工"、"双文明岗位标兵"、"科技标兵"评比，对司钻以上生产骨干实行考核评聘机制，并以此建立"高技能人才和管理后备人才库"，是临盘钻井公司营造"公平竞争，公正用人，人人是人才，人人有机遇"的人本管理氛围的重要载体，也是文化建设的重要组成部分。

五、基层企业文化建设要有强大的执行力来保证

企业文化建设的最终目的是促进企业的生产经营发展，最终靠的是队伍的执行力，缺乏执行力是很多基层单位的通病，执行力不强往往是管理无形的"软肋"。因此，企业文化建设中一样不可忽视员工队伍的执行力。

加强执行力，企业负责人要以身作则。建设企业文化，基层管理者不仅应当成为企业文化建设的积极倡导者，更要成为企业文化的实践者，用自己的实际行动为基层员工做表率。加强执行力，要制定符合企业文化要求的制度、流程。制度、流程不仅是对企业高效运营的保障，也是对员工行为的指导和约束。加强执行力，要建立监督检查机制，对不良行为及时纠错。一处一旦有了垃圾，不及时清理，慢慢就会变成一个大的垃圾场，这就是"破窗现象"。

《千分制考核》是临盘钻井公司对基层队（站）十大项工作内容考核的一个量化标准，年终考核达不到一定分值的单位，除了自身不能参评先进单位外，先进个人名额也随之减少。推进企业文化建设，归根到底是要把企业提出的理念转化成为全体员工的共识，转化成为每一个员工的行为准则，转化成为员工服务企业的岗位行动。临盘钻井公司领导层认为，理念必须转化为具体的制度、行为和措施，并以制度、导向双结合的方式，在培育人、塑造人、提升人的素质上下工夫，做到刚柔并济。

企业文化对外是一面旗帜，对内是一种向心力。基层单位要通过企业文化的建设，形成共同的价值观、目标和信念，营造和谐的内部环境，使每个员工能最大限度地发挥自身潜能，实现自身价值，企业才会有更快、更大、更好的发展。

【作者：中国石化西南石油工程有限公司
临盘钻井分公司党委书记】

提升边关名城　打造文化畹町

党文军

2012 年 7 月 9 日，《瑞丽国家重点开发开放试验区建设实施方案》被国务院正式批复同意，其中建设"国际文化交流窗口"被确定为试验区发展的五大目标之一。畹町属于瑞丽国家重点开发开放实验区的核心区，笔者结合畹町的区位特点和发展实际以及个人工作学习实践，谈谈近三年来"文化畹町"建设的粗浅体会：

党的十七届六中全会和党的十八大报告都明确指出："文化是民族的血脉和灵魂，是人民的精神家园，是国家发展的重要支撑。”全面贯彻落实十七届六中全会和十八大精神，以高度自觉的文化意识，充分发挥文化在经济社会发展中的重要引擎作用，通过文化建设提升地方经济社会发展的竞争力，是一级党委政府应当充分认识和切实践行的问题。早在 2009 年，畹町工委管委就旗帜鲜明地提出了“提升边关名城，打造文化畹町”的发展战略，把“文化畹町”建设提到了总揽全局的高度。三年多来，正是通过“文化畹町”建设的持续推进，促进了畹町经济社会等各项事业的协调健康发展，同时也彰显了畹町的人文气息和独特魅力。

一、文化的特征和内涵

文化是一种记忆，一种符号，一种标志，一种气质，更是一种精神，它具有恒久的生命力、创造力、凝聚力和穿透力。这里所说的文化，是指人类生产生活中所创造的看得见的物质成果和看不见的精神成果以及在一个地方所形成的特有的思维模式和行为方式的总和。畹町文化是以畹町辖区内的经济社会发展为基础，以畹町独有的地理位置和特殊的人文结构及历史变迁为线索，经过长期积淀而形成的带有明显区域特征的综合现象。常言道：文化的积淀是历史，历史的流动是文化。畹町演绎过金戈铁马的战争活剧，谱写过可歌可泣的抗日史诗，传颂着中缅两国胞波友谊的外交佳话，高奏过并将持续唱响改革开放商贾云集的边贸乐章，她荟萃了 15 个民族亲密无间、情同手足的绚丽图景。这些历史的因缘汇聚，构成了畹町的显著特征，这就是边关文化。其内涵主要包括九个方面：

（一）抗战文化。抗日战争全面爆发后，日军很快占领了中国沿海大部分地区，封锁了海港和码头。为保证援华物资进入国内，国民政府决定修筑滇缅公路。滇西 20 万民众在《义勇军进行曲》和《筑路歌》的感召下，以滇西人特有的吃苦耐劳、勇于担当的大山精神和高原情怀，用了九个月时间，筑成了从昆明到畹町 959.6 公里的“滇缅公路”中国段，这条被称为“道路史上的奇迹”的滇缅公路，因国内段终点（也就是出境点）历史地选择了畹町，注定了畹町被推上重大而广阔的历史舞台。滇缅公路修通后，畹町从边境上的一个小驿站，骤然热闹起来，大批援华物资从缅甸仰光港上岸后运抵腊戌，再从腊戌通过畹町运往国内抗日战场，从而使滇缅公路成为抗战时期唯一的“输血管”、“生命线”。同时，为保证“输血管”畅通，国民政府及时在畹町设立了海关、中央银行畹町分行、畹町警察局、国际邮政互换局进行管理。随着援华物资的增多，运力不足的矛盾十分突出，为了缓解这一矛盾，国民政府西南运输处致电“南洋筹赈祖国难民总会”，请求总会代为招募会开车和修车的华侨青年回国为抗战服务。总会会长、著名华侨领袖陈嘉庚先生收到电文后，急国难所急，迅速在南洋发布招募公告，得到了积极响应。1939 年 2 月至 9 月间，共有 3200 多名华侨青年分九批回国，在昆明经过短暂培训后组成回国抗战服务团，奔赴滇缅公路，抢运抗战物资，他们被后人称之为南洋华侨机工。1939 年至 1942 年 5 月间，南洋华侨机工共抢运抗战物资 45 万多吨，有力的支援了国内抗战，打破了日军“三个月灭亡中国”的梦想。3200 多名南洋华侨机工在抗战期间有 1000 余人牺牲在滇缅路上，抗战胜利后有 1000 余人回到了侨居国，有 1000 余人留在国内参加建设。1942 年初，当日军发现滇缅公路这条运输线支撑着中国的抗战以后，便大举南下，很快占领菲律宾、印尼、马来西亚、越南、泰国等东南亚国家，并重兵进攻缅甸，意欲切断滇缅公路。为确保滇缅公路畅通，国民政府于 1942 年 3 月派出 10 万远征军从畹町桥出境，赴缅协同英军作战，血洒疆场，扬威异域。这是中国军队自 1840 年鸦片战争以来首次出国作战，极大地鼓舞了抗日军民的士气。远征初期，战局进展顺利，捷报频传，随后由于指挥混乱、地理气候等原因，1942 年 5 月战局急转直下，远征军陷入被动，其中一部分人翻越野人山回国，一部分人撤到印度，10 万远征军为国捐躯达 6 万多人，做出了重大的民族牺牲。1942 年 5 月 3 日，日寇的铁蹄踏入畹町，滇西沦陷。1944 年国民政府重组远征军，反攻滇西，经过松山攻坚战、腾冲围歼战、龙陵争夺战、芒遮畹追歼战，远征军一路冲锋，最后经过畹町回龙山、黑山门战役，于 1945 年 1 月 20 日将侵略者赶出国门，首开光复国土之先河。抗战胜利后，先后有 156 名抗战老兵留在畹町，解甲归田，组成家庭，他们成了对畹町有着特殊感情和贡献的建设者与历史见证者。今天的畹町作为抗战圣地，有滇缅公路可寻，有畹町桥可证，有南洋华侨机工回国抗日纪念碑可瞻，有回龙山、黑山门抗战遗址可访。

（二）和平外交文化。1950 年 4 月 29 日畹町和平解放，昔日的抗战名镇，一时成了新中国和平外交的重要窗口。1952 年 8 月 17 日，政务院批准畹町为首批国家一类口岸。1956 年 12 月 15 日，正在缅甸访问的周恩来总理与缅甸总理吴巴瑞并肩走过畹町桥，前往德宏州州府芒市，参加中缅边民联欢大会；1960 年 7 月 12 日，在畹町召开中缅勘界首次会议，按照“和平共处五项原则”，圆满解决了中缅两国的边界遗留问题。历史证明，畹町是新中国走向世界的第一站，畹町是“和平共处五项原则”的生动实践地。今天，周恩来总理和吴巴瑞总理共同会谈休息时下榻的小楼依然完好地保存着，已被辟为“畹町中缅友好纪念馆”，成为州级文物保护单位。当年召开中缅勘界首次会议的小楼也纳入了改造修缮规划并将被永久保护下来。这些珍贵的历史遗址，都是反映畹町和平外交文化的重要名片。

（三）华侨文化。畹町由于地处边境口岸，在现有的 14000 多名居民中，有 35%以上的人是华侨、侨眷、侨属，其中南洋华侨机工中有 6 人在畹町安家落户。如今，南洋华侨机工回国抗日纪念碑矗立在畹町，它像一块巨大的磁铁，每年都吸引着大批海内外华侨、侨眷、侨属前来瞻仰拜谒。直插云霄的南洋华侨机工回国抗日纪念碑，联系着历史与未来，沟通着海内与海外，它更像一座中华儿女众志成城、抗击外敌、自强不息的精神丰碑。显而易见，华侨文化同样是畹町不可多得的一张特色名片。

（四）饮食文化。畹町是一座移民城市，除了当地少数民族之外，现有居民中，籍贯遍布全国各省市自治区。正是由于全国各地的人口流动到畹町，就带来了他们不同的生产生活方式和饮食习惯，从而使畹町的饮食呈现出了异彩纷呈、相互融合的特点。有正宗的以酸辣为主的傣味，特别是傣家名菜撒苤名闻遐迩、有口皆碑；有以辛辣为主的景颇菜；有州内外、省内外、境内外著名的小吃如：泡鲁达、锅贴、聋子烧烤等；有印度洋巨齿青蟹做成的清蒸螃蟹、香辣螃蟹、螃蟹粥；有广味、滇味、湘味、川味、闽味；有堪比茅台、五粮液的当地小锅米酒。美食家来到畹町，绝对不虚此行。

（五）商贸文化。畹町1932年建镇，1938年滇缅公路通车后人口剧增，但畹町当年本身没有农业，也没有工业，只有商贸，所以畹町有着经营商贸的历史传统。上世纪三四十年代直到五十年代初期，都曾出现过商贸高峰。尤其是改革开放之后，畹町人率先在全国开展边境小额贸易，并创立了“五自”方针等成功经验。一时间，畹町商贾云集，商号林立，最多时小小的畹町竟有170多家商号。边境小额贸易的迅速发展，既为国家的对外开放提供了许多有益的经验，又极大地增加了地方财政收入，改善了口岸城市面貌，也提高了民众的生活水平，同时造就了一大批懂经营、善管理的商贸人才。当年亲临畹町视察的田纪云副总理曾高度评价说：边境贸易真正发挥了“利国、富民、睦邻、安邦”的重要作用。1989年，畹町曾被评定为全国36个首批跨入小康的城市之一。今天的畹町虽然少了一些喧嚣和红火，但对外贸易给地方财政的贡献仍然占据着半壁江山。

（六）珠宝文化。畹町的珠宝特别是翡翠文化源远流长，早在明清时期，畹町作为“蜀身毒道”的一个重要驿站，就有翡翠毛料从畹町进出，民国时期翡翠大量从畹町运往内地。在长期的交易过程中，造就了一大批懂玉识玉的行家里手，上世纪八十年代初，畹町在德宏州率先办起了玉雕厂，其雕刻的作品曾在全国获过多项金奖。今天，总部设在畹町的云南勐拱翡翠有限公司，在全国已拥有400多家加盟店，他们倡导和秉承的“与佛结缘、玉品人生”的翡翠文化理念，已享誉海内外。勐拱公司俨然成为云南珠宝翡翠界的一艘乘风破浪、扬帆远航的旗舰。

（七）民族文化。畹町是15个民族和谐共处的社会主义新边关。15个民族犹如15朵鲜花紧紧地簇拥在一起，彰显出丰富多彩而独具特色的民族文化，傣族的温柔细腻，景颇族的直爽豪迈，德昂族的勤劳朴实，阿昌族的多情善良，不同民族的优秀品质，彼此融合，相互影响，折射出诸多妙趣横生的文化元素，丰富了各族人民的日常生活和节庆活动，除了传统的泼水节、目瑙纵歌节等节日外，畹町的各族儿女还保留了独特的洞秧舞，并发明了町琴。

（八）生态文化。畹町处在畹町河谷，前面是畹町河，中间为城市带，后面为十里青山，拥有“十里青山半入城”的良好生态。畹町河被畹町人民视为母亲河，中缅两国的青年志愿者每年都要开展“保护母亲河”行动，清除畹町河中的淤泥杂草和白色污染物，小鱼小虾自由自在地在中缅界河中嬉戏游弋，畹町人喜欢亲切地称之为“胞波鱼”。畹町属亚热带季风气候，气候条件优越，自然风光秀美，是许多珍稀动植物生长的天堂。坐落在瑞丽江边的德昂族、傣族和景颇族民族生态村落，透露出浓郁的民族文化气息。比如被誉为“世外桃源”的回环村就是一座“夜不闭户，路不拾遗”、“竹篱笆上花草攀”、“不及大门不打墙”的德昂族生态村落。这里山清水秀、鸟语花香、绿树婆娑、翠竹绵延、凉爽宜居、幽静可人、民风淳朴、治安良好。畹町的后山，上世纪八十年代就被林业部确定为国家森林公园，林中遍布热带、亚热带特色树种，比如，木棉树、凤凰树、萝芙木、橡胶树、大榕树等，特别是近三千亩的柚木林，不仅在全国集中连片面积最大，也是全国柚木采种基地。闲暇时节，走进畹町森林公园，惬意地呼吸着清甜富氧的空气，真令人心旷神怡、困顿尽消。另外，还有300多亩已初具规模并将继续倾情打造的“畹町生态园”，更令人充满期待和憧憬。

（九）宗教文化。居高临下、造型别致、风光旖旎、香火旺盛的万佛寺、鹦鹉塔和金龟塔，置身于畹町万绿丛中，在全州及东南亚信奉小乘佛教的群众中具有较大的影响。与之相伴的许多神话传说和民间故事脍炙人口。

二、“文化畹町”建设取得的初步成效

三年多来，在州委州政府、市委市政府的坚强领导和鼎力支持下，畹町工管两委紧紧围绕“提升边关名城，打造文化畹町”的发展战略开展工作，“文化畹町”建设在继承中拓展，在改革中创新。

（一）在宣传造势上取得新进展。进一步明确了宣传文化工作的特殊重要性，将抓好“文化畹町”建设作为全区的重要工作抓紧抓实。重视深入挖掘、广泛搜集、认真整理畹町各类历史文化资料，曾派员到马来西亚、新加坡等国收集南洋华侨机工抗战历史文化资料。尤其在“文化畹町”的对外宣传上下大功夫，积极争取并紧密配合中央电视台12频道《见证》栏目拍摄了多集《畹町》专题纪录片；先后成功地举办了南侨机工回国抗战70周年纪念活动和南侨机工后代重走滇缅路主题活动，在全国及东南亚引起强烈反响。2013年春节前，在畹町首次成功举办了中缅青年歌会，受到两国青年朋友及边民的普遍好评。2013年8月，由台湾著名导演郑芬芬执导的历史题材电影《畹町桥》已顺利完成拍摄。目前，后期制作正在加紧进行。同时，由全国政协和中国侨联组织拍摄的电视连续剧《南洋华侨机工》即将开机。另外，《寻找远征大兵》和《远征，远征》等电影、电视剧也正在积极筹拍之中。同时，主动申报、努力争取将畹町爱国主义教育基地升格为国家级爱国主义教育基地。

（二）在项目建设上取得新突破。项目建设是一个地方经济社会发展的重要支撑，没有项目建设就没有真正意义上的发展。畹町工管两委始终把加快项目建设尤其是文化项目建设作为打造“文化畹町”的重要抓手，着力加强组织领导、协调服务和督促检查，切实推动文化项目建设。截止目前，“畹町木艺馆”和“畹町民族兵器博物馆”已建成开馆，畹町红色记忆博物馆建设已接近尾声；在中宣部和省委宣传部及州委市委宣传部的重视支持下，总投资上千万元的“南洋华侨机工回国抗日纪念公园”二期工程和中缅友好纪念馆改造提升工程建设正在有序推进。畹町边关文化博览一条街项目一期工程已经完工，后续工程正按计划加紧实施。同时，积极申报畹町“非物质文化遗产传习馆”建设项目，深入开展畹町索阳村民小组“洞秧舞”的挖掘整理与提升工作。

三、下一步的工作打算

有位著名学者说过：“在胃里的食物是生活，在记忆里的食物是文化。品味人生，真正能令人慰藉的，除了最朴拙的生活，就是最能打动人心的文化了。”我们深知，机遇总是垂青有准备的头脑。在党的十七届六中全会和党的十八大关于“建设社会主义文化强国”的宏伟目标指引下，随着桥头堡“黄金口岸”和瑞丽国家重点开发开放试验区建设的深入推进，我们必须顺势而谋，乘势而上，克难奋进，主动作为。要准确把握新一轮改革开放的新要求、经济发展的新趋势和人民群众对精神文化生活的新期待，以繁荣文化事业和发展文化产业为重点，以重大文化项目建设为切入点，深入实施“提升边关名城，打造文化畹町”的发展战略，全面提升文化在畹町经济社会发展中的引领能力、统揽能力、辐射能力和创新能力。我们要做到：

（一）解放思想，更新观念，在思想意识上突出一个“新”字。抢抓机遇，加快发展，关键在于思想解放的深度和广度。实践证明，领导干部的思想解放程度，直接关系到各项工作推进的力度和经济社会发展的速度。我们必须把握时机、争分夺秒，大力发扬“负重自强、团结登攀、求实创新、富民兴畹”的畹町精神，强势促使文化经济化、经济文化化、文化经济一体化，切实做到以文化人、以文资政、以文兴业、以文塑城，凝聚强大的文化力量推动国家级口岸城市蝶变。以思想的大解放促进文化的大繁荣、经济的大发展、社会的大进步，义无反顾地开辟出一条符合畹町实际的经济文化协调健康发展之路。

（二）立足区情，真抓实干，在行动措施上突出一个“实”字。实现“提升边关名城，打造文化畹町”的战略目标，关键在干。不干，半点马列主义也没有。我们认为，文化是城市功能的最高价值，也是最终价值。文化的历史延续和基因传承，在一个城市的发展中具有特殊重要的意义。因为，城市对于市民而言，不仅是可供居住和使用的场所，也是承载着情感记忆的精神家园；不仅是多种物质要素的“容器”，而且是市民文化生活的“剧场”。畹町的突出优势和特点，决定了：文化旅游产业将是畹町得天独厚的新的经济增长点，更是提升畹町人气与活力的关键所在。因此，我们要进一步加大宣传促销和推介力度，在舆论宣传中把握话语权、赢得主动权，不遗余力地弘扬畹町精神，擦亮畹町品牌，光大畹町形象，为“文化畹町”建设营造良好的舆论环境。要抓紧出台《关于推动畹町文化大发展大繁荣的实施意见》，全面推行先进文化引领、公共文化惠民、文化品牌提升、文化产业培育、文化人才支撑、文化创新推动六大发展战略，要鼓励文化艺术创作，充分调动广大文艺工作者和文艺爱好者的积极性、主动性与创造性。要继续深入挖掘、广泛收集、认真整理并着力提升畹町的抗战文化、外交文化、华侨文化等九大文化，积极对外展示“文化畹町”的独特性、丰富性和标志性。要抓好现有文化资源的开发利用，始终坚持“开发与保护并重”的原则，始终坚持“借助外力、借船出海”的原则，着力实现文化与旅游的有机结合、共同发展。要加快民俗生态文化建设，全力打造弄片傣族民俗生态村、弄弄景颇族民俗生态村、回环德昂族民俗生态村。要虚心学习丽江文化改革创新发展的成功经验，加大文化体制改革力度，及时建立起有助于繁荣文化事业、发展文化产业的管理体制和运行机制，不断强化文化人才队伍建设。要加快培养懂经营、会管理的文化经营管理人才，造就德才兼备、锐意创新的文化创作人才队伍，积极营造“百家争鸣、百花齐放”的文艺创作局面，为畹町文化艺术事业繁荣发展尽心竭力。

（三）敢打大仗，善打硬仗，在攻克重点难点问题上突出一个“力”字。历尽天华成此景，人间万事出艰辛。畹町区位独特，历史悠久，文化灿烂。然而，由于受经济发展水平的制约，畹町的文化建设还存在许多困难和问题，如：文化资金投入与文化事业发展需求极不适应，基础设施条件亟待改善等等，这些困难和问题都是推进“文化畹町”建设道路上的“拦路虎”。因此，我们必须想尽千方百计，集中党委、政府、企业、社会各方面力量，脚踏实地抓项目，敞开胸怀引人才，科学规划强管理，坚忍不拔见成效；要紧密结合正在深入开展的“创先争优”活动和“四群”教育，一手抓基层党组织建设，一手抓经济文化建设，努力把各级党组织建设成为实施文化强区战略中过得硬、靠得住、干得好的坚强战斗堡垒。要发挥集体智慧，弘扬团队精神，把全区各族干部群众的力量凝聚成推动“文化畹町”建设的强大合力。

（四）雷厉风行，加力提速，在工作作风上突出一个“快”字。要坚决摒弃办事拖沓、四平八稳的官僚主义作风，杜绝推诿扯皮现象的发生。所谓“快”字应集中体现在三个方面：一是把握上级党委、政府的领导意图要快。要在最短时间内吃透会议和文件精神，做到心领神会。二是布置工作要快。要见微知著，科学研判，果断决策，做到多谋善断。三是抓工作落实要快。要做到雷厉风行、立竿见影。

（五）严明纪律，奖优罚劣，在督促检查上突出一个“严”字。要加大项目建设督查力度，实行项目推进定期报告制度，积极配合省、州、市加强对畹町包括文化项目在内的一切项目建设的督查工作，提高督查工作质量，加快项目推进速度，确保上级党委政府的决策部署落实到位。坚决做到奖惩分明，毫不姑息。

多少事，从来急，天地转，光阴迫，一万年太久，只争朝夕。发展的蓝图已经绘就，前进的号角已经吹响。让我们在党的十七届六中全会和十八大精神指引下，在州委州政府和市委市政府的坚强领导下，锁定目标，埋头苦干，开拓进取，奋起直追，早日把畹町建设成为以历史文化为标志，处处散发着浓郁文化气息的历史文化名城；以先进文化为引领，充分彰显时代精神的现代文明之城；以文化产业为支撑，具备区域竞争力的文化发展高地；以文化创新为追求，具有强大影响力的国际商贸文化旅游城市！

【作者：中共瑞丽市委常委　经济开发区工委书记】

搭建高职教育“立交桥”和构建现代职业教育体系

董 兴

发展应用本科，是把高等职业教育作为高等教育的一种类型来发展的客观要求，是办好人民满意的高等职业教育的迫切要求，是搭建高等职业教育“立交桥”和构建现代职业教育体系的内在要求，关乎整个职业教育的科学、健康、持续发展。

应用本科培养的是生产建设和管理服务一线所需要的高层次应用型人才。发展应用本科，必须解决好人才培养目标定位、人才培养模式系统创新及条件保障支撑、专业服务社会和文化传承能力提升等问题。

为主动适应区域经济建设和社会发展对高层次应用型人才的需求，云南民族大学于 2002 年成立了职业技术学院。次年，学院以教育部立项的“国家紧缺人才培养培训工程实施单位”和省教育厅审批设置的相关应用本科专业建设为起点，开始了高层次应用型人才培养的系统研究和探索。经过 10 年的研究与探索，从专科起步，到应用本科，再到研究生教育，搭建了高等职业教育“立交桥”，初步创新构建了高职专科教育、应用本科教育、研究生应用型人才培养的高等职业教育体系；构建了知识、能力、素质三维一体的高层次应用型人才培养模式总体指导性框架；创新了与行业企业专家共同进行人才培养方案开发的方法和程序；以就业为导向，以质量为核心，构建了对学生就业创业较具实效性的就业创业促进保障工程和教学质量保障评价体系。

解决了应用本科及人才培养目标规格定位问题。应用本科教育要体现高等职业教育的“高等、职业、教育”三维属性和特征，遵循高等职业教育的规律，坚持“以就业为导向，以服务为宗旨，产学研结合”的办学方针。

解决了高层次应用型人才培养模式系统创新问题。围绕人才培养模式基本要素，学院系统构建了知识、能力、素质三维一体的高层次应用型人才培养总体框架，各类专业在总体框架指导下结合自身特点，进一步探索创新各具特色的人才培养模式，建立了与行业企业共同设计人才培养方案和开发课程体系的制度，构建了体现知识、能力、素质三维一体有机融合的基础课程系统、能力课程系统、素质课程系统的“三系统”课程体系，进行了教学组织和方式、教学手段的改革。

解决了条件保障支撑问题。学院把专业既作为教学管理平台，又作为优质教学资源的整合平台，通过资源整合有效改善办学条件。

解决了服务社会和文化传承能力提升的问题。学院建立了一批教育教学与服务社会有机融合的公共服务平台，增强专业服务区域经济社会发展的能力，为培养一线需要的应用型人才提供有力支持；建立高等职业教育文化传承平台和载体，充分发挥高职教育在文化传承中的作用。

结合 10 年的实践探索，从理论上进行了提升，对层级式人才结构理论进行了补充。根据国际上通行的层级式（四层级）人才结构理论，结合中国实际，补充了技术劳动者——工作型人才的基础层级，提出具有中国特色的五层级式应用型人才结构观点。

理论研究和实践探索证明，应用型人才培养主要由职业教育体系来实现和完成。应用型人才是指知识应用能力较强、职业能力较突出的人才，其完整培养体系包括初等职业教育、中等职业教育、高职专科教育、应用本科教育和研究生高层次应用型人才培养等多个层次，分别培养技术劳动者、初级技能型人才、高技能型人才、技术开发应用型人才和知识技术开发应用型人才。

【作者：云南民族大学职业技术学院院长】

进一步推进社区文化中心建设 把“文化惠民”实实在在落在基层

陈甦萍　黄爱忠

社区文化中心是最亲民、最惠民的文化建设与发展的阵地，是满足社区居民精神文化需求的基本落脚点，更是真正落实中共十八大关于文化强国战略部署的重要窗口。十二五期间，上海市人民政府在社区公共文化建设中以科学发展观为统领，以“保公共、保公益、保基本”为原则，基本建成了功能比较齐全完备的公共文化服务体系，基本满足了广大市民群众的基本文化需求，上海的居民日益感受到社区文化给他们生活带来的快乐、便捷。该举措也在全国处于领先地位，为促进城市文明程度的提高做出了一定的贡献。所有成绩的取得都是各级领导的高度重视和大力支持的结果，当然也离不开一大批热爱社区文化中心事业的专业人才的努力工作和辛勤付出。

毋庸讳言，根据市委、市政府下发的《关于加强本市社区文化活动中心建设和管理的指导意见》和“上海市社区文化活动中心基本配置要求和配置原则”，无论是在功能、项目、使用面积、配置内容等方面的硬件建设上，还是在服务内容、产品、对象、手段和品牌特色等诸多运营管理的软件方面还都存在诸多不足，社区公共文化服务体系建设方面还有许多工作要做；与建设文化大都市的目标相比、与快速发展的社会对公共文化服务的要求，特别是全市社区文化活动中心的均衡发展与建设相比还存在差距；与胡锦涛同志十八大《报告》“为人民提供更好更多精神食粮”的精神以及更好满足社区老百姓日益增长的精神文化需求之间，还存在着诸多差距，社区文化活动中心建设在新形势下面临着很大的挑战。据我们了解：全市社区文化活动中心建设存在不均衡，即：中心城区与远郊区（县）存在不均衡；在服务不同年龄、不同人群上存在不均衡；在服务资源和服务需求的匹配上存在不均衡；公共文化设施间的利用程度不均衡，部分社区设施和活动项目的利用率不高。

一、基本存在以下现状：

（一）目前全市一部分“中心”的硬件配置（功能、项目、面积、配置内容）未能达标或存在缺项。

按照“基本配置要求”的统一标准，每个“中心”按照其功能定位，必须配置文体活动、信息中心、社区教育、综合服务等四大板块十多个功能项目。我们发现：相当部分“中心”的配置要求没有得到全面贯彻执行，有一些的“中心”功能定位与内容设置还不到位，存在项目缺项，使得一些公益性基本保障项目不能保障社区群众的基本文化享受。

1．建筑面积不达标。根据“基本配置要求”对硬件建设的刚性标准和要求，“中心”的建筑面积不得低于3500平方米，3500～5000平方米为达标。我们获悉：一些市民表示“中心”活动空间“不太够用”和“不够用”意见的占41.3%。

“中心”既有属于分散性的还有“拼凑型”的，其中还有的“中心”大部分与其他单位合用，并非真正独立的“阵地”（郊区（县）由于空间资源充沛达到的比例相对较高，但设施设备由于经费音素配置较低）。

2．“鸠占鹊巢”现象较为严重。不少“中心”被各种非文化类机构“侵占”（尤其是中心城区）。其中最多的中心内挂有十多个非文化类机构的牌子。由于不少“中心”原本就是旧房改建，无法按标配置，加之其他非文化类用途项目的“加塞”，使得“中心”的活动场地更显局促，无法满足社区团队开展文化活动的需求，从而在硬件上大大制约了“中心”的功能拓展。

3．功能、项目配置不全。根据“基本配置要求”的规定，“中心”必须配置文体活动、信息中心、社区教育、综合管理等四大板块9个功能。而有的街镇“中心”存在的问题是：

（1）信息中心名不副实。信息中心的运营仍停留在初级阶段，为居民提供的服务也仅仅是一般社会上“网吧”的功能，其主功能并未充分的、很好的发挥。

（2）社区教育尚欠完善。社区学校数量不少，开班也热热闹闹，但功能薄弱，没有完全、真正承担其应有的社区教育培训的职能。

（3）项目内容缺失。虽然“中心”设置了诸如“多功能厅”、“展示陈列室”、“亲子室”、“健身室”、“视听室”、“游艺室”、“棋牌室”、“排练室”、“乒乓室”、“图书馆”等“项目”。但调查数据表明，“中心”中配置“亲子室”和“健身室”的分别只有60%和50%，是最缺项的项目。

4．必要的配置不足。如“基本配置要求”规定：多功能厅要配置200席以上的座位；社区图书馆中的“少儿图书馆”不少于80平方米；“信息苑”的电脑不少于50台；“社区教育”中每个教室可容纳40人，等等。

（二）、有部分“中心”在运营、管理等方面软件建设方面相对滞后。

近年来，通过市文广局加强“中心”制度化建设与管理，不断提高公共文化服务水平，切实维护和保障广大居民的基本文化权益，特别是2011年组织专家组评估全市各社区文化活动中心，对促进“中心”建设有推动，但我们还是发现各“中心”在运营中存在着的一些问题。

1．服务对象比较单一，无法体现“普惠性原则”，文化服务的覆盖面亟待拓宽。

（1）在年龄分布上，有调研数据显示，参与“中心”文化活动的群体中50岁以上的占比为83.7%，这说明中老年人群是当前“中心”活动的参与主体，且女性居多，而年轻白领及同年龄层的社区青年人群的比率最高仅为5.9%。

（2）在文化层次分布上，参与“中心”文化活动的人群中高中、初中、小学人数之和占比为63.9%。学历层次偏低，使得“中心”文化活动难以产生较大的影响力和广泛的吸引力。

（3）外来务工者参与文化活动机会甚少。我们在走访中发现，“中心”对他们所能提供的文化服务十分有限。虽然近年来农民工者们的物质生活条件明显改善，但他们的精神文化生活普遍比较贫乏（虽然在节日有为农民工送免费电影，但平时较缺乏）。下班后只能以看电视、打扑克、看街景消磨时光。少数闲来无聊的农民工甚至参与了赌博嫖娼、打架偷盗等违法犯罪行为，严重影响社区的稳定，败坏了社区风气。根据对这一群体的抽样问卷调查显示：几乎60%的人没有进过多厅影院，70%的人不了解公共图书馆。男性农民工工余时间的主要消遣方式的调查问卷显示：“无所事事”（67%）、“找老乡聊天”（40%）、“打牌或者打麻将”（19%）、“给家里打电话”（19%）、“喝酒”（11%）。其中无一填写“看书读报”、“听广播”、“看电影话剧”。

由此可见，我区中老年人群（特别是女性）在“中心”能找到适合自己活动的空间，但“中心”文化活动缺少了年轻白领、三口之家和外来务工者的参与，这说明“中心”的供需不太匹配，文化活动内容的广度和深度显得比较单一呆板和浅显，服务的覆盖面亦不够，从而导致经常性人气不足，乃至很多“中心”晚上黑灯瞎火。

2．服务产品比较单调，无法满足多层次文化需求。常常看见“中心”的“棋牌室”、“健身室”、“排练室”等人满为患，而其他诸如“音乐室”、“绘画室”、“图书馆”等人员较为稀少。原因在于“中心”缺乏可持续发展规划，文化服务产品供给比较单一，不能做到喜闻乐见，所以受到冷遇是必然的现象。

3．服务的内容手段比较匮乏，无法有效供给。目前相当部分“中心”均存在公共文化产品的内容提供和供给方式尚不能满足社区居民群众日益增长的多样化文化需求、设施利用率不高的问题。由于没有根据不同服务对象来合理设置服务内容，因此各“中心”普遍存在“上午有人下午没人，下午有人晚上没人”的现象。老年人上午来早锻炼，戏曲爱好者下午来练唱，但一到烧晚饭时，“中心”立马门可罗雀。“中心”也考虑到运营成本等因素，延长开放往往得不偿失，所以早早关门大吉。如此往复循环，造成了“中心”硬件设施利用率低、服务人群单一的问题。

4．服务时间比较死板，无法吸引不同工种居民的参与。目前“中心”的开放时间基本上每周56小时，结果造成了“人家上班它开门，人家下班它关门”的局面。上班族，尤其是年轻白领、外来务工者无法参与活动、共享“文化大餐”了。

二、我们的思考和建议

“中心”是由政府主办、以文化服务为主体、以现代信息技术为支撑、以满足社区居民基本文化需求为目标的集文化娱乐、科普教育、体育健身、信息传播于一体的新型的多功能的公益性文化设施。它的体系化的建设、健全和完善及其运营、管理涉及到了广大社区居民群众基本文化权益的共享问题。因此，必须引起我们的重视，本着按照“指导意见”和“基本配置要求”的规定，坚持“政府主导，公益服务，群众受益”的原则，希望通过政府及有关方面的共同努力，进一步推进社区文化活动中心建设上台阶，使它们都成为功能齐全、运营规范、服务到位的场地多功能、人群全覆盖、服务全天候、项目全方位的“大舞台”，真正确保社区人民群众“共享文化大餐”。

为此，提出如下建议：

（一）及时梳理、整改现有“中心”的硬件设施，使之在功能、项目、面积和配置内容上符合“基本配置要求”，并彻底回归文化属性。这是健全、完善社区公共文化服务体系的必要条件。

1．面积空间确保达标。建议政府有关部门，对“中心”中现有的挤占文化用房及行政办公用房进行梳理，给予整改和调整，确保每个“中心”都达标。舍得为老百姓投资，为广大老百姓共享改革开放带来的文化成果创设有利条件。

2．功能项目确保齐全。“中心”内应当根据其基本功能用途和社区居民的实际需要，设立社区学校、社区信息苑、社区图书馆、健身活动室、娱乐活动室、团队活动室、展览陈列室，和具备放映数码电影、举办文艺表演、开展联谊活动等条件的多功能厅。建议各区县各级政府有关部门在学习贯彻落实十八大精神，将“文化惠民”真正落在实处，参照“基本配置要求”，完善各“中心”的诸多必备“功能”和“项目”，使之成为功能齐全、项目完备的文化活动场所，为社区广大群众参与、开展各类文化活动创设有利条件。

3．配置内容符合规定。建议政府有关部门认真落实“基本配置要求”的有关规定，为未达标的“中心”配全所有的“内容”，并通过有效的监督和保障制度、运营、管理手段，使这些“配置内容”真正与“功能”和“项目”达成匹配，并发挥作用。

（二）健全“中心”软件建设中的各个渠道和环节，充分发挥其应有作用。这是完善社区公共文化服务体系、造福于民的关键所在。

一个功能较为完备齐全、运营管理较为出色的社区文化活动中心应该成为社区“文化惠民”的中心载体，社区居民共享“文化大餐”的乐园，应该成为所有居民阅读、上网、健身、休闲、娱乐的丰富多彩的日常文化生活的好去处。所以，“中心”的建设、运营管理必须坚持“党委领导，政府管理，社会参与，服务群众”的原则，建立强有力的管理和运作机制。

1．准确定位文化服务对象，有效提升覆盖面。

要想方设法吸引更多的中青年和白领人群、外来务工者到“中心”来共享“文化大餐”。同时，在满足较多低学历居民的文化需求时，还要让更多高学历人群“登堂入室”，这是“中心”拓展社区文化覆盖面的现实基础。因为如果这一群体的经验、知识和能力得到恰当的组织和发挥，就可形成中坚力量，带动社区人群文化品味的提升、社区公共文化内容的丰富，进而对更多高学历、中青年人群产生良性的循环吸引。

2．科学提供文化服务产品，保障有效供给。各“中心”要广泛发动社区群众参与“中心”的发展，以菜单化的方式，让社区群众自主参与、选择和决定“中心”的项目设置、活动安排、内容取舍等，实行双向互动，尽可能做到“群众点菜、市场做菜、政府买菜”，从而摒弃长期以来形成的“我说你听、我演你看”的单向灌输的习惯性做法，尽最大努力满足社区群众的实际文化需要，努力在活动中逐步培养社区群众的公民意识，真正体现社区文化活动中心的公益性。

3．服务供给要兼顾“雪中送炭”和“锦上添花”。参与“中心”文化活动不仅使老百姓能够通过活动，及时解决自身不少烦恼和问题，而且大众的文化活动还可为人们带来更多的满足感、愉悦感，幸福指数也会随之提升，可见“雪中送炭”非常必要。我们发现，当今社区人群对知识性和艺术性的渴求已明显处于一个高位，他们希望在文化活动中丰富见识、提高艺术水平、完善自我。因此在满足了居民娱乐休闲方面的需求以外，“中心”还应在进一步提升技艺、完善自我、成就自我等方面有所作为，如可以适当增加一些较高层次的“锦上添花”的高雅艺术活动和项目。

4．服务产品的供给要兼顾“下里巴人”和“阳春白雪”。“中心”的主办者要依据社会及不同人群的文化需求，因地制宜引进、创设广大群众喜闻乐见的“自选”活动项目很有必要。如在青少年活动内容设置中可多上一些有益于青少年身心健康的、喜闻乐见的活动项目，不断满足青少年求知求乐，在潜移默化中引导帮助他们树立正确的世界观、人生观和价值观；对中青年则应根据他们成才、娱乐、休闲的文化需求，提供一些符合他们需求的专属空间和活动项目，吸引到“中心”来。还要积极组织开展针对外来务工者的特点，设置适合于他们参与的文化活动，使他们不仅成为我区城市建设的参与者，而且成为社区文化成果的共享者和受益者。

5．合理设置文化服务时间，方便众人参与。

要通过对服务对象的细分和活动时段的调整，合理设置文化服务时间，各“中心”的服务项目应尽可能根据地区市民的需求增加开放服务时间，但关键还在于“中心”要解决好活动内容设置的普适性、活动项目的层次性、文化活动的有效策划组织等问题。这样，文化活动丰富多彩了、文化项目层次提升了、活动组织有序了，人们参与得多了，开放时间自然而然就延长了，“中心”的设施利用率也就提高了。

6．建议尝试吸纳社区中已有的、活跃的、有资质的群众性、自发性的文化团队参与“中心”的项目运作。既当“观众”，又当“演员”，还当“导演”；既不增加运作成本，又能实施有效管理，还能凝聚活动人气，提高文化团队自身的业务水平和自我完善的能力，实现“中心”和文化团队之间、文化硬件和文化软件之间相辅相成、相得益彰的良性互动。

三、结语

相信只要上下一心，切实把十八大提出的“文化惠民”落在实处，通过制度化的建设与管理，从“三基”抓起（基本、基层、基础），为建设文化强市、为文化惠民而立足基层、夯实基础、巩固基本，不断提高服务水平，扎实地将“中心”硬件、软件建设抓实抓好，让“中心”保持持续的良性运转，使“中心”真正成了社区居民文化求知的校园、艺术耕耘的田园、精神文明建设的花园、享受生活的乐园。这样社区文化建设事业就会向着费孝通老先生所倡导的“各美其美，美人之美，美美与共，天下大同”的目标迈出了坚实而可贵的步伐。

【作者单位：上海市长宁区沪剧传承中心（长宁沪剧团）】

“共赢”文化促共赢

杜平安

在建设世界一流能源化工公司的进程中，洛阳石化以党的十八大精神为指导，以先进文化理念为引领，以政治优势转化为途径，积极倡导、践行“共建共享共赢、同心同向同行”的核心价值理念，全力打造“共赢”文化，将文化资源优势转化为企业核心竞争力，在共赢中实现了和谐，在和谐中迸发了合力，为企业持续健康和谐发展注入了强大精神动力。

一、强调一个“共”字

近年来，洛阳石化党政领导认真贯彻落实科学发展观，带动全体员工，在规模总量、技术指标、经营管理、和谐建设等方面取得了长足的进展。但是与中国石化“打造世界一流”的目标任务对比，与兄弟单位先进水平相比，还存在一定的差距。

经过认真分析，洛阳石化领导班子认为，差距的问题有客观原因，但根源还是思想认识问题。要改变企业面貌，建设世界一流，必须从抓思想入手。为此，洛阳石化积极创新工作思路，发挥先进理念的引领作用，提出了“共建共享共赢、同心同向同行”，主动以“共赢”文化回应各种利益诉求，以此来统一思想，凝聚共识。

洛阳石化的“共赢”文化，强调一个“共”字。这个“共”，就是指大洛阳石化的全体人员，既包括领导干部，也包括普通员工；既包括上市部分，也包括非上市部分和改制单位；既包括在职员工，也包括离退休人员和家属。这种开放包容的大局观念，得到了全厂干部员工家属的高度认可，真正凝聚起了方方面面的力量。

洛阳石化的“共赢”文化，还强调一个“同”字，即党政同心同向同行。领导班子响亮提出，党群工作与生产行政工作做的是一件事，党群工作是企业管理的重要组成部分，积极地围绕中心，融入中心，服务中心，推动中心，大力实施优势转化工程，把“一转双创”活动引向深入。洛阳石化将工程管理的理念运用到优势转化工程中，构建并实施“示范带动、先锋堡垒、和谐共建、文化提升、典型培育、廉洁风险防控、员工关爱、青年成长”等八项子工程，以此来深化“一转双创”主题活动，推动国企政治优势转化。

二、激发内在动力活力

经过积极倡导和不懈努力，洛阳石化广大干部员工逐步树立起“以共建保共享共赢，以共享共赢促共建”的思想观念，企业的党政之间、干群之间、上市与非上市之间、母体与改制单位之间、在职与离退休人员之间步调一致，心往一处想，劲往一处使，形成了想干事、能干事、干成事、干大事的和谐氛围。

通过践行“共赢”文化，广大干部职工的责任心和执行力明显增强，工作标准和工作绩效不断提升。现在，尽职尽责贡献企业的观念深入人心，关心效益、关注发展，主动工作、加班加点的干部员工越来越多，全面优化、持续提升的氛围越来越浓。非上市部分和改制单位，在赢得自身发展的同时，积极服务母体，用保生产、保效益、保稳定、保和谐的积极作为回报母体。企业的党政工作，切实做到同心同向同行，深度融合、高效运转。各基层党组织，以党员责任区建设为抓手，引导党员在治理“低老坏”活动中履职尽责、发挥表率作用，促进了设备维护和现场管理水平的提升，促进了队伍状态的提升，企业凝聚力增强。

在倡导、培育和践行“共赢”文化的过程中，广大干部员工踊跃参加“比学赶帮超”和生产经营优化活动，推动了企业经济效益的显著提升。统计数据显示，洛阳石化的炼油利润，在中国石化总部的排名已由 2011 年的第 34 名上升到 2012 年的第 26 名；企业吨油利润，由第 30 名一跃升到第 20 名；主要技术经济指标进步明显，多套装置进入总部优胜装置行列，特别是在 2012 年总部开展的炼油专业达标竞赛中，洛阳石化排名位居第一；2012 年，洛阳石化还获得了中国石化集团公司成本控制奖。

在社区，一批懂法律、有调解能力的老同志和老党员主动担任社会法庭的社会法官，帮助解决邻里纠纷，目前已调解各种案、事件 49 起。在厂区，绿化覆盖率达 48.83%，绿地率为 45.79%。由离退休老人组成的夕阳红义务督导队积极参与管理，在社区巡检出勤、疏导人流车辆、纠正乱摆乱放和不文明行为，成为一道亮丽的风景线。企业开展的幸福指数问卷调查的结果显示，居民对社区环境状况的满意度达98%；2300多名老同志中，有99.44%认为生活在洛阳石化很幸福。

三、营造和谐稳定氛围

打造“共赢”文化，就是要通过先进理念的引领，营造和谐稳定的氛围，调动各方面的积极性，实现激发内动力、赢得共同发展的目的。

洛阳石化远离市区，是独立的工矿区，社会依托条件差。为满足企业生产和职工生活的需要，洛阳石化把景区管理理念引入社区，加大社区精细化管理力度，积极为员工家属提供居住乐园，多方争取实现了天然气、热水入户，企业六个社区的幼儿园、小学、医院、餐饮点、老年活动中心、中心花园、健身文化广场等公共配套设施齐全，功能完善。企业把“让老同志幸福是我们的责任”作为工作理念，把老同志当财富、当资源、当帮手，用心、用情、用力做好离退休工作，积极改善老同志活动场所和设施，做到“大病住院到床前、丧事处理到灵前、遇到灾祸送温暖、春节慰问见见面”，进而把离退休队伍打造成了构建和谐社会、和谐石化的重要力量。

让厂区成为公园。洛阳石化以建设绿色环保型企业、为员工提供优美工作环境为目标，着力把厂区建成公园，建成花园式工厂。经过坚持不懈的努力，厂区四季常绿，三季有花，17条主干道形成了不同基调的道路景观。厂区内青年生态园种植乔灌草各种植物100多种，不同季节，不同色彩，不同香味的花草合理分布，玫瑰园、牡丹园区、休憩区等为职工提供休息娱乐的绿化区域，更有珙桐、曼地亚红豆杉等国家一级保护植物。鹿苑内，为河南省野生动物保护中心代养的十余头梅花鹿纵情嬉戏，在蓝天白云和炼塔管道的辉映下，呈现出一幅石化工业与自然环境和谐相处的美丽画卷。

洛阳石化还采取帮扶、慰问、送温暖、心理关怀、走向健康等措施，举办电影招待会、高水平体育赛事和群众性文体活动，使员工群众感受到了企业的关怀和温暖。充分发挥以职代会为主要形式的民主管理，不断畅通意见沟通和诉求反映渠道，营造了员工参与企业管理、关心企业生产的和谐氛围。高度重视非上市部分、改制企业的发展，提出并积极践行“大洛阳石化”观念，热情关心、规范支持改制企业发展，在内部市场、资源依托、内外关系的协调、扶持政策的争取等方面给予大力帮助，使上市与非上市形成了“一家人、一盘棋、一条心、一股劲、一个目标”的可喜局面。

【作者：中国石化洛阳分公司党委书记】

农村科教电影影片量小　面窄　内容陈旧的现状及对策

樊胜利

党的十八大报告中指出，要全面建成小康社会。根据十八大精神，要建成小康社会，必须使农民在科学发展的道路上发家致富，小康社会才能实现。农村数字电影院线公司，是本着“企业经营、市场运作、政府购买、农民得实惠”的思想进行运作的。给农民放映科教电影影片，使农民在科技的指导下走向富裕，就是让农民得实惠，就是走向小康社会。但是就目前农村科教片而言，已很不适应时代的发展。结合农村实际，农村科教电影影片量小面窄、内容陈旧的问题，已经是电影界迫在眉睫需改革创新的一大课题。

一、科教片数量太小

中国的西部有十二个省、市、自治区，土地面积681万平方公里，占全国的71%，人口约3.5亿，占全国人口的28%。为中国西部提供和放好与时俱进的科教电影，其意义不言而喻。

改革开放以来，给西部提供的科技电影确实不少，为工农业生产的繁荣昌盛发挥了巨大的作用。但是，中国的发展是突飞猛进的，中国已由“中国制造”发展到“中国创造”。创新是当前的主要话题。根据国家广电总局电影数字节目管理中心2013年提供的科教片来看，在352部科教片中，适合西部放映的科教片有313部，占89%，为数确实不少。但是，就一个地区而言，以延安为例，我们认为适合农村农民的科教片将近有40部，约占总科教片的11.4%。其实很多都不符合农民的口味，群众要求订购的科教片只有10部，占总科教片的0.03%。由此可见，科教片根本无法满足群众种植业、养殖业和文化娱乐等方面的科技需求。

二、针对性不强，涵盖面狭窄

中国的发展，就是科学技术的发展，因为科学技术是第一生产力。要全面建设小康社会，需要方方面面的共同发展，也就必须有方方面面的科学技术来指导实践。工农业发展需要科技，繁荣文化、改变生活质量、提高健康水平等等，都需要科技。我们必须用科学发展观来指导一切。包括科教片针对性不强，涵盖面狭窄的问题。电影科教片，就是宣传科技，指导实践的有效形式，发挥了其他艺术形式难以发挥的作用。我们的科教片应该对每一个方面、每一项技术，都要用高科技，新技术来进行指导，让其发挥生产力的巨大威力。

中国西部地大物博，人杰地灵，在改革开放三十多年的今天，新兴产业不断涌现。就文化产业而言，非物质文化遗产各地都有，要挖掘、继承非遗产业，培养继承人的科教片根本没有。农民对科教电影的需求内容多元化，需求数量大大增加。

三、科学技术陈旧，与科学发展很不适应

在当前能放映的352部科教片中，新版本很难看到，多数都是十几年前的落后内容，有些是20世纪90年代拍摄的科教片，只能列入收藏范围。

在农村，农民手中掌握的科学技术，比我们安排的科教片还要先进。比如中外驰名的洛川苹果，果农就不爱看《标准化优质栽培苹果》和《苹果高光效树形技术》科教片。果农说：“电影上讲的技术，还没有我的技术先进”。由此可见，科学技术陈旧的科教片，已很不适应时代发展的需求。

众所周知，世界是物质的，物质是运动的，运动必然发展，不会永远停留在一个水平上。中国西部农村的经济、文化、社会的不断发展变化，都需要用新的科学技术给予指导。发展仍是解决我国所有问题的关键。只有推动经济持续健康发展，才能筑牢国家繁荣富强、人民幸福安康、社会和谐稳定的物质基础。电影是文化事业，电影必须发挥文化引领风尚、教育人民、服务社会、推动发展的作用。如何改变农村科教电影量小面窄、内容陈旧的问题，应当从以下三个方面着手，努力改变科教电影内容陈旧的局面。

（一）鼓励作者、导演多出科教影片

综观我国电影行业发展大势，电影在扎实推进文化强国建设、使文化成为国民经济支柱性产业的历史进程中发挥了应有的作用，这是毫无疑问的。美中不足的是，与时俱进适应科学发展的新的科教片很少问世。就从《中国电影报》上来看，经常看到的都是电影制片厂拍摄的大型故事片，高票房影片层出不穷。也看到中小成本电影也越来越火，却看不到新的科教片的报道。当然，没有优质国产大片的中国电影是没有希望的。我国有 13 亿人口，人文关怀和接地气是最大特色。电影作者、导演应该考虑一下群众生活和科技方面的需求，调研西部地区全面建成小康社会应抓什么、干什么，群众缺什么盼什么。国家应向电影界给政策，给资金，鼓舞支持多出科教影片。文化政策是文化强国的决定性因素。国家只要给科教影片有文化政策，科教片定能百花齐放，百家争鸣。

（二）地方院线公司自己拍摄科教片

中国电影服务的是全国人民，量大面广，不可能面面俱到。地方院线公司的工作重点是电影惠民当地群众。要想让老百姓实打实看到符合当地发展的科教片，关键还要靠我们院线公司自己来拍摄新的科教片，这样，针对性才强。近两年来，全国已有部分农村院线开始自行拍摄一些农村题材影片，受到了观众的好评。群众文化活动有条最基本的经验，就是由身边人演身边事，来鼓舞身边人。其原因是群众看到身边实实在在的事情，所以就愿意看，看了受启发、受鼓舞。我们院线公司根据群众致富的实践经验，拍成具有当地方言、当地风情、当地文化韵味的科教片，定能吸引群众观看，定能指导群众从种植业、养殖业和多业发展上勤劳致富。当然，局部经验不能作为普遍真理，但局部经验来指导局部工作，照样具有真理性，定能在当地和外地同行业中发挥积极的推动作用。院线公司要拍摄科教片或当地故事片，需要国家从资金上给予配合，共同完成地方性数字电影科教片的策划、拍摄和发行工作。我们各地院线公司都具备有拍摄条件和放映市场，何乐而不为呢？

（三）调动多方因素多放映科教片

数字电影放映是科教片制片、发行、放映产业链的终端，是科教电影市场回收电影收入、产生社会效益的重要环节。所以，科教电影放映的好坏，决定着科教片发展和繁荣的程度。几年来，为了保证一村一月一场的公益惠民电影放映任务，让群众看到并好看电影，我院线采取以下方式满足农民群众致富经验、法律知识、科教信息、廉政建设、交通安全知识等影片的观影需求。

一是与群众交流互动，将科教片推荐给群众，让群众参与挑选影片。二是通过技术比武，提高放映员技术技能，全面提高数字电影放映质量。三是改善放映员工作条件，解决放映员安全顾虑等，保证放映设备良性运转。四是开展“一站一特”义务服务活动，密切群众关系，提高观看率。五是积极推进城市和乡镇广场数字电影建设，保证城市低收入居民和进城农民工都能看到看好科教片和故事片电影，由农村“月月看”向城市“周周看”过渡。六是逐步建立农村固定放映点，把露天放映向室内放映转移，由“站着看”向“坐着看”发展。总之，让群众由“看到电影”向“看好电影”转变。

综上所述，只要能推出与时俱进、有针对性的科教片，解决量小面窄内容陈旧的问题，加之数字电影院线公司全力推荐放映，必将能提高农民的科学文化素质，增强农民的科技实力向生产力转化的能力。发挥农村科教电影的社会效益和经济效益，为文化强国作出奉献。

【作者单位：延安市农村数字电影有限公司】

高职校园文化与行业文化对接的意义和路径

——以交通高职院校为例

江定涛

我国大部分高职院校（或前身校）都曾多年来服务于某些特定行业企业，具有强烈的行业性色彩，“立足行业、服务行业”的理念是各高职院校办学的宗旨。当前，在推进文化改革发展的大背景下，高职教育理论界和实践界对行业文化与校园文化对接的关注度与日俱增，高职特色校园文化正得到不断培育和提升。行业文化凝聚着行业的价值观、发展观，是行业的核心和灵魂，在高职校园文化建设中对接行业文化，是提高高职院校核心竞争力，打造高职教育特色品牌的重要途径。

一、高职校园文化与行业文化对接的意义

高职院校与普通高等院校的校园文化建设既有相同之处，又有自己的特殊属性，在高职院校校园文化建设过程中，不仅要重视高校文化建设的一般规律，更应注重培养高职教育自身

的特质，而在高职校园文化建设中对接行业文化正是这种特质形成的重要途径。在校园文化建设中对接行业文化，融入行业文化，有利于进一步提升行业人才培养的实效，深化高职教育的内涵，突显高职校园文化的特色，促进学生职业素质的养成，增强高职思想政治教育的效果，将行业文化在校园文化中得到内化。并形成融合行业文化精髓和本校特色的校园文化，从而推进高职院校实现内涵式发展。

（一）有利于提升行业人才培养的实效

高职学生通过接触行业以及行业文化，能够切身感受到行业精神、行业核心价值观、行业使命、共同愿景等，能够在文化氛围的熏陶下自觉地树立起使命感和紧迫感，激发起学习专业知识与技能的内在动机，增强学习的目的性和成才的自觉性，更加端正学习态度，加倍珍惜学习机会，努力提高学习成绩。通过行业文化环境的创设，能够培养学生关注行业动态的主动性，使学生自觉去了解行业的方方面面，在实践活动中修德砺能，知行合一，主动提升职业修养、重新进行自我定位，提高他们毕业后到行业工作的适应能力，缩短就业后适应行业岗位的时间，认识职业，逐步敬业，达到乐业，较快完成从"学生"到"行业员工"的角色转换。

（二）有利于深化高职教育的内涵

当前，高职教育已进入内涵式发展阶段，要加快内涵发展，打造高职教育品牌，培养能够满足生产、建设、服务、管理第一线需求的高素质技能型专门人才，高职校园文化建设就应该要有针对性，要突出先进的、独特的校园文化来引领学校科学发展。高职院校将行业精神、核心价值观、行业使命、行业职业道德等在校园文化建设中得到内化，成为校园文化的重要元素，将使校园文化氛围带有浓郁的行业文化色彩，有利于学生的成长成才，有利于进一步指导学校的办学方向，突出学校的办学特色，明确学校的教学理念，定位学校的品牌形象。

（三）有利于突显高职校园文化的特色

高职院校服务地方经济、行业发展的特征决定了高职教育是与市场联系最为紧密的教育，以服务行业为宗旨、以促进就业为导向，是高职院校教育的重要目标，这一特性决定了高职院校与普通高等院校校园文化建设的特殊之处。因此，在高职校园文化建设过程中，不仅要重视高校文化建设的一般规律，而且更应注重高职校园文化独特内涵的培育，而这种独特内涵形成的重要来源之一，就是对接行业文化。导入行业元素，融入行业建设，加强校园文化与行业文化的渗透融合，是提高高职院校核心竞争力，打造高职教育特色品牌的重要途径。

（四）有利于促进学生职业素质的养成

高职学生除了具备必要的专业素质技能外，还应具有爱岗敬业、恪尽职守的职业意识，严谨负责、一丝不苟的职业纪律，顾全大局、团结协作的合作精神等等。这种职业素养仅仅通过知识和技能的学习是无法真正形成的，而要通过一定的职业文化氛围熏陶冶。通过对接行业文化，高职学生能够从中体会到行业发展建设，开拓创新的难度和进取精神；体会到行业各条战线广大职工顽强拼搏、努力奋斗的优良传统；体会到行业的光辉业绩、历史积淀和时代追求；从而促使学生建立起行业的荣誉感和使命感，进一步引导和规范学生的思想和行为，使学生逐步了解、习惯和自觉遵守行业的素质要求，为高职生把专业知识向职业能力迁移提供了桥梁。

（五）有利于增强高职思想政治教育的效果

行业文化凝聚着行业的价值观、发展观，是行业的核心和灵魂，其体现在发展建设管理中的精髓能促进人的发展，使人格素质得以全面提高。如交通运输行业文化中的"艰苦奋斗、勇于创新、不畏风险、默默奉献"（交通精神）、"人便于行，货畅其流，服务群众，奉献社会"（行业核心价值观）、"爱岗敬业、诚实守信、服务群众、奉献社会"（职业道德）、"建设一个畅通、高效、安全、绿色的现代交通运输系统"（共同愿景）等理念，能促使交通高职院校学生透过行业文化，树立正确的价值取向和对行业的认同感，有利于进一步增强高职思想政治教育的效果，进一步塑造高职学生良好品德，是实现春风化雨般思想政治教育的有力举措。

二、交通运输行业文化的内涵特征

《交通文化建设实施纲要》(交体法发〔2006〕349 号)指出：交通文化是交通行业在长期的交通发展实践中逐步形成并不断积累的，体现行业价值理念的各种精神文化、制度文化和物质文化，是交通事业发展的重要成果，是行业文明程度的重要标志。交通运输行业文化是一种以价值观为基础和核心，包括行业使命、共同愿景、交通精神、职业道德、行为规范等内容的整合体，是社会文化与交通建设、管理实践相结合的产物，是一种思想导向和精神力量。交通运输文化大体呈现以下 5 个基本特征。

（一）在建设上体现基础性

交通运输是社会经济生活得以开展的硬件方面的基础性结构，是国民经济发展的动脉，是社会其他各项事业可持续发展的重要载体。"人便于行、货畅其流"的行业核心价值观体现了交通运输作为国民经济基础产业的基本功能定位和特征。交通运输行业打造的"公路文化"、"高速文化"、"海事文化"、"道路运输文化"、"交通执法文化"、"机关管理文化"等文化内涵，无一不体现着交通运输适应国民经济发展和建设小康社会基础性需求的精神理念。

（二）在发展上体现先行性

交通运输业既是国民经济的重要基础结构，又是一个先行部门，它处于生产和消费的中间环节，在国民经济发展中起着纽带作用。近年来，我国致力于加快交通运输基础设施建设，大力发展交通运输业，交通建设的不断完善对我国经济的发展起着巨大的推动作用。"要致富，先修路，小路小富，中路中富，大路大富，高速公路快富"已经成为广大劳动人民的共识和心声，这也是交通文化先行性特征得以推广和弘扬的社会心理基础；又如，福建省提出的交通运输行业精神内涵——"一通百通，海西先行"，亦是交通文化先行性的典型体现。

（三）在理念上体现服务性

交通运输与社会生活、经济生产联系的紧密性，决定了作为物质形态的交通文化具有明显的大众性特征。"发展现代交通，做好'三个服务'"，是交通运输的行业使命。其中，服务国民经济和社会发展全局，是交通运输工作的总任务；服务社会主义新农村建设，是交通运输工作的重中之重；服务人民群众安全便捷出行，是交通运输工作的根本要求。“三个服务”体现了交通运输行业的本质属性，体现了交通运输行业的神圣使命，是交通运输行业基于交通属性对行业使命所做出的价值选择。如，福建省交通运输行业近年来形成的“情满旅途”、“雷锋车”、“服务无限，真诚永远”、“文明窗口”等交通文化服务品牌，就是在交通文化理念上体现服务性的具体诠释。

（四）在职业上体现奉献性

长期以来，交通运输行业各条战线广大职工，立足我国交通建设任务繁重、经济基础薄弱的基本国情，胸怀高度的使命感和责任感，大力推进交通现代化建设，创造了可歌可泣的光辉业绩。无论是工程施工和抢险救灾，还是海上安全保障和人命财产救助，无不存在一定风险，交通运输行业职工总是时时表现出奋不顾身、顽强拼搏的崇高气节；交通建设、运输和管理大多是在气候恶劣、地形复杂、人烟稀少的特殊条件下展开的，交通运输行业职工总是恪尽职守、默默奉献，保障了交通运输事业的大发展。奉献社会是职业道德的最高境界，交通运输行业职工将奉献社会作为职业道德建设的出发点和归宿，在奉献中实现了自我价值。

（五）在环境上体现生态性

交通运输的“绿色”理念是行业的共同愿景的重要组成部分，体现着交通运输发展与自然环境、人文环境的协调关系。“绿色交通”意味着交通发展要科学规划，科学设计，尽可能地节约交通运输基础设施建设土地占用，高度重视保护生态环境。如，福建交通运输系统近年来涌现出的“公路青年绿化带”“厦门路桥隧道文化”、“泉州桥文化”、“龙岩三层绿化体系”等生态文化品牌，特别是福建各级公路部门致力建设具有地域特色的生态公路，强化“畅安舒美”理念，积极营造“车在路上行，人在画中游”的动态美感，都突出体现了交通运输发展与生态环境的和谐共融。

三、建设具有鲜明行业特色高职校园文化的策略思考

文化是一所大学的灵魂和旗帜，是大学思想、制度和精神层面的一种过程和氛围，是实现和推动大学职能的动力源泉和精神力量。在建设具有鲜明行业特色高职校园文化过程中，要始终把建设大学精神文化作为高职院校科学发展跨越发展的切入点、着力点和突破点，充分发挥并体现文化引领的重要作用。

（一）思想先行，提高建设具有鲜明行业特色高职校园文化的普遍认识

首先，要在思想上充分认识高职校园文化对接行业文化的重要性。要站在促进高职教育科学发展、跨越发展的高度，明确高职校园文化与行业文化对接的“五个有利于”，使行业文化对接培育真正成为学校校园文化建设的重点工作，真正成为学校实现内涵式发展的一件大事，真正成为广大师生的自觉行动。其次，要明确高职校园文化建设对接行业文化是一项长期性、系统性工程。长期性决定了校园文化建设不可能“毕其功于一役”，需要全体教职员工统一认识，提高重视，相关部门齐抓共管，持之以恒，促使校园文化与行业文化的对接在人才培养的各个环节中得以体现；系统性要求我们要从文化构成精神、物质、制度等层面去整体规划校园文化建设，避免有点无面或把娱乐活动作为文化建设主体内容的片面做法。第三，要充分调动行业参与高职校园文化建设的积极性。寻求行业支撑，进一步研究行业化办学的体制机制，营造学校与行业密切合作、协调推进的良好氛围，这样不仅有利于增强学校的活力和实力，提高学校办学质量和水平，而且对行业的人才发展也会起到有力的推动和支撑作用。

（二）用好平台，构筑建设具有鲜明行业特色高职校园文化的阵地基础

一是实践平台。依托校内实训（验）室、工作室，与行业系统单位合作，建设对接的教育和实践基地，为学生提供更为生动、丰富的教育素材，提供更多了解行业、接触行业的机会。二是宣传平台。要整体规划校园文化阵地建设，在校园内树立有关行业精神、行业核心价值观、行业使命、行业共同愿景等标语牌；在教室里张贴行业名家经典言论，宣传橱窗中展示行业校友简介、行业发展动态；建立包含交通精神、交通人物、交通港口、交通通道、交通物流、汽车文化、路桥文化、海运文化等内容组成的交通文化网站，在校园文化宣传阵地建设中突出行业的特点。此外，重点建设集美观、实用、富有行业文化内涵的景观雕塑，如，交通高职院校可建设扬帆起航的巨轮、四通八达的路桥、悠长深邃的隧道等，让学生感到耳目一新，信心倍增。三是交流平台。要建立高职院校与行业互动交流平台，学校在充分了解行业发展动态的同时，还可以根据行业发展趋势科学设置急需专业和培养紧缺人才。交流平台的建立，有利于高职院校更加贴近行业，跟进行业发展步伐为行业力所能及地解决一些理论与技术问题，并为学校带来相应的效益。此外，可以进一步延伸平台的功用，利用行业为学校开展助学活动、订单式培养人才，学校为行业开办培训班和利用实训基地开展行业技能鉴定服务等，实现双赢目的，同时也使得学校的教育功能、培训功能和技术开发功能得以充分发挥。

（三）打造品牌，突出建设具有鲜明行业特色高职校园文化的工作实效

一是打造品牌活动。积极深入开展体现行业特色的文化实践活动，在学术研讨、学术讲座、文艺演出、社会实践等活动中融入行业文化的相关内容，更多地体现职业认知、职业情感、职业道德和职业技能等行业文化，并在活动中着力打造品牌效应和社会效应。如深化开展“贴近行业，点滴做起”专题研讨会、举办“行业杯”学生科技活动和专业技能竞赛、邀请行业精英来校举办讲座论坛等。二是建设品牌社团。大力加强对具有交通行业特色的学生文化社团的扶持力度，建设诸如汽车文化协会、交通物流协会、桥模爱好者协会等，促进高职校园文化对接行业文化建设的整体活跃。三是坚持项目带动。在对接行业文化活动中，要采取项目化运作方式，树立当代大学生喜闻乐见的文化活动品牌。坚持以“点面结合、资源共享、相互辐射、打造精品”的工作思路，精心策划、认真组织，重点培育扶持典型项目，注重以项目化运作带动多层次、多内容的主题活动。

（四）抓好保障，夯实建设具有鲜明行业特色高职校园文化的工作基础

一是人员保障。要把行业文化纳入高职校园文化建设的整体规划，统筹管理，要依托行业，紧紧依靠广大师生，成立高职校园文化对接行业文化建设委员会，主要成员包括院校领导、思政教育管理人员、骨干教师、行业优秀高层管理人员，定期或不定期组织校园文化建设专题会议。二是制度保障。建章立制，落实工作责任制，从院系、部门、个人抓起，从小事抓起，定期开展检查、评议、调研，杜绝和克服“口号喊得震天响，具体事情无人管”等不良现象。三是物质保障。物质保障是校园文化建设的基础载体，高职院校因为历史短、起点低、基础薄弱、投入不足等原因，绝大多数高职院校的硬件设施始终是发展中的薄弱环节。高职院校的物质校园文化的建设和发展要有自己的模式，必须在物质层次上呈现出明显的行业色彩。此外，要加大对高职校园文化对接行业文化项目活动的投入，如设置固定的活动经费，专款专用；为活动提供稳定的办公、活动场所；在政策上为活动的开展、场地的使用、行业专家人员的聘请开方便之门等。

（五）与时俱进，加强建设具有鲜明行业特色高职校园文化的理论研究

高职校园文化建设应着力加强总结研究，充分认识文化建设的长期性和系统性，处理好文化建设中的共性与个性问题，并注重项目化运作重点突破与推进文化全面繁荣相结合。在对接行业文化过程中，要善于总结提升，与时俱进，充分发挥高校科研理论研究优势，整合校内的研究力量，为文化建设提供智力支撑。如在高职校园文化与行业文化对接基地建立行业文化研究机构，把学校教育与行业教学、理论教育与实践教育结合起来；成立行业文化研究团队，开发系列文化教材；各个专业也要有专业教师进行相关行业职业的文化研究；思政课教师要深入探索进一步增强学生对行业文化、行业理念、行业发展历程等认识和了解的路径。高职校园文化对接行业文化建设要坚持与时俱进，积极研究符合文化发展规律的方式、方法，高职校园文化建设要注意运用新技术、新手段和新载体，通过多种途径，切实加强高职校园文化与行业文化对接的理论研究和实践探索，抢占文化对接的制高点。

【作者：福建船政交通职业学院党委书记】

传承中华文脉　创新古籍修复技艺

杜迎新

南京市莫愁中等专业学校遵循“文化创新”的内在要求，大力推进古籍修复技艺的传承与创新，传承中华传统文化，创新专业发展路径，传播民族文化影响力，走出了一条文化“自觉、自信、自强”的发展之路。

文化的传承，源于文化的自觉，即对民族文化怀有深厚的情感和自觉传承的责任和使命。南京市莫愁中等专业学校基于保护、传承中华文化典籍的迫切需要和社会责任，自 2001 年起在全国率先开创三年制古籍修复专业，成为这个领域真正意义上的拓荒者。正是凭着一份传承中华民族五千年灿烂文化的历史责任感，凭着一份为各级文化部门培养专门化人才、将古籍修复技术发扬光大的信念，学校在培养古籍修复人才的道路上开拓创新，使古籍修复技术从传统的“师徒传承、口手相授”走向正规化教育和规模化培养之路，使这门濒临失传的古老技艺得以薪火相传、创新发展。

文化自信是实现技术创新、促进文化进步的根本动力。对于古籍修复技艺的传承而言，文化自信就是充分肯定其内蕴的文化价值和社会意义，坚持传统技艺与现代教育和科技相结合，勇于突破发展阻碍。传统的古籍修复技艺主要掌握在大型公藏馆的古籍修复专家手中，是师徒私相传授、秘不示人的独门绝活，如何让其成为一种公开传授的教学资源呢？这是专业开办之初面对的首要难题。学校相信，保护中华古籍，是炎黄子孙的责任所在，更是专业工作者难以割舍的情怀，只要学校搭建教育平台，实施规模化人才培养，一定会得到积极的响应和支持。正是基于传承修复技艺的共同信念和文化情怀，南京图书馆、南大图书馆、南京博物院、中国第二历史档案馆等单位的专家，自愿到校承担教学工作，解决了师资问题。由于此专业是学校率先创办，人才质量标准缺失，成为困扰古籍修复技艺传承的另一大难题。为此学校结合古籍修复技术行业标准，制定了古籍修复毕业生技能合格标准，即专业的“十八项技能”，填补了行业空白。学校还潜心研究古籍修复技术，不断加强古籍修复工作的科研水平，如：运用现代化的实验仪器、对纸张进行厚度、拉力、纤维、耐折度测验，进行酸湿度测量，形成科学数据，提高修复的科技含量；自主研发出拥有知识产权的纸浆修复技术，研制羧甲基纤维素糨糊，与安徽泾县宣纸厂共同研制古籍修复专用纸张等，通过科技因素的加入，使古老的修复技艺焕发出新的生命活力。

文化自强的本质是“主动发展，追求卓越，传播影响”，体现在传统技艺的传承上，需要我们既具备“自觉”的使命意识、舍我其谁的“自信”勇气，更要具备追求卓越的“自强”精神，彰显卓越的文化影响力。多年来，正是秉承这种文化“自强”精神，学校在做强古籍修复专业的基础上，努力传播古籍修复技艺的文化影响力，使得古老的修复技艺跨越校门、行业、地区甚至国界，为更多人所了解，为宣扬传承民族文化做出了积极贡献。

【作者：南京市莫愁中等专业学校校长】

首创分级监管　创新文化执法

刘小平　曾剑鸣　阳本忠　黄宁波

自文化体制改革以来，市文化市场综合执法局积极探索歌舞娱乐行业监管，作为文化市场综合执法工作的一项主要内容来抓。一年多以来，按照“强基础、抓规范、创品牌、树形象”的工作要求，创新监管方式方法，在蒸湘区域试点开展全市歌舞娱乐行业分级监管工作，经过宣传动员、实地检查、考评促动、执法督查、定级授牌等多种措施和手段，歌舞娱乐行业呈现出市场管理规范、竞争有序、市场繁荣、产业发展的良好局面，主要做法是：

一、领导重视，部门联动

对全市歌舞娱乐行业分级监管工作，领导重视、部门联动是工作取得良好成效的关键。市委常委、市委宣传部部长谢宏治十分关注，多次给予指示，他指出歌舞娱乐场所分级监管工作，是我市文化强市的一项重要举措，更是推动文化市场健康繁荣的具体行动；要把歌舞娱乐场所分级监管工作当作我市乃至全省文化市场管理的一项创新工作，做好做实，做出特色，做出影响。市政府副市长周辉斌特别强调，要把分级监管工作抓实做好，形成经验，全面推广。局党组多次认真研究、精心策划，务求分级监管工作取得实效。市公安、消防、新闻办、报社等相关部门大力支持，积极配合，真正实现了职能部门力量整合、信息资源互享互通、行政执法协调联动，为分级监管工作的顺利推行打下了坚实的基础。

二、公开透明，考评促动

分级监管工作，考评是核心，公平是前提，透明是保障。通过公开透明的考评，较好地促进了娱乐场所的分级监管工作。一是出台考评方案。根据《娱乐场所管理条例》等相关法律法规，研究出台和下发了《衡阳市歌舞娱乐场所监督管理考评细则》，把娱乐场所的主要监管工作细化成20项，予以100分制管理和考核；根据考评细则按百分制打分考评后，确定娱乐场所相应级别，分别是绿色、黄色、红色，实行绿色认证，黄色警示，红色出局。二是培训考评人员。成立了以市文管办相关领导、行业专家、新闻媒体、经营代表等为成员的考评小组，并对考评小组成员就《娱乐场所管理条例》、《衡阳市歌舞娱乐场所监督管理考评细则》、《娱乐场所分级监管考评方案》等相关法律法规和文件进行了封闭式培训，切实做到从严要求，阳光透明，公平公正。三是评出优质企业。对考评的每一家单位所展示的硬件和软件都进行了详细检查，根据评分表所列项目逐一打分，考评采取查、看、听、定的方式进行，在蒸湘试点区域范围评出(绿色)单位6家、(黄色)单位9家、(红色)单位1家。经过宣传发动，考评促动，积极引导，娱乐场所由不愿到自愿、由被动到主动、由消极到积极，较快转变了思想观念，蒸湘试点区域内19家娱乐场所全部踊跃参与，出现了“比、学、赶、超”的喜人态势。

三、成效凸显，产业带动

开展歌舞娱乐行业分级监管工作，内容实在、成果明显。该项创新工作既为文化执法部门的市场监管摸索了经验，提供了管理模式，也对娱乐场所规范经营、提升品质、拓展市场、打造品牌提供了平台和载体，还为人民群众放心文化娱乐消费提供了保障。一是经营者法制意识逐步形成。我们搜集整理了与娱乐行业分级监管相关的各种法律法规和技术资料，开展了相关的法律法规培训，实现了“做有依据、查有资料、评有标准”；还通过座谈会、约谈会、通气会等多种形式，教育帮助经营业主提高法制意识。二是营业场所管理进一步规范。通过对娱乐行业分级监管试点，蒸湘区域娱乐场所有序竞争，守法经营出现良好势头，文化市场充满活力；各经营场所服务意识明显增强，服务水平明显提高，软硬件配套建设标准明显提升。三是娱乐场所经营效益明显提高。通过培训、考评、定级、授牌，广大娱乐场所经营业主积极主动参与，对执法监管机构有效监管市场，提高社会效益和经济效益都有明显促进。通过试行娱乐行业分级监管，净化了我市文化市场环境，创造了优质市场空间，娱乐场所数量逐渐增多，品位持续上升，规模越来越大，带动了文化产业发展，近一年来，新增加了糖果等5家高档次、高品位投资上千万元的KTV场所，其中唯歌KTV、音月港KTV还成为我市文化产业招商引资的亮点项目。

四、舆论造势，宣传推动

文化市场本身就是舆论宣传阵地，做好宣传工作，既是自身的优势，也是基本要求。广泛深入宣传对工作推动有着十分重要的意义。一是宣传形式多样。积极将分级监管工作的信息通过报刊专刊版面、新闻网站专栏、广播电视滚动播出等形式发(公)布、报道。蒸湘区域试点前期分级监管成果宣传，已在湖南日报、衡阳日报、衡阳晚报、衡阳人民广播电台、衡阳新闻网等媒体上，从不同角度、不同层面发布信息23条(篇)次。二是宣传主题突出。宣传工作以加强歌舞娱乐行业执法管理，促进文化市场繁荣这个中心，突出分级监管这个主题，突出创新这个特色，大力宣传分级监管的具体做法、作用和意义，大力宣传和弘扬监管工作中的好经验、好方法、好典型。对涌现出的优质企业如“绿牌”企业进行专版专题宣传等，对执法方式方法创新点着力进行总结、提炼、宣传、推广。三是宣传效果明显。通过正面宣传，营造了积极向上的舆论环境，大力打造了监管品牌，树立了执法形象，推出了示范企业，规范了行业管理，聚集了正能量，繁荣了文化市场。

五、全面推广，转型驱动

歌舞娱乐场所是传统的文化“老”市场。新形势下，到底管什么？应该怎么管？怎样才能管起来、管进去、管到位、真正管好？蒸湘区域娱乐场所的分级监管试点工作，给我们提供了一个新思路，积累了一些成功经验。为进一步转化分级监管试点成果，经研究决定在全市歌舞娱乐场所全面推开分级监管工作。一是加强领导，统一认识。随着歌舞娱乐场所发展，它已成为文化产业文化事业的重要组成部分，也成为人民群众娱乐消费的重要场所。歌舞娱乐场所的监管也必须转变观念、创新方式、与时俱进。各单位务必加强组织领导，统一思想认识。要争取当地党委政府领导的重视，把歌舞娱乐场所的管理纳入重要工作日程；要与当地文管办机构紧密合作，与相关部门团结协作，形成监管合力；要健全组织机构，安排专门力量，加大执法力度，确保娱乐场所分级监管工作指导到位，落实到位。二是加强筹划，精心组织。各单位要认真落实文件精神，认真筹划分级监管工作，科学制定计划方案，精心部署安排，加强执法检查、抽查、突查，全面实施娱乐场所分级监管。要依法履行职责要求，严格执行监管标准，严密组织考评检查，严抓歌舞娱乐场所监管工作的落实，确保不留死角、不留隐患，高标准高质量完成分级监管全面实施；各单位要严格依照分级监管文件列出的项目、内容、程序、标准、要求抓好落实，真正使分级监管工作取得成效。三是加强督查，注重效果。分级监管工作能否取得成效，加强督促检查尤其重要。各级各部门要高度重视，经常督促，要搞好服务保障和协调指导，要严格按照标准把好质量关。四是加强宣传，形成氛围。歌舞娱乐场所分级监管工作是一项创新工作，怎样使分级监管工作扩大影响，形成品牌，并为娱乐场所的长远发展发挥更大作用，宣传工作是关键。各文化执法单位要大力宣传娱乐场所分级监管先进典型，先进经验，树立娱乐场所品牌企业；要大力争取宣传媒体的支持，各娱乐场所也要积极着力加强管理、提升服务，打造品牌，树立形象；各职能相关单位，也要下大力气爱护和培植文化品牌，做更多更好有利于“文化强市”的工作，只有各方通力配合，大力推行分级监管，才会推进歌舞娱乐转型升级。

【作者单位：衡阳市文化市场综合执法局】

“扫黄打非”是文化综合执法第一责任

刘长江

党的十八大确定“开展扫黄打非，抵制低俗现象”，进一步丰富了文化发展繁荣和保障文化安全的内涵。作为宣传文化战线唯一一支行政执法力量，文化综合执法部门应当理清思路，找准定位，真正把“扫黄打非”作为第一责任，监管执法作为第一要务，依法行政作为第一保障，不断提升文化市场监管执法效能。

“扫黄打非”是第一责任。就是牢固树立“守土有责、守土尽责”意识，以“扫黄打非”统领和总揽文化综合执法全局，坚持用三个标准来评价和考核“扫黄打非”工作成效，体现文化综合执法成果。一是查缴各类非法出版物(包括违禁出版物、淫秽色情出版物、侵权盗版出版物、非法报纸期刊和网络有害信息)的数量；二是检查经营单位和取缔各类无证照经营摊点、印刷复制企业以及非法网站的数量；三是查办各类违法违规案件的数量。2013 年以来，我局按照上级部署和《2013 年淄博市“扫黄打非”行动方案》的要求，坚持网上和网下打击并重，以清理违禁出版物和淫秽色情出版物及信息为重点，通过强化日常巡查、暗访督查，不间断地对出版物市场和电信运营、网络信息服务企业，城市繁华街区、交通枢纽、旅游景点、集贸市场、宾馆饭店、学校周边等重点场所、重点部位及出版物印刷企业进行全方位、高密度地反复清查。截至目前，共检查各类文化经营单位（包括出版物市场、店档摊点、印刷复制企业、非法网站等）500 余家次，共取缔无证照经营者和非法游商地摊 40 多个，共查缴各类非法出版物 8 万余册(盘)；全市文化执法系统“扫黄打非”案件共立案 14 起，移送公安机关 2 起，涉案金额 18.5 万余元。共查处上级部门转办和群众举报案件 83 起，查处率 100%。2013 年“净网”行动开展以来，我局把清除网上淫秽色情信息作为“扫黄打非”的重中之重，与公安、工商、经信等部门协调配合，采取网上与网下治理相合，目前已检查网站论坛 72 家，整改隐患 27 处，关停网站论坛 3 家；督导网站、论坛自行过滤屏蔽淫秽色情信息 5310 余条，处置淫秽色情信息 3300 余条，其中，通报异地不良有害信息 1900 余条，通知本地网站论坛删除 1400 余条。全市共破获利用互联网传播淫秽物品案件 20 起，抓获违法犯罪嫌疑人 21 名，扣押涉案电脑 35 台，涉案价值达 1100 余万元。由于措施有力、工作到位，使各类非法出版物和网上有害信息得到了及时有效清理。

监管执法是第一要务。就是始终把文化市场监管执法作为全局的中心工作，坚持日常检查、案件查办和行政处罚三项基本任务不动摇，推动执法力量重心下移，让所有执法人员到一线去、到基层去、到市场主体中去，深入了解、正确认识市场。同时，把日常检查、案件查处和行政处罚作为考核文化综合执法的基本依据，有效地保护规范合法经营，查处治理违规经营，打击取缔非法经营。为更好地落实监管执法这项中心任务，2013 年我局启动实施了《全员执法工作方案》，将全局的人力、物力、精力、财力向执法一线进行倾斜，要求全局机关各科室按照分工划定的市场门类，全员参与日常监管和执法办案，并对执法办案给予最大程度的经费保障。2013 年以来，全局根据清查市场、明察暗访和群众举报掌握的线索，不断加大案件查处力度，通过追根源，挖窝点，打团伙，严厉打击各种文化市场经营违法违规活动。先后破获了王某传播淫秽物品案，盛某、陈某传播淫秽物品牟利案，书刊批发市场某书店销售盗版图书案、某文化传播有限公司非法出版期刊案等一系列大案要案。2013 年 1～5 月，全市文化执法系统共出动检查人员 9300 余人次，检查各类文化经营单位 1580 余家次，受理举报 70 件，文化市场领域立案 120 件，处行政处罚近 20 万元，有效净化了全市的社会文化环境。

依法行政是第一保障。就是加强文化综合执法的规范化、程序化建设，全面提升执法人员的依法行政能力，做到严格依照法律、法规和规章办事，保证办理的每一个案件都做到事实清楚、证据确凿、依据正确、定性准确、处罚适当、程序合法。一是规范案件查处及决策程序。依照《山东省行政程序规定》，我局专门制订了《文化市场行政处罚流程》，要求执法人员严格按照流程执法，确保在执法程序上不出任何问题；借鉴先进地区经验，制订了网吧、互联网文化、出版物市场、印刷企业、内部资料性出版物、音像制品经营场所、娱乐场所、美术品市场、著作权、计算机软件著作权、营业性演出等十一个门类的执法检查规范。二是全面加强业务培训。定期开展执法人员业务培训和执法人员法律讲堂、优秀执法案卷评选活动；编撰《淄博市文化执法法律法规选编》并下发到全市文化执法系统各单位；适时邀请省“扫黄打非”办公室、省文化厅的相关领导就执法业务进行授课，重点在立案、调查取证、案件移送、行政执法与刑事司法衔接等方面进行学习。三是强化制度保障。我局自成立以来，严格按照文化部《文化市场综合行政执法管理办法》的相关规定，相继制定出台了《行政执法投诉制度》、《行政执法“十不准”》、《综合行政执法工作管理规范（试行）》、《淄博市“扫黄打非”案件备案及督办工作制度（试行）》等一系列制度，使行政执法工作逐步规范化、科学化，同时，将执法人员的依法行政评价情况作为年终考核内容，促进了执法人员依法履职能力的提高，保障了文化综合执法工作的顺利开展。

【作者：淄博市文化市场执法局局长】

弘扬集团文化　建设能源基地

关于新矿集团伊犁能源企业形象建设的调研报告

王贯东　会　平　杨西栋　王　勇　杜爱军

一、背景简介

（一）伊犁矿区的开发建设开辟了新矿集团“走出去”发展的广阔天地

2004 年 4 月新矿集团进驻新疆伊犁，2005 年 4 月与伊犁州政府签订《开发伊犁州直煤炭资源、建设煤化工基地协议书》。2005 年 5 月，由新矿集团出资委托编制了《新疆伊犁伊宁矿区总体规划》。2005 年 7 月注册成立新汶矿业集团（伊犁）能源开发有限责任公司，全面负责在疆资源开发、转化项目建设。截止到 2010 年，通过勘探和精查，在 480 平方公里勘探权范围内获得煤炭资源储量 150.4 亿吨。

2007 年 2 月国家发改委批准的《伊犁伊宁矿区总体规划》，总规模 3110 万吨/年，其中：新矿集团 2600 万吨。根据国家发改委“一个矿区原则上由一个主体开发”的要求，由此确立了在伊犁矿区的开发主体地位。

新矿集团伊犁矿区煤田分布在伊犁河南北两岸，由伊南、伊北两个煤田组成。伊南煤田位于察布查尔县南部，面积 $338Km^2$；伊北煤田位于霍城县东南部，伊宁市北部及伊宁县境内，面积 $141Km^2$。煤种以长焰煤、不粘煤为主，低灰、特低硫、中高发热量，挥发份高、化学活性强，是动力、气化、液化优质原料。

近年来，先后开工建设了伊犁一号、四号、昭苏矿井、伊北年产 20 亿立方米煤制天然气、伊南 60 万吨煤制烯烃、装备制造、物流商贸、生活园区、新型建材等一大批重点项目，矿区发展建设初具规模。

按照“安全发展、绿色发展、高效发展、转型发展、创新发展、跨越发展”和“做实、做优、做强、做大”的战略思路，围绕建设“国际领先、国内一流”的总体目标。2011～2015，规划五年内要完成投资 1000 多亿元，力争 2015 年煤炭产能达到 4560 万吨，煤制天然气产能达到 40 亿 m^3/年，建成伊北 380 万吨甲醇转 120 万吨烯烃、聚酯项目和伊南 180 万吨甲醇转 60 万吨烯烃项目，机械加工能力达到 3000 台件，商贸物流产值达到 20 亿元，产值收入 980 亿元，实现利税 120 亿元。力争通过“十二五”和今后一个时期的努力，将伊犁矿区打造成为‘世界先进、国内一流’的煤化工基地，成为山东省重要的能源供应基地，成为支撑集团公司跨越式发展的重要经济增长极。

（二）“十二五”时期是新矿集团正处于转型升级的关键阶段

围绕转方式、调结构、促发展，2009 年 8 月 20 日集团公司提出了“三个转变、三个集中”、打造煤炭、煤化工、机械装备制造、现代服务业“四大产业板块”、2010 年初提出了“企业转型、产业升级”和 1118 发展思路、8 月 26 日日进一步提出了解放思想、坚定信心、创新发展的战略思路。立足新时期、新阶段，集团公司提出了“打造国际化新型能源企业”的战略目标。围绕“打造国际化新型能源企业”这一目标定位；保持在山东能源权属企业中的“领头羊”地位、保持在山东能源发展框架中的新矿特色“两个保持”；克服畏难发愁、消极厌战、故步自封“三种思想”；实现安全发展、绿色发展、转型发展、和谐发展“四个发展”，推进体制机制、经营管理、资本运营、资源开发、人才工作、技术支撑、党的建设、民生工程“八个创新”作了全面部署。比较系统地回答了集团公司在新的历史条件和时代背景下、在整体推进“四大产业”发展、打造国际化新型能源企业的实践进程中，广大干部职工关心关注的战略定位、发展方向等一系列问题。

（三）充分发挥山东能源集团品牌优势，对于加快伊犁矿区发展建设具有重要意义

2011年3月21日，山东能源集团组建成立。相继制定了认真贯彻科学发展观，坚持“转方式、调结构”，坚持以煤为基，适度多元，实现高效、安全、绿色、低碳发展，打造国内领先并具有国际竞争力的“世界500强”大型能源集团的“战略思路”和坚持规模增长与价值增长并重，坚持传统能源与新型能源发展并行，坚持产业运作与资本运营并举，做大做强煤炭主业，大力发展传统能源、新能源、装备制造和现代服务型产业，优化和创新发展煤化工、医疗健康业等产业，积极探索发展新兴产业，建设国际化的、具有较强竞争力的现代大型能源集团的“战略重点”。形成了“明德立新、包容超越”的企业核心价值观、“奉献绿色能源、创造人本价值”的企业使命和“进军世界500强、打造卓越能源企业”的企业愿景。

建立伊犁矿区煤矿、煤化工、装备制造、物流商贸“四大基地”发展布局，要求我们必须着眼山东能源、新矿集团产业发展的战略全局，以企业文化为引领，紧紧依靠和充分发挥集团品牌的整体优势，树立企业形象，凝聚发展合力。

二、实施路径

（一）指导思想

围绕“国内领先、国际一流”的总体目标，立足伊犁煤矿、煤化工、装备制造、物流商贸“四大基地”产业布局，坚持山东能源“明德立新、包容超越”的核心价值观，坚持安全发展、绿色发展、高效发展、转型发展、跨越发展、创新发展的战略思路，坚持做实、做强、高端、高效的发展理念，以企业文化建设为总抓手，以建设“学习型企业”、深化“精细化管理”为切入点，以强化宣传、优化环境为突破口，全面提升企业的学习力、创新力、凝聚力、执行力，全力打造企业文化“软实力”。

（二）总体目标

坚持以持久推动力提升核心竞争力，坚持内强素质与外塑形象相统一，坚持软件建设和硬件建设相结合，全面宣传贯彻山东能源行为规范、视觉识别、《企业文化宣传手册》《企业文化员工手册》《VI手册》《企业文化建设规划纲要》，紧密结合伊犁矿区实际，突出行政管理提升、全员行为规范、舆论宣传报道、地面基础建设“四个重点”，建设形成融战略定位、战略思路、产业选择、战略目标、企业愿景等于一体、富于伊犁矿区特点的企业文化体系。

一是理念文化体系。牢固树立“扎根新疆、忠诚新矿、建设伊犁、发展新矿”的核心理念、励志超越、务实跨越、创新飞跃、追求卓越的企业精神，创造形成健康生活、快乐工作的良好氛围。

二是制度文化体系。坚持“责权清晰、运营高效”的原则，坚持责、权、利相统一，坚持“四个集中”，健全制度、明确职责、严格程序、规范运作，以“绩效管理”为突破口，逐步建立完善一整套的制度体系。

三是行为文化体系。按照山东能源企业文化建设规划纲要，进一步规范企业文化（Corporate Identity Sys-tem，简称CIS）三大识别系统，主要是企业理念识别（Mind Identity,简称MI）、企业行为识别(Behavior Identity,简称BI）、企业视觉识别(Visual Identity,简称VI)三个子系统。

四是环境文化体系。坚持“资源开发可持续、生态环境可持续”的理念，坚持井下与井上同步、生产与生活并举，加快推进伊南、伊北两大循环经济园区建设，做到绿化、美化、硬化、亮化，建设精品工程、标志工程、形象工程、示范工程，树立良好的品牌形象。

（三）重点内容

一是学习培训。坚持以员工为基础、党员为骨干、领导干部为重点，健全完善全员学习制度，采取集中与自学、走出去与请进来、脱产培训与业余轮训相结合的方法，努力提升员工整体素质。

二是制度完善。健全完善公司一系列日常行政、生产、安全、经营管理各项制度。在开展全员系统培训的基础上，重点建立健全以接待礼仪、标准、程序等于一体的《综合管理服务手册》，做到企业日常管理制度化、规范化、标准化。

三是行为规范。以规范全体员工行为、提升企业整体素质为重点，从小事做起，从点滴入手，从细节量化，全力推进“文明岗位”“文明窗口”建设，推广现代文明礼仪，以此进一步提升全体员工的综合素质。

四是综合治理。在全面推进地面基础设施建设的基础上，组织开展井上下综合治理活动。按照绿化、亮化、硬化、美化的目标要求，各单位要坚持总体布局，突出特色，每个单位要建设一个“示范点”，逐步建设形成本单位形象建设的亮点工程。

五是形象策划。按照企业文化建设的内容要求，高度重视企业文化形象策划，全面宣传贯彻山东能源企业文化，对公司三大识别系统进行集中规范；委托企业文化战略研究机构进行调研提升，制定完善伊犁能源公司企业画册、企业宣传片、企业门户网站、公司办公系统。

六是宣传报道。充分利用各大媒体和当地媒体的平台优势，做好企业对外宣传和信息交流工作。制定实施《关于加强宣传报道工作的管理考核办法》。以重大节日为契机，坚持每个季度一个主题，组织搞好对外对上宣传报道工作，为项目建设营造良好的舆论宣传氛围。

七是协同文化。坚持协同发展，构建协同文化，围绕深化战略合作，从文化管理入手，加强文化交流，增进文化融合，形成统筹协同的发展理念，进一步推进企业内外的战略协同，围绕协同发展，形成课题研究该报告。

八是和谐共建。加强与地方政府的沟通交流，坚持互惠双赢、和谐共建的思路，进一步畅通信息渠道，每月及时向地方政府报送项目建设进展情况，建立地企协调机制，积极争取地方政府支持，通过现场观摩、座谈交流等途径，形成和谐共建的桥梁和纽带。

三、突出做法

按照弘扬集团文化、建设能源基地的总体思路，2012年以来，伊犁能源公司从“四个坚持”入手，内强素质，外塑形象，优化环境，提升能力，为建设“四大基地”提供的了良好的舆论氛围和发展环境。

（一）坚持文化引领

按照《山东能源集团党委关于印发山东能源集团有限公司企业文化建设纲要的通知》（新矿普发［2011］12 号）、《山东能源集团党委 2011 年企业文化建设实施意见》（新矿普发［2011］13 号）、《山东能源集团党委关于印发山东能源集团有限公司视觉形象识别系统管理办法的通知》（新矿普发［2011］14 号）的总体部署，伊犁能源公司组织开展了专题学习活动，紧密结合企业实际，深化企业核心理念，形成了“扎根新疆、忠诚新矿、建设伊犁、发展新矿”的核心价值观、励志超越、务实跨越、创新飞跃、追求卓越的企业精神。

（二）坚持宣传先行

围绕舆论宣传和信息传递“两大任务”，突出企业战略宣传、项目宣传、形象宣传、典型宣传“四个重点”，充分利用报刊、电视、广播、网络等各种媒体和简报、画册等各种阵地，运用新闻、通讯、图片、消息和专栏、专方、专版、专访等多种形式，广泛宣传伊犁“四大基地”建设的目标和进程，深度宣传伊犁煤化工基地建设的新思路、新理念、新技术、新工艺，突出亮点、总结经验、推广典型、构建机制。2011 年，由新疆维吾尔自治区人民政府新闻办主办，天山网承办的 2011 年“新疆是个好地方”——全国网络媒体新疆行和“开局‘十二五’——伊犁矿区采风行” 采风团 130 余人到伊犁能源公司采访。在全国 37 家网络媒体推出重点报道 60 余篇。

（三）坚持素质提升

坚持思想道德素质与业务技能素质同步提升，我们先后组织开展了伊犁能源公司第二届职工技能大赛活动，活动的开展极大地激发了员工学业务练技能的热情，参加比武的 11 个工种 87 名选手中有 11 人获得了第一名，10 人获得了第二名，10 人获得了第三名。同时，为进一步激发全体员工的创业热情，深化职工“四德”建设工程，10 月份我们组织开展了道德模范和公民道德建设示范点评选活动。经层层申报推荐、审核公示等程序，对伊犁一矿 35KV 降压站等 10 个岗位（单位）授予“伊犁矿区道德建设示范点”，授予刘宝银等 10 名同志“伊犁矿区道德模范”。

（四）坚持载体推动

为进一步弘扬企业精神、提升企业形象，全面提高员工整体素质，2011 年在全体员工中广泛开展“我为新矿增光彩、我为伊犁做贡献”主题教育活动。教育引导全体员工牢固树立“爱岗敬业、诚实守信、办事公道、服务群众、奉献社会”的职业道德，认真遵守“文明礼貌、助人为乐、爱护公物、保护环境、遵纪守法”的社会公德，精心培育传承新矿精神、体现地域特色的企业文化，为发展现代煤化产业、打造新型工业园区提供强大精神动力。在持续开展“创业模范、先进集体”“双争”竞赛活动的基础上，2011 年，伊犁能源公司集中两个月的时间，在公司机关开展了“抓学习、提素质、转作风、促发展”专题教育活动。活动坚持教育与实践相结合，内容与形式相统一，从思想上入手，在行动上落脚，坚持上下联动、齐抓共管，作为贯穿全年的工作重点，依托宣传教育、岗位奉献“两大载体”，融宣传教育于岗位奉献之中，不断丰富内容、创新形式，真正做到“月月有计划、季季有安排、件件有落实、全年不断线”、活动有声有色、有力有效，使全体员工做到“知行合一、人企一体”，与企业同甘苦、共荣辱，心连心，为企业发展献计出力、增光添彩。

四、突出成效

弘扬企业文化、汇聚发展合力，树立良好形象、优化发展环境，通过一系列活动的开展，有力地推动了伊犁矿区项目建设。2011 年，伊犁能源公司被自治区授予“双百优强企业”。

（一）煤矿项目

1．伊犁一矿：矿井规模年产 1000 万吨，储量 48 亿吨。该矿 2007 年 5 月开工建设。2009 年 8 月被国家发改委核准，2010 年 11 月国土资源部颁发了《矿井开采许可证》。截止 9 月末累计投资 7.82 亿元，将于 2013 年底投产，可达 2000 万吨。这是全疆第一个被国家核准的千万吨特大型矿井。

2．伊犁四矿：矿井规模年产 600 万吨，实际按 1000 万吨装备，储量 18 亿吨。该矿 2009 年 6 月开工建设。2013 年底形成主要生产系统，截止 9 月末累计投资 5.87 亿元，将于明年 8 月投产。该矿井是伊北年产 20 亿立方米煤制天然气项目的配套矿井。

3．五号勘查区七号矿井 2012 年完成精查在国土部备案，并编制完成了《可研报告》和《初步设计》，截止 9 月末累计投资 1.35 亿元，已具备开工建设条件。

4．伊犁二矿 2012 年 12 月 14 日国土资源部以国土资储备字【2010】377 号出具了储量评审备案证明。现已编制完成了《可研报告》。该矿井为电厂配套项目。

5．伊犁一矿后备区 2012 年与中国核工业地质局签订了协议，待核工业地质局将铀矿开发结束后，将煤矿探矿权及时交还新矿集团开采煤炭资源。

6．昭苏矿井属资源整合矿井，2012 年被国家能源局列为煤炭产业升级项目。2010 年 8 月开工建设，截止 9 月末累计投资 1.2 亿元，预计明年 6 月份投产。

（二）转化项目

1．依托伊犁四矿建设的 20 亿立方米/年煤制天然气项目，2010 年 8 月开工建设，该项目正在申报国家示范项目，截止 9 月末累计投资 18.64 亿元，年底全面完成主体工程，2012 年 10 月安装工程基本结束，2013 年投料试车。

2．依托一矿建设 180 万吨甲醇转 60 万吨烯烃项目，可研报告已通过中咨公司评审，自治区发改委已备案，2013 年 5 月 6 日举行了开工仪式，正向国家发改委申请项目核准。

3．依托五号勘查区七号矿井建设 380 万吨甲醇转 120 万吨烯烃、60 万吨乙二醇项目，可研报告已通过中咨机构评审，并上报新疆自治区发改委。另外：

1．与中电投合作建设伊南 3×20 亿立方米煤制天然气项目，2009 年 8 月 26 日签订了《合作框架协议》，2009 年 11 月 10 日举行了项目启动仪式。

2．2008 年 7 月与华电新疆发电有限公司签订了伊南煤电开发合作协议。一期工程依托一矿，建设 2x660MW 电厂，《可研报告》已经自治区评审，接入系统已得到国家电网批复。项目二期建设伊犁二矿和 4x1000MW 火电机组。

（三）配套项目

1．装备制造：项目占地1008亩，计划投资12亿元，建筑总面积23万m^2，采用筑巢引凤方式。2009年10月开工，分两期建设，建成投产后可达到年产2700台套大型矿山机械设备制造生产规模。目前，西北地区规模最大、面积50000 m^2煤化工机械制造车间业已竣工落成。

2．物流商贸：项目一期工程12万m^2的“三库一棚”投入使用。一座以现代仓储、配送加工、多式联运、商品批发“四位一体”为功能定位，集货站、货场、仓库、转运等设施于一体的区域化商贸物流基地已见雏形。

3．生活园区：2007年开工建设，占地面积960亩，总建筑面积约80万m^2，总投资约20亿元，已建面积30万m^2，项目一期已于2012年建成投用。

4．中心大厦：建筑面积为31500 m^2，主体19层，局部22层，2013年8月份开工，预计2012年完成结构主体工程，2013年基本完成设备安装及装饰装修。2014年6月底前完成各项分部验收，项目整体交付使用。

5．新型建材：占地面积34万m^2，总投资额8亿元，建成6条陶瓷生产线。一期工程2007年4月动工兴建，当年11月14日正式投产。2011年实现了产销平衡。

【作者单位：山东能源新矿集团伊犁能源有限责任公司】

你中有我　共生发展

吕焕斌

没有互联网，就没有芒果台。湖南卫视的台标，原本取意于湖南作为“鱼米之乡”，是互联网赋予了它新的意义，在那里，观众亲切地叫它“芒果”。现在，大家都这么叫，湖南广电人也就顺其自然地接受了这个互动的礼物，以至于很多人现在都忘了这个LOGO的来源。事实上，这一过程也见证了传统广电与新媒体、移动新媒体的关系问题。

互为观众，互为用户。

作为中国首档顶级歌手音乐对决真人秀，《我是歌手》第一季在湖南卫视持续热播，让许多人又度过了一个个音乐的饕餮之夜。现在人们看电视，用“眼观六路、耳听八方”这个成语会比较恰当：耳朵听着音乐，眼睛盯着大屏，手里拿着小屏，在微博、微信上发表着什么，也在分享着什么。据腾讯的一位高管说，《我是歌手》一播出，他们的工作和生活节奏就会乱，出于个人的兴趣讨论，休息的时间晚了；微信话题和流量激增，他们的工作量也加大了。

2013年以来，湖南卫视的节目和内容都具有极高的关注度，在不断刷新的百度搜索七日关注榜中，第一是遥遥领先的《我是歌手》，另外，《快乐大本营》、《天天向上》还有现在正在录制马上就要推出的《中国最强音》，在这个搜索榜里也都是排在前十位的。

无论过去或是现在，传统广电与新媒体的关系是，我影响到了你，你也在影响我，互为观众、互为用户，彼此间的距离并不遥远。传统广电媒体所创意和生产的优秀节目内容，为新媒体特别是移动新媒体带来持续的话题积聚，是他们所乐见的。当然，通过他们所掌控的平台，传统广电的优秀内容得以更广更深地发酵，这也是传统的广电媒体人所乐见的。

相互借力，共生发展。

作为全球拥有年轻观众最多的媒体，湖南卫视在全国35岁以下的年轻观众群超过2.7亿，日均年轻观众1.54亿，与新媒体特别是移动新媒体的用户群天然吻合。我们持续的内容创新，无论在微信、微博里，还是在搜索里都是非常活跃的；同时，这些短信、微博以及微信也已让我们与新媒体紧密相连，把手持小屏与客厅大屏一次次地对接起来。

从发展趋势看，今后的媒体平台无疑更加分散，越来越对象化、细分化，既有客厅、书房、床上模式还有各种移动模式，观众找到各自喜欢的内容。那么，既要有满足上亿人需求的大众化内容，也有可满足少数人需求的个性化定制产品。对传统广电媒体而言，最大的优势是做客厅的“内容商”，但书房、卧室和移动端的“战场”也不能丢，应着手针对不同终端设计和提供好的内容。

湖南卫视正在尝试对移动互联网的运用，在屏幕上开了一个小的窗口，取名作为二维码的“呼啦”，希望以此探索切入对移动互联网，找到和影响手机、PAD等移动终端的用户群，真正实现变观众为用户。只要观众用手机对二维码进行扫描，就会成为我们的在册用户，他们的行为、爱好、习惯、情感、思想、生活、社交等海量数据就会得以涌现，也就有了精细分析的基础。这是一个尝试，现已推出两个多月，成功突破了三百多万用户，计划到千万级用户时再考虑下一步的发展。

不过，我们仍然处在一个对彼此的试探过程，大量事实既能说明我们的“同”，也在不断提醒我们之间的“异”，最起码，两者的逻辑不同，一个广播式、一个交互式。在社交化的媒体生态里，我们现在是一种“异体共生”的关系，互为观众也互为用户，相互借力，共同发展。当然，在未来的移动互联世界，也许有另外一种可能，就是传统媒体与新媒体“共生”在一个体内，叫“一体共生”（同音不同字），或许大家都在怀揣着各自的梦想，也可能是商业竞争的规律使然。这一切，只有未来能告诉我们。

在2013年的全国两会上，习近平总书记对“中国梦”作了深刻诠释，强调它是一个梦的集合体，离不开改革创新的时代精神。我们有理由相信，从现代传播规律出发，不论传统的还是新的媒体，只要突破彼此逻辑的宿命，移动互联的新时代就一定不会远！

【作者：湖南广播电视台党委书记 台长】

浅谈思想政治工作与企业文化建设的关联性

王立平

党的十八大报告指出要“加强和改进思想政治工作”，同时把文化建设纳入中国特色社会主义“五位一体”的总体格局中通盘考虑，把科学发展观的理念融入到文化建设的各个领域和各个环节，使发展繁荣社会主义先进文化意义的认识达到了新高度，这对于消除文化建设过程中的障碍，建立有企业核心价值和自身特色、有企业凝聚力和竞争力的文化体系提供了前所未有的发展机遇。思想政治工作是我们党的优良传统，是经济工作和其他一切工作的生命线，是我们党和国家的政治优势。企业文化是企业的软实力，是企业可持续发展的动力。企业文化是一种自觉行为，是企业追求最高目标的行为过程。从战略高度推进和加强企业文化建设，既是提升核心竞争力的需要，也是创新思想政治工作的有效途径。

党的十八大对企业文化和思想政治工作的建设提出了新要求，这就要求我们正确认识和准确把握企业文化和思想政治工作的关系，提高思想政治工作的针对性、实效性和时代感，增强思想政治工作的说服力和感召力，促进思想政治工作与企业生产经营管理的有机结合，避免把企业文化建设与思想政治工作割裂开来。长期以来，中国通信建设第一工程局（以下简称“一局”）坚持“抓生产经营从思想入手，抓思想从生产经营出发”的思想政治工作优良传统，对于我们企业文化的形成和发展，起到了积极的促进作用。这实际上涉及到思想政治工作与企业文化建设的关联性问题。笔者认为，在工作实践中，企业文化与思想政治工作相辅相成，在内容上相互渗透，功能上互为补充。做好新形势下的企业思想政治工作，就必须以科学发展观为指导，不断完善和改进企业文化的方式方法，努力探索出一条符合形势发展变化的要求和企业干部职工思想特点的思想政治工作新路子，使企业干部职工真正做到政治坚定、思想常新、理想永存。

一、思想政治工作与企业文化建设在育人对象上具有统一性

这一点决定了我们富有特色的思想政治工作对文化育人起到了正向的促进作用，提高了企业全员的文化自觉和文化自信，促进了富有通信施工企业特色的企业文化的形成、确立和传播。人是管理活动的主体，人的积极性与主动性的发挥是现代管理活动成功的保证。因此，一切管理工作均应以调动人的积极性，做好人的工作为根本。由此决定了无论是企业的文化建设还是企业的思想政治工作，都要立足于人这一根本问题。只有牢固树立“以人为本”的指导思想，发掘出一种能激励职工以企业为家的企业文化，并用这种企业文化来培育人，才能使企业更好地挖掘潜力、蓬勃发展。一方面，我们通过长期的思想政治工作，对职工队伍进行世界观、人生观和价值观教育，进行爱国主义、集体主义和社会主义教育，进行党的基本理论、基本路线和方针政策教育，进行社会公德、职业道德和家庭美德教育，进行企业优良传统和先进典型教育等，从而不断提高职工队伍的思想政治觉悟，不断提升职工队伍的文化品味和文化追求。这种卓有成效的思想政治工作培养了职工队伍的团队意识、合作精神和文化执行力，培养出了过硬队伍作风。业内人士广泛赞誉一局为中国通信建设野战军和“一支特别能战斗的队伍”。另一方面，通过长期思想政治工作实践的培育、锻炼和强化，通过长期思想教育的积淀，使我们企业经过 60 多年磨练，培育起具有中国特色和通信施工企业特点的管理经验、风格和文化品质。在诸如企业作风、企业方法论、企业各类模范等许多方面，具有了自己的特色，培养了精心的服务、精湛的业务技术、精细的管理的“三精”企业作风，热爱国家、热爱一局、热爱岗位“三个热爱”的企业觉悟，质量第一、用户第一、信誉第一“三个第一”的企业宗旨，创一流企业、创优质名牌工程、创最佳效益“三创”的企业目标，造就了一批政治强、业务精、懂技术、会管理的企业领导和管理人员队伍，从而形成了深厚的文化积累，使我们的企业文化建设能够具有较高的层级和水平。

二、思想政治工作与企业文化建设在培育企业精神上具有一致性

思想政治工作为企业文化建设把好方向，从而更好地推进企业文化精神层的建设，培育和弘扬企业精神和企业价值观，以强有力的思想政治工作为企业文化建设提供动力，从而更好地推进企业文化行为层的建设，规范职工行为，提高职工素质。在实际工作中，我们修订下发《企业文化建设纲要》，以求塑造具有共同理想信念、明确价值取向、高尚道德境界的员工群体。将参与、协作、奉献、共享等理念，以及质量意识、成本意识、生态意识、创新意识整合到员工的思想中，使多元主体同心化。从企业日常管理工作的质量和效果出发，用制度文化规范员工的行为养成，树立企业形象。一是强化质量管理，完善质量管理体系。为建立健全激励约束机制，制定《绩效考核实施方案》，每季度组织对基层生产经营单位进行全面考核，从实质上提高管控能力。二是强化源头控制，在“质量管理年”“管理提升年”的基础上加大精细管理力度。深入落实岗位责任制和目标责任，强化管理提升。三是以风险管理为抓手，把“关口前移”。细化安全责任区，加强项目管理过程控制。四是根据施工作业流动性大的特点，以岗位为平台，以实践为课堂，因地制宜制定培训计划。实施“导师带徒制”的培训方案，把培训计划和施工一线生产实际相结合；把理论知识和实际操作相结合；把职业技能培训与职业技能鉴定相结合；把事故案例剖析与法律法规、操作规程学习相结合；把集中组织培训与个人自主学习相结合，使培训具有针对性和实用性，增加员工的感性认识，促进理论与实践相互结合，在生产经营活动中产生实质效果。

在工作途径上，我们运用企业精神文化拓展思想政治工作的外延。通过开展丰富多彩的书画展、球赛、拓展训练等文体活动，创造良好的人际关系；每年都开展全员参加的"安全在我心中"、"我为安全生产献一计"等不同主题的安全大讨论活动，举办"安康杯"知识竞赛，开展安全警语格言征集、安全签名等系列活动。还从注重人文关怀和心理疏导的角度出发，积极下基层开展调研、谈心等思想政治工作。开展评先树优、走访慰问和各项劳动竞赛等来教育和培养职工的良好道德和优秀作风。

三、思想政治工作与企业文化建设在基本方法上具有通用性

这一点决定了我们思想政治工作长期形成的优良传统、积累的丰富教育资源和创造的有效方法大都可以运用于加强企业文化建设的实践中，成为推进企业文化建设的有效载体。因此，一方面，要把握内涵、准确定位，实现企业文化渗透到思想政治工作和企业经营管理，使思想政治工作更具针对性、实效性和时代感。另一方面，思想政治工作多年来积累的丰富经验，可以为企业文化建设的健康发展提供思想动力和政策导向。企业自 2008 年并购上市后面临着队伍稳定、形象塑造、市场开发、经营收入、安全生产等诸多压力。此时，我们遵循思想政治工作与企业文化建设都是"以人为本"的原则，把"企业发展，文化先行"作为治企理念，以开展学习实践科学发展观和创先争优活动为契机，以尊重、理解、关爱员工，充分调动员工积极性和创造性，使其增强责任感和使命感为目的，紧密围绕企业的中心工作和目标任务，坚持"抓管理、促发展、防风险、保稳定、惠民生"，结合生产经营实际，建立健全以党委书记、总经理任组长的企业文化建设组织领导机构，制定企业文化建设规划和年度工作实施方案，把企业文化建设工作纳入年度方针目标管理考核。先后出资改善办公条件，更新办公设备，实现信息自动化办公。改善一线生产生活条件，为各施工驻地进行"小食堂、小卫生间、小洗漱室、小活动室"的"四小"建设，让员工真正体会到组织的关怀和温暖。以建国 60 周年、建党 90 周年为契机，先后开展"党的光辉历程、党的光荣传统、党性党风党纪""十个一"的系列活动，组织党员参加讲座、报告、答题、演讲、歌咏等活动，充分激发员工爱党爱国爱企的工作热情，进一步增强员工对企业的认同感、归属感和自豪感，将企业文化的外延与内涵与思想政治工作有机融合，充分发挥对外扩大品牌影响力，对内提高队伍凝聚力的积极作用，呈现出全面协调可持续发展的良好局面。

总之，企业文化是企业思想政治工作的有效载体，企业文化代表着企业的目标追求和发展方向，只要我们在思想政治工作中加强企业文化建设，努力解放思想、更新观念、大胆探索，就一定能找出更多的、富有时代感、针对性强、行之有效的思想政治工作新方法、新途径，思想政治工作的水平就会不断取得新的提高。在实际工作中，加深对企业文化和思想政治工作内涵的理解和认识，特别是深刻认识它们间的辩证关系，对于加强和改进企业思想政治工作，都具有巨大的作用。坚持以人为本，掌握和运用辩证的、科学的工作方法进行企业文化建设和思想政治工作，就一定能够成就优秀的企业和优秀的员工。

【作者单位：中国通信建设第一工程局有限公司企业文化部】

在"消亡论"与"繁荣论"之间求索

——广西日报传媒集团报业转型的实践与思考

李启瑞　甘　毅

新近，互联网上流传一则西天取经的段子，大意是说，唐僧师徒一行经历"九九八十一难"，终于见到了如来佛祖。求取"真经"时佛祖却告诉他们只需用 U 盘、移动硬盘、iPod，或者通过 QQ 传送，或者通过服务器下载即可。如此尝试多次，却因为容量、速度、病毒等种种原因，唐僧师徒没有成功拿到电子版经书。最终还是花了 10 年时间用纸张把经书抄好，告别佛祖返回大唐。

这是一个笑话，作为报人，我们却笑不出来。如果把纸版佛经视为传统报业，电子版佛经视为数字化媒体（或者新媒体），那么在中国社会转型期，在多媒体竞争博弈新形势下，什么是传统报业突围的"真经"？美国北卡罗莱纳州立大学教授菲利普·迈尔言之凿凿地预言报纸的消亡：到 2044 年，确切地说是 2044 年 10 月，最后一位日报读者将结账走人；相反，美国《时代》周刊则信心满满地指出，亚洲正在呈现世界最后一轮报刊大繁荣。"消亡论"与"繁荣论"，到底哪个是真言？如何经营新媒体？报业转型出路何在？我们在"消亡论"与"繁荣论"之间求索报业转型的"真经"。

一、报业转型要"道路自信"方向正确

"取经之道"的成功首先在于信念的坚定和方向的正确。

十八大报告指出，"在改革开放三十多年一以贯之的接力探索中，我们坚定不移高举中国特色社会主义伟大旗帜"、"全党要坚定这样的道路自信、理论自信、制度自信"。以党报为根基的中国报业发展也要坚持"道路自信"，坚信实践是检验真理的惟一标准。相信中国报纸的生命力，报业转型要坚定正确的报业发展方向，这种"道路自信"不是盲目自信，而是基于中国国情和中国报纸发展实际的理性自信。

（一）坚定对报纸生命力的信念。"消亡论"与"繁荣论"其实都是"相对论"。传媒发展史上，报纸先后受到过广播、电视、网站等不同时期"新媒体"的挑战和冲击，从"一枝独秀"到"三国鼎立"，再到"春秋战国"。在最新一轮博弈和混战中，由于媒介融合，多媒体之间既有合纵也有连横，报业集团本身就兴办网媒，单纯将报纸和网媒视为此消彼长、你死我

活的“敌媒”，很片面，不辩证。从历史和国情看，中国报纸与欧美报业盛衰不具可比性。在中国，党报与党共进。而多媒体“混战”远未起底，是否应从传播介质的视角勾勒传媒的“时局图”：一方是纸媒，另一方是电媒（含广播、电视和网站等）？而真正的矛盾运动是否会发生在广电和网站之间，以及商业网站与新闻网站之间？如果猜想具备科学依据，那么报纸应“莫畏浮云遮望眼”，理性度过时艰而“重整河山”。“消亡论”让报纸生于忧患，“繁荣论”让报人提振士气，始终坚信报业“太阳照样升起”！

（二）舆论导向正确是关系报纸存亡的生命线。报纸“消亡”抑或“繁荣”，既有赖于“无形的手”，也有赖于“有形的手”。无论媒介市场如何变幻，作为第一媒体的报纸始终要牢牢把握正确的舆论导向，坚决维护国家、民族和社会的舆论秩序，舆论导向正确，是党和人民之福，也是报纸之福；舆论导向错误，是党和人民之祸，也是报纸之祸。报纸是报业的命根，舆论导向正确又是关系报纸存亡的生命线。在报业转型道路中，方向正确仍是最大的正确。在自媒体时代的舆论场中，传统纸媒要“居高声远”，发布最富有权威性和公信力的信息、言论和意见，打通官方和民间“两个舆论场”，构建最大公约数的“公众舆论场”，传播利党利国利民的“中国好声音”。

（三）赢利模式对路才能再创“下一轮繁荣”。报业转型的正确还在于赢利模式转型的对路，其一是传统报业在转型升级中寻找新的增长点；其二，报业传媒集团主办的新媒体更要探索运营模式和赢利模式以对抗商业网站；其三，报业集团创办的文化产业要寻找行之有效的赢利模式。特别是新媒体赢利模式是一个科学课题。

二、报业转型要“回归常识”升级主业

“取经之道”的成功又在于坚持“一步一个脚印”务主业、修正果。

当前，报纸发行、广告收入形势严峻，但以报纸为主业的传媒集团，报纸收入仍是经济支柱。故办好报纸仍是最核心、最重要的主业。报业转型首先是报纸本身的转型升级，精细化是拥有未来的生存方式。广西日报传媒集团致力于运用新理念、新人才和新闻科学技术新成果，通过改革改版提升报纸核心竞争力，将中国人几千年“纸质墨香”的阅读习惯运用到极致，使传统报纸“老树春深”。

（一）改版转型，让报纸更具新闻纸特征。《广西日报》以中央八项规定为指针，自上而下开展“改进新闻报道”思想大讨论和大实践活动，通过报纸改革改版升级的“顶层设计”和采编实践，从“以形式倒逼内容”改版推进到“文风改进、内容提质”的改版，从新闻报道、评论言论的内容、语言、标题、篇幅到版面编排、栏目设计等方面全面改进，特别是开设“鼓点”和“桂海时评”等栏目，突出党报评论言论在舆论引导中的举足轻重作用。通过改版，《广西日报》发行稳中有升，广告收入也连年攀升。集团旗下的都市报从新闻纸张到版面内容也都进行转型升级，更具吸引力。

（二）改进文风，让作品更精品。“走转改”，特别是改文风，是报纸转型升级的主导路径。要通过改文风让一篇篇独立的消息、通讯、言论，一组组系列报道，成为符合当代读者口味的新闻精品，彰显“白纸黑字”的魅力。广西日报传媒集团开展“走转改”优秀新闻作品评选活动，从 1800 多件作品中评出 100 件优秀作品，按照广西新闻奖的奖金标准予以奖励。同时，将“深入走转改”的精神渗透到重磅报道中，产生意想不到的效果，如《广西日报》长篇通讯《“一号文件”：一个村庄的“金矿”——隆安县那桐镇定江村十年发展印记》，被广西自治区党委宣传部《新闻舆论动态》评价为“让农民读得懂的‘三农’报道”。

（三）品牌积淀，让读者更稳固。每张报纸，需要办出特色，办出亮点，办出比品牌层次更高的 lovemarks（至爱品牌），从服务意识上创品牌，才会拥有忠诚的读者和长久的生命力。由子报《南国今报》首创后上升为全集团举办的“公民楷模”评选活动品牌，《南国早报》“爱心”系列（如爱心字典、爱心担架、爱心超市、爱心香蕉等）公益品牌，《当代生活报》“社区服务大篷车”民生品牌等等，都是人气火爆的“lovemarks”。2013 年“公民楷模”活动投票总量高达 74.4 万，其中“最美女孩”何玥当选了央视“感动中国”人物。《南国早报》“爱心”系列曾经获过三次中国新闻奖。

（四）管理升级，让传播更高效。作家龙应台曾经在《紫藤庐和星巴克》一文中谈到现代化与国际化时说：“传统不是怀旧的情绪，传统是生存的必要”，而“大资本、高科技、研究与发展，最终的目的不是飘向无限，而是回到根本——回到自己的语言、文化，自己的历史、信仰，自己的泥土。”在与新兴媒体的竞争中，纸媒主要劣势在时效、容量和互动上，传统报纸要生存，就要善于运用最新新闻科技，比如数字报、OA、二维码、3D 打印技术等，不断升级采编管理系统，让信息采集、选择、加工和传播更高效。技术革新或让报纸“野火烧不尽，春风吹又生”。广西日报传媒集团以首家应用《中文新闻信息分类与代码》国家标准，摘得第三届“王选新闻科学技术奖”二等奖。

（五）队伍转型，让报业长青。山不转水转，水不转人转。“人转”是报业转型的关键。不转，就难免会沦落为“末代报人”。报业集团新闻采编队伍要更新思想更新知识更新技能，通过多样化培训武装“新民”——“全媒体记者”。拥有一支新型传媒人才梯队，才能使报社基业长青。

（六）业内深耕，与电媒争空间。纸媒要与电媒争空间，也要深耕细作，善于吸纳电媒的传播优势。相对于新媒体“运营为王”而言，纸媒“内容为王”的理念并不过时，纸媒对新闻的精挑细选、精雕细琢、精耕细作产生最具公信力、思想性的新闻，正是应对新媒体的利器。电媒能覆盖亿万民众，而纸媒更需集中火力影响最有影响力的目标人群。这是纸媒与电媒争空间的攻略。另一方面，深耕报业集团创办的新媒体，至少让报纸流失的市场份额流入自身的新媒体，使它在与同一层面的电媒正面交锋中成长。最终形成“纸媒对纸媒”以及“电媒对电媒”之间“竞争共荣”的传媒生态群落。

三、报业转型要“异想天开”寻找新引擎

“取经之道”的成功还在于异想天开，运用超常规的思维

与办法。

报业转型的出路在哪里？“救报”方略很多，新媒体、数字化、全媒体、资本运作、三跨（跨媒体、跨行业、跨所有制）并购、产业开发……有成功，有失败，有不确定性，但无论何种攻略，报业转型都要寻找新引擎，要以创造性的思维、颠覆性的革命，在非报领域开辟第二战场，顺应时局风向和市场风向，将报业做优做强做大，“改革是最大的红利”。

（一）以文化体制改革促进报业转型。体制机制是报业转型话题中的热词。体制改革是自上而下的，而机制可以是自里而外的。通过文化体制改革促进报业转型升级，报业集团转型升级表现出体制转型和产业转型相互交织的“双转型”特征。广西日报传媒集团按照现代企业制度要求，逐步完善传媒集团公司的法人治理结构和企业管理制度、内部控制制度建设，组建股份有限公司。在“转企”改制工作中，从印刷、广告、发行等传统产业破题，建立精细的企业化管理机制，然后逐步消解体制改革出现的系列问题，解放传媒生产力，逐步将传媒集团公司打造成为“管治先进、制度健全、内控严密、品牌杰出、发展和谐、实力雄厚”的国有大型文化经济实体。2012年，集团实现经营收入6.6亿元，集团母公司实现经营收入5.79亿元，资产总额达到12.2亿元。

（二）构建报业多维度空间。报业空间应包括地盘空间、市场空间、辐射空间、虚拟空间。报纸是区域性媒体，全国性报纸广告效果一般不及区域性的报纸，赢了本区域就相当于赢了天下。广西日报传媒集团的地盘空间约为1000亩，这是报社的“根据地”；市场空间要随着全国新一轮城镇化引爆的商业热流，在区域内向二三线城市甚至县城一级纵深延展，如设立了梧州（岑溪）新媒体发展中心项目等；辐射空间从局部延伸到全国和东盟，先后设立了广州办事处、北京办事处和上海办事处，着力打造有区域性国际影响力的传媒集团；有计划有步骤地开拓新媒体及媒介融合带来的虚拟空间。

（三）以加速度投资新媒体。报业集团创办新媒体未必赢得现在，但不办新媒体则会输掉未来。广西日报传媒集团构建传统媒体与新兴媒体并举的立体传播格局，以广西新闻网为龙头实施网群战略，力争在全区超百个县市区建立广西新闻网分站和县市手机报，打造广西网群、手机报群。近日，《广西日报》还开设了法人微博、微信，向全媒体建设上迈出重要一步。

（四）“反弹琵琶”营销巧实力。报业巧实力是报业硬实力与报业软实力的巧妙结合体。营销巧实力源自“异想天开”的独特思维。广西日报传媒集团以“反弹琵琶”思维编著《我们错了》一书产生全国性影响，荣获全国“2011年全行业优秀畅销书品种”奖，成为“将坏事变好事”著名案例，大大提升了报业巧实力。商界有句新名言：“一切行业都是娱乐业”。电影《泰冏》卖出10多亿票房给我们启示：寻找产业突围，不妨用娱乐化、游戏化的方式重启。

（五）探索资本运作之道。为谋求更快更好发展，广西日报传媒集团积极谋划与索芙特重组上市，虽然目前尚未取得成功，但这是一次深化传媒体制改革、向资本市场进军进而做强做大的重要尝试，从中也积累了经验与教训。据估算，如能上市，集团公司的资产将由目前的10亿元变成市值80亿元，通过资本市场的巨大融资能力，进一步扩大对会展、文化产权交易及其他项目的投资，通过三五年发展，集团公司发展规模将大幅度扩张。

（六）多元化拓展非报产业。报业要多元化拓展就要寻找新引擎，将报业的“触须”伸入非报领域的沃野。非报产业的探索是摸着石头过河，从最有基础的试验性项目开始，找到最适合报业发展优势的关联项目，做成非报产业新支柱。比如，广西日报传媒集团在向文交所、电子商务、生态农业等方面拓展，但目前最有基础的是会展业，本集团主办的广西（南宁）房地产博览会已成功举办了12届，成了广西家喻户晓的品牌展会，被喻为广西最大的“购房节”。还成功举办了多届广西（南宁）汽车博览会、广西（南宁）家装建材博览会、广西（南宁）儿童用品博览会等。力争自治区政府把广西展览馆划归传媒集团连片开发，全面盘活广西展览馆的资产，让居于首府黄金地段的广西展览馆生发出“钻石价值”，再将会展业与物联网相结合，做成中国——东盟大市场的会展业格局中的新一极。

【作者：广西日报传媒集团党委书记 董事长
广西日报社社长 广西日报传媒集团编委办主任】

从传统平面媒体到多元立体媒体

蔺春盛

随着大报的集团化、电视节目的娱乐化、互联网的普及化，地市党报的生存空间已越来越小。如何在新形势下拓宽生存与发展空间，不断提升发展能力，在媒体之中占有一席之地，是摆在当今地市报人面前的一个重大课题。长白山日报社解放思想，抢抓发展机遇，加强软硬件建设，逐步改变自己的生存环境和发展环境，提升了自身的发展能力。

一、纸媒革新，“帮忙”转为“帮闲”

互联网刚刚现身，就有人惊呼“纸媒消亡”。确实，实现全面无纸化办公已经成为一种大趋势。然而，正如电视和广播之间的消长，并未最终形成一方取代另一方的格局，时至今日，网络的拥趸也逐渐承认，网络并不能终结纸的时代。尽管如此，党报作为纸媒的中坚力量，再靠传统的笔录手写，靠编辑手工画版，再送到微机室制作，显然已经无法适应新闻事业的发展。

办公实现无纸化

为提高传播效率，降低运行成本，加快报社的现代化建设进程，2006年10月，长白山日报社建立了采编平台，改变了传统的“动手用笔在纸上写稿”、“动用笔、尺在纸上画版”的方式，开始向“无纸化”写稿、编辑转变。编辑人员经过培训，集编辑、校对、版面制作于一体，原来的版面制作人员充实到其他部门。无纸化办公系统使报纸新闻的传播速度加快，新闻的实效性增强。

改革考核办法

借鉴兄弟报社成功的经验，结合本报实际，本着公平、公正、公开、多劳多得、奖优罚劣的分配原则，建立起科学、规范、便于操作的长白山日报编采岗位考核办法。报社专门成立了考核小组，由总编办、研究室负责人等不直接参与编采工作的人员组成，以利于客观、公正地进行考评。

版面与稿费均按照质量优劣实行 A、B、C、D 四个标准进行考评；按照四个档次进行编辑费与稿费的分配。

施行了除头题稿件外，其他稿件一律不许和通讯员联名的规定，避免了记者不深入基层，不去挖掘深层次的稿子，同时也避免了拿通讯员稿件顶任务的弊端。

实行月评优制度，在每个月月初对上一个月的采编工作进行点评，采取集体投票的方式选出优秀稿件和优秀版面给予奖励。

实行独家新闻和重点稿件、重点策划奖励制度，对于重要的时政新闻和有重要价值的经济和社会新闻，本报在第一时间独家刊发的进行奖励；对于市委、市政府以及报社安排的重要报道、本报的重点选题策划等按倍数折算工作量。

试行首席记者制度。经严格考核，采写新闻稿件数量多、质量好，能承担战役性宣传报道任务，对外宣传工作突出，经群众推荐、组织考核、班子确认，授予首席记者荣誉，享受副科级待遇。首席记者不搞终身制，一年一评。

改进报道内容

长白山日报改变过去“官报官办，官订官看”的传统做法，在把握好正确的舆论导向和深入宣传好党的路线、方针、政策的前提下，根据读者的需求不断改进报道内容，减少和删除那些可能没有任何价值的“帮忙”报道；改变过去那种用语生硬、内容空洞、文章冗长的报道风格，在全报社提倡写短文章，报纸的信息量由此大大增加。

从“帮忙”转为“帮闲”，增加了与城乡居民生产、生活密切相关的知识和服务性内容的报道，为读者提供更多、更好的信息服务。将每周六的报纸大胆创新，把休闲报道进行扩展，及时提供时尚生活、健康指南等各种休闲信息和服务性报道。同时，大力倡导以发展为核心、以健康和知识为两翼的积极休闲，旗帜鲜明地反对庸俗堕落的异类休闲，提高读者的休闲质量和生活品味。

建立子报运作机制

党报要巩固主流媒体的地位，就要采取灵活多变的经营方式，不断发展与创新，不断扩大和占有市场份额。2005 年，我们创建了子报——都市新闻。这样，长白山日报社实行了“一团两制”的管理模式：党报实行文化事业单位管理模式，非党报实行文化产业单位管理模式。给予都市新闻相对独立的经营决策权。财务支配权和人力使用权。

2012 年以创办城市晚报地区版，实现省市两级报业编采和经营管理资源共享为目标，我们又同吉林日报社合作，共同主办、合作经营城市晚报白山版。

城市晚报白山版、都市新闻以大视野、大容量、高品位的报道，力求贴近城市、关注民生、反映生活、服务大众。报纸坚持平民姿态、百姓视角、群众参与；以平常生活、平常事为报道主体，讲述百姓故事，反映都市时尚，引导生活潮流，集新闻性、时尚性、资讯性、服务性为一体，透视社会生活和社会现象，折射现代城市发展变化，彰显以人为本的时代特色。子报的灵活多样、丰富多彩弥补了大报新闻的局限性，吸引了更多的读者关注我们的报纸。

我们对城市晚报白山版、都市新闻试行了与大报不同的管理模式。也就是“摸着石头过河”，把事情先“干”起来，边干边改进，边干边琢磨。

人员实行聘任制。除了主力编辑、记者，其他人员一律实行聘任制，工资与稿费挂钩。

自办发行。所有的编辑、记者，同时也是发行人员，采取奖励机制，多劳多得，发行费按一定比例给发行人员提成，调动了大家的积极性。另外，与移动公司等有实力的单位和部门联合稿发行。比如，给移动公司的大客户免费赠送全年或半年的城市晚报白山版、都市新闻，既扩大了了覆盖，又增加了经济效益。

广告创收负责人也是编采负责人。既负责经营，也负责编采业务，有利于报纸的经营管理，避免了经营部门与编采部门的矛盾冲突。

给予两报负责人一定的选人、用人权利。因为市场瞬息万变，子报既然要独立地“面向市场”，那就要根据市场的需求灵活机动地调整报纸定位、经营策略等等，所有这些，都要求子报作为一个独立的“个体”出现，而不能作为一个部门遇事层层请示，级级汇报，市场是无情的，等请示完了，市场恐怕早已经不是当初的那个市场了。

二、网报联手，创新传播方式

现代网络媒体的即时性、互动性、参与性、速效性等优点，是传统纸质媒体无法与之相比的；而传统媒体的纸质阅读，又是人们生活中不可或缺的一份精神快餐，也是网络媒体无法取代的。要想让传统媒体与新媒体都取得好的发展，相得益彰，有双赢的效果，二者必须相互结合，走一条“网”“报”联手的新路子。2006 年，长白山日报社创办了以新闻为主的综合性网站“长白山新闻网”，由过去的传统平面媒体转变为多元立体媒体，通过各种介质提升报纸的信息传播水平，在市场竞争中开辟出更大的生存和发展空间。

树立品牌意识，创新新闻品牌

在尝试报网互动经营时，紧紧围绕市委、市政府的中心工作，在创名牌、办名牌栏目上下功夫，在宣传当地名牌产品、名牌企业、名牌景点上下功夫。长白山历史上是满族发祥地，有悠久的历史传统，我们创办了独有品牌栏目《长白山文化》；这里又是杨靖宇将军殉国地，生动丰富的抗联故事是培育民族精神的食粮，我们创办了《抗联故事》栏目；矿泉水是长白山第一特优产品，我们在网上开办《矿泉文化》，利用矿泉文化传说为长白山天然矿泉水扬名立传，这些本地特有的文化栏目是谁也拿不走的特色，所以，在为弘扬长白山地域文化，搞好具有影响力的重大题材上做足文章，报社专门组建了深度报道组，通过创立品牌栏目，进行深度报道，取得较好的宣传效果和社会效益。

增强地方特色，深厚地方“乡情”

重视建立与县区的密切联系。通过走访、专访、座谈等多种方式，与县区领导和有关方面建立良好关系，为县区经济社会发展提供有力的新闻舆论支持，对长白山文化、人参文化、抗联文化、狩猎文化、松花石文化和县市区大型社会活动、重点经济题材以及县区经济亮点给予特别关注，舍得提供版面页面，精心策划，做足报道分量。此外，还通过多种形式，加强与市直各单位、部门之间的联系，认真做好沟通和联络工作，使报纸和网站成为抒发乡情、传递乡情、聚拢人才的平台，使之在增强报纸可读性、网络可视性的同时，为地方经济和社会和谐发展提供精神动力和智力支持。

突出兼容性，重视刊登周边区域新闻

在报网互动平台上，兼容周边区域新闻的传播。周边区域新闻坚持实用性与新颖性相结合的标准：首先以本地区的眼光打量区域新闻是否为本地区老百姓所关注，比如彼地的措施、新生事物能否为本地民众带来投资、就业机会，或者对本地同类问题解决有推动和借鉴作用；其次注重新闻性，反映新情况新热点，传达新文化。除新闻外，还适当增加了周边区域天气预报、交通信息、旅游信息、演出展览类信息，扩大服务面。当然还扩大了周边区域的广告信息，对增加收入，凝聚人流、物流、信息流都起到良好的推动作用。

报网互动平台延伸了报纸新闻的触角，实现了报道形式的多样化，形成网民、读者、报人的多元互动，网站借助报纸提高了点击率，报纸通过网站扩大了知名度和影响力，二者同行共进，使长白山日报的主流媒体地位在网络时代的媒介竞争中得到巩固和加强。

转变观念，报业向“数字”跨越

仅仅做到把传统媒体的内容搬到互联网上是不够的。如何确定党报未来网络媒体的发展方向，实现传统报业向数字报业的跨越，我们认为在具体实践中要逐步实现理念上的转变。

打造综合信息服务平台

报业要适应网络海量、多种类、差异性需求，立足专业化、规模化，全方位提高新闻和信息产品的供给能力，并把新闻服务扩展到信息、商务、教育、娱乐等多种功能服务领域。

成为原创信息内容的主要提供者

报业要掌握舆论引导的主动权，实现权威性、大众化、公信力的媒体角色，必须在宣传党的路线方针政策方面胜人一筹，在吸引受众方面胜人一筹，在品牌影响力方面胜人一筹。这就要求报业需发挥新闻和信息采集、整理、加工、发布的强大功能，在媒体竞争中依旧牢固占领舆论高地。

面向大众化又兼顾个性化

新媒体传播不再是单向的、点对面的传播，传统媒体对信息的绝对垄断将逐步打破，传播者与接受者互动应得到加强。

建立复合型编采队伍

延伸服务领域、增强技术手段、扩大整合能力，制作更多适用于报纸、广播、电视、网络、手机、卫星等传播需要的数字内容。未来的记者要成为“三栖”记者，即图文、音频视频、主持人兼备的复合型人才。

拓宽报网互动的渠道

网站与报业整合后，我们有自己的原创新闻，可以与其他网站或媒体交换新闻，解决转发其他媒体的新闻版权问题。可与平面媒体实现报网互动，将传统媒体的信誉优势和网络的交互性特点相结合，增加网上新闻的服务性，增强与网民的联系，提高网站的权威性。可与平面媒体互动开展经营活动，将新闻网站的经营纳入整体的经营体系中，以套餐广告的形式，把报纸、网络的广告统一整合，带动新闻网站尽快形成自己的盈利模式。

【作者单位：吉林长白山日报社】

当前剧场建设的几个定位问题

燕　双

为了认真贯彻中央对文化建设提出的目标要求，各级政府部门都在积极开展文化大发展、大繁荣的推进工作，对于如何认真研究和进一步落实本地区的文化建设，特别是如何加快本地区的文化设施的建设，成为当前许多城市管理者关注的一项重点文化工作。据了解，全国省会一级的城市，在剧场建设方面都已基本完成。新剧场的建设正逐步向各省二、三线城市铺开。

目前，许多城市在建设新剧场时，给新剧场赋予了不少建设目标和期望目标，都希望通过新剧场的建设，使之成为地域性、标志性的文化设施，在提升城市的文化品位，提高市民的文化水准，树立城市良好的文化形象等方面发挥巨大的作用。

但在近些年来，一些大城市动辄数亿甚至十几亿资金，建造出新剧场之后；在使用过程中，逐步显现出一些问题；而且，有些问题不少是无法解决的，成为一种遗憾和教训。这里有周边环境不适的问题，有使用功能受限的问题，有养护成本太高的问题，有产业经营难以操作的问题等等。这些在使用期间暴露出来的不足，说明在当初筹建剧场的项目论证期间，就有许多先天不足的问题，一些剧场的建设是“带病上马”。

一个城市里面为什么要建这个剧场？在城市许多决策人员的习惯性思维里，常常是这样思考，这是为广大人民群众提供优质的文化设施，满足人民群众日益增长的文化需求，树立城市良好的文化形象的需要等等。从宏观上看这样思考是没有什么问题。但在具体落实剧场的建设中，我们的规划、设计，特别是决策人员就需要有统一的、明确的认识，需要对新建的剧场有几方面清晰的定位。

一、城市的定位

许多城市的管理者，都希望把新剧场建成一个标志性文化设施，甚至是一座艺术殿堂，使之成为城市的一处“地标”景观或是一张名片。众所周知的悉尼歌剧院就实现了这样的目标，已经成为澳大利亚的标志，世界著名的景观之一。但要知道，世界上的城市成千上万，有几座城市能够这样幸运？另外，在一个大城市里，可能要在不同的区域，分别建设满足本地观众需要的剧场，也不可能个个剧场都要达到这样的标准。对国内绝大多数剧场来说，在建设起来后，更多的是履行其基本的演出职能，过高的期望是不切合实际的。

如何确定一座城市需要建设新的剧场，来满足人民群众的文化需求？这与剧场所在城市的经济发展、人口规模、文化建设有关，与文化消费的方式和习惯也有关系，也有引领和指导市民文化消费的目标有关。国内的各个城市，在多年的建设和发展中，逐步形成了一、二、三线城市的区分；在一个省（区）内，各个城市也有省会的大城市和市、县（区）的中、小城市的实际差别。这就使得一座城市的经济规模、流动人口、文化水准、消费方式等硬环境、软实力，决定了这座城市的建设一座剧场和其他的功能定位。

二、规模的定位

就是确定新建剧场的规模大小。一个城市中的剧场，大有大的好处，小有小的道理。在新建的剧场中，其规模的大小主要涉及到剧场投资多少的问题。有的城市钱不宽裕，投资规模有限；有的城市不差钱，可以投入巨资；投资规模5亿和投资10亿的差别是很大的；涉及占地面积和建设面积，也包括地上部分和地下部分；还涉及剧场里的使用功能等方面。

过去的剧场，多数是单一性质的。剧场里只有一个演出场地，坐席数是固定的，不管什么样的演出，都要将就场地。如今，随着演出形式的多元化，剧场的建设都变成了多厅化。在一座剧场里，既有上千坐席的演出大厅，又有几百座的演出小厅，还有音乐厅、多功能厅等；甚至为了适应市场经济形势的需求，减少财政投资，搞好自主经营，剧场里的演员公寓、餐厅、库房等都向经营领域转移，并在剧场建设之初，就确定了相当的面积和位置。这些新的规模及定位方式，已逐渐成为新剧场建设的标准和方向。

三、地点的定位

剧场应该建在什么位置，决定这个剧场是否能够生存和发挥更好的作用。国内各省市在上世纪六、七十年代建设的剧场，基本上都在城市的中心地带；尽管当时的商业氛围还不浓，但文化的品位把剧场映衬着气势和高贵。随着城市规模的扩大和土地商品化的经营，除一部分剧场原地改造外，还有就是异地建造，也有少数城市按新的规格，打造多功能的“大剧院”。国内有不少这个的例子，新建的剧场，规模宏大，功能齐全；但地域偏远，交通不便，常住居民较少，每年虽领取巨额的财政补贴，仍然处于亏损状态。

目前，全国各地的剧场，在经营方面已经形成了好坏和优劣的效益区别。除了南方与北方、沿海与内地、大城市与小城市存在一些差异外，在一些经营理念方面也已经形成了共识。地处繁华街区的剧场，就比建在偏僻地方的剧场要好；在交通便利的剧场，就比地方偏僻的剧场要强；在旅游地区的定点剧场，就比没有游客的剧场火爆，等等。这些因素和现象，应该引导和影响新剧场的规划和建设部门，也包括决策部门的领导。

因此，各级决策部门和领导对新剧场的建设时，在地点的选择上，也应该这样考虑：这个剧场的位置是否处于商业繁华的地区，或是近几年将成为商业繁华的地区？其周边是否有相当量基数的稳定常住人口，或是有大量的旅游观光人员？交通是否便利，公交、轻轨、地铁等市内交通工具是否覆盖？是否方便市内各区的观众前来观看？是否有足够的面积停车？如果符合以上的条件，这样的地点应该是建造剧场的良好地段。

四、功能的定位

无论一个剧场建成什么样，造型如何艺术，形象如何宏伟，样式如何前卫，投入如何巨大，其剧场的基本功能，就是为各种类型的演出团体提供能够演出的场地，能够为观众提供更多可观赏的剧目。简单一句话，就是一处能够演出的场所。

随着社会的发展、艺术表现的多元、观众需求的多样，剧场的功能也要随着发生一些适应和变化。因此，在新剧场建设的初期，其功能方面如何定位就是至关重要。这些功能，主要包括：剧场里多厅化、舞台多功能化，坐席区多样化、经营场所配套化、周边环境宽敞化等。这些功能的集中，就是新建剧场要能演出什么样的剧目的定位。

现在，许多国家和地区在建设新的剧场或是艺术中心时，基本都采取多厅设计。就是在一个大剧院的里面，建有大剧场、小剧场、音乐厅或是多功能厅等几个剧场。实现多厅化是剧场功能全面化的体现。大、小剧场的区分，多以观众的坐位数来决定。一般来说，大剧场的坐席，应该在1800～2300坐席左右，适合上演大型和费用较高的剧目，比如：歌剧、舞剧、综艺晚会等，观众坐席多，票价可以平均降下来；中等规模的剧场坐席，应该在1000～1200左右，适合上演一般性的剧目，包括音乐剧、音乐会、地方戏曲等；小剧场在600～800坐席左右。还有多功能厅，适应一般的小型娱乐演出。

在考虑剧场的功能中，涉及到舞台区域，后台区域、坐席区域、经营区域、周边区域等。

有人说我国的剧场建设，常常是先定一个样式，就是先建一个外壳，然后往里面放各种功能。结果是要么有的功能放不进去，要么就是空间浪费太大，都留下了遗憾。据了解，发达国家建剧场是先研究剧场的各项使用功能，确定各项功能区域后，再设计外壳。我们对此应该借鉴好的经验和方法。

五、经营的定位

过去，剧场几乎都是国家建的，强调更多的是公益属性，是精神文明建设的重要阵地，经营不占重要位置。在市场经济发展到了今天，一些地方的政府部门里，仍然还有这样的观念。对于剧场如何进行商业经营定位，始终不清楚，或是不确定。

一般情况下，新剧场在建设时，就要考虑其如何养护，涉及到养护的费用从哪里来，在国家投入有限的情况下，这就涉及到如何经营的问题。

人们常说，建剧场容易，养剧场难。经过几年来的文化体制改革，各省市原有的剧场绝大多数都推向市场化经营。如果新建的剧场仍然只有单一的演出功能，在今天这样的演出环境下，生存将是不易。所以，在建设之初，应该考虑和规划出新建剧场经营的具体措施。

新剧场在规划设计时，应该考虑剧场的经营配套场所和面积，涉及有多大的经营空间。停车场要建多大，可以容纳多少车辆？可以考虑建不建演员公寓，有没有演员餐厅，这些是否可以对外经营？有没有其他多种经营的面积？像咖啡厅、快餐店、小卖部等。另外，在投入使用后，还应该考虑具体的经营方式，是独自经营，还是连锁经营等等。如何做好剧场经营方面的定位，在建设剧场的论证时，就需要研究确定。

总之，对建设剧场的各方面定位，是建设剧场、长期化使用剧场的重要前置。各级政府和规划部门，在剧场设计和建设的过程中，应围绕城市大小、具体地点、建设规模、使用功能、经营方式来进行定位，并努力实现“七化”的目标：规模多厅化、功能多样化、舞台标准化、交通方便化、位置商业化、观众本地化、经营连锁化。

【作者：辽宁演艺集团党委书记】

浅析手指玻璃反画艺术特点与产业化发展

刘传勇

手指玻璃反画艺术起源于1972年，至今已有近40年的历史。在这漫长的发展过程中，经过不断的探索研究形成了以刘传勇美术师为代表的手指玻璃反画艺术流派。它以其画功精湛、画风自然、画语独特、手法细腻、用色讲究、质感丰富，成为继中华民族传统手工艺术刺绣、漆画、剪纸、根雕、铁画等之后的又一全新的民间艺术表现形式。

手指玻璃反画艺术由于拥有创新性、独特性、民族性特点，于2010年5月5日被国家知识产权局正式授予《中国发明专利》。

手指玻璃反画艺术虽然发展历史较短，但其却以专业的创作队伍、过硬的工艺水平、丰富的花色品种、广阔的销售市场和深远的海内外影响在工艺美术领域和市场占有突出的地位。手指玻璃反画根据自身的艺术特点在“创作和生产、分配和服务”的产业链条上进行了改革创新，已经具备了手指玻璃反画专利技术转化及产业化向着规模经济方向发展的技术基础，并先后成立了马鞍山市石生手指玻璃反画研究院、马鞍山市石生手指玻璃反画文化发展有限公司，建立了现代化企业模式，并注重文化品牌建设与知识产权的保护，最终由以下六个方面的努力，实现了手指玻璃反画由个人艺术工作室向文化产业化方向的转变。

一、载体创新

石生手指玻璃反画发明人刘传勇认为：“工艺品实用化，实用品艺术化”是手指玻璃反画艺术发展的出路。手指玻璃反画据此进行了有益的尝试和探索。从最早构思开发的第一件手指瓷板绘画、手指玻璃正面绘画到手指玻璃反画、手指玻璃灯箱反画、手指玻璃花瓶反画、手指玻璃屏风摆件双面反画等多种实用型的新产品都是这方面的典范。正是由于手指玻璃反画的创新性和独特性，自2000年以来其作品多次荣获国家级大奖。

2009年6月，根据石生手指玻璃反画研究院实行产业化发展可行性立项，使之成为安徽工艺美术学会的《团体会员》；2008年3月，石生手指玻璃反画作为安徽省马鞍山市地方特色艺术品，被“2008北京奥运会”北京奥组委列入《专项礼品》复审名单。

二、制作工艺创新

手指玻璃反画作为徽派文化园中的一枝艺苑奇葩，以其独创的“涂、擦、抹、揉、推、按、点、堆”等绘画技法，将平面的绘画艺术与立体的浅浮雕细腻而微妙的结合，使手指玻璃反画特有的质感效果和色彩艺术恰到好处地融为一体，成功地突破了传统国画在创作上脱不开宣纸和绫绢的局限，也打破了传统国画正面构思、直面触景的作画形式。手指反画反向构思、反向构图、反向描绘而成。其作品反画正看、鲜亮明快、立体感强，兼具国画、油画等综合效果，将世间万物表现得淋漓尽致。手指反画既可表现色彩凝重的油画风格、又可表现色彩清丽的水彩画；既可表现摄影的细腻、又可表现中国画的大小写意，已达到了无物不可入画的境地，表现出现代手工艺术的非凡魅力。

三、题材风格创新

载体和制作工艺的创新为题材风格的创新奠定了良好基础。手指玻璃反画精皴细染、造型准确、风格典雅、色彩丰富、生动传神，除临摹古代经典题材作品如山水、人物、花鸟、动物、书法、博古外，还融入西洋的写实风格，借鉴西方油画不用墨线勾勒而采用明暗过渡和投影的手法增加了现代题材的动物、山水和人物题材，并且提倡手指玻璃反画的首创作品，使各种商业文化和时尚文化也闯入了手指玻璃反画艺术，使手指玻璃反画这一独特的手工艺术焕发出勃勃生机，从而也更具市场价值与收藏价值。

由于有了题材风格创新的基础，目前研究院和文化发展有限公司已开发出20多种规格；研制出人物、山水、风景、花卉、瓜果、翎毛、走兽、虫鱼等画科；探索出工笔、写意、勾勒、设色、水墨等技法的手指玻璃反画100余个品种。

四、人才培养创新

行业体制的创新对于促进和发现、培养更多的手指玻璃反画高精尖人才，提高手指玻璃反画行业的整体素质具有决定性的意义。为了适应手指玻璃反画专利技术转化及产业化发展的需要，推进人才培养模式改革，加快培养培训高质量工艺美术人才，为此，石生手指玻璃反画研究院、石生手指玻璃反画文化发展有限公司积极创造条件，以三种形式进行专业人才的培养。1、创办了中日友好ODA马鞍山市石生手工艺术职业技能培训学校；2、采用校企联合与职业学校联合设立“中职班”，采取半工半读等灵活多样的形式，面向企业员工开展学历教育；3、院外编制招收了50名学徒按手工产业化的教学模式进行培训生产，单位时间产量有很大提高。

五、品牌意识创新

文化品牌是无形资产，具有溢出效应和乘数效应，能够极大提高产品的附加值。手指玻璃反画一直致力于树立精品意识，从产品的策划、创意、制作、包装等各个环节着手，打足“地方特色”的文化品牌。多年来手指玻璃反画在国内外具有极高的知名度，并较早的注册了“石生”商标，成立了石生手指玻璃反画研究院，为光大石生手指玻璃反画艺术奠定了坚实的发展基础。

近年来，手指玻璃反画以其“奇、绝、新、特”吸引着全国各大媒体的高度关注，安徽卫视对石生手指玻璃反画及发明人刘传勇进行了全面深刻的采访后，制作成专题片《刘传勇和他的手指玻璃反画》对全世界播放。引来了全国30多家电视台，如中央电视台1套《东方时空》、2套《艺术品投资》、4套《华夏文明》、5套《体育世界》、7套《致富经》、8套《黄金强档》、10套《探索》；东方卫视；重庆卫视《天下猎奇》；辽宁卫视；浙江卫视；江苏卫视；南京电视台；芜湖电视台；马鞍山电视台等都先后进行了转播。电视媒体对一种艺术品出现这种大密度热播现象，实属罕见，堪称电视媒体的“中华一绝”。

六、企业规范建设

完善的企业规范是文化产业发展壮大的基本保证。石生手指玻璃反画这个世界上独一无二的地方特色艺术品从手工作坊式的工作室发展成为具有一定手工产业化规模、正是有一套规范化专业化的手工生产管理模式。为此，在石生手指玻璃反画研究院的基础上，石生手指玻璃反画文化发展有限公司应运而生。该机构负责手指玻璃反画艺术品市场的正常运营与监督，开发新产品、开拓新市场、组织扩大对外贸易、增加世界工艺品市场的份额。几年来，在文化发展有限公司的规范运作下，手指玻璃反画产品质量有了一个飞跃，名声远播。被当地政府授予“中国旅游商品定点生产企业”。

通过上述分析，手指玻璃反画艺术根据本地文化产业发展需要、旅游经济发展需要和国内外工艺美术品市场需求，在手指玻璃反画艺术的使用载体、制作工艺、题材风格、人才培养、品牌意识、企业规范建设等方面进行的尝试全面而深入，这使得手指玻璃反画在发扬民族特色文化的同时，社会效益和经济效益显著，在工艺美术行业中独领风骚。

【作者：安徽马鞍山市石生手指玻璃反画研究院院长
马鞍山市石生手指玻璃反画文化发展有限公司董事长】

找准发展着眼点　倾心打造文化力

刘洪斌

文化的力量，深深熔铸在企业的生命力、创造力和凝聚力之中，用先进文化全面提升企业核心竞争力，引领企业持续健康发展，这是新时期企业文化建设的方向。近年来，冀北承德供电公司致力于建设优秀企业文化，倾心打造文化力，形成了以“诚信、责任、创新、奉献”为核心的企业文化体系，对增强企业内部凝聚力、竞争力和开拓力方面，起到了至关重要的作用。冀北承德供电公司在企业文化建设中找准六个着眼点，促进了企业文化稳健发展。

一、以科学理念统领企业文化。以人为本，是科学发展观的核心所在，也是建设企业文化的本质和灵魂。冀北承德供电公司将“以人为本”的科学理念贯穿于公司文化建设的始终，把以人为本、促进人的全面发展作为企业文化建设的出发点、落脚点，确立员工的主体地位，发挥员工的创造力，通过员工素质的全面提高和人的全面发展，来促进企业管理水平的改进和提高，推动企业发展壮大。尊重员工的首创精神，充分调动企业员工积极性、主动性和创造性，在企业内部形成尊重知识、尊重人才、尊重创造、尊重劳动的“小气候”。注重技能培养。认真落实“十二五”人才规划，盘活现有人力资源，规划职业生涯，搭建成长平台，激励员工工作热情，精心组织岗位练兵、技术比武、劳动竞赛等活动，积极创建“劳模工作室”、“创新工作室”、“QC”等创新平台，连续举办中青年管理人员提升培训班、电工“智能、技能、体能”运动会及书法、绘画、摄影等文体活动，构建起系统而科学的人才培养机制。加强人文关怀，全面掌握员工思想动态，实施困难员工慰问和员工心理帮扶，使有可能影响企业发展的矛盾和问题化于无形，确保了员工队伍和谐稳定、企业和谐发展的良好局面。

二、以核心价值认同企业文化。在尊重员工个性及其文化的多元性的基础上，要在广大员工中形成共同的价值观、管理思维和行为规范，形成对企业文化内在的认同，加强学习是必备而有效的一项措施。冀北承德供电公司始终高度重视学习在统一思想、凝聚共识、汇聚力量中的作用。首先，强化理论学习。各单位认真制定详细的学习计划、认真记录学习情况、交流学习体会，做到学习活动资料齐全，有据可查。多次聘请市委党校教授就党的十八大精神、国际国内形势、党的基本理论、党史等方面知识进行授课，收到了较好的效果。开展了“学党章，思信念；学条规，思规矩；学案例，思底线”的“三学三思”主题教育活动，把学习贯彻党章作为重要政治任务来抓。其次，开展主题教育活动。组织开展企业发展历程及企业文化专题学习、“党章、条规知识竞赛”、“廉洁文化作品评比”、“反腐倡廉专题讲座”、“警示教育专题参观”等活动，同时在“政工之家”、“廉政”网页上进行同步展示交流。通过学习，将公司全体员工的思想行为逐步统一到公司的发展战略和目标上来，使员工个人奋斗目标与企业的发展达成契合，从形成员工对企业和企业文化的高度认同。

三、以典型示范传播企业文化。企业先进人物诞生于员工中，为广大员工认识和熟悉，先进典型的引领带动对加快企业文化的传播意义重大。承德供电公司挖掘、培树了一批有分量、有影响的先进典型，并对他们的事迹进行广泛宣传，广大员工在羡慕敬佩之余，在不自觉中产生向先进靠拢、争当先进的想法。如“马背电工”李国军荣登中国好人榜，“绿舟”服务队荣获 2011 年度感动电力团队奖，这些先进典型生动了诠释了以“诚信、责任、创新、奉献”为核心价值观的企业文化，对公司其他员工起到了良好的示范作用。

四、以组织建设支撑企业文化。公司坚持重心下移，不断提高基层党群组织在企业文化建设中的战斗力。公司党委始终坚持“支部建在最基层”的原则，积极开展把党员培养成业务骨干和把业务骨干培养成党员的“双向培养工程”，全面落实“一岗双责”的工作责任制度。截止 2012 年底，基层党支部数量增至 68 个，党员总数 1762 名，拥有健全的团支部、分工会和妇女组织，基层党群组织开展丰富多彩的活动，如成立 11 支国家电网冀北电力共产党员服务队带动公司各部门积极履行央企社会责任、开展基层党组织晋位升级工作等，使得基层组织建设富有特色、党员队伍建设富有朝气、群众组织建设富有活力，为承德电力公司企业文化建设提供了坚定的政治保障。

五、以良好制度规范企业文化。离开制度建设谈企业文化建设，往往会流于空谈。企业文化建设过程中必须十分重视制度建设，使价值文化转化为工作文化。管理制度的制定，管理流程的设计，都要体现企业文化的核心内容，做到企业文化建设与企业管理有机融合。冀北承德供电公司制定并实施了 2012 年度企业文化重点落地工程实施方案，倾力打造企业文化落地精品工程，开展了“央企社会责任寻访之高校传媒走进电力企业”活动，在全市企业文化建设现场经验交流会上作为先进单位进行了交流发言。加强企业文化建设动态评估和工作评价，将公司企业文化引入年度绩效考核指标。认真总结提炼企业文化成果和案例并中从选取优秀成果和案例 13 篇上报冀北电力公司，有力推动了企业文化建设健康发展。

六、以特色活动践行企业文化。冀北承德供电公司积极探索企业文化建设的有效途径和方法，通过创新形式、创新载体，来增强企业文化的传播力、亲和力和影响力。与各种创建活动相结合，把企业文化宣传渗透到文明评比、各类竞赛、庆典礼仪、美化环境和其他文体活动中，增强活动的思想文化内涵，使员工在各种生产、学习、文化活动中实践文化、体验文化、感悟文化。冀北承德供电公司作为发起单位，成立了“社会责任联盟”，通过资源共享、协作服务，提升了服务社会的质量。广泛开展热心公益事业、乐于扶贫帮困活动。2010 年至今，先后捐款、捐物 40 万元用于捐资助学、扶助“汶川”、“玉树”地震灾区。通过系列特色活动，践行了“诚信、责任、创新、奉献”的核心价值观。

【作者：冀北承德供电公司副总经理】

浅谈乡镇文化站建设的问题及其对策

汤忠民

乡镇文化站是政府在基层设置的文化事业机构，是党和政府联系群众的桥梁和纽带，是活跃群众精神文化生活的重要阵地。乡镇文化站作为提升广大人民群众文化素质的教育基地和当地居民群众文化的组织者，对于加强社会主义文化建设，着力建设和谐社会方面发挥了非常重要的作用。党的十八大报告中对于如何加强文化体制改革问题作了非常全面的阐述，特别是对于加强社会主义精神文明建设，依托乡镇文化站这个平台，充分发挥其推动作用提出了明确要求，也为我们下一步进一步加强乡镇文化站建设指明了方向。当前，我们既要看到乡镇文化站建设方面所取得的成绩，同时也要深刻认识存在的主要问题，分析其原因，提出解决问题的新举措并狠抓落实。

一、当前乡镇文化站存在的主要问题

（一）经费方面存在困难

文化站在乡镇、街道政府中设立，在目前国家经济还不算十分富裕的情况下，每年政府部门有一定的经费拨给，可见国家对基层文化工作的重视。虽然上级政府部门对基层文化站经费投入逐年增加，但不少地方政府领导，对乡镇文化站的建设还不够重视，在政府部门千头万绪的工作中，总是把文化工作排在最后，文化站的工作做好了视为锦上添花，未做好也不伤大雅。目前，由于政府机构改革，主管领导变换频繁，文化站编制及干部配备不合理，不适宜在文化站工作的人员得不到分流，从而造成人员臃肿，加大了经济压力，使经费更加不足。另外，主管部门不投入维修、购置资金，造成文化站的办公房残旧不堪，办公设备简陋，专业器材不足，文化设施跟不上人民群众对日益提高的文化生活需求，从而造成文化活动的开展陷入困境，许多常年性的活动无法正常开展。使文化站干部工作积极性受影响，上班无所事事。因此，严重影响乡镇文化站的发展。

（二）人员缺乏、人才使用不当

1．文化站队伍不稳定，职能错位，存在“混岗”使用现象。乡镇文化站工作是一项专业性很强的工作，没有兢兢业业、甘为人梯、尽心尽责的道德境界不会为之，没有一专多能的业务水平难以为之，没有较高文化修养和政治素质不能为之。随着形势发展，领导以工作需要为由，把文化员提拔到乡镇领导岗位或调离工作岗位，给基层文化工作带来严重的影响。我街道现有编制 5 人，在岗仅 3 人，无一人专职，导致文化工作落实不到位。文化专干队伍流失严重。由于多年来没有吸收新鲜血液，文化员队伍缺乏年轻的力量，大部分文化站干部年龄都偏大、观念老化，在专业业务上跟不上时代的要求，后继乏人的现象日益显现。

2．部分文化专干不思进取、工作消极、人浮于事。他们认识不到充分地挖掘和发挥地方的自身优势和内在的潜力，而是死死地躺在等、靠、要的“懒汉床”上，从未建立起一个阵地活动项目，仅限于完成上面交办的指令性的参与活动；文化站站址长期闲置，甚至杂草丛生一片荒芜，有站无“为”的现象较为明显，这在很大程度上削弱了乡镇文化站所存在的价值。

（三）阵地缺乏

1．文化基础设施不完备，文化阵地缺乏。目前，乡镇文化站绝大多数一无像样的办公场所，二无能够提供健康休闲娱乐的活动场所及配套设施。我街道文化站原有占地200平方米的大礼堂一个，但由于建筑老化，年久失修，已无法使用。加上政府办公场所紧张，文化站无固定办公地点。没有站点，没有办公室，没有设施器材、图书资料，更谈不上电脑之类的现代化办公设施，仅有一个章子，沦为真正意义上的“一块牌子、一张桌子、一枚章子的空壳文化站”，文化阵地的宣传、教育、辅导、娱乐功能无法发挥。省政府对加强乡镇综合文化站建设工作任务和具体要求作了明确规定，要求乡镇综合文化站建筑面积不低于300平方米。我方已报建立项，但因资金问题迟迟未能动工。

2．群众文体活动欠丰富。乡镇很少开展区域性群众文体活动，群众文化普遍存在着服务内容单薄、活动载体单一等现象。

（四）制度缺乏

业务知识培训是乡镇文化员提高文化业务水平的有效途径。但几年来对乡镇文化员从未培训过，更谈不上对农村业余骨干的培训。我镇现有的11支村级文化队伍，有热情，但由于缺乏技术指导和交流学习的平台和培训机制，文化队伍处于自生自灭的状态。

二、造成乡镇文化站建设滞后的主要原因

（一）思想认识存在偏差，乡镇领导不重视

乡镇机构改革后，各乡镇文化站不再隶属于县文化局直管，其人、财、物、事等权下放到乡镇管理。乡镇政府是基层的一级政权机构，担负着地方的发展建设，工作千头万绪，量大而广，中心工作多，诸如计划生育、经济建设、安全生产、社会治安等都是一票否决，都是领导者的重点工作、政绩工程，而对乡镇群众文化工作，虽然近年来有所重视，但毕竟是软任务，无考核指标，领导能推则推，能拖则拖，对文化站有它不多，无它不少。文化工作出现领导会上讲讲重要，实际上做起次要，忙起来可以不要的局面。政府重视力度有待进一步加强。

（二）文化建设投入不足

1．经费投入不足。近年来，文化建设投入总量虽然逐年有所增加，但与其他投入相比，文化事业投入所占比例明显偏低。由于经费的制约，导致文化基础设施不完备，为民提供的公共文化产品、文化服务总量偏少、质量不高，群众文化活动开展受限制。加上目前乡镇财政紧张，经费有限，认为文化站工作投入的是人力物力及有形资产，产出的都是精神文化的无形资产，无论怎样都是耗力耗钱的“赔本买卖”。因此用于文化活动的经费少得可怜，能保证应付上级的活动经费已是很不错了，根本无法谈及文化设施的投入与建设。

2．人力投入不均衡。部分乡镇目前还未配备专职的文化员，有的乡镇则由于受事业人员编制限定，文化员要兼任乡镇的其它工作，因而腾不出更多的时间与精力抓文化工作，直接导致文化活动得不到正常开展。

（三）体制机制不健全

1．用人机制制约文化队伍建设。现在的情况是，一方面文化站缺员严重，另一方面需要的专业人才又进不来。文化站四权下放到乡镇管理后，一是乡镇不管或者不知道怎样管；二是县级文化部门对文化站管理力不从心，有的文化站专干换了上级文化部门根本不知道。文化专干地位低待遇差，是“弱势群体”。文化专干很寒心，许多都不愿意再干文化工作。

2．管理体制缺失。乡镇机构改革后，乡镇对文化干部实行“块管”，造成县级文化主管部门对乡镇文化站事实上的管理职能缺失，对作为基层文化工作“主体”的基层文化站不能进行有效的监督和管理，业务指导上也未有效跟上。乡镇文化员的人事、工资、事务均由乡镇管理，文化局没有建立健全对文化员工作目标考核的实施细则和具体的奖惩激励机制，业务工作开展的好坏没有一个具体的量化评判标准，文化员的潜力得不到挖掘，工作主动性与积极性得不到激发。管理不规范，制度不完善，缺乏激活机制。 在使用人才上放不开手脚，目标、任务、责、权、利尚不明确，管理制度不健全。致使部分文化专干不善于发挥自己的聪明才智和专业特长，没有把创新作为自己力量的源泉。经费困难加上一时得不到领导的支持，就不敢也不愿开展工作。形成造血功能不能强化，自我生存发展能力弱的现象。

3．文化站职能职责不明确、培训机制不健全。由于管理缺失，三分之二以上的文化员对自己职责、任务是什么、一年要干些什么工作不知道。乡镇不管，或者不知道怎样管，而是要文化站兼任其他工作，使得日常的文化建设职能作用发挥愈加有限。业务知识培训是乡镇文化员提高文化业务水平的有效途径。近几年来，文化员队伍变化大，业务水平参差不齐，亟待培训提高，然而在当今新形势下，各业务主管部门培训机制不到位，放松了对乡镇文化员面上的知识培训，在一定程度上妨碍了乡镇文化员业务水平的提高，带来了文化活动方式的简单、落后，远远不能满足群众日益增长的文化生活需求，文化站举办的各种活动没有吸引力，模式陈旧单一，群众参与率少，社会效果差，对文化工作的开展造成了不可挽回的损失。

三、加强乡镇文化站建设的对策及建议

以上现状的存在，已造成了基层文化站管理和功能的缺失，我认为，抓好乡镇文化站的运行管理的对策是：

（一）落实责任，强化领导

加强乡镇文化站的建设管理，提高使用效益，必须强化乡镇领导的责任感和对文化工作的重视程度，进一步引导和规范他们对乡镇文化站的使用。要落实文化建设的各项规划，必须建立行之有效的考核体系。将文化建设任务细化、量化，作为县、乡镇领导任期责任目标和干部考核的重要内容，依此来推动基层文化工作的进一步提升。

（二）建立规范的管理体制

1. 制定相关“惠文”政策。把文化事业单位的目标任务，机构性质编制，经费保障及考核、奖惩纳入政策化、制度化的轨道。把文化经费纳入乡级财政预算，确保文化干部生活待遇有保障，开展活动的经费有着落。

2. 理顺管理渠道。一是要把好选人关。通过公开招考或特殊人才有目标地选任把好进人关。二是要推行目标管理责任制。依据文化部《乡镇文化站管理办法》的基础上完善一系列规章制度，包括考勤考核制度、财务制度、档案制度、呈报制度、工作程序等，使责任制得以有效实施。最后还要建立评估、考核办法，同时建立相应的激制，奖勤罚懒，评优贬差。特别是对勤于开拓、勇于创新的基层文化干部要给予特别嘉奖。

（三）整合资源，建立多元文化投入体系

1. 进一步加大政府投入，保护居民的文化权益，杜绝基层文化站“编外财政”的现象。同时出台优惠政策，鼓励当地能人、大户自办文化，加大社会文化建设的投入。

2. 提高各项宣传文化投入的使用效率。整合乡镇的宣传文化经费，如文化、卫生、教育、计生、农业、党建、综治宣传经费，形成一个漏斗进，一个漏斗出的经费使用机制，统一管理，统一使用，从而提高资金的综合使用效率。

（四）优化结构，规范管理，强化人才制度保证

建立“两结合”的人才构成体系，使专职与业余相结合。一方面要确保专人专用。避免出现文化干部身兼多职的现象，搞好对专职文化干部的培训，提高他们的政治经济待遇，让他们积极主动工作；另一方面充分发挥镇级业余文体团队作用。由文化站引导组织开展健身队、腰鼓队、篮球赛、乒乓球等日常性的文化活动，丰富农民文化生活。要积极引进文化艺术专业的大学毕业生，鼓励他们到乡镇文化站工作，并为他们解决必要的工作生活问题，使他们愿意去，留得住。与此同时，在优化现有乡镇文化干部队伍，让乡镇文化干部进一步年轻化、知识化、专业化上要下更大的功夫，力求取得更大的成效。

（五）创新思想，健全阵地

1. 在思想认识、发展观念上创新。破除工作中“等、靠、要”老思维定势，把上情与镇情结合起来，集思广益，探索发展乡镇文化工作的新点子，寻找乡镇文化资源开发利用的新路子。我们要充分分析、认识乡镇文化站存在的劣势和优势，扬长避短，抢抓机遇，在挑战中把握契机，在前进中克服困难，集中精力抓文化，一心一意谋发展。在巩固和发展乡镇文化工作上要大力倡导“五种精神”：(1) 破除因循守旧的观念，倡导不断创新的精神；(2) 破除安于现状的观念，倡导竞争发展的精神；(3) 破除“怕”字当头的观念，倡导敢为人先的精神；(4) 破除纸上谈兵的观念，倡导实事求是、锐意进取的精神；(5) 破除封闭运行的观念，倡导敢于放开的精神。

2. 讲究实效，建好阵地。我们要立足自身优势，因地制宜，创新建站。发挥集镇优势，逐步建成旅游文化于一体的特色型乡镇文化站；鼓励乡镇文化站向产业迈进，鼓励干部职工和农村能人投资入股建站；要确立抓乡镇文化建设就是一手抓社会效益，一手抓经济效益（即“两手”都要硬）的工作思路，做到规划高起点，建站高标准，管理科学化，充分发挥文化站在全面建设小康社会和构建和谐社会中的重要作用。

（六）激发群众主体意识，积极开展丰富多彩的文化活动

群众是新农村文化的建设者、创造者和享受者。发展繁荣农村群众文化，最终目的就是为了满足群众多方面、多层次、多样性精神文化需求，我们要把群众参与文化的自觉性与主动性调动起来，大力培育地方特色文化，转变思路，将“送”文化与“种”文化相互结合。在统筹城乡发展的进程中，让文化工作更贴近实际，贴近生活，贴近群众。乡镇文化站的生命力在于活动，要加强探索农村文化活动的新路子，使乡镇文化站真正成为广大群众求知的课堂、求美的场所、求艺的乐园、求富的平台。紧紧抓住农民最关心的内容与最感兴趣的形式开展文化服务。只有这样，乡镇文化站才能“站”得稳，工作才能既活又旺。同时，通过乡镇文化站的发展，又可以促进乡镇文化工作的良性循环发展，以拉动乡镇文化事业的协调发展和促进经济社会全面进步。在国家群众文化政策的指导下，按照“政府支持、培育主体、市场运作、增强活力”的思路，在建设文化大市，文化大县的机遇面前，迎接挑战，走进属于自己的灿烂天地，繁荣乡镇文化。同时也让文化站的工作人员真正成为一支和谐、文明社会，创先进文化的主力军。

总之，加强乡镇文化站建设的工作任重而道远。要充分相信群众的首创精神，坚持科学发展观，以与时俱进的态度，在政府主导、群众主体，改革的精神，扎实的工作作风，积极主动的采用市场运作的模式，在坚持社会主义发展方面和“百花齐放，百家争鸣”方针基础上，努力把乡镇文化站建设好，真正把它办成党和政府放心，人民群众满意的文化站。

【作者：湘潭电机力源模具有限公司】

理智与情感

——有关东北油画艺术邀请展的思考

于　晨

我是东北人，从事油画创作工作。东北油画整体面貌是什么样子?虽然我很自信，东北油画在中国油画艺术整体结构中占有重要位置，但当真正触碰到它的时候，是既熟悉又陌生的。如何阐述和有条理地分析、概括，需要理智与情感的高度统一。

因为情感而有了意志，意志带来了理智，这样的转化不仅体现在一幅作品的创作过程中，也是对一种文化现象产生思考的基础。油画是一门深刻的艺术语言，表达作者个体的生命状态和思想形态，而一个地区的油画创作表现的则是地方生活情境、文化维度、人的精神面貌和这个地区的文化品格与厚度。

东北平原、广阔的地平线、起伏喘息的黑土地、惊涛拍岸的渤海湾、静穆的白山黑水，彰显出雄壮浑厚的力量。当你面对它们的时候，陡然而生的美感超越了一切，似乎有着某种宗教仪式的意味，恍然找到了超越性的感性体验，更不要说白桦林中散落下的阳光斑点、河泡子里慢慢舒展的涟漪、草甸子中的虫鸣……那些气味、颜色、声音、质地、温度带来了细密、敏感、精微的心灵感应。艺术家作为植根于土地的个体，拥有着无限的意识，他们的精神超越现实，寻找更遥远的光辉夺目的艺术力量。情感线索是人，历史线索是社会发展的不同背景，艺术风格就是结果的呈现。

从 1949 年至今，60 多年的发展过程中，影响东北油画的发展因素主要有 3 个方面：一是 1949 年以前生长于东北地区的画家，其人数不多，但当时的画坛名流大都有留日学习的经历，如万今声、李寿如、王盛烈等。1948 年沈阳解放以后，他们陆续加入鲁美，在鲁美教学的正规化、系统化建设中，起到了重要作用。鲁美的前身鲁艺是东北美术事业的摇篮，从鲁艺走出的学生遍布东北大地，这些星星之火为东北进行了艺术启蒙，构建了东北美术创作队伍。二是“文革”时期从全国各地下放或分配到东北的艺术家，也有从鲁美分配或下放到东北各地的艺术家和教师，他们带动影响了一批人。被影响的这批人集中在上世纪五六十年代以后出生的艺术家身上，非常有代表性的有下放到黑龙江的鲁美老领导杨角、张晓菲，下放到长春的中央美院的袁运生、靳之林，以及来自上海的于国梁等。三是大批的流动人口，比如说“三线建设”、“上山下乡运动”，让成长与生活在不同地域的青年人来到东北，不同的生活情境带来的文化碰撞产生了很多优秀的艺术作品。在东北，鲁美的辐射面和影响力是最大的。从 1984 年第六届全国美展到 1994 年第八届全国美展，东北尤其是鲁美油画家群体势头强劲，全国艺术界所瞩目的作品《曹雪芹》(1984 年宋惠民)、《吉祥蒙古》(1989 年韦尔申)、《老师》(1984 年薛雁群)等，都很好地诠释了鲁艺的传统和精神，体现了艺术与生活、与人生不可分割的地位。

从上世纪 80 年代中期，改革开放的社会潮流，也带动了社会思想的多元与开放。各种艺术流派的传入、不同哲学观点的传播，为中国知识界和思想界带来冲击。这样的思潮最先影响到的是艺术家，早在 80 年代初期，东北就涌现出不少美术家自动结成的群体。这些艺术群体把艺术作为思想表达的手段和哲学观念的载体。可以说东北艺术家在当代艺术的实践中，也是起步最早、走得最远的。他们在不断解构已成定性的思维习惯，打破已有的顺序，不断地进行自我更新和发展变化。进入到 90 年代，这里的艺术家的创作，更多地显示出对自主风格的探索。探索带来不同的风格，丰富了东北油画的面貌。

尤其值得一提的是沈阳地区的油画创作，其始于 60 年代，当年沈阳军区创作员柳青的作品《三千里江山》在全国产生很大影响。由此，重大历史题材的创作一直成为东北油画创作的重要方面。此外，在本次邀请展中还邀请了内蒙古以东地区的画家参与。这一地区与东北三省交界，在历史上也曾有不同的地域划分，令内蒙古东部与东北或分或合，这也使得这一地区和东北在地缘上、文化认知上、风俗习惯和民族成分上，以及人的性格气质都有着密切的相通之处。

东北被称为新中国的长子，它丰厚的自然资源、强大的工业基础和先进的技术力量为新中国的经济建设作出的贡献不可估量，豪迈、朴实、率真的东北人也为新中国的建设付出了极大的热情和力量。在祖国发展的各个时期，东北人不计个人得失的担当、隐忍体现出他们的家国意识和气度，东北的文化艺术在这样一个相对丰厚的经济基础和人文面貌上所产生的影响和发挥的作用都是不容置疑的。地域性的人文性格是形成其艺术风格和品质的重要因素。东北油画的发展过程反映出地域的文化特点，那是一个地区的自然条件、生活习俗、历史传统等综合因素所形成的行为方式和思想基础。

鲁迅在评论萧红的小说《生死场》中提到东北人“生的坚强，死的挣扎”，坚强与挣扎是一种激烈的行为表现，但也很准确地道出了东北人的特点。艺术属于人文范畴，地域所形成的特殊的人与自然、人与社会的相互冲突同相互适应的过程中所形成的风格与素质，在艺术上都会自然地流露和反映出来，油画作为一个艺术门类，无疑也身在其中。东北油画最终承载的是东北人的思想意识、道德观念、精神品格。也许是东北人历史上的遭遇，留下的心里印迹，使东北成长的艺术家更具有担当的责任意识和使命感，一些东北籍画家的作品往往更能显示出中华民族精神。强烈的民族自豪感和社会责任感以及忧患意识使这样的作品极具艺术的感染力，最大化地发挥了艺术的社会功能。不管是长期生活在东北的画家，还是曾在东北生活、学习过的画家，东北这块土地带给了他们曾有的生命体验，沉淀于他们的生活模式和思想基础之中。中国油画界的翘楚詹建俊(1931 年生于沈阳)的代表作品《狼牙山五壮士》，传递出来的中华民族不屈的尊严，产生了对中国人内心的触动，其艺术有着穿越时代的力量。还有名冠当代的刘小东(1965 年生于锦州)，其作品所表现出的对社会生活积极参与的态度和批判反思的精神无不是东北的血统、生活烙印和思想基础铸就的。

现实主义的艺术风格作为东北地区油画的优势拥有着强大的生命力。鲁艺的传统：艺术为人民服务，站在人民的立场上反映人民的理想和愿望，为人民群众提供高尚美好的精神食粮。这种精神是一种高度的社会责任感，这样的传统和精神通过现实主义的创作方法得以更好的诠释，并经过 60 年的艺术实践和社会效应而得到认可。生活中的真实转化成艺术上的真实，将自己放入到社会生活的大格局中，沿着自己的认识，以独有的艺术语言和表达方式实践创作初衷，这个过程是艰苦的，但是真正的艺术其产生本身就是严肃与艰辛的过程，也正因如此，它带给画家们的尊严和价值才成为艺术家乐此不疲的魅力源泉。优秀的作品都具有这样的历史担当。艺术作为人类所特有的表达方式，传达着对真善美的推崇和对假恶丑鞭笞的

价值观 而现实主义即是最为明确的表现方法。

30年以前，也就是1983年，辽宁紫罗兰油画研究会发起的辽宁小幅油画展在北京展出。这是第一次将东北艺术通过区域性的整体艺术面貌呈现。30年后，我们又组织“黑土地之歌——东北油画艺术邀请展”，从规模、从区域、从组织方式和作者参与面及艺术风格、艺术形式的全面和丰富上来看，都是空前的。本着经典与探索的学术定位，展览梳理了30年来东北油画的发展过程，这不仅是一个地区文化艺术30年来发展的状态，也是全国的文化艺术30年发展经历的缩影，这使得30年的历程分外清晰明了，同时也为中国油画的发展历程提供了依据。

【作者：辽宁省沈阳书画院院长 油画协会会长】

网络时代 校园电视还有用武之地吗

陈国棋

自1979年北京史家胡同小学红领巾电视台在全国率先开播以来 校园电视已悄然走过三十多年的历程。近年来，教育信息化发展迅猛，无意中弱化了对校园电视的指导，中小学校园电视制作呈现整体滑坡现象，校园影视曾经的熠熠星光被层出不穷的新技术所遮盖。

网络时代，校园电视难道真的该退出“历史舞台”了吗？在上周末举行的上海市校园影视教学应用工作会议上，专家们认为，网络时代，校园电视不是不合时宜，而是大有可为，校园影视的教育价值应该得到充分认识。

一、曾经辉煌一时

校园电视在上世纪九十年代曾经红火一时。当时新建学校全部开通闭路电视，每间教室都装有电视机，学校的大小会议和活动通过小小的电视屏幕可同步传送到每一个教室、每一个学生，午休、班会时间则播放学校自己制作的校园新闻或上海市电化教育馆提供的资料片。这些节目不仅丰富了学生的校园生活，也成为德育教育的良好载体。校园电视在黑板、粉笔一统天下的中小学曾经辉煌一时。

经过二三十年的发展，中小学的校园影视活动已经形成了相当的规模，在很大程度上既改善了教育环境、促进了学校校园文化教育作用的发挥。同时，校园影视作为学校教育资源库建设的一个重要途径，也为学校的课程发展、教学改革、教师专业发展等提供了重要的平台和资源。全市各区县中，有不少学校在建立了校园电视台之后对如何发挥其作用和职能进行了积极的探索。

青浦区作为上海市校园影视开展较早的区域，基层学校在区教师进修学院的指导下，已建成了覆盖全区的“青浦教苑”校园影视网络平台与校园影视资源库，实现传统电教与网络媒体的有效整合，丰富了课程资源的建设，传承校园文化。

同时，本市一些学校还进一步开展了有关校园影视的专项研究。例如上海中学、闵行区田园外语实验小学、徐汇区南洋中学等学校作为全国校园影视教育研究实验学校开展了“服务于学生发展、服务于课程建设”的研究；华东师大二附中、怒江中学等学校作为上海市影视教育特色学校，将校园影视作为校本课程加以建设与研究。

二、面临新媒体冲击

目前，上海市已有14个区县、近140所学校先后开展了校园影视活动。其中，有11个区县、30所多学校所开展的影视教学研究与学生实践活动已成为常态化。从参加校园影视活动的学校数量来看，似乎并不少，但相对于整个上海市1500余所中小学校来说，这个数量是极其微弱的，只占中小学总数的9%。从这一角度来看，上海市中小学校园影视活动的开展和参与面还不够大。

而更为严峻的形势是，近年来新技术发展迅猛，教育信息化进程不断提速，校园影视的处境陷入尴尬，大部分学校已完成光纤改造，撤下了使用多年的闭路电视，校园影视是不是到了退出“历史舞台”的时候了呢？

2000年左右，校园信息化建设被提上议事日程，很多学校把注意力转移到校园网的筹建上，却无意中冷落了传统的校园电视。不少学校校园网开通后，就弃用了原先的有线电视，教室里的电视机也被多媒体投影仪取代。当时的视频采用模拟技术，若要传送上网必须转成数字信号，转换成本高，而且技术复杂，单靠一所学校的力量无法完成，这一瓶颈使得校园电视发展陷入低谷，校园电视制作队伍流失严重。

三、现实窘境的转机

从20世纪90年代中期以来，校园影视创作的设备技术不断得以提升，电视制作技术开始从模拟走向数字。音频处理技术、视频压缩技术和多媒体技术发展很快，以计算机为平台的非线性技术的应用，使电视节目制作的环境发生了很大变化，无论从大型电视台还是校园电视台都纷纷转向电视节目的数字化、高清化。特别是在2000年以后组建的校园电视台，均采用非线性编辑系统，大大方便了节目的编辑和制作。

摄像机也从模拟转向数字化。数码摄像机的个头越来越精巧，功能越来越齐全，画面质量也越来越清晰，是一个人人都能使用的影像制作工具，不需要复杂的培训和高深的技术，再加上数码摄像机轻便、易携带、价格平民化等特点，逐渐成为师生们记录真实校园生活、探索学习、探索生活的重要技术与手段。

数码技术更新换代，视频制作比以前便捷，使得校园影视出现了窘境中的转机。这种转机需要在校园电视制作的数量和质量得到提升，需要专业制作人员的加入和指导，以形成强大的制作队伍；更需要教育实践者对其所特有的教育价值加以充分的认识。

四、创作的新生力量：学生

在校园影视创作队伍中，学生已成为校园影视创作的主力军。他们正尝试着用DV记录自己的学习与生活，传承学校的特色文化与精髓，丰富自身的学习经历，全方位地提升了他们的文字处理、语言表达、美术与音乐以及实践创新等综合能力。在历届“以学生实践活动为主体，以校园文化为特色，注重学生实践创新能力培养”为主旨的全国中小学校园影视节目评比中，上海基层学校共获得了96个金奖，113个银奖，其中超过100个获奖节目是学生根据自己身边发生的故事创编制作的校园影视节目，占总量的48%。青浦二中的学生根据学校内所发生的真实事件，自编、自导、自演、制作了微电影《仰望心空》，该作品在2012年荣获最佳微电影“金犊奖”提名奖。全市先后有12所学校的学生校园电视台获得了全国百佳校园电视台称号。从这些数据中可以看出，学生是校园影视作品创作的主力军，这也使得校园影视活动成为学生自主创新、实践的重要平台。

在整个市、区、校三级校园电视制作团队中，基于学校层面的学生采编制作团队已成为重要的校园电视主力军，这一团队的建设对于落实新课改倡导的全方位发展学生能力、特别是学生创新能力和实践能力的培养具有很强的实践价值。

在教师指导下的采录编活动，学生从自身的视角来观察校园、记录校园中发生的点点滴滴，通过校园电视来弘扬校园文化、传递育人正能量；同时通过校园电视的制作，学生团队的文字处理、语言表达、美术与音乐素养以及综合制作能力得到全方位提升，教师的主导和学生的主体作用都得到了充分发挥。

学生所制作的校园影视作品充分体现了学生的综合实践能力，并呈现出他们所特有的创作能力。他们的作品不仅在视觉方面体现出构图美、用光有特色，而且拍摄手法充满新意、剪辑流畅，能用画面说话，也会采用旁白与字幕等手段对影视作品起到画龙点睛的作用。例如华师大二附中学生创编拍摄的微电影《给二附中的情诗》、闵行田园外小三年级学生作品《动物照镜子》、浦东杨思中学生学生作品《大海的呼唤》等，充分体现了学生作为校园电视创作者所拥有的朝气。

五、校园影视的未来：与数字化校园建设合一

校园影视活动中，校园电视台是为学校教育教学服务的重要平台，是传递育人正能量的重要途径。在“立德树人，让教育回归本源”的理念倡导下，数字化校园建设将为校园电视台的发展提供更为关阔的天地，更是网络时代校园影视活动发挥作用的重要平台。结合国家“三通两平台”的建设，怎样使校园电视实现数字化、网络化是新型校园电视台发展的主要任务之一。可喜的是，在学校层面，目前，上海市许多学校的DTV不断涌现，DV节目层出不穷，成为校园数字化网络建设的一个闪光点。区县层面，青浦区和闵行区先行先试，开发了基于数字化的校园影视区域性网络平台，如“青浦教苑校园影视网络平台”等等，大大丰富了数字化校园影视资源。数字化和网络化的校园电视台作为一个数字化校园的窗口，使得校园影视活动的教育效果得到体现，使得校园影视活动的教育价值在网络化时代中重新得到焕发。

【作者：上海市电化教育馆支持服务部主任】

和谐文化建设在实现“中国梦”中的作用

邓福庆

“中国梦”在本质上体现为一种和谐的文化精神。“中国梦”的目标和内容，蕴涵着价值取向，包含着道德规范，体现着文化判断。其所勾勒的中华民族伟大复兴的社会主义社会，是一种美好的社会理想，也是一种和谐的文化状态。所谓和谐文化就是一种以崇尚和谐、追求和谐为思想内核、基本原则和价值取向，以倡导、研究、阐释、传播、实施、奉行和谐理念为主要内容的文化形态、文化现象和文化性状；它包括思想观念体系、思维方式、价值体系、道德风尚、行为规范、文化产品、制度体制等多种存在方式。

一、保证和导向作用

保证和导向作用是相对于“中国梦”的目标价值而言的。和谐文化是和谐社会的重要特征和组成部分，是增强国家文化软实力的核心理念，没有和谐文化，就不能建成和谐社会，就不能实现中华民族伟大复兴的“中国梦”。

首先，把握“中国梦”的本质。我们所要实现的“中国梦”在本质上是社会主义性质的，是近百年来科学社会主义的理想信念在中国传承演变的必然结局。科学社会主义的价值理想是实现社会的平等、公平和正义。这个理想无疑是实现“中国梦”的基本前提，是和谐文化必须把握的核心价值理念。正是因为如此，才能保证在实现“中国梦”的历史进程中始终遵循科学社会主义理想所规定的方向和道路，对多元文化和思想观念及社会思潮加以引导，在实现“中国梦”的实践中丰富科学社会主义的理论内涵，推动科学社会主义理论的与时俱进，赋予他崭新的时代意义和生命活力。

第二，规定“中国梦”的实现轨道。我们所要实现的“中国梦”，是具有中国特色、中国气派的，是根据中国的历史和现实，从中国的具体国情出发来构建的崭新的社会模式。我们的理想，既包含马克思恩格斯当年科学社会主义理想的成分和追求，也蕴涵中国传统文化体系中对理想社会状态的描述和向往。和谐文化的指导思想是马克思主义，是中国化的马克思主义，是马克思主义社会理想与中国传统文化理念融会贯通的产物。通过和谐文化的保证和导向作用，保证“中国梦”是马克思主义科学社会主义理想的传承延续，同时也保证它的建设发展的实践永远不脱离中国的具体国情。

第三，构建“中国梦”的思想文化根基。和谐文化建设具有鲜明的意识形态性、政治性，它通过主导思想和价值观念的宣传、渗透，对“中国梦”的发展方向进行把握和引导。它坚持用马克思主义、特别是马克思主义中国化的最新成果武装全

党倡导爱国主义、集体主义思想，遵循“以人为本”的价值理念，引导全社会不断加深对中国特色社会主义基本制度的理解、对改革开放事业、全面建设小康社会目标等信念的信心，使“中国梦”有了先进理论和思想保障，具有了鲜明的中国特色，打牢了思想基础，从而保证了“中国梦”的性质和方向。

二、凝聚和支撑作用

和谐文化建设是在人的精神生活领域发挥作用的。每一个人在自己的精神世界里都需要寻求和树立特定的精神支柱。而社会群体众多成员的精神世界则需要某种精神力量的凝聚，才能形成相对统一的精神世界，营造出共同的精神家园。在无形的精神世界中，以实现“中国梦”为载体和依托，和谐文化建设发挥着巨大的精神支撑和力量凝聚作用。

一是凝聚人心。“中国梦”是中华民族几代人共同奋斗追求的理想目标。和谐文化建设就是要把更多的人凝聚到这面旗帜周围，为实现中华民族伟大复兴而共同奋斗。如果没有统一的指导思想，没有共同前进的旗帜与灵魂，就不可能把社会上的各种思想与思潮整合起来，就不能把各阶层的人们凝聚起来，就不可能形成强大的合力与向心力，和谐文化作为一种确立信仰和理想的力量，支撑起人们的精神世界，给人们以实现“中国梦”的目标和力量。

二是凝聚智慧。“中国梦”和谐文化作为一种精神力量，能够引导人们在正确认识社会的同时，正确认识自我，正确认识自我与社会的关系，在社会生活中确立发挥个人聪明才智的最佳位置和最佳环境，实现人尽其才的社会目标。作为执政党、国家和社会必须寻求某种最佳的途径和最有效的手段，把分散的个人智慧凝聚成为社会整体的智慧，让每一个人的聪明才智都有条件和机会得到展示和发挥，使社会生活和社会运行得到强有力的智慧支撑。和谐文化建设作为一种价值观念导向，就是执政党和国家把分散的个人智慧凝聚成为社会的、集体的、国家民族智慧的途径、手段和力量。激发人们实现“中国梦”的热情，引导人们为实现“中国梦”而努力奋斗拼搏进取。

三是支撑综合文化软实力和综合国力。在实现“中国梦”的过程中，和谐文化为其提供智慧资源和精神动力等来源于思想和精神领域里的强力支撑。文化软实力也是综合国力的表现，是对综合国力的无形支撑。从凝聚人心和智慧的视角来看，文化与思想是无形的精神力量，但是在和谐文化建设的引导下，通过凝聚智慧，可以转变成为有形的物质力量，推动实现“中国梦”的进程。从历史和未来的角度看，一个国家和民族所能够占有的自然资源和物质资源永远是有限的，然而一个文明古国的文化资源则是无限的和永恒的。和谐文化对综合国力的支撑作用，对实现“中国梦”的推动作用是永恒和无限的。

三、建构和引领作用

实现“中国梦”，一方面要通过经济建设不断增强国家的物质实力，为实现“中国梦”创造坚实丰厚的物质基础；另一方面，也是理论思维不断拓展深化，对“中国梦”的本质和规律不断接近的历史过程，是建构“中国梦”理论体系和思维逻辑的过程。没有理论思维的深化和完善，“中国梦”就会缺少文化软实力，社会运行就会缺少必要的合法性、合理性的支撑。

首先，实现“中国梦”需要科学的认识和回答围绕“中国梦”所形成的一系列理论和现实问题。例如：什么是“中国梦”？“中国梦”的本质是什么？为什么要实现“中国梦”？怎样实现“中国梦”？等一系列重大和基本的理论问题。这些问题事实上都并非是纯粹的理论思辨问题，而是在实践中逐渐探索的过程，是理论与实践相结合的构建过程，是理论思维创新的过程，更是一个中国化马克思主义理论和实践不断丰富和建构的过程。

第二，实现“中国梦”需要先进文化的引领。我们正处在多元文化共生共存、相互包容的社会。其中有主流文化，也有非主流文化；有正统文化，也有休闲娱乐文化；有高雅文化，也有大众通俗文化。和谐文化代表着社会主流的先进文化，它在对非主流的多元文化采取包容态度的同时，也承担着引领的责任和使命。通过先进文化的渗透和普及，把非主流文化引向主流文化的潮流，提升娱乐休闲文化的层次和品位，实现高雅文化与大众通俗文化的互补与融合，形成和谐的多元文化体系。通过引领先进文化建设，坚持以社会主义核心价值体系引领社会思潮，尊重差异，包容多样，最大限度地形成社会思想共识，这样，就能形成一个既有核心，又呈现出百家争鸣、百舸争流的和谐的百花齐放的局面，从而推进“中国梦”的实现。

第三，实现“中国梦”需要抵制、批判和改造落后文化。尽管文化的先进与落后总是相对而言的，但在具体的、特定的时代，文化总是有先进与落后的分野，实现“中国梦”的过程也同样是如此。如果没有对落后的，腐朽没落的思想文化的批判与改造，“中国梦”的文化根基就不可能是牢固的。和谐文化建设的宗旨就是对人们进行中国化马克思主义、中国特色社会主义理论体系和共同理想、社会主义和谐价值体系的教育和灌输，并在这个过程中对社会生活中的各种现象和问题做出科学的分析和解释，揭示各种“左”的和“右”，激进的和僵化的，盲目愚昧的和伪科学的思想观点倾向的危害性，帮助人们澄清各种错误观点，抵制不符合实现“中国梦”所需要的错误思潮的侵蚀，积极培育引领“中国梦”实现的和谐理念。

第四，实现“中国梦”需要营造和谐的社会氛围。实现“中国梦”不仅要有系统的制度与体制的构建，更需要大多数社会成员具有良好的精神面貌、外在形象和内在气质。和谐文化建设可以营造和谐的社会氛围，内化人的和谐精神，通过倡导和实行互助、合作、团结、稳定、有序、爱国、理性、敬业、诚信、友善等准则与行为，大力培育民族精神，提升中国特色社会主义的理想信念，从而形成实现“中国梦”所需要的具有中国特色的社会环境氛围。

四、调节和稳定作用

伴随着实现“中国梦”的推进步伐，改革开放不断深入，经济体制和社会结构深刻变动，社会成员原有的利益格局必然要发生变化，原有的利益均衡必然要被打破，使得社会矛盾日益突出和社会问题日益增多。这些矛盾和问题的解决，需要外在的调节和稳定作用。和谐文化建设在其过程中就必须发挥这样的作用。

第一，维护政治稳定。和谐文化是为实现“中国梦”的政治稳定营造社会氛围的文化。改革、发展与稳定三者有着不可分割的内在联系。改革是动力，发展是目的，稳定是前提。在中国，没有稳定，什么事情也做不成，已经取得的成果也会丧失。执政党的理论路线方针政策战略策略，不论多么正确英明，没有稳定的社会环境，就不可能得到有效的贯彻落实，人民的根本利益和现实利益都无法实现。这样的观点和道理必须通过多种形式和途径的和谐文化建设反复强调，才能深入人心，才能确保社会和政治的长治久安。

第二，调节利益关系和化解矛盾。实现“中国梦”必须大力推进改革，改革是对各种利益最大的调节。但是社会成员对各个方面的改革都有理解和认可接受的程度。只有被大多数社会成员认可和接受的改革才能逐步深化，才能成为发展的动力，才能给社会成员创造更多更大的利益。和谐文化可以通过宏观上的舆论引导，营造正确舆论氛围，围绕“焦点”、“难点”、“疑点”问题做好宣传解释工作，用具有时代特征的社会主义义利观武装人们的头脑，帮助人们正确认识和对待利益，摆正眼前利益与长远利益的关系；还可以通过以理服人，以情动人的方式排除思想障碍，调动群众积极性，凝聚积极健康的心理和情绪，形成符合实现“中国梦”要求的舆论合力。

第三，提升人的素质，促进人的发展。化解矛盾，平衡利益关系，并不是构建和谐文化所追求的最终目的。而通过这些手段和途径来维护社会的稳定，激励社会成员努力工作学习，诚实劳动，合法经营，为实现“中国梦”创造更丰盈的财富，为自己的未来创造更美好的生活，这才是其真谛之所在。因此，和谐文化建设必须立足于提升人的素质，促进人的不断发展。这既是和谐文化建设自身的责任与功能定位，也是中国特色社会主义“五位一体”建设融合的结果。只有以造福社会和普通百姓为宗旨，和谐文化才能在实现“中国梦”的进程中获得永恒的生命力。

五、促进和激发作用

以怎样的思想理念来激发人民的创造活力，鼓舞人民在实现“中国梦”的道路上拼搏奋进，建设富强国家，创造美好生活，这是社会文化的历史责任和当代使命。在实现“中国梦”的历史进程中，和谐文化建设强调用科学发展观等先进的理论武装头脑，以正确的世界观、人生观、价值观作指导，坚持社会主义核心价值体系，使以人为本观念深入人心，使全面、协调、可持续的发展观深入人心，使实现社会全面进步和人的全面发展的观念深入人心。这些先进的思想、道德准则、价值观念，规约了人们的行为，理顺了社会关系，促进了人的全面发展，激发了人们的积极性和创造力，产生了强大的精神力量，形成了促进“中国梦”实现的强大动力。

文化在促进和激发方面的功能往往都是潜移默化的。文化针对特定的社会群体和阶层，并不直接去激发社会成员做什么或者不做什么。文化往往在不经意之间激发了社会成员的想象力、思想的灵感活力、创造创新的意图愿望、追求美好生活的智慧力量。这些主观内在的东西一旦被激活，就会焕发出无穷无尽的力量。个体的力量汇聚成全社会的力量，文化的精神的力量转换成为物质的现实的力量，社会就是在这样的力量推动下不断前进发展的。文化营造思想舆论的环境氛围，一方面激发力量，另一方面也凝聚力量。在特定的社会和时代，由社会文化所激发的力量，其形态和价值取向基本上都是同质的，很容易被同样的文化凝聚在一起，形成更大的力量。这就是国家文化软实力形成的一般原理。

【作者：黑龙江省哈尔滨金融学院党委书记 院长】

民族地区卫生职业教育校园文化建设实践与探索

赵苏静

甘南藏族自治州位于甘肃省东南部，处于青藏高原和黄土高原交界地带，平均海拔 3000 米以上。甘南州卫生学校位于甘南州合作市，始建于 1979 年。1989 年，甘南州政府与甘肃中医学院联合在甘南州卫生学校开办藏医系，设置藏医学专业专科教育；2001 年，藏医系由专科升格为本科并扩大为甘肃中医学院藏医学院；2006 年，学校被甘肃省教育厅评定为“省级重点中等职业学校”；2010 年，学校被国家教育部评估认定为“国家级重点中等职业学校”。目前，甘南卫校与甘肃中医学院藏医学院、甘肃中医学院继续教育与职业教育学院甘南卫校教学点为三块牌子一套人马。整体办学已基本形成了以藏医学本科教育为特色，普通中等医学教育为基础，成人高等教育为补充；中专、大专、本科并举，藏医药、西医药并重，普教、成教、培训协同发展的多元化办学格局。

目前，学校在职职工 140 人，其中专任教师 104 人，管理人员 14 人，其他专业技术人员 6 人，技术工人 16 人，另外聘请编外客座教授 6 人；职称结构为高级讲师（包括 1 名副研究馆员）24 人，讲师（中级）39 人。管理人员中正县级 1 人，副县级 3 人。教职工中藏族人数占 52.4%，在校学生中藏族学生占 73.6%。“3 · 14”事件以来，学校深入贯彻中央、省、州各项方针政策，结合学校特殊环境、实际情况大力开展校园文化建设，加强思想育人、环境育人、活动育人，努力构建校园大课堂，实现学校处处皆教育。有力地促进了学校教育教学等各项工作顺利开展和校园和谐稳定。现就我校校园文化建设相关实践探索报告如下。

一、指导思想

学校坚持以邓小平理论、三个代表重要思想和科学发展观为指导，全面贯彻落实党的十八大、十八届一中、二中全会精神，以办人民满意的卫生职业教育为宗旨，以社会主义核心价值观和荣辱观为导向，以全面实施素质教育、养成教育，培养学生创新能力和社会实践能力为具体目标，突出“以人为本、和谐发展”的理念，强化“三风”建设，为学生的发展、教师的发展和学校的发展创造良好的文化氛围和教育环境，逐步形成较为系统的、独显我校的校园文化体系，充分糅合和展示了我校地域民族特色、多元专业特点、自强不息发展理念、艰苦奋斗办学历程的综合的校园文化，为学校的和谐稳定和持续发展奠定基础。

二、重要意义

（一）国家战略需要。我国的民族地区大多经济、文化、教育发展相对落后，影响和制约着我国经济社会的全面、快速、协调、可持续发展。人才是第一生产力，大力发展民族地区教育事业，加强校园文化建设，构建和谐校园文化，提升教育教学水平，培养优秀可靠人才，是新时期国家发展战略的内在需要，是落实科学发展观的具体体现。

（二）教育发展需要。校园文化建设，作为一种价值追求和办学理念，既蕴含着丰富的管理精髓，也孕育着博大的人文资源。加强校园文化建设，既是适应新世纪素质教育发展内在需要，也是提升学校教育教学整体水平的有效手段。

（三）时代现实需要。当今世界各种思潮激荡和价值观念日益呈现多元化，尤其在西藏拉萨“3·14”事件和新疆乌鲁木齐“7·5”事件发生后，国内外反动势力和敌对势力不断变换手段，以民族地区的学校和青少年学生作为其渗透和利用的主要对象。作为一所地处民族地区的卫生职业中专，我校校园文化建设面临着严峻地挑战和新的重要任务。

（四）地区实际需要。甘南藏族自治州位于甘肃省东南部，地处青藏高原和黄土高原交界地带，平均海拔 3000 米以上，文化、教育发展相对落后，影响和制约着本地区社会经济全面快速可持续发展。迫切需要我州各学校大力加强校园文化建设，着力提升教育教学水平，以教育促经济，以人才促发展，全面推动我州实现跨越式发展，促进我国社会稳定、健康、平衡、协调发展。

三、遵循原则

（一）全局性原则。以促进和加强学生、教师、学校、国家的长远发展、健康发展、全面发展、可持续发展为原则，统筹兼顾、把握全局。

（二）拓展性原则。不断挖掘校园文化建设新载体，开辟学校常规课堂教育教学之外的第二、第三，甚至第四、第五课堂，协调补充、与时俱进、不断创新。

（三）整体性原则。校园文化是学校整体教育教学水平的体现，是学校常规显性教育和潜在隐性教育的整体合力，校园文化建设要注重学校教育教学各要素及各子系统间相互促进、积极配合、和谐发展的整体效应。

（四）实效性原则。紧密结合我州、我校特殊环境、实际情况，结合时代特点和形势需要，积极开展调查调研、分析讨论、实践探索，最大程度地发挥校园文化的育人功能，育人实效，使学生受益、教师受益、学校受益、社会受益、国家受益。

四、主要内容

（一）师德育人，校风育人。教育德为先，注重和加强教师师德建设，将师德培养贯穿到教师教学生涯的全过程，老教师引导新教师，优秀教师带动其他教师，把好的师德传统积累起来，不断充实创新，不断总结完善，逐渐形成富有本校特色的师德文化。注重和加强校风建设，将校风建设贯穿到教育教学的全方位、全过程，使全校师生能时时刻刻受到良好校风的熏陶和感染，在潜移默化中受到良好教育。

（二）制度育人，规范育人。紧密结合学校实际情况，通过周密调研，科学分析、积极讨论、会议研究、实践检验，制定出教育教学相关的各项制度规范，同时不断强化制度、规范管理的观念，加强制度、规范育人的落实。如制订了教师日常行为规范“八要、八不准”、在校学生日常行为规范“八要、八不准”，实施《班级值周制度》等，既优化了教育教学管理工作，完善了各项制度，又有效地调动了教师的工作积极性和学生的学习积极性。

（三）讲座育人，宣传育人。由外聘专家、校级领导和科室部门负责人对全校师生定期开展形势与政策教育、法制教育、爱国主义教育、民族团结教育、理想信念教育、感恩教育、职业道德教育、日常行为规范教育等。通过校园广播、《校园天使报》、宣传展板、宣传专栏、标语条幅、国旗下感言等多种形式、多种途径积极引导广大师生树立起正确的人生观、世界观和牢固的社会主义核心价值观。

（四）活动育人，比赛育人。充分发挥学生科、教务科、团委、学生会的作用，积极开展夏季田径运动会、秋季球类运动会、学校趣味运动会、校园红色歌曲演唱会、庆祝“七·一”文艺演出、“十·一文艺演出”、校园锅庄舞比赛、校园广播体操比赛、学生健美操比赛、“5·12”护理技能大赛等多项活动，培养学生互助友爱、团结合作、勇于拼搏的良好精神，加强学生的集体观念、竞争意识，加深师生感情，增进各民族学生间的友谊，促进教育教学水平不断提高，促进校园持续和谐稳定。

（五）教室育人，宿舍育人。在教室张贴名人字画、名言警句，举办学习园地、宣传专栏，悬挂“八要、八不准”行为规范；施行学生轮流管理班级制度、每日班务责任到人制度和班务公开制度；积极引导学生树立远大理想、遵守校纪校规，同时充分调动和发挥学生自我管理、自我约束的自觉能动性；在宿舍楼道、厕所、寝室内张贴宣传标语，时刻提醒学生讲文明、讲礼貌、讲卫生、讲团结，勤俭节约、积极向上。

（六）爱心育人，帮扶育人。通过给每个班级安排专职德育辅导员和协助管理员来补充和拓展班主任的工作，加强各班级学生的德育教育和班级管理工作；通过评定国家奖学金、学校奖学金和各类助学金及贫困补助金等，将党、国家、学校、老师的温暖送到学生身边；通过开展党员结对帮扶活动对贫困生和待进生进行帮扶。切实解决了相当数量学生的实际困难，加强了师生交流，增进了师生感情，增强了学生的学习意识、责任意识和感恩意识。

（七）设施育人，服务育人。积极争取，充分利用，大力开展学校教育教学基础设施的建设，通过改善和提升教育环境、教育条件来促进教育教学水平的全面发展；加强后勤保障服务工作，极力满足各民族学生的各项学习和生活需要，不断加强供应服务、安全服务、健康服务、卫生服务、伙食服务等各方面工作，采取多种措施，保障师生人身安全、食品安全、饮水安全、消防安全等，为广大师生创造一个良好的学习生活环境。

（八）群策群力，维护稳定。自2008年“3·14”事件以来，学校始终牢牢把握“发展是第一要务、稳定是第一责任”的原则，严格按照中央，省委、省政府，州委、州政府，州卫生局、州教育局的要求，扎实深入开展维稳各项工作。同时根据维稳形势的新发展、新变化和州委、州政府对维稳工作的再安排、再部署，学校不断调整维稳工作思路，调整维稳工作方式方法，不断建立和完善各种制度，稳扎稳打，形成维稳长效机制。不断强化维稳意识，时刻保持警惕，常设常防，提前准备、提前部署，在国内外、州内外突发某些不稳定事件时，或者在一些固定敏感节点前及时启动应急预案，确保学校安全稳定。不断创新教育载体，开展多种形式的德育教育、文化教育活动，大力促进学校“三风”建设，提升教育教学及科研水平，提升综合教育教学服务能力。把维稳工作与教育教学及各项主题教育活动紧密结合，相互促进，不断强化、畅通信息征集及反馈渠道，完善维稳长效机制。

学校从开学新生报到注册时就收集每一位学生家长基本信息和联系方式，班主任和本班级每一位学生家长随时可以联系沟通，加强了家长与学校之间的互信与配合，提升了学生管理工作精细度。同时，学校领导、中层干部、各班级班主任、政治辅导员各自都在学生中建立了“信息员”，进一步开阔、畅通了信息获取渠道，将信息收集点延伸到学生日常生活的每个角落，能及时动态地了解、掌握学生的情绪波动、思想动态，行为举止等情况，尽可能早的将发现的问题解决在萌芽状态中。

选派精锐力量进驻班级，全面落实“包抓”学生制度。从学校领导、中层干部、党员教师中为每个班级选派1名德育辅导员，负责本班级学生思想政治教育，政策法制宣传等工作。从学科组主任、优秀教师、骨干教师中为每个班级选派多名协管员，负责协助班主任做好本班级维稳及日常班级管理等各项具体工作。并且将各班级学生合理、优化划分，由班主任、德育辅导员、协管员每人细化“包抓”几名到十几名同学，定期和不定期与包抓学生谈心，深入班级、宿舍，了解学生思想动态、行为举止和学习、生活中可能存在的困难，及时发现问题、及时应对，及时解决。尽力摆脱和消除维稳工作中面临的被动固守、消极防御的不利局面，做实事、出实招，见实效，确保学校安全稳定。

（九）不断创新，不断完善。校园文化建设是一项渐进性、长期性和持续性的工作。近年来，我校教育教学整体水平不断提高，师生综合素质不断增强，学生总数不断增加，办学规模不断扩大，良好的校园文化建设已初步显示出强大的育人能效。学校将在党的十八大精神的引领下，继续积极挖掘、创新和充实校园文化建设新载体，不断开拓创新，不断调整思路，不断总结完善，稳扎稳打，精心构建校园大课堂，实现学校处处皆教育，积极发挥以优良校园文化、育优秀师生人才的强大教育教学合力效应。促进校园持续和谐稳定，促进学校新的发展。

【作者：甘肃省甘南州卫生学校校长
甘肃中医学院藏医学院直属党支部书记、院长】

从中国传统文化“常”的思想看“儒法并用”的理论意义和实践价值

王离湘

习近平总书记指出：“儒法并用，是我国历史上常用的社会治理方式，只有思想教育手段和法治手段并用才能相得益彰”。在反腐倡廉建设中，强调“儒法并用”，集中体现了我们党对儒家文化在推进反腐倡廉建设中作用的高度重视。党的十八大以来，我们党坚持儒法并用，一手抓群众路线教育，一手抓惩治腐败，相继有一批领导干部受到严厉惩处。这些案件在给全社会带来深深触动的同时，也引发了我对领导干部违法犯罪根源的深刻思考。通过学习习总书记一系列重要讲话精神、研读中国传统文化，使我从中国传统文化“常”的思想中找到了问题的根本原因。

一、客观辩证认识“常”字的基本意义，准确掌握其哲学内涵。“常”字，在现实生活中经常用到。从字面上看没有什么特别高深的地方。但是，深入研究就会发现，它却蕴藏着丰富的传统文化内涵和深刻的哲学道理。

（一）从“常”的社会价值来看，“常”构建了中国传统伦理文化的基本架构。“常”，从伦理道德角度来讲，特指封建社会中人与人关系的准则。如“三纲五常”。三纲、五常这两个词，来源于西汉董仲舒的《春秋繁露》一书。他认为，在人伦关系中，君臣、父子、夫妻三种关系是最主要的，而这三种关系存在着天定的、永恒不变的主从关系：君为主、臣为从；父为主，子为从；夫为主，妻为从。即所谓的君为臣纲，父为子纲，夫为妻纲“三纲”。他又认为，仁、义、礼、智、信五常之道则是处理君臣、父子、夫妻、上下尊卑关系的基本法则，治国者应该给予足够重视。在他看来，人不同于其他生物的一个重要特点，在于人类具有与生俱来的五常之道。坚持五常之道，就能维持社会稳定和人际关系和谐。两千多年来，这种思想在一定时期也起到了维护社会秩序、规范人际关系的积极作用。

（二）从“常”反映的事物发展变化规律来看，“常”分为“有常”和“无常”，体现了“两点论”观点。明清之际王夫之认为，“常”相对“变”而言，“常”在“变”中。譬如，我们在骑自行车过程中，“有常”就是我们骑自行车时的那个平衡点，而这个点又总是随着我们骑车的速度、路况、姿势等不断地变化，这就是“无常”。“有常”是相对的、暂时的，“无常”是绝对的、无时无刻不在变化之中。无常之中蕴藏着希望与生机。因为无常才有春夏秋冬四时运转，才有花开花落、月圆月缺的物换星移。就艺术创作来说，故事内容是“常”，是恒定的，而艺术表现形式是“无常”，是不断变化的。近年来，我们创排的一些艺术作品，之所以得到上级认可、观众认可，就是因为在艺术创作中自觉不自觉地遵循了“有常”和“无常”的辩证关系。

（三）从“常”的性质和状态来看，“常”表现为“正常”和“失常”，体现了矛盾的双方既对立又相互转化的关系。所谓正常，指符合一般的情况、规律或习惯。通俗地说，“正常”中的“正”指心正，正到可以摆出来；“常”指行常，行为要实常，即行为对应实际的状况。失常，作为正常的反义词，是指进入不正常状态，举止失常。正常与失常，是“常”的两种不同性质的表现形式，但又是可以转化的。在正常与失常之间，起决定因素的是“心”。常言道：心正则行端。有些领导干部由于缺乏志存高远、心怀天下的胸怀，私心重、贪心重，最终，从一个正常的领导干部演变为失常的阶下囚。

二、学会灵活运用“常”的思想方法，剖析领导干部违法犯罪的根本原因。“三纲五常”强调的是每个人在人伦关系中应有的道德义务，当下对于改善家庭与社会的人伦关系，维护良好的社会秩序，仍具有重大的积极的现实意义。近两年，河北开展“善行河北”道德实践活动所倡导的“以善思善念修善心，以善言善行做善事，以善道善德做善人，以善学善才尽善职”的文化取向，就是社会赋予“常”的现代意义。

当前，我们最大的“纲”，就是实现中华民族的伟大复兴。最大的“常”就是中国特色社会主义，其中，中国特色社会主义理论是“常理”，中国特色社会主义道路是“常道”，中国特色社会主义制度是“常规”，社会主义核心价值体系是“常念”，中国特色社会主义文化是“常识”，这“五常”，是新时期党员领导干部做人做事的基本遵循和行为规范，必须一以贯之、不折不扣地遵守落实。

“祸患常积于忽微，而智勇多困于所溺”。从党的十八大以来相继查处的领导干部违法犯罪案例不难看出，这些人之所以走上违法犯罪道路，主要是没有用“常”的理念来加强道德修养，没有用“常”的准则来约束自己的言行，没能按照“常”的要求处理上下级关系、家庭关系、社会关系，主要表现：

（一）对党不忠，在政治品质上失“常”。忠诚是一种品质，是一个人的觉悟和境界，也是中国道德传统中的瑰宝。政治忠诚，是党对领导干部的第一要求，是最基本的党性原则，是保持党的先进性和纯洁性的基石。我们有的领导干部政治品质失“常”，以致不顾党纪国法，违背职责，徇私枉法，在国内外造成极为恶劣的影响。

（二）对人民不义，在宗旨意识上失“常”。古人讲“食君之禄，忠君之事”。我们吃的、用的、拿的薪水，是人民给的，我们手中的权力，也是人民赋予的，人民是我们真正的衣食父母。因此，对于领导干部来说，最大的“义”就是忠于人民，为人民掌好权、用好权，实现好发展好服务好人民。但他们却把党和人民赋予的权力作为一己之私，作为追逐个人名利的工具，大肆非法收受贿赂，严重背离了党的宗旨意识。

（三）对家人不严，在处理公私关系上失“常”。从腐败案例可以看出，落马贪官不是被别人打倒的，而是被自己和老婆、孩子、亲属打倒的，他们置党的事业于不顾，把小家、亲情看得比什么都重，以致不惜丧失原则立场，默许、纵容、袒护家人的不正当行为，在社会上造成很坏的影响。为官要清正廉洁，必须对家人严格要求，严格管理。只有这样，才能享受仕途的坦荡、事业的成功和亲情的快乐。

（四）交友不慎，在官商交往上失“常”。习近平总书记多次强调，面对纷繁的物质利益，要做到君子之交淡如水，“官”、“商”交往要有道，相敬如宾，而不要勾肩搭背、不分彼此，要划出公私分明的界限。但那些违法犯罪领导干部无一不是与商人勾勾搭搭、大搞权钱交易。他们往往出事前都把包裹着“贿赂之心”的“糖衣炮弹”当作友情，把“潜规则”当作自己应得的回报，从而走上犯罪的道路。

习近平总书记指出：“干部廉洁自律的关键在于守住底线。只要能守住做人、处事、用权、交友的底线，就能守住党和人民交给自己的政治责任，守住自己的政治生命线，守住正确的人生价值”。那些违法犯罪的领导干部，无论是对党不忠、对人民不义，还是对家属约束不严、官商交往不慎，实际上都是在“纲常”伦理的底线上出了问题，平时没有注重气节、品德的锤炼，没有做到自我节制、发奋立志，没有尽到一名党员、一名领导干部的社会责任和历史使命。透过领导干部违法犯罪案例，我们会发现一条规律：首先是思想道德上出现“缺口”，紧接着就是党纪法规上“出轨”，这样，“翻车”也就是必然的事，只是迟早的问题。

三、时时刻刻遵守“常”的发展规律，努力践行“三个一”的价值理念。习近平总书记指出：“我们决不可抛弃中华民族的优秀文化传统，恰恰相反，我们要很好继承和弘扬，因为这是我们民族的‘根’和‘魂’，丢了这个‘根’和‘魂’，就没有根基了。”“常”，作为中国传统文化的重要内容，在维护社会秩序方面发挥着十分重要的作用。如果我们人人都能遵守“常”的理念，就能做到自知、自省、自律、自强，就会身体力行，勇于担当。时时刻刻遵守“常”的发展规律，努力践行“三个一”的价值理念，做到：身心合一、言行一致、知行合一。

（一）坚持“身心合一”，着力在“专”上下功夫。身心合一，是做人做事的最高境界，贵在专心。所谓身心合一，就是精神和物质的高度协调。具体到每一名党员干部，全心全意为人民服务，就是“身心合一”的最佳体现。习近平总书记早年在正定工作期间，始终坚持群众路线，以自己的实际行动为全党树立了“身心合一”的榜样，印证了新时期共产党员领导干部的道德风尚与精神风尚。我把它概括为 8 句话 128 个字：“志存高远、心怀天下，情系百姓、热爱人民；立足当前、着眼未来，带头实干、不尚空谈；实事求是、改革创新，爱惜人才、重视科技；统筹兼顾、科学指导，求真务实、知行合一；夙夜在公、鞠躬尽瘁，谦虚谨慎、廉洁自律；坚持原则、敢于负责，为民请愿、勇于担当；爱民如子、求贤若渴，重视友谊、注重团结；珍惜民力、尊重民意，集中民智、关切民生”。作为一名领导干部要把自己的思想意识调校到身心合一的状态，一要正念正心。全面认真系统地学习习总书记的系列讲话精神，牢固树立以人为本、人民至上的理念，持续深入地开展“五照五看”，做到明道知理、止于至善，做一名讲党性、有修养、讲政治、顾大局、重团结的好党员好干部。二要节欲专心。彻底摈弃“有权不用过期作废”的错误思想，自觉抵御享乐主义和奢靡之风的侵袭，一门心思用在践行党的宗旨上，用在为民务实清廉上。

（二）坚持“言行一致”，着力在“信”上做表率。言行一致，是一个人正确的人生观的具体体现。它强调，说的和做的完全一个样。具体到实际工作中，就是实心实意干事创业。坚持“言行一致”，一方面要健全健康人格。共产党员的健康人格，集中体现在良好的党性上。良好的党性是党员干部安身立命的根本，要把加强党性修养贯穿于廉洁从政的全过程，体现到做人、处事、用权、交友各个方面。另一方面要坚定理想信念。把践行中国特色社会主义共同理想和坚定共产主义远大理想统一起来，做到虔诚而执着、至信而深厚，练就新时期共产党人的“金刚不坏之身”，永葆共产党人的政治本色。

（三）坚持“知行合一”，着力在“行”上求实效。“知行合一”，是习近平总书记对教育实践活动提出的根本要求，这不仅是我们开展好群众路线教育实践活动的指南，也是我们今后工作和生活的根本遵循。坚持“知行合一”，要立志笃学，树立为实现中华民族伟大复兴的中国梦而奋斗的远大理想；要躬身自查，自觉克制各种私欲，保持共产党人良好形象；要立知立改，及时修正和根除思想和行为上缺点和问题；要身体力行，恪守实现中华民族伟大复兴“一纲”之理，坚守中国特色社会主义理论、中国特色社会主义道路、中国特色社会主义制度、社会主义核心价值体系、中国特色社会主义文化“五常”之道，做一个明法知礼的好公民好干部好党员。

【作者：河北省文化厅党组书记】

非遗守护路漫漫　传承发展须有方

——以庆阳三个非遗名录项目保护为例

李浩斌

前些日子，我有幸参加了“中国庆阳端午香包民俗文化节”，感受了陇东民俗文化的特殊魅力，调研了庆阳市非物质文化遗产传承、保护情况，生发了许多的体悟和认识。

庆阳，是地球上黄土层覆盖最厚、面积最大的一块黄土生态标本和一方农耕文化绿洲，是华夏民族农耕文明和农耕文化的重要发祥地。我国儒学五大经典之一、中国文学史上第一部文学（诗歌）总集《诗经》中就有周先祖不窋及其孙公刘在北豳之地（今庆阳市庆城县和西峰市）削阜建邑、修治法典、务耕课桑、教民稼穑的记载和赞颂（见《诗经·公刘、七月、小戎、蒹葭》等篇）；史传的黄帝与中医鼻祖岐伯谈医论治（疗）的典故就流传在这片黄土地上，由是诞生了我国最早的中医典籍《黄帝内经》……

物华天宝，地灵人杰。独特的地理、丰富的物产、悠久的历史、厚重的文化、勤劳的人民、淳朴的风情，孕育了庆阳充满着文化的灵性、跳跃着生命的律动、浸润着百姓的情感、张扬着人民的智慧、传承着民族的根脉、守护着精神家园的非物质文化遗产。庆阳人凭借着对本乡本土非遗资源的热爱，非遗保护工作取得了很大的成绩和进步。然而，我在考察之后认为，这里的非遗保护工作仍有许多地方还需进一步规范，进一步创新，进一步发展。

一、关于庆阳香包绣制的保护

庆阳香包绣制，作为我国非物质文化遗产的传统美术部类代表项目之一，被国务院于 2006 年 6 月 7 日公布为第一批国家级非物质文化遗产名录。适逢端午佳节，又是市政府举办的“第十一届中国庆阳端午香包民俗文化节”。当地 7 县 1 区都组织了展品参加展销活动。穿梭在纵横交错的摊位前，面对五光十色的香包绣品，真的令人大饱眼福。不光一件件香包绣品造型生动，举凡花鸟鱼虫、飞禽走兽、人物天象、文化图腾、吉祥祝福图样等都罗列其中，且色彩艳丽，图案灵动、纹饰搭配错落有致、寓意深长，极具民间喜庆祥和的文化氛围，更兼香料填充、香气氤氲、卫生健康，便于佩戴在身或悬挂于室。还有价格因产品质地、香包大小、工艺繁简的不同，从几元到几十元而不等，所有这些都很符合特定节日的市场需求。转遍整个展销市场，再冷眼观之、静心思之，总觉庆阳香包绣制还有需进一步改进和提高的方面。一是香包绣品有手工绣制和机器缝制的混杂其中。非物质文化遗产项目的核心内容是其本身具有的真本性；生产性保护项目的关键节点必须是其所凝结的手工技艺。也就是说机器绣制的产品绝对不能认定为非遗项目。当然，在成本低廉、样式重复、批量加工、价格便宜、文化附加值小、市场需求量大的情况下，作为非遗项目的衍生产品，机器缝制的香包可以允许存在，但必须与非遗项目严格区别开来。二是节会承办单位和市场监管单位职责划分不够明确。作为承办单位应做好参展商户和参展产品的组织与推介，按照文化产业与非遗保护不同的区别，做好两种不同内容的香包产品的规划、布展和向参展者与客户的双向服务，尤其是非遗保护的宣传；而市场监管单位的主要职责是维护市场的交易秩序、管理市场的商贸行为，优化市场的经营环境，规范市场的交易活动。这两方面的服务与管理显然有些混乱。三是商户缺乏诚信意识，蒙骗顾客，或为争市场拉客户，商户之间互相排挤倾轧、抬价压价现象时有发生。四是组织单位没有设计邀请香包绣制传承人现场演示讲解，不便于向群众普及非遗知识。许多客人即使买了香包，也并不知道手工绣制与机器缝制的区别，更不知香包所蕴含的非遗的文化概念和文化内涵。

就平时的香包绣制作为非遗名录项目的保护工作，不一定非要拘泥于香包绣制，完全可以香包为主打为龙头为骨干产品，将绣制工艺向香包之外更多的品种延伸，既有利于手工刺绣工艺和技术的挖掘整理，丰富手工绣制的内容和品种，也可以拓展市场，积聚资金，为长远发展创造条件。虽然庆阳非遗保护单位在这一方面做了许多有益的尝试，也有明显的市场效应和经济效益，但我以为值得进一步借鉴和学习的地方还很多。其实我国包括蜀绣、苏绣、湘绣、浙杭绣等众多的手工刺绣项目基本都已入选国家级和各省级非遗名录，走出去学习考察，从各地手工绣制技艺中学绣制技法、学描绘纹样、学选择面料、学市场开拓经验和生产管理理念等都有许多文章可做。此外，传承人的培养、培训和授徒，以传承人和传习所为依托的生产性保护基地建设等，都是今后应该重视的。

对庆阳香包绣制我还想谈几点实用性的个人意见：一是香包绣制图案应在继承传统经典的基础上大力体现现代气息，引入动漫、卡通、剪纸、布贴画等技术元素；可制作成系列产品，把文学名著人物和故事情节、各类神话传奇、民俗风情、节庆场景、人物肖像、动物生肖、时令节气、本土掌故等绣制成全套连续、系列品种并加以特色、个性化包装，使之更具有文化价值。二是对香包绣制产品进行商标注册、专利申请、地理标识保护和聘请律师维护合法权益等途径，通过各种法律法规手段寻求国家法律保护。三是香包绣制的属非物质文化遗产的部分，在产品包装上理直气壮地使用中国非物质文化遗产标识，使消费者更多地熟悉、热爱它。四是产品设计和制作可面对高中低端市场，生产不同档次、不同品位、不同价格、不同消费需求的产品。高端产品必须全部由国家级传承人亲自把关采用手工绣制，在丝线染色、面料搭配、绣制技艺上追求高品质高档次高规格的精品极品，适当的位置可绣制中国非遗标识、非遗传承人（绣制者）的姓名或印章图徽，满足消费者收藏、重要活动赠、地方特色文化展示和非遗宣传保护；中端产品可在关键部位（核心技术）保留手工技艺的特色，适用于一般的消费和文化需求；低端产品主要是应时节令、婚庆仪式、群众节会等大众普通文化消费。三者互为补充、相得益彰、同步发展，也兼顾了各方的需求和利益。五是由香包绣制向其他绣制产品的拓展、延伸，用非遗的核心技艺占领礼品、纪念品、工艺品、装饰品、服饰、帐幔、旗帜、标识、日常实用物品市场，提升庆阳刺绣制品的文化含金量和非遗知名度。六是借鉴宁波等不少地方非遗（生产性）保护成熟的“传承人+传习所（基地、公司）+研发机构+市场”的产销模式，不断推新品、出精品，不断扩大再生产，张扬非遗保护成果。

二、关于庆阳剪纸的保护

庆阳剪纸，作为又一个国家级非物质文化遗产名录项目，目前的传承和保护基本状况是良好的。全市各县、区都做了大量的保护工作。但是，我们仔细考察不难发现，传统的庆阳剪纸以彰显农耕文明为主线，体现着黄土高原文化的原始、质朴和刚毅、达观的性格，生殖（崇拜）、生育（繁衍）、生命（呵护）、生存（优化）、生产（渴望和向往）、生活（愿景和追求）是其主旨。庆阳剪纸内涵的深厚、底蕴的凝重、风格的鲜明、文化要素的铺陈，在全国独树一帜。庆阳剪纸之所以非常普及，主要是体现了当地劳动妇女展现自己心灵手巧、表露内心丰富情感、寄托美好生活向往的一种艺术手法，成为女孩子从小就习学和掌握的最基本的女红技艺。正是基于这种原因，才出现了祁秀梅这样在业内、国内都有重大影响的著名国家级艺术大师。现在的剪纸艺术因了商品经济的冲击，多了几分的时尚、浮泛和功利。窃以为传承人应该沉心静气、多练内功，从传统文化中汲取营养、从前辈大师的传世作品中寻求借鉴、从生产生活实践中捕捉灵感，也可以横向比对其他国家级、省级剪纸名录，提升自身作品的艺术品位，比如我们以开放的胸襟走出生于斯长于斯的董志塬和子午岭，适当吸收一些南方剪纸技法上的细腻婉约、精巧灵动、秀丽活泼，水色氤氲、湖光潋滟的气息，再揉进北方其他地区剪纸粗犷奔放、豪迈激扬、古拙明朗、淳朴简洁，苍山高远、古树遒劲的韵致，与庆阳剪纸兼容并蓄，定会在古老传统的基础上演绎出新的流派传人。非遗项目保护单位同样有义务为传承人提供各种学习、提高的机会，在进修、培训、文化素养提升和艺术境界拓展方面予以智力扶助和经济支持。

以农耕文明为根基、以生殖崇拜、生命呵护为主线已成为庆阳剪纸的鲜明格调和鲜活特色。庆阳剪纸的传承、保护和发展无疑应继承、弘扬业已成为品质的传统剪纸技法。但是随着时代的进步，还必须有所扬弃和取舍，接时代的气脉，体现时代的风貌。庆阳是革命老区，是现代工业资源基地。当前，庆阳市把“红”（革命历史）、“绿”（生态文明）、“黑”（以石油、煤炭、天然气为主的现代工业）和“黄”（当地特色农业产业和黄土地文化旅游产业）作为推动经济转型和文化发展的支柱性产业，这就为庆阳剪纸在题材创新和体裁发展上提供了更加广阔的文化空间。这种内容的与时俱进，也必将带来载体的流变和经济、社会效益的增长。

三、关于联合国“人类非物质文化遗产代表作名录”环县道情皮影戏的保护

甘肃入选联合国“人类非物质文化遗产代表作名录”的非遗项目除“花儿”（属非遗项目的曲艺部类）外，还包括全国多地13家单位共同申报为“中国皮影戏”的“环县道情皮影戏”。

环县道情皮影戏的保护起步早、工作扎实、内容全面、形式生动，曾经在全国做出了样板，2006年10月文化部专门在环县召开了“全国非遗保护试点工作经验交流会”。但是，目前环县道情皮影戏的保护还存在一些亟待整改和提高的问题。首先是在“道情皮影戏”和“皮影”（产业）的概念上出现了混淆。环县道情皮影戏作为联合国非遗名录项目和国家级非遗名录项目，其保护的主体是道情皮影戏。“戏”是主体，“皮影”仅是“戏”的道具。非遗保护必须是从“戏”的整体性展开，服从“戏”的保护需要。皮影作为戏的表演载体，与四弦、渔鼓、简板等乐器是为戏服务的。这点任何时候都必须明确！其次是重皮影（产业）轻戏的现象比较明显。由于皮影雕刻和销

售能带来看得见摸得着的白花花的“银子”，从而受到格外的垂青和器重，而道情皮影戏随着受众市场的日渐萎缩出现了明显的式微。这就更决定了我们的非遗保护必须从剧种的整体保护做起，从抢救道情皮影戏的危亡濒灭开始。这不光是我们对联合国教科文组织的庄重承诺，更是我们非遗保护的使命和责任，是对先人的感恩和敬畏，是对后人的遗馈和功德。我们在道情皮影戏的保护中决不能做舍本求末、畸轻畸重的事情。2011 年文化部将环县道情皮影保护中心命名为国家级非遗生产性保护示范基地，皮影雕刻被列入非遗项目生产性保护内容。但戏的完整保护依然是这个联合国名录项目的根本。再次，环县县城有一处露天广场叫做皮影广场。内有一块石碑刻着“中国环县 道情皮影（红色宋体字）世界非物质文化遗产（绿色黑体字）”。

在上面这行字体略小些的“中国环县 道情皮影”的中间刻有“世界遗产”的绿色标识。然而，这块石刻上所使用的标识是中国教科文组织、建设部、国家文物局联合向被联合国授予《世界自然和文化遗产》的遗产管理单位颁发的世界遗产标志牌，而并非联合国教科文组织“人类非物质文化遗产代表作名录”标识。这两个标识是完全不同的两个概念、是两种项目和内容截然不同的文化载体和形式。应该说正确使用联合国非物质文化遗产标识，对宣传道情皮影戏是有重大意义的，可是这块石碑上选用的标识（图徽）和文字却都是错误的；并且这块石碑的背面还刻有“中国皮影之乡”的是红色大字。准确的表述我认为应该为“中国皮影戏之乡”比较合适。把“道情皮影戏”简化成“道情皮影”，把“中国道情皮影戏之乡”省略为“中国皮影之乡”，不管是否有意的疏忽，都会造成差之毫厘谬之千里的误导，甚至有偷梁换柱、移花接木之嫌——淡化道情皮影戏，突出皮影（雕刻）；而且该县许多的非遗宣传材料也错误使用了这个标识和文字。这是极不严肃的。联合国及中国各级政府批准和公布的非遗名录项目及名称是具有法定的权威性的。对此《非遗法》有明确规定，任何组织、单位和个人都不得随意变更、割裂和拆解。否则，则属违法行为，也有悖于非遗保护的初衷。第四，道情皮影戏属非遗项目中传统戏剧部类，而皮影（刻制）则是非遗项目中传统美术部类（单纯的皮革雕刻技艺，又变成了非遗项目中手工技艺类）。倘若省却一个“戏”字，非遗项目类别就发生了根本改变。第五，环县道情皮影戏的保护我个人的观点是应把重点放在传承人的保护和剧种的抢救上。而这正是目前当地保护工作的弱项。只有抓住根本，我们才能抓住重点，才能真正让这一世界非遗名录得到完全意义上的保护。第六，就皮影雕刻而言，希望环县有关部门能在皮影雕刻中多采用道情皮影戏的人物造型、背景、道具等，尽可能彰显道情皮影戏的非遗内涵，少刻制财神、寿星、狮虎、龙凤、松柏、牡丹等吉祥富贵的媚世媚俗产品，不要让非遗保护因了单纯的经济效益而走样变味——毕竟我们使用的是非遗这块金字招牌，打出的是世界级非遗名录保护的旗号。第七，建议庆阳市有关部门在道情皮影戏雕刻产品的包装上使用联合国人类非遗代表作标识。在道情皮影戏雕刻产品中放置环县道情皮影戏的经典戏目光盘、剧本精选、演出剧照、传承人介绍等宣传册页，将道情皮影戏特有的四弦、渔鼓、简板、梆子等乐器做成精致、微小的艺术品同皮影雕刻一起销售，以增加皮影雕刻产品的文化附加值，以全方位保护和传承环县道情皮影戏，使这一联合国非遗名录项目能成为环县、庆阳，乃至甘肃，中国的一张精美、别致的“文化名片”。

以上仅举庆阳例证，旨在说明非遗保护依然任重道远，而保护工作必须依法合规、科学有方。

【作者：甘肃省非物质文化遗产保护中心专职副主任】

面壁十年图破壁　奋力实现中国梦
——习近平的读书号召

齐天福

2012 年 11 月 29 日，中共中央总书记习近平带领第十八届中央领导集体参观中国国家博物馆“复兴之路”展览现场时说：“实现中华民族伟大复兴，就是中华民族近代以来最伟大的梦想。这个梦想，凝聚了几代中国人的夙愿，体现了中华民族和中国人民的整体利益，是每一个中华儿女的共同期盼。实现中华民族伟大复兴是一项光荣而艰巨的事业，需要一代又一代中国人共同为之努力。空谈误国，实干兴邦。我们这一代共产党人一定要承前启后、继往开来，把我们的党建设好，团结全体中华儿女把我们国家建设好，把我们民族发展好，继续朝着中华民族伟大复兴的目标奋勇前进。实现伟大复兴就是中华民族近代以来最伟大梦想”。

一个世纪以前，有一位单瘦的学生在回答老师提问：“为什么而读书？”的时候，充满自信地说出了“为中华之崛起而读书”的誓言，他并用毕生的心智实现了自己的诺言，赢得了全中国乃至世界人民的敬重，他就是我们敬爱的周恩来总理。

1917 年 6 月，周恩来赴日留学，写下了“大江歌罢掉头东，邃密群科济世穷。面壁十年图破壁，难酬蹈海亦英雄”的诗句。他深感国家要进步、要发展必须具有先进的科学技术，于是下定决心，远渡重洋，刻苦学习，以图报效祖国。这里引用了达摩祖师面壁十年的故事，表明了决心之坚，立志之远，并且预想未来，即使壮志难酬，捐躯东海，舍生取义，亦不愧为一英雄。

2009 年 5 月 13 日，习近平在中央党校春季学期第二批进修班开学典礼上，大讲“领导干部要爱读书、读好书、善读书”，秋季开学典礼又说：“学习是文明传承之途、人生成长之梯、政党巩固之基、国家兴盛之要”。

中国人最喜爱书、最喜爱读书。孔子整理“三坟、五典、九丘”等历史典籍，成《书》之后特意加了个“尚”字。《尚书》之名由此而来，表达了这位“至成、大圣、文宣王”对书的崇拜。

一、“爱读书”告诉我们读书靠良好的习惯

“爱读书”就是要有浓厚的读书兴趣，且能养成良好的习惯。科学巨匠爱因斯坦说过：“兴趣是最好的老师”。大凡伟人都酷爱读书，甚至到了如醉如狂的程度。

中国先哲历来重视读书，《论语•子张》曰：“仕而优则学，学而优则仕”。隋文帝创立了科举制度，实行开科取士，中华民族世世代代的读书热潮由此而起，并影响到东方国家乃至整个世界。皓首穷经成为古代知识分子孜孜以求，并引以为荣的人生盛事。

宋代汪洙的《神童诗》云：“天子重英豪，文章教尔曹，万般皆下品，唯有读书高”，“朝为田舍郎，暮登天子堂”。这是古圣先贤指点、激励后生勤勉治学，求取功名的谆谆之言。

读书可以改变一个人的命运，普通人靠读书考取功名，走脱贫致富的捷径。“书中自有颜如玉，书中自有黄金屋”。平民百姓热爱读书，修身养性，明理守法，有利于社会进步，有利于社会和谐。

读书可以改变一个政党的命运，毛泽东饱读史书，明乱治之法，通古今之变，领导中国共产党人历经千难万险，南征北战，逢凶化吉，转危为安，创造了世界军事史上的奇迹。

读书可以改变一个国家的命运，隋唐时期，日本引进中国文化，读中国书，实现了政治变革和社会进步；近代日本引进西洋文化，读西洋书，一跃而成为世界强国，很多方面都超过中国。

“爱读书”要有崇高的目标，要有端正的动机，要有持久的毅力，要超脱世俗的功利观念。正象《庄子•逍遥游》所言：“至人无己，神人无功，圣人无名”。三国时期杰出的政治家、战略家、发明家、军事家诸葛亮云：“非淡泊无以明志，非宁静无以致远”。毛泽东教导说：“毫不利己，专门利人”，做“一个高尚的人，一个纯粹的人，一个有道德的人，一个脱离了低级趣味的人，一个有益于人民的人”。

我国儒家把读书的目标定为“修身、齐家、平天下”，所谓修身就是陶冶个人的品质，做社会的优秀分子，“齐家”就是管理好家庭，领导好家族，“平天下”就是更上一层楼，用自己的才华用来治理国家，为社会作贡献。马克思为解放全人类而读书，毛泽东为改造中国与世界而读书，周恩来为中华之崛起而读书！革命前辈为服务人民而读书。

二、“读书好”告诉我们读书是有益的事情

国人常说，开卷有益。英国哲学家、思想家、作家和科学家弗兰西斯•培根说：“读书足以怡情，足以博彩，足以长才”，“知识就是力量”。

第一，读书是我们获得知识的主要途径

“书籍是人类进步的阶梯”，这是苏联文学家高尔基的名言。从那洪荒时代开始，人类的语言凝结成文字，文字汇集成书籍，书籍承载着思想，把人类推入进化的隧道，才得以成为宇宙的主宰。

俄国哲学家、作家、革命家赫尔岑说：“书是上一代对下一代精神上的遗训”。书籍是文字的汇集，是语言的外壳，是智慧的载体。如果没有书籍，文字、语言、思想永远是低层次的。书籍是圣贤留给人类的遗产，如果没有书籍，我们依然在困顿与蒙昧中摸索，世界将不会如此美好！

“书籍是思想时空的灯塔”，美国天文学家惠普尔这样说。无数先辈长期求索真理，历经千难万险，把经验、教训和感悟以书籍的形式传给后人。书籍让我们多一些理智，少一些盲动，教给我们少走弯路。如果没有书籍，无数圣贤的思想火花就不可能汇集成璀璨的星空，只能随着躯体的老化而消逝。北宋卓越的文学家、史学家欧阳修说：“立身以立学为先，立学以读书为本”。如果不读书，我们将一无所知，永远走不出狭隘经验的暗室，人类的认识世界永远朦朦胧胧，甚至是漆黑一团。

书籍是飞向成功的翅膀。当代美术教育家李苦禅诗云：“鸟欲高飞先振翅，人求上进先读书”。《礼记•学记》中有言：“玉不琢，不成器；人不学，不知道”。圣贤由学而成，道德由学而进，才能由学而长。读书是获得知识的主要途径，多少英雄豪杰具有非凡的智慧和力量，都是读书的结果。毛泽东能够翻天覆地，得益于对书爱不释手，成吉思汗征服了欧亚大陆，虽然直接读书不多，但身边却有很多学识渊博的军师和谋士，属于间接读书。

第二，读书是我们精神生活的重要内容

读书是一种高尚的事业，可以陶冶情操，其乐无穷。书的境界，富有诗情画意，是绝对自由的天地。高尔基说：“书籍使我变成了一个幸福的人”。《魏书•李谧传》云：“男儿拥书万卷，何暇南面百城？”，宋人有言：“有书真富贵，无事小神仙”。明代民族英雄于谦云：“书卷多情似故人，晨昏忧乐每相亲”。

大凡有成就的人，都以读书为天职。北宋杰出的文学家、书画家苏轼云：“发奋识遍天下字，立志读尽人间书”，唐代大臣、书法家颜真卿说：“黑发不知勤学早，白发方悔读书迟”。孙中山说：“我一生的嗜好，除了革命之外，就是读书。我一天不读书，就不能够生活”。习近平说：“我爱好挺多，最大的爱好是读书，读书已成为我的一种生活方式。”足见名家伟人对读书的重视和投入。

俄国著名的科学家、诗人、语言学家和历史学家罗蒙诺索夫幼年时，最希望得到一本科学书，他的请求让父亲目瞪口呆。正是因为他对读书的热爱，才有了后来的成就。

瑞士作家凯勒说：“一本新书像一艘船，带领着我们从狭隘的地方，驶向生活的无限广阔的海洋”。高尚的文化，精美的文学，将我们阅读的视野延展到新的时空。人生天地间，物质生活总是有限的，精神生活却可以广阔无边。读书带给我们最隽永的乐趣，带给我们心灵的和平，带给我们精神的慰藉。

读书不仅可以引发思考，增长智慧，而且适度读书还能延年益寿。科学研究证明，人的衰老首先是从思维开始的，读书可以永葆青春。孔子说：“朝闻道，夕可以死也”，鲁迅说：“活到老，学到老”。这也是朱德元帅的座右铭。

第三，读书是我们处世为人的良师益友

人类本性的核心是社会性，群体中的人相互依赖，相互促进，人们在社会交往中相得益彰。爱尔兰戏剧家萧伯纳说过：“你有一个思想，我有一个思想，相互交换，我们就各自有了两个思想。寻求一加一的裂变，得出无数思想”。《诗经》里说：“它山之石，可以攻玉”，说的是人与人之间可以互相取长补短。

书籍的出现，为人类提供了全新的社交方式，社交时间、空间也随之变幻。有了书籍，问道求学、亲师近友不再受到直接会晤的限制。读书与直接会晤有异曲同工之妙，尽管书中交往是间接的，但文字要求比口语要求更规范，文学效果更精彩，更富有浪漫色彩，交往途径也更快捷。

读到一本好书，就如同邂逅一位伟大的导师。读书使我们建立起和古今中外伟人名家之间的交流。在书中可以读李白的潇洒，读苏轼的豪放；可以思索鲁迅的冷峻深邃，感味冰心的意切情长；可以和亚历山大大帝一起远征；可以向苏格拉底请教哲学奥秘；可以和雨果一起探讨《悲惨世界》中的悲悯情怀……朋友可能离去，时光不断流逝，书却是最忠诚、最永恒的伙伴！

当今书海浩瀚无边，大部分难题都可以在书中找到答案。当我们遇到困惑时，一本好书能给我们指点迷津。知书而达理，等于拜名师。特别是电子图书和网络的问世，开辟了社会交往的新途径，缩短了人与人之间的距离，让世界变得更精彩！俄罗斯女钢琴家尼克拉耶娃说：“书籍是生活的加速器”，电子图书和网络让人类的生活节奏更为欢快。

三、“善读书”告诉我们读书要谨慎地选择

书有优劣、好坏之别。读好书与读坏书，直接影响着人的价值取向。毛泽东把好书与坏书比作“香花与毒草”，希望大家提高警惕，学会辨别。习近平说：“没有正确方向，不仅学不到有益的知识，还很容易被一些天花乱坠、脱离实际甚至荒唐可笑、极其错误的东西所迷惑、所俘虏”。

国学大师季羡林则认为“书的好坏”决定于如下几点：“一本书能鼓励人前进呢，抑或拉人倒退？一本书能给人以乐观精神呢，抑或使人悲观？一本书能增加人的智慧呢，抑或增强人的愚蠢？一本书能提高人的精神境界呢，抑或降低？一本书能给人以力量呢，抑或使人软弱？一本书能激励人向困难作斗争呢，抑或让人向困难低头？一本书能给人以高尚的美感享受呢，抑或给人以低级下流的愉快？”

台湾作家柯青华说过：“一本读了使人觉得心灵充实的书，是好书；一本读了使人行为堕落的书，是坏书。一本读了使人同情、使人产生爱心的书，是好书；一本读了使人残暴、使人狠毒的书，是坏书。一本读了使人心灵高贵的书，是好书；一本读了使人思想猥琐的书，是坏书。一本好书读后，使人辨别是非，分得出好歹；一本坏书读后，使人混乱了价值观，且自以为是而不知耻。”

是的，读一本好书，可以使人明辨是非、充实心灵、提高修养；而读一本坏书，可以使人心胸狭窄、不知羞耻、自私残暴。英国诗人、政论家，民主斗士弥尔顿说：“好书是伟大心灵的富贵血脉”。好书洋溢着真、善、美，可以净化灵魂、催人上进，启迪智慧，起到积极作用；坏书充斥着邪、恶、丑，可以污染精神，拖人下水，埋没心智，起到消极作用。读书只能读好书，千万不能读坏书。

愿大家都来与好书作伴：文学的、艺术的、科技的、思想的、知识的、生活的……根据自己的兴趣和工作需要选取好书。选择了好书，就要刻苦钻研，持之以恒。冰冻三尺非一日之寒，功成名就非一时之苦。只有博览群书，才能才华横溢。

诗仙李白，天资聪慧，而他的成功也来自那“三万六千日，夜夜当秉烛”的勤奋；诗圣杜甫，生性睿智，他的神来之笔也来自“读书破万卷”的积累。诚然，他们生性聪敏，异于常人，“天才”是不可以模仿的，但勤奋刻苦的学习精神，则是可以学习的。

只有与书作伴，精神才能不孤独，思想才能不贫穷，情操才能高尚雅致，生活才能充满情趣。商务印书馆创始人张元济先生说：“数百年旧家无非积德，第一件好事还是读书”。

四、“善读书”要求我们读书用科学的方法

有人把读书方法分为泛读、精读、通读、跳读、速读、略读、再读、选读、摘抄读、序列读等十余种。我最欣赏的还是“精读、广看、常写”这句古训。

精读是最重要的一种读书方法。朱熹在《读书之要》中说：“大抵读书，须先熟读，使其言皆若出于吾之口；继以精思，使其言皆若出于吾之心，然后可以省得尔。”这里“熟读而精思”，即是精读的含义。也就是说，要细读多思，反复琢磨，反复研究，边分析边评价，务求明白透彻，了解于心，以便吸取精华。对本专业的书籍及名篇佳作应该采取精读的方法。只有精心研究，细细咀嚼，文章的“微言精义”，才能“愈挖愈出，愈研愈精”，精益求精。周恩来主张“抓住中心，宁精勿杂，宁专勿多”。革命先烈邹韬奋反对浮躁的读书，说：“无所不专的专家实在是一无所专”。

“广看”即泛读，就是要广泛涉猎各方面的知识。不仅要读自然科学方面的书，也要读社会科学方面的书，古今中外各种不同风格的优秀作品都应广泛地阅读，以博采众家之长，去粗取精，由博返约。著名作家赵树理说：“读书也象开矿一样，‘沙里淘金’。”马克思写《资本论》曾钻研过 1500 种书，通过阅读来搜集大量的备用资料。

“广看”可以开拓思路，启迪智慧。美籍华人物理学家杨振宁说：“如果有意识地把智慧的触角伸向邻近的知识领域，必然别有一番意境。在那些熟悉的知识链条中的一环，则很有可能得到意想不到的新发现”。发明创造的火花往往是在不同类知识的边缘闪现的。

“常写”就是要常练笔，勤写作，不仅做“读者”，更要当“作者”。巴金说：“只有写，才能会写”，就是说只有在写作中才能学会写作，就像在游泳中学会游泳一样。要使写作成为一种习惯，一种生活方式和生存状态，“拳不离手，曲不离口”。要向运动员一样，保持良好的技术战术状态，天天向上。

吴晗说：“写作是创造”。文章是自己写出来的，不是老师改出来的，更不是老师讲出来的。写文章要把握三关：一是理论关，观点新颖；二是语言关，文字优美；三是资料关，广征博引。每一篇文章都要认真对待，尽自己的最大努力去写好，发挥自己的最高水平。即是小文章，也要从难从严要求，以大手笔的姿态来对待。

五、“善读书”要求我们读书要为民族复兴

我们中华民族是世界上最勤劳、最智慧的民族，富于刻苦钻研和开拓创新精神。我们曾经领先于世界其他民族，创造过辉煌灿烂的人类文明，为人类历史做出了杰出的贡献。

我国是有着五千年历史的文明古国，17世纪（明末清初）之前，中国古代科学技术长期处于世界领先地位。夏、商、周文化在古代世界有特殊地位；秦汉文化在世界文明史上具有重要影响；隋唐文化博大精深，全面辉煌，泽被东西，影响深远；两宋时期，我国古代文化达到了高度繁荣的程度。

古代中国一直是东方文化的中心，也是世界政治、经济、军事中心之一。雄汉盛唐时期，国力强盛，海内升平，四夷臣服。但是到了明清之际就逐渐的落后于西方，鸦片战争使我国沦为半殖民地、半封建的贫穷落后国家，任凭资本主义列强凌欺，人民深受帝国主义、封建主义、官僚资本主义三座大山的压迫和剥削，民族灾难更加深重。

造成中国落后的主要原因是文化专制、政治腐败、经济保守，从而导致国力衰退。震惊世界的近代资本主义革命迟迟没有让中国上层统治者觉醒，封建思想极其顽固，封建势力特别强大。二十年前，一位青年军官在读到这段历史时写下了这样的诗句：南疆狼烟北京难，屠城冤魂四十万；百年耻辱犹未尽，千秋伟业修道远。

中华民族不可辱，多少仁人志士前赴后继、抛头颅、洒热血，奋发图强。洋务运动和新文化运动使中国先进知识分子和进步阶层首先觉醒起来，他们都是读新书的人。孙中山先生领导的辛亥革命，推翻了人类历史上最顽固的封建统治，开辟了中国历史的新纪元；五四运动吹响了民主、科学、富强的号角，苏联十月革命给我们送来了马克思主义，中国诞生了共产党，中国革命的面目焕然一新了；邓小平领导我们改革开放，开辟有中国特色的社会主义道路。我们今天能够傲然屹立于世界民族之林，从根本上说就是前辈们读书的结果。

党的十七届四中全会提出建设马克思主义学习型政党的重大战略任务，强调要把各级党组织建设成为学习型党组织。2010年2月中共中央办公厅印发了《关于推进学习型党组织建设的意见》通知。在世情、国情、党情发生深刻变化的新形势下，我们党面临着四大考验：执政考验、改革开放考验、市场经济考验、外部环境考验；四大危险：精神懈怠的危险、能力不足的危险、脱离群众的危险、消极腐败的危险。

贯彻落实党的十八精神，“建设学习型、服务型、创新型的马克思主义执政党”。对我们读书学习提出了更高、更迫切的要求，当代共产党人的“长、宽、高”必须不断正向延伸。“长”就是业务专长，胜任本职工作的能力；“宽”就是科学文化知识的广度，用古今中外优秀文化成果武装自己；“高”就是党性修养，思想理论水平和政治自觉性。这些都只有通过读书才能完成。我们必须发扬雷锋的钉子精神，要有钻劲和挤劲，多读一些有益的书籍，少干一些无聊的事情！

全面实现“中国梦”靠的是科学，就是要好好读书，认真学习。习近平在中央党校建校80周年庆祝大会暨2013年春季学期开学典礼上的讲话说：“历史和现实都告诉我们，事业发展没有止境，学习就没有止境”，“本领不是天生的，是要通过学习和实践来获得的”，“只有全党本领不断增强了，‘两个一百年’的奋斗目标才能实现，中华民族伟大复兴的‘中国梦’才能梦想成真”，“全党同志特别是各级领导干部都要有加强学习的紧迫感”。

只有积极响应习总书记的读书号召，深刻理解“爱读书、读好书、善读书”的科学内涵，好好读书，才能紧跟时代步伐，真正做好人民的公仆，不辱国家和人民赋予我们的神圣使命！只有努力攀登这人类进步的阶梯，才能成为新时期高素质的社会主义建设者！

【作者：陕西社会主义学院办公室副主任】

关于微电影的“微”思考

徐震洲

不知何时起始，一个新的影视品种——微电影近年来蹿红了整个网络，无论你打开新浪、网易、腾讯、优酷，还是百度一下或搜狐一下，都可以轻而易举地看到微电影多姿多彩的身影。与此同时，爱奇艺、v电影、爱线映等微电影放映平台也相继上线，给微电影的传播提供了更广阔更便捷的空间。因而，只用了短短一、两年时间，微电影便在网络市场潮水般流行起来，大有创造一个微电影时代的势头。

那么，到底什么是微电影？它是如何兴起的？它将走向何处？有关微电影的一系列问题，引起了笔者的关注。

微电影是什么

微电影到底是什么东西？打开电脑上网搜索一下，不难找到答案。微电影也就是微型电影，又称“微影”，它是指专门在各种新媒体平台上播放的具有完整策划、完整情节、完整制作的，适合在移动状态和短暂休闲时观看的视频短片。微电影最显著的特征是“微”，即短时，观看一场传统电影，一般要花费一个半小时到二个小时，而欣赏一部微电影，只要几分钟就够了。最为典型的例证是吴彦祖主演的《一触即发》，讲述男主角在一次高科技交易中遭遇敌手突袭，为了将新科技安全转移，男女主角联手施展调虎离山之计，几经周折，最终成功达成目标。全片场面宏大，制作精良，片长却只有一分半钟，堪称是微电影的典范和里程碑。微电影因为片长短，所以投资也小，一般在几千元至几万元，制作周期也短，一般在一周左右。微电影的性质决定它还具有草根性、广谱性、参与性和互动性的低门槛特征。

微电影的内容涉及也很丰富、很广泛：商业广告，时尚潮流，伦理道德，爱情故事，公益事业，励志向上，惊悚悬疑，幽默搞怪，几乎是无所不包。如《父亲》对平凡幸福的细心捕捉，《老男孩》对“80后”怀旧话语的深情言说，《大话腐女》的搞笑连连，《动机》的杀机重重，等等。

据笔者的观察，微电影实际上已经不是真正意义上的电影了，这不是因为它的长与短。电影是用胶片摄影机或高清的数码摄影机拍摄的，并在院线使用放映机进行放映或在电影频道进行播放，期间还要通过电影管理部门的审查，而微电影的摄制手段则是多种多样的，并多在网络播放，电影院里难得看到它的身影，也不需要电影管理部门的审查，比真正的电影要灵活得多。确切一点讲，微电影不是电影，而是一种网络视频短剧。但不管是什么，它受到越来越多人的喜爱，越来越红火。那么，它是怎么火起来的呢——

微电影的兴起

微电影之所能在网络上火起来，笔者认为缘于这样几个方面的因素：

一、它的短小精悍，符合时代的节拍。随着社会的发展，竞争的激烈，人们的生活节奏和工作节奏越来越快，长时间观看大部头影视作品的闲暇越来越少。在几分钟时间就能够观赏一部小电影，调节一下神经，何乐而不为?

二、它的便捷性受到人们的青睐。若想吃上一顿“电影大餐”，看一部大片，必须去电影院花费几十元甚至几百元排队买票，才能如愿以偿，而观看微电影，只需坐在电脑桌前，或者打开手机，就能做到，就能吃一份“电影快餐”，而且几乎不用产生什么费用。

三、它的大众性决定了他的低门槛。微电影打破了传统电影高高在上的主流代言姿态与形象，激活了公众的参与性与主动性的广阔空间，使之成为真正的大众艺术，从而激发了人们的热情。

四、它的快捷性为它助长了灵活的触角。它以它的短平快及时去触摸生活，批判现实，针砭时弊，叩问人性，作用心灵，特别是它常常去触摸被主流大剧所遗忘的小人物、小命运、小细节，因而引起大众的共鸣。不信，你就去看看《回家》、《来信》、《赢家》这些影片吧。

五、它的许多平民化的内容桥段使得它“有意思”、吸眼球。在当今的娱乐时代，大家很不愿意去板着面孔，接受教育，而是主动去追求愉悦，把握幸福指数。对大家低着头，笑脸相迎的微电影很容易走进普通观众的心目之中。影视作品不仅要“有意义”，更要“有意思”。因而，微电影的红火是必然的。那么，微电影今后将会如何发展呢——

微电影的发展趋势

随着微电影的快速兴起，它会被更多的人所关注，市场会越来越大，产量会越来越高，观影人会越来越多，制作团队会越来越庞大，这是微电影发展的总趋势。当然，这样说未免太笼统，具体说来，会有这样几个方面的趋势：

一是品牌化，就是微电影用其独特的制作手段和艺术风格来达到吸引受众、感染受众，与受众共同分享的魅力。有了网络及其它新媒体的支撑，未来的微电影必将要“百花齐放”，因而，微电影的品牌化是必需的，否则，它便无法长期在影视市场立足。比如，一提起电影我们就会想到张艺谋风格独特，场面恢弘的艺术大片，冯小刚的贺岁大片，姜文的思想深邃的影片等等。微电影也一样。其实，从吴彦祖的《一触即发》，到姜文的《看球》，徐铮的《一部佳作的诞生》，黄晓明《早十年的童话》，王珞丹的《老人愿》等微影影片，我们看到了越来越多腕级演员的参与，感觉到了这种趋势离我们越来越近。

二是商业化。微电影从诞生的那天起就注定了它的商业气质。被视作最具典型意义的第一部微电影作品《一触即发》，不管其场面何等宏大，剧情何等惊险，制作何等精良，但实际上它就是凯迪拉克的广告片。还有《你能行》、《改变世界》、《爱．依诺》等，无不如此。尽管微电影具有明显的公益化成分，但仍然扭转不了它的商业趋势。故而，商业定制性的微电影的也会成为未来微电影不可忽视的一大类型。今后将会有越来越多的商家参与到微电影的制作之中。

三是公共化。微电影是公众艺术，因此，随着它的发展，微电影会触及和占用更多的公共传播空间，从网络到手机，从地铁到公交车，从咖啡馆到酒吧，从候车厅到城市户外大屏，恐怕这是不可避免的。

虽说微电影有很好的发展前景，但并不等于说它一点问题都没有，它的未来是一帆风顺的——

微电影需克服的问题

相对而言，微电影是个新生事物。微电影在网络走红，一定程度上是出于人们对新事物的“尝鲜”心态，我们不能就此宣布已经进入“微电影时代”——这种结论下得为时尚早，就像前年《阿凡达》问世时，有人断言3D时代已经到来，实践证明，“阿凡达现象”并未再次出现。微电影恐怕一时还难以取代电影或电视剧，如同当年电视取代不了电影和报纸一样。就微电影本身而言，它存在的问题也是显而易见的。

问题之一：

微电影的广谱性和低门槛，决定它制作的公众化和参与的平民化，因此，微电影作品的鱼龙混杂，制作水平的参差不齐是在所难免的。像《一触即发》、《动机》、《看球》、《调音师》（外）这样的优秀作品实在是少之又少，可谓凤毛麟角。许多片子画面平淡，用光一般，制作粗糙，有些影片如同DV机拍摄的一般，离真正电影作品的标准差距较大，艺术和技术质量都有待提高。据笔者了解，专业的电影制片厂一般不拍摄微电影，至少江苏是这样。

问题之二：微电影在某些方面界定不清，制作不够规范，比如《隐形哨兵》、《猫咪拯救大兵》都在一分半钟左右，姜文的《看球》也不过五分钟，而《玩大的》、《老男孩》则超过了十二分钟，《青春期》甚至超过了五十分钟，7集《千山暮雪》竟然达到一百多分钟。这些影片还算能是微电影吗?

问题之三：微电影缺乏相应的管理。无论是电影还是电视剧，都有专门的管理机构进行专业管理，如电影管理局（处）。而微电影，除了网络，比较真空。没有专门、专业的管理，长期自由的生长，出现各种问题也就不足为奇了。

问题之四：微电影有明显的局限性。微电影多为商业定制，久而久之，一旦控制不好，微电影有可能成为新的品种的广告的代名词——只不过这种广告是有故事情节的。另外，由于都市是消费时尚的策源地，因而微电影的消费群体无疑是城市市民，这其中很难看到八亿农民的影子，不能不说这是个严重的缺憾。

微电影必须克服种种不足，加强管理，不断提高，才可能在未来的文化市场立得住脚，才能有一个美好的前景。

微电影还是值得期待的。

【作者：江苏南京电影制片厂】

浅析企业文化建设

孙启军

企业文化是企业的精神力量，为企业的可持续发展提供了不竭动力。它对企业发生凝聚、激励、协调、约束和形象塑造等作用。企业要想真正步入市场，走出一条发展较快、效益较好、整体素质不断提高的路子，就必须深入普及和不断深化企业文化建设。如何打造优秀的企业文化，是当前企业持续发展的重要课题。

一、企业文化的内涵

企业文化——或称公司文化，是企业中长期形成的共同理想、基本价值观、作风、生活习惯和行为规范的总称，是企业全体员工在创业和发展的过程中不断培育形成并且必须共同遵守的最高目标、价值标准、基本信念和行为规范的总和。企业文化是社会文化体系中的一个重要组成部分。它对企业成员具有感召力和凝聚力，能把企业众多人的兴趣、爱好、需要以及因此产生的行为有机的统一起来，是企业长期文化建设的反映。它主要包含价值观、最高目标、行为准则、管理制度、道德风尚等内容。它的工作对象为企业全体员工，并通过宣传、教育、培训和文化娱乐、交心联谊等方式，最大程度的统一员工的思想，规范员工的行为，凝聚员工的力量，为企业总目标服务。

二、打造竞争性企业文化

目前为止，许多企业依然停留在以企业家为主导的文化阶段，少部分企业的文化是以业绩为根基的，但是很少有企业具备竞争性文化。因此，要想打造优秀企业文化需要现代企业人从现实出发、全方位思考、做长远的规划，并且坚持不懈的发展下去。

（一）以人为本是企业文化的根基

人是企业的基本组成单位，个体的强大才能形成企业的强大，对个人人格的尊重、对个人创造力的激发、对个人奉献精神的培养，是企业文化应当重点解决的问题。因此，企业必须在企业文化建设过程中坚持“以人为本”的思想，秉承依靠企业人办企业的方针，并且把尊重人的个性、关注人的价值以及激发人的潜能，作为企业文化建设的根基。

（二）价值观是企业文化的核心

企业的价值观是指在企业运作过程中，全体员工长期坚持、信奉的信条，是企业家长期坚守的理念。企业文化的核心是价值观，行为上的表现就是企业的凝聚力，是个人对集体的忠诚度、责任感、自豪感、精神面貌、行为规范等。在塑造企业核心价值观时应当把握以下几个方面：首先要着力开发企业固有文化。挖掘出企业长期积淀的优秀文化资源，在企业精神提炼、理念描述、实践方式上尽显自己的特色，形成既具有时代特征又独具特色的企业文化。其次要着力集思广益。充分学习、借鉴国内外先进企业的优秀文化成果，扬长避短，为我所用。最重要的还是使形成的企业核心价值观指导企业员工的实际行动。

（三）打造主业品牌是企业文化的中心

企业的主业品牌是与企业的整体形象紧密联系在一起的，是企业的名片。品牌之所以能够增值，主要来自于消费者心中形成的产品印象的积淀。大众汽车是大家众所周知的先进个例。它能获得用户的喜欢，不单单是看得见，摸得着的设计和功能，更重要的是在于大众汽车所秉承的用户至上的理念。企业的核心价值观应当贯穿于研发设计、产品生产、市场销售、售后服务等方面的文化建设中，并全力打造基于主业并且能够让消费者长期认可和接受、在国内外市场上彰显强大竞争力品牌的企业文化。

（四）强化领导责任是打造企业文化的关键

企业文化要想取得长期的发展，领导的高度重视和长期坚持是关键。领导只有通过高度重视、统筹规划、狠抓落实，才能取得预想效果。企业主要负责人应当高屋建瓴的谋划企业文化建设，真正履行第一责任人的职责，在企业文化建设过程中进行系统思考，确定企业文化建设的目标和内容，运用合理的经营管理理念，并形成企业文化建设主管部门负责组织，构建各部门分工协作、员工积极参与的工作体系。

三、打造企业文化的几个误区

由于对企业文化内涵的理解不够准确，同时在发展企业文化的道路上经验尚浅，很多企业在打造企业文化时存在着以下几点误区：

（一）把企业文化与企业的文化娱乐活动相等同

对企业文化的内涵理解得过于肤浅，把企业文化等同于文化娱乐活动，所以开展了许多娱乐活动和文艺演出，就自认为是在搞企业文化建设，这是很幼稚的想法，更是错误的想法。

（二）盲目模仿，缺乏自己的独有特色

企业文化建设当然可以借鉴优秀企业的成功经验，可以学习联想，学习可口可乐，但绝不能生搬硬套。如果直接把可口可乐的企业文化理念拿来用，只会像“东施效颦”一样，搞出很多笑话。企业文化若没有自己的个性，就没有发展下去的活力，企业文化的构建必须寻找、积淀自己的特色。

（三）企业文化口号化，错认为企业文化就是搞 CIS

这是许多企业文化失败的主要原因。它把系统、科学的企

业文化建设，低俗化变成了简单、花哨的口号。CIS 仅是企业文化的外显部分，远远没有触及企业文化的内涵，CIS 仅是企业文化这座冰山露出海面的一角而已。

（四）缺乏科学有效的企业文化管理

企业文化不适合奉行以“管事”为中心的管理体系，企业文化应当是以“管心”为中心的管理模式。各级管理干部也要重视并运用“管心”的科学方法。否则，企业文化仅是雾里看花，如镜中月，并不能触及企业文化的核心所在。

（五）把老板文化等同于企业文化

在许多变革型企业和新建企业中，变革者或者创业者的言行和思想深刻地影响着企业的文化。在某种程度上看，这是好事情，企业需要这样的精神领袖，也需要这种英雄式的、甚至带有神话色彩的领袖。但是如果把企业文化简单等同于老板文化，其实是缩小了企业文化的内涵，它仅仅是企业文化体系中的一个环节。

企业文化蕴含着信念的力量、道德的力量和心理的力量，这三种力量相互促进，形成了企业文化优势。成功的企业文化是企业战胜困难，取得战略决策胜利的无形力量，优秀企业文化的建设任重而道远。

【作者单位：山东省泰安市神憩宾馆】

文艺工作需正确认识和处理八大关系

蒋东生

文艺工作涉及种种复杂的关系，有些长期存在于文艺领域，同时随着时代的变化，社会的发展，其内涵和外延发生着不同的变化，有些则是随着经济社会发展新出现的，正确处理这些关系，对于繁荣发展社会主义文艺十分重要。

一、弘扬主旋律和提倡多样化的关系

弘扬主旋律、提倡多样化通过从不同层面入手，用不同的内容和形式共同推动文艺发展繁荣，两者相互补充，相互促进。主旋律体现某一时代、某一历史进程中人民集体生存意愿，体现时代发展动向，它着眼于从国家、社会层面去观察社会、反映生活。弘扬主旋律，并不是在作品中简单地喊喊口号，而是要尊重精神文化产品创作生产规律，丰富创作手段，“润物细无声”地影响人们的思想观念、价值取向、道德情操，通过文艺创作反映核心价值，形成思想共识，提升社会凝聚力。多样化主要着眼于从个体层面入手，在坚持正确导向前提下，从生活中寻找、发现多样化的题材，表现人民文化需求的多样化，表现社会生产、生活多样化，反映出丰富多彩的个体生活，通过艺术风格、形式、题材和品种的丰富性，满足人民不断增加的多样化精神文化需求。

二、继承与创新的关系

任何文艺总是历史的、连续的。继承的目的是为了进一步发展繁荣文艺事业，而文艺事业的生命力在于创新。目前，新的文艺业态，新的文艺传播途径，新的文化产业在不断产生。文艺事业每时每刻都随着经济社会发展发生着变化，仅仅继承传统已经不能适应文艺发展新形势的需要，必须在挖掘提炼传统文艺的有益思想价值的基础上，锐意创文艺的经济价值像一把双刀剑，一方面在市场上实现文艺产品的效益，活跃文艺市场；另一方面又以其巨大的经济作用，冲击文艺的审美作用以及艺术家的审美理想。脱离了艺术审美价值的经济价值，会导致艺术的低俗化，甚至堕落。

尊重两个规律的发挥，以艺术规律为先，才能在文艺和市场之间形成良性循环，让文艺生产力为市场提供新生产要素和资源，为市场提供更大的活力，市场则为文艺产品的生产和再生产创造更好的条件和环境，在文化市场上全面充分展现文艺的魅力，实现文艺的艺术价值和市场价值的双赢。

三、社会效益和经济效益的关系

做好文艺工作应注意经济效益和社会效益有机统一、相互依存关系，同时把社会效益放在首位。文艺有认识、教化、审美、娱乐等作用。其中，认识、教化属于文艺的意识形态属性，同时由于文艺具有娱乐等作用，它又必须面向市场，具有市场属性。文艺所具有的意识形态属性，决定了文艺必须注重社会效益，而由于文艺的市场属性，又决定了文艺必须关注经济效益。强调经济效益，一方面是因为经济效益是支持文艺事业持续发展的物质保障。另一方面，社会效益也要通过经济效益的实现来实现。同此，在关注社会效益的同时，要把经济效益的产出作为一个重要的衡量手段。

四、崇德和尚艺的关系

德与艺相辅相成、相互促进、缺一不可。有德而少艺，缺乏强烈的艺术感召力和影响力，德的彰显就缺乏能量；有艺而少德，艺的导向就可能存在问题，且往往个人艺术水准越高，个人或作品产生的负面影响就越大。必须坚持和倡导德艺双馨，以德为先，才能使高洁的人品和杰出的艺品相得益彰、行之久远。要大力倡导崇德，以德为先。鼓励和引导文艺工作者认识自身所担负的弘扬先进文化的历史使命，做社会主义核心价值体系的承载者、实践者和传播者，树立良好的社会形象，切实提高道德认识，陶冶道德新，赋子其新的时代内涵，使其与当代社会相适应、与现代文明相协调，在新的历史条件下得以发扬光大。也就是继承传统，推陈出新，从传统文艺中吸取养分，与时代精神相结合，进行新的创造，用新的思想和精神不断丰富文化宝库。

五、民族文艺和外来文艺的关系

吸纳外来文艺精髓，目的是与民族文艺结合，推动文艺的发展提高，在此过程中必须推动民族文化走向国际文化市场，在双向交流互通中，找到不足，找到发扬我国民族文化优势的途径和渠道。我国的民族文艺“走出去”近年来有了长足进步，但必须看到，在目前条件下，国际领域内文化资本、文化商品的自由流动和文化产业的扩张、文化价值的碰撞对我国民族的文化安全已然造成影响。文化的交流，特别是同某些国家的文化交流很大程度上变成了单向的文化输入。西方的文化产品(特别是影视产品和动漫游戏)、语言文字、学术理论、节庆习俗等对我国的传统文化、主流价值观、社会科学和生活方式等形成冲击。面对国际文化竞争和我国相对劣势的局面，要坚持在吸收外来文艺精华的基础上发展壮大民族文艺。

六、尊重艺术规律和发挥市场规律的关系

文艺产品具有意识形态的特殊性，在成为产品进入市场之前，它有着自身的特殊规律，这就决定了文艺产品与市场规律有联系，但不能单纯由市场规律决定。即文艺产品具有满足人们精神生活需要的独特价值、审美价值，而不是一般商品的实用性，这是文艺产品市场价值的真实原因。要实现其市场价值，就必须首先尊重它的艺术价值，尊重艺术规律。

情感，锻炼道德意志，树立道德信念，培养道德品质，养成道德习惯，从而实现道德境界的升华。要积极鼓励尚艺。鼓励和引导文艺工作者牢固树立“艺海无涯”、“艺无止境”的观念，不断精进，在艺术上争创一流。当今的时代是大发展、大变革时代，新事物、新知识层出不穷，文艺家要有所成就，就必须打牢所从事的文艺门类基本功，只有德艺双修，以德为先，才能用德和艺的交相辉映，实现文艺工作者承担社会责任、坚守艺术理想的伟大使命。

七、普及和提高的关系

普及和提高的辩证关系在当下主要体现在以下几个方面：一是主客体方面。普及和提高的主客体在差异中存在统一，不同层级的文艺普及和提高的主客体可能存在不同，低层次文艺的普及主体，往往是较高层次文艺的提高客体。二是内容方面。随着文艺普及、提高实践的发展，普及和提高在为人民服务这一统一的基础上，沿着社会主义先进文化方向实施文艺的普及和提高。内容从基础培训、理论研讨到创作扶持，不断扩大。文艺的普及内容，不仅指普及文艺知识，也包括普及文艺作品创作、表演。不仅是客体的普及，即人民的普及，也包括主体的普及，即文艺工作者自身要不断普及文艺知识。文艺作品的提高，更意味着人的提高。

八、专业文艺和群众文艺的关系

群众文艺为专业文艺提供了丰富的题材资源、人才储备、展示平台，包括创作方法、表演技巧等。比如，许多以“原生态”民族民间文化为主要形式和内容的创作和演出已经成为专业文艺的一个重要方面。而各大媒体纷纷打造的“草根舞台”，也从群众中挖掘出了不少专业素质较高的优秀文艺人才。专业文艺为群众文艺的繁荣提供了理论知识、实践指导，为群众文艺的人才培养、作品打造等发挥了积极作用。只有专业文艺和群众文艺共同发展，特别是大力推动群众文艺发展，才能更好地促进文艺事业的发展繁荣。

【作者：四川省文联党组书记】

突发公共事件中的微博传播主体及其特征

夏德元

近年来，在有识之士的倡导下，“善待媒体，善用媒体，善管媒体”几成全民共识。这里的媒体，当然应该包括网络新媒体；而微博正是其中影响最大、参与最广的一种新媒体。在突发公共事件中，微博的独特作用和特殊影响，更是应该引起全体公民重视的。因为突发公共事件往往涉及到一个地区、一个阶层乃至广大地区、多个阶层甚至整个国家全体公民的切身利益和情感体验，所以突发公共事件中的微博传播尤其值得关注。经对近年来我国突发公共事件中微博传播实践的长期观察，结合专家学者的研究，我们发现，突发公共事件中的微博主体具有一些显著的特征，突发公共事件中微博传播的诉求也有其特点，因而突发公共事件中微博传播呈现某些特殊的规律，并给作为突发公共事件特殊传播主体的政府和大众媒体带来了前所未有的角色困扰，为突发公共事件的微博治理提出了严峻的课题。

一、突发公共事件的直接利益相关方，成为微博传播的活跃分子

突发公共事件往往涉及到多方利益的重大调整或环境的急剧变化，影响到不同群体的切身利益乃至生命安全，因此，突发公共事件的直接利益相关方首当其冲，必然通过微博发出他们的利益诉求，表达他们对自身和环境安全的担忧。不难想象，突发公共事件的直接利益相关方，会成为微博传播的活跃分子。

从厦门 PX 事件，到大连 PX 泄露危机，再到宁波 PX 事件，每次突发公共事件中，利益相关方都表现出空前的参与热情和表达欲望，并在互相感染中，成为街头政治的行动者。

2011 年 8 月，大连福佳化工 PX 项目周围的防波堤被冲毁，引起市民对剧毒化学物质泄漏的担忧。新浪微博、人人等社交网络成为比主流媒体更加有效的沟通平台。一时间，发帖和删帖的游戏层出不穷。大连市民最终成功地组织了一次集体“散步”。中共大连市委随即决定将 PX 项目停产。

另据人民日报社《网络舆情》杂志报道，2012 年 10 月 28 日晚，“宁波市政府新闻发言人通过官方渠道透露，宁波市经与项目投资方研究，做出了‘坚决不上 PX 项目’的决定，镇海炼化扩建一体化项目前期工作也停止推进，再作科学论证。这起由重化工立项引起的争议再一次上演了从厦门岛大连，再到什邡、启东类似的情节。”

同时，据宁波 PX 事件亲历者宁波日报高级记者袁志坚的观察，在历次类似事件中，不仅利益受到损害或受到威胁的民众成为微博传播和街头行动的主力，一些潜在受益者和他们的代表，作为舆论较量的另一方，也积极参与了微博传播，使突发公共事件的化解变得更加复杂，这也是应该引起研究者和政府决策部门高度重视的动向。

二、公共知识分子成为间接利益相关方的代表，也成为重要的传播主体

有学者研究发现，“从早期的厦门 PX 项目、上海磁悬浮列车争议到 2011 年温州动车事故后的全情行动，中产阶级与群体性事件的关系从过去的参与式观察（participatory observation）转变为观察式参与（observational participation），从过去‘默许的合谋’（tacit conspiracy）关系走向了完全的对抗（total confrontation）关系，他们的行动旨在让后社会主义的中国变成‘小政府、大社会’的公民社会的理想模式。而底层权利抗争行动则有逐渐拉长战线的趋势，行动者开始积极躲避与适应地方政府的维稳战略，学习‘去中心化的细胞组织（decentralized cell organizations）、秘密通讯（covert communications）’以及以政治正确的地方公民行动为掩护等策略。”作为中产阶级利益和诉求代表的公共知识分子，在突发公共事件发生时，成为最为耀眼的发声者。

根据人民网舆情监测室秘书长祝华新的研究，虽然目前中国的互联网普及率略高于世界平均水平，远低于韩国、日本、美国、英国等，但中国的网络舆论的影响及热烈度绝对是世界上最强的。虽然经常在网上发声的，只有一二成的中国人，但他们通过新闻跟帖、个人博客、BBS 特别是微博客，随时发布信息，表达意见。在诸多突发公共事件中，出现了“公民报道者”以及掌握极大话语权的民间“意见领袖”。其中最显眼的就属“公共知识分子”。“公共知识分子”关注人权、自由、法治、政治体制改革等社会深层问题，在互联网话语谱系中形成了对传统意识形态合法性的冲击，为社会治理秩序的变革揭示了一个新的方向。

祝华新还认为，新闻媒体的记者，他们以个人身份参与突发公共事件的微博报道和评论，其影响力已经不亚于他们所服务的传统媒体。在 7 · 23 动车事故中，传统媒体的官方微博和记者的个人微博以团队阵容脱颖而出，披露了大量事故及救援信息，并激烈批评铁道部的善后处置，成为传统媒体之外另一个重要的信息源，与传统“公共知识分子”并驾齐驱而成为临时性的“意见领袖”。在日趋严峻的新闻管理中，记者在微博客、博客等“自媒体”发声，找到了第二发声通道。他们比传统的公共知识分子更接近事实真相，职业媒体人的身份使他们发出的信息可信度较高，因此在各地突发事件中往往成为令政府头疼的角色。

在突发公共事件发生时，中高收入阶层，特别是中产阶级和职业经理人，也是很多公共议题的热心参与者。7 · 23 温州动车事故，成为一个契机，让中产阶级集体登上网络舆论舞台。其实，此前一天京珠高速的大客车车祸同样严重，41 名遇难者多为草根民众，与以往的矿难、农民工职业病、小商贩与城管冲突一样，并未引起主流社会的震动；而动车乘客多为中产阶级，其中一列动车终点站是温州，市场经济的发源地和新中国唯一未被击溃的家族文化大本营。而铁道部为赶通车而匆匆结束救援，掩埋车头又涉嫌毁灭事故物证，更让中产阶级感到惊骇。2012 年山西王家岭矿难的救援疑云，只是地方诸侯在山野中的蛮干；此次动车事故已是众目睽睽之下，公权力向全社会的挑衅和蔑视。中产阶级精神上受到“二次伤害”，于是乎集体发出悲鸣。连平时极少涉及政治话题的演艺明星，这次也被卷入政治性议题。

据武汉大学传播学教授沈阳统计，在 43 位微博“粉丝”超过 240 万的演员明星中，有 36 位对动车事故表达了关注，关注率达 83.7%。“微博女王”姚晨（粉丝 1203.9 万），为遇难司机辩护，向坚持追问事故责任的媒体致敬，分析政府的危机应对得失，探讨国家科技进步与国民精神温暖的辩证关系。她在动车舆情中的“议程设置”角色，已经相当于“公共知识分子”。连风花雪月型的女歌手伊能静（微博粉丝 262.2 万），也一反常态地对动车事故善后处置表达了愤怒。郭德纲之后最有实力的“公民相声”演员王自健在微博宣布暂停演出一周，谈到朋友希望看到这周的段子，他说“我无法就最近的这些事情组织起有逻辑的有幽默感的语言，或者说，这时候除了脏话也说不出什么别的了……”。这次事故中，演艺明星们的舆论影响力，整体超过传统的学者、作家群；而这些演艺明星们，并不属于有完整政治诉求和系统意识形态理念的“公共知识分子”。他们作为中产阶级中最感性的人群，不平则鸣，对公权力的质疑和离心倾向，值得为政者警思。

三、非利益相关者越来越多地卷入突发公共事件的微博传播

本来，突发公共事件往往由某些利益要求相同或相近的群众或个别团体、组织由于其利益诉求没有得到满足或其既得利益受到损害而引发，因而这些突发公共事件的互动和信息传播是在具有共同利益的群体里进行。例如：在农民工为讨拖欠工资而策划的跳楼事件中，其信息只能在被拖欠工资的农民工中传递，而不可能在医生、教师、学生等利益无关者中传递。不仅如此，有关信息的传递被局限在一定的地域范围之内。西安的被拖欠工资的农民工组织和策划集体行动不可能通知北京、上海的农民工。而网络的互联互通、跨地域无国界的特点打破了群体性事件信息互动的群体界限和地域界限，特别是由于微博传播的兴起和普及，使得越来越多的非利益相关者加入了传播主体的行列。比如，2007 年 10 月 12 日，陕西省林业厅召开发布会展示陕西农民周正龙拍到的华南虎照片。数小时后，质疑“虎照”真伪的帖子即出现在色影无忌论坛，此后博客写手、论坛版主和微博用户不断从光线、拍摄角度、现实年画搜索等角度提出质疑。这些质疑华南虎照片的网民与周正龙无仇无怨，发现照片作假也不能使他们得到任何好处，而就恰恰是这些非利益相关者揭发了假照片并掀起了有关部门对照片的追查。

有学者研究指出，近年来，“个别地方政府面临的信任危机日益突出，一个突出表现是各种形式的针对地方政府的群体性事件不断发生。这类事件具有非利益相关者积极参与、对抗性不断增强、互联网推波助澜、可控性弱和代价沉重等特点，并且呈现出从心理能量到社会行动、从旁观者到参与者、从单一个案到连锁反应、从具体直接诉求到抽象间接诉求、从政府信任危机到政治危机等趋势。”当前针对地方政府的突发公共事件起因各异，但非利益相关者的广泛参与成为越来越突出的特点。这些参与者虽然与某个突发公共事件无直接利害关系，但内心积蓄着严重的“抽象愤怒”，一有事端便群情激愤。“他们或者通过网络发帖、人肉搜索等方式出谋划策，或者通过现场聚集、围观起哄，甚至堵路、打砸等方式向政府施加压力，使危机迅速转化、升级。”

另有学者研究指出，近年来，“由于干群矛盾、社会结构冲突引发的矛盾长期得不到解决，在弱势群体内心滋生了不满心理及情绪，特别是在拆迁安置、土地征用等涉及弱势群体切身利益的事件中，基层政府人员所采取的蛮横行为和霸道行径，使得弱势群体更容易形成一个群际情绪主导下的利益、情感的共同体，这种共有的群际情绪体验形成了弱势群体特有的记忆，这构成了群体性羊群行为形成的社会情绪基础。”所谓羊群行为，从经济学角度讲，是指一种人们去做别人正在做的事的行为，即使他们自己的私有信息表明不应该采取该行为，即个体不顾私有信息，采取与别人相同的行动，主要强调个体的理性或者有限理性的因素。从社会学的角度看，羊群行为则是一种社会群体中相互作用的人们趋向于相似的行为方式。根据群体相对拥有的资源及影响力，社会成员可简化为两类社会群体 强势群体和弱势群体，前者主要是由拥有更多社会资源和社会控制力的政府官员及社会精英，而后者主要是指处在社会底层的民众，他们拥有很少的政治资源、经济资源，以致在自身权益受到侵犯时很难有效维护自己的权利。“社会群体一旦形成这种相对稳定的分化，弱势群体成员就会对本群体有一种社会认同感，社会转型导致贫富差距的拉大、社会阶层的分化，使得处于社会底层的民众有一种强烈的自我认同意识和情感，他们会对本群体的其他个体遭遇的状况，特别是遭受的来自强势群本的欺侮、侵犯感同身受，这种情感使得弱势群体个体之间在平常的生活中形成了共同的群际情绪，这些群际情绪记忆强度也使得弱势群体对强势群体具有某种共同的行为倾向。”

非利益相关者的介入，是社会风险加剧的重要标志，也使突发公共事件中的微博传播更加难以控制，使突发公共事件更容易演变为大规模的社会事件乃至影响全局的政治事件。

四、传播主体性日益觉醒的普通民众成为声势浩大的围观者

微博等自媒体的普及，使普通民众的传播天性得到了空前解放，其传播主体性也日渐觉醒。在微博平台上，传播觉醒后的民众往往从关注名人、评论名博开始他们的微博传播实践。

祝华新认为，草根民众及其后盾律师群体，成为越来越重要的微博舆论参与者。网上有一种“罗宾汉情结”，只要涉及官民和贫富之间的冲突，网民往往不辨案情的是非曲直，一边倒站在弱势群体一边。特别是新闻跟帖，以及近年来日趋口水化的BBS，成为草根之怒的宣泄口，“仇官”“仇富”情绪的垃圾箱。互联网经常成为弱势群体展示伤痕和相互取暖的地方。

如前所述，伦理道德是社会得以维系的重要保障。道德评价是人们显示其道德优越性的重要方式。道德实践是人们社会实践的重要组成部分。人心向善，对伦理道德问题的高度关切也成为微博传播的一大特点。在突发公共事件中，这样的趋势更加明显。在微博传播中，广大民众的伦理优越感和政治参与的热情也是值得关注的新诉求。微博的公共领域特性，使其成为人们伦理关切的秀场。

在历次突发公共事件中，微博平台上的普通民众，围绕意见领袖们的微博所发表的数以万计的评论总成为一大传播奇观。普通民众与意见领袖之间通过关注、评论和转发这样的密切互动，形成了对突发公共事件的近距离围观，使得发生在任何角落的任何突发公共事件，都有可能成为影响全局的事件。过去那种地方割据式的传播管理和政治治理思路，无疑受到了严峻的挑战。

温州大学夏雨禾研究员以“抚州爆炸案”和“增城聚众滋事事件”背景下新浪微博中的 6 个样本微博和 550 个消息样本为基础，对突发事件中微博舆论的分布形态、构成要素、生成机制和模式等问题进行了深入探究。实证分析结果显示，信息传播格局的变异和主体间互动空间的拓展，选择近距离“围观”而非远距离“眺望”已成为舆论集结的趋势性特征。“从某种程度上说，突发事件微博舆论的勃兴，是技术变迁背景下社会舆论场发展的必然趋势。由于低准入门槛、高效率互动的技术优势，微博的出现为突发事件舆论提供了成长的‘飞地’。借助于微博，更多的普通草根获得了对突发事件相关信息的‘编辑权’，多样化的信息随时有可能在高效运作的互动网络中被整合、放大为强烈的舆论‘冲击波’……比如，在突发事件中，参与主体可以即时地以文字或者多媒体形式，将突发事件现场所发生的事件或相关观点，即时分享给其他参与主体。这种分享实践可以灵活而低成本地配合人们的集体行动……由于突发事件牵动社会敏感神经的特性，更容易成为普通草根集体行动的‘机遇’而被充分利用。由此可见，微博时代的突发事件舆论将变得更加频繁且更具冲击力。”

五、结语

综合考察上述四类微博传播主体的若干心理特征和行为逻辑，我们可以发现：第一，突发公共事件的直接利益相关方成为微博传播的活跃分子虽属势所必然，但是也有值得注意的方面，即突发公共事件中的利益冲突往往是多层次的，利益冲突方也不限于相互对立的双方，而可能是三方甚至多方，因此，欲对突发公共事件中的微博传播进行研究或者对其加以疏导，就需要进行深入细致的分析考察；透过微博传播的表层现象，洞悉其背后的真实利益诉求；透过交锋的双方发现更多的利益相关方。第二，公共知识分子之所以可以成为独立的一方，作为间接利益相关方的代表，是因为在当下中国这个利益格局大调整的时期，利益不仅是层次丰富的，其界限也是模糊不清的；知识分子往往比一般民众更有条件洞悉各种看似不相关的利益之间的关联性和不同利益群体的共同利益和潜在共同利益；公共知识分子公共利益代言人角色的觉醒，是今后相当长的一个历史时期治国理政者必须清醒认识和高度重视的问题。第三，与公共知识分子不同，一些看似与突发公共事件没有任何相关利益的微博传播者卷入突发公共事件的微博传播，是值得引起重视的另一个重要问题；他们的介入主要是受到某种情绪的感染；或者自己曾经经历过类似的遭遇，或者有被长期压抑的情感有待宣泄，在突发公共事件的传播狂潮中，他们都会受到感染而加入微博传播的行列。第四，围观从来都是引起骚乱的重要因素；微博平台上下为数众多的普通民众的围观，使突发公共事件极易演变为街头抗争。

值得思考的是，微博传播之所以在突发公共事件中发生着如此特殊的作用，吸引着如此多的关注，是因为微博传播满足了民众对突发公共事件信息的强烈需求，填补了传统媒体留下的信息真空。突发公共事件的发生，牵动着数以万计的普通民众的心；每当一个突发公共事件发生之后，公众就会产生强烈的信息需求，这种需求一定需要得到满足，这正是微博及所有其他媒体新闻报道的原动力。更有甚者，在突发公共事件发生时，民众也不仅仅满足于事件信息的获取，还急于表达自己的情感体验、道德关切乃至政治主张。微博传播一定程度上的匿名性、即时互动性，为微博博主的表现冲动提供了宣泄的空间，众多博主的相互激励和相互感染，造成了一个极其复杂的舆论场，对突发公共事件的解决带来了巨大的挑战。

在这个过程中，作为突发公共事件特殊传播主体的政府和大众媒体的官方微博可以发挥一定的调节作用，但是也会陷入一种角色困境。比如，政务微博传播面临信息多寡、反应快慢、揽责与分责等多对矛盾，突发公共事件中政务微博的传播策略不仅考验着政府的诚意，也挑战政务微博博主的智慧。而媒体微博在突发公共事件中同样面临着两难选择，传播不当多会适得其反；像人民日报那样，与传统媒体适当拉开距离，形成呼应和互动，未尝不是一种较好的传播策略。

【作者：上海教育音像出版社社长】

演艺业转型升级期待更多品牌增值力

——访中国民营演出联盟副秘书长、中亚文化投资公司董事长傅楠

近年来中亚文化投资公司发展的如火如荼，最近演艺行业发展也有声有色，国内首个演艺票房排行榜“2012 中国演艺票房排行榜”在深圳刚刚发布，首都《2013 文化贸易发展报告》也在北京发布，作为建设中的世界城市和国际文化中心，北京正在引领先进文化的发展，实现着“东方演艺之都”、“亚洲演出之都”的目标，但我们也看到如今演出市场急剧变化，竞争更加激烈，文化公司如何生存、转型、发展？成了人们所关心的话题。6 月 5 日上午，中国民营演出联盟副秘书长、中亚文化投资公司董事长傅楠先生做客文化产业频道《文化名人访》栏目。访谈中，傅楠先生表示，我们在这个行业坚持了 20 年，我们的成长记录了一个民营文化企业 20 年的坚持与梦想刚刚成熟，又面临转型。但我们相信，精彩的文化属于历史，更属于未来。属于世界，属于市场，更属于心灵。

演出市场的规律是五年一个周期

中国的演出市场是有规律可循的。在建国初期，演出首先为政治服务；后三十年为经济发展服务；最近才是为演出以及文化产业本体服务，也可以说是为自己服务。傅楠表示，八项规定出台以后，对演出市场有了一些新的引导。一些大的演出机构、环境也必须要有一些新的模式、新的理念来适应新的发展点，而不是局限在常态的、固有的模式中。

傅楠曾提出，20 年里，演出市场有个四、五年的周期，每四、五年一个发展期，一个平整期，再一个发展期。从 80 年代末还不成熟的艺人经济市场到 90 年代初期简单的营销方式，到 90 年代中后期的迅速发展，演出市场的不断发展创新对演艺行业和流行音乐都是巨大的冲击。

傅楠介绍道，1997 年以后对于中国大陆的演出是一个大的发展期，但到了 2003 年因为非典，限制大型活动，演出市场受到了一定影响。到奥运时期演出市场又进入了一个新发展期，奥运以后，演出活动为体育事业做出一些让步，确保大的主流演出，商业演出又受到一些小的影响。包括 2008 年的地震，艺人也好，公司也好，做的更多的是公益性的演出，而非商业性的。这个阶段，整个国家都在挺直了脊梁，演艺行业也在承担着自己的责任。2009 年以后，演出市场又有一个飞速发展的时期。张学友的“二分之一世纪”演唱会在全国巡演 150 场，票房达到 10 多个亿，已经申请了世界基尼斯记录。包括陈弈迅的演出、滚石的演出，在 2012 年的时候达到了一个顶峰。

傅楠指出，在今年上半年演艺市场随着整个大趋势在变化，规范了未来的演出市场，使得演出市场进入了一个调整期。业界希望通过有效的整理，把演出市场做得更规范、更有序、更有专业化程度，为下一个五年提供一个平台上升期。

中国演出市场不缺好节目但还缺少品牌力量

傅楠举例指出，在中国有很多旅游演出品牌。10 年前，张艺谋给中国的大好河山做过一些宣传演出，如“印象刘三姐”、“印象丽江”等。“印象刘三姐”一年里基本没有淡季，这样的演出带动了当地旅游业蓬勃发展。还有杨丽萍的舞剧“孔雀”、“藏谜”和“云南印象”在全国巡演过程中既得到受众的认同，也得到高的效益回报。作为旅游演出的品牌，这些都是值得肯定的。

但在中国演出市场里还是缺少类似于“妈妈咪呀”、“红磨坊”等品牌。无论是民营企业还是国有院线剧场，只有不断探索一条可持续发展的道路，才能给产业形成不断增值的品牌力量。

文化企业应考虑大众取向更应兼顾品牌形象

演出市场若想良性运行，就必须要有吸引力。傅楠表示，文化企业应该做到既兼顾文化品牌形象，也要兼顾大众观赏取向。其实，包括在“红磨坊”的表演里，表现的就是人体艺术。但若将“人体艺术”变成“色情”就是大错特错的。所以说如果是用艺术的方式来观赏表演形式，这是可行的。但如果越过了界限成为了“色情”而不再是艺术的时候，这样的行为是应该予以制止的。例如汪峰的《存在》，就是给大家一种年轻的

蓬勃向上的振奋感。许巍刚刚在北京的演出也很成功，给年轻人励志，传递着一种蓬勃向上的正能量。这种演出我觉得就应该更多的去支持、去参与。

若没有其他附加值演出行业全线亏损是必然

傅楠举例称，以韩国文化公司SM为例，他们对几百个10岁以下的孩子进行培养。培养到十多岁以后形成组合，进行包装打榜，并参加韩国的《我是歌手》。成熟之后到日本、东南亚及欧美国家演出。对于韩国的组织机构而言，演出收益只是一部分，更多的是唱片发行还有版税的收益。但在中国，对于音乐版权的妥善保护还有一定距离。文化公司最大的收益就是依靠演出，一个演出的票房或赞助收益若大于成本，就可能获利。如果是低于成本，就亏损。现在中国演出的商业市场大部分还是亏损，因为它不成熟，还有一个高的制作成本。

在英国，《妈妈咪呀》80英镑一张票，场场爆满；而国内为什么就参差不齐？傅楠解释说，《猫》在美国80到100美元一张门票，在中国平均票价达到1000多人民币。张学友红磡首演的场地票680港币，但在北京工体的时候是2380人民币。而我们的人均收入显然比这些国家低得多。另外，场馆、安保、配套、税收成本也很高。

傅楠表示，应对中国现状的演出市场，我们也希望有关部门也能给予一些支持，把场馆的配套设施服务费用做一些补贴，这样才能够降低票价。反而言之，如果没有在票房外创造更多的附加值，演出行业全线亏损是必然的。市场逼着我们在不断变化的过程中，找到新的平衡规律。

与百姓同悲同喜　跟时代共兴共荣

——四川人民艺术剧院坚持现实题材创作六十年

郑晓幸

2013年刚一开年，四川人艺就拿出了一部为纪念建院60周年而创作的精彩现实题材大戏《第29棵树》。我却思绪难抑，戏中反复出现的一句台词“亲爱的，别哭，数到第29棵树，就是幸福”仍不绝于耳。这分明是一种隐喻，一种暗示，它要传达给我的仿佛是：戏剧人，别哭，走过六十载风雨路，全是幸福！

苦乐交集，人艺不易：60年，390部戏，演出万余场，观众数百万，高产的创作，精湛的演出，荣耀的记忆……

2013年时逢四川人艺建院60周年，院领导班子集体研究不搞庆祝仪式，不办纪念晚会，而坚持以自创的几台现实题材大戏作为贺寿献礼。许多人不解，其实《第29棵树》的献演已经作了回答。这部戏以成都的旧城改造为背景，写了一群城市平民在告别棚户区的前夕，吐露了他们尘封数十年的情感记忆（巧合的是四川人艺也面临重大的拆迁改造）。小小的杂院蕴涵着宏大的主题——我们几乎可以借用《政府工作报告》中的倡议来概括：加强公民道德建设，在全社会树立中国特色社会主义的共同理想和信念。作为该剧编剧和现任院长的李亭希望用这样的院庆设计，去延续中国话剧独具特色的现实主义基因，弘扬四川人艺引以为豪的现实题材创作传统；用主流文艺创作显示四川人艺具有光荣革命传统和雄厚艺术实力的品牌价值。

我常说，文化建设是社会进步的主心骨、精气神、发动机。作为社会主义文艺的社会职能当然概莫能外。坚守主流文艺和高雅艺术阵地，反映现实生活，关注民族命运，弘扬时代精神，倾情塑造、着力刻画各个时期鲜活、生动、丰满的当代艺术形象，是60年来四川人艺执著的文化坚守。四川人艺的三代文艺工作者以文化自觉和文化担当，始终如一地把握现实主义这一社会主义文艺的精神内涵，始终如一坚持人文情怀，饱含激情，真心实意地与人民同呼吸，与祖国共命运。他们坚持认为现实题材创作最能反映急剧变化的社会现实，最能触及不同时期的重大社会课题。纵观60年，每逢共和国建设与发展的关键节点，四川人艺充满时代气息的新作总会喜如及时雨，当“春”乃发生。现实主义题材创作已经成为四川人艺创作的一大优势，尤其近10多年来，《船过三峡》、《巴山情》、《人生天地间》、《未来组合》、《警察》、《农民》、《草房子》、《不能忘却的阿布洛哈》、《课本总动员》等作品，既表达了深情，又融入了思考；特别应该提到的是，5·12大地震带来的震撼与感动，升华了人艺剧作家的时代情怀和创作使命感，从而也铸就了若干真诚而厚重的精品：《未来组合2008》、《大川之灵》、《红叶旅途》、《燃烧的雪野》、《第29棵树》……

四川人艺演出的全部剧目中，超过三分之一为自创作品，而此中的90%都选择了现实题材。坚持现实题材创作的难度，更多地还体现为对作品倾向性的表达和艺术处理之间关系的把握。照搬生活的自然主义，理胜于情的公式主义，都是现实主义的庸俗化。四川人艺的剧作家在追求作品现实意义的同时，从来就没有忘记对人物形象个性的思辨，对真实性本质的认知，对戏剧艺术属性的坚持和对观众喜闻乐见的尊重。剧院对创作的重视可谓一脉相承，在历任的院长中就有7位是由专职或兼职的编剧担任（朱丹西、刘莲池、栗茂章、傅仁慧、张加力、庞家声、李亭），也培育出了一代又一代的优秀剧作家。现实题材剧作的不断推出，也从此成就了四川人艺的特色、影响力和生存价值，成为四川人艺始终与时代同步并能坚毅前行的主心骨和发动机。因此，奠定了上世纪50年代四川人艺跻身全国八大剧院的崇高声誉。

时代的进步，审美的提升，传媒的多元化，包括体制的变革，都给予了现实题材戏剧以新的检验尺度和市场压力。面对求新求变的形势，四川人艺的话剧创作从上世纪末开始就有了

“思想准备，策略应对，人才储备”的战略规划。不同样式、品种、风格、视角的创作尝试花样翻新：诗画剧、报道剧、概念剧、魔幻剧、穿越剧、音乐剧。

成就已成过往，未来尤可期许。60年一路走来，为四川人艺祝福、为四川人艺全新的轮回祝福。在推动文化大发展大繁荣的今天，四川人艺又上路了。祝愿四川人艺以新的文化自觉、文化自信、文化坚守、文化创新，以新的理念、新的机制、新的构架、新的管理，创作生产出更多、更优秀的舞台精品，奉献给时代和人民。

【作者：四川省文化厅厅长】

试论高职院校校园文化建设的“三性”原则

万跃进

我国高等职业教育随着九十年代我国制造业的大规模发展而蓬勃兴起，在满足数以亿计的产业工人需求上发挥了无可替代的作用，至目前，高等职业教育与普通本科教育并驾齐驱，各占我国高等教育的半壁江山。但由于高职教育兴起时间相对较短，大部分高职院校还处在从规模扩张向内涵发展的过渡期间，因此，作为高职院校重要内涵的校园文化建设还远远滞后于办学规模的发展，校园文化普遍存在着表层化、娱乐化等文化建设初级阶段特征，这必将严重制约着高等职业教育的健康可持续发展。

为加快高职院校校园文化建设的步伐，提高文化建设的质量，必须确立高职院校文化建设的基本原则。而要确立高职院校文化建设的原则，首先必须探究高职教育的基本属性。我国高等职业教育以培养高端技能型人才为目标，是面向社会面向人人的教育，必须坚持以就业为导向，深入对接经济、对接产业、对接工作岗位，走校企合作、产学结合、工学结合的人才培养之路。因此，高职教育相对于学科型的本科教育，更具有职业的属性、经济的属性和社会的属性，这些属性也决定了高职院校文化建设应坚持行业性、开放性和传承性的“三性”原则。

一、高职院校文化建设应坚持行业性的原则

行业性是高职院校文化建设的首要原则。为什么不提职业性而提行业性，这是因为，职业性是高职院校的共性，行业性则是高职院校的特性。目前，我国的高职院校都是着依托行业企业办学，例如海关职业技术学院、铁路职业技术学院、农业职业技术学院等均与特定的行业相对接，主要培养行业需求的职业人才。这些行业也确定了学校的办学特色，如果高职院校的文化建设仅强调职业性，而没有从职业性深化到行业性，这样的文化就没有特色、没有生命力，也难以实现校园文化的育人功能。

如何坚持高职院校文化建设的行业性，一是在精神文化建设层面，要将行业特色融入到学校的办学理念、价值观、校风校训之中。例如铁道行业的“火车头精神”、装备制造行业的“精细文化”、农业行业的“袁隆平梦想”等等；二是在制度文化建设层面，要将行业规范融入到学校的规章制度和教育教学过程中。每个行业都有结合自身行业特色推行的制度与作业流程，让学生在校园就熟悉并适应行业规范，对培养学生的职业素养具有事半功倍的效应。例如在学校推行企业的“6S”管理、ISO9000质量管理体系、佩戴工牌、实训教学进行班前安全讲话等等，都是高职院校制度文化建设的很好尝试。三是在物质文化建设层面，要在学生面前充分展示行业的外在特色。例如学校校舍建筑要将行业的元素融入其中，校园标识命名突出行业的特色，墙上文化重点宣传行业企业的文化理念等等。让每个新进校园的人马上就能感受到行业的气息，一眼就能辨识出这所学校的行业背景。

二、高职院校文化建设应坚持开放性原则

职业教育是就业教育、是终身教育、也是大众教育，高职院校不仅办学历教育，也办职业培训，不仅要满足学生及学生家长对未来就业的不同需求，也要满足企业对高端技能型人才的不同需求，这些特点决定了高职院校必须经常性的与社会互动、与企业对接，它培养的学生不能只会在研究室里做研究，而应该如水一般能够融入到社会、融入到企业现场，发挥着自己的所学技能。那么，高职院校的文化建设就必须与此相适应，面向社会、面向企业、乃至面向国际，坚持开放性的原则。

如何坚持高职院校文化建设的开放性原则，首先必须转变封闭式办学的观念。面向企业、社会办学，坚持“以学习者为中心”的核心价值观，“以顾客为关注焦点”，努力满足学生、学生家长、用人单位、政府等顾客的不同需求；其次，要将校企合作融入到人才培养与专业建设的全过程，人才培养方案、课程标准的确定及“双师”教师的培养要获得企业的参与和认可，教学内容要在工作岗位找到落脚点；第三，要与企业、与社会实现你中有我、我中有你。社会的伦理道德规范、一般性价值准则应在学校的教育过程中完整、正确体现，学校的教育资源如图书馆、运动场应通过有效的形式与社会共享，学校教育质量应取得社会、企业等第二方、第三方的评价等等。如果说，在一所学校的电话簿上，人们可以查到校企合作的企业、周围社区办事处的电话信息，在学校的图书馆、体育馆能够看到企业员工、外国人的身影，那么，这所学校的文化就体现了一定的开放性。

三、高职院校文化建设应坚持传承性原则

我国高等职业教育虽然兴起时间较短，但大多数高职院校都是从技工学校、中职学校、成人学校、社区学校改办而来，几乎都有比较长的建校历史，都在不同的办学阶段为国家经济建设培养了不同规格的职业人才，取得了一定的办学成果。这是历史，是不能抹去的，这也是财富，惠及千秋。高职院校文化建设只有高度重视学校的历史渊源及它所形成的文化沉淀，

坚持传承性的原则，才能有根有据，有声有色，起到发扬优良传统、凝聚校友人心、提升办学品牌的重要作用。

如何坚持高职院校文化建设的传承性原则，一是要认真总结学校的办学沿革和历史。很多高职院校的办学历史非常复杂，历史上的成立、合并、迁移及升格等情况很多，这就必须要下功夫做好组织沿革、校史校志、校史陈列室、校友录的编写，特别要对典型事例、人物、经验重点挖掘整理，经得起时间的考验，获得校友、社会的认可；二是要传承和创新并举。要善于在学校历史文化的沉淀中吸取精华，形成特色，加以传承，例如铁路学校历史上采取的半军事化管理，传承下来的就是严格的纪律观念和严谨的校风学风。同时，也要与时俱进，对历史上一些陈旧的观念、做法应根据时代的新要求加以扬弃，例如重理论轻实践的教学过程应为基于工作过程为导向的现代职业教育过程所替代、封闭式的校园环境和学生管理应被开放式的校园环境和学生管理所替代等。

坚持行业性、开放性和传承性是高职院校校园文化建设与其他类型学校校园文化建设的不同之处，也是特色之处，把握好这“三性”原则，高职院校的校园文化就会更加生动、丰满、有生命力，从而促进学校人才培养质量与水平的提升。

【作者：湖南铁道职业技术学院机关党支部书记、高级政工师】

唱响主旋律　传播正能量

于文玉

习近平总书记在全国宣传思想工作会议上的重要讲话明确了新形势下宣传思想工作的方向目标、重点任务和基本遵循，讲话统揽全局、内涵丰富、思想深刻，蕴含着一系列新思想、新观点、新要求，体现了新一届中央领导集体的执政理念和执政方略，是一篇纲领性文献。

自治区党委书记王君在全区宣传思想工作会议上的讲话，也为我区宣传思想工作不断开创新局面指明了方向。坚持和发展中国特色社会主义、实现中华民族伟大复兴的中国梦，是全党全国各族人民的共同理想，是当代中国发展进步的鲜明主题。呼和浩特日报社一定要牢牢把握这个主题、聚焦这个主题，深入开展中国特色社会主义和中国梦宣传教育，筑牢全市各族人民团结奋斗的共同思想基础。

在全面贯彻落实全国和全区宣传思想工作会议精神方面，呼和浩特日报社要始终坚持围绕中心、服务大局，发挥好思想引领作用、舆论推动作用、精神激励作用和文化支撑作用。报社一把手要肩负起领导责任，不断提高领导水平和驾驭能力，管导向、管阵地、管队伍、管资产，打造一支过硬的新闻采编人员队伍，建立建强互联网宣传管理队伍。

习近平总书记重要讲话精神和全区宣传思想工作会议精神对新闻媒体也提出了更高要求，认真学习后有以下几点体会：

一、坚持党管媒体，坚持政治家办报

习近平总书记指出，党必须把意识形态工作的领导权、管理权、话语权牢牢握在手中，充分发挥宣传思想工作引领社会、凝聚人心、推动发展的支撑作用，为中心工作服务，为稳定大局助力。坚持党管媒体，就是确保媒体在政治上与党同心同德，坚持正确舆论导向，提高媒体的传播力、公信力、影响力。

掌握意识形态工作的领导权、管理权和话语权，关键是要管好阵地、管好导向、管好队伍。宣传思想阵地，我们不去占领，人家就会去占领。呼和浩特日报社坚持党管媒体原则不动摇，坚持政治家办报。努力开拓发行渠道，扩大党报的发行量，提升媒体的传播力。深入宣传好党的理论路线方针政策、宣传好中央对经济形势的重大分析判断、宣传好中央和自治区、呼市的重大部署。报网始终与党中央保持一致，加强推进党管媒体机制化建设，以强烈责任感和担当精神把党管宣传、党管意识形态的要求落到实处；坚持树立政治意识、大局意识和责任意识，遵守党的新闻宣传纪律，加强新闻采编队伍建设，维护党和国家利益，维护人民群众根本利益。

二、巩固壮大主流思想阵地，传播正能量

当今社会，各种思想相互碰撞、各种观念相互交织、各种文化相互激荡，社会思想舆论日益多元多样多变。越是面对复杂局面，越要巩固壮大主流思想舆论，弘扬时代主旋律，传播时代正能量，引导广大群众多看主流、多看本质、多看光明面，从而在多元中立主导，在多样中谋共识，在多变中把方向。

媒体处于意识形态领域的前沿，对社会精神生活和人们思想意识有着重要影响。我们要坚决抵制和纠正那些充满八股味、浮在半空中的宣传报道；绝不能为那些杂音噪音和错误思想提供传播渠道；要在大是大非和政治原则问题面前绝不能含糊其辞、退避三舍。呼和浩特日报社要发挥中流砥柱作用，用主流、权威和真实可信的声音占领意识形态领域，在改进创新中增强吸引力和感染力，激发首府各族各界团结奋斗的强大力量。

作为首府党报，呼和浩特日报社要牢牢把握正确舆论导向，更加鲜明有力地把党和政府的声音传播好，把社会进步的主流展示好，把人民群众的心声反映好，为打造“两个一流”首府注入更多正能量。

三、牢记守土有责、守土负责、守土尽责，坚持正确导向

习近平总书记强调，宣传思想部门承担着十分重要的职责，必须守土有责、守土负责、守土尽责；宣传质量要提高、管理水平要提升，关键是提高质量和水平，把握好时、度、效，增强吸引力和感染力，让群众爱听爱看，产生共鸣，充分发挥正面宣传鼓舞人，激励人的作用。这对呼和浩特日报社提出了新的要求，我们将本着“守土有责建机制，守土负责管阵地，守土尽责抓队伍”的指导原则，加大践行党的群众路线教育活

动的力度，采编人员要深入基层，挖掘更多来自生产一线，来自群众生活的鲜活材料，拿出更多贴近民生，为群众喜闻乐见的作品。要多向人民群众学习，用他们容易接受的语言，才更能与群众发生共鸣。我们要讲好首府故事，传播好首府声音，要进一步强化宣传的质量和水平，挖掘出更多吸引人的重要题材，引领社会，凝聚人心，推动发展。

四、坚持团结稳定鼓劲、正面宣传为主

习近平总书记指出：“坚持团结稳定鼓劲、正面宣传为主，是宣传思想工作必须遵循的重要方针”，“必须坚持巩固壮大主流思想舆论，弘扬主旋律，传播正能量，激发全社会团结奋进的强大力量。”

呼和浩特日报社将进一步履行好围绕中心、服务大局的基本职责，把加强中国特色社会主义和中国梦的宣传教育，作为巩固壮大主流思想舆论的核心内容，继续做大做强。牢牢把握团结稳定鼓劲、正面宣传为主的重要方针，继续做好宣传贯彻落实十八大精神、十八届三中全会、自治区“8337”发展思路和我市“232”发展战略的工作；结合首府创城工作，开展好系列宣传报道；多推出深度报道、延伸报道、典型报道；以访谈、专题、专版等形式，多角度、深层次进行宣传；努力在推动首府经济社会发展中发挥统一思想、凝聚力量、鼓舞士气、提振信心的积极作用。

五、加强舆论引导，营造良好环境

习近平总书记指出：“党性和人民性从来都是一致的、统一的。”坚持贴近实际、贴近群众、贴近生活，是党性和人民性在新闻宣传工作中的具体体现。

搞好舆论引导、掌握话语权是我们做好工作的重要保证。热点问题是大众舆论的焦点，我们必须关注热点、回应热点，有针对性地释疑解惑，找准思想认识的共同点、利益关系的交汇点、化解矛盾的切入点，既讲清“怎么看”，又讲明“怎么办”，帮助干部群众划清是非界限、澄清模糊认识，引导社会情绪、社会心理朝着积极健康的方向发展。

呼和浩特日报社将继续落实“三贴近”原则，关注群众诉求，反映社情民意，深入“走转改”“接地气”，深入基层、融入群众，进一步拉近与读者的距离，加大民生报道力度。遵循“守住底线、突出重点、引导舆论”的总体思路，加强民生热点问题的正面引导，加大对热点难点问题的阐释力度，加大对群众利益的维护和监督，畅通信息发布渠道，及时准确、公开透明、最大限度地传递党和政府的声音，不断增强人民群众对党和政府的信任、信心。

六、做好网络媒介，引导网络舆情

习近平总书记指出：“宣传思想工作创新，重点要抓好理念创新、手段创新、基层工作创新，要推动手段创新就是要推动适应社会信息化持续推进的新情况，加快传统媒体和新兴媒体融合发展，充分运用新技术新应用，创新媒体传播方式，占领信息传播制高点。”

互联网的裂变式发展，对宣传思想工作的影响是全方位、深层次的。做好新时代的思想宣传工作，就必须正视和因应互联网快速发展的新形势，不断提高驾驭新兴媒体的能力，最大限度地发挥其积极作用，消除其不利影响。

让互联网为我所用，就要加强网上舆论引导。依托互联网覆盖广泛、传播快捷、信息海量的独特优势，加强首府网络阵地、网络内容建设，让更多的主流舆论和正面信息占领网络。

呼和浩特日报社将加快推进呼和浩特新闻网的建设和管理，牢固树立阵地意识，破除畏难情绪，积极介入，加强网上舆论引导，规范网络传播秩序，做好报网互动，形成宣传合力，进一步利用网络平台，引导公众参与，引导社会情绪，促进社会和谐，实现社会文明与网络文明的共同成长。

习近平总书记“8·19”重要讲话和全区宣传思想工作会议，给思想意识形态领域存在的困惑与迷茫拨开了云雾，指明了前进的方向。呼和浩特日报社将认真贯彻落实好讲话精神，为首府经济建设和社会稳定作出积极的贡献，为实现中国梦不懈奋斗。

【作者：呼和浩特市委宣传部副部长
呼和浩特日报社党委书记 社长】

一个军工企业成功改制的样本

骞兆旺

临沂鲁光化工集团有限公司的前身是国有军工企业。2008年6月，按照国务院全国企业兼并破产和职工再就业工作领导小组文件精神，重组改制为民营有限责任公司。

企业改制后，围绕如何实现转型升级，我们提出了“大、好、精”的发展战略：采用新技术，把两钠规模做到全国最大，硝酸生产线做到同行业运行质量最好，加快发展硝酸下游系列高附加值的精细化工产品。2009年初，开始在临沂市经济技术开发区建设新的生产线。

本着建设环境友好型、资源节约型企业的原则，公司以落实责任关怀、打造绿色化工为出发点，在新生产线的设计和建设中，均选用了国内最先进的工艺和设备。尤其是注重节能减排新技术的应用。

比较典型的是两钠生产独家采用双效真空降膜蒸发工艺，比传统方法节约蒸汽消耗70%左右，年可节能折合标准煤2万吨以上；采用英荷壳牌氨还原处理技术，实现了尾气NOX的零排放，并解决了还原剂再生循环利用这一技术难题，使装置成为国内第一套、而且是唯一在用的氨还原系统；锅炉采用上海交大新研发的水煤浆环保型锅炉，烟尘排放降为零。

近年来，鲁光作为临沂市节能减排和环境友好的典型化工企业，接受了许多外地党政考察团的参观，得到了他们高度的评价。到 2012 年底，公司已经建成浓硝酸、亚硝酸钠、硝酸钠和化工机械加工制造等生产装置，完成了以新技术改造提升传统产品的基本任务。

目前在建的三期项目是：硝酸、硝酸铵、硝铵磷、硝酸钾、草酸等项目。今年将陆续建成，投产后可成为国内重要的无机化工、有机化工、民用炸药原料和硝基复合肥生产基地。

在履行社会责任方面，公司以“安全化工、绿色化工”为核心，努力打造安全标准化和操作自动化企业，使职工工作环境更加安全，更加轻松；加大安全环保投入，不断进行技术改造，完全彻底地杜绝工业三废排放，力所能及地为全社会营造一个碧水蓝天，尽一个企业应有的义务。

公司继续遵循着军工优良传统，坚持以经济发展回报社会。连续多年公司赞助蒙阴老厂区附近农村的老百姓举办桃花节，推动该地成为国内优质蜜桃的重要产地。继续承担退休职工及家属的服务职能，及时走访困难职工，发放专项救济金；每逢重大节日都为离退休职工发放款物，把组织的温暖送到职工心坎上。这些做法受到了各级政府、社会舆论和广大职工的广泛好评。

下一步，公司中长期规划是：树立“百年鲁光”的理念，加强同专业科研院所的联系，加快硝基化工下游产品研究开发。发挥公司近 50 年的军工及硝基化工生产经验，把公司做成国内技术领先、产能最大的硝酸铵生产企业；根据科学发展观“工业反哺农业，城市支持农村”的描述，把握肥料市场的发展趋势，利用临沂作为全国最大复合肥生产基地的集群优势，大力发展硝基复合肥；深入研发具有较高附加值的下游系列无机、有机化工产品，拉长循环经济产业链。把鲁光化工打造成独具特色的大型化工企业集团，使鲁光成为国内最大的硝酸、硝盐及其系列精细化工产品、重要的民爆及复合肥料产业基地，为全面建成小康社会和促进经济发展贡献力量。

【作者：临沂鲁光化工集团有限公司董事长】